Fabio Cioffi
Alberto Cristofori
Elena Gavazzi

Letteratura terzo anno

Dai modelli ai movimenti

Edizioni Scolastiche
Bruno Mondadori

Maria Cordini, Franco Amerini
progettazione editoriale

Maria Cordini
coordinamento editoriale

Renata Cortese
progettazione grafica

Studio Bajetta (Elena Bajetta, Silvia Gaiani)
redazione

Compos 90 srl
impaginazione

Monica Pozzi
copertina

Beatrice Valli
ricerca iconografica

Serafino Cecconello
controllo qualità

www.brunomondadoriscuola.com

978 88 424 4334 6

LIBRI DI TESTO E SUPPORTI DIDATTICI
La Casa Editrice è certificata in conformità alla norma **UNI EN ISO 9001:2000** per l'attività di **progettazione, realizzazione e commercializzazione di prodotti editoriali scolastici e lessicografici.**
CISQCERT

Stampato per conto della casa editrice presso
La Tipografica Varese (Varese)

Ristampa	Anno
1 2 3 4	08 09 10 11

Referenze iconografiche
Archivio Pearson Paravia Bruno Mondadori; Liam Bailey/Photonica; Lexander Burkatovski/Corbis/Contrasto; DIAF/Thomas Jullien; Effigie; Dino Giglio/Grazia Neri; Giraudon; Hulton Getty Picture Collection; Annie Leibovitz; Peter Marlow/Magnum Photos; Massimo Mastrorillo; Elisa Merlo; Nimatallah; Novosti; Mauro Ranzani; Espen Rasmussen; Marco Ravenna; Reuters/Corbis/Contrasto; Marc Riboud; Luisa Ricciarelli; Guido Alberto Rossi; ©Scala Group; Scode; M.Slingsby; The Robert Opie Collection; ©Tom Stewart/Corbis; Tony Stone/Worldwide; Angelo Tontini/Focus Team; Giulio Veggi; Ronald Zachmann; ©Zefa/Alexander Scott

Presentazione

Letteratura terzo anno

Letteratura terzo anno è un manuale di nuova concezione, pensato per le esigenze del terzo anno degli istituti professionali. I materiali fondamentali, cioè il profilo di storia letteraria e i brani proposti in lettura, sono infatti organizzati in una struttura che ne consente un vero utilizzo modulare, adattabile a necessità e usi diversi.

I grandi modelli

Questa prima sezione presenta i padri della letteratura italiana, i classici, da Dante a Machiavelli: “modelli” per la grandezza della loro opera e perché punti di riferimento per lo sviluppo dei generi più importanti.
Ciascun classico è collocato nel panorama letterario del suo tempo attraverso due ampi quadri storico-culturali (Medioevo, Rinascimento) e un percorso introduttivo specifico, *Intorno al classico*, che propone una ricca scelta di opere di altri autori.
I brani sono accompagnati, dove opportuno, da parafrasi che facilitano la lettura.
In questa sezione, la didattica è arricchita da *Laboratori* per migliorare le competenze di comprensione-analisi dei testi e di scrittura.

I grandi movimenti

Le linee essenziali della letteratura dal Settecento al Novecento sono presentate nella seconda sezione del manuale, strutturata per “movimenti”. Quadri introduttivi forniscono le coordinate storico-culturali, mentre i brani e gli autori sono organizzati per generi.
Un’attenzione particolare è dedicata agli autori o alle opere di maggiore rilievo (*Focus Autore*, *Focus Opera*), sui quali è possibile svolgere un lavoro specifico.

Leggere il nostro tempo

La prima parte di questa sezione, *I temi*, propone pagine letterarie famose, dal passato fino ai nostri giorni, riconducibili a tre filoni (amore, scrittura al femminile, guerra). *La letteratura di intrattenimento* presenta generi minori, come il *fantasy*, il poliziesco e il romanzo d’avventura, ma di notevole successo e interesse. Questa idea di coinvolgimento e motivazione è ripresa nella terza parte della sezione, *Invito alla lettura*, che contiene gli incipit di sette romanzi di autori contemporanei – italiani e stranieri – per stimolare a proseguirne la lettura.

In tutte le sezioni del manuale sono presenti:
- una ricca didattica, con esercizi operativi per ciascun brano e verifiche finali di capitolo;
- ***Lessico e grammatica***, una rubrica che prende spunto dal brano antologizzato per mettere a fuoco il significato di vocaboli e aspetti dell’uso linguistico;
- gli approfondimenti ***Ieri e oggi***, che riflettono sul rapporto tra passato e presente in relazione a temi o testi messi a confronto.

Laboratorio terzo anno

L’ultima sezione del manuale è un ampio repertorio di materiali operativi e mirati all’educazione linguistica. Il fine è di consolidare le conoscenze grammaticali, il metodo di lettura e di studio, le competenze di scrittura, con particolare riferimento alle scritture professionali.

I grandi modelli

I grandi movimenti

Leggere il nostro tempo

I grandi modelli

*Gli **autori** e le **opere** alla base della nostra letteratura*

Il Medioevo

Il percorso che ti proponiamo ti aiuterà a comprendere meglio il contesto culturale, storico e artistico in cui situare gli autori che studierai. È scandito in tre tappe.

Il punto di partenza

Fin dall'inizio del Medioevo assistiamo alla nascita di nuove civiltà e nuove forme di cultura, che per esprimersi spesso usano linguaggi anch'essi nuovi.

Dall'antica lingua comune, il **latino**, nascono i **volgari**, che con il passare del tempo diventeranno un potente mezzo espressivo tanto nella vita di tutti i giorni quanto nella letteratura.

Il contesto storico

Il lungo periodo di tempo che comprende il Medioevo è caratterizzato da due diversi tipi di organizzazione sociale:

- la **società feudale**;
- il **libero Comune**.

Nel corso del Trecento entrambi gli ordinamenti attraversano una gravissima crisi, in seguito alla quale nascerà un'epoca nuova.

L'evoluzione delle arti

Durante il corso del Medioevo anche l'arte, in ogni campo, subisce grandi trasformazioni.

Gli stili dominanti dell'epoca, che si esprimono in grandiose opere collettive come le cattedrali, sono:

- il **romanico**;
- il **gotico**.

Una figura centrale nel campo della pittura è **Giotto**.

Il punto di partenza

Dal latino alle lingue romanze

Il latino si differenzia e nascono le lingue romanze

Una delle conseguenze più importanti delle grandi trasformazioni che avvennero in Europa dopo la caduta dell'Impero romano d'Occidente (476 d.C.) fu la **rottura dell'unità linguistica**, basata sull'uso del latino, che si era mantenuta nelle varie zone dell'Impero fino al V secolo. Il frazionamento sociale conseguente alle invasioni barbariche e il diradarsi degli scambi e delle comunicazioni provocarono il passaggio dal latino, la lingua comune dei paesi dell'Impero, a **numerosi idiomi locali**, che si andarono anche progressivamente differenziando tra loro, fino a diventare lingue diverse. Queste nuove lingue furono dette *neolatine* o anche *romanze* (dall'aggettivo *Romanicus*) per i legami che conservavano con la tradizione romana. Quali furono le tappe di questa evoluzione dal latino alle nuove lingue? Innanzitutto occorre far distinzione fra lingua scritta e lingua parlata. A partire dal VI secolo, il latino parlato cambiò radicalmente e velocemente rispetto alla lingua scritta. Questa subì invece mutamenti più lenti, anche perché la Chiesa, fin dal IV secolo, ne aveva fatto la sua lingua ufficiale, latinizzando completamente la liturgia e abbandonando l'uso dell'ebraico e del greco. Dal latino parlato si vennero formando, lungo l'arco di circa cinque secoli, fin verso il Mille, le nuove lingue neolatine o romanze. Esse furono dette anche *volgari* (dal latino *vulgus* = popolo), perché erano parlate dalla gente non dotta ed erano appunto lingue non scritte.

La trasformazione della lingua scritta

Lettura e scrittura sono patrimonio di pochi

Sul piano della lingua scritta, invece, il progressivo mutamento del latino letterario portò a un *latino medievale* o *medio latino*, usato nell'amministrazione civile e politica e negli atti religiosi, semplificato rispetto a quello classico ma in continuità con esso. Questo nuovo latino veniva usato nelle chiese e nelle scuole e divenne la lingua dello strato erudito delle società medievali europee, da quella italica fino a quella celtica e germanica. Era conosciuto da un ristrettissimo gruppo, composto dagli ecclesiastici e da pochi signori feudali. La **scrittura** e il **libro** diventarono **strumenti accessibili a pochi**: l'alto Medioevo rimase un mondo fortemente dominato, sul piano della comunicazione, dall'*oralità*. La cultura scritta rimase soprattutto una cultura ecclesiastica: tra il VI e il X secolo furono quasi esclusivamente gli uomini di chiesa a possedere le tecniche della scrittura e della lettura. Il monastero e la grande abbazia diventarono i luoghi di raccolta e di trascrizione di testi in latino, la cui circolazione era confinata alla cerchia degli studiosi di estrazione religiosa.

Gli scritti in volgare

I primi scritti in volgare hanno funzione pratica

A partire dai **secoli IX-X**, accanto alla cultura ecclesiastica basata sull'uso del latino, nasce in Europa anche una **produzione scritta in lingua volgare**. Essa si rivolge a un pubblico nuovo, che vive nelle corti dei feudatari e del re e che sceglie in modo consapevole il nuovo strumento espressivo del volgare. Dopo il Mille esistono dunque, anche se non opposte e anzi spesso intrecciate, due culture: quella della Chiesa e quella laica, che elabora tematiche più vicine alle esperienze e ai valori signorili. In Italia solamente a partire dal X secolo si può parlare di un uso scritto intenzionale e relativamente diffuso dei volgari. I testi in volgare di questi secoli sono soprattutto atti notarili o giudiziari e testi religiosi. A partire dal XIII secolo si cominceranno ad avere nell'Italia settentrionale e nel Lazio componimenti in volgare con scopi quasi letterari: prediche, versi di argomento religioso o giullaresco, proverbi. È importante notare che esisteva una grande varietà di volgari diffusi nella penisola e che nessuno di questi s'impose sugli altri fino a costituire una lingua nazionale.

L'esigenza di una lingua unitaria maturò tra il **Duecento** e il **Trecento** con la nascita di una **letteratura in volgare**. Alla distinzione, tipica dell'alto Medioevo, tra il latino lingua scritta, conosciuta solo da pochi, e i volgari lingue parlate, subentrò tra il Duecento e il Trecento la distinzione

– che attraverso tutta la storia d'Italia giungerà fino al Novecento – tra una lingua italiana scritta d'uso colto e una varietà ricchissima di idiomi regionali e dialettali, espressioni di una tradizione non colta e popolare.

Affresco dell'XI secolo nella Basilica di San Clemente, a Roma. Vi è riportata un'invettiva che costituisce uno dei più antichi documenti in volgare.

Dal volgare fiorentino nasce una lingua letteraria italiana

Nel Duecento si afferma la scuola poetica toscana

Un volgare italiano letterario maturò dunque a partire dalla metà del Duecento. Si cominciò in diverse parti della penisola a comporre testi letterari nei volgari delle diverse regioni. Le **scuole poetiche** principali (la prosa in volgare sarà più tarda) di questo periodo sono la Scuola siciliana, quella toscana, quella di argomento religioso che si sviluppò in Umbria e quella didattico-religiosa dell'Italia settentrionale. Ma fu in **Toscana** che si affermò una lingua capace di proporsi come modello per una lingua nazionale. Ciò si dovette a numerose circostanze: l'importanza economica che aveva Firenze tra i Comuni italiani, il fatto che il toscano più di altri volgari assomigliava al latino, il fatto infine che in toscano, tra il Duecento e il Trecento, si espressero i letterati maggiori della penisola: Dante, Petrarca e Boccaccio.

Gli scrittori sceglievano la lingua da usare in base al genere letterario

Questi grandi mutamenti non comportarono tuttavia la fine dell'uso del latino. Esso infatti, soprattutto per l'influenza della Chiesa, rimase ancora per secoli la lingua principale della cultura. Fino a Dante, il **volgare** rimase la lingua dei **generi letterari** considerati **minori**: la poesia d'amore, le opere di divulgazione religiosa e morale. Il **latino** era invece la lingua del **trattato scientifico**. Per gli scrittori, la scelta della lingua era dunque di volta in volta indicata dal genere letterario che intendevano praticare, dal tipo di lettore a cui si rivolgevano e dallo scopo che l'opera si prefiggeva.

Il punto d'arrivo dello sviluppo della lingua italiana e delle discussioni sulla lingua che corrono lungo tutto il Duecento è rappresentato da **Dante**. All'inizio del Trecento, nel *De vulgari eloquentia*, il poeta fiorentino cerca di formulare sia una dottrina della lingua, sia una teoria degli stili poetici. A quell'epoca, la produzione in versi in volgare italiano durava ormai da quasi un secolo e Dante poteva comporre una storia della poesia italiana, precisandone la distribuzione geografica e la cronologia, dai lirici siciliani fino a quelli toscani. Proponendo il proprio modello «bello e nobile» di volgare poetico, Dante riprende questa esigenza di eleganza e di omogeneizzazione della lingua, per ridurne le incertezze grammaticali e lessicali. Con l'affermazione della sua proposta, la nostra lingua sarà fissata in un modello strettamente letterario, anzi poetico, che sarà accettato fino ai secoli più recenti.

Avvocati e notai (qui in una miniatura) iniziano a trascrivere i primi documenti nei quali appaiono diciture in lingua volgare.

Il contesto storico

1 La società feudale

Negli ultimi anni dell'alto Medioevo, cioè nei decenni attorno al Mille, l'Europa era caratterizzata dal punto di vista economico dal *sistema curtense* e dal punto di vista politico dal *sistema feudale*.

Il sistema curtense: un'economia dipendente dalla terra

L'economia era essenzialmente agricola e la produzione di ogni **ricchezza** derivava dalla **terra**. Questa era **divisa in grandi proprietà**, laiche o ecclesiastiche, lasciate per lo più allo stato selvaggio: le zone coltivate erano una minoranza e generalmente facevano capo a unità più piccole dette *ville* o *curtes*, da cui il nome di **economia curtense**. Tutta la terra apparteneva al signore, il quale gestiva direttamente, attraverso i suoi amministratori, la parte migliore e dava in gestione la rimanente alle famiglie contadine che vi abitavano. Sia che fossero *servi*, uomini del signore, totalmente soggetti a lui e legati alla terra, sia che fossero giuridicamente *liberi*, i contadini vivevano in una condizione economica di estrema miseria ed erano soggetti a servizi obbligatori per il signore (la *corvée*) e al pagamento di pesanti tributi.

Scene di vita contadina all'interno della *curtis*.

L'agricoltura tecnicamente molto arretrata e lo scarsissimo rendimento della terra erano alla base di un'**economia di sussistenza** in cui i contadini riuscivano a produrre appena quanto bastava alla propria sopravvivenza e in cui non vi era alcuna accumulazione di sovrappiù (*surplus*). Gli **scambi commerciali** erano **quasi nulli** e tutto il necessario alla vita della comunità veniva prodotto all'interno della *curtis*, caratterizzata dunque, dal punto di vista economico, dalla chiusura e dall'autosufficienza (*autarchia*).

Il sistema politico feudale

L'economia curtense che abbiamo descritto è propria di quel tipo di organizzazione politica e sociale che va sotto il nome di **feudalesimo**. Esso si costruì in Europa fra il IX e l'XI secolo e si basò su un antico principio presente presso i franchi – le popolazioni che si erano installate in quella parte dell'Impero romano che corrisponde più o meno all'odierna Francia – e presso altre genti "barbare". Si trattava del **vincolo reciproco** che s'instaurava **fra il sovrano e un uomo libero** il quale gli giurava fedeltà e si dichiarava suo uomo (*vassallo*) in cambio della protezione da parte del sovrano e di una **terra** (*feudo*) che gli veniva data **in usufrutto**. Carlo Magno fu il primo che, sul finire dell'VIII secolo, pensò di utilizzare questo antico vincolo personale come un legame capace di tenere politicamente unito l'immenso territorio da lui conquistato (Francia, Germania, Italia settentrionale e area alpina), che costituì il Sacro Romano Impero. I suoi vassalli ebbero così i feudi e il controllo amministrativo di intere regioni (contee, marche), e inoltre il potere di "infeudare" altri uomini liberi (*valvassori*), che a loro volta fecero lo stesso con altri (*valvassini*).

Tra sovrano e vassallo c'era un rapporto personale

In questo modo si creò una catena, o piramide, di legami di dipendenza personale che andavano dal sovrano ai grandi conti, ai duchi, alla piccola nobiltà.

Il particolarismo feudale

Quando però, con la morte di Carlo Magno (814), l'autorità centrale venne meno, si verificò una sempre maggiore **frantumazione del potere** (*particolarismo feudale*) dovuta al fatto che

Feudalesimo

Il termine **feudalesimo** ha almeno tre significati diversi. Esso infatti indica:
1. il **sistema politico-militare** basato sul vassallaggio, cioè sul rapporto di dipendenza personale fra un signore e coloro a cui egli affidava un feudo;
2. il **sistema socioeconomico**, detto anche "modo di produzione feudale", basato sul lavoro servile, cioè di contadini non mantenuti direttamente dal padrone, come gli schiavi nell'antichità, ma privi di libertà e costretti a prestare gratuitamente dei servizi al padrone stesso;
3. un **momento storico** caratterizzato dalla frammentazione del potere politico che non viene esercitato dalle istituzioni dello Stato, deboli o assenti, ma dai singoli feudatari. Quando si utilizza questo termine è quindi necessario chiarire il significato che s'intende attribuirgli.

i feudatari più potenti manifestarono la tendenza a comportarsi nei loro territori come sovrani autonomi.

Dopo lunghe lotte, i feudatari strapparono all'imperatore il diritto di **tramandare ai figli per via ereditaria il feudo**, che così divenne una loro proprietà e non più una concessione che poteva anche venir meno. Essi vi esercitarono funzioni politiche, riscuotendo le tasse e amministrando la giustizia. Il rapporto di dipendenza personale, che in origine era un patto privato fra due persone, divenne **potere pubblico**. Questa fusione fra proprietà della terra ed esercizio del potere pubblico è la caratteristica fondamentale del feudalesimo.

Il particolarismo feudale fu l'ostacolo contro il quale per secoli combatterono re e imperatori nel tentativo di affermare la propria autorità e di unificare i loro territori sotto la stessa legge.

L'esito dello scontro fu diverso nelle varie parti d'Europa: mentre infatti in Francia e in Inghilterra l'autorità del re, con vicende diverse, alla fine si affermò e iniziò a formarsi lo Stato nazionale, in Germania e in Italia il tramonto del feudalesimo avverrà molto più tardi e la frantumazione politica inciderà per molti secoli ancora.

La Chiesa diventa un importante punto di riferimento

Rimasta il solo punto di riferimento unitario nel mondo occidentale dopo il crollo dell'Impero romano, la Chiesa accrebbe sempre più la propria importanza fino a divenire, nel corso dell'alto Medioevo, una **grande potenza politica, economica e culturale**. Un ruolo centrale in questo processo spettò al *monachesimo*: i luoghi concreti in cui si realizzò la funzione sociale e culturale della Chiesa furono infatti i monasteri che, dopo la fondazione da parte di Benedetto da Norcia, intorno al 525, dell'ordine benedettino, si diffusero a macchia d'olio in tutta Europa, sorgendo anche in zone come la Britannia e l'Irlanda, in cui il cristianesimo non si era ancora affacciato. Inizialmente poveri, i conventi divennero ben presto, grazie alle donazioni dei fedeli ricchi, **grandi signorie fondiarie**, ben condotte e produttive, e soprattutto furono grandi **centri di cultura** nei quali i monaci conservarono e tramandarono l'immenso patrimonio della civiltà antica, ricopiando i testi greci e latini.

Conventi e abbazie erano importanti centri economici e culturali

Monaci che abbattono un albero per creare terre coltivabili.

L'unica cultura disponibile fu per tutto l'alto Medioevo quella preservata nei conventi; a saper leggere e scrivere furono esclusivamente i cosiddetti *chierici*, che costituirono il ristretto ceto d'intellettuali dell'epoca. Essi composero anche opere originali, per lo più di contenuto religioso, utilizzando il cosiddetto *latino medievale* o *medio latino*, la lingua universale della Chiesa, unificatrice del pensiero e della cultura di tutta Europa e prodotta dall'evoluzione e dalla semplificazione del latino classico.

La crisi dell'autorità centrale e il conflitto tra papato e Impero

Potenza economica sempre più forte, la Chiesa si andò via via allontanando dalla purezza spirituale fino a cadere, verso la fine del primo millennio, in una grave crisi: i papi avevano perso autorità morale e il clero badava molto più agli affari materiali che ai compiti spirituali. Inoltre si era acceso un aperto **conflitto fra il papa e l'imperatore** poiché entrambi tendevano a presentare il proprio potere come derivante da Dio e a concepirlo come universale.

Ciascuna delle due autorità affermava il diritto di controllare l'altra: nel periodo di decadenza della Chiesa l'imperatore giunse persino a pretendere di poter accettare o respingere la nomina del papa.

Ma nel X e nell'XI secolo si sviluppò in seno alla Chiesa un **grande movimento di riforma**. La diffusione del nuovo ordine monastico, il *cluniacense*, rigoroso e colto, e l'azione energica di Gregorio VII, pontefice tra il 1073 e il 1085, restituirono alla Chiesa parte del prestigio perduto, cercando di riaffermare l'autorità papale nei confronti dell'imperatore.

La lotta che si scatenò fu assai aspra e si svolse soprattutto sul territorio delle investiture dei vescovi-conti, che entrambe le autorità pretendevano di nominare e controllare. Soltanto nel 1122 si giunse a un compromesso (Concordato di Worms). Ma ormai nuovi attori entravano in scena – i mercanti, le città, i re – e l'universalismo politico della società medievale si stava ormai lentamente avviando al suo declino.

2 I Comuni

Crescita demografica e aumento produttivo

Nell'XI secolo la realtà sociale ed economica dell'Occidente feudale incominciò a mutare profondamente. Innanzitutto si verificò un **forte aumento demografico** che in tre secoli portò la popolazione europea a raddoppiarsi. Inoltre si registrò un notevole **aumento della produzione agricola** dovuto sia al diboscamento e quindi alla messa a coltura di nuove terre, sia alle innovazioni tecnologiche introdotte nella coltivazione dei campi (diffusione degli attrezzi di ferro, uso dell'aratro pesante, bardatura del cavallo che ne permise l'utilizzo nei lavori agricoli, rotazione triennale delle colture). I due fenomeni furono strettamente intrecciati e si influenzarono reciprocamente: da un lato la crescita della popolazione spinse a cercare nuove fonti di sostentamento e mise braccia più numerose a disposizione dell'agricoltura, dall'altro il miglioramento delle condizioni di vita e dell'alimentazione contribuì all'aumento demografico.

Le innovazioni in agricoltura favoriscono l'aumento della popolazione

La città, centro di traffici e mercati

La trasformazione decisiva, quella che caratterizzò una nuova fase della civiltà medievale, fu la **rinascita delle città** che, per tutto l'alto Medioevo in Occidente, erano sopravvissute a stento come centri di residenza vescovile, spopolandosi. Ora, con lo sviluppo dell'agricoltura, esse cominciarono ad assumere una **nuova funzione economica**. Nelle campagne, infatti, si resero disponibili una serie di prodotti che potevano essere venduti e le città divennero il luogo dove smerciarli. Inoltre vi venivano fabbricati quei beni e strumenti nuovi che la *curtis* non era più in grado di produrre.

Dall'economia curtense all'economia urbana

Poiché le città vennero assumendo un ruolo crescente di centro artigianale e di mercato, all'economia chiusa della *curtis* si sostituì un'**economia sempre più aperta**, basata sulla divisione del lavoro fra città e campagna. La ricomparsa del mercato e dello scambio portò inoltre con sé una **ripresa della circolazione monetaria**, lo sviluppo di forme di pagamento moderne – cambiali, lettere di credito – e la diffusione del credito, cioè del prestito contro interesse. Queste novità incise-

Particolare dell'affresco di A. Lorenzetti, *Effetti del Buon Governo nella città e nella campagna*: qui è raffigurata minuziosamente Siena, circondata da mura e con personaggi intenti alle attività quotidiane.

ro profondamente sul modo di pensare, sulla mentalità collettiva: il **mercante**, fino ad allora disprezzato dalla cultura dominante, divenne gradualmente una figura di primo piano; una **nuova classe sociale – la borghesia** – e i suoi valori incominciarono a far breccia nel mondo feudale.

La nascita e l'affermazione dei Comuni

La rinascita delle città mise progressivamente in crisi il sistema politico feudale e portò alla costruzione di nuove strutture, autonome dal potere del feudatario e talora anche del re o dell'imperatore: i Comuni.

Il Comune si evolve rapidamente

Il Comune era, **all'origine, un'associazione privata tra i rappresentanti delle famiglie più influenti della città**, che aveva come obiettivo la difesa di interessi privati e la conquista di autonomie rispetto al feudatario (per esempio, non sottostare a un determinato tributo).

Ben presto però i Comuni **iniziarono a esercitare il potere politico all'interno delle città**, creando organi di governo: un *consiglio*, l'assemblea dei cittadini, eleggeva i magistrati, i *consoli*, che rimanevano in carica un anno. Fu questa la forma del *Comune consolare* che in seguito, nel corso del XIII secolo, verrà sostituito dal *Comune podestarile*, retto cioè da un *podestà* chiamato da fuori per tenere a freno le lotte che si scatenarono fra i diversi gruppi sociali della città.

Le lotte all'interno dei Comuni: guelfi e ghibellini

Con lo sviluppo dell'economia urbana, infatti, **gli "uomini nuovi"** – commercianti, banchieri, artigiani, professionisti – erano divenuti potenti e **premevano per avere l'accesso al governo della città**.

Nel corso del XIII secolo, in quasi tutti i Comuni italiani, essi ottennero il potere accanto alle antiche famiglie nobiliari. Lo strumento fondamentale dell'ascesa della borghesia furono le **corporazioni**, che svolgevano anche il ruolo di regolare la vita economica del Comune attraverso il controllo delle esportazioni, delle importazioni e della produzione. Grazie a questa fondamentale funzione economica, esse vennero ben presto ad avere un forte potere politico.

Intorno alla metà del Duecento i Comuni consolidarono la loro autonomia e accrebbero la loro forza anche in seguito al fallimento del progetto, concepito dall'imperatore Federico II, di fondare in Italia uno Stato forte e accentrato, abbattendo ogni potere – feudale, ecclesiastico, comunale – che si dichiarasse autonomo. Tuttavia lo scontro tra il papa e l'imperatore portò a nuove divisioni interne e a nuovi conflitti fra i Comuni.

Si erano infatti create **due fazioni**: i ***guelfi*, alleati del papa**, e i ***ghibellini*, paladini dell'imperatore**, distinzione che perse ben presto il suo significato ideologico e servì a esprimere conflitti interni fra le classi cittadine e interessi contrastanti fra Comuni concorrenti.

Guelfi e ghibellini

I termini "guelfo" e "ghibellino" nacquero in **Germania nel XII secolo**, per indicare gli appartenenti a due fazioni in **lotta per il controllo dell'Impero**, quella dei **Welf** e quella dei **Weiblingen**. In Italia i termini furono introdotti nel XIII secolo per indicare rispettivamente i sostenitori del papa (guelfi) e quelli dell'imperatore (ghibellini). In realtà, però, spesso questa divisione rispecchiava piuttosto gli scontri tra Comuni (come nel caso di Pisa ghibellina e Genova guelfa) o quelli tra fazioni rivali all'interno di uno stesso Comune (come nel caso di Firenze, dove i due partiti si combatterono nel corso di tutto il Duecento).

Il ruolo della Chiesa e gli ordini mendicanti

Di fronte al progressivo affermarsi della nuova cultura e della nuova mentalità cittadine, la Chiesa fu di nuovo costretta a mettersi in discussione e a rinnovarsi. Il **papa Innocenzo III** volle **ristabilire la piena autorità del pontefice** sia all'esterno sia all'interno della Chiesa. Contro l'imperatore Federico II riaffermò il principio che ogni potere veniva da Dio e che quindi ogni sovrano doveva sottomettersi al papa, rappresentante di Dio in terra. All'interno, servendosi del **Tribunale dell'Inquisizione** (fondato nel 1232), represse i movimenti ereticali che si erano sviluppati nei ceti popolari delle città e che contestavano la corruzione e la ricchezza della Chiesa, ne mettevano in discussione l'autorità e predicavano il ritorno alla purezza evangelica.

Nel Duecento nascono francescani e domenicani

Alle nuove aspirazioni spirituali la Chiesa reagì anche esprimendo al suo interno nuove forze, in primo luogo gli **ordini mendicanti**: l'ordine domenicano, fondato nel 1216 da Domenico di Guzmán, e l'ordine francescano, la cui regola fu quella dettata da Francesco d'Assisi e venne riconosciuta dal papa nel 1223.

Francescani e domenicani, pur con percorsi diversi, si posero il comune obiettivo di sconfiggere l'eresia attraverso la predicazione e l'esempio della povertà, svolgendo un ruolo di grande importanza nella vita cittadina e riportando nel seno della Chiesa le **esigenze di rinnovamento spirituale**.

Le crociate

La straordinaria presenza e influenza della Chiesa nel mondo medievale è testimoniata anche dalle **crociate**, le **spedizioni armate promosse per strappare agli arabi il controllo della Terrasanta** e liberare il Santo Sepolcro dalle mani degli "infedeli".

Le Crociate favoriscono i commerci e gli scambi culturali

Le prime tre crociate, che si svolsero fra il 1095 e il 1192, videro l'entusiastica adesione della cristianità, le successive spedizioni persero quasi del tutto il loro significato religioso.

La valutazione che gli storici danno del fenomeno delle crociate è complessa. Se esse infatti non raggiunsero lo scopo di scacciare gli arabi dalla Palestina, tuttavia ebbero una **grande importanza dal punto di vista economico-sociale e culturale**, poiché diedero impulso ai contatti e agli scambi commerciali fra Europa e Asia e contribuirono a diffondere in Occidente la cultura araba, più avanzata di quella europea.

3 La crisi del Trecento

Nel corso del Trecento gli equilibri sui quali si era retta la società medievale andarono in crisi e iniziò un secolo di travaglio e di sconvolgimenti profondi che preparò la nascita di una nuova civiltà.

La diminuzione della produzione agricola nelle campagne

La **crisi** fu innanzitutto **di carattere economico** e investì prevalentemente le **campagne**. Qui si era rotto quel rapporto favorevole tra popolazione e risorse che era stato alla base della rinascita dopo il Mille, quando i due fattori costituiti dall'aumento della popolazione e dall'incremento della produzione agricola si erano influenzati reciprocamente in modo positivo. Ormai le nuove terre messe a coltura erano povere e poco redditizie, mentre, d'altra parte, le tecniche agricole non avevano subito alcuna innovazione rispetto a quelle di due secoli prima. Le risorse alimentari dunque scarseggiavano e bastò qualche annata di cattivo raccolto per creare vere e proprie **crisi di carestia**. La denutrizione indebolì la resistenza fisica della popolazione diminuendone le difese di fronte alle spaventose **epidemie di peste** che per ben tre volte nel secolo mieterono centinaia di migliaia di vittime.

Carestie e pestilenze provocano una diminuzione della popolazione

Carestie e crisi demografica alla base di tensioni e rivolte

Un distruttivo ciclo di carestie-epidemie fece sì che alla fine del **Trecento la popolazione europea fosse dimezzata**, molte terre e villaggi abbandonati, la crescita delle città interrotta. Questa situazione provocò **forti tensioni nelle campagne**, dove il numero dei contadini era diminuito, non solo per effetto di carestie ed epidemie, ma anche per la tendenza ad abbandonare i villaggi per trasferirsi in città, dov'era più facile trovare da sfamarsi. Da una parte i lavoratori rimasti chiedevano salari più alti, dall'altra i proprietari terrieri, di fronte alla diminuzione delle rendite, tendevano a sfruttare maggiormente i contadini. Ne nacquero **sanguinose rivolte** tra le quali una delle più violente fu quella scoppiata in Francia nel 1358, detta *jacquerie* dall'appellativo di Jacques le Bonhomme, "Giacomo buonuomo", come in modo sprezzante i nobili usavano indicare i contadini. Le rivolte nelle campagne furono **represse nel sangue**, ma resero difficile alla nobiltà feudale di gran parte dell'Europa l'aumento dei canoni d'affitto. Le rendite dei proprietari terrieri diminuirono così sensibilmente e molti nobili, non più in grado di fronteggiare la crisi, trasferirono alla borghesia cittadina parte dei loro possedimenti fondiari.

Il malcontento dei contadini e la diminuzione delle rendite terriere provocano rivolte nelle campagne

Le tensioni sociali si estendono alle città

Anche se con dieci-venti anni di ritardo rispetto alle campagne, la crisi colpì pure la società commerciale e artigianale urbana. La diminuzione delle rendite dei proprietari terrieri e l'impoverimento dei contadini provocarono una forte contrazione dei consumi, di merci di lusso e di prodotti dell'artigianato. I profitti di mercanti e artigiani si restrinsero, i prezzi divennero molto instabili e frequenti le svalutazioni monetarie (diminuzione del contenuto di oro e di argento nelle monete) operate dai sovrani. Anche all'interno delle città la crisi economica provocò un **inasprimento dei conflitti**, come quello che nel 1378, a Firenze, vide il "**popolo minuto**" (gli appartenenti alle Arti minori e i salariati) schierato contro la **borghesia** o "**popolo grasso**". Fu una vera e propria rivolta che, dal nome degli operai cardatori di lana, prese il nome di rivolta dei *Ciompi* e che portò i rappresentanti popolari per la prima volta al governo della città.

La crisi economica accentua i conflitti tra "popolo grasso" e "popolo minuto" nelle città

Contadini ribelli condannati all'impiccagione.

L'Impero abbandona l'Italia

Dopo la metà del XIII secolo, in seguito al fallimento del progetto di Federico II di ricostruire il dominio imperiale in Italia, si aprì per l'Impero una **fase di grande debolezza**: l'autorità dell'imperatore era ormai quasi solo nominale e non riusciva più a imporsi né sui principi e sui grandi feudatari, né sulle città.

L'evoluzione dell'Impero nel corso del XIV secolo portò di fatto Federico II a rinunciare alle pretese di dominio universale e ad **allentare il suo legame con l'Italia e con il papato**, avviandosi a costituire un organismo politico essenzialmente tedesco che, pur sempre fragile e frantumato, divenne tuttavia più compatto che in precedenza.

Si rompe l'unità della Chiesa

Anche l'altro grande potere universalistico, il papato, attraversò un periodo di crisi profonda. Vi fu il tentativo da parte di papa Bonifacio VIII di riaffermare il primato del pontefice su ogni altra autorità temporale, ma esso si scontrò con la dura opposizione del re di Francia Filippo il Bello, che giunse a fare imprigionare il pontefice. Alla morte di Bonifacio (1303) fu eletto papa un cardinale francese e la sede pontificia fu trasferita in Provenza, ad **Avignone**, dove rimase quasi settant'anni, sotto il controllo dei sovrani francesi, attraversata da gravi fenomeni di corruzione e perdita di spiritualità.

Papi, anti-papi e scismi scuotono la Chiesa

Forti esigenze di rinnovamento spirituale e di riforma della Chiesa si diffusero allora in tutta Europa, preparando gli sviluppi futuri del protestantesimo e della riforma cattolica. Ma la Chiesa cadde in una crisi ancora più grave con il **Grande scisma** che divise la cristianità tra il 1378 e il 1409 e che portò all'**elezione di due papi**, uno a Roma, l'altro eletto dal clero francese. Quando il Concilio di Pisa nel 1409 depose i due pontefici e ne elesse un terzo, poiché i primi due avevano rifiutato tale decisione, vi furono per alcuni anni addirittura tre papi. Solo alla metà del Quattrocento la Chiesa ritroverà la sua unità, ma le esigenze di rinnovamento rimaste insoddisfatte apriranno nel mondo cristiano nuove lacerazioni e nuove strade di rinnovamento.

L'imperatore Federico II.

cronologia

1000 · 1050 · 1100 · 1150 · 1200 · 1250 · 1300 · 1350

Avvenimenti storici

Seconda metà dell'XI secolo: nascono i primi Comuni. A Venezia si delinea la struttura della repubblica oligarchica.

Veduta di Venezia

1076-1122: lotta per le investiture tra papato e impero.

Una lezione all'università di Bologna

1088: a Bologna viene fondata la prima università.

1096-99: Prima crociata e conquista di Gerusalemme. Le città marinare italiane si assicurano il monopolio dei traffici nel Mediterraneo.

I domini di Genova

Prima metà del XIII secolo: incominciano le lotte all'interno dei Comuni italiani e quelle tra le repubbliche marinare per il controllo dei traffici con l'Oriente.

1211-50: regno di Federico II di Svevia in Sicilia e nell'Italia meridionale.

1220-30: crociata contro gli albigesi; la cultura provenzale viene rapidamente distrutta.

La battaglia di Montaperti

1260: battaglia di Montaperti: i ghibellini toscani sconfiggono i guelfi.

1271-95: viaggio di Marco Polo in Cina.

Prima metà del XIV secolo: si diffondono in Italia settentrionale i movimenti ereticali; la sede del papato si trasferisce ad Avignone.

1300: il papa Bonifacio VIII indice il primo Anno Santo della storia; nel frattempo, lotta contro il re di Francia Filippo IV il Bello.

1348: la peste nera si diffonde rapidamente in Italia e in Europa, accentuando la crisi già in atto.

L'evoluzione delle arti

Giovanni Pisano, *Natività*, 1298-1301, rilievo in marmo dal pulpito di Sant'Andrea, Pistoia.

L'arte del tardo Medioevo rispecchia il rapido sviluppo della società e della mentalità che caratterizza i secoli XI-XIV. L'importanza predominante e la potenza della Chiesa sono testimoniate dal fatto che la maggior parte dei committenti sono ordini religiosi e che la maggior parte delle opere sono di argomento sacro.

Accanto all'arte religiosa, il tardo Medioevo vede lo sviluppo dell'arte laica, legata all'affermazione dei Comuni e delle prime Signorie (palazzi comunali, statue celebrative di imperatori e re, rappresentazioni di paesaggi campestri e cittadini e così via).

Nel campo della pittura, la figura centrale di questo periodo è Giotto. Nelle sue opere pittoriche l'artista abbandona il carattere astratto delle rappresentazioni medievali e introduce elementi di tipo realistico (paesaggi, architetture, interni di abitazioni, espressioni individuali nei volti e negli atteggiamenti dei personaggi ecc.). Giotto diffonde il proprio stile in gran parte dell'Italia, svolgendo la sua attività in diversi luoghi e dando vita a una scuola che domina in tutto il XIV secolo.

Nella scultura, il più importante artista del Medioevo è Wiligelmo, a cui si devono i rilievi del duomo di Modena, uno dei capolavori del periodo romanico.

Nel XIII-XIV secolo s'impone la famiglia dei Pisano, attivi in tutta l'Italia centrale, che svolgono nello stesso tempo opera di scultori e di architetti.

Nel campo dell'architettura, pochi sono i nomi di grande rilievo, ma moltissime le opere collettive. I cantieri delle grandi cattedrali durano infatti decenni o secoli, e la mentalità dell'epoca non attribuisce alla paternità del progetto l'importanza che siamo soliti attribuirle in epoca moderna.

I due stili dominanti dell'epoca sono il romanico e il gotico. La chiesa romanica si caratterizza per la presenza di archi a tutto sesto e per la facciata "a capanna". La chiesa gotica si caratterizza invece per l'accentuata verticalità, per la presenza di archi rampanti e a sesto acuto, e per l'importanza che assumono i giochi di luce, resi possibili dalle ampie finestre multicolori e dall'apertura del rosone sulla facciata.

1 Duccio di Buoninsegna, *Madonna di Perugia*, Galleria Nazionale, Siena. Duccio fu l'esponente più rappresentativo della scuola senese a cavallo tra Duecento e Trecento, formalmente aderente alla sensibilità dello stile gotico.

cronologia

pittura

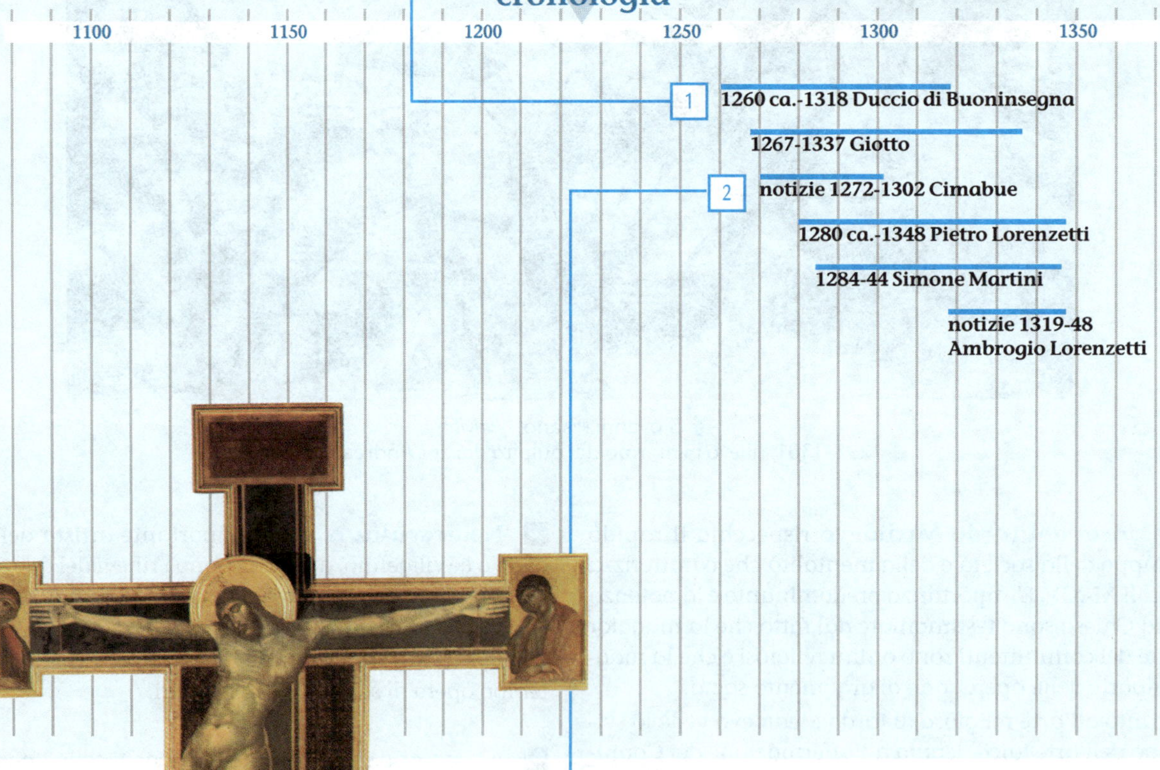

2 Cimabue, *Crocifisso*, Museo dell'Opera di Santa Croce, Firenze.

3 Bassorilievo di Wiligelmo che raffigura la creazione dell'uomo e della donna e il peccato originale (Duomo di Modena).

4 Arnolfo di Cambio, *Monumento a Carlo I d'Angiò*, Musei capitolini, Roma.

cronologia

1100 – 1150 – 1200 – 1250 – 1300 – 1350

scultura

- [3] notizie 1099-1110 Wiligelmo
- 1150 ca.-1230 Benedetto Antelami
- 1215/20-1278/84 Nicola Pisano
- 1245 ca.-1302 Arnolfo di Cambio [4]
- 1248 ca.-dopo il 1314 Giovanni Pisano
- 1285 ca.-1337 Tino da Camaino
- 1290 ca.-dopo il 1348 Andrea Pisano

architettura

- [5] IX-XII secolo basilica di Sant'Ambrogio - Milano
- 1099-1184 Duomo di Modena
- 1132-43 Cappella Palatina - Palermo
- 1172-85 Duomo di Monreale
- XI-XIV secolo Campo dei Miracoli - Pisa [6]
- Giotto (1267-1337)

5 La basilica di Sant'Ambrogio a Milano è il punto di riferimento per tutte le chiese romaniche lombarde.

6 Campo dei Miracoli, Pisa.

1 Giotto Il bacio di Giuda

L'autore

- Nato a Vespignano, un paesino del Mugello, intorno al 1267, Giotto si forma alla scuola di Cimabue, il più importante pittore fiorentino del tempo.
- Le sue prime opere risalgono agli anni 1290-95 e sono alcuni affreschi di Assisi, dove si stava edificando la grandiosa basilica dedicata a san Francesco. Dopo un breve soggiorno a Firenze, Giotto torna ad Assisi, dove a partire dal 1296 realizza il ciclo di affreschi più importante, quello dedicato alla vita di san Francesco (in cui il santo, come più tardi nel *Paradiso* di Dante, viene presentato non come asceta, ma come riformatore e difensore della Chiesa).
- Chiamato a Roma nel 1300 da Bonifacio VIII, in occasione del primo Anno Santo, vi resta per qualche tempo. Nel 1304-06 è a Padova, dove affresca la Cappella degli Scrovegni, considerata da molti il suo capolavoro. Diventato famosissimo in Italia e all'estero, Giotto continua a lavorare in diverse città, tra cui naturalmente Firenze, ma affida sempre più spesso la realizzazione dei propri progetti ad allievi e collaboratori. Tra i moltissimi lavori degli ultimi anni, va ricordato in particolare il Campanile della cattedrale di Firenze, del 1334.
- Il pittore muore a Firenze nel 1337.

Giotto, *Il bacio di Giuda*, 1304-1306, Cappella degli Scrovegni, Padova.

L'opera

- Affrescata tra il 1304 e il 1306, la Cappella degli Scrovegni di Padova è considerata uno dei massimi capolavori dell'arte di Giotto. La parete che resta alle spalle di chi entra è occupata dal celebre Giudizio universale; le pareti laterali e quella di fondo sono invece suddivise in riquadri, con episodi della vita di Gioacchino (il padre di Maria) e della vita di Gesù.
- La grandiosità della concezione ha fatto paragonare quest'opera alla *Divina Commedia* di Dante, che tra l'altro nel *Purgatorio* indica proprio in Giotto il maggiore artista del suo tempo.

Particolare dell'affresco.

Interno della Cappella degli Scrovegni.

Una scena movimentata Il riquadro che osserviamo più analiticamente, noto come "Il bacio di Giuda" o "Il tradimento di Giuda", si trova esattamente al centro della parete di destra, in una posizione cioè di particolare rilievo, quale si addice a uno degli episodi più drammatici del racconto evangelico.

Giotto rappresenta il momento in cui i soldati arrivano per arrestare Gesù e, poiché non lo conoscono, Giuda lo indica abbracciandolo e baciandolo. Al centro della scena si trovano i due protagonisti: Giuda, leggermente più basso di Gesù, lo avvolge quasi completamente nel suo mantello. Intorno ai due protagonisti si trova una vera e propria folla di personaggi in movimento: apostoli che tentano di difendere il loro maestro, soldati che vogliono arrestarlo. La parte superiore del quadro è occupata da due grandi fiaccole che illuminano la scena, mentre armi e bastoni alzati indicano la lotta in corso.

Un realismo drammatico L'artista insiste innanzitutto sulla drammaticità della scena: Giotto racconta l'episodio ponendo in primo piano i gesti dei personaggi e attribuendo all'intera scena un carattere realistico sconosciuto all'arte medievale prima di lui.

Lo stesso realismo è rivelato dai volti e dalle espressioni dei personaggi. Gesù e Giuda, rappresentati di profilo, si guardano negli occhi: Gesù appare tranquillo, tristemente rassegnato, Giuda ha invece lo sguardo cupo; alla nobiltà dei lineamenti di Gesù (la fronte alta, lo sguardo chiaro) si contrappongono i tratti quasi scimmieschi di Giuda (fronte bassa, occhi piccoli e torbidi). Ma i loro volti non appaiono astratti o simbolici: Gesù e Giuda hanno espressioni individuali, non sono allegorie della santità e del peccato; altrettanto reali e ben individuati appaiono i volti degli altri personaggi, tutti fortemente caratterizzati. Giotto è ancora lontano dal "ritratto" attraverso cui il Rinascimento esprimerà la sua concezione individualistica dell'uomo, ma lo anticipa chiaramente.

2 Il Duomo di Milano

L'opera

- Iniziata nel 1386 e proverbialmente "mai finita", la cattedrale di Milano è il più importante monumento dell'architettura italiana tardo-gotica.
- Come tutte le cattedrali del Medioevo, essa non è attribuibile a un architetto o a un artista particolare, ma nacque soprattutto dal desiderio del duca Gian Galeazzo Visconti, signore della città, che voleva rivaleggiare con le grandi cattedrali francesi e fare di Milano la capitale di un grande stato.
- Per cogliere l'importanza di quest'opera, concentriamo l'attenzione soprattutto su tre elementi.

La facciata del Duomo di Milano.

La navata centrale.

La statua della Madonna sulla guglia più alta. A destra, gli alti pilastri che sostengono le volte a crociera.

La tensione verso l'alto La chiesa gotica (i primi esempi risalgono al XII secolo) si caratterizza rispetto agli edifici sacri precedenti per la sua altezza: la tensione verso l'alto ha chiaramente un valore simbolico, di aspirazione verso il cielo, verso la divinità, ma la possibilità di realizzare chiese molto alte è legata a una tecnica costruttiva particolare, gli archi rampanti. Gli archi rampanti sono gli archi che sostengono lateralmente le pareti: con le tecniche costruttive del Medioevo, una chiesa non poteva essere molto alta, perché le pareti non avrebbero retto il peso del tetto e a meno di essere esageratamente spesse. Gli archi rampanti permettono invece di scaricare il peso lateralmente e quindi di rendere le pareti più alte e più sottili. Il duomo di Milano è alto più di 100 metri.

La tensione verso l'alto è testimoniata anche dai numerosissimi pinnacoli e guglie che sostengono statue di santi, di angeli e di personaggi biblici. Tali decorazioni non hanno alcuna funzione strutturale e caratterizzano le chiese del periodo tardo-gotico, detto anche "gotico fiorito" proprio a causa del suo carattere raffinato e ormai lontano dalla severa spiritualità delle prime cattedrali gotiche.

L'importanza della luce Le innovazioni tecniche consentono agli architetti di aprire nelle pareti delle chiese gotiche ampie finestre. La luce è un altro elemento simbolico caro allo stile gotico (essa emana infatti dalla divinità e la rappresenta) e le vetrate multicolori del duomo di Milano sono tra le più celebri del mondo. Di particolare importanza sono le enormi finestre dell'abside, tra le più antiche della chiesa, che presentano la caratteristica forma con l'arco "a sesto acuto" (uno dei caratteri tipici dell'architettura gotica, che la distingue da quella romanica e ne accentua la verticalità).

La facciata "a capanna" Proprio per accentuare la luminosità dell'interno, la chiesa gotica si caratterizza per la presenza di un ampio rosone al centro della facciata (anzi, la presenza del rosone è il primo carattere che distingue la chiesa gotica da quella romanica, sempre che la facciata abbia conservato la sua struttura originaria). Questo elemento è però assente nel duomo di Milano, che presenta una facciata "a capanna", che a causa della sua larghezza dà all'edificio un carattere di solidità "ben piantata per terra", apparentemente in contraddizione con la spinta verticale del gotico. La facciata si inserisce in effetti nella tradizione lombarda, riprendendo la struttura tipica delle chiese romaniche e richiamando in particolare la basilica di sant'Ambrogio, sede del vescovo milanese prima della costruzione del duomo.

Il panorama letterario

Dante Alighieri

Dal punto di vista letterario, il basso Medioevo si caratterizza per la **nascita delle letterature in lingue moderne.**

Il primo fenomeno di grande rilievo riguarda la Francia, dove si sviluppano quasi contemporaneamente due diversi filoni letterari: quello legato alle **canzoni di gesta**, che esprimono una concezione della vita severamente religiosa e rispecchiano la mentalità dell'aristocrazia guerriera, e quello legato alla **cultura cortese**, che si manifesta nelle liriche d'amore dei provenzali e nei romanzi cavallereschi di Chrétien de Troyes.

In Italia, le origini della letteratura riguardano principalmente tre zone geografiche. In Italia centrale, e in particolare in **Umbria**, fiorisce nel XIII secolo la poesia religiosa, legata alle figure di Francesco d'Assisi e di Jacopone da Todi; in **Sicilia** si sviluppa la lirica d'amore, a imitazione di quella provenzale, che in seguito influisce sulla poesia toscana e sullo stilnovismo, fino a Petrarca; nella **pianura Padana** si sviluppa invece il filone della poesia didattica e della prosa d'arte.

Con la crisi della cultura provenzale, l'Italia raggiunge la piena maturità letteraria alla fine del Duecento, con l'opera degli **stilnovisti** e di **Dante Alighieri**, e nella prima metà del Trecento, con la *Divina Commedia* di Dante, il *Canzoniere* di **Petrarca** e il *Decameron* di **Boccaccio**, la cui data di pubblicazione (1351) dà inizio a quello che è stato definito "il secolo senza poesia". L'eredità italiana viene però raccolta dal primo grande scrittore inglese, Geoffrey Chaucer, che pare prendere a modello proprio Boccaccio per i suoi *Racconti di Canterbury*.

Francesco Petrarca

cronologia

1100 · 1150 · 1200 · 1250 · 1300 · 1350

- **1050 ca.** *Chanson de Roland*
- **XII secolo** LIRICA CORTESE PROVENZALE
- **1182-1226** FRANCESCO D'ASSISI
- 1220-1250 *Scuola siciliana*
- **1230/40-1276** GUIDO GUINIZZELLI
- **1259-1300** GUIDO CAVALCANTI
- **1260-1312** CECCO ANGIOLIERI
- **1265-1321** DANTE ALIGHIERI
  - 1292-94 *Vita nuova*
  - 1304-09 *Inferno*
  - 1309-14 *Purgatorio*
  - 1314-20 *Paradiso*
- **1304-74** FRANCESCO PETRARCA
  - 1325-66 *Lettere familiari*
  - 1335-74 *Canzoniere*
- **1313-75** GIOVANNI BOCCACCIO
  - 1349-51 *Decameron*
- **1340/45-1400** GEOFFREY CHAUCER

Giovanni Boccaccio

Geoffrey Chaucer

Dante Alighieri

Il percorso che ti proponiamo è scandito in cinque tappe.

Intorno al classico

Per approfondire il contesto in cui si colloca l'opera di Dante, ti proponiamo la lettura di quattro testi:

- il primo è un esempio di **poesia religiosa**;
- il secondo e il terzo sono opera di due poeti appartenenti al cosiddetto **Stilnovo**, il movimento poetico a cui in gioventù appartenne anche Dante;
- l'ultimo è un esempio di **poesia comico-realistica**.

Incontro con l'autore

Ti proponiamo un breve inquadramento storico, culturale e letterario della **vita** e delle **opere** di Dante Alighieri.

Le opere minori

Le opere minori di Dante sono "minori" rispetto alla *Divina Commedia*, ma costituiscono comunque i capolavori della sua epoca. Ti proponiamo perciò due brevi testi poetici, appartenenti alla giovinezza di Dante:

- un sonetto tratto dalle ***Rime***;
- un sonetto tratto dalla ***Vita nuova***, il romanzo in prosa e in versi in cui Dante canta l'amore per Beatrice.

Divina Commedia

L'importanza di Dante è legata soprattutto alla *Divina Commedia*. Di quest'opera ti presentiamo nove brani:

- cinque tratti dall'***Inferno***;
- due tratti dal ***Purgatorio***;
- due tratti dal ***Paradiso***.

Laboratorio

Ti proponiamo infine di lavorare sulla **parafrasi**, a partire da alcuni passi della *Divina Commedia*, per migliorare le tue capacità di comprensione del testo e di scrittura.

Intorno al classico

La poesia religiosa

Il pensiero e la cultura medievali hanno prevalentemente un **carattere religioso**. Domina in essi la concezione cristiana e trascendente del mondo, i cui principi sono contenuti nelle Sacre Scritture, cioè nella *Bibbia* e nei *Vangeli*, che la Chiesa ha il compito di interpretare e diffondere per guidare gli uomini verso la beatitudine eterna del Paradiso.

La Chiesa è la depositaria della cultura medievale

La Chiesa è dunque la depositaria del sapere e della verità, e per tutti i secoli dell'alto Medioevo la cultura ha un carattere esclusivamente clericale e una diffusione molto limitata. Infatti, nello sconvolgimento provocato in tutta Europa dalle invasioni barbariche fra il IV e l'VIII secolo d.C., in una situazione in cui sia il popolo sia l'aristocrazia guerriera dei conquistatori sono incolti e analfabeti, chi sa **leggere e scrivere** è solo un **esiguo numero di ecclesiastici**, i ***chierici***.

Essi si formano soprattutto nei grandi monasteri benedettini, dove monaci colti, veri e propri specialisti della lettura e della scrittura, si dedicano allo **studio** e alla **produzione culturale**.

I monasteri sono centri di produzione e conservazione del patrimonio culturale

In luoghi del monastero adibiti a questo lavoro, detti appunto *scriptoria*, essi **copiano** a mano le **grandi opere del passato** appartenenti alla cultura greca e latina, custodendo e mantenendo così in vita un **enorme patrimonio culturale**.

Compongono anche opere originali di argomento religioso, come scritti teorici sulla dottrina cristiana, commenti e interpretazioni delle Sacre Scritture, inni sacri e preghiere, vite di santi. Questa vasta produzione è tutta in latino, la lingua ufficiale della Chiesa. Per quasi mezzo millennio dunque, dal VI all'XI secolo circa, la cultura e la produzione scritta hanno una **diffusione molto ristretta** e totalmente **controllata dalla Chiesa**.

Dopo il Mille comincia a svilupparsi una cultura di tipo nuovo

I nuovi gruppi sociali formatisi all'interno delle città rifiorenti cominciano a sviluppare una cultura autonoma di tipo laico, che utilizza come mezzo espressivo il volgare ed è più diffusa e popolare di quella ufficiale della Chiesa. Tuttavia, la concezione sacrale del mondo e l'atteggiamento religioso restano centrali e dominanti nella cultura medievale per tutto il Duecento e il Trecento.

È appunto di carattere religioso una delle prime espressioni letterarie della nuova lingua italiana. Si tratta della **poesia religiosa in volgare**, sorta in Umbria all'inizio del Duecento, che usa il linguaggio del popolo cui si rivolge, anche se gli autori spesso non sono di estrazione popolare. Essa esprime contenuti a volte in contrasto con la cultura ecclesiastica ufficiale ed è vicina alla sensibilità delle classi meno abbienti che, animate da un forte anelito di riforma morale e di giustizia sociale, danno vita ai movimenti "pauperistici", contestano il potere mondano e la ricchezza materiale della Chiesa ispirandosi ai **principi evangelici di povertà e di fratellanza**, predicando il ritorno alla purezza del cristianesimo primitivo.

La poesia in quest'epoca è ancora legata all'**oralità**, viene cioè spesso recitata davanti a un pubblico analfabeta o cantata collettivamente. Per questo abbandona presto il latino per esprimersi nella lingua che il popolo capisce e parla.

La poesia d'amore

Anche se per tutto il Medioevo, almeno fino al XVI secolo, la Chiesa diffuse una morale di tipo ascetico, tendente alla mortificazione degli istinti e delle passioni, che contrapponeva l'amore per Dio all'amore coniugale e terreno, il **tema dell'amore fu all'origine delle letterature in volgare**.

Nelle corti feudali nasce la concezione dell'amore cortese

Fu dapprima nelle corti feudali della Provenza e della Francia, all'inizio del XII secolo, che si venne a formare una concezione dell'amore, detta dell'*amore cortese*. Si trattava di una teorizzazione che nasceva in **ambiente nobiliare e aristocratico**, destinata a un pubblico scelto e raffinato, e che ebbe i suoi esiti letterari maggiori nella lirica dei trovatori provenzali e nella narrativa romanzesca in lingua d'*oïl* (il volgare parlato nel Nord della Francia). In questa letteratura cortese autori e pubblico erano legati da un'alta omogeneità, vivevano nello stesso ambiente e avevano in comune la stessa cultura e il codice – regole, comportamenti, parole chiave – in cui essa si esprimeva.

La miniatura, tratta dal Manoscritto di Heidelberg (inizi 1300), illustra una scena d'amor cortese.

L'amore cortese trovò una sistemazione teorica nel trattato *De Amore*, composto in prosa latina da Andrea Cappellano presso la corte francese della Champagne, intorno al 1185. Il *fin'amor*, o **amore nobile**, per Cappellano è all'origine di tutte le buone qualità. Veniva inteso come un'esperienza di educazione interiore che elevava le capacità dell'individuo, in un **continuo sforzo di perfezionamento**. Il fine di questo sforzo era ottenere il favore della dama, il compimento dell'amore. I momenti della vicenda amorosa erano espressi secondo precisi schemi che traducevano in forma letteraria i costumi dell'antica società cavalleresca: la donna amata era rappresentata come *castellana* e *signora* assoluta; l'amante era suo *vassallo* fedele; l'amore era concepito come un *servizio*, che esigeva una **dedizione totale**. In generale esso rimaneva inappagato, secondo l'idea che la sua soddisfazione avrebbe esaurito il desiderio e diminuito la nobiltà dei sentimenti. Quest'amore, **fonte di elevazione spirituale**, non poteva aver sede negli animi volgari e *villani*, ma solo in quelli ***cortesi***. L'amante doveva essere generoso e discreto, nemico della menzogna e della gelosia, riservato tanto da celare l'identità della donna amata usando un nome falso o *senhal*. La donna amata, a sua volta, doveva ricompensare l'amante dando in premio *pretz* e *onor*, pregio e onore, promettendo felicità e *joi*, gioia.

L'amore nobile è inteso come educazione interiore per conquistare la donna amata

Il Dolce Stilnovo

Attraverso le opere dei lirici che si raccolsero, nella prima metà del Duecento, **alla corte siciliana di Federico II**, questi temi furono ripresi e via via modificati prima dal *Dolce Stilnovo* di Guinizzelli, Cavalcanti, Dante e poi, nel Trecento, dalla poesia d'amore petrarchesca.

Un elemento di continuità tra la poesia provenzale e quella italiana era il fatto che il tema dell'amore e la figura della donna come oggetto di rappresentazione poetica rimanevano astratti dalla situazione reale del tempo. La finzione letteraria, contro una realtà concreta del tutto differente, creava un mondo dominato dalle donne, viste e descritte attraverso gli occhi di uomini che le amavano e adoravano. Nella **Scuola poetica siciliana** il tema centrale era la ***servitù d'amore***: l'amante si sottometteva al servizio di "madonna" (dal latino *mea domina*, mia signora), superba e distante, sperando di ottenere con la sua umiltà la ricompensa d'amore. Legati a questo, comparivano altri temi: la **lontananza** dell'amata, la **paura** di manifestare il proprio amore, il **rimpianto** delle gioie d'amore perdute. Sul piano delle immagini, come già era stato per i trovatori, numerose erano le metafore e le analogie, che sarebbero diventate tipiche delle liriche d'amore di tutti i tempi successivi: l'amore come lotta (assalto, difesa, vittoria, sconfitta), come fuoco (fiamma, ardore, scintilla), come sottomissione, come tormento e sofferenza.

Il tema centrale della Scuola siciliana è la servitù d'amore

Nei poeti dello **stilnovismo** il fondamento dell'amore è indicato nell'**onestà dei costumi**, e la **"gentilezza" del cuore e dei sentimenti** – un nuovo nome per la "cortesia" – è identificata, in modo più forte ed esplicito che nei provenzali, con le più **alte qualità morali e spirituali** dell'uomo. Per Guinizzelli l'amore è fonte di perfezionamento e di nobiltà. L'**amore** (che proviene dalla donna) **penetra nei cuori gentili (disposti ad amare) per un'adesione spontanea.** La "gentilezza" non è un fatto di nobiltà ereditaria, ma una qualità morale e i meriti e le virtù personali diventano il segno di una predisposizione naturale.

L'amore stilnovistico è gentile

"Gentile" diventa la parola chiave dello stilnovismo. Con questo termine si vogliono infatti indicare sia l'**insieme delle virtù considerate nobili**, sia una **collocazione sociale elevata**, indispensabile perché esse siano praticate. È importante notare come gli autori dello stilnovismo non intendano esprimere nelle loro liriche la propria storia d'amore e i propri stati d'animo. Le situazioni amorose rappresentate sono **prive di riferimenti personali**, che sarebbero legati a un luogo e a un tempo. Gli stilnovisti accentuano, rispetto ai lirici precedenti, un processo di astrazione dell'esperienza amorosa: **Dante**, per esempio, raccontando il suo amore per Beatrice, attribuisce alla propria vicenda un valore simbolico in senso religioso; la sua esperienza d'amore, pur muovendo da una donna reale, diventa un **esempio per tutti di avvicinamento a Dio e purificazione**, di cui la donna è strumento e guida. In questa visione, l'amore per la donna non è in antitesi con l'amore per Dio. L'amore viene tolto all'influenza dei sensi e celebrato cristianamente, come un aspetto dell'amore per Dio e di Dio per gli uomini. La sfera dei sentimenti è dominata dalla *dolcezza*, i conflitti morali sono attenuati; il tema amoroso, conciliato con la spiritualità religiosa, è privato d'ogni riferimento realistico.

All'interno dello stilnovismo il tema amoroso è però svolto con accentuazioni diverse, a volte contrastanti. Se Dante prefigura nell'amore la dolcezza della beatitudine celeste, Cavalcanti lo intende come **forza in grado di sconvolgere** ed esaltare il cuore dell'uomo, capace d'essere sentimento violento e angoscioso, tale da condurre colui che ama alla distruzione di ogni sua facoltà fisica e spirituale e perfino alla morte.

La poesia d'amore nel Medioevo

1100-1220 circa	poesia provenzale	amore cortese
1220-1250	scuola siciliana	amore cortese
1250-1280	scuola toscana	amore cortese
1270-1300	Dolce Stilnovo	amore stilnovistico

La poesia comico-realistica

I giullari di corte cantano l'amore erotico

Già nei primi secoli del Medioevo è diffusa la figura del ***giullare***, attore, cantante, mimo che, girando soprattutto nelle corti feudali, diverte il pubblico con una **produzione prevalentemente orale**, che la Chiesa condanna come oscena e contraria alla morale cristiana. Inoltre, le prime forme letterarie in volgare che, come abbiamo visto, si sviluppano nelle corti feudali francesi sono espressione degli **interessi** e dei **gusti della nobiltà laica**, che sono diversi dai temi della cultura ecclesiastica.

Il tema dell'**amore**, in particolare, è rappresentato nella poesia dei trovatori anche come **passione e desiderio erotico**, del tutto in contrasto con la concezione morale della Chiesa che predica la mortificazione del corpo e il rifiuto dei piaceri materiali.

Anche lo **sviluppo delle università**, nel XIII secolo, favorisce l'affermazione di una cultura per molti aspetti autonoma, svincolata dall'autorità della Chiesa. Negli ambienti universitari gruppi di studenti, i cosiddetti ***goliardi***, peraltro quasi tutti chierici, conducono una vita libera e disordinata, nonostante i severi provvedimenti dell'autorità ecclesiastica, e assumono atteggiamenti di satira e critica anticlericale.

La letteratura goliardica affronta temi materiali

Essi danno vita a una letteratura poetica, detta appunto goliardica, che tratta temi come l'amore, il vino, il gioco, l'invettiva contro la gerarchia ecclesiastica e nella quale sono diffusi testi di parodia sacra, che cioè volgono in burla blasfema preghiere e testi liturgici.

Quelle dei goliardi sono comunque **manifestazioni marginali** e limitate a un ambito ristretto di **chierici dotti che scrivono in latino**. È con l'affermazione della nuova cultura laica all'interno delle città che si diffondono nuovi atteggiamenti e valori, e l'interesse per i piaceri e i beni materiali comincia a prevalere sulle preoccupazioni d'ordine morale.

La poesia comico-realistica tratta aspetti della quotidianità in un linguaggio "basso"

In polemica con i contenuti elevati del Dolce Stilnovo, il suo stile ricercato e la concezione dell'amore come raffinata esperienza spirituale, **la poesia comico-realistica utilizza un linguaggio "basso"**, a volte volgare, e uno stile "comico", nel quale viene rappresentata **la realtà di tutti i giorni nella sua concretezza** e dal quale emerge una visione pratica e utilitaristica dell'esistenza.

I temi sono la donna e l'amore nel loro aspetto sensuale, il piacere della buona tavola, l'interesse per il denaro e per una vita gaudente e spensierata, la maledizione della povertà.

Anche in questo caso, come nella produzione religiosa, il fatto che i poeti esprimano una sensibilità di tipo popolare non significa che siano incolti e provengano dai ceti bassi. Anche la poesia realistica obbedisce alle regole di un **genere letterario**, codificato da una tradizione giocosa e burlesca viva per tutto il Medioevo (prima in latino e poi in volgare) come quella dei giullari e dei goliardi. I poeti che scelgono lo stile "basso" sanno esprimersi anche in un linguaggio elevato e appartengono alla stessa cultura dei poeti maggiori. Lo stesso Dante sperimentò anche lo stile comico-realistico e ne fece poi tesoro nella composizione della *Divina Commedia*.

Questo tipo di poesia è interessante per il **gusto giocoso e caricaturale** che esprime, per la rappresentazione di aspetti del costume e della **vita quotidiana**, e perché testimonia di un atteggiamento di insofferenza nei confronti della cultura ufficiale.

I giullari, attori, musicisti e mimi, girando per le corti feudali, divertivano il pubblico con storie e canzoni tramandate perlopiù oralmente.

In sintesi

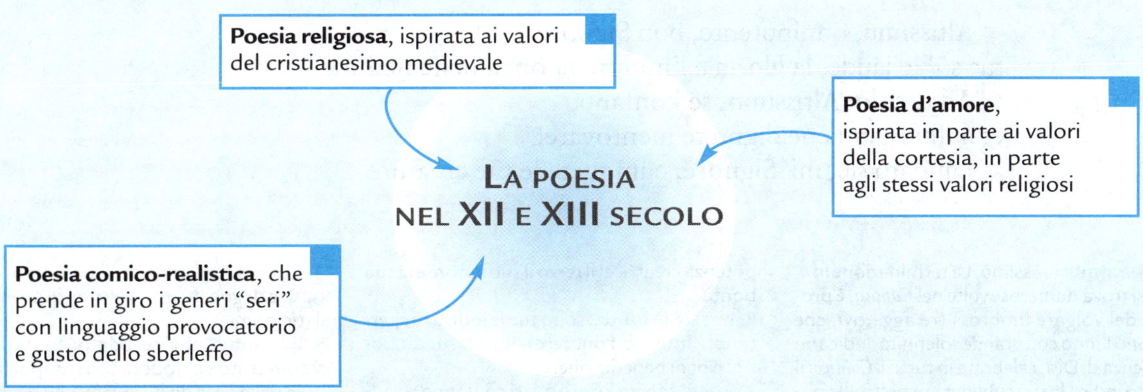

Francesco d'Assisi

L'autore

Francesco nacque ad Assisi nel 1182 da una famiglia della **ricca borghesia mercantile** e visse una giovinezza spensierata, divisa fra i consueti studi, nel corso dei quali imparò il francese e il latino, e gli svaghi propri dei giovani ricchi dell'epoca. Nel 1206 si convertì a una vita di penitenza e, dopo aver rinunciato ai beni paterni, visse in povertà, raccogliendo intorno a sé molti seguaci che trovarono nella sua predicazione una risposta alle esigenze morali e spirituali tanto diffuse a quel tempo dai movimenti "pauperistici". Anche il messaggio di Francesco, animato da una profonda **ricerca di rigenerazione**, si richiamava alla purezza del cristianesimo primitivo, alla **povertà e carità evangelica**; non c'era però nella sua predicazione quella carica polemica ed eversiva propria di molti movimenti popolari, che avevano spesso carattere ereticale. Francesco non mise in discussione l'autorità morale e dottrinale della Chiesa, alla quale non rifiutò mai di prestare obbedienza. Quella che egli proponeva era una rigenerazione individuale che partisse dal profondo della coscienza e investisse la vita quotidiana del cristiano.

L'**ordine dei frati Minori** da lui fondato ebbe, nel 1223, il riconoscimento ufficiale della Chiesa, che affidò al movimento francescano il compito di riportare nel proprio seno le tensioni spirituali e le aspirazioni dei ceti popolari. Francesco morì nel 1226.

Epoca
XIII secolo
Genere
poesia religiosa
Lingua
volgare umbro
Schema metrico
prosa ritmica, divisa in versetti che hanno fra loro delle assonanze

Cantico delle creature

Il *Cantico delle creature* è il primo testo di grande poesia della nostra letteratura. Esso fu probabilmente composto nel 1224, due anni prima della morte di Francesco, e quindi al termine di un'esistenza dedicata alla predicazione dell'amore e della povertà.

Quello di Francesco è un messaggio che vuole rivolgersi evangelicamente a tutti gli uomini. Da qui dipende anche la scelta linguistica del volgare umbro, attraverso il quale il poeta, che pure è colto e sa scrivere in latino, ricerca il contatto con tutto il popolo di Dio. Si tratta però di un volgare che non è la diretta trascrizione della parlata popolare, ma nel quale l'autore smussa le punte troppo dialettali inserendo elementi di volgare toscano e di latino, affinché il testo venga compreso dal maggior numero possibile di persone.

Altissimu, onnipotente, bon Signore,
tue so' le laude, la gloria e l'honore et onne benedictione.
Ad te solo, Altissimo, se konfano,
et nullu homo ène dignu te mentovare.
Laudato sie, mi' Signore, cum tucte le tue creature,

1. **Altissimu:** altissimo. La terminazione in *u*, che si trova numerose volte nel *Cantico*, è propria del volgare umbro. I tre aggettivi, che aprono l'inno con grande solennità, indicano l'essenza di Dio, celebrata in tutto il *Cantico*: il primo indica la sua sublimità rispetto alla pochezza dell'uomo, il secondo riguarda la sua potenza creatrice, il terzo il suo amore e la sua bontà.
2. **tue so' le laude:** sono tue le lodi, a te spettano; **l'honore:** l'onore; **et onne benedictione:** e ogni benedizione.
3. **Ad te:** a te; **se konfano:** si confanno, si addicono.
4. **et nullu homo:** e nessun uomo; **ène dignu:** è degno; **te mentovare:** di pronunciare il tuo nome.
5. **Laudato sie:** sii tu lodato; **cum tucte:** così come tutte. La lode di Dio comporta cioè la lode delle cose da lui create, che recano l'impronta del Creatore.

spetialmente messor lo frate sole,
lo qual'è iorno, et allumini noi per lui.
Et ellu è bellu e radiante cum grande splendore:
da te, Altissimo, porta significatione.
Laudato si', mi' Signore, per sora luna e le stelle:
in celu l'ài formate clarite et pretïose et belle.
Laudato si', mi' Signore, per frate vento
et per aere nubilo et sereno et onne tempo,
per lo quale a le tue creature dài sostentamento.
Laudato si', mi' Signore, per sor'acqua,
la quale è molto utile et humile et pretiosa et casta.
Laudato si', mi' Signore, per frate focu,
per lo quale ennallumini la nocte:
ed ello è bello et iocundo et robustoso et forte.
Laudato si', mi' Signore, per sora nostra matre terra,
la quale ne sustenta et governa,
et produce diversi frutti con coloriti fiori et herba.
Laudato si', mi' Signore, per quelli ke perdonano per lo tuo amore
et sostengo infirmitate et tribulatione.
Beati quelli ke'l sosterranno in pace

6. spetialmente: specialmente; **messor:** messer, cioè signore. Era un titolo dato ai principi e ai re e qui sta a indicare che il sole, fonte della luce, del calore e della vita, rappresenta il Signore; **frate:** fratello. Il sole è così chiamato in quanto fratello dell'uomo, poiché tutte le creature sono figlie di Dio. Allo stesso modo più avanti viene usato il termine *sora*, sorella.
7. lo qual'è iorno: il quale è luce del giorno; **et allumini noi per lui:** e tu ci illumini per mezzo suo. La luce del sole che illumina gli uomini ha anche significato simbolico: è la grazia contrapposta alle tenebre del peccato.
8. ellu: esso; **radiante:** raggiante.
9. da te... significatione: è tuo simbolo, reca il segno della tua grandezza.
11. celu: cielo; **formate:** create; **clarite:** splendenti.
13. aere: aria; **nubilo et sereno:** tempo nuvoloso e tempo sereno (i due termini sono sostantivi); **onne tempo:** ogni variazione di tempo. È un'allusione all'alternanza delle stagioni che rende possibile la vita sulla Terra («per lo quale a le tue creature dài sostentamento»).
16. casta: pura. L'acqua è simbolo di penitenza e purificazione in diversi culti religiosi.
18. ennallumini la nocte: illumini per noi la notte, le tenebre.
19. iocundo et robustoso: allegro e robusto (il suffisso *so* è rafforzativo).
20. matre: madre.
21. ne sustenta et governa: ci (*ne*) nutre e mantiene.
22. diversi... fiori: frutti vari e fiori d'ogni colore. La lode delle creature utili all'uomo si conclude in questo verso con la rappresentazione gioiosa di prati variopinti. È la natura, nella sua semplice bellezza, che domina questa prima parte del *Cantico*; con essa Francesco stabilisce un rapporto immediato ed elementare vedendovi la manifestazione di Dio.
23. Laudato si'...: la parte finale del *Cantico*, che ha inizio a questo verso, ha un contenuto più dolente e drammatico e riguarda più direttamente l'uomo, visto come creatura fragile, soggetta alla sofferenza e alla morte. Ma anch'esse fanno parte dell'ordine naturale delle cose volute da Dio e vengono perciò lodate in quanto mezzi per avvicinarsi a Lui; **ke:** che.
24. sostengo infirmitate et tribulatione: sostengono, sopportano malattie e tribolazioni.
25. quelli ke'l sosterranno in pace: quelli che sopporteranno, accetteranno serenamente le prove mandate da Dio. Il perdono in nome dell'amore di Dio (presente al verso 23) e la mansuetudine di fronte ai suoi voleri sono le virtù cristiane caratteristiche della religiosità francescana.

Il lessico e la grammatica

I diversi significati di un "per"

Gli studiosi del *Cantico delle creature* si sono lungamente divisi sul significato da dare alla preposizione "per": vi sono infatti tre interpretazioni possibili della frase «Laudato si' per...»:

- sii lodato **a causa di** (si loda Dio per aver creato l'universo);
- oppure sii lodato **per mezzo di** (si loda Dio attraverso la lode delle sue creature);
- o, ancora, sii lodato **da parte di** (Dio viene lodato dalle sue creature, che lo ringraziano per il fatto di esistere).

L'interpretazione che ci pare essere più persuasiva è la prima: **il poeta loda Dio per la sua creazione**.
Questa interpretazione è più coerente con la prima lode (quella del sole), in cui il significato è indubbio; ed è più coerente anche con la rivalutazione della realtà naturale, che è il tema di fondo del *Cantico*. Inoltre, non dimentichiamo che questa rivalutazione della realtà naturale aveva, per Francesco, un valore polemico nei confronti dell'eresia catara, molto diffusa ai suoi tempi, che svalutava ogni realtà corporea come corrotta e diabolica.
La preghiera di Francesco, come si vede, è strettamente legata al dibattito intellettuale del suo tempo, e non è affatto l'opera di un mistico sognatore e ingenuo come spesso si crede.

ka da te, Altissimo, sirano incoronati.
  Laudato si', mi' Signore, per sora nostra morte corporale
da la quale nullu homo vivente pò skappare:
guai a quelli ke morrano ne le peccata mortali;
beati quelli ke trovarà ne le tue sanctissime voluntati,
ka la morte secunda no'l farà male.
  Laudate e benedicete mi' Signore et rengratiate
e serviateli cum grande humilitate.

26. **ka:** poiché; **sirano incoronati:** saranno incoronati, glorificati nel regno dei cieli.
27. **morte corporale:** la morte del corpo, fisica. Francesco la loda perché permette all'uomo di raggiungere Dio nella resurrezione eterna, contrariamente alla morte spirituale, quella dell'anima, che è peccato e dannazione.
28. **pò skappare:** può scampare.
29. **a quelli... mortali:** a coloro che moriranno in peccato mortale. È un severo ammonimento, seguito dalla dichiarazione di beatitudine per coloro che invece moriranno in grazia di Dio, nel rispetto cioè dei suoi comandamenti.
30. **trovarà:** troverà; il soggetto è la morte corporale del verso 27.
31. **la morte secunda... male:** la morte spirituale, la dannazione non farà loro del male, non li potrà colpire.
32-33. **Laudate... humilitate:** il *Cantico* si chiude con l'esortazione ai fedeli a lodare, benedire, ringraziare il Signore e a servirlo in umiltà, cioè riconoscendo il proprio limite di fronte alla sua grandezza e accettando la sua volontà. Il verbo *serviateli* (servitelo) è un congiuntivo esortativo.

Analisi del testo

Dalla struttura al significato. Il testo si apre con quattro versi di introduzione, in cui il poeta dichiara il suo proposito di lodare Dio, "altissimo, onnipotente e buono", infinitamente superiore all'uomo.
La parte centrale è una serie di "lodi", ciascuna delle quali inizia con le parole «Laudato sie, mi' Signore». Gli elementi per cui Francesco loda Dio sono, nell'ordine: il sole, la luna e le stelle (cioè le realtà celesti, a cui viene attribuito un valore simbolico); il vento (cioè l'aria), l'acqua, il fuoco, la terra (cioè i quattro elementi che costituiscono la realtà terrena, secondo la fisica antica e medievale); e infine coloro che perdonano e la morte corporale. Nei due versi conclusivi il poeta non si rivolge più a Dio, ma ai confratelli, invitandoli a unirsi a lui nelle lodi.
Alla base del *Cantico* sta una visione armonica e serena dell'universo, creato da Dio secondo il suo disegno provvidenziale e organizzato in base a un ordine gerarchico che discende dal sole (per i medievali centro dell'universo e simbolo di Dio) fino agli elementi più umili della natura. Ogni cosa sulla Terra ha un profondo significato in quanto creatura che partecipa della bontà e dell'amore del Creatore e testimonia la grandezza della sua mente ordinatrice. L'uomo è armonicamente inserito in questo universo e perciò esiste un'intima unione e fratellanza fra lui e le cose, umilmente utili alla sua vita. Anche gli aspetti più dolorosi dell'esistenza umana, come la malattia e la morte, sono, in questa visione serena, mezzi per l'uomo d'avvicinarsi a Dio. L'eccezionalità dell'esperienza spirituale di Francesco sta proprio nel fatto che, contrariamente a molti mistici medievali, egli non espresse mai fanatico disprezzo per le cose materiali e per la vita, ma seppe invece comprenderle nel suo infinito amore per Dio.

Proposte di lavoro

1. Partendo dall'analisi del testo, completa la tabella elencando gli elementi cui Francesco rivolge la sua lode e le caratteristiche che vengono loro attribuite.

Elementi	Caratteristiche
frate sole	• è giorno • ci illumina

2. Il sole assume, in questo elenco, un significato particolare. Perché?

3. La presenza dei quattro elementi (aria, acqua, terra e fuoco) secondo te, può significare:
- ☐ che Francesco voleva lodare tutti gli aspetti della realtà.
- ☐ che Francesco voleva lodare solo le cose essenziali.
- ☐ che Francesco era legato a una concezione antiquata dell'universo.

4. Quale visione della natura emerge dai primi sei elementi indicati? Quale atmosfera generale emerge?

5. Gli ultimi due elementi lodati da Francesco hanno caratteristiche diverse dai primi sei.
➤ Come cambia l'atmosfera del *Cantico*?
- ☐ Diventa più serena.
- ☐ Diventa più drammatica.
- ☐ Rimane invariata.

6. Nel *Cantico* vi sono molte immagini di luce. Ritrovale nel testo e spiega il loro significato.

7. Individua e sottolinea le rime e le assonanze presenti nel testo.

Guido Guinizzelli

L'autore

Guido Guinizzelli nacque a Bologna tra il 1230 e il 1240 e morì a Monselice, Padova, nel 1276.

Giudice di professione e uomo politico **ghibellino**, fu esiliato da Bologna con il prevalere della parte guelfa dei Geremei. La sua produzione poetica comprende **cinque canzoni**, tra cui *Al cor gentil rempaira sempre amore* che è considerata il "manifesto" del Dolce Stilnovo, quindici sonetti e due frammenti.

Dopo un inizio letterario che imitava i poeti siciliani e il toscano Guittone d'Arezzo, Guinizzelli definì gli **argomenti tipici della poesia stilnovista**, che sarebbero stati poi ripresi da Cavalcanti e da Dante: la lode della donna, il motivo del saluto di lei che porta beatitudine all'anima, l'inquietudine del poeta sofferente d'amore.

Epoca
XIII secolo
Genere
poesia d'amore
Lingua
volgare toscano
Schema metrico
sonetto ABAB ABAB CDE CDE

Io vogl' del ver la mia donna laudare

Nelle liriche di Guido Guinizzelli compare per la prima volta la donna angelicata, metafora poetica che sarà poi ripresa da Dante. Nel sonetto che segue, Guinizzelli sviluppa l'analogia, ricorrente già nelle liriche provenzali, tra la donna amata e le forme naturali della terra e del cielo. Nelle due quartine iniziali il poeta enumera le bellezze della sua donna attraverso immagini di luce, di splendore e di vitalità. La donna però, com'è tipico dello stilnovismo, rimane figura vaga e ideale, che non si concretizza in un volto. Nelle due terzine è descritto l'incedere della donna tra gli uomini: il suo saluto li trasforma e li rende umili, convertendoli a una vita di purezza e di bontà. I versi hanno un ritmo lento, con molte pause, come se il poeta fosse sopraffatto dall'emozione suscitata in lui dalla visione della donna.

Io vogl' del ver la mia donna laudare
ed asembrarli la rosa e lo giglio:
più che stella dïana splende e pare,
e ciò ch'è lassù bello a lei somiglio.

Verde river'a lei rasembro e l'âre,
tutti color di fior', giano e vermiglio,
oro ed azzurro e ricche gioi per dare:
medesmo Amor per lei rafina meglio.

1. **del ver... laudare:** lodare la mia donna secondo verità, quale essa è veramente.
2. **ed asembrarli... giglio:** e accostarle per paragone la rosa e il giglio, i due colori del viso femminile.
3. **stella dïana:** la stella che annuncia il giorno; *dïana* è aggettivo, dal latino *dies*, che significa "giorno"; splende e pare: appare splendente.
4. **e ciò ch'è lassù bello:** le bellezze del cielo; somiglio: trovo simili.
5. **Verde... l'âre:** a lei paragono la verde sponda del fiume e l'aria; *âre* sta per *aere*.
6. **giano:** giallo.
7. **azzurro:** i lapislazzuli, pietre preziose azzurre; e **ricche gioi per dare:** e preziosi gioielli degni d'essere offerti in dono.
8. **medesmo:** perfino; **per lei rafina meglio:**

Passa per via adorna, e sì gentile
ch'abassa orgoglio a cui dona salute,
11 e fa 'l de nostra fé se non la crede;

e no lle pò apressare om che sia vile;
ancor ve dirò c'ha maggior vertute:
null'om pò mal pensar fin che la vede.

diviene per opera sua più raffinato, più gentile. O anche: lo stesso Amore, per mezzo di lei, ingentilisce meglio gli animi.
9-11. adorna... crede: dignitosamente bella e così nobile che rende umile colui al quale rivolge il suo saluto, e lo converte alla nostra fede se è un miscredente.
12. e no lle... vile: e un uomo che non abbia animo gentile non le si può avvicinare.
13-14. ancor... vede: e vi (*ve*) dirò ancora che da lei emana un grande potere (*vertute*).

Verbi per paragonare...

Il lessico e la grammatica

Nella poesia di Guinizzelli si trovano vari verbi di paragone; *asembrarli, somiglio, rasembro*; si tratta, in tutti e tre i casi, di sinonimi del moderno "paragonare".

Nota che il verbo **somigliare**, nell'italiano di oggi, ha per lo più valore **intransitivo**: *somigliare a qualcuno o a qualcosa*, cioè "essere simile" a qualcuno o a qualcosa. Nell'italiano di Guinizzelli, invece, era **transitivo**: *somigliare qualcuno a qualcosa*, cioè "paragonare qualcuno a qualcosa". Il poeta dice infatti (v. 4): *somiglio* (paragono) *ciò ch'è lassù bello* (le stelle e gli altri corpi celesti) *a lei* (alla donna amata).

La lingua, ovviamente, cambia nel tempo. Nel caso di *asembrare* o *rasembrare* sono cambiati sia la forma della parola, diventata "sembrare", sia il suo significato; nel caso di somigliare, invece, la parola è rimasta identica, ma è cambiato il modo di usarla.

Analisi del testo

Una lode "a tutto tondo". Il tema centrale del sonetto è quello della lode. Nelle due parti in cui la poesia si divide, il tema viene svolto in maniera differente: nelle due quartine troviamo una serie di paragoni (sottolineati dai verbi *asembrarli, somiglio, rasembro*) tra la donna amata e gli elementi della natura (*la rosa e lo giglio, stella dïana, verde river'a, âre, color di fior', giano e vermiglio, oro ed azzurro*). Nelle terzine, invece, la lode assume caratteristiche spirituali: in primo luogo, l'apparizione stessa della donna (*Passa per via*), quindi la sua gentilezza, rendono umile colui che lei saluta, convertono alla fede il miscredente, rendono migliore chiunque la vede. La lode della bellezza e della virtù della donna amata viene svolta attraverso ricorrenti elementi collegati al senso della vista: prevalgono, in particolare, gli elementi cromatici, a cui si aggiungono immagini di luce, come il paragone della prima quartina con la luminosa stella del mattino.

Proposte di lavoro

1. Cerca e sottolinea nel testo gli elementi a cui il poeta paragona la donna amata nei primi quattro versi.
2. Individua e raccogli nella tabella sottostante tutte le caratteristiche della donna amata che puoi ricavare dalla seconda parte del sonetto.

Versi	Caratteristiche della donna
9-10	• adorna (= bella) • sì gentile che... (= talmente nobile che...)
11	
12	
13-14	

3. Tutta la poesia è ricca di immagini luminose: ritrovale nel testo. Poi rispondi: che atmosfera concorrono a creare?
4. Nel corso della descrizione, il senso a cui il poeta ricorre più spesso è:
   ☐ la vista
   ☐ l'udito
   ☐ il tatto

   Motiva la tua risposta.
5. La poesia si basa su una musicalità dolce e tranquilla o aspra e dissonante? Per rispondere osserva con attenzione il tipo di rima che prevale nel testo: trovi più rime dolci (...) o più rime aspre (...)?

Guido Cavalcanti

L'autore

Guido Cavalcanti nacque a Firenze tra il 1255 e il 1259 da una nobile e ricca famiglia guelfa. Prese parte attivamente alla **vita politica** del Comune, occupando diverse cariche e partecipando due volte al consiglio generale. Schierato con la parte bianca, fu sempre violentemente avverso alla fazione rivale dei Neri e in particolare al loro capo Corso Donati; questa inimicizia degenerò, a quanto raccontano le cronache di Firenze, in episodi di rissa e di intolleranza. Fu tra i capi delle due fazioni che furono esiliati dai Priori del Comune (tra i quali c'era Dante, suo amico) nel 1300, al fine di riportare la pace nella città. Colpito dalla malaria a Sarzana, dove si era rifugiato, tornò grazie a un'amnistia a Firenze, dove morì nell'agosto del 1300.

Ci sono pervenute 52 liriche.

Epoca
XIII secolo
Genere
poesia d'amore
Lingua
volgare toscano
Schema metrico
sonetto ABAB ABAB CDE CDE

Biltà di donna e di saccente core

Questo sonetto di Cavalcanti si basa, come il precedente di Guinizzelli, sul confronto fra le qualità della donna amata e i vari aspetti della natura. Il poeta elenca nei primi versi una serie di cose piacevoli e belle, affermando subito dopo che la bellezza e la saggezza della sua donna superano tutto ciò e lo rendono, al paragone, quasi privo di valore.

Le opere di Cavalcanti si caratterizzano di solito per la prevalenza di temi dolorosi, o almeno malinconici. Questo sonetto è una delle sue composizioni più serene e si distingue per un'atmosfera di luce e di gioia non turbata dal minimo accenno alla componente dolorosa dell'amore.

Biltà di donna e di saccente core
e cavalieri armati che sien genti;
cantar d'augelli e ragionar d'amore;
adorni legni 'n mar forte correnti;

aria serena quand'apar l'albore
e bianca neve scender senza venti;
rivera d'acqua e prato d'ogni fiore;
oro, argento, azzurro 'n ornamenti:

ciò passa la beltate e la valenza
de la mia donna e 'l su' gentil coraggio,
sì che rasembra vile a chi ciò guarda;

1. **Biltà... core:** bellezza di donna e intelligenza (= *core*) di uomo saggio (*saccente*, sapiente).
2. **genti:** nobili, gentili.
3. **ragionar:** parlare.
4. **adorni legni... correnti:** navi (*legni*) adorne (cioè belle, eleganti) che corrono veloci (*forte*) sul mare.
5. **quand'apar l'albore:** quando spunta l'alba.
7. **rivera:** fiume; **d'ogni fiore:** ricco di tutti i fiori, con fiori d'ogni tipo.
8. **oro... ornamenti:** oro, argento e lapislazuli (una pietra preziosa di colore azzurro) usati come ornamenti, gioielli.
9. **ciò passa la beltate e la valenza:** la bellezza e il valore (della mia donna) superano tutto ciò (le cose già elencate in precedenza).
10. **coraggio:** cuore (è il "cor gentile" tipico della poesia stilnovista).
11. **sì che... guarda:** sì che tutto questo (ciò) sembra vile, senza valore, a chi guarda.

e tanto più d'ogn' altr' ha canoscenza,
quanto lo ciel de la terra è maggio.
14 A simil di natura ben non tarda.

12. d'ogn'altr': di ogni altra donna; **canoscenza:** saggezza, perfezione.
13. quanto... maggio: quanto il cielo è più grande (*maggio*, cioè maggiore) della terra.
14. A simil... tarda: il bene non può tardare a venire, per chi abbia una natura simile (cioè così buona e perfetta).

Analisi del testo

Un genere tipico della poesia provenzale. Le quartine (le prime due strofe del sonetto) si basano sulla struttura tipica del *plazer* (= piacere), un genere tipico della poesia provenzale, cioè della poesia d'amore nata nel Sud della Francia intorno al 1100, che costituì il modello per le prime scuole di poesia italiana. Il *plazer* è una poesia che si basa su un elenco di oggetti e situazioni piacevoli: in questo caso, Cavalcanti mescola elementi naturali (il paesaggio, colto nei suoi momenti di maggiore serenità) ed elementi tratti dalla realtà umana (come la nave o i gioielli).
Nota il valore particolare dei primi due versi, che elencano tre tipologie umane, ciascuna con il suo attributo fondamentale: la donna e la bellezza; il sapiente e l'intelligenza; il cavaliere e la gentilezza. Sono i protagonisti ideali della poesia stilnovista e coloro a cui il poeta si rivolge con i suoi versi.

La donna amata: una perfezione irraggiungibile. Mentre le quartine del sonetto sono basate sulla struttura dell'elenco, le terzine sviluppano il confronto con la donna amata. Il poeta in realtà accenna al confronto solo per dire che la donna è immensamente superiore a ogni possibile paragone: il testo di Cavalcanti si differenzia così nettamente da quello di Guinizzelli, che per descrivere la donna usava dei paragoni. Cavalcanti invece "nega" i paragoni per far risaltare la superiorità della donna. Egli indica quattro caratteristiche fondamentali della donna amata: la *beltate*, ovviamente, cioè la bellezza; la *valenza*, cioè la nobiltà d'animo; il *gentil coraggio*, cioè il cuore gentile, la gentilezza in amore; e la *canoscenza*, cioè la saggezza.
Come appare chiaro, gli attributi morali prevalgono su quelli fisici. Nota che la donna non è, come in Guinizzelli, fonte di perfezionamento interiore per il poeta; essa costituisce un oggetto di perfezione irraggiungibile, ma il poeta non parla, in questa poesia, degli effetti benefici che ha la vista della donna o il suo saluto o il suo amore: egli tenderà a soffermarsi sugli aspetti dolorosi dell'amore, e non su quelli gioiosi.

La musicalità dei versi. Dal punto di vista formale, la poesia si basa su una musicalità raffinata. Osserva per esempio il primo verso, basato su un chiasmo (gli elementi *biltà*, *donna*, *saccente* e *core* sono disposti incrociati secondo lo schema A B B A, qualità / persona / persona / qualità); il verso 3, viceversa, contiene un evidente parallelismo (i termini *cantar*, *augelli*, *ragionar*, *amore* sono disposti in modo parallelo, secondo lo schema A B A B, verbo / sostantivo / verbo / sostantivo); e così via. Il poeta esprime anche a livello formale la ricerca di armonia e di serenità che trasmettono le immagini del testo.

Proposte di lavoro

1. Elenca, in una tabella simile a quella proposta, gli aspetti della realtà che il poeta descrive nei primi otto versi della poesia e a cui paragona la donna amata.

Verso	Elemento descritto
1	• bellezza di donna • intelligenza di uomo saggio
2	

2. Che rapporto si configura nella poesia tra la donna e i vari aspetti della natura?
- ☐ Di uguaglianza (la donna come la natura).
- ☐ Di superiorità (la donna superiore alla natura).
- ☐ Di inferiorità (la natura superiore alla donna).

3. Completa la tabella spiegando le caratteristiche che il poeta attribuisce alla donna negli ultimi versi della poesia.

Elemento descritto	Caratteristiche
beltate	
valenza	
coraggio	
canoscenza	

4. Scrivi una breve definizione di *plazer*.

5. Il poeta, come abbiamo detto, cerca uno stile dolce e armonioso. Ti indichiamo alcuni mezzi di cui si serve a questo scopo; completa le osservazioni con riferimenti al testo.
- ➤ Nelle prime due strofe, la punteggiatura...
- ➤ La presenza di parallelismi e chiasmi...
- ➤ Il carattere sentenzioso dell'ultimo verso...

Epoca
XIII secolo
Genere
poesia d'amore
Lingua
volgare toscano
Schema metrico
sonetto ABAB ABAB CDE DCE

Tu m'hai sì piena di dolor la mente

Al centro della poesia di Cavalcanti sta, com'è tipico degli stilnovisti, l'esperienza dell'amore. Ma Cavalcanti, a differenza di Guinizzelli e di Dante, concepisce l'amore non tanto come impulso alla perfezione, quanto come sentimento violento e tormentoso, come sofferenza e passione sconvolgente. Nelle sue liriche è tipico l'alternarsi di immagini di luce e di tenebra, di felicità e di sofferenza; esse spesso si concludono con lo smarrimento del poeta, solo con la propria passione insoddisfatta. È quanto avviene nel sonetto seguente, in cui il poeta giunge a rappresentarsi, con un'immagine di straordinaria modernità, come un uomo a cui il dolore ha tolto ogni volontà e ogni capacità di azione.

Tu m'hai sì piena di dolor la mente,
che l'anima si briga di partire,
e li sospir' che manda 'l cor dolente
4 mostrano agli occhi che non può soffrire.

Amor, che lo tuo grande valor sente,
dice: «E' mi duol che ti convien morire
per questa fiera donna, che nïente
8 par che piatate di te voglia udire».

I' vo come colui ch'è fuor di vita,
che pare, a chi lo sguarda, ch'omo sia
11 fatto di rame o di pietra o di legno,

che si conduca sol per maestria
e porti ne lo core una ferita
14 che sia, com'egli è morto, aperto segno.

1. **Tu... mente:** Tu (il poeta si rivolge alla donna amata) mi hai riempito la mente di dolore (cioè mi hai addolorato) in modo tale.
2. **si briga di partire:** si sforza di partire, di lasciare il corpo.
3. **e li sospir'... dolente:** e i sospiri che il cuore addolorato manda fuori, mi spinge a emettere.
4. **mostrano... soffrire:** lasciano capire (a chi mi guarda) che non è più in grado di sopportare il dolore, non resiste più.
5. **che lo tuo grande valor sente:** che si accorge (*sente*) della tua forza, cioè che la donna è in grado di resistergli e che quindi non corrisponderà l'amore del poeta.
6-7. **mi duol... donna:** mi dispiace che tu debba morire per questa donna feroce, crudele (appunto perché non corrisponde il suo sentimento).
7-8. **che... udire:** che sembra che non voglia affatto (*nïente*) ascoltare le tue invocazioni di pietà.
9. **I' vo... vita:** io cammino, mi muovo, come uno che sia morto (uno zombi, diremmo oggi).
10-11. **che pare... legno:** che, a chi lo guarda, sembra un fantoccio di rame, pietra o legno.
12. **che si conduca sol per maestria:** che cammini solo in virtù di un artificio, di un congegno meccanico (*maestria*).
14. **che sia... segno:** che riveli chiaramente (*sia... aperto segno*) il modo in cui è morto, le cause della sua morte (nel caso specifico: l'amore non corrisposto).

Che dalle molte funzioni

Il lessico e la grammatica

Nella poesia di Cavalcanti ricorre spesso la parola "che". Essa può essere **pronome** (per esempio relativo) o **congiunzione**, a seconda che si riferisca a un nome oppure che introduca una proposizione subordinata.

Sottolinea nel testo tutti i *che* presenti (senza dimenticare quelli con elisione, *ch'*), poi leggi e completa l'analisi.

▶ v. 2 *che* è una congiunzione e introduce una proposizione consecutiva (*sì piena... che*);

▶ v. 3 *che* è un pronome relativo, riferito a *sospir'* (i sospiri i quali...);

▶ v. 4 *che* è una congiunzione e introduce una proposizione oggettiva (*mostrano... che*);

▶ v. 5 *che* è un ...., riferito a ....

▶ v. 6 *che* è una congiunzione e introduce una proposizione ....

▶ v. 7 ....

▶ v. 8 ....

▶ v. 9 ....

▶ v. 10. il primo *che* è un pronome ....
il secondo *che* invece è ....

▶ v. 12 ....

▶ v. 14 ....

Analisi del testo

La potenza sconvolgente dell'amore. La poesia si può dividere in tre parti:
1. nella prima quartina, il poeta esprime la propria sofferenza d'amore, rivolgendosi alla donna che gli ha provocato tanto dolore;
2. nella seconda quartina, il poeta rappresenta l'amore personificato (con la maiuscola), che si rivolge direttamente a lui, minacciandolo di morte;
3. nelle due terzine finali, il poeta rappresenta se stesso, dichiarando di essere vivo solo in apparenza, ma in realtà di essere morto interiormente.

Tutta la poesia è caratterizzata da toni di grande drammaticità. In particolare l'immagine finale del poeta ridotto *fuor di vita* dall'amore non corrisposto sintetizza il tema di fondo dell'intero componimento. Cavalcanti concepiva l'amore come una forza capace di sconvolgere completamente chi lo provava, mettendo a repentaglio il suo equilibrio psichico e fisico. Nota infatti che, in questa poesia, gli elementi psicologici e gli elementi fisici si rinforzano a vicenda, nella descrizione finale, fino all'immagine chiaramente metaforica della *ferita* che il poeta avrebbe nel cuore e che mostrerebbe a tutti la sua condizione di vittima dell'amore.

Proposte di lavoro

1. Rispondi alle seguenti domande.
➤ A chi si rivolge il poeta nella prima strofa?
➤ Da quali elementi, nella seconda strofa, si capisce che l'amore è personificato?
➤ A chi si riferisce l'aggettivo *tuo* nel v. 5?
➤ A chi si riferisce il pronome *egli* nel v. 14?

2. Nella poesia compaiono tre personaggi: il poeta stesso, la donna amata e l'Amore. Spiega in che rapporti sono i tre personaggi fra loro, completando le seguenti affermazioni.
➤ Il poeta è innamorato, ma...
➤ La donna non corrisponde l'amore del poeta e viene quindi rappresentata come...
➤ L'amore è un sentimento doloroso, che provoca...
➤ Il poeta teme quindi che il suo innamoramento...

3. Scegli fra le seguenti risposte quella corretta, aiutandoti con le note al testo.

La parola *fiera* (v. 7) significa:
☐ nobile, altera ☐ crudele, feroce ☐ selvaggia, incivile

La parola *piatate* (v. 8) significa:
☐ preghiera ☐ pietà, pena ☐ spietate

La parola *maestria* (v. 12) significa:
☐ insegnamento ☐ abilità ☐ artificio

4. Il linguaggio di Cavalcanti è relativamente semplice, ma a una prima lettura il testo può presentare qualche difficoltà. Grazie al lavoro di analisi svolto finora, però, dovresti essere in grado di scrivere la versione completa in prosa della poesia. Ricordati di rispettare per quanto è possibile la suddivisione in strofe dell'originale.

Cecco Angiolieri

L'autore

Cecco Angiolieri nacque intorno al 1260 in una ricca e nobile famiglia di Siena e condusse un'esistenza scioperata e irrequieta. Morì intorno al 1312, quasi certamente in miseria, a giudicare da un documento secondo il quale i figli avrebbero rinunciato all'eredità perché gravata da troppi debiti.

La sua opera è costituita da oltre **centodieci sonetti**, la maggioranza di **tema amoroso**.

Epoca
XIII secolo
Genere
poesia comico-realistica
Lingua
volgare toscano
Schema metrico
sonetto ABBA ABBA CDC DCD

S'i' fosse fuoco...

Cecco Angiolieri è l'esponente più noto e importante della poesia comico-realistica. I temi ricorrenti delle sue poesie sono l'amore sensuale per una certa Becchina, l'esaltazione del vino, del gioco, del sesso e del denaro, il lamento per la propria povertà e cattiva sorte, gli improperi contro il padre ricco che gli lesina il denaro. Però la comicità dissacrante di Cecco è – più che sfogo dei suoi umori violenti e beffardi – soprattutto un gioco poetico: egli si compiace dei toni esagerati, della parodia sfacciata e ostentata, della caricatura divertita, dichiarando di volersi così opporre ai modi e ai contenuti della poesia stilnovista.
Il sonetto che ti proponiamo è il più celebre di Cecco e uno dei più famosi della letteratura italiana.

S'i' fosse fuoco, ardereï 'l mondo;
s'i' fosse vento, lo tempestarei;
s'i' fosse acqua, i' l'annegherei;
s'i' fosse Dio, mandereil' en profondo;

s'i' fosse papa, allor serei giocondo,
ché tutti cristïani imbrigarei;
s'i' fosse 'mperator, ben lo farei:
a tutti taglierei lo capo a tondo.

S'i' fosse morte, andarei a mi' padre;
s'i' fosse vita, non starei con lui:
similemente faria da mi' madre.

S'i' fosse Cecco, com'i' sono e fui,
torrei le donne giovani e leggiadre:
le zop[p]e e vecchie lasserei altrui.

1. **S'i fosse:** se io fossi; **ardereï:** brucerei.
2. **lo tempestarei:** lo sconvolgerei con tempeste.
4. **mandereil' en profondo:** lo sprofonderei.
5. **giocondo:** allegro.
6. **ché... imbrigarei:** metterei nelle brighe, nei guai, tutti i cristiani.
8. **a tutti... tondo:** taglierei la testa a tutti attorno a me (*a tondo*).
11. **similemente... madre:** la stessa cosa farei con mia madre. È una delle invettive più violente di Cecco, spesso ricorrente: contro i genitori, che non gli danno un soldo, si scatena l'odio e il furore del poeta, che arriva ad augurare loro la morte. Ma è una violenza più ostentata verbalmente che realmente sentita.
12. **com'i' sono:** il verbo passa dal congiuntivo ipotetico all'indicativo, a indicare il passaggio dalla fantasia un po' delirante alla realtà.
13. **torrei:** prenderei.
14. **le zop[p]e... altrui:** lascerei agli altri quelle vecchie e zoppe.

Le ripetizioni... concesse

Il lessico e la grammatica

Quando si scrive, come ben saprai, bisogna evitare le ripetizioni. Questa regola, che in generale ha un suo valore, come tutte le regole ha le sue **eccezioni**, e la poesia di Cecco Angiolieri ne è un esempio. Osserva infatti quante volte, nel breve volgere di 14 versi, viene ripetuta l'espressione *S'i' fosse*... Cecco evidentemente voleva creare un effetto di "ossessività" e prevedibilità, per far meglio risaltare la battuta conclusiva, con il suo carattere imprevisto.
La tecnica adottata da Angiolieri si chiama **anafora** ed è molto frequente in poesia. Ecco un altro esempio famosissimo, tratto dall'inizio del III canto dell'*Inferno* di Dante (sono le parole scritte sulla porta da cui si entra nell'Inferno stesso). Sottolinea le parole che costituiscono anafora e spiega quale effetto voleva ottenere Dante secondo te:

Per me si va ne la città dolente,
per me si va ne l'etterno dolore,
per me si va tra la perduta gente [...]
Lasciate ogne speranza, voi ch'intrate.

Le ripetizioni si possono trovare anche nella prosa contemporanea, come rivela l'incipit del romanzo *Il profumo*, di Patrick Süskind. Anche in questo caso, ti invitiamo a sottolineare le ripetizioni e a spiegare la loro funzione espressiva:

«*Al tempo di cui parliamo, nella città regnava un puzzo a stento immaginabile per noi moderni. Le strade puzzavano di letame, i cortili interni di orina, le trombe delle scale di legno marcio e di sterco di ratti, le cucine di cavolo andato a male e di grasso di montone; le stanze non aerate puzzavano di polvere stantia, le camere da letto di lenzuola bisunte, dell'umido dei piumini e dell'odore pungente e dolciastro di vasi da notte. Dai camini veniva puzzo di zolfo, dalle concerie veniva il puzzo di solventi, dai macelli puzzo di sangue rappreso. La gente puzzava di sudore e di vestiti non lavati; dalle bocche veniva un puzzo di denti guasti, dagli stomaci un puzzo di cipolla e dai corpi, quando non erano più tanto giovani, veniva un puzzo di formaggio vecchio e latte acido e malattie tumorali. Puzzavano i fiumi, puzzavano le piazze, puzzavano le chiese, c'era puzzo sotto i ponti e nei palazzi. Il contadino puzzava come il prete, l'apprendista come la moglie del maestro, puzzava tutta la nobiltà, perfino il re puzzava, puzzava come un animale feroce, e la regina come una vecchia capra, sia d'estate sia d'inverno. Infatti nel diciottesimo secolo non era stata ancora posto alcun limite all'azione disgregante dei batteri, e così non v'era attività umana, sia costruttiva sia distruttiva, o manifestazione di vita in ascesa o in declino, che non fosse accompagnata dal puzzo.*»

Dobbiamo quindi usare molte ripetizioni? Naturalmente no, se le ripetizioni sono sintomo di povertà lessicale e linguistica; ma possiamo usarle, in alcuni casi, se vogliamo ottenere **effetti particolari**.

Analisi del testo

Un grande, allegro gioco. Il sonetto appena letto è quello che sembra meglio rappresentare il carattere stizzoso e violento del poeta, la sua personalità di ribelle insoddisfatto e insofferente del mondo. Cecco immagina di potersi trasformare in fuoco, vento, acqua, e nella morte stessa, per poter distruggere tutto intorno a sé. Ma questa furia distruttiva è più enfatica e teatrale che rispondente a un reale stato d'animo. Anche in questo sonetto l'atteggiamento che prevale è quello della burla, dell'esagerazione divertita con cui il poeta si compiace di sbalordire il suo uditorio. La tensione blasfema ostentata nelle prime tre strofe si allenta e si volge esplicitamente in scherzo nell'ultima, dove il poeta, quasi a rassicurare il lettore che tutta quella violenza era solo un gioco, torna alla realtà quotidiana e alle sue abitudini di allegro gaudente, in fondo innocuo.
Dal punto di vista stilistico, è da rilevare l'efficacia del ritmo che procede senza interruzioni dall'inizio alla fine, in una serie ben calcolata di ripetizioni. Nella prima quartina le ipotesi dissacranti introdotte da *S'i' fosse* si ripetono all'inizio di ogni verso, creando l'effetto di rapide stoccate; nella seconda quartina la stessa frase si ripete ogni due versi e il ritmo si allenta, per accelerare di nuovo, nella terzina successiva, nei due versi che contengono la maledizione al padre. Nell'ultima terzina infine la tensione si scarica e il *S'i' fosse* è presente una sola volta.

Proposte di lavoro

1. Elenca nella seguente tabella tutte le ipotesi che il poeta fa nel corso della poesia e le azioni che compirebbe se fosse...

se fossi	farei
fuoco	brucerei il mondo
vento	
acqua	

2. Le affermazioni del sonetto hanno un carattere di esagerazione burlesca.

➤ Dove emerge chiaramente questo carattere?

➤ Che cosa ci rivela questo fatto?

☐ Che il poeta non prendeva sul serio la propria arte.
☐ Che il poeta faceva la parodia della poesia seria.
☐ Che il poeta aveva un carattere molto eccentrico.

3. Il tono del sonetto, a un certo punto, cambia decisamente. Dove?

☐ Al v. 4, perché affronta il tema religioso.
☐ Al v. 9, perché passa dalle quartine alle terzine.
☐ Al v. 12, perché passa dalle ipotesi alla realtà.

4. Dove si chiarisce, in maniera da non lasciare dubbi, il carattere burlesco della poesia?

Incontro con l'autore

Dante Alighieri

La vita

Dante Alighieri nacque a Firenze nel 1265 da una famiglia appartenente alla piccola nobiltà di parte guelfa, agiata anche se non ricca, ma legata a un mondo che stava tramontando di fronte all'emergere delle nuove attività artigianali e mercantili e dei nuovi ceti borghesi.

Della giovinezza di Dante non si hanno molte notizie. Si sa che partecipò alla vita elegante e "cortese" della città; che condusse i suoi primi **studi di retorica** e il suo **apprendistato poetico** scrivendo liriche di argomenti diversi e in diversi stili. Esse furono in parte raccolte nelle *Rime*, in parte in un'operetta intitolata *Vita nuova*, scritta fra il 1292 e il 1294, nella quale è narrata la storia dell'amore idealizzato di Dante per Beatrice, cioè Bice di Folco Portinari, che il poeta aveva incontrato per la prima volta nel 1274.

Nel 1285 Dante sposò Gemma Donati, con la quale era fidanzato per volontà paterna dal 1277 e da cui ebbe tre o quattro figli. Trascorse, nel 1287, qualche mese a Bologna, dove probabilmente studiò diritto, e nel 1289 partecipò a due **fatti d'armi**: la battaglia di Campaldino contro i ghibellini d'Arezzo e la presa del castello pisano di Caprona. Nel 1290 Beatrice morì, gettando il poeta in una profonda crisi morale e religiosa dalla quale si risollevò dedicandosi agli studi di filosofia e teologia, mentre riepilogava la propria storia d'amore nella *Vita nuova*.

Dal 1295 Dante partecipò attivamente alla **vita politica fiorentina** iscrivendosi alla corporazione dei medici e speziali. In seguito agli ordinamenti di giustizia promulgati dal condottiero del popolo minuto Giano della Bella, tendenti a escludere le classi nobili dal potere, per poter ricoprire cariche pubbliche era infatti obbligatorio far parte di una delle corporazioni delle arti e dei mestieri.

La vita politica di Firenze era in quegli anni dominata dalla lotta fra due opposte fazioni del partito guelfo: quella dei Bianchi, guidata dalla famiglia Cerchi, che vedeva l'alleanza della piccola nobiltà del contado con il popolo minuto, e quella dei Neri, legata alla famiglia Donati e agli interessi dell'alta aristocrazia e dell'alta borghesia mercantile. Papa Bonifacio VIII, che avrebbe voluto includere Firenze nei possedimenti pontifici, favoriva i Neri, ai quali lo legavano anche importanti interessi mercantili. I Bianchi, di cui Dante faceva parte, erano al potere quando, nel 1301, Bonifacio VIII inviò a Firenze un avventuriero francese, Carlo di Valois, con 800 mercenari, ufficialmente perché facesse da paciere fra le fazioni in lotta, in realtà per sostenere i Neri contro i Bianchi. Dante, che l'anno precedente era stato Priore della città, partecipò a un'ambasceria inviata a Roma per convincere il papa a desistere dalle sue mire su Firenze. Mentre era assente dalla città, i Neri si impadronirono del potere, scacciando e perseguitando i Bianchi. Il poeta, accusato di corruzione e di uso illecito di cariche pubbliche, rifiutò sdegnosamente di presentarsi ai giudici e non rientrò mai più a Firenze. Nel 1302 i suoi beni vennero confiscati ed egli fu condannato a morte in contumacia.

Iniziò così l'**esilio** di Dante che, in un primo momento, si collegò con gli altri Bianchi fuorusciti, ma poi, disgustato dalla loro inconcludenza, si isolò e si vide costretto, fino alla morte, a chiedere asilo con la famiglia in diverse corti dell'Italia settentrionale. Fu a Forlì, a Verona presso i della Scala, ad Arezzo, nel Trevigiano. Nel 1306 fu in Lunigiana, alla corte dei Malaspina e forse, tra il 1309 e il 1310, trascorse un periodo a Parigi.

Quando, nel 1310, Arrigo VII, imperatore del Sacro Romano Impero, scese in Italia con l'intenzione di porre fine alle lotte intestine, Dante sperò di poter rientrare nella sua città; ma il suo sogno si spense tre anni dopo, in seguito all'improvvisa morte di Arrigo VII. Fra il 1313 e il 1320, il poeta fu ospite di Cangrande della Scala a Verona e da qui si spostò in seguito presso i da Polenta a Ravenna, dove morì nel 1321, a causa della malaria contratta di ritorno da un'ambasceria a Venezia.

Le opere

Quelli dell'esilio furono anni di intenso lavoro speculativo e creativo. Oltre alla *Divina Commedia*, le maggiori opere da lui composte dopo l'abbandono di Firenze furono il *Convivio*, il *De vulgari eloquentia* e la *Monarchia*, che testimoniano dei **vasti interessi culturali** maturati in Dante a contatto con un ambiente più ampio di quello cittadino. Il *Convivio*, composto fra il 1304 e il 1307, è un'opera di argomento dottrinale e filosofico che Dante scrisse in parte per scagionarsi, dimostrando la propria sapienza, dalle accuse dei giudici fiorentini, ma soprattutto per divulgare il sapere e rendere partecipi della "beata mensa" della cultura non solo i dotti e gli ecclesiastici che sapevano il latino, ma tutti gli uomini civilmente impegnati e desiderosi di avvicinarsi alla conoscenza. Per raggiungere questo scopo, Dante **scrisse il *Convivio* in volgare** e questa è la sua grande novità e originalità, poiché la lingua universalmente riconosciuta della scienza era il latino. L'opera, che in origine avrebbe dovuto essere composta di 15 trattati in prosa, di cui uno introduttivo e gli altri di commento ad altrettante canzoni di contenuto dottrinale, comprende in realtà solo i primi quattro. Oltre a questioni concernenti l'astronomia, la natura e la funzione degli angeli, l'interesse principale dell'opera sta nella valutazione della **filosofia come sapere autonomo** dalla teologia, in grado di dare all'uomo la felicità terrena, e nell'esaltazione della **nobiltà** non come qualità ereditaria, ma **come conquista** intellettuale e morale del singolo individuo.

Quasi contemporanea alla stesura del *Convivio* fu la composizione del *De vulgari eloquentia*. Questo fu scritto in latino, perché, rivolgendosi agli intellettuali, intendeva dimostrare la **nobiltà del volgare** e fondare la teoria di un linguaggio letterario unitario che potesse a buon diritto considerarsi la lingua comune italiana.

Il trattato latino in tre libri *Monarchia* fu probabilmente composto fra la morte di Arrigo VII (1313) e il 1318. Esso contiene le **concezioni politiche** maturate da Dante negli anni dell'esilio, quando il panorama delle lotte fra città e fazioni in Italia e in Europa si faceva sempre più travagliato: il poeta giunge alla convinzione che solo **un impero universale**, che con la sua autorità sia al di sopra delle parti, potrà ristabilire l'equilibrio e la pace distrutti. Nelle prime due parti del libro egli afferma che la monarchia universale è indispensabile al benessere dei popoli e che l'impero romano non era stato fondato sulla forza ma nato dalla volontà divina, perché sulla terra si realizzasse la giustizia. Nel terzo libro, Dante affronta la questione del rapporto fra papato e impero, molto scottante in un'epoca di acuti contrasti fra i due poteri per la supremazia. La soluzione che Dante propone è audace e soprattutto dettata da un profondo anelito di libertà e di giustizia: egli teorizza infatti l'autonomia dei poteri del papa e dell'imperatore, entrambi derivati da Dio e preposti l'uno alla guida spirituale della comunità umana e l'altro alla guida terrena. È perciò inconcepibile qualsiasi subordinazione reciproca, mentre un armonico rapporto deve esserci fra le "due guide" del mondo che, pacificando le diverse realtà locali sotto la propria autorità, creeranno le condizioni di una vita libera e giusta. Era un'utopia destinata a non realizzarsi e anacronistica in un mondo in cui la realtà politica dei liberi Comuni era in rapida evoluzione.

Costruzione della torre di Babele, XIII secolo.

Nel corso della sua vita, Dante scrisse inoltre 54 componimenti in versi, raccolti sotto il nome di *Rime*. Essi comprendono le liriche giovanili, legate allo stilnovismo e all'esperienza dell'amore cortese; rime di argomento morale e dottrinale; le poesie che costituiscono la tenzone con Forese Donati, in cui i due poeti si rinfacciano i loro vizi, secondo gli schemi della poesia comico-realistica del tempo; le rime cosiddette "petrose", caratterizzate da uno stile aspro e difficile e da una metrica originale. Vi sono infine alcune liriche dell'esilio, di argomento vario e meno legate a modelli. Per completare il quadro delle opere del poeta fiorentino, ricordiamo le *Egloghe*, composizioni in versi latini, le tredici *Epistole*, anch'esse scritte in latino e indirizzate a personaggi diversi, e un trattatello latino di carattere scientifico, la *Quaestio de aqua et terra*, teso a dimostrare che le sfere dell'acqua e della terra non sono concentriche.

Le opere minori di Dante

Opere in volgare

Rime	poesie giovanili, per lo più d'amore
Vita nuova	romanzo in prosa, in cui sono inserite le poesie d'amore giovanili
Convivio	trattato incompiuto, su temi filosofici e scientifici
Il fiore	poemetto allegorico di carattere comico-realistico
Detto d'amore	poemetto didascalico, in cui si riflette sul tema dell'amore

Opere in latino

De vulgari eloquentia	trattato incompiuto sui vari dialetti italiani e sullo stile
Monarchia	trattato di argomento politico, sui rapporti fra papato e impero
Epistole	varie lettere a importanti personaggi dell'epoca
Egloghe	poesie pastorali nello stile di Virgilio
Quaestio de aqua et terra	trattatello di argomento scientifico

L'importanza di Dante

Non è un'esagerazione retorica chiamare Dante Alighieri il "padre" della lingua e della letteratura italiana. La sua opera maggiore, la *Divina Commedia*, che rappresenta l'universo intero e domina la cultura del suo tempo, sta infatti **alla base della grande tradizione letteraria italiana** e ne crea in gran parte la lingua. Dante la compose fra il 1304 e il 1315 circa, quando le prime forme di poesia in volgare italiano erano nate da poco meno di un secolo, in Sicilia, Umbria e Toscana. Ma l'uso del volgare, prima di Dante, era limitato alla poesia d'amore, alla poesia religiosa e a quella comica, e quindi ad argomenti circoscritti, con un lessico ristretto.

Nella *Divina Commedia* Dante fa invece diventare il **volgare** lo strumento di una poesia che non conosce limiti di contenuto e tratta qualsiasi argomento, dal quotidiano al sublime. Egli conia centinaia di vocaboli, attraverso un costante lavoro di ricerca linguistica e stilistica che, utilizzando come base il volgare fiorentino, lo arricchisce con voci di altri volgari toscani, qualche volta di altri dialetti italiani, molto spesso con voci di derivazione latina o francese. Questo plurilinguismo è una delle caratteristiche più importanti del poema. A esso si accompagna un altrettanto importante pluristilismo: Dante accosta infatti tipi di lessico tra loro molto diversi, dal religioso e filosofico, a quello infantile, a quello quotidiano e scurrile, a numerosi neologismi. Attraverso l'altissimo monumento di poesia rappresentato dalla *Divina Commedia*, egli forgia lo strumento espressivo di quella che da lui in poi sarà non più la cultura fiorentina o toscana, ma la cultura italiana.

Il suo poema, fin dal Trecento, fu assunto quasi a libro sacro della nazione, letto e commentato nelle scuole d'alto livello ma anche fra il popolo, e considerato deposito di sapienza e **modello di lingua e di stile**.

Domenico di Michelino, *Dante e i tre regni*, particolare, 1465.

Rime

Sotto il titolo generico di *Rime* sono raccolte le liriche di Dante giunte fino a noi, con esclusione di quelle inserite nella *Vita nuova* e nel *Convivio*. Non si tratta di una raccolta organizzata dall'autore oppure, come in altri casi, da estimatori contemporanei, ma da un **insieme eterogeneo di poesie trovate in molti manoscritti** e raccolte dagli studiosi moderni che hanno cercato di disporle secondo un ordine cronologico e stilistico. Si tratta di 80 componimenti (di cui però solo 54 certamente attribuiti a Dante) scritti quasi tutti prima dell'esilio del poeta: un primo gruppo prima della *Vita nuova*, un secondo gruppo dopo.

L'interesse maggiore delle *Rime* consiste nel fatto che esse testimoniano la **graduale conquista dello stile personale di Dante** attraverso un inesauribile sperimentalismo, aperto alle tecniche e alle tematiche più diverse.

Si va dalle liriche aderenti al linguaggio del Dolce Stilnovo, ad altre di tono più leggero rivolte a donne con nomi probabilmente convenzionali, a componimenti di tipo burlesco-realistico, il cui linguaggio prelude ai versi fortemente espressivi della *Divina Commedia*, a testi di contenuto morale e dottrinario. Dal punto di vista dello sperimentalismo linguistico sono importanti le cosiddette rime "petrose", un gruppetto di 4 testi caratterizzati da uno stile aspro e difficile e da un linguaggio di grande vigore.

Opera **Rime**	Lingua **italiano**
Epoca **XIII secolo**	Schema metrico **sonetto ABBA ABBA CDE EDC**
Genere **poesia lirica**	

Rime

Guido, i' vorrei che tu e Lapo ed io

Il testo che presentiamo è uno dei sonetti più famosi delle *Rime*. La lirica è indirizzata all'amico Guido Cavalcanti e, più implicitamente, al poeta fiorentino Lapo Gianni. Tema dominante è il desiderio di evasione dalla realtà quotidiana, che il poeta manifesta sognando di navigare sull'ampia distesa del mare, a bordo di un vascello, insieme con i due amici.

Guido, i' vorrei che tu e Lapo ed io
fossimo presi per incantamento
e messi in un vasel ch'ad ogni vento
per mare andasse al voler vostro e mio,

sì che fortuna od altro tempo rio
non ci potesse dare impedimento,
anzi, vivendo sempre in un talento,
di stare insieme crescesse 'l disio.

2. **per incantamento:** come per incanto, per magia.
3-4. **e messi... mio:** e posti in un vascello, in una navicella, che andasse libera per il mare in ogni direzione (*ad ogni vento*), secondo il vostro e il mio volere.
5-6. **sì che... impedimento:** in modo che nessuna bufera o tempo avverso (*rio*) ci potessero ostacolare. *Fortuna* qui è usato nel senso di fortunale, tempesta.
7. **in un talento:** in una sola volontà. Dante immagina di vivere con i suoi amici, animati tutti da comuni sentimenti, secondo l'ideale della gentilezza tipico dello stilnovismo.
8. **disio:** desiderio.

E monna Vanna e monna Lagia poi
con quella ch'è sul numer delle trenta
11 con noi ponesse il buono incantatore:

e quivi ragionar sempre d'amore,
e ciascuna di lor fosse contenta,
14 sì come i' credo che saremmo noi.

9. **E monna... poi:** madonna Giovanna è la donna amata da Guido; madonna Lagia la donna amata da Lapo.
10. **con... trenta:** nel capitolo VI della *Vita nuova* Dante parla di una sua opera, oggi perduta, in cui celebrava le sessanta donne più belle di Firenze. Beatrice aveva il nono posto e il verso non è dunque riferito a lei, ma a una delle numerose donne che Dante ha conosciuto nella sua giovinezza.
11. **il buono incantatore:** probabilmente il mago Merlino dei romanzi arturiani, il quale dovrebbe porre sul vascello anche le donne amate dai poeti.
12. **e quivi... d'amore:** e qui vorrei che sempre parlassimo d'amore (secondo l'usanza cortese).
14. **sì come... noi:** così come credo che saremmo noi.

Modi verbali per creare atmosfere

Il lessico e la grammatica

L'atmosfera di sospensione incantata che caratterizza questa poesia è dovuta in parte anche a un abile uso delle forme verbali: osserva infatti come Dante, in tutta la poesia, non usi quasi mai il modo indicativo. L'indicativo è infatti il modo della realtà, e Dante lo evita proprio per accentuare il carattere di sogno, di fantasticheria, della situazione descritta.

Giocando su verbi e su struttura sintattica complessa, Dante costruisce una poesia estremamente raffinata, anche se apparentemente semplice. La proposizione principale, che regge tutte le altre, è *i' vorrei*, al v. 1, da cui dipendono *fossimo presi* e (fossimo) *messi*, con quel che segue nelle due quartine. Ma *vorrei* regge anche i verbi delle terzine: *ponesse*, *ragionar*, *fosse* (vv. 11-13).

Analisi del testo

L'influenza della letteratura francese. Il sonetto appartiene a un genere coltivato dai poeti provenzali, il cosiddetto *plazer* ("piacere", cioè elenco di cose piacevoli, che farebbero piacere). Il primo elemento che emerge è quindi l'influsso della letteratura francese in lingua d'oc (il volgare parlato nella Francia meridionale). Ma l'atmosfera di sogno e di incantesimo rimanda piuttosto alla tradizione dei romanzi cavallereschi in lingua d'oïl (il volgare parlato nel Nord della Francia), ricchi di scene di magia e di presenze fantastiche.

Le tematiche dello Stilnovo. Accanto agli evidenti influssi delle letterature francesi, nel sonetto sono presenti due temi tipicamente stilnovistici come l'amore e l'amicizia, tra loro strettamente connessi. L'amore è infatti inteso come sentimento nobile e disinteressato, spogliato di qualunque riferimento sensuale. L'amicizia è intesa da Dante come sodalizio dei "fedeli d'amore", cioè di coloro che conoscono l'amore; e più precisamente dei poeti che parlano (*ragionano*) d'amore. Chiamando Guido Cavalcanti e Lapo Gianni a condividere il suo dolce sogno, Dante sia sottolinea l'affinità di ispirazione tra i vari esponenti dello Stilnovo, sia seleziona il pubblico a cui si rivolge, un pubblico di spiriti colti e raffinati, in grado di comprendere il suo messaggio e i valori di cortesia e gentilezza che lo animano.
Il sonetto è esemplare della prima produzione di Dante, in quanto presenta elementi che confluiranno nella *Vita nuova* e in alcuni canti della *Divina Commedia*. Rispetto alle opere successive, però, manca in questo sonetto l'idealizzazione della donna in chiave religiosa e la concezione dell'amore come strumento di elevazione spirituale che permette all'uomo di giungere sino a Dio.

Proposte di lavoro

1. Rispondi alle seguenti domande.
- A chi si rivolge il poeta?
- Chi sono le donne evocate ai vv. 9-10?
- Chi è il *buono incantatore* di cui si parla?

2. Questa poesia ricorda il genere provenzale del *plazer*.
- Che cosa si intende con questa parola?
- Perché questo sonetto ricorda un *plazer*?

3. Individua nel testo, per ognuno dei temi di seguito elencati, tutte le parole che si riferiscono.
• viaggio • magia • poesia • amicizia

4. Scegli tra le seguenti affermazioni quella corretta e motiva la tua scelta con le opportune citazioni.
- Da questa poesia emerge un'idea di amore:
  ☐ cortese e raffinato. ☐ romantico e appassionato.
  ☐ mistico e religioso. ☐ sensuale.

Vita nuova

La *Vita nuova* è costituita da trentun componimenti poetici, collegati da un commento in prosa che racconta l'occasione e il motivo della stesura di ciascuna delle liriche.

Quasi tutte le poesie sono di composizione precedente alla parte in prosa, che risale agli anni tra il 1292 e il 1294. Il libro si divide in 42 capitoli ed è il racconto della **vita giovanile di Dante**, un'autobiografia spirituale nella quale egli ripercorre nel ricordo i momenti del suo amore per Beatrice e della sua formazione artistica. Il titolo significa "vita rinnovata dall'amore", l'amore per Beatrice.

Nella miniatura Dante e Beatrice sotto la nona sfera celeste.

La trama

Dante racconta di come a nove anni vide **Beatrice** per la prima volta, e ne ebbe un'impressione incancellabile. Nove anni più tardi la rivide, ricevendo da lei un saluto. Si rivela allora pienamente l'amore che Dante già nutre fin dal primo incontro. Il poeta si rifugia nella sua camera a pensare alla donna amata e ha una visione: Amore gli si presenta con Beatrice addormentata in braccio, dona in pasto alla donna il cuore del poeta e, piangendo, sale con lei verso il cielo. Dante racconta la visione in un sonetto (*A ciascun'alma presa e gentil core*) che rivolge ai poeti, i fedeli d'Amore, perché interpretino il presagio. Tra gli altri, gli risponde Guido Cavalcanti, che diverrà da allora suo amico.

Secondo gli schemi dell'amore cortese, Dante si sforza di nascondere il suo amore per Beatrice. Finge di amare, successivamente, due donne, dette per questo "donne dello schermo", perché servono a nascondere il reale oggetto dei sentimenti del poeta. L'eccessivo impeto dei versi composti in lode della seconda donna dello schermo porta la gente a sparlare e Beatrice a negargli sdegnosamente il saluto.

Abbandonati gli amori finti, il poeta canta allora la bellezza e la virtù di Beatrice, che però non è del tutto disposta a perdonarlo, tanto che giunge, durante una festa nuziale, a sorridere con alcune amiche del turbamento di Dante di fronte a lei.

L'amore del poeta si esprime nella lode della donna amata

Dante si risolleva dalla sua sofferenza scoprendo, in un colloquio con alcune "gentili donne", che **la vera felicità d'amore consiste nella lode della propria donna**, cioè nell'esaltazione disinteressata della perfezione di Beatrice, creatura angelica, benefica e miracolosa agli occhi di tutti. A questa lode poetica egli si dedicherà in numerose liriche tra le più famose della *Vita nuova*, dalla canzone *Donne ch'avete intelletto d'amore* al sonetto *Tanto gentile e tanto onesta pare*, in cui riprende la teoria di Guinizzelli dell'amore come virtù propria dell'animo nobile.

La morte di Beatrice, di cui Dante aveva avuto un presagio in una dolorosa visione descritta nella canzone *Donna pietosa e di novella etate*, sopraggiungerà a interrompere questo esercizio poetico. Dante scrive molte poesie in compianto di lei, ripensa al suo amore e Beatrice gli si conferma come l'immagine d'ogni bene e perfezione. Mentre vaga sconsolato per la città, è attratto dallo sguardo di una donna bella e gentile, che sembra capire il suo dolore e mostrargli pietà. La visita della «donna gentile» lo consola al punto da suscitare in lui un nuovo sentimento amoroso. Ma l'apparire di Beatrice in una visione spegne il «malvagio desiderio» del nuovo amore e Dante torna, pentito, a contemplare la sua immagine innalzata nell'Empireo dei beati, cioè in Paradiso, proponendosi di non parlare più di lei fino a che non sarà capace di dire «quello che mai non fue detto d'alcuna».

Un'autobiografia simbolica

La *Vita nuova* è un'autobiografia che registra, più che i fatti concreti della vita di Dante e di Beatrice, il riflettersi di questi fatti nell'animo e nella coscienza del poeta. Lo spazio in cui avviene la vicenda (la città di Firenze, la stanza di Dante) è sfumato e indefinito, così com'è scarsa l'attenzione data alla realtà biografica dei personaggi. Di Beatrice sono descritti solo pochi gesti e atteggiamenti: un saluto, il sorriso, l'incedere tra la gente stupefatta e ammirata. L'opera narra i **sogni**, le **visioni**, i **sentimenti del poeta** e il motivo fondamentale è il **conseguimento di un ideale di amore e di perfezione**. Per questo la *Vita nuova* non è da intendere come una vicenda d'amore. L'amore per la donna è concepito come la prefigurazione di un amore più alto, quello divino. La bellezza di Beatrice è rivelazione del bene; l'amore guida al superamento della superbia e dell'egoismo. Beatrice, così com'è raffigurata nella *Vita nuova*, ritornerà in seguito nella *Divina Commedia*, dove diverrà simbolicamente la guida di Dante verso Dio.

Opera
Vita nuova
Epoca
XIII secolo
Genere
poesia lirica
Lingua
italiano
Schema metrico
sonetto ABBA ABBA CDE EDC

Vita nuova, XXVI

Tanto gentile e tanto onesta pare

Questo sonetto è forse il più noto dei componimenti giovanili di Dante. Compreso nel capitolo XXVI della *Vita nuova*, esso riprende e formula i principali motivi dello stilnovismo. Tema centrale della lirica è infatti il passaggio della donna, il suo mostrarsi e ricevere lodi, il suo essere manifestazione concreta e visibile di un "miracolo", simbolo della perfezione divina e veicolo per gli uomini di purificazione e beatitudine.
Viene qui espressa l'idea tipicamente medievale della bellezza come manifestazione del bene morale e spirituale. L'apparire di Beatrice è quello di una creatura incorporea e astratta che riflette per analogia la presenza divina. Il critico letterario Gianfranco Contini ha osservato, a proposito di questo sonetto, che la chiarezza e semplicità delle parole è solo apparente, perché molte di esse (per esempio *gentile, onesta, pare, spirito*) nascondono significati che oggi hanno perduto.
Occorre quindi, per comprendere la poesia, riconoscere nel suo lessico i significati che aveva quando Dante lo impiegò.

Tanto gentile e tanto onesta pare
la donna mia quand'ella altrui saluta,
ch'ogne lingua deven tremando muta,
e li occhi no l'ardiscon di guardare.

Ella si va, sentendosi laudare,
benignamente d'umiltà vestuta;
e par che sia una cosa venuta
da cielo in terra a miracol mostrare.

1. gentile: nobile in un senso spirituale; è termine tecnico dell'amor cortese; **onesta:** è sinonimo di gentile, ma accentua il connotato di decoro esterno, indica il trasparire della gentilezza nell'aspetto e nelle azioni. Si noti il ritmo lento e tranquillo dell'inizio della lirica; **pare:** non significa "sembra", ma "appare con evidenza", "si manifesta nella sua evidenza".
2. altrui: gli altri, la gente. L'aggettivo mia non indica possesso, ma fedeltà all'immagine di lei.
3. ogne: ogni; **deven tremando muta:** ammutolisce per l'emozione. Tremare è un'altra parola chiave dello stilnovismo.
4. no... guardare: non osano guardarla.
5. si va: incede; **sentendosi:** mentre si sente.
6. benignamente... vestuta: con un atteggiamento di bontà e di umiltà. La sua modestia e la sua bontà (le virtù cristiane più alte) sembrano rivestire la sua figura esteriore.
7-8. e par... mostrare: e si fa evidente (*par*) che è un essere (*cosa*) venuto dal cielo in terra a mostrare un miracolo, a manifestare la presenza e la potenza di Dio. Beatrice, per la sua perfezione, è come un miracolo vivente, una rivelazione divina. *Cosa* ha un significato diverso da quello attuale e comune; viene dal latino *causa* e significa un essere indeterminato che è causa di sensazioni e di impressioni (l'effetto è in questo caso il *miracol*). Sono forse, questi, i versi più noti dello stilnovismo.

Mostrasi sì piacente a chi la mira,
che dà per li occhi una dolcezza al core,
che 'ntender no la può chi no la prova;

e par che de la sua labbia si mova
un spirito soave pien d'amore,
che va dicendo a l'anima: Sospira.

9. **Mostrasi:** equivale a *pare*; **sì piacente:** così bella; **la mira:** la guarda ammirato.
10. **che dà... core:** che infonde, attraverso (*per*) gli occhi, una tale dolcezza nel cuore di chi la guarda.
11. **che... prova:** che non può essere conosciuta da chi non ne abbia fatto l'esperienza.
12. **de la:** dalla; **labbia:** fisionomia, l'espressione del volto.
13. **un spirito soave:** una soave ispirazione amorosa. È una delle personificazioni comuni della poesia stilnovista. Dalla figura di Beatrice pare muovere uno spirito che invita chi lo vede a sospirare d'amore.

Analisi del testo

Il tema della poesia. Il sonetto è basato su quattro periodi, coincidenti con le quattro strofe. La parola chiave del componimento è *pare*, presente nella prima e nella seconda quartina e nell'ultima terzina, e sempre in posizione di rilievo (all'inizio o alla fine del verso). Nella prima terzina essa è sostituita da *mostrasi*, di significato analogo, che riprende il mostrare con cui si conclude la seconda quartina.
Il tema della poesia è quello degli effetti che l'apparizione di Beatrice provoca in chi la vede. Sono innanzitutto fisici (la lingua che diviene muta e gli occhi che non ardiscono guardare), poi psicologici (dà dolcezza al cuore, invita l'anima a sospirare).

La trasfigurazione dell'amore. Beatrice è però trasfigurata in chiave religiosa. Manca ogni accenno di descrizione fisica e le sue qualità sono tutte morali. Essa è una cosa celeste, e chi la vede coglie un messaggio divino.
Alla mancanza di descrizione fisica della donna corrisponde una sostanziale assenza della figura del poeta (presente solo nell'aggettivo *mia*, al v. 2). La virtù di Beatrice è infatti una virtù che si manifesta a tutti gli uomini, a chiunque la veda o la senta parlare. Gli effetti che essa provoca sono cioè universali.
Essa viene così contrapposta al "coro" dei suoi ammiratori; anche le scelte grammaticali sottolineano questa contrapposizione: Beatrice compare sempre nelle proposizioni principali, gli altri nelle proposizioni subordinate e spesso in frasi negative.

Le ripetizioni creano il ritmo. Il poeta gioca sulla ripetizione dei termini (*pare, par, par*) e sulla ripresa dello stesso verbo tra quartine e terzine (*mostrare, mostrasi*) per creare un ritmo lento e solenne come l'incedere della donna.
Questa scelta espressiva è sottolineata anche dalla presenza di una struttura sintattica analoga nelle quartine e nelle terzine: una consecutiva nella prima quartina (*Tanto gentile... che*) e un paragone (*e par*) nella seconda; un'altra consecutiva nella prima terzina (*sì piacente... che*) e un altro paragone (*e par*) nell'ultima.

Le tematiche dello Stilnovo. La lode della donna è uno dei temi fondamentali dello Stilnovo. Il confronto con i testi di Guinizzelli (*Io vogl' del ver la mia donna laudare*) mostra però la profonda originalità di Dante. In Guinizzelli domina ancora la descrizione fisica della donna, condotta nella prima parte del suo sonetto attraverso una serie di paragoni. Solo nella seconda parte emerge il tema dell'effetto salutifero della vista della donna, che *abassa orgoglio*, cioè rende umili, coloro che la contemplano e li converte alla fede (acquistando così anch'essa un valore religioso).
Nel caso di Cavalcanti è ormai superata la necessità della descrizione fisica della donna, che viene mostrata solo attraverso i suoi atti e le conseguenze che essi hanno su chi li osserva. Ma, rispetto alla concezione di Dante, oltre a mancare ogni riferimento al valore religioso dell'esperienza amorosa, prevale in Cavalcanti un sentimento pessimistico: il poeta esprime soprattutto la sua inadeguatezza, la sua incapacità di comprendere appieno il valore della donna e ciò che essa rappresenta (*i' nol savria contare; Non si poria contar; Non fu sì alta già la mente nostra*).

Proposte di lavoro

1. Spiega il significato del termine "gentile". Quali sono le qualità della "donna gentile"? Ricavale dal testo.
2. Anche l'aggettivo "onesto" ricorre nel lessico amoroso del Duecento e ha in particolare un significato importante nello stilnovismo. Qual è questo significato?
3. La parola *pare*, ripresa poi dall'equivalente *mostrasi*, può essere considerata la parola chiave della lirica. Individua i versi in cui compare e i significati che assume, precisando i motivi per cui essa è importante per comprendere lo stilnovismo.
4. Individua nel testo gli elementi fisici e spirituali che concorrono alla bellezza di Beatrice e inseriscili in una tabella. Quali sono più numerosi? Quali appaiono più importanti al poeta?
5. Osserva le conseguenze che la vista di Beatrice ha sul poeta e sugli altri e fanne un rapido elenco, ricavandole dal testo.
6. Quali sono gli elementi della poesia che ci fanno capire che si tratta di un testo stilnovistico?
   - ☐ Gli aggettivi *gentile* e *onesta*.
   - ☐ Il carattere angelico della donna.
   - ☐ La bellezza della donna.
   - ☐ L'importanza dello sguardo.
   - ☐ La spiritualità della donna..

BELLA, PERFETTA, ANZI IDEALE

L'immagine della donna amata

Attribuire alla donna amata (o all'uomo amato) caratteri ideali è tipico di ogni innamorato e innamorata. L'oggetto d'amore appare sempre, almeno nella fase iniziale dell'innamoramento, dotato di tutte le virtù e di tutte le doti positive che si riescono a immaginare.

Naturalmente, ogni epoca attribuisce valore ideale a caratteri diversi: i Greci, per esempio, valorizzavano in particolare la bellezza, che rappresentava il segno esteriore di una perfezione non solo fisica, ma anche spirituale.

Nel **Medioevo**, ancora all'epoca di Dante, l'ambito in cui si muoveva il pensiero era soprattutto quello del cristianesimo e quindi i poeti attribuivano alla loro donna ideale un carattere spirituale, angelico, e al loro amore un valore quasi religioso.
È quanto avviene in Dante, ma anche in un poeta come Guinizzelli, che nel sonetto di p. 37 elogia la propria donna perché la sua presenza basta a convertire gli infedeli (*e 'l fa de nostra fé se non la crede*).

E **oggi**? Ti proponiamo il testo di una famosa canzone di **Lucio Battisti**, *Acqua azzurra, acqua chiara*, in cui è possibile ritrovare alcuni elementi di idealizzazione. Rileggilo attentamente e verifica la validità di questa affermazione.

Ogni notte ritornar
per cercarla in qualche bar.
Domandare ciao che fai
e poi uscire insieme a lei.
Ma da quando ci sei tu
tutto questo non c'è più.

Acqua azzurra, acqua chiara
con le mani posso finalmente bere.
Nei tuoi occhi innocenti
posso ancora ritrovare
il profumo di un amore puro
puro come il tuo amor.

Ti telefono se vuoi
non so ancora se c'è lui...
accidenti che farò
quattro amici troverò.
Ma da quando ci sei tu
tutto questo non c'e più.

Acqua azzurra, acqua chiara
con le mani posso finalmente bere...

Sono le quattro e mezza ormai
non ho voglia di dormir
a quest'ora, cosa vuoi,
mi va bene pure lei.
Ma da quando ci sei tu
tutto questo non c'è più.

Acqua azzurra, acqua chiara
con le mani posso finalmente bere...

Divina Commedia

Pagina miniata da un codice del 1398 della *Divina Commedia*.

La *Divina Commedia* è un **poema didascalico-allegorico**, cioè un'opera che vuole ammaestrare sulle grandi verità morali e religiose attraverso la rappresentazione di immagini che hanno significato simbolico. Esso è composto da terzine di endecasillabi a rima incatenata ed è diviso in tre parti, o *Cantiche*, che prendono il titolo dai regni dell'oltretomba cristiano: *Inferno*, *Purgatorio* e *Paradiso*. Il titolo di *Commedia* attribuito da Dante al suo poema si riferisce sia al contenuto sia allo stile. Per quanto riguarda il **contenuto**, il poema è *commedia* perché, contrariamente alla *tragedia*, ha un **inizio drammatico** e **termina felicemente**; dal punto di vista dello **stile**, esso utilizza, secondo la codificazione della retorica medievale, uno **stile intermedio fra quello solenne** (*tragico*) **e quello basso e mediocre** (*elegiaco*). L'aggettivo *divina* fu aggiunto solo in seguito, a partire da Boccaccio, che così la definì non per il contenuto sacro dell'opera ma per la sua bellezza. La struttura del poema ubbidisce a una netta simmetria compositiva: il *Purgatorio* e il *Paradiso* sono composti da 33 *canti*, l'*Inferno* da 34, poiché il primo funge da introduzione a tutta l'opera, che consta così, nel suo complesso, di 100 canti. I numeri hanno grande importanza nella *Commedia*: Dante, secondo il gusto del Medioevo, basa la struttura del suo poema sui numeri 1, 3 e 7, ciascuno dei quali è ricco di significati simbolici e religiosi (l'1 rappresenta l'unicità di Dio, il 3 la Trinità, il 7 compare spesso nella Bibbia a indicare i giorni della settimana, i peccati capitali, le virtù ecc.). Sul numero 3 si basa la scelta della terzina (strofa di tre versi), la suddivisione del poema in tre cantiche; sul 3 e sull'1 si basa la struttura dell'intero poema (33 canti per ogni cantica, più uno di introduzione generale a tutta l'opera). Nove (cioè 3 x 3) sono i cerchi dell'Inferno e i cieli del Paradiso; sette sono invece le cornici in cui è suddiviso il Purgatorio.

Dante dà alla sua opera un titolo che si riferisce sia al contenuto sia allo stile

Inferno

Il poema rappresenta **il viaggio immaginario che Dante compie nei regni dell'aldilà**. Smarritosi in una paurosa selva situata nei pressi di Gerusalemme, Dante incontra al suo limitare il poeta latino **Virgilio** e, guidato da lui, inizia la discesa nell'Inferno. Questo è, secondo la concezione medievale dell'universo, una voragine a forma di cono, che si apre sotto Gerusalemme e ha il vertice in corrispondenza del centro della terra. La voragine si spalancò quando fu precipitato dal cielo Lucifero, l'angelo ribelle che ora è conficcato nel punto più profondo. Lungo le pareti del cono corrono giganteschi ripiani concentrici sui quali sono distribuiti i **dannati**. Via via che si scende, sono puniti i peccati più gravi. I dannati sono sottoposti ad atroci **sofferenze fisiche**: c'è chi viene costantemente trascinato da una violenta bufera, chi giace in misture nauseabonde e fangose, chi è immerso nella pece bollente o nel ghiaccio, chi brucia nel fuoco e chi deve sostenere immani fatiche fisiche. La qualità della pena a cui Dante immagina siano sottoposti i dannati dipende da quella che egli chiama la legge del *contrappasso*: **la pena riflette, per contrasto o per somiglianza, il peccato commesso in vita**. Così per esempio gli ignavi, che non fecero mai né male né bene e vissero pigramente e vilmente, nell'Inferno sono costretti a subire il continuo punzecchiamento fisico di api e mosconi e a rincorrere un'insegna vuota. Essi sono collocati nell'*Antinferno*, che si trova all'ingresso del baratro ed è separato dall'Inferno vero e proprio da uno dei tetri fiumi infernali, l'*Acheronte*, sul quale un pauroso essere demoniaco, Caronte, traghetta le anime dannate che devono raggiungere i luoghi

Le pene dei dannati dipendono dalla legge del contrappasso

loro destinati. Oltre l'Acheronte, si susseguono i nove *cerchi* dell'Inferno. Il primo è costituito dal *Limbo*, unico luogo infernale in cui non vi sia sofferenza fisica ma solo morale, costituita dal desiderio disperato di Dio. Vi abitano gli spiriti giusti che però non ebbero la fede, o perché vissero prima di Cristo o perché non furono battezzati. Dal secondo al quinto cerchio sono puniti i peccatori *incontinenti*, cioè coloro che hanno ceduto agli istinti peccaminosi senza sapersi frenare; nel sesto cerchio sono puniti gli *eretici*; nel settimo, suddiviso in tre *gironi*, scontano la loro pena i *violenti*; nell'ottavo (*Malebolge*) e nel nono sono puniti i *fraudolenti*, cioè coloro che agirono con malizia verso chi riponeva fiducia in loro: parenti, compagni politici, amici, benefattori. Il nono cerchio è costituito da un lago ghiacciato suddiviso in quattro zone, al centro del quale sta Lucifero.

Purgatorio

Giunto al centro della terra, dopo aver superato mille difficoltà e ostacoli, Dante, sempre accompagnato da Virgilio, risale un cunicolo sotterraneo e riemerge alla luce agli antipodi di Gerusalemme. Qui si innalza l'**altissima montagna del Purgatorio**, completamente circondata dalle acque dell'emisfero australe, sulla quale si trovano le **anime purganti** che, dopo un periodo di espiazione dei loro peccati, saranno ammesse in Paradiso. La loro **pena** è soprattutto di **carattere morale** (anche se non mancano pene fisiche) e consiste nella **sofferenza per la privazione di Dio**; essa è però attenuata dalla **speranza**, poiché gli spiriti purganti sanno con certezza che un giorno la loro sofferenza avrà fine e godranno della **beatitudine eterna**. Alla base della montagna si trova l'*Antipurgatorio*, dove stanno gli spiriti che si sono pentiti solo in fin di vita, i negligenti e gli scomunicati: solo dopo un lungo periodo di attesa saranno ammessi alla purgazione, nel luogo che verrà loro assegnato. Le anime purganti sono poi distribuite in sette balze – *gironi* – che salgono verso la cima della montagna e sulle quali le colpe punite – meno gravi via via che si sale verso l'alto – sono distinte secondo i sette peccati capitali della tradizione cristiana: superbia, invidia, ira, accidia, avarizia e prodigalità, gola, lussuria. Custodi del Purgatorio sono esseri umani o angelici che hanno la funzione di guidare le anime, di proteggerle, o di accoglierle alla fine dell'espiazione nel *Paradiso terrestre*. È questo una foresta fitta e verde che si stende sulla cima del monte e che le anime attraversano prima di salire in Paradiso. Qui Virgilio affida Dante alla guida di Beatrice, che è discesa fin lì dal Paradiso per condurre il pellegrino fino a Dio.

Le anime purganti sono sottoposte a pene di carattere morale

Paradiso

Secondo la concezione medievale del cosmo, intorno alla terra sono le zone dell'aria e del fuoco e al di là di esse ruotano nove sfere concentriche: i **cieli**. A trasmettere il movimento a tutti gli altri è il nono cielo, o **primo mobile**, il più vicino a Dio, spinto in tutte le sue parti dall'ardente desiderio di riunirsi a lui. Una diversa schiera angelica ha il compito di imprimere a ogni cielo il movimento proveniente dal primo mobile. Oltre i cieli sta l'Empireo, il Paradiso vero e proprio, privo di una dimensione fisica e «pura luce», immobile sede di Dio e di tutti i **beati**, la cui beatitudine consiste nella costante unione con Lui. Accompagnato da **Beatrice**, Dante sale di cielo in cielo, incontrando in ciascuno di essi gruppi di anime che, eccezionalmente, scendono dall'*Empireo* per incontrarlo e gli si manifestano sotto diverse forme luminose. Nei primi tre cieli (*Luna*, *Mercurio*, *Venere*) Dante incontra anime che non furono in vita del tutto prive di imperfezioni. Gli spiriti più perfetti appaiono nei cieli seguenti: in quello del *Sole* i sapienti, in quello di *Marte* i martiri, in quello di *Giove* i giusti, in quello di *Saturno* i contemplativi. Nell'ottavo cielo, delle *stelle fisse*, appaiono a Dante tutti i beati e con loro sono la Vergine e Cristo in trionfo. Nel nono cielo appaiono come cerchi luminosi le nove gerarchie angeliche. Infine **nell'Empireo**, dove tutti i beati sono raccolti in un immenso anfiteatro a forma di «candida rosa», **san Bernardo** prende il posto di Beatrice e guida Dante alla **contemplazione di Dio**, che appare al poeta sotto forma di **tre cerchi** di uguale grandezza e di colore diverso, **rappresentazione della Santissima Trinità**.

Beatrice accompagna Dante nella salita verso l'Empireo

Il significato dell'opera

La *Commedia* è, innanzitutto, il racconto di un viaggio che il poeta immagina di aver compiuto nella primavera del 1300, quando, giunto a metà della sua vita e trovatosi in una grave crisi morale e spirituale, intraprende un **faticoso cammino di ricerca della verità e della salvezza attraversando il mondo dei morti**. Il poeta rappresenta se stesso in questo arduo cammino che lo porta dal basso, dalla terra, il mondo del male e del peccato, all'alto, ai cieli, regno della luce, della verità e dell'amore. Ma per compiere questo percorso, che rappresenta il pellegrinaggio di espiazione che l'uomo intraprende per redimersi e uscire dall'errore, egli deve prima discendere nell'abisso del male.

Così Dante, prima di salire le balze della montagna del Purgatorio e i cieli del Paradiso che lo condurranno a Dio, discende fino in fondo il pauroso abisso dell'Inferno. Gli fanno da guide nel suo viaggio Virgilio e Beatrice. Il primo, sommo poeta latino, da Dante amato e considerato maestro di saggezza e di poesia, lo accompagna nei primi due regni dell'oltretomba, Inferno e Purgatorio. Egli rappresenta la ragione umana, che non può elevarsi fino a comprendere i misteri e le verità dottrinali più profonde. Per questo ci vuole la fede, simbolicamente rappresentata nel poema da Beatrice, la donna angelicata delle poesie della giovinezza, che qui diviene l'anima beata a cui è affidato il compito di guidare il pellegrino in Paradiso.

Dante pellegrino simbolo dell'umanità

Il protagonista del viaggio è dunque Dante stesso, che lo narra al passato in prima persona come un'esperienza vissuta e superata: la presenza di un "**io narrante**" è proprio uno degli elementi di grande novità della *Divina Commedia*. Dante, all'interno del poema, è dunque presente in modo complesso: egli è contemporaneamente il personaggio del pellegrino, smarrito e all'oscuro del cammino da compiere, e il narratore-autore che, giunto alla fine del viaggio, è a conoscenza della verità e in nome di essa si erge a giudice della storia degli uomini e della società del suo tempo. Ma il viaggio che Dante ci racconta non ha solo il significato di un'esperienza personale, di una vicenda psicologica individuale. Esso ha valore in quanto rappresenta una **vicenda universale**. La figura di Dante pellegrino è infatti il simbolo dell'intera umanità in cammino sulla terra, nella storia, per raggiungere quella che deve essere la sua meta finale, oltre la storia terrena, nel regno di Dio. È in vista di questa meta finale che il poeta ammonisce gli uomini a redimersi se non vogliono dannarsi per l'eternità.

Il viaggio nel regno dei morti

La rappresentazione di un viaggio nel regno dei morti **non è un'invenzione originale di Dante**; anzi, da questo punto di vista, egli accoglie numerose tradizioni, collocandosi appieno nella cultura del suo tempo. Innanzitutto, il motivo della discesa nel mondo dei morti era presente già nel **poema epico antico** e in particolare nel VI canto dell'*Eneide* di Virgilio, che Dante ha presente come riferimento diretto. Inoltre la descrizione dell'oltretomba, e in particolare delle pene infernali, a fini morali e didattici, era un **argomento molto utilizzato nel Duecento** sia nella letteratura di carattere religioso sia nelle rappresentazioni pittoriche. L'immagine del viaggio come itinerario spirituale alla ricerca di Dio era poi presente in molte opere di carattere teologico. Anche dal punto di vista delle concezioni filosofiche e ideologiche Dante non si allontana dalla cultura di un uomo medievale: il pensiero di Aristotele e la teologia cristiana stanno alla base della spiegazione di ogni cosa, e ogni verità è già contenuta nelle Sacre Scritture. La grande novità dell'opera dantesca non sta dunque nell'argomento complessivo o nella struttura dell'opera, ma nel modo in cui Dante affronta l'argomento.

La rappresentazione del mondo reale

La *Divina Commedia* non racconta in termini astratti un'esperienza spirituale, ma rappresenta **con immagini molto realistiche e concrete il cammino del pellegrino**, attraverso luoghi e paesaggi che hanno caratteristiche fisiche e in mezzo ad anime che si presentano a lui con le stesse passioni, gli stessi sentimenti, gli stessi atteggiamenti di quando erano sulla terra. Esse non sono astratte ombre tutte uguali, spogliate delle loro caratteristiche individuali, ma **persone realmente esistite che soffrono o gioiscono in modo molto umano**. Dante, pur avendo rappresentato il mondo dei morti, è stato definito "poeta del mondo terreno": egli ha portato nel suo aldilà la storicità terrena e i suoi morti sono ancora strettamente legati, attraverso il ricordo e la viva partecipazione, alla vita che condussero in questo mondo. Qui sta la grandezza della sua poesia e il fascino che essa ancor oggi esercita su di noi: egli ha rappresentato la vita degli uomini di sempre, i loro eterni valori, la loro aspirazione all'amore, alla giustizia, alla pace.

SIMILITUDINE = SIMILITUDINE TRA 2 O PIÙ ELEMENTI
METAFORA = SIMILITUDINE ACCORCIATA

Inferno

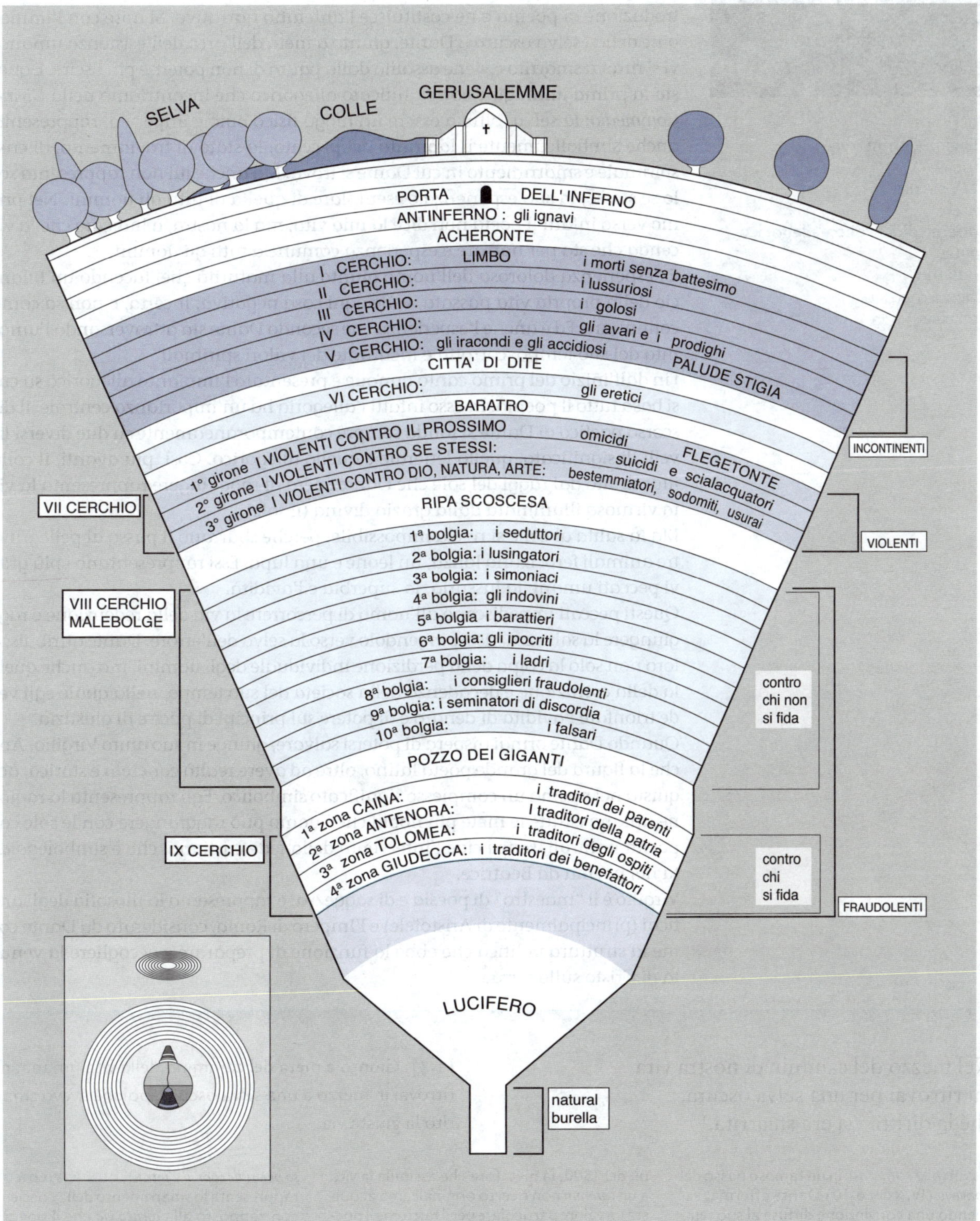

Opera
Divina Commedia
Epoca
XIV secolo
Genere
poema didascalico-allegorico
Lingua
italiano
Schema metrico
terzine

La selva oscura

Il primo canto dell'*Inferno*, dal quale sono tratti i versi che seguono, fa da introduzione al poema e ne costituisce l'antefatto narrativo. Si apre con l'immagine della «selva oscura»: Dante, giunto a metà dell'arco dell'esistenza umana, vi si ritrova smarrito e viene assalito dalla paura di non poterne più uscire. È questa la prima immagine con significato allegorico che incontriamo nella *Divina Commedia*: la selva, oltre a essere un luogo fisico buio e impervio, rappresenta anche simbolicamente il labirinto del peccato, lo stato di traviamento, di crisi spirituale e smarrimento in cui Dante si trova. Ma anche lui non rappresenta solo se stesso; la sua esperienza è esemplare di quella di tutti gli uomini. Nel primo verso infatti il poeta non dice la mia vita, ma la nostra, a indicare che la vicenda che sta per narrare è esperienza comune a tutti gli uomini.
È l'esperienza dolorosa dell'uomo giunto alla maturità che, facendo un bilancio della propria vita passata, vede ogni cosa negativa, incerta, e non sa come continuare. Ed è anche l'esperienza che secondo Dante sta attraversando l'umanità del suo tempo, corrotta e incurante dei valori spirituali.
Fin dall'inizio del primo canto dunque è presentato l'impianto allegorico su cui si basa tutto il poema. In esso infatti l'allegoria ha un'importanza centrale: il discorso poetico di Dante si fonda sempre contemporaneamente su due diversi livelli di significato, quello letterale e quello allegorico. Così, più avanti, il colle illuminato dai raggi del sole che Dante spera di raggiungere rappresenta la vita virtuosa illuminata dalla grazia divina (il sole).
Ma la salita al colle si rivela impossibile, perché sbarrano il passo al pellegrino tre animali feroci: una lonza, un leone e una lupa. Essi rappresentano i più gravi peccati umani: la lussuria, la superbia e l'avidità.
Questi peccati impediscono all'uomo di percorrere la via della redenzione e raggiungere la salvezza, risospingendolo verso la selva dell'errore. Dante attribuisce loro non solo la colpa della perdizione individuale degli uomini, ma anche quella della corruzione e decadenza della società del suo tempo, nella quale egli vede trionfare l'avidità di denaro e di potere sui princìpi di pace e di giustizia.
Quando Dante ormai dispera di potersi salvare, giunge in suo aiuto Virgilio. Anche la figura del grande poeta latino, oltre ad avere realtà concreta e storica, acquista nel poema un complesso significato simbolico. Egli rappresenta la ragione umana e tutte le mete più nobili che l'uomo può raggiungere con le sole capacità naturali, senza cioè l'intervento della fede cristiana, che è simboleggiata nel poema da Beatrice.
Virgilio è il "maestro" di poesia e di saggezza, e rappresenta la filosofia degli antichi (principalmente di Aristotele) e l'Impero di Roma, considerato da Dante come la struttura politica che ebbe la funzione di preparare e accogliere la venuta di Cristo sulla terra.

Nel mezzo del cammin di nostra vita
mi ritrovai per una selva oscura,
ché la diritta via era smarrita.

[1-3] Giunto a metà del cammino della vita umana, mi ritrovai in mezzo a una selva oscura, poiché avevo smarrito la giusta via.

1. Nel mezzo... vita: in un famoso passo del *Convivio* (IV, XXIII, 6-10) Dante afferma, seguendo una convinzione diffusa al suo tempo, che la vita umana ha una durata media di 70 anni; egli compie quindi il viaggio a 35 anni, nel 1300; la metafora che assimila la vita a un *cammin* non è certo originale, ma acquista un valore particolare per il fatto che il poeta sta per narrare un viaggio; **mi ritrovai:** mi trovai quasi inavvertitamente (cfr. v. 10: *Io non so ben ridir com' i' v'intrai*); **una selva oscura:** rappresenta lo smarrimento della coscienza, contrapposto alla *diritta via* che il poeta ha smarrito.

Ahi quanto a dir qual era è cosa dura
esta selva selvaggia e aspra e forte
che nel pensier rinova la paura!

Tant'è amara che poco è più morte;
ma per trattar del ben ch'i' vi trovai,
dirò de l'altre cose ch'i' v'ho scorte.

Io non so ben ridir com'i' v'intrai,
tant'era pien di sonno a quel punto
che la verace via abbandonai.

Ma poi ch'i' fui al piè d'un colle giunto,
là dove terminava quella valle
che m'avea di paura il cor compunto,

guardai in alto e vidi le sue spalle
vestite già de' raggi del pianeta
che mena dritto altrui per ogne calle.

Allor fu la paura un poco queta,
che nel lago del cor m'era durata
la notte ch'i' passai con tanta pieta.

E come quei che con lena affannata,
uscito fuor del pelago a la riva,
si volge a l'acqua perigliosa e guata,

così l'animo mio, ch'ancor fuggiva,
si volse a retro a rimirar lo passo
che non lasciò già mai persona viva.

Poi ch'èi posato un poco il corpo lasso,
ripresi via per la piaggia diserta,
sì che 'l piè fermo sempre era 'l più basso.

Ed ecco, quasi al cominciar de l'erta,
una lonza leggiera e presta molto,
che di pel macolato era coverta;

[4-6] Ah, descrivere com'era questa selva incolta, aspra e difficile a percorrersi è una cosa dolorosa, che nel pensiero mi rinnova la paura.

[7-9] Essa è tanto spiacevole che la morte lo è poco di più; ma per poter trattare del bene che vi trovai, parlerò delle altre cose che vi ho visto.

[10-12] Io non ricordo bene come vi entrai, poiché nel momento in cui abbandonai la via della verità ero pieno di sonno.

[13-15] Ma quando fui giunto ai piedi di un colle, all'estremità della valle che mi aveva riempito il cuore di paura,

[16-18] guardai in alto, e vidi la sua cima già illuminata dai raggi dell'astro che indica a tutti la via diritta.

[19-21] Allora si placò un poco la paura che mi era rimasta nel profondo del cuore durante la notte passata con tanta angoscia.

[22-24] E come un uomo che, con il fiato grosso per la fatica, uscito dal mare a riva, si volta verso l'acqua pericolosa e la guarda con paura,

[25-27] così l'animo mio, che ancora fuggiva, si voltò indietro a guardare quel luogo dal quale nessuno è mai uscito vivo.

[28-30] Dopo aver riposato un po' il corpo stanco, ripresi il cammino per il pendio solitario, in modo che il piede su cui mi appoggiavo fosse sempre il più basso.

[31-33] Ed ecco, quasi all'inizio della salita, una lonza molto veloce e agile, coperta di una pelliccia maculata;

4. selvaggia e aspra e forte: i tre aggettivi rafforzano l'idea di un ambiente ostile e pericoloso; si noti la figura etimologica *selva selvaggia*; **rinova:** il soggetto è *che*, riferito a *selva*.
7. Tant' è... morte: il verso riassume ed enfatizza il significato della terzina precedente; **ma:** la forte avversativa introduce il nuovo concetto: nella selva oscura Dante ha trovato non solo il male, la paura e quasi la morte, ma anche il bene, la salvezza, e proprio di questo intende parlare; **l'altre cose ch'i' v'ho scorte:** le tre fiere che incontrerà tra poco e Virgilio, che gli insegnerà il cammino da tenere per uscire dalla selva.
11. pien di sonno: l'affermazione va intesa in senso allegorico: il sonno è lo stato di offuscamento della coscienza che prelude al peccato e alla decadenza morale; **la verace via:** la via della verità, cioè del bene (riprende la *diritta via* del v. 3).
13. poi... giunto: il colle, in quanto luogo elevato e illuminato dal sole (vv. 16-18), si contrappone alla selva, che si trova in una *valle* ed è evidentemente in ombra: se quindi la selva è il luogo del peccato e della perdizione, il colle è il luogo della salvezza e del bene.
17. vestite... calle: già coperta (la cima) dai raggi del sole nascente, che il poeta indica per mezzo di una complessa perifrasi, definendolo *pianeta* (secondo la cosmologia medievale) e sottolineando il suo valore allegorico di manifestazione della divinità e quindi di guida morale.
19. Allor... che: costruisci: *allor fu un poco queta la paura che*...; il termine *paura* era già apparso al v. 6 e si configura quindi come una delle parole chiave dell'intero canto; ma questo sentimento dominerà il poeta per tutto l'Inferno, fino all'orrida visione di Lucifero nell'ultimo canto (il XXXIV) dell'*Inferno*.
22. come quei... guata: è la prima similitudine della *Commedia*, classicamente costruita su due membri di tre versi ciascuno introdotti dalle correlative *come... così*...; il poeta precisa in questo modo lo stato d'animo che ha già descritto nella terzina precedente (*fu la paura un poco queta*).
25. ch'ancor fuggiva: acuta osservazione psicologica: mentre si volta a guardare il pericolo da cui è sfuggito (o da cui crede di essere sfuggito), l'animo continua a fuggire.
28. la piaggia diserta: il pendio solitario; Dante tenta di raggiungere la cima del colle in una condizione di assoluta solitudine.
31. Ed ecco: tipica formula con cui Dante introduce un nuovo elemento inaspettato e sorprendente, in questo caso l'apparizione della prima delle tre fiere; **una lonza... coverta:** animale di difficile identificazione, comunque un felino, come rivelano le sue caratteristiche: *leggiera* (agile), *molto presta* (molto veloce) e di *pel macolato... coverta*; dal punto di vista allegorico, essa rappresenta la sensualità e la lussuria.

e non mi si partia dinanzi al volto,
anzi 'mpediva tanto il mio cammino,
ch'i' fui per ritornar più volte vòlto.

Temp' era dal principio del mattino,
e 'l sol montava 'n sù con quelle stelle
ch'eran con lui quando l'amor divino

mosse di prima quelle cose belle;
sì ch'a bene sperar m'era cagione
di quella fiera a la gaetta pelle

l'ora del tempo e la dolce stagione;
ma non sì che paura non mi desse
la vista che m'apparve d'un leone.

Questi parea che contra me venisse
con la test'alta e con rabbiosa fame,
sì che parea che l'aere ne tremesse.

Ed una lupa, che di tutte brame
sembiava carca ne la sua magrezza,
e molte genti fé già viver grame,

questa mi porse tanto di gravezza
con la paura ch'uscia di sua vista,
ch'io perdei la speranza de l'altezza.

E qual è quei che volontieri acquista,
e giugne 'l tempo che perder lo face,
che 'n tutti suoi pensier piange e s'attrista;

tal mi fece la bestia sanza pace,
che, venendomi 'ncontro, a poco a poco
mi ripigneva là dove 'l sol tace.

Mentre ch'i' rovinava in basso loco,
dinanzi a li occhi mi si fu offerto
chi per lungo silenzio parea fioco.

[34-36] e non mi si toglieva dinnanzi, anzi ostacolava tanto il mio cammino che più volte mi dovetti voltare e tornare indietro.

[37-39] Erano le prime ore del mattino, e il sole saliva nella stessa costellazione in cui si trovava quando l'amore divino

[40-42] creò per la prima volta quelle cose belle; per cui mi inducevano a sperare di cavarmela da quella fiera dalla pelle screziata

[43-45] l'ora del giorno e la stagione primaverile; ma non tanto che la vista di un leone non mi incutesse paura.

[46-48] Questo leone sembrava che mi venisse incontro con la testa alta e con una fame rabbiosa, tanto che perfino l'aria sembrava averne paura.

[49-51] E una lupa, che nella sua magrezza appariva piena di tutti i desideri e già aveva reso infelici molti uomini,

[52-54] questa lupa mi rese così afflitto a causa della paura che mi provocava la sua vista, che perdetti la speranza di raggiungere la cima del colle.

[55-57] E come un uomo che si è rallegrato delle ricchezze e quando arriva il momento in cui le perde piange, e tutti i suoi pensieri si volgono alla tristezza,

[58-60] tale mi rese quella bestia irrequieta, che venendomi incontro, a poco a poco, mi respingeva di nuovo nel buio.

[61-63] Mentre io cadevo verso il basso, mi si offrì alla vista una figura che pareva priva di voce, come chi sia rimasto in silenzio per molto tempo.

34. non mi si partia dinanzi al volto: la lonza non aggredisce il poeta, ma si limita a minacciarlo, ostacolandogli il cammino verso la salvezza: *'mpediva tanto il mio cammino*; **fui... più volte volto:** mi voltai più volte per tornare indietro; il bisticcio (o paronomasia) rientra in un gusto retorico tipicamente medievale.
37. Temp' era... mattino: il poeta interrompe momentaneamente la narrazione per inserire una notazione temporale, che riprende quella anticipata al v. 17 (dove aveva descritto la cima del colle già illuminata dai raggi del sole nascente); **con quelle stelle:** insieme alle stelle che formano la costellazione dell'Ariete, il primo segno zodiacale della primavera; **ch'eran... belle:** il sole si trovava nella costellazione dell'Ariete anche al momento della creazione.
44. ma non sì: ma non tanto; l'avverbio (*sì*, così) riprende quello del v. 41, sottolineando la contrapposizione introdotta dalla avversativa *ma*; **paura:** ritorna la parola chiave del canto (cfr. nota v. 19); **leone:** la seconda fiera, che rappresenta allegoricamente la superbia e la violenza, si rivela molto più aggressiva della prima, dato che non si limita a ostacolare il cammino di Dante, ma lo assale rabbiosamente.
46. parea: il termine è ripetuto due volte nella stessa terzina, a sottolineare l'affollarsi di impressioni che colpiscono Dante alla vista del leone; **venisse:** si noti la rima imperfetta *desse: venisse: tremesse*: è la cosiddetta rima siciliana, così chiamata perché derivata dall'uso dei poeti siciliani; viene spesso usata da Dante e da altri autori dei primi secoli.
51. e molte genti... grame: l'annotazione rivela apertamente il carattere allegorico della lupa, che rappresenta l'avarizia (nel significato latino di avidità, brama): la polemica contro l'avidità è uno dei temi di fondo del poema dantesco.
53. paura: il termine torna per la quarta volta dall'inizio del poema; **perdei la speranza:** quella speranza che il poeta aveva conservato dopo l'incontro con la lonza, incoraggiato dal sole sorgente e dall'atmosfera primaverile.
55. qual... s'attrista: la seconda similitudine del poema dantesco ha la stessa struttura simmetrica della prima (cfr. nota v. 22) e la stessa funzione di approfondimento psicologico: il poeta si sente tanto più disperato in quanto aveva creduto di essere sulla buona strada per uscire dalla selva e raggiungere la cima del colle, e si accorge invece che il cammino gli è impedito; il suo stato d'animo è quello del naufrago che, dopo essersi illuso di aver raggiunto la riva, si trovi sbalzato nuovamente in mezzo alle onde.
58. la bestia sanza pace: è la lupa, alla cui vista Dante perde *la speranza de l'altezza*, che viene così definita a causa della sua brama insaziabile.
63. chi... fioco: è lo spirito di Publio Virgilio Marone, il grande poeta latino del I secolo a.C. autore delle *Bucoliche*, delle *Georgiche* e dell'*Eneide*, che guiderà Dante nel suo viaggio attraverso l'Inferno e il Purgatorio.

Quando vidi costui nel gran diserto,
«Miserere di me», gridai a lui,
«qual che tu sii, od ombra od omo certo!»

Rispuosemi: «Non omo, omo già fui,
e li parenti miei furon lombardi,
mantoani per patrïa ambedui.

Nacqui sub Iulio, ancor che fosse tardi,
e vissi a Roma sotto 'l buono Augusto
nel tempo de li dèi falsi e bugiardi.

Poeta fui, e cantai di quel giusto
figliuol d'Anchise che venne di Troia,
poi che 'l superbo Ilïón fu combusto.

Ma tu perché ritorni a tanta noia?
perché non sali il dilettoso monte
ch'è principio e cagion di tutta gioia?».

«Or se' tu quel Virgilio e quella fonte
che spandi di parlar sì largo fiume?»,
rispuos' io lui con vergognosa fronte.

«O de li altri poeti onore e lume,
vagliami 'l lungo studio e 'l grande amore
che m'ha fatto cercar lo tuo volume.

Tu se' lo mio maestro e 'l mio autore,
tu se' solo colui da cu' io tolsi
lo bello stilo che m'ha fatto onore.

Vedi la bestia per cu' io mi volsi;
aiutami da lei, famoso saggio,
ch'ella mi fa tremar le vene e i polsi».

[64-66] Quando, nella grande solitudine, vidi costui, gli gridai: «Pietà di me, chiunque tu sia, spirito o uomo in carne ed ossa!»

[67-69] «Non sono più un uomo», mi rispose, «ma lo sono stato: i miei genitori furono lombardi, entrambi di origini mantovane.

[70-72] Nacqui sotto Giulio Cesare, benché tardi, e vissi a Roma durante il regno di Augusto, al tempo degli dei falsi e bugiardi.

[73-75] Fui un poeta, e cantai di quel giusto Enea, figlio di Anchise, che venne da Troia dopo che la sua superba città fu bruciata.

[76-78] Ma tu perché ritorni a tanto dolore? perché non sali il monte che è all'origine di tutte le gioie?»

[79-81] «Tu sei dunque quel Virgilio, quella fonte di eloquenza da cui è nato un fiume così grande?» risposi io con atteggiamento vergognoso.

[82-84] «Onore e luce degli altri poeti, mi siano di aiuto il lungo studio e il grande amore che mi hanno spinto a leggere e rileggere le tue opere.

[85-87] Tu sei il mio maestro e il mio modello, tu sei colui dal quale ho imparato il bello stile che mi ha fatto onore.

[88-90] Vedi la bestia a causa della quale ho volto i miei passi; aiutami a sfuggire da lei, famoso saggio, poiché essa mi fa tremare il cuore».

65. Miserere di me: le prime parole che Dante pronuncia nel poema sono tratte da un salmo utilizzato nella liturgia e quindi universalmente noto ai tempi del poeta.
67. Non omo: Virgilio inizia a parlare rispondendo alla domanda implicita nelle parole di Dante (sei uno spirito o un uomo?): la sua risposta, molto pacata, che procede fornendo ordinatamente le informazioni necessarie affinché il poeta lo riconosca, contrasta con l'affanno e lo spavento che emergono dal precedente grido di Dante; **per patrïa:** di origine; Virgilio nacque nel 70 a.C. ad Andes, un paesino nei pressi di Mantova.
70. sub Iulio: durante l'età di Cesare; dopo aver parlato delle proprie origini (genitori e luogo di nascita), Virgilio parla ora della propria vita e della propria epoca storica; **nel tempo... bugiardi:** prima della venuta di Cristo, cioè in epoca pagana; Virgilio, essendo morto, sa con certezza che gli dei pagani erano *falsi e bugiardi*.
73. cantai... Anchise: Virgilio si presenta come autore dell'*Eneide*: il *figliuol d'Anchise* è infatti Enea, che nel poema latino viene regolarmente definito "pius", termine interpretato da Dante come *giusto*.
76. Ma tu: terminata la sua presentazione, Virgilio si rivolge direttamente a Dante, interrogandolo sulla sua condizione presente.
78-79. quella fonte... fiume: Dante sottolinea innanzitutto la maestria linguistica di Virgilio (*di parlar*), anticipando quanto riprenderà ai vv. 86-87; **vergognosa:** per il senso di inferiorità del discepolo nei confronti del maestro, ma anche per la situazione di difficoltà in cui Virgilio l'ha sorpreso.
82. vagliami: letteralmente, mi valga, cioè mi sia di aiuto, in questo momento di difficoltà e di disperazione; Dante spera che il suo amore per l'opera di Virgilio spinga quest'ultimo a porgergli aiuto.
85. maestro... autore: il secondo termine rafforza il primo (*autore* ha la stessa radice di "autorità": Virgilio è per Dante l'autore per eccellenza, *'l mio autore*, quello dotato di maggiore autorità); **colui... onore:** con queste parole Dante unisce l'omaggio nei confronti del maestro, da cui dichiara di aver appreso *lo bello stilo* (l'eloquenza poetica), all'orgoglioso riconoscimento della propria bravura (*che m'ha fatto onore*, cioè che mi ha procurato lodi e fama); si noti la ripresa del termine *onore*, utilizzato poco prima, al v. 82, per definire lo stesso Virgilio: Dante si propone al lettore come erede di Virgilio e suo degno discepolo.
88. Vedi: solo a questo punto Dante risponde alle domande di Virgilio (vv. 76-78), indicando la lupa (*la bestia* che l'ha costretto a ritornare *in basso loco*); **famoso saggio:** nel Medioevo, Virgilio non era considerato solo un grande poeta, ma anche un grande filosofo; Dante, dopo aver sottolineato il suo valore poetico nelle terzine precedenti, fa ora appello alla sua sapienza perché lo aiuti.

La *Commedia*, una grande metafora

Il lessico e la grammatica

Tra le figure retoriche usate da Dante, le similitudini sono senza dubbio le più evidenti e spesso (come quella del naufrago, ai vv. 22 e segg.) sono diventate famose. Dante però ricorre con frequenza anche alle metafore – anzi, il **carattere allegorico** del suo poema lo rende un'unica, grande metafora, costituita da una serie di metafore collegate fra loro. Nel primo canto, vi sono alcune metafore particolarmente interessanti, su cui ti invitiamo a concentrare l'attenzione.

• ***la diritta via*** (v. 3) = la via del bene. La metafora della retta via (che rimanda all'immagine del *cammin* del v. 1) sta a indicare la strada che conduce al bene, il comportamento retto e onesto dell'uomo timorato di Dio. Dante l'ha smarrita, questa retta via, e con lui tutta l'umanità, che sta attraversando una fase di decadenza morale. Per ritrovare la via del bene, dunque, il poeta compie il suo viaggio immaginario, e scrive il poema per indurre gli uomini, sulla base del suo esempio, a redimersi e ritornare anch'essi sulla strada della giustizia.

• ***nel lago del cor*** (v. 20) = nelle cavità del cuore. Secondo la fisiologia medievale, il cuore era la sede degli spiriti vitali, e perciò anche della paura. L'immagine sottolinea l'intensità della paura provata da Dante.

• ***per lungo silenzio parea fioco*** (v. 63) = appariva debole, sbiadito, a causa del suo lungo silenzio, poiché aveva taciuto a lungo. Si tratta di una metafora che si presta a interpretazioni diverse. Essa designa, come appare evidente pochi versi più avanti, il poeta Virgilio, che accompagnerà Dante nel suo viaggio e che allegoricamente rappresenta la ragione umana. La metafora può dunque significare il suono fievole della voce della ragione che per lungo tempo ha taciuto nella coscienza di Dante o, in generale, del peccatore. Ma può anche significare che Dante ha trascurato per un certo periodo gli insegnamenti di Virgilio, considerato maestro di poesia e di saggezza. Ora egli, ritrovando la figura e la voce del maestro, si assume quasi il compito, attraverso la composizione del poema, di continuarne l'opera, investendo se stesso della missione di divulgatore della verità.

Ora commenta tu brevemente, come negli esempi proposti, la seguente metafora: *Ora se' tu quel Virgilio e quella fonte / che spandi di parlar sì largo fiume?* (vv. 79-80).

Analisi del testo

Un ritmo rapido ed essenziale. La narrazione di Dante è caratterizzata da grande essenzialità e rapidità. Al contrario di quanto avveniva solitamente nei poemi, infatti, il poeta non incomincia con un prologo in cui spiega l'argomento della sua opera, ma inizia nel pieno dell'azione. Tutto ciò che è avvenuto in precedenza, prima dell'inizio del racconto, è solo accennato: «la diritta via era smarrita...»; «Io non so ben ridir com'i' v'intrai / tant'era pien di sonno...».
L'azione si svolge quindi rapida come in un film: Dante si trova in una misteriosa selva oscura; improvvisamente giunge ai piedi di un colle e tenta l'ascesa, quando scorge una lonza; si spaventa, ma è una bella mattina di primavera e la speranza lo invita a continuare. Se non che, appare una seconda belva, un leone, e, subito dopo, una lupa; Dante cade nella disperazione e si vede costretto di nuovo a scendere verso il basso. Proprio allora si mostra qualcuno che sembra un fantasma: si tratta in realtà dell'anima di Virgilio, che lo conforta e lo spinge a continuare il suo viaggio.

L'uso delle similitudini. Il ritmo rapidissimo dell'azione è interrotto solo in due casi da una similitudine (ai vv. 22 e segg. e ai vv. 55 e segg.). L'uso delle similitudini (cioè di paragoni ampi e articolati, solitamente introdotti da "come... così") è frequentissimo nella *Commedia*. Da un lato rallentano il ritmo dell'azione, introducendo un momento di riflessione; dall'altro, soprattutto nel Paradiso, chiariscono i concetti astratti, mettendoli a confronto con un'immagine concreta; infine, secondo una tecnica tipica dello stile epico, innalzano il tono del racconto, aumentandone la solennità.

I personaggi. Il primo dialogo della *Commedia*, quello fra Dante e Virgilio, è importante per la caratterizzazione dei due personaggi. Il grido di Dante («Miserere di me») è una richiesta di pietà, come si conviene a chi si trovi in una condizione di peccato da cui non riesce a uscire con le proprie forze. Le parole di Virgilio, in contrasto con il tono concitato di Dante, sono pacate e infondono tranquillità e sicurezza al pellegrino: il grande poeta latino si presenta con un'ampia perifrasi che fa riferimento all'epoca in cui è vissuto e all'opera fondamentale che ha scritto (l'epoca è quella di Augusto, il fondatore dell'Impero romano, che secondo Dante è stato voluto da Dio per preparare la strada all'avvento del cristianesimo; l'opera è l'*Eneide*). Il tono con cui Dante risponde a Virgilio è ancora molto diverso: non più terrorizzato, il poeta esprime ammirazione per il maestro e gli chiede affannosamente aiuto.

Il tema dominante. Il canto è costruito su due opposizioni concettuali: quella fra luce e buio, e quella fra alto e basso. La luce e l'altezza simboleggiano il bene, la salvezza che viene da Dio; l'oscurità e il basso simboleggiano invece il peccato, la condizione di dannazione.
Queste due opposizioni costituiscono il tema che dominerà in tutto il poema: l'Inferno è infatti sprofondato sottoterra e l'unica luce che vi balena è quella proveniente dai fuochi da cui sono arsi i miseri dannati; il Purgatorio è rappresentato come una montagna che si eleva verso il cielo e che le anime ormai purificate risalgono fino alla cima; il Paradiso si trova alla sommità del cielo ed è «pura luce».

Proposte di lavoro

1. Ripercorri rapidamente il testo indicando:
- i personaggi che compaiono nel racconto;
- i luoghi in cui si svolge l'azione;
- i riferimenti temporali.

2. Riassumi il contenuto dei versi in un breve testo.

3. Il primo canto della *Commedia* è ricco di elementi allegorici: indica il significato attribuibile a ciascuno di essi.
- la selva oscura ....
- il sole ....
- la lonza ....
- il leone ....
- la lupa ....
- Virgilio ....

4. In tutto il poema sono fondamentali due coppie di concetti opposti: luce/tenebre e alto/basso. Spiega il significato simbolico generale di queste opposizioni. Ritrova nel primo canto tutte le immagini riconducibili a questi concetti e spiegane il significato specifico.

5. Ritrova le similitudini presenti nel testo e completa per ciascuna di esse una tabella come la seguente:

Primo membro della similitudine	Secondo membro della similitudine	Il paragone si basa sul fatto che...

6. Perché Dante utilizza un così grande numero di simboli e allegorie? È possibile collegare questa tensione simbolica del poeta con la sua fede religiosa e con il contesto culturale nel quale è vissuto? Giustifica la tua risposta.

7. Presenta e spiega, aiutandoti con le pagine introduttive sulla *Divina Commedia*, il tema del viaggio, cercando di sottolinearne l'importanza per Dante, rispettivamente come uomo, poeta e personaggio, e cogliendone i collegamenti con il contesto culturale e religioso del tempo.

Opera
Divina Commedia
Epoca
XIV secolo
Genere
poema didascalico-allegorico
Lingua
italiano
Schema metrico
terzine

Inferno, V, vv. 73-142

Paolo e Francesca

Giunto nel secondo cerchio, Dante incontra i peccatori lussuriosi, cioè coloro che sottomisero la ragione al *talento*, al desiderio sensuale. Così come in vita si lasciarono trasportare dalla furia della passione, dopo la morte, nell'Inferno, essi sono incessantemente travolti da una violenta bufera. Tra loro Dante nota due anime che, tenendosi per mano, sono trascinate insieme nel vento, e chiede di poter parlare con loro. Sono Francesca da Rimini e Paolo Malatesta, i due cognati che, innamoratisi uno dell'altra, vennero sorpresi e uccisi da Gianciotto Malatesta, fratello di Paolo, che Francesca era stata costretta a sposare contro la sua volontà. L'episodio era storicamente accaduto e aveva molto turbato Dante. Collocandolo nella *Commedia*, egli lo fa rivivere in tutta la sua drammaticità attraverso le parole di Francesca. È lei che, accondiscendendo alla richiesta di Dante, narra la vicenda che l'ha coinvolta insieme a Paolo e spiega il loro peccato con l'irresistibile forza di Amore che naturalmente entra nei cuori gentili, senza che a lui ci si possa opporre. *Amor, ch'al cor gentil ratto s'apprende*, dice Francesca, quasi a giustificare se stessa. È questa la definizione dell'amore secondo le teorie cortesi, che avevano dato luogo a una ricca e affascinante letteratura lirica e romanzesca, e che Dante stesso aveva abbracciato in un periodo della sua vita. Francesca, delicata e gentile nei modi e nelle parole, in drammatico contrasto con l'atmosfera infernale, è presentata come un'eroina di un romanzo medievale d'amore.

La passione sua e di Paolo si rivela mentre essi sono intenti alla lettura del romanzo che racconta la storia d'amore fra la regina Ginevra e Lancillotto, cavaliere di re Artù. Emozionati da quella lettura, Paolo e Francesca non sanno più trattenere la loro passione. Questo provocherà per loro la morte del corpo e, ancor più tragicamente, quella dell'anima, la condanna alla pena infernale.
L'amor cortese, l'intesa che si crea fra spiriti nobili e che quasi sempre avviene al di fuori del matrimonio (spesso combinato per motivi d'interesse), è da condannarsi in una concezione cristiana, poiché porta a cedere a una passione terrena contro la legge di Dio. Dante, collocando nell'Inferno Paolo e Francesca, intende proprio esprimere questa condanna. Tuttavia, mentre leggiamo l'episodio, siamo quasi indotti a dimenticare l'angosciosa atmosfera infernale nella quale ci troviamo. La poesia di Dante fa rivivere tutta la dolcezza di quell'incontro d'amore: i *dolci pensier*, il tenero *disìo*, i *dubbiosi disiri*, i *dolci sospiri*, gli sguardi innamorati. Proprio il contrasto fra la dolcezza di quegli attimi felici e la durezza della pena inesorabile ed eterna costituisce il doloroso dramma dei due amanti: *Nessun maggior dolore che ricordarsi del tempo felice ne la miseria*, afferma Francesca. La stessa drammatica e angosciosa contraddizione è presente nel personaggio di Dante. Durante il racconto di Francesca, egli tiene a lungo il capo chino in segno di pensoso turbamento e alla fine sviene, vinto dalla pietà. Anch'egli ha conosciuto e vissuto in passato quei «dubbiosi disiri», sa quanto siano dolci e lusinghieri i pensieri d'amore e come questo sia un sentimento profondamente umano. E nonostante la consapevolezza di avere personalmente superato l'errore, esprime, con la forza realistica della sua rappresentazione poetica, profonda partecipazione affettiva, comprensione per la debolezza umana, senso di solidarietà per quei peccatori.

I' cominciai: «Poeta, volontieri
parlerei a quei due che 'nsieme vanno,
e paion sì al vento esser leggieri».

Ed elli a me: «Vedrai quando saranno
più presso a noi; e tu allor li priega
per quello amor che i mena, ed ei verranno».

Sì tosto come il vento a noi li piega,
mossi la voce: «O anime affannate,
venite a noi parlar, s'altri nol niega!»

Quali colombe dal disio chiamate
con l'ali alzate e ferme al dolce nido
vegnon per l'aere, dal voler portate;

cotali uscir de la schiera ov'è Dido,
a noi venendo per l'aere maligno,
sì forte fu l'affettüoso grido.

[73-75] Cominciai a dire: «Poeta, parlerei volentieri con quei due che vanno insieme e paiono trasportati con tanta facilità dal vento».

[76-78] Ed egli mi rispose: «Aspetta quando saranno più vicini a noi; e tu allora pregali in nome di quell'amore che li spinge, ed essi verranno».

[79-81] Non appena il vento li piegò dalla nostra parte, mi rivolsi a loro: «O anime tormentate, venite a parlare con noi, se nessuno ve lo impedisce!»

[82-84] Come colombe chiamate dal desiderio, con le ali spiegate e ferme, vengono per il cielo al dolce nido, sospinte dal volere;

[85-87] così essi uscirono dalla schiera in cui si trova Didone, venendo verso di noi attraverso l'aria maligna, tanto fu forte l'affettuoso richiamo.

74. che... vanno: l'essere insieme è contemporaneamente privilegio e aggravio della pena, perché accentua il loro contrappasso. Nell'*Inferno* Dante incontrerà altre coppie celebri: Ulisse e Diomede (canto XXVI), Ugolino e Ruggieri (canti XXXII-XXXIII); **leggeri:** i critici romantici (soprattutto Foscolo e De Sanctis) videro in questa leggerezza un privilegio dovuto alla forza del loro amore; altri al contrario la considerarono una punizione ulteriore, perché essi vengono maggiormente trascinati dal vento. Qualunque ne sia l'effetto, l'importante è che queste due anime si distinguono dalle altre per l'amore che le lega anche nell'aldilà.

80. mossi la voce: «l'espressione è più dolce del semplice *dissi* e introduce un linguaggio trapunto di elementi del raffinato mondo cortese» (Reggio); **affannate:** "affanno" era un termine di origine provenzale molto usato nella lirica, di connotazione aulica e raffinata; **altri:** Dio; **nol:** non lo.

85. Dido: Didone, latinismo; **venendo... maligno:** Dante riprende gli stessi termini del v. 84, ma aggiungendo *maligno*, per distinguere l'aria dell'Inferno dall'«*aere* aperto e luminoso in cui si muovono le colombe» (Sapegno); **sì... grido:** Francesca ha avvertito nel richiamo di Dante un interesse autentico e commosso per il loro dolore, non una curiosità pettegola, e gli corrisponderà chiamandolo *grazïoso e benigno*.

«O animal grazïoso e benigno
che visitando vai per l'aere perso
noi che tignemmo il mondo di sanguigno,

[88-90] «O essere pieno di grazia e di benevolenza, che per l'aria tenebrosa vai visitando noi, che tingemmo il mondo di sangue,

se fosse amico il re de l'universo
noi pregheremmo lui de la tua pace,
poi c'hai pietà del nostro mal perverso.

[91-93] se il re dell'universo ci fosse amico, lo pregheremmo di darti pace, poiché provi pietà della nostra sofferenza malvagia.

Di quel che udire e che parlar vi piace,
noi udiremo e parleremo a voi,
mentre che 'l vento, come fa, ci tace.

[94-96] Di quello che vi fa piacere ascoltare e dire, noi ascolteremo e parleremo a voi, mentre il vento, come fa, qui si acquieta.

Siede la terra dove nata fui
su la marina dove 'l Po discende
per aver pace co' seguaci sui.

[97-99] La città in cui nacqui si trova sul litorale dove sfocia il Po, per trovare pace con i suoi affluenti.

Amor, ch'al cor gentil ratto s'apprende,
prese costui de la bella persona
che mi fu tolta; e 'l modo ancor m'offende.

[100-102] Amore, che veloce si insinua nei cuori nobili, prese costui del bel corpo che mi fu tolto; e la sua intensità ancora mi vince.

Amor, ch'a nullo amato amar perdona,
mi prese del costui piacer sì forte,
che, come vedi, ancor non m'abbandona.

[103-105] Amore, che non permette a chi è amato di non riamare, mi fece innamorare della bellezza di costui con tanta forza che, come vedi, ancora non mi lascia.

Amor condusse noi ad una morte.
Caina attende chi a vita ci spense».
Queste parole da lor ci fuor porte.

[106-108] Amore ci condusse a morte insieme. La Caina attende chi ci uccise». Queste sono le parole che essi ci dissero.

Quand'io intesi quell'anime offense,
china' il viso, e tanto il tenni basso,
fin che 'l poeta mi disse: «Che pense?»

[109-111] Quando io udii quelle anime vinte dal peccato, chinai lo sguardo e lo tenni basso così a lungo che il poeta mi chiese: «A che cosa pensi?»

Quando rispuosi, cominciai: «Oh lasso,
quanti dolci pensier, quanto disio
menò costoro al doloroso passo!»

[112-114] Quando risposi, cominciai a dire: «Ahimé, quanti dolci pensieri, quanto desiderio condussero costoro al peccato!»

89. perso: scuro, tenebroso: «uno colore misto di purpureo e di nero, ma vince lo nero, e da lui si dinomina» (*Convivio* IV, xx, 2). L'aggettivo derivava da "persiano", per il colore tipico delle stoffe orientali; **noi... sanguigno:** coloro che furono uccisi o si uccisero per amore. Si noti la musicalità creata dai numerosi dittonghi (*vai*, *aere*, *noi*, *sanguigno*) di questa terzina.
91. se... universo: perifrasi che esprime insieme il rammarico di Francesca della propria condanna e quindi dell'impossibilità di giovare a Dante, il suo pudore, la sua raffinatezza di pensieri e di linguaggio; **pace:** l'aspirazione più alta di Francesca, travolta in vita dalla bufera dei sensi e in morte da quella infernale.
95. voi: in rima imperfetta con *fui* e *sui* (rima siciliana); **si tace:** si può immaginare un alternarsi di soffi più e meno violenti del vento, mentre sarebbe un'infrazione alla volontà divina pensare a un privilegio particolare concesso a questi due dannati, se il vento si fermasse solo per loro; altri leggono *ci tace*, nel senso di "qui", cioè nell'angolo in cui essi si sono appartati con Dante e Virgilio.
97. Siede... sui: raffinata perifrasi, che esprime anche una struggente nostalgia per la terra e la vita; **terra:** nel senso di "città"; è Ravenna, all'epoca molto più vicina all'Adriatico di oggi; **dove... fui:** chi parla è Francesca da Polenta, figlia di Guido (morto nel 1310), signore di Ravenna (dove Dante soggiornò negli ultimi anni della sua vita). Per suggellare la pace tra Ravenna e Rimini, dominata dai Malatesta, Francesca fu data in sposa dopo il 1275 a Gianciotto Malatesta, zoppo e deforme. In seguito si innamorò del cognato Paolo, dopo il 1282-1283 (anni in cui egli fu capitano del popolo a Firenze), forse proprio nel 1285, quando Gianciotto divenne podestà di Pesaro (la leggenda ambienta infatti nel vicino castello di Gradara la vicenda di amore e morte); leggendarie sono le notizie su un inganno ai danni di Francesca, convinta di sposare Paolo invece di Gianciotto, poiché qui Dante spiega esplicitamente che ella se ne innamorò dopo il matrimonio; leggendarie anche le descrizioni della scoperta del tradimento da parte di Gianciotto e dell'uccisione dei due amanti.
100. Amor... s'apprende: si avverte fortemente l'influenza delle teorie sull'amore proprie degli stilnovisti, come il Guinizzelli nella canzone *Al cor gentil rempaira sempre Amore* e Dante stesso nel sonetto *Amor e 'l cor gentil sono una cosa*; **e... m'offende:** molti hanno interpretato questa puntualizzazione in riferimento al modo – crudele e improvviso – in cui Francesca e Paolo furono uccisi; in realtà, è molto più corretto il riferimento al *modo*, cioè all'intensità, con cui Paolo l'amò e che ancora la *offende*, cioè la vince, la soggioga.
103. Amor... perdona: questa espressione, di cui colpisce il gioco etimologico *amor*, *amato*, *amar*, riproduce un altro concetto fondamentale delle teorie d'amore medievali, riscontrabile nel celebre trattato *De amore* (XII secolo) di Andrea Cappellano. Anche gli scrittori religiosi lo usarono «come argomento per dimostrare la necessità di amare Dio» (Sapegno) che ci ama; **del costui piacer:** della bellezza di costui, come prima Paolo si era innamorato della *bella persona* di Francesca. Anche la convinzione che la bellezza fisica facesse necessariamente innamorare chi la ammirava era tipica delle teorie cortesi medievali; **che... m'abbandona:** l'amore non abbandona Francesca neppure dopo la morte e Dante ne può vedere la dimostrazione con i suoi stessi occhi.
106. Amor... morte: «Morire, per Francesca, è perdere "la bella persona" che piaceva tanto a Paolo; melanconico pensiero di donna e d'innamorata, raddolcito da quest'altro pensiero sopraggiunto ch'ella morì insieme con lui: fu "una morte"» (De Sanctis); **Caina:** la zona del IX e ultimo cerchio infernale, in cui sono puniti i traditori dei parenti. O Dante aveva chiara in mente fin dall'inizio la struttura di tutto l'Inferno, oppure questo verso fu aggiustato in una revisione finale; **da lor:** in verità chi parla è solo Francesca, mentre Paolo piange.
112. Oh lasso: dopo la lunga meditazione, Dante riprende a parlare quasi tra sé e sé; **doloroso passo:** l'amore peccaminoso che li condurrà alla dannazione.

Poi mi rivolsi a loro e parla' io,
e cominciai: «Francesca, i tuoi martìri
a lagrimar mi fanno tristo e pio.

Ma dimmi: al tempo d'i dolci sospiri,
a che e come concedette amore
che conosceste i dubbiosi disiri?»

E quella a me: «Nessun maggior dolore
che ricordarsi del tempo felice
ne la miseria; e ciò sa 'l tuo dottore.

Ma s'a conoscer la prima radice
del nostro amor tu hai cotanto affetto,
dirò come colui che piange e dice.

Noi leggiavamo un giorno per diletto
di Lancialotto come amor lo strinse;
soli eravamo e sanza alcun sospetto.

Per più fïate li occhi ci sospinse
quella lettura, e scolorocci il viso;
ma solo un punto fu quel che ci vinse.

Quando leggemmo il disïato riso
esser basciato da cotanto amante,
questi, che mai da me non fia diviso,

la bocca mi basciò tutto tremante.
Galeotto fu 'l libro e chi lo scrisse:
quel giorno più non vi leggemmo avante».

Mentre che l'uno spirto questo disse,
l'altro piangëa; sì che di pietade
io venni men così com'io morisse.

E caddi come corpo morto cade.

[115-117] Poi mi rivolsi a loro e gli parlai così: «Francesca, le tue sofferenze mi rendono tanto triste e pietoso da farmi piangere.

[118-120] Ma dimmi: al tempo dei dolci sospiri, per mezzo di quali fatti e in che modo l'amore vi permise di comprendere i vostri desideri ancora incerti?»

[121-123] Ed ella mi rispose: «Non c'è dolore più grande che ricordarsi del tempo felice quando si è nella sofferenza; e ben lo sa la tua guida.

[124-126] Ma se hai un così grande desiderio di conoscere l'origine del nostro amore, parlerò come chi parla piangendo.

[127-129] Noi leggevamo un giorno per diletto di come l'amore conquistò Lancillotto; eravamo soli e non prevedevamo quello che sarebbe accaduto.

[130-132] Più volte quella lettura spinse i nostri occhi gli uni negli altri, e ci fece impallidire; ma fu solo un passaggio a vincerci.

[133-135] Quando leggemmo che un amante così famoso baciò quella bocca desiderata, questi, che non sarà mai diviso da me,

[136-138] mi baciò la bocca tutto tremante. Galeotto furono il libro e il suo autore: da quel giorno non continuammo più a leggerlo».

[139-141] Mentre uno dei due spiriti diceva queste cose, l'altro piangeva; così che io svenni per la pietà, come se morissi.

[142] E caddi come cade un corpo morto.

116. Francesca... pio: le prime parole di Dante a Francesca seguono le norme retoriche della *captatio benevolentiae* (ottenere la benevolenza dell'interlocutore) e accentuano «l'atmosfera cortese dell'episodio» (Reggio).
118. Ma dimmi: procedimento stilistico dantesco di passaggio a un altro argomento, solitamente dopo una *captatio benevolentiae*; lo si ritrova ben dodici volte nell'*Inferno* e dodici nel *Purgatorio*; **al... sospiri:** quando ancora l'amore non era stato dichiarato, ma era fatto di sguardi e sospiri; **dubbiosi disiri:** non ancora chiari nemmeno per chi li prova o (come pensa Boccaccio) non ancora certi di essere corrisposti.
121. Nessun... dottore: ancora una volta Francesca inizia a parlare di sé attraverso una massima generale; questa è tratta da Boezio, il filosofo latino del V-VI secolo molto apprezzato da Dante e dal Medioevo: "in ogni avversità della sorte la forma di sfortuna che dà più infelicità consiste nell'essere stati felici" (*De Consolatione Philosophiae*, II, IV, 2). Il *tuo dottore* non è però Boezio, ma Virgilio, che sa per esperienza quanto il tempo della sua vita sia stato più felice dell'attuale *miseria* del Limbo.
124. Ma... affetto: eco delle parole rivolte da Enea a Didone: "ma se hai tanto desiderio di conoscere i nostri casi... (*Eneide*, II, 10); **dirò... dice:** il conte Ugolino dirà: *parlare e lagrimar vedrai insieme* (*Inf.* XXXIII, 9) (tra l'altro, anch'egli è accoppiato eternamente con Ruggieri, e anch'egli parafrasa un verso dell'*Eneide* immediatamente precedente a quello scelto da Francesca, cfr. ivi, vv. 4-6); «ma le parole di Francesca sono più dolci, anche se non meno dolorose, come si conviene al personaggio; e ciò è, forse, dovuto alla presenza, in tutto il verso, di parole bisillabe, che danno all'espressione una vaga dolcezza musicale» (Reggio).
127. per diletto: svaghi e intrattenimenti letterari scandivano il tempo nelle corti signorili; **Lancialotto:** il cavaliere della Tavola rotonda Lancillotto del Lago si era innamorato di Ginevra, moglie di re Artù, come narrava una compilazione di romanzi francesi molto diffusa nel Medioevo.
132. ma... vinse: l'anticipazione crea una forte aspettativa del racconto che seguirà.
133. Quando... amante: veramente nel romanzo francese è Ginevra a baciare Lancillotto; o Dante ne conosceva un'altra versione (Crescini) o la modificò liberamente.
136. la bocca: espressione molto più realistica e sensuale del *disïato riso*; **tutto tremante:** anche questa espressione dà maggior concretezza e commozione al gesto dell'uomo Paolo, rispetto a quello dell'eroe letterario Lancillotto, *cotanto amante*. L'insolito procedimento di concludere la frase oltre la fine della terzina dà dinamismo e drammaticità alla descrizione (in questo canto ve ne sono solo quattro esempi su quarantotto terzine: vv. 9-10, 42-43, 48-49, 135-136); **Galeotto:** Galehaut era il siniscalco (funzionario di corte che sovrintendeva alla mensa reale) che incitò Lancillotto e Ginevra a baciarsi e fu testimone del patto amoroso stretto così tra i due; il libro ebbe per Paolo e Francesca la stessa funzione di incitarli a rivelarsi il loro amore; **quel... avante:** pudicamente Francesca tace la vicenda che seguì, l'amore peccaminoso e la morte, creando una sorta di "dissolvenza" sul libro abbandonato.
139. Mentre... piangëa: Paolo piange, accompagnando tutto il discorso di Francesca, perché si riconosce nelle parole di lei; **pietade:** per la quarta volta Dante prova questo sentimento (cfr. *pietà mi giunse*, v. 72; *hai pietà*, v. 93; *mi fanno tristo e pio*, v. 117), in modo così sconvolgente da svenire, e cadere come morto.

Analisi del testo

La struttura. L'episodio è nettamente suddiviso in due parti, di struttura identica:
1. nella prima parte abbiamo un dialogo fra Dante e Virgilio (vv. 1-6), poi le parole di Dante rivolte a Francesca (vv. 8-9) e infine la risposta della donna (vv. 16-35);
2. nella seconda parte abbiamo ancora un breve dialogo fra Dante e Virgilio (vv. 39-42), poi una nuova domanda di Dante (vv. 44-48) e la seconda parte del racconto di Francesca (vv. 49-66). Infine Dante sviene per la commozione e l'episodio si conclude.

L'amore cortese. Nella prima parte del suo racconto Francesca espone la teoria dell'amore cortese, sottolineando il rapporto fra l'amore e la gentilezza (tema ampiamente sviluppato dagli stilnovisti, fra cui Dante stesso). L'elemento tragico, il destino di morte che a questo amore è però legato, è il segno del distacco che Dante esprime qui nei confronti delle sue posizioni giovanili.

Le finalità della letteratura. Nella seconda parte del suo discorso, Francesca racconta come i due amanti scoprirono i propri sentimenti e lega questo episodio alla lettura di un celebre romanzo cavalleresco, quello che ha per protagonisti Lancillotto e Ginevra. Attraverso le parole di Francesca, Dante prende posizione a favore di una letteratura animata da finalità morali ed educative, come quella che egli tenta di realizzare con la *Commedia*.

Dante-personaggio, Dante-narratore. L'atteggiamento di Dante nei confronti dei due amanti è contraddittorio: da un lato egli si commuove fino al punto di svenire; dall'altro, evidentemente, li condanna, ponendoli nell'Inferno. La contraddizione, in realtà, è solo apparente: a commuoversi infatti è il Dante personaggio, che è ancora all'inizio del suo cammino (Paolo e Francesca sono i primi dannati con cui egli dialoga) e quindi non è ancora libero dalle tentazioni del peccato; a condannarli, invece, è il Dante narratore, che ha ormai compiuto tutto il cammino di purificazione e, tornato sulla terra dopo la visione di Dio, narra le proprie vicende.

Proposte di lavoro

1. Riassumi brevemente la storia di Paolo e Francesca, completando le frasi.
- Dante chiede a Francesca ....
- Francesca racconta che ....
- Dante chiede ancora ....
- Francesca risponde ....

2. Osserva le reazioni di Dante:
- sottolinea nel testo i versi che le esprimono in maniera più chiara e intensa;
- spiega perché Dante si incuriosisce all'inizio;
- spiega perché Dante si commuove.

3. Dante utilizza nel brano che hai letto due espressioni significative: *anime affannate* (v. 80), *anime offense* (v. 109).
- Spiega il significato di queste espressioni.
- Spiega che cosa ci rivelano sullo stato d'animo di Dante.

4. Nelle prime parole di Francesca, ricorre ben due volte la parola "pace". Perché, secondo te, questa ripetizione? (Pensa alla situazione in cui si trovano i dannati lussuriosi...)

5. Abbiamo detto che Francesca è una figura che appartiene al mondo cortese. Ricava dal testo tutti gli elementi che possono confermare questa affermazione, e precisamente:
- aggettivi o espressioni riferite a Francesca ....
....
- atteggiamenti e parole di Francesca ....
....
- altro ....
....

6. Il tema di fondo dell'episodio di Paolo e Francesca è l'amore. Verifica se hai ben compreso il significato del testo indicando se le seguenti affermazioni sono vere o false.
- V F Dante elogia la letteratura cortese attraverso Francesca.
- V F L'amore di Francesca per Paolo si può definire stilnovistico.
- V F L'amore di Francesca per Paolo si può definire sensuale.
- V F L'amore di Paolo e Francesca è la causa della loro condanna all'inferno.

7. Rileggi attentamente i versi in cui Francesca definisce l'amore e spiegane il significato in un breve testo.

8. In quali versi Dante parla della letteratura cortese? Quali effetti produce questa letteratura su Paolo e Francesca?

9. Il giudizio di Dante nei confronti dell'amore cortese è piuttosto articolato. Completa le seguenti affermazioni.
- L'amore cortese è condannabile in quanto...
- Il fatto che Dante, però, si commuova, ci fa capire...

10. Dante riflette sul tema dell'amore e sulla sua vera natura nel corso di tutta la propria produzione artistica; qui è l'amore cortese a essere sotto esame. Confronta l'episodio di Paolo e Francesca con le liriche appartenenti allo Stilnovo presentate nelle pagine precedenti. Quali diverse concezioni dell'amore ne emergono?

Opera
Divina Commedia
Epoca
XIV secolo
Genere
poema didascalico-allegorico
Lingua
italiano
Schema metrico
terzine

Inferno, XIII, vv. 22-78

Pier della Vigna

Il VII cerchio dell'Inferno, nel quale sono puniti i violenti, è diviso in tre zone, riservate rispettivamente ai violenti contro gli altri, contro se stessi, e contro Dio, natura e arte. Nella seconda di tali zone sono puniti i suicidi e gli scialacquatori. Dante e Virgilio vi arrivano dopo aver attraversato un fiume di sangue, il Flegetonte, sulla groppa del centauro Nesso, e si mettono subito in cammino attraverso un bosco di arbusti contorti e nodosi, abitato dalle mostruose Arpie, esseri ributtanti con corpo di uccello e volto di donna.
In questo scenario lugubre e inquietante si svolge l'incontro tra i due poeti e Pier della Vigna, un consigliere dell'imperatore Federico II di Svevia morto suicida dopo aver ingiustamente perduto il favore del sovrano. Dante coglie l'occasione per mettere in bocca al personaggio una dura condanna dell'invidia, il peccato da cui dipendono il degrado e la corruzione della vita di corte.
L'analisi politica si mescola così alla condanna morale: ma a Dante interessa soprattutto il dramma umano di una vittima innocente dell'ingiustizia, con cui il poeta, costretto all'esilio senza sua colpa, certamente almeno in parte si identifica.

Io sentia d'ogne parte trarre guai,
e non vedea persona che 'l facesse;
per ch'io tutto smarrito m'arrestai.

[22-24] Io sentivo emettere gemiti da ogni parte e non vedevo nessuno che li facesse, per cui mi arrestai tutto smarrito.

Cred'io ch'ei credette ch'io credesse
che tante voci uscisser, tra quei bronchi
da gente che per noi si nascondesse.

[25-27] Credo che Virgilio credette che io credessi che tante voci venissero emesse da persone che si nascondevano alla nostra vista tra quegli alberi.

Però disse 'l maestro: «Se tu tronchi
qualche fraschetta d'una d'este piante,
li pensier c'hai si faran tutti monchi».

[28-30] Perciò il maestro disse: «Se tu spezzi qualche ramoscello di una di queste piante, i dubbi che hai si dissolveranno tutti».

Allor porsi la mano un poco avante,
e colsi un ramicel da un gran pruno;
e 'l tronco suo gridò: «Perché mi schiante?».

[31-33] Allora allungai un po' la mano e colsi un ramoscello da un gran pruno; e il suo tronco gridò: «Perché mi spezzi?»

Da che fatto fu poi di sangue bruno,
ricominciò a dir: «Perché mi scerpi?
non hai tu spirto di pietade alcuno?

[34-36] Dopo che fu diventato scuro di sangue, ricominciò a dire: «Perché mi laceri? non hai nessun sentimento di pietà?

21. trarre guai: emettere lamenti; il termine *guai* era già comparso all'inizio della cantica, nel momento in cui Dante supera la porta dell'Inferno e sente *sospiri, pianti e alti guai* (canto III, v. 22); **tutto smarrito:** si noti l'intensità dell'espressione, che caratterizza l'atteggiamento di Dante nel corso dell'intero canto.
25. Cred'io... credesse: il verso non è solo un puro artificio retorico: tutto il canto è infatti ricco di soluzioni stilistiche molto elaborate, coerentemente col carattere del personaggio che Dante incontra; l'espressione sottolinea la stranezza e l'incomprensibilità di questo luogo per Dante; **per noi si nascondesse:** l'espressione è stata variamente interpretata: secondo alcuni va spiegata come "si nascondesse per causa nostra", secondo altri come "ci (= a noi) restasse invisibile".
28. Però: perciò, per togliermi dall'errore (si noti l'insistenza sul termine *maestro*); **li pensier ch'ai:** quelli suscitati dalle voci misteriose; **monchi:** metafora particolarmente significativa: lo spezzare il ramoscello spezzerà anche l'errore di Dante.
31. un poco: indica l'esitazione con cui Dante esegue l'ordine di Virgilio; **ramicel:** il diminutivo, che riprende quello di Virgilio (*fraschetta*, v. 29), si contrappone al successivo *gran*: Dante non osa strappare più di un ramoscello, pur avendo davanti un albero di grandi dimensioni; **Perché mi schiante?:** il grido appare di grande intensità proprio per il suo carattere spontaneo e istintivo; solo in seguito il personaggio si rivelerà esperto nell'arte retorica e continuerà infatti il suo discorso con un'anafora e un parallelismo: *Perché mi scerpi?*, v. 34; si noti la forza espressiva dei due verbi in rima, *schiante* e *scerpi*, entrambi ricchi di suoni duri.
34. sangue: nel tronco e nei rami degli alberi scorre dunque sangue anziché linfa: è un ennesimo particolare raccapricciante, che testimonia il carattere innaturale della selva; **pietade:** è una delle parole più significative del canto, che tornerà infatti al v. 84 (*tanta pietà m'accora*) a caratterizzare lo stato d'animo di Dante.

Uomini fummo, e or siam fatti sterpi:
ben dovrebb' esser la tua man più pia,
39 se state fossimo anime di serpi».

Come d'un stizzo verde ch'arso sia
da l'un de' capi, che da l'altro geme
42 e cigola per vento che va via,

sì de la scheggia rotta usciva insieme
parole e sangue; ond' io lasciai la cima
45 cadere, e stetti come l'uom che teme.

«S'elli avesse potuto creder prima»,
rispuose 'l savio mio, «anima lesa,
48 ciò c'ha veduto pur con la mia rima,

non averebbe in te la man distesa;
ma la cosa incredibile mi fece
51 indurlo ad ovra ch'a me stesso pesa.

Ma dilli chi tu fosti, sì che 'n vece
d'alcun' ammenda tua fama rinfreschi
54 nel mondo sù, dove tornar li lece».

E 'l tronco: «Sì col dolce dir m'adeschi,
ch'i' non posso tacere; e voi non gravi
57 perch' ïo un poco a ragionar m'inveschi.

Io son colui che tenni ambo le chiavi
del cor di Federigo, e che le volsi,
60 serrando e diserrando, sì soavi,

che dal secreto suo quasi ogn' uom tolsi:
fede portai al glorïoso offizio,
63 tanto ch'i' ne perde' li sonni e ' polsi.

[37-39] Siamo stati uomini, e ora siamo diventati sterpi: la tua mano dovrebbe essere più pietosa anche se fossimo state anime di serpenti».

[40-42] Come da un ceppo verde che venga bruciato da una parte, il quale geme e cigola dall'altra per l'aria che ne esce,

[43-45] così dal troncone spezzato uscivano insieme parole e sangue; per cui io lasciai cadere la cima del rametto e rimasi immobile per lo spavento.

[46-48] La mia guida rispose: «Anima ferita, se costui avesse potuto credere prima ciò che ha visto solo nei miei versi,

[49-51] non avrebbe steso la mano contro di te; ma il carattere incredibile della cosa mi ha costretto a spingerlo a un atto che a me stesso dispiace.

[52-54] Ma digli chi eri in vita, in modo che, a mo' di scusa, egli rinfreschi la tua memoria nel mondo dei vivi, dove gli è consentito tornare».

[55-57] E il tronco: «Con le tue dolci parole mi lusinghi in maniera tale che non posso tacere; e non vi dispiaccia che io mi dilunghi un po' nel mio parlare.

[58-60] Io sono colui che tenne entrambe le chiavi del cuore di Federico II, e le girai così abilmente, chiudendolo e aprendolo,

[61-63] che eliminai quasi ogni altra persona dalla sua confidenza; fui fedele al mio compito glorioso, tanto che ne persi il sonno e la salute.

37. Uomini... sterpi: si noti la disposizione a chiasmo delle parole: *uomini* (sostantivo) *fummo* (verbo) – *siam fatti* (verbo) *sterpi* (sostantivo), che accentua la drammaticità della contrapposizione; **sterpi:** apparentemente in contraddizione con la precedente definizione di *gran pruno* (v. 32): ma la differenza si giustifica con il diverso punto di vista (di Dante, che osserva dall'esterno ancora inconsapevole, e di Pier della Vigna, che soffre direttamente la propria condizione); **serpi:** in contrapposizione a *uomini*, nel senso metaforico di "animali spregevoli e disgustosi"; si noti la disposizione dei due termini, all'inizio e alla fine della terzina.
40. verde: non stagionato, ancora ricco di linfa e quindi poco adatto a bruciare.
43. sì: così; introduce il secondo termine della similitudine, in correlazione col *Come* del v. 40; **la scheggia rotta:** il *ramicel* che Dante ha spezzato; **usciva:** il verbo è singolare perché concorda solo con il secondo dei due soggetti della frase (*parole e sangue*).
46. prima: prima di vedere con i suoi occhi l'incredibile verità; **anima lesa:** dalle parole di Virgilio traspare la pietà per il dannato e per la sofferenza aggiuntiva che la visita di Dante gli procura; **con la mia rima:** nei miei versi (quelli del libro III dell'*Eneide*); la sineddoche *rima* per "versi" è in questo caso imprecisa, perché le letterature classiche non utilizzavano la rima.
53. tua fama: alcune anime dannate desiderano essere ricordate ai vivi, altre invece preferiscono l'oblio: Pier della Vigna appartiene al primo gruppo perché teme che il suo nome sia ricordato come quello di un traditore (cioè di un uomo colpevole di un peccato molto più grave del suo); **lece:** dal latino *licet*, è lecito; Dante, essendo vivo, potrà tornare *nel mondo sù* e (scrivendo la *Commedia*) riabilitare il ricordo di Pier della Vigna.
55. E 'l tronco: Dante non chiarisce esattamente da dove esca la voce di Pier della Vigna: qui, come al v. 33 (*e 'l tronco suo gridò*) e al v. 91 (*soffiò il tronco forte*), sembra che a parlare sia il tronco; ai vv. 43-44 sembra invece che il suono esca dalla ferita (*de la scheggia rotta usciva insieme / parole e sangue*); **Sì:** così; introduce la proposizione consecutiva *ch'i' non posso tacere*; **e voi... m'inveschi:** il primo discorso di Pier della Vigna è retoricamente costruito, come rivela questa *excusatio non petita* (scusa non richiesta, non necessaria); si noti l'espressività dei due verbi in rima *m'adeschi* e *m'inveschi*, che derivano entrambi dal lessico tecnico della caccia (il primo da "esca", il secondo da "vischio").
58. Io son... Federigo: Pier della Vigna, nato a Capua intorno al 1180, fu un importante uomo politico alla corte di Federico II di Svevia, anche se Dante enfatizza la sua importanza; fu inoltre poeta e letterato, ammirato da Dante tra gli altri esponenti della scuola siciliana; la sua carriera politica fu bruscamente interrotta quando venne accusato di corruzione e tradimento: Federico II lo fece incarcerare e accecare e Pier della Vigna si uccise, nel 1249; gli storici oggi dubitano della sua innocenza, della quale invece Dante era certo; **ambo le chiavi:** quella per aprire e quella per chiudere, come dice subito dopo (*serrando e diserrando*) l'animo dell'imperatore; la metafora è di derivazione biblica, da un passo di Isaia, e sembra che lo stesso Pier della Vigna la utilizzasse per descrivere il proprio ruolo.
62. fede... offizio: è il verso con cui il personaggio rivendica la propria innocenza rispetto all'accusa di tradimento – e per dare maggior forza alla sua affermazione la sostiene con le prove elencate nel verso successivo: il suo impegno fu tale che perdette la tranquillità (*li sonni*) e la salute (i *polsi*, cioè il battito cardiaco, segno della forza vitale).

La meretrice che mai da l'ospizio
di Cesare non torse li occhi putti,
morte comune e de le corti vizio,

infiammò contra me li animi tutti;
e li 'nfiammati infiammar sì Augusto,
che' lieti onor tornaro in tristi lutti.

L'animo mio, per disdegnoso gusto,
credendo col morir fuggir disdegno,
ingiusto fece me contra me giusto.

Per le nove radici d'esto legno
vi giuro che già mai non ruppi fede
al mio segnor, che fu d'onor sì degno.

E se di voi alcun nel mondo riede,
conforti la memoria mia, che giace
ancor del colpo che 'nvidia le diede».

[64-66] La prostituta che non ha mai distolto dalla casa di Cesare i suoi occhi avidi, morte comune e vizio delle corti,

[67-69] infiammò contro di me tutti gli animi, e gli infiammati infiammarono l'imperatore in maniera tale che gli onori si trasformarono in tristi dolori.

[70-72] L'animo mio, per il suo atteggiamento disdegnoso, credendo di fuggire la vergogna con la morte, mi rese colpevole da innocente che ero.

[73-75] Per le strane radici di questo albero, vi giuro che non ho mai tradito il mio signore, che fu tanto degno di onore.

[76-78] E se qualcuno di voi tornerà nel mondo, riabiliti la mia memoria, che giace ancora atterrata dal colpo che le diede l'invidia».

64. La meretrice... vizio: l'invidia che ha causato la sua rovina è definita da Pier della Vigna mediante una triplice perifrasi: innanzitutto, con figurazione allegorica, come la prostituta (*meretrice*) che non ha mai distolto dalla corte imperiale (*l'ospizio di Cesare*) gli occhi disonesti (*putti*), poi come *morte comune* (cioè peccato mortale comune a tutti gli uomini) e infine *de le corti vizio* (cioè vizio molto diffuso nelle corti, tra i cortigiani).
67. infiammò: si noti il poliptoto (*infiammò, 'nfiammati, infiammar*), che risponde al gusto retorico tipico del personaggio; **lieti onor... tristi lutti:** il parallelismo (aggettivo + sostantivo) sottolinea la contrapposizione semantica tra le due coppie di termini. *Augusto* (come prima *Cesare*, v. 65) è il titolo generico attribuito a tutti gli imperatori.

70. disdegnoso... disdegno, ingiusto... giusto: anche in questo momento supremo, nel rievocare la condizione psicologica che l'ha portato alla dannazione eterna, Pier della Vigna si conferma uomo di lettere ed esperto di retorica; si notino le due figure etimologiche e la disposizione a chiasmo dei termini dell'ultimo verso: *ingiusto* (aggettivo), *me* (pronome), *me* (pronome), *giusto* (aggettivo); **credendo:** è la parola attraverso cui Pier della Vigna rivela di aver compreso il suo errore: suicidandosi, egli pensava di sfuggire all'infamia delle false accuse, ma il suo gesto poteva essere considerato anche un'implicita confessione; **ingiusto... giusto:** Pier della Vigna si definisce *giusto* perché innocente dell'accusa di tradimento, *ingiusto* (e quindi dannato) perché colpevole del peccato di suicidio.

73. legno: per "pianta"; è una metonimia; **fede:** in rima, torna la parola chiave del discorso di Pier della Vigna, già comparsa all'inizio del v. 62: *fede portai al glorïoso offizio*; **che fu d'onor sì degno:** Pier della Vigna non accusa Federico II della sua disgrazia, né di aver ascoltato i cortigiani invidiosi: la sua *fede* per il signore continua anche dopo la morte; ma in questo suo atteggiamento si riflette almeno in parte anche l'ammirazione di Dante per l'imperatore svevo, confermata da altri passi della *Commedia*.
76. se di voi: se è vero ciò che mi avete detto in precedenza (al v. 54), e cioè che uno di voi tornerà nel mondo; **'nvidia:** solo alla fine del suo discorso Pier della Vigna nomina la causa della sua disgrazia e, indirettamente, della sua morte e dannazione.

Analisi del testo

L'incontro con Pier della Vigna. Dopo aver descritto nelle prime terzine l'atmosfera del nuovo girone infernale, Dante mette in bocca a Virgilio alcune parole di spiegazione: i due poeti si trovano nel secondo girone del VII cerchio, quello in cui (come Virgilio ha già spiegato in precedenza) si trovano condannate le anime dei violenti contro se stessi, cioè dei suicidi e degli scialacquatori. Virgilio conclude la sua spiegazione con alcune parole che accentuano l'inquietudine di Dante e l'attesa del lettore: egli infatti vedrà cose che, se le sentisse solo raccontare, gli sembrerebbero incredibili.
Non stupisce a questo punto che Dante sia *tutto smarrito* sentendo dei lamenti e non vedendo nessuno che li emette. Virgilio, per aiutare Dante a capire, gli ordina di spezzare un ramoscello e Dante ubbidisce timorosamente (dice infatti *porsi la mano un poco avante*). L'effetto del suo gesto è straordinariamente drammatico: il tronco del *gran pruno* a cui egli ha spezzato il ramoscello si mette a gridare di dolore. Si conclude con questo grido il crescendo di suoni inquietanti che hanno segnato la prima parte del canto: dapprima i *lamenti* delle Arpie (v. 15), poi i *guai* delle anime invisibili (v. 22), infine il grido *Perché mi schiante?* con cui entra in scena Pier della Vigna (v. 33).

L'inizio del colloquio. Dopo il grido di dolore con cui rivela la sua presenza, Pier della Vigna continua sanguinando a lamentarsi, rimproverando Dante per la sua crudeltà. Dante reagisce con timore, lasciando cadere il pezzo di ramoscello che aveva strappato, e ammutolisce. Ma questo momento di sospensione, prima di essere descritto, viene fatto vivere direttamente al lettore: il poeta interrompe infatti la narrazione e propone una similitudine che spezza il ritmo del dialogo. È la seconda similitudine del canto e, come la prima, anche questa ha la funzione di spiegare al lettore un fatto di cui non si ha esperienza nella realtà terrena: la voce che esce dal tronco di Pier della Vigna è paragonata allora al suono che emette un ceppo non ben stagionato quando viene posto sul fuoco. Poiché Dante è paralizzato dalla paura, a Pier della Vigna ri-

sponde Virgilio, il quale si scusa per la necessaria crudeltà a cui egli stesso ha spinto Dante: era l'unico modo per fargli credere l'incredibile. Ma Pier della Vigna potrà avere una sorta di ricompensa per le sue sofferenze se dirà a Dante chi è e rinfrescherà in questo modo la propria fama nel mondo. Pier della Vigna, immediatamente placato, cambia tono e inizia a raccontare la propria vita.
Si noti che Dante e Virgilio spesso provocano dolore ai dannati con la loro presenza, le loro parole, le loro azioni, e in questo modo si dimostrano strumenti della giustizia divina, che si serve di loro per aumentare le sofferenze dei dannati.

Autoritratto di Pier della Vigna. Pier della Vigna a questo punto si presenta e sintetizza gli elementi centrali della propria vita in una serie di affermazioni: la prima (vv. 58-61) è che egli è stato il più importante dei consiglieri di Federico II; la seconda (vv. 62-63) è che egli è sempre stato fedele al proprio signore; la terza (vv. 64-69) è che l'invidia fece sì che Federico dubitasse di lui e gli togliesse il favore; la quarta (vv. 70-72) è che l'animo orgoglioso e ribelle è all'origine dell'unico suo peccato, per cui è dannato, il suicidio.
Vari elementi emergono da questo autoritratto: il primo è l'orgoglio con cui Pier della Vigna si vanta del suo ruolo di consigliere e della propria fedeltà (perfino parlando del proprio peccato, egli ribadisce che, prima di uccidersi, era *giusto*); il secondo è il suo carattere disdegnoso e altero, che emerge nelle accuse ai cortigiani invidiosi (condotte con un linguaggio molto aspro e severo: *meretrice, occhi putti, morte, vizio*). Tali aspetti del carattere sono alla base dell'insistenza con cui Pier della Vigna chiede a Dante di riscattare la sua memoria (vv. 73-78): preoccupato, come tutti i dannati, del ricordo che ha lasciato ai vivi, Pier della Vigna approfitta dell'occasione per ribadire la propria innocenza e la propria onestà, ma non si rende conto che proprio orgoglio e alterigia sono alla base del suo peccato e all'origine della sua dannazione: egli infatti si è suicidato *per disdegnoso gusto* e per *fuggir disdegno*, cioè proprio per quei tratti caratteriali che ancora traspaiono dalle sue parole.

Proposte di lavoro

1. Verifica la comprensione della storia rispondendo alle seguenti domande.
- Dove si trovano Dante e Virgilio?
- Chi era Pier della Vigna?
- Come reagisce Dante, sentendo la sua voce?
- Come reagisce Piero, quando Dante spezza il ramoscello?
- Perché accetta di narrare la propria storia?

2. Il tema della violenza è presente in tutto l'episodio. Verifica questa affermazione completando le seguenti frasi.
- Nel settimo cerchio infernale si trovano ....
....
- Dante compie involontariamente un gesto violento quando
....
- Le prime parole di Pier della Vigna hanno un tono ....
....
- La storia di Pier della Vigna è segnata da ....
....

3. Perché Pier della Vigna si è ucciso? Indica, fra le seguenti risposte, quelle corrette.
- ☐ Perché aveva perduto il favore di Federico II.
- ☐ Perché era invidioso degli altri cortigiani.
- ☐ Perché pensava in questo modo di riscattare il suo nome.
- ☐ Perché era disperato a causa delle ingiustizie subite.
- ☐ Perché aveva perduto il potere.

4. Accanto al tema della violenza, l'episodio affronta il tema della giustizia.
- Dove emerge in particolare il tema della giustizia, nei versi che hai letto?
- Che rapporto c'è fra il tema della giustizia e la denuncia della corruzione della vita di corte?

5. Nei suoi due discorsi, Pier della Vigna utilizza uno stile molto diverso:
- nel primo troviamo uno stile aspro, che esprime a livello fonico l'elemento violento del personaggio;
- nel secondo, troviamo uno stile raffinato, ricco di ornamenti, di giochi di parole, di eleganze, che esprime l'elemento cortigiano di Pier della Vigna.

Individua e sottolinea nel testo alcuni elementi a sostegno di queste affermazioni.

6. La situazione di Dante e quella di Pier della Vigna presentano evidenti analogie. Rifletti su questo tema e completa la seguente tabella.

Analogie	Differenze

7. Perché, a tuo avviso, Dante non si rivolge mai direttamente a Pier della Vigna, al contrario di quanto accade con altri dannati? Fai qualche ipotesi, poi confrontale con quelle dei compagni.

Opera
Divina Commedia
Epoca
XIV secolo
Genere
poema didascalico-allegorico
Lingua
italiano
Schema metrico
terzine

Ulisse

Inferno, XXVI, vv. 85-142

Dante è giunto quasi alla fine dell'ottavo e penultimo cerchio dell'Inferno, diviso in dieci bolge e contenente i peccatori fraudolenti. Siamo nelle zone più profonde dell'Inferno, dove la comprensione e l'umana pietà di Dante sono da tempo spente. Eppure nell'ottava bolgia, quella destinata agli orditori di frodi, egli colloca uno dei personaggi più grandi e affascinanti di tutta la *Divina Commedia*. Si tratta dell'eroe omerico Ulisse che, nell'universo cristiano, viene condannato alla pena eterna per aver concepito l'inganno del cavallo con il quale i greci riuscirono a prendere Troia. La sua pena consiste nello stare dentro una fiamma insieme con un altro eroe greco, Diomede. Quando viene invitato da Virgilio a parlare, non è della sua colpa che egli racconta, ma dell'ultima impresa della sua vita, che lo portò alla morte. Giunto alla vecchiaia e ancora spinto dall'«ardore» di conoscere, egli incitò i suoi compagni a esplorare con lui nuove terre e a spingersi oltre le colonne d'Ercole (per gli antichi e per i medievali i confini dell'universo conosciuto), sfidando così i limiti imposti all'uomo e alla sua sete di conoscenza. Il viaggio si trasformò in un *folle volo* e si concluse con un tragico naufragio nel mare aperto, in vista della montagna del Purgatorio.
Come in altri casi, Dante inserisce un personaggio della classicità nell'universo cristiano: il luminoso, vittorioso, intelligente Ulisse omerico, l'alto simbolo della ragione umana, viene qui sottoposto a un giudizio morale tutto diverso da quello degli antichi.
Nella concezione cristiana, l'intelligenza non può essere autonoma e fine a se stessa, ma deve sempre essere subordinata alle leggi morali e religiose. L'uso dell'ingegno non conforme alla virtù è trasgressione del volere di Dio e peccato, è abuso da parte dell'uomo di uno dei doni più grandi che gli vengono da Dio, quello della ragione, che lo distingue dagli animali. Ulisse è l'eroe pagano della conoscenza, il simbolo per eccellenza di quell'umanità non cristiana che pretese di raggiungere la perfezione morale nell'ambito delle pure doti umane, senza sottomettersi alla legge divina.
Ma anche in questo caso dalla rappresentazione poetica emerge una ricchezza e complessità di significati che va ben oltre una fredda condanna morale. Non appena Ulisse comincia a parlare, non è più la realtà dell'Inferno a essere in primo piano, ma si apre ai nostri occhi un grandioso paesaggio terrestre che si estende oltre il Mediterraneo fino all'oceano e che abbraccia tutto il mondo dei viventi. La figura di Ulisse si eleva grandiosa su questo sfondo come quella di un animo eccelso; pieno di fascino è il suo richiamo ai compagni a voler seguire la loro natura di esseri razionali: *fatti non foste a viver come bruti, ma per seguir virtute e canoscenza.* Dante, che ha una profonda fiducia nei valori della conoscenza e della ragione umana, sente tutto il fascino di questo richiamo e ricostruisce con appassionata partecipazione l'audace esperienza di Ulisse. Al tempo stesso, però, avverte un drammatico dissidio: da una parte egli esalta la ragione che distingue l'uomo dalle bestie e lo spinge ad andare sempre oltre nel proprio desiderio di conoscenza, dall'altra riconosce che essa può allontanarlo da Dio, cioè indurlo a trasgredire i suoi limiti di creatura che deve essere in accordo con il suo creatore.

Lo maggior corno de la fiamma antica
cominciò a crollarsi mormorando,
pur come quella cui vento affatica;

[85-87] La punta più grande della fiamma antica incominciò ad agitarsi emettendo un mormorio, proprio come una fiamma agitata dal vento;

indi la cima qua e là menando,
come fosse la lingua che parlasse,
gittò voce di fuori e disse: «Quando

[88-90] poi, muovendo in qua e in là la cima, come se fosse la lingua che parlasse, emise la voce e disse: «Quando

mi diparti' da Circe, che sottrasse
me più d'un anno là presso a Gaeta,
prima che sì Enëa la nomasse,

[91-93] mi allontanai da Circe, che mi aveva trattenuto per più di un anno presso Gaeta, prima che Enea la chiamasse in questo modo,

né dolcezza di figlio, né la pieta
del vecchio padre, né 'l debito amore
lo qual dovea Penelopè far lieta,

[94-96] né la dolcezza che provavo per mio figlio, né la compassione per il vecchio padre, né l'amore coniugale che doveva rendere felice Penelope

vincer potero dentro a me l'ardore
ch'i' ebbi a divenir del mondo esperto
e de li vizi umani e del valore;

[97-99] riuscirono a vincere dentro di me il desiderio di conoscere il mondo e i vizi e le virtù degli uomini;

ma misi me per l'alto mare aperto
sol con un legno e con quella compagna
picciola da la qual non fui diserto.

[100-102] ma mi misi in viaggio verso l'alto mare aperto, con una nave sola e con quei pochi compagni dai quali non fui abbandonato.

L'un lito e l'altro vidi infin la Spagna,
fin nel Morrocco, e l'isola d'i Sardi,
e l'altre che quel mare intorno bagna.

[103-105] Vidi l'una e l'altra costa del Mediterraneo fino alla Spagna e fino al Marocco, e l'isola dei Sardi, e le altre che quel mare circonda.

Io e' compagni eravam vecchi e tardi
quando venimmo a quella foce stretta
dov' Ercule segnò li suoi riguardi

[106-108] Io e i miei compagni eravamo ormai vecchi e attempati quando giungemmo allo stretto dove Ercole pose i suoi segni di confine,

acciò che l'uom più oltre non si metta;
da la man destra mi lasciai Sibilia;
da l'altra già m'avea lasciata Setta.

[109-111] in modo che l'uomo non vada oltre; sulla destra mi lasciai Siviglia, sulla sinistra mi aveva già lasciato Setta.

"O frati", dissi, "che per cento milia
perigli siete giunti a l'occidente,
a questa tanto picciola vigilia

[112-114] "Fratelli", dissi, "che attraverso centomila pericoli siete giunti all'estremo occidente, a questo poco

85. Lo maggior corno: la punta più alta della *fiamma cornuta* (detta *antica* poiché nasconde due spiriti dell'antichità precristiana). **88. indi:** solo in un secondo momento il movimento della fiamma diventa simile a quello di una lingua che parli, controllata dalla volontà e non solo agitata dal vento, e produce parole comprensibili. Lo stesso fenomeno (il passaggio da suoni indistinti a parole umane) si era verificato in precedenza, nell'incontro con Pier della Vigna (*Inf.* XIII, 40-44 e 91-92). **90. Quando... nomasse:** secondo il racconto omerico, Ulisse libera i compagni dall'incantesimo della maga Circe (che li aveva trasformati in porci) e resta suo ospite-amante per un anno; poi è protagonista di altre avventure e raggiunge Itaca solo a distanza di molto tempo; Dante (che non conosceva direttamente il testo omerico, ma si ispirava soprattutto a Ovidio) finge che l'avventura presso Circe sia l'ultima dell'eroe prima del viaggio che lo condurrà alla morte; *presso a Gaeta*: secondo il racconto dell'*Eneide*, la località campana ricevette questo nome da Enea, in omaggio alla sua nutrice Caieta (Gaeta), che vi era morta durante una tappa del viaggio verso il Lazio. **94. né dolcezza... lieta:** si notino l'anafora (*né... né... né...*) e il *climax* sottolineato dalla crescente lunghezza delle frasi. **97. l'ardore:** termine fortemente metaforico, che sottolinea la sete di conoscenza di Ulisse; **del mondo... valore:** costruisci: esperto del mondo (in generale) e dei vizi e del valore (cioè della virtù) degli uomini (in particolare); la curiosità di Ulisse si rivolge quindi all'ambito terreno (il *mondo*) e ai diversi atteggiamenti morali degli esseri umani. **100. ma:** l'avversativa sottolinea un'ultima volta il contrasto fra gli affetti familiari e l'ardore di conoscenza, che spinge Ulisse a riprendere il mare anziché a tornare in patria; **per l'alto mare aperto:** l'espressione serve a contrapporre la vastità del mondo che Ulisse intende esplorare e la debolezza dei suoi mezzi (*sol con un legno... compagna picciola*); **picciola:** una delle parole-chiave dell'intero episodio, messa in forte rilievo dall'*enjambement* (figura retorica in cui la fine di un verso si lega con l'inizio del verso seguente). **103. L'un lito e l'altro:** le due coste del Mediterraneo, quella settentrionale (*infin la Spagna*) e quella meridionale (*fin nel Morrocco*, cioè nel Marocco); **l'isola... bagna:** le esplorazioni di Ulisse l'hanno portato non solo lungo le coste, ma anche in mezzo al mare, dove si trovano le isole, e il personaggio (dopo averne sottolineato la difficoltà nella terzina precedente) ricorda queste esplorazioni con orgoglio. **107. quella foce... riguardi:** perifrasi con cui Ulisse indica lo stretto di Gibilterra, il luogo dove Ercole incise i suoi divieti. Secondo quanto afferma l'antico commento del Lana, Ercole seppe dai naviganti che oltre lo stretto di Gibilterra non c'erano altre terre e fece perciò scrivere su una serie di colonne di marmo, da una parte e dall'altra dello stretto, le parole *Non plus ultra* (in latino "non oltre", cioè non spingetevi oltre, vietato oltrepassare). Da ciò deriverebbe la perifrasi "colonne d'Ercole" per Gibilterra. **109. acciò... metta:** le colonne d'Ercole hanno una funzione pratica (evitare che i naviganti si avventurino nell'Oceano), ma vengono interpretate in chiave allegorica (segnano il limite oltre il quale l'uomo non può e non deve andare); **Sibilia:** Siviglia in realtà non è sul mare, ma probabilmente Dante indica con questo nome l'intera regione di cui la città è capitale; Ulisse, navigando verso l'Atlantico, se la lascia alle spalle sulla destra; **Setta:** la città romana Septa, oggi Ceuta, sulla costa africana. **112. cento milia perigli:** iperbole con cui

d'i nostri sensi ch'è del rimanente
non vogliate negar l'esperïenza,
di retro al sol, del mondo sanza gente.

Considerate la vostra semenza:
fatti non foste a viver come bruti,
ma per seguir virtute e canoscenza".

Li miei compagni fec' io sì aguti,
con questa orazion picciola, al cammino,
che a pena poscia li avrei ritenuti;

e volta nostra poppa nel mattino,
de' remi facemmo ali al folle volo,
sempre acquistando dal lato mancino.

Tutte le stelle già de l'altro polo
vedea la notte, e 'l nostro tanto basso,
che non surgëa fuor del marin suolo.

Cinque volte racceso e tante casso
lo lume era di sotto da la luna,
poi che 'ntrati eravam ne l'alto passo,

quando n'apparve una montagna, bruna
per la distanza, e parvemi alta tanto
quanto veduta non avëa alcuna...

[115-117] di vita terrena che ci rimane non vogliate negare la conoscenza del mondo disabitato seguendo il corso del sole verso Occidente.

[118-120] Considerate la vostra origine: non siete nati per vivere come le bestie, ma per seguire la virtù e la conoscenza".

[121-123] Con questo piccolo discorso io resi i miei compagni così desiderosi di proseguire che a fatica avrei potuto trattenerli;

[124-126] e volta la poppa verso oriente, facemmo dei remi le ali per il nostro folle volo, dirigendoci sempre verso sinistra.

[127-129] La notte vedeva già tutte le stelle dell'altro emisfero, e [vedeva] il nostro tanto basso che non sorgeva neppure all'orizzonte.

[130-132] La luce di sotto della luna si era accesa e spenta cinque volte, da quando eravamo entrati nell'oceano,

[133-135] quando ci apparve una montagna, bruna per la distanza, e mi sembrò la più alta che avessi mai visto.

Ulisse riassume tutte le precedenti avventure della *compagna / picciola*, elencate più analiticamente nei vv. 103-105; **a l'occidente:** al punto più occidentale del mondo conosciuto (lo stretto di Gibilterra, oltre il quale si stendeva l'oceano ignoto); **picciola vigilia:** letteralmente, piccola veglia, il poco tempo che ancora ci resta da vivere prima del sonno della morte; si noti la ripetizione della parola-chiave *picciola*, già utilizzata al v. 102.
119. a viver: proposizione finale, come la successiva *per seguir*; **virtute e canoscenza:** i due termini, per Ulisse, sono strettamente connessi tra loro: conoscere equivale ad agire virtuosamente; questo binomio «costituisce il punto di arrivo più alto della civiltà da cui è ancora assente Cristo» (Di Salvo). Si notino le numerose allitterazioni (in "s", "v", "f") presenti nella terzina.
121. aguti... al cammino: desiderosi di riprendere il viaggio; l'espressione è doppiamente metaforica (per l'aggettivo *aguti* riferito ai compagni e per il termine *cammino* riferito a un viaggio per nave); *orazion picciola*: breve discorso; torna per la terza volta la parola-chiave *picciola*, sottolineata dalla forte pausa sintattica (la virgola) e metrica (la cesura) che la segue; **poscia:** dopo, in seguito.
125. de' remi... volo: verso importante perché rivela in Ulisse morto una consapevolezza che non era dell'Ulisse vivo: l'espressione *folle volo* è infatti un giudizio a posteriori su un'impresa che, al momento in cui l'ha compiuta, appariva all'eroe greco tutt'altro che folle; **sempre... mancino:** la nave di Ulisse si dirige verso sud-ovest, piegando sempre verso sinistra in maniera da costeggiare l'Africa.
127. de l'altro polo: cioè di quello meridionale, dell'emisfero australe; **'l nostro:** il nostro polo, quello settentrionale; **del marin suolo:** dall'orizzonte, che ai naviganti sperduti nell'oceano appare come "suolo marino", non avendo alcun riferimento terrestre in vista.
131. lo lume... luna: la luce della luna nella sua faccia rivolta verso il basso, cioè verso la terra; **ne l'alto passo:** l'espressione riprende con leggera variazione quella del v. 100: *per l'alto mare aperto*.
133. una montagna: è la montagna del Purgatorio, in cima alla quale si trova il Paradiso terrestre, cioè il luogo da cui gli uomini sono stati esclusi in seguito al peccato originale e al quale non possono tornare senza l'aiuto della Grazia divina (che Ulisse naturalmente non ha). Si noti, nelle tre terzine dedicate alla descrizione del viaggio, la presenza di numerosi termini ed espressioni che rimandano al senso della vista (*le stelle... vedea la notte*; *racceso... lo lume*; *n'apparve una montagna, bruna*; *parvemi*; *veduta*).

Le indicazioni temporali

Il lessico e la grammatica

Se noti con attenzione l'inizio delle tre sequenze in cui abbiamo suddiviso il racconto di Ulisse ti accorgerai che si aprono tutte e tre con una indicazione temporale:

- *Quando mi dipartì' da Circe...*
- *... quando venimmo a quella foce stretta...*
- *... quando n'apparve una montagna...*

La congiunzione "quando" introduce, in tutti e tre i casi, delle proposizioni temporali.
Negli stessi versi che hai letto troviamo però **proposizioni temporali introdotte in modo diverso**, per esempio:

- *prima che sì Enea la nomasse...*
- *poi che 'ntrati eravam ne l'alto passo...*
- *...infin che 'l mar fu sovra noi richiuso.*

Nota che "quando", in qualche caso, può introdurre proposizioni di tipo diverso, per esempio:

- *Quando* arriverai? (= proposizione interrogativa diretta)
- Mi chiedo *quando* arriverai (= proposizione interrogativa indiretta)
- *Quando* fosse necessario, saremmo pronti a reagire (= proposizione ipotetica con il valore di "se")
- Hai parlato troppo, *quando* avresti dovuto tacere (= proposizione avversativa con il valore di "mentre")

La lingua, insomma, è ricca di possibilità: lo stesso concetto si può esprimere in modi diversi, la stessa parola può avere funzioni diverse.

Noi ci allegrammo, e tosto tornò in pianto;
ché de la nova terra un turbo nacque
e percosse del legno il primo canto.

[136-138] Noi ci rallegrammo, ma ben presto la nostra gioia si tramutò in dolore, perché dalla nuova terra nacque un turbine e percosse la prua della nave.

Tre volte il fé girar con tutte l'acque;
a la quarta levar la poppa in suso
e la prora ire in giù, com' altrui piacque,
infin che 'l mar fu sovra noi richiuso».

[139-142] Tre volte la fece girare in mezzo all'acqua; alla quarta fece levare la poppa verso l'alto e sprofondare la prua verso il basso, secondo la volontà altrui, finché il mare si richiuse sopra di noi».

137. de la nova terra: dalla terra appena scoperta (e quindi nuova, ignota); **il primo canto:** la prua, la parte anteriore della nave (*del legno*, metonimia).
139. Tre volte: il numero ha naturalmente un valore allegorico; **la poppa:** quella stessa poppa che Ulisse e i suoi compagni avevano orgogliosamente *volta... nel mattino* (v. 124) viene ora alzata fuori dall'acqua da una volontà più potente della loro (*com'altrui piacque*), che determina il loro destino; **ire:** in latino, andare; **infin... richiuso:** il richiudersi indifferente del mare dopo la tragedia sigilla il vano tentativo di Ulisse di penetrare il mistero con le sole forze della ragione umana, non assistita dalla Grazia divina.

Analisi del testo

I protagonisti del racconto. Ulisse è il protagonista di un viaggio, come Dante. Il viaggio di Ulisse, però, si affida esclusivamente alla ragione umana, al desiderio di conoscenza, mentre quello di Dante, oltre che dalla ragione (Virgilio), è guidato dalla fede, dalla grazia divina (Beatrice). Per questo il viaggio di Ulisse si risolve con una sconfitta, quello di Dante giunge invece sino a Dio, cioè alla verità assoluta.

L'atteggiamento di Dante. Qual è dunque l'atteggiamento di Dante nei confronti del suo personaggio? Innanzitutto bisogna sottolineare che Ulisse si trova dannato per un peccato che non ha nulla a che fare con il suo viaggio e con la sua morte. Non è quindi a causa del suo "folle volo" che Dante lo condanna all'Inferno. Anzi, la sua sete di conoscenza è apprezzata da Dante, che la considera una delle qualità che distinguono l'uomo dai bruti, dagli animali irrazionali. Il discorso che Ulisse rivolge ai suoi compagni unisce infatti *virtute* e *canoscenza*, cioè virtù e conoscenza. La ragione umana, insomma, non è in contrasto con la morale cristiana. Essa è però limitata: per questo il viaggio di Ulisse, superate le colonne d'Ercole, diventa un *folle volo*: perché tenta, con strumenti inadeguati, di giungere dove solo la grazia divina può condurre l'uomo.

Mondo classico e mondo medievale. Dante celebra quindi la grandezza della ragione umana e nello stesso tempo ne sottolinea i limiti. La scelta di un personaggio della mitologia classica come Ulisse è emblematica della posizione di Dante (e dei suoi contemporanei) nei confronti del mondo classico: Dante apprezza gli antichi per le loro virtù e considera che molti di loro, pur non essendo cristiani, siano giunti alle soglie del cristianesimo (Ulisse infatti riesce a scorgere, benché da lontano, la montagna del Purgatorio). Ma per Dante la fede è essenziale alla salvezza: la saggezza e le virtù degli antichi, per quanto grandi e apprezzabili, non sono sufficienti a garantire loro l'ingresso in Paradiso.

Dante e la realtà del suo tempo. Nel racconto di Ulisse si sente probabilmente l'eco dei primi viaggi nell'oceano Atlantico compiuti dai navigatori europei nel corso del Duecento. Dante si rivela sempre molto attento alla realtà del suo tempo, che assisteva a una straordinaria ripresa di viaggi e di esplorazioni. Attraverso il personaggio antico, egli intende quindi ammaestrare i suoi contemporanei, invitandoli a sottomettere l'attività di esplorazione ai valori della religione.

Proposte di lavoro

1. Verifica la comprensione del testo rispondendo alle seguenti domande:
   - Dove si trova Ulisse?
   - Per quale colpa è stato condannato?
   - Che cosa sono le "colonne d'Ercole"?
   - Che cosa simboleggiano?
2. Il tema del viaggio unisce Ulisse e Dante, ma i loro viaggi sono profondamente diversi.
   - Perché Dante chiama "folle" il volo di Ulisse?
   - Perché il viaggio di Ulisse è destinato a fallire?
   - Perché invece il viaggio di Dante avrà successo?
3. Secondo l'interpretazione di alcuni critici, queste pagine dantesche dovevano risultare di profonda attualità per gli uomini del suo tempo.
   - A quali fatti a lui contemporanei allude Dante?
   - Quale ammonimento vuole impartire il poeta ai suoi lettori?

UNA VOCE UMANA NELL'INFERNO

Ulisse ad Auschwitz

Il canto di Ulisse è il titolo di uno dei capitoli più intensi e famosi di *Se questo è un uomo* (1947), il libro di memorie scritto da **Primo Levi** al suo ritorno dal campo di concentramento di Auschwitz.

Riportiamo, con qualche taglio, il passo di Levi, che ci fa capire come i grandi testi letterari sappiano parlarci in qualunque situazione e in qualunque epoca.

Il canto di Ulisse. Chissà come e perché mi è venuto in mente: ma non abbiamo tempo di scegliere, quest'ora già non è più un'ora. Se Jean è intelligente capirà. Capirà: oggi mi sento da tanto. [...] Chi è Dante. Che cosa è la Commedia. Quale sensazione curiosa di novità si prova, se si cerca di spiegare in breve che cosa è la Divina Commedia. Come è distribuito l'Inferno, cosa è il contrappasso. Virgilio è la Ragione, Beatrice è la Teologia.

Jean è attentissimo, ed io comincio, lento e accurato:

> Lo maggior corno della fiamma antica
> Cominciò a crollarsi mormorando,
> Pur come quella cui vento affatica.
> Indi, la cima in qua e in là menando
> Come fosse la lingua che parlasse
> Mise fuori la voce, e disse: Quando...

Qui mi fermo e cerco di tradurre. Disastroso: povero Dante e povero francese! Tuttavia l'esperienza pare prometta bene: Jean ammira la bizzarra similitudine della lingua, e mi suggerisce il termine appropriato per rendere "antica".

E dopo "Quando"? Il nulla. Un buco nella memoria. "Prima che sì Enea la nominasse". Altro buco. Viene a galla qualche frammento non utilizzabile: "... la piéta Del vecchio padre, né 'l debito amore Che doveva Penelope far lieta..." sarà poi esatto?

> ... Ma misi me per l'alto mare aperto.

Di questo sì, di questo sono sicuro, sono in grado di spiegare a Pikolo, di distinguere perché "misi me" non è "je me mis", è molto più forte e più audace, è un vincolo infranto, è scagliare se stessi al di là di una barriera, noi conosciamo bene questo impulso. L'alto mare aperto: Pikolo ha viaggiato per mare e sa cosa vuol dire, è quando l'orizzonte si chiude su se stesso, libero diritto e semplice, e non c'è ormai che odore di mare: dolci cose ferocemente lontane.

Siamo arrivati al Kraftwerk, dove lavora il Kommando dei posacavi. Ci dev'essere l'ingegner Levi. Eccolo, si vede solo la testa fuori della trincea. Mi fa un cenno colla mano, è un uomo in gamba, non l'ho mai visto giù di morale, non parla mai di mangiare.

"Mare aperto". "Mare aperto". So che rima con "diserto": "...quella compagna Picciola, dalla qual non fui diserto", ma non rammento più se viene prima o dopo. E anche il viaggio, il temerario viaggio al di là delle colonne d'Ercole, che tristezza, sono costretto a raccontarlo in prosa: un sacrilegio. Non ho salvato che un verso, ma vale la pena di fermarcisi:

> ... Acciò che l'uom più oltre non si metta.

"Si metta": dovevo venire in Lager per accorgermi che è la stessa espressione di prima, "e misi me". Ma non ne faccio parte a Jean, non sono sicuro che sia un'osservazione importante. Quante altre cose ci sarebbero da dire, e il sole è già alto, mezzogiorno è vicino. Ho fretta, una fretta furibonda.

Ecco, attento Pikolo, apri gli orecchi e la mente, ho bisogno che tu capisca:

> Considerate la vostra semenza:
> Fatti non foste a viver come bruti,
> Ma per seguir virtute e conoscenza.

Come se anch'io lo sentissi per la prima volta: come uno squillo di tromba, come la voce di Dio. Per un momento, ho dimenticato chi sono e dove sono.

Pikolo mi prega di ripetere. Come è buono Pikolo,

si è accorto che mi sta facendo del bene. O forse è qualcosa di più: forse, nonostante la traduzione scialba e il commento pedestre e frettoloso, ha ricevuto il messaggio, ha sentito che lo riguarda, che riguarda tutti gli uomini in travaglio, e noi in specie; e che riguarda noi due, che osiamo ragionare di queste cose con le stanghe della zuppa sulle spalle.

Li miei compagni fec'io sì acuti...

... e mi sforzo, ma invano, di spiegare quante cose vuol dire questo "acuti". Qui ancora una lacuna, questa volta irreparabile. "...Lo lume era di sotto della luna" o qualcosa di simile; ma prima? ... Nessuna idea, "keine Ahnung" come si dice qui. Che Pikolo mi scusi, ho dimenticato almeno quattro terzine.

– Ça ne fait rien, vas-y tout de même. –

... Quando mi apparve una montagna, bruna
Per la distanza, e parvemi alta tanto
Che mai veduta non ne avevo alcuna.

Sì, sì, "alta tanto", non "molto alta", proposizione consecutiva. E le montagne, quando si vedono di lontano... le montagne... oh Pikolo, Pikolo, di' qualcosa, parla, non lasciarmi pensare alle mie montagne, che comparivano nel bruno della sera quando tornavo in treno da Milano a Torino!

Basta, bisogna proseguire, queste sono cose che si pensano ma non si dicono. Pikolo attende e mi guarda.

Darei la zuppa di oggi per saper saldare "non ne avevo alcuna" col finale. Mi sforzo di ricostruire per mezzo delle rime, chiudo gli occhi, mi mordo le dita: ma non serve, il resto è silenzio. Mi danzano per il capo altri versi: "...la terra lagrimosa diede vento..." no, è un'altra cosa. È tardi, è tardi, siamo arrivati alla cucina, bisogna concludere:

Tre volte il fe' girar con tutte l'acque,
Alla quarta levar la poppa in suso
E la prora ire in giù, come altrui piacque...

Trattengo Pikolo, è assolutamente necessario e urgente che ascolti, che comprenda questo "come altrui piacque", prima che sia troppo tardi, domani lui o io possiamo essere morti, o non vederci mai più, devo dirgli, spiegargli del Medioevo, del così umano e necessario e pure inaspettato anacronismo, e altro ancora, qualcosa di gigantesco che io stesso ho visto ora soltanto, nell'intuizione di un attimo, forse il perché del nostro destino, del nostro essere oggi qui...

Siamo oramai nella fila per la zuppa, in mezzo alla folla sordida e sbrindellata dei porta-zuppa degli altri Kommandos. I nuovi giunti ci si accalcano alle spalle. – Kraut und Rüben? – Kraut und Rüben. – Si annunzia ufficialmente che oggi la zuppa è di cavoli e rape: – Choux et navets –. – Kaposzta és répak. –

Infin che 'l mar fu sopra noi rinchiuso.

Se questo è un uomo,
Einaudi

Due sole osservazioni su questa pagina di straordinaria intensità.

- Levi, come si sarà notato, cita il testo dantesco con molte lacune e molti errori: egli infatti l'ha sentito riemergere dalla memoria, incompleto, e nel momento in cui scrive rievoca esattamente l'esperienza compiuta nel Lager; in alcuni casi però («nominasse» anziché «nomasse»; «conoscenza» anziché «canoscenza» ecc.), gli "errori" sono dovuti al fatto che egli fa riferimento all'edizione, oggi superata, su cui aveva studiato da ragazzo;
- Levi "interpreta" naturalmente il testo dantesco alla luce della propria condizione: per questo si emoziona alle parole «misi me per l'alto mare aperto» e le commenta dicendo «noi conosciamo bene questo impulso»; per questo il massimo di intensità emotiva lo prova di fronte al verso «*Fatti non foste a viver come bruti*», che lo spinge a dimenticare la condizione appunto animalesca in cui è ridotto («chi sono e dove sono»); ma questo uso soggettivo del testo di Dante non impedisce allo scrittore di fare alcune interessanti osservazioni linguistiche, come quelle su «misi me», su «acuti» e su «alta tanto».

Opera
Divina Commedia
Epoca
XIV secolo
Genere
poema didascalico-allegorico
Lingua
italiano
Schema metrico
terzine

Inferno, XXXIII, vv. 1-90

Ugolino

Dante è giunto nel IX cerchio, l'ultimo della voragine infernale. Il IX cerchio è una distesa di ghiaccio, gelida, immobile, muta; è suddivisa in quattro zone, in cui si puniscono i traditori di diverso tipo: nella Caina i traditori dei parenti, immersi nel ghiaccio fino al collo, con il viso rivolto in basso; nell'Antenòra i traditori della patria, con il viso rivolto verso l'alto; nella Tolomea i traditori dei commensali, con la testa rovesciata all'indietro e le lacrime ghiacciate negli occhi; nella Giudecca i traditori dei benefattori, completamente immersi nel ghiaccio, in varie posizioni.

Fra i traditori della patria puniti nell'Antenòra, Dante ritrova un pisano suo contemporaneo, famoso per le sue vicende politiche e per l'atroce morte per fame a cui fu condannato, insieme a quattro suoi figli e nipoti: è il conte Ugolino, rappresentato in un atto di bestiale ferocia nei confronti del vicino compagno di pena.

Questo incontro assume maggior rilievo per il fatto che è "incorniciato" da quelli con due traditori a cui Dante riserva solo atroce disprezzo: prima di Ugolino, egli incontra infatti Bocca degli Abati, il traditore di Firenze guelfa a Montaperti (1260), a cui Dante infligge una pena supplementare, strappandogli i capelli. Dopo Ugolino incontrerà Frate Alberigo e Branca Doria, traditori tanto spregevoli da finire all'Inferno mentre il loro corpo è ancora vivo, nei cui riguardi Dante addirittura si vanta di essere stato villano.

In mezzo a peccatori così bassi e spregevoli, Ugolino risalta non per l'insignificanza dei suoi peccati, ma per la profondità del suo dolore. La grandezza poetica della figura di Ugolino nasce dai suoi contrasti: fu grande peccatore, in quanto traditore, ma subì anche un'"offesa" terribile e straziante, condannato a vedere morir di fame i suoi figli, *ad uno ad uno*, davanti ai suoi occhi, senza poterli aiutare; sa trovare espressioni sublimi per dar voce al suo dolore e commuovere l'ascoltatore, ma intanto si vendica bestialmente, per l'eternità, del nemico che lo ha fatto condannare, rodendogli il cranio.

La bocca sollevò dal fiero pasto
quel peccator, forbendola a' capelli
del capo ch'elli avea di retro guasto.

[1-3] Quel peccatore sollevò la bocca dal suo pasto bestiale, pulendola sui capelli del capo che aveva roso sul retro.

1. La bocca: messa in posizione enfatica, è la parte di Ugolino su cui Dante appunta lo sguardo; fiero pasto: feroce e bestiale cannibalismo della nuca dell'arcivescovo Ruggieri; quel peccator: è Ugolino della Gherardesca, conte di Donoratico, nato nella prima metà del XIII secolo da una nobile famiglia, proprietaria di molti feudi in Maremma e in Sardegna. Parteggiò per la fazione ghibellina, ma collaborò con il genero Giovanni Visconti, guelfo, per difendere i propri possedimenti in Sardegna dall'espansionismo di Pisa, forse proprio contribuendo a farvi trionfare i guelfi (questo potrebbe essere il tradimento per cui Dante lo colloca qui nell'Antenòra). Bandito dalla città, vi rientrò nel 1276, con l'appoggio di Firenze e dei guelfi, e acquistò sempre maggior influenza politica. Nel 1284 fu comandante della flotta pisana sconfitta drammaticamente nella battaglia della Meloria contro Genova (vi morirono o vi furono fatti prigionieri migliaia di pisani, la flotta fu praticamente distrutta e ogni speranza pisana di dominio sui mari fu schiacciata). Divenuto podestà di Pisa, associò al governo il nipote Nino Visconti, figlio di Giovanni; in questo periodo cercò di rompere la coalizione di Genova, Firenze e Lucca contro Pisa, concedendo a fiorentini e lucchesi alcuni castelli. Nel 1288 i ghibellini insorsero contro di lui, capitanati dall'arcivescovo Ruggieri e dalle famiglie Gualandi, Lanfranchi e Sismondi. Ugolino venne rovesciato dalla sommossa popolare; Dante preferisce la versione secondo cui egli fu ingannato da Ruggieri, che gli aveva proposto un incontro rappacificatore, per farlo invece arrestare a tradimento. Fu rinchiuso per nove mesi nella torre dei Gualandi e poi lasciato morire di fame nel 1289, insieme a due dei suoi molti figli, già adulti, Gaddo e Uguccione, e a due nipoti, Nino, detto il Brigata, e Anselmuccio (Dante invece finge che siano quattro figli adolescenti); guasto: guastato, rosicchiato; Dante si ispira alla vicenda mitologica di Tideo – uno dei sette re contro Tebe – che, ferito a morte da Menalippo, riuscì a ucciderlo e ne rose furibondo le tempie, come racconta Stazio nella Tebaide (VIII, 716 e segg.); Dante cita esplicitamente questo esempio nel canto precedente (XXXII, 130-131). Da Stazio deriva anche l'immagine del pulir la bocca («pulisce la bocca grondante sangue dell'eroe con le lacrime», IX, 73-74).

Poi cominciò: «Tu vuo' ch'io rinovelli
disperato dolor che 'l cor mi preme
già pur pensando, pria ch'io ne favelli.

Ma se le mie parole esser dien seme
che frutti infamia al traditor ch'i' rodo,
parlare e lagrimar vedrai insieme.

Io non so chi tu se' né per che modo
venuto se' qua giù; ma fiorentino
mi sembri veramente quand' io t'odo.

Tu dei saper ch'i' fui conte Ugolino,
e questi è l'arcivescovo Ruggieri:
or ti dirò perché i son tal vicino.

Che per l'effetto de' suo' mai pensieri,
fidandomi di lui, io fossi preso
e poscia morto, dir non è mestieri;

però quel che non puoi avere inteso,
cioè come la morte mia fu cruda,
udirai, e saprai s'e' m'ha offeso.

Breve pertugio dentro da la Muda,
la qual per me ha 'l titol de la fame,
e che conviene ancor ch'altrui si chiuda,

m'avea mostrato per lo suo forame
più lune già, quand' io feci 'l mal sonno
che del futuro mi squarciò 'l velame.

Questi pareva a me maestro e donno,
cacciando il lupo e 'lupicini al monte
per che i Pisan veder Lucca non ponno.

Con cagne magre, studïose e conte
Gualandi con Sismondi e con Lanfranchi
s'avea messi dinanzi da la fronte.

[4-6] Poi cominciò a dire: «Tu vuoi che io rinnovi un dolore disperato che mi opprime il cuore al solo pensarci, prima ancora che ne parli.

[7-9] Ma se le mie parole devono essere il seme che produrrà come frutto l'infamia per il traditore che io rodo, mi vedrai parlare e piangere contemporaneamente.

[10-12] Io non so chi sei né perché sei venuto quaggiù; ma a sentirti parlare mi sembri fiorentino.

[13-15] Devi sapere che io fui il conte Ugolino e che questo è l'arcivescovo Ruggieri: ora ti dirò perché sono per lui un vicino così feroce.

[16-18] Non è necessario raccontare che, a causa dei suoi piani malvagi, fidandomi di lui, io venni arrestato e poi ucciso;

[19-21] ma ora udirai quello che non puoi aver saputo, cioè quanto la mia morte fu crudele e saprai se egli mi ha offeso.

[22-24] Una piccola apertura nelle mura della torre della Muda, che ora, per causa mia, si chiama torre della Fame, e in cui altri ancora dovranno venire rinchiusi,

[25-27] mi aveva già mostrato dal suo foro il sorgere e il calare di molte lune, quando feci l'incubo che mi squarciò il velo del futuro.

[28-30] Costui mi sembrava capo della battuta di caccia e del gruppo che cacciava il lupo e i suoi cuccioli verso quel monte che impedisce ai pisani di vedere Lucca.

[31-33] Aveva collocato davanti a sé i Gualandi con i Sismondi e i Lanfranchi, con cagne affamate, sollecite e ben ammaestrate.

4. Tu… preme: citazione dall'*Eneide* di Virgilio, quando Enea obbedisce alla richiesta di Didone di narrare la caduta di Troia («tu mi ordini, o regina, di rinnovare un dolore indicibile», II, 3). Il tono di Enea è più mesto, quello di Ugolino più straziante e drammatico.
7. parlare e lagrimar: ricordando il suo adulterio, Francesca aveva detto: dirò come colui che piange e dice (*Inf.* V, 126); commenta De Sanctis: «per Francesca è un passato voluttuoso e felice [...] Per Ugolino, passato e presente [...] sono uno strazio solo che sveglia sentimenti feroci e ravviva la rabbia». Le lacrime di Ugolino non si congelano negli occhi, come quelle dei peccatori circostanti: è una delle contraddizioni dantesche, utile poeticamente.
10. Io… t'odo: condannato in eterno a concentrarsi sul suo odio, Ugolino è indifferente a sapere chi sia questo vivo che avanza nell'Inferno; a lui interessa solo la nuova occasione di dar sfogo all'odio, infamando il suo nemico. Un fiorentino, come Ugolino comprende dall'accento, conoscerà di sicuro le circostanze della sua morte: Ugolino potrà quindi concentrarsi a raccontargli il suo dramma psicologico e affettivo.
14. l'arcivescovo Ruggieri: Ruggieri degli Ubaldini divenne arcivescovo di Pisa nel 1278. È collocato da Dante nell'Antenòra, tra i traditori della patria, perché tradì sia il guelfo Nino Visconti, sia il ghibellino Ugolino. Dopo la morte di questi, fu podestà di Pisa, ma dovette ben presto abbandonare la carica e fu condannato da papa Niccolò VI per la sua spietatezza verso Ugolino e i guelfi; morì nel 1295; or… vicino: questa pausa ha un effetto di suspense.
17. fidandomi di lui: l'inciso spiega perché Ruggieri ha commesso un tradimento e non semplicemente una frode, e comincia a fruttare infamia al traditore.
21. offeso: questo termine aveva nel Medioevo un significato molto più pregnante di oggi, e implicava necessariamente il diritto-dovere di vendicarsi.
22. Muda: era la torre della famiglia ghibellina dei Gualandi, così chiamata – spiegano gli antichi commentatori – perché vi si mettevano le aquile del comune a "mudare" (mutare le penne). È tradizionalmente identificata con la Torre dell'Orologio di piazza dei Cavalieri; fu usata come prigione fino al 1318 e abbiamo testimonianze che le fu realmente attribuito il nome di Torre della Fame, dopo la morte di Ugolino; e che… chiuda: generica profezia sul proseguimento delle feroci lotte politiche cittadine.
26. lune: mesi, dal luglio 1288 al marzo 1289; sonno: sogno; nel Medioevo si riteneva che i sogni fossero profetici.
28. Questi: l'arcivescovo Ruggieri; cacciando… ponno: il sogno trasfigura simbolicamente la realtà: Ugolino e i figli diventano un *lupo e 'lupicini* (che sono pur sempre bestie feroci) e fuggono verso il monte Pisano o monte San Giuliano (e Lucca era all'epoca guelfa, quindi un adeguato rifugio dai ghibellini, Marcazzan), inseguiti da Ruggieri, dalle tre potenti famiglie ghibelline citate e dal popolo minuto (le *cagne*); *ponno*: possono.
33. s'avea… fronte: Ruggieri li aveva fatti schierare dinnanzi a sé, perché le *cagne* fossero le prime ad aggredire i lupi fuggiaschi, in un'atmosfera di ferocia animalesca.

In picciol corso mi parieno stanchi
lo padre e 'figli, e con l'agute scane
mi parea lor veder fender li fianchi.

Quando fui desto innanzi la dimane,
pianger senti' fra 'l sonno i miei figliuoli
ch'eran con meco, e dimandar del pane.

Ben se' crudel, se tu già non ti duoli
pensando ciò che 'l mio cor s'annunziava;
e se non piangi, di che pianger suoli?

Già eran desti, e l'ora s'appressava
che 'l cibo ne solëa essere addotto,
e per suo sogno ciascun dubitava;

e io senti' chiavar l'uscio di sotto
a l'orribile torre; ond' io guardai
nel viso a' mie' figliuoi sanza far motto.

Io non piangëa, sì dentro impetrai:
piangevan elli; e Anselmuccio mio
disse: "Tu guardi sì, padre! che hai?".

Perciò non lacrimai né rispuos' io
tutto quel giorno né la notte appresso,
infin che l'altro sol nel mondo uscìo.

Come un poco di raggio si fu messo
nel doloroso carcere, e io scorsi
per quattro visi il mio aspetto stesso,

ambo le man per lo dolor mi morsi;
ed ei, pensando ch'io 'l fessi per voglia
di manicar, di sùbito levorsi

e disser: "Padre, assai ci fia men doglia
se tu mangi di noi: tu ne vestisti
queste misere carni, e tu le spoglia".

[34-36] Dopo una breve corsa mi pareva che il padre e i figli fossero stanchi, e mi pareva di veder squarciare loro i fianchi dalle zanne aguzze.

[37-39] Quando mi svegliai prima dell'alba, sentii i miei figlioli, che erano con me, piangere nel sonno e domandare del pane.

[40-42] Sei ben crudele se già non ti addolori pensando a ciò che il mio cuore presagiva; e se non piangi in questo caso, che cosa ti fa piangere?

[43-45] Ormai erano svegli e si avvicinava l'ora in cui di solito ci portavano il cibo, e a causa del suo sogno ciascuno di noi temeva;

[46-48] e io sentii in basso inchiodare il portone dell'orribile torre; per cui guardai nel volto i miei figlioli senza dire parola.

[49-51] Io non piangevo, tanto dentro di me divenni di pietra: loro invece piangevano: e il mio caro Anselmuccio disse: "Tu guardi in un modo così strano, padre! Che hai?"

[52-54] Perciò io non piansi né risposi per tutto quel giorno e per la notte successiva, fino a che spuntò il sole del giorno dopo.

[55-57] Quando un po' di luce fu entrata nel nostro doloroso carcere, e io scorsi ripetuto su altri quattro volti il mio stesso aspetto,

[58-60] mi morsi entrambe le mani per il dolore; ed essi, pensando che lo facessi per fame, immediatamente si alzarono

[61-63] e dissero: "Padre, sarà per noi molto meno doloroso se tu mangi noi: tu ci hai rivestiti di queste misere carni e tu spogliacene".

35. lo padre e 'figli: «Ugolino, intravedendo confusamente in sogno nel lupo e ne' lupicini la sorte sua e de' suoi figliuoli, chiama quegli animali con vocabolo umano» (De Sanctis).
38. pianger... pane: anch'essi avevano avuto un sogno profetico, perché ancora non avevano mai sofferto la fame in cella.
40. Ben... suoli?: giunto a un passaggio carico di drammaticità, Ugolino apostrofa direttamente Dante, perché il suo dolore e l'odio che ne consegue per Ruggieri sono gli unici sentimenti umani che gli restano qui all'Inferno e gli sembra impossibile che gli altri non li sentano con uguale intensità. C'è un richiamo a Virgilio (*Eneide* II, 6-8): «Chi potrebbe trattenersi dal piangere, dicendo tali cose?».
46. chiavar: inchiodare, dal latino *clavus*, chiodo. Questo è il momento cruciale in cui Ugolino comprende pienamente il destino che aspetta lui e i figli; il ritmo lento, la forte pausa dopo *chiavar*, che dà rilievo a questo termine, l'*enjambement*: *l'uscio di sotto / a l'orribile torre* rendono il verso particolarmente drammatico; **guardai nel viso:** «si noti l'efficacia dell'*enjambement* [...] che dà ai due versi un ritmo più concitato» (Reggio); **sanza far motto:** «Il racconto è tutto un'alternativa di interminabili silenzi e di scatti improvvisi» (Momigliano).
49. Io... hai?: la sintassi breve e franta esprime la drammaticità del momento, nel contrasto tra il padre, consapevole dei crudeli metodi della lotta politica, che forse lui stesso ha usato con altri, e il giovane figlio, capace di farsi ancora illusioni sul destino comune; *Anselmuccio mio*: è il più giovane dei quattro a porre le domande più ingenue; Anselmuccio, forse quindicenne, era in realtà figlio minore di Guelfo II, primogenito di Ugolino. Il diminutivo non aveva all'epoca significato affettivo, mentre l'aveva il *mio*; *guardi sì*: «Anselmuccio non sa definire né spiegare quel modo di guardare: quel *sì* significa *in modo così fuori dal naturale e dall'ordinario*. Che hai? domanda il fanciullo. Lo strazio è tutto nella coscienza di quello sguardo senza parola e nell'innocenza di quel *che hai?*, accompagnato con lacrime» (De Sanctis).
52. Perciò... io: la sofferenza di Ugolino consiste anche nel dover trattenere il proprio dolore di fronte ai figli.
56. scorsi... stesso: Ugolino comprende che non basta più tacere, per non spaventare ulteriormente i figli, i quali possono comunque leggere sul suo viso la sofferenza e la disperazione che lui legge sui loro; allora perde il controllo e si lascia andare a un gesto di dolore.
58. ambo... morsi: «Quest'uomo, che in un impeto istantaneo di furore dà di morso alle sue mani, è già in anticipazione colui che nell'inferno è fissato ed eternato co' denti nel cranio nemico "come d'un can, forti". Ma quanto dolore ha prodotto tanto furore!» (De Sanctis); **manicar:** mangiare; è forma popolaresca dichiara Dante stesso nel *De vulgari eloquentia* (I, XIII, 2). Ugolino usa un termine plebeo per alludere alle basse ma inevitabili necessità del corpo, in contrapposizione con le più nobili ragioni che lo avevano spinto a mordersi le mani e in contrapposizione anche con la nobiltà delle intenzioni e dello stile del discorso successivo dei figli.

Queta'mi allor per non farli più tristi;
lo dì e l'altro stemmo tutti muti;
ahi dura terra, perché non t'apristi?

Poscia che fummo al quarto dì venuti,
Gaddo mi si gittò disteso a' piedi,
dicendo: "Padre mio, ché non m'aiuti?".

Quivi morì; e come tu mi vedi,
vid' io cascar li tre ad uno ad uno
tra 'l quinto dì e 'l sesto; ond'io mi diedi,

già cieco, a brancolar sovra ciascuno,
e due dì li chiamai, poi che fur morti.
Poscia, più che 'l dolor, poté 'l digiuno».

Quand'ebbe detto ciò, con li occhi torti
riprese 'l teschio misero co' denti,
che furo a l'osso, come d'un can, forti.

Ahi Pisa, vituperio de le genti
del bel paese là dove 'l sì suona,
poi che i vicini a te punir son lenti,

muovasi la Capraia e la Gorgona,
e faccian siepe ad Arno in su la foce,
sì ch'elli annieghi in te ogne persona!

Che se 'l conte Ugolino aveva voce
d'aver tradita te de le castella,
non dovei tu i figliuoi porre a tal croce.

Innocenti facea l'età novella,
novella Tebe, Uguiccione e 'l Brigata
e li altri due che 'l canto suso appella.

[64-66] Allora mi quietai per non renderli ancora più tristi; quel giorno e il successivo restammo tutti muti; ahi dura terra, perché non t'apristi a inghiottirci?

[67-69] Quando giungemmo al quarto giorno, Gaddo si gettò per terra ai miei piedi dicendo: "Padre mio, perché non mi aiuti?"

[70-72] E qui morì; e come tu adesso vedi me, così io vidi allora cadere gli altri tre, ad uno ad uno, tra il quinto e il sesto giorno; per cui mi misi,

[73-75] ormai cieco, a brancolare sopra ciascuno di loro, e per due giorni continuai a chiamarli dopo che furono morti. Poi la fame fu più forte del dolore».

[76-78] Quando ebbe raccontato questo, con sguardo bieco, riprese a rodere quel misero teschio con i denti, che nell'addentare l'osso furono forti come quelli di un cane.

[79-81] Ahi Pisa, infamia delle genti che vivono nel bel paese dove si usa il "sì", poiché i tuoi vicini sono troppo lenti a punirti,

[82-84] si muovano la Capraia e la Gorgona e creino uno sbarramento sulla foce dell'Arno, così che esso faccia annegare ogni tuo abitante!

[85-87] Se infatti si diceva del conte Ugolino che ti avesse tradita cedendo i castelli, tu non dovevi però mettere a tale supplizio i suoi figlioli.

[88-90] La giovane età rendeva innocenti, o nuova Tebe, Uguccione e il Brigata e gli altri due che il canto nomina prima.

65. stemmo tutti muti: l'allitterazione delle "m", delle "t" e delle "u" rende più drammatico e opprimente questo silenzio, prima dell'esclamazione di Ugolino e del grido di morte di Gaddo; **ahi... apristi?:** richiama Virgilio (*Eneide* X, 675-676): «quale terra profonda mi inghiotte?».

67. Padre... aiuti?: simile al grido di Cristo sulla croce: «Padre, padre, perché mi hai abbandonato?» (*Mc.*, XV, 34).

70. e come... vedi: anche con questo paragone Ugolino vuole coivolgere l'ascoltatore Dante nel suo dramma.

73. cieco: per l'estrema debolezza; **e due dì li chiamai:** solo adesso che sono morti, Ugolino può dar sfogo senza remore al suo dolore e chiamare ininterrottamente per nome i figli.

76. torti: biechi perché pieni di odio rinfocolato verso Ruggieri; **che... forti:** il ritmo del verso è reso irregolare e drammatico per la presenza di due cesure (dopo *osso* e *can*), l'accostamento di due termini accentati (*can*, *forti*), l'anastrofe che isola *forti*. «La tenerezza e la pietà paterna diventano ferocia e rabbia, le lagrime diventano morsi, con infinito terrore e orrore degli spettatori. Lo stesso sentimento guadagna Dante. È inferocito anche lui: diresti quasi, che se li avesse innanzi, li prenderebbe a morsi, quei Pisani, "vituperio de le genti"» (De Sanctis).

79. Ahi Pisa: Dante prende la parola per lanciare una terribile invettiva, carica di «furore biblico»: «non so se sia più feroce Ugolino che ha i denti infissi nel cranio del suo traditore, o Dante che, per vendicare quattro innocenti, condanna a morte tutti gli innocenti di un'intera città» (De Sanctis); **le genti... suona:** gli italiani, che parlavano il "volgare di sì" (particella affermativa), come i provenzali il "volgare di oc" e i francesi del nord il "volgare di oïl"; **i vicini:** le città nemiche, soprattutto Firenze e Lucca.

82. la Capraia e la Gorgona: le due isole di fronte alla foce dell'Arno.

85. Che... castella: questo tradimento è considerato da Dante solo una *voce*, quindi un pretesto escogitato per ucciderlo; il motivo per cui egli è dannato tra i traditori della patria consiste invece o nel tradimento della fazione ghibellina o nel comportamento sleale verso il nipote Nino Visconti, quando insieme governavano Pisa (Dante ritroverà Nino in *Purg.* VIII, 49-84, e gli manifesterà affettuosamente la sua gioia di saperlo salvo, non dannato come il nonno).

88. età novella: giovane età, in chiasmo con *novella Tebe*, con una ripetizione equivoca, perché il significato dell'aggettivo cambia nei due casi; è un artificio tipico della retorica medievale; **novella Tebe:** Pisa è paragonata a una nuova Tebe, la città della Beozia in cui si svolsero le lotte fratricide e i delitti sanguinosi della discendenza di Cadmo. C'è però anche un'allusione specifica alla leggenda secondo cui Pelope, figlio del re di Tebe Tantalo, sarebbe stato fondatore di Pisa; **Uguiccione e 'l Brigata:** il primo figlio di Ugolino, di giovane età, e il secondo suo nipote, più adulto; **li altri due:** Gaddo e Anselmuccio.

Analisi del testo

Il racconto di Ugolino. Alla fine del canto precedente, Dante aveva chiesto a Ugolino di spiegargli la ragione per cui si accaniva sul cranio del suo nemico. Il nuovo canto si apre con la risposta del dannato, che solleva la bocca dal *fiero pasto* e si mette a raccontare la propria storia.

Il racconto di Ugolino nasce innanzitutto da un desiderio di vendetta: egli spera che le sue parole rechino *infamia* al suo nemico. Per questo, egli tralascia ogni dettaglio inessenziale, non chiede a Dante chi sia e perché si trovi laggiù, sintetizza in pochi verso la vicenda che tutti (compresi i lettori di Dante) conoscevano bene e si concentra invece sulla fase finale della prigionia e sugli ultimi istanti della propria vita: «come la morte mia fu cruda» è il pensiero che lo ossessiona.

Il racconto incomincia con il sogno profetico che svela al conte stesso e ai figli il loro destino. È un sogno allegorico, da cui però si desume il destino di morte che attende i cinque prigionieri, e gli artefici della loro fine, ma non il modo della loro morte. È solo al risveglio che Ugolino comprende appieno, sentendo i figli «dimandar del pane».

Il racconto si interrompe brevemente a questo punto, perché Ugolino chiede a Dante di partecipare al suo dolore: «e se non piangi, di che pianger suoli?» Dante, che tante volte si è commosso nel corso dell'*Inferno*, in questo caso resta muto.

Il racconto continua con la narrazione della morte, acquistando sempre maggiore drammaticità. Nota l'alternanza di silenzi e dialoghi brevi e improvvisi, che a poco a poco diventano grida disperate. Nota anche l'insistenza sul trascorrere del tempo, segnalato da numerose espressioni («Già eran desti... tutto quel giorno né la notte appresso... Poscia che fummo al quarto dì venuti...» ecc.).

Una tragedia assoluta. La tragedia di Ugolino è tanto più grave in quanto ai cinque condannati manca il conforto della fede religiosa: nessuno di loro ha un pensiero cristiano o un moto di pentimento che possano alleviare le loro sofferenze, almeno spirituali.

Anzi, i loro gesti sembrano una tragica parodia dei gesti sacri: le mani di Ugolino si uniscono non nella preghiera, ma in un gesto di disperazione («ambo le man per lo dolor mi morsi»); Gaddo grida parole («Padre mio, ché non m'aiuti?») che ricordano quelle di Cristo sulla croce; persino l'offerta del proprio corpo come cibo rammenta il sacrificio dell'eucarestia – ma sempre in un contesto di assenza di Dio.

La reazione di Dante. Il silenzio di Dante, al termine del racconto, lascia spazio a una vibrante invettiva, in cui il poeta esprime tutto il proprio sdegno per l'ingiustizia di cui sono stati vittime i figli di Ugolino (nella realtà storica, due figli e due nipoti, di cui uno solo di giovane età: ma Dante accentua volutamente il *pathos* dell'episodio, rendendoli quattro ragazzi o poco più). È stata notata la contraddizione logica alla base di questa invettiva: per vendicare quattro innocenti, Dante vorrebbe annegare un'intera città!

Più interessante è invece notare che Dante considera evidentemente la responsabilità un fatto individuale, per cui i figli non possono essere ritenuti responsabili delle colpe dei padri. È un segno di grande modernità, da parte sua, perché il Medioevo tendeva invece a considerare l'individuo sempre come esponente di un gruppo, di una categoria – nel caso di Ugolino, la famiglia, in altri casi la fazione politica o la corporazione di appartenenza.

Proposte di lavoro

1. Suddividi il racconto di Ugolino in sequenze e sintetizza rapidamente il contenuto di ciascuna sequenza.
2. Qual è l'atteggiamento di Dante nei confronti di Ugolino? Rispondi scegliendo fra le seguenti alternative.
   - ☐ Dante partecipa emotivamente al dramma di Ugolino, come rivela l'invettiva finale.
   - ☐ Dante condanna Ugolino come traditore, ma si commuove sulla sorte dei figli innocenti.
   - ☐ Dante non piange perché Ugolino è un dannato e quindi merita la sua pena.
   - ☐ Dante si commuove e piange mentre Ugolino racconta.
3. Completa la seguente tabella, ricostruendo la cronologia degli avvenimenti narrati:

Versi	Indicazioni cronologiche	Avvenimenti

4. Osserva i discorsi diretti presenti nel testo e sottolineali, poi rispondi alle domande.
   - A chi sono attribuiti?
   - Sono discorsi ampi o brevi? Perché?
   - Che significato hanno i silenzi che si frappongono tra l'uno e l'altro di essi?
5. Sintetizza ora le tue osservazioni, sviluppando qualche considerazione sul ritmo del racconto di Ugolino.
6. Il racconto di Dante, come abbiamo detto, si allontana leggermente dalla realtà storica. Spiega:
   - perché Ugolino non racconta ciò che i lettori già sapevano;
     ....
   - perché Dante parla di quattro figli giovani anziché di due figli e due nipoti;
     ....
   - perché Dante vorrebbe annegare tutti gli abitanti di Pisa per vendicare quattro innocenti.
     ....
     ....

LA VERITÀ DI QUELLE VOCI

Una "Divina Commedia del Novecento"

L'*Antologia di Spoon River*, pubblicata nel 1915 da un avvocato di Chicago, **Edgar Lee Masters** (1868-1950) è uno dei libri di poesia moderna più noti e apprezzati in tutto il mondo. L'autore immagina di aggirarsi nel cimitero di una piccola città della provincia americana, Spoon River, e di ascoltare le voci dei morti, che dalle tombe dichiarano la loro verità, facendo emergere l'ipocrisia e le meschinità della natura umana, ma anche esempi di grandezza d'animo.

L'*Antologia di Spoon River* non si ispira alla *Divina Commedia*, ma all'*Antologia Palatina*, un'immensa raccolta di antichi epitaffi greci, riscoperti all'inizio del Seicento da uno studioso tedesco.
È stata però definita «*la Divina Commedia del Novecento*» per l'idea che solo dopo la morte i vari personaggi possano finalmente esprimere la verità, dichiarare senza più remore la loro visione della vita e del mondo.

① In questa poesia una **donna**, cieca dalla nascita, dichiara tuttavia di aver avuto una vita felice e piena di gioia.

Lois Spears

Qui giace il corpo di Lois Spears
nata Lois Fluke, figlia di Willard Fluke,
moglie di Cyrus Spears,
madre di Myrtle e Virgil Spears,
bimbi dagli occhi chiari e dalle membra sane –
(io nacqui cieca);
fui la più felice delle donne
come moglie, come madre e massaia,
occupandomi dei miei cari,
e rendendo la mia casa
un luogo d'ordine e di ospitalità generosa:
perché giravo per le stanze,
e per il giardino
con un istinto infallibile come la vista,
quasi che avessi gli occhi sulle punte delle dita –
Gloria a Dio nei cieli.

Antologia di Spoon River, trad. di F. Pivano, Einaudi

② Qui il **dongiovanni** del paese parla di Dante, contrapponendo la sua concezione sensuale e superficiale dell'amore a quella del poeta trecentesco, di cui solo ora, dopo la morte, capisce la grandezza.

Lucius Atherton

Quando avevo i baffi arricciati
e i capelli neri,
e portavo calzoni attillati
e, per bottone, un diamante,
ero un ottimo fante di cuori e i miei colpi riuscivano.
Ma quando il grigio cominciò a mostrarsi
nei miei capelli – un nuovo mondo di ragazze
mi prese in giro, e non mi temé più.
Finite le avventure piccanti,
quando rischiavo una pallottola
come un demonio senza cuore.
Mi restarono amori spregevoli, avanzi rifatti
di altri tempi e altra gente.
Con l'andare degli anni mi ridussi al locale di Mayer,
dove mangiavo a prezzo fisso, un grigio, sciatto,
sdentato, scartato Don Giovanni rurale...
C'è qui una grand'ombra che canta
di una donna chiamata Beatrice;
e ora capisco che la forza che rese lui grande
ridusse me alla feccia.

Antologia di Spoon River, trad. di F. Pivano, Einaudi

Purgatorio

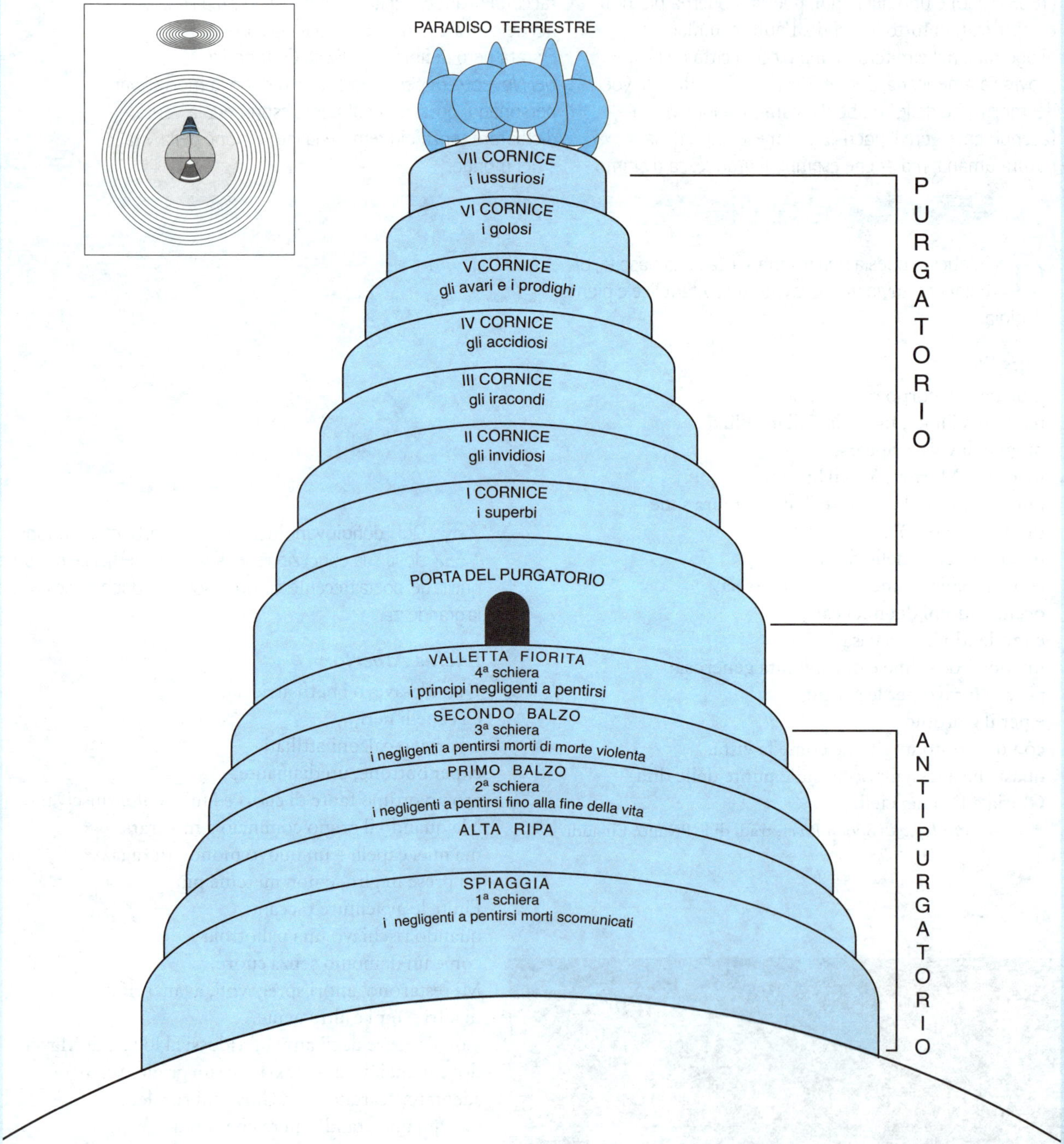
PARADISO TERRESTRE
VII CORNICE
i lussuriosi
VI CORNICE
i golosi
V CORNICE
gli avari e i prodighi
IV CORNICE
gli accidiosi
III CORNICE
gli iracondi
II CORNICE
gli invidiosi
I CORNICE
i superbi
PORTA DEL PURGATORIO
VALLETTA FIORITA
4ª schiera
i principi negligenti a pentirsi
SECONDO BALZO
3ª schiera
i negligenti a pentirsi morti di morte violenta
PRIMO BALZO
2ª schiera
i negligenti a pentirsi fino alla fine della vita
ALTA RIPA
SPIAGGIA
1ª schiera
i negligenti a pentirsi morti scomunicati
PURGATORIO
ANTIPURGATORIO

Opera
Divina Commedia
Epoca
XIV secolo
Genere
poema didascalico-allegorico
Lingua
italiano
Schema metrico
terzine

Purgatorio, I, vv. 13-108

Catone

Dante, nel suo cammino verso la redenzione, è ora uscito dall'angosciosa atmosfera infernale ed è giunto alle soglie del purgatorio. È quasi l'alba e l'azzurro intenso del cielo ridona gioia agli occhi del Pellegrino, finora oppressi dal buio dell'Inferno. Gli si apre dinanzi uno spettacolo nuovo e meraviglioso: da oriente sorge Venere, la stella del mattino, simbolo dell'amore, che illumina gioiosamente l'orizzonte, e dal lato opposto appaiono quattro stelle splendenti.
Il cielo sereno, la luminosità dell'astro mattutino, lo splendore delle stelle sono i simboli della rinascita dell'uomo – in particolare di Dante, appena uscito dalle tenebre del peccato – alla luce e alla speranza, il primo annuncio di quella che sarà la gioia del Paradiso.
All'ingresso del Purgatorio, Dante incontra la solitaria figura di un vecchio dalla lunga barba che incute il rispetto di un padre. È Catone, personaggio del mondo romano, morto suicida durante la guerra civile fra Cesare e Pompeo per non perdere quella libertà che aveva rappresentato l'ideale più grande della sua vita nel mondo dantesco, egli è posto a custodia del Purgatorio e ha la funzione di avviare Dante al rito della purificazione, perché possa poi proseguire il suo cammino. Quando si stupisce che i due pellegrini siano potuti fuggire dall'Inferno, Virgilio gli spiega che Dante non è ancora morto e che compie questo viaggio per volere del cielo, per ritrovare quella libertà per la quale Catone ha sacrificato la vita. Egli allora indica un'isoletta sulla quale cresce un giunco, cioè una pianta sottile e pieghevole, simbolo dell'umiltà. Virgilio dovrà cingerne la fronte a Dante, il quale poi si laverà il viso per togliere ogni residuo di impurità, cioè di inclinazione peccaminosa. Catone conclude il suo discorso con un annuncio di speranza: il sole, simbolo della grazia illuminante di Dio, sta sorgendo e guiderà il cammino del pellegrino. Come mai Dante ha messo a custodia del Purgatorio un pagano, per di più suicida? Egli ha visto nel suicidio di Catone un'affermazione estrema della libertà morale e, inserendo il fatto nel disegno provvidenziale di Dio che guida la storia, ha interpretato la libertà politica ricercata da Catone come prefigurazione della libertà cristiana dal peccato e dalla tentazione. Dante immagina che Catone sia stato liberato dal Limbo, insieme ai Patriarchi dell'Antico Testamento, dalla discesa di Cristo, e attribuisce alla sua figura il significato della rinascita, della vittoria sul mondo delle tenebre, così come lo fu la resurrezione di Cristo e come lo è il riscatto dal peccato di ogni uomo. La figura di Catone posta all'ingresso del Purgatorio, così ricca di significati simbolici senza tuttavia nulla perdere della sua individuale realtà storica, riassume dunque in sé i motivi e i valori che dominano il clima spirituale del Purgatorio: quelli della rinascita, del ritorno alla vita, della riconquista della speranza e della libertà dai vincoli del male.

Dolce color d'orïental zaffiro,
che s'accoglieva nel sereno aspetto
del mezzo, puro infino al primo giro,

[13-15] Il dolce colore azzurro, simile a quello di un prezioso zaffiro, che si diffondeva nell'aria serena e limpida fino al cielo della Luna,

13. Dolce color...: questa celebre descrizione dell'alba ha un chiaro significato allegorico e sottolinea il valore di rinascita e di rigenerazione che il viaggio nel Purgatorio ha per il poeta; **s'accoglieva:** si spandeva nell'aria serena, tersa fino al cielo della luna (il primo giro, secondo la cosmologia medievale); **mezzo:** l'aria, così definita con terminologia scientifica.

a li occhi miei ricominciò diletto,
tosto ch'io usci' fuor de l'aura morta
che m'avea contristati li occhi e 'l petto.

[16-18] diede nuova gioia ai miei occhi appena uscii dall'Inferno che mi aveva rattristato e fatto piangere.

Lo bel pianeto che d'amar conforta
faceva tutto rider l'orïente,
velando i Pesci ch'erano in sua scorta.

[19-21] Il pianeta Venere illuminava tutto il cielo a oriente, impedendo di vedere la costellazione dei Pesci che lo accompagnava.

I' mi volsi a man destra, e puosi mente
a l'altro polo, e vidi quattro stelle
non viste mai fuor ch'a la prima gente.

[22-24] Io mi voltai verso destra e guardai il cielo australe, e vidi quattro stelle che nessuno, dopo Adamo ed Eva, aveva mai più visto.

Goder pareva 'l ciel di lor fiammelle:
oh settentrïonal vedovo sito,
poi che privato se' di mirar quelle!

[25-27] Il cielo sembrava godere della loro luce: o emisfero settentrionale, come sei spoglio, poiché sei privato della possibilità di vederle!

Com' io da loro sguardo fui partito,
un poco me volgendo a l'altro polo,
là onde 'l Carro già era sparito,

[28-30] Quando distolsi gli occhi da loro, volgendomi un poco verso l'orizzonte, là dove il Carro era già scomparso,

vidi presso di me un veglio solo,
degno di tanta reverenza in vista,
che più non dee a padre alcun figliuolo.

[31-33] vidi presso di me un vecchio solo, di aspetto degno di tanto rispetto quanto un figlio ne deve al padre.

Lunga la barba e di pel bianco mista
portava, a' suoi capelli simigliante,
de' quai cadeva al petto doppia lista.

[34-36] Portava la barba lunga e brizzolata, come i capelli, che gli cadevano sul petto in due ciocche.

Li raggi de le quattro luci sante
fregiavan sì la sua faccia di lume,
ch'i' 'l vedea come 'l sol fosse davante.

[37-39] I raggi delle quattro stelle sante illuminavano il suo viso di luce, sicché io lo vedevo come se avesse il sole in fronte.

«Chi siete voi che contro al cieco fiume
fuggita avete la pregione etterna?»,
diss' el, movendo quelle oneste piume.

[40-42] «Chi siete voi che risalendo il fiume sotterraneo siete fuggiti dalla prigione eterna?» disse scuotendo la barba veneranda.

«Chi v'ha guidati, o che vi fu lucerna,
uscendo fuor de la profonda notte
che sempre nera fa la valle inferna?

[43-45] «Chi vi ha guidati, che cosa vi ha illuminato il cammino che avete percorso per uscire dalla profonda notte che rende sempre nero l'abisso infernale?

16. ricominciò diletto: diede nuova gioia; si noti l'insistenza sull'idea di rinascita, espressa qui dal verbo ricominciò e, in tutta la frase, dagli aggettivi dolce, sereno, puro e dal sostantivo diletto: anche dal punto di vista linguistico, siamo in un'atmosfera del tutto diversa da quella infernale; **tosto... petto:** la contrapposizione tra Inferno e Purgatorio viene ulteriormente sottolineata: l'atmosfera infernale è detta aura morta e si contrappone all'atmosfera dolce, serena e pura della nuova cantica; si noti anche la netta opposizione tra ricominciò diletto e m'avea contristati, sottolineata dal comune riferimento agli occhi.
19. Lo bel... conforta: si tratta di Venere, il pianeta da cui, secondo l'astrologia, dipendono gli influssi amorosi; **l'orïente:** l'insistenza su questo punto cardinale (cfr. v. 13) ha un valore allegorico: l'oriente è infatti il luogo da cui sorge il sole (simbolo della divinità), e quello della rinascita è uno dei temi di fondo del Purgatorio; **i Pesci:** la costellazione dei Pesci, offuscata dalla maggiore luminosità di Venere.
22. puosi mente: concentrai la mia attenzione; Dante osserva con cura il nuovo emisfero, non solo perché è il primo uomo a vederlo dai tempi di Adamo ed Eva, ma perché, dopo l'inabissamento nell'Inferno, sente il bisogno di contemplare la creazione divina e di coglierne tutta la bellezza; **quattro stelle:** rappresentano allegoricamente le quattro virtù cardinali (prudenza, giustizia, fortezza e temperanza).
30. Carro: l'Orsa Maggiore, la costellazione detta anche Grande Carro o Boote; **sparito:** calato al di sotto dell'orizzonte.
31. un veglio solo: è Marco Porcio Catone, nato nel 95 a.C. a Utica, in Africa, e morto suicida nel 46 a.C. Il suo nome non viene mai pronunciato, ma la sua identità si comprende dagli accenni al suicidio, a Utica, alla moglie Marzia. Dante lo pone a guardia del Purgatorio, anziché nell'Inferno, considerando il suo suicidio non un gesto di rifiuto nei confronti della vita donatagli da Dio, ma un atto di protesta politica motivato dalla sua opposizione a Cesare; egli è quindi il simbolo della virtù naturale, non ancora illuminata dalla Grazia divina; non è una delle anime purganti, poiché è destinato a restare nel Purgatorio, come guardiano, fino al giorno del Giudizio universale.
34. Lunga... lista: si confronti la descrizione fisica di Catone con quella di Caronte, nel canto III dell'*Inferno* (vv. 82-84 e 97-99; vedi Laboratorio): entrambi sono vecchi e bianchi, entrambi accolgono Dante con atteggiamento brusco e sospettoso, ma Caronte è un personaggio demoniaco e collerico, animato da istinti malvagi, laddove Catone è un severo guardiano delle leggi divine che compie con impegno il suo dovere.
37. Li raggi... sante: i raggi delle quattro stelle, cioè, allegoricamente, le quattro virtù cardinali.
40. cieco fiume: il rigagnolo che, scendendo dalla cima del Purgatorio, giunge fino nell'Inferno, è detto cieco perché scorre sottoterra: per risalire dal centro della terra alla spiaggia del Purgatorio Dante e Virgilio hanno infatti seguito la *natural burella* (Inf. XXXIV, 98) da esso scavata nella roccia.
43. lucerna: poiché non sa che Dante compie il suo viaggio aiutato dalla luce della Gra-

Son le leggi d'abisso così rotte?
o è mutato in ciel novo consiglio,
che, dannati, venite a le mie grotte?».

Lo duca mio allor mi diè di piglio,
e con parole e con mani e con cenni
reverenti mi fé le gambe e 'l ciglio.

Poscia rispuose lui: «Da me non venni:
donna scese del ciel, per li cui prieghi
de la mia compagnia costui sovvenni.

Ma da ch'è tuo voler che più si spieghi
di nostra condizion com' ell' è vera,
esser non puote il mio che a te si nieghi.

Questi non vide mai l'ultima sera;
ma per la sua follia le fu sì presso,
che molto poco tempo a volger era.

Sì com' io dissi, fui mandato ad esso
per lui campare; e non lì era altra via
che questa per la quale i' mi son messo.

Mostrata ho lui tutta la gente ria;
e ora intendo mostrar quelli spirti
che purgan sé sotto la tua balìa.

Com' io l'ho tratto, saria lungo a dirti;
de l'alto scende virtù che m'aiuta
conducerlo a vederti e a udirti.

Or ti piaccia gradir la sua venuta:
libertà va cercando, ch'è sì cara,
come sa chi per lei vita rifiuta.

Tu 'l sai, ché non ti fu per lei amara
in Utica la morte, ove lasciasti
la vesta ch'al gran dì sarà sì chiara.

[46-48] Sono forse infrante le regole dell'Inferno? O è cambiata la decisione del cielo, per cui, dannati, venite a questa montagna affidata alla mia custodia?».

[49-51] La mia guida allora mi sospinse e con le parole e con i gesti delle mani mi fece inginocchiare e abbassare gli occhi.

[52-54] Poi gli rispose: «Non sono venuto di mia iniziativa, ma per le preghiere di una donna scesa dal cielo ho aiutato costui con la mia guida.

[55-57] Ma poiché tu vuoi avere maggiori spiegazioni sulla nostra reale condizione, io non posso volere che queste spiegazioni ti siano negate.

[58-60] Costui non è mai morto; ma a causa della sua follia è stato così vicino alla morte che pochissimo tempo sarebbe bastato a perderlo per sempre.

[61-63] Come ho già detto, gli fui inviato per salvarlo; e non c'era altra strada che questa che ho intrapreso.

[64-66] Gli ho mostrato tutti i dannati; e ora intendo mostrargli quelle anime che si purificano sotto la tua custodia.

[67-69] Sarebbe lungo spiegarti come l'ho condotto fin qui; dal cielo scende una virtù che mi aiuta a condurlo a vederti e a udirti.

[70-72] Ora accetta la sua venuta: va cercando la libertà, che è così preziosa, come sa chi per lei rifiuta la vita.

[73-75] Tu lo sai, poiché per lei, a Utica, dove lasciasti il corpo che nel giorno del giudizio sarà così splendente, non rifiutasti di morire.

zia divina, Catone si chiede quale luce (che, che cosa) abbia permesso ai due pellegrini di trovare la strada nelle tenebre infernali; si noti che, nel momento in cui Catone evoca l'Inferno, il suo lessico si caratterizza per gli elementi tipici della cantica precedente: *cieco fiume*, *pregione etterna*, *profonda notte*, *nera*, e più avanti *abisso*, *dannati*...

46. leggi d'abisso: le leggi che governano l'Inferno, ma più in generale le leggi della giustizia divina, come subito dopo si chiede lo stesso Catone (*è mutato in ciel novo consiglio*); **grotte:** nel senso generico di luoghi: la montagna del Purgatorio, di cui Catone è il guardiano (*mie*, cioè affidate a me).

49. duca: Virgilio assume qui la funzione di guida, di maestro, e impone a Dante il giusto atteggiamento: il pellegrino si trova così nella condizione del peccatore costretto a umiliarsi.

52. rispuose lui: Catone ha rivolto ai pellegrini tre domande-accuse: chi siete, chi vi ha aiutati, come mai potete infrangere le leggi divine? La risposta è affidata naturalmente a Virgilio, non solo per il suo ruolo di guida, ma anche perché condivide con Catone l'epoca storica in cui sono vissuti (l'antichità romana) e l'esperienza nel Limbo (da cui Catone è uscito quando Gesù, dopo la sua morte, vi è penetrato per portare in Paradiso i patriarchi); il tono di Virgilio è pacatamente rispettoso: egli incomincia a rispondere alle domande con l'argomento per Catone più rassicurante: *Da me non venni: / donna scese del ciel*...

57. il mio: sottinteso voler, con rimando al tuo voler del v. 55: Virgilio sottolinea insomma che il suo volere e quello di Catone sono identici.

58. Questi: Dante, che non vide mai l'ultima sera, cioè è vivo; la seconda informazione che Virgilio offre a Catone risponde in parte alla sua prima domanda (*Chi siete*), ma anticipa la rassicurazione più importante, cioè che le leggi d'abisso non sono affatto infrante.

61. fui mandato ad esso: nel canto II dell'*Inferno*, Virgilio aveva raccontato che Beatrice era scesa nel Limbo per pregarlo di aiutare Dante (*per lui campare*).

64. la gente ria: i dannati; si noti che Virgilio fornisce a Catone molte più informazioni di quelle che sarebbero strettamente necessarie per rispondere alle sue domande; questo da un lato è segno di rispetto, dall'altro è un artificio di cui il poeta si serve per ricordare al lettore alcuni momenti salienti delle vicende passate.

68. virtù: la Grazia divina, senza la quale Dante e Virgilio non avrebbero potuto compiere la prima parte del loro viaggio; **a vederti e a udirti:** la perifrasi esprime ancora una volta l'atteggiamento rispettoso di Virgilio: è evidente infatti che Dante non è venuto in Purgatorio solo per incontrare Catone.

71. libertà... rifiuta: i due versi 71 e 72, famosissimi, sono un riferimento indiretto alla vicenda di Catone, che ha rifiutato la vita (si è ucciso) per amore della libertà; ma la libertà di cui Dante va in cerca è una libertà dal peccato, quindi una libertà interiore, etica, del tutto diversa da quella politica che guidava le azioni di Catone.

Non son li editti etterni per noi guasti,
ché questi vive e Minòs me non lega;
ma son del cerchio ove son li occhi casti

di Marzia tua, che 'n vista ancor ti priega,
o santo petto, che per tua la tegni:
per lo suo amore adunque a noi ti piega.

Lasciane andar per li tuoi sette regni;
grazie riporterò di te a lei,
se d'esser mentovato là giù degni».

«Marzïa piacque tanto a li occhi miei
mentre ch'i' fu' di là», diss' elli allora,
«che quante grazie volse da me, fei.

Or che di là dal mal fiume dimora,
più muover non mi può, per quella legge
che fatta fu quando me n'usci' fora.

Ma se donna del ciel ti move e regge,
come tu di', non c'è mestier lusinghe:
bastisi ben che per lei mi richegge.

Va dunque, e fa che tu costui ricinghe
d'un giunco schietto e che li lavi 'l viso,
sì ch'ogne sucidume quindi stinghe;

ché non si converria, l'occhio sorpriso
d'alcuna nebbia, andar dinanzi al primo
ministro, ch'è di quei di paradiso.

Questa isoletta intorno ad imo ad imo,
là giù colà dove la batte l'onda,
porta di giunchi sovra 'l molle limo:

[76-78] Le leggi eterne non sono infrante dalla nostra venuta, poiché costui è vivo e io non sono un dannato, ma appartengo al cerchio dove si trovano gli occhi casti

[79-81] della tua Marzia, che col suo atteggiamento ti prega ancora, o santo petto, che la consideri sempre tua moglie: per amor suo, dunque, accetta le nostre preghiere.

[82-84] Lasciaci andare per i tuoi sette regni: le racconterò del tuo favore, se ti degni di essere menzionato laggiù».

[85-87] «Marzia piacque tanto ai miei occhi finché vissi», disse allora Catone, «che le concessi tutto ciò che voleva.

[88-90] Ora che si trova al di là dell'Acheronte non può più influire su di me, a causa della legge che fu fatta quando io ne uscii.

[91-93] Ma se una donna celeste ti spinge e ti guida, come dici, non c'è bisogno di lusinghe: basta che tu mi preghi a nome suo.

[94-96] Va' dunque, e cingi costui con un giunco senza nodi e lavagli il viso in modo da togliergli ogni sporcizia;

[97-99] poiché non sarebbe bene andare dinanzi al primo angelo con l'occhio offuscato da qualche nebbia.

[100-102] Questa isoletta, tutt'intorno all'estremità della spiaggia, ha dei giunchi che crescono nel fango;

76. Non son... lega: Virgilio risponde finalmente in maniera diretta all'ultima delle domande di Catone: le leggi divine non sono infrante dalla nostra presenza qui, perché Dante è vivo e io non sono un'anima dell'Inferno (*Minòs me non lega*: non sono stato condannato dal giudice infernale ad alcuna pena); **son del cerchio ove son:** vengo dal cerchio (il Limbo) in cui si trovano.
79. Marzia tua: la moglie di Catone, che la cedette a Ortensio, ma la riaccolse dopo la morte dello stesso Ortensio; l'episodio era stato interpretato da Dante in chiave allegorica nel *Convivio* (IV, XXVIII, 13-19).
82. sette regni: le sette cornici del Purgatorio.
88. Or... dimora: adesso che si trova (dimora) nel Limbo (di là dal mal fiume, oltre l'Acheronte, il primo dei fiumi infernali); Catone instaura una netta contrapposizione tra i suoi rapporti con Marzia in vita e quelli attuali: in vita essi erano dominati dall'amore, adesso invece sono sottoposti alle leggi divine (*quella legge / che fatta fu quando me n'usci' fora*, cioè quando uscii dal Limbo).
91. donna del ciel: Catone rimprovera a Virgilio per aver sprecato tante parole, quando era sufficiente la prima informazione da lui fornita al v. 53: l'invito a non perdere tempo sarà costantemente ripetuto nel Purgatorio e costituirà uno dei *Leitmotiv* dell'intera cantica.
94. Va dunque... quindi stinghe: Catone ordina a Virgilio di compiere due gesti di chiaro valore simbolico: il giunco infatti rappresenta la coscienza del penitente, che deve farsi flessibile e senza nodi, per potersi piegare alla volontà divina; l'acqua rappresenta invece la purificazione dal male (il sudiciume di cui Dante si è sporcato attraversando l'Inferno); l'acqua è un simbolo di grande importanza nella liturgia cattolica (si pensi al battesimo) e, come abbiamo già notato, ricorre più volte nel *Purgatorio*.
97. al primo... paradiso: al primo angelo, quello che Dante e Virgilio incontreranno alla porta del Purgatorio.

Il lessico e la grammatica

Accenti e significati

Nel testo di Dante è presente la parola *balìa* (v. 66), che significa "custodia, potere". Si tratta di un termine ancora vivo, anche se non di uso comunissimo. Avrai notato che sulla "i" è stato posto l'accento, per evitare la confusione con il termine *bàlia* (con l'accento sulla prima "a"), che significa nutrice.

Vi sono molti altri casi, nella lingua italiana, in cui **l'accento ha un'importanza fondamentale per determinare il significato** della parola. Ecco alcuni esempi che ti invitiamo a completare con l'aiuto di un buon dizionario:

- *àncora* = attrezzo che serve per fissare la nave al fondale;
- *ancòra* = ...
- *pero* = ...
- *però* = ...
- *circùito* = ...
- *circuìto* = ...

Arricchisci tu l'elenco, trovando altri casi simili!

null'altra pianta che facesse fronda
o indurasse, vi puote aver vita,
però ch'a le percosse non seconda.

Poscia non sia di qua vostra reddita;
lo sol vi mosterrà, che surge omai,
prendere il monte a più lieve salita».

[103-105] nessun'altra pianta che facesse fronda o che avesse un tronco duro può viverci, poiché non si piegherebbe alle percosse.

[106-108] Poi non tornate da questa parte; il sole, che ormai sta sorgendo, vi mostrerà come salire il monte in un punto più agevole».

100. Questa isoletta... seconda: attraverso le parole di Catone, Dante chiarisce al lettore il valore allegorico del giunco e della cerimonia che si appresta a compiere: l'isola su cui sorge la montagna del Purgatorio è circondata da giunchi; nessuna pianta con il fusto rigido può crescervi, perché non resisterebbe alle percosse delle onde (cioè alle sollecitazioni della giustizia divina, che attraverso le pene portano le anime alla purificazione); si noti come il significato allegorico di queste immagini si fonda perfettamente con quello letterale.

106. Poscia: poi, dopo aver compiuto la cerimonia che ho detto; **che surge omai:** il poeta insiste ancora una volta sul valore allegorico dell'alba: sarà il sole (simbolo della divinità) a mostrare ai pellegrini la via da seguire.

Analisi del testo

Una fitta rete di simboli. Il primo canto del *Purgatorio*, dal quale è tratto il brano poetico riportato, è articolato come se fosse un vero e proprio rituale liturgico. È il rito della purificazione che Dante compie per poter entrare nel regno della salvezza, ormai certa, ma che deve ancora essere raggiunta con un faticoso cammino. Il significato rituale è costruito attraverso una fitta rete di simboli che percorre tutto il canto.
Le prime cinque terzine che riportiamo sono soprattutto dedicate alla descrizione del cielo e delle stelle che brillano nell'atmosfera serena, appena prima dell'alba. È questa l'atmosfera tipica del Purgatorio, caratterizzata da una grande dolcezza di cieli, di luci, di colori cangianti nelle diverse ore del giorno: tutti simboli di quel clima spirituale di gioia, speranza della salvezza, che contraddistingue questo regno dell'aldilà. Lo sguardo di Dante è tutto rivolto verso oriente («orïental zaffiro»; «faceva tutto rider l'orïente»), nell'attesa che compaia il sole, simbolo della grazia di Dio e promessa di resurrezione: egli vede Venere (simbolo dell'amore che domina nel Purgatorio), la costellazione dei Pesci, quattro stelle molto brillanti (simbolo delle virtù cardinali della prudenza, giustizia, fortezza e temperanza).
Volgendosi un poco verso nord, Dante vede ora la figura di Catone che domina il resto del brano. È un vecchio che si erge solitario (*veglio solo*) incutendo grande rispetto. Anche la sua figura è simbolica e rappresenta, all'ingresso del Purgatorio, la libertà dal peccato e dal male. Eppure il mirabile realismo dantesco ne fa ancora una volta un personaggio vero e concreto, ricostruendone con pochi particolari il ritratto: «Lunga la barba e di pel bianco mista / portava, a' suoi capelli simigliante, / de' quai cadeva al petto doppia lista». Scrive Auerbach: «La persona di Catone, quale uomo severo, giusto e pio, che in un momento significativo del suo destino e della storia provvidenziale del mondo ha anteposto la libertà alla vita, è conservata in tutta la sua forza storica e personale: non diventa un'allegoria della libertà, ma resta Catone di Utica, l'uomo che Dante vedeva nella sua individuale personalità».

Catone e Virgilio. I versi successivi sono tutti dedicati al dialogo tra Catone e Virgilio: tre terzine sono occupate dalle domande di Catone (versi 40-48); undici terzine dalla risposta di Virgilio (versi 52-84); altre otto terzine dal discorso conclusivo di Catone (versi 73-96). All'inizio Catone ha un tono severo, quale si confà al custode che non deve lasciar passare due anime che egli crede fuggite dall'Inferno. Virgilio, prima di rispondergli, fa inginocchiare Dante e gli fa piegare il capo, gesti, questi, che fanno parte del rito che si sta compiendo.
Spiega poi a Catone che il cammino suo e di Dante avviene per volontà divina. Virgilio, rivolgendosi a Catone, grande personaggio dell'antichità latina, fa un discorso molto più lungo e complesso di quanto non avesse fatto, per esempio, nell'Inferno, con Caronte e di quanto non faccia in tutto il resto del poema. Qui egli usa sapientemente la retorica, un linguaggio articolato e forbito (per esempio: «esser non puote il mio che a te si nieghi») e fa appello alle arti della persuasione. Lusinga infatti Catone citando il suo atto di eroismo, in nome della libertà («libertà va cercando, ch'è sì cara, / come sa chi per lei vita rifiuta. / Tu 'l sai...») e fa leva sul suo affetto per la moglie («... li occhi casti / di Marzia tua... per lo suo amore adunque a noi ti piega»). Entrando Dante in Purgatorio, non solo dunque cambiano l'atmosfera e il clima spirituale, ma anche lo stile e il linguaggio diventano più solenni ed elevati, tendendo al "sublime".

Il rituale di purificazione. Dopo la risposta pacata di Catone alle eccessive "lusinghe" di Virgilio e dopo il pensiero fugace rivolto alla moglie, il vecchio custode del Purgatorio ritorna subito al compito assegnatogli nell'aldilà. Egli avvia Dante e Virgilio al rituale della purificazione che deve essere compiuto per entrare in Purgatorio. Le ultime cinque terzine riportate presentano questo rituale attraverso una serie di elementi simbolici: il *giunco*, simbolo dell'umiltà, il *sucidume*, simbolo della "sporcizia" morale del peccato, la posizione bassa della spiaggia dove sorge il giunco (*ad imo ad imo*), segno che l'umiltà può nascere solo nei posti modesti, il fatto che solo una pianta che si piega vi può nascere, che significa che solo la virtù dell'umiltà può dare accesso alla purificazione.
Il brano si conclude infine con il simbolo del sole, ricorrente nel poema, che rappresenta la grazia illuminante di Dio e che Catone addita a Dante in segno di speranza: non poteva essere che il sole, cioè Dio, a guidare i due poeti nel loro cammino.

Proposte di lavoro

1. Aiutandoti con l'analisi proposta, suddividi il testo in sequenze e indica brevemente il contenuto di ciascuna sequenza in una tabella simile a quella proposta.

Sequenza	Versi	Contenuto
1	1-15	
2		
3		

2. Osserva attentamente il paesaggio del Purgatorio e rispondi alle domande.
- Quali elementi indica Dante?
- Che atmosfera creano questi elementi?
- Che cosa lo differenzia dal paesaggio infernale?

3. Analizza ora la figura di Catone e completa le seguenti affermazioni.
- Catone è un personaggio storico, famoso perché ....
....
- Dante accenna alla sua morte nei versi ....
....
- Nel Purgatorio, egli ha il ruolo di guardiano, cioè ....
....

4. Spiega per quale ragione Dante pone un suicida a guardia del Purgatorio, anziché all'Inferno come Pier della Vigna.

5. Soffermati ora sull'aspetto fisico di Catone, riportando le parole del testo che lo descrivono.
....

6. Le parole e gli atteggiamenti di Catone lasciano intuire il suo carattere. Indica se le seguenti affermazioni sono vere o false e spiega perché.

V F Le prime parole di Catone sono molto aggressive.
Perché ....
....

V F Le parole rivolte a Virgilio rivelano che Catone ama le lusinghe.
Perché ....
....

V F Catone crede che Dante e Virgilio siano fuggiti dall'Inferno, poi li accoglie in Purgatorio e si offre di far loro da guida.
Perché ....
....

7. Come il primo canto dell'*Inferno*, anche il primo del *Purgatorio* è denso di elementi simbolici. Individuali e spiegane il significato.

Opera
Divina Commedia
Epoca
XIV secolo
Genere
poema didascalico-allegorico
Lingua
italiano
Schema metrico
terzine

Purgatorio, III, vv. 103-135

Manfredi

Dante e Virgilio cercano una strada praticabile per salire dalla spiaggia alle varie cornici della montagna, visto che la parete si presenta ripidissima e inattaccabile. Dante scorge un gruppo di anime alle quali i due vanno a chiedere consiglio. Le anime sono quelle degli scomunicati, cioè di coloro che, essendo stati espulsi dalla Chiesa, dalla comunità dei fedeli, si sono pentiti solo in punto di morte e quindi non hanno potuto "ufficializzare" il proprio pentimento. Queste anime sono condannate a restare nell'antipurgatorio per trenta volte il periodo di tempo che è durata la loro scomunica, a meno che le preghiere di suffragio non abbrevino tale termine.
Esse dialogano gentilmente con i due poeti e li invitano a precederli nella stessa direzione. Mentre così camminano, un'anima si rivolge a Dante: è l'anima di Manfredi, il figlio naturale dell'imperatore Federico II di Svevia, il quale racconta di essersi pentito in punto di morte e di essersi così salvato. Alla misericordia divina egli contrappone la meschinità degli uomini di Chiesa, che hanno disseppellito il suo corpo e non hanno neppure preso in considerazione la possibilità di un suo pentimento in extremis.

E un di loro incominciò: «Chiunque
tu se', così andando, volgi 'l viso:
pon mente se di là mi vedesti unque».

Io mi volsi ver' lui e guardail fiso:
biondo era e bello e di gentile aspetto,
ma l'un de' cigli un colpo avea diviso.

Quand' i mi fui umilmente disdetto
d'averlo visto mai, el disse: «Or vedi»;
e mostrommi una piaga a sommo 'l petto.

Poi sorridendo disse: «Io son Manfredi,
nepote di Costanza imperadrice;
ond' io ti priego che, quando tu riedi,

vadi a mia bella figlia, genitrice
de l'onor di Cicilia e d'Aragona,
e dichi 'l vero a lei, s'altro si dice.

Poscia ch'io ebbi rotta la persona
di due punte mortali, io mi rendei,
piangendo, a quei che volontier perdona.

Orribil furon li peccati miei;
ma la bontà infinita ha sì gran braccia,
che prende ciò che si rivolge a lei.

Se 'l pastor di Cosenza, che a la caccia
di me fu messo per Clemente allora,
avesse in Dio ben letta questa faccia,

l'ossa del corpo mio sarieno ancora
in co del ponte presso a Benevento,
sotto la guardia de la grave mora.

[103-105] E uno di loro incominciò: «Chiunque tu sia, volgiti verso di me mentre camminiamo, e pensa se mi hai mai visto nel mondo dei vivi».

[106-108] Io mi volsi verso di lui e lo fissai: era biondo, bello e di aspetto nobile, ma una ferita gli aveva spaccato uno dei sopraccigli.

[109-111] Quando ebbi gentilmente negato di averlo mai visto, egli disse: «Guarda»; e mi mostrò una ferita nella parte alta del petto.

[112-114] Poi sorridendo disse: «Io sono Manfredi, nipote dell'imperatrice Costanza; e perciò ti prego che, quando torni nel mondo dei vivi,

[115-117] tu vada dalla mia bella figlia, madre dei re di Sicilia e di Aragona, e le riveli la verità sul mio destino, se si dice qualcosa di diverso.

[118-120] Quando il mio corpo ebbe ricevuto due ferite mortali, io mi resi piangendo a Dio, che perdona volentieri.

[121-123] Orribili furono i miei peccati; ma la bontà infinita ha braccia così grandi che accoglie tutto ciò che a lei si rivolge.

[124-126] Se il vescovo di Cosenza, che allora fu mandato da papa Clemente per lottare contro di me, avesse ben compreso questo aspetto di Dio,

[127-129] le mie ossa sarebbero ancora all'estremità del ponte presso Benevento, sotto la custodia di un grande mucchio di pietre.

103. un di loro: una delle anime che accompagnano i due poeti; **così andando:** mentre camminiamo, senza fermarti (per non perdere tempo).
107. biondo... aspetto: la descrizione fisica di Manfredi è stata accostata a quella di Davide nella Bibbia (*1 Sam.* XVI, 12: «era biondo e di bell'aspetto e di nobile volto») e a un verso della *Chanson de Roland* (v. 2278), che recita «Bello fu e forte e di gran nobiltà» (Sapegno); **ma... diviso:** dopo aver sottolineato la bellezza e nobiltà del personaggio, Dante osserva il segno della violenza che ne ha provocato la morte (il *colpo* che sfregia il suo viso è una delle due *punte mortali* di cui il personaggio parlerà al v. 119).
109. mi fui... mai: Dante parla *umilmente*, cioè gentilmente, perché si rende conto di trovarsi di fronte a un personaggio importante, verso il quale prova un sentimento di ammirazione.
112. sorridendo: il sorriso del personaggio attenua l'impressione drammatica provocata dalle due ferite con cui si è presentato a Dante; **Manfredi:** figlio naturale dell'imperatore Federico II, era stato un personaggio centrale nella vita politica italiana tra il 1250 (anno della morte del padre) e il 1266 (anno della sua morte nella battaglia di Benevento); **nepote... imperadrice:** Manfredi non dice di essere figlio di Federico II, ma nipote di Costanza d'Altavilla: il padre infatti è dannato tra gli eretici (cfr. *Inf.* X, 119), mentre la nonna paterna sarà incontrata da Dante in Paradiso (III, 109-120).
115. a mia bella figlia: da mia figlia Costanza (da non confondere naturalmente con l'omonima nonna paterna); **genitrice... Aragona:** madre dei re (*de l'onor*, cioè della massima nobiltà) di Sicilia e di Aragona (rispettivamente Federico e Giacomo o Jacopo, avuti dal marito Pietro III d'Aragona); **'l vero:** la verità, cioè che io mi trovo in Purgatorio e non all'Inferno, pur essendo morto scomunicato.
118. Poscia... mortali: Manfredi rievoca le circostanze della sua morte nella battaglia di Benevento, per spiegare a Dante come mai uno scomunicato si trovi in Purgatorio, destinato alla salvezza.
121. Orribil: Manfredi non nega la gravità dei suoi peccati, anzi la enfatizza, per sottolineare la grandezza della misericordia divina, che tutto perdona se il pentimento del peccatore è sincero; **la bontà infinita:** la misericordia di Dio.
124. Se 'l pastor: Manfredi, dopo la battaglia, non era stato seppellito in terra consacrata, ma vicino al ponte sul fiume Calore, presso Benevento; secondo una voce diffusa al tempo di Dante, l'arcivescovo (*pastor*) di Cosenza avrebbe fatto rimuovere il cadavere, per abbandonarlo alle intemperie e alle belve, secondo quanto prescriveva il diritto canonico per gli scomunicati; **che a la caccia... allora:** che fu incaricato di cacciarmi (nel senso di perseguitarmi, lottare contro di me) dal papa Clemente IV, alleato di Carlo d'Angiò; **Se... faccia:** se l'arcivescovo avesse ben compreso questo aspetto della divinità, cioè l'infinita misericordia.
129. sotto... mora: sotto la custodia del pesante (*grave*) mucchio di pietre (*mora*) che i soldati dell'esercito vittorioso, passando, avevano gettato sulla mia tomba in segno di estremo omaggio.

Or le bagna la pioggia e move il vento
di fuor dal regno, quasi lungo 'l Verde,
dov' e' le trasmutò a lume spento.

Per lor maladizion sì non si perde,
che non possa tornar, l'etterno amore,
mentre che la speranza ha fior del verde.

[130-132] Ora invece le bagna la pioggia e le disperde il vento, lungo il fiume Verde, dove egli le fece trasportare a lume spento.

[133-135] Per la loro scomunica non si perde l'amore divino in maniera definitiva, tale che non possa tornare, fino a quando la speranza conserva un poco di verde.

130. Or: ora invece, a causa dell'intervento dell'arcivescovo di Cosenza; **di fuor dal regno:** al di fuori dei confini del regno di Napoli; **lungo 'l Verde:** antico nome del fiume Liri o Garigliano, ai confini tra regno di Napoli e Stato della Chiesa; **dov' e'... spento:** dove, secondo il rituale destinato agli scomunicati, il *pastor di Cosenza* (*e'*, ei, egli) le trasportò (*trasmutò*) a lume spento, cioè con i ceri spenti e capovolti.
133. sì... verde: costruisci e intendi: l'eterno amore (cioè la grazia di Dio) non si perde in maniera tale (*sì*) che non possa tornare, finché (*mentre che*) la speranza ha ancora un po' di verde (cioè finché c'è un soffio di vita e quindi la possibilità di pentirsi).

Analisi del testo

Il colloquio con Manfredi. Un'anima si avvicina a Dante e lo interpella. È Manfredi, figlio naturale dell'imperatore Federico II di Svevia, nato nel 1232 e morto nel 1266 (quindi un anno dopo la nascita di Dante, che ovviamente non poteva riconoscerlo). Alla morte del padre, nel 1250, ne prese il posto, benché avesse solo diciotto anni; dopo la morte del fratello Corrado IV, nel 1258, si fece incoronare re di Napoli, escludendo dalla successione l'erede legittimo Corradino di Svevia, e tentò di realizzare un forte regno centralizzato nell'Italia meridionale (progetto che era già stato del padre). Fu perciò scomunicato, ma nel 1260 sconfisse i guelfi a Montaperti. Il papa decise allora di affidarsi a Carlo d'Angiò, al quale nel 1265 offrì la corona di Napoli, usurpata da Manfredi. Carlo d'Angiò sconfisse e uccise Manfredi l'anno successivo, nella battaglia di Benevento. Corradino sarà a sua volta sconfitto nel 1268 e giustiziato subito dopo. Il progetto di Federico II era definitivamente fallito.
Dante, pur collocando il padre di Manfredi all'Inferno, tra gli eretici, e pur condannando gli "orribili peccati" di Manfredi stesso, esprime un giudizio sostanzialmente positivo sull'opera politica e culturale dei due in un passo famoso del *De vulgari eloquentia* (I, XII, 4). Ma il suo giudizio morale resta negativo («Orribil furon li peccati miei»), e anzi la gravità delle colpe di Manfredi è essenziale per far risaltare la grandezza della misericordia divina che (al contrario della Chiesa) le ha perdonate. Si capisce così la funzione polemica dell'episodio di Manfredi e il suo stretto legame con il tema della ragione umana e dei suoi limiti, che domina l'intero canto: l'errore del *pastor di Cosenza*, che ha fatto disseppellire e abbandonare alle intemperie il cadavere di Manfredi (vv. 124-132), consiste nel porre limiti alla divina misericordia, subordinandola a quella della Chiesa. La sentenza della Chiesa è importante, naturalmente (e infatti Manfredi è condannato a restare nell'antipurgatorio), ma la grazia divina è imperscrutabile, e neppure la Chiesa può comprenderla fino in fondo.

Proposte di lavoro

1. Verifica la comprensione del testo rispondendo alle seguenti domande.
- Dove si trovano Dante e Virgilio?
- Chi era Manfredi?
- Perché si trova al Purgatorio anziché all'Inferno?
- Perché si trova in questa zona del Purgatorio, anziché in un'altra?
- Dove si trova il suo corpo?
- Che cos'è una "scomunica"?

2. Indica se le seguenti affermazioni sono vere o false.
- V F Dante e Manfredi si riconoscono a vicenda.
- V F Manfredi è morto in battaglia.
- V F Manfredi è morto scomunicato.
- V F Manfredi è destinato, in futuro, al Paradiso.

3. Ricostruisci i rapporti di parentela fra i seguenti personaggi, accoppiando il nome alla definizione corrispondente.

1. Costanza d'Altavilla	A. figlia di Manfredi
2. Federico II di Svevia	B. figlio legittimo di Federico II
3. Manfredi	C. padre naturale di Manfredi
4. Costanza d'Aragona	D. fratellastro di Corradino
5. Corradino di Svevia	E. madre di Federico II

1 ....; 2 ....; 3 ....; 4 ....; 5 ....

4. Individua all'interno del discorso di Manfredi i concetti fondamentali e rispondi alle domande.
- Che cosa chiede a Dante nei primi versi?
- Che cosa racconta poi?
- Con chi polemizza in seguito?
- Che cosa chiede infine?

5. Spesso le anime del Purgatorio chiedono a Dante di ricordare il loro nome ai vivi. Perché? Che cosa sperano di ottenere dai vivi?

6. Il giudizio di Dante su Manfredi è complesso. Analizzalo aiutandoti con le osservazioni fatte sinora.
- Giudizio morale: ....
- Giudizio politico: ....

Paradiso

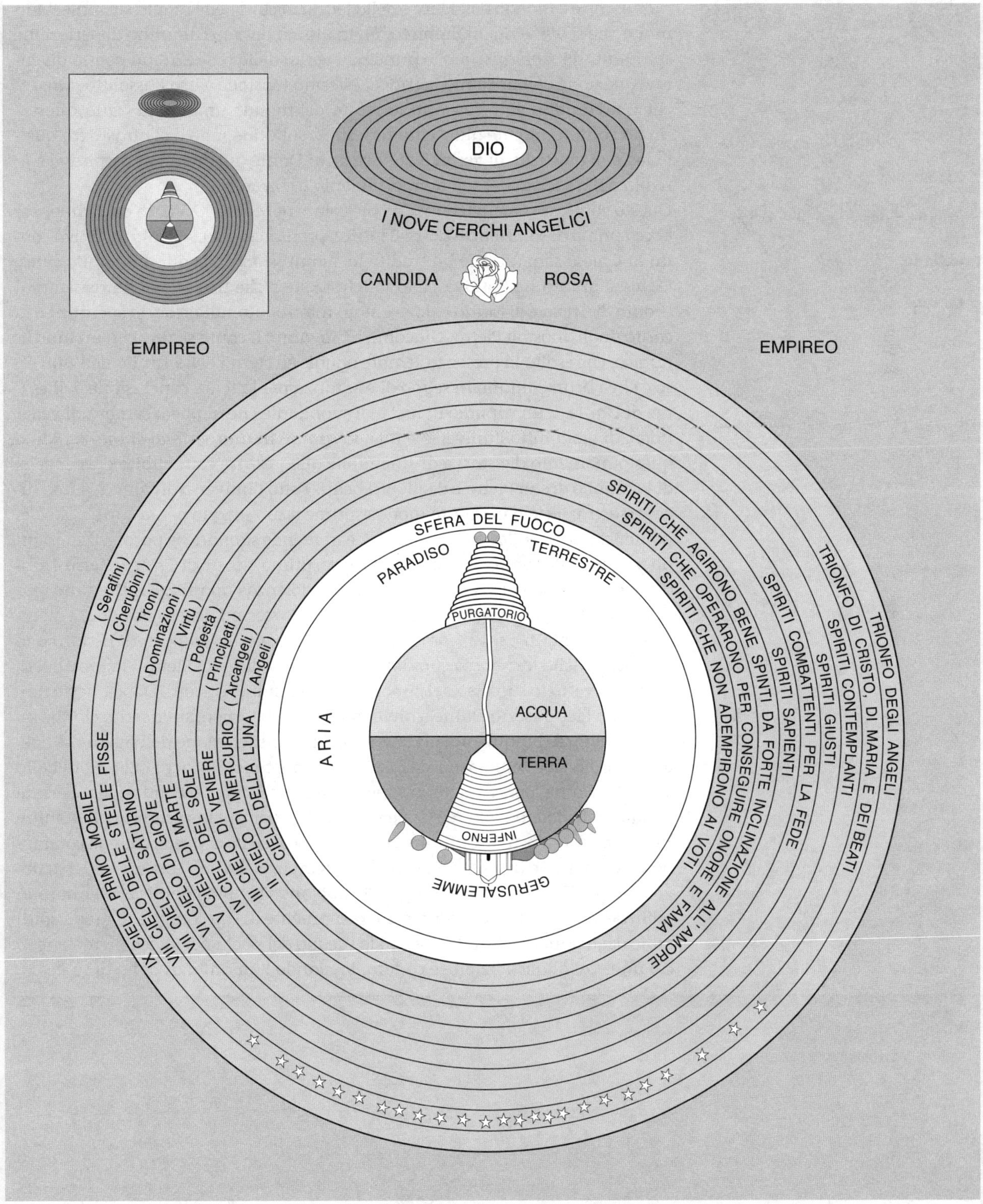

DIO
I NOVE CERCHI ANGELICI
CANDIDA
ROSA
EMPIREO
EMPIREO
IX CIELO PRIMO MOBILE
(Serafini)
VIII CIELO DELLE STELLE FISSE
(Cherubini)
VII CIELO DEL SATURNO
(Troni)
VI CIELO DI GIOVE
(Dominazioni)
V CIELO DI MARTE
(Virtù)
IV CIELO DEL SOLE
(Potestà)
III CIELO DI VENERE
(Principati)
II CIELO DI MERCURIO
(Arcangeli)
I CIELO DELLA LUNA
(Angeli)
TRIONFO DEGLI ANGELI
TRIONFO DI CRISTO, DI MARIA E DEI BEATI
SPIRITI CONTEMPLANTI
SPIRITI GIUSTI
SPIRITI COMBATTENTI PER LA FEDE
SPIRITI SAPIENTI
SPIRITI CHE AGIRONO BENE SPINTI DA FORTE INCLINAZIONE ALL'AMORE
SPIRITI CHE OPERARONO PER CONSEGUIRE ONORE E FAMA
SPIRITI CHE NON ADEMPIRONO AI VOTI
SFERA DEL FUOCO
PARADISO TERRESTRE
PURGATORIO
ARIA
ACQUA
TERRA
INFERNO
GERUSALEMME

Opera
Divina Commedia
Epoca
XIV secolo
Genere
poema didascalico-allegorico
Lingua
italiano
Schema metrico
terzine

Paradiso, XXVII, vv. 1-66

L'invettiva di san Pietro

Dante è giunto alla sua meta celeste. Egli sta ora percorrendo i cieli del Paradiso, che è il mondo della luce e della letizia in cui il bene trionfa sul male. Man mano che si avvicina all'Empireo, meta ultima del suo cammino di perfezione spirituale, gli si chiariscono le principali verità della fede e la sua poesia diventa rivelazione dell'armonia cosmica, estrema tensione verso l'assoluto. Ma anche nel Paradiso egli trasporta la realtà del mondo umano: la "città celeste" rinvia continuamente alla "città terrestre", sottolineando il contrasto fra quell'ideale di giustizia, di verità e di pace a cui Dante ardentemente aspirava e la realtà della società del suo tempo, violenta e corrotta.

Questo contrasto emerge in modo particolare nel canto XXVII, in cui Dante, per bocca prima di san Pietro e poi di Beatrice, pronuncia una violenta invettiva contro la Chiesa terrena, che ha tradito la sua missione, e contro l'umanità tutta. Dante è giunto nell'ottavo cielo, quello delle stelle fisse, dove ha assistito al trionfo di Cristo e di Maria e dove è stato interrogato sulla fede, la speranza e la carità dagli apostoli Pietro, Giacomo e Giovanni. Il canto si apre con un inno liturgico, che esalta la presenza sempre uguale ed eterna della Trinità nell'universo e che i beati cantano in segno di esultanza per la felice conclusione dell'esame di Dante. È un tripudio di luci e di suoni, tale che al poeta sembra di veder ridere di gioia tutto l'universo e tale da rapirlo in una sorta di ebbrezza. Ma a questo momento di estasi e di «ineffabile allegrezza» segue subito l'accendersi di vermiglio di san Pietro e degli altri beati. Tutto l'universo divampa di una luce rossastra: il cielo in questo modo esprime il suo sdegno per la corruzione dei pontefici e degli ecclesiastici degeneri, e tremende suonano le parole di condanna pronunciate contro di loro da san Pietro, primo vicario di Cristo in terra e fondatore della Chiesa. Essa – dice con terribile violenza l'apostolo – è diventata una «cloaca del sangue e de la puzza», tanto che lo stesso Lucifero ne gode, e gli ecclesiastici venduti e falsi, come «lupi rapaci» travestiti da pastori, ne fanno lo strumento della loro bassa cupidigia. Ma presto – dice san Pietro – la provvidenza divina verrà in soccorso del popolo di Dio e punirà i corrotti. Dopo questa profezia, san Pietro esorta Dante a divulgare, quando tornerà sulla terra, ciò che ha udito, e a farsi dunque profeta di verità. È la consacrazione dell'opera del poeta celebrata nell'immensità dei cieli, il riconoscimento sacro del valore della sua arte. Dante, pervenuto alla sapienza e alla felicità dei beati, si sente ormai pienamente degno della missione morale di predicare la verità fra gli uomini. È in nome della sacra investitura, che come poeta sente di avere, che egli condanna con toni tanto aspri la Chiesa del suo tempo. Nella sua concezione, essa dovrebbe spogliarsi del potere temporale, lasciando la guida politica dell'umanità all'Impero, per poter così adempiere pienamente al suo compito di guida spirituale degli uomini. Grande è perciò lo sdegno del poeta per la degenerazione in cui una così alta istituzione è caduta, lasciando l'umanità in balìa di se stessa.

«Al Padre, al Figlio, a lo Spirito Santo»,
cominciò, «gloria!», tutto 'l paradiso,
sì che m'inebrïava il dolce canto.

Ciò ch'io vedeva mi sembiava un riso
de l'universo; per che mia ebbrezza
intrava per l'udire e per lo viso.

Oh gioia! oh ineffabile allegrezza!
oh vita intègra d'amore e di pace!
oh sanza brama sicura ricchezza!

Dinanzi a li occhi miei le quattro face
stavano accese, e quella che pria venne
incominciò a farsi più vivace,

e tal ne la sembianza sua divenne,
qual diverrebbe Iove, s'elli e Marte
fossero augelli e cambiassersi penne.

La provedenza, che quivi comparte
vice e officio, nel beato coro
silenzio posto avea da ogne parte,

quand'ïo udi': «Se io mi trascoloro,
non ti maravigliar, ché, dicend' io,
vedrai trascolorar tutti costoro.

Quelli ch'usurpa in terra il luogo mio,
il luogo mio, il luogo mio che vaca
ne la presenza del Figliuol di Dio,

fatt' ha del cimitero mio cloaca
del sangue e de la puzza; onde 'l perverso
che cadde di qua sù, là giù si placa».

[1-3] Tutti i beati del Paradiso iniziarono a pregare: «Gloria al Padre, al Figlio e allo Spirito Santo!», in modo tale che il loro dolce canto mi inebriava.

[4-6] Vedendo quello spettacolo mi pareva che l'universo ridesse; così che l'ebbrezza entrava in me grazie a quello che udivo e a quello che vedevo.

[7-9] Oh gioia! Oh allegrezza inesprimibile! Oh vita perfetta di amore e di pace! Oh ricchezza priva di ogni ulteriore desiderio!

[10-12] Dinnanzi ai miei occhi splendevano le quattro luci, e quella che era giunta per prima cominciò a diventare più luminosa,

[13-15] e il suo aspetto divenne quello che avrebbe Giove, se lui e Marte fossero uccelli e si scambiassero le penne.

[16-18] La Provvidenza, che in Paradiso determina l'avvicendamento dei compiti, aveva imposto a tutti silenzio,

[19-21] quando io udii: «Non ti meravigliare se cambio colore; infatti, alle mie parole, vedrai cambiare di colore tutti questi spiriti.

[22-24] Quello che sulla terra usurpa il mio posto, il mio posto, il mio posto che è vacante rispetto a Cristo,

[25-27] ha trasformato il luogo della mia morte in una fogna di sangue e di puzza; per questo il malvagio che cadde dal cielo, si rallegra nel fondo dell'Inferno».

1. Al... gloria!: sono le parole iniziali della preghiera cristiana alla Trinità («Gloria... com'era in principio, ora e sempre, nei secoli dei secoli»). Dante ha già citato altrove, spesso variandole, molte altre preghiere: *Te Deum* e *Padre nostro* (*Pg.* IX, 139-141 e XI 1-24), *Credo* (*Pd.* XXIV, 130-141), *Santo* (*Pd.* XXVI, 69), *Ave Maria* (*Pd.* XXXIII, 1-21) ecc. Il canto si apre qui, nella massima solennità, direttamente con l'invocazione di Dio nelle tre persone della Trinità, che occupano tutto il verso iniziale; l'esclamazione *gloria!* è evidenziata dall'iperbato che la pone al centro del verso; **tutto 'l paradiso:** tutti gli spiriti trionfanti che si trovano in questo cielo delle stelle fisse; **m'inebrïava:** nella *Vita nuova* (III, 2), Dante aveva affermato che, all'udire per la prima volta la voce di Beatrice, era stato sopraffatto da «tanta dolcezza, che come inebriato mi partìo da le genti» (Consoli).
4. Ciò... vedeva: dopo il canto, è la vista degli spiriti che esultano *fiammando... a guisa di comete* (*Pd.* XXIV, 12) a "inebrïare" ancor di più Dante; **ebbrezza:** richiama l'*inebrïava* del v. 3; **viso:** vista, visione. Vista e udito sono «i due soli sensi che nel Paradiso restano attivi» (Romano).
7. Oh... ricchezza!: l'ebbrezza dell'animo di Dante deve in qualche modo manifestarsi, e può farlo solo attraverso delle esclamazioni, che riempiono l'intera terzina in *climax*; *gioia*: «d'ordinario dice meno che *allegrezza*, ma qui forse dice l'intimo, e *allegrezza* l'espandersi del sentimento» (Tommaseo); *intègra*: perfetta, completa; *sanza brama*: la beatitudine, per essere perfetta, non può nutrire alcun ulteriore desiderio, come aveva già spiegato Piccarda, per prima, nel III canto del *Paradiso*, vv. 70-87.
10. quattro face: quattro fiaccole (latinismo), cioè le luci degli apostoli Pietro, Giacomo e Giovanni, che hanno appena interrogato Dante, nei canti precedenti, su Fede, Speranza e Carità, insieme alla luce di Adamo; **quella... venne:** san Pietro, che per primo si era avvicinato a Dante (*Pd.* XXIV, 19-21).
13. tal... divenne: passò dal colore bianco a quello rosso; **Iove:** il pianeta Giove, di colore bianco, mentre *Marte* è rosso; **s'elli... penne:** la fantasia di Dante si scatena in questa similitudine, tanto più bizzarra perché fa riferimento a due azioni impossibili: due pianeti che si trasformano in uccelli e due uccelli che si scambiano le penne.
17. vice e officio: l'avvicendamento dei compiti dei beati (il *beato coro*), cioè cantare, danzare, pregare, tacere o fermarsi.
22. Quelli ch'usurpa: Bonifacio VIII è considerato da Dante "usurpatore" della carica papale non perché la sua elezione debba considerarsi illegittima, come sostenevano i francescani spirituali, accusando Bonifacio di aver spinto con l'inganno il precedente papa Celestino V ad abdicare; il papa è un "usurpatore", secondo Dante, non rispetto agli uomini, ma rispetto al *Figliuol di Dio*, per la sua indegnità morale; **vaca:** è vacante rispetto a Cristo (*ne la presenza del Figliuol di Dio*), non formalmente, ma nella sostanza.
25. cimitero mio: Roma è il luogo in cui Pietro subì il martirio e fu sepolto, secondo la leggenda proprio là dove sorge attualmente la basilica di San Pietro in Vaticano; **cloaca... puzza:** immagine terribilmente violenta, in forte risalto per la sua evidenza plebea (prolungata dall'*enjambement*) che contrasta con il luogo e con il parlante e che serve a sottolineare lo sdegno di Pietro. La Chiesa è stata ridotta a una fogna in cui si raccoglie il *sangue* delle contese alimentate da Bonifacio e la *puzza* dei costumi scandalosi e corrotti della Curia; **'l perverso:** Lucifero, l'angelo cacciato dal cielo (*di qua sù*) dopo la sua ribellione e precipitato all'Inferno nel fondo della terra (*là giù*); **si placa:** gioisce di tutto il male da cui è corrotta la Chiesa e, di conseguenza, tutta la cristianità.

Di quel color che per lo sole avverso
nube dipigne da sera e da mane,
vid' ïo allora tutto 'l ciel cosperso.

E come donna onesta che permane
di sé sicura, e per l'altrui fallanza,
pur ascoltando, timida si fane,

così Beatrice trasmutò sembianza;
e tale eclissi credo che 'n ciel fue
quando patì la supprema possanza.

Poi procedetter le parole sue
con voce tanto da sé trasmutata,
che la sembianza non si mutò piùe:

«Non fu la sposa di Cristo allevata
del sangue mio, di Lin, di quel di Cleto,
per essere ad acquisto d'oro usata;

ma per acquisto d'esto viver lieto
e Sisto e Pïo e Calisto e Urbano
sparser lo sangue dopo molto fleto.

Non fu nostra intenzion ch'a destra mano
d'i nostri successor parte sedesse,
parte da l'altra del popol cristiano;

né che le chiavi che mi fuor concesse,
divenisser signaculo in vessillo
che contra battezzati combattesse;

né ch'io fossi figura di sigillo
a privilegi venduti e mendaci,
ond' io sovente arrosso e disfavillo.

[28-30] Io vidi allora tutto il cielo cosparso di quel colore che tinge alla sera e alla mattina le nuvole, a causa del sole che sta loro di fronte.

[31-33] E come una donna onesta, che resta sicura di sé, ma, anche solo ascoltando la colpa di un altro, appare intimidita,

[34-36] così Beatrice cambiò aspetto; e credo che in cielo si sia vista una simile eclissi quando Cristo morì.

[37-39] Poi le sue parole proseguirono, con voce tanto alterata rispetto a prima quanto si era già alterato l'aspetto:

[40-42] «La sposa di Cristo non fu nutrita del mio sangue, di quello di Lino, di Cleto, perché fosse usata per acquistare ricchezze;

[43-45] ma per acquistare questa beatitudine Sisto e Pio e Callisto e Urbano sparsero il loro sangue dopo aver molto pianto.

[46-48] Non fu nostra intenzione che una parte del popolo cristiano sedesse alla destra dei nostri successori e una parte alla sinistra;

[49-51] né che le chiavi che mi vennero concesse si trasformassero in un emblema sulla bandiera del papa per combattere contro altri cristiani;

[52-54] né che io divenissi la figura sul sigillo impresso a privilegi messi in vendita e privi di valore, per cui io spesso arrossisco e faccio scintille.

28. color: il rosso; **tutto 'l ciel:** tutti i beati del cielo delle stelle fisse.
34. trasmutò sembianza: cambiò colore, anche se non è certo se arrossisca anche lei oppure impallidisca, in conformità con l'immagine dell'*eclissi*; quest'ultima però potrebbe indicare solo l'abbassarsi dello sguardo di Beatrice, che fa eclissare la luce dei suoi occhi; **tale... possanza:** nei *Vangeli* (*Mt.* XXVII, 45; *Mc.* XV, 33; *Lc.* XXIII, 44) si narra che al momento della morte di Cristo il sole si oscurò; *supprema possanza:* potere sommo, Cristo.
40. la... Cristo: la Chiesa, metafora frequente nei testi sacri; **allevata:** nutrita, fortificata dal *sangue* e dall'esempio dei martiri; **del sangue mio:** san Pietro morì martire nel 66 d.C.; **Lin:** Lino da Volterra primo successore di Pietro al papato (66-78), martirizzato il 23 settembre 78, durante la persecuzione di Domiziano (78-91), come *Cleto*; **Cleto:** o Anacleto, successore di Lino.
43. esto... lieto: la beatitudine eterna; **Sisto:** Sisto I (117-127?) subì il martirio sotto Adriano; **Pio:** Pio I di Aquileia (142-149?), martire. **Calisto:** Calisto I (217-222), subì il martirio sotto Alessandro Severo; **Urbano:** Urbano I (222-230), martire. L'intero verso è occupato dai nomi dei primi pontefici martiri, in un *climax* prodotto dall'allungarsi dei nomi stessi (da bi- e monosillabi, a trisillabi) e dal polisindeto *e... e... e... e.* Questa Chiesa santa e martire è evidentemente contrapposta a quella contemporanea, corrotta e persecutoria; **fleto:** pianto (latinismo); non sono lacrime sparse sulla propria morte, ma sulle sofferenze della cristianità perseguitata; oppure nel senso generico di "sofferenze".
46. nostra: di Pietro e dei primi pontefici citati; **a... mano:** sedere a destra è segno di favore e di distinzione, mentre a sinistra siede chi è escluso e condannato, secondo le parole di Cristo (*Mt.* XXV, 31-33) sul giorno del giudizio. I pontefici attuali, che dovrebbero amare e custodire ogni cristiano, anticipano invece indebitamente il giudizio finale, per giunta secondo gretti criteri di interesse politico, e privilegiano i guelfi a discapito dei ghibellini, o i Neri a discapito dei Bianchi.
49. chiavi... concesse: istituendo la Chiesa, Cristo disse a Pietro: «Io ti darò le chiavi del regno di Dio» (*Mt.* XVI, 19). Dante aveva già analogamente rimproverato ai ghibellini di fare cattivo uso dell'aquila, simbolo dell'autorità imperiale (*Pd.* VI, 101-108); **contra battezzati:** è probabile che Dante alludesse specificamente alla guerra indetta da Bonifacio VIII contro i Colonna a Palestrina, di cui ha già parlato in *Inf.* XXVII, 100-111.
52. io... sigillo: ancora oggi il sigillo papale mostra la figura di san Pietro, così come le due chiavi sono ancora emblema pontificale; **a... mendaci:** i privilegi e i benefici ecclesiastici vengono *venduti* per denaro, invece di essere liberamente concessi, e per giunta a chi ne è moralmente indegno, diventando pertanto *mendaci*, cioè falsi e ipocriti; **arrosso e disfavillo:** «forse, il primo verbo si riferisce alla vergogna, il secondo allo sdegno» (Reggio).

In vesta di pastor lupi rapaci
si veggion di qua sù per tutti i paschi:
o difesa di Dio, perché pur giaci?

Del sangue nostro Caorsini e Guaschi
s'apparecchian di bere: o buon principio,
a che vil fine convien che tu caschi!

Ma l'alta provedenza, che con Scipio
difese a Roma la gloria del mondo,
soccorrà tosto, sì com' io concipio;

e tu, figliuol, che per lo mortal pondo
ancor giù tornerai, apri la bocca,
e non asconder quel ch'io non ascondo».

[55-57] Da qua su si vedono in tutti i pascoli lupi rapaci travestiti da pastori: o soccorso divino, perché non ti muovi?

[58-60] Caorsini e Guaschi si preparano a bere il nostro sangue: o buon inizio, in quale infame conclusione bisogna che tu cada!

[61-63] Ma l'alta Provvidenza, che già con Scipione conservò a Roma il potere sul mondo, interverrà presto, come ben so;

[64-66] e tu, figliolo, che per il peso del tuo corpo vivo tornerai sulla terra, riferisci quanto hai visto e sentito e non tacere quello che io non taccio».

55. In... rapaci: immagine già evangelica (*Mt.* VII, 15): «Guardatevi dai falsi profeti che vengono a voi in veste di pecore, ma dentro sono lupi rapaci», molto usata negli scritti polemici medievali; i *pastori* sono gli ecclesiastici; **di qua sù:** dal Paradiso; **paschi:** pascoli, le comunità religiose (parrocchie, diocesi ecc.); **o... giaci?:** c'è un'eco del *Salmo* XLIV, 24: «Sorgi, Signore, perché dormi?». Sono frequenti nella *Commedia* questi inviti alla punizione divina di fronte alla corruzione umana (*Pg.* VI, 118-120; XX, 94-96; *Pd.* XXI, 130-136 ecc.). **58. Del... nostro:** di quel sangue che aveva nutrito la Chiesa delle origini, come ha spiegato prima; **Caorsini e Guaschi:** allusioni rispettivamente a papa Giovanni XXII (1316-1334), originario di Cahors, e a papa Clemente V (1305-1314), della Guascogna, già più volte violentemente criticato da Dante (cfr. *Inf.* XIX, 82-87). Ma l'espressione è una forma di sineddoche per indicare tutti i papi corrotti; **bere:** come crudeli vampiri, che sfruttano la Chiesa per i loro interessi; **buon principio:** i tempi iniziali dei papi martiri e santi. Dopo l'esclamazione di sdegno (v. 57), Pietro ne emette qui una di amara commiserazione. **61. Scipio:** Publio Scipione Africano, vincitore di Annibale; il riferimento a questo condottiero si può mettere in correlazione con profezie analoghe che prevedono l'avvento del *veltro* (*Inf.* I, 101-111) o del *cinquecento diece e cinque* (*Pg.* XXXIII, 43); **difese... mondo:** fu volontà divina se i Romani, sconfiggendo i Cartaginesi, crearono l'Impero che unificò il mondo, sotto il quale nacque Cristo. **65. apri la bocca:** proclama a gran voce. È la terza volta che Dante viene solennemente investito dell'incarico di riferire all'umanità quanto ha visto nel suo viaggio: *...quel che vedi, / ritornato di là, fa che tu scrive* (*Pg.* XXXII, 104-105), lo aveva esortato Beatrice; *tutta tua vision fa manifesta* (*Pd.* XVII, 128), aveva detto Cacciaguida.

Analisi del testo

Contro la Chiesa corrotta. Il canto inizia descrivendo la gioia delle anime beate, che cantano tutte insieme un solenne "gloria" alla Trinità (Padre, Figlio e Spirito Santo). Nota che, nelle prime terzine (vv. 1-9), il poeta sottolinea anche stilisticamente l'elemento gioioso e solenne: il primo verso, per esempio, è tutto occupato dalle persone della Trinità; la parola "gloria" è posta esattamente al centro della prima terzina; ai vv. 4-5 si trova una delle metafore più suggestive e famose del poema, quella del "riso dell'universo", che contagia il poeta con la sua "ebbrezza"; infine, i vv. 7-9 sono interamente occupati da esclamazioni, che sottolineano il tono gioioso che caratterizza questo *incipit*.

A partire dal v. 10, l'atmosfera cambia improvvisamente: al coro delle anime si sostituisce l'anima di san Pietro, che avanza verso il poeta; e all'atmosfera gioiosa ed esultante si sostituiscono le parole violente del santo, che accusa il suo successore Bonifacio VIII di usurpare il suo ruolo e di condurre la Chiesa verso il male. Anche in questo caso, lo stile rispecchia la nuova atmosfera del canto: il poeta ricorre infatti a termini volgari, plebei (*puzza, cloaca*), a immagini forti e drammatiche (*cimitero, sangue*) e addirittura a un richiamo a Lucifero ('l *perverso che cadde di qua sù*) che non ci si aspetterebbe di sentire in Paradiso, tanto meno dalla bocca di Pietro. Beatrice e tutte le altre anime cambiano colore alle parole di Pietro: il loro rossore esprime la partecipazione all'indignazione del primo papa. Nella seconda parte del suo discorso (vv. 40-66), Pietro spiega le cause di questa indignazione: la Chiesa ha abbandonato le virtù dei primi tempi, quelle dei papi famosi per il loro martirio, e partecipa alle divisioni politiche che contrappongono cristiani a cristiani. La Chiesa ha inoltre rinunciato alla sua missione spirituale, impegnandosi nella conquista di ricchezze e potere terreni. San Pietro conclude però il suo duro discorso da un lato esprimendo la speranza che la Divina Provvidenza intervenga presto a punire i colpevoli di questo stato di cose; e dall'altro invitando Dante a rivelare, nel suo poema (la *Commedia*) ciò che lui gli ha detto, per illuminare le menti dei lettori.

Proposte di lavoro

1. Da quali elementi è caratterizzata l'atmosfera del Paradiso nelle prime terzine del testo?

➤ Elementi legati alla vista: ....

➤ Elementi legati all'udito: ....

2. Sintetizza il contenuto delle prime parole che san Pietro rivolge a Dante, completando le frasi seguenti.

➤ Se io cambio colore, tu non devi ....

➤ Il papa, che usurpa il mio posto in terra, ...

➤ E perciò il diavolo ....

3. Come reagisce Beatrice alle parole di Pietro? Indica quali delle seguenti affermazioni è corretta.
- ☐ Arrossisce perché disapprova ciò che Pietro ha detto.
- ☐ Arrossisce per la rabbia che le parole di Pietro suscitano in lei.
- ☐ Arrossisce perché è una donna timida e insicura.

4. Nella seconda parte del suo discorso, san Pietro affronta vari argomenti.
- ➤ Quali sono le accuse che rivolge alla Chiesa? Fanne un rapido elenco, ricavandole dal testo.
- ➤ A quali modelli invita a guardare? Perché?
- ➤ Che compito affida a Dante? In che modo il poeta potrà eseguirlo?

5. Il canto si basa su violenti contrasti di contenuti e di stili. Completa la seguente tabella con gli opportuni esempi.

	I parte	II parte
Contrasto di contenuti		
Contrasto di stili		

Opera
Divina Commedia
Epoca
XIV secolo
Genere
poema didascalico-allegorico
Lingua
italiano
Schema metrico
terzine

Paradiso, XXXIII, vv. 1-45

La preghiera alla Vergine

Giunto al termine del suo lungo viaggio, Dante si trova nell'Empireo, il cielo immateriale, infinito, eterno, che contiene tutti gli altri ed è la vera sede degli angeli e di tutti i beati che gli sono andati incontro nei vari cieli più bassi, ma che ora contemplano Dio, vestiti di bianche tuniche e disposti in una sorta di immenso anfiteatro circolare con più di mille gradinate, che Dante chiama "candida rosa". Dante viene affidato da Beatrice a san Bernardo di Clairvaux (o di Chiaravalle), uno dei grandi mistici dell'XI secolo. San Bernardo ha il compito di accompagnare Dante alla visione di Dio, con cui la *Divina Commedia* si conclude. Ma perché Dante possa godere della visione di Dio è necessaria l'intercessione della Madonna. L'ultimo canto del Paradiso si apre quindi con la solenne preghiera che Bernardo rivolge a Maria, affinché Dante possa contemplare Dio e penetrare il mistero della Trinità.
Le parole che Bernardo (circondato da tutti i beati) rivolge alla Vergine sono tra le più famose della *Commedia* e costituiscono una vera e propria preghiera. Al termine dell'orazione, Maria rivolge gli occhi a Gesù e Dante è così ammesso allo straordinario privilegio di godere, da vivo, della visione di Dio, che costituisce l'oggetto della seconda parte del canto, da noi omessa.

«Vergine Madre, figlia del tuo figlio,
umile e alta più che creatura,
termine fisso d'etterno consiglio,

tu se' colei che l'umana natura
nobilitasti sì, che 'l suo fattore
non disdegnò di farsi sua fattura.

[1-3] «O Maria, che sei vergine e madre, figlia del tuo stesso figlio, umile e nobile più di qualunque altra creatura, decisione ferma della saggezza eterna,

[4-6] tu sei colei che nobilitò a tal punto la natura umana, che il suo creatore accettò di diventare sua creatura.

1. Vergine Madre: è la prima delle tre espressioni antitetiche con cui san Bernardo si rivolge a Maria; queste definizioni sono tratte dalla tradizione della letteratura sulla Madonna e dalla liturgia e, pur apparendo retoricamente studiate nel loro accostamento, creano un effetto di semplicità e chiarezza; **figlia... figlio:** il bisticcio di parole esprime con immediatezza intuitiva la condizione di Maria, madre di quel Dio, di cui è – in quanto creatura umana – anche figlia; **umile... creatura:** riprende le parole usate da Maria nel *Magnificat*, la preghiera innalzata da Maria a Dio quando andò in visita alla cugina Elisabetta: «L'anima mia magnifica il Signore. [...] perché ha guardato all'umiltà della sua serva: ecco che tutte le generazioni mi diranno beata. Poiché grandi cose ha compiuto in me l'Onnipotente...» (*Lc.* 1, 46-49). Anche san Bonaventura in un suo inno dice: «Te, di cui si legge che mai vi fu una più umile né più soave tra le creature e per questo si sa che nessuna è più sublime» (*Opera* XIII, 358); **termine... consiglio:** l'eterna volontà divina aveva predestinato Maria dall'inizio della creazione, senza incertezze.
5. fattore... fattura: figura etimologica che richiama, con un più ampio riferimento a tutta *l'umana natura* e a Dio stesso, lo stesso concetto espresso in *figlia del tuo figlio*.

Nel ventre tuo si raccese l'amore,
per lo cui caldo ne l'etterna pace
così è germinato questo fiore.

Qui se' a noi meridïana face
di caritate, e giuso, intra 'mortali,
se' di speranza fontana vivace.

Donna, se' tanto grande e tanto vali,
che qual vuol grazia e a te non ricorre,
sua disïanza vuol volar sanz' ali.

La tua benignità non pur soccorre
a chi domanda, ma molte fïate
liberamente al dimandar precorre.

In te misericordia, in te pietate,
in te magnificenza, in te s'aduna
quantunque in creatura è di bontate.

Or questi, che da l'infima lacuna
de l'universo infin qui ha vedute
le vite spiritali ad una ad una,

supplica a te, per grazia, di virtute
tanto, che possa con li occhi levarsi
più alto verso l'ultima salute.

E io, che mai per mio veder non arsi
più ch'i' fo per lo suo, tutti miei prieghi
ti porgo, e priego che non sieno scarsi,

perché tu ogne nube li disleghi
di sua mortalità co' prieghi tuoi,
sì che 'l sommo piacer li si dispieghi.

Ancor ti priego, regina, che puoi
ciò che tu vuoli, che conservi sani,
dopo tanto veder, li affetti suoi.

[7-9] Nel tuo ventre si riaccese l'amore tra Dio e l'uomo, per la cui intensità nella pace eterna è sbocciato questo fiore della candida rosa.

[10-12] Qui tu sei per noi fiaccola splendente di carità, e giù tra i mortali sei viva fontana di speranza.

[13-15] O Signora, sei tanto grande e tanto potente che chi vuole una grazia e non ricorre a te vuol far volare il suo desiderio senza ali.

[16-18] La tua bontà non viene solo in soccorso di chi ti implora, ma molte volte previene spontaneamente la domanda.

[19-21] C'è in te misericordia, c'è in te pietà, c'è in te magnificenza, c'è in te raccolta tutta la bontà che può esistere in una creatura.

[22-24] Ora costui, che dalle profondità estreme dell'universo ha visto ad una ad una tutte le anime,

[25-27] ti supplica di concedergli tanta virtù da poter sollevare gli occhi più in alto fino all'ultima salvezza.

[28-30] E io, che mai non arsi tanto dal desiderio di vedere quanto ora ardo per lui, ti rivolgo tutte le mie preghiere, e prego che non siano insufficienti,

[31-33] perché tu gli sciolga con le tue preghiere ogni vincolo umano, cosicché gli si apra la gioia suprema.

[34-36] Ancora ti prego, o regina, che puoi ottenere ciò che vuoi, di concedergli di mantenere pure le sue inclinazioni dopo quella visione suprema.

8. per... fiore: grazie all'incarnazione di Cristo, resa possibile dalla Vergine, si è ristabilito l'amore tra Dio e l'uomo e, di conseguenza, nell'aldilà è sbocciato il *fiore* della *candida rosa*, o più genericamente del Paradiso, popolato dai santi che seguirono il messaggio di Cristo. L'immagine del fiore partorito dalla Vergine era già nella letteratura mariana, in particolare in sant'Ambrogio e san Bernardo.
10. Qui: in Paradiso; **noi:** angeli e santi; **meridïana face:** fiaccola splendente e calda come il sole di mezzogiorno. Anche in cielo, dove non si esercitano più le virtù di fede e speranza, ma solo di carità, Maria è modello di carità per angeli e santi; **fontana vivace:** all'immagine del fuoco (*face*) si sostituisce quella dell'acqua (*fontana*), più blanda, come si addice alla minore intensità dei sentimenti terreni, rispetto a quelli celesti; **vivace:** inesauribile.
13. Donna: dal latino "domina", signora.
18. precorre: nei confronti di Dante stesso, Maria si era mossa spontaneamente (*liberamente*) senza esserne domandata (cfr. *Inf.* II, 94-99) (Chimenz).
19. In... bontate: la quadruplice anafora *in te* è disposta a *climax*, sia perché la *bontate* è concetto più ampio, che comprende i precedenti, sia perché quest'ultimo è illustrato con una frase non ellittica del verbo e più lunga, ulteriormente prolungata dall'*enjambement*; *quantunque*: tutto ciò che.
22. questi: costui, Dante. «Come nelle figurazioni tradizionali dell'arte, il Santo protettore, il patrono, domina con il gesto il protetto, il devoto genuflesso, e lo presenta e lo raccomanda alla divinità che torreggia nel centro» (Del Lungo); **infima... universo:** l'avvallamento più profondo dell'universo è l'Inferno.
27. ultima salute: salvezza suprema, cioè Dio.
28. io... suo: san Bernardo desidera altrettanto ardentemente che a Dante sia concessa la visione di Dio, quanto lo ha desiderato per se stesso: è un perfetto esempio di carità cristiana.
31. nube: la *nube... mortalità* è quell'offuscamento dei sensi spirituali prodotto dalla presenza della carne mortale; **prieghi:** ripetuto per la terza volta in forma di poliptoto (*prieghi... priego*) per esprimere l'intensità della preghiera; nuovamente *priego* al v. 34 e *prieghi* ai vv. 39 e 42; **sommo piacer:** la gioia suprema è la visione di Dio.
34. regina: dopo *Vergine Madre* (v. 1) e *Donna* (v. 13) è il terzo appellativo in crescendo di solennità; **conservi... suoi:** le sue inclinazioni si mantengano indirizzate al bene, dopo aver visto Dio (*tanto veder*), senza più indurlo al peccato fino alla morte; è quello che i teologi chiamano "perseveranza finale".

Vinca tua guardia i movimenti umani:
vedi Beatrice con quanti beati
per li miei prieghi ti chiudon le mani!».

Li occhi da Dio diletti e venerati,
fissi ne l'orator, ne dimostraro
quanto i devoti prieghi le son grati;

indi a l'etterno lume s'addrizzaro,
nel qual non si dee creder che s'invii
per creatura l'occhio tanto chiaro.

[37-39] La tua protezione sconfigga le passioni umane: vedi insieme a quanti beati Beatrice ti implora a mani giunte di esaudire le mie suppliche!»

[40-42] Gli occhi amati e venerati da Dio, fissi su lui che pregava, ci dimostrarono quanto le siano gradite le preghiere devote;

[43-45] poi si rivolsero verso la luce eterna, nella quale non bisogna credere che penetri con occhio tanto chiaro alcuna creatura.

38. vedi... mani: «scena da affresco giottesco» (Croce), che riprende, ampliandola, quella di gusto altrettanto pittorico dei vv. 22-27. Per l'ultima volta compare in scena Beatrice, in atto di intercedere per Dante, proprio come già era apparsa la prima volta nei versi dell'*Inferno* (II, 58-74).
40. Li occhi: di Maria; **fissi ne l'orator:** Maria non sorride, come aveva fatto Beatrice e come farà san Bernardo, ma si limita ad assentire con lo sguardo; «il sorriso sarebbe sentimento troppo umano, disadatto quindi alla regale maestà di Maria... Maria è *più che creatura*» (Reggio); **son:** al presente, per dare alla frase valore di regola generale.
43. etterno lume: la luce eterna è Dio.

Analisi del testo

La mediatrice tra l'umano e il divino. «Vergine Madre» è l'attacco improvviso e per questo tanto più solenne del canto. Gli antefatti sono già stati narrati nei due canti precedenti: il fondatore dell'ordine cistercense, il santo e mistico Bernardo, che nei suoi scritti tanto illustrò l'importanza del culto della Madonna e tanto contribuì a diffonderlo, introduce Dante al passo supremo della visione di Dio, supplicando Maria di intercedere per lui.
La sua preghiera e la risposta data dagli occhi della Madonna occupano circa un terzo dell'intero canto. Si tratta quindi di un ultimo passo nel tragitto verso Dio che Dante non considera una semplice formalità, ma un momento importantissimo. Dante si è ormai purificato spiritualmente grazie alla conoscenza, alla comprensione, al pentimento e anche all'espiazione, ma anche così non potrebbe comunque, con le sue sole forze umane, giungere a godere della visione di Dio.
Questa esperienza richiede un sovrappiù di grazia che può essere ottenuto soltanto attraverso la mediazione di Maria: è lei infatti la figura intermedia tra l'uomo e Dio, colei che ebbe «umana natura», ma la "nobilitò" a tal punto da rendere possibile l'unione tra questa e la natura divina. Lei ha permesso che l'Empireo si riempisse di beati. Lei, con la sua bontà e misericordia infinite, non deluderà le speranze di nessuna creatura che devotamente le si rivolga. «Il culto di Maria fu nella coscienza cristiana del Medioevo un momento di capitale importanza. Dopo secoli di angosce, di disperazioni, di annegamenti nel divino, il culto della Madonna significò la coscienza che a Dio si può e si deve giungere attraverso la mediazione dell'umano, che Gesù non ha sdegnato di farsi carne nel grembo di Maria e che c'è un'umanità degna di accogliere Dio» (Montano).

La preghiera alla Vergine. La preghiera di san Bernardo si struttura in due parti, la prima delle quali (vv. 1-21) è una lode della Vergine incentrata sui concetti appena citati. Si tratta di una ripresa e di un ampliamento della struttura bipartita della preghiera dell'Ave Maria: una prima parte di lode («Ave Maria, piena di grazia, il Signore è con te. Benedetta sei tu tra le donne e benedetto è il frutto del ventre tuo, Gesù»), una seconda di supplica («Santa Maria, madre di Dio, prega per noi peccatori, adesso e nell'ora della nostra morte»). Questa preghiera Dante aveva dichiarato di ripeterla ogni giorno «e mane e sera» (*Pd.* XXIII, 89).
La prima parte ha un linguaggio più solenne, adeguato alla lode: l'elencazione delle tre antitesi iniziali, l'altra elencazione con quattro anafore «In te...» ai vv. 19-21, i *climax*, gli *enjambements*, i giochi etimologici («fattore... fattura»), le metafore («si raccese l'amore, / per lo cui caldo... / ...è germinato questo fiore»; «face»; «fontana»; «volar sanz'ali») contribuiscono a creare questa solennità. Va osservato tuttavia che, del modello dell'Ave Maria, Dante ha rispettato lo stile semplice, senza far ricorso per esempio a latinismi difficili o a complesse perifrasi, anzi servendosi persino di un vivace anacoluto («qual vuol... / ...sanz'ali»).

La contemplazione della «luce», metafora di Dio. La seconda parte del discorso di san Bernardo contiene la vera e propria supplica: il santo chiede l'intercessione della Madonna perché Dante possa giungere, ancora in vita, alla massima felicità per ogni creatura, vedere Dio; ma per riuscirci egli deve essere "dislegato" da *ogne nube... / di sua mortalità*, perdere l'ultima zavorra umana. Dante tuttavia, eccezionalmente, dovrà poi tornare sulla terra, e allora la preghiera invoca la "perseveranza finale": questo solo interessa ormai a Dante, la meta ultraterrena. «La giustizia ristabilita, la punizione dei cattivi e l'esaltazione dei buoni, persino il desiderio di ritornare a Firenze; insomma, i crucci, le speranze, gli affetti dell'uomo vivo, che avevano anche costituito i motivi ricorrenti della sua poesia: tutto è dissolto nel pensiero dell'eterno» (Bosco).
Iniziano in questa parte del canto i continui riferimenti all'atto di vedere e alla luce, come metafora dell'incontro tra l'uomo e Dio: Dante *ha vedute / le vite spiritali*; *supplica... / ...con li occhi levarsi*; Bernardo dice: *mai per mio veder non arsi*; parla della *nube... di sua mortalità*; *li occhi* della Madonna danno risposta con lo sguardo e tornano verso Dio, al quale nessun'altra creatura può rivolgere *l'occhio tanto chiaro*. La rappresentazione di Dio come luce (*etterno lume*, v. 43) conclude la cantica del Paradiso, tutta dominata dal tema della luce, per cui la

beatitudine si manifesta sempre come splendore. Un artificio retorico caratterizza con evidenza questa seconda parte della preghiera, l'uso dell'*enjambement*: *l'infima lacuna / de l'universo*; *di virtute / tanto*; *levarsi / più alto*; *tutti miei preghi / ti porgo*; *ogne nube li disleghi / di sua mortalità*; *che puoi / ciò che tu vuoli*. L'insistenza sull'*enjambement* – che si combina con la ripetizione dei termini *priego-prieghi* – ha una funzione espressiva: rende più incalzante e commosso l'andamento della supplica, suggerisce lo slancio spirituale di san Bernardo e dello stesso Dante verso l'alto e fuori da sé, verso Maria e verso Dio.

Proposte di lavoro

1. Verifica la comprensione del testo rispondendo alle seguenti domande.
- ➤ Dove si trova Dante, nell'ultimo canto del *Paradiso*?
- ➤ Chi lo accompagna, in questa ultimissima fase del viaggio?
- ➤ Perché il canto si apre con una preghiera alla Madonna?

2. La preghiera di san Bernardo si può suddividere in due parti. Indica se le seguenti affermazioni sono vere o false.
- V F Nella prima parte san Bernardo invoca la Vergine, elencando i suoi attributi e le sue qualità.
- V F La prima parte si conclude al verso 18.
- V F La seconda parte è una invocazione a Dio.
- V F Alla fine della preghiera, la Vergine guarda Dante.

3. Sintetizza ora la prima parte della preghiera, completando la seguente tabella.

Attributi della Vergine	Espressioni del testo

4. Dal punto di vista stilistico, la prima parte si caratterizza per la presenza di numerosi ossimori, cioè espressioni intimamente contraddittorie: per esempio, "vergine madre" (i due concetti, se non si trattasse di Maria, si escluderebbero a vicenda).
- ➤ Individua altri esempi di ossimori nei primi versi della preghiera.
- ➤ Spiega perché, a tuo avviso, san Bernardo adotta questo linguaggio apparentemente "irrazionale".

5. Sintetizza ora il contenuto della seconda parte della preghiera, conservando la divisione in periodi del testo originale.

I parte ....

....

II parte ....

....

III parte ....

....

6. Nella seconda parte della preghiera, come abbiamo detto, Dante ricorre spesso all'*enjambement*.
- ➤ Riporta qualche esempio tratto dal testo.
- ➤ Che effetto vuole ottenere in questo modo il poeta?

LA PARAFRASI DI UN TESTO DI DANTE

Parafrasare significa riscrivere un testo in maniera diversa. Esistono molti modi diversi per parafrasare un testo: noi qui ci occuperemo di quella tradizionalmente chiamata "versione in prosa", cioè della parafrasi che serve **per comprendere il significato letterale di un testo poetico scritto** (come è il caso dei testi di Dante) in una lingua antica e quindi lontana da quella di uso quotidiano.

OSSERVA

Ti proponiamo di lavorare su uno dei passi più noti dell'*Inferno*, quello in cui viene descritto il nocchiero delle anime Caronte. Dante e Virgilio sono appena entrati nell'Inferno quando si trovano sulla riva di un fiume, insieme a una folla di anime. Il fiume è l'Acheronte e tra le sue rive fa la spola una barca, guidata da Caronte.

Ed ecco verso noi venir per nave
un vecchio, bianco per antico pelo,
gridando: «Guai a voi, anime prave!

Non isperate mai veder lo cielo:
i' vegno per menarvi a l'altra riva
ne le tenebre etterne, in caldo e 'n gelo.

E tu che se' costì, anima viva,
pàrtiti da cotesti che son morti».
Ma poi che vide ch'io non mi partiva,

disse: «Per altra via, per altri porti
verrai a piaggia, non qui, per passare:
più lieve legno convien che ti porti».

E 'l duca lui: «Caron, non ti crucciare:
vuolsi così colà dove si puote
ciò che si vuole, e più non dimandare».

Quinci fuor quete le lanose gote
al nocchier de la livida palude,
che 'ntorno a li occhi avea di fiamme rote.

Ma quell' anime, ch'eran lasse e nude,
cangiar colore e dibattero i denti,
ratto che 'nteser le parole crude.

82. Ed ecco: nella brumosa oscurità che circonda il fiume Acheronte, appare all'improvviso la demoniaca immagine del traghettatore delle anime attraverso le cupe acque del fiume, il primo degli esseri infernali che Dante incontra sul suo cammino; **per nave:** su una barca. **83. un vecchio... pelo:** un vecchio con i capelli e la barba bianchi: è Caronte, secondo la mitologia greca figlio dell'Erebo e della Notte. che Virgilio, nell'*Eneide*, pone come nocchiero dell'Averno, il regno dei morti. **84-87. Guai a voi... e 'n gelo:** Caronte arriva urlando e annunciando alle anime malvagie (*prave*) la loro condanna: non sperino di vedere mai Dio (*Non isperate mai veder lo cielo*), poiché egli sta per condurle all'altra riva dell'Acheronte, nell'Inferno (*le tenebre etterne*), a patire le pene più diverse (*in caldo e 'n gelo*).
88. E tu: Caronte, che si è accorto che Dante è vivo, gli si rivolge bruscamente ingiungendogli di andarsene.
89. pàrtiti... morti: allontànati da costoro che sono morti (non solo in senso fisico, ma anche in senso morale, cioè dannati per sempre). Le parole di Caronte, come sarà chiaro poco più avanti, sottolineano la differenza della condizione di Dante non solo dal punto di vista fisico (egli è ancora vivo), ma anche morale (la sua anima non conoscerà la morte eterna e si salverà).
90. Ma poi... partiva: ma visto che io non mi allontanavo.
91-93. Per altra via... ti porti: le parole un po' oscure di Caronte costituiscono la prima profezia di salvezza che il poeta riceve durante il suo viaggio nell'oltretomba. Egli giungerà alle falde del Purgatorio (*a piaggia*) attraverso un'altra via; non dovrà quindi transitare dalle rive dell'Acheronte, ma verrà trasportato da una navicella più leggera della sua (*più lieve legno*), quella sulla quale un angelo trasporta le anime che giungono sulle rive del Tevere e che sono destinate a raggiungere un giorno il Paradiso.
94. E 'l duca lui: e la guida (cioè Virgilio, dal latino *ducere*, guidare, condurre) gli rispose; non ti crucciare: non adirarti.
95-96. vuolsi così... si vuole: si vuole questo in quel luogo, cioè in Paradiso, dove si può ciò che si vuole. Virgilio spiega cioè a Caronte che il viaggio di Dante è voluto da Dio e che egli non deve opporsi. Userà le stesse identiche parole per convincere altri diavoli, più giù nell'Inferno, a lasciar passare Dante. Esse rappresentano quindi un'autentica "formula" che ha per effetto di mettere a tacere i demoni; **più non dimandare:** non chiedere altro.
97. Quinci: da quel momento; **fuor quete... gote:** ritornarono immobili le guance ricoperte di barba di Caronte, egli cioè fu ridotto al silenzio.
98-99. al nocchier... rote: al traghettatore della palude scura, fangosa, che aveva ruote (*rote*) di fiamme intorno agli occhi, aveva cioè gli occhi cerchiati di fuoco. Più avanti Dante dirà che quegli occhi sono colore della brace ardente (confronta al verso 109: *occhi di bragia*).
100. Ma quell'anime: ora la descrizione di Dante torna alle anime che, disperate, si affollano sulla riva del fiume per essere traghettate da Caronte; **lasse:** misere, affante.
101-102. cangiar... crude: cambiarono (*cangiar*) colore, im-

Bestemmiavano Dio e lor parenti,
l'umana spezie e 'l loco e 'l tempo e 'l seme
di lor semenza e di lor nascimenti.

Poi si ritrasser tutte quante insieme,
forte piangendo, a la riva malvagia
ch'attende ciascun uom che Dio non teme.

Caron dimonio, con occhi di bragia
loro accennando, tutte le raccoglie;
batte col remo qualunque s'adagia.

Come d'autunno si levan le foglie
l'una appresso de l'altra, fin che 'l ramo
vede a la terra tutte le sue spoglie,

similemente il mal seme d'Adamo
gittansi di quel lito ad una ad una,
per cenni come augel per suo richiamo.

Così sen vanno su per l'onda bruna,
e avanti che sien di là discese,
anche di qua nuova schiera s'auna.

Inferno, III, vv. 82-120

pallidirono, e cominciarono a sbattere (*dibattero*) i denti non appena (*ratto che*) udirono le parole crudeli (*crude*) che Caronte aveva loro rivolto.
103. lor parenti: i loro genitori.
104-105. l'umana spezie... nascimenti: il genere (*spezie*) umano, il luogo e il momento e il seme della loro stirpe (*semenza*) e della loro nascita (*nascimenti*).
106. si ritrasser: si raccolsero.
107-108. a la riva malvagia... non teme: sulla riva dell'Acheronte intrisa di male (poiché accoglie i malvagi), che attende tutti coloro che non hanno timore di Dio e non rispettano le sue leggi.
110. loro accennando: facendo loro dei cenni imperiosi.
111. qualunque s'adagia: chiunque cerca di sedersi nella barca.
112-114. Come d'autunno... spoglie: nella similitudine le anime che si affollano sulla riva dell'Acheronte sono paragonate alle foglie d'autunno che si staccano (*si levan*) una dopo l'altra e cadono finché l'albero (*'l ramo*) non le vede tutte a terra.
115-116. similemente... ad una ad una: allo stesso modo la malvagia discendenza (*seme*) di Adamo, cioè le anime degli uomini dannati, si buttano a una a una da quella riva sulla barca.
117. per cenni... richiamo: ai cenni di Caronte, come uccelli che rispondono a un richiamo.
118. onda bruna: lo scuro fiume.
119. avanti che: prima che.
120. anche... s'auna: ancora, di nuovo sulla sponda di qua del fiume si raduna (*s'auna*) una nuova schiera di anime.

Fare la versione in prosa di questo testo significa riscriverlo sostituendo tutti i termini e le espressioni di difficile comprensione con altre di uso comune e quindi più facilmente comprensibili.
Possiamo schematizzare il lavoro in tre tappe.

PRIMA TAPPA: IL LAVORO SUL LESSICO

Osserva attentamente i primi versi. Noterai che vi sono molte espressioni (per lo più quelle che ti abbiamo segnalato in nota) che si allontanano dall'uso odierno. Per esempio:

Espressione originale	Espressione sostitutiva	Motivazione
venir per nave	venire a bordo di una imbarcazione	Quella di Caronte chiaramente non è una nave nel senso moderno del termine.
bianco per antico pelo	con barba e capelli bianchi per la vecchiaia	La parola "antico" nell'italiano di oggi non si riferisce a persone tranne quando sostantivato (gli antichi), ma solo a cose o a fenomeni storici.
anime prave	anime malvagie, dannate	L'aggettivo "pravo" è ormai in disuso.

1. Continua tu il lavoro, individuando nei 9 versi successivi le parole da sostituire.

Espressione originale	Espressione sostitutiva	Motivazione

SECONDA TAPPA: IL LAVORO SULLA SINTASSI

La struttura sintattica dev'essere semplificata e resa il più possibile vicina all'uso comune. Questo significa innanzitutto eliminare inversioni e altre disposizioni "irregolari" delle parole, ripristinando l'ordine naturale del discorso: soggetto, verbo, complemento oggetto, altri complementi. In qualche caso, è utile anche introdurre dei punti fermi e altre pause, laddove l'autore usa frasi molto lunghe e complesse.
Nei versi di Dante che abbiamo citato, la sintassi è molto semplice e lineare.
Osserva comunque i seguenti casi:

- *Quinci fuor quete le lanose gote al nocchier de la livida palude:*
  = Da quel momento in poi le guance barbute rimasero ferme al nocchiero della livida palude...

Il soggetto è stato messo prima del verbo; l'aggettivo dopo il nome a cui si riferisce.

- *Poi si ritrasser tutte quante insieme, forte piangendo, a la riva malvagia*
  = Poi, piangendo forte, si avvicinarono tutte quante insieme alla riva infernale...

La frase parentetica è stata spostata in modo da non spezzare la principale; l'avverbio è stato posto dopo il verbo.

2. Continua tu, completando la riscrittura dei seguenti passi:

- *Ed ecco verso noi venir per nave un vecchio, bianco per antico pelo, gridando*
  = Ed ecco un vecchio
  ....
  gridando

- *Caron dimonio, con occhi di bragia loro accennando, tutte le raccoglie*
  = Il demonio Caronte,
  ....
  le raduna tutte

TERZA TAPPA: IL LAVORO SULLE FIGURE RETORICHE

La terza fase del lavoro consiste nello spiegare le figure retoriche di difficile interpretazione, nel chiarire il loro significato. In molti casi, è bene che la versione in prosa conservi le figure retoriche dell'originale, spiegandone eventualmente il significato fra parentesi.

Osserva i seguenti esempi:

- *vuolsi così colà dove si puote ciò che si vuole*
  Spiegazione letterale: si vuole così là dove si può ciò che si vuole.
  Spiegazione del significato: si vuole così in cielo, poiché il viaggio di Dante è voluto da Dio.
  Versione in prosa: si vuole così là dove si può ciò che si vuole (in cielo)...
- *similemente il mal seme d'Adamo gittansi di quel lito ad una ad una*
  Spiegazione letterale: allo stesso modo i cattivi discendenti di Adamo si gettano dalla riva.
  Spiegazione del significato: allo stesso modo le anime dannate (cioè la parte cattiva dell'umanità)...
  Versione in prosa: allo stesso modo i cattivi discendenti di Adamo (le anime dannate) si gettano...

3. Ora esegui un lavoro analogo sulle seguenti frasi, tenendo conto in particolare delle parole sottolineate.

- *più lieve legno convien che ti porti*
  ....
- *Così sen vanno su per l'onda bruna*
  ....

ADESSO PROVA TU!

Ora siamo pronti per scrivere la versione in prosa del testo.

4. Completa l'esercizio, mantenendo per quanto possibile la divisione in strofe dell'originale. Tieni conto che non esiste una sola versione in prosa corretta, ma molte – purché il significato letterale del testo sia stato ben compreso e ben espresso nella nuova forma, tutte sono accettabili.

Ed ecco arrivare verso di noi, a bordo di una navicella, un vecchio con barba e capelli bianchi per l'età avanzata, gridando: "Guai a voi, anime malvagie!

Non sperate di vedere mai più il cielo! Io vengo per portarvi all'altra riva (di questo fiume), nelle tenebre eterne, nel fuoco e nel ghiaccio.

E tu, lì, che sei vivo, allontanati a costoro che sono morti". Ma quando vide che non mi allontanavo,

disse: ....

Ti proponiamo un altro brano, più breve e semplice, su cui puoi sperimentare le stesse tecniche. Il brano è tratto dal V canto del *Purgatorio*: Dante e Virgilio vi incontrano tre anime di personaggi morti di morte violenta. Dopo che la prima e la seconda anima hanno parlato a lungo con il poeta, la terza interviene brevemente: è l'anima di Pia de' Tolomei, uccisa dal marito, che chiede al poeta di non dimenticarla, quando sarà tornato nel mondo dei vivi.

5. Dopo aver letto i versi che seguono, scrivine la versione in prosa, tenendo conto di: lessico, sintassi, figure retoriche.

«Deh, quando tu sarai tornato al mondo
e riposato de la lunga via»,
seguitò 'l terzo spirito al secondo,
«ricorditi di me, che son la Pia;
Siena mi fé, disfecemi Maremma:
salsi colui che 'nnanellata pria
disposando m'avea con la sua gemma».

130. Deh... via: «il canto, cominciato in tono pacato, continuato in "crescendo" nel racconto di Jacopo e culminato nella drammatica tempesta che travolge il cadavere di Bonconte, si spegne ora in un "pianissimo" – per usare ancora un termine musicale – che si adatta perfettamente al carattere elegiaco e malinconico dell'ultimo personaggio» (Reggio). La nobiltà e dolcezza d'animo del personaggio si esprimono già in quell'attenzione delicata per il riposo di Dante, dopo la lunga strada; **seguitò... secondo:** prima il discorso diretto, poi la didascalia, per sottolineare l'ansia di questa folla di anime di farsi ricordare da Dante, senza lasciare pause di silenzio (*seguitò*). **133. ricorditi:** forma di imperativo impersonale; **la Pia:** secondo gli antichi commentatori si tratterebbe di Pia dei Tolomei di Siena, moglie di Nello dei Pannocchieschi, podestà di Volterra e di Lucca, capitano della Taglia guelfa nel 1284, ancora vivo nel 1322. Pia sarebbe stata uccisa dal marito o per gelosia o perché egli voleva passare a nuove nozze, ma di lei abbiamo solo notizie vaghe e congetturali; **Siena... Maremma:** nella sua lapidarietà, sembra un'iscrizione funebre, analoga al celebre epitaffio sulla tomba di Virgilio, attribuito a Virgilio stesso «Mantova mi generò; la Calabria mi rapì alla vita; mi possiede ora Napoli; cantai pascoli, campi, guerrieri»; anche qui c'è un chiasmo, oltre alla figura etimologica *fé, disfecemi*; **salsi:** sincope di "sàllosi", lo sa; **'nnanellata... gemma:** la cerimonia delle nozze si componeva di due passaggi: "disposare", cioè dichiarare la volontà di sposare, e "inanellare" per suggellare questa volontà.

1. Individua quali, tra le seguenti opere, sono di Dante.

- ☐ *Canzoniere*
- ☐ *Convivio*
- ☐ *Monarchia*
- ☐ *Poemi conviviali*
- ☐ *Vita nuova*

2. Indica se le seguenti affermazioni su Dante sono vere o false.

- V F Era un uomo di umili origini.
- V F Apparteneva a una famiglia politicamente schierata con i ghibellini.
- V F Ebbe importanti incarichi politici a Firenze.
- V F Rientrò dall'esilio nell'ultima parte della vita.
- V F È il principale esponente dello stilnovismo.
- V F Ha scritto solo opere in versi.

3. Fai la parafrasi (versione in prosa) dei seguenti versi di Dante.

Tanto gentile e tanto onesta pare
la donna mia quand'ella altrui saluta,
ch'ogne lingua deven tremando muta,
e li occhi no l'ardiscon di guardare.

4. Spiega in un breve testo in che cosa consiste lo stile della lode della donna.

....
....
....
....
....
....

5. Rispondi brevemente alle seguenti domande.

➤ Dove si trovano l'Inferno, il Purgatorio e il Paradiso descritti nella *Divina Commedia*?

....
....
....

➤ Perché Dante si fa guidare da Virgilio nell'Inferno e nel Purgatorio e da Beatrice in Paradiso?

....
....
....

➤ Perché Dante attribuisce una notevole importanza ai numeri 3 e 1?

....
....
....

6. Scrivi una breve definizione del concetto di "allegoria".

....
....
....
....
....
....
....
....
....
....

7. Spiega i motivi per cui Dante intitola *Commedia* il suo poema, utilizzando le espressioni che seguono.

mescolanza degli stili • lieto fine • tragico • comico

Petrarca e la poesia lirica

Il percorso che ti proponiamo è scandito in quattro tappe.

Intorno al classico

Per approfondire il contesto in cui si colloca l'opera di Petrarca, ti proponiamo la lettura di tre testi appartenenti al genere della lirica d'amore cortese:

- due poesie della **Scuola provenzale**;
- una poesia della **Scuola siciliana**.

Incontro con l'autore

Ti proponiamo un breve inquadramento storico, culturale e letterario della **vita** e delle **opere** di Francesco Petrarca.

Canzoniere

La fama e l'importanza di Petrarca sono storicamente legate a una sola opera, il *Canzoniere*, una raccolta di poesie per lo più **dedicate all'amore del poeta per Laura**. Dei 366 componimenti che costituiscono quest'opera, te ne proponiamo sei:

- il sonetto iniziale, che funge da proemio a tutta l'opera;
- due sonetti "in vita" di Laura;
- la più famosa delle canzoni di Petrarca, *Chiare, fresche e dolci acque*;
- due sonetti "in morte" di Laura.

Laboratorio

Ti proponiamo infine di lavorare sulle **figure retoriche**, a partire da alcuni passi del *Canzoniere*, per migliorare le tue capacità di comprensione e di analisi del testo.

Intorno al classico

L'amore è il tema predominante delle letterature in volgare

Quello dell'amore è uno dei grandi temi presenti nella letteratura di tutti i tempi e di tutti i paesi. Nella tradizione occidentale, esso ha già una presenza importante nella letteratura antica, greca e latina, soprattutto all'interno della **poesia lirica**, che è la forma privilegiata dell'espressione del sentimento e quindi dell'amore. I lirici greci (Alceo, Saffo) e i latini (Catullo, Orazio) sono i grandi modelli dell'espressione del sentimento amoroso, imitati per secoli dagli scrittori di tutto il mondo. Ma anche nel **poema epico antico** trova posto l'amore. Basti ricordare la celebre scena dell'*Iliade* di Omero, in cui l'eroe troiano Ettore saluta la moglie Andromaca, prima di recarsi in battaglia; o, nell'*Odissea*, l'incontro fra Ulisse e Penelope dopo che l'eroe è finalmente tornato in patria; o ancora, l'episodio dell'*Eneide* di Virgilio in cui è narrata la passione amorosa fra Enea e Didone che, abbandonata, giungerà a suicidarsi.

Quando poi, nel **Medioevo** nascono le **prime espressioni letterarie delle nuove lingue europee** originatesi dal latino, il tema dell'amore diventa uno dei più importanti.

Nel suo capolavoro, il *Canzoniere*, Petrarca tiene presente la tradizione classica (latina), ma soprattutto i modelli più recenti di poesia amorosa: la poesia provenzale, la poesia siciliana e la scuola stilnovistica, di cui abbiamo parlato più approfonditamente nel capitolo su Dante (vedi p. 30).

La poesia provenzale

La poesia provenzale si afferma nel **sud della Francia fra l'XI e il XIII secolo**. In Francia, il processo di formazione della lingua volgare scritta avviene infatti con circa un secolo di anticipo rispetto all'Italia, dato che già nell'XI secolo fiorisce, nell'ambito delle corti signorili d'oltralpe, una ricca letteratura.

In Francia si impongono due lingue letterarie

Tra i numerosi idiomi volgari esistenti in Francia, si impongono in questa prima fase **due lingue letterarie**: la lingua **d'oc** (da *oc* = sì), detta anche occitanica o provenzale, nelle regioni meridionali (e in particolare in Provenza); e la lingua **d'oïl** (da *oil* = sì), detta anche antico francese, perché da essa deriva il francese attuale, nelle regioni settentrionali e in particolare nella regione di Parigi.

Mentre la letteratura in lingua d'oil privilegia i generi narrativi (sempre in versi), come il poema, il romanzo e le prime forme di racconto, la letteratura provenzale sviluppa quasi esclusivamente il genere della poesia lirica, legata al tema dell'amore cortese.

I poeti provenzali (o trovatori) elaborano una **concezione dell'amore originale**: un amore rigorosamente extraconiugale, fatto di ammirazione per la bellezza e la raffinatezza della donna amata, a cui il poeta dichiara la sua fedeltà e la sua sottomissione, con termini che ricordano il rapporto tra un feudatario e il suo vassallo. Amore spesso doloroso, per la ritrosia della donna o per la sua lontananza o per l'impossibilità degli amanti di incontrarsi, l'amore cortese è spesso un amore sensuale e sessuale, e anche in questo rivela la sua originalità e la sua importanza: **la cultura provenzale** è infatti una cultura **laica**, per la prima volta del tutto **indipendente dai valori religiosi della tradizione precedente**.

Dalla Provenza alla Sicilia

La poesia provenzale ebbe **grande diffusione anche nelle regioni settentrionali d'Italia**, sia per la vicinanza territoriale, sia per l'affinità linguistica fra le due zone. Molti poeti di origine italiana, fino al XIII secolo, scrissero le loro opere in lingua provenzale, ispirandosi ai modelli francesi. Ricordiamo per esempio i trovatori italiani Rambertino Buvalelli, Lanfranco Cigala, Sordello da Goito.

Nei primi decenni del Duecento, la cultura provenzale fu improvvisamente annientata dalla cosiddetta "crociata contro gli albigesi": il papa, preoccupato dal diffondersi dell'eresia catara (detta albigese dalla città di Albi, in cui si trovavano molti seguaci dell'eresia), si alleò con il re di Francia, che tentava di unificare il regno e si trovava perciò in conflitto con i grandi feudatari del sud.

La crociata provocò la **scomparsa della lingua d'oc** e la **dispersione dei poeti provenzali**. Ma l'**eredità** della cultura provenzale fu raccolta **in Sicilia**, dove l'imperatore Federico II di Svevia

Nasce una nuova scuola poetica

tentava di creare un grande stato e promuoveva (per ragioni innanzitutto di propaganda politica, cioè per sostenere la sua lotta contro il papato) una cultura moderna e laica, alternativa a quella ecclesiastica e religiosa. Alla **corte di Federico** si sviluppò quindi una **nuova scuola poetica**, detta **"siciliana"**, che riprendeva i temi della poesia lirica provenzale, ma utilizzando un volgare italiano, quello siciliano appunto. Non tutti i poeti della scuola, in realtà, furono siciliani: vennero chiamati così tutti i rimatori della prima metà del Duecento che si ispiravano ai trovatori occitanici e utilizzavano un volgare siciliano dotto e raffinato.

I poeti siciliani

Tra i poeti della scuola siciliana vanno ricordati, oltre a Federico II e ai suoi figli Manfredi ed Enzo, funzionari e giovani nobili del regno (Jacopo Mostacci, Rinaldo d'Aquino, Giacomino Pugliese), notai e giuristi (Jacopo da Lentini, che fu il caposcuola, Pier della Vigna, Stefano Protonotaro, Guido e Odo delle Colonne). Stanno a parte numerosi giullari, tra cui il più famoso è Cielo d'Alcamo, numerosi rimatori di provenienza toscana e, fra i settentrionali, il genovese Percivalle Doria.

La produzione della Scuola poetica siciliana si sviluppò dal 1230 circa fino al 1266, l'anno della battaglia di Benevento, nella quale trovò la morte re Manfredi. Quella data segnò la fine della potenza sveva e provocò lo spostamento del centro letterario italiano dalla Sicilia alla Toscana.

La lingua e i contenuti della Scuola siciliana

I poeti della scuola, ai quali è attribuita l'invenzione del **sonetto**, scrissero in un **siciliano illustre**, depurato degli elementi dialettali e modellato, nel lessico e nella sintassi, sul provenzale e sul latino.

I loro testi sono giunti attraverso le trascrizioni fatte dai copisti toscani nella loro lingua; soltanto alcuni testi di re Enzo e di Stefano Protonotaro sono conservati nella forma originaria.

Nella scuola siciliana convergono elementi ereditati ed elementi nuovi

Per i **contenuti**, la scuola riprese in gran parte quelli **della lirica provenzale**. Non si trattò però di un'imitazione passiva; vi fu **originalità** nell'invenzione di immagini naturalistiche e nell'uso di metafore scientifiche e di eleganti paragoni, espressi nello schema metrico nuovo del sonetto. Pur collegandosi alla concezione amorosa della poesia provenzale, i siciliani, accanto al consueto schema poeta-vassallo/donna-cortigiana, intesero l'ispirazione amorosa in un **senso più interiore**, preparando la poesia stilnovista. Lo scrivere versi fu per loro occasione di divertimento elegante. Attraverso l'esaltazione dei valori feudali – la nobiltà, l'amore, il coraggio – essi diedero espressione colta e letteraria all'aspirazione aristocratica di un **mondo superiore e raffinato**.

Dallo Stilnovo a Petrarca

Provenzali e siciliani elaborano, come abbiamo detto, la concezione cortese dell'amore. Nella seconda metà del Duecento, esauritasi con la fine del progetto politico di Federico II anche l'esperienza poetica siciliana, la poesia lirica trova i suoi esponenti più importanti nell'Italia centrale, e in particolare tra Bologna e la Toscana: Guido Guinizzelli, Guido Cavalcanti, Cino da Pistoia, Lapo Gianni e Dante Alighieri sono gli esponenti di una nuova scuola, che Dante stesso chiamerà "dolce stilnovo" e che rinnova profondamente la poesia d'amore.

La novità dello stile di questi poeti è legata soprattutto a due elementi: la **progressiva spiritualizzazione dell'amore**, che perde i suoi connotati sensuali e fisici e diventa uno **strumento di elevazione interiore**, spesso con valore religioso; e la **ricerca di uno stile "dolce"**, musicale, armonioso, in cui sono assenti i termini tratti dal linguaggio plebeo, umile, quotidiano, e acquistano invece importanza i **termini tratti dall'ambito filosofico e scientifico.**

Lo Stilnovo è quindi, come la Scuola siciliana, un **movimento molto elitario**, ma gli intellettuali che lo rappresentano non sono legati a una corte come quella di Federico II: essi appartengono a una **realtà comunale** e partecipano attivamente alla vita politica della propria città. Al contrario di quanto avveniva nella Scuola siciliana, dunque, questi poeti spesso affrontano anche **argomenti diversi dall'amore**, e in particolare argomenti legati alla loro esperienza politica e alle lotte del tempo.

Alla tradizione cortese e a quella stilnovistica si ispirerà Petrarca nel suo capolavoro. Ti presenteremo due esempi di poesia provenzale e un famoso sonetto del principale esponente della Scuola siciliana. Per i poeti stilnovisti, ti rimandiamo invece al capitolo su Dante (➡ pp. 37-42).

Bernard de Ventadorn

L'autore

Sulla vita del poeta abbiamo poche informazioni, e per lo più leggendarie. Nacque tra il 1120 e il 1130, a Ventadorn, nella regione francese del Limosino, figlio forse di un servo che faceva il fornaio. La sua attività di trovatore si svolse tra il 1150 e il 1180 in numerose corti, tra cui quelle di Enrico II d'Inghilterra e di Eleonora d'Aquitania. Nell'ultima parte della sua vita si ritirò nel monastero cistercense di Dalon, dove morì.

Di Ventadorn restano una **quarantina di liriche**, tutte dedicate all'**argomento amoroso**, trattato secondo le regole tipiche dell'amor cortese, con grande semplicità, chiarezza espressiva e intensità di sentimenti.

Opera
Canzone di primavera
Epoca
XII secolo
Genere
lirica amorosa
Lingua
lingua d'oc

Canzone di primavera

Nel testo che abbiamo scelto, l'amore viene inteso come sentimento puro, a cui ci si abbandona con gioia, senza chiedere nulla in cambio. Esso è materia di sogno e di fantasia da parte del poeta, e appare svincolato da ogni riferimento alla sua vita reale.

L'amore e la donna sono fonti di gioia e di vitalità, e in ciò il desiderio amoroso è messo in rapporto con la vitalità della natura.

La donna prescelta è apprezzata senza riserve e rappresentata come sovrana assoluta dei sentimenti del poeta, come conferma l'appellativo ripetutamente usato di *madonna*, che sta a significare signora assoluta e degna di rispetto per la sua nobile condizione. Questo tipo di amore tende all'idealizzazione, ma, come è tipico delle liriche provenzali, non esclude affatto la fisicità: anzi il corpo della donna amata ha nel componimento un posto di rilievo, come oggetto desiderabile, «modellato e colorito».

Quando erba nuova e nuova foglia nasce
E sbocciano i fiori sul ramo,
E l'usignolo acuta e limpida
Leva la voce e dà principio al canto,
Gioia ho di lui, ed ho gioia dei fiori,
E gioia di me, e più gran gioia di madonna:
Da ogni parte son circondato e stretto di gioia,
Ma quella è gioia che tutte l'altre avanza.

Tanto amo madonna e l'ho cara,
E tanta reverenza e soggezione ho per lei,
Che di me non ardii parlarle mai
E nulla chiedo da lei, nulla pretendo.
Ma ella conosce il mio male e il mio duolo
E quando le piace mi benefica e onora,

8. quella: la gioia dell'amore per madonna; **avanza:** sopravanza, sorpassa.
10. reverenza: riverenza, rispetto.
11. di me... mai: il poeta non ha mai osato dichiarare il suo amore.
13. il mio male e il mio duolo: il mio mal d'amore e la mia sofferenza.

E quando le piace io sopporto la mancanza dei suoi favori,
Perché a lei non venga biasimo.

Mi meraviglio come posso resistere
Che non le manifesti il mio talento:
Quand'io veggo madonna e la miro,
I suoi begli occhi le stanno così bene!
A stento mi tengo dal correre a lei.
Così farei, non fosse per timore,
Ché mai vidi corpo meglio modellato e colorito
Agli uffici d'amore così tardo e lento.

Sola vorrei trovarla
Che dormisse o fingesse di dormire,
Per involarle un dolce bacio,
Poiché non ho tanto ardire da chiederglielo.
Per Dio, donna, poco profittiamo d'amore:
Fugge il tempo, e noi ne perdiamo la miglior parte.
Intenderci dovremmo a segni copertamente,
E poiché ardir non ci vale, ci valga scaltrezza.

S'io sapessi gettar l'incantesimo,
I miei nemici diverrebber bamboli,
Sì che niuno saprebbe immaginare
Né dire cosa che ci tornasse a danno.

16. Perché... biasimo: perché alla donna amata non venga disonore e danno, il poeta non le manifesta il suo sentimento e accetta che ella lo privi dei suoi favori. La regola di tenere celata la passione amorosa era ricorrente nella poesia provenzale. Ritornerà anche in Dante, quando nella *Vita nuova* rivolgerà le sue attenzioni a un'altra donna, in modo che faccia da *schermo* al suo amore per Beatrice.
18. Che... talento: senza esprimerle il mio desiderio.
19. veggo: vedo; **miro:** la guardo ammirandola.
20. le stanno... bene!: si noti la semplicità e sincerità dell'esclamazione.
23. Ché: perché.
24. Agli uffici... lento: così restio e pigro nei doveri amorosi.
27. involarle: rubarle.
29. profittiamo: godiamo.
31. Intenderci... copertamente: dovremmo intenderci, capirci con segni d'intesa.
32. E poiché... scaltrezza: poiché se non ci aiuta il coraggio, lo faccia la furbizia.
34. bamboli: bambini.
35-36. Sì che... danno: tanto che nessuno saprebbe immaginare o dire cosa per noi dannosa.

L'uso degli articoli in italiano

Il lessico e la grammatica

Osserva attentamente il primo verso della poesia di Bernard de Ventadorn: noterai l'assenza di articoli davanti ai sostantivi. Perché il poeta non ha detto "Quando l'erba nuova e la nuova foglia nasce" oppure "Quando dell'erba nuova e una nuova foglia nasce"?
Dal punto di vista grammaticale, avrebbe potuto farlo. La scelta di eliminare gli articoli è in questo caso una scelta espressiva: serve a dare all'immagine un carattere più indistinto, più universale: non stiamo parlando di un'erba precisa, di una particolare foglia che il poeta ha visto in un momento particolare, ma di tutte le erbe e di tutte le foglie che, ogni anno, da secoli, annunciano a tutti coloro che vogliono vederle che sta arrivando la primavera.

L'italiano tende a usare sempre gli articoli, definiti o indefiniti. È una caratteristica della nostra lingua che pone alcuni problemi, anche nell'uso di parole molto comuni. Per esempio:

- i **diminutivi** e i **vezzeggiativi** vogliono sempre l'articolo; si dice quindi "mio fratello", ma "il mio fratellino", "mia nonna", ma "la mia cara nonnina"; spesso non ci ricordiamo che *papà* e *mamma* sono vezzeggiativi di padre e madre e quindi vogliono sempre l'articolo: si dice "mia madre" e "la mia mamma", "mio padre" e "il mio papà" (o "il mio babbo");
- l'articolo non va mai usato davanti ai **nomi propri** e ai **cognomi** (è un errore molto diffuso soprattutto nelle regioni settentrionali): si dice quindi "Franco" e non "il Franco", "Silvia" e non "la Silvia" (naturalmente però si può dire "la Silvia che ho incontrato l'anno scorso al mare", per distinguerla da quella conosciuta in montagna: in questo caso l'articolo serve a introdurre la relativa "quella che..."); l'articolo davanti al cognome è usato solo nei rapporti di polizia ("il Bianchi si introduceva furtivamente in casa del Rossi, il quale...") e in riferimento a personaggi famosi (il Petrarca, il Manzoni ecc.), ma quest'ultimo uso sta scomparendo (per cui è meglio dire Petrarca, Manzoni ecc.).

Sono piccole cose, ma hanno la loro importanza: spesso la poesia gioca proprio su queste particolarità per trasmetterci il suo messaggio.

Allora so che potrei rimirare la più gentile,
Ed i suoi occhi belli e il fresco viso,
E baciarle la bocca per davvero
Sì che per un mese ve ne parrebbe il segno.

Ahimè, come muoio dal fantasticare!
Spesso vanisco tanto in fantasie,
Che briganti potrebbero rapirmi
E non m'accorgerei di che facessero.
Per Dio, Amore, ben facile ti fu sopraffar me
Scarso d'amici e senza protettore!
Perché una volta madonna così non distringi
Prima ch'io sia distrutto dal desìo?

Poesie dell'età cortese, trad. di A. Roncaglia, Nuova Accademia

40. ve ne... segno: ne resterebbe il segno.
42. vanisco: svanisco, sono assorto.
45. sopraffar me: vincermi, rendermi schiavo.
47. non distringi: non costringi; *Amore* è soggetto, *madonna* complemento oggetto.
48. desìo: desiderio.

Analisi del testo

Un sentimento che cattura e sconvolge i sensi. Questa poesia è una delle espressioni più tipiche della lirica d'amore in lingua d'oc. Per Ventadorn, amore non è solo avventura spirituale ma anche sentimento di passione e di sofferenza («ella conosce il mio male e il mio duolo», verso 13). Certo esso è gioco, ma gioco che cattura i sensi e li sconvolge: il poeta appare come sopraffatto dal sentimento d'amore, tanto da restarne quasi privo di sensi e di coscienza: «Ahimè, come muoio dal fantasticare!/ Spesso vanisco tanto in fantasie» (versi 41-42). Quella che il poeta descrive in questa poesia è una vera e propria "pazzia d'amore", che si manifesta alla vista della donna amata («Quand'io veggo madonna e la miro», verso 19). Tradizionalmente il codice cortese prevedeva per l'amante, come rimedio allo sconvolgimento dei sensi, l'uso della ragione e della misura. Ma Ventadorn rifiuta questi antidoti: per lui, l'amore per *madonna* (ripetutamente nominata e invocata) è insieme felicità e gioia, piacere e godimento fisico («Per Dio, donna, poco profittiamo d'amore», dice il poeta con una schiettezza di significato quasi aggressiva), sentimento spirituale e gioco cortigiano. E questa sua confusione emotiva rischia di perderlo e di trascinarlo alla distruzione, perfino alla morte («Prima ch'io sia distrutto dal desìo», verso 48).

Amore e natura. Le sei strofe svolgono il tema amoroso con grande coerenza. La prima è dominata dal paragone fra il sentimento d'amore e la vitalità della natura; nella seconda e nella terza, i temi sono quelli della contemplazione ammirata della donna amata e della triste costrizione a nascondere la sua passione da parte dell'amante; nella quarta e nella quinta, il sentimento si fa passione aperta e desiderio fisico («E baciarle la bocca per davvero»), e anche il linguaggio si arricchisce di immagini concrete, vive ed espressive. Nell'ultima strofa prorompe l'invocazione al dio Amore, chiamato con il suo intervento a evitare per l'amante la definitiva distruzione.

Proposte di lavoro

1. Indica i vari argomenti che il poeta affronta in ciascuna strofa.
I strofa ....
II strofa ....
III strofa..............................
IV strofa ....
V strofa ....
VI strofa ....

2. Osserva l'atteggiamento del poeta nei confronti della donna amata e indica quali delle seguenti affermazioni è corretta, motivando la tua scelta.
☐ È totalmente sottomesso, lei può dargli o togliergli il suo favore a piacimento.
☐ È disposto al "servizio d'amore" solo se lei è disposta a ricambiarlo a sua volta.
Motivazione: ....

3. Individua nella poesia di Ventadorn i termini chiave che indicano gli elementi tipici dell'amor cortese.

4. Nella poesia emerge la contrapposizione fra ragione e misura da una parte e "pazzia d'amore" dall'altra. Completa la seguente tabella, riportando le espressioni del testo che si riferiscono ai due ambiti.

Ragione e misura	Pazzia d'amore

5. Fra ragione e pazzia, che cosa sceglie il poeta? Da quali espressioni del testo lo possiamo comprendere?

Jaufré Rudel

L'autore

Vissuto nella prima metà del XII secolo, Rudel è uno dei più importanti trovatori provenzali. Scarse sono le notizie sulla sua vita. Di estrazione nobile, proveniente dalla famiglia dei principi di Blaye, partecipò probabilmente alla seconda crociata (1147).

Dalle poche poesie giunte fino a noi emerge come tema dominante quello dell'*amar desamatz*, cioè dell'**amare disamati**, non corrisposti. Rudel dà a questo tema la suggestiva forma poetica dell'*amor de lonh*, l'**amore di lontano**, con cui si intende l'amore per una donna di cui si è sentito parlare ma che non si è mai conosciuta di persona. Influenzato da questo schema, un biografo medievale costruì la leggenda che Rudel, innamoratosi della contessa di Tripoli, Melisenda, figlia del conte Raimondo I, che non aveva mai visto, avesse traversato il mare per conoscerla, morendo poi al momento dell'incontro per una malattia contratta sulla nave.

Opera **L'amore di lontano**
Epoca **XII secolo**
Genere **lirica amorosa**
Lingua **lingua d'oc**

L'amore di lontano

La lirica che segue è esemplare nel proporre, con uno stile semplice e commovente, il tema dell'amore lontano e irraggiungibile. Caratteristico del componimento è il ricorrere, due volte in ogni strofa, dell'espressione *di lontano*, che vuol proprio sottolineare il tema dell'amore come tensione che non può essere placata se non nel sogno e nella fantasia dell'innamorato. Si tratta per questo di un amore struggente e malinconico, che sviluppa passione ma anche nostalgia.

Quando a maggio son lunghe le giornate
amo il canto d'uccelli di lontano;
poi che da loro me ne sono andato,
mi ricordo un amore di lontano;
vo sospiroso in cuore, a capo chino
sì che canto né fior di biancospino
m'allietan più dell'inverno gelato.

Mai d'amore la gioia non avrò
se non da questo amore di lontano.
Donna più bella o più gentil non so
in nessun luogo vicino o lontano.
Poi che il suo pregio è sì verace e fino,
che laggiù, nel reame saracino,
io pur vorrei suo schiavo esser chiamato.

2. d'uccelli di lontano: degli uccelli che vengono da lontano, forse dalla terra dove dimora la donna amata.
5. vo… cuore: vado sospirando nel mio cuore.
6-7. sì che… gelato: tanto che né il canto degli uccelli, né i fiori di biancospino riescono ad allietarmi più di un gelido inverno.
10. non so: non conosco.
12. il suo… fino: le sue virtù sono così autentiche e raffinate. Il *pregio* è la somma delle virtù cavalleresche della gentilezza, della bellezza e della raffinatezza; *fino* è un aggettivo tipico della poesia cortese e indica finezza di modi e di sentimenti, nobiltà d'animo ed educazione.
13. nel reame saracino: nel regno saraceno, dove vive, lontana, la donna amata.

Triste e gioioso me ne partirò
se mai lo veda, il mio amore lontano;
ma non so quando vederla potrò:
troppo le nostre terre son lontane.
Ché lungo è il viaggio per terra e per mare:
s'io mai la veda, non so indovinare.
Ma sia di ciò come a Dio sarà grato.

Con gioia per Iddio le chiederò
d'ospitarmi nella casa lontana;
e, se a lei piace, allor dimorerò
vicino a lei, bench'io sia di lontano.
S'udrà parlare allora dolcemente,
quando il lontano amante, là, presente,
dai suoi bei detti sarà confortato.

Verace certo il Signore ritengo
per cui vedrò l'amore di lontano.
Ma per un solo bene che n'ottengo
soffro due mali, tanto m'è lontana.
Ah, perché là non sono pellegrino,
e il mio bordone e il mio manto meschino
non son da quei begli occhi rimirati?

Dio, che creò ciò che viene e che va
e creò questo amore di lontano,
mi dia potere come ho volontà
di veder questo amore di lontano
veracemente, e con sì dolce usanza
che sempre il suo giardino e la sua stanza
possan sembrarmi un palazzo incantato.

Il vero dice chi ghiotto mi chiama
e desioso d'amor di lontano,
poi che null'altra gioia tanto bramo
del godimento d'amor di lontano.
Ma quello che vorrei non m'è concesso,
ché il mio padrino in me la sorte ha impresso
d'amare sempre senz'essere amato.

Ma quello che vorrei non m'è concesso:
maledetto il padrino che m'ha impresso
la sorte di non essere amato.

Poesie dell'età cortese, op. cit.

19. Ché: perché.
24. dimorerò: mi tratterrò.
26-28. S'udrà... confortato: quando il lontano amante sarà là con lei, confortato dalle sue dolci parole, parlerà anch'egli a lei dolcemente.
29. Verace: veritiero.
31-32. Ma per... lontana: la fiducia nell'aiuto di Dio per poter vedere il suo amore lontano è di conforto al poeta (*un solo bene*), ma nello stesso tempo aumenta la nostalgia e il timore di non poter mai raggiungere tale gioia (*soffro due mali*).
33. pellegrino: viaggiatore.
34. bordone: è il bastone del viandante; **meschino:** modesto, di poco valore.
36. ciò... va: tutto ciò che nasce e muore.
38. mi dia... volontà: mi dia una possibilità grande quanto la mia volontà.
40. con... usanza: in modi e occasioni così dolci.
45. bramo: desidero.
48-49. il mio... amato: sembra al poeta che il suo padrino gli abbia impresso, al momento della nascita, il destino di amare senza essere riamato.
51. maledetto: in una lirica dai toni dolci e sfumati, questo è l'unico accenno a un'invettiva contro un amaro destino.

Analisi del testo

Un amore irraggiungibile. La ripetizione della espressione *di lontano* è il carattere più evidente di questa poesia e ne chiarisce la situazione: il poeta esprime infatti il proprio amore per una donna lontana e apparentemente irraggiungibile. La lontananza non va però intesa come un dato reale, ma come una situazione psicologica: la donna è lontana proprio perché irraggiungibile, ed è irraggiungibile in quanto non si tratta di una persona reale, ma di una figura largamente idealizzata.
Lo stato d'animo del poeta presenta una molteplicità di sfaccettature. Da un lato il poeta esprime la propria malinconia per la lontananza della donna amata, dall'altro dichiara di essere pronto a raggiungerla, a costo di sacrifici (come quelli legati a un pellegrinaggio, strofa 5) e umiliazioni (come l'andare schiavo in un regno musulmano, strofa 2).
Di particolare interesse è la strofa centrale della poesia, in cui il poeta immagina di poter raggiungere la donna amata e di parlare con lei (strofa 4); la forza dell'immaginazione è tale che il poeta "vede" con gli occhi della mente il giardino, la stanza e il "palazzo incantato" in cui la donna potrebbe risiedere (strofa 6). La malinconia, in questi versi, si risolve in visione fiabesca.

I riferimenti alla realtà. Il riferimento alla realtà del tempo non è assente, ma è espresso in maniera indiretta. Nota per esempio l'abbondanza di riferimenti alla religione (oltre al pellegrinaggio, le invocazioni a Dio ecc.), che nella cultura del tempo costituisce un riferimento sempre presente.
Nota anche il riferimento al padrino, nell'ultima strofa e nel congedo, che forse allude al fatto che l'amore è impossibile a causa della differenza sociale fra gli amanti (il padrino era colui che, in occasione del battesimo del bambino, si impegnava a garantire al futuro giovane una certa posizione sociale).

Proposte di lavoro

1. Indica il tema centrale di ogni strofa della poesia letta e sottolinea nel testo le parole chiave che lo esprimono.

2. Individua nel testo i tratti che caratterizzano il poeta e quelli che caratterizzano la donna amata e riassumili nella seguente tabella.

Tratti del poeta	Tratti della donna

3. I sentimenti del poeta subiscono, nel corso della lirica, un'evoluzione? Se sì, in che cosa consiste e da quali espressioni è indicata?

....

....

....

4. Rispondi alle domande seguenti.

➤ La figura della donna amata è realmente presente nelle immagini della lirica oppure è solo una fantasia del poeta?

....

➤ Appare come una donna concreta fisicamente descritta, o come un essere astratto e spiritualizzato?

....

➤ Quali espressioni e termini del testo ti indicano la risposta?

....

5. Nel corso della nostra analisi, abbiamo osservato che il tono predominante di questa poesia è malinconico.

➤ Verifica questa affermazione facendo gli opportuni riferimenti al testo.

....

➤ Nell'ultima strofa e nel congedo, il tono cambia improvvisamente: che cosa accade?

....

Jacopo da Lentini

L'autore

Jacopo, o Giacomo, da Lentini fu l'**iniziatore della Scuola siciliana**, definito anche da Dante, nella *Divina Commedia*, il caposcuola e il maestro dei poeti della corte di Federico II. Vissuto nella prima metà del Duecento, fu notaio e funzionario della corte federiciana; a lui la tradizione assegna l'invenzione della forma metrica del sonetto (vedi p. 121).

Nella sua poesia troviamo applicati gli schemi dell'amore cortese propri della cultura nobiliare: la gioia e il dolore d'amore, la condizione di servitù e di vassallaggio dell'*Amante verso Madonna*, l'esaltazione della donna amata, l'analogia con la natura. Lo stile è elegante e raffinato, ricco di raffigurazioni simboliche. A partire da Jacopo, e da tutta la Scuola siciliana, la poesia in volgare italiano assume **consapevolezza tecnica e linguistica**, iniziando a seguire regole e atteggiamenti ben definiti, sia pure in gran parte ripresi dalla lirica provenzale.

Epoca
XIII secolo
Genere
poesia lirica
Lingua
volgare siciliano
Schema metrico
sonetto ABAB ABAB CDE CDE

Amor è uno desio

Il sonetto che presentiamo fa parte di una tenzone ("duello", gara) poetica con Pier della Vigna e Jacopo Mostacci, nella quale un poeta pone una domanda o un problema e gli altri rispondono. In generale, tra i poeti siciliani, come già anche tra i provenzali, erano le regole dell'amor cortese a costituire l'oggetto delle discussioni. Il problema presentato in questo sonetto riguarda la natura, le cause e gli effetti dell'amore. Jacopo sostiene che la passione amorosa nasce dalla vista della donna ed è alimentata dal cuore attraverso l'immaginazione.

In questa risposta l'autore dimostra un'attenzione all'aspetto psicologico dell'amore e dei sentimenti umani in gran parte sconosciuta ai lirici provenzali. Questa concezione dell'amore sarà alla base di tutta la lirica amorosa del Duecento.

Amor è uno desio che ven da core
per abondanza di gran piacimento;
e li occhi in prima generan l'amore
e lo core li dà nutricamento.

1. uno... core: un desiderio che viene dal cuore.
2. per... piacimento: dall'abbondanza del piacere che la donna ispira.
3-4. e li occhi... nutricamento: l'amore è generato in primo luogo dagli occhi (la vista, la contemplazione della donna) e il cuore gli (*li*) dà poi alimento (*nutricamento*).

I suffissi: dubbi ed errori

Il lessico e la grammatica

Jacopo da Lentini è un autore importante in quanto è il primo esponente della Scuola siciliana, ma non lo si può definire un poeta particolarmente dotato. Lo possiamo capire, fra le altre cose, dal carattere ripetitivo delle rime che utilizza in questa poesia: per esempio *core*, *amore* (la più scontata di tutte le rime!), *amatore*, *furore*, *core* (ancora!), *concepitore*...; oppure *piacimento*, *nutricamento*, *'namoramento*, *nascimento*... Si tratta di rime basate nella maggior parte di casi su suffissi, che rivelano un uso ancora molto incerto della lingua volgare: i grandi poeti, come Dante e Petrarca, usano molto raramente rime di questo genere, e mai più di una.

I suffissi (come -mento o -ore) spesso presentano dei problemi anche per chi scrive oggi. Per esempio, si dice *allegria* o *allegrezza*? *Concentrazione* o *concentramento*? *Isolazione* o *isolamento*? Riflettiamo insieme. Le tre domande presentano casi diversi:

- **allegria** o **allegrezza** si possono usare indifferentemente perché sono entrambe forme corrette, anche se la prima oggi è più usata rispetto alla seconda;
- **concentrazione** e **concentramento** si possono usare entrambe, ma hanno significati ben diversi: il cambio di suffisso, in questo caso, crea una parola del tutto nuova – e infatti la concentrazione è quella che ci serve quando studiamo, oppure quella che può avere una sostanza chimica mescolata ad altre; il concentramento è invece un raggruppamento di persone;
- **isolazione** e **isolamento** pongono infine un problema ancora diverso: la prima parola infatti non esiste, si dice isolamento e basta!

Le buone grammatiche dedicano ai suffissi (e ai prefissi) un capitolo importante, nella parte relativa al lessico, ma non esistono regole sicure per evitare gli errori. Solo la pratica (la lettura) ci aiuta, e la verifica sul dizionario nei casi dubbi.

Ben è alcuna fiata om amatore
senza vedere so 'namoramento,
ma quell'amor che stringe con furore
da la vista de li occhi ha nascimento:

ché li occhi rappresentan a lo core
d'onni cosa che veden bono e rio,
com'è formata naturalemente;

e lo cor, che di zo è concepitore,
imagina, e li piace quel desio;
e questo amore regna fra la gente.

5-8. Ben è... nascimento: è ben vero che talvolta (*alcuna fiata*) si ama (*om è amatore*) senza vedere l'oggetto del proprio amore (*so 'namoramento*), ma quell'amore che diventa passione fremente nasce solo dalla vista dell'amata. Il poeta si riferisce qui criticamente all'*amore di lontano* (*amor de lonh*), cioè l'amore per una donna mai vista teorizzato dai lirici provenzali.
9-11. ché... naturalemente: perché gli occhi rappresentano, trasmettono (*rappresentan*) al cuore ogni cosa che vedono, buona o cattiva (*rio*) che sia, com'è conformata in natura.
12-14. e lo cor... gente: e il cuore, che ciò (*zo*) concepisce, immagina e si compiace di quel desiderio. Questo è l'amore che regna nel mondo.

Analisi del testo

Amore malinconico e spirituale. Nella prima strofa, Jacopo definisce l'amore: esso è un desiderio che nasce dal cuore di fronte alla bellezza, ed è originato quindi dallo sguardo, dalla vista dell'oggetto amato. Detto altrimenti: l'amore nasce negli occhi e poi si sviluppa nel cuore.
Nella seconda strofa, il poeta corregge in parte questa definizione troppo generica: come abbiamo visto leggendo la poesia di Jaufré Rudel, vi sono infatti dei casi in cui l'amore non è legato alla vista; ma in questi, sostiene Jacopo, l'amore è meno appassionato, ha un carattere più malinconico, tenero, spirituale; la vera pazzia amorosa passa sempre attraverso gli occhi.

Bontà e bellezza. Le due terzine spiegano le ragioni per cui la vista della donna amata è tanto importante: Jacopo sostiene infatti che gli occhi ci svelano la vera natura di ciò che vediamo – ciò che è buono ci appare anche bello, ciò che è cattivo ci si presenta come brutto.
A noi moderni questa affermazione pare ingenua e inaccettabile, ma dobbiamo pensare al contesto culturale in cui Jacopo agiva: un contesto in cui estetica e morale erano strettamente collegate, per cui il diavolo era brutto, mentre la creazione divina era bella proprio in quanto divina, cioè buona. Non dobbiamo quindi interpretare in senso edonistico e superficiale l'importanza che Jacopo e gli altri poeti cortesi attribuiscono alla bellezza: essi apprezzano la bellezza in quanto è specchio di una perfezione interiore e morale.
Sarà questo un tema che gli stilnovisti e Petrarca svilupperanno ampiamente.

Proposte di lavoro

1. Verifica la comprensione letterale del testo spiegando il significato delle seguenti espressioni.
- Amor è uno desio che ven da core: ....

....

- Ben è alcuna fiata om amatore / senza vedere so 'namoramento: ....

....

- lo cor, che di zo è concepitore, / imagina: ....

....

2. Sintetizza rapidamente il contenuto della poesia, riassumendo ogni strofa in una breve frase.
vv. 1-4..
vv. 5-8..
vv. 9-11..
vv. 12-14..

3. Fai la parafrasi completa (versione in prosa) del testo, riscrivendolo in italiano moderno.

4. Che rapporto stabilisce il poeta tra "occhi" e "cuore", tra "visione" e "immaginazione"?

5. Confronta il sonetto di Jacopo da Lentini con la lirica di Jaufré Rudel. Quali diverse teorie dell'amore vengono a contrapporsi?

Incontro con l'autore
Francesco Petrarca

La vita

Francesco Petrarca nacque nel 1304 ad Arezzo. Il padre, un notaio fiorentino esiliato da Firenze nel 1302 perché guelfo di parte bianca (come Dante, di cui era amico), si trasferì nel 1312 a Carpentras, presso Avignone in Francia, nuova sede della corte pontificia. Dopo aver compiuto i primi **studi di retorica**, **grammatica e dialettica**, Francesco fu mandato a **studiare legge**, insieme con il fratello minore Gherardo, prima a Montpellier e poi a Bologna, dove rimase dal 1320 al 1326. Tornato in Provenza, forse in seguito alla morte del padre, frequentò l'ambiente mondano e aristocratico di Avignone e il 6 aprile 1327, nella chiesa di Santa Chiara, incontrò Laura, la donna che sarebbe stata la principale ispiratrice della sua poesia.

Esaurito il patrimonio paterno, Petrarca intraprese la **carriera ecclesiastica**, prendendo gli ordini minori che gli consentivano di porsi al seguito della corte papale e cardinalizia e di godere di una rendita, senza impegnarlo in un reale lavoro pastorale. Egli iniziava in questo modo un **nuovo tipo di rapporto tra l'intellettuale e il potere politico e religioso**, che si sarebbe affermato ampiamente nel Quattrocento e nel Cinquecento: l'intellettuale riceveva protezione e aiuto materiale, incarichi pubblici e onori; e forniva alla corte prestigio culturale, la dedica dei propri libri, ma anche opere su commissione e prestazioni diplomatiche.

Spinto da una profonda irrequietezza, Petrarca compì **molti viaggi in Europa**, soggiornando in particolare a Roma, dove l'ammirazione per i testi dell'antichità classica e cristiana maturò in lui il proposito di approfondire lo studio degli antichi e di dedicarsi alla prosa e alla poesia in latino. Il desiderio di un rifugio solitario, lontano dalla città e dalla folla, lo indusse a ritirarsi a Valchiusa, poco distante da Avignone, dove iniziò il poema epico in latino *Africa*. Cresceva però intanto, con la diffusione delle prime opere, la sua notorietà. All'ideale di una vita raccolta e intensamente cristiana, dedicata agli studi e alla meditazione, si venivano a opporre in lui l'**ambizione**, il **desiderio di riconoscimenti** e poi le passioni amorose, l'**amore tormentato per Laura**.

Le prime opere, in particolare l'*Africa*, gli fecero meritare l'**incoronazione poetica**, che gli fu offerta contemporaneamente da Parigi e da Roma. Da questo momento in poi, la sua vita fu sempre una **ricerca tormentata di un equilibrio spirituale**: egli cercò a più riprese di realizzare il suo ideale di vita appartata, per esercitare, libero dal servizio dei potenti, il suo lavoro di letterato. Non rinunciò però mai ai viaggi: fu di nuovo ad Avignone, poi a Napoli come ambasciatore papale. Nel 1347 si diresse verso Roma, suggestionato dal tentativo di riforma politica di Cola di Rienzo, in cui vedeva la possibilità per l'Italia di pace politica e rigenerazione morale. Il fallimento dell'impresa di Cola lo fermò però a Genova. A Parma, nel 1348, seppe della morte di Laura e di numerosi amici a causa della peste. Visse in seguito per alcuni anni a Firenze, dove strinse un'intensa amicizia con Boccaccio, poi a Milano, e infine a Venezia. Nel 1370 si ritirò ad Arquà dove morì nel 1374.

Le opere

Le opere di Petrarca **in latino**, sia in prosa sia in poesia, sono **più numerose di quelle in volgare**. Queste sono essenzialmente le liriche raccolte nel *Canzoniere* e il poema in terzine i *Trionfi*, opera costituita da immagini mitiche e simboliche che rappresentano i sentimenti umani (l'amore, la morte, la fama, la pudicizia ecc.). In latino egli compose un vasto epistolario, raccogliendo le sue lettere sotto i titoli *Familiari* (quelle scritte fra il 1325 e il 1366) e *Senili* (posteriori al 1361). Fra le lettere, famosa è quella in cui racconta la sua ascesa al Monte Ventoso, in Provenza, dove la descrizione del vasto orizzonte montano diventa occasione di analisi della propria vita interiore.

Molti anni furono dedicati alla stesura dell'*Africa*, un poema che narrava la storia della seconda guerra punica e che intendeva riproporre i temi dell'epica classica. Nel 1338 fu iniziato il *De viris illustribus*, un'opera in prosa che parlava degli uomini illustri del passato (da Adamo a Mosè, a Romolo, a Catone). Del 1346 è il *De vita solitaria*; dell'anno seguente il *De otio religioso*, dedicato al fratello Gherardo: sono queste due opere di argomento più personale, in cui Petrarca esalta la vita ritirata e solitaria, dedita agli studi e alla meditazione, a contatto con Dio e con la natura. Scritto tra il 1342 e il 1358 è infine il *Secretum*, una specie di testamento spirituale del poeta.

Canzoniere

Una dama del XIV secolo.

Il *Canzoniere* di Francesco Petrerca è rimasto nei secoli **il modello della nostra poesia lirica**. Da Ariosto a Foscolo, fino a Ungaretti e Montale, i poeti italiani lo hanno accolto come esempio di originalità comparativa, come modello di analisi psicologica e interiore.

Con il *Canzoniere* Petrarca ha inventato una **struttura letteraria assai originale**, fortemente agganciata alla tradizione classica e romanza, ma profondamente moderna nei suoi significati e contenuti e anticipatrice di molti dei temi dell'Umanesimo e del Rinascimento.

La struttura

Petrarca lavorò al *Canzoniere* lungo l'arco di tutta la sua vita, dal 1335 circa fino alla morte. Nell'ultima delle sue numerose redazioni, l'opera – il cui titolo originario latino era *Rerum vulgarium fragmenta*; *Canzoniere* o anche *Rime sparse* furono i titoli adoperati nell'uso comune, fin dai primi tempi – è formata da **366 componimenti**, uno per ogni giorno dell'anno più il sonetto introduttivo. Fra questi si contano 317 sonetti, 29 canzoni, 9 sestine, 7 ballate e 4 madrigali, che esemplificano tutti gli schemi metrici della tradizione occitanica e italiana. Nella raccolta, le liriche si succedono secondo un ordine approssimativamente cronologico ma soprattutto secondo accostamenti per somiglianza di stile o di argomento.

L'opera è divisa in due parti: *In vita* e *In morte di madonna Laura*; si apre con un sonetto introduttivo (*Voi ch'ascoltate in rime sparse il suono*) composto in realtà più tardi, dopo il 1348, e procede con una serie di sonetti che cantano l'occasione e il luogo dell'innamoramento per Laura. Vengono poi gruppi di liriche amorose e altre di argomento politico (per esempio, la famosa canzone *Italia mia, benché 'l parlar sia indarno*) o polemico contro la corte pontificia. Il *Canzoniere* si chiude infine con alcune liriche di tono religioso e una solenne canzone alla Vergine, che sta a significare il progressivo passaggio del poeta dall'amore terreno per Laura all'amore per Dio.

I temi

Laura viene rappresentata come una figura reale ma irraggiungibile

Tema dominante dell'opera è **l'amore per Laura**, in tutti i suoi aspetti: passione, tormento per la ritrosia di lei, nostalgia del passato, dolore per la sua morte, ripudio infine dell'"errore" giovanile. In realtà, però, il *Canzoniere* non è un diario d'amore per una donna; è piuttosto un **diario interiore** che si fa via via più tormentato e amaro, uno scavo nell'anima inquieta del vero protagonista, che è il poeta stesso. In questo continuo colloquio del poeta con se stesso s'intrecciano **motivi ricorrenti**: l'angoscia della solitudine e la solitudine stessa ricercata come fonte di quiete, lo smarrimento nella confusione tra la realtà e l'immaginazione, la preghiera. Laura non ha, nell'opera, la consistenza di un personaggio, è viva solo nel sentimento e nella fantasia del poeta e appare spesso come figura reale ma lontana, quasi irraggiungibile. Essa diventa il **simbolo di una felicità terrena completa**, una vita bella, che Petrarca desiderava fortemente ma sentiva **irraggiungibile**. Anche la morte di Laura diventa occasione di un accrescersi del senso di precarietà e di disinganno del poeta, che si rivolge ancora più ansiosamente verso Dio. La delusione amorosa e poi la morte di Laura maturano in lui la convinzione dell'**inutilità di ogni speranza e di ogni sogno terreno**. Laura è naturalmente bellissima: la sua rappresentazione fisica, per quanto idealizzata e ridotta in genere a pochi elementi (i capelli, gli occhi, le labbra, ma anche il corpo, il seno), la rende comunque molto lontana dalle donne angelicate degli stilnovisti. Laura è infatti una **donna terrena**, amata per se stessa, non in quanto strumento di elevazione spirituale verso Dio. Questo suo carattere terreno è ulteriormente sottolineato dal rapporto che il poeta instaura fra Laura e la natura: la natura è specchio di Laura, Laura si oggettiva nella natura, nelle sue forme e nei suoi elementi. Ma anche il poeta trova nella natura una corrispondenza: i suoi sentimenti si rispecchiano nel paesaggio naturale. Questa **rappresentazione idealizzata della natura** nasce dalla tendenza di Petrarca a cogliere e ad apprezzare tutti gli elementi di bellezza, di armonia, di serenità, di delicatezza. Il poeta tende a ingentilire la realtà che rappresenta, sia essa una realtà naturale, sia essa una realtà interiore.

La poesia di Petrarca non è però priva di un **elemento fortemente drammatico**: la lotta fra sensualità e ragione, fra amore terreno e tensione religiosa, è considerata dal poeta alla base della sua storia d'amore con Laura. Ma Petrarca, che pure parte da elementi autobiografici, tende ad attribuire a questa storia un **valore universale**: proprio riflettendo e analizzando la propria condizione, egli arriva a riconoscere che essa è una condizione comune a tutti gli uomini.

Il rapporto con le tradizioni precedenti

Il *Canzoniere* è un'opera in cui confluiscono **tradizioni diverse**: quella della **poesia classica**, soprattutto latina, quella della **poesia provenzale** e, infine, quella della **poesia stilnovistica**. Il tema fondamentale del libro è naturalmente l'amore; ma più che il sentimento, Petrarca rappresenta nei suoi versi **la coscienza del sentimento**, la sua consapevolezza, il suo atteggiamento analitico e autoanalitico. In questo senso l'unico vero precedente del *Canzoniere* è la *Vita nuova* di Dante: in entrambi i testi, infatti, il poeta protagonista è al centro dell'interesse in quanto personaggio reale, con tutte le sue contraddizioni e la sua ricchezza psicologica. La poesia di Petrarca è quindi una poesia riflessiva, non spontanea.

Laura è una donna concreta, che non perde mai i suoi caratteri fisici

Laura viene posta, come Beatrice, su un piano di bellezza assoluta e ineguagliabile. Tuttavia, assai più che la Beatrice di Dante, essa è anche una **donna concretamente e sensibilmente intesa**, la cui bellezza fisica turba ed emoziona il poeta. Petrarca vive l'esperienza amorosa combattuto tra la spinta della passione e lo slancio verso la purezza, che però vede praticata in una vita solitaria e ascetica. Anche lo schema stilnovistico della "lode", cioè la contemplazione e l'esaltazione della bellezza della donna, viene in Petrarca profondamente rinnovato. La donna amata è esaltata per la sua spiritualità, ma non perde mai i suoi caratteri fisici; è collocata dentro la natura, è addirittura trasformata in un elemento della natura, fonte di vitalità e di energia.

Petrarca è dunque **molto più presente come persona nelle sue liriche** che non Dante o Cavalcanti nelle loro. Note fondamentali della sua poesia diventano così la coscienza dell'inesorabile scorrere del tempo e della giovinezza, il senso di colpa suscitato dal ricordo della passione provata per Laura, il senso di solitudine di un animo tormentato.

Lo stile

All'inquietudine del suo animo Petrarca oppone nel *Canzoniere* un **linguaggio poetico elegante e classico**, volto a un ideale di compostezza e di equilibrio, di perfezione delle forme e di armonia, che ingloba le esperienze precedenti della poesia provenzale cortese e dello Stilnovo e soprattutto imita la poesia latina di Tibullo, Properzio, Catullo.

Il **tono dominante** della sua lirica è **musicale e pacato, essenziale**, fatto di poche parole emblematiche. La lingua è un **fiorentino puro** in cui sono quasi scomparsi i provenzalismi e i sicilianismi ancora presenti negli stilnovisti, e sono rari anche i latinismi spesso usati da Dante.

La struttura del *Canzoniere*

Il *Canzoniere* è composto da **366 poesie**, una per ogni giorno dell'anno più una di introduzione generale a tutta l'opera.

Esso si suddivide al suo interno in due parti: **le rime "in vita"** di Laura (fino alla poesia n. 263) e **le rime "in morte"** (dalla poesia n. 264 alla fine).

I temi affrontati sono vari:
- il tema dell'amore
- il tema religioso
- il tema politico
- altri temi, come l'amicizia per altri poeti e artisti, l'elogio della famiglia Colonna ecc.

Opera
Canzoniere
Epoca
XIV secolo
Genere
poesia lirica
Lingua
italiano

Schema metrico
sonetto
ABBA ABBA
CDE CDE

Canzoniere, I

Voi ch'ascoltate

Il primo sonetto del *Canzoniere* svolge la funzione di proemio, cioè di introduzione generale. Esso fu scritto dal poeta quando il *Canzoniere* era a uno stadio di elaborazione ormai molto avanzato (probabilmente tra il 1347 e il 1350) e preannuncia in sintesi i temi fondamentali dell'opera: l'amore per Laura; la disperazione per la morte della donna, che conduce il poeta a considerare la vanità di tutte le passioni umane; il contrasto fra la passione terrena e la fede religiosa.

Voi ch'ascoltate in rime sparse il suono
di quei sospiri ond'io nudriva 'l core
in sul mio primo giovenile errore,
quand'era in parte altr'uom da quel ch'i' sono,

1-2. Voi: il poeta si rivolge ai lettori del *Canzoniere*; **ch'ascoltate... sospiri:** che ascoltate in queste rime il suono dei miei sospiri. Le *rime* sono chiamate *sparse*, perché non sono collegate in un'opera unitaria, ma sono ciascuna a sé stante; **ond'io... core:** dei quali nutrivo il mio cuore. I sospiri, i tormenti d'amore erano il nutrimento dell'animo del poeta.
3. in sul... errore: al tempo del mio primo errore giovanile. Il poeta allude qui al suo amore per Laura, che viene giudicato un errore e diventa il simbolo del suo travagliato attaccamento alle cose terrene.
4. quand'era... sono: quand'ero in parte un uomo diverso da quello che sono ora.

Il sonetto

Metrica e retorica

Gran parte dei componimenti che costituiscono il *Canzoniere* sono sonetti.
Il sonetto è una poesia di **14 versi**, solitamente **endecasillabi** (cioè composti da undici sillabe metriche).
I versi sono suddivisi in **quattro strofe**: due quartine (strofe di quattro versi) e due terzine (strofe di tre versi).

Le quartine, di solito, hanno i versi che rimano secondo i seguenti schemi:

ABAB ABAB (rima alternata)
ABBA ABBA (rima incrociata)

Le terzine possono avere schemi più vari, come i seguenti:
CDC DCD
CDE CDE
CDE EDC, ecc.
Ecco l'analisi metrica del primo sonetto del *Canzoniere*: completala tu

Voi ch'ascoltate in rime sparse il su**ono**	A	I quartina
di quei sospiri ond'io nudriva 'l c**ore**	B	
in sul mio primo giovenile err**ore**	B	
quand'era in parte altr'uom da quel ch'i' s**ono**,	A	
del vario stile in ch'io piango et ragi**ono**,	...	II quartina
fra le vane speranze e 'l van dol**ore**,	...	
ove sia chi per prova intenda am**ore**,	...	
spero trovar pietà, nonché perd**ono**.	...	
Ma ben veggio or sí come al popol t**utto**	C	I terzina
favola fui gran tempo, onde sov**ente**	D	
di me mesdesmo meco mi verg**ogno**;	E	
et del mio vaneggiar vergogna è 'l fr**utto**,	...	II terzina
e 'l pentérsi, e 'l conoscer chiaram**ente**	...	
che quanto piace al mondo è breve s**ogno**.	...	

del vario stile in ch'io piango e ragiono,
fra le vane speranze e 'l van dolore,
ove sia chi per prova intenda amore,
spero trovar pietà, nonché perdono.

Ma ben veggio or sì come al popol tutto
favola fui gran tempo, onde sovente
di me medesmo meco mi vergogno;

e del mio vaneggiar vergogna è 'l frutto,
e 'l pentérsi, e 'l conoscer chiaramente
che quanto piace al mondo è breve sogno.

5-8. del vario... perdòno: spero di trovare pietà e perdono per il modo vario (*vario stile*) nel quale mi lamento e parlo (*ragiono*), oscillando tra vane speranze e sofferenze ugualmente vane, se vi è (*ove sia*) chi sappia, per averlo provato, che cos'è amore. Petrarca chiama *vario* il suo stile non solo per la varietà dei toni e dei sentimenti che esprime, ma anche per il carattere contraddittorio e concitato della sua poesia.
9. Ma: la congiunzione avversativa segna una svolta nella meditazione del poeta; **veggio:** vedo.
10. favola... tempo: fui per molto tempo oggetto di discorsi e di riso; **onde:** per cui.
11. meco: con me stesso, tra me e me. Si noti l'allitterazione della *m*.
12-13. e del mio... pentersi: e il risultato del mio errore amoroso è la vergogna e il pentimento.
14. quanto piace: l'oggetto delle nostre passioni, i beni terreni; **al mondo:** in questo mondo, dove tutto è "vano" e passeggero; dopo la vergogna e il pentimento viene la consapevolezza della brevità e della caduta, sia pure dolce, delle cose terrene.

Analisi del testo

L'amore per Laura. Nel sonetto compaiono alcuni dei temi fondamentali di tutto il *Canzoniere*, in particolare il contrasto fra l'amore per Laura e la fede religiosa da cui questo sentimento distoglie il poeta; e, di conseguenza, l'immagine del poeta come di un uomo lacerato, interiormente diviso e contraddittorio, che vorrebbe rinnegare il proprio errore (l'amore per Laura, appunto) e nello stesso tempo si rivela legato al proprio passato.
Il tema fondamentale del componimento è la meditazione sulla precarietà di ogni cosa terrena, anche dell'amore per Laura che ha occupato gli anni giovanili del poeta. Ora, negli anni della maturità, al tumulto degli ardori giovanili sono subentrate la calma della ragione e la consapevolezza dell'inutilità e della vanità di tutte le passioni umane.
Il sonetto si basa sulla contrapposizione fra passato e presente (come rivelano i verbi, soprattutto nel verso 4: «quand'era in parte altr'uom da quel ch'i' sono»): il passato, l'età giovanile, è dominato dall'errore, cioè dalla passione amorosa; il presente, l'epoca della maturità, in cui il poeta scrive questi versi, è dominato dalla ragione e dalla consapevolezza dell'errore passato.

Un'autentica tensione religiosa. Nel poeta protagonista del *Canzoniere* è presente una tensione religiosa autentica, che lo spinge a considerare negativamente la sua passione amorosa giovanile, ma nello stesso tempo egli indugia sul proprio passato, chiedendo ai suoi lettori comprensione e pietà. Si dichiara pentito e vergognoso, ma privilegia fra i lettori coloro che hanno compiuto i suoi stessi errori («chi per prova intenda amore»). L'analisi del proprio sentimento e delle proprie contraddizioni è in ogni caso proposta come esemplare: la tensione mai completamente realizzata verso il superamento delle passioni terrene, l'amore inteso come un sentimento nello stesso tempo doloroso e vivificante sono sì esperienze individuali, ma hanno anche un valore universale, come rivela tra l'altro il tono proverbiale dell'ultimo verso del sonetto.

Il pubblico e la lingua. Il poeta si rivolge direttamente ai lettori, identificando esplicitamente il suo pubblico: da un lato egli individua infatti «chi per prova intenda amore», cioè coloro che hanno un'esperienza diretta del sentimento di cui parla; dall'altro si contrappone al *popol tutto*, cioè a coloro che, non avendo esperienza dell'amore, non possono capire la sua opera e considerano il poeta un oggetto di riso e di scherno.
Il poeta si esprime in una lingua depurata e raffinatissima, basata sul fiorentino e priva di elementi desunti dai dialetti, dal francese, dal provenzale o dal latino, che abbondano invece nella lingua dantesca. Anche sul piano stilistico, Petrarca sceglie costantemente uno stile "medio", seguendo i dettami della retorica medievale, che ne prevedeva l'uso per le opere di carattere lirico.

Proposte di lavoro

1. Verifica la comprensione del testo rispondendo alle seguenti domande.
- A chi si rivolge il poeta nei primi versi?
- Da chi spera di trovare pietà e perdono?
- Come definisce le sue poesie Petrarca?
- Perché dichiara di vergognarsi e di pentirsi?

2. La poesia si basa sul contrasto fra passato e presente. Spiega, completando la seguente tabella con le opportune citazioni, com'era il poeta in passato e com'è nel momento in cui scrive.

In passato	Oggi

3. Le espressioni *vane e van* (v. 6) e *vaneggiar* (v. 12) esprimono il significato centrale della lirica. Qual è?

....

4. Analizza nella poesia il significato della parola *errore* (verso 3). A che cosa si riferisce il poeta? Ne emerge un giudizio su di sé che riguarda il passato o anche il presente?

....

5. Nel sonetto il poeta espone i temi fondamentali del *Canzoniere*. Individua nel testo, per ciascuno dei temi che ti elenchiamo, i versi o le espressioni con cui Petrarca li enuncia:
- l'amore per Laura
- la vanità delle passioni terrene
- la contrapposizione fra amore e sentimento religioso
- il pentimento per l'errore giovanile

Opera
Canzoniere
Epoca
XIV secolo
Genere
poesia lirica
Lingua
italiano
Schema metrico
sonetto ABBA ABBA CDE CDE

Canzoniere, XXXV

Solo et pensoso

Solitudine, malinconia, ripiegamento addolorato nel chiuso del proprio animo sono i temi di questo sonetto. Il poeta vaga solo in luoghi deserti, a passo lento, ascoltando se stesso, contemplando la propria tristezza. Egli fugge ogni traccia umana, si sottrae allo sguardo degli uomini, a cui vuole nascondere la sua sofferenza amorosa. Ma anche nei luoghi più selvaggi, non può evitare la compagnia di Amore, che gli parla, ragiona incessantemente con lui.
Questo sonetto è il primo (dopo quello introduttivo *Voi ch'ascoltate in rime sparse il suono*) in cui all'esaltazione della bellezza di Laura si oppone il tema del tormento interiore. Come è caratteristico di Petrarca, il dolore è espresso in modo controllato; il poeta descrive la condizione del suo spirito con equilibrio e semplicità di parole. Nel testo emergono le immagini del paesaggio (*campi, monti, piagge, fiumi, selve*) che vengono a costituirsi come una metafora continuata della situazione interiore del poeta.

Solo et pensoso i più deserti campi
vo mesurando a passi tardi et lenti,
et gli occhi porto per fuggire intenti
ove vestigio human la rena stampi.

1. Solo et pensoso: nelle prime due parole è già riassunto il sonetto.
2. vo mesurando: vado misurando. Tale è la lentezza pensosa del poeta che egli sembra quasi misurare il terreno. Il *mesurando* dà l'idea di una meditazione totalmente assorta e di un vagare dell'uomo quasi meccanico, a cui corrisponde il vagare dei suoi pensieri e dei suoi ricordi; **a passi tardi et lenti:** quasi soffermandosi a ogni passo.
3-4. et gli occhi... stampi: e volgo gli occhi attenti per fuggire ogni luogo dove (*ove*) un'orma umana (*vestigio human*) segni il terreno (*la rena stampi*).

Altro schermo non trovo che mi scampi
dal manifesto accorger de le genti,
perché negli atti d'alegrezza spenti
8 di fuor si legge com'io dentro avampi;

sì ch'io mi credo omai che monti et piagge
et fiumi et selve sappian di che tempre
11 sia la mia vita, ch'è celata altrui.

Ma pur sì aspre vie né sì selvagge
cercar non so, ch'Amor non venga sempre
14 ragionando con meco, et io co llui.

5-6. Altro schermo... genti: non trovo altra difesa (*schermo*) che mi salvi dal palese accorgersi della gente del mio stato d'animo.
7. perché... spenti: perché nei miei gesti privi di ogni gioia e animazione.
8. di fuor... avampi: si vede al di fuori quanto grande sia dentro l'ardore della mia passione.
9-11. sì ch'io... altrui: tanto che io credo ormai che i monti e le pendici (*piagge*) e i fiumi e le selve sappiano di che qualità (*tempra* è propriamente la lega dei metalli) sia la mia vita, che agli altri (*altrui*) è nascosta.
12-13. Ma pur... non so: e tuttavia non so trovare strade così impervie e selvagge.
13-14. ch'Amor... co llui: che Amore non venga sempre discorrendo, intrattenendosi (*ragionando*) con me (*con meco*), e io con lui. Il colloquio dunque non è imposto con forza da Amore, ma è il poeta stesso che lo ricerca.

Il lessico e la grammatica

Scrivere le doppie

Avrai forse notato che in questa poesia Petrarca fa due "errori" di ortografia: scrive infatti *alegrezza*, con una L sola, anziché allegrezza; e *avampi*, con una V sola, anziché avvampi. Come si spiega questo fatto?
Ovviamente non siamo di fronte a una semplice distrazione del poeta. In teoria ciò sarebbe possibile, perché i poeti sono esseri umani e una svista può capitare a tutti, ma Petrarca era un accanito rilettore e correttore delle proprie opere e soprattutto usa le stesse forme altrove, per cui non può trattarsi di un errore. La spiegazione è la seguente: nell'epoca in cui scriveva Petrarca, l'esigenza di uniformità grafica era meno sentita, la grafia era più libera, **le regole non erano ben definite**. È con l'invenzione della stampa (nella seconda metà del Quattrocento) che, per la prima volta, si sente l'esigenza di uniformare i modi di scrittura e quindi di stabilire regole valide per tutti. Ciò avviene progressivamente nel corso del **Cinquecento** e ancora in parte del **Seicento**. Oggi una simile "libertà" grafica è riscontrabile, per esempio, nella stesura di sms o e-mail, dove l'uso di abbreviazioni e forme contratte, a parte qualche caso ricorrente (TVB = ti voglio bene, nn = non, cmq = comunque ecc.), dipende in buona misura dall'estro individuale.

Naturalmente, oggi scrivere *alegrezza* o *avampi* è un errore, e anche piuttosto grave. Nota che in molti casi l'uso della doppia è essenziale per chiarire il significato della parola. Per esempio: belo / bello; polo / pollo; stilo / stillo... Riesci a trovare anche tu qualche altro esempio?

Analisi del testo

Le scelte espressive. Il sonetto è costruito sulla base di quattro periodi, ciascuno dei quali occupa esattamente una strofa. Le due quartine sono interrotte alla fine del secondo verso da una virgola; le due terzine hanno anch'esse una struttura analoga, con l'ultimo verso spezzato in due da una virgola.
Il sonetto si sviluppa sulla base di una serie di coppie di termini, prevalentemente aggettivi, secondo un procedimento espressivo tipico della poesia petrarchesca: «Solo et pensoso, tardi et lenti, sì aspre... sì selvagge». Spesso le coppie di termini sono sottolineate dalla presenza di antitesi, di cui il poeta si serve per esprimere la sua lacerazione spirituale: *spenti... avvampi, di fuor... dentro, schermo... manifesto*.
Il risultato di queste scelte espressive è che una materia psicologica dolorosa e drammatica (la disperazione del poeta innamorato) trova espressione in un testo particolarmente limpido ed equilibrato. Come afferma il critico H. Friedrich: «La malinconia del contenuto, la dissonanza che viene a manifestarsi fra l'io e la natura si sciolgono in un'armonia equilibratrice. Ciò che sembra essere in opposizione si riconcilia nella simmetria. Il testo canta un dolore e lo placa nell'arte».

Il rapporto con la natura. Il tema fondamentale della poesia è il rapporto con la natura: il poeta afflitto dalle pene d'amore fugge la vista e il contatto degli altri uomini (il *popol tutto* per il quale era oggetto di scherno, di cui parlava nel primo sonetto) e cerca la solitudine in un paesaggio che vorrebbe incontaminato (paesaggio che non viene però descritto ma solo evocato attraverso i suoi elementi essenziali: *campi, monti, piagge, fiumi, selve*; si tratta evidentemente di un paesaggio "mentale", indefinito, senza tempo e senza concretezza). In questo paesaggio (umanizzato e reso quasi partecipe delle sofferenze del poeta grazie al verbo *sappian*) Petrarca non trova però la pace che cerca: la poesia, che si apre con immagini di solitudine (*solo... deserti*) si conclude con l'immagine del colloquio fra il poeta e Amore (anch'esso personificato) che lo perseguita.

Proposte di lavoro

1. Indica se le seguenti affermazioni sono vere o false e motiva la tua scelta.
   - V F Petrarca è solo perché tutti l'hanno abbandonato.
   - V F Petrarca cerca la solitudine perché si vergogna del suo amore.
   - V F Petrarca predilige i luoghi solitari perché lì si dimentica dell'amore.
   - V F Petrarca odia i luoghi solitari perché anche lì l'amore lo perseguita.
2. Sintetizza con una breve frase il contenuto di ciascuna strofa della poesia.
   vv. 1-4 ....
   vv. 5-8 ....
   vv. 9-11 ....
   vv. 12-14 ....
3. Ricava dal testo i tratti che caratterizzano il poeta e fanne un breve elenco, riportando le parole di Petrarca.
4. Ricava dal testo gli elementi del paesaggio e spiega qual è il carattere predominante.
5. Spiega con parole tue che rapporto esiste, nella poesia letta, fra questi tre "personaggi":
   • il poeta • l'amore • il paesaggio naturale
6. Spiega il significato letterale delle seguenti parole, tratte dai primi quattro versi del sonetto, poi scrivi la parafrasi (versione in prosa) degli stessi versi.
   ➤ campi: ....
   ➤ intenti: ....
   ➤ vestigio: ....
   ➤ arena: ....
   Parafrasi complessiva: ....
   ....
   ....
   ....
   ....

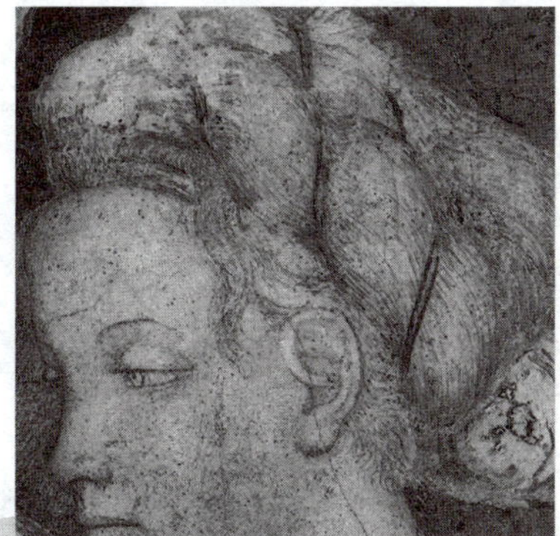

Opera
Canzoniere
Epoca
XIV secolo
Genere
poesia lirica
Lingua
italiano
Schema metrico
sonetto ABBA ABBA CDE DCE

Canzoniere, XC

Erano i capei d'oro

Quella che segue è una delle liriche più pure ed equilibrate del *Canzoniere* petrarchesco. Il tema, apparentemente fra i più consueti dello stilnovismo, è quello della lode della donna-angelo, che si sviluppa secondo i luoghi comuni consueti del suo passare per la via, in una luminosa cornice naturale, del suo mostrarsi quale creatura sovrumana e infine della ferita d'amore che immediatamente coglie il poeta-amante.
Lo spunto è tuttavia rielaborato da Petrarca in modo originale: nel corso dell'elogio si inserisce il tema dello scorrere del tempo. Scritto in anni tardi, quando ormai la bellezza della donna amata è sfiorita, il sonetto consente al poeta di ritrovare intatta quella figura e di riassaporare il sentimento giovanile, di rimpossessarsi dell'incanto di una perfezione che non passa.

Erano i capei d'oro a l'aura sparsi
che 'n mille dolci nodi gli avolgea,
e 'l vago lume oltra misura ardea
4 di quei begli occhi ch'or ne son sì scarsi;

1. a l'aura: all'aria; ma significa anche, secondo un gioco di parole frequente nel *Canzoniere*, "a Laura".
2. gli avolgea: li avvolgeva. In questo lieve giocare del vento con i capelli della donna si esprime la consonanza perfetta tra lei e la natura, che è il motivo centrale del sonetto.
3-4. e 'l vago... occhi: il lume di *quei begli occhi*, la luce degli occhi di Laura splendeva oltre ogni misura. L'aggettivo *vago* indica grazia e leggerezza; **ch'or... scarsi:** che ora sono (di quel *lume*) così privi.

e 'l viso di pietosi color' farsi,
non so se vero o falso, mi parea:
i' che l'ésca amorosa al petto avea,
qual meraviglia se di sùbito arsi?

Non era l'andar suo cosa mortale,
ma d'angelica forma, et le parole
sonavan altro che pur voce humana:

uno spirto celeste, un vivo sole
fu quel ch'i' vidi; et se non fosse or tale,
piaga per allentar d'arco non sana.

5. **e 'l viso... farsi:** e il viso pareva si dipingesse di colori pietosi, di benevolenza (verso il poeta).
6. **non so... falso:** non so se nella realtà o per mia illusione.
7. **i' che... avea:** io che già ero disposto a infiammarmi d'amore.
8. **qual... arsi?:** c'è da stupirsi se arsi immediatamente d'amore per lei?
9-10. **Non era... forma:** il suo incedere non era quello di una creatura mortale, ma di uno spirito angelico, celeste.
11. **sonavan... humana:** avevano tutt'altro suono che quello d'una semplice voce umana; **pur:** semplicemente.
12. **uno spirto celeste:** uno spirito del cielo; **un vivo sole:** un sole vivente.
13-14. **et se non... sana:** e se anche ora non fosse più quel che era allora, non per questo la mia ferita d'amore può essere risanata; una ferita – dice Petrarca – non si risana per il fatto che l'arco (da cui uscì la freccia) è stato allentato.

Analisi del testo

Tristezza e malinconia. Nel corso della lirica si alternano due stati d'animo: da una parte la nostalgia, il ricordo malinconico del passato, la consapevolezza che tutto trascorre; dall'altra, la capacità di rivivere quel passato con la stessa commozione di allora, come se l'immagine della donna amata si fosse fissata per sempre negli occhi e nella memoria.
Tutto il sonetto è dominato da una sottile tristezza e malinconia, dal senso del tempo che fugge veloce.

Laura, espressione del sentimento amoroso. Petrarca non ama una donna reale, vivente, ma l'immagine di lei perfetta e splendente che gli apparve quel giorno lontano.
La bellezza di Laura è descritta attraverso simboli o emblemi: i capelli, gli occhi, il viso.
Laura non è, come Beatrice, una creatura che svolge nel mondo una missione di salvezza. La metafora della donna angelica è qui priva del significato etico e religioso che aveva in Dante e diventa espressione del sentimento amoroso del poeta.

Proposte di lavoro

1. Sottolinea nel testo i vari elementi della descrizione di Laura su cui si sofferma l'attenzione del poeta, poi completa la seguente tabella.

Versi	Tratti di Laura
1-4	
5-8	
9-11	
12-14	

2. Sottolinea ora i verbi presenti nella poesia, poi rispondi alle seguenti domande.
➤ Il poeta descrive Laura al passato o al presente?
➤ In quali casi usa il tempo presente?
➤ Com'è cambiata Laura?

3. La figura di Laura viene regolarmente associata, in questa poesia, a immagini di luce.
Verifica qui questa affermazione riportando le parole del testo. Spiega quale atmosfera creano queste immagini.

4. Rileggi il sonetto di Dante *Tanto gentile e tanto onesta pare* (p. 51), poi completa le seguenti frasi di confronto tra i due autori.
➤ Dante descrive la donna amata al presente, Petrarca invece ....
➤ Il paragone tra la donna amata e l'angelo serve a Dante per sottolineare ...., in Petrarca invece ....
➤ Dante non ci offre una vera descrizione dell'aspetto fisico di Beatrice, perché .... Petrarca invece ....

5. L'ultimo verso del sonetto contiene una massima, una sorta di proverbio, espresso attraverso una metafora. Spiegane il significato con parole tue.
....
....
....

Ieri e oggi

CON ALI DI DONNA

Un grande tema stilnovista in Montale

Nel famoso sonetto *Erano i capei d'oro a l'aura sparsi*, Petrarca descrive l'incontro con Laura riprendendo un tema tipico della poesia stilnovista: il paragone tra la donna amata e la figura dell'angelo.

Naturalmente, mentre negli stilnovisti questo paragone assume un significato religioso, in Petrarca esso serve soprattutto a esaltare la **bellezza sovrumana e quasi ultraterrena** di Laura.

La trasfigurazione della donna in una **figura angelica** è presente anche in molte poesie di **Eugenio Montale** (1896-1981), naturalmente con profonde differenze rispetto ai modelli medievali, a cui pure il poeta novecentesco senza dubbio si ispira.
Osserva per esempio come viene presentata in questa poesia (uno dei "Mottetti", nella raccolta *Le occasioni*, del 1939) la donna amata dal poeta:

Ti libero la fronte dai ghiaccioli
che raccogliesti traversando l'alte
nebulose; hai le penne lacerate
dai sussulti, ti desti a soprassalti...

Come si vede, il poeta rende la donna una **creatura aerea**, **ultraterrena**, capace di superare volando distanze immense per raggiungere il poeta stesso. Ma questa donna alata si distingue anche per il carattere drammatico del suo volo, segnato da **tempeste**, **sofferenze**, **difficoltà** di ogni genere; ben diverso quindi dalla suprema serenità che caratterizza le donne angeliche del Medioevo.

In una raccolta più tarda, *Satura* (1970), Montale inserisce una serie di poesie intitolate *Xenia* e dedicate alla moglie Drusilla Tanzi, detta "Mosca" a causa delle spesse lenti da miope che era costretta a portare. Anche in questo caso il poeta sottolinea, scherzosamente, il carattere "alato" della donna:

Non ho mai capito se io fossi
il tuo cane fedele e incimurrito
o tu lo fossi per me.
Per gli altri no, eri un insetto miope
smarrito nel blabla
dell'alta società. Erano ingenui
quei furbi e non sapevano
di essere loro il tuo zimbello:
di esse visti anche al buio e smascherati
da un tuo senso infallibile, dal tuo
radar di pipistrello.

Apparentemente siamo di fronte a una parodia della figura angelica della tradizione: la donna è infatti paragonata a un insetto (una mosca) e poi a un pipistrello. In realtà, la donna ha una **capacità di intuizione superiore** e Montale contrappone il suo *infallibile... radar di pipistrello* alla superficialità di chi si accontenta di chiacchiere, di pettegolezzi, di impressioni superficiali. Dietro al tono ironico, ancora una volta, il poeta attribuisce alla donna tratti "alati" in segno d'amore.

Opera
Canzoniere
Epoca
XIV secolo
Genere
poesia lirica
Lingua
italiano
Schema metrico
canzone di 5 strofe, ciascuna di 13 versi endecasillabi e settenari, divise in un *fronte* di due *piedi* (abC abC) e *sirma* su schema cdeeDfF. Congedo finale di tre versi (AbB)

Canzoniere, CXXVI

Chiare, fresche et dolci acque

È questa la più nota delle ventinove canzoni del *Canzoniere*. Petrarca la compose nel 1345, in primavera, per celebrare l'anniversario del suo innamoramento, rivivendo così nella memoria i sentimenti provati nell'aprile ormai lontano del 1327, quando aveva visto Laura sulle rive del fiume Sorga a Valchiusa. Il tema centrale è la contemplazione di Laura. Il poeta, che vive in uno stato di tristezza e malinconia, giunge camminando sulle rive del fiume. Si rivolge alla natura che lo circonda: negli alberi, nell'erba, nelle acque egli vede diffusa la bellezza della sua donna. Se è destino che egli debba morire per amore di Laura, il cielo voglia almeno che il suo corpo sia seppellito in quel luogo. Verrà forse un giorno in cui Laura tornerà lì a cercarlo; troverà la sua tomba e, ispirata da Amore, piangendo dolcemente otterrà per lui la misericordia del cielo. Ma ecco che l'immagine di Laura cancella ogni visione di morte o sepoltura. E il poeta si abbandona alla descrizione della sua donna: ella gli appare sotto una pioggia di fiori, tanto bella da parere nata in Paradiso. Nell'incanto di questa rievocazione, Petrarca dimentica come e quando sia giunto in quel luogo, arriva a pensare di essere in cielo e non lì dov'è veramente. Poi si risveglia, ma non è più così afflitto: il ricordo e la visione l'hanno consolato.
Tutta la canzone è pervasa da una struggente atmosfera di sogno, tra il ricordo e l'immaginazione del poeta. Passato, presente e futuro sono fusi assieme, così come appaiono armonicamente fusi gli elementi della natura e del paesaggio, l'io contemplante del poeta e la figura di Laura. Caratteristica della canzone è di essere ambientata all'aria aperta, nella solitudine di una campagna rallegrata dalle chiare, fresche, e dolci acque. L'atmosfera è malinconica ma non drammatica, e la natura ha un'influenza consolatoria sull'animo del poeta.

Chiare, fresche et dolci acque,
ove le belle membra
pose colei che sola a me par donna;
gentil ramo ove piacque
(con sospir' mi rimembra)
a lei di fare al bel fiancho colonna;
erba et fior', che la gonna
leggiadra ricoverse
co l'angelico seno;
aere sacro, sereno,
ove Amor co' begli occhi il cor m'aperse;
date udïenza insieme
a le dolenti mie parole extreme.

[1-13] Voi, chiare, fresche e dolci acque, in cui immerse le belle membra [per fare il bagno] colei che a me sembra essere l'unica donna; e tu, gentile ramo a cui [me ne ricordo sospirando] le piacque appoggiare il bel fianco [mentre si rivestiva]; e voi, erbe e fiori, che la sua gonna leggiadra ricoprì con l'angelico seno [quando si distese]; e tu, aria serena, resa sacra dalla sua presenza, dove l'amore mi penetrò nel cuore coi begli occhi di lei; date tutti ascolto alle mie ultime, dolorose parole.

1. Chiare... acque: tutto il verso, come del resto i seguenti, è un continuo vocativo. Il poeta chiama a testimoni dei suoi sentimenti i luoghi naturali in cui ancora avverte la presenza di Laura. Le *acque* sono quelle del fiume Sorga. Il verso è tra i più semplici e dolci della poesia petrarchesca, composto com'è da un lessico quotidiano e facile.
2. le belle membra: il bel corpo.
4-6. gentil... colonna: *ramo* per "albero" è una sineddoche. Si noti come alla dolcezza del ritrovare in ogni cosa una traccia di Laura si unisca di continuo la malinconia (*sospir*) per quelle immagini ormai lontane nel tempo.
7-9. la gonna... seno: la bella veste e il bel seno ricoprirono insieme. Laura, adagiata fra l'erba, ricoprì erba e fiori col suo corpo. Si noti come ricorre spesso nei versi l'accenno alla bellezza corporea di Laura, pure in un'atmosfera delicata e spiritualizzata.
10. aere... sereno: l'aria è resa sacra e rasserenata dalla presenza di Laura. Ritorna la sequenza o la coppia di aggettivi, come è tipico della canzone.
11. ove... m'aperse: dove Amore, facendomi vedere i begli occhi di lei, penetrò nel mio cuore.

S'egli è pur mio destino,
e 'l cielo in ciò s'adopra,
ch'Amor quest'occhi lagrimando chiuda,
qualche gratia il meschino
corpo fra voi ricopra,
e torni l'alma al proprio albergo ignuda.
La morte fia men cruda
se questa spene porto
a quel dubbioso passo;
ché lo spirito lasso
non poria mai in più riposato porto
né in più tranquilla fossa
fuggir la carne travagliata et l'ossa.

[14-26] Se è mio triste destino [e il cielo si dà da fare per questo] che amore chiuda i miei occhi piangenti [cioè mi porti alla morte per il dolore che mi procura], che almeno qualche persona gentile seppellisca il mio povero corpo tra di voi, e l'anima torni da sola alla propria dimora celeste. La morte sarà meno dura se porterò con me, in quel momento terribile, questa speranza [di essere seppellito qui]: perché il mio spirito stanco non potrebbe abbandonare il corpo provato dalla passione in un rifugio più sicuro o in una tomba più tranquilla.

12-13. date... extreme: affiora il presentimento della morte, espresso nella strofa successiva.
16. ch'Amor... chiuda: che Amore chiuda questi occhi piangenti, che io debba morire per amore di Laura. *Lagrimando* (gerundio) sta per lagrimanti (participio) ed è forma comune della lingua del tempo.
22. dubbioso passo: il trapasso dalla vita alla morte, che è *dubbioso*, cioè pauroso.

La canzone

Metrica e retorica

La canzone è il genere più importante della **poesia provenzale** e diventa ben presto il genere più importante anche nella **poesia italiana**. Dante, nel *De vulgari eloquentia*, lo considera infatti il genere più adatto per affrontare temi filosofici e religiosi, cioè temi particolarmente impegnativi e solenni.
La canzone raggiunge però la sua perfezione con Petrarca, tanto che, fino a Leopardi (cioè fino all'inizio dell'Ottocento) si parlerà in Italia di **canzone petrarchesca**, considerando i poeti precedenti semplici anticipatori del sommo maestro.

La canzone è una forma strofica, basata cioè su **strofe**, o **stanze**, che hanno tutte il medesimo schema di rime (le rime ovviamente variano da strofa a strofa, ma si alternano e si susseguono nello stesso ordine in tutte le strofe).
I versi utilizzati sono **endecasillabi** (undici sillabe metriche) e **settenari** (sette sillabe metriche); la loro alternanza è piuttosto libera all'interno delle strofe, ma si ripete anch'essa identica in tutte le strofe.
La strofa di canzone è composta da due parti: la **fronte** e la **sirma**; la fronte (e a volte anche la sirma) è a sua volta composta da diversi **piedi**, unità più piccole; il primo verso della sirma è detto **chiave** o **volta** e serve da collegamento, perché rima con l'ultimo della fronte.

Osserva come è costruita la strofa di *Chiare, fresche et dolci acque* (prendiamo ad esempio la prima strofa, ma tutte le altre hanno schema identico). Ricorda che la lettera maiuscola indica l'endecasillabo, quella minuscola il settenario.

Chiare, fresche et dolci ac**que**,	a	I piede	FRONTE
ove le belle mem**bra**	b		
pose colei che sola a me par don**na**;	C		
gentil ramo ove piac**que**	a	II piede	
(con sospir' mi rimem**bra**)	b		
a lei di fare al bel fianco colon**na**;	C		
erba et fior' che la gon**na**	c	chiave	SIRMA
leggiadra ricover**na**	d		
co l'angelico se**no**;	e		
aere sacro, sere**no**,	e		
ove Amor co' begli occhi il cor m'aper**se**:	D		
date udïenza insi**eme**	f		
a le dolenti mie parole extr**eme**.	F		

Al termine della canzone, si trova solitamente un **congedo**: una strofa più breve (spesso identica alla sirma), in cui il poeta si rivolge alla propria poesia e la invia ai lettori. Nel caso della canzone *Chiare, fresche et dolci acque*, per esempio, il congedo è identico all'ultima parte della sirma.

Tempo verrà anchor forse
ch'a l'usato soggiorno
torni la fera bella et mansueta,
et là 'v'ella mi scorse
ne 'l benedetto giorno
volga la vista disiosa e lieta,
cercandomi; et, o pièta!
già terra in fra le pietre
vedendo, Amor l'inspiri
in guisa che sospiri
sì dolcemente che mercé m'impetre,
et faccia forza al cielo,
asciugandosi gli occhi col bel velo.

[27-39] Forse giungerà anche il momento in cui la mia donna, come un bell'animale selvatico, reso mansueto, tornerà nel posto dove aveva l'abitudine di venire, cioè qui, e rivolga gli occhi allegri e incuriositi proprio nel punto in cui mi vide per la prima volta in quel giorno benedetto, cercandomi con lo sguardo. E [forse], colta dalla pietà, vedendomi già ridotto a terra fra le pietre, l'amore la spinga a sospirare dolcemente, asciugandosi gli occhi col bel velo, tanto da ottenere pietà per me e costringere il cielo [ad aprirsi per me].

Da' be' rami scendea
(dolce ne la memoria)
una pioggia di fior' sovra 'l suo grembo;
et ella si sedea
humile in tanta gloria,
coverta già de l'amoroso nembo.
Qual fior cadea sul lembo,
qual su le treccie bionde,
ch'oro forbito et perle
eran quel dì, a vederle;
qual si posava in terra, et qual su l'onde;
qual, con un vago errore
girando, parea dir: Qui regna Amore.

[40-52] Dai bei rami le cadeva in grembo (dolcemente, nel mio ricordo) una pioggia di fiori. E lei restava seduta, con atteggiamento umile in mezzo a tanto splendore, già avvolta da una nuvola di fiori: uno le cadeva sulla veste, uno sulle trecce bionde, che quel giorno sembravano oro scintillante e perle; uno si posava in terra, uno sull'acqua; uno, girando in aria incerto su dove posarsi, sembrava dire: Questo è il regno dell'amore.

Quante volte diss'io
allor pien di spavento:
Costei per fermo nacque in paradiso.
Così carco d'oblio
il divin portamento
e 'l volto e le parole e 'l dolce riso
m'aveano, et sì diviso
da l'imagine vera,
ch'i' dicea sospirando:

[53-65] Quante volte allora io mi dissi, in preda a una sorta di terrore: Costei di sicuro è nata in paradiso [cioè non è una creatura terrena]! Il suo portamento regale, la bellezza del suo volto, la dolcezza della sua voce e della sua bocca mi avevano reso tanto smemorato e mi avevano tanto allontanato dalla realtà che dicevo sospirando: Come sono arrivato qui? E quando? Perché credevo di trovarmi in cielo, non dov'ero. Da allora in poi quest'erba mi piace tanto che non trovo pace altrove.

29. mansueta: dolce e mite, e però crudele (*fera*) col poeta. Al presagio della propria morte, subentra ora, nella fantasia di Petrarca, l'immagine di Laura che piange sulla sua tomba.
31. ne 'l benedetto giorno: nel giorno in cui egli la vide sulla riva del Sorga.
32. volga... lieta: volga lo sguardo pieno di desiderio e di gioia.
33. o pièta: ahimè. Il verso ha una pausa improvvisa.
35-39. Amor... velo: Amore le ispiri pietà in modo che (*in guisa che*) sospiri così dolcemente da ottenermi misericordia da Dio, e quasi obblighi il cielo (a essere benigno con me) asciugandosi gli occhi con il bel velo, piangendo. Tutta la strofa è costituita da un unico periodo, lento e complesso. L'immagine piangente di Laura non ha nulla di deprimente, anzi è una delle più concrete e avvincenti.
40. Da'... scendea: il poeta ritorna al ricordo dell'incontro con la donna amata. Svanisce nella nuova strofa ogni pensiero di morte e Laura viene rivista in una pioggia di fiori.
41. (dolce ne la memoria): è un ricordo dolce. Si confronti questa parentesi con quella della prima strofa: ora il ricordo non fa più sospirare il poeta, anzi è benefico.
44. humile... gloria: è quasi un omaggio della natura alla bellezza di Laura. Il cadere dei fiori diventa una glorificazione della donna. Ritorna l'aggettivo *umile* tipico della lirica stilnovista.
48-49. ch'oro... vederle: che quel giorno, a vederle, sembravano oro lucente (*forbito*) e perle; erano cioè bionde e bianche al contempo, per il colore dei capelli e dei petali.
51. con un vago errore: vagando dolcemente per l'aria. Il volteggiare dei fiori accresce l'incanto della scena.
54. spavento: non è paura, ma stupore, turbamento, sgomento davanti a tanta bellezza. È stato citato a questo proposito Leopardi: «È proprio dell'impressione che fa la bellezza su quelli dell'altro sesso che la veggono, o l'ascoltano, o l'avvicinano, lo spaventare».
56-61. Così carco... sospirando: il divino atteggiamento della sua persona (*portamento*) e il volto e le parole e il dolce riso di Laura mi avevano a tal punto reso dimentico di me e di ogni cosa (*carco d'oblio*) e così allontanato dalla realtà (*da l'imagine vera*), che io dicevo sospirando per la commozione.

Qui come venn'io, o quando?;
credendo esser in ciel, non là dov'era.
Da indi in qua mi piace
questa herba sì, ch'altrove non ò pace.

Se tu avessi ornamenti, quant'ài voglia,
potresti arditamente
uscir del boscho et gir in fra la gente.

[66-68] [Canzone mia], se tu fossi bella come vorresti, potresti uscire coraggiosamente dal bosco e andare fra gli uomini [per farti leggere].

64-65. mi piace... pace: I due versi concludono la canzone: Petrarca era giunto sulla riva del fiume desideroso di morte, ora se ne allontana consolato.

Analisi del testo

La struttura della canzone. La canzone è basata su due episodi centrali preceduti da un'invocazione e seguiti dal tradizionale congedo. Nell'invocazione (I strofa) il poeta si rivolge a tutti gli elementi del paesaggio (le acque, l'albero, l'erba e i fiori, l'aria) chiedendo che ascoltino le sue parole estreme.
Nel primo episodio (strofe II e III) il poeta immagina la propria morte ed esprime la speranza di essere seppellito nel luogo dove ha visto Laura per la prima volta, pensando che forse la donna vi tornerà e piangerà sulla sua tomba.
Nel secondo episodio (strofe IV e V) il poeta descrive l'incontro con Laura seduta sotto una pioggia di fiori: la donna sembrava una creatura celeste, la sua bellezza (il portamento, il volto, il modo di parlare e di sorridere) aveva confuso il poeta tanto da fargli pensare di essere in Paradiso. Da allora il luogo dell'incontro è l'unico in cui trova pace.
Nel congedo il poeta si rivolge alla canzone, affidandola al giudizio dei lettori.
È stato osservato che la canzone sembra evitare il tempo presente, oscillando piuttosto fra passato e futuro. Nella prima strofa infatti, benché il poeta si rivolga al presente agli elementi della natura (*date udïenza*), prevale la rievocazione del passato (il primo incontro con Laura); nella II e III strofa ci si sposta con l'immaginazione verso il futuro (la morte del poeta e la visita di Laura sulla sua tomba); nelle strofe IV e V si ritorna al passato, alla visione del "trionfo" di Laura sotto la pioggia di fiori. Il presente è per così dire "marginalizzato", ma emerge in alcuni punti chiave (verso 5: *con sospir' mi rimembra*; verso 12: *date udïenza*; verso 41: *dolce ne la memoria*; vv. 64-65: *Da indi in qua mi piace / questa herba sì, ch'altrove non ò pace*), particolarmente significativi per capire l'evoluzione psicologica del poeta nel corso della poesia. Si noti infatti che nei primi due casi si esprime una condizione angosciosa e disperata (caratterizzata da *sospir* e *parole estreme*); al verso 41 la memoria è diventata invece dolce e la poesia si conclude con toni decisamente sereni.

Il poeta e la natura. Il tema della poesia è il rapporto fra il poeta e la natura, come nel sonetto *Solo et pensoso*. Mentre però nel sonetto la natura non riusciva a essere pienamente consolatrice, poiché anche nella più piena solitudine il pensiero dell'amore affliggeva il poeta, in questo caso il rapporto con la natura si rivela profondamente positivo: alla disperata invocazione dei primi versi e all'immagine di morte che segue si sostituisce nella seconda metà della poesia il ricordo di Laura trasfigurata sotto una pioggia di fiori. E il poeta conclude la sua canzone affermando che il luogo in cui è stato è l'unico in grado di dargli pace, di alleviare il suo tormento amoroso.

Proposte di lavoro

1. Tenendo presente la suddivisione della poesia in strofe, riassumi brevemente il contenuto di ciascuna strofa.
2. Analizza le singole strofe e individua in ciascuna gli elementi di realtà, quelli legati al ricordo e al sogno del poeta. Poi completa la tabella.

Strofa	Realtà	Ricordo	Sogno
1			
2			
3			
4			
5			
6			

3. Abbiamo osservato che nel corso della canzone il tempo passato e quello futuro prevalgono sul presente. Verifica questa affermazione sottolineando i verbi in tre modi diversi. Come ti spieghi questo fatto? Che cosa vuole comunicarci il poeta?
4. La canzone si conclude con un "congedo". Spiega che cosa si intende con questa parola. A chi si rivolge il poeta nel congedo?
5. Nella prima strofa della poesia, il poeta ci propone una serie di vocativi (o complementi di vocazione). Fai l'elenco degli elementi naturali a cui il poeta si rivolge e indica per ciascuno di essi le caratteristiche che il poeta gli attribuisce.
6. In questa poesia è ancora una volta genialmente rivisitato il tema del rapporto tra il poeta e la natura. Il rapporto con la natura riesce ad avere una forza consolatrice oppure no in questa poesia? Motiva la tua risposta.
7. Lo stato d'animo del poeta muta nel corso della lirica? Se sì, come? Per quale motivo? Quali espressioni lo esprimono?

Opera
Canzoniere
Epoca
XIV secolo
Genere
poesia lirica
Lingua
italiano
Schema metrico
sonetto ABAB ABAB CDC DCD

Canzoniere, CCCX

Zephiro torna, e 'l bel tempo rimena

Quello che segue è uno dei più famosi sonetti *In morte di madonna Laura*. Il tema era già stato affrontato nelle letterature classiche e la presenza di numerosi riferimenti mitologici potrebbe far supporre che l'ideazione di questo componimento risenta di alcuni modelli latini. Ma l'arrivo della primavera, che sembra invitare alla gioia e all'amore e suscita invece sentimenti di disperazione e di sconforto nell'animo del poeta rattristato dalla morte della donna amata, era un argomento ampiamente trattato anche da poeti provenzali.
La struttura del sonetto è nettamente bipartita: nella prima parte (che occupa le due quartine) viene descritta la primavera nei suoi vari aspetti; nella seconda parte (che occupa le terzine) si esprime lo stato d'animo del poeta.

Zephiro torna, e 'l bel tempo rimena
e i fiori et l'erbe, sua dolce famiglia,
et garrir Progne et pianger Philomena,
et primavera candida et vermiglia.

Ridono i prati, e 'l ciel si rasserena;
Giove s'allegra di mirar sua figlia;
l'aria et l'acqua et la terra è d'amor piena;
ogni animal d'amar si riconsiglia.

Ma per me, lasso, tornano i più gravi
sospiri, che del cor profondo tragge
quella ch'al ciel se ne portò le chiavi;

et cantar augelletti et fiorir piagge,
e 'n belle donne honeste atti soavi
sono un deserto, et fere aspre et selvagge.

1. Zephiro... rimena: lo zefiro, il vento che preannuncia la primavera, torna a soffiare e riporta il bel tempo (dopo i rigori dell'inverno).
2. e i fiori... famiglia: e (riporta) i fiori e le erbe, suoi dolci compagni (poiché naturalmente rinascono in primavera).
3. et garrir... Philomena: Petrarca fa qui riferimento al mito narrato dal poeta latino Ovidio nel suo poema *Le metamorfosi*, quello della trasformazione di due sorelle, Progne e Filomena (o Filomela) rispettivamente nella rondine (che garrisce) e nell'usignolo (il cui canto è tradizionalmente considerato segno di dolore e viene di conseguenza paragonato a un pianto). Il garrire della rondine e il "piangere" dell'usignolo sono altri due segni dell'arrivo della primavera, ma il verbo "piangere" insinua nel quadro idilliaco una nota di inquietudine che anticipa il tono della seconda parte del sonetto.
6. Giove... sua figlia: in primavera il pianeta Giove si trova nel cielo vicino al pianeta Venere; secondo la mitologia, a cui fa ancora riferimento Petrarca, il primo era padre della seconda.
8. ogni animal... si riconsiglia: tutti gli esseri viventi (animali) ricominciano a pensare all'amore.
9. Ma per me: inizia la seconda parte del sonetto, in cui al quadro ridente della primavera si contrappone lo stato d'animo triste e addolorato del poeta; nota la forte avversativa "ma" che introduce il nuovo tema; **lasso:** infelice.
10-11. che del cor... chiavi: che trae dal profondo del mio cuore colei che ha portato in cielo le chiavi (del cuore), cioè che occupa tutti i miei sentimenti.
12-14. et cantar... selvagge: e il canto degli uccellini e il fiorire dei prati mi sembrano (sono, sottinteso "per me") un deserto (cioè un luogo privo di vita, contrapposto alle immagini primaverili precedenti); e le belle donne oneste che compiono atti soavi (mi sembrano) delle fiere aspre e selvagge. I versi 12 e 13 sembrano riportarci momentaneamente alla situazione descritta all'inizio del componimento: tanto più forte appare quindi l'antitesi contenuta nell'ultimo verso.

Proposte di lavoro

1. Il sonetto si può dividere nettamente in due parti. Indica dove cade la divisione e sintetizza il contenuto di ciascuna parte.

➤ Prima parte: ....
....
....

➤ Seconda parte: ....
....
....

2. Nella seconda parte si trovano dei riferimenti alla prima. Ritrovali nel testo e spiega a quali elementi della prima parte si ricollegano completando la seguente tabella.

Elementi della II parte che richiamano la I parte	Elementi della I parte richiamati

3. Scegli la frase che secondo te meglio esprime il tema fondamentale di questa poesia e spiega le ragioni della tua scelta.

☐ L'arrivo della primavera fa rifiorire tutta la natura, ma il poeta è comunque triste.

☐ Mentre nell'antichità la vita era felice (come dimostrano i miti di Progne, Filomena e Giove), gli uomini di oggi sono condannati all'infelicità.

☐ La natura ogni anno si risveglia e dopo la morte dell'inverno riprende la vita in primavera; l'uomo invece vive una sola volta.

☐ Il ritorno della vita primaverile suscita nel poeta tristezza anziché gioia, perché gli ricorda che la sua donna è morta.

Motivazione: ....

4. Nel sonetto, come abbiamo osservato, si trovano molte coppie di termini.

➤ Individua nel testo le coppie presenti e sottolineale.

➤ Spiega che effetto intende ottenere Petrarca mediante l'uso di questa tecnica.
....
....

5. Osserva gli *enjambements* presenti nella poesia.

➤ Essi si trovano:

☐ prevalentemente nella prima parte.

☐ prevalentemente nella seconda parte.

☐ dappertutto nella stessa misura.

➤ Che effetto provoca la presenza di *enjambements*?

☐ Un effetto di maggiore drammaticità.

☐ Un effetto di maggiore serenità.

➤ Che funzione hanno quindi in questa poesia gli *enjambements*? ....
....

Parallelismo e chiasmo

Metrica e retorica

Nel sonetto *Zefiro torna*, Petrarca inserisce numerosi chiasmi e parallelismi.
Il **parallelismo** è una figura retorica che consiste nella disposizione parallela di due o più elementi della frase, secondo lo schema ABAB. Per esempio:

et garrir Progne et pianger Philomena
A (verbo) B (nome) A (verbo) B (nome)

Il **chiasmo** consiste invece nella disposizione "incrociata" degli elementi, secondo lo schema ABBA.

Per esempio:

ridono i prati, e 'l ciel si rasserena
A (verbo) B (nome) B (nome) A (verbo)

Petrarca ricorre spesso a queste figure retoriche, perché entrambe creano un ritmo pacato e conferiscono alla frase armonia e musicalità. Il poeta parla della propria esperienza personale, ma vuole attribuirle un valore universale – non riversa quindi sulla pagina le proprie emozioni e i propri sentimenti in maniera diretta, incontrollata, spontanea, come farebbe un poeta romantico, al contrario vuole che si capisca che quei sentimenti sono stati rielaborati e proprio per questo hanno assunto un valore più ampio.

Il poeta alterna parallelismi e chiasmi e non utilizza una sola delle due figure retoriche perché ciò avrebbe creato un'impressione di ripetitività e di noia: Petrarca cerca armonia e perfezione, ma cerca anche la **tensione espressiva** e la **varietà**.

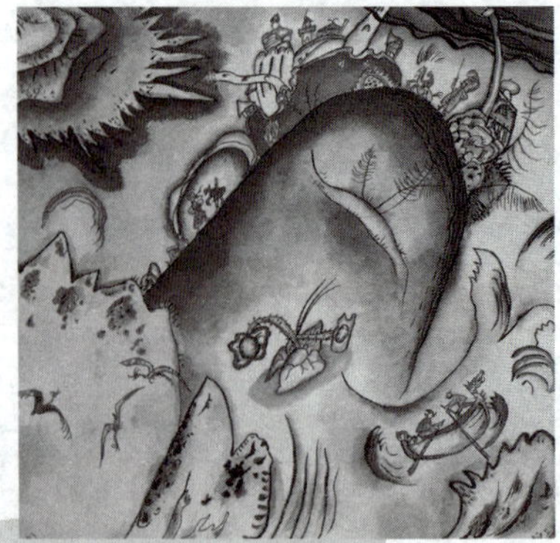

Opera
Canzoniere
Epoca
XIV secolo
Genere
poesia lirica
Lingua
italiano
Schema metrico
sonetto ABAB ABAB CDC CDC

Canzoniere, CCCXI

Quel rosignuol

■ Questo sonetto si trova, nel *Canzoniere*, subito dopo *Zefiro torna, e 'l bel tempo rimena*: di esso riprende alcune immagini (come quella dell'usignolo) e soprattutto l'atmosfera di tristezza e di malinconia. Ascoltando il canto dell'usignolo (che tradizionalmente era interpretato come un "lamento"), il poeta ripensa alla morte di Laura e a poco a poco sostituisce il proprio lamento a quello dell'uccellino.

Nota però che il lamento non è disperato, ma dolce, soave; e i sentimenti del poeta non vengono espressi direttamente, in chiave personale, ma attraverso frasi di sapore proverbiale, vere e proprie massime che esprimono una saggezza valida per tutti gli uomini.

Quel rosignuol, che sí soave piagne
forse suoi figli o sua cara consorte,
di dolcezza empie il cielo et le campagne
4 con tante note sí pietose et scorte,

et tutta notte par che m'accompagne,
et mi rammente la mia dura sorte:
ch'altri che me non ò di ch'i' mi lagne,
8 ché 'n dee non credev'io regnasse Morte.

O che lieve è inganar chi s'assecura!
Que' duo bei lumi assai piú che 'l sol chiari,
11 chi pensò mai veder far terra oscura?

Or cognosco io che mia fera ventura
vuol che vivendo et lagrimando impari
14 come nulla qua giú diletta et dura.

1. Quel rosignuol... piagne: quell'usignolo, che piange così dolcemente; il canto dell'usignolo (Petrarca usa la forma "rosignolo", derivata dal francese) era tradizionalmente considerato un lamento in base al mito greco di Progne e Filomena (vedi sonetto precedente).
2. consorte: moglie.
3-4. di dolcezza... scorte: (l'usignolo) riempie il cielo e i campi di dolcezza con tante note commoventi e abili; nota che in queste parole si può leggere un riferimento alla poesia dello stesso Petrarca, anch'essa dolce e lamentosa, commovente e abile nello stesso tempo.
5. tutta notte: l'usignolo, secondo la convenzione poetica, canta soprattutto di notte; **m'accompagne:** mi faccia compagnia.
6. mi rammente... sorte: mi ricorda il mio duro destino (duro perché segnato dalla morte di Laura, come spiega subito dopo).
7-8. ch'altri... Morte: perché non posso lamentarmi d'altri che di me stesso, per aver creduto che su una donna bella come una dea la morte non potesse avere dominio (alla lettera: perché io credevo che la morte non regnasse sulle dee).
9. O che lieve... s'assecura: com'è facile ingannare chi si fida, chi non sospetta di nulla.
10. Que' duo... chiari: quei due bei lumi (metafora ricorrente per indicare gli occhi di Laura), assai più luminosi del sole.
11. chi pensò... oscura: chi pensò mai di vedere (gli occhi di Laura) diventare terra scura (cioè: morire)? La frase è giocata sulla contrapposizione tra la luce (degli occhi e del sole) e il buio (l'oscurità della terra, cioè della morte).
12. Or cognosco... ventura: ora capisco (*cognosco*) che il mio crudele destino; l'espressione *fera ventura* è una variazione del precedente *dura sorte* (verso 6).
14. nulla... dura: nulla, qui sulla terra, dà piacere e dura nello stesso tempo; cioè: tutti i piaceri (come l'amore), sulla terra, sono passeggeri. L'ultimo verso riprende il concetto già espresso da Petrarca alla fine del sonetto proemiale: *quanto piace al mondo è breve sogno* (➡ p. 122).

Analisi del testo

Il canto dell'usignolo. Nella prima strofa della poesia, troviamo la descrizione di un usignolo che, di notte, leva il suo canto, dolce e lamentoso nello stesso tempo. Il poeta sottolinea il carattere duplice del canto dell'usignolo: nota infatti l'uso dei termini *piagne* e *pietose* da un lato, *soave* e *dolcezza* dall'altro.
Il canto dell'usignolo presenta dunque caratteristiche che lo avvicinano alla poesia di Petrarca: anche il poeta infatti piange la donna amata (Laura, ormai morta) e però lo fa con versi soavi e dolci, armoniosi. L'ultima parola della quartina, *scorte*, cioè (note) abili, ben scelte, è un elogio dell'abilità tecnica dell'usignolo, ma anche un avvertimento al lettore, perché noti il lavorio del poeta e la sua ricerca di perfezione formale.
Nella seconda strofa, il parallelismo fra l'usignolo e il poeta si fa esplicito. Il canto dell'usignolo, infatti, fa compagnia al poeta e gli ricorda il suo triste destino. Nota che il destino non è triste perché Laura è morta, ma perché egli si era illuso che la bellezza della donna amata potesse proteggerla dalla morte, rendendola eterna. Anche questa affermazione si può leggere in riferimento alla poesia di Petrarca: la ricerca di perfezione formale e di armonia permette al poeta di creare opere immortali per la loro bellezza, di sottrarre la donna amata e il proprio sentimento al passare del tempo e di renderli eterni e universali.

La vera felicità. L'ultima parte del sonetto (le terzine) è racchiusa fra due versi di sapore proverbiale. Nel primo, il poeta ripete il proprio lamento e chiarisce che all'origine del suo dolore c'è soprattutto il crollo delle proprie illusioni, il brusco passaggio dall'ingenuità alla dura realtà. Nel secondo si ribadisce il tema che Petrarca aveva enunciato fin dal primo sonetto della raccolta: la vera felicità non va cercata nelle cose terrene, mortali, ma in quelle celesti, eterne. L'amore per Laura si contrappone quindi al sentimento religioso – un sentimento che in Petrarca è senza dubbio sincero, ma non abbastanza forte da vincere la tentazione amorosa.

Proposte di lavoro

1. Verifica la comprensione letterale del testo spiegando il significato delle seguenti espressioni.

➤ *che sì soave piagne / forse suoi figli o sua cara consorte*: [vv. 1-2] ....

....

➤ *O che lieve è inganar chi s'assecura!* [v. 9] ....

....

➤ *Que' duo bei lumi, assai più che 'l sol chiari, / chi pensò mai veder far terra oscura?* [vv. 10-11] ....

....

2. Sintetizza il contenuto delle quattro strofe della poesia, riassumendo ciascuna con una breve frase.

3. Nelle due quartine, si stabiliscono alcune analogie tra l'usignolo e il poeta. Individuale nel testo e indica nella tabella in che cosa consistono.

usignolo	poeta

4. Le terzine sono caratterizzate dalla presenza di due "massime" di sapore proverbiale: individuale e spiegane il significato.

➤ I massima: ....

....

spiegazione: ....

....

➤ II massima: ....

....

spiegazione: ....

....

5. Osserva le caratteristiche del canto dell'usignolo, che da un lato è un pianto e dall'altro è soave e dolce, fatto di note nello stesso tempo *pietose* e *scorte*. Quali osservazioni puoi fare su questi aggettivi?

6. Fra i temi che ti proponiamo, indica quelli che emergono in questo sonetto e motiva le tue scelte con le opportune citazioni dal testo.

☐ Il trascorrere del tempo
☐ La contrapposizione fra amore terreno e vocazione religiosa
☐ L'amore come dolore e sofferenza
☐ Il rapporto tra il poeta e il paesaggio naturale
☐ La folgorante bellezza di Laura
☐ La vanità dei piaceri terreni

LE FIGURE RETORICHE NELL'OPERA DI PETRARCA

Le figure retoriche sono **tra gli strumenti più importanti di uno scrittore**, e in particolare di un poeta (anche la prosa usa tutte le figure retoriche, come la poesia, tuttavia esse sono meno evidenti e colpiscono meno la nostra attenzione).

Le figure retoriche vengono tradizionalmente suddivise in tre gruppi:

- **figure del suono**, cioè figure retoriche che riguardano il suono delle parole (come la rima);
- **figure della disposizione, o sintattiche**, cioè figure retoriche che riguardano il modo in cui sono disposte le parole, l'ordine delle parole nella frase (come l'inversione);
- **figure del significato, o tropi**, cioè figure retoriche che riguardano il significato delle parole (come la metafora).

OSSERVA

Ecco le figure retoriche più importanti, con i relativi esempi tratti dal *Canzoniere* di Petrarca.

Figure del suono	***Esempi***
Rima: si ha quando due parole sono uguali dall'ultima vocale accentata in poi. Casi particolari sono: l'***assonanza***, in cui rimano solo le vocali; la ***consonanza***, in cui rimano solo le consonanti.	• Movesi il vecchierel canuto et bi**ancho** / del dolce loco ov'à sua età forn**ita** / et da la famigliuola sbigott**ita** / che vede il caro padre venir m**anco**. (16, 1-4) • con tante n**o**t**e** sì piet**o**s**e** e sc**o**rt**e** (311, 4) • quanto mal per lo mo**nd**o oggi si spa**nd**e (136, 6)
Allitterazione: si ha quando due o più parole presentano lettere uguali, soprattutto in posizione iniziale.	• nulla qua giú **d**iletta et **d**ura (311, 14) • di **me** **me**desmo **me**co **mi** vergogno (1, 11)

Figure della disposizione	***Esempi***
Inversione: disposizione delle parole diversa da quella più naturale.	• la terra è **d'amor piena** (= piena d'amor) (310, 7) • **Movesi il vecchierel** canuto et biancho (= il vecchietto si muove...) (16, 1) • **Erano** i capei d'oro a l'aura **sparsi** (= i capelli d'oro *erano sparsi*...) (90, 1)
Ripetizione: si ha quando una o più parole vengono ripetute. Casi particolari sono **anafora** ed **epifora**.	• tra le **vane** speranze e 'l **van** dolore (1, 6) • **Piangete**, donne, e con voi pianga amore; / **piangete**, amanti, per ciascun paese... (92, 1-2)
Chiasmo: si ha quando quattro parole sono disposte in maniera "incrociata", secondo lo schema ABBA. Il contrario del chiasmo è il **parallelismo**, che si ha quando i termini sono disposti in modo parallelo, secondo lo schema ABAB.	• **ridono** *i prati*, e *'l ciel* **si rasserena** (310, 5) uno **spirto** *celeste*, un *vivo* **sole** (90, 14) • et **cantar** *augelletti* et **fiorir** *piagge* (310, 14)

Figure del significato	*Esempi*
Metafora: si ha quando due concetti che presentano delle somiglianze sono fusi in una sola immagine. Quando una serie di metafore tra loro collegate costituisce una narrazione, in versi o in prosa, abbiamo una **allegoria**.	• Erano i **capei d'oro** (= biondi) a l'aura sparsi (90, 1) • la **fera bella et mansueta** (= Laura, dolce e ritrosa insieme) (126, 29) • È questo 'l **nido** in che la mia **fenice** / mise l'aurate et le purpuree **penne**, (= è questo il luogo in cui Laura è nata e cresciuta) / che sotto le sue **ali** il mio cor tenne, / et parole et sospiri ancho ne elice (= ancor oggi ne trae)? (321, 1-4)
Similitudine o **paragone**: si ha quando due realtà, due immagini, due personaggi vengono messi a confronto fra loro. La similitudine classica è facilmente riconoscibile per la presenza dei correlativi che la introducono (come... così; quale... tale ecc.).	• Amor m'ha posto **come segno a strale**, / **come al sol neve**, **come cera al foco**, / et **come nebbia al vento**... (133, 1-3) • I dì miei **più leggier' che nesun cervo** / fuggir **come ombra**... (319, 1-2) • Que' duo bei lumi, **assai più che 'l sol chiari**... (311, 12)
Metonimia: si ha quando una realtà viene indicata per mezzo di un'altra che abbia con la prima un rapporto di contiguità logica (per esempio, l'autore per l'opera, i mezzi per il risultato, il contenente per il contenuto, il luogo per gli abitanti, la materia per l'oggetto, il concreto per l'astratto ecc.).	• Quel vivo **lauro** (= Laura) onde solean far nido / li alti penseri... (318, 10-11) • Quella per cui con **Sorga** ò cangiato **Arno** (= colei per cui ho lasciato Firenze, città dell'Arno, per Avignone, città della Sorga) (308, 1) • Or sia qui fine al mio amoroso canto: / secca è la vena de l'usato ingegno, / et **la cetera mia** rivolta in pianto (= la mia cetra, la mia ispirazione poetica) (292, 14-16)
Sineddoche: si ha quando una realtà viene indicata attraverso una sua parte.	• fuggir **la carne** travagliata **e l'ossa** (= il corpo) (126, 26) • Da indi in qua mi piace / **questa erba** (= questo luogo) (126, 64-65)
Iperbole o **esagerazione**: si ha quando un concetto viene espresso in termini volutamente esagerati, eccessivi.	• Costei per fermo **nacque in paradiso** (126, 54) • Uno **spirto celeste**, un **vivo sole** / fu quel ch'i' vidi (90, 14) • son **un ghiaccio** (= rabbrividisco) (134, 2)
Ossimoro: è costituito dall'unione di due termini fra loro opposti o contraddittori. Non va confuso con l'**antitesi**, che è costituita da due immagini opposte, ma distinte.	• O **viva morte**, o **dilectoso male**... (132, 7) • **Pace** non trovo, e non ò da far **guerra**; e *temo*, et *spero*; et **ardo**, e **son un ghiaccio**... (134, 1-2)
Personificazione: si ha quando a un concetto astratto viene attribuita un'esistenza concreta, simile a quella di un personaggio.	• ... celatamente **Amor** l'arco riprese... (2, 3) • Trovommi **Amor** del tutto disarmato... (3, 9)
Perifrasi: si ha quando viene usato un giro di parole o un'intera frase per indicare ciò che poteva essere indicato con una parola sola.	• **Rapido fiume che d'alpestra vena / rodendo intorno**... scendi.... (= il Rodano) (208, 1-3)

ADESSO PROVA TU!

Proviamo ora a fare l'analisi retorica di un sonetto del *Canzoniere* (136) *Fiamma dal ciel*. Si tratta di un sonetto di argomento politico: Petrarca affronta il tema della corruzione della corte papale di Avignone, sviluppando la sua critica attraverso una serie di riferimenti alla Bibbia.
Divideremo il nostro lavoro in tre tappe.

Fiamma dal ciel su le tue treccie piova,
malvagia, che dal fiume et da le ghiande
per l'altrui impoverir se' ricca et grande,
poi che di mal oprar tanto ti giova;

nido di tradimenti, in cui si cova
quanto mal per lo mondo oggi si spande,
de vin serva, di lecti et di vivande,
in cui Luxuria fa l'ultima prova.

Per le camere tue fanciulle et vecchi
vanno trescando, et Belzebub in mezzo
co' mantici et col foco et co li specchi.

Già non fostù nudrita in piume al rezzo,
ma nuda al vento, et scalza fra gli stecchi:
or vivi sì ch'a Dio ne venga il lezzo.

[1-4] Che piovano fiamme dal cielo sulla tua testa, o malvagia, che dall'acqua di fonte e dai cibi più semplici sei diventata ricca e potente grazie all'impoverimento altrui, poiché le tue cattive azioni ti recano tanto vantaggio;

[5-8] nido di tradimenti, in cui ha origine tutto il male che oggi si spande in giro per il mondo, schiava del vino, del letto e del cibo, e in cui la lussuria raggiunge il suo culmine.

[9-11] Nelle tue stanze fanciulle e vecchi amoreggiano e il diavolo è in mezzo a loro, coi mantici, il fuoco e gli specchi.

[12-14] Ma tu non fosti allevata fra le piume e le dolcezze, bensì nuda e al vento e scalza fra gli stecchi; ora invece vivi in modo tale che la puzza arriva fino a Dio.

2. **malvagia:** il poeta si rivolge alla Chiesa corrotta; **fiume... ghiande:** allusione alla semplicità di costumi della Chiesa primitiva.
7. **vin... lecti... vivande:** allusione ai peccati di gola e di pigrizia.
11. **mantici... specchi:** strumenti del diavolo: i primi per alimentare il fuoco infernale, i secondi per tentare i peccatori.
12. **rezzo:** ombra, ozio.
14. **lezzo:** puzza (del peccato).

PRIMA TAPPA

Analizziamo innanzitutto le figure del suono.

1. Ricava lo schema delle rime, completando l'indicazione fornita.
ABBA .... CDC ....

2. Osserva ora il carattere delle rime.
➤ Prevalgono i suoni dolci o quelli aspri?
➤ Che cosa ha voluto esprimere il poeta con questa scelta?

3. Ti indichiamo alcuni versi in cui si trovano degli esempi di allitterazione. Individuali e annotali.
v. 1: tue treccie
v. 6: mal... mondo
v. 7: ....
v. 13: ....
v. 14: ....

4. Ti segnaliamo altri elementi del sonetto collegati fra loro dal punto di vista del suono. Prova a spiegare le ragioni delle nostre scelte.
➤ malvagia... mal oprar... quanto mal...
....
➤ nido di tradimenti... non fostù nudrita... nuda al vento...
....

SECONDA TAPPA

Consideriamo ora le figure della disposizione.

5. Hai notato nel testo delle inversioni? Come ti spieghi questa scelta dell'autore?

- ☐ L'assenza di inversioni conferma il tono colloquiale e sereno della poesia.
- ☐ L'assenza di inversioni accentua il carattere di invettiva sdegnata del testo.
- ☐ L'abbondanza di inversioni è il segno del carattere molto elaborato del testo.
- ☐ L'abbondanza di inversioni è il segno del carattere poco elaborato del testo.

6. Sottolinea le espressioni, le parole e le particelle del discorso che vengono ripetute nel testo, poi osserva la loro collocazione.

➤ In quali casi si può parlare di anafora?

....

....

7. Osserva attentamente i versi 7 e 11, poi esponi brevemente le tue osservazioni.

TERZA TAPPA

Concentriamo infine l'attenzione sulle figure del significato, che in questa poesia hanno un'evidenza e un'importanza particolare.

8. La Chiesa è chiaramente personificata. Verifica questa affermazione con le opportune citazioni dal testo.

....

....

9. Il poeta ricorre spesso a esagerazioni, tipiche dello stile delle invettive. Te ne indichiamo una, individuane almeno un'altra.

➤ nido di tradimenti, in cui si cova / quanto mal per lo mondo oggi si spande

➤ ....

....

10. Analizza le seguenti espressioni, indicando quali figure retoriche utilizza il poeta.

➤ su le tue treccie: ....

➤ nido di tradimenti, in cui si cova... : ....

➤ de vin serva, di lecti e di vivande: ....

➤ Luxuria fa l'ultima prova: ....

11. Individua nel testo le due antitesi presenti rispettivamente nella prima e nell'ultima strofa.

I elemento dell'antitesi	II elemento dell'antitesi
dal fiume e da le ghiande	

➤ Perché il poeta ha collocato questa figura retorica in questi punti del testo? È possibile che la poesia abbia una struttura segretamente "circolare", cioè che alcuni elementi posti all'inizio ritornino alla fine? Per esempio, nel primo verso il *ciel* e nell'ultimo .... Allora possiamo ipotizzare che ....

....

1. Scegli tra le seguenti affermazioni quella corretta.

Mettendo a confronto la formazione culturale di Dante e di Petrarca, si nota che:

- ☐ i due autori condividevano sostanzialmente la stessa cultura.
- ☐ Petrarca possedeva una cultura molto superiore a quella di Dante.
- ☐ nella cultura di Dante l'elemento fondamentale era costituito dalla teologia, mentre Petrarca considerava suoi maestri soprattutto i grandi classici latini.
- ☐ Dante, al contrario di Petrarca, non conosceva il latino.

2. Scrivi una breve definizione del Canzoniere.

3. Fai la parafrasi (versione in prosa) dei seguenti versi del *Canzoniere*.
Indica inoltre quali elementi della poetica petrarchesca emergono in questi versi.

Voi ch'ascoltate in rime sparse il suono
di quei sospiri ond'io nudriva 'l core
in sul mio primo giovenile errore,
quand'era in parte altr'uom da quel ch'i' sono.

....
....
....
....
....
....

4. Rileggi attentamente i seguenti versi del Canzoniere e individua due parole chiave, motivando le ragioni della tua scelta.

Solo et pensoso i più deserti campi
vo mesurando a passi tardi et lenti,
et gli occhi porto per fuggire intenti
ove vestigio human la arena stampi.

5. Indica due importanti differenze fra la Laura petrarchesca e le donne angelicate degli stilnovisti.

....
....
....
....
....
....

6. Spiega il rapporto esistente fra le seguenti affermazioni.

➤ Petrarca emerge dal *Canzoniere* come personaggio complesso, irrequieto e contraddittorio.

....
....

➤ Il linguaggio del *Canzoniere* è elegante e raffinato, volto a un ideale di purezza e di perfezione classica.

....
....

7. Collega ciascuna delle seguenti opere con gli elementi che le caratterizzano.

1. *Africa*	**A.** Vasto epistolario
2. *Canzoniere*	**B.** Poema epico
3. *Trionfi*	**C.** Raccolta di liriche in volgare
4. *Lettere familiari e senili*	**D.** Rappresenta i sentimenti umani in forme mitiche e simboliche
5. *De viris illustribus*	**E.** Testamento spirituale del poeta
6. *De vita solitaria*	**F.** Prosa che presenta gli uomini illustri del passato
7. *Secretum*	**G.** Esalta la vita in solitudine

Boccaccio e la novella

Il percorso che ti proponiamo è scandito in quattro tappe.

Incontro con l'autore

Ti proponiamo un breve inquadramento storico, culturale e letterario della **vita** e delle **opere** di Giovanni Boccaccio.

Intorno al classico

Ti proponiamo la lettura di tre testi:

- il primo è tratto dal *Novellino*, la più importante raccolta di **novelle medievali** in Italia prima di Boccaccio;
- il secondo è tratto dalle *Mille e una notte*, la più importante raccolta di novelle medievali appartenenti a una **tradizione culturale extra-europea**;
- il terzo è tratto dai *Racconti di Canterbury* di **Geoffrey Chaucer**, che al modello di Boccaccio si ispirò nella seconda metà del Trecento.

Decameron

Ti proponiamo la lettura di quattro testi, per conoscere alcuni degli aspetti fondamentali del *Decameron* di Boccaccio:

- una novella sul tema della **religione**;
- una novella sul tema dell'**amore**;
- una novella sul tema dei **valori cortesi**;
- una novella sul tema della **beffa**.

Laboratorio

Ti proponiamo infine di lavorare su alcune **riscritture moderne** di una novella di Boccaccio, per migliorare le tue capacità linguistiche e di scrittura.

Intorno al classico

La novella nell'antichità

Il racconto breve ebbe origine dall'oralità, cioè dalle storie che gli uomini si raccontarono e si tramandarono oralmente, fin dagli albori della loro storia. Sono, queste, i **miti**, cioè narrazioni di carattere sacro, che hanno come protagonisti gli dèi e gli eroi, e le **fiabe**, storie fantastiche, di carattere più popolaresco, in cui agiscono esseri sovrannaturali come orchi, streghe, fate, gnomi. Per molti secoli, anche dopo la nascita della scrittura e della letteratura, le fiabe mantennero il loro carattere orale e popolare, soprattutto in Europa. Infatti, mentre in India troviamo fiabe che assunsero veste letteraria fin dal II-III secolo d.C., nella cultura europea le prime testimonianze scritte della fiaba appaiono nell'Italia del Cinquecento.

Di carattere letterario è invece la **favola**, solo in parte derivata dalla fiaba popolare. La favola è infatti scritta in origine per lo più in versi ed è incentrata non su personaggi sovrannaturali, ma su animali o esseri inanimati che vengono personificati e rappresenta, attraverso di essi, vizi e virtù degli uomini, perseguendo quindi un fine educativo e morale. Grandi favolisti furono lo scrittore greco Esopo (VI secolo a.C.) e il latino Fedro (I secolo d.C.).

Miti, fiabe, favole sono alle origini della novella

Miti, fiabe, favole sono narrazioni diverse che, già nell'antichità, danno in qualche misura **origine** alla **novella**. Tuttavia, nei secoli antichi, pur essendo già distinguibile come genere letterario, la novella non è quasi mai a sé stante, ma fa parte generalmente di una narrazione più ampia. Nei poemi omerici, per esempio, si possono rintracciare vere e proprie novelle; più tardi, ne troviamo sotto forma di digressioni narrative, in opere di storiografia, come nelle *Storie* dello storico greco Erodoto (V secolo a.C.). Nella letteratura greca del III secolo a.C. ci sono numerose novelle in prosa di amore e di avventura, inserite in opere più ampie. Lo stesso accade nel *Satyricon* di Petronio Arbitro e nell'*Asino d'oro* di Apuleio, autori latini del I e del II secolo d.C.

La novella nel Medioevo: *fabliaux*, *lais*, *exempla*

Nel Medioevo, in Francia si sviluppa una produzione di racconti brevi in "volgare", cioè nella nuova lingua nata dall'incontro tra il latino e le parlate dei popoli che avevano invaso l'Impero romano, a partire dal V secolo dopo Cristo. Questi racconti sono i cosiddetti ***fabliaux***, aneddoti, arguzie di **argomento cortese, comico-popolaresco** e i ***lais***, di **argomento doloroso e patetico** e di **ambientazione fiabesca**. Sono destinati soprattutto a una fruizione orale e perciò sono in versi. Fin dalle origini, infatti, la poesia era destinata al canto e alla recitazione, composta per l'ascolto e non per la lettura. La prosa, invece, è fatta per essere letta e si rivolge quindi a un pubblico colto, che nel Medioevo è molto ristretto e ha una cultura prevalentemente di tipo ecclesiastico, basata sulla lingua latina.

Per questo la prosa in volgare si affermò più tardi rispetto alla poesia: in Italia, solo dopo la metà del Duecento, quando sul piano politico ed economico iniziò ad affermarsi il Comune.

Si sviluppò allora un'ampia produzione di ***exempla*** in volgare: aneddoti, brevi sentenze in prosa, che avevano un carattere chiaramente narrativo, anche se uno scopo didattico-esemplare.

La novella nel Duecento: il *Novellino*

Dagli *exempla* ebbe origine la **novella in prosa** in lingua volgare, che si diffuse nel Duecento come genere letterario indipendente. Spesso racconti brevi, novelle, fiabe vennero raccolti entro **cornici** o situazioni narrative più ampie che fornivano alla raccolta una struttura e una motivazione unitarie. La **cornice** è quella parte del testo che racchiude, a mo' di incastro, delle narrazioni più brevi: nella cornice vengono presentati situazioni e personaggi ai quali viene poi affidato il racconto delle singole novelle che si caratterizzano come narrazioni di secondo grado.

Spesso le raccolte avevano **finalità didattiche o moralistiche, ma anche narrative, di intrattenimento**, come nel caso di opere che riprendevano frammenti di romanzi cavallereschi.

La prima vera e propria raccolta di racconti brevi è quella del cosiddetto *Novellino*, scritto fra il

Geoffrey Chaucer a cavallo, in una miniatura del XV secolo.

Ballo a corte riprodotto in una miniatura trecentesca.

1280 e il 1300, che testimonia come il gusto del racconto si fosse ormai diffuso e consolidato nella nuova prosa letteraria in volgare.

A questo interesse per la narrazione e il racconto si possono ricondurre anche le numerose cronache due-trecentesche – tra cui quelle di Dino Compagni e quelle, posteriori, di Giovanni Villani – e i resoconti di viaggi di mercanti e avventurieri, primi fra tutti quelli celeberrimi di Marco Polo.

La novella nel Trecento: Boccaccio e Chaucer

Sono queste le origini della grande fioritura della novella cui assistiamo nel Trecento, soprattutto in Italia e in particolare nell'opera di Giovanni Boccaccio. Vi confluirono quindi le tradizioni favolistiche greche e romane, la letteratura religiosa, le fiabe popolari e i racconti orali delle brigate aristocratiche e cittadine. Importante fu l'apporto della narrativa orientale diffusa in Occidente dagli arabi di Spagna e dai viaggiatori europei di ritorno dall'Asia.

La novella del Trecento costituisce una forma narrativa nuova

Con la novella del Trecento (tra gli autori importanti, oltre a Boccaccio, ricordiamo Sacchetti e l'inglese Chaucer) si giunge a una **forma narrativa nuova** che unisce insieme i contenuti eroico-leggendari, quelli realistici e satirici, quelli fantastici e quelli religiosi. Nell'opera di Boccaccio si sente l'influenza dei *fabliaux* e della tradizione del romanzo cortese, delle favole orientali, della beffa goliardica e del motto di spirito giullaresco, mescolati alle cronache municipali fiorentine. È una grandissima **varietà di generi narrativi** che Boccaccio unifica nella sua raccolta di cento novelle, presentate in un'ampia cornice. Con l'opera di Boccaccio la novella diventa lo specchio della civiltà comunale e mercantile, dando origine al filone della narrativa realistica e borghese che giungerà fino all'Ottocento.

In sintesi

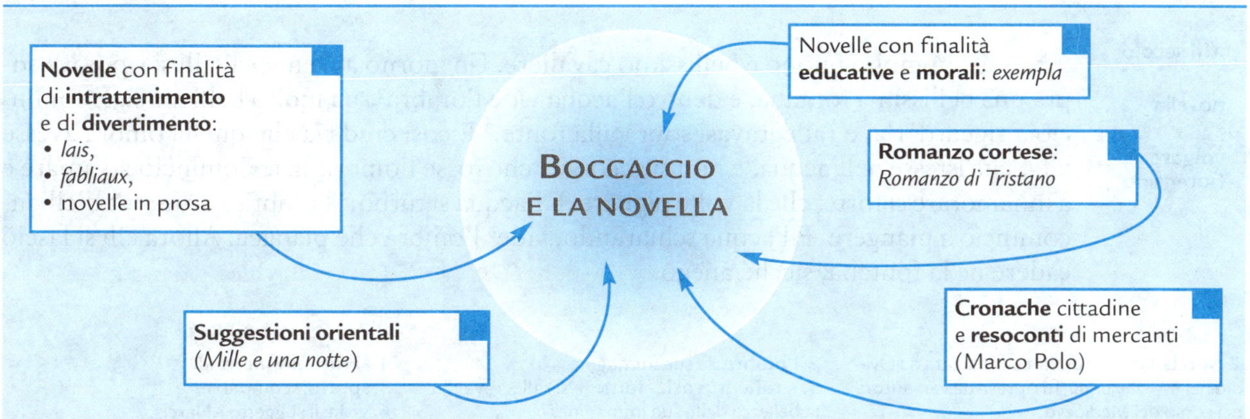

Il *Novellino*

L'opera

Il *Novellino* è una raccolta di cento novelle composte all'incirca negli ultimi due decenni del Duecento, a opera di un anonimo probabilmente fiorentino e di estrazione borghese. Non è nota con sicurezza la consistenza originaria della raccolta, che era forse superiore alle cento novelle della versione che le prime edizioni a stampa del XVI secolo hanno conservato fino a noi.

È difficile anche precisare se alla sua stesura abbiano posto mano più autori o uno solo. In ogni caso il *Novellino* costituisce il **primo esempio organico di prosa narrativa originale in volgare** e rappresenta una testimonianza importante del mondo mercantile e cavalleresco del XIII secolo. L'antologia è rivolta a «coloro che non sanno e desiderano di sapere» e si propone di offrire al lettore il patrimonio di saggezza signorile, di intelligenza e di gentilezza proprio della civiltà dei cavalieri e delle corti.

I valori cui le novelle si ispirano sono quelli della **liberalità** e del **decoro nobiliare**. Per questo spesso esse raccontano il mondo degli antichi cavalieri bretoni, anche se numerosi sono i riferimenti agli eroi della mitologia e ai personaggi della storia antica.

Stretto è il legame del *Novellino* con la tradizione narrativa precedente: dalle raccolte medievali di esempi di argomento religioso alla letteratura cortese francese, dalle narrazioni favolistiche orientali alla Bibbia. Tuttavia il *Novellino* ha una posizione nuova e originale nella storia della narrativa italiana, posizione che sarà poi ripresa dal *Decameron* di Boccaccio: le sue novelle infatti non si pongono solo e tanto le finalità moralistiche tipiche della narrativa religiosa e predicatoria altomedievale, ma sono piuttosto un **documento della vita e dei costumi del secolo**, con l'esplicito scopo di **divertire il lettore** attraverso l'osservazione curiosa e acuta degli uomini e dei loro comportamenti. Per questo lo stile del *Novellino* è in generale sintetico e lineare e l'**estrema brevità delle novelle** è in grado di rendere efficacemente l'essenziale dell'episodio narrato. L'arte del "narrare brevemente", del raccontare sintetico e sentenzioso, contiene in sé una forza e un'espressività che una narrazione più ampia non avrebbe potuto conservare.

Novellino

Qui conta come Narcis s'innamorò dell'ombra sua

La novella che abbiamo scelto, che riprende una delle più note della mitologia pagana, è quella di Narciso. Si tratta di un racconto totalmente fantastico che, pur nella sua brevità, riesce a comunicare al lettore un senso suggestivo di malinconia e di dolce nostalgia per la storia d'amore tramandataci dalle favole antiche.

Opera **Novellino**
Epoca **XIII secolo**
Genere **novella**
Lingua **volgare fiorentino**

Narcis[1] fu molto buono e bellissimo cavaliere. Un giorno avvenne ch'elli si riposava sopra una bellissima fontana, e dentro l'acqua vide l'ombra[2] sua molto bellissima. E cominciò a riguardarla, e rallegravasi sopra alla fonte.[3] E così credeva che quella ombra avesse vita, che istesse nell'acqua, e non si accorgea che fosse l'ombra sua. Cominciò ad amare e a innamorare sì forte, che la volle pigliare. E l'acqua si turbò;[4] l'ombra spario;[5] ond'elli incominciò a piangere. E l'acqua schiarando, vide[6] l'ombra che piangea. Allora elli si lasciò cadere ne la fontana, sicché anegò.

1. **Narcis:** la favola di Narciso, narrata da Ovidio nelle *Metamorfosi*, fu ripresa da vari autori nel corso del Medioevo.
2. **l'ombra:** la sua immagine.
3. **e rallegravasi... fonte:** e si rallegrava per la bellezza della sua immagine.
4. **si turbò:** si intorbidì.
5. **spario:** scomparve.
6. **vide:** il soggetto è Narcis.

Il tempo era di primavera; le donne si veniano a diportare alla fontana; videro il bello Narcis affogato.[7] Con grandissimo pianto lo trassero alla fonte, e così ritto l'appoggiaro alle sponde; onde dinanzi allo dio d'amore andò la novella.[8] Onde[9] lo dio d'amore ne fece nobilissimo mandorlo,[10] molto verde e molto bene stante,[11] e fu ed è il primo albero che prima fa frutto e rinnovella amore.[12]

7. Il tempo... affogato: l'accenno alla primavera e l'improvvisa apparizione delle donne creano un effetto di dolcezza e di particolare intensità espressiva.
8. onde... novella: la notizia della morte di Narciso giunse al dio Amore.
9. onde... Onde: anche queste ripetizioni concorrono a creare la musicalità del racconto.
10. mandorlo: nel mito pagano Narciso viene invece trasformato in un fiore.
11. molto bene stante: vigoroso e di bell'aspetto.
12. rinnovella amore: riconduce tra gli uomini la stagione dell'amore.

Narcisismo

Il lessico e la grammatica

Il racconto del *Novellino* è tratto da un famoso **mito classico**, quello che ha per protagonista il giovane Narciso. Innamoratosi della propria immagine riflessa nell'acqua, Narciso tentò di afferrarla e annegò, ma gli dei lo trasformarono nel fiore che porta il suo nome.
Da Narciso deriva il termine "narcisismo", che appartiene al linguaggio della **psicologia**. Il narcisismo indica in generale **amore per se stessi**: durante lo sviluppo infantile, gli esseri umani attraversano una fase di narcisismo (detta anche fase dello specchio, perché è la fase in cui il bambino impara a riconoscersi allo specchio); alcuni elementi di narcisismo riemergono durante l'adolescenza e anche nell'età adulta, ma se prendono il sopravvento rischiano di ostacolare i rapporti con gli altri e possono portare a gravi forme di isolamento.

Analisi del testo

Sinteticità e astrattezza. Caratteristica principale di questa novella è la sua estrema brevità. L'arte, non facile, del "narrare brevemente", del raccontare sintetico e sentenzioso, contiene in sé una forza e un'espressività che una narrazione più ampia non può ambire a esprimere.
La novella esemplifica bene i modi della narrazione che sono tipici del *Novellino*: la scena è come sospesa fuori dal tempo e non è collocata in uno spazio preciso. La brevità dei periodi e l'uso continuo delle congiunzioni creano intorno alla narrazione un'atmosfera quasi da favola.

L'atmosfera cortese. La stessa figura di Narcis rimane sfumata, come generico mito di bellezza. Nel finale il riferimento alla primavera e la comparsa delle donne rafforzano l'effetto di leggerezza e soavità.
Tutto risulta avvolto in un alone di astrattezza e fantasia che è tipico di una novellistica ancora legata alla fruizione orale e all'ascolto da parte di un pubblico cortese e nobiliare, soprattutto femminile.

Proposte di lavoro

1. Completa la seguente tabella suddividendo il racconto in sequenze e indicando il contenuto e il carattere (narrativo, descrittivo, riflessivo) di ciascuna sequenza.

Sequenza	Contenuto	Carattere prevalente
1		
2		
...		

2. I luoghi in cui si svolge la vicenda sono:
☐ definiti ☐ indefiniti ☐ reali ☐ immaginari
Motiva la tua risposta con i necessari riferimenti al testo.

3. Perché Narciso viene trasformato dal dio d'amore in un mandorlo? Quale significato simbolico può avere questa trasformazione?

....
....
....

4. A partire dal testo letto e dalle osservazioni fin qui svolte, metti in luce le caratteristiche di fondo del *Novellino*, completando lo schema.

- Temi affrontati
....
....
- Scelte stilistiche
....
....
- Pubblico di riferimento
....
....
- Atmosfere dei racconti
....
....

Le Mille e una notte

L'opera

Le *Mille e una notte* sono una raccolta di novelle composta in epoche molto varie e comunque già ben identificabile nel IX secolo, anche se nei secoli posteriori fu continuamente arricchita e rielaborata. L'opera è **un insieme di centinaia di racconti** di origine orientale molto diversa, unificato dalla lingua araba e dalla cultura islamica, a cui si deve anche il titolo definitivo con cui essa è giunta in Occidente. Il nucleo originario è di **provenienza indiana**; esso giunge nel mondo arabo-iracheno attraverso una rielaborazione persiana, per diffondersi poi, a partire dall'XI secolo, in Egitto, e assumere infine la sua versione definitiva a partire dal Quattrocento. Accanto ai tre filoni principali – indiano, arabo-iracheno e arabo-egiziano – sono individuabili altre influenze minori, ebraiche e greco-ellenistiche. L'opera ha dunque un carattere estremamente composito ed è il risultato di stratificazioni successive.

Le novelle sono racchiuse in una cornice narrativa principale, di origine indiana, costituita dalla **storia** di **Shahrazad**. In essa si racconta che il re di Persia Shahriyar, convinto della malvagità delle donne, decide di passare ogni notte con una fanciulla diversa che poi all'alba fa giustiziare. Shahrazad, figlia di un suo visir, usa lo stratagemma di **raccontare ogni notte una favola** che interrompe prima del finale, costringendo il re a lasciarla in vita per la curiosità di sentire il seguito la notte successiva. In questo modo la sua morte viene continuamente rimandata fino a che, dopo mille e una notte, il re si ravvede e decide di sposare la fanciulla.

Gli argomenti e i personaggi dei racconti delle *Mille e una notte* sono svariati: quelli ambientati nella brillante e intensa vita della città di Baghdad o dei mercati di Egitto hanno a lungo stimolato la curiosità dei lettori occidentali, presentando scene e personaggi presi dalla vita quotidiana della società araba medievale; quelli di tipo favolistico e meraviglioso (celeberrime sono le magiche avventure di Alì Baba, di Aladino o di Sindbàd il marinaio) o a carattere esotico ed erotico sono ormai entrate nell'immaginario della nostra cultura.

Opera **Le Mille e una notte**
Epoca **IX secolo**
Genere **novella**
Lingua **arabo classico**

Le Mille e una notte

Il secondo viaggio di Sindbàd il marinaio

La novella che abbiamo scelto è tratta dal gruppo che ha per tema i viaggi di Sindbàd il marinaio. Tutto il racconto è dominato da un'atmosfera fantastica, sulla quale incombe una delle figure più ricorrenti della raccolta, il grande uccello Rùh, «sovrano di tutti i geni e di tutte le fate che dirigono la danza della magia». In una valle solitaria, fin dall'inizio del tempo, esso cova un misterioso e gigantesco uovo. Sindbàd il marinaio avrà la ventura di vedere quell'uovo, appurando con i propri occhi la verità dei racconti che tante volte ha sentito narrare da mercanti e viaggiatori.

Io avevo deciso, dopo il mio primo viaggio, di passare tranquillamente il resto dei miei giorni a Bagdàd come ebbi l'onore di dirvi ieri[1] ma non stetti a lungo senza annoiarmi di una vita oziosa e fui preso di nuovo dal desiderio di navigare e negoziare; comprai le mercanzie opportune, e partii una seconda volta con altri mercanti di cui mi era nota la probità.[2]

Ci imbarcammo su di un buon naviglio[3] e dopo esserci raccomandati a Dio, sciogliemmo le vele.

1. **Io... ieri:** Sindbàd il marinaio ha narrato il giorno precedente il suo primo viaggio. Inizia ora il secondo dei suoi racconti.
2. **probità:** rettitudine, onestà.
3. **naviglio:** nave, bastimento.

Andando di isola in isola vi facevamo dei baratti vantaggiosissimi. Essendo un giorno sceso con altri compagni in un isolotto, mentre essi si divertivano a cogliere fiori e frutta io presi le mie provviste e mi sedetti vicino a un ruscello all'ombra di un albero; feci un buonissimo pasto, poi preso dal sonno mi addormentai: ma al mio risveglio non vidi più il bastimento all'ancoraggio.

Fui molto stupito – disse Sindbàd – di non vedere il vascello ancorato. Mi alzai, guardai dappertutto, e non scorsi un solo mercante di quelli che erano scesi con me nell'isola. Lascio immaginare a voi la riflessione che feci; credetti di morire di dolore, mandai grida spaventevoli, mi battei la testa e mi gettai per terra, restando molto tempo inabissato in una confusione mortale di pensieri l'uno più tetro[4] dell'altro, rimproverandomi cento volte di non essermi contentato del mio primo viaggio; senonché i miei lamenti erano inutili e il mio pentimento fuor di proposito. Finalmente mi rassegnai al volere di Dio e, senza sapere quel che sarebbe avvenuto di me, salii su di un grande albero da dove osservai per tutti i lati per vedere di scoprire qualcosa che potesse darmi qualche speranza di salvezza.

Volgendo gli occhi sul mare, non scorsi che acqua e cielo: ma avendo osservato dalla parte di terra qualche cosa di bianco, scesi dall'albero e, con i viveri rimastimi, diressi da quella parte i miei passi.

Quando fui a una certa distanza, osservai che l'affare bianco era un globo di un'altezza e di una grossezza prodigiose. Avvicinatomi, lo toccai, e lo trovai levigatissimo.[5] Girai intorno per vedere se vi fosse qualche apertura, ma non ne scorsi alcuna, e mi parve impossibile potervi salire su, tanto era levigato: poteva avere cinquanta passi di circonferenza.

Il sole allora era presso al tramonto e l'aria si oscurò ad un tratto come se fosse coperta da una densa nube.

Ma se io fui stupito di quella oscurità, lo fui ancor più quando mi accorsi che era provocata da un uccello di enorme e straordinaria grandezza il quale volando avanzava verso di me.

Mi ricordai di un uccello chiamato Rùh, di cui avevo sovente udito parlare dai marinai, e compresi che il grosso globo era un uovo di quell'uccello.

Infatti quello scese e vi si pose sopra come per covarlo.

Vedendolo venire, io mi ero talmente avvicinato all'uovo, che ebbi innanzi a me una delle zampe dell'uccello, e una zampa era grossa quanto un tronco d'albero.

Mi vi legai fortemente con la tela che circondava il mio turbante, sperando che quando il Rùh avesse ripreso il volo, mi avrebbe portato fuori da quell'isola disabitata.

Difatti, dopo aver passato così la notte, fattosi giorno, l'uccello prese il volo e mi alzò così alto, che io non vedevo più la terra, poi discese a un tratto con tanta rapidità che io non sentivo più me stesso.[6]

Quando si posò, e io mi vidi a terra, sciolsi subito il nodo che mi teneva avvinto alla sua zampa; non appena ebbi terminato di staccarmi, diede[7] con il suo becco sopra un serpente di lunghezza mai vista: lo prese e subito se ne volò via. Il luogo dove mi lasciò era una valle profondissima circondata da montagne altissime.

Questo fu un nuovo impaccio[8] per me e, paragonandolo con l'isola disabitata, trovai di non aver guadagnato nulla nel cambio.

Camminando per quella valle, osservai che era disseminata di diamanti, dei quali alcuni erano di stupefacente grandezza.

Ebbi molto piacere nel guardarli, ma subito vidi da lontano un grande numero di serpenti tanto grossi e lunghi da potere ognuno di essi inghiottire un elefante. Durante il giorno si ritiravano nei loro antri[9] dove si nascondevano a causa del Rùh loro nemico, uscendo solo di notte.

Passai il giorno passeggiando per la valle, riposandomi di tratto in tratto nei luoghi più

4. **tetro:** lugubre, pauroso.
5. **levigatissimo:** molto liscio.
6. **non... stesso:** stavo per svenire (a causa della brusca accelerazione).
7. **diede:** colpì.
8. **impaccio:** disagio, ostacolo.
9. **antri:** caverne, grotte buie.

comodi: intanto il sole tramontò e al venir della notte mi ritirai in una grotta, dove credetti di essere al sicuro. Chiusi l'entrata, che era bassa e stretta, con una pietra grossa abbastanza per garantirmi dai serpenti; cenai con parte delle mie provviste, quindi mi nascosi, udendo il sibilare dei serpenti che cominciavano a comparire.

Il loro fischio terribile mi arrecò un estremo spavento e non mi permise – come immaginerete – di passar molto tranquillamente la notte.

Venuto il giorno, i serpenti si ritirarono; allora io uscii tremando dalla mia grotta, e posso asserire[10] di aver camminato lungo tempo sui diamanti, senza averne il minimo desiderio. Infine sedetti e, nonostante l'inquietudine da cui ero agitato mi addormentai, dopo aver mangiato alquanto: ero appena sopito,[11] quando qualche cosa cadde con grande strepito vicino a me e mi risvegliò. Era un grosso brano[12] di carne fresca, e nello stesso tempo ne vidi rotolare molti altri dall'alto delle rupi in luoghi differenti.

Io avevo sempre ritenuto per un racconto favoloso[13] quello che avevo udito dire più volte da alcuni marinai e da altre persone circa la valle dei diamanti e lo stratagemma usato da alcuni mercanti per cavarne le pietre preziose; ma allora conobbi che avevano detto la verità.

Infatti i mercanti vanno presso quella valle nel tempo in cui le aquile hanno i figli, tagliano la carne e ve la gettano a grossi pezzi: i diamanti, sulla punta dei quali cadono, vi si attaccano.

Le aquile che in quel paese sono più forti che altrove, si calano su i pezzi di carne e li portano nel loro nido alla sommità delle rocce dove li servono di pasto agli aquilotti. Allora i mercanti correndo ai nidi obbligano con le loro grida le aquile ad allontanarsi e prendono i diamanti che trovano attaccati ai pezzi di carne.

Essi si servono di questo sistema, non essendovi altro mezzo di trarre i diamanti da quella valle, che è un precipizio nel quale non si potrebbe discendere.

Io avevo creduto fino allora che mi sarebbe stato impossibile uscire da quell'abisso: ma quel che vidi mi offrì lo spunto di immaginare il mezzo di salvarmi la vita.

Io cominciai a raccogliere i diamanti più grossi che si presentarono ai miei occhi e ne riempii la borsa di cuoio che mi era servita per le provviste: poi presi un grosso pezzo di carne e lo legai fortemente intorno alla mia vita con la tela del mio turbante, e mi stesi boccone,[14] con la borsa di cuoio legata alla cintura in modo che non potesse cadere.

Non appena fui in quella situazione, le aquile vennero: ognuna si prese un pezzo di carne, e una delle più forti avendomi sollevato unitamente al pezzo di carne con il quale io mi ero avviluppato,[15] mi portò alla sommità della montagna fin dentro al suo nido.

I mercanti non mancarono allora di spaventare con grida le aquile, e quando le ebbero obbligate a lasciare la preda, uno di essi mi si avvicinò: ma appena mi vide, fu preso da timore.

Tuttavia si rassicurò, e invece di informarsi per quale avventura mi trovassi là, incominciò a rimproverarmi, domandandomi perché gli rapissi ciò che gli apparteneva.

«Mi parlerete con più umanità» gli dissi io «quando mi avrete meglio conosciuto». Dopo un poco soggiunsi:

«Ho diamanti per voi e per me, più che non ne potrebbero avere tutti gli altri mercanti insieme. Se essi ne hanno, è un caso: ma io ho scelto da me stesso in fondo alla valle quelli che porto in questa borsa».

Ciò dicendo, gliela mostrai, e non appena terminai di parlare, i mercanti che mi videro si affollarono intorno a me molto meravigliati di vedermi, e il racconto della mia storia aumentò la loro meraviglia.

Essi non ammiravano tanto lo stratagemma che io avevo immaginato per salvarmi, quanto l'ardire di tentarlo.[16]

10. **asserire:** affermare, sostenere.
11. **sopito:** addormentato.
12. **brano:** pezzo.
13. **ritenuto... favoloso:** considerato un'invenzione, una fantasticheria.
14. **boccone:** bocconi, in posizione distesa con la faccia in giù.
15. **avviluppato:** avvolto.
16. **l'ardire:** il coraggio.

Mi condussero all'alloggio in cui essi dimoravano, e lì, avendo aperto la mia borsa in loro presenza, la grossezza dei miei diamanti li stupì e mi confessarono che in tutte le corti in cui erano stati non ne avevano mai visti di così belli. Io pregai il mercante cui apparteneva il nido nel quale ero stato trasportato (avendo ogni mercante il suo) di sceglierne quanti ne volesse. Egli si contentò di prender uno solo dei meno grossi: e siccome lo pregavo di prenderne altri, senza timore di dispiacermi: «No» disse «mi contento di questo, che è prezioso abbastanza per risparmiarmi la pena di fare da oggi innanzi altri viaggi per stabilire la mia piccola fortuna». Passai la notte con quei mercanti e raccontai di nuovo la mia storia per soddisfare la curiosità di quelli che non l'avevano udita. Non potevo moderare la mia gioia quando riflettevo di essere fuori dei pericoli di cui vi ho parlato, e mi parve che lo stato in cui mi trovavo fosse un sogno, non potendo credere di avere altro a temere.

Erano già molti giorni che i mercanti gettavano pezzi di carne nella valle: e siccome ciascuno sembrava contento dei diamanti che gli erano toccati in sorte, partimmo insieme l'indomani e camminammo per alte montagne, avendo cura di evitare i serpenti di prodigiosa grandezza che vi vivono; arrivati al primo porto, passammo all'isola di Roha, dove cresce l'albero dal quale si estrae la canfora,[17] e che è così grande e folto, che cento uomini vi possono stare comodamente all'ombra; il succo, con il quale si fa la canfora, scorre da una fessura praticata in quell'albero e si raccoglie poi in un vaso, dove prende consistenza. Estratto così il succo, l'albero secca e muore.

Nell'isola stessa vi sono rinoceronti, animali più piccoli dell'elefante e più grossi del bufalo; essi hanno sul naso un corno lungo circa un cubito,[18] tagliato in mezzo da un'estremità all'altra.

Il rinoceronte combatte l'elefante, lo perfora con il suo corno al di sotto del ventre, lo solleva e lo porta sulla sua testa: ma siccome il sangue e il grasso dell'elefante gli colano sugli occhi e lo acciecano, cade a terra; allora viene il Rùh e li innalza entrambi con i suoi artigli e li trasporta per nutrire i suoi piccini.

Tralascio molte altre particolarità di quell'isola, temendo di annoiarvi. Qui barattai alcuni dei miei diamanti con buona mercanzia; da là andammo ad altre isole in relazione di commercio e approdammo a Bassora, da dove me ne venni a Bagdàd.

Appena giunto feci molte elemosine ai poveri e godetti onoratamente del resto delle immense ricchezze che io avevo recato e guadagnato con tanta fatica.

Così raccontò Sindbàd il suo secondo viaggio.

Le Mille e una notte, a c. di M. Jevolella, A. Mondadori

17. canfora: sostanza solida bianca e odorosa, ricavata dal canforo, un albero della famiglia delle lauracee. È usata come stimolante del cuore in medicina, come plastificante o come antitarmico.

18. cubito: antica misura greca e romana corrispondente a circa 44,4 centimetri.

Il lessico e la grammatica

Cubito

La parola cubito deriva dal latino *cubitus*, che significa "gomito"; era un'**antica unità di misura**, corrispondente grosso modo alla lunghezza dell'avambraccio.
I cubiti non si usano più, ma molte unità di misura del passato continuano a essere usate, anche se in ambiti specifici e piuttosto ristretti. Te ne proponiamo qualcuna, invitandoti a "tradurre" queste unità di misura in quelle più universalmente note (metri, litri, grammi):

- **pertica** ▶ ....
- **ettaro** ▶ ....
- **barile** ▶ ....
- **miglio marino** ▶ ....

Nei paesi di lingua anglosassone si usano, accanto a quelle internazionali, le seguenti unità di misura:

- oncia
- libbra
- piede
- pollice
- iarda
- gallone

Analisi del testo

Un racconto lineare. Il racconto affidato alla voce del protagonista Sindbàd, ha un andamento molto lineare: possiamo infatti individuare un breve prologo, in cui Sindbàd intraprende il viaggio, seguito da una serie di avventure, ciascuna più incredibile della precedente e più ampiamente sviluppata: prima l'abbandono sull'isola deserta, la scoperta dell'uccello Rùh e la fuga dall'isola, poi l'approdo nella valle dei serpenti e dei diamanti, l'osservazione delle tecniche usate dai cacciatori di diamanti per procurarseli, l'astuta trovata con cui Sindbàd riesce a salvarsi definitivamente. Il racconto si conclude con un breve epilogo.

Un racconto circolare. L'epilogo è apparentemente un'aggiunta non necessaria al racconto d'avventure, ma ha un'importante funzione strutturale: esso permette infatti di chiudere circolarmente il testo, richiamando alcuni degli elementi che erano comparsi all'inizio, in particolare l'isola e l'uccello Rùh. D'altro canto, il racconto è incominciato come narrazione realistica, resoconto di viaggio, e ha poi assunto il carattere di un racconto fantastico, fiabesco; nell'epilogo, elementi fantastici e reali tornano a mescolarsi, prima del ritorno alla realtà vera e propria, che avviene nelle ultime righe («approdammo a Bassora» ecc.).

Realismo e fantasia. Questa novella potrebbe essere accostata al racconto di Narcis del *Novellino*. Entrambi infatti sono testi fantastici, che riescono a trasportare il lettore in un'atmosfera irreale e lontana dalla concreta realtà quotidiana. Più ancora che nel breve racconto di Narcis, tuttavia, la novella delle *Mille e una notte* è integralmente immersa nel mondo del fantastico.
La vicenda è sospesa in una dimensione senza tempo e in uno spazio irreale: l'isola misteriosa, la valle dei diamanti. I personaggi escono da un mondo diverso e immaginario: il grande uccello Rùh, gli enormi serpenti, le uova gigantesche. In questa realtà indefinita anche i riferimenti concreti presenti nella novella (le città di Baghdad e Bassora, per esempio) e i personaggi realistici (come i mercanti che salvano Sindbàd e lo stesso rinoceronte a cui si allude nel finale) risultano del tutto trasfigurati e perdono ogni caratterizzazione concreta.

Proposte di lavoro

1. Riassumi la novella individuandone le principali sequenze.
2. I luoghi in cui si svolge la vicenda sono:
   ☐ definiti ☐ indefiniti ☐ reali ☐ immaginari
   Motiva la tua scelta con i necessari riferimenti al testo.
3. La vicenda è narrata
   ☐ in prima persona da un narratore interno;
   ☐ in terza persona da un narratore esterno.
4. Il narratore
   ☐ interviene a commentare i fatti che narra, esprimendo giudizi personali.
   ☐ si limita a presentare le azioni e i personaggi.
   Motiva la tua risposta con i necessari riferimenti al testo.
5. Di che cosa possono essere simboli il gigantesco uccello Rùh e il suo enorme uovo?

Geoffrey Chaucer

L'autore

L'importanza di Geoffrey Chaucer (1340-1400) nella storia della lingua e della letteratura inglese è grandissima, paragonabile a quella di Dante per la letteratura italiana. Con le opere di Chaucer, principalmente ***I Racconti di Canterbury***, la **lingua inglese**, fino ad allora subordinata a quella francese dei conquistatori normanni, trova la sua prima grande espressione letteraria, ponendosi all'altezza della letteratura italiana del Trecento, che Chaucer stesso vedeva come il modello ideale da imitare e riprodurre.

Nato a Londra da una ricca famiglia borghese (il padre pare fosse un mercante di vino della City), Chaucer trascorse gran parte della sua vita servendo la corte del re d'Inghilterra e partecipando tra l'altro alla spedizione in Francia durante la prima fase della Guerra dei cent'anni. L'**ambiente della corte**, raffinato e colto, ebbe grandissima influenza sulla formazione del giovane, avvicinandolo in particolare alle culture francese e latina. Numerose **missioni diplomatiche** lo portarono frequentemente in Italia, specialmente a Genova, Firenze e Milano. I suoi interessi letterari, già influenzati dalla cultura francese, s'infiammarono incontrando le opere delle grandi personalità italiane del Trecento.

La vasta produzione letteraria di Chaucer risente dunque di **molteplici influenze**: in un primo tempo egli imitò i canoni della letteratura cortese francese; successivamente, con l'opera *La casa della Fama* (1380) riprese il poema allegorico di tipo dantesco, e con il romanzo in versi *Troilo e Criseide* (1383-85) si rifece alla narrativa di Boccaccio. Attraverso questo profondo lavoro di imitazione di modelli stranieri, Chaucer giunse, nel suo capolavoro ***I Racconti di Canterbury*** (scritto all'incirca negli ultimi quindici anni della vita), a comporre un'opera in gran parte originale, sebbene siano evidenti in essa le influenze dei ***fabliaux*** francesi e delle narrazioni popolari tradizionali.

L'opera

Raccolta incompiuta di racconti in versi (distici di decasillabi a rima baciata), *I Racconti di Canterbury* si compone di ventuno racconti completi e tre incompleti. L'idea di fondo, non nuova nella letteratura medievale, è quella di collegare una **serie di novelle, narrate da più personaggi**, all'interno di una cornice, che viene presentata in un prologo ai racconti. In esso l'autore immagina di far parte di una compagnia di **ventinove pellegrini** che si recano al santuario di Thomas Beckett a Canterbury. Fermatisi a una locanda di Southwark, sulla riva destra del Tamigi nelle vicinanze di Londra, i pellegrini accettano la proposta dell'oste che, per passare il tempo durante il percorso, ciascuno dei viandanti racconti due storie all'andata e due al ritorno da Canterbury. Alla fine il miglior novellatore sarà festeggiato a spese degli altri nella stessa locanda.
Nella rappresentazione del gruppo dei pellegrini e nel **quadro composito della vita sociale** che risulta dai loro racconti sta l'originalità e l'importanza dell'opera. Ognuno dei pellegrini è infatti scelto e descritto nell'intento di rappresentare l'intero quadro del mondo inglese medievale. Con l'esclusione della corte e dei ceti plebei, la galleria dei narratori, analizzata con grande efficacia psicologica e cura dei particolari, presenta le figure più tipiche di tutte le classi della società trecentesca. Un cavaliere con il figlio scudiero e il valletto d'armi rappresenta la classe militare feudale. La società agricola è rappresentata da un mugnaio, da un fattore e da un piccolo proprietario terriero. Le arti liberali sono difese da un uomo di legge, un medico, un chierico di Oxford e dal poeta stesso. Ci sono poi un marinaio e un mercante, il tappezziere e il tintore, il merciaio e il carpentiere. Il clero è rappresentato da un parroco di villaggio, da un benedettino, dal frate mendicante e infine dal personaggio tipicamente medievale del venditore di indulgenze. Si tratta di un mondo composito e suggestivo, attraverso il quale Chaucer offre al lettore una delle più efficaci ricostruzioni del Medioevo cortese e mercantile europeo.

All'analisi della fisionomia particolare di ogni narratore corrisponde la varia struttura delle novelle, ciascuna delle quali riprende una delle forme letterarie medievali precedenti (dal *fabliau* al romanzo cortese, dalle vite dei santi all'*exemplum*, dalla favola al racconto in prosa), attraverso **modalità stilistiche ed espressive tra le più diverse**: dall'umoristico allo scurrile, dal tragico al giocoso, dal moralistico al grottesco. Efficace è la capacità di descrizione degli ambienti, da quelli aristocratici e cavallereschi alle taverne, dai monasteri alle strade polverose della campagna inglese.
I Racconti di Canterbury disegnano dunque una grande sintesi della vita al tempo di Chaucer, in una chiave che è essenzialmente realistica, anche se l'idea iniziale del viaggio è di chiara origine mistica e cavalleresca.
Al contrario del pellegrinaggio oltremondano narrato da Dante nella sua *Commedia*, quella di Chaucer rimane una **commedia tutta umana**, che rifiuta ogni riflessione metafisica e preferisce una dimensione più quotidiana e terrena.

Opera **I Racconti di Canterbury**
Epoca **XIV secolo**
Genere **novella**
Lingua **inglese antico**

I Racconti di Canterbury

Il racconto del venditore di indulgenze

Il racconto che abbiamo scelto è quello del venditore di indulgenze. Tra tutti i personaggi narranti dell'opera egli è forse il più ambiguo. Figura tipica del Medioevo mistico e anche superstizioso, avido speculatore e profittatore dell'ignoranza delle plebi, il venditore di indulgenze è trattato già nel prologo con sarcasmo; emerge poi nella novella come il rappresentante di una falsa religiosità, fatta di timore e di superstizione, di citazioni bibliche usate come arma per estorcere denaro e doni in natura ai fedeli creduloni. Egli racconta tuttavia una delle novelle più suggestive dell'intera opera, in cui la narrazione si alterna in maniera assai efficace agli interventi moralistici.
Personaggio principale della novella è la Morte, presentata e descritta secondo un gusto un po' macabro, anch'esso tipico delle allegorie medievali.

Una volta c'era nelle Fiandre[1] una combriccola di giovinastri i quali passavano la vita in una continua baldoria, dandosi al giuoco e alla crapula,[2] e frequentando il bordello e la taverna, dove stavano dalla mattina alla sera a ballare al suono di arpe, di liuti e di chitarre, o a giocare ai dadi, o a gozzovigliare e a bere senza vedere mai il fondo. E in questo modo, sacrificavano maledettamente al diavolo,[3] nel tempio del diavolo[4] con abbominevoli[5] eccessi tirando dei moccoli così grossi ed infernali che facevano paura a sentirli. Straziavano, con le loro bestemmie, il corpo del nostro Signore benedetto, come se non lo avessero straziato abbastanza i Giudei, e dei loro peccati reciprocamente ridevano. E tosto[6] venivano le ballerine, ragazze ben fatte e dalla vita snella e insieme con esse giovani fruttaiole,[7] cantanti con le loro arpe, ruffiane e confettieri[8] ambulanti. Tutta gente mandata dal diavolo ad accendere il fuoco della lussuria e a soffiarvi dentro, giacché la lussuria è sempre compagna della crapula e m'è testimonio la sacra scrittura che dal vino e dall'ubriachezza viene lussuria.[9] O maledetta gola, prima causa della nostra rovina, origine della nostra dannazione, finché Cristo ci ebbe redenti col suo sangue. Guardate un po', per farla corta, come ci costò salata la maledetta colpa, per causa della quale tutto il mondo fu corrotto per la gola. Il padre nostro Adamo, fu insieme con sua moglie cacciato dal paradiso, per quel vizio, e costretto a lavorare e a soffrire. Perché fino al giorno in cui restò digiuno, egli rimase in paradiso, come trovo, e ne fu cacciato, per andare in mezzo ai guai e alle pene, solo quando assaggiò il frutto proibito di quel tale albero.[10] O ingordigia, non senza ragione gli uomini dovrebbero lamentarsi di te! Se essi sapessero di quanti mali sono cagione l'intemperanza[11] e la crapula, talvolta misurerebbero un po' più l'appetito. Ma purtroppo, il breve piacere della gola e il tenero palato li spingono a travagliare a Est, a Ovest, a Sud, a Nord, per mare, per aria, in cerca di ghiotti bocconi e bevande. E tu ne sai qualche cosa, o San Paolo,[12] egli dice infatti: «Dio distruggerà il cibo del ventre e il ventre del cibo». Ah! È turpe[13] cosa, in fede mia, turpe la parola e più turpe l'atto, se l'uomo beve del bianco e del rosso, fino al punto di fare della strozza un privato[14] per via di quegli eccessi maledetti. Sentite che cosa dice miserevolmente l'Apostolo, piangendo: «Passeggiano molti su questa terra, come vi dicevo (e parlandone, ora mi viene da piangere), che sono nemici della croce di Cristo: fine dei quali è la morte, e Dio il ventre».[15] O ventre, o pancia, tu sei un fetido sacco pieno di sterco e di putridume.[16] Da ogni tuo termine non si sprigiona che un rumore schifoso.[17] Quanta fatica e quanto denaro ci vogliono per provvedere a te. Come pestano i cuochi, spremono, tritano, e riducono e trasformano la sostanza in accidente[18] a saziare il tuo ingordo appetito! A forza di colpi fanno uscire il midollo dai duri ossi (poiché i cuochi non buttan via nulla), con quell'unto fanno sì che il molle boccone sgusci dolcemente giù per la strozza. E per stuzzicare sempre più l'appetito, cacciano nella salsa spezie, foglie, cortecce, odori e radici, che la rendono piccante. Ma chi va in cerca di tante leccornie, è morto, mentre vive in tal vizi.[19]

Viziosa cosa è il vino, e l'ubriachezza è causa di travagli[20] e di sciagure. O briacone, la tua

1. **Fiandre:** regione del Belgio occidentale.
2. **crapula:** il bere e il mangiare oltre misura.
3. **sacrificavano... al diavolo:** davano cioè la loro anima al diavolo.
4. **tempio del diavolo:** la taverna.
5. **abbominevoli:** vergognosi, indegni.
6. **tosto:** subito.
7. **fruttaiole:** venditrici di frutta.
8. **confettieri:** venditori di dolciumi. Si completa così l'efficace e vivace rassegna dei personaggi di sfondo della novella, ambientata nel più tipico mondo chauceriano: la taverna e la strada.
9. **dall'ubriachezza viene lussuria:** interrompendo fin dall'inizio il racconto, il venditore di indulgenze si abbandona alla predica e alla citazione biblica. Affiora il suo moralismo un po' banale e infarcito di luoghi comuni, di cui Chaucer farà per tutta la novella la caricatura.
10. **Il padre nostro... albero:** ormai l'indulgenziere sembra non poter più abbandonare i suoi esempi religiosi e il lettore ha quasi dimenticato la novella appena iniziata.
11. **l'intemperanza:** il non saper moderare, temperare i propri impulsi e desideri.
12. **o San Paolo:** nel furore della predica, l'indulgenziere parla ora direttamente con i santi.
13. **turpe:** moralmente brutta, vergognosa.
14. **fare della strozza un privato:** trasformare la propria gola in una latrina.
15. **Dio il ventre:** il ventre è il loro dio.
16. **putridume:** marciume.
17. **Da ogni tuo termine... schifoso:** dalle aperture dell'apparato digerente (la bocca e l'ano) escono solo rumori schifosi (rutti e scoregge). Il riferimento alla corporeità, colta anche nei suoi aspetti più "bassi" e sgradevoli, è tipico delle prediche medievali che l'autore imita in queste righe.
18. **trasformano la sostanza in accidente:** nella filosofia aristotelica e medievale, qui citata con tono ironico e quasi divertito, è accidente qualsiasi proprietà che non faccia parte stabilmente e necessariamente di un essere (in questo si contrappone a sostanza). Qui l'espressione allude al lavoro dei cuochi che trasforma in ricche e allettanti cibarie gli alimenti base necessari all'uomo.
19. **Ma chi... vizi:** chi si fa soggiogare dal cibo non conduce una vita buona, ma è servo del vizio.
20. **travagli:** sofferenze.

faccia è stravolta, il tuo fiato acre,[21] sei schifoso ad abbracciare. Dal tuo naso, ronfa un suono che par tu voglia dire: Sansone, Sansone.[22] Mentre Dio sa se Sansone bevve mai vino. Tu cadi per terra come un maiale trafitto, perduta la lingua, l'onesta decenza, poiché la ubriachezza è la sepoltura dell'intelletto e della discrezione. Chi si fa schiavo del vino non può prender consiglio, non c'è rimedio: perciò guardatevi tanto dal bianco quanto dal rosso, e più tardi di tutti da quello bianco di Lepe che si vende in Via del Pesce in Chepe.[23] Questo vino spagnuolo, s'insinua piano piano entro altri vini che crescon vicini; d'onde nascon tali vapori, che se ne beva alcuno, immaginatevi che bastano tre bicchieri di quel vino, mentre crede di essere a casa sua in Chepe, è nella Spagna, e si trova proprio nella città di Lepe invece che a Rochelle o a Bordeaux, e allora ha voglia col naso, a ronfare: Sansone, Sansone.

Ma, signori, abbiate la compiacenza di ascoltarmi ancora un altro poco. Tutti gli atti più belli e gloriosi, oso dire, di cui si legge nel vecchio Testamento, furono compiuti con l'aiuto di Dio onnipotente, per mezzo dell'astinenza e della preghiera. Leggete la Bibbia e ve lo imparerete.[24]

Vedete come morì Attila il famoso conquistatore versando in modo vergognoso e turpe nel sonno sangue dal naso mentre era ubriaco. Un capitano avrebbe dovuto essere sobrio.

Ora che vi ho detto dell'ingordigia, vi metterò in guardia contro il giuoco. Il giuoco è il padre della menzogna e dell'inganno, del maledetto turpiloquio e della bestemmia di Cristo. Dell'omicidio, e anche dello sperpero di denari e tempo: e l'essere per un volgare giocatore è cosa riprovevole e disonorante. E quanto più uno è di elevata condizione, tanto più sciagurato è ritenuto. Un principe il quale ha il vizio del giuoco, perde, nell'opinione pubblica, il suo prestigio di regnante e di uomo politico.

[...]

Ora vi dirò due parole di ciò che dicono i libri a proposito della bestemmia e dello spergiuro. La bestemmia è una cosa abbominevole, ma il falso giuramento è ancora più riprovevole. Dio proibì assolutamente ogni spergiuro, e n'è testimone Matteo; ma in modo speciale ne parla Geremia, il quale dice: «Giura il vero quando giuri, e mai non mentire; e giura in giudizio e secondo diritto; ma vano giurare per cosa da nulla è peccato».

Mira e osserva che nella prima tavola dei comandamenti dell'alto Dio, il secondo è questo: «Non pronunziate il mio nome in vano». Vedete, egli proibisce prima tali spergiuri, dell'omicidio stesso e di ogni altro peccato. E dico che nell'ordine è appunto secondo, e lo sanno quanti conoscono i suoi comandamenti che quello è il secondo. Dunque per amore di Cristo che morì per noi sulla croce, guardatevi tutti, grandi e piccoli, dalla bestemmia. Ma signori, è tempo che ormai io riprenda la mia novella.[25] Quei tre scapestrati, dei quali vi parlavo, un giorno prima assai che le campane suonassero prima, se ne stavano a bere in una taverna: quando ad un tratto, mentre erano seduti a tavola, sentirono un campanello tinnire[26] nella strada, innanzi a un morto che veniva portato alla tomba. Uno di loro, allora disse al suo garzone: «Presto, va' a domandare chi è il morto che passa. Sappici dire, per bene, il suo nome».

«Messere,» rispose il ragazzo «non c'è affatto bisogno che io vada a domandarlo: me l'hanno detto due ore prima che voi veniste qua. Per Dio, era un vostro antico compagno. È stato ucciso improvvisamente stanotte, mentre se ne stava seduto, molto ubriaco, su di una panca: e venne un ladro, chiamato per soprannome "la Morte,"[27] il quale uccide chiunque gli capita fra le mani, con la sua lancia gli ha fatto il cuore in due pezzi, se n'è andato per la sua via senza più parola. Questa peste ha ucciso, qui in paese, un migliaio di persone: credete,

21. **acre:** pesante, pungente.
22. **Sansone, Sansone:** il nome del personaggio biblico serve qui, ironicamente, come originale onomatopea.
23. **da quello... in Chepe:** dal terreno della teologia la predica del venditore di indulgenze scende improvvisamente a esemplificazioni concrete un po' comiche, addirittura indicando la via e la località dov'è venduto il vino più "peccaminoso". Lepe è una città vicina a Cadice in Spagna, famosa per i vini forti; Chepe è la strada del pesce. Tutte le strade della City londinese erano centri commerciali.
24. **e ve lo imparerete:** era il tradizionale invito alla lettura della Bibbia da parte dei predicatori medievali.
25. **è tempo... novella:** anche una predica deve a un certo punto terminare, e l'indulgenziere è un oratore troppo abile per non capire quando è tempo di riprendere il racconto.
26. **tinnire:** tintinnare, squillare.
27. **"la Morte":** il soprannome ha un valore simbolico, di oscura profezia.

pure, padrone, che bisogna guardarsi bene da un tal nemico. State all'erta, che non l'aveste mai ad incontrare. Così, almeno, mi è stato detto da mia madre. Non dico altro.»

«Per Maria santissima,» soggiunse il padrone della taverna, «il ragazzo non dice bugie: quest'anno, in un grosso villaggio a più di un miglio di qui, costui ha ucciso moglie, marito, il bambino, il servitore e il garzone. Credo che di casa stia laggiù. È gran prudenza stare in guardia, anzi che faccia spregio ad alcuno.»[28]

«Per le braccia di Dio,» disse allora quello scapestrato, «ma è proprio un pericolo così grande incontrarsi con costui? Ebbene, io anderò a cercare per la campagna, per la città. Lo giuro sulle sacre ossa di Dio. Sentite, compagni, noi tre siamo stati sempre d'accordo: diamoci ora la mano, e promettiamoci fede di fratelli, ed uccideremo noi questo falso traditore "la Morte". Sull'onore di Dio, lui che ha ucciso tanta gente, prima di notte cadrà morto.»

Tra loro questi tre si diedero fede[29] di vivere e di morire l'uno per l'altro come fossero fratelli carnali,[30] e si alzarono per andarsene. E briachi e furibondi si avviarono verso il villaggio, del quale, poco prima, aveva parlato il padrone della bettola; e pronunciarono molte bestemmie, lacerando il corpo di Cristo. «Se possiamo agguantarlo, sarà morto "la Morte".»[31]

Avevano fatto quasi mezzo miglio di strada, quando, mentre stavano per passare una palizzata, s'imbatterono in un povero vecchio, il quale salutandoli umilmente disse: «Dio vi accompagni, signori».

Il più prepotente di quei tre soggettacci rispose: «Che? straccione della malora, perché sei tutto imbacuccato fuor che il viso? com'è che tanto a lungo vivi ancora così, vecchio come sei?»

«Egli è,»[32] rispose il vecchio guardandolo in faccia, «che per quanto abbia girato tutto il mondo, perfino l'India, non posso trovare un uomo, in nessun villaggio o città, il quale voglia cambiare la sua gioventù con la mia vecchiaia. E devo tenermela finché piacerà a Dio, e finché la morte, ahimè, non voglia aver la mia vita!

Ma a voi, signori, non fa onore offendere in questo modo un povero vecchio, il quale non vi ha offeso né con parole né con atti. Ricordatevi di quello che dice la Bibbia: "Davanti a un vecchio canuto[33] del capo alzatevi in piedi". Perciò vi consiglio a non voler fare del male a un vecchio, come voi non vorreste fosse fatto a voi un giorno in vecchiezza, se vi sarà dato di campare tanto e Dio v'accompagni dove andiate o cavalchiate: debbo andare là dove m'è bisogno.»

«No, vecchio straccione,» rispose tosto l'altro giocatorti «non sarà detto che tu la passi così liscia per san Giovanni. Dianzi[34] tu parlavi di quel vile traditore "la Morte" che uccide in paese tutti gli amici nostri: ci scommetto che tu sei una sua spia. Di' dunque, dove si trova, o per Dio e pel santissimo sacramento tu ce la pagherai. Poiché certo tu sei d'accordo con lui, traditore ladro, per uccidere noi giovanotti.»

«Se tanto vi è caro, signori miei, di trovare "la Morte",» rispose il vecchio «voltate per questa strada tortuosa: l'uomo che voi cercate io l'ho lasciato in fede mia, in quel bosco laggiù sotto un albero e quivi rimarrà, e per i vostri vanti[35] certo non si nasconderà. Vedete quella quercia? È proprio là. Andate, e Dio, il quale ci ha redenti dai nostri peccati, vi accompagni e vi faccia migliori». Così disse il vecchio.

E tutti e tre quei manigoldi si misero a correre finché giunsero alla quercia, ai piedi della quale trovarono circa otto staia[36] come loro parve di fiorini d'oro coniati[37] tondi. Allora non si curarono più di andare in cerca di "Morte";[38] ma fu tale la loro gioia a questa vista, perché quei fiorini eran belli e luccicanti, che sedettero davanti al prezioso tesoro. Il primo a parlare fu il più malvagio. «Fratelli,» disse, «sentite quello che vi dico. È vero che mi piace

28. **anzi... ad alcuno:** prima che uccida qualcuno.
29. **si diedero fede:** giurarono.
30. **carnali:** di sangue.
31. **sarà morto "la Morte":** il gioco di parole paradossale prepara il lettore al finale della storia.
32. **Egli è:** è.
33. **canuto:** dai capelli bianchi.
34. **Dianzi:** prima.
35. **vanti:** vanterie; si allude alla sfida che i tre hanno lanciato alla "Morte".
36. **staia:** plurale di "staio", misura di capacità in uso un tempo con valori diversi a seconda dei luoghi.
37. **coniati:** fabbricati.
38. **non si curarono... di "Morte":** il denaro diventa il simbolo della felicità e della gozzoviglia e i tre giovani non pensano più alla "Morte", alla quale credono di essersi sottratti.

scherzare e fare il chiasso, ma in fondo un po' di testa ce l'ho anch'io. Questo tesoro ci ha dato la fortuna perché allegri e lieti viviamo tutta la vita e spenderemo spensieratamente come spensieratamente abbiamo avuto il danaro. Stamattina, per Iddio immortale, chi di noi avrebbe pensato d'avere tanta grazia? Ma potesse quest'oro esser portato via di qua, in casa mia o in casa vostra, giacché ben sapete che è tutto nostro e allora saremmo in gran prosperità: ma come si fa a portarlo via di giorno? Se ci vedessero ci prenderebbero per gran ladri, e per il nostro tesoro ci manderebbero alla forca. Però bisogna portarlo via di notte e con la più grande cautela e astuzia. Io proporrei, quindi, che si tirasse alla paglia più corta,[39] per vedere a chi tocchi e chi tira la corta, a cuor leggero, vada in fretta in città a comprare (senza dar nell'occhio) del pane e del vino per tutti. Gli altri due intanto resteranno ad attenta guardia del tesoro, e se colui che va in città si sbrigherà presto, giunta la sera porteremo via il tesoro, d'amore e d'accordo, dove crederemo meglio.»

Così dicendo strinse egli stesso nel pugno tre fili di paglia, e fece tirare agli altri due per veder su chi cadeva la sorte. Toccò al più giovane, il quale andò subito alla volta della città. Appena se ne fu andato, uno degli altri due rimasti disse all'altro:

«Senti: tu hai giurato di essermi fratello, perciò io ti voglio spiegare il tuo vantaggio. Sai bene che il nostro compagno se n'è andato, e ci ha lasciati qui con tutto quest'oro, che dovrebbe essere diviso in tre parti: nondimeno se io avessi trovato il modo di dividerlo, invece, fra noi due soli, non ti pare che ti avrei reso un servizio proprio da amico?»

L'altro rispose: «Io non vedo come possa esser questo. Poiché egli sa bene che l'oro l'abbiamo in consegna noi: quindi che cosa potremo fare? che gli diremo?» «Mi posso fidare?» soggiunse allora il primo malandrino. «Se me lo prometti, ti dirò in poche parole quello che dovremo fare e che condurremo, senza dubbio, a buon fine.» «Ti giuro, sulla mia parola,» rispose l'altro «che non ti tradirò mai davvero.»

«Or bene,» rispose il primo, «sai che noi siamo in due: due di noi hanno più forza di uno solo. Tu dunque sta attento appena egli si sarà messo a sedere: allora alzati in piedi come per fare uno scherzo, e io intanto lo trafiggerò nei fianchi mentre tu fai la lotta con lui per giuoco, e tu con la tua lama fa lo stesso, e allora tutto quest'oro ce lo divideremo, caro amico, fra te e me.[40] Allora sì che potremo soddisfare tutte le voglie, giocare ai dadi quanto ci piace.» Così i due malandrini si misero d'accordo per uccidere il terzo, come avete sentito.

Il più giovane, intanto, il quale si era recato in città, non faceva che pensare alla bellezza di tutti quei fiorini nuovi di zecca e luccicanti, e fra sé pensava: «Dio, se potessi aver io solo tutto quell'oro, non ci sarebbe ai piedi del trono di Dio persona più felice di me!» E andò a finire che il diavolo, nostro nemico, gli mise in testa di comprare del veleno per avvelenare gli altri due, onde il diavolo lo trovò di tale animo che gli fu facile condurlo alla sventura: perché infatti lo sciagurato decise risolutamente di uccidere i suoi compagni, e mai di pentirsene.[41]

Quindi, senza por tempo in mezzo, giunse in città, e recatosi da uno speziale,[42] lo pregò di volergli vendere del veleno, per uccidere certi topi, e una faina che gli aveva ucciso i capponi in una cascina, come diceva. Così, se gli riuscisse avrebbe la soddisfazione di vendicarsi di quegli animalacci che lo rovinavano la notte. Quello sciagurato prese il veleno, chiuso dentro una scatola, e corse nella strada vicina da un tale a farsi prestare tre grosse bottiglie. In due vi mise dentro veleno, la terza la lasciò pura per metterci da bere per sé, poiché prevedeva che nella notte avrebbe avuto un gran da fare a portar via di là tutto quell'oro. E quando ebbe riempito di vino le tre grandi bottiglie lo scapestrato della malora tornò dai suoi compagni.

Ma perché farla ancora più lunga? I due rimasti, appunto come avevano designato la sua morte, così lo uccisero senz'altro; e poiché l'ebbero morto, uno disse: «Ora mettiamoci a sedere e beviamo e stiamo allegri, poi penseremo a seppellire il cadavere». E presa per ca-

39. si tirasse... corta: anche l'estrazione della paglia ha un valore simbolico: diventerà nel prosieguo della novella una scelta di vita o di morte.

40. fra te e me: ai piedi della quercia i giovani hanno incontrato l'avidità, che li porterà alla morte.

41. lo sciagurato... di pentirsene: "la Morte" ha fatto un'altra vittima, instillando malignamente la cupidigia anche nell'animo del terzo giovane.

42. speziale: venditore di spezie.

so una delle bottiglie di vino col veleno, trincò e fece trincare anche all'altro, e poco dopo morirono tutti e due avvelenati.[43]

O scelleraggine delle scelleraggini! O traditori omicidi! O malvagità umana! O ghiottoneria, libidine del piacere, vizio del giuoco! O tu che offendi Dio con orribili bestemmie di azioni e d'orgoglio! O uomini sciagurati, come avviene che voi siate così sleali e villani col vostro creatore, con Colui che vi ha fatti, e riscattati col suo sangue?

Ora, miei buoni amici, Dio vi perdoni le vostre colpe, e vi guardi dal peccato della cupidigia.[44] Il mio santo perdono è qui per liberarvi tutti dai peccati vostri, purché s'intende, vogliate offrire: nobili, sterline, fermagli d'argento, cucchiai, anelli, tutto è buono.[45] Ecco qua una Bolla santa,[46] chinate la testa peccatori! Avanti, donne, offrite un po' della vostra lana, ed io segnerò subito il nome vostro qui nel mio registro, andrete a godervi le beatitudini del cielo. Con i miei alti poteri io vi assolvo voi che offrite, restituendovi mondi e puri come quando nasceste. Eccovi, signori miei, così predico. Ora Gesù Cristo, che è il medico dell'anima nostra, possa concedervi di ricevere il suo perdono, poiché, ve lo dico senza inganni, questa è la miglior cosa del mondo.

I Racconti di Canterbury, trad. di A. Chiarini e C. Foligno, Sansoni

43. **morirono... avvelenati:** si chiude così in tono macabro il racconto, con il trionfo della giustizia e la punizione dei mali dell'uomo. Dunque "la Morte" era davvero sotto quell'albero, così come nel cuore dei giovani albergavano la cupidigia e la sete di denaro.

44. **vi guardi... cupidigia:** conclusa la novella, il venditore di indulgenze riprende e termina anche la sua predica.

45. **tutto è buono:** come un consumato attore di provincia, l'indulgenziere senza troppi indugi passa a chiedere agli ascoltatori denari e doni in natura di qualsiasi tipo, per comprarsi il perdono divino. Una buona predica val bene un po' di denaro.

46. **Ecco... santa:** per i più scettici e restii l'indulgenziere ha pronto il documento papale che lo autorizza a fare il suo mestiere; senza di quello, avrebbe potuto essere accusato di eresia e commercio di cose sacre.

Analisi del testo

Il prologo. Nella prima parte della novella non è dedicata al racconto bensì a quella che ha la forma di una vera e propria predica. Il narratore, il venditore di indulgenze, accenna appena alla storia che si è accinto a raccontare e si abbandona piuttosto da subito alla predica, che infarcisce di moralismi e citazioni bibliche. Coinvolto nelle allusioni filosofiche, nei riferimenti teologici, nella condanna dei vizi, negli esempi tratti dalla storia antica, il lettore viene portato quasi a dimenticare il racconto appena abbozzato, che riprenderà solo quando l'indulgenziere avrà esaurito energie e parole.
Nell'opera di Chaucer la figura del venditore di indulgenze è il simbolo della corruzione ecclesiastica del suo tempo. Come è tipico dell'opera, la raffigurazione mescola il comico e il serio. Il linguaggio del personaggio è greve, aggressivo, però anche schietto e spregiudicato. Ne esce una narrazione che unisce il realismo alla parodia e alla caricatura. E il lettore, allora come oggi, ne risulta coinvolto e divertito.

La narrazione. Nella seconda parte della novella, abbandonata la predica, l'indulgenziere riprende il corso del proprio racconto, la cui morale è chiara: la giustizia superiore punisce sempre i mali dell'umanità. Così "la Morte" si impadronisce della vita dei tre giovinastri, nel cui animo regnava solo la bramosia di danaro. Si notino nel brano almeno due elementi: la semplicità della struttura narrativa, lineare e ridotta all'essenziale (a un certo punto, il narratore sembra quasi avere fretta di arrivare al finale – Ma perché farla ancora più lunga? –, per poter riprendere, come farà, i suoi accenti predicatori), e i luoghi in cui la novella è ambientata, cioè la taverna e la strada, tipici della letteratura chauceriana.
Il finale è fulminante. Il narratore riprende la predica e, da vero professionista, passa a fare il proprio lavoro esigendo dai presenti danaro (quello stesso danaro che aveva mandato alla perdizione i tre giovinastri) o beni in natura per comperare il perdono divino. «Dio vi guardi dal peccato della cupidigia», dice il venditore di indulgenze, stendendo la mano.

Proposte di lavoro

1. Riassumi brevemente il testo.
2. Individua nel testo le parti in cui prevale l'intervento del narratore, poi attribuisci a ciascuna di esse un breve titolo.
3. Quali tratti caratterizzano la figura dell'indulgenziere?
   - Tratti fisici ....
   - Tratti sociali ....
   - Tratti psicologici ....
   - Tratti morali ....
4. Con quali aggettivi definiresti l'indulgenziere?
   ☐ ipocrita ☐ moralista ☐ sincero ☐ opportunista
5. Ora rifletti su questo personaggio, rispondendo alle seguenti domande e motivando le tue risposte.
   - Quale ti sembra l'atteggiamento di Chaucer rispetto alla falsa religiosità? Dove si rivela particolarmente?
   - Ti pare che si possa parlare di un intento parodistico di Chaucer? Perché? Contro che cosa?
6. La novella di Chaucer ha un carattere realistico. Sei d'accordo con questa affermazione? Perché?

UNA TRILOGIA PER LA VITA

Il Trecento popolare di Pasolini

All'inizio degli anni settanta del secolo scorso, il regista e scrittore italiano Pier Paolo Pasolini dedicò tre film alle tre grandi raccolte di novelle del Trecento. I tre film costituiscono la cosiddetta "trilogia della vita": Pasolini intendeva infatti esaltare nelle sue opere la **vitalità gioiosa e spensierata** dei giovani popolani che sono i protagonisti delle vicende da lui prescelte. Tale vitalità si manifesta soprattutto a livello erotico, come disponibilità all'amore fisico senza pregiudizi e senza inibizioni: da qui le numerose scene di nudo, che all'epoca fecero grande scalpore e provocarono processi e sequestri dei film.

L'operazione pasoliniana è ben diversa dalla semplice "illustrazione" di famose opere letterarie, come rivela in particolare *Il Decameron*: il regista infatti non solo sceglie, le **novelle erotiche e giocose**, ma modifica in maniera sostanziale la situazione complessiva, trasportando l'azione da Firenze a Napoli e rendendo protagonisti assoluti non gli esponenti della borghesia mercantile, ma i popolani. I riferimenti storici, tanto precisi nel testo di Boccaccio, in Pasolini sono annullati, proprio a sottolineare l'estraneità dei personaggi rispetto ai meccanismi del potere, dell'economia, della cultura ufficiale. È questa estraneità che, secondo Pasolini, permette l'esplicarsi della loro gioiosa vitalità erotica.

① Nel 1971 dirige **Il Decameron**, in cui vengono raccontate nove novelle, tratte dalle cento di Boccaccio.

② Nel 1972 gira **I racconti di Canterbury**, in cui le novelle sono otto (rispetto alle ventuno di Chaucer), inserite nella stessa cornice del libro (un gruppo di pellegrini che si reca a Canterbury per visitare la tomba dell'arcivescovo martire Thomas Beckett).

③ Nel 1974, dirige **Il fiore delle mille e una notte**, in cui viceversa la trama (rielaborata da Pasolini e da Dacia Maraini) è più unitaria, essendo incentrata sulla vicenda del giovane Nur-ed-Din che cerca l'amata Zumurrud, che è stata rapita dai briganti e passa attraverso mille avventure.

Incontro con l'autore

Giovanni Boccaccio

La vita

Giovanni Boccaccio nacque probabilmente a **Firenze** nel 1313, da una famiglia proveniente da Certaldo. Il padre, ricco mercante e agente di cambio appartenente alla società commerciale dei Bardi, lo inviò, ancora adolescente, a Napoli, per fargli compiere un **tirocinio bancario e mercantile** che lo indirizzasse al suo stesso mestiere.

Ma il giovane, nella vivace **corte angioina**, si avvicinò piuttosto ai numerosi intellettuali che la animavano, ottenendo dalla famiglia, dopo un periodo di contrasti, il permesso di dedicarsi agli studi. Iniziò così un periodo di intensa **formazione culturale**, basata soprattutto su testi di poesia e di letteratura, dai classici latini fino alle opere medievali italiane e francesi.

L'appartenenza alla compagnia dei Bardi gli permise l'**accesso a corte**, che Boccaccio sfruttò concedendosi un'intensa vita mondana, a contatto con la ricca borghesia napoletana e con il mondo attivo e spregiudicato dei mercanti.

Nel 1340 la rovina finanziaria del padre lo costrinse a ritornare a Firenze, dove, nel 1348, visse l'esperienza della **peste**, a causa della quale morirono il padre stesso e numerosi suoi amici.
A partire dal 1350 Boccaccio risiedette quasi stabilmente a Firenze, assolvendo a numerosi **incarichi diplomatici** per il Comune ma vivendo una vita ritirata, in difficili condizioni economiche.

Due esperienze segnarono il periodo della maturità dello scrittore: l'**amicizia con Petrarca** e l'incarico che ebbe nel 1373 dal Comune di Firenze di una lettura ufficiale della Commedia. Il suo lavoro di **divulgazione dell'opera di Dante** gli procurò critiche violente da parte dell'ambiente culturale fiorentino. Questo e la cattiva salute lo indussero a ritirarsi a Certaldo, dove morì nel 1375.

Le opere

L'attività letteraria di Boccaccio fu intensa. Egli sperimentò i **generi più diversi**, indirizzando però le sue opere in **prosa** e in **poesia** soprattutto verso una **produzione di intrattenimento**. Tra le opere precedenti il ***Decameron***, le più importanti sono: il ***Filocolo***, un romanzo in prosa composto attorno al 1336 che racconta gli amori di Florio e Biancofiore, tratti dalle leggende medievali; il ***Filostrato***, del 1338, un poema in dodici canti in ottave ispirato alla narrativa francese amoroso-cavalleresca; la ***Commedia delle Ninfe*** (o ***Ninfale d'Ameto***, come fu intitolato nel Quattrocento), un romanzo pastorale misto in versi e in prosa nel quale si narra l'amore del pastore Ameto per la ninfa Lia.

Dopo il ritorno a Firenze, Boccaccio scrisse l'***Elegia di Madonna Fiammetta*** (Fiammetta è figura ricorrente nelle opere di Boccaccio, ma non è certo che le corrisponda una donna reale), in cui la protagonista narra in prima persona il suo amore per Panfilo, e il ***Ninfale fiesolano***, composto tra il 1345 e il 1346, in cui si racconta la storia d'amore di una ninfa e di un pastore trasformati in fiume dopo aver generato un bambino.
Posteriore al *Decameron* è invece il ***Corbaccio***, scritto tra il 1365 e il 1366, in cui l'autore immagina che, essendo innamorato di una vedova, gli si presenti l'ombra del marito di lei a dissuaderlo dall'amarla, elencandogli i difetti fisici e morali della donna.

Dopo queste opere, e altre minori, Boccaccio non compose più scritti narrativi in volgare e si dedicò allo **studio degli antichi** e alla composizione di **opere in latino**, contribuendo alla costituzione dei primi circoli umanistici.

Per completare l'elenco delle opere dello scrittore fiorentino, sono infine da ricordare gli **scritti in volgare dedicati a Dante**: il ***Commento***, che Boccaccio svolse pubblicamente fino al canto XVII dell'***Inferno***, e il ***Trattatello in laude*** di Dante, in cui viene tracciato un ritratto biografico del poeta che è un documento dell'ammirazione che Boccaccio ebbe sempre per l'autore della ***Divina Commedia***.

Decameron

Miniatura che raffigura i giovani del *Decameron* mentre lasciano Firenze per sfuggire alla peste.

La struttura

Il *Decameron* è una raccolta di novelle il cui titolo, preso dal greco antico, allude alla durata dell'azione narrata e significa "dieci giorni". Boccaccio infatti immagina che, **per sfuggire alla peste** che infuria a Firenze, sette giovani donne e tre giovani uomini di famiglia aristocratica si incontrino nella chiesa di Santa Maria Novella e decidano, per evitare il contagio e per sottrarsi all'atmosfera di dolore che regna nella città, di rifugiarsi in campagna nella villa di uno di loro, dove trascorreranno due settimane fra canti, banchetti e danze. Per occupare più lietamente le ore del pomeriggio, essi decidono di raccontare a turno dieci novelle ogni giorno, tranne il venerdì e il sabato che sono dedicati alle pratiche religiose. Il *Decameron* risulta così composto da **cento novelle**, raccontate appunto **in dieci giornate**. Le novelle sono precedute da un proemio, dedicato al pubblico delle lettrici, e da una descrizione dello stato di catastrofe che regnava a Firenze.

La cornice

I personaggi del Decameron dimostrano l'adesione di Boccaccio ai valori della società cortese

Occorre notare che l'invenzione della *cornice*, la storia fantastica dell'incontro dei dieci giovani sullo sfondo storico della peste, corrispondeva a un'abitudine diffusa nella letteratura dell'epoca. Nel caso di Boccaccio, però, essa assume un significato particolare: in un paesaggio serenamente campestre, lontani dalla morte e dalle sofferenze, i dieci giovani novellatori, e Boccaccio attraverso di loro, rappresentano un ideale di virtù e di perfezione di tipo laico e terreno, che l'autore cerca di esprimere anche dall'interno delle novelle stesse. Sia i personaggi della cornice sia i personaggi delle novelle esprimono l'adesione di Boccaccio ai **valori della società cortese**. La tragedia della società del tempo colpita dalla peste rimane tuttavia lo sfondo realistico sempre presente, anzi incombente, su cui si innesta la finzione letteraria.

La convivenza dei giovani è governata da **regole precise**: ogni giorno viene eletto un re o una regina, che stabilisce l'argomento dei racconti. Il tema delle novelle rimane però libero nella prima giornata e nella nona, per volere del re di turno. Ogni giorno infine Dioneo, che racconta sempre per ultimo, ha il privilegio di narrare su un tema libero. Gli argomenti sono scelti da Boccaccio in modo da poter indagare tutti gli aspetti e le possibilità della vita umana: si inizia con i casi del destino; si continua con le avventure amorose, concluse infelicemente o felicemente; si narra poi dei bei "motti", delle battute di spirito che testimoniano ingegno e abilità, delle burle ai danni degli sciocchi; per giungere infine all'esaltazione delle virtù cavalleresche e signorili.

I temi del *Decameron*

Il **tema fondamentale** dell'opera di Boccaccio è **l'amore**, rappresentato in tutte le sue forme, da quelle più sublimi e spirituali a quelle più apertamente fisiche e sensuali.

Rispetto alla mistica Beatrice di Dante (di cui il poeta tace gli attributi fisici, sottolineandone esclusivamente le qualità morali) e alla Laura di Petrarca (che è descritta anche fisicamente, ma immersa in un'atmosfera di favolosa irrealtà), le donne di Boccaccio sono rappresentate realisticamente come esseri terreni, il cui amore non è mai alieno da una componente fisica e sensuale.

Anche il **tema della fortuna** è trattato in chiave laica e realistica: la vita umana è dominata dal caso, non dalla provvidenza divina, e da questo caso dipende l'immensa varietà di destini, di atteggiamenti, di situazioni e di caratteri che troviamo rappresentati nel *Decameron*. L'analisi dei rapporti sociali è il terzo elemento di fondo dell'opera boccaccesca.

Boccaccio è autore della prima "commedia umana"

Il *Decameron* è stato definito la prima "commedia umana", contrapposta alla "commedia divina" (cioè ambientata nell'aldilà) di Dante. I racconti di Boccaccio sono sempre legati a una **precisa situazione storica e sociale**; i suoi personaggi si muovono in una prospettiva laica e terrena; i valori esaltati sono l'intelligenza, l'intraprendenza, la capacità di raggiungere il proprio scopo, l'osservazione ironica delle convenzioni e dei luoghi comuni.

Gli ideali di Boccaccio

Boccaccio considera la letteratura finalizzata innanzitutto a **divertire i lettori**; è quindi lontanissimo dal moralismo di Dante, che vincolava l'opera poetica a esigenze etiche e a valori religiosi. Ma questo non significa che il poeta si limiti a rappresentare la realtà, senza giudicarla e senza prendere posizione: in effetti egli esprime il proprio giudizio in maniera più mediata, meno diretta, ma non perciò meno esplicita.

Nel *Decameron* la posizione di Boccaccio emerge soprattutto nella cornice dove, al mondo devastato dalla pestilenza, si contrappone un ambiente raffinato, cortese e aristocratico, ma anche in alcune novelle, nelle quali si mostra come i migliori rappresentanti delle classi borghesi facciano propri gli ideali aristocratici e i valori cortesi che lo scrittore considera fondamento della civiltà umana.

La varietà dell'opera

D'altra parte, il complesso mondo del *Decameron* è difficilmente riconducibile a un'unità assoluta: l'amore può essere a volte pura sensualità naturale, a volte passione spirituale, a volte fonte di commedia, a volte motivo di tragedia. Quello boccaccesco è un mondo aperto, i cui valori sono spesso rappresentati e valutati in modo diverso dall'autore stesso.

Intelligenza e arguzia sono le doti più apprezzate dall'autore

Vario è anche lo sguardo che Boccaccio rivolge ai suoi personaggi: ora egli è ironico o appassionato, ora invece distaccato o maliziosamente divertito, a seconda che narri delle disavventure degli sciocchi, delle trovate degli imbroglioni, della passione degli innamorati. In particolare, lo scrittore fiorentino mostra d'apprezzare l'intelligenza e l'arguzia anche spregiudicata, mentre prende in giro il presuntuoso e il credulone. Non vi è, nella sua concezione della vita, il riferimento alla provvidenza divina; l'uomo è solo con le proprie forze, dominato da istinti e passioni, preda a volte di un destino, di una fortuna, che sembra farsi gioco di lui complicando fino all'inverosimile le sue peripezie. Se si considerano da questo punto di vista i numerosi tipi umani presenti nelle novelle, appaiono lontani i complessi problemi morali e religiosi di Dante o anche la sofferenza interiore di Petrarca. La letteratura di Boccaccio è orientata non più verso la trascendenza ma tutta alla **comprensione dell'esistenza mondana dell'uomo**.

Lo stile e il lessico

Nell'opera **variano** molto **i registri e il lessico adoperati**, a seconda che prevalga il comico o il burlesco, la riflessione morale o la materia amorosa, a seconda anche dell'ambiente popolare o signorile, urbano o campagnolo, in cui si svolgono le vicende.

L'ambiente urbano è il luogo narrativo per eccellenza del *Decameron*

Se la caratterizzazione sociale dei personaggi è molto varia (si va dall'aristocrazia del sangue a quella del denaro, dagli uomini di Chiesa al servo, dall'artigiano all'uomo di cultura), dal punto di vista dell'ambiente è **la città** la protagonista. Firenze in particolare fornisce l'ambientazione storico-geografica di molte novelle. Con il *Decameron*, l'ambiente urbano diventa il luogo narrativo per eccellenza del fantastico e dell'avventuroso.

La fortuna e il significato

Il capolavoro di Boccaccio fu composto negli anni immediatamente successivi alla peste del 1348. La sua diffusione in Italia e in Europa fu vasta e immediata. L'opera incontrò successo specialmente negli **ambienti borghesi e mercantili**, ai quali piaceva sia per il suo carattere "romanzesco" e narrativo, sia soprattutto perché era uno specchio fedele della società mercantile e comunale italiana, descritta nella sua fase di pieno sviluppo.

Se Dante è colui che conclude un'epoca e Petrarca colui che concorre ad aprirne una nuova, il *Decameron* di Boccaccio, pubblicato nel 1351, si colloca a metà tra queste due esperienze, nel punto d'incontro della cultura legata alla civiltà medievale e comunale con i nuovi valori e gruppi sociali tipici del nascente Umanesimo.

Boccaccio è uno scrittore aperto a influssi assai diversi e disponibile a esperienze anche molto lontane fra loro. Nel corso di tutta la sua produzione, egli si mostra comunque in sintonia con i gusti dei suoi lettori (e soprattutto delle sue lettrici: è infatti alle donne che Boccaccio si rivolge esplicitamente scrivendo il *Decameron*).

Si tratta di un pubblico borghese, legato allo sviluppo delle città e dei commerci, di cui lo scrittore fiorentino interpreta la mentalità e la sensibilità, come testimonia il successo che arrise alle sue opere. Mentre Petrarca rappresenta l'intellettuale "puro", dedito alla ricerca disinteressata, che scrive "per i posteri", Boccaccio appare un personaggio più mondanamente coinvolto in quella che oggi chiameremmo "l'industria culturale".

La struttura del *Decameron*

L'indice del *Decameron* è organizzato in modo da far emergere i temi fondamentali dell'opera. Ne proponiamo una schematizzazione che può essere utile per orientarsi nella grande varietà di toni e di vicende che Boccaccio rappresenta.

Proemio: l'autore presenta l'opera, dedicandola alle donne e dichiarando che il suo **scopo** è stato innanzitutto quello di intrattenere e divertire.

Introduzione: l'autore descrive la città di Firenze in preda alla peste e racconta dei dieci giovani che decidono di fuggire in campagna per salvaguardare i valori cortesi a fronte del disastro generale.

Prima giornata: novelle a **tema libero**.

Seconda e terza giornata: novelle a **lieto fine**, in cui i protagonisti superano le difficoltà grazie alla fortuna o all'industria (cioè alla loro abilità e intelligenza).

Quarta e quinta giornata: novelle dedicate al **tema dell'amore**, infelice nella quarta giornata, felice nella quinta.

Sesta giornata: novelle dedicate ai **motti di spirito**, grazie a cui i protagonisti dimostrano la loro intelligenza o la loro abilità nel cavarsi d'impaccio.

Settima e ottava giornata: novelle sul **tema della beffa**; nella settima si narrano le beffe delle mogli ai mariti, nell'ottava quelle dei mariti alle mogli.

Nona giornata: novelle a **tema libero**, come nella prima.

Decima giornata: novelle dedicate all'**esaltazione dei valori di cortesia e di liberalità**.

Opera
Decameron
Epoca
XIV secolo
Genere
novella
Lingua
italiano

Decameron, I, 3

Melchisedech giudeo

■ Nella prima giornata, molte novelle sono dedicate a vicende legate in qualche modo alla religione. Boccaccio da un lato testimonia così l'importanza che la religione continuava ad avere nella società del suo tempo, ma dall'altro assume nei confronti della religione un atteggiamento spesso ironico, a volte apertamente satirico nei confronti dei suoi rappresentanti.
La novella che ti proponiamo ha per protagonisti un grande sultano musulmano e un ricco e astuto mercante ebreo, che fingendo di discutere di religione in realtà si confrontano in astuzia e in prontezza intellettuale.

Voi dovete, amorose compagne,[1] sapere che, sì come la sciocchezza[2] spesse volte trae altrui di felice stato[3] e mette in grandissima miseria, così il senno di grandissimi pericoli trae il savio e ponlo[4] in grande e in sicuro riposo. E che vero sia che la sciocchezza di buono stato in miseria altrui conduca, per molti essempli si vede, li quali non fia[5] al presente nostra cura di raccontare, avendo riguardo che tutto 'l dì mille essempli n'appaiano manifesti:[6] ma che il senno di consolazione sia cagione, come promisi, per una novelletta[7] mosterrò brievemente.

Il Saladino,[8] il valore del qual fu tanto che non solamente di piccolo uomo il fé di Babilonia[9] Soldano, ma ancora molte vittorie sopra li re saracini[10] e cristiani gli fece avere, avendo in diverse guerre e in grandissime sue magnificenze speso tutto il suo tesoro, e per alcuno accidente sopravvenutogli bisognandogli una buona quantità di danari, né veggendo donde così prestamente[11] come gli bisognavano avergli potesse, gli venne a memoria un ricco giudeo,[12] il cui nome era Melchisedech, il quale prestava ad usura[13] in Alessandria,[14] e pensossi costui avere da poterlo servire,[15] quando volesse; ma sì era avaro che di sua volontà non l'avrebbe mai fatto, e forza non gli voleva fare; per che, strignendolo il bisogno, rivoltosi tutto a dover trovar mo-

Care amiche, dovete sapere che, come spesso accade che la stupidità privi gli uomini di una condizione felice e procuri loro grandissima infelicità, così il senno salva i saggi da grandissimi pericoli e garantisce loro sicurezza e tranquillità. Che la stupidità porti da una buona condizione all'infelicità è dimostrato da molti esempi, che ora non vogliamo raccontare, poiché si tratta di esempi che si vedono ogni giorno; ma che il senno sia fonte di consolazione, lo mostrerò attraverso un breve racconto, come ho promesso.

Il Saladino, il cui valore fu tale che non solo lo rese, da privato cittadino che era, sultano di Babilonia, ma gli fece ottenere molte vittorie su altri re saracini e cristiani, poiché aveva speso tutto il suo tesoro in varie guerre e in grandi lussi, e poiché casualmente aveva bisogno di una grande quantità di denaro e non vedeva dove poterselo procurare con la rapidità necessaria, si ricordò di un ricco ebreo, di nome Melchisedech, che prestava a interesse ad Alessandria, e pensò che costui, volendo, avrebbe potuto aiutarlo; ma era tanto avaro che di sua spontanea volontà non l'avrebbe mai aiutato, e lui dal canto suo non voleva costringerlo con la forza; motivo per cui, stretto dalla necessità, pensando e ripensando a come far sì che l'ebreo lo aiutasse, decise di costringerlo con una violenza mascherata da ragione.

1. **amorose compagne:** a parlare è Filomena, che si rivolge in realtà agli altri nove giovani, compresi i tre ragazzi.
2. **sciocchezza:** stupidità.
3. **trae... felice stato:** priva qualcuno (altrui) di una condizione felice.
4. **ponlo:** lo pone.
5. **fia:** sarà.
6. **n'appaiano manifesti:** ci si presentino chiaramente.
7. **per una novelletta:** per mezzo di un breve racconto.
8. **Saladino:** Yusuf ibn Ayyub Salah al-Din (1138-1193) fu sultano d'Egitto e di Siria. Considerato inizialmente un re feroce e barbaro, per aver lottato e sconfitto i crociati cristiani, fu in seguito apprezzato anche in Europa per la sua cortesia e magnanimità. Ne parla anche Dante, che lo colloca nel Limbo, tra i "grandi spiriti" pagani.
9. **di Babilonia:** l'attuale Baghdad, allora capitale del regno di Siria.
10. **saracini:** saraceni, musulmani.
11. **prestamente:** rapidamente.
12. **giudeo:** ebreo.
13. **ad usura:** in cambio di un interesse.
14. **Alessandria:** in Egitto.
15. **pensossi... servire:** pensò che costui avrebbe potuto aiutarlo.

do come il giudeo il servisse, s'avvisò di fargli una forza da alcuna ragione colorata.[16]

E fattolsi chiamare, e familiarmente ricevutolo, seco il fece sedere e appresso gli disse: «Valente uomo, io ho da più persone inteso che tu se' savissimo e nelle cose di Dio senti molto avanti;[17] e per ciò io saprei volentieri da te quale delle tre Leggi tu reputi la verace,[18] o la giudaica o la saracina o la cristiana.»

Il giudeo, il quale veramente era savio uomo, s'avvisò troppo bene[19] che il Saladino guardava di pigliarlo nelle parole[20] per dovergli muovere alcuna quistione,[21] e pensò non potere alcuna di queste tre più l'una che l'altra lodare, che il Saladino non avesse la sua intenzione;[22] per che, come colui il qual pareva d'aver bisogno di risposta per la quale preso[23] non potesse essere, aguzzato lo 'ngegno, gli venne prestamente avanti quello che dir dovesse; e disse: «Signor mio, la quistione la qual voi mi fate è bella, e a volervene dire ciò che io ne sento, mi vi convien dire una novelletta, qual voi udirete. Se io non erro, io mi ricordo aver molte volte udito dire che un gande uomo e ricco fu già, il quale, intra l'altre gioie più care che nel suo tesoro avesse, era[24] uno anello bellissimo e prezioso; al quale per lo suo valore e per la sua bellezza volendo fare onore e in perpetuo lasciarlo ne' suoi discendenti, ordinò che colui de' suoi figliuoli appo il quale,[25] sì come lasciatogli da lui, fosse questo anello trovato, che colui s'intendesse essere il suo erede e dovesse da tutti gli altri essere come maggiore onorato e reverito. E colui al quale da costui fu lasciato il simigliante ordinò ne' suoi discendenti, e così fece come fatto avea il suo predecessore; e in brieve andò questo anello di mano in mano a molti successori, e ultimamente pervenne alle mani ad uno, il quale avea tre figliuoli belli e virtuosi e molto al padre loro obedienti, per la qual cosa tutti e tre parimente gli amava. E i giovani, li quali la consuetudine dello anello sapevano, sì come vaghi[26] d'essere ciascuno il più onorato tra' suoi, ciascuno per sé, come meglio sapeva, pregava il padre, il quale era già vecchio, che quando a morte venisse a lui quello anello lasciasse. Il valente uomo, che parimente tutti gli amava né sapeva esso medesimo eleggere a qual più tosto lasciar lo dovesse, pensò, avendolo

Lo fece chiamare e, ricevutolo familiarmente, lo fece sedere accanto a sé e poi gli disse: "Degno signore, io ho sentito dire da parecchie persone che sei molto saggio e molto esperto nelle questioni religiose; e perciò vorrei sapere da te quale delle tre religioni tu reputi quella vera, l'ebraica, la musulmana o la cristiana".

L'ebreo, che era davvero saggio, capì benissimo che il Saladino tentava di fargli dire qualcosa per cui poi avrebbe potuto muovergli qualche accusa, e pensò che non poteva lodare nessuna delle tre religioni più delle altre senza che il Saladino ottenesse ciò che voleva; per cui, avendo bisogno di una risposta per la quale non potesse essere accusato, aguzzò l'ingegno e subito gli venne in mente ciò che doveva dire; e rispose: "Mio signore, la domanda che mi ponete è bella e per rispondervi mi conviene raccontare una breve novella, come sentirete. Se non sbaglio, ricordo di aver sentito dire molte volte che un tempo visse un uomo grande e ricco, che fra i gioielli più cari che aveva nel suo tesoro possedeva un anello bellissimo e prezioso; e poiché a questo anello, per il suo valore e per la sua bellezza, voleva rendere onore e lasciarlo ai suoi eredi, ordinò che quello dei figli al quale avrebbe lasciato l'anello doveva essere considerato il suo erede e dovesse quindi essere onorato e riverito dagli altri. Colui che ricevette da costui l'anello fece lo stesso con i suoi discendenti e si comportò come il suo predecessore; e in breve questo anello passò di mano in mano per molte generazioni finché giunse nelle mani di un uomo che aveva tre figli, belli e virtuosi e molto ubbidienti al padre, motivo per cui li amava tutti e tre allo stesso modo. I giovani, che sapevano della tradizione dell'anello, desiderosi di essere ciascuno il più onorato della famiglia, pregavano come meglio potevano il padre, che era già vecchio, che alla sua morte gli lasciasse l'anello. Quel degno uomo, che li amava allo stesso modo e non sapeva lui stesso scegliere a chi dovesse lasciarlo, pensò, avendolo promesso a tutti e tre, di soddisfarli tutti: e in gran segreto fece fare a un buon artigiano altri due anelli, talmente simili al primo che lui stesso che li aveva fatti fare riconosceva a malapena qual era l'originale; e al momento della morte, in gran segreto diede il suo anello a ciascuno dei figli. Questi, dopo la morte del padre, poiché ciascuno ambiva all'eredità e agli onori e ciascuno li negava agli al-

16. **una forza... colorata:** una violenza (quella di costringerlo a prestargli dei soldi) mascherata con qualche ragione.
17. **senti molto avanti:** sei molto esperto.
18. **la verace:** quella vera, quella più giusta.
19. **s'avvisò troppo bene:** si accorse fin troppo.
20. **pigliarlo nelle parole:** fargli dire qualche cosa di sconveniente.
21. **per dovergli... quistione:** per trovare l'occasione di chiedergli qualcosa.
22. **non avesse la sua intenzione:** non raggiungesse il suo scopo.
23. **preso:** messo nel sacco, incastrato.
24. **era:** aveva.
25. **appo il quale:** presso il quale.
26. **sì come vaghi:** essendo desiderosi.

a ciascun promesso, di volergli tutti e tre soddisfare: e segretamente ad uno buono maestro[27] ne fece fare due altri, li quali sì furono simiglianti al primiero, che esso medesimo che fatti gli avea fare appena conosceva qual si fosse il vero; e venendo a morte, segretamente diede il suo a ciascun de' figliuoli. Li quali, dopo la morte del padre, volendo ciascuno la eredità e l'onore occupare, e l'uno negandolo all'altro, in testimonianza di dover ciò ragionevolmente[28] fare ciascuno produsse fuori il suo anello; e trovatisi gli anelli sì simili l'uno all'altro, che qual fosse il vero non si sapeva conoscere, si rimase la quistione, qual di costoro fosse il vero erede del padre, in pendente[29] e ancor pende. E così vi dico, signor mio, delle tre Leggi alli tre popoli date da Dio Padre, delle quali la quistion proponeste: ciascuno la sua eredità, la sua vera Legge e i suoi comandamenti dirittamente si crede avere e fare; ma chi se l'abbia, come degli anelli, ancora ne pende la quistione.»

Il Saladino conobbe costui ottimamente essere saputo[30] uscire del laccio il quale davanti a' piedi teso gli aveva, e per ciò dispose d'aprirgli il suo bisogno[31] e vedere se servire il volesse; e così fece, aprendogli ciò che in animo avesse avuto di fare, se così discretamente,[32] come fatto avea, non gli avesse risposto. Il giudeo liberamente d'ogni quantità che il Saladino il richiese il servì; e il Saladino poi interamnte il soddisfece,[33] e oltre a ciò gli donò grandissimi doni e sempre per suo amico l'ebbe e in grande e onorevole stato appresso di sé il mantenne.

tri, a testimonianza del proprio diritto tirarono fuori i tre anelli; e gli anelli furono trovati così simili l'uno all'altro che era impossibile riconoscere quello vero e la questione su chi di loro fosse il vero erede del padre rimase irrisolta e lo è ancora. E lo stesso vi dico, mio signore, delle tre religioni date ai tre popoli da Dio Padre, di cui mi avete chiesto: ciascuno crede a buon diritto di essere il suo erede e di seguire la sua vera religione e i suoi comandamenti; ma chi ce l'abbia, come nel caso degli anelli, è una questione ancora irrisolta".

Il Saladino riconobbe che costui era riuscito a sfuggire benissimo alla trappola che gli aveva teso e perciò decise di rivelargli la sua necessità per vedere se lo volesse aiutare; e così fece, rivelandogli ciò che aveva pensato di fare, se lui non avesse risposto abilmente come aveva fatto. L'ebreo offrì volentieri al Saladino tutto il denaro che voleva; e il Saladino in seguito glielo restituì completamente e gli fece inoltre grandissimi regali, considerandolo sempre un amico e tenendolo presso di sé con grandi onori.

27. **ad uno buono maestro:** a un valente artigiano.
28. **ragionevolmente:** a ragione, a buon diritto.
29. **in pendente:** insoluta, irrisolta.
30. **conobbe... saputo:** capì, riconobbe che costui aveva ottimamente saputo...
31. **d'aprirgli il suo bisogno:** di rivelargli ciò che gli serviva.
32. **discretamente:** abilmente, intelligentemente.
33. **il soddisfece:** lo rimborsò.

Il lessico e la grammatica

Giudeo, saracino

Boccaccio definisce Melchisedech *giudeo* e il Saladino *saracino*. Oggi parliamo invece di "ebrei" e di "musulmani". Come si spiega l'uso di termini diversi?
Il termine **giudeo** deriva da Giuda, una delle dodici tribù di Israele, ed è stato usato fino a pochi decenni fa come sinonimo di ebreo (quest'ultimo termine deriva invece da Eber, nome del supposto capostipite del popolo ebraico). Come sinonimo di giudeo o ebreo un tempo si usava anche "israelita".
Il termine **saracino**, o saraceno, deriva dal nome di un'antica popolazione dell'Arabia. A rigor di logica, dovrebbe essere sinonimo di "arabo", invece è diventato sinonimo di "musulmano" (nel Medioevo, del resto, i due concetti erano sostanzialmente equivalenti, al contrario di quanto accade oggi). Il termine saraceno è ormai poco usato, ma sono rimaste nell'italiano moderno due espressioni derivate: la prima è "grano saraceno" (nel senso di "grano strano, esotico", perché coltivato nelle regioni montane, non perché proveniente dal Medio Oriente); e la seconda è "saracinesca", cioè porta o cancellata avvolgibile, simile a quelle in uso anticamente nei paesi musulmani.

Attenzione al soggetto!

Il lessico e la grammatica

Osserva attentamente la lunga frase con cui, dopo la breve premessa, inizia il racconto (righe 13-32). Riportiamo gli elementi essenziali su cui concentrare l'attenzione:

Il Saladino... avendo speso tutto il suo tesoro e bisognandogli una buona quantità di danari... gli venne a memoria un ricco giudeo...

A prima vista, il lettore moderno potrebbe pensare di trovarsi di fronte a un errore, e più precisamente a un **anacoluto**, cioè a un improvviso cambiamento di soggetto. Boccaccio inizia la frase con il soggetto *Il Saladino*, ma quando, dopo molte subordinate, arriva finalmente la proposizione principale, troviamo *gli venne a memoria*: il soggetto è *un ricco giudeo* e *gli* vuol dire *al* Saladino. Si tratta davvero di un errore?

Naturalmente no, e la spiegazione è abbastanza semplice: se osservi la frase "più sintetica" che abbiamo riportato sopra, si vede chiaramente che *Il Saladino* è il soggetto di *avendo speso* (cioè di una subordinata causale), e non della principale.

Nella nostra parafrasi, abbiamo reso *Il Saladino* il vero soggetto della principale, cambiando il verbo, da *gli venne a memoria* a *si ricordò*. Semplificare, infatti, può anche voler dire **evitare i continui cambiamenti di soggetto** che caratterizzano lo stile di Boccaccio e lo rendono tanto complesso.

Un altro modo per rendere più chiara la funzione delle parole *Il Saladino* poteva consistere nel collocarla accanto al proprio predicato (*avendo il Saladino speso*...). Ma nel testo originale di Boccaccio questo non era possibile, perché alla parola *saladino* sono collegate altre frasi.

Analisi del testo

Una struttura solo apparentemente lineare. La novella di Boccaccio racconta apparentemente una vicenda molto semplice: il Saladino ha bisogno di soldi, pensa di costringere con l'inganno un ricco ebreo a fargli un prestito; a questo scopo lo chiama presso di sé e gli pone una domanda-trabocchetto: quale delle tre grandi religioni monoteiste (ebraismo, cristianesimo e Islam) è quella vera? Melchisedech capisce il trabocchetto: qualunque cosa risponda, il Saladino avrà una scusa per chiedergli i soldi (se Melchisedech dichiarasse che la religione migliore è l'Islam, dovrebbe convertirsi; se dichiarasse che è l'ebraismo o il cristianesimo dovrebbe pagare una multa). Melchisedech inventa allora la favola dei tre anelli per poter rispondere che le tre religioni sono ugualmente buone e che nessuno può sapere quale sia quella vera, e in questo modo si conquista la stima e l'amicizia del Saladino.

Se osserviamo bene, la linearità del racconto è ingannevole; la novella è infatti costruita in base a un meccanismo "a scatole cinesi": Boccaccio racconta a noi lettori che Filomena racconta ai suoi compagni che Melchisedech racconta al Saladino che... Questa struttura rivela la straordinaria abilità compositiva di Boccaccio e spiega la profonda differenza qualitativa fra la sua raccolta di novelle e quelle precedenti.

L'esaltazione dell'intelligenza. La stessa apparente semplicità si riscontra se prendiamo in esame il tema della novella. Apparentemente, il racconto (che Boccaccio non ha inventato, in quanto si trattava di un aneddoto diffuso ai suoi tempi) è poco più che uno scherzo sulla religione, una "barzelletta" quale poteva correre tra i mercanti che, per ragioni professionali, avevano spesso a che fare con fedeli di altre religioni. A ben guardare, però, il tema della novella non è racchiuso nel raccontino di Melchisedech al Saladino, ma nel confronto fra i due: tra il Saladino e Melchisedech si svolge infatti una prova di abilità, da cui l'ebreo esce vincitore. Nel *Decameron* un'intera giornata, la sesta, sarà dedicata all'esaltazione dell'intelligenza che si manifesta attraverso la parola, cioè alla capacità dei personaggi di affrontare le difficoltà grazie a un motto di spirito, a una battuta, a una pronta risposta. Questa novella anticipa dunque uno dei temi fondamentali dell'opera intera, l'esaltazione dell'intelligenza.

Proposte di lavoro

1. Indica se le seguenti affermazioni sono vere o false.
   - V F Il saladino è un sovrano musulmano.
   - V F Melchisedech è un povero ebreo.
   - V F Il Saladino ha bisogno di soldi.
   - V F Il Saladino tende una trappola a Melchisedech.
   - V F Il Saladino vuole convertire Melchisedech.
   - V F Melchisedech non ha alcuna fede religiosa.
2. Riassumi il contenuto della novella.
3. Metti a confronto i due protagonisti della novella, Saladino e Melchisedech, indicando in una tabella analogie e differenze dei due personaggi.
4. Il tema centrale della novella è l'esaltazione dell'intelligenza. Motiva questa affermazione traendo qualche opportuna citazione dal testo. Quindi spiega perché questo tema è importante in tutto il *Decameron*.

MELCHISEDECH E IL SALADINO

Il lungo cammino della tolleranza religiosa

La novella dello "scontro" fra l'ebreo Melchisedech e il Saladino sembra anticipare un tema che in realtà la cultura europea elaborerà molto più tardi, nel Settecento: il tema della tolleranza religiosa. Il racconto di Melchisedech, infatti, sembra porre **sullo stesso piano le tre grandi religioni monoteiste**, invitando a riconoscere che il loro messaggio, al di là delle differenze superficiali, è identico nella sostanza, e quindi tutte e tre possono essere considerate "vere", cioè conformi alla sapienza e alla bontà di Dio.

In effetti, questa è l'interpretazione che nel **Settecento** fu data di questa novella. Ma in realtà il concetto di tolleranza medievale era molto diverso da quello moderno.

1 **Oggi** tolleranza significa che i cittadini di uno stato godono degli stessi diritti e degli stessi doveri, a prescindere dalla loro religione. Questa è la premessa perché i cittadini possano convivere pacificamente, senza farsi guerra l'un l'altro, come invece è accaduto per quasi due secoli dopo la Riforma protestante.

2 Nel **Medioevo** la convivenza pacifica era possibile, ma non prevedeva l'uguaglianza dei diritti. Per esempio, nell'Europa cristiana vivevano minoranze ebree, ma i loro diritti erano estremamente limitati: non potevano possedere terre, non potevano avere alle loro dipendenze dei servi non cristiani, potevano risiedere in un determinato territorio solo per gentile concessione del sovrano, non per diritto ecc. Nei paesi musulmani vivevano minoranze ebree e cristiane, che potevano praticare la loro religione abbastanza liberamente, ma dovevano pagare una tassa supplementare, da cui i musulmani erano esentati.

3 Naturalmente, la convivenza era più tranquilla nei periodi di pace e di benessere economico, ma diventava problematica nei momenti di difficoltà, quando si verificavano terribili esplosioni di violenza e di fanatismo. Proprio la Peste Nera del **Trecento**, per esempio, provocò in Europa numerose stragi di ebrei, accusati senza alcuna ragione di diffondere il contagio per odio verso i cristiani.

Opera **Decameron**
Genere **novella**
Epoca **XIV secolo**
Lingua **italiano**

Decameron, IV, 5

Lisabetta da Messina

L'amore in Boccaccio è a volte amore terreno, vivo, pura sensualità naturale, a volte anche passione spirituale, sentimento intenso capace di violare ogni regola sociale anche a costo di condurre al dolore e alla morte.
Quella di Lisabetta da Messina è forse la novella in cui più che in tutte le altre la passione amorosa è fonte di tragedia e in cui la protagonista femminile, tra le molte donne "amorose" di Boccaccio, capaci di sentire i propri affetti e di difenderli fino al sacrificio, incarna l'intensità eroica di chi resiste al destino avverso solo con la forza del silenzio e del pianto.
Lisabetta ama un giovinetto di nome Lorenzo, ma i tre fratelli di lei, ricchi mercanti di Messina, timorosi della disapprovazione pubblica che può derivare da quell'amore, uccidono con l'inganno il giovane, facendo credere alla fanciulla che egli sia partito per un viaggio di affari. Mentre si consuma nella vana attesa del suo ritorno, Lisabetta una notte vede in sogno Lorenzo che le mostra il luogo della sua sepoltura. Ella allora di nascosto dissotterra la testa dell'amato, la mette in un vaso di basilico e su quel vaso piange tutto il tempo.
I fratelli scoprono l'accaduto, le tolgono il vaso e si trasferiscono con le loro ricchezze a Napoli, per sottrarsi al biasimo degli altri. Ma Lisabetta muore di dolore.
Tutta la novella è costruita su due situazioni: l'attesa vana di Lisabetta e la follia di un amore che resiste alla morte e piange sulla testa dell'amato sotterrata in un vaso, scena quasi macabra, ma perfettamente integrata nell'atmosfera fantastica che pervade tutta la novella.

Erano adunque in Messina tre giovani fratelli e mercatanti, e assai ricchi uomini rimasi[1] dopo la morte del padre loro, il quale fu da San Gimignano,[2] e avevano una lor sorella chiamata Lisabetta, giovane assai bella e costumata, la quale, che che se ne fosse cagione,[3] ancora maritata non aveano. E avevano oltre a ciò questi tre fratelli in uno lor fondaco[4] un giovinetto pisano chiamato Lorenzo, che tutti i lor fatti[5] guidava e faceva; il quale, essendo assai bello della persona e leggiadro[6] molto, avendolo più volte Lisabetta guatato,[7] avvenne che egli le 'ncominciò stranamente[8] a piacere. Di che Lorenzo accortosi e una volta e altra, similmente, lasciati suoi altri innamoramenti di fuori,[9] incominciò a porre l'animo a lei; e sì andò la bisogna[10] che, piacendo l'uno all'altro igualmente, non passò gran

[1-19] Vivevano dunque a Messina tre giovani fratelli mercanti, rimasti assai ricchi dopo la morte del padre, che era originario di San Gimignano; essi avevano una sorella di nome Lisabetta, una giovane molto bella e ben educata, che per qualche motivo non avevano ancora maritata. Questi tre fratelli avevano inoltre, in una loro proprietà, un giovane originario di Pisa chiamato Lorenzo, che si occupava di tutti i loro affari e che, essendo molto bello di aspetto e piacevole di modi, era stato più volte notato da Lisabetta, alla quale era piaciuto moltissimo. Lorenzo se n'era accorto e a poco a poco, lasciando perdere altri amori, anche lui aveva incominciato a pensare a lei; e la faccenda finì che, poiché si piacevano reciprocamente, dopo qualche tempo colsero l'occasione sicura e fecero ciò che entrambi desideravano.

1. **rimasi:** rimasti.
2. **San Gimignano:** città della Toscana, tra Firenze e Siena.
3. **che che... cagione:** per una ragione o per l'altra.
4. **fondaco:** bottega.
5. **fatti:** interessi.
6. **leggiadro:** gentile e pieno di grazia.
7. **guatato:** guardato. Guatare è, in Boccaccio, guardare con intenzione e con passione. È perciò termine legato alle storie d'amore.
8. **stranamente:** straordinariamente.
9. **lasciati... fuori:** trascurate le sue altre simpatie amorose.
10. **bisogna:** faccenda.

tempo che, assicuratisi,[11] fecero di quello che più disiderava ciascuno.

E in questo continuando e avendo insieme assai di buon tempo e di piacere, non seppero sì[12] segretamente fare che una notte, andando Lisabetta là dove Lorenzo dormiva, che il maggior[13] de' fratelli, senza accorgersene ella, non se ne accorgesse. Il quale, per ciò che savio[14] giovane era, quantunque molto noioso[15] gli fosse a ciò sapere, pur mosso da più onesto consiglio,[16] senza far motto[17] o dir cosa alcuna, varie cose fra sé rivolgendo[18] intorno a questo fatto, infino alla mattina seguente trapassò.[19] Poi, venuto il giorno, a' suoi fratelli ciò che veduto avea la passata notte di Lisabetta e di Lorenzo raccontò, e con loro insieme, dopo lungo consiglio, diliberò di questa cosa,[20] acciò che né a loro né alla sirocchia alcuna infamia ne seguisse,[21] di passarsene tacitamente e d'infignersi[22] del tutto d'averne alcuna cosa veduta o saputa infino a tanto che tempo venisse nel quale essi, senza danno o sconcio[23] di loro, questa vergogna, avanti che più andasse innanzi, si potessero tòrre dal viso.[24]

E in tal disposizion dimorando,[25] così cianciando e ridendo con Lorenzo come usati[26] erano, avvenne che, sembianti faccendo d'andare fuori della città a diletto[27] tutti e tre, seco menarono Lorenzo; e pervenuti in un luogo molto solitario e rimoto, veggendosi il destro,[28] Lorenzo, che di ciò niuna guardia[29] prendeva, uccisono[30] e sotterrarono in guisa che[31] niuna persona se ne accorse. E in Messina tornati dieder voce[32] d'averlo per lor bisogne mandato in alcun luogo; il che leggiermente[33] creduto fu, per ciò che spesse volte eran di mandarlo attorno usati. Non tornando Lorenzo, e Lisabetta molto spesso e sollicitamente[34] i fratei domandandone, sì come colei a cui la dimora lunga gravava,[35] avvenne un giorno che, domandandone ella molto instantemente,[36] che l'uno de' fratelli disse:

[20-41] Continuando in questo modo a passare insieme il tempo e a darsi piacere reciprocamente, non riuscirono però a mantenere il segreto perché una notte, mentre Lisabetta andava in punta di piedi dove dormiva Lorenzo, il fratello primogenito se ne accorse a sua insaputa. Costui, poiché era un giovane saggio, quantunque la scoperta lo turbasse molto, spinto da un pensiero più accorto, senza dire nulla aspettò il mattino seguente, continuando a riflettere sul problema. Al mattino raccontò ai fratelli ciò che aveva visto la notte di Lisabetta e di Lorenzo e insieme a loro, dopo lungo riflettere, per evitare a sé e alla sorella qualsiasi vergogna, decise di tacere e di fingere di non aver visto o saputo niente, fino al momento in cui potessero togliersi dalla faccia senza danno o infamia quella vergogna, prima che le cose andassero ancora più avanti.

[42-67] Presa questa decisione, chiacchierando e ridendo con Lorenzo come al solito, avvenne che finsero di andare fuori città per svagarsi tutti e tre e portarono con sé Lorenzo; giunti in un luogo molto solitario e isolato, alla prima occasione, poiché Lorenzo non stava in guardia, lo uccisero e lo seppellirono senza che nessuno se ne accorgesse. Tornarono a Messina e sparsero la voce di averlo mandato da qualche parte per degli affari, cosa che fu facilmente creduta, poiché spesso lo mandavano in giro. Poiché Lorenzo non tornava, e Lisabetta, a cui il ritardo pesava, faceva spesso e insistentemente delle domande ai fratelli, avvenne un giorno che, alle sue preoccupate domande, uno dei fratelli rispose: "Che vuol dire questo? Che cosa ti interessa di Lorenzo, che ne chiedi tanto spesso? Se fai ancora domande, ti risponderemo come meriti". La giovane quindi, addolorata e triste, temendo qual-

11. **assicuratisi:** sentendosi sicuri.
12. **sì:** così.
13. **che il maggior:** il che riprende il che precedente, secondo una costruzione sintattica frequente in Boccaccio.
14. **savio:** accorto.
15. **molto noioso:** causa di grande dolore.
16. **più onesto consiglio:** più saggio e opportuno proposito. Il giovane è attento all'onore della famiglia: la relazione illecita deve dunque rimanere nascosta.
17. **motto:** parola.
18. **fra sé rivolgendo:** rimuginando fra sé.
19. **trapassò:** aspettò.
20. **diliberò di questa cosa:** deliberò, decise riguardo a questo fatto.
21. **acciò... seguisse:** affinché non ne derivasse alcuna infamia per loro e per la sorella (*sirocchia*).
22. **di passarsene... infignersi:** di non parlare della cosa e di far finta di non aver veduto e saputo nulla.
23. **sconcio:** disonore.
24. **tòrre dal viso:** togliere dinanzi, dagli occhi. Non soltanto in senso figurato.
25. **in tal disposizion dimorando:** rimanendo di quest'avviso.
26. **usati:** abituati.
27. **a diletto:** per divertirsi.
28. **veggendosi il destro:** vedendo che l'occasione era propizia.
29. **di ciò... guardia:** non aveva sospetti.
30. **uccisono:** «Lorenzo è ucciso speditamente dai tre fratelli della donna, i quali vanno e ritornano dal delitto, come se muovessero o rientrassero da una partita di caccia» (Russo).
31. **in guisa che:** in modo che.
32. **dieder voce:** fecero sapere.
33. **leggiermente:** facilmente.
34. **sollicitamente:** ansiosamente, con insistenza.
35. **la dimora lunga gravava:** il lungo ritardo pesava.
36. **instantemente:** insistentemente.

«Che vuol dir questo? Che hai tu a fare di Lorenzo,[37] che tu ne domandi così spesso? Se tu ne domanderai più, noi ti faremo quella risposta che ti si conviene;» per che la giovane dolente e trista, temendo e non sappiendo che,[38] senza più domandarne si stava,[39] e assai volte la notte pietosamente[40] il chiamava e pregava che ne venisse, e alcuna volta con molte lagrime della sua lunga dimora si doleva, e senza punto rallegrarsi, sempre aspettando, si stava.

Avvenne una notte che, avendo costei molto pianto Lorenzo che non tornava ed essendosi alla fine piagnendo addormentata, Lorenzo l'apparve nel sonno, pallido e tutto rabbuffato[41] e co' panni tutti stracciati e fracidi indosso, e parvele che egli dicesse: «O Lisabetta, tu non mi fai altro che chiamare e della mia lunga dimora t'attristi, e me con le tue lagrime fieramente accusi; e per ciò sappi che io non posso più ritornarci, per ciò che l'ultimo dì che tu mi vedesti i tuoi fratelli m'uccisono». E disegnatole[42] il luogo dove sotterrato l'aveano, le disse che più nol chiamasse né l'aspettasse, e disparve.

La giovane destatasi, e dando fede alla visione,[43] amaramente pianse. Poi la mattina levata, non avendo ardire di dire alcuna cosa a' fratelli, propose[44] di volere andare al mostrato luogo e di vedere se ciò fosse vero che nel sonno l'era paruto.[45] E avuta la licenzia d'andare alquanto fuor della terra a diporto,[46] in compagnia d'una che altra volta con loro era stata[47] e tutti i suoi fatti sapeva, quanto più tosto poté là se n'andò; e tolte via foglie secche che nel luogo erano, dove men dura le parve la terra quivi cavò,[48] né ebbe guari[49] cavato, che ella trovò il corpo del suo misero amante in niuna cosa ancora guasto né corrotto, per che manifestamente conobbe essere stata vera la sua visione. Di che più che altra femina dolorosa, conoscendo che quivi non era da piagnere,[50] se avesse potuto volentieri tutto il corpo n'avrebbe portato per dargli più convenevole sepoltura; ma veggendo che ciò essere

cosa e non sapendo cosa, smise di fare domande e spesso la chiamava di notte, pregandolo di andare da lei, e a volte si lamentava piangendo del suo ritardo e rimaneva ad aspettarlo senza più sorridere.

[68-80] Una notte accadde che, dopo aver pianto a lungo Lorenzo che non tornava ed essersi addormentata piangendo, a Lisabetta apparve nel sonno Lorenzo, pallido e sconvolto, con le vesti tutte stracciate e bagnate addosso, e le parve che dicesse: "Lisabetta, tu non fai altro che chiamarmi e ti rattristi per il mio lungo ritardo, e con le tue lacrime mi accusi; ma sappi che io non posso più tornare da te, perché l'ultimo giorno in cui mi hai visto i tuoi fratelli mi hanno ucciso". Le indicò il luogo in cui l'avevano seppellito, le disse di non chiamarlo e di non aspettarlo più e scomparve.

[81-104] La giovane, destatasi, prestando fede al sogno, pianse amaramente. Poi, alzatasi, poiché non osava dire nulla ai fratelli, si propose di andare nel posto che le era stato mostrato e di verificare se ciò che le era parso in sogno era vero. E avuto il permesso di andare fuori città per svagarsi, in compagnia di una donna che già in passato era stata al loro servizio e che sapeva tutta la sua storia, andò là il più rapidamente che poteva; tolse le foglie secche che c'erano e scavò dove il terreno le parve meno duro; né dovette scavare molto prima di trovare il corpo del suo infelice amante, ancora perfettamente intatto, cosa che le confermò l'esattezza della sua visione. Pur essendo più addolorata che mai, Lisabetta capì che non era il momento di piangere; se avesse potuto, si sarebbe portata via tutto il corpo, per dargli onorevole sepoltura; ma rendendosi conto che ciò non era possibile con un coltello gli staccò la testa dal busto, la avvolse in un asciugamano e, gettata la terra sul resto del corpo, la

37. **Che hai... Lorenzo:** Che cosa hai a che fare tu con Lorenzo.
38. **temendo e... che:** temendo, ma non sapendo che cosa temere; la domanda allusiva del fratello ha precipitato Lisabetta in un oscuro e angosciato presentimento.
39. **senza più... stava:** Lisabetta non domanda più e si rinchiude nel silenzio delle proprie lacrime.
40. **pietosamente:** si avverta la dolcezza e la discrezione del piangere della fanciulla.
41. **rabbuffato:** scapigliato. È questo l'unico momento in cui la figura di Lorenzo acquista rilievo autonomo. Egli è simile a un fantasma e porta con sé un'immagine di morte e di dolore. È un'apparizione, un sogno del soprannaturale, ma in Boccaccio il soprannaturale rimane sempre legato al piano più propriamente naturale del racconto.
42. **disegnatole:** indicatole.
43. **dando... visione:** non c'è paura del soprannaturale nell'animo di Lisabetta. Le parole di Lorenzo danno anzi consistenza e certezza al presentimento che già lei aveva.
44. **propose:** decise. Lisabetta è sottomessa ai fratelli; ma la sua forza interiore la porterà a un'azione risoluta e coraggiosa.
45. **paruto:** apparso.
46. **fuor... diporto:** fuori della città, per svago.
47. **una... stata:** una donna che era già stata al loro (suo e di Lorenzo) servizio.
48. **cavò:** scavò.
49. **guari:** molto.
50. **che... piagnere:** che non era quello il momento di piangere.

non poteva, con un coltello il meglio che poté gli spiccò dallo ’mbusto[51] la testa, e quella in uno asciugatoio inviluppata e la terra sopra l’altro corpo[52] gittata, messala in grembo alla fante,[53] senza essere stata da alcun veduta, quindi si partì e tornossene a casa sua.

Quivi con questa testa nella sua camera rinchiusasi, sopra essa lungamente e amaramente pianse, tanto che tutta con le sue lagrime la lavò, mille basci dandole in ogni parte. Poi prese un grande e bel testo,[54] di questi ne’ quali si pianta la persa[55] o il bassilico, e dentro la vi mise fasciata in un bel drappo; e poi messovi su la terra, su vi piantò parecchi piedi[56] di bellissimo bassilico salernetano, e quegli di niuna altra acqua che o rosata o di fior d’aranci,[57] o delle sue lagrime non inaffiava giammai. E per usanza avea preso di sedersi sempre a questo testo vicina, e quello con tutto il suo disidero vagheggiare,[58] sì come quello che il suo Lorenzo[59] teneva nascosto; e poi che molto vagheggiato l’avea, sopr’esso andatasene, cominciava a piagnere, e per lungo spazio, tanto che tutto il bassilico bagnava, piagnea.

Il bassilico, sì per lo lungo e continuo studio,[60] sì per la grassezza della terra procedente dalla testa corrotta[61] che dentro v’era, divenne bellissimo e odorifero molto; e servando la giovane questa maniera del continuo,[62] più volte da’ suoi vicini fu veduta. Li quali, maravigliandosi i fratelli della sua guasta[63] bellezza e di ciò che gli occhi le parevano dalla testa fuggiti,[64] il dissero loro: «Noi ci siamo accorti che ella ogni dì tiene la cotal maniera;» il che udendo i fratelli e accorgendosene, avendola alcuna volta ripresa e non giovando, nascosamente da lei fecer portar via questo testo; il quale, non

mise in grembo alla serva, senza essere vista da nessuno, e se ne tornò a casa.

[105-121] Qui, rinchiusasi con la testa nella sua stanza, pianse su di essa a lungo e amaramente, tanto che la lavò tutta con le sue lacrime, dandole mille baci dappertutto. Poi prese un vaso grande e bello, di quelli in cui si pianta la maggiorana o il basilico, e ve la mise dentro, avvolta in un bel drappo; e poi riempì il vaso di terra e vi piantò parecchie piantine di basilico salernitano bellissimo, che non annaffiava mai se non con acqua di rose o di fiori d’arancio o con le sue lacrime. E aveva preso l’abitudine di sedersi sempre accanto a quel vaso, guardandolo amorosamente con grande desiderio, poiché teneva nascosto all’interno il suo Lorenzo: e dopo averlo a lungo contemplato, si metteva a piangere su di esso, bagnando tutto il basilico.

[122-147] Il basilico, sia per l’assidua cura, sia per la fertilità della terra, derivante dalla testa in putrefazione che c’era dentro, diventò bellissimo e molto profumato; e poiché la giovane continuava a comportarsi in questo modo, fu vista più volte dai vicini, i quali, poiché i fratelli si meravigliavano della sua bellezza che svaniva e degli occhi che li si infossavano nella testa, dissero loro: “Noi abbiamo notato cheogni giorno fa così e così”; sentendo ciò e notandolo anche loro, i fratelli la rimproverarono invano più volte e finalmente le fecero portare via in segreto il vaso. Al non ritrovarlo, Lisabetta lo chiese con grande insistenza e, poiché non le veniva reso, a furia di

51. **gli spiccò dallo ’mbusto:** gli tagliò dal busto. È un gesto forse macabro, ma non crudele, perché la fanciulla raccoglie la parte più preziosa del corpo dell’amato.
52. **l’altro corpo:** il resto del corpo.
53. **alla fante:** alla serva.
54. **testo:** vaso di terracotta.
55. **persa:** maggiorana.
56. **piedi:** piantine.
57. **che o... aranci:** che non fosse di rose e di fiori d’arancio.
58. **e quello... vagheggiare:** e contemplare con desiderio il vaso.
59. **il suo Lorenzo:** per la fanciulla il vaso tiene nascosto non il cranio di Lorenzo, ma la sua persona intera. È il momento spiritualmente più elevato della novella.
60. **studio:** cura.
61. **procedente dalla testa corrotta:** il particolare della terra ingrassata dalla testa che si decompone è macabro, ma è accennato senza orrore e insistenza, e viene poi ingentilito dal bellissimo e odorifero molto che segue.
62. **questa maniera del continuo:** di continuo questa abitudine.
63. **guasta:** sfiorita.
64. **e di ciò... fuggiti:** e del fatto che gli occhi sembravano spariti dalla sua testa, tanto erano infossati.

Basilico

Il lessico e la grammatica

La parola **basilico** deriva dal greco *basileus*, che significa *re*. Basilico significa quindi “erba regia”, a indicare le proprietà eccezionali di questa nota pianta. Dalla stessa radice derivano molte parole che al basilico non ci fanno pensare, ma che sono con esso strettamente imparentate: per esempio, il **basilisco** (l’immenso mostro delle fiabe, o il piccolo rettile realmente esistente) è il “re dei serpenti”; la **basilica** è un tipo di chiesa così chiamata perché anticamente era il tribunale regio, in cui il re si recava a fare giustizia.

ritrovandolo ella, con grandissima instanzia[65] molte volte richiese, e non essendole renduto, non cessando il pianto e le lagrime, infermò,[66] né altro che il testo suo nella infermità domandava. I giovani si maravigliavan forte di questo addimandare, e per ciò vollero vedere che dentro vi fosse; e versata la terra, videro il drappo e in quello la testa non ancor sì consumata che essi alla capellatura[67] crespa non conoscessero lei esser quella di Lorenzo. Di che essi si maravigliaron forte e temettero non questa cosa si risapesse;[68] e sotterrata quella, senza altro dire, cautamente di Messina uscitisi e ordinato come di quindi si ritraessono[69] se n'andarono a Napoli.

La giovane non restando[70] di piagnere e pure[71] il suo testo addimandando, piagnendo si morì, e così il suo disavventurato amore ebbe termine. Ma poi a certo tempo[72] divenuta questa cosa manifesta a molti, fu alcuno che compuose quella canzone la quale ancora oggi si canta, cioè:

Quale esso fu lo malo cristiano,
che mi furò la grasta[73] ecc.

piangere e disperarsi si ammalò, e nella malattia non chiedeva altro che il suo vaso. I giovani si meravigliavano molto di questa richiesta e perciò vollero vedere che cosa c'era dentro: tolsero la terra e videro il drappo e in esso la testa non ancora tanto consunta da non permettere loro di riconoscere i capelli ricci di Lorenzo. Essi si meravigliarono moltissimo e temettero che la cosa si venisse a sapere: la sotterrarono senza dire nulla e, lasciata segretamente Messina dopo aver predisposto tutto per abbandonare i loro affari in quel luogo, se ne andarono a Napoli.

[148-155] La giovane Lisabetta, senza smettere di piangere e di chiedere il suo vaso, piangendo morì e così il suo sventurato amore ebbe fine. Ma dopo qualche tempo, divulgatasi la sua storia, qualcuno compose la canzone che ancor oggi si canta, e cioè:

Chi è stato il cattivo cristiano / che mi ha rubato il vaso ecc.

65. **instanzia:** insistenza.
66. **infermò:** si ammalò.
67. **capellatura:** capigliatura.
68. **non questa... risapesse:** che questo fatto, cioè l'uccisione di Lorenzo, si venisse a sapere.
69. **e ordinato... ritraessono:** e presi i provvedimenti per troncare ogni affare in Messina.
70. **non restando:** non cessando.
71. **pure:** sempre, di continuo.
72. **a certo tempo:** tempo dopo.
73. **che mi... grasta:** che mi rubò il vaso. Grasta è parola siciliana; la canzone a cui Boccaccio allude è una ballata popolare, giunta a noi con versi leggermente mutati.

L'uso del gerundio nel tempo

Il lessico e la grammatica

Leggendo il testo originale della novella *Lisabetta da Messina*, avrai notato che Boccaccio ricorre spesso al modo verbale del gerundio. Osserva per esempio questo passo, in cui abbiamo evidenziato tutti i gerundi:

Non ***tornando*** *Lorenzo, e Lisabetta molto spesso e sollicitamente i fratei* ***domandandone****, sì come colei a cui la dimora lunga gravava, avvenne un giorno che,* ***domandandone*** *ella molto instantemente, che l'uno de' fratelli disse: «Che vuol dir questo? Che hai tu a fare di Lorenzo, che tu ne domandi così spesso? Se tu ne domanderai più, noi ti faremo quella risposta che ti si conviene;» per che la giovane dolente e trista,* ***temendo*** *e non* ***sappiendo*** *che, senza più domandarne si stava.*

Questi gerundi indicano la presenza di proposizioni subordinate di tipo causale: si tratta di proposizioni implicite (cioè in cui il predicato è rappresentato da una forma nominale del verbo: infinito, gerundio, participio), che nella forma esplicita (cioè con un verbo di modo finito) suonerebbero:

Poiché Lorenzo non tornava, poiché ne domandava ai fratelli (2 volte), *poiché temeva e non sapeva...*

L'italiano moderno ricorre al gerundio più raramente rispetto alla lingua antica, sia perché di solito usa frasi meno ricche di subordinate, sia perché preferisce le forme esplicite a quelle implicite.

Analisi del testo

Un racconto in quattro parti. La novella ha una struttura narrativa costituita da un antefatto e da quattro parti. Nell'antefatto nasce e si sviluppa l'amore fra Lisabetta e Lorenzo. Nella prima parte, basata su tre episodi, sono protagonisti i fratelli, che scoprono la tresca, uccidono Lorenzo e zittiscono le timide domande di Lisabetta.
Nella seconda parte, anch'essa basata su tre episodi, è protagonista Lisabetta, che sogna Lorenzo, ne recupera la testa e la mette nel vaso. Nella terza parte, tornano a essere protagonisti i fratelli, che sottraggono il vaso a Lisabetta. Nell'ultima brevissima parte è protagonista Lisabetta, che muore di dolore.

Lisabetta e i fratelli. Il narratore alterna quindi momenti in cui l'attenzione si concentra sui fratelli e momenti in cui l'attenzione si concentra sulla ragazza. Questa alternanza è segno di una opposizione inconciliabile fra i personaggi: i fratelli sono infatti portatori di un'etica che possiamo definire "mercantile", contrapposta all'etica "cortese" di Lisabetta.
I fratelli ragionano in base al loro interesse: lo scandalo che nascerebbe dalla scoperta della relazione fra Lisabetta e Lorenzo potrebbe danneggiare i loro affari. La soluzione migliore sembra dunque quella di uccidere segretamente Lorenzo, in maniera da troncare la relazione ed evitare lo scandalo.
Lisabetta agisce invece in maniera opposta alla cinica razionalità dei fratelli: e il suo amore disinteressato, scontrandosi con le leggi dell'interesse, la conduce alla follia prima e alla morte poi.

Il tema dell'incomunicabilità. Il rapporto fra Lisabetta e i fratelli è un rapporto di incomunicabilità. Tra i fratelli e Lisabetta non esiste dialogo: quando la ragazza chiede insistentemente notizie di Lorenzo, essi la zittiscono bruscamente. Anche i comportamenti dei personaggi sono opposti: i fratelli agiscono (uccidono Lorenzo, sottraggono a Lisabetta il vaso); Lisabetta invece si limita a piangere (tranne che nella scena in cui recupera la testa di Lorenzo, significativamente introdotta dalle parole «conoscendo che quivi non era da piagnere»).

La "ragione di mercatura". Lisabetta è una vittima della cosiddetta "ragione di mercatura", cioè della mentalità borghese e mercantile che in altre novelle Boccaccio esalta e mostra di apprezzare. In questo caso, invece, lo scrittore si sofferma sulle contraddizioni e sugli aspetti negativi di questa mentalità, anticipando un tema che sarà caro ai romantici nell'Ottocento. Si noti che, al termine della vicenda, i fratelli risultano sconfitti: essi devono infatti abbandonare Messina e rifugiarsi a Napoli.

La rappresentazione della società. Anche in questa novella Boccaccio si rivela scrittore attentissimo alla condizione sociale dei personaggi (soprattutto dei fratelli e di Lorenzo, che appartiene a una classe sociale inferiore, ma che ottiene comunque l'amore di Lisabetta). Si noti in particolare come viene rappresentato il ruolo della donna all'interno della famiglia: Lisabetta è sottomessa in tutto ai fratelli, che la considerano una loro proprietà, da salvaguardare alla stessa stregua dei beni economici, anche a scapito dei sentimenti e della morale.

Proposte di lavoro

1. Verifica la comprensione del testo indicando se le seguenti affermazioni sono vere o false.
- V F I fratelli di Lisabetta sono ricchi mercanti.
- V F Lorenzo è di condizione sociale inferiore a Lisabetta.
- V F I due amanti non riescono a dichiararsi il reciproco amore.
- V F I due amanti non riescono a godere del reciproco amore.
- V F I fratelli scoprono la relazione di Lisabetta a causa di una sua imprudenza.
- V F I fratelli fanno uccidere Lorenzo da un sicario.
- V F Lisabetta scopre ciò che è accaduto a Lorenzo grazie a un informatore.
- V F Lisabetta decapita Lorenzo pensando di vendicarsi dei fratelli, denunciandoli.
- V F Il basilico cresce vigoroso a causa del terreno ricco e delle lacrime di cui è innaffiato.

2. Dividi la novella in sequenze e a ciascuna di esse dai un titolo.

3. Quale significato simbolico ha il vaso di basilico per Lisabetta? Perché diviene *bellissimo e odorifero molto*?

4 Confronta i personaggi di Lisabetta e dei suoi fratelli completando la tabella con gli opportuni riferimenti al testo.

	Lisabetta	I fratelli
tratti sociali		
tratti psicologici		
tratti morali		

5. In quali momenti l'autore interviene nel racconto esprimendo i propri stati d'animo o i propri giudizi? Qual è, secondo te, l'atteggiamento di Boccaccio verso Lisabetta e verso i suoi fratelli?

6. Qual è la "morale" della storia?
- ☐ L'amore trionfa su tutto.
- ☐ La mentalità mercantile è in conflitto con quella cortese.
- ☐ Non bisogna seguire ciecamente il proprio cuore.
- ☐ Il delitto d'onore è sempre condannabile.

7. L'amore descritto in questa novella è di tipo:
☐ tragico ☐ eroico ☐ sensuale ☐ volgare
Motiva la tua risposta con opportuni riferimenti al testo.

Opera
Decameron
Epoca
XIV secolo
Genere
novella
Lingua
italiano

Decameron, VI, 2

Cisti fornaio

■ Nella novella che ha per protagonista il fornaio Cisti, emergono le tematiche di fondo dell'opera di Boccaccio.
Da un lato la novella nasce infatti dalla volontà dell'autore di rappresentare la società del suo tempo, con i suoi valori e le sue contraddizioni; dall'altro la vicenda narrata mette in luce l'apprezzamento per valori come l'intelligenza, la prontezza e l'arguzia, tipico della borghesia commerciale urbana di cui Boccaccio è esponente e portavoce.

Belle donne,[1] io non so da me medesima vedere che più in questo si pecchi,[2] o la natura apparecchiando ad una nobile anima un vil corpo,[3] o la fortuna apparecchiando ad un corpo dotato d'anima nobile vil mestiero,[4] sì come in Cisti[5] nostro cittadino e in molti ancora abbiam potuto veder avvenire; il qual Cisti, d'altissimo[6] animo fornito, la Fortuna fece fornaio. E certo io maladicerei e la natura parimente e la fortuna, se io non conoscessi la Natura esser discretissima e la Fortuna aver mille occhi, come che gli sciocchi lei cieca figurino.[7] Le quali io avviso[8] che, sì come molto avvedute, fanno quello che i mortali spesse volte fanno, li quali, incerti de' futuri casi, per le loro opportunità[9] le loro più care cose ne' più vili luoghi delle lor case, sì come meno sospetti, seppelliscono, e quindi ne' maggiori bisogni le traggono,[10] avendole il vil luogo più sicuramente servate[11] che la bella camera non avrebbe. E così le due ministre del mondo[12] spesso le lor cose più care nascondono sotto l'ombra dell'arti reputate più vili, acciò che di quelle alle necessità traendole, più chiaro appaia il loro splendore.[13] Il che quanto in poca cosa Cisti fornaio il dichiarasse, gli occhi dello intelletto rimettendo a messer Geri Spina, il quale la novella di madonna Oretta contata, che sua moglie fu, m'ha tornata nella memoria, mi piace in una novelletta assai piccola dimostrarvi.[14]

Dico adunque che, avendo Bonifazio papa, appo[15] il quale messer Geri Spina fu in grandissimo stato,[16] mandati in Firenze certi suoi nobili ambasciadori per certe sue gran bisogne,[17] essendo essi in casa di messer Geri smontati,[18] ed egli con loro insieme i fatti del Pa-

1. **Belle donne:** è Pampinea, la novellatrice di turno, che sta parlando.
2. **io non so... pecchi:** io non so da me sola capire dove si pecchi maggiormente (si allude ai due casi che verranno presentati dopo).
3. **apparecchiando... corpo:** procurando a un'anima nobile un corpo misero.
4. **vil mestiero:** un mestiere da poco, inferiore. Per il "popolo grasso" e per le classi mercantili che reggevano il Comune, ogni mestiere manuale era ritenuto vile.
5. **Cisti:** abbreviazione di Bencivenisti. Sembra che un Cisti fornaio sia esistito davvero, nella Firenze del primo Trecento.
6. **altissimo:** nobilissimo.
7. **se io... figurino:** se io non sapessi che la Natura è discreta, cioè incapace di errore, e che la Fortuna, il destino, possiede mille occhi, benché (*come che*) gli sciocchi la descrivano come cieca.
8. **avviso:** ritengo.
9. **per le loro opportunità:** per ogni evenienza.
10. **ne' maggiori... traggono:** nei momenti di maggiore bisogno traggono fuori i loro beni dai luoghi più nascosti e insoliti in cui sono stati celati.
11. **servate:** conservate.
12. **le due ministre del mondo:** le due governatrici del mondo: Natura e Fortuna.
13. **acciò... splendore:** affinché, portandole alla luce da quelle vili occupazioni (*di quelle*) nel momento del bisogno (*alle necessità*), più chiaro appaia il loro splendore.
14. **Il che... dimostrarvi:** mi piace mostrarvi con una breve novella come Cisti fornaio dimostrò vero (*il dichiarasse*) questo fatto (*il che*) in un'occasione di non grande importanza (*in poca cosa*), facendo riflettere messer Geri Spina (*gli occhi dello intelletto rimettendo*), il quale mi è ritornato alla memoria grazie alla novella appena raccontata (*contata*) di madonna Oretta, che fu sua moglie. La novella intorno a madonna Oretta è la novella immediatamente precedente, cioè la prima della sesta giornata. La sintassi complessa e involuta di quest'ultimo periodo è caratteristica delle premesse alle novelle. Geri (Ruggeri) Spina, morto prima del 1332, fu un capo della parte guelfa nera. La sua società mercantile esercitava presso la curia pontificia il servizio di tesoreria, cambio e credito. Ciò spiega i rapporti con il papa Bonifacio VIII.
15. **appo:** presso.
16. **in... stato:** in grandissimo favore.
17. **bisogne:** affari. Boccaccio allude all'ambasceria papale del 1300 (quando Dante è fra i Priori), con cui si tentò, fallendo, una conciliazione tra Bianchi e Neri.
18. **smontati:** scesi ad alloggiare.

pa trattando, avvenne che, che se ne fosse la cagione,[19] messer Geri con questi ambasciadori del Papa tutti a piè quasi ogni mattina davanti a Santa Maria Ughi[20] passavano, dove Cisti fornaio il suo forno aveva e personalmente la sua arte eserceva.[21] Al quale[22] quantunque la fortuna arte assai umile data avesse, tanto in quella gli era stata benigna, che egli era ricchissimo divenuto, e senza volerla mai per alcuna altra abbandonare,[23] splendidissimamente[24] vivea, avendo tra l'altre sue buone cose sempre i migliori vini bianchi e vermigli che in Firenze si trovassero o nel contado. Il qual,[25] veggendo[26] ogni mattina davanti all'uscio suo passar messer Geri e gli ambasciadori del Papa, ed essendo il caldo grande, s'avvisò[27] che gran cortesia[28] sarebbe il dar lor bere del suo buon vino bianco; ma avendo riguardo alla sua condizione e a quella di messer Geri,[29] non gli pareva onesta cosa il presumere[30] d'invitarlo, ma pensossi di tener modo il quale inducesse messer Geri medesimo ad invitarsi.[31] E avendo un farsetto[32] bianchissimo indosso e un grembiule di bucato innanzi sempre, li quali più tosto mugnaio che fornaio il dimostravano,[33] ogni mattina in su l'ora ch'egli avvisava[34] che messer Geri con gli ambasciadori dovesse passare, si faceva davanti all'uscio suo recare una secchia nuova e stagnata[35] d'acqua fresca e un picciolo orcioletto bolognese[36] nuovo del suo buon vin bianco e due bicchieri che parevan d'ariento,[37] si eran chiari;[38] e a seder postosi, come essi passavano, ed egli, po' che una volta o due spurgato s'era,[39] cominciava a ber sì saporitamente[40] questo suo vino che egli n'avrebbe fatto venir voglia a' morti.[41]

La qual cosa avendo messer Geri una o due mattine veduta, disse la terza: «Chente è,[42] Cisti? è buono?»

Cisti, levato prestamente[43] in piè, rispose: «Messer sì, ma quanto non vi potre' io dare ad intendere,[44] se voi non n'assaggiaste».

Messer Geri, al quale o la qualità del tempo[45] o affanno più che l'usato[46] avuto o forse il saporito bere che a Cisti vedeva fare, sete avea generata, volto agli ambasciadori sorridendo disse: «Signori, egli è buon[47] che noi assaggiamo del vino di questo valente uomo: forse che è egli[48] tale che noi non ce ne penteremo;» e con loro insieme se n'andò verso Cisti.

Il quale, fatta di presente[49] una bella panca venire di fuor dal forno, gli pregò che sedessero; e alli lor famigliari,[50] che già per lavare i bicchieri si facevano innanzi, disse: «Compagni,[51] tiratevi indietro e lasciate questo servigio fare a me, ché io so non meno ben mescere[52] che io sappia infornare; e non aspettaste voi d'assaggiarne gocciola!» E così detto,

19. **che se... cagione:** qualunque fosse la ragione.
20. **Santa Maria Ughi:** piccola chiesa fatta costruire dalla famiglia degli Ughi, vicino a Palazzo Strozzi.
21. **eserceva:** esercitava la sua professione.
22. **Al quale:** a Cisti; l'attenzione passa ora dagli ambasciatori al fornaio protagonista della novella.
23. **e senza... abbandonare:** comincia a rivelarsi il carattere di Cisti, uomo che si è fatto da solo, fiero della sua condizione e fedele alla professione che gli ha consentito di vivere nell'agiatezza.
24. **splendidissimamente:** con agio e buon gusto; è il primo accenno al vivere liberale e magnanimo del popolano Cisti.
25. **Il qual:** ancora Cisti.
26. **veggendo:** vedendo.
27. **s'avvisò:** pensò.
28. **gran cortesia:** una cortesia che si rivelerà misurata e sensibile alle differenze sociali tra lui e i nobili signori.
29. **avendo... Geri:** considerando la sua condizione di artigiano e quella di messer Geri.
30. **il presumere:** l'ardire.
31. **pensossi... invitarsi:** pensò di fare in modo che fosse messer Geri stesso a invitarsi.
32. **farsetto:** giubbetto.
33. **il dimostravano:** lo facevano sembrare. Cisti vuol creare un'impressione di pulizia e di eleganza che sia adatta a ricevere i signori.
34. **avvisava:** riteneva.
35. **stagnata:** non soltanto nuova, ma ben stagnata, in modo che non perdesse neanche una goccia d'acqua.
36. **orcioletto bolognese:** un piccolo vaso di terracotta di quelli che si fabbricavano a Bologna.
37. **d'ariento:** d'argento.
38. **chiari:** lucidati.
39. **po'... s'era:** dopo che una volta o due s'era schiarita la gola dal catarro. Il particolare appare a noi non del tutto in armonia con l'atmosfera precedente, ma era abituale al tempo di Cisti; serviva inoltre a richiamare l'attenzione dei nobili che passavano davanti a lui.
40. **sì saporitamente:** così di gusto.
41. **a' morti:** è questa la scena centrale della novella. Essa è costruita da una fitta serie di particolari realistici, oggetti della vita quotidiana, descritti con un ritmo lento e pieno di grazia.
42. **Chente è:** com'è.
43. **prestamente:** rapidamente.
44. **ma quanto... intendere:** ma quanto sia buono non ve lo potrei far capire.
45. **la qualità del tempo:** il caldo della stagione estiva. L'ambasceria papale ebbe infatti luogo in giugno.
46. **più che l'usato:** più del solito.
47. **egli è buon:** è bene. Geri chiama Cisti valente, loda pubblicamente la sua cortesia.
48. **egli:** esso, il vino.
49. **di presente:** subito.
50. **famigliari:** servi.
51. **Compagni:** li chiama così perché, di fronte ai signori, anch'egli vuol considerarsi un servitore. Tuttavia ristabilisce subito le distanze: non aspettatevi di berne neanche una goccia!
52. **mescere:** servire da bere.

esso stesso, lavati quattro bicchieri belli e nuovi, e fatto venire un piccolo orcioletto del suo buon vino, diligentemente diè bere[53] a messer Geri e a' compagni, alli quali il vino parve il migliore che essi avesser gran tempo davanti[54] bevuto; per che,[55] commendatol molto,[56] mentre gli ambasciadori vi stettero,[57] quasi ogni mattina con loro insieme n'andò a ber messer Geri.

A' quali, essendo espediti[58] e partir dovendosi, messer Geri fece uno magnifico convito,[59] al quale invitò una parte de' più onorevoli cittadini, e fecevi invitare Cisti, il quale per niuna condizione[60] andar vi volle. Impose adunque messer Geri ad uno de' suoi famigliari che per un fiasco andasse del vin di Cisti,[61] e di quello un mezzo bicchiere per uomo desse alle prime mense.[62] Il famigliare, forse sdegnato perché niuna volta bere aveva potuto del vino, tolse un gran fiasco.[63]

Il quale come Cisti[64] vide, disse: «Figliuolo, messer Geri non ti manda a me». Il che raffermando[65] più volte il famigliare né potendo altra risposta avere, tornò a messer Geri e sì gliele disse; a cui messer Geri disse: «Tornavi e digli che sì fo; e se egli più così ti risponde, domandalo a cui io ti mando».[66]

Il famigliare tornato disse: «Cisti, per certo messer Geri mi manda pure[67] a te».

Al qual Cisti rispose: «Per certo, figliuol, non fa».[68]

«Adunque» disse il famigliare «a cui mi manda?»

Rispose Cisti: «Ad Arno».[69]

Il che rapportando[70] il famigliare a messer Geri, subito gli occhi gli s'apersero dello intelletto[71] e disse al famigliare: «Lasciami vedere che fiasco tu vi porti;» e vedutol disse: «Cisti dice vero;» e dettogli villania,[72] gli fece tòrre un fiasco convenevole.[73]

Il qual Cisti vedendo disse: «Ora so io bene che egli ti manda a me,» e lietamente gliele empié.[74]

E poi quel medesimo dì fatto il botticello[75] riempiere d'un simil vino, e fattolo soavemen-

53. **diligentemente diè bere:** con abilità e garbo versò da bere.
54. **gran tempo davanti:** da molto tempo.
55. **per che:** per cui.
56. **commendatol molto:** avendolo molto apprezzato.
57. **mentre… stettero:** per tutto il tempo che gli ambasciatori rimasero a Firenze.
58. **essendo espediti:** avendo compiuto la loro ambasceria.
59. **convito:** banchetto.
60. **per… condizione:** in nessun modo. Cisti è ben consapevole della sua condizione di popolano.
61. **per… Cisti:** andasse a prendere un fiasco del vino di Cisti.
62. **alle prime mense:** all'inizio del pranzo.
63. **tolse un gran fiasco:** prese un fiasco molto grande (in modo che dopo aver servito gli ospiti rimanesse vino anche per lui).
64. **Il quale… Cisti:** Cisti è soggetto; il quale è riferito a fiasco.
65. **raffermando:** confermando. Il servo insiste di esser mandato con quel fiasco da messer Geri, ma Cisti ha compreso il suo proposito. Geri non gli avrebbe mai chiesto del vino usando un fiasco di così grosse dimensioni.
66. **Tornavi… mando:** torna da lui e digli che davvero faccio così, che davvero ti mando io (*sì fo*); e se egli ti risponde ancora (*più*) così, domandagli a chi (*cui*) altri ti potrei mandare.
67. **pure:** proprio.
68. **non fa:** non ti manda.
69. **Ad Arno:** con un fiasco di quelle dimensioni, vuol dire Cisti, si va a prendere l'acqua al fiume, non del buon vino. Si noti l'insistenza con cui il fornaio si oppone al fatto che i servi bevano il suo vino, che egli reputa degno solo dei signori.
70. **rapportando:** riferendo.
71. **gli occhi… intelletto:** comprese le parole di Cisti.
72. **dettogli villania:** rimproveratolo aspramente.
73. **convenevole:** adatto, delle dimensioni giuste.
74. **gliele empié:** glielo riempì.
75. **il botticello:** una botticella.

Il lessico e la grammatica

L'evoluzione della parola "arte"

La parola "arte" ha nel Medioevo un significato particolare: essa è sinonimo di "corporazione" e indica **l'attività di una persona**. Cisti, per esempio, appartiene all'arte dei fornai, che è una delle arti "minori" della città di Firenze (si distinguevano infatti arti "maggiori" e "minori", a seconda dell'importanza sociale che veniva loro attribuita).
Questo termine aveva quindi nel Trecento un significato più simile a quello del nostro "artigianato" che a quello della nostra "arte". Il cambiamento di significato avviene a partire dalla fine del Quattrocento, quando gli artisti (pittori, musicisti, scultori ecc.) incominciano a rivendicare uno *status* superiore a quello degli artigiani e più simile a quello degli intellettuali (notai, medici, scrittori).
Il significato antico della parola è ancora presente, in alcune espressioni idiomatiche. Per esempio: *non aver né arte né parte* (cioè essere incapace di svolgere un lavoro qualificato); *un lavoro fatto a regola d'arte* (cioè secondo le regole stabilite da una certa corporazione, quindi svolto in modo tecnicamente corretto), e così via.
Quali altre espressioni riesci a trovare?

te[76] portare a casa di messer Geri, andò appresso, e trovatolo gli disse: «Messere, io non vorrei che voi credeste che il gran fiasco stamane m'avesse spaventato; ma, parendomi che vi fosse uscito di mente ciò che io a questi dì[77] co' miei piccioli orcioletti v'ho dimostrato, cioè che questo non sia vin da famiglia,[78] vel volli stamane raccordare.[79] Ora, per ciò che io non intendo d'esservene più guardiano,[80] tutto ve l'ho fatto venire: fatene per innanzi[81] come vi piace».

Messer Geri ebbe il don di Cisti carissimo, e quelle grazie gli rendé che a ciò credette si convenissero, e sempre poi per da molto l'ebbe e per amico.[82]

76. **soavemente:** con delicatezza; si trattava di un vino prezioso.
77. **a questi dì:** nei giorni passati.
78. **vin da famiglia:** vino da poco, adatto alla servitù.
79. **raccordare:** ricordare.
80. **esservene... guardiano:** non intendo più custodirvelo. Con ciò Cisti fa capire che egli aveva deciso di donarlo a Geri e solo in quanto "custode" si era permesso di negarlo ai servi.
81. **per innanzi:** d'ora in avanti.
82. **per da... amico:** lo considerò uomo di molto valore e suo amico.

Analisi del testo

Fornaio e "cortese". Come molti protagonisti delle novelle di Boccaccio, Cisti è l'esponente di un ceto sociale economicamente in ascesa, la borghesia cittadina dei mercanti e dei bottegai. Le sue doti (le stesse grazie alle quali ha fatto fortuna) emergono nella novella in vari punti: dapprima quando riesce, con un piccolo trucco, a invitare Geri Spina e gli ambasciatori a bere il suo vino; poi quando umilia il servo che voleva approfittare di lui; infine quando regala il vino a Geri Spina e ne conquista definitivamente l'amicizia. Boccaccio sottolinea il contrasto fra l'origine popolare del personaggio e il suo comportamento "cortese", capace di quelle virtù che l'autore stesso apprezza e predilige. Che tali virtù potessero essere proprie anche di un appartenente alle arti minori poteva apparire sorprendente ai lettori del tempo. Per questo Boccaccio sente il bisogno di giustificare nella prima parte della novella il fatto che messer Geri Spina e Cisti fornaio vengano messi sullo stesso piano di saggezza e cortesia.

Le classi sociali. I personaggi della novella sono caratterizzati, come sempre nel *Decameron*, in base alla loro condizione sociale. Essi appartengono a tre diversi ceti: quello degli aristocratici, quello del popolo minuto e quello dei servi. L'ambizione porta Cisti a cercare la solidarietà di messer Geri, mentre il suo atteggiamento verso i servi è sprezzante. Essi infatti dimostrano di non capire le regole di cortesia e il codice di valori che invece Cisti e Geri hanno in comune. Tuttavia Cisti, che pure ambisce a elevarsi socialmente, rifiuta di partecipare al banchetto offerto da Geri in onore degli ambasciatori papali: egli considera quindi la gerarchia sociale come rigida, se non sul piano dei valori, almeno su quello dei comportamenti.

I motti arguti. Il gusto per i motti arguti e per le battute brevi e pungenti era tipico della tradizione aneddotica fin dall'antichità, ed era stato ripreso in precedenza in molti testi del *Novellino*. Esso si ritrova in questa novella, soprattutto nel dialogo fra Cisti e il servo. Ma Boccaccio inserisce per la prima volta l'aneddoto in un contesto realistico, da un lato precisando la condizione sociale dei personaggi, come abbiamo visto, dall'altro insistendo sui particolari dell'ambiente.

Varietà stilistica. Nel testo è presente una grande varietà di stili: nella premessa al racconto troviamo frasi lunghe e complesse, molto elaborate, dalla sintassi latineggiante; nel corso della narrazione vera e propria lo stile si fa più semplice e diretto, raggiungendo il massimo della sinteticità nei discorsi diretti, dove le proposizioni subordinate sono del tutto assenti.

Proposte di lavoro

1. Verifica la comprensione del testo indicando se le seguenti affermazioni sono vere o false.
   - V F Cisti è un semplice garzone di panettiere.
   - V F Cisti rivela la sua nobiltà d'animo bevendo vino di ottima qualità.
   - V F Cisti è un borghese che aderisce ai valori cortesi delle classi aristocratiche.
   - V F Geri Spina è un nobile rozzo e arrogante.
   - V F Geri Spina punisce il servo che cercava di impadronirsi del vino di Cisti.
   - V F Geri Spina riceve in regalo tutto il vino di Cisti.
2. Suddividi la novella in sequenze, quindi riassumila in un breve testo.
3. Soffermati ora sui personaggi principali mettendo in luce, con gli opportuni riferimenti al testo, i loro tratti sociali, fisici e psicologici.
4. La vicenda si svolge in ambiente cittadino o campestre? Perché è importante questa scelta da parte di Boccaccio?
5. Quali ceti sociali sono rappresentati in questa novella?
   - ☐ l'aristocrazia ☐ i mercanti ☐ i contadini
   - ☐ i cavalieri ☐ il clero ☐ i ceti popolari
6. Quali sono i valori che Boccaccio mostra di apprezzare nei suoi personaggi? Per quali ragioni l'autore ci spinge ad apprezzare il personaggio di Cisti?

Opera
Decameron
Epoca
XIV secolo
Genere
novella
Lingua
italiano

Decameron, VIII, 3

Calandrino e l'elitropia

Il tema dell'ottava giornata del *Decameron* è la beffa. Due delle dieci novelle hanno come protagonista Calandrino, che compare anche in altre due novelle della giornata nona (a tema libero). Calandrino, prototipo dello sciocco, ignorante, avido di ricchezze e di facili piaceri, è un personaggio che rappresenta l'esatto opposto dell'ideale umano di Boccaccio. Egli è perciò vittima degli scherzi ora allegri ora feroci dei suoi "amici" Bruno e Buffalmacco, nonché delle sgridate (e delle violenze) della moglie Monna Tessa. La novella che presentiamo è la prima del "ciclo" di Calandrino (l'unico personaggio del *Decameron* che sia protagonisa di più novelle). Bruno e Buffalmacco fanno credere all'ingenuo pittore, convinto che esista una pietra magica capace di rendere invisibili, di averla trovata. La moglie, all'oscuro dello scherzo, rimprovera Calandrino, che è arrivato tardi per il pranzo; e Calandrino, in preda alla disperazione, la accusa di aver rotto l'incantesimo, poiché «le femine fanno perder la vertù a ogni cosa», e quindi anche alle pietre dotate di virtù magiche!

Nella nostra città la qual sempre di varie maniere e di nuove genti[1] è stata abondevole, fu, ancora non è gran tempo, un dipintore[2] chiamato Calandrino, uom semplice e di nuovi costumi,[3] il quale il più del tempo con due altri dipintori usava,[4] chiamati l'un Bruno e l'altro Buffalmacco, uomini sollazzevolli molto,[5] ma per altro avveduti e sagaci,[6] li quali con Calandrino usavan[7] per ciò che de' modi suoi e della sua simplicità sovente gran festa prendevano.[8] Era similmente allora in Firenze un giovane di maravigliosa piacevolezza in ciascuna cosa che far voleva, astuto e avvenevole[9] chiamato Maso del Saggio; il quale, udendo alcune cose della simplicità di Calandrino, propose di voler prender diletto de' fatti suoi[10] col fargli alcuna beffa o fargli credere alcuna nuova cosa.[11] E per avventura[12] trovandolo un dí nella chiesa di San Giovanni e vedendolo stare attento a riguardar le dipinture e gl'intagli del tabernacolo il quale è sopra l'altare della detta chiesa, non molto tempo davanti postovi,[13] pensò essergli dato luogo e tempo alla sua intenzione; e informato un suo compagno di ciò che fare intendeva, insieme s'accostarono là dove Calandrino solo si sedeva, e faccendo vista di non vederlo, insieme cominciarono a ragionare delle virtù di diverse pietre, delle quali Maso cosi efficacemente parlava come se stato fosse un solenne e gran lapidario.[14] A' quali ragionamenti Calandrino posto orecchie, e dopo alquanto[15] levatosi in piè, sentendo che non era credenza,[16] si congiunse con loro, il che forte[17] piacque a Maso; il quale, seguendo le sue parole,[18] fu da Calandrin domandato dove queste pietre cosí virtuose[19] si trovassero. Maso rispose che le piú si trovavano in Berlinzone, terra de' baschi, in una contrada che si chiamava Bengodi, nella quale si legano le vigne con le salsicce, e avevavisi un'oca a denaio e un papero giunta,[20] ed eravi una montagna

1. **nuove genti:** persone venute da altre località.
2. **dipintore:** pittore.
3. **nuovi costumi:** atteggiamenti semplici, ingenui.
4. **usava:** frequentava.
5. **sollazzevoli molto:** molto amanti degli scherzi e del divertimento.
6. **sagaci:** intelligenti.
7. **con Calandrino usavan:** frequentavano Calandrino.
8. **per ciò che de' modi... prendevano:** per il fatto che sovente si divertivano molto per i suoi atteggiamenti e per la sua ingenuità.
9. **avvenevole:** fortunato.
10. **prender diletto de' fatti suoi:** prenderlo in giro.
11. **nuova cosa:** strana cosa.
12. **per avventura:** per caso.
13. **non molto tempo davanti postovi:** collocato lì non molto tempo prima.
14. **lapidario:** esperto di pietre e dei loro significati simbolici e allegorici, dei loro poteri magici o delle loro virtù curative.
15. **dopo alquanto:** dopo un po' di tempo.
16. **non era credenza:** non era un colloquio riservato.
17. **forte:** molto.
18. **seguendo le sue parole:** continuando a parlare.
19. **virtuose:** portentose.
20. **avevavisi un'oca a denaio, e un papero giunta:** si comprava un'oca per un solo denaro, e un papero per giunta.

tutta di formaggio parmigiano grattugiato, sopra la quale stavan genti che niuna altra cosa facevan[21] che far maccheroni e raviuoli e cuocergli in brodo di capponi, e poi gli gittavan quindi giú,[22] e chi piú ne pigliava piú se n'aveva; e ivi presso correva un fiumicel di vernaccia,[23] della migliore che mai si bevve, senza avervi entro gocciol d'acqua.

«Oh» disse Calandrino «cotesto è buon paese; ma dimmi, che si fa de' capponi che cuocon coloro?»

Rispuose Maso: «Mangiansegli i baschi tutti.»

Disse allora Calandrino: «Fostivi[24] tu mai?»

A cui Maso rispose: «Di' tu se io vi fu mai? Sì vi sono stato cosí una volta come mille.[25]»

Disse allora Calandrino: «E quante miglia ci ha?[26]» Maso rispose: «Haccene[27] piú di millanta,[28] che tutta notte canta.[29]»

Disse Calandrino: «Dunque dee[30] egli essere piú là che Abruzzi.[31]»

«Sì bene» rispuose Maso, «sì è cavelle.[32]»

Calandrino semplice, veggendo Maso dir queste parole con un viso fermo[33] e senza ridere, quella fede vi dava che dar si può a qualunque verità è piú manifesta, e cosí l'aveva per vere;[34] e disse: «Troppo ci è di lungi a' fatti miei,[35] ma se più presso[36] ci fosse, ben ti dico che io vi verrei una volta con essoteco,[37] pur per veder fare il tomo[38] a quei maccheroni e tormene una satolla.[39] Ma dimmi, che lieto sie tu,[40] in queste contrade non se ne truova niuna di queste pietre così virtuose?»

A cui Maso rispose: «Sì, due maniere[41] di pietre ci si truovano di grandissima virtú. L'una sono i macigni da Settignano e da Montisci,[42] per virtù de' quali, quando son macine fatti, se ne fa la farina,[43] e perciò si dice egli in que' paesi di là, che da Dio vengono le grazie[44] e da Montisci le macine; ma ecci[45] di questi macigni sì gran quantità, che appo noi[46] è poco prezzata, come appo loro[47] gli smeraldi, de' quali v'ha maggior montagne che monte Morello, che rilucon di mezza notte vatti con Dio;[48] e sappi che chi facesse le macine belle e fatte legare in anella, prima che elle si forassero,[49] e portassele al soldano[50] n'avrebbe ciò che volesse. L'altra si è una pietra, la quale noi altri lapidari appelliamo elitropia,[51] pietra di troppo gran virtù, per ciò che qualunque persona la porta sopra di sé, mentre la tiene non è da alcuna altra persona veduto dove non è.[52]» Allora Calandrin disse: «Gran virtù son queste; ma questa seconda dove si truova?»

A cui Maso rispose che nel Mugnone[53] se ne solevan trovare.

Disse Calandrino: «Di che grossezza è questa pietra? O che colore è il suo?»

Rispose Maso: «Ella è di varie grossezze, ché alcuna n'è più e alcuna meno, ma tutte son di colore quasi come nero.»

21. **niuna altra cosa facevan:** non facevano nient'altro.
22. **quindi giù:** giù da là.
23. **vernaccia:** vino stravecchio.
24. **Fostivi:** ci fosti, ci sei stato.
25. **così una volta come mille:** la risposta di Maso è ambigua, apparentemente afferma, in realtà nega.
26. **ci ha:** ci sono.
27. **Haccene:** ce ne sono.
28. **millanta:** un numero imprecisato, naturalmente.
29. **che tutta notte canta:** frase senza senso, giustificata dalla rima, con cui Maso prende in giro Calandrino.
30. **dee:** deve.
31. **Abruzzi:** un luogo lontano, in cui Calandrino evidentemente non è mai stato, che egli prende come punto di riferimento.
32. **cavelle:** un bel niente.
33. **fermo:** serio.
34. **l'aveva per vere:** le riteneva vere.
35. **Troppo ci è di lungi a' fatti miei:** è troppo lontana questa terra favolosa per me.
36. **presso:** vicino.
37. **con essoteco:** con te.
38. **fare il tomo:** cadere.
39. **tormene una satolla:** prendermene una scorpacciata.
40. **che lieto sie tu:** che tu sia benedetto.
41. **maniere:** tipi.
42. **Settignano... Montisci:** località sulle colline presso Firenze.
43. **farina:** si tratta ovviamente di una virtù comune a tutti i macigni del mondo.
44. **le grazie:** le benedizioni.
45. **ecci:** c'è.
46. **appo noi:** presso di noi.
47. **appo loro:** presso gli abitanti del paese di Bengodi di cui ha parlato prima.
48. **vatti con Dio:** va' a quel paese; un'altra espressione senza senso, che serve a confondere le idee all'ingenuo Calandrino.
49. **chi facesse... forassero:** chi facesse una collana di macine belle e fatte prima di forarle (cosa doppiamente assurda, perché non si fanno collane di macine e perché non si potrebbero comunque fare senza forarle).
50. **soldano:** il sultano, il re dei turchi.
51. **appelliamo elitropia:** chiamiamo elitropia (femminile di elitropio, cioè girasole).
52. **dove non è:** ovviamente, si tratta di una frase scherzosa (nessuno viene visto dove non è, per cui l'elitropia non ha alcuna virtù); ma Calandrino, come al solito, non coglie l'ambiguità.
53. **nel Mugnone:** fiume che scorre nelle vicinanze di Firenze.

Calandrino, avendo tutte queste cose seco notate,[54] fatto sembianti[55] d'avere altro a fare, si partì da Maso, e seco propose[56] di voler cercare di questa pietra; ma diliberò di non volerlo fare senza saputa di[57] Bruno e di Buffalmacco, li quali spezialissimamente[58] amava. Diessi[59] adunque a cercar di costoro, acciò che[60] senza indugio e prima che alcuno altro n'andassero a cercare, e tutto il rimanente di quella mattina consumò in cercargli.[61] Ultimamente, essendo già l'ora della nona[62] passata, ricordandosi egli che essi lavoravano nel monistero delle donne di Faenza,[63] quantunque il caldo fosse grandissimo, lasciata ogni altra sua faccenda, quasi correndo n'andò a costoro, e chiamatigli, così disse loro: «Compagni, quando voi vogliate credermi, noi possiamo divenire i piú ricchi uomini di Firenze, per ciò che io ho inteso da uomo degno di fede che in Mugnone si truova una pietra, la qual chi la porta sopra[64] non è veduto da niun'altra persona; per che[65] a me parrebbe che noi senza alcuno indugio, prima che altra persona v'andasse, v'andassimo a cercare. Noi la troveremo per certo, per ciò che io la conosco;[66] e trovata che noi l'avremo, che avrem noi a fare altro se non mettercela nella scarsella[67] e andare alle tavole de' cambiatori,[68] le quali sapete che stanno sempre cariche di grossi[69] e di fiorini, e torcene[70] quanti noi ne vorremo? Niuno ci vedrà: e cosí potremo arricchire subitamente,[71] senza avere tutto dí a schiccherare[72] le mura a modo che fa la lumaca.»

Bruno e Buffalmacco, udendo costui, fra se medesimi cominciarono a ridere, e guatando[73] l'un verso l'altro fecer sembianti di maravigliarsi forte,[74] e lodarono il consiglio[75] di Calandrino; ma domandò Buffalmacco come questa pietra avesse nome.

A Calandrino, che era di grossa pasta,[76] era già il nome uscito di mente, per che egli rispose: «Che abbiam noi a far del nome,[77] poi che noi sappiam la virtù?[78] a me parrebbe che noi andassimo a cercare senza star piú.[79]»

«Or ben» disse Bruno «come è ella fatta?»

Calandrin disse: «Egli ne son d'ogni fatta, ma tutte son quasi nere; per che a me pare che noi abbiamo a ricogliere tutte quelle che noi vederem nere, tanto che noi ci abbattiamo ad essa;[80] e perciò non perdiamo tempo, andiamo.»

A cui Brun disse: «Or t'aspetta;» e volto a Buffalmacco disse: «A me pare che Calandrino dica bene, ma non mi pare che questa sia ora da ciò, per ciò che il sole è alto e dà per lo Mugnone entro[81] e ha tutte le pietre rasciutte, per che tali paion testé bianche,[82] delle pietre che vi sono, che la mattina, anzi che il sole l'abbia rasciutte, paion nere; e oltre a ciò molta gente per diverse cagioni è oggi, che è dí da lavorare, per lo Mugnone, li quali vedendoci si potrebbono indovinare quello che noi andassimo faccendo, e forse farlo essi altressí,[83] e potrebbe venire alle mani a loro,[84] e noi avremmo perduto il trotto per l'ambiadura.[85] A me pare, se pare a voi, che questa sia opera da dover fare da mattina, che si conoscon meglio le nere dalle bianche, e in dí di festa, che non vi sarà persona che ci vegga.»

54. **notate:** memorizzate.
55. **fatto sembianti:** facendo finta.
56. **seco propose:** si ripromise, decise fra sé e sé.
57. **senza saputa di:** senza che lo sapessero, senza informarne prima.
58. **spezialissimamente:** in maniera particolare.
59. **Diessi:** si diede, si mise.
60. **acciò che:** affinché.
61. **consumò in cercargli:** lo passò a cercarli.
62. **l'ora della nona:** le tre del pomeriggio.
63. **nel monistero delle donne di Faenza:** nel monastero delle monache di via Faenza.
64. **chi la porta sopra:** chi la porta addosso, chi la tiene con sé.
65. **per che:** per cui, perciò.
66. **la conosco:** sono in grado di riconoscerla.
67. **scarsella:** borsa.
68. **cambiatori:** cambiavalute.
69. **grossi:** monete d'argento.
70. **torcene:** prendercene.
71. **subitamente:** velocemente, d'un tratto.
72. **schiccherare:** sporcare (spregiativo per imbiancare).
73. **guatando:** guardando.
74. **fecer sembianti... forte:** finsero di meravigliarsi molto.
75. **consiglio:** parere.
76. **era di grossa pasta:** era grossolano, poco intelligente.
77. **Che abbiam noi a far del nome:** a cosa ci serve il nome.
78. **sappiamo la virtù:** conosciamo la proprietà (della pietra).
79. **senza star più:** senza aspettare oltre.
80. **tanto che noi ci abbattiamo a essa:** finché non ci imbattiamo in lei.
81. **dà per lo Mugnone entro:** colpisce la valle del Mugnone.
82. **tali paion testé bianche:** alcune sembrano adesso (asciugate dal sole) bianche.
83. **altressì:** anche, pure.
84. **e potrebbe venire... a loro:** e la pietra potrebbe capitare fra le mani a loro.
85. **il trotto per l'ambiadura:** espressione proverbiale che significa "tutto"; trotto e ambio sono due andature dei cavalli.

Buffalmacco lodò il consiglio di Bruno, e Calandrino vi s'accordò, e ordinarono[86] che la domenica mattina vegnente tutti e tre fossero insieme a cercar di questa pietra; ma sopra ogni altra cosa gli pregò Calandrino che essi non dovesser questa cosa con persona del mondo ragionare,[87] per ciò che a lui era stata posta in credenza;[88] e ragionato questo, disse loro ciò che udito avea della contrada di Bengodi, con saramenti[89] affermando che così era. Partito Calandrino da loro, essi quello che intorno a questo avessero a fare ordinarono fra se medesimi.

Calandrino con disidero[90] aspettò la domenica mattina; la qual venuta, in sul far del dí si levò, e chiamati i compagni, per la porta a San Gallo usciti e nel Mugnon discesi, cominciarono ad andare in giú, della pietra cercando. Calandrino andava, come più volenteroso,[91] avanti e prestamente or qua e or là saltando, dovunque alcuna pietra nera vedeva, si gittava, e quella ricogliendo, si metteva in seno. I compagni andavano appresso, e quando una e quando un'altra ne ricoglievano; ma Calandrino non fu guari di via andato,[92] che egli il seno se n'ebbe pieno, per che, alzandosi i gheroni della gonnella,[93] che all'analda non era,[94] e faccendo di quegli ampio grembo, bene avendogli alla coreggia[95] attaccati d'ogni parte, non dopo molto gli empié, e similmente, dopo alquanto spazio, fatto del mantello grembo, quello di pietre empié. Per che, veggendo Buffalmacco e Bruno che Calandrino era carico e l'ora del mangiare s'avvicinava, secondo l'ordine da sé posto,[96] disse Bruno a Buffalmacco: «Calandrino dove è?»

Buffalmacco, che ivi presso sel vedeva,[97] volgendosi intorno e or qua e or là riguardando, rispose: «Io non so, ma egli era pur poco fa qui dinanzi da noi.»

Disse Bruno: «Ben che fa poco![98] A me par egli esser certo che egli è ora a casa a desinare, e noi ha lasciati nel farnetico[99] d'andar cercando le pietre nere giú per lo Mugnone.»

«Deh come egli ha ben fatto» disse allora Buffalmacco, «d'averci beffati e lasciati qui, poscia che[100] noi fummo sí sciocchi che noi gli credemmo. Sappi![101] chi sarebbe stato sí stolto che avesse creduto che in Mugnone si dovesse trovare una cosí virtuosa pietra, altri che noi?»

Calandrino, queste parole udendo, imaginò che quella pietra alle mani gli fosse venuta e che per la virtú d'essa coloro, ancor che lor fosse presente,[102] nol vedessero. Lieto adunque oltre modo di tal ventura,[103] senza dir loro alcuna cosa, pensò di tornarsi a casa; e volti i passi indietro se ne cominciò a venire.

Vedendo ciò, Buffalmacco disse a Bruno: «Noi che faremo? Ché non ce ne andiam noi?»

A cui Bruno rispose: «Andianne;[104] ma io giuro a Dio che mai Calandrino non me ne farà più niuna; e se io gli fossi presso, come stato sono tutta mattina, io gli darei tale di questo ciotto[105] nelle calcagna che egli si ricorderebbe forse un mese di questa beffa;» e il dir le parole e l'aprirsi[106] e 'l dar del ciotto nel calcagno a Calandrino fu tutto uno Calandrino, sentendo il duolo,[107] levò alto il piè e cominciò a soffiare, ma pur si tacque e andò oltre.

Buffalmacco, recatosi in man uno de' codoli[108] che raccolti avea, disse a Bruno: «Deh! vedi bel codolo; cosí giugnesse egli testé nelle reni a Calandrino!» e lasciato andare, gli diè con esso nelle reni una gran percossa; e in brieve in cotal guisa or con una parola e or con una altra su per lo Mugnone infino alla porta di San Gallo il vennero lapidando. Quindi,

86. **ordinarono:** stabilirono.
87. **ragionare:** parlare.
88. **posta in credenza:** rivelata in segreto.
89. **saramenti:** giuramenti.
90. **con disidero:** con ansia, con impazienza.
91. **come più volenteroso:** essendo il più volenteroso.
92. **non fu guari di via andato:** non ebbe fatto molto cammino.
93. **i gheroni della gonnella:** i lembi della veste.
94. **all'analda non era:** non era stretta (come invece erano quelle di Hainault, regione del Belgio nota per la produzione tessile).
95. **alla coreggia:** alla cintura.
96. **secondo l'ordine da sé posto:** come avevano prestabilito.
97. **ivi presso sel vedeva:** se lo vedeva lì vicino.
98. **Ben che fa poco:** altro che poco fa.
99. **nel farnetico:** impegnati nella sciocchezza, nella pazzia.
100. **poscia che:** poiché.
101. **Sappi!:** figurati.
102. **ancor che loro fosse presente:** benché fosse lì davanti a loro.
103. **ventura:** caso.
104. **Andianne:** andiamocene.
105. **gli darei tale di questo ciotto:** gli darei un colpo tale con questo ciottolo.
106. **l'aprirsi:** il prepararsi a tirare il sasso.
107. **il duolo:** il dolore.
108. **codoli:** pietre.

in terra gittate le pietre che ricolte aveano, alquanto con le guardie de' gabellieri[109] si ristettero, le quali, prima da loro informate, faccendo vista di non vedere, lasciarono andar Calandrino con le maggior risa del mondo. Il quale senza arrestarsi se ne venne a casa sua, la quale era vicina al Canto alla Macina; e in tanto fu la fortuna piacevole[110] alla beffa, che, mentre Calandrino per lo fiume ne venne e poi per la città niuna persona gli fece motto, come che pochi ne scontrasse, per ciò che quasi a desinare era ciascuno. Entrossene adunque Calandrino così carico in casa sua. Era per avventura la moglie di lui, la quale ebbe nome monna Tessa, bella e valente[111] donna, in capo della scala: e alquanto turbata della sua lunga dimora,[112] veggendol venire, cominciò proverbiando[113] a dire: «Mai, frate, il diavol ti ci reca.[114] Ogni gente ha già desinato quando tu torni a desinare».

Il che udendo Calandrino e veggendo che veduto era, pieno di cruccio e di dolore cominciò a gridare: «Oimè, malvagia femina, o eri tu costí? Tu m'hai diserto,[115] ma in fé di Dio io te ne pagherò!» e salito in una sua saletta e quivi scaricate le molte pietre che recate avea, niquitoso[116] corse verso la moglie, e presala per le treccie la si gittò[117] a' piedi, e quivi, quanto egli poté menar le braccia e' piedi, tanto le diè per tutta la persona[118] pugna e calci, senza lasciarle in capo capello o osso addosso che macero[119] non fosse, niuna cosa valendole[120] il chieder mercé[121] con le mani in croce. Buffalmacco e Bruno, poi che co' guardiani della porta ebbero alquanto riso, con lento passo cominciarono alquanto lontani a seguitar Calandrino; e giunti a piè dell'uscio di lui, sentirono la fiera battitura la quale alla moglie dava, e faccendo vista di giungere pure allora,[122] il chiamarono. Calandrino tutto sudato, rosso e affannato si fece alla finestra e pregogli che suso a lui dovessero andare. Essi, mostrandosi alquanto turbati,[123] andaron suso e videro la sala piena di pietre, e nell'un de' canti la donna scapigliata, stracciata, tutta livida e rotta nel viso dolorosamente piagnere; e d'altra parte Calandrino scinto[124] e ansando a guisa d'uom lasso[125] sedersi.

Dove, come alquanto ebbero riguardato, dissero: «Che è questo, Calandrino? Vuoi tu murare,[126] ché noi veggiamo qui tante pietre?» e oltre a questo soggiunsero: «E monna Tessa che ha? E' par che tu l'abbi battuta: che novelle[127] son queste?» Calandrino, faticato dal peso delle pietre e dalla rabbia con la quale la donna aveva battuta, e dal dolore della ventura[128] la quale perduta gli pareva avere, non poteva raccoglier lo spirito[129] a formare intera la parola alla risposta; per che soprastando,[130] Buffalmacco ricominciò: «Calandrino, se tu avevi altra ira,[131] tu non ci dovevi perciò straziare[132] come fatto hai; ché, poi sodotti ci avesti[133] a cercar teco della pietra preziosa, senza dirci a Dio né a diavolo, a guisa di due becconi[134] nel Mugnon ci lasciasti e venistitene, il che noi abbiamo forte per male;[135] ma per certo questa fia la sezzaia[136] che tu ci farai mai.»

A queste parole Calandrino, sforzandosi, rispose: «Compagni, non vi turbate; l'opera sta altramenti[137] che voi non pensate. Io, sventurato! avea quella pietra trovata; e volete udire se io dico il vero? Quando voi primieramente[138] di me domandaste l'un l'altro, io v'era presso a men di diece braccia,[139] e veggendo che voi ve ne venavate[140] e non mi vedava-

109. **de' gabellieri:** incaricate di riscuotere il dazio all'ingresso della città.
110. **piacevole:** favorevole.
111. **valente:** intelligente.
112. **dimora:** ritardo.
113. **proverbiando:** rimproverandolo.
114. **Mai, frate... reca:** finalmente, fratello, il diavolo ti riporta a casa.
115. **m'hai diserto:** mi hai rovinato.
116. **niquitoso:** con atteggiamento ostile, minaccioso.
117. **la si gettò:** se la gettò.
118. **le diè per tutta la persona:** la picchiò su tutto il corpo.
119. **macero:** contuso.
120. **niuna cosa valendole:** senza che le servisse a niente.
121. **mercé:** pietà.
122. **facendo vista... allora:** facendo finta di arrivare solo allora, proprio in quel momento.
123. **turbati:** arrabbiati.
124. **scinto:** con la cintura slacciata.
125. **lasso:** sfinito.
126. **murare:** costruire un muro.
127. **novelle:** novità.
128. **ventura:** fortuna.
129. **non poteva raccoglier lo spirito:** non riusciva a trovare il fiato.
130. **per che soprastando:** poiché quindi esitava.
131. **altra ira:** rabbia nei confronti di qualcun altro (cioè di sua moglie).
132. **straziare:** maltrattare.
133. **poi sodotti ci avesti:** dopo averci indotti.
134. **becconi:** caproni.
135. **abbiamo forte per male:** consideriamo una grave offesa.
136. **la sezzaia:** l'ultima.
137. **l'opera sta altramenti:** le cose sono andate in maniera diversa.
138. **primieramente:** per la prima volta.
139. **diece braccia:** circa cinque metri.
140. **ve ne venavate:** andavate via, tornavate a casa.

te, v'entrai innanzi,[141] e, continuamente poco innanzi a voi me ne son venuto.» E, cominciandosi dall'un de' capi, infino la fine raccontò loro ciò che essi fatto e detto aveano, e mostrò loro il dosso e le calcagna come i ciotti conci gliel'avessero,[142] e poi seguitò: «E dicovi che, entrando alla porta con tutte queste pietre in seno che voi vedete qui, niuna cosa mi fu detta, ché sapete quanto esser sogliano spiacevoli e noiosi que' guardiani a volere ogni cosa vedere; e oltre a questo ho trovati per la via piú miei compari e amici, li quali sempre mi soglion far motto[143] e invitarmi a bere, né alcun fu che parola mi dicesse né mezza, sì come quegli che non mi vedeano. Alla fine, giunto qui a casa, questo diavolo di questa femina maladetta mi si parò dinanzi ed ebbemi veduto, per ciò che, come voi sapete, le femine fanno perder la virtú ad ogni cosa; di che[144] io, che mi poteva dire il piú avventurato[145] uom di Firenze, sono rimaso il piú sventurato; e per questo l'ho tanto battuta quant'io ho potuto menar le mani, e non so a quello che io mi tengo che io non le sego le veni,[146] che maladetta sia l'ora che io prima la vidi e quand'ella mi venne in questa casa!» E raccesosi nell'ira, si voleva levare per tornare a batterla da capo.

Buffalmacco e Bruno, queste cose udendo, facevan vista di maravigliarsi forte e spesso affermavano quello che Calandrino diceva, e avevano sí gran voglia di ridere che quasi scoppiavano; ma vedendolo furioso levare per battere un'altra volta la moglie, levatiglisi allo 'ncontro il ritennero, dicendo di queste cose niuna colpa aver la donna, ma egli, che sapeva che le femine facevano perdere la virtú alle cose e non le aveva detto che ella si guardasse d'apparirgli innanzi quel giorno; il quale avvedimento[147] Iddio gli aveva tolto o per ciò che la ventura non doveva esser sua, o perch'egli aveva in animo d'ingannare i suoi compagni, a' quali, come s'avvedeva d'averla trovata, il doveva palesare. E dopo molte parole, non senza gran fatica, la dolente donna riconciliata con essolui, e lasciandol malinconoso[148] con la casa piena di pietre, si partirono.

141. v'entrai innanzi: vi precedetti.
142. come i ciotti conci gliel'avessero: come i ciottoli (tirati da Bruno e Buffalmacco) glieli avevano conciati.
143. far motto: parlare, rivolgere la parola.
144. di che: per la qual cosa.
145. avventurato: fortunato.
146. non le sego le veni: non le taglio le vene, non la sgozzo.
147. avvedimento: precauzione.
148. malinconoso: triste.

Il lessico e la grammatica

Elitropia

L'elitropia, nella famosa novella di Boccaccio, è una **pietra a cui venivano attribuite proprietà miracolose**. A conferire simili qualità alle pietre non era, come si potrebbe pensare, la superstizione popolare, bensì la **mentalità allegorica**: come per gli animali, si pensava che anche le pietre preziose avessero proprietà curative e magiche, oltre ad avere significati simbolici, che venivano spiegati nei cosiddetti "lapidari". Naturalmente, ai tempi di Boccaccio si veniva sviluppando una mentalità diversa, per cui lo scrittore può ironizzare sulla superstizione dell'ingenuo Calandrino.
Elitropia (o eliotropio) è detto anche il girasole: il nome deriva infatti dal greco e significa "che si volge verso il sole". La pietra (un diaspro di colore verde con macchie rosso cupo) deve probabilmente il suo nome al fatto che, quando è colpita dai raggi del sole, assume riflessi particolari.

Analisi del testo

Un racconto "teatrale". Il racconto si suddivide nettamente in cinque parti, che si configurano come vere e proprie scene teatrali.
Nella prima Calandrino viene beffato da Maso, che gli racconta cose stupefacenti sulle pietre e sulle loro virtù magiche. Subito dopo, Calandrino cerca Bruno e Buffalmacco per coinvolgerli nella ricerca dell'elitropia e viene persuaso da loro a rimandare la ricerca fino alla domenica mattina seguente; nella terza scena (quella centrale) viene descritta la ricerca delle pietre magiche lungo il Mugnone; nella quarta si narra il ritorno a casa di Calandrino, convinto di essere invisibile, seguito da Bruno e Buffalmacco; nella quinta, monna Tessa "rompe" involontariamente l'incantesimo e viene ferocemente battuta da Calandrino, finché non intervengono i due amici a salvarla con i loro ragionamenti.

La "negatività" di Calandrino. Calandrino è un personaggio sostanzialmente negativo e rappresenta, per così dire, il contrario dell'ideale umano di Boccaccio: i personaggi positivi del *Decameron* sono infatti intelligenti, ingegnosi, arguti, capaci di agire nel mondo e di ottenere ciò che desiderano, e nello stesso tempo aderiscono ai valori della tradizione cavalleresca (la cortesia, la lealtà, la nobiltà d'animo ecc.); Calandrino invece è sciocco, ingenuo e ignorante, ma nello stesso tempo è avido, disonesto e violento.
Nel corso della novella emergono con chiarezza i suoi tratti negativi: dapprima si lascia facilmente irretire dalle chiacchiere di Maso (che costituiscono uno dei tipici discorsi ingannevoli del *Decameron*, pieno i frasi ambigue e di doppi sensi comici, poi pensa di approfittare delle informazioni ricevute per arricchirsi facilmente rubando; chiede l'aiuto di due amici, ma quando pensa di aver trovato la pietra cerca di ingannarli fuggendosene di nascosto; infine, arrivato a casa, si lascia rendere dall'ira e maltratta la povera monna Tessa applicando a sproposito una sentenza misogina, quella secondo cui le donne fanno perdere la virtù a qualsiasi cosa".

L'atteggiamento dell'autore. Le beffe dl cui è oggetto Calandrino sono quindi "giustificate", agli occhi di Boccaccio: il narratore non manifesta alcuna pietà per il protagonista maltrattato, né per la moglie che rimane vittima involontaria del suo furore. La sua attenzione è tutta rivolta al gioco narrativo e all'intelligente preparazione della beffa. Maso, e soprattutto Bruno e Buffalmacco, sono gli eroi positivi della novella, coloro che sanno organizzare lo scherzo e condurlo fino in fondo grazie alla loro intelligenza e alla loro abilità.
Naturalmente, Boccaccio esprime qui una chiara posizione ideologica: nel *Decameron* egli propone, come abbiamo detto, una sintesi tra i valori della borghesia mercantile del Trecento e i valori della tradizione cortese; valori gli uni e gli altri a cui Calandrino resta del tutto estraneo.

Proposte di lavoro

1. Verifica la comprensione rispondendo alle seguenti domande.

- Quali poteri magici attribuisce Calandrino all'elitropia?

  ....

  ....

- Quali poteri magici attribuisce alle donne?

  ....

  ....

- In che cosa consiste la beffa di Bruno e Buffalmacco?

  ....

  ....

- Perché, alla fine, i due non rivelano a Calandrino ciò che è realmente accaduto?

  ....

  ....

2. Suddividi il racconto nelle cinque sequenze che lo compongono, indicane il contenuto e attribuisci a ciascuna di esse un titolo.

Sequenza	Contenuto	Titolo
1		
2		
3		
4		
5		

3. Traccia un breve ritratto dei seguenti personaggi, mettendo in luce le caratteristiche sociologiche e psicologiche più importanti.

Calandrino • Maso • Bruno e Buffalmacco • Monna Tessa

4. La figura di monna Tessa è interessante perché esemplifica la condizione delle donne presso le classi sociali meno elevate. Rifletti su questo tema, mettendo a confronto questo personaggio con quello di Lisabetta da Messina in una tabella simile alla seguente:

	Monna Tessa	Lisabetta
classe sociale		
tratti psicologici		
aspetto fisico		

5. La caratterizzazione negativa del personaggio di Calandrino nasce da una posizione ideologica ben precisa. Spiega perché la ridicolizzazione del "semplice" riveli l'adesione di Boccaccio ai valori della boghesia mercantile del Trecento.

....

....

....

....

....

....

LE RISCRITTURE MODERNE DI BOCCACCIO

Il *Decameron* di Boccaccio, come avrai notato, presenta vicende molto avvincenti e divertenti, ma è scritto in una **lingua piuttosto difficile**, non solo per la sua antichità, ma anche per la complessa elaborazione a cui l'autore sottopone la sua pagina. Negli ultimi anni, sono stati quindi effettuati parecchi tentativi di "riscrittura moderna", parziale o totale, del capolavoro di Boccaccio.

In questo laboratorio, ti proponiamo di leggere una breve novella nella sua versione originale e di confrontarla con due riscritture molto diverse fra loro, per capire in che cosa consiste una riscrittura e per cimentarti tu stesso nell'impresa.

OSSERVA

La novella su cui lavoriamo è *Chichibìo e la gru* (giornata VI, novella IV). Ecco la trama in sintesi.

Chichibìo è un cuoco che lavora per il nobile Currado Gianfigliazzi. Un giorno, mentre cucina una gru cacciata dal padrone, gli si avvicina una certa Brunetta, chiedendogli una coscia; Chichibìo dapprima rifiuta, poi si lascia convincere dalla bella ragazza. Quando porta in tavola la gru senza una coscia, il padrone si arrabbia, ma Chichibìo, con grande faccia tosta, risponde che le gru hanno una gamba sola, come tutti sanno. Currado Gianfigliazzi si sente preso in giro e vuole vendicarsi: il giorno dopo porta Chichibìo nei pressi di uno stormo di gru, tutte posate su una gamba sola; «Vedete?» dice il cuoco; Currado lancia un grido e le gru scappano mettendo a terra l'altra zampa. «E allora?» chiede il padrone accigliato. Chichibìo, impaurito, tenta l'estrema difesa: «Ma voi ieri non avete gridato!» Currado scoppia a ridere e perdona il cuoco.

1. Leggi attentamente il primo capoverso del testo originale, aiutandoti con le note.

Currado Gianfigliazzi [...] con un suo falcone avendo un dì presso a Peretola[1] una gru ammazzata, trovandola grassa e giovane, quella mandò ad un suo buon cuoco, il quale era chiamato Chichibio, ed era viniziano;[2] e sì gli mandò dicendo[3] che a cena[4] l'arrostisse e governassela[5] bene. Chichibio, il quale come nuovo bergolo era così pareva,[6] acconcia[7] la gru, la mise a fuoco e con sollicitudine[8] a cuocerla cominciò. La quale essendo già presso che cotta grandissimo odor venendone,[9] avvenne che una feminetta della contrada, la qual Brunetta era chiamata e di cui Chichibio era forte innamorato, entrò nella cucina; e sentendo l'odor della gru e veggendola,[10] pregò caramente Chichibio che ne le desse[11] una coscia.

Chichibio le rispose cantando e disse: «Voi non l'avrì da mi,[12] donna Brunetta, voi non l'avrì da mi». Di che donna Brunetta essendo un poco turbata,[13] gli disse: «In fé di Dio, se tu non la mi dai, tu non avrai mai da me cosa che ti piaccia»,[14] e in brieve le parole furon molte. Alla fine Chichibio, per non crucciar[15] la sua donna, spiccata[16] l'una delle cosce alla gru, gliele[17] diede.

1. **Peretola:** una località della Toscana, vicino a Firenze.
2. **viniziano:** veneziano; i veneziani avevano fama di essere ottimi cuochi.
3. **sì gli mandò dicendo:** gli fece anche dire, gli ordinò anche.
4. **a cena:** per cena.
5. **governassela:** la preparasse.
6. **come... pareva:** era sciocco proprio come sembrava.
7. **acconcia:** preparata.
8. **sollicitudine:** impegno.
9. **grandissimo odor venendone:** poiché emanava un ottimo profumo.
10. **veggendola:** vedendola.
11. **ne le desse:** gliene desse.
12. **non l'avrì da mi:** non l'avrete da me (Boccaccio imita l'accento veneziano del personaggio).
13. **Di che... turbata:** arrabbiandosi un po' per questo.
14. **tu non avrai... piaccia:** tu non avrai mai più da me nessun favore, perderai la mia amicizia.
15. **crucciar:** irritare.
16. **spiccata:** staccata.
17. **gliele:** gliela.

2. Leggi ora la trascrizione in italiano moderno dello stesso brano, opera di Piero Chiara.

Corrado Gianfigliazzi [...] un giorno, andando a cavallo per le campagne intorno a Peretola coi suoi uomini in cerca di selvaggina, gli avvenne di scorgere una gru, che è un grosso trampoliere migratore uso a sostare, per cibarsi, sulle rive dei fiumi o nei luoghi palustri. Con un suo falcone che spiccò al momento giusto, catturò e uccise la gru, che essendo grassa e giovane, destinò alla sua tavola.

Il Gianfigliazzi aveva un cuoco veneziano chiamato, o meglio soprannominato, Chichibìo, con un termine forgiato sul verso dei fringuello, che fa *cicibìo cicibìo*, ma che sta anche ad indicare "testa di fringuello", cioè leggera, vuota, di chi non è buono a nulla. Chichibio era infatti un chiacchierone fantasioso, uso a motteggiare e a sballar fandonie.

Il Gianfigliazzi lo mandò a chiamare, gli consegnò la gru e gli ordinò di cuocerla a puntino per la cena, essendo selvaggina prelibata della quale era molto ghiotto.

Chichibìo spennò la gru, la pulí delle interiora e la lardarellò ben bene, poi la mise in padella.

La cucina di casa Gianfigliazzi dava su di una via con una porta di servizio sulla quale Chichibío stava abitualmente a chiacchierare coi passanti o a intrattenere le serve che andavano da una casa all'altra.

Mentre la gru cuoceva spandendo intorno un profumo appetitoso, capitò a passare una ragazza della contrada, Brunetta, che Chichibìo stuzzicava sempre, tanto gli era simpatica. Sentendo l'odore della gru che arrostiva, Brunetta si incuriosì, mise la testa in cucina e volle vedere cosa mai il cuoco stesse preparando. Chichibìo la fece entrare e portatala davanti ai fornelli le mostrò in un gran tegame la gru ormai cotta nel suo prelibato sugo. A Brunetta venne l'acquolina in bocca.

– Perché – disse a Chichibío – non me la fai assaggiare?

– Non si può – rispose lui. – Non posso portarla in tavola priva di un'ala o di qualche altra parte.

– Potresti – gli osservò la ragazza – darmi una coscia.

– Brava! Proprio la coscia, che è il miglior boccone! Cosa direbbe il mio padrone?

– Nulla – disse Brunetta. – Perché le gru hanno una gamba sola. O almeno cosí pare, vedendole quando sostano nelle paludi.

– Certo – riconobbe Chichibìo – ma solo perché ritirano una delle zampe sotto il ventre.

Cosí dicendo, gli venne un'idea che gli fece brillare gli occhi.

– Aspetta – disse alla ragazza e, staccata una coscia alla gru, la incartò e gliela diede.

P. Chiara, *Il Decameron raccontato in 10 novelle*, Mondadori

3. Confronta ora le due versioni del testo e osserva i cambiamenti.

- Sul piano morfologico: individua le parole che hanno cambiato forma (per esempio la desinenza), conservando però la stessa radice e lo stesso significato.
- Sul piano lessicale: indica quali parole sono state sostituite da parole diverse, più moderne.
- Sul piano semantico: è possibile che una parola rimanga invariata nella forma, ma cambi significato (l'abbiamo visto, leggendo la novella di Cisti, nel caso di "arte"); individua qualche esempio nel testo.
- Sul piano sintattico: la riscrittura cambia la disposizione delle parole e la struttura delle frasi; fai qualche esempio, cercando di capire in che modo l'autore è intervenuto.

4. La versione di Chiara ovviamente non è l'unica possibile. Leggi lo stesso brano nella versione moderna di un altro scrittore, Aldo Busi.

Corrado Gianfigliazzi [...] un giorno che con il suo falcone se ne era andato a caccia dalle parti di Peretola, ammazzò una gru così cicciotta e tenera che la mandò immediatamente al suo cuoco di fiducia, un veneziano che si chiamava Chichibio, con l'ordine di arrostirla per cena come dio comanda.

Chichibio, sempre con quella sua faccia tra il mattacchione e lo stordito, prepara la gru, la mette allo spiedo e comincia a farla rosolare senza perderla di vista un istante. Man mano che la cottura procedeva, il profumo si spandeva nell'aria come un inno e una certa Brunetta lì del posto, di cui Chichibio era cotto da tempo, capitò in cucina proprio a gru appena tolta dal fuoco. Il profumino era davvero struggente e la servetta, sdilinquendosi tutta, pregò Chichibio di dargliene una coscia.

Chichibio le rispose cantando:

«Tu non l'avrai da mi / bruna Brunetta / tu non l'avrai da mi.»

Al che, Brunetta indispettita gli rispose:

«E neanche te da me. Scordatela!» e così cominciò tutto un ping-pong di paroline e paroloni e alla fine Chichibio, per non perdere la pallina del suo cuore, staccò una coscia dalla gru e gliela diede.

A. Busi, *Decamerone da un italiano all'altro*, Rizzoli

5. Confronta ora le due versioni moderne.

- Quale ti sembra più rispettosa del testo originale?
- Quale scopo si prefigge Chiara con la sua riscrittura? Si tratta di un intervento che aiuta il lettore a capire Boccaccio o che gli propone qualcosa di diverso?
- Secondo te, a chi poteva rivolgersi il lavoro di Chiara? A che tipo di lettore pensava, invece, Busi, mentre riscriveva Boccaccio?

ADESSO PROVA TU!

A questo punto puoi procedere con il tuo lavoro di riscrittura.

6. Leggi innanzitutto il testo originale di Boccaccio, con l'aiuto delle note.

Essendo poi davanti a Currado e ad alcun suo forestiere[1] messa la gru senza coscia, e Currado maravigliandosene, fece chiamare Chichibio e domandollo che fosse divenuta[2] l'altra coscia della gru. Al quale il vinizian bugiardo subitamente[3] rispose: «Signor mio, le gru non hanno se non una coscia e una gamba».

Currado allora turbato disse: «Come diavol non hanno che una coscia e una gamba? Non vid'io mai più gru che questa?».[4]

Chichibio seguitò: «Egli è, messer,[5] com'io vi dico; e quando vi piaccia,[6] io il vi farò veder ne' vivi».[7]

Currado, per amor dei forestieri che seco[8] aveva, non volle dietro alle parole andare,[9] ma disse: «Poi che tu di'[10] di farmelo vedere ne' vivi, cosa che io mai più non vidi né udii dir che fosse,[11] e io il voglio veder domattina e sarò contento; ma io ti giuro in sul corpo di Cristo, che, se altramenti sarà,[12] io ti farò conciare in maniera che tu con tuo danno ti ricorderai, sempre che tu ci viverai,[13] del nome mio».

Finite adunque per quella sera le parole, la mattina seguente, come il giorno apparve, Currado, a cui non era per lo dormire l'ira cessata, tutto ancor gonfiato[14] si levò[15] e comandò che i cavalli gli fosser menati;[16] e fatto montar Chichibio sopra un ronzino,[17] verso una fiumana,[18] alla riva della quale sempre soleva in sul far del dì vedersi delle gru,[19] nel menò[20] dicendo: «Tosto[21] vedremo chi avrà iersera mentito, o tu o io».

Chichibio, veggendo che ancora durava l'ira di Currado e che far gli convenia pruova[22] della sua bugia, non sappiendo come poterlasi fare, cavalcava appresso a Currado con la maggior paura del mondo, e volentieri, se potuto avesse, si sarebbe fuggito; ma non potendo, ora innanzi e ora addietro e da lato si riguardava, e ciò che vedeva[23] credeva che gru fossero che stessero in due piedi.

Ma già vicini al fiume pervenuti, gli venner prima che ad alcun vedute[24] sopra la riva di quello ben dodici gru, le quali tutte in un piè dimoravano,[25] sì come quando dormono soglion fare.[26] Per che egli prestamente[27] mostratele a Currado, disse: "Assai bene potete, messer, vedere che iersera vi dissi il vero, che le gru non hanno se non una coscia e un piè, se voi riguardate a quelle che colà stanno".

Currado vedendole disse: «Aspettati, che io ti mosterrò[28] che elle n'hanno due», e fattosi alquanto più a quelle vicino gridò: *Ho ho*, per lo qual grido le gru, mandato l'altro piè giù, tutte dopo alquanti passi cominciarono a fuggire.[29] Laonde[30] Currado rivolto a Chichibio disse: «Che ti par, ghiottone?[31] Parti[32] ch'elle n'abbian due?»

1. **alcun suo forestiere:** alcuni suoi ospiti.
2. **domandollo che fosse divenuta:** gli domandò che cos'era avvenuto.
3. **subitamente:** prontamente, senza esitazione.
4. **Non vid'io... questa:** non ho forse mai visto altra gru che questa?
5. **messer:** signore.
6. **quando vi piaccia:** quando volete.
7. **il vi farò... vivi:** ve lo farò vedere nelle gru vive.
8. **seco:** con se.
9. **dietro alle parole andare:** continuare la discussione.
10. **di':** dici, affermi.
11. **cosa che... fosse:** cosa che io non ho mai visto, né sentito dire.
12. **se altramenti sarà:** se le cose non stanno come dici.
13. **sempre che tu ci viverai:** finché sarai vivo, per tutta la vita.
14. **gonfiato:** rabbioso, pieno di irritazione.
15. **si levò:** si alzò.
16. **menati:** portati.
17. **un ronzino:** un cavallo di scarso valore.
18. **fiumana:** fiume, corso d'acqua.
19. **sempre soleva... gru:** si vedevano spesso, al mattino presto, delle gru.
20. **nel menò:** lo portò.
21. **Tosto:** ben presto, fra poco.
22. **far gli convenia pruova:** si trovava costretto a mettere alla prova, a sostenere.
23. **ciò che vedeva:** ogni cosa che vedeva, tutto ciò che vedeva.
24. **gli venner... vedute:** vide prima di chiunque altro.
25. **in un piè dimoravano:** stavano su una zampa sola.
26. **sì come quando... fare:** come sono solite fare quando dormono.
27. **prestamente:** subito.
28. **mosterrò:** mostrerò, farò vedere.
29. **tutte... fuggire:** tutte spiccarono il volo dopo aver fatto qualche passo per prendere lo slancio.
30. **Laonde:** motivo per cui.
31. **ghiottone:** golosaccio; Currado crede che Chichibio si sia mangiato la coscia della sua gru.
32. **Parti:** ti pare, ti sembra.

Chichibio quasi sbigottito, non sappiendo egli stesso donde si venisse,[33] rispose: «Messer sì, ma voi non gridaste *ho ho* a quella di iersera; ché se così gridato aveste, ella avrebbe così l'altra coscia e l'altro piè fuor mandata, come hanno fatto queste».

A Currado piacque tanto questa risposta, che tutta la sua ira si convertì in festa[34] e riso, e disse: «Chichibio, tu hai ragione: ben lo dovea fare».[35]

Così adunque con la sua pronta e sollazzevol[36] risposta Chichibio cessò la mala ventura[37] e pacificossi[38] col suo signore.

33. **donde si venisse:** da dove gli venissero le parole, l'idea.
34. **in festa:** in allegria.
35. **ben lo dovea fare:** dovevo proprio fare così.
36. **sollazzevol:** piacevole, divertente.
37. **cessò la mala ventura:** sventò la disgrazia, si risparmiò la punizione.
38. **paceficossi:** fece la pace, si rappacificò.

7. Per verificare l'esatta comprensione del testo, scrivi una parafrasi letterale del testo.

La tua prima versione dovrà essere il più possibile fedele all'originale, basata quindi solo sui seguenti interventi:

- uso di morfologia moderna al posto di quelle antica;
- uso di termini moderni al posto di quelli antichi o che hanno cambiato significato;
- riordinamento della disposizione delle parole e delle frasi (ed eventuale semplificazione della sintassi mediante l'inserimento di punti, punti e virgola ecc.).

La tua prima versione:

....
....
....
....
....
....
....
....
....

8. Ora sei pronto per una riscrittura più originale.

Puoi scegliere di imitare Chiara o Busi, oppure puoi scegliere di raccontare la storia rispettando avvenimenti e personaggi, ma con un tono tutto tuo.

La tua versione definitiva:

....
....
....
....
....
....
....
....
....

1. Scegli fra le seguenti affermazioni quelle corrette.

a. Il *Decameron* è:
- ☐ una raccolta di novelle.
- ☐ un romanzo sulla peste del Trecento.
- ☐ una raccolta di aneddoti.

b. Il titolo *Decameron* deriva:
- ☐ dal latino e significa "100 novelle".
- ☐ dal greco e significa "dieci giornate".
- ☐ dal francese e non si sa che cosa significhi.

c. La cornice del *Decameron* è:
- ☐ una narrazione che si trova all'interno di una delle novelle.
- ☐ una narrazione che tiene insieme tutte le novelle dell'opera.
- ☐ la presentazione dell'opera ai lettori, scritta da Boccaccio.

2. Indica se le seguenti affermazioni sono vere o false.

- V F Le novelle del *Decameron* sono raccontate da dieci giovani fiorentini.
- V F Le novelle del *Decameron* sono raccontate dai malati di peste del Trecento.
- V F Le novelle del *Decameron* narrano esclusivamente vicende di personaggi popolari.
- V F Le novelle del *Decameron* sono ispirate ai valori della religione cristiana medievale.
- V F Le novelle del *Decameron* ritraggono prevalentemente gli ambienti mercantili dell'epoca.

3. In tutta la raccolta, appare chiara l'intenzione dell'autore di ritrarre la società del suo tempo tenendo in grande considerazione i ceti sociali a cui appartengono i protagonisti.

- ➤ Quali ceti sociali sono rappresentati di preferenza?
- ➤ Quali sono le loro caratteristiche principali?
- ➤ Quali aspetti sono apprezzati e valorizzati dall'autore? Motiva le tue risposte con opportuni riferimenti alle varie novelle.

4. A quale pubblico si rivolge il *Decameron*? Perché? Quale obiettivo si pone l'autore nei confronti del pubblico?

....

....

5. Scegli fra le seguenti affermazioni quelle corrette.

Nel *Decameron* Boccaccio:
- ☐ esprime il suo disprezzo per le classi popolari.
- ☐ compone novelle di ambientazione e carattere realistici.
- ☐ rivela una concezione della vita profondamente religiosa.
- ☐ manifesta il suo disprezzo per gli ideali cavallereschi e cortesi.
- ☐ presta particolare attenzione al mondo della borghesia mercantile.
- ☐ compone novelle di argomento magico e fantastico.

6. Scrivi un breve testo in cui vengano esposti i temi principali del *Decameron*.

7. Il *Decameron* è stato definito, tra l'altro, una «epopea dei mercanti». I valori di questa nuova classe sociale, infatti, sono generalmente ammirati da Boccaccio.

- ➤ Indica fra i testi letti almeno un caso in cui emerge l'elogio della mentalità mercantile.
- ➤ Indica, fra i testi letti, almeno un caso in cui invece Boccaccio assume un atteggiamento critico nei confronti della mentalità mercantile.

8. Completa il breve testo scegliendo fra i termini di seguito elencati.

• cortese • Umanesimo • borghesia mercantile • donne • tradizionale • religiosa • borghesi • giovani • cortesia • eresia

Nel *Decameron* Boccaccio rappresenta i valori della .... Il suo pubblico di lettori è costituito soprattutto da .... Dal punto di vista culturale, l'opera esprime un momento di passaggio dalla cultura .... medievale alla nuova concezione dell'.............................. .

9. Completa le seguenti tabelle, indicando due elementi che differenziano Boccaccio rispettivamente da Dante e da Petrarca.

• Differenze rispetto a Dante

1. L'atteggiamento nei confronti della religione:

....

2. La concezione dell'amore:

....

• Differenze rispetto a Petrarca

1. La rappresentazione della donna:

....

2. L'attenzione alla dimensione sociale:

....

Il Rinascimento

Il percorso che ti proponiamo ti aiuterà a comprendere meglio il contesto culturale, storico e artistico in cui situare gli autori che studierai. È scandito in tre tappe.

Il punto di partenza

Tra la fine del Trecento e l'inizio del Quattrocento si assiste a un rifiorire delle **attività economiche** e all'affermazione della **classe mercantile** con nuovi gusti, esigenze, idee. È l'uomo con il suo ingegno ad essere messo al centro di tutte le cose, l'uomo del passato e quello del presente.

Si riscoprono così le opere dei grandi del passato, soprattutto di quanti erano vissuti nell'**antichità**.

L'uso del **volgare** e l'invenzione della **stampa** facilitano nei ceti più abbienti la diffusione della cultura.

Il contesto storico

Tra il Quattrocento e fino a tutto il Seicento assistiamo al mutare degli assetti politici e ad alcuni grandi avvenimenti:

- si affermano gli **Stati nazionali** (come Francia e Inghilterra);
- si esplorano nuove terre e si scopre l'**America**;
- si spezza l'unità religiosa con la **Riforma** di Lutero;
- nasce la **scienza moderna** con Galileo Galilei.

L'evoluzione delle arti

Cambia il modo di rappresentare la figura umana e il paesaggio: con la nascita della **prospettiva** si aprono nuovi campi di ricerca artistica, e si tende a riprodurre la realtà in modo sempre più veritiero.

Tra la fine del Quattrocento e il Cinquecento fiorisce la grande arte rinascimentale, che troverà il suo compimento e la sua contraddizione nelle esperienze del **Manierismo** e del **Barocco**.

Il punto di partenza
Umanesimo e Rinascimento

Una rivoluzione intellettuale

Tra la fine del Trecento e l'inizio del Quattrocento, nel fiorente sviluppo di un'economia basata sulle attività finanziarie, mercantili e artigianali, si afferma in Italia una **concezione laica e mondana del vivere**.

Il pensiero del Quattrocento colloca **l'uomo al centro dell'universo**, rifiutando l'idea medievale di una creatura imperfetta e passivamente sottomessa a Dio. Non sono più ammessi limiti all'agire dell'uomo e viene esaltata la libertà che egli ha di esprimersi attraverso la propria attività creatrice, di plasmare il mondo intorno a sé costruendo la sua civiltà e la sua storia. Tutto ciò è sintetizzato nella formula della cosiddetta scoperta dell'uomo, che caratterizza la cultura del Quattrocento.

Gruppo di intellettuali del XV secolo.

La riscoperta dei classici

L'interesse per le manifestazioni più alte dell'attività e del pensiero umani spinse gli intellettuali di questo periodo a ricercare con entusiasmo le opere della cultura e della civiltà del passato, testimonianze di ciò che l'uomo aveva concretamente creato nella storia.

Gli studiosi si dedicarono a **riscoprire l'antichità** che, se anche nel corso del Medioevo non aveva mai cessato di essere studiata, era stata però considerata soprattutto in funzione della storia cristiana del mondo, come anticipazione o prefigurazione dell'avvento del cristianesimo.

A partire dalla fine del Trecento, anzi già prima, a partire dall'opera di Francesco Petrarca, non solo gli intellettuali portarono alla luce testi dell'antichità greca e latina dimenticati e sepolti sotto la polvere delle biblioteche, ma soprattutto si accostarono a essi con metodo e spirito radicalmente nuovi: cercarono ciò che gli autori classici avevano voluto realmente dire, inserendoli nella cultura del loro tempo e leggendoli come testimonianze di un momento dello sviluppo storico della civiltà.

Nasce la filologia

Riscoprire l'antichità significò collocare l'uomo nella sua realtà storica e considerare la sua evoluzione nel tempo. Per far ciò, bisognava innanzitutto interpretare correttamente quegli scritti, studiandone la lingua. Ci si dedicò perciò a un intenso lavoro di trascrizioni, correzioni, confronti, traduzioni di testi e nacque una nuova scienza, la **filologia**, che si proponeva appunto di ricostituire le opere antiche nella loro veste linguistica originale, correggendo i numerosi errori ed eliminando le arbitrarie aggiunte che amanuensi e interpreti medievali avevano accumulato nei secoli.

L'uomo misura di tutte le cose

L'interesse per gli antichi non significò rifugio nel passato e rifiuto del presente, ma, al contrario, stimolo alla **piena valutazione dell'operato dell'uomo**, delle sue capacità di agire nella realtà del suo tempo. Stabilendo un ideale colloquio con i grandi scrittori greci e latini che avevano scavato a fondo nella propria interiorità, gli intellettuali del Quattrocento cercarono appassionatamente di cogliere l'umanità nella sua intima essenza.

Fu data priorità, nell'attività culturale, a quelle discipline che facevano conoscere il linguaggio e l'animo dell'uomo, cioè gli *studia humanitatis* (letteralmente: "studi dell'umanità"), come furono chiamate la **grammatica**, la **retorica**, la **filosofia**, la **storia**, la **poesia**. È da esse che deriva il termine "Umanesimo" che in seguito gli studiosi attribuirono al periodo della storia della cultura di cui ci stiamo occupando.

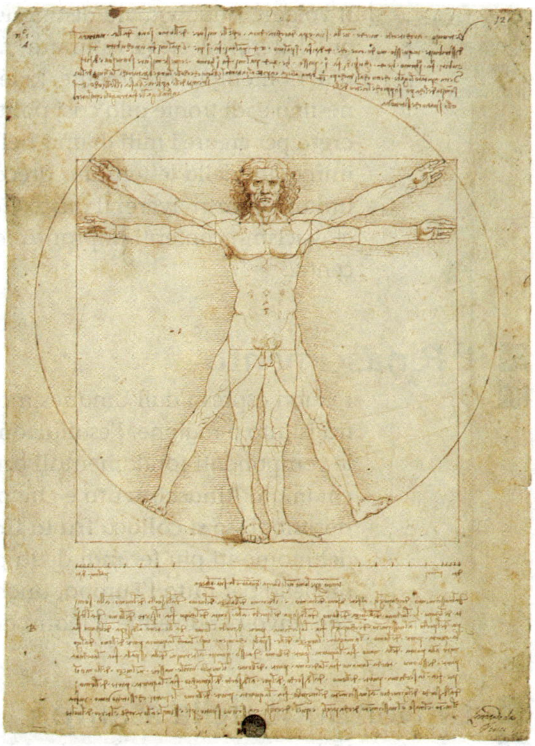

Leonardo da Vinci, il *Canone delle proporzioni* di Vitruvio.

L'Umanesimo latino

L'entusiasmo per gli antichi portò al recupero del **latino** come **lingua** per eccellenza **della cultura**, contrapposto alle espressioni linguistiche della letteratura medievale, cioè sia al volgare sia al latino della tradizione ecclesiastica, che si era molto allontanato dal latino degli autori classici ed era considerato rozzo e inelegante.

Per tutta la prima metà del Quattrocento, gli scrittori umanisti si espressero unicamente in latino, ricercando la purezza della forma classica e componendo soprattutto opere in prosa. Coluccio Salutati, Poggio Bracciolini, Leonardo Bruni, Marsilio Ficino, Giovanni Pico della Mirandola, Lorenzo Valla, Giovanni Pontano – per non citare che i maggiori – composero opere di carattere prevalentemente morale o filosofico, spesso in forma di dialogo, opere storiche, studi letterari e filologici.

Prevalse l'interesse per ciò che poteva fornire all'uomo modelli per il proprio inserimento attivo e armonico nella vita civile e per il pieno sviluppo della propria personalità. Alla base, vi era un **ideale di uomo completo**, che si conformasse a un'**idea di equilibrio**, moderazione e razionalità e in cui doti spirituali e fisiche fossero tra loro in armonia.

L'Umanesimo volgare

Fu nella **seconda metà del Quattrocento** che la cultura umanistica si volse all'**uso del volgare**, per raggiungere un pubblico più vasto e perché apparve chiaro che solo una lingua viva e naturale poteva dare spazio all'originalità della creazione artistica e all'armonia dello stile. Il latino non fu abbandonato, ma nacquero molte opere in volgare nelle quali si lavorò alla **ricerca di un linguaggio elegante e raffinato**, plasmato sull'esempio del latino classico. I modelli non furono più solo gli scrittori dell'antichità, ma anche quelli della grande tradizione in volgare: gli stilnovisti, Dante, Petrarca, Boccaccio.

Platonismo e aristotelismo

Platone e Aristotele furono considerati per tutto il **Medioevo** i due filosofi più importanti tra quelli vissuti prima di Cristo. La **filosofia di Aristotele**, in particolare, venne reinterpretata **in chiave cristiana** e fu alla base della filosofia di san Tommaso d'Aquino (XII secolo), che rappresenta il culmine della riflessione medievale. Nel **Quattrocento** incominciò invece a essere rivalutata la **filosofia di Platone**, le cui opere furono tradotte e rilette alla luce di una nuova sensibilità. A Firenze, in particolare, si svolse l'attività dell'**Accademia platonica**: un'associazione di artisti, filosofi e letterati di cui facevano parte alcuni dei più importanti intellettuali dell'epoca (come Marsilio Ficino, Pico della Mirandola e altri). Nella seconda metà del **Cinquecento**, la Riforma protestante provocò fra platonismo e aristotelismo una **contrapposizione** che certo non era nelle intenzioni degli accademici fiorentini: Lutero infatti era un monaco agostiniano e sant'Agostino era stato un pensatore profondamente influenzato da Platone; la Chiesa di Roma aveva invece fatto del pensiero di san Tommaso (aristotelico, come abbiamo detto) la sua filosofia ufficiale. L'importanza di questo scontro emerge con chiarezza nelle opere di Galilei, che polemizza contro gli aristotelici e accoglie invece elementi tratti dal platonismo.

Lingua letteraria e lingua di uso comune si differenziano

Il volgare andò via via distinguendosi dai linguaggi usati nella pratica quotidiana: divenne lingua letteraria colta e raffinata, nella quale si esprimevano aristocratici ideali di equilibrio e armonia. Contemporaneamente, la letteratura si allontanò dall'impegno civile proprio del primo Umanesimo e, di fronte alla crisi politica in cui l'Italia stava cadendo, tese a **evadere dalla realtà concreta** per creare i miti di una **bellezza ideale, astratta ed eterna**. Il linguaggio letterario adottò le immagini della letteratura greco-latina, espressione di un mondo di perfezione che si cercava di imitare e far rivivere. Il gusto classico ispirò gran parte della produzione artistica e la scelta del classicismo conferì l'impronta fondamentale alla letteratura del Quattrocento e poi del Cinquecento.

Il Rinascimento

I valori espressi dall'Umanesimo: l'immagine dell'uomo artefice della vita, l'ideale dell'equilibrio fra istinto e ragione, l'esaltazione dell'armonia e della bellezza, il culto del mondo classico, sono le componenti fondamentali anche di quel momento della storia culturale e artistica che viene chiamato **Rinascimento** e che può essere considerato la **continuazione** e lo **sviluppo dell'Umanesimo**. Esso **si colloca fra la fine del Quattrocento e la prima metà del Cinquecento** ed è uno dei momenti più fecondi della produzione artistica e letteraria italiana che fu, in quel periodo, modello per tutta l'Europa, anche se questo era in contrasto con la situazione politica dell'Italia, che stava per divenire il teatro delle lotte tra Francia e Spagna.

L'invenzione della stampa

Nel rinnovamento culturale del Rinascimento giocò un ruolo decisivo l'**invenzione e** la **diffusione della stampa a caratteri mobili**.

Alla metà del Quattrocento due stampatori, il tedesco Johann Gutenberg e l'olandese Laurens Coster, inventarono un procedimento di stampa che faceva uso di caratteri fusi nel piombo e mobili, che potevano venire utilizzati molte volte per comporre righe e pagine: nel 1456 Gutenberg produsse la sua prima Bibbia su due colonne e con 42 righe per pagina. Inizialmente si stamparono prevalentemente testi sacri: l'iniziativa del clero e, in un secondo tempo, l'affermarsi della Riforma protestante, che aveva tra i suoi capisaldi la lettura diretta della Scrittura da parte dei fedeli, fornirono un grande impulso; ma ben presto circolarono **testi a stampa di ogni tipo**: il libro faceva la sua comparsa come protagonista della riflessione personale e del dibattito intellettuale nell'Europa moderna. Le conseguenze di questo fenomeno sono di importanza incalcolabile: il dibattito delle idee, la diffusione dell'istruzione e dell'alfabetizzazione, la formazione dell'opinione pubblica, le stesse conquiste della scienza e della democrazia moderna non sono pensabili senza il libro a stampa: la civiltà stessa in cui noi viviamo, una civiltà della comunicazione, si è costituita nelle prime tipografie.

La stampa a caratteri mobili rivoluziona la cultura europea

La stampa del XVII secolo raffigura operai al lavoro nella tipografia di Gutenberg.

Il contesto storico

1 Lo Stato moderno

Tra il XV e il XVII secolo si venne consolidando in Europa quella forma di organizzazione politica che va sotto il nome di **Stato moderno**, caratterizzata da quattro elementi fondamentali, che indichiamo di seguito.

L'accentramento territoriale del potere

Nel mondo feudale il potere era decentrato e frammentato: il signore comandava all'interno del feudo; il re esercitava effettivamente il suo potere solo sui territori appartenenti alla corona e faticava a imporre la sua autorità al di fuori di essi. Caratteristica essenziale dello Stato moderno è, viceversa, la capacità di imporre un'**unica volontà** e il **rispetto della legge** nei confronti di tutti i cittadini e sull'intero territorio nazionale. Questo tipo di Stato non ammette dunque l'esistenza di altri poteri superiori o alternativi al proprio (e infatti, storicamente, esso si è affermato conducendo una lunga lotta contro il potere ecclesiastico e contro le grandi Signorie feudali).

L'apparato burocratico e amministrativo

Se il potere si accentra, si rendono necessari funzionari, uffici, istituzioni capaci di gestirlo: gli amministratori, i giudici, gli esattori delle imposte, le autorità locali. Quanto più aumenta la complessità delle funzioni che spettano allo Stato, tanto più cresce in volume e importanza il corpo di funzionari preposti a svolgerle: la **burocrazia**.

Al rapporto personale con il sovrano si sostituisce il rapporto impersonale con il potere

Anche nella monarchia feudale vi erano sovrintendenti o ufficiali del re, ma nello Stato moderno avviene che, lentamente, al rapporto personale con il sovrano si sostituisce il **rapporto impersonale con il potere pubblico**: i funzionari non eseguono la volontà del re in quanto persona, ma del re in quanto espressione della sovranità dello Stato.

Miniatura raffigurante "la corte dei notai".

L'esercito permanente

Nel mondo feudale la guerra era un affare riservato alle classi superiori e il re chiamava a raccolta i suoi cavalieri in caso di necessità. Con l'età moderna le cose mutano: lo sviluppo degli armamenti e delle tecniche (armi da fuoco, artiglierie) e anche le dimensioni e la durata dei conflitti richiedono agli Stati di attrezzarsi in modo nuovo. In molti casi le guerre vengono condotte assoldando di volta in volta truppe di soldati mercenari, ma contemporaneamente si avvia la tendenza a costituire un esercito nazionale permanente.

L'esercito diviene un elemento essenziale della forza dello Stato: solo l'esercito permette infatti al sovrano di imporre la propria volontà all'interno e di sostenere l'urto con le altre potenze all'esterno.

Il sistema fiscale

Mantenere una struttura burocratica e militare richiede evidentemente delle risorse ed è quindi necessaria l'organizzazione di un sistema di prelievo fiscale.

Nelle epoche precedenti, il monarca feudale sosteneva tutte le spese per l'esercizio del potere utilizzando il proprio patrimonio personale; le fonti alle quali attingeva erano le rendite signorili e le imposte indirette (dazi, tasse sui consumi), le uniche che venivano considerate normali.

Le imposte dirette, cioè i prelievi sul reddito, avevano infatti carattere straordinario, eccezionale: erano un "aiuto" che, nel quadro degli obblighi inerenti al rapporto di dipendenza personale, i vassalli dovevano al loro signore.

La storia dello Stato moderno coincide in gran parte con la lotta per imporre un **sistema di tassazione** (indiretta e diretta) **esteso e regolare**. Un sistema di tassazione di questo tipo, infatti, permette allo Stato di esercitare la propria autorità, dal momento che essa è strettamente vincolata alla sua capacità di spesa.

La riflessione sullo Stato moderno

La nascita e l'affermazione dello Stato moderno poneva agli intellettuali dell'epoca una serie di interrogativi:

- quali sono gli **obiettivi** e le **finalità** dell'azione dello Stato? (problema delle finalità del potere politico)
- qual è il **fondamento del potere** dello Stato? Quali sono, cioè, le ragioni che rendono legittima la sovranità e che quindi obbligano i cittadini al rispetto delle leggi? (problema della legittimazione)
- quali sono i **limiti del potere** dello Stato e quali sono i **diritti dei cittadini** nei confronti di esso? (problema della limitazione del potere)

Sono interrogativi – come è facile vedere – tuttora aperti, e destinati a rimanere aperti in ogni comunità politica, producendo risposte diverse a seconda delle condizioni storiche.

2 Le esplorazioni geografiche

L'avvenimento della **"scoperta" dell'America** da parte di Cristoforo Colombo è stato considerato a tal punto caratteristico del mondo moderno e significativo per la sua storia da venire usato per fissare la data d'inizio dell'età moderna.

È indubbio che il fenomeno complessivo di cui Colombo fu protagonista e simbolo – la scoperta-conquista del mondo da parte dell'Europa – si rivelò decisivo per la storia dei secoli successivi. Esso modificò completamente le dimensioni entro le quali viveva l'uomo medievale; creò le condizioni per l'unificazione del mondo sotto il segno della potenza economica e militare del capitalismo europeo; impresse al corso della storia quel carattere "planetario", mondiale, che è oggi uno dei dati fondamentali della realtà in cui viviamo.

Aspetti commerciali

Quali ragioni diedero l'impulso decisivo a questa impresa e quali condizioni la resero possibile?

Ragioni commerciali, innanzitutto: si trattava di aprire una **nuova via di traffici con l'Oriente** (una via che doveva essere necessariamente marittima, dato il costo e la lentezza delle vie terrestri già percorse da Marco Polo due secoli prima) superando l'impedimento rappresentato dall'espansione dell'Impero ottomano e sottraendo ai veneziani il monopolio dell'importazione dei prodotti

Cristoforo Colombo nel Nuovo Mondo.

Una "carta geografica" portoghese del Cinquecento: riproduce e descrive pittoricamente le coste e l'interno del Brasile.

orientali (sete, gemme e metalli preziosi, avorio, legni pregiati, materie coloranti e, soprattutto, spezie, ricercatissime per l'alimentazione, la preparazione dei farmaci e la conservazione dei cibi).

Si poteva pensare di raggiungere questo obiettivo circumnavigando l'Africa, nell'ipotesi che l'oceano Indiano non fosse un mare chiuso e questa fu la via metodicamente cercata dai portoghesi per tutto il XV secolo; oppure, audacemente, si poteva pensare di navigare verso Occidente, in base all'ipotesi, ormai largamente accettata dagli scienziati, della sfericità della Terra: e fu questa la via di Colombo.

Aspetti culturali

Queste esigenze commerciali tuttavia non sarebbero state soddisfatte senza l'intervento di altri fattori. Sul piano della cultura e della mentalità in primo luogo, **l'affermarsi dei nuovi ideali di vita umanistici e rinascimentali** (la curiosità verso il mondo terreno, la fiducia nelle possibilità e capacità dell'uomo, l'esaltazione dell'esperienza e della scoperta) **spinse gli europei ad affrontare le profondità dell'oceano e dell'ignoto**, da sempre oggetto di attrazione e insieme di terrore.

A ciò si legavano strettamente **nuove acquisizioni tecnico-scientifiche**: la migliore conoscenza del globo, i progressi raggiunti nella cartografia, l'avanzamento nelle tecniche di navigazione.

Aspetti politici

Vi è, infine, l'aspetto delle condizioni politiche. In prima fila, nella gara delle scoperte, troviamo **Genova** – che le conquiste ottomane e il monopolio veneziano avevano emarginato dal Mediterraneo orientale, spingendola a ricercare nuove vie – e, soprattutto, i due regni di **Portogallo** e **Spagna**. La presenza delle monarchie nazionali iberiche non è casuale e non soltanto per ragioni di collocazione geografica: solo grandi stati unitari erano infatti in grado di finanziare una politica di esplorazioni che aveva **costi molto alti**; era inoltre forte, per queste unità politiche di recente formazione, la spinta a **ricercare fonti di ricchezza**, in primo luogo oro e metalli preziosi, capaci di sostenere le crescenti spese che lo Stato centralizzato, con la sua burocrazia, il suo esercito e le sue guerre, richiedeva.

Le scoperte geografiche implicano interessi privati e politici

La scoperta del "nuovo mondo" fu quindi, sin dall'inizio, una questione politica. La conquista europea del pianeta, che raggiungerà il suo punto massimo alla fine dell'Ottocento, vedrà sempre indissolubilmente intrecciati gli interessi economici dei privati (la borghesia capitalistica mercantile e industriale) con quelli politici delle grandi potenze coloniali.

3 RIFORMA E CONTRORIFORMA

Il 31 ottobre 1517 il monaco agostiniano **Martin Lutero** (1483-1546) affisse alla porta della cattedrale di Wittenberg le **95 "tesi"** con cui dava il via all'ondata della Riforma protestante. Nel suo documento Lutero esprimeva fermenti da lungo tempo esistenti nel corpo della cristianità.

Le cause della Riforma

La causa fondamentale che portò alla Riforma fu certamente la **crisi della Chiesa medievale**: crisi politica (nel rapporto tra il pontefice e i nuovi stati nazionali), culturale (per l'emergere della cultura umanistica, tendenzialmente laica) e soprattutto spirituale, a causa del distacco tra la "testa" della cristianità (il papa e la corte pontificia) e il "corpo" dei fedeli, che si era approfondito nel corso del XV secolo. In effetti, la Chiesa quattrocentesca aveva assunto le caratteristiche dello Stato moderno, rivolgendosi sempre più intensamente alle faccende italiane e disinteressandosi progressivamente delle Chiese europee.

Mondanizzazione e corruzione sono alla base della crisi della Chiesa

Il papato si "mondanizzava" e non poteva più rispondere alle esigenze di rinnovamento che provenivano dal corpo stesso della cristianità. Con le sue tesi Lutero intendeva quindi, in primo luogo, protestare contro la **corruzione della Chiesa** e in particolare contro la cosiddetta **vendita delle indulgenze**. Quella delle indulgenze – le remissioni parziali o totali delle pene da scontare in purgatorio – era una pratica consolidata nella Chiesa cattolica: esse venivano concesse a fronte di donazioni o altre opere meritorie compiute dai fedeli.

Contro questa speculazione, che portava il denaro dei fedeli nelle casse dei banchieri, insorse Lutero contestando la pratica delle indulgenze e il potere del papa di rimettere le pene del purgatorio.

Lutero (a sinistra) brucia la bolla pontificia che lo scomunica.

I princìpi di Lutero

Lutero non si fermò qui; nel conflitto, prima cauto e poi aspro, che lo oppose alla Chiesa di Roma, egli elaborò una vera e propria **dottrina alternativa a quella cattolica**.

Secondo il pensiero di Lutero, **Dio è maestà suprema, l'uomo è peccato**: una distanza infinita li separa. Il cattolicesimo tenta di avvicinare l'uomo a Dio, ma in questo modo esalta troppo il primo e avvilisce il secondo. Da questa idea centrale derivano conseguenze decisive: la prima è che, per la salvezza dell'uomo, **conta solo la fede**, che è dono di Dio. Le opere, le buone azioni – che nella visione cattolica sono fondamentali per la salvezza – non servono a guadagnare la vita eterna. Il destino di ciascun uomo – salvezza

Nasce una fede individualistica

o dannazione – è già deciso dall'infinita potenza di Dio: **l'uomo è predestinato.**

La svalutazione delle opere conduce Lutero a **sminuire l'importanza e il ruolo della Chiesa e dei suoi ministri, i sacerdoti**: se l'uomo trova la salvezza nell'interiorità della sua anima, non vi è bisogno di sacerdoti che facciano da intermediari fra l'umano e il divino. Tutti i fedeli sono sacerdoti di se stessi (dottrina del sacerdozio universale), tutti sono in grado di accedere direttamente all'**unica fonte di verità, le Sacre scritture**, e di interpretarle (dottrina del libero esame). Solo la Bibbia e il Vangelo, in quanto parola di Dio, sono infallibili: il cristiano non deve accettare nessun'altra parola, nemmeno quella del papa.

Lutero sminuisce l'importanza della gerarchia ecclesiastica

È da sottolineare la compresenza di due diversi elementi: da un lato il profondo pessimismo riguardo l'uomo e la sua capacità di salvarsi, con un'accentuazione della grandezza incommensurabile di Dio che ci riporta in piena atmosfera medievale e antiumanistica; dall'altro, dottrine come il sacerdozio universale e il libero esame e una visione della religione come fatto interiore, spirituale, non rituale, che appaiono invece di grande modernità.

La Controriforma cattolica

Nella **parte meridionale dell'Europa**, dove la Riforma non si diffuse, si aprì l'epoca della cosiddetta **Controriforma**. All'interno della Chiesa cattolica prevalse la linea che tendeva a rispondere allo scisma luterano serrando le fila in difesa dell'ortodossia e combattendo senza cedimenti il protestantesimo.

Furono questi, in sostanza, i risultati del **Concilio di Trento** che si tenne, con varie interruzioni, **tra il 1545 e il 1563**. La linea dei riformatori venne sconfitta e le speranze di rinnovamento andarono in gran parte deluse. Il Concilio respinse tutte le affermazioni luterane, riaffermando la validità della dottrina cattolica tradizionale. Nello stesso tempo, fissò **principi di moralizzazione della vita del clero** come l'obbligo del celibato ecclesiastico.

Se da un lato la Chiesa uscì dal Concilio come un organismo saldo e compatto, in grado di fronteggiare la nuova situazione creata dall'affermazione degli stati moderni e della Riforma, dall'altro sviluppò un irrigidimento dogmatico, un **rifiuto delle nuove correnti culturali, scientifiche e filosofiche**: perciò il termine controriforma è divenuto sinonimo di un atteggiamento e di un clima culturale chiusi e intolleranti.

Tra gli strumenti che la Chiesa cattolica si diede per attuare la sua politica ne vanno ricordati almeno tre: i primi due hanno carattere nettamente repressivo, e cioè l'istituzione del **Santo Uffizio dell'Inquisizione generale romana** (1542) – un organismo che accentrava a Roma l'opera di repressione delle eresie – e l'**Indice dei libri proibiti** (1557), che raccoglieva le opere la cui lettura veniva vietata.

Moralizzazione e ordine sono le risposte della Controriforma

Più complesso è il discorso sulla **Compagnia di Gesù**, il nuovo ordine religioso fondato nel 1534 dallo spagnolo **Ignazio di Loyola** (1491-1556). Caratteristiche fondamentali del nuovo ordine erano il principio dell'obbedienza assoluta ai superiori e al papa; la grande preparazione culturale, che metteva i gesuiti in condizione di confrontarsi con i vertici della cultura europea e di svolgere un'incessante opera educativa, anche all'interno delle corti; infine, la concezione del cristianesimo come milizia, come impegno da attuarsi nel mondo in difesa della fede. Sulla base di questi principi organizzativi e religiosi i gesuiti divennero la "punta di diamante" del cattolicesimo moderno, non solo in senso difensivo, ma facendo nuovi proseliti e suscitando nuove energie.

Tra i grandi avvenimenti dei secoli XV e XVI, i viaggi transoceanici e le esplorazioni extraeuropee appaiono i più significativi dello spirito della nuova epoca. Le leggendarie imprese che, a partire dalla spedizione di Cristoforo Colombo, aprirono nuove vie e portarono

Tolleranza

Oggi intendiamo per tolleranza un atteggiamento di rispetto di idee, comportamenti, valori diversi dai nostri o da quelli diffusi nell'ambiente di cui facciamo parte.
L'idea di tolleranza ha però un'origine molto più lontana: essa è nata con la civiltà moderna come tolleranza **religiosa** e si è diffusa particolarmente **dopo la Riforma protestante**.
Gli illuministi (primo fra tutti il francese Voltaire) condussero una forte battaglia contro il fanatismo e l'intolleranza, cioè contro il rifiuto ad ammettere credenze religiose diverse dalla propria. La tolleranza religiosa, cioè la possibilità per chiunque di professare liberamente la propria fede, era per l'Illuminismo una logica conseguenza della concezione di **ragione** diffusa a quell'epoca. Infatti, secondo il pensiero illuminista, è la ragione stessa che spinge l'uomo a credere nell'esistenza di un Essere superiore, creatore di tutte le cose, che non si identifica necessariamente con il Dio delle religioni rivelate (come l'ebraismo, il cristianesimo, l'islamismo).
Nessuna di queste religioni, dunque, può pretendere di possedere il monopolio della verità.

alla scoperta di nuovi mondi, furono promosse da interessi pratici e rese possibili dai progressi tecnici, ma non sarebbero state concepibili senza la nuova cultura che alimentava una grande fiducia nelle capacità umane ed esaltava la volontà di conoscere di prima mano la realtà, rifiutando miti e credenze del passato e vincendo la paura dell'ignoto.

4 LA RIVOLUZIONE SCIENTIFICA

Una nuova visione della natura

Come abbiamo detto, nel Rinascimento si affermò una **nuova visione del mondo**, fondata su una nuova rappresentazione dell'universo e su una diversa concezione della conoscenza della natura.

Innanzitutto **si riabilitò la vita terrena** considerata non più solo luogo di fatica e di espiazione – come la voleva la cultura medievale – bensì **teatro dell'intraprendenza e della creatività dell'uomo.** Si affermò così, accanto a una concezione positiva dell'agire umano, una rivalutazione della natura, intesa come opera ed espressione stessa della divinità.

L'uomo è posto al centro del mondo

Questi motivi si ritrovano nell'idea del **parallelismo tra l'essere umano e la struttura del cosmo**: l'universo, o macrocosmo, era pensato come un'imitazione dell'uomo su vasta scala, un insieme vivificato da "un'anima cosmica" che pervadeva tutte le cose e le univa in un sistema di segrete corrispondenze e analogie. L'uomo, il microcosmo, pur essendo solo un elemento della natura comprendeva in sé l'armonia di tutto il cosmo e costituiva per questo il centro ideale del mondo.

Questa concezione della natura – assieme alle dottrine e alle pratiche magiche e astrologiche, considerate vere e proprie scienze da gran parte della cultura rinascimentale – contribuì potentemente a intaccare la visione tradizionale dell'universo, fondata sulla radicale contrapposizione tra mondo terreno e mondo celeste.

Viene rivendicato il valore delle "arti meccaniche"

Un impulso significativo al superamento della concezione tradizionale della natura venne anche dal mondo degli artisti, degli artigiani, in generale dei tecnici, che con una vastissima produzione di opere, trattati di architettura, di ingegneria, di arte della navigazione e altro, diffusero una diversa valutazione delle scienze applicate. Fino a quel momento, tutte le attività che avevano a che fare con la manualità, chiamate spregiativamente arti meccaniche, erano state contrapposte alle attività intellettuali, le arti liberali, le sole degne degli uomini liberi. Ora invece, contro la tradizionale idea della scienza come sapere puramente teorico, uomini come Leonardo e Brunelleschi **rivendicavano dignità e valore alla pratica**, all'esperienza dei sensi: il "vedere" e il costruire diventarono momenti insostituibili della conoscenza della natura.

Planisfero dell'universo con i pianeti, le loro orbite e i segni zodiacali corrispondenti disposti secondo il sistema copernicano. In basso a destra, è raffigurato lo stesso Copernico.

La rivoluzione copernicana

La svolta che segnò il passaggio dalla civiltà medievale alla civiltà moderna avvenne con la **rivoluzione copernicana**, che prospettava una visione del tutto alternativa del mondo.

L'universo dell'uomo medievale era stato un mondo chiuso, ordinato attorno all'essere umano con una struttura gerarchica degli enti naturali che rimandava a un preciso ordine morale. Il cosmo era concepito come una struttura di sfere cristalline concentriche, ruotanti intorno alla Terra immobile: a ogni sfera era fissato un pianeta, che ruotava con essa; nell'ultima sfera, la più esterna, erano collocate le stelle fisse. Copernico ponendo **il sole al centro dell'universo**, toglieva alla Terra e all'uomo che l'abitava il privilegio che fino a quel momento la tradizione aveva loro attribuito, e preannunciava la visione di un cosmo non più prigioniero di presunte sfere di cristallo, ma aperto all'infinità degli spazi siderali.

Galileo perfezionò il cannocchiale aumentandone la capacità di ingrandimento.

Galilei fonda la scienza moderna

Il passo successivo verso un'interpretazione scientifica dell'universo fu compiuto da Galileo Galilei. Con le sue osservazioni e scoperte astronomiche, Galileo **confermò la validità della teoria copernicana**, distruggendo i fondamenti stessi della concezione aristotelica, che il lavoro di Copernico non aveva contestato in modo esplicito. Se il sole non è più un globo lucente e levigato ma è coperto di macchie, se la luna ha una superficie irregolare come quella della Terra, se Giove ha delle "lune", allora si può concludere che l'universo è costituito da una materia omogenea e governata dalle stesse leggi del movimento, e che non esistono differenze di qualità e di valore tra fenomeni terrestri e fenomeni celesti, al contrario di quanto sostenevano gli aristotelici.

A partire dalla pratica scientifica di Galileo, si possono individuare alcuni aspetti fondamentali del nuovo metodo della scienza, da lui inaugurato. Due sono gli strumenti che permettono di conoscere in maniera corretta la realtà fisica: le «sensate esperienze» e «le certe dimostrazioni», per usare le parole di Galileo stesso. Da una parte, cioè, l'**esperienza sensibile**, in particolare la vista, potenziata dagli strumenti scientifici e guidata dalla ragione, che alla luce di un'ipotesi permette di raccogliere i dati dell'osservazione. Galileo infatti non puntò il cannocchiale al cielo a caso, ma per verificare se Copernico avesse ragione. Dall'altra parte, «le certe dimostrazioni», che consistono nel **formulare le ipotesi in termini matematici**, e infine **verificarle per mezzo di un esperimento**. Fu così che Galileo riuscì a dimostrare che la velocità di caduta di un corpo dipendeva dallo spazio percorso e non dal peso, come sostenevano gli aristotelici.

Per la prima volta nella storia del pensiero, la matematica veniva impiegata sistematicamente nello studio dei fenomeni: s'introduceva così un modo completamente nuovo di guardare al mondo della natura secondo criteri rigorosamente quantitativi e controllabili sul piano pratico. S'inaugurava una nuova epoca: all'universo del pressappoco si sostituiva l'universo della "precisione".

cronologia

1300 — 1350 — 1400 — 1450 — 1500 — 1550 — 1600 — 1650

Avvenimenti storici

Giovanna d'Arco

1337-1450: guerra dei Cent'anni tra Francia e Inghilterra che si conclude con la sconfitta di quest'ultima; in Francia il sentimento nazionale trova il suo mito nella figura di Giovanna d'Arco che guida le truppe alla conquista di Orléans.

1377: la sede papale torna da Avignone a Roma.

1378: rivolta dei Ciompi (lanaioli) a Firenze.

1453: i turchi di Maometto II conquistano Costantinopoli.

1464-92: attività diplomatica di Lorenzo de' Medici, detto il Magnifico, che sfrutta il pericolo turco per creare in Italia un equilibrio tra le Signorie più potenti (Milano, Firenze, Venezia, Napoli).

1469: matrimonio tra Isabella di Castiglia e Ferdinando d'Aragona; l'unificazione dei loro regni dà vita alla Spagna, che si avvia a diventare una grande potenza.

1492: Isabella di Castiglia finanzia il viaggio di esplorazione di Cristoforo Colombo.

Lorenzo il Magnifico

1517: Martin Lutero affigge sulla porta della cattedrale di Wittenberg le "tesi" con cui critica la corruzione della Chiesa e dà inizio alla Riforma protestante. Rottura dell'unità religiosa in Europa. In Inghilterra, il re Enrico VIII fonda la Chiesa anglicana, indipendente da Roma.

1519: Carlo V d'Asburgo viene eletto imperatore germanico e tenta di rifondare un impero universalistico, di tipo medievale.

1545-63: Concilio di Trento; la Chiesa cattolica rifiuta il dialogo con i protestanti, ma dà inizio a un profondo rinnovamento interno.

1558-1603: regno di Elisabetta I Tudor in Inghilterra.

1571: battaglia di Lepanto: l'avanzata turca è arrestata definitivamente.

L'evoluzione delle arti

Sandro Botticelli, *La Primavera*, 1478 ca, Galleria degli Uffizi, Firenze.

All'inizio del Quattrocento, alcune grandi personalità di artisti rappresentano il passaggio dall'arte tardo-gotica a quella rinascimentale: Donatello nella scultura, Masaccio nella pittura e Leon Battista Alberti e Filippo Brunelleschi nell'architettura stabiliscono una nuova sensibilità. L'attenzione dell'artista ora si concentra sul mondo reale, sulla natura e sull'uomo: l'arte non esprime più la tensione verso Dio, bensì la ricerca di un equilibrio e di un'armonia terreni.

Il Rinascimento raggiunge il suo culmine tra la fine del Quattrocento e l'inizio del Cinquecento, con l'opera di Leonardo da Vinci, Michelangelo Buonarroti e Raffaello Sanzio. Si tratta di artisti che incarnano l'ideale dell'uomo rinascimentale, capace di essere nello stesso tempo artista e scienziato (Leonardo), pittore, scultore, architetto e poeta (Michelangelo).

Soprattutto Michelangelo, che nelle ultime opere esprime una maggiore tensione drammatica, è il maestro a cui s'ispirano gli artisti del Manierismo, che si fa tradizionalmente incominciare nel 1527, anno del sacco di Roma da parte delle truppe imperiali.

Il Manierismo, rappresentato da artisti come Benvenuto Cellini, Giulio Romano e Pontormo, esprime una sensibilità più inquieta, in cui le certezze del primo Rinascimento incominciano a entrare in crisi. Ciò si manifesta da un lato nella perdita della perfetta serenità delle opere rinascimentali, dall'altro nella ricerca di effetti (soprattutto coloristici) che sembrano anticipare quelli barocchi.

1 La prospettiva è lo strumento di cui i pittori rinascimentali si servono per riprodurre l'effetto della realtà. Essa si basa su una serie di rapporti matematici e rivela quindi l'attenzione analitica nei confronti del mondo naturale. Il quadro di Mantegna affronta un soggetto sacro tradizionale (*Cristo morto*) con atteggiamento nuovo, mettendo in primo piano la fisicità di Cristo, il suo corpo lacerato dalle ferite.

2 Il ritratto è un genere pittorico che si afferma pienamente nel Rinascimento, a segnalare la nuova centralità dell'uomo e dell'individuo. La *Gioconda* di Leonardo si basa sul contrasto tra l'armonia tranquilla del volto (espressa soprattutto dal famoso sorriso, ma anche dall'atteggiamento generale della donna) e l'inquietudine dello sfondo, un paesaggio di rocce, cascate e luoghi selvaggi.

cronologia

pittura

1400 · 1450 · 1500 · 1550 · 1600 · 1650

- **1401-28 Masaccio**
- **1416-92 Piero della Francesca**
- **1430-79 Antonello da Messina**
- 1 **1430/31-1506 Andrea Mantegna**
- **1433-1516 Giovanni Bellini**
- **1445-1510 Botticelli**
- **1452-1519 Leonardo da Vinci** 2
- **1475-1564 Michelangelo Buonarroti**
- **1483-1520 Raffaello Sanzio**
- **1488/89-1576 Tiziano Vecellio**
- **1494-1556 Giulio Romano**
- **1518-94 Tintoretto**
- **1528-88 Veronese**
- **1560-1609 Annibale Carracci**
- 3 **1571-1610 Caravaggio**
- **1575-1642 Guido Reni**

3 Nella *Vocazione di san Matteo* Caravaggio affronta un soggetto sacro in chiave del tutto realistica, come se ritraesse una scena di vita contemporanea. Si noti l'uso della luce, che conferisce al quadro una drammaticità sconosciuta alle opere dei pittori del primo Rinascimento.

4 In quest'opera giovanile (*Pietà*), Michelangelo rappresenta la Madonna che sorregge il corpo di Cristo morto attribuendole un atteggiamento pacato e rassegnato: il dolore della madre è composto e controllato; il corpo di Cristo appare rilassato e tranquillo, e non esprime la sofferenza patita.
La scultura non comunica un senso di tragedia e di disperazione, del tutto estraneo allo spirito del Rinascimento.

5 Il personaggio mitologico di Perseo è rappresentato da Cellini mentre regge la testa della mostruosa Medusa, che ha appena troncato con la spada. Si noti la posa quasi teatrale del personaggio e il gusto per i particolari di difficile esecuzione (i riccioli, il sangue che cola ecc.), che rivelano l'abilità dell'artista.

cronologia

1400 – 1450 – 1500 – 1550 – 1600 – 1650

scultura

- 1386-1466 Donatello
- 1431 ca.-98 Pollaiolo
- 4 — 1475-1564 Michelangelo
- 1500-71 Benvenuto Cellini — 5
- 1598-1680 Gian Lorenzo Bernini

architettura

- 1377-1446 Filippo Brunelleschi
- 6 — 1404-72 Leon Battista Alberti
- 1444-1514 Bramante
- 1475-1564 Michelangelo Buonarroti
- 1508-80 Andrea Palladio
- 1598-1680 Gian Lorenzo Bernini
- 1599-1667 Francesco Borromini

6 In Santa Maria Novella (Firenze) non troviamo più né la struttura tripartita, né lo slancio verso l'alto che caratterizzavano le facciate delle chiese gotiche. La facciata, progettata da Leon Battista Alberti, è basata su una struttura unitaria, senza suddivisioni nette, e non accoglie il fedele con slanci vertiginosi, ma con un messaggio di armonia e di equilibrio.

1 RAFFAELLO SANZIO La scuola di Atene

L'autore

- Raffaello Sanzio nasce a Urbino (nello Stato della Chiesa) nel 1483.
- Le notizie sulla sua formazione artistica sono piuttosto scarse, ma le prime opere (come il famosissimo *Sposalizio della Vergine*, del 1504) risentono evidentemente dell'influenza del Perugino, il più interessante pittore umbro dell'epoca.
- Nel 1502-03 Raffaello si trova a Siena, dove collabora con un altro importante pittore, il Pinturicchio, nella decorazione della Biblioteca Piccolomini, all'interno del duomo. Tra il 1504 e il 1508 Raffaello lavora a Firenze, dedicandosi soprattutto a soggetti sacri (Madonne e Sacre famiglie) e a ritratti. Il ritratto è un genere particolarmente importante in età rinascimentale, che testimonia la centralità dell'uomo nel cosmo e l'importanza della personalità individuale.
- Chiamato a Roma dal pontefice Giulio II nel 1509, Raffaello vi resta fino alla morte (1520), producendo numerosissime opere, ma soprattutto una serie di grandi cicli di affreschi che decorano le stanze dei palazzi Vaticani.
- Negli ultimi anni l'artista è spesso affiancato dai suoi allievi (tra cui il più importante è Giulio Romano), a cui affida la realizzazione delle sue opere.

Raffaello, *La scuola di Atene*, 1510-11, Palazzi Vaticani, Stanza della Segnatura, Città del Vaticano

L'opera

- *La scuola di Atene* è un affresco che si trova a Roma, nella "Stanza della Segnatura", all'interno dei palazzi Vaticani. Esso appartiene al primo grande ciclo di affreschi realizzato da Raffaello a Roma tra il 1509 e il 1511.

Analizziamo di seguito i tre elementi che caratterizzano l'opera come tipicamente rinascimentale.

- **L'uso della prospettiva** L'arte medievale non attribuiva importanza alla verosimiglianza della rappresentazione: l'immagine aveva un significato simbolico o allegorico, l'artista non si sentiva tenuto a creare nell'osservatore l'illusione della realtà, perché la realtà stessa (terrena) era semplicemente uno strumento per giungere alla realtà vera (spirituale, oltremondana).

Nel corso del Quattrocento, invece, l'interesse dell'artista si concentra proprio sulla realtà terrena, che viene analizzata e riprodotta in maniera "scientifica", cioè sulla base di schemi geometrici e matematici. L'arte esprime insomma la fiducia nella possibilità di conoscere e dominare la realtà.

Particolare dell'affresco

La scelta del soggetto L'affresco rappresenta un gruppo di filosofi e pensatori antichi, riuniti all'interno di una struttura architettonica monumentale, che ricorda i progetti della basilica di San Pietro che in quegli anni si stava costruendo a Roma.

Al centro dell'immagine si trovano Platone (più vecchio) e Aristotele (più giovane), i due massimi filosofi greci, ciascuno con in mano una sua opera: il primo indica il cielo, il secondo la terra, a simboleggiare il carattere del loro pensiero.

Non tutti i personaggi sono identificabili con chiarezza; si riconoscono comunque il geometra Euclide, rappresentato nell'atto di misurare una figura con il compasso, il cinico Diogene, poveramente vestito e abbandonato scompostamente sulla scalinata, l'arabo Averroè (con un turbante bianco) e altri.

Gli atteggiamenti dei personaggi e la loro disposizione, quasi perfettamente simmetrica, contribuiscono a creare un'atmosfera di serenità e di armonia, sottolineando la fiducia e la sicurezza dell'uomo nelle proprie capacità e nelle proprie conoscenze dell'universo, già espresse dall'uso della prospettiva centrale.

L'attualizzazione del passato I personaggi rappresentati appartengono a epoche diverse: la maggior parte sono filosofi greci, ma vissuti a distanza di secoli l'uno dall'altro; vi sono anche filosofi medievali e moderni. Raffaello, inoltre, attribuisce ai personaggi da lui rappresentati i tratti di suoi contemporanei famosi: Platone, per esempio, ha il volto di Leonardo da Vinci; Eraclito (la figura al centro, appoggiata con il gomito a un pezzo di marmo) è il ritratto di Michelangelo; Raffaello stesso si è ritratto nel giovane con il cappello nero, in basso a destra.

Questa volontà di identificazione con gli antichi è tipica della mentalità umanistica e rinascimentale: il mondo classico non è sentito come distante, lontano, passato, bensì come una presenza viva, con cui è possibile dialogare concretamente.

2 Michelangelo Buonarroti David

L'autore

- Michelangelo Buonarroti nacque a Caprese, in Toscana, nel 1475 e a soli tredici anni iniziò gli studi artistici nella bottega del Ghirlandaio, a Firenze. Si appassionò allo studio delle sculture antiche ed entrò in contatto con gli ambienti umanistici e in particolare con la cerchia di intellettuali legati a Lorenzo il Magnifico.
- Fuggito da Firenze nel 1494, approdò due anni dopo a Roma, dove si impose come uno dei massimi artisti del suo tempo (risale a questo periodo la celebre *Pietà* oggi conservata nella basilica di san Pietro). Tornato a Firenze all'inizio del nuovo secolo, realizzò il *Tondo Doni* (o *Sacra Famiglia*) e il *David*. Richiamato a Roma dal papa Giulio II, dopo parecchie difficoltà dovute al suo carattere poco accondiscendente, Michelangelo ottenne l'incarico per affrescare la volta della Cappella Sistina.
- Negli anni Venti del Cinquecento, Michelangelo incominciò a dedicarsi all'architettura, realizzando la Sagrestia Nuova di San Lorenzo e la Biblioteca Laurenziana a Firenze e soprattutto la cupola di san Pietro a Roma. Nel frattempo (1534) aveva ricevuto l'incarico di affrescare la parete di fondo della Cappella Sistina, con il grandioso *Giudizio Universale*.
- Morì a Roma nel 1564, lasciando incompiuta l'ultima scultura, la *Pietà Rondanini*, oggi a Milano.

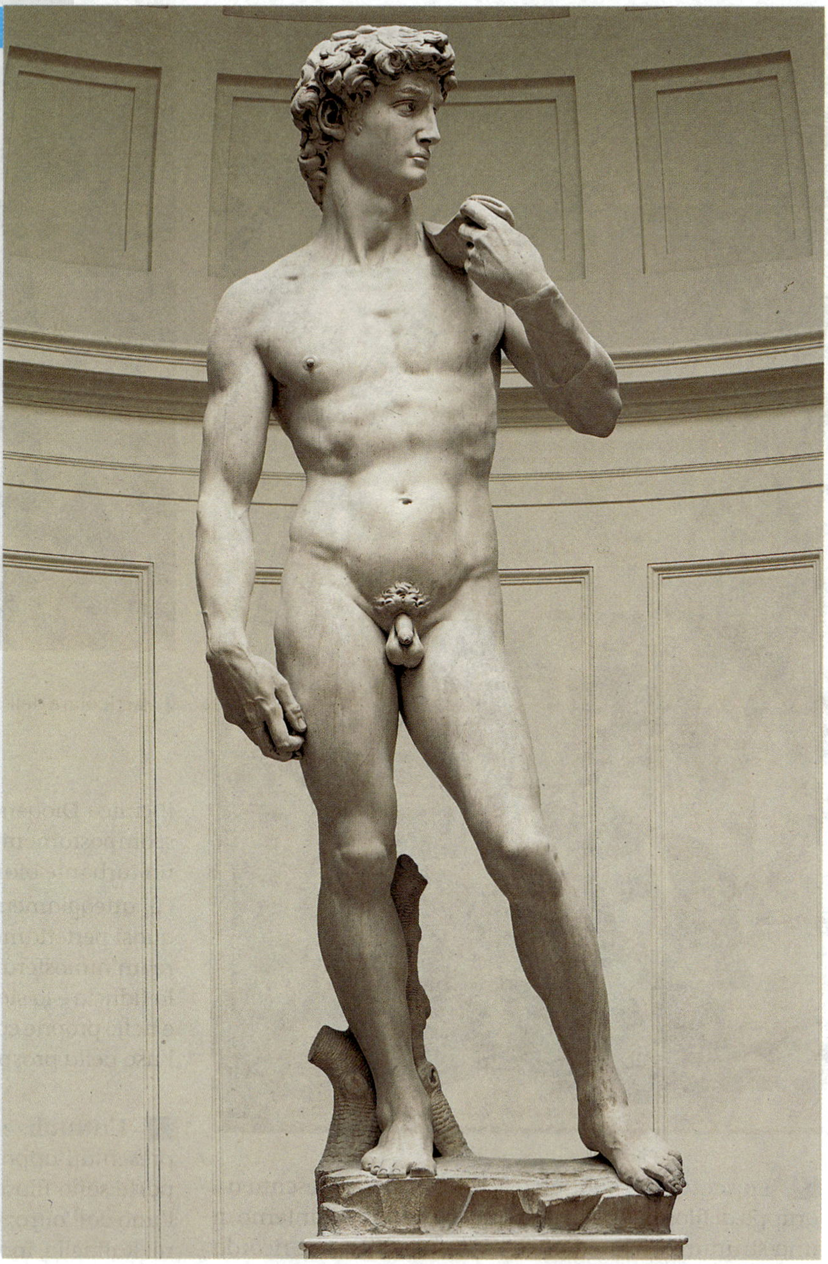

Michelangelo Buonarroti, *David*, 1501-04, Galleria dell'Accademia, Firenze.

L'opera

- Capolavoro giovanile, come la *Pietà* di San Pietro, il *David* (1501-04) è una delle opere simbolo del Rinascimento.
- Commissionata all'artista dal governo della Repubblica di Firenze, la statua fu collocata davanti a Palazzo Vecchio, a simboleggiare l'indipendenza e la forza della repubblica stessa. David è infatti il protagonista del celebre episodio biblico in cui, giovane pastore, uccide il gigantesco Golia colpendolo in fronte con una pietra scagliata dalla sua fionda.
- Analizzando quest'opera, possiamo sviluppare in particolare tre osservazioni.

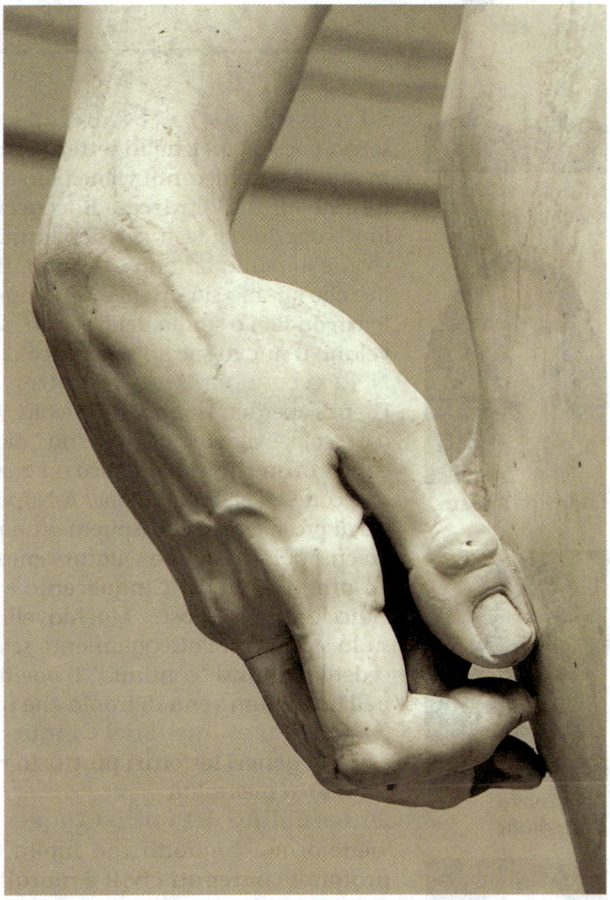

Due particolari del *David*.

Tensione e armonia David è rappresentato da Michelangelo come un ragazzo nudo, nel momento in cui si appresta al combattimento. Egli ha lo sguardo concentrato, come se stesse studiando l'avversario, ma il corpo ancora rilassato, la fionda appoggiata sulla spalla sinistra, la mano destra, con la pietra, abbandonata lungo la coscia.

La posizione di David, fortemente asimmetrica, con il peso tutto appoggiato sulla gamba destra, leggermente arretrata rispetto all'altra, comunica nello stesso tempo un'impressione di calma, di sicurezza, e un'impressione di tensione – la tensione appunto di chi si prepara all'azione.

La bellezza ideale La statua nasce dunque da una attenta ricerca di armonia ed equilibrio, tipica del primo Rinascimento. Michelangelo ricava l'imponente figura (alta 4,10 metri) da un unico blocco di marmo, rispettando le proporzioni che, secondo la tradizione classica e gli studi quattrocenteschi, erano proprie della bellezza ideale.

Bisogna tenere presente infatti che Michelangelo, che aveva approfondito le idee dei filosofi neoplatonici legati a Lorenzo il Magnifico, come Marsilio Ficino, rappresenta in David un'idea, un simbolo di perfezione, non un uomo reale. L'attenzione ai dettagli (i capelli, le vene della mano, i muscoli ecc.) non sono la conseguenza di un'intenzione realistica da parte dell'autore – e il fatto stesso che David sia nudo ha un valore simbolico: certo il personaggio della Bibbia non era andato a combattere nudo!

I valori ideologici dell'opera Il fatto che David sia un personaggio biblico non significa che l'opera abbia un valore religioso: il David ha semmai un valore politico e civile. Il governo della Repubblica fiorentina commissionò infatti a Michelangelo la statua per celebrare una vittoria (quella dell'umile pastorello contro il presuntuoso gigante-soldato) dal chiaro valore simbolico: come a dire che anche la piccola Repubblica di Firenze avrebbe potuto battere i suoi avversari, apparentemente molto più forti di lei.

Niccolò Machiavelli

Ludovico Ariosto

Baldassare Castiglione

Torquato Tasso

Miguel de Cervantes

William Shakespeare

La seconda metà del Trecento e la prima metà del Quattrocento sono dette "il secolo senza poesia", poiché **la letteratura italiana non produce opere di grande rilievo.**
In questi stessi decenni viene però elaborandosi il movimento che prenderà il nome di **Umanesimo**, di cui **Petrarca** e **Boccaccio** sono stati precursori. L'Umanesimo si caratterizza per la riscoperta dei testi classici, latini e greci e per la diversa attenzione con cui si prende in esame la realtà terrena e umana. Il Quattrocento esprime una nuova fiducia nella possibilità che l'uomo sia artefice del proprio destino e s'inserisca armoniosamente nella realtà che lo circonda. Lo studio della realtà naturale e umana porta al moltiplicarsi di **trattati**, che rivelano il nuovo spirito scientifico dell'epoca.
Nella seconda metà del Quattrocento la **poesia** e la **narrativa riprendono importanza**. A Firenze operano Lorenzo de' Medici, Luigi Pulci e Angelo Poliziano. A Ferrara, negli ultimi anni del secolo, è attivo Matteo Maria Boiardo, autore del poema cavalleresco *Orlando innamorato*, in cui si trovano fuse la tematica guerresca e avventurosa del ciclo carolingio e la tematica amorosa e cortese del ciclo bretone. A Napoli Jacopo Sannazaro s'impone con l'*Arcadia*, un'opera mista di prosa e versi che ispirerà gran parte della letteratura "pastorale" fino al Settecento.
La crisi politica di fine Quattrocento segna il **passaggio dall'Umanesimo al Rinascimento**. La prima metà del Cinquecento è caratterizzata da tre grandi personalità: Machiavelli, Guicciardini e Ariosto. Machiavelli e Guicciardini sviluppano la riflessione sulla politica e sulla storia con l'atteggiamento scientifico e realistico sviluppatosi nel corso del secolo precedente. Ariosto "continua" il poema di Boiardo con il suo *Orlando furioso*, ma introducendo nell'opera una vena di ironia che prelude alla crisi del genere cavalleresco.
Nella seconda metà del Cinquecento lo studio delle opere di Aristotele porta alla definizione di **generi letterari piuttosto rigidi**, con regole precise. L'opera di Tasso rispecchia questa nuova mentalità.
La sensibilità del tardo Cinquecento prelude a quella del Seicento. La ricerca scientifica viene ormai condotta con molta difficoltà. La letteratura diventa un'**attività priva di profondi contenuti civili e morali**. Ma alla crisi italiana fa riscontro l'emergere di grandi scrittori in altri paesi europei: Shakespeare in Inghilterra, Cervantes in Spagna, Montaigne in Francia.

cronologia

1450 — 1500 — 1550 — 1600 — 1650

- **1432-84** Luigi Pulci
- **1440/41-94** Matteo Maria Boiardo
- **1449-92** Lorenzo de' Medici
- **1454-94** Agnolo Ambrogini, detto Poliziano
- **1469-1527** Niccolò Machiavelli
  - 1513 *Il Principe*
  - 1518 ca. *La mandragola*
- **1474-1533** Ludovico Ariosto
  - 1516 I ed. dell'*Orlando furioso*
  - 1521 II ed. dell'*Orlando furioso*
  - 1532 III ed. dell'*Orlando furioso*
- **1478-1529** Baldassarre Castiglione
- **1483-1540** Francesco Guicciardini
- **1494-1553** François Rabelais
- **1503-56** Giovanni Della Casa
- **1533-92** Michel de Montaigne
- **1544-95** Torquato Tasso
  - 1575 *Gerusalemme liberata*
- **1547-1616** Miguel de Cervantes
  - 1605 I parte del *Don Chisciotte*
  - 1615 II parte del *Don Chisciotte*
- **1561-1627** Luis de Góngora
- **1564-1642** Galileo Galilei
  - 1623 *Il saggiatore*
  - 1632 *Dialogo sopra i due massimi sistemi del mondo*
- **1564-1616** William Shakespeare
  - 1595 *Romeo e Giulietta*
  - 1601 *Amleto*
  - 1611 *La tempesta*
- **1569-1625** Giambattista Marino
- **1600-81** Pedro Calderón de la Barca

Ariosto e il poema cavalleresco

Il percorso che ti proponiamo è scandito in quattro tappe.

Incontro con l'autore

Ti proponiamo un breve inquadramento storico, culturale e letterario della **vita** e delle **opere** di Ludovico Ariosto.

Orlando furioso

La fama di Ariosto è legata al poema intitolato *Orlando furioso* e pubblicato, nella sua versione definitiva, nel 1532. Di questo poema ti proponiamo:

- il proemio, cioè le prime strofe, in cui l'autore enuncia l'**argomento** e i **temi dell'opera**;
- un episodio che ha come protagonista Angelica e che ci permette di capire le **tecniche narrative** dell'autore;
- un episodio di carattere patetico, legato ai **valori cavallereschi** e al **tema dell'amicizia**;
- un episodio che ha per tema la pazzia di Orlando, presentato però nella riscrittura effettuata da Italo Calvino;
- un episodio di carattere **satirico e allegorico**, legato al personaggio di Astolfo.

Intorno al classico

Per approfondire il contesto in cui si colloca l'opera di Ariosto, ti proponiamo la lettura di cinque testi:

- tre sono tratti da **poemi e romanzi precedenti** l'*Orlando furioso*;
- due sono stati scritti **dopo la pubblicazione** del capolavoro ariostesco.

Laboratorio

Ti proponiamo infine di lavorare su **riscrittura** e **riassunto** di alcuni brani ispirati ad Ariosto, per migliorare le tue capacità di comprensione del testo e di scrittura.

Intorno al classico

Storia e mito all'origine del racconto delle imprese dei cavalieri

«In ogni atlante storico del Medioevo c'è una cartina in cui, colorate di solito in viola, sono segnate le conquiste di Carlo Magno, re dei franchi e poi imperatore. Una grande nube violetta s'allarga sull'Europa, dilaga fin oltre l'Elba e il Danubio, ma a occidente s'arresta al confine della Spagna ancora saracena. Solo l'orlo più basso della nuvola scavalca i Pirenei e arriva a coprire la Catalogna: è la Marca Ispanica, tutto quel che Carlo Magno riuscì a strappare, negli ultimi anni della sua vita, all'Emiro di Cordova. Tra tante guerre che Carlo Magno combatté e vinse contro bàvari, frisoni, slavi, àvari, brétoni, longobardi, quelle contro gli arabi occupano, nella storia dell'imperatore dei franchi, relativamente poco posto; invece, nella letteratura, s'ingigantirono fino a coinvolgere tutto l'orbe terracqueo, e riempirono le pagine di biblioteche intere. Nell'immaginazione dei poeti – e prima ancora nell'immaginazione popolare – i fatti si dispongono in una prospettiva diversa da quella della storia: la prospettiva del mito.

Per rintracciare le origini di questa **straordinaria proliferazione mitologica**, ci si suole rifare a un episodio storico oscuro e sfortunato: nel 778 Carlo Magno tentò una spedizione per espugnare Saragozza, ma fu rapidamente costretto a ripassare i Pirenei. Durante la ritirata, la retroguardia dell'esercito franco fu assalita dalle popolazioni basche della montagna e distrutta, presso Roncisvalle. Le cronache ufficiali carolinge riportano, tra i nomi dei dignitari franchi uccisi, quello d'un certo Hruodlandus.»

Con queste parole lo scrittore italiano contemporaneo Italo Calvino ricostruisce lo sfondo storico e le origini mitologiche del romanzo cavalleresco medievale.

La *Chanson de Roland* è capostipite del genere letterario delle *chansons de geste*

Rolando (italianizzato in Orlando) è il protagonista della *Chanson de Roland* (*Canzone di Orlando*), scritta da un autore anonimo alla fine dell'XI secolo. La *Chanson de Roland* è il testo capostipite del genere letterario delle ***chansons de geste*** (canzoni di gesta), narrazioni epiche, in versi, ispirate alle imprese dei paladini di Carlo Magno.

Non deve stupire che, a tre secoli di distanza, i poeti prendessero le imprese di questi cavalieri come argomento delle loro opere: alla fine dell'XI secolo si diffonde infatti in Europa il cosiddetto "**spirito di crociata**", un sentimento che porterà all'organizzazione appunto delle crociate, e in particolare della prima (1096-1099), l'unica che avrà qualche risultato di rilievo sul piano militare e politico. Le lotte contro i musulmani di Spagna avevano rappresentato per Carlo Magno un impegno del tutto secondario, un episodio marginalissimo della sua azione politica; ma nella trasfigurazione fantastica operata da questi poeti diventano invece imprese gigantesche, che impegnano tutti i più importanti cavalieri d'Europa per anni e anni. Inoltre, le guerre di Carlo Magno non erano affatto legate a un conflitto di tipo religioso, tra cristiani e musulmani, ma a ragioni economiche e territoriali.

Nei poemi di cui è protagonista, invece, Rolando-Orlando simboleggia il perfetto cavaliere cristiano, difensore della fede contro i musulmani infidi e traditori.

Il ciclo carolingio ha per protagonista Carlo Magno e i suoi paladini

I poemi del **ciclo carolingio** (così chiamato da Carlo Magno, i cui paladini erano appunto protagonisti delle *chansons de geste*) erano cantati da **giullari** e **aedi** e si diffusero rapidamente in tutta Europa, seguendo le vie percorse dai pellegrini, che costituivano il pubblico di questi poeti-cantori. Si trattava solitamente di un **pubblico popolare**, rozzo e ingenuo, facile alla commozione e allo sdegno per i fatti di ingiustizia e tradimento. Questi "cantori" iniziavano spesso con una invocazione a Dio e con una preghiera al pubblico di non disturbare, e si concludevano anticipando il seguito del racconto che sarebbe venuto il giorno dopo. Ancor oggi, conservano memoria di questa forma di spettacolo il teatro dei burattini e la cosiddetta "opera dei pupi" siciliana.

Nel Duecento e nel Trecento si ebbe una letteratura franco-veneta che tradusse le opere francesi, inventando nuove gesta originali. Poco più tardi, cominciarono anche le traduzioni in toscano, che alla monotona struttura metrica della strofa a una sola rima sostituirono quella più ampia e movimentata dell'ottava. Tra il Trecento e il Quattrocento, il libro più letto, non solo nelle città

Nella miniatura, Carlo Magno è raffigurato con le sue truppe mentre si spostano in Spagna.

Il Santo Graal appare, sotto forma di pisside, ai cavalieri della Tavola Rotonda (miniatura del XIV secolo).

ma anche nelle corti nobiliari italiane, fu proprio una compilazione in prosa del ciclo carolingio, *I reali di Francia*, opera del cantastorie toscano Andrea da Barberino. Le modifiche che si introdussero non furono di poco conto: di fronte a un pubblico spesso poco istruito, non poteva essere mantenuto il tono epico e austero della *chanson* francese medievale.

La distanza di tempo e di mentalità che si creò – soprattutto dal Quattrocento in poi – con i valori e i costumi del Medioevo accentuò progressivamente il gusto per la battuta scherzosa, per l'esagerazione delle gesta stesse, nell'intento di soddisfare gli spettatori o i lettori amanti dei colpi di scena. Le storie preferite erano quelle dagli intrecci complicati e meravigliosi, che mescolavano le avventure all'amore, le audaci imprese al fantastico.

Il ciclo bretone ha per protagonisti re Artù e i cavalieri della Tavola Rotonda

Accanto ai poemi del ciclo carolingio, nel XII e nel XIII secolo si sviluppò in Francia il cosiddetto **ciclo bretone**, legato alle vicende dei cavalieri della Tavola Rotonda di re Artù (re di Bretagna, da cui il nome del ciclo). Le opere di questo ciclo non erano grandi poemi, solenni e religiosamente ispirati, ma **romanzi d'amore e d'avventura**, ricchi di **elementi magici e fantastici**. Mentre i poemi del ciclo carolingio erano destinati al pubblico popolare, i romanzi del ciclo bretone erano destinati a un **pubblico aristocratico**, colto e raffinato, e contribuivano a sviluppare e a diffondere le teorie sull'amore che abbiamo incontrato leggendo i poeti cortesi.

Nel corso del Quattrocento, proprio mentre il mondo dei cavalieri giungeva al termine, le storie dei paladini cominciarono a entrare, dalle piazze, negli ambienti colti delle due corti più fastose e raffinate d'Italia, quella dei Medici a Firenze e quella degli Este a Ferrara. I maggiori poeti del tempo si accostarono alle vicende epiche della tradizione con uno spirito nuovo. Essi eliminarono in gran parte le caratteristiche di eroismo e di idealismo che avevano i "cantari" medievali, presentando i protagonisti dei loro poemi – lunghe narrazioni in versi – come uomini con le loro debolezze e passioni. Pur con differenze di toni e di accenti, questa **umanizzazione dei personaggi** è presente in tutti i poeti cavallereschi: da Pulci a Boiardo ad Ariosto. Nello stesso modo in cui l'Umanesimo valorizzò al massimo la capacità di conoscenza dell'uomo, ponendolo al centro della realtà naturale, questi poeti esaltarono la bellezza, l'intelligenza, l'amore. Al posto di un Rolando, vassallo fedele e combattente per la fede e la patria, troviamo così un Orlando meno idealizzato, che prima si innamora e poi diventa pazzo per la delusione amorosa.

A Firenze, forse su commissione della madre di Lorenzo il Magnifico, Luigi Pulci mise in versi le avventure cavalleresche con un esplicito proposito caricaturale. Il suo poema, *Il Morgante*, prendeva infatti il nome non da uno dei grandi paladini della tradizione ma da una comica figura di secondo piano, un gigante vinto in battaglia da Orlando e in seguito diventato suo scudiero.

Boiardo introduce la figura di un nuovo cavaliere

A Ferrara, un nobile della corte estense, Matteo Maria Boiardo, cantò invece le gesta cavalleresche con uno spirito di malinconica nostalgia per quei tempi ormai trascorsi. Nell'*Orlando innamorato* egli fuse con finezza e abilità i due cicli diffusi dai cantastorie, riscuotendo grandissima stima da parte dei poeti della sua generazione, anche se, per la sua morte, il poema fu lasciato incompiuto. La novità di Boiardo fu appunto il presentare un Orlando innamorato, mentre prima d'allora l'eroe era stato, nei pochi tratti psicologici che gli venivano attribuiti, una figura incorruttibile da ogni tentazione e debolezza.

Una decina di anni dopo la morte di Boiardo, Ludovico Ariosto si mise a scrivere la continuazione dell'*Orlando innamorato*: l'*Orlando furioso*. Per circa trent'anni la sua vita si identificò con questo poema. Cominciò a comporlo nel 1504 e giunse all'edizione definitiva nel 1532, l'anno prima della sua morte. Per più di un secolo **Ferrara** fu dunque la **capitale della poesia epica**. I tre maggiori poemi del Rinascimento, i due citati e la *Gerusalemme liberata* del sorrentino Torquato Tasso, nacquero infatti alla corte degli Estensi. Quella ferrarese era una corte ricca e colta; l'università della città era un importante centro di studi umanistici. Ferrara era però anche uno Stato militare, in cui la gloria guerresca e il senso dell'onore erano ancora il fondamento di ogni valore. Questo spiega l'interesse per una forma letteraria come la narrativa cavalleresca.

Con la *Gerusalemme liberata* di Tasso in realtà si voltavano le spalle al romanzo cavalleresco. Se Boiardo e Ariosto avevano smitizzato i personaggi delle canzoni di gesta, rappresentandoli come uomini capaci anche di sentimenti comuni, Tasso ritorna a creare eroi animati da ideali religiosi e guerreschi assoluti. Non si tratta tuttavia, pur nel nuovo clima religioso e ideologico che Tasso subisce anche personalmente, di un ritorno allo spirito medievale. I protagonisti della *Gerusalemme liberata* sono sensibili anche alle passioni umane e terrene, e a quelle amorose in primo luogo. Sono quindi **figure eroiche complesse**, spesso combattute e tormentate tra opposte tendenze: i doveri del guerriero e dell'uomo di fede da una parte e il sentimento amoroso dall'altra.

Tra la pubblicazione del poema di Ariosto e quello di Tasso passano appena cinquant'anni, ma la differenza tra le due opere è grandissima. Nel Rinascimento l'arte era concepita essenzialmente come diletto e piacere di narrare storie belle e aggraziate; nell'età di Tasso, la Chiesa cattolica esigeva ormai che anche l'arte servisse a scopi morali e religiosi. Il poema cavalleresco trasformato in poema eroico-religioso andava concludendo la sua stagione e le storie di paladini e cavalieri, così criticate e prese in giro nel Seicento da Cervantes nel suo romanzo *Don Chisciotte*, avrebbero presto lasciato il posto ai nuovi romanzi d'avventure del Settecento.

Romanzi e poemi cavallereschi

XI-XII secolo	*chansons de geste* (ciclo carolingio)	• protagonisti: paladini di Carlo Magno • temi: spirito di crociata, ideale del perfetto cavaliere cristiano
XII-XIII secolo	romanzi cortesi (ciclo bretone)	• protagonisti: cavalieri di Re Artù • temi: amore, avventura, magia
XV secolo	Pulci	• inserisce elementi comici nel poema cavalleresco
	Boiardo	• fonde i due cicli, rendendo Orlando (il perfetto cavaliere cristiano) innamorato
XVI secolo	Ariosto	• continua il poema di Boiardo, inserendo ironia e gusto per l'avventura
	Tasso	• recupera i valori religiosi dell'epica medievale, ma con una sensibilità moderna
	Cervantes	• contrappone il mondo fantastico e vacuo dei cavalieri alla realtà

Chanson de Roland

L'opera

La *Chanson de Roland*, la più celebre e forse la più antica delle *chansons de geste*, fu probabilmente composta intorno al 1080 da un certo Turoldo, il cui nome compare nel verso finale del più antico manoscritto che abbiamo della *Chanson*. Anche se **l'attribuzione a Turoldo non è certa**, sicuramente alla base di questa come delle altre canzoni di gesta vi è la figura di un poeta colto, di un giullare appartenente all'ambiente della corte. Infatti il poema, composto di circa 4000 decasillabi raggruppati in lasse (strofe) e uniti dall'assonanza, presenta una **rigorosa unità stilistica e compositiva**.

Come spesso accade nella produzione epica, anche la *Chanson de Roland* si fonda su un **nucleo di verità storica**: nel 778 Carlo Magno compì una spedizione militare in Spagna contro i musulmani e assediò Saragozza. In seguito a una ribellione scoppiata tra le sue truppe, dovette fare ritorno in Francia; ma la retroguardia dell'esercito, in cui si trovavano alcuni cavalieri della sua corte, fu annientata in un'imboscata al passo di Roncisvalle, nei Pirenei, non dai saraceni, ma da predoni baschi.

Questi fatti sono rielaborati e trasfigurati dal poeta in senso epico e leggendario, in modo da esaltare i valori nei quali la nobiltà feudale si riconosce: l'**onore** e l'**eroismo** fino al sacrificio di sé, le virtù guerriere di cui il cavaliere deve dar prova, l'**obbligo assoluto di fedeltà e lealtà al sovrano**. Questi ideali, fusi con i **princìpi del cristianesimo**, portano inoltre all'esaltazione della guerra contro i mori come guerra santa o giusta, perché combattuta per diffondere il cristianesimo: è questo un altro dei valori ideologici centrali nella *Chanson de Roland*, in accordo con lo spirito delle crociate e della riconquista della Spagna alla cristianità.

La vicenda raccontata è semplice e lineare e procede con grande solennità fino alla drammatica conclusione che vede il conte Rolando (o Orlando), il più valoroso paladino della corte di Carlo, preso in trappola e sconfitto nell'imboscata che i saraceni gli hanno teso con l'aiuto di Gano, paladino della corte di Carlo e traditore per odio di Rolando.

Opera
Chanson de Roland
Epoca
XII secolo
Genere
chanson de geste
Lingua
lingua d'oïl

Chanson de Roland, lasse CLXX-CLXXV

La morte di Rolando

Nei versi che seguono è rappresentata la famosa scena della morte di Rolando, una delle più drammatiche della letteratura epica medievale, scandita con ritmo lento e solenne dalle numerose reiterazioni. Di fronte alla morte, sono il senso dell'onore e la sua profonda fede a ispirare gli ultimi gesti e gli ultimi pensieri del paladino: egli cerca di spezzare la spada perché non cada in mano profana e fa in modo di giacere con il viso rivolto al nemico.
Le sue ultime parole commosse sono per la patria lontana, mentre chiede perdono a Dio e si sottomette a lui con l'offerta del guanto, gesto simbolico proprio dell'omaggio feudale. Nella figura di Rolando sono presenti le caratteristiche tipiche del cavaliere epico: egli non è un semplice uomo che muore, ma un essere dalle facoltà sovrumane, guerriero valoroso e combattente della fede, che si erge grandioso e solitario in una dimensione che non è più terrena. Infine, le porte del Paradiso gli si aprono ed egli, vittima sacrificale che con la morte riscatta le proprie e le altrui colpe, viene accolto da Dio e dai suoi santi.

Sente Rolando che la vista ha perduto;
si drizza in piedi; quant'egli può si sforza;
nel suo viso il suo colore ha perduto.
Dinanzi a lui c'è una pietra bigia:
dieci colpi vi dà con dolore e amarezza;
stride l'acciaio; non si rompe né intacca.
«Oh!» disse il conte, «Santa Maria, aiuto!
Oh, Durindarda, brava, così disgraziata foste!
or ch'io finisco, di voi non posso più curarmi.
Tante battaglie in campo con voi ho vinto
e tante terre vaste sottomesso,
che Carlo regge, che la barba ha canuta!
Non v'abbia uomo che per altro fugga!
Assai buon guerriero vi ha lungo tempo tenuta;
mai ci sarà l'uguale in Francia, la santa.»

Rolando batté sul pietrone di sarda;
stride l'acciaio; non si rompe né intacca.
Quand'egli vide che non ne poteva spezzar briciola,
dentro di sé la comincia a compiangere:
«Oh, Durindarda, come sei e chiara e tersa!
sotto il sole così riluci e fiammeggi!
Carlo si trovava nelle valli di Moriana
quando Dio dal cielo l'avvisò col suo angelo
ch'egli ti desse a un conte capitano;
allor me la cinse il nobile re, il magno.
Io con lei gli conquistai Namón e Bretagna
e con lei gli conquistai e Poitou e il Maine;
io con lei gli conquistai la Normandia, la franca,
e con lei gli conquistai Provenza e Aquitania
e Lombardia e tutta quanta Romagna;
io con lei gli conquistai Baviera e tutta Fiandra
e Borgogna e tutta quanta Polonia,
Costantinopoli, di cui egli ebbe l'omaggio;
e in Sassonia fa egli ciò che pretende;
io con lei gli conquistai e Scozia e Islanda
e Inghilterra, ch'egli considerava suo dominio;
conquistato con lei gli ho paesi e terre tante,
che Carlo regge, che ha la barba bianca.
Per questa spada ho dolore e pena:
piuttosto voglio morire che essa tra pagani resti.
Dio Padre, non lasciate vituperar la Francia!»

5. **dieci colpi vi dà:** Rolando batte sulla pietra la sua spada Durindarda, cercando di spezzarla perché non cada in mani nemiche. Ma il duro acciaio non s'intacca neppure, e allora il paladino si rivolge a Durindarda compiangendola per il suo destino e rievocando le imprese con essa compiute.

13. **Non v'abbia... fugga:** nessuno fugga se non di fronte a essa. È come dire che essa impaurisce e mette in fuga i nemici più della spada di chiunque altro.

15. **mai ci sarà l'uguale:** sono parole piene d'orgoglio da parte del paladino che, pur andando incontro cristianamente alla morte, non rinuncia a esprimere anche la coscienza della propria insuperata forza guerriera.

16. **sarda:** si tratta di un quarzo nero, una pietra molto dura.

20. **chiara e tersa:** lucida, scintillante. Ma le parole del paladino sembrano riferirsi anche a qualità morali della spada, a cui egli si rivolge come se fosse un essere vivente.

22. **valli di Moriana:** sono valli lungo il corso dell'Ebro, fiume della Spagna.

26-38. **Io con lei... bianca:** Rolando enumera in questi versi, come conquiste a cui egli ha contribuito con il suo braccio guerriero, le regioni comprese nei domini di Carlo Magno; ma dilata e mitizza l'Impero includendovi zone che mai ne fecero parte, come la Polonia e Costantinopoli.

41. **vituperar la Francia:** offendere, ingiuria-

Rolando batté su una pietra bigia;
più ne distacca che io non vi so dire;
la spada stride, non si frantuma né si rompe;
verso il cielo in alto è rimbalzata.
Quando vede il conte che non la spezzerà mica,
molto dolcemente la pianse tra se stesso:
«Oh, Durindarda, come sei bella e santa!
nell'aureo pomo assai c'è reliquie:
un dente di San Pietro e del sangue di San Basilio
e dei capelli di monsignor San Dionigi;
un po' della veste c'è di Santa Maria;
non è giusto che dei pagani ti adoprino;
da cristiani dovete esser servita.
Non vi abbia uomo che commetta codardia!
Assai vaste terre con voi ho conquistato,
che Carlo regge, che la barba ha fiorita;
e l'imperatore n'è grande e potente».

Sente Rolando che la morte di lui s'impossessa,
giù dalla testa sul cuore gli discende.
Sotto un pino è andato di corsa;
sull'erba verde là s'è disteso prono;
sotto di sé mette la sua spada e l'olifante;

re la Francia. La spada di Rolando è il sacro simbolo della potenza della Francia cristiana, e chi le recasse offesa la recherebbe a una nazione intera e con essa al popolo di Dio. Rolando perciò prega Dio di non permettere simile insulto.

49. reliquie: emerge qui chiaramente la concezione sacrale del cavaliere, la cui arma assume un valore particolare per le sante reliquie che vi sono contenute: essa non deve perciò a nessun costo essere contaminata da una mano pagana.

55. codardia: vigliaccheria, oltraggio.

63. l'olifante: è il corno d'avorio con il quale Rolando ha richiamato indietro le truppe di Carlo. Anch'esso ha poteri superiori e valore sacro: perciò il paladino cerca di proteggerlo, insieme alla spada, con il proprio corpo.

Scelte espressive: paratassi o ipotassi?

Il lessico e la grammatica

"Paratassi" e "ipotassi" sono due parole "difficili" che spesso i grammatici preferiscono alle più facili **coordinazione** e **subordinazione**.

Come avrai probabilmente notato, il brano che hai letto esclude quasi del tutto il ricorso a proposizioni subordinate, essendo basato su una rigorosa coordinazione. Osserva per esempio i primi versi: ogni frase è isolata dal punto e virgola o dal punto fermo e coincide perciò con un periodo. La prima subordinata (temporale) si trova al verso 9: *or ch'io finisco...*

L'uso della coordinazione non è segno di povertà, ma è una scelta espressiva: il poeta allinea le sue frasi per ottenere un **ritmo** solenne e molto scandito, che nell'originale è ulteriormente sottolineato dal fatto che, all'interno di ogni strofa, tutti i versi sono fra loro rimati o assonanti (cioè rimati solo per quanto riguarda le vocali).

Proviamo, per esempio, a vedere che cosa succede modificando il testo in maniera da introdurre la subordinazione:

Quando *sente Orlando che la vista ha perduto, / si drizza in piedi e quanto* **più** *può si sforza, /* **tanto che** *nel suo viso il colore ha perduto. / Dinanzi a lui c'è una pietra bigia, /* **a cui** *dieci colpi dà con dolore e amarezza, / ma* **benché** *strida l'acciaio, non si rompe né intacca...*

Come vedi, la subordinazione mette in luce i nessi logici che il testo comunque ci fa comprendere, ma toglie ai versi il loro ritmo e la loro solennità epica.

Nota che nella nostra riscrittura abbiamo inserito anche qualche congiunzione coordinante (e, ma); il fatto che l'autore usi l'asindeto (cioè il collegamento senza congiunzione) ci conferma che la coordinazione non è un esito casuale, ma il frutto della scelta di isolare ogni elemento del discorso.

Prova a proseguire tu il lavoro:

- analizza la prima strofa e individua altre subordinate, se ve ne sono;
- continua la riscrittura "subordinante", mettendo in evidenza i nessi logici del discorso.

volse la sua testa verso la pagana gente:
per ciò l'ha fatto, perché egli vuole, secondo è vero,
che Carlo dica, e tutti quanti i suoi,
che il nobil conte è morto vincitore.
Recita il suo *Mea culpa* e fitto e sovente;
pei suoi peccati a Dio offrì il suo guanto.

Sente Rolando che la sua vita è finita.
Rivolto alla Spagna sta su un'altura puntuta;
con l'una mano allora il suo petto ha battuto:
«Dio, *mea culpa*, di fronte alla tua potenza,
dei miei peccati, dei grandi e dei piccini
che io ho fatto dall'ora in cui nacqui a questo giorno
in cui qui son stato colto!»
Il suo guanto destro per sommissione ha verso Dio teso;
angioli del cielo ora discendono a lui.

Il conte Rolando era steso sotto un pino;
verso la Spagna ha rivolto il suo viso.
Di molte cose a sovvenirsi prese:
di tutte le terre che il bravo conquistò,
della dolce Francia, delle persone del suo lignaggio,
di Carlomagno, il suo signore, che l'allevò;
non può evitare di piangere e sospirare.
Ma sé stesso non volle trascurare:
recita il suo *Mea culpa* e chiede a Dio mercè:
«Verace Padre, che mai non mentisti,
San Lazaro da morte resuscitasti
e Daniele dai leoni salvasti,
salva la mia anima da tutti i pericoli
dei peccati che in mia vita feci!»
Il suo guanto destro a Dio per sommissione offrì;
San Gabriele di sua mano l'ha preso.
Sopra il suo braccio teneva il capo chinato;
giunte le sue mani, è andato alla sua fine.
Dio inviò il suo angelo Cherubino
e San Michele del Periglio;
insieme a loro San Gabriele qui venne;
l'anima del conte portano in Paradiso.

La canzone di Rolando, trad. di S. Pellegrini, Utet

64. la sua testa... gente: un altro gesto di difesa dell'onore: morire con il viso rivolto al nemico, dimostrando così di non aver cercato scampo nella fuga.
67. vincitore: anche se Rolando viene sconfitto dalla superiorità numerica dei mori, il suo onore è salvo ed egli può dunque considerarsi vincitore.
69. offrì il suo guanto: è il gesto simbolico della sottomissione a Dio, che si accompagna alla recitazione da parte di Rolando del *Mea culpa*, cioè dell'umile preghiera di perdono rivolta a Dio. Nella figura del paladino si uniscono dunque orgoglio guerriero e umiltà cristiana.
82. bravo: coraggioso, prode. L'aggettivo è riferito a Rolando.
85. piangere e sospirare: molto umano e commovente questo pianto del paladino che, pur nella sua grande forza d'animo, nel momento di abbandonare la vita ricorda con nostalgia i momenti e i volti della sua esistenza avventurosa.
87. mercè: grazia, pietà.

Analisi del testo

La lentezza narrativa. Il racconto della morte di Rolando si caratterizza innanzitutto per la lentezza del ritmo narrativo. Il rallentamento dell'azione (il tempo di lettura è più lungo del tempo di svolgimento dei fatti) è naturalmente un artificio che l'autore adotta per conferire alla scena la massima solennità, e si basa soprattutto su due tecniche:

– sul piano sintattico, l'autore ricorre a frasi molto brevi, quasi sempre costituite da un solo periodo; quando le frasi si uniscono a formare periodi più lunghi, la coordinazione prevale decisamente sulla subordinazione: le azioni sono così "allineate" tutte sullo stesso piano e spetta al lettore stabilire i rapporti di causa e di altro tipo che le legano l'una all'altra;

– sul piano narrativo, l'autore non si limita a descrivere l'azione nei minimi particolari, ma utilizza spesso delle ripetizioni per tornare più volte sullo stesso gesto o sulla stessa azione («Sente Rolando che la vista ha perduto», «Sente Rolando che la morte di lui s'impossessa», «Sente Rolando che la sua vita è finita»; «Rolando batté sul pietrone di sarda», «Rolando batté su una pietra bigia»; «Oh Durindarda, come sei chiara e tersa», «Oh Durindarda, come sei bella e santa» ecc.); anche all'interno delle strofe, si nota la struttura ricorrente (per esempio, nelle tre strofe in cui Rolando si rivolge alla spada Durindarda). Le piccole variazioni permettono all'azione di procedere e nello stesso tempo la ripetizione di gesti e parole la rende più solenne e drammatica.

Dobbiamo ricordare che gli ascoltatori di questo poema (come quelli dei poemi epici antichi) conoscevano già l'esito della vicenda, per cui la loro attenzione non era concentrata su "ciò che accade", ma su "come viene narrato ciò che già sappiamo".

L'ispirazione religiosa. La solennità della scena antologizzata ben si adatta al carattere religioso dell'ispirazione complessiva del poema. La *Chanson de Roland* nasce infatti nell'epoca delle crociate e ne esprime lo spirito, ben diverso naturalmente da quello dei paladini di Carlo Magno.

La figura di Rolando, in particolare, ricorda per molti aspetti quella di Gesù: come Gesù, infatti, anch'egli è vittima innocente del tradimento altrui (di Giuda in un caso, di Gano nell'altro). Si noti che Rolando, sentendosi ferito a morte, dapprima rivolge la sua attenzione alla spada (che simboleggia la sua virtù di cavaliere: non a caso egli rievoca le imprese che ha compiuto con il suo aiuto), ma poi recita le preghiere e rivolge l'animo interamente a Dio (e il suo gesto estremo, quello di porgere il guanto, segno di alleanza secondo il codice cavalleresco, viene da Dio accettato, tanto è vero che angeli e santi arrivano a prendere l'anima del conte per portarla in Paradiso).

Proposte di lavoro

1. Tenendo conto della suddivisione in strofe, sintetizza rapidamente il contenuto del brano, indicando quali momenti della vicenda sono scanditi da ciascuna strofa.

2. Nota l'importanza attribuita nella narrazione ad alcuni oggetti. Quali sono?

3. Perché il poeta attribuisce tanta importanza a questi oggetti? Motiva la tua risposta.

- ☐ Perché sono i simboli della fede cristiana.
- ☐ Perché simboleggiano i valori della cavalleria.
- ☐ Perché sono oggetti molto antichi e carichi di storia.

Motivazione ....

....

....

....

4. In quali versi o immagini risulta maggiormente evidente la fusione, propria dell'ideologia cavalleresca, fra elemento guerriero ed elemento religioso?

5. Quali sono gli atteggiamenti, le parole, i pensieri che fanno di Rolando morente il prototipo del cavaliere eroico e valoroso, l'incarnazione dei valori dell'epica medievale? Quale significato attribuiscono alla sua figura le immagini con cui il brano si chiude?

6. Individua nel testo le espressioni e le frasi che si ripetono identiche o quasi identiche per due o più volte e sottolineale.

7. Quale funzione svolgono queste ripetizioni?

- ☐ Rallentano il ritmo del racconto.
- ☐ Rendono più rapido il ritmo del racconto.
- ☐ Conferiscono solennità al racconto.
- ☐ Avvicinano il tono del racconto a quello del discorso quotidiano.

Chrétien de Troyes

L'autore

Chrétien de Troyes è considerato uno dei maggiori scrittori medievali. Egli svolse gran parte della sua attività alla corte di Troyes, nella regione della Champagne. Fra il 1160 e il 1190 compose cinque romanzi cavallereschi in versi, in lingua d'oil, tra i quali: *Lancillotto o Il cavaliere della carretta*, *Ivano o Il cavaliere del leone*, *Percival o Il racconto del Graal*. Al centro dei suoi romanzi stanno l'**amore** e l'**avventura**, rappresentati con grande **sensibilità realistica** e capacità di **osservazione psicologica**. I protagonisti sono esemplari figure di eroi cortesi, cavalieri forti e generosi che vanno errando alla ricerca di avventura in un mondo fantastico e misterioso, popolato da mostri, selve e castelli incantati, feroci guerrieri. Essi affrontano imprese ardue e straordinarie per esprimere tutta la loro eccellenza e costruire, attraverso il **superamento di una serie di prove**, la propria educazione e perfezione. L'avventura rappresenta una prova da superare per essere degni di se stessi e realizzare quel superiore ideale di vita che la società cortese impone e di cui il cavaliere è la personificazione. Da qui anche il **significato simbolico** delle vicende dei cavalieri erranti, che rappresentano la conquista lenta e faticosa da parte dell'uomo della coscienza di sé. Tutti i romanzi di Chrétien de Troyes sono costruiti sullo schema di un'esperienza di iniziazione e di un cammino che conduce all'elevazione spirituale e alla piena realizzazione di una nobile natura.

L'opera

***Lancillotto* ha per protagonista uno dei cavalieri della Tavola Rotonda**, amante di Ginevra, la moglie di re Artù. Dapprima si spinge alla ricerca di lei che è stata rapita e portata nel reame di Gorre, la terra da cui non si ritorna. Sprezzante della morte, affronta ogni pericolo, e dopo il ritrovamento di Ginevra, poiché ha esitato un attimo a salire sulla carretta dei condannati per difenderla, è costretto a sottostare a prove dure e umilianti, al termine delle quali la regina gli concede finalmente il suo amore. Dal romanzo non è assente il senso del peccato che grava sugli amanti, ma la colpa è riscattata dalla superiore forza d'amore, senza la quale non vi sarebbero per il cavaliere prodezza e perfezione.

Lancillotto o Il cavaliere della carretta

Lancillotto e Ginevra

Presentiamo qui la scena dell'incontro amoroso fra Ginevra e Lancillotto. La passione è espressa nella sua realistica sensualità, e tuttavia la scena è avvolta in un'atmosfera vagamente sacrale: Lancillotto agisce quasi in estasi non accorgendosi delle proprie ferite, acquista poteri sovrumani e, nell'atto di inginocchiarsi davanti a Ginevra, dà al loro amore un valore quasi religioso.

Opera
Lancillotto o Il cavaliere della carretta
Epoca
XII secolo
Genere
romanzo
Lingua
lingua d'oïl

Si alzò[1] molto presto e pian piano, e questo non gli fu punto difficile, perché non lucevano né la luna né le stelle, e nella casa non c'era né una candela né una lampada, né una lanterna che ardesse. Agì con tanta prudenza, che nessuno se ne accorse, ma tutti credevano che dormisse nel suo letto per tutta la notte. Senza compagnia e senza guida se ne va molto rapidamente verso il verziere,[2] poiché non cercò qualcuno che lo accompagnasse, e fu fortunato perché nel verziere da poco era caduto un pezzo di muro. Passa sveltamente attraverso quella breccia, e tanto cammina che giunge alla finestra, e se ne sta là tanto tranquillo, che non tossisce

1. **Si alzò:** Lancillotto, avendo ottenuto dalla regina Ginevra il consenso a un incontro notturno segreto, ha finto di essere molto stanco per potersi coricare presto e ora, a notte fonda, si alza dal suo letto per andare da Ginevra.
2. **verziere:** giardino.

né starnuta, finché non venne la regina, vestita di una candida camicia; non vi aveva messo sopra né una tunica né una cotta,[3] ma un corto mantello di scarlatto e di marmotta.

Quando Lancillotto vede la regina che si appoggia alla finestra, che era sbarrata da grossi ferri, la saluta con un dolce saluto.[4] Essa gliene rende subito un altro, poiché essi erano pieni di desiderio, egli di lei ed essa di lui. Non parlano e non discutono di cose scortesi e tristi. Si avvicinano l'uno all'altra, e si tengono ambedue per mano. Rincresce loro a dismisura di non potersi riunire insieme, tanto che maledicono l'inferriata. Ma Lancillotto si vanta di entrare,[5] se alla regina piacerà, là dentro con lei: non rinuncerà certo a causa dei ferri. E la regina gli risponde:

«Non vedete voi come questi ferri sono rigidi, per chi voglia piegarli, e forti, a chi voglia spezzarli? Voi non potrete mai torcerli né tirarli verso di voi né farli uscire, tanto da poterli strappare via».

«Signora» dice lui «non preoccupatevene! Io non credo che il ferro valga a qualcosa: nulla, all'infuori di voi, mi può trattenere dal giungere fino a voi. Se un vostro permesso me lo concede, la via è per me completamente libera; ma se la cosa non vi è gradita, essa per me è allora così sbarrata, che non vi passerò in alcun modo».[6]

«Certo» essa dice «io ben lo desidero; la mia volontà non vi trattiene; ma è opportuno che voi aspettiate che io sia coricata nel mio letto, perché non voglio che malauguratamente si faccia rumore; infatti non sarebbe né corretto né piacevole che il siniscalco,[7] che dorme qui, si svegliasse per il rumore che noi facciamo. Per questo è giusto che io me ne vada, poiché non potrebbe immaginare nulla di buono, se mi vedesse stare qui».

«Signora» egli dice «andate dunque, ma non temete che io faccia rumore. Io penso di togliere i ferri tanto facilmente che non avrò da affaticarmi, e non sveglierò nessuno».

La regina allora se ne torna e Lancillotto si prepara e si accinge a sconficcare l'inferriata. Si attacca ai ferri, li scuote e li tira, tanto che li fa tutti piegare e li trae fuori dei luoghi in cui sono infissi. Ma i ferri erano così taglienti che la prima giuntura del dito mignolo si lacerò fino ai nervi, e si tagliò tutta la prima falange dell'altro dito. Egli però, che ha la mente rivolta ad altro, non si accorge per nulla del sangue che gocciola giù né delle piaghe.

La finestra non è punto bassa, tuttavia Lancillotto vi passa molto presto e molto agevolmente. Trova Keu che dorme nel suo letto, poi viene al letto della regina, e la adora e le si inchina, poiché in nessuna reliquia crede tanto.[8] E la regina stende le braccia verso di lui e lo abbraccia, lo avvince strettamente al petto, e lo trae presso di sé nel suo letto, e gli fa la migliore accoglienza che mai poté fargli, che le è suggerita da Amore e dal cuore. Da Amore venne la buona accoglienza che gli fece; e se essa aveva grande amore per lui, lui ne aveva cento mila volte di più per lei, perché Amore sbagliò il colpo tirando agli altri cuori, a paragone di quel che fece al suo; e nel suo cuore Amore riprese tutto il suo vigore, e fu così completo, che in tutti gli altri cuori [a confronto] fu meschino. Ora Lancillotto ha ciò che desidera, poiché la regina ben volentieri desidera la sua compagnia e il suo conforto, e egli la tiene tra le sue braccia, ed essa tiene lui tra le sue. Tanto gli è dolce e piacevole il gioco dei baci e delle carezze, che essi provarono, senza mentire, una gioia meravigliosa, tale che mai non ne fu raccontata né conosciuta una eguale; ma io sempre ne tacerò, perché non deve essere narrata in un racconto. La gioia più eletta e più deliziosa fu quella che il racconto a noi tace e nasconde.

3. **cotta:** sopraveste.
4. **con un dolce saluto:** nota l'incanto e la delicatezza della scena dell'incontro fra i due amanti, dominata da una grande dolcezza e dalla gioia di trovarsi insieme. Il gesto di avvicinarsi e di prendersi la mano è pieno di candido pudore.
5. **si vanta di entrare:** dichiara di essere in grado di rompere le inferriate.
6. **Signora... in alcun modo:** per l'eroe cortese non esistono ostacoli materiali, poiché egli è dotato di qualità superiori e sovrumane. Solo il rifiuto della donna amata può farlo desistere da un'impresa che egli desidera compiere: è lei la sua signora, la padrona dei suoi gesti e dei suoi desideri. Lancillotto chiede perciò alla regina un ulteriore gesto di assenso al loro incontro, che egli sa essere ardito e pericoloso, ma per il quale è pronto a tutto.
7. **siniscalco:** alto ufficiale di palazzo. In questo caso egli giace ferito in seguito a un'impresa compiuta per la regina. Era costume medievale, probabilmente per motivi di sicurezza, che uomini di fiducia alloggiassero la notte negli appartamenti reali.
8. **in nessuna reliquia crede tanto:** Lancillotto si accosta alla regina quasi con atteggiamento religioso, come se fosse una reliquia.

Molta gioia e molto diletto ebbe Lancillotto tutta quella notte. Ma sopravvenne il giorno, che molto gli pesa, perché deve alzarsi dal fianco della sua amica. Quando si alzò soffrì veramente come un martire, tanto fu per lui dolorosa la partenza, poiché soffre un gran tormento. Il suo cuore è sempre attirato verso quel luogo, nel quale rimane la regina. Non ha la possibilità di impedirglielo, perché la regina gli piace tanto, che non ha desiderio di lasciarla: il corpo si allontana, il cuore rimane. Se ne ritorna direttamente verso la finestra; ma nel letto rimane una così grande quantità del suo sangue che le lenzuola sono macchiate e tinte del sangue che è uscito dalle sue dita. Lancillotto se ne va molto afflitto, pieno di sospiri e pieno di lacrime.[9] Non si fissano un appuntamento per ritrovarsi insieme: ciò gli rincresce, ma non possono fissarlo. Passa per la finestra a malincuore; ed era entrato molto volentieri. Non aveva punto le dita sane, perché si era ferito molto gravemente; eppure ha raddrizzato i ferri e li ha rimessi di nuovo ai loro posti, così che né davanti né di dietro, né dall'uno né dall'altro lato sembra che si fosse mai levato né tratto fuori né piegato alcuno dei ferri. Nel momento di partire ha piegato le ginocchia verso la camera, comportandosi come se fosse stato davanti a un altare.[10] Poi si allontana con grandissimo dolore; non incontra nessuno che lo conosce, tanto che è tornato al suo alloggio.

Lancillotto o Il cavaliere della carretta, in *Romanzi*, a c. di C. Pellegrini, Sansoni

9. **pieno di lacrime:** la grande gioia suscitata in Lancillotto dall'amore di Ginevra non è priva di contrasti. Essa è mista a dolore, poiché Lancillotto sa che quell'amore è proibito e irrealizzabile e sente l'angoscia delle possibili conseguenze della sua colpa.

10. **come... altare:** anche questo paragone eleva in una sfera sacrale, sovrumana, la passione amorosa dell'eroe.

Analisi del testo

L'onore del cavaliere. Letterato colto e raffinato, Chrétien de Troyes attua nella sua opera l'incontro fra la sensibilità e i temi "cortesi" della poesia provenzale e lo spirito eroico delle *chansons de geste*. Al centro del brano proposto l'autore mette il rapporto fra l'amore cortese e l'onore del perfetto cavaliere, ossia fra la perfezione che si può raggiungere attraverso l'amore e la maturazione interiore che il cavaliere ricerca compiendo una vita avventurosa che ne testimoni il coraggio e la nobiltà d'animo. L'amore – in questo caso di Lancillotto per Ginevra – è stimolo verso la perfezione e misura della capacità da parte del nobiluomo di pervenire a qualcosa di eccezionale e inaccessibile. Lancillotto sa che il coronamento del proprio desiderio d'amore è non solo difficile e pericoloso, ma anche peccaminoso e in contrasto con il giuramento di fedeltà prestato ad Artù. Pur tuttavia, e potremmo dire proprio per questo, il cimento è tale da meritare ogni sforzo: la forza immensa dell'amore saprà riscattare la colpa e avviare il cavaliere verso la perfezione. Per lui dunque non esistono ostacoli (simbolicamente qui resi dall'inferriata, che Lancillotto supera a costo del sangue, con cui macchia il lenzuolo di Ginevra), se non un eventuale rifiuto da parte della donna amata, che tuttavia non viene.

Una "prova" amorosa. Tutto il racconto è costruito dal punto di vista di Lancillotto: l'episodio viene raccontato come una "prova", in questo caso amorosa e non guerresca, che il cavaliere riesce a superare, perché dotato di qualità superiori, quasi sovrumane. L'incontro tra i due amanti, i brevi dialoghi, la notte d'amore sono tuttavia narrati con grande delicatezza e con grande attenzione alla sensibilità della donna amata. A lei l'eroe si accosta come se fosse non una conquista, ma una reliquia, così che il sentimento amoroso acquista un significato quasi religioso.

Proposte di lavoro

1. Riassumi il brano, dopo averlo suddiviso in sequenze.
2. Ricava dal brano i tratti di Lancillotto e di Ginevra e completa la seguente tabella.

	Lancillotto	Ginevra
Aspetto fisico		
Aspetti del carattere		
Condizione sociale e altro		

3. Concentra ora l'attenzione su Lancillotto. Nella scena dell'incontro d'amore Lancillotto non perde, nell'essere appassionato amante, le sue qualità di eroe indomito e coraggioso. Ritrova nel testo i passi in cui ciò emerge. Come si conciliano, nella figura del cavaliere cortese, amore e virtù guerriere?
4. Confronta ora Lancillotto e Rolando (➡ p. 213).
   ➤ Quali elementi hanno in comune?
   ➤ Quali sono le principali differenze fra loro?
5. Individua nel brano i passi in cui emerge una rappresentazione realistica degli ambienti e dei personaggi. Poi individua i passi in cui la vicenda assume carattere quasi sacro e i personaggi appaiono quasi sovrumani.
6. Che cosa rappresenta l'amore per il cavaliere cortese? Da quali passi si ricava che esso non è un sentimento facile, ma contrastato e sofferto? Da che dipende questo contrasto?

CAVALLERIE QUOTIDIANE

Segni del Medioevo nel lessico d'oggi

Molti aspetti che appartengono alla nostra quotidianità derivano dai costumi cavallereschi.

Per esempio, dai costumi cavallereschi deriva l'abitudine di **togliersi il cappello** in segno di saluto o di rispetto: il cavaliere che si toglieva l'elmo segnalava infatti le sue intenzioni pacifiche o la sua sottomissione, poiché lasciava indifesa la testa.

La diffusione dell'unisex non ha annullato una delle differenze più strane tra gli **abiti** maschili e quelli femminili: quella per cui i primi si allacciano con la parte sinistra sovrapposta alla destra, i secondi viceversa con la destra sovrapposta alla sinistra. La ragione è... cavalleresca: la chiusura "femminile" è più facile da allacciare e slacciare, per chi non sia mancino; ma gli uomini portavano la spada al fianco sinistro e la impugnavano con la destra, quindi era necessario che estraendola non si impigliasse tra le vesti: perciò i vestiti maschili dovevano avere un'allacciatura meno comoda, ma più sicura in caso di duello!

I segni più profondi, però, l'epoca cavalleresca li ha lasciati nella **lingua**.

Per esempio, espressioni come **essere cavaliere** (nel senso di rispettare una donna, avere attenzioni e gentilezze nei suoi confronti) nasce proprio dai romanzi cavallereschi del Medioevo, in cui i cavalieri si ponevano spontaneamente al servizio delle dame, manifestando in questo modo la loro nobiltà d'animo.

Anche l'espressione **dare la mancia** deriva dal gergo cavalleresco: tradizionalmente, ai tornei, la dama che presiedeva la giostra dava infatti in dono la propria manica al vincitore (le maniche dei vestiti, staccabili, erano spesso decorate con preziosi gioielli: non si trattava quindi di un dono da poco); dal francese *manche* (manica) è derivato l'italiano "mancia", con il significato che tutti sappiamo.

Il gergo cavalleresco è molto presente nello sport e nella politica: pensiamo a espressioni tuttora in uso, anche se non frequenti, come **essere in lizza, scendere nell'arengo, lanciare il guanto della sfida** e simili.

Matteo Maria Boiardo

L'autore

Matteo Maria Boiardo nacque nel 1441 a Scandiano, feudo della sua famiglia vicino a Reggio Emilia. Dopo avere amministrato per alcuni anni le proprietà familiari, dedicandosi intanto allo studio dei classici e alle prime prove poetiche, nel 1476 si trasferì a Ferrara, dove entrò stabilmente **al servizio del duca d'Este Ercole I**, dal quale fu nominato governatore prima di Modena e poi di Reggio.

Boiardo scrisse **poesie in latino**, com'era consuetudine di tutti gli scrittori del periodo umanista, **tradusse classici** greci e latini e compose anche un **canzoniere dedicato a una donna**, Antonia, amata ardentemente nella giovinezza.

La sua fama è però legata al poema cavalleresco ***Orlando innamorato***, a cui si dedicò a partire dal 1476, sollecitato dai duchi d'Este, e che lasciò incompiuto, morendo nel 1494.

L'opera

L'*Orlando innamorato* è un poema in ottave, composto di 69 canti e diviso in tre parti; racconta la storia di **Angelica**, la bellissima figlia del re del Catai, che giunge alla corte di Carlo Magno, re dei franchi, insieme con il fratello Argalìa, e fa innamorare di sé tutti i paladini. Argalìa sfida a duello tutti i pretendenti, col patto che il vincitore avrà la fanciulla. Quando però Ferraguto uccide Argalìa, Angelica viola il patto e fugge in Oriente, inseguita da tutti i cavalieri, compresi Orlando e il cugino Rinaldo. Anche il re Agricane ama Angelica e per lei assedia la città di Albracà, trovando tuttavia la morte per mano di Orlando. Nel frattempo il re dei mori Agramante muove guerra alla Francia insieme con i suoi guerrieri più valorosi: Ruggero, Rodomonte, Gradasso. Per amore della fanciulla i due cugini vengono a lite a Parigi, finché Carlo Magno li separa e affida Angelica in custodia al vecchio Namo, duca di Baviera, promettendola a chi meglio si comporterà in battaglia. A questo punto il poema si interrompe.

La novità dell'*Orlando innamorato*, rispetto alla tradizione epica precedente, consiste essenzialmente nella definitiva **fusione tra ciclo carolingio e ciclo bretone**, che il poema realizza presentando Orlando, il protagonista tradizionale della poesia cavalleresca, come un **eroe nuovo e umanizzato**.
Nostalgia del mondo cavalleresco medievale, gusto del fantastico e dell'avventuroso, ammirazione per gli atti d'eroismo e per la bellezza femminile: questi sono i motivi che si alternano nel poema, la cui trama è intessuta, come è tipico del poema rinascimentale, di una serie infinita di duelli e battaglie.

Opera **Orlando innamorato**
Genere **poema cavalleresco**
Epoca **XV secolo**
Lingua **italiano**
Schema metrico **ottave**

Orlando innamorato, libro I, canto XVIII, ottave 32-40; canto XIX, ottave 12-17

Il duello tra Orlando e Agricane

Il brano che abbiamo scelto racconta il duello tra Orlando e Agricane, re di Tartaria. Orlando e Rinaldo sono nel Catai, dove difendono la città di Albracà, dentro la quale Angelica è assediata da Agricane. Quest'ultimo sa che l'ostacolo principale per la caduta della città è Orlando, ma non vuole ucciderlo in un duello. Anche Orlando esita di fronte a un duello in cui potrebbe uccidere l'avversario. La gentilezza cavalleresca dei due non riesce tuttavia a evitare che si giunga allo scontro.

Fermossi ivi Agricane a quella fonte,
e smontò de l'arcion per riposare.
Ma non si tolse l'elmo da la fronte,
né piastra o scudo si volse levare;
e poco dimorò che giunse il conte,
e come il vide a la fonte aspettare,
dissegli: Cavalier, tu sei fuggito,
e sì forte mostravi, e tanto ardito!

[1-8] Agricane si fermò lì, presso quella fonte, e smontò da cavallo per riposare. Ma non tolse l'elmo, né l'armatura; e poco dopo arrivò Orlando, che appena lo vide alla fonte che aspettava gli disse: «Cavaliere, tu sei fuggito, eppure ti mostravi così forte e coraggioso!

Come tanta vergogna puoi soffrire,
a dar le spalle ad un sol cavaliero?
Forse credesti la morte fuggire?
Or vedi che fallito hai il pensiero.
Chi morir può onorato dee morire,
ché spesse volte avviene e di leggiero,
che per durar in questa vita trista,
morte e vergogna ad un tratto s'acquista.

[9-16] Come puoi sopportare una simile vergogna – voltare le spalle a un solo avversario? Credevi forse di sfuggire alla morte in questo modo? Come vedi, ti sbagliavi. Chi può morire con onore, deve farlo, perché spesso per conservare la vita a ogni costo ci si procura la morte e il disonore insieme».

Agrican prima rimontò in arcione,
poi con voce soave rispondia:
Tu sei per certo il più franco barone,
ch'io mai trovassi nella vita mia,
e però del tuo scampo fia cagione
la tua prodezza e quella cortesia,
che oggi sì grande al campo usato m'hai,
quando soccorso a mia gente donai.

[17-24] Agricane prima rimontò a cavallo, poi con voce dolce rispose: «Tu sei senza dubbio il cavaliere migliore che io abbia mai incontrato, e la tua prodezza e la cortesia che oggi mi hai usato sul campo di battaglia, quando andai in aiuto ai miei soldati, saranno causa della tua salvezza.

Però ti voglio la vita lasciare,
ma non tornarti più per darmi inciampo:
questo la fuga mi fe' simulare,
né v'ebbi altro partito a darti scampo:
se pur ti piace meco battagliare,
morto ne rimarrai su questo campo;
ma siami testimonio il ciel e il sole,
che darti morte mi dispiace e duole.

[25-32] Per questo infatti ti voglio lasciare la vita, a patto che tu non torni più a ostacolarmi. Questo mi ha spinto a fingere la fuga: era l'unico modo per darti scampo. Se però vuoi duellare con me, rimarrai morto in questo luogo; ma chiamo a testimoni il cielo e il sole che ucciderti mi dispiace moltissimo».

Il conte gli rispose molto umano,
perché avea preso già di lui pietate:
Quanto sei, disse, più franco e soprano,
più di te mi rincresce in veritate,
che sarai morto, e non sei Cristïano,

[33-40] Il conte gli rispose con grande umanità, perché provava già pietà per lui: «Proprio perché sei forte e coraggioso, in verità mi dispiace per te, perché morirai e non sei cristiano e finirai quindi all'Inferno; ma se vuoi

1. **Fermossi ivi Agricane:** si fermò lì Agricane. Siamo nelle lontane terre della Paganìa e Agricane, re di Tartaria, innamorato come Orlando di Angelica, ha assediato la capitale del Catai dove la fanciulla è rinchiusa. Orlando difende la città. Già una volta si era acceso tra i due eroi un duello, ma il paladino cristiano l'aveva interrotto per permettere al re di soccorrere i suoi soldati assaliti da un gigante. Ora hanno ricominciato a duellare, ma Agricane d'un tratto è fuggito, giungendo in una selva dove un bel prato circonda una fonte.

4. **piastra:** corazza.

5. **dimorò:** attese; **il conte:** Orlando.

8. **e sì... ardito!:** non è un insulto da parte di Orlando, ma solo un rimprovero pacato e signorile, basato sul codice d'onore cavalleresco.

12. **fallito... pensiero:** Agricane non è riuscito nel suo intento: Orlando l'ha raggiunto ed è sicuro di ucciderlo.

14-16. **ché... s'acquista:** l'accenno alla *vita trista* dà al discorso di Orlando un tono di malinconia.

18. **con voce soave:** le accuse di Orlando spingono Agricane a risalire a cavallo e a rispondere con voce e parole cortesi.

21-24. **e però... donai:** comprendiamo, da queste parole, che Agricane non è fuggito per paura, ma per trarre Orlando fuori dal campo di battaglia, per salvarlo e ricompensarlo così del suo nobile gesto.

32. **che... duole:** il dispiacere di Agricane è sincero, ma i due cavalieri sentono che il duello è ormai fatale.

34. **avea... pietate:** la pietà di Orlando nasce anche dalla sua fede cristiana, che lo spinge a chiedere ad Agricane di ricevere il battesimo.

ed anderai tra l'anime dannate;
ma se vuoi il corpo e l'anima salvare,
piglia battesmo e lascierotti andare.

salvare insieme la vita e l'anima, lasciati battezzare e io ti lascerò andare via.»

Disse Agricane, e riguardollo in viso:
Se tu sei Cristïano, Orlando sei;
chi mi facesse re del paradiso,
con tal ventura non la cangierei;
ma sin or ti ricordo e dòtti avviso,
che non mi parli dei fatti de' Dei,
perché potresti predicar in vano;
difenda il suo ciascun col brando in mano.

[41-48] Agricane rispose, guardandolo in viso: «Se tu sei cristiano, non puoi che essere Orlando! Non rinuncerei alla fortuna di averti incontrato neanche per diventare re del Paradiso; ma fin d'ora ti avverto – non parlarmi di religione, perché predicheresti invano; ciascuno di noi difenda la sua con la spada».

Né più parole: ma trasse Tranchera
e verso Orlando con ardir si affronta.
Or si comincia la battaglia fiera,
con aspri colpi di taglio e di ponta.
Ciascun è di prodezza una lumiera;
e sterno insieme, come il libro conta,
da mezzo giorno in sino a notte scura,
sempre più franchi a la battaglia dura.

[49-56] Smise di parlare, snudò Tranchera e mosse per affrontare Orlando. Ora incomincia un duello feroce, con aspri colpi di taglio e di punta. Ciascuno dei due è un faro di prodezza; e rimasero a combattere, come dice il libro [di Turpino], da mezzogiorno fino a notte fonda, sempre più accaniti nella lotta.

Ma poi che il sol avea passato il monte,
e cominciossi a far il ciel stellato,
prima verso del re parlava il conte:
Che farem, disse, che il giorno n'è andato?
Disse Agricane con parole pronte:
Ambi ci poseremo in questo prato;
e domattina come il giorno appare,
ritorneremo insieme a battagliare.

[57-64] Ma quando il sole calò dietro ai monti e in cielo incominciarono a spuntare le stelle, per primo il conte [Orlando] si rivolse al re [Agricane]: «Cosa faremo, disse, visto che il giorno è finito?» Agricane rispose prontamente: «Ci metteremo tutti e due a riposare su questo prato; e domattina, all'apparir del giorno, riprenderemo la lotta.»

Così d'accordo il partito si prese:
lega il destrier ciascun come gli piace,
poi sopra l'erba verde si distese;
come fosse tra loro antica pace,
l'uno a l'altro vicino era e palese:
Orlando presso al fonte isteso giace,
ed Agricane al bosco più vicino
stassi corcato a l'ombra di un gran pino.

[65-72] Così decisero di comune accordo: ciascuno legò il cavallo come preferiva e si distese sull'erba verde; come se ci fosse tra loro un'antica amicizia, stavano vicini, ben visibili l'uno all'altro. Orlando giace presso la fonte; Agricane, nel bosco vicino, è coricato sotto un grande pino.

Sotto il cielo stellato, i due cavalieri dialogano a lungo: Orlando afferma che il cielo, la luna e le stelle stanno a dimostrare la presenza di Dio e che la cultura è necessaria per poter comprendere la potenza divina. Agricane risponde di non essere esperto di scienza e di libri, ma di avere speso tutta la sua vita a esercitarsi nei giuochi d'arme e ad allenare la forza e la destrezza del proprio corpo. Egli domanda poi a Orlando

42. Orlando sei: Agricane non sapeva ancora chi era il cavaliere che lo fronteggiava; quando apprende che è cristiano, pensa subito a Orlando, il più famoso dei paladini.
43-44. chi... cangierei: alla cortesia succede ora la fierezza: il duello sarà la prova di chi dei due debba essere considerato il cavaliere più valoroso.
49. Tranchera: la spada di Agricane; la spada di ogni cavaliere aveva un nome.
54. come il libro conta: come racconta il libro di Turpino, l'autore immaginario a cui fingono di riferirsi tutti gli scrittori di poemi cavallereschi.
68. come... pace: il furore della battaglia ha di nuovo lasciato il posto alla gentilezza cavalleresca. È d'obbligo citare uno dei versi più noti dell'*Orlando furioso* di Ariosto: «O gran bontà de' cavallieri antiqui!»

perché mai sia giunto fin lì. Il paladino risponde che è venuto per amore di Angelica. Agricane infuriato monta allora a cavallo e si scaglia di nuovo contro Orlando. Il combattimento prosegue finché Orlando ferisce mortalmente Agricane.

Dal destro lato a l'anguinaglia stanca
era tagliato il re cotanto forte:
perse la vista ed ha la faccia bianca,
come colui ch'è già giunto a la morte;
e ben che 'l spirto e l'anima gli manca,
chiamava Orlando e con parole scorte
sospirando diceva in bassa voce:
Io credo nel tuo Dio che morì in croce.

[73-80] Il re era ferito in profondità dal fianco destro a quello sinistro. Gli si annebbiò la vista e impallidì come chi sta per morire. E benché fosse quasi svenuto e morto, chiamava Orlando e con parole precise, sospirando, a bassa voce, gli diceva: «Io credo nel tuo Dio morto in croce.

Battezzami, barone, a la fontana,
prima ch'io perda in tutto la favella;
e se mia vita è stata iniqua e strana,
non sia la morte almen di Dio ribella.
Lui, che viene a salvar la gente umana,
l'anima mia ricoglia tapinella;
ben mi confesso che molto peccai,
ma sua misericordia è grande assai.

[81-88] Battezzami, cavaliere, alla fonte, prima che perda del tutto la voce; e se la mia vita è stata malvagia e ribelle, almeno la morte non sia contraria a Dio. Lui che è venuto a salvare tutti gli uomini accolga la mia povera anima; confesso di aver molto peccato, ma la sua misericordia è molto grande [e confido nel suo perdono]».

Piangea quel re che fu cotanto fiero,
e tenea il viso al ciel sempre voltato:
poi ad Orlando disse: Cavaliero,
in questo giorno d'oggi hai guadagnato,
al mio parere, il più franco destriero
che mai fosse nel mondo cavalcato;
questo fu tolto ad un forte barone,
che nel mio campo dimora prigione.

[89-96] Piangeva, quel re tanto feroce, e teneva il viso rivolto al cielo; poi disse a Orlando: «Cavaliere, in questa giornata hai vinto, secondo me, il cavallo migliore tra quelli che furono mai cavalcati. L'ho preso a mia volta a un bravo cavaliere, che è prigioniero nel mio accampamento.

Io non mi posso ormai più sostenire,
levami tu d'arcion, baron accorto;
deh non lasciar quest'anima perire,
battezzami oramai, ché già son morto.
Se tu mi lasci a tal guisa morire,
ancor n'arai gran pena e disconforto.
Questo diceva e molte altre parole:
oh quanto al conte ne rincresce e duole!

[97-104] Io ormai non posso più stare in piedi. Tirami giù da cavallo, saggio cavaliere, non lasciare che la mia anima si perda, battezzami subito, perché sono già in punto di morte. Se mi lasci morire così, ne avrai grande rimorso». Così diceva, e aggiungeva molte altre parole. Oh, come ne è addolorato il conte!

Egli avea pien di lagrime la faccia,
e fu smontato in su la terra piana:
ricolse il re ferito ne le braccia,
e sopra al marmo il pose a la fontana,
e di pianger con seco non si saccia,

[105-112] Aveva la faccia piena di lacrime. Scese da cavallo, prese il re ferito tra le braccia e lo pose sopra il marmo della fonte, e non smetteva di piangere con lui, chiedendogli perdono con voce commossa. Poi lo

73. **Dal... stanca:** si noti, in quest'ultima parte del brano, il tono più solenne e lento.
75. **perse la vista:** Agricane sta morendo.
80. **Io... croce:** la conversione rapida e improvvisa di Agricane è coerente con l'animo impulsivo e guerriero del personaggio ed è un modo di ammettere la sconfitta: il suo Dio è stato vinto con lui; il Dio di Orlando è il vincitore.
90. **e tenea... voltato:** il viso rivolto al cielo è segno di abbandono alla sconfitta, ma anche di attesa di un segno di grazia dal cielo.
93. **il più franco destriero:** Baiardo, destriero di Rinaldo, che Agricane aveva preso ad Astolfo, da lui vinto e fatto prigioniero.
95. **un forte barone:** Astolfo.
98. **levami... accorto:** in questa supplica dolorosa si avverte la nota più intensa del brano.
105. **Egli:** Orlando.

chiedendogli perdon con voce umana.
Poi battezzollo a l'acqua de la fonte,
pregando Dio per lui con le man gionte.

battezzò con l'acqua della fonte, pregando per lui con le mani giunte.

Poco poi stette che l'ebbe trovato
freddo nel viso e tutta la persona,
onde si avvide ch'egli era passato.
Sopra al marmo al fonte lo abbandona,
così com'era tutto quanto armato,
col brando in mano e con la sua corona.

[113-118] Si trattenne ancora un po' dopo che lo sentì freddo nel viso e nel corpo, segno che era spirato. E poi lo abbandonò sul marmo della fonte, così armato com'era, con la spada in mano e la corona sulla testa.

L'ottava, il verso del poema cavalleresco

Metrica e retorica

I poemi cavallereschi italiani sono scritti in strofe di otto versi, dette "ottave". A quanto sembra, l'ottava fu inventata da Boccaccio nella prima metà del Trecento, ma fu utilizzata soprattutto a partire dalla seconda metà del **Quattrocento**, proprio dagli autori di poemi cavallereschi. Tra le opere che hanno contribuito alla fortuna di questo metro, ricordiamo almeno:

seconda metà del Quattrocento	• *Morgante* di Luigi Pulci • *Stanze per la giostra* di Angelo Poliziano • *Orlando innamorato* di Matteo Maria Boiardo
prima metà del Cinquecento	• *Orlando furioso* di Ludovico Ariosto
seconda metà del Cinquecento	• *Gerusalemme liberata* di Torquato Tasso
prima metà del Seicento	• *La secchia rapita* di Alessandro Tassoni

L'ottava è una strofa di **otto versi endecasillabi**, suddivisi in **quattro distici** (cioè coppie di versi): i primi sei versi sono a rima alternata, gli ultimi due a rima baciata. Ecco un esempio di analisi:

Le donne, i cavallier, l'arme, gli amori,	A
le cortesie, l'audaci imprese io canto,	B
che furo al tempo che passaro i Mori	A
d'Africa il mare, e in Francia nocquer tanto,	B
seguendo l'ire e i giovenil furori	A
d'Agramante lor re, che si diè vanto	B
di vendicar la morte di Troiano	C
sopra re Carlo imperator romano.	C

Analisi del testo

Forza e gentilezza d'animo. Il duello fra Orlando e Agricane si caratterizza da un lato per la straordinaria forza dei due combattenti, ma dall'altro per la loro altrettanto straordinaria cortesia.
Fin dalle prime battute, alla gara di forza si unisce infatti una gara di gentilezza d'animo:
– Orlando si impietosisce all'idea che un cavaliere come Agricane finisca ucciso e gli offre la possibilità di evitare il duello, convertendosi alla religione cristiana; Agricane, dal canto suo, si dichiara poco interessato alle questioni religiose, ma molto onorato all'idea di combattere contro Orlando, il più grande dei paladini di Carlo Magno;
– quando il giorno finisce e il sole tramonta, il duello dev'essere sospeso: i due cavalieri si distendono sul prato, vicini e fiduciosi, «come fosse tra loro antica pace»: l'idea del tradimento, in quanto opposta all'ideale cavalleresco che entrambi incarnano, non li sfiora neppure;
– quando Agricane si sente ferito a morte, dichiara la propria volontà di convertirsi: non si tratta di una vera conversione, che nasce da un travaglio dell'anima, ma di un gesto di cortesia nei confronti di Orlando, di cui Agricane riconosce in questo modo la superiorità; Orlando ricambia questa cortesia abbandonando Agricane con l'armatura e la corona intatte, anziché impadronirsene come sarebbe stato suo diritto.

L'amore, motore di ogni azione umana. All'interno del lungo episodio, c'è però un momento in cui la cortesia viene lasciata da parte: è il momento in cui Agricane scopre che Orlando è innamorato di Angelica, la donna che egli stesso ama, e si lascia prendere dall'ira e ricomincia a duellare, pur nell'o-

scurità. Si tratta di un momento importante, perché Boiardo esprime in questo modo la forza invincibile dell'amore, che nel suo poema viene rappresentato come il "motore" di ogni azione umana, tanto che il poeta stesso afferma altrove che chi ignora l'amore «se in vista è vivo, vivo è sanza core».
La forza dell'amore è certo vitale, ma anche drammatica: esso è all'origine delle innumerevoli avventure dell'Orlando innamorato, ma anche delle sue innumerevoli violenze, morti e dolori; Boiardo inserisce infatti nel suo poema numerose novelle, alcune delle quali sottolineano proprio il carattere tragico che può assumere la passione amorosa; e forse la notte che avvolge i due cavalieri ormai non più cortesi, decisi a uccidersi per amore nel brano del duello da noi omesso, rappresenta simbolicamente le tenebre dell'irrazionalità e anticipa il tema della "follia" che tanto sviluppo avrà nel poema di Ariosto, che a Boiardo si richiama esplicitamente.

Proposte di lavoro

1. Suddividi il brano in sequenze e sintetizza il contenuto di ciascuna in una breve frase.
2. Ricostruisci il carattere dei due avversari, riportando le parole e le frasi attraverso cui Boiardo ce lo fa capire.
   - Agricane: ....
   ....
   - Orlando: ....
   ....
3. Confronta i due personaggi.
   - Da quali atteggiamenti emerge la loro cortesia?
   - Di quali valori è portavoce Orlando nel corso del loro dialogo?
   - Quali sono le principali differenze tra i due?
4. Da quali elementi del brano emerge l'importanza che veniva attribuita, alla corte di Ferrara, al mestiere delle armi e ai valori cavallereschi tradizionali?
5. L'*Orlando innamorato* fonde due tradizioni narrative diverse: quella carolingia e quella bretone. Indica i caratteri di ciascuna tradizione, poi spiega perché Boiardo decide di basare la sua opera su questa contaminazione.

Torquato Tasso

L'autore

Nato a Sorrento nel 1544, Torquato Tasso seguì ancora bambino il padre Bernardo, segretario del principe Ferrante Sanseverino, costretto all'esilio e scacciato dal Regno di Napoli. Dopo essere stato a Roma, dove dodicenne seppe della morte della madre, e a Urbino, visse a Venezia e a Padova, dove studiò diritto ed entrò in contatto con la cultura aristotelica dominante in quella città. Infine si trasferì a Ferrara, dove entrò al servizio del cardinale Luigi d'Este e poi del duca Alfonso II. Iniziò in questi anni un'intensa attività letteraria. Nel 1573 compose, in occasione di una festa di corte, l'*Aminta*, una favola pastorale. Precedentemente, nel 1562, aveva composto il poema cavalleresco *Rinaldo*; nel 1575 terminò una prima stesura della *Gerusalemme liberata* che intitolò *Goffredo*, dal nome dell'eroe protagonista.

Con la stesura del poema, vennero manifestandosi in lui i primi segni di un grave squilibrio mentale, di una agitazione interiore in cui **preoccupazioni religiose** si mescolavano a **scrupoli letterari**. Dubitava della propria ortodossia religiosa e temeva di incorrere nelle severe critiche dell'Inquisizione; nello stesso tempo, angosciato dal conformismo dottrinale dell'epoca, dall'ansia di aderire alle regole aristoteliche, dubitava del valore della propria opera, che era criticata da letterati e teologi. Si recò per questo a Roma, dove si rivolse a un gruppo di intellettuali perché esaminassero e revisionassero i suoi scritti. Tutto ciò provocò il logorio delle sue energie fisiche e mentali. Nel 1577 si fece addirittura esaminare dall'inquisitore di Ferrara, a cui espose il proprio complesso di irreligiosità e il proprio timore di aver offeso nelle sue opere la morale e la fede. Fu assolto dall'accusa di eresia da lui stesso costruita, ma ciò non bastò a ridargli la tranquillità.

Rinchiuso nel convento di San Francesco, riuscì a fuggire, recandosi prima a Sorrento dalla sorella, poi a Torino e infine di nuovo a Ferrara. Durante i festeggiamenti per il matrimonio del duca Alfonso ebbe una violenta crisi, in seguito alla quale fu rinchiuso nell'ospedale di Sant'Anna, dove rimase per sette anni, fino al 1586. Nell'alternarsi di fasi di lucidità con altre di profondo turbamento, riuscì in questi anni a lavorare intensamente, componendo liriche e dialoghi. In questo periodo, a sua insaputa, fu anche pubblicato il suo poema maggiore; tale pubblicazione diede inizio a una lunga e aspra polemica tra i sostenitori della superiorità di Ariosto e i sostenitori di Tasso, polemica che amareggiò acutamente il poeta. Riavuta nel 1587 la libertà, egli pensò e compose una rielaborazione integrale del poema, che uscì nel 1593 con il titolo mutato di *Gerusalemme conquistata*. Affidato dapprima alle cure e alla custodia dei Gonzaga a Mantova, Tasso riprese ben presto le sue inquiete peregrinazioni per tutta l'Italia, approdando infine a Roma, ospite della corte cardinalizia e protetto da papa Clemente VIII. Morì a Roma nel 1595.

L'opera

Alla stesura e alle numerose revisioni della *Gerusalemme liberata* Torquato Tasso si dedicò per tutto l'arco della vita. Nel 1559, a 15 anni, aveva avuto la prima idea di un poema costruito sul **tema** centrale della **liberazione del Santo Sepolcro**; nel 1575 terminò una prima stesura del poema che titolò *Goffredo* (il titolo *Gerusalemme liberata* comparirà solo nelle edizioni successive); infine la tormentata vicenda della revisione secondo i dettami della Controriforma portò al rifacimento del poema, che uscì di nuovo nel 1593 con il titolo di *Gerusalemme conquistata*. La scelta dell'argomento è estremamente significativa: ai motivi romanzeschi del poema cavalleresco tradizionale Tasso sostituì un tema storico, in particolare un tema religioso, molto attuale in quegli anni che vedevano l'avanzata dei turchi nel bacino del Mediterraneo, arrestata nel 1571 dalla vittoria dei cristiani nella battaglia di Lepanto. Il tema era la liberazione del Sepolcro di Cristo, all'epoca della prima crociata, alla fine dell'XI secolo. Con questa scelta, Tasso rifiutava esplicitamente il poema romanzesco e cavalleresco che era stato ancora il modello di Ariosto e, in accordo con le regole aristoteliche riprese in quegli anni dal Classicismo, componeva un poema epico ed eroico, che saltava il Medioevo cavalleresco e **si rifaceva** piuttosto **ai classici greci e latini**. Negli intendimenti dell'autore, questo poema doveva raccontare un'azione gloriosa e illustre, che servisse sul piano morale e didattico a **rafforzare la cristianità**. L'argomento doveva essere storico e le azioni narrate verosimili; un solo eroe, Goffredo di Buglione, il capo dei crociati, doveva stagliarsi sulla folla dei personaggi; la narrazione infine doveva stupire e colpire gli animi dei lettori con la meraviglia dei fatti e delle imprese narrate.

La trama del poema è, in sintesi, la seguente: siamo nel sesto anno della crociata e Goffredo di Buglione, spinto da una ispirazione divina, raduna e incita i cavalieri cristiani, che stanchi e delusi dal protrarsi della lotta si sono dispersi dietro egoismi e ambizioni private, dimenticando la loro missione. Goffredo rinnova il loro ardore religioso e guerriero e li guida verso Gerusalemme. L'assedio della città è lungo e difficile; nel combattimento brillano l'eroica difesa del re Aladino e dei suoi cavalieri Solimano, Argante e Clorinda e il valore dei cristiani Tancredi e Rinaldo, il capostipite della casa degli Estensi. A decidere le sorti della battaglia intervengono anche le forze del Cielo e dell'Inferno: i demoni seminano tra i crociati tentazioni peccaminose e discordie interne, cercando di indebolire la loro fede religiosa; il mago Ismeno opera un incantesimo sulla selva dalla quale essi traggono il legname per costruire le macchine da guerra necessarie per l'assedio della città. In questa trama epica e guerresca il poeta intesse alcune storie d'amore: quella infelice di Erminia per Tancredi, quella tragica di Tancredi per Clorinda, quella sensuale di Armida e Rinaldo. L'intreccio si scioglie quando Rinaldo si libera dall'amore passionale per Armida e, confessatosi e purificatosi, scioglie l'incantesimo della selva. Nell'assalto decisivo, i crociati riescono a penetrare nella città e liberare il Santo Sepolcro. Si possono individuare nell'opera tre tematiche di fondo: il **tema religioso**, che esprimeva quel senso sofferto della fede e quel bisogno di purezza che agitarono il poeta; il **tema guerresco**, attraverso il quale Tasso esprimeva la sua concezione dolorosa e pessimistica dell'esistenza dell'uomo, in cui la lotta e la morte sono componenti necessarie e inevitabili e l'onore e la gloria aspirazioni tormentose. La guerra, si può notare, non è più come in Ariosto avventura e impresa coraggiosa e spregiudicata, ma necessità che produce sofferenza e morte e induce i cavalieri alla malinconia e alla commozione; nasce in questo modo, con Tasso, una figura nuova di cavaliere, che combatte e uccide, soffrendo e compiendo il proprio dovere nel nome di Dio e della Chiesa. Infine, il terzo motivo fondamentale dell'opera è il **tema amoroso**, che esprimeva l'intensa aspirazione sentimentale e lirica di Tasso. Nel poema, l'amore rappresenta la tentazione, l'abbandono al piacere dei sensi in contrasto con la serietà e l'impegno rappresentato dal motivo guerresco e religioso delle crociate.
Tasso conciliò questa diversità di motivi esaltando il **trionfo della spiritualità religiosa** sulle lusinghe dei sensi; tuttavia il poema è testimone di un dissidio non risolto nell'animo dello scrittore: per i personaggi dell'opera e per Tasso, l'abbandono all'amore si carica sempre della paura del peccato e della perdita della fede; eppure, la visione cristiana della vita e dell'uomo che anima i cavalieri non evita che essi siano continuamente attratti dal ricercare la felicità dei sensi.

Il risultato è un senso di tristezza, di rimpianto e di perdita delle illusioni, a cui è legato anche il motivo dell'inutilità di tutte le azioni umane, della caducità di tutti i valori, della morte come destino incombente a cui la vicenda umana non può sottrarsi. Per tutti questi elementi, il poema di Tasso esprime una **sensibilità nuova**, diversa da quella rinascimentale e legata piuttosto al clima di crisi culturale e religiosa che l'Italia conosceva nella seconda metà del Cinquecento. La narrazione di Tasso oscilla sempre tra esaltazione dell'eroismo e senso dell'angoscia, tra fede e sofferenza per le illusioni che la vita racchiude. Anche lo stile di Tasso risente di questa oscillazione: ora è grandioso, magniloquente, retorico, ora lirico e delicato. Il risultato è un linguaggio ricco di fratture, spesso complicato, molto distante dalla struttura armoniosa e scorrevole dell'ottava ariostesca, e in parte anticipazione invece della poesia barocca secentesca.

Opera
Gerusalemme liberata
Epoca
XVI secolo
Genere
poema cavalleresco
Lingua
italiano
Schema metrico
ottave

Gerusalemme liberata, canto XII, ottave 52-53, 57, 65-69

Il combattimento fra Tancredi e Clorinda

L'episodio che segue è uno dei più celebri della *Gerusalemme liberata*. Clorinda, l'eroina saracena che il cavaliere cristiano Tancredi ama pur avendola vista solo fugacemente, è uscita da Gerusalemme, insieme con Argante, con il proposito di incendiare una torre mobile che rappresenta per i difensori della città il pericolo più grande. L'impresa riesce, ma i due sono scoperti dai cristiani e inseguiti fin presso le mura della città. Mentre Argante riesce a rientrarvi, Clorinda rimane fuori. Cerca di confondersi con i nemici, ma Tancredi, che ha seguito i suoi movimenti, credendola un guerriero la raggiunge e la sfida a duello. Il combattimento si prolunga, silenzioso e sofferto, per tutta la notte.
Solo all'alba i due si riposano, l'uno lontano dall'altra, appoggiati sulle loro spade. Tancredi chiede al nemico il suo nome, ma Clorinda si rifiuta di dirglielo. Riprende allora, furente, il duello, sino a quando la spada del cristiano affonda nel petto dell'avversario. In fin di vita, Clorinda perdona il suo uccisore e gli chiede la pietà del battesimo. Tancredi prende allora dell'acqua da una fonte vicina e con la mano le toglie l'elmo: riconosce a quel punto nel nemico la donna amata. Trova appena la forza per pronunciare le parole della funzione sacra; Clorinda, sorridendo, gli tende la mano fredda in segno di pace. Il sentimento amoroso in Tasso non conduce mai alla felicità; è sempre una passione dolorosa, che porta alla tristezza quando l'amore non è corrisposto, o alla tragedia, come in questo episodio, che è tanto più straziante quanto più dolce si mostra il personaggio di Clorinda, che muore, vittima di un equivoco, proprio per mano dell'uomo che la ama.

Vuol ne l'armi provarla: un uom la stima
degno a cui sua virtù si paragone.
Va girando colei l'alpestre cima
verso altra porta, ove d'entrar dispone.
Segue egli impetuoso; onde, assai prima
che giunga, in guisa avien che d'armi suone,
ch'ella si volge e grida: – O tu, che porte,
che corri sì? – Risponde: – E guerra e morte.

– Guerra e morte avrai – disse; – io non rifiuto
dàrlati, se la cerchi, – e ferma attende.
Non vuol Tancredi, che pedon veduto
ha il suo nemico, usar cavallo, e scende.
E impugna l'una e l'altro il ferro acuto,
ed aguzza l'orgoglio, e l'ire accende;
e vansi a ritrovar non altrimenti
che duo tori gelosi e d'ira ardenti.

[1-8] Vuole sfidarla a duello: la crede un uomo con cui mettere alla prova il proprio valore. Lei [Clorinda] tentava di aggirare la collina per raggiungere l'altra porta [di Gerusalemme], da cui pensava di rientrare in città. Lui [Tancredi] la segue con tanto impeto che, quando è ancora lontano, le sue armi risuonano, lei si volta e gli grida: «Ehi, tu, che cosa porti, che corri così veloce?» «Guerra e morte», risponde lui.

[9-16] E guerra e morte avrai, disse Clorinda. Non sarò io a negartele, se le cerchi. E lo attende a piè fermo. Tancredi, che ha visto che il suo nemico è a piedi, non vuole usare il cavallo e scende. Entrambi impugnano la spada e si gettano l'uno contro l'altro, come due tori gelosi e infuocati dall'ira.

1. **Vuol... stima:** rientrando in Gerusalemme dalla sua spedizione, Clorinda si è fermata per uccidere il cristiano Arimone ed è perciò rimasta fuori dalla città. Sola tra i nemici, fugge approfittando del buio; ma Tancredi l'ha scorta e l'ha inseguita, senza riconoscerla, perché ella ha indossato armi prive delle sue insegne abituali. Ora il cristiano vuole battersi con lei (*ne l'armi provarla*), credendola un uomo.
2. **degno... paragone:** degno di misurarsi con lui in valore.
5-6. **onde... suone:** per cui, assai prima che egli la raggiunga, avviene che in tal modo (*in guisa*) risuonino le sue armi.
7-8. **O tu... sì?:** Nella risposta lapidaria di Tancredi vi sarà l'annuncio della fine inevitabile della fanciulla.
10. **dàrlati:** di dartela; Clorinda è turbata, ma la sua risposta è ferma e sicura.

Inizia il duello; le tenebre e il furore dei due guerrieri rendono lo scontro sempre più violento. Quando uno dei due duellanti viene ferito, riprende la lotta con maggior forza e vigore.

Tre volte il cavalier la donna stringe
con le robuste braccia, ed altrettante
da que' nodi tenaci ella si scinge,
nodi di fier nemico e non d'amante.
Tornano al ferro, e l'una e l'altro il tinge
con molte piaghe; e stanco ed anelante
e questi e quegli al fin pur si ritira,
e dopo lungo faticar respira.

[17-24] Tre volte il cavaliere stringe la donna fra le sue robuste braccia, e altrettante volte lei si scioglie da quei nodi tenaci – nodi di feroce nemico, e non di amante. Tornano alla spada ed entrambi la bagnano con molto sangue; e alla fine, tutti e due stanchi e ansimanti, si ritirano e riprendono fiato dopo il lungo sforzo.

I due guerrieri si guardano in silenzio, riposandosi appoggiati sulle proprie spade; poi Tancredi chiede il nome del suo nemico, ma Clorinda non lo dice, dichiarando invece di avere partecipato all'incendio della torre. Allora Tancredi riprende il duello, più sdegnato di prima, finché la sua spada colpisce in pieno petto Clorinda.

Segue egli la vittoria, e la trafitta
vergine minacciando incalza e preme.
Ella, mentre cadea, la voce afflitta
movendo, disse le parole estreme;
parole ch'a lei novo un spirto ditta,
spirto di fé, di carità, di speme:
virtù ch'or Dio le infonde, e se rubella
in vita fu, la vuole in morte ancella.

[25-32] Tancredi osserva la propria vittoria e incombe minaccioso sulla ragazza ferita. Lei, cadendo, con voce afflitta, disse le sue ultime parole – parole che le detta un nuovo spirito, uno spirito di fede, di speranza e di carità, le virtù teologali, che Dio le infonde perché, se ha vissuto da ribelle, la vuole sua fedele nella morte.

– Amico, hai vinto: io ti perdon... perdona
tu ancora, al corpo no, che nulla pave,
a l'alma sì; deh! per lei prega, e dona
battesmo a me ch'ogni mia colpa lave. –
In queste voci languide risuona
un non so che di flebile e soave
ch'al cor gli scende, ed ogni sdegno ammorza,
e gli occhi a lagrimar gli invoglia e sforza.

[33-40] Amico, hai vinto: io ti perdono... perdona anche tu – non il mio corpo, che non ha paura di nulla, ma la mia anima. Prega per lei e dammi il battesimo, che mi lavi da ogni peccato.
In queste parole languide risuona qualcosa di dolce e di soave, che scende fino al cuore di Tancredi e attenua tutto il suo sdegno e gli fa venire voglia di piangere.

Poco quindi lontan nel sen del monte
scaturia mormorando un picciol rio.
Egli v'accorse e l'elmo empié nel fonte,
e tornò mesto al grande ufficio e pio.
Tremar sentì la man, mentre la fronte
non conosciuta ancor, sciolse e scoprìo.
La vide, la conobbe, e restò senza
e voce e moto. Ahi vista! ahi conoscenza!

[41-48] Poco lontano da lì, nel cuore della collina, sgorgava mormorando un ruscello. Tancredi vi accorse, riempì l'elmo alla sorgente e tornò triste a svolgere il suo nobile e sacro compito. Si sentì tremare la mano, mentre toglieva l'elmo e scopriva il volto ancora ignoto. La vide, la riconobbe e rimase senza parole, immobile. Ah, che vista! Che scoperta!

Non morì già; ché sue virtuti accolse
tutte in quel punto, e in guardia al cor le mise,
e premendo il suo affanno, a dar si volse
vita con l'acqua a chi co 'l ferro uccise.
Mentre egli il suon de' sacri detti sciolse,

[49-56] Non morì, perché in quel momento fece appello a tutte le sue forze e le chiamò in aiuto del cuore. Reprimendo il proprio dolore, si accinse a dare vita con l'acqua a colei che aveva ucciso col ferro. Mentre pronuncia-

17-19. Tre volte... scinge: il duello si trasforma in un corpo a corpo crudele che il poeta descrive con l'animo turbato.
25-26. e la... preme: e incalza e preme minacciando Clorinda ferita; l'*enjambement* (*trafitta/vergine*) separa, nella raffigurazione del personaggio, la guerriera dalla fanciulla indifesa.
33. Amico: la parola *amico*, proferita da Clorinda, crea subito un'atmosfera nuova, lontana dalla ferocia della battaglia e propizia alla conversione dell'eroina.
37-39. In... ammorza: in questi accenti di tristezza e di commozione si ritrovano i tratti più tipici della poesia tassiana.
44. mesto: si noti la mestizia del vincitore del combattimento; **ufficio:** il compito di somministrare il battesimo in punto di morte.
45. Tremar: inizia ora il dramma di Tancredi.
48. Ahi... conoscenza!: nel terribile riconoscimento della donna amata esplode il grido di dolore di Tancredi.

colei di gioia trasmutossi, e rise;
e in atto di morir lieto e vivace,
dir parea: «S'apre il cielo; io vado in pace».

D'un bel pallore ha il bianco volto asperso,
come a' gigli sarian miste viole:
e gli occhi al cielo affissa; e in lei converso
sembra per la pietate il cielo e 'l sole;
e la man nuda e fredda alzando verso
il cavaliero in vece di parole,
gli dà pegno di pace. In questa forma
passa la bella donna, e par che dorma.

va le formule sacre, Clorinda si trasfigurò per la gioia e sorrise; e morendo con atteggiamento lieto e vivace sembrava dicesse: «Si apre il cielo; io vado in pace».

[57-64] Ha il volto cosparso di un delicato pallore, come gigli mescolati a viole; e fissa gli occhi al cielo; e sembra che su di lei, per la pietà, il cielo e il sole si chinino. E, non potendo più parlare, alza verso il cavaliere la mano nuda e fredda e gli dà un segno di pace. Così passa la bella donna, e sembra che si addormenti.

55. vivace: in quanto ora sa che la morte è solo il passaggio a una vita migliore.
58. come... viole: come se ai gigli fossero mescolate viole. È il pallore della morte incipiente.
61-62. e la man... cavaliero: è l'immagine più intensa dell'episodio, quella in cui si riassume la figura di Clorinda.
63. pegno: segno; forma: gesto, atteggiamento.
64. passa: muore.

Analisi del testo

L'amore infelice. Il duello fra Tancredi e Clorinda si collega a uno dei temi ricorrenti del poema di Tasso, quello dell'amore infelice: quasi tutti i personaggi principali della *Gerusalemme liberata*, infatti, sono innamorati e respinti. Tasso sviluppa attraverso questo tema una duplice riflessione: da un lato, esprimendo in questo la sua religiosità, egli osserva che gli esseri umani sprecano la loro vita inseguendo beni vani, illusioni, senza pensare al vero e unico bene, cioè a Dio; dall'altro, però, Tasso manifesta nelle numerose vicende d'amore del poema la sua vena sensuale, l'attrazione per la bellezza e il rimpianto per un'età dell'oro mai esistita, ma sempre sognata, in cui l'amore era libero e felice, non sottoposto a una rigida morale.

I limiti dell'uomo. L'amore fra Tancredi e Clorinda è particolarmente drammatico non solo perché si conclude con la morte di lei, ma perché proprio Tancredi, senza saperlo, uccide la donna amata. Emerge in questa tragedia un altro tema di fondo del poema, quello dei limiti della conoscenza umana. Fin dai primi versi del poema, infatti, Tasso ha sottolineato l'errore in cui vivono i personaggi, che vagano in preda alla confusione, senza capire bene il senso delle loro azioni. Per Tasso solo Dio è in grado di cogliere appieno il significato del destino individuale e quello più generale degli avvenimenti storici.

La musicalità del verso. La vena sensuale che emerge nei versi di Tasso trova espressione nelle soluzioni stilistiche adottate dall'autore, tutte improntate alla ricerca di musicalità. Si noti, innanzitutto la frequenza degli *enjambements*, tipici dello stile di Tasso, che dilatano la misura del verso («assai prima / che giunga»; «veduto / ha il suo nemico»; ecc.); anche l'aspetto fonico è particolarmente curato, come rivela per esempio, nelle prime due ottave, la frequenza della lettera "r", che bene esprime il suono delle armi e lo stato d'animo iracondo dei duellanti; a esigenze di musicalità rispondono anche i chiasmi («aguzza l'orgoglio e l'ire accende»), le triplicazioni («spirto di fé, di carità, di speme»), le numerose ripetizioni («E guerra e morte. / – Guerra e morte avrai»; «io ti perdon... perdona / tu ancora»; ecc.). Tasso introduce anche elementi tratti dalla tradizione epica, che conferiscono solennità alla pagina: si noti per esempio la similitudine ai vv. 15-16: «non altrimenti / che duo tori gelosi e d'ira ardenti».

Proposte di lavoro

1. Indica schematicamente quali sono le fasi del duello, dal momento della sfida alla morte di Clorinda.
2. Analizza il duello fra Tancredi e Clorinda: perché si svolge? Perché Clorinda non rivela il suo nome a Tancredi e perché lui continua a chiederglielo?
3. Il duello fra Tancredi e Clorinda è un episodio profondamente tragico.
   - ➤ Spiega perché la vittoria di Tancredi è, per lui, una tragedia.
   - ➤ In quali momenti l'autore sottolinea questo carattere tragico della vicenda? Indicali nel testo e motiva le tue scelte.
4. L'autore interviene più volte nel testo, commentando gli avvenimenti e gli atteggiamenti dei personaggi. Individua almeno due interventi del narratore e spiega a che cosa servono.
   - ☐ A suscitare emozioni nel lettore.
   - ☐ A esprimere giudizi sui personaggi.
   - ☐ A giustificare le scelte stilistiche dell'autore stesso.
5. Confronta il duello di Tancredi e Clorinda con quello di Orlando e Agricane narrato da Boiardo (p. 222), individuando analogie e differenze fra i due episodi.
   - ➤ Le fasi del duello sono simili o molto diverse? (vedi esercizio 1)
   - ➤ Il modo in cui viene descritto lo scontro è simile o molto diverso?
   - ➤ Il tema della cortesia è comune a entrambi o no?
   - ➤ Il tema dell'amore come viene affrontato nei due casi?
   - ➤ Sono presenti metafore e similitudini?
   - ➤ Sono usate iperboli (esagerazioni)?
   - ➤ Sono presenti descrizioni?

Ieri e oggi

LANCE, MAZZE E SPADE LASER

Il duello al cinema

Le avventure dei cavalieri sono per noi **vecchie storie**, ma lo erano già ai tempi di Boiardo e di Ariosto: la guerra, nella seconda metà del Quattrocento, e ancor più nel Cinquecento, non si faceva più con i duelli individuali tra campioni, ma con le armi da fuoco, e Boiardo e Ariosto lo sapevano bene, essendo entrambi uomini d'azione, oltre che intellettuali e poeti.

Malgrado i secoli che ci separano da loro, le avventure dei paladini e dei cavalieri erranti conservano un innegabile fascino e sono continuamente riproposte. La ragione di questo fatto è che le situazioni narrate dai poemi cavallereschi sono **situazioni universali**: l'amore infelice, la lotta con il mostro, l'incontro con l'aiutante magico, l'inseguimento nella notte o nel bosco, il duello...

Nella saga di **Star Wars** (**Guerre stellari**, sei episodi prodotti tra il 1977 e il 2005), i cavalieri jedi (la scelta del termine "cavaliere" è ovviamente un omaggio alla tradizione medievale e rinascimentale) combattono con spettacolari spade al laser, che creano effetti scenografici di grande suggestione. Ma l'ideatore della saga, George Lucas, non si accontenta di belle immagini e, forse memore di Tasso e degli altri antichi maestri, riesce a inserire una componente psicologica drammatica nello scontro tra il cupo Darth Vader, chiuso nella sua impenetrabile armatura nera, e il giovane Luke Skywalker, che proprio durante il duello scopre di essere suo figlio.

Nell'**Ultimo samurai**, un film del 2003 con Tom Cruise nel ruolo di protagonista, la vicenda si svolge nel Giappone dell'Ottocento, impegnato in una frenetica modernizzazione; i samurai, legati alle tradizioni, contrari a ogni innovazione e in particolare all'uso delle armi da fuoco, resistono eroicamente, con l'aiuto di un ufficiale americano pentito delle crudeltà commesse contro i pellerossa. Anche in questo caso, il duello con la spada ha un'importanza fondamentale: è proprio imparando a duellare che il personaggio interpretato da Tom Cruise incomincia ad apprezzare la filosofia dei samurai e finisce per convertirsi alla loro lotta nobile e disperata.

Insomma, la realtà della guerra e delle armi si evolve e oggi il duello all'arma bianca non ha alcuna importanza, sul piano militare, e forse non esiste più; ma sul piano psicologico continua ad affascinarci come situazione simbolica, come prova di forza, di abilità, di astuzia, come sfida "cavalleresca" e drammatica tra due individui eccezionali.

Il duello per eccellenza nel cinema resta quello alla pistola, visto in innumerevoli film western. Ma, al di là di qualche somiglianza superficiale, si tratta di una cosa profondamente diversa da quello dei cavalieri antichi: non conta più la forza, ma l'agilità e l'astuzia, la tensione è tutta in ciò che precede la lotta, poiché lo scontro è quasi fulmineo.

Miguel de Cervantes

L'autore

Nato nel 1547 ad Alcalà, vicino a Madrid, Cervantes ebbe una vita molto avventurosa: sospettato del ferimento di un giovane nobile, scappò a ventun anni in Italia, dove intraprese la **carriera militare**, partecipando tra l'altro, nel 1571, alla battaglia di Lepanto contro i turchi. Nel 1575, mentre tornava in Spagna, fu rapito dai pirati turchi e venduto ad Algeri come schiavo. Tornò libero cinque anni dopo, in seguito al pagamento del suo riscatto. Tornato in patria, pubblicò **novelle** e **commedie**, conoscendo tuttavia anche la prigione e la miseria. Nel 1605 fu pubblicata la prima parte del suo capolavoro, *Don Chisciotte della Mancia*; nel 1615 uscì la seconda parte. Cervantes morì l'anno seguente a Madrid.

L'opera

Il *Don Chisciotte* è un romanzo in prosa e può essere considerato capostipite del romanzo moderno. Le sue vicende ruotano attorno al personaggio che dà il titolo all'opera. Don Chisciotte è un nobile della provincia spagnola, cinquantenne e con pochi quattrini, che a furia di leggere poemi cavallereschi finisce per uscire di senno e per scambiare per realtà vera le proprie fantasticherie. Convinto di essere l'unico rappresentante della gloriosa stirpe dei paladini, in groppa a un misero ronzino ribattezzato Ronzinante, e scelta la sua dama, una contadina chiamata pomposamente Dulcinea del Toboso, egli, come un cavaliere errante, si muove dunque all'avventura per il mondo, deciso a proteggere i deboli e sconfiggere i prepotenti.
Lo accompagna Sancho Panza, un povero popolano, anche lui in realtà un po' svitato, convinto com'è di trarre dalle vittorie del suo padrone grandi ricchezze e il governo di isole e territori. Le cose vanno tutte a rovescio per i due, con conseguenze comiche e tragiche insieme: don Chisciotte vede continuamente intorno a sé mostri e giganti, nobili cavalieri e fanciulle in pericolo, palazzi lussuosi e nemici pericolosi, mentre in realtà quelli che incontra sono innocui contadini e gente qualsiasi. Così assalta mulini a vento che per lui diventano giganti e greggi di pecore che gli appaiono eserciti nemici; si scaglia contro un pacifico corteo funebre o scambia la bacinella di un malcapitato barbiere per l'elmo di un eroe antico.
E ogni volta il nostro eroe esce dall'avventura carico di botte, deriso da un mondo meschino, avido e incapace di sogni e di fantasie, che ormai non concede più nulla agli ideali e ai miti eroici della cavalleria medievale.
Alla fine, dopo innumerevoli avventure, don Chisciotte è combattuto e vinto dal cavaliere della Bianca Luna, in realtà un amico che vuol farlo rinsavire, e viene riportato tristemente al suo paese dove, ammalato e immalinconito, morirà, rinsavendo improvvisamente dalla sua follia, senza tuttavia essere riuscito a fare rivivere i suoi ideali di nobiltà e generosità.
La figura di don Chisciotte non va interpretata solo in senso buffo: egli rappresenta pateticamente un ideale di vita fondato sull'onore, la giustizia, la lealtà, in un mondo che invece è dominato solo da egoismi e interessi materiali. Ecco perché don Chisciotte combatte battaglie inutili, da cui esce sempre sconfitto. La sua pazzia nasce dunque dal desiderio di evadere dalla **meschinità del proprio tempo** e dalla **monotonia della vita quotidiana**.

In fondo, attraverso la fuga nella follia, don Chisciotte rappresenta simbolicamente **il sogno di un uomo comune** che si illude di poter avere un grande destino e di poter lasciare una traccia nel mondo, compiendo gesta e imprese per cui valga la pena di combattere. Quando, alla fine del romanzo, don Chisciotte rinsavisce dalla sua follia, si rende conto che la vita reale non riserba nulla in grado di sostituire le illusioni, e **la morte** gli appare con chiarezza e serenità **l'unica via d'uscita**.
Cervantes contrappone efficacemente il personaggio di don Chisciotte all'altro protagonista del libro, lo scudiero Sancho Panza. Credulone, preoccupato unicamente di arricchirsi e ottenere vantaggi materiali, egli accetta di abbandonare moglie e figli e di seguire don Chisciotte non tanto perché condivida i suoi nobili propositi, ma più concretamente per fuggire da una vita di miseria e di fame. A Sancho non importa nulla di cavalieri e duelli; egli cerca inutilmente di convincere il suo padrone che i mulini sono solo mulini e le pecore pecore, e nella realtà, che don Chisciotte trasfigura in qualcosa di meraviglioso, egli non riesce a vedere altro che la miseria e la fatica di una vita povera. Purtroppo il suo unico guadagno, nel seguire il cavaliere, sono legnate e fame. Dopo tutto, pur avendo un'opposta concezione della vita, egli condivide in fondo la follia del suo padrone: è anche lui animato dalla ricerca di evasione dalla realtà in cui vive e da un desiderio di illusioni e di sogno.
Per Cervantes, in definitiva, si può sperare di sfuggire al proprio destino, di cambiare la propria vita, solo se ci si rifugia nella **pazzia**. La sua è dunque una **visione della vita e della società profondamente pessimistica**, nonostante l'apparenza comica e quasi ridicola delle avventure del suo eroe.
Attraverso il *Don Chisciotte* Cervantes, riprendendo in parte il modello dei poeti italiani del Rinascimento – Pulci e Ariosto in particolare – vuole anche **descrivere ironicamente il mondo cavalleresco**, di cui don Chisciotte è in fondo una caricatura.

Opera
Don Chisciotte della Mancia
Epoca
XVII secolo
Genere
romanzo
Lingua
spagnolo

Don Chisciotte della Mancia, parte I, cap. XVIII

Don Chisciotte e gli eserciti di pecore

Il brano che abbiamo scelto è tratto dal capitolo XVIII della prima parte del romanzo. Dopo aver passato la notte in un'osteria, che ovviamente don Chisciotte ha scambiato per un sontuoso castello, e dopo aver subito le derisioni e le percosse del padrone e degli avventori, don Chisciotte e Sancho Panza incontrano due greggi di pecore, che subito si trasformano agli occhi del nostro eroe in due eserciti in lotta. Contro di essi, immediatamente, in sella al suo cavallo Ronzinante, don Chisciotte si scaglia lancia in resta.

Sancho raggiunse il suo padrone così sfinito e abbattuto,[1] che non poteva neanche dire “arrì” al suo asino. Quando don Chisciotte lo vide in quello stato, gli disse:

«Ora ho finito di convincermi, mio buon Sancho, che quel castello o locanda è senza dubbio incantato, perché coloro che si son presi con te un così crudele passatempo, che altro potevano essere se non fantasmi e gente dell'al di là? E lo confermo per aver visto, quando dal muro del cortile assistevo allo svolgersi della tua triste tragedia, che non mi era possibile arrampicarmici e che non riuscivo neanche a smontare da Ronzinante,[2] perché dovevano avermi incantato.[3] E ti giuro sulla mia fede di cavaliere che, se avessi potuto salirvi o smontare da cavallo, ti avrei vendicato in maniera che quei furfanti e malandrini si sarebbero ricordati per sempre di questa burla, sebbene in ciò avrei dovuto contravvenire alle leggi della cavalleria, che, come ti ho già detto molte volte, non consentono che un cavaliere metta le mani addosso a chi non lo è, fuorché si tratti di difendere la propria vita e persona, in caso di urgente e grave bisogno».

«Anch'io mi sarei vendicato se avessi potuto, fossi o non fossi armato cavaliere, ma non ho potuto, sebbene mi sembri che non fossero fantasmi né esseri incantati, come dice la signoria vostra, quelli che si divertirono a mie spese, ma uomini in carne e ossa, come noi; e tutti avevano i loro nomi con cui sentivo che si chiamavano mentre mi sballottavano; e uno si chiamava Pedro Martínez, l'altro Tenorio Hernández e il locandiere sentii che si chiamava Juan Palomeque il Mancino, cosicché, signore, il non poter salire sul muro del cortile né smontare da cavallo, dipendeva da ben altro che da incantamento. Quel che mi risulta chiaro da tutto ciò è che queste avventure che andiamo cercando ci porteranno alla fine a tali sventure da non sapere più quale sia il nostro piede destro. E la cosa migliore e più opportuna da farsi, a mio modesto avviso, sarebbe di tornarcene al nostro paese, ora che è il tempo della mietitura, e di badare al podere, smettendola di andare di qua e di là e di male in peggio, come suol dirsi.»

«Come sai poco, Sancho,» rispose don Chisciotte, «in materia di cavalleria! Taci ed abbi pazienza; ché[4] verrà un giorno in cui vedrai con i tuoi occhi quanto sia onorevole cosa esercitare questa professione. E poi, dimmi: quale gioia più grande può esserci al mondo o quale piacere può eguagliare quello di vincere una battaglia o trionfare del proprio nemico? Nessuno, senza dubbio.»

1. **sfinito e abbattuto:** nel cortile di un'osteria in cui i due protagonisti hanno passato la notte, Sancho Panza è stato lungamente sballottato da un gruppo di energumeni, che lo hanno fatto volare in aria su una coperta; ora Sancho si è riunito con il suo padrone e, con lui, sulla strada, discute la sua disavventura.
2. **Ronzinante:** il cavallo di don Chisciotte.
3. **incantato:** perso nel suo mondo di cavalieri e avventure, don Chisciotte crede alla magia ed è convinto di essere stato incantato da forze misteriose, che gli hanno impedito di correre in aiuto del suo servo e scudiero.
4. **ché:** poiché.

«Sarà così,» rispose Sancho, «anche se io non lo so; so soltanto che da quando siamo cavalieri erranti o, meglio, da quando lo è la signoria vostra (perché io non ho ragione di annoverarmi in tale onorevole schiera) non abbiamo mai vinto alcuna battaglia, tranne quella del biscaglino,[5] e anche da quella la signoria vostra n'uscì con mezzo orecchio e mezzo elmo di meno; so che, d'allora in poi, sono state tutte legnate su legnate, pugni su pugni, avendo io in più lo sballottamento nella coperta, dovuto ad esseri incantati di cui non posso vendicarmi, per sapere fin dove arriva il piacere della vittoria sul nemico, come la signoria vostra dice.»

«Questo è il mio rammarico e capisco che sia anche il tuo, Sancho,» rispose don Chisciotte; «ma da ora in poi io cercherò di trovare una spada fatta con tale arte che a colui che la porti non si possa fare nessuna specie di incantesimo; e potrebbe anche darsi che la fortuna mi concedesse quella di Amadigi, quando si chiamava il *Cavaliere dell'Ardente Spada*[6] che fu una delle migliori spade che avesse mai cavaliere al mondo, perché, oltre a possedere la suddetta virtù,[7] tagliava come un rasoio, e non c'era armatura, per quanto forte e incantata, che potesse resisterle.»

«Io sono tanto fortunato,» disse Sancho, «che quand'anche fosse così e la signoria vostra riuscisse a trovare una spada simile, essa servirebbe e avvantaggerebbe solo i cavalieri erranti, come il balsamo; e gli scudieri, che li uccidano pure tutti i travagli!»

«Non temere di ciò, Sancho,» disse don Chisciotte; «ché il cielo ti sarà più benigno.»

In questi colloqui procedevano don Chisciotte e il suo scudiero, quando don Chisciotte vide che per la strada su cui essi andavano avanzava verso di loro un grande e denso polverone; e, scorgendolo, si volse a Sancho e gli disse:

«Oh, Sancho, questo è il primo giorno in cui si vedrà il bene che mi riserba la sorte; questo è il giorno, dico, in cui si mostrerà, più che in qualsiasi altro, il valore del mio braccio e in cui farò opere che resteranno scritte nel libro della fama per tutti i secoli venturi. Vedi, Sancho, quel polverone che si alza là? Ebbene, esso è sollevato da un ingente[8] esercito che da lì avanza in marcia, composto di genti diverse e innumerevoli.»

«Stando a quanto la signoria vostra dice, devono essere due,» disse Sancho; «perché anche dalla parte opposta si alza un uguale polverone.»

Don Chisciotte si volse a guardare e vide che era vero; pertanto, rallegrandosi oltremodo,[9] pensò, senza possibilità di dubbio, che si trattava di due eserciti che venivano ad attaccarsi e a scontrarsi in mezzo a quella vasta pianura. Perché in ogni ora e in ogni momento aveva la fantasia piena di quelle battaglie, di quegli incantesimi, avventure, amori, sfide, che si narrano nei libri di cavalleria, e tutto quel che diceva, pensava o faceva, era rivolto a cose del genere; ora, il polverone che aveva visto lo sollevavano due grandi greggi di pecore e montoni, che venivano per quella stessa strada da due direzioni opposte, e a causa della polvere non poterono vedersi se non quando furono vicini. Ma don Chisciotte affermava con tanta insistenza che erano eserciti, che Sancho finì col crederlo e gli disse:

«Ebbene, signore, che cosa dobbiamo fare noi?»

«Che cosa dobbiamo fare?» rispose don Chisciotte. «Favorire e aiutare i bisognosi e i deboli. E devi sapere, Sancho, che questo esercito che viene di fronte a noi è condotto e guidato dal grande imperatore Alifanfarone, signore della grande isola Taprobana,[10] l'altro che marcia alle mie spalle è quello del suo nemico, il re dei Garamanti Pentapolino dalla Manica Rimboccata, perché entra sempre in battaglia col braccio destro nudo.»

«Ma perché si odiano tanto questi due signori?» domandò Sancho.

«Si odiano,» rispose don Chisciotte, «perché questo Alifanfarone è un fanatico pagano

5. **biscaglino:** abitante della Biscaglia; in precedenza don Chisciotte era venuto a duello, uscendone vincitore, con lo scudiero biscaglino di una dama casualmente incontrata sulla strada.
6. **Amadigi... *Spada*:** Amadigi, protagonista del primo e più famoso romanzo cavalleresco spagnolo, è il prototipo del perfetto cavaliere. Si comprende dunque perché don Chisciotte volesse possederne la spada. Il romanzo risale alla prima metà del Cinquecento.
7. **la suddetta virtù:** la virtù di rendere immuni dagli incantesimi.
8. **ingente:** molto grande.
9. **oltremodo:** moltissimo.
10. **Taprobana:** antico nome dell'isola di Ceylon.

ed è innamorato della figlia di Pentapolino, che è una bellissima dama e, per giunta, piena di grazia, ed è cristiana, così che suo padre non vuole darla al re pagano se prima egli non ripudia la legge del suo falso profeta Maometto e si converte a quella di lei.»

«Per la mia barba!» disse Sancho. «Pentapolino fa benissimo e io devo aiutarlo come posso.»

«Così facendo, compirai il tuo dovere, Sancho,» disse don Chisciotte; «perché per entrare in simili battaglie non si richiede d'essere armato cavaliere.»

«Questo va bene,» rispose Sancho; «ma dove metteremo questo asino, per esser certi di trovarlo quando sarà cessata la mischia? Perché non credo che si sia mai usato finora di entrarvi su simili cavalcature.»

«È vero,» disse don Chisciotte. «Ciò che puoi farne è lasciarlo andar alla ventura, si perda o no, perché saranno tanti i cavalli che avremo dopo la vittoria che anche Ronzinante corre il pericolo ch'io lo cambi con un altro. Ma stammi attento e guarda, ché voglio farti conoscere i principali cavalieri che avanzano in questi due eserciti. E affinché tu veda e osservi meglio, ritiriamoci su quella piccola altura che si eleva lassù, da dove si deve riuscire a scorgere i due eserciti.» Così fecero e si posero su un rialto di terra, dal quale si sarebbero visti bene i due greggi, che per don Chisciotte erano diventati eserciti, se i nuvoli di polvere che sollevavano non ne avessero offuscato e impedito la vista; ma, ciò nonostante, vedendo nella sua fantasia ciò che non vedeva né c'era, a voce alta cominciò a dire:

«Quel cavaliere che vedi là con le armi gialle,[11] che porta sullo scudo un leone coronato, docile ai piedi di una donzella, è il valoroso Laurcalco, signore di Ponte d'Argento; l'altro, con le armi dai fiori d'oro, che porta sullo scudo tre corone d'argento in campo azzurro, è il temuto Micocolembo, granduca di Quirocia; l'altro dalle membra gigantesche, che sta alla sua destra, è l'intrepido Brandabarbarano di Boliche, signore delle tre Arabie, che s'avanza ricoperto di una pelle di serpente e ha per scudo una porta che, secondo la fama,[12] è una di quelle del tempio che Sansone fece crollare, allorché con la propria morte si vendicò dei suoi nemici.[13] Ma volgi gli occhi da quest'altra parte e vedrai dinanzi alla fronte[14] di quest'altro esercito il sempre vincitore e mai vinto Timonello di Carcassona, principe della nuova Biscaglia, che avanza armato con l'armatura inquartata[15] di azzurro, verde, bianco e giallo, e porta nello scudo un gatto d'oro in campo biondo scuro, con un motto[16] che dice: "miau", che è il principio del nome della sua dama, la quale, a quanto si dice, è l'impareggiabile[17] Miauline, figlia del duca Alfeñiquén dell'Algarve; l'altro che calca e grava il dorso di quella robusta alfana[18] e porta l'armatura bianca come neve, lo scudo bianco e non ha alcuna insegna,[19] è un cavaliere novello,[20] francese di nascita, di nome Pierre Papin, signore delle baronie di Utrique; l'altro che sprona i fianchi di quell'agile e screziata zebra coi ferrati calcagni e porta le armi di vai azzurri,[21] è il potente duca di Nervia, Spartafilardo del Bosco, che ha per insegna nello scudo un campo d'asparagi, con un motto in castigliano che dice: "rastrea mi suerte"[22]».

E in questo modo andò nominando molti cavalieri dell'uno e dell'altro squadrone che egli s'immaginava di vedere, e per tutti improvvisò armi, colori, insegne e motti, trasportato dall'estro della sua inaudita pazzia.

Dio mio, quante province disse, quanti paesi nominò, dando a ciascuno, con meravigliosa prontezza, gli attributi che gli erano propri, tutto preso e imbevuto di ciò che aveva letto nei suoi libri fallaci.[23] Sancho Panza pendeva dalle sue labbra, senza proferir motto,[24] e

11. **gialle:** dorate.
12. **la fama:** i racconti tramandati.
13. **Sansone... nemici:** nella Bibbia si legge che Sansone fu rinchiuso dai suoi nemici, mentre dormiva, nella città di Gaza; svegliatosi, si liberò prendendo le porte della città e portandole su un monte vicino. Il riferimento di don Chisciotte a un tempio nasce dalla confusione con un altro episodio biblico, quello in cui Sansone, fatto prigioniero e incatenato alle colonne del tempio, con la sua forza lo fece crollare, morendo insieme con i Filistei.
14. **dinanzi alla fronte:** in capo, alla testa.
15. **inquartata:** con lo stemma diviso in quattro.
16. **motto:** breve frase scritta sullo stemma.
17. **impareggiabile:** non paragonabile ad altre.
18. **alfana:** cavallo arabo molto robusto.
19. **insegna:** simbolo dipinto sullo stemma.
20. **novello:** cavaliere nuovo, di recente investitura.
21. **le armi di vai azzurri:** lo scudo con il campo costituito da una pelliccia (*vaio*) composta da coppe o campane azzurre e d'argento alternate.
22. **"rastrea mi suerte":** "segui il mio destino".
23. **fallaci:** ingannatori.
24. **proferir motto:** pronunciare parola.

di quando in quando volgeva il capo per vedere se scorgeva i cavalieri e i giganti che il suo padrone nominava, ma non vedendone alcuno, gli disse:

«Signore, non si vede in giro nemmeno uno di tutti gli uomini, giganti, cavalieri che la signoria vostra dice; per lo meno io non li vedo: forse sarà tutto un incantesimo, come i fantasmi di stanotte».

«Come puoi dir questo?» rispose don Chisciotte. «Non senti il nitrito dei cavalli, il suono delle trombe, il rullo dei tamburi?»

«Io non sento altro,» replicò Sancho, «che molti belati di pecore e montoni.»

Ed era vero, perché i due greggi erano ormai vicini.

«La paura che hai, Sancho,» disse don Chisciotte, «non ti fa vedere né udire bene: perché uno degli effetti della paura è di turbare i sensi e far sì che le cose non appaiano come sono; ma se hai tanta paura, ritirati da una parte e lasciami solo; ché io da solo basto a dar la vittoria alla parte a cui presterò il mio aiuto.»

Così dicendo, spronò Ronzinante e, posta la lancia in resta,[25] discese come un fulmine dalla piccola altura.

Sancho si mise a gridargli:

«Torni indietro la signoria vostra, signor don Chisciotte; ché giuro a Dio che son montoni e pecore quelli che va ad attaccare! Torni indietro, disgraziato il padre che mi ha fatto nascere! Che pazzia è questa? Badi che non c'è alcun gigante né cavaliere, né gatti, né armature, né scudi divisi o interi,[26] né vai azzurri o del diavolo! Che cosa sta facendo, povero me!».

Ma non per questo don Chisciotte tornò indietro; anzi, andava dicendo a gran voce: «Orsù, cavalieri, voi che seguite e combattete sotto le bandiere del valoroso imperatore Pentapolino dalla Manica Rimboccata, venitemi tutti dietro, e vedrete quanto agevolmente gli darò vendetta del suo nemico Alifanfarone di Taprobana».

Così dicendo, entrò in mezzo allo squadrone delle pecore e cominciò a dar loro colpi di lancia con tanta furia e tanto ardire,[27] come se davvero desse lanciate a nemici mortali. I pastori e i mandriani che procedevano con il branco gli gridavano di smetterla; ma, visto che non serviva a nulla, slegarono le fionde e cominciarono a salutargli le orecchie con pietre grosse come un pugno. Don Chisciotte non si curava delle fionde; anzi, correndo da tutte le parti, diceva:

«Dove sei, superbo Alifanfarone? Fatti avanti, ché io sono un cavaliere solo, il quale brama[28] da solo a solo provare la tua forza e toglierti la vita, come pena di quello che tu fai soffrire al valoroso Pentapolino Garamanta».

In questo mentre[29] lo raggiunse un sasso di fiume e, cogliendolo in un fianco, gli ruppe due costole. Vedendosi così malconcio, credette fermamente d'esser morto o gravemente ferito e, ricordatosi del suo liquore,[30] tirò fuori la sua oliera, se l'accostò alla bocca e cominciò a mandarne giù il contenuto nello stomaco; ma prima che finisse di metterne dentro quanto, a suo parere, poteva bastare, lo raggiunse un altro confetto[31] e gli colpì in pieno la mano e l'oliera, tanto che gli ridusse questa in pezzi, portandogli via, di striscio, dalla bocca tre o quattro fra denti davanti e molari e schiacciandogli maledettamente due dita della mano. Il primo colpo era stato tale, e tale fu il secondo, che il povero cavaliere non poté fare a meno di cadere giù da cavallo. I pastori gli si avvicinarono e credettero di averlo ammazzato; pertanto in gran fretta riunirono il loro gregge, si caricarono le bestie uccise, che erano più di sette, e senza appurare altro, se ne andarono.

Don Chisciotte della Mancia, trad. di L. Falzone, Garzanti

25. in resta: nell'atto di attaccare.
26. divisi o interi: con o senza le strisce di divisione che si hanno sugli stemmi.
27. ardire: coraggio.
28. brama: desidera.
29. mentre: attimo.
30. liquore: il balsamo miracoloso che don Chisciotte porta sempre con sé per guarire le ferite che si procura in battaglia.
31. confetto: proiettile.

Analisi del testo

Tra realtà e fantasia. L'episodio antologizzato mette a fuoco uno dei temi di fondo del romanzo di Cervantes, quello del contrasto fra la realtà e la fantasia. Don Chisciotte, imbevuto di letture cavalleresche, interpreta la realtà in base ai suoi ideali libreschi. Ovviamente, dallo scontro, don Chisciotte esce sempre malconcio, poiché la realtà dei fatti si impone, spesso con violenza, sulle illusioni del povero cavaliere errante. Naturalmente, don Chisciotte non legge la realtà in maniera distorta per nobilitare le proprie imprese o per attribuirsi doti particolari: egli è per così dire disinteressato, e proprio per questo può suscitare la simpatia del lettore.
Le magie e gli incantesimi che crede di scorgere, del resto, sono solo l'aspetto più ridicolo di un atteggiamento che nella sua essenza è molto serio: don Chisciotte ha interiorizzato i valori cortesi della letteratura cavalleresca e affronta la realtà come se tali ideali fossero concretamente operanti nel mondo, e non solo nella finzione letteraria. Proprio perché nella finzione letteraria esistono magie e incantesimi, però, la follia di don Chisciotte è inguaribile: ogni disavventura viene interpretata dal cavaliere non come la sconfitta della fantasia di fronte alla realtà, ma come il frutto di un intervento soprannaturale ai suoi danni.

Vivere di illusioni. La genialità di Cervantes ha fatto sì che, accanto al "cavaliere dell'ideale" don Chisciotte ci fosse il suo scudiero Sancho Panza, che essendo un contadino ignorante è rimasto immune dalla follia del suo padrone e tenta invano di fargli cambiare modo di vedere le cose. Bisogna però chiedersi se Sancho è davvero più "realista" di don Chisciotte: egli ha accettato di seguire il cavaliere nella speranza (ovviamente vana) di diventare ricco e potente, e quando in seguito a uno scherzo crederà di essere finalmente diventato sovrano di un'isola, prenderà molto sul serio il suo ruolo e si dimostrerà paradossalmente un re saggio e giusto.
Insomma, anche Sancho, in realtà, vive di illusioni, di sogni, di speranze irrealizzabili. Le disavventure dei due compagni sono quindi comiche, ma anche un po' inquietanti: Cervantes insinua chiaramente che tutti noi viviamo come loro, interpretando la realtà in maniera deformata, soggettiva, spesso ridicola. Come Tasso, anche lo scrittore spagnolo esprime insomma una sostanziale sfiducia nella possibilità dell'uomo di dominare il proprio mondo e di essere artefice del proprio destino.

Proposte di lavoro

1. Verifica la comprensione della vicenda rispondendo alle seguenti domande.
- Come interpreta don Chisciotte ciò che è successo nell'osteria?
- Che cosa pensa invece Sancho Panza?
- Qual è la reazione di don Chisciotte alla comparsa del gregge?
- Quale ruolo egli attribuisce alla magia?
- Come si conclude l'episodio?

2. Suddividi il brano in sequenze e attribuisci a ciascuna un breve titolo, poi riassumilo brevemente.

3. Indica quali tratti di don Chisciotte e di Sancho Panza emergono nel brano letto e completa la seguente tabella.

	don Chisciotte	Sancho Panza
Aspetto fisico		
Aspetti del carattere		
Altri aspetti		

4. Confronta i due personaggi, mettendo in luce le differenze:
- nel comportamento ....

....
- nel modo di esprimersi ....

....
- nelle cose che dicono ....

....

5. Concentra ora l'attenzione sulla voce narrante.
- Il romanzo:
  - ☐ è scritto in prima persona?
  - ☐ è scritto in terza persona?
- Come interviene il narratore?
  - ☐ Commenta e giudica le vicende dei personaggi.
  - ☐ Assume un atteggiamento distaccato e neutrale.

6. Quali elementi comici e quali seri sono presenti nel brano? Distinguili in una tabella e spiega perché essi coesistono nello stesso episodio.

Incontro con l'autore
Ludovico Ariosto

L'autore

Possiamo considerare Ariosto lo scrittore più significativo del Rinascimento italiano. La sua produzione si sviluppa nei primi decenni del Cinquecento, quando la civiltà umanistico-rinascimentale raggiunge il massimo splendore.
Rispetto al Medioevo, i valori di riferimento della cultura e della mentalità degli uomini sono profondamente mutati; si è pienamente affermata una nuova fiducia nelle possibilità dell'uomo e nella centralità del suo ruolo (vedi quanto detto su Umanesimo e Rinascimento ➡ pp. 190-192) e anche i modi dell'esistenza umana si sono trasformati.
In Italia il **regime signorile** si è diffuso e consolidato ma, con l'inizio del Cinquecento, si acuiscono i contrasti tra i principali stati regionali italiani, e fanno sì che la penisola si trasformi in campo di battaglia fra le potenti monarchie nazionali di Francia e Spagna.
La civiltà umanistico-rinascimentale ha il suo centro nella **corte**, che si propone come esempio di **società ideale**; all'interno, gentildonne e gentiluomini vivono secondo modelli di eleganza, di bellezza, di armonia, di equilibrio. È questo l'ambiente in cui principalmente si fa cultura, in cui vive la maggior parte degli intellettuali, in cui si moltiplicano le occasioni di scambio, di confronto e di svago.

Ludovico Ariosto, appartenente a una nobiltà di rango non elevato, partecipò alla vita di una delle corti più raffinate e colte d'Italia, la **corte dei signori d'Este a Ferrara**. Qui assorbì gli ideali rinascimentali dell'armonia, dell'equilibrio, della bellezza vissuti non solo in senso estetico, ma soprattutto come ideali etici, guida della convivenza fra gli uomini. Ai signori d'Este egli dedicò gran parte della propria attività mettendosi al loro servizio con incarichi di tipo diplomatico e amministrativo, ma soprattutto offrendo loro l'omaggio della sua opera letteraria, in particolare dell'*Orlando furioso*, dedicato al cardinale Ippolito d'Este.
Tuttavia Ariosto sentì anche il **peso** e la **contraddizione** di questa sua condizione di intellettuale dipendente da un signore: egli soffrì sempre del fatto che il suo lavoro letterario non fosse sufficientemente valutato e che egli fosse costretto ad assumere anche incarichi pratici per i quali non sentiva alcuna propensione.
Legato alla corte, Ariosto si rivolge a un pubblico che idealmente si estende a tutta la società contemporanea. A questo pubblico offre la gioia delle affascinanti avventure raccontate nel suo poema, ma soprattutto un modello di vita improntato a supremi **ideali di equilibrio, moderazione, controllo sul mondo**. Utilizzando le favole dei cavalieri antichi, Ariosto parla al suo tempo e del suo tempo, richiamando in continuazione fatti, personaggi, situazioni della realtà contemporanea. In questo modo affronta le contraddizioni e le ambivalenze presenti nella vita umana e lo fa con uno **sguardo critico** che non è mai dissacrante, ma distaccato, ironico, sorridente, pieno di affettuosa partecipazione.

La **medietà**, ideale etico prima che estetico, centrale nell'opera di Ariosto, si manifesta nell'*Orlando furioso* attraverso la scelta di un tono linguistico privo di elementi "bassi" (cioè popolari, plebei), ma anche di elementi troppo colti, latineggianti, aulici.
Dal punto di vista etico-morale, questo stesso ideale potrebbe esprimersi con la formula del poeta latino Orazio, *aurea mediocritas* (aurea mediocrità), tenendo conto però che il termine *mediocritas* non ha il significato negativo del corrispondente italiano, ma esprime piuttosto un modello di equilibrio e di misura interiore.

L'atteggiamento di Ariosto nei confronti di se stesso e dei propri personaggi è caratterizzato dall'**ironia**. Essa ha la funzione di confermare quella medietà che il poeta considera un valore supremo, smorzando gli eccessi drammatici come quelli comici.
Essa d'altra parte deriva anche dall'atteggiamento che Ariosto mantiene sempre nei confronti della propria materia, ponendosi come **osservatore distaccato**, portatore di una superiore saggezza e moralità.
Nei confronti dei suoi personaggi, Ariosto esprime dei giudizi, ma è nello stesso tempo sempre comprensivo, disposto a perdonare i vizi e i difetti, pur senza smettere di considerarli tali.
Egli si rende perfettamente conto della distanza che separa gli uomini reali (afflitti da passioni, desideri, follie) dal suo ideale umano. Da qui deriva la **vena segretamente malinconica** che percorre tutta la sua opera. Nel complesso però i suoi personaggi hanno sempre qualche tratto positivo, a testimonianza dell'atteggiamento sostanzialmente ottimistico dell'autore.

Ariosto instaura con il suo lettore un **colloquio bonario**, senza eccessi di sostenutezza, ma anche senza cadute troppo evidenti nel quotidiano. Egli si pone innanzitutto lo scopo di divertirlo, attribuendo alla propria opera la funzione di **offrire una distrazione** dalle fatiche del lavoro e degli impegni pratici. In questo senso Ariosto si rivela un **tipico intellettuale cortigiano**, che si rivolge a un pubblico di aristocratici, colti e raffinati.
Allo scopo di divertire il suo pubblico, egli adotta tecniche differenti, prime fra tutte la continua **variazione di temi, situazioni, personaggi**, che evita il principale difetto dell'opera d'arte, cioè la noiosità. Questa ricerca di varietà riguarda innanzitutto i temi e i motivi dell'opera: nell'*Orlando furioso* si alternano infatti amori, avventure, battaglie, magie, viaggi; il narratore conduce con grande abilità una vicenda che si svolge in molti luoghi contemporaneamente, i cui personaggi si incontrano e si perdono continuamente, come in un enorme labirinto.
Rivolgendosi a un pubblico colto, Ariosto esibisce però anche una **varietà di riferimenti culturali**: l'*Orlando furioso* nasce come continuazione dell'*Orlando innamorato* di Boiardo, testo che univa due diverse tradizioni (quella dei poemi cavallereschi carolingi e quella dei romanzi d'amore bretoni); ma accanto a questo riferimento immediato (e ben noto, naturalmente, ai suoi ascoltatori), il poema di Ariosto è ricco di episodi che rimandano a testi medievali e classici: uno dei più conosciuti è quello di Cloridano e Medoro, rielaborato sul virgiliano episodio di Eurialo e Niso.

La vita

La vita di Ariosto si svolse, fin dalla nascita, nell'orizzonte della corte: nato nel 1474 a Reggio Emilia, allora parte del Ducato estense, egli si trasferì a dieci anni a Ferrara seguendo il padre, prima capitano della cittadella di Reggio e poi tesoriere delle milizie estensi. Indirizzato dapprima dalla famiglia allo studio del diritto, ebbe nel 1494 il consenso a potersi dedicare agli studi letterari.
La sua **educazione umanistica** fu interrotta nel 1500 dalla morte del padre; il patrimonio familiare dissestato lo costrinse a provvedere al sostentamento della famiglia e all'educazione dei nove fratelli. Per godere dei benefici ecclesiastici, nel 1503 **prese gli ordini minori**; l'anno seguente entrò al servizio del cardinale Ippolito d'Este, fratello del duca Alfonso, il quale gli affidò delicati incarichi diplomatici e politici. Interessato com'era soprattutto alla poesia e agli studi, Ariosto male accoglieva queste incombenze, a cui tuttavia, per la sua posizione di cortigiano, non poteva sottrarsi.

Nel 1516 usciva intanto a Ferrara la prima edizione dell'*Orlando furioso*, con una dedica a Ippolito. L'anno seguente Ariosto, licenziato dal cardinale perché s'era rifiutato di seguirlo in Ungheria, entrò al servizio di Alfonso d'Este, il quale lo mandò a governare le terre della Garfagnana, allora infestate dai briganti e da aspre lotte politiche interne. Ariosto accettò solo per le difficoltà economiche in cui versava la sua famiglia, ma rivelò poi **notevoli doti di amministratore**. Questi anni trascorsi lontano dalla sua città e dalla sua donna, assorbito da gravose incombenze pratiche, costituiscono il periodo più cupo e faticoso della sua esistenza.

Nel 1525 ottenne di ritornare a Ferrara, dove visse i suoi ultimi anni dedito agli studi e confortato dall'affetto di Alessandra Benucci, che sposò segretamente nel 1528. In questi anni rielaborò instancabilmente il suo poema, occupandosi anche di teatro e mantenendo rapporti con i circoli umanisti. Morì nel luglio del 1533.

Le opere

L'attività letteraria di Ariosto non si riduce all'*Orlando furioso*, che pure rimane la sua opera maggiore e che gli valse già nel suo secolo una vasta fama in Italia e in Europa. Egli compose numerose poesie in latino e in volgare, prevalentemente **liriche di argomento amoroso**.
In queste poesie il modello petrarchesco, a cui Ariosto si riallaccia secondo le regole del Classicismo dominante in quell'epoca, viene modificato in un senso più esplicitamente sentimentale e intimistico.
Ma la più nota e riuscita delle sue opere minori è il gruppo di sette *Satire* in terzine, che Ariosto compone tra il 1517 e il 1525. Indirizzate ad amici e parenti, esse prendono spunto da episodi della vita del poeta e affrontano **argomenti diversi**, dalla condanna della corruzione del clero alla difesa della dignità dello scrittore, dal sogno petrarchesco di una vita solitaria e dedita agli studi all'analisi dei difetti e vizi umani.
Ariosto ebbe anche un rapporto stretto con il teatro; compose numerose commedie, tra le quali si possono ricordare *Il negromante*, del 1520, e *La Lena*, del 1528.

Orlando furioso

La genesi dell'opera

L'*Orlando furioso* fu pubblicato, a spese di Ippolito d'Este, nel 1516 in quaranta canti; ristampato già nel 1521, con numerose correzioni di lingua e di stile, fu infine ripubblicato in quarantasei canti nel 1532. Questa edizione accoglieva la teoria linguistica di Pietro Bembo che poneva come lingua letteraria, capace di durare nel tempo, il fiorentino di Dante, Petrarca e Boccaccio e rivedeva la precedente lingua ferrarese-lombarda. L'opera si riallacciava alla tradizione del poema epico-cavalleresco e, materialmente, riprendeva e continuava la trama interrotta dell'*Orlando innamorato* di Boiardo.

L'ippogrifo, magico cavallo alato.

La trama

Carlo Magno, preoccupato delle rivalità che Angelica ha acceso tra i cavalieri innamorati di lei, affida la fanciulla al duca Namo di Baviera, promettendola a chi più si distinguerà nello scontro imminente. Ma i cristiani vengono sconfitti e Angelica, approfittando dello scompiglio che regna nell'accampamento dei franchi, fugge. Sulle sue orme si lanciano i paladini innamorati: ha così inizio quell'intreccio vorticoso e fantastico di duelli, magie e battaglie di cui si compongono le 4842 ottave del poema. La trama è intricata e non obbedisce a un'unità d'azione prefissata.

Nel poema sono presenti tre linee principali

È possibile tuttavia individuare tre linee principali, attorno alle quali s'intrecciano i mille fili del poema.

La prima è la **guerra tra cristiani e saraceni**, nel momento in cui questi ultimi, dopo avere sbaragliato l'esercito di Carlo, stringono d'assedio Parigi.

La seconda è la **storia dell'amore di Orlando**, il più valoroso dei cavalieri di Carlo, **per Angelica**, la figlia del re del Catai, la quale continua per tutto il poema a essere preda, inseguita e mai raggiunta, di cristiani e saraceni. Orlando addirittura impazzisce d'amore, quando apprende che lei ama Medoro, un umile soldato che ha raccolto ferito sul campo di battaglia, ha curato e poi sposato. Ritroverà la ragione solo grazie ad Astolfo, che, a cavallo dell'ippogrifo, un magico cavallo alato, andrà sulla luna a recuperarla.

La terza delle vicende principali è il **contrastato amore tra Bradamante**, sorella di Rinaldo e valorosa guerriera cristiana, **e Ruggiero**, cavaliere saraceno che ignora di essere nato da genitori cristiani. Presente già in Boiardo, questa vicenda viene aggiunta nel poema per ragioni politiche ed encomiastiche: dal matrimonio dei due infatti veniva fatta discendere la casata degli Este.

Lo stile

Come già avevano fatto Boiardo e Pulci, Ariosto riprese nel suo poema gli schemi dell'epica cavalleresca medievale; ma l'*Orlando furioso* è **un'opera tutta rinascimentale**. Dio è lontano dal mondo dei cavalieri ariosteschi, non negato né discusso, semplicemente assente. I personaggi del poema si muovono senza chiedersi mai se le loro azioni corrispondano a un disegno divino. Essi sono spinti solo dalla vitalità, dalle passioni dell'anima, dai loro istinti.

Caratteristica fondamentale del poema è la **mescolanza di fantasia e realtà**. L'elemento magico e fantasioso si inserisce con naturalezza nel ritmo avventuroso delle vicende; ma nella rappresentazione dei personaggi è grande la capacità dell'autore di analizzare l'animo umano. Le storie svolgono via via i temi della fedeltà e dell'eroismo, dell'amicizia e della nobiltà d'animo, del tradimento e della violenza, della gelosia e della superbia. In tutte l'autore interviene con rapide battute, note di saggezza o pungenti osservazioni ironiche. Domina nell'opera un **tono lieve e sorridente**, un atteggiamento indulgente riguardo alle debolezze e ai vizi umani.

La lingua

Quella che il poema esprime è una **fiducia ottimistica nella razionalità delle cose del mondo**, in quella armonia universale in cui alla fine si conciliano i destini e i voleri umani.

Lingua e metrica contribuiscono alla fluidità del testo

Questo ideale di vita misurata ed equilibrata si riflette anche nello stile del poema, che mescola il comico, il fantastico e il sentimentale, senza mai precipitare nel drammatico. Anche la lingua fonde insieme elementi classici e petrarcheschi con modi ed espressioni popolareschi e del parlato, ottenendo una sintesi originale, armoniosa e scorrevole. La fluidità del testo ariostesco si realizza anche grazie all'uso dell'**ottava**. Questo metro, che nella poesia cavalleresca tradizionale era piuttosto ripetitivo e monotono, diventa in Ariosto l'elemento fondamentale di un **ritmo narrativo** mutevole, vario, sempre nuovo, che farà dell'*Orlando furioso* il classico della letteratura italiana più leggibile e più letto nei secoli successivi.

I tre filoni narrativi dell'*Orlando furioso*

1. Il **contesto**: la guerra tra cristiani e saraceni, ai tempi di Carlo Magno, intorno alle mura di Parigi.
2. Il **protagonista**: la storia dell'amore di Orlando per Angelica, che conduce il paladino alla follia.
3. Il **tema encomiastico**: l'amore tra Bradamante e Ruggiero, capostipiti della casa d'Este.

Opera
Orlando furioso
Epoca
XVI secolo
Genere
poema cavalleresco
Lingua
italiano
Schema metrico
ottave

Orlando furioso, canto I, ottave 1-4

Le donne, i cavallier, l'arme, gli amori

Quello che segue è il proemio dell'*Orlando furioso*. Secondo la tradizione classica risalente a Omero, che Ariosto imita e riprende, esso contiene la proposizione, cioè l'accenno agli argomenti che il poeta svilupperà nel corso dell'opera, l'invocazione, non alle Muse come nei classici ma alla donna amata, secondo un'intonazione meno seriosa e più vicina alle indicazioni umanistiche. Il proemio contiene infine la dedica a Ippolito d'Este, il protettore del poeta, secondo la consuetudine delle corti del Rinascimento.

All'inizio del poema sono dunque quattro strofe apparentemente convenzionali ed esterne all'ispirazione originale di Ariosto. In realtà, proprio a partire dal celeberrimo primo verso, che indica già in pieno il proposito di fusione del ciclo bretone (gli amori) con quello carolingio (l'arme), emergono le caratteristiche dell'opera ariostesca: l'abbandonarsi lieto e gioioso allo scorrere degli avvenimenti, delle situazioni e delle azioni, il sorriso amabile e velato di ironia bonaria con cui l'autore narra la sua storia, il tono confidenziale e pacato, lontano da ogni seriosità e ogni enfasi retorica, con cui viene costruito il colloquio con il lettore.

Le donne, i cavallier, l'arme, gli amori,
le cortesie, l'audaci imprese io canto,
che furo al tempo che passaro i Mori
d'Africa il mare, e in Francia nocquer tanto,
seguendo l'ire e i giovenil furori
d'Agramante lor re, che si diè vanto
di vendicar la morte di Troiano
sopra re Carlo imperator romano.

[1-8] Io canto le donne, i cavalieri, le battaglie, gli amori, le cortesie, le audaci imprese che accaddero al tempo in cui i mori d'Africa attraversarono il mare e vennero a fare la guerra in Francia, seguendo le ire e i furori giovanili del loro re Agramante, che dichiarava di voler vendicare su Carlo Magno la morte di suo padre Troiano.

Dirò d'Orlando in un medesmo tratto
cosa non detta in prosa mai né in rima:
che per amor venne in furore e matto,
d'uom che sì saggio era stimato prima;
se da colei che tal quasi m'ha fatto,
che 'l poco ingegno ad or ad or mi lima,
me ne sarà però tanto concesso,
che mi basti a finir quanto ho promesso.

[9-16] Dirò anche di Orlando una cosa mai raccontata prima, né in prosa né in poesia – e cioè che per amore impazzì, da uomo tanto saggio che era in precedenza; [lo farò] se colei che mi ha quasi reso simile a Orlando e che mi consuma a poco a poco lo scarso ingegno me ne lascerà abbastanza [di ingegno] per mantenere la mia promessa.

Piacciavi, generosa Erculea prole,
ornamento e splendor del secol nostro,
Ippolito, aggradir questo che vuole
e darvi sol può l'umil servo vostro.
Quel ch'io vi debbo, posso di parole
pagare in parte, e d'opera d'inchiostro;
né che poco io vi dia da imputar sono;
che quanto io posso dar, tutto vi dono.

[17-24] Ippolito, generoso figlio di Ercole, ornamento e splendore del nostro tempo, vogliate gradire questo dono, che il vostro umile servitore vuole e può darvi. Quel che vi devo, io posso pagarlo in parte con parole e con scritti; e non ditemi che è poco, perché vi sto dando tutto quello che posso.

Voi sentirete fra i più degni eroi,
che nominar con laude m'apparecchio,
ricordar quel Ruggier, che fu di voi
e de' vostri avi illustri il ceppo vecchio.
L'alto valore e' chiari gesti suoi
vi farò udir, se voi mi date orecchio,
e vostri alti pensier cedino un poco,
sì che tra lor miei versi abbiano loco.

[25-32] Fra i più nobili eroi che mi appresto a elogiare, voi sentirete ricordare quel Ruggiero che fu il capostipite della vostra stirpe. Vi narrerò del suo grande valore e delle sue imprese famose, se mi presterete ascolto e se le vostre preoccupazioni vi lasceranno un po' di tempo, sì che i miei versi trovino posto nei vostri pensieri.

1. Le donne... amori: in uno stile piano, che ha il tono della conversazione, Ariosto presenta i temi della sua opera: sono i temi dell'epopea cavalleresca e carolingia, che diventa la cornice storica (la lotta fra cristiani e saraceni all'epoca di Carlo Magno) delle vicende amorose dei protagonisti. Si tratta di un inizio celeberrimo, che anticipa in poche e chiare parole la molteplicità delle vicende narrate; **l'arme:** i fatti d'armi, i combattimenti; **cavallier:** con due "l" è forma del dialetto settentrionale che Ariosto mantiene malgrado la lezione di Bembo.
3. al tempo: si tratta, malgrado la cornice storica, di un tempo di fantasia com'è quello di una leggenda; **Mori:** deriva da mauri, abitanti della Mauritania, nell'Africa settentrionale; ma qui sta a indicare per sineddoche gli arabi in generale.
5-8. seguendo... romano: Agramante e Troiano sono personaggi del tutto fantastici. Secondo il racconto di Boiardo, che Ariosto vuole continuare, Troiano era stato ucciso da Orlando; il figlio ventiduenne invase, per vendicarlo, la Francia del Sacro Romano Impero, insieme con l'alleato Marsilio, re degli arabi di Spagna.
9-10. Dirò... rima: Ariosto ora presenta l'argomento che dà il titolo all'opera: la pazzia d'Orlando. Tale argomento è tuttavia subordinato a quello generale esposto prima: nell'opera non vi è un personaggio dominante.
11-12. che... prima: nel ciclo carolingio Orlando era rappresentato come un guerriero severo ed eroico, dedito a Dio e alla patria.
13-16. se da colei... promesso: *colei* è Alessandra Benucci, la donna amata da Ariosto; questi versi costituiscono l'invocazione, che classicamente è rivolta alle Muse e qui diventa invece uno scherzoso riferimento alla propria donna, velato di cortesia e di affetto.
17-20. Piacciavi... vostro: segue ora la Dedica al cardinale Ippolito d'Este, di cui l'autore fu segretario dal 1503 al 1517. Questa e l'ottava seguente hanno un carattere encomiastico, elogiativo, come era consuetudine del tempo.
21-24. Quel... dono: Ariosto scrive questi versi con il sorriso sulle labbra; tutta la sua dedica è caratterizzata da un'ombra di malizia.
27. quel Ruggier: Ariosto accenna qui alla storia di Ruggiero, eroe saraceno, e di Bradamante, sorella di Rinaldo, dalle cui nozze, come già Boiardo aveva indicato, avrà origine la stirpe degli Este.

Analisi del testo

L'amore e la guerra. I primi versi di un poema, sia esso l'*Iliade* di Omero, l'*Eneide* di Virgilio o la *Commedia* di Dante, hanno sempre un valore e un'importanza particolari. Anche nel caso dell'*Orlando furioso*, essi sono il frutto di un lungo lavoro di elaborazione da parte dell'autore, che ha per così dire concentrato in essi una serie di elementi che devono guidare la lettura dell'opera intera.
Vediamo quindi quali indicazioni possiamo ricavare dalle prime quattro ottave del primo canto.
Le prime due ottave contengono l'argomento del poema. Ariosto indica immediatamente due temi fondamentali: l'amore e la guerra, espressi nei primi, famosissimi due versi con tre termini ciascuno: «le donne, gli amori, le cortesie» e «i cavallier, l'arme, l'audaci imprese». Nel seguito della prima strofa, il poeta precisa l'epoca in cui si sono svolti i fatti (quella di Carlo Magno): ma lo scopo di questi versi non è certo quello di attribuire realtà storica a dei fatti immaginari, ma anzi di sottolineare il loro carattere romanzesco e fantastico (la guerra infatti è fatta dipendere dal carattere impetuoso e dal desiderio di vendetta personale del re Agramante, non da cause politiche). Nella seconda strofa si precisa il tema dell'amore e fanno la loro comparsa due importanti personaggi: il protagonista, Orlando, e il narratore, che con sottile ironia si rivolge alla sua donna, dichiarandosi anch'egli a rischio di perdere il senno per amore, come il suo personaggio.
Ariosto si propone dunque come continuatore di Boiardo, che nel suo poema incompiuto *Orlando innamorato* aveva unito le tematiche guerresche del ciclo carolingio a quelle amorose del ciclo bretone; ma nello stesso tempo egli sottolinea la sua originalità («cosa non detta in prosa mai né in rima») e offre la spiegazione del titolo dell'opera (furioso deriva da *furor*, che in latino significa "pazzia").

Il poeta-cortigiano. La terza e la quarta ottava contengono la dedica a Ippolito d'Este. Il discorso è articolato in quattro momenti: la dedica vera e propria (vv. 17-20); l'*excusatio*, cioè l'invito a considerare benevolmente gli sforzi del poeta, per quanto modesti essi siano (vv. 21-24); l'indicazione di un secondo argomento, di tipo encomiastico, relativo alle vicende di Ruggiero e Bradamante (vv. 25-28); e infine l'invito ad ascoltare il racconto dimenticando per qualche istante i problemi della vita reale (vv. 29-32).
Attraverso la dedica, quindi, Ariosto introduce, dopo quello amoroso e quello guerresco, un terzo filone narrativo (quello che ha per protagonisti gli antenati della famiglia d'Este) e soprattutto precisa il suo ruolo e la funzione che attribuisce alla sua opera. Egli si presenta come poeta cortigiano, al servizio di un signore, impegnato a scrivere un'opera "d'evasione" per distrarlo dalle fatiche della politica e del governo.
La figura del poeta che emerge dai primi versi è però già complessa: le sue affermazioni sono infatti venate di ironia, sia nella seconda strofa, dove si rivolge alla sua "musa ispiratrice", sia nella terza e nella quarta, dove si rivolge al suo signore. Fin dai primi versi, quindi, Ariosto esprime quello che sarà l'atteggiamento di fondo del narratore del *Furioso*: un atteggiamento di distacco e di pacata contemplazione delle vicende dei suoi personaggi, che interviene spesso a commentare con ironia, appunto, esprimendo una saggezza arguta, un ottimismo appena velato di tristezza.

Proposte di lavoro

1. Argomento, invocazione alla musa e dedica sono le parti di cui è tradizionalmente composto il proemio di un poema. Individuale nel brano letto e sintetizzane rapidamente il contenuto.
- Argomento: ....
....
- Invocazione: ....
....
- Dedica: ....
....

2. Per quanto riguarda l'argomento, Ariosto enuncia nel proemio tre importanti temi che svilupperà nel corso dell'opera. Di quali temi si tratta?
- ☐ Guerra, amore, lodi della famiglia d'Este.
- ☐ Guerra, cavalleria, amore.
- ☐ Guerra, ironia, amore.

3. Verifica la comprensione della seconda strofa rispondendo alle seguenti domande.
- Chi è la donna che l'autore invoca come ispiratrice?
- Perché il poeta non invoca la musa, come nei poemi classici?
- Come si rappresenta il poeta stesso?

4. Quattro strofe di proemio bastano a far emergere una figura di autore molto complessa.
- Dove ti sembra presente il famoso atteggiamento ariostesco di ironia nei confronti delle vicende umane e di se stesso?
- Equilibrio, ironico distacco, ottimismo, saggezza, venature di malinconia sono alcune parole chiave dell'universo ariostesco. Esse sono in qualche modo già in azione nel proemio. Illustra, discuti e commenta quest'affermazione.
- Ariosto e il complesso ruolo di poeta cortigiano; Ariosto e il rapporto con il pubblico: che cosa emerge dal proemio su questi temi?

Opera
Orlando furioso
Epoca
XVI secolo
Genere
poema cavalleresco
Lingua
italiano
Schema metrico
ottave

Orlando furioso, canto I, ottave 8-32

Angelica in fuga

Il primo canto dell'*Orlando furioso* è la sintesi di tutti i motivi del poema. Le fughe e gli incontri, i duelli e gli incantesimi, le tenerezze amorose e le malinconie si susseguono e si incrociano con un ritmo veloce e lieve, attraverso situazioni imprevedibili che sorprendono il lettore a ogni ottava e lo coinvolgono in quell'atmosfera di divertimento e fantasia che è la caratteristica maggiore dell'opera ariostesca. L'elemento unificatore di tutto il canto, di cui riportiamo la prima parte, è la figura di Angelica in fuga attraverso la foresta.
Per il suo amore è sorta infatti una contesa tra Orlando e il cugino Rinaldo, nell'accampamento di Carlo Magno impegnato a combattere contro i mori. Carlo ha deciso di affidare la fanciulla a quello dei due paladini che ucciderà più avversari nel giorno della battaglia contro gli infedeli. Le sorti dello scontro sono tuttavia contrarie ai cristiani e Angelica, rimasta senza sorveglianza nella tenda in cui è stata rinchiusa, fugge, inseguita e mai raggiunta sia dai paladini sia dai saraceni. Simbolo della bellezza e della giovinezza, vanamente desiderata dai cavalieri innamorati davanti ai cui occhi ella continuamente appare e si dilegua, la figura di Angelica in fuga non ha nulla di drammatico e di tragico, ma è contemplata dal poeta con uno sguardo divertito e sorridente.

Nata pochi dì inanzi era una gara
tra il conte Orlando e il suo cugin Rinaldo;
che ambi avean per la bellezza rara
d'amoroso disio l'animo caldo.
Carlo, che non avea tal lite cara,
che gli rendea l'aiuto lor men saldo,
questa donzella, che la causa n'era,
8 tolse, e diè in mano al duca di Baviera;

[1-8] Pochi giorni prima era nata fra il conte Orlando e suo cugino Rinaldo una contesa, perché tutti e due erano innamorati delle rara bellezza di Angelica. Carlo Magno, che non vedeva di buon occhio quella lite, poiché gli rendeva meno sicuro il loro aiuto, prese la fanciulla che ne era causa e la diede al duca di Baviera,

in premio promettendola a quel d'essi
ch'in quel conflitto, in quella gran giornata,
degli infideli più copia uccidessi,
e di sua man prestassi opra più grata.
Contrari ai voti poi furo i successi;
ch'in fuga andò la gente battezzata,
e con molti altri fu 'l duca prigione,
16 e restò abbandonato il padiglione.

[9-16] promettendola in premio a quello dei due (Orlando e Rinaldo) che in quella battaglia di scontro campale avesse ucciso il maggior numero di infedeli e avesse combattuto meglio. Gli esiti furono contrari alle speranze, perché a essere sconfitti furono i cristiani; il duca fu fatto prigioniero insieme a molti altri e il padiglione rimase abbandonato.

Dove, poi che rimase la donzella
ch'esser dovea del vincitor mercede,
inanzi al caso era salita in sella,
e quando bisognò le spalle diede,
presaga che quel giorno esser rubella

[17-24] La fanciulla che era rimasta lì e doveva essere il premio del vincitore era montata a cavallo prima che la battaglia finisse e al momento buono fuggì, intuendo che la sorte quel giorno doveva essere contraria ai cri-

8. duca di Baviera: il vecchio Namo di Baviera, consigliere di Carlo Magno.

19. inanzi al caso: prima della sconfitta, ma anche: di fronte a tale caso, cioè l'abbandono della tenda da parte di Namo e dei suoi.

dovea Fortuna alla cristiana fede:
entrò in un bosco, e ne la stretta via
rincontrò un cavallier ch'a piè venìa.

stiani. Entrò in un bosco e lungo il sentiero incontrò un cavaliere che arrivava a piedi.

Indosso la corazza, l'elmo in testa,
la spada al fianco, e in braccio avea lo scudo;
e più leggier correa per la foresta,
ch'al pallio rosso il villan mezzo ignudo.
Timida pastorella mai sì presta
non volse piede inanzi a serpe crudo,
come Angelica tosto il freno torse,
che del guerrier, ch'a pié venìa, s'accorse.

[25-32] Aveva addosso la corazza, in testa l'elmo, al fianco la spada e al braccio lo scudo; e [pur così appesantito] correva per la foresta più agilmente di un contadino mezzo nudo che insegua un palio rosso. Una pastorella spaventata non fuggì mai di fronte a un serpente con la stessa velocità con cui Angelica fuggì appena si accorse del guerriero che si avvicinava.

Era costui quel paladin gagliardo,
figliuol d'Amon, signor di Montalbano,
a cui pur dianzi il suo destrier Baiardo
per strano caso uscito era di mano.
Come alla donna egli drizzò lo sguardo,
riconobbe, quantunque di lontano,
l'angelico sembiante e quel bel volto
ch'all'amorose reti il tenea involto.

[33-40] Costui era il gagliardo paladino Rinaldo, figlio di Amone, signore di Montalbano, a cui poco prima, per uno strano caso, il cavallo Baiardo era sfuggito di mano. Appena guardò la donna, egli riconobbe, quantunque fosse lontano, l'angelico aspetto e il bel volto che lo teneva prigioniero nelle reti d'amore.

La donna il palafreno a dietro volta,
e per la selva a tutta briglia il caccia;
né per la rara più che per la folta,
la più sicura e miglior via procaccia:
ma pallida, tremando, e di sé tolta,
lascia cura al destrier che la via faccia.
Di su di giù, ne l'alta selva fiera
tanto girò, che venne a una riviera.

[41-48] La donna fa voltare il suo cavallo e lo sprona per la foresta a briglia sciolta; né bada alla via più sicura o più comoda, dove la foresta sia più rada e meno folta, ma pallida, tremante, fuori di sé, lascia che sia il cavallo a scegliere. Tanto girò su e giù per la foresta selvaggia, che giunse in riva a in fiume.

Su la riviera Ferraù trovosse
di sudor pieno e tutto polveroso.
Da la battaglia dianzi lo rimosse
un gran disio di bere e di riposo;
e poi, mal grado suo, quivi fermosse,
perché, de l'acqua ingordo e frettoloso,
l'elmo nel fiume si lasciò cadere,
né l'avea potuto anco rïavere.

[49-56] Sulla riva del fiume si trovò davanti Ferraù, coperto di sudore e di polvere. L'aveva condotto qui dalla battaglia prima una gran sete e una grande stanchezza; poi si era fermato suo malgrado, perché, per la fretta di bere, aveva lasciato cadere l'elmo nel fiume e non era ancora riuscito a recuperarlo.

Quanto potea più forte, ne veniva
gridando la donzella ispaventata.
A quella voce salta in su la riva

[57-64] La fanciulla arrivava gridando più forte che mai per lo spavento. A quella voce, il saraceno balza sulla riva e la guarda in volto – e riconosce subito, mentre si av-

23. entrò in un bosco: è il primo paesaggio dell'opera; boschi e selve saranno i luoghi più ricorrenti, sede di incontri e duelli, avventure bizzarre e imprevisti.
34. figliuol d'Amon: Rinaldo di Montalbano, cugino di Orlando, figlio di Amone.
35. pur dianzi: poco prima; durante la battaglia, come aveva raccontato Boiardo; **il suo destrier Baiardo:** il destriero era il cavallo da battaglia, il palafreno quello da parata; Baiardo è uno dei cavalli più famosi dei poemi cavallereschi, fatato e dotato di grande intelligenza.
36. per... mano: in tutto il poema i personaggi sono sempre alla ricerca di qualche cosa: un cavallo, una spada, una donna, un nemico.
48. riviera: fiume. Gli incontri più meravigliosi e inattesi sono spesso lungo le rive dei fiumi: ha inizio ora una nuova avventura, un nuovo incontro.
49. Ferraù: un guerriero saraceno, tra i più feroci e fieri; anch'egli è innamorato di Angelica; in Boiardo, portava il nome di Ferraguto; **trovosse:** si trovò. Si noti l'effetto fonetico della rima, che accentua il carattere bizzarro ma anche quasi comico del personaggio.

il Saracino, e nel viso la guata;
e la conosce subito ch'arriva,
ben che di timor pallida e turbata,
e sien più dì che non n'udì novella,
che senza dubbio ell'è Angelica bella.

vicina, benché sia pallida e turbata dalla paura, e benché siano parecchi giorni che non ha sue notizie, che è senza dubbio la bella Angelica.

E perché era cortese, e n'avea forse
non men dei dui cugini il petto caldo,
l'aiuto che potea, tutto le porse,
pur come avesse l'elmo, ardito e baldo:
trasse la spada, e minacciando corse
dove poco di lui temea Rinaldo.
Più volte s'eran già non pur veduti,
m'al paragon de l'arme conosciuti.

[65-72] E siccome era cortese ed era innamorato di lei forse non meno dei due cugini, le offrì tutto l'aiuto che poteva, ardito e baldanzoso come se avesse l'elmo. Snudò la spada e corse minacciosamente dove Rinaldo l'attendeva senza paura. Si erano già non solo visti più volte, ma affrontati in duello.

Cominciâr quivi una crudel battaglia,
come a pié si trovâr, coi brandi ignudi:
non che le piastre e la minuta maglia,
ma ai colpi lor non reggerian gl'incudi.
Or, mentre l'un con l'altro si travaglia,
bisogna al palafren che 'l passo studi;
che quanto può menar de la calcagna,
colei lo caccia al bosco e alla campagna.

[73-80] Cominciò qui una dura lotta, poiché erano a piedi e con le spade sguainate; ai loro colpi non solo le piastre e la maglia delle armature, ma neppure le incudini avrebbero retto. Ora, mentre sono impegnati fra di loro, il cavallo di Angelica aumenta l'andatura, perché quanto più può spronarlo, lei lo spinge nel bosco e nei campi.

Poi che s'affaticâr gran pezzo invano
i duo guerrier per por l'un l'altro sotto,
quando non meno era con l'arme in mano
questo di quel, né quel di questo dotto;
fu primiero il signor di Montalbano,
ch'al cavallier di Spagna fece motto,
sì come quel c'ha nel cor tanto fuoco,
che tutto n'arde e non ritrova loco.

[81-88] Dopo che i due guerrieri si furono affaticati a lungo invano per sopraffarsi a vicenda, poiché nessuno dei due cedeva le armi e nessuno dei due era meno abile dell'altro, per primo Rinaldo parlò a Ferraù, poiché aveva il cuore tanto infuocato d'amore che ne ardeva tutto e non poteva trovare requie.

Disse al pagan: – Me sol creduto avrai,
e pur avrai te meco ancora offeso:
se questo avvien perché i fulgenti rai
del nuovo sol t'abbino il petto acceso,
di farmi qui tardar che guadagno hai?
che quando ancor tu m'abbi morto o preso,
non però tua la bella donna fia;
che, mentre noi tardian, se ne va via.

[89-96] E disse al pagano: «Penserai di aver danneggiato me, e invece avrai danneggiato anche te stesso; se questo duello accade perché i fulgidi raggi del nuovo sole che è Angelica ti hanno acceso il cuore, che vantaggio trai dal farmi perdere tempo qui? Se anche riuscissi a uccidermi o a catturarmi, la bella donna non sarebbe tua per questo, poiché mentre noi tardiamo, lei si allontana.

Quanto fia meglio, amandola tu ancora,
che tu le venga a traversar la strada,
a ritenerla e farle far dimora,
prima che più lontana se ne vada!

[97-104] Quanto sarebbe meglio, se anche tu la ami, che tu la fermassi e la trattenessi prima che si allontani ancora di più! Quando l'avremo in nostro potere, allora potremo verificare con la spada in pugno di chi debba es-

60. nel viso la guata: la guarda attentamente; proprio mentre è intento alla ricerca affannosa dell'elmo, il caso gli getta tra le braccia la fanciulla da lui a lungo inseguita.

65. era cortese: la cortesia, prima virtù dei cavalieri, gli impone di soccorrere la fanciulla minacciata e impaurita.

72. m'al... conosciuti: ma conosciuti alla prova delle armi; avevano infatti già duellato nell'*Innamorato* di Boiardo.

73. Cominciâr: incominciarono; è la prima battaglia del *Furioso*.

Come l'avremo in potestate, allora
di ch'esser de' si provi con la spada:
non so altrimenti, dopo un lungo affanno,
che possa riuscirci altro che danno. –

sere: in caso contrario, dopo tante fatiche, non so cosa possiamo ricavare, se non un danno».

Al pagan la proposta non dispiacque:
così fu differita la tenzone;
e tal tregua tra lor subito nacque,
sì l'odio e l'ira va in oblivïone,
che 'l pagano al partir da le fresche acque
non lasciò a piedi il buon figliol d'Amone:
con preghi invita, et al fin toglie in groppa,
e per l'orme d'Angelica galoppa.

[105-112] Al pagano la proposta non dispiacque e il duello fu rimandato; e fra di loro nacque subito un tale accordo (così l'ira e l'odio si dimenticano facilmente) che il pagano, allontanandosi dalle fresche acque [del fiume], non lasciò a piedi il buon figlio di Amone e lo invitò cortesemente e infine lo fece salire a cavallo e galoppò (con lui) sulle orme di Angelica.

Oh gran bontà de' cavallieri antiqui!
Eran rivali, eran di fé diversi,
e si sentian degli aspri colpi iniqui
per tutta la persona anco dolersi;
e pur per selve oscure e calli obliqui
insieme van senza sospetto aversi.
Da quattro sproni il destrier punto arriva
ove una strada in due si dipartiva.

[113-120] Oh, com'erano bravi gli antichi cavalieri! Erano rivali, erano di fede diversa, si sentivano ancora il corpo dolorante per gli astri colpi che si erano dati, eppure vanno per boschi oscuri e sentieri tortuosi senza sospettare l'uno dell'altro. Punto da quattro speroni, il cavallo arriva a un bivio.

E come quei che non sapean se l'una
o l'altra via facesse la donzella
(però che senza differenzia alcuna
apparia in amendue l'orma novella),
si messero ad arbitrio di fortuna,
Rinaldo a questa, il Saracino a quella.
Pel bosco Ferraù molto s'avvolse,
e ritrovossi al fine onde si tolse.

[121-128] Poiché non sapevano quale delle due strade avesse preso la fanciulla (dato che in entrambe si vedevano impronte recenti, senza alcuna differenza), decisero di affidarsi alla fortuna: Rinaldo prese una strada, Ferraù l'altra. Ferraù si aggirò a lungo per il bosco e alla fine si ritrovò al punto di partenza.

Pur si ritrova ancor su la riviera,
là dove l'elmo gli cascò ne l'onde.
Poi che la donna ritrovar non spera,
per aver l'elmo che 'l fiume gli asconde,
in quella parte onde caduto gli era
discende ne l'estreme umide sponde:
ma quello era sì fitto ne la sabbia,
che molto avrà da far prima che l'abbia.

[129-136] Si ritrova cioè sulla riva del fiume, dove l'elmo gli era cascato in acqua. Poiché ha perso la speranza di ritrovare la donna, scende in acqua per riprendere l'elmo che il fiume gli nascondeva, là dove gli era caduto; ma quello era affondato nella sabbia e Ferraù dovrà penare a lungo per riaverlo.

Con un gran ramo d'albero rimondo,
di ch'avea fatto una pertica lunga,
tenta il fiume e ricerca sino al fondo,
né loco lascia ove non batta e punga.
Mentre con la maggior stizza del mondo
tanto l'indugio suo quivi prolunga,

[137-144] Con un grosso ramo ripulito dalle foglie, con cui si era fatto una pertica, scandaglia il fiume e ne fruga il fondale, senza lasciare nessun luogo inesplorato. Mentre con la maggior stizza del mondo prolunga così la sua permanenza lì, vede sbucare fino al petto dal centro del fiume un cavaliere d'aspetto fiero.

113. Oh... antiqui!: in questo verso famoso alcuni hanno letto dell'ironia verso il mondo cavalleresco; altri invece vi hanno trovato nostalgia e rimpianto per un mondo ormai perduto. Prevale oggi l'interpretazione che vi scorge solo una partecipazione sorridente alle vicende fantastiche dei paladini.
120. si dipartiva: come è tipico dell'ottava ariostesca, la rima baciata finale conclude una vicenda e crea l'attesa per la successiva.
129. Pur: alla fine.

vede di mezzo il fiume un cavalliero
insino al petto uscir, d'aspetto fiero.

Era, fuor che la testa, tutto armato,
et avea un elmo ne la destra mano:
avea il medesimo elmo che cercato
da Ferraù fu lungamente invano.
A Ferraù parlò come adirato,
e disse: – Ah mancator di fé, marano!
perché di lasciar l'elmo anche t'aggrevi,
che render già gran tempo mi dovevi?

[145-152] Era, a parte la testa, tutto armato, e nella mano destra teneva un elmo – lo stesso elmo che Ferraù cercava invano da tanto tempo. E parlando a Ferraù con voce adirata disse: «Ah, spergiuro e traditore! perché ti rattristi di lasciare l'elmo che mi dovevi da tanto tempo?»

Ricordati, pagan, quando uccidesti
d'Angelica il fratel (che son quell'io),
dietro all'altr'arme tu mi promettesti
gittar fra pochi dì l'elmo nel rio.
Or se Fortuna (quel che non volesti
far tu) pone ad effetto il voler mio,
non ti turbare; e se turbar ti dèi,
turbati che di fé mancato sei.

[153-160] Ricordati, pagano, che quando uccidesti il fratello di Angelica (che sono io) mi promettesti di buttare nel fiume entro pochi giorni, insieme alle altre armi, anche l'elmo. Ora se il caso realizza il mio desiderio (cosa che tu non hai voluto fare), non arrabbiarti; o meglio arrabbiati per il fatto che hai mancato alla tua parola.

Ma se desir pur hai d'un elmo fino,
trovane un altro, et abbil con più onore;
un tal ne porta Orlando paladino,
un tal Rinaldo, e forse anco migliore:
l'un fu d'Almonte, e l'altro di Mambrino:
acquista un di quei duo col tuo valore;

[161-168] Ma se desideri un elmo di buona fattura, trovatene un altro, e procuratelo più onorevolmente; il paladino Orlando ne ha uno del genere; anche Rinaldo, e forse il suo è ancora migliore; il primo apparteneva ad Almonte, l'altro a Mambrino: procurati col tuo valore uno

143. un cavalliero: è il fantasma di Argalìa, fratello di Angelica; ucciso da Ferraù, come aveva raccontato Boiardo. Argalìa in punto di morte aveva chiesto di essere seppellito nel fiume con tutte le sue armi; Ferraù, privo del suo elmo, gli aveva chiesto di poter tenere il suo per quattro giorni, ma non aveva mai mantenuto la promessa di restituirlo alla scadenza fissata.

150. marano!: traditore. Maranos erano chiamati in Spagna i mori e gli ebrei convertiti; più tardi il nome assunse anche un significato spregiativo; era l'offesa più grave nei poemi cavallereschi.

158. pone ad effetto: realizza; la Fortuna, il caso, il destino, è uno dei protagonisti del *Furioso*.

163. un tal: un elmo tale.

165. Almonte... Mambrino: re saraceni uccisi in combattimento rispettivamente da Orlando e Rinaldo. Da Almonte, Orlando aveva avuto l'elmo, l'armatura incantata, la spada Durlindana e il cavallo Brigliadoro.

L'ironia in Ariosto

Metrica e retorica

L'ironia è un atteggiamento che caratterizza la voce narrante dell'*Orlando furioso* e che emerge fin dal proemio dell'opera, per esempio laddove Ariosto accenna, con atteggiamento di sorridente distacco, alla propria *follia amorosa* paragonandola a quella del paladino.
Da un punto di vista più "tecnico", l'ironia è una figura retorica che consiste nell'**affermare il contrario di ciò che si intende dire**. È una figura molto usata anche nella lingua quotidiana e familiare, per esempio quando si dice "Bravo!" a qualcuno che ha appena fatto una stupidaggine o quando si dà il nome "Tigre" a un piccolo gattino...
Anche il famoso verso *Oh gran bontà de' cavallieri antiqui!* è quindi un esempio di ironia: Ariosto elogia infatti Rinaldo e Ferraù perché, pur essendo rivali in amore, nemici in guerra e appartenenti a religioni diverse, stabiliscono rapidamente una tregua e si gettano insieme all'inseguimento di Angelica *senza sospetto aversi*. Naturalmente, se ci fermiamo solo un istante a riflettere, ci accorgiamo che aiutarsi l'un l'altro per inseguire una fanciulla con l'intenzione di farla propria magari con la violenza non è segno né di bontà, né di cavalleria.
Che i due non siano esempi di virtù, del resto, è confermato subito dopo, quando Ferraù viene aspramente rimproverato dallo spettro di Argalìa per non aver mantenuto la parola data ed essersi tenuto l'elmo che aveva promesso di restituire al morto.
L'ironia, del resto, **investe tutti i personaggi del poema**, compresi Orlando e Angelica. Orlando, da simbolo del perfetto cavaliere cristiano, diventa vittima della sua passione amorosa fino a perdere il senno come un qualunque mortale; Angelica (il cui nome rimanda ovviamente alle donne "angelicate" degli stilnovisti e di Petrarca) all'occasione buona si rivela prontissima a godere dei piaceri più terreni e, nell'ultima scena in cui compare, la vediamo cadere da cavallo e finire letteralmente a gambe all'aria, mostrando ben più di quel che vorrebbe!

e questo, c'hai già di lasciarmi detto,
farai bene a lasciarmi con effetto. –

dei due; e questo, che hai promesso di lasciarmi, sarà bene che me lo lasci davvero.

All'apparir che fece all'improviso
de l'acqua l'ombra, ogni pelo arricciossi,
e scolorossi al Saracino il viso;
la voce, ch'era per uscir, fermossi.
Udendo poi da l'Argalìa, ch'ucciso
quivi avea già (che l'Argalìa nomossi),
la rotta fede così improverarse,
di scorno e d'ira dentro e di fuor arse.

[169-176] All'improvvisa apparizione dell'ombra in mezzo all'acqua, al saraceno si arricciarono tutti i peli e si scolorì il viso; la voce, che stava per uscirgli, si bloccò. Sentendosi poi rimproverare da Argalìa (si chiamava Argalìa), che aveva ucciso lì, la mancanza di parola, arse di scorno e di rabbia dentro e fuori.

Né tempo avendo a pensar altra scusa,
e conoscendo ben che 'l ver gli disse,
restò senza risposta a bocca chiusa;
ma la vergogna il cor sì gli trafisse,
che giurò per la vita di Lanfusa
non voler mai ch'altro elmo lo coprisse,
se non quel buono che già in Aspramonte
trasse del capo Orlando al fiero Almonte.

[177-184] E non avendo tempo di pensare ad altro, e ben sapendo che Argalia aveva detto la verità, restò senza parole, a bocca chiusa; ma la vergogna gli punse il cuore in modo tale che giurò sulla vita di Lanfusa di non voler indossare mai altro elmo se non quell'ottimo che Orlando aveva tolto al fiero Almonte nella battaglia di Aspromonte.

E servò meglio questo giuramento,
che non avea quell'altro fatto prima.
Quindi si parte tanto malcontento,
che molti giorni poi si rode e lima.
Sol di cercare è il paladino intento
di qua di là, dove trovarlo stima.
Altra ventura al buon Rinaldo accade,
che da costui tenea diverse strade.

[185-192] E mantenne questo giuramento meglio del precedente. Si allontanò di là tanto scontento che per molti giorni si rose e si consumò, dedicandosi solo alla ricerca del paladino dovunque pensi di poterlo incontrare. A Rinaldo, che seguiva percorsi diversi dai suoi, capitarono altre avventure.

170. **arricciossi:** si arricciò; nota l'effetto comico ottenuto dalla rima.
174. **che... nomossi:** che si chiamava Argalìa; Ariosto non aveva fatto ancora il suo nome.
181. **Lanfusa:** la madre di Ferraù.
188. **si rode e lima:** si consuma e soffre per la vergogna subita. Mantenere le promesse era una delle prime virtù dei cavalieri.
189. **il paladino:** Orlando.
192. **costui:** Ferraù; si noti la velocità nel cambio di scena, tipica del *Furioso*.

Analisi del testo

Lo schema narrativo. Riassumiamo brevemente la vicenda, per mettere in evidenza il modo in cui Ariosto organizza la sua narrazione. Possiamo considerare il racconto diviso in due parti, con un breve prologo: la prima parte inizia con la fuga di Angelica dalla tenda del duca di Baviera (v. 17) e si conclude quando Ferraù si ritrova al punto di partenza (v. 128); la seconda parte è incentrata sull'apparizione del fantasma di Argalia che terrorizza Ferraù (vv. 129-190); negli ultimi due versi incomincia un terzo episodio, che ha per protagonista Rinaldo.

Ritmo incalzante. La narrazione è caratterizzata da un ritmo narrativo vivacissimo. Come ha scritto Italo Calvino: «Intorno ad Angelica in fuga è un vorticare di guerrieri che, accecati dal desiderio, dimenticano i sacri doveri cavallereschi, e per troppa precipitazione continuano a girare a vuoto. La prima impressione è che questi cavalieri non sappiano bene cosa vogliono: un po' inseguono, un po' duellano, un po' giravoltano, e sono sempre sul punto di cambiare idea. Prendiamo Ferraù: lo incontriamo mentre sta cercando di ripescare l'elmo che gli è caduto in un fiume: quand'ecco passa di lì Angelica, di cui egli è innamorato, inseguita da Rinaldo; Ferraù smette di cercare l'elmo e duella con Rinaldo; nel bel mezzo del duello, Rinaldo propone all'avversario di rimandare la contesa e d'inseguire insieme la fuggitiva; Ferraù smette di duellare e si dà all'inseguimento d'Angelica, d'amore e d'accordo col rivale; perdutosi nel bosco, si ritrova sulla riva del fiume dove gli era caduto l'elmo; interrompe la ricerca di Angelica e si rimette alla ricerca dell'elmo; dal fiume esce il fantasma d'un guerriero da lui ucciso che rivendica l'elmo come sua proprietà ed esorta Ferraù, se proprio vuol ornarsi d'un cimiero sopraffino, a conquistarsi in battaglia l'elmo di Orlando; al che Ferraù lascia fiume, elmo, fantasma e fuggitiva e si lancia alla ricerca d'Orlando».

Temi e significati. Nella prima parte emergono due temi di importanza fondamentale: quello della fuga/inseguimento e quello della selva. Entrambi sono densi di significati simbolici:

Angelica che fugge rappresenta un ideale di felicità e di bellezza irraggiungibile, di cui tutti si invaghiscono e che tutti vorrebbero raggiungere, ma che naturalmente si rivela intangibile; la selva, poi, rappresenta il mondo confuso e intricato in cui si svolge questa ricerca (che è la vita umana). La selva di Ariosto non è naturalmente la "selva oscura" di Dante, non rappresenta il peccato e la lontananza da Dio. Essa è semplicemente il mondo, con tutti i suoi misteri e soprattutto i suoi bivi, che rappresentano le scelte di fronte a cui si trova l'uomo.
La seconda parte è caratterizzata dalla presenza dell'elemento magico, fantastico, favoloso. Il ritmo narrativo si distende, la scena, che nelle prime ottave si spostava continuamente, resta invece ferma per tutto l'episodio, incentrato sul dialogo fra i due personaggi.
Il continuo cambiamento di ritmo, di scena e di atmosfera rientra in un preciso disegno dell'autore, che nel corso del poema afferma infatti:

Signor, far mi convien come fa il buono
suonator sopra il suo instrumento arguto,
che spesso muta corda e varia suono,
ricercando ora il grave, ora l'acuto.

La struttura narrativa del poema si basa dunque su una continua alternanza di elementi diversi, sapientemente combinati dall'autore, che segue le vicende dei moltissimi personaggi passando abilmente dall'uno all'altro e facendo sempre nascere nuove avventure prima di concludere quelle in corso. Ferraù infatti ha appena preso la decisione di cercare Orlando che l'Ariosto lo abbandona e torna a parlare di Rinaldo.

Proposte di lavoro

1. Suddividi il brano in sequenze, aiutandoti con le indicazioni fornite.
- Antefatto (vv. 1-12): temendo la rivalità fra Orlando e Rinaldo, Carlo Magno..............................
- Avvenimento imprevisto (vv. 13-22): nella battaglia, i cristiani hanno la peggio e Angelica..............................
- Primo incontro (vv. 23-46): correndo nella foresta, Angelica si imbatte in Rinaldo e..............................
- Secondo incontro (vv. 47-72): Angelica arriva sulla riva di un fiume e..............................
- Duello (vv. 73-118): ....
- Nuovo imprevisto (vv. 119-126): ....
- Terzo incontro (vv. 127-190): ....
- Collegamento (vv. 191-192): il poeta lascia Ferraù e torna a raccontare di Rinaldo.

2. Scrivi un sintetico racconto della vicenda.

3. Il canto è costruito attorno al personaggio di Angelica in fuga. Qual è la caratterizzazione che ne dà l'autore? È fisica o psicologica? In quali atti viene rappresentata Angelica? Motiva le risposte indicando i versi che le autorizzano.

4. Concentra l'attenzione sui personaggi maschili, ricavando dal testo i tratti che li caratterizzano e completando la seguente tabella.

	Tratti fisici	Tratti psicologici	Altri tratti
Rinaldo			
Ferraù			

5. Quali sono i temi fondamentali (validi anche per l'intero poema) che puoi ritrovare nel brano letto? Descrivili e commentali brevemente.

6. Individua nel brano tutti gli interventi del narratore. Quali sono le riflessioni che Ariosto svolge? Quale atteggiamento ha verso i suoi personaggi? Fa interventi ironici? Quali?

Opera
Orlando furioso
Epoca
XVI secolo
Genere
poema cavalleresco
Lingua
italiano
Schema metrico
ottave

Orlando furioso, canto XVIII, ottave 165-173, 182-191; canto XIX, ottave 3-15

Cloridano e Medoro

Le avventure dei paladini si svolgono sullo sfondo della guerra scatenata da Agramante e da Marsilio che assediano Parigi, difesa da Carlo Magno e dalle sue truppe. Nel corso di una battaglia, il paladino Rinaldo di Montalbano fa strage di saraceni, e fra i molti pagani uccide anche il re della Cirenaica Dardinello. Da questo evento ha origine uno degli episodi più famosi del poema, quello che ha per protagonisti Cloridano e Medoro.
Medoro è un giovane soldato pagano, che la notte dopo la battaglia, mentre è di sentinella sulle mura del campo saraceno, decide di andare a recuperare il corpo del suo signore per seppellirlo ed evitare che diventi cibo per le belve e gli uccelli rapaci. Egli manifesta questo suo proposito all'amico Cloridano, di sentinella con lui, il quale, dopo aver tentato di dissuaderlo, decide di accompagnarlo. I due giungono sul campo di battaglia, dove si sono accampati i cristiani, ucci-

dendo un gran numero di nemici. Poi, grazie a un raggio di luna che permette loro di individuarlo, recuperano il corpo di Dardinello e si accingono a ritornare. Ma proprio in quel momento giunge una pattuglia di cavalieri cristiani, comandati da Zerbino; i due sono avvistati e inseguiti. Cloridano abbandona il corpo del re e si dà alla fuga, pensando di essere seguito dall'amico; ma Medoro tenta da solo di portare in salvo il cadavere e viene raggiunto. Cloridano riesce a mettersi in salvo, ma quando si accorge di essere solo torna sui suoi passi e tenta di salvare Medoro: nascosto fra gli alberi, riesce a uccidere due nemici, ma esce allo scoperto quando Medoro viene colpito a tradimento da uno dei cavalieri e cade gravemente ferito. Pensando che sia morto, Cloridano si getta contro i nemici e cade ucciso accanto all'amico.
Medoro in realtà non è morto: abbandonato dai nemici, verrà salvato da una fanciulla, che altri non è che Angelica, la quale lo curerà e si innamorerà di lui, finendo per sposarlo e portarlo con sé in Oriente. Il matrimonio di Angelica e Medoro è uno degli avvenimenti fondamentali del poema: è infatti la notizia di queste nozze che provoca in Orlando la follia a cui fa riferimento il titolo dell'opera.

Duo Mori ivi fra gli altri si trovaro
d'oscura stirpe nati in Tolomitta;
de' quai l'istoria, per esempio raro
di vero amore, è degna esser descritta.
Cloridano e Medor si nominaro,
ch'alla fortuna prospera e alla afflitta
aveano sempre amato Dardinello,
ed or passato in Francia il mar con quello.

[1-8] Tra gli altri si trovavano lì due mori di umile origine, nati a Tolmetta, la cui storia è degna di essere narrata come raro esempio di vero affetto. Si chiamavano Cloridano e Medoro ed erano sempre stati fedeli a Dardinello, nella buona come nella cattiva sorte, e ora avevano attraversato il mare fino in Francia al suo seguito.

Cloridan, cacciator tutta sua vita,
di robusta persona era ed isnella:
Medoro avea la guancia colorita
e bianca e grata ne la età novella;
e fra la gente a quella impresa uscita
non era faccia più gioconda e bella:
occhi avea neri, e chioma crespa d'oro:
angel parea di quei del sommo coro.

[9-16] Cloridano, che aveva sempre fatto il cacciatore, era robusto e snello; Medoro aveva il volto bianco e rosso e piacevole a vedersi per la giovane età e fra tutti quelli che partecipavano all'impresa era il più bello: aveva gli occhi neri, i capelli biondi e ricci, sembrava un angelo del paradiso.

Erano questi duo sopra i ripari
con molti altri a guardar gli alloggiamenti,
quando la Notte fra distanze pari
mirava il ciel con gli occhi sonnolenti.
Medoro quivi in tutti i suoi parlari
non può far che 'l signor suo non rammenti,
Dardinello d'Almonte, e che non piagna
che resti senza onor ne la campagna.

[17-24] Questi due si trovavano sulla palizzata a fare da sentinelle insieme a molti altri quando giunse la mezzanotte. Medoro, in tutti i suoi discorsi, non poteva fare a meno di ricordare il suo signore, Dardinello d'Almonte, e di disperarsi per il fatto che restava insepolto sul campo di battaglia.

Volto al compagno, disse: – O Cloridano,
io non ti posso dir quanto m'incresca
del mio signor, che sia rimaso al piano

[25-32] Rivolto all'amico, disse: «Cloridano, non so dirti quanto mi dispiaccia per il mio signore, che è rimasto a terra, preda troppo nobile, ahimè, per lupi e corvi. Pen-

2. Tolomitta: Tolmetta, o Tolemaide, in Cirenaica.

19. fra distanze pari: a uguale distanza fra l'ovest e l'est, cioè a mezzanotte.

per lupi e corbi, ohimé! troppo degna esca.
Pensando come sempre mi fu umano,
mi par che quando ancor questa anima esca
in onor di sua fama, io non compensi
né sciolga verso lui gli oblighi immensi.

sando a come mi ha sempre trattato bene, mi sembra che se anche dovessi perdere la vita per onorare la sua fama, non ripagherei gli immensi debiti che ho verso di lui.

Io voglio andar, perché non stia insepulto
in mezzo alla campagna, a ritrovarlo:
e forse Dio vorrà ch'io vada occulto
là dove tace il campo del re Carlo.
Tu rimarrai, che quando in ciel sia sculto
ch'io vi debba morir, potrai narrarlo:
che se Fortuna vieta sì bell'opra
per fama almeno il mio buon cor si scuopra. –

[33-40] Io voglio andare a cercarlo, perché non rimanga insepolto in mezzo alla campagna; e forse Dio vorrà che riesca ad arrivare non visto fin dove si trova l'accampamento di Carlo Magno, ora silenzioso. Tu resta qui, così se è scritto in cielo che io debba morire, potrai raccontare la storia, e se il destino mi impedisce di compiere un gesto così bello, si sappiano almeno le mie buone intenzioni».

Stupisce Cloridan, che tanto core,
tanto amor, tanta fede abbia un fanciullo:
e cerca assai, perché gli porta amore,
di fargli quel pensiero irrito e nullo;
ma non gli val, perch'un sì gran dolore
non riceve conforto né trastullo.
Medoro era disposto o di morire,
o ne la tomba il suo signor coprire.

[41-48] Cloridano si stupisce che un ragazzino abbia tanto coraggio, tanto affetto (per il proprio signore) e tanta fiducia, e siccome gli vuole bene cerca con molte parole di fargli cambiare idea; ma invano, perché un dolore così grande non può essere consolato. Medoro era deciso o a morire o a dare sepoltura al suo signore.

Veduto che nol piega e che nol muove,
Cloridan gli risponde: – E verrò anch'io,
anch'io vuo' pormi a sì lodevol pruove,
anch'io famosa morte amo e disio.
Qual cosa sarà mai che più mi giove,
s'io resto senza te, Medoro mio?
Morir teco con l'arme è meglio molto,
che poi di duol, s'avvien che mi sii tolto. –

[49-56] Visto che non lo convince e non lo persuade, Cloridano gli risponde: «Allora verrò anch'io, voglio affrontare anch'io prove così lodevoli, desidero anch'io una morte eroica. Che gioia potrò mai più avere, se resto senza di te, Medoro mio? Morire insieme a te con le armi in pugno è molto meglio che morire di dolore, se tu dovessi essermi tolto».

Così disposti, messero in quel loco
le successive guardie, e se ne vanno.
Lascian fosse e steccati, e dopo poco
tra' nostri son, che senza cura stanno.
Il campo dorme, e tutto è spento il fuoco,
perché dei Saracin poca tema hanno.
Tra l'arme e' carriaggi stan roversi,
nel vin, nel sonno insino agli occhi immersi.

[57-64] Così stabilito, aspettano il cambio e partono. Superano lo steccato e il fosso [che circonda l'accampamento] e poco dopo si trovano in mezzo ai cristiani, che non hanno preso precauzioni. L'accampamento è addormentato e tutti i fuochi sono spenti, perché [i nostri] non temono i saraceni, e stanno sdraiati fra le armi e i carri, immersi nel vino e nel sonno fino agli occhi.

Fermossi alquanto Cloridano, e disse:
– Non son mai da lasciar l'occasioni.
Di questo stuol che 'l mio signor trafisse,
non debbo far, Medoro, occisioni?
Tu, perché sopra alcun non ci venisse,

[65-72] Cloridano si arrestò un momento e disse: «Non bisogna perdere le buone occasioni. Non dovrei forse fare strage di questa gente, che ha ucciso il mio signore, Medoro? Tu tieni attenti occhi e orecchi, affinché non ci

29. mi fu umano: è quindi la riconoscenza la ragione fondamentale dell'affetto che Medoro prova per il suo signore e che lo spinge a volerne recuperare il corpo.

40. per fama: il desiderio di gloria non è quindi estraneo al giovane Medoro, ma è comunque subordinato all'affetto (*il mio buon cor*) per Dardinello.

55-56. Morir... tolto: nelle parole di Cloridano emerge innanzitutto il desiderio di gloria, ma subito dopo, più importante, l'amore per Medoro.

gli occhi e l'orecchi in ogni parte poni;
ch'io m'offerisco farti con la spada
tra gli nimici spaziosa strada. –

sorprenda qualcuno, e io mi offro per farti un ampio passaggio fra i nemici con la spada».

Protetti dalle tenebre e dal fatto che, dopo la vittoria, i cristiani si sentono sicuri e non hanno posto sentinelle, i due amici compiono strage nel campo avversario. Come un leone affamato in una stalla «uccide, scanna, mangia», così Cloridano «nel sonno svena / la nostra gente, e fa macei per tutto», mentre Medoro controlla che nessuno si avvicini. Giunti nei pressi dei padiglioni dove alloggiano i paladini, i due interrompono finalmente la strage, temendo di essere scoperti da qualche guardia.

E ben che possan gir di preda carchi,
salvin pur sé, che fanno assai guadagno.
Ove più creda aver sicuri i varchi
va Cloridano, e dietro ha il suo compagno.
Vengon nel campo, ove fra spade ed archi
e scudi e lance in un vermiglio stagno
giaccion poveri e ricchi, e re e vassalli,
e sozzopra con gli uomini i cavalli.

[73-80] E benché possano andarsene carichi di bottino, salvino piuttosto se stessi, che faranno meglio. Cloridano va dove crede di trovare i passaggi più sicuri, e il suo compagno lo segue. Giungono al campo di battaglia, dove fra spade, archi, scudi, lance, in un lago di sangue, giacciono poveri e ricchi, re e vassalli, uomini e cavalli alla rinfusa.

Quivi dei corpi l'orrida mistura,
che piena avea la gran campagna intorno,
potea far vaneggiar la fedel cura
dei duo compagni insino al far del giorno,
se non traea fuor d'una nube oscura,
a' prieghi di Medor, la Luna il corno.
Medoro in ciel divotamente fisse
verso la Luna gli occhi, e così disse:

[81-88] Qui l'orrendo miscuglio di corpi, che aveva riempito tutto il campo, poteva far rimanere in dubbio i due compagni fino allo spuntare dell'alba, se alle preghiere di Medoro la Luna non avesse fatto capolino da dietro una densa nuvola. Medoro alzò devotamente gli occhi al cielo verso la Luna e disse così:

– O santa dea, che dagli antiqui nostri
debitamente sei detta triforme;
ch'in cielo, in terra e ne l'inferno mostri
l'alta bellezza tua sotto più forme,
e ne le selve, di fere e di mostri
vai cacciatrice seguitando l'orme;
mostrami ove 'l mio re giaccia fra tanti,
che vivendo imitò tuoi studi santi. –

[89-96] «O santa dea, che giustamente i nostri antenati chiamavano triforme, poiché in cielo, in terra e negli inferi mostri in modi diversi la tua grande bellezza, e nei boschi vai seguendo le orme di fiere e di mostri come una cacciatrice, mostrami dove, fra tanti morti, giace il mio re, che in vita si dedicò alle tue sante occupazioni».

La Luna a quel pregar la nube aperse
(o fosse caso o pur la tanta fede),
bella come fu allor ch'ella s'offerse
e nuda in braccio a Endimion si diede.
Con Parigi a quel lume si scoperse
l'un campo e l'altro; e 'l monte e 'l pian si vede:

[97-104] La Luna (fosse per caso o per la gran fede di Medoro) a quella preghiera squarciò la nuvola, bella come quando si offrì nuda in braccio a Endimione. A quella luce si vide Parigi e i due accampamenti, i monti e la pianura, e in lontananza Montmartre a destra e Montléry dall'altra parte.

73-74. E ben... guadagno: l'intervento diretto del narratore, che commenta in questo modo l'azione dei personaggi, serve a introdurre la seconda parte dell'episodio.
80. sozzopra: alla rinfusa, uno sull'altro. L'immagine notturna del campo di battaglia cosparso di cadaveri è racchiusa in quattro versi di straordinaria intensità, in cui domina il tema della morte che tutto pareggia, poveri e ricchi, uomini e animali.
83-84. potea... giorno: l'orrida mistura, cioè l'orrendo miscuglio di armi, uomini e cavalli descritto nell'ottava precedente, avrebbe costretto i due compagni a cercare tutta la notte per trovare il corpo di Dardinello.
90. debitamente... triforme: dagli antichi la Luna era adorata con tre nomi: Cinzia in cielo; Diana (la dea cacciatrice) sulla Terra; Ecate o Proserpina negli inferi.
99-100. bella... diede: Ariosto fa qui riferimento a un mito classico, secondo cui la Luna si era innamorata del pastore Endimione, condannandolo a un sonno perpetuo per poter scendere tutte le notti a visitarlo.

si videro i duo colli di lontano
104 Martire a destra, e Lerì all'altra mano.

Rifulse lo splendor molto più chiaro
ove d'Almonte giacea morto il figlio.
Medoro andò piangendo, al signor caro;
che conobbe il quartier bianco e vermiglio:
e tutto 'l viso gli bagnò d'amaro
pianto, che n'avea un rio sotto ogni ciglio,
in sì dolci atti, in sì dolci lamenti,
112 che potea ad ascoltar fermare i venti.

[105-112] La luce brillò più intensa laddove il figlio di Almonte giaceva morto. Medoro si avvicinò piangendo al suo amato signore, poiché riconobbe lo scudo bianco e rosso, e gli bagnò di amare lacrime tutto il volto, versandone un fiume da ogni occhio, con gesti e lamenti così dolci che si sarebbero fermati ad ascoltarli perfino i venti.

Ma con sommessa voce e a pena udita;
non che riguardi a non si far sentire,
perch'abbia alcun pensier de la sua vita,
più tosto l'odia, e ne vorrebbe uscire:
ma per timor che non gli sia impedita
l'opera pia che quivi il fe' venire.
Fu il morto re sugli omeri sospeso
120 di tramendui, tra lor partendo il peso.

[113-120] Ma parlava a voce bassa, appena udibile: non vuole farsi sentire, non perché si preoccupi della propria vita (anzi, la odia e preferirebbe perderla), ma per paura che gli impediscano di compiere l'opera pia per cui è andato lì. I due si misero il re morto sulle spalle, dividendosi il peso.

Vanno affrettando i passi quanto ponno,
sotto l'amata soma che gl'ingombra.
E già venìa chi de la luce è donno
le stelle a tor del ciel, di terra l'ombra;
quando Zerbino, a cui del petto il sonno
l'alta virtude, ove è bisogno, sgombra,
cacciato avendo tutta notte i Mori.
128 al campo si traea nei primi albori.

[121-128] Si affrettano quanto più possono, sotto l'amato peso che li ostacola. E già colui che è signore della luce, il Sole, arrivava a togliere le stelle dal cielo e l'ombra dalla terra, quando Zerbino (a cui il valore, quando è necessario, toglie ogni stanchezza) tornava al campo dopo aver dato la caccia ai mori per tutta la notte.

E seco alquanti cavallieri avea
che videro da lunge i dui compagni.
Ciascuno a quella parte si traea,
sperandovi trovar prede e guadagni.
– Frate, bisogna (Cloridan dicea)
gittar la soma, e dare opra ai calcagni;
che sarebbe pensier non troppo accorto,
136 perder duo vivi per salvar un morto. –

[129-136] Zerbino aveva con sé parecchi cavalieri, che scorsero da lontano i due compagni. Tutti andarono in quella direzione, sperando di trovare prede e bottino. «Fratello», disse Cloridano, «qui bisogna gettare il carico e lavorare di gambe: sarebbe una bella stupidaggine, per salvare un morto, perdere due vivi!»

E gittò il carco, perché si pensava
che 'l suo Medoro il simil far dovesse:
ma quel meschin, che 'l suo signor più amava,
al sopra le spalle sue tutto lo resse.
L'altro con molta fretta se n'andava,
come l'amico a paro o dietro avesse:
se sapea di lasciarlo a quella sorte,
144 mille aspettate avria, non ch'una morte.

[137-144] E gettò il carico, pensando che Medoro facesse lo stesso. Ma quel poveretto, che era più affezionato di lui al loro signore, lo resse tutto sulle sue spalle. Cloridano scappava molto rapidamente, come se avesse l'amica al fianco o appena dietro; se avesse saputo che lo stava abbandonando, avrebbe aspettato mille morti, non una sola.

103. duo colli: Montmartre (*Martire*) e Montléry (*Lerì*), le due alture di Parigi.
106. d'Almonte... il figlio: Dardinello.
108. il quartier: lo scudo diviso in quattro parti.
113. Ma... udita: Medoro piange e si lamenta, ma sottovoce; non perché tema di essere scoperto, ma perché, se lo scoprissero, non potrebbe terminare la sua missione.

Quei cavallier, con animo disposto
che questi a render s'abbino o a morire,
chi qua chi là si spargono, ed han tosto
preso ogni passo onde si possa uscire.
Da loro il capitan poco discosto,
più degli altri è sollicito a seguire;
ch'in tal guisa vedendoli temere,
certo è che sian de le nimiche schiere.

[145-152] I cavalieri cristiani, decisi a farli arrendere o a ucciderli, si disperdono qua e là, e ben presto bloccano ogni via di fuga. Il capitano, poco lontano, è il più pronto di tutti a inseguirli, perché vedendoli fuggire in quel modo ha capito che sono dei nemici.

Cloridano e Medoro cercano rifugio in «una selva antica, / d'ombrose piante spessa e di virgulti», in cui sperano di far perdere le loro tracce. Ma, mentre Cloridano può correre leggero e veloce, Medoro è affaticato e impacciato dal pesante carico che non vuole abbandonare.

Cercando già nel più intricato calle
il giovine infelice di salvarsi;
ma il grave peso ch'avea su le spalle,
gli facea uscir tutti i partiti scarsi.
Non conosce il paese, e la via falle,
e torna fra le spine a invilupparsi.
Lungi da lui tratto al sicuro s'era
l'altro, ch'avea la spalla più leggiera.

[153-160] L'infelice giovane [Medoro] cercava di salvarsi prendendo la via più tortuosa, il pesante fardello che aveva sulle spalle gli rendeva inutili tutti i tentativi. Non conosce la zona e sbaglia strada e torna a infilarsi tra le spine. Lontano da lui, l'altro [Cloridano], che era più leggero, si era messo al sicuro.

Cloridan s'è ridutto ove non sente
di chi segue lo strepito e il rumore:
ma quando da Medor si vede assente
gli pare aver lasciato a dietro il core.
– Deh, come fui (dicea) sì negligente,
deh, come fui sì di me stesso fuore,
che senza te, Medor, qui mi ritrassi
né sappia quando o dove io ti lasciassi! –

[161-168] Cloridano è arrivato dove non sente più gli inseguitori; ma quando si vede senza Medoro, gli pare di essersi lasciato indietro il cuore. «Ahimè,» diceva, «come ho potuto essere così distratto, così fuori di me, da arrivare qui senza di te, Medoro, e senza sapere dove e quando ti ho lasciato!»

Così dicendo, ne la torta via
de l'intricata selva si ricaccia;
ed onde era venuto si ravvia,
e torna di sua morte in su la traccia.
Onde i cavalli e i gridi tuttavia,
e la nimica voce che minaccia:
all'ultimo ode il suo Medoro, e vede
che tra molti a cavallo è solo a piede.

[169-176] Così dicendo, rientra nell'intricata foresta e ritorna da dove era venuto, sulle tracce della propria morte. Ode di nuovo i cavalli e le grida e una voce nemica che minaccia; e infine ode il suo caro Medoro e lo vede, solo e a piedi, fra molti nemici a cavallo.

Cento a cavallo, e gli son tutti intorno:
Zerbin commanda e grida che sia preso.
L'infelice s'aggira com'un torno
e quanto può si tien da lor difeso,
or dietro quercia, or olmo, or faggio, or orno,
né si discosta mai dal caro peso.
L'ha riposato al fin su l'erba, quando
regger nol puote, e gli va intorno errando:

[177-184] Sono cento, i cavalieri, e gli stanno tutti intorno. Zerbino comanda gridando che sia catturato. L'infelice gira su se stesso come un tornio e si difende come può, ora dietro una quercia, ora dietro un olmo, ora dietro un faggio, ora dietro un orno, e non si allontana mai dal corpo di Dardinello. L'ha posato sull'erba, poiché non riesce a sorreggerlo, e gli gira intorno,

149. il capitan: Zerbino.

come orsa, che l'alpestre cacciatore
ne la pietrosa tana assalita abbia,
sta sopra i figli con incerto core,
e freme in suono di pietà e di rabbia:
ira la 'nvita e natural furore
a spiegar l'ugne e a insanguinar le labbia;
amor la 'ntenerisce, e la ritira
192 a riguardare ai figli in mezzo l'ira.

[185-192] come un'orsa che un cacciatore di montagna abbia assalito nella tana fra le rocce e protegge i figli in preda all'incertezza, facendo versi di pietà e di rabbia, poiché l'ira e il furore naturale la inviterebbero a graffiare e a mordere, l'amore la intenerisce e la costringe a curarsi dei figli pur in preda all'ira.

Cloridan, che non sa come l'aiuti,
e ch'esser vuole a morir seco ancora,
ma non ch'in morte prima il viver muti,
che via non truovi ove più d'un ne mora;
mette su l'arco un de' suoi strali acuti,
e nascoso con quel sì ben lavora,
che fora ad uno Scotto le cervella
200 e senza vita il fa cader di sella.

[193-200] Cloridano, che non sa come aiutarlo e che vuole morire con lui, ma non prima di aver provocato a sua volta la morte, di aver ucciso più di un nemico, mette sull'arco una delle sue frecce acuminate e, restando nascosto, la tira così bene che trapassa il cranio di uno scozzese e lo fa cadere di sella morto.

Volgonsi tutti gli altri a quella banda
ond'era uscito il calamo omicida.
Intanto un altro il Saracin ne manda,
perché 'l secondo a lato al primo uccida;
che mentre in fretta a questo e a quel domanda
chi tirato abbia l'arco, e forte grida,
lo strale arriva e gli passa la gola,
208 e gli taglia pel mezzo la parola.

[201-208] Tutti gli altri si voltano verso il punto da cui era partita la freccia mortale. Il saraceno intanto ne tira un'altra, per uccidere l'uomo che si trovava accanto al primo: mentre costui domanda rapidamente a questo e a quello chi abbia tirato la freccia e grida forte, il colpo arriva e gli trapassa la gola, troncandogli la parola a metà.

Or Zerbin, ch'era il capitano loro,
non poté a questo aver più pazienza.
Con ira e con furor venne a Medoro,
dicendo: – Ne farai tu penitenza. –
Stese la mano in quella chioma d'oro,
e strascinollo a sé con violenza:
ma come gli occhi a quel bel volto mise,
216 gli ne venne pietade, e non l'uccise.

[209-216] A questo punto Zerbino, che era il capitano, non poté sopportare oltre questa situazione. Si avvicinò pieno di rabbia e di furore a Medoro dicendo: «La pagherai tu!» Gli afferrò i capelli biondi e lo tirò violentemente verso di sé. Ma quando posò gli occhi su quel bel volto, ne ebbe pietà e non lo uccise.

Il giovinetto si rivolse a' prieghi,
e disse: – Cavallier, per lo tuo Dio,
non esser sì crudel, che tu mi nieghi
ch'io sepelisca il corpo del re mio.
Non vo' ch'altra pietà per me ti pieghi,
né pensi che di vita abbi disio:
ho tanta di mia vita, e non più, cura,
224 quanta ch'al mio signor dia sepultura.

[217-224] Il ragazzo ricorse alle preghiere e disse: «Cavaliere, per il tuo Dio, non essere crudele, non impedirmi di seppellire il corpo del mio re. Non voglio che tu abbia per me nessun'altra pietà, né che tu pensi che io voglia vivere: mi basta quel tanto di vita necessario per dare sepoltura al mio signore, e non di più».

E se pur pascer vòi fiere ed augelli,
che 'n te il furor sia del teban Creonte

[225-232] E se vuoi nutrire fiere e uccelli, se pure in te vi sia un furore degno del tebano Creonte, offri loro le mie

185. come orsa: la similitudine, di tono epico, nobilita il comportamento del giovane Medoro, nel cui animo combattono due sentimenti: il desiderio di combattere e quello di non abbandonare il corpo di Dardinello.

199. Scotto: scozzese (tali erano infatti i soldati di Zerbino).

212. Ne farai tu penitenza: Zerbino vuole vendicare la morte dei suoi soldati uccidendo Medoro, benché in precedenza (vedi il v. 178) avesse ordinato di farlo prigioniero.

225-227. E se pur... membri: e se vuoi nutrire (con dei cadaveri) le fiere e gli uccelli rapaci, essendo animato dallo stesso furore del te-

fa lor convito di miei membri, e quelli
sepelir lascia del figliuol d'Almonte. –
Così dicea Medor con modi belli,
e con parole atte a voltare un monte;
e sì commosso già Zerbino avea,
che d'amor tutto e di pietade ardea.

membra, e lasciami seppellire quelle del figlio di Almonte». Così diceva Medoro con bei modi e con parole che avrebbero commosso una montagna. E aveva già commosso Zerbino, che ardeva tutto d'amore e di pietà.

In questo mezzo un cavallier villano,
avendo al suo signor poco rispetto,
ferì con una lancia sopra mano
al supplicante il delicato petto.
Spiacque a Zerbin l'atto crudele e strano
tanto più, che del colpo il giovinetto
vide cader sì sbigottito e smorto,
che 'n tutto giudicò che fosse morto.

[233-240] Ma in quel momento un cavaliere villano, mancando di rispetto al suo signore, ferì con un colpo di lancia dall'alto il delicato petto del supplicante Medoro. Il gesto crudele e barbaro spiacque a Zerbino, tanto più che per il colpo vide il ragazzo cadere così pallido che lo ritenne morto senza dubbio.

E se ne sdegnò in guisa e se ne dolse,
che disse: – Invendicato già non fia! –
e pien di mal talento si rivolse
al cavallier che fe' l'impresa ria:
ma quel prese vantaggio, e se gli tolse
dinanzi in un momento, e fuggì via.
Cloridan, che Medor vede per terra,
salta del bosco a discoperta guerra.

[241-248] E se ne sdegnò e se ne rammaricò al punto che disse: «Non resterà invendicato!» E pieno di cattive intenzioni si rivolse al cavaliere che aveva compiuto quel brutto gesto. Ma costui fu più veloce, gli si tolse subito dinanzi e fuggì via. Cloridano, che deve Medoro a terra, esce dal bosco per combattere apertamente.

E getta l'arco, e tutto pien di rabbia
tra gli nimici il ferro intorno gira,
più per morir, che per pensier ch'egli abbia
di far vendetta che pareggi l'ira.
Del proprio sangue rosseggiar la sabbia
fra tante spade, e al fin venir si mira;
e tolto che si sente ogni potere,
si lascia a canto al suo Medor cadere.

[249-256] Getta l'arco e tutto pieno di rabbia si scaglia sui nemici con la spada, più per morire che perché pensi di poter fare una vendetta pari alla sua ira. In mezzo a tante spade, vede rosseggiare la sabbia del proprio sangue e la fine che si avvicina; e quando si sente mancare le ultime forze, si lascia cadere accanto al suo amato Medoro.

bano Creonte, dài loro le mie membra. Secondo la mitologia greca, Creonte, re di Tebe, vietò di seppellire il nipote Polinice, che aveva assalito la città con un esercito.

234. poco rispetto: dato che Medoro era nelle mani di Zerbino, che l'aveva fatto prigioniero, e quindi nessuno poteva fargli del male senza il suo permesso.

Analisi del testo

Un tema di ispirazione virgiliana. La vicenda di Cloridano e Medoro è basata su un famoso episodio dell'*Eneide* di Virgilio, che ha per protagonisti i due giovani guerrieri troiani Eurialo e Niso. Ecco il riassunto del racconto virgiliano.
Enea, che è giunto in Italia con i fuggiaschi troiani, sta conducendo una guerra contro i latini. Egli si assenta dal campo per cercare rinforzi e i suoi vengono assediati.
Una notte, due giovani sentinelle, Eurialo e Niso, sono di guardia a una delle porte dell'accampamento troiano. Niso, più anziano dell'amico, stanco di aspettare senza poter agire, decide di tentare un'azione eroica: uscire dall'accampamento e raggiungere Enea, per avvertirlo del pericolo che stanno correndo i troiani. Eurialo, malgrado Niso tenti di dissuaderlo, vuole partecipare all'impresa insieme all'amico. I due mettono quindi in atto il loro proposito e attraversano l'accampamento dei latini, facendo strage di guerrieri addormentati. Ma improvvisamente arriva una schiera di cavalieri, guidati da Volcente, che li vede e li insegue. Niso riesce a sfuggire all'accerchiamento, ma voltandosi si accorge che Eurialo non è con lui. Ritorna allora sui suoi passi, cercando disperatamente l'amico, finché ode delle grida e scorge Eurialo circondato dai nemici. Niso leva allora una preghiera alla luna, scocca una freccia e uccide uno dei nemici, che si spaventano. Niso riesce a ucciderne un altro, ma Volcente, furioso, si lancia contro Eurialo e mi-

naccia di colpirlo. Niso allora esce allo scoperto, gridando che Eurialo è innocente: ma il giovane è già stato ferito a morte. Niso, furibondo, si lancia a sua volta contro Volcente e, benché ferito, riesce a immergergli la spada nella gola e a ucciderlo prima di cadere a sua volta sul corpo di Eurialo.

Analogie e differenze con il "modello". Il confronto fra i due episodi è importante per capire in che modo Ariosto utilizza le fonti letterarie a cui fa ricorso nella sua opera. Pur essendo evidenti le analogie, infatti, è altrettanto evidente che Ariosto non ha semplicemente "copiato" o imitato Virgilio. Nel suo racconto egli cambia alcuni elementi di fondamentale importanza: innanzitutto, la ragione per cui Eurialo e Niso decidono di uscire dall'accampamento è una ragione pratica (portare un messaggio di aiuto a Enea), mentre quella per cui Cloridano e Medoro tentano la loro sortita è una ragione ideale (seppellire il corpo del loro re); in secondo luogo, il capitano dei nemici è caratterizzato come brutale e violento in Virgilio (Volcente infatti uccide Eurialo), mentre Zerbino, in Ariosto, è animato soprattutto da cortesia e umanità (si commuove infatti per la bellezza e la giovinezza di Medoro e si adira contro il cavaliere "villano" che lo uccide a tradimento); infine, Eurialo e Niso appartengono all'esercito di Enea, cioè dei "buoni", mentre Cloridano e Medoro sono due mori, due infedeli, pur essendo animati da sentimenti nobilissimi e degni di qualunque cavaliere cristiano. Dal punto di vista narrativo, la differenza più importante è dovuta al fatto che Medoro non muore: come sempre, Ariosto non conclude del tutto l'episodio, ma lascia aperta la possibilità di nuovi sviluppi narrativi (Medoro verrà infatti curato da Angelica e finirà per sposarla, provocando la gelosia e la pazzia di Orlando).

Personaggi ben delineati. I personaggi sono caratterizzati da Ariosto in maniera molto precisa.
Medoro è un giovane idealista, disposto a rischiare la vita per compiere un ultimo servizio al suo signore in segno di riconoscenza per la sua bontà («Pensando come sempre mi fu umano»); il suo segno caratteristico è la straordinaria bellezza, di fronte alla quale tutto sembra cedere: non solo l'amico Cloridano, ma anche il nemico Zerbino, perfino l'irraggiungibile Angelica, che si innamorerà di lui.
Cloridano è un personaggio animato soprattutto dal buon senso, che emerge nei discorsi prima della partenza e durante l'episodio («Frate, bisogna... / gittar la soma e dare opra ai calcagni; / che sarebbe pensier non troppo accorto / perder duo vivi per salvar un morto»). Rispetto a Medoro che è spinto solo da ragioni ideali, egli decide di partecipare alla missione per amicizia e per desiderio di gloria («anch'io famosa morte amo e disio»). Ma la sua natura fondamentalmente generosa emerge quando decide di tornare sui suoi passi a cercare Medoro a costo della vita.
Anche il personaggio di Zerbino è ben definito (nel poema ha un ruolo abbastanza importante): la sua personalità è caratterizzata soprattutto come "cortese", in contrasto con la "villania" dei suoi uomini, poiché partecipa di quel culto della bellezza che è uno dei valori supremi del Rinascimento e di Ariosto.

Proposte di lavoro

1. Verifica la comprensione del testo rispondendo alle seguenti domande.
- Qual è l'impresa che Cloridano e Medoro tentano di compiere?
- Quali sono le ragioni che spingono Medoro a tentare l'impresa?
- Perché Cloridano decide di aiutarlo?
- Chi comanda il drappello dei loro nemici?

2. Riassumi brevemente l'episodio dopo averlo suddiviso in sequenze.

3. Ariosto caratterizza con grande maestria i personaggi più importanti della vicenda. Cerca di mettere in evidenza, con precisi riferimenti al testo, le principali caratteristiche psicologiche di Cloridano, Medoro e Zerbino.

	Caratteri psicologici	Episodi da cui emergono
Cloridano		
Medoro		
Zerbino		

4. Come si conclude l'episodio?
- ☐ Con la morte di Cloridano e Medoro.
- ☐ Con la morte di Cloridano e il ferimento di Medoro.
- ☐ Con la morte di Medoro e il ferimento di Cloridano.

5. Come viene definito dall'autore il personaggio che colpisce Medoro?
- Come reagisce il suo comandante Zerbino e perché?
- Quali sono i valori a cui Zerbino si ispira? Sono condivisi dall'autore o no? Perché?

6. L'episodio di Cloridano e Medoro si ispira a un celebre episodio dell'*Eneide* di Virgilio.
- Chi sono i protagonisti dell'episodio virgiliano?
- Quali sono le principali differenze fra i due episodi?

7. Ariosto alterna, in questo episodio, toni e stili diversi. Prova a individuarne alcuni, seguendo le indicazioni fornite.
- Quali scene hanno un carattere epico ed eroico?
- Quali scene hanno un carattere patetico e sentimentale?
- Hai individuato qualche intervento diretto (commento o giudizio) dell'autore? Se sì, sottolinealo nel testo.
- Vi sono punti in cui emerge la proverbiale ironia di Ariosto? Quali?

Opera
Orlando furioso di Ludovico Ariosto raccontato da Italo Calvino
Epoca
XX secolo
Genere
riscrittura
Lingua
italiano

Orlando furioso di Ludovico Ariosto raccontato da Italo Calvino

La pazzia d'Orlando

Medoro, come abbiamo detto, non è stato ucciso, ma solo gravemente ferito. Egli viene soccorso da Angelica che, di fronte alla bellezza del giovane, abbandona finalmente il suo atteggiamento scontroso e restio e si innamora. I due si sposano e trascorrono giorni felici, incidendo dappertutto sulle cortecce degli alberi i loro nomi. Il destino fa sì che Orlando scopra queste iscrizioni. Una soprattutto lo turba profondamente: quella che, all'ingresso di una grotta, racconta la felice storia di Medoro. Sin dalla prima occhiata Orlando ha compreso quel che è successo; pure tenta di ingannare se stesso, trovando a quello scritto qualche giustificazione. Alla fine, rimane attonito a fissare la pietra incisa e la sua mente è come offuscata da una nebbia. Continua però il suo cammino e giunge proprio alla casa del pastore che ha ospitato Medoro ferito insieme con Angelica. Orlando vi si ferma per la notte, che trascorre insonne roso dal dubbio angoscioso, finché è il pastore stesso che gli racconta minuziosamente la storia d'amore di cui è stato testimone. Allora Orlando impazzisce: penetrato nel bosco, urla di dolore e sradica alberi, distruggendo tutti i segni che gli ricordano l'amore dei due giovani. Alla fine cade a terra e giace immobile per tre giorni, senza toccare cibo e senza mai chiudere gli occhi. Il quarto giorno infine si risolleva, si spoglia delle armi e, nudo e terribile nel suo furore folle, vaga sterminando uomini e animali.

La follia di Orlando è l'episodio da cui il poema prende il suo titolo ("furioso", come abbiamo detto, è un latinismo che significa "pazzo"). È un episodio fondamentale, all'interno dell'opera, anche per la mescolanza di elementi drammatici ed elementi comici che lo caratterizzano: il dolore di Orlando, naturalmente, è profondo e sincero, ma i suoi tentativi di negare l'evidenza ci fanno sorridere; allo stesso modo, la sua furia distruttiva è realmente pericolosa e provoca morte e devastazione, ma (a causa della forza sovrumana dell'eroe) ha anche un aspetto umoristico, grottesco, paradossale.

Poiché si tratta di un episodio molto lungo e complesso, te lo presentiamo (salvo poche ottave) nella riscrittura fatta da Italo Calvino nel 1970: lo scrittore moderno accentua il carattere comico del racconto, senza dimenticare il suo valore simbolico: la follia di Orlando, in fondo, è la follia di tutti gli uomini, quando si perdono nella selva delle passioni e delle sofferenze amorose.

Orlando passeggiava in riva a un rivo.[1] Vede che i tronchi degli alberi sono pieni di scritte e incisioni. «Però io questa scrittura la conosco», pensa Orlando, e come fa chi s'annoia, prende distrattamente a decifrare le parole. Legge: *Angelica*. Ma certo: è la sua firma! Angelica era passata di lì!

Intorno alla firma di Angelica, cuori trafitti, nodi che s'allacciano, colombe. Angelica innamorata? E di chi mai? Orlando non ha dubbi: «Se s'innamora non può innamorarsi che di me!»

Ma su quei cuori, su quei nodi, c'è un altro nome accoppiato a quello d'Angelica, un nome sconosciuto: *Medoro*. Perché Angelica ha scritto quel nome? Perché ha scritto il nome di qualcuno che non si sa chi sia, di qualcuno che non esiste? «Forse, – pensa Orlando, –

1. **rivo:** fiumicello; il termine disusato è scelto dall'autore per il buffo gioco di parole con "riva".

nelle sue fantasticherie amorose, Angelica mi ha soprannominato Medoro, e scrive Medoro dappertutto perché non osa scrivere Orlando». (XXIII, ottave 101-6).

Entra in una grotta. Le pareti di roccia erano tutte istoriate di graffiti e frasi tracciate col carbone o coi gessetti colorati o incise col temperino. Tutte in alfabeto arabo, si capisce. Orlando, esperto in quella lingua, tante volte s'era tratto d'impaccio nelle sue spedizioni oltre le linee nemiche. Quel che c'è scritto, dunque, per lui è chiaro: eppure vorrebbe dubitare di quel che sta leggendo. C'è scritto, in una calligrafia diversa da quella d'Angelica: «Oh star qui con la principessa Angelica abbracciato mattina e sera oh com'è bello». Firmato: «Medoro».

Orlando riflette: «Dunque se Medoro sono io, e non sono stato io a scrivere questo, allora Angelica, fantasticando di star qui abbracciata con me, dev'essersi messa a scrivere queste cose con una calligrafia maschile per rappresentarsi quel che io avrei provato». La spiegazione era ingegnosa, però non stava in piedi. Ormai l'ipotesi che Medoro fosse un suo rivale, Orlando non riusciva più a scartarla. Un rivale sfortunato, naturalmente, che per dar sfogo alle sue fantasie, e per calunniare la donna che l'aveva respinto, aggiungeva il proprio nome là dove Angelica aveva firmato i suoi messaggi d'amore per Orlando. Di nuovo andava troppo lontano: qualsiasi spiegazione tentasse, a un certo punto il ragionamento d'Orlando si rifiutava di seguire la via più semplice, e il pianto che già gli faceva groppo in gola si fermava lì.

Orlando cavalca assorto: è l'imbrunire; vede in fondo alla valle un fumo che si leva d'in cima a un tetto; i cani prendono ad abbaiare; risponde il mugghio[2] d'un armento. C'è una malga[3] di pastori, laggiù. Orlando, macchinalmente, s'avvicina, chiede asilo per la notte. (113-15).

L'impetuosa doglia[4] entro rimase,
che volea tutta uscir con troppa fretta.
Così veggiàn restar l'acqua nel vase,
che largo il ventre e la bocca abbia stretta;[5]
che nel voltar che si fa in su la base,
l'umor che vorria uscir, tanto s'affretta,
e ne l'angusta via tanto s'intrica,
ch'a goccia a goccia fuore esce a fatica.[6]

Poi ritorna in sé alquanto, e pensa come
possa esser che non sia la cosa vera:[7]
che voglia alcun così infamare il nome
de la sua donna[8] e crede e brama[9] e spera,
o gravar lui d'insoportabil some
tanto di gelosia, che se ne pèra;[10]
et abbia quel, sia chi si voglia stato,
molto la man di lei bene imitato.[11]

In così poca, in così debol speme[12]
sveglia gli spirti[13] e gli rifranca un poco;
indi al suo Brigliadoro[14] il dosso preme,[15]

2. mugghio: muggito.
3. malga: capanna.
4. doglia: dolore.
5. Così... stretta: allo stesso modo vediamo (*veggiàn*) restare l'acqua nel vaso che ha il ventre largo e la bocca stretta.
6. che nel... fatica: perché quando lo si rovescia (*nel voltar... base*), il liquido (*umor*) che vorrebbe uscire si ingorga tanto nella via stretta che poi esce fuori solo goccia a goccia.
7. possa... vera: quali spiegazioni possa congetturare per convincersi che la cosa non è vera.
8. che... donna: che qualcuno voglia con quelle iscrizioni infamare il nome di Angelica.
9. brama: desidera.
10. o gravar... pèra: oppure che qualcuno voglia gravarlo di un peso (*some*) così insopportabile di gelosia che egli ne muoia.
11. et abbia... imitato: e, chiunque sia stato, abbia imitato la scrittura di lei.
12. speme: speranza.
13. sveglia gli spirti: si rianima.
14. Brigliadoro: il famoso cavallo di Orlando.
15. il dosso preme: sale in sella.

dando già il sole alla sorella loco.[16]
Non molto va, che da le vie supreme[17]
dei tetti uscir vede il vapor del fuoco,
sente cani abbaiar, muggiare armento:
viene alla villa, e piglia alloggiamento.[18]

I pastori si fanno in quattro per accogliere degnamente il paladino: chi gli svita l'armatura di dosso, chi gli toglie gli speroni, chi gli lustra la corazza, chi governa il cavallo. Orlando lascia fare, come un sonnambulo; poi si corica, e resta a occhi sbarrati. Sarà un'allucinazione? Quelle scritte continuano a perseguitarlo. Intorno al letto, sui muri, perfino sul soffitto, egli vede le scritte, dovunque posi gli occhi. Alza la mano per scacciarle: no, sono proprio là, tutta la casa ne è coperta.

– Non puoi dormire, cavaliere? – e il pastore, udendolo smaniare, venne a sedersi al suo capezzale. – Se vuoi ti racconto una storia che più bella non si potrebbe immaginare. Ed è una storia vera. Pensa che in questa povera casa s'era venuta a rifugiare una principessa dell'Oriente...

Orlando è tutt'orecchi.

– E questa principessa aveva raccolto sul campo di battaglia un povero fante ferito, un ragazzotto biondo... [...]

E il pastore racconta a Orlando esterrefatto tutta la storia degli amori d'Angelica e Medoro, e delle loro nozze.

– Proprio in quel letto dove stai sdraiato tu, cavaliere, la principessa e il fantaccino passarono la prima notte di nozze!

Orlando salta su come punto da una vespa.

– Non mi credi, cavaliere? Guarda cosa ci ha regalato a noi poveretti, la principessa, partendo per il Catai con il suo sposo! – e mostra un braccialetto tempestato di gemme. Era il braccialetto che Orlando aveva regalato ad Angelica in pegno d'amore. – Ehi, fermati, cavaliere, dove vai!

Orlando era montato in sella e cavalcava nella notte urlando.

Pianse tanto che si disse: «Queste non possono essere più lacrime perché ormai devo averle versate tutte: quello che mi scende giù dagli occhi è l'essenza vitale che mi sta abbandonando».

Sospirò tanto che si disse: «Questi non possono essere sospiri perché non si fermano mai: è certamente il mio cuore che sta bruciando ed esala questo vento come, per la cappa d'un camino».

Soffrì tanto che si disse: «Questo non posso più essere io perché Orlando è morto, ucciso da Angelica. Io sono il fantasma di me stesso che non potrà più trovare pace».

All'alba si ritrovò alla grotta dove Medoro aveva inciso la sua confessione: a colpi di Durindana[19] sbriciolò la roccia nelle acque della fonte che s'intorbidarono per sempre. Poi si coricò sull'erba, spalancò gli occhi al cielo e restò immobile tre giorni e tre notti senza mangiare né dormire.

Al quarto giorno s'alzò, prese a spogliarsi e a gettare i pezzi d'armatura ai quattro punti cardinali. Restò nudo e senz'armi. Cominciò a svellere un pino, poi una rovere, poi un olmo. Da quel momento la pazzia d'Orlando prese a crescere, a scatenarsi, a infuriare sui campi e sui villaggi.

Orlando furioso di Ludovico Ariosto raccontato da Italo Calvino, Einaudi

16. **dando... loco:** mentre già il sole cede il posto alla luna, tramonta.
17. **da le vie supreme:** dai camini.
18. **viene... alloggiamento:** giunge alla casa, si ferma per alloggiarvi.
19. **Durindana:** la spada di Orlando.

Analisi del testo

Lo squilibrio interiore. L'episodio della pazzia di Orlando è uno dei più importanti del poema, anzi è quello da cui l'intero poema prende il titolo. La follia di Orlando ha nel poema di Ariosto un chiaro valore simbolico: fin dal proemio, del resto, l'autore ha contrapposto la tradizionale saggezza del paladino alla follia amorosa che gli sconvolge la mente.
La follia è un segno di dismisura, di squilibrio interiore, ed è legata alla passione amorosa di Orlando (che infatti impazzisce per il dolore, quando viene a sapere che Angelica ha sposato un altro). Ariosto contrappone quindi ai valori tipicamente rinascimentali dell'equilibrio, dell'armonia, dell'assennatezza, la mancanza di equilibrio, l'eccesso, la dismisura.
Ma il valore simbolico della follia di Orlando non si limita a questo: Orlando, infatti, non fa che portare all'eccesso una condizione che in misura diversa colpisce più o meno tutti i personaggi del poema. Pensiamo per esempio all'amore che spinge Rinaldo e Ferraù a comportamenti insensati, o alla rabbia gigantesca di Rodomonte, il più forte e selvaggio dei guerrieri saraceni, o ancora al folle aggirarsi dei cavalieri tutti, erranti in castelli incantati, in selve impenetrabili, in paesi sempre più lontani dalla Francia dove si combatte. Il mondo dell'*Orlando furioso*, insomma, è un mondo dominato dalla follia e dall'assurdo.

Drammaticità e ironia. L'episodio che abbiamo letto è ricco di elementi drammatici: Orlando, quando viene a sapere che Angelica ama un altro e anzi l'ha addirittura sposato, prova un dolore talmente intenso da perdere la ragione. Ariosto mantiene anche in questo episodio il suo atteggiamento ironico, da osservatore distaccato e sorridente, ma non disdegna qua e là i toni appassionati e patetici.
Calvino, invece, accentua gli elementi umoristici del testo originale, per esempio sottolineando l'ingenuità di Orlando che cerca di negare la realtà (prima pensando che Medoro sia il nome con cui Angelica indica lui stesso, poi immaginando che le scritte di Medoro siano opera di Angelica che si finge un'altra persona) e descrivendo in termini antieroici i gesti e le reazioni del paladino (che passeggia "in riva a un rivo", si annoia, "salta su come punto da una vespa" alle parole del contadino ecc.).
Il carattere umoristico dell'episodio è legato anche al ritmo del racconto, reso molto vivace dalla presenza di numerosi discorsi diretti. L'autore da un lato riporta i pensieri di Orlando, dall'altro le parole del contadino, che racconta al paladino delle nozze di Angelica e Medoro.

Proposte di lavoro

1. Suddividi il testo in prosa in sequenze, attribuisci a ciascuna sequenza un breve titolo, poi riassumilo brevemente.

2. Verifica la comprensione dei versi di Ariosto riportati, facendone la versione in prosa.

3. Concentra l'attenzione sul personaggio di Orlando.

- Che cosa pensa quando vede i nomi di Angelica e Medoro incisi sulla corteccia degli alberi?
- Che cosa pensa quando vede gli stessi nomi scritti sulle pareti della grotta?
- Come reagisce al racconto del contadino?
- Che cosa fa, una volta tornato nella grotta?

4. Fra i vari comportamenti di Orlando, indica quelli che testimoniano l'intensità della sua passione e quelli che tolgono dignità e tratti eroici alla sua figura (tieni presente che in qualche caso lo stesso atteggiamento può svolgere due diverse funzioni).

- Sintomi di passione: ....
....
....
- Atteggiamenti antieroici: ....
....
....

5. Ariosto contrappone la follia alla saggezza. Spiega che cosa significano questi due termini, facendo riferimento all'episodio letto e al poema in generale. Ti forniamo alcune parole-chiave che puoi utilizzare nelle tue risposte.
• equilibrio • ironia • passione • distacco

- Follia: ....
....
....
- Saggezza: ....
....
....

6. Nel testo di Calvino, vi sono molti discorsi diretti. Spiega le ragioni di questa scelta da parte dell'autore.
....
....

LA FANTASIA, L'IRONIA E L'AVVENIRE
Perché Calvino amava Ariosto

Italo Calvino ha dedicato ad Ariosto uno dei suoi libri più importanti, intitolato *Orlando furioso di Ludovico Ariosto raccontato da Italo Calvino*, ma si è ispirato al mondo dei cavalieri anche in opere originali, come *Il cavaliere inesistente* (1959) o *Il castello dei destini incrociati* (1973).

Nel brano che segue, tratto da un saggio del 1959 (lo stesso anno del *Cavaliere inesistente*), Calvino spiega le ragioni della sua passione per Ariosto: l'energia con cui Ariosto rappresenta le avventure dei suoi personaggi fa sì che esse non costituiscano una fuga dalla realtà nel comodo rifugio delle favole antiche, ma al contrario una trasfigurazione fantastica di una esperienza esistenziale ben viva e concreta.

Tra tutti i poeti della nostra tradizione, quello che sento più vicino e nello stesso tempo più oscuramente affascinante è Ludovico Ariosto e non mi stanco di rileggerlo. Questo Zeta così assolutamente limpido e ilare e senza problemi, eppure in fondo così misterioso, così abile nel celare se stesso; questo incredulo italiano del Cinquecento che trae dalla cultura rinascimentale un senso della realtà senza illusioni e mentre Machiavelli fonda su quella stessa nozione disincantata dell'umanità una dura idea di scienza politica, egli si ostina a disegnare una fiaba...

Senza volerlo, mi accadde fin dagli inizi, mentre mi ponevo come maestri i romanzieri dell'appassionata e razionale partecipazione attiva alla Storia, da Stendhal a Hemingway e a Malraux, di trovarmi verso di loro nell'atteggiamento (non parlo si capisce di valori poetici ma solo d'atteggiamento storico e psicologico) in cui Ariosto si trovava verso i poemi cavallereschi: Ariosto che può vedere tutto soltanto attraverso l'ironia e la deformazione fantastica ma che pure mai rende meschine le virtù fondamentali che la cavalleria esprimeva, mai abbassa la nozione di uomo che anima quelle vicende, anche se a lui ormai pare non resti altro che tramutarle in un gioco colorato e danzante. Ariosto così lontano dalla tragica profondità che un secolo dopo avrà Cervantes, ma con tanta tristezza pur nel suo continuo esercizio di levità ed eleganza; Ariosto così abile a costruire ottave su ottave con il puntuale contrappunto ironico degli ultimi due versi rimati, tanto abile da dare talora il senso d'una ostinazione ossessiva in un lavoro folle; Ariosto così pieno d'amore per la vita, così realista, così umano...

È evasione il mio amore per l'Ariosto? No, egli ci insegna come l'intelligenza viva anche, e soprattutto, di fantasia, d'ironia, d'accuratezza formale, come nessuna di queste doti sia fine a se stessa ma come esse possano entrare a far parte d'una concezione del mondo, possano servire a meglio valutare virtù e vizi umani. Tutte lezioni attuali, necessarie oggi, nell'epoca dei cervelli elettronici e dei voli spaziali. È un'energia volta verso l'avvenire, ne sono sicuro, non verso il passato, quella che muove Orlando, Angelica, Ruggiero, Bradamante, Astolfo...

Una pietra sopra, Einaudi

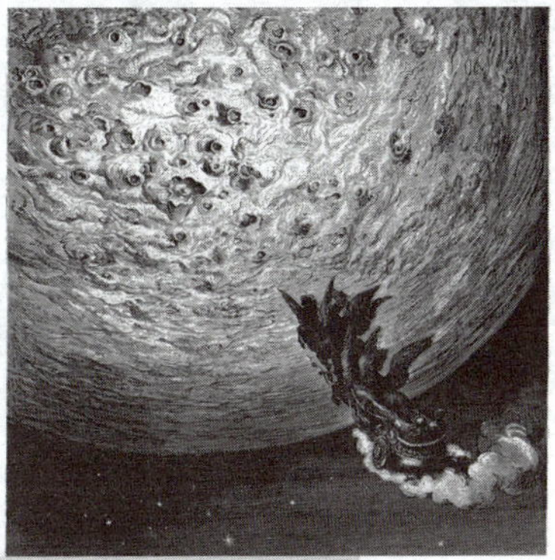

Opera
Orlando furioso
Epoca
XVI secolo
Genere
poema cavalleresco
Lingua
italiano
Schema metrico
ottave

Orlando furioso, canto XXXIV, ottave 70-75, 83-86

Astolfo sulla luna

Di recuperare il senno di Orlando e ridargli quindi la sua proverbiale saggezza è paradossalmente incaricato il paladino Astolfo, uno dei personaggi più simpaticamente folli di tutto il poema. Poiché tutto ciò che si perde sulla Terra finisce sulla Luna, per recuperare il senno perduto da Orlando egli dovrà compiere un viaggio fin lassù. Naturalmente non si tratta di un viaggio che Astolfo possa compiere da solo. Egli ha a sua disposizione un mezzo straordinario, l'Ippogrifo, mostruoso animale frutto dell'unione di un cavallo e di un grifone, che gli permette di volare; inoltre, è accompagnato addirittura da san Giovanni Evangelista, che il paladino è andato a incontrare fin nel Paradiso Terrestre. Con un simile mezzo di trasporto e con una simile guida, Astolfo attraversa quindi la sfera del fuoco che circonda tutta la Terra e giunge sulla Luna, che gli appare molto simile alla Terra, sia per le dimensioni sia per le città, i villaggi, le case e le realtà naturali che vi si trovano. Ma Astolfo non è andato fin là per ammirare il paesaggio: san Giovanni lo porta quindi in una valle dove si trovano tutte le cose che sono state smarrite sulla Terra. E qui Ariosto si diverte a fare un elenco di tutto ciò che gli uomini perdono per loro colpa o per fatalità: la fantasia del poeta gli suggerisce una serie di immagini in cui il tono ironico si unisce al significato morale, come in una allegoria medievale. La maggior parte di questa valle è occupata dal senno che gli uomini hanno smarrito. Astolfo trova immediatamente quello di Orlando e torna quindi sulla Terra.

Tutta la sfera varcano del fuoco,
ed indi vanno al regno de la Luna.
Veggon per la più parte esser quel loco
come un acciar che non ha macchia alcuna;
e lo trovano uguale, o minor poco
di ciò ch'in questo globo si raguna,
in questo ultimo globo de la terra,
mettendo il mar che la circonda e serra.

Quivi ebbe Astolfo doppia meraviglia:
che quel paese appresso era sì grande,
il quale a un picciol tondo rassimiglia
a noi che lo miriam da queste bande;
e ch'aguzzar conviengli ambe le ciglia,
s'indi la terra e 'l mar ch'intorno spande,
discerner vuol; che non avendo luce,
l'imagin lor poco alta si conduce.

1. la sfera... del fuoco: secondo la cosmologia del tempo, intorno alla Terra si trovava la sfera del fuoco, che la separava dalle sfere dove ruotavano i vari pianeti (tra cui la Luna, che veniva considerata un pianeta e non un satellite) e le stelle.
3-4. Veggon... alcuna: vedono che quel luogo (cioè la Luna) è per la maggior parte di acciaio (*acciar*) purissimo (*che non ha macchia alcuna*).
6. di ciò... raguna: di quanto è grande la Terra.
8. mettendo: comprendendo nel calcolo.
10-12. che quel paese... rassimiglia: la prima meraviglia di Astolfo è che la Luna (*quel paese*) sia così grande (come la Terra o quasi, come ha appena detto), dato che a noi (che la guardiamo da quaggiù, *da queste bande*) sembra delle dimensioni di un piattino (*picciol tondo*).
13-16. e ch'aguzzar... conduce: la seconda meraviglia è che, se vuole vedere la Terra, deve aguzzare la vista, perché essa, essendo priva di luce propria, non si vede bene a grande distanza (*l'imagin... poco alta si conduce*).

Altri fiumi, altri laghi, altre campagne
sono là su, che non son qui tra noi;
altri piani, altre valli, altre montagne,
c'han le cittadi, hanno i castelli suoi,
con case de le quai mai le più magne
non vide il paladin prima né poi:
e vi sono ample e solitarie selve,
ove le ninfe ognor cacciano belve.

Non stette il duca a ricercar il tutto;
che là non era asceso a quello effetto.
Da l'apostolo santo fu condutto
in un vallon fra due montagne istretto,
ove mirabilmente era ridutto
ciò che si perde o per nostro diffetto,
o per colpa di tempo o di Fortuna:
ciò che si perde qui, là si raguna.

Non pur di regni o di ricchezze parlo,
in che la ruota instabile lavora;
ma di quel ch'in poter di tor, di darlo
non ha Fortuna, intender voglio ancora.
Molta fama è là su, che, come tarlo,
il tempo al lungo andar qua giù divora:
là su infiniti prieghi e voti stanno,
che da noi peccatori a Dio si fanno.

Le lacrime e i sospiri degli amanti,
l'inutil tempo che si perde a giuoco,
e l'ozio lungo d'uomini ignoranti,
vani disegni che non han mai loco,
i vani desideri sono tanti,
che la più parte ingombran di quel loco:
ciò che in somma qua giù perdesti mai,
là su salendo ritrovar potrai.

Segue a questo punto il bizzarro elenco delle cose che Astolfo vede: un mucchio di vesciche che sono i regni un tempo famosi e oggi quasi dimenticati; ami d'oro, cioè i doni che si fanno ai potenti per ottenerne in cambio i favori; lacci nascosti, che sono le adulazioni; cicale scoppiate, che sono i versi insinceri scritti dai poeti cortigiani; minestre versate a terra, che sono le elemosine fatte dopo la morte; e infine un mucchio di fiori ormai marciti, che rappresentano la donazione di Costantino (un documento, già dimostrato falso ai tempi di Ariosto, secondo cui il potere temporale della Chiesa sarebbe derivato da un dono dell'im-

20. i castelli: i villaggi, i paesi.
21. più magne: più grandi.
24. le ninfe: esseri mitologici che abitavano nei luoghi selvaggi e disabitati.
25. ricercar il tutto: a esplorare tutta la Luna.
26. a quello effetto: a quello scopo.
29-31. ove... Fortuna: dove miracolosamente si raccoglieva tutto ciò che si perde o per colpa nostra, o a causa del trascorrere del tempo, o per caso.
32. raguna: raduna.
33-36. Non pur... ancora: non si trovano solo i regni e le ricchezze, che dipendono dalla fortuna (*la ruota instabile*), ma anche ciò che non è in potere della fortuna né dare né togliere (*tor*).
37. fama: il primo esempio di cose che non dipendono dalla fortuna è la fama, che il tempo, come un tarlo, divora sulla Terra.
39. prieghi: sulla Luna si trovano anche le preghiere fatte con animo peccaminoso, che perciò non vengono ascoltate da Dio.
44. vani disegni... loco: vani progetti (*disegni*) che non si realizzeranno mai.

peratore romano Costantino al papa Silvestro). «Poi giunse a quel che par sì averlo a nui / che mai per esso a Dio voti non ferse» (cioè al senno, che tutti crediamo di possedere, tanto che nessuno lo chiese mai a Dio); «e n'era quivi un monte / solo assai più che l'altre cose conte» (cioè grande da solo più di tutto il resto messo insieme).

Era come un liquor suttile e molle,
atto a esalar, se non si tien ben chiuso;
e si vedea raccolto in varie ampolle,
qual più, qual men capace, atte a quell'uso.
Quella è maggior di tutte, in che del folle
signor d'Anglante era il gran senno infuso;
e fu da l'altre conosciuta, quando
avea scritto di fuor: Senno d'Orlando.

E così tutte l'altre avean scritto anco
il nome di color di chi fu il senno.
Del suo gran parte vide il duca franco;
ma molto più maravigliar lo fenno
molti ch'egli credea che dramma manco
non dovessero averne, e quivi dénno
chiara notizia che ne tenean poco;
che molta quantità n'era in quel loco.

Altri in amar lo perde, altri in onori,
altri in cercar, scorrendo il mar, ricchezze;
altri ne le speranze de' signori,
altri dietro alle magiche sciocchezze;
altri in gemme, altri in opre di pittori,
ed altri in altro che più d'altro aprezze.
Di sofisti e d'astrologhi raccolto,
e di poeti ancor ve n'era molto.

49. liquor: liquido.
50. atto a esalar: che evapora con facilità.
53-54. Quella... infuso: quella in cui era chiuso il senno di Orlando (*signor d'Anglante*) è la più grande di tutte.
55. quando: poiché.
59. franco: valoroso, prode.
61-62. che dramma... averne: che non ne avessero neanche una particella (*dramma*) in meno.
62-63. e quivi... poco: mentre il fatto che qui, sulla Luna, se ne trovava molto rivelava chiaramente che ne avevano poco.
68. magiche sciocchezze: alle arti magiche.
71. sofisti: filosofi di scarso valore.

Apocalisse

Il lessico e la grammatica

Apocalisse (o, con forma più antiquata, *Apocalissi*) è il titolo dell'ultimo libro del Nuovo Testamento (la Bibbia dei cristiani). L'autore racconta di aver avuto una visione e di avere saputo che avverrà alla fine del mondo. Da qui il significato che si attribuisce alla parola, sinonimo di **catastrofe**, distruzione generale, fine del mondo. In realtà, la parola greca significa semplicemente "rivelazione", poiché Giovanni narra ciò che gli è stato rivelato nella sua visione. Originariamente, quindi, apocalisse era sinonimo di **profezia**, e infatti il libro che porta questo nome è solo il più famoso di un genere letterario di cui vi sono molti altri esempi, anche nella Bibbia.

Bisogna osservare che ai tempi di Ariosto il Giovanni autore dell'*Apocalisse* veniva identificato senza dubbio con l'apostolo di Gesù e con l'autore del quarto vangelo. Oggi gli studiosi pensano invece che si tratti di tre persone diverse che avevano casualmente lo stesso nome.
Non è un caso, però, che Ariosto faccia accompagnare Astolfo nel suo viaggio ultraterreno proprio dall'autore dell'*Apocalisse*: il mondo della Luna è infatti, pur con le dovute differenze, una dimensione fantastica, piena di presenze insolite e di visioni meravigliose, come quella descritta nell'*Apocalisse* biblica.

Astolfo tolse il suo; che gliel concesse
lo scrittor de l'oscura Apocalisse.
L'ampolla in ch'era al naso sol si messe,
e par che quello al luogo suo ne gisse:
e che Turpin da indi in qua confesse
ch'Astolfo lungo tempo saggio visse;
ma ch'uno error che fece poi, fu quello
ch'un'altra volta gli levò il cervello.

74. lo scrittor: san Giovanni, autore dell'*Apocalisse*, il libro del Nuovo Testamento in cui si narra la visione della fine del mondo (detta oscura perché di difficile interpretazione).
75. in ch'era: in cui si trovava.
76. par... gisse: sembra che il senno se ne tornasse al suo posto (nel cervello).
77. Turpin: l'arcivescovo che, secondo la tradizione, aveva narrato le imprese di Orlando e da cui Ariosto finge di ricavare le informazioni alla base del suo racconto.
79. uno error: nei "cinque canti" che Ariosto non comprese nell'edizione definitiva del *Furioso* si narra l'amore di Astolfo per una castellana.

Analisi del testo

La Terra vista dalla Luna. L'episodio, sotto l'apparenza del divertimento fantastico e svagato, nasconde in verità una vena moralistica temperata dall'ironia che lo rende una pagina tra le più significative dell'intero poema. Ariosto adotta esplicitamente una prospettiva rovesciata, ambientando l'episodio sulla Luna e sottolineando la "meraviglia" di Astolfo nel vedere la Terra da un punto di vista così insolito.
Il mondo della Luna, poi, non è molto diverso da quello della Terra, ma ne rappresenta il rovesciamento: visitandolo, il paladino (e il lettore con lui) capisce che ciò che sulla Terra sembra avere valore, in realtà non ne ha affatto.

Il moralismo ariostesco. La vena moralistica emerge fin dall'inizio del viaggio di Astolfo, laddove il poeta interviene esplicitamente a spiegare che tralascerà di descrivere ciò che si perde per "Fortuna", cioè per caso, senza colpa, e si soffermerà invece su ciò che gli uomini perdono per causa loro («di quel ch'in poter di tor, di darlo / non ha Fortuna, intender voglio»). Il moralismo di Ariosto, che pure si vale anche di una tecnica tipicamente medievale come l'allegoria (in particolare nell'elenco degli oggetti che Astolfo vede sulla Luna: vesciche, ami d'oro e d'argento, lacci nascosti, cicale scoppiate ecc.), non ha la serietà terribile del moralismo medievale. Il poeta infatti esprime una saggezza tutto sommato serena, che nasce dalla contemplazione distaccata delle follie umane, dalla consapevolezza che il mondo va come va e che la natura umana è quello che è. Da questo atteggiamento nasce la possibilità di fondere vena moralistica e vena ironica. Quest'ultima si manifesta con grande chiarezza in alcuni particolari: la descrizione del senno come un *liquor suttile e molle*, la scritta *Senno d'Orlando* che Astolfo legge sull'ampolla che lo contiene, la sorpresa di Astolfo di fronte alla scoperta che molti reputati saggi sono invece privi di senno ecc.

Proposte di lavoro

1. Verifica la comprensione del testo rispondendo alle seguenti domande.
➤ Quali sono le caratteristiche del personaggio di Astolfo? Quali di esse, in particolare, emergono da questo episodio?
➤ Perché proprio a lui Ariosto affida il compito di riportare sulla Terra il senno di Orlando?
➤ Che cosa trova Astolfo sulla Luna?

2. Ricostruisci le fasi dell'avventura di Astolfo, suddividendo il testo in sequenze e scrivendone un breve riassunto.

3. Con l'aiuto delle note, fai la parafrasi (versione in prosa) dei seguenti versi:
1-16: ....
....
49-64: ....
....

4. Fai l'elenco delle cose perdute che si trovano nella valle lunare e collegale all'immagine che Ariosto ha scelto per significarle.

Cose perdute	Immagini del poeta

5. Nell'episodio di Astolfo Ariosto utilizza spesso la figura retorica dell'allegoria. Per quale ragione? Il suo scopo è soprattutto moralistico, come nei poeti medievali, o rivela per alcuni aspetti il suo carattere tipicamente rinascimentale?

LE RISCRITTURE DI ARIOSTO

Come le novelle di Boccaccio, anche il poema di Ariosto è stato oggetto di alcune riscritture moderne. La più famosa, proposta a p. 260, è quella di Italo Calvino, ideata per una serie di trasmissioni radiofoniche e diventata poi un libro autonomo. Un'altra riscrittura è stata realizzata, pensando in questo caso a una destinazione scolastica, da un altro scrittore italiano, Giuseppe Pederiali, nel 1993.

OSSERVA

Ecco in che modo Pederiali riscrive l'episodio del poema riportato nella versione originale a pp. 245-248 (versi 1-128).

La bellezza di Angelica era la causa prima di tutti i suoi guai: non c'era uomo che non si innamorasse di lei dopo averla vista anche una sola volta. Rinaldo, uno dei paladini, di carattere impetuoso e a volte ribelle allo stesso imperatore, cugino di Orlando, non fece eccezione e anche lui perse la testa per Angelica. La rivalità tra i due cavalieri preoccupò non poco Carlo Magno: si era alla vigilia dello scontro con i mori e i suoi uomini migliori, invece di pensare ai nemici, dedicavano energie e pensieri a conquistare il cuore della forestiera.

L'imperatore decise allora di sfruttare quella rivalità. Affidò Angelica al duca Namo di Baviera, che per età non avrebbe corso il rischio di innamorarsene a sua volta, e promise la fanciulla in premio al paladino che in battaglia avesse ucciso più nemici.

Purtroppo per l'imperatore e per i cavalieri cristiani, la battaglia la vinsero i loro avversari e lo stesso Namo di Baviera fu fatto prigioniero.

Angelica, approfittando della confusione provocata dalla battaglia, fuggì dalla tenda di Namo e riuscì a montare su un cavallo incustodito e con quello raggiungere la foresta. Stava gustando per la prima volta dopo tanto tempo l'ebbrezza della libertà, quando un guerriero le si fece incontro. Costui indossava l'armatura dei cavalieri franchi e doveva aver perduto il cavallo durante la battaglia. Quando fu più vicino, Angelica trasalì riconoscendolo. Era Rinaldo, intento a cercare disperatamente il suo destriero Baiardo. Durante lo scontro con i mori, trovatosi a tu per tu col saraceno Ruggiero appiedato, non aveva voluto battersi in condizione di superiorità; era così sceso da cavallo per affrontare il nemico. Più tardi, invece di consentire al suo padrone di rimontare in sella, Baiardo era fuggito nella foresta, forse proprio per condurlo fino ad Angelica.

Angelica incontra un altro innamorato: Ferraù...

La donna spronò il cavallo addentrandosi nel folto; il paladino, anche se appiedato, non esitò a inseguirla. La vegetazione era troppo fitta per poter lanciare il cavallo al galoppo, e altri guerrieri vi avevano cercato asilo perché feriti o in cerca di acqua per ristorarsi. Sulla riva di un fiume, giaceva inginocchiato, e intento a bere dentro l'elmo strappato a un nemico, il saraceno Ferraù, sporco di polvere e di sudore per essersi a lungo battuto.

Una voce femminile lo costrinse a scattare in piedi. Riconobbe quella voce che invocava aiuto, e poi il viso della donna a cavallo: Angelica, la preda più ambita da tutti!

Spada in pugno, Ferraù si fece incontro a Rinaldo che intanto era a sua volta giunto nei pressi del fiume. Nemici perché militanti nei due avversi schieramenti, e perché entrambi desiderosi di conquistare Angelica, i due guerrieri presero a duellare a colpi di spada.

Ne approfittò Angelica per spronare di nuovo il cavallo e sparire.

Il primo a capire che stava battendosi per una donna che non c'era più fu Rinaldo, che disse al pagano:

«Se perdiamo tempo a duellare, non ritroveremo la bella per la quale ci battiamo. Propongo una tregua. Continueremo dopo che l'avremo ritrovata.»

A Ferraù la proposta non dispiacque:

«Usiamo il mio cavallo, la raggiungeremo più facilmente!»

Cavaliere saraceno e cavaliere cristiano, come fossero vecchi amici, montarono in sella e mossero sulle tracce di Angelica. Ma giunti a un bivio del sentiero furono costretti a fermarsi:

«Quale direzione avrà preso?» domandò Ferraù.

«Torniamo a dividerci. Sarà la sorte a favorire uno di noi due.»

Ferraù, dopo aver vagato a lungo, si ritrovò in riva al fiume, nel punto esatto dove si era abbeverato.

Orlando Furioso raccontato da Giuseppe Pederiali, a cura di M. Zocchi, Arnoldo Mondadori Scuola

La riscrittura di Pederiali assomiglia molto a un riassunto, come possiamo verificare insieme.

1. Suddividi in sequenze il testo originale di Ariosto relativo alla fuga di Angelica e attribuisci a ciascuna di esse un breve titolo (se hai già svolto l'es. 1 di p. 251 hai già svolto anche questa attività).

2. Ora confronta il risultato del tuo lavoro con il testo di Pederiali.

- L'ordine degli avvenimenti principali è rispettato o no?
- Le sequenze del testo originale sono tutte presenti o no?
- Le sequenze originali, nella riscrittura, hanno tutte lo stesso spazio o no?

ADESSO PROVA TU!

Come passare dalla divisione in sequenze al riassunto? Possiamo procedere per tappe successive, per esempio:

- attribuire a ciascuna sequenza un titolo;
- ampliare leggermente il titolo per arrivare a un riassunto molto sintetico (poche righe);
- ampliare ulteriormente la sintesi, inserendo descrizioni, dialoghi ecc., per arrivare a un riassunto più ampio e dettagliato.

3. Completa la divisione in sequenze del brano di Ariosto alle pp. 248-250 (vv. 129-192) e attribuisci a ciascuna sequenza un breve titolo. Se hai già svolto l'es. 1 di p. 251 dovresti avere a disposizione questi materiali.

4. Amplia ora il titolo di ciascuna sequenza, aggiungendo qualche particolare, in maniera da ottenere una breve sintesi.

5. Arricchisci ulteriormente il tuo riassunto, tenendo sempre presente il testo originale, fino a ottenere un riassunto più lungo.

6. Ora rifletti sul lavoro svolto.

- Hai trovato sempre le stesse difficoltà nel lavoro di sintesi e di ampliamento, oppure alcune sequenze erano più difficili da lavorare rispetto ad altre?
- Quali erano le sequenze più facili da riassumere?
  - ☐ Quelle ricche di dialoghi.
  - ☐ Quelle ricche di descrizioni e di riflessioni.
  - ☐ Quelle ricche di avvenimenti.

Nel riassunto finale, se hai lavorato bene, alcune sequenze saranno più sintetiche, altre più dettagliate. Di fronte a testi più ampi, sarà possibile individuare **sequenze necessarie** e **sequenze non necessarie**: le prime vanno assolutamente riassunte, le seconde si possono omettere se il riassunto non dev'essere troppo analitico.

CONFRONTA

Il lavoro di Pederiali è un riassunto molto libero, che si avvicina in qualche punto a una vera e propria riscrittura. Ti proponiamo lo stesso episodio nella versione di Italo Calvino, per farti cogliere la differenza fra i due lavori.

In principio c'è solo una fanciulla che fugge per un bosco in sella al suo palafreno. Sapere chi sia importa sino a un certo punto: è la protagonista d'un poema rimasto incompiuto, che sta correndo per entrare in un poema appena cominciato. Quelli di noi che ne sanno di più possono spiegare che si tratta d'Angelica principessa del Catai, venuta con tutti i suoi incantesimi in mezzo ai paladini di Carlo Magno re di Francia, per farli innamorare e ingelosire e cosí distoglierli dalla guerra contro i Mori d'Africa e di Spagna. Ma piuttosto che ricordare tutti gli antecedenti, conviene addentrarsi in questo bosco dove la guerra che infuria per le terre di Francia non si fa udire se non per sparsi suoni di zoccoli o d'armi, di cavalieri isolati che appaiono o scompaiono.

Intorno ad Angelica in fuga è un vorticare di guerrieri che, accecati dal desiderio, dimenticano i sacri doveri cavallereschi e per troppa precipitazione continuano a girare a vuoto. La prima impressione è che questi cavalieri non sappiano bene cosa vogliono: un po' inseguono, un po' duellano, un po' giravoltano, e sono sempre sul punto di cambiare idea.

Prendiamo Ferraú: lo incontriamo mentre sta cercando di ripescare l'elmo che gli è caduto in un fiume: quand'ecco passa di lí Angelica, di cui egli è innamorato, inseguita da Rinaldo; Ferraú smette di cercare l'elmo e duella con Rinaldo; nel bel mezzo del duello, Rinaldo propone all'avversario di rimandare la contesa e d'inseguire insieme la fuggitiva; Ferraú smette di duellare e si dà all'inseguimento d'Angelica, d'amore e d'accordo col rivale; perdutosi nel bosco, si ritrova sulla riva del fiume dove gli era caduto l'elmo; interrompe la ricerca d'Angelica e si rimette alla ricerca dell'elmo; dal fiume esce il fantasma d'un guerriero da lui ucciso che rivendica l'elmo come sua proprietà ed esorta Ferraú, se proprio vuol ornarsi d'un cimiero sopraffino, a conquistarsi in battaglia l'elmo di Orlando; al che Ferraú lascia fiume, elmo, fantasma e fuggitiva e si lancia alla ricerca d'Orlando.

Orlando Furioso di Ludovico Ariosto raccontato da Italo Calvino, Einaudi

7. Osserva attentamente il brano che hai letto.

- A quale parte del testo di Calvino corrispondono i versi di Ariosto?
- Questa parte del testo di Calvino si può definire una sintesi o un riassunto analitico?
- A che cosa serve l'altra parte del testo di Calvino?

ADESSO PROVA TU!

8. Ti proponiamo di fare un lavoro sull'episodio di Cloridano e Medoro, che hai già sintetizzato svolgendo l'es. 2 di p. 259.

- Scrivine un riassunto più ampio, continuando il testo di Pederiali proposto qui di seguito.

Durante la notte, nel campo musulmano, furono in molti a piangere i compagni morti. Cloridano e Medoro, fedeli sudditi di Dardinello, non riuscivano a darsi pace. Cloridano era un moro snello e robusto, Medoro...

... avea la guancia colorita
e bianca e grata ne la età novella;
e fra la gente a quella impresa uscita
non era faccia più gioconda e bella:
occhi avea neri, e chioma crespa d'oro:
angel parea di quei del sommo coro.

(XVIII, 166)

Entrambi erano di umili origini, ma non difettavano loro il coraggio e l'abilità con le armi. Nel cuore della notte, il bel Medoro decise che era ingiusto e atroce lasciare il corpo di re Dardinello in preda ai corvi, e che lui sarebbe andato a prelevarlo per dargli una onorevole sepoltura. Cloridano tentò di dissuaderlo ma, visto che il compagno non cambiava idea, si offrì di accompagnarlo.

Dopo il cambio della guardia, i due mori uscirono dal campo musulmano e si inoltrarono tra le tende dei cristiani ....

- Ora prova a farne una riscrittura più originale e creativa, continuando il testo di Calvino, di cui è proposto l'inizio.

Fin qui abbiamo seguito le gesta dei capitani, nelle loro prove di valore e nelle loro bravate, nella loro forza sovrumana e nel loro dominio d'oggetti magici. Ora, addentrandoci nella fitta selva di lance della battaglia di Parigi, vedremo i soldati semplici venire in primo piano, con le loro risorse umane modeste ed ostinate, il loro coraggio, le loro incertezze, la loro pietà.

Le sorti della battaglia sono avverse ai Saraceni ....
....

Verifica

1. Indica se la seguente affermazione è vera o falsa e motiva poi la tua risposta.

V F La condizione sociale di Ariosto non ha alcuna importanza per la comprensione della sua opera.

....

2. Indica a quale dei seguenti generi letterari appartiene l'*Orlando furioso* e motiva poi la tua risposta.

- ☐ Poema religioso
- ☐ Poema epico
- ☐ Poema cavalleresco

3. Fai la parafrasi (versione in prosa) dei seguenti versi, tratti dal canto I dell'*Orlando furioso*, poi rispondi alle domande.

Nata pochi dì inanzi era una gara
tra il conte Orlando e il suo cugin Rinaldo;
che ambi avean per la bellezza rara
d'amoroso disio l'animo caldo.

....

- Di chi si sta parlando?
- Quale scena si sta introducendo?

4. Rileggi attentamente la terza ottava del poema ariostesco (p. 243) e individua, spiegandole, le parole chiave in essa contenute.

I parola chiave: ....
spiegazione: ....

II parola chiave: ....
spiegazione: ....

5. Riassumi brevemente l'episodio di Astolfo sulla Luna, proposto a p. 265.

....

6. Spiega quale collegamento esiste, nell'*Orlando furioso*, tra le seguenti situazioni narrative.

- Angelica si innamora di Medoro
- Astolfo si reca sulla Luna

....

7. Indica in una tabella come la seguente due analogie e due differenze tra l'episodio virgiliano di Eurialo e Niso e quello ariostesco di Cloridano e Medoro.

	Virgilio	Ariosto
analogia		
differenza		

8. Spiega in un breve testo le caratteristiche della letteratura ariostesca, utilizzando le espressioni suggerite.

- l'equilibrio come ideale etico ed estetico
- l'ottimismo
- l'ironia
- la mescolanza di fantasia, magia e realtà

....

Machiavelli e il trattato

Il percorso che ti proponiamo è scandito in quattro tappe.

Incontro con l'autore

Ti proponiamo un breve inquadramento storico, culturale e letterario della **vita** e delle **opere** di Niccolò Machiavelli.

Il Principe

Ti proponiamo la lettura di quattro brani tratti dal capolavoro di Machiavelli:

- un brano in cui l'autore spiega l'**argomento dell'opera** e propone un metodo per classificare **le diverse forme di governo e di stato**;
- un brano dedicato alle **azioni** che deve compiere chi intende fondare un **nuovo stato**;
- un brano in cui l'autore analizza i **rapporti fra etica e politica**, sostenendo che l'uomo politico non può seguire le regole della morale comune;
- un brano conclusivo, dedicato al **rapporto tra virtù e fortuna**.

Intorno al classico

Ti proponiamo la lettura di tre brani, scritti negli stessi anni in cui operava Machiavelli:

- il primo è tratto dall'*Elogio della Follia* di Erasmo da Rotterdam, uno dei più grandi **umanisti e filosofi** dell'età rinascimentale;
- il secondo proviene dal *Libro del cortegiano* di Baldassarre Castiglione, uno dei più importanti **trattati** del rinascimento italiano;
- il terzo è tratto dai *Ricordi*, un libro di massime e aforismi di Francesco Guicciardini che, insieme a Machiavelli, è il maggior **pensatore politico** italiano del Cinquecento.

Laboratorio

Ti proponiamo infine di lavorare sulle **tecniche dell'argomentazione**, a partire dai brani letti di Machiavelli, per migliorare le tue capacità di analisi e di scrittura.

Intorno al classico

Modelli classici e vocazione didattica

A partire dal Quattrocento, il **trattato** diventa uno dei generi letterari più frequentemente praticati dagli scrittori. Non che in precedenza esso fosse trascurato: basti pensare a testi come la *Monarchia* e il *De vulgari eloquentia* di Dante, che sono appunto dei trattati di argomento politico e linguistico-letterario. Ma nel periodo umanistico-rinascimentale il trattato diventa uno dei generi dominanti, accanto al poema cavalleresco e al teatro, e a scapito di altri, come la novella.

Con il trattato si riscoprono i modelli classici

Lo straordinario interesse degli intellettuali umanisti per il trattato si spiega innanzitutto in relazione all'**influenza** che essi subiscono **da parte dei modelli classici**. La riscoperta, compiuta dagli umanisti, dei grandi filosofi dell'antichità li porta a tradurre le loro opere e, inevitabilmente, a comporne di nuove sulla scorta del loro esempio. I punti di riferimento sono soprattutto i due massimi filosofi greci, **Platone** e **Aristotele**, autori il primo di numerosi dialoghi in cui vari personaggi sostengono diverse ipotesi filosofiche; il secondo di trattati in cui espone le sue teorie, spesso confutando le tesi contrarie.

Ma la presenza di modelli classici non basta, da sola, a spiegare la fioritura della trattatistica quattro-cinquecentesca. Abbiamo già osservato infatti che il genere del trattato non era sconosciuto nel Medioevo; in ogni caso resta da capire perché, tra i molti generi classici, gli intellettuali umanisti abbiano privilegiato proprio il trattato.

Per rispondere a queste domande è necessario considerare la **vocazione didattica e pedagogica che caratterizza**, soprattutto all'inizio, **la cultura dell'Umanesimo**. Gli intellettuali che si ritrovavano nei vari circoli e nelle varie accademie per discutere e per esporre i risultati delle proprie ricerche utilizzavano il trattato come mezzo per diffondere il proprio pensiero e per continuare a distanza le discussioni con i colleghi.

Da qui la preferenza nettissima accordata al **dialogo**, sul modello platonico, rispetto al trattato di forma saggistica, sul modello aristotelico: il dialogo permette infatti di vivacizzare l'esposizione di una tesi facendola enunciare da un personaggio e animando la discussione con l'intervento di altri personaggi che espongono tesi contrarie, approfondiscono alcuni temi particolari o semplicemente contribuiscono con i loro interventi a rendere piacevole e animata la lettura.

I temi della trattatistica rinascimentale

I trattati umanistico-rinascimentali affrontano **moltissimi temi**: da quelli più strettamente filosofici a quelli politici, da quelli artistico-letterari a quelli erotici. Tre, tuttavia, sono gli argomenti su cui verte il dibattito intellettuale di questo periodo: *la dignità dell'uomo*, il ruolo di quest'ultimo all'interno della creazione, il suo posto nel cosmo; *la formazione e l'educazione dell'uomo*, le qualità che caratterizzano il nuovo modello umano del Rinascimento; *la politica*.

Viene rivalutata l'esperienza terrena

Il tema della **dignità dell'uomo** è sviluppato soprattutto nel Quattrocento. Nella prima metà del secolo, si affermano i princìpi di fondo dell'Umanesimo: la dignità dell'uomo viene affermata sulla base di una **rivalutazione della sua esperienza terrena** (svalutata durante i secoli precedenti come semplice momento di passaggio verso la vita ultraterrena). In questa prospettiva laica vengono considerati valori supremi l'**operosità**, l'**intraprendenza**, la capacità di affermare con successo la propria presenza nel mondo, e quindi anche l'**impegno civile** (si parla infatti di "Umanesimo civile"). Nelle opere di scrittori come Poggio Bracciolini, Lorenzo Valla, Leon Battista Alberti si sente il coinvolgimento degli intellettuali nelle lotte politiche che agitavano Firenze e le altre repubbliche italiane.

Nella seconda metà del secolo, con il progressivo affermarsi delle signorie, il ruolo dell'intellettuale cambia radicalmente: egli diventa un cortigiano al servizio del principe e viene privato della possibilità di impegnarsi direttamente nella vita della sua città. La dignità dell'uomo viene naturalmente riaffermata, ma essa si esplica non più nell'attività pratica e nell'impegno politico, quanto nello studio e nell'erudizione.

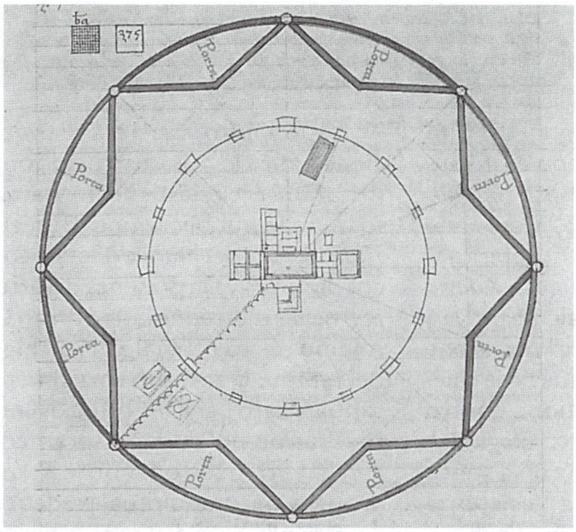

▌Pianta di Sforzinda, la città ideale progettata dall'architetto Filarete verso la metà del XV secolo.

▌Pagina iniziale di una copia manoscritta del *De re aedificatoria* di Leon Battista Alberti, il cui ritratto appare al centro della "M".

▌L'uomo deve essere in grado di affermare la propria autonomia e libertà

La **formazione dell'uomo**, che nel primo Quattrocento aveva lo scopo di renderlo padrone di sé e quindi capace di operare e di imporsi nella vita per affermare la propria autonomia e la propria libertà, diventa sempre più chiaramente finalizzata al **conseguimento di un'armonica completezza priva di finalità pratiche precise**. Il testo che meglio di ogni altro esprime questo ideale è *Il libro del cortegiano* di Baldassarre Castiglione, in cui si traccia l'immagine di un uomo ideale, capace di combattere in battaglia come di scrivere versi, coraggioso e raffinato nello stesso tempo. Il suo ruolo, però, non è di operare, ma di consigliare il principe presso cui vive; il suo ambito di azione non è la repubblica, con le sue istituzioni, ma la corte.

In netto contrasto con l'idealizzazione da cui nasce il libro del Castiglione si colloca la **riflessione politica** di Machiavelli, improntata a un **polemico realismo**. La corte descritta dal Castiglione è un ambiente in cui trovano posto la cortesia e la gentilezza, quella di cui parla Machiavelli è improntata al cinismo. Nei capitoli centrali del suo capolavoro, *Il principe* (scritto nel 1513, negli stessi anni in cui Castiglione elaborava *Il libro del cortegiano*), Machiavelli elenca le virtù del principe ideale, che si riassumono nella famosa metafora della "golpe" e del "lione" (il principe deve essere cioè astuto come una volpe e feroce come un leone). E introduce questo argomento con parole di consapevole e risentita polemica: «sendo l'intento mio scrivere cosa utile a chi la intende, mi è parso più conveniente andare drieto alla verità effettuale della cosa, che alla immaginazione di essa».

I trattati umanistico-rinascimentali

Lingua utilizzata	latino (soprattutto nella prima metà del Quattrocento) volgare (soprattutto nel Cinquecento)	
Argomenti affrontati	la dignità dell'uomo la formazione dell'uomo ideale la politica	
Autori italiani più importanti	• nel Quattrocento:	Bracciolini Valla Alberti Pico della Mirandola
	• nel Cinquecento:	Castiglione Della Casa Machiavelli Guicciardini

Erasmo da Rotterdam

L'autore

Desiderio Erasmo nacque a Rotterdam, in Olanda, nel 1466, figlio illegittimo di un prete. Il nome con cui è oggi conosciuto è in realtà lo pseudonimo umanistico che egli assunse una volta intrapresa l'attività di studioso, essendo il suo nome di battesimo Geer Geertsz. Dopo aver intrapreso gli studi classici, nel 1488 prese i voti, diventando **monaco agostiniano**, ma la vita conventuale non gli si addice e lo studioso trascorre la maggior parte del tempo viaggiando in tutta Europa, dall'Inghilterra alla Francia all'Italia.

A partire dai primi anni del Cinquecento pubblica le opere (in latino) che lo rendono famoso: *Enchiridion militis christiani* (1502), sulla necessità di un rinnovamento spirituale della religione cristiana; *Adagia* (1508), commento ad alcuni proverbi che offrono all'autore l'occasione per criticare il malcostume della chiesa, per prendere posizione contro ogni forma di guerra ecc.; ***Elogio della Follia*** (1511), in cui la Follia stessa dimostra di dominare l'esistenza umana e tutte le istituzioni degli uomini; *Colloqui familiari* (1522), in cui sviluppa la satira della mentalità tradizionale.

Il suo **spirito libero** e la sua **vocazione critica** lo posero in urto con le istituzioni ecclesiastiche, soprattutto dopo la pubblicazione di un'edizione critica del Nuovo Testamento che dimostrava la presenza di vari errori nella traduzione latina di san Girolamo, testo ufficiale della chiesa del tempo. Dopo aver inizialmente simpatizzato per la Riforma di Lutero, Erasmo polemizzò aspramente con Lutero stesso quando le istanze di rinnovamento spirituale cedettero il posto alle lotte di potere e alle prime guerre di religione tra cristiani. Erasmo morì nel 1536.

L'opera

L'*Elogio della Follia*, pubblicato nel 1511, è scritto in latino e dedicato a Thomas More, importante filosofo e scrittore inglese, futuro autore (nel 1515) di un libro fondamentale, intitolato *Utopia*, in cui si descrive una società ideale.
Nel libro di Erasmo, la Follia (il termine indica non la pazzia, ma piuttosto la stupidità, la superficialità) parla in prima persona e dichiara, con una serie di esempi, di essere la vera padrona del mondo, non solo perché tutti, almeno in qualche occasione, cedono al suo potere, ma soprattutto perché solo dalla follia (e non dalla saggezza) derivano i piaceri e le gioie della vita.
Il discorso della Follia, ovviamente, va interpretato come un **paradosso**: Erasmo si serve di questa brillante trovata per svolgere una **satira dei costumi del suo tempo** e per **mostrare le debolezze degli esseri umani**, orgogliosi della loro saggezza, ma sempre pronti a cedere alle loro follie.

Opera **Elogio della Follia**
Epoca **XVI secolo**
Genere **trattato**
Lingua originale **latino**

Elogio della Follia, LXII-LXIV

Principi, cortigiani e prelati

Il brano che ti proponiamo comprende tre dei 74 capitoli di cui è composta l'opera. La Follia, dopo essersi presentata al lettore e dopo aver descritto i vari modi in cui si manifesta (nell'amore, nell'amicizia, nei rapporti sociali, nella guerra ecc.) passa a elencare i doni che essa fa agli uomini, liberandoli dalla tristezza e dalla gravità che sempre sembrano legate alla saggezza e alla riflessione.
Infine, nell'ultima parte del testo, la Follia sostiene di essere oggetto di un culto universale, che tutte le classi sociali le tributano spontaneamente, e si sofferma su alcune categorie in particolare, come i trafficanti, i grammatici e gli eruditi, i giuristi, i poeti e gli scrittori, gli impostori e gli ipocriti, gli avari e i prodighi ecc. All'interno di questo elenco, troviamo anche i principi, i cortigiani e i prelati, cioè gli ecclesiastici.

LXII – DOVERI E FOLLIE DI PRINCIPI

Ma ora lascio volentieri questi istrioni,[1] che con animo ingrato da un lato dissimulano i miei benefici e dall'altro simulano la pietà. È tempo infatti di occuparsi francamente dei monarchi e dei principi, i quali a loro volta francamente mi venerano. Infatti: se avessero anche soltanto mezza oncia[2] di buon senso, che cosa potrebbe esserci di più triste e detestabile della loro vita? Certamente nessuno che avesse riflettuto fra sé e sé sull'enorme peso che grava sulle spalle di un buon principe aspirerebbe più ad un trono a costo di spergiuri e parricidi.[3] Chi governa uno Stato deve pensare soltanto agli affari pubblici, mai ai suoi privati; essere sempre intento al bene della comunità, mai derogare[4] neppure di un millimetro alle leggi di cui egli stesso è autore e garante; rispondere di continuo dell'integrità[5] dei funzionari e magistrati dello Stato. Deve pensare ad ogni momento che egli solo è esposto agli occhi di tutti, e, se con una vita di buoni costumi può influire sugli uomini come una stella benefica, d'altra parte il suo esempio può anche esser nefasto[6] come una cometa mortale;[7] che i vizi altrui non sono tanto gravi di conseguenze né si diffondono così lontano: il principe invece sta in alto, dove, quando abbandoni anche solo di poco la retta via, il suo esempio influisce sulla vita di moltissimi uomini e vi serpeggia come pestilenza; che la posizione privilegiata di un principe presenta tentazioni in abbondanza di deviare dal retto cammino: i divertimenti, la libertà, l'adulazione, il lusso, e che appunto perciò egli deve sforzarsi con tanto maggior rigore e sollecitudine di non cedere e di non trascurare i suoi doveri. Infine, anche se vogliamo sorvolare su tutte le insidie, gli odii e gli altri pericoli e timori di una posizione principesca, occorre che il principe ricordi che al di sopra di lui c'è il vero Re,[8] che fra non molto gli chiederà conto fin della più piccola delle sue azioni, e ciò tanto più severamente quanto più splendido era il suo impero terreno. Queste cose dunque, lo ripeto, e molte altre del genere, se i governanti riflettessero – e, se fossero ragionevoli, rifletterebbero – basterebbero a non farli più dormire o mangiare un boccone in allegria.

Per merito mio invece i principi affidano tutte le loro preoccupazioni al buon Dio; essi stessi fanno vita beata, stanno ad ascoltare soltanto chi porta liete notizie, e non gravano il loro animo di pensieri molesti. Credono di soddisfare ampiamente ai doveri di un buon principe coltivando con passione la caccia, allevando cavalli di razza, vendendo cariche ed onori a loro esclusivo profitto, ed escogitando ogni giorno nuovi mezzi per svuotare le tasche dei cittadini ed impinguare il fisco. Vero è che per il loro scopo si servono di formule appositamente elaborate, perché quest'estorsione,[9] per quanto perfida, abbia almeno una giustificazione legale. Inoltre, condiscono la loro organizzazione di tassazione con un poco di adulazione, così da guadagnarsi l'anima del popolo.

Immaginate dunque un monarca, come se ne vedono di solito: ignorante d'ogni legge, più nemico che amico del bene pubblico, intento soltanto a cercare il suo vantaggio personale, sempre in cerca di piaceri, pieno di disprezzo per ogni cultura, d'odio per la libertà e la verità, interessato a tutto tranne che alla felicità dei suoi sudditi, e misurante ogni cosa secondo il suo piacere e la sua utilità. Dategli la sua collana d'oro, ad indicare la presenza di tutte le virtù nella sua persona; la corona adorna di gemme, che dovrebbe ricordargli il suo dovere di superare tutti per valore ed eroismo; lo scettro, simbolo della giustizia e d'un animo incorrotto; infine la porpora, segno del suo amore per il Governo e lo

1. **questi istrioni:** i predicatori che non si vergognano di raccontare bugie pur di attirare le folle alle loro esibizioni.
2. **mezza oncia:** pochi grammi.
3. **parricidi:** delitti (il parricidio, più esattamente, è l'uccisione del proprio padre).
4. **derogare:** disubbidire.
5. **dell'integrità:** dell'onestà.
6. **nefasto:** dannoso, negativo.
7. **una cometa mortale:** nel Rinascimento si riteneva che le comete portassero sventura; questa superstizione è rimasta viva, in parte, fino a poco tempo fa.
8. **il vero Re:** Dio.
9. **quest'estorsione:** questo furto, rapina.

Stato, e pensate: se un monarca confrontasse questi suoi attributi con il suo vero tenore di vita, senza dubbio arrossirebbe dei suoi ornamenti e temerebbe che qualche chiosatore[10] di spirito mettesse in ridicolo tutto questo apparato di per sé così serio.

LXIII – I CORTIGIANI

E che dire degli alti dignitari di Corte? In generale non esistono esseri più di loro striscianti, servili, insulsi, abietti; ciò nonostante vogliono sembrare i primi in ogni cosa, modesti soltanto nel contentarsi di portare su di sé oro, gemme, porpora ed altri simboli di virtù e sapienza, ma lasciando agli altri l'esercizio effettivo delle virtù suddette.

Sembrano al colmo della felicità perché possono chiamare il re «mio Signore», perché conoscono l'arte di adularlo fin nelle poche parole del saluto, di chiamarlo ad ogni passo con i titoli onorifici di «Vostra Maestà», «Vostra Altezza», o «Vostra Magnificenza», perché si compongono un viso ipocrita e sanno piaggiare[11] graziosamente. Giacché queste sono le arti che si convengono ad un nobile cortigiano.

Per il resto, esaminando la loro vita più da vicino, si vede chiaramente che sono null'altro che stolti Feaci o Proci «pretendenti di Penelope», – il resto del verso l'eco ve lo potrà ripetere meglio di me. – Dormono fino a mezzogiorno: poi un cappellano stipendiato, pronto accanto al letto, legge in fretta una messa al signore ancora mezzo insonnolito. Quindi si fa colazione e quasi subito dopo si pranza. Più tardi si gioca a dadi, a scacchi, a tirare a sorte; ci si diletta con buffoni, pagliacci e cortigiane,[12] con giochi, passatempi insulsi. Negli intervalli si fa merenda. Poi si cena, ed infine si beve, e, per Giove, non certo un bicchiere soltanto!

A questo modo, senza un pensiero, fuggono le ore, i giorni, i mesi, gli anni, i secoli. Perfino io alle volte ne ho abbastanza quando vedo questi personaggi pieni di boria: ogni dama si crede più vicina agli dèi perché ha un abito con un lungo strascico; un cortigiano fa a gomitate per apparire più vicino a Giove, ed ognuno tanto più si compiace con se stesso quanto più pesa la catena che porta al collo, e che sta a dimostrare non soltanto la sua ricchezza, ma anche la sua forza.

LXIV – I PRELATI

Anche i papi, i cardinali, i vescovi, già da molto tempo si dedicano ad imitare con tutta serietà la vita dei regnanti, e quasi hanno ormai superato i loro modelli.

Se ciascuno di essi pensasse un poco di più al significato della sua veste di candido lino, simbolo di vita incorrotta; della sua mitra dalle due punte trattenute da un solo nodo, simbolo della profonda conoscenza del Vecchio e del Nuovo Testamento; dei guanti che gli ricoprono le mani, a ricordargli che i sacramenti si somministrano con mani pure da ogni contaminazione umana; del pastorale, simbolo della insonne cura del proprio gregge, ed infine della Croce, segno di vittoria su ogni passione umana – se, ripeto, un vescovo pensasse a queste e a molte altre cose simili, non condurrebbe una vita grama e tormentata?

Viceversa, oggi fanno bene se badano a se stessi. Per il resto affidano la cura delle loro pecorelle a Cristo, o ne incaricano i loro «fratelli» o vicari. Non ricordano neppure più il significato del loro nome di vescovo,[13] che sta ad indicare lavoro, cure, attenzione. Si

10. qualche chiosatore di spirito: qualche critico dotato di forza comica, qualche autore satirico (Erasmo allude qui, ovviamente, a se stesso).
11. piaggiare: adulare, lusingare.
12. cortigiane: prostitute.
13. il significato... vescovo: dal greco *epískopos*, colui che controlla, che sorveglia.

comportano da vescovi soltanto nell'arraffare danaro: allora non mancano certo di vigilanza né di attenzione.

Allo stesso modo, se i cardinali riflettessero che sono i vicari degli Apostoli, e che perciò si richiedono a loro le stesse virtù di quelli; che non sono padroni ma soltanto amministratoti dei beni spirituali ed un giorno non lontano dovranno render conto per filo e per segno della loro opera; se filosofassero un po' sul loro abito, e dicessero fra sé e sé: «Che cosa significa quest'abito candido? Null'altro se non la purità di vita. Di che cosa è simbolo questa veste purpurea se non dell'amore più ardente di Dio? Che cosa significa questo mantello, così ricco da coprire con le sue ampie pieghe Sua Riverenza insieme col suo mulo, e sufficiente non che per un mulo anche per un cammello? L'infinita e soccorrevole carità cristiana, pronta ad insegnare, ad esortare, a consolare, a rimproverare ed ammonire, a pacificare i popoli in lotta, ad opporsi ai principi malvagi ed a sacrificare gioiosamente alla Chiesa ogni ricchezza e persino la vita. Del resto a che gioverebbero le ricchezze ai vicari in terra degli apostoli che furono poveri?». Se dunque, dicevo, riflettessero a queste cose, non ambirebbero quella carica e se ne disferebbero volentieri, o altrimenti dovrebbero condurre una vita di lavoro e di ansie, simile realmente a quella dei primi Apostoli.

E passiamo ora ai Sommi Pontefici, vicari in terra di Cristo. Ma se veramente si sforzassero d'emulare la vita di Gesù, cioè la povertà, le fatiche, la dottrina, la croce, il disprezzo della vita mondana; se ricordassero anche soltanto il significato del nome di Papa, cioè «padre», e del titolo di «Santità», chi su questa terra sarebbe più infelice di loro? Chi sarebbe pronto a conquistarsi quel seggio con tutte le sue ricchezze? E, conquistatolo, a difenderlo con le armi, col veleno, insomma con qualsiasi mezzo?

Se mai sopraggiungesse la saggezza, di quanti vantaggi non li priverebbe? Ma che dico, la saggezza? Basterebbe soltanto un granello di quel sale di cui fa menzione Cristo! Quante ricchezze, quanti onori, quante giurisdizioni, vittorie, cariche, dispense, quanti tributi, indulgenze, cavalli, muli, cortigiani, divertimenti sfumerebbero.

Analisi del testo

La classe dirigente in preda alla Follia. Il discorso della Follia, che parla in prima persona, si può sintetizzare più o meno così: se gli uomini non fossero folli, cioè se prendessero sul serio il loro ruolo e il loro compito, nessuno vorrebbe fare il principe, il cortigiano o il prelato. In teoria, infatti, costoro dovrebbero sottoporsi a grandi fatiche, a enormi responsabilità, a rischi terribili. Per fortuna, essendo tutti questi personaggi in preda alla Follia, nessuno di loro prende il proprio incarico sul serio e quindi vivono felicemente, spassandosela e divertendosi a più non posso.
Naturalmente, il discorso che fa Erasmo è ben diverso: dalle parole della Follia emerge infatti tutta la distanza fra ciò che un principe, un cortigiano o un prelato dovrebbe essere, e ciò che è in realtà. Emerge insomma una ritratto molto critico della classe dirigente del tempo e in particolare delle gerarchie religiose.

Critiche fondate. Il discorso di Erasmo, sotto il tono umoristico e paradossale, nasconde quindi un messaggio serio. Non dobbiamo dimenticare, del resto, che l'autore rischiava parecchio, scrivendo queste righe, perché i sovrani dell'epoca erano ben pronti a punire severamente chiunque avanzasse riserve o critiche sul loro operato. Thomas More, l'amico a cui Erasmo dedica l'*Elogio della Follia*, finirà decapitato da Enrico VIII, per esempio!
Che le critiche ai prelati fossero fondate, sarà dimostrato pochi anni dopo (nel 1517) dall'improvviso e drammatico esplodere della Riforma protestante, proprio a causa della corruzione del clero. Ma anche in questo caso Erasmo dovette subire, dopo la morte, la vendetta della chiesa, che nella seconda metà del Cinquecento mise le sue opere nel cosiddetto *Indice dei libri proibiti*, accanto a quelle di Machiavelli e di Guicciardini (e perfino alla *Monarchia* di Dante!).

Proposte di lavoro

1. Tenendo conto della suddivisione originale del testo in tre parti, sintetizzane il contenuto nella seguente tabella.

I parte ....
....

II parte ....
....

III parte ....
....

2. Verifica la comprensione del testo rispondendo alle seguenti domande.

➤ Chi parla, usando la prima persona singolare?
☐ La politica ☐ La follia ☐ La fame

➤ Qual è il suo compito, rispetto ai principi? Spiega con le tue parole.

➤ Che cosa si intende con "cortigiani"?
☐ Sacerdoti ☐ Dignitari di corte ☐ Servitori

➤ Quali esempi di prelato vengono fatti nel brano finale?
☐ Papi ☐ Monaci ☐ Re
☐ Principi ☐ Vescovi ☐ Cardinali

3. Erasmo sviluppa la sua critica contrapponendo le figure di principe, cortigiano e prelato ideale a quelle reali. Sintetizza le caratteristiche di queste figure nella seguente tabella.

	Ideale	Reale
principe		
cortigiano		
prelato		

4. In quali passi del testo emerge il suo carattere umoristico e satirico? In quali passi emerge invece (pur attraverso le parole della Follia) lo sdegno sincero dell'autore? Sottolinea con colori diversi alcuni esempi del primo e del secondo tipo.

Baldassarre Castiglione

L'autore

Nato da una nobile famiglia a Casatico, presso Mantova, nel 1478, Baldassarre Castiglione, dopo aver avuto una solida formazione umanistica, entrò al servizio prima di Ludovico il Moro a Milano e poi di Francesco Gonzaga a Mantova. Nel 1504 fu al servizio, a Urbino, prima di Guidobaldo da Montefeltro e poi di Francesco Maria della Rovere.

In questa città, la cui corte era forse la più elegante del tempo, iniziò a comporre e ambientò la sua opera maggiore, ***Il libro del cortegiano***, ricostruendo un'atmosfera ideale di intelligenti e raffinate conversazioni, di feste, balli, intrattenimenti poetici e musicali. Castiglione compì anche numerose missioni diplomatiche, recandosi tra l'altro in Inghilterra. Nel 1513 lasciò Urbino prima per Roma e poi di nuovo per Mantova, dove nel 1516 si sposò. Quando gli morì la moglie, abbracciò lo stato ecclesiastico e fu al servizio del papa Clemente VII, che lo inviò come nunzio apostolico alla corte di Carlo V di Spagna. Morì di peste a Toledo nel 1529.

L'opera

***Il libro del cortegiano* è un trattato in forma di dialogo.** L'autore immagina che un gruppo di nobili amici si trovino alla corte di Urbino e trascorrano quattro serate discutendo sulle **qualità che dovrebbe avere il perfetto cortigiano** (cioè il tipico intellettuale del Rinascimento, che presta servizio alla corte di un principe). Agli ideali cavallereschi del Medioevo, il cortigiano cinquecentesco deve unire, per Castiglione, le doti della raffinatezza culturale, dell'eleganza, del decoroso equilibrio fra immediata espressione delle passioni e razionalità. Viene affrontato anche il tema delle qualità che deve avere la perfetta dama di corte e dei rapporti che devono intercorrere fra il cortigiano e il suo principe. Emerge dal testo il ritratto di un **uomo ideale**, quasi il simbolo di una civiltà che poneva tra i suoi massimi valori la **ricerca dell'armonia e della bellezza**.
La stesura dell'opera impegnò lungamente il Castiglione: concepita nel 1508, essa fu terminata solo nel 1518 e pubblicata dieci anni più tardi, dopo una accurata revisione volta ad adeguare lo stile del libro alle teorie linguistiche del Bembo. La fortuna del *Libro del cortegiano* fu straordinaria in tutta Europa, dove venne a lungo tradotto e imitato.

Opera
Il libro del cortegiano
Epoca
XVI secolo
Genere
trattato
Lingua
italiano

Il libro del cortegiano, libro I, XVI-XVII

Il cortigiano perfetto

■ Il brano che presentiamo appartiene alla prima parte, nella quale gli interlocutori, cercando di «formare con parole un perfetto cortigiano», affermano che questi deve essere preferibilmente di nobile famiglia, non perché una persona di origini non nobili non possa acquisire alte qualità, ma perché il nobile più facilmente sarà stimato da tutti e avrà l'eleganza e la naturalezza necessarie. Il perfetto cortigiano deve essere forte ed elegante nel fisico, abile nel maneggio delle armi, coraggioso, colto, piacevole nella conversazione. Ciò che soprattutto deve evitare è l'ostentazione delle proprie qualità e la lode di se stesso, che sempre disgusta chi sta ad ascoltare. È il ritratto di un tipo ideale, che non può trovarsi nella vita quotidiana, un modello di vita estetico e morale che ci si deve sforzare di raggiungere. Del resto, il profondo contrasto fra i valori ideali di eleganza e armonia da una parte e la realtà politica e sociale spesso violenta e spietata dall'altra, è uno dei limiti della civiltà rinascimentale.

Allor il conte Ludovico:[1] – Non nego io, – rispose – che ancora[2] negli omini bassi[3] non possano regnar quelle medesime virtù che nei nobili; ma avendo noi a formare[4] un cortegiano senza difetto alcuno e cumulato d'ogni laude,[5] mi par necessario farlo nobile, sì per molte altre cause come ancor per la opinione universale, la qual subito accompagna la nobiltà.[6] Che se saranno dui omini di palazzo,[7] i quali non abbiano per prima dato impression alcuna di se stessi[8] con l'opere o bone o male, subito che[9] s'intenda l'un essere nato gentilomo e l'altro no, appresso ciascuno[10] lo ignobile[11] sarà molto meno estimato che 'l nobile e bisognerà che con molte fatiche e con tempo nella mente degli omini imprima la bona opinion di sé che l'altro in un momento, e solamente con l'esser gentilom, averà acquistata. E di quanta importanzia siano queste impressioni, ognun po[12] facilmente comprendere: ché, parlando di noi, abbiam veduto capitare in questa casa omini, i quali essendo sciocchi e goffissimi, per tutta Italia hanno però avuto fama di grandissimi cortegiani; e, benché in ultimo siano stati scoperti e conosciuti, pur per molti dì ci hanno ingannato, e mantenuto negli animi nostri quella opinion di sé che prima in essi hanno trovato impressa,[13] benché abbiano operato secondo il loro poco valore. Avemo veduti altri al principio in pochissima estimazione, poi esser all'ultimo riusciti benissimo. Però interviene[14] che per lo più noi giudichiamo con amore, ovvero con odio.[15] Vedete adunque di quanta importanzia sia questa prima impressione,[16] e come debba sforzarsi d'acquistarla bona nei principii[17] chi pensa aver grado e nome di bon cortegiano.

Ma, per venire a qualche particularità, estimo che la principale e vera profession del cortegiano debba esser quella dell'arme; la qual sopra tutto voglio che egli faccia vivamente,

1. **conte Ludovico:** Ludovico di Canossa, uno dei protagonisti del dialogo.
2. **ancora:** anche.
3. **omini bassi:** uomini di origine non nobile.
4. **ma avendo noi a formare:** dovendo noi costruire, definire a parole.
5. **cumulato d'ogni laude:** lodatissimo.
6. **ancor per... nobiltà:** un nobile ha immediatamente la stima di tutti, senza doverla conquistare.
7. **omini di palazzo:** cortigiani.
8. **i quali non abbiano... di se stessi:** che non abbiano preventivamente (*per prima*) fornito impressioni su di sé, dei quali non si sappia nulla.
9. **subito che:** non appena.
10. **appresso ciascuno:** da ciascuno.
11. **ignobile:** il termine non ha qui valore spregiativo; indica solo una persona di natali non nobili.
12. **po:** può.
13. **mantenuto negli animi... impressa:** hanno fatto sì che noi continuassimo a giudicarli secondo l'opinione favorevole che avevamo in animo per il fatto che erano nobili, indipendentemente dalle loro azioni.
14. **Però interviene:** perciò succede.
15. **con amore... con odio:** influenzati dall'emotività e non dalla ragione.
16. **questa prima impressione:** quella di cui ha detto sopra, l'impressione che un uomo dà di sé a prima vista.
17. **nei principii:** fin dal principio.

e sia conosciuto tra gli altri per ardito e sforzato[18] e fedele a chi serve. E 'l nome di queste bone condicioni[19] si acquisterà facendone l'opere[20] in ogni tempo e loco; imperocché[21] non è licito in questo mancar mai,[22] senza biasimo estremo:[23] e, come nelle donne la onestà, una volta macchiata, mai più non ritorna al primo stato, così la fama d'un gentilom che porti l'arme, se una volta in un minimo punto si denigra per coardia[24] o altro rimproccio,[25] sempre resta vituperosa[26] al mondo e piena d'ignominia.[27] Quanto più adunque sarà eccellente il nostro cortegiano in questa arte, tanto più sarà degno di laude, bench'io non estimi esser in lui necessaria quella perfetta cognizion di cose[28] e l'altre qualità che ad un capitano si convengono; ché, per esser questo troppo gran mare,[29] ne contentaremo,[30] come avemo detto, della integrità di fede e dell'animo invitto[31] e che sempre si vegga esser tale: perché molte volte più nelle cose piccole che nelle grandi si conoscono i coraggiosi, e spesso, ne' pericoli d'importanzia e dove sono molti testimonii, si ritrovano alcuni li quali, benché abbiano il core morto[32] nel corpo, pur spinti dalla vergogna o dalla compagnia[33] quasi ad occhi chiusi vanno inanzi e fanno il debito[34] loro, e Dio sa come e, nelle cose che poco premono e dove par che possano senza esser notati restar di mettersi a pericolo,[35] volentier si lasciano acconciare[36] al sicuro. Ma quelli che, ancor quando pensano non dover essere d'alcuno né mirati né veduti né conosciuti, mostrano ardire e non lassan passar cosa, per minima ch'ella sia, che possa loro esser carico,[37] hanno quella virtù d'animo che noi ricerchiamo nel nostro cortegiano. Il quale non volemo però che si mostri tanto fiero che sempre stia in su le brave parole,[38] e dica aver tolto[39] la corazza per moglie e minacci con quelle fiere guardature[40] che spesso avemo vedute fare a Berto;[41] ché a questi tali meritamente si po dir quello che una valorosa donna in una nobile compagnia piacevolmente disse ad uno, ch'io per ora nominar non voglio; il quale essendo da lei, per onorarlo, invitato a danzare, e rifiutando esso e questo[42] e lo udir musica e molti altri intertenimenti[43] offertigli, sempre con dir così fatte novelluzze[44] non esser suo mestiero; in ultimo dicendo la donna: «Qual è adunque il mestier vostro?» rispose con un mal viso: «Il combattere»; allora la donna subito: «Crederei» disse «che, or che non siate alla guerra né in termine[45] di combattere, fusse bona cosa che vi faceste molto ben untare[46] ed insieme con tutti i vostri arnesi da battaglia riporre in un armario, finché bisognasse, per non rugginire più di quello che siate»; e così, con molte risa de' circunstanti, scornato lassollo[47] nella sua sciocca presunzione. Sia adunque quello che noi cerchiamo;[48] dove si veggon gli inimici,[49] fierissimo, acerbo,[50] e sempre tra i primi; in ogni altro loco, umano, modesto, ritenuto, fuggendo sopra tutto la ostentazione e lo impudente laudare se stesso, per lo quale l'omo sempre si còncita[51] odio e stomaco[52] da chi ode.

18. **ardito e sforzato:** coraggioso e valente.
19. **E 'l nome... condicioni:** e la fama di possedere queste buone qualità (*condicioni*).
20. **facendone l'opere:** dimostrando di essere coraggioso nei fatti.
21. **imperocché:** poiché.
22. **in questo mancar mai:** mancare nel dimostrarsi valente nei fatti.
23. **senza biasimo estremo:** senza essere duramente criticati.
24. **si denigra per coardia:** si offusca a causa di codardia, vigliaccheria.
25. **rimproccio:** colpa.
26. **vituperosa:** disonorevole; si riferisce alla fama.
27. **ignominia:** vergogna.
28. **perfetta cognizion di cose:** perfetta conoscenza ed esperienza delle cose riguardanti le armi.
29. **per esser... mare:** poiché queste conoscenze sono troppo estese.
30. **ne contentaremo:** ci accontenteremo.
31. **della integrità... invitto:** della fedeltà incrollabile e dell'animo coraggioso. Sarà cioè sufficiente che il buon cortigiano possegga le doti morali del combattente, anche senza le conoscenze tecniche specifiche.
32. **abbiano il core morto:** si sentano morire dentro dalla paura.
33. **dalla compagnia:** da quelli che gli stanno attorno e li possono giudicare dei vigliacchi.
34. **debito:** dovere.
35. **restar... pericolo:** evitare di mettersi in un pericolo.
36. **acconciare:** mettere, sistemare.
37. **esser carico:** essere rimproverata.
38. **stia... parole:** pronunci parole arroganti, frasi spavalde.
39. **aver tolto:** aver preso.
40. **fiere guardature:** sguardi minacciosi.
41. **Berto:** noto buffone del tempo.
42. **e questo:** il danzare.
43. **intertenimenti:** intrattenimenti, divertimenti.
44. **con dir... novelluzze:** dicendo che simili frivolezze.
45. **in termine:** sul punto di.
46. **untare:** ungere, ingrassare, come si fa per le armi.
47. **lassollo:** lo lasciò.
48. **quello che noi cerchiamo:** colui di cui vogliamo costruire l'immagine.
49. **dove... inimici:** di fronte ai nemici.
50. **acerbo:** duro.
51. **si còncita:** si attira.
52. **stomaco:** disgusto.

Analisi del testo

Le qualità del cortigiano. Il brano si può suddividere in due parti in corrispondenza dell'unico "a capo" presente. L'autore vi affronta un argomento comune, le qualità che deve possedere il cortigiano ideale: nella prima parte parla della nobiltà, nella seconda della competenza militare.

La nobiltà. La nobiltà è il primo tratto che caratterizza il cortigiano ideale. Naturalmente, Castiglione sa benissimo che l'appartenenza a una famiglia aristocratica non garantisce affatto la presenza di altre qualità (già ai tempi di Dante si era discusso su questo argomento e si era giunti alla conclusione che la vera nobiltà è una dote individuale, non dipende dal sangue o dalla famiglia di origine). Ma Castiglione osserva che l'essere nobile garantisce al cortigiano la possibilità di fare una prima impressione positiva, su chi ancora non lo conosce. Egli tiene conto quindi da un lato della natura umana, che in mancanza di altri elementi di giudizio deve affidarsi alle prime impressioni, dall'altro al contesto sociale in cui scrive, un contesto in cui il pregiudizio a favore dei nobili era molto forte e anzi tendeva a irrigidirsi (nella società comunale del Due-Trecento, per esempio, tale pregiudizio era molto meno forte).

La competenza militare. La seconda qualità che deve possedere il perfetto cortigiano è la competenza nelle cose militari. Castiglione spiega chiaramente come ciò vada inteso: il cortigiano non dev'essere un militare di professione, un esperto soldato, ma deve manifestare in ogni occasione il proprio coraggio. È quindi il coraggio (inteso come coraggio fisico) la qualità che Castiglione vuol far emergere in queste righe. Si tratta di una qualità tradizionale, un valore risalente all'epoca cavalleresca ormai trascorsa, ma ancora vivo e sentito negli ambienti di corte. Quasi a compensare questa virtù un po' antiquata, Castiglione sottolinea che il coraggio non deve diventare arroganza o aggressività: il cortigiano dev'essere infatti anche "umano, modesto, ritenuto": cioè non deve mai assumere atteggiamenti che possano riuscire sgradevoli a chi gli sta accanto. Il breve aneddoto in cui una dama rimprovera un cortigiano troppo rigido, invitandolo a restare tra le sue armi, invece di partecipare malamente alla festa, anticipa quelle che saranno le virtù analizzate da Castiglione nelle pagine seguenti, e cioè la "grazia" e la "sprezzatura", cioè la mancanza di affettazione, la capacità di assumere in ogni circostanza un atteggiamento naturale e nello stesso tempo controllato, frutto di raffinatezza e cultura.

Proposte di lavoro

1. Suddividi il testo nei suoi nuclei concettuali e attribuisci a ciascuno di essi un breve titolo.
2. Osserva ora la prima parte del brano.
   - ➤ Perché l'autore pensa che il cortigiano ideale debba essere nobile?
   - ➤ Perché la "prima impressione" è secondo lui così importante?
3. Osserva ora la seconda parte del brano.
   - ➤ Da quali elementi possiamo capire che la società a cui si rivolge Castiglione attribuisce ancora molta importanza ai valori cavallereschi tradizionali?
     - ☐ Dal fatto che il cortigiano dev'essere un abile comandante militare.
     - ☐ Dal fatto che il cortigiano deve essere esperto di cose militari.
     - ☐ Dal fatto che il cortigiano non deve mai mostrarsi timoroso o pavido.
   - ➤ Da quali indizi possiamo però capire che l'epoca della cavalleria volgeva ormai al tramonto?
     - ☐ Dal fatto che il cortigiano non dev'essere un militare di professione.
     - ☐ Dal fatto che il coraggio si manifesta sia nelle grandi, sia nelle piccole cose.
     - ☐ Dal fatto che anche le donne devono essere coraggiose.
4. Il brano si conclude con un aneddoto divertente.
   - ➤ Dov'è ambientato?
     ☐ In chiesa ☐ A corte ☐ In guerra
   - ➤ Chi sono i protagonisti?
     - ☐ Due cavalieri
     - ☐ Una donna e un cavaliere
     - ☐ Una donna e un uomo d'arme
   - ➤ Quale atteggiamento vi è messo in ridicolo?
     - ☐ L'arroganza
     - ☐ La stupidità
     - ☐ La presunzione
5. Riscrivi il primo capoverso del testo (fino a «... di bon cortegiano») in italiano moderno, compiendo queste operazioni:
   - ➤ verifica l'esatta comprensione di tutti i termini antiquati o difficili e trova un corrispondente moderno, aiutandoti con le note;
   - ➤ rimetti le parole nel loro ordine più naturale, eliminando inversioni e altri artifici che rendono il discorso lontano dall'uso comune;
   - ➤ se vi sono dei periodi troppo lunghi, spezzali facendo i necessari interventi sui verbi, sui connettivi e sulla punteggiatura.

IL GALATEO

Regole antiche ancora valide

Il libro del cortegiano è uno dei libri che, nella prima metà del Cinquecento, interpretano i caratteri della **civiltà cortigiana** e ne analizzano le regole di comportamento.

All'esposizione delle regole del galateo è dedicato interamente il libro da cui deriva il termine stesso: *Il Galateo* di **Giovanni Della Casa**. Scritto intorno alla **metà del Cinquecento** *Il Galateo* è una "lezione" che un anziano precettore impartisce al suo giovane allievo per insegnargli come ci si deve comportare nella buona società.

Ti proponiamo una pagina del *Galateo* da cui l'autore, con tono ironico, ci fa capire a quali **valori di armoniosità** si ispirano le sue regole di buona educazione e perché non è conveniente ignorarle.

Come ci si deve comportare

[...] non si dee dire né fare cosa per la quale altri dia segno[1] *di poco amare o di poco apprezzar coloro co' quali si dimora.*[2] *Laonde*[3] *poco gentil costume pare che sia quello che molti sogliono usare, cioè di volentieri dormirsi colà dove onesta brigata si segga e ragioni:*[4] *perciocché così facendo dimostrano che poco gli apprezzino e poco lor caglia*[5] *di loro e de' loro ragionamenti; senza che*[6] *chi dorme, massimamente stando a disagio, come a coloro convien fare,*[7] *suole il più delle volte fare alcun atto spiacevole ad udire o a vedere; e bene spesso questi cotali si risentono*[8] *sudati e bavosi. E per questa cagione*[9] *medesima il drizzarsi,*[10] *ove gli altri seggano e favellino, e passeggiar per la camera,*[11] *pare noiosa usanza. Sono ancora di quelli che così si dimenano e scontorconsi e prostendonsi e sbadigliano, rivolgendosi ora in su l'un lato e ora in su l'altro che pare che li pigli la febbre in quell'ora: segno evidente che quella brigata con cui sono rincresce loro.*[12] *Male fanno similmente coloro che, ad ora ad ora,*[13] *si traggono una lettera della scarsella*[14] *e la leggono. Peggio ancora fa chi, tratte fuori le forbicine, si dà a tagliarsi le unghie, quasi che egli abbia quella brigata per nulla*[15] *e però si procacci d'altro sollazzo per trapassare*[16] *il tempo. Non si deono ancor tener quei modi che alcuni usano, cioè cantarsi fra' denti*[17] *o sonare il tamburino con le dita*[18] *o dimenar le gambe; perciocché questi così fatti modi mostrano che la persona sia non curante d'altrui. Oltre a ciò non si vuol l'uom recare in guisa che*[19] *egli mostri le spalle altrui, né tenere alto l'una gamba sì che quelle parti che i vestimenti ricuoprono si possano vedere: perciocché cotali atti non si soglion fare se non tra quelle persone che l'uom non riverisce. Vero è che se un signore*[20] *ciò facesse dinanzi ad alcuno de' suoi familiari, o ancora in presenza d'un amico di minor condizione di lui, mostrerebbe non superbia ma amore e dimestichezza. Dee l'uomo recarsi sopra di sé*[21] *e non appoggiarsi né aggravarsi addosso altrui. E, quando favella, non dee punzecchiare altrui col gomito, come molti sogliono fare ad ogni parola, dicendo: – Non dissi io vero? Eh voi? Eh messer Tale? – e tuttavia vi frugano*[22] *col gomito.*

1. **altri dia segno:** *altri* ha valore impersonale: si dia segno di, si dimostri di.
2. **si dimora:** ci si trova in compagnia.
3. **Laonde:** quindi.
4. **onesta... ragioni:** si riunisca (*si segga*) un onorevole gruppo, adunanza di persone (*brigata*) e discorra (*ragioni*).
5. **caglia:** importi.
6. **senza che:** per non dire che.
7. **come... fare:** come succede a coloro (che si addormentano in un salotto).
8. **si risentono:** si trovano a essere.
9. **cagione:** causa.
10. **drizzarsi:** alzarsi in piedi.
11. **camera:** sala.
12. **rincresce loro:** dà loro fastidio.
13. **ad ora ad ora:** ogni tanto.
14. **della scarsella:** dalla tasca.
15. **abbia... per nulla:** non tenga in alcun conto la compagnia.
16. **trapassare:** passare.
17. **cantarsi fra' denti:** canticchiare per proprio conto.
18. **sonare... dita:** battere con le dita come a suonare il tamburino.
19. **non si vuol... in guisa che:** non si deve (*si vuol*) una persona porre (*recare*) in modo che (*in guisa che*).
20. **signore:** principe.
21. **recarsi sopra di sé:** star ritto.
22. **tuttavia vi frugano:** continuamente vi toccano, con insistenza.

Francesco Guicciardini

L'autore

Nato a Firenze nel 1483, figlio di un ricco uomo politico, Francesco Guicciardini studiò diritto e si dedicò all'avvocatura fino al 1511, quando (non ancora trentenne) ricevette dalla Repubblica fiorentina l'incarico di ambasciatore presso la corte spagnola di Ferdinando il Cattolico. Da questa esperienza nacquero le prime opere, compresa la prima stesura dei ***Ricordi***. Tornato a Firenze nel 1513, quando i Medici ripresero il governo della città, fu inizialmente estromesso da ogni incarico, ma ben presto il papa Leone X lo nominò governatore di Moderna e Reggio. Al servizio del papa combatté anche, nel 1521, contro gli spagnoli, dimostrandosi abile uomo d'azione.

La sua **carriera politica** raggiunse il culmine con il pontificato di Clemente VII (1523), che Guicciardini convinse ad aderire alla lega di Cognac, un'alleanza fra stati italiani e Francia contro l'imperatore Carlo V. La vittoria delle truppe imperiali e il sacco di Roma (1527) provocarono la cacciata di Guicciardini e il suo rientro a Firenze, dove si ritirò a vita privata. Scrisse in questi anni la ***Considerazioni sui "Discorsi" del Machiavelli*** e la redazione finale dei *Ricordi*. Dopo altre vicissitudini, Guicciardini si ritirò ad Arcetri nel 1537, dedicandosi alla composizione della sua opera maggiore, la ***Storia d'Italia***, rimasta interrotta alla sua morte nel 1540.

L'opera

I *Ricordi* sono una raccolta di testi brevi e brevissimi (a volte vere e proprie massime), a cui Guicciardini dà questo titolo perché attribuisce molte delle proprie osservazioni al padre. Con questa opera, lo scrittore dà vita a un **genere letterario nuovo**, almeno nelle letterature moderne, quello **dei pensieri o degli aforismi**, che avrà grande fortuna fino all'Ottocento e oltre. I *Ricordi* sono osservazioni solo apparentemente sparse e occasionali. In realtà, l'autore fa emergere una ben **precisa visione del mondo**, caratterizzata dalla acuta **consapevolezza della complessità di ogni cosa**: laddove l'amico e rivale Machiavelli va alla ricerca di leggi generali e universali, operando grandi semplificazioni, Guicciardini sostiene invece l'impossibilità di ricavare dall'esperienza e dalla storia regole e massime universalmente valide, poiché ogni situazione è unica, diversa da tutte le altre, "particulare", e ogni generalizzazione rischia di condurre a grossolani errori.

Fra i temi dei *Ricordi*, grande importanza ha il **rapporto tra virtù e fortuna**, che Guicciardini (al contrario di Machiavelli) risolve pessimisticamente, sostenendo il predominio della fortuna; la virtù in senso politico coincide per Guicciardini con la "discrezione", cioè con la capacità di analizzare le "circunstanze" (altra parola-chiave del pensiero guicciardiniano) e di comprendere la complessità di ogni situazione. Numerosissimi, naturalmente, i riferimenti alle esperienze concrete dell'autore, alla realtà delle corti italiane ed europee del tempo, ma anche le osservazioni sulla natura umana, sulla religione, sui tipi di governo.

Opera **Ricordi**
Genere **trattato**
Epoca **XVI secolo**
Lingua **italiano**

Ricordi, 6, 23, 28, 48, 110, 117, 161

Sette Ricordi

Dai *Ricordi*, ti proponiamo sette aforismi, dedicati a vari argomenti, ma tutti in qualche modo legati alla politica (tutte le opere di Guicciardini nascono infatti come conseguenza del suo impegno diplomatico, amministrativo e militare) e alla visione della storia e della natura umana che l'autore esprime. Osserva in particolare (con l'aiuto delle note) il frequente confronto con Machiavelli, il cui pensiero (conosciuto attraverso le opere, ma anche attraverso gli scambi di lettere e i colloqui diretti) costituisce per Guicciardini un punto di riferimento costante.

6. È grande errore parlare delle cose del mondo indistintamente e assolutamente,[1] e per dire così, per regola;[2] perché quasi tutte hanno distinzione ed eccezione per la varietà delle circunstanze, in le quali non si possono fermare con una medesima misura;[3] e queste distinzione e eccezione non si truovano scritte in su' libri, ma bisogna le insegni la discrezione.[4]

23. Le cose future sono tanto fallace[5] e sottoposte a tanti accidenti,[6] che el più delle volte coloro ancora che sono bene savi[7] se ne ingannano: e chi notassi e' giudìci loro,[8] massime[9] ne' particulari delle cose – perché ne' generali più spesso s'appongono[10] – sarebbe in questo poca differenzia da loro agli altri che sono tenuti manco savi.[11] Però[12] lasciare uno bene presente per paura di uno male futuro è el più delle volte pazzia, quando el male non sia molto certo o propinquo,[13] o molto grande a comparazione del bene; altrimenti bene spesso per paura di una cosa che poi riesce vana, ti perdi el bene che tu potevi avere.

28. Io non so a chi dispiaccia più che a me la ambizione, la avarizia[14] e la mollizie[15] de' preti: sì perché ognuno di questi vizi in sé è odioso, sì perché ciascuno e tutti insieme si convengono poco a chi fa professione di vita dipendente da Dio, e ancora perché sono vizi sì contrari che non possono stare insieme se non in uno subietto[16] molto strano. Nondimeno el grado[17] che ho avuto con più pontefici, m'ha necessitato a amare per el particulare mio la grandezza loro;[18] e se non fussi questo rispetto, arei[19] amato Martino Luther quanto me medesimo: non per liberarmi dalle legge indotte dalla religione cristiana nel modo che è interpretata e intesa communemente, ma per vedere ridurre questa caterva[20] di scelerati a' termini debiti,[21] cioè a restare o sanza vizi o sanza autoritá.

1. **indistintamente e assolutamente:** in maniera generica e senza fare riferimenti precisi al contesto in cui si sono verificate.
2. **per regola:** come se da quelle cose si potessero ricavare regole generali, leggi universalmente valide.
3. **in le quali... misura:** nelle quali circostanze, sempre diverse, non si possono fissare termini esatti per fare confronti.
4. **bisogna... discrezione:** bisogna che le insegni l'esperienza concreta, la capacità di osservazione della realtà.
5. **fallace:** ingannevoli.
6. **accidenti:** casi, imprevisti.
7. **coloro ancora che sono bene savi:** anche coloro che sono molto saggi.
8. **chi notassi e' giudici loro:** chi prendesse nota dei loro giudizi, delle loro previsioni.
9. **massime:** soprattutto.
10. **ne' generali... s'appongono:** perché molto spesso nelle osservazioni di carattere generale colgono nel segno.
11. **sarebbe... manco savi:** vi sarebbero poche differenze (nelle osservazioni particolari) tra loro e quelli che sono ritenuti meno saggi.
12. **Però:** perciò.
13. **propinquo:** vicino, prossimo.
14. **avarizia:** avidità.
15. **la mollizie:** il lusso.
16. **in uno subietto:** in un soggetto, in una persona.
17. **el grado:** la frequentazione.
18. **amare... grandezza loro:** darmi da fare, per salvaguardare i miei interessi personali, a vantaggio loro.
19. **arei:** avrei.
20. **caterva:** massa, enorme numero.
21. **a' termini debiti:** nei loro giusti limiti.

Il lessico e la grammatica

Repubblica e democrazia

Sia Machiavelli sia Guicciardini, parlando delle forme di organizzazione dello stato, distinguono regni (principati) e repubbliche. Nei primi, il potere è nelle mani di un re o di una figura equivalente (principe, imperatore, papa...); nelle seconde, manca la figura del re, sostituita da un corpo collettivo (un senato, un consiglio o simili).
Nella prima metà del Cinquecento, per esempio, Genova e Venezia erano repubbliche; Firenze diventò una repubblica dopo la cacciata dei Medici, nel 1494, ma tornò ad essere un principato quando i Medici tornarono al potere, nel 1512.
Spesso, ancora oggi, alcuni confondono repubblica e democrazia. Si tratta di concetti che non vanno di pari passo. Ciò che caratterizza la democrazia è il fatto che il governo dello stato è sottoposto al controllo di un **parlamento** eletto a suffragio universale; le repubbliche del Cinquecento non presentavano queste caratteristiche e non erano quindi repubbliche democratiche. Viceversa, il Regno Unito o la Spagna dei nostri giorni, pur essendo dei regni (e non delle repubbliche) sono paesi democratici, perché il governo è controllato da un parlamento eletto da tutti i cittadini.

48. Non si può tenere stati[22] secondo conscienzia;[23] perché – chi considera la origine loro[24] – tutti sono violenti, da quelli delle repubbliche nella patria propria in fuora, e non altrove:[25] e da questa regola non eccettuo lo imperadore e manco e' preti,[26] la violenzia de' quali è doppia, perché ci sforzano con le armi temporale e con le spirituale.[27]

110. Quanto si ingannono coloro che a ogni parola allegano e Romani![28] Bisognerebbe avere una città condizionata[29] come era loro, e poi governarsi secondo quello essemplo: el quale a chi ha le qualità disproporzionate[30] è tanto disproporzionato, quanto sarebbe volere che uno asino facessi el corso[31] di uno cavallo.

117. È fallacissimo il giudicare per gli essempli,[32] perché, se non sono simili in tutto e per tutto, non servono, conciosia che[33] ogni minima varietà nel caso può essere causa di grandissima variazione nello effetto, e el discernere queste varietà, quando sono piccole, vuole[34] buono e perspicace occhio.

161. Quando io considero a quanti accidenti[35] e pericoli di infirmità, di caso, di violenzia, e in modi infiniti, è sottoposta la vita dell'uomo, quante cose bisogna concorrino[36] nello anno a volere che la ricolta sia buona,[37] non è cosa di che io mi maravigli più, che vedere uno uomo vecchio, uno anno fertile.

22. **tenere stati:** governare degli stati.
23. **secondo coscienza:** rispettando le regole della morale comune; il pensiero è molto simile a quelli che Machiavelli veniva sviluppando negli stessi anni.
24. **la origine loro:** l'origine degli stati.
25. **da quelli... e non altrove:** con l'eccezione dei governi repubblicani, purché non estendano il loro dominio al di fuori del territorio originario.
26. **manco e' preti:** neanche i preti, cioè lo stato della chiesa.
27. **ci sforzano... spirituale:** ci opprimono sia con il potere temporale, sia con quello spirituale.
28. **allegano e Romani:** portano esempi tratti dalla storia romana; il riferimento è a Machiavelli, che nel *Principe*, ma soprattutto nei *Discorsi* pensava di poter ricavare dalla storia romana leggi universali, valide anche al suo tempo.
29. **condizionata:** organizzata.
30. **a chi ha... disproporzionate:** a chi si trova in condizioni diverse, non confrontabili.
31. **corso:** percorso, servizio.
32. **È fallacissimo... essempli:** è molto ingannevole ricavare giudizi in base a degli esempi; altro riferimento indiretto a Machiavelli, che sostiene spesso i suoi ragionamenti con esempi diversi.
33. **conciosia che:** poiché, dato che.
34. **el discernere queste varietà... vuole:** per cogliere queste differenze... ci vuole.
35. **accidenti:** casi, imprevisti.
36. **bisogna concorrino:** bisogna che concorrano, che si verifichino insieme.
37. **nello anno... buona:** in un anno affinché il racconto sia buono.

Analisi del testo

I tre temi principali. I *Ricordi* che ti abbiamo presentato si possono ricondurre a tre temi fondamentali.

1. Alcuni testi (6, 110, 117, 161) sono dedicati alla concezione della storia e della politica di Guicciardini: lo scrittore sottolinea la "varietà delle circunstanze", cioè il fatto che ogni situazione è diversa da tutte le altre, non esistono due situazioni esattamente simili. Ne deriva una conseguenza importante, e cioè che la storia, gli esempi del passato, non possono essere utili per capire come ci dobbiamo comportare.

2. Altri testi (ancora 6, 23) sono dedicati al tema della discrezione: la discrezione (cioè la capacità di analizzare le situazioni, tenendo conto della varietà delle circostanze) è la virtù più importante dell'uomo politico, l'unica che può consentirgli di raggiungere i suoi obiettivi. Guicciardini prende quindi le distanze dall'idea umanistica che la storia sia maestra di vita e attribuisce invece la massima importanza all'esperienza individuale.

3. Un terzo gruppo di testi (28, 48) affrontano il tema del rapporto fra politica e morale: Guicciardini da un lato riconosce il carattere violento di tutte le istituzioni politiche, che nascono da una sopraffazione; dall'altro esprime una profonda insofferenza per il potere temporale della Chiesa e per la corruzione a cui esso dà origine (in un altro pensiero famoso, escluso però dalla versione definitiva dell'opera, Guicciardini affermava: «Tre cose desidero vedere innanzi alla mia morte; ma dubito, ancora che io vivessi molto, non ne vedere alcuna; uno vivere di repubblica bene ordinato nella città nostra [cioè a Firenze], Italia liberata da tutti e' Barbari [cioè dagli stranieri], e liberato el mondo dalla tirannide di questi scelerati preti»).

Il "particulare". Un'osservazione a parte merita il termine "particulare", che in Guicciardini ha due significati differenti: in alcuni casi (come nel ricordo 23) significa caso concreto, situazione specifica, distinta da tutte le altre come abbiamo detto; in altri casi (come nel ricordo 28) significa invece interesse personale, privato, contrapposto all'interesse pubblico, dello stato.
In questo secondo caso, bisogna osservare che Guicciardini non attribuisce a questo termine un valore puramente economico: l'interesse personale non coincide con il guadagno, ma soprattutto con la reputazione, con il mantenimento di un nome onorato e senza macchia. Guicciardini apparteneva a una famiglia molto ricca e condivideva i valori della società cortigiana e aristocratica del suo tempo; Machiavelli, invece, osserverà che gli uomini, in generale, sono attratti dal guadagno più che da ogni altra cosa e «dimenticano più presto la morte del padre che la perdita del patrimonio».

Proposte di lavoro

1. Spiega con parole tue il pensiero centrale di ciascuno dei ricordi che ti abbiamo proposto, completando la seguente tabella.

6	
23	
28	
48	
110	
117	
161	

2. Verifica la comprensione letterale del testo facendo la parafrasi (riscrittura in italiano moderno) di due ricordi a tua scelta.

3. Perché Guicciardini ritiene che gli esempi tratti dalla storia non abbiano alcuna utilità?
   - ☐ Perché ogni situazione presenta caratteristiche uniche
   - ☐ Perché gli avvenimenti del passato sono troppo lontani nel tempo
   - ☐ Perché la storia non ci dà conoscenze sicure sul passato.

4. Spiega, con l'aiuto dell'Analisi del testo e con gli opportuni riferimenti ai testi letti, il significato che assumono in Guicciardini i seguenti termini:
   - ➤ discrezione: ....
   - ➤ particulare: ....

5. Concentra l'attenzione sui ricordi 28 e 48 e rispondi alle seguenti domande.
   - ➤ Perché Guicciardini è contrario al potere temporale della Chiesa?
   - ➤ Perché il potere temporale è fonte di corruzione, secondo lui?
   - ➤ Perché, malgrado ciò, ha prestato servizio a lungo per il papa?

Incontro con l'autore
Niccolò Machiavelli

La vita

L'opera di Niccolò Machiavelli (Firenze 1469-1527), in particolare l'opera politica, è strettamente connessa agli eventi storici che videro protagoniste Firenze e l'Italia tra gli ultimi anni del Quattrocento e i primi decenni del Cinquecento.

Acuto osservatore della realtà del suo tempo, Machiavelli fu uno dei pochi a rendersi conto con chiarezza della trasformazione che avveniva in quegli anni: l'emergere dei potenti stati nazionali e la manifesta debolezza del sistema politico-militare italiano di fronte a essi. La calata in Italia del re di Francia Carlo VIII, nel 1494, ebbe conseguenze particolarmente rilevanti a Firenze, dove il popolo cacciò i Medici e diede vita a un governo repubblicano sotto la guida del frate domenicano **Girolamo Savonarola** (1452-1498). Critico acceso e inesorabile della corruzione della Chiesa e dell'immoralità della vita pubblica nella Firenze medicea, Savonarola volle introdurre nella città un clima di **rigore morale** e di **severità religiosa**, accompagnato da misure in favore dei ceti più poveri. Questo atteggiamento, assai lontano dalla visione laica della vita e della politica che si veniva affermando nella cultura del tempo, gli alienò le simpatie della borghesia fiorentina e gli procurò l'ostilità del pontefice. Scomunicato dal papa Alessandro VI, Savonarola fu impiccato e arso come eretico (1498) e la repubblica fiorentina passò sotto il governo del gonfaloniere Pier Soderini.

Machiavelli, della cui adolescenza e prima giovinezza sappiamo solo che furono caratterizzate da un'educazione umanistica, compì proprio in quegli anni le sue prime esperienze di vita pubblica, e certo il fallimento del «profeta disarmato» Savonarola influì non poco sulla formazione del suo pensiero politico.

A partire dal 1498 egli ricoprì un incarico importante – segretario della cancelleria –, nel governo repubblicano, come esperto di problemi politico-militari e "osservatore" presso altri stati. In questa veste, Machiavelli svolse **missioni diplomatiche** in Francia, in Germania, presso il duca Valentino – Cesare Borgia, figlio di Alessandro VI, che tentava in quegli anni di costruirsi un vasto dominio nell'Italia centrale – e presso il papa Giulio II.

Le opere

Al servizio della repubblica il segretario fiorentino poté così accumulare le **esperienze politiche** che daranno alimento alle sue opere maggiori. Ma quando nel 1512, durante la guerra franco-spagnola, la repubblica cadde e il potere dei Medici venne restaurato, Machiavelli fu arrestato e confinato nella sua casa di campagna, all'Albergaccio presso San Casciano. Qui, in un amareggiato isolamento, egli compose, oltre a ***Il principe*** (1513), i ***Discorsi sopra la prima deca di Tito Livio*** (1513-21) – una serie di riflessioni sulle caratteristiche, i pregi e le debolezze dell'antica Roma repubblicana – e i ***Libri dell'arte della guerra*** (1519-20), dove è sviluppata la polemica contro gli eserciti mercenari, considerati da Machiavelli uno dei principali fattori della instabilità e fragilità degli stati italiani.

Accanto a questa produzione di saggistica politica, videro la luce opere di carattere letterario, quali il poemetto autobiografico ***L'asino d'oro*** (1514?) e le commedie: ***La Mandragola*** (1518), uno dei capolavori del teatro cinquecentesco, e ***Clizia*** (1525).

Nel frattempo Machiavelli era ritornato ad abitare a Firenze e aspirava a rientrare nella vita politica. Riavvicinatosi ai Medici, ebbe l'incarico di scrivere un ***Discorso sopra il riformare lo stato di Firenze*** e le ***Istorie fiorentine*** (1525). Ma nuovamente, caduti i Medici in seguito alla calata in Italia dei lanzichenecchi di Carlo V e instauratasi una seconda repubblica (1527), egli vide deluse le sue aspettative di essere reintegrato nell'incarico di segretario: il riavvicinamento ai Medici lo aveva infatti messo in sospetto presso il governo repubblicano.

Machiavelli morì nello stesso 1527, l'anno del sacco di Roma, che simboleggiò drammaticamente la crisi politica italiana.

Il Principe

Machiavelli nel suo studio fiorentino.

Il Principe fu composto, quasi sicuramente, nel corso del 1513. Di due anni posteriore è invece la dedica dell'opera a Lorenzo de' Medici (1492-1519), nipote del Magnifico. La *dedica* al principe, oltre che un gesto naturale per un letterato dell'epoca, rappresenta una chiara rivendicazione, da parte di Machiavelli, della propria professionalità e competenza, in un momento in cui «una grande e continua malignità di fortuna» lo ha privato del suo incarico politico. Machiavelli si rivolge dunque al principe per illustrargli «che cosa è principato, di quali spetie [tipi] sono, come e' si acquistono, come e' si mantengono, perché e' si perdono» – come egli stesso scrive nella lettera del 1513 all'amico Francesco Vettori. Sono dunque chiari il contenuto e la finalità dell'opera: essa non è un discorso teorico sul fondamento dello Stato, sulla sua legittimità, sulle sue finalità, ma un'**analisi tecnica di come si debba gestire il potere politico**.

Il Principe è scritto in una forma letteraria che oggi chiameremmo di "*pamphlet*", un genere letterario molto usato nel XVIII secolo dai filosofi illuministi francesi. Il *pamphlet* non mira all'oggettività e all'imparzialità, ma sostiene apertamente una tesi, spesso tendenziosa; non si interessa di problemi astratti, ma è legato a una situazione e a un contesto precisi; non si rivolge solo agli specialisti, bensì al pubblico più vasto possibile.

La struttura dell'opera

I primi undici dei ventisei capitoli trattano dei **tipi di principati** – ereditati, di nuova formazione, misti – e dei **modi più adatti a conservarli**. L'interesse dell'autore si concentra soprattutto sui principati nuovi, perché in essi è più chiaro ed esemplare il ruolo del principe, che ha conquistato il potere e si trova nella necessità di mantenerlo senza contare su alleanze di antica data e sulla forza delle tradizioni. La ***virtù* del principe** – cioè la sua capacità di compiere valutazioni corrette e di agire in modo insieme prudente e coraggioso – si accompagna qui alla **fortuna**, l'insieme delle circostanze storiche che hanno permesso al principe di prendere il potere e di mostrare il proprio valore. Questo tema verrà ripreso in modo più approfondito nel capitolo XXV: la *fortuna* (tutto ciò che non dipende dalla volontà) «è arbitra della metà delle azioni nostre» e non è eliminabile dalla vita dell'uomo; tuttavia l'audacia e il coraggio del principe – la sua *virtù* – possono determinare in gran parte il corso degli eventi, piegando anche la sorte avversa. **L'uomo è** quindi, sia pure entro certi limiti, **padrone del proprio destino**, può essere «l'eroe» degli eventi che lo riguardano: una concezione in cui Machiavelli rivela l'ispirazione rinascimentale del proprio pensiero e della propria visione del mondo.

Dopo aver illustrato le sue affermazioni con numerosi esempi tratti dalla storia e dalla situazione politica contemporanea, nei capitoli XII-XIV Machiavelli passa a trattare il problema delle ***milizie***. La **forza** è un requisito indispensabile dell'azione del principe: i «profeti disarmati», come dimostra l'esperienza di Savonarola, sono inevitabilmente destinati a soccombere. Le milizie mercenarie non danno alcun affidamento, e anzi proprio in esse Machiavelli vede una delle cause principali della crisi italiana. Sono dunque necessarie milizie cittadine, e la difesa dello Stato deve essere affidata necessariamente a coloro che lo formano. Qui Machiavelli scorge con chiarezza la via sulla quale si incammineranno tutti gli stati moderni, cioè la **creazione di un esercito nazionale**.

I capitoli XV-XXIV costituiscono il nucleo teorico e concettuale dell'opera: in questa parte Machiavelli, discutendo le qualità che il principe deve possedere per garantire stabilità a sé e allo Stato, enuncia la **propria concezione politica**. Si tratta dei capitoli più celebri e "scandalosi" del libro. Machiavelli sostiene infatti che i problemi politici vanno affrontati analizzando la **realtà così com'è**, senza immaginazioni o travestimenti: i comportamenti umani, così come si sono concretamente realizzati nella storia, sono l'unico fondamento di ogni riflessione teorica sulla politica. La politica, per Machiavelli, «è l'arte di raggiungere più facilmente il fine prefisso giocando con le forze reali che il campo storico presenta» (A. Asor Rosa). Sono quindi esclusi dalla politica sia valori assoluti o universali (il giusto, il bene) sia princìpi di carattere religioso. Il problema fondamentale che il principe – o, più in generale, lo Stato – ha di fronte a sé, è **gestire il potere nel modo più saldo e duraturo**. Quando un principe, un re, uno Stato sono «virtuosi»? Dall'impianto del suo pensiero, Machiavelli deriva lucidamente conseguenze radicali: la virtù dell'uomo politico non si misura dalla sua obbedienza a leggi morali o divine, ma dai risultati della sua azione.

Machiavelli esorta i Medici a liberare l'Italia dallo straniero

Il Principe si conclude con la celebre **Esortazione**: Machiavelli invita i Medici «a pigliare l'Italia e a liberarla dalle mani dei barbari». L'Italia «senza capo, senza ordine; battuta, spogliata, lacera, corsa» accoglierebbe con entusiasmo un «redentore» che la liberasse dal «barbaro dominio» dello straniero. Un progetto con ogni probabilità inattuabile, date le condizioni economico-politiche dell'Italia in rapporto al quadro europeo. Ma non è sul piano del realismo che va misurato il senso di quest'ultimo capitolo: qui la lucidità e il rigore da «scienziato della politica» che hanno guidato Machiavelli nel suo ragionamento lasciano il posto all'invocazione, alla speranza animata dalla passione civile.

La portata innovativa del pensiero di Machiavelli

La riflessione condotta da Machiavelli nel *Principe* nasceva da una lucida analisi della situazione italiana e dalla volontà di indicare una strada per porvi rimedio. Il suo significato, tuttavia, andava ben oltre quel particolare momento storico, al punto da rappresentare una vera e propria svolta nel modo di concepire la politica e lo Stato da parte della moderna cultura europea.

La **concezione realistica e laica della politica** espressa nel *Principe*, benché profondamente innovatrice, era **radicata con forza nel suo tempo**: la formazione dei principati e degli stati nazionali, l'esaltazione rinascimentale dell'uomo e dei valori mondani, la nuova mentalità scientifica attenta ai fatti e alle esperienze concrete si riflettevano chiaramente nel pensiero di Machiavelli. Essa destò scandalo, perché urtava contro una tradizione che concepiva il potere politico come derivante da Dio e quindi subordinava l'azione politica alla realizzazione di fini universali e trascendenti. Nel 1559, infatti, l'opera del cancelliere fiorentino fu posta all'Indice.

La struttura del *Principe*

Capitoli 1-11	• classificazione degli Stati in base alle loro caratteristiche • indicazione dei modi attraverso cui conquistare e conservare un principato
Capitoli 12-14	• importanza dell'esercito (le milizie) • polemica contro le milizie mercenarie, causa della decadenza italiana
Capitoli 15-24	• l'etica del principe (l'uomo politico non può seguire la morale comune) • importanza del consenso (il principe non deve essere odiato)
Capitoli 25-26	• riflessione sul rapporto tra fortuna e virtù • esortazione ai principi italiani affinché liberino l'Italia dagli stranieri

Opera **Il Principe** Genere **trattato**
Epoca **XVI secolo** Lingua **italiano**

Il Principe, I, II, III 1-2

I vari tipi di principato

I primi capitoli del *Principe* hanno soprattutto lo scopo di delimitare il campo d'indagine. Machiavelli dichiara che parlerà del principato, trascurando le repubbliche, e incomincia a concentrare l'attenzione sul "principato nuovo". Emergono fin dalle prime righe le caratteristiche dell'opera: uno stile asciutto e incisivo accompagnato a un atteggiamento raziocinante che procede analiticamente, con logica rigorosa.

I
QUOT SINT GENERA PRINCIPATUUM ET QUIBUS MODIS ACQUIRANTUR

Tutti gli stati, tutti e' dominii che hanno avuto e hanno imperio sopra gli uomini, sono stati e sono o republiche o principati. E' principati sono: o ereditarii, de' quali el sangue del loro signore ne sia suto lungo tempo principe, o e' sono nuovi. E' nuovi, o sono nuovi tutti, come fu Milano a Francesco Sforza,[1] o sono come membri aggiunti allo stato ereditario del principe che li acquista, come è el regno di Napoli al re di Spagna.[2] Sono questi dominii così acquistati, o consueti a vivere sotto uno principe, o usi ad essere liberi; e acquistonsi o con le armi d'altri o con le proprie, o per fortuna o per virtù.[3]

1
I DIVERSI TIPI DI PRINCIPATI E I MODI PER CONQUISTARLI

Tutti gli Stati, tutti i governi che hanno avuto e hanno potere assoluto sugli uomini, sono stati e sono repubbliche o principati. I principati sono ereditari, se la dinastia del principe è stata da lungo tempo al potere, oppure nuovi. I nuovi o sono completamente nuovi, come fu Milano per Francesco Sforza, oppure sono parti aggiunte allo Stato ereditario del principe, come è il caso del regno di Napoli conquistato dal re di Spagna. E i domìni così conquistati sono abituati a vivere sotto un principe, o ad essere liberi; e sono conquistati o con le armi altrui o con le proprie, o per fortuna o per capacità politica.

II
DE PRINCIPATIBUS HEREDITARIIS

1 Io lascerò indrieto el ragionare delle republiche, perché altra volta[4] ne ragionai a lungo. Volterommi solo al principato, e andrò tessendo gli orditi soprascritti, e disputerò come questi principati si possino governare e mantenere.

Dico, adunque, che negli stati ereditarii e assuefatti al sangue del loro principe, sono assai minori difficultà a mantenerli che ne' nuovi, perché basta solo non preterire l'ordine de' sua antenati, e di poi temporeggiare con gli accidenti; in modo che,

2
I PRINCIPATI EREDITARI

1 Non mi occuperò delle repubbliche, perché me ne sono già occupato a lungo in un altro libro. Mi interesserò solo dei principati, tenendo conto dei vari tipi sopra indicati, ed esaminerò in qual modo questi principati possano essere governati e conservati.

Dico dunque che gli Stati ereditari, abituati alla dinastia del principe, sono più facilmente conservabili dei nuovi, poiché basta non discostarsi dai metodi di governo degli antenati e poi temporeggiare con gli imprevisti. Di modo che, se un principe ereditario è di nor-

1. **Francesco Sforza:** capitano di ventura nato nel 1404 e morto nel 1466; dopo aver sposato la figlia del signore di Milano Filippo Maria Visconti, alla morte del duca si impadronì della città con l'aiuto dei veneziani.
2. **re di Spagna:** si tratta di Ferdinando il Cattolico (1452-1516), che nel 1504 si impadronì del Regno di Napoli.
3. **o per fortuna o per virtù:** la *fortuna* è il caso e indica sia la buona che la cattiva ventura la *virtù* è la capacità politica e non ha alcun significato morale.
4. **altra volta:** nei *Discorsi sopra la prima deca di Tito Livio* Machiavelli considerava la Repubblica romana il modello ideale di Stato, ma si rendeva conto che la forma repubblicana era storicamente destinata a essere sconfitta.

se tale principe è di ordinaria industria, sempre si manterrà nel suo stato, se non è una estraordinaria ed eccessiva forza che ne lo privi; e, privato che ne fia, quantunque di sinistro abbi lo occupatore, lo riacquista.

mali capacità, si manterrà sempre al potere, a meno che non ne venga scacciato da qualche forza straordinaria e irresistibile e, se verrà scacciato, riconquisterà il trono non appena un rovescio di fortuna colpirà l'usurpatore.

2 Noi abbiamo in Italia, in exemplis, il duca di Ferrara;[5] il quale non ha retto agli assalti de' Viniziani nello '84 né a quelli di papa Julio nel '10, per altre cagioni che per essere antiquato in quello dominio. Perché el principe naturale ha minori cagioni e minore necessità di offendere: donde conviene che sia più amato; e, se estraordinarii vizii non lo fanno odiare, è ragionevole che naturalmente sia benevoluto da' sua.

E nella antiquità e continuazione del dominio sono spente le memorie e le cagioni delle innovazioni; perché sempre una mutazione lascia lo addentellato per la edificazione dell'altra.

2 In Italia, per esempio, abbiamo il caso dei duchi di Ferrara, i quali non hanno retto agli assalti dei Veneziani nel 1484, né a quelli di papa Giulio II nel 1510, per ragioni diverse dal fatto di aver ereditato un potere antico. Un principe che detenga il potere per averlo ereditato ha minori ragioni e minor necessità di offendere, donde consegue che sia più amato. Se non si fa odiare per vizi straordinari, è ragionevole che sia spontaneamente benvoluto dal popolo. Grazie all'antichità e alla continuità del potere si estingue il ricordo dei cambiamenti, e si estinguono anche le cause di nuovi cambiamenti, dato che sono sempre le innovazioni a fornire l'appiglio per ulteriori innovazioni.

III
DE PRINCIPATIBUS MIXTIS

1 Ma nel principato nuovo consistono le difficultà. E prima, se non è tutto nuovo, ma come membro (che si può chiamare tutto insieme quasi misto), le variazioni sua nascono in prima da una naturale difficultà, quale è in tutti e' principati nuovi: le quali sono che li uomini mutano volentieri signore[6] credendo migliorare; e questa credenza gli fa pigliare l'arme contro a quello; di che e' s'ingannono, perché veggono poi per esperienza avere peggiorato. Il che depende da una altra necessità naturale e ordinaria, quale fa che sempre bisogni offendere quelli di chi si diventa nuovo principe e con gente d'arme[7] e con infinite altre iniurie che si tira dietro el nuovo acquisto; in modo che tu hai inimici tutti quelli che hai offesi in occupare quello principato, e non ti puoi mantenere amici quelli che vi ti hanno messo, per non li potere satisfare in quel modo che si erano presupposto, e per non potere tu usare contro a di loro medicine forti, sendo loro obligato; perché sempre, ancora che uno sia fortissimo in sugli eserciti, ha bisogno del favo-

3
I PRINCIPATI MISTI

1 Le difficoltà stanno nel principato nuovo. E le troviamo prima ancora nel principato non del tutto nuovo, ma solo parzialmente tale, così che nell'insieme potremmo quasi chiamarlo misto. L'instabilità che si determina nel principato misto dipende in primo luogo da una difficoltà naturale presente in tutti i principati nuovi, ed è che gli uomini mutano volentieri signore, credendo di migliorare. Questa convinzione li induce ad armarsi contro il signore del momento, nella qual cosa si ingannano, perché poi, per esperienza, si accorgono di star peggio. E questo deriva da un'altra necessità naturale, la quale costringe il nuovo principe a ledere gli interessi dei suoi nuovi sudditi sia con l'occupazione militare, sia con infiniti altri torti resi inevitabili dal fatto di aver conquistato un nuovo dominio. Il principe, insomma, si rende nemici tutti coloro che ha offesi con l'occupare il principato, e non si rende amici coloro che lo hanno aiutato a occuparlo, non potendoli soddisfare nei modi da essi sperati, e neppure potendoli trattare con la maniera forte, per gli obblighi assunti verso di loro. Un principe, infatti, anche se possiede eserciti potentissimi, ha sempre bisogno del fa-

5. duca di Ferrara: la famiglia d'Este, che dovette combattere più volte contro i veneziani e il papa per mantenere il regno.
6. li uomini... signore: molte affermazioni contenute nel *Principe* si basano sulla concezione della natura umana che Machiavelli esprime in massime di tono proverbiale come questa. Il suo ragionamento fa spesso riferimento a queste "verità generali" che nascono dall'osservazione e dalla riflessione sui fatti.
7. con gente d'arme: bisogna considerare infatti che, almeno fino alla fine del Settecento, gli eserciti "amici" e quelli "nemici" erano ugualmente temuti dalla popolazione civile: poiché non esisteva un'organizzazione militare stabile, i soldati si rifornivano di tutto ciò di cui avevano bisogno rapinando e saccheggiando, sia quando si trovavano in territorio amico, sia (tanto più) quando si trovavano in territorio ostile.

re de' provinciali a intrare in una provincia.[8] Per queste cagioni Luigi XII re di Francia occupò subito Milano, e subito lo perdé: e bastò a torgnene, la prima volta, le forze proprie di Lodovico; perché quelli populi che gli avevano aperte le porte, trovandosi ingannati della opinione loro e di quello futuro bene che si avevano presupposto, non potevano sopportare e' fastidi del nuovo principe.

vore dei provinciali per entrare in una provincia. Per queste ragioni Luigi XII di Francia occupò subito Milano, e subito la perdé; e la prima volta, a fargliela perdere, bastarono le sole forze di Ludovico il Moro. Quelle popolazioni che avevano aperto le porte a Luigi XII, trovandosi ingannate nella loro previsione e in quel bene futuro che si erano atteso, non riuscivano a sopportare le molestie causate dal nuovo principe.

2 È ben vero che, acquistandosi poi la seconda volta e' paesi rebellati, si perdono con più difficultà; perché el signore, presa occasione dalla rebellione, è meno respettivo ad assicurarsi con punire e' delinquenti, chiarire e' suspetti, provvedersi nelle parti più debole. In modo che, se a fare perdere Milano a Francia bastò, la prima volta, uno duca Lodovico che romoreggiassi in su' confini, a farlo di poi perdere la seconda, gli bisognò avere contro el mondo tutto, e che gli eserciti fussino spenti o fugati di Italia; il che nacque dalle cagioni sopradette. Nondimanco, e la prima e la seconda volta, gli fu tolto.

2 È pur vero che i paesi ribelli, riconquistati per la seconda volta, vengono poi persi con maggiori difficoltà; infatti il signore, traendo profitto dall'avvenuta ribellione, ha meno riguardi nel tutelarsi, punendo chi gli è stato infedele, smascherando i sospetti, fortificandosi nei punti più deboli. Così si spiega che, se per far perdere Milano alla Francia bastò la prima volta un duca Ludovico che rumoreggiasse ai confini, per fargliela perdere una seconda volta bisognò che l'intero mondo si armasse per distruggere e cacciare dall'Italia le sue armate; il che dipese dalle ragioni sopra descritte. Milano, comunque, fu persa una prima e una seconda volta.

Il Principe, testo originale con versione in italiano moderno di P. Melograni, Rizzoli

Machiavelli fornisce quindi alcune regole che il principe deve seguire per evitare di perdere lo Stato. Esse sono le seguenti: nei territori appena conquistati deve istituire delle colonie; deve abbattere i potenti e impedire che ne sorgano di nuovi; deve impedire che gli stranieri intervengano negli affari del suo Stato.

8. ha bisogno... provincia: Machiavelli attribuisce alla forza militare un'importanza straordinaria; ma questo non gli impedisce di comprendere che nessun principe può governare senza il consenso dei suoi sudditi, o almeno di una parte significativa di loro. Si tratta di un'intuizione importantissima, che deve essere tenuta presente per non fraintendere molte pagine del libro.

Il lessico e la grammatica

Fortuna e virtù in Machiavelli

Fortuna e virtù sono parole-chiave per comprendere *Il Principe* e il pensiero di Machiavelli. Approfondiamone il significato.

La parola **fortuna**, nel Cinquecento, conserva ancora il significato della parola latina, che poteva voler dire sia buona fortuna, sia cattiva fortuna: equivale cioè al nostro "caso". La fortuna, insomma, per Machiavelli è ciò che capita, l'**imprevedibile evolversi delle circostanze**. Oggi invece fortuna significa "buona fortuna", "situazione favorevole, positiva".

Anche il termine **virtù** ha, in Machiavelli, un significato diverso da quello attuale. Per noi virtù significa "atteggiamento rispettoso delle regole morali", "buona qualità". Per Machiavelli, la virtù è la **capacità di agire con successo**, di ottenere ciò che si vuole, di imporsi. La parola conserva in parte il suo significato antico (in latino, *virtus* = valore, soprattutto militare), e non implica alcun giudizio morale (tanto che l'esempio di virtù che Machiavelli propone nel *Principe* è Cesare Borgia).

La contrapposizione tra fortuna e virtù è centrale per capire l'opera di Machiavelli, ma non è una sua invenzione: si tratta infatti di un tema già presente in Boccaccio e ampiamente discusso in tutto il Quattrocento.
La riflessione di Machiavelli costituisce dunque il punto di arrivo di un processo molto lungo.

Analisi del testo

La struttura del discorso. Il discorso di Machiavelli procede attraverso una serie di distinzioni che gli servono per delimitare l'argomento di cui vuole soprattutto trattare (il principato nuovo). Possiamo schematizzare il suo discorso con il seguente grafico:

- stati
  - repubbliche
  - principati
    - ereditari
    - nuovi
      - interamente nuovi
      - misti (cioè aggiunti allo Stato ereditario)

Il procedere per opposizioni è tipico dello stile argomentativo di Machiavelli, che infatti continua distinguendo i territori che si acquistano in abituati a vivere sotto un principe e abituati a vivere liberi; afferma poi che di essi ci si impadronisce o con il proprio esercito o con l'aiuto dell'esercito altrui, o grazie alle proprie capacità politiche (virtù) o grazie a una concomitanza di fattori favorevoli (fortuna).

Riflessioni, argomentazioni, esempi. Machiavelli alterna riflessioni ed esempi, cioè considerazioni generali e casi concreti che le avvalorano.
La riflessione si basa su massime e su argomentazioni. Le massime nascono dalla convinzione di Machiavelli che la natura umana sia sostanzialmente immutabile e che sia quindi possibile enunciare delle verità scientifiche valide in ogni tempo e in ogni luogo. Le argomentazioni si basano sull'analisi dei fatti e dei comportamenti; solo raramente Machiavelli fa ricorso all'autorità di qualche scrittore che ha trattato prima di lui gli stessi argomenti, anzi tende a sottolineare la novità delle sue affermazioni. Gli esempi sono tratti dalla storia antica e da quella moderna. Machiavelli può servirsi degli esempi antichi proprio perché è convinto che la natura umana sia sostanzialmente immutabile e quindi che la storia si ripeta. Gli esempi tratti dalla storia contemporanea (e spesso dall'esperienza personale diretta dell'autore) hanno lo scopo di sottolineare questa continuità (come avveniva in passato, così avviene ancor oggi).

Lo stile teatrale. Nel dedicare il *Principe* a Lorenzo de' Medici, Machiavelli afferma che la sua opera non è «ornata né ripiena di clausule ample o di parole ampullose e magnifiche», perché il suo scopo è di dire «cose utili a chi le intende», non di essere piacevole o grazioso. Questo non deve far pensare che Machiavelli non avesse preoccupazioni stilistiche o linguistiche. Dal punto di vista stilistico, infatti, il *Principe* si propone come modello di prosa scientifica, oggettiva, raziocinante, priva di orpelli e di abbellimenti; l'autore si dimostra abile inventore di massime e di frasi potentemente incisive, che mirano a scolpirsi nella mente del lettore in maniera indimenticabile. Per metterle ulteriormente in risalto, Machiavelli alterna periodi ampi e complessi, in cui discute fin nei minimi dettagli il problema che si è posto, a periodi brevissimi e sinteticissimi, in cui condensa il concetto fondamentale.

Le scelte linguistiche. Dal punto di vista linguistico, Machiavelli partecipa al dibattito sulla lingua che vede impegnati tutti i maggiori intellettuali del Cinquecento. La sua scelta, in contrasto con quella del Bembo, che consigliava l'imitazione di Petrarca e Boccaccio e che si rivelerà storicamente vincente, va a favore del fiorentino parlato. È questa la ragione per cui la lingua del Machiavelli ci sembra più difficile di quella di altri scrittori a lui contemporanei o più antichi: l'italiano che noi parliamo deriva infatti più dalla lingua trecentesca di Petrarca e Boccaccio (viva ai tempi loro, ma artificialmente conservata nei secoli fino all'Ottocento) che dal fiorentino del Cinquecento parlato da Machiavelli, che si è naturalmente evoluto ed è quindi molto diverso da quello attuale.
Nella lingua del *Principe* vanno poi segnalati alcuni termini latini (*in exemplis*, *tamen* ecc.), che sottolineano i passaggi logici del discorso: si tratta nella maggior parte dei casi di termini desunti dal linguaggio tecnico della logica, che ancora ai tempi di Machiavelli utilizzava il latino.

Proposte di lavoro

1. Verifica la comprensione del testo rispondendo alle seguenti domande.
- Qual è la differenza fra i principati ereditari e quelli nuovi?
- Perché «nel principato nuovo consistono le difficultà»?
- Che cosa intende Machiavelli con «principati misti»?
- Che cosa significano per Machiavelli «virtù» e «fortuna»?

2. Sintetizza rapidamente il contenuto dei tre capitoli che ti abbiamo proposto.

3. Tieni conto ora delle informazioni fornite sull'opera nel suo complesso e rispondi alle domande:
- A chi è dedicato *Il Principe*?
  - ☐ A Lorenzo il Magnifico.
  - ☐ A Lorenzo de' Medici, figlio del Magnifico.
  - ☐ A Lorenzo de' Medici, nipote del Magnifico.
- Perché?

4. Perché Machiavelli non parla delle repubbliche?
- ☐ Perché ai suoi tempi non esistevano repubbliche.
- ☐ Perché il suo scopo era insegnare come si conquista e si mantiene un principato.
- ☐ Perché nelle repubbliche la politica si svolge in maniera diversa che nei principati.

5. Concentra ora l'attenzione sul secondo capitolo, individuando i momenti in cui l'autore sviluppa una riflessione generale e quelli in cui ricorre agli esempi concreti. Sottolinea quindi gli esempi.

6. Osserva attentamente la lingua di Machiavelli, concentrando l'attenzione in particolare sul terzo capitolo, e sottolinea:
- parole che hanno una forma diversa da quella attuale;
- parole che hanno un significato diverso da quello attuale;
- uso del modo gerundio lontano da quello attuale;
- uso dei pronomi relativi lontano da quello attuale.

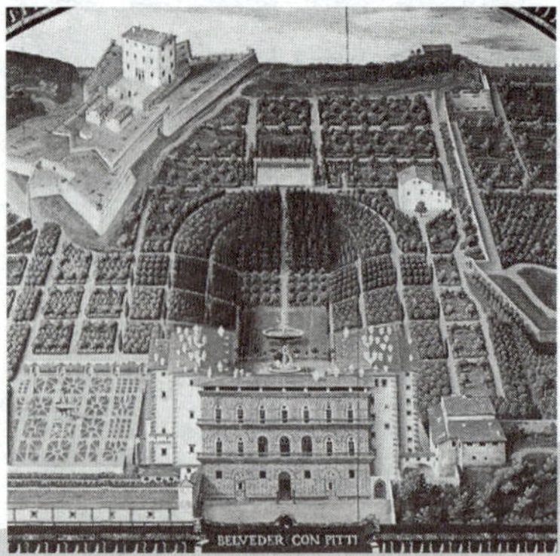

Opera **Il Principe**
Genere **trattato**
Epoca **XVI secolo**
Lingua **italiano**

Il Principe, VI 1, 2, 5, 6, 7; VII 1, 2, 3, 12, 13, 14

I principati nuovi

Il VI e il VII capitolo del *Principe* costituiscono due momenti di un unico discorso. Machiavelli osserva infatti che è possibile conquistare uno Stato nuovo con le proprie armi e la propria abilità politica, oppure che è possibile farlo servendosi di armi altrui e grazie alla fortuna. Egli discute alcuni esempi dell'uno e dell'altro caso, antichi e moderni, soffermandosi in particolare su due importanti personaggi che aveva conosciuto personalmente: il frate Gerolamo Savonarola e il duca Cesare Borgia, detto il Valentino.

VI

DE PRINCIPATIBUS NOVIS QUI ARMIS PROPRIIS ET VIRTUTE ACQUIRUNTUR

1 Non si maravigli alcuno se, nel parlare che io farò de' principati al tutto nuovi e di principe e di stato, io addurrò grandissimi esempli; perché, camminando gli uomini quasi sempre per le vie battute da altri, e procedendo nelle azioni loro con le imitazioni, né si potendo le vie di altri al tutto tenere, né alla virtù di quelli che tu imiti aggiugnere, debbe uno uomo prudente intrare sempre per vie battute da grandi e quelli che sono stati eccellentissimi imitare, acciò che, se la sua virtù non vi arriva, almeno ne renda qualche odore; e fare come gli arcieri prudenti, a' quali, parendo el loco dove disegnano ferire troppo lontano, e conoscendo fino a quanto va la virtù del loro arco, pongono la mira assai più alta che il loco destinato, non per aggiugnere con la loro freccia a tanta altezza, ma per potere con l'aiuto di sì alta mira pervenire al disegno loro.

2 Dico adunque, che ne' principati tutti nuovi, dove sia uno nuovo principe, si trova, a mantenerli, più o meno difficultà, secondo che più o meno è virtuoso colui che gli acquista. E perché questo evento, di diventare di privato principe, presuppone o virtù o fortuna, pare che l'una o l'altra di queste dua cose mitighi in parte di molte difficultà; nondimanco,[1] colui che è stato meno in su la for-

6

I PRINCIPATI NUOVI CONQUISTATI CON LE PROPRIE ARMI E CAPACITÀ

1 Non si meravigli nessuno se nel trattare dei principati interamente nuovi – cioè nuovi sia per dinastia sia per organizzazione interna – mi richiamerò a esempi grandissimi. Gli uomini, infatti, camminano quasi sempre lungo le vie battute dagli altri e procedono per imitazione, ma non possono seguire completamente le vie degli altri e neppure eguagliare il valore dei loro modelli. Nondimeno un uomo saggio deve sempre seguire le strade battute dai grandi uomini e imitare i più eccellenti fra loro affinché, se anche la sua abilità non arriva alla loro altezza, gli assomigli almeno in qualche cosa. Il saggio agirà insomma come i più accorti arcieri i quali, giudicando il luogo da colpire troppo lontano e conoscendo i limiti del loro arco, mirano molto più in alto del bersaglio, non per raggiungere con la loro freccia tanta altezza, ma per potere, con l'aiuto di così alta mira, centrare il bersaglio.

2 Dico dunque che i principati interamente nuovi, dove si sia installato un principe nuovo, risultano più o meno difficili da conservare in relazione al fatto che il conquistatore sia più o meno capace. E poiché il fatto di diventare principe dopo esser stato semplice cittadino, presuppone o capacità politica o fortuna, sembra che l'una o l'altra delle due possano attenuare, almeno in parte, molte difficoltà. Nondimeno, colui che meno si è avval-

1. **nondimanco:** al principato si può dunque pervenire o per virtù o per fortuna; ma colui che diventa principe per virtù, cioè per le sue capacità personali, ha maggiori probabilità di conservare a lungo il potere.

tuna, si è mantenuto più. Genera ancora facilità essere el principe costretto, per non avere altri stati, venire personalmente ad abitarvi.[2] [...]

so della sola fortuna ha esercitato il potere più a lungo. Tutto è ancora più facile se il principe, non possedendo altri Stati, è costretto a risiedere nello Stato nuovo.

Machiavelli passa quindi a esaminare le vicende di quattro grandi personaggi: Mosè (che guidò gli Ebrei dall'Egitto alla Terra promessa), Ciro (che fondò l'antico Impero persiano), Romolo (il fondatore di Roma) e Teseo (il mitico re di Atene, che unificò l'Attica sotto il suo dominio). Egli osserva che tutti costoro dimostrarono grande virtù e seppero approfittare abilmente della fortuna, cioè dell'occasione offerta dal destino: «sanza quella occasione la virtù dello animo loro si sarebbe spenta, e sanza quella virtù la occasione sarebbe venuta invano».

5 Quelli e' quali per vie virtuose, simili a costoro, diventano principi, acquistano el principato con difficultà, ma con facilità lo tengono; e le difficultà che gli hanno nello acquistare el principato, in parte nascono da' nuovi ordini e modi che sono forzati introdurre per fondare lo stato loro e la loro securtà. E debbasi considerare, come non è cosa più difficile a trattare, né più dubia a riuscire, né più periculosa a maneggiare, che farsi capo a introdurre nuovi ordini; perché lo introduttore ha per nimici tutti quelli che degli ordini vecchi fanno bene, e ha tepidi defensori tutti quelli che degli ordini nuovi farebbono bene. La quale tepidezza nasce, parte per paura degli avversarii, che hanno le leggi dal canto loro, parte dalla incredulità degli uomini; li quali non credano in verità le cose nuove, se non ne veggano nata una ferma esperienza; donde nasce che, qualunque volta quelli che sono nimici hanno occasione di assaltare, lo fanno partigianamente, e quegli altri defendano tepidamente: in modo che insieme con loro si periclita.[3]

5 Coloro i quali diventano prìncipi per simili capacità, conquistano il principato con difficoltà, ma con facilità lo conservano. Le difficoltà che incontrano nel conquistare il principato, nascono in parte dai nuovi ordinamenti che essi sono obbligati a introdurre per fondare lo Stato e renderlo sicuro. Bisogna considerare che non esiste cosa più difficile da trattare, né più incerta a riuscire, né più pericolosa da gestire, che il voler diventare un capo e proporre nuovi ordinamenti politici. Chi lo diventa, infatti, si rende nemici tutti coloro che hanno un utile nelle vecchie istituzioni, mentre trova una tiepida difesa in tutti coloro che dalle innovazioni trarrebbero giovamento. La tiepidezza di costoro nasce in parte dalla paura degli avversari, che hanno dalla loro le vecchie leggi, e in parte dallo scetticismo degli uomini, i quali non credono alle novità se non le vedono ben consolidate. Quanti sono avversi alle novità, pertanto, le attaccano con spirito fazioso, mentre quanti le difendono sono moderati, di modo che è pericoloso stare insieme con loro.

6 È necessario, pertanto, volendo discorrere bene questa parte, esaminare se questi innovatori stanno per loro medesimi, o se dependano da altri; cioè, se per condurre l'opera loro bisogna che preghino, ovvero possono forzare. Nel primo caso capitano sempre male, e non conducano cosa alcuna; ma, quando dependono da loro proprii e possono forzare, allora è che rare volte periclitano.[4] Di qui nacque che tutti e' profeti armati vinsono, e li disar-

6 Per ben approfondire questo argomento, è necessario vedere se gli innovatori si reggono sulle loro forze o se invece dipendono da altri: occorre capire, in altri termini, se gli innovatori debbono chiedere aiuto ad altri oppure possono agire da soli imponendosi con la forza. Nel primo caso, sono inevitabilmente votati al fallimento; ma nel secondo, se possiedono la forza e sono in grado di esercitarla, è raro che corrano pericoli. Ecco perché tutti i profeti armati vinsero e i disarmati andarono in rovi-

2. **abitarvi:** Machiavelli aveva già osservato nel capitolo precedente che, per mantenere uno Stato acquisito di recente, la cosa migliore è che il principe vada ad abitarvi.
3. **si periclita:** Machiavelli non si pone naturalmente il problema della rivoluzione (concetto estraneo al suo tempo e alla sua mentalità); si pone semplicemente il problema dei cambiamenti che un nuovo principe deve introdurre nelle abitudini dei suoi sudditi per consolidare il proprio potere. La questione è da lui affrontata in termini prettamente psicologici, sulla base della considerazione che l'uomo è per natura attaccato alle tradizioni e timoroso delle novità.
4. **rare volte periclitano:** l'affermazione corregge quella con cui si concludeva il paragrafo precedente: quale che sia la natura degli uomini, la possibilità di usare la forza è garanzia di sicuro successo.

mati ruinorono. Perché, oltre alle cose dette, la natura de' populi è varia; ed è facile a persuadere loro una cosa, ma è difficile fermarli in quella persuasione. E però conviene essere ordinato in modo, che, quando e' non credono più, si possa fare loro credere per forza.

7 Moisè, Ciro, Teseo e Romulo non arebbono possuto fare osservare loro lungamente le loro costituzioni, se fussino stati disarmati: come ne' nostri tempi intervenne a fra' Girolamo Savonerola;[5] il quale ruinò ne' sua ordini nuovi, come la moltitudine cominciò a non credergli; e lui non aveva modo a tenere fermi quelli che avevano creduto, né a far credere e' discredenti. Però questi tali hanno nel condursi gran difficultà, e tutti e' loro periculi sono fra via, e conviene che con la virtù li superino: ma, superati che gli hanno, e che cominciano ad essere in venerazione, avendo spenti quelli che di sua qualità li avevano invidia, rimangono potenti, securi, onorati, felici. [...]

VII

DE PRINCIPATIBUS NOVIS QUI ALIENIS ARMIS ET FORTUNA ACQUIRUNTUR

1 Coloro e' quali solamente per fortuna diventano, di privati, principi, con poca fatica diventano, ma con assai si mantengono; e non hanno alcuna difficultà fra via, perché vi volano; ma tutte le difficultà nascono quando e' sono posti. E questi tali sono quando è concesso ad alcuno uno stato o per danari, o per grazia di chi lo concede: come intervenne a molti in Grecia, nelle città di Ionia e di Ellesponto, dove furono fatti principi da Dario, acciò le tenessino per sua securtà e gloria; come erano fatti ancora quegli imperadori che, di privati, per corruzione de' soldati, pervenivano allo imperio.[6]

2 Questi stanno semplicemente in sulla voluntà e fortuna di chi lo ha concesso loro, che sono dua cose volubilissime e instabili; e non sanno e non possono tenere quel grado. Non sanno, perché, se non è uomo di grande ingegno e virtù, non è ragione-

na. E infatti, a tutte le cose dette finora, bisogna aggiungere che il carattere dei popoli è mutevole. È facile persuaderli di una cosa, ma è difficile mantenerli fermi in quella persuasione. Bisogna quindi prepararsi in modo tale che, quando essi non credono più, possano essere costretti a credere con la forza.

7 Mosè, Ciro, Teseo e Romolo non avrebbero potuto far osservare a lungo i loro ordinamenti se fossero stati disarmati, come accadde nei nostri tempi a fra' Gerolamo Savonarola, il quale andò in rovina insieme con le sue riforme non appena la moltitudine cominciò a non prestargli più fede. Egli non possedeva i mezzi capaci di tener fermi coloro che avevano creduto né di far credere agli increduli. In conclusione, tutte queste persone così dotate incontrano molte difficoltà e molti pericoli sul loro cammino, e conviene che li superino con le loro capacità politiche. Ma una volta che li hanno superati e che cominciano ad essere seguiti e obbediti, se sono riusciti a toglier di mezzo coloro che per le loro qualità li avversavano, restano potenti, sicuri, onorati e soddisfatti.

7

I PRINCIPATI NUOVI CONQUISTATI CON LE ARMI E CON LA FORTUNA ALTRUI

1 Coloro i quali, da semplici cittadini, diventano prìncipi soltanto grazie alla fortuna, lo diventano con poca fatica, ma devono poi penare per restare al potere. Non incontrano molte difficoltà sulla via del potere, perché lo colgono a volo; ma tutte le difficoltà nascono dopo averlo raggiunto. Questo accade quando qualcuno riceve uno Stato in cambio di danaro o per grazia del donatore. Lo si vide in Grecia, nelle città della Ionia e dell'Ellesponto, dove molti furono fatti prìncipi da Dario, affinché governassero per sua sicurezza e gloria. Lo si vide nel caso degli imperatori romani che, da semplici cittadini, ottennero l'impero corrompendo gli eserciti.

2 Costoro si appoggiano soltanto sulla volontà e sulla fortuna di chi gli ha concesso il potere, due appoggi volubilissimi e instabili. Non sanno né possono conservare il potere, a meno che non siano uomini di grande ingegno e capacità politica. Non lo sanno poiché è irragionevole

5. **Savonerola:** dopo la morte di Lorenzo il Magnifico (1494), i Medici furono cacciati da Firenze, dove si instaurò la Repubblica; il frate domenicano Gerolamo Savonarola si conquistò grande seguito con le sue prediche infiammate e moralistiche, ma nel 1497 fu scomunicato dal papa e venne abbandonato dai suoi seguaci. L'anno successivo fu impiccato e arso in piazza della Signoria.

6. **come intervenne... imperio:** Machiavelli ricorre innanzitutto a esempi tratti dalla storia antica, da un lato perché essi conferiscono autorevolezza al suo discorso, dall'altro perché, essendo la natura umana sempre uguale a se stessa, la storia fornisce per Machiavelli dei modelli di comportamento validi in ogni tempo. Dario (521-486), re dei persiani, impose alle città conquistate dei governatori (satrapi) nominati da lui stesso.

vole che, sendo sempre vissuto in privata fortuna, sappi comandare; non possono, perché non hanno forze che li possino essere amiche e fedeli. Di poi gli stati che vengano subito, come tutte le altre cose della natura[7] che nascono e crescono presto, non possono avere le barbe e corrispondenzie loro; in modo che el primo tempo avverso le spegne; se già quelli tali, come è detto, che sì de repente sono diventati principi, non sono di tanta virtù, che quello che la fortuna ha messo loro in grembo, e' sappino subito prepararsi a conservarlo, e quelli fondamenti che gli altri hanno fatti avanti che diventino principi, li faccino poi.

3 Io voglio all'uno e all'altro di questi modi detti, circa il diventare principe per virtù o per fortuna, addurre dua esempli stati ne' dì della memoria nostra: e questi sono Francesco Sforza e Cesare Borgia.[8] Francesco, per li debiti mezzi e con una grande sua virtù, di privato diventò duca di Milano; e quello che con mille affanni aveva acquistato, con poca fatica mantenne. Dall'altra parte Cesare Borgia, chiamato dal vulgo duca Valentino, acquistò lo stato con la fortuna del padre, e con quella lo perdé; nonostante che per lui si usassi ogni opera e facessi tutte quelle cose che per uno prudente e virtuoso uomo si doveva fare, per mettere le barbe sue in quelli stati che l'arme e fortuna di altri gli aveva concessi. Perché, come di sopra si disse, chi non fa e' fondamenti prima, li potrebbe con una gran virtù farli poi, ancora che si faccino con disagio dello architettore e periculo dello edifizio. Se adunque si considerrà tutti e' progressi del duca, si vedrà lui aversi fatti gran fondamenti alla futura potenzia; li quali non iudico superfluo discorrere, perché io non saprei quali precetti mi dare migliori a uno principe nuovo, che lo esemplo delle azioni sua: e se gli ordini suoi non li profittorono, non fu sua colpa, perché nacque da una estraordinaria ed estrema malignità di fortuna.[9] [...]

pensare che siano in grado di comandare dopo essere stati sempre occupati in faccende private. Non lo possono, poiché non possiedono forze amiche e fedeli. Accade inoltre che gli Stati che si formano rapidamente, come tutte le cose della natura che nascono e crescono rapidamente, non possono avere radici e ramificazioni abbastanza grandi, di modo che la prima burrasca li abbatte. A meno, come già si è detto, che coloro i quali sono diventati prìncipi così all'improvviso, non siano tanto abili da saper subito accingersi a conservare ciò che la fortuna gli ha offerto, e da saper costruire in un secondo momento quei sostegni che gli altri hanno costruito ancor prima di esser fatti prìncipi.

3 Voglio illustrare con due esempi del nostro tempo – quelli di Francesco Sforza e Cesare Borgia – i due modi di diventar principe grazie all'abilità o alla fortuna. Francesco Sforza, da privato cittadino, diventò duca di Milano coi mezzi adatti e con la sua grande energia. Ciò che aveva conquistato fra mille affanni, mantenne con poca fatica. Cesare Borgia, chiamato dal volgo duca Valentino, conquistò lo Stato grazie alla fortuna del padre. Quando la perse, perse anche lo Stato, benché usasse tutti gli accorgimenti degli uomini saggi e capaci per mettere radici in quei luoghi che le armi e la fortuna altrui gli avevano concessi. E difatti, come già ho detto, chi non costruisce i suoi fondamenti prima, li potrebbe con grande abilità farli poi, ancorché ciò avvenga con disagi per l'architetto e pericoli per l'edificio. Se infatti esaminiamo tutti i provvedimenti messi in atto dal duca, vediamo ch'egli costruì grandi sostegni utili alla sua futura potenza. Non mi sembra superfluo passarli in rassegna, poiché non saprei quali precetti migliori dare a un principe nuovo, se non prendendo come esempio Cesare Borgia. Se i mezzi adoprati non gli giovarono, non fu per sua colpa, ma per una straordinaria ed estrema malvagità della sorte.

7. **come tutte... natura:** Machiavelli rinforza il suo discorso con una argomentazione basata sull'analogia (lo Stato cresciuto troppo in fretta è come un albero che non ha avuto il tempo di mettere radici).

8. **Cesare Borgia:** nato nel 1475 e morto a soli trentadue anni nel 1507, Cesare Borgia (figlio del papa Alessandro VI e fratello della famigerata avvelenatrice Lucrezia), fu nominato duca di Valentinois dal re di Francia Luigi XII. Con l'aiuto del papa suo padre costituì uno Stato in Romagna, espandendosi nell'Italia centrale, ma dovette rinunciare all'impresa per l'ostilità del re di Francia e del nuovo papa Giulio II, succeduto ad Alessandro VI nel 1503. Fu quindi arrestato e imprigionato in Spagna, dove morì.

9. **malignità di fortuna:** diventato principe per "fortuna", cioè grazie all'aiuto del padre, Cesare Borgia dimostra di avere secondo Machiavelli tutte le virtù necessarie per governare; ma una serie di coincidenze disgraziate lo conducono malgrado tutto alla rovina. Si anticipa qui il tema del penultimo capitolo del libro in cui, come vedremo, si discute fino a che punto la virtù possa opporsi alla fortuna.

Machiavelli ripercorre poi la carriera politica di Cesare Borgia. Il papa Alessandro VI, volendo creare uno Stato per suo figlio, appoggia i veneziani, che volevano combattere Milano con l'aiuto dei francesi, permettendo che vengano in Italia; in cambio chiede delle truppe per impadronirsi della Romagna, che affida al Valentino. Cesare Borgia si libera dei francesi organizzando un esercito mercenario; quando capisce di non potersene fidare, però, ne fa assassinare i capi a tradimento e organizza un proprio esercito. Per governare la Romagna, che era in preda ai disordini, dà pieni poteri al crudele Ramiro de Lorqua; ma poi lo fa accusare di crudeltà e squartare sulla pubblica piazza per placare l'odio che la sua ferocia aveva suscitato nella popolazione. Per accrescere il suo regno, il Valentino gioca abilmente sulla rivalità tra Francia e Spagna. Ma il padre Alessandro VI muore quando le nuove conquiste del Valentino non sono ancora ben consolidate e lui stesso è «malato a morte».

12 Et era nel duca tanta ferocia e tanta virtù, e sì bene conosceva come gli uomini si hanno a guadagnare o perdere, e tanto erano validi e' fondamenti che in sì poco tempo si aveva fatti, che, se lui non avessi avuto quegli eserciti[10] addosso, o lui fussi stato sano, arebbe retto a ogni difficultà. E ch'e' fondamenti sua fussino buoni, si vidde: ché la Romagna lo aspettò più di uno mese; in Roma, ancora che mezzo vivo, stette sicuro; e, benché Baglioni, Vitelli e Orsini[11] venissino in Roma, non ebbono sèguito contro di lui: possé fare, se non chi e' volle, papa, almeno che non fussi chi non voleva. Ma, se nella morte di Alessandro lui fussi stato sano, ogni cosa gli era facile. E lui mi disse, ne' dì che fu creato Iulio II, che aveva pensato a ciò che potessi nascere morendo el padre, e a tutto aveva trovato remedio, eccetto che non pensò mai, in su la sua morte, di stare ancora lui per morire.

12 Nel duca c'erano tanto feroce ardimento e tanta capacità politica, e così bene sapeva come gli uomini si debbano o conquistare o annientare, e tanto erano valide le basi da lui in così poco tempo raggiunte che, se non avesse avuto addosso quegli eserciti e avesse goduto buona salute, avrebbe resistito a ogni difficoltà. Che le basi del suo potere fossero buone, fu dimostrato dal fatto che la Romagna l'aspettò più di un mese e che a Roma, benché mezzo morto, poté dimorare senza pericoli. Benché i Baglioni, i Vitelli e gli Orsini venissero a Roma, non trovarono appoggi contro di lui. Se non poté far eleggere papa chi voleva lui, riuscì almeno a non far eleggere chi gli era sgradito. Ma se alla morte di papa Alessandro fosse stato in salute, ogni cosa gli sarebbe stata facile. Mi disse lui stesso, nei giorni in cui Giulio II fu eletto pontefice, di aver pensato per tempo a tutto quello che poteva accadere alla morte di suo padre e di aver trovato una soluzione a tutto, ma di non aver mai pensato che alla morte di suo padre anche lui si sarebbe trovato sul punto di morire.

13 Raccolte io, adunque, tutte le azioni del duca, non saprei reprenderlo;[12] anzi mi pare, come ho fatto, di preporlo imitabile a tutti coloro che per fortuna e con l'arme d'altri sono ascesi allo imperio. Perché lui, avendo l'animo grande e la sua intenzione alta, non si poteva governare altrimenti; e solo si oppose alli sua disegni la brevità della vita di Alessandro e la malattia sua. Chi adunque iudica necessario nel suo principato nuovo assicurarsi de' nimici, guadagnarsi degli amici, vincere o per forza o per fraude, farsi amare e temere da' populi, seguire e reverire da' soldati, spegnere quelli che ti possono o debbono offendere, innovare con

13 Dopo aver passato in rassegna tutte le imprese del duca, non saprei rimproverarlo. Anzi mi pare, come già ho detto, ch'egli debba essere proposto come modello per tutti coloro che sono saliti al potere grazie alle armi e alla fortuna altrui. Avendo grande carattere e alti propositi, non poteva condursi altrimenti. Soltanto la breve vita di papa Alessandro e la sua malattia si opposero alla realizzazione dei suoi progetti. Se dunque giudichi necessario, in un principato nuovo, proteggerti dai nemici, conquistare amici, vincere o con la forza o con l'inganno, farti amare e temere dai popoli, farti seguire e temere dai soldati, eliminare quanti possano o debbano colpirti, innovare gli ordinamenti antichi, essere severo e insieme

10. **quegli eserciti:** quelli del re di Francia e quelli del re di Spagna, che si sentivano minacciati dalla sua crescente potenza.
11. **Baglioni, Vitelli, Orsini:** le potenti famiglie ostili ai Borgia.
12. **Raccolte... reprenderlo:** il Machiavelli dà quindi un giudizio sostanzialmente positivo delle azioni del Valentino, che pure si era servito dell'inganno, della frode, dell'assassinio e del doppio gioco per realizzare i suoi scopi. Le ragioni di questo giudizio sono esposte soprattutto nel capitolo XV e nei seguenti, dedicati alle virtù del principe.

nuovi modi gli ordini antiqui, essere severo e grato, magnanimo e liberale, spegnere la milizia infedele, creare della nuova, mantenere le amicizie de' re e de' principi, in modo che ti abbino o a beneficare con grazia o offendere con respetto, non può trovare e' più freschi esempli che le azioni di costui.

14 Solamente si può accusarlo nella creazione di Iulio pontefice, nella quale lui ebbe mala elezione;[13] perché, come è detto, non potendo fare uno papa a suo modo, e' poteva tenere che uno non fussi papa; e non doveva mai consentire al papato di quelli cardinali che lui avessi offesi, o che, diventati papi, avessino ad avere paura di lui. Perché gli uomini offendono o per paura o per odio. Quelli che lui aveva offesi, erano, infra gli altri, San Piero ad Vincula, Colonna, San Giorgio, Ascanio; tutti gli altri, divenuti papi, avevano a temerlo eccetto Roano e li Spagnuoli: questi per coniunzione e obligo, quello per potenzia, avendo coniunto seco il regno di Francia. Pertanto el duca, innanzi a ogni cosa, doveva creare papa uno spagnolo, e, non potendo, doveva consentire che fussi Roano e non San Piero ad Vincula. E chi crede che ne' personaggi grandi e' benefizii nuovi faccino dimenticare le iniurie vecchie, s'inganna. Errò adunque el duca in questa elezione, e fu cagione dell'ultima ruina sua.

gradito, magnanimo e liberale, eliminare le truppe infedeli, crearne delle nuove, conservare l'amicizia dei prìncipi e dei re in modo che ti debbano beneficare con cortesia o esser guardinghi nell'attaccarti, non puoi trovare esempio più attuale di quello del Borgia.

14 Lo si può criticare soltanto per quanto riguarda l'elezione di Giulio II al pontificato, per la quale egli fece una scelta sbagliata. Infatti, come ho detto prima, non potendo far papa chi voleva lui, poteva almeno ottenere che non diventasse papa chi gli era sgradito, e doveva quindi opporsi all'elezione di quei cardinali che erano stati da lui danneggiati o che, diventando papi, avrebbero temuto il suo potere. Gli uomini infatti diventano nemici o per paura o per odio. Quelli che lui aveva danneggiati erano appunto il cardinale Della Rovere (il futuro Giulio II), il cardinale Colonna, il cardinal Riario e Ascanio Sforza. Tutti gli altri, diventando papi, avrebbero temuto il suo potere, eccetto il cardinale di Rouen e i cardinali spagnoli: questi ultimi per legame di parentele e perché favoriti da Alessandro VI; il cardinale di Rouen perché era già potentissimo e perché dietro di lui c'era il regno di Francia. Cesare Borgia, pertanto, doveva far eleggere papa uno spagnolo. Non riuscendoci, doveva far in modo che fosse eletto papa il cardinale di Rouen e non il Della Rovere. Chi crede che i grandi personaggi possano dimenticare le vecchie ingiurie grazie ai nuovi vantaggi raggiunti, si inganna. Errò dunque il duca nel fare la sua scelta e fu lui stesso causa della sua finale rovina.

Il Principe, cit.

13. **ebbe mala elezione:** fece una scelta infelice. Il Valentino, che controllava i voti dei cardinali spagnoli, avrebbe potuto evitare l'elezione del cardinale Della Rovere a papa, ma si lasciò lusingare dalle promesse di costui, che in passato era stato da lui danneggiato, senza considerare la "legge" che Machiavelli enuncia poche righe dopo: «Chi crede che i grandi personaggi possano dimenticare le vecchie ingiurie...».

Analisi del testo

Modelli per un nuovo ordine. Il capitolo VI si apre con una sorta di premessa in cui Machiavelli sostiene la necessità che il principe imiti i grandi uomini dell'antichità.
Con questa premessa l'autore vuole anche stabilire un rapporto di fiducia con il lettore, proprio nel momento in cui si incominciano ad affrontare argomenti che potrebbero turbare il senso comune. Si spiega così il tono affabile dell'inizio («Non si maravigli alcuno se...») e la lunga similitudine dell'arciere. E si spiega soprattutto l'insistenza su un principio comunemente accettato ai tempi di Machiavelli come quello dell'imitazione, che però il nostro autore trasferisce dall'ambito letterario a quello politico.
Machiavelli si sofferma a discutere le vicende di quattro grandi esempi del passato (Mosè, Ciro, Romolo e Teseo). Dalle loro vicende si traggono due insegnamenti fondamentali: il primo, che i grandi uomini sono dotati di grande virtù e sanno approfittare della fortuna (cioè dell'occasione, delle circostanze); il secondo, che il nuovo principe deve necessariamente introdurre «nuovi ordini e modi», cioè ordinamenti e istituzioni diversi da quelli a cui il popolo era abituato in precedenza.
Di grande interesse è la motivazione per cui i nuovi prìncipi devono introdurre delle novità: «per fondare lo stato loro e la loro securtà», cioè per garantirsi la forza necessaria.

I nuovi ordini di cui parla Machiavelli sono quindi quelli alla base dello Stato assoluto e in particolare l'istituzione di un esercito che permetta al principe di operare senza dover dipendere da altri.
A partire da questa considerazione si apre la seconda parte del capitolo: per imporre questi «nuovi ordini e modi», il principe deve avere la forza necessaria, altrimenti subirà la sorte di Savonarola, che nel momento del pericolo si trovò abbandonato e perse il potere e la vita.
Si noti che Machiavelli trascura i problemi economici e sociali, proprio nel momento in cui parla di Savonarola, la cui avventura viene oggi letta soprattutto come un sintomo del disagio delle classi subalterne di Firenze.

L'esempio di Cesare Borgia. Il capitolo VII è basato su una struttura tripartita: le vicende del Valentino sono per così dire inquadrate tra una premessa e una conclusione di ordine teorico.
Nella premessa Machiavelli si sofferma sulle differenze fra coloro che arrivano al principato per virtù e coloro che vi giungono per fortuna, e sulle maggiori difficoltà che incontrano questi ultimi. Il suo discorso è come sempre accompagnato da esempi, tratti dalla storia antica (i satrapi di Dario) e da quella moderna (Francesco Sforza e Cesare Borgia).
L'esempio di Cesare Borgia viene però esaminato dettagliatamente da Machiavelli, che lo considera un caso da proporre all'imitazione di tutti coloro che giungono al principato «per fortuna e con l'arme d'altri». Egli ripercorre così tutte le tappe della carriera del Valentino, che aveva conosciuto personalmente e al quale aveva dedicato attenzione già in scritti precedenti.
Nella conclusione, Machiavelli deve rispondere a una domanda che sorge spontanea in tutti i lettori: perché mai, pur essendo dotato di tutte le virtù del principe ideale, il Valentino non ha avuto successo? La risposta viene data da Machiavelli in due momenti: dapprima affermando che il duca è stato vittima di «una estraordinaria ed estrema malignità di fortuna»; infine, però, riconoscendo che ha commesso un errore fondamentale nel lasciar eleggere il suo vecchio nemico Giulio II al soglio pontificio.

Proposte di lavoro

1. Qual è l'argomento discusso da Machiavelli nel VI e VII capitolo del *Principe*? Sintetizzalo con una frase e spiega perché i due capitoli sono strettamente collegati.
2. Quali sono gli esempi di grandi principi che Machiavelli propone nel VI capitolo?
   - ☐ Alessandro VI
   - ☐ Mosé
   - ☐ Ciro
   - ☐ Remo
   - ☐ Romolo
   - ☐ Teseo

   ➤ Quali sono le virtù che egli riconosce a ciascuno di loro?
3. Concentra ora l'attenzione sul personaggio di Savonarola.

   ➤ Chi era e che cosa aveva fatto?

   ➤ Perché si tratta di un esempio negativo, per Machiavelli?
4. La frase più famosa del capitolo VI è la seguente: «tutti e' profeti armati vinsono, e li disarmati ruinorono». Spiegane il significato alla luce degli esempi fatti da Machiavelli.
5. Rileggi attentamente il capitolo VII e individua le parti di cui è composto, sintetizzandone il contenuto in uno schema come il seguente.

   I parte ....
   ....

   II parte ....
   ....
6. Soffermati ora sulla vicenda del Valentino.

   ➤ Racconta brevemente gli avvenimenti storici a cui Machiavelli fa riferimento, ricostruendo le gesta di Cesare Borgia.

   ➤ Che giudizio dà Machiavelli di Cesare Borgia? Su quali considerazioni si basa il suo giudizio?
7. Leggi la seguente citazione, tratta dal capitolo VIII del *Principe* (nella traduzione in italiano moderno di P. Melograni): «Non si può d'altronde definire capacità politica ammazzare i concittadini, tradire gli amici e dimostrarsi senza fede, senza pietà, senza coscienza. Si tratta di metodi che possono far conquistare il potere, ma non la gloria».

   ➤ Che riflessioni ti suscitano queste affermazioni, alla luce di quanto hai letto nel capitolo VII?

   ➤ Come si giustifica dunque il giudizio che Machiavelli dà di Valentino?

Opera
Il Principe
Epoca
XVI secolo
Genere
trattato
Lingua
italiano

Il Principe, XV, XVIII

L'etica del principe

Dopo aver affrontato il tema della forza militare, Machiavelli dedica numerosi capitoli all'esame delle qualità che sono necessarie al principe per realizzare i propri obiettivi. Si tratta dei capitoli più famosi e "scandalosi" dell'opera, dato che in essi viene esplicitamente teorizzata quella assoluta indipendenza della politica dalla morale e dalla religione che finora era stata solo mostrata attraverso gli esempi.

Machiavelli sente il bisogno di giustificare di fronte al lettore il fatto che i suoi precetti si discostano da tutta la tradizione precedente (i «molti che di questo hanno scritto»): e lo fa nelle prime righe del capitolo XV, affermando che la sua intenzione era «scrivere cosa utile a chi la intende» e che quindi gli è parso più conveniente «andare drieto alla verità effettuale della cosa, che alla immaginazione di essa».

Egli sostiene quindi che il principe deve sempre apparire buono, virtuoso, onesto, pio, ma che per conservare il potere deve saper rinunciare a tempo e luogo a queste virtù. Se gli uomini fossero tutti buoni, non ce ne sarebbe bisogno; ma poiché sono malvagi, il principe deve comportarsi senza badare ai mezzi che usa. Machiavelli non invita, naturalmente, alla malvagità, alla menzogna e alla crudeltà; si limita a osservare che i buoni prìncipi a volte sono costretti a compiere azioni contrarie alla morale.

XV
DE HIS REBUS QUIBUS HOMINES ET PRAESERTIM PRINCIPES LAUDANTUR AUT VITUPERANTUR

1 Resta ora a vedere quali debbano essere e' modi e governi di uno principe con sudditi o con gli amici. E, perché io so che molti di questo hanno scritto, dubito, scrivendone ancora io, non essere tenuto prosuntuoso, partendomi, massime nel disputare questa materia, dagli ordini degli altri. Ma sendo l'intento mio scrivere cosa utile a chi la intende, mi è parso più conveniente andare drieto alla verità effettuale della cosa, che alla imaginazione di essa.[1] E molti si sono imaginati republiche e principati che non si sono mai visti né conosciuti essere in vero; perché egli è tanto discosto da come si vive a come si doverrebbe vivere, che colui che lascia quello che si fa per quello che si doverrebbe fare impara piuttosto la ruina che la perservazione

15
LE QUALITÀ CHE RENDONO GLI UOMINI E SOPRATTUTTO I PRINCIPI DEGNI DI LODE O DI BIASIMO

1 Resta ora da esaminare in qual modo un principe debba comportarsi con i sudditi e con gli amici. Sapendo che molti autori hanno scritto intorno a questo stesso argomento temo, scrivendone anch'io, di essere ritenuto presuntuoso, soprattutto perché mi allontano dai criteri e dai prìncipi seguiti dagli altri. Ma essendo il mio scopo quello di scrivere qualcosa di utile per chi vuol capire, mi è parso più conveniente inseguire la verità concreta, piuttosto che le fantasie. Molti si sono immaginati repubbliche e principati che non si sono mai visti né conosciuti nel mondo reale. Ma c'è una tale differenza tra come si vive e come si dovrebbe vivere, che colui il quale trascura ciò che al mondo si fa, per occuparsi invece di quel che si dovrebbe fare, apprende l'arte di andare in rovina, più che quella di salvarsi. È inevitabile che un uomo, il

1. **sendo l'intento... di essa:** Machiavelli enuncia il suo metodo. Nel parlare di politica, se si vuol fare cosa utile, bisogna guardare alle cose nella loro realtà concreta (*verità effettuale*), cioè a come sono, non a come si vorrebbe che fossero. Si noti il tono polemico dell'affermazione e l'acuta consapevolezza della propria originalità che traspare da questa introduzione.

sua: perché uno uomo, che voglia fare in tutte le parte professione di buono, conviene ruini infra tanti che non sono buoni.[2] Onde è necessario a uno principe, volendosi mantenere, imparare a potere essere non buono, e usarlo e non l'usare secondo la necessità.

quale voglia sempre comportarsi da persona buona in mezzo a tanti che buoni non sono, finisca per rovinarsi. Ed è pertanto necessario che un principe, per restare al potere, impari a poter essere non buono, e a seguire o non seguire questa regola, secondo le necessità.

2 Lasciando, adunque, indrieto le cose circa uno principe imaginate, e discorrendo quelle che sono vere, dico che tutti gli uomini, quando se ne parla, e massime e' principi, per essere posti più alti, sono notati di alcune di queste qualità che arrecano loro o biasimo o laude. E questo è, che alcuno è tenuto liberale, alcuno misero (usando uno termine toscano, perché avaro[3] in nostra lingua è ancora colui che per rapina desidera di avere, misero chiamiamo noi quello che si astiene troppo di usare il suo); alcuno è tenuto donatore, alcuno rapace; alcuno crudele, alcuno pietoso; l'uno fedifrago,[4] l'altro fedele; l'uno effeminato e pusillanime, l'altro feroce e animoso; l'uno umano, l'altro superbo; l'uno lascivo, l'altro casto; l'uno intero, l'altro astuto;[5] l'uno duro, l'altro facile; l'uno grave, l'altro leggieri; l'uno religioso, l'altro incredulo, e simili.

2 Lasciando da parte le fantasie che sono state dette sui prìncipi, e discorrendo della verità, dico che tutti gli uomini i quali fanno parlare di sé, e soprattutto i prìncipi, posti ancor più in alto degli altri, sono giudicati per alcune qualità che li rendono meritevoli di lode oppure di biasimo. C'è chi viene considerato munifico, e chi misero (uso questo termine toscano, poiché «avaro», nella nostra lingua, è anche colui il quale è avido di arricchirsi con la rapina, mentre definiamo «misero» colui il quale si astiene dall'usar troppo le cose sue); qualcuno è ritenuto capace di donare, qualche altro rapace; qualcuno crudele, qualche altro pietoso; uno fedifrago, l'altro fedele; uno effeminato e pauroso, l'altro feroce e coraggioso; uno modesto, l'altro superbo; uno lascivo, l'altro casto; uno leale, l'altro astuto; uno rigido, l'altro amabile; uno severo, l'altro superficiale; uno religioso, l'altro miscredente, e così via.

3 E io so che ciascuno confesserà che sarebbe laudabilissima cosa in uno principe trovarsi, di tutte le soprascritte qualità, quelle che sono tenute buone; ma, perché le non si possono avere, né interamente osservare, per le condizioni umane[6] che non lo consentono, gli è necessario essere tanto prudente, che sappia fuggire l'infamia di quelli vizii che li torrebbano lo stato, e da quelli che non gnene tolgano guardarsi, se egli è possibile; ma, non possendo, vi si può con meno respetto lasciare andare. Et etiam non si curi di incorrere nella infamia di quelli vizii, sanza quali e' possa difficilmente salvare lo stato; perché, se si considerrà bene tutto, si troverrà qualche cosa che parrà virtù, e seguendola sarebbe la ruina sua, e qualcuna altra che parrà vizio, e seguendola ne riesce la securtà e il bene essere suo.

3 Ognuno dirà che sarebbe cosa lodevolissima se, di tutte le sopradescritte qualità, un principe possedesse soltanto quelle che sono ritenute buone. Ma non è possibile averle né rispettarle interamente, perché la condizione umana non lo consente. È dunque necessario che un principe sia tanto saggio da evitare l'infamia di quei vizi che gli farebbero perdere il potere. Deve guardarsi, se possibile, anche dai vizi che non glielo fanno perdere ma, se ciò non gli è possibile, può abbandonarsi a essi senza troppa paura. Non si faccia scrupolo, anzi, di incorrere nel biasimo procuratogli da quei vizi senza i quali gli riuscirebbe difficile salvare il potere. Tutto considerato, ci sono qualità aventi l'apparenza di virtù, che conducono il principe alla rovina, e qualità aventi l'apparenza di vizi, che lo conducono invece alla sicurezza e al benessere.

2. non sono buoni: il realismo di Machiavelli si basa su una concezione pessimistica della natura umana: gli uomini, secondo lo scrittore, sono fondamentalmente cattivi.
3. misero... avaro: i due termini sono usati da Machiavelli nel loro significato latino; in italiano moderno, *avaro* corrisponde a "avido, bramoso di ricchezze", mentre *misero* corrisponde a "avaro, tirchio".
4. fedifrago: traditore.
5. astuto: qui nel senso di ambiguo, doppio, contrapposto a sincero (*intero*).
6. per le condizioni umane: Machiavelli insiste sul concetto già discusso alla nota 2. Il principe ideale, per lui, non è un uomo semplicemente immorale (anzi, egli sottolinea più volte come i grandi uomini politici abbiano fatto il bene dei loro sudditi): è però un uomo che sa usare senza scrupoli i mezzi necessari per mantenere il potere.

XVIII
QUOMODO FIDES A PRINCIPIBUS SIT SERVANDA

1 Quanto sia laudabile in uno principe mantenere la fede e vivere con integrità e non con astuzia, ciascuno lo intende; nondimanco, si vede per esperienza ne' nostri tempi quelli principi avere fatto gran cose che della fede hanno tenuto poco conto, e che hanno saputo con l'astuzia aggirare e' cervelli degli uomini; e alla fine hanno superato quelli che si sono fondati in sulla lealtà.

2 Dovete adunque sapere come sono dua generazioni di combattere: l'uno con le leggi, l'altro con la forza: quel primo è proprio dello uomo, quel secondo è delle bestie: ma, perché el primo molte volte non basta, conviene ricorrere al secondo. Pertanto, a uno principe è necessario sapere bene usare la bestia e l'uomo. Questa parte è suta insegnata a' principi copertamente dagli antichi scrittori; li quali scrivono come Achille e molti altri di quelli principi antichi furono dati a nutrire a Chirone,[7] centauro, che sotto la sua disciplina li custodissi. Il che non vuole dire altro, avere per precettore uno mezzo bestia e mezzo uomo, se non che bisogna a uno principe sapere usare l'una e l'altra natura; e l'una sanza l'altra non è durabile.

3 Sendo dunque uno principe necessitato sapere bene usare la bestia, debbe di quelle pigliare la golpe e il lione;[8] perché il lione non si defende da' lacci, la golpe non si defende da' lupi. Bisogna adunque essere golpe a conoscere e' lacci e lione a sbigottire e' lupi. Coloro che stanno semplicemente in sul lione, non se ne intendano. Non può, pertanto, uno signore prudente né debbe osservare la fede, quando tale osservanzia li torni contro e che sono spente le cagioni che la feciono promettere. E, se gli uomini fussino tutti buoni,[9] questo precetto non sarebbe buono; ma, perché sono tristi e non la osservarebbono a te, tu etiam non l'hai ad osservare a loro. Né mai a uno principe mancorono cagioni legittime di colorire la inosservanzia. Di questo se ne potrebbe dare infiniti esempli moderni, e mo-

18
LA LEALTÀ DEL PRINCIPE

1 Ognuno sa quanto sia lodevole, per un principe, essere leale e vivere con onestà, non con l'inganno. L'esperienza dei nostri tempi ci insegna tuttavia che i prìncipi, i quali hanno tenuto poco conto della parola data e ingannato le menti degli uomini, hanno anche saputo compiere grandi imprese e sono alla fine riusciti a prevalere su coloro che si sono invece fondati sulla lealtà.

2 Dovete dunque sapere come ci siano due modi di combattere: l'uno, con le leggi; l'altro, con la forza. Il primo modo appartiene all'uomo, il secondo alle bestie. Ma poiché molte volte il primo modo non basta, conviene ricorrere al secondo. È pertanto necessario che un principe sappia servirsi dei mezzi adatti sia alla bestia sia all'uomo. Gli antichi scrittori hanno già fornito ai prìncipi questo insegnamento sotto forma di allegoria, quando hanno riferito che Achille e molti altri prìncipi dell'antichità furono affidati al centauro Chirone perché li allevasse e li educasse sotto la sua disciplina. L'avere per precettore qualcuno che sia mezza bestia e mezzo uomo, ha un solo significato: che il principe deve sapersi servire dell'una e dell'altra natura, perché l'una senza l'altra non resiste nel tempo.

3 Il principe è dunque costretto a saper essere bestia e deve imitare la volpe e il leone. Dato che il leone non si difende dalle trappole e la volpe non si difende dai lupi, bisogna essere volpe per riconoscere le trappole, e leone per impaurire i lupi. Coloro che si limitano a essere leoni non conoscono l'arte di governare. Un signore prudente, pertanto, non può né deve rispettare la parola data se tale rispetto lo danneggia e se sono venute meno le ragioni che lo indussero a promettere. Se gli uomini fossero tutti buoni, questa regola non sarebbe buona. Ma poiché gli uomini sono cattivi e non manterrebbero nei tuoi confronti la parola data, neppure tu devi mantenerla con loro. Né mai a un principe mancarono pretesti legali per mascherare le inadempienze. Se ne potrebbero fornire infiniti esempi tratti dalla storia moderna, e mostrare quante paci, quante promesse furono violate e vanifica-

7. Chirone: secondo la mitologia greca il centauro Chirone, metà uomo e metà cavallo, famoso per la sua sapienza, fu maestro di eroi come Ercole, Teseo, Giasone, Achille. Nel discorso di Machiavelli il centauro simboleggia efficacemente il doppio volto del principe e la doppia natura del potere.

8. la golpe e il lione: la volpe simboleggia l'astuzia (che però non riesce da sola a difendersi *da' lupi*, cioè dalla forza bruta), il leone la forza (che però non sa difendersi *da' lacci*, cioè dall'astuzia). Perciò il principe deve essere sia volpe che leone.

9. se gli uomini... buoni: è il concetto di fondo su cui si basa tutta l'argomentazione di Machiavelli, e che l'autore ribadisce in continuazione.

strare quante paci, quante promesse sono state fatte irrite e vane per la infidelità de' principi: e quello che ha saputo meglio usare la golpe, è meglio capitato. Ma è necessario questa natura saperla bene colorire, ed essere gran simulatore e dissimulatore: e sono tanto semplici gli uomini, e tanto obediscano alle necessità presenti, che colui che inganna troverrà sempre chi si lascerà ingannare.

4 Io non voglio degli esempli freschi[10] tacerne uno. Alessandro VI non fece mai altro, non pensò mai ad altro che a ingannare uomini, e sempre trovò subietto da poterlo fare. E non fu mai uomo che avessi maggiore efficacia in asseverare, e con maggiori giuramenti affermassi una cosa, che la osservassi meno: nondimeno, sempre li succederono gli inganni ad votum, perché conosceva bene questa parte del mondo.

A uno principe, adunque, non è necessario avere in fatto tutte le soprascritte qualità, ma è bene necessario parere di averle. Anzi, ardirò di dire questo, che, avendole e osservandole sempre, sono dannose; e parendo di averle, sono utili; come parere pietoso, fedele, umano, intero, religioso,[11] ed essere; ma stare in modo edificato con l'animo, che, bisognando non essere, tu possa e sappi mutare el contrario. E hassi ad intendere questo, che uno principe, e massime uno principe nuovo, non può osservare tutte quelle cose per le quali gli uomini sono tenuti buoni, sendo spesso necessitato, per mantenere lo stato, operare contro alla fede, contro alla carità, contro alla umanità, contro alla religione. E però bisogna che egli abbia uno animo disposto a volgersi secondo ch'e' venti della fortuna e le variazioni delle cose li comandano, e, come di sopra dissi, non partirsi dal bene, potendo, ma sapere intrare nel male, necessitato.

5 Debbe, adunque, avere uno principe gran cura che non gli esca mai di bocca una cosa che non sia piena delle soprascritte cinque qualità, e paia, a vederlo e udirlo, tutto pietà, tutto fede, tutto integrità, tutto umanità, tutto religione.[12] E non è cosa più necessaria a parere di avere che questa ultima qualità. E gli uomini in universali iudicano più agli occhi che alle mani; perché tocca a vedere a ognuno, a sentire

te dalla slealtà dei prìncipi, e chi meglio ha saputo farsi volpe, meglio è riuscito ad aver successo. Ma è necessario saper mascherare bene questa natura volpina ed essere grandi simulatori e dissimulatori. Gli uomini sono così ingenui e legati alle esigenze del momento che colui il quale vuole ingannare troverà sempre chi si lascerà ingannare.

4 Voglio portare un esempio recente. Papa Alessandro VI non fece mai altro, non pensò mai ad altro, che a ingannare gli uomini, e sempre trovò materia per poterlo fare. Non ci fu mai uomo che promettesse con così grande efficacia, che giurasse con altrettanto fervore e che poi mancasse di parola quanto lui. Nondimeno riuscì sempre a ingannare a suo piacimento, perché conosceva bene questo aspetto del mondo.

Un principe, dunque, non deve realmente possedere tutte le qualità, ma deve far credere di averle. Oserò anzi dire che, se le ha e le usa sempre, gli sono dannose. Se fa credere di averle, gli sono utili. Nel senso che egli deve apparire clemente, degno di fede, umano, onesto, religioso, e anche esserlo realmente; ma se poi gli è necessario non esserlo, il suo animo deve essere sempre pronto a potere e a sapere mutarsi nell'esatto contrario. Bisogna infatti capire che un principe, soprattutto un principe nuovo, non può rispettare tutte quelle norme in base alle quali gli uomini sono considerati buoni, perché egli è spesso obbligato, per mantenere il potere, a operare contro la lealtà, contro la carità, contro l'umanità, contro la religione. Bisogna perciò che egli abbia un animo disposto a indirizzarsi secondo il vento della fortuna e il cambiar delle situazioni. Insomma, come dissi prima, non si allontani dal bene, quando può, ma sappia entrare nel male, quando vi è costretto.

5 Un principe deve fare grande attenzione a che non gli esca mai di bocca una parola che non sia piena delle cinque qualità sopra indicate. Deve insomma apparire, a guardarlo e a udirlo, tutto clemenza, tutto lealtà, tutto onestà, tutto umanità, tutto religione. Niente gli è più indispensabile che apparire religioso. Gli uomini, in generale, giudicano più con gli occhi che con le mani, perché tutti vedono e pochi toccano con mano. Tutti vedono

10. **degli esempli freschi:** contrariamente a quanto fa di solito, in questo capitolo Machiavelli non fornisce esempi tratti dalle storie antiche, ma solo dalla storia a lui contemporanea, quasi a sottolineare che le affermazioni più provocatorie e sconvolgenti della sua opera nascono dalla sua esperienza diretta e dalle sue osservazioni personali.

11. **pietoso, fedele, umano, intero, religioso:** sono le cinque virtù fondamentali che il principe deve mostrare di avere, pur sapendole usare solo a tempo e luogo; Machiavelli completa così l'elenco fornito nel cap. XV.

12. **tutto religione:** Machiavelli concepisce la religione essenzialmente dal punto di vista politico, come strumento a disposizione del principe per garantirsi stabilità ed esercitare un controllo sul comportamento dei sudditi.

a pochi.[13] Ognuno vede quello che tu pari, pochi sentono quello che tu se'; e quelli pochi non ardiscano opporsi alla opinione di molti, che abbino la maestà dello stato che li defenda; e nelle azioni di tutti gli uomini, e massime de' principi, dove non è iudizio a chi reclamare,[14] si guarda al fine. Facci dunque uno principe di vincere e mantenere lo stato: e' mezzi saranno sempre iudicati onorevoli e da ciascuno laudati;[15] perché il vulgo ne va sempre preso con quello che pare e con lo evento della cosa; e nel mondo non è se non vulgo; e li pochi non ci hanno luogo, quando li assai hanno dove appoggiarsi.[16] Alcuno principe[17] de' presenti tempi, quale non è bene nominare, non predica mai altro che pace e fede, e dell'una e dell'altra è inimicissimo; e l'una e l'altra, quando e' l'avessi osservata, gli arebbe più volte tolto o la reputazione o lo stato.

quello che tu sembri, ma pochi toccano con mano quel che tu sei, e questi pochi non osano opporsi all'opinione dei molti, che oltre tutto sono protetti dall'autorità dello Stato. Nel giudicare le azioni degli uomini, e soprattutto dei prìncipi – che non possono essere convocati in giudizio – non si guarda ai mezzi, ma al fine. Il principe faccia quel che occorre per vincere e conservare il potere. I mezzi saranno sempre giudicati onorevoli e lodati da ognuno, perché il volgo bada sempre alle apparenze e al risultato. E nel mondo il volgo è da per tutto. Le minoranze non contano, quando le maggioranze hanno dove appoggiarsi. Un principe dei nostri tempi, che è meglio non nominare [Ferdinando il Cattolico], predica sempre pace e onestà, ma non ha mai rispettato né l'una né l'altra. Del resto, se le avesse rispettate, avrebbe più volte perso la sua autorità o i suoi Stati.

Il Principe, cit.

13. E gli uomini... pochi: gli uomini generalmente giudicano più sulla base di quel che appare che su reali esperienze: tutti sono in grado di vedere, pochi sanno toccare con mano.

14. iudizio a chi reclamare: torna l'idea, già presente nel capitolo XII, secondo cui il principe è superiore alle leggi e quindi non può essere giudicato. È una delle idee su cui si basa la concezione assolutistica del potere.

15. mezzi... laudati: se il principe raggiunge il suo scopo – mantenere saldo il potere dello Stato – nessuno avrà da ridire sui mezzi impiegati. È uno dei passi da cui è stata ricavata la famosa massima "il fine giustifica i mezzi" (che in questa forma non si trova però negli scritti di Machiavelli).

16. e li pochi... appoggiarsi: passo di interpretazione controversa. Secondo lo storico F. Chabod, «i pochi – i virtuosi per Machiavelli – riescono ad acquistare forza e a dominare quando il volgo abbia una base per star sicuro e quindi per favorirli». Secondo P. Melograni, invece, il passo significa che le minoranze non hanno alcun potere quando i molti (*gli assai*) si appoggiano all'autorità dello Stato.

17. Alcuno principe: Ferdinando il Cattolico (1452-1516), re di Sicilia, d'Aragona e di Napoli, che Machiavelli ha già citato nel capitolo I.

Il lessico e la grammatica

Animali... metaforici

Parlando di volpe, leone e lupi, Machiavelli ricorre a metafore il cui significato è facilmente comprensibile a chiunque: fin dall'antichità, infatti, le favole usano gli animali per simboleggiare **vizi e virtù degli esseri umani**. Alcuni animali hanno quindi assunto, con il tempo, un significato fisso, sono diventati metafore "cristrallizzate", largamente usate anche nella lingua quotidiana. Per esempio:

- *volpe* = astuzia
- *lupo* = ferocia
- *coniglio* = mancanza di coraggio
- *tartaruga* = lentezza
- *pecora o agnello* = mitezza, umiltà...

La scelta di Machiavelli, però, ha un significato particolare. In un famoso passo evangelico (Matteo, 10:16) Gesù dice ai suoi apostoli: «Io vi mando come pecore in mezzo ai lupi; siate dunque prudenti come serpenti e semplici come colombe». Machiavelli contrappone indirettamente le sue metafore della volpe e del leone a quelle evangeliche della colomba e del serpente: senza dubbio, la virtù della semplicità gli sembrava politicamente poco utile, mentre il serpente era connotato in maniera troppo negativa; gli animali scelti da Machiavelli hanno invece per lui un carattere positivo, che si riflette sul principe ideale.

Analisi del testo

La malvagità della natura umana. Il capitolo XV si apre con una premessa in cui Machiavelli svolge tre argomenti: la polemica contro i trattati che prima di lui affrontavano il tema delle qualità necessarie al principe; l'affermazione del proprio realismo, dato che le sue osservazioni nascono dall'analisi della "verità effettuale"; e infine l'amara considerazione che il "come si vive" è molto diverso dal "come si dovrebbe vivere", e che da questa distanza fra la realtà e l'immaginazione nasce la necessità che il principe non sia interamente buono.

Machiavelli esprime quindi un "pessimismo antropologico": la natura umana, cioè, è per lui fondamentalmente malvagia. Come afferma in un altro passo famoso (capitolo XVII) «degli uomini si può dire questo generalmente: che sieno ingrati, volubili, simulatori e dissimulatori, fuggitori de' pericoli, cupidi di guadagno».

Naturalmente Machiavelli sapeva bene che negli uomini esistono anche sentimenti di amore, di altruismo, di solidarietà ecc. Le sue affermazioni vanno quindi interpretate in questo senso: la politica consiste nella conquista, nel mantenimento e nella gestione del potere; tutto il resto, che pure naturalmente esiste, riguarda altri campi (quello della morale, della religione ecc.). L'importanza del *Principe* consiste proprio nella "scoperta" della politica come ambito specifico dell'attività umana, diverso e indipendente da quelli dell'etica, della fede o della vita privata.

La metafora della *golpe* e del *lione*. La doppia metafora della *golpe* e del *lione* è alla base del ragionamento sviluppato nel capitolo XVIII. Di questo capitolo, forse il più importante di tutta l'opera, ci limitiamo a mettere in luce alcuni aspetti, invitandoti a rileggerlo più e più volte per comprenderne tutta la complessità e la ricchezza che qui non possiamo analizzare.
Un primo spunto è offerto dall'esempio di "doppiezza" volpina fornito da Machiavelli, quello di papa Alessandro VI, il padre di Valentino. Naturalmente i papi del Rinascimento, in quanto sovrani assoluti di un territorio relativamente ampio, si comportavano come tutti gli altri prìncipi dell'epoca. E di Alessandro VI Machiavelli dà un giudizio implicitamente positivo, sia qui sia nel capitolo VII (quando parla delle imprese di Valentino). Ma la scelta di questo esempio, nel capitolo più scandaloso di tutta l'opera, non può essere casuale: Machiavelli sapeva bene che *Il Principe* avrebbe suscitato polemiche e condanne da parte dei moralisti (e infatti l'opera fu pubblicata solo dopo la sua morte); e sapeva bene che porre il papa sullo stesso piano di un qualsiasi altro principe era una ulteriore provocazione.
Da questa scelta traspare l'ostilità dello scrittore al potere temporale dei papi. Machiavelli era infatti convinto che la mancata unificazione territoriale dell'Italia fosse dovuta in primo luogo alla presenza dello Stato della Chiesa, che spezzava in due la penisola e che la Curia romana fosse la principale responsabile della *ruina* d'Italia, cioè della sua decadenza sia sul piano politico sia su quello culturale.
Machiavelli insiste spesso, sia nel *Principe* sia nelle altre opere, sull'indipendenza della politica dalla religione e anzi sull'uso politico che della religione il principe deve fare. La religione è infatti un ottimo *instrumentum regni* in quanto consente al principe di controllare il comportamento dei suoi sudditi. Da parte sua, naturalmente, il principe deve sembrare religioso, senza esserlo davvero.

La morale utilitaristica. Il principe, essendo un sovrano assoluto, è al di sopra della legge e della morale comune. Questo non significa che possa fare semplicemente quello che vuole; anzi, i capitoli centrali del libro forniscono proprio una serie di precetti che il principe deve seguire se non vuole perdere il suo Stato. Questi precetti derivano tutti da una morale di tipo utilitaristico, l'unica a cui il principe deve ritenersi obbligato: egli, per esempio, deve evitare di portar via ai suoi sudditi i beni e le donne e di commettere delitti inutilmente, non perché esista un principio morale che lo rende sbagliato, ma perché queste azioni lo renderebbero odioso e metterebbero in pericolo il suo potere; deve mostrarsi coraggioso e deciso, non perché il coraggio e la decisione siano valori in sé apprezzabili, ma perché il principe deve evitare il disprezzo dei sudditi, da cui potrebbe nascere la sua *ruina*.

Proposte di lavoro

1. Verifica la comprensione del capitolo XV individuando le parti (nuclei concettuali) di cui è composto e sintetizzando rapidamente il loro contenuto.

I parte ....
....

II parte ....
....

III parte ....
....

2. Nella prima parte del capitolo XV Machiavelli enuncia i criteri ai quali si ispirerà il suo discorso.
   - Quali sono questi criteri?
   - In che senso sono rivoluzionari rispetto alla tradizione del pensiero politico medievale?
3. Segue poi un elenco di virtù e vizi attribuibili al principe. Qual è il ragionamento di Machiavelli in proposito?
   - Quale comportamento dovrebbe – secondo lui – tenere il principe?
4. Nel capitolo XVIII Machiavelli discute se il principe debba o no mantenere la parola data. Ricostruisci il suo ragionamento e le conclusioni alle quali giunge.
5. Questa tesi destò particolare scandalo: prova a ipotizzare perché, facendo riferimento al significato e al valore che il concetto di fede, fedeltà aveva nella cultura medievale.
6. Machiavelli utilizza alcune metafore per chiarire al lettore in che modo debba agire il principe: spiega il significato dei seguenti termini metaforici, tenendo conto del contesto.
   - volpe: ....
   ....
   - leone: ....
   ....
   - lupi: ....
   ....
   - trappole: ....
7. Nell'ultima parte del capitolo Machiavelli sostiene che in politica conta più come si appare che come si è: rintraccia i passi relativi e spiega in base a quali considerazioni e a quale visione dell'uomo l'autore giunge a queste conclusioni.
8. Per definire la concezione politica di Machiavelli si usa spesso il termine "realismo". Ritrova nel testo i passi dove a tuo giudizio tale realismo emerge con maggiore chiarezza.

MACHIAVELLI AVEVA RAGIONE?

① Le "regole" enunciate da Machiavelli nel suo trattato sono valide ancora oggi? L'uomo politico può e deve comportarsi in base al principio che il fine giustifica i mezzi, per poter vincere e conservare il potere?

La risposta non è semplice, evidentemente. Diciamo innanzitutto che, nel corso del XX secolo, gli uomini politici che hanno messo in pratica alla lettera, o quasi, la lezione di Machiavelli sono stati i grandi dittatori: Mussolini, Hitler, Stalin, Mao. Essi, pur presentando molte e fondamentali differenze fra loro, condividevano un'idea dello stato: lo stato come potere assoluto, cioè non sottoposto ad alcun controllo e ad alcuna limitazione da parte di altre forze.
L'idea di stato subisce profonde modifiche a partire dal Settecento: grazie alla riflessione degli illuministi, si è affermata l'idea moderna dello stato di diritto, cioè di uno stato in cui le leggi garantiscono i diritti dei singoli cittadini e quindi il potere non è assoluto. Nello stato di diritto nessuno detiene tutto il potere, perché il potere è suddiviso tra vari organismi (legislativo, esecutivo, giudiziario), che si bilanciano e si controllano a vicenda.

② Ciò significa che Machiavelli è superato e inattuale, essendo le condizioni storiche e politiche attuali molto diverse rispetto a quelle del tempo in cui scriveva?

Senza dubbio l'importanza storica di Machiavelli consiste nell'aver "scoperto" l'autonomia della politica: l'agire politico si basa su regole e principi propri, specifici, diversi da quelli della vita quotidiana, o delle convinzioni religiose, o dell'agire etico. Da questo punto di vista, Machiavelli resta il primo teorico della politica: chiunque abbia riflettuto su questi problemi dopo Machiavelli ha dovuto fare i conti con le sue opere.
Le regole di Machiavelli, le sue famose massime, non hanno invece un valore universale, al contrario di quanto riteneva egli stesso. Del resto, *Il Principe* non è un'opera teorica astratta, un testo destinato a enunciare regole valide in ogni tempo e in ogni situazione, ma un'opera militante, un pamphlet che aveva lo scopo di stimolare l'azione di Lorenzo de' Medici (o di qualche altro principe) per dar vita anche in Italia a uno stato nazionale come era avvenuto in Francia o in Spagna.

Opera
Il Principe
Epoca
XVI secolo
Genere
trattato
Lingua
italiano

Il Principe, XXV, XXVI 1, 2, 3, 4, 7

La fortuna

■ Dopo aver concluso il discorso sui comportamenti più adatti al principe e aver spiegato in che modo egli debba scegliere i suoi ministri, evitando gli adulatori, Machiavelli affronta il tema filosofico sotteso a tutta la sua trattazione, quello del rapporto tra fortuna e virtù.
Abbiamo già detto che con il termine fortuna Machiavelli intende il destino, il caso, l'occasione offerta dalle circostanze (non quindi la nostra "buona sorte"); e che con virtù intende la capacità politica e l'abilità del principe, non la sua bontà o la sua moralità.
Il tema del rapporto tra fortuna e virtù è impostato da Machiavelli nelle prime righe del capitolo, laddove sostiene che la fortuna è arbitra di metà delle azioni umane, mentre gli uomini sono responsabili dell'altra metà. Il successo dipende dalla capacità di adeguare il proprio comportamento alla "qualità dei tempi", cioè alle condizioni oggettive in cui ci si trova ad agire.

XXV

QUANTUM FORTUNA IN REBUS HUMANIS POSSIT ET QUOMODO ILLI SIT OCCURRENDUM

1 E' non mi è incognito come molti hanno avuto e hanno opinione, che le cose del mondo sieno in modo governate dalla fortuna e da Dio, che gli uomini con la prudenzia loro non possino correggerle, anzi non vi abbino remedio alcuno; e per questo potrebbono iudicare che non fussi da insudare molto nelle cose, ma lasciarsi governare alla sorte.[1] Questa opinione è stata più creduta ne' nostri tempi per la variazione grande delle cose che si sono viste e veggonsi ogni dì, fuora di ogni umana coniettura. A che pensando io qualche volta, mi sono in qualche parte inclinato nella opinione loro.

2 Nondimanco, perché il nostro libero arbitrio[2] non sia spento, iudico potere essere vero che la fortuna sia arbitra della metà delle azioni nostre, ma che etiam lei ne lasci governare l'altra metà, o presso, a noi. E assomiglio quella a uno di questi fiumi rovinosi, che, quando s'adirano, allagano e' piani, ruinano gli alberi e gli edifizii, lievono da questa parte terreno, pongono da quell'altra: ciascuno fugge loro dinanzi, ognuno cede allo impeto loro,

25

IL POTERE DELLA FORTUNA NELLE COSE UMANE E IL MODO DI RESISTERE A ESSO

1 Non ignoro che molti hanno creduto e credono che le cose del mondo siano a tal punto governate dalla fortuna e da Dio, che agli uomini, anche quando siano saggi, non sia concesso in alcun modo di cambiarle. Questo potrebbe far pensare che non ci si debba affaticare molto, e che ci si debba invece lasciar governare dalla sorte. Tale opinione ha avuto molto successo ai tempi nostri, a causa dei grandi sconvolgimenti che si sono visti e che si vedono ogni giorno, e che nessuno avrebbe potuto prevedere. Io stesso, pensando a questo, mi sono talvolta orientato a credere che tale opinione fosse fondata.

2 Tuttavia, affinché il nostro libero arbitrio non sia completamente cancellato, ritengo possa esser vero che la fortuna sia arbitra della metà delle azioni nostre, e che essa lasci a noi il governo dell'altra metà, o quasi. E paragono la fortuna a uno di quei fiumi impetuosi che, quando s'infuriano, allagano le pianure, abbattono gli alberi e gli edifici, trascinano masse di terra da una parte all'altra. Ogni essere vivente fugge davanti a essi e cede all'impeto loro, senza potere in alcun modo opporsi. Il fatto

1. **lasciarsi governare alla sorte:** gli atteggiamenti fatalistici, osserva acutamente Machiavelli, sembrano diffondersi soprattutto in periodi storici caratterizzati da grandi mutamenti, dato che agli uomini pare che il loro destino sia nelle mani di forze incontrollabili, troppo grandi per poter essere dominate o guidate.
2. **libero arbitrio:** nel linguaggio filosofico, l'espressione indica la libertà di scelta che è tipica dell'uomo in quanto essere razionale; esso si contrappone al "servo arbitrio", che è proprio degli animali, costretti a seguire il loro istinto.

sanza potervi in alcuna parte obstare. E, benché sieno così fatti, non resta però che gli uomini, quando sono tempi quieti, non vi potessino fare provvedimenti e con ripari e argini, in modo che, crescendo poi, o egli andrebbano per uno canale, o l'impeto loro non sarebbe né sì licenzioso né sì dannoso.

3 Similmente interviene della fortuna; la quale dimostra la sua potenzia dove non è ordinata virtù a resisterle; e quivi volta li sua impeti, dove lo sa che non sono fatti gli argini e li ripari a tenerla. E, se voi considerrete l'Italia,[3] che è la sedia di queste variazioni e quella che ha dato loro il moto, vedrete essere una campagna sanza argini e sanza alcuno riparo: ché, s'ella fussi riparata da conveniente virtù, come la Magna, la Spagna e la Francia, o questa piena non arebbe fatte le variazioni grandi che ha, o la non ci sarebbe venuta.
E questo voglio basti avere detto quanto allo opporsi alla fortuna in universali.

4 Ma, restringendomi più a' particulari, dico come si vede oggi questo principe felicitare, e domani ruinare, sanza averli veduto mutare natura o qualità alcuna: il che credo che nasca, prima dalle cagioni che si sono lungamente per lo adrieto discorse, cioè che quel principe che si appoggia tutto in su la fortuna, rovina, come quella varia. Credo ancora che sia felice quello che riscontra el modo del procedere suo con le qualità de' tempi, e similmente sia infelice quello che con il procedere suo si discordano e' tempi.

5 Perché si vede gli uomini, nelle cose che li conducono al fine, quale ciascuno ha innanzi, cioè glorie e ricchezze,[4] procedervi variamente; l'uno con respetto, l'altro con impeto; l'uno per violenzia, l'altro con arte; l'uno per pazienzia, l'altro con il suo contrario: e ciascuno con questi diversi modi vi può pervenire. Vedesi ancora dua respettivi, l'uno pervenire al suo disegno, l'altro no; e similmente dua equalmente felicitare con dua diversi studii, sendo l'uno respettivo e l'altro impetuoso: il che non nasce da altro, se non dalla qualità de' tempi, che si conformano o no col procedere loro. Di qui

che i fiumi siano fatti così non impedisce tuttavia agli uomini, nei periodi calmi, di apprestare ripari e argini in modo che, quando i fiumi poi crescono, possano essere incanalati e il loro impeto possa non risultare così sfrenato e dannoso.

3 Qualcosa di simile accade con la fortuna, la quale dimostra tutta la sua potenza là dove non c'è un'organizzazione predisposta per resisterle, e proprio là essa dirige la sua furia, dove sa che non sono stati apprestati gli argini e i ripari in grado di contenerla. Se prendete in esame l'Italia, che è la causa e il centro dei grandi sconvolgimenti dei tempi nostri, la vedrete simile a una campagna senza argini e senza ripari. Se essa fosse stata protetta da una conveniente forza militare, come la Germania, la Spagna e la Francia, o l'inondazione non avrebbe prodotto tanti sconvolgimenti, e così grandi, o non sarebbe arrivata affatto. Non vorrei aggiungere altro sul modo di opporsi agli impeti della fortuna, in termini generali.

4 Ma passando ai dettagli dico che possiamo vedere un principe oggi aver successo e domani andare in rovina, senza che i suoi caratteri e le sue qualità abbiano subìto alcun cambiamento. Ritengo che questo dipenda innanzi tutto dalle ragioni che sono state a lungo esposte nelle pagine precedenti, vale a dire che un principe appoggiatosi unicamente sulla fortuna va in rovina non appena la fortuna cambia direzione. Ritengo inoltre che abbia successo colui che adatta metodi e mezzi alla qualità dei tempi, e analogamente che vada incontro all'insuccesso colui che viceversa non sa adattarsi ai tempi.

5 Vediamo infatti che gli uomini, per raggiungere il fine a cui mirano, vale a dire di esser celebri e ricchi, si comportano in modi molto diversi; uno con cautela, l'altro con impeto; uno con violenza, l'altro con astuzia; uno con pazienza, l'altro con impazienza; e ciascuno di questi modi può consentire di raggiungere il fine che si voleva raggiungere. Vediamo pure che di due persone prudenti, una raggiunge il suo scopo e l'altra no. E magari vediamo che due persone possono aver successo con due modi di comportarsi completamente diversi, dato che per esempio una di queste persone è cauta e l'altra impetuosa. La ragione va trovata nel fatto che esista oppur no un rapporto armo-

3. **se voi considerrete l'Italia:** anche nel capitolo più apertamente filosofico della sua opera Machiavelli non dimentica lo scopo pratico che si è proposto: le sue riflessioni non sono mai astratta speculazione, ma nascono sempre dall'osservazione della realtà e hanno una precisa finalità pratica.

4. **cioè glorie e ricchezze:** sono questi, dunque, i fini che tutti gli uomini si propongono; il termine *glorie* non va inteso in senso astratto (la fama postuma, l'immortalità presso i posteri o simili), bensì come celebrità in vita: sia le glorie sia le ricchezze sono quindi beni concreti, materiali, interamente terreni.

nasce quello ho detto, che dua, diversamente operando, sortiscono el medesimo effetto; e dua equalmente operando, l'uno si conduce al suo fine, e l'altro no.

nico tra l'operato di queste persone e il carattere dei tempi. Per questo ho detto che due persone, operando diversamente, possono raggiungere un identico obiettivo, mentre di due persone che si comportano in modo identico, una può raggiungere l'obiettivo e l'altra no.

6 Da questo ancora depende la variazione del bene; perché, se uno che si governa con respetti e pazienzia, e' tempi e le cose girono in modo, che il governo suo sia buono, e' viene felicitando; ma se li tempi e le cose si mutano, e' rovina, perché non muta modo di procedere. Né si truova uomo sì prudente, che si sappi accomodare a questo; sì perché non si può deviare da quello a che la natura lo inclina, sì etiam perché, avendo sempre uno prosperato camminando per una via, non si può persuadere partirsi da quella. E però l'uomo respettivo, quando egli è tempo di venire allo impeto, non lo sa fare; donde rovina: ché se si mutassi di natura con li tempi e con le cose, non si muterebbe fortuna.

6 Da questo dipende la variabile del successo: che se uno si comporta con cautela e pazienza nei tempi che esigono queste qualità, allora gli va bene; ma se i tempi cambiano e non cambiano anche i suoi comportamenti, allora gli va male. Non è possibile trovare un uomo che sia così saggio da sapersi adattare a questi cambiamenti; l'uomo non devia dalla sua inclinazione naturale, e se ha avuto successo seguendo una certa via, non si persuade ad abbandonarla. Ecco perché un uomo cauto, quando è tempo di slanci, non sa farlo e viene sconfitto. Se egli riuscisse a cambiare coi tempi, anche la sua fortuna non cambierebbe.

7 Papa Iulio II[5] procedé in ogni sua cosa impetuosamente; e trovò tanto e' tempi e le cose conforme a quello suo modo di procedere, che sempre sortì felice fine. Considerate la prima impresa che fe' di Bologna, vivendo ancora messer Giovanni Bentivogli. E' Viniziani non se ne contentavano; el re di Spagna quel medesimo; con Francia aveva ragionamenti di tale impresa; e nondimanco, con la sua ferocia e impeto, si mosse personalmente a quella espedizione. La quale mossa fece stare sospesi e fermi Spagna e Viniziani; quelli per paura, e quell'altro per il desiderio aveva di recuperare tutto el regno di Napoli; e dall'altro canto si tirò drieto el re di Francia; perché, vedutolo quel re mosso, e desiderando farselo amico per abbassare e' Viniziani, iudicò non poterli negare le sua gente sanza iniuriarlo manifestamente.

7 Papa Giulio II fu sempre impetuoso e trovò i suoi tempi tanto adatti alla sua indole, che sempre raggiunse il suo scopo. Esaminate la sua prima impresa, quella di Bologna, mentre era ancora in vita messer Giovanni Bentivoglio. I Veneziani non la vedevano di buon occhio; il re di Spagna pure; con la Francia il papa era in trattative. Eppure, con temerarietà e con impeto, egli si mise di persona alla testa della spedizione. Questa mossa turbò e paralizzò il re di Spagna e i Veneziani; questi ultimi per la paura, e il re per il desiderio che aveva di recuperare tutto il regno di Napoli. D'altro canto il papa trascinò con sé il re di Francia perché, vedendo che il papa si era ormai mosso e desiderando farselo amico per diminuire il potere dei Veneziani, Luigi XII ritenne di non potergli negare un aiuto militare poiché un rifiuto avrebbe costituito un'offesa.

8 Condusse adunque Iulio con la sua mossa impetuosa quello che mai altro pontefice, con tutta la umana prudenzia, arebbe condotto: perché, se egli aspettava di partirsi da Roma con le conclusione ferme e tutte le cose ordinate, come qualunque altro pontefice arebbe fatto, mai li riusciva; perché el re di Francia arebbe avuto mille scuse, e gli altri messo mille paure. Io voglio lasciare stare le altre sue azioni, che tutte sono state simili, e tutte li so-

8 Papa Giulio, dunque, con la sua mossa impetuosa, compì quello che nessun altro pontefice, con tutta la saggezza umana, avrebbe potuto compiere. Se per partire da Roma egli avesse aspettato di firmare tutti i patti necessari e di organizzar bene tutto, come qualunque altro pontefice avrebbe fatto, non gli sarebbe mai riuscito di compiere quel che compì, perché il re di Francia avrebbe trovato mille scuse e gli altri gli avrebbero messo mille paure. Io voglio lasciar stare le altre sue imprese, che tutte sono state simili a que-

5. **Papa Iulio II:** anche in questo capitolo, come già nel XVIII, Machiavelli si limita ad analizzare esempi tratti dalla storia moderna, trascurando quelli tratti dalla storia antica.

no successe bene; e la brevità della vita non gli ha lasciato sentire il contrario; perché, se fussino venuti tempi che fussi bisognato procedere con respetti, ne seguiva la sua ruina; né mai arebbe deviato da quelli modi, a' quali natura lo inclinava.

9 Concludo, adunque, che, variando la fortuna, e stando gli uomini ne' loro modi ostinati, sono felici, mentre concordano insieme, e, come discordano, infelici. Io iudico bene questo: che sia meglio essere impetuoso che respettivo;[6] perché la fortuna è donna: ed è necessario, volendola tenere sotto, batterla e urtarla. E si vede che si lascia più vincere da questi, che da quelli che freddamente procedano; e però sempre, come donna, è amica de' giovani, perché sono meno respettivi, più feroci, e con più audacia la comandano.

XXVI

EXHORTATIO AD CAPESSENDAM ITALIAM IN LIBERTATEMQUE A BARBARIS VINDICANDAM

1 Considerato, adunque, tutte le cose di sopra discorse, e pensando meco medesimo se, al presente in Italia, correvano tempi da onorare uno nuovo principe,[7] e se ci era materia che dessi occasione a uno prudente e virtuoso di introdurvi forma che facessi onore a lui e bene alla università degli uomini di quella; mi pare concorrino tante cose in benefizio di uno principe nuovo, che io non so qual mai tempo fussi più atto a questo. E se, come io dissi, era necessario, volendo vedere la virtù di Moisè, che il populo d'Isdrael fussi stiavo in Egitto; e a conoscere la grandezza dello animo di Ciro, ch'e' Persi fussino oppressati da' Medi, e la eccellenzia di Teseo, che gli Ateniesi fussino dispersi; così al presente, volendo conoscere la virtù di uno spirito italiano, era necessario che la Italia si riducessi nel termine che ella è di presente, e che la fussi più stiava che gli Ebrei, più serva ch'e' Persi, più dispersa che gli Ateniesi, sanza capo, sanza ordine, battuta, spogliata, lacera, corsa; ed avessi sopportato d'ogni sorte ruina.[8]

sta e tutte gli sono ben riuscite. La brevità della vita non gli fece conoscere sconfitte. Ma se fossero arrivati i tempi in cui bisognava procedere con cautela, avremmo assistito alla sua rovina. Il papa non avrebbe mai deviato da quei metodi ai quali la sua indole lo predisponeva.

9 In conclusione, se la fortuna è mutevole e gli uomini, viceversa, si ostinano a usare sempre gli stessi metodi, è anche vero che gli uomini hanno successo finché metodi e tempi concordano, e vanno verso l'insuccesso in caso contrario. Ritengo bene questo: che sia meglio essere impetuosi piuttosto che cauti, perché la fortuna è donna ed è necessario, volendola sottomettere, percuoterla e contrastarla. Essa si lascia dominare dagli impetuosi, piuttosto che da coloro che si comportano con freddezza. Ecco perché, come donna, essa è amica dei giovani, che sono meno cauti, più impavidi e più audaci nel comandarla.

26

ESORTAZIONE A PRENDERE L'ITALIA E A LIBERARLA DALLE MANI DEI BARBARI

1 Considerate tutte le cose di cui ho fin qui trattato, mi sono chiesto se le circostanze presenti, in Italia, erano tali da rendere onore a un nuovo principe, e se c'era modo di consentire a un principe saggio e capace di introdurre novità istituzionali tali da assicurare gloria a lui e benefici alla collettività. Ora a me sembra che concorrano tali e tante circostanze favorevoli a un principe nuovo, che io non so se ci fu mai un'epoca più propizia di questa. E se, come dissi già al capitolo 6, era necessario per mettere in evidenza le grandi qualità di Mosè, di Ciro e di Teseo, che il popolo d'Israele fosse schiavo in Egitto, che i Persiani fossero oppressi dai Medi e che gli Ateniesi fossero dispersi, così ora, per riconoscere il valore di uno spirito italiano, era necessario che l'Italia si riducesse nelle condizioni in cui si trova, e che essa fosse più schiava degli Ebrei, più serva dei Persiani e più dispersa degli Ateniesi; senza guida, senza ordine, battuta, spogliata, lacera, saccheggiata e percorsa dallo straniero, dopo aver sopportato ogni genere di calamità.

6. sia meglio... respettivo: al termine della sua analisi imparziale, Machiavelli esprime il suo parere soggettivo senza veramente motivarlo (la spiegazione, che la fortuna è donna e quindi bisogna trattarla con autorità, oltre a far sorridere noi moderni, non era un'argomentazione molto forte neanche nel Cinquecento). In realtà la motivazione è contenuta in tutto il libro: il principe ideale di Machiavelli è innanzitutto un uomo d'azione, non un diplomatico.

7. uno nuovo principe: fin dall'inizio della sua trattazione, infatti, Machiavelli aveva concentrato la sua attenzione sul principato nuovo (capitolo III).

8. ruina: il tono appassionato dell'ultimo capitolo è sottolineato anche dalle scelte stilistiche. Si noti in questo caso la collocazione artificiosa del termine *ruina* in fine di paragrafo, che lo evidenzia come parola chiave per esprimere la condizione italiana.

2 E, benché fino a qui si sia mostro qualche spiraculo in qualcuno,[9] da potere iudicare che fussi ordinato da Dio per sua redenzione, tamen si è visto da poi come, nel più alto corso delle azioni sue, è stato dalla fortuna reprobato. In modo che, rimasa come sanza vita, espetta qual possa essere quello che sani le sue ferite, e ponga fine a' sacchi di Lombardia, alle taglie del Reame e di Toscana,[10] e la guarisca di quelle sue piaghe già per lungo tempo infistolite. Vedesi come la prega Dio che le mandi qualcuno, che la redima da queste crudeltà ed insolenzie barbare.[11] Vedesi ancora tutta pronta e disposta a seguire una bandiera, pur che ci sia uno che la pigli.

3 Né ci si vede al presente in quale lei possa più sperare che nella illustre Casa Vostra, quale con la sua fortuna e virtù, favorita da Dio e dalla Chiesa, della quale è ora principe,[12] possa farsi capo di questa redenzione. Il che non fia molto difficile, se vi recherete innanzi le azioni e vita de' sopranominati. E, benché quegli uomini sieno rari e meravigliosi, nondimanco furono uomini, ed ebbe ciascuno di loro minore occasione che la presente; perché la impresa loro non fu più iusta di questa né più facile, né fu a loro Dio più amico che a voi. Qui è iustizia grande: «iustum enim est bellum quibus necessarium, et pia arma, ubi nulla nisi in armis spes est».[13] Qui è disposizione grandissima; né può essere, dove è grande disposizione, grande difficultà, pur che quella pigli degli ordini di coloro che io ho proposti per mira. Oltre di questo, qui si veggano estraordinarii, sanza esemplo, condotti da Dio: el mare si è aperto; una nube vi ha scòrto el cammino; la pietra ha versato acqua; qui è piovuto la manna;[14] ogni cosa è concorsa nella vostra grandezza. El rimanente dovete fare voi. Dio non vuole fare ogni cosa, per non ci tòrre el libero arbitrio e parte di quella gloria che tocca a noi.

4 E non è maraviglia se alcuno de' prenominati Italiani non ha possuto fare quello che si può sperare facci la illustre Casa Vostra; e se in tante revoluzioni di Italia e in tanti maneggi di guerra, e' pare sempre che in quella la virtù militare sia spenta.

2 Qualche spiraglio di luce si è manifestato talvolta in qualche italiano, tale da poter far pensare che egli fosse mandato da Dio per la redenzione dell'Italia. Tuttavia si è poi visto che, nel momento decisivo, la fortuna non lo ha assistito. Di modo che, rimasta quasi senza vita, l'Italia attende di vedere quale possa essere l'uomo capace di sanare le sue ferite, di porre fine ai saccheggi della Lombardia, alle imposizioni fiscali del Regno di Napoli e della Toscana, e di guarirla dalle piaghe già da lungo tempo incancrenite. Vediamo come essa preghi Dio che le mandi qualcuno per redimerla dalle crudeltà e dalle prepotenze dei barbari. La vediamo ancora tutta pronta e disposta a seguire una bandiera, purché ci sia uno che la afferri.

3 Né si vede, oggi, in quale casa regnante essa possa sperare più che nella Casa dei Medici, l'illustre Casa Vostra, la quale, grazie alla sua fortuna e capacità politica, favorita da Dio e dalla Chiesa, della quale ora è a capo, possa mettersi alla testa di questa redenzione. Ciò non sarà molto difficile se terrete presenti le imprese e la vita degli eroi sopra nominati. E benché quegli uomini fossero eccezionali e meravigliosi, nondimeno furono uomini, e ognuno di loro agì in circostanze meno favorevoli delle attuali, perché l'impresa a cui misero mano non fu più giusta di questa di cui qui stiamo parlando, né più facile, né Dio fu con loro più amico che con voi. Nell'impresa di cui stiamo parlando c'è una grande giustizia: «È giusta la guerra per coloro ai quali è necessaria; e sacre sono le armi quando in esse è riposta l'unica speranza». Tutto sembra essere disposto in favore dell'impresa e, in tali circostanze, non possono esserci grandi difficoltà, purché si prenda esempio da coloro che ho proposti per modello. Oltre a tutto possono esserci prodigi incomparabili guidati da Dio: il mare si è aperto; una nube vi ha indicato il cammino; da una pietra è scaturita l'acqua; qui la manna è piovuta dal cielo; ogni cosa ha contribuito alla vostra grandezza. Il resto dovete farlo voi. Dio non vuole fare tutto, per non privarci del libero arbitrio e di quella parte di gloria che ci spetta.

4 Non c'è da meravigliarsi se nessuno dei predetti Italiani ha potuto fare ciò che si può sperare sarà fatto dall'illustre Casa Vostra, anche se in tanti rivolgimenti avutisi in Italia e in tanti esercizi di guerra, ci sembra sempre che il valore militare dell'Italia sia finito. Ciò dipen-

9. **in qualcuno:** il riferimento è naturalmente a Valentino, che aveva per breve tempo incarnato l'ideale di principe nuovo di Machiavelli.
10. **Lombardia... Reame... Toscana:** i saccheggi compiuti dagli spagnoli e dai francesi in Lombardia, i tributi imposti dagli stranieri al Regno di Napoli e alla Toscana.
11. **barbare:** straniere; ma il termine di Machiavelli è carico di disprezzo e anticipa i toni eroici della conclusione.
12. **della quale è ora principe:** nel 1513 era infatti stato eletto al soglio pontificio Leone X, secondogenito di Lorenzo il Magnifico.
13. **iustum enim... spes est:** la citazione è tratta dal IX libro delle *Storie* di Tito Livio, lo storico latino approfonditamente studiato da Machiavelli negli anni precedenti alla stesura del *Principe*.
14. **el mare... manna:** il riferimento è ad alcuni celebri episodi dell'Antico Testamento; Machiavelli intende dire che in Italia si stanno verificando dei cambiamenti così straordinari da sembrare miracoli, segni celesti che invitano all'azione.

Questo nasce, che gli ordini antiqui di essa non erano buoni, e non ci è suto alcuno che abbi saputo trovare de' nuovi: e veruna cosa fa tanto onore a uno uomo che di nuovo surga, quanto fa le nuove legge[15] e li nuovi ordini trovati da lui. Queste cose, quando sono bene fondate e abbino in loro grandezza, lo fanno reverendo e mirabile. E in Italia non manca materia da introdurvi ogni forma; qui è virtù grande nelle membra, quando la non mancassi ne' capi.[16] Specchiatevi ne' duelli e ne' congressi de' pochi, quanto gli Italiani sieno superiori con le forze, con la destrezza, con lo ingegno; ma, come si viene agli eserciti, non compariscono. E tutto procede dalla debolezza de' capi; perché quelli che sanno non sono obediti, e a ciascuno pare di sapere, non ci sendo infino a qui alcuno, che si sia saputo rilevare, e per virtù e per fortuna, che gli altri cedino. Di qui nasce che, in tanto tempo, in tante guerre fatte ne' passati venti anni, quando egli è stato uno esercito tutto italiano, sempre ha fatto mala pruova. Di che è testimone prima el Taro, di poi Alessandria, Capua, Genova, Vailà, Bologna, Mestri. [...]

de dal fatto che i vecchi ordinamenti italiani non erano più buoni, e non c'è stato nessuno capace di trovarne di nuovi. Niente, tuttavia, dà tanta gloria e rispetto a un uomo nuovo, quanto il creare nuove leggi e nuovi ordinamenti, che siano ben fondati e possiedano una loro grandiosità. E in Italia non manca la materia a cui dare forma: c'è il grande valore del popolo, anche se manca il valore dei capi. Osservate fino a qual punto nei duelli e nei combattimenti fra pochi gli Italiani siano superiori per forza, per destrezza e per ingegno; ma non appena si passa agli eserciti, fanno cattiva figura. Tutto dipende dalla debolezza dei capi. Coloro che sanno non sono obbediti, e ognuno crede di saper comandare, non essendoci stato finora nessuno in grado di distinguersi, grazie alla capacità politica e alla fortuna, in modo da umiliare gli altri. Da ciò dipende se da tanto tempo, nelle numerose guerre avutesi durante gli ultimi vent'anni, ogni esercito interamente italiano ha sempre dato cattiva prova di sé. Ne sono prova le battaglie del Taro, di Alessandria, di Capua, di Genova, di Agnadello, di Bologna, di Mestre.

7 Non si debba, adunque, lasciare passare questa occasione, acciò che la Italia, dopo tanto tempo, vegga uno suo redentore. Né posso esprimere con quale amore e' fussi ricevuto in tutte quelle provincie che hanno patito per queste illuvioni esterne; con che sete di vendetta, con che ostinata fede, con che pietà, con che lacrime. Quali porte se gli serrerebbano? quali populi gli negherebbano la obedienzia? quale invidia se gli opporrebbe? quale Italiano gli negherebbe l'ossequio? A ognuno puzza questo barbaro dominio. Pigli, adunque, la illustre Casa Vostra questo assunto con quello animo e con quella speranza che si pigliano le imprese iuste; acciò che, sotto la sua insegna, e questa patria ne sia nobilitata, e sotto li sua auspizi si verifichi quel detto del Petrarca:

Vertù contra furore
Prenderà l'arme, e fia 'l combatter corto,
Ché l'antiquo valore
Ne l'italici cor non è ancor morto.[17]

7 Non si faccia dunque passare invano l'occasione di dare all'Italia, dopo tanto tempo, un suo redentore. E non ho parole per esprimere con quale amore egli sarebbe accolto in tutte quelle regioni che hanno sofferto per le invasioni straniere; con quale sete di vendetta, con quale ostinata fede, con quale devozione e quali lacrime. Quali porte gli resterebbero chiuse? Quale popolazione gli rifiuterebbe obbedienza? Quale ambizione oserebbe ostacolarlo? Quale Italiano gli negherebbe il rispetto? A tutti riesce intollerabile questo barbaro dominio! Prenda dunque, l'illustre Casa Vostra, questa iniziativa, con l'animo e con la speranza che si addicono alle imprese giuste, affinché sotto l'insegna dei Medici la patria sia nobilitata e sotto i suoi auspici si avveri la predizione del Petrarca:

Virtù contra furore
Prenderà l'arme; e fia 'l combatter corto:
Ché l'antico valore
Nell'italici cor non è ancor morto.

Il Principe, cit.

15. **ordini antiqui... nuove legge:** è l'argomento discusso approfonditamente nel cap. VI.
16. **nelle membra... ne' capi:** presi singolarmente, gli italiani sono valorosi, come dimostrano tanti episodi: probabilmente Machiavelli aveva in mente la disfida di Barletta (un duello fra tredici cavalieri italiani e tredici cavalieri francesi, vinto dai primi), che si era svolta nel 1503 e aveva avuto larga eco.
17. ***Vertù... morto:*** la virtù prenderà le armi contro il furore, la violenza bruta, e il combattimento sarà corto, perché l'antico valore (quello dei romani) nei cuori italiani non è ancora spento; i versi sono tratti dalla *Canzone all'Italia* del Petrarca (*Canzoniere* CXXVIII).

Analisi del testo

Il rapporto tra virtù e fortuna. Il capitolo XXV propone una riflessione conclusiva su uno dei temi di fondo del *Principe*, quello del rapporto tra virtù e fortuna. Abbiamo già fatto alcune osservazioni nelle note e nell'introduzione al brano. Ci limitiamo quindi in questa sede a mettere in luce un problema che Machiavelli lascia aperto.

La fortuna domina la metà della nostra vita, mentre dalla virtù (cioè dalle nostre capacità) dipende l'altra metà. Grazie alla virtù, inoltre, noi possiamo addirittura prevenire i colpi della fortuna, costruendo argini contro l'impeto di questo fiume rovinoso.

Se le cose stessero semplicemente così, potremmo dire che la visione di Machiavelli è ottimistica. Ma le cose sono più complesse: egli afferma infatti che la virtù in certi momenti ci consente di vincere o di resistere ai colpi della sfortuna, ma in altri momenti non ci aiuta affatto; la fortuna, insomma, prima o poi, sembra comunque destinata ad avere la meglio sulla virtù.

Il problema resta dunque aperto: da un lato Machiavelli esprime la consapevolezza dei limiti dell'azione umana, dall'altro (con spirito tipicamente rinascimentale) esalta l'autonomia dell'uomo e la sua capacità di determinare il proprio destino.

Un finale a parte. L'ultimo capitolo del *Principe* fu probabilmente scritto qualche anno dopo gli altri (forse nel 1516, nello stesso periodo in cui venne composta la dedica a Lorenzo de' Medici). Questa ipotesi è suffragata dal fatto che alcuni elementi differenziano nettamente questo capitolo dal resto dell'opera. In particolare:

a) dal punto di vista ideologico, colpisce soprattutto la presenza del popolo, che in precedenza era semplicemente *vulgo*, e che in queste pagine ha invece un ruolo più importante, quasi di comprimario («in Italia non manca materia da introdurvi ogni forma; qui è virtù grande nelle membra, quando non la mancassi ne' capi» ecc.);

b) dal punto di vista stilistico, il capitolo XXVI è caratterizzato dal tono appassionato, che contrasta con la freddezza e la lucidità argomentativa delle pagine precedenti. Machiavelli ricorre addirittura al linguaggio religioso (si notino l'uso del termine redentore/redenzione e le metafore bibliche: el mare si è aperto ecc.). Come ha osservato il critico L. Russo, Machiavelli da «realista puro si trasforma in sognatore-profeta, trascende l'angustia intellettuale della sua scienza e precorre gli avvenimenti dei secoli». In quest'ottica "profetica" va letta anche la citazione petrarchesca con cui si chiude il libro.

Proposte di lavoro

1. Suddividi il capitolo XXV nei suoi principali nuclei concettuali e riassumili brevemente.

2. Individua nel capitolo le due similitudini utilizzate da Machiavelli per descrivere la fortuna e analizzale completando la seguente tabella.

	Primo termine di paragone	Secondo termine di paragone
Prima similitudine		
Seconda similitudine		

3. Virtù e fortuna sono parole-chiave per comprendere *Il Principe*. Spiega rapidamente il loro significato.

➤ virtù: ....

....

➤ fortuna: ....

....

4. Completa la seguente frase con i termini che ti sembrano più opportuni.

La dedica a Lorenzo .... ha lo scopo di illustrare il .... e la finalità del ...., che non è un discorso teorico sul .... ma un'analisi tecnica di come si debba gestire il ....

5. Il capitolo XXVI, pur essendo caratterizzato da un tono appassionato e profetico, si basa su una solida struttura argomentativa. Ricostruisci il contenuto del capitolo riassumendo ogni paragrafo; attribuisci, poi, a ciascuno di essi un titolo, mettendo in luce i nessi logici che li collegano.

6. Il tema del rapporto tra fortuna e virtù emerge anche nell'ultimo capitolo del *Principe*. Individua i passi in cui ciò accade e sintetizzane il contenuto.

7. Nell'ultimo capitolo Machiavelli si rivolge direttamente ai principi italiani.

➤ Perché Machiavelli ritiene che sia il momento buono per fondare uno Stato nazionale italiano?

➤ Perché pensa che Lorenzo de' Medici sia la persona giusta per realizzare questa impresa?

➤ Perché tutti coloro che hanno tentato in passato hanno fallito?

SINTETIZZARE UN TESTO DI MACHIAVELLI

Sintetizzare il contenuto di un testo argomentativo, come *Il Principe*, o di una sua parte, è un'operazione complessa, come avrai capito se hai svolto gli esercizi che ti abbiamo proposto in questa sezione del libro.
Ti forniamo alcune indicazioni pratiche per migliorare le tue competenze in questo campo: ricavare una sintesi schematica di un testo argomentativo è infatti utile sia per **comprendere ciò che leggi**, sia per **imparare a scrivere** a tua volta testi di carattere argomentativo.

ARGOMENTO E TESI

Il primo passo per sintetizzare un testo argomentativo consiste nel **mettere a fuoco la tesi** che l'autore sostiene. Un testo argomentativo, infatti, si caratterizza per il fatto di avere una tesi, di sostenere un'idea, spesso in contrasto con altre idee, altre tesi, che l'autore considera meno valide della sua o del tutto errate.

1. Osserva i seguenti tre passi di Machiavelli e indica l'argomento (il problema che l'autore si pone) e la tesi che l'autore sostiene, come nell'esempio che segue.

Le migliori fondamenta di tutti gli Stati – siano essi nuovi, ereditari o misti – sono le buone leggi e i buoni eserciti. Ma non potendo esistere buone leggi senza buoni eserciti, né buoni eserciti senza buone leggi, mi occuperò qui degli eserciti, anziché delle leggi.

[cap. XII]

Argomento: quali sono le basi su cui si regge uno stato ben organizzato?

Tesi: il fondamento principale è la forza militare, e non la bontà delle leggi.

Un principe non deve dunque avere altro obiettivo, né altro pensiero, né altro fondamentale dovere, se non quello di prepararsi alla guerra. Questo è l'unico còmpito che si addica veramente a chi comanda. Ed è un còmpito capace non solo di mantenere al potere coloro che sono nati prìncipi, ma anche di far salire al potere tanti privati cittadini. D'altronde sappiamo che i prìncipi, quando hanno pensato più alle raffinatezze che alle armi, hanno perso lo Stato da essi posseduto. Perderai lo Stato soprattutto se trascurerai le arti militari. Lo conquisterai se di esse diventerai esperto.

[cap. XIV]

Argomento: ....

Tesi: ....

Ogni principe deve desiderare di essere giudicato clemente, e non crudele. Tuttavia deve badare a non far cattivo uso della clemenza. Cesare Borgia era ritenuto crudele; ciononostante la sua crudeltà riportava l'ordine in Romagna, la unificava, la pacificava e la rendeva fedele. Si vedrà che alla fine il Borgia fu più umano dei Fiorentini i quali, per evitare di essere considerati crudeli, lasciarono che le fazioni provocassero la rovina di Pistoia. Un principe pertanto, pur di tenere i suoi sudditi uniti e fedeli, non deve preoccuparsi di essere considerato crudele.

[cap. XVII]

Argomento: ....

Tesi: ....

In molti casi, accanto alla tesi dell'autore, nel testo si trova la **tesi contraria, che l'autore intende confutare**. Anche Machiavelli in qualche punto del *Principe* contrappone le sue tesi a quelle più diffuse al suo tempo.

2. Osserva il seguente brano e individua la tesi dell'autore, poi spiega perché egli critica le tesi opposte alla sua, sintetizzando le tue osservazioni in una tabella.

Resta ora da esaminare in qual modo un principe debba comportarsi con i sudditi e con gli amici. Sapendo che molti autori hanno scritto intorno a questo stesso argomento temo, scrivendone anch'io, di essere ritenuto presuntuoso, soprattutto perché mi allontano dai criteri e dai princìpi seguiti dagli altri. Ma essendo il mio scopo quello di scrivere qualcosa di utile per chi vuol capire, mi è parso più conveniente inseguire la verità concreta, piuttosto che le fantasie. Molti si sono immaginati repubbliche e principati che non si sono mai visti né conosciuti nel mondo reale. Ma c'è una tale differenza tra come si vive e come si dovrebbe vivere, che colui il quale trascura ciò che al mondo si fa, per occuparsi invece di quel che si dovrebbe fare, apprende l'arte di andare in rovina, più che quella di salvarsi. È inevitabile che un uomo, il quale voglia sempre comportarsi da persona buona in mezzo a tanti che buoni non sono, finisca per rovinarsi. Ed è pertanto necessario che un principe, per restare al potere, impari a poter essere non buono, e a seguire o non seguire questa regola, secondo le necessità.

[cap. XV]

RAGIONAMENTI ED ESEMPI

Osserviamo ora come viene sviluppata l'argomentazione, cioè in che modo Machiavelli sostiene le proprie tesi. Argomentare significa infatti **sviluppare un ragionamento per convincere il lettore** della propria tesi.

3. Tenendo come modello lo schema che abbiamo ricavato dal cap. I del *Principe* a p. 295, ricava uno schema simile dopo aver letto il seguente passo, tratto dal cap. XII. L'esercizio è avviato.

Gli eserciti coi quali un principe difende lo Stato, o sono suoi, oppure mercenari, ausiliari, e misti. I mercenari e ausiliari sono inutili e pericolosi. Se qualcuno affida lo Stato a milizie mercenarie, resta sempre instabile e insicuro […]

I capitani mercenari, infatti, o sono uomini assai esperti nelle cose militari, oppur no. Se lo sono, non te ne puoi fidare, perché sempre aspireranno a diventar potenti, sopraffacendo te che sei il loro padrone, o sopraffacendo altri contro le tue intenzioni. Se poi il capitano non è persona di valore, ti porta di norma alla rovina.

[cap. XII]

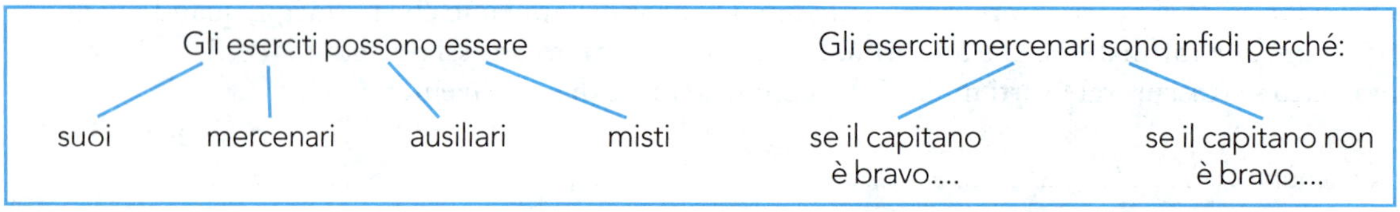

4. Oltre che mediante ragionamenti, Machiavelli sostiene le sue tesi mediante esempi. Leggi il seguente passo e spiega qual è la tesi e che rapporto logico c'è fra la tesi stessa e i due esempi dell'autore.

Altri eserciti inutili sono gli eserciti ausiliari, vale a dire quelli che hai quando chiedi a un potente di venire con le sue armi ad aiutarti e a difenderti. […]

Gli eserciti ausiliari possono essere ottimi in se stessi, ma sono quasi sempre dannosi per chi li chiama, poiché se essi perdono, subisci una disfatta, e se vincono, resti loro prigioniero. […]

I Fiorentini, essendo completamente privi di esercito, assoldarono diecimila Francesi davanti a Pisa, per espugnarla, e questa decisione fu la più pericolosa che essi potessero prendere in quegli anni agitati. L'imperatore di Costantinopoli, per opporsi ai suoi vicini, fece entrare in Grecia diecimila Turchi i quali, finita la guerra, non se ne vollero andar via, così che la Grecia restò asservita agli infedeli.

[cap. XIII]

I NUCLEI CONCETTUALI

Ora possiamo prendere in esame un brano più ampio e individuare i nuclei concettuali che lo costituiscono. I nuclei concettuali corrispondono, nei testi espositivi e argomentativi, alle sequenze dei testi narrativi. Un nucleo concettuale è infatti un **ragionamento in sé compiuto**, **che** però **non esaurisce il discorso**, **ma si collega ad altri ragionamenti**, contribuendo a sviluppare la tesi complessiva dell'opera.

Per esempio, i capitoli XV-XXIV del *Principe* sono dedicati nel loro complesso al tema delle virtù del principe ideale, ma ciascuno di essi affronta un aspetto specifico della questione. All'interno di ciascun capitolo, ogni paragrafo affronta un aspetto ancora più puntuale del discorso, come puoi verificare rileggendo i capitoli a pp. 303-307.

5. Leggi il cap. XVI e individua la tesi e i nuclei concettuali attraverso cui Machiavelli la sviluppa.

1. Cominciando dunque a esaminare le prime qualità elencate nel precedente capitolo, dico che sarebbe bene essere ritenuto munifico. La munificenza però, se usata in modo appariscente, ti danneggia. Se la usi con intelligenza e nei modi dovuti, riesci a non renderla appariscente e, nello stesso tempo, eviti l'accusa di essere un tirchio. Chi vuol diventare famoso per la sua munificenza, non deve arretrare di fronte a nessun lusso. Ma un principe di tal genere consumerà sempre tutte le sue sostanze e sarà alla fine costretto, se vorrà continuare ad aver fama di munificenza, a imporre tasse eccezionali, a diventare esoso e a far tutto il possibile per ricavar danari. Così sarà odiato dai sudditi e verrà poco stimato dagli altri, diventando povero. [...]

2. Ogni principe dunque, non potendo ostentare la sua munificenza senza danneggiare se stesso, deve, se è persona saggia, non preoccuparsi della fama di uomo eccessivamente parsimonioso. Col passare del tempo egli verrà sempre più considerato uomo generoso poiché si vedrà che, grazie alla sua parsimonia, le normali entrate gli bastano, mentre è capace di difendersi dai nemici e di compiere le sue imprese senza gravare sulle popolazioni. In tal modo egli finisce per risultare generoso con tutti coloro ai quali non ha tolto danaro, che sono moltissimi, e spilorcio con coloro ai quali non l'ha donato, che sono pochi. [...]

3. Un principe non deve molto preoccuparsi di apparire taccagno, perché grazie a questa taccagneria non deruba i sudditi, è in grado di difendersi, non diventa né povero né spregevole e neppure è costretto a diventar rapace. La taccagneria è uno di quei vizi che lo fanno regnare. E se qualcuno dicesse che Cesare salì al potere grazie alla sua munificenza e che molti altri, per il fatto di essere considerati munifici, raggiunsero altissime cariche, risponderei che o tu sei già principe o lo stai diventando; nel primo caso, la munificenza è dannosa; nel secondo caso, viceversa, è necessario farsi ritenere munifico. A Roma, Cesare era uno di coloro che volevano arrivare al potere; ma se, dopo esserci arrivato, fosse sopravvissuto e avesse continuato a spendere esageratamente, avrebbe distrutto il suo potere. Qualcuno potrebbe obbiettare che molti, dopo essere diventati prìncipi, hanno compiuto grandi imprese con i loro eserciti e nello stesso tempo sono stati considerati assai prodighi. Risponderei che il principe o spende il denaro suo e dei suoi sudditi, oppure spende il denaro altrui. Nel primo caso deve essere parco, nel secondo non deve rinunciare a esser generoso.

4. Se un principe che guida un esercito si sostiene predando, saccheggiando, taglieggiando, impadronendosi dei beni del nemico sconfitto, deve necessariamente essere prodigo, altrimenti non sarebbe seguito dai suoi soldati. Di ciò che non appartiene né a te né ai tuoi sudditi, puoi essere generoso donatore [...]. Spendere il denaro altrui non sminuisce il tuo prestigio, te lo fa anzi crescere. Ti danneggi soltanto se spendi il tuo denaro. Non c'è cosa al mondo che consumi se stessa quanto la munificenza: mentre te ne servi, perdi la facoltà di servirtene e diventi povero e spregevole oppure, se vuoi evitare la povertà, sei costretto a diventare rapace e odioso. Un principe deve assolutamente evitare di essere giudicato spregevole e odioso, ma la munificenza ti conduce all'una e all'altra cosa. Pertanto è più saggio farsi considerare misero, attirandosi cattiva fama, ma non odio, piuttosto che voler essere considerato munifico e diventar rapace attirandosi, oltre alla cattiva fama, anche l'odio.

[cap. XVI]

Sintetizza le tue osservazioni come segue.

- L'argomento del capitolo è: un principe deve essere generoso o avaro?
- La tesi centrale dell'autore è: ....
- I nuclei concettuali corrispondono ai paragrafi (sintetizzali in una breve frase):
  1° nucleo concettuale: ....
  2° nucleo concettuale: ....
  3° nucleo concettuale: ....

6. Ora prova ad ampliare la tua sintesi, ricostruendo in maniera più continuata il discorso dell'autore.

ADESSO PROVA TU!

Proviamo ora ad applicare ciò che hai imparato accostando Machiavelli a un breve articolo di Norberto Bobbio, un filosofo morto pochi anni fa, che ha dedicato grande attenzione alle questioni politiche.

7. Leggi attentamente il breve articolo di Bobbio e metti in luce:

- il problema di cui si occupa
- la tesi dell'autore
- i nuclei concettuali attraverso cui la tesi viene sostenuta.

C'è una crisi di valori?

Dico subito che non mi pongo il problema se oggi ci sia una crisi morale, e se c'è, da che cosa dipenda. Non sono né uno storico né un sociologo. Per dare una risposta adeguata a una domanda di questo genere, che molti si pongono in forma emotiva: "È la nostra età un'età di crisi di valori?", non ho dati sufficienti. Nessuno ha dati sufficienti. Una crisi dei valori, dove? In Italia, in Europa, in una parte del mondo, in tutto il mondo? Posta così la domanda, ci si rende subito conto che la risposta è difficile, se non impossibile. I nostri giudizi in una materia come questa sono sempre soggettivi: ci sono i pessimisti cronici e gli ottimisti ad oltranza. Siccome pessimismo e ottimismo sono stati d'animo, non c'è argomento razionale o constatazione empirica, posto che se ne possano fare, che riescano a scalfirli. Ci sono i tradizionalisti per cui tutto era bello nel passato e tutto è brutto oggi; ci sono i progressisti proiettati verso il futuro, anziché ripiegati sul passato, i quali credono, nonostante le apparenze, che la storia umana proceda inevitabilmente verso il meglio. Ci sono gli sfiduciati e i fiduciosi. E così via.

La stessa parola "crisi" è l'espressione di un moto dell'animo piuttosto che di un giudizio fondato su argomenti tratti dalla ragione o dall'esperienza. Fra l'altro, non c'è periodo storico che non sia stato giudicato, da una parte o dall'altra, un periodo di crisi. Di crisi, ho sentito parlare in tutte le età della mia vita [...].

Ho sempre dubitato che il concetto di crisi abbia qualche utilità per definire una società o un'epoca. Se non abbiamo dati sufficienti per dare un giudizio sul tempo presente, ne abbiamo ancora meno per esprimere un giudizio sulle epoche passate, e per fare un confronto. I moralisti oggi puntano il dito accusatore sul cosiddetto edonismo, sulla concezione edonistica della vita (di cui un'espressione evidente e significativa sarebbe il consumismo). Ora, una condanna di questo genere può valere, posto che valga, soltanto per una piccola parte dell'umanità. Come si può parlare di edonismo in tutti quei paesi dove si muore di fame oppure negli stati totalitari dove un apparente rigore morale è ottenuto a prezzo di una dura repressione? Non c'è epoca che non abbia avuto i suoi moralisti, predicatori religiosi o laici, piangenti sulla corruzione dei costumi, sulla corsa sfrenata verso i piaceri, sulla ricerca dell'effimero procedente di pari passo con l'indifferenza di fronte all'eterno. [...]

Dubito che si possa parlare di un progresso morale dell'umanità. Ma dubito anche che si possa parlare plausibilmente di un regresso. Oggi siamo colpiti, atterriti, dalla diffusione della violenza. Ma ciò che è cambiato effettivamente è la quantità della violenza, dovuta al progresso tecnico che ha prodotto armi sempre più micidiali, più che la qualità. Inoltre le comunicazioni di massa, anch'esse effetto del progresso tecnico, ci permettono di assistere ogni giorno, anzi ogni ora, a scene di violenza in tutto il mondo, e non soltanto, come un tempo, nella cerchia dei nostri vicini. Non esitiamo a parlare di civiltà europea e cristiana, nonostante il genocidio degli Indios da parte degli spagnoli, sudditi del Re Cattolico; nonostante il genocidio degli Indiani dell'America del Nord da parte di inglesi che provenivano generalmente da chiese riformate; nonostante la tratta dei negri durata secoli, le guerre di religione che hanno insanguinato l'Europa per decenni, le guerre dell'equilibrio europeo, capriccio dei principi, le guerre napoleoniche, e, per finire, le due guerre mondiali. E che dire dell'efferatezza dei delitti, di cui si parla con raccapriccio nelle cronache di tutti i tempi e dei castighi altrettanto efferati del potere legittimo?

Sia chiaro: non ho alcuna intenzione di deprecare il passato per assolvere il presente, né di deplorare il presente per lodare il buon tempo antico. Voglio solo far capire che ogni giudizio troppo reciso in questo campo rischia di apparire avventato. Certamente vi sono epoche più turbolente e altre meno. Ma è difficile dire se la maggior turbolenza dipenda da una crisi morale (da un venir meno della credenza in principi fondamentali) o da altre cause, economiche, sociali, politiche, culturali o addirittura biologiche.

Verifica

1. Scegli, fra le seguenti affermazioni, quella corretta.

Machiavelli era un

- ☐ ricco proprietario terriero che si dedicava alla politica nel tempo libero.
- ☐ importante ministro della corte medicea.
- ☐ rappresentante della corte papale.
- ☐ importante funzionario della repubblica di Firenze.

2. A quale genere letterario appartiene *Il Principe*?

- ☐ Poema rinascimentale
- ☐ Trattato medievale
- ☐ Trattato rinascimentale
- ☐ Epistole

3. Completa la seguente frase con i termini che ti sembrano più opportuni.

La dedica a Lorenzo ....

ha lo scopo di illustrare il ....

e la finalità del ...., che

non è un discorso teorico sul .... ma

un'analisi tecnica di come si debba gestire il ....

4. Riordina le parole e i nessi logici elencati sotto, in modo da ottenere un'affermazione di senso compiuto.

- e quindi
- gli uomini fossero tutti buoni
- il principe dovrebbe seguire la morale comune
- il principe non può seguire la morale comune
- ma
- se
- per conservare il potere
- gli uomini sono fondamentalmente cattivi

5. Facendo riferimento ai brani antologizzati di Machiavelli, dai una definizione di "virtù" e di "fortuna".

....

....

....

....

6. Rispondi alle domande seguenti.

- Qual era, al tempo di Machiavelli, la differenza fondamentale fra la situazione politica europea e quella italiana?
  ....
- Qual è la finalità pratica del *Principe*?
  ....
- A chi si rivolge l'opera? Con quale messaggio?
  ....
- Qual è la portata innovativa dell'opera?
  ....
- Quale tesi sostiene l'autore sul problema delle milizie?
  ....
- Quando, per Machiavelli, l'uomo politico può dirsi "virtuoso"?
  ....
- Perché la concezione machiavellica può essere detta "realistica e laica"?
  ....
- Come può essere definita la lingua usata dall'autore?
  ....

7. Scrivi una breve definizione del *Principe*, che ne spieghi il titolo e ne indichi la struttura e i temi più importanti.

....

....

....

....

I grandi movimenti

Generi, autori, opere *nella letteratura moderna e contemporanea*

Illuminismo

Il percorso che ti proponiamo riguarda l'età dell'Illuminismo, un lungo periodo storico che coincide grosso modo con il Settecento, ed è scandito in quattro tappe.

La parola chiave

L'**Illuminismo** è il movimento filosofico e culturale che propone una nuova visione della politica, della conoscenza e della vita, basata sulla ragione.

Il contesto storico

Ti proponiamo una sintesi dei principali eventi storici che caratterizzano l'età dell'Illuminismo:

- le varie forme che assume lo **Stato moderno** nel corso del Settecento;
- le caratteristiche della **società settecentesca**, in particolare in **Francia**;
- le cause e gli sviluppi della **Rivoluzione francese**, fino all'avvento di **Napoleone** e alle sue conseguenze.

L'evoluzione delle arti

Ti proponiamo un rapido sguardo d'insieme sui movimenti artistici dell'età dell'Illuminismo e un'analisi più approfondita di un'opera, la **Reggia di Caserta**, capolavoro architettonico di **Luigi Vanvitelli**.

I generi letterari

Ti proponiamo di leggere alcuni autori e opere che hanno segnato l'età dell'Illuminismo e che conservano ancora oggi la loro importanza e il loro fascino.

Ci soffermiamo in particolare su quattro generi:

- la **saggistica**;
- il **romanzo**;
- la **poesia satirica**;
- il **teatro**.

La parola chiave

Illuminismo

Una filosofia per il progresso

Non è possibile considerare alcuna manifestazione della vita del Settecento senza incontrarsi con gli intellettuali illuministi (i *philosophes*, come venivano chiamati in Francia) e con le loro idee.

L'Illuminismo non fu una scuola filosofica ma un movimento di pensiero, un modo di considerare la realtà: è quindi impossibile racchiuderlo tutto in una definizione.

Consideriamo qui le concezioni politiche fondamentali del movimento illuminista. La **ragione** è, per gli illuministi, il **fondamento del sapere e dell'agire dell'uomo** e insieme il criterio in base al quale valutarne la cultura e le azioni. «Giudicare ed agire secondo ragione» è la massima degli illuministi. Oggi a noi queste affermazioni possono sembrare scontate, ma nel Settecento non lo erano affatto. Proviamo ad applicarle alla politica, cioè al modo in cui viene organizzato e gestito il potere in una società. Otteniamo almeno due risultati.

Primo, che il potere, per essere legittimo, deve fondarsi sulla ragione. Questo vuol dire che l'autorità (per esempio di un re) ha senso solo se è riconosciuta come tale dalla ragione degli uomini.

Secondo, che il potere non è mai giusto se offende i principi della ragione. Se questo avviene, non è solo un diritto, ma un dovere lottare per modificarlo o addirittura abbatterlo.

Ragionando così si rovesciava un'idea dominante da secoli: la concezione per cui l'autorità del monarca viene da Dio e non ha quindi bisogno di legittimazione e consenso da parte dei sudditi, che non hanno diritto alla ribellione.

La ragione è la caratteristica di ogni uomo

Affermando invece che non l'autorità ma la **ragione** è e deve essere il **principio-guida della vita**, gli illuministi stabilivano il principio fondamentale della mentalità moderna. Infatti la ragione, caratteristica fondamentale dell'uomo, appartiene in linea di principio a tutti gli uomini: quindi tutti gli uomini sono, per questo aspetto fondamentale, uguali. Se sono uguali devono avere gli stessi diritti e la libertà di esercitarli.

In questo modo venivano posti i **principi dell'eguaglianza e della libertà**, che avrebbero avuto un'importanza incalcolabile nello sviluppo della civiltà contemporanea.

Questa rivoluzione concettuale costituì il nucleo fondamentale del pensiero degli illuministi: ciò non significa che essi ne traessero poi tutti le medesime conseguenze sul piano politico.

Ma tutti concordavano su un altro punto fondamentale: il **compito dell'intellettuale** non è solo quello di **ragionare sulla realtà**, ma anche, e soprattutto, quello di **impegnarsi per trasformarla**. Egli deve "illuminare" con la propria ragione la ragione degli altri, in modo che la realtà si modifichi, diventi più razionale. Anche per questa fondamentale scelta di politica culturale l'influsso del pensiero illuminista sulla vita del Settecento fu di enorme portata.

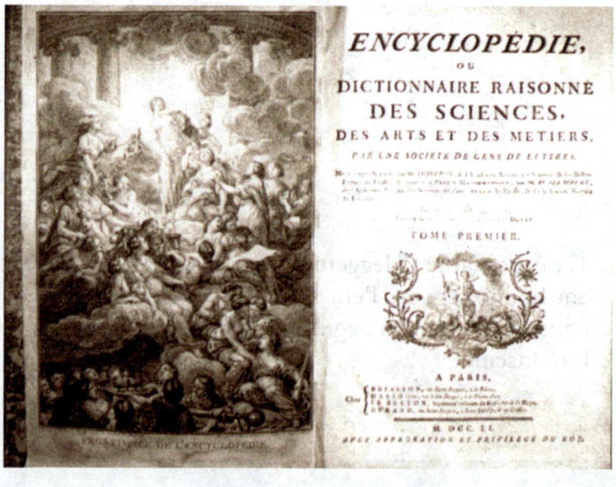

Il frontespizio dell'*Enciclopedia*, nella quale trovano piena espressione i principi dell'Illuminismo.

Il dispotismo illuminato

Là dove i sovrani assoluti avvertirono la necessità di riformare le strutture sociali e politiche dei loro regni per renderle più moderne e più rispondenti ai nuovi principi filosofici, si affermò una particolare concezione del potere, il **dispotismo illuminato**, che a molti illuministi, primo fra tutti Voltaire, sembrò la via più giusta e praticabile verso il progresso. Il sovrano – secondo questa concezione – continua a esercitare in modo assoluto il potere, ma realizza una serie di riforme dirette a **promuovere il bene del popolo e il progresso della società**: lo strapotere della nobiltà viene ridotto, si introduce una maggiore giustizia fiscale, si migliora l'istruzione pubblica, si riformano i codici penali. In questa direzione che, pur senza mettere radicalmente in discussione l'organizzazione sociale tradizionale, apriva spazi di cambiamento e di modernizzazione, si mossero tutti i principali sovrani assoluti europei – Caterina II di Russia, Federico II di Prussia, Maria Teresa d'Austria – e anche alcuni sovrani italiani, come per esempio Leopoldo di Toscana.

Gli intellettuali, impegnati, come si diceva, non solo a divulgare le nuove idee di libertà e progresso, ma anche a trasformare concretamente la realtà, ebbero un ruolo importante nel processo riformistico messo in atto dai sovrani illuminati. Intorno alla metà del Settecento molti di loro collaborarono attivamente con il potere, sia nel ruolo di consiglieri, sia assumendo incarichi di direzione nei diversi settori dell'amministrazione. Per esempio in Italia, e in particolare a Milano, con il governo illuminato di Maria Teresa d'Austria, collaborarono uomini come Pietro e Alessandro Verri e Cesare Beccaria.

Anche Parini, Goldoni e Alfieri, i maggiori letterati del nostro Settecento, pur non condividendo pienamente le idee illuministiche, espressero nelle loro opere profonda fede nelle idee di libertà e uguaglianza, attribuendo alla poesia un compito morale e civile.

La concezione illuminista della scienza e del sapere

In questo campo gli illuministi svolsero un'opera di enorme importanza, diffondendo le grandi conquiste della scienza moderna, da Copernico a Newton.

La loro battaglia culturale in questo campo si basò su una serie di punti.

- **La scienza è indipendente dalla fede**. Lo scienziato non riconosce altra autorità che la sua ragione e l'esperienza.
- **Le nostre conoscenze derivano dall'esperienza** e non possono andare al di là di questa. Lo scienziato deve rinunciare a ricercare l'essenza delle cose e limitarsi a individuare le leggi in base alle quali avvengono i fenomeni naturali (atteggiamento *empirista*).
- **La conoscenza scientifica è conoscenza pratica**, legata alla tecnica e all'industria. Conoscere la natura vuol dire avere la capacità di dominarla e trasformarla, accrescendo la ricchezza e la felicità del genere umano.

Questi principi trovarono piena espressione nell'***Enciclopedia***, la più importante e caratteristica opera della cultura illuministica.

L'*Enciclopedia*, o *Dizionario ragionato della scienza, delle arti e dei mestieri*, fu pubblicata a fascicoli a Parigi tra il 1751 e il 1772 sotto la direzione dei filosofi **Diderot** e **d'Alembert**.

Gli illuministi vollero, con quest'opera, presentare un **nuovo modello di sapere**, in contrapposizione a quello tipico della cultura medievale. Accanto alle "voci" di carattere filosofico e religioso, si trovavano quindi quelle relative alle scienze sperimentali, all'artigianato, alle macchine, ai progressi delle tecniche agricole.

Grandi tavole, disegnate dagli stessi artigiani, operai e tecnici, illustravano i concetti e li rendevano comprensibili al più vasto pubblico. Anche i collaboratori rappresentavano dunque una grande novità: che un meccanico potesse collaborare a un'enciclopedia del sapere accanto a un teologo era una cosa straordinaria.

Infine, va ricordato il pubblico dei lettori. Venduta a dispense, in abbonamento, l'opera si rivolgeva non ai pochi dotti delle università ma a un **vasto pubblico di intellettuali, professionisti, tecnici**, secondo la tipica concezione illuminista della diffusione della cultura e dei "lumi".

Nonostante la messa all'Indice (1759) da parte della Chiesa cattolica, gli interventi della censura regia e le difficoltà editoriali, l'*Enciclopedia* ebbe un enorme successo e fu un potente veicolo di diffusione di una **visione del sapere laica e moderna**.

Il contesto storico

1 Monarchia assoluta e monarchia costituzionale

L'età dell'assolutismo e la Francia di Luigi XIV

L'assolutismo caratterizzò gran parte dell'Europa politica del XVII e XVIII secolo. Nella monarchia assoluta, **il potere è concentrato intorno alla persona del monarca, che lo gestisce attraverso i suoi ministri e funzionari**, sottraendo ai poteri alternativi (nobili, città, corporazioni) le funzioni caratteristiche della sovranità: imposizione fiscale, leva militare, amministrazione della giustizia, legislazione.

L'assolutismo trovò la sua massima espressione in **Francia** durante il lungo regno di **Luigi XIV** (1661-1715), passato alla storia come il simbolo stesso dell'assolutismo monarchico: la sua frase famosa «**lo Stato sono io**» condensa efficacemente il programma di questa concezione politica.

La monarchia inglese

In **Inghilterra**, al contrario che in Francia, l'assolutismo non riuscì a imporsi, venendo travolto nel corso del XVII secolo da un impetuoso **processo rivoluzionario** – le due "rivoluzioni inglesi" del 1640-49 e 1688-89 – che condusse all'instaurazione di una prima forma di **monarchia costituzionale**.

Dopo la morte di Elisabetta I (1603), con il passaggio della corona dai Tudor agli Stuart, cattolici, **Giacomo I** e, soprattutto, **Carlo I**, tentarono di realizzare una **monarchia assoluta**, a somiglianza di quanto nello stesso periodo avveniva in Francia.

La monarchia entrò così in un **conflitto** sempre più aspro **con il parlamento** – e in particolare con la Camera dei Comuni, in cui trovavano rappresentanza i ceti borghesi delle città e la media nobiltà di campagna – **e con i puritani**, i seguaci di un movimento religioso di ispirazione calvinista contrario alla Chiesa di Stato e alle gerarchie vescovili e fautore della libertà religiosa.

Le rivoluzioni borghesi: Cromwell e Guglielmo d'Orange

Nel **1640** questo conflitto sfociò in una lunga e sanguinosa **guerra civile** tra i realisti e i parlamentari, guidati da **Oliver Cromwell** (1599-1658). Sconfitto, il re Carlo I fu arrestato e il parlamento ne votò la condanna a morte (1649): per la prima volta un re veniva processato e condannato con l'accusa di avere agito contro gli interessi e il bene del suo popolo. **L'Inghilterra fu proclamata repubblica** e fu governata da Cromwell, che instaurò una **dittatura personale**.

Con la morte di Cromwell l'esperienza repubblicana si chiuse e la corona tornò nelle mani degli Stuart. Ma quando, con Giacomo II (1633-1701), si profilò nuovamente il pericolo di un ritorno all'assolutismo, il parlamento prese immediatamente l'iniziativa e costrinse il re alla fuga. Guglielmo III d'Orange dovette accettare una **Dichiarazione dei diritti**, dettata dal parlamento, con la quale si limitava fortemente l'autorità del re e si stabiliva il controllo vincolante del parlamento su molte questioni importanti (imposte, reclutamento dell'esercito, esecuzione delle leggi, amministrazione della giustizia).

Mercantilismo

Dottrina economica secondo cui la ricchezza di uno Stato dipende soprattutto dalla disponibilità di **metalli preziosi** presenti nelle casse di quello Stato. Per garantirsi questa disponibilità, secondo i mercantilisti, lo Stato deve controllare il commercio internazionale e imporre **alte barriere doganali**, in modo da scoraggiare le importazioni (e quindi la fuoriuscita di denaro dallo Stato). Il mercantilismo fu la teoria economica alla base della politica di Luigi XIV e del suo ministro dell'economia, Colbert.

2 L'Antico Regime

L'Europa e il mondo

Il periodo storico che va dall'affermazione dello Stato moderno alla Rivoluzione francese è detto Antico Regime per distinguerlo dai nuovi regimi politici e sociali che si affermeranno nell'Ottocento.

Se confrontiamo, sia pure a grandi linee, l'Europa della prima metà del Settecento con quella di tre secoli prima, ci imbattiamo in grandi elementi di novità e di cambiamento, ma anche in altri di sostanziale staticità. Un primo dato balza agli occhi: la **diversa collocazione dell'Europa nel contesto mondiale**. L'Europa è ora in condizione di esercitare il proprio predominio su un mondo che ha enormemente dilatato le proprie dimensioni conosciute.

La situazione economica e sociale

Uno straordinario sviluppo delle attività commerciali accompagna questo processo, ma altrettanto non si può dire dell'economia considerata nel suo insieme: l'Europa settecentesca è ancora una **regione essenzialmente agricola**, e le manifatture capaci di raggruppare alcune centinaia di operai sono poche: la produzione dei beni si effettua ancora in gran parte nelle botteghe controllate dalle corporazioni o attraverso il lavoro a domicilio, con mezzi tecnici artigianali.

Sul piano sociale permangono situazioni di grandi disuguaglianze

Anche sul piano sociale vi è compresenza di vecchio e nuovo. Sebbene assai più articolata e dinamica di quella feudale, la società dell'Antico Regime è pur sempre caratterizzata da una **struttura fortemente gerarchica** e da **grandi disuguaglianze**: i cittadini non sono tutti uguali, e questo non solo sul piano economico o politico, ma anche su quello giuridico, di fronte alla legge.

La **nobiltà europea**, stretta fra la borghesia emergente e l'assolutismo statale, colpita dalla diminuzione delle rendite e dal progressivo sgretolarsi del sistema feudale, ha indubbiamente visto ridursi il suo peso economico-politico e impallidire la sua identità culturale. E tuttavia, nella prima metà del Settecento è ancora la **classe dominante**: essa possiede la maggior parte della terra, occupa i vertici dell'amministrazione pubblica, dell'organizzazione ecclesiastica, dell'esercito.

Una parte della nobiltà europea ha reagito alla crisi ricercando un ruolo nuovo, non disdegnando gli affari, gli ammodernamenti, gli investimenti produttivi (così in Inghilterra ma anche, parzialmente, in Francia), ma in generale l'aristocrazia "di sangue" è riuscita a difendere i propri privilegi accentuando il suo carattere di **casta ereditaria**, accessibile solo per diritto di nascita.

Contro i privilegi dell'aristocrazia e contro la volontà di una parte di essa di impedire ogni ascesa sociale ai non-nobili, si dirige l'**opposizione della borghesia**.

Lo **sviluppo della borghesia** nel corso dell'età moderna rappresenta un **fattore decisivo di innovazione e di cambiamento**: non solo nuovi modi di organizzare la produzione, ma nuove forme politiche (lo Stato costituzionale) e nuove idee e movimenti (il liberalismo, l'Illuminismo) sono il risultato dell'emergere di questa classe, che assumerà un ruolo dominante con lo sviluppo dell'organizzazione sociale capitalistica.

La lezione di geografia (1752) di Pietro Longhi.

La crisi dell'Antico Regime

L'economia e la società francesi si svilupparono, nel corso del Settecento, in modo non omogeneo: con i suoi 26 milioni di abitanti e il suo ricco impero coloniale, la Francia era una nazione potente, ma attraversata da profonde contraddizioni e arretratezze.

Nell'agricoltura, per esempio, la quantità di produzione aumentò notevolmente, ma non ebbero luogo le trasformazioni qualitative che caratterizzavano, nello stesso periodo, l'Inghilterra.

Difficoltà economiche e disuguaglianze sociali sono alla base della crisi dell'Antico Regime

Considerazioni analoghe si possono fare a proposito dell'industria. Esistevano, in alcune zone del paese, nuclei industriali importanti (per esempio i setifici di Lione), ma lo sviluppo industriale era impedito da una serie di fattori come la **sopravvivenza delle corporazioni** (che controllavano e vincolavano la produzione, l'occupazione, i prezzi) e la **ristrettezza della domanda** (non si formava nell'agricoltura e in generale nell'economia un'eccedenza di risorse che potesse indirizzarsi all'industria).

Ma la più forte contraddizione si manifestava nel fatto che la società francese, divisa in **tre "stati"**– il clero, la nobiltà, il Terzo stato – era caratterizzata da **profonde disuguaglianze e inaccettabili privilegi**.

Nella Francia del Settecento, appartenere alla nobiltà o al clero voleva dire godere di determinati privilegi. Questi privilegi erano, per esempio, non pagare le imposte (o certe imposte); essere giudicati in tribunali speciali, da giudici appartenenti allo stesso "stato"; poter imporre, ad altri, servizi o prestazioni particolari (le *corvées*, le "taglie"); avere accesso esclusivo a determinate cariche e uffici (alti gradi dell'esercito e della magistratura).

La Rivoluzione francese

È evidente che questa struttura sociale, adatta a una società statica come quella medievale, divenne fonte, nel Settecento, di **continui conflitti**.

Si determinò una situazione in cui i nobili e il clero riaffermavano e consolidavano i propri privilegi, a danno dell'autorità dello Stato; i borghesi non vedevano riconosciuta sul piano politico e sociale la loro importanza economica; i contadini si trovavano a dover pagare i costi crescenti delle richieste nobiliari. Contemporaneamente, le idee dell'Illuminismo si diffondevano rapidamente, mettendo in luce le arretratezze della società francese.

L'Assemblea nazionale costituente rompe lo schema feudale degli ordini

Da questa miscela di contraddizioni scaturì l'evento rivoluzionario. Luigi XVI, che mirava a istituire una nuova imposta sulla terra, fu costretto dall'opposizione nobiliare a convocare gli Stati generali, l'antica assemblea dei rappresentanti dei tre ordini; ma i deputati del Terzo stato – uomini di legge, intellettuali, commercianti – si autoproclamarono **Assemblea nazionale costituente** e giurarono di non sciogliere l'assemblea fino a che non fosse stata votata una costituzione (17 giugno 1789). Con questo atto la Rivoluzione, dal punto di vista giuridico, era già compiuta: lo schema feudale degli ordini veniva rotto (molti deputati del clero e della nobiltà si erano uniti ai borghesi) e si affermava la sovranità di un'assemblea di rappresentanti legittimi del popolo francese. Nello stesso tempo entravano in scena le masse popolari parigine (presa della Bastiglia, 14 luglio 1789) mentre nelle campagne esplodeva la rivolta contadina.

Una riunione di giacobini, detti anche "Amici della costituzione".

Dall'Assemblea nazionale alla Repubblica giacobina

Nelle tormentate e sanguinose vicende che seguirono possiamo distinguere **due grandi fasi**: nella prima di queste (“**monarchico-costituzionale**”, luglio 1789-settembre 1792) la rivoluzione fu guidata dai **gruppi aristocratici e borghesi moderati**, favorevoli in sostanza a una riforma in senso costituzionale della monarchia. L'Assemblea nazionale dichiarò «interamente abolito il sistema feudale», soppresse decime, *corvées*, diritti feudali; proclamò solennemente la *Dichiarazione dei diritti dell'uomo e del cittadino*, in cui i princìpi di libertà e uguaglianza trovavano piena espressione; riorganizzò lo Stato, abolì le corporazioni, favorì la libertà di commercio, requisì e mise in vendita le proprietà terriere degli enti religiosi soppressi.

Ma questa pur importante opera di riforma non poteva trovare il consenso dei **rivoluzionari più radicali** – in prima fila i giacobini di **Robespierre** – che a partire dal settembre 1792, sulla spinta del malcontento popolare, impressero al corso della rivoluzione una forte accelerazione: venne proclamata la **repubblica** (il re Luigi XVI fu giustiziato nel gennaio 1793) ed eletta una **nuova assemblea** (la Convenzione) **a suffragio universale.**

Giacobino, giacobinismo

Il termine giacobini (in francese *jacobins*) indica i rivoluzionari che nel 1789 si riunivano nel **convento di Saint Jacques** dei domenicani nella rue Saint-Honoré a Parigi. Il gruppo aveva in origine un orientamento monarchico-costituzionale, ma nel corso della rivoluzione divenne il più intransigente difensore della repubblica democratica.
Dopo la caduta di Robespierre, il giacobinismo sopravvisse come filone di pensiero politico fautore di una decisa **democrazia sociale**, confluendo poi nel nascente movimento socialista e comunista. Impersonificando la rivoluzione stessa, il giacobinismo divenne alla fine del Settecento una sorta di **modello per tutti i rivoluzionari europei**.
Il termine ha poi assunto nel linguaggio politico un significato più ampio: giacobinismo è divenuto sinonimo di atteggiamento intransigente in campo morale tanto quanto estremista in campo politico, rigorosamente laico e repubblicano, fondato sulla convinzione assoluta della giustezza degli ideali e dei comportamenti seguiti nell'esclusivo interesse del popolo.

Il Terrore

La “repubblica giacobina” (settembre 1792-luglio 1794) ebbe vita molto difficile. Accerchiata dalle potenze monarchiche coalizzate, lacerata dalla guerra civile e travagliata da una grave crisi economica, la Francia entrò nei drammatici mesi della **dittatura** e del **Terrore**: un ristretto Comitato di salute pubblica assunse pieni poteri e varò una serie di misure eccezionali (blocco dei prezzi e dei salari, requisizione dei generi di prima necessità, sospensione delle garanzie costituzionali) mentre i Tribunali speciali emettevano migliaia di condanne a morte.

Nella visione di Robespierre, doveva trattarsi di misure temporanee, necessarie a salvare la rivoluzione in un momento di gravissima crisi. In effetti, questo risultato fu raggiunto, ma una volta superato il punto più acuto della crisi, la dittatura di Robespierre – e con essa anche la repubblica democratica – aveva i giorni contati. Il 27 luglio (9 termidoro) 1794 un **colpo di stato organizzato dai moderati** rovesciò il Comitato di salute pubblica: Robespierre e gli altri dirigenti giacobini vennero arrestati e giustiziati.

Nella stampa, le fasi di un'esecuzione con la ghigliottina.

Il panorama letterario

Jonathan Swift

Charles Louis de Montesquieu

Carlo Goldoni

Jean-Jacques Rousseau

Giuseppe Parini

Cesare Beccaria

La seconda metà del Seicento è un'epoca caratterizzata **in Italia** dalla stanca continuazione dei moduli barocchi, ma anche dall'inizio di una **reazione al cattivo gusto del secolo**, che culminerà con la fondazione dell'**Accademia** classicistica **dell'Arcadia** (1690).

In Francia, invece, il regno di Luigi XIV è l'**età aurea delle lettere**, grazie alle opere di Corneille, Racine e Molière, di La Fontaine, di La Rochefoucauld, di La Bruyère, di M.me de Lafayette e di altri ancora.

Nella prima metà del Settecento, a Venezia, Goldoni inizia la riforma del teatro comico, che verrà realizzata pienamente solo intorno alla metà del secolo. Si diffondono intanto le gazzette, antenate del moderno giornale.

In Inghilterra e in Francia si sviluppa il genere del **romanzo**, con grandi capolavori come *Robinson Crusoe* di Defoe, *Lettere persiane* di Montesquieu e *I viaggi di Gulliver* di Swift.

La seconda metà del Settecento vede la **piena affermazione dell'Illuminismo**. Nel 1751 inizia in Francia la pubblicazione dell'*Enciclopedia* di Diderot e d'Alembert, a cui si affiancano le principali opere di Voltaire e di Rousseau.

In Italia, accanto all'opera di Goldoni, si afferma quella di Parini (autore di un poemetto satirico, *Il giorno*, sui vizi della nobiltà) e di Alfieri (autore di numerose tragedie sul tema dello scontro fra tirannide e libertà). Più direttamente ispirata agli ideali illuministici è *Dei delitti e delle pene* di Beccaria, l'unico testo teorico dell'Illuminismo italiano capace di rivaleggiare con quelli francesi e inglesi. Nello stesso periodo, però, si pongono le **premesse per la sensibilità preromantica**, che diventerà dominante negli anni successivi alla Rivoluzione francese. Nel 1761-65 Macpherson pubblica i *Canti di Ossian* e nel 1774 Goethe si afferma con *I dolori del giovane Werther*, due grandi successi che influiranno profondamente sulla nascita del movimento romantico.

cronologia

1650 | 1700 | 1750 | 1800 | 1850

1660-1731 DANIEL DEFOE
1719 *Robinson Crusoe*

1667-1745 JONATHAN SWIFT
1726 *I viaggi di Gulliver*

1689-1755 CHARLES LOUIS DE MONTESQUIEU
1721 *Lettere persiane*
1748 *Lo spirito delle leggi*

1694-1778 VOLTAIRE
1759 *Candido*
1763 *Trattato sulla tolleranza*
1764 *Dizionario filosofico*

1707-93 CARLO GOLDONI
1752 *La locandiera*
1762 *Le baruffe chiozzotte*

1712-78 JEAN-JACQUES ROUSSEAU
1762 *Emilio*
1762 *Il contratto sociale*

1729-99 GIUSEPPE PARINI
1763 *Il mattino*
1765 *Il mezzogiorno*

1738-94 CESARE BECCARIA
1764 *Dei delitti e delle pene*

1749-1803 VITTORIO ALFIERI
1782 *Saul*
1784-89 *Mirra*

1749-1832 JOHANN WOLFGANG GOETHE
1774 *I dolori del giovane Werther*
1808-1831 *Faust*

L'evoluzione delle arti

Venere che rifiuta un bacio a Cupido,
dipinto del pittore francese Jean-Honoré Fragonard (1732-1806).

Il gusto barocco continua a dominare, in ambito artistico e musicale, fino alla prima metà del Settecento. A Roma, in particolare, le grandi opere di Bernini e Borromini, attivi fin quasi alla fine del Seicento, influiscono sulle generazioni di artisti successivi e li spingono a realizzare gli ultimi grandi progetti urbanistici e architettonici della città.

Nella prima metà del Settecento, però, si afferma anche una nuova tendenza, che prende il nome di "Rococò", e che si caratterizza per il gusto decorativo e floreale. Essa riguarda soprattutto le arti minori, ma anche la pittura e la scultura. Spesso considerata una degenerazione leziosa e superficiale del Barocco, essa è viceversa il segno di una nuova sensibilità, in cui alla spettacolarità sontuosa e "popolare" del Barocco si sostituisce un'arte più raffinata e rivolta a un pubblico aristocratico e cortigiano.

La reazione antibarocca si manifesta intorno alla metà del Settecento con la ripresa del Classicismo rinascimentale. La diffusione della filosofia illuministica porta anche nelle arti una tendenza al razionalismo e alla ricerca di forme più lineari e geometriche. La riscoperta delle rovine di Pompei ed Ercolano favorisce l'interesse per l'arte antica. Nella seconda metà del Settecento si pongono quindi le premesse teoriche del Neoclassicismo, il movimento che interesserà l'arte soprattutto nell'età napoleonica.

1 *La sguattera* di Giuseppe Maria Crespi, del 1725, è un'opera che ben testimonia la tendenza al realismo minuto della pittura tardo-barocca.
Si noti la cura estrema con cui l'artista concentra l'attenzione sui dettagli della scena, da cui è però assente ogni tematica sociale o psicologica.

cronologia

1600 – 1650 – 1700 – 1750 – 1800 – 1850

pittura

- 1617 - 77 Evaristo Baschenis
- 1 – 1665 - 1747 Giuseppe Maria Crespi, detto lo Spagnolo
- 1683 - 1754 Giovan Battista Piazzetta
- 2 – 1696 - 1770 Giambattista Tiepolo
- 1697 - 1768 Giovanni Antonio Canal, detto il Canaletto
- 1698 - 1767 Giacomo Ceruti, detto il Pitocchetto
- 1702 - 85 Pietro Longhi
- 1712 - 93 Francesco Guardi
- 1720 - 78 Giovan Battista Piranesi – 3

2 Il veneziano Giambattista Tiepolo è probabilmente il più grande esponente del Rococò italiano. *Apollo e Dafne*, dipinto nel 1765-66, ben esemplifica il carattere raffinatamente evasivo di quest'arte, in cui il soggetto mitologico è solo il pretesto per un'esibizione di abilità coloristica.

3 Le incisioni di Giovan Battista Piranesi, e in particolare le *Carceri* (stampate tra il 1745 e il 1761), sono tra le opere che influiranno sulla sensibilità preromantica in Italia. Il carattere fantastico e inquietante delle immagini segna il deciso superamento del gusto tardobarocco e si inserisce nella tendenza europea legata alla poetica del "sublime".

4 Realizzata per decorare la Cappella Sansevero a Napoli dallo scultore genovese Francesco Queirolo, la statua del *Disinganno*, scolpita tra il 1749 e il 1766, si caratterizza per l'estremo virtuosismo tecnico, tipico dell'arte Rococò.

5 Progettata e costruita da Filippo Juvarra tra il 1729 e il 1733, la Palazzina di caccia di Stupinigi, vicino a Torino, è uno dei capolavori dell'architettura tardobarocca in Italia. Si noti il gioco delle linee, che danno all'insieme dell'edificio un carattere particolarmente movimentato.

cronologia

1600 · 1650 · 1700 · 1750 · 1800 · 1850

scultura

- 1668 - 1752 Antonio Corradini
- 1690 - 1752 Giovanni Battista Maini
- 4 1704 - 62 Francesco Queirolo
- 1720 - 93 Giuseppe Sammartino

architettura

- 1624 - 83 Guarino Guarini
- 1668 - 1729 Alessandro Specchi
- 1678 - 1736 Filippo Juvarra 5
- 6 1693 - 1740 Francesco de Sanctis
- 1697 - 1751 Niccolò Salvi 7
- 1700 - 74 Luigi Vanvitelli
- 1734 - 1808 Giuseppe Piermarini

6 La scalinata di Trinità dei Monti, a Roma, con la chiesa omonima, opera di Francesco de Sanctis.

7 La celeberrima fontana di Trevi, di Niccolò Salvi a Roma. Il palazzo è parte integrante del monumento.

LUIGI VANVITELLI La Reggia di Caserta

Luigi Vanvitelli, la Reggia di Caserta, facciata, 1752, Caserta.

L'autore

Luigi Vanvitelli nasce a Napoli nel 1700, figlio di uno dei più celebri pittori olandesi, Gaspard van Wittel.

Compiuti gli studi a Roma, lavora alla basilica di San Pietro, progetta la facciata della chiesa di San Giovanni in Laterano e svolge diversi incarichi per il pontefice e per le famiglie nobiliari a Roma e in altre città dello Stato vaticano.

Tornato a Napoli nel 1751, chiamatovi dal re Carlo III di Borbone, Vanvitelli realizza numerose opere, tra cui la più importante è senza dubbio la grandiosa Reggia di Caserta, iniziata nel 1752 e conclusa nel 1774, un anno dopo la sua morte.

Particolare dello scalone d'onore.

L'opera

- Ispirata alla reggia francese di Versailles e realizzata tra il 1752 e il 1774, la Reggia di Caserta è uno dei complessi architettonici più importanti del Settecento italiano e testimonia il passaggio dal gusto barocco al gusto neoclassico (tra i collaboratori di Vanvitelli vi fu infatti Giuseppe Piermarini, futuro esponente di punta del Neoclassicismo).

- La compresenza di elementi diversi emerge in particolare dai due criteri apparentemente opposti che stanno alla base del progetto dell'opera: la razionalità e il gusto scenografico.

Lo scenografico parco della reggia, con fontane e giochi d'acqua.

Geometrie e razionalità L'edificio si basa su un'immensa pianta quadrata, suddivisa a sua volta in quattro quadrati di uguali dimensioni, corrispondenti ai quattro cortili interni. Di fronte alla reggia si apre un vasto spiazzo circolare, che accoglie il visitatore.

La facciata (lunga circa 200 metri) si presenta piuttosto severa, perfettamente simmetrica, con al centro l'ingresso principale. Alle spalle dell'edificio si estende il vastissimo parco, basato su una lunghissima prospettiva rettilinea.

È evidente che l'architetto si è ispirato alla reggia francese di Versailles, ma ne ha modificato profondamente la struttura. Il palazzo di Versailles, infatti, si sviluppa intorno a un edificio barocco preesistente e conserva nella sua struttura una mescolanza di stili e una certa irrazionalità di forme che ben poteva piacere al gusto seicentesco, ma che appare invece molto lontana da quello del secondo Settecento.

Gusto scenografico Il gusto per gli effetti scenografici, probabilmente derivato a Vanvitelli dalle sue esperienze giovanili, è però presente nel parco, per la ricerca prospettica, i giochi d'acqua delle fontane, le statue mitologiche che lo ornano, e all'interno dell'edificio, in particolare nel celebre scalone d'onore che accoglie i visitatori e in cui il razionalismo e l'austerità lasciano il posto a una ricchezza di giochi di luce, archi e colonne, che ricorda quella degli edifici barocchi.

La Reggia di Caserta assume così il valore di opera simbolo del dispotismo settecentesco (non si dimentichi del resto che Napoli, nel XVIII secolo, era la città più popolosa d'Italia e un centro culturale e artistico di grandissimo rilievo). Infatti la grandiosità e la razionalità sono i due elementi su cui si basa la propaganda dell'assolutismo nell'Europa del Settecento.

I generi letterari

La saggistica

L'Illuminismo, movimento di idee

L'Illuminismo si ripromette di incidere profondamente sulla realtà, ispirando riforme e cambiamenti politici, sociali e culturali. Gli illuministi conducono quindi, nel corso della loro attività, delle vere e proprie battaglie culturali.

I filosofi illuministi espongono le loro idee in varie forme. Per condurre le loro battaglie, essi devono coinvolgere l'opinione pubblica del tempo, rivolgendosi al maggior numero possibile di lettori. Accanto alle forme più tradizionali, come il saggio e il trattato, gli illuministi elaborano quindi **nuovi strumenti espressivi**, più agili e accattivanti, capaci di coinvolgere anche il lettore non specialista nella discussione teorica e filosofica. Così, per esempio, essi scrivono *pamphlet* (cioè brevi saggi di carattere brillante, ironico o satirico), romanzi filosofici (cioè opere narrative in cui i protagonisti sono le idee, o personaggi che le rappresentano), lettere, voci di enciclopedia, satire in prosa e in versi, opere teatrali.

Un'importanza particolare assumono le **gazzette** e i **giornali**, che si diffondono prima in Inghilterra, poi in Francia e in Italia, e che offrono agli scrittori la possibilità di una comunicazione rapida e incisiva con un vasto pubblico di lettori.

IL CAFFÈ
OSSIA
BREVI E VARJ DISCORSI
DISTRIBUITI IN FOGLJ PERIODICI
Dal Giugno 1764.
a tutto Maggio 1765.
TOMO I.

IN BRESCIA. MDCCLXV.
DALLE STAMPE DI GIAMMARIA RIZZARDI
CON LICENZA DE' SUPERIORI.

Si vende in Milano da GIUSEPPE GALEAZZI
Stampatore e Libraro.

Il periodico *Il Caffè* di Pietro Verri.

Jean-Jacques Rousseau

L'autore

Nato a Ginevra nel 1712, Rousseau ebbe una vita molto avventurosa che lo portò a contatto con i maggiori esponenti dell'Illuminismo francese.

Il suo esordio di scrittore avvenne nel 1750, con un saggio in cui rifletteva sul contributo (a suo avviso nullo) che le arti e le scienze hanno dato al miglioramento dei costumi. Negli anni successivi, Rousseau divenne uno degli scrittori più prolifici e discussi del suo tempo, elaborando la sua riflessione sia in opere saggistiche, sia in opere narrative. Tra i titoli più importanti, *La nuova Eloisa* (1761, un romanzo sentimentale), *Il contratto sociale* (1762, in cui prende posizione contro l'assolutismo), *Emilio o Dell'educazione* (1762, un romanzo filosofico in cui espone le sue teorie pedagogiche, improntate al rispetto dei bambini anziché all'autorità dei maestri), *Le confessioni* (l'autobiografia, pubblicata postuma).

Al centro della riflessione di Rousseau c'è l'**analisi della società**, intesa come luogo di corruzione e di infelicità e contrapposta a una natura considerata sempre positivamente. Sulla base di queste premesse, Rousseau giunge a una critica radicale dei sistemi sociali del suo tempo, a cui contrappone l'ideale della **democrazia diretta**, in cui ciascuno partecipa in prima persona alla gestione della cosa pubblica. Spesso in posizione polemica nei confronti degli altri illuministi, e di Voltaire in particolare, Rousseau fu **uno degli ispiratori del movimento romantico**, nei decenni dopo la sua morte, avvenuta nel 1778.

L'opera

La riflessione di Rousseau parte da una valutazione negativa della situazione dell'uomo moderno, la cui vita gli appare caratterizzata dall'egoismo, dalla competitività e, soprattutto, dalla disuguaglianza economica, civile e politica. Queste caratteristiche – spiega Rousseau nel *Discorso sull'origine della disuguaglianza fra gli uomini* (1754) – non sono proprie della natura dell'uomo (che anzi, all'origine, viveva in condizioni di libertà, socievolezza, uguaglianza) ma sono determinate dalla sua storia. Il progresso tecnico-scientifico e l'istituzione della proprietà privata hanno enormemente accresciuto e reso irreversibili quelle che all'inizio erano solo lievi differenze fisiche e ambientali.

Con questa impostazione, Rousseau introduceva un punto di vista che avrebbe avuto in seguito grande sviluppo, teorico e politico, ma si poneva in aperto contrasto con i pensatori illuministi i quali, al contrario, concepivano la storia dell'uomo come un continuo progresso, da perfezionare ulteriormente attraverso la diffusione della ragione.

Opera **Discorso sull'origine della disuguaglianza fra gli uomini**
Epoca **XVIII secolo**
Genere **saggio**
Lingua **francese**

Discorso sull'origine della disuguaglianza fra gli uomini

L'origine della disuguaglianza

Rousseau nelle prime pagine del Discorso spiega in che modo sia nata la disuguaglianza economica e in che modo da essa sia derivata l'ingiusta distribuzione del potere e la divisione degli uomini in dominanti e dominati. Il "contratto sociale" è per Rousseau un patto che gli uomini stipulano per evitare la guerra di tutti contro tutti, ma tale guerra è conseguenza della disuguaglianza legata alla proprietà privata, cioè alla civiltà, e non uno "stato di natura" precedente alla civiltà stessa.

Nella specie umana concepisco due specie di disuguaglianza: l'una, che chiamo naturale o fisica, perché è stabilita dalla natura, e consiste nella differenza di età, di salute, di forze del corpo e di qualità spirituali o dell'anima; l'altra, che può dirsi morale o politica, perché dipende da una specie di convenzione,[1] ed è stabilita o almeno permessa dal consenso degli uomini. Questa consiste nei vari privilegi di cui alcuni godono a danno degli altri, come d'esser più ricchi, più onorati, più potenti di loro, o anche di farsene obbedire.

Non si può domandare quale sia la fonte della disuguaglianza naturale, perché la risposta si troverebbe enunciata nella semplice definizione della parola. Meno ancora si può cercare se non vi fosse qualche nesso essenziale fra le due disuguaglianze: perché ciò equivarrebbe a chiedere se coloro che comandano valgano necessariamente meglio di coloro che obbediscono, e se la forza fisica o spirituale, la saggezza o la virtù si trovino sempre negli stessi individui in proporzione della potenza o della ricchezza: questione buona forse a esser dibattuta fra schiavi ascoltati dai loro padroni, ma che non conviene a uomini ragionevoli e liberi, che cerchino la verità.

1. **convenzione:** accordo, cosa o situazione accettata da tutti.

Di che dunque si tratta precisamente in questo Discorso? Di segnare nel corso delle cose il momento in cui, succedendo il diritto alla violenza, la natura fu sottomessa alla legge; per spiegare per qual concatenazione di prodigi il forte abbia potuto risolversi a servir il debole, e il popolo a comperare una quiete immaginaria a prezzo d'una felicità reale.

Il primo che, avendo cinto un terreno, pensò di affermare: *questo è mio*, e trovò persone abbastanza semplici per crederlo, fu il vero fondatore della società civile. Quanti delitti, guerre, omicidi, quante miserie ed orrori non avrebbe risparmiato al genere umano colui che, strappando i piuoli e colmando il fossato, avesse gridato ai suoi simili: Guardatevi dall'ascoltare questo impostore; siete perduti se dimenticate che i frutti sono di tutti, e che la terra non è di nessuno!

Prima che si fossero inventati i segni rappresentativi delle ricchezze, esse non potevan consistere che in terre e animali, i soli beni reali che gli uomini potessero possedere. Ora, quando le eredità si furono accresciute di numero e di estensione, fino a coprire il suolo intiero e toccarsi tutte, gli uni non poteron più ingrandirsi che a spese altrui; e quelli in sopra numero, cui la debolezza o l'indolenza avevano impedito d'acquistarne a lor volta, divenuti poveri senza aver nulla perduto, perché cambiando tutto attorno a loro, essi soli non avevan cambiato affatto, furono obbligati a ricevere o carpire la loro sussistenza dalle mani dei ricchi; e di là cominciarono a nascere, secondo i vari caratteri degli uni e degli altri, la dominazione e la servitù, o la violenza e le rapine. I ricchi, dal canto loro, appena conobbero il piacere di dominare, sdegnarono subito tutti gli altri; e servendosi dei loro antichi schiavi per sottometterne di nuovi, non pensarono che a soggiogare e asservire il prossimo: simili a quei lupi affamati che, una volta gustata la carne umana, rifiutano ogni altro cibo, e non vogliono più che divorar uomini. Così l'uguaglianza infranta fu seguita dal più orribile disordine; così le usurpazioni dei ricchi, il brigantaggio dei poveri, le passioni sfrenate di tutti, soffocando la pietà naturale e la voce ancor debole della giustizia, resero gli uomini avari, ambiziosi e malvagi. La società nascente fece posto al più orribile stato di guerra. Non è possibile che gli uomini non abbian fatto alla fine riflessioni su una condizione così miserabile e sulle calamità da cui erano oppressi. I ricchi, sopra tutto, dovettero presto sentire quanto fosse svantaggiosa per loro una guerra incessante, di cui facevan da soli tutte le spese, in cui il rischio della vita era comune, ma quello dei beni era loro particolare. D'altra parte, qualsiasi colore avessero potuto dare alle loro usurpazioni, sentivano abbastanza che esse non eran fondate che su un diritto precario ed abusivo, e che, essendo acquistate solo con la forza, la forza poteva togliergliele senza che avessero ragione di lagnarsi. Quelli pure che solo l'industria[2] aveva ar-

2. **l'industria:** il lavoro.

Egualitarismo

Approfondimento

L'egualitarismo interpreta in modo radicale il principio di eguaglianza: sostiene cioè che l'**uguaglianza economica, sociale, culturale** non debba essere limitata alle condizioni di partenza, ma debba essere realizzata attraverso l'**abolizione delle differenze in atto**.

L'egualitarismo ha trovato espressione in molte dottrine, di carattere sia religioso sia politico, specie nell'ambito del socialismo e del marxismo.

Negli **anni settanta**, l'egualitarismo è stato un atteggiamento di pensiero diffuso: nella scuola esso ha polemizzato contro la "meritocrazia" e la selezione, considerandole manifestazioni del carattere classista della scuola (di qui la rivendicazione del "sei politico" per tutti, a prescindere dalle capacità e dall'impegno individuali).

Nelle **lotte sindacali**, esso si è espresso con le rivendicazioni di aumenti salariali, uguali per tutti, mirando a ridurre le differenze retributive. Le organizzazioni sindacali sono state poi costrette ad abbandonare questa politica salariale, pena la perdita della possibilità di rappresentare gli interessi di operai specializzati e tecnici.

ricchiti, non potevan fondare la loro proprietà su titoli migliori. Avevano un bel dire: son io che ho costruito questo muro; io ho guadagnato questo terreno col mio lavoro. Chi vi ha dato gli allineamenti,[3] si poteva risponder loro, e in virtù di che pretendete d'esser pagati a nostre spese d'un lavoro che non vi abbiamo affatto ordinato? Ignorate voi che una quantità di vostri fratelli muore o soffre del bisogno di ciò che voi avete di troppo, e che vi sarebbe bisognato un consenso espresso ed unanime del genere umano per potervi appropriare, della sussistenza comune, tutto ciò che andava al di là della vostra? Privo di ragioni valide per giustificarsi e di forze sufficienti per difendersi; in grado di schiacciar facilmente un individuo, ma schiacciato a sua volta da branchi di banditi; solo contro tutti e non potendo, a cagione[4] delle gelosie reciproche, unirsi coi suoi uguali contro nemici uniti dalla speranza comune del saccheggio; il ricco, premuto dalla necessità, concepì in fine il disegno più meditato che sia mai entrato nello spirito umano: ossia d'usare a favor proprio le forze stesse che l'attaccavano, di fare dei suoi avversari i suoi difensori, di inspirar loro altre massime, dare altre istituzioni, che gli fossero favorevoli, quanto il diritto naturale gli era contrario.

In tale intento, dopo aver esposto ai suoi vicini l'orrore d'una condizione che li armava gli uni contro gli altri, che rendeva il loro possesso oneroso al pari dei loro bisogni, in cui nessuno trovava la sua sicurezza né nella povertà né nella ricchezza, egli inventò facilmente ragioni speciose[5] per menarli al suo scopo.

«Uniamoci, disse loro, per garantire i deboli dall'oppressione, frenare gli ambiziosi e assicurare a ciascuno il possesso di ciò che gli appartiene: istituiamo ordinamenti di giustizia e di pace, cui tutti siano obbligati a conformarsi, che non faccian distinzione di persona, e che riparino in qualche modo i capricci della fortuna, sottomettendo ugualmente il potente e il debole ad obblighi reciproci. In una parola, invece di volger le nostre forze contro noi stessi, raccogliamole in un potere supremo, che ci governi secondo leggi sagge, che protegga e difenda tutti i membri dell'associazione, respinga i nemici comuni, e ci mantenga in eterna concordia».

Ci volle molto meno dell'equivalente di questo discorso per trascinar uomini rozzi, facili a sedurre, che d'altra parte avevan troppi affari da sbrogliar fra loro per poter fare a meno d'arbitri, e troppa avarizia ed ambizione per poter a lungo fare a meno di padroni. Tutti corsero incontro alle loro catene, credendo assicurarsi la libertà: perché, avendo abbastanza ragione per sentir i vantaggi d'una costituzione politica, non avevan abbastanza esperienza per prevederne i pericoli; i più capaci di presentirne gli abusi eran precisamente quelli che contavan di profittarne; e i saggi stessi videro che bisognava decidersi a sacrificare una parte della loro libertà alla conservazione dell'altra, come un ferito si fa tagliar il braccio per salvare il resto del corpo.

Tale fu o dovette essere l'origine della società e delle leggi, che diedero nuove pastoie[6] al debole e nuove forze al ricco, distrussero senza scampo la libertà naturale, fissarono per sempre la legge della proprietà e della disuguaglianza, d'una accorta usurpazione fecero un diritto irrevocabile,[7] e, per il vantaggio di qualche ambizioso, assoggettarono ormai tutto il genere umano al lavoro, alla servitù e alla miseria.

Discorsi e Contratto sociale, a c. di R. Mondolfo, Cappelli

3. gli allineamenti: i confini.
4. a cagione: a causa.
5. speciose: non vere, interessate.
6. pastoie: legami, vincoli.
7. accorta... irrevocabile: le leggi trasformarono in un diritto intoccabile un furto attuato con astuzia (cioè la proprietà).

Analisi del testo

Due forme di disuguaglianza. Il discorso di Rousseau incomincia col distinguere due diverse forme di disuguaglianza: una disuguaglianza naturale, legata all'aspetto e alle caratteristiche fisiche di ciascun individuo e una disuguaglianza sociale, che con la prima non sembra avere alcun rapporto (i più ricchi e potenti non sono necessariamente, nella società, i più belli e i più forti). L'obiettivo che si propone il filosofo è indagare i meccanismi attraverso cui, nel corso della storia, si è venuta creando la disuguaglianza sociale.

La proprietà privata. La causa della disuguaglianza sociale, secondo Rousseau, è la proprietà privata della terra e dei suoi frutti. Egli immagina che i primi uomini abbiano incominciato, per avidità e ambizione, a recintare dei terreni e a impadronirsi dei loro frutti escludendo tutti gli altri. Ben presto, ciò provocò uno stato di guerra permanente, sia fra ricchi (perché ciascuno di loro voleva diventare sempre più ricco), sia fra ricchi e poveri (perché i poveri tentavano di sottrarre ai ricchi ciò che in base al diritto naturale, cioè alle leggi della natura, non poteva che essere di tutti).

Il contratto sociale. La guerra di tutti contro tutti è evidentemente una situazione insostenibile. Per uscire da questo vicolo cieco, si inventò il contratto sociale: proposto e accettato come uno strumento per garantire a tutti la sicurezza, esso è invece secondo Rousseau uno strumento per sancire l'ingiustizia e trasformarla in "diritto".
Il contratto sociale è quindi per Rousseau un inganno perpetrato dai ricchi e dai potenti a danno dei poveri e dei deboli: questi ultimi hanno sacrificato la loro libertà in cambio di una supposta sicurezza, ma in questo modo hanno avallato l'ingiustizia originaria e hanno creato le condizioni di una schiavitù generalizzata, dato che il contratto sociale favorisce solo ed esclusivamente i ricchi e i potenti.

Proposte di lavoro

1. Prova a dividere in tre parti il brano; poi sintetizza ciascuna parte in poche righe.

....

....

2. Spiega il significato delle seguenti citazioni tratte dal testo.

➤ Il primo che, avendo cinto un terreno, pensò di affermare: *questo è mio*, e trovò persone abbastanza semplici per crederlo, fu il vero fondatore della società civile.

➤ I ricchi, sopra tutto, dovettero presto sentire quanto fosse svantaggiosa per loro una guerra incessante, di cui facevan da soli tutte le spese, in cui il rischio della vita era comune, ma quello dei beni era loro particolare.

....

....

➤ Tutti corsero incontro alle loro catene, credendo assicurarsi la libertà.

....

....

Voltaire

L'autore

Nato a Parigi, François-Marie Arouet (1694-1778) studia presso i gesuiti e viene avviato alla carriera legale, ma lascia ben presto gli studi giuridici per dedicarsi all'attività letteraria con alcuni testi teatrali. Costretto a emigrare in Inghilterra a causa di un duello, resta colpito dal clima di libertà e di tolleranza di questo paese.

Le opere

Tornato in Francia, scrive le sue prime opere importanti: l'*Enriade* (un poema di elogio per il re francese Enrico IV, modello di tolleranza), le *Lettere filosofiche* e le *Lettere inglesi* (in cui contrappone la situazione inglese a quella francese, a tutto vantaggio della prima).
A partire dalla metà del secolo, diventa **lo scrittore più rappresentativo dell'Illuminismo francese**, con una grande quantità di opere filosofiche, narrative, storiche e poetiche: *Il secolo di Luigi XIV* (un saggio storiografico sul regno del Re Sole, 1751), *La Pulzella* (una parodia della vicenda di Giovanna d'Arco, 1755), *Trattato sulla tolleranza* (contro il fanatismo religioso, 1763), *Dizionario filosofico* (una sorta di enciclopedia personale in cui affronta gli argomenti più disparati in brevi saggi di poche pagine, 1764) e soprattutto i tre brevi romanzi filosofici che restano tuttora tra le sue opere più lette: *Zadig* (1748), *Micromegas* (1752) e *Candido o L'ottimismo* (1759).
Negli ultimi anni, diventato ormai il più celebre e discusso scrittore del suo tempo, soggiorna in un castello vicino al confine svizzero, dove viene visitato da intellettuali e scrittori di tutta Europa.

Opera
Dizionario filosofico
Epoca
XVIII secolo
Genere
pamphlet
Lingua
francese

Dizionario filosofico

È assurdo credere ai miracoli

Il testo che presentiamo è tratto dal *Dizionario filosofico*; si tratta della prima parte della voce "Miracoli". Voltaire polemizza con le religioni che ammettono l'esistenza dei miracoli, sostenendo che credere nei miracoli è in realtà offensivo nei confronti di Dio. Ma attraverso la discussione di un argomento preciso, il filosofo riesce a far trasparire la sua concezione religiosa e il metodo che segue nel suo ragionamento.

Miracoli (*Miracles*). Un miracolo, secondo la forza della parola,[1] è una cosa ammirabile. Quindi, tutto è miracolo. L'ordine prodigioso della natura, la rotazione di cento milioni di globi intorno a un milione di soli, l'attività della luce, la vita degli animali, sono miracoli perpetui.

Secondo le idee accettate,[2] noi chiamiamo miracoli la violazione di codeste leggi divine ed eterne. Se si ha un'eclisse di sole durante il plenilunio, se un morto cammina per due leghe portandosi fra le braccia la propria testa, noi diciamo che si tratta d'un miracolo.

Parecchi fisici[3] sostengono che in questo senso non ci sono miracoli, ed ecco i loro argomenti.

Un miracolo è la violazione delle leggi matematiche, divine, immutabili, eterne. Quindi un miracolo è una contraddizione nei termini. Una legge non può essere immutabile e violata. Ma, si dice loro, essendo una legge stabilita da Dio stesso, non può forse essere sospesa dal suo autore? Essi hanno l'ardire di rispondere di no, e che non è possibile che l'Essere infinitamente saggio abbia fatto delle leggi per poi violarle. Egli non poteva, dicono, mutare alcunché nella sua macchina, se non per farla andar meglio. Ora è evidente che, essendo Dio, egli fece quest'immensa macchina nel miglior modo possibile; e se vide che vi sarebbe stata qualche imperfezione risultante dalla natura della materia, provvide fin da principio. Perciò non ne cambierà mai nulla.[4]

Inoltre, Dio non può far nulla senza ragione; ora quale ragione lo indurrebbe a mutare per un certo tempo l'aspetto della propria opera?

Lo farebbe a vantaggio degli uomini, si dice loro. Dunque, almeno a vantaggio di tutti gli uomini, rispondono essi; poiché non è possibile concepire che la natura divina lavori per alcuni uomini soltanto, e non per tutto il genere umano. E d'altronde, anche il genere umano è ben poca cosa: è assai meno d'un piccolo formicaio, a confronto di tutti gli esseri ond'è piena l'immensità.[5] Ora non è la più assurda delle follìe immaginare che l'Esse-

1. **secondo la forza della parola:** "miracolo" deriva infatti dal verbo latino *mirari*, che significa "meravigliarsi di fronte a qualcosa di straordinario".
2. **le idee accettate:** dopo aver proposto la sua definizione di miracolo, Voltaire incomincia ad analizzare polemicamente il significato che di solito si attribuisce a questa parola.
3. **fisici:** Voltaire espone le sue argomentazioni attribuendole a degli scienziati (*fisici*) per sottolineare che condivide con essi il metodo di indagine e la struttura logica del pensiero.
4. **nulla:** il ragionamento di Voltaire si basa sull'idea che l'universo funzioni come un immenso meccanismo (*macchina*) regolato da Dio sulla base delle leggi naturali. L'immagine di Dio che ne emerge è quella di un "orologiaio", come è stato detto, ben diversa da quella della tradizione religiosa.
5. **l'immensità:** Voltaire ipotizza che nell'universo infinito l'uomo non sia l'unica forma di vita intelligente.

re infinito sconvolga, a vantaggio di tre o quattro centinaia di formiche, su questo piccolo ammasso di fango, il funzionamento eterno delle immense molle che fanno muovere tutto l'universo?

Ma supponiamo che Dio abbia voluto distinguere un piccolo numero d'uomini con dei favori particolari: dovrà egli mutare ciò che stabilì per tutti i tempi e per tutti i luoghi? Certo, egli non ha alcun bisogno di questa mutabilità, di questa incostanza, per favorire le sue creature: i suoi favori sono nelle sue stesse leggi. Egli previde tutto,[6] dispose tutto per mezzo di esse, che tutte obbediscono irrevocabilmente alla forza ch'egli impresse per sempre alla natura.

Perché Dio farebbe un miracolo? Per realizzare un certo disegno su pochi esseri viventi! Direbbe dunque: «Non sono riuscito, mediante la costruzione dell'universo, né coi miei decreti divini, né con le mie leggi eterne, a realizzare un certo disegno. Muterò le mie eterne idee, le mie leggi immutabili, per cercar di eseguire ciò che non ho potuto fare per mezzo di esse». Questa sarebbe da parte sua un'affermazione di debolezza, non già di potenza; sarebbe evidentemente, in lui, la più inconcepibile contraddizione. Cosicché, osar supporre che Dio faccia dei miracoli, equivale realmente ad insultarlo (ammettendo che degli uomini possano insultare Dio); equivale a dirgli: «Voi siete un essere debole ed incoerente». È dunque assurdo credere a dei miracoli; è un disonorare, in qualche modo, la Divinità...

Dizionario filosofico, Orsa Maggiore Editrice

6. **previde tutto:** il ragionamento di Voltaire si fa sempre più stringente: poiché Dio è onnisciente, fin dall'inizio dei tempi egli sapeva ciò che era necessario stabilire affinché tutto funzionasse nel migliore dei modi; le sue leggi, che sono le leggi della natura, sono quindi perfette ed egli non ha alcun bisogno di modificarle con dei miracoli.

Il lessico e la grammatica

L'uso dei nessi logici nei testi argomentativi

Il testo di Voltaire è un **testo argomentativo**, in quanto sviluppa un ragionamento, tentando di persuadere il lettore e di fargli condividere la tesi esposta dall'autore.
Come sempre avviene nei testi argomentativi, i **nessi logici** hanno in questo testo un'importanza particolare e sono infatti molto frequenti. Osserviamo in che modo Voltaire li usa.

Primo capoverso. Il testo si apre con una definizione della parola "miracolo". Voltaire ricava da tale definizione una conseguenza immediata, introdotta da *quindi*. Seguono gli esempi («L'ordine prodigioso della natura» ecc.).

Quarto capoverso. Anche in questo caso, il testo presenta innanzitutto una definizione («Un miracolo è la violazione...»), seguito dal *quindi* che introduce le conseguenze di quella definizione. In questo caso, però, il discorso si fa più complesso, perché l'autore introduce una contro-argomentazione: come in un dialogo, egli affida il proprio punto di vista ai "fisici" e quello contrario ai loro anonimi interlocutori, che intervengono a porre delle domande. Tali domande sono introdotte da *ma*, a sottolineare il loro valore avversativo, cioè di contrasto («Ma... essendo una legge... non può forse essere sospesa...?»).
Alla domanda degli avversari segue, ovviamente, la risposta dei "fisici" (cioè di Voltaire). A questo punto si può enunciare una prima, parziale conclusione, che viene introdotta da *ora* (nel senso di "dunque, insomma"): in base a tutto ciò che abbiamo detto, «Ora è evidente che...».

Prova a continuare l'analisi seguendo la nostra traccia.

Quinto capoverso. Che cosa introduce "inoltre"?
La domanda presente in questo capoverso è posta dai fisici o dai loro avversari?

Sesto capoverso. Individua i quattro nessi logici presenti e spiega la loro funzione.

Analisi del testo

Polemica e argomentazione. Il breve testo di Voltaire ha carattere polemico: l'autore conduce infatti una battaglia contro la superstizione e il fanatismo, esaminando un particolare aspetto della religione tradizionale (i miracoli) alla luce della ragione critica.
Il suo discorso è basato su un'argomentazione molto stringente: l'autore muove da alcune premesse e sviluppa il suo ragionamento per sostenere una tesi, che è esposta solo alla fine (è assurdo credere ai miracoli), ma che è chiara già nel corso del testo.
Si noti che il carattere polemico del testo non spinge Voltaire a ricorrere ad argomenti irrazionali, che sarebbero segno di contraddizione. Ma si manifesta nella scelta di un tono molto brillante, reso possibile dalla trovata del finto "dialogo" tra i fisici e gli esponenti della mentalità tradizionale. Il discorso procede come in un dialogo, con domande e risposte, e al lettore sembra quasi di assistere "in diretta" al dibattito fra le due posizioni opposte.

Il dio-orologiaio. La premessa da cui muove tutto il discorso è che Dio sia il creatore dell'universo, che sia buono e che sia onnisciente (cioè che sappia tutto, compreso ovviamente il futuro). Queste caratteristiche sono le stesse che la religione tradizionale attribuisce a Dio, ma non sono le uniche, mentre Voltaire trascura tutte le altre e raffigura Dio come un geniale meccanico che, dopo aver creato la sua stupenda e complicatissima macchina, la mette in moto una volta per tutte e non ha più motivo di intervenire su di essa.

La conclusione. La conclusione, come abbiamo detto, ribadisce la tesi dell'autore. Si noti il gusto per il paradosso, per la battuta brillante, che emerge nelle ultime righe, e che provocava scandalo fra i lettori più conservatori dell'epoca che scorgevano, in testi come quello che abbiamo presentato, una violenta offesa alla religione.
In realtà, Voltaire contrappone alla religione tradizionale, basata sulla superstizione, l'irrazionalità, il fanatismo, il principio di autorità, una religione razionale che non esclude l'esistenza di un dio, ma che rende l'uomo libero di esaminare e di criticare, alla luce della ragione, tutte le idee tramandate, comprese quelle religiose.

Proposte di lavoro

1. Sintetizza brevemente il contenuto del testo, rispondendo alle seguenti domande.
- Qual è la tesi dell'autore?
- Perché credere nei miracoli, secondo Voltaire, è offensivo nei confronti di Dio?
- Perché Dio, se è un essere razionale, secondo Voltaire non può fare miracoli?

2 Trova e sottolinea nel testo le definizioni di "miracolo" e spiegale brevemente.

3. Spiega brevemente che cosa si intende con l'espressione "dio-orologiaio", facendo eventuali riferimenti al brano letto.

4. Voltaire è il più celebre illuminista impegnato nella battaglia a favore della tolleranza religiosa. Spiega in un breve testo scritto:
- che cosa si intende con "tolleranza";
- perché gli illuministi erano a favore della tolleranza;
- perché il testo letto rientra nella battaglia a favore della tolleranza.

Cesare Beccaria

L'autore

Cesare Beccaria (1738-1794) è l'esponente più celebre del cosiddetto **Illuminismo milanese**, cioè del gruppo di intellettuali e scrittori che, a Milano, svilupparono una riflessione di tipo illuministico negli anni del governo dell'imperatrice Maria Teresa d'Austria.

Accanto a Beccaria vanno ricordati i nomi dei fratelli Pietro e Alessandro Verri e quello del poeta Giuseppe Parini.

L'opera

La fama di Beccaria è legata a un unico libro, *Dei delitti e delle pene*, pubblicato nel 1764 e accolto con enorme favore in tutta Europa. In esso l'autore sostiene che le pene devono servire a garantire la **sicurezza della società** e a favorire, per quanto possibile, il **recupero** e il **reinserimento del colpevole**. A un'analisi razionale, sia la tortura sia la pena di morte risultano inaccettabili e devono quindi essere eliminate da una legislazione moderna.

Opera
Dei delitti e delle pene
Epoca
XVIII secolo
Genere
saggio
Lingua
italiano

Dei delitti e delle pene

Contro la pena di morte

L'argomentazione contro la pena di morte, che occupa le pagine centrali del libro, è costruita in due tempi: innanzitutto l'autore sostiene che la pena di morte non è un diritto, cioè che non è legittima, basandosi sul presupposto, tipicamente liberale, che lo Stato deriva la sua autorità dai cittadini e che nessuno può conferire ad altri il diritto di disporre della sua vita. Successivamente, dimostra che essa non è né utile né necessaria, ma anzi diseducativa nei confronti dei cittadini.
Di particolare interesse il ragionamento che Beccaria attribuisce a un immaginario criminale dove si avanza l'idea, modernissima, che esista un rapporto molto stretto tra il fenomeno della delinquenza e le ingiustizie sociali.

Questa inutile prodigalità[1] di supplicii, che non ha mai resi migliori gli uomini, mi ha spinto ad esaminare se la morte sia veramente utile e giusta in un governo bene organizzato. Qual può essere il diritto che si attribuiscono gli uomini di trucidare i loro simili? Non certamente quello da cui risulta la sovranità e le leggi. Esse non sono che una somma di minime porzioni della privata libertà di ciascuno; esse rappresentano la volontà generale, che è l'aggregato delle particolari. Chi è mai colui che abbia voluto lasciare ad altri uomini l'arbitrio di ucciderlo? Come mai nel minimo sacrificio della libertà di ciascuno vi può essere quello del massimo tra tutti i beni, la vita? E se ciò fu fatto, come si accorda un tal principio coll'altro, che l'uomo non è padrone di uccidersi, e doveva esserlo se ha potuto dare altrui questo diritto o alla società intera?

Non è dunque la pena di morte un *diritto*, mentre ho dimostrato che tale essere non può, ma è una guerra della nazione con un cittadino, perché giudica necessaria o utile la distruzione del suo essere. Ma se dimostrerò non essere la morte né utile né necessaria, avrò vinto la causa dell'umanità.

La morte di un cittadino non può credersi necessaria che per due motivi. Il primo, quando anche privo di libertà egli abbia ancora tali relazioni e tal potenza che interessi la sicurezza della nazione; quando la sua esistenza possa produrre una rivoluzione pericolosa nella forma di governo stabilita. La morte di qualche cittadino divien dunque necessaria quando la nazione ricupera o perde la sua libertà, o nel tempo dell'anarchia, quando i disordini stessi tengono luogo di leggi; ma durante il tranquillo regno delle leggi, in una forma di governo per la quale i voti della nazione siano riuniti, ben munita al di fuori e al di dentro dalla forza e dalla opinione, forse più efficace della forza medesima, dove il comando non è che presso il vero sovrano, dove le ricchezze comprano piaceri e non autorità, io non veggo necessità alcuna di distruggere un cittadino, se non quando la di lui morte fosse il vero ed unico freno per distogliere gli altri dal commettere delitti, secondo motivo per cui può credersi giusta e necessaria la pena di morte.

Quando[2] la sperienza di tutt'i secoli, nei quali l'ultimo supplicio non ha mai distolti gli uomini determinati dall'offendere la società, quando l'esempio dei cittadini romani, e vent'anni di regno dell'imperatrice Elisabetta di Moscovia[3] non persuadessero gli uomini, a cui il linguaggio della ragione è sempre sospetto ed efficace quello dell'autorità, basta consultare la natura dell'uomo per sentire la verità della mia asserzione.

Non è l'intensione[4] della pena che fa il maggior effetto sull'animo umano, ma l'esten-

1. **prodigalità:** abbondanza.
2. **Quando:** anche se.
3. **Elisabetta di Moscovia:** Elisabetta (1709-62), imperatrice di Russia, sospese la pena di morte con due decreti del 1753 e 1754.
4. **intensione:** intensità.

sione di essa; perché la nostra sensibilità è più facilmente e stabilmente mossa da minime ma replicate impressioni che da un forte ma passeggiero movimento. L'impero dell'abitudine è universale sopra ogni essere che sente, e come l'uomo parla e cammina e procacciasi i suoi bisogni col di lei aiuto, così l'idee morali non si stampano nella mente che per durevoli ed iterate percosse.[5] Non è il terribile ma passeggiero spettacolo della morte di uno scellerato, ma il lungo e stentato esempio di un uomo privo di libertà, che, divenuto bestia di servigio, ricompensa colle sue fatiche quella società che ha offesa, che è il freno più forte contro i delitti. Quell'efficace, perché spessissimo ripetuto ritorno sopra di noi medesimi, *io stesso sarò ridotto a così lunga e misera condizione se commetterò simili misfatti*, è assai più possente che non l'idea della morte, che gli uomini veggon sempre in una oscura lontananza.

La pena di morte fa un'impressione che colla sua forza non supplisce alla pronta dimenticanza, naturale all'uomo anche nelle cose più essenziali, ed accelerata dalle passioni. Regola generale: le passioni violente sorprendono gli uomini, ma non per lungo tempo, e però sono atte a fare quelle rivoluzioni che di uomini comuni ne fanno o dei Persiani o dei Lacedemoni,[6] ma in un libero e tranquillo governo le impressioni debbono essere più frequenti che forti. La pena di morte diviene uno spettacolo per la maggior parte e un oggetto di compassione mista di sdegno per alcuni; ambidue questi sentimenti occupano più l'animo degli spettatori che non il salutare terrore che la legge pretende inspirare. Ma nelle pene moderate e continue il sentimento dominante è l'ultimo perché è il solo. Il limite che fissar dovrebbe il legislatore al rigore delle pene sembra consistere nel sentimento di compassione, quando comincia a prevalere su di ogni altro nell'animo degli spettatori d'un supplicio più fatto per essi che per il reo.

Ecco presso a poco il ragionamento che fa un ladro o un assassino, i quali non hanno altro contrappeso per non violare le leggi che la forca o la ruota. *Quali sono queste leggi ch'io debbo rispettare, che lasciano un così grande intervallo tra me e il ricco? Egli mi nega un soldo che gli cerco, e si scusa col comandarmi un travaglio che non conosce.*[7] *Chi ha fatte queste leggi? Uomini ricchi e potenti, che non si sono mai degnati visitare le squallide capanne del povero, che non hanno mai diviso un ammuffito pane fra le innocenti grida degli affamati figliuoli e le lagrime della moglie. Rompiamo questi legami fatali alla maggior parte ed utili ad alcuni pochi ed indolenti tiranni, attacchiamo l'ingiustizia nella sua sorgente. Ritornerò nel mio stato d'indipendenza naturale, vivrò libero e felice per qualche tempo coi frutti del mio coraggio e della mia industria, verrà forse il giorno del dolore e del pentimento, ma sarà breve questo tempo, ed avrò un giorno di stento per molti anni di libertà e di piaceri. Re di un piccol numero, correggerò gli errori della fortuna, e vedrò questi tiranni impallidire e palpitare alla presenza di colui che con un insultante fasto posponevano*[8] *ai loro cavalli, ai loro cani.* Allora la religione si affaccia alla mente dello scellerato, che abusa di tutto, e presentandogli un facile pentimento ed una quasi certezza di eterna felicità, diminuisce di molto l'orrore di quell'ultima tragedia.

Ma colui che si vede avanti agli occhi un gran numero d'anni, o anche tutto il corso della vita che passerebbe nella schiavitù e nel dolore in faccia a' suoi concittadini, co' quali vive libero e sociabile,[9] schiavo di quelle leggi dalle quali era protetto, fa un utile paragone di tutto ciò coll'incertezza dell'esito de' suoi delitti, colla brevità del tempo di cui ne goderebbe i frutti. L'esempio continuo di quelli che attualmente vede vittime della propria inavvedutezza, gli fa una impressione assai più forte che non lo spettacolo di un supplizio che lo indurisce più che non lo corregge.

5. **percosse:** colpendo la mente in modo continuo e ripetuto (*durevoli ed iterate*). Qui Beccaria sostiene la tesi, molto diffusa fra gli illuministi, dell'influenza determinante dell'ambiente sulla formazione della personalità.
6. **Persiani... Lacedemoni:** combattenti valorosi come i persiani e gli spartani.
7. **e si scusa... conosce:** e per di più mi costringe al lavoro, che lui non conosce.
8. **posponevano:** consideravano meno importante.
9. **sociabile:** socievole.

Non è utile la pena di morte per l'esempio di atrocità che dà agli uomini. Se le passioni o la necessità della guerra hanno insegnato a spargere il sangue umano, le leggi moderatrici della condotta degli uomini non dovrebbono aumentare il fiero esempio, tanto più funesto quanto la morte legale è data con istudio e con formalità.[10] Parmi un assurdo che le leggi che sono l'espressione della pubblica volontà, che detestano e puniscono l'omicidio, ne commettono uno esse medesime, e, per allontanare i cittadini dall'assassinio, ordinino un pubblico assassinio.

Dei delitti e delle pene, a c. di F. Venturi, Einaudi

10. con istudio e con formalità: in modo studiato e solenne.

Analisi del testo

La pena di morte non è legittima. Nella prima parte del brano, Beccaria sostiene che la pena di morte è illegittima, perché priva l'individuo di uno dei suoi diritti fondamentali, il diritto alla vita. La riflessione di Beccaria si basa sull'idea della società come "contratto": gli individui rinunciano a una parte della loro libertà, cedendola allo Stato per garantire la sicurezza e il benessere comune. Ma in questo "contratto" non possono essere ceduti allo Stato i diritti fondamentali, come la vita, e quindi lo Stato non ha il diritto di privarne i cittadini.

La pena di morte è inutile. Beccaria procede sostenendo che la pena di morte non solo è sbagliata in teoria, ma è inutile in pratica: chi sostiene l'utilità della pena di morte, infatti, afferma che la pena di morte è un efficace deterrente, perché spaventa i delinquenti con la sua gravità e li distoglie dal compiere i loro delitti. Beccaria osserva che non è l'intensità della pena, cioè la gravità della punizione, che spaventa il delinquente, ma la certezza e la durata della pena. La pena di morte è terribile, ma morire è un attimo, mentre il carcere e i lavori forzati durano a lungo, anche tutta la vita, e sono quindi un deterrente più efficace. Emerge in queste righe il carattere tipicamente illuministico del pensiero di Beccaria. L'autore dichiara di non voler tenere conto della tradizione, che da sempre contempla la pena di morte nelle leggi degli stati, e propone una riforma radicale, basata sul rifiuto di una tradizione non sottoposta al "vaglio della ragione". Il filosofo, pur sapendo che le sue tesi non sono largamente condivise, esprime la sua fiducia nel cosiddetto "dispotismo illuminato" (l'accenno alla sospensione delle esecuzioni durante il regno della zarina Elisabetta), tipica di molti filosofi dell'Illuminismo.

Le cause della delinquenza. Nella seconda parte del brano, Beccaria immagina ciò che potrebbe pensare un ladro o un assassino nel momento in cui commette un delitto per cui è prevista la pena capitale. Beccaria si rende perfettamente conto che la delinquenza (nella maggior parte dei casi) ha ragioni sociali. Il delinquente di cui si immaginano i pensieri lo spiega chiaramente: «Chi ha fatte queste leggi? Uomini ricchi e potenti, che non si sono mai degnati visitare le squallide capanne del povero». Il delitto è insomma una forma, per quanto sbagliata, di protesta: l'ordine sociale mi condanna alla miseria e all'infelicità, e io lo infrango, diventando fuorilegge. Perfino la religione, in questa visione distorta, può paradossalmente diventare un invito al delitto: se mi catturano, pensa il delinquente, potrò sempre pentirmi prima di morire e garantirmi almeno la vita eterna nell'aldilà.

Proposte di lavoro

1. Sintetizza il contenuto del brano, tenendo conto delle suddivisioni e dei nuclei concettuali evidenziati nel corso dell'analisi.

2 Completa le seguenti argomentazioni di Beccaria con le opportune citazioni dal testo.

- La morte è terribile, ma dura un attimo; molto più terribile è lo spettacolo peggiore di un uomo privo di libertà, ridotto in schiavitù e condannato ai lavori forzati per molti anni. Quindi ....
- Un ladro o un assassino considerano il delitto un modo per migliorare la propria condizione sociale; se ha la prospettiva della morte, allora ....
- se invece ha la prospettiva di una pena lunga e umiliante, allora ....

3. Da quali elementi del testo emerge l'atteggiamento illuministico di Beccaria? Rispondi completando una tabella simile a questa con le opportune citazioni dal testo letto.

Atteggiamento razionalistico	
Rifiuto del principio di autorità	
Ottimismo e fiducia nel progresso	

Ieri e oggi

UNA BATTAGLIA DI CIVILTÀ

Dei delitti e delle pene (1764) di **Cesare Beccaria** rimane un punto di riferimento storico per le riflessioni sulla pena di morte. Quali altri libri, oltre a quello di Beccaria, affrontano questo tema? Ti suggeriamo alcuni testi:

- Victor Hugo, *L'ultimo giorno di un condannato* (1829): è un romanzo breve (meno di 100 pagine), scritto nella prima metà dell'Ottocento, che narra le ultime ore di un condannato a morte.
- Fëdor Dostoevskij, *L'idiota* (1868): è un lungo romanzo psicologico, scritto nella seconda metà dell'Ottocento, che affronta molti temi complessi; nelle prime pagine, il protagonista è in viaggio su un treno e parla della pena di morte con i compagni di scompartimento; Dostoevskij, che era stato condannato a morte e graziato all'ultimo momento, rivive indirettamente la sua terribile esperienza.
- Albert Camus, *Riflessioni sulla pena di morte*: è un breve saggio, scritto nel 1957, in cui l'autore sintetizza i risultati della riflessione precedente, mettendo in luce soprattutto le contraddizioni di chi si dichiara a favore della pena capitale.
- Helen Prejean, *Dead Man Walking* (1993): l'autrice è una suora cattolica che, negli Stati Uniti, si batte contro la pena di morte; nel libro racconta la sua esperienza e le difficoltà a cui la sua scelta la pone di fronte (la Chiesa non si è mai dichiarata ufficialmente contraria alla pena di morte, pur deplorandola); dal libro, nel 1995, è stato tratto un film (*Dead Man Walking - Condannato a morte*) con Susan Sarandon e Sean Penn come protagonisti.
- Stephen King, *Il miglio verde* (1996): il miglio verde è, nel gergo carcerario americano, l'ultimo tratto di corridoio che il condannato deve percorrere prima dell'esecuzione; il lungo romanzo racconta la progressiva presa di coscienza di una guardia carceraria che assiste impotente all'esecuzione di un uomo innocente, condannato solo perché nero. Anche da questo libro è stato tratto un film, nel 1999, con Tom Hanks come protagonista.

Qual è la situazione oggi? **Amnesty International**, l'organizzazione non governativa sovrannazionale impegnata nella difesa dei diritti umani che ogni anno pubblica un "rapporto sulla pena di morte nel mondo", ha recentemente dichiarato che la pena di morte rappresenta sempre più un'eccezione. In effetti, nel tempo, più della metà dei paesi del mondo ha abolito la pena capitale per legge o nella pratica.
Precisamente, dal 1990 sono più di 45 i paesi che l'hanno abolita e, secondo i dati aggiornati al 1° gennaio 2007, sono **128 i paesi abolizionisti e 69 i paesi mantenitori** (dove però il numero delle esecuzioni è molto basso).
Secondo i dati diffusi da Amnesty International per il 2006 – che, essendo basati sulle informazioni pubbliche disponibili, non possono contemplare eventuali omissioni imposte da certi governi in cui la pena è in vigore – sappiamo che:

- oggi, i prigionieri condannati a morte e in attesa di esecuzione sono circa 17 000;
- durante il 2006 le esecuzioni sono state almeno 1591 (in 25 paesi) e i condannati a morte almeno 3861 (in 55 paesi);
- il 91% di queste esecuzioni si sono concentrate in sei paesi: Cina (che detiene un drammatico primato), Iran, Pakistan, Iraq, Sudan e Usa.

La battaglia per l'abolizione su scala mondiale della pena di morte ha raggiunto ottimi risultati nel 2007: il 1° febbraio 2007 il Parlamento europeo ha approvato a grande maggioranza una risoluzione favorevole alla **moratoria** (= sospensione) **universale** della pena di morte e ha chiesto di riaprire il dibattito sull'argomento. Anche l'Assemblea Generale dell'Onu, il 18 dicembre 2007, ha approvato una dichiarazione che chiede la moratoria sulla pena capitale in tutto il mondo.

I generi letterari

Il romanzo

Il genere letterario della modernità

Il romanzo incomincia nel Settecento ad affermarsi come il genere letterario tipico della modernità, più duttile rispetto ai generi tradizionali (la lirica, l'epica, la tragedia, la commedia ecc.) e quindi il più adattabile alle varie esigenze degli scrittori.

Non bisogna dimenticare, però, che nel Settecento il grande pubblico è raggiunto dal teatro molto più facilmente che dalla narrativa. L'analfabetismo è ancora estremamente diffuso e il successo del romanzo presso il pubblico popolare si verificherà solo nell'Ottocento. Ma già nel Settecento alcune opere anticipano tale successo e rivelano le potenzialità del nuovo genere letterario.

Tre tipologie

Il romanzo del Settecento si sviluppa soprattutto in Inghilterra e in Francia. Possiamo indicare tre grandi tipologie, a cui si possono ricondurre i moltissimi romanzi scritti nel corso del secolo:

- la prima tipologia è il **romanzo di idee**: come abbiamo già osservato, spesso gli autori di romanzi sono dei filosofi, che attraverso le vicende immaginarie, fantastiche, allegoriche ecc. discutono dei problemi del loro tempo; appartengono a questo filone i cosiddetti **romanzi filosofici** (come *Lettere persiane* di Montesquieu, *Candido* di Voltaire o *Emilio* di Jean-Jacques Rousseau), ma anche **opere satiriche** come *I viaggi di Gulliver* di Jonathan Swift;
- un secondo filone del romanzo settecentesco è il **romanzo di sentimenti**: gli scrittori prestano attenzione alla **psicologia dei personaggi**, ai **temi dell'amore e della passione**, e spesso accentuano il carattere patetico delle vicende; appartiene a questo filone il famoso *Pamela* di Samuel Richardson, *La nuova Eloisa* di Rousseau, *Manon Lescaut* di Prevost e anche *I dolori del giovane Werther* di Johann Wolfgang Goethe, che narrano la storia di un giovane suicida per amore;
- il terzo filone è quello del **romanzo d'avventure**, che si ispira in parte alla tradizione precedente dei poemi cavallereschi e dei viaggi mirabolanti in paesi lontani (il Settecento è un secolo di grandi esplorazioni geografiche e di grande diffusione del "turismo culturale": la diffusione del benessere e i lunghi periodi di pace favoriscono gli spostamenti molto più che in passato); appartengono a questo filone il *Robinson Crusoe* e gli altri capolavori di Daniel Defoe, *Tom Jones* di Henry Fielding e la divertente parodia di Erich Rudolf Raspe, *Il barone di Munchhausen*; in questo filone rientra anche il **romanzo gotico** (o horror) che nasce in Inghilterra nel 1764 con *Il castello di Otranto* di Horace Walpole.

Naturalmente, questo schema non va preso con rigidità: molte delle opere più importanti si collocano "a metà strada" tra le categorie che abbiamo elencato. Per esempio:

- Swift, *I viaggi di Gulliver*, romanzo di idee + romanzo di avventure;
- Goethe, *I dolori del giovane Werther*, romanzo di sentimenti + romanzo di idee.

Jonathan Swift

L'autore

Jonathan Swift (1667-1745) nasce a Dublino da genitori inglesi stabilitisi in Irlanda, rimane orfano di padre prima della nascita e viene abbandonato dalla madre presso alcuni parenti. Nel 1779 torna in Inghilterra e lavora come segretario di un baronetto, sir W. Temple, nella cui casa conosce Stella, la donna di cui si innamora e che in seguito sposerà segretamente.

A Londra partecipa attivamente alla vita intellettuale e politica del tempo, mettendosi in luce per le sue **eccezionali doti di polemista**. Tra le opere del periodo londinese va ricordata soprattutto la satira *Il racconto di una botte* (1704), in cui prende in giro le varie chiese cristiane del tempo: l'opera, brillantissima, ha grande successo, ma gli aliena le simpatie della regina e la possibilità di seguire la carriera ecclesiastica.

Tornato in Irlanda nel 1714, si dedica alla stesura delle sue opere maggiori, tra cui, oltre ai *Viaggi di Gulliver* (1726), che lo consacrano come uno dei maggiori satirici di ogni tempo, va ricordata almeno la *Modesta proposta* (1729), in cui lo scrittore sostiene paradossalmente che il metodo più razionale per risolvere il problema della carestia in Irlanda consiste nel mangiare i bambini.

La scomparsa della donna amata, nel 1728, accentua la sua misantropia e la morte lo coglie a Dublino in completo isolamento.

L'opera

I viaggi di Gulliver **sono un'opera satirica e parodistica.** Il dottor Lemuel Gulliver racconta in prima persona le sue avventure in paesi lontani. Nel corso delle sue peregrinazioni, egli visita dapprima (I libro) il paese di Lilliput, in cui tutti gli abitanti sono di dimensioni minuscole, poi (II libro) il paese di Brobdingnag, in cui tutti sono invece giganteschi, poi (III libro) l'isola volante di Laputa, i paesi di Balnibarbi, Luggnagg, Glubbdrubdib e il Giappone, infine (IV libro) il paese degli Huyhnhnm, in cui i cavalli sapienti, che vivono secondo ragione e natura, hanno ridotto in schiavitù gli orribili Yahu, esseri bestiali e malvagi di aspetto e di abitudini identiche a quelle degli uomini.
Swift, attraverso le vicende del suo personaggio, esprime tutta la sua **misantropia**, il suo odio e il suo disprezzo per l'uomo, per la società, per le convenzioni, per la coltre di falsità che impedisce di vedere la terribile realtà della natura umana. Ma il **tono** del racconto è sempre **leggero**, **umoristico**, **satirico**, non assume mai il carattere del saggio o dell'invettiva. Il **gusto per la parodia** è alla base dell'invenzione del romanzo, quella del viaggio. Swift, infatti, imita e stravolge un genere all'epoca molto diffuso, quello dei libri di viaggio in paesi esotici e lontani. Ma *I viaggi di Gulliver* fanno riferimento anche a un altro filone letterario, quello dell'**utopia**, iniziato in Inghilterra nel Rinascimento da Thomas More con un libro in cui descriveva la società perfetta realizzata dagli uomini nell'immaginaria isola di Utopia. Naturalmente, dato il suo carattere satirico, il romanzo di Swift è un'anti-utopia: egli descrive una serie di società in cui è facile riconoscere quella inglese (ed europea) del primo Settecento, esprimendo in questo modo le sue critiche.

Opera **Viaggi di Gulliver in vari paesi lontani del mondo**
Epoca **XVIII secolo**
Genere **romanzo**
Lingua **inglese**

Viaggi di Gulliver in vari paesi lontani del mondo

Considerazioni sulla guerra

L'ultimo viaggio di Gulliver lo porta nel paese di Huyhnhnm, abitato dai cavalli sapienti (che vivono secondo ragione e secondo natura) e dai perfidi Yahu, di aspetto simile agli uomini, ma privi di qualsiasi intelligenza e senso morale. Gulliver viene osservato con grande curiosità dai cavalli sapienti, essendo uno Yahu "civile", e ha molte interessanti conversazioni con il suo padrone, cioè con il cavallo che lo ospita; conversazioni che offrono a Swift l'occasione per criticare le istituzioni e i costumi europei, mettendone in luce l'assurdità e la profonda immoralità. Nel brano che proponiamo, Gulliver risponde alle domande del cavallo parlandogli dell'Inghilterra e soffermandosi in particolare sul tema della guerra, fenomeno del tutto sconosciuto nel paese degli Huyhnhnm.

Per obbedire, dunque, agli ordini di Sua Grazia, io gli narrai la rivoluzione sotto il principe di Orange[1] e la lunga guerra che il detto principe aveva dichiarato alla Francia, continuata poi dal suo successore, l'attuale Regina, coinvolgendovi le maggiori Potenze della Cristianità, e allora ancor viva. Calcolai, a sua richiesta, che durante l'intero corso di quella campagna circa un milione di *Yahu*[2] era stato ucciso, prese forse un centinaio di città o più, incendiato o mandato a picco un numero di navi cinque volte tanto.

Mi domandò quali siano di solito le cause e i motivi che inducono uno Stato a muover guerra a un altro. Risposi che erano infiniti, ma che mi sarei limitato a elencargli solo alcuni pochi dei principali. A volte è l'ambizione di un principe, che non crede di aver mai terre e popoli a sufficienza da governare; a volte è la corruzione dei ministri, che trascinano il loro padrone in una guerra per soffocare o sviare le proteste dei sudditi contro la loro cattiva amministrazione. Milioni di vite sono state sacrificate dalle divergenze di opinioni: ad esempio, se la carne sia pane o il pane sia carne; se il frutto di una certa bacca sia sangue o vino; se il fischiare sia un vizio o una virtù; se sia meglio baciare un palo o gettarlo nel fuoco; se il miglior colore per un abito sia il nero, il bianco, il rosso o il grigio, se debba essere lungo o corto, stretto o largo, sudicio o pulito, e così via.[3] Né vi son guerre tanto accese e sanguinose né di così lunga durata come quelle sorte per divergenze di opinioni, specialmente quando si tratta di cose indifferenti.[4]

A volte la contesa tra due principi nasce dal dover decidere chi di loro debba spossessare un terzo dei suoi domini, ai quali nessun dei due può accampare alcun diritto. Spesso un principe muove contro un altro per paura che l'altro muova contro di lui; altra volta si inizia una guerra perché il nemico è troppo forte, e a volte perché è troppo debole. Talora i nostri vicini hanno bisogno delle cose che abbiamo noi, o hanno le cose di cui noi abbiamo bisogno; e combattiamo finché essi ci prendono il nostro o ci danno il loro. Motivo poi pienamente giustificato per invadere un paese è il fatto che quel popolo sia stato stremato dalla carestia, decimato da una pestilenza o dilaniato da lotte di partito. È ugualmente giustificato muover guerra al nostro più stretto alleato quando una delle sue città sia situata in una posizione molto vantaggiosa per noi o una parte del suo territorio si presti ad arrotondare e integrare i nostri confini. Se un principe invade con le sue armate un paese il cui popolo sia povero e ignorante, può, con ogni legalità, mandarne a morte la metà e ridurne il resto in schiavitù per civilizzarlo e distoglierlo dal suo barbaro tenor di vita. Un'usanza altamente onorevole e regale, e assai spesso messa in pratica quando un principe invoca l'aiuto di un altro perché lo difenda contro l'invasione di un terzo, è quella che il soccorritore, appena scacciato l'invasore, s'impadronisca egli stesso del dominio e uccida, imprigioni o mandi in bando il sovrano di cui era corso in aiuto. Le alleanze di sangue o di matrimonio son spesso causa di guerre tra sovrani, e quanto più stretto è il vincolo di parentela tanto maggiore è la loro disposizione al litigio: le nazioni povere hanno fame, quelle ricche sono orgogliose: e la fame e l'orgoglio son sempre in contesa. Per queste ragioni il mestiere di soldato è il più onorevole fra tutti, perché il soldato è uno *Yahu* prezzolato[5] per uccidere a sangue freddo quanti più può dei propri simili senza avere ricevuto da loro alcuna offesa.

C'è pure, in Europa, una sorta di principi in ciabatte,[6] incapaci di guerreggiare essi stessi, i quali danno a nolo le proprie armate alle nazioni più ricche a un tanto al giorno per ogni uomo; di tal mercede i tre quarti se li tengono per sé come principale fonte dei loro

1. **la rivoluzione... Orange:** la rivoluzione del 1688, che aveva dato vita in Inghilterra a un regime liberale in contrasto con la Francia di Luigi XIV.
2. ***Yahu*:** esseri umani, nel linguaggio dei cavalli sapienti. Da questo termine, inventato da Swift, deriva il nome del noto "motore di ricerca" usato da chi naviga in Internet.
3. **ad esempio... e così via:** l'autore accenna alle discussioni tra le diverse chiese cristiane d'Europa, riguardanti la transustanziazione (cioè la trasformazione del pane e del vino in carne e sangue durante la messa), l'uso della musica durante le cerimonie sacre, il culto della croce, i diversi colori delle vesti ecclesiastiche.
4. **indifferenti:** di scarsa o nulla importanza pratica.
5. **prezzolato:** pagato, stipendiato (l'autore fa riferimento ai soldati di mestiere).
6. **in ciabatte:** pantofolai, fin troppo pacifici.

mezzi di sussistenza: così, ad esempio, i principi della Germania e di altri Stati dell'Europa settentionale.

«Quel che mi avete detto», osservò il mio padrone, «intorno ai motivi della guerra, offre la più mirabile prova degli effetti di quella ragione che pretendete di avere:[7] comunque è un felice caso che sia maggiore la vergogna dell'effettivo pericolo e che la Natura vi abbia fatto totalmente incapaci di danneggiarvi seriamente l'un l'altro.

«Considerando infatti che avete la bocca sul piano stesso della faccia, è impossibile che riusciate a mordervi, a meno che non vi mettiate prima d'accordo. Quanto agli artigli delle vostre zampe anteriori e posteriori,[8] son così corti e molli che uno solo dei nostri *Yahu* metterebbe in fuga una dozzina dei vostri. Cosicché, nel calcolare il numero di coloro che sono stati uccisi in battaglia, devo credere che abbiate *detto la cosa che non è*».[9]

Non potei fare a meno di scuoter la testa sorridendo leggermente del suo candore.[10] E, poiché non ero digiuno dell'arte della guerra, presi a descrivergli cannoni, colubrine, moschetti, carabine, pistole, palle, polvere, sciabole, baionette, battaglie, assedi, ritirate, attacchi, mine, contromine, bombardamenti, battaglie navali; navi affondate con migliaia di uomini; ventine di migliaia trucidate da ciascun lato; gemiti di morenti, membra saltate in aria; fumo, frastuono, confusione, combattenti maciullati dagli zoccoli dei cavalli, fughe, inseguimenti, vittorie; campi cosparsi di cadaveri lasciati alla voracità dei cani, dei lupi, degli uccelli di rapina; saccheggi, spoliazioni,[11] stupri, incendi, distruzioni. E, per mettere in bella mostra il valore dei miei cari compatrioti, lo assicurai di averli visti, in un assedio, farne saltare in aria un centinaio per volta, e altrettanti in una battaglia navale; e avevo ammirato i cadaveri venir giù a pezzi dalle nubi con gran divertimento degli spettatori.

Stavo per dare più ampi particolari, quando il mio padrone mi impose silenzio. Mi disse che chiunque conoscesse la natura degli *Yahu* era in grado di capir facilmente come un animale così vile potesse benissimo esser capace di tutte le azioni che avevo menzionato

7. **la più mirabile... avere:** il tono dell'osservazione è ironico; da quanto ha sentito, il cavallo sapiente conclude che gli uomini sono esseri del tutto privi di ragione.
8. **artigli... posteriori:** le unghie.
9. ***la cosa che non è*:** con tale espressione i cavalli sapienti indicano la menzogna, poiché nella loro lingua non esiste un termine corrispondente.
10. **candore:** ingenuità.
11. **spoliazioni:** furti.

Fare elenchi

Il lessico e la grammatica

Come avrai notato, il brano di Swift presenta numerosi elenchi: per rispondere alle domande del cavallo sapiente e fargli capire alcuni aspetti del mondo umano, Gulliver ricorre spesso a questa **tecnica**.
Osserviamo come è articolato il primo, prestando attenzione alla **struttura del discorso** e alla **punteggiatura** che ce la comunica.

- **Introduzione**, conclusa con un punto fermo: *Risposi che... mi sarei limitato a elencargli solo alcuni pochi dei principali.*
- **Primi elementi** dell'elenco, separati dal punto e virgola e posti sullo stesso piano grazie alla ripetizione: *A volte... a volte...*
- **Nuova introduzione** (conclusa stavolta dai due punti): *Milioni di vite...*
- **Nuovo elenco** basato sulla ripetizione e scandito dai punti e virgola: *se la carne... se il frutto... se il fischiare...*
- **Prima conclusione**: *Né vi son guerre tanto accese...*

Come si vede, l'elenco non procede a caso, ma secondo un **ordine ben preciso**. Osserviamo ora un altro esempio, nelle righe immediatamente successive. In questo caso, l'autore non crea una gerarchia (introduzione, esempi, conclusione) ma pone i vari elementi sullo stesso piano, separandoli nettamente con il punto fermo e giocando sulla varietà della presentazione:

- Primo elemento: *A volte...*
- Secondo elemento: *Spesso...*
- Terzo elemento: *Talora...*
- Quarto elemento: *Motivo poi...*
- Quinto elemento: *È ugualmente giustificato...*

E così via.

Osserva ora l'elenco di armi con cui Gulliver fa inorridire il cavallo sapiente.

– Come sono disposti e separati fra loro gli elementi dell'elenco?

– Esiste una struttura chiara e logica, oppure l'elenco non segue alcun criterio di ordine?

– Che effetto intende ottenere l'autore in questo caso?

se la forza e l'accortezza[12] eguagliavano la sua malizia.[13] Ma, poiché il mio discorso aveva aumentato il suo aborrimento per l'intera specie, egli si accorgeva di provare un disagio interiore del tutto nuovo per lui. Forse le sue orecchie, abituandosi a tali abominevoli parole, avrebbero potuto a poco a poco accoglierle con minore ripugnanza. Sebbene egli odiasse gli *Yahu* di quel paese, non li biasimava, tuttavia, per le loro detestabili qualità, più di un *gnnayh* (un uccello di rapina) per la sua crudeltà, o di una pieta aguzza per avergli leso lo zoccolo. Ma, quando una creatura che si vantava ragionevole poteva esser capace di tali enormità, egli cominciava a temere che la corruzione di tale facoltà potesse esser peggiore della bestialità stessa. Egli sembrava dunque disposto a credere che non una ragione noi possedessimo, ma solo una qualche capacità di aumentare i nostri vizi naturali, così come il riflesso di un ruscello turbato restituisce l'immagine di un corpo deforme non solo più grande ma ancor più mostruosa.[14]

Viaggi di Gulliver in vari paesi lontani del mondo, trad. di V. Dettore, Rizzoli

12. l'accortezza: in senso negativo, l'astuzia.
13. malizia: cattiveria.
14. quando una creatura... mostruosa: l'autore ribadisce, con le parole del cavallo, la sua visione dell'umanità: gli uomini usano le loro facoltà razionali non per vivere meglio, ma per aumentare i loro vizi naturali.

Analisi del testo

La satira di costume. La satira di Swift colpisce innanzitutto le cause delle guerre, rivelando la falsità o l'assurdità dei motivi in base ai quali si giustifica l'uccisione di migliaia di esseri umani. Nessuna delle cause da lui indicate è davvero seria e importante, e tutte si possono ridurre in sostanza a due: l'avidità personale e la divergenza di opinioni. Ma Swift non si limita a una critica così generica: egli prosegue infatti mettendo sotto accusa le regole e i principi della diplomazia, il cui unico scopo è la giustificazione della violenza (si noti infatti quante volte ricorre l'ironia nella parte centrale del brano: «Motivo... pienamente giustificato per invadere un paese... È ugualmente giustificato muover guerra al nostro più stretto alleato... può, con ogni legalità, mandarne a morte la metà... Un'usanza altamente onorevole e regale...» ecc.).
L'ironia culmina con la descrizione del soldato, condotta mediante espressioni elogiative («il mestiere di soldato è il più onorevole fra tutti...»), naturalmente contraddette dalle azioni che il soldato stesso compie durante il suo lavoro («prezzolato per uccidere a sangue freddo...»).

La descrizione della guerra. La seconda parte del brano è dedicata alla descrizione della guerra stessa, mostrata in tutta la sua ferocia e la sua violenza distruttrice: rispondendo alle ingenue osservazioni del cavallo, Gulliver inizia a elencare vari aspetti della guerra: «cannoni, colubrine... bombardamenti... navi affondate con migliaia di uomini... gemiti di morenti» ecc.
Al tono allegramente spensierato con cui Gulliver parla della guerra si oppone la reazione sdegnata del cavallo, inorridito dalla descrizione, che nelle ultime righe del brano si fa portavoce dell'autore. Swift esprime infatti per bocca sua la propria posizione filosofica: egli è un razionalista, considera la ragione un valore irrinunciabile (e denuncia infatti la profonda irrazionalità della guerra), ma non condivide l'ottimismo dei razionalisti suoi contemporanei ed è convinto che la natura umana sia fondamentalmente perversa e che perciò anche la ragione diventi nell'uomo uno strumento finalizzato al male, poiché viene usata soltanto per produrre strumenti di morte e di distruzione sempre più raffinati.

Proposte di lavoro

1. Che cosa risponde il cavallo sapiente al racconto di Gulliver? In base a quali principi egli giudica il comportamento degli uomini?
2. Dove emerge che il cavallo sapiente è il portavoce di Swift?
3. Dove emerge che Gulliver non è il portavoce dell'autore?
4. Dove emerge l'ironia di Swift? Perché egli si serve dell'ironia per criticare i comportamenti umani?
5. Dove emerge il razionalismo di Swift? Perché considera gli esseri umani profondamente irrazionali? Perché considera la guerra un'attività contro ragione? In che modo gli uomini usano le loro facoltà razionali?

Johann Wolfgang Goethe

L'autore

Johann Wolfgang Goethe (1749-1832) è considerato uno dei massimi scrittori tedeschi. Ebbe una vita sentimentale intensa e travagliata, viaggiò molto, soprattutto in Italia e partecipò attivamente alle vicende politiche e culturali del suo tempo.

Militò in gioventù nelle fila del movimento letterario dello *Sturm und Drang*, condividendone la forte carica di ribellione libertaria. In seguito si orientò verso un liberalismo più moderato.

Nel periodo dello *Sturm und Drang*, Goethe fu un **precursore** riconosciuto **del Romanticismo**. Più tardi però prese posizione contro il Romanticismo e fu fautore di un'**arte apertamente classica**, ispirata a un'esigenza di dominio razionale della materia e di equilibrio stilistico. Le sue opere più significative (*Werther*, *Faust*, il dramma *Goetz von Berlichingen*, il ciclo romanzesco del *Wilhelm Meister*, la vasta produzione poetica) sono tuttavia percorse in profondità dalle inquietudini e dalle contraddizioni più tipiche della grande stagione romantica.

L'opera

Tra le più celebrate opere della letteratura mondiale, il *Werther* narra, sotto forma prevalentemente epistolare, la vicenda del **tragico amore** del protagonista per Charlotte, incantevole figlia del borgomastro del villaggio di campagna dove il giovane si è ritirato, stanco della soffocante vita cittadina. Inebriato dall'esperienza della passione, Werther non sa decidersi a troncare l'insostenibile rapporto di morbosa amicizia che lo lega sempre più a Charlotte e al suo promesso sposo, il discreto e posato Alberto. Riesce così a conquistarsi l'affetto di Charlotte fino a strapparle una disperata confessione d'amore. Poiché Charlotte non verrà mai meno alla promessa fatta ad Alberto, Werther, interiormente sconvolto, si toglie la vita, condannando così all'infelicità anche i suoi amici.

Uscito nel 1774, il romanzo ebbe immediato successo e larga risonanza europea. La figura di Werther divenne il **prototipo dell'eroe romantico**.

Lo Sturm und Drang

Approfondimento

I dolori del giovane Werther sono una delle opere più famose dello *Sturm und Drang* (alla lettera: "tempesta e impeto"), il movimento filosofico e letterario che si sviluppò **in Germania tra il 1770 e il 1785**. Esso nacque dall'incontro tra alcuni giovani intellettuali e i suoi tratti più caratteristici furono il ribellismo, **il rifiuto delle convenzioni sociali**, la protesta contro l'oscurantismo politico del tempo. Lo *Sturm und Drang* anticipò molti dei temi che saranno in seguito sviluppati dal Romanticismo, opponendosi in particolare al razionalismo illuminista e rivalutando elementi come la fantasia, la passione, il sentimento (presenti per altro nel pensiero di un filosofo illuminista come Jean-Jacques Rousseau). Gli *Stürmer* (cioè gli esponenti dello *Sturm und Drang*) ponevano al centro della loro riflessione **l'individuo**, inteso sia come persona sia come gruppo (popolo), contrapponendosi anche in questo al cosmopolitismo illuministico. Infine, proponevano una **visione della natura** opposta a quella del razionalismo: la natura non era per loro un meccanismo impersonale, regolato da leggi universali, ma un organismo vivente, in cui era riconoscibile lo spirito della creazione divina.

Opera
I dolori del giovane Werther
Epoca
XVIII secolo
Genere
romanzo epistolare
Lingua
tedesco

I dolori del giovane Werther

Un nuovo sentimento della natura

Il passo che segue è una delle pagine di più intensa emozione lirica di tutto il romanzo. Werther scrive all'amico Wilhelm confidandogli il profondo turbamento suscitato nel suo cuore dall'infelice amore per Charlotte: persino la contemplazione della natura, un tempo motivo di intima e gioiosa elevazione spirituale, è divenuta per lui fonte di sofferenza e di angoscia, poiché la realtà naturale gli si rivela ora come il regno di cieche forze distruttrici che dominano il destino di ogni essere.

18 agosto

È dunque proprio scritto che ciò che fa la felicità dell'uomo debba diventare la fonte dei suoi dolori?

Quella pienezza di sentimento che scaldava il mio cuore al cospetto della natura vivente, che mi colmava di tanta delizia e faceva del mondo intorno a me un paradiso, si è ora trasformata per me in persecutore intollerabile, in uno spirito che mi tortura, che mi insegue a ogni passo. Un tempo, quando dalle rocce alte sul fiume contemplavo la fertile vallata fino alle colline laggiù e vedevo ogni cosa germogliare e zampillare intorno a me; quando vedevo quelle montagne rivestite dai piedi fino alla cima di alberi alti e folti, e quelle valli, ombreggiate dai boschi più ameni,[1] snodarsi in tante dolci curve, e il fiume scorrere morbido fra il mormorio dei canneti, rispecchiando le belle nuvole che il vento lieve della sera cullava nel cielo; quando poi udivo gli uccelli animare il bosco intorno a me e gli sciami di moscerini danzare a miriadi negli ultimi raggi rossi del sole, e gli insetti ronzanti librarsi dall'erba nell'ultimo palpito di luce e il frinire[2] e il muoversi intorno a me attirava il mio sguardo al suolo, e il musco[3] che strappa il suo nutrimento alle mie[4] dure rocce, e gli sterpi, che crescono sugli aridi pendii sabbiosi, tutto mi rivelava l'intima, ardente, sacra vita della natura: oh, come allora accoglievo tutto questo nel calore del mio cuore, come mi sentivo divinizzato quasi in quella traboccante pienezza e le meravigliose figure dell'universo si muovevano in me, vivificando il mio spirito. [...] Oh, quante volte allora ho desiderato di arrivare sulle ali di una gru che volava sopra di me, fino alla sponda del mare sconfinato e bere dalla spumeggiante coppa dell'inifinito quella impetuosa voluttà di vita e per un momento solo, nelle limitate forze del mio petto, assaporare una goccia della beatitudine dell'essere che in sé e da sé tutto trae.

Fratello, il solo ricordo di quelle ore mi fa bene. Perfino lo sforzo di richiamare quei sentimenti ineffabili, di esprimerli, innalza l'anima mia oltre se stessa, per poi farmi doppiamente sentire l'angoscia dello stato in cui ora mi trovo.

Sembra che un velo si sia levato davanti al mio spirito, come un sipario, e che la scena della vita infinita si trasformi dinanzi a me nell'abisso della tomba perennemente aperta. Puoi dire: questo esiste! quando invece tutto passa, quando tutto scorre via con la rapidità della tempesta e così di rado la forza intera dell'esistenza resiste, ahimè, viene trascinata dalla corrente, sommersa e sfracellata contro le rupi? Non c'è istante che non divori te e i tuoi che ti stanno intorno, non un istante in cui tu stesso non sia, non debba essere un distruttore; la passeggiata più innocente costa la vita a migliaia di poveri vermiciattoli, un passo stermina le faticate costruzioni delle formiche e calpesta un piccolo mondo, riducendolo a una tomba senza onore. Ah, non sono le grandi, rare catastrofi che colpiscono il mondo, le alluvioni che portano via i vostri villaggi, i terremoti che inghiottono le vostre città, a turbarmi e a commuovermi; mai ha creato qualcosa che non sia destinato a distruggere se stesso o il proprio vicino. Questo pensiero mi fa barcollare sotto il peso dell'angoscia! Il cielo e la terra e le loro forze mi turbinano intorno. Non vedo che un mostro che divora, che rumina senza posa.

I dolori del giovane Werther, trad. di A. Pandolfi, Bompiani

1. **ameni:** ridenti, piacevoli da vedere.
2. **frinire:** canto delle cicale; qui, più in generale, indica la somma dei suoni naturali che animano il paesaggio.
3. **musco:** muschio.
4. **mie:** l'aggettivo non indica possesso, ma affettuosità, partecipazione emotiva da parte del protagonista.

Il romanzo epistolare

Approfondimento

I dolori del giovane Werther appartengono al genere del romanzo epistolare, che nel Settecento conobbe una straordinaria fortuna in tutta Europa.
Gli scrittori illuministi utilizzano il genere epistolare soprattutto per il **punto di vista "straniato"**, diverso dal solito, che esso permette di assumere. Montesquieu (1689-1755), per esempio, nelle *Lettere persiane* descrive la Francia del suo tempo attraverso le lettere immaginarie scritte da un persiano: grazie a un punto di vista nuovo, originale, egli può così esprimere la sua critica e mettere a nudo difetti, assurdità, contraddizioni della realtà che descrive. Il confronto tra diversi punti di vista diventa un vero e proprio gioco virtuosistico nelle *Relazioni pericolose* di Laclos (1741-1803): lo stesso avvenimento viene infatti narrato più volte dai diversi personaggi, ciascuno dei quali, nelle sue lettere, offre una particolare immagine della realtà, a seconda delle sue conoscenze, della sua visione del mondo, dei suoi principi morali ecc.
Goethe adotta nel suo romanzo un **unico punto di vista**, quello di Werther. Tutte le lettere sono infatti scritte dal protagonista all'amico Wilhelm, che interviene solo con una breve nota iniziale e con alcune integrazioni nella parte finale della vicenda.
L'unicità del punto di vista si spiega facilmente alla luce della poetica dello *Sturm und Drang* (➡ *Approfondimento*, p. 353) e dell'individualismo che la animava: Goethe è lontanissimo dall'intento critico di Montesquieu come dallo scetticismo ironico di Laclos; egli condivide infatti il punto di vista univoco e appassionato del personaggio, e naturalmente invita il lettore a fare altrettanto.

Analisi del testo

La struttura. La lettera ha una struttura bipartita. Nella prima parte, Werther rievoca i sentimenti che il paesaggio naturale suscitava in lui un tempo, nella seconda esprime ciò che suscita adesso, dopo tutte le esperienze che l'hanno cambiato. La contrapposizione è espressa sinteticamente nel primo periodo: un tempo la natura procurava felicità, oggi invece è fonte di dolore; e viene ribadita nel capoverso centrale, che collega la prima e la seconda parte: «il solo ricordo di quelle ore» è infatti contrapposto all'«angoscia dello stato in cui ora mi trovo».

Due diverse rappresentazioni della natura. Ma la contrapposizione tra stati d'animo diventa anche contrapposizione tra due diversi paesaggi: la natura viene descritta nella prima parte nei termini idilliaci, vitali e sereni che si trovano all'inizio del romanzo: «dalle rocce alte sul fiume contemplavo la fertile vallata e vedevo ogni cosa germogliare... quelle montagne rivestite dai piedi fino alla cima di alberi alti e folti... quelle valli, ombreggiate dai boschi più ameni... il fiume... morbido fra il mormorìo dei canneti... » ecc. Nella seconda parte, questa stessa natura viene interpretata in una chiave che mette in primo piano l'elemento negativo, di distruzione, di dolore: «tutto passa... tutto scorre via con la rapidità della tempesta... Non c'è istante che non divori te e i tuoi che ti stanno intorno... la passeggiata più innocente costa la vita a migliaia di poveri vermiciattoli, un passo stermina le faticate costruzioni delle formiche e calpesta un piccolo mondo...» ecc. La conclusione è un'affermazione di desolato pessimismo: la natura, anziché un'immagine di Dio, come all'inizio del romanzo, appare a Werther «un mostro che divora, che rumina senza posa».

La visione materialistica. Il tema della natura intesa come un meccanismo di distruzione insensato è già presente nella cultura illuministica, dove però resta secondario. Gli illuministi infatti sviluppano l'idea dell'universo come un immenso meccanismo, regolato da leggi immutabili (meccanicismo), e si soffermano con entusiasmo a studiare tali leggi (fisiche, chimiche, biologiche). Ma Goethe, anticipando i poeti della generazione successiva, come Leopardi, non si sofferma solo sulle grandi catastrofi: il dolore è infatti connesso alla vita stessa, anche nelle sue manifestazioni più semplici e apparentemente innocue.
È un passo fondamentale verso il suicidio, quello che Werther compie in questa lettera: se la natura è dominata dal male quotidianamente, in ogni momento della sua esistenza; se le leggi che la dominano non sono leggi divine, ma diaboliche, si giustifica allora la forma più estrema di ribellione, il rifiuto della vita stessa.

Proposte di lavoro

1. Il brano propone due visioni diverse della natura.
   - ➤ Definisci con parole tue le due diverse visioni, poi descrivi gli stati d'animo che suscitano nel protagonista.
   - ➤ Si può affermare che una delle due visioni della natura propostaci sia più vera dell'altra? Se sì, quale e per quali ragioni? Se no, che significato e valore hanno?
2. La struttura narrativa del brano si basa su antitesi. Sottolineale e mettile in relazione con l'atteggiamento di chi narra: si può dire che esse indichino un mutamento interiore? Perché?
3. Dove emerge, nella lettera, il materialismo di Werther? E perché la lettera costituisce una premessa importante per il futuro suicidio del protagonista?
4. Proponiamo una breve poesia di Goethe, il *Canto notturno del viandante*. Leggila e rispondi alle domande.

   È quiete; / in tutte le cime degli alberi / senti un alito / fioco; / gli uccelli son muti / nel bosco. / Aspetta, fra poco / riposi anche tu.

   - ➤ Quali sentimenti predominano?
     - ☐ Pace
     - ☐ Sofferenza
     - ☐ Comunione
     - ☐ Estraneità
   - ➤ Commenta la lirica, confrontandola con il brano letto.

I generi letterari

La poesia satirica

Esigenza di rinnovamento civile e sociale

Nella seconda metà del Settecento, a partire dalle idee illuministe sorte in Francia, si diffusero in Europa i princìpi della libertà e dell'uguaglianza di diritti fra tutti gli uomini e si affermò una forte esigenza di rinnovamento civile e sociale. L'uso della ragione da parte dell'uomo avrebbe reso possibile un continuo progresso delle società umane e fondato un mondo più giusto, libero e felice. Per raggiungere questo obiettivo bisognava abbattere i regimi assoluti e abolire i privilegi di cui l'aristocrazia diceva di godere per un diritto proveniente da Dio e che erano in realtà basati sull'abuso e sul sopruso.

Un'attenzione nuova fu rivolta agli strati inferiori della società e ai valori della fratellanza fra gli uomini, del lavoro, dell'operosità, dell'onestà, propri di una nuova classe sociale: la **borghesia**. Essa aveva sviluppato attività produttive, creato ricchezza e acquistato un notevole potere economico, ma non aveva alcun peso politico, cioè non aveva alcuna possibilità di influire sulle leggi e sulle decisioni che riguardavano l'organizzazione della società e dello Stato.

Queste idee si diffusero anche in Italia, influenzando la cultura più avanzata e la letteratura, anche nel caso di scrittori che non condivisero pienamente le posizioni degli illuministi. La difesa degli ideali di libertà e uguaglianza, la critica di un'aristocrazia parassitaria, improduttiva, frivola e corrotta, divennero temi centrali nella letteratura dell'epoca: li ritroviamo infatti nell'opera di due grandi scrittori italiani del Settecento, il poeta **Giuseppe Parini** e il commediografo **Carlo Goldoni**.

La poesia civile

Parini, in particolare, pone la satira della nobiltà parassitaria al centro del suo capolavoro, il poemetto *Il giorno*. L'opera è un esempio di **poesia civile**, impegnata sul piano etico e sociale: l'autore non sviluppa infatti un critica generica della classe aristocratica, ma affianca una critica puntuale dell'improduttività e dello stile di vita irrazionale, a una forte indignazione morale per le numerose ingiustizie di cui i nobili si rendevano colpevoli.

Parini si colloca ancora all'interno della tradizione classicistica, sia per il genere scelto (il poemetto satirico), sia per il linguaggio usato (ricco di arcaismi, di riferimenti mitologici, di espressioni lontane dall'uso comune). Egli si rivolgeva all'aristocrazia illuminata, invitandola a prendere coscienza della propria condizione e a intervenire con riforme e provvedimenti – secondo una prospettiva tipicamente illuministica, politicamente moderata e tutto sommato fiduciosa nella possibilità che, attraverso la critica, gli intellettuali potessero giocare un ruolo attivo nel progresso della storia.

Proprio per questo, Parini diventò un modello per gli intellettuali delle generazioni successive, che pure non potevano più nutrire la sua fiducia e il suo ottimismo.

Giuseppe Parini

L'autore

Giuseppe Parini nacque in una famiglia di piccola borghesia a Bosisio (Como) nel 1729. Studiò a Milano e nel 1754 divenne sacerdote, perché così voleva il testamento di una zia che lo lasciava erede di una piccola rendita. Fu precettore in casa di nobili famiglie milanesi, i Serbelloni e gli Imbonati, e prese parte attivamente alla vivace vita culturale della città. Per 28 anni rivestì incarichi pubblici di una certa importanza all'interno della politica di organizzazione della cultura e della scuola condotta dal governo austriaco. Fu prima direttore della "Gazzetta di Milano", sulla quale diede diffusione alle idee riformatrici del governo, poi docente di eloquenza alle Scuole Palatine, divenute in seguito ginnasio di Brera, infine sovrintendente alle scuole di Brera e contemporaneamente docente di lettere all'Accademia di belle arti.

Nel 1796, quando i francesi entrarono in Milano, fece parte della municipalità democratica, ma fu presto sollevato dall'incarico sia per motivi di salute sia per le sue idee troppo moderate. Morì nel 1799, pochi mesi dopo il ritorno degli austriaci a Milano.

L'opera di Parini è essenzialmente in versi, una parte dei quali d'occasione. Ma la sua fama è rimasta legata alle venticinque *Odi*, scritte fra il 1757 e il 1795 e a *Il giorno*, poemetto satirico composto di quattro parti, di cui le prime due, *Il mattino* e *Il mezzogiorno*, pubblicate nel 1763 e nel 1765, e le ultime due, *Il vespro* e *La notte* (incompiuta) pubblicate postume nel 1801. Sono da ricordare anche due opere in prosa: *Dialogo sopra la nobiltà* (1757) e il *Discorso sopra la poesia* (1761).

La grande novità della poesia di Parini è quella di affrontare, in uno stile classico rigorosamente fedele alla tradizione letteraria, **contenuti del tutto nuovi**, legati all'interesse per i problemi sociali e alle concezioni illuministe, che Parini, seppur moderatamente, fece sue. I temi prevalenti delle *Odi* sono quelli del rapporto fra uomo e natura e della possibilità di un intervento razionale su di essa, del ruolo che la cultura deve avere all'interno della società, della giustizia sociale, dell'alta missione morale della poesia.

Ne *Il giorno*, per esempio, il motivo dominante è quello dell'uguaglianza fra gli uomini, in nome della quale Parini critica l'indegno comportamento della nobiltà. Si tratta di una condanna morale che non mette in discussione il ruolo politico dell'aristocrazia, ma che anzi la richiama ai suoi doveri di classe dirigente, garante della giustizia. Parini ha, cioè, una **visione politica moderata**, secondo la quale il ruolo storico dell'aristocrazia non è ancora superato.

Dalle opere dunque emerge la figura di un intellettuale attento ai problemi del suo tempo, fiducioso nella ragione e nello sviluppo di una società civile in cui si affermino la dignità dell'uomo e la giustizia. Parini è rappresentante esemplare di una nuova letteratura che si pone come fine l'"impegno" e non l'evasione, che propone un modo nuovo di fare poesia: un modello che avrebbe esercitato una forte influenza sugli scrittori dell'Ottocento come esempio di rigore morale e di fermezza nella salvaguardia dei valori più alti.

L'opera

***Il giorno* è un poemetto in endecasillabi sciolti** nel quale il poeta finge di essere maestro di galateo di un giovane e frivolo nobile, il «giovin signore», che nel poema è il suo interlocutore e che egli istruisce nei suoi doveri quotidiani. Sono doveri del tutto futili e oziosi: l'impegno del giovin signore è tutto rivolto ad abbigliarsi e incipriarsi, a fare gite in carrozza e visite galanti, a partecipare a vuote conversazioni mondane. L'intenzione del poeta è evidentemente ironica: gli insegnamenti del precettore, rovesciati, corrispondono in realtà alle critiche che Parini muoveva alla vita corrotta di molti aristocratici. Il significato de *Il giorno* è infatti quello di una **satira sociale contro la nobiltà** oziosa e parassitaria. Lo strumento tecnico e stilistico usato dal poeta è quello della descrizione minuziosissima e della enfatizzazione delle più piccole vicende e dei più banali gesti quotidiani, che diventano grotteschi, rivelando tutta la fatuità di chi li compie.

Opera
Il giorno
Epoca
XVIII secolo
Genere
poemetto
Lingua
italiano
Schema metrico
endecasillabi sciolti

Il risveglio del giovin signore

Gli insegnamenti del precettore accompagnano il nobile allievo fin dal suo risveglio. Ma non è certo un risveglio mattiniero! La gente del popolo, come il fabbro e il contadino, che si era coricata al tramonto, si alza presto ed è già intenta al lavoro. Ma qui il maestro sente che il *giovin signore* inorridisce: non vorrà forse paragonare il volgo a lui che è quasi un semidio! La descrizione che Parini fa in questi versi delle laboriose abitudini del popolo è una testimonianza della sua adesione a un tipo di vita semplice e utile, in cui possono svilupparsi rapporti costruttivi fra gli uomini. Ma negli ultimi versi il poeta, con una iperbole ironica che assume forte significato polemico, esclude la nobiltà da questa vita sana e attiva.

[...] Or primamente
odi quali il Mattino a te soavi
cure debba guidar con facil mano.
Sorge il Mattino in compagnia dell'Alba
innanzi al Sol che di poi grande appare
su l'estremo orizzonte a render lieti
gli animali e le piante e i campi e l'onde.
Allora il buon villan sorge dal caro
letto cui la fedel sposa, e i minori
suoi figlioletti intepidìr la notte;
poi sul collo recando i sacri arnesi
che prima ritrovàr Cerere e Pale,
va col bue lento innanzi al campo, e scuote
lungo il picciol sentier da' curvi rami
il rugiadoso umor che, quasi gemma,
i nascenti del Sol raggi rifrange.
Allora sorge il fabbro, e la sonante
officina riapre, e all'opre torna
l'altro dì non perfette, o se di chiave
ardua e ferrati ingegni all'inquieto
ricco l'arche assecura, o se d'argento
o d'oro incider vuol gioielli e vasi

1. primamente: per prima cosa.
2. odi: ascolta. Il poeta si rivolge direttamente al suo interlocutore, il giovin signore.
2-3. quali... guidar: quali piacevoli occupazioni il mattino ti debba portare.
5. innanzi al Sol: prima che appaia il sole; **di poi:** successivamente.
8-10. Allora... la notte: allora l'onesto contadino (*villano*) si alza (*sorge*) dal caro letto, che (*cui*) la sposa fedele e i figli più piccoli hanno riscaldato durante la notte. Gli aggettivi *buon, caro, fedel* indicano l'atteggiamento di affettuosa adesione del poeta alla vita degli umili.
11-12. poi... Pale: portando sulle spalle (*collo*) gli strumenti agricoli, che furono inventati da Cerere, dea delle messi, e da Pale, dea della pastorizia. Parini chiama *sacri* questi strumenti per sottolineare l'importanza e la dignità quasi religiosa del lavoro dei campi.
13-16. va... rifrange: va verso il campo spingendo innanzi il lento bue e, passando lungo lo stretto (*picciol*) sentiero, scuote dai rami ricurvi le gocce di rugiada (*rugiadoso umor*), che quasi come gemme rifrangono i raggi del sole nascente.
16. i nascenti del Sol raggi: è un'inversione: i raggi nascenti del sole.
17. sorge: si alza; **sonante:** risuonante dei rumori del lavoro.
18. all'opre: alle opere.
19. l'altro... perfette: non finite (*perfette*) il giorno prima.
19-21. o se... assecura: sia che debba render sicure (*assecura*) le casseforti (*arche*) del ricco, timoroso di venir derubato (*inquieto*), costruendo una chiave complicata (*ardua*) e congegni (*ingegni*) di ferro.
21-22. o se... gioielli: sia che voglia incidere gioielli d'oro e d'argento.

per ornamento a nuove spose o a mense.
Ma che? tu inorridisci, e mostri in capo,
qual istrice pungente, irti i capegli
al suon di mie parole? Ah non è questo,
Signore, il tuo mattin. Tu col cadente
sol non sedesti a parca mensa, e al lume
dell'incerto crepuscolo non gisti
ieri a corcarti in male agiate piume,
come dannato è a far l'umile vulgo.
A voi celeste prole, a voi concilio
di Semidei terreni altro concesse
Giove benigno: e con altr'arti e leggi
per novo calle a me convien guidarvi.
[...]
Or qui principio le leggiadre cure
denno aver del tuo giorno; e quinci io debbo
sciorre il mio legno, e co' precetti miei
te ad alte imprese ammaestrar cantando.
Già i valetti gentili udìr lo squillo
del vicino metal cui da lontano
scosse tua man col propagato moto;
e accorser pronti a spalancar gli opposti
schermi a la luce, e rigidi osservàro
che con tua pena non osasse Febo
entrar diretto a saettarti i lumi.
Ergiti or tu alcun poco, e sì ti appoggia
alli origlieri i quai lenti gradando
all'omero ti fan molle sostegno.
Poi coll'indice destro, lieve lieve
sopra gli occhi scorrendo, indi dilegua
quel che riman de la Cimmeria nebbia;
e de' labbri formando un picciol arco,
dolce a vedersi, tacito sbadiglia.

23. mense: tavole imbandite.
24-26. Ma che... mie parole: l'idea di una vita laboriosa fa inorridire il giovin signore fino a fargli rizzare i capelli sulla testa.
25. qual: come.
27-28. col... sol: quando il sole tramonta.
28. parca mensa: modesta, povera (*parca*) tavola.
28-29. al lume... crepuscolo: alla luce incerta del tramonto.
29. gisti: andasti.
30. corcarti: coricarti; **male agiate piume:** scomodo letto.
31. come... far: come è condannato a fare;. **vulgo:** popolo.
32-35. A voi... guidarvi: a voi, figli (*prole*) degli dèi, a voi adunanza di semidei sulla terra, Giove, nella sua bontà (*benigno*), ben altro concesse: e con altri insegnamenti e secondo altre regole è mio compito (*a me convien*) guidarvi per una strada (*calle*) diversa (*novo*). Parini paragona i nobili agli dèi: si tratta di un'iperbole che il poeta usa però in modo ironico e da cui emerge il suo giudizio fortemente critico nei confronti della nobiltà.
36-37. Or qui... giorno: ora devono (*denno*) aver inizio i delicati, gradevoli compiti (*leggiadre cure*) della tua giornata.
37-39. e quinci... cantando: e da questo momento (*quinci*) io devo sciogliere (*sciorre*), gli ormeggi, far salpare la mia nave (*legno*: il poeta paragona metaforicamente la propria fantasia a una nave che si avventura nel mare) e guidarti con i miei ammaestramenti (*precetti*) a grandiose (*alte*) imprese. In realtà si tratta delle insulse occupazioni che riempiono la giornata del giovin signore e che Parini, con il consueto procedimento ironico che capovolge la realtà, chiama *alte*.
40. valetti: servi addetti alla persona del giovin signore.
40-42. udìr... moto: udirono lo squillo del campanello (*metal*: come *legno* del verso 38, è una metonimia) che (*cui*) la tua mano scosse da lontano. *Propagato moto* è il movimento trasmesso al campanello e propagato tramite una cordicella cui esso è appeso. È questo un esempio dello stile di Parini, attento ai particolari più minuti.
43-44. a spalancar... la luce: a spalancar le imposte, schermo contro la luce del giorno.
44-46. e rigidi... i lumi: e scrupolosamente (*rigidi*) badarono (*osservàro*) che il sole (personificato nella mitologia greca da Febo o Apollo) non osasse entrare direttamente e ferirti (*saettarti*) gli occhi (*i lumi*), recandoti fastidio (*con tua pena*).
47-49. Ergiti... sostegno: sollevati (*ergiti*) ora un poco e così appoggiati (*sì ti appoggia*) ai guanciali (*origlieri*) i quali degradando dolcemente (*lenti gradando*) ti fanno un morbido (*molle*) sostegno alla spalla (*omero*).
51-52. indi... nebbia: da lì, dagli occhi, cancella ciò che rimane nella nebbia del sonno. I cimmeri erano un popolo mitico nel cui paese (situato dalla fantasia presso il mar d'Azof) sempre immerso nella nebbia, gli antichi credevano che abitasse il "sonno".
53. de' labbri... arco: e inarcando appena le labbra, aprendo appena la bocca. Nota la voluta affettazione di questo gesto, che in realtà è solo un banale sbadiglio, ma che deve essere anch'esso consono all'eleganza del giovin signore.

Analisi del testo

Suddivisione in due parti. Il brano letto si può suddividere nettamente in due parti, legate da una breve transizione.
Nella prima parte, il poeta descrive il sorgere del sole e le attività che caratterizzano questa fase della giornata presso le classi popolari: il contadino si alza dal letto e si avvia al campo, ancora bagnato di rugiada, con i suoi arnesi da lavoro; il fabbro riapre la sua officina e completa ciò che ha lasciato in sospeso il giorno prima.
Al v. 24 inizia la transizione e il tono cambia improvvisamente: non è questo il mattino del giovin signore! Egli non è andato a letto presto, la sera prima, e quindi non si leva col sole, ma molto più tardi. E l'autore si accinge a descrivere la sua levata, fingendo di insegnare al giovin signore come deve comportarsi un uomo della sua condizione sociale.
Al v. 40 inizia la seconda parte, dedicata al risveglio del giovin signore. Il suo primo gesto è di chiamare i valletti, che accorrono nella sua stanza e aprono lentamente le imposte, in modo che i raggi del sole non feriscano i suoi occhi delicati; intanto, il giovin signore si appoggia sui cuscini, si passa le dita sugli occhi e sbadiglia graziosamente.

La tecnica dell'iperbole. Il tono ironico del poemetto emerge chiaramente a partire dalla transizione, cioè dal momento in cui entra in scena il giovin signore. Il poeta infatti descrive con tono serio il risveglio del contadino e del fabbro, sottolineando la loro operosità, mentre adotta un tono ironico nel momento in cui descrive l'ozio e la vacuità che caratterizzano la vita del giovin signore.
L'ironia di Parini si avvale della tecnica dell'iperbole (o esagerazione), come quando definisce l'aristocrazia "celeste prole" e "concilio di Semidei terreni"; o come quando annuncia di essere pronto ad ammaestrare il giovin signore "ad alte imprese". Anche la minuziosa descrizione del risveglio rientra nella tecnica dell'iperbole: Parini utilizza toni ed espressioni epiche per descrivere gesti quotidiani, che esprimono non l'eroismo o la nobiltà d'animo del giovin signore, ma la sua pigrizia e la sua mediocrità.

Linguaggio elaborato. Parini, come abbiamo detto, aderisce a una poetica di tipo classicistico. Lo rivelano innanzitutto i riferimenti alla mitologia classica, come il richiamo a Cere e Pale, dee delle messi, a Giove benigno, a Febo (Apollo), alla Cimmeria nebbia. Più in generale, Parini utilizza un linguaggio molto elaborato e lontano dall'uso comune, ricco di figure retoriche e di costruzioni sintattiche complesse: osserva per esempio una frase come «il rugiadoso umor che, quasi gemma, / i nascenti del Sol raggi rifrange», in cui troviamo una perifrasi (*rugiadoso umor* = rugiada), una similitudine (*quasi gemma*), un iperbato (*i nascenti del Sol raggi* = i raggi nascenti del Sol) e una forte allitterazione (*raggi rifrange*). Come si vede, il poeta cesella i suoi versi con straordinaria cura, rivolgendosi implicitamente a un lettore in grado di apprezzare la raffinatezza del suo lavoro.

Proposte di lavoro

1. Concentra l'attenzione sulla prima parte del brano che ti abbiamo presentato.
- ➤ Con quali immagini Parini rappresenta le abitudini di vita del popolo?
- ➤ Quali elementi vuole mettere in luce?
  - ☐ L'amore per la famiglia
  - ☐ La dedizione al lavoro
  - ☐ Il desiderio di guadagno
  - ☐ L'attenzione alla natura

2. In quali versi del brano emerge il contrasto fra la vita del popolo e quella dell'aristocrazia?

vita del popolo	vita dell'aristocrazia

- ➤ Perché i due stili di vita sono in contrasto? Indica almeno due elementi.

3. I versi 29-30 hanno un tono molto ironico.
- ➤ In che cosa consiste l'ironia?
- ➤ Quale figura retorica usa Parini in questi versi?
  - ☐ Metafora
  - ☐ Similitudine
  - ☐ Sineddoche

4. Individua nella seconda parte del brano i punti in cui il poeta ricorre all'ironia e spiegane il significato.

5. Ritrova nel testo i punti in cui emergono dei riferimenti alla mitologia classica e spiegali.

6. Scrivi una parafrasi (versione in prosa) dei versi 1-13, poi spiega il significato delle seguenti parole:
- ➤ intepidìr ....
- ➤ ritrovàr ....
- ➤ umor ....

Il teatro

Alle origini del teatro moderno

Il teatro moderno così come oggi lo conosciamo ha la sua lontana origine nel teatro classico nelle sue forme fondamentali: la tragedia e la commedia (➡ p. 362). Esso nacque in Italia nel Quattrocento, quando, nel movimento di riscoperta dell'antichità classica, gli umanisti riportarono alla luce i testi dei commediografi latini Plauto e Terenzio e il trattato *Sull'architettura* di Vitruvio, scrittore del I secolo a.C. che trattò anche della costruzione di teatri. La tragedia e la commedia erano scomparse da secoli: nel Medioevo erano state sostituite dalla sacra rappresentazione o dal mistero, spettacoli a carattere religioso in cui erano messe in scena vite di santi o episodi delle Sacre scritture e che conservavano un legame con la liturgia e la devozione. Erano anche diffusi spettacoli di tipo giullaresco, dai quali si svilupperà la Commedia dell'arte, o Commedia all'improvviso.

Il teatro umanistico e rinascimentale

La rinascita della tragedia e della commedia avvenne inizialmente nell'ambito molto ristretto dei circoli intellettuali, all'interno dei quali studiosi umanisti, poeti e architetti facevano rivivere sulle scene il teatro antico recitando essi stessi in latino i testi appena riscoperti. Ma fu nell'ambito della **festa di corte** che il teatro umanistico si sviluppò. In occasione di eventi particolari i principi rinascimentali organizzarono festeggiamenti sempre più sontuosi per celebrare la propria gloria e il proprio potere. Momento centrale di questi grandi spettacoli, che a volte duravano alcuni giorni, era quello del teatro. In principio furono gli stessi cortigiani e i letterati di corte a recitare, ma presto incominciarono a costituirsi anche compagnie di **attori professionisti**. Il palcoscenico era allestito su impalcature provvisorie sulle quali venivano costruite scene fisse, uniche per tutto lo svolgimento dello spettacolo. Ma già all'inizio del Cinquecento fu introdotta un'importante novità: la **scena dipinta secondo le leggi della prospettiva**, una grande invenzione italiana di quel periodo. Si scoprì che per rappresentare un edificio in modo realistico non era necessario costruirlo, ma bastava dipingerlo su una superficie piana creando l'illusione ottica delle tre dimensioni attraverso il gioco delle ombre, delle luci e delle linee prospettiche. Divenne allora possibile cambiare le scene durante uno stesso spettacolo e nacque la scenografia moderna.

Furono rappresentate soprattutto commedie, prima in latino, poi in volgare; scarse invece le tragedie. Il pubblico dei palazzi si entusiasmò però anche per la **Commedia dell'arte**: i comici italiani vennero chiamati anche presso le corti d'Europa, in particolare alla corte francese, dove ebbero sedi proprie: la commedia si accordava meglio con il tono allegro e leggero delle feste.

La grande stagione del teatro europeo

Nel Seicento, non in Italia, ma in altri paesi europei, fiorisce la grande stagione del **teatro di impronta classicista**.

In Inghilterra, in Francia e in Spagna, nell'opera di Shakespeare, Calderón de la Barca, Molière e Racine nacquero i capolavori assoluti del teatro moderno nei campi della commedia e della tragedia. Non è un caso che fossero questi i paesi dove si era sviluppata una monarchia forte e accentrata, che aveva la sua sede in corti sontuose, simboli di un potere che tendeva a controllare ogni attività politica e culturale e che voleva celebrare anche nelle forme esteriori la propria grandezza. Così, per esempio, nella corte francese di Luigi XIV, che elesse come sede stabile il grandioso palazzo di Versailles, tutto era spettacolo: dalle apparizioni pubbliche del re alle sontuose architetture barocche, ai giardini e agli scenografici giochi di fontane. In occasione delle feste si aggiungevano le invenzioni più scenografiche che dovevano stupire e suscitare l'ammirazione per la potenza del re. Il teatro, come **momento centrale della vita culturale e ricreativa**, ne ricevette un enorme impulso.

Il teatro nel Settecento

Con il passaggio al Settecento, il ruolo del teatro andò acquistando sempre maggiore importanza. Nacquero i primi grandi **teatri pubblici a pagamento**, nei quali si ritrovavano nobili, borghesi e popolani, anche se la struttura architettonica, suddivisa in platea, palchi e gallerie, stabiliva una suddistinzione gerarchica degli spettatori. All'aristocrazia venivano riservati i palchi, trasformati in veri e propri salottini alla moda, in cui si svolgevano incontri galanti, si conversava e si consumavano pranzi, persino durante la rappresentazione. La platea e le gallerie erano riservate al grosso pubblico, che esprimeva un gusto più semplice e una sensibilità nuova, influenzando in questo senso la vita teatrale e chiedendo soprattutto di divertirsi con **spettacoli facili e leggeri** basati su **stupefacenti effetti scenici**.

Il **melodramma** e la **Commedia dell'arte**, generi nati nei secoli precedenti e ritenuti minori dai letterati, si sostituirono gradualmente, nel gusto del pubblico, alla tragedia e alla commedia di derivazione classica, grazie alle possibilità di puro divertimento che offrivano.

Il teatro del Settecento fu anche al centro di nuove esperienze in campo drammatico e di dibattiti fra i sostenitori di correnti di gusto diverse. Esso portò sulle scene **nuove idee e nuovi comportamenti**, influenzando il costume e partecipando di quella tensione al rinnovamento, tipica del Settecento. Fondamentale fu la **riforma del teatro proposta da Carlo Goldoni**.

Il teatro divenne il **genere prediletto dagli illuministi**, che ne fecero uno strumento di diffusione di nuove idee. Tra le opere più importanti del teatro illuministico va ricordato *Il matrimonio di Figaro* del francese Beaumarchais (1783), il cui personaggio principale, Figaro appunto, è un servo intelligente e intraprendente, che critica il privilegio dei potenti e afferma le ragioni dell'individuo libero.

Di fronte al successo delle commedie e delle opere buffe, **la tragedia**, di contenuto storico-mitologico e di tono serio, **perde relativamente importanza** e si rivolge a una élite selezionata e ristretta. È quanto accade in Italia con le opere di Vittorio Alfieri.

Tragedia e commedia

Approfondimento

Il teatro nasce nella **Grecia antica**. Come genere letterario esso è poesia drammatica, che si distingue dalla poesia epica e dalla poesia lirica. Il termine "drammatico" proviene dal verbo greco *dran* che significa "agire": nella poesia drammatica abbiamo degli attori che recitano un testo agendo direttamente sulla scena, personaggi che rivivono una vicenda davanti a un pubblico di spettatori. (Nella poesia epica invece l'aedo racconta in terza persona le vicende dei personaggi; nella lirica il poeta esprime i propri sentimenti).

Il dramma è dunque la forma poetica propria del teatro, parola che, a sua volta, deriva dal greco *theàomai*, che significa "vedere": il teatro rimanda al concetto di guardare, di essere presenti ed assistere a uno spettacolo. Questa partecipazione, nell'antica Grecia, assumeva un significato religioso: le rappresentazioni venivano organizzate in occasione di feste religiose e negli spazi dedicati alla divinità, anche se via via introdussero tematiche laiche. Andare a teatro, per gli antichi greci era un fatto "pubblico" di partecipazione alla vita civile della collettività.

Le **origini della tragedia** sono oscure: la parola deriva dal greco *tragon odé*, "canto dei capri". Essa trasse origine probabilmente dal canto corale eseguito durante le feste di Dioniso, nelle quali i seguaci del dio danzavano e cantavano mascherati da caproni. La tragedia raggiunge il suo massimo splendore nella città di Atene nel **V secolo a.C.** È in questo periodo, infatti, che compongono le loro opere i tre maggiori poeti tragici, **Eschilo**, **Sofocle** ed **Euripide**.

Il filosofo Aristotele definì la tragedia come una rappresentazione di **carattere serio** e di **linguaggio elevato**. L'eroe tragico, che è un essere umano fornito di qualità morali, di alta posizione sociale e al colmo della prosperità, passa dalla felicità all'infelicità e lo spettatore partecipa delle sue emozioni, prova pietà e terrore. È attraverso l'esperienza del conflitto e del dolore che l'uomo arriva a conoscere la verità delle cose e di se stesso e anche lo spettatore, partecipando emotivamente alla vicenda che si svolge sulla scena, si confronta con i principi morali e i valori profondi che regolano la sua esistenza.

Il termine **commedia** deriva dalla parola greca *kòmos* che significa genericamente "festa con canti e danze". Anche questo genere teatrale ha origine probabilmente dalle feste della fecondità dedicate a Dioniso, in cui un corteo di persone percorreva le strade danzando e cantando. Esse erano per lo più ubriache, portavano delle maschere, spesso si travestivano da animali e usavano un linguaggio triviale e maldicente. La commedia vera e propria si distaccò da questo rito primitivo: ne mantenne però il tono blasfemo, osceno, ridicolo che prende di mira non solo i personaggi della vita comune, ma anche le autorità e le istituzioni.

La commedia si basa sulla **rappresentazione comica della vita** e dei costumi degli uomini, di cui mette in evidenza i casi ridicoli, le debolezze, i vizi. I personaggi della commedia sono di estrazione sociale bassa e usano la **lingua comune**, parlata dal popolo, spesso colorita ed espressiva fino ad essere scurrile. La commedia ha sempre un **lieto fine**. Ma anche nella commedia il riso e il divertimento hanno l'obiettivo di stimolare nello spettatore la riflessione critica sui valori e sui comportamenti quotidiani degli uomini.

Carlo Goldoni

L'autore

Carlo Goldoni nacque a Venezia nel 1707. A Padova si laureò in giurisprudenza, secondo i desideri del padre. Fino al 1747 si dedicò al teatro solo nel tempo libero, entrando in contatto con numerose compagnie di attori comici e conducendo una vita irrequieta, se non proprio avventurosa, in varie regioni italiane. Ottenuti i primi successi a Milano, Roma, Napoli e Venezia, nel 1747 poté dedicarsi esclusivamente al teatro, firmando un contratto con il capocomico veneziano Girolamo Medebac, con il quale tornò a Venezia.

Le sue opere gli provocarono violenti **attacchi da parte di altri scrittori**, ma anche **grandi successi presso il pubblico**. Goldoni poté così affermarsi non solo nella sua città, ma anche nel resto d'Italia e all'estero. Nel 1762, disgustato dalle polemiche che continuavano ad accompagnare le sue opere, decise di abbandonare Venezia e di trasferirsi a Parigi, dove venne nominato direttore della Comédie italienne e maestro di italiano della famiglia reale.

Morì l'anno dopo, in miseria.

L'opera

Goldoni, con la sua riforma teatrale, aveva voluto portare sulla scena personaggi del mondo reale, appartenenti alla società concreta in cui lo spettatore poteva riconoscersi. E così aveva creato il **primo "carattere"** del teatro contemporaneo, quello del mercante, rappresentante di una borghesia concreta e produttiva, in polemica con il nocivo parassitismo degli aristocratici. Nel teatro classicheggiante le figure dell'artigiano o del mercante rappresentavano macchiette buffe e popolaresche, contrapposte alla serietà dei personaggi nobili. Nelle commedie di Goldoni questo rapporto si inverte. Ai borghesi vitali e positivi del teatro goldoniano appartiene Mirandolina, l'allegra e scaltra protagonista della *Locandiera* (1753). Anche qui, come spesso in altre commedie, Goldoni attribuisce a un personaggio femminile quelle doti di intuito, praticità e spontaneità che egli contrappone alla fissità e alla goffaggine degli aristocratici.

Gli ospiti della locanda di Mirandolina sono il conte di Albafiorita, di nobiltà recente, che crede di poter conquistare la bella locandiera con i suoi ricchi doni, il marchese di Forlimpopoli, spiantato e borioso, che pretende di ottenere i favori di lei in nome del suo antico lignaggio, e il cavaliere di Ripafratta, dispregiatore delle donne. I primi due sono innamorati di Mirandolina ed ella si destreggia molto abilmente fra di loro, dimostrandosi allegra e socievole, come il suo interesse di lo-

La riforma di Goldoni

Approfondimento

Goldoni è autore di oltre 200 opere, tra commedie, tragedie, melodrammi, libretti d'opera ecc. La sua fama è però legata alle commedie.

Egli volle ridare dignità al teatro comico e tentò di attuare una riforma, imperniata su tre punti.

1. La commedia dell'arte si basava sulle maschere, cioè su personaggi stereotipati e fissi; Goldoni volle sostituire alle maschere dei **personaggi veri**, con una loro psicologia, derivati dall'osservazione della vita reale e non da stereotipi.
2. La commedia dell'arte si fondava su trame complicate, romanzesche, inverosimili; Goldoni volle invece dar vita a un teatro impostato sull'**analisi psicologica** dei personaggi, dei caratteri.
3. La commedia dell'arte era "a soggetto", cioè non era scritta interamente: gli attori avevano a disposizione un canovaccio, una traccia, ma le battute dovevano essere improvvisate sul momento; Goldoni volle invece **scrivere interamente le proprie commedie**, trasformando l'attore da improvvisatore a esecutore.

La riforma di Goldoni rispondeva al nuovo gusto razionalistico e illuministico, e venne da lui attuata poco per volta: le prime opere dello scrittore furono infatti canovacci da commedia dell'arte; solo nel 1738, con *Momolo cortesan*, poté dare alle stampe una commedia in cui la parte del protagonista (e solo quella) era scritta; la prima commedia interamente scritta fu *La donna di garbo*, del 1743. Malgrado la sua prudenza, Goldoni fu al centro di vivaci polemiche sia da parte dei sostenitori della commedia dell'arte, sia da parte dei classicisti.

Le commedie goldoniane (alcune delle quali in dialetto veneziano, a sottolineare l'intento realistico anche sul piano della lingua) affrontano diversi temi, tutti legati ai **contrasti interni alla società** del suo tempo: quello tra giovani e vecchi (padri e figli), quello tra donne e uomini, quello soprattutto fra aristocratici e borghesi. Goldoni parteggia apertamente per i borghesi, che rappresentano il nuovo, anche se il suo spirito di osservazione lo porta ad assumere atteggiamenti sempre più critici.

Le prime opere ritraggono infatti il mondo laborioso e intelligente della borghesia veneziana (*La famiglia dell'antiquario*, 1749; *La bottega del caffè*, 1750) o quello vivace e simpatico delle classi popolari (*Il campiello*, 1756; *Le baruffe chiozzotte*, 1762). Ma nelle ultime opere scritte in Italia, Goldoni rappresenta anche il fallimento delle virtù borghesi, per cui l'equilibrio e la razionalità diventano semplicemente avarizia ed egoismo, a testimonianza della crisi dell'intera borghesia veneziana (*I rusteghi*, 1760; *Sior Todero brontolon*, 1762).

candiera richiede, ma difendendo altrettanto bene la propria reputazione di donna onesta e la propria libertà. Il gioco scenico inizia con l'arrivo del terzo: infatti Mirandolina s'incarica di «far vedere come s'innamorano gli uomini», soltanto per prendersi una rivincita a nome delle donne e di dimostrare a se stessa e agli altri la propria abilità.

Ciò che interessa a Goldoni in questa commedia, al di là dell'implicita polemica con la nobiltà, è l'**esplorazione psicologica** dell'animo del personaggio, l'osservazione attenta e partecipe di un modo d'intendere la vita pratico, intelligente, onesto.

Nel I atto, dopo la presentazione dei personaggi e della situazione, Mirandolina utilizza furbescamente lo strumento della propria sincerità, si avvicina al cavaliere di Ripafratta e incomincia a farlo vacillare.

Nel II atto, la trasformazione del cavaliere è compiuta ed egli si dimostra, per la prima volta in vita sua, galante e premuroso con una donna.

Nel III atto, infine, raggiunto lo scopo, la protagonista trionfa, costringendo il cavaliere a supplicare pietà ma concedendo invece la propria mano al giovane cameriere Fabrizio, onesto e lavoratore come lei.

Opera **La locandiera**
Genere **commedia**
Epoca **XVIII secolo**
Lingua **italiano**

La locandiera, atto II, scena IV

Le arti di Mirandolina

Mentre il cavaliere pranza, Mirandolina lo corteggia a distanza in mille modi: servendolo per primo, facendogli chiedere se il pranzo è di suo gradimento, inviandogli un intingolo preparato con le sue proprie mani. Il cavaliere è commosso da queste attenzioni, che servono a Mirandolina per preparare l'attacco decisivo.

Scena Quarta

Mirandolina con un tondo[1] in mano, ed il Servitore, e il Cavaliere.

Mirandolina: È permesso?

Cavaliere: Chi è di là?

Servitore: Comandi.

Cavaliere: Leva là quel tondo di mano.

Mirandolina: Perdoni. Lasci ch'io abbia l'onore di metterlo in tavola colle mie mani (*mette in tavola la vivanda*).

Cavaliere: Questo non è offizio[2] vostro.

Mirandolina: Oh signore, chi son io? Una qualche signora? Sono una serva di chi favorisce venire alla mia locanda.

Cavaliere: (Che umiltà!)

Mirandolina: In verità, non avrei difficoltà di servire in tavola tutti, ma non lo faccio per certi riguardi: non so s'ella mi capisca. Da lei vengo senza scrupoli, con franchezza.

Cavaliere: Vi ringrazio. Che vivanda è questa?

Mirandolina: Egli è un intingoletto fatto colle mie mani.

Cavaliere: Sarà buono. Quando[3] lo avete fatto voi, sarà buono.

Mirandolina: Oh! troppa bontà, signore. Io non so far niente di bene. Ma bramerei saper fare, per dar nel genio[4] ad un cavalier sì compito.

Cavaliere: (Domani a Livorno). Se avete che fare,[5] non istate a disagio[6] per me.

1. tondo: piatto.
2. offizio: compito.
3. Quando: dal momento che.
4. dar nel genio: riuscire di suo gusto.
5. che fare: da fare.
6. non istate a disagio: non scomodatevi.

MIRANDOLINA Niente, signore: la casa è ben provveduta di cuochi e servitori. Avrei piacer di sentire se quel piatto le dà nel genio.
CAVALIERE Volentieri, subito (*lo assaggia*). Buono, prezioso. Oh che sapore! Non conosco che cosa sia.
MIRANDOLINA Eh, io, signore, ho de' secreti particolari. Queste mani sanno far delle belle cose.
CAVALIERE Dammi da bere (*al servitore, con qualche passione*).
MIRANDOLINA Dietro[7] questo piatto, signore, bisogna beverlo buono.
CAVALIERE Dammi del vino di Borgogna (*al servitore*).
MIRANDOLINA Bravissimo. Il vino di Borgogna è prezioso. Secondo me, per pasteggiare è il miglior vino che si possa bere.

Il SERVITORE presenta la bottiglia in tavola, con un bicchiere.

CAVALIERE Voi siete di buon gusto in tutto.
MIRANDOLINA In verità, che poche volte m'inganno.
CAVALIERE Eppure questa volta voi v'ingannate.
MIRANDOLINA In che, signore?
CAVALIERE In credere ch'io meriti d'essere da voi distinto.[8]
MIRANDOLINA Eh, signor Cavaliere... (*sospirando*).
CAVALIERE Che cosa c'è? Che cosa sono questi sospiri? (*alterato*).
MIRANDOLINA Le dirò: delle attenzioni ne uso a tutti, e mi rattristo quando penso che non vi sono che ingrati.
CAVALIERE Io non vi sarò ingrato (*con placidezza*).
MIRANDOLINA Con lei non pretendo di acquistar merito, facendo unicamente il mio dovere.
CAVALIERE No, no, conosco benissimo... Non sono cotanto rozzo quanto voi mi credete. Di me non avrete a dolervi (*versa il vino nel bicchiere*).
MIRANDOLINA Ma... signore... io non l'intendo.
CAVALIERE Alla vostra salute (*beve*).
MIRANDOLINA Obbligatissima; mi onora troppo.
CAVALIERE Questo vino è prezioso.
MIRANDOLINA Il Borgogna è la mia passione.
CAVALIERE Se volete, siete padrona[9] (*le offerisce il vino*).
MIRANDOLINA Oh! Grazie, signore.
CAVALIERE Avete pranzato?
MIRANDOLINA Illustrissimo sì.
CAVALIERE Ne volete un bicchierino?
MIRANDOLINA Io non merito queste grazie.
CAVALIERE Davvero, ve lo do volentieri.
MIRANDOLINA Non so che dire. Riceverò le sue finezze.[10]
CAVALIERE Porta un bicchiere (*al servitore*).
MIRANDOLINA No, no, se mi permette; prenderò questo (*prende il bicchiere del cavaliere*).
CAVALIERE Oibò. Me ne sono servito io.
MIRANDOLINA Beverò le sue bellezze[11] (*ridendo*).

7. **Dietro:** dopo.
8. **distinto:** fatto oggetto di attenzione particolare.
9. **siete padrona:** potete favorire liberamente.
10. **Riceverò le sue finezze:** accetterò le sue cortesie.
11. **Beverò le sue bellezze:** berrò (da questo bicchiere) le vostre qualità.

Il SERVITORE *mette l'altro bicchiere nella sottocoppa.*

CAVALIERE Eh galeotta![12] (*versa il vino*).

MIRANDOLINA Ma è qualche tempo che ho mangiato: ho timore che mi faccia male.

CAVALIERE Non vi è pericolo.

MIRANDOLINA Se mi favorisse un bocconcino di pane.

CAVALIERE Volentieri. Tenete (*le dà un pezzo di pane*).

MIRANDOLINA *col bicchiere in una mano, e nell'altra il pane, mostra di stare in disagio, e non saper come fare la zuppa.*[13]

CAVALIERE Voi state in disagio. Volete sedere?

MIRANDOLINA Oh! Non son degna di tanto, signore.

CAVALIERE Via, via, siamo soli. Portale una sedia (*al servitore*).

SERVITORE (Il mio padrone vuol morire: non ha mai fatto altrettanto) (*va a prendere la sedia*).

MIRANDOLINA Se lo sapessero il signor Conte ed il signor Marchese, povera me!

CAVALIERE Perché?

MIRANDOLINA Cento volte mi hanno voluto obbligare a bere qualche cosa, o a mangiare, e non ho mai voluto farlo.

CAVALIERE Via, accomodatevi.

MIRANDOLINA Per obbedirla (*siede, e fa la zuppa nel vino*).

CAVALIERE Senti (*al servitore, piano*). (Non lo dire a nessuno, che la padrona sia stata a sedere nella mia tavola).

SERVITORE (Non dubiti). (Questa novità mi sorprende).

MIRANDOLINA Alla salute di tutto quello che dà piacere al signor Cavaliere.

CAVALIERE Vi ringrazio, padroncina garbata.

MIRANDOLINA Di questo brindisi alle donne non ne tocca.

CAVALIERE No? perché?

MIRANDOLINA Perché so che le donne non le può vedere.

CAVALIERE È vero, non le ho mai potute vedere.

MIRANDOLINA Si conservi sempre così.

CAVALIERE Non vorrei... (*si guarda dal servitore*).

MIRANDOLINA Che cosa, signore?

CAVALIERE Sentite (*le parla nell'orecchio*). (Non vorrei che voi mi faceste mutar natura).

MIRANDOLINA Io, signore? Come?

CAVALIERE Va via (*al servitore*).

SERVITORE Comanda in tavola?

CAVALIERE Fammi cucinare due ova, e quando sono cotte, portale.

SERVITORE Come le comanda le ova?

CAVALIERE Come vuoi, spicciati.

SERVITORE (Ho inteso. Il padrone si va riscaldando) (*parte*).

CAVALIERE Mirandolina, voi siete una garbata giovine.

MIRANDOLINA Oh signore, mi burla.

CAVALIERE Sentite. Voglio dirvi una cosa vera, verissima, che ritornerà in vostra gloria.

MIRANDOLINA La sentirò volentieri.

12. **galeotta:** in senso bonario e ironico, malandrina.

CAVALIERE Voi siete la prima donna di questo mondo, con cui ho avuto la sofferenza[14] di trattar con piacere.

MIRANDOLINA Le dirò, signor Cavaliere: non già ch'io meriti niente, ma alle volte si danno questi sangui[15] che s'incontrano. Questa simpatia, questo genio,[16] si dà anche fra persone che non si conoscono. Anch'io provo per lei quello che non ho sentito per alcun altro.

CAVALIERE Ho paura che voi mi vogliate far perdere la mia quiete.

MIRANDOLINA Oh via, signor Cavaliere, se è un uomo savio, operi da suo pari. Non dia nelle debolezze[17] degli altri. In verità, se me n'accorgo, qui non ci vengo più. Anch'io mi sento un non so che di dentro, che non ho più sentito; ma non voglio impazzire per uomini, e molto meno per uno che ha in odio le donne; e che forse forse, per provarmi,[18] e poi burlarsi di me, viene ora con un discorso nuovo a tentarmi. Signor Cavaliere, mi favorisca un altro poco di Borgogna.

CAVALIERE Eh! Basta... (*versa il vino in un bicchiere*).

MIRANDOLINA (Sta lì lì per cadere).

CAVALIERE Tenete (*le dà il bicchiere col vino*).

MIRANDOLINA Obbligatissima. Ma ella non beve?

CAVALIERE Sì, beverò. (Sarebbe meglio ch'io mi ubriacassi. Un diavolo scaccerebbe l'altro) (*versa il vino nel suo bicchiere*).

MIRANDOLINA Signor Cavaliere (*con vezzo*).

CAVALIERE Che c'è?

MIRANDOLINA Tocchi[19] (*gli fa toccare il bicchiere col suo*). Che vivano i buoni amici.

CAVALIERE Che vivano (*un poco languente*).

MIRANDOLINA Viva... chi si vuol bene... senza malizia. Tocchi.

CAVALIERE Evviva...

13. **fare la zuppa:** inzuppare (il pane nel vino).
14. **ho avuto la sofferenza:** ho sopportato.
15. **sangui:** caratteri.
16. **genio:** affinità psicologica.
17. **Non dia nelle debolezze:** non si lasci andare alle debolezze.
18. **provarmi:** mettermi alla prova.
19. **Tocchi:** brindiamo.

Analisi del testo

Tensione emotiva e comicità. L'episodio è giocato sull'alternanza fra momenti di forte tensione emotiva e momenti francamente comici. Si tratta di una tecnica tradizionale, propria della commedia dell'arte, ma anche di altri generi teatrali. Questa tecnica aveva lo scopo di non annoiare lo spettatore (e in particolare lo spettatore popolare, di scarsa cultura). In Goldoni però le scene comiche non sono pure e semplici pagliacciate: l'autore approfondisce, anche attraverso la comicità apparentemente più facile, l'analisi critica della società del suo tempo.

Una lingua vicina al parlato. Il linguaggio della *Locandiera* presenta alcuni elementi tipici dell'italiano toscano (fatto giustificato dall'ambientazione della vicenda a Firenze).
In generale, lo scrittore adotta un lessico e una sintassi vicini al parlato (naturalmente un parlato medio, corretto, mai plebeo o sgrammaticato). A volte, però, emerge una certa patina letteraria (per esempio, nell'espressione *non sono cotanto rozzo, quanto voi mi credete*), come se Goldoni non riuscisse del tutto a liberarsi del peso della tradizione letteraria.

Proposte di lavoro

1. Riassumi brevemente il contenuto del brano letto.
2. Quali sono i tratti di Mirandolina che emergono da questo brano? Indica i passi del testo da cui puoi ricavarli.
3. Il personaggio del Cavaliere, che in precedenza si caratterizzava solo per il suo odio delle donne, in questo brano si approfondisce psicologicamente.
   - Quali sono le sue caratteristiche?
   - Ti sembra che l'autore esprima un giudizio nei suoi confronti? Motiva la tua risposta.
4. Nel brano si alternano momenti seri e momenti comici. Ritrova nel testo i contrasti di tono più rilevanti.
5. Indica se la seguente affermazione è vera o falsa e motiva la tua scelta.
   V F Dal brano letto possiamo capire che *La locandiera* è un'opera in cui Goldoni applica i principi della sua riforma.

1. Tra i materiali che ti sono stati proposti in questo capitolo del libro, quali hai letto e approfondito? Indicali con una crocetta.

- ☐ La parola chiave: Illuminismo
- ☐ Il contesto storico
- ☐ L'evoluzione delle arti
- ☐ Vanvitelli, la Reggia di Caserta
- ☐ I generi letterari: parti introduttive
- ☐ Rousseau, *L'origine della disuguaglianza*
- ☐ Voltaire, *È assurdo credere ai miracoli*
- ☐ Beccaria, *Contro la pena di morte*
- ☐ Swift, *Considerazioni sulla guerra*
- ☐ Goethe, *Un nuovo sentimento della natura*
- ☐ Parini, *Il risveglio del giovin signore*
- ☐ Goldoni, *Le arti di Mirandolina*

2. Nel corso del lavoro hai svolto altri approfondimenti, ricerche o letture, a integrazione dei materiali offerti dal testo? Indicali brevemente qui di seguito, richiamando anche eventuali letture precedenti.

....
....
....
....
....
....
....

3. Quali sono i temi fondamentali affrontati dai filosofi illuministi?

- ☐ L'amore
- ☐ La tolleranza religiosa
- ☐ La pena di morte
- ☐ La critica all'assolutismo
- ☐ Lo studio della storia
- ☐ Lo studio delle lingue classiche

4. Che cosa si intende con le seguenti espressioni? Fornisci per ciascuna di esse una breve definizione.

➤ Antico Regime: ....
....
➤ Rivoluzione giacobina: ....
....
➤ Divisione dei poteri: ....
....
➤ Tolleranza religiosa: ....
....
➤ Diritti naturali: ....

5. Per ciascuno dei testi che hai letto, compila una scheda simile alla seguente, indicando i due o tre elementi che ti permettono di riconoscere l'appartenenza del testo all'età dell'Illuminismo.

Testo di riferimento	Elementi illuministici presenti
autore:	1.
opera da cui è tratto:	2.
titolo del brano:	3.

6. Quali degli argomenti toccati nel corso del lavoro ti hanno interessato in maniera particolare? Perché?

....
....
....
....
....
....
....
....
....
....
....

7. Ritieni che la lettura dei brani proposti abbia suscitato in te nuove riflessioni e nuovi pensieri? Quali?

....
....
....
....
....
....
....
....
....

8. Scegli uno dei seguenti argomenti, affrontati nel corso del lavoro, ed esponi le tue idee al riguardo in un breve testo scritto, facendo riferimento ai testi letti.

- La pena di morte e la tortura
- La tolleranza religiosa
- Il rapporto fra lo stato e i cittadini
- Le differenze tra le varie classi sociali

Neoclassicismo e Romanticismo

Il percorso che ti proponiamo riguarda la prima metà del XIX secolo ed è scandito in quattro tappe.

Le parole chiave

Il **Romanticismo** è un movimento artistico e culturale che si contrappone al **Neoclassicismo**; in Italia, in particolare, il dibattito fra classicisti e romantici si lega a quello sul processo di unificazione nazionale e acquista così anche una valenza politica.

Il contesto storico

Ti proponiamo una breve sintesi dei principali momenti storici che caratterizzano la prima metà dell'Ottocento:

- l'**età napoleonica**, che occupa il primo quindicennio del secolo;
- l'**età della Restaurazione**, che si apre dopo la crisi del regime napoleonico;
- il **Risorgimento italiano**, cioè il lungo processo che porta all'unificazione nazionale nel 1860.

L'evoluzione delle arti

Ti proponiamo un rapido sguardo d'insieme sui movimenti artistici dell'epoca romantica e un'analisi più approfondita di ***Amore e Psiche***, una scultura del classicista **Antonio Canova**.

I generi letterari

Ti proponiamo di leggere alcuni autori e opere che hanno segnato l'età del Neoclassicismo e del Romanticismo. Ci soffermiamo in particolare su due generi:

- la **poesia lirica**, all'interno della quale troverai un Focus Autore su **Giacomo Leopardi**;
- il **romanzo** e il **racconto**, all'interno del quale troverai un Focus Opera su *I promessi sposi* di **Alessandro Manzoni**.

Le parole chiave
Neoclassicismo e Romanticismo

I valori della civiltà classica

Il Classicismo, nel suo significato più autentico, espresse un'esigenza culturale e spirituale profonda: quella di recuperare i valori di **equilibrio morale e compostezza** propri **della civiltà classica**, riaffermando un ideale di uomo in **serena armonia con il mondo**, al tempo stesso fiducioso nella propria realizzazione e consapevole della propria limitatezza. Un uomo che ancora non ha conosciuto la scissione operata dal cristianesimo fra anima e corpo e che quindi non vive la continua ansia di superamento dei limiti terreni. L'arte e la letteratura greche e latine sono un'affascinante testimonianza di questi valori.

Dal Classicismo...

Il Classicismo ebbe il suo momento di maggior affermazione durante il **Cinquecento** e rappresentò la caratteristica essenziale dell'arte del Rinascimento. In questo periodo si definì ancora più esattamente come tendenza a creare **modelli ideali di eleganza e armonia** da contrapporre alla corruzione della società contemporanea. Questa aspirazione, però, soprattutto in letteratura, cominciò a perdere ciò che di vitale aveva avuto nel secolo precedente, per fissarsi in **regole stilistiche** che lo scrittore doveva scrupolosamente seguire se voleva raggiungere la perfezione delle opere del passato (tra le quali vennero ora incluse anche quelle di Petrarca e Boccaccio). Il culto dei classici divenne così sempre più schematica obbedienza a regole di eleganza formale fine a se stessa.

Messi in discussione nel **Seicento** dalla poetica del Barocco, i canoni del Classicismo si imposero di nuovo nel Settecento e incarnarono ancora una volta un'esigenza di rinnovamento spirituale: quella di tornare alla **semplicità naturale** vissuta dall'uomo alle origini della sua storia. Il **mondo antico** fu considerato espressione di una **civiltà superiore** in cui l'uomo era libero e pienamente padrone delle sue facoltà.

... al Neoclassicismo

Il movimento culturale che nella **seconda metà del secolo** espresse questi ideali prese il nome di Neoclassicismo.

Nato nell'ambito delle arti figurative, esso esaltò come **modelli di perfezione** le **opere dell'arte greca e romana** che in quegli anni venivano alla luce, grazie all'impulso dato agli **scavi archeologici**. Gli artisti neoclassici teorizzarono un'arte fatta di forme nitide ed eleganti, in cui fosse tenuta a freno l'espressione immediata dei sentimenti. Questi stessi ideali influenzarono i poeti, che rappresentarono un **mondo idealizzato** attraverso l'uso di immagini prese dalla cultura greca e dal patrimonio della mitologia.

Fra i maggiori poeti neoclassici italiani ricordiamo Vincenzo Monti, Giuseppe Parini e Vittorio Alfieri.

Le caratteristiche del Romanticismo

I valori del Classicismo furono violentemente messi in discussione dagli scrittori romantici, sostenitori di una poesia che esprimesse la **sensibilità moderna** e rappresentasse la **realtà** e non un mondo mitico e astratto. Movimento ideologico-letterario complesso, diffusosi in tutta Europa tra la fine del Settecento e i primi decenni dell'Ottocento, il Romanticismo sostiene un **radicale rinnovamento della cultura**, fondato sulle più profonde e spontanee esigenze spirituali dell'uomo. Gli scrittori romantici tedeschi, che del Romanticismo sono i principali teorici, intendono contrapporre le "**ragioni del cuore**" all'astratto intellettualismo della cultura illuministica. Affermano perciò il primato dei sentimenti e delle passioni, i diritti della fantasia e la libertà creativa dell'individuo, l'importanza dell'identità storica nazionale e il valore delle tradizioni popolari.

Sul piano strettamente artistico-letterario, il Romanticismo rivendica l'**assoluta libertà e spontaneità dell'ispirazione poetica**, in aperta polemica con il Classicismo, al quale rimprovera un'idea dell'arte basata prevalentemente sull'imitazione dei modelli del passato, l'obbedienza ad artificiose regole formali e ad astratti precetti di buon gusto, il linguaggio aristocratico e distaccato dalla realtà della vita moderna.

Aspetti tipici della sensibilità romantica sono il disgusto per gli egoismi e le ipocrisie della società borghese e per la mediocrità della vita quotidiana; la contemplazione della natura come specchio dell'anima e tramite fondamentale del colloquio con il mondo soprannaturale; l'inclinazione all'avventura, ai viaggi e all'evasione in ambienti esotici; l'esaltazione del genio artistico, refrattario a ogni regola, e del personaggio-eroe solitario e ribelle, dominato da passioni infelici e travolgenti; l'idealizzazione dell'amore quale unica forza capace di rompere con i compromessi e le convenzioni soffocanti della vita sociale.

Gran parte dei romantici aveva un profondo **interesse per le vicende della propria storia nazionale**, oltre a una **visione idealizzata del Medioevo**, inteso come matrice della civiltà cristiana e origine delle moderne nazionalità europee. Tutto questo contribuì alla nascita e alla diffusione del **romanzo storico**.

Nello stesso tempo, la nostalgia per il modo di sentire spontaneamente poetico dell'anima primitiva portò allo studio e alla valorizzazione delle fiabe, dei miti e delle leggende prodotte dalla fantasia popolare.

Il Romanticismo in Europa

Pur sullo sfondo di una comune sensibilità, il Romanticismo ebbe **caratteri e sviluppi** abbastanza **diversi nei vari paesi europei**. Più idealistico e lirico-fantastico fu l'orientamento dei romantici tedeschi e, in parte, di quelli inglesi. Le tendenze realistiche sono invece prevalenti in Francia. In Italia l'orientamento moderatamente realistico fu consolidato dall'impegno nella battaglia risorgimentale. Sostanzialmente realistica fu anche l'ispirazione del romanticismo russo.

Ancor meno omogeneo fu l'orientamento dei romantici sul piano politico. Di fronte al trauma della Rivoluzione francese e dell'espansionismo napoleonico, molti si schierarono su posizioni conservatrici. In seguito però, specialmente dopo la Restaurazione, prevalsero gli orientamenti liberali e democratici, che si tradussero in una larga adesione ai movimenti di liberazione nazionale dei popoli europei.

I principali esponenti del Romanticismo furono in **Germania** i fratelli Schlegel, i poeti Novalis, Tieck, Wackenroder, i filosofi Fichte, Schelling, Schleiermacher, gli scrittori Achim von Arnim, Brentano, Hoffmann e Chamisso; in **Inghilterra**, i poeti Blake, Wordsworth, Coleridge, Byron, Shelley, Keats e i narratori Walter Scott (caposcuola del romanzo storico), Jane Austen, Mary Shelley ed Emily Brontë; in **Francia**, Madame de Staël, Lamartine, Musset, Vigny, Saint-Beuve e soprattutto Victor Hugo; in **Italia**, il gruppo raccolto attorno alla rivista "Il Conciliatore" (1818-19) con Pellico, Di Breme, Borsieri e Berchet, i poeti dialettali Porta e Belli, il narratore Ippolito Nievo e Alessandro Manzoni; in **Russia**, gli scrittori Puškin e Lermontov.

Vanno inoltre ricordati alcuni grandi scrittori che, formalmente estranei al movimento romantico vero e proprio e talvolta a esso apertamente ostili, presentano nella propria opera motivi schiettamente romantici. Tra questi, i tedeschi Goethe, Schiller, Hölderlin, Heine, i francesi Chateaubriand, Constant, Stendhal, gli italiani Foscolo e Leopardi.

Il panorama letterario

Ugo Foscolo

I decenni che vanno dallo scoppio della Rivoluzione francese al Congresso di Vienna vedono il predominio dell'**estetica neoclassica**, che diventa la "poetica ufficiale" dell'Impero napoleonico. Nello stesso tempo, si sviluppa però il **primo Romanticismo**, che nasce in Inghilterra e in Germania alla fine del Settecento, spesso come forma di **nazionalismo artistico**, in funzione antifrancese.

Stendhal

I maggiori poeti dell'età napoleonica in Italia sono **Ugo Foscolo** e **Vincenzo Monti**. Mentre il secondo aderisce pienamente all'ideale neoclassico (e il suo capolavoro è, non a caso, la traduzione dell'*Iliade* di Omero, cioè di un testo dell'antichità greca), l'opera di Foscolo appare molto più complessa e lacerata tra istanze diverse, a causa della compresenza di elementi neoclassici ed elementi preromantici.

Il Romanticismo vero e proprio si afferma in Italia a partire dal **1816**, e non senza difficoltà. A Milano è attivo il gruppo di romantici più agguerrito, che fa capo ad **Alessandro Manzoni**. Ma anche il grande poeta dialettale Carlo Porta aderisce al programma romantico. In altre zone d'Italia, viceversa, il Romanticismo viene rifiutato. Il grande poeta lirico e satirico **Giacomo Leopardi**, per esempio, pur prendendo le distanze da Monti e dai neoclassici, rifiuta decisamente di identificarsi con il nuovo movimento.

Giacomo Leopardi

Negli anni della Restaurazione, molti intellettuali italiani sono impegnati nella **lotta risorgimentale** ed esprimono nelle loro opere l'adesione al programma unitario. Tra gli scrittori del Risorgimento, però, solo **Ippolito Nievo** si distingue per l'importanza del suo capolavoro: *Le confessioni d'un italiano* è l'unico romanzo tra *I promessi sposi* e *I Malavoglia* capace di competere con la grande narrativa realistica francese e inglese.

cronologia

1750 — 1800 — 1850 — 1900 — 1950

1749-1832 Johann Wolfgang Goethe
- 1774 *I dolori del giovane Werther*
- 1808 I parte del *Faust*
- 1832 II parte del *Faust*

1770-1843 Friedrich Hölderlin

1778-1827 Ugo Foscolo

1783-1842 Stendhal
- 1830 *Il rosso e il nero*
- 1839 *La certosa di Parma*

1785-1873 Alessandro Manzoni
- 1827 I edizione dei *Promessi sposi*
- 1840-42 II edizione dei *Promessi sposi*

1785-1873 Giacomo Leopardi
- 1818-23 *Canzoni e idilli*
- 1824-35 *Operette morali*
- 1828-30 *Grandi idilli*
- 1830-37 *Ciclo di Aspasia* e ultimi *Canti*

1799-1837 Aleksandr Sergeevič Puškin

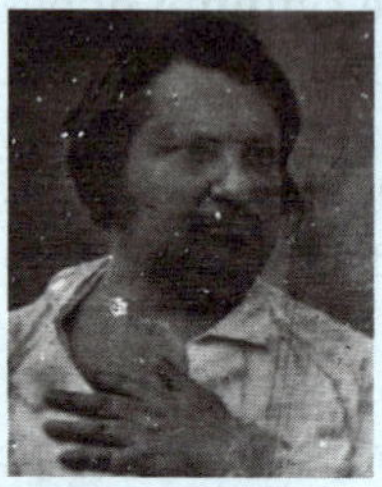
Honoré de Balzac

1799-1850 Honoré de Balzac

Edgar Allan Poe

1809-49 Edgar Allan Poe

1812-70 Charles Dickens

Ippolito Nievo

1831-61 Ippolito Nievo

Il contesto storico

1 L'ETÀ NAPOLEONICA

Napoleone Bonaparte

Con il colpo di stato del 9 termidoro la borghesia francese riprese le redini della rivoluzione per farla rientrare, dopo la fase democratica e repubblicana, entro i limiti tracciati nel 1791. Gran parte dei provvedimenti assunti dai giacobini in campo economico fu cancellata e la nuova costituzione, approvata nel 1795, limitò nuovamente il diritto di voto ai ceti benestanti e affidò il potere di governo a un Direttorio, composto da cinque membri.

Il 9 novembre 1799 le truppe di Napoleone invadono l'aula del Consiglio dei Cinquecento.

Ma la Francia rimaneva in una situazione di **instabilità politica profonda**. La sua classe dirigente avvertiva l'esigenza di un governo forte e soprattutto nuovo, cioè non compromesso con i precedenti regimi, che consolidasse le conquiste della rivoluzione dando ordine al paese.

A partire dal colpo di stato del 18 brumaio (9 novembre) 1799, **Napoleone Bonaparte** svolse questo ruolo, costruendo una **dittatura personale** e cancellando o riducendo al minimo tutte le conquiste del liberalismo settecentesco: libertà di stampa, elezioni, separazione dei poteri, controllo del parlamento sul governo. Tuttavia, la sua azione non significò affatto un ritorno all'Ancien Régime; anzi, questa fu principalmente rivolta a consolidare i risultati della rivoluzione, sia pure entro i limiti della visione borghese moderata.

La razionalizzazione dello Stato

L'apparato dello **Stato** fu **centralizzato e rafforzato**: in ogni provincia i prefetti, nominati dal governo, assicuravano l'attuazione delle disposizioni emanate dal potere esecutivo.

Gli istituti di istruzione superiore, gestiti dallo Stato, preparavano **funzionari competenti e fedeli alle istituzioni**. Il sistema monetario fu razionalizzato attraverso la creazione della Banca di Francia. L'attività economica fu agevolata all'interno e protetta all'esterno con barriere doganali.

Ma il frutto più importante e duraturo dell'attività legislativa di Napoleone fu l'emanazione del **Codice civile** (1804), un complesso di leggi destinate a **regolare i rapporti fra i cittadini** (matrimonio, proprietà, famiglia, lavoro). Il Codice napoleonico venne a sostituire il caotico ammasso di leggi, disposizioni locali e consuetudini ereditato dalla società feudale e diede chiarezza e certezza al diritto civile, traducendo in legge alcune fondamentali conquiste della Rivoluzione: abolizione dei privilegi feudali, uguaglianza dei cittadini di fronte alla legge, istruzione laica, libertà religiosa, libertà di lavoro e, soprattutto, inviolabilità della proprietà privata.

La diffusione degli ideali rivoluzionari

Ciò ebbe importanti riflessi anche al di fuori dei confini francesi.

Nei paesi conquistati Napoleone si comportò da dominatore, ma la sua azione introdusse la moderna legislazione francese in situazioni generalmente più arretrate e quindi realizzò, in definitiva, un'importante diffusione delle principali conquiste della Rivoluzione francese. Il suo intervento mise in moto un **processo di rinnovamento** che si sarebbe poi rivelato in buona parte irreversibile, sopravvivendo ben al di là della sua sconfitta politica e militare.

2 LA RESTAURAZIONE

I princìpi della Restaurazione

Il periodo che va dal Congresso di Vienna (1815) alle rivoluzioni del 1848 è chiamato "Restaurazione" perché in esso ebbe luogo il **tentativo delle monarchie e delle aristocrazie europee di restaurare**, cioè di ricostituire, **lo stato di cose precedente gli sconvolgimenti della Rivoluzione francese e del dominio napoleonico**. In realtà, agli uomini politici più attenti non sfuggiva che un ritorno puro e semplice alla situazione prerivoluzionaria era impossibile: i princìpi di libertà e uguaglianza, le conquiste civili e politiche, il ruolo ormai dominante della classe borghese non potevano essere cancellati con un colpo di spugna.

Le grandi potenze europee che avevano sconfitto Napoleone e la Francia, riunite in congresso a Vienna, si accordarono su una linea politica costituita da due punti fondamentali:

- **ridisegnare la carta politica d'Europa** cercando di **restituire ai legittimi sovrani i territori** sui quali regnavano prima delle conquiste napoleoniche (principio del legittimismo);
- impegnarsi a **soffocare ogni tentativo di ribellione all'interno dei singoli stati.** A tal fine, Austria, Russia e Prussia firmarono un patto di reciproca assistenza (la Santa Alleanza).

In tutti i paesi europei la Restaurazione incontra forte opposizione

Questa linea politica era destinata a incontrare una **forte opposizione** in tutti i paesi europei. Erano contrari, anzitutto, i **liberali**, cioè coloro che non erano disposti a rinunciare alle grandi conquiste della Rivoluzione: uguali diritti civili; libertà di stampa, di associazione, di commercio; costituzione. Furono queste le rivendicazioni della parte più moderata del movimento liberale. Altri, i **democratici**, arrivavano a darsi obiettivi di repubblica, suffragio universale, riforme sociali.

In molti paesi europei, inoltre, a questi motivi di opposizione si univano le **aspirazioni nazionali e patriottiche**. Il Congresso di Vienna, nel tracciare i confini politici dell'Europa restaurata, non aveva tenuto alcun conto della volontà dei popoli, del loro desiderio di unità e indipendenza.

Era questo un modo di procedere tipico dell'Ancien Régime: non contano i popoli ma i sovrani. Si era però ormai diffuso in Europa un nuovo modo di vedere, fondato sulla dignità del popolo e della nazione.

I moti liberali e il Risorgimento

Più volte, nel corso dei primi decenni dell'Ottocento, l'ordine europeo fu scosso da sussulti rivoluzionari le cui parole d'ordine erano **costituzione e indipendenza**; così accadde nel 1820-21 in Spagna, a Napoli, in Piemonte, e nel 1830-31 in Francia, Belgio, Polonia e, per l'Italia, in Emilia-Romagna.

Questi tentativi, in massima parte falliti, in primo luogo a causa dell'immaturità politica dei patrioti e dell'isolamento in cui si trovavano, indicavano tuttavia come i princìpi della Restaurazione non potessero costituire una risposta accettabile ai fermenti e alle aspirazioni che attraversavano l'Europa.

Come abbiamo già accennato, i moti insurrezionali scoppiati in Italia e in altri paesi europei nel 1820-21 erano falliti a causa soprattutto dell'isolamento dei patrioti (una ristretta élite di intellettuali) dal resto della popolazione e a causa del carattere ancora localistico e provinciale di tali iniziative. Fu solamente a partire dal **1831** che in Italia si delinearono **programmi politici chiari** e capaci di riscuotere il consenso dell'opinione pubblica e che l'obiettivo dell'**unità nazionale** fu messo chiaramente all'ordine del giorno.

Emergono due schieramenti principali: i moderati e i democratici

Emersero diversi punti di vista politici e diverse proposte, che si richiamarono sostanzialmente a due grandi orientamenti: liberale moderato e democratico.

Le divergenze tra questi due schieramenti riguardavano sia gli obiettivi della lotta, sia i mezzi da impiegare. I **moderati**, rappresentati da uomini come Gioberti, D'Azeglio, Balbo e Cavour, ritenevano che il **processo di unificazione** dovesse essere **guidato dall'alto**, da un sovrano, attraverso **riforme** successive e **graduali**, evitando momenti insurrezionali. Pensavano all'Italia del futuro come a una **monarchia costituzionale di carattere liberale**. I **democratici**, al contrario, pensavano che il "Risorgimento" nazionale dovesse coinvolgere pienamente le **masse popolari**, attraverso l'**insurrezione nazional**e.

L'Italia nuova non doveva essere fatta dai prìncipi, ma dal popolo, doveva essere unita e repubblicana e doveva realizzare il principio della **sovranità popolare** attraverso il **suffragio universale**.

Il Risorgimento viene guidato dai moderati

Le posizioni vincenti furono quelle del moderatismo liberale: l'**unificazione italiana** avvenne sotto la direzione dei **moderati di Cavour**.

Il popolo aveva partecipato in modo determinante al processo risorgimentale: nel 1848 con le insurrezioni delle città (Palermo, Milano, Modena, Parma, Venezia, Roma) e il coinvolgimento delle campagne, soprattutto al Nord; nel **1860**, la popolazione meridionale insorse contro i Borbone, rispondendo in massa all'appello di Garibaldi. Tuttavia il movimento politico che avrebbe dovuto esprimere le aspirazioni popolari – il **Partito d'azione**, repubblicano e democratico – non era riuscito a guidare il corso degli eventi nei mesi decisivi dell'unificazione. Il Piemonte, attraverso i plebisciti, si annesse le regioni che Garibaldi aveva liberato «in nome di **Vittorio Emanuele**», il quale, il **17 marzo del 1861**, fu acclamato dal Parlamento **re d'Italia**.

Il ruolo della cultura romantica

Un ruolo centrale nel processo risorgimentale italiano ebbero gli intellettuali romantici che lottarono in prima persona per dare una **concreta realizzazione agli ideali di popolo e di nazione**. Fu questo uno dei momenti nella storia italiana in cui il rapporto fra cultura e società fu più fecondo. **In Italia**, infatti, il Romanticismo ebbe un **carattere prevalentemente patriottico**: la delusione postnapoleonica non condusse i nostri scrittori romantici a estraniarsi dal mondo e a rifiutare l'azione politica, come accadde per lo più negli altri paesi europei.

Al contrario essi presero coscienza della necessità di **rinnovare** radicalmente **la struttura sociale** e di affrontare il problema della costruzione di uno **Stato nazionale**. Proposero, anche attraverso le pagine di importanti riviste, come "Il Conciliatore" di Milano e "L'Antologia" di Firenze, una **cultura moderna** e **attenta ai bisogni concreti della società**. Ma soprattutto sostennero che la **funzione principale del letterato** dovesse essere quella di **guidare la popolazione** e di **educarla alle idee liberali**. La poesia, assumendo un compito politico, doveva affrontare contenuti nuovi e rivolgersi non più al pubblico tradizionale, per lo più appartenente alle classi aristocratiche, ma al popolo, che doveva essere il soggetto attivo del Risorgimento nazionale.

Anche la poesia assume un compito politico

Queste idee furono espresse, in un famoso scritto teorico, dal letterato romantico **Giovanni Berchet** e furono alla base anche dell'opera di **Alessandro Manzoni**, il maggiore esponente del nostro Romanticismo. Va però chiarito che entrambi questi scrittori, così come la maggioranza dei romantici italiani, appartenevano alla corrente **liberale moderata** e che essi utilizzavano la parola "popolo" per designare in realtà la classe media. Le masse popolari dovevano invece essere tenute a freno e controllate perché non prendessero iniziative insurrezionali. Questo compito di controllo veniva affidato soprattutto alla **Chiesa**: il pensiero liberale moderato in Italia trovò una significativa conciliazione con il cattolicesimo in nome dei princìpi di amore e fratellanza predicati dal Vangelo.

In campo democratico troviamo scrittori più direttamente politici, quali: **Giuseppe Mazzini**, fondatore della Giovine Italia e sostenitore di una repubblica unitaria; **Carlo Cattaneo**, che invece propose non uno Stato accentrato ma una confederazione; **Carlo Pisacane**, che assunse posizioni socialiste, affermando la necessità che la rivoluzione nazionale passasse attraverso una rivoluzione sociale.

Risorgimento

Il termine indica l'insieme dei processi e degli eventi che condussero alla **conquista dell'indipendenza politica** e all'**unificazione dell'Italia**. Venne introdotto da quegli intellettuali e letterati che, tra il Settecento e l'Ottocento, auspicavano il "risorgere" dell'Italia dalla decadenza in nome delle forze spirituali e morali che avevano reso grande, dall'epoca romana al Rinascimento, la sua storia culturale e civile.
Nel corso del processo di unificazione il termine assunse via via un significato nettamente politico. Cavour e Balbo intitolarono "Il Risorgimento" il quotidiano da loro fondato nel 1848, dove il tema dell'unità politica dell'Italia e la sua liberazione dalla dominazione straniera si intrecciava a quello del suo sviluppo industriale e commerciale. Dopo l'Unità, e ancora durante il fascismo, il Risorgimento venne retoricamente celebrato come momento della grandezza nazionale. Successivamente la storiografia ha però messo in evidenza i conflitti che attraversarono le forze e gli uomini della lotta risorgimentale, sottolineando, a volte, anche i limiti della loro azione.

L'evoluzione delle arti

Alessandro Manzoni (1785-1873), in un celebre ritratto di Francesco Hayez.

L'arte italiana, che già non aveva saputo esprimere personalità di rilievo straordinario nel XVIII secolo, nell'Ottocento è senza dubbio in una posizione di arretratezza rispetto alle coeve esperienze europee.

Nei primi decenni del secolo domina l'arte neoclassica, già affermatasi nella seconda metà del Settecento (Piermarini, Ingres, David, Reynolds), mentre si afferma l'arte romantica, soprattutto nel campo della pittura. La contrapposizione tra neoclassici e romantici, però, è in realtà tutt'altro che netta: un pittore come Hayez, per esempio, unisce la ricerca di perfezione ed equilibrio formale (tipica del Neoclassicismo) al gusto per i soggetti storici e passionali (tipici del Romanticismo).

Il Romanticismo italiano, comunque, trascura i temi della natura e dell'inconscio, che sono invece centrali nel Romanticismo tedesco e inglese, e si concentra soprattutto su soggetti storici che ben si sposano con gli ideali del Risorgimento.

1 Il tema della morte è centrale nell'arte neoclassica. Canova lo illustra in uno tra i capolavori dei monumenti funebri, quello realizzato tra il 1798 e il 1805 per Maria Cristina d'Austria: in quest'opera l'artista ricorre alla forma della piramide – il monumento funebre per eccellenza – e contrappone drammaticamente il bianco del marmo al nero della porta verso cui si avviano le meste figure allegoriche (sulla sinistra).

cronologia

	1700	1750	1800	1850	1900	1950
pittura	1791-1882 Francesco Hayez					
	1804-73 Giovanni Carnovali detto il Piccio					
	1837-78 Tranquillo Cremona					
scultura	[1] 1757-1822 Antonio Canova					
architettura	1762-1839 Giuseppe Valadier [2]					
	1789-1888 Alessandro Antonelli					

2 Piazza del Popolo, a Roma, nasce da un progetto urbanistico approvato nel 1816. L'architetto neoclassico Giuseppe Valadier crea uno spazio razionalmente simmetrico, ma che tiene conto anche del carattere per lo più barocco della città: si noti infatti la presenza di linee curve e di elementi "spettacolari" molto accentuati.

Antonio Canova Amore e Psiche

L'autore

- Antonio Canova nasce a Possagno, nei pressi di Treviso, nel 1757. Le prime sculture, di argomento mitologico, si ispirano ai grandi modelli barocchi di Bernini, che Canova supererà decisamente una volta giunto a Roma (1780), dove trascorrerà la maggior parte della vita.
- Le opere mitologiche continuano (*Teseo sul Minotauro*, 1781-83; *Amore e Psiche*, 1787-93): questo filone, tipicamente neoclassico, culminerà con uno dei capolavori della vecchiaia, *Le Grazie* (1812-16), a cui si ispirerà Ugo Foscolo per il suo poemetto incompiuto.
- Canova produce anche alcuni importantissimi monumenti funebri, come quelli di Clemente XIV, di Clemente XIII, e soprattutto di Maria Cristina d'Austria e di Vittorio Alfieri.
- Nell'epoca napoleonica (1800-15 circa), vanno ricordate due opere di carattere celebrativo, la statua di Napoleone ritratto come Marte (il dio della guerra), del 1803-06, e quella di Paolina Borghese Bonaparte ritratta come Venere (la dea dell'amore), del 1804-08.
- Canova svolge anche un'importante attività di organizzatore di musei e di conservatore di opere d'arte.
- Muore a Venezia nel 1822.

L'opera

- Realizzata tra il 1787 e il 1793, negli anni della Rivoluzione francese, la scultura che prendiamo in considerazione appartiene al filone delle opere di Canova ispirate a soggetti mitologici antichi. La leggenda di Amore e Psiche è nota soprattutto attraverso il racconto che ne fa lo scrittore latino Lucio Apuleio nel suo romanzo *L'asino d'oro*: Psiche, una bellissima fanciulla, aveva potuto sposare il dio Amore a patto di non vederlo mai; il dio giungeva di notte, al buio, e ripartiva prima dell'alba. Incuriosita e temendo di aver sposato in realtà un mostro, Psiche una notte nascose una lampada e, quando il dio fu addormentato, l'accese e lo contemplò estasiata. Ma Amore, svegliatosi, l'abbandonò come promesso; tuttavia in seguito, visto il suo dolore e addolorato egli stesso dalla separazione, il dio tornò presso di lei e la sposò.
- L'opera è emblematica di alcuni degli aspetti tipici della sensibilità neoclassica.

Antonio Canova, *Amore e Psiche* (1787-93), Parigi, Museo del Louvre.

In alto, particolare di *Amore e Psiche*. Sotto, sempre di Canova, *Le Grazie* (1812-16), San Pietroburgo, Museo di stato dell'Ermitage.

Un soggetto mitologico Come abbiamo visto, Canova sceglie un soggetto tratto dalla mitologia antica. Si tratta però di una scelta che rivela immediatamente la differenza tra il Neoclassicismo settecentesco e il Classicismo rinascimentale. Anche gli artisti del Quattrocento e del Cinquecento, infatti, si ispiravano al mondo antico, greco e romano, ma essi esprimevano in questo modo una concezione della vita umana laica e terrena, opposta a quella permeata di religiosità del Medioevo. L'artista neoclassico, invece, recupera l'antichità soprattutto per ragioni estetiche: egli tenta di ricreare la perfezione assoluta, che considera propria dell'arte greca, e sceglie perciò consapevolmente di imitare gli antichi.

L'emulazione degli antichi L'imitazione degli antichi, per un artista neoclassico come Canova, non è affatto segno di scarsa originalità o di mancanza di fantasia: l'artista neoclassico infatti, al contrario dell'artista romantico e moderno, non considera l'originalità un elemento essenziale per la riuscita di un'opera d'arte. Anzi, il criterio che è alla base del suo lavoro è proprio quello del confronto con i modelli classici.

Bisogna però chiarire che il termine "imitazione" non significa pedissequa copiatura dei modelli. L'artista neoclassico, infatti, ingaggia una sorta di "gara" con i suoi modelli, che considera irraggiungibili nella loro perfezione, ma che tenta tuttavia di eguagliare.

La ricerca della perfezione formale L'esibizione di abilità tecnica, che è alla base di questa scultura di Canova, risponde proprio a tale bisogno di emulazione dell'arte antica. Lo scultore ottiene straordinari effetti lavorando soprattutto su due elementi: la posizione dei due personaggi, resa possibile dalle ali di cui è dotato il dio Amore, che li rende quasi sospesi nell'aria, pronti a staccarsi da terra, e che sembra annullare la pesantezza del marmo, e la levigatezza delle superfici, il colore perfettamente bianco del materiale, che pare assumere tonalità quasi trasparenti, contribuendo al carattere leggiadro ed etereo della scultura.

L'abilità tecnica non è quindi fine a se stessa, poiché serve a esprimere il tema di fondo dell'opera stessa: il rifiuto della realtà quotidiana, dell'attualità e della storia, con le sue brutture e le sue imperfezioni, si risolve nella ricerca di un mondo più perfetto di quello reale, un mondo di astrattezza e perfezione, più tranquillo e sereno. Non è un caso che l'artista scelga di rappresentare un momento felice, di sensualità e di abbandono fiducioso, malgrado la vicenda di Amore e Psiche sia densa di momenti drammatici e ricchi di tensione emotiva.

I generi letterari

La poesia lirica

Dal dolore insoddisfatto alla contemplazione ideale

Gli eventi storici che nel giro di pochi anni, tra la fine del XVIII e l'inizio del XIX secolo, sconvolsero la società europea, diffusero nella vita culturale dell'epoca un acuto **senso d'inquietudine e d'incertezza**.

In breve tempo si succedettero speranze e delusioni, entusiasmi e disinganni; infine i grandi ideali sembrarono naufragare in una realtà squallida nella quale l'ingiustizia e la violenza erano ancora presenti e la libertà era di nuovo negata dai governi assoluti.

Un profondo disagio si impadronì degli spiriti più sensibili del tempo, alimentando in loro un sentimento doloroso di **insoddisfazione per il presente e**, più in generale, **per l'esistenza umana**. Questo stato di insoddisfazione costituisce uno dei tratti più tipici del Romanticismo.

Il motivo di fondo delle maggiori espressioni della letteratura europea del periodo fu proprio la consapevolezza del **dissidio insanabile** esistente **tra vita reale e aspirazioni ideali**. Da questa condizione psicologica derivò un atteggiamento molto complesso che non può essere ridotto al significato che il termine romantico ha assunto nel linguaggio comune. Il Romanticismo cioè non era una generica tendenza alla malinconia o alla fuga nella fantasia e nel sogno, un abbandono al sentimento in opposizione alla lucida ragione illuminista.

Si trattava invece di uno stato d'animo ricco di implicazioni intellettuali, che il filosofo tedesco Hegel definì **coscienza infelice**: il tormento dello spirito libero, insofferente di ogni costrizione esteriore, alla ricerca di una risposta che desse senso e valore alla vita; l'ansia dell'anima generosa, protesa verso un ideale di felicità che sembrava destinato a naufragare nella meschinità del reale.

Ne derivò il **rifiuto di** ogni attiva **partecipazione alla vita sociale** e il **distacco dal mondo**, in un atteggiamento di **isolata protesta**. Alla realtà mediocre e insoddisfacente si contrapposero le esigenze di **affermazione dell'individuo** che scoprì il proprio io e il diritto a esprimersi liberamente e che, nell'ansia di superare i limiti angusti dell'esistenza, si rifugiò nella **contemplazione di mondi ideali**, come per esempio quello della natura incontaminata, fonte di autenticità e serenità, quello dell'infanzia e della giovinezza, uniche stagioni felici della vita, quello dell'antica Grecia, regno di un'ideale armonia e bellezza, quello, infine, dell'assoluto, ricercato nel Dio cristiano o nel sentimento laico dell'infinito ed espressione del desiderio di fusione con l'universo.

Kaspar David Friedrich, *Un uomo e una donna davanti alla luna*, 1830-35.

Friedrich Hölderlin

L'autore

Friedrich Hölderlin (1770-1843) fu uno dei maggiori poeti romantici tedeschi. Ebbe un'esistenza inquieta, dominata dall'impossibilità di conciliare i propri slanci ideali con la realtà. Infine, **il contrasto insanabile fra la poesia e la vita culminò nella pazzia**. Hölderlin trascorse gli ultimi trentasette anni della propria vita in stato di demenza, rinchiuso in una torre.

Compose inni, odi, elegie, spesso riprendendo i metri della poesia classica. Anche negli anni della follia compose versi sempre più indecifrabili e sconnessi, firmandoli con diversi pseudonimi.

Opera **Poesie**
Genere **poesia lirica**
Epoca **XVIII secolo**
Lingua **tedesco**

Poesie

La brevità

Questa poesia appartiene al periodo 1797-99, anni in cui il poeta visse un profondo amore con Susette Gontard, la moglie di un banchiere nella cui casa Hölderlin fu precettore. Ben presto questo amore, irrealizzabile, fu causa di grandi sofferenze. Il tema dominante della lirica è quello della felicità impossibile. Come è tipico del Romanticismo, Hölderlin valorizza la parte più irrazionale e istintiva dell'uomo: il sentimento, le passioni profonde, gli elementi più oscuri e misteriosi dell'animo umano. Egli avverte i limiti della ragione e della realtà come una gabbia che impedisce all'uomo di realizzare la sua pienezza spirituale, di raggiungere la dimensione dell'infinito e dell'assoluto.

"Perché sei così breve? Non ami più dunque
Come una volta il canto? Da adolescente,
Quando cantavi, nei giorni della speranza,
Mai trovavi la fine!"
Come la mia felicità, il mio canto. Vuoi nel tramonto
Bagnarti lieto? Già s'è spento, e la terra è fredda,
E frulla l'uccello della notte
Sinistro innanzi ai tuoi occhi.

Poesie, trad. di G. Vigolo, Einaudi

1. **"Perché...":** le virgolette indicano che la prima strofa contiene parole rivolte al poeta da un interlocutore esterno, dietro il quale si può tuttavia vedere il poeta stesso che si interroga sulla propria poesia; **sei così breve:** scrivi componimenti brevi, come quello presente e come molti di questo periodo.
2. **canto:** la poesia (così come nel verso successivo *cantavi* significa "scrivevi poesie").
6. **s'è spento:** il soggetto è il tramonto del verso precedente. L'avverbio già sta a indicare che la luce del tramonto, simbolo di gioia e di pace, dura solo un attimo e subito si spegne.
7. **frulla:** si alza in volo facendo sentire il rumore delle sue ali.
8. **Sinistro:** minaccioso, lugubre.

Le frasi nominali

Il lessico e la grammatica

In italiano, il verbo è l'elemento fondamentale della frase, tanto che in un periodo vi sono tante proposizioni quanti sono i verbi. A questa regola generale fanno eccezione le frasi nominali, cioè quelle **senza verbo**, che si usano molto spesso anche nella lingua scritta. All'inizio della seconda strofa della poesia di Hölderlin, per esempio, si trova una frase nominale, in cui i verbi sono sottintesi: «Come la mia felicità, il mio canto». Ecco come suonerebbe se volessimo renderli espliciti: «Il mio canto *È* come la mia felicità».
L'uso di frasi nominali è molto frequente soprattutto nella **lingua parlata**: Come stai? Bene (= *Sto* bene); Quando siete rientrati dalle vacanze? Ieri (= *Siamo rientrati* ieri); e così via.
Nell'uso quotidiano, questa tecnica serve a evitare ripetizioni inutili e talvolta anche fastidiose. Nell'uso letterario, può avere una **funzione espressiva**, che va analizzata caso per caso.

Analisi del testo

Brevità e fugacità della gioia. Il tema principale della poesia, enunciato dal titolo, è la brevità. Nella prima strofa si tratta della brevità della poesia, che, nella seconda strofa, diventa simbolo della brevità e fugacità della gioia.
Nella prima strofa, una voce, che può essere esterna ma anche interna al poeta, chiede perché egli crei ora componimenti così brevi. Negli anni giovanili, quando ancora sentiva in cuore la speranza, le sue poesie erano invece dei canti distesi, senza fine («Mai trovavi la fine!»).
Il motivo è dunque – chiede l'interlocutore – che il poeta non ama più come un tempo scrivere poesie? Che la sua ispirazione si è inaridita? La risposta a questa domanda è nella seconda strofa: il canto poetico è di breve respiro, perché la felicità del poeta è breve e fugace. Segue poi un'altra domanda: «Desideri immergerti con gioia nella luce divina del tramonto, simbolo dell'armonia del cosmo?». In realtà è una domanda retorica: il poeta sa già che la risposta è negativa. Quella magica luce dura infatti solo un attimo: la felicità è un'illusione che subito svanisce. Presto vengono angoscia e dolore, simbolicamente rappresentati dalla terra fredda, non più illuminata dai raggi dell'ultimo sole, e dal volo di un sinistro uccello notturno.

La luce del tramonto. L'immagine del tramonto è ricorrente e molto importante nella poesia di Hölderlin. Il tramonto è per lui quel momento magico e breve in cui una luce quasi divina sembra avvolgere tutte le cose e unire in armonia cielo e terra. In questa immagine si concretizza la visione "religiosa" che Hölderlin ha della natura: nella luce del tramonto, per un attimo, l'anima dell'universo si svela al poeta, facendolo sentire parte della vita del cosmo e trasmettendogli assoluta felicità. È significativo il termine *bagnarti* del verso 6: la luce del tramonto è come l'acqua, principio di vita, nella quale l'essere umano in contemplazione viene totalmente immerso. Ma quel momento divino dura solo un attimo. La luce, che è bellezza, purezza dello spirito, è, appunto, luce del tramonto, cioè di un momento breve e fugace. Presto la terra sarà fredda e buia. La luce del tramonto è dunque, insieme, realtà e illusione: la pienezza della gioia contiene già in sé la previsione del dolore con cui la gioia deve essere scontata. Questo insanabile contrasto fra un ideale di pura armonia e l'impossibilità reale della sua attuazione fu il dramma della vita di Hölderlin e il nucleo essenziale del suo pensiero e della sua poesia.

Proposte di lavoro

1. Sintetizza brevemente il contenuto delle due strofe della poesia.
2. Individua il corretto completamento di ciascuna affermazione e motiva la tua scelta.
   - Nella prima strofa si parla della brevità
     ☐ del tramonto ☐ della poesia
   - Nella seconda si parla della brevità
     ☐ del dolore ☐ della gioia
   - Il canto del poeta viene paragonato
     ☐ alla felicità ☐ all'acqua
3. Lo scorrere del tempo è un tema importante in tutta la poesia romantica. Come si esprime questo tema in questa lirica? In quali versi e immagini?
4. L'immagine del tramonto è ricorrente in molte poesie di Hölderlin: spiegane il significato simbolico all'interno della poesia.
5. Quest'immagine si accompagna, nella lirica, all'idea dell'acqua: in che modo? Che cosa significa l'acqua?
6. Il contrasto fra slanci ideali e realtà è un tema fondamentale della lirica romantica. In Hölderlin esso si esprime soprattutto nell'idea della compresenza continua di gioia e dolore. Utilizzando le espressioni della poesia, spiega in che cosa consiste quel contrasto e come trova espressione poetica all'interno del testo.

Percy Bysshe Shelley

L'autore

Percy Bysshe Shelley (1792-1822), importante esponente del Romanticismo inglese, ebbe una vita inquieta e segnata da un aperto conflitto con la famiglia e con la società inglese.

Dopo diversi soggiorni all'estero, nel 1818 lasciò definitivamente l'Inghilterra e si stabilì in Italia. Morì annegato nel golfo di La Spezia.

Shelley fu il più radicale e visionario dei poeti romantici inglesi. Il **linguaggio** della sua poesia è essenzialmente **lirico e soggettivo**. Il limite fra metaforico e concreto, reale e immaginato, interiore ed esteriore è spesso difficilmente distinguibile. A questo continuo desiderio di superare i limiti della realtà corrispose in lui un forte **anelito di libertà morale e politica**. Shelley affermò di scrivere «per la causa di un'etica liberale e con lo scopo di accendere nel petto dei lettori un virtuoso entusiasmo per le dottrine di libertà e giustizia».

Il suo genio poetico si espresse nel modo più perfetto nelle liriche, scritte in Italia nell'ultima parte della sua vita.

Opera **Poesie**
Genere **poesia lirica**
Epoca **XIX secolo**
Lingua **inglese**

Poesie

Non sollevare quel velo dipinto

Quella che segue è una delle più belle liriche di Shelley. Si tratta di una poesia che si caratterizza per la sua immediatezza e per la sua sincerità, capaci di colpire e di commuovere anche il lettore poco abituato ai versi poetici. Il tema poi, tipico del Romanticismo ottocentesco, è attualissimo e dunque in grado di far riflettere ancora oggi.

Ciò che vediamo nella vita quotidiana – dice il poeta – non è che apparenza, finzione, esteriore imitazione di tutto quello che vorremmo credere, di una verità che noi vorremmo fosse al fondo delle cose. Ma ciò che sta dietro quelle apparenze è la desolazione del nulla. Di conseguenza, l'uomo che come un raggio di sole cerca di squarciare le tenebre della realtà, alla ricerca dell'amore e della verità, è destinato a rimanere deluso.

Non sollevare quel velo dipinto, che quelli che vivono
chiamano Vita: per quanto forme irreali vi siano
rappresentate, e tutto quello che vorremmo credere
vi sia imitato a colori capricciosamente,
dietro stanno in agguato Paura e Speranza,
destini gemelli, che tessono l'ombre in eterno
sopra l'abisso cieco e desolato. Un tempo
conobbi un uomo che aveva provato
a sollevarlo: cercava
con il suo cuore tenero e sperduto
cose da amare, ma ahimè non ne trovò,
né trovò nulla di ciò che il mondo tiene
cui poter dare la propria approvazione.
Passò in mezzo alla folla distratta, splendore
in mezzo all'ombre, una macchia di luce
su questa lugubre scena, uno spirito in lotta
per giungere a cogliere il Vero,
ma come accadde anche al predicatore non poté trovarlo.

Poesie, trad. di R. Sanesi, A. Mondadori

1. velo dipinto: le apparenze, ciò che copre la vera sostanza delle cose; **quelli che vivono:** esprime il senso di esclusione dalla vita che il poeta prova; solo gli altri vivono una vita che però è fittizia agli occhi del poeta.
2-3. per quanto... rappresentate: per quanto su quel velo siano rappresentate forme irreali, rappresentazioni che noi ci illudiamo corrispondano alla sostanza delle cose.
4. vi sia imitato: le apparenze che noi vediamo imitano la verità delle cose, ma non la rappresentano fedelmente; **capricciosamente:** in maniera folle, casuale, in quanto non corrispondente al vero.
5. Paura e Speranza: sono ciò che sta dietro il velo dipinto, dietro le apparenze. Più che sentimenti dell'uomo, sono presenze personificate (per questo hanno l'iniziale maiuscola), che sovrintendono alla sua esistenza.
6. destini gemelli: la Paura e la Speranza sono sempre compresenti nell'uomo, l'una presuppone l'altra.
6-7. che tessono... desolato: che è soggetto; la Paura e la Speranza sono rappresentate nell'atto di tessere il destino dell'uomo. È un destino di morte (fatto di ombre), che approderà al nulla (l'abisso cieco e desolato sul quale la Paura e la Speranza tessono la loro tela).
8. un uomo: sta a rappresentare uno spirito superiore che cerca di sollevare il velo delle apparenze, di scoprire il segreto dell'esistenza.
10. con il suo cuore... sperduto: l'uomo animato dall'ansia di amore e verità è sensibile, tenero e perciò smarrito, solo, in questo mondo di falsità.
12-13. nulla di ciò... approvazione: non trovò nessuna delle cose, dal mondo ritenute importanti (*che il mondo tiene*), che egli potesse accettare.
14. folla distratta: è il mondo nel quale lo spirito superiore si aggira smarrito, senza possibilità di essere compreso: gli uomini, distratti dalle loro occupazioni, non si accorgono di chi sente e soffre in modo diverso da loro.
14-16. splendore... scena: il contrasto fra lo spirito in lotta per giungere a cogliere il Vero e il resto degli uomini è qui reso attraverso immagini di luce. Egli è splendore, macchia di luce, il mondo è ombre, lugubre scena; la luce è amore, verità, bene; le tenebre odio e malvagità.
18. come accadde anche al predicatore: compare qui una figura indeterminata di predicatore, di profeta, forse il Cristo, ma più in generale colui che predica l'esistenza di una realtà superiore, divina. Ma anch'egli, nella concezione del poeta, è destinato a fallire nella sua ricerca della verità. Il messaggio religioso non costituisce per Shelley una valida risposta agli angosciosi interrogativi dell'uomo.

Le maiuscole

Il lessico e la grammatica

Come certamente sai, in italiano i nomi propri iniziano con la lettera maiuscola e i nomi comuni con la minuscola: Giorgio, Silvia, Clementina; tavolo, lavagna, scrittura, democrazia.
Avrai notato però che nella poesia di Shelley l'autore attribuisce la lettera maiuscola a nomi comuni, che solitamente hanno la minuscola: vita, paura, speranza... Come si spiega questa scelta?
Shelley ha voluto in tale modo **personificare** queste **entità astratte, come** se fossero **personaggi**, e non semplici concetti. È una tecnica che viene spesso adottata dai poeti romantici e da quelli simbolisti (attivi nella seconda metà dell'Ottocento), proprio perché le loro opere sono spesso ricche di concetti, idee, entità astratte.
Naturalmente, può accadere anche il contrario: Tizio, nella mitologia classica, era un personaggio ben preciso e quindi aveva la maiuscola, ma oggi è diventato sinonimo di "uno qualsiasi" e scriviamo quindi «Ho visto un tizio», con la minuscola; Dio è scritto con la maiuscola quando indica una divinità precisa («il prete si rivolse a Dio»), ma ha la minuscola quando indica una divinità generica («l'esploratore si imbatté nella statua di un dio antico, o forse di una dea»).

Analisi del testo

Il senso di impotenza dell'uomo. Il tema principale della lirica è che il significato profondo della vita è destinato a rimanere per noi sempre misterioso e nascosto. Consapevole di ciò, l'uomo ne deriva un desolato senso di impotenza: nulla, nemmeno la fede religiosa, può raggiungere il Vero, elevandosi al di sopra dei limiti e delle apparenze della realtà. Il contrasto fra il mondo delle cose in cui viviamo e le più alte aspirazioni ideali non può essere superato; l'uomo eternamente animato dalla Speranza di una piena realizzazione spirituale, rimane in realtà sempre sconfitto. La condizione umana viene vista dunque dal poeta in termini angosciosi: escluso dalla Vita, egli è dominato dalla paura della morte e del nulla. La stessa speranza, in questo contesto, perde il suo valore positivo e diventa inesauribile ma inappagato desiderio di trovare la verità, di scoprire il significato della vita.

Uno spirito superiore. Nella seconda parte della lirica emerge il contrasto fra la massa degli uomini che vive prigioniera delle proprie occupazioni (*folla distratta*, *ombre*) e l'individuo isolato, lo spirito superiore, che invano cerca di sollevare il velo delle apparenze al fine di scoprire il mistero dell'esistenza.
Quest'uomo solo, alla ricerca della verità e dell'amore autentico, rappresenta molto bene la contrapposizione, tipica del pensiero romantico, fra l'individuo sensibile, il genio incompreso, l'eroe che lotta per la verità, e la gretta e meschina società degli uomini, dediti solo all'utile e succubi, spesso senza saperlo, di apparenze e vuote illusioni.

Proposte di lavoro

1. Rispondi alle seguenti domande.
- Che cosa rappresenta nella poesia il velo dipinto?

  ....
- Che cosa vi sta dietro, realmente?

  ....
- Chi può tentare di sollevare tale velo?

  ....
- Perché la folla è detta distratta?

  ....
- La ricerca della verità ha buon esito? Perché?

  ....

2. I temi tipicamente romantici del mistero della vita e della condizione umana vista come dominata dall'angoscia e dal nulla sono al centro della poesia di Shelley. Illustra e commenta quest'affermazione, con precisi riferimenti al testo.

3. Che cosa rappresenta il contrasto tra l'uomo solitario alla ricerca della verità e la folla distratta? Perché può essere considerato un tema tipicamente romantico? Motiva le tue risposte.

....
....
....
....

Ugo Foscolo

L'autore

La biografia di Foscolo per molti aspetti è esemplare e tipica di quella generazione che visse la propria giovinezza fra la Rivoluzione francese e la Restaurazione, fra esaltanti speranze e amare delusioni. Quella di Foscolo fu una vita irrequieta e travagliata.

Il poeta nacque a Zante nel 1788. A quattordici anni si trasferì, con la famiglia, a Venezia, dove iniziò i suoi studi ed ebbe i primi contatti con ambienti intellettuali aperti alle influenze francesi e rivoluzionarie e con la società mondana. Abbandonò in quegli anni la fede cristiana e abbracciò le **idee libertarie e materialistiche** maturate durante l'Illuminismo. Schieratosi con entusiasmo dalla parte di Napoleone, Foscolo dovette fuggire da Venezia nel 1797 perché sospetto al governo. Quando, nello stesso anno, i francesi occuparono la città, entrò nella municipalità repubblicana, partecipando con generoso slancio alla vita politica. Considerò un tradimento il trattato di Campoformio, con il quale Napoleone cedette Venezia all'Austria e non esitò a esprimere sdegno e delusione, criticando apertamente il conquistatore che stava diventando tiranno.

Lasciò allora Venezia e condusse una **vita** sempre più **irrequieta**. Combatté nell'esercito francese convinto che la causa della libertà fosse comunque legata alle sorti della Rivoluzione francese. Rientrato in Italia nel 1806, partecipò alla vita culturale e mondana, visse amori travolgenti e spesso infelici con donne dell'alta società, scrisse e pubblicò le sue opere, mise in scena le sue tragedie. Sempre più accentuati e palesi erano intanto diventati i suoi **atteggiamenti antinapoleonici**, a causa dei quali si mise in aperto contrasto con gli ambienti della cultura ufficiale.

Nel 1814, dopo la caduta di Napoleone e il ritorno degli austriaci a Milano, rifiutò la loro offerta di dirigere una rivista letteraria e, per non prestare giuramento alle nuove autorità, fece l'eroica e sofferta scelta di abbandonare l'Italia per sempre, ritirandosi in **volontario esilio**, prima in Svizzera e poi a Londra, dove, povero e dimenticato, morì nel 1827.

Le sue spoglie furono trasportate a Firenze nel 1871.

Le opere

La produzione poetica foscoliana è largamente autobiografica: fu infatti dalla riflessione su di sé e sulle contraddizioni della propria epoca che ebbe origine la meditazione complessiva sul destino umano, motivo centrale dell'opera di Foscolo. Secondo le concezioni materialistiche, che egli derivò dagli illuministi, l'esistenza umana non ha una meta ideale da raggiungere oltre la vita terrena. Ma questa consapevolezza amara non spense in Foscolo l'ansia di superare i confini materiali della nostra esistenza, nella ricerca costante dei **valori assoluti di verità, giustizia, amore e bellezza**, che razionalmente egli considerò illusioni, ma che contemporaneamente furono per lui le uniche motivazioni capaci di dare senso alla vita. Al di sopra di tutti i valori egli pose infine quello della poesia, momento di **suprema elevazione dell'anima** e di **massima espressione degli ideali umani**.

L'amore deluso per la libertà e la patria, il senso dell'avversità del destino, il rifugio consolatorio negli ideali eterni di amore e bellezza sono i temi dominanti delle maggiori opere di Foscolo: il romanzo *Ultime lettere di Jacopo Ortis* (pubblicato nel 1798 e più volte rivisto: 1802, 1816, 1817), le opere poetiche più importanti, costituite da dodici sonetti (fra cui *Alla sera, In morte del fratello Giovanni, A Zacinto*), da due odi (*A Luigia Pallavicini caduta da cavallo*, del 1799, *All'amica risanata*, del 1802), dal carme *Dei Sepolcri* del 1806 e dal poemetto *Le Grazie*, composto principalmente tra il 1812 e il 1813 e mai concluso. Altre opere minori testimoniano dell'impegno letterario e civile di Foscolo: tre tragedie, numerose odi, uno scritto autobiografico, *Notizia intorno a Didimo Chierico* (1813), traduzioni di classici e di autori stranieri contemporanei, saggi critici sulla funzione della letteratura e sui nostri maggiori scrittori.

L'attività di Ugo Foscolo è caratterizzata da una straordinaria multiformità: dal punto di vista quantitativo, però, la sua produzione artistica è relativamente limitata: un solo romanzo (*Ultime lettere di Jacopo Ortis*), poche poesie pubblicate in vita (due odi, dodici sonetti e i *Sepolcri*).

Un segno caratteristico dell'opera foscoliana è l'**incompiutezza**: sia *Le Grazie*, sia la traduzione dell'*Iliade* impegnano infatti il poeta per anni e anni, senza giungere a una conclusione definitiva.

Da un lato quindi l'opera di Foscolo si presenta come frutto di una **continua ricerca e sperimentazione** (che rivela il carattere "militante" dell'ispirazione del poeta, che intende inserirsi con la sua opera nel dibattito intellettuale, politico e filosofico della sua epoca); dall'altro la sua esiguità e la presenza di importanti progetti incompiuti rivelano la volontà di assoluta **perfezione formale** dell'autore (che risponde a una concezione classicistica della poesia come opera destinata a durare nel tempo, che «vince di mille secoli il silenzio»).

Si delinea quindi una contraddizione, o meglio un problema critico: Foscolo poeta militante e impegnato nel presente, o neoclassico tutto dedito al culto della bellezza e della forma?

Foscolo è evidentemente una personalità emblematica di un'epoca di transizione e di crisi come quella napoleonica. Lo dimostra soprattutto la sua opera, che rivela una personalità in continuo sviluppo.
Nelle opere giovanili e nelle *Ultime lettere di Jacopo Ortis* prevale infatti una concezione tragica, sia della vita sia della storia; nelle opere dell'ultimo periodo (come *Le Grazie* e la *Notizia intorno a Didimo Chierico* che accompagna la traduzione del *Viaggio sentimentale* di Sterne) emerge un atteggiamento più pacato, contemplativo, benché non meno pessimistico.
Le profonde differenze che caratterizzano i due personaggi di Jacopo Ortis e di Didimo Chierico (che rappresentano due momenti ideali della vita di Foscolo) convivono con una serie di convinzioni di fondo, che il poeta esprime nel corso dell'intera sua opera.
Dal punto di vista filosofico, in Foscolo confluiscono i maggiori temi della riflessione settecentesca: il **materialismo**, innanzitutto, ma anche la **riflessione sulla storia**. Attraverso la sua opera questi temi influiranno profondamente sul giovane Leopardi, che nelle prime opere riprenderà il concetto foscoliano della funzione consolatoria della poesia, della bellezza, delle illusioni in genere, che rendono meno dura la vita dell'uomo.

Opera
I sonetti
Epoca
XIX secolo
Genere
poesia lirica
Lingua
italiano
Schema metrico
sonetto ABAB ABAB CDC DCD

I sonetti

Alla sera

Il sonetto svolge uno dei motivi più tipici della lirica romantica e cioè il tema della sera, come metafora e annuncio della morte, non vista come drammatico e violento distacco, ma come un approdo di pace. La serenità della natura spegne per un momento le ansie del poeta, nonostante rimanga in lui la consapevolezza che le vicende della storia umana sono travagliate («reo tempo») e che oltre la vita non esiste che il nulla.
Come tutti i maggiori sonetti foscoliani, composti fra il 1802 e il 1803, le vicende autobiografiche del poeta, che ne sono l'occasione ispiratrice, vengono contemplate con uno sguardo sereno che si eleva da una angoscia immediata e individuale alla contemplazione di sentimenti eterni e universali.

Forse perché della fatal quïete
tu sei l'immago a me sì cara vieni
o Sera! E quando ti corteggian liete
le nubi estive e i zeffiri sereni,

e quando dal nevoso aere inquïete
tenebre e lunghe all'universo meni;
sempre scendi invocata, e le secrete
vie del mio cor soavemente tieni.

1. **fatal quïete:** la quiete dataci per destino, la morte.
2. **immago:** immagine.
3. **o Sera:** va notato questo inizio meditativo e grave del sonetto. Esso propone il tema della morte di cui mostra due aspetti: la sua fatalità e il suo essere alla fine per l'uomo momento di riposo e di quiete.
3-6. **E quando... meni:** sia quando sei accompagnata lietamente dalle nubi estive e dai venti tiepidi di primavera (*zeffiri*), sia quando fai discendere (*meni*), dal cielo carico di neve (*nevoso aere*), sopra il mondo (*universo*) notti lunghe e inquietanti.
7. **invocata:** da me (sottinteso).
7-8. **e le secrete... tieni:** e occupi con dolcezza (ma anche penetri, pervadi) le vie nascoste del mio cuore. Il pensiero della sera, e quindi della morte, è dolce per l'animo del poeta.

Vagar mi fai co' miei pensier su l'orme
che vanno al nulla eterno; e intanto fugge
questo reo tempo, e van con lui le torme

delle cure onde meco egli si strugge;
e mentre io guardo la tua pace, dorme
quello spirto guerrier ch'entro mi rugge.

9. **su l'orme:** sui sentieri.
10. **nulla eterno:** di nuovo la morte, pensata come il nulla, secondo i principi del materialismo, come annullamento definitivo della vita; eterno però nel rifluire nell'infinito ciclo cosmico del nascere e del morire.
10-11. **fugge... tempo:** trascorre questo mio tempo doloroso e infelice. Troviamo qui il motivo tipicamente foscoliano e romantico della condanna del proprio tempo.
11-12. **le torme... strugge:** la moltitudine degli affanni, delle angosce con i quali (*onde*) il tempo (*egli*) insieme con me si consuma (*si strugge*).
13. **dorme:** si quieta.
14. **spirto... rugge:** spirito tempestoso che mi ruggisce nel petto.

Fatale — **Il lessico e la grammatica**

La ***fatal quiete*** con cui si apre la poesia di Foscolo è ovviamente la morte: quiete (=pace, riposo) fatale, cioè inevitabile, predestinata.
Fatale è una parola spesso **usata come sinonimo di mortale** (un incidente fatale, un colpo fatale), ma **il suo significato è leggermente diverso**. Fatale deriva infatti da *fato*, destino; il fato è ciò che non può essere evitato, il destino che ci attende. Anche un amore può essere fatale, quindi, senza per questo essere mortale o distruttivo: basta che sembri inevitabile, scritto da sempre nel proprio cuore...
Naturalmente, per tutti gli esseri viventi, la morte è fatale, in quanto è un destino inevitabile e immodificabile.

La parola fato è imparentata con il verbo latino *fari*, che significava parlare. Il fato è "ciò che è stato detto", nel senso di sentenziato, decretato. Il fato per eccellenza era il responso che Apollo dava agli uomini tramite le sibille, cioè le sue sacerdotesse. La parola del dio, ovviamente, non poteva mentire e non poteva essere elusa in alcun modo: da qui il carattere di decreto immutabile del fato, ossia del responso.

Analisi del testo

Il paragone tra la sera e la morte. Soffermiamoci innanzitutto sul contenuto esplicito del sonetto.
Nelle quartine viene svolto un paragone fra la sera e la morte (la *fatal quïete*): a prescindere dalle condizioni atmosferiche, il poeta afferma che la sera gli è sempre cara perché assomiglia alla morte.
Nelle terzine viene ulteriormente spiegato il motivo per cui il poeta ama la sera: essa suscita in lui pensieri sul nulla eterno (cioè ancora sulla morte) e sull'inesorabile trascorrere del tempo; ma questi pensieri per il poeta sono dolci e piacevoli perché lo distraggono dalle preoccupazioni e dagli affanni della sua vita. Per questo, quindi, la sera è benvenuta: perché lo *spirto guerrier* che rugge nel cuore del poeta (cioè il suo animo battagliero e insoddisfatto) si assopisce, dorme.

La morte come fine del dolore. La poesia si basa quindi su un'affermazione apparentemente paradossale: poiché la sera è simile alla morte, essa è cara al poeta. La morte è infatti considerata come la fine di tutte le cure, cioè degli affanni e dei dolori della vita; il passare del tempo (che è, in ultima analisi, ancora un segno, un'anticipazione della morte) non è vissuto con drammaticità, ma anzi come un pensiero dolce e rasserenante, perché questo tempo (cioè quello in cui vive il poeta) è reo, cattivo, portatore di infelicità e di sofferenza.
Per comprendere bene questo concetto è necessario tener presente che Foscolo compose il sonetto mentre era impegnato nella traduzione del *De rerum natura*, un grande poema scientifico-didascalico del poeta latino Tito Lucrezio Caro. Lucrezio è un materialista e la sua opera ebbe grande successo e importanza nel Settecento, in concomitanza con lo sviluppo del materialismo illuministico. Egli sostiene che gli uomini non dovrebbero temere la morte poiché, cessando l'esistenza, non si prova più nessuna sensazione. È da temere piuttosto il dolore, non l'annullamento del dolore che la morte rappresenta.

Forma limpida ed equilibrata. I temi del sonetto sono quindi molto complessi: da un lato è sottintesa una filosofia materialistica; dall'altro è espressa una condizione esistenziale di grande drammaticità. Il disagio del poeta nei confronti del proprio reo tempo è tale da fargli desiderare la morte. Ma questa ricchezza di temi, secondo gli ideali del Neoclassicismo, si trova espressa in una forma straordinariamente limpida ed equilibrata. Il sonetto è nettamente diviso in due parti: la prima corrisponde alle due quartine, la seconda alle due terzine. Foscolo sottolinea la scansione collocando una forte pausa sintattica al termine della seconda quartina e collegando invece tra loro le due quartine («Forse... e quando... e quando... sempre») e le due terzine («Vagar mi fai... e intanto... e van... e mentre... dorme»). La tensione espressiva è affidata al contrasto fra stasi e movimento: quïete si contrappone a *vieni*; *sereni* a *inquïete*; *meni* (porti) a *tieni*; *vagar*, *fugge*, *van* si contrappongono a *dorme*.

Proposte di lavoro

1. Sintetizza il contenuto della poesia.

2. Sottolinea nel testo le espressioni attraverso cui il poeta descrive la sera, poi rispondi in modo motivato alle domande.
- Quali caratteristiche attribuisce il poeta alla sera?
- Prevale un'atmosfera di serenità e di pace o di inquietudine e di turbamento?

3. La natura rappresentata dal poeta è nello stesso tempo realistica e simbolica.
- Individua i termini e le espressioni che ci permettono di parlare di rappresentazione realistica della natura.
- Individua ora le espressioni attraverso cui il poeta attribuisce alla natura un valore simbolico e psicologico.

4. Nel sonetto di Foscolo trovano espressione due temi tipicamente romantici:
- la dolorosa insoddisfazione di vivere nel proprio tempo;
- la morte come fine di tutte le "cure"

Individua le espressioni attraverso cui il poeta sviluppa questi temi.

5. A partire dal testo di Foscolo, sviluppa una riflessione personale sul tema della sera: quali pensieri ti suscita, quali riflessioni si accompagnano alla sua contemplazione, quali atmosfere e stati d'animo contribuisce a creare nel tuo animo.

Opera
I sonetti
Epoca
XVIII secolo
Genere
poesia lirica
Lingua
italiano
Schema metrico
sonetto ABAB ABAB CDE CED

I sonetti

A Zacinto

Il tema dominante di questo sonetto è quello del forzato esilio del poeta dalla sua terra. Ma Zacinto è soprattutto patria ideale, luogo mitico di quell'armonia spirituale nella quale vivevano gli antichi.
A essa si ricollegano le luminose immagini successive: quella di Venere, dea della bellezza, dell'amore e della vita, che simbolicamente nasce dal mare; quella di Omero, simbolo della poesia e, infine, quella di Ulisse, anch'egli, come il poeta, esule da Itaca, ma, a differenza di Foscolo, alla fine vittorioso nel suo ritorno in patria. All'eroe classico che ha sofferto, ma che conclude la sua vita con esito positivo, si collega e si contrappone, nella terzina finale, l'eroe romantico, incarnato dallo stesso poeta il cui doloroso errare è destinato a non avere mai fine. Negli ultimi versi, insieme al presentimento di una «illacrimata sepoltura» in terra straniera, si esprime l'accettazione del proprio destino.

Né più mai toccherò le sacre sponde
ove il mio corpo fanciulletto giacque,
Zacinto mia, che te specchi nell'onde
del greco mar da cui vergine nacque

Venere, e fea quell'isole feconde
col suo primo sorriso, onde non tacque
le tue limpide nubi e le tue fronde
l'inclito verso di colui che l'acque

1. Né... toccherò: e non toccherò mai più; **sacre:** perché in quel mare nacque Venere e perché soprattutto l'isola è la patria del poeta: l'amor patrio è celebrato da Foscolo e da molti romantici come uno dei valori umani più nobili.
2. giacque: nel riposo sereno della prima fanciullezza.
3. Zacinto: oggi Zante, nel mar Jonio.
4-5. da cui... Venere: secondo il mito, la dea della bellezza nacque dalla spuma delle acque del mare; **vergine:** donna, giovinetta, secondo il senso greco della parola.
5-6. e fea... sorriso: e rendeva fertili e belle le isole del mar Jonio con la sua bellezza.
6. onde non tacque: per cui celebrò.
8-9. l'inclito... fatali: l'illustre, gloriosa (*inclito*) poesia (*verso*) di Omero, il poeta dell'*Odissea* (*colui*), che cantò le lunghe peregrinazioni sul mare greco volute dal destino (*l'acque... fatali*).

cantò fatali, ed il diverso esiglio
per cui bello di fama e di sventura
11 baciò la sua petrosa Itaca Ulisse.

Tu non altro che il canto avrai del figlio,
o materna mia terra: a noi prescrisse
14 il fato illacrimata sepoltura.

9. ed il diverso esiglio: e cantò (sottinteso) l'esilio in terre differenti e straniere.
10. per cui: attraverso cui, in seguito al quale.
10-11. bello... Ulisse: Ulisse riuscì finalmente a fare ritorno in patria, a Itaca (isola greca vicina a Zacinto), glorioso e famoso (*bello di fama*) per le sventure che aveva saputo sopportare. Questa immagine di Ulisse è tipicamente romantica: l'eroe è grande soprattutto per la forza e la dignità con cui sa affrontare le sofferenze della vita.
12. il canto: si tratta del canto del poeta che sa di essere destinato a una sepoltura in terra straniera.
13-14. a noi... sepoltura: per me (*a noi*) il destino stabilì una morte illacrimata, cioè non confortata e onorata dal pianto, perché lontana dalla patria. È questo un tema ricorrente in Foscolo e presente anche nei *Sepolcri*.

Analisi del testo

Una struttura sintattica originale. Ciò che maggiormente colpisce in questo sonetto è la struttura sintattica: il primo periodo occupa infatti ben undici versi, con una scelta originalissima, dato che tradizionalmente i poeti tendevano a far coincidere la fine delle strofe (e soprattutto della seconda quartina) con delle pause sintattiche (punti, punti e virgola).
Il poeta sottolinea la struttura logica della frase usando molti connettivi (*ove, che, da cui, onde, che, per cui*) per dare l'impressione che il discorso si svolga seguendo una sua necessità interna; in realtà ogni frase/immagine nasce da quella precedente sulla base di una logica puramente associativa, benché del tutto controllata.

I personaggi. Quattro "personaggi", oltre al poeta, dominano i primi undici versi del sonetto: Zacinto, Venere, Omero e Ulisse.
Zacinto e Ulisse sono in stretto rapporto con Foscolo: l'isola perché è il luogo in cui il poeta è nato e ha trascorso l'infanzia (verso 2); l'eroe antico perché, come il poeta, trascorse gran parte della vita in esilio (verso 9). Anche tra Venere e Omero c'è un rapporto diretto: entrambi sono infatti simboli della poesia, della bellezza, dell'armonia espresse dalla civiltà dell'antica Grecia. Zacinto e Ulisse, infine, sono in rapporto con Venere e Omero: l'isola è diventata bella e fertile grazie al sorriso di Venere, Ulisse è diventato famoso grazie al poema di Omero.
Il confronto fra Ulisse e il poeta, che occupa l'ultima terzina del sonetto, è volto a mettere in luce analogie e differenze: il loro esilio è diverso, poiché Ulisse, seppure dopo vent'anni, riuscì a tornare a Itaca, mentre Foscolo prevede di non poter mai più toccare le sacre sponde di Zacinto; ma l'eroe moderno non è meno grande dell'antico: egli è infatti in grado di affrontare il suo destino con pacata fermezza, come rivela il tono quasi prosastico dell'ultima frase («a noi prescrisse / il fato illacrimata sepoltura»).

L'importanza dei suoni. È stato giustamente osservato che i suoni, in questa poesia, hanno particolare importanza. Nelle quartine, per esempio, si trovano le rime *-onde* e *-acque*, che confermano anche a livello fonico l'importanza delle immagini del mare e dell'isola e che con il loro suono dolce sottolineano la piacevolezza del paesaggio descritto. Le vocali delle rime (O, E, A) sono inoltre ripetute in molte parole anche all'interno dei versi: toccherò, ove, corpo, fanciulletto, greco mar ecc. Nelle terzine si trovano invece rime aspre (*-iglio, -isse, -ura*) e le parole in rima hanno spesso un significato doloroso o drammatico (*esiglio, sventura, sepoltura*).

Proposte di lavoro

1. Ricostruisci il contenuto del primo periodo del testo (vv. 1-11), completando le seguenti affermazioni:
- Il poeta si rivolge a Zacinto dichiarando che...

....

- Zacinto si trova nel mare da cui, secondo il mito...

....

- Proprio per questo, l'isola fu cantata da Omero, il grande poeta che...

....

2. Osserva ora il secondo periodo del testo (vv. 12-14).
- Qual è il tema fondamentale della poesia?
- Quali sono le parole chiave che lo esprimono?

3. In che cosa consiste il parallelo tra Foscolo e Ulisse contenuto nella poesia? Quali sono i termini della concordanza?

4. L'esilio di Foscolo da Zacinto è soprattutto una condizione spirituale, non una realtà giuridica e politica.
- Come viene rappresentata la terra natale?
- Quali elementi ci fanno capire che la descrizione non è realistica, ma idealizzata?
- Che cosa rappresenta, psicologicamente, Zacinto per Foscolo?

Incontro con l'autore

Giacomo Leopardi

La vita

Giacomo Leopardi nacque nel 1798 a Recanati, piccolo centro dello Stato Pontificio, da una famiglia nobile ma economicamente in dissesto, circondato da un ambiente chiuso e reazionario. Dotato di sensibilità e precocità straordinarie, il futuro poeta sentì ben presto il peso di questa situazione. Si rifugiò nello studio e, a soli dieci anni, si immerse da autodidatta nella ricca biblioteca paterna, costruendo il suo enorme patrimonio culturale e scrivendo numerose opere erudite, in prosa e in versi. Trascorse così sette anni di «studio matto e disperatissimo», come egli stesso li definì, che minarono la sua gracile costituzione fisica.

Tra il 1816 e il 1819 visse un **periodo di profonda crisi**. Rifiutò l'ambiente di Recanati e cercò in tutti i modi di vivere esperienze culturali e umane più ricche. Strinse così amicizia con il letterato Pietro Giordani, che lo stimò e incoraggiò; si innamorò per la prima volta; intervenne, anche se a distanza, nella polemica fra classicisti e romantici. Nel 1818 Leopardi rivelò la sua **vocazione poetica**, con uno scritto – il *Discorso di un italiano intorno alla poesia romantica* – che ha il valore di un vero e proprio manifesto poetico. Abbandonò gli studi eruditi per dedicarsi più decisamente alla poesia, romanticamente intesa come espressione della verità interiore dell'animo umano.

Colpito poi da una grave malattia agli occhi, Leopardi cadde in uno stato di prostrazione, che lo spinse a chiudersi in un isolamento pressoché completo e a meditare quasi il suicidio.

Tra il 1819 e il 1821 scrisse le sue prime poesie (i cosiddetti "**idilli**") e diede corpo al progetto delle "**canzoni**". Già dal 1820 aveva intanto preso avvio il disegno delle *Operette morali*, destinato a crescere negli anni sino alla pubblicazione nel 1827. Nel 1822 il padre gli diede finalmente il permesso e il danaro per recarsi qualche mese a Roma. La capitale si rivelò tuttavia una delusione. In seguito, fino al 1830, alternò soggiorni recanatesi con periodi trascorsi in diverse città italiane dove conobbe anche Manzoni e Stendhal ed entrò in contatto con letterati romantici e liberali.

Tra il 1828 e il 1830 si sviluppò la sua seconda grande stagione poetica, quella dei cosiddetti "**grandi idilli**". Nel 1831, lasciata definitivamente Recanati, si trasferì a Firenze, dove incontrò Antonio Ranieri, un giovane esule napoletano. Nella città toscana l'infelice amore per la nobildonna Fanny Targioni Tozzetti ispirò una serie di liriche amorose, il cosiddetto "ciclo di Aspasia". Nello stesso anno pubblicò i *Canti*, in cui raccoglieva la sua produzione poetica, salutati quasi unanimemente come un capolavoro della letteratura italiana.

Nel 1833 si trasferì a Napoli, dove visse gli ultimi anni della sua vita, sempre più sofferente. Morì nel 1837.

Le opere

Le prime opere di Leopardi sono di carattere erudito (come la *Storia dell'astronomia dalle sue origini all'anno MDCCCIX* o il *Saggio sopra gli errori popolari degli antichi*) e traduzioni (dal greco e dal latino). Nel 1816-17 si colloca il passaggio «**dall'erudizione al bello**», come la definì lo stesso Leopardi, che incomincia a scrivere versi secondo lo stile neoclassico, inizia a tenere un diario di riflessioni filosofiche (lo *Zibaldone*) e instaura un'appassionata corrispondenza con Pietro Giordani, uno dei più importanti intellettuali del tempo.

La maggiore **opera poetica** leopardiana è costituita dai ***Canti***, raccolta pubblicata in diverse edizioni (1831, 1835, 1845), in cui sono comprese poesie scritte dal 1818 fino alla morte del poeta. Tra esse vanno ricordati alcuni dei suoi maggiori capolavori: gli "idilli" (*L'infinito*, *La sera del dì di festa*, *Alla luna*, *Il sogno*, *La vita solitaria*); un gruppo di poesie scritte fra il 1828 e il 1830 (*Il risorgimento*, *A Silvia*, *Le ricordanze*, *Il passero solitario*, *La quiete dopo la tempesta*, *Canto notturno di un pastore errante dell'Asia*); le ultime poesie (*Amore e morte*, *A se stesso*) e soprattutto *La ginestra*, del 1836.

La maggiore **opera in prosa** di Leopardi è costituita dalle ***Operette morali***, raccolta di dialoghi e prose filosofiche pubblicata nel 1827.

Del poeta di Recanati vanno inoltre ricordate le due raccolte: lo ***Zibaldone***, un insieme di note stese fra il 1817 e il 1832, e i ***Pensieri***, raccolti dall'amico Ranieri e pubblicati postumi nel 1845.

Il contesto e la poetica

Il pensiero dell'autore

Dopo le prime opere erudite, nel 1818 Leopardi interviene nella **polemica fra classicisti e romantici** con il *Discorso di un italiano intorno alla poesia romantica*, dove prende risolutamente posizione a favore dei classicisti. Nel mondo classico, egli afferma, la poesia sorgeva dal rapporto intimo e solidale degli uomini con la natura, da cui essi traevano simboli e immagini capaci di sollecitare la fantasia e l'immaginazione. Nell'epoca moderna questo equilibrio fra **uomo e natura** si è infranto a causa della **ragione**. Grazie alla ragione l'uomo ha acquistato coscienza della decadenza del mondo in cui vive, il quale appare dominato dal nulla, dalla noia, dall'inutilità dei desideri e delle speranze. In un mondo così diverso da quello antico, la poesia fondata sull'immaginazione, per Leopardi, è morta per sempre. Ai moderni non rimane che una poesia legata alla "realtà interiore" dell'uomo, una poesia dell'animo, costruita su sentimenti e affetti. Questi sono tutti elementi che avvicinano fortemente il poeta di Recanati ai romantici.

Il tema del rapporto, o del contrasto, tra natura e ragione conduce Leopardi alla concezione cosiddetta del **pessimismo storico**. Il poeta attribuisce alla ragione la responsabilità di aver causato l'infelicità degli uomini: se infatti la natura è una madre generosa e benigna, la ragione e il progresso sociale da essa provocato hanno allontanato sempre più l'umanità dallo stato originario di felice comunione con la natura in cui viveva precedentemente. Il pessimismo leopardiano si precisa nella cosiddetta **teoria del piacere**. Ogni uomo vive mosso dalla ricerca continua della felicità, del piacere, ma è destinato a una perenne **insoddisfazione**: mentre infatti il bisogno di piacere è infinito, la concreta esperienza che se ne può avere è per forza finita, limitata. Gli attimi di felicità sono brevi e illusori. Nell'uomo vi è dunque una contraddizione insanabile: esso aspira incessantemente alla felicità, ma questa non si realizza mai. Secondo un motivo ancora una volta tipicamente romantico, tra le aspirazioni dell'io a una dimensione infinita e la realtà esiste per Leopardi un vuoto incolmabile.

Leopardi nel suo tempo

Giacomo Leopardi è uno dei maggiori poeti italiani. Formatosi nell'ambiente chiuso e culturalmente arretrato di un paesino di provincia dello Stato della Chiesa all'inizio dell'Ottocento, all'interno di una famiglia della piccola nobiltà conservatrice e bigotta, Leopardi rimase escluso per buona parte della vita dai fermenti che animavano in quegli anni il mondo culturale europeo. Eppure, con la sola forza della sua intelligenza e della sua curiosità intellettuale, egli riuscì a esprimere **una delle posizioni più nuove e originali** fra gli scrittori della sua epoca.

Pur prendendo esplicitamente le distanze dal Romanticismo, Leopardi condivide con i romantici il rifiuto della realtà che caratterizza gli anni della Restaurazione. Mentre però i romantici traggono da questa premessa lo stimolo a un impegno diretto, Leopardi cerca nel passato, nello **studio degli scrittori classici** greci e latini, i valori che egli vede morti intorno a sé: la **virtù**, la **gloria**, la **fortezza d'animo**. Nella poesia degli antichi, che egli considera semplici e vicini alla natura, Leopardi trova la freschezza, la vitalità, l'autenticità, lo slancio generoso che mancano ai moderni. La poesia è infatti la risposta leopardiana alla negatività del presente: una poesia intesa però non come semplice rifugio nella bellezza fine a se stessa, ma come strumento per la conoscenza di se stessi e del mondo, come voce del cuore e dell'anima, nella quale si esprimono l'intera persona del poeta, i suoi sentimenti e la sua ragione.

La straordinaria forza del pensiero leopardiano si unisce nella sua opera poetica ad alcune importanti innovazioni formali: l'invenzione della cosiddetta **canzone libera** (che rompe la schematicità del modello petrarchesco, anticipando addirittura certe sperimentazioni del Novecento), la creazione di una **prosa d'arte** (quella delle Operette morali, che avrà grande importanza negli anni venti del nostro secolo, influenzando un'intera generazione di scrittori) e infine lo sviluppo di una **vena satirica** tradizionalmente assente nella poesia lirica italiana.

Canti

Le "canzoni" e gli "idilli"

La poesia per Leopardi deve muovere dalla dolorosa accettazione della verità che l'uomo scopre all'interno del proprio animo: l'**umana infelicità**. Essa è per questo sfogo del cuore, canto dell'anima, ricerca di tutto ciò che, apparendo vago e indefinito, sollecita l'immaginazione a sconfinare dalla finitezza in cui è chiusa l'esperienza dell'uomo. Sulla base di questi presupposti, tra il 1818 e il 1823 si sviluppa la prima grande stagione poetica leopardiana, caratterizzata dalla stesura delle "canzoni" e dei cosiddetti "idilli".

La composizione delle canzoni non si distingue cronologicamente da quella degli idilli. Leopardi, tuttavia, nell'edizione definitiva dei *Canti*, le collocò prima degli idilli stessi, per indicare l'evoluzione tematica e stilistica esistente tra i due gruppi di poesie. Le **canzoni** sono di **ispirazione classicista**; il linguaggio delle canzoni leopardiane è difficile e ricercato; due sono i temi dominanti: l'impegno civile e patriottico (per esempio in *All'Italia* e in *Sopra il monumento di Dante*) e l'analisi della condizione "negativa" dell'uomo moderno e della causa "storica" della sua infelicità (per esempio in *Bruto minore* e in *Ultimo canto di Saffo*).

Più affini alla **poesia romantica** sono invece gli **idilli**. Si tratta di brevi liriche in endecasillabi sciolti, assai più lievi per temi e linguaggio rispetto alle canzoni. Il poeta stesso le definì «situazioni, affezioni, avventure storiche dell'animo mio», dal carattere prevalentemente «melanconico e sentimentale».

I "grandi idilli" e l'ultimo Leopardi

A partire dal 1828 nascono i cosiddetti "grandi idilli", nei quali acquista un rilievo nuovo il **tema del ricordo**, della memoria ora confortante ora tormentata delle passioni e degli affetti passati.

Ai grandi idilli faranno seguito le liriche amorose del cosiddetto "ciclo di Aspasia". Nell'ultima produzione poetica Leopardi non muta le proprie convinzioni di fondo ma il suo atteggiamento appare più polemico e combattivo. Si è parlato, per indicare quest'ultima fase della poesia leopardiana, di "pessimismo agonistico" o "eroico", termini che servono a designare il messaggio di solidarietà umana contro la natura e di lotta per la civiltà che Leopardi vuole affidare ai posteri.

Opera	Lingua
Canti	**italiano**
Epoca	Schema metrico
XIX secolo	**endecasillabi sciolti**
Genere	
poesia lirica	

L'infinito

Questa breve e intensa lirica, composta nel 1819, ricostruisce un'"avventura dell'animo", in cui l'io del poeta cerca un contatto diretto e profondo con l'universo che lo circonda. Il poeta scriverà in quegli anni che l'uomo sente costantemente un desiderio d'infinito suscitato dalla continua ricerca della felicità, ma che solo attraverso l'immaginazione egli è in grado di raggiungerlo.
È proprio la situazione da cui prende le mosse la meditazione poetica di questo idillio. Un luogo reale e noto al poeta, il colle circondato dalla siepe, diventa lo stimolo per la mente ad andare oltre, ricostruendo un paesaggio immaginario, nel quale domina un profondo silenzio.
La poesia è tutta costruita sul contrasto tra la realtà fisica presente (*questo colle, questa siepe, il vento, queste piante, questa voce*) e la realtà astratta e lontana del-

l'immaginazione (*interminati spazi, sovrumani silenzi, profondissima quïete, quello infinito silenzio*). Al silenzio corrispondono l'eterno e le morte stagioni, che, insieme, si contrappongono alla voce, al suono della vita.
Il conflitto fra ideale e reale si risolve qui per un attimo: quello in cui l'uomo esce dai propri limiti (superando quell'orizzonte che esclude lo sguardo) e raggiunge con il pensiero le regioni dell'infinito.
Alla fine della poesia la felicità corrisponde con la fusione totale nella vita dell'universo («naufragar m'è dolce in questo mare»). Ma il termine "naufragare" indica anche annullamento, morte: nel momento in cui l'uomo esce dai propri limiti terreni, si annulla. Il superamento del contrasto fra realtà e ideale è cioè un paradosso che non è possibile realizzare.

Sempre caro mi fu quest'ermo colle,
e questa siepe, che da tanta parte
dell'ultimo orizzonte il guardo esclude.
Ma sedendo e mirando, interminati
spazi di là da quella, e sovrumani
silenzi, e profondissima quïete
io nel pensier mi fingo; ove per poco
il cor non si spaura. E come il vento
odo stormir tra queste piante, io quello
infinito silenzio a questa voce
vo comparando: e mi sovvien l'eterno,
e le morte stagioni, e la presente
e viva, e il suon di lei. Così tra questa
immensità s'annega il pensier mio:
e il naufragar m'è dolce in questo mare.

1. ermo: solitario; il colle è il monte Tabor, presso Recanati, meta delle passeggiate giovanili del poeta.
2. questa siepe: l'insistenza nell'uso dell'aggettivo dimostrativo (*quest'*, *questa*) intende dare un senso di forte concretezza al paesaggio che circonda il poeta, e vuole esprimere anche la familiarità e la vicinanza che Leopardi ha con esso.
2-3. che... esclude: che impedisce allo sguardo (*guardo*) tanta parte dell'orizzonte più lontano (*ultimo*).
4. sedendo e mirando: sedendo a contemplare; ma si tratta di una meditazione dello spirito più che di un atto visivo reale; **interminati:** senza termine, infiniti. Leopardi dà all'aggettivo un rilievo particolare ponendolo in fine verso, separato dal sostantivo a cui è riferito (*spazi*). Questo procedimento si chiama *enjambement*.
5. quella: è riferito a siepe (v. 2); **sovrumani:** al di là di ogni qualità umana; si può ripetere qui l'osservazione fatta a proposito di interminati.
7. mi fingo: mi immagino, mi raffiguro; **ove:** in cui.
8. non si spaura: non si smarrisce; **come:** non appena.
9. stormir: il frusciare del vento tra le fronde; **queste piante:** quelle realmente davanti al poeta; **quello:** l'oggetto della sua immaginazione.
10. voce: lo stormire delle piante.
11. vo comparando: paragono; **e mi sovvien l'eterno:** e mi viene in mente il senso dell'eternità.
12. le morte stagioni: le epoche passate.
12-13. la presente e viva: l'età presente e che ancora dura, ancora vive; **di lei:** della stagione presente.
14. s'annega: si smarrisce.

Analisi del testo

Straordinaria musicalità. La lirica è caratterizzata da una straordinaria musicalità. Il primo scopo della nostra analisi è mettere in luce alcuni degli elementi che meglio contribuiscono a determinarla.
La lirica è scandita in quattro periodi (il primo di tre versi, il secondo di quattro versi e mezzo, il terzo di cinque versi, l'ultimo di due versi e mezzo) che la dividono nettamente a metà (i primi due periodi occupano sette versi e mezzo, i due rimanenti altri sette versi e mezzo). I due periodi estremi, più brevi, sono caratterizzati da una sintassi semplicissima; i due periodi centrali sono caratterizzati da una sintassi più articolata e complessa.
Questa bipartizione corrisponde a una bipartizione del contenuto. Sia nella prima sia nella seconda parte si prende spunto da sensazioni concrete per giungere a pensieri astratti (la prima parte incomincia con il *colle* e la *siepe* e si conclude con *interminati spazi, sovrumani silenzi* e *profondissima quïete*; la seconda parte incomincia con il *vento* e le *piante* e si conclude con *l'eterno, le morte stagioni, l'immensità*). La prima parte si conclude con una sensazione quasi paurosa («per poco il cor non si spaura»); la seconda parte, invece, con un tono sereno («il naufragar m'è dolce»). Nella prima parte prevalgono le sensazioni visive (*il guardo, mirando*), nella seconda le sensazioni uditive (*odo stormir, infinito silenzio, il suon di lei*).

Andamento circolare. La lirica ha un andamento circolare, sottolineato da due elementi: si apre e si conclude con un'affermazione simile (*caro mi fu... m'è dolce*); ma soprattutto il primo e l'ultimo verso sono gli unici di significato compiuto, non interessati da alcun *enjambement*. Tutti gli altri versi sono infatti collegati a quello che li precede o che li segue (*da tanta parte / dell'ultimo orizzonte*; *interminati / spazi*; *sovrumani / silenzi*; *per poco / il cor non si spaura*; *il vento / odo stormir*, *quello / infinito silenzio*; *la presente / e viva*; *tra questa / immensità*), con un effetto di dilatazione e di attenuazione del ritmo del verso. Nella seconda metà della poesia, inoltre, avviene spesso che il secondo emistichio di un verso si leghi al primo emistichio del verso seguente in modo da creare un altro endecasillabo: «ove per poco il cor non si spaura»; «e la presente e viva, e il suon di lei»; «Così tra questa immensità s'annega il pensier mio: /e il naufragar m'è dolce». Anche in questo caso l'effetto è quello di dilatare e di attenuare il ritmo dell'endecasillabo, creando una musicalità dolcissima.

Il linguaggio dell'indefinito. Nello *Zibaldone*, Leopardi afferma che «Le parole lontano, antico e simili sono poeticissime e piacevoli, perché destano idee vaste, e indefinite, e non determinabili e confuse. [...] Antichi, antico, antichità; posteri, posterità, sono parole poeticissime ec. perché contengono un'idea: 1 vasta, 2 indefinita ed incerta. [...] Del resto tutte le parole che esprimono generalità, o una cosa in generale, appartengono a queste considerazioni. [Parole come ermo, eremo, romito] e simili sono tutte poetiche per l'infinità o vastità dell'idea ec. ec. Così la deserta notte, e tali immagini di solitudine, silenzio ec.». *L'infinito* presenta molti esempi di quello che possiamo definire "il linguaggio dell'indefinito" e che Leopardi considerava sommamente poetico: *ermo*, *ultimo orizzonte*, *interminati spazi*, *sovrumani silenzi*, *profondissima quïete*, *infinito silenzio*, *l'eterno*, *le morte stagioni*, *immensità*. Il poeta rinuncia quindi agli artifici tradizionali (le rime, le strofe) per conferire musicalità alla poesia e ricorrere a delle tecniche originali e di straordinaria efficacia.

Proposte di lavoro

1. La poesia può essere suddivisa in quattro parti, separate ciascuna dal punto. Indica in una tabella il tema fondamentale di ciascuna parte; poi con l'aiuto dell'Analisi del testo, individua poi per ognuna, in modo motivato, quelle che ti sembrano essere le parole chiave.
2. Rispondi alla domanda e motiva la tua scelta facendo riferimento al testo.

➤ Quale funzione ha la natura nel componimento?

- ☐ Partecipa pienamente dei sentimenti del poeta.
- ☐ È presenza muta, stimolo e occasione concreta per la riflessione interiore del poeta.
- ☐ È ostile e avversa all'uomo, tale da suscitare in lui sentimenti di paura.

3. Rispondi alle domande.

➤ Quale idea di infinito emerge nella poesia?

➤ È una realtà trascendente oppure no?

➤ Minacciosa, piacevole e altro ancora?

➤ Quale posto vi hanno l'immaginazione e l'interiorità del poeta?

4. Fai precisi rilievi sulle caratteristiche metriche e stilistiche della poesia. Soffermati in particolare sullo schema metrico, sulla ricercata musicalità, sul "linguaggio dell'indefinito", sull'andamento circolare del testo ecc.
5. Da quando l'equilibrio degli antichi tra uomo e natura si è infranto e dissolto, per Leopardi la poesia non può che essere legata alla "realtà interiore" dell'uomo, una poesia dell'animo, costruita su sentimenti e affetti. Illustra e commenta quest'affermazione alla luce dell'*Infinito*.

Opera
Canti
Epoca
XIX secolo
Genere
poesia lirica
Lingua
italiano

Schema metrico
canzone libera composta di endecasillabi e settenari

Canti

Il passero solitario

Questa lirica si basa su un paragone fra il poeta e il passero solitario. Entrambi vivono in disparte dai giochi e dai divertimenti dei loro simili, entrambi contemplano da lontano le dolcezze del paesaggio e della natura. Ma, in realtà, ben diverso è il loro destino. Per il passero vivere in solitudine è un fatto naturale ed egli, alla fine della vita, non avrà rimpianti. Il poeta invece, una volta giunto alla fine della giovinezza, si pentirà, ma inutilmente, di non averne saputo cogliere le gioie.

Il passero solitario non si basa su un ricordo lontano come *A Silvia*, né presenta, come *Il sabato del villaggio*, un apologo in cui la realtà quotidiana serve per illustrare una verità generale, senza apparente riferimento diretto al poeta. Qui Leopardi parla al presente e in prima persona e l'allusione al proprio contrasto interiore è diretta.

D'in su la vetta della torre antica,
passero solitario, alla campagna
cantando vai finché non more il giorno;
ed erra l'armonia per questa valle.
Primavera d'intorno
brilla nell'aria, e per li campi esulta,
sì ch'a mirarla intenerisce il core.
Odi greggi belar, muggire armenti;
gli altri augelli, contenti, a gara insieme
per lo libero ciel fan mille giri,
pur festeggiando il lor tempo migliore:
tu pensoso in disparte il tutto miri;
non compagni, non voli,
non ti cal d'allegria, schivi gli spassi;
canti, e così trapassi
dell'anno e di tua vita il più bel fiore.

Oimè, quanto somiglia
al tuo costume il mio! Sollazzo e riso,
della novella età dolce famiglia,
e te german di giovinezza, amore,
sospiro acerbo de' provetti giorni,
non curo, io non so come; anzi da loro
quasi fuggo lontano;
quasi romito, e strano
al mio loco natìo,
passo del viver mio la primavera.
Questo giorno, ch'omai cede alla sera,
festeggiar si costuma al nostro borgo.
Odi per lo sereno un suon di squilla,
odi spesso un tonar di ferree canne,
che rimbomba lontan di villa in villa.
Tutta vestita a festa
la gioventù del loco

1. D'in su... torre: dalla cima del campanile.
2. alla campagna: dipende da *cantando*: rivolto verso la campagna. L'espressione contribuisce a creare uno spazio indefinito, nel quale si diffonde il canto del passero.
3. finché... giorno: fino a quando il giorno non muore, fino al tramonto.
4. erra l'armonia: l'armonia (del canto del passero) si diffonde.
6. brilla: la primavera è luce, trasparenza dell'aria; **esulta:** fa festa, trionfa: è la primavera nel suo pieno splendore.
7. sì ch'a mirarla: così che a guardarla; **intenerisce il core:** il soggetto è il *core*: il cuore si commuove.
8. Odi: la seconda persona ha un valore impersonale che Leopardi ama particolarmente. Lo stesso termine è ripetuto ai versi 29 e 30; **armenti:** mandrie di mucche.
9. gli altri augelli: gli uccelli che non sono il passero solitario e, a differenza di lui, sono portati a partecipare della festa della natura primaverile.
10. per lo libero ciel: il cielo è libero per gli uccelli che volano, esprimendo felicità e divertimento; questa libertà si contrappone anticipatamente alla prigionia del passero all'interno della sua solitudine.
11. pur: anch'essi, come le greggi e gli armenti; **tempo migliore:** la primavera.
12. tu pensoso: il poeta attribuisce al passero un atteggiamento umano, anticipando così il paragone con se stesso; **miri:** guardi.
13. non... voli: sono entrambi sostantivi che sottintendono il verbo: non (ci sono per te) compagni e voli collettivi.
14. non ti cal: non t'importa; **schivi gli spassi:** eviti i divertimenti.
15. trapassi: trascorri.
16. dell'anno... fiore: il momento più bello, più fiorente dell'anno e della tua vita: la primavera e la giovinezza sul cui accostamento si basa tutta la poesia.
18. al tuo costume: al tuo modo di vivere; **Sollazzo:** divertimento: insieme con *riso* è complemento oggetto del verbo *curo* al verso 22.
19. della... famiglia: dolce compagnia (*famiglia*) della giovinezza (*novella età*): l'espressione si riferisce a *sollazzo e riso* che si accompagnano, appunto, alla giovinezza.
20. e... amore: (non mi curo nemmeno di te) amore, fratello (*german*) della giovinezza.
21. sospiro acerbo: riferito ad *amore*: sospiro doloroso, motivo di rimpianto; **provetti giorni:** giorni avanzati, età della vecchiaia.
24. romito, e strano: lontano ed estraneo.
25. loco natìo: luogo natìo, paese d'origine.
26. del viver... primavera: la primavera della mia vita, la giovinezza.
27. ch'omai... sera: che ormai lascia il passo alla sera, sta per finire.
28. si costuma: si usa; si tratta dunque di un giorno di festa.
29. per lo sereno: nell'aria serena; **squilla:** campana; la parola suggerisce un suono acuto, festoso.
30. ferree canne: fucili, che sparano a festa.
31. villa: casa di campagna.

lascia le case, e per le vie si spande;
e mira ed è mirata, e in cor s'allegra.
Io solitario in questa
rimota parte alla campagna uscendo,
ogni diletto e gioco
indugio in altro tempo: e intanto il guardo
steso nell'aria aprica
mi fère il Sol che tra lontani monti,
dopo il giorno sereno,
cadendo si dilegua e par che dica
che la beata gioventù vien meno.

Tu, solingo augellin, venuto a sera
del viver che daranno a te le stelle,
certo del tuo costume
non ti dorrai; ché di natura è frutto
ogni vostra vaghezza.
A me, se di vecchiezza
la detestata soglia
evitar non impetro,
quando muti questi occhi all'altrui core,
e lor fia vòto il mondo, e il dì futuro
del dì presente più noioso e tetro,
che parrà di tal voglia?
che di quest'anni miei? che di me stesso?
Ahi pentirommi, e spesso,
ma sconsolato, volgerommi indietro.

35. e mira... mirata: e guarda ed è guardata dagli altri.
37. rimota parte: zona isolata.
38. diletto: piacere, divertimento.
39. indugio... tempo: rimando ad altro momento.
39-41. il guardo... Sol: Sol è il soggetto di tutta la frase e il guardo è il complemento oggetto: il sole mi ferisce (*mi fère*) lo sguardo, gli occhi rivolti all'aria limpida, soleggiata (*aprica*).
43. cadendo si dilegua: il sole è al tramonto, sta svanendo, e sembra avvertire il poeta che la gioventù, come il giorno, sta finendo.
45. solingo augellin: solitario uccellino.
45-46. venuto... stelle: giunto alla sera, alla fine della vita che il destino (*le stelle*) ti concederà.
48. non ti dorrai: non ti addolorerai, non ti pentirai; **di natura è frutto:** è naturale.
49. vaghezza: inclinazione, desiderio.
50-52. A me... impetro: a me, se non ottengo (*impetro*) di evitare la soglia odiosa della vecchiaia, se non potrò morire giovane.
53. quando... core: quando questi miei occhi saranno muti, non parleranno più al cuore di nessun altro, non ci sarà più amore.
54. e lor... mondo: e il mondo sarà (*fia*) vuoto per loro, non ci si potrà più fare illusioni sul mondo che ci circonda.
54-55. e il dì... tetro: e il domani più noioso e triste dell'oggi, non più speranze nel futuro.
56. che parrà: da ricollegarsi a *a me* del verso 50: che cosa mi sembrerà, che cosa penserò; **voglia:** desiderio (di isolamento).
58. pentirommi: mi pentirò.
59. volgerommi indietro: mi girerò indietro a guardare il passato, rimpiangerò il passato.

Analisi del testo

La similitudine fra il poeta e il passero solitario. La struttura del testo è costituita da tre strofe diverse fra loro per lunghezza. Vi si svolge una similitudine fra il passero solitario e il poeta: la prima strofa è tutta dedicata al passero; la strofa centrale, più ampia, è dedicata al poeta; l'ultima strofa, più breve, svolge il confronto fra le due creature e il loro destino. Nelle prime due strofe vi è analogia fra il passero e il poeta; la terza strofa si oppone invece drammaticamente, poiché i destini delle due creature appaiono alla fine del tutto contrastanti.

La struttura simmetrica della poesia. A questa simmetria di struttura fanno riscontro le simmetrie interne alle prime due strofe, che hanno un andamento circolare. Nei primi versi (1-4) viene descritto il passero; lo sguardo spazia poi nella descrizione della campagna circostante e della gioia degli altri uccelli (vv. 5-11); infine l'attenzione torna sul passero e sul suo canto solitario.
Allo stesso modo, nella seconda strofa, i primi versi presentano il poeta in prima persona (vv. 17-26); poi si apre un'ampia descrizione della vita del paese e degli altri giovani (vv. 27-35); infine si ritorna all'io del poeta e alla descrizione della sua solitudine. Il paragone fra il passero e il poeta è dunque costruito attraverso la struttura stessa delle prime due strofe. Inoltre, vi sono corrispondenze precise e puntuali: «Primavera d'intorno» del verso 5 corrisponde a «del viver mio la primavera» del ver-

so 26; a «tu pensoso in disparte» (v. 12) corrisponde «quasi romito, e strano» e «lo solitario» (versi 24 e 36); a «trapassi» (v. 15) corrisponde «passo» (v. 26).

I significati simbolici. Le immagini delle prime due strofe permettono di avvicinare questa poesia a *Il sabato del villaggio* e alla semplice e lieta atmosfera di paese che vi è descritta. Anche qui un «suon di squilla» (v. 29) annuncia la sera del giorno di festa e l'atmosfera che si crea in paese. In entrambe le poesie l'ora del tramonto acquista un significato particolare: nel *Sabato* contrassegna il momento magico dell'attesa, qui è il simbolo del tempo che passa e della «beata gioventù» che finisce («finché non more il giorno», v. 3; «Questo giorno, ch'omai cede alla sera», v. 27; «mi fère il Sol che ... cadendo si dilegua», vv. 41-43). L'immagine del tramonto e della fine del giorno è poi ripresa metaforicamente ai versi 45-46 per rappresentare la morte («venuto a sera del viver che daranno a te le stelle»).

Il contrasto interiore del poeta. La terza strofa è costruita sull'opposizione drammatica fra il passero e il poeta, sottolineata dalla contrapposizione fra *Tu* isolato all'inizio del verso 45 e *A me* fortemente rilevato all'inizio del verso 50. Il parallelismo, che nelle prime due strofe aveva avvicinato il destino del passero e quello del poeta, qui si capovolge: là esprimeva quasi una fratellanza di solitudine e di poesia (di cui il canto del passero era quasi un simbolo); qui oppone le due creature. Per l'animale, essere inconsapevole legato alle leggi di natura, vi è la salvezza; per l'uomo invece, consapevole della vanità delle speranze, resta infine la disperazione.

Proposte di lavoro

1. Sintetizza brevemente il contenuto delle tre strofe della poesia e riportalo in una tabella simile a quella proposta.

I strofa	
II strofa	
III strofa	

2. Rifletti sul paragone tra il poeta e il passero.
- Per quali aspetti i due sono simili?
- Per quali aspetti sono diversi?
- Quale delle due condizioni è più dolorosa, e perché?

3. Il poeta in questo testo attribuisce grande importanza al tema del tempo.
- Individua le espressioni che rappresentano questo tema.
- Che significato simbolico hanno le immagini della primavera, del tramonto e della sera?
- Quali riflessioni sviluppa il poeta parlando della vecchiaia e della morte?

Opera
Canti
Epoca
XIX secolo
Genere
poesia lirica
Lingua
italiano
Schema metrico
sei strofe di endecasillabi e settenari liberamente alternati

Canti

A Silvia

È la poesia con la quale, nel 1828, a Pisa, dopo sei anni di silenzio poetico quasi totale, Leopardi riprese a comporre versi.
La rievocazione degli anni giovanili, in cui si spera che la vita porti gioia e amore, è legata metaforicamente a un'aura primaverile, il maggio «odoroso» in cui risuona un canto. Ma, al ricordo delle dolci speranze, si contrappone l'acerba realtà del presente, in cui il poeta ha la consapevolezza che un'insanabile contraddizione sta alla base del vivere. L'uomo infatti ripone nel futuro molte aspettative, ma questo è un inganno compiuto dalla natura, che non è finalizzata alla soddisfazione dei singoli individui, ma solo alla conservazione del generale ciclo della vita. Alla consapevolezza di questa dura realtà corrisponde simbolicamente la morte prematura della fanciulla. Silvia e la speranza dunque coincidono: al verso 54, la figura reale della fanciulla si è trasformata nella nuova immagine, personificata, della speranza, la «cara compagna» dell'età giovanile, che negli ultimi due versi, divenuta quasi una figura allegorica funebre, addita una tomba.

Silvia, rimembri ancora
quel tempo della tua vita mortale,
quando beltà splendea
negli occhi tuoi ridenti e fuggitivi,
e tu, lieta e pensosa, il limitare
di gioventù salivi?

Sonavan le quïete
stanze, e le vie dintorno,
al tuo perpetuo canto,
allor che all'opre femminili intenta
sedevi, assai contenta
di quel vago avvenir che in mente avevi.
Era il maggio odoroso: e tu solevi
così menare il giorno.

Io gli studi leggiadri
talor lasciando e le sudate carte,
ove il tempo mio primo
e di me si spendea la miglior parte,
d'in su i veroni del paterno ostello
porgea gli orecchi al suon della tua voce,
ed alla man veloce
che percorrea la faticosa tela.
Mirava il ciel sereno,
le vie dorate e gli orti,
e quinci il mar da lungi, e quindi il monte.
Lingua mortal non dice
quel ch'io sentiva in seno.

Che pensieri soavi,
che speranze, che cori, o Silvia mia!
Quale allor ci apparia
la vita umana e il fato!
Quando sovviemmi di cotanta speme,

1. **Silvia:** è un nome di fantasia. Si tratta forse di Teresa Fattorini, figlia del cocchiere di casa Leopardi, morta ancor giovane di tisi; **rimembri:** ricordi.
2. **quel tempo... mortale:** quell'epoca della tua vita; mortale può stare qui implicitamente ad accennare alla precarietà di una vita destinata a finire.
4. **fuggitivi:** schivi e fuggenti, perché ancora innocenti e lieti.
5. **lieta e pensosa:** questi aggettivi, come già i precedenti *ridenti e fuggitivi*, concorrono a formare la rappresentazione della giovinetta nella sua condizione di pacata e innocente felicità.
5-6. **il limitare... salivi:** varcavi la soglia della giovinezza.
7. **Sonavan:** risuonavano.
9. **perpetuo:** ininterrotto.
10-11. **allor... sedevi:** quando sedevi intenta ai tipici lavori femminili dell'epoca, come tessere e filare.
12. **vago:** incerto, indefinito, ma anche leggiadro, bello. Per la situazione lirica che crea, è una delle parole più care a Leopardi.
14. **menare:** trascorrere. In questa seconda strofa il ritmo diventa più lento e il tono quasi musicale. L'immagine della primavera si mescola con il canto della fanciulla e con le sue fantasticherie.
15-16. **Io... carte:** io talvolta tralasciando gli studi letterari e i libri sui quali faticavo; **leggiadri:** piacevoli, amati.
17-18. **ove... parte:** tra cui si consumavano la mia giovinezza e le mie migliori energie (ma si può anche intendere: i miei anni migliori).
19. **d'in su i veroni:** dai balconi; **ostello:** casa.
20. **porgea... voce:** ascoltavo il suono della tua voce; i due giovani sono intenti ciascuno al proprio lavoro: la fanciulla al telaio, il poeta nella biblioteca. Ma il canto di lei colma la distanza e stabilisce tra i due una comunicazione.
21-22. **ed alla... tela:** e al suono del telaio, percorso con fatica dalla tua mano.
23. **Mirava:** io contemplavo.
24. **dorate:** dal sole.
25. **e quinci... monte:** e di qui (*quinci*) il mare di lontano, di là (*quindi*) la montagna. Recanati infatti è posta su un colle fra il mare e l'Appennino.
26-27. **Lingua... seno:** nessuna parola può dire ciò che io sentivo nel cuore. Questi due versi preparano il passaggio alla strofa successiva.
29. **cori:** cuori, sentimenti.
30. **Quale:** come, quanto bella.
31. **il fato:** il destino.

un affetto mi preme
acerbo e sconsolato,
e tornami a doler di mia sventura.
O natura, o natura,
perché non rendi poi
quel che prometti allor? perché di tanto
inganni i figli tuoi?

Tu pria che l'erbe inaridisse il verno,
da chiuso morbo combattuta e vinta,
perivi, o tenerella. E non vedevi
il fior degli anni tuoi,
non ti molceva il core
la dolce lode or delle negre chiome,
or degli sguardi innamorati e schivi;
né teco le compagne ai dì festivi
ragionavan d'amore.

Anche perìa fra poco
la speranza mia dolce: agli anni miei
anche negaro i fati
la giovanezza. Ahi come,
come passata sei,
cara compagna dell'età mia nova,
mia lacrimata speme!
Questo è quel mondo? questi
i diletti, l'amor, l'opre, gli eventi
onde cotanto ragionammo insieme?

35. e tornami... sventura: e torno a dolermi per la mia sventura. Al ricordo delle speranze del passato succede ora la riflessione amara sul presente.
37. non rendi: non mantieni.
38. allor: nella fanciullezza.
39. inganni i figli tuoi: è presente qui un tema tipicamente leopardiano: la natura matrigna, responsabile dell'infelicità umana.
40. Tu: di nuovo il poeta si rivolge a Silvia; **pria che l'erbe... verno:** prima che l'inverno inaridisse le piante.
41-42. da chiuso... perivi: morivi combattuta e vinta da una malattia occulta, nascosta (*chiuso*), misteriosa.
44-46. non ti... schivi: non ti intenerivano (*molceva*) il cuore le affettuose lodi delle tue nere chiome, né gli sguardi timidi e innamorati.
47. teco: con te.
48. ragionavan: discutevano. Il poeta si rivolge di nuovo a Silvia che, morta prima dell'inverno, diventa il simbolo della speranza che cade, quando la vita si rivela nel suo vero volto di dolore. C'è una corrispondenza stretta da una parte tra i termini speranza-giovinezza-primavera e dall'altra tra inverno-malattia-morte.
49. Anche: nello stesso modo; **perìa fra poco:** moriva poco dopo.
50-52. agli anni... giovanezza: anche alla mia vita (come a quella di Silvia) il destino (*i fati*) negò la giovinezza.
54. cara... nova: cara compagna dei miei primi anni; **compagna:** è riferito a *speme*, non a Silvia.
55. lacrimata: compianta, rimpianta.
56. quel mondo: il mondo meraviglioso sperato.
57. i diletti... eventi: le gioie, gli affetti, le opere gloriose, gli eventi.
58. onde cotanto: di cui così a lungo.

Sovvenire

Il lessico e la grammatica

Sovvenire è una parola usata sia da Leopardi, sia da Manzoni, nel senso di **ricordo**: il sovvenire è ciò che torna alla mente, come se risalisse (sovvenire = venire su) da qualche profondità della memoria.
Il termine, che deriva dal latino, si diffonde nella letteratura italiana grazie al francese: ancora oggi, nelle località turistiche, si trovano molto spesso negozi di *souvenir*, che vendono cioè piccoli oggetti-ricordo. I *souvenir* sono dunque parenti stretti del *sovvenire* di Leopardi e di Manzoni.
La storia di questa parola ci rammenta che le lingue si arricchiscono continuamente attraverso il contatto reciproco. Nel Settecento il **francese** aveva il ruolo di lingua franca internazionale che oggi è attribuito all'inglese e influenzò l'italiano dell'epoca; oggi la nostra lingua si arricchisce di anglicismi o inglesismi e, come allora, c'è chi protesta e tenta di impedire o almeno di controllare questi fenomeni di solito senza alcun risultato apprezzabile. *Sovvenire*, che scandalizzava i puristi ottocenteschi, è infatti passato in disuso quando l'influenza del francese si è ridotta.

questa la sorte dell'umane genti?
All'apparir del vero
tu, misera, cadesti: e con la mano
la fredda morte ed una tomba ignuda
mostravi di lontano.

59. questa... genti?: è questo il destino assegnato all'umanità? Attraverso una serie di amare e insistenti domande, il poeta conclude che le speranze sono destinate a cadere nello scontro con la realtà. Nell'allegoria finale si prefigura il destino di morte del poeta e di tutti gli uomini.
60. del vero: del vero essere della vita, della realtà del mondo.
61. tu: riferito alla speranza, ma ora anche a Silvia, la cui figura è ormai diventata del tutto simbolica.
62. ignuda: spoglia, priva di illusioni.

Analisi del testo

Sei strofe. La poesia è suddivisa in sei strofe. Nella prima il poeta rievoca Silvia; nella seconda descrive, sull'onda del ricordo, la vita della fanciulla; nella terza descrive invece la vita di se stesso giovane; nella quarta espone il tema fondamentale della lirica: le speranze della giovinezza sono destinate a restare deluse; nella quinta strofa viene descritta la morte di Silvia, che non ha raggiunto l'età adulta e quindi non ha visto cadere le sue speranze; nella sesta e ultima strofa il poeta parla invece del crollo delle proprie speranze.

• La prima strofa costituisce una sorta di introduzione all'intera poesia. Essa è importante soprattutto per due ragioni: richiama in vita, per così dire, il personaggio, evocato nel primo verso e interpellato direttamente dal poeta; introduce il tema del ricordo (*rimembri*), che è alla base dei "grandi idilli".

• La seconda e la terza strofa stabiliscono un rapporto di corrispondenza fra Silvia e il poeta: entrambi sono rappresentati giovani, dediti ciascuno alle proprie attività, legati direttamente dal canto della ragazza, che il poeta, studiando, ascoltava «d'in su i veroni del paterno ostello».

• La quarta strofa costituisce una sorta di cardine fra la prima e la seconda parte della poesia. Leopardi introduce il tema della seconda parte (il crollo delle speranze giovanili) con straordinaria levità: la terza strofa si conclude infatti con un accenno ai sentimenti che provava il poeta sentendo la fanciulla cantare e osservando il paesaggio intorno a sé; la quarta strofa si apre approfondendo quello spunto: «Che pensieri soavi,/che speranze, che cori... Quale allor ci apparia/la vita umana e il fato!». Quell'*allor* allontana nel tempo i pensieri, le speranze ecc. e consente l'intervento riflessivo del poeta: «Quando sovviemmi di cotanta speme» ecc.

• La quinta e la sesta strofa ripropongono il confronto fra Silvia e il poeta, già sviluppato prima: la perfetta corrispondenza fra i due è confermata, malgrado Silvia sia morta e il poeta sia ancora vivo; la sua speranza è infatti morta come Silvia, la sua giovinezza è stata negata come quella della fanciulla.

La scelta degli aggettivi. È stato giustamente osservato che la scelta degli aggettivi ha in questo canto un'importanza particolare. Si noti per esempio, sempre secondo la poetica dell'indefinito di cui abbiamo parlato (vedi, a questo proposito, l'Analisi del testo dell'*Infinito*), l'efficacia di espressioni come *vago avvenir* (dove l'aggettivo vale "bello", ma anche "indistinto"), *maggio odoroso* o *vie dorate* (cioè "illuminate dalla luce del sole", ma anche colorate dalle speranze e dall'entusiasmo giovanile del poeta).
In molti casi Leopardi usa gli aggettivi a coppie (*ridenti e fuggitivi*, v. 4; *lieta e pensosa*, v. 5; *gli studi leggiadri... e le sudate carte*, vv. 15-16; *acerbo e sconsolato*, v. 34; *innamorati e schivi*, v. 46 ecc.) in modo che i due termini si precisino e si correggano a vicenda: gli occhi di Silvia sono sì ridenti, cioè esprimono allegria, ma anche fuggitivi (aggettivo che nei *Canti* è collegato all'idea della caducità e della precarietà della vita); la fanciulla è lieta, ma anche pensosa; gli studi sono leggiadri, ma anche faticosi (come rivela l'espressione *sudate carte* e i versi immediatamente successivi, che indicano un certo rimpianto per la giovinezza trascorsa sui libri).

Proposte di lavoro

1. Fai un breve riassunto delle sei strofe della poesia e dai un titolo a ciascuna utilizzando una tabella simile a questa.

I strofa	
II strofa	
III strofa	
IV strofa	
V strofa	
VI strofa	

2. Facendo riferimento alle stesse parole usate dal poeta, tratteggia un breve ritratto della protagonista del brano.

3. *A Silvia* appartiene ai cosiddetti "grandi idilli" che costituiscono, forse, il vertice della produzione poetica leopardiana.
➤ Quali differenze e quali elementi di continuità puoi individuare tra gli "idilli" e i "grandi idilli"?
➤ A partire da *A Silvia*, individua e commenta brevemente i temi principali dei "grandi idilli".

4. Rileva le principali caratteristiche metriche e stilistiche della poesia.

Operette morali

Il pessimismo cosmico e la natura "matrigna"

Tra il 1820 e il 1823 prende avvio il progetto delle *Operette morali*. Nel corso del 1824 Leopardi scrive venti operette, pubblicate tre anni più tardi: altre operette avrebbero fatto seguito di lì a qualche anno. Si tratta prevalentemente di prose filosofiche e di dialoghi satirici in cui Leopardi elabora e porta alle estreme conseguenze le proprie opinioni morali e filosofiche, nella forma di dialogo tra grandi personaggi del passato, persone della vita comune, esseri fantastici e mitologici. Il tono mescola la lirica e l'analisi razionale, il fantastico e la meditazione morale.

Leopardi si è ormai convinto che il suo stato di personale infelicità, lungi dall'appartenere solo alla sua storia individuale e solo anche agli uomini del suo tempo, è tipico piuttosto dell'uomo di ogni epoca. Per designare questa radicalizzazione del pessimismo leopardiano, si parla di **pessimismo cosmico** (in opposizione a quello "storico" espresso in precedenza), secondo cui non c'è parte o forma dell'universo che non sia segnata da una necessaria e ineliminabile **condizione di insufficienza e di dolore**. La **Natura**, che in precedenza era scagionata da ogni responsabilità circa l'infelicità umana, viene ora messa **sotto accusa** e svela il suo volto "terribile", ostile alle creature da essa stessa generate, indifferente ai loro patimenti.

La natura è un meccanismo cieco e insensibile, che cancella nel corso del tempo ogni illusione: giovinezza, amore, bellezza, gloria. Il poeta nega l'esistenza di qualsiasi realtà provvidenziale o divina e concepisce l'universo come pura materia, in cui la vita è costituita dal perpetuo ciclo biologico di nascita, trasformazione, morte.

La natura si trasforma così da madre benevola in crudele e **cinica matrigna**, al cui cospetto l'uomo si ritrova senza speranza, abbandonato al suo destino di dolore. La storia stessa del genere umano si rivela la storia della sua infelicità, tanto più acuta e insopportabile quanto più la civiltà nel tempo è progredita nel suo cammino di scienza e di conoscenza.

Opera
Operette morali
Epoca
XIX secolo
Genere
dialogo
Lingua
italiano

Operette morali

Dialogo di un folletto e di uno gnomo

Scritto dal 2 al 6 marzo 1824, questo dialogo è una variazione fantastica di uno dei motivi più familiari a Leopardi: quello della critica all'illusione umana di essere il centro di tutto l'universo.

Gli interlocutori sono due personaggi fantastici che si incontrano in un mondo reso silenzioso e deserto dalla sparizione della specie umana, distrutta dalle continue guerre, dalla malvagità. Il poeta finge dunque un "mondo senza gente", in cui tuttavia la vita continua impassibile. Il folletto e lo gnomo, e il poeta con essi, sorridono ironicamente sulla sciocca presunzione che gli uomini hanno avuto di credere che l'universo fosse «fatto e mantenuto per loro soli», che le cose del mondo non avessero altra funzione che di essere al loro servizio. Nel ricordo dei due interlocutori, le vicende umane, le imprese, le grandi gesta diventano ormai un niente, mentre, senza l'umanità, «la terra non sente che le manchi nulla», i fiumi non si stancano di scorrere, il sole e le stelle continuano a nascere e a tramontare.

FOLLETTO. Oh sei tu qua, figliuolo di Sabazio?[1] Dove si va?

GNOMO. Mio padre m'ha spedito a raccapezzare[2] che diamine si vadano macchinando[3] questi furfanti degli uomini; perché ne sta con gran sospetto, a causa che da un pezzo in qua non ci danno briga,[4] e in tutto il suo regno non se ne vede uno. Dubita che non gli apparecchino[5] qualche gran cosa contro, se però non fosse tornato in uso il vendere e comperare a pecore, non a oro e argento; o se i popoli civili non si contentassero di polizzine per moneta, come hanno fatto più volte, o di paternostri di vetro, come fanno i barbari; o se pure non fossero state ravvalorate le leggi di Licurgo, che gli pare il meno credibile.[6]

FOLLETTO. Voi gli aspettate invan: son tutti morti,[7] diceva la chiusa di una tragedia dove morivano tutti i personaggi.

GNOMO. Che vuoi tu inferire?[8]

FOLLETTO. Voglio inferire che gli uomini sono tutti morti, e la razza è perduta.

GNOMO. Oh cotesto è caso da gazzette.[9] Ma pure fin qui non s'è veduto che ne ragionino.[10]

FOLLETTO. Sciocco, non pensi che, morti gli uomini, non si stampano più gazzette?

GNOMO. Tu dici il vero. Or come faremo a sapere le nuove del mondo?

FOLLETTO. Che nuove? Che il sole si è levato o coricato, che fa caldo o freddo, che qua o là è piovuto o nevicato o ha tirato vento? Perché, mancati gli uomini, la fortuna si ha cavato via la benda, e messosi gli occhiali e appiccato la ruota a un arpione, se ne sta colle braccia in croce a sedere, guardando le cose del mondo senza più mettervi le mani; non si trova più regni né imperi che vadano gonfiando e scoppiando come le bolle, perché sono tutti sfumati; non si fanno guerre, e tutti gli anni si assomigliano l'uno all'altro come uovo a uovo.

GNOMO. Né anche si potrà sapere a quanti siamo del mese, perché non si stamperanno più lunari.

FOLLETTO. Non sarà gran male, che la luna per questo non fallirà la strada.

GNOMO. E i giorni della settimana non avranno più nome.

FOLLETTO. Che, hai paura che se tu non li chiami per nome, che non vengano? o forse ti pensi, poiché sono passati, di farli tornare indietro se tu li chiami?

GNOMO. E non si potrà tenere il conto degli anni.

FOLLETTO. Così ci spacceremo per giovani anche dopo il tempo; e non misurando l'età passata, ce ne daremo meno affanno,[11] e quando saremo vecchissimi non istaremo aspettando la morte di giorno in giorno.

GNOMO. Ma come sono andati a mancare quei monelli?

FOLLETTO. Parte guerreggiando tra loro, parte navigando, parte mangiandosi l'un l'altro, parte ammazzandosi non pochi di propria mano, parte infracidando[12] nell'ozio, parte stillandosi il cervello sui libri, parte gozzovigliando, e disordinando in mille cose; in fine studiando tutte le vie di far contro la propria natura e di capitar male.

GNOMO. A ogni modo, io non mi so dare a intendere[13] che tutta una specie di animali si possa perdere di pianta,[14] come tu dici.

FOLLETTO. Tu che sei maestro in geologia,[15] dovresti sapere che il caso non è nuovo, e che varie qualità di bestie si trovarono anticamente che oggi non si trovano, salvo pochi os-

1. **figliuolo di Sabazio:** Sabazio è il dio Bacco nella mitologia dei Traci. Secondo la fantasia popolare gli gnomi sono spiriti della terra, custodi di tesori nascosti, e i folletti sono spiriti dell'aria.
2. **raccapezzare:** riuscire a capire.
3. **macchinando:** tramando di nascosto.
4. **briga:** fastidio, molestia. Gli uomini non vanno più a frugare le viscere della terra in cerca di oro e di argento.
5. **apparecchino:** preparino.
6. **tornato in uso... credibile:** lo gnomo allude qui alla storia umana dello scambio: dallo scambio in natura (*vendere e comperare pecore*), all'uso della carta moneta (*polizzina*); aggiunge poi satiricamente i *paternostri di vetro*, cioè quei rosari che venivano dati ai selvaggi in cambio di oggetti di valore. Poco credibile è che gli uomini abbiano smesso di cercar tesori perché ritornati alle leggi di Licurgo, l'antico legislatore spartano, che consentiva solo la circolazione di monete di ferro.
7. **Voi... morti:** il verso è tratto dalla tragedia *Rutzvanscad il Giovane* (1724) del veneto Zaccaria Valaresso. Nell'ultima scena il suggeritore, comparendo sul palcoscenico, annunciava al pubblico questa notizia.
8. **inferire:** significare, dimostrare.
9. **caso da gazzette:** da mettere sui giornali.
10. **ne ragionino:** ne discutano.
11. **affanno:** pena, preoccupazione.
12. **infracidando:** guastandosi per l'ozio.
13. **non mi... intendere:** non riesco a rendermi conto.
14. **perdere di pianta:** sparire completamente.
15. **maestro in geologia:** riferito allo gnomo perché abita sottoterra.

sami impietriti. E certo che quelle povere creature non adoperarono niuno di tanti artifizi che, come io ti diceva, hanno usato gli uomini per andare in perdizione.

GNOMO. Sia come tu dici. Ben avrei caro che uno o due di quella ciurmaglia risuscitassero, e sapere quello che penserebbero vedendo che le altre cose, benché sia dileguato il genere umano, ancora durano e procedono come prima, dove[16] essi credevano che tutto il mondo fosse fatto e mantenuto per loro soli.

FOLLETTO. E non volevano intendere che egli è fatto e mantenuto per li folletti.

GNOMO. Tu folleggi veramente, se parli sul sodo.[17]

FOLLETTO. Perché? io parlo bene sul sodo.

GNOMO. Eh, buffoncello, va via. Chi non sa che il mondo è fatto per gli gnomi?

FOLLETTO. Per gli gnomi, che stanno sempre sotterra? Oh questa è la più bella che si possa udire. Che fanno agli gnomi il sole, la luna, l'aria, il mare, le campagne?

GNOMO. Che fanno ai folletti le cave d'oro e d'argento, e tutto il corpo della terra fuor che la prima pelle?[18]

FOLLETTO. Ben bene, o che facciano o che non facciano, lasciamo stare questa contesa, che io tengo per fermo che anche le lucertole e i moscherini si credano che tutto il mondo sia fatto a posta per uso della loro specie. E però ciascuno si rimanga col suo parere, che niuno glielo caverebbe di capo: e per parte mia ti dico solamente questo, che se non fossi nato folletto, io mi dispererei.

GNOMO. Lo stesso accadrebbe a me se non fossi nato gnomo. Ora io saprei volentieri quel che direbbero gli uomini della loro presunzione, per la quale, tra l'altre cose che facevano a questo e a quello, s'inabissavano le mille braccia sotterra e ci rapivano per forza la roba nostra, dicendo che ella si apparteneva al genere umano, e che la natura gliel'aveva nascosta e sepolta laggiù per modo di burla,[19] volendo provare se la troverebbero e la potrebbero cavar fuori.

FOLLETTO. Che maraviglia? quando non solamente si persuadevano che le cose del mondo non avessero altro uffizio che di stare al servigio loro, ma facevano conto che tutte insieme, allato[20] al genere umano, fossero una bagattella.[21] E però le loro proprie vicende le chiamavano rivoluzioni del mondo, e le storie delle loro genti, storie del mondo: benché si potevano numerare, anche dentro ai termini della terra, forse tante altre specie, non dico di creature, ma solamente di animali, quanti capi d'uomini vivi: i quali animali, che erano fatti espressamente per coloro uso, non si accorgevano però mai che il mondo si rivoltasse.[22]

GNOMO. Anche le zanzare e le pulci erano fatte per benefizio degli uomini?

FOLLETTO. Sì erano; cioè per esercitarli nella pazienza, come essi dicevano.

GNOMO. In verità che mancava loro occasione di esercitar la pazienza, se non erano le pulci.

FOLLETTO. Ma i porci, secondo Crisippo,[23] erano pezzi di carne apparecchiati dalla natura a posta per le cucine e le dispense degli uomini, e, acciocché[24] non imputridissero, conditi colle anime in vece di sale.

GNOMO. Io credo in contrario che se Crisippo avesse avuto nel cervello un poco di sale in vece dell'anima, non avrebbe immaginato uno sproposito simile.

FOLLETTO. E anche quest'altra è piacevole; che infinite specie di animali non sono state mai viste né conosciute dagli uomini loro padroni; o perché elle vivono in luoghi dove coloro non misero mai piede, o per essere tanto minute che essi in qualsivoglia modo non le arrivavano a scoprire. E di moltissime altre specie non se ne accorsero prima degli ultimi tempi. Il simile si può dire circa al genere delle piante, e a mille altri. Parimente di tratto in tratto, per via de' loro cannocchiali, si avvedevano di qualche stella o pianeta,

16. **dove:** mentre.
17. **sul sodo:** seriamente.
18. **la prima pelle:** la superficie della terra.
19. **per modo di burla:** per scherzo.
20. **allato:** accanto, vicino.
21. **bagattella:** bazzecola, cosa senza troppa importanza.
22. **i quali... rivoltasse:** i quali animali, sebbene, a parere degli uomini, fossero fatti per il loro uso e consumo, non si rendevano conto in alcun modo di quelle che gli uomini chiamavano rivoluzioni.
23. **Crisippo:** filosofo greco vissuto nel III secolo a.C.
24. **acciocché:** affinché.

che insino allora, per migliaia e migliaia d'anni, non avevano mai saputo che fosse al mondo; e subito lo scrivevano tra le loro masserizie;[25] perché s'immaginavano che le stelle e i pianeti fossero, come dire, moccoli da lanterna piantati lassù nell'alto a uso di far lume alle signorie loro, che la notte avevano gran faccende.

GNOMO. Sicché, in tempo di state,[26] quando vedevano cadere di quelle fiammoline[27] che certe notti vengono giù per l'aria, avranno detto che qualche spirito andava smoccolando le stelle per servizio degli uomini.

FOLLETTO. Ma ora che ei sono tutti spariti, la terra non sente che le manchi nulla, e i fiumi non sono stanchi di correre, e il mare, ancorché non abbia più da servire alla navigazione e al traffico, non si vede che si rasciughi.

GNOMO. E le stelle e i pianeti non mancano di nascere e di tramontare e non hanno preso le gramaglie.[28]

FOLLETTO. E il sole non s'ha intonacato il viso di ruggine; come fece, secondo Virgilio,[29] per la morte di Cesare: della quale io credo ch'ei si pigliasse tanto affanno quanto ne pigliò la statua di Pompeo.[30]

25. **tra le loro masserizie:** nell'inventario del loro patrimonio.
26. **in tempo di state:** d'estate.
27. **fiammoline:** stelle cadenti.
28. **non hanno preso le gramaglie:** non portano il lutto.
29. **secondo Virgilio:** Virgilio, nelle *Georgiche*, racconta che il sole si oscurò quando vide Cesare cadere ucciso.
30. **statua di Pompeo:** Cesare cadde morente davanti alla statua di Pompeo, il suo grande rivale; ma, dice il Folletto, quella statua rimane altrettanto indifferente quanto l'universo davanti alla scomparsa dell'uomo.

Analisi del testo

La scomparsa del genere umano. Il dialogo tra i due personaggi affronta il tema della fine, o meglio della scomparsa del genere umano. Benché gli uomini siano spariti tutto continua tuttavia tranquillamente come prima: gli astri non deviano dal loro corso, gli altri esseri viventi continuano la loro vita di sempre (anzi, come afferma lo gnomo, senza più esserne disturbati).
Nella seconda parte del dialogo (a partire da «Ma come sono andati a mancare quei monelli?») si indagano le cause per cui gli uomini si sono estinti: le guerre, la violenza, l'ozio... Ma più in generale si può dire che gli uomini siano scomparsi perché, prima o poi, tutto scompare.
Nella terza parte dell'operetta (da «Sia come tu dici»), Leopardi polemizza contro l'idea che il mondo sia fatto per gli uomini, a loro uso e consumo. Egli sostiene una ipotesi assolutamente opposta, mostrando che la natura è indifferente alle vicende umane e che l'universo intero è privo di scopo.

Lo gnomo e il folletto. I due personaggi sono caratterizzati con precisione: all'inizio del dialogo, e anche nella seconda parte, il folletto si rivela più informato e più intelligente dello gnomo; nella terza parte emerge però che i due hanno gli stessi pregiudizi degli uomini (entrambi pensano che l'universo sia stato creato per il bene della specie a cui appartengono); a partire dalla conclusione del battibecco fra i due, anche lo gnomo dimostra di aver capito. Mentre prima egli si limitava a porre domande a cui il folletto rispondeva, nel finale del dialogo i due pronunciano battute intercambiabili, a dimostrazione che sono giunti alla stessa conclusione ed espongono entrambi le idee del poeta.

Linguaggio colloquiale e tono ironico. Il linguaggio dell'operetta è caratterizzato da un tono di grande colloquialità. Le frasi sono brevi (all'inizio: «Oh sei tu qua?, Dove si va?», e più avanti: «Che vuoi tu inferire?» ecc.), il ritmo del dialogo è serrato e il lessico è ricco di termini quotidiani (come «che diamine si vadano macchinando questi furfanti» ecc.), che rivelano l'informalità dei rapporti fra i due.
Il tono ironico che caratterizza tutte le *Operette morali* assume qui tratti decisamente umoristici: per esempio quando lo gnomo mostra di non capire che, senza uomini, non vi possono essere gazzette e suscita l'ironia del folletto con le sue obiezioni («la luna per questo non fallirà la strada» ecc.); o quando i due litigano perché ciascuno sostiene che il mondo è finalizzato al benessere della sua specie.

Proposte di lavoro

1. Dividi il dialogo in tre parti e sintetizzane brevemente il contenuto.
2. Quali sono i motivi per cui gli esseri umani si sono estinti? Qual è l'atteggiamento dei due interlocutori nei confronti di questo evento?
3. Il folletto e lo gnomo sono inizialmente su posizioni diverse, ma alla fine arrivano alla medesima verità e si trovano perfettamente d'accordo.
   ➤ Verifica questo sviluppo attraverso qualche citazione dal testo.
4. Ricostruisci, attraverso le battute dei due protagonisti del dialogo, la tesi di Leopardi sul rapporto tra la natura e l'uomo.
5. Il tema centrale affrontato da Leopardi in questa prosa è la satira dell'antropocentrismo. Illustra, discuti e commenta quest'affermazione, facendo riferimenti precisi a questo e ad altri testi, secondo te, significativi in proposito.

I generi letterari
Il romanzo e il racconto

Un genere molto duttile

Nel corso dell'Ottocento, il romanzo si impone come il genere principale della letteratura. La sua straordinaria fortuna è dovuta da un lato alla sua duttilità, dall'altro alla possibilità di rivolgersi al vasto pubblico che si veniva formando grazie alla progressiva diffusione della cultura.

Il romanzo si dimostra infatti, nel corso della sua lunga storia, un **genere letterario di straordinaria flessibilità**: possiamo affermare che per scrivere un romanzo non è necessario rispettare alcuna regola, al contrario di quanto avviene con la tragedia, il poema, la poesia lirica ecc. Il romanzo può essere a lieto fine o drammatico, può avere moltissimi personaggi o uno solo, può affrontare temi sociali o analisi psicologiche, può raccontare una storia o discutere un problema, può essere ambientato nel passato, nel presente e nel futuro; può contenere al suo interno poesie, pagine saggistiche, brani storici, documenti di qualsiasi tipo.

I sottogeneri del romanzo ottocentesco

Questa enorme gamma di possibilità determina in breve lo sviluppo di **veri e propri sottogeneri**, ciascuno con alcune caratteristiche specifiche.

- Il **romanzo epistolare**, per esempio, si basa sulle lettere scritte da uno o più personaggi, attraverso le quali viene raccontata la storia; i testi più famosi del genere sono *La nuova Eloisa*, di Rousseau, *Le relazioni pericolose*, del francese Choderlos de Laclos e soprattutto il capolavoro giovanile di Wolfgang Goethe, *I dolori del giovane Werther* (➡ p. 353) da cui prenderà le mosse il più importante romanzo italiano del primo Ottocento, *Ultime lettere di Jacopo Ortis* di Foscolo. Nel corso dell'Ottocento la fortuna del romanzo epistolare andrà però diminuendo fino a scomparire del tutto.
- Il **romanzo di formazione** (o, con termine tedesco, *Bildungsroman*) affronta il tema della maturazione individuale del protagonista, che all'inizio della vicenda è caratterizzato da incertezza e inesperienza e, attraverso una serie di prove, giunge alla maturità e alla scoperta della propria vocazione. Tra i testi più famosi del genere si ricordano *La vocazione teatrale* di Guglielmo Meister di Goethe, *Il rosso e il nero* di Stendhal e *David Copperfield* di Dickens; anche nei *Promessi sposi* si trovano tracce di questo genere letterario: Renzo è infatti protagonista di alcuni capitoli del libro (in particolare quelli ambientati a Milano) in cui si ritrovano i caratteri tipici del romanzo di formazione.
- Il **romanzo storico** nasce in ambito romantico con le opere dello scozzese Walter Scott: i romantici rivalutano infatti il passato, soprattutto medievale, sostenendo la necessità di considerare ogni epoca storica sulla base della sua specificità, senza fare appello a criteri di giudizio astratti e generali. Il romanzo storico fu il genere più fortunato dell'Ottocento e continua ancora oggi a essere molto apprezzato dal pubblico.
- Il **romanzo sociale** si afferma dopo il 1830, grazie alla vastissima opera del francese Honoré de Balzac, *La commedia umana*: Balzac intende rispecchiare fedelmente la società del suo tempo, fornendo grandiosi quadri d'ambiente e ispirandosi spesso ad avvenimenti di cronaca per stimolare nei lettori la riflessione sui meccanismi economici e sociali che determinano i rapporti fra gli individui e fra le classi. Anche nelle opere del già ricordato Dickens si nota il desiderio di sottoporre all'attenzione dei lettori alcuni gravi problemi sociali dell'epoca, come la violenza nei confronti dei bambini o le ingiustizie legate allo sviluppo dell'economia industriale.
- Particolare fortuna ha in Francia, e poi in Italia e nel resto d'Europa, il **romanzo d'appendice**, così detto perché veniva pubblicato a puntate nelle pagine finali di giornali e riviste. Si trattava di un genere popolare, basato solitamente su trame molto intricate, avventurose, ricche di colpi di

scena, per tenere desta l'attenzione del lettore di puntata in puntata. L'autore più famoso di romanzi d'appendice è il francese Alexandre Dumas, al quale si devono opere celeberrime come *I tre moschettieri* e *Il conte di Montecristo*, ma in questo genere rientrano anche *I misteri di Parigi* di Sue, alcuni romanzi dI Honoré de Balzac e *I miserabili* di Victor Hugo.

Il filone fantastico

La prosa duttile e varia del romanzo si presta dunque a riprodurre l'enorme varietà del mondo reale, andando incontro all'interesse del pubblico borghese per la vita, la realtà e la società contemporanea. Ciò che fa la fortuna del romanzo nell'Ottocento, insomma, è il suo realismo.

In epoca romantica si sviluppa anche un **ricco filone di narrativa fantastica**, legata ai temi del sogno, dell'inconscio, della follia. L'autore più famoso di questo filone è lo statunitense Edgar Allan Poe, autore di un solo romanzo (*Le avventure di Gordon Pym*) e di numerosi racconti horror. Ma per la narrativa fantastica della prima metà dell'Ottocento bisogna ricordare almeno il capolavoro di Mary Shelley, *Frankenstein*, e le opere dello scrittore tedesco Heinrich von Kleist.

Realismo

Approfondimento

Per Realismo si intende la tendenza da parte dell'arte a **descrivere o rappresentare la realtà in modo concreto**, rispecchiando fedelmente il mondo delle cose, della natura e degli uomini in mezzo ai quali l'artista vive.

Il Realismo non è un movimento con contorni precisi, ma piuttosto un atteggiamento che si afferma in modo privilegiato nell'Ottocento, rispondendo a un particolare bisogno da parte degli artisti di rispecchiare la realtà del proprio tempo.

Questa esigenza trova risposta nel romanzo e in particolare nel romanzo sociale, la cui caratteristica essenziale è proprio l'interesse per la rappresentazione di vicende e personaggi inseriti in una **ben precisa realtà storica e sociale**.

Stendhal

L'autore

Stendhal, pseudonimo di Henry Bevle (1783-1842), fu l'iniziatore di quel **moderno realismo** che nelle opere narrative rappresenta gli individui all'interno di una realtà sociale ben determinata, che influenza le loro idee e i loro sentimenti. Molte pagine di Stendhal ricostruiscono, con efficacia e vivacità, gli ambienti, le realtà sociali e il clima politico di un'epoca: quella che va dalla Restaurazione alla fase dell'espansione capitalistica in Francia negli anni Trenta e Quaranta dell'Ottocento, epoca della quale l'opera rappresenta un'analisi penetrante e una spietata condanna.

Di **idee liberali**, seguace di Napoleone e impiegato nella sua amministrazione, Stendhal viaggiò molto e soggiornò a lungo in Italia, paese che egli amò profondamente e nel quale ambientò molte delle sue novelle e uno dei suoi principali romanzi, *La certosa di Parma*.

Scrisse opere di carattere saggistico (tra cui il trattato *Dell'amore*, 1822); romanzi (*Armance*, 1827, *Il rosso e il nero*, 1830, *Lucien Leuwen*, incompiuto, 1835, *La certosa di Parma*, 1839, *Lamiel*, anch'esso incompiuto 1839-42); numerose novelle; libri di diario, memoria, riflessione su fatti vissuti e uno scritto autobiografico, *Vita di Henry Brulard*, 1836.

I tratti caratteristici dell'opera di Stendhal sono proprio l'**individualismo** e il **culto di sé**, che non si traduce in ripiegamento intimistico e passivo sulla propria sensibilità come in altri romantici, ma diventa lotta vitale per affermare le proprie ambizioni o il proprio amore, contro gli ostacoli e i pregiudizi della morale corrente.
Dal romanticismo di Stendhal sono esclusi il lirismo e il misticismo religioso ed egli attenua con l'ironia gli eccessi del sentimento.

L'opera

Le rouge et le noir (questo è il titolo originale dell'opera, scritta tra il 1829 e il 1830) si basa su un fatto di cronaca del tempo: il processo e la condanna a morte di un giovane seminarista che aveva sparato in chiesa all'amante. Il titolo del romanzo è stato variamente spiegato: probabilmente i colori rosso e nero alludono rispettivamente alla Francia rivoluzionaria e napoleonica e a quella della Restaurazione, ma potrebbero anche rimandare all'incertezza del protagonista, incapace di scegliere tra la carriera militare e quella ecclesiastica. Protagonista di questo romanzo è Giuliano Sorel, un giovane di umile famiglia, all'apparenza timido, ma molto ambizioso e determinato a farsi strada in una società che pure egli giudica gretta e ingiusta. Nonostante le idee liberali e materialistiche che l'animavano fin dalla prima adolescenza, quando era un appassionato ammiratore della grandezza di Napoleone, Giuliano decide di intraprendere la carriera ecclesiastica, giudicandola cinicamente ormai l'unica via attraverso la quale un giovane di umili origini può affermarsi. Dopo essere stato assunto come precettore in casa del signor de Rênal, fa innamorare di sé la moglie di questi. Ma Giuliano aspira a farsi strada a Parigi. Entrato in seminario, si guadagna la simpatia del "padre superiore" che lo fa assumere come segretario nella casa parigina del marchese De la Mole. Mathilde De la Mole, la figlia del marchese, creatura intelligente e appassionata, insofferente della grettezza del suo ambiente, si lascia sedurre dalla sensibilità e dall'ingegno di Giuliano e se ne innamora. Per il giovane si tratta di un ulteriore gradino per la scalata sociale, mentre Mathilde lo ama al punto da dimenticare il suo orgoglio aristocratico e da strappare al padre il consenso al matrimonio. Ma la signora de Rênal, divorata dalla gelosia e istigata dal confessore, rivela al marchese De la Mole la natura intrigante di Giuliano. Il giovane vuole vendicarsi e in chiesa ferisce gravemente l'amante di un tempo. Dopo una prigionia di alcuni mesi, durante i quali è confortato dal perdono e dal rinnovato amore della signora de Rênal, Giuliano viene ghigliottinato. Mathilde ne seppellirà la testa in una grotta, mentre la signora de Rênal morirà tre giorni dopo di lui per il rimorso.

Opera **Il rosso e il nero**
Epoca **XIX secolo**
Genere **romanzo**
Lingua **francese**

Il rosso e il nero

Giuliano Sorel inizia la sua ascesa sociale

■ In questa scena iniziale del romanzo, egli ci viene presentato attraverso il dialogo con il padre, un contadino duro e testardo, arricchitosi con il commercio del legname, cui era toccato in sorte questo figlio sognatore e del tutto inadatto ai lavori manuali. Fin dal suo primo apparire, un'impressione dominante si afferma nel lettore: Giuliano Sorel è diverso dal suo ambiente.

Mentre s'avvicinava alla sua officina, Sorel[1] chiamò Giuliano con voce stentorea;[2] nessuno rispose. Non vide che i suoi figli maggiori, dei giganti che, armati di pesanti scuri, squadravano i tronchi d'abete destinati alla sega. Tutti intenti a seguire con esattezza il segno nero tracciato sul pezzo di legno, da cui ogni colpo di scure staccava enormi trucioli, non udirono la voce del padre. Questi si diresse allora verso la baracca; ma, entrandovi, cercò inutilmente Giuliano al posto che avrebbe dovuto occupare, di fianco alla sega. Lo scorse cinque o sei piedi più su, a cavalcioni di una delle travi del tetto. Invece di sorvegliare attentamente il funzionamento di tutto il meccanismo, Giuliano leggeva. Niente avrebbe potuto urtare di più il vecchio Sorel; egli avrebbe forse perdonato a Giuliano la

1. **Sorel:** è il padre del protagonista, proprietario di una segheria e carpentiere.

2. **stentorea:** alta, forte.

sua corporatura esile, poco adatta ai lavori pesanti, e così diversa da quella dei fratelli maggiori; ma codesta mania di leggere gli era odiosa: lui era analfabeta.

Inutilmente chiamò Giuliano due o tre volte. L'attenzione con cui il giovane era attaccato al suo libro, più ancora che il rumore della sega, gl'impedì di udire la voce tonante di suo padre. Questi alla fine, nonostante la sua età, saltò agilmente sull'albero sottoposto alla sega, e di là sulla trave trasversale che sosteneva il tetto. Un colpo violento fece volare in acqua il libro che Giuliano stava leggendo; un secondo colpo, altrettanto violento, che gli capitò sulla testa in forma di scappellotto, gli fece perdere l'equilibrio. Stava per cader giù da un'altezza di dodici o quindici piedi, in mezzo alle leve della macchina in azione, che l'avrebbero stritolato, ma il padre lo sostenne in tempo con la mano sinistra:

«Ebbene, poltrone, leggerai dunque sempre i tuoi maledetti libri, mentre sei di guardia alla sega? Almeno leggili la sera, quando vai a perdere il tempo dal curato».[3]

Giuliano, per quanto stordito dalla forza del colpo e tutto sanguinante, si avvicinò al posto che gli era destinato, di fianco alla sega. Aveva le lacrime agli occhi, meno per il dolore fisico che per la perdita di quel libro tanto amato.

«Scendi, animale, che ho da parlarti». Il rumore della macchina impedì a Giuliano di sentire anche quest'ordine. Suo padre, che già era sceso e non voleva far la fatica di risalire, andò a cercare una lunga pertica, che serviva per bacchiar[4] le noci, e con quella lo colpì sulla spalla. Appena Giuliano fu a terra, il vecchio Sorel lo spinse rudemente davanti a sé, verso casa. "Dio sa cosa mi tocca!" pensava il giovane. Passando, guardò tristemente il torrente dov'era caduto il suo libro, il suo libro prediletto, il *Memoriale di Sant'Elena*.[5]

Aveva le guance in fiamme e teneva gli occhi bassi. Era un giovane di diciotto o diciannove anni, debole d'aspetto, con tratti irregolari, ma delicati, e naso aquilino. I grandi occhi neri, che, nei momenti tranquilli, esprimevano riflessione e ardore, erano animati in quell'istante dalla luce dell'odio più feroce. I capelli, d'un castano scuro, piantati bassi, gli rimpicciolivano la fronte e gli davano, nei momenti di collera, un'aria cattiva. Forse, tra l'infinita varietà delle umane fisionomie, non se n'è vista mai una più spiccatamente caratteristica. Una figura slanciata e ben fatta rivelava più agilità che vigore. Quand'era bambino, la sua aria troppo pensosa e il gran pallore del volto avevano dato al padre l'impressione che non sarebbe vissuto a lungo o che sarebbe stato un peso per la famiglia. Fatto segno in casa al disprezzo generale, odiava il padre e i fratelli. Nei giuochi della domenica, sulla piazza del villaggio, era sempre quello che perdeva. Da poco meno di un anno il suo viso interessante cominciava a procurargli delle simpatie fra le ragazze. Disprezzato da tutti come un essere debole, aveva adorato quel vecchio chirurgo militare che un giorno aveva osato esprimere al sindaco il suo parere sui platani.[6] Il chirurgo pagava qualche volta al vecchio Sorel la giornata di lavoro del figlio e insegnava a questi il latino e la storia, o meglio dire quel che della storia sapeva, la campagna del 1796[7] in Italia. Morendo, gli aveva lasciato in eredità la sua croce della Legion d'onore,[8] gli arretrati della sua pensione e trenta o quaranta volumi, il più prezioso dei quali aveva fatto ora il salto in quel torrente ch'era stato deviato per l'intervento autorevole del sindaco. Appena entrato in casa, Giuliano si sentì la spalla attanagliata dalla mano violenta del padre; tremava, aspettandosi d'esser picchiato. «Rispondimi senza mentire», gli gridò nelle orecchie con la sua dura voce il vecchio contadino, rigirandolo verso di sé, come un bambino rigira un soldatino di piombo. I grandi occhi neri di Giuliano, ch'erano pieni di lacrime, si trovarono di fronte agli occhi grigi, piccoli e cattivi, del vecchio carpentiere, che aveva l'aria di volergli legge-

3. **dal curato:** Giuliano prendeva lezioni di latino dal curato del paese.
4. **bacchiar:** percuotere la pianta per far cadere i frutti.
5. ***Memoriale di Sant'Elena*:** scritto da Napoleone negli ultimi anni della sua vita, durante la prigionia nell'isola di Sant'Elena.
6. **platani:** sono gli alberi che il sindaco del paese aveva fatto piantare, suscitando alcune critiche fra cui quella del chirurgo militare, vecchio bonapartista, che prendeva così il pretesto per criticare il sindaco conservatore.
7. **la campagna del 1796:** condotta dalle armate francesi guidate da Napoleone.
8. **croce della Legion d'onore:** alta onorificenza dell'esercito francese.

re fin nel fondo dell'anima. «Rispondimi senza mentire, se ne sei capace, cane di un grattacarte: in che modo hai conosciuto la signora de Rênal? quando le hai parlato?»

«Non le ho mai parlato», rispose Giuliano «non ho mai visto quella signora altro che in chiesa».

«Ma l'avrai guardata, villano sfrontato?»

«Mai! Sapete bene che in chiesa non vedo che Dio», soggiunse Giuliano con un'aria ipocrita, efficace, secondo lui, a stornare un'altra pioggia di scappellotti.

«Eppure c'è qualche cosa sotto», replicò il contadino malizioso, e tacque un istante: «ma, tanto, da te non saprò niente, maledetto ipocrita. Del resto mi libererò di te, e la mia segheria non avrà che da guadagnarci. Ti sei ingraziato il curato o qualcun altro, e questo qualcuno ti ha procurato un buon posto. Va' a fare il tuo fagotto, e ti condurrò a casa del signor de Rênal, dove sarai il precettore dei ragazzi».

«E che compenso mi daranno?»

«Il vitto, il vestiario e trecento franchi all'anno».

«Non voglio essere un domestico».

«Animale, e chi ti parla di essere un domestico? Sono un tipo io da sopportare che mio figlio sia un domestico?»

«Ma a tavola, con chi starò?»

Questa domanda sconcertò il vecchio Sorel; sentì che rispondendo avrebbe potuto commettere qualche imprudenza. Inveì contro Giuliano, lo coprì d'improperi, accusandolo di ghiottoneria, e lo lasciò per andar a consultare gli altri figli. Giuliano li vide poco dopo, riuniti a consiglio, ciascuno appoggiato alla sua scure. Dopo averli osservati a lungo, senza poter indovinare di che parlassero, andò a mettersi dall'altra parte della sega, per esser lasciato in pace.

Voleva riflettere su quell'annuncio improvviso che veniva a mutar la sua sorte, ma sentì di non poter star calmo; la sua immaginazione non poteva far altro che figurarsi quel che avrebbe visto nella bella casa del signor de Rênal. "Bisogna rinunciare a tutto ciò, – concluse, – piuttosto che ridursi a mangiare coi domestici. Mio padre mi ci vorrà costringere, piuttosto morire. Ho quindici franchi e otto soldi di economie, e stanotte scappo; in due giorni, per sentieri traversi, dove non s'incontrano gendarmi, sono a Besançon; là mi arruolo come soldato, e, se occorre, passo in Svizzera. Ma allora addio carriera, addio ambizioni, addio a quel caro stato ecclesiastico che può condurre tanto lontano."

Questo orrore all'idea di mangiare coi domestici non era naturale in Giuliano; per arrivare alla fortuna si sarebbe assoggettato altro che a questo. Era una repugnanza attinta dalle *Confessioni* di Rousseau: il solo libro che avesse aiutato la sua fantasia a figurarsi il bel mondo. La raccolta dei bollettini della grande armata e il *Memoriale di Sant'Elena* completavano il suo Corano. Per queste tre opere si sarebbe fatto ammazzare. Né credette poi mai in nessun'altra. Fondandosi su un detto del vecchio chirurgo militare, considerava tutti gli altri libri del mondo come menzogneri e scritti da furfanti per far carriera.

Giuliano aveva, insieme con un'anima di fuoco, una di quelle memorie sorprendenti che tanto spesso s'accompagnano alla stupidità. Per ingraziarsi il vecchio curato Chélan, dal quale vedeva dipendere il suo avvenire, aveva imparato a memoria tutto il Nuovo Testamento, in latino, e anche il trattato *Del Papa* di De Maistre.[9] Credeva tanto poco nell'uno che nell'altro.

Il rosso e il nero, trad. di D. Valeri, Einaudi

9. De Maistre: un autore cattolico e reazionario: il suo trattato *Del Papa* è uno dei testi fondamentali dell'ideologia della Restaurazione.

Analisi del testo

Il carattere del protagonista. Il brano è dedicato alla presentazione del protagonista e all'analisi del suo modo di agire e di pensare. A tale scopo, l'autore ripercorre in questa celebre pagina le tappe principali della sua formazione.
Di Julien, Stendhal mette in luce soprattutto tre aspetti: l'intelligenza pronta e vivace, la straordinaria forza di volontà e il profondo disprezzo per la vita di provincia e per la sua meschinità. Osservando il mondo che lo circonda, il giovane capisce che l'intelligenza e la forza di volontà sono gli strumenti attraverso i quali potrebbe sfuggire all'ambiente soffocante di Verrières e fare fortuna a Parigi.

Il contesto sociale. Oltre ad approfondire la personalità del protagonista, Stendhal analizza in questo brano l'ambiente in cui è cresciuto. Stendhal sottolinea in particolare la mentalità meschina dei compaesani di Julien e la loro visione del mondo ridicolmente ristretta (un giudice di pace che litiga con un vicario episcopale per quattro colonne di una chiesa diventa un avvenimento epocale!).
La meschinità di questo ambiente simboleggia la nuova mentalità che si è affermata in Francia dopo il crollo del regime napoleonico. Essa non manca di influire negativamente su Julien: la sua intelligenza può manifestarsi solo sotto forma di memoria, la sua forza di volontà si trasforma in ipocrisia e in capacità di simulazione. Il valore personale, i grandi ideali, l'ambizione, la capacità di provare forti sentimenti, che sono in realtà le qualità migliori di Julien, devono essere tenute nascoste perché potrebbero compromettere il suo futuro.

Proposte di lavoro

1. Suddividi il brano in sequenze e attribuisci a ciascuna di esse un breve titolo che ne indichi il contenuto.
2. Rifletti ora sul rapporto fra Giuliano e suo padre.
   - Come si comporta Giuliano nella segheria? ....
   ....
   ....
   - Da che cosa dipende l'atteggiamento del padre nei suoi confronti? ....
   ....
   ....
   - Ti sembra che il comportamento di Giuliano sia giustificato? Perché? ....
   ....
   ....
   - Ti sembra che il comportamento del padre sia giustificato? Perché? ....
   ....
   ....
3. Sintetizza in una tabella simile alla seguente i tratti caratteristici di Giuliano, poi rispondi alle domande.

Aspetto fisico	
Condizione sociale	
Tratti psicologici	
Tratti morali e ideologici	

   - Su quali tratti si sofferma maggiormente l'attenzione dell'autore? Perché? ....
   ....
   ....
   - Da quali particolari del testo possiamo capire che Giuliano è ambizioso? E che è ipocrita? ....
   ....
4. Raccogliendo le osservazioni emerse dai precedenti esercizi, cerca di spiegare in un breve testo scritto quali caratteristiche fanno di Giuliano un personaggio romantico.

Edgar Allan Poe

L'autore

■ Nato a Boston (Stati Uniti) nel 1809, Edgar Allan Poe ebbe una vita estremamente travagliata. Rimasto orfano di madre all'età di due anni, fu allevato a Richmond dal ricco mercante John Allan (a cui si deve il suo secondo nome), con il quale Edgar ebbe però pessimi rapporti. Terminati gli studi superiori, il giovane frequentò per qualche tempo l'università della Virginia, ma fu costretto a tornare nella città natale per debiti di gioco.

■ Dopo aver pubblicato nel 1827 il primo libro di poesie, Poe venne accolto nella prestigiosa accademia militare di West Point (1830), ma ne fu espulso per indisciplina. Giunto a Baltimora, si dedicò al giornalismo, incominciando a pubblicare racconti su varie riviste.

■ Nel 1836 sposò una cugina non ancora quattordicenne. Nel 1838 diede alle stampe il suo unico romanzo, ***Le avventure di Gordon Pym***. Nel 1840 uscì il primo volume di racconti, intitolato ***Racconti del grottesco e dell'arabesco***, seguito nel 1843 dallo ***Scarabeo d'oro*** e nel 1845 dal ***Corvo e altre poesie***. Nel frattempo, lo scrittore andava pubblicando una serie di saggi in cui esponeva i principi della sua poetica.

■ Ossessionato dalle difficoltà economiche e dalla nevrosi, malgrado la fama crescente, Poe venne duramente colpito dalla prematura scomparsa della moglie (1847) e morì alcolizzato nel 1849.

L'opera

I racconti furono pubblicati da Poe su varie riviste e raccolti in due diversi momenti, nei volumi *Racconti del grottesco e dell'arabesco* (1840) e *Racconti* (1845). La produzione complessiva dello scrittore statunitense è stata suddivisa dopo la sua morte in tre grandi gruppi di racconti: i "**racconti fantastici**", i "**racconti umoristici**" e i "**racconti vari**", tra i quali si trovano alcuni celebri esempi di "poliziesco" (come *Il delitto della Rue Morgue, Il mistero di Marie Roget, La lettera rubata*) che costituiscono i primi modelli del giallo moderno.

La predilezione di Poe per il racconto trova ampia giustificazione nei suoi testi teorici, nei quali egli sostiene che l'opera d'arte perfetta è quella che può essere letta tutta d'un fiato, senza interruzioni, perché solo in questo modo l'autore può calibrare esattamente l'effetto che essa avrà sul lettore. Poe rifiuta infatti l'idea romantica dell'ispirazione e concepisce lo scrittore come un abile artigiano, capace di costruire la sua opera sulla base di un progetto preciso, finalizzato al conseguimento di effetti particolari. Si spiega quindi la prevalenza, nei suoi racconti, di trame molto tese, ricche di suspense e di drammaticità, che catturano l'attenzione del lettore e stimolano la curiosità di sapere "come va a finire".

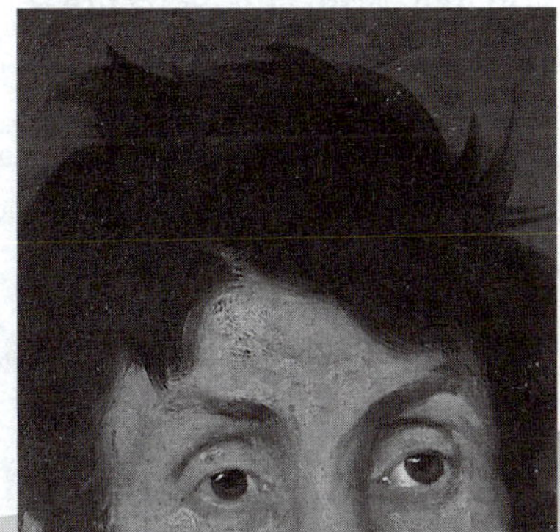

Opera
Racconti
Genere
racconto
Epoca
XIX secolo
Lingua
inglese

Racconti

Il cuore rivelatore

■ Il racconto che presentiamo è stato pubblicato per la prima volta nel 1843. Si tratta di uno dei "racconti fantastici" dell'autore, il quale affida la narrazione al personaggio protagonista, un cameriere che ha assassinato il suo anziano padrone a causa di un'assurda ossessione.
L'uomo è considerato pazzo, ma rifiuta questa accusa e si impegna per difendersene, instaurando con il lettore un dialogo serrato, dal quale però il suo squilibrio mentale appare del tutto evidente.

È vero! sono stato e sono molto nervoso, spaventosamente nervoso; ma perché volete dire che son pazzo? La malattia[1] aveva acuito i miei sensi, non li aveva distrutti, non li aveva resi ottusi.[2] E, su tutti gli altri, avevo più acuto il senso dell'udito. Ho udito tutte le cose del cielo e della terra; e ho udito molte cose dall'inferno. Come potrei, dunque, esser pazzo? Ascoltate! E osservate con quanto senno,[3] con quanta calma, posso raccontarvi tutta la storia.

È impossibile dire come l'idea sia entrata originariamente nel mio cervello, ma, una volta concepita, essa mi perseguitò giorno e notte. Scopo, non ve n'era. Passione, non ve n'era. Io amavo quel vecchio. Non mi aveva mai fatto un torto. Non mi aveva mai insultato. Quanto al suo oro, non lo desideravo affatto. Credo che fosse il suo occhio! Sì, era questo! Uno dei suoi occhi somigliava a quello d'un avvoltoio – un occhio azzurro pallido, con una maglia[4] sopra. Ogni volta ch'esso cadeva su me, mi si gelava il sangue, e così, a gradi[5] – molto lentamente, giunsi alla risoluzione di toglier la vita al vecchio, e liberarmi così per sempre di quell'occhio.

Ora, qui sta il punto. Voi immaginate ch'io sia pazzo. I pazzi non sanno nulla. Ma avreste dovuto veder me. Avreste dovuto vedere con quale saggezza procedetti – con quale cautela – con quale chiaroveggenza, con quale dissimulazione mi posi all'opera! Non fui mai così gentile verso il vecchio, come l'intera settimana prima d'ucciderlo. E ogni notte, verso la mezzanotte, giravo il saliscendi[6] della sua porta, e l'aprivo – oh! così piano! E poi, quando l'avevo aperta abbastanza, da farvi passar la testa, introducevo una lanterna cieca,[7] tutta chiusa, chiusa in modo che nessun raggio di luce ne trapelasse, e, allora, infilavo dentro la testa. Oh! avreste riso, a vedere con quale abilità infilavo dentro la testa! lentamente, assai, assai lentamente, in modo da non turbare il sonno del vecchio. Mi ci voleva un'ora, per introdurre del tutto la testa nell'apertura, tanto da poterlo vedere coricato nel suo letto. Ah! credete che un pazzo sarebbe stato così saggio? E poi, quando la mia testa era tutta dentro la camera, aprivo la lanterna cautamente – oh, così cautamente – perché la cerniera strideva; l'aprivo tanto che appena un unico, sottilissimo raggio di luce cadesse sull'occhio d'avvoltoio. E questo feci per sette lunghe notti, ogni notte proprio a mezzanotte, ma trovavo l'occhio sempre chiuso; e così m'era impossibile compiere l'opera, perché non il vecchio mi perseguitava, ma il suo Occhio Maligno. E ogni mattina, allo spuntar del giorno, entravo disinvolto nella camera, e gli parlavo coraggiosamente,[8] chiamandolo per nome con tono cordiale, e domandandogli come avesse trascorso la notte. Così, vedete, avrebbe dovuto essere un vecchio molto perspicace[9] davvero, per sospettare che ogni notte, alle dodici in punto, l'osservavo mentre dormiva.

L'ottava notte, fui più cauto del solito, nell'aprire la porta. La lancetta dei minuti d'un orologio si muove più rapida di quanto faceva la mia mano. Non mai, prima di quella notte, avevo sentito l'estensione delle mie facoltà, della mia sagacia.[10] Riuscivo appena a contenere il mio senso di trionfo. Pensare ch'ero là, che aprivo la porta a poco a poco, e ch'egli neppur sognava i miei atti e i miei pensieri segreti!... Sogghignai alquanto, a tale idea, e forse m'udì, perché si mosse nel letto improvvisamente, come se qualche cosa l'avesse svegliato. Ora, voi penserete, forse, che mi ritirassi – ma no. La sua camera era nera di tenebre spesse come il catrame (poiché le imposte eran serrate perfettamente per paura dei ladri), e così sapevo che non poteva veder la porta socchiusa, e continuai a spingerla avanti, sempre di più, sempre di più.

1. **La malattia:** l'uomo ammette di essere vittima di una malattia, ma nega che si tratti di follia.
2. **ottusi:** meno sensibili; l'idea che la malattia affini le percezioni è tipicamente romantica, e diventerà uno dei temi di fondo della letteratura decadente.
3. **senno:** assennatezza, buon senso.
4. **una maglia:** il reticolo delle vene, dei capillari, che forma come un velo sull'occhio (evidentemente malato) del vecchio.
5. **a gradi:** poco per volta.
6. **il saliscendi:** la maniglia.
7. **cieca:** schermata.
8. **coraggiosamente:** l'atteggiamento del protagonista è detto coraggioso perché egli riesce a vincere il terrore che gli ispira l'occhio del padrone.
9. **perspicace:** dotato di grande intuizione.
10. **sagacia:** abilità, astuzia.

Avevo introdotto la testa, e stavo per aprir la lanterna, quando il pollice mi scivolò sulla chiusura di latta, e il vecchio balzò a sedere sul letto, gridando: «Chi è là?»

Restai assolutamente immobile e muto. Per un'ora intera non mossi un muscolo, e intanto non l'udivo rimettersi a dormire. Continuava a star seduto sul letto, in ascolto, proprio come ho fatto io, notte dopo notte, ascoltando gli oriuoli della morte[11] entro il muro.

Poco dopo, udii un gemito lieve, e riconobbi ch'era un gemito di terrore mortale. Non era un gemito di dolore o d'affanno – oh, no! era il suono basso e soffocato che sorge dal fondo dell'anima, quand'essa è schiacciata dal terrore. Conoscevo bene quel suono. Per tante notti, proprio a mezzanotte, quando tutto il mondo dormiva, era sfuggito dal mio gonfio petto, rendendo più profondi, con la sua eco spaventosa, i terrori che mi toglievano il senno. Lo conoscevo bene, ripeto: sapevo ciò che il vecchio sentiva, e ne avevo pietà, benché in cuor mio sogghignassi. Sapevo ch'era rimasto là, sempre sveglio, fin dal primo lieve rumore che l'aveva fatto muover nel letto. Da quell'istante, le sue paure non avevan fatto che aumentare. Aveva tentato di immaginare che fossero senza motivo, ma non v'era riuscito. Aveva detto a se stesso: «Non è che il vento nel caminetto; è soltanto un topo che attraversa il pavimento», oppure: «È soltanto un grillo che ha mandato un unico strido». Sì, aveva cercato di confortarsi con tali supposizioni, ma s'era accorto che tutto ciò era vano. Tutto era vano, perché la Morte che s'avvicinava gli era passata dinanzi con la sua grande ombra nera e aveva avvolto di essa la sua vittima. E ora il lugubre influsso dell'ombra invisibile gli faceva sentire – anche se non vedeva, né udiva – gli faceva sentire la presenza della mia testa nella camera.

Quand'ebbi atteso a lungo, pazientemente, senza udirlo ricoricarsi, mi risolsi ad aprire un piccolo, piccolissimo spiraglio nella lanterna. Così, l'aprii, – voi non potete immaginare quanto, quanto furtivamente – sinché, alla fine, un unico, pallido raggio, come un filo di ragno, filtrando dallo spiraglio, cadde sull'occhio d'avvoltoio.

Era aperto, sbarrato, e, al vederlo, divenni furioso. Lo vedevo con una chiarezza perfetta – tutto d'un azzurro scialbo[12] e con quel velo schifoso sopra, che mi gelava le midolla dentro le ossa; ma non riuscii a veder altro, del volto o della persona del vecchio, poiché avevo diretto il raggio, come per istinto, precisamente su quel punto maledetto.

E adesso – non vi ho detto che ciò che voi scambiate per pazzia non è che straordinaria acutezza dei sensi? – adesso, dico, giunse al mio orecchio un suono sordo, soffocato, rapido, come farebbe un orologio avvolto nel cotone. Conoscevo bene anche quello. Era il battito del cuore del vecchio; e accrebbe la mia furia, così come il rullo dei tamburi spinge al coraggio i soldati.

Ma, ancora, mi contenni, e restai calmo. Respiravo appena. Tenevo la lanterna immobile. Con la massima fermezza, cercai di mantenere il raggio sull'occhio. Frattanto la carica infernale del cuore aumentava. Si faceva più rapida e forte, di minuto in minuto. Il terrore del vecchio doveva essere estremo! Diveniva più forte, vi ho detto, di minuto in minuto – mi capite bene? Vi ho detto che sono nervoso, ed è così. E ora, nel cuor della notte, nello spaventoso silenzio della vecchia casa, quel rumore così strano, suscitò in me un terrore incontrollabile. Tuttavia, per alcuni minuti, mi frenai, e rimasi immoto. Ma il battito diveniva più forte, più forte! Pensai che il cuore sarebbe scoppiato. E adesso una nuova ansietà s'impadronì di me – il suono sarebbe stato udito da un vicino! L'ora del vecchio era giunta! Con un urlo acuto, spalancai la lanterna e balzai nella camera. Egli diede un grido – uno solo. In un baleno lo gettai sul pavimento, e gli rovesciai sopra il letto pesante. E allora sorrisi di gioia, che la mia opera fosse già a sì buon punto. Ma, per molti minuti, il cuore seguitò a battere con un suono velato. Questo, però, non mi turbava; di là dal muro non si poteva udirlo. Alla fine cessò. Il vecchio era morto. Smossi il letto, ed esaminai il cadavere.

11. gli oriuoli della morte: i tarli, detti popolarmente "orologi (*oriuoli*) della morte" perché il loro rodere assomiglia al ritmico ticchettìo di un orologio.

12. scialbo: pallido.

Sì, era stecchito, morto stecchito. Gli posi una mano sul cuore, ve la tenni parecchi minuti; nessuna pulsazione. Era morto stecchito. Il suo occhio non m'avrebbe turbato mai più.

Se pensate ancora che sia pazzo, non lo penserete più, quando vi avrò descritto tutte le assennate precauzioni che presi per l'occultamento del corpo[13]. La notte declinava, ed io lavoravo alacremente,[14] ma in silenzio.

Levai tre assi dal pavimento della camera, e deposi tutto fra i travicelli. Poi rimisi a posto le assi, così abilmente, così sapientemente, che nessun occhio umano – neppure il suo – avrebbe potuto notarvi nulla di sospetto. Non v'era nulla da lavare – non una macchia d'alcun genere – non una chiazza di sangue. Ero stato troppo prudente per questo.

Quand'ebbi terminate queste faccende, eran le quattro – e buio ancora, come a mezzanotte. Mentre batteva l'ora,[15] s'intese[16] bussare alla porta di strada. Scesi ad aprire a cuor leggero – in quanto, che cosa avevo da temere, ora? Entrarono tre uomini, che si presentarono, con perfetta affabilità,[17] come agenti di polizia. Un urlo era stato udito da un vicino durante la notte; era sorto il sospetto di qualche cosa di losco; n'era stato informato l'ufficio di polizia, ed essi, gli agenti, erano stati incaricati di perquisire la casa.

Sorrisi – infatti, che cosa dovevo temere? Diedi ai signori il benvenuto. Il grido, dissi, l'avevo mandato io, in sogno. Il vecchio, li informai, era assente, in campagna. Condussi i visitatori per tutta la casa. Li invitai a cercare, a cercar bene. Alla fine li condussi nella sua camera. Mostrai loro i suoi tesori, al sicuro, intatti. Nell'entusiasmo della mia sicurezza, portai qualche sedia nella stanza e li pregai di riposarsi lì, della loro fatica, mentre io stesso, nella folle temerità[18] del mio trionfo completo, piantai la mia sedia proprio sul punto sotto il quale riposava il corpo della vittima.

Gli agenti rimasero soddisfatti. Il mio contegno li aveva convinti. Mi sentivo singolarmente a mio agio. Si sedettero, e parlarono del più e del meno, mentr'io rispondevo allegramente. Ma, di lì a un poco, sentii che divenivo pallido, e desiderai che se ne andassero. La testa mi doleva, e mi parve d'avere un tintinnio negli orecchi; ma gli uomini continuavano a star seduti e a chiacchierare. Il tintinnio si fece più distinto; – più insistente e più distinto; mi misi a ciarlare con maggior volubilità, per liberarmi di quella sensazione, ma essa durava sempre e ingigantiva – sinché, alla fine, scopersi che il suono non era dentro le mie orecchie.

Senza dubbio, ora, m'ero fatto assai pallido; – ma parlai più abbondantemente, e con voce più alta. E, tuttavia, il suono aumentava – e che potevo fare? Era un suono sordo, soffocato, rapido – proprio come il battito d'un orologio avvolto nel cotone. Ansimavo – ma gli agenti non udivano nulla. Parlai più rapidamente – con maggior veemenza, ma il rumore aumentava senza tregua. M'alzai e discussi di sciocchezze, a voce alta, e gesticolando con violenza; ma il rumore aumentava inesorabilmente. Perché non volevano andarsene? Misurai il pavimento avanti e indietro, a gran passi, come se fossi infuriato dalle osservazioni degli agenti – ma il rumore aumentava ancora. O Dio! che potevo fare? Schiumai[19] – delirai – bestemmiai ! Brandii la sedia su cui sedevo, e raspai con essa il pavimento, ma il ru-

13. **per l'occultamento del corpo:** per nascondere il cadavere.
14. **alacremente:** di buona lena, intensamente.
15. **batteva l'ora:** suonavano le ore.
16. **s'intese:** si sentì.
17. **affabilità:** cortesia.
18. **temerità:** avventatezza, sconsideratezza.
19. **Schiumai:** mi arrabbiai, fino a farmi venire la bava alla bocca.

Pazzia: sinonimi e contrari

Il lessico e la grammatica

Avrai notato che, nel racconto di Poe, il personaggio protagonista insiste continuamente sui concetti di pazzia e di sanità mentale – per ovvie ragioni, vista la storia che racconta.
Ti invitiamo a riflettere sui significati precisi dei vari **sinonimi** del termine pazzia: follia • furia

Poe ricorre anche a numerosi **antonimi**, cioè contrari. Eccone alcuni: saggezza • sapienza • prudenza • chiaroveggenza.

Naturalmente, l'abbondanza di questi termini rivela al lettore attento il tema centrale della novella.

more ne soverchiava ogni altro e aumentava continuamente. Diveniva più forte – più forte – più forte! E gli uomini continuavano a ciarlare scherzosamente e sorridevano. Era possibile che non udissero? Dio onnipotente! – no, no! Udivano! – sospettavano! – sapevano! – stavan facendosi beffe del mio orrore! – questo pensavo, e penso ancora. Ma qualunque cosa era meglio di quell'agonia! qualunque cosa era più tollerabile di quella derisione! Non potevo sopportare più a lungo quei loro ipocriti sorrisi! Sentii che bisognava che gridassi o morissi – e adesso – ancora! – ascoltate! più forte! più forte! più forte! –

– Scellerati! – gridai, – non fingete più! Lo confesso – strappate via quelle assi! e qui! è qui! – è il battito del suo cuore spaventoso!

Tutti i racconti e le poesie, trad. di V. Vaquer e A. Traverso, Le lettere

Analisi del testo

Un narratore inattendibile. Il racconto deve la sua originalità al fatto di essere affidato alla voce di un narratore inattendibile, al quale non si può dare credito. Il lettore, infatti, comprende fin dall'inizio che il protagonista del racconto, malgrado le sue proteste, è in realtà un povero folle, e che quindi le sue parole non possono essere considerate veritiere, ma devono essere valutate a partire da questa certezza.
La follia di quest'uomo si manifesta in due modi diversi: da un lato egli è vittima di allucinazioni uditive (che spiega con una particolare sensibilità, ma che in realtà sono evidentemente prodotte dalla sua mente malata, come appare chiaro nell'ultima parte del testo); dall'altro è ossessionato dal difetto fisico del suo padrone (l'occhio da avvoltoio), che gli sembra l'incarnazione di un'oscura minaccia e che lo spinge a ucciderlo senza motivo.

L'inconscio inesplorato. La follia è uno stato patologico che permette all'inconscio del personaggio di emergere e di condizionare il suo comportamento: l'avversione per l'occhio del vecchio è infatti il sintomo di un odio profondo, che il personaggio nega a livello razionale, ma che emerge a livello irrazionale e che lo spinge al delitto; il battito del cuore del morto non esiste nella realtà, ma è percepito dal pazzo perché è la manifestazione del suo senso di colpa, tanto forte da spingerlo a costituirsi.
Si capisce dunque che i racconti fantastici dell'Ottocento romantico non sono solo semplici fantasticherie, divertimenti letterari, giochi ed evasioni della fantasia. Il racconto fantastico ottocentesco rivela infatti ciò che non appare nella realtà, ciò che il racconto realistico non è in grado di analizzare, e ci consente quindi di gettare uno sguardo nelle profondità inesplorate dell'animo umano.

Creare suspense. Il racconto si presenta come un vero e proprio thriller, basato su alcune tecniche finalizzate alla creazione di suspense. Poe, infatti, pur conducendo una ricerca originale e personale, intende anche affascinare il lettore (egli viveva infatti con i proventi dei suoi scritti e doveva perciò mirare a un buon successo di pubblico).
Si noti per esempio come il lettore, pur sapendo fin dall'inizio che il narratore è un assassino, venga spinto a chiedersi per quali ragioni il pazzo abbia commesso un delitto e in che modo l'abbia compiuto. Nella parte centrale del racconto l'autore cambia improvvisamente il ritmo della narrazione, fino ad allora pacata e apparentemente lineare, dilatando il tempo e scandendo le azioni dei personaggi fino a renderli quasi immobili. Nella parte finale, viceversa, il battito del cuore sembra scandire il precipitare degli eventi, e lo stile del racconto si fa sempre più nervoso e frenetico, ricco di domande e di esclamazioni, fino al grido che conclude la vicenda e segna il destino del protagonista.

Proposte di lavoro

1. Riassumi brevemente il racconto, cercando di far emergere le caratteristiche psicologiche del protagonista e le sue ossessioni.
2. Per ciascuna domanda scegli la risposta corretta.

➤ A quale genere appartiene il racconto?
☐ Racconti fantastici ☐ Racconti umoristici

➤ Che tipo di racconti ha scritto Poe?
☐ Racconti fantastici, storici, sociali
☐ Racconti fantastici, umoristici e vari (anche polizieschi)

➤ Come puoi classificare *Il cuore rivelatore*?
☐ Thriller ☐ Horror

➤ Che tipo di narratore è usato in questo racconto?
☐ Narratore esterno ☐ Narratore interno

3. Il protagonista dice di non essere pazzo, ma solo spaventosamente nervoso. Credi a quest'affermazione? Perché?
4. Esamina con attenzione il linguaggio del protagonista e il rapporto tra le sue dichiarazioni e i fatti realmente accaduti. Alla fine il personaggio-narratore risulta credibile? Perché?
5. La psicologia, l'analisi dell'io, l'emergere dell'inconscio sono alcuni dei temi di questo straordinario racconto. Illustra e commenta, con riferimenti al testo, questa affermazione.
6. Individua e descrivi con precisione le tecniche magistralmente usate da Poe per creare suspense. Soffermati sui punti del brano in cui emerge più chiaramente questo aspetto e commentali.

Alessandro Manzoni

I promessi sposi

La vita

Alessandro Manzoni (1785-1873) nacque a Milano, figlio di Pietro Manzoni e di Giulia Beccaria. Dopo l'educazione in diversi collegi religiosi nel 1805 raggiunse la madre a Parigi, dove visse fino al 1810. Furono anni decisivi: sul piano psicologico per il recupero di un rapporto con la madre, su quello culturale per i contatti avuti con gli "ideologi", pensatori che si ricollegavano agli illuministi e che indirizzavano i loro interessi allo studio dell'uomo e della società. Nel 1808 Manzoni sposò Enrichetta Blondel, protestante e profondamente credente. In quegli anni compì il travagliato processo spirituale che culminò nel 1810 con l'adesione alla religione cattolica.

Rientrato a Milano, Manzoni fece della sua casa il punto d'incontro degli intellettuali romantici e liberali. Fra il 1812 e il 1827 Manzoni compose le sue più importanti opere poetiche, teatrali e la prima stesura del romanzo *I promessi sposi*. Nel 1827 trascorse con la famiglia un periodo a Firenze, per conoscere dal vivo la lingua fiorentina, da lui considerata la più adatta a divenire lingua nazionale. Seguì per lo scrittore un periodo di lutti familiari che contribuirono ad aggravare gli stati di depressione di cui soffriva fin da giovane. Nel 1840 si risposò con Teresa Borri Stampa. Intanto concentrava sempre più i suoi interessi sulla **questione della lingua** (➡ *Approfondimento* p. 421) e sulle **problematiche storico-politiche e morali**. Manzoni trascorse gli ultimi anni della sua vita onorato e rispettato come il massimo scrittore italiano vivente.

Le opere

La riflessione di Manzoni prese le mosse dalle idee illuministiche di **libertà** e **uguaglianza**. Dall'analisi della storia e dei rapporti di potere all'interno della società umana, interesse centrale nella sua opera, derivò il suo **pessimismo storico**, cioè la constatazione che nel mondo trionfa spesso il male e che il potere sia nelle mani di oppressori. Tuttavia la fede religiosa lo portò ad attribuire alla storia un **fine ultraterreno**, la realizzazione del regno di Dio, dove trionferà una superiore giustizia. Anche le azioni degli uomini in terra devono conformarsi a questo fine seguendo i princìpi evangelici di amore e fratellanza. Il grande merito del pensiero di Manzoni sta nell'aver fatto dei princìpi cristiani uno strumento di rinnovamento morale e civile della società, conciliandoli con il pensiero liberale.

A un ideale di impegno civile si conformò anche la concezione manzoniana della letteratura che, in accordo con le idee romantiche, doveva essere **moderna** e "**popolare**". Il suo oggetto doveva essere il "vero storico" ricostruito attraverso una scrupolosa documentazione. Compito specifico del poeta era poi l'**analisi psicologica dei protagonisti** dei fatti storici, onde ritrovare la profonda motivazione della storia nella coscienza dell'uomo. A questi nuovi contenuti dovevano corrispondere forme letterarie svincolate dagli schemi classicisti, la cui unica regola fosse il **rispetto della verità**. In questa linea si collocarono le tragedie, in cui l'autore respinse le regole delle unità aristoteliche e soprattutto il **romanzo**, genere letterario libero da condizionamenti formali. Anche la lingua doveva diventare uno strumento più direttamente comunicativo e **vicino all'uso vivo**.

Dopo i componimenti poetici degli anni giovanili, che ricalcavano ancora gusti e forme della poesia neoclassica, Manzoni compose, nei quindici anni centrali della sua vita, tutte le sue opere maggiori. Esse sono: gli *Inni sacri*, poesie di contenuto religioso (*La Resurrezione*, *Il nome di Maria*, *Il Natale*, composti tra il 1812 e il 1813, *La Passione*, scritto fra il 1814 e il 1815 e infine *La Pentecoste*, composto fra il 1817 e il 1822); le odi di contenuto storico-civile (*Marzo 1821* e *Il cinque maggio*, entrambe del 1821); le due opere teatrali, *Il conte di Carmagnola* (1820) e *Adelchi* (1822); il romanzo, la cui prima stesura fu intitolata *Fermo e Lucia* (1821-23) e che prese poi il titolo definitivo di *I promessi sposi*, redatto in due successive versioni (1827 e 1840). Fra le sue maggiori opere di carattere saggistico, ricordiamo: le *Osservazioni sulla morale cattolica* (1819), in cui l'autore presenta la sua concezione cristiana del mondo in armonia con i princìpi liberali; il *Discorso sopra alcuni punti della storia longobardica in Italia* (1822), di carattere storico; due scritti in cui sono espresse le idee sulla letteratura, *Lettre à M. Chauvet sur l'unité de temps et de lieu dans la tragédie* (*Lettera al signor Chauvet sull'unità di tempo e di luogo nella tragedia*) del 1820 e la lettera *Sul romanticismo* indirizzata a Cesare D'Azeglio (1823). Tra i numerosi scritti sulla lingua è importante il trattato *Della lingua italiana*, cui lo scrittore lavorò tra il 1830 e il 1859 e che rimase incompiuto.

Il classico

Il "vero storico"

I promessi sposi viene pubblicato una prima volta nel 1827 e una seconda nel 1840, in una versione completamente rivista dal punto di vista linguistico. L'obiettivo principale di un'opera letteraria era, secondo Manzoni, la rappresentazione di **fatti realmente accaduti** nella storia: attraverso l'analisi e il giudizio critico su di essi, il pubblico avrebbe maturato una nuova coscienza sui problemi politico-sociali del presente. Al **fine educativo** della letteratura era dunque strettamente legato l'**interesse storico-realistico**, cioè l'interesse per la rappresentazione di quello che Manzoni definiva il "vero storico".

Già la composizione delle tragedie (*Il conte di Carmagnola* e *Adelchi*) aveva obbedito a questo obiettivo e, in nome della verità storica, lo scrittore aveva rifiutato i vincoli formali delle unità di tempo e di luogo. Ma egli sentiva come la comunicazione poetica, attraverso il linguaggio della tragedia, fosse ancora inadeguata a raggiungere quel pubblico vasto cui egli invece voleva rivolgersi. Ci voleva un genere più libero di affrontare qualsiasi argomento, più moderno, che utilizzasse un linguaggio alla portata di tutti. Manzoni, influenzato dall'esempio dello scrittore scozzese Walter Scott, scelse il **romanzo storico**, che colloca personaggi inventati in un momento storico reale e ricostruito fedelmente.

"La vicenda"

Il romanzo è ambientato in Lombardia tra il 1628 e il 1630, al tempo della dominazione spagnola, presa da Manzoni come **esempio negativo di potere** basato sul sopruso e sull'arbitrio. Renzo Tramaglino e Lucia Mondella, due giovani popolani che vivono presso Lecco, devono sposarsi, ma il signorotto del luogo, don Rodrigo, per soddisfare il capriccio di far sua Lucia, vuole impedire il matrimonio e intima a don Abbondio, il parroco del paese, di non celebrarlo. Il sacerdote, per paura, ubbidisce e Renzo si infuria, ma inutilmente. Si tenta allora un matrimonio di sorpresa, ma don Abbondio riesce a sventare il tentativo. Il buon frate Cristoforo, che ha preso a cuore la causa dei due giovani, si reca al castello di don Rodrigo per cercare di farlo recedere dal suo infame proposito, ma anche il suo tentativo fallisce. I protagonisti sono quindi costretti a fuggire. Lucia e la madre Agnese si rifugiano in un monastero di Monza; Renzo si reca a Milano diretto al convento dei Cappuccini. Coinvolto nei tumulti popolari provocati dalla carestia, viene arrestato e in seguito liberato a furor di popolo. Fugge allora a Bergamo dove viene accolto da un cugino.

Intanto Lucia viene rapita dal convento di Monza con la complicità della monaca che avrebbe dovuto proteggerla e che invece la consegna all'Innominato, altro prepotente signore della zona, a cui don Rodrigo si è rivolto per portare a termine il proprio piano. Lucia viene trasportata nel castello dell'Innominato ma questi, già da tempo tormentato dai rimorsi, di fronte alle strazianti suppliche di lei e dopo una notte d'angoscia, si pente delle sue scelleratezze e la libera.

L'incontro con il cardinale Federico Borromeo, in visita pastorale in quei luoghi, conferma l'Innominato nel suo proposito di cambiar vita. La Lombardia intanto è straziata dalla guerra. A Milano scoppia la peste. Renzo torna in città per cercarvi Lucia e la trova al lazzaretto, dove è stata ricoverata insieme a centinaia di altri appestati. È in via di guarigione, ma un nuovo impedimento si frappone fra i due giovani: il voto fatto da Lucia alla Madonna, durante la notte del rapimento, di non sposarsi se ne fosse uscita viva. Padre Cristoforo, presente al lazzaretto dove si dedica alla cura degli ammalati e dove di lì a qualche giorno morirà, la scioglie dal voto. Il frate conduce poi Renzo a porgere il suo perdono al capezzale di don Rodrigo morente. La peste infine si placa e, dopo tante vicissitudini, Renzo e Lucia possono finalmente diventare marito e moglie.

La grande novità del romanzo storico di Manzoni fu quella di aver scelto protagonisti appartenenti al **mondo degli umili** e di aver invece messo sullo sfondo la storia dei potenti. Manzoni era infatti convinto che anche le masse, quasi sempre ingiustamente oppresse, collaborano a fare la storia.

Opera
I promessi sposi
Genere
romanzo storico
Epoca
XIX secolo
Lingua
italiano

I promessi sposi, cap. VI

Fra Cristoforo incontra don Rodrigo

Fra Cristoforo, tra le figure dei *Promessi sposi*, è forse quella più vicina alla sensibilità dello scrittore e che più profondamente ne incarna l'ideale cristiano e liberale di fratellanza e giustizia. Umile rappresentante della Chiesa povera, egli opera in difesa degli oppressi, con tutto il fervore suscitato da una fede autentica e profonda. Quando apprende che Lucia è in pericolo, non esita a recarsi nel palazzotto di don Rodrigo e ad affrontarlo personalmente, per indurlo a compiere "un atto di giustizia" e far trionfare la forza del diritto e non quella della sopraffazione. La scena del colloquio fra il frate e il signorotto, collocata nei capitoli iniziali del romanzo, costituisce uno dei momenti più intensi e drammatici del racconto: da una parte l'orgoglio e la protervia conseguenti all'uso costante della violenza, dall'altra la forza data dalla fede e dalla certezza di agire per una causa giusta. Il frate, dapprima paziente e noncurante dell'offesa arrecata alla sua persona, secondaria rispetto alla missione che sta compiendo, esplode di sdegno quando don Rodrigo, nella sua tracotanza, propone di prendere Lucia sotto la sua protezione. Le parole di don Rodrigo sono quasi un'empia sfida a Dio che gli manda un avvertimento tramite il frate. Di fronte a essa Cristoforo non esita a proclamare con forza la propria certezza che Dio protegge gli oppressi e difende i loro diritti.
Il brano, tratto dal VI capitolo, affronta il tema dell'ingiustizia spesso presente nella società degli uomini e, contemporaneamente, della fede in una superiore giustizia, voluta da Dio, che infallibilmente trionferà.

«In che posso ubbidirla?»[1] disse don Rodrigo, piantandosi in piedi nel mezzo della sala. Il suono delle parole era tale; ma il modo con cui eran proferite, voleva dir chiaramente, bada a chi sei davanti, pesa le parole, e sbrigati.

Per dar coraggio al nostro fra Cristoforo, non c'era mezzo più sicuro e più spedito, che prenderlo con maniera arrogante.[2] Egli che stava sospeso, cercando le parole, e facendo scorrere tra le dita le ave marie della corona che teneva a cintola, come se in qualcheduna di quelle sperasse di trovare il suo esordio;[3] a quel fare di don Rodrigo, si sentì subito venir sulle labbra più parole del bisogno. Ma pensando quanto importasse di non guastare i fatti suoi o, ciò ch'era assai più, i fatti altrui, corresse e temperò[4] le frasi che gli si eran presentate alla mente, e disse, con guardinga umiltà: «vengo a proporle un atto di giustizia, a pregarla d'una carità. Cert'uomini di mal affare hanno messo innanzi il nome di vossignoria illustrissima,[5] per far paura a un povero curato, e impedirgli di compiere il suo dovere, e per soverchiare due innocenti. Lei può, con una parola, confonder coloro, restituire al diritto la sua forza, a sollevar quelli a cui è fatta una così crudel violenza. Lo può; e potendolo... la coscienza, l'onore...» «Lei mi parlerà della mia coscienza, quando verrò a confessarmi da lei. In quanto al mio onore, ha da sapere che il custode ne son io, e io solo; e che chiunque ardisca entrare a parte me di questa cura,[6] lo riguardo come il temerario che l'offende».

1. **«In che posso ubbidirla?»:** la domanda di don Rodrigo è una formula d'obbligo; ma il suo atteggiamento e il suo tono di voce dichiarano che egli non ha alcuna intenzione di essere accondiscendente con fra Cristoforo.
2. **Per dar coraggio... arrogante:** padre Cristoforo, prima di farsi frate, era stato ricco e potente e pur essendo nemico del sopruso e dell'insolenza, aveva un carattere orgoglioso e fiero. Egli aveva ucciso un uomo che gli si era prepotentemente opposto e, per espiare questo delitto, aveva vestito il saio di cappuccino. Gli antichi sentimenti si risvegliavano quindi di fronte alla prepotenza e all'arroganza e riaffiorava l'antica abitudine a non piegare il capo e a reagire con forza alle prepotenze.
3. **di trovare il suo esordio:** di trovar la forza di incominciare il discorso.
4. **corresse e temperò:** fra Cristoforo corregge e mitiga le parole che spontaneamente gli affiorano alla mente, poiché la missione di carità che sta compiendo in favore di altri richiede da lui un comportamento umile e vigilato.
5. **vossignoria illustrissima:** il padre si sforza di usare il linguaggio ossequioso tipico del formalismo seicentesco.
6. **ardisca... cura:** si permetta di condividere questa mia preoccupazione, di occuparsi della mia coscienza.

Fra Cristoforo, avvertito da queste parole che quel signore cercava di tirare al peggio le sue, per volgere il discorso in contesa, e non dargli luogo di venire alle strette,[7] s'impegnò tanto più alla sofferenza,[8] risolvette di mandar giù qualunque cosa piacesse all'altro di dire, e rispose subito, con un tono sommesso: «se ho detto cosa che le dispiaccia, è stato certamente contro la mia intenzione. Mi corregga pure, mi riprenda, se non so parlare come si conviene; ma si degni ascoltarmi. Per amor del cielo, per quel Dio, al cui cospetto dobbiam tutti comparire...» e, così dicendo, aveva preso tra le dita e metteva davanti agli occhi del suo accigliato ascoltatore il teschietto di legno attaccato alla sua corona, «non s'ostini a negare una giustizia così facile, e così dovuta a de' poverelli. Pensi che Dio ha sempre gli occhi sopra di loro, e che le loro grida, i loro gemiti sono ascoltati lassù. L'innocenza è potente al suo...».[9]

«Eh, padre!» interruppe bruscamente don Rodrigo: «il rispetto ch'io porto al suo abito è grande: ma se qualche cosa potesse farmelo dimenticare, sarebbe il vederlo indosso a uno che ardisse di venire a farmi la spia in casa».

Questa parola fece venir le fiamme sul viso del frate: il quale però, col sembiante[10] di chi inghiottisce una medicina molto amara, riprese: «lei non crede che un tal titolo mi si convenga. Lei sente in cuor suo, che il passo ch'io fo ora qui, non è né vile né spregevole. M'ascolti, signor don Rodrigo; e voglia il cielo che non venga un giorno in cui si penta di non avermi ascoltato. Non voglia metter la sua gloria...[11] qual gloria, signor don Rodrigo! qual gloria dinanzi agli uomini! E dinanzi a Dio! Lei può molto quaggiù; ma...».

«Sa lei», disse don Rodrigo, interrompendo, con istizza, ma non senza qualche raccapriccio, «sa lei che, quando mi viene lo schiribizzo[12] di sentire una predica, so benissimo andare in chiesa, come fanno gli altri? Ma in casa mia! Oh!» e continuò, con un sorriso forzato di scherno: «lei mi tratta da più di quel che sono. Il predicatore in casa! Non l'hanno che i principi».

«E quel Dio che chiede conto ai principi della parola che fa loro sentire, nelle loro regge; quel Dio le usa ora un tratto di misericordia, mandando un suo ministro, indegno e miserabile, ma un suo ministro, a pregar per una innocente...».

«In somma, padre», disse don Rodrigo, facendo atto d'andarsene, «io non so quel che lei voglia dire: non capisco altro se non[13] che ci dev'essere qualche fanciulla che le preme molto. Vada a far le sue confidenze a chi le piace; e non si prenda la libertà d'infastidir più a lungo un gentiluomo».

Al moversi di don Rodrigo, il nostro frate gli s'era messo davanti, ma con gran rispetto; e, alzate le mani, come per supplicare e per trattenerlo ad un punto, rispose ancora: «la mi preme, è vero, ma non più di lei; son due anime che, l'una e l'altra, mi premon più del mio sangue. Don Rodrigo! io non posso far altro per lei, che pregar Dio, ma lo farò ben di cuore. Non mi dica di no: non voglia tener nell'angoscia e nel terrore una povera innocente. Una parola di lei può far tutto».

«Ebbene,» disse don Rodrigo, «giacché lei crede ch'io possa far molto per questa persona; giacché questa persona le sta tanto a cuore...».

«Ebbene?» riprese ansiosamente il padre Cristoforo, al quale l'atto e il contegno di don Rodrigo non permettevano d'abbandonarsi alla speranza che parevano annunziare quelle parole.

«Ebbene, la consigli di venire a mettersi sotto la mia protezione. Non le mancherà più nulla, e nessuno ardirà d'inquietarla, o ch'io non son cavaliere».

A siffatta proposta, l'indegnazione del frate, rattenuta a stento fin allora, traboccò. Tutti que' bei proponimenti di prudenza e di pazienza andarono in fumo: l'uomo vecchio si trovò d'accordo col nuovo; e, in que' casi, fra Cristoforo valeva veramente per due. «La vo-

7. **tirare al peggio... alle strette:** rigirare contro di lui le sue stesse parole per giungere allo scontro e non permettergli di arrivare al punto sull'argomento che più gli stava a cuore.
8. **sofferenza:** sopportazione.
9. **L'innocenza è potente al suo...:** cospetto, stava per dire il frate, ma don Rodrigo lo interrompe bruscamente, poiché non vuole sentire parlare di Dio, gli fa paura: nonostante la sua empietà, è rimasta al fondo della sua coscienza la minacciosa presenza di una forza superiore.
10. **col sembiante:** con l'aspetto, il volto.
11. **la sua gloria...:** la gloria che a don Rodrigo può derivare dalle sue imprese scellerate.
12. **schiribizzo:** ghiribizzo, capriccio, voglia.
13. **non capisco altro se non...:** il carattere di don Rodrigo è falso e sfuggente. Egli respinge le proprie responsabilità, finge di non capire e, abituato com'è alla violenza, non tenta neppure di dare una spiegazione.

stra protezione!» esclamò, dando indietro due passi, postandosi fieramente sul piede destro, mettendo la destra sull'anca, alzando la sinistra con l'indice teso verso don Rodrigo, e piantandogli in faccia due occhi infiammati: «la vostra protezione! È meglio che abbiate parlato così, che abbiate fatta a me una tale proposta. Avete colmata la misura; e non vi temo più».

«Come parli, frate?...»[14]

«Parlo come si parla a chi è abbandonato da Dio, e non può più far paura. La vostra protezione! Sapevo bene che quella innocente è sotto la protezione di Dio; ma voi, voi me lo fate sentire ora, con tanta certezza, che non ho più bisogno di riguardi a parlarvene. Lucia, dico: vedete come io pronunzio questo nome con la fronte alta, e con gli occhi immobili».

«Come! in questa casa...!»

«Ho compassione di questa casa: la maledizione[15] le sta sopra sospesa. State a vedere che la giustizia di Dio avrà riguardo a quattro pietre, e suggezione di quattro sgherri. Voi avete creduto che Dio abbia fatta una creatura a sua immagine, per darvi il piacere di tormentarla! Voi avete creduto che Dio non saprebbe difenderla! Voi avete disprezzato il suo avviso! Vi siete giudicato. Il cuore di Faraone[16] era indurito quanto il vostro; e Dio ha saputo spezzarlo. Lucia è sicura da voi: ve lo dico io povero frate; e in quanto a voi, sentite bene quel ch'io vi prometto. Verrà un giorno...».

Don Rodrigo era fin allora rimasto tra la rabbia e la maraviglia, attonito, non trovando parole; ma, quando sentì intonare una predizione, s'aggiunse alla rabbia un lontano e misterioso spavento.

Afferrò rapidamente per aria quella mano minacciosa, e, alzando la voce, per troncar quella dell'infausto profeta, gridò: «escimi di tra' piedi, villano temerario, poltrone[17] incappucciato».

Queste parole così chiare acquietarono in un momento il padre Cristoforo. All'idea di strapazzo e di villania era, nella sua mente, così bene, e da tanto tempo, associata l'idea di sofferenza e di silenzio, che, a quel complimento, gli cadde ogni spirito d'ira e d'entusiasmo, e non gli restò altra risoluzione che quella d'udir tranquillamente ciò che a don Rodrigo piacesse d'aggiungere. Onde, ritirata placidamente la mano dagli artigli del gentiluomo, abbassò il capo, e rimase immobile, come, al cader del vento, nel forte della burrasca, un albero agitato ricompone naturalmente i suoi rami, e riceve la grandine come il ciel la manda.

«Villano rincivilito!» proseguì don Rodrigo: «tu tratti da par tuo. Ma ringrazia il saio che ti copre codeste spalle di mascalzone, e ti salva dalle carezze che si fanno a' tuoi pari, per insegnar loro a parlare. Esci con le tue gambe, per questa volta; e la vedremo».

Così dicendo, additò, con impero sprezzante, un uscio in faccia a quello per cui erano entrati; il padre Cristoforo chinò il capo, e se n'andò, lasciando don Rodrigo a misurare, a passi infuriati, il campo di battaglia.

14. «Come parli, frate?...»: dal riguardoso "lei" iniziale don Rodrigo passa a un "tu" carico d'offesa.
15. la maledizione: la replica di fra Cristoforo non è offensiva, ma ha la solennità di un discorso profetico. Nota, per esempio, la ripetizione per tre volte delle parole "Voi avete".
16. Il cuore di Faraone: richiamo biblico al faraone che perseguitò gli ebrei durante il loro forzato esilio in Egitto.
17. villano... poltrone: contadino, plebeo, vile. Gli insulti di don Rodrigo vogliono ristabilire la differenza sociale fra sé e il frate. Anche più avanti lo chiamerà *villano rincivilito*, ossia plebeo che si dà arie da uomo raffinato.

Analisi del testo

Un dialogo che sembra un duello. Il dialogo fra i due personaggi ha la forma del duello. Esso può essere diviso in tre fasi: nella prima prevale don Rodrigo; nella seconda la forza morale e l'indignazione di fra Cristoforo prendono il sopravvento; nella terza infine ritorna ad affermarsi don Rodrigo.
L'offensiva di quest'ultimo inizia da subito: non offre da sedere al suo ospite che viene anzi invitato bruscamente a dire in fretta il perché della sua visita. Fra Cristoforo risponde con maniere formalmente ossequiose ma in realtà con quella che appare una vera dichiarazione di guerra: in modo del tutto antidiplomatico, propone al suo interlocutore un atto di giustizia, dunque dovuto, e prima ancora di avere una risposta si appella alla coscienza e all'onore, termini scomodi per don Rodrigo, il quale risponde in maniera stizzita ma generica e dunque ancora cauta. Alla ribattuta del frate, il nobile passa però all'offensiva più personale, dandogli della spia e insinuando maligna-

mente al suo riguardo. Alle risposte del frate, fintamente impacciate e smozzicate ma in realtà capaci di andare dritte al bersaglio, egli poi reagisce incattivendosi sempre di più, inseguito cupamente dall'ombra della malefatta commessa.
All'oscena proposta di don Rodrigo di far andare Lucia sotto la sua protezione, fra Cristoforo rompe ogni indugio e si decide a parlare come si parla a chi è abbandonato da Dio. È il momento più drammatico del dialogo, quando il nome di Lucia può essere pronunciato con la fronte alta e con gli occhi immobili. Si noti come il frate, rivolgendosi a don Rodrigo, passi dal "lei" al "voi" (enfaticamente ripetuto più volte), mentre per converso questi scenda al "tu" («Come parli, frate?»). L'enfasi progressiva del discorso di fra Cristoforo prepara l'effetto finale dell'inizio di una profezia: «Verrà un giorno...»
Nell'ultima parte della scena don Rodrigo riprende il sopravvento, ma in realtà solo a parole, ormai dominato com'è da una paura interna che lo ossessiona. Fra Cristoforo, da buon cristiano, china il capo umile di fronte all'ingiuria ed esce di scena. Don Rodrigo resta il padrone del campo. Ma chi è il vincitore?

Proposte di lavoro

1. L'incontro fra i due personaggi protagonisti di questo brano può essere suddiviso in tre fasi. Individuale e riassumile brevemente in una tabella simile a quella proposta.

I fase	
II fase	
III fase	

2. Indica qual è il motivo che provoca il brusco cambiamento di tono e di atteggiamento da parte di fra Cristoforo e quali sono le conseguenze di tale cambiamento.

3. Anche il personaggio di don Rodrigo cambia, dal punto di vista dell'atteggiamento esteriore, nel corso dell'incontro.
- Il suo atteggiamento iniziale è falso. In quali parole e in quali atteggiamenti ciò si manifesta?
- Perché don Rodrigo simula?
- Che cosa lo trattiene?
- In quale punto del brano il suo atteggiamento cambia profondamente?
- In quali parole e atteggiamenti si manifesta il reale modo di essere di don Rodrigo?

4. L'incontro fra i due personaggi si configura quasi come un duello in cui uno dei due attacca e l'altro si difende, per poi attaccare a sua volta.
- Qual è il momento più drammatico dello scontro?
- Alla fine quale tra i contendenti risulta essere il vincitore e in che cosa consiste la sua vittoria?

5. La riflessione da una parte sul tema dell'ingiustizia spesso presente nella società degli uomini e dall'altra sul tema della fede e della Provvidenza divina capaci di ricondurre le umane vicende a una giustizia superiore è chiaramente presente in questo brano.
- Individua e commenta i punti del brano in cui il tema della Provvidenza ti sembra più esplicito.

6. Secondo il critico Momigliano «il motivo animatore del colloquio è la penetrazione nell'atteggiamento del prepotente, il quale ha un'oscura consapevolezza della propria malvagità, ma, poiché questa è diventata la sua vita, la difende come una fortezza assediata». Illustra e commenta quest'affermazione.

Approfondimento

La questione della lingua

L'Ottocento è, dopo il Cinquecento, il secolo in cui la cosiddetta "**questione della lingua**" (cioè il dibattito su quale lingua dovesse usarsi in letteratura) assume grande importanza.
I grandi cambiamenti sociali provocati dalla Rivoluzione francese e dalla conquista napoleonica avevano portato alla nascita di un **nuovo pubblico** più ampio di quello aristocratico del secolo precedente, dotato di strumenti culturali diversi, con esigenze diverse, che non potevano essere soddisfatte con gli strumenti letterari e linguistici tradizionali.
Il movimento risorgimentale, che mirava alla creazione di uno Stato unitario, poneva indirettamente il problema della lingua che vi sarebbe stata usata: se è vero infatti che i letterati italiani avevano adottato una lingua comune fin dal Cinquecento (quella esemplata, secondo le indicazioni del cardinal Bembo, sui grandi modelli trecenteschi Petrarca e Boccaccio), è altrettanto vero che questa lingua era stata esclusivamente letteraria e che nella pratica quotidiana ogni regione usava il proprio **dialetto**.
La questione della lingua fu posta all'attenzione del mondo intellettuale italiano, nel 1808 e nel 1813, da due opere di padre **Antonio Cesari**, sacerdote e filologo, fondatore del **movimento purista**. Cesari sosteneva che l'italiano aveva raggiunto la sua massima perfezione nel Trecento, secolo in cui tutti parlavano e scrivevano bene, e da allora in poi era andato degenerando, a causa della continua introduzione di nuovi vocaboli e di nuove espressioni che l'avevano, per così dire, imbastardito. Egli proponeva quindi di ritornare a usare la lingua del Trecento. Alla posizione di Cesari si oppose la **teoria classicistica**, sostenuta fra gli altri da **Monti** e da **Leopardi**. I classicisti, coerentemente con il loro ideale di armonia e di limpidezza espressiva, pensavano che il momento di massimo splendore della lingua italiana fosse stato il periodo rinascimentale. Agli scrittori del Rinascimento e del primo Barocco era quindi necessario rifarsi per riportare la lingua italiana allo splendore di un tempo.
Ben diversa era la posizione dei **romantici**, che sostenevano la necessità di una **lingua «viva e vera»** (secondo le parole di Manzoni), che non fosse soltanto uno strumento letterario, ma che diventasse un mezzo di comunicazione quotidiano e diffuso al di fuori della ristretta schiera dei dotti.
Secondo **Manzoni**, il criterio fondamentale che doveva guidare la scelta dello scrittore era l'uso dei suoi contemporanei; ma naturalmente, all'interno dei vari registri che qualsiasi lingua viva possiede, egli sceglie un registro relativamente sostenuto, evitando di utilizzare le voci e le espressioni più popolari e plebee.

Opera
I promessi sposi
Epoca
XIX secolo
Genere
romanzo storico
Lingua
italiano

I promessi sposi, cap. XIII

I tumulti popolari a Milano

La carestia colpisce da tempo la Lombardia. A Milano manca il grano, i prezzi del pane salgono e le autorità cittadine intervengono con provvedimenti tardivi e sbagliati. Il popolo esasperato scende in piazza. Si tratta dei tumulti che scoppiarono a Milano nel novembre del 1628. Renzo, giunto in città per recarsi al convento dei Cappuccini, si lascia coinvolgere dalla folla che dà l'assalto ai forni del pane e poi si dirige contro il vicario di provvigione, il magistrato incaricato di sovrintendere all'approvvigionamento alimentare della città, individuato come il responsabile della mancanza di grano. Nel brano che proponiamo, tratto dal XIII capitolo, la massa in rivolta viene rappresentata come «un'accozzaglia di gente varia», un «corpaccio» senza testa, spinto ad agire dagli impulsi più incontrollabili e insensati. Ne emerge implicitamente un giudizio negativo sulla possibilità da parte del popolo di instaurare una società egualitaria attraverso l'azione diretta. Secondo la visione liberale-moderata che Manzoni condivise, il processo democratico non deve essere violento, ma graduale e guidato da chi ha la preparazione culturale per governare, cioè dalla borghesia che, in nome dei princìpi di giustizia, si deve far carico dei bisogni della popolazione. In questo modo lo scrittore intende conciliare le esigenze del rinnovamento sociale con la morale evangelica, basata sulla giustizia e sulla non violenza.

Lo sventurato vicario[1] stava, in quel momento, facendo un chilo agro e stentato[2] d'un desinare biascicato senza appetito, e senza pan fresco; e attendeva, con gran sospensione, come avesse a finire[3] quella burrasca, lontano però dal sospettar che dovesse cader così spaventosamente addosso a lui. Qualche galantuomo precorse di galoppo la folla, per avvertirlo di quel che gli sovrastava.[4] I servitori, attirati già dal rumore sulla porta, guardavano sgomentati lungo la strada, dalla parte donde il rumore veniva avvicinandosi. Mentre ascoltan l'avviso, vedon comparire la vanguardia:[5] in fretta e in furia, si porta l'avviso al padrone: mentre questo pensa a fuggire, e come fuggire, un altro viene a dirgli che non è più a tempo. I servitori ne hanno appena tanto che basti per chiuder la porta. Metton la stanga, metton puntelli, corrono a chiudere le finestre, come quando si vede venire avanti un tempo nero, e s'aspetta la grandine, da un momento all'altro. L'urlìo crescente, scendendo dall'alto come un tuono, rimbomba nel voto cortile; ogni buco della casa ne rintrona: e di mezzo al vasto e confuso strepito, si senton forti e fitti colpi di pietre alla porta.

«Il vicario! Il tiranno! L'affamatore! Lo vogliamo! vivo o morto!»

Il meschino girava di stanza in stanza, pallido, senza fiato, battendo palma a palma, raccomandandosi a Dio, e a' suoi servitori, che tenessero fermo,[6] che trovassero la maniera di farlo scappare. Ma come, e di dove? Salì in soffitta; da un pertugio,[7] guardò ansiosamente nella strada, e la vide piena zeppa di furibondi; sentì le voci che chiedevan la sua morte; e più smarrito che mai, si ritirò e andò a cercare il più sicuro e riposto[8] nascondiglio. Lì rannicchiato, stava attento, attento, se mai il funesto rumore s'affievolisse, se il tumulto s'acquietasse un poco; ma sentendo in vece il muggito alzarsi più feroce e più rumoroso e raddoppiare i picchi,[9] preso da nuovo soprassalto al cuore, si turava gli orecchi in fretta. Poi, come fuori

1. **vicario:** Ludovico Melzi d'Eril, la cui autorità era soggetta a quella del vicegovernatore Antonio Ferrer.
2. **chilo... stentato:** una digestione difficile.
3. **attendeva... finire:** attendeva con grande apprensione come sarebbe finita.
4. **di quel ... sovrastava:** dal fatto che la massa che aveva devastato un forno nel centro cittadino, stava ora dirigendosi inferocita verso la sua casa.
5. **vanguardia:** mentre ascoltavano il rumore che annunciava l'arrivo della folla (*l'avviso*), vedono comparire l'avanguardia.
6. **tenessero fermo:** resistessero.
7. **pertugio:** spiraglio.
8. **riposto:** riparato.
9. **picchi:** colpi alla porta.

di sé, stringendo i denti, e raggrinzando il viso, stendeva le braccia, e puntava i pugni, come se volesse tener ferma la porta... Del resto, quel che facesse precisamente non si può sapere, giacché era solo; e la storia è costretta a indovinare. Fortuna che c'è avvezza.[10]

Renzo, questa volta,[11] si trovava nel forte del tumulto, non già portatovi dalla piena, ma cacciatovisi deliberatamente. A quella prima proposta di sangue,[12] aveva sentito il suo rimescolarsi tutto; in quanto al saccheggio, non avrebbe saputo dire se fosse bene o male in quel caso; ma l'idea dell'omicidio gli cagionò un orrore pretto[13] e immediato. E quantunque, per quella funesta docilità degli animi appassionati all'affermare appassionato di molti,[14] fosse persuasissimo che il vicario era la cagion principale della fame, il nemico de' poveri, pure, avendo, al primo moversi della turba,[15] sentita a caso qualche parola che indicava la volontà di fare ogni sforzo per salvarlo, s'era subito proposto d'aiutare anche lui un'opera tale; e, con quest'intenzione, s'era cacciato, quasi fino a quella porta, che veniva travagliata[16] in cento modi. Chi con ciottoli picchiava su' chiodi della serratura, per isconficcarla; altri, con pali e scarpelli e martelli, cercavano di lavorar più in regola: altri poi, con pietre, con coltelli spuntati, con chiodi, con bastoni, con l'unghie, non avendo altro, scalcinavano e sgretolavano il muro, e s'ingegnavano di levare i mattoni, e fare una breccia. Quelli che non potevano aiutare, facevan coraggio con gli urli; ma nello stesso tempo, con lo star lì a pigiare,[17] impicciavan di più il lavoro già impicciato dalla gara disordinata de' lavoranti: giacché, per grazia del cielo, accade talvolta anche nel male quella cosa troppo frequente nel bene, che i fautori più ardenti[18] divengano un impedimento.

I magistrati[19] ch'ebbero i primi l'avviso di quel che accadeva, spediron subito a chieder soccorso al comandante del castello, che allora si diceva di porta Giovia,[20] il quale mandò alcuni soldati. Ma, tra l'avviso, e l'ordine, e il radunarsi, e il mettersi in cammino, e il cammino, essi arrivarono che la casa era già cinta di vasto assedio; e fecero alto[21] lontano da quella, all'estremità della folla. L'ufiziale che li comandava, non sapeva che partito prendere. Lì non era altro che una, lasciatemi dire, accozzaglia[22] di gente varia d'età e di sesso, che stava a vedere. All'intimazioni che gli venivan fatte, di sbandarsi, e di dar luogo, rispondevano con un cupo e lungo mormorìo; nessuno si moveva. Far fuoco sopra quella ciurma, pareva all'ufiziale cosa non solo crudele, ma piena di pericolo; cosa che, offendendo i meno terribili, avrebbe irritato i molti violenti: e del resto, non aveva una tale istruzione.[23] Aprire quella prima folla, rovesciarla a destra e a sinistra, e andare avanti a portar la guerra a chi la faceva, sarebbe stata la meglio; ma riuscirvi, lì stava il punto. Chi sapeva se i soldati avrebbero potuto avanzarsi uniti e ordinati? Che se, invece di romper la folla, si fossero sparpagliati loro tra quella, si sarebber trovati a sua discrezione,[24] dopo averla aizzata. L'irresolutezza del comandante e l'immobilità de' soldati parve, a diritto[25] o a torto, paura. La gente che si trovavan vicino a loro, si contenevano di guardargli in viso, con un'aria, come si dice, di me n'impipo,[26] quelli ch'erano un po' più lontani, non se ne stavano[27] di provocarli, con visacci e con grida di scherno; più in là, pochi sapevano o

10. **Fortuna che c'è avvezza:** è una breve pausa ironica nella tensione del racconto. Colui che ricostruisce la storia, dice Manzoni, deve ricreare con la fantasia i caratteri e i sentimenti che verosimilmente i personaggi hanno vissuto, ma che non vengono annotati nelle cronache e nei documenti. È questo un esempio di quella commistione fra realtà e invenzione che sta alla base del romanzo storico.

11. **Renzo, questa volta:** nei capitoli precedenti, che narravano l'assalto al forno del pane, Renzo era presente, ma come spettatore ignaro, coinvolto un po' casualmente nel tumulto. Ora invece egli assume un ruolo attivo e volontario nella vicenda.

12. **proposta di sangue:** le grida minacciose di poco prima: «Lo vogliamo! vivo o morto!».

13. **gli cagionò... pretto:** gli provocò un orrore assoluto (*pretto*), certo. È detto in contrasto con la sua indecisione nei confronti del saccheggio.

14. **E quantunque... molti:** Manzoni vuole dire che gli animi in preda alla passione sono purtroppo facilmente portati a seguire (*funesta docilità*) quanto la folla afferma e vuole.

15. **turba:** folla.

16. **travagliata:** colpita, tartassata.

17. **pigiare:** spingere, ammassarsi.

18. **fautori più ardenti:** coloro che con più forza sostengono una idea o un progetto. L'annotazione è ironica e mostra la mescolanza inscindibile tra il bene e il male.

19. **magistrati:** autorità cittadine preposte anche all'ordine pubblico.

20. **porta Giovia:** una delle porte del Castello Sforzesco, destinato a caserma sino alla fine del secolo scorso.

21. **fecero alto:** si fermarono.

22. **accozzaglia:** miscuglio senza ordine, scomposto. Emerge qui il giudizio negativo che Manzoni dà della folla in tumulto. Più avanti la chiamerà ciurma, gentaglia.

23. **istruzione:** comando.

24. **a sua discrezione:** in potere della folla.

25. **a diritto:** a ragione.

26. **con un'aria... di me n'impipo:** con l'aria di infischiarsene.

27. **non se ne stavano:** non si trattenevano.

si curavano che ci fossero; i guastatori seguitavano a smurare,[28] senz'altro pensiero che di riuscir presto nell'impresa; gli spettatori non cessavano d'animarla con gli urli.

Spiccava tra questi, ed era lui stesso spettacolo, un vecchio mal vissuto, che, spalancando due occhi affossati e infocati, contraendo le grinze[29] a un sogghigno di compiacenza diabolica, con le mani alzate sopra una canizie vituperosa,[30] agitava in aria un martello, una corda, quattro gran chiodi, con che diceva di voler attaccare il vicario a un battente della sua porta, ammazzato che fosse.

«Oibò! vergogna!»[31] scappò fuori a Renzo, inorridito a quelle parole, alla vista di tant'altri visi che davan segno d'approvarle, e incoraggito dal vederne degli altri, sui quali, benché muti, traspariva lo stesso orrore del quale era compreso lui. «Vergogna! Vogliam noi rubare il mestiere al boia? assassinare un cristiano? Come volete che Dio ci dia del pane, se facciamo di queste atrocità? Ci manderà de' fulmini, e non del pane!»

«Ah cane! ah traditor della patria!» gridò, voltandosi a Renzo, con un viso da indemoniato, un di coloro che avevan potuto sentire tra il frastono quelle sante parole. «Aspetta, aspetta! È un servitore del vicario, travestito da contadino: è una spia: dalli, dalli!»[32] Cento voci si spargono all'intorno. «Cos'è? dov'è? chi è? Un servitore del vicario. Una spia. Il vicario travestito da contadino, che scappa. Dov'è? dov'è? dalli, dalli!»

Renzo ammutolisce, diventa piccino piccino, vorrebbe sparire; alcuni suoi vicini lo prendono in mezzo; e con alte e diverse grida cercano di confondere quelle voci nemiche e omicide. Ma ciò che più di tutto lo servì,[33] fu un «largo, largo», che si sentì gridar lì vicino: «largo! è qui l'aiuto: largo, ohe!»

Cos'era? Era una lunga scala a mano, che alcuni portavano, per appoggiarla alla casa, e entrarci da una finestra. Ma per buona sorte, quel mezzo, che avrebbe resa la cosa facile, non era facile esso a mettere in opera. I portatori, all'una e all'altra cima, e di qua e di là della macchina,[34] urtati, scompigliati, divisi dalla calca, andavano a onde: uno, con la testa tra due scalini, e gli staggi[35] sulle spalle, oppresso come sotto un giogo scosso, mugghiava,[36] un altro veniva staccato dal carico con una spinta; la scala abbandonata picchiava spalle, braccia, costole: pensate cosa dovevan dire coloro de' quali erano. Altri sollevano con le mani il peso morto, vi si caccian sotto, se lo mettono addosso, gridando: «animo! andiamo!» La macchina fatale s'avanza balzelloni, e serpeggiando. Arrivò a tempo a distrarre e a disordinare i nemici di Renzo, il quale profittò della confusione nata nella confusione; e, quatto quatto sul principio, poi giocando di gomita a più non posso, s'allontanò da quel luogo, dove non c'era buon'aria per lui, con l'intenzione anche d'uscire, più presto che potesse, dal tumulto, e d'andar davvero a trovare o a aspettare il padre Bonaventura.

Tutt'a un tratto, un movimento straordinario cominciato a una estremità, si propaga per la folla, una voce si sparge, viene avanti di bocca in bocca: «Ferrer! Ferrer!»[37] Una maraviglia, una gioia, una rabbia, un'inclinazione,[38] una ripugnanza, scoppiano per tutto dove arriva quel nome; chi lo grida, chi vuol soffogarlo; chi afferma, chi nega, chi benedice, chi bestemmia.

«È qui Ferrer! – Non è vero, non è vero! – Sì, sì; viva Ferrer! quello che ha messo il pane a buon mercato. – No, no! – È qui, è qui in carrozza. – Cosa importa? che c'entra lui? non vogliamo nessuno! – Ferrer! viva Ferrer! l'amico della povera gente! viene per con-

28. **smurare:** colpire il muro per abbatterlo.
29. **grinze:** rughe.
30. **canizie vituperosa:** i capelli bianchi del vecchio sono il simbolo della sua vecchiaia orribile, che offende. In questa figura di vecchio quasi diabolico si riassume l'orrore che Manzoni prova per le scene di violenza collettiva.
31. **«Oibò! vergogna!»:** Renzo, per quanto ingenuamente e irrazionalmente si sia lasciato coinvolgere nel tumulto e Manzoni per questo lo condanni, conserva pur sempre il fondo buono e onesto di contadino timorato di Dio che è la caratteristica fondamentale di questo personaggio.
32. **È un servitore... dalli!:** la vera identità di Renzo è fraintesa. La deformazione della verità, l'inseguire il pregiudizio e la "voce", il "sentito dire", è una caratteristica ricorrente nelle folle del romanzo.
33. **lo servì:** lo aiutò.
34. **macchina:** in questo caso la scala è diventata una macchina da guerra come quelle di cui anticamente si munivano gli assedianti delle città per dar l'assalto alle mura.
35. **staggi:** aste laterali su cui sono infissi gli scalini.
36. **mugghiava:** si lamentava rumoreggiando con suoni animaleschi.
37. **Ferrer:** Antonio Ferrer, di origine spagnola, Gran cancelliere dello Stato di Milano dal 1619 al 1634. Con un decreto aveva abbassato il prezzo del pane e per questo atto, contrario ai princìpi dell'economia liberista, è criticato da Manzoni.
38. **inclinazione:** simpatia.

durre in prigione il vicario. – No, no: vogliamo far giustizia noi: indietro, indietro! – Sì, sì: Ferrer! venga Ferrer! in prigione il vicario!»

E tutti, alzandosi in punta di piedi, si voltano a guardare da quella parte donde s'annunziava l'inaspettato arrivo. Alzandosi tutti, vedevano né più né meno che se fossero stati tutti con le piante in terra; ma tant'è, tutti s'alzavano.

In fatti, all'estremità della folla, dalla parte opposta a quella dove stavano i soldati, era arrivato in carrozza Antonio Ferrer, il gran cancelliere; il quale, rimordendogli probabilmente la coscienza d'esser co' suoi spropositi e con la sua ostinazione, stato causa, o almeno occasione di quella sommossa, veniva ora a cercar d'acquietarla, e d'impedirne almeno il più terribile e irreparabile effetto: veniva a spender bene una popolarità mal acquistata.

Ne' tumulti popolari[39] c'è sempre un certo numero d'uomini che, o per un riscaldamento di passione, o per una persuasione fanatica, o per un disegno scellerato, o per un maledetto gusto del soqquadro,[40] fanno di tutto per ispinger le cose al peggio; propongono o promuovono i più spietati consigli, soffian nel fuoco ogni volta che principia a illanguidire;[41] non è mai troppo per costoro; non vorrebbero che il tumulto avesse né fine né misura. Ma per contrappeso, c'è sempre anche un certo numero d'altri uomini che, con pari ardore e con insistenza pari, s'adoprano per produr l'effetto contrario: taluni mossi da amicizia o da parzialità[42] per le persone minacciate; altri senz'altro impulso che d'un pio e spontaneo orrore del sangue e de' fatti atroci. Il cielo li benedica. In ciascuna di queste due parti opposte, anche quando non ci siano concerti antecedenti,[43] l'uniformità de' voleri crea un concerto istantaneo nell'operazioni. Chi forma poi la massa, e quasi il materiale del tumulto, è un miscuglio accidentale d'uomini, che, più o meno, per gradazioni indefinite, tengono dell'uno e dell'altro estremo: un po' riscaldati, un po' furbi, un po' inclinati a una certa giustizia, come l'intendon loro, un po' vogliosi di vederne qualcheduna grossa, pronti alla ferocia e alla misericordia, a detestare e ad adorare, secondo che si presenti l'occasione di provar con pienezza l'uno o l'altro sentimento; avidi ogni momento di sapere, di credere qualche cosa grossa, bisognosi di gridare, d'applaudire a qualcheduno, o d'urlargli dietro. Viva e moia, son le parole che mandan fuori più volentieri; e chi è riuscito a persuaderli che un tale non meriti d'essere squartato, non ha bisogno di spender più parole per convincerli che sia degno d'esser portato in trionfo: attori, spettatori, strumenti, ostacoli, secondo il vento; pronti anche a stare zitti, quando non sentan più grida da ripetere, a finirla, quando manchino gl'istigatori, a sbandarsi, quando molte voci concordi e non contraddette abbiano detto: andiamo; e a tornarsene a casa, domandandosi l'uno con l'altro: cos'è stato? Siccome però questa massa, avendo la maggior forza, la può dare a chi vuole, così ognuna delle due parti attive usa ogni arte per tirarla dalla sua, per impadronirsene: sono quasi due anime nemiche, che combattono per entrare in quel corpaccio, e farlo muovere. Fanno a chi saprà sparger le voci più atte a eccitar le passioni, a dirigere i movimenti a favore dell'uno o dell'altro intento;[44] a chi saprà più a proposito trovare le nuove[45] che riaccendano gli sdegni, o gli affievoliscano, risveglino le speranze o i terrori; a chi saprà trovare il grido, che ripetuto dai più e più forte, esprima, attesti e crei nello stesso tempo il voto della pluralità[46] per l'una o per l'altra parte.

Tutta questa chiacchierata s'è fatta per venire a dire che, nella lotta tra le due parti che si contendevano il voto della gente affollata alla casa del vicario, l'apparizione d'Antonio Ferrer diede, quasi in un momento, un gran vantaggio alla parte degli umani, la quale era manifestamente al di sotto, e, un po' più che quel soccorso fosse tardato, non avrebbe avuto più, né forza, né motivo di combattere.

39. Ne' tumulti popolari: inizia una lunga sequenza riflessiva da parte dell'autore, che sospende il racconto della vicenda per intervenire direttamente in prima persona ed esprimere il proprio parere. È questa una tecnica narrativa tipica di Manzoni e di altri autori a lui contemporanei, che concepivano la letteratura come strumento educativo.
40. soqquadro: disordine.
41. principia a illanguidire: incomincia a perdere intensità.
42. parzialità: desiderio di favorire.
43. concerti antecedenti: accordi precedenti.
44. intento: scopo.
45. nuove: notizie.
46. il voto della pluralità: la decisione della folla.

Analisi del testo

La figura di Renzo. L'episodio è articolato in maniera complessa e sapiente.
L'arrivo della folla è descritto dal "punto di vista" del vicario: i primi due paragrafi del brano sono infatti dedicati alla descrizione di questo personaggio (e di coloro che lo circondano), mentre la folla dapprima è una notizia, poi un rumore in lontananza, solo alla fine una presenza visibile (dalla soffitta) e tangibile (a causa dei suoi tentativi di sfondare la porta).
Subito dopo questa sorta di premessa, Manzoni concentra la sua attenzione sul protagonista di queste pagine, Renzo. La folla, ancora una volta, viene mostrata "attraverso gli occhi" di un personaggio, in questo caso descrivendo gli atteggiamenti e gli spostamenti di Renzo all'interno della calca. La figura di Renzo torna al centro dell'attenzione dopo due brevi digressioni, una dedicata ai soldati, l'altra al vecchio mal vissuto che vorrebbe appendere il vicario alla porta di casa.
Renzo reagisce, rischia il linciaggio, ma viene salvato dall'arrivo di una scala.
L'episodio della scala è giustamente famoso perché per la prima volta Manzoni descrive la folla direttamente, ponendola al centro della sua rappresentazione. Subito dopo infatti egli introduce il personaggio di Ferrer (che dominerà nella seconda parte dell'episodio, qui omessa) e interrompe il racconto per esporre le sue riflessioni in maniera più ampia e articolata, con una lunga sequenza di carattere argomentativo.
Manzoni, quindi, ci costringe a spostare continuamente la nostra attenzione sui particolari, e solo alla fine ci presenta il quadro generale.

Manzoni e la folla. L'atteggiamento di Manzoni nei confronti della folla è evidentemente polemico: egli è ideologicamente un illuminista, crede nella funzione critica della ragione individuale e sa bene che la voce del popolo, a dispetto dei proverbi, non sempre coincide con la voce di Dio.
La critica di Manzoni assume a tratti il tono del sarcasmo, come nella descrizione del vecchio mal vissuto, dove lo scrittore accumula i particolari che ne sottolineano la natura diabolica: «due occhi spalancati e affossati... le grinze... un sogghigno di compiacenza diabolica... le mani alzate sopra una canizie vituperosa...». Poche righe dopo l'aggettivo indemoniato è riferito a uno di coloro che approvano i progetti del vecchio e vorrebbero linciare Renzo.
Renzo è invece presentato in termini estremamente positivi, proprio perché, malgrado tutto, riesce a mantenere la lucidità, la capacità di valutare ciò che è bene e ciò che è male, senza lasciarsi accecare dalle passioni.

Tono umoristico. Nel complesso, però, il tono che prevale nella descrizione della folla è umoristico. Gli interventi di Manzoni (due brevi, alla fine del secondo e del terzo paragrafo e uno, più ampio, al termine del brano) sono infatti finalizzati a smorzare la drammaticità della situazione, non ad accentuarla: nel primo caso, si tratta infatti di un intervento autoironico, in cui l'immagine un po' melodrammatica del vicario che «stringeva i denti, stendeva le braccia e puntava i pugni» è immediatamente dichiarata frutto di fantasia; nel secondo caso, lo scrittore sottolinea la stoltezza della folla, che si rivela ancor più pienamente nell'episodio della scala, nel fatto che tutti si alzino sulla punta dei piedi senza alcun risultato e così via.
Osserva a questo proposito il critico M. Sansone: «la folla non sa, ha perduto i lumi... Manzoni [però] non dice "stolti e ignari", che sarebbe espressione d'animus moralistico, li guarda e sorride a questo triste e stupendo gioco umano; l'assurdo è innalzato nella sfera del sogno... Il poeta non rimprovera, non inveisce, non satireggia, e alla fine, non ironizza neppure: libera nella comicità, anzi in una specie di leggerezza ilare, il suo animo... Il risultato è il sentimento di una miseria umana, ma remota, staccata, sommersa, vista nella freschezza ilare del suo battito vitale».

Proposte di lavoro

1. Il brano può essere suddiviso in sei sequenze che indichiamo con i titoli che seguono. Ritrovale nel testo e di ciascuna stendi un breve riassunto.
   I - Il vicario è minacciato dalla folla.
   II - Renzo partecipa al tumulto.
   III - Un'accozzaglia di gente e l'incertezza dei soldati.
   IV - Il vecchio malvissuto e altri facinorosi.
   V - Arriva Antonio Ferrer.
   VI - Digressione del narratore sui comportamenti della folla.
2. La vera protagonista dell'episodio è la folla.
   ➤ Da ciascuna delle sei sequenze ricava gli aggettivi, i sostantivi e le espressioni che ne descrivono il comportamento.
   ➤ La folla ha due anime, una giusta e l'altra ingiusta. La prima si esprime nella seconda sequenza, la seconda nella quarta sequenza. In che cosa consistono le due anime?
   ➤ Nella terza e nella quinta sequenza vi sono termini dispregiativi riferiti alla folla e comportamenti di cui viene soprattutto messa in risalto l'irrazionalità. Ritrova questi termini e indica i comportamenti insensati.
   ➤ Nella sesta sequenza l'autore ragiona sul comportamento della folla sottolineando più la stupidità e l'irragionevolezza che la violenza. Da quali espressioni ciò emerge maggiormente?
3. Nella rappresentazione della folla, Manzoni esprime implicitamente una certa sfiducia sulla possibilità da parte del popolo di instaurare una società più giusta attraverso l'azione diretta. L'autore pensa piuttosto a una soluzione moderata, capace di conciliare cattolicesimo e liberalismo.
   ➤ Spiega e discuti questa affermazione, a partire dai testi manzoniani da te letti o conosciuti.

Opera **I promessi sposi**
Genere **romanzo storico**
Epoca **XIX secolo**
Lingua **italiano**

I promessi sposi, cap. XXI

Lucia e l'Innominato

■ In uno dei capitoli centrali del romanzo è collocato l'episodio dell'incontro tra Lucia e l'Innominato, cruciale, sia per lo svolgimento della vicenda (una svolta inattesa muterà il corso degli avvenimenti), sia per il suo significato.
L'oppressore e l'oppressa vengono direttamente in contatto e fra loro il rapporto si capovolge: la debole e indifesa Lucia diventa vincitrice perché forte dell'aiuto di Dio, il violento Innominato, abituato a sconfiggere sempre i suoi nemici, viene sconfitto da una forza che non è di questa terra.
L'Innominato potente signorotto, che spadroneggia nella zona, si è prestato a essere strumento del sopruso di don Rodrigo e, su sua richiesta, ha fatto rapire Lucia dal convento di Monza. Ora la sta aspettando al suo castello e vede lentamente avvicinarsi la portantina che la trasporta. Il breve colloquio che ha con il Nibbio, capo dei suoi bravi, lo stupisce e lo turba: quell'uomo scellerato ha parlato di compassione! L'Innominato ha lo strano presentimento che Lucia sconvolgerà la sua esistenza. Infatti, dopo averla incontrata, un'angoscia insopportabile lo assale e lo tormenta per tutta la notte. Le parole pronunciate dalla ragazza implorante misericordia gli tornano alla mente in tono imperioso, quasi a indurlo d'autorità a cambiar vita. E nell'animo straziato dell'empio signorotto avviene il miracoloso cambiamento: egli decide che libererà Lucia. È il segno della giustizia divina che agisce attraverso un'umile creatura: Lucia, da vittima oppressa, diventa lo strumento della misericordia e del perdono di Dio nei confronti dell'oppressore. La Provvidenza interviene dunque in difesa di chi soffre, il bene trionfa e la fede ne viene esaltata.
È questa una importante testimonianza di quell'atteggiamento più sereno e fiducioso nei confronti del destino umano assunto da Manzoni, dopo il dolente pessimismo espresso nelle tragedie.

Intanto[1] l'innominato, ritto sulla porta del castello, guardava in giù; e vedeva la bussola[2] venir passo passo, come prima la carrozza, e avanti, a una distanza[3] che cresceva ogni momento, salir di corsa il Nibbio.[4] Quando questo fu in cima, il signore gli accennò che lo seguisse; e andò con lui in una stanza del castello.

«Ebbene?» disse, fermandosi lì.

«Tutto a puntino,» rispose, inchinandosi, il Nibbio: «l'avviso a tempo, la donna a tempo, nessuno sul luogo, un urlo solo, nessuno comparso, il cocchiere pronto, i cavalli bravi, nessun incontro: ma...».

«Ma che?»

«Ma... dico il vero, che avrei avuto più piacere che l'ordine fosse stato di darle una schioppettata nella schiena, senza sentirla parlare, senza vederla in viso».

«Cosa? cosa? che vuoi tu dire?»

«Voglio dire che tutto quel tempo, tutto quel tempo... M'ha fatto troppa compassione».

«Compassione![5] Che sai tu di compassione? Cos'è la compassione?».

«Non l'ho mai capito così bene come questa volta: è una storia la compassione un poco come la paura: se uno la lascia prender possesso, non è più uomo».

1. **Intanto:** Lucia, nella carrozza con cui è stata rapita, è finita fino ai piedi del castello dell'Innominato, posto su un'altura. Lì è stata accolta da una vecchia servitrice del castello che il padrone ha mandato perché accompagnasse Lucia e sta salendo con lei all'interno di una portantina.
2. **bussola:** portantina.
3. **a una distanza:** rispetto alla bussola.
4. **Nibbio:** il capo dei bravi dell'Innominato.
5. **Compassione:** questa parola non è mai entrata nel linguaggio e nel pensiero del Nibbio, strumento obbediente della violenza dell'Innominato, e tanto meno nel pensiero di quest'ultimo. La domanda «Che sai tu di compassione?» più che al bravo, egli la rivolge a se stesso, sentendosi già tormentato da un'oscura inquietudine.

«Sentiamo un poco come ha fatto costei per muoverti a compassione».

«O signore illustrissimo! tanto tempo...! piangere, pregare, e far cert'occhi, e diventar bianca bianca come morta, e poi singhiozzare, e pregar di nuovo, e certe parole...»

– Non la voglio in casa costei,[6] – pensava intanto l'innominato. – Sono stato una bestia a impegnarmi; ma ho promesso, ho promesso. Quando sarà lontana... – E alzando la testa, in atto di comando, verso il Nibbio, «ora», gli disse, «metti da parte la compassione: monta a cavallo, prendi un compagno, due se vuoi; e va di corsa a casa di quel don Rodrigo che tu sai. Digli che mandi... ma subito, perché altrimenti...».

Ma un altro no[7] interno più imperioso del primo gli proibì di finire. «No,» disse con voce risoluta, quasi per esprimere a se stesso il comando di quella voce segreta, «no: va a riposarti; e domattina... farai quello che ti dirò!».

– Un qualche demonio ha costei dalla sua, – pensava poi, rimasto solo, ritto, con le braccia incrociate sul petto, e con lo sguardo immobile sur una parte del pavimento, dove il raggio della luna entrando da una finestra alta, disegnava un quadrato di luce pallida, tagliata a scacchi dalle grosse inferriate, e intagliava più minutamente dai piccoli compartimenti delle vetriate. Un qualche demonio, o... un qualche angelo che la protegge... Compassione al Nibbio!... Domattina, domattina di buon'ora, fuor di qui costei; al suo destino, e non se ne parli più, e, – proseguiva tra sé, con quell'animo con cui si comanda a un ragazzo indocile, sapendo che non ubbidirà, – e non ci si pensi più. Quell'animale di don Rodrigo non mi venga a romper la testa con ringraziamenti; che... non voglio più sentir parlar di costei. L'ho servito perché... perché ho promesso: e ho promesso perché... è il mio destino. Ma voglio che me lo paghi bene questo servizio, colui. Vediamo un poco...

E voleva almanaccare[8] cosa avrebbe potuto richiedergli di scabroso, per compenso, e quasi per pena; ma gli si attraversaron di nuovo alla mente quelle parole: compassione al Nibbio! – Come può aver fatto costei? – continuava, strascinato da quel pensiero. – Voglio vederla... Eh! no... Sì, voglio vederla. –

E d'una stanza in un'altra, trovò una scaletta, e su a tastone,[9] andò alla camera della vecchia, e picchiò all'uscio con un calcio.

«Chi è?»

«Apri».

A quella voce, la vecchia fece tre salti; e subito si sentì scorrere il paletto negli anelli, e l'uscio si spalancò. L'innominato, dalla soglia, diede un'occhiata in giro; e, al lume d'una lucerna che ardeva sur un tavolino, vide Lucia[10] rannicchiata in terra, nel canto il più lontano dall'uscio.

«Chi t'ha detto che tu la buttassi là come un sacco di cenci, sciagurata?» disse alla vecchia, con un cipiglio iracondo.[11]

«S'è messa dove le è piaciuto», rispose umilmente colei: «io ho fatto di tutto per farle coraggio: lo può dire anche lei; ma non c'è stato verso».

«Alzatevi», disse l'innominato a Lucia, andandole vicino. Ma Lucia, a cui il picchiare, l'aprire, il comparir di quell'uomo, le sue parole, avevan messo un nuovo spavento nell'animo spaventato, stava più che mai raggomitolata nel cantuccio, col viso nascosto tra le mani, e non movendosi, se non che tremava tutta.

6. Non la voglio in casa costei: uno strano presentimento s'affaccia all'animo dell'Innominato: quella donna viene a turbare la sua vita.

7. Ma un altro no...: già prima, mentre ancora Lucia era in carrozza, l'Innominato in preda ad ansie di cui nemmeno lui capiva l'origine, aveva pensato di non farla nemmeno giungere al suo castello e di mandar ordine al Nibbio che la conducesse direttamente da don Rodrigo. «Ma un no imperioso che risonò nella sua mente, fece svanire quel disegno». Ora quel divieto interiore ritorna e gli impedisce di consegnare Lucia a don Rodrigo prima di averla vista. La sua coscienza è divisa e sempre più tormentata; per la prima volta nella sua vita c'è della titubanza nei suoi comandi ed egli sente dentro di sé la voce autorevole di un'autorità superiore.

8. almanaccare: scervellarsi, fantasticare.

9. a tastone: in modo incerto, alla cieca e quindi toccando gli oggetti che si trovavano sul suo cammino.

10. vide Lucia: per la prima volta l'oppressore e l'oppressa entrano direttamente in contatto. Il colloquio che seguirà, sarà la molla di grandi cambiamenti sia nell'animo dell'Innominato sia nella vicenda di Lucia.

11. cipiglio iracondo: sguardo, espressione irata.

«Alzatevi, ché non voglio farvi del male... e posso farvi del bene», ripeté il signore... «Alzatevi!» tonò poi quella voce, sdegnata d'aver due volte comandato invano.

Come rinvigorita dallo spavento, l'infelicissima si rizzò subito inginocchioni; e giungendo le mani come avrebbe fatto davanti a un'immagine, alzò gli occhi in viso all'innominato, e riabbassandoli subito, disse: «son qui: m'ammazzi».

«V'ho detto che non voglio farvi del male», rispose, con voce mitigata, l'innominato, fissando quel viso turbato dall'accoramento[12] e dal terrore.

«Coraggio, coraggio», diceva la vecchia: «se ve lo dice lui, che non vuol farvi del male...».

«E perché», riprese Lucia con una voce, in cui, col tremito della paura, si sentiva una certa sicurezza dell'indegnazione disperata,[13] «perché mi fa patire le pene dell'inferno? Cosa le ho fatto io?...».

«V'hanno forse maltrattata? Parlate».

«Oh maltrattata! M'hanno presa a tradimento, per forza! perché? perché m'hanno presa? perché son qui? dove sono? Sono una povera creatura: cosa le ho fatto? In nome di Dio...».

«Dio, Dio», interruppe l'innominato: «sempre Dio: coloro che non possono difendersi da sé, che non hanno la forza, sempre han questo Dio da mettere in campo, come se gli avessero parlato. Cosa pretendete con codesta vostra parola. Di farmi...?» e lasciò la frase a mezzo.

«Oh Signore! pretendere! Cosa posso pretendere io meschina, se non che lei mi usi misericordia? Dio perdona tante cose, per un'opera di misericordia![14] Mi lasci andare, per carità mi lasci andare! Non torna conto a uno che un giorno deve morire di far patir tanto una povera creatura. Oh! lei che può comandare, dica che mi lascino andare! M'hanno portata qui per forza. Mi mandi con questa donna a ***, dov'è mia madre. Oh Vergine santissima! mia madre! mia madre, per carità, mia madre! Forse non è lontana di qui... ho veduto i miei monti! Perché lei mi fa patire? Mi faccia condurre in una chiesa. Pregherò per lei, tutta la mia vita. Cosa le costa dire una parola? Oh ecco! vedo che si move a compassione: dica una parola, la dica. Dio perdona tante cose, per un'opera di misericordia!».

– Oh perché non è figlia d'uno di que' cani che m'hanno bandito! – pensava l'innominato: – d'uno di que' vili che mi vorrebbero morto! che ora godrei di questo suo strillare; e in vece... –

«Non iscacci una buona ispirazione!» proseguiva fervidamente Lucia, rianimata dal vedere una cert'aria d'esitazione nel viso e nel contegno del suo tiranno.

«Se lei non mi fa questa carità, me la farà il Signore: mi farà morire, e per me sarà finita; ma lei!... Forse un giorno anche lei... Ma no, no; pregherò sempre io il Signore che la preservi da ogni male. Cosa le costa dire una parola? Se provasse lei a patir queste pene...!».

«Via, fatevi coraggio», interruppe l'innominato, con una dolcezza che fece strasecolar la vecchia. «V'ho fatto nessun male? V'ho minacciata?».

«Oh no! Vedo che lei ha buon cuore, e che sente pietà di questa povera creatura. Se lei volesse, potrebbe farmi paura più di tutti gli altri, potrebbe farmi morire; e in vece mi ha... un po' allargato il cuore. Dio gliene renderà merito. Compisca l'opera di misericordia: mi liberi, mi liberi».

«Domattina...»

«Oh mi liberi ora, subito...»

«Domattina ci rivedremo, vi dico. Via, intanto fatevi coraggio. Riposate. Dovete aver bisogno di mangiare. Ora ve ne porteranno».

12. **accoramento:** profonda tristezza.
13. **una certa sicurezza dell'indegnazione disperata:** pur nella paura, Lucia esprime anche un certo tono di sicurezza che le viene dall'indignazione, anche se disperata, cioè disperatamente consapevole della sua impotenza.
14. **Dio perdona... misericordia:** questa frase detta due volte da Lucia, si imprime nella mente del suo avversario e tornerà insistente durante tutta la notte. Lucia chiede misericordia per sé e nello stesso tempo ricorda la misericordia di Dio, che è l'unica forza di chi non può difendersi da sé. I due motivi si intrecciano e diventeranno tutt'uno nella coscienza dell'Innominato.

«No, no; io moio se alcuno entra qui: io moio. Mi conduca lei in chiesa... que' passi Dio glieli conterà».[15]

«Verrà una donna a portarvi da mangiare», disse l'innominato; e dettolo, rimase stupito anche lui che gli fosse venuto in mente un tal ripiego, e che gli fosse nato il bisogno di cercarne uno, per rassicurare una donnicciola.

«E tu», riprese poi subito, voltandosi alla vecchia, «falle coraggio che mangi; mettila a dormire in questo letto: e se ti vuole in compagnia, bene; altrimenti, tu puoi ben dormire una notte in terra. Falle coraggio, ti dico; tienla allegra. E che non abbia a lamentarsi di te!».

Così detto, si mosse rapidamente verso l'uscio. Lucia s'alzò e corse per trattenerlo, e rinnovare la sua preghiera; ma era sparito. [...]

Lucia rimane con la vecchia in preda alla paura e non riesce a prendere sonno. Quando la sua angoscia diventa tale da farle desiderare di morire, trova conforto nella preghiera e si affida alla Madonna, facendo voto di castità. La fede le ridà fiducia e tranquillità ed ella infine si addormenta «d'un sonno perfetto e continuo».

Ma c'era[16] qualchedun altro in quello stesso castello, che avrebbe voluto fare altrettanto, e non poté mai. Partito, o quasi scappato da Lucia, dato l'ordine per la cena di lei, fatta una consueta visita a certi posti del castello, sempre con quell'immagine viva nella mente, e con quelle parole risonanti all'orecchio, il signore s'era andato a cacciare in camera, s'era chiuso dentro in fretta e furia, come se avesse avuto a trincerarsi contro una squadra di nemici; e spogliatosi, pure in furia, era andato a letto. Ma quell'immagine, più che mai presente, parve che in quel momento gli dicesse: tu non dormirai. – Che sciocca curiosità da donnicciola, – pensava, – m'è venuta di vederla? Ha ragione quel bestione del Nibbio; uno non è più uomo; è vero, non è più uomo!... Io?... io non son più uomo, io? Cos'è stato? che diavolo m'è venuto addosso? che c'è di nuovo? Non lo sapevo io prima d'ora, che le donne strillano? Strillano anche gli uomini alle volte, quando non si possono rivoltare. Che diavolo! non ho mai sentito belar donne? –

E qui, senza che s'affaticasse molto a rintracciare nella memoria, la memoria da sé gli rappresentò più d'un caso in cui né preghi[17] né lamenti non l'avevano punto smosso dal compire le sue risoluzioni. Ma la rimembranza di tali imprese, non che gli ridonasse la fermezza, che già gli mancava, di compir questa; non che spegnesse nell'animo quella molesta pietà; vi destava in vece una specie di terrore, una non so qual rabbia di pentimento.[18] Di maniera che gli parve un sollievo il tornare a quella prima immagine di Lucia, contro la quale aveva cercato di rinfrancare il suo coraggio. – È viva costei, – pensava, – è qui; sono a tempo; le posso dire: andate, rallegratevi; posso veder quel viso cambiarsi, le posso anche dire: perdonatemi... Perdonatemi? io domandar perdono? a una donna? io...! Ah, eppure! se una parola, una parola tale mi potesse far bene, levarmi d'addosso un po' di questa diavoleria, la direi; eh! sento che la direi. A che cosa son ridotto! Non son più uomo, non son più uomo!... Via! – disse poi, rivoltandosi arrabbiatamente nel letto divenuto duro duro, sotto le coperte divenute pesanti pesanti: – via! sono sciocchezze che mi son passate per la testa altre volte. Passerà anche questa. –

E per farla passare, andò cercando col pensiero qualche cosa importante, qualcheduna di quelle che solevano occuparlo fortemente, onde applicarvelo tutto; ma non ne trovò nessuna. Tutto gli appariva cambiato: ciò che altre volte stimolava più fortemente i suoi

15. **glieli conterà:** li terrà in conto nel momento del giudizio.
16. **Ma c'era...:** si apre qui una scena opposta e parallela a quella della notte tormentata di Lucia che Manzoni ha appena raccontato. Ma mentre Lucia ha trovato conforto nella preghiera, l'Innominato si dibatte in angosciosi pensieri di rimorso e di suicidio. Infine una speranza si affaccia al suo animo e attenua la sua disperazione: quella di poter cambiar vita ed espiare le sue colpe affidandosi alla misericordia divina.
17. **preghi:** preghiere.
18. **rabbia di pentimento:** il cambiamento psicologico del personaggio è lento e faticoso. Le sue ansie e le sue incertezze non si sono ancora tramutate nella decisione di cambiar vita e in un vero pentimento. Egli prova tutt'al più una rabbia di pentimento, quasi una riluttanza furiosa a riconoscersi preda di un tale sentimento.

desidèri, ora non aveva più nulla di desiderabile: la passione, come un cavallo divenuto tutt'a un tratto restìo per un'ombra, non voleva più andare avanti. Pensando all'imprese avviate e non finite, in vece d'animarsi al compimento, invece d'irritarsi degli ostacoli (ché l'ira in quel momento gli sarebbe parsa soave), sentiva una tristezza, quasi uno spavento de' passi già fatti. Il tempo gli s'affacciò davanti voto d'ogni intento,[19] d'ogni occupazione, d'ogni volere, pieno soltanto di memorie intollerabili; tutte l'ore somiglianti a quella che gli passava così lenta, così pesante sul capo. Si schierava nella fantasia tutti i suoi malandrini,[20] e non trovava da comandare a nessuno di loro una cosa che gl'importasse; anzi l'idea di rivederli, di trovarsi tra loro, era un nuovo peso, un'idea di schifo[21] e d'impiccio. E se volle trovare un'occupazione per l'indomani, un'opera fattibile, dovette pensare che all'indomani poteva lasciare in libertà quella poverina.

– La libererò, sì; appena spunta il giorno, correrò da lei, e le dirò: andate, andate. La farò accompagnare... E la promessa? e l'impegno? e don Rodrigo?... Chi è don Rodrigo? –

A guisa di[22] chi è colto da una interrogazione inaspettata e imbarazzante d'un superiore, l'innominato pensò subito a rispondere a questa che s'era fatta lui stesso, o piuttosto quel nuovo lui,[23] che cresciuto terribilmente a un tratto, sorgeva come a giudicare l'antico. Andava dunque cercando le ragioni per cui, prima quasi d'essere pregato, s'era potuto risolvere a prender l'impegno di far tanto patire, senz'odio, senza timore, un'infelice sconosciuta, per servire colui; ma, non che riuscisse a trovar ragioni che in quel momento gli paressero buone a scusare il fatto, non sapeva quasi spiegare a sé stesso come ci si fosse indotto. Quel volere, piuttosto che una deliberazione, era stato un movimento istantaneo dell'animo ubbidiente a sentimenti antichi, abituali, una conseguenza di mille fatti antecedenti; e il tormentato esaminator di sé stesso, per rendersi ragione d'un sol fatto, si trovò ingolfato nell'esame di tutta la sua vita. Indietro, indietro, d'anno in anno, d'impegno in impegno, di sangue in sangue, di scelleratezza in scelleratezza: ognuna ricompariva all'animo consapevole e nuovo, separata da' sentimenti che l'avevan fatta volere e commettere; ricompariva con una mostruosità che que' sentimenti non avevano allora lasciato scorgere in essa. Eran tutte sue, eran lui:[24] l'orrore di questo pensiero, rinascente a ognuna di quell'immagini, attaccato a tutte, crebbe fino alla disperazione. S'alzò in furia a sedere, gettò in furia le mani alla parete accanto al letto, afferrò una pistola, la staccò, e... al momento di finire una vita divenuta insopportabile, il suo pensiero sorpreso da un terrore, da un'inquietudine, per dir così, superstite, si slanciò nel tempo[25] che pure continuerebbe a scorrere dopo la sua fine. S'immaginava con raccapriccio il suo cadavere sformato, immobile, in balìa del più vile sopravvissuto; la sorpresa, la confusione nel castello, il giorno dopo: ogni cosa sottosopra; lui, senza forza, senza voce, buttato chi sa dove. Immaginava i discorsi che se ne sarebber fatti lì, d'intorno, lontano; la gioia de' suoi nemici. Anche le tenebre, anche il silenzio, gli facevan vedere nella morte qualcosa di più tristo, di spaventevole; gli pareva che non avrebbe esitato, se fosse stato di giorno, all'aperto, in faccia alla gente: buttarsi in un fiume e sparire. E assorto in queste contemplazioni tormentose, andava alzando e riabbassando, con una forza convulsiva del pollice, il cane della pistola; quando gli balenò nella mente un altro pensiero. – Se quell'altra vita di cui m'hanno parlato quand'ero ragazzo, di cui parlano sempre, come se fosse cosa sicura; se quella vita non c'è, se è un'invenzione de' preti; che fo io? perché morire? cos'importa quello che ho fatto? cos'importa quello che ho fatto? cos'importa? è una pazzia la mia... E se c'è quest'altra vita...! – A un tal dubbio, a un tal rischio, gli venne addosso una disperazione più nera, più grave, dalla quale non si poteva fuggire, neppure con la morte. La-

19. voto d'ogni intento: vuoto, privo di ogni scopo.
20. malandrini: briganti, furfanti.
21. schifo: fastidio intollerabile.
22. A guisa di: come.
23. nuovo lui: nell'Innominato per la prima volta s'affaccia la coscienza di un cambiamento profondo prodottosi in lui, del sorgere di un uomo nuovo.
24. eran lui: l'angoscia del personaggio viene dal rispecchiarsi nelle sue azioni scellerate e nel riconoscere la propria identificazione con esse.
25. si slanciò nel tempo: si proiettò con la mente nel tempo a venire e vide con orrore ciò che sarebbe avvenuto dopo la sua morte. Sono pensieri legati alla terra, non ancora proiettati verso l'eterno aldilà.

sciò cader l'arme, e stava con le mani ne' capelli, battendo i denti, tremando. Tutt'a un tratto, gli tornarono in mente parole che aveva sentite e risentite, poche ore prima: – Dio perdona tante cose, per un'opera di misericordia! – E non gli tornavan già con quell'accento d'umile preghiera con cui erano state proferite; ma con un suono pieno d'autorità,[26] e che insieme induceva una lontana speranza. Fu quello un momento di sollievo: levò le mani dalle tempie, e, in un'attitudine più composta, fissò gli occhi della mente in colei da cui aveva sentite quelle parole; e la vedeva, non come la sua prigioniera, non come una supplichevole, ma in atto di chi dispensa grazie e consolazioni. Aspettava ansiosamente il giorno, per correre a liberarla, a sentire dalla bocca di lei altre parole di refrigerio e di vita; s'immaginava di condurla lui stesso alla madre. – E poi? che farò domani, il resto della giornata? che farò doman l'altro? che farò dopo doman l'altro? E la notte? la notte, che tornerà tra dodici ore! Oh la notte! no, no, la notte! – E ricaduto nel vòto penoso dell'avvenire, cercava indarno[27] un impiego del tempo, una maniera di passare i giorni, le notti. Ora si proponeva d'abbandonare il castello, e d'andarsene in paesi lontani, dove nessun lo conoscesse, neppur di nome; ma sentiva che lui, lui sarebbe sempre con sé: ora gli rinasceva una fosca speranza di ripigliar l'animo antico, le antiche voglie; e che quello fosse come un delirio passeggiero; ora temeva il giorno, che doveva farlo vedere a' suoi così miserabilmente mutato; ora lo sospirava, come se dovesse portar la luce anche ne' suoi pensieri. Ed ecco, appunto sull'albeggiare, pochi momenti dopo che Lucia s'era addormentata, ecco che, stando così immoto a sedere, sentì arrivarsi all'orecchio come un'onda di suono non bene espresso, ma che pure aveva non so che d'allegro.[28] Stette attento, e riconobbe uno scampanare a festa lontano; e dopo qualche momento, sentì anche l'eco del monte, che ogni tanto ripeteva languidamente il concento,[29] si confondeva con esso. Di lì a poco, sente un altro scampanìo più vicino, anche quello a festa; poi un altro. – Che allegria c'è? cos'hanno di bello tutti costoro? – Saltò fuori dal quel covile di pruni; e vestitosi a mezzo, corse a aprire una finestra, e guardò. Le montagne eran mezze velate di nebbia; il cielo, piuttosto che nuvoloso, era tutto una nuvola cenerognola; ma, al chiarore che pure andava a poco a poco crescendo, si distingueva, nella strada in fondo alla valle, gente che passava, altra che usciva dalle case, e s'avviava, tutti dalla stessa parte, verso lo sbocco, a destra del castello, tutti col vestito delle feste, e con un'alacrità straordinaria.

– Che diavolo hanno costoro? che c'è d'allegro in questo maledetto paese? dove va tutta quella canaglia? – E data una voce a un bravo fidato che dormiva in una stanza accanto, gli domandò qual fosse la cagione[30] di quel movimento. Quello, che ne sapeva quanto lui, rispose che anderebbe subito a informarsene. Il signore rimase appoggiato alla finestra, tutto intento al mobile[31] spettacolo. Erano uomini, donne, fanciulli, a brigate, a cop-

26. **con un suono pieno d'autorità:** le parole di Lucia non sono più quelle di una debole supplichevole, ma hanno acquistato, nella coscienza dell'Innominato, l'autorità di un imperativo morale, di un richiamo superiore.
27. **indarno:** invano.
28. **un'onda di suono... non so che d'allegro:** questo suono festoso che giunge da lontano assume simbolicamente il significato del ridestarsi alla vita materiale, ma soprattutto spirituale, dell'uomo che ha trascorso la notte in pensieri angosciosi di morte.
29. **concento:** armonia.
30. **cagione:** causa.
31. **mobile:** mutevole, movimentato.

Il futuro nel passato

Il lessico e la grammatica

Osserva attentamente la seguente frase, che hai incontrato nel testo:

«Rispose che anderebbe subito a informarsene»

Anderebbe (= andrebbe) è un condizionale presente e viene usato per esprimere il futuro nel passato: il bravo dell'Innominato rispose (nel passato) che andrebbe (nel futuro rispetto al momento passato in cui parla). Se trasformiamo la frase al presente, ci accorgiamo del valore futuro di questo condizionale:

«Risponde che **andrà** subito a informarsene».

Oggi l'italiano usa un tempo diverso, e cioè il condizionale passato, per esprimere lo stesso concetto. La frase, in italiano moderno, suona infatti:

«Rispose che **sarebbe andato** subito a informarsene».

La lingua è cambiata, l'uso ha modificato una regola che era stata in vigore dal Trecento alla fine dell'Ottocento.

pie, soli; uno, raggiungendo chi gli era avanti, s'accompagnava con lui; un altro, uscendo di casa, s'univa col primo che rintoppasse;[32] e andavano insieme, come amici a un viaggio convenuto. Gli atti indicavano manifestamente una fretta e una gioia comune; e quel rimbombo non accordato ma consentaneo[33] delle varie campane, quali più, quali meno vicine, pareva, per dir così, la voce di que' gesti, e il supplimento delle parole che non potevano arrivar lassù. Guardava, guardava; e gli cresceva in cuore una più che curiosità di saper cosa mai potesse comunicare un trasporto[34] uguale a tanta gente diversa.

32. **rintoppasse:** incontrasse.
33. **non accordato ma consentaneo:** non intonato all'unisono per un accordo preso in precedenza, ma dettato da un sentimento comune.
34. **trasporto:** impeto, impulso.

Analisi del testo

Il travaglio interiore dell'Innominato. Siamo a uno dei punti di svolta del romanzo manzoniano. Il brano raccoglie le sequenze narrative principali del capitolo XXI: il dialogo fra il Nibbio e l'Innominato; l'incontro dell'Innominato con Lucia; la conversione notturna dell'Innominato.
Nella scena del dialogo con il Nibbio, il lettore viene calato immediatamente nel travaglio interiore dell'Innominato, il quale via via maturerà il proposito di non seguire la promessa fatta a don Rodrigo circa il destino di Lucia. Già aspettando l'arrivo del suo servitore, il suo animo è attraversato da un'irrequietezza di cui non sa liberarsi. Le parole del Nibbio, circa la compassione da lui provata dinnanzi a Lucia piangente e impaurita, rafforzano i dubbi e i tormenti dell'Innominato. Al no pronunciato con veemenza la narrazione fa seguire una pausa quasi estatica, dopo la quale l'Innominato si risveglia come se avesse compiuto un grande viaggio: il demonio che sembrava proteggere la giovane diventa ora un angelo; il suo turbamento diventa un turbamento religioso.
Di fronte a Lucia il contrasto interiore dell'Innominato si approfondisce. Si noti la ripetizione dell'invocazione «Alzatevi»: la prima ha ancora qualcosa di rigido e scontroso, che s'intona con l'originaria natura del personaggio; la seconda è pronunciata in sordina e si accompagna a una promessa («e posso farvi del bene»); nella terza il tono risale, come è proprio di chi non è abituato al bene ma che all'azione buona ormai si sta fatalmente avviando. Lucia non ribatte, ma si offre timorosa; l'Innominato fissa pensoso per la prima volta il volto della giovane. Da qui in poi le parti risulteranno mutate: la più forte sarà Lucia e le sue parole, dette con il linguaggio della sua fede, verranno ascoltate dall'altro quasi sottomesso.

La conversione. L'ultima scena è tutta occupata dal dialogo interiore fra l'uomo nuovo, che si afferma e vince avviando il personaggio al bene, e l'uomo antico, che qua e là ritorna e, pur cedendo, sopravvive ancora nell'uomo nuovo. L'Innominato vuole pentirsi, di fatto si pente, ma in questo suo sentimento porta con sé l'impeto del vecchio uomo di violenze e di sangue. Manzoni qui non descrive solo il tormentato decidersi del personaggio a liberare Lucia, ma anche il suo aprirsi a un esame generale sulla sua vita e sulla sua condotta. La conversione definitiva dunque esige una confessione dei delitti compiuti. Respinti i propositi di suicidio, all'alba, la conversione può dirsi compiuta.

Proposte di lavoro

1. I brani qui riprodotti rappresentano tre significative sequenze del capitolo XXI dei *Promessi sposi*. Sintetizzale in poche righe ciascuna, poi rispondi alle domande.
- Quali di queste sequenze ti sembra più intensa e coinvolgente?
- Perché?

2. Quali sentimenti prova l'Innominato mentre attende l'arrivo di Lucia? Descrivili ricavando dal testo:
- ciò che Manzoni dice direttamente di essi;
- ciò che emerge dai pensieri del personaggio;
- ciò che emerge dalle sue parole e azioni.

3. In tutto l'episodio è in atto una profonda, intima trasformazione dell'Innominato: da quali pensieri o atteggiamenti di questo personaggio emerge questo cambiamento, durante il colloquio con Lucia che hai appena letto?

4. Una frase pronunciata da Lucia ricorre ossessivamente nei pensieri notturni dell'Innominato: quale?
- Perché provoca pensieri così angosciosi?

5. Quali sono i sentimenti contraddittori che si agitano nell'animo dell'Innominato durante tutta la notte? Come esce dalla contraddizione?

6. Il passo antologizzato è uno dei momenti cruciali del romanzo manzoniano. Spiegane l'importanza sia per lo sviluppo della vicenda sia per il significato tematico.

7. È possibile stabilire un legame tra il testo antologizzato e le vicende biografiche dell'autore? Motiva la tua risposta.

Verifica

1. Tra i materiali che ti sono stati proposti in questo capitolo del libro, quali hai letto e approfondito? Indicali con una crocetta:

- ☐ Le parole chiave: Neoclassicismo e Romanticismo
- ☐ Il contesto storico
- ☐ L'evoluzione delle arti
- ☐ Canova, *Amore e Psiche*
- ☐ I generi letterari: parti introduttive
- ☐ Hölderlin, *La brevità*
- ☐ Shelley, *Non sollevare quel velo dipinto*
- ☐ Foscolo, *Alla sera*
- ☐ Foscolo, *A Zacinto*
- ☐ Leopardi, *L'infinito*
- ☐ Leopardi, *Il passero solitario*
- ☐ Leopardi, *A Silvia*
- ☐ Leopardi, *Dialogo di un folletto e di uno gnomo*
- ☐ Stendhal, *L'ascesa sociale di Giuliano Sorel*
- ☐ Poe, *Il cuore rivelatore*
- ☐ Manzoni, *Fra Cristoforo incontra don Rodrigo*
- ☐ Manzoni, *I tumulti popolari di Milano*
- ☐ Manzoni, *Lucia e l'Innominato*

2. Nel corso del lavoro hai svolto altri approfondimenti, ricerche o letture, a integrazione dei materiali offerti dal testo? Indicali brevemente qui di seguito, richiamando anche eventuali letture precedenti.

....

....

....

....

3. Quali sono i temi fondamentali affrontati dai poeti romantici? Scegli le risposte corrette nell'elenco che segue.

- ☐ L'amore
- ☐ La tolleranza religiosa
- ☐ Lo studio della storia
- ☐ La natura
- ☐ L'analisi psicologica
- ☐ La cultura classica antica

4. Che cosa si intende con le seguenti espressioni? Fornisci per ciascuna di esse una breve definizione.

➤ Restaurazione: ....

....

....

➤ Risorgimento: ....

....

....

➤ Liberalismo: ....

....

....

➤ Democrazia: ....

....

....

5. Nella seguente tabella, metti a confronto il Neoclassicismo e il Romanticismo, indicando almeno tre importanti differenze.

Neoclassicismo	Romanticismo
1.	1.
2.	2.
3.	3.

6. Individua per ciascuno dei brani letti il genere letterario a cui appartiene, scegliendolo fra quelli qui elencati, e motiva la tua risposta.

☐ poesia lirica ☐ poesia civile ☐ poesia satirica
☐ romanzo storico ☐ romanzo di formazione
☐ romanzo epistolare ☐ romanzo sociale
☐ romanzo filosofico ☐ racconto fantastico

7. Quali degli argomenti toccati nel corso del lavoro ti hanno interessato in maniera particolare? Perché?

....

....

....

8. Ritieni che la lettura dei brani proposti abbia suscitato in te nuove riflessioni e nuovi pensieri? Quali?

....

....

....

9. Scegli uno dei seguenti argomenti, affrontati nel corso del lavoro, ed esponi le tue idee al riguardo in un breve scritto, con riferimento ai testi letti.

- La natura matrigna
- La provvidenza divina e la storia umana
- L'amore come passione
- La visione materialistica della realtà

Naturalismo e Decadentismo

Il percorso che ti proponiamo riguarda l'età del Naturalismo e del Decadentismo, un periodo storico che coincide grosso modo con la seconda metà dell'Ottocento. Il percorso è scandito in quattro tappe.

Le parole chiave

- Il **Naturalismo** è un movimento letterario che nasce in Francia ispirandosi alla filosofia positivistica e alla sua fiducia nella scienza; in Italia, al Naturalismo si rifanno gli scrittori veristi, che però presentano alcune significative differenze rispetto al modello francese.
- Il **Decadentismo** è un insieme di movimenti e tendenze letterarie e artistiche, legate all'emergere di filosofie e atteggiamenti irrazionalistici. Il Decadentismo trova la sua prima manifestazione nella poesia simbolista ma avrà importanti sviluppi, soprattutto nel romanzo, nella prima parte del Novecento.

Il contesto storico

Ti proponiamo una breve sintesi dei principali eventi storici che caratterizzano il secondo Ottocento:

- la diffusione della **rivoluzione industriale**, con i relativi problemi sociali e la nascita dei primi movimenti operai;
- le grandi questioni che lo **Stato italiano** si trova a dover affrontare nei primi anni della sua vita.

L'evoluzione delle arti

Ti proponiamo un rapido sguardo d'insieme sui movimenti artistici del secondo Ottocento e un'analisi più approfondita di un quadro di **Giuseppe Pellizza da Volpedo**, ***Il Quarto Stato***.

I generi letterari

Ti proponiamo di leggere alcuni autori e opere tra i più rappresentativi dell'epoca. Ci soffermiamo in particolare su due generi:

- il **romanzo** e il **racconto**, che interpretano meglio di ogni altro genere la complessità del periodo; all'interno di questa trattazione troverai un Focus Autore su **Giovanni Verga**;
- la **poesia lirica**, e in particolare quella di ispirazione simbolista; all'interno troverai un Focus Autore su **Giovanni Pascoli**.

Le parole chiave

Naturalismo e Decadentismo

1 Naturalismo e Verismo

Il teorizzatore del Naturalismo: Zola

Il Naturalismo si caratterizza per la tendenza, da parte degli artisti che vi appartennero, a riconoscersi in un **movimento** e a formulare in modo preciso i **princìpi teorici** sui quali esso si basa, a fondare, per così dire, una "**scienza del romanzo**".

Ciò in accordo con il forte interesse per i contenuti e i metodi delle scienze e, in particolare, delle scienze naturali, da cui il termine deriva.

Il maggior teorizzatore del Naturalismo fu **Émile Zola**. Nella prefazione al suo romanzo *L'ammazzatoio*, egli illustra la propria concezione dell'individuo condizionato dai **fattori biologici e ambientali**: «Ho inteso dipingere la decadenza fatale d'una famiglia operaia nel mondo pestilenziale dei sobborghi. In fondo all'ubriachezza e all'oziosaggine v'è il rilassamento dei vincoli familiari, la promiscuità immonda, l'oblio progressivo dei buoni sentimenti, poi come finale la vergogna e la morte. È, semplicemente, la morale in azione». E più avanti definisce la sua opera «un'**opera di verità**, il primo romanzo sul popolo che non mentisca e odori di popolo. E non bisogna ricavarne che tutto il popolo è cattivo, perché i miei personaggi non sono cattivi, sono solo ignoranti e corrotti dall'ambiente di fatiche e di miserie nel quale vivono».

Il più importante intervento teorico di Zola è il saggio sul *Romanzo sperimentale* (1880) che teorizza l'estensione al romanzo dei **metodi della medicina sperimentale**.

Il Verismo italiano

Il termine Verismo fu coniato nella seconda metà dell'Ottocento per designare una letteratura che si accostava al "vero" nella sua nuda evidenza. La parola fu usata in **Italia** per definire una **nuova narrativa** che guardava al Naturalismo francese, ma con una sua **autonomia e specificità**.

Nel contesto del Positivismo

Dal punto di vista del più ampio contesto culturale, le teorie veriste e naturaliste sulla letteratura, nacquero in relazione alla corrente filosofica del Positivismo, fondato dal francese Auguste Comte (1798-1857) e sviluppatosi soprattutto nella seconda metà dell'Ottocento. Il pensiero positivista sosteneva che l'unico modo per conoscere veramente la realtà era quello applicato dalla scienza.

Del Positivismo, gli scrittori veristi accolsero l'esigenza di una **conoscenza precisa della realtà** e in particolare di quella **sociale**. In Italia, questa esigenza aveva già trovato espressione nel romanzo manzoniano e ora il Verismo la sviluppava ulteriormente.

Esso attribuiva allo scrittore il compito di osservare in modo "scientifico" la società umana, senza esprimere la propria partecipazione o commozione per le vicende descritte, ma solo cercando di fornire informazioni oggettive. La narrazione doveva basarsi sul "**documento**" **umano**, riproducendolo nel **modo più fedele possibile**.

L'autore scompare dietro la realtà rappresentata

Il principio fondamentale della letteratura verista è quello dell'**impersonalità**, centrale anche nelle teorie di Zola. In **Giovanni Verga** l'impersonalità non significò però solo rinuncia da parte dello scrittore a esprimere giudizi personali, per diventare un "tecnico" della letteratura. In lui quel criterio si spinse fino all'**annullamento** stesso **dell'autore**, il quale scompare dietro la realtà che rappresenta, si confonde nel coro dei suoi personaggi, assumendo il punto di vista di un narratore "ingenuo" e "primitivo" interno all'ambiente rappresentato.

Questo annullarsi, questo "tirarsi indietro" dello scrittore che non esprime il proprio punto di vista, ma si nasconde dietro quello dei propri personaggi è stato chiamato "**artificio della regressione**". Verga lo mise a punto e lo utilizzò nel modo più nuovo ed efficace, servendosi del discorso indiretto libero. Questo consiste nel riferire i pensieri o le parole dei personaggi senza metterli tra virgolette e senza farli precedere da espressioni come "disse che...", "pensò che...", come invece avviene nel normale discorso indiretto. Nel discorso indiretto libero il confine tra ciò che dice il narratore e ciò che dicono o pensano i personaggi è molto sfumato, a volte impercettibile per il lettore. Ne emerge una rappresentazione della realtà che è quella dei fatti così come i protagonisti della vicenda li vivono e li giudicano. Oggetti della rappresentazione verista sono i meccanismi che governano la società, riconducibili, secondo le teorie positiviste, alle **leggi naturali della lotta per l'esistenza e della selezione della specie**, che Darwin aveva individuato alla base dell'evoluzione naturale.

2 Il Decadentismo

NO

Il termine "decadente"

Il termine "decadente" fu usato in Francia, intorno al 1880, in **senso dispregiativo**, per designare gli **atteggiamenti eccentrici e anticonformisti dei simbolisti**. Il Decadentismo non rappresenta un momento di decadenza artistica, come il termine potrebbe indurre a credere, ma l'arte di un periodo di **trasformazione della società**. L'elemento dominante della letteratura decadente consiste nel **considerare l'uomo per se stesso**, avulso da ogni collegamento con una società nella quale egli non si riconosce e non si realizza più. L'artista si sente diverso dal mondo che lo circonda e sottolinea la propria separatezza, affermando idee, gusti e valori opposti a quelli dominanti. Questo atteggiamento, da una parte significa **coscienza dell'isolamento**, dall'altra **ricerca dell'evasione** verso realtà diverse e lontane, come il mondo della natura incontaminata, dell'infanzia, del sogno e dell'ignoto.

Caratteristica del Decadentismo è l'**esasperazione dell'individualismo**, sia come esaltazione dell'individuo eccezionale che si eleva sulla massa sia come coscienza dolorosa della solitudine cui l'uomo è condannato.

In aperta polemica con i canoni del Positivismo e del Naturalismo, i decadenti affermano che il punto di vista dal quale l'artista guarda il mondo non può essere che **soggettivo**, perché la vera realtà delle cose non è quella che appare, non ubbidisce a regole e perciò non è spiegabile attraverso la ragione. Unica **forma di conoscenza** possibile è quella **irrazionale**, **intuitiva**, che permette all'artista di penetrare il segreto delle cose e sentire ciò che è nascosto e misterioso. L'arte diventa così per i decadenti il **valore supremo dell'esistenza** e trova la propria giustificazione in se stessa, indipendentemente da qualunque fine sociale, morale e pedagogico. Solo attraverso la realizzazione del bello, il poeta può distinguersi dalla grigia quotidianità borghese e realizzare se stesso in un "altro" mondo. Questa concezione sfociò in un atteggiamento molto diffuso soprattutto nelle prime espressioni del Decadentismo europeo: quello dell'**estetismo**. Il termine significa **ricerca e privilegiamento di tutto ciò che è bello, ricercato, superfluo**, in contrapposizione a ciò che è utile, ovvio, mediocre, che appartiene, cioè, alla realtà di tutti i giorni.

La sensibilità decadente si espresse in forme molto diverse. Per limitarci all'Italia, troviamo in **Fogazzaro** l'interesse per le zone inconsce e misteriose della nostra psiche e per una spiritualità inquieta e profonda, in **Pascoli** il rifiuto della società, che diventa ricerca del nido protetto dell'infanzia e del mondo delle piccole cose.

Charles Baudelaire

La seconda metà dell'Ottocento è caratterizzata da due importanti movimenti letterari, il **Naturalismo** e il **Simbolismo**. Essi trovano i loro principali maestri in Francia, con i narratori Flaubert, Zola e Maupassant e con i poeti Baudelaire, Rimbaud, Verlaine e Mallarmé.
In Italia, la poesia di Baudelaire è presa a modello dagli **scrittori scapigliati**, attivi in Lombardia e in Piemonte negli anni settanta; il Naturalismo influisce invece sul **movimento verista**, che si sviluppa negli anni ottanta e trova i suoi esponenti più importanti in tre scrittori siciliani: Verga, Capuana e De Roberto.
Nello stesso periodo, si impongono all'attenzione le opere di due grandissimi scrittori russi, **Tolstoj** e **Dostoevskij**, e si diffonde in Europa l'interesse per lo scrittore statunitense **Poe**. Il capolavoro della letteratura americana ottocentesca, *Moby Dick*, resta però del tutto ignorato e verrà riscoperto solo nel Novecento.
Il Simbolismo è alla base della sensibilità che si diffonde negli ultimi decenni del secolo e che si usa definire **decadente**. Essa trova espressione in Italia nell'opera di due poeti (Pascoli e d'Annunzio) e resta predominante per larga parte del Novecento.

Gustave Flaubert

Lev Tolstoj

Giosue Carducci

Émile Zola

Gabriele d'Annunzio

cronologia

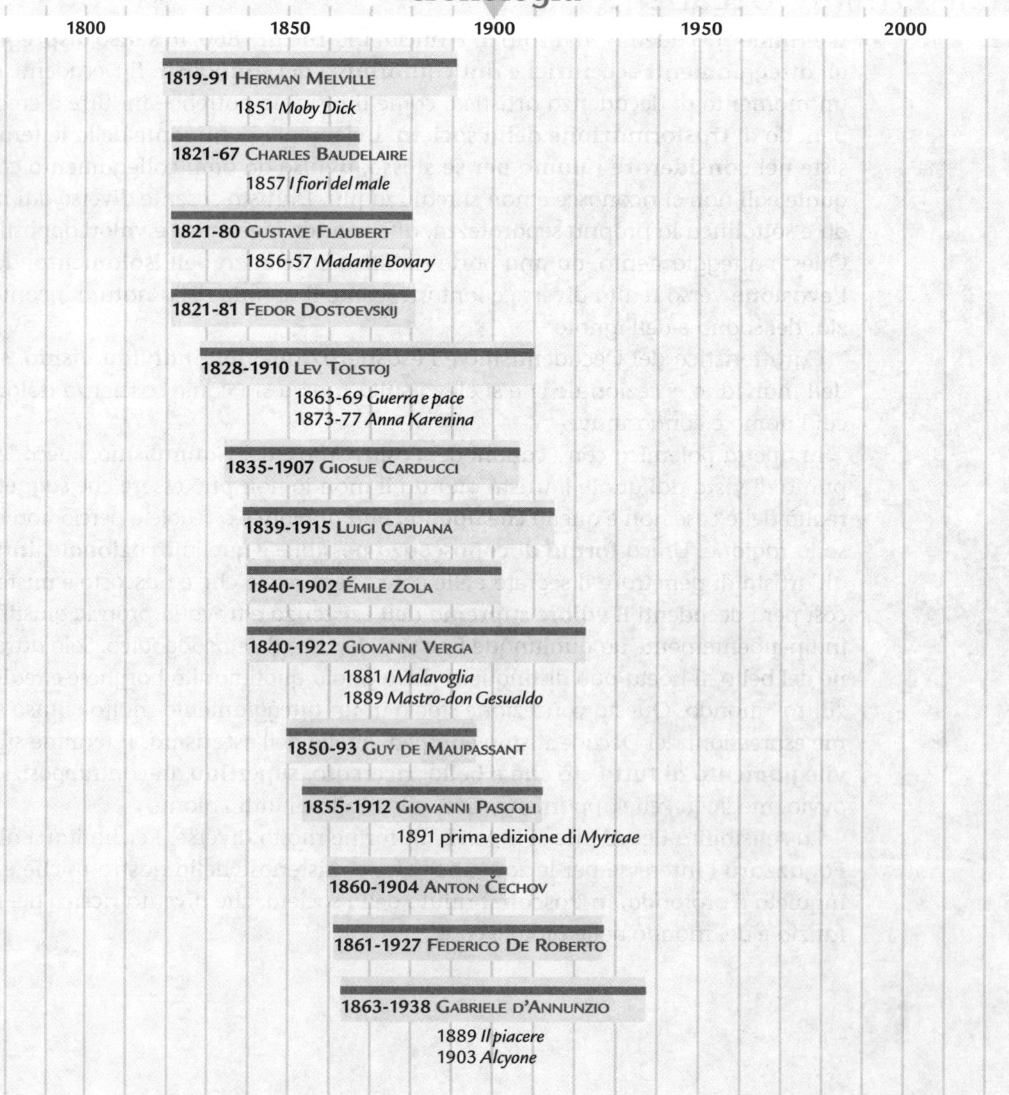

Il contesto storico

1 Industrializzazione e movimento operaio

Gli storici hanno raccolto sotto il nome di rivoluzione industriale l'insieme dei mutamenti di carattere economico e sociale avvenuti in Inghilterra nell'arco di tempo compreso tra la seconda metà del Settecento e la prima metà dell'Ottocento. Da questo momento e da questo luogo il processo di industrializzazione si è diffuso, in modo graduale e differenziato, nel resto d'Europa e nell'America settentrionale.

La rivoluzione industriale ebbe enormi costi umani e conseguenze sociali.

Le **condizioni di lavoro e di vita degli operai** erano inizialmente **durissime**: spesso fino a 16-17 ore di lavoro al giorno in luoghi malsani e pericolosi, sotto una disciplina ferrea. Salari bassissimi, nessuna sicurezza di lavoro e retribuzione. A tutto questo si aggiungevano gli effetti negativi di un'**urbanizzazione accelerata e caotica**: i quartieri operai delle grandi città industriali offrivano condizioni di vita terribili.

Ben presto nacquero i primi **sindacati** e le **lotte operaie** divennero un elemento costante del quadro politico e sociale. L'atteggiamento dei governi e delle classi dominanti verso il nascente movimento operaio fu, per lungo tempo, duramente repressivo.

L'evoluzione del movimento socialista

Dopo la metà dell'Ottocento il vertiginoso sviluppo industriale portò con sé una **notevole crescita**, quantitativa e qualitativa, **della classe operaia** e sorsero organizzazioni sempre più vaste.

Su iniziativa di **Karl Marx** e **Friedrich Engels** si costituì nel 1864 l'**Associazione internazionale dei lavoratori**, con l'obiettivo di coordinare e guidare a livello internazionale le iniziative del movimento operaio e socialista.

Nella seconda metà dell'Ottocento comparvero inoltre sulla scena altre potenze industriali, come la Germania, gli Stati Uniti, il Giappone, oltre all'Inghilterra e alla Francia.

Il Positivismo

È nel quadro di questo generale processo di industrializzazione, sostenuto da continue innovazioni tecnologiche e scientifiche, che si deve collocare la diffusione della cultura positivista. Un vivo interesse per il **sapere "positivo"**, cioè fondato sulla **conoscenza scientifica**, dominò infatti ogni ambito culturale ed ebbe sempre più seguito l'ideologia che esaltava le conquiste della civiltà industriale considerata come un'**epoca di grande progresso materiale, intellettuale e morale.**

Capitalismo e colonialismo

Anche l'economia capitalistica modificò la propria struttura: si passò da una situazione in cui molti piccoli imprenditori operavano in regime di concorrenza a una in cui **poche grandi imprese o gruppi di imprese controllavano la maggior parte del mercato**. La teoria liberista per cui lo Stato non deve intervenire nella sfera economica venne abbandonata e **il potere pubblico assunse un ruolo sempre più attivo** in questo campo.

Una conseguenza fu la spinta alla conquista di **nuove colonie**. Le potenze europee cercavano di accaparrarsi sempre nuovi territori in Africa e in Asia e il colonialismo di fine Ottocento assunse un **carattere planetario**: tutto il pianeta venne colonizzato e diviso tra grandi imperi, in una serrata rincorsa di azioni militari e di trattative diplomatiche.

2 I problemi dell'Italia unita

Il primo governo unitario

Il ceto dirigente che diresse l'Italia nei primi quindici anni dopo l'Unità (1861), fu la **Destra storica**, lo schieramento liberale moderato e conservatore. Lo **Statuto Albertino** fu esteso a tutto il regno, mentre la struttura amministrativa dello Stato venne fortemente **accentrata**. Per riportare in pareggio il bilancio pubblico, la Destra puntò su un **forte prelievo fiscale, con gravi conseguenze sul piano sociale**, perché le imposte pesavano sui ceti poveri.

La Sinistra al potere

Verso la metà degli anni settanta le redini del governo passarono alla **Sinistra**, espressione di quei gruppi sociali – in primo luogo la borghesia industriale – che volevano una **politica più attiva e dinamica**, capace di **favorire lo sviluppo del paese**. La Sinistra cercò anche di dare risposte alle esigenze di **riforma sociale** e attuò alcune importanti riforme: **ampliamento del diritto di voto** (da 1,9% a 6,9%); **istruzione elementare obbligatoria**.

Con la Sinistra prese avvio una sensibile accelerazione dello **sviluppo industriale**, decisamente alimentato dall'intervento dello Stato, per mezzo di una **politica protezionistica** e di **finanziamenti, commesse e agevolazioni pubbliche**.

Questione meridionale e questione sociale

Questo sviluppo presentava però alcuni elementi non positivi, tra i quali la contraddizione più pesante era rappresentata dalla crescita del **divario economico e sociale tra Nord e Sud**.

Alla questione meridionale si combinò la questione sociale, cioè il problema delle condizioni di vita delle masse contadine e operaie, come testimonia anche l'enorme sviluppo del **fenomeno migratorio**. Anche in Italia, intanto, si forma il **proletariato industriale**, con la conseguente sindacalizzazione e la nascita di nuove organizzazioni come le **leghe** e le **camere del lavoro**. Il **Partito socialista italiano** fu fondato a Genova, nel 1892.

L'autoritarismo di Crispi e la crisi di fine secolo

La classe dirigente reagì con crescente durezza all'intensificarsi dei conflitti sociali. Nel periodo in cui fu al governo Francesco Crispi, dal 1887 al 1896, il sistema politico italiano fu gestito in modo sempre più **autoritario**. Di fronte agli scioperi e ai conflitti sociali egli usò il pugno di ferro, intervenendo con la forza e causando spesso molte vittime fra gli scioperanti.

La linea autoritaria culminò nel 1898, quando il generale **Bava Beccaris** fece aprire il fuoco contro una manifestazione operaia a Milano.

La politica sociale di Giolitti

Giovanni Giolitti dominò la scena politica italiana dal 1900 al 1914. Appartenente all'area liberale di sinistra, avviò una **politica di equilibrio** fra le diverse forze sociali e politiche e di **riforme in campo sociale ed economico**. L'attenzione di Giolitti si rivolse anche ai cattolici che, in seguito all'enciclica *Rerum Novarum* di Leone XIII (1891), si erano progressivamente avvicinati alla vita politica e avevano iniziato a occuparsi attivamente della questione sociale. Nel 1912 Giolitti introdusse il **suffragio universale maschile**.

Nel frattempo però prendevano sempre più piede nel paese i movimenti nazionalisti e militaristi e si avvicinava la svolta decisiva del conflitto mondiale.

L'evoluzione delle arti

Camille Claudel, *Primo studio per Sakuntala* (1888).

L'arte del secondo Ottocento è segnata da una vera e propria rivoluzione che avviene in Francia con le esposizioni degli impressionisti (Monet, Pissarro, Renoir, Degas e altri). Gli impressionisti rompono in maniera decisa con la tradizione accademica e romantica, basando la loro opera sul rifiuto del disegno, del chiaroscuro e della prospettiva, e sulla centralità della luce e del colore. Per questo essi rifiutano la pittura "di studio" e prediligono quella all'aria aperta.

Il movimento impressionista segna la fine della concezione classica dell'arte come "imitazione" della natura. Questo compito viene infatti assolto con maggior precisione da una nuova tecnica che si diffonde nell'Ottocento, quella fotografica. L'artista non deve quindi riprodurre la realtà, ma l'impressione della realtà, l'istante impalpabile in cui essa si rivela al suo sguardo. In Italia, non esiste un movimento impressionista, ma alcuni elementi della tecnica impressionistica sono utilizzati dai "macchiaioli" toscani (Fattori, Lega e altri) e da alcuni esponenti della Scapigliatura (come Tranquillo Cremona).

La tecnica "divisionista", che consiste nell'utilizzare piccole pennellate di colore puro accostate fra loro, rinunciando a sfumature e chiaroscuri, influenza anche i pittori naturalisti (come Pellizza da Volpedo, Morbelli, Zandomeneghi) e quelli simbolisti (come Previati, Segantini ecc.). I primi prediligono soggetti tratti dalla realtà delle classi più umili e dalla vita quotidiana degli emarginati, mescolando spesso denuncia e retorica socialisteggiante; i secondi scelgono temi fantastici e astratti, puntando sull'evocazione di atmosfere misteriose.

Un'importanza particolare hanno le arti dette "minori" (arredamento, decorazione ecc.) per la nascita e la definizione dello stile architettonico che domina nel periodo da noi preso in considerazione e che viene definito in molti modi diversi: Jugendstil, Liberty, art nouveau, modernismo, floreale ecc. Lo stile Liberty si basa sull'uso di tecnologie d'avanguardia, finalizzate però alla realizzazione di opere in cui la decorazione (e in particolare la decorazione floreale) ha grande importanza. È un segno di "timidezza" nei confronti della modernità che sarà del tutto assente nell'arte novecentesca.

1 Il *Ritratto della signora Charles Max* di Boldini (1896) ci fa capire le ragioni dell'enorme successo di questo pittore presso la borghesia europea dell'epoca: il volto dei soggetti è ritratto con minuzia fotografica e tecnica classica, mentre per il corpo e per il vestito l'artista adotta uno stile più moderno, imitando i pittori impressionisti per dare movimento e novità all'immagine.

2 *Per 80 centesimi?* è il titolo di questo quadro di Morbelli (1893-95). Il pittore fa riferimento alla misera paga giornaliera delle mondine, le donne che lavoravano nelle risaie. La denuncia del titolo si unisce però a una scena apparentemente serena, che l'autore realizza con la tecnica del divisionismo (l'immagine è formata da moltissime, minuscole pennellate di colore puro) cara anche a Segantini e Pellizza.

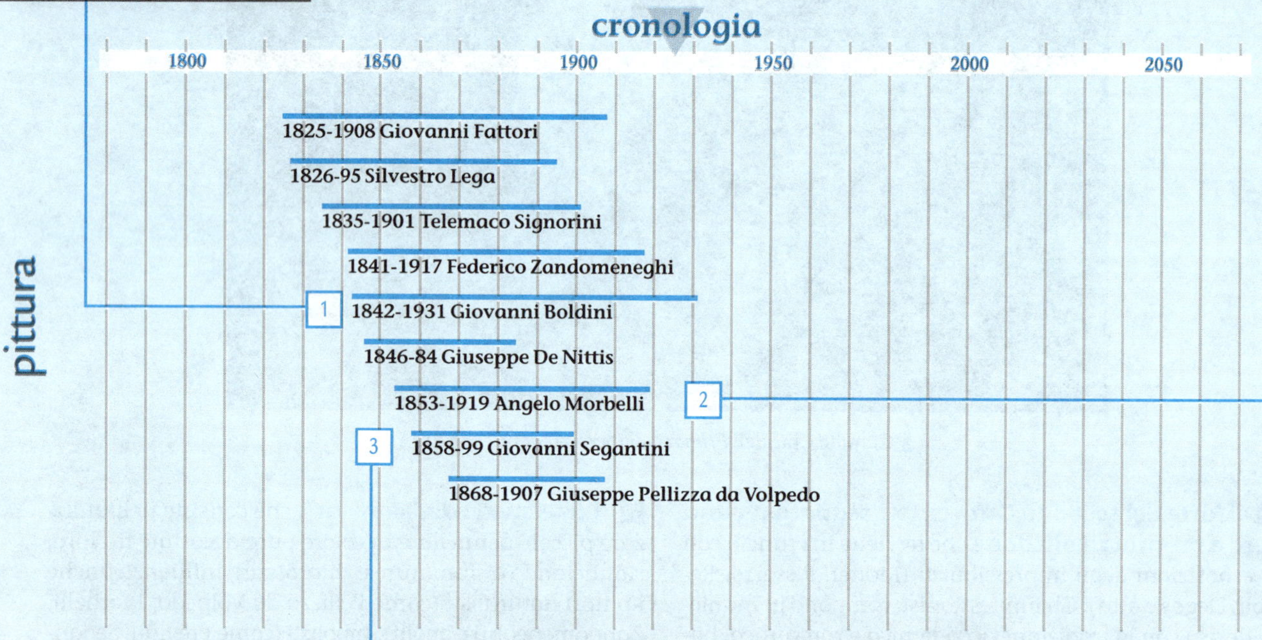

3 *Le due madri* di Segantini (1889) si basa su un evidente parallelismo: la donna e la vacca, ciascuna col suo piccolo, sono osservate dall'artista con lo stesso sguardo commosso e partecipe. La vita dei campi non è descritta da Segantini in termini di denuncia sociale, ma di vaga religiosità: tutti gli aspetti della realtà sono pervasi di mistero e di significati reconditi.

4 Medardo Rosso, *La portinaia*, 1883, scultura in gesso.

cronologia

1800 · 1850 · 1900 · 1950 · 2000 · 2050

scultura

- 1852-1929 Vincenzo Gemito
- 1858-1928 Medardo Rosso [4]
- 1859-1933 Domenico Trentacoste

architettura

- 1839-1915 Alfredo D'Andrade
- 1854-1905 Giuseppe Sacconi
- 1854-1933 Luca Beltrami
- 1867-1917 Giuseppe Sommaruga [5]

5 Giuseppe Sommaruga, facciata di palazzo Castiglioni (1900-03), Milano.

GIUSEPPE PELLIZZA DA VOLPEDO Il Quarto Stato

Giuseppe Pellizza da Volpedo, *Il Quarto Stato* (1898-1901), Milano, Villa Belgiojoso-Bonaparte, Museo dell'Ottocento.

L'autore

- Nato a Volpedo, in provincia di Alessandria, nel 1868, Giuseppe Pellizza studiò in varie città d'Italia (Milano, Firenze, Roma, Bergamo) e sul finire degli anni Ottanta compì un viaggio a Parigi, dove conobbe la pittura impressionista.

- Stabilitosi a Milano, il pittore aderì al movimento detto "divisionismo": i divisionisti adottavano una tecnica fatta di piccole pennellate di colori puri; dalla somma di queste pennellate nasceva (nell'occhio dell'osservatore) l'immagine, la luce, il chiaroscuro ecc.

- Come altri divisionisti (Segantini, Morbelli, Previati, Grubicy) Pellizza si dedicò spesso a paesaggi e nature morte, ma trovò la sua espressione più personale in opere ispirate dalla lettura di Marx ed Engels. Nel 1901 espose alla Biennale di Venezia *Il Quarto Stato*, senza alcun successo. Amareggiato, l'artista si trasferì a Roma, entrando in contatto con la giovane generazione di pittori che avrebbe aderito al futurismo.

- Pellizza morì nel paese natale nel 1907.

L'opera

- Realizzato fra il 1898 e il 1901, in molte versioni diverse, *Il Quarto Stato* è il più importante esempio di realismo sociale nella pittura italiana.
- L'espressione "quarto stato" indica gli strati più poveri della società, il proletariato, i "miserabili" a cui Victor Hugo aveva dedicato il suo romanzo più famoso.

Particolari del quadro.

Un'immagine simbolica Il quadro presenta una folla di proletari che avanza verso l'osservatore, preceduta da tre figure in primo piano: due uomini e una donna con un bambino in braccio. Gli uomini hanno lo sguardo deciso e camminano (hanno entrambi un piede più avanti dell'altro) col sole in fronte; la donna giunge invece diagonalmente, protesa in avanti con un gesto del braccio che sembra esprimere nello stesso tempo un sentimento di esasperazione e una richiesta di aiuto. L'immagine ha un forte valore simbolico: Pellizza rappresenta il quarto stato che avanza sulla scena della storia, inarrestabile e compatto, verso la luce; il quadro ha quindi un valore propagandistico, ma anche una forte carica drammatica, legata soprattutto alla figura della donna (più mossa e movimentata rispetto a quelle degli uomini e arricchita di un tocco patetico per la presenza del bambino).

Il riferimento alla realtà del tempo L'avanzata del quarto stato era un dato di fatto, all'epoca in cui Pellizza componeva quest'opera. Le rivendicazioni operaie e lo sviluppo del movimento socialista avevano caratterizzato gli ultimi anni dell'Ottocento. Proprio nel 1898, l'anno in cui Pellizza si accinge a quest'opera, una pacifica manifestazione operaia era stata presa a cannonate, a Milano, dalle truppe comandate dal generale Bava Beccaris, che per questa impresa era stato decorato dal re Umberto I.
Rappresentando una manifestazione, il pittore sceglieva dunque un soggetto fortemente attuale, e lo interpretava in chiave solenne ed eroica, apparentemente oggettiva, ma in realtà chiaramente favorevole ai manifestanti: non stupisce quindi che il pubblico borghese della Biennale di Venezia, nel 1901, decretasse l'insuccesso dell'opera.

I generi letterari

Il romanzo e il racconto

Cambia il rapporto tra lo scrittore e il suo pubblico

Nel 1856, a Parigi, il romanzo di Gustave Flaubert *Madame Bovary* fu processato per immoralità. Come mai un'opera che noi consideriamo fra i massimi capolavori della letteratura di tutti i tempi parve ai contemporanei tanto inaccettabile da meritare un processo? Il romanzo di Flaubert racconta la storia di una donna che tradisce il marito e muore suicida senza pentirsi della propria colpa. Questi temi erano stati affrontati anche in precedenza: la storia della letteratura è talmente piena di amori extra-coniugali che si può affermare che l'eccezione sia rappresentata dalla fedeltà, non dal tradimento.

Ciò che suscitava scandalo non era dunque il contenuto dell'opera, ma l'atteggiamento dello scrittore, che non esprimeva alcuna condanna morale verso gli atteggiamenti della sua eroina. Flaubert, infatti, narra la vicenda di Emma Bovary con assoluta freddezza, senza intervenire nel racconto a giudicare il suo personaggio, anzi mostrandone i pensieri e i sentimenti con tale intensità da spingere spesso il lettore a identificarvisi. Causa dello scandalo fu quindi la "tecnica dell'impersonalità" usata dallo scrittore per raccontare la vicenda.

Il processo a Flaubert rappresenta così un momento emblematico nella storia della letteratura moderna. Gli scrittori tentano nuove strade, nuove tecniche e impostano in maniera radicalmente diversa il rapporto con il pubblico dei lettori. Si viene configurando, in generale, una **divaricazione fra letteratura di massa** (romanzi d'appendice, racconti polizieschi, dell'orrore, di avventura ecc.) **e letteratura "alta"**. Consideriamo il caso dei due maggiori prosatori italiani, Manzoni e Verga.

Nella prima metà dell'800 *I promessi sposi* hanno un successo vastissimo e immediato, pur essendo Manzoni uno scrittore che fino a quel momento si era rivolto (sia con le poesie sia con le tragedie) soprattutto a un pubblico elitario, intellettuale. Verga, nella seconda metà del secolo, pubblica *I Malavoglia* quando è già uno scrittore di successo, dopo essersi affermato giovanissimo con romanzi in cui narrava vicende romantiche e passionali. Quando però decide di adottare una tecnica narrativa nuova e produce il suo capolavoro, il pubblico lo abbandona ed egli è costretto ad ammettere in una lettera all'amico Capuana che «*I Malavoglia* hanno fatto fiasco, fiasco completo».

Impersonalità

Tecnica che consiste nel **narrare senza intervenire con commenti, giudizi** ecc. Essa fu sviluppata soprattutto nella seconda metà dell'Ottocento (Flaubert e i naturalisti in Francia, i veristi in Italia). Ciascuno scrittore interpretò in maniera personale questo criterio: Flaubert sviluppò la tecnica del monologo interiore, proponendo al lettore una realtà filtrata attraverso l'interiorità del personaggio; Zola "nascose" il narratore, rappresentando una realtà conosciuta e studiata con gli strumenti della scienza e della statistica; Verga fece raccontare le sue vicende da un narratore che si pone allo stesso livello dei personaggi. A partire da queste diverse tecniche si svilupparono nel Novecento numerose sperimentazioni: da quelle di Joyce, che portò alle estreme conseguenze le scelte di Flaubert, a quelle dei neorealisti, che si rifecero a Verga, a quelle della cosiddetta école du regard (scuola dello sguardo: Robbe-Grillet, Butor, Simon e altri), che negli anni sessanta ripropose un ideale di oggettività che enfatizzava quello dei naturalisti.

Rinasce il racconto

Nel corso dell'Ottocento si assiste alla **rinascita del genere del racconto**. Dopo lo splendore della novella nel tardo Medioevo e nel Rinascimento (Bandello, Basile, Machiavelli, per limitarci alla sola Italia), nel corso del Seicento e del Settecento il genere della narrazione breve era stato quasi completamente trascurato.

Esso era infatti considerato minore all'interno del sistema generi. La concezione classicistica della letteratura privilegiava nettamente i generi della poesia (la ripartizione tradizionale considerava come generi dominanti la poesia drammatica, la poesia epica e la poesia lirica). Mentre la prosa era ritenuta una forma espressiva di minore importanza.

Nella seconda metà dell'Ottocento, con lo sviluppo del romanzo realista e naturalista, **la prosa prevale** decisamente **sulla poesia**. E spesso i narratori scelgono, accanto alla forma del romanzo, quella più agile del **racconto breve**. La diffusione e il successo di questo genere è, tra l'altro, favorito dallo sviluppo di **pubblicazioni periodiche** (quotidiani e riviste) che accolgono sulle loro pagine non solo romanzi a puntate ma anche racconti brevi.

Anzi, il racconto diventa lo strumento privilegiato dei **narratori naturalisti e veristi** ed è qui che alcuni trovano la misura della loro più alta ispirazione.

Gli scrittori del primo Ottocento tendevano a intervenire nella narrazione e a farne un momento di riflessione sulla complessità del reale. Avevano dunque bisogno spesso delle dimensioni ampie del romanzo, anche se non mancarono, come abbiamo visto sopra, grandi scrittori di racconti.

Gli scrittori naturalisti invece, spinti dalla fiducia nel valore conoscitivo dell'osservazione pura e semplice, vogliono evitare l'intervento dell'autore e l'atteggiamento analitico dei romantici. La dimensione del racconto, la sua struttura semplice e compatta, è particolarmente adatta a questo obiettivo, poiché permette di cogliere con incisività **brevi scene**, di mostrare una *tranche de vie* (una "fetta di vita"), senza che lo scrittore si debba impegnare nella costruzione di uno sfondo narrativo più ampio e complesso, quale è quello richiesto dal romanzo. Il racconto sviluppa il gusto per l'**annotazione del particolare**, per l'**osservazione della vita di tutti i giorni**, per la **ricostruzione di un quadro d'ambiente e di vicende esemplari** di una più ampia condizione umana.

Di volta in volta vengono messi in luce aspetti isolati e insoliti della realtà, o anche aspetti inquietanti al confine con l'irrealtà. Convivono infatti, nella produzione novellistica del secondo, come del primo Ottocento, **un filone realistico e uno fantastico**. A volte lo stesso autore si dedica a entrambi, come nel caso, per esempio, di uno dei più grandi novellieri del secolo, il francese **Guy de Maupassant**.

Fra i maggiori autori di racconti della loro epoca ci sono anche i **veristi italiani** (Giovanni Verga, Luigi Capuana, Federico De Roberto), oltre che lo scrittore russo **Anton Čechov**, che, accanto ai capolavori teatrali, pubblicò moltissimi racconti.

Luigi Capuana

Giovanni Verga

Gustave Flaubert

L'autore

La vita di Gustave Flaubert (1821-1880) fu povera di avvenimenti di rilievo: infatti prevalse in lui un atteggiamento di distacco dalla realtà esterna e di concentrazione sul lavoro di scrittore.

Le sue passioni amorose furono per lo più insoddisfatte o vissute a distanza attraverso un intenso scambio epistolare. Anche gli avvenimenti storici influirono negativamente su di lui: assistette infatti, subendone la frustrazione, al fallimento della rivoluzione del 1848 e della Comune di Parigi del 1871, nonché alla sconfitta francese nella guerra franco-prussiana.

Il suo primo romanzo fu *L'educazione sentimentale* (scritto fra il 1843 e il 1845 e poi riscritto tra il 1863 e il 1869); seguì *Madame Bovary* (pubblicato in volume nel 1857). Le successive opere narrative furono: *La tentazione di Sant'Antonio* (1847-49), *Salammbô* (1862), *Tre racconti* (1877) e, incompiuto e uscito postumo nel 1881, *Bouvard e Pécuchet*.

Flaubert visse drammaticamente in prima persona il **conflitto tra ideali romantici e volgare realtà** che rappresentò in *Madame Bovary*. Dotato di grande immaginazione, egli odiò il mondo borghese conformista privo di ideali e di poesia, ma d'altra parte ebbe la consapevolezza che quegli ideali erano irrimediabilmente morti e che continuare a inseguire sogni non portava che al fallimento.

Egli teorizzò un'**arte** assolutamente **impersonale e oggettiva** in cui lo scrittore rinunciasse a prendere posizione e non tradisse i suoi sentimenti, osservando la realtà con sguardo obiettivo e distaccato. Per questo può essere annoverato fra gli scrittori "naturalisti". Secondo Flaubert, le cose e i fatti dovevano parlare direttamente al lettore con la forza della verità e dell'evidenza e lo scrittore doveva limitarsi a scegliere quei fatti e tradurli in linguaggio. L'**estrema precisione linguistica** diventò così lo strumento della rappresentazione fedele della realtà.

L'opera

***Madame Bovary* narra la storia di Emma,** giovane donna di provincia nutrita di sogni e letture romantiche, che sposa Charles Bovary, un modesto medico di campagna. Delusa dalla mediocrità quotidiana, si lascia sedurre da Rodolphe, un superficiale dongiovanni; Emma è sinceramente innamorata e, convinta di essere ricambiata, vorrebbe fuggire con l'amante. Ma Rodolphe, spaventato dalla proposta, l'abbandona. Emma intreccia allora una relazione con Léon, un giovane notaio che l'ama da tempo. Anch'egli però non comprende la natura sincera e passionale dell'amore di Emma e la lascia. La donna, che si è indebitata a insaputa del marito ed è ricattata da un usuraio, dopo aver chiesto invano aiuto agli antichi amanti, disperata, si avvelena. Charles Bovary, sconvolto, si lascia lentamente morire.

Il tema centrale del romanzo è quello del **conflitto** insanabile **tra aspirazioni ideali** (desiderio di amore, di gloria, di bellezza) e **banale realtà quotidiana**. Emma non accetta la "normalità" e aspira ad avvenimenti eccezionali, ma non riesce a uscire dalla mediocrità della sua esistenza e alla fine soccombe. È il **crollo degli ideali romantici** che Flaubert rappresenta con lucida consapevolezza.

Opera **Madame Bovary**
Epoca **XIX secolo**
Genere **romanzo**
Lingua **francese**

Madame Bovary

Le angosce di Emma

Nel brano che segue, Emma, che nel suo intimo è divorata dal disgusto per ciò che la circonda, continua a comportarsi esteriormente come una moglie virtuosa. Ella soffre per la banale realtà di tutti i giorni e la mediocrità di Charles, e si abbandona a fantasie voluttuose con il doloroso senso di una perenne mancanza. Tutto ciò è rappresentato con minuziosa cura del particolare (vedi per esempio, all'inizio, l'astuccio che Léon rigira tra le mani, l'ago di Emma, l'unghia del suo dito che increspa la tela) e una grande sensibilità nell'analizzare le più sottili sfumature psicologiche.

Emma si fece servire la cena in camera;[1] mangiò lentamente su un vassoio, accanto al fuoco; trovò tutto buono.

«Sono stata veramente saggia!» si diceva, pensando alle sciarpe.[2]

D'improvviso sentì un passo sulla scala: era Léon. Si alzò in fretta, afferrò il primo degli strofinacci da orlare ammucchiati in pila sul cassettone. Pareva indaffaratissima, quando lui entrò.

La conversazione languì, la signora Bovary la lasciava cadere ogni momento, e lui si mostrava talmente impacciato. Seduto su un panchetto, accanto al camino, Léon girava e rigirava tra le dita l'astuccio d'avorio; lei spingeva l'ago oppure ogni tanto increspava con l'unghia le pieghe della tela. Lei non parlava; lui taceva, imprigionato dal suo silenzio come lo sarebbe stato dalle sue parole.

«Povero ragazzo!» pensava lei.

«Cos'è che le dispiace in me?» si domandava lui.

E tuttavia Léon finì per dire che uno di quei giorni sarebbe dovuto andare a Rouen per faccende dello studio.

«Il vostro abbonamento musicale è scaduto», disse, «debbo rinnovarvelo?»

«No», rispose lei.

«Perché?»

«Perché...»

Stringendo le labbra tirò una lunga gugliata di filo grigio.

Quel lavoro irritava Léon. Le dita di Emma parevano scorticarsi sulle punte; lui pensò a una frase galante, ma non volle rischiare.

«Ci rinunciate, allora?» disse, invece.

«A cosa?» disse lei vivacemente, «alla musica? Ah! mio Dio sì! Non ho forse la mia casa da tenere in ordine, mio marito a cui badare, mille cose, insomma, un'infinità di doveri che contano di più?»

E scoccò un'occhiata alla pendola. Charles era in ritardo. Allora volle far la preoccupata. Ripeté due o tre volte:

«È un uomo così buono!»

Il praticante di notaio era affezionato al signor Bovary. Ma tutta quella tenerezza nei suoi riguardi costituì una sorpresa sgradevole per lui; a ogni modo le tenne dietro nelle lodi del marito, lodi che sentiva fare da chiunque, disse, e particolarmente dal farmacista.

«Ah! è un brav'uomo», riprese Emma.

«Certo», riprese lui.

E cominciò a parlare della signora Homais,[3] la cui sciatteria forniva spesso loro un motivo d'allegria.

«Ma cosa importa?» lo interruppe Emma. «Una buona madre di famiglia non si preoccupa dei propri vestiti».

Poi risprofondò nel suo silenzio.

E fu così anche i giorni seguenti; i suoi discorsi, i suoi modi, tutto mutò. La si vide prendere a cuore la casa, andare regolarmente in chiesa, trattare con maggior severità la serva.

Tolse Berthe[4] dalla balia. Quando aveva visite, se la faceva portare da Félicité,[5] e la spogliava per far vedere com'era bellina. Proclamava di adorare i bambini; la figlia era tutta la sua consolazione, tutta la sua gioia, tutta la sua passione; accompagnava le carezze con grandi sfoghi lirici che a chiunque non fosse stato yonvillese[6] avrebbero ricordato puntualmente la Sachette di *Nostra Signora di Parigi*.[7]

1. si fece servire la cena in camera: Emma è reduce da una gita, durante la quale si è resa conto che Léon è innamorato di lei.

2. pensando alle sciarpe: era riuscita a resistere alla tentazione di acquistare delle sciarpe di seta.

3. signora Homais: è la moglie del farmacista, rappresentante anch'essa, insieme al marito e agli altri abitanti del paese, di quel mondo squallido e provinciale che Emma Bovary odia.

4. Berthe: è la figlia di Emma.

5. Félicité: la serva di casa.

6. yonvillese: Yonville è il nome del paese in cui Emma vive.

7. *Nostra Signora di Parigi*: romanzo dello scrittore Victor Hugo, una delle letture romantiche alle quali Emma ispira la propria condotta.

Quando Charles rincasava trovava le pantofole al caldo accanto al fuoco. I suoi panciotti ora non mancavan più di fodere, né di bottoni le sue camicie, ed era un vero piacere contemplare nell'armadio le belle pile regolari dei berretti di cotone. Lei non era più restia come in passato a passeggiare in giardino; acconsentiva sempre a tutto quel che le proponeva il marito, anche se non indovinava mai quei desideri cui si sottoponeva senza un mormorio; – e, quando Léon vedeva dopo mangiato il medico seduto davanti al fuoco, con le mani sul ventre, i piedi sugli alari, le guance congestionate dalla digestione, gli occhi umidi di benessere, con la bambina che strisciava sul tappeto e quella donna che lo andava a baciare in fronte, chinandosi sopra lo schienale della poltrona, il dubbio e lo sconforto erano inevitabili.

«Pazzo che non sei altro!» diceva a se stesso il giovane di studio. «Come potresti mai arrivare sino a lei?»

Lei gli apparve dunque tanto virtuosa e inaccessibile che ogni speranza, anche la più tenue, lo abbandonò.

Ma proprio in conseguenza di una simile rinuncia, lui finì per collocarla in una sfera superiore. Per Léon lei si spogliò di tutte quelle attrattive carnali che gli erano negate per sempre; la sentì salire in alto, ancora più in alto nel suo cuore sinché non se ne staccò al modo magnifico di un'apoteosi che s'inciela.[8] Era uno di quei sentimenti puri che non contrastano con la normalità dell'esistenza, si coltivano perché son rari, la loro perdita provocherebbe un dolore più forte della gioia che deriva dal loro possesso.[9]

Emma smagrì, le guance le si fecero pallide, la faccia le si allungò. Con quei capelli neri, con quei grandi occhi, con quel naso diritto, con quel suo incedere da uccello, e sempre silenziosa adesso, non pareva attraversare la vita, sfiorandola appena, la vaga impronta di una qualche predestinazione sublime sulla fronte? Era così triste e così calma, così dolce e insieme così riservata che al suo fianco ci si sentiva prendere da un incanto glaciale, il brivido che assale in una chiesa al mescolarsi del profumo dei fiori al freddo dei marmi; nessuno riusciva a sottrarsi a una simile seduzione. Il farmacista diceva:

«Ecco una vera donna di classe, non sfigurerebbe neppure in una sottoprefettura».[10]

Le borghesi ammiravano la sua economia, i clienti[11] la sua gentilezza, i poveri la sua carità.

E lei, invece, rigurgitava di brame, di collere, di odi. Il corsetto dalle pieghe diritte nascondeva un cuore agitato, e quelle labbra tanto pudiche si rifiutavano di raccontarne la tormenta. Era innamorata di Léon, e proprio per questo cercava la solitudine, per poter godere più liberamente della sua immagine. La vista reale della persona veniva a turbare la voluttà della fantasia; pronta a palpitare al suo passo, in presenza di lui si sentiva defraudata dalla dolcezza dell'emozione, le restava alla fine solo uno sbigottimento scolorente in tristezza.

Léon non sapeva, quando usciva disperato da quella casa, che lei si alzava dalla sua sedia per rivederlo in strada. Si preoccupava di quel che lui poteva fare; gli spiava la faccia;

8. **apoteosi... s'inciela:** glorificazione che sale fino al cielo.
9. **Era... possesso:** il fatto che Emma rifiuti di diventare la sua amante fa sì che Léon la idealizzi secondo i modelli in voga nell'epoca romantica, trasformando e purificando il suo sentimento verso di lei. Flaubert sottolinea per contrasto l'incapacità di Emma di operare una simile sublimazione, descrivendo subito dopo il suo deperimento fisico.
10. **sottoprefettura:** le aspirazioni del farmacista sono mediocri, come la sua vita quotidiana. È stridente il contrasto con gli atteggiamenti e i desideri di Emma.
11. **clienti:** del medico, suo marito.

Angoscia

Il lessico e la grammatica

La parola "angoscia" deriva dal latino *angustia*, che significava "strettoia". Chi è angosciato ha quindi l'impressione di essere prigioniero in una situazione da cui non riesce a liberarsi; l'angoscia è un **sentirsi mancare il respiro**. Non a caso, Flaubert, che a queste finezze della lingua era molto attento, sottolinea che Emma considera la propria casa «angusta, ma così angusta» rispetto ai suoi ideali di grandezza e di splendore. Al respiro è collegata (linguisticamente) un'altra emozione che spesso si confonde con l'angoscia, e cioè l'**ansia**. "Ansia" è una parola imparentata con "ansimare" e quindi, come l'angoscia, con la sensazione di sentirsi mancare il fiato. L'angoscia è però legata a un avvenimento passato o a una situazione presente, l'ansia è proiettata verso il futuro.

inventò tutta una storia per avere il pretesto di visitare la sua stanza. Trovava ben fortunata la moglie del farmacista che poteva dormire sotto quello stesso tetto; in continuazione i suoi pensieri si abbattevano sulla casa di Homais come i piccioni del Leon d'oro[12] che andavano là a tuffare nelle grondaie le zampette rosa e le ali bianche. Ma quanto più si accorgeva del suo amore, tanto più lo respingeva, per tenerlo celato, per diminuirlo. Avrebbe voluto che Léon intuisse, immaginava casi, catastrofi che potessero facilitarlo. A trattenerla era senza dubbio la pigrizia, oppure la paura, magari il pudore. Pensava di averlo ormai respinto troppo lontano, era passato il gran momento, tutto era perduto. E poi l'orgoglio, la gioia di dirsi: «Sono virtuosa». Si guardava allo specchio, assumendo le pose della rassegnazione, e si sentiva un poco consolata dal sacrificio che credeva di compiere.

Allora, appetiti della carne, avidità di danaro, malinconia della passione, tutto si confuse in un'unica sofferenza; e, invece di stornarne la mente,[13] lei vi si attaccava sempre più, il dolore la eccitava, lei non faceva che cercar le occasioni per star male. S'irritava per un piatto mal servito o per una porta lasciata socchiusa, piagnucolava per i velluti che non possedeva, per la felicità che non conosceva, per i sogni che puntava troppo in alto, per la casa che trovava angusta, ma così angusta.

Ma quel che più l'irritava era constatare come Charles non avesse il minimo sentore del suo strazio. La convinzione del marito di renderla felice le pareva uno stupido insulto, tutta quella tranquillità una manifestazione d'ingratitudine. Per chi dunque lei si comportava così bene? Non era forse lui l'ostacolo a ogni suo desiderio, la causa di ogni sua miseria, il gancio aguzzo di quella catena complicata che la stringeva da tutte le parti?

Finì presto[14] per riversare su di lui solo il formicolare degli odi suscitati da tutti i suoi affanni; ogni sforzo per diminuirlo serviva a esasperarlo, quest'unico odio, e l'inutile pena del tentativo si aggiungeva agli altri motivi di disperazione, contribuiva ad allontanarla maggiormente dal marito. La sua stessa mitezza la incitava alle ribellioni. La mediocrità dell'esistenza domestica le suggeriva fantasie fastose, la tenerezza coniugale sogni adulterini. Avrebbe voluto che Charles la battesse almeno una volta, allora avrebbe avuto anche maggior diritto a detestarlo, a prendersi una vendetta. E le capitava di sussultare a certe ipotesi atroci che formulava la sua mente; doveva proprio continuare a sorridere, continuare a sentirsi ripetere che era felice, continuare a fingere di esserlo, lasciarlo credere? Tanta ipocrisia le rovesciava lo stomaco. L'assaliva la febbre di fuggirsene via con il suo Léon, lontano, da qualche parte, in capo al mondo, a tentare una nuova sorte; ma subito nel suo animo si spalancava un'indefinibile voragine traboccante d'oscurità.

Madame Bovary, trad. di O. Del Buono, Garzanti

12. **Leon d'oro:** è l'albergo del paese.
13. **stornarne la mente:** volgere la mente altrove, non pensarci.
14. **Finì presto:** i moti dell'animo di Emma sono analizzati con estrema attenzione a tutte le sfumature, le contraddizioni, i tentativi falliti. Gli stati d'animo profondi di Emma risultano sempre in contrasto con ciò che ella esteriormente si sforza di dimostrare.

Analisi del testo

Le contraddizioni di Emma. Il brano, che può essere diviso in cinque sequenze, è molto significativo perché presenta il personaggio della protagonista in tutte le sue intime contraddizioni. Nella parte iniziale ella è vista nel colloquio con Léon, il giovane che Emma ama segretamente e da cui è amata. Il contrasto fra il piano dei reali pensieri e sentimenti di Emma e quello delle sue parole e delle sue azioni è messo in particolare evidenza dall'autore. È scoperto il gesto con cui ella prende il lavoro di ricamo solo perché ha sentito avvicinarsi Léon e vuole fingersi indaffarata nelle faccende domestiche. I silenzi, le frasi lasciate cadere, le esclamazioni sui doveri del matrimonio, il giudizio del marito come di un brav'uomo, ripetuto due volte: tutto è affettazione e finzione.

Il punto di vista impersonale. Segue poi una parte in cui vengono raccontati gli avvenimenti e i comportamenti di Emma durante i giorni seguenti. Prima il comportamento nei confronti della figlia, poi quello verso il marito. L'autore narra e descrive senza mai esprimere un esplicito giudizio sui comportamenti falsi della protagonista: solo un breve accenno all'origine letteraria dei suoi sfoghi (imitati da un romanzo, *Nostra Signora di Parigi*) fa trapelare un suo giudizio negativo sul velleitarismo di Emma.

Il quadretto di serenità e calore familiare che segue è in realtà tale solo se visto dal di fuori e in particolare da chi, come Léon, soffre per essere escluso da quell'intimità. È attraverso i suoi occhi e il suo punto di vista che l'autore costruisce quella descrizione, come si può dedurre alla fine del passo dal riferimento

allo stato d'animo del giovane innamorato (il dubbio e lo sconforto erano inevitabili. «"Pazzo che non sei altro!" diceva a se stesso...»).
Ha qui inizio la terza sequenza del brano, nella quale l'immagine di Emma si confonde con i pensieri di Léon: ancora una volta la presentazione di lei è fatta dal punto di vista di lui che la ama e ne sublima l'immagine («la sentì salire in alto... nel suo cuore... al modo magnifico di un'apoteosi che s'inciela»). E la descrizione fisica di Emma, che segue, mette in evidenza aspetti di leggerezza, di spiritualità, quasi di immaterialità, in sintonia con la rappresentazione interiore di Léon.

Il punto di vista di Emma. Dopo l'accenno a ciò che altri pensavano di Emma, improvvisamente e bruscamente la narrazione cambia tono e si ha una forte contrapposizione con quanto precede: «E lei, invece, rigurgitava di brame, di collere, di odi». Ora cambia il punto di vista: è quello di Emma che prevale, sono i suoi pensieri, le sue angosce, le sue tristezze, le sue paure, le sue sofferenze interiori, i suoi abbandoni a essere raccontati così come si affollano nel suo animo.
Anche la descrizione del marito e della mediocrità della sua realtà e delle sue aspirazioni continua a essere svolta a partire dal punto di vista di Emma, disgustata dalla banalità di quel mondo ma anche dalla propria ipocrisia, dalla propria falsità, dalle quali pure non riesce a uscire.
Nel dialogo finale con la domestica, l'artificio, l'ipocrisia del mondo di Emma, ma anche la sua malinconia e la sua sofferenza emergono dal contrasto fra il suo destino e quello di una ragazza semplice e schietta.
Fedele ai principi naturalistici dell'oggettività, Flaubert costruisce dunque la sua narrazione senza mai far trapelare il proprio giudizio o punto di vista.
Tutto è filtrato attraverso gli occhi dei personaggi stessi che popolano la scena: in questo brano, prima quelli di Léon, poi quelli della stessa Emma.

Proposte di lavoro

1. Rintraccia le cinque sequenze in cui il brano può essere suddiviso, attribuisci loro un titolo, poi riassumile brevemente.

Sequenza	Titolo
I	
II	
III	
IV	
V	

2. Concentra ora l'attenzione sul personaggio di Emma.
➤ Qual è la sua condizione sociale?
➤ Perché tale condizione è importante per capire la sua psicologia?

3. Sottolinea nel brano tutti i termini che esprimono gli stati d'animo di Emma e poi tracciane un ritratto psicologico.

4. Nel brano dominano le opposizioni: fra Emma e la realtà di chi la circonda; fra i suoi comportamenti esteriori e i suoi stati d'animo e pensieri; fra i primi momenti descritti nel brano e i giorni seguenti; fra ciò che lei è veramente e ciò che gli altri pensano di lei.
➤ Per ciascuno di questi punti trova nel brano i passi che vi si riferiscono.

5. Il punto di vista dell'autore nei confronti del suo personaggio non è mai esplicitamente espresso ed è molto complesso. Infatti, implicitamente, Flaubert è critico nei confronti di Emma e contemporaneamente sente comprensione per lei. La osserva oggettivamente mentre agisce e contemporaneamente si immedesima con lei, guarda le cose dal suo punto di vista ed esprime i suoi pensieri. Sapresti individuare nel brano i punti in cui emerge ciascuno di questi diversi atteggiamenti?

Anton Čechov

L'autore

Anton Čechov nacque a Taganrog, sul Mar d'Azov, nel 1860, in una famiglia economicamente disagiata (il nonno era stato servo della gleba). Dopo aver vissuto un'infanzia e un'adolescenza difficili, si trasferì a Mosca, dove studiò all'università e divenne medico. Tuttavia esercitò la professione solamente per un breve periodo e finì ben presto per dedicare tutte le sue energie all'attività letteraria. Malato di tubercolosi, morì a soli 44 anni in Germania, dove si era recato per un estremo tentativo di combattere il male.

La produzione novellistica di Čechov è copiosa. I suoi primi racconti hanno un tono prevalentemente umoristico e grottesco, risentendo in parte dell'influenza di Gogol'. Dalla satira scherzosa Čechov passò poi a novelle improntate alla malinconia e ad un umorismo delicato.

Quasi privi di intreccio e azione, i suoi racconti hanno come protagonista la **piccola borghesia russa**, descrivono uomini umiliati, frustrati, vittime delle illusioni e dell'incomprensione. La descrizione della grigia esistenza di queste figure è tuttavia addolcita dall'**aspirazione a un futuro migliore** che l'autore vi proietta.

Il tema fondamentale della narrativa cechoviana rimane comunque quello della rappresentazione decadente della **borghesia russa, passiva** e quasi rassegnata alla modestia di una grigia esistenza.

La medesima ispirazione è presente nelle sue opere teatrali. Nei capolavori del teatro cechoviano (*Il gabbiano*, 1895, *Zio Vanja*, 1899, *Le tre sorelle*, 1901, *Il giardino dei ciliegi*, 1904) troviamo la messa in scena delle **sofferenze umane più nascoste**, espressa in atmosfere di sottile disagio e di malinconica attesa del futuro.

Opera **Vendetta**
Genere **racconto**
Epoca **XIX secolo**
Lingua **russo**

Vendetta

■ Nel racconto che abbiamo scelto emergono alcune caratteristiche della prosa di Čechov: lo stile semplice e misurato, la descrizione di scene di vita quotidiana, i toni grotteschi con i quali viene messa in ridicolo la meschinità di certi personaggi e, attraverso di loro, di un intero ambiente sociale. È la storia di una beffa che il protagonista, tradito dalla moglie e dal proprio migliore amico, subisce, proprio nel momento in cui crede di beffarsi del traditore. Il racconto ha dunque anche un tono divertito, ironico, che, come spesso succede in Čechov, si accentua e si concentra nell'inattesa chiusa finale. Ma si tratta di un'ironia amara, triste e anche un po' cruda: il protagonista è un piccolo borghese soddisfatto della propria mediocrità e patetico, nel suo vano furore di vendetta, che lo porta a subire un'umiliazione. Come tanti personaggi cechoviani, è, in definitiva, un frustrato, un poveretto, vittima e simbolo al tempo stesso della meschinità di un mondo in cui dominano solo avidità di denaro e codardia.

Lyev Savvitch Turmanov, un degno cittadino che possedeva un piccolo patrimonio, una graziosa mogliettina e una bella piazzetta proprio in cima al cranio, stava festeggiando il compleanno di uno dei suoi amici con una partita a carte. All'improvviso, Lyev si ricordò che lui e la bottiglia non avevano contatti da parecchio tempo.

Si alzò e, passando in punta di piedi tra i tavoli, andò nella stanza accanto, dove i più giovani stavano ballando. Là sorrise amabilmente, batté con aria paterna sulla spalla di un giovane farmacista pelle e ossa, poi scivolò attraverso una poltroncina che metteva nella sala da pranzo. Su un tavolinetto rotondo, c'erano bottiglie e bicchieri. Tra gli altri rinfreschi, Lyev adocchiò un piatto contenente una mezza aringa guarnita di prezzemolo.

Si versò da bere, fece un gesto come se volesse pronunciare un discorso, vuotò il bicchiere e fece una smorfia. Poi, infilzò l'aringa con una forchetta e... ma improvvisamente udì delle voci al di là della parete.

«Benissimo» disse una voce di donna «ma quando?»

«Mia moglie» mormorò tra sé Lyev Savvitch, riconoscendo la voce. «Chissà con chi starà parlando?»

«Quando volete» replicò una voce di basso pesante e profondo. «Oggi non è possibile, domani sarò impegnato tutta la giornata...»

"Questo è Dentjarev" pensò Lyev, riconoscendo la voce dell'amico. «Anche tu, Bruto![1] E così, è riuscita a prendere anche te nella sua rete? Per Giove, non c'è niente che le basti. In vita mia non ho mai visto una donna tanto intraprendente! Non c'è giorno in cui possa fare a meno di imbastire un'avventuretta!»

«Sì, domani sarò occupatissimo» continuò la voce di basso profondo. «Che ne direste di scrivermi un bigliettino? Mi farebbe tanto piacere. Ma dobbiamo trovare un sistema per poter corrispondere. Vediamo se si riesce a trovare il modo. Non è affatto sicuro spedirsi messaggi per posta, c'è il rischio che la vostra posta finisca in mano a quel tacchino. Se poi voi scrivete a me, mia moglie potrebbe aprire la lettera durante la mia assenza, e allora...»

«Come possiamo fare, allora?» domandò la moglie di Lyev.

«Dobbiamo studiare qualcosa. Non sarebbe prudente servirci di un domestico, perché quel granchio di vostro marito sorveglia certamente i domestici. Chissà se starà ancora giocando a carte?»

1. **Anche tu, Bruto!**: è la frase di Giulio Cesare che, quando vide il figlio Bruto fra i congiurati che stavano per ucciderlo, cadde esclamando: «Anche tu Bruto, figlio mio!». L'espressione si riferisce a un tradimento da parte di chi è molto vicino alla vittima.

«Sì, e perde sempre, quello scimmione!»

«Dev'essere fortunato in amore, allora». Dentjarev rise. «Ascoltate, piccola mia, m'è venuta un'idea. Di ritorno dall'ufficio, domani alle sei, passerò dai Giardini Pubblici, dove ho appuntamento con l'ispettore. E così, gioia mia, vorrei che faceste in modo poco prima delle sei, ma non più tardi, di lasciare un biglietto per me nel vaso di marmo che sta a sinistra del pergolato. Conoscete il punto di cui parlo?»

«Certo che lo conosco» disse la moglie di Lyev.

«Sarà poetico e misterioso. E in tal modo né quella testa di legno di vostro marito né quella vecchia befana di mia moglie sapranno niente. Capite?»

Lyev Savvitch vuotò un altro bicchiere e ritornò alla sua partita. La scoperta che aveva appena fatto non lo lasciava sorpreso; non suscitava nemmeno la sua gelosia o la sua collera. Da un pezzo aveva superato l'abitudine di accigliarsi, fare fuoco e fiamme e perfino battere di tanto in tanto sua moglie per le continue scappatelle. Da un pezzo, infatti, aveva rinunciato alla speranza di correggerla, e ormai si limitava a far finta di niente davanti alle stravaganze sentimentali della consorte. E tuttavia, stavolta si sentiva a disagio. Era ferito nell'orgoglio e nel rispetto di se stesso, al ricordo di appellativi quali "scimmione", "granchio" e "testa di legno".

"Dei dell'Olimpo, che razza di un ipocrita è quel Dentjarev!" pensava, mentre segnava i suoi punti. "Quando m'incontra per la strada, finge d'essere un buon amico, mi sorride e mi allunga manate; e guarda invece di che cosa è capace dietro le mie spalle. Quando parla con me da uomo a uomo, sono un amico; quando crede che io non possa sentirlo, mi dà del granchio e dello zuccone!"

Più Lyev perdeva al gioco, più sentiva crescere l'indignazione.

"Incredibile, pensare che ha ancora le labbra sporche di latte" pensava, sbriciolando nella rabbia il gesso che aveva in mano. "Non è altro che un povero gonzo. Se non fosse per il fatto che non mi abbasserei a prenderlo a schiaffi, gli farei vedere io che cosa sa fare un granchio con la testa di legno!"

A cena, Lyev era incapace di fissare Dentjarev dritto negli occhi, sebbene questi sembrasse deciso a irritarlo con le sue domande. Aveva vinto o perso? Perché aveva quell'aria scontenta? ... e così via. Dentjarev ebbe perfino il coraggio di sgridare la moglie di Lyev perché non si preoccupava abbastanza della salute del marito.

E la moglie di Lyev, come se niente fosse accaduto, guardava il marito con occhi di colomba, chiacchierando con tanto candore e ridendo in modo così spontaneo che neppure il diavolo in persona avrebbe potuto accusarla di infedeltà.

Tornato a casa, Lyev Savvitch si sentiva irritato e insoddisfatto, come se a cena, invece di vitello, avesse mangiato gomma vecchia. Sarebbe anche riuscito, con uno sforzo, a dimenticare l'incidente, se le chiacchiere e le risate della moglie non gli avessero ricordato ad ogni istante il granchio, lo scimmione, la testa di legno.

"Avrei dovuto allentargli un pugno, a quell'omuncolo" pensava. "Dargli una lezione davanti a tutti..."

E si figurava come sarebbe stato bello mortificare Dentjarev, o sfidarlo o riempirlo di piombo.[2] Anche fargli perdere l'impiego non sarebbe stata una cattiva idea. Oppure, meglio di tutto, sarebbe stato mettere qualche oggetto disgustoso nel vaso di marmo, qualcosa che puzzasse lontano un miglio: un topo morto, per esempio... E se avesse sottratto la lettera della moglie e lasciato al posto di quella una stupida filastrocca o qualcosa del genere? Per un bel pezzo Lyev andò su e giù per la sua stanza, calmando il proprio furore con quelle fantasticherie. All'improvviso si fermò e si batté la fronte.

«Evviva, ci sono!» esclamò, raggiante di gioia. «Questa sì è un'idea meravigliosa! Splendida!»

2. piombo: per metonimia, piombo significa proiettile d'arma da fuoco. L'espressione qui significa "spararagli".

Appena la moglie si addormentò, Lyev sedette a tavolino e, dopo lunga meditazione, alterando[3] la propria scrittura e disseminando di proposito il testo di errori, vergò[4] quanto segue:

Al mercante Dulinov

Egregio Signore,
se per le sei di stassera dodicci setembre, non meterete duecento rubli nel vaso di marmo che sta nei Giardini Publici, proprio a sinistra del pergollato, sarete un uomo morto e il vostro negossio salterà in aria.

Poi, Lyev Savvitch si fregò le mani con entusiasmo. «Non è un piano meraviglioso?» borbottò tra sé. «Fantastico, io stesso debbo riconoscerlo! Belzebù in persona non poteva avere un'idea più felice! È certo che il mercante Dulinov si spaventerà a tal punto da avvertire immediatamente la polizia. E la polizia manderà sicuramente un buon numero di agenti, che si nasconderanno tra i cespugli e monteranno la guardia. Alle sei, quando Dentjarev andrà a ritirare la lettera, verrà agguantato, povero tapino... e per Giove, se se la vedrà brutta! Diventerà blu dalla paura e, prima che l'equivoco sia chiarito, il mascalzone avrà modo di calmare i suoi ardori amorosi in prigione. Ah, quanto gli starà bene. Bravo, Lyev Savvitch!»

Affrancò la busta e, sceso in strada, imbucò lui stesso la lettera.

Si addormentò con un sorriso radioso sulle labbra. Da molto tempo non si era fatto una dormita così lunga e così soda.

Quando si svegliò, al mattino, e si ricordò del suo piano, si sentì talmente felice che si mise letteralmente a fare le fusa, e arrivò perfino al punto da flirtare[5] con la sua infedele sposina.

Nell'andare al lavoro e, più tardi, mentre sedeva in ufficio, continuava a sorridere tra sé, raffigurandosi il terrore di Dentjarev nel vedersi preso in una trappola.

Verso le sei, non seppe più resistere e corse ai Giardini Pubblici, deciso a osservare con i propri occhi la caduta del suo rivale.

"Ah!" pensò, gongolante, vedendo un poliziotto nelle vicinanze.

Arrivato in vista del pergolato, sedette dietro un albero e, fissando lo sguardo attento e severo sul vaso, si mise in attesa di Dentjarev. Stava sui carboni accesi, tanta era l'impazienza.

Alle sei in punto, Dentjarev apparve. Il giovanotto era evidentemente di ottimo umore. Portava il cappello spavaldamente inclinato su un occhio e, attraverso la giacca sbottonata, l'anima stessa sembrava occhieggiare[6] insieme al gilè. Fumava un sigaro e fischiettava un allegro motivetto.

«Ora, razza di gaglioffo,[7] ti farò vedere io chi è un granchio testa di legno!» ridacchiò Lyev Savvitch Turmanov. «Aspetta, caro mio!»

Dentjarev si avvicinò al vaso e, con gesto languido,[8] vi tuffò una mano dentro. Lyev Savvitch allungava il collo per non perderlo d'occhio. Il giovanotto estrasse un pacchettino dal vaso, lo esaminò attentamente da tutte le parti, accennò una stretta di spalle. Poi lo aprì, scrollò la testa e aprì la bocca per lo stupore.

Il pacchetto conteneva duecento rubli.

Dentjarev contemplò a lungo il denaro. Alla fine, con un'altra alzata di spalle, se lo mise in tasca e disse: «Grazie tante!»

Il povero Lyev Savvitch udì quelle parole, «grazie tante». Per l'intera serata, rimase piantato davanti alla bottega del mercante Dulinov, scuotendo il pugno verso l'insegna e imprecando: «Codardo! Coniglio d'un bottegaio! Pusillanime![9] Non so cosa ti farei, maledizione!»

Racconti gialli, a c. di A. Ambri e M. Tosello, Sellerio

3. **alterando:** falsificando, modificando.
4. **vergò:** scrisse.
5. **flirtare:** amoreggiare, scambiare parole dolci.
6. **sembrava occhieggiare:** sembrava apparire. La metafora fa riferimento al fatto che, anche dall'aspetto esteriore, era così evidente il buon umore di Dentjarev, che sembrava di leggergli nell'anima.
7. **gaglioffo:** cialtrone, buono a nulla.
8. **languido:** lento, dolce: poiché già pregustava le dolci parole d'amore del biglietto che si aspettava di trovare.
9. **Codardo... Pusillanime:** vigliacco, pauroso.

Analisi del testo

Meschinità dei personaggi. La vicenda narrata da Čechov si inserisce nel filone illustre delle novelle che hanno per protagonista un beffatore beffato, cioè un personaggio che organizza una beffa ai danni di un altro e rimane vittima del suo stesso scherzo.
Rispetto alla tradizione, che attribuiva a questo tema un carattere comico, lo scrittore russo si rivela immediatamente molto originale. La sua novella, infatti, non ha un tono burlesco, bensì piuttosto un tono di tristezza e di malinconia. Il protagonista Lyev è un uomo rassegnato ai tradimenti della moglie e alla propria mediocre infelicità: egli si illude per un attimo di poter uscire da questa condizione e prendersi una rivincita, ma si rivela inetto e incapace di raggiungere il proprio scopo.
L'inettitudine di Lyev emerge fin dalle prime reazioni. Egli sente il desiderio di vendicarsi e sogna di compiere gesti eclatanti, da eroe romantico: schiaffi, duelli, scene tragiche... In realtà, ripiega subito su un progetto dal quale ogni eroismo è escluso, anzi, su un progetto piuttosto meschino, basato com'è su una minaccia di ricatto ai danni di un innocente. Lyev non sembra preoccuparsi delle ansie e dei timori che provocherà al commerciante, e questa sua indifferenza è il sintomo più evidente della sua stessa meschinità.
La stessa meschinità, del resto, caratterizza tutti i personaggi del racconto: la moglie civetta e traditrice; il falso amico Dentjarev, che non solo tradisce Lyev, ma accetta con una spallucciata un regalo di duecento rubli dall'amante; il commerciante Dulinov, che si rivela più impressionabile di quanto Lyev pensasse e cede immediatamente al ricatto (rivelando un altro aspetto dell'inettitudine del protagonista, e cioè la sua scarsa perspicacia psicologica).

Aspetto fisico e disagio interiore. Čechov sviluppa l'analisi psicologica del protagonista, mostrando, pur nella brevità del racconto, gli impulsi contraddittori che lo caratterizzano (infelicità e rassegnazione, desiderio di rivalsa e inettitudine); lo scrittore russo inoltre offre al lettore una rappresentazione della società borghese a cui appartengono i personaggi, denunciandone il cinismo e l'indifferenza ai valori morali.
La descrizione fisica del protagonista acquista il suo vero significato alla luce di queste considerazioni: la mediocre bruttezza di Lyev (sottolineata dalle metafore animalesche con cui lo indicano la moglie e l'amico: *scimmione*, *granchio*, *tacchino* ecc.) è il segno visibile della sua immoralità e della sua inettitudine. I protagonisti di Čechov, del resto, anticipano spesso la cosiddetta "invasione dei brutti" che caratterizza la narrativa del primo Novecento (Svevo, Pirandello ecc.): l'aspetto fisico dei personaggi è il sintomo del loro disagio interiore.

Proposte di lavoro

1. Suddividi il racconto in sequenze, poi riassumilo brevemente.

....

....

....

....

2. Ripercorri il testo e raccogli tutti gli indizi utili a caratterizzare il personaggio protagonista
- dal punto di vista fisico
- dal punto di vista sociologico.

3. Il narratore non descrive esplicitamente il personaggio dal punto di vista psicologico: possiamo però dedurre le caratteristiche del suo carattere e il suo modo di essere dai suoi gesti e atteggiamenti: quali indicazioni possiamo ricavare a questo proposito dal testo?
- Ricostruisci per iscritto una presentazione del personaggio utilizzando le indicazioni che hai raccolto.

4. Indica se le seguenti affermazioni sono vere o false e motiva le tue scelte.

V F Il narratore del racconto è interno.

V F Il narratore non esprime propri pareri o giudizi espliciti sulla vicenda narrata.

V F Il narratore racconta le vicende mettendosi dal punto di vista di uno dei personaggi.

V F Il narratore non parteggia in modo particolare per uno di essi.

5. In base a queste osservazioni sapresti dire se Čechov può essere annoverato fra gli scrittori naturalisti o se il racconto può essere definito semplicemente realistico?

6. Čechov nei suoi racconti, attraverso l'ironia, esprime implicitamente un giudizio critico nei confronti della società che lo circonda. Da quali elementi del racconto, da quali atteggiamenti dei personaggi (sia del protagonista, sia della moglie e dell'amante) ti sembra soprattutto emergere questo giudizio? Rispondi con un breve testo scritto.

Robert Louis Stevenson

L'autore

Robert Louis Stevenson, nato a Edimburgo nel 1850, è uno dei più importanti scrittori inglesi dell'Ottocento. Tra le sue opere vanno ricordati almeno i romanzi *L'isola del tesoro* (1883), *La freccia nera* (1888) e *Il signore di Ballantrae* (1889), in cui rinnova profondamente il **genere avventuroso** e affronta il grande tema della **lotta tra il bene e il male**, che è alla base di tutta la sua opera. Tra gli altri scritti citiamo le novelle *Le nuove notti arabe* (1832) e *Nei mari del Sud* (postumo, 1896).

Negli ultimi anni di vita, disgustato dai pregiudizi e dal perbenismo della società vittoriana che nelle sue opere aveva spesso aspramente denunciato, Stevenson decise di abbandonare definitivamente l'Europa e di trasferirsi nei mari del Sud. Morì a Upolu, nelle Isole Samoa, nel 1894.

L'opera

Il dottor Jekyll, protagonista del romanzo *Lo strano caso del dottor Jekyll e del signor Hyde* (1886), è uno stimato medico londinese che, fin dalla giovinezza, si è interessato all'anima, alla psicologia, al carattere, più che al corpo, e proprio per questi suoi interessi ha suscitato qualche sospetto fra i colleghi e i benpensanti della sua cerchia. Un giorno, casualmente, Jekyll scopre una pozione in grado di far emergere le componenti malvagie della sua personalità, che fino a quel momento egli aveva represso, e si trasforma nell'orribile signor Hyde, profondamente immorale ed estraneo a ogni sentimento sociale e civile. Inizialmente, Jekyll pensa di poter usare Hyde per dare sfogo alla parte repressa di sé, ma ben presto si accorge che Hyde prende il sopravvento, fino al punto di commettere un omicidio. Jekyll è quindi costretto a prendere la pozione non più per trasformarsi in Hyde, ma per restare Jekyll: purtroppo però la pozione è nata per caso, per errore, e quando la scorta finisce, la trasformazione diventa irreversibile. Per sfuggire alla condanna a morte che lo attende, Hyde preferisce allora uccidersi.

Attraverso una vicenda fantastica, proposta come un mistero (la vicenda è infatti narrata, fino all'ultimo, dal punto di vista di un amico di Jekyll, il mediocre avvocato Hutterson, che non capisce gli strani comportamenti del dottore e la sua inesplicabile "amicizia" con un figuro come Hyde), Stevenson ci fa riflettere innanzitutto sulla inevitabile **compresenza di bene e male** all'interno dell'animo umano, e sui rischi di chi pensa di poter annullare uno dei due elementi. Ma nel romanzo è contenuta anche una ferma **accusa nei confronti del perbenismo** tipico dell'epoca vittoriana, che reprimeva gli impulsi più profondi dell'animo umano (tra cui in particolare quelli legati alla fisicità e alla corporeità, come il sesso) ed era all'origine di falsità, nevrosi e drammi. Stevenson anticipa insomma alcune riflessioni che, nei primi anni del Novecento, saranno sviluppate da Freud e dal movimento psicoanalitico.

Opera
Lo strano caso del dottor Jekyll e del signor Hyde
Epoca
XIX secolo
Genere
romanzo
Lingua
inglese

Lo strano caso del dottor Jekyll e del signor Hyde

La confessione di Jekyll

Il brano che ti proponiamo è tratto dalle ultime pagine del romanzo: Jekyll, prima di trasformarsi definitivamente in Hyde, scrive una relazione sul proprio caso. Egli narra di aver sempre considerato il corpo come una semplice emanazione dello spirito, del carattere, e di aver pensato che, se fosse riuscito a far prevalere la parte nascosta della propria anima, anche il suo aspetto sarebbe cambiato di conseguenza.

Esitai a lungo prima di porre questa teoria alla prova della pratica. Sapevo bene di rischiare la morte; perché la droga che così potentemente controllava e scuoteva la fortezza dell'identità, avrebbe potuto, per una minima eccedenza nella dose, o un minimo inconveniente al momento della somministrazione, annullare del tutto quel tabernacolo immateriale[1] che io con essa volevo trasformare. Ma la tentazione di una così singolare e profonda scoperta finalmente vinse ogni allarmistico timore. Avevo da molto tempo preparato la mia miscela; comperai subito, da un grossista di farmacia, una grande quantità di una polvere speciale, che sapevo per i miei esperimenti essere l'ultimo ingrediente richiesto; e in una notte maledetta, composi gli elementi, li guardai bollire e fumare mescolati nel bicchiere, e, appena l'ebollizione fu cessata, con un gran gesto di coraggio, mandai giù la pozione.

Subito dopo provai dolori laceranti: uno scricchiolio nelle ossa, una nausea mortale, e un orrore dello spirito che non può essere superato nell'attimo della nascita o della morte. Poi questa agonia cominciò a placarsi, e tornai in me come da una grave malattia. C'era qualcosa di strano, nelle mie sensazioni, qualcosa di indescrivibilmente nuovo, e, appunto per la novità, incredibilmente dolce. Mi sentii più giovane, più leggero, più felice fisicamente; dentro di me avvertivo uno sconvolgimento cerebrale, una corrente di disordinate immagini sensuali che mi tumultuava nella fantasia e una sensazione sconosciuta ma non innocente di libertà m'invadeva l'anima. Io stesso capii, al primo alito[2] di questa nuova esistenza, che ero ben malvagio, dieci volte più malvagio, venduto come uno schiavo al mio peccato originale;[3] e in quel momento un tal pensiero mi esaltò, m'inebriò come vino. Tesi le braccia, entusiasta per la freschezza di quelle sensazioni; e in quel gesto, mi avvidi immediatamente di come la mia statura si fosse ridotta.

A quel tempo non esisteva specchio nel mio gabinetto;[4] quello che mi sta davanti mentre scrivo è stato portato qua dentro più tardi e proprio perché potessi studiarvi le mie metamorfosi. Nel frattempo, la notte s'era tramutata in alba – un'alba che, per quanto buia, era molto vicina a concepire il giorno – gli abitanti della casa erano ancora immersi nel più profondo dei sonni; e io decisi, esaltato com'ero dalla mia speranza e dal mio trionfo, di avventurarmi nella mia nuova forma sino alla stanza da letto. Attraversai il cortile e le stelle guardarono dall'alto, forse con stupore – so di aver pensato – la prima creatura di un genere che la loro insonne vigilanza non aveva ancora mai notato; scivolai lungo i corridoi, straniero in casa mia, e arrivai nella mia camera. Allora conobbi per la prima volta l'aspetto di Edward Hyde.[5]

A questo punto devo parlare soltanto teoricamente, dicendo non quello che so ma quello che credo probabile. La parte malvagia della mia natura, alla quale ora io avevo dato una vigorosa efficacia, era meno robusta e meno sviluppata della parte buona. Inoltre nel corso della mia vita, che era stata, dopo tutto, per nove decimi una vita di sforzi, di virtù e di disciplina, avevo molto meno esercitato e messo alla prova quella parte cattiva. Proprio da questo derivava il fatto, credo, che Edward Hyde era più piccolo, più magro e più giovane di Henry Jekyll. Come la bontà splendeva sulla fisionomia dell'uno, la malvagità era ampiamente e chiaramente scritta in faccia all'altro. La malvagità inoltre (che ancora reputo essere la parte mortale dell'uomo) aveva impresso in quel corpo un marchio di deformità e di decadenza. Malgrado tutto questo, mentre guardavo quell'orribile idolo[6] nello specchio, non provai alcuna ripugnanza, anzi quasi avvertii un fremito di soddisfazione. Anche quell'uomo ero sempre io. Pareva una cosa naturale e umana. Ai miei occhi quella era un'immagine più viva, più immediata, più individuale dello spirito in confronto al volto im-

1. **tabernacolo immateriale:** l'anima, contenitore (tabernacolo) immateriale del carattere e della personalità di Jekyll.
2. **al primo alito:** al primo respiro.
3. **venduto... originale:** completamente in preda al peccato originale, cioè al peccato che è all'origine di ogni male.
4. **gabinetto:** studio, il piccolo laboratorio che Jekyll ha in casa.
5. **conobbi... Hyde:** mi vidi nello specchio con le nuove sembianze.
6. **idolo:** immagine.

perfetto e diviso[7] che sino a quell'attimo avevo chiamato «io», e sino a tal punto credo d'aver avuto ragione. Ho osservato che, quando avevo le sembianze di Edward Hyde, nessuno poteva avvicinarmi senza un visibile moto di diffidenza. Questo, a parer mio, derivava proprio dal fatto che gli esseri umani, così come noi li incontriamo, sono un miscuglio di bene e di male; e Edward Hyde, invece, unico nel suo genere, era puro male.

Restai solo un minuto davanti allo specchio: dovevo tentare il secondo e conclusivo esperimento; dovevo ancora decidere se avessi perduto la mia identità senza possibilità di recupero e se, quindi, fossi costretto ad abbandonare precipitosamente, prima del giorno, una casa che non era più la mia; rientrai dunque in fretta e furia nel mio gabinetto, preparai una nuova pozione, la trangugiai, ancora una volta patii l'agonia della dissoluzione e ritornai di nuovo in me con il carattere, la statura e la faccia di Henry Jekyll.

Quella notte pervenni al bivio fatale. Se avessi considerato la mia scoperta con uno spirito più nobile, se avessi tentato l'esperimento sotto l'imperio di generose o pie aspirazioni, tutto sarebbe andato altrimenti, e da quelle agonie di morte e di rinascita sarei uscito come un angelo invece che come un diavolo. La droga non possedeva alcuna azione discriminante;[8] non era diabolica come non era divina; scuoteva solo la porta della prigione dei miei desideri imprigionati e, come i prigionieri di Filippi,[9] quello che era chiuso dentro fuggiva fuori. A quel tempo la parte buona in me sonnecchiava; la parte cattiva, tenuta sveglia dall'ambizione, era pronta a cogliere ogni occasione; e quello che ne derivò fu Edward Hyde. E così, sebbene io possedessi ora due caratteri allo stesso modo che possedevo due facce, uno era interamente malvagio, ma l'altro era ancora il solito Henry Jekyll, quel miscuglio incongruo, a proposito della riforma e del miglioramento del quale avevo già imparato a disperare.

A quel tempo non riuscivo neppure a dominare la mia avversione all'aridità di un'esistenza di studio. Provavo spesso voglia di divertirmi; e siccome i miei piaceri (per non dir altro) non erano decorosi e siccome io ero persona non solo conosciuta e considerata ma anche prossima all'età matura, tale incoerenza della mia vita diventava ogni giorno più sgradevole. Ecco perché il mio nuovo potere mi tentò sempre di più, sino a ridurmi suo schiavo. Dovevo solo vuotare quella coppa per abbandonare immediatamente il corpo dello stimato professore e assumere, come un fitto mantello, quello di Edward Hyde. L'idea mi attraeva, mi pareva quasi divertente, e un giorno compii i miei preparativi con cura minuziosa. Presi e ammobiliai quella casa a Soho,[10] dove la polizia andò a cercare Hyde, e assunsi al mio servizio una donna che sapevo di poche parole e di pochi scrupoli. D'altra parte comunicai alla mia servitù che un tal signor Hyde (e lo descrissi loro) doveva avere piena libertà e autorità nella mia casa sulla piazza e, per evitare equivoci, mi feci parecchie visite e mi resi familiare nel mio secondo personaggio. Quindi scrissi quel testamento che voi[11] disapprovaste tanto; secondo il quale, ove mi fosse capitato qualcosa nei panni del dottor Jekyll, potevo servirmi di quelli di Edward Hyde senza subire alcun danno finanziario. E così, fortificato contro ogni evenienza – almeno lo supponevo – cominciai a trar profitto dalla sorprendente immunità della mia condizione.

Racconti gialli, a c. di A. Ambri e M. Tosello, Sellerio

7. **imperfetto e diviso:** in quanto mescolanza di bene e di male, al contrario di Hyde che è solo male.
8. **non possedeva... discriminante:** non era in grado di scegliere il bene o il male, era un semplice strumento.
9. **Filippi:** allusione al *Giulio Cesare* di Shakespeare; Filippi era una città della Tracia (Grecia settentrionale).
10. **quella casa a Soho:** riferimento a un precedente episodio; Soho era un quartiere malfamato di Londra.
11. **voi:** Jekyll si rivolge all'avvocato Hutterson.

Visioni del mondo... per antitesi

Il lessico e la grammatica

Nella sua relazione, Jekyll esprime una **visione del mondo basata su antitesi** molto nette. Per esempio, egli contrappone teoria e pratica, corpo e anima, bene e male, angelo e diavolo, notte e giorno – e le parole che esprimono questi concetti ricorrono molto frequentemente nel testo. Nel momento della scelta, Jekyll dichiara di essersi trovato di fronte a "un bivio fatale", cioè a due alternative contrapposte, e non di più.

La visione dualistica del mondo è tipica della tradizione filosofica occidentale, ma negli anni in cui Stevenson scriveva era messa in discussione da nuove filosofie e da nuove concezioni scientifiche. Tale mentalità appartiene quindi al personaggio (un medico intriso di spirito positivistico), ma l'autore la condivide solo in parte – e infatti la "morale" del libro è che bene e male non si possono e non si devono mai separare nettamente.

La realtà insomma, per Stevenson, non è in bianco e nero, bensì è fatta di sfumature; i personaggi hanno sempre più di due alternative fra cui scegliere, anche se non se ne rendono conto. L'attenzione alle sfumature (le *nuances* tanto amate dai poeti simbolisti) è tipica della mentalità decadente, che rifiuta l'atteggiamento da cui nascono le antitesi e le contrapposizioni troppo nette.

Analisi del testo

Il tema della trasformazione. Il brano narra uno dei momenti fondamentali della vicenda di Jekyll, quello della sua prima trasformazione in Hyde.

Il tema della trasformazione (o metamorfosi) è ovviamente centrale, nel romanzo di Stevenson, e ha un significato importante: esso esprime infatti l'idea che l'identità non sia un dato di fatto fisso, immodificabile, ma qualcosa di fluido, incerto, mutevole.

La visione classica dell'io entra quindi in crisi: Stevenson anticipa le riflessioni che sul tema dell'identità e della sua crisi svolgeranno, pochi decenni più tardi, Freud e Pirandello: come loro, anche lo scrittore scozzese riconosce che l'io è molteplice, scisso, e quindi instabile.

La "riscoperta" del corpo. Un secondo tema importante che emerge da queste pagine è legato alla "riscoperta" della corporeità. In un'epoca in cui il corpo veniva represso, nascosto, negato, fino al punto che perfino le gambe delle seggiole e dei tavoli dovevano essere coperte per non suscitare pensieri sconvenienti, le parole con cui Jekyll esprime le nuove sensazioni provate come Hyde («mi sentii... più felice fisicamente; avvertivo... una corrente di disordinate immagini sensuali; una sensazione sconosciuta ma non innocente di libertà») avevano un valore polemico evidente a tutti i lettori. Il prevalere di Hyde su Jekyll rappresenta il prevalere del corpo, troppo a lungo represso, sulle regole della buona società vittoriana; regole a cui Stevenson tentò di sottrarsi nel corso della sua vita e di cui in quest'opera denuncia l'eccessiva rigidità.

Proposte di lavoro

1. Individua le parti in cui si può suddividere il brano letto e attribuisci a ciascuna di esse un breve titolo.
2. Concentra ora l'attenzione sul personaggio di Jekyll. Sottolinea nel testo, in modi diversi, i tratti fisici, quelli psicologici e quelli sociali che lo caratterizzano. Riportali nella tabella che segue.

Tratti fisici	
Tratti sociali	
Tratti morali e psicologici	

3. Jekyll si rende ben conto dei rischi che corre trasformandosi in Hyde.
   - Perché decide di correrli ugualmente, trasformandosi in Hyde?
   - Come spiega la grande differenza di aspetto del suo alter ego Hyde?
   - Quali sono le sensazioni che prova nella sua nuova condizione?
   - Da quali pensieri è assillato soprattutto?
4. Il contesto storico in cui Stevenson scrive il suo romanzo più famoso è importante per comprenderne i temi e il messaggio.
   - In che epoca vive Stevenson?
   - Quali sono le caratteristiche dell'epoca che hanno importanza nel romanzo?
   - In che cosa consiste la critica di Stevenson alla mentalità del suo tempo?
5. Il tema del "doppio" è un tema tipico della letteratura decadente. Spiega perché, nella seconda metà dell'Ottocento e nei primi anni del Novecento, molti scrittori sono affascinati da questo tema.

MOSTRI NON COSÌ ALIENI

L'immaginazione umana ha sempre creato **figure mostruose**, fin dalla più remota antichità. Pensiamo per esempio a Polifemo, nell'*Odissea* di Omero, o ai mostri marini di cui parla la Bibbia. La mostruosità, cioè la bruttezza fisica, in questi casi è il sintomo della malvagità di questi esseri: non a caso, nella tradizione religiosa, mostruoso per eccellenza è il diavolo, cioè l'incarnazione del male assoluto. Il mostro è dunque la rappresentazione del **male**, e fino alle soglie dell'età moderna la mostruosità è sempre coincisa con il disumano, il **diverso**, l'altro da noi.

A partire dall'età romantica, però, si sviluppa una nuova concezione dei mostri: da un lato viene meno la coincidenza fra bruttezza e malvagità; dall'altro essi smettono di essere alieni e diabolici e sembrano nascere dall'interno dell'umanità stessa.

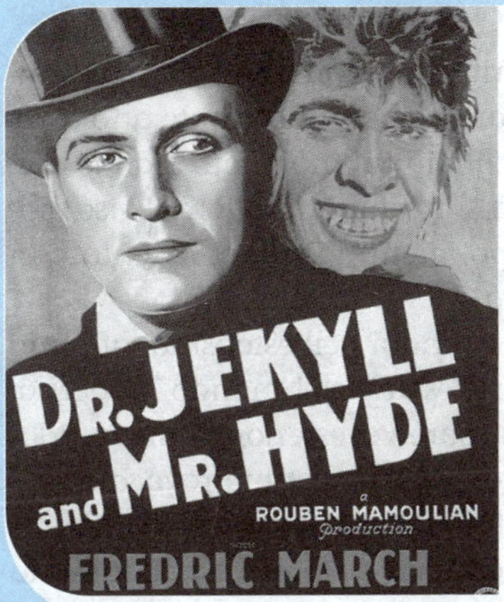

Mostri buoni e mostri interiori

Il mostro creato da Frankenstein, nell'omonimo romanzo di Mary Shelley (1818), è l'esempio più noto del primo tipo: il mostro è di aspetto orribile, ma inizialmente di animo buono e gentile; solo in seguito, a causa della solitudine e dell'odio a cui lo condanna la sua bruttezza, egli diventerà anche cattivo e finirà per compiere una serie di orribili delitti. Il dottor Jekyll e il signor Hyde, protagonisti dello *Strano caso del dottor Jekyll e del signor Hyde* di Robert Louis Stevenson (➡ p. 457), rappresentano un esempio del secondo tipo: il mostro non è più qualcosa di estraneo all'uomo, ma nasce dalla sua stessa interiorità. **I mostri siamo noi**: poiché ciascuno di noi è un miscuglio di bene e di male, in ciascuno di noi si nasconde un signor Hyde, pronto a prendere il sopravvento. Nel *Ritratto di Dorian Gray* (➡ p. 462), Oscar Wilde racconterà una storia per certi aspetti simile, e così Franz Kafka nella *Metamorfosi*. Il pittore spagnolo Goya, alla fine del Settecento, espresse lo stesso concetto in una famosa incisione intitolata *Il sonno della ragione produce mostri*.

Alieni o gente comune?

Come abbiamo detto, il mostro classico, incarnazione del male esterno, non è affatto scomparso dalla letteratura o dal cinema. Tra le sue espressioni più famose, la creatura di nome It, inventata da Stephen King in un noto romanzo del 1986, che proviene dallo spazio; e Alien, l'extraterrestre che nell'omonimo film fanta-horror di Ridley Scott (1979) stermina quasi completamente l'equipaggio dell'astronave che ha avuto la sfortuna di imbattersi in lui.
In molti casi, il mostro assume l'aspetto della **macchina**: il computer impazzito di *2001. Odissea nello spazio* di Stanley Kubrick (1968) o il Terminator, il cyborg omicida interpretato da Arnold Schwarzenegger nell'omonimo film (1984).
Naturalmente, però, i mostri più inquietanti sono quelli che nascono "da dentro", che si nascondono sotto le apparenze della normalità. La figura del **serial killer**, che tanto affascina giornalisti, romanzieri e registi, rientra in questa categoria: nella maggior parte dei casi, i serial killer sono infatti persone apparentemente normali, che riescono a compiere i loro delitti proprio perché nascondono perfettamente la loro mostruosa follia.

I mostri e le nostre paure

Perché i mostri continuano a popolare le opere d'immaginazione degli esseri umani? Perché continuano ad attrarre folle di lettori e di spettatori? Evidentemente perché il mostro rappresenta delle paure profonde, irrazionali come tutte le paure di cui sentiamo il bisogno di liberarci: vederle materializzate in un personaggio di fantasia è appunto uno dei modi più efficaci per **prendere le distanze** dalle proprie paure.

Si capisce così perché i mostri cambiano natura nel tempo: Polifemo incarnava le paure dei navigatori antichi, i loro timori di fronte a popoli barbari e selvaggi; il mostro di Frankenstein e i computer assassini incarnano i timori di fronte agli sviluppi tecnologici e al rischio di non poter controllare i risultati delle scoperte; il signor Hyde e le follie dei serial killer rappresentano la paura che le forze distruttive della natura umana prevalgano all'interno dell'individuo o della società.

Oscar Wilde

L'autore

Oscar Wilde (1854-1900) fu una delle figure dominanti negli ambienti intellettuali e mondani dell'Inghilterra vittoriana. Teorico dell'**estetismo**, della coincidenza tra vita e arte, del culto della bellezza fine a se stessa, esordì con un libro di poesie nel 1882, ma ottenne il successo soprattutto con le favole per adulti raccolte sotto il titolo *Il principe felice* (1888) e con il romanzo *Il ritratto di Dorian Gray* (1891), che gli procurò **fama internazionale**.

La sua carriera continuò con una serie di opere teatrali: *Salomé*, scritta in francese nel 1891 per la grande attrice Sarah Bernhardt, e alcune commedie brillantissime, tra cui *L'importanza di chiamarsi Ernesto*, del 1895. Nello stesso anno fu processato per omosessualità e condannato a due anni di lavori forzati. Abbandonato da tutti, ridotto in miseria, fu costretto a emigrare in Francia, dove morì.

Postumo (nel 1905) fu pubblicato *De profundis*, uno dei suoi libri più intensi, in cui narra la propria esperienza di carcerato.

L'opera

Dorian, protagonista del romanzo *Il ritratto di Dorian Gray*, è un giovane bellissimo, ossessionato dall'idea di invecchiare e di perdere la purezza dei suoi lineamenti, che, per un'insolita magia, ottiene che invece del suo viso sia un suo ritratto a subire la degradazione del tempo. Mantenendosi sempre giovane, conduce così una vita dissoluta, unicamente teso alla realizzazione dei propri piaceri e disprezzando ogni freno morale. Affascinante e perverso, Dorian Gray incarna il tipo del ***dandy***, cioè del personaggio mondano e superficiale che fa dell'eleganza e di ogni manifestazione esteriore della propria vita il fine costante dell'esistenza. Egli passa dal lusso dei salotti alla degradazione dei sordidi bassifondi londinesi e giunge infine al delitto. Dopo aver mostrato il ritratto corrotto a Basil Hallward, il pittore che l'aveva dipinto e che rimprovera l'amico della sua dissolutezza, Dorian lo uccide. Ma il ritratto, diventato l'agghiacciante maschera del vizio, sarà ormai un costante atto d'accusa contro Dorian ed egli, in un momento d'angoscia, lo distruggerà. Sulla tela si ricomporrà allora il viso giovane e bello di un tempo, mentre Dorian, diventato in un attimo vecchio, cadrà a terra morto.

Oscar Wilde, seguendo i canoni dell'estetismo, afferma in questo romanzo la **necessità**, nel mondo moderno, **della bellezza** e delle apparenze esteriori come antidoto contro l'umiliazione dei valori umani provocata dall'utilitarismo, e il diritto dell'arte a esprimersi liberamente, indipendentemente da ogni morale. E tuttavia lo stesso Wilde, quasi suo malgrado, riconobbe che nel suo libro c'era una morale: «Ogni eccesso, così come ogni rinunzia, reca la propria punizione. Dorian Gray, che ha condotto una vita di mera sensazione e piacere, cerca di uccidere la coscienza, e in quel momento uccide se stesso».

Opera **Il ritratto di Dorian Gray**
Epoca **XIX secolo**
Genere **romanzo**
Lingua **inglese**

Il ritratto di Dorian Gray

Il ritratto corrotto

Nel brano che segue, Dorian svela al pittore il segreto del suo ritratto. La scena è molto significativa perché vi emerge la scissione, tipicamente decadente, operata da Dorian Gray fra criteri estetici e criteri morali. Per Basil, il pittore, la bellezza esteriore rappresenta invece anche un ideale di purezza interiore: egli quindi è preso da disgusto di fronte alla rivelazione della profonda corruzione morale dell'amico; per Dorian, infatti, esiste solo il puro compiacimento per la propria bellezza fisica e, non volendo ascoltare le parole del pittore, cinicamente lo colpisce alle spalle e lo uccide.

[Dorian Gray] uscì dalla camera e cominciò a salire. Basil Hallward[1] lo seguiva da vicino. Camminavano senza far rumore, come si fa istintivamente di notte. La lampada proiettava fantastiche ombre sul muro e sulle scale. Il vento levatosi fece sbattere alcune imposte. Giunti all'ultimo pianerottolo,[2] Dorian pose la lampada sul pavimento, e, presa la chiave, la girò nella toppa. «Volete proprio sapere, Basil?» chiese, a voce bassa.

«Sì».

«Mi fa piacere» rispose, sorridendo. Poi aggiunse, duro: «Siete il solo uomo al mondo che abbia il diritto di sapere tutto di me. Fate parte della mia vita più di quanto pensiate» e, presa la lampada, aprì la porta ed entrò. Un soffio d'aria fredda li investì, e la fiamma divenne per un momento una cupa vampa color arancione. Trasalì. «Chiudetevi la porta dietro» sussurrò, appoggiando la lampada sul tavolo.

Hallward si guardò in giro, interdetto. Pareva che da anni nessuno avesse abitato quella camera. Un arazzo fiammingo sbiadito, un quadro velato, un vecchio cassone italiano, una libreria quasi vuota – non pareva che ci fosse altro, poi una tavola e una seggiola. Mentre Dorian accendeva una candela mezza consumata che era sulla caminiera, vide che tutto era coperto di polvere, e il tappeto andava a pezzi. Un sorcio corse via rumorosamente fra gli assiti.[3] C'era un umido tanfo di muffa.

«Dunque tu credi che soltanto Dio possa vedere le anime, Basil? Togli via quel panno, e vedrai la mia».

La voce che parlava era fredda e crudele.

«Dorian, o siete pazzo, o posate» mormorò Hallward accigliandosi.

«Non vuoi? Allora lo farò io» disse il giovane; strappò via la stoffa, e la gettò sul pavimento.

Un grido d'orrore proruppe dalle labbra del pittore, quando vide il viso ripugnante che gli ammiccava dalla tela. In quella espressione c'era qualche cosa che lo riempiva di nausea e di schifo. Dio buono! Ma era il viso di Dorian Gray quello che stava guardando? Tutte le infamie non avevano ancor cancellato completamente la meravigliosa bellezza. C'era ancora dell'oro nei radi capelli, dello scarlatto sulle labbra sensuali. Gli occhi corrotti conservavano sempre un poco del loro bellissimo azzurro, e il puro profilo dalle delicate narici e dalla gola scultorea non era del tutto scomparso. Sì, era Dorian. Ma chi aveva fatto questo? Gli parve di riconoscere il suo ritratto, e la cornice che aveva disegnata. Era un'idea mostruosa, ed ebbe paura. Afferrò la candela accesa, e la avvicinò alla pittura. Nell'angolo a sinistra si leggeva la sua firma tracciata in lunghe lettere vermiglie lucenti. Era una vile parodia,[4] una satira ignobile ed infame. Non aveva mai fatto questo. Eppure era il suo quadro. Lo riconosceva, e gli parve che tutto a un tratto il sangue gli si fosse mutato da fuoco in torpido ghiaccio. Il suo quadro! che cosa voleva dire? Perché era mutato? Si volse e cogli occhi di un sofferente guardò Dorian Gray. Gli tremava la bocca, e gli pareva che la lingua arida fosse incapace di muoversi. Si passò la mano sulla fronte. Era madida d'un sudore viscido. Il giovane, appoggiato al camino, lo guardava con la tipica espressione di chi contempla uno spettacolo, durante la recita di un grande artista. Né vero dolore, né vera gioia. C'era soltanto l'interesse dello spettatore, e forse, una luce di trionfo negli occhi. Si era tolto il fiore dall'occhiello dell'abito, e lo fiutava, o fingeva di fiutarlo. «Che vuol dire?» gridò Hallward finalmente. La sua voce gli suonò stridula e strana all'orecchio.

«Anni fa, quand'ero un ragazzo» disse Dorian, gualcendo il fiore che aveva in mano «mi incontrasti, mi adulasti, e mi insegnasti ad innamorarmi di me. Un giorno mi presentasti a un tuo amico, che mi fece apprezzare le meraviglie della gioventù, e finisti un mio ritrat-

1. **Basil Hallward:** si tratta del pittore che ha eseguito il ritratto di Dorian Gray.
2. **Giunti... pianerottolo:** Dorian Gray, dopo la scoperta della metamorfosi del ritratto, aveva fatto trasportare il dipinto in una stanza disabitata all'ultimo piano, di cui lui solo possedeva la chiave.
3. **assiti:** le assi di un pavimento costituito da tavole di legno.
4. **parodia:** cattiva imitazione di persona, cosa o azione, per lo più effettuata a fini satirici.

to che mi rivelò le meraviglie della bellezza. In un momento di follia, che nemmeno ora so se rimpiangere o maledire, espressi un desiderio, una preghiera...»

«Ricordo! Oh, come ricordo bene! No! È una cosa impossibile. La camera è umida. La tela è ammuffita. I colori che adoperavo contenevano qualche infame tossico minerale. Ti dico che è impossibile».

«Ah, ma cosa vi è di impossibile?» mormorò il giovane andando alla finestra, e appoggiando la fronte contro i vetri gelati, bianchi di nebbia.

«Mi dicesti che lo avevi distrutto».

«Non era vero. Fu lui a distruggere me».

«Non credo che sia il mio quadro».

«Non vi scorgi il tuo ideale?»

«Il mio ideale, come tu dici...»

«Come tu dicevi».

«Non c'era niente di cattivo, niente d'ignobile. Rappresentasti ai miei occhi un ideale che non troverò mai più. Questa è la faccia d'un satiro».[5]

«È il viso dell'anima mia».

«Cristo! Che cosa ho mai adorato! Ha gli occhi d'un demonio».

«Ognuno di noi riunisce in sé il cielo e l'inferno, Basil» gridò Dorian, con un gesto disperato e folle.

Hallward si volse di nuovo verso il ritratto, e lo scrutò. «Mio Dio, se è vero» esclamò «e se questo tu hai fatto della tua vita, devi esser peggiore di quanto credono i tuoi calunniatori». Avvicinò di nuovo la luce alla tela, e guardò. La superficie pareva intatta, tal quale l'aveva lasciata. Dal di dentro, erano verosimilmente affiorati l'infamia e l'orrore. Per uno strano soffio di vita interna, la lebbra del peccato andava divorando la materia. La decomposizione di un cadavere in un sepolcro umido non sarebbe stata altrettanto spaventosa. Gli tremarono le mani, e la candela cadde dal candeliere per terra, dove rimase, crepitando. Vi mise sopra il piede, e la spense. Poi si lasciò cadere sulla seggiola sgangherata vicino al tavolo, e nascose il viso tra le mani.

«Dio buono, che tremenda lezione!» Dorian non rispose, ma poteva udirlo singhiozzare vicino alla finestra. «Prega, Dorian, prega» mormorò. «Che ci insegnavano da piccini? "Non indurci in tentazione. Perdona i nostri peccati, liberaci dal male". Diciamola insieme. La preghiera del tuo orgoglio è stata esaudita. La preghiera del tuo pentimento anch'essa sarà esaudita. Ti ho troppo adorato. Ne sono punito. Hai troppo adorato te stesso. Tutti e due ne siamo puniti». Dorian Gray si volse lentamente, e lo guardò, gli occhi pieni di lagrime. «È troppo tardi, Basil» balbettò.

«Non è mai troppo tardi, Dorian. Inginocchiamoci, e vediamo di ricordare una preghiera. Non c'è un versetto che dice "benché i vostri peccati siano scarlatti, io li farò bianchi come la neve"?»

«Queste parole non mi dicono più nulla».

«Zitto! Non parlare così. Hai fatto già abbastanza male nella vita. Non vedi quella maledetta cosa che ci guarda?»

Dorian Gray guardò il quadro, improvvisamente fu preso da un indomabile senso di odio per Basil, quasi suggeritogli dall'immagine, sussurratogli all'orecchio da quelle labbra ghignanti.[6] Sentì la folle disperazione di un animale inseguito, e odiò l'uomo che sedeva al tavolo, più di quanto avesse mai odiato. Cercò angosciosamente intorno. Qualche cosa luccicava sopra il cassone dipinto che aveva di faccia. L'occhio vi si posò. Sapeva che cos'era. Era un coltello che vi aveva portato, pochi giorni prima, per tagliare un

5. satiro: figura della mitologia greco-romana, in forma d'uomo con orecchie, coda e zoccoli di animale che personifica la lascivia. Alcuni elementi del satiro ritornano nella raffigurazione popolare del demonio.

6. ...da quelle labbra ghignanti: si accenna qui al misterioso e profondo legame tra Dorian e il suo ritratto.

pezzo di corda, e che aveva dimenticato di riporre. Si mosse silenziosamente verso quel punto, e intanto rasentò Hallward. Appena gli fu dietro afferrò l'oggetto e si volse. Hallward si mosse sulla seggiola, come se volesse alzarsi. Gli corse addosso, e cacciò il coltello nella grossa vena che è dietro l'orecchio, premendo la sua testa sul tavolo, e colpendo ancora e ancora.

Il ritratto di Dorian Gray, trad. di R. Calzini, A. Mondadori

Analisi del testo

Il segreto di Dorian Gray. L'episodio che abbiamo scelto ha nel romanzo un'importanza fondamentale: uccidendo il pittore autore del suo ritratto, infatti, Dorian Gray non solo diventa un assassino, ma elimina l'unico possibile testimone del suo segreto. Da questo momento, egli è del tutto libero di abbandonarsi alla sua depravazione, eppure proprio da qui inizia il percorso che lo porterà, alla fine, a voler "uccidere" il proprio ritratto.
Possiamo suddividere l'episodio in varie sequenze:
– dapprima, come in un film di Hitchcock, Dorian e Basil salgono lentamente la scala ed entrano in un solaio abbandonato, dove il quadro si trova coperto da un drappo; quando Dorian toglie il drappo, abbiamo il primo colpo di scena, che provoca la reazione inorridita di Basil;
– quest'ultimo tenta dapprima di trovare una spiegazione razionale al misterioso scambio fra opera d'arte e realtà (è uno scherzo di Dorian, è una conseguenza dell'umidità...), ma poi è costretto a riconoscere che lo scambio è misteriosamente avvenuto;
– il dialogo fra i due raggiunge a questo punto il massimo della tensione: Basil si appella alla morale tradizionale, invitando Dorian a pentirsi e a confidare in Dio; Dorian sprofonda in quello che, dal punto di vista religioso, è il peccato più grave di tutti, quello della disperazione, affermando che ormai è troppo tardi e neppure Dio può perdonarlo e salvarlo; e subito dopo uccide, quasi in preda a un raptus, l'amico pittore.

Estetismo e narcisismo. Nel corso del colloquio tra Basil e Dorian emergono i temi di fondo del romanzo di Wilde:
– da un lato l'estetismo, cioè l'amore per la bellezza intesa nella sua forma più sensuale e materiale (giovinezza, lusso, piacere...); la bellezza è considerata dall'estetismo un valore in sé, autonomo rispetto a ogni considerazione di tipo morale: Basil, che nelle prime pagine del romanzo sembrava aderire a questa visione delle cose, qui vi si oppone decisamente, rivendicando l'importanza di un rapporto fra estetica e morale (il ritratto stesso, del resto, conferma questo rapporto: esso imbruttisce man mano che Dorian si incattivisce);
– dall'altro la condizione psicologica che, con riferimento al mito greco di Narciso, viene detta narcisismo: Narciso era infatti un giovane bellissimo, morto annegato per essersi innamorato della propria immagine riflessa nell'acqua; Dorian è chiaramente vittima di una forma di narcisismo che l'ha portato in passato a esprimere la preghiera di non invecchiare mai, e che ora lo spinge a uccidere l'unico testimone della sua metamorfosi interiore.

Proposte di lavoro

1. Suddividi il brano in sequenze, attribuisci a ciascuna sequenza un titolo, poi riassumi brevemente il testo.

I sequenza	
II sequenza	
...	

2. Nel brano domina un'atmosfera lugubre e sinistra. Trova nel testo gli elementi che concorrono a crearla, presenti soprattutto nella parte iniziale.

3. Indica le parole di Dorian dalle quali emerge la sua negazione per ogni criterio morale e il puro compiacimento per la propria bellezza. Indica poi da quali gesti e atteggiamenti emerge la sua cinica impassibilità e indifferenza di fronte al male.

4. Ora raccogli le parole, gli atteggiamenti e i gesti che rivelano in Basil il suo orrore, la sua angoscia, il suo giudizio morale.

5. Individua nel brano il passo in cui l'autore, attraverso il discorso indiretto libero, esprime il pensiero di Basil Hallward. Poi riassumilo brevemente utilizzando il discorso indiretto.

Incontro con l'autore

Giovanni Verga

La vita e le opere

Giovanni Verga nacque a Catania, nel 1840, da un'agiata famiglia di proprietari terrieri. La sua educazione giovanile fu basata sui principi liberali e sui valori patriottico-risorgimentali che animarono anche i suoi primi romanzi.

Tra il 1865 e il 1871 visse a Firenze, allora capitale d'Italia, dove ebbe importanti contatti con gli ambienti letterari e strinse amicizia con Luigi Capuana, il più importante teorizzatore del **Verismo italiano**. Qui cominciò a essere conosciuto come scrittore, dopo la pubblicazione di *Una peccatrice* (1866) e, soprattutto, di *Storia di una capinera* (1871), racconto, che ebbe grande successo, di una giovane costretta a farsi monaca e uccisa da un amore impossibile.

Nel 1871 si trasferì a Milano, dove stabilì i contatti culturali più importanti per lo sviluppo successivo della sua arte. Entrò a far parte dei maggiori **circoli letterari**, conobbe altri scrittori, partecipò con loro alle discussioni e alle polemiche letterarie, conobbe le opere di Balzac, Flaubert, Zola e dei Goncourt. Pubblicò i romanzi *Eva* (1873), *Tigre reale ed Eros* (1875), incentrati su vicende passionali e ultraromantiche e su personaggi appartenenti agli ambienti borghesi che lo scrittore frequentava in quegli anni.

Verso la metà degli anni settanta Verga aderì al Verismo e iniziò la stesura delle sue opere maggiori.

La svolta fra la precedente produzione e quella più propriamente verista è costituita da *Nedda* (1874), "bozzetto siciliano" che narra la storia di una povera raccoglitrice di olive. Da questo stesso mondo nacquero tutti i capolavori verghiani: la raccolta di novelle *Vita dei campi* (1880), *I Malavoglia* (1881), le *Novelle rusticane* (1883), *Mastro-don Gesualdo* (1889).

Meno felici furono le novelle ambientate fra le plebi cittadine del nord (*Per le vie*, 1883; *Vagabondaggio*, 1887; *Don Candeloro e C.*, 1894). Verga tornò infine ai raffinati ambienti borghesi con i romanzi *Il marito di Elena* (1882) e *I ricordi del capitano d'Arce* (1891).

Scrisse anche per il teatro. Il dramma *Cavalleria rusticana*, tratto dall'omonimo racconto, ebbe grande successo e fu in seguito musicato da Pietro Mascagni.

Nel 1893 Verga si stabilì definitivamente a Catania e visse gli ultimi trent'anni della sua vita nell'isolamento e nel silenzio letterario. Morì nel 1922.

Tradizionalmente si tende a suddividere nettamente l'opera di Verga in due fasi, una precedente l'adesione alla poetica verista e una successiva a tale adesione. In realtà molti dei temi dello scrittore (in particolare l'attenzione al nesso esistente fra amore e denaro, al modo in cui le condizioni economiche dei personaggi condizionano i loro sentimenti e la loro possibilità di manifestarli) sono presenti sia nei romanzi giovanili, sia nei capolavori del periodo successivo.

Negli stessi anni in cui andava elaborando i suoi capolavori, lo scrittore continuava infatti la **produzione più "salottiera"** che gli aveva assicurato il successo: nel 1875, mentre inizia la stesura dei *Malavoglia*, escono *Tigre reale ed Eros*; nel 1882, un anno dopo la pubblicazione dei *Malavoglia*, esce *Il marito di Elena*; nel 1891, due anni dopo la pubblicazione di *Mastro-don Gesualdo*, escono *I ricordi del capitano d'Arce*.

Ciò che differenzia sostanzialmente la produzione di ambiente borghese da quella verista è dunque soprattutto la scelta di adottare la **tecnica dell'impersonalità** per rappresentare la vita e i sentimenti delle plebi meridionali.

Nelle opere di impianto verista, Verga narra la storia mettendosi "al livello dei personaggi", assumendo il loro punto di vista e creandosi una lingua originalissima, italiana dal punto di vista lessicale, ma fortemente dialettale dal punto di vista della sintassi, e introducendo immagini, metafore e modi di dire popolari in un contesto che in realtà appare fortemente sperimentale.

Il contesto e la poetica

Verga nel suo tempo

Il contesto storico in cui l'opera di Verga si colloca è quello dei decenni successivi all'unificazione italiana. Dopo la costruzione e l'organizzazione giuridica e amministrativa dello Stato, il governo affronta ora il **problema dello sviluppo economico** del paese, molto arretrato rispetto agli altri paesi europei. Mette in atto misure volte ad agevolare l'industria italiana e a porre le premesse per il decollo industriale di fine secolo. Anche l'Italia si avvia così a diventare una nazione industrializzata, anche se con notevole ritardo rispetto al resto dell'Europa.

Questo sviluppo avviene però a duri costi da parte degli strati più poveri della popolazione. L'industrializzazione crea **grandi masse operaie** che vivono a un livello economico bassissimo e il cui problema fondamentale resta quello della sopravvivenza. Aumenta il **divario fra il Nord e il Sud** che viene abbandonato nella propria arretratezza, quando non sfavorito dalle decisioni economiche e politiche.

Il pensiero dell'autore

L'opera di Verga è proprio la testimonianza della **delusione** seguita nelle regioni meridionali, e particolarmente in Sicilia, alla realizzazione dell'unità d'Italia. Agli entusiasmi del periodo risorgimentale, infatti, Verga contrappone un'analisi amara e disincantata della realtà, sottolineando non solo l'oggettiva arretratezza economica, culturale e sociale della propria regione, ma anche gli errori e l'incapacità della classe dirigente locale e nazionale. Le sue opere sono, quindi, anche **opere di denuncia**, ma non solo. Lo scrittore esprime infatti una più generale **concezione tragica della vita e della storia**: tutti gli uomini cercano di migliorare le proprie condizioni economiche, e questo tentativo è alla base del progresso; ma, sia che essi riescano ad arricchire, sia che essi falliscano e si ritrovino più poveri di prima, la ricerca della ricchezza non può che avere esiti disastrosi.

Per avere successo, dunque, l'uomo deve rinunciare ai propri affetti, sacrificare all'interesse qualsiasi sentimento di umanità e di solidarietà.

Di fronte a questa analisi spietatamente pessimistica, Verga non trova che una soluzione, quella da lui stesso definita «**la morale dell'ostrica**»: i personaggi che riescono a raggiungere, se non la felicità, almeno la serenità, sono quelli che rinunciano all'ambizione e accettano di vivere nelle condizioni in cui il destino li ha fatti nascere.

A questa ideologia conservatrice, Verga unisce però un'attività letteraria all'insegna della **sperimentazione**. Egli può essere infatti considerato uno dei primi scrittori consapevolmente "sperimentali", nel senso novecentesco del termine. La sua opera è provocatoria nei contenuti: costituisce infatti un'estremizzazione della scelta manzoniana di porre gli "umili" al centro della vicenda romanzesca, dato che Renzo Tramaglino era comunque un piccolo proprietario terriero e un artigiano, non un proletario o un brigante affamato e analfabeta. L'opera di Verga è anche "scandalosa" nelle scelte formali (poiché adotta espressioni e strutture sintattiche del dialetto siciliano all'interno di un genere "alto" come il romanzo).

IL PROGRESSO È UN FIUME IN PIENO PERCHÉ ARRICCHISCE DI PIÙ I RICCHI, MA INPOVERIZZA DI PIÙ I POVERI

Vita dei campi e Novelle rusticane

La produzione novellistica di Verga è affidata a parecchie raccolte, diverse per temi, ambientazione e stile. Due sono però i volumi su cui la critica ha concentrato l'attenzione, considerando i testi che li compongono i più riusciti dell'autore siciliano: *Vita dei campi* e *Novelle rusticane*.

Scritte fra il **1874** e il **1880** (quando furono pubblicate), le novelle di ***Vita dei campi*** rappresentano il primo risultato del Verismo verghiano. Quello che Verga rappresenta è un **mondo primitivo**, dai bisogni elementari, in cui i **personaggi provano passioni violente** e **hanno caratteri forti e ruvidi** come la terra in cui vivono, quasi fossero essi stessi parte della natura che li circonda e avessero caratteristiche vicine a quelle degli animali. È un'umanità che **vive secondo natura**, seguendo ritmi primordiali e perenni in cui, come nella natura, tutto si ripete sempre uguale ed è legato a un destino immutabile. Anche l'umanità soggiace a leggi naturali e questa condizione non ha nulla di idilliaco, ma comporta fatica, sofferenza, lotta quotidiana.

Il tema di fondo di quasi tutte le novelle è la **passione amorosa**, rappresentata con i caratteri di un istinto fisico e quasi animalesco.

Importante è anche il **tema sociale** (si pensi per esempio a *Rosso Malpelo*, che narra le vicende di un ragazzo, quasi un bambino, che muore lavorando in una cava di sabbia, o a *L'amante di Gramigna*, dove emerge il tema del brigantaggio).

Anche le *Novelle rusticane* (1883) hanno come protagonista il **mondo contadino siciliano** e in esse Verga si propone di approfondire l'analisi realistica dell'esistenza umana: non vengono raccontate vicende eccezionali o particolarmente tragiche, ma situazioni in cui la sofferenza è data dal **ripetersi monotono della fatica quotidiana**, dalla sua terribile normalità.

Anche in queste novelle, come già ne *I Malavoglia*, il punto di vista della narrazione tende a coincidere con quello dei personaggi, attraverso l'uso del **discorso indiretto libero**.

Opera
Vita dei campi
Epoca
XIX secolo
Genere
novella
Lingua
italiano

Vita dei campi

La Lupa

Protagonista de *La Lupa* è un'insolita figura di donna, una contadina forte, rude e nello stesso tempo sensuale che, presa dalla passione per un uomo più giovane di lei, gli dà in sposa sua figlia pur di stargli vicino. Egli è quasi costretto dalla forza diabolica della donna: nonostante i violenti rimorsi nei confronti della moglie e il proposito di liberarsi della Lupa uccidendola, continua a essere perseguitato e soggiogato dalla terribile seduzione che ella esercita.
Come spesso in Verga, la protagonista è un'esclusa, un'emarginata dalla comunità degli uomini per la violenza quasi animalesca con cui vive le sue passioni (caratteristiche ferine sono presenti nel suo nome, nei particolari fisici della sua persona, nei suoi gesti). I suoi sentimenti si traducono in sensazioni fisiche, che si sentono nella carne, e ciò è anche sottolineato dalla durezza del paesaggio circostante, arso dal sole, come l'animo della donna è bruciato dal desiderio. La Lupa non può sottrarsi alla forza dell'istinto, così come l'uomo non può vincere la tentazione infernale che lei rappresenta. Come sempre avviene nel mondo verghiano, i personaggi sono ineluttabilmente soggetti a un destino a cui non possono ribellarsi.

Era alta, magra, aveva soltanto un seno fermo e vigoroso da bruna – e pure non era più giovane – era pallida come se avesse sempre addosso la malaria, e su quel pallore due occhi grandi così, e delle labbra fresche e rosse, che vi mangiavano.

Al villaggio la chiamavano *la Lupa* perché non era sazia giammai – di nulla. Le donne si facevano la croce quando la vedevano passare, sola come una cagnaccia, con quell'andare randagio e sospettoso della lupa affamata; ella si spolpava[1] i loro figliuoli e i loro mariti in un batter d'occhio, con le sue labbra rosse, e se li tirava dietro alla gonnella solamente a guardarli con quegli occhi da satanasso,[2] fossero stati davanti all'altare di Santa Agrippina. Per fortuna *la Lupa* non veniva mai in chiesa, né a Pasqua, né a Natale, né per ascoltar messa, né per confessarsi. – Padre Angiolino di Santa Maria di Gesù, un vero servo di Dio, aveva persa l'anima[3] per lei.

Maricchia, poveretta, buona e brava ragazza, piangeva di nascosto, perché era figlia della *Lupa*, e nessuno l'avrebbe tolta in moglie,[4] sebbene ci avesse la sua bella roba[5] nel cassettone, e la sua buona terra al sole, come ogni altra ragazza del villaggio. Una volta *la Lupa* si innamorò di un bel giovane che era tornato da soldato, e mieteva il fieno con lei nelle chiuse[6] del notaro; ma proprio quello che si dice innamorarsi, sentirsene ardere le carni sotto al fustagno del corpetto, e provare, fissandolo negli occhi, la sete che si ha nelle ore calde di giugno, in fondo alla pianura.[7] Ma lui seguitava a mietere tranquillamente col naso sui manipoli,[8] e le diceva: «O che avete, gnà[9] Pina?» Nei campi immensi, dove scoppiettava soltanto il volo dei grilli, quando il sole batteva a piombo, *la Lupa* affastellava[10] manipoli su manipoli, e covoni su covoni, senza stancarsi mai, senza rizzarsi un momento sulla vita, senza accostare le labbra al fiasco, pur di stare sempre alle calcagna di Nanni, che mieteva e mieteva, e le domandava di quando in quando:

«Che volete, gnà Pina?»

Una sera ella glielo disse, mentre gli uomini sonnecchiavano nell'aia, stanchi dalla lunga giornata, ed i cani uggiolavano[11] per la vasta campagna nera:

«Te voglio! Te che sei bello come il sole, e dolce come il miele. Voglio te!»

«Ed io invece voglio vostra figlia, che è zitella» rispose Nanni ridendo.

La Lupa si cacciò le mani nei capelli grattandosi le tempie senza dir parola, e se ne andò, né più comparve nell'aia. Ma in ottobre rivide Nanni, al tempo che cavavano l'olio,[12] perché egli lavorava accanto alla sua casa, e lo scricchiolio del torchio non la faceva dormire tutta notte.

«Prendi il sacco delle olive», disse alla figliuola «e vieni con me».

Nanni spingeva con la pala le olive sotto la macina, e gridava «Ohi!» alla mula perché non si arrestasse. «La vuoi mia figlia Maricchia?» gli domandò la gnà Pina. «Cosa gli date a vostra figlia Maricchia?» rispose Nanni. «Essa ha la roba di suo padre, e dippiù io le do la mia casa; a me mi basterà che mi lasciate un cantuccio nella cucina, per stendervi un po' di pagliericcio».[13] «Se è così se ne può parlare a Natale» disse Nanni.

Nanni era tutto unto e sudicio dell'olio e delle olive messe a fermentare, e Maricchia non lo voleva a nessun patto; ma sua madre l'afferrò pe' capelli, davanti al focolare, e le disse co' denti stretti:

«Se non lo pigli, ti ammazzo!»

1. **si spolpava:** se li mangiava con gli occhi. Il termine è metaforico, ed evoca una voracità da animale selvatico.
2. **satanasso:** demonio, dotato di forza violenta e incontrollabile.
3. **aveva persa l'anima:** aveva in tutti i modi cercato di redimerla.
4. **l'avrebbe tolta in moglie:** l'avrebbe presa in moglie.
5. **roba:** dote, ricchezza. La roba è un elemento sempre presente nel mondo rappresentato da Verga e costituisce l'unico vero interesse dei suoi personaggi. In particolare i matrimoni, ben lungi dall'essere un'unione basata sull'amore, sono contratti motivati e sanciti dalla ricchezza che la sposa porta in dote.
6. **chiuse:** appezzamenti di terreno.
7. **sentirsene ardere... pianura:** i sentimenti del personaggio si traducono in violente sensazioni fisiche, le quali a loro volta trovano una corrispondenza precisa nella violenza della natura.
8. **manipoli:** singoli mazzi di spighe che il mietitore afferra con una mano.
9. **gnà:** voce dialettale che sta per donna.
10. **affastellava:** accumulava.
11. **uggiolavano:** emettevano il mugolìo di quando hanno fame. Il termine è ricercato e letterario, un po' in contrasto con il linguaggio vicino ai modi popolari e dialettali tipico della novella.
12. **cavavano l'olio:** estraevano l'olio dalla spremitura delle olive.
13. **pagliericcio:** paglia o foglie secche di granoturco che facevano da materasso alla povera gente.

La Lupa era quasi malata, e la gente andava dicendo che il diavolo quando invecchia si fa eremita. Non andava più di qua e di là; non si metteva più sull'uscio, con quegli occhi da spiritata. Suo genero, quando ella glieli piantava in faccia, quegli occhi, si metteva a ridere, e cavava fuori l'abitino della Madonna[14] per segnarsi. Maricchia stava in casa ad allattare i figliuoli, e sua madre andava nei campi, a lavorare cogli uomini, proprio come un uomo, a sarchiare,[15] a zappare, a governare le bestie, a potare le viti, fosse stato greco e levante di gennaio, oppure scirocco[16] di agosto, allorquando i muli lasciavano cader la testa a penzoloni, e gli uomini dormivano bocconi a ridosso del muro a tramontana.[17] *In quell'ora fra vespero e nona, in cui non ne va in volta femmina buona,*[18] la gnà Pina era la sola anima viva che si vedesse errare per la campagna, sui sassi infuocati delle viottole, fra le stoppie[19] riarse dei campi immensi, che si perdevano nell'afa, lontan lontano, verso l'Etna nebbioso, dove il cielo si aggravava sull'orizzonte.[20]

«Svègliati!» disse *la Lupa* a Nanni che dormiva nel fosso, accanto alla siepe polverosa, col capo fra le braccia. «Svègliati, che ti ho portato il vino per rinfrescarti la gola».

Nanni spalancò gli occhi imbambolati, tra veglia e sonno, trovandosela dinanzi ritta, pallida, col petto prepotente, e gli occhi neri come il carbone, e stese brancolando le mani.

«No! non ne va in volta femmina buona nell'ora fra vespero e nona!» singhiozzava Nanni, ricacciando la faccia contro l'erba secca del fossato, in fondo in fondo, con le unghie nei capelli. «Andatevene! andatevene! non ci venite più nell'aia!»

Ella se ne andava infatti, *la Lupa*, riannodando le trecce superbe, guardando fisso dinanzi ai suoi passi nelle stoppie calde, cogli occhi neri come il carbone. Ma nell'aia ci tornò delle altre volte, e Nanni non le disse nulla. Quando tardava a venire anzi, nell'ora fra vespero e nona, egli andava ad aspettarla in cima alla viottola bianca e deserta, col sudore sulla fronte; e dopo si cacciava le mani nei capelli, e le ripeteva ogni volta:

«Andatevene! andatevene! Non ci tornate più nell'aia!»

Maricchia piangeva notte e giorno, e alla madre le piantava in faccia gli occhi ardenti di lagrime e di gelosia, come una lupacchiotta anch'essa, allorché la vedeva tornare da' campi pallida e muta ogni volta.

«Scellerata!» le diceva. «Mamma scellerata!»

«Taci!»

«Ladra! ladra!»

«Taci!»

«Andrò dal brigadiere, andrò!»

«Vacci!»

E ci andò davvero, coi figli in collo,[21] senza temere di nulla, e senza versare una lagrima, come una pazza, perché adesso l'amava anche lei quel marito che le avevano dato per forza, unto e sudicio delle olive messe a fermentare.

Il brigadiere fece chiamare Nanni; lo minacciò sin della galera e della forca. Nanni si diede a singhiozzare e strapparsi i capelli; non negò nulla, non tentò di scolparsi.

«È la tentazione!» diceva «è la tentazione dell'inferno!»

Si buttò ai piedi del brigadiere supplicandolo di mandarlo in galera.

«Per carità, signor brigadiere, levatemi da questo inferno! fatemi ammazzare, mandatemi in prigione; non me la lasciate veder più, mai! mai!»

«No!» rispose invece *la Lupa* al brigadiere «io mi son riserbato un cantuccio della cucina

14. abitino della Madonna: amuleto sacro che i contadini portavano addosso in segno di devozione alla Madonna e per farsi da lei proteggere.
15. sarchiare: smuovere il terreno in superficie e asportare le erbacce.
16. fosse stato greco... scirocco: il greco è il vento che spira da nord-est, il levante da est, lo scirocco da sud-est.
17. a tramontana: a nord.
18. In quell'ora... femmina buona: in quell'ora del pomeriggio in cui le donne per bene non escono di casa. Precisamente, *nona* è l'ora fra le tre e le quattro del pomeriggio e *vespero*, invece, il tramonto. Spesso nelle sue opere Verga fa ricorso ai proverbi popolari per riferire il pensiero e la mentalità dei suoi personaggi appartenenti al mondo degli umili.
19. stoppie: sono ciò che rimane nei campi dopo che è stato tagliato il grano.
20. si aggravava sull'orizzonte: pesava sull'orizzonte. È un'immagine figurata che mostra il cielo quasi appesantito dall'afa.
21. in collo: in braccio.

per dormirvi, quando gli ho data la mia casa in dote. La casa è mia. Non voglio andarmene».

Poco dopo, Nanni s'ebbe nel petto un calcio del mulo, e fu per morire, ma il parroco ricusò[22] di portargli il Signore[23] se *la Lupa* non usciva di casa. *La Lupa* se ne andò, e suo genero allora si poté preparare ad andarsene anche lui da buon cristiano; si confessò e cominciò con tali segni di pentimento e di contrizione che tutti i vicini e i curiosi piangevano davanti al letto del moribondo. E meglio sarebbe stato per lui che fosse morto in quel giorno, prima che il diavolo tornasse a tentarlo e a ficcarglisi nell'anima e nel cuore quando fu guarito.

«Lasciatemi stare!» diceva alla *Lupa* «per carità, lasciatemi in pace! Io ho visto la morte cogli occhi! La povera Maricchia non fa che disperarsi. Ora tutto il paese lo sa! Quando non vi vedo è meglio per voi e per me...»

Ed avrebbe voluto strapparsi gli occhi per non vedere quelli della *Lupa*, che quando gli si ficcavano ne' suoi gli facevano perdere l'anima ed il corpo. Non sapeva più che fare per svincolarsi dall'incantesimo. Pagò delle messe alle anime del Purgatorio, e andò a chiedere aiuto al parroco e al brigadiere. A Pasqua andò a confessarsi, e fece pubblicamente sei palmi di lingua a strasciconi[24] sui ciottoli del sacrato innanzi alla chiesa, in penitenza – e poi, come *la Lupa* tornava a tentarlo:

«Sentite!» le disse «non ci venite più nell'aia, perché se tornate a cercarmi, com'è vero Iddio, vi ammazzo!»

«Ammazzami», rispose *la Lupa* «ché non me ne importa; ma senza di te non voglio starci».

Ei come la scorse da lontano, in mezzo a' seminati verdi, lasciò di zappare la vigna, e andò a staccare le scure dall'olmo. *La Lupa* lo vide venire, pallido e stralunato, colla scure che luccicava al sole, e non si arretrò di un sol passo, non chinò gli occhi, seguitò ad andargli incontro, con le mani piene di manipoli di papaveri rossi[25] e mangiandoselo con gli occhi neri. «Ah! malanno all'anima vostra!» balbettò Nanni.

22. **ricusò:** rifiutò.
23. **portargli il Signore:** somministrargli il sacramento dell'estrema unzione.
24. **fece pubblicamente... strasciconi:** come atto di penitenza, leccò per un tratto il terreno davanti al sagrato della chiesa.
25. **manipoli di papaveri rossi:** è molto suggestiva questa immagine finale della donna con in mano un fascio di papaveri rossi, forse simbolo della sua perversità (il papavero è un fiore velenoso), forse del sangue che di lì a poco ella avrebbe versato, colpita dalla scure di Nanni. Ma Verga lascia nell'ambiguità il finale della novella.

Analisi del testo

La presentazione della protagonista. Le prime righe del racconto (al contrario di quanto spesso avviene nelle opere di Verga, che tendono a proiettare immediatamente il lettore in *medias res*) sono dedicate alla presentazione della protagonista. Il narratore sottolinea soprattutto la sua diversità, la sua estraneità alla società umana, mostrandola «sola come una cagnaccia, con quell'andare randagio e sospettoso della lupa affamata». L'animalità del personaggio è ulteriormente evidenziata dai continui riferimenti alla sua avidità, evidentemente connotata in senso sessuale: «delle labbra fresche e rosse, che vi mangiavano»; «non era sazia giammai – di nulla»; «si spolpava i loro figliuoli e i loro mariti». Anche il nomignolo della donna nasconde un doppio senso, dato che con il termine "lupa" si indicava nell'antichità una donna dedita alla prostituzione.

Il tema della passione amorosa. Nel momento in cui inizia la narrazione («Una volta la Lupa si innamorò di un bel giovane»), il lettore è quindi preparato ai sintomi tutti fisici con cui il sentimento si manifesta nella donna: «proprio quello che si dice innamorarsi, sentirsene ardere le carni sotto il fustagno del corpetto, e provare, fissandolo negli occhi, la sete che si ha nelle ore calde di giugno, in fondo alla pianura».

Il tema della passione amorosa, in *Vita dei campi*, non si accompagna ancora all'ossessione economica che emergerà soprattutto dai *Malavoglia* in poi: l'amore è inteso soprattutto come istinto, desiderio fisico, forza naturale spontanea e invincibile, che si sottrae a qualunque considerazione razionale. L'amore si oppone comunque alle regole sociali, spingendo la Lupa a combinare il matrimonio tra la figlia e Nanni pur di restare vicino all'uomo che desidera sedurre.

Tragicità della novella. Il tono della novella è sostanzialmente tragico, non solo per la cupa vicenda di gelosia e passione che si conclude con un omicidio, ma anche perché i personaggi appaiono legati a un destino contro il quale nulla possono. La critica ha sottolineato a questo proposito la presenza di elementi che introducono nella vicenda un aspetto che possiamo definire quasi sovrannaturale: soprattutto il personaggio della Lupa è infatti caratterizzato con tratti "mitici".

Abbiamo già visto la presenza di elementi animaleschi, che contribuiscono a escludere la protagonista principale del-

la novella dalla società umana; ma ciò che viene soprattutto enfatizzato dal narratore è la sua forza di attrazione magnetica, che si rispecchia in un paesaggio bruciato dal sole, scabro e quasi feroce.
La tendenza a sfumare nel fiabesco, nel favoloso, è tipica della prima raccolta verista di Verga: si ritrova infatti anche in altre famose novelle come *L'amante di Gramigna*, anch'essa incentrata su un amore follemente passionale di una ragazza per un famoso brigante, e soprattutto in *Rosso Malpelo*, la storia del giovane garzone di cava che muore sottoterra ma la cui presenza continua ad aleggiare sul posto, tanto che «i ragazzi della cava abbassano la voce quando parlano di lui nel sotterraneo, ché hanno paura di vederselo comparire dinanzi, coi capelli rossi e gli occhiacci grigi».
Nanni è il personaggio più intimamente tragico della novella, essendo nello stesso tempo vittima (del fascino maliardo della Lupa) e colpevole (per la sua incapacità di opporsi alla tentazione incarnata dalla donna). La sua iniziale sicurezza, che lo porta ad assumere atteggiamenti ironici e beffardi nei confronti della Lupa, dopo il matrimonio lascia emergere sempre più decisamente l'interiore fragilità dell'uomo, che solo con il gesto violento che chiude il racconto riuscirà a liberarsi dal maleficio della donna.

Proposte di lavoro

1. Riassumi brevemente il brano dopo averlo suddiviso in sequenze.

2. Osserva il contesto in cui si svolge la vicenda.
- Da quali espressioni del testo si può comprendere che siamo in Sicilia?
- Da quali espressioni si capisce che siamo in un ambiente contadino?

3. Indica le analogie che nella novella esistono fra i personaggi e la natura.

4. Osserva i dialoghi fra i personaggi. Essi sono:
☐ ampi e articolati ☐ brevi ed essenziali
☐ raffinati e civili ☐ primordiali e violenti

5. Concentra l'attenzione sul personaggio della protagonista, e completa una tabella con i tratti fisici, psicologici e sociali che puoi ricavare dal testo.

6. Tenendo conto delle osservazioni precedenti, spiega in un breve testo scritto perché in questa novella si riconoscono alcune caratteristiche tipiche della narrativa verista.

Opera **Novelle rusticane**
Epoca **XIX secolo**
Genere **novella**
Lingua **italiano**

Novelle rusticane

La roba

Il narratore è interno

Il tema di questo capolavoro della novellistica di Verga è molto significativo della visione materialistica che egli ha dei rapporti sociali e dell'esistenza umana. L'inesorabile legge economica della "roba", della proprietà, domina tutto e schiaccia ogni sentimento umano.
Mazzarò, il protagonista della novella, un tempo poverissimo, ha acquistato via via un'immensa proprietà, grazie alla sua intelligenza e alla sua durezza. L'attaccamento fanatico ai suoi beni è ora la passione che lo domina interamente e tragicamente: nella fulminea chiusa finale, infatti, il suo delirio di potenza naufraga di fronte all'annullamento della morte. La sua ricchezza non si trasmette a nessuno, non cambia la vita di nessuno: la realtà resta, nonostante i cambiamenti, tragicamente statica.
Lo sfondo sociale della novella è quello della realtà delle campagne siciliane nel periodo in cui Verga scrive. Vi è il duro rapporto dei padroni con i contadini e con i mezzadri; vi è la decadenza dell'antica casta nobiliare, incapace di controllare i propri beni e sostituita da uomini nuovi, determinati e furbi. Ma ciò che fa della novella un capolavoro è il suo stile. Il lettore, con lo stesso ritmo lento con cui il viandante percorre quelle terre, viene a conoscenza delle immense proprietà di Mazzarò e sente parlare di lui come fosse un personaggio da favola. Dal racconto, fatto attraverso la voce stessa della gente delle campagne, emerge poi finalmente la figura dello stesso protagonista. A questo punto, sempre attraverso la tecnica del discorso indiretto libero, è lui stesso che sembra parlare di sé e raccontare le sue fatiche e le sue lotte, fino alla sconfitta finale.

Il viandante che andava lungo il Biviere di Lentini,[1] steso là come un pezzo di mare morto, e le stoppie riarse della Piana di Catania, e gli aranci sempre verdi di Francofonte, e i sugheri grigi di Resecone, e i pascoli deserti di Passaneto e di Passanitello, se domandava, per ingannare la noia della lunga strada polverosa, sotto il cielo fosco[2] dal caldo, nell'ora i cui i campanelli della lettiga[3] suonano tristamente nell'immensa campagna, e i muli lasciano ciondolare il capo e la coda, e il lettighiere canta la sua canzone malinconica per non lasciarsi vincere dal sonno della malaria:[4] «Qui di chi è?» sentiva rispondersi: «Di Mazzarò». E passando vicino a una fattoria grande quanto un paese, coi magazzini che sembravano chiese, e le galline a stormi accoccolate all'ombra del pozzo, e le donne che si mettevano la mano sugli occhi per vedere chi passava: «E qui?» «Di Mazzarò». E cammina e cammina,[5] mentre la malaria vi pesava sugli occhi, e vi scuoteva all'improvviso abbaiare di un cane, passando per una vigna che non finiva più, e si allargava sul colle e sul piano, immobile, come gli pesasse addosso la polvere, e il guardiano sdraiato bocconi sullo schioppo, accanto al vallone, levava il capo sonnacchioso, e apriva un occhio per vedere chi fosse: «Di Mazzarò». Poi veniva un uliveto folto come un bosco, dove l'erba non spuntava mai, e la raccolta durava fino a marzo. Erano gli ulivi di Mazzarò. E verso sera, allorché il sole tramontava rosso come il fuoco, e la campagna si velava di tristezza, si incontravano le lunghe file degli aratri di Mazzarò che tornavano adagio adagio dal maggese,[6] e i buoi che passavano il guado lentamente, col muso nell'acqua scura; e si vedevano nei pascoli lontani della Canziria, sulla pendice brulla, le immense macchie biancastre delle mandre di Mazzarò; e si udiva il fischio del pastore echeggiare nelle gole, e il campanaccio che risuonava ora sì ed ora no, e il canto solitario perduto nella valle. Tutta roba di Mazzarò. Pareva che fosse di Mazzarò perfino il sole che tramontava, e le cicale che ronzavano, e gli uccelli che andavano a rannicchiarsi col volo breve dietro le zolle, e il sibilo dell'assiolo[7] nel bosco. Pareva che Mazzarò fosse disteso tutto grande per quanto era grande la terra, e che gli si camminasse sulla pancia. – Invece egli era un omicciattolo, diceva il lettighiere, che non gli avreste dato un baiocco,[8] a vederlo; e di grasso non aveva altro che la pancia, e non si sapeva come facesse a riempirla, perché non mangiava altro che due soldi di pane; e sì ch'era ricco come un maiale; ma aveva la testa ch'era un brillante,[9] quell'uomo.

Infatti, colla testa come un brillante, aveva accumulato tutta quella roba, dove prima veniva da mattina a sera a zappare, a potare, a mietere; col sole, coll'acqua, col vento; senza scarpe ai piedi, e senza uno straccio di cappotto; che tutti si rammentavano di avergli dato dei calci nel di dietro, quelli che ora gli davano dell'*eccellenza*, e gli parlavano col berretto in mano.[10] Né per questo egli era montato in superbia, adesso che tutte le eccellenze del paese erano suoi debitori; e diceva che eccellenza vuol dire povero diavolo e cattivo pagatore; ma egli portava ancora il berretto, soltanto lo portava di seta nera, la sua sola grandezza,[11] e da ultimo era anche arrivato a mettere il cappello di feltro, perché costava meno del berretto di seta. Della roba ne possedeva fin dove arrivava la vista, ed egli aveva la vista lunga – dappertutto, a destra e a sinistra, davanti e di dietro, nel monte e nella pianura. Più di cinquemila bocche,[12] senza contare gli uccelli del cielo e gli animali della terra, che mangiavano sulla sua terra, e senza contare la sua bocca la quale mangiava meno di tutte, e si con-

1. **Biviere di Lentini:** palude, oggi bonificata, a sud della piana di Catania, dove si trova anche il paese di Francofonte, situato fra i torrenti Passatello e Risicone. La palude era, nell'Ottocento, un focolaio di malaria.
2. **fosco:** scuro, offuscato per il caldo.
3. **lettiga:** mezzo di trasporto usato fino al secolo scorso, costituito da un sedile coperto e da quattro stanghe, due anteriori e due posteriori, che venivano appoggiate su due cavalli o muli. I campanelli potevano essere quelli che venivano assicurati alla bardatura dei muli.
4. **malaria:** malattia, un tempo molto diffusa nelle campagne, provocata dalla puntura di una zanzara che viveva nelle zone paludose. Provocava forte febbre e una grande sonnolenza.
5. **E cammina e cammina:** la lentezza del cammino e la vastità dello spazio percorso acquistano, nel racconto di Verga, un tono da favola.
6. **maggese:** campo lasciato a riposo, cioè senza semina, per un anno intero perché il terreno si rigeneri per le coltivazioni dell'anno successivo.
7. **assiolo:** piccolo rapace notturno.
8. **baiocco:** moneta di scarsissimo valore; oggi diremmo "non gli avreste dato un centesimo".
9. **ch'era un brillante:** tanto era lucido e acuto, ma anche assai duro, tenace, nel fare i suoi interessi.
10. **col berretto in mano:** in segno di soggezione e rispetto. Il berretto era la "coppola", tradizionale copricapo del siciliano povero.
11. **grandezza:** lusso, spreco.
12. **bocche:** quelle di tutti i contadini che lavoravano e vivevano sulle terre di Mazzarò.

tentava di due soldi di pane e un pezzo di formaggio, ingozzato in fretta e in furia, all'impiedi, in un cantuccio del magazzino grande come una chiesa, in mezzo alla polvere del grano, che non ci si vedeva, mentre i contadini scaricavano i sacchi, o a ridosso di un pagliaio, quando il vento spazzava la campagna gelata, al tempo del seminare, o colla testa dentro un corbello,[13] nelle calde giornate della mèsse. Egli non beveva vino, non fumava, non usava tabacco, e sì che del tabacco ne producevano i suoi orti lungo il fiume, colle foglie larghe ed alte come un fanciullo, di quelle che si vendevano a 95 lire. Non aveva il vizio del giuoco, né quello delle donne. Di donne non aveva mai avuto sulle spalle che sua madre, la quale gli era costata anche 12 tarì,[14] quando aveva dovuto farla portare al camposanto.

Era che ci aveva pensato[15] e ripensato tanto a quel che vuol dire la roba, quando andava senza scarpe a lavorare nella terra che adesso era sua, ed aveva provato quel che ci vuole a fare i tre tarì della giornata, nel mese di luglio, a star colla schiena curva 14 ore, col soprastante[16] a cavallo dietro, che vi piglia a nerbate[17] se fate di rizzarvi un momento. Per questo non aveva lasciato passare un minuto della sua vita che non fosse stato impiegato a fare della roba; e adesso i suoi aratri erano numerosi come le lunghe file dei corvi che arrivano in novembre; e altre file di muli, che non finivano più, portavano le sementi; le donne che stavano accoccolate nel fango, da ottobre a marzo, per raccogliere le sue olive, non si potevano contare, come non si possono contare le gazze che vengono a rubarle; e al tempo della vendemmia accorrevano dei villaggi interi alle sue vigne, e fin dove sentivasi cantare, nella campagna, era per la vendemmia di Mazzarò. Alla mèsse poi i mietitori di Mazzarò sembravano un esercito di soldati, che per mantenere tutta quella gente, col biscotto[18] alla mattina e il pane e l'arancia amara a colazione, e la merenda, e le lasagne alla sera, ci volevano dei denari a manate, e le lasagne si scodellavano nelle madie[19] larghe come tinozze. Perciò adesso, quando andava a cavallo dietro la fila dei suoi mietitori, col nerbo in mano, non ne perdeva d'occhio uno solo, e badava a ripetere: «Curviamoci, ragazzi!» Egli era tutto l'anno colle mani in tasca a spendere,[20] e per la sola fondiaria il re si pigliava tanto che a Mazzarò gli veniva la febbre, ogni volta.

Però ciascun anno tutti quei magazzini grandi come chiese si riempivano di grano che bisognava scoperchiare il tetto per farcelo capire[21] tutto; e ogni volta che Mazzarò vendeva il vino, ci voleva più di un giorno per contare il denaro, tutto di 12 tarì d'argento, ché lui non ne voleva di carta sudicia[22] per la sua roba, e andava a comprare la carta sudicia soltanto quando aveva da pagare il re, o gli altri; e alle fiere gli armenti di Mazzarò coprivano tutto il campo, e ingombravano le strade, che ci voleva mezza giornata per lasciarli sfilare, e il santo, colla banda, alle volte doveva mutar strada, e cedere il passo.

Tutta quella roba se l'era fatta lui, colle sue mani e colla sua testa, col non dormire la notte, col prendere la febbre dal batticuore o dalla malaria, coll'affaticarsi dall'alba a sera, e andare in giro, sotto il sole e sotto la pioggia, col logorare i suoi stivali e le sue mule – egli solo non si logorava, pensando alla sua roba, ch'era tutto quello ch'ei avesse al mondo; perché non aveva né figli, né nipoti, né parenti; non aveva altro che la sua roba. Quando uno è fatto così, vuol dire che è fatto per la roba.

Ed anche la roba era fatta per lui, che pareva ci avesse la calamita, perché la roba vuol stare con chi sa tenerla, e non la sciupa come quel barone che prima era stato il padrone di Mazzarò, e l'aveva accolto per carità nudo e crudo ne' suoi campi, ed era stato il padrone di tutti quei prati, e di tutti quei boschi, e di tutte quelle vigne e tutti quegli armenti, che quando veniva nelle sue terre a cavallo coi campieri,[23] pareva il re, e gli preparavano anche l'allog-

13. **corbello:** cesto di vimini.
14. **tarì:** moneta d'argento.
15. **Era che ci aveva pensato...:** il discorso indiretto libero passa qui a Mazzarò, il punto di vista espresso non è infatti quello di un narratore che guardi dal di fuori, ma quello dello stesso Mazzarò, che mette l'accento sulla propria fatica di un tempo e sull'abbondanza ora conquistata.
16. **soprastante:** sorvegliante del lavoro dei campi.
17. **nerbate:** bastonate.
18. **biscotto:** specie di galletta secca e dura.
19. **madie:** qui, recipienti di legno.
20. **a spendere:** non certo per se stesso, ma per le spese necessarie, per acquistare altre proprietà, per pagare le tasse, come per esempio la *fondiaria*, l'imposta sui terreni.
21. **capire:** sia contenere che essere contenuto; qui è usato nel secondo caso.
22. **carta sudicia:** la cartamoneta che, nella mentalità arcaica di Mazzarò, non ha lo stesso valore tangibile della moneta di metallo.

gio e il pranzo, al minchione, sicché ognuno sapeva l'ora e il momento in cui doveva arrivare, e non si faceva sorprendere colle mani nel sacco. «Costui vuol essere rubato[24] per forza!» diceva Mazzarò, e schiattava dalle risa quando il barone gli dava dei calci nel di dietro, e si fregava la schiena colle mani, borbottando: «Chi è minchione, se ne stia a casa», – «la roba non è di chi l'ha, ma di chi la sa fare». Invece egli, dopo che ebbe fatta la sua roba, non mandava certo a dire se veniva a sorvegliare la mèsse, o la vendemmia, e quando, e come; ma capitava all'improvviso, a piedi o a cavallo alla mula, senza campieri, con un pezzo di pane in tasca; e dormiva accanto ai suoi covoni, cogli occhi aperti, e lo schioppo fra le gambe.

In tal modo a poco a poco Mazzarò divenne padrone di tutta la roba del barone; e costui uscì prima dall'uliveto, e poi dalle vigne, e poi dai pascoli, e poi dalle fattorie e infine dal suo palazzo istesso, che non passava giorno che non firmasse delle carte bollate,[25] e Mazzarò ci metteva sotto la sua brava croce.[26] Al barone non rimase altro che lo scudo di pietra[27] ch'era prima sul portone, ed era la sola cosa che non avesse voluto vendere, dicendo a Mazzarò: «Questo solo, di tutta la mia roba, non fa per te». Ed era vero; Mazzarò non sapeva che farsene, e non l'avrebbe pagato due baiocchi. Il barone gli dava ancora del tu, ma non gli dava più calci nel di dietro.

«Questa è una bella cosa, d'avere la fortuna che ha Mazzarò!» diceva la gente; e non sapeva quel che ci era voluto ad acchiappare quella fortuna:[28] quanti pensieri, quante fatiche, quante menzogne, quanti pericoli di andare in galera, e come quella testa che era un brillante avesse lavorato giorno e notte, meglio di una macina di mulino, per fare la roba; e se il proprietario di una chiusa[29] limitrofa si ostinava a non cedergliela, o voleva prendere pel collo Mazzarò, dover trovare uno stratagemma per costringerlo a vendere, e farcelo cascare, malgrado la diffidenza contadinesca. Ei gli andava a vantare, per esempio, la fertilità di una tenuta la quale non produceva nemmeno lupini,[30] e arrivava a fargliela credere una terra promessa, sinché il povero diavolo si lasciava indurre a prenderla in affitto, per specularci sopra, e ci perdeva poi il fitto, la casa e la chiusa, che Mazzarò se la chiappava – per un pezzo di pane. – E quante seccature Mazzarò doveva sopportare! – I mezzadri che venivano a lagnarsi delle malannate, i debitori che mandavano in processione le loro donne a strapparsi i capelli e picchiarsi il petto per scongiurarlo di non metterli in mezzo alla strada, col pigliarsi il mulo e l'asinello, che non avevano da mangiare.

«Lo vedete quel che mangio io?» rispondeva lui, «pane e cipolla! e sì che ho i magazzini pieni zeppi, e sono il padrone di tutta questa roba». E se gli domandavano un pugno di fave, di tutta quella roba, ei diceva: «Che, vi pare che l'abbia rubata? Non sapete quanto costano per seminarle, a zapparle, e raccoglierle?» E se gli domandavano un soldo rispondeva che non l'aveva.

E non l'aveva davvero. Ché in tasca non teneva mai 12 tarì, tanti ce ne volevano per far fruttare tutta quella roba, e il denaro entrava ed usciva come un fiume dalla sua casa. Del resto a lui non gliene importava del denaro, diceva che non era roba, e appena metteva insieme una certa somma, comprava subito un pezzo di terra; perché voleva arrivare ad avere della terra quanta ne ha il re, ed esser meglio del re, ché il re non può né venderla, né dire ch'è sua.

Di una cosa sola gli doleva, che cominciasse a farsi vecchio, e la terra doveva lasciarla là dov'era. Questa è una ingiustizia di Dio, che dopo essersi logorata la vita ad acquistare della roba, quando arrivate ad averla, che ne vorreste ancora, dovete lasciarla! E stava delle ore seduto sul corbello, col mento nelle mani, a guardare le sue vigne che gli verdeggiava-

23. **campieri:** guardie campestri.
24. **rubato:** derubato. Emerge qui il tema del passaggio di molte proprietà terriere dalla classe nobile, inetta, a una nuova classe media di proprietari terrieri, molto più abili a far fruttare le terre.
25. **carte bollate:** gli atti che registrano la vendita delle terre.
26. **croce:** la firma di Mazzarò, che era analfabeta.
27. **scudo di pietra:** lo stemma nobiliare.
28. **e non sapeva... fortuna:** il racconto continua a essere fatto, prevalentemente, dal punto di vista e dalla voce di Mazzarò. Egli ora si difende dalle calunnie della gente, protesta le proprie ragioni, dimostra la propria abilità.
29. **chiusa:** appezzamento di terreno.
30. **lupini:** una pianta del tipo del fagiolo, che cresce anche sui terreni poveri.

no sotto gli occhi, e i campi che ondeggiavano di spighe come un mare, e gli oliveti che velavano la montagna come una nebbia, e se un ragazzo seminudo gli passava dinanzi, curvo sotto il peso come un asino stanco, gli lanciava il suo bastone fra le gambe, per invidia, e borbottava: «Guardate chi ha i giorni lunghi! costui che non ha niente!»

Sicché quando gli dissero che era tempo di lasciare la sua roba, per pensare all'anima, uscì nel cortile come un pazzo, barcollando, e andava ammazzando a colpi di bastone le sue anitre e i suoi tacchini, e strillava: «Roba mia, vientene con me!»

Analisi del testo

La presentazione del personaggio. Le prime righe della novella, come già accadeva per *La Lupa*, hanno la funzione di presentare il personaggio. Con un crescendo progressivo, segnato dai paragoni che sottolineano la grandezza delle sue proprietà («una fattoria grande quanto un paese», «i magazzini che sembravano chiese», «un uliveto folto come un bosco»), la figura di Mazzarò viene a espandersi fino ad assumere dimensioni mitiche («Pareva che fosse di Mazzarò perfino il sole che tramontava», «Pareva che Mazzarò fosse disteso tutto grande per quanto era grande la terra, e che gli si camminasse sulla pancia»). Ma, proprio nel momento in cui questa mitizzazione raggiunge il suo culmine, Verga rivela improvvisamente il carattere ironico delle righe precedenti: «Invece egli era un omiciattolo che non gli avreste dato un baiocco, a vederlo».

Il tema socio-economico. Mazzarò è l'esponente di una classe sociale che, grazie al suo lavoro, ma soprattutto alla sua abilità e alla sua astuzia (la «testa come un brillante») è riuscita ad arricchirsi e a sostituire la vecchia classe dei proprietari terrieri aristocratici, pigra e incapace (incarnata dal personaggio del Barone). Verga rappresenta quindi attraverso il suo personaggio un aspetto dell'evoluzione sociale del suo tempo: dopo l'unità d'Italia, infatti, molti degli antichi proprietari terrieri furono costretti a vendere le loro terre a causa dell'aumento delle tasse e della crisi economica che colpì il Mezzogiorno.
Ma il nuovo proprietario Mazzarò non è sostanzialmente diverso dal vecchio Barone: egli si comporta con i suoi sottoposti esattamente come gli antichi padroni; soprattutto, come il Barone, egli ha una concezione arcaica e non borghese della ricchezza, che per lui coincide con "la roba", cioè le terre e le case, i beni immobili, tanto che addirittura rifiuta il denaro («a lui non gliene importava del denaro, diceva che non era roba, e appena metteva insieme una certa somma, comprava subito un pezzo di terra»). Il fatto che i proprietari terrieri cambino, quindi, non rappresenta per Verga un elemento di progresso, un segno di evoluzione sociale: lo scrittore mostra come la dinamica storica sia in realtà superficiale, incapace di intaccare le strutture profonde della società e della psicologia umana.

Ricchezza e infelicità. Accanto al tema socio-economico, La roba sviluppa però anche un motivo esistenziale: Mazzarò è invidiato da tutti per la sua ricchezza, ma è profondamente infelice e muore disperato. La sua ricchezza è infatti il frutto materiale di un atteggiamento che esclude qualsiasi cedimento sentimentale: Mazzarò è un personaggio crudele, cinico, che per raggiungere i suoi scopi si chiude a ogni rapporto umano sincero e spontaneo (è significativo per esempio che non si sposi). Secondo Verga non esiste felicità nell'accumulo, nel successo materiale, ma solo negli affetti familiari, nella soddisfazione modesta di chi rinuncia all'ambizione e non tenta di cambiare la propria condizione sociale.

Proposte di lavoro

1. Suddividi il racconto nelle tre parti che lo costituiscono, poi riassumi brevemente la storia.
2. Analizza la descrizione iniziale delle terre di Mazzarò, spiegando:
   - perché il personaggio viene ad assumere un carattere quasi "mitico";
   - perché l'autore ricorre spesso a ripetizioni e alla congiunzione "e".
3. Spiega in che modo Mazzarò ha accumulato tanta terra e tanta ricchezza, analizzando in particolare il suo rapporto:
   - con il barone e con gli altri proprietari;
   - con i contadini.
4. Concentra ora l'attenzione sulla voce narrante.
   - Chi presenta al viandante, nella parte iniziale del racconto, le campagne e la figura stessa di Mazzarò?
   - In quali punti si sente maggiormente la voce collettiva della gente dietro ciò che viene raccontato?
   - In quale punto del racconto entra in scena Mazzarò? In quali passi, pur restando il racconto in terza persona, sembra essere lui stesso a parlare di sé ed emerge il suo punto di vista?
   - In quali punti del racconto la parola passa direttamente a lui, attraverso il discorso diretto?

I Malavoglia

Il ciclo dei vinti

Nel progetto originario, *I Malavoglia* doveva far parte di un ciclo di cinque romanzi, pensato sull'esempio del naturalista francese Zola. Verga intendeva in questo modo analizzare come il meccanismo della lotta per l'esistenza agisca nei diversi ambienti sociali. Nella prefazione ai *Malavoglia*, del 1881, sono precisate le concezioni ideologiche e artistiche sopra accennate.

Il **progresso dell'umanità**, la cui molla è costituita dall'egoismo e dal desiderio di avere di più, procede secondo un ordine spietato, regolato dalla **legge del più forte**. I deboli soccombono e vengono emarginati: sono i "vinti", quelli che «la fiumana del progresso ha depositato sulla riva, dopo averli travolti e annegati. Ciascuno, dal più umile al più elevato, ha avuto la sua parte nella lotta per l'esistenza, pel benessere, per l'ambizione». È questo incessante travaglio dell'umanità che l'autore vuole rappresentare, a partire dalle classi più umili, dove il meccanismo delle passioni che determinano il progresso è meno complicato e può essere perciò osservato con maggior precisione. Risulterà così evidente che il mondo è «un pesce vorace» che ingoia i più piccoli quando, per ambizione o per desiderio di avere di più, cercano di emergere e di emanciparsi.

Verga, pur partendo dalle premesse del pensiero positivista, ne rifiuta l'ottimismo e del cammino umano vuol mostrare il rovescio negativo e denunciare la **brutalità dei vincitori nella lotta per l'esistenza**.

Verga non crede nella possibilità di un cambiamento sociale e, a differenza di Zola, è politicamente un conservatore. Tuttavia, proprio grazie a queste posizioni pessimistiche e conservatrici, e poiché non si pone l'obiettivo di difendere un'idea progressista, egli rappresenta in modo lucido e artisticamente riuscito la **realtà del mondo popolare**, senza mai cadere nella retorica idealizzazione dei semplici e degli umili, presente in tanta letteratura a lui contemporanea.

I contenuti

Protagonista collettivo del romanzo è una famiglia di pescatori di Acitrezza, i Toscano, detti Malavoglia, che con il loro onesto e duro lavoro sono arrivati a possedere una barca, la "Provvidenza", e una casa, la casa del nespolo. Padron 'Ntoni, il vecchio nonno capofamiglia, per migliorare ulteriormente la posizione economica dei Malavoglia, tenta un affare, comprando a credito un carico di lupini da vendere altrove. Ma la "Provvidenza" che lo trasporta naufraga e Bastianazzo, figlio di padron 'Ntoni, e a sua volta padre di cinque figli, muore. Inizia così per la famiglia una lunga serie di sventure. Con la morte del vecchio padron 'Ntoni, la famiglia si smembra completamente. Solo Alessi, il più giovane dei fratelli, rimarrà per riscattare la casa del nespolo e continuare il lavoro del nonno. **Non c'è speranza di cambiamento per gli oppressi**, soggetti a una legge di natura, quella della vittoria del più forte e della selezione naturale, che essi non possono controllare. E questa condizione degli umili diventa emblematica di quella dell'intera umanità.

Donne siciliane indossano costumi tradizionali (foto della fine del XIX secolo).

Opera **I Malavoglia**
Genere **romanzo**
Epoca **XIX secolo**
Lingua **italiano**

I Malavoglia

Quelle che seguono sono le pagine con le quali inizia il romanzo. L'autore presenta i protagonisti, il loro ambiente e l'epoca dei fatti in modo molto originale, affidando la narrazione a una voce ben diversa da quella del narratore "classico", di tipo manzoniano, che si presentava come una controfigura dell'autore. Il narratore verghiano invece è all'interno del mondo rappresentato ed esprime un punto di vista e dei valori del tutto diversi da quelli dell'autore. Per questa ragione il narratore di Manzoni inizia con una lunga descrizione del lago di Como e delle terre circostanti, informando il lettore e assumendo nei suoi confronti il ruolo di guida e di maestro; il narratore di Verga, invece, dà per scontato che tutti sappiano dove si trovino Trezza, Ognina e Aci Castello, chi siano lo zio Cola e padron Fortunato Cipolla. Manzoni sente sempre il bisogno di precisare l'epoca dei fatti, mentre la voce narrante di Verga alterna il tempo storico (indicato con la data d'inizio della vicenda: dicembre 1863) e quello naturale, caratterizzato da espressioni come "un tempo", "da che il mondo era mondo" e simili.

Un tempo i Malavoglia erano stati numerosi come i sassi della strada vecchia di Trezza;[1] ce n'erano persino ad Ognina, e ad Aci Castello, tutti buona e brava gente di mare, proprio all'opposto di quel che sembrava dal nomignolo, come dev'essere.[2] Veramente nel libro della parrocchia[3] si chiamavano Toscano, ma questo non voleva dir nulla, poiché da che il mondo era mondo, all'Ognina, a Trezza e ad Aci Castello, li avevano sempre conosciuti per Malavoglia, di padre in figlio, che avevano sempre avuto delle barche sull'acqua, e delle tegole al sole.[4] Adesso a Trezza non rimanevano che i Malavoglia di padron 'Ntoni,[5] quelli della casa del nespolo, e della Provvidenza[6] ch'era ammarrata sul greto,[7] sotto il lavatoio, accanto alla Concetta dello zio Cola, e alla paranza[8] di padron Fortunato Cipolla.

Le burrasche che avevano disperso di qua e di là gli altri Malavoglia, erano passate senza far gran danno sulla casa del nespolo e sulla barca ammarrata sotto il lavatoio; e padron 'Ntoni, per spiegare il miracolo, soleva dire, mostrando il pugno chiuso, un pugno che sembrava fatto di legno di noce: «Per menare il remo bisogna che le cinque dita s'aiutino l'un l'altra».

Diceva pure, «Gli uomini son fatti come le dita della mano: il dito grosso deve far da dito grosso, e il dito piccolo deve far da dito piccolo».

E la famigliuola di padron 'Ntoni era realmente disposta come le dita della mano. Prima veniva lui, il dito grosso, che comandava le feste e le quarant'ore;[9] poi suo figlio Bastiano, Bastianazzo,[10] perché era grande e grosso quanto il San Cristoforo che c'era dipinto sotto l'arco della pescheria della città;[11] e così grande e grosso filava diritto alla mano-

1. **Trezza:** Aci Trezza, paesino nelle vicinanze di Catania (come i successivi Ognina e Aci Castello) dove si svolge la vicenda del romanzo.
2. **come dev'essere:** in realtà i soprannomi che caratterizzano tutti i personaggi del romanzo a volte sono conseguenza di una loro caratteristica, a volte sono scelti per opposizione: "malavoglia", per esempio, viene attribuito a una famiglia di grandi lavoratori.
3. **nel libro della parrocchia:** nel registro in cui i parroci segnavano tutte le nascite del paese.
4. **tegole al sole:** case di loro proprietà.
5. **padron 'Ntoni:** il titolo "padron" indica che si tratta di un piccolo proprietario; 'Ntoni è l'abbreviazione dialettale di Antonio.
6. **Provvidenza:** è il nome della barca di padron 'Ntoni.
7. **ammarrata sul greto:** tirata in secca sulla spiaggia.
8. **paranza:** un tipo di barca da pesca.
9. **le quarant'ore:** nel senso generale di "le cerimonie"; precisamente, le quarant'ore sono una pratica liturgica che consiste nell'esporre l'ostia consacrata all'adorazione dei fedeli per tale lasso di tempo.
10. **Bastianazzo:** in questo caso il soprannome allude all'alta statura del personaggio, paragonato al gigantesco san Cristoforo.
11. **città:** Catania.

vra comandata, e non si sarebbe soffiato il naso se suo padre non gli avesse detto «sòffiati il naso» tanto che s'era tolta in moglie[12] la Longa[13] quando gli avevano detto «pìgliatela». Poi veniva la Longa, una piccina che badava a tessere, salare le acciughe, e far figliuoli, da buona massaia; infine i nipoti, in ordine di anzianità: 'Ntoni, il maggiore, un bighellone[14] di vent'anni, che si buscava tutt'ora qualche scappellotto dal nonno, e qualche pedata più giù per rimettere l'equilibrio, quando lo scappellotto era stato troppo forte; Luca, «che aveva più giudizio del grande», ripeteva il nonno; Mena (Filomena) soprannominata «Sant'Agata»[15] perché stava sempre al telaio, e si suol dire «donna di telaio, gallina di pollaio, e triglia di gennaio»;[16] Alessi (Alessio) un moccioso[17] tutto suo nonno colui!; e Lia (Rosalia) ancora né carne né pesce.[18] Alla domenica, quando entravano in chiesa, l'uno dietro l'altro, pareva una processione.

Padron 'Ntoni sapeva anche certi motti e proverbi che aveva sentito dagli antichi,[19] «*perché il motto degli antichi mai mentì*»: «*Senza pilota barca non cammina*» — «*Per far da papa bisogna saper far da sagrestano*» — oppure — «*Fa il mestiere che sai, che se non arricchisci camperai*» —«*Contentati di quel che t'ha fatto tuo padre; se non altro non sarai un birbante*» ed altre sentenze giudiziose.

Ecco perché la casa del nespolo prosperava, e padron 'Ntoni passava per testa quadra,[20] al punto che a Trezza l'avrebbero fatto consigliere comunale, se don Silvestro, il segretario, il quale la sapeva lunga, non avesse predicato che era un codino marcio,[21] un reazionario di quelli che proteggono i Borboni, e che cospirava pel ritorno di Franceschello,[22] onde poter spadroneggiare nel villaggio, come spadroneggiava in casa propria.

Padron 'Ntoni invece non lo conosceva neanche di vista Franceschello, e badava agli affari suoi, e soleva dire: «*Chi ha carico di casa non può dormire quando vuole*» perché «*chi comanda ha da dar conto*».

Nel dicembre 1863, 'Ntoni, il maggiore dei nipoti, era stato chiamato per la leva di mare.[23] Padron 'Ntoni allora era corso dai pezzi grossi del paese, che son quelli che possono aiutarci. Ma don Giammaria, il vicario,[24] gli aveva risposto che gli stava bene, e questo era il frutto di quella rivoluzione di satanasso che avevano fatto collo sciorinare il fazzoletto tricolore dal campanile.[25] Invece don Franco lo speziale[26] si metteva a ridere fra i peli della barbona, e gli giurava fregandosi le mani che se arrivavano a mettere assieme un po' di repubblica, tutti quelli della leva e delle tasse li avrebbero presi a calci nel sedere, ché soldati non ce ne sarebbero stati più, e invece tutti sarebbero andati alla guerra, se bisognava. Allora padron 'Ntoni lo pregava e lo strapregava per l'amor di Dio di fargliela presto la repubblica, prima che suo nipote 'Ntoni andasse soldato, come se don Franco ce l'avesse in tasca; tanto che lo speziale finì coll'andare in collera. Allora don Silvestro il segretario si smascellava dalle risa a quei discorsi, e finalmente disse lui che con un certo gruzzoletto fatto scivolare in tasca a tale e tal altra persona che sapeva lui, avrebbero saputo trovare a suo nipote un difetto da riformarlo.[27] Per disgrazia il ragazzo era fatto con coscienza, come se ne fabbricano ancora ad Aci Trezza, e il dottore della leva, quando si vide dinanzi quel pezzo di giovanotto, gli disse che aveva il difetto di esser piantato come un pilastro su quei piedacci che sembravano pale di ficodindia;[28] ma i piedi fatti a pala di fico-

12. **s'era tolta in moglie:** aveva sposato.
13. **la Longa:** così detta ironicamente a causa della sua bassa statura (una piccina).
14. **bighellone:** scansafatiche, fannullone.
15. **Sant'Agata:** patrona di Catania, simbolo delle virtù morali e domestiche.
16. **«donna... di gennaio»:** il proverbio significa che le donne migliori sono quelle che stanno al telaio, le galline migliori sono quelle allevate in pollaio e le triglie migliori sono quelle pescate in gennaio.
17. **moccioso:** ragazzino.
18. **né carne né pesce:** ancora troppo piccola per avere una personalità precisa.
19. **antichi:** gli anziani; il corsivo indica che il termine è tradotto direttamente dal dialetto siciliano.
20. **testa quadra:** in senso positivo, persona posata e avveduta.
21. **un codino marcio:** un conservatore, come si spiega subito dopo; la pettinatura con il codino era tipica degli aristocratici.
22. **Franceschello:** Francesco II di Borbone, il re di Napoli spodestato da Garibaldi.
23. **la leva di mare:** il servizio militare in marina; fino al 1860 i siciliani erano esentati dal servizio militare.
24. **vicario:** sacerdote che fa le veci del parroco nei paesi più piccoli.
25. **quella rivoluzione... dal campanile:** il prete, naturalmente, considera negativamente il processo di unificazione italiana, che aveva privato la Chiesa del suo potere temporale.
26. **lo speziale:** il farmacista.
27. **riformarlo:** giudicarlo non idoneo e quindi evitargli il servizio militare.
28. **pale di ficodindia:** le foglie larghe e dure dei fichidindia.

dindia ci stanno meglio degli stivalini stretti sul ponte di una corazzata, in certe giornatacce; e perciò si presero 'Ntoni senza dire «permettete». La Longa, mentre i coscritti erano condotti in quartiere,[29] trottando trafelata accanto al passo lungo del figliuolo, gli andava raccomandando di tenersi sempre sul petto l'abitino della Madonna,[30] e di mandare le notizie ogni volta che tornava qualche conoscente dalla città, che poi gli avrebbero mandato i soldi per la carta.

Il nonno, da uomo, non diceva nulla; ma si sentiva un gruppo[31] nella gola anch'esso, ed evitava di guardare in faccia la nuora, quasi ce l'avesse con lei. Così se ne tornarono ad Aci Trezza zitti zitti e a capo chino. Bastianazzo, che si era sbrigato in fretta dal disarmare[32] la Provvidenza, per andare ad aspettarli in capo alla via, come li vide comparire a quel modo, mogi mogi e colle scarpe in mano,[33] non ebbe animo di aprir bocca, e se ne tornò a casa con loro. La Longa corse subito a cacciarsi in cucina, quasi avesse furia di trovarsi a quattr'occhi colle vecchie stoviglie, e padron 'Ntoni disse al figliuolo: «Va a dirle qualche cosa, a quella poveretta; non ne può più».

Il giorno dopo tornarono tutti alla stazione di Aci Castello per veder passare il convoglio dei coscritti che andavano a Messina, e aspettarono più di un'ora, pigiati dalla folla, dietro lo stecconato. Finalmente giunse il treno, e si videro tutti quei ragazzi che annaspavano, col capo fuori dagli sportelli, come fanno i buoi quando sono condotti alla fiera. I canti, le risate e il baccano erano tali che sembrava la festa di Trecastagni,[34] e nella ressa e nel frastuono ci si dimenticava perfino quello stringimento di cuore che si aveva prima.

«Addio 'Ntoni!» «Addio, mamma!» «Addio! ricordati! ricordati!» Lì presso, sull'argine della via, c'era la Sara di comare Tudda,[35] a mietere l'erba pel vitello; ma comare Venera la Zuppidda[36] andava soffiando[37] che c'era venuta per salutare 'Ntoni di padron 'Ntoni, col quale si parlavano dal muro dell'orto, li aveva visti lei, con quegli occhi che dovevano mangiarseli i vermi.[38] Certo è che 'Ntoni salutò la Sara colla mano, ed ella rimase colla falce in pugno a guardare finché il treno non si mosse. Alla Longa, l'era parso rubato a lei quel saluto; e molto tempo dopo, ogni volta che incontrava la Sara di comare Tudda, nella piazza o al lavatoio, le voltava le spalle.

29. **in quartiere:** nella caserma del distretto.
30. **l'abitino della Madonna:** un pezzetto di stoffa con l'immagine della Madonna, che secondo la superstiziosa Longa avrebbe potuto proteggere il figlio.
31. **gruppo:** groppo, nodo.
32. **disarmare:** sistemare la barca per la notte dopo averla ammarrata.
33. **colle scarpe in mano:** le scarpe che si erano messi per andare ad accompagnare 'Ntoni, ma che si erano tolti tornando per non sciuparle.
34. **la festa di Trecastagni:** il mercato che si teneva in un altro paese alle pendici dell'Etna.
35. **Sara di comare Tudda:** Rosaria, figlia di comare Agata (da cui Agatuzza, Tuzza, Tudda).
36. **la Zuppidda:** letteralmente, la zoppina; in realtà, comare Venera cammina benissimo e ha ricevuto il soprannome in eredità dal nonno.
37. **soffiando:** insinuando in un modo malevolo.
38. **che dovevano mangiarseli i vermi:** la voce narrante riporta così le parole del personaggio, che in un discorso diretto suonerebbero pressappoco: "li ho visti io, con questi occhi, che me li mangino i vermi se non dico la verità".

"Che", un artificio linguistico

Il lessico e la grammatica

Come sappiamo (e abbiamo anche visto ne *Il lessico e la grammatica*, p. 42) il "che" può avere funzioni diverse: Verga, nei *Malavoglia*, usa anche un "che" non previsto dalle regole della grammatica italiana. Osserva le seguenti frasi (tratte da *I Malavoglia*):

- «li avevano sempre conosciuti per Malavoglia, di padre in figlio, **che** avevano sempre avuto delle barche sull'acqua, e delle tegole al sole»;
- «Fa il mestiere che sai, **che** se non arricchisci camperai»;
- «gli aveva raccomandato [...] di mandare le notizie ogni volta che tornava qualche conoscente dalla città, **che** poi gli avrebbero mandato i soldi per la carta»;
- «il vento soffiava a ondate **che** pareva avesse la parola»;
- «forza nel tuo remo, Alessi! **che** a mangiare sei buono anche tu».

Questi "che" sono la traduzione dal siciliano "ca" e sono uno degli artifici di cui si serve Verga per conferire alla sua prosa un carattere locale, senza ricorrere direttamente al dialetto. Dal punto di vista grammaticale, sono delle congiunzioni, ma usate in maniera leggermente scorretta. Verga è un grande scrittore, ma la sua prosa non dev'essere presa a modello per chi voglia scrivere correttamente in situazioni formali come un tema scolastico o una lettera di lavoro.

Poi il treno era partito fischiando e strepitando in modo da mangiarsi[39] i canti e gli addii. E dopo che i curiosi si furono dileguati, non rimasero che alcune donnicciuole, e qualche povero diavolo, che si tenevano ancora stretti ai pali dello stecconato, senza saper perché. Quindi a poco a poco si sbrancarono[40] anch'essi, e padron 'Ntoni, indovinando che la nuora dovesse avere la bocca amara, le pagò due centesimi di acqua col limone.

39. **mangiarsi:** far scomparire, annullare.

40. **si sbrancarono:** se ne andarono, si dispersero.

Analisi del testo

Presentazione della famiglia. Nella prima parte del brano viene presentata la famiglia di padron 'Ntoni. Il narratore inizia, riportando le parole con cui padron 'Ntoni spiegava perché la sua famiglia non era finita male come le altre: «Per menare il remo bisogna che le cinque dita s'aiutino l'un l'altra». Padron 'Ntoni si presenta così fin dall'inizio come esponente di quella "religione della famiglia" che Verga considera uno dei valori fondamentali.
A partire dalle spiegazioni di padron 'Ntoni prende avvio la descrizione della famiglia (realmente disposta come le dita della mano), con l'elenco dei vari personaggi che la compongono, ciascuno dei quali è presentato brevemente in modo da metterne in luce il carattere fondamentale ('Ntoni è un bighellone, Luca ha più giudizio del grande, Alessi è tutto suo nonno ecc.).
A padron 'Ntoni sono dedicate alcune osservazioni che ne approfondiscono il carattere e la mentalità: amante dei proverbi (attraverso i quali si esprime, convinto che siano portatori di una saggezza depositatasi attraverso i secoli), egli è considerato «testa quadra», persona saggia e posata, che bada agli affari suoi e non si occupa di politica.

L'unità d'Italia. Proprio a causa di un avvenimento politico, però, la tranquilla vita dei Malavoglia viene improvvisamente turbata. Nel dicembre 1863, in conseguenza dell'unificazione del Regno d'Italia, 'Ntoni deve partire soldato (prima del 1860, i siciliani erano esentati dal servizio di leva). Si tratta di una grave disgrazia per i Malavoglia, che perdono due robuste braccia in un momento di difficoltà economica. La partenza di 'Ntoni è il fatto che innesca la vicenda: padron 'Ntoni pensa infatti di rimediare alla mancanza del nipote tentando un piccola speculazione; acquista a credito un carico di lupini dall'usuraio del paese, zio Crocifisso, nella speranza di rivenderli e guadagnare. Ma la barca affonda durante il viaggio e Bastianazzo annega, gettando tutta la famiglia nella disperazione e nella miseria.
Emerge qui il tema anticipato da Verga nella prefazione al romanzo: l'unità d'Italia è secondo lo scrittore siciliano un fatto complessivamente positivo, un "progresso" storico, ma per i Malavoglia esso si rivela foriero di disgrazie e di dolori.

La voce narrante. La narrazione è affidata a una voce che esprime un punto di vista e una mentalità "interni" all'ambiente descritto (ben diversa da quella dell'autore). Si notino i continui riferimenti a un ambito di esperienze limitato, quale poteva essere quello dei pescatori di Aci Trezza: per sottolineare la numerosità dei Malavoglia si usa una similitudine con i sassi della strada vecchia; per indicare luoghi lontani si citano Ognina e Aci Castello, paesi a pochi chilometri di distanza da Trezza; Catania è la "città" per antonomasia, cioè l'unica città a cui si può fare riferimento.
La voce narrante esprime continuamente giudizi e opinioni: i Malavoglia sono lavoratori proprio all'opposto di quel che sembrava dal nomignolo, come dev'essere; la Longa badava a tessere, salare le acciughe, e far figliuoli, da buona massaia; le sentenze di padron 'Ntoni sono giudiziose ecc. Si tratta naturalmente di giudizi che esprimono la mentalità collettiva del paese, dell'ambiente in cui vivono i Malavoglia, e non il punto di vista dell'autore.
A volte Verga inserisce anche espressioni che riportano il punto di vista di un singolo personaggio, secondo la tecnica del discorso indiretto libero. Si veda, per esempio, la frase «Padron 'Ntoni invece non lo conosceva neanche di vista Franceschello, e badava agli affari suoi», che riporta le parole con cui il personaggio di padron 'Ntoni avrebbe risposto alle accuse di essere un codino marcio.
La voce narrante usa un linguaggio adeguato alla sua mentalità anche dal punto di vista lessicale e sintattico.

Proposte di lavoro

1. Rispondi alle seguenti domande.
- Dove è ambientata la storia dei *Malavoglia*?
- Quale sarebbe il vero cognome della famiglia Malavoglia? A che cosa è dovuto il loro soprannome?
- Puoi trovare qualche riferimento cronologico preciso nel testo? Quale?
- Da chi è formata la famiglia Malavoglia? Indica con precisione i nomi dei singoli familiari.

2. Qual è l'avvenimento più importante che si verifica nel brano letto, quello da cui ha inizio tutta la vicenda del romanzo?

3. Tale avvenimento è la conseguenza di un avvenimento storico preciso. Quale?

4. Individua e riporta sul quaderno i proverbi che ritrovi nel brano.
- Quale significato hanno per padron 'Ntoni i proverbi?
- Quali valori esprimono?

5. Cerca di individuare e di illustrare con precisi riferimenti al testo le principali caratteristiche linguistiche della voce narrante. Spiega inoltre i motivi delle scelte stilistiche operate dall'autore nel romanzo.

La poesia lirica

La ricerca di nuove forme poetiche

All'interno di quella inquietudine e di quello stato di crisi che viene indicato con il termine di Decadentismo, negli ultimi decenni dell'Ottocento matura nella poesia una ricerca di **nuove forme espressive**. I tradizionali linguaggi letterari, ormai logorati da un uso secolare, vengono ritenuti incapaci di esprimere quel nuovo mondo di sensazioni e di esperienze di cui si vuole far carico la comunicazione artistica; l'artista cerca per sé ruoli e atteggiamenti originali, il poeta avverte l'esigenza di una **"poesia pura"**, che sia il **linguaggio diretto delle emozioni**, sciolta dai vincoli della realtà oggettiva e aderente invece agli **impulsi soggettivi** e alla **vita interiore** di colui che scrive.

Nasce dunque uno **sperimentalismo poetico** che continuerà poi nel Novecento, ma che ha innanzitutto espressione **in Francia** nel movimento del **Simbolismo**.

La poesia simbolista intende andare oltre la realtà e le cose come esse ci appaiono e ci sono date dai sensi, per cogliere e conoscere quel **mondo suggestivo e misterioso delle emozioni** che il linguaggio della ragione non riesce a definire e a esprimere.

Simbolo

Il concetto di simbolo è uno dei più discussi e complessi, sia in ambito letterario che in ambito filosofico. Qui si fa riferimento alla concezione espressa dai cosiddetti poeti simbolisti (e soprattutto dal francese Mallarmé).
Per i simbolisti la verità non può essere conosciuta se ci si limita alle apparenze: è necessario **andare alla ricerca del significato profondo delle cose**, che può essere colto solo intuitivamente, **in modo irrazionale**. **Tutto ciò che ci circonda ha** quindi **un valore simbolico**, un significato nascosto – anzi, una molteplicità di significati nascosti. **Solo il poeta è in grado di cogliere questi significati**, solo la poesia è in grado di esprimerli e di trasmetterli senza impoverirli. La poesia è infatti per sua natura ambigua, come il simbolo, che non può essere spiegato razionalmente a causa della infinita ricchezza di significati che esso possiede.

La realtà è per Baudelaire una «**foresta di simboli**» che il poeta deve decifrare, cogliendo quelle magiche suggestioni che si sprigionano dagli oggetti e dall'uomo stesso. La parola poetica dunque deve evocare quelle zone d'ombra e di mistero, quelle strutture profonde e sfuggenti della natura e dell'uomo che l'intuizione artistica può rappresentare, cogliendo le segrete corrispondenze tra le cose, altrimenti nascoste. Obiettivo di questa ricerca è rivelare la profondità infinita, ma sfuggente, della vita che si ha davanti agli occhi tutti i giorni.

L'invenzione di nuove tecniche espressive

Per questi motivi gran parte della rivoluzione simbolista si applica all'invenzione di **nuove tecniche espressive**, con l'intento di sviluppare il più possibile la **creatività dell'artista**. In questo lavoro di decifrazione il poeta usa largamente la **sinestesia**, cioè l'associazione inedita e per analogia di due o più parole appartenenti a campi sensoriali differenti, con l'intento di mettere in relazione contemporaneamente percezioni e sensazioni differenti. Baudelaire scriverà di profumi «verdi come praterie» o «freschi come carne di bimbo» e qualche anno dopo, assimilando le indicazioni simboliste, Pascoli parlerà di «soffi di lampi» o di un «silenzio candido» nell'attesa di una nascita.

La realtà sarà in questo modo colta non solo attraverso i canali percettivi "pubblici" (vista e udito), ma anche con quelli "privati" (olfatto, tatto, gusto), attraverso un accostamento incrociato di profumi, colori, suoni. La parola poetica dovrà essere capace di cogliere **le sfumature della realtà e dell'animo umano.**

La poesia inoltre deve **fondersi con le altri arti**: Verlaine, per esempio, cercherà nella musica l'energia per superare la tradizionale struttura fonica della rima. Gli oggetti, le immagini, le parole stesse diventano così *simboli* che suggeriscono un modo nuovo e più profondo di guardare il mondo e la sua dimensione immaginaria e irreale. Nel Novecento questi strumenti verranno ripresi e portati alle conseguenze estreme dalle cosiddette *avanguardie*. Già dalla fine dell'Ottocento, tuttavia, il Simbolismo si diffonde in tutta Europa, influenzando autori come Eliot e Rilke e autori teatrali come Ibsen e Jarry. In Italia **Pascoli, d'Annunzio** e gli autori del **Crepuscolarismo** saranno profondamente influenzati dallo stile poetico avviato dal Simbolismo francese.

Charles Baudelaire

L'autore

Charles Baudelaire (1821-67) condusse un'**esistenza libera e sregolata**, imitando lo stile di vita di alcuni poeti con cui era entrato in contatto. Dopo un viaggio nelle Indie nel 1842 lasciò la famiglia e, in possesso del patrimono paterno, iniziò un periodo di amori e di interesse per l'alcol e le droghe, a cui si aggiunsero, una volta sperperata l'eredità, le preoccupazioni economiche. Nel 1848 fu sulle barricate della rivoluzione.

Nel 1857 consegnò all'editore il manoscritto della sua opera poetica principale, *I fiori del male*, ma il volume dopo pochi giorni venne sequestrato e l'autore fu accusato di pubblicazione oscena. Amareggiato e malato, Baudelaire lasciò Parigi per Bruxelles. Le cattive condizioni economiche in cui si trovava lo costrinsero a scrivere **opere di critica artistica e traduzioni** (molto importante quella dei *Racconti* dello scrittore americano Edgar Allan Poe).

Nel 1865 la salute dello scrittore subì i primi duri attacchi. Morì due anni più tardi, dopo una lunga agonia, conseguenza di un attacco di paralisi.

L'opera

I temi trattati da Baudelaire nei *Fiori del male* sono amplissimi: in primo luogo la sua poesia vuole esprimere, attraverso le possibilità simboliche e musicali della parola poetica, quelle **misteriose "corrispondenze"** esistenti tra la realtà concreta di tutti i giorni e l'ignoto e l'inconscio che vi si nascondono; in secondo luogo essa manifesta la **disperazione** stessa del poeta per il suo trovarsi prigioniero in un mondo banale e nemico della poesia.

Per Baudelaire la poesia doveva infine rendere conto anche del peccato, della degradazione, del male, anzi doveva «estrarre la bellezza del male». In questa ricerca esasperata delle contrapposizioni, delle ambivalenze si manifestava quella stessa coscienza di essere in aperto **conflitto con la società** che Baudelaire aveva avvertito durante tutta la sua vita.

Opera **I fiori del male** Genere **poesia lirica**
Epoca **XIX secolo** Lingua **francese**

I fiori del male

Corrispondenze

La lirica che proponiamo può essere considerata il manifesto letterario della poesia simbolista. Quello di Baudelaire è un appello perché si impari a superare la superficialità delle apparenze. Il poeta scopre le corrispondenze che esistono tra i profumi, i colori, i suoni. Questi legami svelano l'esistenza di una «unità profonda e tenebrosa» di tutto l'universo. La natura diventa allora un luogo mistico, un «tempio» da cui giungono «confuse parole» che racchiudono un mistero profondo che solo il poeta sa leggere.

È un tempio la Natura ove viventi
pilastri a volte confuse parole
mandano fuori; la attraversa l'uomo
tra foreste di simboli dagli occhi
familiari. I profumi e i colori

2. pilastri: la natura è un tempio (animato dunque da presenze divine) e gli elementi naturali diventano le colonne di questo tempio; la vita della natura si carica qui di una dimensione mistica in cui si immerge la sensibilità del poeta.
4-5. dagli occhi familiari: in apparenza le cose ci appaiono familiari; ma a uno sguardo più approfondito esse diventano simboli (*foreste di simboli*), che rimandano a una misteriosa vita ultraterrena.

e i suoni si rispondono come echi
lunghi che di lontano si confondono
in unità profonda e tenebrosa,
vasta come la notte ed il chiarore.
Esistono profumi freschi come
carni di bimbo, dolci come gli òboi,
e verdi come praterie; e degli altri
corrotti, ricchi e trionfanti, che hanno
l'espansione propria alle infinite
cose, come l'incenso, l'ambra, il muschio,
il benzoino, e cantano dei sensi
e dell'anima i lunghi rapimenti.

I fiori del male, trad. di L. de Nardis, Feltrinelli

8. unità profonda: i profumi, i colori e i suoni della natura finiscono per fondersi in un'unità profonda. Essi sono come messaggi che vanno dalle cose all'animo umano, facendogli sentire questa unità cosmica.
10-12. Esistono... praterie: sono sinestesie; ai profumi, sensazioni olfattive, corrispondono sensazioni di gusto e auditive, tattili, visive. Se il compito del poeta è quello di cogliere le segrete corrispondenze tra le cose, la sinestesia sarà il suo strumento tecnico-espressivo, in quanto consente un'associazione e uno scambio di sensazioni e di percezioni.
12-17. e degli altri... rapimenti: ora la corrispondenza è stabilita tra il profumo e le emozioni che esso è in grado di evocare; i profumi dell'incenso, dell'ambra, del muschio, del benzoino (una resina orientale) si espandono infinitamente e richiamano per analogia ai sensi del poeta la corruzione, la ricchezza, l'estasi dei sensi.

Analisi del testo

La funzione del poeta. La poesia è dominata da un tono grave e solenne, che si fa più veloce e agile solo nella parte finale occupata da un'enumerazione di cose concrete. La metafora dominante è quella della Natura-tempio; essa rimanda alla funzione "sacerdotale" del poeta: poiché le cose danno all'uomo messaggi confusi (verso 2) e ambigui, ma tuttavia familiari (verso 5), si afferma il bisogno di un interprete, il poeta-sacerdote, che è in grado di cogliere il segreto significato e di tradurlo nel linguaggio della poesia. L'uomo, con i propri sensi, coglie solo la molteplicità illusoria delle cose e non riesce a individuare l'unità sostanziale, profonda e tenebrosa, che permane dietro al molteplice divenire della natura.

Una diversa modalità conoscitiva. Baudelaire in questa poesia si oppone a una concezione razionalistica del mondo e prospetta la possibilità di una diversa modalità conoscitiva, fondata sulla collaborazione dei cinque sensi, capaci di cogliere, al contrario del pensiero logico, ciò che sta al di là delle apparenze. Le "corrispondenze" a cui allude il titolo della poesia sono dunque quelle fra ciò che è in natura visibile e ciò che invece permane invisibile, che bisogna imparare a scoprire dietro i fenomeni. Le sinestesie (la sinestesia è la figura retorica che accosta termini appartenenti a sfere sensoriali diverse) dell'ultima parte del componimento hanno una chiara funzione simbolica: esse infatti servono a esprimere quell'associazione fra sensi e spirito, quello scambio di sensi e percezioni che è in grado di farci superare la superficialità delle apparenze.

Proposte di lavoro

1. Spiega il significato del titolo della lirica, motivando in particolare come esso indichi uno dei concetti principali della poetica simbolista.
2. La poesia è composta da tre periodi. Sintetizza il contenuto di ciascuno di essi in una tabella simile alla seguente.

I periodo (vv. 1-5)	
II periodo (vv. 5-9)	
III periodo (vv. 10-17)	

3. Quale visione della natura ha Baudelaire in *Corrispondenze*? Riesci a individuare alcune differenze tra la sua concezione della natura e quella romantica?
4. Individua nel testo le similitudini, le metafore e le sinestesie e inseriscile in una tabella simile a quella proposta.

similitudini	metafore	sinestesie

5. Spiega quali sono le caratteristiche principali della poesia simbolista. Utilizza, laddove è possibile, la poesia baudelairiana per motivare la tua esposizione.

Paul Verlaine

L'autore

Nato a Metz nel 1844 e morto di alcolismo nel 1896, Verlaine esordì appena ventiduenne con la raccolta di poesie *Poemi saturnini*, da cui è tratta *Canzone d'autunno*, in cui esprimeva una **concezione pessimistica della vita** che quasi presagiva il tormentato destino che il poeta avrebbe avuto.

Ebbe infatti una vita piena di scandali, conobbe la prigione, ma anche la notorietà, contrasse un matrimonio che finì per colpa sua.

Con Verlaine la poesia dà spazio alle impressioni, agli stati d'animo e il tono prevalente è quello malinconico. Se la poesia in Baudelaire esprimeva una tensione alla lotta, in Verlaine essa esprime una **dimensione più dolorosa**. Lo stile evita immagini violente, preferisce stati d'animo sfumati, ricerca un senso di musicalità attraverso l'uso delle rime e delle assonanze.

Opera **Poemi saturnini**
Genere **poesia**
Lingua **francese**
Epoca **XIX secolo**

Poemi saturnini

Canzone d'autunno

Canzone d'autunno è un esempio di quel tipo di poesia che influenzerà ai primi del Novecento il Crepuscolarismo italiano. La malinconia dell'autunno è avvicinata al suono dei violini e questi, a loro volta, a dei singhiozzi. Il poeta, in questa atmosfera autunnale, rimpiange il tempo perduto e piange. Il suo destino gli appare uguale a quello di una foglia morta portata dal vento.

I lunghi singhiozzi
Dei violini
D'autunno
Feriscono il mio cuore
Con un languore
Monotono.

Senza respiro
E pallido, quando
Io mi ricordo
Dei giorni andati
E piango;

E me ne vado,
Nel vento maligno,
Che mi porta
Di qua, di là,
Simile alla
Foglia morta.

Poesie, trad. di M. Pasi, Guanda

2. violini: l'espressività di Verlaine è profondamente legata alla musica.

5. languore: dolce struggimento dell'anima.

Analisi del testo

Lo stile e i temi. Lo stile di questo breve componimento è semplice; la sintassi è senza complicazioni, il lessico è tutto costruito sulle parole della vita quotidiana. L'atmosfera, lieve e smorzata, viene creata con pochi elementi, senza tensione. Il tema è quello della malinconia, svolto, nella prima parte della lirica, dalla catena metaforica, di immediata comprensione, singhiozzi-violini-autunno. Di qui, nella seconda parte, una volta disegnata con poche e rarefatte pennellate l'atmosfera, il poeta fa emergere il tema del ricordo (uno dei più ricorrenti della lirica moderna), un ricordo doloroso che induce al pianto.

Proposte di lavoro

1. Sintetizza brevemente il tema della poesia di Verlaine, indicando nel testo le parole chiave.
2. Spiega il significato delle immagini presenti nella prima strofa, facendone una parafrasi.
3. Da quali elementi possiamo capire che il testo letto è una poesia simbolista? Rispondi tenendo presenti lo stato d'animo che domina la poesia, le immagini scelte dal poeta, le figure retoriche utilizzate.

Gabriele d'Annunzio

L'autore

Gabriele d'Annunzio nacque a Pescara nel 1863 ed esordì precocemente e con grande successo con le raccolte di poesie *Primo vere* (1879) e *Canto novo* (1882), in cui era evidente sia l'imitazione di Carducci, sia già una propria ispirazione personale. Trasferitosi a Roma, si inserì nella società mondana e intellettuale della capitale, conducendo una **vita frenetica**, tra amori e avventure, in nome di un estetismo e di un erotismo a cui sarebbe rimasto sempre fedele.

Sul piano letterario assimilò la sensibilità del Decadentismo europeo; nel 1889 pubblicò il suo primo romanzo, *Il Piacere*, seguito nel 1892 da *L'innocente*. Un decadentismo meno morboso e più intimistico viene espresso nel *Poema paradisiaco*, che risente dell'influenza di Verlaine e che poi influenzerà almeno in parte i crepuscolari. Nel 1894-95, in romanzi come *Il trionfo della morte* o *Le vergini delle rocce*, si affaccia l'ideologia del superuomo che diventerà dominante nella sua produzione successiva. Sul finire del secolo iniziò un'**attività teatrale** (*Francesca da Rimini*, *La figlia di Jorio*) di grande successo. Venne nominato per un breve periodo deputato, passando clamorosamente dai banchi dell'estrema destra a quelli dell'estrema sinistra.

Si ritirò infine nella villa "La Capponcina", vicino a Firenze, dove visse, tra il lusso e gli scandali, una relazione sentimentale con Eleonora Duse, la più famosa attrice del tempo. In questo ritiro compose i primi tre libri (*Maia*, *Elettra*, *Alcyone*) delle *Laudi del cielo, del mare, della terra, degli eroi* (1903), forse i versi più belli e più autentici della sua produzione poetica. Travolto dai debiti, sequestratagli la villa, fuggì in Francia dove compose *Merope*, il quarto libro delle *Laudi*, che celebra la conquista della Libia.

Rientrato in Italia, allo scoppio della prima guerra mondiale, d'Annunzio fu **acceso nazionalista e interventista**. La guerra fu per d'Annunzio l'occasione per tradurre in pratica il suo mito di una "vita inimitabile". Alla fine del conflitto, protestando contro quella che riteneva una "vittoria mutilata", marciò con un pugno di legionari su Fiume, occupando la città, ma venne scacciato dall'esercito italiano. Si ritirò a Gardone, nella villa che chiamò "Vittoriale degli Italiani", e che trasformò in un museo delle reliquie delle proprie gesta. Si schierò apertamente con il fascismo, ma, dopo un primo momento di onori e di riconoscimenti, venne isolato da Mussolini.

Morì a Gardone, nel 1938, dopo una malinconica e un po' patetica vecchiaia.

Le opere

D'Annunzio si cimentò in tutte le forme e i generi della letteratura: riscuotendo in generale un grande successo di pubblico.

Nelle opere giovanili (*Primo vere, Canto novo*, i racconti abruzzesi di *Terra vergine*) imitò il verso carducciano e la prosa verista; in quelle della maturità (il *Poema paradisiaco, Maia, Alcyone* e nei romanzi *Il piacere, L'innocente*) si rifece a poeti francesi come Verlaine e a narratori russi come Dostoevskij.

La **lingua** di d'Annunzio è di grande **ricchezza e complessità**. Il suo **stile** è sempre **elevato e "aulico"**; il **lessico** è **ricercato**, spesso arcaico; raramente vengono adoperati termini ed espressioni presi dal linguaggio quotidiano, quasi mai dal mondo dei dialetti. D'Annunzio era solito consultare con grande frequenza i vocabolari, dai quali attingeva espressioni rare e inconsuete.

I suoi modelli letterari vanno dai classici greci e latini, ai testi della tradizione medievale e rinascimentale italiana, fino ai contemporanei stranieri, ad articoli di giornale e perfino ai manuali tecnici e alle guide turistiche. Da questa congerie disparata di testi, egli traeva non solo ispirazione, ma spesso anche veri e propri "prestiti" che non mancarono di far nascere accuse di plagio.

Quasi sempre magniloquente e retorica, la scrittura dannunziana riesce tuttavia a volte a conseguire risultati di grande musicalità e ritmicità e a comunicare impressioni e sensazioni molto intense.

Dal punto di vista dei contenuti e dei temi affrontati, la vastissima produzione dannunziana, sviluppatasi lungo un arco di mezzo secolo, malgrado la vastità e la pluralità dei motivi ispiratori, conserva una sostanziale unitarietà. Segno questo dell'**impronta originale e personale** che, nonostante tutto, lo scrittore pescarese seppe dare alla propria scrittura.

I **temi principali** della poetica dannunziana sono: l'esaltazione di ciò che nella vita appare eccezionale, insolito, esagerato; l'esaltazione del piacere e dell'erotismo; l'affidarsi totale ai sensi e all'istinto per conoscere la realtà e la natura (secondo una personale e radicale interpretazione dell'irrazionalismo decadentista); il culto del superuomo, ossia dell'individuo eccezionale che si erge sopra e contro la massa; l'estetismo, ossia l'atteggiamento che, ponendo al vertice della vita i valori estetici, subordina a essi tutti gli altri, ivi compresi quelli morali.

Risultano di conseguenza esaltati i valori della bellezza, dell'energia vitale, della forza e tutte quelle sensazioni e quelle esperienze collegate alla "fisicità", alla "corporeità", alla libera e piena esternazione della propria vitalità. Viene soprattutto esaltata e ricercata l'**armonia dell'uomo con le forze della natura**: quest'ultima è concepita come lo spazio naturale dell'uomo e quindi interpretata come forza misteriosa e a volte terribile, ma amica, la quale entra in comunione con gli esseri umani, condividendone l'essenza.

Opera
Alcyone
Epoca
XX secolo
Genere
poesia
Lingua
italiano
Schema metrico
tre strofe di 14 versi liberi, variamente legati da rime e assonanze; a ogni strofa segue una "lauda" di tre versi

Alcyone

La sera fiesolana

Questa famosa lirica si trova fra le prime poesie di *Alcyone*. È una fantasia a cui il poeta si abbandona di fronte alle suggestioni di dolcezza, pace, serenità suscitate dalla sera che giunge.
Personificazione della figura femminile, con la quale il poeta dialoga, la sera trasfigura la natura circostante e l'aspetto delle cose. E l'incanto di questo momento di contemplazione si esprime attraverso una straordinaria capacità di cogliere le più segrete rispondenze fra paesaggio e stati d'animo e di tradurle in melodiosa e pura musicalità.

Fresche le mie parole ne la sera
ti sien come il fruscìo che fan le foglie
del gelso ne la man di chi le coglie
silenzioso e ancor s'attarda a l'opra lenta
su l'alta scala che s'annera
contro il fusto che s'inargenta
con le sue rame spoglie
mentre la Luna è prossima a le soglie
cerule e par che innanzi a sé distenda un velo
ove il nostro sogno si giace
e par che la campagna già si senta
da lei sommersa nel notturno gelo
e da lei beva la sperata pace
senza vederla.

Laudata sii pel tuo viso di perla,
o Sera, e pe' tuoi grandi umidi occhi ove si tace
l'acqua del cielo!

Dolci le mie parole ne la sera
ti sien come la pioggia che bruiva
tepida e fuggitiva,
commiato lacrimoso de la primavera,
su i gelsi e su gli olmi e su le viti
e su i pini dai novelli rosei diti
che giocano con l'aura che si perde,
e su 'l grano che non è biondo ancòra
e non è verde,
e su 'l fieno che già patì la falce
e trascolora,
e su gli olivi, su i fratelli olivi
che fan di santità pallidi i clivi
e sorridenti.

2. ti sien: il poeta si rivolge a una donna, presenza incorporea nel testo, che si fonde con la natura e con la sera; **come il fruscìo:** nel silenzio della sera, le parole diventano tenui e leggere come un fruscìo di foglie.
4. s'attarda a l'opra lenta: continua il suo lento lavoro, benché sia tardi.
5-6. s'annera... s'inargenta: la scala diventa nera, spicca per il suo nero, appoggiata al tronco chiaro, argentato (*s'inargenta*) del gelso.
7. rame: rami.
8-9. è prossima... cerule: si avvicina all'orizzonte azzurrino, pallido: cioè è prossimo a sorgere.
10. il nostro sogno: l'amore come sogno.
13. beva la sperata pace: la campagna, anch'essa personificata, accogliendo il refrigerio del gelo notturno, pare assorbire dalla sera la pace a cui aveva anelato.
15-17. viso... cielo: la sera è personificata: ha perciò un viso e degli occhi, umidi, poiché di sera scende l'umidità. Questa diventerà poi rugiada (*l'acqua del cielo*) che nella notte silenziosa si poserà sulle cose. La dolce suggestione dell'immagine non è però traducibile in termini logici.
19. bruiva: gorgogliava tra il fogliame, sussurrava.
20. tepida e fuggitiva: la pioggia è tiepida perché siamo a primavera e fuggitiva, perché scorre veloce sulle foglie.
23. novelli rosei diti: le nuove gemme dei pini sono quasi rosee dita.
24. l'aura... perde: il vento che soffia leggero.
27-28. patì... trascolora: il fieno subì la falce, cioè fu tagliato e perciò cambia colore diventando secco.
29-30. fratelli... clivi: con una certa forzatura, d'Annunzio richiama qui un elemento religioso: la parola fratelli riferita a elementi della natura è propria del linguaggio di san Francesco. Gli olivi santificano dunque i colli (*clivi*) rendendoli allo stesso tempo pallidi, con le loro foglie argentate.

Laudata sii per le tue vesti aulenti,
o Sera, e pel cinto che ti cinge come il salce
il fien che odora!

Io ti dirò verso quali reami
d'amor ci chiami il fiume, le cui fonti
eterne a l'ombra de gli antichi rami
parlano nel mistero sacro dei monti;
e ti dirò per qual segreto
le colline su i limpidi orizzonti
s'incùrvino come labbra che un divieto
chiuda, e perché la volontà di dire
le faccia belle
oltre ogni uman desire
e nel silenzio lor sempre novelle
consolatrici, sì che pare
che ogni sera l'anima le possa amare
d'amor più forte.

Laudata sii per la tua pura morte,
o Sera, e per l'attesa che in te fa palpitare
le prime stelle!

32. vesti aulenti: vesti profumate: è la vegetazione profumata a primavera.
33-34. cinto... odora: la cintura che ti circonda (l'orizzonte), così come un ramo di salice circonda un fascio di fieno odoroso.
35. reami: regni, luoghi immaginari dell'amore.
37. antichi rami: piante secolari.
41-42. s'incùrvino... chiuda: continua la personificazione della natura. Le curve delle colline all'orizzonte evocano labbra chiuse, che vorrebbero aprirsi a rivelare un segreto, ma non possono (così come la natura sembra voler rivelare un segreto).
44. desire: desiderio.
45-46. novelle consolatrici: sempre nuovo motivo di consolazione per l'uomo.
49. tua... morte: la sera muore, finisce, al subentrare della notte.

Analisi del testo

Le tre strofe. La prima strofa espone lo spunto "narrativo" della poesia: il poeta si rivolge alla donna che lo accompagna e le descrive ciò che vede: un uomo che sta terminando il suo lavoro, la luna che sorge mentre calano il buio e l'umidità; la prima lauda riprende il motivo dell'acqua (che sarà ulteriormente sviluppato nei versi successivi) e "descrive" la sera utilizzando elementi visivi (il colore «di perla», i «grandi umidi occhi»). La seconda strofa costituisce una sorta di flash-back: il poeta ricorda che, durante la giornata, è piovuto ed elenca tutte le piante su cui la pioggia è caduta (la tecnica dell'elenco e il gusto per gli alberi, piante e la vegetazione in genere sono elementi tipici della poesia dannunziana e di *Alcyone* in particolare); la seconda lauda continua il tema della vegetazione («il salce, il fien») ma con attenzione ai profumi («vesti aulenti, il fien che odora»). La terza strofa introduce il tema della realtà mitologizzata in cui il poeta vorrebbe trasferirsi con la donna: un mondo in cui tutti gli elementi della realtà naturale sono non solo antropomorfizzati, ma direttamente in comunicazione con l'uomo, che riesce finalmente a comprenderne i misteriosi messaggi; la terza lauda descrive la fine della sera e l'arrivo della notte con le sue stelle.

La funzione della poesia. Le tre strofe sono introdotte dallo stesso motivo: «Fresche le mie parole»; «Dolci le mie parole»; «Io ti dirò». Il tema fondamentale della poesia sembra quindi essere quello della parola, anzi della parola poetica: le immagini della prima e della seconda strofa sono infatti dei paragoni tra la freschezza e la dolcezza della parola del poeta e la realtà che egli vede («ti sien come il fruscio»; «ti sien come la pioggia»).
La strofa più significativa dal punto di vista concettuale è però la terza: il poeta chiarisce il senso della sua poesia nel tentativo di cogliere il messaggio nascosto nelle realtà naturali («ti dirò per qual segreto / le colline... s'incurvino come labbra che un divieto / chiuda», cioè come labbra che parlino un linguaggio per noi incomprensibile, misterioso).
D'Annunzio enuncia dunque la funzione che attribuisce alla poesia; ma va sottolineato che egli si limita, almeno in questo testo, a enunciare il suo programma, proiettandolo in un futuro indeterminato («ti dirò»), senza ricavarne conseguenze pratiche immediate. La descrizione delle realtà naturali è infatti lontana dal Simbolismo e resta legata a un descrittivismo di tipo ancora decisamente naturalistico.
Ciò che allontana d'Annunzio da una poesia di tipo realistico non è tanto la tecnica descrittiva, quanto l'introduzione di elementi mitologico-fiabeschi e la straordinaria ricerca di musicalità. Al primo aspetto rimanda la personificazione della sera effettuata nelle tre laudi, il tono generale arcaizzante e "francescano" (sia nelle laudi che nell'immagine degli «olivi, su i fratelli olivi, / che fan di santità pallidi i clivi») e l'accenno, all'inizio della terza strofa, a dei misteriosi «reami / d'amor» che proiettano in una dimensione favolosa la figura del poeta e della sua donna (si tratta di un tema che verrà sviluppato ancora più esplicitamente nella *Pioggia nel pineto*).

La ricerca della musicalità. Per quanto riguarda la ricerca di musicalità, possiamo affermare intanto che essa si basa su scelte retoriche, metrico-sintattiche e lessicali.
Per quanto riguarda l'uso delle figure retoriche, la più importante è senza dubbio la ripetizione, di cui il poeta si serve per creare simmetrie, rispondenze e richiami interni.
La sintassi è particolarmente complessa, dato che ogni strofa è occupata da un solo periodo.
Nella prima strofa, per esempio, non vi sono pause, nemmeno virgole, e le frasi s'innestano quasi una nell'altra, ad amplificare continuamente, man mano che si procede, l'onda am-

pia del ritmo. Le immagini nascono una dall'altra per analogia, seguendo cioè le intuizioni del pensiero che a una cosa ne accosta un'altra. Il procedimento sintattico tende a mantenere aperto il periodo fino alla fine della strofa, grazie all'uso di congiunzioni, preposizioni, pronomi relativi.
Il fluire costante e regolare del ritmo, dal punto di vista metrico, è dovuto ai numerosi *enjambements* che legano fra loro quasi tutti i versi della strofa.
Dal punto di vista lessicale la ricerca poetica di d'Annunzio va nella direzione di un linguaggio prezioso e ricercato, lontano da quello della lingua comune.
Molto numerose sono le parole rare appartenenti al linguaggio aulico della tradizione letteraria: *opra* (v. 4) per "opera"; *prossima* (v. 8) per "vicina"; *cerule* (v. 9) per "azzurre"; *si giace* (v. 10) per "giace", "riposa"; *laudata* (v. 15) per "lodata", "benedetta"; *commiato* (v. 21) per "saluto"; *novelli* (v. 23) per "nuovi"; *aura* (v. 24) per "aria", "vento"; *patì* (v. 27) per "subì"; *trascolora* (v. 28) per "cambia colore"; *aulenti* (v. 32) per "profumate"; *cinto* (v. 33) per "cintura"; *reami* (v. 35) per "regni"; *desire* (v. 44) per "desiderio".
Sono anche di derivazione letteraria alcuni verbi, preposizioni e avverbi che il poeta usa: *sien* in luogo di "siano"; *pel* in luogo di "per il"; *ove* in luogo di "dove"; *su i, su le, su 'l* in luogo di "sui", "sulle", "sul".
Molte di queste parole, proprio per la loro preziosità e rarità, evocano suggestioni vaghe, musicalità particolari, cose lontane e misteriose, molto più di quanto non farebbero parole legate alle cose di tutti i giorni: *s'attarda, s'annera, s'inargenta, rame* dei versi iniziali; *bruiva* del verso 19.

Proposte di lavoro

1. Fai la parafrasi scritta della prima strofa della poesia. Dove ti sembra necessario, puoi naturalmente introdurre dei segni di interpunzione più forti di quelli adottati dal poeta (punto e virgola o punto fermo).
2. Avrai notato che, nelle tre strofe più ampie della poesia, le immagini sembrano sgorgare l'una dall'altra secondo un procedimento associativo o accumulativo che potrebbe teoricamente continuare all'infinito. Individua per ogni strofa le immagini fondamentali e motiva le tue scelte.
3. Le tre strofe più brevi, attraverso la personificazione della sera, descrivono tre aspetti della sera stessa.
4. Il poeta si rivolge alternativamente a due interlocutori diversi. A chi si rivolge nelle strofe dispari (1, 3 e 5)? Da quali elementi del testo si riconosce questo interlocutore? A chi si rivolge invece nelle strofe pari (2, 4 e 6)? Da che cosa lo si capisce?
5. Che significato attribuisci a questo cambio di destinatario? Che rapporto viene a stabilirsi fra la donna e la sera?
6. La quinta strofa contiene il tema fondamentale della poesia (*ti dirò*), anticipato nella prima (*Fresche le mie parole*) e nella terza (*Dolci le mie parole*). Sintetizza questo tema con parole tue.

➤ Perché possiamo affermare che si tratta di un tema tipico della poesia simbolista? (Rifletti: l'autore, con la sua parola poetica, svela il mistero della natura...).

Opera
Alcyone
Epoca
XX secolo
Genere
poesia
Lingua
italiano
Schema metrico
quattro strofe di trentadue versi ciascuna; ogni strofa è liberamente composta di versi di varia misura, dai trisillabi ai novenari

Alcyone

La pioggia nel pineto

Questa lirica è forse la più celebre tra le poesie dannunziane.
La situazione narrativa è costituita dal vagare senza meta del poeta e di Ermione, la donna amata, nella pineta solitaria, battuta dalla pioggia estiva. Il tema che viene sviluppato è quello della unione tra uomo e natura.
La voce della pioggia evoca via via tutte le presenze della selva; gli alberi, i fiori e infine i due esseri umani, immersi nella vita elementare della natura. Nell'intrico del bosco, sotto la pioggia che avvolge e intride ogni cosa, essi si fondono con la natura, sposandone il ritmo e l'armonia vitale. Quel che il poeta vuol esprimere è il senso di gioia e di estasi dato da questa fusione con le cose. Egli è attento alle voci del bosco, alla sua melodia di suoni e di silenzi, che invitano gli esseri umani a vivere la vita come una «favola bella», a seguire le impressioni dei sensi, abbandonandosi a una pienezza vitale che solo la natura può esprimere. Il silenzio naturale, scandito dal rumore della pioggia, è testimone della metamorfosi di Ermione: come una ninfa la sua presenza sembra scaturire dalla corteccia di un albero. Questa poesia è costruita essenzialmente sulla ricerca di suoni e di immagini naturali. L'inseguirsi delle rime e delle assonanze, come il rincorrersi dei due protagonisti nel bosco, costruisce un andamento quasi musicale. D'Annunzio, qui più che altrove, riesce a usare le parole come note, rapidi tocchi musicali, di straordinaria suggestione.

Taci. Su le soglie
del bosco non odo
parole che dici
umane; ma odo
parole più nuove
che parlano gocciole e foglie
lontane.
Ascolta. Piove
dalle nuvole sparse.
Piove su le tamerici
salmastre ed arse,
piove su i pini,
scagliosi ed irti,
piove su i mirti
divini,
su le ginestre fulgenti
di fiori accolti,
su i ginepri folti
di coccole aulenti,
piove su i nostri volti
silvani,
piove su le nostre mani
ignude,
su i nostri vestimenti
leggeri,
su i freschi pensieri
che l'anima schiude
novella,
su la favola bella
che ieri
t'illuse, che oggi m'illude,
o Ermione.

Odi? La pioggia cade
su la solitaria
verdura
con un crepitìo che dura
e varia nell'aria
secondo le fronde
più rade, men rade.
Ascolta. Risponde
al pianto il canto
delle cicale
che il pianto australe
non impaura,
né il ciel cinerino.
E il pino
ha un suono, e il mirto
altro suono, e il ginepro
altro ancóra, stromenti
diversi

1. Taci: il poeta si rivolge alla compagna, invitandola al silenzio; in questi versi si annuncia già il tema principale della lirica: l'ascolto dei suoni e delle sensazioni che la natura è in grado di creare.
2. bosco: è il bosco di pini del litorale sabbioso della Toscana, vicino al mare.
3-7. parole... lontane: il poeta non ode parole umane, come pare a Ermione, ma parole più nuove; è il lieve rumore delle prime gocce di pioggia sulle foglie; lontane: perché il poeta è ancora sulle soglie del bosco.
8. Piove: è la parola chiave della lirica, più volte ripetuta, per rendere il cadere continuo della pioggia, ma sempre arricchita di sfumature diverse. Importante dunque è la ripetizione di questa parola (anafora) per la sua funzione ritmica; da notare anche la sintassi della poesia, fatta di battute brevi, spesso con ripetizioni.
9. sparse: è ancora una pioggia leggera.
10. tamerici: arbusti che crescono vicino al mare.
14-15. mirti divini: è un'altra specie di arbusti, divini perché sacri a Venere, ma l'aggettivo esprime un tema centrale: l'immergersi di Ermione e del poeta in un'atmosfera quasi mistica, in una situazione naturale che supera i confini della vitalità umana.
16-17. fulgenti... accolti: splendenti di fiori raccolti.
19. coccole aulenti: bacche profumate.
20. piove... volti: inizia la metamorfosi dei due esseri umani che gradatamente si trasformano in sostanza arborea; la pioggia finora batteva le piante, ora il poeta parla di sé e di Ermione: i loro corpi iniziano a fondersi, a compenetrarsi con la natura.
21. silvani: già simili alla selva.
24. su i nostri vestimenti: attraverso i vestiti la pioggia bagna e scorre sul corpo.
26. su i freschi pensieri: la pioggia sembra bagnare anche la mente; l'uomo è dunque assorbito nell'anima e nel corpo nell'atmosfera naturale del bosco.
27-28. che... novella: che nascono nell'animo purificato dalla pioggia.
29. favola bella: l'amore, la favola bella della vita.
32. Ermione: si tratta di un nome antico e musicale (secondo la leggenda, Ermione era una figlia di Menelao e di Elena; ma lo stesso nome si trova nel *Racconto d'inverno* di Shakespeare, da cui d'Annunzio trasse alcuni spunti per il suo romanzo *Il fuoco*); per qualcuno è Eleonora Duse, per altri Franca di Rudinì, un'altra donna amata dal poeta.
35. verdura: il verde della natura.
36-39. che dura... rade: che dura più o meno e varia a seconda che le foglie siano più o meno folte; *varia/aria*, *rade/rade*: sono rime interne, *crepitìo* è onomatopeico.
41. pianto: pioggia; *pianto/canto*: è ancora una rima interna.
43. australe: perché portato dall'Austro, il vento di mezzogiorno.
45. ciel cinerino: il cielo grigio.

sotto innumerevoli dita.
E immersi
noi siam nello spirto
silvestre,
d'arborea vita viventi;
e il tuo vólto ebro
è molle di pioggia
come una foglia,
e le tue chiome
auliscono come
le chiare ginestre,
o creatura terrestre
che hai nome
Ermione.

Ascolta, ascolta. L'accordo
delle aeree cicale
a poco a poco
più sordo
si fa sotto il pianto
che cresce;
ma un canto vi si mesce
più roco
che di laggiù sale,
dall'umida ombra remota.
Più sordo e più fioco
s'allenta, si spegne.
Sola una nota
ancor trema, si spegne,
risorge, trema, si spegne.
Non s'ode voce dal mare.
Or s'ode su tutta la fronda
crosciare
l'argentea pioggia
che monda,
il croscio che varia
secondo la fronda
più folta, men folta.
Ascolta.
La figlia dell'aria
è muta; ma la figlia
del limo lontana,
la rana,
canta nell'ombra più fonda,
chi sa dove, chi sa dove!
E piove su le tue ciglia,
Ermione.
Piove su le tue ciglia nere
sì che par tu pianga
ma di piacere; non bianca
ma quasi fatta virente,

51. sotto... dita: come qualcosa di animato, le gocce paiono suonare gli elementi naturali; ogni albero ha il suo suono, il suo timbro; tutta la natura vibra di suoni sotto la pioggia.
52. immersi: continua la metamorfosi vegetale dei due esseri umani.
55. d'arborea... viventi: viventi di una vita arborea, vegetale.
56. ebro: inebriato.
59-61. e le... ginestre: e i tuoi capelli odorano come ginestre splendenti.
62. creatura terrestre: che emergi, come una ninfa, dalla terra.
65. Ascolta, ascolta: la ripetizione esprime il crescendo dell'enfasi del poeta.
68. più sordo: il canto delle cicale si smorza, mentre la pioggia si infittisce.
71. vi si mesce: vi si mescola.
73-74. di laggiù... remota: in una lontananza remota e indefinita; è il canto della rana, che si unisce a quello continuo della pioggia e a quello che si sta spegnendo delle cicale.
75. Più... fioco: non è il canto della rana, ma ancora quello delle cicale.
83-84. l'argentea... monda: la pioggia argentea, per i suoi fili luminosi di cui pare composta, che monda, perché pulisce l'aria.
85. croscio: onomatopeico (vedi anche *crosciare* al verso 82).
89. La figlia dell'aria: la cicala.
91. limo: fango.
100. virente: verdeggiante, di natura vegetale.

par da scorza tu esca.
E tutta la vita è in noi fresca
aulente,
il cuor nel petto è come pèsca
intatta,
tra le pàlpebre gli occhi
son come polle tra l'erbe,
i denti negli alvèoli
son come mandorle acerbe.
E andiam di fratta in fratta,
or congiunti or disciolti
(e il verde vigor rude
ci allaccia i mallèoli
c'intrica i ginocchi)
chi sa dove, chi sa dove!
E piove su i nostri volti
silvani,
piove su le nostre mani
ignude,
sui nostri vestimenti
leggeri,
su i freschi pensieri
che l'anima schiude
novella,
su la favola bella
che ieri
m'illuse, che oggi t'illude,
o Ermione.

101. par... esca: pare che tu esca dalla corteccia di un albero; si compie la metamorfosi della donna in ninfa del bosco.
104-105. il cuor... intatta: il cuore è come una pesca non ancora colta.
107. polle: vene d'acqua sorgiva.
108. alvèoli: le cavità della mascella in cui sono situati i denti.
110. fratta: cespuglio.
112. verde vigor rude: gli arbusti fitti e pungenti; si notino le allitterazioni che si intrecciano.
113-114. ci... ginocchi: ci avvolgono i piedi e le gambe.
116-128. E piove...: giunta al suo punto più alto, la poesia si conclude ripetendo quasi esattamente i versi dal 20 al 32, seguendo l'abitudine musicale al ritornello.
126-127. che ieri... illude: nota come i pronomi personali risultano qui invertiti rispetto ai versi 30-31.

Colori

Il lessico e la grammatica

La poesia simbolista non ama il colore netto, deciso, puro, ma la **sfumatura**, la *nuance*. Carducci, poeta ancora estraneo al simbolismo, descriveva «il *verde* melograno / dai bei *vermigli* fior»; Pascoli, suo allievo, descrive invece un «campo mezzo grigio e mezzo nero» ed elogia la nebbia perché gli impedisce di vedere le cose in maniera troppo definita.
D'Annunzio, nelle sue opere, rivela una straordinaria sensibilità per i colori sfumati e per le mezze tinte e ce li descrive con grande **ricchezza di vocaboli**. Ne *La sera fiesolana*, per esempio:

- *s'annera, s'inargenta* (o verbi che indicano un "tendere a" più che un colore definito);
- *cerule* (= azzurre: la parola ricercata sottolinea la sfumatura particolare del cielo al tramonto);
- *rosei* (attribuito ai *diti*, cioè alle punte dei pini, sottolinea l'umanizzazione degli alberi);
- *non è biondo ancora e non è verde*; *trascolora* (ancora una volta, colori cangianti).

Difficilmente in d'Annunzio si troverà un colore indicato con il semplice aggettivo: rosso, verde, bianco, nero... Riflettere su questa sua tecnica descrittiva è utile per arricchire il nostro lessico e la nostra capacità di osservazione.

Analisi del testo

La metamorfosi vegetale dei personaggi umani. La prima strofa inizia con alcuni versi in cui si delinea la situazione narrativa: il poeta è con la donna amata «su le soglie / del bosco» e ascolta il suono della pioggia che viene poi descritto nella parte centrale; infine lo sguardo si sposta sui due personaggi, equiparati alle realtà vegetali che li circondano in quanto anch'essi battuti dalla pioggia (e le parole *volti silvani*, al verso 20, anticipano la trasfigurazione dei due in una realtà naturale e vegetale).
La seconda strofa ha una struttura analoga alla prima: i primi versi delineano la situazione (la pioggia si fa più decisa) e introducono il tema delle cicale, che continuano a cantare malgrado tutto; ritornano gli alberi e i cespugli della prima strofa, ciascuno dei quali emette un suono particolare sotto le gocce che lo percuotono; infine, con le parole «immersi / noi siam nello spirto / silvestre», del verso 52, si fa esplicita la trasfigurazione della donna in una creatura mitica.
Nella terza strofa il motivo delle cicale viene ripreso e ampliato: man mano che la pioggia si fa più forte, infatti, il loro canto cessa e lascia spazio al diverso canto delle rane. Nei versi centrali della strofa l'attenzione del poeta torna per un attimo al mondo vegetale, mentre viene ribadita la funzione purificatrice della pioggia («l'argentea pioggia / che monda»). Al termine della strofa viene anticipato il tema di quella successiva allo scopo di concludere simmetricamente con la parola Ermione.
La quarta strofa è interamente dedicata alla metamorfosi dei due protagonisti. La loro trasfigurazione si conclude con la ripresa dei versi conclusivi della prima strofa, con poche variazioni, a sottolineare la struttura musicale dell'intera poesia.
Il tema di fondo della poesia è la trasfigurazione dei personaggi umani, la loro metamorfosi vegetale, che li rende parti integranti della vita della natura. Si tratta di uno dei motivi dominanti dell'intera raccolta e che viene generalmente definito con il termine "panismo" (dal dio greco Pan, il cui nome significa "tutto", la cui apparizione provocava quella forma di smarrimento che ancora oggi si chiama "timor panico"). In d'Annunzio la perdita della propria identità nell'indistinto della realtà naturale non è però vissuto con timore: il panismo dannunziano non è infatti il sentimento mistico che nasce dall'annullamento di sé nel gran tutto, ma anzi una gioiosa espansione dell'io. Nella *Pioggia nel pineto* la natura diventa parte dell'individuo, e non viceversa. Si rileggano a questo proposito i vv. 104 e segg.: «il cuor nel petto è come pèsca / intatta, / tra le pàlpebre gli occhi / son come polle tra l'erbe, / i denti negli alvèoli / son come mandorle acerbe».

Impressionismo musicale. La ricerca di musicalità che domina la poesia è finalizzata a sottolineare anche sul piano delle scelte formali il tema dell'armonia tra l'uomo e la natura, l'atmosfera di incanto e di sogno in cui si svolge la passeggiata dei due amanti.
Per creare una partitura in cui l'evidente volontà di gareggiare con il suono della pioggia ha fatto parlare di impressionismo musicale, d'Annunzio ricorre a tutte le tecniche in suo possesso, ma soprattutto all'*enjambement* e alla ripetizione. L'*enjambement* dilata il verso e nello stesso tempo spezza la sintassi, sottolineando il valore fonico della singola parola o del singolo emistichio. La ripetizione è ampiamente sfruttata, poiché la poesia si basa in buona misura su elenchi (potenzialmente aperti all'infinito) di realtà e di fenomeni naturali.
La mancanza di qualsiasi abbandono mistico è però ulteriormente testimoniata dalla presenza di elementi colti abbondantemente esibiti, a partire dal nome della donna, ricco di risonanze letterarie raffinatissime (vedi la nota al verso 32), per arrivare ai termini botanici, spesso ricercati (tamerici, mirti) e soprattutto all'aggettivazione, sempre scelta per il suo carattere nobilitante e sublime («salmastre ed arse», «scagliosi ed irti», «divini», «fulgenti di fiori accolti», «folti di coccole aulenti»).

Proposte di lavoro

1. Riassumi brevemente ciascuna strofa della poesia, attribuendovi un titolo adatto e individuando una o più parole chiave.

I strofa ....
....

II strofa ....
....

III strofa ....
....

IV strofa ....
....

2. Come viene presentata dal poeta la figura di Ermione? Quale metamorfosi subisce nell'ultima parte della lirica?
....
....
....
....

3. Spiega brevemente che cosa si intende con la parola "panismo" e fai gli opportuni riferimenti al testo letto.
....
....
....
....

4. Cerca nei versi della prima strofa qualche esempio di onomatopea e motiva le tue scelte.

5. Spiega perché la ricerca di musicalità è particolarmente importante per d'Annunzio e per i poeti simbolisti in genere.

Incontro con l'autore Giovanni Pascoli

La vita

Giovanni Pascoli nacque a San Mauro di Romagna nel 1855. Ebbe un'infanzia difficile e dolorosa a causa dei numerosi lutti che si susseguirono nella famiglia. Nel 1867 morì il padre, misteriosamente assassinato; a distanza di pochi anni scomparvero una sorella, la madre e tre fratelli.

Nonostante lunghi periodi di gravi ristrettezze economiche, Pascoli riuscì a compiere gli studi liceali, prima a Urbino, poi a Rimini e a Cesena. Iscrittosi alla facoltà di lettere dell'Università di Bologna, Pascoli ebbe come docente Giosue Carducci, allora considerato il più grande poeta italiano vivente, nonché profondo conoscitore delle letterature classiche, greca e latina, al cui studio anche Pascoli dedicherà gran parte della vita.

Negli anni settanta Pascoli venne inoltre in contatto con le idee dell'**anarchismo** e del **socialismo**, che in quel periodo andavano diffondendosi in tutta Italia.
Si iscrisse all'Internazionale socialista, ma, dopo essere stato arrestato per aver partecipato a una manifestazione anarchica nel 1879, abbandonò la politica attiva.
Laureatosi nel 1882, fu professore di latino presso i licei di Matera, Massa e Livorno, dove finalmente si ricongiunse con le sorelle.

Nel 1906, fu chiamato a succedere a Carducci nella cattedra di letteratura italiana dell'Università di Bologna. Nel frattempo aveva realizzato il suo vecchio sogno di trasferirsi nella casa di Castelvecchio, dove visse negli ultimi anni della sua vita in compagnia dell'amatissima sorella Maria. Morì nel 1912.

Le opere

Personalità schiva e umbratile, Pascoli condusse una vita modesta e ritirata, quasi insignificante se confrontata con la pirotecnica teatralità della biografia dannunziana. L'importanza della sua opera è però notevolissima, e apre la strada delle **ardite sperimentazioni** degli autori novecenteschi.

L'opera di Giovanni Pascoli è prevalentemente di carattere poetico. In essa convivono **temi e modi espressivi diversi**. In un primo gruppo di liriche, costituito dalle raccolte *Myricae* (1891) e *Canti di Castelvecchio* (1903) i temi della natura, degli affetti intimi, delle inquietudini esistenziali vengono affrontati con un **linguaggio fortemente innovativo**, che unisce elementi più tradizionali ad altri di derivazione simbolista e decadente.

Nei *Primi poemetti* (1897) e nei *Nuovi poemetti* (1909) i modi espressivi sono più complessi e i contenuti sono inquadrati in un disegno più ampio, spesso di indole narrativa.
Temi classici sono contenuti nelle raccolte *Poemi conviviali* (1904) e *Canzoni di Re Enzio* (1909), mentre in *Odi e Inni* (1906), nei *Poemi italici* e nei *Poemi del Risorgimento* (1911), Pascoli affronta temi civili e storici, tentando una strada più vicina a quella tracciata negli stessi anni dall'opera di d'Annunzio.
L'impegno politico e la riflessione letteraria di Pascoli diedero vita anche a numerose **opere in prosa**, fra cui il celebre saggio intitolato *Il fanciullino*, in cui espone i principi della sua poetica, raccolte prima in *Miei pensieri di varia umanità* (1903) e poi in *Pensieri e discorsi* (1907).

Il contesto e la poetica

Il pensiero dell'autore

Giovanni Pascoli è uno dei poeti che, in Italia, interpretano il passaggio dall'Ottocento al Novecento, destando per certi versi legato alla tradizione classica, ma accogliendo le novità più significative della poesia simbolista, sia sul piano delle tecniche espressive, sia su quello dei temi e della sensibilità.

La sua prima e più importante raccolta, *Myricae*, si presenta a prima vista come una lunga serie di **quadretti campestri**, ispirati ai paesaggi dell'Appennino tosco-emiliano, dove Pascoli trascorse gran parte della vita.

In realtà, non siamo di fronte a poesie di carattere descrittivo e naturalistico, ma lirico e simbolico, in cui il poeta esprime i temi fondamentali della sua sensibilità. Alla base della poesia pascoliana c'è infatti l'idea che il poeta non debba affrontare i grandi temi storici, sociali, civili, filosofici, ma debba **cercare la poesia nelle "piccole cose"**, cioè negli oggetti quotidiani, nei momenti più privati e intimi della vita, nei sentimenti più segreti e misteriosi.

La scelta di Pascoli costituisce una scelta nettamente contraria a quella dei maggiori poeti della generazione precedente, e in particolare di Giosue Carducci, che prediligeva i temi storici e civili ed era diventato il vate ufficiale dell'Italia unita e della monarchia sabauda. Pascoli contrappone al tono oratorio e solenne della poesia carducciana quello intimo e apparentemente dimesso delle sue *Myricae* (il titolo, non a caso, rimanda a un verso di Virgilio che contrappone gli umili cespugli di tamerici alle alte piante simbolo della poesia epica e celebrativa).

L'universo appare a Pascoli, come già a Leopardi, un luogo di dolore e di sofferenza; ma anziché affrontare eroicamente, come Leopardi appunto, questo universo ostile, il poeta cerca rifugio in un mondo di piccole cose e di affetti familiari – un **"nido"**, secondo l'efficace metafora che il poeta svilupperà in molti dei suoi testi.

Pascoli nel suo tempo

Questo atteggiamento nasce in parte dal dramma che aveva segnato la giovinezza di Pascoli (la morte del padre, ucciso da sicari mai individuati), ma nasce più in generale da un **atteggiamento irrazionalistico**, che Pascoli condivide con i poeti simbolisti francesi.

Dal simbolismo, per esempio, Pascoli ricava l'idea di una **natura misteriosa**, in cui suoni, colori e profumi si corrispondono – e tali corrispondenze possono essere colte dal poeta mediante le sinestesie e mediante una serie di artifici linguistici, il più evidente dei quali è l'uso di onomatopee, che caratterizza infatti gran parte della poesia pascoliana. Dal simbolismo nasce anche la scelta di concentrare l'attenzione sul **genere lirico** e di privilegiare le **composizioni brevi**.

Pascoli sostiene che il ruolo del poeta è quello di far riscoprire al lettore le cose come se le vedesse per la prima volta – e per ottenere questo risultato il poeta deve affidarsi al "**fanciullino**" che è presente in ciascuno di noi; il poeta deve insomma mettersi nei panni di un bambino che veda le cose per la prima volta, e deve adottarne anche il linguaggio.

Se questi elementi rimandano a una filosofia di tipo irrazionalistico, Pascoli resta però legato alla **tradizione classica**, latina e greca. Le sue poesie, anche quando hanno un carattere sperimentale, tendono a "mascherare" il loro sperimentalismo, al contrario di quanto accadeva nelle opere dei poeti simbolisti. D'altro canto, se in *Myricae* e nei *Canti di Castelvecchio* Pascoli adotta forme più innovative e aperte alle coeve esperienze europee, in altre opere, come i *Poemetti* e i *Poemi conviviali*, egli tenta strutture narrative di ampio respiro e ricche di riferimenti all'età classica e ai miti antichi.

Myricae

Myricae è una parola latina che significa "tamerici", una pianta cespugliosa tipica della zona mediterranea. Nella scelta del titolo è evidente il richiamo a un celebre verso di Virgilio in cui il poeta latino afferma che «non a tutti piacciono gli arbusti e le umili tamerici», cioè argomenti umili e campestri. La poesia di *Myricae* è quindi una poesia di **argomento campagnolo**, che risulta essere programmaticamente **priva di enfasi retorica**, limitandosi a trattare temi apparentemente poco importanti.

Pascoli affronta questi argomenti con un atteggiamento però lontano da quello dei veristi e dei naturalisti, che pure dichiaravano di trattare la medesima materia: egli è sì convinto, come i naturalisti, che le cose "parlino da sole" e che il poeta debba limitarsi a rappresentarle; ma la tecnica pascoliana è quella dell'impressionismo, non della fotografia. Pascoli va in cerca del particolare significativo, del tocco rivelatore, avvicinandosi così alla poetica del simbolismo. Non solo: mentre i naturalisti appuntavano la loro attenzione sulla realtà storica e sociale, spesso con intenti di denuncia, Pascoli si limita a descrivere un ambiente naturale in cui la presenza umana è spogliata di qualsiasi riferimento alla realtà storica e sociale del suo tempo.

Da queste scelte derivano le caratteristiche fondamentali della raccolta, che deve la sua importanza soprattutto alle soluzioni linguistiche adottate dal poeta. Il "naturalismo", per esempio, pur con i limiti che si sono visti, porta Pascoli a polemizzare con l'uso poetico tradizionale, per cui tutti gli uccelli sono usignoli e tutti i fiori sono rose: nei suoi versi troviamo quindi allodole, cincialle-gre, gelsomini, bacche di ogni tipo, alberi da frutta ecc., tutti oggetti esclusi dalla nostra tradizione poetica.

L'altro elemento di novità è il massiccio uso che in *Myricae* viene fatto dell'**onomatopea** (➡ *Lessico e grammatica*, p. 497).

Opera
Myricae
Epoca
XIX secolo
Genere
poesia lirica
Lingua
italiano
Schema metrico
madrigale di due terzine e una quartina di endecasillabi con rime ABA, CBC, DEDE; la rima D è in realtà un'assonanza

Myricae

Lavandare

La lirica che presentiamo fa parte della raccolta *Myricae*. L'estate è finita e il poeta passeggia per un'ultima volta nella campagna ormai autunnale, prima di ripartire per la città. Tra i campi, egli ascolta il canto di un gruppo di lavandaie al lavoro.
Costruito su una descrizione precisa e meticolosa di cose e di gesti, il quadretto di cui la poesia si compone nasconde numerosi significati simbolici, come è tipico della poesia di Pascoli: il canto triste richiama una situazione di abbandono, di solitudine malinconica, la quale trova corrispondenza, all'inizio, nel campo arato per metà e nell'aratro dimenticato in mezzo alla campagna e «senza buoi», simboli anch'essi di incompiutezza, di abbandono. La quartina finale trascrive due stornelli popolari marchigiani.

Nel campo mezzo grigio e mezzo nero
resta un aratro senza buoi, che pare
3 dimenticato, tra il vapor leggero.

1. mezzo… nero: la metà grigia è quella ancora non arata, quella nera quella già arata.
3. vapor leggero: nebbia sottile. Si noti l'enjambement che isola, all'inizio del verso 3, la parola *dimenticato*, creando quella atmosfera di abbandono e di solitudine che caratterizza la poesia.

E cadenzato dalla gora viene
lo sciabordare delle lavandare
6 con tonfi spessi e lunghe cantilene:

Il vento soffia e nevica la frasca,
e tu non torni ancora al tuo paese!
quando partisti, come son rimasta!
come l'aratro in mezzo alla maggese.

4-6. E cadenzato... cantilene: e dal canale (gora) si sente ritmico (cadenzato), il rumore dei panni battuti con forza nell'acqua (lo sciabordare), accompagnato dal canto delle lavandaie.
7. nevica la frasca: le foglie cadono come fiocchi di neve.
10. come... maggese: abbandonata come l'aratro rimasto in mezzo al campo; il maggese è il campo che viene lasciato a riposo, per fargli riacquistare fertilità.

Onomatopee, fonte di musicalità

Il lessico e la grammatica

L'onomatopea è una parola che **imita con il suo suono ciò che indica**. La grammatica distingue onomatopee proprie (cioè parole prive di significato, semplici imitazioni di suoni) e onomatopee improprie (cioè parole che appartengono ad altre parti del discorso, come nomi, verbi ecc., e che hanno anche un suono onomatopeico).

Pascoli ricorre spesso alle onomatopee:

- tra le onomatopee proprie, per esempio, troviamo *chiù* e *fru fru* (nell'*Assiuolo* ➡ p. 499);
- tra le onomatopee improprie, il verso 5 di *Lavandare* è un ottimo esempio, sia per la parola "sciabordare", sia per la rima interna (*sciabordare:lavandare*) che imita le cantilene delle lavandaie.

Attraverso la musicalità dei suoi versi, il poeta riproduce le **misteriose corrispondenze** del paesaggio che descrive ed evoca i sentimenti profondi che suoni, colori e odori suscitano nel suo animo.

Analisi del testo

Il paesaggio naturale. La prima strofa è dedicata alla descrizione del paesaggio naturale. Si tratta di una descrizione basata sul senso della vista, in cui è necessario sottolineare due elementi. Il primo è l'uso di "tinte sfumate" («mezzo grigio e mezzo nero», «tra il vapor»), che contrappone la poesia pascoliana a quella del suo maestro Carducci, caratterizzata invece da macchie di colore acceso e vivace. Il secondo è l'umanizzazione della natura, affidata in questa strofa alla sola parola *dimenticato*, posta però in grande evidenza dalla collocazione in principio di verso e dall'*enjambement*.

L'elemento umano. La seconda strofa introduce l'elemento umano (le lavandaie del titolo) e basa la descrizione sul senso dell'udito (*sciabordare, tonfi, cantilene*). L'insistenza sull'elemento sonoro è evidenziata dalla presenza di due rime interne (*dimenticato: cadenzato* e *sciabordare: lavandare*) che riproducono la cadenza lenta e ripetitiva dei canti popolari, ma anche, con una tecnica quasi onomatopeica, il ritmo lento del lavoro delle lavandaie. Mentre la prima strofa presentava un paesaggio statico, la seconda strofa presenta un paesaggio dinamico.

Elemento drammatico e paesaggistico. La terza strofa introduce, con il distacco dovuto al fatto che i versi sono una citazione, un elemento addirittura drammatico, sia paesaggistico («Il vento soffia e nevica la frasca») sia psicologico («tu non torni... come son rimasta!»). L'immagine dell'aratro chiude circolarmente la poesia; la corrispondenza che si stabilisce fra la solitudine dell'aratro e quella dell'innamorata abbandonata sottolinea l'arcana corrispondenza fra le cose, che è alla base della concezione del Simbolismo e dell'umanizzazione della natura che abbiamo già avuto modo di osservare.

Proposte di lavoro

1. Nelle prime due strofe il poeta offre al lettore una descrizione, un quadretto impressionistico. Quali elementi sono evidenziati nella prima strofa e quali nella seconda?
2. Pascoli ama i toni sfumati, le mezze tinte, i colori composti (al contrario di Carducci, che ama invece i colori vivaci, pieni, netti). Dove emerge nella poesia questo gusto del poeta?
3. Nella seconda strofa il poeta ricorre a una rima al mezzo (*sciabordare*: *lavandare*). Ti sembra che in questo caso si possa parlare di onomatopea? Perché?
4. Nell'ultima strofa il poeta imita una cantilena popolare.
   - ➤ Perché?
   - ➤ Quali elementi formali ci rivelano la natura "popolare" dei versi?
5. L'immagine dell'aratro compare all'inizio e alla fine della poesia: la prima volta si tratta semplicemente di un elemento del paesaggio; la seconda volta esso assume valore simbolico.
   - ➤ Perché?
   - ➤ Che cosa simboleggia, secondo te, l'aratro?
6. È possibile affermare che in questa poesia sono sottolineate corrispondenze misteriose tra le cose? In che senso una simile concezione è simbolista?

Opera
Myricae
Epoca
XIX secolo
Genere
poesia
Lingua
italiano

Schema metrico
quartine di decasillabi e novenari alternati, in rima alternata

X Agosto

Questa poesia, tratta dalla raccolta *Myricae*, del 1891, rievoca uno degli eventi più tragici della vita di Pascoli: la morte del padre, avvenuta il 10 agosto del 1867. In questo giorno ricorre la festività di san Lorenzo ed è frequente il fenomeno delle stelle cadenti. Esse diventano, nella metafora poetica, simbolo del «gran pianto» universale dell'uomo di fronte alla violenza e al male del mondo. La tragedia domestica del poeta viene dunque inserita nel dramma più vasto della vita, di cui la rondine uccisa diventa il simbolo disperato.
Domina nella poesia il tema del "nido", del rifugio caldo e accogliente che protegge il poeta dalla fatalità della violenza. Il mito del "nido" diventa l'unico conforto di fronte allo smarrimento che egli prova su «quest'atomo opaco del Male» che è la nostra terra.

San Lorenzo, io lo so perché tanto
di stelle per l'aria tranquilla
arde e cade, perché sì gran pianto
nel concavo cielo sfavilla.

Ritornava una rondine al tetto:
l'uccisero: cadde tra spini:
ella aveva nel becco un insetto:
la cena de' suoi rondinini.

Ora è là, come in croce, che tende
quel verme a quel cielo lontano;
e il suo nido è nell'ombra, che attende,
che pigola sempre più piano.

Anche un uomo tornava al suo nido:
l'uccisero; disse: Perdono;
e restò negli aperti occhi un grido:
portava due bambole in dono...

Ora là nella casa romita,
lo aspettano, aspettano invano:
egli immobile, attonito, addita
le bambole al cielo lontano.

E tu, Cielo, dall'alto dei mondi
sereni, infinito, immortale,
oh! d'un pianto di stelle lo inondi
quest'atomo opaco del Male!

1-4. San Lorenzo...: l'inizio è in tono discorsivo, quasi parlato. Il fenomeno naturale delle stelle cadenti viene subito trasportato a significare la parabola di sofferenza dell'uomo. Lo sfavillare delle stelle nel cielo si trasforma nel *gran pianto* dell'umanità che soffre.
5-8. Ritornava: i tempi verbali all'imperfetto rafforzano la rievocazione della figura del padre. L'uccisione della rondine viene paragonata all'uccisione di un essere umano: una uguale ingiustizia unisce l'uomo e la natura.
9. come in croce: la rondine abbattuta ha le ali aperte in croce, simbolo del sacrificio di Cristo.
10. cielo lontano: ma il cielo è lontano, indifferente al dolore di chi soffre e muore.
11. nell'ombra: nell'ombra della sera incombente, ma anche nel buio della morte che sta per ghermire i rondinini.
13. Anche un uomo: la morte del padre diventa un simbolo di tutta l'ingiustizia e di tutta la sofferenza del mondo.
15. e restò... grido: il grido di cristiano perdono rimane negli occhi sbarrati, senza poter essere pronunciato.
17. romita: solitaria, abbandonata.
20. cielo lontano: lo stesso gesto di invocazione e di protesta della rondine.

Analisi del testo

Struttura simmetrica. La poesia presenta una struttura perfettamente simmetrica: alla prima strofa, di carattere introduttivo, corrisponde infatti l'ultima, di carattere conclusivo; alle strofe 2 e 3, dedicate alla morte della rondine e alle sue conseguenze, corrispondono le strofe 4 e 5, dedicate alla morte del padre e alle sue conseguenze. L'ordine espositivo rivela subito uno degli aspetti salienti della poesia pascoliana: la volontà di dare veste classica a un linguaggio che nello stesso tempo si propone con molti caratteri di innovazione e di modernità. Anche dal punto di vista metrico si nota l'originalità dello schema, che alterna versi di diversa lunghezza (decasillabi e novenari). Apparentemente questa alternanza dovrebbe spezzare il ritmo degli accenti (che cadono sulla terza, sesta e nona sillaba nei decasillabi e sulla seconda, quinta e ottava sillaba nei novenari); ma i versi decasillabi (tranne i vv. 1 e 5) incominciano sempre per vocale, cosicché nella lettura la prima sillaba tende a essere elisa, collegandosi all'ultima sillaba del verso precedente e restaurando così un ritmo regolare (con un accento ogni tre sillabe).

La morte, il male, il nido. Nella poesia emergono alcuni dei temi fondamentali dell'opera di Pascoli: la morte, il male, il nido. La condizione dell'uomo è caratterizzata per Pascoli dalla precarietà, dal dolore, da un destino di morte e di distruzione. Contro questo destino non resta agli uomini che stringere legami di solidarietà e di fratellanza: il "nido" diventa così un simbolo denso di significati autobiografici e universali. In questo senso va interpretata l'adesione di Pascoli agli ideali socialisti: del movimento operaio egli apprezzava l'idea solidaristica e universalistica. La causa dell'infelicità umana non viene però analizzata razionalmente, come avveniva per esempio in Leopardi, che finiva per accusarne la natura. In Pascoli la natura è un rifugio che vive in profonda analogia con l'uomo.

Commozione e riflessione. Il tono di fondo della poesia è melodrammatico: l'attenzione alle piccole cose e l'insistenza sul tema del pianto si risolvono spesso in una facile commozione, priva di reale tragicità. È quanto avviene con il tema del nido, che è anche segno di chiusura e di rifiuto a comunicare con gli altri e con il loro mondo. Emerge poi un secondo motivo che ritorna costante in Pascoli: quello dell'incomprensibilità della vita e del male, la domanda sul perché del dolore e della morte, che nell'ultimo verso sembra dominare, come una presenza concreta (si noti l'uso della maiuscola) l'intera vita sulla Terra.

Proposte di lavoro

1. Sintetizza il contenuto di ciascuna strofa della poesia.
2. Per quali aspetti la vicenda della rondine quella dell'uomo sono simili? Rispondi con le opportune citazioni dal testo.
3. Che cosa simboleggia il nido per il poeta? In questa poesia, che cosa accade al nido?
4. Scegli l'affermazione corretta, e motiva la tua risposta.
   - ☐ La natura partecipa alle sofferenze degli esseri viventi.
   - ☐ La natura è indifferente alle sofferenze degli esseri viventi.

Opera
Myricae
Epoca
XIX secolo
Genere
poesia
Lingua
italiano

Schema metrico
strofe di sette novenari (ABABCDC) più il ritornello *Chiù* che rima col sesto verso di ogni strofa

Myricae

L'assiuolo

L'assiuolo è un uccello rapace notturno; il suo canto lamentoso è il motivo conduttore della poesia. Il poeta si immerge nelle immagini e nelle visioni della campagna notturna, ma in realtà – lo capiamo dalla domanda iniziale – egli interroga e ascolta se stesso. La descrizione del paesaggio quindi ha un valore simbolico: le immagini della natura riflettono il suo stato d'animo. Il poeta prova nel cuore un sussulto, lo stesso brivido che sembra percorrere la natura. Nella comunione con essa, egli si apre all'essenza segreta e misteriosa che sta dietro le cose, intuisce l'ignoto che pervade la vita. In questa lirica le immagini sfumate e sottili, l'uso della metafora, la frequenza delle allitterazioni, delle assonanze, dell'anafora, creano una atmosfera di meditazione e di sensazioni che esprimono pienamente la poetica del Decadentismo.

Dov'era la luna? ché il cielo
notava in un'alba di perla,
ed ergersi il mandorlo e il melo
parevano a meglio vederla.
Venivano soffi di lampi
da un nero di nubi laggiù;
veniva una voce dai campi:
Chiù...

1. Dov'era la luna?: la domanda iniziale, esprime lo stupore in cui è assorto il poeta.
1-2. ché il cielo notava: perché il cielo sembrava nuotare in un'alba simile a una perla.
3. ergersi: gli alberi sembravano protendersi a cercarla. In Pascoli è molto frequente la personificazione degli elementi naturali.
5. soffi di lampi: è una sinestesia; i lampi appaiono allo sguardo come un soffio che ci colpisce repentinamente.
6. nero di nubi: dire nero di nubi piuttosto che nubi nere evidenzia la nota di colore.
7. voce: nota come la voce diverrà singulto e poi pianto di morte.
8. Chiù: onomatopea; isolata nel verso, la parola lascia cogliere in tutta la sua suggestione il suono lamentoso dell'assiuolo.

Le stelle lucevano rare
tra mezzo alla nebbia di latte;
sentivo il cullare del mare,
sentivo un fru fru tra le fratte:
sentivo nel cuore un sussulto,
com'eco d'un grido che fu.
Sonava lontano il singulto:
Chiù...

Su tutte le lucide vette
tremava un sospiro di vento;
squassavano le cavallette
finissimi sistri d'argento
(tintinni a invisibili porte
che forse non s'aprono più?...);
e c'era quel pianto di morte...
Chiù...

9. lucevano rare: mandavano una luce rada.
10. nebbia di latte: è una metafora: nebbia simile al latte.
11. cullare del mare: rima interna.
11-13. sentivo: anafora; nei primi due versi il verbo è usato in senso fisico, nel terzo in senso psicologico.
12. un fru fru... fratte: onomatopea e allitterazione. Fra la macchia degli arbusti (*fratte*), si sentono i rumori della vita nascosta.
13-14. sentivo... che fu: nel cuore del poeta giunge un sussulto di dolore che non gli è nuovo, ma che lo ha accompagnato lungo tutto il suo passato.
15. singulto: singhiozzo.
17. lucide vette: le cime degli alberi illuminate dalla luna; si noti come l'inizio di ogni strofa sia caratterizzato da immagini di luce.
18. sospiro di vento: è una metafora: un vento simile a un sospiro.
19-20. squassavano... d'argento: le cavallette scuotono le loro ali, producendo un suono simile a quello dei sistri, strumenti musicali composti da lamine metalliche usati nell'antico Egitto; si noti l'allitterazione.
21-22. tintinni... più?: è di nuovo, come all'inizio, una domanda che il poeta pone a se stesso; le porte sono quelle dell'ignoto.

Analisi del testo

Tre strofe collegate. Le tre strofe della poesia sono abilmente costruite in rapporto l'una con l'altra. Per quanto riguarda la descrizione del paesaggio, siamo nel momento che precede l'alba vera e propria. I tre momenti sono segnati dallo stesso verso lamentoso dell'assiuolo, che conclude le tre strofe; ma il suo suono assume per il poeta valenze sempre più patetiche (nella prima strofa è una voce, nella seconda un singulto, nella terza un pianto di morte). Al progressivo sorgere del giorno corrisponde quindi un incupirsi della condizione psicologica del poeta.

L'uso dell'onomatopea. La descrizione della natura è condotta attraverso metafore efficaci. Ma l'elemento che caratterizza in particolare questa poesia è l'uso insistito dell'onomatopea, alla fine di ogni strofa, ma anche al verso 12 («sentivo un fru fru tra le fratte»), dove l'onomatopea pura è accentuata dall'allitterazione dei suoni *f* ed *r*.

La natura è fortemente umanizzata. Anche in questo caso lo scopo è di sottolineare la sintonia fra l'uomo e la natura: l'arrivo del giorno si manifesta con segni ambigui e il poeta si trova in un atteggiamento di incertezza e di sospensione di fronte al mistero che sembra nascondersi dietro le apparenze.

L'atteggiamento del poeta. L'atteggiamento del poeta è indicato soprattutto dalle due domande con cui si apre e chiude l'intera poesia. La prima domanda ha un carattere "naturalistico" (esprime la sorpresa nel notare l'assenza della luna nel cielo), la seconda rimanda esplicitamente a una misteriosa realtà "oltre l'apparenza", mette in rapporto il dato fisico (il suono delle cavallette) con una realtà metafisica (le invisibili porte che, aprendosi, potrebbero spiegare il mistero della vita, ma che sono chiuse per sempre).

Proposte di lavoro

1. Sintetizza il contenuto di ciascuna strofa della poesia.
2. Individua nella poesia le onomatopee e sottolinea in maniera diversa quelle proprie e quelle improprie.
3. La voce dell'assiuolo (*Chiù...*) viene definita nelle tre strofe in modo diverso. Individua queste tre definizioni e precisa quale (o quali) è prevalentemente oggettiva e quale (o quali) è invece più direttamente collegata agli stati d'animo soggettivi del poeta.
4. Spiega con parole tue, facendo riferimento alla nostra analisi, il significato dei versi 21-22.

Opera
Myricae
Epoca
XIX secolo
Genere
poesia

Schema metrico
tre strofe formate da tre endecasillabi e un quinario

Myricae

Novembre

■ La poesia raffigura un paesaggio nella breve e illusoria "estate di san Martino". Come nella bella giornata di novembre il sole chiaro e l'aria limpida sono solo un'illusione e presto ci si rende conto che gli alberi in realtà sono spogli e secchi, così, sembra suggerire il poeta, le dolcezze dell'infanzia e della giovinezza durano tanto poco da essere niente più che un'illusione. Presto incombe sull'uomo la tristezza, il silenzio, il declinare della vita.

Gemmea l'aria, il sole così chiaro
che tu ricerchi gli albicocchi in fiore,
e del prunalbo l'odorino amaro
senti nel cuore...

Ma secco è il pruno, e le stecchite piante
di nere trame segnano il sereno,
e vuoto il cielo, e cavo al pie' sonante
sembra il terreno.

Silenzio, intorno: solo, alle ventate,
odi lontano, da giardini ed orti,
di foglie un cader fragile. È l'estate,
fredda, dei morti.

1. Gemmea: fredda e limpida come una gemma. Si sottintende *è*.
3. prunalbo: biancospino.
4. senti nel cuore: il profumo non è tanto percepito dai sensi, quanto sentito nel ricordo, come una nostalgia di primavera, che l'aria limpida suscita.
5. Ma secco: l'avversativa all'inizio del verso segna la contrapposizione fra l'illusione di primavera iniziale e la realtà, brulla e triste.
6. di nere... sereno: tracciano un disegno nero (poiché i rami sono spogli e scuri) sullo sfondo del cielo sereno.
7. vuoto: privo di voli di uccelli; cavo al pie' sonante...: il terreno sembra vuoto (*cavo*: poiché è duro e asciutto) sotto il passo che perciò risuona.
11. cader fragile: l'aggettivo *fragile* è riferito al verbo cadere invece che, come dovrebbe essere logicamente, alle foglie (che sono secche e perciò si sgretolano facilmente).
11-12. È... morti: è il periodo dell'anno fra il 2 novembre, giorno in cui ricorre la commemorazione dei defunti e l'11 novembre, il giorno della cosiddetta "estate di san Martino", caratterizzata dal tempo mite.

Analisi del testo

I temi. La prima strofa presenta un quadretto primaverile, descritto impressionisticamente con due semplici tocchi, il primo "oggettivo" (il sole chiaro che splende in cielo), il secondo interiore e fantastico (l'odorino amaro del prunalbo che ci si aspetterebbe di sentire). La seconda strofa si apre con una fortissima avversativa (*Ma*), che introduce la seconda parte della poesia: all'apparenza della primavera subentra la realtà dell'autunno.
La realtà di morte che si contrappone all'illusione della primavera viene confermata nella terza strofa, che infatti si conclude con la parola *morti*.

La sintassi. Sia la prima sia la terza strofa si aprono con due frasi senza verbo, con le quali il poeta crea un effetto di sospensione e di attesa che viene colmato solo alla fine, con l'affermazione che conclude la poesia e ne spiega il "mistero". Man mano che si procede, la sintassi della poesia diviene sempre più frantumata: nella prima strofa abbiamo tre frasi, separate da virgole; nella seconda strofa le frasi diventano quattro e i due *enjambements* (tra i vv. 5 e 6 e i vv. 7 e 8) indicano la non corrispondenza fra metrica e sintassi; nell'ultima strofa, infine, tutti i versi sono interrotti da pause metriche, compreso l'ultimo, pur brevissimo, e il verso 9 è addirittura frantumato («Silenzio, intorno: solo, alle ventate»).

Proposte di lavoro

1. Sintetizza il contenuto delle tre strofe della poesia.
2. La poesia presenta un forte cambiamento di tono al v. 5: quale parola lo sottolinea? Con quale scopo?
3. Il poeta parte dalla descrizione di un paesaggio reale ma tende a caricarlo di significati simbolici. Quali sono gli elementi che hanno un significato simbolico?
4. Nella poesia è ampiamente presente la figura dell'allitterazione. Soprattutto al verso 5 e ai versi 11-12 l'allitterazione sottolinea anche un elemento di contenuto, ha anche un valore onomatopeico: prova a indicarlo.

Verifica

1. Tra i materiali che ti sono stati proposti in questo capitolo del libro, quali hai letto e approfondito? Indicali con una crocetta.

☐ Le parole chiave: Naturalismo e Decadentismo
☐ Il contesto storico
☐ L'evoluzione delle arti
☐ Pellizza da Volpedo, *Il Quarto Stato*
☐ I generi letterari: parti introduttive
☐ Flaubert, *Le angosce di Emma*
☐ Čechov, *Vendetta*
☐ Stevenson, *La confessione di Jekyll*
☐ Wilde, *Il ritratto corrotto*
☐ Verga, *La Lupa*
☐ Verga, *La roba*
☐ Verga, *I Malavoglia*
☐ Baudelaire, *Corrispondenze*
☐ Verlaine, *Canzone d'autunno*
☐ D'Annunzio, *La sera fiesolana*
☐ D'Annunzio, *La pioggia nel pineto*
☐ Pascoli, *Lavandare*
☐ Pascoli, *X Agosto*
☐ Pascoli, *L'assiuolo*
☐ Pascoli, *Novembre*

2. Nel corso del lavoro hai svolto altri approfondimenti, ricerche o letture, a integrazione dei materiali offerti dal testo? Indicali brevemente qui di seguito, richiamando anche eventuali letture precedenti.

....

....

....

3. Quali sono i temi che caratterizzano la narrativa naturalista e verista? Scegli le risposte corrette nell'elenco seguente.

☐ Il rapporto con la natura
☐ Lo studio della storia
☐ I problemi sociali dell'epoca
☐ L'unificazione italiana
☐ L'amore spirituale e platonico
☐ Le condizioni delle classi più povere
☐ Gli avvenimenti politici dell'epoca

4. Quali sono i temi fondamentali della poesia simbolista? Scegli le risposte corrette nell'elenco seguente.

☐ Le grandi questioni sociali
☐ Il rapporto con la natura
☐ Il mistero e il destino
☐ La condizione della donna
☐ L'espressione degli stati d'animo più segreti, insoliti e drammatici

5. Che cosa si intende con le seguenti espressioni? Fornisci per ciascuna di esse una breve definizione.

➤ Positivismo: ....

....

....

➤ Romanzo sperimentale: ....

....

....

➤ Impersonalità: ....

....

....

6. Spiega che cosa si intende con la parola "sinestesia" e fai almeno due esempi di tale figura retorica.

....

....

....

....

....

7. Leggi attentamente la seguente poesia di Pascoli, tratta della raccolta *Myricae*, e spiega da quali elementi si può dire che è una poesia simbolista (l'esercizio è avviato).

Il lampo

E cielo e terra si mostrò qual era:

la terra ansante, livida, in sussulto;
il cielo ingombro, tragico, disfatto:
bianca bianca nel tacito tumulto
una casa apparì sparì d'un tratto;
come un occhio, che, largo, esterrefatto,
s'aprì si chiuse, nella notte nera.

➤ I vari aspetti della natura sono umanizzati, cioè ....

....

....

➤ L'espressione "tacito tumulto" ....

....

....

➤ La similitudine finale ....

....

....

8. Quali degli argomenti toccati nel corso del lavoro ti hanno interessato in maniera particolare? Perché?

9. Ritieni che la lettura dei brani proposti abbia suscitato in te nuove riflessioni e nuovi pensieri? Quali?

Futurismo e altre avanguardie

Il percorso che ti proponiamo riguarda il primo trentennio circa del Novecento, un periodo storico caratterizzato dalla presenza delle cosiddette "avanguardie". Il nostro percorso è scandito in quattro tappe.

La parola chiave

Le **avanguardie** furono movimenti artistico-letterari animati dal desiderio di rinnovare radicalmente il linguaggio espressivo per adeguarlo alla nuova realtà storica, sociale e tecnologica; nel loro complesso, esse esprimono la consapevolezza di una profonda discontinuità: il nuovo secolo non è la continuazione del precedente, ma vi si contrappone con decisione.

Il contesto storico

Ti proponiamo una breve sintesi dei principali eventi che caratterizzano i primi decenni del Novecento:

- la **Prima guerra mondiale** e le sue cause;
- la **rivoluzione russa**;
- il **fascismo italiano**.

L'evoluzione delle arti

Ti proponiamo un rapido sguardo d'insieme sui movimenti artistici dell'epoca e un'analisi più approfondita di un'opera dello scultore futurista **Umberto Boccioni**, ***Sviluppo di una bottiglia nello spazio***.

I generi letterari

Ti proponiamo di leggere alcuni autori e opere che hanno segnato i primi decenni del Novecento e che conservano ancora oggi la loro importanza e il loro fascino.

Ci soffermiamo in particolare su tre generi:

- la **poesia**, in cui si attuano i suggerimenti più radicali delle avanguardie;
- la **narrativa**, al cui interno si trova il Focus Opera su ***La coscienza di Zeno*** di **Italo Svevo**;
- il **teatro**, al cui interno si trova il Focus Autore su **Luigi Pirandello**.

La parola chiave

Le avanguardie

Le avanguardie furono movimenti e gruppi artistici che operarono nei primi decenni del Novecento, soprattutto negli anni dieci e venti. Questi movimenti portarono all'estremo la **frattura tra arte e società borghese**, già presente alla fine dell'Ottocento. Avanguardia è un termine che deriva dal linguaggio militare e politico, e che designa chi precede, si trova in posizione avanzata, innovatrice. Agli inizi del Novecento, per la prima volta, il termine fu usato in campo artistico e letterario. Le avanguardie furono movimenti tesi alla sperimentazione di **forme espressive nuove** e spesso opposte a quelle della cultura ufficiale e della tradizione. Furono molte e diverse tra loro: dall'Espressionismo al Futurismo, dal Dadaismo al Surrealismo al Cubismo. Il Futurismo, fondato nel 1909 da Filippo Tommaso Marinetti, fu l'unica tra le avanguardie che nacque in Italia. Gli altri movimenti ebbero origine prevalentemente in Francia e in Germania.

Le provocatorie "serate futuriste"

I movimenti di avanguardia furono accomunati dalla forte volontà di rottura con il passato e dal fatto di far riferimento a un gruppo di artisti relativamente omogeneo e a un programma teorico esplicito. In certi casi le posizioni teoriche e critiche furono più significative dei risultati artistici.

Le avanguardie vollero demolire la cultura borghese, abbattere le convenzioni, il conformismo della società e proporre **modelli di vita e di comunicazione liberi, nuovi e vitali**. Lo fecero assumendo spesso **atteggiamenti violenti**, **aggressivi e provocatori**, giungendo alla presa in giro e al disprezzo dello stesso pubblico cui l'opera d'arte era rivolta, che era, inevitabilmente, un pubblico borghese.

Il disagio nei confronti della realtà

Dietro queste stravaganze un po' esteriori vi era in realtà un **profondo disagio** nei confronti di un'epoca buia che stava conducendo l'umanità alla catastrofe della guerra mondiale e delle dittature. Gli intellettuali condannavano una civiltà ipocrita, attribuendo ai movimenti artistici anche un significato politico.

Caratteristica fondamentale delle avanguardie fu la sperimentazione di **nuovi linguaggi e strumenti espressivi**. Vennero valorizzati l'irrazionale, lo sconvolgimento della logica corrente e dei rapporti "normali" fra le cose. Questa tendenza fu soprattutto evidente in pittura: il **Cubismo** e l'**Astrattismo** superarono la rappresentazione naturalistica della realtà, per scomporla in piani, linee e volumi che ne cogliessero l'essenza.

Ma anche in letteratura, la sperimentazione diede luogo a linguaggi radicalmente nuovi: per esempio, in Italia, alla **poesia futurista** e, successivamente, alla **poesia ermetica**.

Dadaismo e Surrealismo

A livello europeo, di notevole importanza furono il Dadaismo e il Surrealismo. Attività centrale del gruppo che si denominò "dadaista" fu la ricerca di una **poesia costruita dall'accostamento di suoni in libertà**, che rifiutasse le regole sintattiche e il lessico convenzionali, adoperando invece giochi di parole e associazioni libere di significati.

Il Surrealismo nacque dal gruppo dadaista che si era formato a Parigi e che era guidato da André Breton. Del Dadaismo il nuovo movimento accettò l'obiettivo di opporsi alla cultura tradizionale borghese, ma all'atteggiamento puramente distruttivo, sostituì **posizioni politiche più positive che si avvicinarono al marxismo**. Il *Primo manifesto del Surrealismo*, composto da Breton, uscì nel 1924. A partire dalle esperienze letterarie il Surrealismo si estese alla pittura (Salvador Dalì, Joan Mirò, Max Ernst, Pablo Picasso, Giorgio De Chirico), al teatro (Antonin Artaud) e al cinema (René Clair, Luis Buñuel).

Il panorama letterario

Italo Svevo

Luigi Pirandello

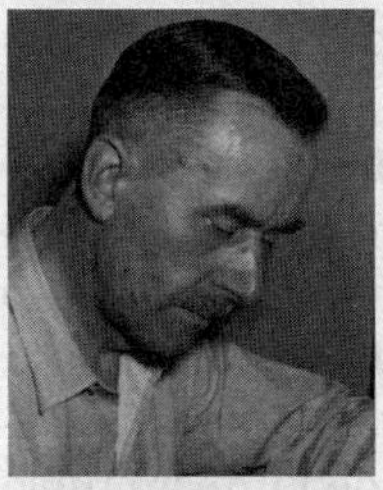
Thomas Mann

James Joyce

Giuseppe Ungaretti

Eugenio Montale

Nei primi anni del Novecento al Decadentismo si oppongono i movimenti d'avanguardia, tra cui anzitutto il **Futurismo italiano**, che propongono un'arte del tutto nuova, libera da legami con la tradizione e capace di interpretare i temi e la sensibilità della modernità tecnologica.

La letteratura del primo Novecento assiste anche a un profondo **rinnovamento delle tecniche e dei temi** della narrativa, a cui contribuiscono autori come Joyce, Kafka, Mann, Proust e K. Mansfield.

La letteratura italiana, a dispetto delle provocazioni e degli esperimenti dei futuristi, resta in buona misura estranea a questo fermento di nuove idee. Non è un caso che i due scrittori più importanti dell'epoca, **Svevo** e **Pirandello**, arrivino al successo solo dopo la Prima guerra mondiale, Svevo con il suo terzo e ultimo romanzo, *La coscienza di Zeno*, Pirandello con *Sei personaggi in cerca d'autore* e con le successive opere teatrali.

A eccezione di queste opere, profondamente innovative, gli anni Venti nel loro complesso sono caratterizzati da un generale **"ritorno all'ordine"**, sia in campo artistico, sia in campo letterario. Da questo fenomeno trae vantaggio la figura di **Saba**, poeta triestino largamente isolato fino a quel momento a causa del carattere apparentemente tradizionale dei suoi versi.

cronologia

1850 — 1900 — 1950 — 2000

1861-1928 Italo Svevo
1923 *La coscienza di Zeno*

1867-1936 Luigi Pirandello
1904 *Il fu Mattia Pascal*
1922 *Sei personaggi in cerca d'autore*

1871-1922 Marcel Proust
1913-22 *Alla ricerca del tempo perduto*

1875-1955 Thomas Mann

1876-1944 Filippo Tommaso Marinetti
1909 primo *Manifesto del Futurismo*

1882-1941 James Joyce
1914 *Gente di Dublino*
1922 *Ulisse*

1882 - 1941 Virginia Woolf
1925 *La signora Dalloway*

1883-1916 Guido Gozzano
1911 *I colloqui*

1883-1957 Umberto Saba
1921 prima edizione del *Canzoniere*
1961 *Il Canzoniere*

1888 - 1965 Thomas S. Eliot
1922 *La terra desolata*

1888-1970 Giuseppe Ungaretti
1916 *Il porto sepolto*
1919 *Allegria di naufragi*
1933 *Sentimento del tempo*

1896-1981 Eugenio Montale
1925-28 *Ossi di seppia*
1939 *Le occasioni*
1971 *Satura*

1898-1936 Federico García Lorca

Il contesto storico

1 La Prima guerra mondiale

La Prima guerra mondiale, come ogni altro evento storico, non fu il risultato di una sola causa ma si colloca al termine di un processo che vide emergere diversi elementi e fattori di contraddizione economica, sociale, politica, culturale.

La crescente conflittualità fra le grandi potenze

In primo luogo è necessario considerare la **crescente conflittualità fra le grandi potenze imperialistiche** per la spartizione del mondo e per il controllo di più ampi mercati. Lo spazio disponibile era stato in gran parte occupato, ma mentre l'Inghilterra e (in minore misura) la Francia disponevano di enormi imperi coloniali, la Germania (e in parte l'Italia) si trovava ad avere possedimenti assai più ridotti ed economicamente meno vantaggiosi. Francia e Inghilterra vedevano nella Germania un comune nemico: la Francia era mossa dal desiderio di vendicare la sconfitta del 1870 e di riguadagnare l'Alsazia-Lorena, perduta in quel conflitto; l'Inghilterra vedeva il proprio predominio direttamente minacciato dalla crescente potenza tedesca. Quando l'Impero russo degli zar strinse alleanza con Francia e Inghilterra essendo interessato, in competizione con l'Austria, al controllo dei Balcani si formò la Triplice Intesa (Francia, Inghilterra e Russia) contrapposta alla Triplice Alleanza (Austria, Germania e Italia).

Inghilterra e Francia considerano la Germania un nemico comune

Inizia una massiccia corsa agli armamenti

Accanto alle ragioni di carattere internazionale vanno considerate quelle interne a ogni paese. Il processo di sviluppo industriale legato alle **forniture militari** e all'**espansione coloniale** si rivelò inarrestabile. Finita la corsa alle colonie, iniziò in modo massiccio quella agli armamenti: la sola Germania arrivò a disporre nel 1914 di una marina da guerra di 232 unità, capace di competere con quella inglese.

Il legame fra il potere politico e i gruppi di pressione economica e militare si fece progressivamente più stretto. All'interno delle classi dirigenti dei diversi paesi acquisirono maggior forza i settori favorevoli alla guerra: la grande borghesia industriale, che vedeva nella guerra un gigantesco affare economico, e le gerarchie militari, desiderose di consolidare il prestigio e l'autorità conquistati con il colonialismo.

Acquistano forza i settori favorevoli alla guerra

Contemporaneamente, di fronte all'intensificarsi dei conflitti sociali e alla crescita elettorale dei partiti socialisti – fenomeni che avevano luogo in tutta l'Europa – si cominciò a vedere nella guerra un mezzo per **deviare verso l'esterno le tensioni interne**.

L'attentato di Sarajevo

Le condizioni per un conflitto esistevano tutte: mancava solo l'occasione di farlo scoppiare. Quando il **28 giugno 1914**, a Sarajevo, uno studente serbo uccise l'arciduca **Francesco Ferdinando**, principe ereditario dell'Impero austro-ungarico, si presentò per l'Austria e la Germania l'occasione di dare il via a un conflitto per il quale si preparavano da tempo: **l'Austria dichiarò guerra alla Serbia**. Si mise in movimento la catena delle alleanze: la Russia intervenne a favore della Serbia, la Germania a favore dell'Austria attaccando la Francia e provocando così l'intervento dell'Inghilterra. Prendeva così avvio un conflitto che avrebbe prodotto una drammatica lacerazione nella storia e nella coscienza europea.

La posizione dell'Italia: interventisti e neutralisti

Allo scoppio del conflitto l'Italia si era dichiarata neutrale: la Triplice Alleanza era un'alleanza difensiva, e quindi non l'impegnava a intervenire a fianco degli Imperi centrali.

Dopo circa un anno **(24 maggio 1915) l'Italia entrava** però **in guerra a fianco dell'Intesa**. Come si arrivò a questo risultato?

Nazionalismo

Nel primo Ottocento l'idea di **nazione**, intesa come comunità di suolo, tradizioni e ideali, aveva svolto la funzione di sostenere il diritto dei popoli all'esercizio del potere politico e all'indipendenza contro il legittimismo sancito dal congresso di Vienna. Lo sviluppo dell'industrializzazione, con i fenomeni sociali e politici a essa connessi, determinò un profondo mutamento nei caratteri dell'**ideologia nazionalista**. Caratteristiche principali del nazionalismo di fine Ottocento si rivelarono l'esaltazione della nazione come entità ideale e morale superiore a tutti gli altri valori; il rifiuto della ragione come guida nella condotta dell'uomo e l'esaltazione del sentimento e della tradizione; la lotta contro le ideologie individualistiche (liberalismo), umanitarie (cattolicesimo), internazionaliste (socialismo); la svalutazione dei princìpi democratici e delle istituzioni parlamentari; la sostituzione della lotta fra le classi con la lotta fra le nazioni; la teorizzazione del diritto alla conquista ai danni dei popoli ritenuti inferiori e l'esaltazione della guerra come necessità e come valore.

Di fronte alla guerra si erano delineate due correnti di opinione: gli interventisti e i neutralisti. Gli irredentisti trentini e gli interventisti democratici vedevano nella guerra all'Austria l'occasione per riconquistare le terre ancora "irredente" (Trentino e Friuli-Venezia Giulia) concludendo in questo modo il processo risorgimentale. Ma interventista era anche un gruppo di uomini politici conservatori, che rappresentavano gli interessi di una parte del capitalismo industriale.

In prima fila erano però i **nazionalisti**, il cui movimento si era affermato nei primi anni del Novecento a opera di alcuni intellettuali (Papini, Corradini, Prezzolini, d'Annunzio), diventando partito nel 1910 ed esercitando un peso crescente sulla vita politica nazionale.

Il fronte neutralista vedeva invece schierati i cattolici, ostili per principio alla guerra, i socialisti (quello italiano fu uno dei pochi partiti socialisti ad assumere una posizione pacifista) e i liberali giolittiani.

Giolitti giudicava infatti dannosa una guerra cui l'Italia non era preparata economicamente e militarmente, e la riteneva inutile dal punto di vista economico e politico: si poteva ottenere molto (le terre irredente, importanti commesse industriali) da entrambi i contendenti in cambio della neutralità; dello stesso parere era anche una parte della borghesia industriale.

La dichiarazione di guerra

Nell'aprile del 1915 il ministro degli esteri Sonnino strinse con l'Intesa un patto segreto (patto di Londra) che impegnava l'Italia a entrare in guerra nel giro di un mese in cambio di concessioni territoriali (Trentino, Tirolo meridionale, Trieste, la Dalmazia). Si trattava di una specie di colpo di stato, attuato dal potere esecutivo e dal re.

Contemporaneamente, i nazionalisti organizzavano grandi manifestazioni di piazza, compiendo anche gravi atti di violenza nei confronti dei pacifisti, senza che la forza pubblica intervenisse. Le manifestazioni contro la guerra, viceversa, venivano disperse.

Suffragio

È il **diritto di voto**, il primo, e fondamentale, dei diritti politici. I requisiti necessari per legge a esercitare questo diritto definiscono l'estensione del suffragio, che può essere ristretto o universale. Il **suffragio ristretto**, storicamente prevalente sino ai primi decenni del XX secolo, consentiva di votare solo ai cittadini di sesso maschile, in possesso di un determinato livello di istruzione e/o di ricchezza (censo, donde **suffragio censitario**). Con il *suffragio universale*, invece, possono votare tutti i cittadini che abbiano raggiunto la maggiore età. Una distinzione importante è quella fra **elettorato attivo** (il diritto di votare) ed **elettorato passivo** (il diritto di essere eletti a cariche pubbliche). Anche l'elettorato passivo è stato soggetto storicamente a forti restrizioni di censo e cultura, che sono oggi completamente cadute.

Fanti italiani all'assalto, durante la Prima guerra mondiale.

In questo clima il governo ottenne i pieni poteri e il **24 maggio 1915** entrò in guerra. Le istituzioni liberali e democratiche avevano dimostrato tutta la loro debolezza. La volontà del re, del governo e della piazza aveva umiliato quella del parlamento eletto a suffragio universale. Si manifestò con evidenza quella crisi dello Stato liberale che nel dopoguerra sarebbe stata definitivamente sancita dall'avvento del fascismo.

2 LA RIVOLUZIONE RUSSA

L'immenso Impero russo costituiva all'inizio del secolo una realtà complessa e contraddittoria, in cui elementi di rinnovamento economico e culturale s'intrecciavano a una grande arretratezza, particolarmente sul piano politico. Già nel 1905 vi era stato un primo significativo sussulto rivoluzionario, ma lo zar era riuscito a tenere sotto controllo il movimento.

Novembre 1917: l'assalto dei bolscevichi al Palazzo d'inverno.

La Russia alla vigilia della rivoluzione

In sintesi i grandi problemi della Russia erano due: la **questione delle libertà politiche** e la **questione della terra**. In campo politico, lo zar Nicola II aveva concesso, dopo il 1905, che si eleggessero dei parlamenti (*dume*) a livello locale e centrale. Essi tuttavia avevano scarso potere nei confronti dello zar. Un'**insofferenza** crescente nei confronti dell'assolutismo zarista si fece così strada sia nella borghesia liberale sia nella classe operaia. La prima chiedeva una riforma del sistema politico e la concessione di una costituzione, in modo da avvicinarsi alle democrazie occidentali. La seconda, concentrata nelle zone di Mosca, Pietroburgo e degli Urali, aveva un orientamento socialista e già nel 1905 aveva dato vita ai *soviet*, o consigli.

Cresce l'insofferenza verso l'assolutismo zarista

La stragrande maggioranza della popolazione (86%) viveva però nelle campagne, in cui l'eliminazione della servitù della gleba, decisa dallo zar Alessandro II nel 1861, non aveva risolto il problema dell'arretratezza e della miseria dei contadini.

Lo scoppio della rivoluzione

Tutte queste contraddizioni maturarono negli anni della guerra ed esplosero nel 1917. Il **27 febbraio 1917** (12 marzo secondo il calendario russo) 200 000 operai di Pietroburgo insorsero contro la mancanza di pane. Le truppe inviate per sedare il tumulto fraternizzarono con gli scioperanti, che si impadronirono della città. **Lo zar**, sotto la pressione dei liberali, **abdicò**: il regime zarista era finito; in Russia **venne proclamata la repubblica** e formato un governo provvisorio. I contrasti si fecero però acutissimi, soprattutto per l'azione dei bolscevichi, guidati da Lenin, che puntavano a realizzare una rivoluzione socialista. Per questo essi proposero di affidare «tutto il potere ai soviet», di stringere un'alleanza con i contadini mediante la riforma agraria e di porre subito fine alla guerra. Contro il governo provvisorio i bolscevichi condussero un'opposizione di minoranza anche se la loro azione risultava sempre più incisiva via via che il governo deludeva le aspettative di soldati e contadini.

La presa del Palazzo d'inverno

Nei mesi estivi i conflitti divennero insanabili. **Lenin**, convinto della necessità di salvare la rivoluzione, organizzò la **presa del potere**: nella notte tra il 6 e il 7 novembre 1917 (24-25 ottobre secondo il calendario russo) i bolscevichi occuparono i punti strategici della città e conquistarono il Palazzo d'inverno, sede del governo provvisorio. I soviet, riuniti a congresso, costituirono un **governo rivoluzionario** presieduto dallo stesso Lenin. I primi provvedimenti del governo rivoluzionario furono: nazionalizzazione delle banche, abolizione della proprietà privata della terra, consegna della gestione delle fabbriche a comitati di operai, pace con la Germania.

Il principale problema per i bolscevichi era quello di come conservare e consolidare il potere. Lenin era convinto che la rivoluzione socialista dovesse passare attraverso una fase temporanea di esercizio del potere assoluto da parte del partito in nome di tutto il popolo (dittatura del proletariato). Questa fase era giudicata necessaria anche per sconfiggere le forze controrivoluzionarie che si venivano organizzando in alcune zone del paese sotto la guida di generali fedeli allo zar e con l'appoggio delle nazioni occidentali. A metà del 1918 la Russia era infatti ormai in piena **guerra civile**: all'Armata rossa, organizzata da Trockij, si opponevano le armate "bianche", aiutate da truppe americane e anglofrancesi fatte sbarcare nel territorio russo. Anche sul piano economico la situazione era gravissima: il governo bolscevico, con la riforma agraria, aveva nazionalizzato la grande proprietà terriera; della sua distribuzione ai contadini tuttavia si erano avvantaggiati soprattutto i *kulaki*, cioè i contadini ricchi, mentre una lunga carestia aggravava il problema del rifornimento alimentare delle città.

La nascita dell'Urss

Se, nonostante tutte queste gravi contraddizioni, la rivoluzione ebbe infine ragione dei suoi avversari, si deve al fatto che essa rispondeva a esigenze popolari di rinnovamento e di giustizia e si radicava profondamente nel proletariato urbano e in parte anche nei contadini poveri. Sconfitte, sul piano militare, le truppe bianche, nel **1922** nacque l'**Unione delle repubbliche socialiste sovietiche (Urss)**, che riuniva le antiche nazionalità dell'Impero zarista. Sul piano politico si verificò tuttavia un deciso **aumento del potere del Partito comunista**, che mise fuori legge le altre organizzazioni, riducendo drasticamente anche il dibattito e la democrazia al proprio interno.

3 IL FASCISMO

Difficoltà economiche e contrasti sociali nel primo dopoguerra

Dopo la guerra l'Italia affronta un periodo di crisi

Alla fine della Prima guerra mondiale la situazione economica di tutti i paesi belligeranti presentava gli stessi drammatici problemi: la riconversione produttiva delle industrie dalla produzione militare a quella civile; il deficit pubblico dovuto alle enormi spese sostenute durante la guerra; l'inflazione, cioè l'aumento dei prezzi. Anche le strutture politiche vennero profondamente scosse: le libertà democratiche subirono, durante la guerra, forti restrizioni. Ogni opposizione veniva bollata come "disfattismo"; ogni forma di sciopero era proibita. Si diffuse un clima d'**intolleranza** e di **autoritarismo**, che segnò la crisi dei valori liberali e democratici.

Nei primi anni del dopoguerra, inoltre, la **precaria situazione economica** accese in tutta Europa un violento **scontro fra le classi**, in cui giocarono un ruolo importante gli eventi rivoluzionari che si verificavano contemporaneamente in Russia.

L'incontro fra Benito Mussolini e il re Vittorio Emanuele III.

Il fascismo in Italia

La protesta contro la mancanza di lavoro dilagò nelle campagne: al Nord mediante l'azione delle leghe rosse e bianche e al Sud attraverso l'occupazione delle terre incolte. Gli operai dell'industria aprirono a loro volta una stagione di scioperi per ottenere il blocco dei licenziamenti e aumenti salariali capaci di resistere all'inflazione. Il culmine di questa stagione di lotta e di aspri conflitti sociali fu, nel 1920, l'occupazione delle fabbriche.

Le forze reazionarie trovarono il loro capo politico in **Benito Mussolini**, che nel 1919 aveva fondato a Milano i **fasci italiani di combattimento**, trasformati nel 1921 nel **Partito nazionale fascista**. All'inizio del tutto marginale, il movimento andò via via guadagnando consensi tra la piccola e media borghesia, colpita duramente dalla crisi e non garantita sindacalmente come era invece per le masse operaie e contadine. Il **carattere antipopolare del fascismo** divenne però ben presto evidente: basti pensare al fenomeno dello squadrismo, le cui spedizioni punitive colpivano con violenza le organizzazioni socialiste e operaie e furono utilizzate nelle campagne dai grandi proprietari terrieri per stroncare le lotte contadine.

L'arrendevolezza dello Stato liberale di fronte al fascismo

Lo Stato e le istituzioni liberali attraversavano una grave crisi. Questo vuoto di potere spinse molti liberali a vedere nel fascismo una possibile forza rinnovatrice. I ceti dominanti – agrari e industriali – concepirono a loro volta il fascismo come strumento per sconfiggere il movimento operaio e contadino. Il Partito socialista era inoltre indebolito dalla scissione che nel 1921 aveva dato vita al Partito comunista d'Italia.

Su incarico del re, Mussolini crea un nuovo governo

In queste condizioni fu possibile ai fascisti attuare il **colpo di Stato** (**marcia su Roma, 28 ottobre 1922**). Il re Vittorio Emanuele III si rifiutò di firmare lo stato d'assedio della città, e diede a Mussolini l'incarico di formare un nuovo governo. Le elezioni anticipate del 1924 furono per i fascisti un successo, grazie anche al clima d'intimidazione, alle violenze, ai brogli che le accompagnarono e alla nuova legge elettorale che dava due terzi dei seggi alla lista che avesse ottenuto la maggioranza relativa dei voti. Il 30 maggio 1924 il deputato socialista **Giacomo Matteotti** contestò la validità delle elezioni; pochi giorni dopo venne rapito e trucidato da quattro squadristi. La reazione del paese fu enorme e il fascismo vacillò. I deputati dell'opposizione abbandonarono il Parlamento in segno di protesta, pensando che il re avrebbe destituito Mussolini.

L'instaurazione della dittatura fascista

Questa speranza non si realizzò e nel gennaio 1925 Mussolini, assumendosi la responsabilità politica dell'assassinio di Matteotti, instaurò di fatto la **dittatura**.

Tutti i movimenti e i partiti politici furono dichiarati illegali. Strumenti repressivi come il Tribunale speciale per la difesa dello Stato, la Milizia Volontaria per la Sicurezza Nazionale, misure come il confino di polizia spegnevano ogni dissenso politico.

Nel 1926 fu abolito il diritto di sciopero e i sindacati furono sciolti. Fu eliminata la stampa di opposizione e il Minculpop (Ministero della cultura popolare) controllò tutti gli aspetti della vita culturale, orientando con un imponente apparato propagandistico il modo di pensare degli italiani in senso favorevole al regime.

Nel quadro di ricerca del consenso va anche visto lo sforzo di Mussolini di arrivare a una **conciliazione tra Stato e Chiesa** che sanasse i contrasti aperti nel 1870 e legittimasse il fascismo agli occhi dei cattolici. Questa iniziativa riuscì: la firma dei **Patti Lateranensi** (**11 febbraio 1929**) rappresentò un grande successo per il regime.

La copertina di un "testo unico" per le scuole elementari, imposto dal regime fascista.

L'evoluzione delle arti

Giorgio Morandi, *Natura morta*, 1919.

L'arte del Novecento è segnata, nei primi anni del secolo, dalle rivoluzioni dei cubisti e dei futuristi. I cubisti operano nelle loro tele una scomposizione dello spazio, rappresentando gli oggetti da più punti di vista contemporaneamente; i futuristi lavorano invece sul tempo, tentando di rappresentare la velocità, il movimento, il dinamismo.
I maggiori artisti italiani del primo Novecento sono Boccioni e Modigliani: il primo, dopo aver sperimentato varie tecniche, aderisce al futurismo e sviluppa le tecniche più efficaci per rappresentare il dinamismo della realtà; il secondo conduce invece una ricerca isolata, che lo porta a esiti simili a quelli dei pittori post-impressionisti come Cézanne, Van Gogh e il giovane Picasso.
Nel primo dopoguerra, gli sviluppi più significativi dell'arte italiana si possono riassumere in tre punti fondamentali.

Alcuni artisti (come De Chirico, Carrà, Savinio) danno vita nel 1917 al movimento della pittura metafisica, che propone immagini nitidissime e perfette, ma inverosimili, assurde e inquietanti. Si tratta di una linea di ricerca che confluirà nel movimento surrealista europeo, vivo soprattutto negli anni tra le due guerre.

Una seconda linea di ricerca è legata alla tradizione realistica. I rappresentanti più significativi sono Sironi, Treccani, e in seguito Guttuso e altri. Questi artisti scelgono di rappresentare nei loro quadri la realtà contemporanea, prediligendo i toni grigi, le atmosfere tristi e desolate, in netta antitesi con la retorica e i falsi entusiasmi del regime fascista.

Il gusto estetico del fascismo non ha lasciato opere di rilievo nei campi della pittura e della scultura, bensì numerosissime testimonianze architettoniche. Accanto a opere faraoniche e retoriche, che dovevano esaltare la grandezza dello Stato e i gloriosi destini del nuovo impero, gli architetti del regime hanno lasciato anche opere di grande valore, ispirate ai criteri del razionalismo novecentesco, come la Casa del fascio di Como e il quartiere EUR di Roma.

pittura

1 Amedeo Modigliani, *Paul Guillaume*, 1916, Milano, Civico Museo d'Arte Moderna e Contemporanea.

3 Dipinto nel 1918, un anno dopo la nascita ufficiale del movimento della pittura metafisica, *Le muse inquietanti* di Giorgio De Chirico è una delle opere più note dell'arte italiana del Novecento. Le muse, tradizionale simbolo dell'ispirazione artistica, sono rappresentate senza testa, in una Ferrara senza tempo (sullo sfondo c'è il Castello Estense, ma anche due ciminiere di fabbrica), chiaramente irreale. Per il soggetto e per la tecnica nitidissima, il quadro anticipa temi e forme del successivo movimento surreale.

cronologia

1850 · 1900 · 1950 · 2000

- 1881-1966 Carlo Carrà
- 1882-1916 Umberto Boccioni
- 1883-1963 Felice Casorati
- 1884-1920 Amedeo Modigliani (1)
- 1885-1961 Mario Sironi (2)
- 1888-1978 Giorgio De Chirico (3)

2 Dipinta nel 1920, questa *Periferia* di Mario Sironi si caratterizza innanzitutto per il rifiuto delle regole prospettiche tradizionali, già rifiutate dalle avanguardie degli anni precedenti. La modernità urbana viene colta dal pittore non nella sua gioiosa espansione, come in Boccioni e nei futuristi, ma nei suoi aspetti di squallore e d'inquietudine. La città appare grigia e deserta, inquietante e squallida come in un racconto di Kafka.

4 Umberto Boccioni, *Forme uniche di continuità nello spazio* (1911), scultura in bronzo, Milano, Civico museo d'Arte Moderna e Contemporanea.

5 *Il figliol prodigo* di Arturo Martini (1926) si ispira alla celebre parabola evangelica e rappresenta il momento più commovente – il ritorno del figlio, accolto dal padre. L'opera interpreta il "ritorno alla classicità" che caratterizza gli anni Venti, dopo gli sperimentalismi delle avanguardie del decennio precedente.

cronologia

1850 · 1900 · 1950 · 2000

scultura

- 1868-1931 Adolfo Wildt
- 4 · 1882-1916 Umberto Boccioni
- 1884-1920 Amedeo Modigliani
- 1889-1947 Arturo Martini · 5

architettura

- 6 · 1891-1957 Mario Chiattone
- 1904-36 Fillia (Luigi Colombo)

6 Mario Chiattone, *Casa ad appartamenti VI*, 1915, disegno dell'autore, Pisa, Dipartimento di Storia delle arti dell'Università.

UMBERTO BOCCIONI Sviluppo di una bottiglia nello spazio

Umberto Boccioni, *Sviluppo di una bottiglia nello spazio*, 1912, Milano, Civico Museo d'Arte Moderna e Contemporanea.

L'opera

■ Realizzata nel 1912, questa scultura è una delle opere che meglio esemplifica la ricerca di Boccioni, e più in generale degli artisti d'avanguardia del primo Novecento.

■ Ci soffermiamo in particolare su due aspetti: il dinamismo plastico e la rappresentazione della realtà quotidiana.

L'autore

■ Nato a Reggio Calabria nel 1882, Umberto Boccioni si trasferisce a Roma nel 1901 e verso il 1907 si stabilisce definitivamente a Milano. Le prime opere sono influenzate dal Simbolismo (evidente soprattutto nei ritratti) e dal tardo Naturalismo (che spinge Boccioni a prestare attenzione agli aspetti della realtà urbana e industriale).

■ A partire dal 1910, egli diventa il più importante esponente del Futurismo, contribuendo alla definizione teorica del movimento con il *Manifesto tecnico della pittura futurista*, basato sui concetti di "dinamismo" e "simultaneità". Proprio al 1910 risale il suo primo quadro pienamente futurista, *La città che sale*, a cui seguono in rapida successione *La risata*, *La strada entra nella casa*, *Visioni simultanee*.

■ Al 1911 risale l'interesse per la scultura, campo in cui Boccioni produrrà i due capolavori *Sviluppo di una bottiglia nello spazio* (1912) e *Forme uniche di continuità nello spazio* (1913).

■ Nel 1915 Boccioni parte volontario per la guerra, ma già matura il suo distacco dal Futurismo e il suo interesse per la pittura di Cézanne e dei cubisti.

■ La morte sopraggiunge improvvisa nel 1916, a Verona.

Il dinamismo plastico Il Futurismo si propone di celebrare la modernità in tutte le sue forme, e in particolare attraverso l'esaltazione della velocità e del movimento.
Boccioni si trova quindi di fronte al problema apparentemente insolubile di rappresentare in un quadro o in una scultura (cioè in un'opera d'arte statica) il dinamismo della realtà.
Al contrario di molti altri artisti futuristi, però, per Boccioni tutta la realtà è dinamica, perché ogni oggetto contiene in sé un'energia, un dinamismo, una forza, che è possibile rendere esplicito nell'opera d'arte.
L'artista quindi non rappresenta la realtà in maniera realistica, fotografica, ma ne coglie il carattere dinamico, le forze che la rendono viva e interessante.
La bottiglia sembra così aprirsi, dilatarsi nello spazio, rivelando la sua vera essenza e assumendo quindi un aspetto del tutto inusitato.

Realtà quotidiana e impegno concettuale Questa concezione avvicina l'opera di Boccioni a quella dei cubisti (come Braque o Picasso). Inoltre, essa si può avvicinare alle "intermittenze del cuore" di Proust e alle "epifanie" di Joyce, cioè ai meccanismi psicologici irrazionali attraverso cui gli oggetti acquistano un significato particolare. Infine, Boccioni sembra cogliere intuitivamente una verità che negli stessi anni Einstein elaborava sul piano scientifico, e cioè la corrispondenza tra materia ed energia, per cui la materia non è che "energia congelata".
Non è un caso che Boccioni, per un'opera di grande impegno concettuale, abbia scelto una semplice bottiglia, cioè un soggetto apparentemente banale.
Come tutti gli artisti del Novecento, Boccioni sa che dalle piccole cose della vita quotidiana può nascere l'illuminazione, ma a questa scelta non è estraneo un intento dissacratorio nei confronti della tradizione: pochi anni dopo un altro artista d'avanguardia, Marcel Duchamp, scandalizzerà l'opinione pubblica esponendo in un museo scolabottiglie, ruote di bicicletta e orinatoi.

I generi letterari

La poesia

Nei primi anni del Novecento, la poesia italiana è ancora dominata dalle due grandi figure di Pascoli e di d'Annunzio, che sono però al termine della loro attività. Fra le nuove generazioni, possiamo individuare tre correnti principali.

I crepuscolari

La prima è quella dei cosiddetti "poeti crepuscolari", come Corazzini, Govoni, Gozzano e Moretti. Essi si richiamano alla **poetica delle piccole cose** di Pascoli, rifiutando i temi civili e i toni solenni a favore di toni quotidiani, dimessi, spesso volutamente prosastici. Il poeta più interessante del gruppo è il piemontese **Guido Gozzano**. Nei suoi capolavori, egli privilegia il genere del **poemetto narrativo**, ispirandosi a **vicende autobiografiche**, prive di ogni carattere eroico ed eccezionale; e soprattutto racconta con un tono che unisce la nostalgia, il languore sentimentale, all'ironia e all'umorismo, caratteri questi ultimi decisamente estranei sia alla ispirazione dannunziana, sia a quella pascoliana.

I futuristi

Una seconda tendenza è quella che possiamo definire futurista, o più genericamente sperimentale. Pochi sono infatti i poeti che seguono rigorosamente le indicazioni contenute nel *Manifesto tecnico della poesia futurista* di **Marinetti**; la maggior parte degli autori si ispira piuttosto liberamente a quelle indicazioni, sviluppando una propria **ricerca in senso sperimentale**. Le poesie futuriste per eccellenza restano quindi quelle di Marinetti, ma all'area del futurismo si possono ricondurre in parte autori come Palazzeschi, il già citato Govoni. Anche Ungaretti, nella sua prima raccolta di versi, utilizza alcune delle tecniche suggerite da Marinetti, come l'abolizione della punteggiatura e l'uso di analogie (immaginazione senza fili).

La ricerca dei futuristi non dà, in Italia, risultati di valore universale, ma si collega alle sperimentazioni che negli stessi anni venivano condotte in altri paesi europei, come quelle dell'inglese T.S. Eliot e dello spagnolo F. Garcìa Lorca o del futurista russo Vladimir Majakovskij.

I "vociani"

Un terzo gruppo di poeti si definoscono "vociani" perché la loro attività è collegata alla rivista "**La Voce**", una delle più importanti riviste letterarie uscite in Italia negli anni precedenti la Prima guerra mondiale. I poeti vociani (come Clemente Rebora e Camillo Sbarbaro) concentrano l'attenzione sulla **ricerca di essenzialità**: il loro linguaggio è molto concentrato, ricco di temi etici e filosofici, espressi con un linguaggio spesso oscuro, difficile, che ha fatto accostare le loro opere a quelle degli espressionisti.

Anche nel caso dei vociani, la loro importanza è dovuta soprattutto all'apertura di nuove possibilità espressive: l'esperienza di questi poeti anticipa per molti versi quella dei poeti ermetici e di Montale.

Il "ritorno all'ordine"

L'epoca delle avanguardie si apre ufficialmente nel 1909, con la pubblicazione del *Manifesto del futurismo* di Marinetti, ma le **tendenze sperimentali** erano vive e diffuse in poesia già negli ultimi anni dell'Ottocento. D'Annunzio, per esempio, ricorre spesso al verso libero, che è uno dei tratti tipici della nuova poesia.

L'età degli esperimenti e delle provocazioni continua a lungo, nel Novecento, per certi aspetti fino ai giorni nostri. Ma dopo la fine della Prima guerra mondiale si verifica un "ritorno all'ordine", cioè un **recupero dei temi e delle forme più tradizionali**. Un poeta come Ungaretti, per esempio, abbandona gli sperimentalismi della sua prima raccolta e scrive addirittura un *Elogio dell'endecasillabo*, il verso classico della poesia italiana; anche Eliot, la cui opera conserva un carattere sperimentale, si riaccosta a forme tradizionali e, sul piano ideologico, aderisce al cattolicesimo; altri poeti, come Cardarelli, si ispirano a modelli ottocenteschi, e in particolare a Leopardi, in una sorta di rinnovato classicismo.

Non a caso, negli anni Venti incomincia a essere apprezzato un poeta come Umberto Saba, attivo fin dai primi anni del secolo, ma considerato fino a quel momento una figura marginale, estranea alle ricerche più innovative e attuali; ora, invece, la sua scrittura apparentemente "facile", il suo tono classico, vengono rivalutati e ne fanno un punto di riferimento per poeti più giovani come Penna e Bertolucci, figure importanti dei decenni a venire.

Guido Gozzano

L'autore

Guido Gozzano nacque a Torino nel 1883 e trascorse la maggior parte della vita nel capoluogo piemontese e nella zona collinare del Canavese, fra Torino e Ivrea. Di famiglia borghese, studiò giurisprudenza, ma non concluse gli studi. Nel 1904 avvertì i primi sintomi della tubercolosi, che l'avrebbe portato a una morte prematura, nel 1916.

La sua prima raccolta di versi, *La via del rifugio*, è del 1907, e contiene alcuni dei suoi capolavori. Ma il libro a cui è affidata la fama di Gozzano è *I colloqui*, del 1911, opera esemplare fin dal titolo, che indica il tono della sua poesia, quotidiano, prosastico, dimesso, e nello stesso tempo ironico, e lo impone come il più significativo rappresentante della **corrente crepuscolare**.

Nel 1912-13 Gozzano compì un viaggio in India che gli offre l'occasione per una serie di articoli, raccolti in volume nel 1917 col titolo *Verso la cuna del mondo*. Dal 1914 si dedicò anche alla stesura di fiabe e novelle per bambini. Alla morte, lasciò incompiuto un poemetto su *Le farfalle*.

L'opera

***La signorina Felicita*, ovvero la felicità, è uno dei 24 testi che costituiscono *I colloqui*.** *La signorina Felicita* è un poemetto narrativo, suddiviso in otto sezioni – si tratta quindi di un testo molto lungo e articolato, di cui possiamo riprodurre solo una parte. Il protagonista della vicenda narrata è un avvocato (dietro il quale possiamo vedere il poeta stesso che aveva iniziato studi di giurisprudenza). L'ambiente è quello di una vecchia villa situata nel luogo di campagna in cui l'avvocato trascorre le vacanze. Fra vecchi oggetti banali e suppellettili mediocri vive la "signorina" Felicita, una ragazza borghese semplice e bruttina che l'avvocato frequenta, vagamente attratto dall'idea della felicità tranquilla, lontana dalle complicazioni intellettuali, che la vita accanto a lei potrebbe dargli. Egli esprime soprattutto il desiderio di fuga dal proprio mondo, dalla letteratura, ma è il primo a non credere che questa scelta per lui sia possibile.
Alla fine se ne va.
Il poemetto racconta la storia di un amore appena sfiorato, ma in realtà rimasto inespresso. La vicenda è **filtrata attraverso il ricordo** che conferisce alla poesia un tono di malinconia dolce, per una realtà che avrebbe potuto essere, ma non è stata. In verità, il poeta sa bene che il mondo moderno in cui vive è altra cosa e che la felicità semplice, gli affetti tranquilli e intimi non sono più recuperabili. Il suo sguardo è affettuoso, ma distaccato e ironico: egli non appartiene al mondo piccolo-borghese di Felicita. Ma non appartiene nemmeno alla società moderna, di cui non condivide i valori: vorrebbe, in realtà, fuggire da se stesso. Questo senso di non appartenenza, questo sentirsi estraneo e incapace di vivere veramente sono la caratteristica tipica dell'uomo moderno, l'espressione autentica del suo **profondo disagio**.

La Signorina Felicita, ovvero la felicità, vv. 1-30; 49-102; 290-326

La signorina Felicita

Proponiamo qui alcune parti del poemetto, che comprende complessivamente 434 versi.
Il protagonista parla in prima persona, rivolgendosi a Felicita.

Opera
La Signorina Felicita, ovvero la felicità
Epoca
XX secolo
Genere
poesia
Lingua
italiano

Schema metrico
sestine di endecasillabi, rimate secondo lo schema ABBAAB, ma con variazioni ABABAB o ABABBA

I

Signorina Felicita, a quest'ora
scende la sera nel giardino antico
della tua casa. Nel mio cuore amico
scende il ricordo. E ti rivedo ancora,
e Ivrea rivedo e la cerulea Dora
e quel dolce paese che non dico.
Signorina Felicita, è il tuo giorno!
A quest'ora che fai? Tosti il caffè,
e il buon aroma si diffonde intorno?
O cuci i lini e canti e pensi a me,
all'avvocato che non fa ritorno?
E l'avvocato è qui: che pensa a te.
Pensa i bei giorni d'un autunno addietro,
Vill'Amarena a sommo dell'ascesa
coi suoi ciliegi e con la sua Marchesa
dannata, e l'orto dal profumo tetro
di busso e i cocci innumeri di vetro
sulla cinta vetusta, alla difesa...

Vill'Amarena! Dolce la tua casa
in quella grande pace settembrina!
La tua casa che veste una cortina
di granoturco fino alla cimasa:
come una dama secentista, invasa
dal Tempo, che vestì da contadina.

Bell'edificio triste inabitato!
Grate panciute, logore, contorte!
Silenzio! Fuga delle stanze morte!
Odore d'ombra! Odore di passato!
Odore d'abbandono desolato!
Fiabe defunte delle sovrapporte!
[...]

5. cerulea Dora: l'azzurra Dora. È una citazione da *Piemonte*, famosa poesia di Giosue Carducci, dove compare anche Ivrea. La Dora è la Dora Baltea, affluente del Po.
7. il tuo giorno: il giorno del tuo onomastico.
11. avvocato: è un riferimento autobiografico: infatti Gozzano aveva iniziato studi di giurisprudenza, senza però concluderli.
14. Vill'Amarena: la villa di Felicita, situata nel Canavese, la zona intorno a Ivrea, forse ad Agliè, luogo in cui Gozzano nacque e dove si recò spesso in vacanza; **a sommo dell'ascesa:** in cima alla salita.
15. Marchesa: in un'altra parte del poemetto, si narra di questa marchesa, antica proprietaria della villa, il cui fantasma ancora si aggirerebbe nell'edificio. Qui è detta dannata perché la gente pensa che il suo ritratto porti male.
16-17. profumo... busso: il profumo è detto tetro, cupo, triste, poiché il busso, o bosso, è un arbusto sempreverde spesso usato nei cimiteri.
17. innumeri: numerosi.
18. vetusta: vecchia e cadente.
21-22. La tua casa... cimasa: il soggetto è cortina che, letteralmente, significa "tenda", "sipario": una fila di pannocchie di granoturco, appese a essiccare, ricopre la facciata della casa fino all'orlo del tetto (*cimasa*).
23-24. come... contadina: come un'antica dama del Seicento, domata (*invasa*) dal tempo, ridotta a vestire abiti contadini. La metafora invasa dal Tempo si riferisce alla dama, ma, per associazione, anche alla villa, trascurata nel corso degli anni.
25. inabitato: molte stanze sono vuote.
26. Grate panciute: le inferriate ricurve, tipiche dello stile barocco, diffusosi nel Seicento.
27. Fuga: lunga serie di stanze disposte una di seguito all'altra.
30. Fiabe... sovrapporte: porte e finestre sono decorate da pannelli che rappresentano scene mitologiche, fiabe di un tempo lontano. Il termine *defunte*, inserito nel contesto della strofa, suggerisce però anche che queste decorazioni sono vecchie in quanto fuori moda, come tutta la villa.

II

Quel tuo buon padre – in fama d'usuraio –
quasi bifolco, m'accoglieva senza
inquietarsi della mia frequenza,
mi parlava dell'uve e del massaio,
mi confidava certo antico guaio
notarile, con somma deferenza.

«Senta avvocato...» e mi traeva inqueto
nel salone, talvolta, con un atto
che leggeva lentissimo, in segreto.
Io l'ascoltavo docile, distratto
da quell'odor d'inchiostro putrefatto,
da quel disegno strano del tappeto,

da quel salone buio e troppo vasto...
«... la Marchesa fuggì... Le spese cieche...»
da quel parato a ghirlandette, a greche...
«dell'ottocento e dieci, ma il catasto...»
da quel tic-tac dell'orologio guasto...
«... l'ipotecario è morto, e l'ipoteche...»

Capiva poi che non capivo niente
e sbigottiva: «Ma l'ipotecario
è morto, è morto!...» – «E se l'ipotecario
è morto, allora...» Fortunatamente
tu comparivi tutta sorridente:
«Ecco il nostro malato immaginario!»

III

Sei quasi brutta, priva di lusinga
nelle tue vesti quasi campagnole,
ma la tua faccia buona e casalinga,
ma i bei capelli di color di sole,
attorti in minutissime trecciuole,
ti fanno un tipo di beltà fiamminga...
E rivedo la tua bocca vermiglia
così larga nel ridere e nel bere,
e il volto quadro, senza sopracciglia,
tutto sparso d'efelidi leggiere
e gli occhi fermi, l'iridi sincere
azzurre d'un azzurro di stoviglia...

Tu m'hai amato. Nei begli occhi fermi
rideva una blandizie femminina.
Tu civettavi con sottili schermi,
tu volevi piacermi, Signorina:
e più d'ogni conquista cittadina
mi lusingò quel tuo voler piacermi!
Ogni giorno salivo alla tua volta
pel soleggiato ripido sentiero.

50. bifolco: si riferisce all'aspetto rozzo del padre di Felicita, che, pur essendo il proprietario della villa, sembrava un contadino.
52. massaio: fattore.
53-54. certo... notarile: un vecchio problema di carattere legale, di cui si parla nei versi che seguono; **deferenza:** ossequio, rispetto per la persona e la competenza dell'avvocato.
56. atto: atto notarile, documento legale.
59. odor... putrefatto: perché l'atto è vecchio di molti anni; ma in realtà perché tutto nella poesia partecipa di quell'atmosfera di vecchio, di antiquato, che aleggia nella villa. È proprio quest'atmosfera che affascina il poeta poiché si contrappone alla realtà del mondo moderno, da cui egli vorrebbe fuggire.
62. cieche: folli.
63. da quel parato: da quella tappezzeria: dipende sempre da *distratto* del verso 58; è da notare il gioco di intarsio su cui è costruita la strofa: ai frammenti di dialogo si alterna l'inventario delle cose cadenti e di cattivo gusto della villa.
64. catasto: complesso delle operazioni e degli atti che stabiliscono la rendita degli immobili.
66. ipotecario: colui che ha diritto alla proprietà di un bene gravato da ipoteca; è da notare l'uso del termine tecnico estraneo al linguaggio poetico tradizionale.
68. sbigottiva: si stupiva, rimaneva sconcertato.
72. Ecco... immaginario: sono parole pronunciate da Felicita e si riferiscono bonariamente all'avvocato, di salute cagionevole.
73. lusinga: attrattiva.
78. beltà fiamminga: un tipo di bellezza tipica dei quadri fiamminghi per i colori nordici (carnagione pallida, capelli chiari); la descrizione della ragazza ne mette in rilievo la semplicità, in polemica con le "donne fatali" di d'Annunzio; tuttavia il riferimento ai pittori fiamminghi fa emergere il punto di vista colto del poeta.
79. vermiglia: di un rosso acceso.
82. efelidi: lentiggini.
83. l'iridi: sineddoche, sta per "gli occhi".
86. blandizie femminina: civetteria femminile.
87. sottili schermi: piccole dissimulazioni, finzioni.
90. mi lusingò: mi attirò.

Il farmacista non pensò davvero
un'amicizia così bene accolta,
quando ti presentò la prima volta
l'ignoto villeggiante forestiero.

Talora – già la mensa era imbandita –
mi trattenevi a cena. Era una cena
d'altri tempi, col gatto e la falena
e la stoviglia semplice e fiorita
e il commento dei cibi e Maddalena
decrepita, e la siesta e la partita...
[...]

VI

Tu m'hai amato. Nei begli occhi fermi
luceva una blandizie femminina;
tu civettavi con sottili schermi,
tu volevi piacermi, Signorina;
e più d'ogni conquista cittadina
mi lusingò quel tuo voler piacermi!

Unire la mia sorte alla tua sorte
per sempre, nella casa centenaria!
Ah! Con te, forse, piccola consorte
vivace, trasparente come l'aria,
rinnegherei la fede letteraria
che fa la vita simile alla morte...

Oh! questa vita sterile, di sogno!
Meglio la vita ruvida concreta
del buon mercante inteso alla moneta,
meglio andare sferzati dal bisogno,
ma vivere di vita! Io mi vergogno,
sì, mi vergogno d'essere un poeta!

Tu non fai versi. Tagli le camicie
per tuo padre. Hai fatto la seconda
classe, t'han detto che la Terra è tonda,
ma tu non credi... E non mediti Nietzsche...
Mi piaci. Mi faresti più felice
d'un'intellettuale gemebonda...

Tu ignori questo male che s'apprende
in noi. Tu vivi i tuoi giorni modesti,
tutta beata nelle tue faccende.
Mi piaci. Penso che leggendo questi
miei versi tuoi, non mi comprenderesti,
ed a me piace chi non mi comprende.
Ed io non voglio più essere io!
Non più l'esteta gelido, il sofista,
ma vivere nel tuo borgo natio,

97. la mensa: la tavola.
99. falena: farfalla notturna.
100. fiorita: decorata a fiori.
101-102. Maddalena decrepita: la vecchia domestica della casa.
291. luceva: brillava.
301. che... morte: perché la letteratura distrae dalla vita e porta su un piano artificioso, a una vita sterile, di sogno (lontana dalla realtà), come si dice al verso successivo.
304. inteso alla moneta: intento a far soldi.
305. sferzati dal bisogno: tormentati dalla povertà.
311. Nietzsche: filosofo tedesco vissuto fra Ottocento e Novecento. La rima del suo nome con camicie, al verso 308, è un esempio famoso dello stile di Gozzano che, con effetto ironico, accosta toni aulici e toni prosaici.
313. gemebonda: fragile psicologicamente e fisicamente.
314-315. s'apprende in noi: si attacca a noi intellettuali.
318. versi tuoi: ispirati da te.
321. esteta gelido: colui che sacrifica all'amore per l'arte il calore della vita reale; sofista: chi si serve di ragionamenti complicati e non sa essere naturale.

ma vivere alla piccola conquista
mercanteggiando placido, in oblio
come tuo padre, come il farmacista...

Ed io non voglio più essere io!

323. alla piccola conquista: perseguendo, giorno per giorno, le piccole conquiste quotidiane.
324. in oblio: dimenticato dal mondo e dimenticando il mondo, in disparte.

Analisi del testo

La struttura e i contenuti. La composizione trae spunto dal ricordo, come il poeta dichiara nella strofa iniziale. L'avvocato che ne è protagonista parla in prima persona e racconta la propria storia rivolgendosi con il "tu" a Felicita. Nella prima parte il personaggio della ragazza è introdotto attraverso i gesti quotidiani che compie («Tosti il caffè... cuci i lini... canti») e la descrizione della casa in cui vive. In quest'ultima prevale un'atmosfera di cose vecchie, di gesti anacronistici che comunicano un senso di sottile nostalgia.
Nella seconda parte compare la figura del padre di Felicita, semplice e rozzo, interessato al denaro. Per contrasto, si delinea meglio la figura dell'avvocato che si dimostra invece inetto di fronte alle questioni legali e pratiche, di cui ci si aspetterebbe che si intendesse. Egli è invece distratto, sognante, interessato agli oggetti della villa non certo per il loro valore venale, ma per quell'atmosfera di malinconia e decadenza che vi aleggia intorno. Fanno riferimento a questa atmosfera immagini quali: «quell'odor d'inchiostro putrefatto; quel salone buio e troppo vasto». Nei versi 66-70, viene ripetuta per ben 4 volte l'espressione *è morto*, che, anche se riferita all'ipotecario, contribuisce a sottolineare il tema della decadenza e della morte.
Nella terza parte si ha finalmente la descrizione fisica di Felicita, che si apre con un'espressione così poco poetica, in senso tradizionale: «Sei quasi brutta». È evidente qui il riferimento a una realtà umile, minore, tipico della poesia crepuscolare. La ragazza appartiene a questa realtà per le sue vesti quasi campagnole, la faccia buona e casalinga, la bocca larga, il volto quadro... tutto sparso d'efelidi, gli occhi azzurri d'un azzurro di stoviglia.
È l'atmosfera umile e casalinga che attrae il poeta: una cena d'altri tempi, il gatto, la stoviglia semplice, la conversazione su ciò che si mangia (il commento dei cibi), la vecchia domestica, la siesta, il gioco delle carte.
L'ultima sezione che riportiamo si apre con una strofa che riprende la terza strofa della terza sezione (con una piccola variante: *luceva* al posto di *rideva*). Viene ribadita con chiarezza la contrapposizione fra la vita semplice di chi si occupa di cose concrete («la vita ruvida concreta del buon mercante inteso alla moneta») e la vita sterile, di sogno del poeta. Egli vorrebbe vivere di vita, non fare il poeta («mi vergogno d'essere un poeta!»). In modo malinconico e autoironico, Gozzano nega l'alta missione della poesia, in cui fino all'Ottocento si era creduto: il mondo moderno, dell'utile e del concreto, contrasta ormai in modo insanabile con le idee dei poeti, che diventano inutili sottigliezze. Questo contrasto è simbolicamente rappresentato dalla celebre e originale rima *camicie: Nietzsche* (vv. 308 e 311) che accosta l'umile realtà quotidiana al nome di un complesso filosofo. Gozzano esprime così il proprio disagio di intellettuale che non riesce ad aderire alla vita e a fare delle vere scelte. Si sente diverso, incompreso dagli altri e, autoironicamente, se ne compiace («a me piace chi non mi comprende»). Vorrebbe non essere se stesso («Ed io non voglio più essere io!»), ma in realtà è incapace di un vero cambiamento.

Un tono discorsivo. Il poemetto si costruisce come un racconto dai toni discorsivi, che si avvicinano a quelli della prosa, con espressioni del linguaggio quotidiano che designano una realtà comune, pratica: la cucina, le stoviglie, il gatto, la vecchia domestica, il catasto, le ipoteche. Spesso però all'interno di questo linguaggio discorsivo, e in contrasto con questo, compaiono espressioni e figure auliche e letterarie: *la cerulea Dora* (v. 5), *a sommo dell'ascesa* (v. 14), *vetusta* (v. 18), *vermiglia* (v. 79), *blandizie femminina* (v. 86), *pel soleggiato ripido sentiero* (v. 92). Proprio questo accostamento crea la particolare ironia della poesia di Gozzano, attraverso la quale il poeta prende le distanze dalle proprie nostalgie e malinconie e può esprimere partecipazione affettiva, tenendosi però lontano dal facile sentimentalismo.

Proposte di lavoro

1. Sintetizza rapidamente le quattro parti in cui può essere suddivisa la vicenda narrata nei versi che ti abbiamo proposto.
2. Traccia un ritratto di Felicita utilizzando le parole e le immagini che il poeta usa nel testo.
3. Presenta ora la figura dell'avvocato utilizzando ciò che egli dice di sé.
4. Qual è il tema di fondo della poesia? Quali sono le parole chiave che potrebbero meglio sintetizzarlo?
5. Nell'ultima parte del testo presentato, Gozzano parla di sé come poeta.
   - In quali versi?
   - Perché dice: *mi vergogno di essere un poeta*? Che cosa oppone alla poesia?
   - Che cosa significa il *male* di cui parla al v. 314?
6. Il tono prevalente nella poesia è discorsivo, prosaico: ricava dal testo alcuni esempi che lo dimostrino, citando parole, oggetti, situazioni vicini alla semplice realtà quotidiana.
7. Ai toni discorsivi e quotidiani si alternano spesso termini ed espressioni tratti dal linguaggio aulico, elevato: ricava dal testo alcuni esempi.
8. Scrivi una definizione di poesia crepuscolare, basata sulle osservazioni precedenti e su qualche esempio tratto dal testo letto.

Federico García Lorca

L'autore e le opere

Nato nel 1898 nei pressi di Granada, nella regione più meridionale della Spagna, economicamente arretrata, ma con una ricchissima tradizione popolare, frutto delle secolari contaminazioni fra cultura araba e cultura europea, Lorca fu in contatto con i maggiori intellettuali del suo tempo (il regista Buñuel, il poeta Alberti, il pittore Dalì), viaggiò molto all'estero (in Francia, a Cuba, negli Stati Uniti) e svolse un'intensa attività di **animatore culturale**, soprattutto in campo teatrale, fondando una compagnia teatrale itinerante, "La Barraca", che portava nelle strade e nelle piazze i classici del teatro spagnolo (Lope de Vega, Calderón de la Barca ecc.; ma anche i testi dello stesso Lorca, dove emerge una visione dell'esistenza cupa e dominata da un destino misterioso e invincibile, come *Nozze di sangue*, 1933, e *La casa di Bernarda Alba*, 1936, tra i capolavori del teatro novecentesco). Arrestato dai franchisti poco dopo lo scoppio della guerra civile, Lorca venne fucilato a Granada nel 1936.

La sua produzione poetica risente dell'**influenza del Surrealismo**, che nel suo caso si innesta però su una doppia tradizione: quella della **poesia metaforica e immaginifica** (di cui il maggior rappresentante è il poeta barocco Luis de Góngora) e quella della **poesia popolare**, e soprattutto dei versi su cui si basa il cosiddetto *cante jondo* (canto profondo), il canto tradizionale andaluso, a cui Lorca dedicò studi e ricerche appassionati.

Opera **Poema del cante jondo**
Genere **poesia**
Lingua **spagnolo**
Epoca **XX secolo**

Poema del cante jondo

Paesaggio

Il testo che segue fa parte del *Poema del cante jondo*, del 1921. È l'opera in cui, in modo particolare, García Lorca sperimenta il recupero dei temi e dei ritmi del canto popolare andaluso. La poesia appartiene a una sezione dell'opera dedicata alla *seguiriya*, uno dei generi tipici del canto gitano, caratterizzato dall'espressione della pena esistenziale. I versi di questa sezione esprimono una malinconia struggente dettata dai paesaggi andalusi. In questo caso si tratta di un oliveto contemplato al tramonto.

Il campo
di ulivi
s'apre e si chiude
come un ventaglio.
Sull'oliveto
c'è un cielo sommerso
e una pioggia scura
di freddi astri.
Tremano giunco e penombra
sulla riva del fiume.
S'increspa il vento grigio.
Gli ulivi
sono carichi
di gridi.
Uno stormo
d'uccelli prigionieri
che agitano lunghissime
code nel buio.

3-4. s'apre... ventaglio: il movimento delle fronde degli ulivi mosse dal vento fa sì che l'oliveto sembri aprirsi e chiudersi come un ventaglio.
6. sommerso: basso, carico di nubi.
9. giunco: le canne in riva al fiume.
15. Uno stormo: l'immagine dello stormo d'uccelli si collega direttamente a quella degli ulivi carichi di gridi dei versi precedenti: i gridi sono quelli degli uccelli prigionieri dentro le fronde dell'oliveto.

Poesie, a c. di C. Bo, Garzanti

Analisi del testo

L'elemento formale. La lirica è costituita da versi corti, spesso interrotti da pause che isolano nel testo singole immagini. Si crea così quella musicalità spezzata e sospesa tipica della poesia di García Lorca, che la riprende dal canto gitano.

Immagini di un paesaggio malinconico. Alcune concentrate immagini paesaggistiche acquistano valore metaforico, costruendo un'atmosfera malinconica.
L'idea-immagine con cui si apre la poesia è quella del campo di ulivi che «s'apre e si chiude come un ventaglio». È un esempio di quel linguaggio immaginifico tipico della poesia spagnola.
L'atmosfera che avvolge l'oliveto è scura, triste: il cielo sommerso evoca la presenza di nubi che lo coprono, così come la presenza della pioggia scura. In parte in contrasto con questa immagine è quella che segue, di freddi astri, che rimanda a un cielo sereno, anche se di una luminosità fredda, un po' spettrale.

Natura ed emozioni umane. L'atmosfera triste ritorna nei versi 9-11, nella rappresentazione della riva del fiume, in cui «S'increspa il vento grigio», facendo tremare giunco e penombra. È un'immagine sottile questa della penombra che trema insieme ai giunchi sulla riva del fiume: l'atmosfera che circonda la natura partecipa del suo stesso movimento e contribuisce a trasmettere un senso di sospensione e di leggera inquietudine. Il verbo *tremano* non descrive infatti semplicemente un movimento, ma ha anche un significato metaforico, legato al dolore, alla paura. La natura partecipa dunque di emozioni umane. Questa umanizzazione continua nell'immagine successiva, dell'oliveto carico di gridi, come fosse una persona viva e unisse la sua tristezza a quella del poeta.

Proposte di lavoro

1. Sintetizza il contenuto della poesia, scegliendo tra le frasi proposte quella più adatta e motiva la tua scelta.
   - La campagna durante un temporale
   - Il vento che scuote le piante
   - Un oliveto mentre si fa notte
   - Una scena di caccia agli uccelli
2. Come abbiamo detto, la poesia appartiene a un'opera di Lorca che raccoglie testi pervasi dal senso della pena esistenziale. Raccogli nel testo le immagini che creano un'atmosfera di malinconia e tristezza.
3. Nella poesia la natura è metafora delle emozioni umane e partecipa di esse: in quali parole e immagini questa partecipazione si esprime? Quali emozioni prevalgono?
4. Il linguaggio poetico di García Lorca fa largo uso della metafora: sottolinea le metafore presenti nel testo e spiega di ciascuna il significato. In particolare spiega per esteso il paragone contenuto nei versi 3-4.
   - Che doppio significato ha il verbo *tremano* del verso 9?
   - A quali altre immagini della poesia può essere accostato per il suo significato emotivo?

Thomas Stearns Eliot

L'autore e le opere

Thomas Stearns Eliot nacque negli Stati Uniti nel 1888, ma nel 1915 si stabilì a Londra, dove visse fino alla morte (1965).

Le prime opere, incentrate sulla tematica del **male di vivere**, della **mancanza di senso del mondo** e della **desolazione esistenziale**, risentono dello sperimentalismo del primo Novecento: Eliot non aderì ufficialmente a nessuna avanguardia, ma ne rimase certamente influenzato, come rivela soprattutto il testo più importante della prima fase della sua opera, il poemetto *La terra desolata* (1922).

Eliot elaborò una poetica basata sul **concetto di tradizione**, affermando che «a chiunque voglia continuare a essere poeta oltre i suoi venticinque anni è indispensabile il senso storico» e utilizzando nella sua opera una serie di materiali attinti da opere e autori di ogni tempo e paese. A partire dal 1927 Eliot si convertì alla religione anglicana iniziando a trattare temi di carattere religioso. Negli stessi anni prende avvio la sua attività teatrale: la sua opera più celebre è *Assassinio nella cattedrale* (1935), ricostruzione di un fatto storico reale ma in chiave simbolica e allegorica (l'opera, definita dall'autore una «sacra rappresentazione» è infatti un apologo sul senso del dovere e sull'importanza del sacro nella vita dell'uomo).

Eliot ricevette il premio Nobel per la letteratura nel 1948; la sua opera è oggi considerata una delle più significative del Novecento.

Opera
Prufrock e altre osservazioni
Epoca
XX secolo
Genere
poesia
Lingua
inglese

Prufrock e altre osservazioni

Mattino alla finestra

■ La poesia che presentiamo appartiene a una delle prime raccolte di Eliot, *Prufrock e altre osservazioni*, pubblicata nel 1917, ma i cui primi abbozzi risalgono al 1910. Il personaggio che dà il titolo alla raccolta, Alfred Prufrock, è un antieroe frustrato e nevrotico, tipico rappresentante del mondo alienato di Eliot. Nelle poesie che compongono la raccolta emergono i sentimenti di paura, solitudine e angoscia alimentati dalla grande città squallida e anonima.
Nella poesia che segue emerge un mondo di cose e di gesti esteriori osservati in modo distaccato. La scena è desolata, fatta di piccole miserie quotidiane, senza senso.

Sbattono piatti da colazione nelle cucine del seminterrato,
E lungo i marciapiedi che risuonano di passi
Scorgo anime umide di donne di servizio
Sbucare sconsolate dai cancelli che danno sulla strada.

Ondate brune di nebbia levano contro di me
Volti contorti dal fondo della strada,
Strappano a una passante con la gonna inzaccherata
Un vacuo sorriso che s'alza leggero nell'aria
E lungo il filo dei tetti svanisce.

Poesie, trad. di R. Sanesi, Bompiani

3. anime umide: l'immagine suggerisce l'idea di qualcosa di sgualcito, di immiserito dall'atmosfera triste di squallidi seminterrati.
5-6. levano... strada: portano, nella direzione in cui si trova l'osservatore, l'immagine dei volti dei passanti.
6. contorti: l'aggettivo sta a indicare la fatica quotidiana, lo stravolgimento dei lineamenti umani, simbolicamente provocato dalla vita in un mondo di squallore.
7. inzaccherata: sporca di fango.
8. vacuo: vuoto, senza senso.

Analisi del testo

Un osservatore distaccato e oggettivo. Le due brevi strofe della poesia descrivono una scena qualunque osservata, un mattino, in una strada di città. Pur non nominata, è la Londra brumosa e spesso spettrale presente in tanta poesia di Eliot.
Come il titolo suggerisce, la scena è vista dalla finestra. L'osservatore che parla in prima persona può essere identificato con il poeta, ma le sue emozioni e i suoi sentimenti non sono espressi: egli è estraneo alla scena, la descrive in modo distaccato e oggettivo. L'"io" che si esprime nei versi è piuttosto un narratore che un "io lirico". Caratteristico della poesia di Eliot è infatti il tono conversativo, da "racconto". Ciò è realizzato attraverso la tecnica del "correlativo oggettivo" usata da Eliot per trasmettere emozioni e sensazioni senza usare il linguaggio vago dei sentimenti che, secondo lui, rispecchia un arbitrario individualismo.

Una realtà bassa e quotidiana. Nella prima strofa, fin dal primo verso, l'atmosfera squallida e banale che il poeta vuol rappresentare è già tutta presente nelle immagini dei piatti da colazione che sbattono, delle cucine del seminterrato, aspetti di una realtà comune, quotidiana, bassa.
La strada è popolata di gente anonima: si sente solo il rumore dei suoi passi («i marciapiedi... risuonano di passi»). Le persone che acquistano un volto sono «donne di servizio... sconsolate»: la loro immagine suggerisce l'idea di un mondo affaticato, svilito, privo di speranze.

Un mondo grigio privo di rapporti. La seconda strofa si apre con l'immagine della nebbia fuligginosa («Ondate brune di nebbia») che investe l'osservatore e acquista un chiaro significato simbolico: è il grigiore, l'assenza di vitalità che paralizza il mondo.
Appaiono volti contorti, a rappresentare un'umanità stravolta, disperata. L'unico sorriso appartiene a «una passante con la gonna inzaccherata» di fango, immagine che ancora una volta richiama l'idea del degrado, del sudiciume. Inoltre, questo sorriso è inutile e infatti «leggero... svanisce», senza possibilità di modificare la squallida atmosfera circostante.

Proposte di lavoro

1. Sintetizza rapidamente il contenuto della poesia, completando la seguente tabella.

I strofa	
II strofa	

2. Quale ambiente descrive il poeta? Attraverso quali sensazioni ce lo presenta? Quali stati d'animo vuole suscitare in noi?
3. L'ambiente e i personaggi che vi si muovono sono descritti in maniera oggettiva, oppure dal punto di vista soggettivo di un osservatore particolare? Rispondi facendo le opportune citazioni dal testo.
4. Spiega ora il significato simbolico che assumono le varie immagini della poesia, poi spiega qual è il tema di fondo del componimento poetico.

Giuseppe Ungaretti

L'autore e le opere

Giuseppe Ungaretti (1888-1970) fu uno dei massimi poeti italiani del Novecento e contribuì a creare un **linguaggio poetico radicalmente nuovo** rispetto alla tradizione, determinando un nuovo corso della poesia italiana. Egli fu infatti l'iniziatore e il maestro dell'Ermetismo.

Ungaretti nacque ad Alessandria d'Egitto, dove la famiglia, originaria di Lucca, si era trasferita poiché il padre lavorava alla costruzione del canale di Suez. A partire dal 1912, si trasferì a Parigi, dove frequentò importanti personaggi della cultura francese (i poeti Apollinaire e Breton, i pittori Braque e Picasso).

Convinto interventista, nel 1915 si arruolò volontario e combatté la Prima guerra mondiale come soldato semplice sul Carso. In seguito a questa tragica esperienza, Ungaretti scoprì la propria vocazione di uomo e di poeta. La sua prima raccolta poetica, *Il porto sepolto*, pubblicata nel 1916, quando ancora la guerra era in corso, suscitò grande emozione. Terminata la guerra, Ungaretti visse prima a Parigi, dove si sposò, poi a Roma, e lavorò come giornalista corrispondente di diversi giornali.

Fra il 1931 e il 1935, compì molti viaggi in Italia e in Europa, come inviato speciale della "Gazzetta del popolo". Contemporaneamente pubblicò le sue più importanti raccolte poetiche: nel 1919 *Allegria di naufragi*, nel 1933 *Sentimento del tempo*. Tra il 1936 e il 1942 visse in Brasile, dove gli era stata offerta la cattedra di letteratura italiana all'Università di San Paolo e dove nel 1939 fu colpito da una tragedia che lasciò un segno profondo nella sua vita e nella sua opera: la morte, a soli nove anni, del figlio Antonietto, che il poeta rievocherà in alcune liriche della raccolta *Il dolore* del 1947.

Rientrato in Italia, ricoprì la cattedra di letteratura italiana contemporanea all'Università di Roma. Assistette alla Seconda guerra mondiale con un profondo senso di angoscia di cui lasciò testimonianza in altre liriche de *Il dolore*. Negli anni seguenti, continuò la sua attività di poeta e uomo di cultura, pubblicando traduzioni di poeti inglesi e francesi, raccolte di prose e soprattutto ancora numerose raccolte poetiche: *La terra promessa* (1950), *Un grido e paesaggi* (1952), *Il taccuino del vecchio* (1960), *Dialogo* (1968). Morì a Milano.

Le edizioni definitive di tutte le poesie di Ungaretti sono raccolte in un unico volume cui il poeta diede il titolo ***Vita d'un uomo***. Esso è diviso in due principali sezioni, *L'Allegria* e *Sentimento del tempo* e costituisce un tutt'uno, un unico libro poetico, quasi lo specchio di una vita.

L'esigenza di Ungaretti, come di altri grandi poeti quali Saba e Montale, era quella di **rompere con la tradizione**, opponendosi nettamente sia al linguaggio rigoglioso ed enfatico di d'Annunzio, sia al tenue sentimentalismo di Pascoli e al tono umile e discorsivo dei crepuscolari. I nuovi poeti rifiutavano soprattutto ogni intenzione morale, patriottica o oratoria esterna alla poesia stessa, che doveva invece essere espressione pura di **verità profonde**.

Nelle fasi successive della produzione poetica di Ungaretti, la ricerca espressiva procedette in modo diverso, insieme alla scelta di temi che superavano la dimensione biografica e soggettiva delle poesie di guerra e rappresentavano la condizione umana in una **dimensione più universale**. Nella raccolta *Sentimento del tempo*, Ungaretti affrontò infatti i grandi interrogativi della vita, della morte, del rapporto fra il tempo e l'eternità, per approdare infine alle risposte date dalla religione. Lo stile, più articolato e basato su una sintassi meno elementare e spezzata, si riavvicina, anche se in modo del tutto originale, alle cadenze della metrica tradizionale.

Opera
Vita d'un uomo
Epoca
XX secolo
Genere
poesia
Lingua
italiano
Schema metrico
versi liberi

Vita d'un uomo

Stasera

Quello che segue è un esempio di testo molto breve ed essenziale. In soli tre versi fatti di poche parole è concentrata l'immagine del poeta che, in un momento di pausa serale, sente la malinconia per la propria condizione e per quella di tutti gli uomini.

Balaustrata di brezza
per appoggiare stasera
la mia malinconia

Versa il 22 maggio 1916

Vita d'un uomo, A. Mondadori

Analisi del testo

Associazioni di tipo simbolico. I nessi logici tra le parole sono totalmente assenti e i significati del testo si costruiscono attraverso associazioni di tipo analogico, simbolico. La *balaustrata* è un parapetto che delimita una terrazza. Nella poesia però, il termine, associato con l'espressione di *brezza*, perde il suo significato di oggetto concreto e suggerisce, simbolicamente, una situazione in cui il poeta si affaccia dall'alto su una vallata, come appoggiandosi a un'immaginaria balaustra, nella freschezza della sera. Il termine *appoggiare* suggerisce il bisogno di trovare un momento di riposo dalla stanchezza e il termine *brezza* suggerisce che questo riposo è dato dalla freschezza della sera che permette una pausa. È in questa pausa, nel silenzio e nella solitudine, che il poeta sente ed esprime tutta la propria triste condizione di essere umano.

Riferimenti autobiografici. Come in tutte le poesie di guerra raccolte nell'*Allegria*, compare qui il luogo e la data di composizione. È questo un riferimento autobiografico, concreto e preciso, così come precisa è la determinazione di tempo contenuta nel termine *stasera*. Tuttavia, la situazione rappresentata nella poesia è completamente smaterializzata e acquista significato metafisico.

Proposte di lavoro

1. Rispondi alle seguenti domande.
   - Perché Ungaretti indica luogo e data di composizione della poesia?
   - Perché il titolo ripete la parola "stasera", già posta in evidenza alla fine del secondo verso?
   - Qual è lo stato d'animo che il poeta vuole esprimere?
   - Qual è il tema di fondo della poesia?
2. Osserva il primo verso.
   - Che figura retorica è "balaustrata di brezza"?
   - Come si può spiegare razionalmente?
3. Rifletti ora sulla musicalità nascosta della poesia, completando le seguenti osservazioni:
   - fra il primo e il secondo verso non c'è una rima, ma una ....
   - il primo e il terzo verso sono due ...., il secondo è libero;
   - nel terzo verso c'è una rima interna fra le parole .... e ....
4. Partendo da questa poesia, indica in un breve testo scritto quali sono gli elementi di novità più importanti che caratterizzano la prima raccolta di Ungaretti.

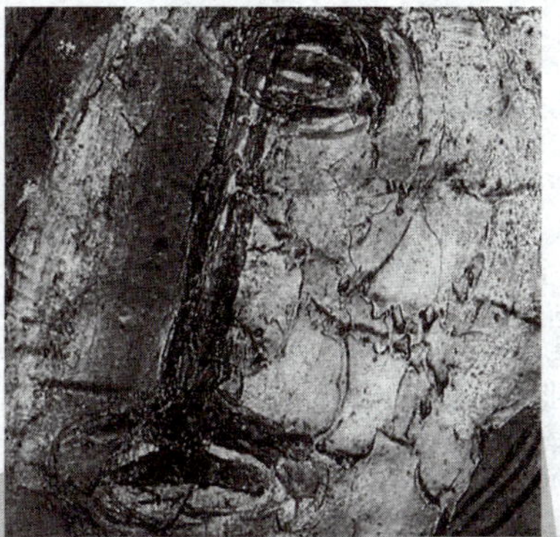

Opera
Vita d'un uomo
Epoca
XX secolo
Genere
poesia
Lingua
italiano
Schema metrico
versi liberi

Vita d'un uomo

Sono una creatura

Presentiamo una famosa poesia di guerra, in cui Ungaretti paragona il suo stato d'animo al paesaggio carsico duro e arido, nel quale si svolge la guerra. Di fronte a tanta tragedia, la disperazione del poeta lo rende quasi duro e insensibile come una pietra: il suo pianto interiore non si vede, non si dichiara esternamente. L'essere si ritrova allo stato nudo, ridotto alla sua essenza. Ma tutto il dolore per la dura condizione umana è dentro di lui e si esprime in modo lapidario nei tre versi finali: la vita dell'uomo contiene in sé la sofferenza della morte. Ancora una volta, da una situazione autobiografica precisa e concreta, il poeta prende spunto per una riflessione complessiva sull'essenza dell'essere uomo.

Come questa pietra
del S. Michele
così fredda
così dura
così prosciugata
così refrattaria
così totalmente
disanimata

Come questa pietra
è il mio pianto
che non si vede

La morte
si sconta
vivendo

Valloncello di Cima Quattro il 5 agosto 1916

Vita d'un uomo, cit.

2. S. Michele: monte del Carso sul quale furono combattute importanti battaglie della Prima guerra mondiale.
5. prosciugata: priva d'acqua.
6. refrattaria: refrattario si dice del materiale che resiste alle alte temperature senza alterarsi. Qui il termine è usato nel senso di "resistente", ma anche di "insensibile".
8. disanimata: senza vita, insensibile.

Analisi del testo

Il poeta come voce dell'umanità. Innanzitutto va sottolineata l'importanza del titolo che fa parte integrante del testo: con il termine *creatura* il poeta ci comunica che gli stati d'animo e i sentimenti che vengono rappresentati nella poesia non riguardano lui come individuo, ma come essere che appartiene all'universo delle creature umane. Il poeta parla di sé, ma, contemporaneamente, si fa voce di tutta l'umanità.

La struttura e i contenuti della lirica. Le prime due strofe della poesia costituiscono una similitudine, di cui il primo termine di paragone è collocato nella seconda strofa e il secondo nella prima. Il poeta paragona il proprio pianto, il proprio dolore per la tragedia della guerra, alla pietra del San Michele. Il secondo termine di paragone, «Come questa pietra», è ripetuto due volte e questo sottolinea il tema della durezza. Nella prima strofa, inoltre, vi è una sequenza di cinque aggettivi accomunati dal tema dell'aridità, della mancanza di vita. La sequenza è sottolineata dall'anafora («così... così... così...»). La terza strofa contiene la "massima" che concentra il nucleo tematico della poesia: una riflessione universale sulla fatica e la sofferenza della vita umana.

Gli elementi formali. Dal punto di vista formale è da notare come nella poesia il tema della durezza sia sottolineato anche dal ricorrere del suono della consonante t (*pieTra, prosciugaTa, refraTTaria, ToTalmente disanimaTa, quesTa pieTra, pianTo*). La metrica della poesia è significativa dello stile di Ungaretti che usa versi brevissimi, spezzati, molto scanditi: il verso è costituito quasi sempre da una sola parola o da un solo concetto, che vengono così isolati, messi in forte rilievo. Sono da notare la soppressione della punteggiatura e le pause di silenzio che si creano alla fine di ogni verso e, in modo ancor più accentuato, fra una strofa e l'altra.

Proposte di lavoro

1. Le prime due strofe della poesia (vv. 1-11) sono occupate da una similitudine.
   - Quali sono i due termini del paragone? In che modo il poeta dà risalto al secondo termine? Quali caratteristiche della condizione umana vuole sottolineare il poeta con questa similitudine? Quale procedimento retorico è evidente nella prima strofa della poesia? Quale tema sottolinea?
2. La terza strofa della poesia ha un carattere sentenzioso e quasi oracolare.
   - Che cosa significa «La morte / si sconta / vivendo»? Quali parole di questa massima sono fra loro in violento contrasto? Che cosa caratterizza questi tre versi, rispetto ai precedenti?
3. Nella prima raccolta di Ungaretti convivono i riferimenti autobiografici, alle situazioni concrete realmente vissute dal poeta, e la riflessione universale sulla condizione umana. Quali espressioni della poesia rimandano alla dimensione autobiografica, personale, concreta? In quale punto della poesia si passa dall'individuale all'universale?
4. Lo stile del primo Ungaretti è caratterizzato dall'uso della parola isolata e scarnificata: in quali espressioni della poesia questo aspetto ti sembra particolarmente efficace?

Opera **Vita d'un uomo**
Epoca **XX secolo**
Genere **poesia**
Lingua **italiano**
Schema metrico **versi liberi**

Vita d'un uomo

Vanità

La poesia è incentrata su uno dei temi ricorrenti nell'opera di Ungaretti, quello della precarietà della vita umana, qui simbolicamente rappresentata dall'immagine del viso che si delinea in uno specchio d'acqua.
La dolcezza della vita, evocata dal termine cullata del verso 14, dura solo un momento e presto svanisce nella morte. Nonostante la malinconia che vi è espressa, questa è una delle poesie di guerra che si distaccano per un attimo dall'orrore e dalle immagini della tragedia.

D'improvviso
è alto
sulle macerie
il limpido
stupore
dell'immensità

E l'uomo
curvato
sull'acqua
sorpresa
dal sole
si rinviene
un'ombra

Cullata e
piano
franta

Vallone il 19 agosto 1917

Vita d'un uomo, cit.

3. macerie: è il segnale, all'interno della poesia, della distruzione provocata dalla guerra, condizione nella quale l'uomo sente più fortemente la sua *vanità*, la sua pochezza e fragilità. Nel termine, al riferimento realistico si aggiunge un significato metaforico: le macerie stanno a rappresentare la miseria delle cose umane in contrasto con la purezza (*limpido*) del cielo immenso (*immensità*) e superiore a esse (*alto sulle macerie*).
5. stupore: viene riferito al cielo quello che in realtà è il sentimento dell'uomo, stupito e quasi smarrito di fronte all'improvviso rivelarsi dell'infinito.
7-8. E l'uomo curvato: in netto contrasto con lo splendore e l'immensità dell'universo della strofa precedente, appare qui la figura dell'uomo *curvato*, piegato su di sé, contrariamente a quel cielo, *alto* sopra di lui.
9-10. sull'acqua sorpresa: è una pozzanghera improvvisamente illuminata dal sole. Anche in *sorpresa*, come in *stupore* del verso 5, si attribuisce alle cose un sentimento che è proprio dell'uomo.
12. si rinviene: si riconosce, scopre di essere.
13. un'ombra: anche in questa parola si esprime il contrasto fra l'uomo e l'universo, che invece è luce e limpidezza. L'ombra inoltre è qualcosa di evanescente, priva di consistenza e di durata.
14-16. Cullata... franta: l'immagine dell'uomo specchiata nell'acqua viene come cullata dal leggero movimento dell'onda e a poco a poco spezzata (*franta*).

Analisi del testo

Lo "stupore dell'immensità". Il poeta non descrive direttamente la guerra, ma le sue conseguenze psicologiche, che emergono nei momenti di calma, in cui tace il furore delle battaglie.
Come improvvisamente si squarciano le nuvole e appare un cielo stupendamente limpido, così nel dolore cupo della distruzione, rappresentato dall'immagine delle macerie, si apre uno squarcio di luce e di serenità. Il poeta lo definisce lo *stupore dell'immensità*, quasi assistesse a questo improvviso rivelarsi dell'universo, con lo stupore dell'uomo ingenuo che si sente in intima comunione con il mondo. In questo momento magico l'uomo scopre l'essenza della propria umanità: la fragilità, rappresentata da quell'ombra del verso 13 che tanto contrasta con la limpidezza dell'immensità, con il sole che d'improvviso illumina l'acqua.

Illuminazione e fragilità. La poesia si basa su una contrapposizione piuttosto netta tra la prima e la seconda strofa: la prima esprime infatti l'illuminazione, il senso di liberazione dalla guerra, mentre la seconda è dedicata alla scoperta della fragilità e del destino di morte a cui l'uomo (e in particolare il soldato) è sottoposto. Tale contrapposizione emerge anche a livello lessicale: nella prima metà della poesia troviamo termini che comunicano un senso di elevazione e di vitalità (*improvviso, alto, limpido, stupore, immensità, sole*), nella seconda metà dominano invece termini che esprimono malinconia e caducità (*curvato, ombra, piano, franta*). Si noti come alcune contrapposizioni siano particolarmente nette: *alto/curvato, improvviso/piano, sole/ombra*; esse rimandano alla più generale contrapposizione tra l'uomo, destinato alla morte, e la natura, la cui vita continua eternamente.

Proposte di lavoro

1. Sintetizza il contenuto della poesia, tenendo conto della suddivisione in tre strofe operata dal poeta.
2. La poesia si basa su una serie di antitesi, o contrapposizioni. Individuale, completando il nostro elenco:

   uomo / ombra • sole / acqua • cullata / franta • ...
3. Queste antitesi hanno un valore tematico. Spiega qual è il tema di fondo della poesia, motivando la tua scelta.
4. Analizza la poesia dal punto di vista sintattico: da quanti e quali periodi è costituita? Gli spazi bianchi si limitano a separare tra loro i periodi oppure li spezzano anche al loro interno?

   ....

   ....

   ....

   ....

Umberto Saba

L'autore

Umberto Saba (1883-1957) fu uno dei maggiori poeti italiani del Novecento. Nacque a Trieste, città che ebbe una parte importante nella sua poesia. La madre, ebrea, fu abbandonata dal marito prima ancora che il figlio nascesse e Umberto, più tardi, rifiutò il cognome del padre, Poli, assumendo quello di Saba (che in ebraico significa "pane") in omaggio alla madre e all'amatissima balia slovena Peppa Sabaz.

Pur senza aver terminato gli studi ed essendo stato avviato al lavoro, pubblicò molto presto le sue prime raccolte di poesie, ma fu misconosciuto dagli ambienti della cultura italiana, con i quali entrò in contatto. Del 1911 è la raccolta *Poesie*, del 1912 il celebre volume *Trieste e una donna*.

Allo scoppio della Prima guerra mondiale, Saba fu arruolato ma non fu mandato a combattere al fronte. Dopo la guerra, divenne proprietario di una libreria antiquaria presso la quale pubblicò in seguito le sue opere e che gli diede poi sempre da vivere. Del 1921 è la prima edizione del *Canzoniere*, la raccolta nella quale saranno via via riunite tutte le sue poesie.

Costretto a lasciare Trieste dopo la promulgazione delle leggi razziali (1938), Saba si rifugiò prima a Parigi, poi a Firenze, dove visse nascosto in casa di amici fino al termine della guerra. Le sue condizioni psichiche, minate da una grave nevrosi, peggioravano di anno in anno. Malgrado ciò, Saba affiancò alla **produzione in versi** alcune importanti **opere in prosa**, come il volume *Scorciatoie e raccontini* (1946), il romanzo *Ernesto* (a cui lavorò nel 1953, ma che fu pubblicato postumo nel 1975) e la *Storia e cronistoria del Canzoniere*, in cui ripercorre la propria attività di poeta attraverso una serie di osservazioni e di commenti ai versi del *Canzoniere*.

Nel 1953 fu ricoverato in una clinica di Roma e nel 1956 si trasferì a Gorizia, dove morì l'anno successivo.

L'opera

Le poesie di Umberto Saba sono raccolte in un'unica opera intitolata *Canzoniere*. Essa è venuta costruendosi negli anni: dopo la prima edizione, del 1921, il *Canzoniere* venne pubblicato una seconda volta nel 1945 con una struttura e un'organizzazione dei testi completamente modificata. Le successive edizioni mantennero invece la struttura della seconda e si ampliarono delle raccolte che via via il poeta veniva componendo. L'ultima edizione apparve postuma nel 1961. Fra le raccolte che compongono il *Canzoniere* ricordiamo: *Preludio e canzonette* (1923), *Autobiografia* (1924), *I prigionieri* (1924), *Figure e canti* (1926), *Preludio e fughe* (1928), *Parole* (1934), *Ultime cose* (1944), *Mediterranee* (1946), *Uccelli* (1950), *Quasi un racconto* (1951), *Epigrafe* (postuma, 1959).

La caratteristica fondamentale della poesia di Saba è quella, almeno a prima vista, della **semplicità** e della quotidianità, dell'uso di un linguaggio lontano dalla voluta e ardua difficoltà dell'analogia, caratteristica della poesia ermetica.

Saba adotta infatti le **forme metriche della tradizione** (canzoni, sonetti, canzonette) e spesso utilizza un **ritmo "facile"**, vicino a quello della prosa. A questa scelta di semplicità corrispondono i temi della sua poesia che sono tratti dalla infinita varietà della vita giornaliera, dal mondo degli uomini comuni con il quale il poeta cerca la sintonia e dei quali vuole condividere i valori.

Costante è la presenza dell'**elemento autobiografico** e la ricerca da parte del poeta della propria verità profonda, con un atteggiamento di assoluta sincerità e fedeltà a se stessi.

Attraverso la sua poesia Saba puntò a **ricostruire una biografia interiore** e fece della propria opera quasi l'equivalente di un'autoanalisi, prima e dopo l'esperienza terapeutica e la conoscenza scientifica della psicoanalisi che egli affrontò, a partire dal 1929, per cercare di curare le gravi crisi depressive di cui soffriva. Attraverso forme e immagini semplici e quotidiane, affiorano i temi profondi legati alla sofferenza psichica, ai conflitti e traumi interiori, determinati dalle carenze affettive di un'infanzia vissuta senza padre, accanto a una madre rigida e severa. Ma Saba seppe anche condividere il dolore degli altri e rappresentare la tragedia collettiva di un popolo oppresso dal fascismo e straziato dalla guerra. Egli stesso, autodefinendo la propria poesia, scrisse: «Pianse e capì per tutti».

Opera
Casa e campagna
Epoca
XX secolo
Genere
poesia
Lingua
italiano

Schema metrico
tre strofe irregolari di endecasillabi e settenari (con l'ultimo verso quinario) variamente rimati

Casa e campagna

La capra

La poesia che segue è tratta da una raccolta dal titolo significativo: *Casa e campagna*. Anche in altre poesie della raccolta compaiono spesso immagini di semplici animali domestici, osservati nei loro atteggiamenti e al contempo umanizzati. Parlando di sé in terza persona, Saba scrisse: «Il poeta, come il fanciullo, ama gli animali, che, per la semplicità e nudità della loro vita, ben più degli uomini, obbligati da necessità sociali e continui infingimenti, "avvicinano a Dio", alle verità cioè che si possono leggere nel libro aperto della creazione». In questo testo, una presenza umile e apparentemente insignificante diventa un'occasione per cogliere un frammento di verità universale.

Ho parlato a una capra,
Era sola sul prato, era legata.
Sazia d'erba, bagnata
dalla pioggia, belava.

Quell'uguale belato era fraterno
al mio dolore. Ed io risposi, prima
per celia, poi perché il dolore è eterno,
ha una voce e non varia.
Questa voce sentiva
gemere in una capra solitaria.

In una capra dal viso semita
sentiva querelarsi ogni altro male,
ogni altra vita.

Tutte le poesie, A. Mondadori

5. uguale: ripetitivo, insistente.
7. per celia: per scherzo, per gioco.
8. ha una voce: una sola voce, uguale in tutti gli esseri viventi.
9. sentiva: sentivo. Saba usa ancora la forma in -a (anziché quella in -o), prevalente fino all'Ottocento, ma quasi del tutto abbandonata nel nostro secolo.
11. dal viso semita: il muso della capra ricorda al poeta l'espressione di certi ebrei (semiti); il paragone non deve essere interpretato in senso troppo ideologico: la capra è simbolo del dolore universale, non di quello del popolo ebraico in particolare.
12. querelarsi: lamentarsi.

Analisi del testo

Comprensione fraterna. Lo spunto da cui nasce la poesia è semplice: il poeta incontra una capra che bela disperata (forse perché, pur essendo sazia, è bagnata dalla pioggia e si trova privata della libertà). D'istinto risponde al suo belato: apparentemente il suo comportamento è uno scherzo, nasce dal gusto di fare una pazzia; ma in realtà, riflettendo, il poeta capisce che il belato della capra è un segno di dolore, e come tale esprime un sentimento universale. E allora anche il belato di risposta del poeta, che inizialmente ci faceva sorridere, diventa un segno di comprensione fraterna.

Tre strofe. Dal punto di vista strutturale, la poesia si presenta suddivisa in tre strofe, come molti testi delle prime raccolte di Saba (vedi per esempio *Città vecchia*). Nella prima strofa il poeta descrive l'animale a cui è dedicata la poesia, assumendo un atteggiamento distaccato, ma senza rinunciare alla piccola provocazione iniziale, che sorprende il lettore («Ho parlato a una capra»); nella seconda strofa si sviluppa la narrazione e la riflessione del poeta, legata alla parola chiave "dolore"; l'ultima strofa ha un carattere sentenzioso, sottolineato soprattutto dal parallelismo finale («ogni altro male, ogni altra vita»), che mette in luce la coincidenza tra "vita" e "dolore".

La sintassi. Saba adotta una sintassi semplicissima nella prima e nella terza strofa, evitando ogni forma di subordinazione e introducendo numerose ripetizioni e parallelismi che sottolineano il carattere volutamente elementare del periodo: «Era sola... era legata»; «ogni altro male, ogni altra vita»). In queste due strofe, troviamo inoltre un solo *enjambement*, fra il terzo e il quarto verso («bagnata / dalla pioggia»). Nella strofa centrale, invece, il poeta adotta strutture più complesse. La coincidenza tra verso e frase è spesso assente, tanto che solo il verso 8 non è interessato dal fenomeno dell'*enjambement*. Il periodo centrale si presenta inoltre più complesso degli altri, con una correlazione (*prima... poi*) e una subordinata causale (*perché*). Saba esprime in questo modo il processo interiore che lo porta a passare dall'atteggiamento scherzoso all'amara meditazione sulla vita.

Proposte di lavoro

1. Riassumi brevemente il contenuto delle tre strofe in cui è divisa la poesia. Attribuisci poi a ciascuna strofa un titoletto.
2. Nella poesia di Saba compaiono spesso animali. Perché?
3. Nel caso della poesia antologizzata, l'incontro casuale con una capra offre al poeta l'occasione per una riflessione di carattere universale.
   - Individua nel testo gli elementi tratti dalla realtà quotidiana.
   - Sottolinea ora i termini e le espressioni attraverso cui il poeta sviluppa la sua riflessione universale.
4. Abbiamo detto che la sintassi ha in Saba un'importanza particolare. Quali osservazioni puoi fare su questa poesia? Vi sono inversioni e dislocazioni di termini, che rendono la sintassi "lontana" dalla norma prosastica? Come ti spieghi questa scelta del poeta?
5. Osserva attentamente gli ultimi due versi della poesia ed esponi le tue riflessioni sulla coincidenza tra "male" e "vita" che il poeta sembra stabilire in questa occasione.

Opera
Trieste e una donna
Epoca
XX secolo
Genere
poesia
Lingua
italiano

Schema metrico
tre strofe di versi imparisillabi con rime e assonanze liberamente distribuite

Trieste e una donna

Città vecchia

Anche questa lirica, come la precedente, prende l'avvio da uno spunto narrativo, che però, già nella prima strofa, lascia il posto alla descrizione e alla riflessione. La città viene questa volta descritta "dall'interno", non più contemplata dall'alto: vi si muovono alcuni personaggi (la prostituta, il marinaio, il vecchio, la donna, il dragone, la giovane), si indicano dei luoghi (l'osteria, il lupanare, la bottega del friggitore). Saba ci presenta una Trieste che in realtà potrebbe essere un'altra qualsiasi città portuale del Mediterraneo: perché ciò che interessa al poeta è la vita che vi si svolge, le persone che vi agiscono e che egli incontra nel corso delle sue passeggiate.

Spesso, per ritornare alla mia casa
prendo un'oscura via di città vecchia.
Giallo in qualche pozzanghera si specchia
qualche fanale, e affollata è la strada.

Qui tra la gente che viene che va
dall'osteria alla casa o al lupanare,
dove son merci ed uomini il detrito
di un gran porto di mare,
io ritrovo, passando, l'infinito
nell'umiltà.
Qui prostituta e marinaio, il vecchio
che bestemmia, la femmina che bega,
il dragone che siede alla bottega
del friggitore,
la tumultuante giovane impazzita
d'amore,
sono tutte creature della vita
e del dolore;
s'agita in esse, come in me, il Signore.

Qui degli umili sento in compagnia
il mio pensiero farsi
più puro dove più turpe è la via.

Tutte le poesie, cit.

2. città vecchia: non il centro storico e monumentale della città, ma i vicoli del porto, i quartieri popolari.
6. al lupanare: al bordello.
7-8. dove son... mare: dove, come in tutte le città portuali, le merci e gli uomini sono oggetti di scambio, ridotti entrambi a "detriti", rovinati, consumati.
9-10. io ritrovo... nell'umiltà: è il concetto fondamentale di tutta la poesia: proprio dove la vita è più umile, senza pretese, ridotta al suo livello quasi animalesco, il poeta si sente in contatto con essa: umiltà e infinito vengono quindi a coincidere, essendo due aspetti della stessa vita universale.
12. la femmina che bega: la donna che litiga, che grida.
13. dragone: in senso generico, militare.
19. s'agita... il Signore: tutte queste manifestazioni di vitalità, per quanto turpi, sono animate da un che di sacro, una presenza misteriosa (la vita stessa, naturalmente) che suscita nel poeta un sentimento quasi religioso.
20. Qui... compagnia: qui, in compagnia degli umili, sento... Nota la ripresa dell'avverbio con cui si apriva già la seconda strofa e la forte inversione sintattica, giustificata dalla necessità della rima *compagnia / via*, che sono elementi tipici del linguaggio poetico sabiano.
22. turpe: vergognosa, immorale (l'aggettivo è contrapposto naturalmente a *puro*).

Analisi del testo

Ritrovare "l'infinito nell'umiltà". La prima strofa della poesia costituisce quasi una premessa, l'inizio di un racconto. Il poeta mette in luce soprattutto lo squallore dell'ambiente: le pozzanghere nelle strade, la scarsa illuminazione, la folla. Ma perché egli sente il desiderio di attraversare la città vecchia per tornare a casa?
La seconda strofa e la terza rappresentano quindi una sorta di "spiegazione", di risposta a questa domanda. Il discorso è scandito da tre *Qui* (ai vv. 5, 11 e 20), che sottolineano polemicamente il valore ispiratore del luogo: proprio qui, in questo quartiere povero e popolare, il poeta ritrova *l'infinito nell'umiltà*, proprio qui capisce che le persone che incontra (prima semplicemente "gente", "uomini", massa indistinta da cui però emergono ben presto degli individui: *prostituta e marinaio, il vecchio, la femmina, il dragone, la giovane*) sono tutte creature della vita; proprio qui, infine, il poeta sente il suo pensiero *farsi più puro*.

L'attenzione per gli umili. Il tema di Città vecchia è di fondamentale importanza per comprendere la poesia di Saba. Esso rimanda, secondo le parole dello stesso Saba, a un «bisogno, innato in lui, di fondere la sua vita a quella delle creature più umili ed oscure: "al popolo – dirà più tardi – in cui muoio, onde son nato". [...] La folla rigurgitante nei vicoli e vicoletti della città vecchia gli ispira pensieri di (non sapremmo come altrimenti chiamarla) religiosa adesione» (da *Storia e cronistoria del Canzoniere*).
L'attenzione e l'amore per gli umili non corrono il rischio di scadere nel populismo, nel paternalismo, nel pittoresco, «perché il poeta non si china paternalisticamente su quel mondo, non discende da un olimpo letterario su di esso, ma ci vive dentro, lo sente come un mondo popolato da creature simili a lui nelle quali, come in lui, "si agita il Signore"» (Guglielmino).

Proposte di lavoro

1. Sintetizza il contenuto della poesia, completando la seguente tabella.

I strofa	
II strofa	
III strofa	

2. La prima strofa è composta da due coppie di versi.
➤ Quale coppia ha un carattere narrativo?
☐ vv. 1-2 ☐ vv. 3-4
➤ Quale ha un carattere descrittivo?
☐ vv. 1-2 ☐ vv. 3-4

3. Qual è la funzione di questa prima descrizione della città vecchia? Che cosa vuole mettere subito in evidenza il poeta?

4. Qual è la riflessione che conclude la prima parte? E quella che conclude la seconda?
....
....
....
....

5. In questa poesia la vita quotidiana assume per il poeta un significato quasi sacro: «io ritrovo, passando, l'infinito / nell'umiltà» (vv. 9-10); «s'agita in esse, come in me, il Signore» (v. 19).
➤ Discuti e commenta l'intera poesia con particolare attenzione ai versi sopra riportati.
➤ Quali aspetti della quotidianità sono particolarmente cari a Saba?

I genereri letterari

La narrativa

La crisi del realismo ottocentesco

All'inizio del Novecento vengono messi in discussione i principi razionali su cui il pensiero dell'Ottocento si era basato e, con essi, anche la possibilità di rappresentare la realtà secondo i canoni dell'oggettività. L'attenzione degli scrittori si sposta sugli **aspetti spesso inquietanti e contraddittori dell'animo umano** e la letteratura, in molti casi, intuisce in anticipo l'importanza della dimensione che poi Freud avrebbe indagato scientificamente.

Nel romanzo si attua una profonda trasformazione delle strutture narrative, che permette di porre in primo piano l'elemento della soggettività, di spostare l'attenzione dalla realtà esterna a quella interiore, di dar voce alle parti più profonde della psiche umana, seguendo i percorsi tortuosi e imprevedibili della memoria e delle libere associazioni che sorgono dentro di noi.

L'interesse per il mondo interiore

Uno dei procedimenti narrativi più efficaci per dar voce alla vita della coscienza è quello del **monologo interiore**, in cui il personaggio si esprime direttamente in un soliloquio, senza la mediazione del narratore, come se pensasse ad alta voce. Il flusso dei suoi pensieri si sostituisce così al racconto degli avvenimenti e il lettore viene a conoscenza di quanto il personaggio fa e di quanto gli accade attraverso quello che egli stesso pensa. Questa tecnica, già in parte anticipata nell'Ottocento da autori come Tolstoj e Dostoevskij, fu poi assunta come strumento centrale della narrazione da molti scrittori del Novecento, come l'austriaco Arthur Schnitzler, la neozelandese Katherine Mansfield, l'irlandese James Joyce e l'inglese Virginia Woolf.

In molti casi, l'uso del monologo interiore è ancora fondato su associazioni mentali consapevoli, che rispettano l'ordine logico delle idee, e su un linguaggio lineare, facilmente comprensibile per il lettore. Nell'*Ulisse* di Joyce e in molte opere della Woolf, invece, il monologo interiore diventa straordinariamente complesso e molto arduo da seguire. Esso viene infatti portato alle conseguenze più estreme e giunge a esprimere l'ininterrotto flusso di pensieri di un personaggio, fatto soprattutto di associazioni incontrollate, inconsapevoli, frammentarie, molto spesso prive di nessi logici. Nel monologo interiore di Joyce, e nella sua forma estrema che è chiamata **flusso di coscienza**, affiora la **vita profonda e contraddittoria della psiche** e l'autore cerca di rendere sulla pagina scritta il linguaggio dell'inconscio che, come nei sogni, si esprime in modo difficile da decifrare.

Un procedimento simile a quelli del monologo interiore e del flusso di coscienza è quello del **discorso indiretto libero**. Esso consiste nel riportare direttamente sulla pagina le parole dei personaggi senza introdurle né con i due punti e le virgolette, come nel discorso diretto, né con verbi tipo "disse", "penso", come nel discorso indiretto. Il discorso indiretto libero ha quindi la vivacità del discorso diretto, ma i tempi verbali e le persone del discorso indiretto.

Nella prima metà del secolo, lo scrittore che in Italia utilizzò più di tutti questa tecnica e quella del monologo interiore è il triestino **Italo Svevo**.

La memoria di Proust e gli incubi di Kafka

La voce della coscienza si esprime, nel romanzo moderno, anche con altri mezzi. L'opera dello scrittore francese **Marcel Proust**, intitolata *Alla ricerca del tempo perduto*, è tutta costruita a partire dai ricordi che affiorano alla mente di un io narrante in prima persona, il quale non organizza gli avvenimenti in base al loro reale svolgersi nel tempo, ma secondo la soggettiva percezione che egli ne ha. Nella ricostruzione della sua vita il narratore trascura a volte periodi di anni, mentre dedica a un ricevimento che si è svolto in poche ore uno spazio così ampio da diventare quasi un romanzo nel romanzo. Tutto scaturisce dalla sua memoria, che diventa così strumento di conoscenza ed elemento unificatore e organizzatore della realtà. Ma essa non ricostruisce i ricordi secondo un ordine prestabilito e si basa invece su **associazioni libere e involontarie** che prendono le mosse da un'occasione inattesa, solitamente una percezione sensoriale, come un profumo o un sapore.

L'analisi dell'interiorità è alla base anche dell'opera misteriosa e inquietante dello scrittore praghese **Franz Kafka**, che adotta una tecnica di **rappresentazione oggettiva**, vicina a quella del Naturalismo, ma applicandola a **realtà oniriche**, a mondi che assomigliano a incubi, a situazioni caratterizzate dall'incomprensibilità e dall'assurdità logica.

Franz Kafka

L'autore

Franz Kafka nacque a Praga nel 1883, figlio di un commerciante ebreo, con cui avrà sempre un tormentato rapporto, documentato dalla drammatica *Lettera al padre*, che scrisse nel 1917, senza tuttavia mai farla leggere al destinatario. Laureatosi in giurisprudenza nel 1905, fu impiegato per molti anni in una compagnia di assicurazioni. Nel 1922 si ritirò in pensione per l'aggravarsi della tubercolosi, di cui soffriva da vari anni. Rimase scapolo, nonostante alcune intense relazioni amorose. Morì nel 1924 di tubercolosi, in un sanatorio presso Vienna.

Ai primi del secolo Praga era un vivace centro culturale, punto di incontro di culture e tradizioni diverse. Kafka visse dunque profondamente influenzato sia dalla cultura boema, sia da quella tedesca, ma non si identificò mai completamente con queste culture, né totale fu il sentimento di appartenenza alla tradizione ebraica. Prevalse sempre in lui un **senso di sradicamento e di estraneità** che visse drammaticamente come una colpa e una condanna.

Le sue prime pubblicazioni sono del 1908: a spingerlo alla scrittura fu un gruppo di amici praghesi, tra cui Max Brod, scrittore egli stesso, che dopo la morte dell'amico, nonostante le disposizioni contrarie di Kafka, decise di pubblicare i suoi manoscritti.

Nel 1912 Kafka scrisse la prima parte del romanzo *America*, rimasto poi incompiuto, e il racconto *La metamorfosi*, una delle sue opere più note. Negli anni successivi stese i suoi libri più importanti: numerosi racconti e soprattutto i due romanzi *Il processo* (1914-15) e *Il castello* (1922), rimasto incompiuto.

I suoi libri esprimono quel senso di estraneità e di insicurezza che caratterizza gran parte della vita dell'uomo di oggi. Esempio di ciò è il famoso racconto *La metamorfosi*, in cui il protagonista, svegliandosi un mattino nel proprio letto, scopre quasi senza meraviglia di essersi trasformato in un enorme scarafaggio. Il romanzo *Il castello* descrive invece l'angosciosa ed enigmatica avventura di un agrimensore di nome K., il quale, chiamato a lavorare dai signori di un misterioso castello è costretto a sottomettersi alla oscura volontà di padroni che non riesce a conoscere, in un villaggio posto ai piedi del castello, in cui le persone vivono in un'atmosfera di paura e di segreto.

Attraverso questo tipo di atmosfere, Kafka intendeva rappresentare la condizione dell'**uomo contemporaneo che abita un mondo che gli riesce incomprensibile** e di cui non riesce a penetrare i meccanismi assurdi e complicati. I personaggi di Kafka sono dunque sempre protesi in un continuo sforzo verso la verità, nel tentativo di dare spiegazione a una esistenza assurda e alienante. Essi vivono tuttavia incapaci di giustificare la vita, di capirne i misteri, vivono gravati da un oscuro senso di colpa e di condanna, in cui l'autore vede precipitare l'uomo moderno che vive senza Dio e senza più soluzioni religiose convincenti ai propri problemi.

Uno degli elementi nella narrativa kafkiana simbolisticamente più significativi è quello dello **spazio**: il chiuso di una casa o più spesso addirittura di una stanza grigia e squallida (abilmente descritta dall'autore con freddo e minuzioso realismo) diventano l'allegoria grottesca e assurda del mondo vero, che chiude l'uomo in una condizione da prigioniero, stritolandolo in un meccanismo cieco e instancabile, in cui ognuno soccombe senza capire, senza poter agire e senza poter comunicare agli altri la propria angosciosa situazione.

L'opera

Scritto da Kafka tra il 1914 e il 1915, apparso solo nel 1925, un anno dopo la morte dell'autore, *Il processo* trasporta il lettore in un'**atmosfera enigmatica**, inquietante. Josef K., un impiegato di banca di trent'anni, «senza che avesse fatto nulla di male», viene dichiarato in arresto da due uomini. Viene istruito un processo nei suoi confronti: Josef K. dapprima reagisce, difendendosi e attaccando il tribunale invisibile che lo vuole colpevole; a poco a poco, tuttavia, egli è schiacciato dalla macchina della legge, finisce per trascurare il lavoro, fino a lasciarsi avvolgere completamente dalla logica del processo che incombe su di lui.

Abbandonato da tutti, K. alla fine giunge ad accettare la condanna che lui stesso ritiene ineluttabile.

Opera
Il processo
Genere
romanzo
Epoca
XX secolo
Lingua
tedesco

L'esecuzione di Joseph K.

■ Il brano che segue è il capitolo finale del romanzo.
Alla vigilia del suo trentunesimo compleanno (si noti: il romanzo fu scritto nel 1914, quando Kafka aveva questa età), due signori vestiti di nero si presentano di sera, a casa di K., il protagonista del romanzo, e lo conducono fuori città, dove verrà giustiziato. Josef K. si lascia portar via senza reagire, ormai persuaso di non avere scelta di fronte al proprio destino. E viene ucciso, senza sapere perché.

Alla vigilia del suo trentunesimo compleanno, erano forse le nove di sera, l'ora in cui si fa silenzio nelle strade, vennero a casa di K. due signori. Erano in giubba[1] lunga, pallidi e grassi, con cappelli a cilindro apparentemente inamovibili.[2] Fecero un po' di cerimonie alla porta di casa, chi dei due dovesse entrare per primo, e le ripeterono accresciute davanti alla porta di K. Quantunque la visita non gli fosse stata annunciata, K., egli pure vestito di nero, sedeva in una poltrona presso la porta, e si stava infilando piano piano un paio di guanti nuovi ben tesi sulle dita, nell'atteggiamento di chi attenda ospiti. Si levò svelto in piedi e osservò i due signori con curiosità: «Cercate di me, vero?» chiese. I due annuirono, ed uno indicò l'altro col cilindro che teneva in mano. K. convenne con se stesso che aveva aspettato una visita diversa. Andò alla finestra e scrutò ancora una volta la strada buia. Erano già buie anche quasi tutte le finestre delle case di fronte; parecchie avevano le tendine già abbassate. Dietro l'inferriata[3] di una finestra illuminata, al suo piano, giocavano dei bambinetti: ancora incapaci di spostarsi, si tendevano le manine. "Mandano a cercarmi dei vecchi guitti";[4] disse K. fra sé mentre si guardava intorno per farsene convinto. "Vogliono togliermi di torno senza spendere troppo". Si volse a loro ad un tratto e chiese: «In che teatro lavorate?» «Teatro?» si consultò l'uno dei due con l'altro, con gli angoli della bocca che tremavano. L'altro gli rispose con la mimica del muto che fa battaglia con il suo organismo restio.[5] "Non sono preparati a ricevere domande", pensò K., e andò a prendere il cappello. Già fin dalla scala i due signori fecero per prendere K. sotto braccio, ma lui rispose: «Solo in strada; non sono ammalato». Tuttavia, appena fuori del portone gli si appigliarono in un modo come K. non aveva mai camminato con nessuno. Tenevano le spalle premute da dietro contro le sue, le braccia tese in giù, servendosi di queste per avvinghiare[6] le braccia di K. in tutta la loro lunghezza; e in basso afferrarono le mani di K. con una stretta d'alta scuola, da esperti, irresistibile. K. procedeva rigido fra loro; i tre formavano adesso una tale unità che se qualcuno avesse voluto fare a pezzi uno di loro, sarebbero andati in pezzi tutti. Una unità come la formano forse solo le cose inanimate.

Per quanto la strettezza della presa lo consentiva, sotto i lampioni K. tentò più volte di esaminare i suoi accompagnatori meglio di quanto avesse potuto fare nella penombra della sua camera. "Forse sono tenori", pensò notando i loro pesanti doppi menti.[7] Provava ribrezzo per la lindura[8] meticolosa dei loro visi; si vedeva ancora, alla lettera, la mano ri-

1. **giubba:** giacca lunga, a falde, da cerimonia.
2. **inamovibili:** che non sembrava possibile spostare, tant'erano calcati sulla testa.
3. **l'inferriata:** chiusura di una finestra con sbarre di ferro disposte a grata.
4. **guitti:** attori da strapazzo, di bassa categoria.
5. **restio:** riluttante, che fa resistenza.
6. **avvinghiare:** circondare con forza.
7. **doppi menti:** l'autore allude alla tradizionale grassezza dei tenori e dei cantanti d'opera in genere.
8. **lindura:** pulizia.

pulitrice che aveva ripassato loro gli angoli degli occhi, massaggiato il labbro di sopra, frugato le rughe del mento. Al vedere tutto questo, si fermò, e di conseguenza si fermarono anche gli altri; erano al margine di una piazza vuota, deserta, ornata di aiuole. «Perché hanno mandato proprio questi!» esclamò piuttosto che chiese. I signori non diedero segno di saper rispondere: rimasero ad aspettare, col braccio libero penzoloni, come fanno gli infermieri quando il malato si vuol riposare. «Io non faccio un passo di più,» provò a dire K. I signori non ebbero bisogno di rispondere: si accontentarono di mantenere la stretta, e si sforzarono di trascinare via K., che tuttavia resistette. "Non avrò più bisogno di molta forza; la userò tutta adesso," pensò, e gli vennero a mente le mosche che lottano per staccarsi dalla pania[9] strappandosi le zampine. "Questi signori avranno il loro lavoro".

In quel momento, salendo per una scaletta da un vicolo più basso, sbucò sulla piazza davanti a loro la signorina Bürstner.[10] Non era proprio sicuro che fosse lei, certo la somiglianza era grande. Ma a K. non importava nulla che quella fosse precisamente la signorina Bürstner: solo ebbe immediata coscienza di quanto la sua resistenza fosse futile.[11] Non c'era niente di eroico se anche resisteva, se anche metteva ora in difficoltà i signori, se tentava di gustare l'ultimo barlume[12] della sua vita difendendosi. Si mise in marcia, ed una briciola della gioia che così facendo procurava ai signori giunse a lui di ritorno.[13] Ora gli permettevano di scegliere il percorso, e lui lo sceglieva in base alla via presa dalla ragazza che li precedeva: non già perché la volesse raggiungere, o la volesse vedere il più a lungo possibile, ma solo per non dimenticare il monito[14] che ella significava per lui. "La sola cosa che ora posso fare," disse K., e il sincronismo dei passi suoi e degli altri due confermava il suo pensiero; "la sola cosa che ora posso fare è conservare fino alla fine la capacità di distinguere con calma. Ho sempre avuto tendenza a dare assalto al mondo con venti mani, e per di più non a scopi lodevoli. Ho sbagliato. Ed ora dovrei far vedere che neppure un anno di processo mi ha insegnato nulla? Dovrei andarmene come un duro a capire? Si dovrà dire di me che all'inizio del processo lo volevo finire, ed ora, che sono alla fine, lo vorrei ricominciare da capo? Non voglio che si dica questo. Sono grato[15] che per questo viaggio mi siano stati dati per compagni questi signori che non parlano quasi e non capiscono affatto; e che mi sia stato concesso il privilegio di dirmi io stesso quello che è necessario".[16]

Nel frattempo la ragazza aveva svoltato in una traversa, ma K. poteva ormai fare a meno di lei e si abbandonò alla sua scorta. In pieno accordo,[17] al lume della luna, i tre presero per un ponte; adesso i signori secondavano[18] volonterosi ogni minima mossa di K.: quando egli piegò verso la ringhiera, si girarono anche loro, facendo fronte da quella parte. «No, non avevo intenzione di fermarmi,» disse ai suoi compagni, vergognoso per la loro premura. Gli parve che uno, dietro la sua schiena, facesse all'altro un cenno di rimprovero per il malinteso[19] sulla fermata, poi proseguirono.

Trovarono vicoli in salita, in cui qua e là sostava o camminava un poliziotto: alcuni lontani, altri molto vicini. Uno di questi, dai folti baffoni, con la mano sull'elsa[20] della sciabola, si accostò come di proposito al gruppo, non insospettabile.[21] I signori si arrestarono di colpo, il poliziotto stava già aprendo la bocca, ma K. trascinò via i due di forza. Si voltò più volte con cautela, per vedere se quello li seguiva; ma quando ebbero messo di mezzo un angolo di strada, K. si mise a correre, e i signori, a dispetto[22] del loro fiato cortissimo, lo dovettero seguire.

9. **pania:** sostanza vischiosa estratta dalle bacche del vischio e usata per catturare piccoli uccelli.
10. **la signorina Bürstner:** è una dattilografa di cui K. è innamorato.
11. **futile:** inutile, non importante. K. ha ormai rinunciato a difendersi, a lottare e si dispone ad accettare passivamente il suo destino.
12. **barlume:** segno debole e confuso.
13. **una briciola... ritorno:** K. si sta progressivamente identificando nei suoi carnefici; la soddisfazione che essi provano nel vedere K. riprendere il cammino diventa motivo di soddisfazione per K. stesso.
14. **il monito:** l'avvertimento.
15. **Sono grato:** ormai K. è giunto a ringraziare chi ha deciso la sua morte.
16. **il privilegio... necessario:** i compagni silenziosi gli consentono il lungo monologo interiore, attraverso cui K. giunge gradatamente ad accettare la sua colpa.
17. **In pieno accordo:** K. ha superato ogni dubbio e paura e marcia ormai in accordo con i suoi carnefici.
18. **secondavano:** accompagnavano, favorivano.
19. **il malinteso:** l'interpretazione sbagliata dell'atteggiamento di K.
20. **elsa:** impugnatura.
21. **non insospettabile:** il comportamento dei tre destava chiaramente sospetto.
22. **a dispetto:** malgrado.

Presto furono fuori della città, che da quel lato finiva nella campagna quasi senza transizione.[23] Presso una casa dall'aspetto ancora decisamente cittadino era una piccola cava di pietra, abbandonata e deserta. I signori si fermarono qui, sia che quella fosse stata la loro meta fin dall'inizio, sia che fossero troppo esausti[24] per continuare nella corsa. Lasciarono libero K., che attese in silenzio, si tolsero i cilindri, e con i fazzoletti si tersero[25] il sudore dalla fronte, guardandosi intorno nella cava. Tutto era immerso nel chiarore della luna, naturale e tranquillo come nessun altro lume.

Scambiatisi alcuni convenevoli,[26] a chi spettassero i compiti successivi (si sarebbe detto che ai due signori non fossero stati assegnati ordini individuali), uno di loro si accostò a K. e gli sfilò la giacca, il panciotto e infine la camicia. Involontariamente, K. rabbrividì, al che il signore gli diede un colpetto sulla schiena per tranquillizzarlo. Poi ripiegò accuratamente gli indumenti, come si fa con i capi che si conta di usare ancora, anche se non subito. Per non lasciare K. esposto immobile al fresco della notte, lo prese sotto braccio e lo fece passeggiare un poco su e giù, mentre l'altro signore esplorava la cava cercando un posto che gli convenisse. Quando l'ebbe trovato, fece un cenno, e il primo vi condusse K.: era presso la parete della cava, e vi giaceva al suolo un masso isolato. I signori fecero sedere K. a terra, appoggiato al masso, e sul masso adagiarono il suo capo. Per quanti sforzi facessero, e per quanto K. si mostrasse arrendevole, la sua posizione restava assai forzata e innaturale; allora un signore pregò l'altro di lasciarlo un po' fare da solo a sistemare K., ma neanche così la cosa andò meglio. In conclusione lasciarono K. in una posizione che non era neppure la migliore di quelle già trovate. Poi uno dei due si sbottonò la giacca, e da un fodero appeso a una cintura stretta sopra il panciotto estrasse un coltellaccio lungo, sottile, a due tagli; lo sollevò e ne verificò l'affilatura alla luce. Qui ricominciarono le loro disgustose cerimonie, uno porgeva il coltello all'altro al di sopra della testa di K., l'altro glielo dava indietro allo stesso modo. Adesso K. sapeva con precisione che sarebbe stato suo dovere impadronirsi del coltello, mentre passava da una mano all'altra sopra di lui, e trafiggersi lui stesso. Ma non lo fece, e invece si guardò intorno, torcendo il collo che ancora aveva libero. Dare piena prova di sé[27] non gli era concesso, non poteva sottrarre alle autorità tutto il lavoro: la responsabilità di questo fallimento estremo cadeva su colui che gli aveva negato quanto gli restava della forza necessaria. Gli cadde l'occhio sull'ultimo piano della casa prossima alla cava. Come una luce che s'accenda a un tratto, si spalancarono i battenti di una delle finestre, e un uomo, scialbo e minuto per la distanza e l'altezza, si sporse fuori di slancio, tendendo le braccia ancora più fuori. Chi era? Un amico? Un buono? Un partecipe? Uno che lo voleva aiutare? Ce n'era uno solo? O lo volevano tutti? Un aiuto era ancora possibile? C'erano eccezioni, non sollevate per negligenza?[28] Ce n'erano di certo. La logica è ferrea sì, ma non resiste a un uomo che vuol vivere. Dov'era il giudice, che lui non aveva mai visto? Dov'era l'Alta Corte, davanti a cui non era mai giunto? Levò le mani allargando le dita.

Ma sulla gola di K. si posarono le mani di uno dei due signori, mentre l'altro gli spingeva il coltello in fondo al cuore rigirandolo due volte. Con occhi ormai spenti K. vide ancora come i signori, guancia a guancia davanti al suo volto, spiavano l'attimo risolutivo.[29] «Come un cane!» disse, e fu come se la vergogna gli dovesse sopravvivere.

Il processo, trad. di P. Levi, Einaudi

23. **senza transizione:** direttamente.
24. **esausti:** stanchi.
25. **si tersero:** si asciugarono.
26. **convenevoli:** frasi di cortesia.
27. **piena prova di sé:** giungere ad accettare la colpa al punto da decidere il suicidio.
28. **negligenza:** trascuratezza.
29. **l'attimo risolutivo:** l'attimo decisivo della morte.

Analisi del testo

Vergogna e senso di colpa. Il punto essenziale del brano, e di tutto il romanzo, non è tanto e solo che a Joseph K. non venga notificata alcuna colpa reale o presunta, quanto che egli giunga a sentirsi, man mano che procede la vicenda, veramente e profondamente colpevole. Per questo, come leggiamo nel brano, egli si rifiuta di chiamare in suo aiuto alcune guardie, davanti a cui passa lo strano corteo di K. stesso e dei suoi due carnefici. L'atto simbolico di inginocchiarsi con la testa su una pietra indica la sua volontà di ubbidire alla legge e al tribunale, anche se K. non ha alla fine il coraggio addirittura di suicidarsi, come notano con disappunto i due lugubri carnefici. K. deve dunque espiare una colpa che, prima ancora che voluta dall'esterno, dagli altri uomini e dalla società, è presente e imposta dall'interno della sua coscienza. Le sue ultime parole, mentre uno dei due carnefici «gli spingeva il coltello in fondo al cuore rigirandolo due volte», sono: «Come un cane!». K. muore dunque in modo inumano e le sue parole sono l'ultima, quasi rassegnata protesta contro l'inumana ingiustizia del tribunale. Ma Kafka poi scrive: «e fu come se la vergogna gli dovesse sopravvivere», quasi a perpetuare la colpa che K. avvertiva per sé in tutti noi che gli siamo sopravvissuti.

Atmosfera kafkiana. In queste pagine troviamo l'inconfondibile atmosfera che Kafka dà ai suoi racconti. Il romanzo non contiene una relazione oggettiva sul fatto, ma è costruito come un continuo monologo interno del protagonista.
Fin dalle prime parole del brano, il lettore sente crescere in sé l'angoscia per l'orrore che si annuncia.

Proposte di lavoro

1. Suddividi il brano in sequenze e attribuisci a ciascuna di esse un breve titolo.
2. Ora concentra l'attenzione sul protagonista K.
   - ➤ Secondo te, il protagonista subisce un mutamento nel corso della vicenda?
   - ➤ Quali espressioni indicano questo mutamento?
3. Come vengono descritti i due signori che si presentano da K.? Sono figure comiche o tragiche? Individua tutte le espressioni del brano riferite ad essi.
4. Individua nel brano tutti gli elementi di colore e spiega quale atmosfera concorrono a creare.
5. Il brano è dominato da un'atmosfera di angoscia; raccogli tutti i termini e le espressioni che contribuiscono a creare questa atmosfera, dividendoli in due gruppi.

James Joyce

L'autore

La giovinezza e la formazione intellettuale di James Joyce (Dublino 1882-Zurigo 1941) si svolsero sotto la forte influenza della religione cattolica. Ma l'ambiente circostante, unito al temperamento inquieto e ribelle del giovane Joyce, trasformarono questa carica spirituale in **rivolta contro la mediocrità della vita** e della cultura irlandese.

Se sul piano artistico questa rivolta si manifestò nella vera e propria "rivoluzione" da Joyce introdotta nella letteratura del Novecento, sul piano dell'esistenza essa si tradusse in una sorta di volontario esilio, che portò lo scrittore ad abbandonare definitivamente l'Irlanda e a vagare, con la sua compagna Nora Barnacle, per le città di mezza Europa. Dapprima si recò a Zurigo (1905), quindi a Pola e a Trieste, dove si fermò fino al 1915, guadagnandosi da vivere come insegnante di inglese. Qui intrecciò con Italo Svevo quell'amicizia e quella relazione intellettuale che tanta importanza ebbero nella carriera artistica dello scrittore italiano. Nel 1914 Joyce, che fino a quel punto aveva prodotto solo liriche, pubblicò la sua prima opera narrativa, *Gente di Dublino*, quindici racconti nei quali si delinea un'immagine assai critica della realtà irlandese, caratterizzata da immobilismo e povertà di ideali (per questa ragione i racconti, composti nei dieci anni precedenti, erano stati rifiutati dagli editori irlandesi, per venire in seguito addirittura bruciati). Da Trieste, Joyce fece ritorno a Zurigo, dove rimase fino alla fine della guerra pubblicando (1917) la sua seconda opera, *Ritratto dell'artista da giovane* (più noto in Italia con il titolo *Dedalus*), un romanzo di carattere autobiografico in cui l'autore ripercorre la propria formazione spirituale e artistica.

Il trasferimento a Parigi (1920) fu l'ultima tappa significativa dell'itinerario di Joyce, che nella capitale francese incontrò finalmente l'ambiente culturale capace di valorizzarlo e stimolarlo: qui egli strinse relazioni con Aragon, Eluard, Pound, Hemingway, Fitzgerald, Beckett e raggiunse la **piena maturità come scrittore e artista**.

Nel 1922 pubblicò l'*Ulisse*, suo capolavoro e opera fondamentale della narrativa novecentesca, la cui grande importanza innovativa fu immediatamente colta dai critici più attenti. Seguirono anni di duro lavoro, tutti dedicati alla stesura di *Finnegans wake* (*La veglia di Finnegan*). Lo **sperimentalismo letterario** dell'*Ulisse* viene qui enfatizzato e dilatato fino a tradursi in un linguaggio complesso ai limiti dell'indecifrabilità.

La preoccupazione per la figlia Lucia, affetta da gravi disturbi psichici, e il riacutizzarsi di una vecchia malattia agli occhi resero assai difficili gli ultimi anni della vita di Joyce. Lasciata Parigi per Zurigo a causa della guerra, lo scrittore vi morì improvvisamente nel 1941.

L'opera

Quando uscì l'*Ulisse* di Joyce, il poeta inglese Eliot scrisse: «Questo libro è l'espressione più importante che di sé sia riuscita a dare fino a questo momento l'età presente». All'intento realistico di descrizione oggettiva di una vicenda, proprio del romanzo tradizionale, esso sostituisce un significato simbolico, basato su una **reinterpretazione** in chiave moderna **del mito dell'eroe omerico** Ulisse che, dopo lunghe peregrinazioni, torna in patria.
Vi si intrecciano le vicende di tre personaggi principali: Leopold Bloom, ebreo di età matura, alla ricerca di rapporti umani e di esperienze, ma timido, inefficiente, abituato ai compromessi e ai fallimenti; Stephen Dedalus, giovane intellettuale inquieto, alla ricerca di un padre spirituale e di una autentica realizzazione di sé; Molly Bloom, la moglie infedele di Leopold. Essi corrispondono rispettivamente all'Ulisse del mito, a suo figlio Telemaco e a sua moglie Penelope. Come l'Ulisse omerico è il simbolo dell'uomo per eccellenza che lotta per affermarsi, così ciò che accomuna Leopold e Stephen è il fatto di essere alla ricerca della propria piena realizzazione come esseri umani, totalmente inseriti in una dimensione terrena. La loro vicenda, che casualmente si intreccia, è tutta racchiusa nell'arco di una giornata. Contrariamente a quella dell'eroe antico, essa è però fatta di gesti e avvenimenti banali. La loro è la vita dell'uomo moderno, frammentaria, spesso frustrante e avvilente, ostacolata dalle strutture oppressive e paralizzanti della società. La vicenda è ambientata nella città di Dublino, che simboleggia il mondo intero, nel quale si svolge e si compie la vita dell'umanità.

Opera **Ulisse**
Genere **romanzo**
Epoca **XX secolo**
Lingua **inglese**

Ulisse

Il funerale

La tecnica narrativa del monologo interiore ha in James Joyce uno dei suoi più grandi interpreti. Essa consente di entrare direttamente in contatto con i pensieri che scorrono in modo frammentario e a volte caotico nella mente del personaggio. Nel flusso di coscienza Joyce non fa alcuno sforzo per dare coerenza logica e sintattica ai pensieri del personaggio, che di conseguenza risultano espressi senza punteggiatura, senza rispettare la coerenza sintattica, riproducendo l'irrazionalità e la casualità con cui si presentano alla mente.
Ne è un esempio il sesto episodio dell'*Ulisse* di Joyce, di cui presentiamo una parte significativa. Mr Leopold Bloom, che ne è il protagonista, assiste nel cimitero di Dublino al funerale dell'alcolizzato Patrick Dignam. Dopo aver partecipato alla funzione religiosa e alla sepoltura, vaga solitario per i viali del cimitero pensando alla morte.

Mr Bloom camminava inosservato per un vialetto lungo file di angeli rattristati, croci, colonne spezzate, tombe di famiglia, speranze di pietra[1] che pregavano con gli occhi al cielo, cuori e mani della vecchia Irlanda.[2] Più sensato spendere i soldi in qualche opera di carità per i vivi. Pregate per la pace dell'anima di. C'è qualcuno che veramente?[3] Piantala e falla finita[4] con lui. Scaricato. Come il carbone giù per una botola di cantina. Poi li ammucchiano insieme per guadagnar tempo. Il giorno dei morti. Il ventisette sarò alla sua tomba.[5] Dieci scellini per il giardiniere. Le[6] tiene sgombre dalle erbacce. Vecchio anche lui. Piegato in due con le cesoie,[7] a tagliare. Vicino alla porta della morte.[8] Che[9] si è spento. Che

1. **speranze di pietra:** statue in pietra raffiguranti l'immagine allegorica della speranza.
2. **cuori... Irlanda:** i monumenti funebri rappresentano la cultura religiosa e cattolica dell'Irlanda.
3. **C'è qualcuno... veramente?:** il pensiero, lasciato in sospeso, dovrebbe concludersi con: segue questo invito?
4. **Piantala e falla finita:** è ciò che nella fantasia di Bloom dice il mondo dei vivi.
5. **sarò alla sua tomba:** presumibilmente Bloom pensa alla tomba del padre o a quella del figlio. Egli è stato perseguitato dalla morte: il padre è morto suicida e il figlio è mancato a soli undici giorni dalla nascita.
6. **Le:** le tombe.
7. **cesoie:** forbicioni con le quali il giardiniere taglia le siepi e ripulisce le aiuole.
8. **Vicino... morte:** si riferisce al giardiniere che è vicino alla morte in due sensi: perché è vecchio e perché il suo lavoro si svolge fra le tombe, idealmente le porte attraverso le quali si entra nel regno della morte.
9. **Che:** questo che, come il successivo, si ricollega a un inizio di frase non espressa nella mente di Bloom e che potrebbe essere: le lapidi dicono che...

si è dipartito dalla vita. Come se l'avessero fatto di loro volontà. Buttati fuori, tutti quanti. Che ha tirato le cuoia.[10] Più interessante se vi dicessero chi erano.[11] Il tal dei tali, carrozziere. Io ero rappresentante di linoleum. Io ho concordato con i creditori cinque scellini la sterlina. Oppure una donna con la casseruola. Io facevo un ottimo stufato irlandese. *Elegia in un cimitero di campagna*[12] dovrebbe chiamarsi quella poesia di chi è Wordsworth o Thomas Campbell. Entrato nel riposo dicono i protestanti. La tomba del vecchio Murren.[13] Il grande medico[14] lo ha chiamato nella sua casa di cura. Be' questa per loro[15] è la terra consacrata. Bella residenza di campagna.[16] Intonacata e ridipinta a nuovo. Luogo ideale per fare una fumatina e leggere il Church Times. Gli annunci matrimoniali non cercano mai di abbellire. Corone rugginose appese a ganci, ghirlande bronzate. Miglior valore allo stesso prezzo. Però, i fiori sono più poetici. L'altro finisce per diventar noioso, non appassendo mai. Non esprime nulla. Immortelles.

Un uccello stava[17] chetamente appollaiato sul ramo di un pioppo. Come impagliato. Come il regalo di nozze che ci ha fatto l'assessore Hooper. Uuu! Non si smuove d'un palmo. Sa che non ci sono fionde per prenderlo di mira. Animali morti anche più tristi.[18] Millina[19] sciocchina che seppelliva l'uccellino morto nella scatola dei fiammiferi in cucina, una coroncina di margherite e pezzetti di collanine sulla tomba.

Quello è il Sacro Cuore:[20] lo mette in mostra. Il cuore in mano. Dovrebbe essere di lato e rosso dovrebbe esser dipinto come un cuore vero. L'Irlanda fu consacrata ad esso o qualcosa del genere. Sembra tutt'altro che soddisfatto. Perché infliggergli questo? Forse

10. Che... cuoia: è la formulazione della morte che dà Bloom, più cruda di quelle scritte sulle lapidi.
11. Più interessante... chi erano: Bloom privilegia gli aspetti materiali e terreni dell'uomo, in questo caso la sua attività di lavoro, e immagina che siano gli stessi morti a presentarsi in prima persona.
12. *Elegia in un cimitero di campagna*: è il titolo di una lirica del poeta inglese del Settecento Thomas Gray. Dalla frase successiva è evidente che Bloom ignora il nome dell'autore confondendolo con quello di altri poeti inglesi.
13. vecchio Murren: girando tra i viali, Bloom scorge la tomba di un conoscente.
14. grande medico: metafora con la quale, in modo un po' irriverente, Bloom designa Dio, visto qui come colui che, dispensando la morte, pone fine ai mali della vita.
15. per loro: per i protestanti.
16. Bella residenza di campagna: continua il tono ironico e dissacrante con cui Bloom considera la morte e il culto a essa legato.
17. Un uccello stava: è questo uno dei brevi interventi, presenti nel brano, della voce narrante esterna ai pensieri di Bloom. Essi però riprendono subito dopo: è sua la riflessione che l'uccello appollaiato sembra impagliato.
18. anche più tristi: degli uomini.
19. Millina: è Milly, la figlia quindicenne di Bloom, alla quale egli, per associazione di idee, pensa mentre, da bambina, celebrava il funerale di un uccellino morto.
20. il Sacro Cuore: Bloom vede un'immagine del Sacro Cuore. Essa ricorre spesso nell'iconografia cattolica: vi è raffigurato Cristo che regge l'immagine di un cuore, simbolo del suo amore per gli uomini.

Il lessico e la grammatica

Monologo interiore e flusso di coscienza

Il brano di Joyce è occupato in parte dai pensieri che si inseguono disordinatamente nella testa del protagonista Leopold Bloom.
In letteratura si parla di **monologo interiore** ogni volta che un personaggio parla fra sé e sé, riflette nella propria mente; quello di Bloom, dunque, si può definire un monologo interiore. Non si tratta però di un'invenzione di Joyce: l'originalità dello scrittore irlandese sta nelle **tecniche** usate per rappresentarlo. Ad esempio, nell'ultimo capitolo dell'*Ulisse* vengono riportati tutti i pensieri che passano nella mente della moglie di Bloom, immersa nel dormiveglia:

«...io dico che non c'è in tutto il mondo un altro che abbia le sue abitudini guarda quel modo che ha di dormire ai piedi del letto come fa senza un capezzale duro meno male che non tira calci sennò mi farebbe saltare tutti i denti respira con la mano sul naso come quel dio indiano che mi portò a vedere una domenica piovosa al museo di Kildare street tutto giallo con un grembiulino steso sul fianco appoggiato a una mano con le dita dei piedi fuori che lui diceva che era una religione più grande di quella degli ebrei e di Nostro Signore messe insieme in tutta l'Asia lo imita com'è sua abitudine imitare tutti...»

Il monologo interiore può ricorrere a diverse tecniche:

- il **discorso diretto**, quando i pensieri dei personaggi vengono riportati "alla lettera", tra virgolette, e introdotti da un verbo come "pensò" o simili;
- il **discorso indiretto**, quando i pensieri dei personaggi vengono riportati dalla voce narrante e introdotti da un verbo come "pensò che" o simili;
- il **discorso diretto libero**, quando i pensieri dei personaggi vengono riportati senza l'introduzione di un verbo come "pensò" o simili e senza le virgolette;
- il **discorso indiretto libero**, quando i pensieri dei personaggi vengono riportati dal narratore, ma senza l'introduzione di un verbo come "pensò che" o simili;
- il **flusso di coscienza**: quando i pensieri dei personaggi sono riportati (come nell'esempio della moglie di Bloom) senza ordine e senza punteggiatura.

verranno gli uccellini[21] e lo beccheranno come il ragazzo col cestino di frutta ma no disse lui avrebbero avuto paura del ragazzo. Apollo si chiamava quel pittore.

Quanti![22] Tutti questi qua hanno camminato un tempo per le vie di Dublino. Fedeli dipartiti. Come tu sei adesso, eravamo noi un tempo.

E poi come si fa a ricordarsi di tutti? Gli occhi, l'incedere, la voce. Bene, la voce, sì: il grammofono.[23] Mettere un grammofono in ogni tomba o tenerne uno a casa. La domenica dopo pranzo. Metti un po' su il povero trisnonno. Craaaac![24] Prontoprontopronto sono felicissimo crac sonstrafelice... strafelicerivedervi prontoprontopronto sono feli poprszs. Ti ricorda la voce come una fotografia ti ricorda un viso. Sennò non ti ricorderesti un viso dopo, mettiamo, quindici anni. Chi per esempio? Per esempio qualcuno morto quando ero da Wisdom Hely.

Rtststr! Stridio di ghiaia. Aspetta. Fermo.

Guardò intento in una cripta di pietra. Qualche animale. Aspetta. Eccolo là. Un obeso sorcio grigio trotterellava lungo un lato della cripta smuovendo la ghiaia. Vecchio volpone: trisnonno:[25] la sa lunga. Il vivo grigio si appiattò sotto il plinto,[26] dimenandosi ci s'infilò dentro. Buon nascondiglio per un tesoro.

Chi vive là? Giacciono i resti di Rober Emery. Robert Emmet[27] fu sepolto qui a lume di candela, vero? Fa le sue poste.

Anche la coda è scomparsa ora.

Uno di quelli si sbriga presto un uomo.

Ripuliscono le ossa senza guardare in faccia a nessuno. Ne mangiano tutti i giorni di questa carne. Un cadavere è carne andata a male. E allora cos'è il formaggio? Il cadavere del latte. Ho letto in quei *Viaggi in Cina*[28] che i cinesi dicono che un bianco puzza di cadavere. Meglio la cremazione. I preti ce l'hanno a morte. Cucina alla diavola[29] per l'altra ditta. Grossisti di bruciatori e graticole. Al tempo della peste. Fosse di calce viva per consumarli. Camera a gas. Ceneri in ceneri. O seppellire in mare. Dov'è quella torre del silenzio dei Parsi?[30] Divorati dagli uccelli. Terra, fuoco, acqua. Annegare dicono che è il più piacevole. Vedere tutta la propria vita in un lampo. Ma essere riportati in vita no. Non si può seppellire nell'aria però. Giù da un'aeronave. Chissà se si sparge la notizia quando ne mettono sotto[31] un altro. Comunicazioni sotterranee. L'abbiamo imparato da loro. Non mi meraviglierei. Pasto in piena regola per loro. Le mosche arrivano prima che sia ben morto. Avuto sentore di Dignam.[32] Non gliene importa dell'odore. Pappa di cadavere biancosale che si sfalda: odore, sapore come di rapa bianca cruda.

I cancelli lucevano di fronte: ancora aperto. Di nuovo nel mondo.[33] Basta con questo posto. Ti ci porta un po' più vicino[34] ogni volta. L'ultima volta che venni fu per il funerale di Mrs Sinico.[35] Il povero babbo anche. L'amore che uccide. E perfino chi scava la terra di not-

21. Forse verranno gli uccellini: nella mente di Bloom sorge una reminiscenza scolastica riferita a un aneddotto sul pittore greco Zeusi: egli aveva dipinto un quadro così realistico che gli uccelli avrebbero potuto prendere per vera la frutta in esso rappresentata e venire a beccarla. Il ricordo di Bloom è però molto impreciso: egli pensa che il pittore si chiamasse Apollo, confondendolo con Apollodoro, altro pittore realistico predecessore di Zeusi.

22. Quanti!: i morti sepolti nel cimitero.

23. grammofono: giradischi.

24. Craaaac...: questa e le parole che seguono sono un esempio dello sperimentalismo linguistico e fonetico di Joyce. Esse riproducono il fruscio del disco, mescolato con le parole che, nella fantasia di Bloom, il trisnonno pronuncerebbe.

25. trisnonno: ora il trisnonno si incarna nel grosso topo grigio.

26. plinto: base del pilastro.

27. Robert Emmet: rivoluzionario irlandese, catturato e condannato a morte dopo il tentativo di impadronirsi della città di Dublino, nel 1803. La condanna fu eseguita di nascosto e per molti anni non si seppe dove fosse stato sepolto.

28. *Viaggi in Cina*: è un volume che si trova nella biblioteca di Bloom.

29. Cucina alla diavola: nel suo solito modo ironico e dissacratorio, Bloom fa un paragone fra la cremazione dei morti e la cucina alla diavola, cioè alla graticola. L'altra ditta che se ne avvantaggerebbe è quella del demonio, l'inferno, dove si arde in eterno e dove, secondo i preti andrebbero le anime di coloro che sono stati cremati, perché ciò è contrario alla dottrina cattolica. Seguono, per associazione mentale, altri modi per la sepoltura dei cadaveri usati dagli uomini nel mondo.

30. torre... Parsi: i Parsi sono i seguaci della religione di Zoroastro, emigrati in India dalla Persia nell'VIII secolo d.C. per sottrarsi alle persecuzioni musulmane. Caratteristiche delle loro usanze sono le cosiddette torri del silenzio, dove i corpi dei defunti vengono esposti agli uccelli predatori.

31. mettono sotto: seppelliscono.

32. Dignam: Patrick Dignam è il conoscente di Bloom al cui funerale egli si è recato.

33. Di nuovo nel mondo: Bloom vuole liberarsi dai pensieri ossessivi sulla morte e riaffermare i valori della vita.

34. un po' più vicino: alla morte.

35. Mrs Sinico: è un personaggio del racconto di Joyce *Un increscioso incidente*, compreso in *Gente di Dublino*.

te con una laterna come quel caso di cui lessi per arrivare a donne sepolte di recente perfino putrefatte con piaghe aperte. Dopo un po' fa venire la pelle d'oca. Ti apparirò dopo morta. Vedrai il mio spettro dopo morta. Il mio spettro ti ossessionerà dopo morta. C'è un altro mondo dopo la morte chiamato inferno. Quell'altro mondo non mi piace scrisse lei. Neanche a me. Tante cose da vedere e udire e sentire ancora. Sentire accanto a te calde creature vive. Lasciateli dormire nei loro letti verminosi. Non me la fanno in questa ripresa. Letti caldi: vita calda sanguigna.

Ulisse, trad. di G. De Angelis, A. Mondadori

Analisi del testo

Il tema della morte. Il tema dominante del brano è quello della morte, affrontata nella forma della "fantasticheria", espressa dal punto di vista narrativo attraverso la tecnica del monologo interiore.
Il protagonista, Leopold Bloom, vaga solitario in un cimitero e la sua mente si abbandona a considerazioni sulla morte. All'inizio, egli la considera solo nel suo aspetto fisico e materiale. Pensa infatti che sarebbe meglio spendere denaro in opere di carità per i vivi, piuttosto che in monumenti funebri e considera una finzione ipocrita il culto dei morti: in realtà morire significa essere brutalmente scaricati, buttati fuori dalla vita, significa che il mondo ci pianta e la fa finita con noi. Con ironia un po' blasfema pensa che bisognerebbe mettere un grammofono in ogni tomba per poter ricordare la voce dei morti. Un topo, che si infila in una cripta, suscita nell'immaginazione di Bloom pensieri ancora più crudi e macabri sulla morte, come disfacimento della carne e della materia che diventa pasto per gli animali. Le libere associazioni mentali lo conducono poi al ricordo del padre, morto suicida, e al motivo, importante nel romanzo, dell'intreccio fra amore e morte. Ma alla fine Bloom afferma la sua voglia di vita, la sua visione dell'esistenza fatta di sensazioni, di cose da vedere, udire, sentire e di calore che pulsa nelle vene.

Il rifiuto della dimensione religiosa. L'insistenza sugli aspetti fisici e materiali dell'uomo, elemento fondamentale del romanzo, corrisponde alla concezione totalmente terrena che Joyce ha dell'esistenza e al suo rifiuto della dimensione religiosa.
Egli disse che l'*Ulisse* era l'epopea del corpo umano, cioè l'affermazione dell'idea che l'uomo realizza integralmente se stesso nella sfera della fisicità e nella vita su questa terra.

Proposte di lavoro

1. Verifica la comprensione del testo rispondendo alle seguenti domande.
   - Dove si svolge la vicenda? ....
   - Chi è il protagonista? ....
   - Che cosa accade nel brano letto? ....
2. Cerca di riassumere brevemente il brano mettendo in rilievo i pensieri di Bloom sulla morte.
3. Quali sono le caratteristiche del personaggio di Bloom, e il suo modo di essere e di pensare che emergono dal brano?
4. Quali sono le immagini o le espressioni che dimostrano l'insistenza di Joyce sugli aspetti fisici e materiali dell'uomo? Rispondi dopo aver sottolineato nel testo le espressioni più significative.
5. Rifletti sulle tecniche narrative utilizzate da Joyce in questo brano ed esponi le tue riflessioni in un breve testo scritto in cui dovranno comparire le seguenti parole chiave:
   monologo interiore • flusso di coscienza • visione del mondo soggettiva • analisi del subconscio

Italo Svevo
La coscienza di Zeno

La vita

Italo Svevo, pseudonimo di Aron Hector Schmitz (1861-1928), nacque a Trieste da padre tedesco e da madre ebrea. La sua vita fu caratterizzata dal rapporto contraddittorio fra le sue **due identità**: da una parte l'impiegato di banca e poi l'uomo d'affari Hector Schmitz, dall'altra lo scrittore Italo Svevo, che nella scelta dello pseudonimo volle sintetizzare le proprie complesse origini culturali, contemporaneamente italiane e tedesche (Svevo deriva da Svevia, regione storica della Germania). Avendo compiuto gli studi medi in **Germania**, egli unì la conoscenza dei classici tedeschi e francesi a quella degli italiani, e approfondì il pensiero del filosofo tedesco Schopenhauer e soprattutto quello del fondatore della psicoanalisi, Sigmund Freud.

Le opere

Svevo non fu uno scrittore professionista in senso tradizionale e questo si tradusse in una scrittura molto lontana dalla ricerca di formalismi ed eleganze stilistiche e molto aderente invece alla **concretezza delle cose rappresentate**, in un linguaggio a volte duro e faticoso, a volte vicino al parlato. Per questo motivo egli fu misconosciuto dalla cultura italiana per tutto il primo periodo della propria attività di scrittore, in cui, oltre ad articoli e racconti comparsi su diverse riviste, scrisse opere teatrali e pubblicò i suoi due primi romanzi, *Una vita* (1892) e *Senilità* (1898). Questi romanzi passarono inosservati, nonostante dimostrassero l'abilità dello scrittore che, con estrema sensibilità per le inquietudini dell'uomo moderno studiate dalla psicoanalisi, affrontava temi vicini a quelli presenti nelle opere di molti scrittori europei. Deluso dall'insuccesso, Svevo abbandonò la letteratura per molti anni. Solo nel 1923 pubblicò il suo terzo romanzo, *La coscienza di Zeno*, che rappresenta la seconda fase della sua opera e che fece conoscere e apprezzare Svevo da parte della critica francese, grazie all'intervento di James Joyce con il quale era entrato in contatto nel 1905 a Trieste, quando lo scrittore irlandese vi lavorava come insegnante di inglese. Nel 1925, in seguito a una favorevole presentazione di Montale, Svevo fu conosciuto e apprezzato anche in Italia. La terza fase della sua opera è costituita da testi teatrali (tra cui è da ricordare soprattutto *Il marito*), da racconti, come *Vino generoso* (1927), dalla raccolta *Una burla riuscita* (1928) e da altri scritti usciti postumi, tra cui *La novella del buon vecchio e della bella fanciulla* (1930) e il racconto *Corto viaggio sentimentale* (1949). Sono di questi anni anche alcuni abbozzi di un ipotetico quarto romanzo intitolato *Il vecchione* o *Il vegliardo* che doveva essere la continuazione della storia di Zeno e che fu bruscamente interrotto dalla morte dello scrittore in un incidente automobilistico.

Dal punto di vista dei contenuti, Svevo ha posto al centro delle proprie storie sempre lo stesso personaggio (per lo più in posizione antagonistica rispetto agli altri che lo circondano). Si tratta di un **individuo debole e infelice**, incapace di realizzarsi positivamente nel lavoro e nei rapporti umani, che cerca di nascondere e giustificare a se stesso la propria inettitudine. Svevo dimostra **comprensione e simpatia** per questo suo "eroe negativo", la cui "malattia" è in parte presente in tutti noi, senza che ne siamo responsabili. Essa è infatti il prodotto della crisi di una società intera, priva di fedi e di valori sicuri.

Dal punto di vista delle strutture narrative i due romanzi *Una vita* e *Senilità* hanno ancora una struttura tradizionale: viene narrata in terza persona la storia di un personaggio protagonista inserito negli ambienti sociali impiegatizi e piccolo-borghesi di Trieste, che vengono rappresentati secondo i canoni del Realismo ottocentesco. Ne *La coscienza di Zeno*, invece, l'impianto narrativo non segue l'ordine oggettivo degli avvenimenti e lo sviluppo cronologico si frantuma sulla base dei ricordi di un personaggio che in prima persona racconta la storia della propria vita. Alla descrizione oggettiva ed esterna del personaggio viene così sostituita una tecnica che del personaggio stesso mette in primo piano gli stati della coscienza, ritraendolo nella sua continua e contraddittoria evoluzione interiore. I fatti narrati risultano totalmente filtrati dalla "coscienza di Zeno", il quale sceglie a sua discrezione che cosa dire e che cosa non dire, commentando e interpretando le sue azioni passate.

Il classico

Un romanzo analitico

La coscienza di Zeno viene definito un romanzo analitico. Esso assume infatti la forma di un'autoanalisi che il narratore e protagonista, Zeno Cosini, compie su invito di uno psicoanalista. Gli eventi della vita di Zeno, narrati in prima persona, sono organizzati in sei episodi, sui quali di volta in volta sofferma la sua attenzione, senza badare all'ordine cronologico, ma affrontando avvenimenti contemporanei in capitoli diversi. Il lettore conosce così la vita e i problemi di Zeno sempre attraverso il suo stesso punto di vista, in un intreccio di **realtà oggettiva** e di **vissuti personali**.

La vicenda

Zeno incomincia con il dedicare molte pagine al vizio del fumo e alla sua incapacità di vincerlo, nonostante i ripetuti propositi. Narra poi la penosa morte del padre e la storia del suo matrimonio con Augusta Malfenti, quella di quattro sorelle che gli piace meno, ma che in realtà lo renderà felice. Dopo la storia della relazione extraconiugale con Carla (che non gli impedisce di continuare a provare molto affetto per la moglie), Zeno racconta dell'impresa commerciale in cui entra in società con il cognato Guido. Dopo il suicidio di quest'ultimo, provocato da un dissesto finanziario, un provvidenziale rialzo della borsa fa andare a gonfie vele gli affari di Zeno. Ormai il suo racconto è giunto al presente e le ultime pagine del libro sono in forma di diario. Scoppiata la guerra, Zeno si dedica tutto ai suoi fortunati affari e decide di abbandonare la terapia psicoanalitica, che ormai considera inutile e fallimentare. Egli è giunto alla conclusione che «qualunque sforzo di darci la salute è vano», poiché è la società a essere malata e solo in un'immaginaria purificazione cosmica sarebbe possibile vincere la debolezza e la malattia che affliggono l'umanità.

Il protagonista

Il personaggio di Zeno è stato definito "l'**inetto**" per eccellenza, colui che non sa adattarsi al mondo che lo circonda, che è insicuro e pieno di contraddizioni.

Svevo stesso, parlando del suo personaggio, lo definì un «abulico», uno «che inciampa nelle cose» e che «passa continuamente dai propositi più eroici alle disfatte più sorprendenti». Osservandolo, «si ha l'impressione evidente del carattere effimero e inconsistente della nostra volontà e dei nostri desideri».

Zeno è uno dei tanti personaggi della letteratura del primo Novecento che incarna l'**insicurezza** e la **debolezza dell'uomo moderno**, spesso in conflitto fra ciò che vorrebbe essere e ciò che in realtà è, fra le scelte razionali e gli impulsi della sua indole più profonda. È questo conflitto a generare quel senso perenne di disagio che in Zeno assume la forma della "malattia". Ma egli ne è consapevole e l'accetta con bonaria ironia. Anzi, è proprio la sua consapevolezza che lo preserva dal diventare un automa alienato e represso, come in realtà sono i cosiddetti "sani", che procedono sicuri nella vita seguendo ordini e schemi prestabiliti.

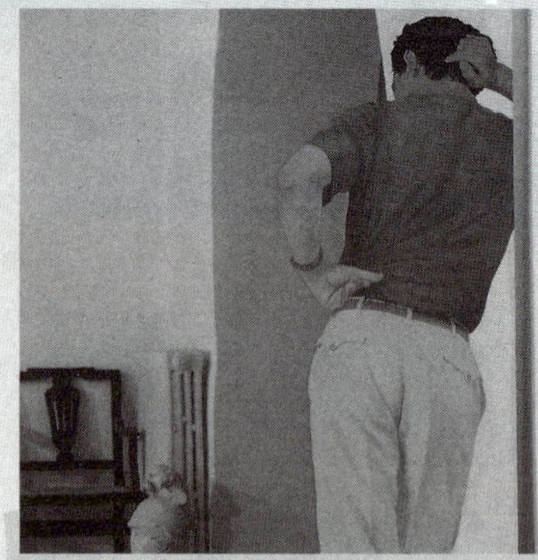

Opera
La coscienza di Zeno
Epoca
XX secolo
Genere
romanzo
Lingua
italiano

Il fumo

Il brano che segue è tratto dalle pagine iniziali della *Coscienza di Zeno*. Il protagonista-narratore si è rivolto a uno psicoanalista (il dottor S.) per guarire da quelli che gli sembrano i sintomi di una grave nevrosi; e su invito dello psicoanalista, che gli suggerisce anche il tema da cui partire, compie uno sforzo volontario per riafferrare ricordi lontani.
Così, intorno a un pacchetto di sigarette, si compongono nella sua memoria volti dapprima sbiaditi, ma che a poco a poco tornano a vivere, portando con sé altri ricordi, un po' alla rinfusa, che Zeno allinea sulla pagina, così come gli si presentano. Sono piccole scappatelle da ragazzo, episodi della vita di tutti i giorni in sé insignificanti, che nella memoria di Zeno sono però illuminati dalla presenza della madre, con il suo sorriso affettuoso e ironico, e del padre, più inquieto ma bonario.

Il dottore[1] al quale ne parlai mi disse d'iniziare il mio lavoro con un'analisi storica della mia propensione al fumo:

«Scriva! Scriva! Vedrà come arriverà a vedersi intero».[2]

Credo anzi che del fumo posso scrivere qui al mio tavolo senz'andar a sognare su quella poltrona.[3] Non so come cominciare e invoco l'assistenza delle sigarette tutte tanto somiglianti a quella che ho in mano.

Oggi scopro subito qualche cosa che più non ricordavo. Le prime sigarette ch'io fumai non esistono più in commercio. Intorno al '70 se ne avevano in Austria[4] di quelle che venivano vendute in scatoline di cartone munite del marchio dell'aquila bicipite.[5] Ecco: attorno a una di quelle scatole s'aggruppano subito varie persone con qualche loro tratto, sufficiente per suggerirmene il nome, non bastevole però a commovermi per l'impensato incontro. Tento di ottenere di più e vado alla poltrona: le persone sbiadiscono e al loro posto si mettono dei buffoni che mi deridono. Ritorno sconfortato al tavolo.

Una delle figure, dalla voce un po' roca, era Giuseppe, un giovinetto della stessa mia età, e l'altra, mio fratello, di un anno di me più giovine e morto tanti anni or sono. Pare che Giuseppe ricevesse molto denaro dal padre suo e ci regalasse di quelle sigarette. Ma sono certo che ne offriva di più a mio fratello che a me. Donde la necessità in cui mi trovai di procurarmene da me delle altre. Così avvenne che rubai. D'estate mio padre abbandonava su una sedia nel tinello il suo panciotto nel cui taschino si trovavano sempre degli spiccioli: mi procuravo i dieci soldi occorrenti per acquistare la preziosa scatoletta e fumavo una dopo l'altra le dieci sigarette che conteneva, per non conservare a lungo il compromettente frutto del furto.

Tutto ciò giaceva nella mia coscienza a portata di mano. Risorge solo ora perché non sapevo prima che potesse avere importanza. Ecco che ho registrata l'origine della sozza abi-

1. **Il dottore:** è l'immaginario dottor S., che, in una prefazione collocata da Svevo all'inizio del romanzo, dichiara che le memorie che seguono sono quelle del paziente a cui egli ha chiesto di stenderle come preludio alla psicoanalisi. Egli dichiara inoltre di averle poi pubblicate per vendicarsi del fatto che il paziente ha deciso di interrompere la cura.
2. **vedersi intero:** ricostruire la propria personalità in tutti i suoi aspetti.
3. **quella poltrona:** in un preambolo, collocato fra la prefazione e il primo capitolo del romanzo, Zeno Cosini racconta di essersi sdraiato comodamente su una poltrona con una matita e un pezzo di carta in mano, per cercare di iniziare a scrivere la propria autobiografia in base ai ricordi che risorgevano in lui. All'inizio l'esperimento risulta molto faticoso ed egli non riesce a riannodare i ricordi. Ci riesce invece qui, all'inizio del primo capitolo, parlando del fumo.
4. **in Austria:** Zeno vive a Trieste che, nel periodo in cui il romanzo è ambientato (e cioè negli anni appena precedenti la Prima guerra mondiale) si trovava ancora sotto il dominio austro-ungarico.
5. **aquila bicipite:** simbolo dell'impero.

tudine e (chissà?) forse ne sono già guarito.[6] Perciò, per provare, accendo un'ultima sigaretta e forse la getterò via subito, disgustato. Poi ricordo che un giorno mio padre mi sorprese col suo panciotto in mano. Io, con una sfacciataggine che ora non avrei e che ancora adesso mi disgusta (chissà che tale disgusto non abbia una grande importanza nella mia cura) gli dissi che m'era venuta la curiosità di contarne i bottoni. Mio padre rise delle mie disposizioni alla matematica o alla sartoria e non s'avvide che avevo le dita nel taschino del suo panciotto. A mio onore posso dire che bastò quel riso rivolto alla mia innocenza quand'essa non esisteva più, per impedirmi per sempre di rubare. Cioè... rubai ancora, ma senza saperlo. Mio padre lasciava per la casa dei sigari virginia fumati a mezzo, in bilico su tavoli e armadi. Io credevo fosse il suo modo di gettarli via e credevo anche di sapere che la nostra vecchia fantesca,[7] Catina, li buttasse via. Andavo a fumarli di nascosto. Già all'atto di impadronirmene venivo pervaso da un brivido di ribrezzo sapendo quale malessere m'avrebbero procurato. Poi li fumavo finché la mia fronte non si fosse coperta di sudori freddi e il mio stomaco si contorcesse. Non si dirà che nella mia infanzia io mancassi di energia.

So perfettamente come mio padre mi guarì anche di quest'abitudine. Un giorno d'estate ero ritornato a casa da un'escursione scolastica, stanco e bagnato di sudore. Mia madre m'aveva aiutato a spogliarmi e, avvoltomi in un accappatoio, m'aveva messo a dormire su un sofà sul quale essa stessa sedette occupata a certo lavoro di cucito. Ero prossimo al sonno, ma avevo gli occhi tuttavia pieni di sole e tardavo a perdere i sensi. La dolcezza che in quell'età s'accompagna al riposo dopo una grande stanchezza, m'è evidente come un'immagine a sé, tanto evidente come se fossi adesso là accanto a quel caro corpo che più non esiste. Ricordo la stanza fresca e grande ove noi bambini si giuocava, e che ora, in questi tempi avari di spazio, è divisa in due parti. In quella scena mio fratello non appare, ciò che mi sorprende perché penso ch'egli pur deve aver preso parte a quella escursione e avrebbe dovuto poi partecipare al riposo. Che abbia dormito anche lui all'altro capo del grande sofà? Io guardo quel posto, ma mi sembra vuoto. Non vedo che me, la dolcezza del riposo, mia madre, eppoi mio padre di cui sento echeggiare le parole. Egli era entrato e non m'aveva subito visto perché ad alta voce chiamò:

«Maria!»

La mamma con un gesto accompagnato da un lieve suono labbiale accennò a me, ch'essa credeva immerso nel sonno su cui invece nuotavo in piena coscienza. Mi piaceva tanto che il babbo dovesse imporsi un riguardo per me, che non mi mossi.

Mio padre con voce bassa si lamentò:

«Io credo di diventar matto. Sono quasi sicuro di aver lasciato mezz'ora fa su quell'armadio un mezzo sigaro ed ora non lo trovo più. Sto peggio del solito. Le cose mi sfuggono».

Pure a bassa voce, ma che tradiva un'ilarità[8] trattenuta solo dalla paura di destarmi, mia madre rispose:

«Eppure nessuno dopo il pranzo è stato in quella stanza».

Mio padre mormorò:

«È perché lo so anch'io, che mi pare di diventar matto!»

Si volse ed uscì.

Io apersi a mezzo gli occhi e guardai mia madre. Essa s'era rimessa al suo lavoro, ma continuava a sorridere. Certo non pensava che mio padre stesse per ammattire per sorridere così delle sue paure. Quel sorriso[9] mi rimase tanto impresso che lo ricordai subito ritrovandolo un giorno sulle labbra di mia moglie.

6. **ne sono già guarito:** si avverte qui un tono ironico che rivela una certa diffidenza di Zeno nei confronti della psicoanalisi.
7. **fantesca:** domestica.
8. **tradiva un'ilarità:** la madre stava per mettersi a ridere, poiché considerava piuttosto ridicolo l'incidente capitato al marito.
9. **Quel sorriso:** è un sorriso di bonaria e ironica comprensione, nei confronti delle stranezze del marito, da parte di una donna che invece risulta dotata di equilibrio e senso pratico.

Non fu poi la mancanza di denaro che mi rendesse difficile di soddisfare il mio vizio, ma le proibizioni valsero ad eccitarlo.

Ricordo d'aver fumato molto, celato in tutti i luoghi possibili. Perché seguito da un forte disgusto fisico, ricordo un soggiorno prolungato per una mezz'ora in una cantina oscura insieme a due altri fanciulli di cui non ritrovo nella memoria altro che la puerilità del vestito: due paia di calzoncini che stanno in piedi perché dentro c'è stato un corpo che il tempo eliminò.[10] Avevamo molte sigarette e volevamo vedere chi ne sapesse bruciare di più nel breve tempo. Io vinsi, ed eroicamente celai il malessere che mi derivò dallo strano esercizio. Poi uscimmo al sole e all'aria. Dovetti chiudere gli occhi per non cadere stordito. Mi rimisi e mi vantai della vittoria. Uno dei due piccoli omini mi disse allora:

«A me non importa di aver perduto perché io non fumo che quanto m'occorre».

Ricordo la parola sana e non la faccina certamente sana anch'essa che a me doveva essere rivolta in quel momento.

Ma allora io non sapevo se amavo o odiavo la sigaretta e il suo sapore e lo stato in cui la nicotina mi metteva. Quando seppi di odiare tutto ciò fu peggio. E lo seppi a vent'anni circa. Allora soffersi per qualche settimana di un violento male di gola accompagnato da febbre. Il dottore prescrisse il letto e l'assoluta astensione dal fumo. Ricordo questa parola assoluta! Mi ferì e la febbre la colorì: un vuoto grande e niente per resistere all'enorme pressione che subito si produce intorno ad un vuoto.

Quando il dottore mi lasciò, mio padre (mia madre era morta da molti anni) con tanto di sigaro in bocca restò ancora per qualche tempo a farmi compagnia. Andandosene, dopo di aver passata dolcemente la sua mano sulla mia fronte scottante, mi disse:

«Non fumare, veh!»

Mi colse un'inquietudine enorme. Pensai: "Giacché mi fa male non fumerò mai più, ma prima voglio farlo per l'ultima volta". Accesi una sigaretta e mi sentii subito liberato dall'inquietudine ad onta che[11] la febbre forse aumentasse e che ad ogni tirata sentissi alle ton-

10. **che il tempo eliminò:** di cui il lungo tempo passato cancellò il ricordo.

11. **ad onta che:** nonostante che.

Participi con valori diversi

Il lessico e la grammatica

Lo stile di Svevo si caratterizza per l'uso piuttosto frequente del participio, sia presente, sia passato. Riflettiamo a partire da alcuni esempi. Tieni presente che parliamo del **participio isolato**, non all'interno di forme verbali composte come "sono guarito" (passato prossimo di guarire).

Il participio può avere **valore verbale** o **valore nominale**. Nel primo caso corrisponde a una proposizione, cioè una frase; nel secondo caso, corrisponde a un aggettivo o, più raramente, a un sostantivo.

Osserviamo alcuni esempi tratti dal testo di Svevo:

- *invoco l'assistenza delle sigarette tutte tanto* ***somiglianti*** *a quella che ho in mano:*
  participio presente, valore verbale (= che assomigliano)
- *per non conservare a lungo il* ***compromettente*** *frutto del furto:*
  participio presente, valore nominale (= aggettivo)
- *Ricordo d'aver fumato molto,* ***celato*** *in tutti i luoghi possibili:*
  participio passato, valore verbale (= dopo essermi celato, cioè nascosto)
- *soffersi per qualche settimana di un violento male di gola* ***accompagnato*** *da febbre:*
  participio passato, valore nominale (= aggettivo)
- *Accesi una sigaretta e mi sentii subito* ***liberato*** *dall'inquietudine:*
  participio passato, valore nominale (= predicativo del soggetto)
- *come se fossero state toccate da un tizzone* ***ardente****:*
  participio presente, valore nominale (= aggettivo).

sille un bruciore come se fossero state toccate da un tizzone ardente. Finii tutta la sigaretta con l'accuratezza con cui si compie un voto. E, sempre soffrendo orribilmente, ne fumai molte altre durante la malattia. Mio padre andava e veniva col suo sigaro in bocca dicendomi:

«Bravo! Ancora qualche giorno di astensione dal fumo e sei guarito!»

Bastava questa frase per farmi desiderare ch'egli se ne andasse presto, presto, per permettermi di correre alla mia sigaretta. Fingevo anche di dormire per indurlo ad allontanarsi prima.

Quella malattia mi procurò il secondo dei miei disturbi: lo sforzo di liberarmi dal primo. Le mie giornate finirono coll'essere piene di sigarette e di propositi di non fumare più e, per dire subito tutto, di tempo in tempo sono ancora tali. La ridda[12] delle ultime sigarette, formatasi a vent'anni, si muove tuttavia.[13] Meno violento è il proposito e la mia debolezza trova nel mio vecchio animo maggior indulgenza. Da vecchi si sorride della vita e di ogni suo contenuto. Posso anzi dire che da qualche tempo io fumo molte sigarette... che non sono le ultime.

12. **ridda:** dal nome di un antico ballo in cui le persone giravano vorticosamente, il termine ha assunto il significato di movimento convulso e disordinato. Qui significa il gran movimento, la gran confusione.

13. **tuttavia:** in questo caso, il termine è usato nel significato meno comune di "ancòra".

Analisi del testo

Il valore simbolico del fumo. Il vizio del fumo e il proposito di smettere di fumare assumono nella narrazione un valore simbolico. Zeno ha iniziato a fumare per imitazione del padre e perché il fumo gli era stato proibito. L'atto di fumare rappresenta dunque sia un tentativo di emancipazione dalla figura paterna – nei cui confronti, per tutto il romanzo, il protagonista manifesta una rapporto di odio-amore – sia il segno della capacità da parte sua di infrangere i divieti e i comandi impostigli dall'esterno. Zeno è consapevole che si tratti di un'illusione, come emerge dal tono ironico con cui egli autogiustifica i propri fallimenti di smettere.

L'ironia di Zeno. Tutto il brano è dominato dall'ironia, con la quale Zeno guarda se stesso e smaschera le proprie contraddizioni passate e presenti, ben consapevole che il funzionamento della psiche, da cui sono determinati gli impulsi più profondi, segue percorsi opposti a quelli della volontà e della razionalità. Proprio mentre si accinge ad analizzare il suo vizio del fumo per cercare di distaccarsene, Zeno sente più forte il bisogno di accendersi una sigaretta e scherza sul fatto che potrebbe essere l'ultima, ben sapendo, in fondo, che non sarà così. Anche in passato erano proprio le proibizioni del padre, del medico, quelle che lui stesso si dava, a eccitare in lui l'irresistibile bisogno del fumo. I fallimenti della volontà erano continui. Ormai egli ha saggiamente accettato questo principio e, divenuto con gli anni distaccato e indulgente verso se stesso, si concede il piacere di fumare senza più imporsi la sofferenza di dover decidere di smettere.

Proposte di lavoro

1. Riassumi brevemente il brano individuando con precisione tutti i ricordi di Zeno.
2. Rifletti sui ricordi di Zeno.
   - I ricordi sorgono nella mente di Zeno
     - ☐ seguendo l'ordine cronologico
     - ☐ secondo un altro criterio.
   - Quali sono le occasioni che suscitano in Zeno i vari ricordi? Rispondi completando la seguente tabella con almeno tre esempi.

Ricordo	Occasione

3. Rifletti ora sul carattere di Zeno.
   - Quali aspetti del carattere di Zeno bambino si ritrovano in lui da adulto?
   - Rileva i passi in cui Zeno si dimostra autoironico nei confronti delle proprie debolezze e contraddizioni.
4. Spiega in un breve testo come è costruito il romanzo *La coscienza di Zeno*, rispondendo alle seguenti domande.
   - Chi è il protagonista?
   - Chi è il narratore?
   - Quali avvenimenti racconta?
   - Il narratore è interno o esterno alla vicenda narrata?
   - Come influisce questo sull'organizzazione cronologica della vicenda narrata?
   - Pensi che si tratti di un'autobiografia reale o di una finzione letteraria?

Opera
La coscienza di Zeno
Epoca
XX secolo
Genere
romanzo
Lingua
italiano

La coscienza di Zeno

La morte del padre

Questo brano è tratto dal capitolo IV del romanzo, intitolato *La morte di mio padre*. Si tratta di uno dei passaggi chiave della narrazione, in cui viene messo a fuoco uno dei temi più significativi dal punto di vista psicoanalitico: il rapporto con il padre, essenziale per la definizione psicologica del protagonista. La morte del vecchio Cosini, descritto come un patriarca rigido e autorevole, viene vissuta da Zeno con drammatica violenza.
La scena si apre appena dopo che il dottor Coprosich ha diagnosticato la malattia mortale dell'anziano padre di Zeno. Il figlio, insieme con un infermiere, Carlo, assiste il vecchio, attendendo l'ora della sua morte.

L'infermiere mi disse:

«Come sarebbe bene se riuscissimo a tenerlo a letto. Il dottore vi dà tanta importanza!»

Fino a quel momento io ero rimasto adagiato sul sofà. Mi levai e andai al letto ove, in quel momento, ansante più che mai, l'ammalato s'era coricato. Ero deciso: avrei costretto mio padre di restare[1] almeno per mezz'ora nel riposo voluto dal medico. Non era questo il mio dovere?

Subito mio padre tentò di ribaltarsi verso la sponda del letto per sottrarsi alla mia pressione e levarsi. Con mano vigorosa poggiata sulla spalla, gliel'impedii mentre a voce alta e imperiosa gli comandavo di non muoversi. Per un breve istante, terrorizzato, egli obbedì. Poi esclamò:

«Muoio!»

E si rizzò. A mia volta, subito spaventato dal suo grido, rallentai la pressione della mia mano. Perciò egli poté sedere sulla sponda del letto proprio di faccia a me. Io penso che allora la sua ira fu aumentata al trovarsi — sebbene per un momento solo — impedito nei movimenti e gli parve certo ch'io togliessi anche l'aria di cui aveva tanto bisogno, come gli toglievo la luce stando in piedi contro di lui seduto. Con uno sforzo supremo arrivò a mettersi in piedi, alzò la mano alto alto, come se avesse saputo ch'egli non poteva comunicarle altra forza che quella del suo peso e la lasciò cadere sulla mia guancia. Poi scivolò sul letto e di là sul pavimento. Morto!

Non lo sapevo morto, ma mi si contrasse il cuore dal dolore della punizione ch'egli, moribondo, aveva voluto darmi. Con l'aiuto di Carlo lo sollevai e lo riposai in letto. Piangendo, proprio come un bambino punito, gli gridai nell'orecchio:

«Non è colpa mia! Fu quel maledetto dottore che voleva obbligarti di star sdraiato!»

Era una bugia. Poi, ancora come un bambino, aggiunsi la promessa di non farlo più: «Ti lascerò muovere come vorrai».

L'infermiere disse:

«È morto».

Dovettero allontanarmi a viva forza da quella stanza. Egli era morto ed io non potevo provargli la mia innocenza!

Nella solitudine tentai di riavermi. Ragionavo: era escluso che mio padre, ch'era sempre fuori di sensi,[2] avesse potuto risolvere[3] di punirmi e di dirigere la sua mano con tanta esattezza da colpire la mia guancia.

Come sarebbe stato possibile di avere la certezza che il mio ragionamento era giusto?

1. **di restare:** a restare.
2. **ch'era... di sensi:** che era da tempo poco cosciente per la malattia.
3. **risolvere:** decidere.

Pensai persino di dirigermi a Coprosich. Egli, quale medico, avrebbe potuto dirmi qualche cosa sulle capacità di risolvere e agire di un moribondo. Potevo anche essere stato vittima di un atto provocato da un tentativo di facilitarsi la respirazione! Ma col dottor Coprosich non parlai. Era impossibile di andare a rivelare a lui come mio padre si fosse congedato da me. A lui, che m'aveva già accusato di aver mancato di affetto per mio padre!

Fu un ulteriore grave colpo per me quando sentii che Carlo, l'infermiere, in cucina, di sera, raccontava a Maria: «Il padre alzò alto alto la mano e con l'ultimo suo atto picchiò il figliuolo».

Egli lo sapeva e perciò Coprosich l'avrebbe risaputo.

Quando mi recai nella stanza mortuaria, trovai che avevano vestito il cadavere. L'infermiere doveva anche avergli ravviata la bella, bianca chioma. La morte aveva già irrigidito quel corpo che giaceva superbo e minaccioso. Le sue mani grandi, potenti, ben formate, erano livide, la giacevano con tanta naturalezza che parevano pronte ad afferrare e punire. Non volli, non seppi più rivederlo.

Poi, al funerale, riuscii a ricordare mio padre debole e buono come l'avevo sempre conosciuto dopo la mia infanzia e mi convinsi che quello schiaffo che m'era stato inflitto da lui moribondo, non era stato da lui voluto. Divenni buono, buono e il ricordo di mio padre s'accompagnò a me, divenendo sempre più dolce. Fu come un sogno delizioso: eravamo ormai perfettamente d'accordo, io divenuto il più debole e lui il più forte.

Analisi del testo

La psicologia del protagonista. Il brano della morte del padre e del presunto schiaffo ricevuto da Zeno costituisce uno dei passaggi del romanzo che delineano con maggiore efficacia la psicologia del protagonista. All'inizio del brano, per obbedire all'indicazione del medico che aveva consigliato di tenere il malato a letto per diminuirgli il dolore, Zeno interviene con mano vigorosa, parlando al padre con voce alta e imperiosa. Da subito, però, il gesto viene avvolto dall'ambiguità: «Non era questo il mio dovere?», si chiede infatti Zeno, come se avesse bisogno di una conferma del suo proponimento di aiutare il padre sofferente. Egli dimostra verso il padre un'aggressività eccessiva, che il malato avverte con chiarezza: alla pressione del figlio, che sembra quasi indirizzata a togliergli l'aria, ossia la vita stessa, il vecchio, terrorizzato, risponde rimettendosi in piedi con uno sforzo supremo e con un gesto estremo "forse" (il narratore volutamente lascia ciò indeterminato) schiaffeggia Zeno. Poi, ricade morto.

Le reazioni di Zeno. Osserviamo le reazioni di Zeno. In primo luogo, Zeno ridiventa immediatamente bambino, perdendo tutta la forza che sembrava aver trovato in precedenza, anzi ridiventa un bambino punito, piangente: egli subisce, in linguaggio psicoanalitico, quella che si chiama una "regressione".
In secondo luogo, scatta in lui il senso di colpa per l'eccessiva aggressività (inconsciamente accumulata nel tempo e ora scaricata) dimostrata negli ultimi istanti di vita del padre, quando cioè quest'ultimo, ormai debole, aveva perso tutta la forza e il potere dimostrati in vita verso il figlio.
In terzo luogo, infine, Zeno protesta la sua innocenza («Non è colpa mia!»), dando la colpa al medico, ben sapendo tuttavia che sta mentendo a se stesso («Era una bugia») e che la sua intenzione era realmente aggressiva. Ormai dominato dal senso di colpa, Zeno rivede il padre forte e dominatore anche da morto («superbo e minaccioso, con mani grandi e pronte ad afferrare e punire»). Secondo un meccanismo che la psicoanalisi chiama di "rimozione" dell'evento, egli decide allora di non rivedere più il cadavere del padre; dimentica l'accaduto, decidendo che lo schiaffo non poteva essere stato voluto, e si cala nei panni consolatori del figlio docile e buono.

Proposte di lavoro

1. Suddividi il brano in sequenze, poi fanne un breve riassunto.
2. Completa la seguente tabella, facendo le opportune citazioni dal testo.

Atteggiamenti di Zeno verso il padre quando questi è ancora vivo	
Reazioni di Zeno dopo la morte del padre	

3. Ricava dal brano i tratti fondamentali di Zeno Cosini, distinguendo:
   aspetto fisico • condizione sociale • psicologia e carattere
4. Scrivi una breve definizione di "inetto", poi spiega perché Zeno può essere considerato un inetto.
5. A quale celebre teoria freudiana fa riferimento il brano letto? Motiva per iscritto la tua risposta, scegliendola fra le seguenti:
   - ☐ l'interpretazione dei sogni
   - ☐ il complesso di Edipo
   - ☐ i lapsus e gli atti mancati

Il teatro

Sviluppi del teatro fra Ottocento e Novecento

I profondi mutamenti che caratterizzarono la cultura europea fra Ottocento e Novecento, investirono anche il teatro. Soprattutto nelle grandi città, il mondo dello spettacolo attraversò un momento vivacissimo, testimoniato sia dalla **grande fortuna di spettacoli leggeri ed evasivi**, come **operette e varietà** (che valse al periodo il nome di "belle-époque"), sia dalla diffusione di un **genere teatrale di alta qualità**, che proponeva al pubblico contenuti nuovi e faceva discutere. Si afferma la concezione dello spettacolo teatrale come **forma d'arte complessa**, fatta non solo di testo e di parole, ma anche di movimento, musica, scenografia. Negli anni Venti a Parigi, Monaco, Berlino, Zurigo, Mosca, ebbe un vivacissimo sviluppo il ***cabaret***, forma di spettacolo misto di canzoni, monologhi, *sketch*, spesso basato sulla parodia del teatro ufficiale o sulla satira della società. In quegli anni nacquero anche, soprattutto in Unione Sovietica e in Germania, esperimenti teatrali di **carattere dichiaratamente politico**, come quelli del regista tedesco Erwin Piscator. Egli realizzò quello che definì «teatro proletario», che si teneva in luoghi non canonici, quali i circoli operai o le birrerie.

Alcuni autori dell'Ottocento, fra i quali il norvegese **Henrik Ibsen** e lo svedese **August Strindberg**, avevano già introdotto, con le loro opere, profonde novità nel dramma tradizionale. I drammi di Ibsen, per esempio, narrano vicende interiori, drammi della soggettività, rappresentano individui in crisi che si dibattono in una lotta (quasi sempre perdente) contro le convenzioni sociali e l'ipocrisia, ostacoli alla realizzazione di un'esistenza libera e autentica.

Ma i protagonisti sono **complessi**, **contraddittori** e **vacillanti** e ciò che acquista interesse è questa loro condizione psicologica, che non può trovare spiegazione solo in ciò che succede sul palcoscenico. Oggetto del dramma moderno è dunque qualcosa che sta **fuori dalla vicenda rappresentata**: è la riflessione sugli eventi del passato o la critica di una struttura sociale di cui i personaggi sono vittime.

È però **Pirandello** il primo a mettere in discussione dall'interno le strutture stesse del dramma tradizionale dimostrandone l'impossibilità. Tema della sua opera più significativa, *Sei personaggi in cerca d'autore*, diventa allora proprio il teatro stesso e la sua possibilità di realizzazione. Dopo di lui, **Brecht** creerà quello che egli stesso definì «teatro epico», scardinando il principio di base stesso su cui si fondava il teatro tradizionale come pura azione avente in sé una vita autonoma. Nelle opere di Brecht, è quasi sempre presente una figura che funge da narratore esterno alla vicenda e che ha la funzione di far da mediatore fra essa e il pubblico, in modo da farlo riflettere criticamente e razionalmente sul significato di ciò che vede e impedirgli invece di essere assorbito emotivamente e passivamente, come avveniva nel dramma classico. È questo ciò che viene definito "**effetto di straniamento**".

Attraverso di esso Brecht si proponeva un obiettivo politico, consistente nel far prendere coscienza dei meccanismi del potere all'interno della società e nel dare allo spettatore gli stimoli per una loro possibile trasformazione.

Il teatro dell'assurdo

Il fenomeno più rilevante del secondo dopoguerra è il cosiddetto *teatro dell'assurdo*, collegato alle tematiche dell'esistenzialismo. Il teatro dell'assurdo mira a rappresentare una **condizione umana priva di senso, alienata**, legata a convenzioni sociali e a rapporti umani vuoti e insignificanti.

Questi temi sono rappresentati rompendo le strutture del teatro tradizionale, la logica scenica, il dialogo, impostando situazioni, appunto assurde, spesso fortemente comiche, legate alle esperienze del Surrealismo e delle avanguardie storiche in genere. Gli autori più significativi del teatro dell'assurdo sono l'irlandese **Samuel Beckett** (premio Nobel 1969, celebre per *Aspettando Godot*, ma autore anche di romanzi, la cui grandezza lo pone probabilmente al di là di qualsiasi definizione di genere) e il rumeno (ma di lingua e cultura francese) **Eugène Ionesco**, in cui prevale una vena giocosa e un gusto per lo sberleffo di chiara ascendenza surrealistica.

Esistenzialismo

La filosofia esistenzialistica ebbe il suo esponente più famoso nel francese Jean-Paul Sartre (1905-1980).
Secondo Sartre la condizione dell'uomo, che si trova "gettato" in un universo privo di senso, in un mondo in cui i rapporti umani sono caratterizzati da falsità e alienazione, è "assurda". Ma da questa premessa non nasce un atteggiamento di disperazione e di rifiuto totale, bensì la consapevolezza che l'uomo può **dare un senso alla propria esistenza** usando la propria libertà per costruire un mondo basato su rapporti umani autentici.
L'atteggiamento del filosofo esistenzialista dev'essere quindi, secondo Sartre, un **atteggiamento "impegnato"**, anche in senso politico e sociale.

Henrik Ibsen

L'autore

L'opera dello scrittore norvegese Henrik Ibsen (1828-1906) rappresenta una tappa fondamentale nello sviluppo del teatro moderno. Nei suoi drammi infatti non è tanto importante l'azione che si svolge, quanto l'analisi dei **conflitti interiori dei personaggi**. A questo scopo Ibsen utilizza una particolare tecnica che è stata definita "**analitica retrospettiva**". La vicenda interiore del personaggio è cioè ricostruita non tanto attraverso ciò che egli fa nel presente, quanto attraverso la memoria e la confessione del passato.

I temi di Ibsen sono il frutto di una sua straordinaria **sensibilità alle problematiche psicologiche**, che egli analizzò, in un costante impegno di verità e autenticità, a partire dai suoi stessi conflitti interiori. Egli stesso dichiarò in una lettera: «Tutta la mia creazione poetica è il risultato dei miei stati d'animo e delle mie crisi morali».

L'opera che rivelò Ibsen come figura centrale del teatro europeo fu *Casa di bambola*, rappresentato nel 1879, quando già da molti anni lo scrittore si dedicava al teatro, ma senza grande successo. Dopo questo, egli scrisse una serie di altri capolavori fra cui ricordiamo: *Spettri* (1881), *L'anitra selvatica* (1884), *Hedda Gabler* (1890), *Il costruttore Solness* (1892).

L'opera

La portata innovatrice di *Casa di bambola* sta innanzitutto nel fatto che ne è protagonista una donna, interprete straordinariamente precoce di **esigenze femministe** che suscitarono lo scandalo nella società di allora. Nora, moglie dell'avvocato Helmer, vive una vita esteriormente frivola e spensierata. In realtà, attraverso i colloqui con un'amica, si rivela meno ingenua e fatua di quello che sembra: in passato, ha saputo procurarsi il denaro per curare il marito, contraendo un debito a sua insaputa con un certo Krogstad. Per far questo ha però dovuto falsificare la firma del padre. Ora Krogstad la ricatta e minaccia di rivelare la sua colpa se ella non intercede in suo favore presso il marito, direttore della stessa banca dove Krogstad lavora e da cui sta per essere licenziato. Quando Helmer viene a sapere ogni cosa, preoccupandosi unicamente del suo buon nome, rimprovera aspramente Nora, ma dopo che Krogstad ha rinunciato al suo ricatto, è pronto a perdonarla e a fare come se niente fosse accaduto. Ma Nora ha ormai avuto la prova della sua meschinità e della falsità dell'amore che egli dichiara di provare. Prendendo coscienza dell'inautenticità in cui finora è vissuta, si allontana dai figli e dal marito per cercare di comprendere da sola cosa dovrà fare della propria vita per esserne degna.

Opera
Casa di bambola
Epoca
XIX secolo
Genere
dramma
Lingua
norvegese

Casa di bambola

Nora ricerca l'autenticità

Il brano che presentiamo è tratto dal finale di *Casa di bambola*, in cui sono presenti le caratteristiche tipiche del teatro di Ibsen: l'analisi retrospettiva dei motivi psicologici che hanno condotto l'individuo all'attuale stato di crisi, la presa di coscienza da parte sua della falsità in cui finora è vissuto, lo scontro fra il dovere morale di realizzarsi pienamente e l'ipocrisia delle convenzioni sociali che lo condizionano e lo costringono al compromesso e alla menzogna verso se stesso. La scena finale del dramma rappresenta il momento della presa di coscienza da parte di Nora che, divenuta d'un tratto lucida e matura, non accetta più di essere considerata una bambina che vive in una casa di bambola. Soprattutto non accetta più di essere considerata prima di tutto moglie e madre: ella prende coscienza di essere innanzitutto un essere umano e, come tale, di avere, sopra ogni altro, dei doveri verso se stessa.

NORA (*guardando il suo orologio*) Non è poi ancora tanto tardi.[1] Siediti Torvald, noi due abbiamo molte cose da dirci. (*Si siede a un lato del tavolo*).

HELMER Nora, ... ma che cosa vuol dire? Quel viso così duro...

NORA Siedi... Ci vorrà diverso tempo. Ho molte cose di cui parlarti.

HELMER (*si siede al tavolo, di fronte a Nora*) Mi fai paura, Nora. E io non ti capisco.

NORA È proprio questo. Tu non mi capisci. E io non ho mai capito te... prima di stasera. No, non interrompermi. Dovrai solo stare a sentirmi... È venuta l'ora della resa dei conti, Torvald.

HELMER Che intenzioni hai?

NORA (*dopo un breve silenzio*) Non ti sorprende vederci seduti qui, uno di fronte all'altro?

HELMER Come sarebbe a dire?

NORA Siamo sposati da otto anni. Non ti viene in mente che questa è la prima volta che noi due, marito e moglie, parliamo seriamente insieme?

HELMER Già, seriamente... cosa vuoi dire?

NORA Per otto lunghi anni... e anche di più... subito da quando ci siamo conosciuti, non abbiamo mai scambiato fra noi una parola seria su un argomento serio.

HELMER Avrei dunque sempre dovuto metterti ogni volta al corrente di difficoltà che non avresti potuto lo stesso aiutarmi a superare?

NORA Non parlo di difficoltà. Dico che non abbiamo mai parlato seriamente insieme per cercare di risolvere a fondo un problema.

HELMER Ma, Nora carissima, ti sarebbe piaciuto farlo?

NORA Eccoci arrivati al punto. Tu non mi hai mai capito... Siete stati molto ingiusti nei miei riguardi, Torvald. Prima il babbo e poi tu.

HELMER Come! Noi due... noi due che ti abbiamo amata più di qualsiasi altro?

NORA (*scuotendo il capo*) Non mi avete mai amata. Vi sembrò solo piacevole volermi bene.[2]

1. Non è poi... tardi: Nora e il marito sono di ritorno da una festa. Al loro rientro hanno trovato la lettera in cui Krogstad rivela la colpa di Nora, ma poi sono stati raggiunti da un altro biglietto di lui in cui egli dichiara di non volersi avvalere contro Nora delle prove in suo possesso e restituisce il documento sul quale Nora aveva falsificato la firma del padre. Helmer, tranquillizzatosi, ha perdonato Nora e ora vorrebbe andare a coricarsi non sospettando il cambiamento verificatosi in lei. Ma Nora ora vuole discutere con lui, affrontare il problema del loro rapporto e della sua esistenza.

2. Vi sembrò... bene: Nora accusa il marito e il padre di aver nutrito un affetto egoistico nei suoi confronti. Essi non hanno capito quello che era giusto per lei, non le hanno permesso di sviluppare una sua autonoma personalità e dunque non hanno voluto il suo bene e non l'hanno veramente amata.

HELMER Ma Nora, che parole adoperi?

NORA Sì, è proprio così, Torvald. Quando ero a casa da papà, lui mi diceva sempre le sue opinioni, e io allora le condividevo, e se ne avevo delle mie le nascondevo, perché altrimenti gli sarebbe dispiaciuto. Mi chiamava la sua bambolina e giocava con me come io facevo con le mie bambole. Poi venni a casa tua.

HELMER Parli così del nostro matrimonio?

NORA (*impassibile*) Intendo dire che dalle mani di mio padre passai nelle tue:[3] tu sistemavi tutto a tuo gusto, e così ebbi anch'io i tuoi stessi gusti, oppure feci finta di averli, non so bene... Credo tutte e due le cose insieme, ora l'una e ora l'altra. Se ora ci penso, mi sembra di avere vissuto qui come una poveretta... alla giornata. Scopo della mia vita era quello di far la buffona per te. Ma sei stato tu a volere così. Tu e papà avete commesso un grosso peccato nei miei riguardi. È colpa vostra se son diventata quella che sono.

HELMER Nora, come sei ingiusta e ingrata! Non sei stata felice qui?

NORA No, non lo sono mai stata. Lo credevo, ma non lo sono mai stata.

HELMER Non sei stata... felice!

NORA No, solo allegra. E tu sei sempre stato così gentile verso di me. Ma la nostra casa non era altro che una stanza di giochi. Qui, io sono stata la tua sposa-bambola come a casa ero la bambola-bambina di mio padre. E i piccoli sono stati, a loro volta, i miei bambolotti. Ero tanto contenta quando tu ti mettevi a giocare con me, come i bambini erano contenti quando io mi mettevo a giocare con loro. Ecco che cosa è stato il nostro matrimonio, Torvald.

HELMER C'è qualcosa di vero in quello che dici... per esagerato ed esasperato che sia. Ma d'ora in poi sarà un'altra cosa. Il tempo dei giochi è passato, ora viene quello dell'educazione.[4]

NORA Quale educazione? La mia o quella dei bambini?

HELMER Tanto la tua quanto quella dei bambini, Nora amatissima.

NORA Oh Torvald, non sei tu l'uomo capace di insegnarmi a essere la moglie che ci vuole per te.

HELMER E sei tu a dirlo?

3. dalle mani... nelle tue: questa presa di coscienza del ruolo subalterno della donna è veramente molto precoce e rivoluzionaria per i tempi in cui l'opera è stata scritta. Nora si rende conto che tutto in lei, gusti, opinioni, è stato condizionato da un uomo e che ella è sempre vissuta come una bambina, anzi una bambola, con la quale il padre e il marito si sono trastullati. Ora, coraggiosamente e duramente, li accusa.

4. ora viene... educazione: il marito spera di poter comunque avere ancora Nora sotto la sua guida e la sua autorità, non ha capito che ciò è in netta contraddizione con la presa di coscienza da parte di lei.

Il lessico e la grammatica

«Che parole adoperi?»

Con questa frase, Torvald tenta di protestare per il modo in cui la moglie parla del loro rapporto e dei loro sentimenti. Nora afferma infatti: «Non mi avete amata. Vi sembrò solo piacevole volermi bene». Poco più avanti dichiara che il suo matrimonio è stata una semplice convivenza («Venni a casa tua») e alla domanda di Torvald «Non sei stata felice qui?», risponde: «No, solo allegra».

Il brano di Ibsen ci offre l'occasione per approfondire il discorso sui **sinonimi**. Se volessimo essere precisi fino in fondo, potremmo affermare che i sinonimi non esistono: ogni parola ha infatti, accanto al suo significato principale (valore denotativo) una serie di sfumature e di **significati secondari** (valore connotativo) che la rendono insostituibile.
"Cavallo" e "destriero" sono parole che indicano lo stesso animale, ma il contesto in cui le usiamo è molto diverso. "Amare" e "voler bene" possono significare la stessa cosa, ma possiamo anche immaginare una situazione in cui qualcuno dica: "ti voglio bene, ma non ti amo".
Una riflessione particolare merita la distinzione che Nora fra tra "felicità" e "allegria". Ti invitiamo a riflettere su questa distinzione, spiegando in che cosa consista secondo te. Poi ti invitiamo a chiarire il significato esatto che attribuisci alle seguenti parole, spesso usate (impropriamente) come sinonimi:

tristezza • malinconia • infelicità • depressione • malumore.

NORA E io... come potrei essere in grado di educare i bambini?

HELMER Nora!

NORA Non l'hai detto tu stesso poco fa... è un compito che non hai il coraggio di affidarmi.[5]

HELMER L'ho detto nell'impeto della collera! Come puoi darci peso?

NORA E invece avevi perfettamente ragione. È un compito superiore alle mie forze. C'è un altro compito che mi aspetta prima di quello. Dovrò pensare a educare me stessa. Tu non sei l'uomo capace di aiutarmi. Devo pensarci da sola. E per questo me ne vado.

HELMER (*con un sobbalzo*) Cosa dici?

NORA Sarà necessario che rimanga sola se voglio rendermi conto di me stessa e di tutte le cose fuori di me. Non posso quindi rimanere più qui.

HELMER Nora, Nora!

NORA Me ne andrò subito. Kristine[6] vorrà bene ospitarmi per questa notte. [...]

HELMER Abbandonare la tua casa, tuo marito e i tuoi bambini! E non pensi a cosa dirà la gente?

NORA Non posso preoccuparmi di questo. So solo che è necessario per me agire così.

HELMER È abominevole. Puoi mancare così ai tuoi più sacri doveri?

NORA E quali sono, secondo te, i miei più sacri doveri?

HELMER C'è proprio bisogno che te lo dica? Non sono i doveri verso tuo marito e i tuoi bambini?

NORA Ho altri doveri altrettanto sacri.

HELMER Questo no. Non so davvero di che doveri dovrebbe trattarsi.

NORA Dei doveri verso me stessa.

HELMER Tu sei avanti tutto moglie e madre.

NORA A questo non credo più. Io credo di essere, avanti tutto, un essere umano, come te... o, in ogni caso, che devo cercare di diventarlo. So bene che la maggioranza darà ragione a te, Torvald, e che nei libri è scritto qualcosa di simile. Ma io non posso più contentarmi di quello che dice la maggioranza e di quello che sta nei libri. Devo pensare da sola alle cose, e rendermi conto da sola di esse.

HELMER E non potresti renderti conto delle cose stando a casa tua? Non hai, per simili problemi, una guida infallibile? Non hai la religione?

NORA Oh Torvald, ma io non so neppure che cosa sia la religione.

HELMER Che cosa dici?

NORA Non so altro, oltre a quello che disse il pastore Hansen quando mi preparava alla confermazione. Raccontava tante cose sulla religione. Quando andrò via da questa casa e resterò sola voglio riflettere meglio anche su questo problema. Voglio vedere se è vero quello che diceva il pastore Hansen, o, in ogni caso, se è vero per me.

HELMER È inaudito che una donna così giovane possa parlare in tal modo! Ma se non può più guidarti la religione devo cercare io di scuotere la tua coscienza. Un senso morale lo avrai, no? Oppure, rispondimi... non ce l'hai forse?

NORA Non è facile risponderti, Torvald. Non lo so. In queste cose mi perdo. So solamente che al riguardo ho una opinione diversissima dalla tua. Ho saputo anche, adesso, che le leggi sono ben diverse da quello che io pensavo che fossero, ma che queste leggi poi siano giuste è una cosa di cui non riesco a convincermi. Una donna non dovrebbe dunque avere il diritto di risparmiare il proprio vecchio padre morente o di salvare la vita al proprio marito! Questo non posso crederlo.

HELMER Parli come una bambina. Non capisci nulla della società in cui vivi.

5. **l'hai detto tu stesso... affidarmi:** poco prima, durante la sfuriata contro la moglie, Helmer, accusando Nora di leggerezza e immoralità, le aveva detto che non le avrebbe più permesso di educare i bambini, che non aveva il coraggio di affidarglieli, nonostante volesse fare in modo che agli occhi del mondo tutto in famiglia restasse come prima.

6. **Kristine:** è Kristine Linde, un'amica alla quale Nora nel corso del dramma aveva confidato la sua colpa e le sue preoccupazioni.

NORA No, non capisco. Ma ora voglio riflettere. Devo riuscire a vedere chi ha ragione, se la società o io.[7]

HELMER Sei malata, Nora, hai la febbre. Penso quasi che tu stia delirando.

NORA Non mi sono mai sentita così lucida e sicura come stanotte.

HELMER Lucida e sicura dici, e abbandoni tuo marito e i tuoi figli?

NORA Sì, proprio così.

HELMER Allora c'è una sola spiegazione possibile.

NORA Quale?

HELMER Non mi ami più.

NORA No, è proprio così.

HELMER Nora!... E sei tu a dirlo?

NORA Oh, mi fa tanto male, Torvald, perché tu sei sempre stato così gentile con me. Ma io non posso farci nulla. Non ti amo più.

Casa di bambola, trad. di A. Castagnoli Manghi e H. Coletti Grünbaum, Utet

7. **se la società o io:** Nora mette in discussione le sue idee, i suoi principi morali poiché si rende conto che non vengono da lei ma da ciò che le convenzioni e le consuetudini incarnate dal padre e dal marito le hanno finora imposto. Ora vuole cercare la propria verità, la propria autenticità, anche sfidando coraggiosamente la società e il suo perbenismo. È qui rappresentato il tragico conflitto fra l'individuo e le strutture sociali che lo opprimono e lo condizionano, che Ibsen ha più volte affrontato e rappresentato nella sua opera.

Analisi del testo

Un argomento scandaloso. Quando fu rappresentato per la prima volta, *Casa di bambola* suscitò un enorme scandalo, soprattutto per la decisione di Nora di abbandonare i figli, oltre al marito. Nora infatti metteva in discussione con questo gesto uno degli elementi tipici della femminilità tradizionale, cioè l'amore materno: un elemento che veniva considerato nell'Ottocento "istintivo", insito per natura nella psicologia femminile (e assente o molto più debole in quella maschile). In realtà, la fuga di Nora non è il segno di uno scarso amore per i figli. Nora però si rende conto di dover cercare la propria identità al di fuori dei modelli tradizionali – e quindi deve rifiutare non solo il ruolo di moglie, ma anche quello di madre. Il suo amore per i figli, insomma, è il frutto di un'educazione e di una serie di convenzioni che lei rifiuta: potrà riscoprirlo, eventualmente, più avanti, ma come libera scelta individuale, non come passiva acquiescenza alle regole della società.

La casa, simbolo della famiglia borghese. Ibsen rappresenta in questo dramma la presa di coscienza di una giovane donna, che improvvisamente si rende conto di aver vissuto sempre "come una bambola" e decide di ribellarsi alla propria condizione di inferiorità. Il titolo dell'opera, però, pone l'accento non solo sulla condizione di "bambola" della protagonista, ma anche sull'importanza della "casa".

La critica dello scrittore norvegese non si appunta genericamente contro la società maschilista, ma prende in esame l'elemento che è alla base di questa società, e cioè la famiglia borghese. Nel corso dell'Ottocento la rivoluzione industriale e la conseguenze urbanizzazione avevano provocato il passaggio dalla famiglia patriarcale (che permaneva solo nel mondo contadino) alla moderna famiglia nucleare (composta cioè da genitori e figli). È proprio all'interno di questo tipo di famiglia che sono possibili gli scontri fra generazioni e fra sessi che caratterizzano il dramma borghese: un personaggio come Nora sarebbe impensabile in una famiglia contadina patriarcale. La casa è quindi il luogo che simboleggia la famiglia borghese: idealmente essa è il centro degli affetti e il luogo in cui ciascun individuo dovrebbe trovare le condizioni migliori per realizzarsi; in realtà, Ibsen ci mostra come essa fosse un centro di tensioni e di incomprensioni profonde.

Proposte di lavoro

1. Spiega in quale momento del dramma si svolge la scena che hai letto.
2. Suddividi la scena nelle parti che la costituiscono e attribuisci a ciascuna di esse un breve titolo che ne sintetizzi il contenuto.
3. Helmer ha sempre considerato Nora come una bambina.
   - ➤ Quali sono nel brano le parole di lui da cui ciò risulta evidente?
   - ➤ In che modo egli cerca di continuare ad affermare la propria superiorità?
4. Nora nel brano letto prende coscienza degli aspetti negativi del proprio passato.
   - ➤ Quali colpe attribuisce a suo padre e a suo marito?
   - ➤ Quali colpe attribuisce a se stessa?
5. Qual è la concezione della donna presente nella società ottocentesca contro la quale Nora si ribella? Qual è il valore più importante che ella vuole ricercare e affermare e in nome del quale si ribella?
6. I drammi di Ibsen rappresentano fondamentalmente il dissidio fra individuo e convenzioni sociali, ostacoli alla sua libera realizzazione. Spiega in un breve testo come tale dissidio si esprime in questo dramma. Esso oppone solamente Nora agli altri, oppure è anche presente all'interno di lei stessa?

Bertolt Brecht

L'autore

L'opera dello scrittore tedesco Bertolt Brecht (1898-1956) segna un totale rinnovamento del linguaggio teatrale nelle forme, nei contenuti e nel rapporto con il pubblico. Entrato in contatto con il teatro già prima degli anni Venti, Brecht collaborò a Monaco e a Berlino con importanti registi e musicisti, come Erwin Piscator e Kurt Weill, che contribuirono all'elaborazione delle sue teorie sul teatro e alla creazione delle sue opere maggiori. Da Piscator, Brecht, che già si era avvicinato al marxismo, trasse l'idea del **teatro politico**, strumento di **critica sociale** e momento di presa di coscienza da parte del pubblico; dalla collaborazione con Weill nacque uno dei suoi primi capolavori, *L'opera da tre soldi* del 1928.

Esule dopo l'avvento in Germania del nazismo, nel 1933, lo scrittore si stabilì in Danimarca da dove però viaggiò molto, stabilendo contatti politici e culturali, in Europa e in America. Durante la Seconda guerra mondiale riparò negli Stati Uniti. Rientrato in Europa nel 1947, organizzò a Berlino Est, nel 1949, la celebre compagnia teatrale Berliner Ensemble. Sia negli anni dell'esilio sia nel dopoguerra la sua attività fu molto intensa: scrisse anche opere narrative e moltissime poesie, artisticamente importanti quanto le sue opere teatrali.

Fu verso la fine degli anni Trenta che Brecht approfondì i termini della sua teoria del «**teatro epico**», cioè della funzione critica e rivoluzionaria che il teatro deve avere nella società industriale capitalistica. Nacquero così i suoi capolavori: *Madre Courage e i suoi figli* (1939), *Vita di Galileo* (che ha tre versioni, 1939, 1946, 1955), *L'anima buona di Sezuan* (1940), *Il signor Puntila e il suo servo Matti* (1941), *Il cerchio di gesso del Caucaso* (1944).

L'opera

La stesura di *Vita di Galileo* impegnò Brecht per molti anni. Il drammaturgo scrisse infatti ben **tre versioni** dell'opera, destinata a diventare una delle sue più famose: la prima nel 1938-39, l'ultima (quella da cui è tratto il brano proposto) nel 1955. La vicenda si ispira alla **realtà storica**: protagonista del dramma è infatti il grande scienziato pisano, fondatore del metodo scientifico moderno, perseguitato dall'Inquisizione all'inizio del Seicento e condannato per la sua adesione alla teoria eliocentrica. Brecht non concentra però l'attenzione sulla biografia dello scienziato, bensì su alcuni **episodi salienti**, da cui emerge un'immagine particolarmente complessa e sfaccettata, ben diversa da quella "eroica" che, a partire dall'età romantica, ha fatto di Galilei un simbolo di libertà e di lotta contro la censura e l'oppressione ideologica. Brecht, insomma, non si limita a condannare l'oscurantismo del passato, ma spinge il pubblico a riflettere sulla responsabilità etica della scienza moderna e sul rapporto fra gli scienziati e il potere politico, ieri come oggi.

Opera **Vita di Galileo** Genere **dramma**
Epoca **XX secolo** Lingua **tedesco**

Vita di Galileo

Il tradimento di Galileo

Le pagine che ti proponiamo sono tratte dalla penultima scena dell'opera: Galileo, ormai vecchio, dopo la condanna da parte dell'Inquisizione vive prigioniero nella sua villa di Arcetri. Il suo allievo Andrea Sarti, che lo ritiene un "disertore", perché ha abiurato anziché sostenere le proprie idee fino alla morte, passa a salutarlo un'ultima volta prima di recarsi in Olanda e scopre che l'anziano maestro ha scritto in segreto un'altra opera, i *Discorsi sopra due nuove scienze*. Andrea capisce di dover ripensare il suo giudizio su Galileo, ma scopre con sua immensa sorpresa che proprio Galileo dà di se stesso un giudizio estremamente severo.

ANDREA I «Discorsi»! (*Sfoglia il manoscritto. Legge*) «È mio proposito esporre una nuovissima scienza che tratta di un assai antico oggetto, il moto. Con l'aiuto di esperimenti ho scoperto alcune sue proprietà che sono degne di essere conosciute».

GALILEO Dovevo pur impiegare in qualche maniera il mio tempo.

ANDREA Saranno i fondamenti di una nuova fisica!

GALILEO Nascondilo sotto il mantello.

ANDREA E noi pensavamo che aveste disertato![1] Io sono stato, di tutti, quello che più vi ha dato addosso.

GALILEO Non mi pare ci sia nulla da ridire. Io ti ho insegnato la scienza e poi ho rinnegato la verità.

ANDREA Ma questo cambia tutto! Tutto!

GALILEO Davvero?

ANDREA Avete nascosto la verità! Contro il nemico. Anche sul terreno dell'etica[2] ci precedevate di secoli.

GALILEO Spiegati, Andrea.

ANDREA Noi ripetevamo all'uomo della strada: «Morirà ma non abiurerà». E voi siete tornato dicendoci: «Ho abiurato, ma vivrò». Noi allora: «Vi siete sporcate le mani». E voi: «Meglio sporche che vuote».

GALILEO Meglio sporche che vuote... Bello. Ha un suono di qualcosa di reale. Un suono che mi somiglia. Nuova scienza, nuova etica.

ANDREA Fra tutti, io avrei dovuto capirlo! Avevo undici anni, quando vendeste al Senato veneziano il telescopio[3] che un altro vi aveva portato; e vidi l'uso che ne faceste[4] per uno scopo immortale. Quando vi prosternaste[5] al mocciosetto fiorentino,[6] i vostri amici scossero il capo: ma la vostra scienza conquistò un più largo uditorio. Vi siete sempre beffato degli eroismi. «La gente che soffre mi annoia, – solevate dire; – la sfortuna generalmente è dovuta a un errore di calcolo»; e «quando ci si trova davanti un ostacolo, la linea più breve tra due punti può essere una linea curva».

GALILEO Mi rammento.

ANDREA Poi, nel '33,[7] quando credeste bene di ritrattare un punto delle vostre dottrine che aveva acquistato notorietà tra il volgo, dovevo capire che avevate semplicemente deciso di ritirarvi da una rissa politica ormai senza speranza, per continuare a dedicarvi al vero lavoro dello scienziato.

GALILEO Il quale consiste...

ANDREA ... Nello studio delle proprietà del moto, padre delle macchine, che sole potranno rendere il mondo abitabile e permettere così di demolire il cielo.

GALILEO Ah!

ANDREA Volevate guadagnar tempo per scrivere il libro che solo voi potevate scrivere. Se foste salito al rogo,[8] se foste morto in un'aureola di fuoco, avrebbero vinto gli altri.

GALILEO Hanno vinto gli altri. E un'opera scientifica che possa essere scritta da un uomo solo, non esiste.

ANDREA Ma allora, perché avete abiurato?

GALILEO Ho abiurato perché il dolore fisico mi faceva paura.

ANDREA No!

GALILEO Mi hanno mostrato gli strumenti.[9]

1. **disertato:** tradito, abbandonato la lotta per la libertà di pensiero.
2. **sul terreno dell'etica:** sul piano della morale.
3. **telescopio:** in realtà, un cannocchiale; inventato dagli olandesi, Galileo l'aveva migliorato e venduto come propria invenzione al governo di Venezia, per ricavarne un po' di denaro.
4. **l'uso che ne faceste:** Galilei ebbe la geniale idea di puntare il cannocchiale (nato come strumento nautico) verso il cielo, facendone uno strumento astronomico e scientifico.
5. **prosternaste:** inchinaste.
6. **mocciosetto fiorentino:** il granduca di Firenze, che ai tempi dell'incontro con Galilei era un ragazzo.
7. **nel '33:** al termine del secondo processo, che si concluse con l'abiura di Galilei e la sua condanna agli arresti domiciliari.
8. **Se foste salito al rogo:** se, insistendo nelle vostre idee, vi foste fatto condannare a morte.
9. **gli strumenti:** di tortura.

ANDREA Dunque non l'avevate meditato?

GALILEO Niente affatto.

Pausa.

ANDREA (*forte*) La scienza non ha che un imperativo: contribuire alla scienza.

GALILEO E questo, l'ho assolto. Benvenuto allora nella mia sentina,[10] caro fratello di scienza e cugino di tradimento! Vuoi comprare pesce? Ho pesce! E non è il mio pesce che puzza, sono io. Io svendo, e tu acquisti. O irresistibile potere di questa merce consacrata, il libro! Gli basta guardarlo perché gli venga l'acquolina in bocca e ricacci giù tutti gl'improperi. La grande Babilonia, la scarlatta belva assassina, spalanca le cosce, ed ecco, tutto è cambiato. Santificata sia la nostra congrega di trafficanti, di riverginatori e di tremebondi davanti alla morte!

ANDREA La paura della morte è umana! E le debolezze umane non interessano la scienza.

GALILEO No!... Caro Andrea, anche nella mia attuale condizione mi sento di orientarvi un poco su tutto ciò che interessa questa professione di scienziato, cui vi siete legato per l'esistenza.

Breve pausa.

GALILEO (*con le mani professoralmente congiunte sull'adipe*) Nel tempo che ho libero – e ne ho, di tempo libero – mi è avvenuto di rimeditare il mio caso e di domandarmi come dovrà giudicarlo quel mondo della scienza al quale non credo più di appartenere. Anche un venditore di lana, per quanto abile sia ad acquistarla a buon prezzo per poi rivenderla cara, deve preoccuparsi che il commercio della lana possa svolgersi senza difficoltà. Non credo che la pratica della scienza possa andar disgiunta dal coraggio. Essa tratta il sapere, che è un prodotto del dubbio; e col procacciare sapere a tutti su ogni cosa, tende a destare il dubbio in tutti. Ora, la gran parte della popolazione è tenuta dai suoi sovrani, dai suoi proprietari di terre, dai suoi preti, in una nebbia madreperlacea di superstizioni e di antiche sentenze, che occulta le malefatte di costoro. Antica come le rocce è la condizione dei più, e dall'alto dei pulpiti e delle cattedre si soleva dipingerla come altrettanto imperitura.[11] Ma la nostra nuova arte del dubbio appassionò il gran pubblico, che corse a strapparci di mano il telescopio per puntarlo sui suoi aguzzini. Cotesti uomini egoisti e prepotenti, avidi predatori a proprio vantaggio dei frutti della scienza, si avvidero subito che un freddo occhio scientifico si era posato su una miseria millenaria ma artificiale: una miseria che chiaramente poteva essere eliminata con l'eliminare loro stessi; e allora sommersero noi sotto un profluvio di minacce e di corruzioni, tale da travolgere gli spiriti deboli. Ma possiamo noi respingere la massa e conservarci uomini di scienza? I moti dei corpi celesti ci sono divenuti più chiari; ma i moti dei potenti restano pur sempre imperscrutabili ai popoli. E se il dubbio ha vinto la battaglia per la misurabilità dei cieli, la battaglia della massaia romana per la sua bottiglia di latte sarà sempre perduta dalla credulità. Con tutt'e due queste battaglie, Andrea, ha a che fare la scienza. Finché l'umanità continuerà a brancolare nella sua nebbia millenaria di superstizioni e di venerande[12] sentenze, finché sarà troppo ignorante per sviluppare le sue proprie energie, non sarà nemmeno capace di sviluppare le energie della natura che le vengono svelate. Che scopo si prefigge il vostro lavoro? Non credo che la scienza possa proporsi altro scopo che quello di alleviare la fatica dell'esistenza umana. Se gli uomini di scienza non reagiscono all'intimidazione dei potenti egoisti e si limitano ad accumulare sapere per sapere, la scienza può rimanere fiaccata per sempre, ed ogni nuova macchina non sarà che fonte di nuovi triboli[13] per l'uomo. E quando, coll'andar del tempo, avrete scoperto tutto lo scopribile, il vostro progresso non sarà che un progressivo allonta-

10. **sentina:** la parte della nave in cui si raccolgono le acque di scolo; qui vale "immondezzaio".
11. **imperitura:** eterna, immutabile.
12. **venerande:** autorevoli (in senso ironico).
13. **triboli:** guai, sofferenze.

namento dall'umanità. Tra voi e l'umanità si scaverà un abisso così grande, che ad ogni vostro eureka[14] risponderà un grido di dolore universale. Nella mia vita di scienziato ho avuto una fortuna senza pari: quella di vedere l'astronomia dilagare nelle pubbliche piazze. In circostanze così straordinarie, la fermezza di un uomo poteva produrre grandissimi rivolgimenti. Se io avessi resistito, i naturalisti[15] avrebbero potuto sviluppare qualcosa di simile a ciò che per i medici è il giuramento d'Ippocrate:[16] il voto solenne di far uso della scienza ad esclusivo vantaggio dell'umanità. Così stando le cose, il massimo in cui si può sperare è una progenie di gnomi inventivi, pronti a farsi assoldare per qualsiasi scopo. Mi sono anche convinto, Andrea, di non aver mai corso dei rischi gravi. Per alcuni anni ebbi la stessa forza di una pubblica autorità; e misi la mia sapienza a disposizione dei potenti perché la usassero, o non la usassero, o ne abusassero, a seconda dei loro fini. (*Virginia è entrata con un vassoio*: *resta immobile ad ascoltare*). Ho tradito la mia professione; e quando un uomo ha fatto ciò che ho fatto io, la sua presenza non può essere tollerata nei ranghi della scienza. [...]

ANDREA Dunque, non pensate più che sia iniziata una nuova era?

GALILEO Al contrario. Abbiti riguardo. Quando attraversi la Germania, riponi la verità sotto il mantello.

Vita di Galileo, in *Teatro*, a c. di E. Castellani, Einaudi

14. **eureka:** ho trovato; è un'espressione greca, resa celebre da Archimede.
15. **naturalisti:** studiosi della natura.
16. **giuramento d'Ippocrate:** giuramento, attribuito al grande medico greco Ippocrate, con cui i medici, prima di iniziare la loro professione, si impegnano a non usare le loro conoscenze a danno dell'umanità.

Analisi del testo

Tre parti. L'episodio si può considerare suddiviso in due parti e un breve epilogo:
– nella prima, Andrea scopre che Galileo ha scritto i *Discorsi sopra due nuove scienze* e modifica il suo giudizio sullo scienziato: non per paura Galileo ha abiurato, ma per poter continuare il suo lavoro di scienziato! Galileo lo contraddice: la sua abiura è stata dettata proprio dalla paura;
– nella seconda, Galileo spiega perché la sua abiura ha costituito un "tradimento": lo scienziato dev'essere coraggioso, il suo scopo dev'essere la liberazione dell'umanità, e quindi è chiamato a lottare contro i potenti che tengono le masse nell'ignoranza;
– nel breve epilogo: Andrea si allontana con il libro, che farà pubblicare in Olanda.

Il fine della scienza. Nel suo lungo discorso, Galilei contraddice l'affermazione di Andrea («La scienza non ha che un imperativo: contribuire alla scienza»): lo scienziato deve interrogarsi sulla funzione che la conoscenza ha; deve cioè impegnarsi affinché sia uno strumento di libertà, serva a rendere coscienti, consapevoli, le masse popolari, che i potenti vogliono tenere nell'ignoranza.
Per questo, secondo Galilei, lo scienziato dev'essere coraggioso: perché il potere (politico, economico, religioso ecc.) tenterà sempre di appropriarsi delle sue scoperte e di usarle a proprio vantaggio. La sua abiura è quindi vista da Galilei come un fatto grave: «Ho tradito la mia professione», dichiara, non la ricerca della verità, che ha continuato, ma la battaglia per il suo uso corretto.

Proposte di lavoro

1. Suddividi il brano letto in parti e attribuisci a ciascuna di esse un titolo che ne indichi il contenuto.
2. Prendi ora in esame il personaggio di Andrea. Quali sono i tratti che lo caratterizzano? Che cosa pensa all'inizio del brano?
3. Verifica se hai capito il significato del monologo di Galileo.
   - Perché ha abiurato?
   - Perché Andrea, vedendo il suo nuovo libro, giudica positivamente questa abiura?
4. Il tema dell'opera da cui è tratto il brano letto è la responsabilità etica e civile dello scienziato. Individua e sottolinea nel testo i passi in cui emerge il pensiero di Brecht riguardo a questo tema.

Ieri e oggi

SCIENZA SENZA LIMITI?

La *Vita di Galileo*, come tutte le opere di Brecht, è legata ai problemi del suo tempo: Brecht era infatti un drammaturgo militante e pensava che le sue opere dovessero affrontare questioni di attualità, e non la ricostruzione del passato.

La *Vita di Galileo* affronta dunque il tema della **responsabilità morale dello scienziato**, un problema che Brecht e i suoi spettatori collegavano immediatamente alle armi nucleari. Le bombe atomiche – sia quelle effettivamente sganciate su Hiroshima e Nagasaki nel 1945, sia quelle costruite in seguito e conservate negli arsenali delle grandi potenze – erano frutto delle ricerche e del lavoro di molti scienziati, che avevano messo le loro conoscenze al servizio dei politici e dei militari. Erano responsabili, questi scienziati, delle sofferenze e dei disastri che le armi avevano provocato e potevano ancora provocare?

Brecht, attraverso la vicenda di Galileo, attribuiva a questa domanda un **valore universale**. Egli infatti ci fa capire, nella sua opera, che lo scienziato non può esimersi dal riflettere sui suoi rapporti con il potere (politico, militare, economico ecc.). L'idea di una ricerca scientifica "pura", finalizzata solo alla conoscenza, è un'illusione, perché lo scienziato lavora (e ha sempre lavorato) all'interno di una società, ed è quindi suo dovere morale riflettere sulle conseguenze delle sue scoperte e delle sue invenzioni.

Il tema, come abbiamo detto, ha un valore universale, e conserva tutta la sua attualità ancora oggi, in un momento storico in cui la ricerca scientifica sembra libera sia dai condizionamenti della censura ecclesiastica (che invece limitava Galileo) sia dai rischi della guerra nucleare (che spingevano Brecht alle sue riflessioni). Proviamo a fare qualche esempio, per verificare se e come la scienza debba confrontarsi ancora oggi con problemi di tipo etico e morale.

A livello mondiale, negli ultimi anni si è sviluppato un vivace dibattito sul **costo dei medicinali**: vi sono sostanze che potrebbero salvare molte vite umane, soprattutto nei paesi meno sviluppati, ma che hanno costi altissimi e quindi non sono disponibili per quelle popolazioni. Tali costi, sostengono alcuni, sono dovuti al fatto che le case farmaceutiche detengono un brevetto (cioè possono esigere una percentuale) su questi prodotti; le case farmaceutiche, dal canto loro, affermano che i soldi così ricavati sono il giusto compenso per gli investimenti fatti e soprattutto che sono necessari per far proseguire le ricerche e giungere alla scoperta di nuovi farmaci, sempre più efficaci; intanto, però, milioni di persone muoiono o rischiano di morire...

Infine in Italia, negli ultimi anni, si assiste a un'accesa discussione relativa alla **fecondazione assistita** e all'uso delle **cellule staminali**. La chiesa cattolica è intervenuta in questo dibattito, chiedendo al governo e al parlamento di limitare la libertà di scelta dei cittadini con leggi particolarmente restrittive (le richieste delle autorità cattoliche sono state in parte accolte); secondo alcuni, queste limitazioni sono giuste, ma inefficaci, perché per eluderle basta trasferirsi in un altro paese europeo con una legislazione meno restrittiva; secondo altri, sono il sintomo di un atteggiamento che ricorda la censura dei tempi di Galileo.
Uno scienziato o un medico saranno sempre chiamati a prendere posizione rispetto a problemi di questo genere.

Incontro con l'autore
Luigi Pirandello

La vita

Luigi Pirandello (1867-1936), nacque in Sicilia, ad Agrigento. Nella sua opera la **sicilianità**, come mito ricorrente e ritorno all'origine attraverso la memoria, fu un elemento sempre presente e importante.

Proveniente da un'agiata famiglia di proprietari terrieri di idee patriottiche e anticlericali, egli visse gli anni dell'adolescenza a Palermo, dove frequentò il liceo e si iscrisse alla facoltà di lettere.
Nel 1887 si trasferì all'Università di Roma e, due anni dopo, a quella di Bonn, in Germania, dove visse fino al 1892, laureandosi in filologia. L'esperienza tedesca gli permise di sprovincializzare la sua cultura e di gettare le basi della sua formazione letteraria e filosofica che ebbe orizzonti europei. Al suo rientro in Italia si stabilì definitivamente a Roma, dove entrò in contatto con il mondo della cultura pubblicando recensioni e novelle su diverse riviste. Dopo il matrimonio, avvenuto nel 1894, accettò la cattedra di stilistica alla facoltà di Magistero, dove insegnò per quindici anni.

Nel 1903 apparvero i primi sintomi della malattia mentale della moglie che la porterà all'internamento in manicomio. Questo dramma familiare avrà un effetto sconvolgente nella vita di Pirandello e significherà per lui la perdita del riferimento sicuro della famiglia. Egli affermò in seguito di voler rinunciare a vivere la vita e di volerla solo osservare e rappresentare. Contemporaneamente lo scrittore fu coinvolto economicamente nel fallimento delle miniere di zolfo del padre. Da quel momento in poi mantenne la famiglia con la sua attività di insegnante e di scrittore: in quegli anni egli pubblicò infatti molti dei suoi romanzi e racconti.

Nel 1910 Pirandello esordì come **autore teatrale**, ma solo nel 1917 l'impegno per il teatro lo distolse dalla narrativa, anche se continuò a scrivere novelle.
Dopo aver raggiunto fama internazionale con il dramma *Sei personaggi in cerca d'autore* del 1921, lasciò l'insegnamento e si dedicò alla composizione e messa in scena delle sue opere teatrali. A questo scopo nel 1925 fondò una sua compagnia teatrale, quella del Teatro d'Arte di Roma, che seguì personalmente nelle numerose *tournées* in Germania, Inghilterra, Stati Uniti, Sud America. Si tenne così per lunghi periodi lontano dall'Italia, dove era considerato con crescente ostilità dal regime fascista, nonostante la sua iscrizione a quel partito nel 1924.

Trascorse gli ultimi anni della sua vita sempre più ai margini della cultura ufficiale. Nel 1934 gli fu attribuito il premio Nobel per la letteratura.

Le opere

L'opera di Pirandello è caratterizzata da una grande **varietà di generi** e dalla continua ripresa di temi e di trame da un'opera all'altra e da un genere all'altro, soprattutto dalle novelle ai drammi teatrali: da ciò deriva la caratteristica di una **sperimentazione continua**.

I suoi numerosi romanzi vanno dal genere verista a quello comico, a quello fantastico, a quello storico-autobiografico a quello filosofico. Essi sono rispettivamente: *L'esclusa* (1893), *Il turno* (1902), *Il fu Mattia Pascal* (1904), *I vecchi e i giovani* (1913), *Uno, nessuno, centomila* (1926).

Vastissima è la produzione di novelle riunite in successive raccolte con il titolo di *Novelle per un anno*. Grande varietà di temi troviamo anche nella produzione per il teatro che comprende circa 45 titoli. Ne ricordiamo solo alcuni: *Pensaci Giacomino!* (1916), *Così è (se vi pare)* (1917), *Il berretto a sonagli* (1917), *Ma non è una cosa seria* (1918), *Sei personaggi in cerca d'autore* (1921), *Enrico IV* (1924), *Questa sera si recita a soggetto* (1930), *I giganti della montagna* (incompiuto, 1937).
Fra i saggi critici, va ricordato *L'umorismo*, del 1908, nel quale è espressa la teoria artistica di Pirandello.

Il contesto e la poetica

Pirandello nel suo tempo

L'attività letteraria di Pirandello si svolge nell'arco di più di trent'anni, dagli ultimi dell'Ottocento – il suo primo successo letterario, il romanzo *Il fu Mattia Pascal* è del 1904 – fino al 1936, anno in cui muore, dopo aver ricevuto nel 1934 il premio Nobel per la letteratura. Uno degli elementi della sua opera è l'attenzione per la modernità: non però nel senso del facile entusiasmo per la novità e il progresso tecnologico. Ciò che interessa Pirandello è la **condizione difficile dell'uomo moderno**, inquieto, smarrito, privo ormai di certezze e di una chiara identità. Pirandello è uno dei più grandi interpreti della crisi della società europea tra la fine Ottocento e inizio del Novecento, periodo in cui viene meno la fiducia nei valori positivi di giustizia, libertà, progresso: l'uomo si sente sempre più schiacciato da forze che non controlla, sempre meno padrone del proprio destino.

Pirandello condivide con la sua generazione il **disorientamento politico** successivo al mancato superamento della "questione meridionale" da parte del nuovo Stato unitario italiano. Nel 1924 all'indomani del delitto Matteotti, quest'insofferenza nei confronti dello Stato liberale spingerà Pirandello a dare la sua adesione al regime fascista, in cui egli vedrà un movimento innovatore capace di "togliere la maschera" alla società borghese. Pur rimanendo sostanzialmente estraneo agli orientamenti culturali del fascismo, cui non diede neanche un fattivo contributo politico, Pirandello non ritirò mai questa sua adesione; semmai subentrò in lui un atteggiamento più cauto e riservato, via via che veniva definitivamente in chiaro la natura totalitaria del regime mussoliniano.

Più significativa per capire i caratteri della letteratura pirandelliana è l'altra crisi, quella del Naturalismo e del Positivismo. Il crollo dei miti della ragione, del progresso, della scienza che si esprime nella contemporanea cultura del Decadentismo, trova nella produzione di Pirandello una delle sue espressioni più significative. Di qui viene il **relativismo** di Pirandello: l'uomo non è più in grado di comprendere e di controllare il mondo esterno; non conosce più se stesso: non si "appartiene".

Il pensiero dell'autore

Pirandello è uno scrittore che, nel corso della sua lunga carriera, ha praticato **generi diversi**: dal romanzo alla novella, dal teatro al saggio. All'interno di una produzione tanto vasta e disparata, tre sembrano essere gli elementi di unità dell'opera pirandelliana: l'**umorismo**, il **relativismo**, l'**attenzione alla realtà contemporanea**.

Pirandello definisce l'umorismo come «il sentimento del contrario», contrapponendolo al comico, che è secondo lui il semplice «avvertimento del contrario». Ma in realtà, nella sua opera, accanto a un umorismo che nasce dlle situazioni, o meglio dallo sguardo nello stesso tempo ironico e partecipe che lo scrittore vi getta, c'è anche un umorismo linguistico, dovuto cioè al modo grottescamente deformato in cui Pirandello ama descrivere i suoi personaggi e narrare le sue storie.

Pirandello è infatti uno dei primi scrittori italiani che, rifacendosi all'esempio dei veristi, ha immesso nella sua opera elementi tratti dal parlato, dal dialetto, dall'uso quotidiano, conferendo al suo stile una forte **carica espressionistica**. Le scelte stilistiche dell'autore, del resto, confermano la sua costante attenzione alla contemporaneità e all'uso concreto della lingua.

Il tema di fondo di tutta l'opera pirandelliana è l'**ambiguità** e la fondamentale **inconoscibilità della realtà**. Questo tema è affrontato in termini esistenziali: la forza drammatica delle opere di Pirandello nasce infatti dalla **passione emotiva** con cui i personaggi vivono situazioni e problemi apparentemente astratti e spesso cervellotici. Pirandello dà a questo tema una valenza universale, rappresentando la condizione di inautenticità e di lacerazione dell'uomo moderno.

Pirandello si mostra attentissimo alla realtà contemporanea, e soprattutto agli sviluppi dell'industria culturale. Egli sottolinea però, anche in questo caso, il tema dell'alienazione e del contrasto fra "forma" e "vita" che è al centro della sua riflessione e ribadisce il ruolo fondamentale critico che devono avere lo scrittore e l'intellettuale.

Novelle per un anno

La maggior parte delle novelle pirandelliane apparve su riviste e giornali, moltissime sul "Corriere della Sera", in seguito a un contratto che prevedeva un racconto al mese.

Nel 1922 lo scrittore siciliano decise di raccoglierle in ventiquattro volumi, ognuno di quindici novelle: delle previste trecentosessantacinque (da cui il titolo della raccolta *Novelle per un anno*) ne scrisse oltre duecento, raccolte in quindici volumi. I personaggi, le situazioni grottesche e paradossali in esse contenuti costituiranno poi il materiale delle maggiori opere teatrali.

Se nelle prime novelle, scritte negli ultimi anni dell'Ottocento, domina uno stile per certi versi ancora vicino a quello del Verismo, in quelle successive Pirandello sperimenta soluzioni narrative fortemente innovative, come per esempio l'uso del **monologo interiore**.

Diversi sono anche i **registri** di volta in volta usati: si passa infatti dai moduli veristici più tradizionali (l'uso per esempio di espressioni prese dal dialetto) all'umorismo lucido e spesso amaro, al grottesco, fino – nelle ultime novelle – al surrealismo. Pirandello sfrutta al massimo le possibilità della novella, cioè di una narrazione breve e condensata, costruita su inizi strani e misteriosi e conclusioni sconvolgenti.

Di grande efficacia è anche il sistema dei **personaggi** che l'autore riesce a mettere in scena nel breve spazio narrativo che ha a disposizione: si tratta di una galleria di uomini e di donne dediti a un'esistenza sbiadita e spesso inutile, la cui rivolta contro la società, gli altri, a volte perfino contro se stessi si rivela quasi sempre inutile, o almeno illusoria: la vita appare loro come un **labirinto privo di senso**, da cui solo la follia o la morte li può liberare.

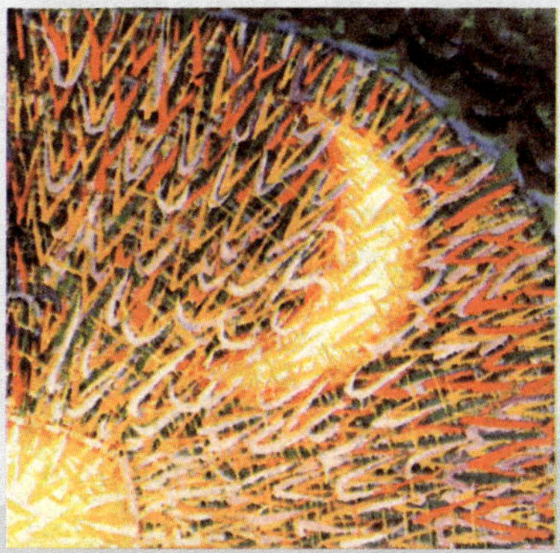

Opera
Novelle per un anno

Epoca
XX secolo

Genere
novella

Lingua
italiano

Novelle per un anno

Ciàula scopre la Luna

Scritta da Pirandello nel 1912, *Ciàula scopre la Luna* appartiene alle novelle ambientate nella Sicilia degli zolfatari e dei piccoli proprietari terrieri, la stessa Sicilia del Verismo di Verga. Radicalmente antiverista è tuttavia il motivo "umoristico" che soggiace alla situazione rappresentata, motivo, questo, che toglie alla vicenda narrata ogni pretesa di oggettività, di realismo, e cala il lettore nell'interiorità contraddittoria dei tipici personaggi pirandelliani.
L'improvvisa scoperta della Luna mette l'umile protagonista di fronte a un improvviso capovolgimento, portandolo – lui, povero individuo costretto a una vita elementare e di fatica – a contatto con una realtà inattesa e rassicurante, fonte di conforto e di dolcezza.

I picconieri,[1] quella sera, volevano smettere di lavorare senz'aver finito d'estrarre le tante casse di zolfo che bisognavano il giorno appresso a caricar la calcara.[2] Cacciagallina, il soprastante,[3] s'affierò[4] contr'essi, con la rivoltella in pugno, davanti la buca della Cace, per impedire che ne uscissero.

1. **picconieri:** i minatori che, a colpi di piccone, estraevano dalla cava il minerale da cui si ricava lo zolfo.
2. **calcara:** il forno in cui veniva cotto lo zolfo.
3. **soprastante:** il sorvegliante degli operai.
4. **s'affierò:** infierì.

«Corpo di... sangue di... indietro tutti, giù tutti di nuovo alle cave, a buttar sangue fino all'alba, o faccio fuoco!»

«Bum!» fece uno dal fondo della buca. «Bum!» echeggiarono parecchi altri; e con risa e bestemmie e urli di scherno fecero impeto,[5] e chi dando una gomitata, chi una spallata, passarono tutti, meno uno. Chi? Zi' Scarda,[6] si sa, quel povero cieco d'un occhio, sul quale Cacciagallina poteva far bene il gradasso. Gesù, che spavento! Gli si scagliò addosso, che neanche un leone; lo agguantò per il petto e, quasi avesse in pugno anche gli altri, gli urlò in faccia, scrollandolo furiosamente:

«Indietro tutti, vi dico, canaglia! Giù tutti alle cave, o faccio un macello!»

Zi' Scarda si lasciò scrollare pacificamente. Doveva pur prendersi uno sfogo, quel povero galantuomo, ed era naturale se lo prendesse su lui che, vecchio com'era, poteva offrirglielo senza ribellarsi. Del resto, aveva anche lui, a sua volta, sotto di sé qualcuno più debole, sul quale rifarsi più tardi: Ciàula, il suo caruso.[7]

Quegli altri... eccoli là, s'allontanavano giù per la stradetta che conduceva a Comitini;[8] ridevano e gridavano:

«Ecco, sì! tienti forte codesto, Cacciagallì! Te lo riempirà lui il calcherone[9] per domani!»

«Gioventù!» sospirò con uno squallido[10] sorriso d'indulgenza zi' Scarda a Cacciagallina. E, ancora agguantato per il petto, piegò la testa da un lato, stiracchiò verso il lato opposto il labbro inferiore, e rimase così per un pezzo, come in attesa.

Era una smorfia a Cacciagallina? o si burlava della gioventù di quei compagni là?

Veramente, tra gli aspetti di quei luoghi, strideva quella loro allegria, quella velleità di baldanza giovanile. Nelle dure facce quasi spente dal bujo crudo delle cave sotterranee, nel corpo sfiancato dalla fatica quotidiana, nelle vesti strappate, avevano il livido squallore[11] di quelle terre senza un filo d'erba, sforacchiate dalle zolfare, come da tanti enormi formicaj.

Ma no: zi' Scarda, fisso in quel suo strano atteggiamento, non si burlava di loro, né faceva una smorfia a Cacciagallina. Quello era il versaccio solito, con cui, non senza stento, si deduceva[12] pian piano in bocca la grossa lagrima, che di tratto in tratto gli colava dall'altro occhio, da quello buono.

Aveva preso gusto a quel saporino di sale, e non se ne lasciava scappare via neppur una.

Poco: una goccia, di tanto in tanto; ma buttato dalla mattina alla sera laggiù, duecento e più metri sottoterra, col piccone in mano, che a ogni colpo gli strappava come un ruglio[13] di rabbia dal petto, zi' Scarda aveva sempre la bocca arsa: e quella lagrima, per la sua bocca era quel che per il naso sarebbe stato un pizzico di rapè.[14]

Un gusto e un riposo.

Quando si sentiva l'occhio pieno, posava per un poco il piccone e, guardando la rossa fiammella fumosa della lanterna confitta nella roccia, che alluciava[15] nella tenebra dell'antro infernale qualche scaglietta di zolfo qua e là, o l'acciajo del palo o della piccozza, piegava la testa da un lato, stiracchiava il labbro inferiore e stava ad aspettar che la lagrima gli colasse giù lenta, per il solco scavato dalle precedenti.

Gli altri, chi il vizio del fumo, chi quello del vino; lui aveva il vizio della sua lagrima.

Era del sacco lacrimale malato e non di pianto, quella lagrima;[16] ma si era bevute anche quelle del pianto, zi' Scarda, quando, quattr'anni addietro, gli era morto l'unico figliuolo, per lo scoppio d'una mina, lasciandogli sette orfanelli e la nuora da mantenere. Tutto-

5. **impeto:** forza.
6. **Zi' Scarda:** zi', forma dialettale tronca di "zio", "zia"; Scarda: soprannome scherzoso che significa "briciola".
7. **caruso:** in siciliano, bambino, ragazzo; i carusi erano i garzoni, gli aiutanti nelle miniere di zolfo siciliane.
8. **Comitini:** paese nelle vicinanze di Agrigento.
9. **calcherone:** fornace.
10. **squallido:** l'aggettivo ci informa del carattere del personaggio, della cui miseria umana il narratore intende subito informarci.
11. **squallore:** alla miseria di zi' Scarda fa da contrappunto lo squallore del paesaggio circostante.
12. **si deduceva:** faceva scendere.
13. **ruglio:** cupo e minaccioso brontolio animalesco.
14. **rapè:** francese, tabacco da fiuto in uso fino al XIX secolo.
15. **alluciava:** faceva luce, ma fioca; illuminava, ma a stento.
16. **Era... lagrima:** il soggetto è "la lagrima" che proveniva, non dal pianto, bensì da una malformazione del condotto lacrimale.

ra gliene veniva giù qualcuna più salata delle altre; ed egli la riconosceva subito: scoteva il capo, allora, e mormorava un nome:

«Calicchio...»

In considerazione di Calicchio morto, e anche dell'occhio perduto per lo scoppio della stessa mina, lo tenevano ancora lì a lavorare. Lavorava più e meglio di un giovane; ma ogni sabato sera, la paga gli era data, e per dir la verità lui stesso se la prendeva, come una carità che gli facessero: tanto che, intascandola, diceva sottovoce, quasi con vergogna:

«Dio gliene renda merito».

Perché, di regola, doveva presumersi che uno della sua età non poteva più lavorar bene.

Quando Cacciagallina alla fine lo lasciò per correre dietro agli altri e indurre con le buone maniere qualcuno a far nottata, zi' Scarda lo pregò di mandare almeno a casa uno di quelli che ritornavano al paese, ad avvertire che egli rimaneva alla zolfara e che perciò non lo aspettassero e non stessero in pensiero per lui; poi si volse attorno a chiamare il suo caruso, che aveva più di trent'anni (e poteva averne anche sette o settanta, scemo com'era); e lo chiamò col verso con cui si chiamano le cornacchie[17] ammaestrate:

«Te', pa'! te', pa'!»

Ciàula stava a rivestirsi per ritornare al paese.

Rivestirsi per Ciàula significava togliersi prima di tutto la camicia, o quella che un tempo era stata forse una camicia: l'unico indumento che, per modo di dire, lo coprisse durante il lavoro. Toltasi la camicia, indossava sul torace nudo, in cui si potevano contare a una a una tutte le costole, un panciotto bello largo e lungo, avuto in elemosina, che doveva essere stato un tempo elegantissimo e sopraffino (ora il luridume vi aveva fatto una tal roccia,[18] che a posarlo per terra stava ritto). Con somma cura Ciàula ne affibbiava[19] i sei bottoni, tre dei quali ciondolavano, e poi se lo mirava[20] addosso, passandoci sopra le mani, perché veramente ancora lo stimava superiore a' suoi meriti: una galanteria. Le gambe nude, misere e sbilenche, durante quell'ammirazione, gli si accapponavano, illividite dal freddo. Se qualcuno dei compagni gli dava uno spintone e gli allungava un calcio, gridandogli: «Quanto sei bello!» egli apriva fino alle orecchie ad ansa la bocca sdentata a un riso di soddisfazione, poi infilava i calzoni, che avevano più d'una finestra aperta sulle natiche e sui ginocchi; s'avvolgeva in un cappottello d'albagio[21] tutto rappezzato, e, scalzo, imitando meravigliosamente a ogni passo il verso della cornacchia – cràh! cràh! – (per cui lo avevano soprannominato Ciàula), s'avviava al paese.

«Cràh! cràh!» rispose anche quella sera al richiamo del suo padrone; e gli si presentò tutto nudo, con la sola galanteria di quel panciotto debitamente abbottonato.

«Va', va' a rispogliarti,» gli disse zi' Scarda «Rimettiti il sacco e la camicia. Oggi per noi il Signore non fa notte.»

Ciàula non fiatò; restò un pezzo a guardarlo a bocca aperta, con occhi da ebete; poi si poggiò le mani su le reni e, raggrinzando in sù il naso, per lo spasimo si stirò e disse:

«Gna bonu! (Va bene)».

E andò a levarsi il panciotto.

Se non fosse stato per la stanchezza e per il bisogno del sonno, lavorare anche di notte non sarebbe stato niente, perché laggiù, tanto, era sempre notte lo stesso. Ma questo, per zi' Scarda.

Per Ciàula, no. Ciàula, con la lumierina a olio nella rimboccatura del sacco su la fronte, e schiacciata la nuca sotto il carico, andava sù e giù per la lubrica[22] scala sotterranea, erta,[23] a scalini rotti, e sù, sù, affievolendo a mano a mano, col fiato mòzzo, quel suo crocchiare[24] a ogni scalino, quasi in un gemito di strozzato, rivedeva a ogni salita la luce del so-

17. **le cornacchie:** Ciàula, in siciliano, significa appunto «cornacchia».
18. **roccia:** uno strato di sporcizia ormai duro come la roccia.
19. **affibbiava:** allacciava.
20. **se lo mirava:** se lo guardava ammirato.
21. **albagio:** panno grossolano.
22. **lubrica:** scivolosa.
23. **erta:** ripida.
24. **crocchiare:** gracchiare come una cornacchia; è il rumore che Ciàula produce nel suo salire e scendere.

le. Dapprima ne rimaneva abbagliato; poi col respiro che traeva nel liberarsi dal carico, gli aspetti noti delle cose circostanti gli balzavano davanti; restava, ancora ansimante, a guardarli un poco e, senza che n'avesse chiara coscienza, se ne sentiva confortare.

Cosa strana; della tenebra fangosa delle profonde caverne, ove dietro ogni svolto stava in agguato la morte, Ciàula non aveva paura; né paura delle ombre mostruose, che qualche lanterna suscitava a sbalzi lungo le gallerie, né del subito[25] guizzare di qualche riflesso rossastro qua e là in una pozza, in uno stagno d'acqua sulfurea: sapeva sempre dov'era, toccava con la mano in cerca di sostegno le viscere della montagna: e ci stava cieco e sicuro come dentro il suo alvo materno.

Aveva paura, invece, del bujo vano[26] della notte.

Conosceva quello del giorno, laggiù, intramezzato da sospiri[27] di luce, di là dall'imbuto della scala, per cui saliva tante volte al giorno, con quel suo specioso arrangolìo[28] di cornacchia strozzata. Ma il bujo della notte non lo conosceva.

Ogni sera, terminato il lavoro, ritornava al paese con zi' Scarda; e là, appena finito d'ingozzare i resti della minestra, si buttava a dormire sul saccone di paglia per terra, come un cane; e invano i ragazzi, quei sette nipoti orfani del suo padrone, lo pestavano per tenerlo desto e ridere della sua sciocchezza; cadeva subito in un sonno di piombo, dal quale, ogni mattina, alla punta dell'alba, soleva riscuoterlo un noto piede.

La paura che egli aveva del bujo della notte gli proveniva da quella volta che il figlio di zi' Scarda, già suo padrone, aveva avuto il ventre e il petto squarciati dallo scoppio della mina, e zi' Scarda stesso era stato preso in un occhio.

Giù, nei varii posti a zolfo,[29] si stava per levar mano,[30] essendo già sera, quando s'era sentito il rimbombo tremendo di quella mina scoppiata. Tutti i picconieri e i carusi erano accorsi sul luogo dello scoppio; egli solo, Ciàula, atterrito, era scappato a ripararsi in un antro noto soltanto a lui.

Nella furia di cacciarsi là, gli s'era infranta contro la roccia la lumierina di terracotta, e quando alla fine, dopo un tempo che non aveva potuto calcolare, era uscito dall'antro nel silenzio delle caverne tenebrose e deserte, aveva stentato a trovare a tentoni la galleria che lo conducesse alla scala; ma pure non aveva avuto paura. La paura lo aveva assalito, invece, nell'uscire dalla buca nella notte nera vana.[31]

S'era messo a tremare, sperduto, con un brivido per ogni vago alito indistinto nel silenzio arcano[32] che riempiva la sterminata vacuità, ove un brulichìo infinito di stelle fitte, piccolissime, non riusciva a diffondere alcuna luce.

Il bujo, ove doveva essere lume,[33] la solitudine delle cose che restavan lì con un loro aspetto cangiato e quasi irriconoscibile, quando più nessuno le vedeva, gli avevano messo in tale subbuglio l'anima smarrita, che Ciàula s'era all'improvviso lanciato in una corsa pazza, come se qualcuno lo avesse inseguito.

Ora, ritornato giù nella buca con zi' Scarda, mentre stava ad aspettare che il carico fosse pronto, egli sentiva a mano a mano crescersi lo sgomento per quel bujo che avrebbe trovato, sbucando dalla zolfara. E più per quello, che per questo delle gallerie e della scala, rigovernava[34] attentamente la lumierina di terracotta.

Giungevano da lontano gli stridori e i tonfi cadenzati della pompa,[35] che non posava mai, né giorno né notte. E nella cadenza di quegli stridori e di quei tonfi s'intercalava il ruglio sordo di zi' Scarda, come se il vecchio si facesse ajutare a muovere le braccia dalla forza della macchina lontana.

25. subito: improvviso.
26. vano: vuoto, come lo sguardo del caruso.
27. sospiri: attimi brevi come sospiri.
28. specioso arrangolìo: particolare rantolo.
29. posti a zolfo: zolfatare.
30. levar mano: sospendere il lavoro.
31. vana: di nuovo, la notte gli sembra buia e senza speranza.
32. arcano: misterioso.
33. ove... lume: Ciàula, uscendo di notte dalla miniera, trova il buio, mentre era abituato a vedere la luce del sole.
34. rigovernava: ripuliva.
35. pompa: la pompa che estrae le acque di infiltrazione.

Alla fine il carico fu pronto, e zi' Scarda ajutò Ciàula a disporlo e rammontarlo[36] sul sacco attorto[37] dietro la nuca.

A mano a mano che zi' Scarda caricava, Ciàula sentiva piegarsi, sotto, le gambe. Una, a un certo punto, prese a tremargli convulsamente così forte che, temendo di non reggere più al peso, con quel tremito, Ciàula gridò:

«Basta! basta!»

«Che basta, carogna!» gli rispose zi' Scarda.

E seguitò a caricare.

Per un momento la paura del bujo della notte fu vinta dalla costernazione che, così caricato, e con la stanchezza che si sentiva addosso, forse non avrebbe potuto arrampicarsi fin lassù. Aveva lavorato senza pietà tutto il giorno. Non aveva mai pensato Ciàula che si potesse aver pietà del suo corpo, e non ci pensava neppur ora; ma sentiva che, proprio, non ne poteva più.

Si mosse sotto il carico enorme, che richiedeva anche uno sforzo d'equilibrio. Sì, ecco, sì, poteva muoversi, almeno finché andava in piano. Ma come sollevar quel peso, quando sarebbe cominciata la salita? Per fortuna, quando la salita cominciò, Ciàula fu ripreso dalla paura del bujo della notte, a cui tra poco si sarebbe affacciato.

Attraversando le gallerie, quella sera, non gli era venuto il solito verso della cornacchia, ma un gemito raschiato, protratto. Ora, sù per la scala, anche questo gemito gli venne meno, arrestato dallo sgomento del silenzio nero che avrebbe trovato nella impalpabile vacuità[38] di fuori.

La scala era così erta, che Ciàula, con la testa protesa e schiacciata sotto il carico, pervenuto all'ultima svoltata, per quanto spingesse gli occhi a guardare in sù, non poteva veder la buca che vaneggiava[39] in alto.

Curvo, quasi toccando con la fronte lo scalino che gli stava sopra, e su la cui lubricità[40] la lumierina vacillante rifletteva appena un fioco lume sanguigno, egli veniva sù, sù, sù, dal ventre della montagna, senza piacere, anzi pauroso della prossima liberazione. E non vedeva ancora la buca, che lassù lassù si apriva come un occhio chiaro, d'una deliziosa chiarità d'argento.

Se ne accorse solo quando fu agli ultimi scalini. Dapprima quantunque gli paresse strano, pensò che fossero gli estremi barlumi del giorno. Ma la chiarìa[41] cresceva, cresceva sempre più, come se il sole, che egli aveva pur visto tramontare, fosse rispuntato.

36. **rammontarlo:** ammucchiarlo.
37. **attorto:** legato.
38. **vacuità:** il vuoto della notte nera.
39. **vaneggiava:** si apriva nel vuoto.
40. **lubricità:** scivolosità.
41. **chiarìa:** luminosità.

La funzione espressiva degli aggettivi

Il lessico e la grammatica

Pirandello è un autore che, in particolare nelle novelle, usa molti aggettivi. Gli aggettivi usati da Pirandello hanno due funzioni diverse, che emergono chiaramente se osserviamo *Ciàula scopre la luna*:

- la prima funzione si può definire "**espressionistica**": l'aggettivo in questi casi serve a "deformare" la realtà, a renderla quasi caricaturale, accentuando i tratti grotteschi, sgradevoli, comici o comunque insoliti; per esempio, osserva gli aggettivi che abbiamo sottolineato nella seguente frase: «Nelle *dure* facce quasi *spente* dal bujo *crudo* delle cave sotterranee, nel corpo *sfiancato* dalla fatica quotidiana, nelle vesti *strappate*, avevano il *livido* squallore di quelle terre senza un filo d'erba, *sforacchiate* dalle zolfare, come tanti enormi formicaj»;
- la seconda funzione si può definire "**lirica**": l'aggettivo in questo caso esprime il sentimento del personaggio che osserva la realtà descritta, e ne accentua il carattere poetico, evocativo, sentimentale; per esempio, ecco come Pirandello interpreta i sentimenti di Ciàula alla vista della luna: «*Grande*, *placida*, come in un *fresco*, *luminoso* oceano di silenzio, gli stava di faccia la Luna... La Luna, col suo *ampio* velo di luce, *ignara* dei monti, dei piani, delle valli che rischiarava, *ignara* di lui, che pure per lei non aveva più paura...».

Osserva che in entrambi i casi gli aggettivi non hanno una funzione di descrizione oggettiva.
Pirandello esprime anche in questo modo la sua visione della realtà, in cui **tutto è soggettivo**, perché una verità assoluta non esiste e tutto dipende dal punto di vista di chi osserva.

Possibile?

Restò – appena sbucato all'aperto – sbalordito. Il carico gli cadde dalle spalle. Sollevò un poco le braccia; aprì le mani nere in quella chiarità d'argento.

Grande, placida, come in un fresco, luminoso oceano di silenzio, gli stava di faccia la Luna.

Sì, egli sapeva, sapeva che cos'era; ma come tante cose si sanno, a cui non si è dato mai importanza. E che poteva importare a Ciàula, che in cielo ci fosse la Luna?

Ora, ora soltanto, così sbucato, di notte, dal ventre della terra, egli la scopriva.

Estatico, cadde a sedere sul suo carico, davanti alla buca. Eccola, eccola là, eccola là, la Luna... C'era la Luna! la Luna!

PERSONIFICAZIONE PAG. 843

E Ciàula si mise a piangere, senza saperlo, senza volerlo, dal gran conforto, dalla grande dolcezza che sentiva, nell'averla scoperta, là, mentr'ella saliva pel cielo, la Luna, col suo ampio velo di luce, ignara dei monti, dei piani, delle valli che rischiarava, ignara di lui, che pure per lei non aveva più paura, né si sentiva più stanco, nella notte ora piena del suo stupore.

È RIUSCITO AD AFFRONTARE LA SUA PAURA DEL BUIO

Analisi del testo

Due sequenze narrative. La novella può essere divisa in due grandi sequenze narrative. Nella prima prevale la presentazione dei personaggi e la rappresentazione dello scenario "squallido" e desolante della cava, della miniera di zolfo. La "messa in scena" delle tristi e dure condizioni di vita dei minatori (si veda per questo l'inizio del racconto) non è tuttavia finalizzata alla denuncia sociale, come sarebbe stato in una prospettiva "naturalistica" o "veristica", ma serve a presentare i tratti terribili di una condizione umana insopportabile e quasi non umana, funzionale poi all'approfondimento psicologico della figura del protagonista, che è il vero centro della narrazione.

Nella seconda sequenza prevale il monologo interiore e il percorso narrativo si fa più spezzato, il ritmo più veloce. All'ambiente esterno si sovrappone lo scenario interiore di Ciàula, e la cava, luogo di violenza e di fatica bestiale, diventa quasi una specie di "luogo psicologico", simbolo della cieca e inconsapevole esistenza del povero caruso.

I personaggi. Nella prima sequenza viene presentato il sistema dei personaggi. Prima incontriamo Cacciagallina, il rabbioso soprastante, che si scontra con i minatori ribelli; poi vediamo zi' Scarda, l'unico che Cacciagallina riesce a far rimanere nella miniera a lavorare; infine, nel fondo della miniera conosciamo il suo caruso, Ciàula, con il suo verso da cornacchia. Come è stato fatto notare, questa presentazione ha una struttura che ripete una precisa gerarchia sociale (il soprastante, i minatori, i carusi), a cui corrisponde, sul piano letterario, una gerarchia di tipo spaziale fra le persone e i luoghi: il soprastante all'apertura della miniera; i minatori che ne fuoriescono alla fine della giornata; Ciàula, in basso, nel fondo della cava, al buio. Pirandello lo descrive come una sorta di essere sotterraneo, senza una vita propria, isolato dagli uomini e dalla natura, metà animale (solo nel buio della miniera si sente al sicuro) e metà bambino (le «viscere della montagna» sono per lui come «il suo alvo materno»).

Il riscatto di Ciàula. Nella seconda sequenza assistiamo al riscatto del protagonista. Ciàula risale mano a mano dal fondo della miniera e all'improvviso «scopre la Luna»: è la scoperta di una realtà prima ignorata, di un mondo nuovo che lo stupisce e lo conforta. La sua paura della notte si dissolve in una rivelazione in cui egli si scopre per la prima volta come uomo, dotato di una nuova coscienza. Come liberato dalla sua condizione di oppressione, può abbandonarsi al pianto e allo stupore della contemplazione.

Proposte di lavoro

1. Suddividi il racconto in sequenze e attribuisci a ciascuna di esse un breve titolo.
2. Distingui ora, con segni diversi a margine del testo, le sequenze dedicate alla narrazione di fatti e quelle dedicate al monologo interiore di Ciàula.
3. La novella ha un andamento
   - ☐ per lo più lineare.
   - ☐ ricco di salti dal presente al passato e viceversa.
   - ☐ ricco di passaggi dal racconto di avvenimenti alle riflessioni del protagonista e viceversa.
4. Nel finale, la Luna appare a Ciàula improvvisamente.
   - ➤ Che cosa sa di essa Ciàula?
   - ➤ E come invece gli appare alla fine?
   - ➤ Perché viene chiamata "ignara"? Ignara di che cosa?
   - ➤ E perché Ciàula non ne ha più paura?
5. Una delle parole chiave della novella è "vano", che qui significa "vuoto". Individua i contesti in cui il termine viene usato e di' quale atmosfera esso concorre a creare.
6. Il contrasto buio/luce è quello fondamentale del racconto. Distingui le immagini di buio e quelle di luce e riferiscile ai diversi stati d'animo di Ciàula e al suo percorso di scoperta della realtà.

Il fu Mattia Pascal

La vicenda

Mattia Pascal è un modesto impiegato in una biblioteca comunale, in un immaginario paese della Liguria chiamato Miragno. Afflitto dai debiti e da un matrimonio sbagliato, Mattia fugge da casa per tentare la fortuna in America. Giunto a Montecarlo, una grossa vincita al gioco muta il suo destino di fallito e lo spinge a tornare al paese per vendicarsi delle angherie subite. Mentre è sulla via del ritorno, apprende però da un giornale la notizia del proprio suicidio e del ritrovamento del proprio cadavere. Mattia avverte che questo evento gli permette di liberarsi di una identità che gli aveva dato solo sofferenze e di tentare una nuova vita.

Con il nuovo nome di Adriano Meis, si stabilisce a Roma in una camera ammobiliata, si innamora, ricambiato, della figlia del suo padrone di casa, Adriana, e sogna di poter diventare un altro uomo. Ma ben presto si rende conto che la sua esistenza è solo fittizia: non può infatti sposare Adriana perché non è registrato all'anagrafe, quando viene derubato non può denunciare il furto. È condannato così all'impotenza, alla solitudine, all'impossibilità di avere una identità piena.

Decide allora di ritornare a essere Mattia Pascal. Ritorna al paese, ma scopre che sua moglie si è risposata e ha una bambina. Di nuovo escluso, si ritira dalla vita e trascorre le giornate nella biblioteca a scrivere la sua strana storia, portando ogni tanto fiori sulla propria tomba.

Il disagio esistenziale dell'uomo moderno

Mattia Pascal è un uomo scisso, sdoppiato, che sente di essere solo uno **spettatore estraneo della vita**. Cercherà dunque di inventarsi come un altro uomo, divenendo Adriano Meis, ma inutilmente: continuerà a sentirsi sperduto, «solo, senza casa, senza meta». Il suo vivere escluso dal mondo gli consente però di vedere e giudicare spietatamente l'assurdità della vita, la menzogna e l'ipocrisia che regolano i meccanismi della società. Il suo tentativo di trovare un volto nuovo alla sua coscienza in crisi sarà tuttavia fallimentare.

La nuova identità di Adriano Meis gli impedirà di vivere non meno della sua identità precedente.

La sua identità resterà dunque sospesa, come è simbolizzato dalla battuta finale del libro: «... io non saprei proprio dire ch'io mi sia».

Ne *Il fu Mattia Pascal* dunque Pirandello dà volto e voce al dramma di una **impossibile identificazione**; egli mette in scena la contraddizione tra il ruolo fisso che la vita impone all'uomo e il bisogno di quest'ultimo di trovare una dimensione di vita certa, che eviti la frantumazione della propria personalità. Troviamo qui espresso un **volto tragico della crisi esistenziale** che l'uomo moderno conosce nel Novecento: l'esistere è una situazione continua di instabilità; il rapporto con gli altri è un gioco di apparenze; la società non è più credibile nelle sue verità oggettive, nelle sue regole.

Opera
Il fu Mattia Pascal
Epoca
XX secolo
Genere
romanzo
Lingua
italiano

Il fu Mattia Pascal

Io e l'ombra mia

■ Nel brano che segue, Adriano Meis si accorge di aver subito un furto. Egli sa che il ladro è Papiano, il genero del suo padrone di casa, ma si rende conto di non poterlo denunciare perché lui stesso è fuori legge. L'episodio, come tutto il romanzo, è raccontato in prima persona dal protagonista. Nella parte finale del brano Adriano Meis scopre lucidamente la sua condizione di «escluso per sempre dalla vita». Uscito di casa «come un matto», sulla strada, egli fissa l'ombra del suo corpo. Essa diventa il simbolo della sua stessa vita («L'ombra d'un morto: ecco la mia vita»). Come essa, egli si sente esposto alle offese e alle angherie altrui. In questa conclusione emerge il significato di tutto il romanzo: è solo un'illusione credere di poter vivere al di fuori della forma, dell'identità, in cui la vita ci costringe; se cerchiamo di evadere dalla vita che abbiamo (la famiglia, il lavoro, l'ambiente sociale) siamo destinati a essere sconfitti dalle convenzioni e dalle regole comuni che ci dominano e ci schiacciano.

Rimasi lì, solo, in mezzo alla camera, sbalordito, vuoto, annientato, come se tutto il mondo per me si fosse fatto vano.[1] Quanto tempo passò prima ch'io mi riavessi? E come mi riebbi? Scemo... scemo!... Come uno scemo, andai a osservare lo sportello dello stipetto, per vedere se non ci fosse qualche traccia di violenza. No: nessuna traccia: era stato aperto pulitamente, con un grimaldello,[2] mentr'io custodivo con tanta cura in tasca la chiave.

«E non si sente lei», mi aveva domandato il Paleari alla fine dell'ultima seduta,[3] «non si sente lei come se le avessero sottratto qualche cosa?»

Dodici mila lire!

Di nuovo il pensiero della mia assoluta impotenza, della mia nullità, mi assalì, mi schiacciò. Il caso che potessero rubarmi e che io fossi costretto a restar zitto, e finanche con la paura che il furto fosse scoperto, come se l'avessi commesso io e non un ladro a mio danno, non mi s'era davvero affacciato alla mente. Dodici mila lire? Ma poche! poche! Possono rubarmi tutto, levarmi fin la camicia di dosso; e io, zitto! Che diritto ho io di parlare? La prima cosa che mi domanderebbero, sarebbe questa: «E voi chi siete? Donde[4] vi era venuto quel denaro?». Ma senza denunziarlo... vediamo un po'! se questa sera io lo afferro[5] per il collo e gli grido: «Qua subito il denaro che hai tolto di là, dallo stipetto, pezzo di ladro!». Egli strilla; nega; può forse dirmi: «Sissignore, eccolo qua, l'ho preso per isbaglio...»? E allora? Ma c'è il caso che mi dia anche querela per diffamazione. Zitto, dunque, zitto! M'è sembrata una fortuna l'esser creduto morto? Ebbene, e sono morto davvero.[6] Morto? Peggio che morto; me l'ha ricordato il signor Anselmo: i morti non debbono più morire, e io sì: io sono ancora vivo per la morte e morto per la vita. Che vita infatti può esser più la mia? La noja di prima,[7] la solitudine, la compagnia di me stesso?

Mi nascosi il volto con le mani; caddi a sedere su la poltrona.

1. **vano:** inutile, privo di significato. Adriano Meis, proprio mentre parla con Adriana, la donna di cui si è innamorato, si accorge di essere stato derubato di dodicimila lire, una cifra cospicua per quell'epoca.
2. **grimaldello:** arnese di ferro uncinato che serve per aprire le serrature.
3. **mi aveva... seduta:** Anselmo Paleari, il padrone di casa di Meis, era solito organizzare sedute spiritiche, a cui aveva di recente partecipato anche il protagonista del romanzo.
4. **Donde:** da dove.
5. **lo afferro:** afferro il ladro.
6. **Zitto... davvero:** egli non può neanche chieder conto del furto a Papiano, giacché non può correre il rischio di subire una querela per diffamazione. Deve dunque subire e stare zitto. Credeva che fosse una fortuna essere creduto morto come Mattia Pascal? Ebbene, ora è morto davvero, impossibilitato com'è a far valere le sue ragioni.
7. **di prima:** di quando si chiamava Pascal e faceva il bibliotecario a Miragno. La tragedia di Mattia Pascal è accentuata dal fatto che egli è sinceramente innamorato di Adriana: la vita noiosa e solitaria, che in passato gli era pesata ma tutto sommato gli era parsa sopportabile, lo spaventa ora che ha provato la gioia che nasce dall'amare corrisposti.

Ah, fossi stato almeno un mascalzone! avrei potuto forse adattarmi a restar così, sospeso nell'incertezza della sorte, abbandonato al caso, esposto a un rischio continuo, senza base, senza consistenza. Ma io? Io, no. E che fare, dunque? Andarmene via? E dove? E Adriana? Ma che potevo fare per lei? Nulla... nulla... Come andarmene però così senz'alcuna spiegazione, dopo quanto era accaduto? Ella ne avrebbe cercato la causa in quel furto; avrebbe detto: «E perché ha voluto salvare il reo,[8] e punir me innocente?». Ah no, no, povera Adriana! Ma, d'altra parte, non potendo far nulla, come sperare di rendere men trista la mia parte verso di lei? Per forza dovevo dimostrarmi inconseguente e crudele. L'inconseguenza, la crudeltà erano della mia stessa sorte, e io per il primo ne soffrivo. Fin Papiano, il ladro, commettendo il furto, era stato più conseguente e men crudele di quel che pur troppo avrei dovuto dimostrarmi io.

Egli voleva Adriana,[9] per non restituire al suocero la dote della prima moglie: io avevo voluto togliergli Adriana? e dunque la dote bisognava che la restituissi io, al Paleari.

Per ladro, conseguentissimo![10]

Per me rimaneva la crudezza della frode[11] scoperta, quella de la mia illusione, di fronte a cui era nulla il furto delle dodici mila lire.

Io mi vidi escluso per sempre dalla vita, senza possibilità di rientrarvi. Con quel lutto nel cuore, con quell'esperienza fatta, me ne sarei andato via, ora, da quella casa, a cui mi ero già abituato, in cui avevo trovato un po' di requie,[12] in cui mi ero fatto quasi il nido; e di nuovo per le strade, senza meta, senza scopo, nel vuoto. La paura di ricader nei lacci[13] della vita, mi avrebbe fatto tenere più lontano che mai dagli uomini, solo, solo, affatto[14] solo, diffidente, ombroso; e il supplizio di Tantalo[15] si sarebbe rinnovato per me.

Uscii di casa, come un matto. Mi ritrovai dopo un pezzo per la via Flaminia, vicino a Ponte Molle. Che ero andato a far lì? Mi guardai attorno; poi gli occhi mi s'affissarono su l'ombra del mio corpo, e rimasi un tratto a contemplarla; infine alzai un piede rabbiosamente su essa. Ma io no, io non potevo calpestarla, l'ombra mia.

Chi era più ombra di noi due? io o lei?

Due ombre!

Là, là per terra; e ciascuno poteva passarci sopra: schiacciarmi la testa, schiacciarmi il cuore: e io, zitto; l'ombra, zitta. L'ombra d'un morto: ecco la mia vita... Passò un carro, rimasi lì fermo, apposta: prima il cavallo, con le quattro zampe, poi le ruote del carro.

«Là, così! forte, sul collo! Oh, oh, anche tu, cagnolino? Sù, da bravo, sì: alza un'anca! alza un'anca!»

Scoppiai a ridere d'un maligno riso; il cagnolino scappò via, spaventato; il carrettiere si voltò a guardarmi. Allora mi mossi; e l'ombra, meco,[16] dinanzi. Affrettai il passo per cacciarla sotto altri carri, sotto i piedi de' viandanti, voluttuosamente.[17] Una smania mala[18] mi aveva preso, quasi adunghiandomi[19] il ventre; alla fine, non potei più vedermi davanti quella mia ombra; avrei voluto scuotermela dai piedi. Mi voltai; ma ecco, la avevo dietro, ora.

«E se mi metto a correre», pensai, «mi seguirà!»

Mi stropicciai forte la fronte, per paura che stessi per ammattire, per farmene una fissazione. Ma sì! così era! il simbolo, lo spettro della mia vita era quell'ombra: ero io, là per terra, esposto alla mercé[20] dei piedi altrui. Ecco quello che restava di Mattia Pascal, morto sulla Stìa:[21] la sua ombra per le vie di Roma.[22]

8. **il reo:** il colpevole del furto.
9. **Egli voleva Adriana:** Papiano, rimasto vedovo, voleva ora sposare la sorella della sua prima moglie.
10. **Per... conseguentissimo!:** per un ladro, un ragionamento perfettamente logico.
11. **frode:** raggiro, truffa.
12. **requie:** riposo.
13. **lacci:** in senso figurato, trappole, insidie.
14. **affatto:** molto, del tutto.
15. **il supplizio di Tantalo:** nel mito greco Tantalo è costretto a soffrire perpetuamente la fame e la sete senza poter toccare le bevande e il cibo che ha a portata di mano; in senso figurato l'espressione indica il tormento di chi ha un desiderio intenso di un bene vicino ma irraggiungibile.
16. **meco:** con me.
17. **voluttuosamente:** con piacere intenso; Meis vuole punire sé e la sua ombra per la colpa che entrambi portano di non avere un'identità, di non avere una dignità da poter difendere.
18. **Una smania mala:** una agitazione, una impazienza maligna.
19. **adunghiandomi:** afferrandomi con grande forza.
20. **alla mercé:** in balia, in potere.
21. **Stìa:** si tratta del podere a due chilometri da Miragno, presso il cui mulino il corpo del presunto Mattia Pascal era stato ritrovato.
22. **la sua ombra... Roma:** Mattia Pascal non esiste più, ma anche Adriano Meis non esiste. Rimane un'ombra, che cammina sola e sconsolata per le vie di Roma.

Ma aveva un cuore, quell'ombra, e non poteva amare; aveva denari, quell'ombra, e ciascuno poteva rubarglieli; aveva una testa, ma per pensare e comprendere ch'era la testa di un'ombra, e non l'ombra d'una testa. Proprio così!

Allora la sentii come cosa viva, e sentii dolore per essa, come il cavallo e le ruote del carro e i piedi de' viandanti ne avessero veramente fatto strazio. E non volli lasciarla più lì, esposta, per terra. Passò un tram, e vi montai.

Il fu Mattia Pascal, A. Mondadori

Analisi del testo

Passionalità e cerebralismo. *Il fu Mattia Pascal* è scritto in prima persona: le vicende del protagonista sono narrate dallo stesso Mattia Pascal, con una scelta che mette in primo piano la soggettività del protagonista. Pirandello si serve di questo artificio per evidenziare i due tratti fondamentali del carattere del personaggio: la passionalità e il cerebralismo. Mattia è un uomo che ama ragionare, porsi problemi, riflettere su ciò che gli accade. Nello stesso tempo, è un passionale, un impulsivo, che spesso, nel romanzo, agisce d'istinto, senza darsi il tempo di riflettere e di valutare davvero le conseguenze delle sue azioni.

Il brano che abbiamo scelto mostra in maniera esemplare questi due aspetti del suo carattere: egli ha agito d'impulso quando ha deciso di fingersi morto e di assumere un altro nome e un'altra personalità; ma adesso si accorge di trovarsi alla mercé del ladro, senza la possibilità di reagire, e soprattutto senza la possibilità di realizzare il suo amore per Adriana.

Le contraddizioni di Mattia Pascal lo rendono un personaggio tipicamente decadente, in bilico tra inettitudine e velleità di rivolta. Quando agisce, egli è mosso dal desiderio di ribellarsi al proprio destino; quando riflette, si accorge di avere le mani legate e di non poter fare nulla.

Il dibattito interiore di Mattia Pascal. Anche dal punto di vista stilistico la pagina oscilla fra *pathos* e cerebralismo. Il *pathos* è espresso soprattutto attraverso le esclamazioni, le domande retoriche, l'uso del discorso indiretto libero, che coinvolge il lettore e lo spinge a identificarsi con il personaggio.

Ma questi elementi concorrono tutti alla costruzione di un ragionamento, di una riflessione: Mattia Pascal non esprime i suoi sentimenti in chiave lirica, ma attraverso un dibattito interiore che lo porta poco per volta a riconoscere la realtà della propria condizione.

Il tono gesticolante del suo lungo monologo («Dodici mila lire!», «Là, là per terra...», «Proprio così!» ecc.) serve da un lato a sottolineare lo stato di agitazione in cui si trova il personaggio, ma anche le difficoltà e le contraddizioni in cui egli si dibatte. Il ragionamento di Mattia, infatti, non è affatto lineare: le sue conclusioni (e le sue scelte) nascono dallo scontro fra due impulsi opposti, come egli stesso riconosce chiaramente alla fine del brano: «aveva un cuore, quell'ombra, e non poteva amare; aveva denari, quell'ombra, e ciascuno poteva rubarglieli; aveva una testa, ma per pensare e comprendere ch'era la testa di un'ombra».

Proposte di lavoro

1. In quale momento della vicenda del *Fu Mattia Pascal* si colloca il brano che hai letto?

2. Verifica la comprensione del testo rispondendo alla seguenti domande.
- Perché Adriano Meis non può denunciare il furto subito?
- Perché si sente un escluso dalla vita? Analizza la figura del protagonista, cercando di ricostruire gli stati d'animo e il carattere.
- Perché Meis dice che l'ombra è il simbolo della sua vita?
- Che rapporto c'è tra il protagonista e la sua ombra?

3. Riassumi brevemente il brano.

4. Concentra l'attenzione sulla figura del protagonista e indicane i tratti caratteristici in una tabella simile alla seguente.

Tratti fisici	
Tratti sociali	
Tratti psicologici	

5. Quello di Adriano Meis può essere detto un soliloquio oppure un monologo interiore? Motiva la tua risposta.

6. Nel *Fu Mattia Pascal* Pirandello affronta con straordinaria consapevolezza artistica alcuni dei temi più importanti della sua poetica: il relativismo e la crisi esistenziale dell'uomo moderno, il contrasto insanabile e, di fatto, distruttivo tra forma e vita, fra maschera e realtà.
- Illustra, discuti e commenta quest'affermazione, con riferimenti precisi al testo letto e all'intera opera pirandelliana.

7. In che modo il contesto culturale in cui viveva Pirandello, caratterizzato dalla crisi della cultura positivistica e dal crollo dei suoi miti (ragione, progresso, scienza) influisce sulla visione del mondo e sui temi del *Fu Mattia Pascal*? Rispondi con un breve scritto facendo riferimento al brano letto.

....

....

....

Sei personaggi in cerca d'autore

La vicenda

In un teatro, in cui una **compagnia d'attori** diretta dal Capocomico sta provando una commedia di Pirandello, si presentano sei persone che dicono di essere personaggi che l'autore creò vivi, ma che poi non seppe o non volle «far vivere» sulla scena. Essi sono il Padre, la Madre, il Figlio, la Figliastra, il Giovinetto, la Bambina e chiedono di poter rivivere la loro storia. Il Padre aveva in passato sposato la Madre, di condizione sociale inferiore e aveva poi mandato il loro Figlio, allora piccolo, a crescere in campagna. La Madre, pur fedele e sottomessa al marito, aveva stabilito un rapporto di reciproca comprensione con un segretario del Padre, tanto che quest'ultimo aveva favorito la loro unione. Dopo la nascita della loro prima figlia (la Figliastra che ora ha diciotto anni) il segretario, geloso dell'affetto che il Padre continuava a nutrire per la Madre e la piccola da lei nata, si era trasferito all'estero. Ora, a distanza di anni, la Madre, rimasta vedova e ridotta in miseria, è tornata portando con sé, oltre alla Figliastra, altri due figli nati all'estero, il Giovinetto di quindici anni, e la Bambina di quattro anni. Per guadagnarsi da vivere fa lavori di cucito per una certa Madama Pace, che in realtà, dietro la facciata della sartoria, nasconde una casa d'appuntamenti. In questa ella è riuscita ad attirare la Figliastra, costretta dal bisogno. Il Capocomico accetta di far rappresentare la vicenda dai suoi attori, ma sorgono incomprensioni fra loro e i personaggi, che non riconoscono la "loro" verità nella finzione scenica e continuamente l'interrompono.

Il teatro nel teatro

Sei personaggi in cerca d'autore è l'opera più rappresentativa delle complesse tematiche di Pirandello. Per la prima volta nella storia del teatro moderno, essa **distrugge la finzione teatrale**, l'elemento cioè su cui si basava il dramma tradizionale, che rappresentava sulla scena un'azione con l'intento di riprodurre fedelmente la realtà. In questo dramma, invece, Pirandello smaschera questa finzione, attraverso lo strumento del cosiddetto "teatro nel teatro". In esso vi sono infatti due piani differenti: uno è quello della vicenda dei sei personaggi, raccontata da loro stessi come già avvenuta nel passato ma ogni volta rinnovantesi, l'altro è quello della situazione presente, rappresentata dalla compagnia teatrale e dal palcoscenico. Gli attori dovrebbero rappresentare il dramma dei sei personaggi, in realtà fanno da pubblico alla loro rappresentazione. L'argomento del dramma non è quindi la vicenda dei Personaggi, ma la sua incompiuta e impossibile messa in scena: i *Sei personaggi* sono cioè **un'opera teatrale sul problema del fare teatro**.

Opera
Sei personaggi in cerca d'autore
Genere
dramma
Lingua
italiano
Epoca
XX secolo

Sei personaggi in cerca d'autore

Ciascuno di noi si crede uno, ma è tanti

Proponiamo qui alcune pagine tratte dalla prima parte del dramma, in cui i Personaggi raccontano la loro storia al Capocomico, che ancora pensa di poterla far rappresentare agli attori. I Personaggi hanno finora raccontato i fatti antecedenti al ritorno in patria della famigliola e all'incontro fra il Padre e la Figliastra nella casa d'appuntamenti. Alla protesta del Capocomico che tutto ciò è racconto e non si può rappresentare, il Padre spiega che il dramma avviene, appunto, dopo il loro ritorno.

IL PADRE Il dramma viene adesso, signore! Nuovo, complesso.

LA FIGLIASTRA (*cupa, fiera facendosi avanti*) Appena morto mio padre.

IL PADRE (*subito, per non darle tempo di parlare*) ...la miseria, signore! Ritornano qua, a mia insaputa. Per la stolidaggine di lei.

Indicherà la Madre.

Sa scrivere appena; ma poteva farmi scrivere dalla figlia, da quel ragazzo, che erano in bisogno!

LA MADRE Mi dica lei, signore, se potevo indovinare in lui tutto questo sentimento.[1]

IL PADRE Appunto questo è il tuo torto, di non aver mai indovinato nessuno dei miei sentimenti!

LA MADRE Dopo tanti anni di lontananza, e tutto ciò che era accaduto...

IL PADRE E che è colpa mia, se quel brav'uomo[2] vi portò via così?

Rivolgendosi al Capocomico:

Le dico, da un giorno all'altro... perché aveva trovato fuori non so che collocamento.[3] Non mi fu possibile rintracciarli; e allora per forza venne meno il mio interessamento, per tanti anni. Il dramma scoppia, signore, impreveduto e violento, al loro ritorno; allorché io, purtroppo, condotto dalla miseria della mia carne ancora viva... Ah, miseria, miseria veramente, per un uomo solo, che non abbia voluto legami avvilenti; non ancor tanto vecchio da poter fare a meno della donna, e non più tanto giovane da poter facilmente e senza vergogna andarne in cerca! Miseria? che dico! orrore, orrore: perché nessuna donna più gli può dare amore... Mah! Signore, ciascuno – fuori, davanti agli altri – è vestito di dignità: ma dentro di sé[4] sa bene tutto ciò che nell'intimità con se stesso si passa, d'inconfessabile. Si cede, si cede alla tentazione; per rialzarcene subito dopo, magari, con una gran fretta di ricomporre intera e solida, come una pietra su una fossa, la nostra dignità, che nasconde e seppellisce ai nostri stessi occhi ogni segno e il ricordo stesso della vergogna. È così di tutti! Manca solo il coraggio di dirle, certe cose!

LA FIGLIASTRA Perché quello di farle, poi, lo hanno tutti!

IL PADRE Tutti! Ma di nascosto! E perciò ci vuol più coraggio a dirle! Perché basta che uno le dica – è fatta! – gli s'appioppa la taccia[5] di cinico. Mentre non è vero, signore: è come tutti gli altri; migliore, migliore anzi, perché non ha paura di scoprire col lume dell'intelligenza il rosso della vergogna, là, nella bestialità umana, che chiude sempre gli occhi per non vederlo. La donna – ecco – la donna, infatti, com'è? Ci guarda, aizzosa,[6] invitante. La afferri! Appena stretta, chiude subito gli occhi. È il segno della sua dedizione. Il segno con cui dice all'uomo: «Accècati, io son cieca!»

LA FIGLIASTRA E quando non li chiude più? Quando non sente più il bisogno di nascondere a se stessa, chiudendo gli occhi, il rosso della sua vergogna, e invece vede, con occhi ormai aridi e impassibili, quello dell'uomo, che pur senz'amore, s'è accecato? Ah, che schifo, allora, che schifo di tutte codeste complicazioni intellettuali, di tutta codesta filosofia che scopre la bestia e poi la vuol salvare, scusare... Non posso sentirlo, signore! Perché quando si è costretti a "semplificarla" la vita – così, bestialmente – buttando via tutto l'ingombro "umano" d'ogni casta aspirazione, d'ogni puro sentimento, idealità, doveri, il pudore, la vergogna, niente fa più sdegno e nausea di certi rimorsi: lagrime di coccodrillo!

IL CAPOCOMICO Veniamo al fatto, veniamo al fatto, signori miei! Queste son discussioni!

IL PADRE Ecco sissignore! Ma un fatto è come un sacco: vuoto, non si regge. Perché si reg-

1. **se potevo... sentimento:** erano infatti trascorsi molti anni da che lei, con il secondo marito e la figlioletta, aveva lasciato il paese. Ella non supponeva che il primo marito l'avrebbe di nuovo accolta e non gli aveva perciò fatto sapere del suo ritorno e dello stato di bisogno in cui si trovava. Ciò che al Padre era sembrata un'incomprensibile stoltezza, a lei era parso naturale. Ciascuno ha la sua verità e vive diversamente dagli altri ciò che accade.
2. **quel brav'uomo:** il suo ex segretario, con il quale la moglie aveva costruito una seconda famiglia.
3. **collocamento:** impiego.
4. **ciascuno – fuori... ma dentro di sé:** è questa l'angosciosa condizione dell'uomo secondo Pirandello: l'essere diviso, contraddittorio, in perenne conflitto fra apparenza esterna e realtà interiore, fra sentimenti diversi e contrastanti, fra volontà razionale e impulsi profondi.
5. **taccia:** accusa, nomèa.

ga, bisogna prima farci entrar dentro la ragione e i sentimenti che lo han determinato. Io non potevo sapere che, morto là quell'uomo,[7] e ritornati essi qua in miseria, per provvedere al sostentamento dei figliuoli, ella

indicherà la Madre

si fosse data attorno a lavorare da sarta, e che giusto fosse andata a prender lavoro da quella... da quella Madama Pace!

LA FIGLIASTRA Sarta fina, se lor signori lo vogliono sapere! Serve in apparenza le migliori signore, ma ha tutto disposto, poi, perché queste migliori signore servano viceversa a lei...[8] senza pregiudizio delle altre così così!

LA MADRE Mi crederà, signore, se le dico che non mi passò neppur lontanamente per il capo[9] il sospetto che quella megera mi dava lavoro perché aveva adocchiato mia figlia...

LA FIGLIASTRA Povera mamma! Sa, signore, che cosa faceva quella lì, appena le riportavo il lavoro fatto da lei? Mi faceva notare la roba che aveva sciupata, dandola a cucire a mia madre; e diffalcava, diffalcava.[10] Cosicché, lei capisce, pagavo io, mentre quella poverina credeva di sacrificarsi per me e per quei due,[11] cucendo anche di notte la roba di Madama Pace!

Azione ed esclamazioni di sdegno degli Attori.

IL CAPOCOMICO (*subito*) E là, lei un giorno, incontrò...

LA FIGLIASTRA (*indicando il Padre*) ...lui, lui, sissignore! vecchio cliente! Vedrà che scena da rappresentare! Superba!

IL PADRE Col sopravvenire di lei, della madre...

LA FIGLIASTRA (*subito, perfidamente*) ...quasi a tempo!

IL PADRE (*gridando*) ...no, a tempo, a tempo! Perché, per fortuna, la riconosco a tempo! E me li riporto tutti a casa, signore! Lei s'immagini, ora, la situazione mia e la sua, una di fronte all'altro: ella, così come la vede; e io che non posso più alzarle gli occhi in faccia!

LA FIGLIASTRA Buffissimo! Ma possibile,[12] signore, pretendere da me – "dopo" – che me ne stessi come una signorinetta modesta, bene allevata e virtuosa, d'accordo con le sue maledette aspirazioni "a una solida sanità morale"?

IL PADRE Il dramma per me è tutto qui, signore: nella coscienza che ho, che ciascuno di noi – veda – si crede "uno" ma non è vero: è "tanti", signore, "tanti", secondo tutte le possibilità d'essere che sono in noi: "uno" con questo, "uno" con quello – diversissimi! E con l'illusione, intanto, d'esser sempre "uno per tutti", e sempre "quest'uno" che ci crediamo, in ogni nostro atto. Non è vero! non è vero! Ce n'accorgiamo bene, quando in qualcuno dei nostri atti, per un caso sciaguratissimo, restiamo all'improvviso come agganciati e sospesi: ci accorgiamo, voglio dire, di non esser tutti in quell'atto, e che dunque una atroce ingiustizia sarebbe giudicarci da quello solo,[13] tenerci agganciati e sospesi, alla gogna, per una intera esistenza, come se questa fosse assommata tutta in quell'atto![14] Ora lei intende la perfidia di questa ragazza? M'ha sorpreso in un luogo, in un atto, dove e come non doveva conoscermi, come io non potevo essere per lei; e mi vuol dare una realtà, quale io non potevo mai aspettarmi che dovessi assumere per lei, in un momento fugace, vergognoso, della mia vita! Questo, questo, signore, io sento soprat-

6. aizzosa: provocatoria.
7. quell'uomo: si riferisce sempre al secondo uomo della Madre.
8. servano... a lei: prostituendosi nella sua casa d'appuntamenti.
9. non mi passò... capo: ancora una volta, la stessa realtà appare diversa a persone diverse che sono impotenti a conoscerla veramente.
10. diffalcava: detraeva, diminuiva il compenso della Madre, in modo da costringere la Figliastra a riguadagnare quei soldi.
11. quei due: il Giovinetto e la Bambina, suoi fratelli minori.
12. Ma possibile...: impossibile, dopo quella scena tragica e umiliante, entrare in casa del padre e vivere la vita rispettabile della «signorinetta bene allevata», come se nulla fosse accaduto. La Figliastra non perdona al Padre l'umiliazione inflittale; da ciò il conflitto che fra loro perdura molto acceso.
13. una atroce ingiustizia... solo: il Padre si ribella al fatto di essere giudicato solo per quel momento di debolezza in cui si è recato nella casa d'appuntamenti. Egli non si esaurisce in quell'atto, che è stato solo uno dei tanti, contraddittori e spesso insignificanti, di cui la nostra vita è costituita.
14. È questo l'intervento centrale di tutta la scena e dell'intero dramma: vi è presente la compiuta espressione del relativismo pirandelliano, del frantumarsi della verità e della realtà, che rende impossibile la comunicazione fra gli uomini e la realizzazione stessa di un unico dramma che rappresenti la storia dei Personaggi, poiché ciascuno di loro ha il suo, diverso da quello degli altri.

tutto. E vedrà che da questo il dramma acquisterà un grandissimo valore. Ma c'è poi la situazione degli altri! Quella sua...

indicherà il Figlio.

IL FIGLIO (*scrollandosi sdegnosamente*) Ma lascia star me, ché io non c'entro!

IL PADRE Come non c'entri?

IL FIGLIO Non c'entro, e non voglio entrarci, perché sai bene che non son fatto per figurare qua in mezzo a voi!

LA FIGLIASTRA Gente volgare, noi! – Lui, fino! – Ma lei può vedere, signore, che tante volte io lo guardo per inchiodarlo col mio disprezzo, e tante volte egli abbassa gli occhi – perché sa il male che m'ha fatto.

IL FIGLIO (*guardandola appena*) Io?

LA FIGLIASTRA Tu! tu! Lo devo a te, caro, il marciapiedi! a te!

Azione d'orrore degli Attori.

Vietasti, sì o no, col tuo contegno – non dico l'intimità della casa – ma quella carità che leva d'impaccio gli ospiti? Fummo gli intrusi, che venivamo a invadere il regno della tua "legittimità"! Signore, vorrei farlo assistere a certe scenette a quattr'occhi tra me e lui! Dice che ho tiranneggiato tutti. Ma vede? È stato proprio per codesto suo contegno, se mi sono avvalsa di quella ragione ch'egli chiama "vile",[15] la ragione per cui entrai nella casa di lui con mia madre – che è anche sua madre – da padrona!

IL FIGLIO (*facendosi avanti lentamente*) Hanno tutti buon giuoco, signore, una parte facile tutti contro di me. Ma lei s'immagini un figlio,[16] a cui un bel giorno, mentre se ne sta tranquillo a casa, tocchi di veder arrivare, tutta spavalda, così, "con gli occhi alti", una signorina che gli chiede del padre, a cui ha da dire non so che cosa; e poi la vede ritornare, sempre con la stess'aria, accompagnata da quella piccolina là; e infine trattare il padre – chi sa perché – in un modo molto ambiguo e "sbrigativo" chiedendo danaro, con un tono che lascia supporre che lui deve, deve darlo, perché ha tutto l'obbligo di darlo.

IL PADRE ...ma l'ho difatti davvero, quest'obbligo: è per tua madre!

15. **quella ragione... "vile"**: l'aver approfittato del rimorso del Padre nei suoi confronti per entrare nella casa di lui.

16. **Ma lei ... figlio:** entrano qui in gioco la verità e la ragione del Figlio, ancora una volta diverse da quelle di tutti gli altri Personaggi.

Il lessico e la grammatica

Siamo tutti filosofi

La parola "cinico", usata dal Padre («gli s'appioppa la taccia di cinico»), non è un'offesa, anche se spesso viene usata in senso negativo. I cinici erano gli esponenti di una importante **scuola filosofica** dell'antica Grecia, caratterizzata dalla critica radicale dei luoghi comuni e delle verità apparentemente indiscutibili. Dalla filosofia antica derivano altre parole, usate ancora oggi, spesso in maniera deformata rispetto al loro significato originale.

	significato comune	significato originale
cinico	persona priva di sentimenti e di rispetto	filosofo pronto a criticare i luoghi comuni e i valori superficialmente condivisi
stoico	persona che sopporta qualsiasi dolore senza protestare	filosofo che cerca di raggiungere l'indifferenza nei confronti della morte e del dolore
scettico	persona che non crede in nulla	filosofo che analizza criticamente ogni presunta verità, cercando di scoprire se è davvero tale
epicureo	persona dedita solo alla ricerca del piacere	filosofo seguace di Epicuro, che sosteneva la necessità di non temere né gli dei né la morte

Naturalmente il significato moderno è pienamente legittimo: le parole cambiano nel tempo; ma è bene sapere qual è la loro origine, per non usarle a sproposito e in maniera superficiale.

IL FIGLIO E che ne so io? Quando mai l'ho veduta, io, signore? Quando mai ne ho sentito parlare? Me la vedevo comparire, un giorno, con lei,

indicherà la Figliastra

con quel ragazzo, con quella bambina; mi dicono: «Oh sai? è anche tua madre!» Riesco a intravedere dai suoi modi

indicherà di nuovo la Figliastra

per qual motivo, così da un giorno all'altro, sono entrati in casa... Signore, quello che io provo, quello che sento, non posso e non voglio esprimerlo. Potrei al massimo confidarlo, e non vorrei neanche a me stesso. Non può dunque dar luogo, come vede, a nessuna azione da parte mia. Creda, creda, signore, che io sono un personaggio non "realizzato" drammaticamente; e che sto male, malissimo, in loro compagnia! – Mi lascino stare!

Sei personaggi in cerca d'autore, A. Mondadori

Analisi del testo

Un dialogo movimentato. Il dialogo è molto movimentato: i personaggi cambiano spesso interlocutore, rivolgendosi ora a un altro personaggio, ora al capocomico, ora a se stessi, in una sorta di monologo interiore svolto ad alta voce e in pubblico; in alcuni casi, nella concitazione del discorso, si strappano addirittura la parola l'un l'altro.
Sul piano stilistico la vivacità si riflette nell'uso di espressioni tratte dal linguaggio quotidiano, dalla mancanza quasi assoluta di elementi attinti dalla tradizione letteraria e soprattutto dalle molte esclamazioni che esprimono anche verbalmente la gestualità dei personaggi, il loro impegno ragionativo e la passione con cui vivono e raccontano la loro storia.

Una vicenda molto movimentata. La vicenda è fortemente drammatica: in essa entrano in gioco non solo i grandi sentimenti (l'amore, la gelosia ecc.) ma anche la condizione economica (la povertà della famiglia della madre, di cui la prostituzione della figlia è conseguenza; la ricchezza del padre), la tentazione della sensualità (su cui il padre fa una riflessione amara, ma nello stesso tempo autoassolutoria, che la figlia smaschera).
Si possono dunque ritrovare tutti gli elementi tipici della narrativa popolare e di consumo dell'Ottocento. Ma in Pirandello il *pathos* melodrammatico si unisce a un furore ragionativo che spinge i personaggi a discutere e analizzare le proprie azioni e i sentimenti nel tentativo di spiegare la propria visione della realtà.
Ciascuno ha infatti una sua storia da raccontare: i fatti possono essere gli stessi, ma «un fatto, è come un sacco: vuoto, non si regge», e ciascuno (nel brano soprattutto il padre, la figliastra e il figlio) lo riempie del significato suo, che tenta di imporre agli altri.
È quanto il padre teorizza, assumendo per qualche riga la funzione di portavoce dell'autore, con le parole: «ciascuno di noi – veda – si crede "uno" ma non è vero: è "tanti" [...]: "uno" con questo, "uno" con quello – diversissimi! E con l'illusione, intanto, d'esser sempre "uno per tutti"».

Rottura dell'illusione scenica. Il relativismo così enunciato è alla base della scelta pirandelliana di rompere l'illusione scenica, ambientando la vicenda in un teatro e facendo dialogare i personaggi con un capocomico e con degli attori.
I personaggi, come dichiara il titolo dell'opera, sono infatti "in cerca di autore", cioè di qualcuno che rappresenti il loro dramma sulla scena; per questo lo raccontano: per insegnarlo agli attori che dovrebbero poi rappresentarlo. Nel momento in cui però gli attori tenteranno davvero di interpretare la loro parte, i personaggi si rifiuteranno di riconoscersi in quella rappresentazione: per loro infatti il dramma è vero, è la vita, è l'unica realtà che conoscono; per gli attori è solo una maschera, una finzione, e i personaggi non possono riconoscersi in essa.

Proposte di lavoro

1. Riassumi con precisione l'intricata trama dei *Sei personaggi in cerca d'autore*, cercando di evidenziare i livelli della vicenda: quello principale della tragica vicenda esistenziale dei personaggi, quello del rapporto con l'autore che li rifiuta e quello del diverbio con gli attori e il Capocomico.
2. Riassumi ora il brano letto, suddiviso in sequenze.
3. Concentra l'attenzione sul personaggio della Figliastra.
   ➤ Da quali espressioni del testo emergono la sua aggressività e il suo sarcasmo?
   ➤ Verso chi rivolge aggressività e sarcasmo, e perché?
4. Il Padre è caratterizzato da un profondo dissidio interiore.
   ➤ Perché e in quali passi emerge questo suo stato d'animo?
5. I quattro personaggi presenti nel brano hanno punti di vista diversi. Completa una tabella simile alla seguente, raccontando la vicenda dal punto di vista di ciascuno di loro.

il Padre	
la Madre	
la Figliastra	
il Figlio	

Verifica

1. Tra i materiali che ti sono stati proposti in questo capitolo del libro, quali hai letto e approfondito? Indicali con una crocetta.

- ☐ La parola chiave: le avanguardie
- ☐ Il contesto storico
- ☐ L'evoluzione delle arti
- ☐ Boccioni, *Sviluppo di una bottiglia nello spazio*
- ☐ I generi letterari: parti introduttive
- ☐ Gozzano, *La signorina Felicita*
- ☐ Lorca, *Paesaggio*
- ☐ Eliot, *Mattino alla finestra*
- ☐ Ungaretti, *Stasera*
- ☐ Ungaretti, *Sono una creatura*
- ☐ Ungaretti, *Vanità*
- ☐ Saba, *La capra*
- ☐ Saba, *Città vecchia*
- ☐ Kafka, *L'esecuzione di Joseph K.*
- ☐ Joyce, *Il funerale*
- ☐ Svevo, *Il fumo*
- ☐ Svevo, *La morte del padre*
- ☐ Ibsen, *Nora ricerca l'autenticità*
- ☐ Brecht, *Il tradimento di Galileo*
- ☐ Pirandello, *Ciàula scopre la luna*
- ☐ Pirandello, *Io e l'ombra mia*
- ☐ Pirandello, *Ciascuno di noi si crede uno, ma è tanti*

2. Nel corso del lavoro hai svolto altri approfondimenti, ricerche o letture, a integrazione dei materiali offerti dal testo? Indicali brevemente qui di seguito, richiamando anche eventuali letture precedenti.

....
....
....
....

3. Che cosa si intende, in generale, con la parola avanguardia? Perché le avanguardie si affermarono nei primi anni del Novecento?

4. Che cosa caratterizza le seguenti avanguardie? Indica per ciascuna di esse alcuni elementi distintivi.

➤ Futurismo: ....
....

➤ Dadaismo: ....
....

➤ Surrealismo: ....
....

5. Per ciascuno dei testi poetici che hai letto, compila una scheda simile alla seguente, indicando quali elementi presenti in esso si possono ricondurre alle poetiche delle avanguardie.

Testo	Elementi riconducibili alle avanguardie
autore: opera da cui è tratto: titolo del brano:	1. 2. 3.

6. Per quali aspetti l'opera di Svevo si può considerare collegata alla psicoanalisi di Freud? Rispondi facendo riferimento ai brani letti e alla struttura dell'opera nel suo complesso.

7. Quali sono i principali elementi che differenziano il teatro pirandelliano dal dramma borghese? Rispondi completando una tabella simile alla seguente con gli opportuni riferimenti ai testi letti.

	Ibsen	Pirandello
temi		
forme e tecniche		

8. Quali degli argomenti toccati nel corso del lavoro ti hanno interessato in maniera particolare? Perché?

....
....
....
....

9. Ritieni che la lettura dei brani proposti abbia suscitato in te nuove riflessioni e nuovi pensieri? Quali?

....
....
....
....

10. Scegli uno dei seguenti argomenti, affrontati nel corso del lavoro, ed esponi le tue idee al riguardo in un breve scritto, facendo riferimento ai testi letti.

- L'inconscio e la crisi di identità
- I meccanismi della nostra mente e della nostra memoria
- Il relativismo
- La differenza fra comicità e umorismo

Ermetismo e Neorealismo

Il percorso che ti proponiamo riguarda gli anni Trenta e Quaranta del Novecento, il periodo cioè che va dalla grave crisi economica del 1929 agli anni del secondo dopoguerra e della ricostruzione.
Il percorso è scandito in quattro tappe.

Le parole chiave

Ermetismo e **Neorealismo** sono i movimenti letterari che segnano rispettivamente gli anni Trenta e Quaranta in Italia. Si tratta di movimenti fra loro molto diversi, il primo più legato alla poesia, il secondo più legato alla narrativa, ma entrambi rappresentano una risposta al contesto storico e politico del loro tempo e hanno importanti echi in ambito artistico.

Il contesto storico

Ti proponiamo una breve sintesi dei principali eventi storici che caratterizzano il periodo preso in considerazione:

- la **crisi economica del 1929** e le sue conseguenze;
- le caratteristiche dei nuovi regimi che si affermano in Italia, in Germania, in Russia e altrove – i cosiddetti **totalitarismi**;
- le cause, l'andamento e le conseguenze della **Seconda guerra mondiale**.

L'evoluzione delle arti

Ti proponiamo un rapido sguardo d'insieme sui movimenti artistici degli anni Trenta e Quaranta in Italia e un'analisi più approfondita del dipinto ***Crocifissione*** del pittore siciliano **Renato Guttuso**.

I generi letterari

Ti proponiamo di leggere alcuni autori e opere che hanno segnato l'età dell'Ermetismo e del Neorealismo in Italia.
Ci soffermiamo in particolare su due generi:

- la **poesia**, che si allontana definitivamente dai modelli tardo-ottocenteschi, all'interno della quale troverai un Focus Autore su **Eugenio Montale**;
- la **narrativa**, che vede l'emergere di una nuova generazione di scrittori.

Le parole chiave
Ermetismo e Neorealismo

1 L'Ermetismo

I termini ermetico ed Ermetismo cominciarono a essere applicati dalla critica alla poesia italiana negli anni Trenta con un significato negativo, per biasimare un tipo di poesia (come quella di Ungaretti, per esempio) che si riteneva volutamente difficile e oscura, basata su un uso poco comprensibile dell'analogia.

Alla ricerca di una poesia "pura"

Ben presto tuttavia il termine Ermetismo assunse un significato positivo e prese a indicare la corrente poetica sviluppatasi fra gli anni Trenta e i primi anni Quaranta, che aveva tra i suoi esponenti Salvatore Quasimodo, Alfonso Gatto, Sandro Penna e, tra le nuove generazioni, Mario Luzi e Vittorio Sereni.

Autodefinendosi ermetici, gli esponenti di questo movimento si rifacevano al Simbolismo francese e consideravano Giuseppe Ungaretti e in parte Eugenio Montale come propri precursori. Al contrario, netto era il rifiuto del dannunzianesimo e della poesia pascoliana, mentre si accoglieva per certi versi l'influenza delle avanguardie e in modo particolare del Surrealismo.

Gli ermetici furono fautori di una **poesia "pura"**, libera da ogni obiettivo comunicativo e da ogni condizionamento esterno; rimanevano anche estranei al realismo descrittivo.

La parola poetica diventava messaggio riservato a pochi eletti, comunicabile solo per allusioni e analogie.

Intuizione-rivelazione del mistero dell'esistenza

Le caratteristiche principali dell'Ermetismo erano messe in atto attraverso una ricerca di **purezza e di assolutezza linguistica esasperata**. L'insistenza sulla parola isolata, scarnificata, essenziale, la rinuncia a ogni trama logica e narrativa volevano esprimere una poesia di pure essenze, capace di svelare la vita e l'esistenza nei loro elementi fondamentali.

L'Ermetismo influenzò profondamente la letteratura italiana fino agli anni del secondo dopoguerra, nonostante le numerose critiche che suscitò l'atteggiamento d'**isolamento poetico** in uno spazio fuori dalla storia e dalla società dei suoi esponenti, proprio negli anni della dittatura fascista e poi della guerra. In parte questo isolamento in uno spazio interiore e poetico era una forma di difesa morale dal regime e dalla sua retorica; in parte era una sottovalutazione della realtà storica in cui anche il mondo letterario italiano viveva.

2 Il Neorealismo tra cinema e letteratura

Durante il fascismo il cinema italiano, come del resto le altre arti, aveva avuto difficoltà ad affrontare direttamente la realtà, perché la politica culturale del regime non consentiva analisi in qualche modo critiche nei confronti degli indirizzi dominanti.

La rappresentazione di una nuova realtà

Con la guerra, la Resistenza e i successivi avvenimenti, le cose, di necessità, cambiarono profondamente. Nacque così il Neorealismo, una tendenza artistica che si proponeva di rappresentare i **problemi reali della società**, con particolare attenzione ai ceti popolari, e di proporre delle **soluzioni** non utopistiche ma **concretamente attuabili**.

Un modo diverso di fare cinema

Il Neorealismo ottenne i risultati migliori nel cinema, più sganciato della letteratura dalla tradizione e perciò più libero di sperimentare forme nuove. Il cinema fu l'arte più evidentemente impegnata e di avanguardia di quegli anni, durante i quali nacquero i grandi capolavori di registi come Visconti, Zavattini, De Sica e Rossellini.

Naturalmente, era necessario ritornare a un **cinema più documentaristico**, più capace di fotografare le cose come sono realmente, lasciandosi alle spalle la cinematografia precedente, troppo basata sulla finzione. Così le storie sentimentali o romanzesche o storiche vennero sostituite da **trame che prendevano spunto dall'attualità**, dalla guerra appena finita, dalla Resistenza, dalle difficoltà della ricostruzione. Per esempio, due film di Roberto Rossellini, *Roma città aperta* (1945) e *Paisà* (1946) sono due drammatiche testimonianze sull'Italia in guerra. Inoltre i registi, per aumentare l'impressione di verità, preferirono non utilizzare attori professionisti ma scegliere **attori presi dalla strada**, che si muovessero sul set come nella vita reale.

La fiducia nella possibilità di un cambiamento

In letteratura, il termine Neorealismo indica l'esplicita volontà di recuperare la tradizione del Realismo ottocentesco, adeguandola ai **nuovi valori antifascisti**. Il Neorealismo non fu una scuola ben definita, ma piuttosto un insieme di atteggiamenti che caratterizzarono un ben preciso momento storico (compreso fra il 1943 e il 1950) e coinvolsero in prima persona gli intellettuali e gli scrittori. Esso ebbe come caratteristica fondamentale l'**impegno morale** e l'**interesse per la realtà popolare** venuta in primo piano durante la Resistenza. Questa realtà si volle ritrarre, riproducendo i modi del racconto orale di chi aveva vissuto una vicenda, del diario o del resoconto scritti a caldo mentre ancora gli avvenimenti della lotta partigiana erano in corso, della stampa clandestina. Si assunse lo stile narrativo delle **testimonianze dirette**: ecco allora il recupero del parlato, il largo uso del dialogo, la mescolanza di termini e forme del linguaggio colto con quelli del linguaggio popolare e dialettale. I temi ricorrenti furono la lotta partigiana, le fucilazioni, i bombardamenti, gli scioperi, la miseria contadina, polemicamente contrapposti ai contenuti della letteratura intimistica precedente.

I limiti del Neorealismo

Da queste caratteristiche del Neorealismo derivarono anche i suoi limiti, che già nei primi anni Cinquanta la critica segnalò e di cui si resero coscienti gli stessi scrittori neorealisti. La rappresentazione del popolo e dei suoi valori finì con il diventare mitizzazione; le motivazioni ideologiche prevalsero e appesantirono la riuscita artistica; il proposito di ritrarre il mondo popolare in modo oggettivo portò a una riproduzione dei fatti che spesso non si discostava dal tono puramente descrittivo della cronaca. Ma anche nella produzione letteraria neorealista non mancarono le opere riuscite e autentiche, legate ai nomi di Francesco Jovine, Carlo Levi, Vasco Pratolini, Domenico Rea, Beppe Fenoglio, Italo Calvino.

Il contesto storico

1 La crisi del 1929

Il 24 ottobre 1929 la Borsa di New York, capitale della finanza mondiale, crollò trascinando l'economia americana e dell'intero globo in una crisi di proporzioni incalcolabili.

Una crisi di sovrapproduzione

La crisi del 1929 fu una crisi di sovrapproduzione, esplosa per il fatto che il mercato americano non riusciva ad assorbire i beni prodotti dal **settore industriale**. Le merci si accumulavano nei magazzini, i prezzi cominciarono a scendere e i proprietari delle azioni, presi dal panico, iniziarono a svenderle, pur di ricavare del denaro. I titoli di Borsa crollarono e decine di migliaia di risparmiatori furono rovinati. Nel 1933 i **disoccupati** raggiunsero la cifra di 13 milioni.

Il *New Deal* di Roosevelt

Tuttavia, nel corso degli anni Trenta, contro il liberismo precedente, si affermò l'idea che lo Stato dovesse intervenire a regolare e guidare l'economia. Fu il presidente democratico F.D. Roosevelt, eletto nel 1933, a realizzare questa politica, detta del ***New Deal*** ("nuovo corso"). Si trattava di una **politica economica e sociale** che prevedeva: aumento dei salari e riduzione dell'orario di lavoro, interventi a sostegno dell'agricoltura, indennità di disoccupazione e così via. Roosevelt, con l'appoggio delle grandi masse, portò così gli Usa fuori dalla più grave crisi della loro storia.

2 I totalitarismi

Dalla repubblica di Weimar al nazismo

I primi anni della nuova repubblica di Weimar, sorta dal **crollo dell'impero tedesco**, furono estremamente difficili: mentre proseguivano i disordini, l'economia tedesca, stremata dalla guerra, non si riprendeva. Le dure condizioni imposte dagli alleati alimentavano il **nazionalismo**, specialmente tra gli ex ufficiali. L'inflazione e la svalutazione della moneta raggiunsero livelli impressionanti.

Nella foto d'epoca, il giuramento di fedeltà a Hitler nel corso di un'imponente manifestazione nazista.

Ha inizio l'ascesa politica di Hitler

Adolf Hitler aveva fondato il **Partito nazionalsocialista operaio tedesco** nel 1919. Per tutti gli anni Venti il partito nazista ottenne però consensi modesti. La crisi economica del 1929 sconvolse i fragili equilibri della repubblica di Weimar: riprese l'inflazione e con essa i conflitti sindacali, la produzione industriale si dimezzò. Il ceto medio vedeva in Hitler l'uomo che avrebbe saputo difenderlo dall'arroganza dei ricchi e dal pericolo dei "rossi". Faceva soprattutto presa il razzismo, cioè il richiamo di Hitler alla "comunità di sangue" dei tedeschi, razza eletta, contrapposta alle razze inferiori, gli ebrei soprattutto.

A partire dal 1931 anche l'alta finanza e la grande industria si schierarono a fianco di Hitler. Le elezioni del 1933 furono caratterizzate da violenze e intimidazioni messe in atto dalle SA (*Sturm Abteilungen*, "squadre di assalto"). L'incendio del Reichstag (il parlamento), falsamente attribuito ai comunisti, fornì il pretesto per una dura repressione. Il Partito nazista ottenne il 43,9% dei voti.

Hitler ebbe l'incarico di formare il **nuovo governo** e instaurò una **feroce dittatura**.

Chiusi i giornali di opposizione, messi fuori legge i partiti, eliminati fisicamente gli oppositori, Hitler assunse infine anche la carica di capo dello Stato e delle forze armate, concentrando su di sé tutti i poteri.

Lo stalinismo in Urss

L'Unione Sovietica era uscita duramente provata dalla guerra civile e dal comunismo di guerra. Il paese si trovava di fatto isolato, per la sostanziale sconfitta del movimento operaio dei paesi occidentali.

Stalin prepara il terreno per l'instaurazione della dittatura

Dopo la morte prematura di Lenin (1924), due erano le personalità bolsceviche emergenti: Trockij e Stalin. Il conflitto tra i due si risolse nel **1927** con la vittoria di **Stalin**, che riuscì ad assumere la segreteria del partito espellendo ed esiliando gli oppositori. Lo strumento adottato da Stalin per sviluppare l'economia del paese fu quello della **pianificazione integrale dell'economia**, attraverso il quale lo Stato dirigeva in modo rigido tutti i meccanismi dell'economia.

L'obiettivo generale della pianificazione – la trasformazione dell'Urss in una grande potenza industriale – fu sostanzialmente raggiunto, grazie a uno sforzo economico di straordinarie proporzioni. L'industrializzazione forzata comportò tuttavia costi umani e politici elevatissimi: il basso livello dei salari, il trasferimento eccessivo delle ricchezze dall'agricoltura all'industria, la collettivizzazione forzata delle terre, con l'eliminazione fisica e la deportazione nei campi di lavoro dei kulaki, i piccoli proprietari terrieri.

Sul piano politico, Stalin aumentò a dismisura il suo **potere personale**. Stalin eliminò tutti i suoi oppositori, reali o presunti: tra il 1934 e il 1938, l'epoca delle "grandi purghe", migliaia di dirigenti, funzionari e semplici cittadini vennero fucilati o deportati nei gulag, i campi di lavoro. Un clima di sospetto e di paura si diffuse in tutto il paese: i tribunali emettevano condanne sulla base di semplici sospetti e di confessioni estorte dalla polizia segreta.

3 La Seconda guerra mondiale

Verso la Seconda guerra mondiale

Nel 1935, con l'obiettivo di stimolare la ripresa industriale interna e di esaltare il prestigio italiano all'estero, le truppe italiane invasero l'**Etiopia**, l'unico paese africano ancora indipendente. Nel 1936 l'Italia, insieme con la Germania, appoggiò militarmente le forze del generale **Francisco Franco** che, in Spagna, aveva scatenato la **guerra civile** contro le Sinistre al governo raccolte nel fronte popolare. La guerra civile spagnola si trasformò così in uno scontro internazionale tra fascismo e antifascismo: dopo oltre due anni di guerra e di carneficine, Franco prenderà Madrid, instaurando una dittatura destinata a durare fino al 1975.

Lo scoppio della guerra

L'intesa tra Hitler e Mussolini fu sancita nell'ottobre **1936** con la proclamazione dell'**Asse Roma-Berlino**, presto esteso al Giappone, che aspirava a diventare la più grande potenza asiatica. Il nuovo Asse Roma-Berlino-Tokyo avrebbe dato così alla guerra un carattere planetario, rendendo inevitabile il coinvolgimento degli Stati Uniti.

Il secondo conflitto mondiale stravolge l'ordine internazionale costituito

Nel **1939** scoppiò la **Seconda guerra mondiale**. Con l'avvio del conflitto l'ordine internazionale costruito vent'anni prima dalle potenze vincitrici della Prima guerra mondiale andava in frantumi.

Risultato di una profonda crisi economica, politica e culturale, la guerra poneva di fronte sistemi politici ideologicamente molto diversi: democrazia liberale, fascismo, comunismo.

I ceti industriali e finanziari videro nella guerra un'occasione di profitto e lo strumento per raggiungere il predominio economico e commerciale. L'iniziale arrendevolezza nei confronti di Hitler trovava spiegazione anche nell'ostilità delle potenze liberali verso l'Urss, che continuava a essere vista come il nemico principale del mondo occidentale. Il conflitto coinvolse tutti i continenti, tranne quello latino-americano, e si sviluppò in tre teatri principali: Europa, Nordafrica, oceano Pacifico. La prima fase (settembre 1939-giugno 1941) fu favorevole alla Germania e al Giappone. Ma dopo i successi della "guerra lampo" tedesca, con il 1942 prese avvio la controffensiva degli alleati, che si concluse nella primavera-estate del 1945 con la totale sconfitta delle forze dell'"Asse".

La guerra di Liberazione in Italia

Dopo lo sbarco degli anglo-americani in Sicilia Mussolini venne arrestato; il generale Badoglio, per ordine del re, annunciò l'armistizio (8 settembre 1943). Mentre l'esercito italiano si sbandava, i tedeschi occuparono il centro-nord del paese: Mussolini, liberato dai tedeschi, fondava a Salò la Repubblica sociale italiana, uno stato fantoccio sottomesso ai nazisti.

I partiti antifascisti avevano costituito il **Cln** (Comitato di liberazione nazionale) con il compito di organizzare la **Resistenza** e in prospettiva di assumere la direzione del paese. Nel Nord il Cln rappresentò un vero e proprio esercito di Liberazione, sostenuto soprattutto da una classe operaia forte e combattiva e dalla rete organizzativa e militare comunista.

Dopo l'8 settembre si costituirono sulle montagne bande partigiane, composte da operai, intellettuali, giovani che non volevano arruolarsi nell'esercito di Salò.

Il 24 aprile 1945 il Cln dell'alta Italia lanciò l'appello all'insurrezione generale: il **25 aprile** si liberavano Milano e Torino. Mussolini, catturato a Dongo, sul lago di Como, venne fucilato.

L'alleanza fra Stati Uniti e Inghilterra da una parte, Unione Sovietica dall'altra, per combattere contro la Germania nazista, ebbe vita breve. Finita la guerra, sconfitto il comune nemico, le divergenze di interessi politico-economici e il conflitto ideologico fra le potenze vincitrici si manifestarono con crescente intensità.

L'evoluzione delle arti

Giuseppe Terragni, *La Casa del fascio di Como* (1932-36).

Negli anni Trenta, l'Italia resta per lo più estranea alle correnti più innovative dell'arte europea e in particolare alla corrente dell'astrattismo, sviluppata in modi diversi da Mondrian, Kandinsky, Klee, Mirò e altri. Gli artisti italiani rimangono legati alla tradizione figurativa, cioè alla rappresentazione di un'immagine tratta dalla realtà.

Questa tendenza in parte è dovuta al fascismo, che privilegia opere di impianto tradizionale e rifiuta, in arte come in letteratura e in musica, le novità più significative dell'epoca. Senza giungere agli accessi del nazismo, che distrugge le opere moderne, definendole "arte degenerata", la censura del fascismo ha un peso notevole, ma trova rispondenza nei gusti e nelle scelte dei nostri pittori e scultori.

Un discorso diverso riguarda l'architettura: in Italia il fascismo elabora uno stile originale, che spesso produce opere monumentali, retoriche e pesantemente celebrative, ma in altri casi si sposa con le tendenze del razionalismo, la corrente architettonica nata già negli anni Venti e diffusa soprattutto in Germania e negli Stati Uniti. Le ristrutturazioni urbanistiche degli anni Trenta e Quaranta, la fondazione di nuove città legate alle grandi opere di bonifica, la costruzione di importanti edifici pubblici (stazioni ferroviarie, Case del Fascio, tribunali, scuole ecc.) lasciano un segno importante nel paesaggio italiano e diffondono uno stile decisamente nuovo, caratterizzato nei casi migliori da una ricerca di modernità, linearità, efficienza.

Negli anni della Seconda guerra mondiale e del secondo dopoguerra si assiste all'affermazione, in arte come in letteratura e nel cinema, delle tendenze realistiche. Gli artisti, a fronte dei drammatici avvenimenti politici e sociali del loro tempo, sentono l'esigenza da un lato di testimoniare, raccontando fatti e avvenimenti, dall'altro di schierarsi, di prendere posizione. È il momento di un'arte "impegnata" nel sociale.

Naturalmente, spesso le opere di questi anni risultano troppo legate alla cronaca o troppo schematiche sul piano ideologico (con i buoni da una parte e i cattivi dall'altra), ma nei casi più interessanti l'attenzione alla realtà si unisce a una ricerca formale originale, ispirata alle grandi opere straniere che durante il periodo fascista erano state censurate e vietate: è il caso di Guttuso, che nei suoi capolavori fonde efficacemente i richiami alla grande tradizione italiana del rinascimento e quelli a Picasso.

Negli anni che prendiamo in considerazione, infine, due nuove arti assumono importanza ormai fondamentale: la fotografia e il cinema. La fotografia si era affermata già nel corso dell'Ottocento, il cinema era diventato importante a partire dagli anni Venti, ma è proprio negli anni intorno alla Seconda guerra mondiale che queste nuove tecniche espressive raggiungono la loro massima importanza. La pittura e la fotografia, la narrativa e il cinema, da questo momento in poi non possono più essere considerati mondi separati e distinti.

1 Filippo De Pisis, dopo aver praticato la pittura metafisica del conterraneo e amico De Chirico, si riavvicinò al realismo, dedicandosi a soggetti come i paesaggi, i fiori, i nudi, le lotte sociali. Qui a lato, *Natura morta con aragosta* (1926).

cronologia

pittura

1850 — 1900 — 1950 — 2000 — 2050 — 2100

1 1896-1956 Filippo De Pisis

2 1912-87 Renato Guttuso

1920-2005 Ernesto Treccani

2 *L'occupazione delle terre incolte in Sicilia*, di Renato Guttuso, fu esposta nel 1950. Con la scelta di un soggetto legato alle lotte sociali del secondo dopoguerra, l'artista propugnava un'arte non solo politicamente impegnata, ma attenta alla contemporaneità. Lo stesso impegno, come vedremo, anima anche le tele di soggetto apparentemente più tradizionale.

3 Nel 1936, Marino Marini produsse questo *Cavaliere* in bronzo, primo esempio di un tema che l'avrebbe impegnato fino agli anni Cinquanta. L'artista era rimasto molto colpito, più che dalle statue equestri del Rinascimento italiano, da quelle della cattedrale gotica di Bamberga, in Germania, che gli ricordavano «un mondo di fiaba»: le sue statue hanno, come quelle medievali, un carattere simbolico, non realistico, e spesso alludono a tematiche religiose ed esistenziali.

cronologia

1850 · 1900 · 1950 · 2000 · 2050 · 2100

scultura

3 1901-80 Marino Marini

architettura

4 1881-1960 Marcello Piacentini

1891-1990 Giovanni Michelucci

1896-1945 Giuseppe Pagano

1904-43 Giuseppe Terragni

4 L'EUR (costruito per l'esposizione Universale di Roma) è l'ultima opera urbanistica realizzata dal regime fascista, nel 1942. La direzione dei lavori fu affidata a Marcello Piacentini, ma alla realizzazione parteciparono numerosi altri architetti, fascisti e non. Si tratta di un'opera in cui l'intento celebrativo, esplicito nella grandiosità del progetto e nei richiami alla classicità romana (archi, marmi bianchi ecc.), si fonde efficacemente con le concezioni razionalistiche, evidenti nella struttura freddamente geometrica degli edifici e nell'abbondanza di spazi verdi, che rendono il quartiere particolarmente vivibile ancora oggi.

Renato Guttuso Crocifissione

Renato Guttuso, *Crocifissione*, 1941, Roma, Galleria nazionale d'Arte moderna.

L'autore

- Nato a Bagheria, in provincia di Palermo, nel 1912, Renato Guttuso è uno dei massimi artisti figurativi del Novecento italiano.

- Formatosi soprattutto a Roma e a Milano negli anni Trenta, elabora una poetica di tipo realistico, rifiutando le tendenze astratte e propugnando un'arte impegnata nel sociale. Le prime opere importanti sono dei primi anni Quaranta: *Crocifissione* (1941) rivela, accanto al realismo, l'influsso di Picasso e del cubismo.

- Nel secondo dopoguerra, Guttuso aderisce al Partito comunista e celebra le lotte dei lavoratori con opere come *Occupazione delle terre incolte in Sicilia* (1949-50). La sua opera rimane fino all'ultimo attenta alla realtà sociale e politica, come testimoniano alcuni titoli famosi: *Giornale murale del maggio 1968* (1968), dedicato ai movimenti studenteschi in Francia, *I funerali di Togliatti* (1972). Guttuso si dedica anche a soggetti di tipo più personale e autobiografico, affrontando saltuariamente temi erotici, religiosi ecc.

- Muore a Roma nel 1987.

Renato Guttuso,
Crocifissione in una stanza, 1940.

L'opera

Il tema classico della crocifissione di Gesù è interpretato da Guttuso in questo quadro del 1941, che è considerato il manifesto del cosiddetto realismo neocubista e che s'ispira apertamente alla tecnica del celebre *Guernica* di Picasso, una grande opera degli anni Trenta dedicata al primo bombardamento aereo, effettuato sulla città di Guernica durante la guerra civile spagnola (1936-39).

Pablo Picasso,
Guernica, 1937.

Il soggetto Quello della crocifissione è un tema affrontato innumerevoli volte dagli artisti del passato, ma poco frequentato nell'arte dell'Ottocento e del Novecento. Guttuso sceglie questo soggetto per rappresentare il terribile momento storico in cui viveva, caratterizzato dallo scoppio della Seconda guerra mondiale. Egli stesso affermò infatti: «Questo è tempo di guerra e di massacri: Abissinia, gas, forche, decapitazioni, Spagna e altrove. Voglio dipingere questo supplizio di Cristo come una scena d'oggi».
L'opera tratta il tema classico in maniera del tutto originale, e suscitò un notevole scandalo al suo apparire, sia per la nudità dei personaggi, sia per la disposizione delle tre croci, che nasconde quasi completamente il viso e il corpo di Gesù, su cui invece tradizionalmente veniva concentrata l'attenzione dell'osservatore.

Espressionismo e Simbolismo Guttuso, come abbiamo detto, si ispira soprattutto a Picasso per quanto riguarda alcune soluzioni tecniche. Il muso del cavallo rivolto verso l'alto e la donna che asciuga il sangue di Gesù sono vere e proprie "citazioni" da *Guernica*.
Accanto a Picasso, si nota però l'influsso della pittura espressionistica, cioè di una corrente artistica che puntava sulla deformazione delle figure e sull'uso di colori violenti per esprimere la drammaticità delle situazioni e dei sentimenti. Si notino in particolare i fortissimi contrasti di colore: il rosso del ladrone in primo piano e della gualdrappa del cavallo, il bianco dei corpi di Cristo, della Maddalena e del soldato a cavallo, il grigio del secondo ladrone e del cavallo in primo piano, il blu scuro del secondo cavallo e del cielo.
È evidente che, malgrado il suo carattere figurativo, e non astratto, il quadro di Guttuso non è un'opera realistica, bensì simbolica. Accanto all'uso del colore, confermano il suo carattere simbolico i gesti dei personaggi, tutti fissati in atteggiamenti emblematici, e la "natura morta" in primo piano, con strumenti di uso quotidiano appoggiati su un tavolino qualsiasi e trasformati dal contesto in strumenti di tortura.

Il panorama letterario

Carlo Emilio Gadda

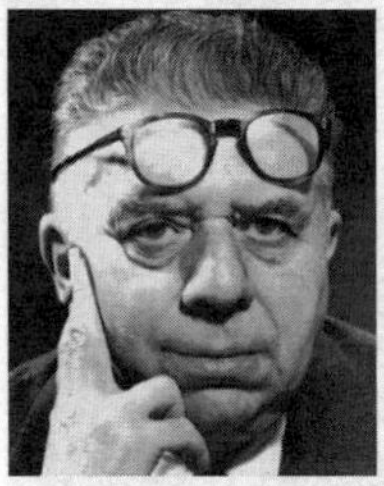

Eugenio Montale

Salvatore Quasimodo

Alberto Moravia

Cesare Pavese

Elio Vittorini

Negli anni Trenta, la poesia italiana è segnata soprattutto dall'attività di tre grandi autori: Giuseppe **Ungaretti**, Umberto **Saba** (già affermati nei decenni precedenti) e il più giovane Eugenio **Montale**.
All'opera di Ungaretti e Montale si richiamano negli anni i poeti detti "ermetici", la cui attività rappresenta l'esito estremo del movimento simbolista europeo. Ma Montale resterà un punto di riferimento anche per i poeti delle generazioni successive, continuando la sua attività fino agli anni Settanta.
Il romanzo italiano conosce una nuova fortuna negli anni Trenta, grazie soprattutto all'opera di **Alberto Moravia**. Altri scrittori maturano in questi anni, ma daranno alla luce le loro opere più importanti negli anni intorno alla Seconda guerra mondiale, come Pavese e Vittorini, o subito dopo, come Fenoglio e Pratolini.
Il Neorealismo, che negli anni Quaranta impone il **cinema** italiano all'attenzione del mondo, ha notevole influenza anche nella letteratura: accanto alla narrativa, vanno infatti ricordati alcuni capolavori del genere memorialistico, come *Cristo si è fermato a Eboli* di Carlo Levi e *Se questo è un uomo* di Primo Levi.

cronologia

1850 — 1900 — 1950 — 2000

1893-1973 Carlo Emilio Gadda
- 1944 *L'Adalgisa*
- 1957 *Quer pasticciaccio brutto de via Merulana*

1896-1981 Eugenio Montale
- 1925-28 *Ossi di seppia*
- 1939 *Le occasioni*
- 1971 *Satura*

1899-1961 Ernest Hemingway

1900-78 Ignazio Silone

1901-68 Salvatore Quasimodo

1906-77 Sandro Penna

1907-90 Alberto Moravia
- 1929 *Gli indifferenti*

1908-50 Cesare Pavese

1908-66 Elio Vittorini

1914-2005 Mario Luzi

1922-63 Beppe Fenoglio

I generi letterari

La poesia

La linea ermetica

Come abbiamo osservato, la poesia italiana degli anni Trenta è dominata dal movimento ermetico, che costituisce la novità più importante. I poeti ermetici prendono a modello da un lato la prima raccolta di Ungaretti, *L'allegria* (1919), dall'altro gli *Ossi di seppia* di Montale (1925), ma più in generale si richiamano all'esperienza del Simbolismo francese, e in particolare all'opera del poeta Paul Valéry, il cui capolavoro, il poemetto *Il cimitero marino*, è del 1920.

Possiamo dunque affermare che l'Ermetismo è l'ultimo frutto della tradizione simbolista, che viene reinterpretata in maniera nuova e originale. Il termine stesso "Ermetismo" allude ovviamente al carattere "chiuso", difficile, dei versi dei poeti ermetici, ma sottolinea anche l'importanza che assume il **tema del mistero**, spesso affrontato dagli ermetici in chiave religiosa.

Ermetismo e fascismo

La poesia ermetica si afferma nel momento in cui il regime fascista aveva il massimo consenso popolare. Negli anni successivi, i poeti ermetici saranno spesso accusati di non aver preso posizione contro la dittatura, ma di essersi chiusi in una "torre d'avorio" di letteratura "pura", dedicandosi a opere raffinate ed elitarie, prive di riferimenti alla realtà storica del tempo e quindi sostanzialmente disimpegnate.

In effetti, quella degli ermetici fu una **posizione di estraneità**, non di opposizione attiva al fascismo. L'estraneità era innanzitutto nella scelta di evitare i toni retorici e celebrativi che il regime avrebbe desiderato: chiudersi nella "torre d'avorio" della letteratura era un modo per evitare compromessi con il potere politico e per condurre una ricerca libera e autonoma.

La poesia antiermetica

L'Ermetismo non esaurisce il panorama della poesia italiana degli anni Trenta ma convive con altre tendenze.

Una prima linea di ricerca è quella che si ispira ai **modelli classici** e che ha il suo punto di riferimento in **Umberto Saba**: laddove gli ermetici puntavano a una poesia "difficile", Saba rappresentava un modello di poesia "facile", basata su un linguaggio più facilmente comprensibile anche dai non addetti ai lavori. All'esempio di Saba si ispira soprattutto Sandro Penna, che esordisce nel 1939 con una raccolta di poesie d'amore.

Un'altra linea di ricerca è quella rappresentata da poeti come **Caproni** e **Bertolucci**: le loro opere si richiamano ai poeti crepuscolari del primo Novecento e alla caratteristica mescolanza di elementi lirici e sentimentali e di elementi narrativi e ironici.

La guerra e la poesia "impegnata"

Con lo scoppio della Seconda guerra mondiale, la caduta del fascismo e la Resistenza, anche la poesia deve trovare nuovi temi e nuove forme. L'autore che prima di ogni altro si rende conto della necessità di un cambiamento di toni è proprio il capofila dei poeti ermetici, Salvatore Quasimodo, che con la raccolta *Giorno dopo giorno* da un lato recupera un linguaggio più tradizionale e dall'altro offre un esempio di poesia civile, legata all'**attualità** e ai **grandi avvenimenti storici** del tempo. Un percorso simile caratterizza Mario Luzi, che nella raccolta *Onore del vero* (1957), dopo un lungo silenzio abbandona i moduli tipici dell'Ermetismo e recupera un confronto più diretto con la realtà (il "vero", appunto).

Salvatore Quasimodo

L'autore e le opere

Nato in Sicilia nel 1901, Salvatore Quasimodo divenne con le sue prime raccolte di versi (*Acque e terre* del 1930 e *Oboe sommerso* del 1932) uno dei rappresentanti più conosciuti dell'Ermetismo, pur se egli non si identificò mai pienamente con quel movimento. Nelle poesie scritte prima della guerra (e raccolte in *Ed è subito sera* del 1942) domina il tema della terra natale, che diventa simbolo di una innocenza primitiva perduta dopo il suo trasferimento prima a Roma e a Firenze, poi a Milano.

Nel ricordo del **paesaggio siciliano** dell'infanzia egli insegue il mito di una comunione con le cose e con la natura la cui impossibilità nella civiltà moderna lo conduce a un tono di tristezza e di meditazione solitaria. Dell'Ermetismo Quasimodo prese l'insistenza sulla parola scarna, essenziale e suggestiva, l'uso di pochi collegamenti sintattici, di sostantivi senza articolo, di plurali indeterminati. Questi elementi erano tuttavia moderati da uno stile più musicale e aperto e da una concezione della poesia che tendeva a essere sentimentale e autobiografica.

L'esperienza della guerra, che pure non visse in prima persona, e l'interesse aumentato per le questioni sociali e politiche lo condussero nel dopoguerra a una **produzione più impegnata**, lontana dalle chiusure ermetiche. Le sue ultime opere (*Giorno dopo giorno* del 1947, *La vita non è un sogno* del 1949, *Dare e avere* del 1966) hanno una dimensione narrativa spesso legata alla cronaca; attraverso la poesia egli cerca un colloquio più aperto con gli altri, esprime il desiderio di ritrovare quei valori e quelle speranze che la vita negava agli uomini del suo tempo.

Morì a Napoli nel 1968.

Opera
Ed è subito sera
Epoca
XX secolo
Genere
poesia
Lingua
italiano
Schema metrico
due strofe, una di sette e una di tre versi di misura varia

Ed è subito sera

Terra

La poesia qui riportata appartiene alla prima raccolta di Quasimodo, *Acque e terre*, del 1930, confluita poi, nel 1942, nella più ampia raccolta *Ed è subito sera*. Il poeta evoca la Sicilia ed esprime l'affetto e la nostalgia per la sua terra lontana.

Notte, serene ombre,
culla d'aria,
mi giunge il vento se in te mi spazio,
con esso il mare odore della terra
dove canta alla riva la mia gente
a vele, a nasse,
a bambini anzi l'alba desti.

1. **serene ombre:** la serenità della notte suscita il ricordo.
2. **culla d'aria:** è un'analogia che evoca una sensazione di serenità, di calma; sintatticamente è apposizione di *notte*: la notte serena è come una culla d'aria.
3. **mi giunge... spazio:** mi raggiunge il vento se mi distendo in te (*notte*).
4. **con esso... terra:** con il vento giunge al poeta l'odore del mare; *odore della terra* è apposizione di *mare*.
5. **alla riva:** sulla riva.
6-7. **a vele... a bambini:** i termini sono retti da *canta* e coordinati ad *alla riva*, anche se qui la preposizione *a* assume un significato un po' diverso: il canto della gente sulla riva si dirige verso le *vele*, le *nasse* (ceste di vimini per la pesca), i *bambini*.

Monti secchi, pianure d'erba prima
che aspetta mandrie e greggi,
m'è dentro il male vostro che mi scava.

Tutte le poesie, A. Mondadori

7. **anzi... desti:** svegli prima dell'alba, segno della dura vita che quella gente conduce.

8. **pianure... prima:** pianure ricoperte dalla prima erba.

Analogie: "metafore difficili"

Il lessico e la grammatica

Abbiamo osservato più volte che una delle caratteristiche della poesia ermetica è l'uso frequente di analogie. Le analogie si possono definire come "metafore difficili". Una **metafora** si basa sull'unione di due immagini che hanno fra loro **qualcosa in comune**; di solito, il passaggio da un'immagine all'altra è intuitivo, evidente, come nel famoso verso di Petrarca:

«Erano i *capei d'oro* a l'aura sparsi» (*capei d'oro* → oro giallo → capelli biondi)

Nel caso delle **analogie**, il rapporto fra le due immagini **non** è **così immediato**, la spiegazione richiede più di un passaggio logico, e spesso il lettore resta in dubbio sulle varie possibili spiegazioni dell'immagine. Per esempio, al v. 2 della poesia di Quasimodo appena letta troviamo l'analogia *culla d'aria* (riferita alla notte, che è già stata descritta come serena). Come possiamo spiegare questa immagine? La culla indica un luogo di riposo: ma perché è detta *d'aria*? Lo spiegano forse i versi successivi, dove si parla del vento che porta al poeta il profumo del mare, che gli ricorda la Sicilia della sua infanzia: culla = letto per bambini + vento che evoca ricordi infantili → culla d'aria.

La culla, insomma, è nello stesso tempo simbolo di serenità e di infanzia, e nell'analogia di Quasimodo conserva entrambi i suoi significati. Come si vede, il procedimento che porta all'immagine finale («Notte... culla d'aria») è molto più complicato di quello che porta a "capei d'oro" e risulta più impegnativo per il lettore.

Analisi del testo

La presenza del poeta. La poesia è costruita su un colloquio diretto tra un "io" e un "tu", tra il poeta e la sua terra: prima egli si rivolge alla notte, che gli rimanda il ricordo, poi ai monti, attraverso l'uso della seconda persona («Notte... mi giunge il vento se in te mi spazio»; «Monti... m'è dentro il male vostro»). L'"io" del poeta è presente, attraverso l'uso della prima persona: *mi giunge*; *mi spazio*; *la mia gente*. Ciò crea un'atmosfera di affetto e di intima partecipazione, che dà il tono a tutta la poesia.

Il paesaggio e il ricordo. Attraverso l'immagine del vento che giunge, al verso 3, la poesia rappresenta il giungere del ricordo, come se fosse il vento a portarlo. Tutte le immagini che seguono, appartenenti a una realtà tipicamente meridionale, sono immagini interiori che prendono corpo nel ricordo del poeta: il mare, la gente che canta, le vele, le reti dei pescatori, i bambini; poi, nella strofa successiva, i monti aridi, le pianure erbose, le mandrie, le greggi.
Nell'ultimo verso si esprime la totale partecipazione, la fusione quasi, del poeta con quella terra e con i significati che essa ha per lui.

Alcuni elementi tipici dell'Ermetismo. Dal punto di vista stilistico, nella poesia sono presenti elementi tipici dell'Ermetismo: le metafore (*culla d'aria*), l'uso di pochi collegamenti sintattici e l'accostamento di sostantivi senza articoli e preposizioni («Notte, serene ombre, culla d'aria; il mare odore della terra; monti secchi, pianure d'erba»). Queste caratteristiche rendono l'espressione ermetica estremamente sintetica e concentrata.

Proposte di lavoro

1. Sintetizza il contenuto delle due strofe della poesia.
2. Nella poesia si volge un dialogo tra il poeta e la sua terra. Individua le espressioni in cui è presente l'"io" del poeta. Indica, in particolare, chi sono gli interlocutori ai quali il poeta si rivolge direttamente nei versi 3 e 10.
3. Ricavando dal testo tutti gli elementi che caratterizzano la realtà del Meridione, ricostruiscine una presentazione.
4. Elenca, analizza e spiega le metafore presenti nel testo.
5. Indica quali altri elementi di carattere stilistico fanno di questo testo un tipico esempio dell'Ermetismo.

Sandro Penna

L'autore e le opere

Sandro Penna (1906-77) è, fra i poeti italiani contemporanei, uno di quelli che maggiormente si avvicinano all'esperienza poetica di Saba, di cui, fra l'altro, fu amico. Il suo **linguaggio poetico** è infatti **limpido**, **musicale**, immediato e aderente alle occasioni della vita. Penna fu estraneo all'Ermetismo e alle "difficoltà" della poesia "moderna": egli canta l'amore, la gioia, la vita con **spontaneità**, attraverso immagini luminose e semplici. Pubblicò diverse raccolte, ma la sua poesia rimane sempre uguale a se stessa, in una continua ripresa di temi, immagini, situazioni che si ripetono, come fuori del tempo. Attraverso la poesia Penna afferma il **valore assoluto della vita**, con la quale si mette in rapporto diretto, creando un ininterrotto canto di gioia. I componimenti sono di solito brevi, rapide illuminazioni di una nitida armonia. Il linguaggio è legato alla tradizione e in esso l'elemento letterario e quello quotidiano si fondono perfettamente. Ricorre spesso l'uso della rima e i versi utilizzati sono perlopiù endecasillabi e settenari.

Opera
Tutte le poesie
Epoca
XX secolo
Genere
poesia
Lingua
italiano

Schema metrico
due strofe di cinque endecasillabi; non ci sono rime, ma una consonanza e una quasi rima

Tutte le poesie

La vita... è ricordarsi di un risveglio

La poesia che segue fu pubblicata per la prima volta nel 1932 e poi entrò a far parte della raccolta completa delle poesie di Penna, pubblicata nel 1970 sotto il titolo *Tutte le poesie*. Vi si canta la vita, dapprima con accenti tristi che lasciano poi il posto, improvvisamente, alla luce e alla gioia.

La vita... è ricordarsi di un risveglio
triste in un treno all'alba: aver veduto
fuori la luce incerta: aver sentito
nel corpo rotto la malinconia
vergine e aspra dell'aria pungente.

Ma ricordarsi la liberazione
improvvisa è più dolce: a me vicino
un marinaio giovane: l'azzurro
e il bianco della sua divisa, e fuori
un mare tutto fresco di colore.

Tutte le poesie, Garzanti

4. corpo rotto: indolenzito dopo la notte di sonno.

6. liberazione: dalla malinconia.

Tutte le poesie

Il mare è tutto azzurro

Ecco un'altra brevissima lirica, tipica del linguaggio poetico di Penna. Pochi tocchi impressionistici ripetuti, un'improvvisa sensazione di gioia. L'immagine del mare e il suo colore azzurro trasmettono al poeta felicità e serenità.

Opera	Schema metrico
Tutte le poesie	**quartina di settenari a rima alternata secondo lo schema abab; la rima b è identica; la rima a è imperfetta**
Epoca	
XX secolo	
Genere	
poesia	
Lingua	
italiano	

Il mare è azzurro.
Il mare è tutto calmo.
Nel cuore è quasi un urlo
di gioia. E tutto è calmo.

Tutte le poesie, cit.

Analisi del testo

Immagini ricorrenti. Le due poesie hanno in comune immagini di luminosità, di felicità che nasce improvvisa e limpida: il *mare*, il colore *azzurro* suscitano nel cuore del poeta un *urlo di gioia*. Sono le immagini che ricorrono incessantemente nella poesia di Penna, attraverso le quali il poeta canta il suo amore per la vita.

Quest'ultimo è il tema esplicito della prima delle due poesie presentate. *La vita* è infatti l'espressione con cui si apre la prima poesia. Viene così subito dichiarato il tema centrale, lo stesso sempre ricorrente nell'opera di Penna. Nella prima strofa la vita e definita attraverso immagini di tristezza e malinconia: *risveglio triste*; *luce incerta*; *corpo rotto*; *malinconia... aspra*. A queste immagini si contrappongono quelle della seconda strofa che si apre con un *Ma* avversativo, a ribaltare, con un improvviso scatto di gioia, la situazione della prima strofa: sono immagini di luce e di colore, attraverso le quali il poeta cancella la malinconia e il grigiore della *luce incerta*. Gli basta poco per liberarsi dalla tristezza: la vista improvvisa di un giovane marinaio, la luminosità del bianco e dell'azzurro della sua divisa, la vista dei colore del mare che trasmette un senso di freschezza e di vitalità.

Gli elementi formali. Dal punto di vista stilistico, è da notare, nei due testi, l'uso di versi tradizionali: endecasillabi nel primo, settenari nel secondo. Anche lo schema delle rime, nel secondo testo, è classico e tradizionale, pur con la, presenza di una rima imperfetta (*azzurro*: *urlo*).

Sempre nel secondo testo compare inoltre una caratteristica tipica della poesia di Penna, cioè la figura della ripetizione (*Il mare è tutto... Il mare è tutto...*; *calmo... calmo*). Questo corrisponde, dal punto di vista della forma, alla ripetizione continua dei temi e delle immagini su cui è basata l'opera dei poeta.

Proposte di lavoro

1. Sintetizza il contenuto di ciascuna strofa della prima poesia.
2. Che cosa dichiara il poeta, parlando della vita? Riesponi il concetto con parole tue.
3. Sottolinea nel testo le espressioni che si riferiscono a sensazioni visive (luce, colori, altro).
4. Sottolinea nel testo, in modi diversi, le espressioni legate ai due campi semantici della gioia e della tristezza.
5. Concentra ora l'attenzione sulla seconda poesia.
   - Qual è il tema di questa poesia?
   - I colori sono importanti come nella prima?
   - A quale espressione della prima poesia possiamo accostare "urlo di gioia"? Perché?
6. Nella seconda poesia sono presenti molte ripetizioni. Individuale e poi spiega secondo te quale effetto vogliono creare.

Mario Luzi

L'autore e le opere

Nato nel 1914 a Firenze, Mario Luzi è stato uno dei più importanti esponenti dell'Ermetismo, che proprio a Firenze ebbe i suoi sviluppi più importanti.

La sua prima raccolta, *La barca*, è del 1935, e sviluppa alcuni dei temi fondamentali dell'autore, tra cui una riflessione esistenziale in chiave religiosa, sul rapporto fra tempo ed eternità. Nella prima parte della sua attività, il poeta ricorre spesso all'**analogia** e richiama volentieri **immagini mitiche**, per attribuire valore universale alla propria esperienza personale.

A partire dalla raccolta *Onore del vero* (1957), si delinea una svolta, che porterà Luzi da un lato a prestare un'attenzione sempre maggiore ai **temi della contemporaneità** storica e sociale, dall'altro ad abbandonare i moduli ermetici per uno stile più prosastico e colloquiale.

All'attività poetica, Luzi ha affiancato quella di traduttore, di saggista e di docente di letteratura francese all'università di Firenze. È morto nel 2005.

Opera: **Onore del vero**
Epoca: **XX secolo**
Genere: **poesia**
Lingua: **italiano**
Schema metrico: **due strofe di versi di varia misura, alcuni liberi, molti endecasillabi**

Onore del vero

Sulla riva

Questo testo, che appartiene alla raccolta *Onore del vero*, ha un chiaro valore simbolico: vi si parla di una tempesta, che fa spaventare gli uomini; quando questa finisce qualcuno torna in mare.

I pontili deserti scavalcano le ondate,
anche il lupo di mare si fa cupo.
Che fai? Aggiungo olio alla lucerna,
tengo desta la stanza in cui mi trovo
all'oscuro di te e dei tuoi cari

La brigata dispersa si raccoglie,
si conta dopo queste mareggiate.
Tu dove sei? ti spero in qualche porto...
L'uomo del faro esce con la barca,
scruta, perlustra, va verso l'aperto.
Il tempo e il mare hanno di queste pause.

Tutte le poesie, Garzanti

1. **I pontili... ondate:** il soggetto è le *ondate*: le onde del mare in tempesta sono così violente da scavalcare anche i pontili del porto.
2. **cupo:** preoccupato per quello che sta accadendo.
3. **lucerna:** una lampada che funziona a olio.
4. **desta:** sveglia, viva.
6. **brigata:** compagnia.
7. **mareggiate:** tempeste.
10. **scruta:** osserva; **l'aperto:** il mare aperto.

Analisi del testo

La struttura e lo stile. Le due strofe che compongono la poesia sono costruite in modo speculare.
All'apertura della prima strofa, con la descrizione della tempesta, corrisponde l'ultimo verso, in cui si dice che la mareggiata è finita («hanno di queste pause»). Al «lupo di mare, preoccupato» per le ondate, rimanda il guardiano del faro («L'uomo del faro») del v. 9, che terminata la tempesta esce *a* perlustrare il mare. Quindi al v. 3 nella prima strofa vi è una domanda che il poeta rivolge a un "tu", da intendersi come una persona cara: «Che fai?»; anche nella seconda strofa, più o meno a metà, un'analoga domanda si rivolge ancora a un "tu": «Tu dove sei?» (v. 8). Nella prima parte il poeta parla di se stesso, della propria situazione di attesa e di veglia («Aggiungo olio [...] tengo desta»), nell'assenza dei propri cari; la seconda strofa si apre proprio con il riferimento a una brigata che si ritrova dopo la mareggiata: ci immaginiamo che almeno una parte di quelle persone care di cui si è parlato prima si sia ritrovata, tranne il "tu" a cui il poeta rivolge ancora la domanda: «Tu dove sei?».
Come si vede l'autore rivela una grande attenzione per la struttura della poesia.
La stessa cura si riflette anche in alcuni aspetti del linguaggio utilizzato: per esempio l'inversione dell'ordine sintattico nel primo verso («I pontili [...] scavalcano le ondate»); il parallelismo nella costruzione dei versi centrali delle due strofe («Che fai? Aggiungo olio [...] Tu dove sei? Ti spero»); in questi stessi versi espressioni quotidiane (*Che fai? Tu dove sei?*) sono accostate ad altre di sapore letterario, come «Aggiungo olio alla lucerna» (da sempre simbolo del lavoro poetico) e la metafora di *porto* per luogo di quiete e di riposo.

I temi. I temi della poesia si possono raccogliere attorno ad alcune immagini che acquistano valore simbolico:
- la tempesta (*ondate; mareggiate*) tanto grave da spaventare anche una persona esperta (*il lupo di mare*) e simbolo degli sconvolgimenti della vita dell'uomo e della storia, durante i quali i legami tra le persone svaniscono: che non si tratti semplicemente di una tempesta del mare è dichiarato dall'ultimo verso, in cui si parla anche del tempo, della storia; passata la tempesta le persone si ritrovano, si raccolgono, come dei sopravvissuti (*si conta*);
- nel contrasto luce/buio si mettono in contrapposizione la perdita di ogni riferimento e la speranza che è provocata dalla tempesta, nei momenti difficili, con l'idea dell'attesa, della speranza, della veglia (*cupo all'oscuro / la lucerna, desta*); nella seconda strofa l'idea della luce è contenuta nell'espressione «L'uomo del faro» che diviene simbolo di una guida, di qualcuno che conosce la direzione, che indica agli altri la strada, dopo lo smarrimento del buio della tempesta;
- la forza dei legami affettivi è dichiarata dalle domande al *Tu*, che il poeta ricerca ancora, dalla veglia per i suoi cari (v. 5), dalla compagnia di amici che si ritrova dopo la tempesta, dalla speranza che l'amico, il *Tu*, sia al sicuro.

Proposte di lavoro

1. La struttura del testo si presenta simmetrica nelle due strofe: illustrala.

....

....

....

....

....

....

2. Qual è la situazione descritta nella poesia?

....

....

....

3. Quali significati simbolici può assumere?

....

....

....

....

....

4. A chi si rivolge il poeta?

....

....

....

....

....

Incontro con l'autore
Eugenio Montale

La vita e le opere

Eugenio Montale (1896-1981) nacque a Genova da una famiglia di commercianti. Arruolato nel 1917, partecipò alla Prima guerra mondiale. Alla fine della guerra, rientrato a Genova e privo di un lavoro fisso, iniziò qualche collaborazione a giornali e riviste e si avvicinò agli ambienti letterari, dove strinse amicizia con il poeta Camillo Sbarbaro.
Nel 1922 pubblicò le sue prime poesie, ma la notorietà gli venne nel 1925 con la raccolta *Ossi di seppia*. Nello stesso anno Montale precisò i suoi orientamenti di pensiero sottoscrivendo il manifesto degli intellettuali antifascisti promosso da Benedetto Croce e pubblicò importanti articoli di critica letteraria (tra cui va ricordato quello su Svevo, di cui Montale fu il primo, in Italia, a riconoscere la grandezza).

Nel 1927 il poeta si trasferì a Firenze, con un incarico presso l'editore Bemporad e poi come direttore del Gabinetto scientifico-letterario Vieusseux, incarico da cui fu licenziato nel 1938 perché si rifiutò di iscriversi al Partito fascista. A Firenze conobbe Drusilla Tanzi, che poi sposò. Risalgono agli anni fiorentini le poesie che nel 1939 confluiscono nella raccolta *Le occasioni*. Intensa è in questi anni la sua attività culturale: ebbe stretti contatti con gli **intellettuali antifascisti** che scrivevano sulla rivista "Solaria" e si incontravano al caffè delle "Giubbe rosse"; tradusse molte opere di poeti e narratori stranieri.

La terza città di Montale fu Milano, dove egli si trasferì nel 1948 per entrare come redattore al "Corriere della Sera", incarico che conservò fino al 1973. Nel 1956 uscì la sua terza raccolta poetica, *La bufera e altro* (il cui primo nucleo, *Finisterre*, era stato pubblicato clandestinamente a Lugano nel 1943) il cui titolo fa riferimento alla "bufera" della Seconda guerra mondiale. È del 1956 anche un volume di ricordi e confessioni in prosa avente per titolo *Farfalla di Dinard*. La quarta stagione della produzione montaliana fu aperta dalla raccolta *Satura*, pubblicata nel 1971 e proseguì con altre due raccolte, *Diario del '71 e del '72* (1973) e *Quaderno di quattro anni* (1977) caratterizzate da una lingua vicina a quella della prosa, che rappresenta la realtà con **ironia e saggezza**. Nel 1966 Montale fu nominato senatore a vita e nel 1975 ricevette il premio Nobel per la letteratura. Trascorse gli ultimi anni di vita a Milano, dove morì.

L'opera di Montale è lontana sia dall'autobiografismo di Saba sia dallo sperimentalismo di Ungaretti e nasce all'insegna del rifiuto di d'Annunzio e del recupero di Carducci da un lato e Leopardi dall'altro (Carducci per l'impostazione classica del discorso e la corposità delle immagini, la forza dei colori, l'importanza del paesaggio; Leopardi per il pessimismo, il tema della natura, la concezione della poesia come riflessione razionale sul male di vivere).

Nel corso della sua lunga attività, Montale rimase fedele a questa impostazione di fondo, sviluppando una sua originale "**poetica degli oggetti**", approfondendo la tematica esistenziale (l'osservazione disincantata di un mondo sempre più caotico, ostile, incomprensibile), alla ricerca di una moralità autentica e non retorica, e affidando alla poesia il compito di riflettere su questi problemi. A questo proposito, osserva G. Ferroni: «Montale avverte nell'aria stessa che si trova a respirare, nell'intreccio di lingue, parole, immagini che domina il mondo contemporaneo, una sorta di saturazione della parola e della tradizione poetica: la poesia (arte che egli vede "tecnicamente alla portata di tutti: basta un foglio di carta e una matita e il gioco è fatto") è minacciata non solo e non tanto dalla consunzione del linguaggio, quanto dal suo moltiplicarsi, dalla quantità estrema di parole che percorrono la terra [...] la sua posizione è assai diversa da quella di Ungaretti e degli ermetici e risale [...] a "una corrente di poesia non realistica, non romantica e nemmeno strettamente decadente", che egli chiama metafisica e che ha i suoi iniziatori moderni in Baudelaire e Browning. Questa poesia "metafisica" è per lui una "poesia che trova in se stessa la propria materia" e che "non rinuncia alla ragione, ma nasce dal cozzo della ragione contro qualcosa che non è ragione"».

Il contesto e la poetica

Montale nel suo tempo

Nella sua lunga esistenza Montale ha attraversato i maggiori e più sconvolgenti avvenimenti del XX secolo: le due guerre mondiali, il fascismo, la Resistenza, la ricostruzione, la guerra fredda e il disgelo, il boom economico, la contestazione giovanile e operaia del 1968, gli "anni di piombo". Il suo atteggiamento è quello di un testimone scomodo e critico, autorevole ma appartato, schivo ma lucido e acuto, che rifiuta i facili schieramenti politici, ma non tradisce la voce del proprio impegno intellettuale e umano. Ciò che lo interessa profondamente, infatti, non è questa o quella contingenza storica, ma la condizione umana, indagata con **lucida intelligenza**, senza compiacimenti psicologici o sentimentali. Il senso della sua esistenza di uomo e di poeta, il suo "piccolo testamento", sta nell'affermazione del valore di una **ricerca appartata e silenziosa**, ma tenace, **rigorosa e ininterrotta** che, nonostante la negatività dell'esistenza, deve esistere e continuare, anche nelle condizioni più difficili.

Il pensiero dell'autore

La poesia di Montale si pone come "**poesia della negatività**", come lucida e cosciente rappresentazione del male e del dolore che l'esistenza umana rappresenta, senza pretendere di spiegarli, di avere la parola risolutiva che insegna agli uomini la verità. Tuttavia Montale considera la poesia una delle possibili **vie di salvezza** che l'uomo può trovare, uno dei modi in cui egli può realizzarsi positivamente. Il poeta si sente legato a una sorta di **impegno morale**, di ricerca autentica e profonda della ragione di vivere; egli è una coscienza critica che, anche se non si propone una funzione politica o di insegnamento, tuttavia è l'interprete di un'esigenza di conoscenza connaturata in tutti gli uomini.

La sua analisi dell'esistenza si compie a contatto con le cose e con la realtà quotidiana del vivere e non si esprime dunque nella ricerca dell'artificio e dell'eccezionalità, così come avveniva nell'esperienza dannunziana, che Montale, almeno sul piano dei contenuti, rifiuta totalmente.

Nella sua poesia non vi è mai l'espressione astratta dei sentimenti, ma **immagini e dati concreti** che sostituiscono gli stati d'animo e ne sono gli equivalenti. Un oggetto, un gesto, un'immagine sono al centro della rappresentazione poetica nella loro concretezza, ma diventano simboli e metafore, a partire dai quali il poeta sviluppa la sua meditazione.

Questa tecnica è soprattutto presente nella prima raccolta montaliana, *Ossi di seppia*, in cui il paesaggio ligure, arido, avaro, descritto nell'afa e nell'immobilità del mezzogiorno, è il simbolo del vuoto dell'esistenza umana, dell'assenza di ogni fiducia e di ogni felicità.

Il titolo della raccolta è emblematico: gli "ossi di seppia" sono residui e frammenti disseminati sulla spiaggia, semplici, scabri, di poco valore e rappresentano la poesia che coglie in toni aspri e scarni «le forme / della vita che si sgretola».

Tuttavia, in questo universo negativo, in cui tutto è legato a una **legge necessaria di sofferenza** e di cui l'uomo non è in grado di cogliere il senso, ogni tanto si apre un varco, si intravvede per un attimo una possibilità di comprensione, di fiducia e si sente di poter cogliere il senso dell'esistenza. L'arduo compito del poeta consiste proprio nel cercare questo faticoso varco che rompa il muro dietro il quale l'uomo cammina e gli faccia intravvedere la verità, oltre lo schermo che normalmente nasconde le cose. Ciò sembra quasi possibile in rari momenti di illuminazione legati al caso, a un'"occasione" imprevedibile, a un ricordo che conserva ciò che si è vissuto e ridona senso all'esistenza.

In quei momenti si sente che gli affetti e i sentimenti continuano a vivere, che qualcosa abbiamo costruito e la nostra vita non è solo un difficile e inutile cammino verso il nulla. Segno del rivelarsi della verità è talvolta un oggetto che rappresenta la diversità, qualcosa che infrange la norma e diventa un'improvvisa rivelazione, oppure, spesso, una figura di donna, presenza che nella poesia di Montale appare portatrice di salvezza e di autenticità.

Ossi di seppia

Ossi di seppia, pubblicata nel 1925, è l'opera più famosa di Montale.

Inizialmente, il poeta aveva pensato di intitolare la sua prima raccolta *Rottami*; in maniera meno violentemente provocatoria, anche il titolo definitivo rimanda comunque a una **realtà «scabra ed essenziale»**, secondo le parole del poeta stesso. Ma dalle parole del titolo emerge anche il **paesaggio marino** che domina i versi di questa raccolta: un paesaggio ligure lontano da ogni bellezza "turistica", in cui si alternano soli brucianti e cupe piogge, aridità e fanghiglia, in cui la vita è assente o ridotta al minimo, a poche tracce (le formiche, le cicale, gli aghi dei pini, le conchiglie buttate sulla spiaggia dalle onde...).

Alla poesia raffinatamente artefatta di d'Annunzio, Montale contrappone un **ideale di semplicità e di quotidianità**, capovolgendo completamente gli atteggiamenti e la sensibilità dannunziani. Gli oggetti della sua poesia sono infatti emblematici di una condizione esistenziale di aridità, di malessere, di incompiutezza, di negatività, che rappresenta l'esatto contrario del superomismo e del vitalismo di d'Annunzio.

Laddove d'Annunzio esprimeva un sentimento di comunione panica con la natura, Montale mostra l'uomo immerso in un mondo naturale che gli appare estraneo e incomprensibile; il paesaggio resta chiuso nel suo accecante splendore meridiano o nella sua cupezza invernale, e benché sembri promettere lo svelamento di un mistero, la rivelazione di una verità nascosta, questo "varco", questa «maglia rotta nella rete / che ci stringe» non si verifica mai. L'immersione nella natura resta quindi un'illusione, il "cuore" del poeta è uno «scordato strumento» nell'armonia dell'universo.

Il linguaggio con cui il poeta esprime questi temi è un impasto di **straordinaria espressività**, in cui elementi letterari e perfino latineggianti convivono con altri più quotidiani, pascoliani o crepuscolari; ma sempre al servizio di una **musicalità aspra**, spezzata, anch'essa rivelatrice di una condizione di lacerazione e di negatività interiore.

Opera
Ossi di seppia
Epoca
XX secolo
Genere
poesia
Lingua
italiano
Schema metrico
quattro strofe di versi settenari, endecasillabi e doppi settenari, variamente mescolati, con alcuni versi ipermetri; numerose le rime, le assonanze e le rime al mezzo

Ossi di seppia

I limoni

I limoni è la poesia che si trova all'inizio di *Ossi di seppia*, subito dopo il testo introduttivo della raccolta. Si tratta di una poesia scritta nel 1920, quando altri testi erano già stati elaborati, ma che il poeta colloca in apertura del libro per il suo carattere programmatico. *I limoni* sono anzitutto una dichiarazione di poetica, con la quale Montale prende le distanze dalla poesia estetizzante di d'Annunzio e degli altri decadenti.

Nella parte centrale del testo, però, il poeta fa emergere anche uno dei temi centrali della raccolta, e cioè il rapporto tra l'uomo e la natura: una natura che si presenta spesso come misteriosa e ostile, ma che a tratti sembra abbandonarsi e rivelare a Montale il segreto che nasconde, regalandogli istanti di felicità.

Ascoltami, i poeti laureati
si muovono soltanto fra le piante
dai nomi poco usati: bossi ligustri o acanti.
Io, per me, amo le strade che riescono agli erbosi
fossi dove in pozzanghere
mezzo seccate agguantano i ragazzi
qualche sparuta anguilla:
le viuzze che seguono i ciglioni,
discendono tra i ciuffi delle canne
e mettono negli orti, tra gli alberi dei limoni.

Meglio se le gazzarre degli uccelli
si spengono inghiottite dall'azzurro:
più chiaro si ascolta il susurro
dei rami amici nell'aria che quasi non si muove,
e i sensi di quest'odore
che non sa staccarsi da terra
e piove in petto una dolcezza inquieta.
Qui delle divertite passioni
per miracolo tace la guerra,
qui tocca anche a noi poveri la nostra parte di ricchezza
ed è l'odore dei limoni.

Vedi, in questi silenzi in cui le cose
s'abbandonano e sembrano vicine
a tradire il loro ultimo segreto,
talora ci si aspetta
di scoprire uno sbaglio di Natura,
il punto morto del mondo, l'anello che non tiene,
il filo da disbrogliare che finalmente ci metta
nel mezzo di una verità.
Lo sguardo fruga d'intorno,
la mente indaga accorda disunisce
nel profumo che dilaga
quando il giorno più languisce.
Sono i silenzi in cui si vede
in ogni ombra umana che si allontana
qualche disturbata Divinità.

3. bossi ligustri o acanti: tre tipi di pianta che si trovano spesso nelle poesie di d'Annunzio e dei poeti estetizzanti, che disprezzano la realtà quotidiana.
4. per me: per quanto mi riguarda, ma anche: per la mia poesia; **riescono:** sbucano.
7. sparuta: magra, denutrita.
10. mettono: portano, conducono.
15. i sensi: grammaticalmente è complemento oggetto di *si ascolta* (verso 13), ma l'irregolarità e la lontananza tra i termini rendono l'espressione quasi autonoma.
17. piove: con valore transitivo: l'odore dei limoni fa scendere nel cuore una dolcezza inquieta; si noti l'ossimoro (accostamento di termini di significato opposto) tra *dolcezza* e *inquieta*.
18-19. Qui... la guerra: qui (tra gli alberi dei limoni), come per miracolo, la guerra delle passioni deviate, distratte (*divertite*, latinismo) *tace*, si placa.
23. s'abbandonano: si lasciano andare, sembrano disposte a rivelare il loro segreto all'uomo.
27. l'anello: la metafora rimanda alla catena di cause ed effetti di cui tutto l'universo è prigioniero, secondo una visione meccanicistica e materialistica che l'autore rifiuta.
31. la mente... disunisce: in questi momenti straordinari le facoltà razionali dell'uomo si mettono al lavoro per indagare, cioè per unire elementi che di solito sono separati e per separarne altri che di solito sono uniti.
32. dilaga: si diffonde.
33. languisce: si avvicina alla fine, alla sera.
36. Divinità: la speciale condizione in cui il poeta si trova lo spinge a trasfigurare la realtà, lo riporta ai tempi mitici in cui gli dèi si muovevano ancora tra gli uomini.

Ma l'illusione manca e ci riporta il tempo
nelle città rumorose dove l'azzurro si mostra
soltanto a pezzi, in alto, tra le cimase.
La pioggia stanca la terra, di poi; s'affolta
il tedio dell'inverno sulle case,
la luce si fa avara – amara l'anima.
Quando un giorno da un malchiuso portone
tra gli alberi di una corte
ci si mostrano i gialli dei limoni;
e il gelo del cuore si sfa,
e in petto ci scrosciano
le loro canzoni
le trombe d'oro della solarità.

Ossi di seppia, A. Mondadori

37. il tempo: è soggetto di *ci riporta*.
39. tra le cimase: tra le sporgenze dei tetti.
40. La pioggia: segno dell'autunno che è subentrato all'estate; s'affolta: si fa più spesso, più pesante.
41. il tedio: la noia.
44. una corte: un cortile.
46. si sfa: si scioglie.
49. le trombe d'oro della solarità: la metafora indica i limoni, che con la loro presenza riportano il poeta all'atmosfera solare ed estiva delle strofe precedenti.

Analisi del testo

La polemica verso d'Annunzio. Montale esordisce con una dichiarazione polemica nei confronti della poesia dannunziana: i poeti estetizzanti rifuggono dalla vita quotidiana, dagli aspetti più semplici e umili della realtà, e vanno alla ricerca di oggetti e di parole raffinati, simboleggiati dalle piante insolite come i bossi, i ligustri e gli acanti. Il poeta, invece, sceglie per la propria poesia un elemento tratto dalla realtà più umile e quotidiana: gli alberi dei limoni, che crescono frequenti negli orti della Liguria.
A questi alberi, però, Montale attribuisce una funzione importantissima, che contrasta con la loro apparente umiltà: i limoni, infatti, stimolano con il loro profumo la meditazione del poeta, che si sente proiettato in una dimensione mitica e che ha per un attimo l'illusione di poter ristabilire con la natura quella perfetta comunione che la civiltà moderna ha annullato per sempre. Non solo: una volta rientrato nella quotidianità grigia e triste, rappresentata simbolicamente dalla città e dall'inverno, la sola vista dei limoni è sufficiente a rievocare nel poeta quella sensazione di pienezza vitale e di felicità, e giustifica quindi la complessa metafora con cui gli umili frutti vengono indicati nell'ultimo verso della poesia: «trombe d'oro della solarità».

Il paesaggio e la condizione esistenziale del poeta. La prima poesia della raccolta enuncia i temi fondamentali dell'intero libro: la presenza del paesaggio ligure e la condizione esistenziale del poeta.
Il paesaggio ligure, descritto soprattutto nelle prime due strofe, presenta tratti contraddittori. Da un lato, esso è aspro, arido, secco, scabroso e trova corrispondenza nei suoni aspri e sgradevoli delle parole usate dal poeta: «erbosi fossi», «pozzanghere mezzo seccate», «sparuta anguilla», «viuzze» ecc.; dall'altro, però, è solare, sereno e favorisce la meditazione e la riflessione, come emerge nella seconda strofa. Il poeta qui costruisce una descrizione basata sull'alternanza di tre sensi diversi: l'azzurro del cielo rimanda alla vista; il silenzio all'udito; l'odore dei limoni all'olfatto. Ed è proprio l'odore, il senso più immateriale, quello che suscita nel poeta una sensazione di benessere e di tranquillità: «piove in petto una dolcezza inquieta»; «delle divertite passioni per miracolo tace la guerra». La condizione esistenziale del poeta si caratterizza per un sentimento di esclusione dalla vitalità semplice e spontanea della natura, tipico dell'uomo moderno, costretto a vivere in città, ma comune più in generale a tutti gli uomini, di ogni tempo e paese. A questo tema aveva dedicato molte poesie Gabriele d'Annunzio, che in *Alcyone* aveva cantato la propria immersione nella natura estiva e la felicità vitale che da tale immersione derivava.
Montale riprende questo tema, ma in chiave più problematica: egli infatti non dimentica mai che si tratta di un'illusione e che la felicità può essere goduta solo per un breve istante.

Simmetria e rimandi interni. La poesia è costruita su una serie di simmetrie e di rimandi interni. Si noti per esempio che la prima e la terza strofa iniziano con un appello al lettore («Ascoltami, Vedi»); le prime due strofe si concludono con la stessa parola («limoni») e le ultime due con parole in rima («Divinità»/«solarità»). Anche i rimandi lessicali sono spesso evidenti e importanti: l'inizio della quarta strofa, per esempio, rovescia la situazione descritta all'inizio della seconda: al silenzio degli orti corrispondono le città rumorose, all'azzurro infinito del cielo che inghiotte le gazzarre degli uccelli si contrappone l'azzurro che si vede solo a tratti, tra un tetto e l'altro, lontano; subito dopo, la seconda strofa contiene il verso «e piove in petto una dolcezza inquieta», e la quarta, nel momento in cui il poeta rivede i limoni, afferma: «in petto ci scrosciano le loro canzoni».
Non si tratta affatto di una scelta casuale, poiché anche attraverso il modo in cui costruisce i suoi testi Montale dichiara indirettamente al lettore la propria poetica, basata su un recupero originale e liberamente variato delle strutture tradizionali. Si tratta di una poetica in linea con le tendenze degli anni Venti, caratterizzati da un generale "ritorno all'ordine" dopo la ventata rivoluzionaria e distruttiva delle avanguardie di inizio Novecento.

Proposte di lavoro

1. Sintetizza il contenuto della poesia completando una tabella come quella proposta.

I strofa	
II strofa	
III strofa	
IV strofa	

2. Ora attribuisci a ciascuna strofa un breve titolo che ne sintetizzi il contenuto.
3. Nel componimento sono presenti e in qualche modo vengono messi a confronto e contrapposti due precisi ambienti. Quali? In quali versi soprattutto sono descritti o presentati tali ambienti?
4. Il paesaggio ligure riveste una grande importanza in questa poesia.
   - Quali sono le caratteristiche di questo paesaggio?
   - Che cosa viene a rappresentare simbolicamente il paesaggio per il poeta?
   - Perché esso assume una grande rilevanza "esistenziale"?
5. *I limoni*, anche per la loro posizione a inizio di raccolta, possono essere considerati come una complessa dichiarazione di poetica da parte dell'autore.
   - In che senso va interpretata tale affermazione?
   - Perché questa poesia assume un carattere programmatico?
6. Montale esprime una concezione del rapporto tra uomo e natura molto diversa da quella di d'Annunzio. In che senso? Descrivi e metti a confronto brevemente le due concezioni.

Opera
Ossi di seppia
Epoca
XX secolo
Genere
poesia
Lingua
italiano
Schema metrico
quattro strofe di versi di varia misura (novenari, decasillabi, endecasillabi); nella prima e nella terza le rime seguono lo schema AABB, nella seconda ABAB, nella quarta ABCAB

Ossi di seppia

Meriggiare pallido e assorto

Quella che segue è una delle prime (risale al 1916) e più famose poesie di Eugenio Montale. Vi troviamo alcuni fra i motivi più tipici della sua poetica: il paesaggio ligure arido e assolato nell'ora calda e immobile del mezzogiorno, metafora della dura condizione umana, il prevalere di immagini concrete, tratte dagli aspetti più usuali e modesti della natura, il linguaggio scarno e ricco di suoni duri e aspri.

Meriggiare pallido e assorto
presso un rovente muro d'orto,
ascoltare tra i pruni e gli sterpi
schiocchi di merli, frusci di serpi.

Nelle crepe del suolo o su la veccia
spiar le file di rosse formiche
ch'ora si rompono ed ora s'intrecciano
a sommo di minuscole biche.

1. Meriggiare pallido e assorto: stare in meditazione nel sole chiaro di mezzogiorno.
2. muro: si collega alla parola *muraglia* (posta in posizione simmetrica nel penultimo verso) che ne chiarisce il senso metaforico: elemento di separazione, esso rappresenta la vita limitata e costretta dell'uomo.
5. veccia: pianta erbacea.
6-8. le file... biche: l'incessante cammino delle formiche, il rompersi e l'intrecciarsi delle loro file, rappresentano l'instancabile e vano affaccendarsi degli uomini. Le *biche* sono letteralmente i covoni di grano; qui sono i mucchietti di terra che si trovano vicini ai formicai.

Osservare tra frondi il palpitare
lontano di scaglie di mare
mentre si levano tremuli scricchi
di cicale dai calvi picchi.

E andando nel sole che abbaglia
sentire con triste meraviglia
com'è tutta la vita e il suo travaglio
in questo seguitare una muraglia
che ha in cima cocci aguzzi di bottiglia.

Ossi di seppia, cit.

10. **scaglie di mare:** lo scintillio del mare, che sembra formato di tante scaglie metalliche. È questo un esempio di estrema concentrazione di significati per mezzo dell'analogia.
11. **tremuli scricchi:** il canto delle cicale è come un tremulo scricchiolio.
12. **calvi picchi:** sommità delle alture aride, prive di vegetazione.
14. **triste meraviglia:** la scoperta della vanità della vita non suscita nel poeta una reazione di inutile ribellione, ma stupisce tristemente.
16. **seguitare:** seguire, costeggiare. Il verbo esprime il senso dell'andare senza posa privi di speranza. La stessa monotonia è suggerita dal succedersi delle assonanze alla fine dei versi, che crea un ritmo ripetitivo.
17. **che... bottiglia:** il muro è invalicabile.

Lo stile petroso

Il lessico e la grammatica

L'asprezza del paesaggio ligure, che costituisce uno dei tratti caratteristici della raccolta *Ossi di seppia*, è resa da Montale anche attraverso la scelta di **parole dal suono duro**, aspro e dissonante. Osserva per esempio, nella poesia letta, il ricorso a parole ricche di consonanti e in particolare di "r" unita ad altre consonanti, come *orto*, *pruni*, *sterpi*, *schiocchi*, *merli*, *frusci*, *serpi*, *crepe* ecc.
Anche parole come *veccia* o *picchi* sono messe in evidenza dalla loro posizione in fine di verso e dalla presenza delle rime – e si tratta di **rime aspre**, non dolci (una rima dolce, sempre in questa poesia, è quella in -are: *palpitare* : *mare*).
Montale non inventa questa tecnica, che risale in realtà a Dante: nelle sue poesie giovanili, Dante ricorse infatti a un linguaggio aspro e "petroso" per parlare di una donna dal cuore di pietra, che lo faceva soffrire per amore; e nella *Divina Commedia* ricorse alle rime "aspre e chiocce" per descrivere le profondità dell'Inferno e le pene dei dannati. Montale rinnova però questa tecnica, applicandola a un paesaggio per far risaltare il suo **valore simbolico**, psicologico: del paesaggio ligure si potevano infatti mettere in luce aspetti del tutto diversi, ma Montale sceglie gli aspetti più significativi per sviluppare i suoi temi e le sue riflessioni esistenziali.

Analisi del testo

Il paesaggio naturale e l'esistenza umana. La poesia è divisibile in due parti. Nelle prime tre strofe troviamo la descrizione di un paesaggio naturale (il tipico paesaggio ligure che domina la prima raccolta di versi di Montale): esso è caratterizzato da aridità, calore, luce abbagliante, immobilità quasi assoluta; rappresenta insomma uno scenario tutt'altro che dolce e amabile. Le uniche forme di vita che vi si vedono sono le formiche; l'udito rivela invece la presenza di altri animali (merli, serpi, cicale), che però restano nascosti.
I verbi *meriggiare*, *ascoltare*, *spiar*, *osservare*, esprimono una serie di azioni basate sui sensi e, attraverso l'uso del modo infinito, le fissano in un tempo che si prolunga senza limiti e che non è quindi riferito a una circostanza precisa, ma esprime una condizione umana generale.
La quarta strofa e il verbo *sentire*, che non si riferisce più a un'azione ma alla sfera interiore dell'uomo, segnano il passaggio dalla dimensione apparentemente fisica e descrittiva delle prime strofe, a quella simbolica.
Il poeta paragona l'esistenza umana a un cieco cammino dietro una muraglia, oltre la quale forse esiste qualcosa che può dare significato alla vita, ma che l'uomo non può raggiungere.

Proposte di lavoro

1. Sintetizza in un breve testo il contenuto di questa poesia.
2. Sottolinea nel testo tutti gli elementi che caratterizzano il paesaggio, completando l'elenco.
   muro d'orto • merli • serpi • ...
3. Il paesaggio ligure è il vero protagonista di questa poesia.
   ➤ Quali idee trasmette questo paesaggio?
   ➤ Ti sembra corretto affermare che vi dominano l'immobilità e l'assenza di vita? Perché?
4. Ricerca nella poesia gli elementi di "luce" e di "suono". Poi indica se si tratta di luci e suoni "forti" o "deboli".
5. Individua nel testo le onomatopee e gli elementi fonici particolarmente significativi. Cerca poi di spiegare quali connotazioni riescono a dare al paesaggio descritto dalla lirica.

Opera
Ossi di seppia
Epoca
XX secolo
Genere
poesia
Lingua
italiano

Schema metrico
due quartine di endecasillabi, tranne l'ultimo verso, che è un doppio settenario; lo schema delle rime è ABBA CDDA

Ossi di seppia

Spesso il male di vivere

Come le altre poesie della raccolta, anche questa esprime in forma essenziale e sintetica il chiuso pessimismo di Montale nei confronti dell'esistenza umana, nella quale egli vede solo la sofferenza, «il male di vivere». Essa è presente in ogni aspetto della vita dell'universo, da quella delle cose inanimate, a quella delle piante e degli animali («rivo», «foglia», «cavallo»).
L'uomo può reagire solo opponendole un atteggiamento di indifferenza, il rifiuto del coinvolgimento sentimentale. L'unico bene che si contrappone a quel male – dice Montale – può consistere nel diventare impassibili, come la statua immobile nel meriggio, e distaccati, come la nuvola e il falco, lontani dalla terra e dalla sua sofferenza.

Spesso il male di vivere ho incontrato:
era il rivo strozzato che gorgoglia,
era l'incartocciarsi della foglia
riarsa, era il cavallo stramazzato.

Bene non seppi, fuori del prodigio
che schiude la divina Indifferenza:
era la statua nella sonnolenza
del meriggio, e la nuvola, e il falco alto levato.

Ossi di seppia, cit.

2. il rivo strozzato: il ruscello interrotto nel suo cammino. La parola *strozzato* si ricollega, per la presenza di suoni simili, a *stramazzato* del verso 4.
3. l'incartocciarsi: il poeta non rappresenta la foglia già secca, ma il suo rinsecchirsi che dà il senso di un tormento in atto.
4. riarsa: rinsecchita. I suoni di cui la parola è composta si ritrovano in *incartocciarsi*.
5. Bene non seppi: non conobbi altro bene.
5-6. fuori del prodigio... Indifferenza: all'infuori del prodigio, del miracolo che ci apre la possibilità di una divina, superiore indifferenza. Non si tratta di insensibilità, ma di uno stato raro e puro in cui l'uomo qualche volta viene a trovarsi, come per miracolo, e in cui si eleva al di sopra della vita quotidiana, in un attimo immobile di intuizione. Il prodigio è qualcosa di inconsueto che rompe per un attimo la norma, la catena delle necessità e delle consuetudini.
8. meriggio: mezzogiorno.

Analisi del testo

Strofe simmetriche. La poesia è costituita da due strofe fra loro simmetriche. In entrambe, a una enunciazione iniziale («Spesso il male di vivere ho incontrato»; «Bene non seppi, fuori del prodigio / che schiude la divina Indifferenza») seguono tre elementi che la spiegano: il rivo strozzato, la foglia accartocciata, il cavallo stramazzato, per la prima; la statua, la nuvola, il falco, per la seconda. Si tratta, come sempre nella poesia di Montale, di cose o esseri concreti, attraverso i quali le sensazioni e le riflessioni del poeta si oggettivizzano.

Contenuti antitetici. Sul piano del contenuto però le immagini presenti nelle due strofe sono antitetiche. Come al male si oppone il bene (quell'unico bene possibile costituito, per Montale, dall'indifferenza) così al lamento del ruscello si oppongono il silenzio e l'immobilità della statua nell'ora assolata che invita alla meditazione, alla foglia disseccata si oppone la freschezza della nuvola, al cavallo steso al suolo si oppone il falco che vola in alto.

Proposte di lavoro

1. Indica gli elementi figurativi (i "correlativi oggettivi") da cui la poesia è costituita e spiegane il significato.
2. Vi sono nella poesia anche termini che esprimono concetti astratti? Quali? Che cosa significano?
3. Questa lirica, contrariamente a molta poesia montaliana, contiene in un certo senso un elemento positivo. In che cosa può consistere la sola salvezza per l'uomo?
4. La prima strofa esprime una concezione della vita simile a quella espressa in *Meriggiare pallido e assorto*.
   - Indica in entrambi i testi le immagini di aridità e le analogie di significato che esprimono.
   - Che cosa s'intende con l'espressione il «male di vivere»? Possiamo riscontrare questa tematica in entrambi i componimenti citati? Perché?

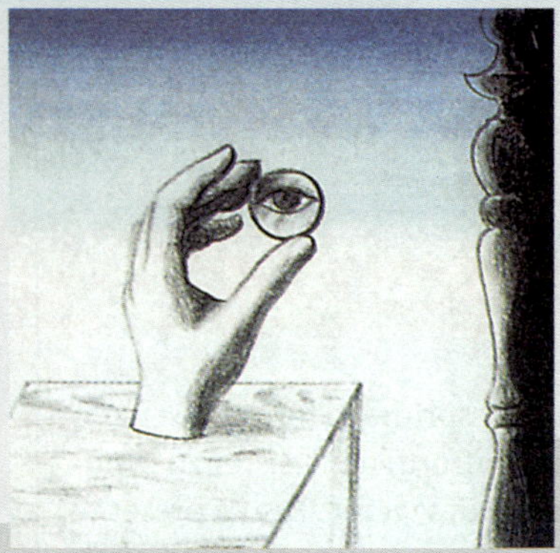

Opera
Ossi di seppia
Epoca
XX secolo
Genere
poesia
Lingua
italiano

Schema metrico
endecasillabi legati (tranne il verso 5) da rima o assonanza

Cigola la carrucola del pozzo

Il tema di questa poesia è il ricordo che inaspettatamente riaffiora e, come un secchio che risale colmo d'acqua dal pozzo, riporta alla superficie, dal profondo della coscienza, l'immagine di un volto di donna. Ma subito, appena il poeta cerca di afferrare quell'immagine, essa svanisce di nuovo, torna nell'oscurità del passato che di nuovo appare molto distante dal presente.
La poesia esprime così l'impossibilità di rievocare il passato e di rivivere esperienze di gioia e di vitalità.

Cigola la carrucola del pozzo,
l'acqua sale alla luce e vi si fonde.
Trema un ricordo nel ricolmo secchio,
nel puro cerchio un'immagine ride.
Accosto il volto a evanescenti labbri:
si deforma il passato, si fa vecchio,
appartiene ad un altro...
Ah che già stride
la ruota, ti ridona all'atro fondo,
visione, una distanza ci divide.

Ossi di seppia, cit.

4. nel puro cerchio: nell'acqua del secchio, visto nell'astrattezza di una figura geometrica pura che incornicia un'immagine sorridente: è quella del volto di donna che riaffiora alla memoria del poeta.
5. evanescenti labbri: le labbra della donna che, nel momento stesso in cui il poeta sta per baciarle (*accosto il volto*), stanno svanendo, poiché il ricordo sta già andandosene.
6-7. si deforma... altro: quell'immagine di donna, che per un attimo si era ripresentata nitida nel ricordo del poeta, si deforma di nuovo, scompare, riaffonda nel passato.
9. atro: arcaico per "nero".

Analisi del testo

Non si può recuperare il passato. Il tema della poesia è l'impossibilità di recuperare il passato. Il momento culminante è ai versi 5 e 6, quando il poeta accosta il volto all'immagine che crede di vedere nel secchio, tenta di baciarla, ma, così facendo, fa svanire la "visione". Le parole con cui commenta questo fatto sono particolarmente dense di significato: «si deforma il passato, si fa vecchio, appartiene ad un altro...». Da un lato quindi noi cambiamo, diventiamo "altri"; dall'altro cambiano i ricordi, il passato stesso, nella nostra memoria, si deforma. Per questo esso appare irrecuperabile.

I limiti della poesia. Montale però, dietro l'apparente semplicità della poesia, conduce un discorso straordinariamente complesso, lavorando per così dire su due livelli, che possiamo chiamare "aneddotico" e "simbolico".
Montale in questa poesia descrive un semplice fatto (ha tirato su da un pozzo un secchio d'acqua; la luce, riflettendosi sull'acqua, gli ha dato l'impressione di vedere nel secchio il volto un tempo amato; l'atto del bere si è confuso con un irrazionale tentativo di baciare quel volto, con il risultato di farlo svanire; il ritorno del secchio in fondo al pozzo acquista un significato simbolico di allontanamento definitivo da quel ricordo).
Questo aneddoto rimanda a un celebre mito greco, quello del poeta Orfeo, che scese agli inferi per chiedere la restituzione della moglie Euridice e riuscì, con la dolcezza del suo canto, a commuovere gli dei infernali; essi concessero a Euridice di seguire nuovamente Orfeo sulla terra, ma a patto che il poeta non si voltasse a guardarla fino a quando non fossero usciti dagli inferi; Orfeo invece si voltò prima del tempo ed Euridice sprofondò per sempre nel mondo dei morti.
Montale, come Orfeo, ha portato alla luce dalle profondità del pozzo (gli inferi, il passato) la donna amata, ma la perde immediatamente (Orfeo si limita a voltarsi, lui tenta di baciarla) e la visione sparisce per sempre. Letta dal punto di vista simbolico, quindi, la poesia si rivela una riflessione sull'impossibilità di recuperare, grazie alla poesia (al canto di Orfeo, nel mito) la gioia e l'intensità di sentimenti e di emozioni della vita reale.

La struttura complessiva. Dal punto di vista della struttura complessiva, la poesia appare perfettamente calibrata. Il testo consta di quattro periodi: i primi due occupano esattamente due versi ciascuno; gli altri due occupano esattamente un verso e mezzo ciascuno. I primi tre periodi incominciano con un verbo («Cigola», «Trema», «Accosto»); i primi due presentano inoltre la stessa costruzione sintattica, con il soggetto posposto al verbo («Cigola la carrucola»; «Trema un ricordo») che ricompare all'inizio del quarto periodo («stride / la ruota»), enfatizzata dall'unico *enjambement* della poesia.

Proposte di lavoro

1. Considera i quattro periodi di cui è composta la poesia. Riassumi ciascun periodo in maniera da "spiegare" il contenuto narrativo del testo.
2. I primi due periodi hanno lunghezza uguale (2 versi ciascuno), così come gli ultimi due (2 versi e mezzo ciascuno). Che significato attribuisci a questo fatto? Ti sembra che la simmetria compositiva sia un elemento tipico della poesia di Montale? In quali altri testi proposti l'hai trovato?
3. Un altro tema di questa poesia è quello legato alla figura femminile (un volto nell'acqua). Ti sembra che in questo testo Montale le attribuisca potenzialità salvifiche, un po' come accadeva per le donne stilnovistiche? Motiva la tua risposta.
4. Montale spesso, nei suoi testi, fa riferimenti ad altri testi letterari. Qui il poeta, sotto il significato letterale e quotidiano del fatto raccontato, richiama un importantissimo mito classico. Quale?

Le occasioni

Le occasioni, raccolta comprendente poesie scritte fra il 1928 e il 1939, furono pubblicate nel 1939. Le "occasioni" sono le **circostanze casuali da cui nasce la poesia**, i momenti in cui il poeta intuisce, a partire da fatti apparentemente privi di importanza, comuni, quotidiani, il significato dell'esistenza.

Rispetto alla precedente raccolta, presentano alcune importanti novità. Dal punto di vista tematico, perde importanza il paesaggio e compare il tema del **colloquio fra il poeta e la donna**. La sezione centrale è infatti costituita dai *Mottetti*, venti brevi poesie (il titolo rimanda a un genere musicale medievale e rinascimentale) dedicate a Irma Brandeis, indicata con lo pseudonimo di Clizia, la fanciulla che, secondo il mito greco, venne trasformata in girasole.

La poesia delle *Occasioni* è senza dubbio più "difficile" e oscura di quella degli *Ossi di seppia*, come se qui il poeta volesse accentuare il tema del mistero e dell'**incomprensibilità del mondo**, ma anche l'oscurità del momento storico che attraversava l'Italia sotto la dittatura fascista.

Al contrario però degli ermetici, che sostenevano una concezione irrazionalistica della poesia come strumento per cogliere, attraverso l'intuizione e l'analogia, il significato profondo delle cose, Montale resta legato a un presupposto razionalistico: egli «vuole cercare ciò che è al di là della sfera della ragione, usando i mezzi della ragione» (Ferroni).

Opera
Le occasioni
Epoca
XX secolo
Genere
poesia
Lingua
italiano

Schema metrico
due quartine di endecasillabi, variamente legati da assonanze e consonanze

Le occasioni

Ti libero la fronte dai ghiaccioli

La poesia appartiene alla serie di componimenti dedicati a Clizia, una donna che Montale amò. A lei il poeta si rivolge con il *Ti* del primo verso.
Nella poesia montaliana, la donna è sempre considerata portatrice della salvezza, attraverso l'amore, e della possibilità di scoprire il senso pieno e autentico della vita. Così, in questa poesia, ella appare quasi una creatura sovrannaturale, un angelo che viene da misteriose regioni siderali (l'alte nebulose) e che si sacrifica (le sue penne sono lacerate) per portare il suo messaggio agli uomini. Ma solo a pochi è riservata la conoscenza: i più, infatti, sono solo ombre (*l'altre ombre*), incapaci di vera vita e inconsapevoli di questo miracolo, che invece sembra compiersi per il poeta. Egli infatti riceve la donna, liberandole la fronte dai ghiaccioli, e l'accoglie a rischiarare questa realtà, triste, ombrosa (l'ombra nera del nespolo), appena illuminata da un sole freddoloso, tenue, invernale.

Ti libero la fronte dai ghiaccioli
che raccogliesti traversando l'alte
nebulose; hai le penne lacerate
dai cicloni, ti desti a soprassalti.

Mezzodì: allunga nel riquadro il nespolo
l'ombra nera, s'ostina in cielo un sole
freddoloso; e l'altre ombre che scantonano
nel vicolo non sanno che sei qui.

Le occasioni, A. Mondadori

1. la fronte... ghiaccioli: la fronte coperta di ghiaccio è il simbolo dello splendore, della purezza e allo stesso tempo della lontananza di questa creatura sovrannaturale.
2-4. traversando l'alte nebulose: attraversando gli strati più alti e freddi del cielo; **le penne lacerate dai cicloni:** questa creatura angelica ha le ali lacerate dalle tempeste che ha dovuto attraversare nel suo viaggio: simbolicamente, è segnata dalla fatica, dal sacrificio che la sua missione comporta; **ti desti a soprassalti:** ti svegli di soprassalto, segno, anche questo, di ansia, di tensione.
5. nel riquadro: nello spazio delimitato nettamente della finestra o dell'orto.
6. l'ombra nera: quest'ombra scura proiettata dal nespolo è il simbolo della realtà di quaggiù, triste, cupa, contrapposta alla luminosità di ghiaccio delle alte nebulose.
7-8. l'altre ombre... vicolo: sono ombre di uomini che se ne vanno frettolosi (*scantonano*), incapaci di fermarsi e di cogliere il messaggio di amore e di vita che la donna porta (*non sanno che sei qui*).

Analisi del testo

Due strofe, due parti. La poesia è nettamente divisa in due parti, corrispondenti alle due strofe. Nella prima il poeta coglie il momento del risveglio della donna (è quindi l'alba); nella seconda dice esplicitamente che è mezzogiorno; nella prima il motivo di fondo è la trasfigurazione della donna; nella seconda è il contrasto fra una realtà esterna fredda, invernale, spiacevole, e l'interno (*qui*) in cui si trovano il poeta e la donna.

Una figura misteriosa. La trasfigurazione della donna è operata a partire da un dato di fatto reale: Irma Brandeis, che viveva negli Stati Uniti, era giunta in Italia in aereo. Ma il poeta prende spunto da questo fatto per trasformare la donna in una creatura sovrannaturale, per certi versi angelica, e che pure conserva una sua angosciata umanità: l'immagine dei *ghiaccioli* rimanda infatti all'idea di limpidezza, di purezza, ma anche, di freddezza, quindi di lontananza dalla realtà umana del poeta (la donna attraversa infatti «alte nebulose», cioè spazi siderali, lontanissimi e misteriosi); l'immagine delle *penne* rimanda ancora a una realtà angelica, ma queste penne sono «lacerate dai cicloni» e la donna si desta «a soprassalti»; ella è quindi segnata dalle ansie della vita, dalle difficoltà, dalle paure...
Dalla prima strofa emerge insomma una figura contraddittoria, misteriosa, che al poeta sembra per certi versi simile a lui, per altri incomprensibile.

Cambio di tono. Nella seconda strofa il tono cambia radicalmente. L'immagine del nespolo che allunga l'ombra nera nel riquadro (il cortile? la finestra da cui il poeta osserva la realtà esterna?) è tipicamente montaliana: il "riquadro" suggerisce l'idea di ristrettezza, di chiusura, contrapposta alle «alte nebulose» da cui proviene la donna; «l'ombra nera» si contrappone alla trasparenza dei *ghiaccioli* del verso 1. Anche l'immagine del «sole freddoloso» trasmette un'idea di scialbore invernale, di vita non piena, di tristezza. Le «ombre che scantonano», infine, sono evidentemente gli altri uomini, cupi, inconsapevoli, privi di vitalità; essi passano furtivi «nel vicolo» (un'altra immagine che suggerisce l'idea di angustia, di chiusura e di buio), chiusi nella loro negatività («non sanno» della presenza della donna).
La seconda strofa contiene dunque immagini che, sia dal punto di vista dello spazio, sia dal punto di vista della luce, si contrappongono a quelle della prima strofa, così come la donna-angelo è contrapposta agli uomini-ombra.

Proposte di lavoro

1. Spiega con parole tue il contenuto della prima e della seconda strofa.
   - Che rapporto esiste fra di esse?
   - Si tratta semplicemente di due momenti di una giornata, oppure il poeta sottintende qualcos'altro?
2. Montale attribuisce una natura doppia – quasi soprannaturale e umana insieme – a Clizia.
   - Quale valore simbolico ha questa donna?
   - Vi sono riscontri biografici riferibili a questa poesia? Se sì, quali?
3. Quasi tutti i versi della poesia sono legati da *enjambements*. Individuali e spiega la funzione espressiva che, secondo te, il poeta attribuisce loro.
4. Quali versi sono legati dalla rima? Quali dall'assonanza? Vi sono rime o assonanze interne? Noti delle allitterazioni? Nel complesso, che tipo di musicalità creano questi artifici fonici?
5. Quali differenze puoi notare fra questo testo e quelli degli *Ossi di seppia* a te noti? Rispondi prendendo in considerazione:
   il tema affrontato • il paesaggio descritto • il linguaggio.

Opera
Le occasioni
Epoca
XX secolo
Genere
poesia
Lingua
italiano
Schema metrico
due quartine composte di tre endecasillabi e un settenario, disposti in ordine diverso; non c'è uno schema delle rime preciso, ma alcune corrispondenze

Le occasioni

Non recidere, forbice, quel volto

Come gli altri *Mottetti*, anche questa poesia (del 1937) è caratterizzata da un'estrema brevità e da grande concentrazione espressiva. È costituita da due quartine che svolgono due motivi fra loro collegati e che risultano simmetriche per i richiami di significato in esse contenuti.

Nella prima strofa il poeta chiede a una simbolica forbice del tempo di non distruggere anche quell'unico volto rimasto nella memoria, di non avvolgere anch'esso nella nebbia.

Nella seconda, il motivo precedente è ripreso attraverso un'immagine figurativa che le corrisponde simbolicamente: come la forbice del tempo taglia il filo del ricordo e il volto che vi si conservava si dilegua nella nebbia, così l'ascia del giardiniere abbatte la vetta dell'acacia e la cicala, segno dell'estate e del canto, cade nel fango.

Il tema del ricordo, che pure ha richiamato nei primi versi la presenza positiva del volto femminile, conduce comunque a una dolorosa conclusione.

Non recidere, forbice, quel volto,
solo nella memoria che si sfolla,
non far del grande suo viso in ascolto
la mia nebbia di sempre.

Un freddo cala... Duro il colpo svetta.
E l'acacia ferita da sé scrolla
il guscio di cicala
nella prima belletta di Novembre.

Le occasioni, cit.

2. si sfolla: si vuota dei volti che l'affollavano.
3-4. non far... sempre: non fare (o forbice) nebbia di quel viso, non distruggerlo. Il viso è *grande* forse perché è ormai l'unico rimasto nella memoria ed è rappresentato nell'affettuoso atto dell'ascolto.
5. Un freddo cala...: il termine freddo ha sia un significato metaforico, in rapporto con la nebbia del verso precedente, anch'essa riferita a uno stato interiore del poeta, sia un significato riferito alla realtà della stagione autunnale (*la prima belletta di Novembre*). Esso lega le due strofe: il freddo (senso di vuoto, morte del ricordo) che penetra nell'animo del poeta è come il freddo che scende sulla natura; **Duro... svetta:** l'accetta del giardiniere procede alla potatura autunnale dell'acacia e le taglia la cima (*vetta*). Per analogia il colpo è contemporaneamente quello della forbice. Nonostante la supplica iniziale del poeta, il freddo del vuoto interiore e della solitudine cala sul suo animo, come l'atmosfera autunnale avvolge l'acacia.
6. scrolla: fa cadere per l'urto ricevuto.
8. belletta: fanghiglia.

Analisi del testo

L'ineluttabilità del passare del tempo. La poesia affronta in chiave simbolica un tema caro a Montale: l'impossibilità di recuperare il passato. In questo caso, il tempo che passa rischia di cancellare dalla memoria del poeta l'immagine della donna amata. L'appello di Montale alla forbice (metafora del tempo) affinché risparmi quell'immagine occupa la prima strofa, ma è naturalmente vano: la seconda strofa, infatti, è interamente dedicata all'inevitabile lacerazione che separa il poeta dal suo passato.

Le metafore. Il discorso non viene sviluppato in termini chiari e razionali, ma mediante una successione di metafore: il tempo come forbice distruttrice, la memoria come luogo affollato che poco per volta si svuota dai ricordi, il viso della donna amata che si confonde progressivamente nella memoria e sembra venire avvolto da una nebbia destinata a durare per l'eternità, il freddo come sintomo del tempo che passa e così via.

Se interpretata alla lettera, la poesia potrebbe addirittura apparire priva di senso, al contrario di quanto avveniva con i testi di *Ossi di seppia*. Le poesie delle *Occasioni* si presentano infatti molto diverse da quelle della raccolta precedente e, almeno a una prima lettura, come più difficili. Montale, che negli anni Trenta vive e lavora a Firenze, dove si sviluppa il movimento dell'Ermetismo, non è del tutto estraneo a questa nuova poetica e l'affollarsi di metafore e analogie conferma la sua partecipazione a quel clima culturale.

Simmetria e regolarità della poesia montaliana. La poesia si presenta anche con alcuni aspetti di simmetria e di regolarità tipici dei testi montaliani. Le due strofe hanno quattro versi ciascuna, di cui tre endecasillabi e uno settenario; le rime sono molto evidenti e in un solo caso sono sostituite dall'assonanza (*sempre/Novembre*).

La regolarità, naturalmente, non è mai perfetta, come quasi sempre avviene nelle poesie di Montale: la posizione del settenario è diversa nella prima e nella seconda strofa; le rime sono collocate irregolarmente e uno dei versi (il 5) è apparentemente irrelato (in realtà è collegato al verso 7 dalla rima interna *cala/cicala*). Il recupero delle strutture tradizionali non è mai meccanico: le piccole irregolarità contribuiscono a esprimere anche sul piano formale l'inquietudine del poeta.

Proposte di lavoro

1. Sintetizza il contenuto della poesia in una tabella simile a questa.

I strofa	
II strofa	

2. Il tema centrale della poesia è quello del ricordo.

➤ Da quali immagini è rappresentato?

....

....

....

➤ Chi o che cosa il poeta ricorda?

....

....

....

3. Le immagini realistiche della seconda strofa sono metafore che corrispondono agli elementi della prima strofa. Trova le corrispondenze, come nell'esempio.

	I strofa	II strofa
Forbice		duro il colpo svetta
Volto		
Nebbia		

4. Come spesso avviene nelle poesie di Montale, il testo presenta elementi di simmetria metrica e sintattica fra le due strofe, e altri di irregolarità, che introducono nella simmetria delle imperfezioni e delle rotture. Individuali e completa la seguente tabella.

	I strofa	II strofa
Elementi di simmetria		
Elementi di irregolarità		

5. *Non recidere, forbice, quel volto* è una poesia molto breve e difficile nelle immagini e nella concentrazione stilistica.

➤ Quali influenze culturali e letterarie sono ravvisabili in un testo così concentrato?

Satura

Dopo quindici anni di silenzio quasi assoluto, nel 1971 Montale pubblica la sua quarta raccolta di versi, *Satura*. Il titolo è una parola latina che significa "satira": in latino, la satira era un genere letterario basato su un linguaggio semplice, privo di pretese letterarie, spesso vicino al parlato, e aveva per argomento aneddoti di vita quotidiana, semplici riflessioni su fatti e avvenimenti qualsiasi, anch'essi ordinari, senza pretese. Ma *Satura* significa anche "satira" nel senso odierno del termine; la raccolta comprende quindi poesie in cui si esprime un **atteggiamento di ironia e di critica** nei confronti del mondo, della modernità che Montale dichiara di non capire e di non approvare, e anche di autoironia, nei confronti di se stesso, del proprio atteggiamento di vecchio moralista che non capisce più la realtà che lo circonda.

Il tono dimesso e prosastico di questa raccolta segnala da parte di Montale la ricerca di una **nuova concezione della poesia** e di un nuovo ruolo del poeta. Ma la semplicità del linguaggio della raccolta è solo apparente: dietro la colloquialità dimessa e la prosaicità addirittura esibita, si nasconde un sapiente montaggio.

Due Xenia

Opera
Satura
Epoca
XX secolo
Genere
poesia
Lingua
italiano
Schema metrico
• due strofe di 7 e di 5 versi; prevalgono i versi liberi; poche le rime;
• due strofe di 6 versi ciascuna; rima e assonanza sottolineano la fine delle due strofe

Le prime due parti di *Satura* si intitolano rispettivamente *Xenia I* e *Xenia II*, e comprendono 28 brevi poesie dedicate dal poeta alla memoria della moglie, morta nel 1963. Il titolo è tratto da una parola greca (ed era stato usato in precedenza dal poeta latino Marziale e dal poeta tedesco Goethe per alcune delle loro poesie): gli *xenia* erano i doni mandati agli ospiti. Montale offre quindi questi componimenti come doni funebri alla donna con cui aveva vissuto una parte della sua vita.
Riemerge anche in queste poesie uno dei temi fondamentali dell'opera di Montale: il rapporto con la donna è considerato dal poeta un mezzo per stabilire un rapporto con la realtà, per acquisire uno sguardo più acuto e penetrante sulle cose. In questo caso la funzione quasi "medianica" della donna è accentuata dal suo essere assente, dal fatto che, per il laico Montale, alieno da concezioni spiritualistiche, questa possibilità di contatto con una realtà più profonda e misteriosa sembra essere finita per sempre.

Ho sceso, dandoti il braccio

Ho sceso, dandoti il braccio, almeno un milione di scale
e ora che non ci sei è il vuoto ad ogni gradino.
Anche così è stato breve il nostro lungo viaggio.
Il mio dura tuttora, né più mi occorrono
le coincidenze, le prenotazioni,
le trappole, gli scorni di chi crede
che la realtà sia quella che si vede.

Ho sceso milioni di scale dandoti il braccio
non già perché con quattr'occhi forse si vede di più.
Con te le ho scese perché sapevo che di noi due
le sole vere pupille, sebbene tanto offuscate,
erano le tue.

2. il vuoto: il senso di vuoto che deriva dalla solitudine, dalla mancanza di una compagnia a cui appoggiarsi.
3. è stato... viaggio: il tempo passato insieme, per quanto il loro rapporto sia durato molti anni, sembra comunque troppo breve.
4. Il mio: il mio viaggio, la mia vita; **mi occorrono:** mi capitano.
6. gli scorni: le delusioni, le arrabbiature. Montale anticipa il tema sviluppato nella seconda strofa: la realtà "vera" non è quella che appare, ma quella interiore, misteriosa, rivelata dalla poesia. Per questo la moglie, pur vedendoci male, poteva fargli da guida.
11. sebbene tanto offuscate: la moglie di Montale era affetta da una fortissima miopia.

La retorica del quotidiano

Il lessico e la grammatica

Nelle sue ultime raccolte di versi, a partire da *Satura*, Montale abbandona in gran parte il linguaggio ermetico che aveva elaborato negli anni Trenta e ricorre a uno stile molto più **colloquiale**, vicino a quello della conversazione quotidiana e spesso pronto ad accogliere anche **espressioni informali** (come "blabla").
Linguaggio colloquiale non significa però assenza di figure retoriche. Osserviamo per esempio il primo *Xenia* proposto: mancano le analogie e le metafore "difficili" che caratterizzano lo stile ermetico, ma le figure retoriche sono numerose. Elenchiamo le più importanti:
- anafora (*Ho sceso... Ho sceso*)
- iperbole o esagerazione (*almeno un milione di scale*)
- antitesi (è *stato breve il nostro lungo viaggio*)
- inversione (*né più mi occorrono* = *e non mi capitano più*)
- rime (*crede* : *vede*, *due* : *tue*).

Come si vede, la cordialità del testo non è affatto disgiunta dal solito lavoro di elaborazione formale, che caratterizza tutta la produzione di Montale.

Avevamo studiato per l'aldilà

Avevamo studiato per l'aldilà
un fischio, un segno di riconoscimento.
Mi provo a modularlo nella speranza
che tutti siamo già morti senza saperlo.

Satura, A. Mondadori

4. che tutti... senza saperlo: con la morte della moglie la vita sembra aver perso significato, al punto che il poeta si domanda se per caso, senza essersene accorto, non sia già morto anche lui.

Analisi del testo

Linguaggio e temi della vita quotidiana. Rispetto alle raccolte precedenti, il linguaggio di *Satura* è molto semplice e a tratti addirittura prosastico. A questo scopo concorrono due elementi: da un lato l'introduzione di termini del linguaggio quotidiano, dall'altro l'insistenza su costruzioni sintattiche semplici, in cui dominano la paratassi e il parallelismo, e a volte dei modi tipici della lingua colloquiale. A questo linguaggio fanno riscontro, sul piano dei contenuti, aneddoti tratti dalla vita quotidiana.

Una semplicità ingannevole. Questi elementi non devono però trarre in inganno: la poesia di Montale è sempre molto elaborata e la semplicità è spesso più apparente che reale. Si noti per esempio, nella prima lirica, la suddivisione in due parti, sottolineata dalla ripresa del primo verso all'inizio della seconda strofa; inoltre, il primo e l'ultimo verso di ogni strofa sono sempre coinvolti nel gioco delle rime e delle assonanze, che ne sottolineano l'importanza. La semplicità di *Satura* è quindi ingannevole: Montale finge una poesia "quotidiana" e anti-letteraria, ma in realtà ripropone ben mascherati gli elementi di fondo della sua opera precedente.

Ironia e serietà. Dal punto di vista tematico, ciò che maggiormente colpisce in questi testi è il tono ironico con cui Montale si rivolge alla moglie, scherzando bonariamente sui suoi difetti fisici e sui suoi atteggiamenti. Ma anche in questo caso lo scherzo nasconde un fondo di grande serietà. Nella prima lirica, per esempio, la miopia della moglie assume un significato particolare nel momento in cui il poeta sottolinea la propria condizione di stanchezza esistenziale, di sfiducia e di solitudine, indicando invece nella moglie una vera e propria guida, colei che vedeva di più, che capiva ciò che al poeta restava invece nascosto.

Proposte di lavoro

1. Sintetizza rapidamente il contenuto delle due poesie lette, attribuendo a ciascuna di esse un breve titolo.
2. Queste poesie di Montale sono caratterizzate da un linguaggio ricco di elementi quotidiani e colloquiali. Verifica questa affermazione a livello lessicale, sintattico e retorico.
3. Nella raccolta *Satura* Montale opera un'importante svolta nella sua poetica. Perché ha intitolato così la raccolta? Spiegane i diversi significati. Quale nuova concezione della poesia e del poeta ne emerge?
4. La protagonista delle poesie che hai letto è la moglie di Montale. Quali sono i caratteri del personaggio che emergono dai versi del poeta? Scrivi una presentazione della donna utilizzando dove possibile le indicazioni del testo e integrando, dove necessario, con parole tue.

I generi letterari

La narrativa

La ripresa del romanzo

Gli anni Venti erano stati in Italia un periodo di relativa crisi del romanzo: i prosatori, infatti, prediligevano composizioni più brevi, in cui l'attenzione si concentrava sullo stile, sulla perfezione formale della singola pagina. A questa tendenza, detta "prosa d'arte", partecipano autori come Cardarelli, Cecchi, Bacchelli, Alvaro, Savinio.

Alla fine del decennio, si verifica però una decisa ripresa di interesse per il **romanzo**. Nel 1929 esce il primo romanzo di Alberto Moravia, *Gli indifferenti*. Palazzeschi, vicino alle avanguardie del primo Novecento, scrive *Sorelle Materassi* (1934); Bacchelli, esponente di punta della prosa d'arte, pubblica *Il mulino del Po* (1938-40); viene pubblicato all'estero, per ragioni politiche, il primo romanzo di Ignazio Silone, *Fontamara* (1930).

Le aperture all'estero

Mentre il regime fascista propugnava una politica culturale tutta legata alla tradizione italiana, una rivista come "Solaria" (pubblicata tra il 1926 e il 1936) presentava ai suoi (pochi) lettori le principali novità del panorama internazionale, recensendo per esempio le opere di Hemingway e Gide e traducendo per la prima volta Joyce.

L'**attenzione alle novità straniere** è testimoniata anche dall'attività dei giovani Pavese e Elio Vittorini, destinati a diventare gli intellettuali più significativi del decennio successivo, che già negli anni Trenta si dedicano alla scoperta o alla riscoperta dei grandi scrittori americani: Pavese traduce per la prima volta *Moby Dick* di Melville, Vittorini dà alle stampe nel 1940 un'antologia intitolata *Americana*, con racconti dei più grandi scrittori statunitensi dell'epoca.

Il Neorealismo e i suoi modelli

Il Neorealismo, che si afferma con la Resistenza (1943-45) e negli anni immediatamente successivi, si inserisce quindi in un panorama in cui erano molto vive sia la tendenza al recupero della scrittura romanzesca, sia l'apertura a forme di scrittura nuove e sperimentali, sia infine l'interesse per le questioni legate alla realtà storica e sociale.

All'origine del Neorealismo, infatti, non c'era una riflessione di tipo estetico, ma l'urgenza di raccontare le esperienze vissute, e in particolare la guerra e la Resistenza. Gli scrittori neorealisti avevano, secondo una famosa dichiarazione di Italo Calvino, tre punti di riferimento: da un lato le opere di Verga, dall'altro *Conversazione in Sicilia* di Vittorini, e dall'altro ancora *Paesi tuoi* di Pavese. Queste tre opere costituivano esempi diversi di come era possibile coniugare una ricerca stilistica originale e una grande attenzione alla realtà sociale contemporanea.

La crisi

All'inizio degli anni Cinquanta, in una situazione politica e sociale ormai lontana da quella della Resistenza e dell'immediato dopoguerra, il Neorealismo entra in crisi.

La narrativa italiana inoltre si è finalmente potuta confrontare con i grandi modelli del romanzo novecentesco, da Kafka a Faulkner, da Proust a Virginia Woolf – modelli che propongono una complessità tematica e stilistica molto superiore a quella degli scrittori neorealisti. Calvino sempre più spesso abbandona la narrazione realistica e si dedica al racconto fantastico; Pratolini abbandona la cronaca e riscopre il romanzo storico; i nuovi narratori che intendono continuare l'analisi della realtà contemporanea, come Pasolini, Testori, Bianciardi ecc. dovranno confrontarsi negli anni a venire con nuovi problemi, sia stilistici, sia ideologici.

Alberto Moravia

L'autore

Alberto Pincherle (Moravia è il cognome della madre usato come pseudonimo) nacque a Roma nel 1907. Esordì nel 1929 con il romanzo *Gli indifferenti*, che attivò la censura fascista poiché offriva una rappresentazione del **disfacimento morale** e della **crisi di valori** della borghesia in contrasto con le direttive del regime. Ma il libro rappresentò anche un "ritorno al romanzo" in un'epoca in cui gli scrittori italiani preferivano dedicarsi alla poesia o a racconti brevi e impose il suo autore come capofila di una serie di autori che nei decenni successivi avrebbero ripreso i moduli della narrativa "classica" e realistica. Del 1945 è il romanzo breve *Agostino*.

Nel 1953 fondò la rivista "Nuovi Argomenti", intensificò l'attività giornalistica, collaborò alla sceneggiatura cinematografica di alcune sue opere, diventando l'autore italiano più letto e tradotto all'estero.

Tra le opere ricordiamo: *La romana* (1947), *La disubbidienza* (1948), *Il conformista* (1951), *Racconti romani* (1954), *La ciociara* (1957), *La noia* (1960), *Io e lui* (1971), *La vita interiore* (1978), *La cosa* (1983).

Benché le ultime opere siano un po' ripetitive, la sua figura di **romanziere professionista**, alieno da ogni atteggiamento "ispirato", è stata un punto di riferimento per almeno due generazioni di intellettuali italiani.

Moravia è morto nel 1990.

L'opera

Gli "indifferenti" che danno il titolo al romanzo sono i giovani fratelli Carla e Michele Ardengo; vivono a Roma, con la madre Mariagrazia, vedova e amante di Leo Merumeci, uomo rozzo e privo di scrupoli, stanco ormai del legame, che mantiene solo perché vuole impadronirsi del patrimonio della donna. Carla e Michele assistono con disagio, ma senza reagire, alle scenate di gelosia della madre e all'insofferenza di Leo, il quale cerca di sedurre Carla. La giovane lo asseconda, senza reali motivazioni e, desiderosa di evadere dall'ambiente familiare che le ripugna, cede a Leo, che pure la umilia. Michele, venuto a conoscenza della situazione, sente di dover intervenire. Tuttavia egli non prova un'autentica indignazione e rimane in realtà indifferente. Decide di uccidere Leo, ma la sua inerzia gli fa dimenticare di caricare la pistola e il suo drammatico tentativo finisce nel ridicolo. Il romanzo si conclude con i protagonisti intenti a continuare la loro **esistenza stanca**: Carla sposa Leo, Michele cede alle attenzioni di Lisa, una ex amante di Leo, Mariagrazia scivola nella rassegnazione.

Quando pubblicò *Gli indifferenti*, Moravia aveva poco più di vent'anni e Mussolini aveva ormai imposto la dittatura. Il giovane Moravia non si occupava di politica, ma nel suo libro compì una critica spietata della corruzione della borghesia dell'epoca, che mascherava, dietro un perbenismo e una rispettabilità falsi e superficiali, una **incapacità di agire** e un'**inerzia spirituale** che l'avevano portata ad aderire plebiscitariamente al fascismo. Quello degli "indifferenti" è il dramma di chi fallisce, senza riuscire a trovare una ragione di vita per i propri sentimenti e le proprie azioni. L'indifferenza è l'incapacità di aderire alle cose e alle situazioni, l'incapacità di decidere e di scegliere: Moravia descrive quello **stato di inerzia** per cui si sa ciò che si dovrebbe fare, e tuttavia non si agisce. Per la letteratura italiana di quel decennio il romanzo fu una grande novità, mentre suscitò scandalo nella classe borghese, offesa dal testo. Il successo del libro allarmò anche il regime fascista, che ne proibì la ristampa.

Opera **Gli indifferenti** Genere **romanzo**
Epoca **XX secolo** Lingua **italiano**

Gli indifferenti

La pistola scarica

Ti presentiamo una delle pagine più famose del romanzo, quella in cui Michele si reca all'appartamento di Leo Merumeci per ucciderlo. Il narratore segue i pensieri del giovane, mettendone in luce le contraddizioni interne e l'indifferenza di fondo, il senso di estraneità che lo spinge a guardarsi, ad analizzarsi, ma gli impedisce di agire e di provare sentimenti intensi e sinceri.

Un freddo, mortale disagio gli gelò il sangue; "Ecco, ci siamo" pensò. La strada era veramente quella che cercava; case nuove, candide, giardini ancor vuoti, qua e là costruzioni cariche d'impalcature, marciapiedi senza selciato; la campagna non doveva esser lontana; poca gente passava; nessuno si voltava per guardarlo, nessuno l'osservava. "Eppure vado ad uccidere un uomo" pensò; frase inverosimile; mise la mano in tasca, toccò la rivoltella; uccider Leo significava ucciderlo veramente, toglierlo dal numero dei vivi, farne scorrere il sangue: "Bisogna ucciderlo" pensò febbrilmente, "ucciderlo... così... senza troppo rumore... così... ecco: mirare al petto... egli cade... cade in terra... mi chino, senza far rumore;[1] con lentezza, lo finisco". La scena che doveva essere fulminea, gli appariva lunghissima, disgregata nei suoi gesti, silenziosa; un mortale malessere lo vinceva: "Bisognerebbe ucciderlo senza accorgersene" pensò; "allora sì, tutto andrebbe bene".

Il cielo era grigio; poca gente passava; una automobile; ville; giardini; la rivoltella in fondo alla tasca; il grilletto; il calcio. Si fermò un istante a guardare il numero del portone: in quel momento la propria tranquillità lo spaventò: "Se continuo con questa calma "pensò atterrito "non se ne fa nulla...: bisogna essere sdegnati, furiosi...". Riprese il cammino; il numero ottantatré era più lontano. "Bisogna montarsi"[2] pensò febbrilmente, "vediamo... vediamo le ragioni che ho di odiare Leo... mia madre... mia sorella... era pura pochi giorni fa... ora in quello stesso letto... nuda... perduta... Leo l'ha presa.:. posseduta... mia sorella... posseduta... mia sorella... posseduta... mia sorella... mia sorella... trattata come una donnaccia... distesa in quel sudicio letto... orribile, orribile... nuda tra quelle braccia... la mia anima freme al solo pensiero... piegata al vizio di quell'uomo...[3] mia sorella... orribile". Si passò una mano sul collo, si sentiva la gola secca. "Al diavolo mia sorella" pensò disperato ritrovandosi nella stessa calma di prima; tutte quelle fantasie non l'avevano scosso; guardò un portone; era già il numero sessantacinque; un'atroce paura l'invase di non sapere agire, mise la mano in tasca, strinse nervosamente la rivoltella: "Al diavolo tutti... cosa importano le ragioni... ho deciso di ucciderlo e lo ucciderò". Affrettò il passo, le case sfilavano,[4] una dopo l'altra, più presto, più presto... bisognava ucciderlo e l'avrebbe ucciso... ecco tutto; il numero settantacinque, settantasei, una strada, settantasette, settantotto; improvvisamente mente si mise a correre, la rivoltella gli sbatteva contro la coscia; osservò sul marciapiede una bambina di forse dieci anni che tenendo per mano un bimbo più piccolo li veniva incontro; pensò d'incrociarli; ma raggiunse prima di loro il portone di Leo, ed entrò col rimpianto di non averli almeno sfiorati. "E ora" pensò arrampicandosi su per la scala "il più bello sarebbe non trovarlo in casa". Fece di corsa due rampe, al secondo pianerottolo, a destra, trovò la porta del suo nemico; una targa di ottone portava la scritta: Cav.[5] Leo Merumeci. Non suonò; voleva entrare col respiro tranquillo ed era ansante; aspettò dritto, immobile, davanti quella porta chiusa, che l'ansito[6] e i battiti del cuore si fossero calmati; ma non si calmavano; il cuore pulsava, saltava con fracasso nel suo petto, i polmoni gli si sollevavano contro volontà in un respiro doloroso. "O cuore, o respiro "pensò con un dispetto triste e nervoso, "anche voi vi mettete contro di me?". Premette con una mano il fianco, tentò di dominarsi; quanto tempo sarebbe stato necessario perché il corpo fosse stato pronto come la sua anima? Contò da uno a sessanta, ridicolmente, immobile contro quella porta silenziosa; ricominciò... finalmente, stanco, s'interruppe e suonò.

Udì il campanello echeggiare nell'appartamento vuoto; silenzio; immobilità: "non è in casa" pensò con una gioia e un sollievo profondi. "Suonerò ancora una volta per scrupolo... e poi me ne andrò" e già, apprestandosi a premere di nuovo il bottone,[7] già immaginava di ridiscendere nella strada, andarsene per la città, libero, distrarsi; già dimenticava

1. **senza far rumore:** nota l'assurdità di questo pensiero: Michele intende sparare a Leo, il rumore non dipende dalla sua volontà, ma dalla rivoltella che ha in tasca.
2. **montarsi:** caricarsi, arrabbiarsi davvero.
3. **la mia anima... di quell'uomo:** nota il carattere melodrammatico di queste frasi: le espressioni usate da Michele suonano false, letterarie, retoriche, perché non esprimono i suoi veri sentimenti, che sono di indifferenza.
4. **sfilavano:** passavano accanto a lui.
5. **Cav.:** cavaliere.
6. **l'ansito:** l'ansimare, il fiatone.
7. **il bottone:** il campanello.

i suoi propositi di vendetta, quando dei passi pesanti risuonarono sul pavimento, di là' dalla porta; poi questa si aprì e Leo apparve.

Indossava una veste da camera, aveva la testa arruffata e il petto nudo; squadrò dall'alto in basso il ragazzo.

"Tu qui" esclamò con faccia e voce assonnate, senza invitarlo ad entrare; "e cosa vuoi?".

Si guardarono: "Cosa voglio?" avrebbe voluto gridare Michele. "Lo sai bene, spudorato, cosa voglio". Ma si trattenne:

"Nulla" disse in un soffio, ché ora il respiro di nuovo gli mancava; "soltanto parlarti".

Leo alzò gli occhi; un'espressione impudente[8] e stupida gli passò sul volto: "Oh bella, parlare? a me? a quest'ora?" disse con stupore esagerato; si teneva sempre nel mezzo della soglia: "E cosa vuoi dirmi? ... Senti, senti caro" soggiunse cominciando a chiudere la porta, "non sarebbe meglio un altro giorno? Stavo dormendo, non ho la testa abbastanza chiara... per esempio domani".

La porta si chiudeva. "Non è vero che stavi dormendo" pensò Michele, e ad un tratto gli scaturí quest'idea: "Carla è di là... in camera sua", e gli parve di vederla nuda, seduta sul bordo del letto, in atto di ascoltare ansiosamente questo dialogo tra l'amante e lo sconosciuto visitatore; diede una spinta alla porta ed entrò:

"No" disse con voce ferma e turbata, "no, oggi stesso ho da parlarti... ora".

Un'esitazione: "E sia" profferì l'altro come chi è al termine della sua pazienza; Michele entrò: "Carla è di là "pensava e un turbamento straordinario lo possedeva.

"Di' la verità "profferí alfine con sforzo mentre quello chiudeva la porta, posandogli una mano sulla spalla; "di' la verità, che ho turbato qualche dolce colloquio... c'è qualcheduno di là non è vero?... eh, eh! ... qualche bella ragazza...". Vide l'uomo voltarsi e schermirsi con un sorriso odioso di malcelata vanità: "Assolutamente nessuno... dormivo". Capì di aver colto nel segno.

Mise la mano in tasca e strinse la rivoltella; "Dormivo proprio" ripeté Leo senza voltarsi, precedendolo nell'anticamera; "dormivo profondamente e facevo dei sogni bellissimi".

"Ah! si?"

"Sì... e tu sei venuto a destarmi".

"No, colpirlo alle spalle no" pensò Michele; trasse di tasca la rivoltella e tenendo la mano contro il fianco la puntò nella direzione di Leo... appena questi si sarebbe voltato, avrebbe sparato.

Leo entrò per primo nel salotto, andò alla tavola, accese una sigaretta; avvolto nella veste da camera, come un lottatore, a gambe larghe, con la testa, arruffata e tozza, china verso l'invisibile fiammifero, egli dava l'impressione di un uomo sicuro di sé e della sua vita; poi si voltò; allora, non senza odio, Michele alzò la mano e sparò.

Non ci fu né fumo né fracasso; alla vista della rivoltella Leo spaventatissimo si era gettato con una specie di muggito dietro una sedia; poi il rumore secco del grilletto. "S'è inceppata" pensò il ragazzo; vide Leo urlare "Sei matto!" e alzare una sedia in aria mostrando tutto il corpo: si protese in avanti e sparò daccapo; nuovo rumore del grilletto. "È scarica "comprese alfine atterrito, "e le palle[9] le ho in tasca io". Fece un salto da parte, per evitare la seggiola di Leo, corse all'angolo opposto; la testa gli girava, aveva la gola secca, il cuore in tumulto: "Una palla" pensò disperatamente, "soltanto una palla". Frugò, arraffò con le dita febbrili alcuni proiettili, alzò la testa, tentando, curvo colle mani impazzate, di aprite il tamburo e cacciarvi la carica; ma Leo scorse il suo gesto ed egli ricevette di sbieco un colpo di seggiola sulle mani e sulle ginocchia, cosí forte che la rivoltella cadde in terra; dal dolore chiuse gli occhi, poi una rabbia indicibile lo invase; si gettò su Leo tentando di stringerlo al collo; ma fu preso, scagliato, prima a destra poi a sinistra, e alfine re-

8. **impudente:** arrogante, sfrontata.

9. **le palle:** i proiettili.

spinto con tanta violenza che dopo aver ciecamente urtato e rovesciato una sedia, cadde sul divano... L'altro gli fu subito sopra e lo prese per i polsi.

Silenzio; si guardarono; rosso, ansante, costretto in malo modo dentro il divano, Michele fece uno sforzo per liberarsi; Leo gli rispose torcendogli i polsi; altro sforzo; altra torsione; alfine il dolore e la rabbia vinsero il ragazzo: gli parve oscuramente che la vita non fosse mai stata cosí aspra come in questo momento nel quale, cosí brutalmente oppresso, gli tornava un lamentoso desiderio di certe lontanissime carezze materne; gli occhi gli si empirono di lacrime; allentò i muscoli doloranti, si abbandonò. Per un istante l'uomo lo guardò: la veste da camera era aperta, il petto nudo e peloso gli si sollevava in un respiro che ogni tanto si sfogava per le narici frementi in una specie di soffio ferino:[10] guardava, guardava e tutta la sua persona esprimeva un minaccioso furore a stento trattenuto.

"Sei matto!" profferí alfine con forza scrollando la testa; e lo liberò.

Michele si alzò fregandosi i polsi indolenziti: vedeva Leo dritto, immobile nel mezzo della stanza, la sedia rovesciata e là, nell'angolo, quella cosa nera, la rivoltella... veramente tutto era finito... tutto era stato fatto... ma non gli riusciva di capire... non sapeva se doveva mostrarsi ancora indignato o invece timoroso... guardava Leo e macchinalmente continuava a fregarsi i polsi.

"E ora" disse alfine l'uomo voltandosi verso la porta, "ora fammi il santissimo piacere di andartene". Avrebbe voluto profferire qualche violenza ma si trattenne. "E di questa tua sciocchezza" soggiunse "parlerò con tua madre".

Gli indifferenti, Bompiani

10. ferino: animalesco, selvaggio.

Analisi del testo

Il significato di "indifferenza". La prima parte del brano ci fa seguire i pensieri di Michele, mentre si reca a casa di Leo con l'intenzione di ucciderlo. Nell'animo di Michele si svolge una lotta tra la sua indifferenza da un lato e il "dovere" di vendicare l'onore della sorella dall'altro.

L'indifferenza di Michele è innanzitutto una mancanza di adesione alla vita, che appare al giovane come una commedia priva di senso e di valore. L'indifferenza si configura quindi come incapacità di provare emozioni forti e intense.

L'incapacità di agire. L'incapacità di Michele a condividere i valori diffusi nella sua classe sociale, la sua tendenza a cogliere in ogni cosa un elemento di falsità, la sua stessa aridità sentimentale, hanno un'origine ben precisa nella sua tendenza ad analizzarsi, a riflettere sempre su di sé, a guardarsi vivere, più che a vivere davvero. In questo senso, il monologo interiore di Michele lo apparenta alle figure degli inetti della narrativa precedente, e in particolare ai protagonisti del romanzi di Svevo. Come loro, Michele conduce una vita tutta intellettuale, interiore, e proprio per questo appare incapace di agire.

La decisione di uccidere Leo non è, ovviamente, il gesto di un indifferente. Michele spera infatti di vincere in questo modo la propria indifferenza, di costringersi ad agire, pur non trovando delle vere motivazioni per la sua azione. Ma, naturalmente, l'inconscio emerge nel momento culminante e fa sì che Michele "dimentichi" di caricare la pistola, rendendo il suo tentativo ridicolo e infantile. La dimenticanza di Michele è, dal punto di vista freudiano, un atto mancato: nella lotta fra la volontà conscia del personaggio (uccidere Leo) e la sua volontà inconscia (non fare nulla), quest'ultima ha il sopravvento.

Il monologo interiore. Il monologo interiore di Moravia si basa su tecniche diverse: troviamo infatti discorsi diretti, discorsi indiretti e discorsi indiretti liberi, variamente mescolati. Moravia adotta una tecnica complessa, che tiene conto delle esperienze degli scrittori della generazione precedente a lui noti (non Joyce o Proust, dunque, ancora ignoti in Italia, ma Pirandello e Svevo, accanto ad altri autori di minore rilievo).

Proposte di lavoro

1. Suddividi il brano in sequenze e attribuisci a ciascuna di esse un titolo.
2. Sintetizza i tratti fisici, psicologici e sociali del personaggio di Michele, ricavandoli dal brano letto.
3. In che cosa consiste l'indifferenza di Michele? Rispondi utilizzando dove possibile le parole del testo.
4. Il fatto che Michele dimentichi di caricare la pistola si può considerare, in termini psicoanalitici, un "atto mancato".
   - Che cosa significa questa espressione?
   - Che cosa rivela la dimenticanza di Michele?
   - Ti sembra che confermi o smentisca la sua indifferenza? Perché?

Cesare Pavese

L'autore

Cesare Pavese nacque nel 1908 a Santo Stefano Belbo, nelle Langhe piemontesi, e visse per lo più a Torino. Sono questi i due poli geografici e simbolici della sua esperienza umana e letteraria: il mondo mitico delle colline dell'infanzia, luogo di rapporti umani e valori autentici, e la città, simbolo dei valori negativi, della solitudine, della fatica del vivere.

Educato ai valori antifascisti, Pavese si dedicò allo studio e alla traduzione di opere della **letteratura americana**, facendola conoscere in Italia.

Tornato a Torino dopo un anno di confino, a causa dei suoi rapporti con gli ambienti antifascisti, iniziò a collaborare con la casa editrice Einaudi. Nel 1936 pubblicò la prima raccolta di versi, *Lavorare stanca*, e nel 1941 il romanzo *Paesi tuoi*, in cui sono presenti temi a lui molto cari: la **realtà contadina delle Langhe** e l'**infanzia**.

Dopo l'8 settembre 1943, visse come sfollato a Casale Monferrato, tormentato dalla propria incapacità di partecipare all'azione collettiva dei partigiani. Da questa esperienza nacque *La casa in collina* (1949). Le altre opere di Pavese pubblicate nel dopoguerra furono *Feria d'agosto* (1946); *Il compagno* (1947); *La bella estate* (che comprende *Il diavolo sulle colline* e *Tra donne sole*, 1949); *Dialoghi con Leucò* (1947) e *La luna e i falò* (1950).

Nel 1950, in un albergo a Torino, Pavese si suicidò. Nel 1951 uscirono postume le poesie di *Verrà la morte e avrà i tuoi occhi*, e l'anno dopo furono pubblicati i diari, con il titolo *Il mestiere di vivere*.

Egli scelse di rappresentare la realtà di quel microcosmo regionale che conosceva direttamente e ricercò un linguaggio che rompesse con le forme della tradizione letteraria e che aderisse maggiormente ai modi del parlato e della realtà che rappresentava. Anticipò così, già prima del dopoguerra, il fenomeno del Neorealismo e fu maestro della generazione di giovani scrittori neorealisti che seguì.

L'opera

Nel romanzo breve *La luna e i falò*, è narrata una storia di ritorno alle origini. Il protagonista, che racconta in prima persona, è Anguilla, un "bastardo" che, dopo aver fatto fortuna in America, torna al suo paese.

Il paesaggio delle Langhe è rappresentato in una **dimensione mitica** fissata dalla memoria come fuori del tempo, dove tuttavia è presente la dura realtà della fatica e della miseria. Questo contrasto fa cadere ogni illusione sulla possibilità di recupero di una dimensione felice dell'esistenza. Infatti, nella seconda parte del romanzo, alla riscoperta del passato si sostituisce la consapevolezza che il presente è cambiato e che quel mondo è stato irrimediabilmente corrotto dalla guerra, dalle violenze, dai tradimenti della storia recente.

La luna e i falò è l'opera in cui confluiscono tutti i temi fondamentali della narrativa di Pavese: lo sradicamento, il rapporto con la terra natale, l'infanzia, la guerra. Anguilla ha abbandonato il paese dove ha trascorso l'infanzia e ha fatto fortuna in America. Ma la nostalgia lo spinge a tornare, nel tentativo di recuperare ciò che invece è irrimediabilmente perduto: ai falò dell'infanzia, che venivano accesi durante l'estate per garantire la fertilità dei campi, si sono ormai sostituiti quelli dovuti alla guerra e alle tragiche morti che essa porta con sé.

I due atteggiamenti dell'opera pavesiana (quello **realistico**, che porta lo scrittore a concentrare la propria attenzione sulla realtà storica a lui contemporanea, e quello **decadente**, che lo porta ad approfondire i temi dell'infanzia, dell'incomunicabilità) si fondono quindi negli stessi simboli: il passaggio della Storia (cioè della Seconda guerra mondiale e della Resistenza) ha cambiato il significato dei segni che Anguilla può leggere nel paesaggio, rendendo ambiguo e inquietante ciò che nei suoi ricordi era semplice e rassicurante.

Opera **La luna e i falò** Genere **romanzo**
Epoca **XX secolo** Lingua **italiano**

La luna e i falò

L'incendio di Valino

Nel brano che ti presentiamo, Anguilla ha ripreso i contatti con l'amico Nuto, il compagno di gioventù, più saggio ed esperto di lui. I due parlano e si raccontano le rispettive esperienze, cercando di ricavarne un insegnamento. Anguilla ha fatto anche amicizia con un ragazzo sciancato, Cinto, figlio di un contadino povero: nel ragazzo, Anguilla crede di rivedere se stesso bambino e vorrebbe perdersi nei ricordi, ma la realtà lo distoglie bruscamente dalle sue fantasticherie e analisi psicologiche.

Nuto non parla volentieri della Mora[1], ma mi chiese diverse volte se non avevo più visto nessuno. Lui pensava a quei ragazzi di là intorno, ai soci delle bocce, del pallone, dell'osteria, alle ragazze che facevamo ballare. Di tutti sapeva dov'erano, che cosa avevano fatto; adesso, quando eravamo alla casa del Salto[2] e ne passava qualcuno sullo stradone, lui gli diceva con l'occhio del gatto:[3] – E questo qui lo conosci ancora?[4] – Poi si godeva la faccia e la meraviglia dell'altro e ci versava da bere a tutti e due. Discorrevamo. Qualcuno mi dava del voi. – Sono Anguilla, – interrompevo, – che storie. Tuo fratello, tuo padre, tua nonna, che fine hanno fatto? È poi morta la cagna?

Non erano cambiati gran che; io, ero cambiato. Si ricordavano di cose che avevo fatto e avevo detto, di scherzi, di botte, di storie che avevo dimenticato. – E Bianchetta? – mi disse uno, – te la ricordi Bianchetta? – Sì che la ricordavo. – Si è sposata ai Robini, – mi dissero, – sta bene.

Quasi ogni sera Nuto veniva a prendermi all'Angelo,[5] mi cavava dal crocchio di dottore, segretario, maresciallo e geometri e mi faceva parlare. Andavamo come due frati sotto la lea[6] del paese, si sentivano i grilli, l'arietta di Belbo[7] – ai nostri tempi in quell'ora in paese non c'eravamo mai venuti, facevamo un'altra vita.

Sotto la luna e le colline nere Nuto una sera mi domandò com'era stato imbarcarmi per andare in America, se ripresentandosi l'occasione e i vent'anni l'avrei fatto ancora. Gli dissi che non tanto era stata l'America quanto la rabbia di non essere nessuno, la smania, più che di andare, di tornare un bel giorno dopo che tutti mi avessero dato per morto di fame. In paese non sarei stato mai altro che un servitore, che un vecchio Girino (anche lui era morto da un pezzo, s'era rotta la schiena cadendo da un fienile e aveva ancora stentato più di un anno) e allora tanto valeva provare, levarmi la voglia, dopo che avevo passata la Bormida,[8] di passare anche il mare.

– Ma non è facile imbarcarsi, – disse Nuto. – Hai avuto del coraggio.

Non era stato coraggio, gli dissi, ero scappato. Tanto valeva raccontargliela.

– Ti ricordi i discorsi che facevamo con tuo padre nella bottega? Lui diceva già allora che gli ignoranti saranno sempre ignoranti, perché la forza è nelle mani di chi ha interesse che la gente non capisca, nelle mani del governo, dei neri,[9] dei capitalisti... Qui alla Mora era niente, ma quand'ho fatto il soldato e girato i carrugi e i cantieri a Genova ho capito cosa sono i padroni, i capitalisti, i militari... Allora c'erano i fascisti e queste cose non si potevano dire... Ma c'erano anche gli altri...[10]

Non gliel'avevo mai raccontata per non tirarlo su quel discorso che tanto era inutile e adesso dopo vent'anni e tante cose successe non sapevo nemmeno più io che cosa credere, ma a Genova quell'inverno ci avevo creduto e quante notti avevamo passato nella serra della villa[11] a discutere con Guido, con Remo, con Cerreti e tutti gli atri. Poi Teresa s'era spaventata, non aveva più voluto lasciarci entrare e allora le avevo detto che lei continuasse pure a far la serva, la sfruttata, se lo meritava, noi volevamo tener duro e resistere. Così avevamo continuato a lavorare in caserma, nelle bettole e, una volta congedati, nei cantieri dove trovavamo lavoro e nelle scuole tecniche serali. Teresa adesso mi ascoltava paziente e mi diceva che facevo bene a studiare, a volermi portare avanti, e mi dava da mangiare in cucina. Su quel discorso non tornava più. Ma una notte venne Cerreti a avvertirmi che Guido e Remo erano stati arrestati, e cercavano gli altri. Allora Teresa, senza farmi un rimprovero, parlò lei con qualcuno – cognato, passato padrone, non so – e in due giorni mi aveva trovato un posto di fatica su un bastimento che andava in America. Così era stato, dissi a Nuto.

1. **della Mora:** la casa padronale, dove Nuto e Anguilla avevano lavorato da ragazzi.
2. **casa del Salto:** la casa di Nuto.
3. **con l'occhio del gatto:** con espressione sorniona.
4. **lo conosci ancora:** lo riconosci, dopo tanti anni.
5. **all'Angelo:** un albergo di Santo Stefano Belbo, l'Angelo.
6. **la lea:** la strada alberata, la via principale.
7. **l'arietta di Belbo:** la lieve brezza che proviene dal fiume Belbo.
8. **avevo passata la Bormida:** l'espressione equivale a "ero andato a Genova": la Bormida è un affluente del Po che per un tratto segna il confine tra Piemonte e Liguria.
9. **dei neri:** dei fascisti.
10. **gli altri:** gli antifascisti, gli oppositore del regime.
11. **della villa:** la villa in cui lavora come domestica Teresa, una del gruppo di antifascisti.

– Vedi com'è, – disse lui. – Alle volte basta una parola sentita quando si è ragazzi, anche da un vecchio, da un povero meschino[12] come mio padre, per aprirti gli occhi... Sono contento che non pensavi soltanto a far soldi... E quei compagni, di che morte sono morti?

Andavamo così, sullo stradone fuori del paese, e parlavamo del nostro destino. Io tendevo l'orecchio alla luna e sentivo scricchiolare lontano la martinicca[13] di un carro – un rumore che sulle strade d'America non si sente più da un pezzo. E pensavo a Genova, agli uffici, a che cosa sarebbe stata la mia vita se quel mattino nel cantiere di Remo avessero trovato anche me. Tra pochi giorni tornavo in viale Corsica.[14] Per quest'estate era finita.

Qualcuno correva sullo stradone nella polvere, sembrava un cane. Vidi ch'era un ragazzo: zoppicava e ci correva incontro. Mentre capivo ch'era Cinto, fu tra noi, mi si buttò tra le gambe e mugolava come un cane.

– Cosa c'è?

Lì per lì non gli credemmo. Diceva che suo padre aveva bruciato la casa. – Proprio lui, figurarsi, – disse Noto.

– Ha bruciato la casa, – ripeteva Cinto. – Voleva ammazzarmi... Si è impiccato... ha bruciato la casa...

– Avranno rovesciato la lampada,[15] – dissi.

– No no, – gridò Cinto, – ha ammazzato Rosina[16] e la nonna. Voleva ammazzarmi ma non l'ho lasciato... Poi ha dato fuoco alla paglia e mi cercava ancora, ma io avevo il coltello e allora si è impiccato nella vigna...

Cinto ansava, mugolava, era tutto nero e graffiato. S'era seduto nella polvere sui miei piedi, mi stringeva una gamba e ripeteva: – Il papà si è impiccato nella vigna, ha bruciato la casa... anche il manzo. I conigli sono scappati, ma io avevo il coltello... È bruciato tutto, anche il Piola[17] ha visto...

La luna e i falò, Bompiani

12. **meschino:** persona di umili condizioni.
13. **martinicca:** un tipo di freno piuttosto rudimentale (per questo, subito dopo, si dice che in America non esisteva più, perché già si usavano sistemi più progrediti).
14. **in viale Corsica:** a Torino, dove Anguilla vive abitualmente.
15. **la lampada:** la lampada a olio.
16. **Rosina:** la compagna di Talino.
17. **il Piola:** un vicino di casa.

Analisi del testo

I dialoghi fra Anguilla e Nuto. Il brano proposto può essere suddiviso in due parti. La prima è dedicata ai dialoghi fra Anguilla e Nuto. Mentre con gli altri paesani il rapporto resta superficiale, Anguilla con Nuto affronta gli argomenti essenziali, gli snodi della sua vita. Così, rispondendo alle domande dell'amico, racconta le sue esperienze lontano dal paese: Anguilla se ne va per cercare fortuna, per sottrarsi al destino di miseria che la sua origine di "bastardo" gli avrebbe garantito, per spirito di avventura, anche. Ma una volta a Genova avviene in lui una maturazione importante: lavorando, incomincia a riflettere sulle questioni sociali e sull'ingiustizia del mondo e diventa antifascista; per questo, è costretto a fuggire.
La maturazione interiore di Anguilla è commentata positivamente da Nuto, l'amico più saggio: «sono contento che non pensavi soltanto a far soldi...».

Il valore simbolico del fuoco. La seconda parte è, narrativamente, la più drammatica: mentre i due amici passeggiano vedono qualcuno che corre verso di loro; è Cinto, il figlio del povero contadino Valino, il quale, oppresso dalla miseria, ha ceduto improvvisamente alla disperazione e ha dato fuoco alla sua cascina. Il fuoco ha un valore simbolico: Anguilla ricorda i falò che i contadini accendevano per rendere fertile il terreno; alla festa gioiosa che accompagnava gli antichi fuochi si contrappone l'incendio, segno di disperazione, ma anche di una realtà sociale dominata da miseria e ingiustizia a dispetto dei tanti anni trascorsi. Prima della guerra, dichiara Anguilla, le cose erano relativamente semplici: fascisti da una parte, antifascisti dall'altra. Anguilla non aveva dovuto riflettere molto per schierarsi. Adesso, invece, le cose sono più complesse, l'ingiustizia si è fatta più nascosta. Ancora una volta, comunque, Anguilla prenderà la decisione giusta, adottando Cinto e portandolo con sé in città.

Proposte di lavoro

1. Riassumi brevemente il testo letto dopo aver individuato le parti in cui l'abbiamo suddiviso nella nostra analisi.
2. Rifletti sulla vicenda di Anguilla.
   - Qual era la sua condizione sociale, durante l'infanzia?
   - Come è cambiata, adesso?
   - Perché si era allontanato dal paese?

Ieri e oggi

LA CAMPAGNA DEI CITTADINI

ampagna e città in Pavese

rapporto fra città e campagna è uno dei temi fondamentali ell'opera di Cesare Pavese, che scriveva in un'Italia ancora clusa dallo sviluppo industriale, in cui la maggior parte della ppolazione viveva e lavorava in campagna. Pavese concentra ttenzione sulle sue Langhe, a quel tempo una delle zone economicamente e socialmente più arretrate del paese.

Pavese, d'altro canto, attribuisce alla **contrapposizione fra città e campagna** anche un valore psicologico: la campagna è il mondo dell'infanzia, dell'inconsapevolezza di sé, di una vita "prima della ragione"; la città, viceversa, rappresenta il mondo adulto del lavoro, della presa di coscienza dei meccanismi sociali e quindi dell'impegno politico; ma è anche un mondo di solitudine affettiva e di tristezza esistenziale.

Appartenenza e sradicamento

Molti personaggi di Pavese trascorrono l'infanzia in campagna, immersi nella natura e in una visione fiabesca, sognante, della realtà. Giunti all'adolescenza, vengono colti dall'irrequietezza, dal desiderio di fuga e lasciano la campagna, per intraprendere viaggi, peregrinazioni, avventure. Si trasferiscono in città, fanno fortuna, ma non raggiungono un sentimento di soddisfazione e di tranquillità. A un certo punto (è la terza fase della loro vita) tornano al paese natale, sperando di recuperare un **senso di appartenenza** che invece hanno perduto per sempre – in parte perché sono cambiati loro, in parte perché è cambiato il paese, perché in ogni caso l'infanzia non è più recuperabile. Il tipico personaggio pavesiano è quindi uno **sradicato**.

Il fenomeno oggi

Nell'Italia di oggi il rapporto fra città e campagna è radicalmente mutato e la campagna ha perso ogni carattere di arretratezza. La contrapposizione fra città e campagna di cui parla Pavese è quindi legata a un particolare momento storico, ma il **valore psicologico** di questa contrapposizione resta: nell'immaginario del cittadino la campagna è venuta a simboleggiare la natura, la libertà, la purezza. È il luogo delle vacanze (come dimostra il successo degli agriturismi), della natura incontaminata contrapposta all'ambiente artificiale della città.

Che si tratti di un mito (la campagna, almeno in Italia, spesso non è affatto più silenziosa o meno inquinata della città) non ha, sul piano simbolico, alcuna importanza.

Anche la riflessione di Pavese sullo sradicamento conserva intatta la sua forza. Avere delle radici è fondamentale per tutti gli esseri umani, e chi le perde è condannato a una situazione psicologica di incertezza, quando non a una vera e propria crisi di identità. Questo tema ha assunto una particolare importanza nel nostro tempo, proprio perché l'emigrazione diventa un'esperienza sempre più diffusa.

Verifica

1. Tra i materiali che ti sono stati proposti in questo capitolo del libro, quali hai letto e approfondito? Indicali con una crocetta.

- ☐ Le parole chiave: Ermetismo e Neorealismo
- ☐ Il contesto storico
- ☐ L'evoluzione delle arti
- ☐ Guttuso, *Crocifissione*
- ☐ I generi letterari: parti introduttive
- ☐ Quasimodo, *Terra*
- ☐ Luzi, *Sulla riva*
- ☐ Penna, *La vita... è ricordarsi di un risveglio*
- ☐ Penna, *Il mare è tutto azzurro*
- ☐ Montale, *I limoni*
- ☐ Montale, *Meriggiare pallido e assorto*
- ☐ Montale, *Spesso il male di vivere*
- ☐ Montale, *Cigola la carrucola del pozzo*
- ☐ Montale, *Ti libero la fronte dai ghiaccioli*
- ☐ Montale, *Non recidere, forbice, quel volto*
- ☐ Montale, *Due Xenia*
- ☐ Moravia, *La pistola scarica*
- ☐ Pavese, *L'incendio di Valino*

2. Nel corso del lavoro hai svolto altri approfondimenti, ricerche o letture, a integrazione dei materiali offerti dal testo? Indicali brevemente qui di seguito, richiamando anche eventuali letture precedenti.

....
....
....
....
....
....
....
....

3. Quali sono i temi fondamentali affrontati dai poeti ermetici? Scegli le risposte nell'elenco seguente.

- ☐ I grandi avvenimenti storici
- ☐ La memoria
- ☐ I problemi sociali
- ☐ L'infanzia
- ☐ Il paesaggio naturale
- ☐ I sentimenti

4. Che cosa si intende con il termine "totalitarismo"? Rispondi facendo riferimento agli avvenimenti storici degli anni Trenta e Quaranta.

....
....
....
....

5. Quali fra le seguenti figure retoriche sono tipiche della poesia ermetica? Dopo aver risposto, cerca nei brani letti qualche esempio a conferma delle tue scelte.

- ☐ Metafora
- ☐ Analogia
- ☐ Similitudine
- ☐ Sinestesia
- ☐ Personificazione

6. Quali sono gli elementi che caratterizzano il Neorealismo? Rispondi con un breve testo, utilizzando nell'ordine che preferisci le parole chiave che ti proponiamo qui di seguito.

cronaca • impegno • problemi sociali • resistenza • fascismo • classi popolari

7. Quali degli argomenti toccati nel corso del lavoro ti hanno interessato in maniera particolare? Perché?

....
....
....

8. Ritieni che la lettura dei brani proposti abbia suscitato in te nuove riflessioni e nuovi pensieri? Quali?

....
....
....

9. Scegli uno dei seguenti argomenti, affrontati nel corso del lavoro, ed esponi le tue idee al riguardo in un breve testo scritto, facendo riferimento ai brani letti.

- Il fascismo e la sua politica
- La Seconda guerra mondiale e la Resistenza
- L'Italia prima dell'industrializzazione

La letteratura contemporanea

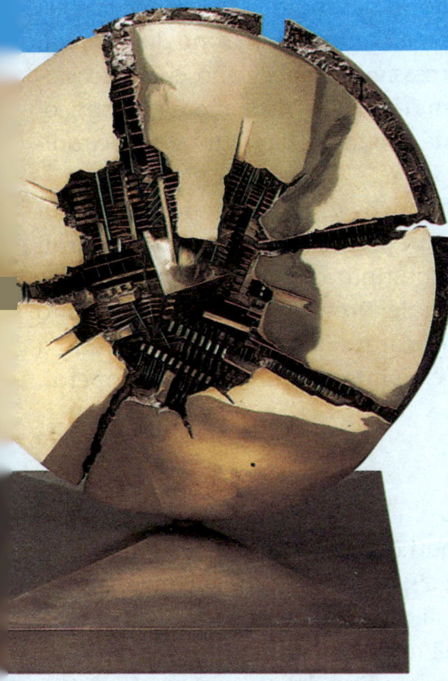

Il percorso che ti proponiamo riguarda gli ultimi sessant'anni circa di storia, e in particolare la seconda metà del XX secolo. Il percorso è scandito in quattro tappe.

La parola chiave

Negli anni Cinquanta e Sessanta, in Italia, con il miracolo economico si afferma anche la cosiddetta **cultura di massa**, i cui prodotti si rivolgono a un pubblico molto ampio e indifferenziato. I nuovi prodotti culturali (programmi televisivi, film a colori, canzonette ecc.) diventano ben presto i simboli dell'epoca. Anche la letteratura partecipa a questo profondo rinnovamento: viene meno la divisione fra letteratura "alta" (colta) e "bassa" (di intrattenimento), e molti scrittori colti iniziano a dedicarsi a generi tradizionalmente "popolari", reinterpretandoli in chiave più intellettuale, impegnata, originale.

Il contesto storico

Ti proponiamo una breve sintesi dei principali eventi che caratterizzano l'età contemporanea:

- la **guerra fredda** tra Usa e Urss (1948-89);
- la **decolonizzazione** e le sue conseguenze;
- il **miracolo economico**, cioè la rapida industrializzazione che ha cambiato il volto dell'Italia e di gran parte dell'Europa tra gli anni Cinquanta e gli anni Settanta.

L'evoluzione delle arti

Ti proponiamo un rapido sguardo d'insieme sui movimenti artistici dell'età contemporanea e un'analisi più approfondita di un'opera, un quadro di **Enrico Baj**, ***L'apoteosi del generale***.

I generi letterari

Ti proponiamo di leggere alcuni autori e opere che si possono considerare i classici del nostro tempo, quelli che costituiscono punti di riferimento per le giovani generazioni di intellettuali.
Ci soffermiamo in particolare su due generi:

- la **poesia**;
- la **narrativa**, all'interno della quale troverai un Focus Autore su **Italo Calvino**

La parola chiave
Cultura di massa

Il 1954, un anno di svolta

Il 1954 fu un anno importante per l'Italia: nel giro di pochi mesi, la Rai inaugurò il servizio pubblico televisivo e la Fiat incominciò a produrre la *Seicento*, un'utilitaria destinata a un grande successo, pensata per gli usi della famiglia-tipo italiana. La **televisione** e l'**automobile** sono due simboli importanti della società contemporanea. L'Italia, negli anni successivi, avrebbe conosciuto il cosiddetto "miracolo economico", sarebbe cioè passata da un'economia di tipo prevalentemente agricolo a un'**economia di tipo prevalentemente industriale**, e lo stile di vita degli italiani sarebbe radicalmente cambiato.

Con il miracolo economico – che, in misura diversa, riguardò anche altri paesi europei, oltre al nostro – si affermava la cosiddetta "cultura di massa". Mentre in precedenza i prodotti culturali (letterari, ma anche artistici, musicali ecc.) nascevano con una destinazione ben precisa (le opere d'avanguardia, per esempio, si rivolgevano alla classe intellettuale; i romanzi di intrattenimento erano rivolti a un pubblico popolare; e così via), i prodotti della cultura di massa si rivolgevano a un **pubblico molto ampio e indifferenziato**, comprendente cioè intellettuali, borghesi, operai, contadini ecc.

La letteratura contemporanea: i best-seller

I prodotti di maggior successo della cultura di massa erano legati alle immagini e ai suoni: i programmi televisivi di maggior successo (come *Lascia o raddoppia?*), i film a colori, le canzonette di nuove star come Celentano e Mina diventarono rapidamente i simboli dell'epoca. Ma anche la letteratura, a modo suo, partecipò al profondo rinnovamento degli anni Cinquanta e Sessanta.

Il principale fenomeno che caratterizza la letteratura di massa è **la fine della divisione fra letteratura "alta" e letteratura "bassa"**, cioè fra generi colti e generi di intrattenimento. Molti scrittori colti, infatti, a partire dagli anni Cinquanta si dedicano a **generi tradizionalmente "popolari"**, reinterpretandoli in chiave più intellettuale, impegnata, originale. È il caso per esempio di Carlo Emilio Gadda, uno scrittore fortemente sperimentale, che nel 1957 pubblica *Quer pasticciaccio brutto del via Merulana*, un giallo ambientato a Roma ai tempi del fascismo; o di Leonardo Sciascia che nel 1961 pubblica Il giorno della civetta, un altro giallo legato al tema (allora quasi tabù) della mafia siciliana.

Naturalmente, anche la letteratura "bassa" si contamina con quella "alta" e oggi troviamo fumetti che ammiccano ai classici della letteratura o che parlano di grandi temi storici come l'Olocausto, o cantautori come Fabrizio De André, Paolo Conte e altri che vengono definiti poeti per la qualità dei loro testi.

Dal Gruppo 63 al post-modernismo

La letteratura, insomma, si è aperta ad **ambiti che un tempo restavano ai margini**, o erano decisamente esclusi. Naturalmente, molti movimenti degli ultimi decenni (ricordiamo per esempio il Gruppo 63, un movimento di avanguardia degli anni Sessanta, e il cosiddetto post-modernismo, che si è diffuso negli anni Ottanta e Novanta) hanno preso atto di questa nuova realtà e hanno tentato di interpretarla in una serie di opere tra le più interessanti del nostro tempo.

Anche uno scrittore come Italo Calvino ha concentrato gran parte della sua produzione sulla necessità di rispettare i gusti del pubblico e di scrivere quindi opere capaci di conquistare molti lettori, senza cadere d'altro canto nelle forme di scrittura più commerciale e ripetitiva.

Il contesto storico

1 La guerra fredda

Guerra fredda e corsa agli armamenti

Sconfitto il nazismo, cominciò la **guerra fredda**, cioè il confronto politico e ideologico tra il blocco occidentale – egemonizzato dagli Usa – e quello orientale, formato dall'Urss e dagli stati europei suoi "satelliti". Le due superpotenze, senza mai arrivare a scontrarsi frontalmente, si combatterono con la diplomazia, la propaganda, l'accumulo di arsenali di armi atomiche, l'intervento in conflitti locali che si aprivano in zone periferiche del mondo, cioè ai confini delle rispettive aree di influenza. Così avvenne per esempio con la guerra di Corea (1950-53), dove gli Usa intervennero direttamente per impedire l'espansione del regime comunista del nord del paese.

Si creano due alleanze militari contrapposte

Il blocco dei paesi occidentali aderì alla **Nato** (1949), un'alleanza militare sotto l'egemonia degli Usa, e anche il blocco sovietico si organizzò in un'alleanza militare, il **Patto di Varsavia** (1955). All'interno delle democrazie occidentali la guerra fredda produsse spesso un clima di sospetto e di forti contrapposizioni politiche. Negli Usa il senatore Joseph McCarthy lanciò, nel 1950, una campagna di denuncia di veri o presunti simpatizzanti comunisti, una "caccia alle streghe" che per qualche anno avvelenò il clima politico americano. A Est, l'Urss represse ogni "deviazione" nei paesi satelliti, ricorrendo anche all'intervento armato: così avvenne a Berlino nel 1953 e a Budapest nel 1956.

Verso la coesistenza pacifica

Nella seconda metà degli anni Cinquanta si verificò un allentamento delle tensioni e un miglioramento dei rapporti fra i due blocchi: fu la cosiddetta **distensione**. Nel 1956 il nuovo segretario del partito comunista sovietico, **Nikita Chruščëv**, denunciò alcune delle sopraffazioni e delle violenze di cui Stalin (morto nel 1953) si era macchiato. Il processo di "destalinizzazione" così avviato in Urss fu guardato positivamente nel mondo occidentale. Intanto l'elezione del democratico **John Fitzgerald Kennedy** (1960) alla presidenza degli Usa portò a una visione delle relazioni internazionali più aperta e in parte accantonò il linguaggio e le idee tipiche della guerra fredda.

Intorno alla figura di Kennedy (che morì in un attentato a Dallas, nel 1963), di Chruščëv e di un terzo grande protagonista di quegli anni, **papa Giovanni XXIII**, si vennero costruendo ipotesi e speranze per un mondo più pacifico.

Europeismo

Orientamento di pensiero che si pone l'obiettivo dell'**integrazione economica e politica dell'Europa**. In generale l'europeismo afferma la necessità di superare, in prospettiva, lo stato-nazione, non più adeguato ad affrontare problemi del presente (le strategie economiche, le prospettive dello sviluppo ecc.), che hanno carattere sovranazionale e globale. L'europeismo affonda le sue radici nel pensiero liberal-democratico dell'Ottocento, ma ha preso vigore soprattutto dopo il 1945, a fronte di due fatti storici evidenti: i disastri (due guerre mondiali) provocati dai nazionalismi esasperati; la nascita dell'ordine mondiale bipolare, Usa-Urss, rispetto al quale i paesi europei diventavano dei "satelliti" più o meno subordinati.

Il progetto dell'Europa unita

L'Europa occidentale dell'immediato dopoguerra, ruotando nell'orbita americana, era stata incapace di esprimere una propria identità politica. Il completamento della ricostruzione economica permise di avviare un importante processo di ricomposizione. Nel 1957, con il trattato di Roma, si arrivò alla fondazione della **Comunità economica europea**: Germania ovest, Italia, Francia, Belgio, Olanda e Lussemburgo (a cui presto si unirono altri paesi) si impegnarono a costruire un mercato unitario, che prevedesse la libera circolazione delle merci all'interno.

Un nuovo protagonista: la Cina popolare

Il mondo comunista non si riduceva al solo blocco sovietico. Nel 1949 i comunisti cinesi guidati da **Mao Zedong** vinsero la lunga guerra contro i nazionalisti di Chiang Kai-shek (Jiang Jieshi), a cui si erano alleati solo nel periodo dell'invasione giapponese. Nacque la **Repubblica popolare cinese**, che portava l'immenso paese asiatico nell'orbita del comunismo. In una prima fase la Cina di Mao si mosse in stretta alleanza con l'Urss, ma nella seconda metà degli anni Cinquanta maturò un distacco che in breve si trasformò in aperto dissidio.

La Repubblica popolare cinese cerca una propria autonomia

La necessità di trovare un proprio autonomo spazio internazionale spinse la Cina a presentarsi, in una prima fase, come irriducibile avversaria dell'imperialismo capitalista e a proporsi come guida e sostegno ai paesi in via di decolonizzazione. In una seconda fase, negli anni Settanta, la Cina si aprì progressivamente agli Usa e al mondo occidentale, iniziando a stringere rapporti diplomatici e commerciali più stretti.

2 DECOLONIZZAZIONE E SOTTOSVILUPPO

La fine degli imperi coloniali

Tra i fenomeni più importanti del secondo dopoguerra c'è lo sgretolamento dei grandi imperi coloniali costruiti dalle potenze europee.

L'atteggiamento delle potenze coloniali oscillò tra il tentativo di opporsi con la forza alla perdita delle colonie e l'idea di guidarle gradualmente all'indipendenza, per mantenerle nella propria orbita politica. La Gran Bretagna seguì in prevalenza questa seconda via, la Francia e il Portogallo tentarono la prima, subendo gravi sconfitte. Alcuni paesi che aspiravano all'indipendenza intrapresero una **lotta armata di liberazione**, spesso guidata da forze di ispirazione comunista; altri, come l'India, perseguirono **vie pacifiche di transizione all'indipendenza**, senza rivoluzionare gli equilibri sociali interni.

Il neocolonialismo e i problemi del sottosviluppo

La decolonizzazione lasciò in molti casi spazio a un nuovo fenomeno, il **neocolonialismo**, basato sul dominio indiretto delle ex colonie da parte degli interessi economici occidentali e delle grandi imprese multinazionali. Era un'altra forma di sfruttamento dei paesi che allora si cominciò a chiamare **sottosviluppati**, o del **Terzo Mondo**, e ha a lungo costituito un grave ostacolo al radicamento di regimi democratici in quei paesi.

3 IL MIRACOLO ECONOMICO

Una crescita senza precedenti

Tra la fine della guerra e i primi anni Settanta i paesi industrializzati dell'Occidente conobbero una **crescita economica straordinaria**. Crebbe a ritmi mai visti sia la ricchezza complessiva prodotta, sia la distribuzione della ricchezza: dopo gli Usa, anche in Europa si diffuse la **società dei consumi**, o **società del benessere**, nella quale vasti strati della popolazione potevano accedere a beni e servizi prima irraggiungibili.

Diversi fattori contribuirono a questa crescita senza precedenti, tra cui il **basso costo delle materie prime e delle fonti energetiche**, la rapidissima diffusione delle **innovazioni tecnologiche**, la **crescita dell'occupazione e delle retribuzioni**.

Vi furono profonde modificazioni sul piano delle strutture sociali, delle abitudini di vita, della mentalità. Ebbero conseguenze di enorme portata, per esempio, lo sviluppo dei consumi privati di massa, la crescita della **scolarizzazione**, la diffusione della televisione, la **terziarizzazione** della società e dell'economia, cioè l'aumento della complessità e della specializzazione del sistema produttivo e dei servizi forniti.

In Europa, questi trent'anni di eccezionale sviluppo videro anche affermarsi lo "**stato sociale**", o *Welfare State*, ovvero gli interventi organici finalizzati al benessere dei cittadini e a realizzare un maggiore equilibrio di ricchezze e di possibilità, cioè un certo grado di giustizia sociale. Lo stato sociale si pone dunque l'obiettivo di assicurare ai cittadini l'istruzione di base e superiore, l'assistenza sanitaria, la tutela dell'invalidità e della vecchiaia, aiuti in caso di povertà o di bisogno.

Il Sessantotto

Le grandi trasformazioni che abbiamo ricordato non impedirono, negli anni Sessanta, che si diffondesse un certo **malessere sociale**, vissuto soprattutto dalle giovani generazioni. Verso la fine del decennio esso esplose nel **movimento di protesta** comunemente indicato come il **Sessantotto**.

Il malessere sociale dei giovani sfocia in un movimento di protesta

Negli Usa la protesta giovanile, che iniziò dalle università già prima del 1968, esprimeva l'impegno per i diritti civili al fianco della popolazione nera, il rifiuto della "guerra imperialista" nel Vietnam, la ribellione contro l'autoritarismo del sistema scolastico, l'insoddisfazione per modelli di vita fondati su valori di successo e competizione, sul conformismo. In Europa il movimento di contestazione assunse un carattere più politico: si tradusse in una critica globale del sistema capitalistico e coinvolse anche la classe operaia. Comunque, al di là delle molte differenze, alcuni elementi comuni caratterizzarono il Sessantotto europeo: l'**egualitarismo** (lotta contro le gerarchie nella scuola e nella società, superamento della divisione fra lavoro intellettuale e lavoro manuale) e l'**internazionalismo** (impegno contro la guerra nel Vietnam, sostegno alle lotte di liberazione dei popoli del Terzo Mondo). Molti giovani in Occidente guardavano a esperienze socialiste, ma non all'Urss, che proprio nel 1968 intervenne un'altra volta in armi contro un paese "fratello", la Cecoslovacchia, ma piuttosto al modello ugualitario e terzomondista del comunismo cinese.

4 IL MONDO CONTEMPORANEO

La crisi economica degli anni Settanta

Nei primi anni Settanta l'economia occidentale entrò in una crisi profonda. Una prima causa fu la **crisi petrolifera**, cioè l'aumento del prezzo del greggio in seguito alla guerra tra Israele e i paesi arabi nel 1973, con gravissimi contraccolpi sui costi della produzione industriale e l'aumento dei prezzi dei beni (**inflazione**). Altri due fattori di crisi furono il **rallentamento dei consumi** e la **crisi dello stato sociale**, dovuta ai suoi costi elevati.

Una risposta alla crisi venne, negli anni Ottanta, dalla forte riduzione della spesa pubblica operata soprattutto dai governi americano e britannico, con la diminuzione della protezione sociale da parte dello stato. Diversi altri governi adottarono politiche di rigore finanziario, per riportare sotto controllo l'inflazione e la spesa, anche a costo di aumentare la disoccupazione e di aggravare le tensioni sociali.

Le trasformazioni produttive e la società postindustriale

Negli anni Ottanta i paesi industrializzati hanno risposto alla crisi, oltre che con il contenimento della spesa pubblica, con il **decentramento produttivo su scala internazionale**, cioè con lo spostamento di molte sedi di produzione in paesi con il costo del lavoro più basso, e con l'innovazione tecnologica fondata sullo sviluppo dell'informatica, della telematica, della robotica. Si è parlato, non a caso, di una **rivoluzione informatica**.

Si configurò la cosiddetta **società postindustriale**, una società in cui aumentava il peso dei ceti impiegatizi, dei tecnici, dei fornitori di servizi (pubblicità, marketing, consulenza, assistenza, formazione ecc.) e diminuiva il peso della classe operaia tradizionale.

Sempre nello stesso periodo, nuovi paesi emersero a livello economico internazionale (specie nel sud-est asiatico: Hong Kong, Taiwan, Singapore, Corea del Sud) e agganciarono decisamente il treno dello sviluppo avanzato. Sprofondavano invece nella povertà e nell'arretratezza molti paesi, anzitutto dell'Africa, per i quali venne coniato un nuovo termine: il Quarto Mondo.

La fine del comunismo sovietico e del mondo bipolare

Nel corso degli anni Ottanta il bipolarismo Usa-Urss tramontò definitivamente. Nel 1985 salì al potere in Urss **Michail Gorbacëv**, che si trovò a gestire una crisi politica ed economica senza precedenti. Il suo progetto, basato su coraggiose riforme di sistema, lo condusse a cercare il dialogo con l'Occidente e a instaurare un clima di apertura politica all'interno. Ma, come poi si vide, era ormai troppo tardi, perché l'intero sistema di potere sovietico era minato dall'inefficienza e dall'incapacità di rinnovarsi. I paesi satelliti cominciarono a sganciarsi da Mosca, a partire dalla **Polonia**, già all'inizio degli anni Ottanta, aiutata dalla diplomazia del papa polacco Giovanni Paolo II. Nel novembre del **1989** fu abbattuto il **muro di Berlino**, immagine della divisione Est-Ovest, e sull'onda di questo evento in poche settimane tutti i governi comunisti dell'est Europa caddero.

Nel 1991 anche l'Unione Sovietica cessò ufficialmente di esistere. Da allora la nuova Russia ha intrapreso la strada della democrazia, che però non è ancora un obiettivo raggiunto.

Il processo di unificazione dell'Europa

Il processo di unificazione dell'Europa ha conosciuto tappe fondamentali negli ultimi quindici anni, anche perché, dopo la caduta del comunismo, ha coinvolto i paesi dell'ex blocco sovietico. Nel novembre 1993 entrò in vigore il trattato dell'**Unione europea** (Ue), firmato a Maastricht l'anno precedente, e nel 2002 è entrata in vigore la moneta unica, l'**euro** (anche se non tutti i paesi della Ue fanno parte dell'area euro). Oggi La Ue comprende 27 stati membri e altri hanno fatto richiesta di entrare. Il processo di integrazione ha raggiunto buoni risultati sul piano economico, mentre sul piano politico incontra, comprensibilmente, maggiori resistenze.

L'incendio del Medio Oriente e la minaccia del terrorismo

Il Medio Oriente rimane una delle aree del mondo politicamente più calde. Un problema sempre irrisolto è la convivenza tra **palestinesi e israeliani**. Tra i palestinesi e tra gli arabi in generale hanno acquistato molta forza i movimenti di ispirazione **islamico-fondamentalista**, che predicano la lotta a oltranza contro Israele e contro l'Occidente; su queste posizioni è anche il regime dell'Iran (che non è un paese arabo).

Il terrorismo di ispirazione fondamentalista ha compiuto un terribile salto di qualità con l'attacco dell'11 settembre 2001 alle Twin Towers di New York a opera dell'organizzazione Al Qaeda. Gli Usa e i loro alleati hanno reagito con l'invasione dell'Afghanistan, compiuta nel 2001 su mandato Onu, poi con l'attacco all'Iraq nel 2003, per rovesciare il dittatore Saddam Hussein. L'intervento, però, sembra avere ulteriormente destabilizzato la regione e ha offerto nuovi motivi di propaganda al fondamentalismo islamico.

Globalizzazione, ambiente, sottosviluppo

La mondializzazione dell'economia, o globalizzazione, è uno dei processi più evidenti degli ultimi anni. Nuovi protagonisti economici sono emersi, anzitutto i due giganti asiatici, la **Cina** e l'**India**, capaci di incidere sugli andamenti mondiali grazie alla loro forza economica e demografica.

Altre sfide di livello globale del XXI secolo riguardano la **salvaguardia dell'ambiente naturale** e lo **sviluppo dei paesi più poveri**. Si sta diffondendo la consapevolezza che siamo di fronte a un'emergenza ambientale, che lo sviluppo produce un grado di sfruttamento delle risorse naturali e di impatto sull'ambiente che la Terra non potrà sostenere a lungo. Bisogna elaborare risposte e comportamenti pratici che puntino a uno "sviluppo compatibile", attraverso un'azione incisiva a livello mondiale.

La globalizzazione ha aumentato la produzione della ricchezza complessiva ma il problema del **sottosviluppo** e di una **più equa distribuzione della ricchezza** è tutt'altro che risolto. In un'epoca "globale", anche le soluzioni a questo problema vanno concertate a livello internazionale.

L'evoluzione delle arti

Porta metallica e violino (1956), opera del pittore spagnolo Antoni Tàpies.

Il secondo dopoguerra è caratterizzato innanzitutto da nuovi movimenti di avanguardia, che in parte riprendono le tecniche e gli atteggiamenti delle avanguardie "storiche" del primo Novecento (si parla infatti di Neocubismo, Neodadaismo, Neoastrattismo), in parte fanno proposte nuove.

Tra queste meritano di essere ricordate almeno l'*action painting*, che ha il suo esponente più importante in Jackson Pollock, e la *pop art*, elaborata da artisti come Andy Warhol e Roy Lichtenstein. Pollock sottolinea l'importanza del gesto artistico, dell'azione da cui nascono le opere; Warhol e Lichtenstein si ispirano nei loro quadri con ironia alle forme della cultura di massa, come il cinema, la pubblicità, il fumetto.

A partire dagli anni Sessanta si affermano nuove tendenze e nuovi movimenti. Il post-modernismo, per esempio, nasce in architettura come rifiuto del razionalismo e della linearità tipica di molta architettura novecentesca, a cui si contrappone una mescolanza di stili diversi e un gusto per la citazione ironica (come l'inserimento nell'opera di particolari tipici di altri stili). Il post-modernismo si diffonde anche in altri ambiti, compreso quello letterario e cinematografico.

L'arte povera si basa sull'uso di materiali tradizionalmente esclusi dall'ambito artistico, come stracci, rifiuti, pezzi di legno e altri scarti – a simboleggiare il rifiuto della società consumistica e della sua mentalità. Tra gli artisti più significativi di questo movimento, Alberto Burri, celebre per i suoi "sacchi", Michelangelo Pistoletto, Jannis Kounellis.

L'arte concettuale si propone di suscitare nell'osservatore delle riflessioni, più che delle emozioni estetiche. Esempi famosi di arte concettuale sono i tagli sulla tela di Fontana o la "Merda d'artista" inscatolata ed esposta in un museo da Manzoni. Gli artisti concettuali, come si vede, si propongono come provocatori e spesso rinunciano ai generi tradizionali (pittura, scultura ecc.) a favore di "installazioni", cioè di opere formate da vari elementi, disposti in uno spazio chiuso o aperto. A questo tipo di opere si sono dedicati per esempio Antoni Tàpies e Joseph Beuys.

All'arte concettuale si possono accostare anche la *body art*, che utilizza il corpo vivo dell'artista o dei suoi modelli, e la *land art*, che interviene (momentaneamente) sul paesaggio (come nelle opere del bulgaro Christo, che imballa ponti e palazzi, circonda le isole di plastica o blocca intere vallate con immensi teloni).

L'arte contemporanea ha ormai rotto le tradizionali distinzioni e vive in una simbiosi continua rispetto agli sviluppi della tecnologia (per cui utilizza non solo la fotografia e il cinema, ma anche le possibilità offerte dall'informatica) e rispetto alle esigenze del mercato industriale (rappresentate dal design).

1 *Concetto spaziale*, del 1965, è una delle opere più tipiche di Lucio Fontana. L'artista, anziché dipingere sulla tela, la incide, provocandovi dei tagli verticali. In questo modo, la tela stessa diventa uno schermo fra due spazi (da qui il titolo dell'opera), uno in cui si trova l'osservatore, l'altro nascosto e appena intuibile al di là.

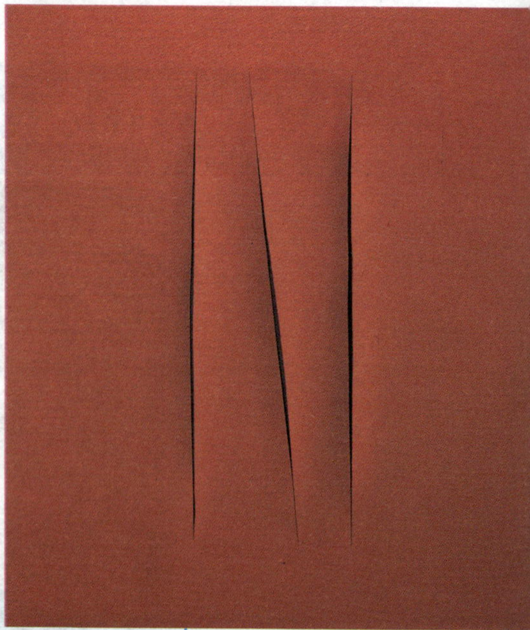

cronologia

1850 1900 1950 2000 2050 2100

pittura

- **1899-1968 Lucio Fontana** [1]
- **1912-2000 Aligi Sassu**
- [2] **1915-95 Alberto Burri**
- **1924-2003 Enrico Baj**
- **1948 Mimmo Paladino**
- **1952 Francesco Clemente**

2 A partire dal 1952, Alberto Burri s'impone all'attenzione con opere realizzate incollando sulla tela frammenti di vecchi sacchi, spesso ammuffiti, con cuciture e rattoppi chiaramente visibili. L'opera qui rappresentata (*Sacco 1953*) ben esemplifica il senso di lacerazione che l'artista intende esprimere.

3 Lo scultore bergamasco Giacomo Manzù realizzò numerose sculture sul tema del cardinale. Questa, intitolata appunto *Cardinale*, è del 1950. L'artista rappresenta il personaggio chiuso nel suo mantello come in una corazza impenetrabile e ne coglie così la condizione di isolamento dagli altri uomini.
L'opera affronta quindi una tematica di tipo esistenziale, più che religioso.

cronologia

1850 · 1900 · 1950 · 2000

scultura

- 1901-86 Fausto Melotti
- 1908-91 Giacomo Manzù [3]
- 1926 Arnaldo Pomodoro
- 1934-63 Pietro Manzoni
- 1960 Maurizio Cattelan

architettura

- 1897-1979 Gio Ponti
- [4] 1927 Gae Aulenti
- 1937 Renzo Piano
- 1944 Massimiliano Fuksas

4 Tra il 1980 e il 1986, Gae Aulenti lavorò alla ristrutturazione di una stazione ferroviaria di Parigi, per ricavarne un museo dove esporre le opere degli impressionisti e dei post-impressionisti, il Museo d'Orsay. L'artista conservò la struttura originaria e alcuni dettagli (come il meraviglioso orologio dorato), creando uno spazio di ampio respiro, in cui le opere si offrono all'osservatore da diversi punti di vista, a seconda della posizione in cui si trova. Siamo così di fronte a una nuova concezione di museo, ben diversa dalla tradizionale successione di sale numerate.

Enrico Baj L'apoteosi del generale

Enrico Baj, *L'apoteosi del generale*, 1985, collezione privata.

L'autore

Nato a Milano nel 1924, studiò medicina e giurisprudenza, frequentando contemporaneamente l'Accademia di belle arti. La sua attività iniziò negli anni Cinquanta, quando l'artista aderì a vari movimenti d'avanguardia, caratterizzati da un lato dal rifiuto del razionalismo astratto (la linea retta) e dall'altro da una forte carica ironica e umoristica.

Le sue opere si presentano spesso come rifacimenti ironici di opere altrui e nascono dal gusto del gioco, della combinazione, della sperimentazione di materiali, rivelando un atteggiamento di allegra anarchia, non disgiunto però da un serio impegno etico e civile.

Dopo la serie dei "generali", espressione dei timori per la corsa agli armamenti e per l'avvento di regimi dittatoriali degli anni Sessanta, Baj produsse opere di grandi dimensioni come *I funerali dell'anarchico Pinelli* (1972, legati alla figura dell'anarchico ingiustamente accusato di essere l'autore della strage di Piazza Fontana) e *Nixon Parade* (1974), un'opera di denuncia contro la politica dell'ex presidente americano, costretto alle dimissioni per le sue attività anticostituzionali.

Baj è morto nel 2003, dopo aver dedicato gli ultimi anni alla ceramica, alla scultura e all'illustrazione di opere letterarie, in un'inesausta passione sperimentale.

L'opera

L'apoteosi del generale, del 1985, è uno degli esempi della serie di opere che impegnarono Enrico Baj a partire per gran parte degli anni Sessanta. Si tratta di quadri particolari, perché l'artista non si limita a dipingere sulla tela, ma vi incolla pezzi di panno, di corda, di metallo e di altri materiali.

Denuncia e ironia Attraverso questo "sarcastico" ritratto di generale, caratterizzato da un'espressione volutamente idiota e caricaturale, con la bocca spalancata, lo sguardo attonito e la postura in atto di "giuramento", Baj dichiara pubblicamente e con veemenza, ancora una volta, il suo credo politico vicino alle posizioni libertarie (quelle dei cosiddetti anarchici).
Con quest'opera intendeva sicuramente esprimere una critica nei confronti delle gerarchie militari e della corsa agli armamenti in cui erano impegnate. Tutto, infatti, nell'*Apoteosi del generale*, a partire dal titolo stesso, contribuisce a rendere l'idea delle gerarchie militari come vuote strutture nelle quali domina la forma e la cieca obbedienza, a scapito della personalità del singolo. Ovviamente il tutto è trattato con l'ironia che sempre accompagna le opere di Baj.

Un ritratto "infantile" Baj, insomma, esprime la sua condanna della guerra e del militarismo non con gli strumenti classici (per esempio rappresentando un campo di battaglia insanguinato o un soldato morto o mutilato), ma attraverso l'ironia e la satira.
L'atteggiamento del generale è teatrale, ma il personaggio non ha nulla di eroico, assomiglia piuttosto a un pupazzo, a un burattino, proprio per la tecnica volutamente "infantile" con cui è stato rappresentato. L'artista adotta cioè un punto di vista ingenuo, quale potrebbe essere quello di un bambino che debba rappresentare un generale cattivo: per questo i denti aguzzi e la smorfia esagerata – e proprio grazie a questo sguardo ingenuo, infantile, fa emergere efficacemente il proprio messaggio.

Enrico Baj, *Tu quoque brute, Fili mi*, 1964.

Il panorama letterario

Elsa Morante

Gli anni Cinquanta vedono il progressivo declino del Neorealismo. Gli scrittori e i poeti cercano nuove strade, avvalendosi delle possibilità offerte dall'apertura della cultura italiana all'Europa e al mondo. Accanto a Moravia, lo scrittore che più di ogni altro si mostra attento al dibattito intellettuale è **Italo Calvino**, ma negli anni Cinquanta inizia anche la rivalutazione di un autore difficile e sperimentale come **Carlo Emilio Gadda**.

Gli anni Sessanta sono segnati dal movimento della neoavanguardia, che tenta di rinnovare radicalmente la poesia, riprendendo atteggiamenti e modi espressivi delle avanguardie del primo Novecento, ma con una maggiore consapevolezza ideologica e teorica.

Giorgio Caproni

Vittorio Sereni

Leonardo Sciascia

Pier Paolo Pasolini

Alda Merini

cronologia

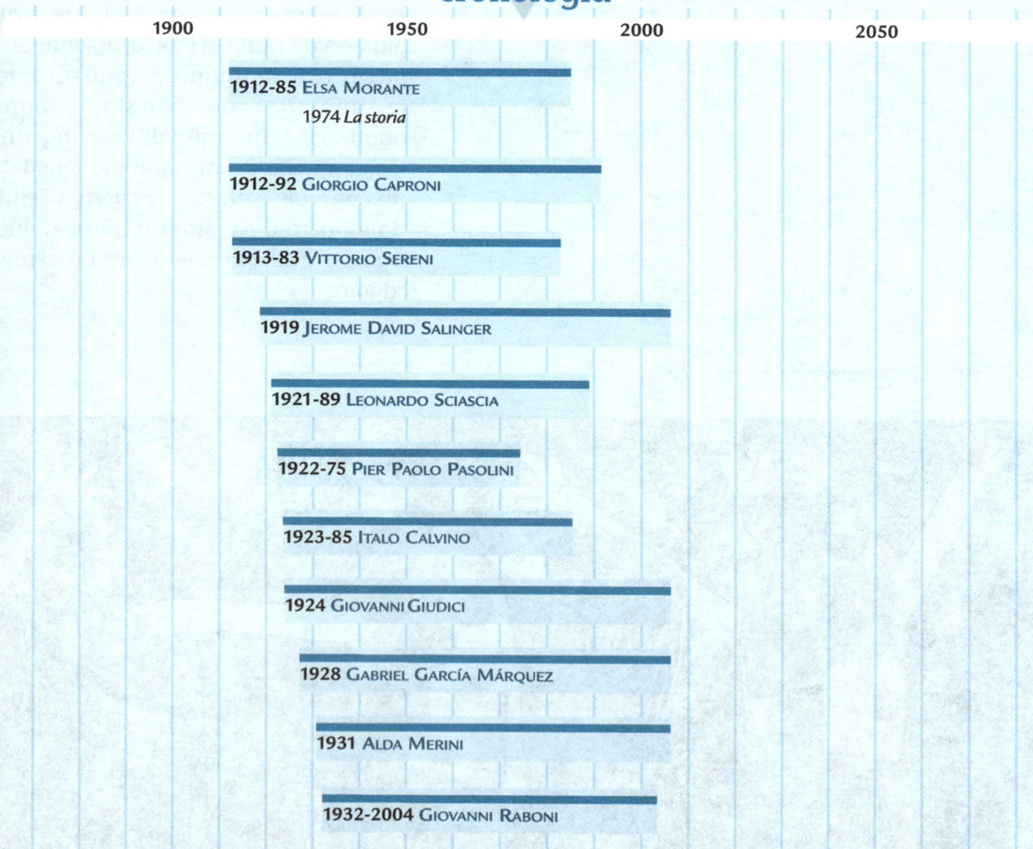

La poesia

I post-ermetici

Nei primi anni del secondo dopoguerra, la poesia italiana è dominata da autori già attivi negli anni precedenti, come Quasimodo (attivo fino alla fine degli anni Sessanta), Montale e Luzi (la cui opera giunge fino agli anni Ottanta e oltre).

Tre poeti più giovani si affermano in questi anni: **Giorgio Caproni**, **Vittorio Sereni** e **Attilio Bertolucci**. Tutti e tre si dedicano alla **poesia lirica**, tenendo conto dell'esperienza ermetica, ma distaccandosene in maniera molto netta: Sereni svilupperà una poesia riflessiva e filosofica; Caproni tenterà la strada dei toni ironici e cordiali; Bertolucci insisterà sui temi autobiografici e sull'andamento narrativo, fino a scrivere un vero e proprio romanzo in versi, *La camera da letto*.

Dalla metà degli anni Cinquanta, si impone all'attenzione la figura di **Pier Paolo Pasolini**. Pasolini aveva esordito giovanissimo con una raccolta di versi in dialetto friulano, per lo più di argomento amoroso, ma diventa noto con una raccolta di indole completamente diversa, *Le ceneri di Gramsci*, che prende a modello i poemetti di Pascoli e che affronta temi civili, sociali e filosofici. I poemetti di Pasolini (che continuerà su questa strada anche nelle raccolte successive) non trascurano la dimensione soggettiva, lirica, ma rispecchiano anche il dibattito culturale in corso, sono esempi di poesie militante, impegnata nell'attualità.

Le nuove avanguardie

Negli anni Sessanta, emergono in Italia nuovi movimenti di avanguardia, che si richiamano alle avanguardie "storiche" del primo Novecento. Si sente l'esigenza (già espressa in maniera diversa da Pasolini) di un **ritorno allo sperimentalismo**, si ha l'impressione che la poesia sia rimasta più legata alla tradizione del passato rispetto ad arti come la musica o la pittura, che appaiono più dinamiche e più attente alla contemporaneità.

Alcuni poeti (e qualche narratore e teorico, come Alberto Arbasino e Umberto Eco) si riuniscono nel **Gruppo 63** (dall'anno della sua fondazione) ed elaborano una poetica in parte comune: essi si propongono di **svecchiare il linguaggio poetico**, adeguandolo alle profonde novità sociali e culturali che caratterizzano questo periodo, dall'industrializzazione all'avvento della tv, alla diffusione della cultura di massa (canzonette, cinema ecc.). Tra i poeti più significativi del Gruppo 63 vanno ricordati **Edoardo Sanguineti**, **Elio Pagliarani** e **Amelia Rosselli**.

La tendenza sperimentale caratterizza però anche altri poeti, che non partecipano al movimento d'avanguardia, come **Andrea Zanzotto**. La sua poesia è giocata su una difficile ricerca linguistica in cui si fondono lessico settoriale (come quello scientifico), dialetto (inteso come lingua dell'infanzia, della memoria soggettiva), italiano standard ecc. A differenza del Gruppo 63, Zanzotto non si richiama alle avanguardie del primo Novecento, ma a Ungaretti; la sua è una poesia lirica e soggettiva, laddove la poesia degli avanguardisti tende alla impersonalità.

Le ultime tendenze

A partire dagli anni Settanta, si assiste nella poesia italiana a una sorta di "**ritorno alla tradizione**".

Da un lato, per esempio, si affermano gli esponenti della "linea lombarda", come Giovanni Giudici, Giovanni Raboni, Maurizio Cucchi, Vivian Lamarque, Patrizia Valduga, che adottano un tono colloquiale, apparentemente "facile", spesso ricco di elementi ironici e narrativi e tendente a reinterpretare le strutture metriche della tradizione.

Si assiste anche a un **recupero dell'Ermetismo**: i "neo-ermetici" non si limitano ovviamente a imitare i poeti degli anni Trenta e Quaranta e le loro tecniche, ma recuperano l'idea della poesia come scavo interiore, ricerca della parola "pura", lirismo. È quanto avviene per esempio nell'opera di Alda Merini e di altri autori più giovani, come Milo de Angelis e Gianni d'Elia.

Vittorio Sereni

L'autore e le opere

Nato a Luino, sul lago Maggiore, nel 1913, Sereni esordì nel 1941 con la raccolta di poesie *Frontiera*, ma si affermò con *Diario d'Algeria* (1947) e *Gli strumenti umani* (1965).

Partito dall'esperienza ermetica, Sereni resta legato a una **poesia fortemente lirica**, in cui esprime la condizione di **precarietà dell'uomo moderno**, privo di certezze e di punti di riferimento sicuri. Questa condizione è ulteriormente messa in luce dopo l'esperienza della guerra e della prigionia (Sereni combatté in Grecia e rimase prigioniero in Algeria dal 1943 al 1945), che nella seconda raccolta assumono una dimensione simbolica e allegorica.

La **tendenza diaristica** di Sereni si accentua ne *Gli strumenti umani*, dove l'esperienza individuale si lega più strettamente alle grandi trasformazioni sociali degli anni Cinquanta e Sessanta.

L'ultima raccolta, *Stella variabile*, uscì nel 1981, due anni prima della morte del poeta.

Opera
Diario d'Algeria
Epoca
XX secolo
Genere
poesia
Lingua
italiano

Schema metrico
due strofe di versi di varia lunghezza con prevalenza di endecasillabi e settenari

Diario d'Algeria

Non sa più nulla

La poesia che segue appartiene alla raccolta *Diario d'Algeria*, del 1947, importante documento lirico e storico nato dall'esperienza di prigionia, durante la Seconda guerra mondiale. Nella raccolta emergono i sentimenti di amarezza e di rabbia che il poeta prova sentendosi forzatamente escluso dalla storia, mentre altri sono impegnati a combattere per una nuova Italia. È ciò che anche questo testo esprime. Esso è legato a un'occasione storica precisa, come testimoniano la data e il luogo annotati dal poeta. Nottetempo egli apprende da un compagno che gli alleati sono riusciti a sbarcare in Normandia. Evoca l'evento in forme allusive tra realtà e sogno, esprimendo un senso di estraneità, quasi di rifiuto, una desolata impotenza: la sua condizione di recluso gli impedisce di partecipare agli avvenimenti della storia ma, più in generale, alla vita.

Non sa più nulla, è alto sulle ali
il primo caduto bocconi sulla spiaggia normanna.
Per questo qualcuno stanotte
mi toccava la spalla mormorando
di pregar per l'Europa
mentre la Nuova Armada
si presentava alla costa di Francia.

Ho risposto nel sonno: «È il vento,
il vento che fa musiche bizzarre.
Ma se tu fossi davvero

1. **Non sa:** il soggetto è nel verso successivo: il primo caduto: il primo soldato americano ucciso dai tedeschi è ormai inconsapevole e ignaro di tutto; **alto sulle ali:** l'immagine ha sia un significato realistico (le ali sono quelle dell'aereo che riporta i caduti negli Stati Uniti) sia un significato spirituale e simbolico riferito al soldato morto che diventa quasi un essere sovrumano.

2. **bocconi:** a faccia in giù; **sulla spiaggia normanna:** in Normandia, dove le truppe alleate sbarcarono il 6 giugno 1944, durante la Seconda guerra mondiale, iniziando l'offensiva finale che portò alla sconfitta del nazismo.

3. **qualcuno:** il compagno che dà la notizia dello sbarco in Normandia al poeta ancora semiaddormentato.

5. **di pregar per l'Europa:** il poeta si sente chiamato a partecipare, almeno con il pensiero, all'evento destinato a liberare l'Europa dal nazismo.

6. **Nuova Armada:** l'esercito alleato. Il termine Armada allude alla "invencible armada", la flotta spagnola che Filippo II inviò per invadere l'Inghilterra, nel 1588 e che fu sconfitta nella Manica.

il primo caduto bocconi sulla spiaggia normanna
prega tu se lo puoi, io sono morto
alla guerra e alla pace.
Questa è la musica ora:
delle tende che sbattono sui pali.
Non è musica d'angeli, è la mia
sola musica e mi basta».

Campo Ospedale 127, giugno 1944

Tutte le poesie, A. Mondadori, 1986

14. la musica: il poeta contrappone alle musiche bizzarre del vento, che gli evocano nel sonno presenze misteriose e inquietanti, la musica reale del campo di prigionia in Africa, il rumore delle tende che il vento fa sbattere sui pali.

Analisi del testo

Il senso di estraneità del poeta. La poesia rievoca un sogno o una visione. Saputo dello sbarco in Normandia, Sereni ha avuto l'impressione che qualcuno gli sussurrasse, di notte, di pregare per l'Europa, cioè per la vittoria della civiltà sulla barbarie, per il trionfo dei valori elaborati nel corso della millenaria storia europea e negati dal nazifascismo.
Il poeta, nella seconda strofa, risponde a questo invito, dichiarando di non poter pregare: la sua condizione di prigioniero lo esclude infatti dalla storia, lo rende estraneo ai grandi avvenimenti che si stanno verificando altrove.
Sereni rifiuta in questa poesia qualsiasi atteggiamento celebrativo: egli non esalta lo sbarco in Normandia, non mostra l'aspetto eroico della guerra bensì concentra l'attenzione sul primo soldato morto. Il dialogo immaginario che il poeta instaura con questo personaggio è particolarmente significativo: il soldato, che ormai dovrebbe essere indifferente alle vicende storiche, invita il poeta a pregare; quest'ultimo, che pur essendo prigioniero è ancora vivo, ribatte affermando la propria completa estraneità agli avvenimenti.

I temi e lo stile. Il tema di fondo della poesia si rivela così di tipo esistenziale: il poeta esprime la propria disarmonia con la realtà, il proprio senso di estraneità ai grandi avvenimenti del suo tempo, l'incapacità di provare entusiasmo e di partecipare alle vicende storiche contemporanee. Si tratta di un atteggiamento che aveva caratterizzato molta poesia italiana negli anni del fascismo, e che Sereni tenterà di superare nelle successive raccolte di versi, affrontando temi più direttamente "impegnati" e proponendosi come poeta civile.
Dal punto di vista stilistico, elemento caratteristico della poesia di Sereni, il frequente uso della ripetizione: il verso 2, replicato nel verso 11 e il verbo pregare (verso 5 e verso 12) sono elementi di raccordo fra le due strofe. Inoltre, la voce *musica* compare quattro volte, in posizione vicina.

Proposte di lavoro

1. La poesia reca l'indicazione del tempo e del luogo in cui fu scritta. Perché questa indicazione è importante?
2. Individua tutte le rime, le assonanze e le consonanze presenti nella poesia. Perché a tuo avviso il poeta non usa uno schema di rime regolare? Che effetto vuole ottenere?
3. Individua ora le metafore e spiegane il significato.
4. La vittoria sembra vicina: gli alleati sono sbarcati in Normandia. Il poeta però è lontano da qualunque sentimento celebrativo o eroico: si sente estraneo, morto alla guerra e alla pace. Illustra e commenta.

Giovanni Giudici

L'autore e le opere

Giovanni Giudici (nato nel 1924) appartiene alla generazione di intellettuali che iniziarono a operare nel dopoguerra, quando maturarono esperienze letterarie diverse e ricerche sperimentali di linguaggi nuovi.

Giudici scelse per la sua poesia un **linguaggio colloquiale**, cantabile, opposto a quello ermetico che scava nel profondo e suggerisce significati attraverso concentrate analogie. La sua poesia è invece il frutto di una confidenza diretta e spontanea con la vita, con le parole di tutti, con le situazioni reali dei rapporti umani e sociali. Il suo linguaggio è proiettato verso l'esterno: più che lo scavo del poeta nel proprio io sono presenti voci e personaggi in azione, che conferiscono allo stile di Giudici la caratteristica della **teatralità**.

Egli sente la poesia come una sorta di **dono vitale** e ricerca forme vocali libere, intrecciate all'esperienza quotidiana, basate sulle invenzioni e sulle combinazioni più svariate.

Vissuto sempre nella realtà cittadina e industriale, ha fatto della sua poesia uno strumento per resistere nel vortice della modernità, affrontandola in modo problematico.

Opera
Il male dei creditori
Epoca
XX secolo
Genere
poesia
Lingua
italiano

Schema metrico
distici formati da versi di varia misura, con rima baciata o alternata o senza rima

Senza titolo

La poesia che presentiamo è tratta dalla raccolta *Il male dei creditori*, del 1977, in cui il poeta torna sui temi autobiografici e personali della *Vita in versi* (1965), la raccolta più importante del periodo precedente. Alcuni dei testi che ne fanno parte sono caratterizzati da un tono ironico e pieno di umorismo, come questo che proponiamo; il tema è quello della volontà di comunicare la propria vita e dell'impossibilità di farlo.

Perché con occhi chiusi?
Perché con bocca che non parla?

Voglio guardarti, voglio nominarti.
Voglio fissarti e toccarti:

Mio sentirmi che ti parlo,
Mio vedermi che ti vedo

Dirti – sei questa cosa hai questo nome.
Al canto che tace non credo.

Così in me ti distruggo.
Non sarò, tu sarai:

Ti inseguo e ti sfuggo,
Bella vita che te ne vai.

Poeti italiani del Novecento, a c. di P.V. Mengaldo, A. Mondadori

5-6. Mio sentirmi, Mio vedermi: sentire me stesso, vedere me stesso.

Analisi del testo

Dire la vita. Uno dei temi più rilevanti della poesia di Giudici è il tentativo di comunicare attraverso il linguaggio poetico la vita, la propria vita: la maggior parte dei suoi testi; trae spunto dall'autobiografia. In questo componimento il poeta si rivolge direttamente alla: vita, come rivela l'ultimo verso: «Bella vita che te ne vai». La prima parte del testo è costituita da tre distici: si aprono con degli interrogativi sull'opportunità di tacere e di non guardare; quindi si afferma la decisione di guardare, nominare, fissare la vita e il poeta si sente e si vede mentre dice e guarda la vita. La seconda parte rivela però l'impossibilità di questa operazione perché, quando viene nominata, la vita sfugge, non resiste ad alcun tentativo di fissarla in parole.
Tuttavia al v. 10 si ribadisce la scelta per una poesia che "parla", che non tace; che non si rifiuta di dire la vita; anche se essa le sfugge.

Lingua semplice, poesia raffinata. Giudici immette nella poesia i modi e le forme della lingua quotidiana. Ma la sua resta comunque una poesia elaborata e raffinata, sapiente dal punto di vista tecnico: lo testimoniano le figure retoriche usate: l'anafora che scandisce i primi tre distici della poesia; le rime interne (per esempio ai vv. 3-4); il perfetto parallelismo dei vv. 5-6; l'ossimoro «Ti inseguo e ti sfuggo» del v. 11; la collocazione nel verso finale del vocativo «Bella vita» che chiarisce il senso di tutto il testo; infine, il gioco delle rime che dà alla poesia il tono di una filastrocca.

Proposte di lavoro

1. Uno dei temi principali della poesia di Giudici consiste nel tentativo di comunicare la vita: quali versi veicolano questo messaggio?
2. Il testo è apparentemente semplice, ma è basato su una struttura studiata: descrivila.
3. Indica in una tabella simile a quella proposta quali figure retoriche si possono rintracciare in questa poesia.

Versi	Figura retorica

I generi letterari

La narrativa

Il romanzo psicologico

Dopo la stagione del Neorealismo, dal 1955 circa, si delineano diverse tendenze nella narrativa italiana.

Alcuni scrittori rifiutano la semplificazione che caratterizzava molti personaggi del Neorealismo, e recuperano la tendenza all'**approfondimento psicologico**. A questa linea appartengono scrittori come Carlo Cassola, Giorgio Bassani e Giuseppe Tomasi, autore di uno dei più grandi successi italiani del Novecento, *Il gattopardo* (1958). Tale interesse non impedisce a questi scrittori di approfondire il contesto storico-sociale: nel *Giardino dei Finzi-Contini*, per esempio, Bassani parla anche delle persecuzioni contro gli ebrei durante la guerra; nella *Ragazza di Bube*, Cassola racconta la storia di un partigiano che sogna la rivoluzione e finisce per diventare un delinquente; Tomasi analizza la realtà siciliana negli anni del Risorgimento.

Al centro rimane però l'analisi psicologica dei protagonisti: il giovane narratore del *Giardino*, disperatamente innamorato; Mara, la ragazza di Bube, che gli resta fedele anche quando Bube finisce in carcere; e il principe Fabrizio Salina, "il Gattopardo", che assiste rassegnato agli avvenimenti storici del suo tempo.

Lo sperimentalismo linguistico

Una linea completamente diversa è quella del cosiddetto sperimentalismo linguistico. Seguendo l'esempio di un grande scrittore a lungo trascurato, Carlo Emilio Gadda, che nel 1957 pubblica il suo capolavoro, *Quer pasticciaccio brutto de via Merulana*, alcuni scrittori adottano nelle loro opere un linguaggio fortemente sperimentale, **mescolando lingua e dialetti**. È il caso per esempio di Pier Paolo Pasolini, che nei due romanzi *Ragazzi di vita* (1955) e *Una vita violenta* (1959) descrive le condizioni dei giovani romani delle borgate, utilizzando un linguaggio vicino a quello dei suoi personaggi; allo stesso modo, Lucio Mastronardi imita il linguaggio dei suoi personaggi nella *Trilogia di Vigevano* (1959-64); e Giovanni Testori compie un'operazione analoga nel ciclo *I misteri di Milano*, cinque volumi di racconti e testi teatrali usciti negli anni Sessanta.

Se questi scrittori continuavano la tradizione che aveva avuto origine con i veristi ottocenteschi, il veneto Luigi Meneghello adotta invece una lingua ricca di espressioni dialettali vicentine per rievocare il mondo della propria infanzia: il dialetto, in questo caso, ha funzione lirica.

Una strada ancora diversa è quella seguita da Alberto Arbasino, che aderisce al Gruppo 63 (➡ p. 626) e intende rappresentare nei suoi scritti la caotica varietà del mondo contemporaneo, mescolando linguaggi, registri, gerghi, lessici settoriali, dialetti.

I generi "paraletterari"

Una terza linea di ricerca è quella che gioca sul **rapporto tra letteratura "alta" e letteratura d'intrattenimento** (il giallo, il rosa, la fantascienza ecc.).

Il primo esempio davvero importante di opera "alta" che utilizza schemi narrativi tipici dei generi "bassi" è il già citato romanzo di Gadda, *Quer pasticciaccio brutto de via Merulana*, che ruota intorno a un delitto commesso. Negli anni Sessanta, l'esempio di Gadda viene seguito da altri scrittori, fra cui in particolare Leonardo Sciascia, che adotta spesso le strutture del giallo per affrontare un tema (la mafia) allora ignorato dalla narrativa e dai mass media.

Dagli anni Settanta a oggi

Nel 1975, ottiene un grande e inatteso successo Elsa Morante, scrittrice fino a quel momento poco nota, con *La storia*, un vasto romanzo ambientato negli anni della Seconda guerra mondiale. *La storia* segnala una forte ripresa di interesse per il **romanzo storico**, a lungo trascurato come troppo tradizionale. Ad esso si dedicano invece, negli anni successivi, scrittori che avevano partecipato alle tendenze sperimentali, come Umberto Eco (*Il nome della rosa*, 1980), Sebastiano Vassalli (*La chimera*, 1990), Dacia Maraini (*La lunga vita di Marianna Ucrìa*, 1990). Da segnalare, fra le tendenze della narrativa italiana contemporanea, il grande sviluppo dei generi di intrattenimento, come l'umorismo (Villaggio, Benni e altri) e il poliziesco (Camilleri).

Jerome David Salinger

L'autore

Jerome David Salinger è nato a Manhattan, il 1° gennaio 1919, da una famiglia ebrea benestante. Negli anni Quaranta abbandona gli studi universitari per partecipare alla Seconda guerra mondiale come sergente di fanteria e ufficiale del controspionaggio americano, poi torna a New York e dal 1946 si dedica alla letteratura, pubblicando **brevi racconti**, prevalentemente per la rivista "New Yorker". Su questa rivista escono anche numerosi brani del romanzo *Il giovane Holden*, che viene pubblicato in volume nel 1951 e decreta la fama del suo autore.

Al capolavoro seguono *Nove racconti* (1953) e i romanzi *Franny e Zooey* (1961) e *Alzate l'architrave, carpentieri!* (1963), in cui Salinger sviluppa tematiche di tipo mistico e religioso.

Dal 1963 lo scrittore si ritira a vivere nel New Hampshire, difendendo gelosamente la propria *privacy* e rifiutando ogni contatto con il mondo editoriale e culturale.

Ha pubblicato l'ultimo racconto nel 1965.

L'opera

Nel romanzo *Il giovane Holden*, Holden Caulfield, sedicenne figlio di ricchi ebrei newyorchesi, a causa del suo scarso rendimento, viene espulso dal prestigioso college che frequenta in Pennsylvania. Egli decide di vivere per conto suo per alcuni giorni in uno squallido albergo di New York, aspettando l'inizio delle vacanze di Natale per nascondere l'espulsione ai genitori. Le esperienze che Holden compie per **mettersi alla prova** sono una delusione dono l'altra.
L'unica persona con cui si sente davvero a proprio agio è la sorellina Phoebe, che va a trovare di nascosto una sera: i due si preparano a fuggire insieme, con la speranza di vivere un'esistenza finalmente libera, ma il loro progetto fallisce. Ossessionato dal pensiero del fratellino minore Allie, morto di leucemia, Holden da ultimo torna dai genitori e si scopre malato. Alla fine del romanzo apprendiamo che si trova in una clinica, dove viene curato, e che è già stato deciso il suo ritorno a scuola in autunno.
Holden è il tipico rappresentante della generazione cresciuta negli anni Cinquanta e Sessanta all'ombra del boom economico: appartiene a una famiglia ricca e può quindi permettersi di studiare in un college di lusso, ma esprime acutamente il conflitto generazionale che lo oppone ai genitori, agli insegnanti e più in generale a tutti gli adulti. Al benessere materiale, per lui, non si accompagna un corrispondente benessere psicologico. Poiché infatti non condivide alcuno dei valori fondamentali del mondo in cui vive, primo fra tutti il mito del successo, egli si trova a disagio negli ambienti che frequenta. In sintesi, Holden rifiuta il sogno americano del benessere e del successo individuale.
Al sogno americano, egli contrappone un suo sogno alternativo.
Holden intuisce che i giovani sono portatori di una visione del mondo alternativa a quella della società consumistica e arrivista, ma poco per volta perdono questa carica umana e si adeguano al mondo in cui vivono. Il giovane vorrebbe invece salvaguardare, per sé e per gli altri, la carica umana dell'infanzia e dell'adolescenza.
Il giovane Holden rappresenta uno dei più significativi **romanzi di formazione negativi** del XX secolo, dato che la ricerca del protagonista per trovare una figura adulta che lo aiuti a crescere senza soffocare la sua ricchezza umana e la sua sensibilità interiore si rivela vana.
Pur essendo la **storia di un fallimento esistenziale**, è però un romanzo ricco di umorismo.
Notevole importanza hanno le scelte stilistiche dell'autore, che decide di narrare la vicenda in prima persona, adottando la tecnica della **focalizzazione interna**, tramite la quale la realtà è costantemente filtrata attraverso il punto di vista dell'io narrante.
Salinger, inoltre, ricorre a un **linguaggio originale**, molto vicino alla lingua parlata e ricco di espressioni tratte dal gergo dei giovani studenti dell'epoca. Il risultato è una prosa rapidissima, colloquiale, attraverso la quale il protagonista esprime la sua visione del mondo e dei rapporti umani.

Opera
Il giovane Holden
Epoca
XX secolo
Genere
romanzo
Lingua
inglese

Il giovane Holden

Un incontro in treno

Holden, già espulso da diverse scuole e ora cacciato dall'ultima che ha frequentato, la Pencey Preparatory School di Agerstown, è in viaggio verso New York. Lo aspettano i rimproveri e le probaboli punizioni dei genitori. È notte e avviene un incontro casuale tra il giovane protagonista e la madre di un suo compagno di scuola. L'episodio è dominato dalle bugie che Holden, senza neanche sapere perché, racconta alla signora su tutti gli argomenti di cui si trova a parlare.

Di solito a me piace andare in treno, soprattutto di notte, con la luce accesa e i finestrini tutti neri e uno di quei tizi col caffè i panini e le riviste che fa avanti e indietro per il corridoio. Io di solito compro un panino al prosciutto e almeno quattro riviste. La notte, in treno, di solito posso perfino leggere senza vomitare uno di quei racconti cretini delle riviste. Sapete, quei racconti pieni di sbruffoni dal viso tagliato con l'accetta che si chiamano David e di sbruffoncelle che si chiamano Linda o Marzia e non fanno altro che accendere tutte le maledette pipe dei loro David. La notte in treno posso perfino leggere uno di quei racconti schifi, di solito. Ma stavolta era diverso. Non mi andava, ecco. Me ne stavo là seduto senza far niente. Tutto quello che feci fu di togliermi il berretto da cacciatore e ficcarmelo in tasca. Tutt'a un tratto, ecco che a Trenton sale quella signora e si siede vicino a me. Era vuota tutta la carrozza, praticamente, visto che era così tardi e compagnia bella, ma lei si mise vicino a me invece che in un sedile vuoto perché aveva quella valigia così grossa e io stavo sul sedile accanto alla porta. Piantò la valigia proprio in mezzo al corridoio, dove il controllore e tutti quanti potevano inciamparsi. Aveva delle orchidee sul vestito, proprio come se fosse appena uscita da un gran ricevimento o vattelapesca. Aveva quarant'anni, immagino, quarantacinque al massimo, ma era ancora molto bella. Le donne mi lasciano secco. Sul serio. Con questo non voglio mica spacciarmi per un erotomane[1] o giù di lì – per quanto abbia una certa carica. È solo che mi piacciono, voglio dire. Non fanno che lasciare le loro maledette valige in mezzo al corridoio.

Ad ogni modo, stavamo seduti là, e tutt'a un tratto lei mi disse: «Mi scusi, ma quella non è l'etichetta dell'Istituto Pencey?» Stava guardando le mie valige sulla reticella.

«Sì, infatti», dissi. Aveva ragione. Su una delle mie valige c'era una dannata etichetta del Pencey. Una cafonata, chi lo nega.

«Oh, lei sta a Pencey?» disse. Aveva una bella voce. Una bella voce da telefono, soprattutto. Avrebbe dovuto sempre portarsi dietro un dannato telefono.

«Sì, infatti», dissi.

«Oh, che piacere! Forse allora conosce mio figlio. Ernest Morrow. Sta a Pencey». «Sì, infatti. Siamo nella stessa classe».

Suo figlio era indiscutibilmente il più emerito bastardo che fosse mai stato a Pencey in tutta la sporca storia dell'istituto. Dopo che aveva fatto la doccia, se ne andava sempre per il corridoio sbattendo l'asciugamano bagnato fradicio sul sedere della gente. Ecco per la precisione che tipo era.

«Oh, che bellezza», disse la signora. Ma senza melensaggine.[2] Era proprio carina e tut-

1. **erotomane:** maniaco sessuale, persona ossessionata dal sesso; in realtà, Holden è contraddittorio: a volte afferma sinceramente di non capire il sesso, altre volte tenta invece di atteggiarsi a persona adulta (dichiarandosi dotato, per esempio, di *una certa carica*).

2. **melensaggine:** sdolcinatezza.

to quanto. «Devo dire a Ernest che ci siamo incontrati», disse. «Posso domandarle come si chiama, caro?»

«Rudolph Schmidt», le dissi. Non avevo nessuna voglia di raccontarle tutta la storia della mia vita. Rudolph Schmidt era il bidello del nostro piano.

«Le piace Pencey?» mi domandò lei.

«Pencey? Non è tanto male. Non è un paradiso né niente di simile, ma vale tante altre scuole. Certi professori sono molto coscienziosi».

«Ernest l'adora».

«Lo so», dissi. E per un po' mi misi a rifilarle le solite cretinate. «Lui è un tipo che si adatta benissimo alle cose. Davvero. Voglio dire, sa il vero sistema per adattarsi».

«Crede?» mi domandò lei. Pareva maledettamente interessata.

«Ernest? Ma certo», dissi. Poi la guardai mentre si toglieva i guanti. Ragazzi, i brillantoni si sprecavano.

«Mi sono appena rotta un'unghia, scendendo dal tassì», disse. Alzò gli occhi a guardarmi e sorrise un poco. Aveva un sorriso tremendamente simpatico. Davvero. La maggior parte della gente non ha quasi sorriso o ne ha uno vomitevole. «Io e suo padre delle volte siamo preoccupati per lui», disse. «Delle volte abbiamo l'impressione che non sia troppo bravo a far lega».

«In che senso?»

«Be', è un ragazzo molto sensibile. In realtà non è mai stato troppo bravo a far lega con gli altri ragazzi. Forse prende le cose un po' troppo sul serio, per la sua età».

Sensibile. Mi lasciò secco. Quel Morrow era sensibile suppergiù quanto un dannato cesso. La guardai bene. Non mi pareva affatto stupida. Pareva in grado di farsi un'idea maledettamente chiara di che razza di bastardo fosse suo figlio. Ma non si può mai dire – con una madre, intendo. Le madri sono tutte un po' matte. Ma fatto sta che la madre del vecchio Morrow mi piaceva. Era una a posto. [...]

Cominciavo a essere un po' pentito di averle detto che mi chiamavo Rudolph Schmidt. «Il vecchio Ernie», dissi. «È uno dei ragazzi più popolari, a Pencey. Lo sapeva?»

«No, non lo sapevo».

Feci di sì con la testa. «In realtà, ci abbiamo messo tutti un bel po' di tempo per arrivare a conoscerlo. È un tipo buffo. Un tipo *strano*, sotto un sacco di aspetti; capisce quel che voglio dire? Come quando l'ho visto la prima volta, che ho pensato che fosse un po' snob. Ecco quello che ho pensato. Invece non lo è mica. È solo che ha una personalità originalissima e ci vuole un po' di tempo per arrivare a capirlo».

La vecchia signora Morrow non disse niente, ma ragazzi, avreste dovuto vederla. L'ave-

Il gergo giovanile

Il lessico e la grammatica

Holden, voce narrante del romanzo di Salinger, si esprime usando il linguaggio tipico degli studenti dei college americani negli anni Cinquanta. Osserviamo alcune delle caratteristiche di questo linguaggio:

- Holden ricorre spesso a **espressioni generiche**, tipo *e tutto quanto*, *e compagnia bella*, *vattelappesca* e così via; è il suo modo di esprimere un atteggiamento di superiorità, di noncuranza, che ovviamente non è affatto sincero, ma che lo fa sentire più adulto;
- Holden ricorre spesso a **espressioni volgari o gergali**, come *non me ne fregava*, *schifi*, *bastardo*, *dannato*, *sgrugnone*, *stavano a cuccia* ecc.; anche in questo caso, il linguaggio ha un valore psicologico: Holden rifiuta la sua classe sociale, il perbenismo dei suoi genitori e dei suoi insegnanti, e cerca di assumere atteggiamenti linguistici propri delle classi più povere;
- infine, Holden ricorre a moltissime **ripetizioni**: si tratta di un fenomeno tipico della parlata adolescenziale, sintomo di una insicurezza che spinge Holden a ribadire continuamente gli stessi concetti, ma Salinger lo usa abilmente per conferire una particolare musicalità alla sua pagina.

Le tecniche usate da Salinger sono state riprese da quasi tutti i romanzieri che hanno cercato di interpretare una generazione e i suoi "tic" linguistici. Prova anche tu a riconoscere alcuni "tic" della tua generazione e fanne un elenco.

vo incollata al sedile. Prendi la madre di uno, e tutto quello che vuol sentire sono le lodi di quel fenomeno di suo figlio.

Allora cominciai a sparare balle sul serio. «Le ha raccontato delle elezioni?» le domandai. «Le elezioni di classe?»

Lei scosse la testa. L'avevo ipnotizzata, quasi. Davvero.

«Be', eravamo in moltissimi a volere che il vecchio Ernie diventasse presidente della classe. Voglio dire che la scelta era unanime. Era l'unico, voglio dire, che potesse realmente cavarsela», dissi; accidenti, se le sparavo grosse. «Ma è stato eletto quell'altro ragazzo, Harry Fencer. E sa perché è stato eletto Fencer? Per il puro e semplice motivo che Ernie non ha voluto che lo designassimo. Perché è così maledettamente timido, modesto e compagnia bella. Ha rifiutato... è proprio timido, ragazzi. Lei dovrebbe fare di tutto perché cerchi di vincersi». La guardai. «Non gliene aveva parlato?»

«No, non me ne ha parlato».

Feci di sì con la testa. «Questo è Ernie. Non ha voluto. È l'unico suo difetto, è troppo timido e modesto. Lei dovrebbe proprio spingerlo a cercare di lasciarsi andare un po', ogni tanto.». Proprio in quel momento venne il controllore per guardare il biglietto della vecchia signora Morrow, e così potei smetterla di sparar balle. Però sono *contento* di averle sparate per un po'. Prendi uno come Morrow, che sta sempre a sbattere l'asciugamano sul sedere della gente – col fermo proposito di far male a qualcuno – non è che sono bastardi solo da ragazzi. Restano bastardi per tutta la vita. Ma dopo tutte quelle scemenze che le ho rifilato, scommetto che adesso la signora Morrow continuerà a immaginarselo tutto timido e modesto, il tipo che *non* ha voluto farsi designare presidente della classe. È possibile. Non si può mai dire. Le madri *non* sono tanto acute in queste cose. [...]

Poi mi guardò e mi fece proprio la domanda che temevo di sentitati fare. «Ernest ha scritto che sarà a casa mercoledì, che le vacanze di Natale cominceranno mercoledì», disse. «Spero che lei non l'abbiano chiamato a casa all'improvviso perché qualche suo familiare è ammalato». Pareva sinceramente preoccupata. Non è che stesse ficcando il naso, si vedeva.

«No, stanno tutti bene», dissi. «Si tratta di me. Devo operarmi».

«Oh! Quanto mi dispiace», disse. E le dispiaceva sinceramente. A me dispiacque subito di averlo detto, ma ormai era fatta.

«Non è niente di grave. Ho un piccolo tumore al cervello».

«Oh, *no*!» Si portò la mano alla bocca eccetera eccetera.

«Oh, andrà benissimo garantito! È proprio superficiale. Ed è molto piccolo. Possono toglierlo in un paio di minuti».

Poi mi misi a leggere l'orario che avevo in tasca. Tanto per smettere di dir bugie. lo quando comincio posso andare avanti per ore, se mi sento in vena. Senza scherzi. *Ore*.

Non parlammo molto, dopo. Lei si mise a leggere il «Vogue» che si era portata, e io per un po' guardai dal finestrino. Scese a Newark. Mi fece un sacco di auguri per l'operazione e compagnia bella. Continuava a chiamami Rudolph.

Il giovane Holden, trad. di A. Motti, Einaudi

Analisi del testo

I temi e i personaggi. Nel brano si alternano sequenze dialogiche, descrittive e riflessive. Le prime contengono le battute del dialogo con la signora Morrow; le sequenze descrittive delineano l'ambiente (stazione e viaggio notturno in treno), visto attraverso gli occhi del personaggio; le sequenze riflessive mettono in luce i pensieri del giovane.

Nel corso del dialogo, Holden fa delle affermazioni piuttosto convenzionali, da ragazzo per bene, rispettoso delle forme e delle regole della società, solo un po' scanzonato. In realtà, mente di continuo. La prima bugia consiste nel negare la propria identità e il gesto è profondamente emblematico: Holden vive una crisi di identità, dovuta al fatto che vorrebbe comportarsi da adulto ed essere considerato tale, ma nello stesso tempo rifiuta il cinismo, la falsità, la stupidità degli adulti. Alla prima, segue poi un'infinita serie di menzogne («lo quando comincio posso andare avanti per ore, se mi sento in vena. Senza scherzi. *Ore*»); con esse il giovane aggredisce polemicamente miti e valori della società conformista e giunge a indur-

re la sua compagna di viaggio a comportamenti quasi trasgressivi (riguardo al fumo e, agli alcolici), pur riuscendo a mantenere la sua aria da "bravo ragazzo". Nelle sequenze in cui Holden-osserva la realtà, invece, egli si rivela per quello che effettivamente è: un adolescente privo di qualunque ipocrisia, capace di smascherare la falsità del mondo adulto, fatto di certezze che nessun dubbio incrina («Aveva delle orchidee sul vestito, proprio come se fosse appena uscita da un gran ricevimento o vattelapesca»).
Quello che colpisce il lettore è soprattutto la divaricazione tra la parola e il pensiero: il giovane Holden, a parole, esprime per esempio simpatia per la madre del suo compagno di classe, ma in realtà continua a sottolineare l'ingenuità della donna, le cui reazioni stereotipate dimostrano una straordinaria superficialità («dopo tutte quelle scemenze [...] continuerà a immaginarselo tutto timido e modesto»). Lasciare libero corso ai pensieri, mentre parla meccanicamente di cose in cui non crede, è il suo spazio di libertà, la via di fuga che gli consente di soffermarsi su cose che per gli altri sono futili, ma per lui sono importanti.

Lo stile e la focalizzazione. Anche lo stile, come il contenuto del romanzo, è esplicitamente trasgressivo. Salinger adotta il linguaggio parlato tipico della gioventù, ricco di modi di dire generici (*e tutto quanto*), pleonasmi e anacoluti (*le orecchie le avevo*), espressioni ricorrenti (*vattelapesca, e compagnia bella, dannato, lasciar secco*), gergali (*sgrugnone*, stavano *a cuccia*), termini volgari (*non me ne fregava; schifi, bastardo*). Anche la sintassi, basata prevalentemente sulla paratassi, cioè sulla coordinazione, è ricalcata sul "parlato" giovanile. Un'altra particolarità del testo è l'uso del corsivo (*divorava, rifiutato*), per mezzo del quale l'autore mette in rilievo alcune parole, quelle che in un discorso orale verrebbero sottolineate mediante il tono della voce.
La grande abilità di Salinger consiste nell'attuare una significativa operazione mimetica, cioè di riproduzione, dell'universo giovanile; per questo, anche le traduzioni ci restituiscono l'attualità del linguaggio di Holden, che riflette il modello di ogni tipo di linguaggio giovanile contemporaneo. Anche se questi elementi conferiscono alla pagina un taglio *realistico*, *Il giovane Holden* si configura però come un "romanzo di formazione", e quindi si inserisce nella più vasta tipologia dei romanzi d'analisi.
Tramite la tecnica della focalizzazione interna, l'autore mantiene in effetti una sorta di "presa diretta" con ciò che accade nella mente del suo personaggio, filtrando costantemente la realtà tramite il punto di vista dell'io narrante. Anche in quest'ambito, la struttura narrativa di Salinger risulta nuova: egli rompe lo schema tradizionale dell'intreccio, preferendo procedere nella storia attraverso l'accumulazione apparentemente sbadata di piccoli fatti, digressioni, commenti, riproduzioni di frammenti di realtà parlata e vissuta, anticipando così molti degli sviluppi della narrativa e del cinema contemporanei.

Proposte di lavoro

1. Tutti i personaggi sono presentati attraverso gli occhi del protagonista: su quali caratteristiche si concentra l'attenzione di Holden nel momento della descrizione?
2. Quale immagine di Ernest viene data da Holden alla signora Morrow? Che giudizi dà invece di lui il protagonista, parlandone tra sé e sé?
3. Holden ricorre a parecchie bugie: riassumi brevemente la serie di menzogne da lui introdotte nel discorso.
4. Il protagonista cade in contraddizione in diversi momenti: che cosa ci dichiara, per esempio, riguardo la madre del compagno? Che giudizio ne ha, in realtà?
5. Holden alterna il resoconto dei fatti a riflessioni e riferimenti al passato, che interrompono e frammentano l'esposizione. Distingui nel brano i passaggi in cui egli narra ciò che gli capita, quelli in cui espone il suo pensiero e quelli in cui rievoca il passato.
6. Riassumi il brano in terza persona, indicando solo i fatti e tralasciando i pensieri e le riflessioni di Holden.
7. Schematizza i caratteri del linguaggio adottato da Salinger, indicando almeno un esempio di ciascuna particolarità stilistica (paratassi, uso del gergo, modi di dire ecc.).

Leonardo Sciascia

L'autore

Leonardo Sciascia, nato in Sicilia nel 1921 e morto nel 1989, è stato uno degli scrittori italiani contemporanei più presenti e attivi nel dibattito politico-culturale, sia per i caratteri della sua opera, che ha sempre affrontato in forma narrativa una materia saggistica di interesse politico, sia per la sua diretta partecipazione alla politica, negli anni Settanta, come deputato al Parlamento nazionale ed europeo.

Nelle opere degli anni Sessanta, tra cui sono i suoi capolavori, *Il giorno della civetta* (1963) e *A ciascuno il suo* (1966), egli affronta soprattutto problemi legati alla realtà della Sicilia e alla compromissione fra **potere politico** e **mafia**. E anche nelle opere successive, la sua continua a essere prevalentemente una **letteratura di intervento politico**, che affronta i problemi del potere in Italia, della corruzione della classe dirigente, dei complotti contro lo Stato. Ricordiamo *Il contesto* (1971), *Todo modo* (1974), *L'affaire Moro* (1978).

La forma di racconto che Sciascia predilige è quella del "**giallo**": egli coinvolge il lettore in un'indagine che è su un assassinio e contemporaneamente sui meccanismi che governano la società. Quello che maggiormente gli interessa è il problema della giustizia. Ha dichiarato, in un'intervista, che secondo lui il diritto è la forma più alta della ragione.

L'opera

***Il giorno della civetta* (1961) è un romanzo di denuncia** su un argomento, la mafia, di cui negli anni Cinquanta e Sessanta nessuno parlava. Per affrontare questo argomento, Sciascia adotta la tecnica del racconto "giallo", ma si allontana dalle caratteristiche tradizionali di questo genere per due aspetti:

- il romanzo è condotto su due piani paralleli, che gli conferiscono uno spessore problematico particolare: da un lato si seguono infatti le indagini del maresciallo dei Carabinieri Bellodi, dall'altro si mostrano i meccanismi del potere che tramano contro di lui;
- benché l'investigatore scopra il colpevole, questi non viene arrestato e punito, come nel giallo tradizionale: dunque il vero sconfitto è Bellodi (che però, da vero eroe, tornerà in Sicilia per lottare a tutti i costi contro la mafia, per il trionfo della giustizia).

In un paese della Sicilia occidentale viene compiuto un misterioso delitto. Le indagini sono affidate al maresciallo dei Carabinieri Bellodi, settentrionale ed ex-partigiano, uomo abile e onesto. Egli scopre che la vittima, Salvatore Colasberna, era proprietario di una piccola impresa edile e si rifiutava di sottostare alle imposizioni della mafia. Bellodi giunge a individuare il mandante, il vecchio capomafia don Mariano Arena. Questi però ha importanti amicizie a Roma, in Parlamento, e Bellodi viene rimosso dall'incarico poco prima del processo, durante il quale tutte le prove crollano di fronte a una falsa testimonianza.

Sciascia, che nelle ultime opere esprimerà un pessimismo sempre più cupo, nel *Giorno della civetta* è ancora parzialmente ottimista. Egli pensa infatti che la ragione, benché momentaneamente sconfitta, potrà in futuro trionfare sull'ingiustizia rappresentata dalla mafia e dalla mentalità che la sostiene.

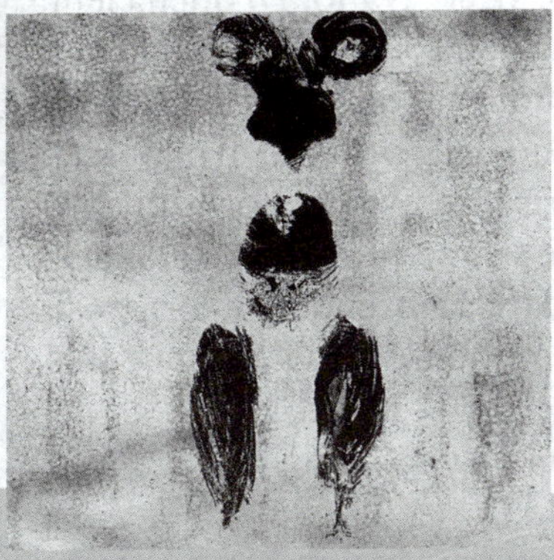

Opera
Il giorno della civetta
Epoca
XX secolo
Genere
romanzo
Lingua
italiano

Il giorno della civetta

Un delitto di mafia

Il brano che segue è quello con cui si apre il romanzo. Una mattina come tante altre, nella piazza di un paesino siciliano, vengono sparati due colpi di fucile e viene ucciso un uomo. Il maresciallo dei carabinieri accorre e inizia le indagini, ma subito si scontra con un vero e proprio muro di omertà – un atteggiamento che nasce dalla comprensibile paura verso la delinquenza organizzata e dalla sfiducia nelle istituzioni, ma che si trasforma in complicità con gli autori del delitto.

L'autobus stava per partire, rombava sordo con improvvisi raschi e singulti. La piazza era silenziosa nel grigio dell'alba, sfilacce di nebbia[1] ai campanili della Matrice:[2] solo il rombo dell'autobus e la voce del venditore di panelle,[3] panelle calde panelle, implorante ed ironica. Il bigliettaio chiuse lo sportello, l'autobus si mosse con un rumore di sfasciume. L'ultima occhiata che il bigliettaio girò sulla piazza, colse l'uomo vestito di scuro che veniva correndo; il bigliettaio disse all'autista "un momento" e aprì lo sportello mentre l'autobus ancora si muoveva. Si sentirono due colpi squarciati: l'uomo vestito di scuro, che stava per saltare sul predellino, restò per un attimo sospeso, come tirato su per i capelli da una mano invisibile; gli cadde la cartella di mano e sulla cartella lentamente si afflosciò.

Il bigliettaio bestemmiò: la faccia gli era diventata colore di zolfo, tremava. Il venditore di panelle, che era a tre metri dall'uomo caduto, muovendosi come un granchio cominciò ad allontanarsi verso la porta della chiesa. Nell'autobus nessuno si mosse, l'autista era come impietrito, la destra sulla leva del freno e la sinistra sul volante. Il bigliettaio guardò tutte quelle facce che sembravano facce di ciechi, senza sguardo; disse "l'hanno ammazzato" si levò il berretto e freneticamente cominciò a passarsi la mano tra i capelli; bestemmiò ancora.

1. **sfilacce di nebbia:** vapori sparsi, tracce di nebbia leggera.
2. **Matrice:** la chiesa principale della zona, che evidentemente si affaccia sulla piazza da cui sta per partire l'autobus.
3. **panelle:** un dolce tipico.

"I carabinieri" disse l'autista "bisogna chiamare i carabinieri."

Si alzò ed aprì l'altro sportello "ci vado" disse al bigliettaio.

Il bigliettaio guardava il morto e poi i viaggiatori. C'erano anche donne sull'autobus, vecchie che ogni mattina portavano sacchi di tela bianca, pesantissimi, e ceste piene di uova; le loro vesti stingevano[4] odore di trigonella,[5] di stallatico, di legna bruciata; di solito lastimavano[6] e imprccavano, ora stavano in silenzio, le facce come dissepolte da un silenzio di secoli.

"Chi è?" domandò il bigliettaio indicando il morto.

Nessuno rispose. Il bigliettaio bestemmiò, era un bestemmiatore di fama tra i viaggiatori di quella autolinea, bestemmiava con estro: già gli avevano minacciato licenziamento, ché tale era il suo vizio alla bestemmia da non far caso alla presenza di preti e monache sull'autobus. Era della provincia di Siracusa, in fatto di morti ammazzati aveva poca pratica: una stupida provincia, quella di Siracusa; perciò con più furore del solito bestemmiava.

Vennero i carabinieri, il maresciallo nero di barba e di sonno. L'apparire dei carabinieri squillò come allarme nel letargo dei viaggiatori: e dietro al bigliettaio, dall'altro sportello che l'autista aveva lasciato aperto, cominciarono a scendere. In apparente indolenza, voltandosi indietro come a cercare la distanza giusta per ammirare i campanili, si allontanavano verso i margini della piazza e, dopo un ultimo sguardo, svicolavano. Di quella lenta ragger di fuga[7] il maresciallo e i carabinieri non si accorgevano. Intorno al morto stavano ora una cinquantina di persone, gli operai di un cantiere-scuola ai quali non pareva vero di aver trovato un argomento così grosso da trascinare nell'ozio delle otto ore. Il maresciallo ordinò ai carabinieri di fare sgombrare la piazza e di far risalire i viaggiatori sull'autobus: e i carabinieri cominciarono a spingere i curiosi verso le strade che intorno alla piazza si aprivano, spingevano e chiedevano ai viaggiatori di andare a riprendere il loro posto sull'autobus. Quando la piazza fu vuota, vuoto era anche l'autobus; solo l'autista e il bigliettaio restavano.

"E che" domandò il maresciallo all'autista "non viaggiava nessuno oggi?"

"Qualcuno c'era" rispose l'autista con faccia smemorata.

"Qualcuno" disse il maresciallo "vuol dire quattro cinque sei persone: io non ho mai visto questo autobus partire, che ci fosse un solo posto vuoto."

"Non so" disse l'autista, tutto spremuto nello sforzo di ricordare "non so: qualcuno, dico, così per dire; certo non erano cinque o sei, erano di più, forse l'autobus era pieno... Io non guardo mai la gente che c'è: mi infilo al mio posto e via... Solo la strada guardo, mi pagano per guardare la strada."

Il maresciallo si passò sulla faccia una mano stirata dai nervi. "Ho capito" disse "tu guardi solo la strada; ma tu" e si voltò inferocito verso il bigliettaio "tu stacchi i biglietti, prendi i soldi, dài il resto: conti le persone e le guardi in faccia... E se non vuoi che te ne faccia ricordare in camera di sicurezza, devi dirmi subito chi c'era sull'autobus, almeno dieci nomi devi dirmeli... Da tre anni che fai questa linea, da tre anni ti vedo ogni sera al caffè Italia: il paese lo conosci meglio di me..."

"Meglio di lei il paese non può conoscerlo nessuno" disse il bigliettaio sorridendo, come a schermirsi da un complimento.

"E va bene" disse il maresciallo sogghignando "prima io e poi tu: va bene... Ma io sull'autobus non c'ero, ché ricorderei uno per uno i viaggiatori che c'erano: dunque tocca a te, almeno dieci devi nominarmeli."

"Non mi ricordo" disse il bigliettaio "sull'anima di mia madre, non mi ricordo; in questo momento di niente ricordo, mi pare che sto sognando."

4. stingevano: emanavano.
5. trigonella: pianta aromatica più nota col nome di "fieno greco".
6. lastimavano: si lamentavano.
7. raggera di fuga: i passeggeri si allontanano disegnando come i raggi di un cerchio.

"Ti sveglio lo ti sveglio" s'infuriò il maresciallo "con anpaio d'anni di galera ti sveglio..." ma s'interruppe per andare incontro al pretore[8] che veniva. E mentre al pretore riferiva sulla identità del morto e la fuga dei viaggiatori, guardando l'autobus, ebbe il senso che qualcosa stesse fuori posto o mancasse: [...]

"Manca qualcosa" disse il maresciallo al carabiniere Sposito che, col diploma di ragioniere che aveva, era la colonna della Stazione Carabinieri di S. "manca qualcosa, o qualcuno..."

"Il panellaro, disse il carabiniere Sposito.

"Perdio: il panellaro" esultò il maresciallo, e pensò delle scuole patrie 'non lo dànno al primo venuto, il diploma di ragioniere'.

Un carabiniere fu mandato di corsa ad acchiappare il panellaro: sapeva dove trovarlo, ché di solito, dopo la partenza del primo autobus, andava a vendere le panelle calde nell'atrio delle scuole elementari. Dieci minuti dopo il maresciallo aveva davanti il venditore di panelle: la faccia di un uomo sorpreso nel sonno più innocente.

"C'era?" domandò il maresciallo al bigliettaio, indicando il panellaro.

"C'era" disse il bigliettaio guardandosi una scarpa.

"Dunque" disse con paterna dolcezza il maresciallo "tu stamattina, come al solito, sei venuto a vendere panelle qui: il primo autobus per Palermo, come al solito..."

"Ho la licenza" disse il panellaro.

"Lo so" disse il maresciallo alzando al cielo occhi che invocavano pazienza "lo so e non me ne importa della licenza; voglio sapere una cosa sola, me la dici e ti lascio subito andare a vendere le panelle ai ragazzi: chi ha sparato?"

"Perché" domandò il panellaro, meravigliato e curioso "hanno sparato?"

Opere, 1956-1971, a cura di C. Ambroise, Bompiani

8. pretore: il giudice.

Analisi del testo

Un "giallo particolare". La vicenda narrata è molto semplice: in un sonnacchioso paesino siciliano, all'alba, viene commesso un delitto.
Un romanzo che si apre con un delitto e che segue gli sviluppi dell'inchiesta relativa appartiene "giallo", o poliziesco. Sciascia però scrive un giallo particolare, perché l'omicidio di cui si parla non è legato a questioni di gelosia o di interesse personale ma è un delitto di mafia. Egli fonde un genere popolare (il giallo) con elementi tipici del romanzo sociale.

Espressioni originali e vena ironica. A livello stilistico, il brano è caratterizzato da descrizioni ricche di espressioni originali e intense, spesso di carattere metaforico: «si mosse con un rumore di sfasciume», «due colpi squarciati» ecc.
Si noti anche la presenza di una vena sottilmente ironica, legata a espressioni come: «voltandosi indietro come a cercare la distanza giusta per ammirare i campanili», «non lo danno al primo venuto, il diploma di ragioniere» e così via.

Il tema dell'omertà. Lo scrittore, evidentemente, vuole denunciare una situazione di cui, negli anni Cinquanta e Sessanta, in Italia non si parlava: la presenza di una forte malavita organizzata. Il tema che emerge da queste prime pagine è quello dell'omertà: Sciascia vuol far capire al lettore che la realtà che si sta affrontando è complessa e per comprenderla bisogna riflettere non solo sui fatti (il delitto), ma anche su ciò che resta invisibile, sulle cause che stanno "dietro" ai fatti.

Proposte di lavoro

1. Suddividi il brano in sequenze, poi attribuisci loro un breve titolo che ne indichi il contenuto.
2. Rintraccia nel testo gli elementi che ti permettono di ricostruire i tratti dei seguenti personaggi:
   il bigliettaio • il panellaro • il maresciallo dei Carabinieri
3. Il tema che emerge da queste prime pagine del *Giorno della civetta* è quello dell'omertà.
   - Spiega che cosa si intende con questo termine.
   - Spiega perché il tema dell'omertà è presente nel brano letto.
4. Tenendo conto delle informazioni che ti abbiamo fornito sul romanzo nel suo complesso, indica le principali ragioni per cui *Il giorno della civetta* non rispetta le regole del giallo classico.

Ieri e oggi

LA MAFIA

La mafia è una delle organizzazioni che oggi, con termine generale, si definiscono "**malavita organizzata**". Le tre organizzazioni più importanti sono la mafia siciliana, la 'ndrangheta calabrese, la camorra napoletana, ma esistono forme di malavita organizzata anche in altre regioni italiane. La malavita organizzata, come tutti i fenomeni sociali, cambia nel tempo, a seconda dei contesti e delle epoche storiche.

① La mafia si afferma nella seconda metà dell'Ottocento, dopo l'Unità d'Italia, come manifestazione di sfiducia nei confronti dello stato unitario: il processo risorgimentale, infatti, ma non aveva minimamente affrontato i gravi problemi sociali che facevano del Meridione una delle zone economicamente e culturalmente più arretrate d'Europa. L'unificazione, gestita dalle classi abbienti, rappresentò quindi in parte un'occasione mancata (per chi sentiva l'esigenza di una rivoluzione sociale che affiancasse la rivoluzione nazionale), in parte una profonda delusione (per le masse popolari del Sud, e in particolare della Sicilia, che avevano visto in Garibaldi un possibile liberatore e che invece si trovarono in una condizione di miseria se possibile ancora peggiore di prima).
La mafia, in questa prima fase, è soprattutto una struttura che "**mette ordine**" nel mondo della criminalità comune e nello stesso tempo garantisce un minimo di tranquillità sociale, mantiene ordine e sicurezza (tramite violenze e ingiustizie, ovviamente) laddove lo stato sembra troppo debole per farlo traminte le leggi.

② La mafia di cui parla **Sciascia** è però un'organizzazione ben diversa da quella originaria, legata ai problemi irrisolti del Risorgimento. Nei primi decenni del Novecento, la mafia siciliana si era infatti strettamente **legata alla classe politica** nazionale e aveva sviluppato interessi legati soprattutto alle opere pubbliche. Il fascismo tentò inizialmente di risolvere il problema, inviando un prefetto con poteri speciali (Mori), ma con risultati del tutto insoddisfacenti: la mafia si era infatti già trasferita negli **Stati Uniti**, dove erano emigrati molti italiani, e aveva ormai una forza superiore a quella dello stato. Mori fu rimosso dall'incarico e il problema della mafia venne dimenticato fino al momento dello sbarco alleato in Sicilia – sbarco che fu favorito proprio dalla mafia: il governo americano fece concessioni alla mafia statunitense in cambio della possibilità di sbarcare senza grossi problemi in Sicilia, e i mafiosi, tra il 1943 e il 1945, ottennero dal governo provvisorio onori e potere. Nel secondo dopoguerra (sono gli anni di cui parla Sciascia) la mafia è quindi più potente che mai e ha perso il carattere locale che aveva fino agli anni Venti, diventando un problema nazionale. I mafiosi descritti da Sciascia sono ancora legati al mondo contadino e alla mentalità feudale, ma devono la loro ricchezza e il loro potere alle grandi imprese pubbliche, e cioè proprio ai processi di modernizzazione che in teoria avrebbero dovuto migliorare le condizioni sociali della Sicilia e quindi risolvere il problema. Non a caso, la vittima dei due colpi di fucile del brano letto (➡ p. 647) è un piccolo imprenditore edile, che tenta di lavorare onestamente, ma viene eliminato dai grandi appaltatori, legati al potere politico romano.

③ Nel corso degli anni Settanta, la mafia cambiò ancora una volta, grazie alla improvvisa espansione del **mercato degli stupefacenti**. La droga diventò rapidamente la principale attività della malavita organizzata portando nelle casse della mafia miliardi di dollari e permettendole di compiere un ulteriore salto di qualità – quello che caratterizza la malavita organizzata oggi.
La narrativa di Sciascia ha seguito e rappresentato, in molti casi in anticipo sui tempi, questo sviluppo della criminalità organizzata. La mafia (nelle sue varie forme) è oggi un problema internazionale, e deve la sua forza soprattutto alle **attività finanziarie** – la mafia controlla infatti grandi quantità di denaro, che possono condizionare i mercati e le borse di tutto il mondo.

Le forze dell'ordine sono riuscite spesso a infliggere duri colpi alla criminalità organizzata. Ma la lotta è tutt'altro che conclusa o in via di conclusione: la mafia resta un problema aperto.

Elsa Morante

L'autrice

Elsa Morante (1912-85) nasce a Roma, in una famiglia borghese colta. Lasciata la famiglia per frequentare l'università (che non concluderà mai), nel 1936 incontra Alberto Moravia, già scrittore affermato, che sposerà nel 1941, poco dopo aver pubblicato il suo primo volume di racconti, *Il gioco segreto*.

Nel 1943, in piena guerra, inizia la stesura di *Menzogna e sortilegio*, pubblicato nel 1948 – un romanzo lontanissimo dagli schemi del Neorealismo, che approfondisce soprattutto la dimensione interiore e i grovigli psicologici dei personaggi. Il secondo romanzo, *L'isola di Arturo*, del 1957, è un romanzo di formazione caratterizzato da un tono terso e luminoso, a rappresentare l'infanzia solare del protagonista. Dopo il volume di versi *Alibi* (1958), nel 1962 si colloca un'importante crisi: la scrittrice divorzia da Moravia e resta sconvolta dal suicidio del giovane amico americano Bill Morrow. La pubblicazione, nel 1963, del secondo volume di racconti, *Lo scialle andaluso*, segna emblematicamente il termine di un'epoca e di una fase creativa.

Il valore di svolta dei primi anni Sessanta è testimoniato dalla conferenza *Pro o contro la bomba atomica*, che Morante scrive nel 1965 e che segna l'abbandono dei temi privati e l'interesse per la **politica** e i **fenomeni sociali**. Tale interesse è confermato dal *Mondo salvato dai ragazzini* (1968), un'opera in versi caratterizzata da una forte vena teatrale, narrativa e ironica. Nel 1974 esce *La storia*, una grandiosa epopea popolare in cui la scrittrice rielabora i temi già enunciati nel *Mondo salvato dai ragazzini*, approfondendo l'analisi dei meccanismi di oppressione che dominano il corso della storia umana. Il romanzo ha un enorme successo di pubblico, ma suscita incomprensioni e vere e proprie accuse da parte di alcuni settori della critica, che amareggiano l'autrice.

Intristita e invecchiata, la scrittrice intraprende la stesura del quarto e ultimo romanzo, *Aracoeli* (1982), che racconta il disperato, lacerante ritorno alle radici materne di uno scrittore omosessuale.

La scrittrice tenta il suicidio nel 1983. Morirà due anni dopo in una clinica romana.

L'opera

***La storia* (1974) è un romanzo di chiara matrice ottocentesca.** Ci troviamo nel periodo compreso tra il 1941 e il 1947, in una Roma sconvolta dalla Seconda guerra mondiale e devastata dai bombardamenti. Un giovane soldato tedesco si smarrisce nel quartiere di San Lorenzo ed è lì che incontra una maestra elementare, Ida Ramundo, rimasta vedova da poco, che vive con il figlio Nino: Ida accoglie felice il frutto della loro fugace onione, il piccolo Giuseppe, che con la sua **semplicità** e la sua immensa **voglia di vivere** porterà gioia inattesa nella vita della donna e in quella di Nino. Il giovane e il bambino crescono insieme all'ombra incombente e spaventosa della guerra, e mentre Nino scopre il coraggio e va incontro alle prime ardimentose esperienze, Giuseppe entra in contatto con il mondo che lo circonda, interpretandolo attraverso il filtro in qualche modo deformante della sua innocenza.

Quando la loro modesta abitazione crolla in seguito a un bombardamento, i tre si trasferiscono in un ricovero per senzatetto, a Pietralata. Lì Nino si trova ad ascoltare discorsi patriottici pieni di speranza, che vedono nello scontro armato come l'unica possibilità di riscatto da una vita di miseria e stenti; esaltato da essi decide di arruolarsi nelle camicie nere. Per molti mesi la madre attende invano sue notizie; è indescrivibile la sorpresa di vederlo tornare all'improvviso, partigiano, assieme all'anarchico ebreo David Segre, che si nasconde dietro lo pseudonimo di Carlo Vivaldi.

A guerra finita, il dopoguerra si prospetta ancora più difficile se possibile da affrontare. David parte per il Nord in cerca di fortuna. Nino, che ormai vive solo per la guerra, si rifiuta di accettare il nuovo ordine e sceglie di proseguire nell'opposizione armata; tale decisione gli costerà la vita in un violento conflitto a fuoco. Intanto David fa ritorno a Roma e aiuta Ida a sopportare il dolore per la perdita del primo figlio; diventa grande amico di Giuseppe, è incantato dalla sua vitalità rimasta intatta davanti alla corruzione della guerra. Anche la vita di David avrà un esito tragico: sarà infatti trovato morto nella sua abitazione, ucciso da una dose di droga. La voglia di vivere di Giuseppe non basta a preservarlo dall'epilessia, di cui resterà ben presto vittima. Ida rimane sola, a piangere il proprio dolore, davanti al corpo senza vita del bimbo.

Questo romanzo è stato accusato in più occasioni di riproporre messaggi consolatori. In realtà non c'è consolazione nelle pagine del romanzo; anzi in esso è esplicito il **rifiuto della storia**, crudele e implacabile meccanismo che solo in apparenza muta di epoca in epoca, ma che in realtà si ripete e si ripeterà all'infinito identico a se stesso.

La guerra, vista come manifestazione suprema e devastante della storia, opprime gli umili. Eppure la storia intesa come sciagura e dolore non è invincibile: basta l'innocenza di un bambino a trasformare l'orrido in bellezza, la miseria in felicità. La storia non può in nessun caso essere modificata, ma può essere guardata attraverso un filtro in grado di rendere gli aspetti peggiori più sopportabili.

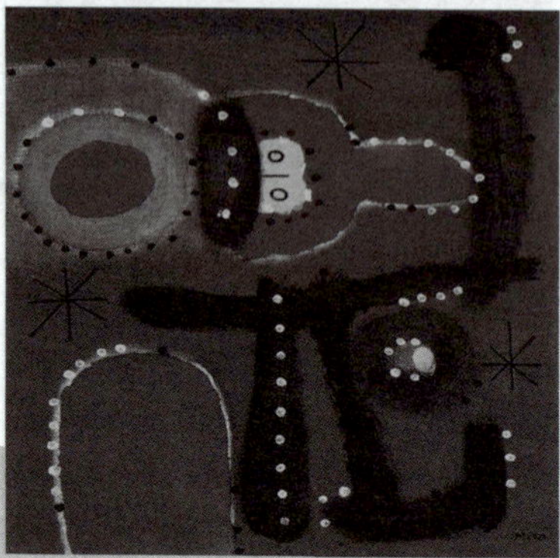

Opera **La storia**
Genere **romanzo**
Epoca **XX secolo**
Lingua **italiano**

La storia

Useppe scopre il mondo

Nel brano che segue viene presentato Giuseppe, bambino vivace, curioso, pieno d'interesse per tutto ciò che lo circonda. È ancora piccolo per uscire di casa c'per guardare il panorama dalla finestra e così scopre meraviglie sempre nuove all'interno dell'umile abitazione, senza mai stancarsi di dare un nome a ciò che vede. Quando però il fratello Nino lo porta con sé per le vie della città, gli occhi attenti del bimbo si spalancano di meraviglia su un immenso universo di colori. La scoperta del mondo lascia in secondo piano anche il dolore della guerra.

Non s'era mai vista una creatura più allegra di lui. Tutto ciò che vedeva intorno lo interessava e lo animava gioiosamente. Mirava esilarato[1] i fili della pioggia fuori della finestra, come fossero coriandoli e stelle filanti multicolori. E se, come accade, la luce solare, arrivando indiretta al soffitto, vi portava, riflesso in ombre, il movimento mattiniero della strada, lui ci si appassionava senza stancarsene: come assistesse a uno spettacolo straordinario di giocolieri cinesi che si dava apposta per lui. Si sarebbe detto, invero, alle sue risa, al continuo illuminarsi della sua faccetta, che lui non vedeva le cose ristrette dentro i loro aspetti usuali; ma quali immagini multiple di altre cose varianti all'infinito. Altrimenti non si spiegava come mai la scena miserabile, monotona, che la casa gli offriva ogni giorno, potesse rendergli un divertimento così cangiante,[2] e inesauribile.

Il colore d'uno straccio, d'una cartaccia, suscitando innanzi a lui, per risonanza,[3] i prismi e le scale delle luci, bastava a rapirlo in un riso di stupore. Una delle prime parole che imparò fu *ttelle* (stelle). Però chiamava ttelle anche le lampadine di casa, i derelitti fiori che Ida portava da scuola, i mazzi di cipolle appesi, perfino le maniglie delle porte, e in sèguito anche le rondini. Poi quando imparò la parola *dòndini* (rondini) chiamava dòndini pure i suoi calzerottini stesi a asciugare su uno spago. E a riconoscere una nuova ttella (che magari era una mosca sulla parete) o una nuova dòndine, partiva ogni volta in una gloria di risatine, piene di contentezza e di accoglienza, come se incontrasse una persona della famiglia.

Le forme stesse che provocano, generalmente, avversione o ripugnanza, in lui suscitavano solo attenzione e una trasparente meraviglia, al pari delle altre. Nelle sterminate esplorazioni che faceva, camminando a quattro zampe, intorno agli Urali, e alle Amazonie, e agli Arcipelaghi Australiani, che erano per lui i mobili di casa, a volte non si sapeva più dove fosse. E lo si trovava sotto l'acquaio in cucina, che assisteva estasiato a una ronda di scarafaggi, come fossero cavallucci in una prateria. Arrivò perfino a riconoscere una *ttella* in uno sputo.

Ma nessuna cosa aveva potere di rallegrarlo quanto la presenza di Nino. Pareva che, nella sua opinione, Nino accentrasse in sé la festa totale del mondo, che dovunque altrove si contemplava sparsa e divisa: rappresentando lui da solo, ai suoi occhi, tutte insieme le miriadi dei colori, e il bengala dei fuochi,[4] e ogni specie di animali fantastici e simpatici, e le giostre dei giocolieri. Misteriosamente, avvertiva il suo arrivo fino dal punto che lui cominciava appena la salita della scala! e sùbito si affrettava più che poteva, coi suoi mezzi, verso l'ingresso, ripetendo: ino ino, in un tripudio[5] quasi drammatico di tutte le sue membra. Certe volte, perfino, quando Nino rientrava di notte tardi, lui, dormendo, al rumore della chiave si rimuoveva appena e in un sorrisetto fiducioso accennava con poca voce: ino.

1. **esilarato:** molto divertito.
2. **cangiante:** vario, di volta in volta differente.
3. **per risonanza:** in questo caso significa sostanzialmente "associazione di idee".
4. **il bengala dei fuochi:** susseguirsi di fuochi d'artificio variamente colorati.
5. **tripudio:** esuberanti manifestazioni di gioia vitale.

[...]

Con la bella stagione, si può immaginare che Nino sempre più spesso marinasse la scuola, anche se le sue visite a Giuseppe in compagnia degli amici oramai non erano più che un ricordo lontano. Ma una mattina di sereno meraviglioso, apparve inaspettato a casa, vispo e fischiettante in compagnia del solo Blitz; e come Giuseppe, spuntando da sotto qualche *ubo*, al solito gli muoveva incontro, lui gli annunciò, senz'altro:

«Ahò, maschio, annàmo! Oggi si va a spasso!»

E così detto, con azione immediata, si issò Giuseppe a cavalluccio sulle spalle, volando come il ladro Mercurio giù per la scala, mentre Giuseppe, nella tragedia divina della infrazione, mormorava in una sorta di cantilena esultante: «No... No... No...» Le sue manucce stavano chiuse quietamente dentro le mani del fratello; i suoi piedini, dondolanti nella corsa, pendevano sul petto di lui, così da avvertirne la violenza del respiro, fremente nella libertà contro le leggi materne! E Blitz veniva dietro, sopraffatto dalla sua doppia felicità amorosa al punto che addirittura, disimparando il passo, rotolava come un rimbambito giù per i gradini. I tre uscirono nel cortile, attraversarono l'androne; e nessuno, al loro passaggio, si fece a chiedere a Nino: «Chi è questo pupo che porti?» quasi che, per un miracolo, quel gruppetto fosse diventato invisibile.

Sarebbe assurdo citare qui le poche vie per dove passarono, nel quartiere di San Lorenzo, e la popolazione che si muoveva d'intorno a loro. Quel mondo e quella popolazione, poveri, affannosi e deformati dalla smorfia della guerra, si spiegavano agli occhi di Giuseppe come una multipla e unica fantasmagoria,[6] di cui nemmeno una descrizione dell'Alhambra di Granata, o degli orti di Shiraz,[7] né forse perfino del Paradiso Terrestre potrebbe rendere una somiglianza. Per tutta la strada, Giuseppe non faceva che ridere; esclamando o mormorando, con la piccola voce venata da una emozione straordinaria: «Dòndini, dòndini... ttelle... tole... dòndini... ioia... opi...» E quando infine si arrestarono su un misero spiazzale d'erba, dove due stenti alberi cittadini avevano messo le loro radici, e si riposarono a sedere su quell'erba, la felicità di Giuseppe, davanti a quella bellezza sublime, diventò quasi spavento; e si aggrappò con le due mani alla blusa del fratello. Era la prima volta in vita sua che vedeva un prato; e ogni stelo d'erba gli appariva illuminato dal di dentro, quasi contenesse un filo di luce verde. Così le foglie degli alberi erano centinaia di lampade, in cui si accendeva non solo il verde, e non solo i sette colori della scala, ma ancora altri colori sconosciuti. I casamenti popolari, intorno allo spiazzo, nella luce aperta del mattino, essi pure sembravano accendere le loro tinte per uno splendore interno, che li inargentava e li indorava come castelli altissimi. I rari vasi di geranio e di basilico alle finestre erano minuscole costellazioni, che illuminavano l'aria; e la gente vestita di colori era mossa intorno, per lo spiazzo, dallo stesso vento ritmico e grandioso che muove i cerchi celesti, con le loro nubi, i loro soli e le loro lune.

Una bandiera batteva al di sopra di un portone. Una farfalla cavolaia stava posata sopra una margherita... Giuseppe sussurrò:

«Dòndine...»

«No, questa non è una rondine, è un insetto! una farfalla! Dì: FARFALLA».

Giuseppe ebbe un sorriso incerto, che lasciava vedere i suoi primi denti di latte da poco nati. Ma non lo seppe dire. Il suo sorriso tremava.

«Annàmo forza! Dì: FARFALLA! Ahò! diventi scemo?! e mò che fai? piaggi?! se piangi, non ti ci porto più, a spasso!»

«Dòndine».

«No rondine! È una farfalla, t'ho detto! E io, come mi chiamo?»

«Ino».

«E lui, questo animale qua col collaretto, come si chiama?»

6. **fantasmagoria**: rapida successione, su uno schermo bianco, di immagini in movimento prodotti dalla "lanterna magica".
7. **Alhambra di Granata, orti di Shiraz**: qui usato nel senso generico di "luoghi meravigliosi".

«I».

«Bravo! Adesso ti riconosco!! E questa, allora, che è?»

«Lampàna».

«Macché lampàna! FARFALLA! A' scemo! E questo è *albero*. Dì: ALBERO! E quello laggiù è un ciclista. Dì: CICLISTA. Dì: *Piazza dei Sanniti!*»

«Lampàna. Lampàna. Lampàna!» esclamò Giuseppe, apposta per fare il buffo, questa volta. E rise a gola spiegata di se stesso, proprio come un buffone. Anche Nino rise, e perfino Blitz: tutti insieme come buffoni.

«Mò basta de scherzà. Mò se tratta de discorsi seri. La vedi, quella che sventola? È la bandiera. Dì: BANDIERA».

«Dandèla».

«Bravo. Bandiera tricolore».

«Addèla ole».

«Bravo. E adesso dì: eia eia alalà».

«Lallà».

«Bravo. E tu, come ti chiami? Sarebbe ora, che imparassi il nome tuo. Sai tutti i nomi del mondo, e il tuo non l'impari mai. Come ti chiami?»

«......»

«GIUSEPPE! Ripeti: GIUSEPPE!»

Allora il fratellino si concentrò, in una durata suprema di ricerca e di conquista. E traendo un sospiro, con viso pensieroso disse:

«Useppe».

La storia, Einaudi

Analisi del testo

La scoperta del mondo. Nell'opera di Elsa Morante, come è possibile rilevare dalle pagine che abbiamo letto, la resa perfettamente realistica della tragedia degli umili di fronte alla guerra s'intreccia in modo armonioso a una dimensione magica, straniante, quasi fiabesca, che è uno degli elementi piu innovativi della produzione romanzesca della scrittrice. La realtà è trasfigurata dalla fantasia, l'ingenua visione infantile trasforma in tesori d'inestimabile valore anche gli aspetti meno allettanti della vita quotidiana. I ristretti ambienti domestici, apparentemente privi di qualsiasi interesse, sono per Giuseppe un'inesauribile fonte di meraviglia: bastano uno straccio o una cartaccia «a rapirlo in un riso di stupore. Non c'è razionalità né logica nei criteri con cui il bambino denomina gli oggetti che lo circondano, semplicemente perché lui per essere felice non ha bisogno dell'una né dell'altra cosa: la sua fantasia gli permette di andare oltre ciò che tutti vedono per scoprire un mondo "altro", pieno di sorprese, in cui anche gli oggetti più umili esercitano la loro potente malia sull'osservatore.
L'infanzia è per Morante candida inconsapevolezza, ma è anche pienezza, gioia di vivere, immediata esuberanza: il bambino – e tutti coloro che si sforzano di penetrare il suo mondo – non è solo stupito, ma anche felice in quel suo modo dolcissimo e incontenibile.

Il "fanciullino". È facile notare il richiamo esplicito alla visione romantico-decadente del mondo, teorizzata da Pascoli nella prosa intitolata *Il fanciullino*. Il fanciullino vede la realtà con stupore e meraviglia, con la freschezza primigenia di chi osserva il mondo «come per la prima volta»: la sua è una conoscenza prerazionale, spontanea, proprio come lo è la conoscenza di Giuseppe.
Se per Pascoli il bambino scopre «le somiglianze e le relazioni più ingegnose» tra le cose, tacendosi interprete inconsapevole di realtà che vanno ben oltre l'apparenza, Morante, attraverso gli occhi di Giuseppe, rende possibile l'accostamento di una stella e di uno sputo in virtù di analogie invisibili alla maggior parte delle persone.

Un registro lessicale molto vario. Il registro lessicale cui la scrittrice fa ricorso è molto vario: nelle parti narrative abbondano termini raffinati ed elevati, nei dialoghi si passa a un registro diverso, che arriva addirittura alla forma dialettale. Si indugia in più occasioni sulle parole del piccolo, comiche nella loro dolce inesattezza, che esprimono la semplicità e il candore con cui Giuseppe s'accosta al mondo circostante.

Proposte di lavoro

1. Rifletti sulla figura di Giuseppe. Come viene descritta la sua visione del mondo? Ci sono oggetti che egli non ritiene degni della propria attenzione? Come lo spieghi? Che cosa lo accomuna al "fanciullino" pascoliano?
2. Individua tutti i giudizi espressi dalla voce narrante a proposito del bambino. Che immagine ne ricavi?
3. Sottolinea nel testo i punti in cui è possibile riconoscere un uso espressivo della lingua.

Incontro con l'autore
Italo Calvino

La vita e le opere

Italo Calvino (1923-85) nacque a Cuba, in un villaggio vicino all'Avana dove il padre lavorava come agronomo; quando aveva due anni, la famiglia rientrò in Italia, nell'originaria Sanremo. La cultura del padre, direttore della locale stazione sperimentale di floricoltura e della madre, botanica, alimentò in lui interessi scientifici che durarono sempre, anche se la sua formazione fu d'indirizzo umanistico-letterario.

Conclusi gli studi liceali a Sanremo, dove visse con la famiglia fino a vent'anni, Calvino si iscrive alla facoltà di agraria dell'università di Torino; ma non va oltre i primi esami. Tra il 1943 e il 1945, aggregatosi ai partigiani delle brigate "Garibaldi", partecipa alla Resistenza nella zona delle Alpi Marittime e aderisce al Partito comunista. Laureatosi in lettere all'università di Torino nel 1947, entra in contatto, in quella città, con l'ambiente della casa editrice Einaudi, particolarmente impegnata nel processo di rinnovamento della cultura italiana avviato nell'immediato dopoguerra. Qui conosce Cesare Pavese ed Elio Vittorini e questo incontro sarà decisivo per la sua formazione morale e culturale e per la sua carriera di scrittore. Sono gli anni della pubblicazione delle prime opere di Calvino e della sua **partecipazione alla vita politica**, come comunista militante e collaboratore dell'"Unità".

Negli anni successivi il rapporto tra intellettuali e partiti politici entra in crisi. Nel 1956 Calvino, con molti altri, abbandona il Partito comunista in seguito alla repressione da parte sovietica della rivolta scoppiata in Ungheria. Nel 1959 collabora con Vittorini alla direzione della rivista "Il Menabò", impegnata nel dibattito sul problema della letteratura. Ma tra la fine degli anni Cinquanta e i primi anni Sessanta la frattura tra Calvino e una parte dell'intellettualità italiana si approfondisce sempre più e, nel 1964, lo scrittore si trasferisce a Parigi, dove sposa un'argentina di origine russa. Non cessa tuttavia la sua intensa **partecipazione al dibattito culturale italiano** e all'attività della casa editrice Einaudi.

Nel 1980 si stabilisce di nuovo in Italia, a Roma, dove vive negli ultimi anni della sua vita pubblicando le sue opere saggistiche e le sue ultime opere letterarie e collaborando al quotidiano "la Repubblica". Il 19 settembre 1985 muore a Siena in seguito a un ictus cerebrale.

Tra le sue numerose opere narrative, sono da ricordare: *Il sentiero dei nidi di ragno* (1947), *Il visconte dimezzato* (1952), *Il barone rampante* (1957), *Il cavaliere inesistente* (1959), *La giornata di uno scrutatore* (1963), *Le Cosmicomiche* (1965), *Ti con zero* (1968), *Le città invisibili* (1972), *Il castello dei destini incrociati* (1973), *Se una notte d'inverno un viaggiatore* (1979), *Palomar* (1983). Di grande interesse sono anche la raccolta di *Fiabe italiane* che Calvino curò nel 1956, scegliendole e traducendole dalle raccolte folckloriche ottocentesche; la fiaba sociologica *Marcovaldo* (1963); le raccolte di saggi critici *Una pietra sopra* (1980) e *Collezione di sabbia* (1984); e *Sotto il sole giaguaro*, tre racconti apparsi postumi nel 1986.

Il contesto e la poetica

Calvino nel suo tempo

Fra gli scrittori italiani contemporanei, Italo Calvino rappresenta una delle personalità più affascinanti e interessanti di un periodo di trasformazione politica, sociale e culturale, in cui egli partecipò attivamente e in cui motivò la propria esperienza letteraria.

Egli aveva partecipato ancora molto giovane alla Resistenza e, nell'euforia del dopoguerra, condivise lo slancio ottimistico degli intellettuali, impegnati nella ricostruzione del paese su basi democratiche e nella fondazione di una nuova cultura. Erano gli anni del Neorealismo e della fiducia nella possibilità di **conciliare attività letteraria e attività politica**, per contribuire alla diffusione degli ideali antifascisti. In quel periodo Calvino pubblicò il suo primo romanzo, *Il sentiero dei nidi di ragno* (1947) e la raccolta di racconti *Ultimo viene il corvo* (1949), ambientati durante la Resistenza e legati a tematiche neorealiste. In essi sono già ampiamente presenti quegli aspetti di favola, di gioco e di avventura che diverranno fondamentali nella narrativa di Calvino.

Il pensiero dell'autore

La stagione degli entusiasmi e della fiducia in un ruolo politicamente attivo degli intellettuali non durò a lungo e già nei primi anni Cinquanta il Neorealismo era in crisi. Anche Calvino si allontanò sempre più da una visione della letteratura direttamente impegnata nei problemi politico-sociali, quindi in qualche modo condizionata da un compito educativo. Affermò invece il diritto per lo scrittore a una totale **libertà creativa ed espressiva**, che non significava però disimpegno e isolamento dalla realtà.

Il gusto di raccontare storie fantastiche e fiabesche si espresse appieno nei romanzi degli anni Cinquanta, *Il visconte dimezzato* (1952), *Il barone rampante* (1957), *Il cavaliere inesistente* (1959), che insieme formano una trilogia a cui l'autore diede il titolo *I nostri antenati*. Ma in queste opere, accanto all'**elemento fiabesco**, è presente l'**elemento razionale**: sono i due poli attorno ai quali sempre ruota la narrativa di Calvino. Le sue storie fantastiche non sono puri divertimenti ma contengono molti aspetti di analisi e di critica della società. Per Calvino, la favola, così come più avanti la raffinata fantascienza de *Le Cosmicomiche* (1965) e di *Ti con zero* (1967), non è mai solo evasione nel mondo dell'irreale e dell'assurdo, ma è lucida e ironica rappresentazione della realtà che, proprio perché capovolta, può essere osservata con maggior distacco e razionalità. Del resto, la penna duttile di Calvino si espresse in quegli anni anche nel registro realistico, come avviene ne *I racconti*, pubblicati nel 1958 e nel romanzo breve *La giornata di uno scrutatore*, del 1963.

Nonostante la consapevolezza pessimistica che la società opprime e spesso annienta l'individuo, emerge sempre da una parte lo slancio ottimistico verso la vita, dall'altra una ferma fiducia nella ragione dell'uomo. Questo atteggiamento razionalistico è forse la caratteristica dominante dell'opera di Calvino, accanto al divertimento dell'invenzione narrativa, al piacere di raccontare belle favole.

Il rapporto fra il mondo della realtà e quello della finzione narrativa, che simbolicamente lo rappresenta, diventa, nell'ultimo decennio della sua attività di scrittore, il tema su cui vertono le sue opere. In *Le città invisibili* (1972), *Il castello dei destini incrociati* (1973) e soprattutto *Se una notte d'inverno un viaggiatore* (1979), la complessa struttura, fatta di tanti intrecci appena suggeriti e di piani diversi, vuole rappresentare il complesso gioco della narrazione, chiamando direttamente in causa il lettore, il quale, attraverso il suo apporto creativo, dà ordine e finitezza all'opera.

Nella profonda evoluzione della narrativa di Calvino l'unico elemento costante è il **linguaggio**. Esso è sempre piano, limpido, preciso, sia nella sintassi, che si modella sul procedere logico del discorso, sia nel lessico, che non è mai caratterizzato da scelte dialettali o vicine al parlato e nemmeno da scelte di tipo lirico-evocativo, ma è sempre neutro e controllato.

Il sentiero dei nidi di ragno

Pubblicato nel 1947, *Il sentiero dei nidi di ragno* narra una vicenda ambientata in Liguria ai tempi della **guerra partigiana**. Il protagonista del romanzo, **Pin**, è un orfano di circa dieci anni, che vive con la sorella costretta a prostituirsi per vivere. La storia ha inizio nel momento in cui Pin, per una scommessa con alcuni compaesani, ruba a un soldato tedesco una pistola e viene perciò arrestato. In carcere, egli incontra Lupo Rosso, un giovane partigiano comunista che lo aiuta a fuggire. Pin crede di aver trovato in lui il "Grande Amico" di cui è in cerca, ma Lupo Rosso è in verità un fanatico che si disinteressa del bambino e lo abbandona alla prima occasione.

Pin (che nel frattempo ha nascosto la pistola in un posto segreto, dove i ragni fanno il loro nido) viene raccolto da un altro partigiano, Cugino, appartenente a uno strano distaccamento dove sono stati raggruppati personaggi nevrotici, piccoli delinquenti, combattenti inaffidabili e così via. Pin si inserisce abbastanza bene nel gruppo, ma presto le tensioni e le gelosie tra i vari membri esplodono, e in occasione di un'importante battaglia il gruppo si scioglie e il suo comandante viene arrestato.

Pin torna a casa e litiga con la sorella quando scopre che questa fa la spia per i fascisti. Tornato di notte al sentiero dei nidi di ragno per prendere la sua pistola, il bambino incontra Cugino, il quale gliela chiede in prestito per poter scendere in paese senza il mitra. Pin crede che Cugino voglia andare a trovare sua sorella, ma non sa che in realtà il partigiano ha l'incarico di uccidere la ragazza. Dopo aver compiuto la sua missione, il partigiano si allontana tenendo per mano il bambino, ingenuamente convinto di aver trovato "il Grande Amico" dei suoi sogni.

L'originalità e l'importanza del primo romanzo di Calvino stanno nella sua capacità di coniugare la **tematica resistenziale** con il punto di vista di un **personaggio infantile**, estraneo quindi a qualsiasi problema di tipo ideologico e politico. Accanto ai temi più tipici della narrativa neorealista (come i contrasti tra partigiani comunisti e non comunisti, o il valore positivo della lotta partigiana anche quando a combatterla siano personaggi moralmente discutibili o umanamente negativi), nel romanzo emergono con forza anche i **temi esistenziali**. Ne elenchiamo alcuni: la ricerca di un rapporto affettivo pieno, sincero, sereno (quello che Pin chiama "il Grande Amico"); l'incomprensione del protagonista nei confronti del mondo degli adulti dal quale resta sostanzialmente escluso (come simboleggia il fatto che egli, pur possedendo una pistola, non riesca mai a usarla); l'incertezza di fronte a una realtà che appare sempre ambigua, sfuggente o deludente (come del resto sintetizza lo stesso Pin nell'ultima frase che pronuncia nel libro: «le lucciole, viste da vicino, sono bestie schifose anche loro»).

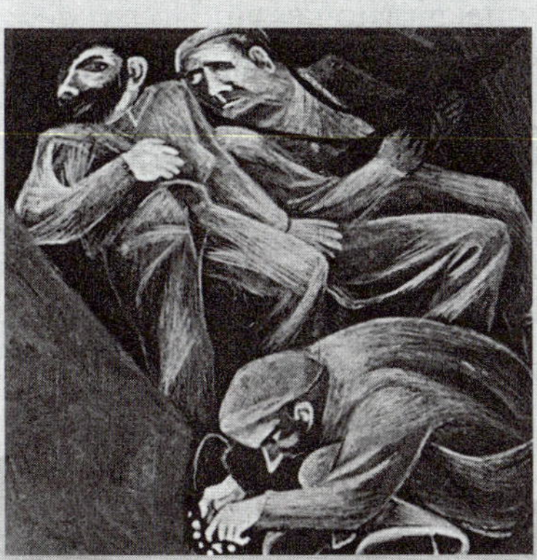

Opera
Il sentiero dei nidi di ragno
Epoca
XX secolo
Genere
romanzo
Lingua
italiano

Il sentiero dei nidi di ragno

Pin nel carrugio

Il brano che proponiamo è l'inizio del romanzo. Calvino presenta al lettore un paese non meglio precisato della Liguria, in cui si muove una folla di personaggi per lo più anonimi, tutti appartenenti alle classi più povere della società. Tra questi personaggi si staglia immediatamente la figura del protagonista, Pin, un bambino infelice, che assume pose da adulto e atteggiamenti cinici per darsi sicurezza, ma che in realtà rivela un profondo bisogno di tenerezza e di affetto, a cui il suo ambiente è incapace di rispondere.

Per arrivare fino in fondo al vicolo, i raggi del sole devono scendere diritti rasente le pareti fredde, tenute discoste a forza d'arcate[1] che traversano la striscia di cielo azzurro carico.

Scendono diritti, i raggi del sole, giù per le finestre messe qua e là in disordine sui muri, e cespi di basilico e di origano piantati dentro pentole ai davanzali, e sottovesti stese appese a corde; fin giù al selciato, fatto a gradini e a ciottoli, con una cunetta in mezzo per l'orina dei muli.

Basta un grido di Pin, un grido per incominciare una canzone, a naso all'aria sulla soglia della bottega, o un grido cacciato prima che la mano di Pietromagro il ciabattino gli sia scesa tra capo e collo per picchiarlo, perché dai davanzali nasca un'eco di richiami e d'insulti.

«Pin! Già a quest'ora cominci ad angosciarci! Cantacene un po' una, Pin! Pin, meschinetto,[2] cosa ti fanno? Pin, muso di macacco! Ti si seccasse la voce in gola, una volta! Tu e quel rubagalline del tuo padrone! Tu e quel materasso di tua sorella!»

Ma già Pin è in mezzo al carrugio, con le mani nelle tasche della giacca troppo da uomo per lui, che li guarda in faccia uno per uno senza ridere: «Di' Celestino, sta' un po' zitto, bel vestito nuovo che hai. E di', quel furto di stoffa ai Moli Nuovi, poi, non si sa ancora chi sia stato?[3] Be', che c'entra. Ciao Carolina, meno male quella volta. Sì, quella volta meno male tuo marito che non ha guardato sotto il letto. Anche tu, Pascà, m'han detto che è successo proprio al tuo paese. Sì, che Garibaldi ci ha portato il sapone e i tuoi paesani se lo son mangiato. Mangiasapone,[4] Pascà, mondoboia, lo sapete quanto costa il sapone?»

Pin ha una voce rauca da bambino vecchio: dice ogni battuta a bassa voce, serio, poi tutt'a un tratto sbotta in una risata in i che sembra un fischio e le lentiggini rosse e nere gli si affollano intorno agli occhi come un volo di vespe.

A canzonare[5] Pin c'è sempre da rimettere: conosce tutti i fatti del carrugio e non si sa mai cosa va a tirar fuori. Mattina e sera sotto le finestre a sgolarsi in canzoni e in gridi, mentre nella bottega di Pietromagro la montagna di scarpe sfondate tra poco seppellisce il deschetto[6] e trabocca in istrada.

«Pin! Macacco! Muso brutto!» gli grida qualche donna. «Mi risuolassi quelle ciabatte invece di starci ad angosciare tutto il giorno! È un mese che le avete lì nel mucchio. Lo dirò un po' io al tuo padrone, quando lo metteranno fuori!»

Pietromagro passa metà dell'anno in prigione, perché è nato disgraziato e quando c'è un furto nei dintorni finiscono sempre per mettere dentro lui. Torna e vede la montagna di scarpe sfondate e la bottega aperta senza dentro nessuno. Allora si siede al deschetto, piglia una scarpa, la gira, la rigira, la ributta nel mucchio; poi si prende la faccia pelosa tra le mani ossute, e sacramenta.[7] Pin arriva fischiando e ancora non sa niente: ed ecco che si trova davanti Pietromagro con quelle mani già alte nell'aria e quelle pupille incorniciate di giallo e quella faccia nera di barba corta come pelo di cane. Grida, ma Pietromagro l'ha acciuffato e non lo molla; quando è stanco di picchiarlo lo lascia in bottega e s'infila all'osteria. Per quel giorno nessuno lo rivede.

La sera, ogni due giorni, dalla sorella di Pin viene il marinaio tedesco. Pin lo aspetta nel carrugio ogni volta mentre sale, per chiedergli una sigaretta; i primi tempi era generoso e ne regalava anche tre, quattro per volta. Prendere in giro il marinaio tedesco è facile perché lui non capisce e guarda con quella faccia quagliata,[8] senza contorno, rasa fin sulle tempie. Poi, quando se n'è andato, gli si possono fare gli sberleffi dietro, sicuri che non si volta; è ridicolo visto di dietro, con quei due nastri neri che gli scendono dal berretto marinaio fino al sedere lasciato scoperto dal giubbetto corto, un sedere carnoso, da donna, con una grossa pistola tedesca poggiata sopra.

1. tenute... d'arcate: gli archi di sostegno delle alte pareti delle tipiche case liguri sembra quasi che aiutino a tenerle distanti per lasciar penetrare la luce e la vista del cielo.
2. meschinetto: disgraziato, poverino.
3. chi sia stato: l'allusione di Pin è evidente: il vestito nuovo di Celestino naturalmente è una conseguenza del furto da lui compiuto.
4. Mangiasapone: termine offensivo con cui venivano indicati i meridionali (Pascà, Pasquale, è infatti un nome tipicamente napoletano); all'epoca dei fatti l'emigrazione interna era ancora molto scarsa.
5. canzonare: prendere in giro.
6. tra poco... il deschetto: quasi seppellisce il tavolino da lavoro (*deschetto*) del ciabattino.
7. sacramenta: bestemmia.
8. quagliata: pallida e molliccia, tale da ricordare il latte cagliato.

«Ruffiano... Ruffiano...» dice la gente a Pin dalle finestre, sottovoce perché con quei tipi è meglio non scherzare.

«Cornuti... Cornuti...» risponde Pin facendo loro il verso e ingozzandosi di fumo gola e naso, fumo ancora aspro e ruvido contro la sua gola di bambino, ma di cui bisogna ingozzarsi fino a farsi lagrimare gli occhi e tossire con rabbia, non si sa bene il perché. Poi, con la sigaretta in bocca, andare all'osteria e dire: «Mondoboia, chi mi paga un bicchiere gli dico una cosa che poi mi dice grazie».

All'osteria ci sono sempre gli stessi, tutt'il giorno, da anni, a gomiti sui tavoli e menti sui pugni che guardano le mosche sull'incerato[9] e l'ombra viola in fondo ai bicchieri.

«Che c'è» dice Miscèl il Francese. «Tua sorella ha ribassato i prezzi?»

Gli altri ridono e picchiano pugni sullo zinco: «Te la sei presa questa volta, Pin, la risposta!»

Pin è lì che lo guarda di sotto in su attraverso la frangia di capelli spinosi che gli mangia[10] la fronte.

«Mondoboia, proprio come pensavo io. Guardate un poco, pensa sempre a mia sorella. Vi dico, non smette mai di pensarci: s'è innamorato. Di mia sorella s'è innamorato, che coraggio...»

Gli altri ridono a gola spiegata e lo scappellottano e gli versano un bicchiere. Il vino non piace a Pin: è aspro contro la gola e arriccia la pelle e mette addosso una smania di ridere, gridare ed essere cattivi. Pure lo beve, tracanna bicchieri tutto d'un fiato come inghiotte fumo, come alla notte spia con schifo la sorella sul letto insieme a uomini nudi, e il vederla è come una carezza ruvida, sotto la pelle, un gusto aspro, come tutte le cose degli uomini; fumo, vino, donne.

Il sentiero dei nidi di ragno, A. Mondadori

9. **sull'incerato:** sulla tipica tovaglia di tela cerata che copre i tavoli delle osterie.

10. **gli mangia:** gli copre, gli rende invisibile.

Analisi del testo

La luce della ragione. Il romanzo si apre con una descrizione d'ambiente breve ma importante. Calvino concentra l'attenzione del lettore sul fatto che i raggi del sole faticano a raggiungere il fondo del vicolo in cui si muovono i personaggi e che la vista del cielo è ridotta a una striscia d'azzurro carico. Si tratta di una descrizione in cui gli elementi realistici (la strettezza dei tipici carrugi liguri) assumono un valore simbolico che si chiarirà nel corso del romanzo: la luce della ragione è uno strumento debole di fronte a una realtà a tratti incomprensibile.

All'interno di questo ambiente si muovono i personaggi, tra cui spicca immediatamente il protagonista. Pin è un personaggio complesso: è un bambino che frequenta gli adulti e quindi assume spesso atteggiamenti e modi di fare da adulto, ma nello stesso tempo resta bambino e vive quindi con disagio la propria condizione, dato che il mondo degli adulti gli resta misterioso e incomprensibile.

Il desiderio di crescere. La condizione di disagio esistenziale di Pin si esprime anzitutto nell'incapacità di affermare la propria personalità.

Tutto il romanzo si basa su una serie di avventure legate al desiderio di Pin di crescere. Ma alla fine del libro Pin sarà ancora un bambino, non sarà riuscito a usare la pistola di cui si è impadronito e non arriverà a capire che il "Grande Amico" a cui si affida fiducioso è in realtà l'assassino della sorella.

Elementi realistici e temi esistenziali. *Il sentiero dei nidi di ragno* si caratterizza per la compresenza di elementi realistici e di temi esistenziali. Identificano il romanzo come tipicamente neorealista la descrizione dell'ambiente sociale di Pin, l'importanza che nel testo assumono i dialoghi, il carattere a volte documentario della pagina.

Calvino, scegliendo come protagonista un bambino, attribuisce alla vicenda intera un valore universale.

Proposte di lavoro

1. Quando fu pubblicato *Il sentiero dei nidi di ragno*? Chi sono i personaggi principali? In quale contesto geografico e storico è ambientata l'opera? A quale genere letterario appartiene?
2. Costruisci un ritratto fisico e psicologico di Pin, facendo precisi riferimenti al testo letto. Rileva i particolari che ne mettono in evidenza la complessità, il disagio esistenziale, il desiderio di diventare adulto.
3. Quali collegamenti puoi istituire tra il romanzo di Calvino e il contesto storico, biografico e culturale nel quale lo scrittore è vissuto? Motiva le tue risposte.
4. La scelta di Calvino di fare protagonista del suo romanzo un bambino risulta particolarmente originale e importante.
   - Illustra e commenta quest'affermazione con precisi riferimenti al testo.

Il barone rampante

Nel romanzo *Il barone rampante*, il secondo della trilogia *I nostri antenati*, l'elemento della **fiaba** e dell'**avventura** decisamente prevale. È infatti la storia fantastica di Cosimo Piovasco di Rondò, nobiluomo del Settecento che, ancora bambino, per sottrarsi alle imposizioni di un'educazione rigida e conformista, ai suoi occhi ingiusta, decide un bel giorno di salire sugli alberi e di non discenderne mai più.

Cosimo dunque si ritira dalla società degli uomini e si dà regole di vita completamente nuove; ma non per questo si isola. Anche se sollevato di alcuni metri da terra, continua ad avere rapporti con il mondo che lo circonda e anzi, trovandosi così distaccato e al di sopra delle cose, è in grado di giudicarle con maggiore saggezza e può impartire agli altri i suoi buoni consigli.

Nel corso del romanzo s'innamora, incontra i personaggi più diversi, tra i quali Napoleone, vive ogni sorta d'avventura. Alla fine, vecchio e ammalato, trovandosi in punto di morte, si aggrappa alla fune di una mongolfiera e scompare.

Come tutte le favole di Calvino, anche questa ha molti **contatti con la realtà**, non solo con quella del Settecento, in cui la favola è ambientata, ma anche con quella dei nostri giorni.

Attraverso i rapporti di Cosimo con il mondo sottostante, i suoi discorsi e le sue riflessioni, l'autore affronta simbolicamente molti dei problemi della società: il rapporto fra le classi, l'organizzazione del potere, il rapporto fra l'uomo e la natura.

Allegoria del rifiuto di un mondo assurdo e ingiusto per costruirne uno nuovo più razionale, la favola del barone rampante ha dunque **profondi significati morali**. Questi però non sono né univoci né dichiarati, e tocca al lettore scoprirli e scegliere quello tra essi che gli sembra più significativo.

Ciò che sicuramente l'autore ci comunica attraverso questo racconto è la sua fiducia nel valore positivo delle scelte della ragione e della volontà per affrontare l'ingiustizia che è nel mondo.

Opera **Il barone rampante**
Epoca **XX secolo**
Genere **romanzo**
Lingua **italiano**

Il barone rampante

La ribellione di Cosimo

Il primo capitolo del romanzo, dopo la presentazione dei personaggi, è dedicato al racconto dell'episodio che spinge Cosimo a salire sugli alberi e a restarci per tutta la vita. L'occasione della sua incredibile ribellione è offerta da un avvenimento tutto sommato insignificante: la sorella Battista, abilissima cuoca, ma dotata di gusti macabri e orripilanti, prepara un piatto di lumache che Cosimo rifiuta di mangiare, manifestando simbolicamente in questo modo il proprio rifiuto per l'intero ambiente familiare.
La narrazione è affidata alla voce del fratello minore di Cosimo, Biagio, che racconta la vicenda quando è ormai vecchio, a distanza di molti anni dai fatti.

Il suo[1] animo tristo[2] s'esplicava soprattutto nella cucina. Era bravissima nel cucinare, perché non le mancava né la diligenza né la fantasia, doti prime d'ogni cuoca, ma dove metteva le mani lei non si sapeva che sorprese mai potessero arrivarci in tavola: certi crostini di paté, aveva preparato una volta, finissimi a dire il vero, di fegato di topo, e non ce l'aveva detto che quando li avevamo mangiati e trovati buoni; per non dire delle zampe di cavalletta, quelle di dietro, dure e seghettate, messe a mosaico su una torta; e i codini di porco arrostiti come fossero ciambelle; e quella volta che fece cuocere un porcospino intero, con tutte le spine, chissà perché, certo solo per farci impressione quando si sollevò il coprivivande, perché neanche lei, che pure mangiava sempre ogni razza di roba che avesse preparato, lo volle assaggiare, ancorché fosse un porcospino cucciolo, rosa, certo tenero. Infatti, molta di questa sua orrenda cucina era studiata solo per la figura, più che per il piacere di farci gustare insieme a lei cibi dai sapori raccapriccianti. Erano, questi piatti di Battista, delle opere di finissima oraferia animale o vegetale: teste di cavolfiore con orecchie di lepre poste su un colletto di pelo di lepre; o una testa di porco dalla cui bocca usciva, come cacciasse fuori la lingua, un'aragosta rossa, e l'aragosta nelle pinze teneva la lingua del maiale come se glie l'avesse strappata. Poi le lumache: era riuscita a decapitare non so quante lumache, e le teste, quelle teste di cavallucci molli molli, le aveva infisse, credo con uno stecchino, ognuna su un bignè, e parevano, come vennero in tavola, uno stormo di piccolissimi cigni. E ancor più della vista di quei manicaretti faceva impressione pensare dello zelante accanimento che certo Battista v'aveva messo a prepararli, immaginare le sue mani sottili mentre smembravano quei corpicini d'animali.

Il modo in cui le lumache eccitavano la macabra fantasia di nostra sorella, ci spinse, mio fratello e me, a una ribellione, che era insieme di solidarietà con le povere bestie straziate,[3] di disgusto per il sapore delle lumache cotte e d'insofferenza per tutto e per tutti, tanto che non c'è da stupirsi se di lì Cosimo maturò il suo gesto e quel che ne seguì.

Avevamo architettato un piano. Come il Cavalier Avvocato[4] portava a casa un canestro pieno di lumache mangerecce, queste erano messe in cantina in un barile, perché stessero in digiuno, mangiando solo crusca, e si purgassero. A spostare la copertura di tavole di questo barile appariva una specie d'inferno, in cui le lumache si muovevano su per le doghe[5] con una lentezza che era già un presagio d'agonia, tra rimasugli di crusca, strie[6] d'opaca bava aggrumata e lumacheschi escrementi colorati, memoria del bel tempo dell'aria aperta e delle erbe. Quale[7] di loro era tutta fuori del guscio, a capo proteso e corna divaricate, quale tutta rattrappita in sé, sporgendo solo diffidenti antenne; altre a crocchio come comari, altre addormentate e chiuse, altre morte con la chiocciola riversa. Per salvarle dall'incontro con quella sinistra cuoca, e per salvare noi dalle sue imbandigioni,[8] praticammo un foro nel fondo del barile, e di lì tracciammo, con fili d'erba tritata e miele, una strada il più possibile nascosta, dietro botti e attrezzi della cantina, per attrarre le lumache sulla via della fuga, fino a una finestrella che dava in un'aiola incolta e sterposa.

Il giorno dopo, quando scendemmo in cantina a controllare gli effetti del nostro piano, e a lume di candela ispezionammo i muri e gli anditi,[9] «Una qui!... E un'altra qua!... E vedi questa dov'è arrivata!» già una fila di lumache a non lunghi intervalli percorreva dal barile alla finestrella il pavimento e i muri, seguendo la nostra traccia. «Presto, lumachine! Fate presto, scappate!» non potemmo trattenerci dal dir loro, vedendo le bestiole andare lemme lemme,[10] non senza deviare in giri oziosi sulle ruvide pareti della cantina, attratte da occasionali depositi e muffe e ingrommature;[11] ma la cantina era buia, ingombra, accidentata: speravamo che nessuno potesse scoprirle, che avessero il tempo di scappare tutte.

Invece, quell'anima senza pace di nostra sorella Battista percorreva la notte tutta la casa a caccia di topi, reggendo un candeliere, e con lo schioppo sotto il braccio. Passò in cantina, quella notte, e la luce del candeliere illuminò una lumaca sbandata sul soffitto, con la scia di bava argentea. Risuonò una fucilata. Tutti nei letti sobbalzammo, ma subito riaffondammo il capo nei guanciali, avvezzi com'eravamo alle cacce notturne della monaca di casa. Ma Battista, distrutta la lumaca e fatto crollare un pezzo d'intonaco con quella schioppettata irragionevole, cominciò a gridare con la sua vocetta stridula: «Aiuto!

1. **suo:** di Battista, la sorella maggiore di Cosimo e Biagio, «monaca di casa».
2. **tristo:** malvagio.
3. **straziate:** torturate.
4. **il Cavalier Avvocato:** lo zio dei due ragazzi, che vive in famiglia con loro.
5. **le doghe:** le assi ricurve che formano il corpo della botte.
6. **strie:** striature.
7. **Quale:** qualcuna.
8. **imbandigioni:** cibi.
9. **gli anditi:** gli angoli, le rientranze delle pareti.
10. **lemme lemme:** lentamente.
11. **ingrommature:** incrostazioni.

Scappano tutte! Aiuto!» Accorsero i servi mezzo spogliati, nostro padre armato d'una sciabola, l'Abate[12] senza parrucca, e il Cavalier Avvocato, prim'ancora di capir nulla, per paura di seccature scappò nei campi e andò a dormire in un pagliaio.

Al chiaror delle torce tutti si misero a dar la caccia alle lumache per la cantina, sebbene a nessuno stessero a cuore, ma ormai erano svegliati e non volevano, per il solito amor proprio, ammettere d'esser stati disturbati per nulla. Scoprirono il buco nel barile e capirono subito che eravamo stati noi. Nostro padre ci venne ad agguantare in letto, con la frusta del cocchiere. Finimmo ricoperti di striature viola sulla schiena le natiche e le gambe, chiusi nello stanzino squallido che ci faceva da prigione.

Ci tennero lì tre giorni, a pane acqua insalata cotenne di bue e minestrone freddo (che, fortunatamente, ci piaceva). Poi, primo pasto in famiglia, come niente fosse stato, tutti a puntino, quel mezzogiorno del 15 giugno:[13] e cos'aveva preparato nostra sorella Battista, sovrintendente alla cucina? Zuppa di lumache e pietanza di lumache. Cosimo non volle toccare neanche un guscio. «Mangiate o subito vi richiudiamo nello stanzino!» Io cedetti, e cominciai a trangugiare quei molluschi. (Fu un po' una viltà, da parte mia, e fece sì che mio fratello si sentisse più solo, cosicché nel suo lasciarci c'era anche una protesta contro di me, che l'avevo deluso; ma avevo solo otto anni, e poi a che vale paragonare la mia forza di volontà, anzi, quella che potevo avere da bambino, con l'ostinazione sovrumana che contrassegnò la vita di mio fratello?)

«E allora?» disse nostro padre a Cosimo.

«No, e poi no!» fece Cosimo, e respinse il piatto.

«Via da questa tavola!»

Ma già Cosimo aveva voltato le spalle a tutti noi e stava uscendo dalla sala.

«Dove vai?» Lo vedevamo dalla porta a vetri mentre nel vestibolo[14] prendeva il suo tricorno[15] e il suo spadino.

«Lo so io!» Corse in giardino.

Di lì a poco, dalle finestre, lo vedemmo che s'arrampicava su per l'elce.[16] Era vestito e acconciato[17] con grande proprietà, come nostro padre voleva venisse a tavola, nonostante i suoi dodici anni: capelli incipriati col nastro al codino, tricorno, cravatta di pizzo, marsina[18] verde a code, calzonetti color malva,[19] spadino, e lunghe ghette[20] di pelle bianca a mezza coscia, unica concessione a un modo di vestirsi più intonato alla nostra vita campagnola. (Io, avendo solo otto anni, ero esentato dalla cipria sui capelli, se non nelle occasioni di gala, e dallo spadino, che pure mi sarebbe piaciuto portare.) Così egli saliva per il nodoso albero, muovendo braccia e gambe per i rami con la sicurezza e la rapidità che gli venivano dalla lunga pratica fatta insieme.

Ho già detto che sugli alberi noi trascorrevamo ore e ore, e non per motivi utilitari come fanno tanti ragazzi, che ci salgono solo per cercar frutta o nidi d'uccelli, ma per il piacere di superare difficili bugne del tronco e inforcature, e arrivare più in alto che si poteva, e trovare bei posti dove fermarci a guardare il mondo laggiù, a fare scherzi e voci a chi passava sotto. Trovai quindi naturale che il primo pensiero di Cosimo, a quell'ingiusto accanirsi contro di lui, fosse stato d'arrampicarsi sull'elce, albero a noi familiare, e che protendendo i rami all'altezza delle finestre della sala, imponeva il suo contegno sdegnoso e offeso alla vista di tutta la famiglia.

«Vorsicht! Vorsicht![21] Ora casca, poverino!» esclamò piena d'ansia nostra madre, che ci avrebbe visto volentieri alla carica sotto le cannonate,[22] ma intanto stava in pena per ogni

12. **l'Abate:** il precettore francese dei due ragazzi.
13. **quel mezzogiorno del 15 giugno:** la data è ormai nota al lettore, perché Biagio ne ha già parlato più volte in precedenza.
14. **vestibolo:** atrio, ingresso della casa.
15. **tricorno:** cappello a tre punte, usato dagli aristocratici del Settecento.
16. **l'elce:** grande albero simile alla quercia.
17. **acconciato:** pettinato.
18. **marsina:** giacca lunga fino al ginocchio.
19. **color malva:** rosa scuro.
20. **ghette:** soprascarpe.
21. **Vorsicht:** in tedesco, "Attenzione!".
22. **cannonate:** la madre dei due ragazzi, di origini prussiane, ha la mania della guerra e del militarismo.

nostro gioco. Cosimo salì fino alla forcella d'un grosso ramo dove poteva stare comodo, e si sedette lì, a gambe penzoloni, a braccia incrociate con le mani sotto le ascelle, la testa insaccata nelle spalle, il tricorno calcato sulla fronte.

Nostro padre si sporse dal davanzale. «Quando sarai stanco di star lì cambierai idea!» gli gridò.

«Non cambierò mai idea,» fece mio fratello, dal ramo.

«Ti farò vedere io, appena scendi!»

«E io non scenderò più!» E mantenne la parola.

Il barone rampante, A. Mondadori

Analisi del testo

La decisione di Cosimo. L'elemento che emerge con forza particolare dalle prime pagine del romanzo è l'ambiente familiare poco affettuoso in cui vive Cosimo. Il padre è uno sciocco, impegnato nella difesa dei suoi supposti diritti sul ducato di Ombrosa e incapace di capire che il mondo sta cambiando e che è in atto una grande rivoluzione. La madre è una donna fredda e scostante, ossessionata dall'ordine e dalle regole, che vorrebbe trasformare la sua casa in una caserma e tutta la vita in un servizio militare. Lo zio è un profittatore; l'Abate che dovrebbe educare i due ragazzi un inetto. Non stupisce che la prima figlia, Battista, abbia problemi di natura nervosa e manifesti la propria nevrosi torturando poveri animali innocenti.
Cosimo è l'unico personaggio capace di ribellarsi a questo stato di cose e di affermare la propria personalità. Naturalmente, lo fa in maniera un po' balzana, animato da una cocciutaggine anormale, ma sicuramente la sua decisione di non mangiare le lumache e di abbandonare per sempre la famiglia ha un profondo valore simbolico. Cosimo, salendo sugli alberi, rifiuta infatti la "normalità" della sua famiglia, le convenzioni sociali, i piccoli riti quotidiani, le crudeltà che si nascondono nella vita di tutti i giorni, in cucina o nei rapporti tra fratelli.

La voce narrante. La vicenda è narrata dal fratello minore del protagonista, Biagio. I due fratelli sono molto diversi tra loro: mentre Cosimo ha un carattere deciso, appassionato, ribelle, ed è capace di portare fino in fondo le decisioni prese, Biagio è un ragazzo più debole (cede quasi subito e accetta di mangiare le lumache, che pure gli procurano disgusto), nel corso della sua vita non si sposerà e non conoscerà l'amore, non parteciperà attivamente alla vita del paese, al contrario del fratello, che, essendo barone, alla morte del padre assumerà un ruolo ufficiale e importante. È comprensibile che Biagio abbia nei confronti del fratello un atteggiamento ambiguo: da un lato lo ammira per la sua decisione e per il suo coraggio, dall'altro lo invidia (per lo spadino, per esempio, per il titolo di barone, ma soprattutto per la vita avventurosa che Cosimo vive e che a lui è negata) e non perde occasione per criticarlo. Il lettore deve perciò stare attento a non condividere passivamente tutti i giudizi espressi dalla voce narrante.

Alla base, una metafora. Calvino costruisce il suo romanzo sulla base di una metafora. Essa viene espressa nella frase: «Scendi dall'albero!», rivolta a chi sembra distratto o disinteressato a ciò che lo circonda.
Calvino prende questa metafora alla lettera, ma ne capovolge il senso: Cosimo, che vive tutta la vita sugli alberi, è il personaggio più attivo del romanzo. Egli non solo partecipa alla vita della famiglia e della comunità, ma è in contatto epistolare con i filosofi illuministi Diderot e Voltaire, incontra Napoleone e prende parte a guerre, rivoluzioni, esili e così via.
Il tema dell'impegno politico, che verrà ampiamente sviluppato in seguito, nel primo episodio del romanzo è solo accennato, ma senza dubbio la ribellione di Cosimo è una piccola anticipazione della Rivoluzione francese, l'avvenimento che alla fine del XVIII secolo capovolgerà tutti i princìpi politici consolidati.

Proposte di lavoro

1. Riassumi brevemente la trama del *Barone rampante*.
2. Rispondi alle seguenti domande.
   - Quale episodio spinge Cosimo a ribellarsi?
   - Come si chiama l'"abilissima cuoca" del brano?
   - Con quali gesti si manifesta la ribellione di Cosimo?
   - A chi è affidata e quando avviene la narrazione?
   - A quale genere letterario ti sembra appartenere questo testo? Motiva la tua risposta.
3. I due fratelli sono i protagonisti della vicenda: mettine in evidenza i temperamenti e i caratteri molto diversi, facendo precisi riferimenti alle parole dell'autore. Qual è l'atteggiamento di Biagio nei confronti di Cosimo? Motiva la tua risposta.
4. Quale valore simbolico assume il gesto di ribellione di Cosimo? Motiva la tua risposta.
5. Nel brano e nell'intero romanzo sembra prevalere la dimensione fantastica e avventurosa, tuttavia Calvino utilizza la fantasia e il fiabesco per affrontare simbolicamente molti problemi della società. Illustra e commenta questo aspetto.
6. Tutto il romanzo è costruito sulla situazione paradossale di un uomo che, pur vivendo "sulle nuvole", in verità risulta più efficacemente capace di osservare e di vivere la realtà di quanti "stanno con i piedi per terra".
   - Illustra e commenta quest'affermazione.
   - In che senso si può parlare di "impegno politico" in un romanzo così apparentemente svagato?

Le Cosmicomiche

La multiforme e inesauribile fantasia di Calvino passa dal racconto favolistico a quello fantascientifico. *Le Cosmicomiche*, pubblicate nel 1965, sono un gruppo di racconti in cui lo scrittore, attingendo alla sua cultura scientifica e riprendendo una passione giovanile per le teorie astronomiche e cosmologiche, si accosta alle tematiche e allo stile della **fantascienza**. Si tratta di una fantascienza molto particolare che, invece di proiettarsi con l'immaginazione nel futuro, va **a ritroso nel tempo** fino alla lontanissima origine dell'universo e della vita, di cui nessuno sa nulla di preciso e su cui si possono fare affascinanti congetture. E naturalmente le congetture di Calvino sono fantasie che non vogliono avere valore scientifico ma ancora una volta dire qualcosa sull'uomo, sulla sua storia e sulla sua intima natura. Calvino ricostruisce quasi dei **moderni miti d'origine**, simili a quelli che i nostri antichi progenitori creavano per spiegare la propria origine e che senso aveva il loro essere sulla terra.

Se il protagonista de *Il barone rampante* si era ritirato dal mondo e lo osservava dall'alto degli alberi, per capirlo meglio, qui il personaggio principale, che narra in prima persona, guarda il mondo da una distanza siderale. Egli è un mitico saggio dal nome impronunciabile, Qfwfq, giovane e vecchio al tempo stesso, che vaga nel tempo e nello spazio ed è insieme nostro antenato e nostro contemporaneo. Ma anche i suoi racconti, pur così fantasticamente irreali e lontani dalla concretezza del quotidiano, rappresentano con umanissima ironia gli atteggiamenti e i sentimenti degli uomini reali di tutti i tempi.

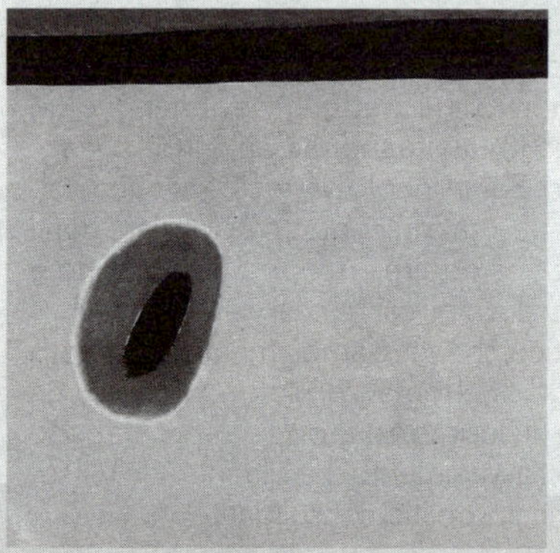

Opera
Le Cosmicomiche
Epoca
XX secolo
Genere
romanzo
Lingua
italiano

Le Cosmicomiche

Tutto in un punto

Il racconto che abbiamo scelto trae spunto dalla teoria che la materia di cui è composto l'universo, prima di cominciare a espandersi, era tutta concentrata in un punto.
Da questa premessa scientifica, Calvino si diverte a immaginare una serie di assurde situazioni in cui si vengono a trovare gli abitanti di quel punto, tutti sovrapposti uno all'altro. Sono in realtà situazioni che si riferiscono alla quotidianità dei nostri rapporti, alle intolleranze, alle insofferenze e agli odi che dividono gli uomini e, insieme, al loro grande bisogno di affetto e calore umano. Questo è rappresentato dalla concretissima immagine di due grandi braccia materne che preparano le tagliatelle. Ed è da uno slancio d'amore che lo scrittore, alla fine, in modo molto suggestivo, immagina che abbia avuto inizio l'espansione dell'universo da cui avrà origine la vita.

Attraverso i calcoli iniziati da Edwin P. Hubble sulla velocità d'allontanamento delle galassie,[1] si può stabilire il momento in cui tutta la materia dell'universo era concentrata in un punto solo, prima di cominciare a espandersi nello spazio.

1. **galassie:** sistemi costituiti da centinaia di miliardi di stelle e da materia cosmica diffusa negli spazi interstellari.

Si capisce che si stava tutti lì, – fece il vecchio Qfwfq, – e dove, altrimenti? Che ci potesse essere lo spazio, nessuno ancora lo sapeva. E il tempo, idem: cosa volete che ce ne facessimo, del tempo, stando lì pigiati come acciughe?

Ho detto «pigiati come acciughe» tanto per usare una immagine letteraria: in realtà non c'era spazio nemmeno per pigiarci. Ogni punto d'ognuno di noi coincideva con ogni punto di ognuno degli altri in un punto unico che era quello in cui stavamo tutti. Insomma, non ci davamo nemmeno fastidio, se non sotto l'aspetto del carattere, perché quando non c'è spazio, aver sempre tra i piedi un antipatico come il signor Pbert Pberd è la cosa più seccante.

Quanti eravamo? Eh, non ho mai potuto rendermene conto nemmeno approssimativamente. Per contarsi, ci si deve staccare almeno un pochino uno dall'altro, invece occupavamo tutti quello stesso punto. Al contrario di quel che può sembrare, non era una situazione che favorisse la socievolezza; so che per esempio in altre epoche tra vicini ci si frequenta; lì invece, per il fatto che vicini si era tutti, non ci si diceva neppure buongiorno o buonasera.

Ognuno finiva per aver rapporti solo con un ristretto numero di conoscenti. Quelli che ricordo io sono soprattutto la signora Ph(i)Nko, il suo amico De XuaeauX, una famiglia di immigrati, certi Z'zu, e il signor Pbert Pberd che ho già nominato. C'era anche una donna delle pulizie – «addetta alla manutenzione», veniva chiamata –, una sola per tutto l'universo, dato l'ambiente così piccolo. A dire il vero, non aveva niente da fare tutto il giorno, nemmeno spolverare – dentro un punto non può entrarci neanche un granello di polvere –, e si sfogava in continui pettegolezzi e piagnistei.

Già con questi che vi ho detto si sarebbe stati in soprannumero; aggiungi poi la roba che dovevamo tenere lì ammucchiata: tutto il materiale che sarebbe poi servito a formare l'universo, smontato e concentrato in maniera che non riuscivi a riconoscere quel che in seguito sarebbe andato a far parte dell'astronomia (come la nebulosa d'Andromeda) da quel che era destinato alla geografia (per esempio i Vosgi[2]) o alla chimica (come certi isotopi del berillio[3]). In più si urtava sempre nelle masserizie della famiglia Z'zu, brande, materassi, ceste; questi Z'zu, se non si stava attenti, con la scusa che erano una famiglia numerosa, facevano come se al mondo ci fossero solo loro: pretendevano perfino di appendere delle corde attraverso il punto per stendere la biancheria.

Anche gli altri però avevano i loro torti verso gli Z'zu, a cominciare da quella definizione di «immigrati»,[4] basata sulla pretesa che, mentre gli altri erano lì da prima, loro fossero venuti dopo. Che questo fosse un pregiudizio senza fondamento, mi par chiaro, dato che non esisteva né un prima né un dopo né un altrove da cui immigrare, ma c'era chi sosteneva che il concetto di «immigrato» poteva esser inteso allo stato puro, cioè indipendentemente dallo spazio e dal tempo.

Era una mentalità, diciamolo, ristretta, quella che avevamo allora, meschina. Colpa dell'ambiente in cui ci eravamo formati. Una mentalità che è rimasta in fondo a tutti noi, badate: continua a saltar fuori ancor oggi, se per caso due di noi s'incontrano – alla fermata d'un autobus, in un cinema, in un congresso internazionale di dentisti –, e si mettono a ricordare di allora. Ci salutiamo – alle volte è qualcuno che riconosce me, alle volte sono io a riconoscere qualcuno –, e subito prendiamo a domandarci dell'uno e dell'altro (anche se ognuno ricorda solo qualcuno di quelli ricordati dagli altri), e così si riattacca con le beghe di un tempo, le malignità, le denigrazioni. Finché non si nomina la signora Ph(i)Nko – tutti i discorsi vanno sempre a finir lì –, e allora di colpo le meschinità vengono lasciate da parte, e ci si sente sollevati come in una commozione beata e generosa. La signora Ph(i)Nko, la sola che nessuno di noi ha dimenticato e che tutti rimpiangiamo. Do-

2. **Vosgi:** catena montuosa della Francia.
3. **berillio:** metallo raro, leggero, richiesto dalla tecnologia nucleare. Sono isotopi di un elemento atomi che hanno lo stesso numero atomico e differente numero di neutroni.
4. **immigrati:** allusione ironica alle tensioni e ai pregiudizi che spesso sorgono nei confronti di chi è originario di un altro paese.

ve è finita? Da tempo ho smesso di cercarla: la signora Ph(i)Nko, il suo seno, i suoi fianchi, la sua vestaglia arancione, non la incontreremo più, né in questo sistema di galassie né in un altro.

Sia ben chiaro, a me la teoria che l'universo, dopo aver raggiunto un estremo di rarefazione, tornerà a condensarsi, e che quindi ci toccherà di ritrovarci in quel punto per poi ricominciare, non mi ha mai persuaso. Eppure tanti di noi non fan conto che su quello, continuano a far progetti per quando si sarà di nuovo tutti lì. Il mese scorso, entro al caffè qui all'angolo e chi vedo? Il signor Pbert Pberd. – Che fa di bello? Come mai da queste parti? – Apprendo che ha una rappresentanza di materie plastiche, a Pavia. È rimasto tal quale, col suo dente d'argento, e le bretelle a fiori. – Quando si tornerà là, – mi dice, sottovoce, – la cosa cui bisogna stare attenti è che stavolta certa gente rimanga fuori... Ci siamo capiti: quegli Z'zu...

Avrei voluto rispondergli che questo discorso l'ho sentito già fare a più d'uno di noi, che aggiungeva: «ci siamo capiti... il signor Pbert Pberd...»

Per non lasciarmi portare su questa china, m'affrettai a dire: – E la signora Ph(i)Nko, crede che la ritroveremo?

– Ah, sì... Lei sì... – fece lui, imporporandosi. Per tutti noi la speranza di ritornare nel punto è soprattutto quella di trovarci ancora insieme alla signora Ph(i)Nko. (È così anche per me che non ci credo). E in quel caffè, come succede sempre, ci mettemmo a rievocare lei, commossi, e anche l'antipatia del signor Pbert Pberd sbiadiva, davanti a quel ricordo.

Il gran segreto della signora Ph(i)Nko è che non ha mai provocato gelosie tra noi. E neppure pettegolezzi. Che andasse a letto col suo amico, il signor De XuaeauX, era noto. Ma in un punto, se c'è un letto, occupa tutto il punto, quindi non si tratta di andare a letto ma di esserci, perché chiunque è nel punto è anche nel letto. Di conseguenza, era inevitabile che lei fosse a letto anche con ognuno di noi. Fosse stata un'altra persona, chissà quante cose le si sarebbero dette dietro. La donna delle pulizie era sempre lei a dare la stura alle maldicenze, e gli altri non si facevano pregare a imitarla. Degli Z'zu, tanto per cambiare, le cose orribili che ci toccava sentire: padre figlie fratelli sorelle madre zie, non ci si fermava davanti a nessuna losca insinuazione. Con lei invece era diverso: la felicità che mi veniva da lei era insieme quella di celarmi io puntiforme in lei, e quella di proteggere lei puntiforme in me, era contemplazione viziosa (data la promiscuità del convergere puntiforme di tutti in lei) e insieme casta (data l'impenetrabilità puntiforme di lei). Insomma, cosa potevo chiedere di più?

E tutto questo, così come era vero per me, valeva pure per ciascuno degli altri. E per lei: conteneva ed era contenuta con pari gioia, e ci accoglieva e amava e abitava tutti ugualmente.

Si stava così bene tutti insieme, così bene, che qualcosa di straordinario doveva pur accadere. Bastò che a un certo momento lei dicesse: – Ragazzi, avessi un po' di spazio, come mi piacerebbe farvi le tagliatelle! – E in quel momento tutti pensammo allo spazio che avrebbero occupato le tonde braccia di lei muovendosi avanti e indietro con il mattarello sulla sfoglia di pasta, il petto di lei calando sul gran mucchio di farina e uova che ingombrava il largo tagliere mentre le sue braccia impastavano impastavano, bianche e unte d'olio fin sopra al gomito; pensammo allo spazio che avrebbero occupato la farina, e il grano per fare la farina, e i campi per coltivare il grano, e le montagne da cui scendeva l'acqua per irrigare i campi, e i pascoli per le mandrie di vitelli che avrebbero dato la carne per il sugo; allo spazio che ci sarebbe voluto perché il Sole arrivasse con i suoi raggi a maturare il grano; allo spazio perché dalle nubi di gas stellari il Sole si condensasse e bruciasse; alle quantità di stelle e galassie e ammassi galattici in fuga nello spazio che ci sarebbero volute per tener sospesa ogni galassia ogni nebula[5] ogni sole ogni pianeta, e nello stes-

5. nebula: nebulosa, addensamento di materia interstellare che all'osservazione telescopica appare come una tenue nuvoletta.

so tempo del pensarlo questo spazio inarrestabilmente si formava, nello stesso tempo in cui la signora Ph(i)Nko pronunciava quelle parole: – ... le tagliatelle, ve', ragazzi! – il punto che conteneva lei e noi tutti s'espandeva in una raggera di distanze d'anni-luce e secoli-luce e miliardi di millenni-luce, e noi sbattuti ai quattro angoli dell'universo (il signor Pbert Pberd fino a Pavia), e lei dissolta in non so quale specie d'energia luce calore, lei signora Ph(i)Nko, quella che in mezzo al chiuso nostro mondo meschino era stata capace d'uno slancio generoso, il primo, «Ragazzi, che tagliatelle vi farei mangiare!», un vero slancio d'amore generale, dando inizio nello stesso momento al concetto di spazio, e allo spazio propriamente detto, e al tempo, e alla gravitazione universale, e all'universo gravitante, rendendo possibili miliardi di miliardi di soli, e di pianeti, e di campi di grano, e di signore Ph(i)Nko sparse per i continenti dei pianeti che impastano con le braccia unte e generose infarinate, e lei da quel momento perduta, e noi a rimpiangerla.

Le Cosmicomiche, Einaudi

Analisi del testo

La condizione umana. Il racconto si differenzia piuttosto nettamente dal filone della letteratura fantascientifica. La vicenda narrata, infatti, non si svolge in un immaginario futuro, bensì in un passato lontanissimo, addirittura prima dell'origine dell'universo. Calvino, come molti scrittori di fantascienza, si basa su alcune teorie e ipotesi scientifiche (anzi, il racconto si apre con alcune righe in cui l'autore interviene a spiegare al lettore i suoi punti di riferimento teorici), ma ciò che gli interessa non è il mondo futuro, bensì la condizione umana in generale.
Il racconto si basa sull'inserimento di elementi della vita quotidiana attuale in un contesto dove essi appaiono assurdi e paradossali: proprio da questo inserimento Calvino fa scaturire l'elemento umoristico che caratterizza la raccolta. Dalle parole del narratore, infatti, l'universo puntiforme emerge come una sorta di minuscolo condominio, in cui tutti sono pigiati come acciughe, alcuni hanno un cattivo carattere, altri si comportano in modo poco civile, altri ancora spettegolano senza ritegno ecc., proprio come in un condominio reale.
Calvino non intende semplicemente divertire il lettore. Attraverso una serie di racconti fantastici e umoristici, egli vuole rappresentare i limiti dell'immaginazione umana, la quale tende inevitabilmente a inserire anche nelle realtà più lontane elementi tratti dalla nostra esperienza quotidiana.

Scrittura sperimentale e impegno civile. *Le Cosmicomiche* rappresentano una svolta importante all'interno della produzione letteraria di Calvino. Per la prima volta lo scrittore si accosta a un tipo di scrittura sperimentale, decisamente più difficile di quella delle opere precedenti. Non è un caso che, a partire dalla seconda metà degli anni Sessanta, Calvino non ottenga più i consensi di pubblico che avevano arriso alle sue opere precedenti (e in particolare ai *Nostri antenati* e ai racconti di *Marcovaldo*).
Calvino non rinuncia però al proprio impegno civile: una delle sequenze centrali del racconto è infatti dedicata a un'umoristica confutazione del razzismo (un problema molti sentito negli anni Sessanta, cioè in un'epoca caratterizzata da un vasto fenomeno di emigrazione dal Sud al Nord Italia): gli Z'zu sono sicuramente persone poco civili, disordinate, irrispettose degli altri, ma la definizione di "immigrati" con cui molti li indicano è evidentemente assurda e suscita la perplessità di Qfwfq.

Un tema di natura esistenziale. Il tema fondamentale del racconto è di tipo esistenziale: il sentimento che emerge poco per volta dalle parole del narratore, fino a diventare predominante nell'ultima parte, è infatti un sentimento di nostalgia per la signora Ph(i)nko, la donna che con il suo atto d'amore disinteressato ha dato inizio all'universo e alla sua storia. La signora Ph(i)nko assume i tratti di una mitica "Grande Madre", nel cui abbraccio l'uomo può finalmente trovare pace e serenità. Accanto all'atteggiamento razionalistico, emerge così in Calvino una vena diversa, più attenta alle componenti irrazionali e sentimentali dell'essere umano.

Proposte di lavoro

1. Riassumi brevemente la trama di *Tutto in un punto*.
2. Da quali indizi si capisce che il personaggio-narratore appartiene a ogni tempo e a ogni spazio? Che funzione ha questo nel racconto?
3. L'ironia e la comicità nascono spesso dall'accostamento di elementi normalmente lontani o diversi fra loro. Quali sono questi elementi nel racconto che hai letto?
4. Il finale del racconto è un lungo periodo sintattico privo di pause. Individualo e cerca di spiegare che effetto ottiene questo particolare stile linguistico e quale avvenimento rappresenta all'interno del racconto.
5. In che senso possiamo affermare che *Le Cosmicomiche* rappresentano un importante sviluppo all'interno della carriera letteraria di Calvino? Quali sono le caratteristiche particolari della fantascienza calviniana? In che cosa si differenzia dalla letteratura scientifica tradizionalmente intesa?
6. Perché si può affermare che il tema fondamentale del racconto è di natura esistenziale? Quale vena insolita per la narrativa calviniana emerge in queste pagine, accanto all'onnipresente dimensione razionalistica? Che cosa rappresenta, secondo te, nel racconto la signora Ph(i)Nko?
7. Nel racconto tutto è fantastico, molti sono i riferimenti ironici alla nostra realtà quotidiana, ai rapporti che si creano tra gli uomini, alla mentalità comune convenzionale. Trovali e spiega quale giudizio dello scrittore sulla realtà emerge da ciascuno.

1. Tra i materiali che ti sono stati proposti in questo capitolo del libro, quali hai letto e approfondito? Indicali con una crocetta.

- ☐ La parole chiave: cultura di massa
- ☐ Il contesto storico
- ☐ L'evoluzione delle arti
- ☐ Baj, *L'apoteosi del generale*
- ☐ I generi letterari: parti introduttive
- ☐ Sereni, *Non sa più nulla*
- ☐ Giudici, *Senza titolo*
- ☐ Salinger, *Un incontro in treno*
- ☐ Sciascia, *Un delitto di mafia*
- ☐ Morante, *Useppe scopre il mondo*
- ☐ Calvino, *Pin nel carrugio*
- ☐ Calvino, *La ribellione di Cosimo*
- ☐ Calvino, *Tutto in un punto*

2. Nel corso del lavoro hai svolto altri approfondimenti, ricerche o letture, a integrazione dei materiali offerti dal testo? Indicali brevemente qui di seguito, richiamando anche eventuali letture precedenti.

....

....

....

....

....

3. Fornisci per ciascuna espressione elencata una breve definizione.

- Guerra fredda: ....
- Decolonizzazione: ....
- Sottosviluppo: ....
- Miracolo economico: ....

4. Perché la televisione è un elemento fondamentale per comprendere l'età contemporanea? Rispondi mettendo in evidenza:

- le principali differenze fra la televisione e i mass media precedenti;
- le ragioni per cui la televisione è stata importante dal punto di vista linguistico;
- le ragioni per cui la televisione è stata oggetto di critiche.

5. Per ciascuno dei testi che hai letto, compila una scheda simile alla seguente, indicando gli elementi che lo caratterizzano.

Testo di riferimento	Elementi caratteristici
autore:	genere letterario:
opera da cui è tratto:	caratteristiche stilistiche e formali:
titolo del brano:	
temi principali:	

6. Rifletti sulla figura di Italo Calvino e spiega brevemente:

- per quali ragioni, negli anni Cinquanta, lo scrittore abbandonò progressivamente la narrazione realistica e si dedicò al genere fantastico;
- per quali ragioni *Le Cosmicomiche* (da cui è tratto *Tutto in un punto*, p. 664) non si possono definire veri e propri racconti di fantascienza.

7. Quali degli argomenti toccati nel corso del lavoro ti hanno interessato in maniera particolare? Perché?

....

....

....

....

8. Ritieni che la lettura dei brani proposti abbia suscitato in te nuove riflessioni e nuovi pensieri? Quali?

....

....

....

....

9. Scegli uno dei seguenti argomenti, affrontati nel corso del lavoro, ed esponi le tue idee al riguardo in un breve scritto, facendo riferimento ai testi letti.

- La televisione: pregi e difetti
- L'adolescenza, età di passaggio
- La mafia
- Il sottosviluppo e le sue conseguenze

Leggere il nostro tempo

Temi del presente e letteratura di intrattenimento

I temi

In questo percorso presentiamo una scelta antologica di testi – tratti da alcuni degli autori più originali e significativi della storia della letteratura italiana ed europea – che coprono un arco cronologico molto vasto, dal lontano Medioevo fino ai nostri giorni.
Il filo unificatore è di tipo tematico.

Ogni capitolo mette a fuoco argomenti, sensibilità e sentimenti ricorrenti non solo in letteratura, ma nella storia stessa dell'umanità, proponendo al lettore più giovane un incontro critico e personale con alcune delle pagine di poesia e di narrativa più famose.
Il percorso è scandito in tre tappe.

tema 1

Nella prima tappa presentiamo il tema dell'**amore**, un argomento di interesse universale, dominante nella letteratura di tutti i tempi e di tutti i paesi.

tema 2

Nella seconda tappa entriamo nel mondo della **scrittura al femminile**, dove incontreremo i temi della condizione e della sensibilità femminili.

tema 3

Nella terza tappa proponiamo alcune pagine esemplari sulla **guerra**, tema che la letteratura ha sempre visto come il momento drammatico e doloroso dello scontro tra popoli diversi, ma anche come metafora delle contraddizioni della nostra esistenza.

tema 1

Amore e letteratura

I **principali generi letterari** che hanno affrontato il tema dell'**amore** sono la **poesia**, essendo l'amore un tema squisitamente lirico, legato alla sfera dei sentimenti e dell'interiorità, e la **narrativa in prosa**.

Le origini letterarie di questo tema risalgono alla letteratura antica, greca e latina.
La nostra proposta antologica prende avvio nel **Medioevo**, dalla narrativa romanzesca medievale (Goffredo di Strasburgo), in cui emergono le seguenti concezioni:

- l'amore cosiddetto "cortese", inteso come educazione interiore e fonte di elevamento spirituale;
- l'amore cavalleresco, che spinge ad audaci imprese.

Il secondo momento di questa proposta riguarda la **lirica italiana duecentesca e trecentesca**, con autori già presenti in questa antologia come Guido Guinizzelli e Guido Cavalcanti, Dante e Petrarca, in cui emergono le seguenti concezioni:

- l'amore "gentile", tipico dello stilnovismo (Cavalcanti);
- l'amore per la donna come occasione di avvicinamento a Dio: la donna-angelo (Dante);
- l'accentuazione della visione astratta dell'amore e della donna (Cavalcanti, Dante);
- un processo di interiorizzazione e personalizzazione dell'esperienza amorosa (Petrarca) che rende più concreta la figura della donna e introduce il tema dell'amore passionale e sensuale.

Nel **Cinquecento** la concezione petrarchesca è quella dominante e influenza poetesse come Gaspara Stampa (presente anche nel Tema 2) e grandi autori come Torquato Tasso, in cui tale modello lascia spazio a temi più direttamente autobiografici e a meditazioni morali e religiose.

Nel **Barocco seicentesco**, il cui autore italiano più importante è Giambattista Marino, è rifiutato il classicismo petrarchesco e il tema dell'amore viene affrontato attraverso l'invenzione di metafore ingegnose e sorprendenti, volte a suscitare la meraviglia del lettore.

Il tema nel **Romanticismo**, di cui riportiamo pagine di Ugo Foscolo e Percy B. Shelley, presenta i seguenti caratteri:

- rifiuta regole e convenzioni formali;
- privilegia i grandi sentimenti;
- ricerca il sublime e l'assoluto;
- trasforma l'amore in amore-passione.

Il **Simbolismo** privilegia l'intimità e gli stati d'animo più segreti e intende il sentimento amoroso in modo meno totalizzante; di questo periodo presentiamo una lirica di Verlaine.

Nel **Novecento**, infine, il tema dell'amore è affrontato nei modi più diversi:

- manca un modello dominante di riferimento;
- vengono infrante convenzioni e regole culturali;
- domina l'individualità dello scrittore.

Di questo secolo presentiamo due esempi di poesia d'amore, una del francese Paul Éluard e una della russa Anna Achmatova, e un esempio – fra gli innumerevoli possibili – di prosa d'amore, un racconto di Katherine Mansfield.

Il tema nel tempo

Le origini classiche del tema dell'amore

Quello dell'amore è uno dei grandi temi presenti nella letteratura di tutti i tempi e di tutti i paesi. Nella tradizione occidentale esso ha già una presenza importante nella **letteratura antica**, **greca** e **latina**, soprattutto all'interno della **poesia lirica**, che è la forma privilegiata dell'espressione del sentimento e quindi dell'amore. I lirici greci (Alceo, Saffo) e i latini (Catullo, Orazio), per non citarne che alcuni, sono i grandi modelli dell'espressione del sentimento amoroso, imitati per secoli dagli scrittori di tutto il mondo. Ma anche nel **poema epico** antico trova posto l'amore. Basti ricordare la celebre scena dell'*Iliade* di Omero, in cui l'eroe troiano Ettore saluta la moglie Andromaca, prima di recarsi in battaglia; o, nell'*Odissea*, l'incontro fra Ulisse e Penelope dopo che l'eroe è finalmente tornato in patria; o ancora, l'episodio dell'*Eneide* di Virgilio in cui è narrata la passione amorosa fra Enea e Didone che, abbandonata, giungerà a suicidarsi.

L'amore è il tema predominante delle letterature in volgare

Quando poi, nel **Medioevo** nascono le prime espressioni letterarie delle **nuove lingue europee** originatesi dal latino, il tema dell'amore diventa uno dei più importanti. Anche se per tutto il Medioevo, almeno fino al XVI secolo, la Chiesa diffuse una morale di tipo ascetico, tendente alla mortificazione degli istinti e delle passioni, che contrapponeva l'amore per Dio all'amore coniugale e terreno, proprio il tema dell'amore fu all'origine delle letterature in volgare. Fu dapprima nelle **corti feudali** della Provenza e della Francia, all'inizio del XII secolo, che si venne a formare una concezione dell'amore, detta dell'**amore cortese**, diversa rispetto a quella sancita dalla dottrina dei Padri della Chiesa. Si trattava di una teorizzazione che nasceva in ambiente nobiliare e aristocratico, destinata a un pubblico scelto e raffinato, e che ebbe i suoi esiti letterari maggiori nella lirica dei **trovatori provenzali** e nella narrativa romanzesca in lingua d'*oïl*. In questa letteratura cortese autori e pubblico erano legati da una grande omogeneità, vivevano nello stesso ambiente e avevano in

Un'immagine dell'amore secondo la raffinata espressione artistica di William Morris (1834-96), pittore preraffaellita. La donna raffigurata è Ginevra.

L'amore è fonte di gioia e trasforma la realtà: è la lezione del pittore Marc Chagall (1887-1985) nel suo quadro *La passeggiata*.

L'amore è un'esperienza di educazione interiore

comune la stessa cultura e il codice – regole, comportamenti, parole chiave – in cui essa si esprimeva. L'amore cortese trovò una sistemazione teorica nel trattato *De Amore*, composto in prosa latina da Andrea Cappellano presso la corte francese, intorno al 1185. Il *fin'amor*, o **amore nobile**, per Cappellano origine di tutte le buone qualità, veniva inteso come un'esperienza di **educazione interiore** che elevava le capacità dell'individuo, in un continuo sforzo di perfezionamento. Il fine di questo sforzo era il favore della dama. I momenti della vicenda amorosa erano espressi secondo precisi schemi che traducevano in forma letteraria i costumi dell'antica società cavalleresca: la donna amata era rappresentata come castellana e signora assoluta; l'amante era suo **vassallo fedele**; l'amore era concepito come un servizio, che esigeva una dedizione totale. In generale esso rimaneva inappagato, secondo l'idea che la sua soddisfazione avrebbe esaurito il desiderio e diminuito la nobiltà dei sentimenti. Quest'amore, fonte di **elevazione spirituale**, non poteva aver sede negli animi volgari e villani, ma solo in quelli cortesi. L'amante doveva essere generoso e discreto, nemico della menzogna e della gelosia, riservato tanto da celare l'identità della donna amata usando un nome falso o *senhal*. La donna amata, a sua volta, doveva ricompensare l'amante dando in premio *pretz* e *onor*, pregio e onore, promettendo felicità e *joi*, gioia.

L'amore è fonte di elevazione spirituale

La scuola poetica siciliana e il Dolce stilnovo

Attraverso le opere dei lirici che si raccolsero, nella prima metà del Duecento, alla corte siciliana di Federico II, questi temi furono ripresi e via via modificati prima dal Dolce stilnovo di Guinizzelli, Cavalcanti, Dante e poi, nel Trecento, dalla **poesia d'amore petrarchesca**. Un elemento di continuità tra la poesia provenzale e quella italiana era il fatto che il tema dell'amore e la figura della donna come oggetto di rappresentazione poetica rimanevano **astratti** dalla situazione reale del tempo. La finzione letteraria, a differenza della realtà concreta, creava un mondo dominato dalle donne, viste e descritte attraverso gli occhi di uomini che amavano e adoravano. Nella Scuola poetica siciliana il tema centrale è la **servitù d'amore**: l'amante si sottometteva al servizio di "madonna", superba e distante, sperando di ottenere con la sua umiltà la ricompensa d'amore. Legati a questo, comparivano altri temi: la lontananza dell'amata, la paura di manifestare il proprio amore, il rimpianto delle gioie d'amore perdute. Sul piano delle **immagini**, come già era stato per i trovatori, numerose erano le **metafore** e le **analogie**, che sarebbero diventate tipiche delle liriche d'amore di tutti i tempi successivi: l'amore come lotta (assalto, difesa, vittoria, sconfitta), come fuoco (fiamma, ardore, scintilla), come sottomissione, come tormento e sofferenza. Nei poeti dello stilnovismo il fondamento dell'amore è indicato nell'"onestà dei costumi", e nella "**gentilezza**" del cuore e dei sentimenti – un nuovo nome per la "cortesia" – con la quale si identificano le più alte qualità morali e spirituali dell'uomo. Per Guinizzelli l'amore è fonte di perfezionamento e di nobiltà. L'amore (che proviene dalla donna) penetra nei cuori gentili (disposti ad amare) per un'adesione spontanea. La "gentilezza" non è un fatto di nobiltà ereditaria, ma una **qualità morale**.

L'amore è un'esperienza astratta dalla realtà

La parola chiave dello stilnovismo: gentilezza

Con il termine "**gentile**" si indicano sia l'**insieme delle virtù considerate nobili** sia una **collocazione sociale elevata**, indispensabile perché esse siano praticate. È importante notare come gli autori dello stilnovismo non intendano esprimere nelle loro liriche la propria storia d'amore e i propri stati d'animo. Le situazioni amorose rappresentate sono prive di riferimenti personali. Gli stilnovisti accentuano, rispetto ai lirici precedenti, un **processo di astrazione dell'esperienza amorosa**: Dante, per esempio, raccontando il suo amore per Beatrice, attribuisce alla propria vicenda un valore simbolico in senso **religioso**; la sua esperienza d'amore, pur movendo da una donna reale, diventa un esempio per tutti di avvicinamento a Dio e **purificazione**, di cui la donna è strumento e guida. In questa visione, l'amore per la donna non è in antitesi con l'amore per Dio. L'amore viene tolto all'influenza dei sensi e celebrato cristianamente, come un aspetto dell'amore per Dio e di Dio per gli uomini. La sfera dei sentimenti è dominata dalla **dolcezza**, i conflitti morali sono attenuati. All'interno dello stilnovismo il tema amoroso è però svolto con accentuazioni diverse. Se Dante prefigura nell'amore la dolcezza della beatitudine celeste, Cavalcanti lo intende come **forza** in grado di sconvolgere ed esaltare il cuore dell'uomo, capace d'essere sentimento violento e angoscioso, tale da condurre colui che ama alla distruzione di ogni sua facoltà fisica e spirituale e perfino alla morte.

L'esperienza amorosa può avere diverse connotazioni

L'amore nella lirica petrarchesca

Petrarca fa propri sia i motivi della lirica provenzale, sia quelli dello stilnovo. Laura, **la donna amata**, è descritta come bellissima e, pur essendo esaltata per la sua spiritualità, **non perde i suoi caratteri fisici**. La sua bellezza è fonte, per il poeta, di emozione e turbamento ed egli vive in **modo conflittuale** la sua passione amorosa e la sua fede religiosa. La donna è anche inserita in una prospettiva temporale, nella visione che il poeta ne conserva attraverso il ricordo. Ciò conduce Petrarca a **interiorizzare** gli effetti della contemplazione della donna e a **personalizzare** l'esperienza amorosa, che è ricondotta, assai più che nello stilnovo, alle passioni e contraddizioni della vita vissuta. Rispetto alla poesia stilnovista, dunque, il tema dell'amore esprime in Petrarca **una vicenda più intima e profonda**, un mondo di **passioni** e di comportamenti che corrispondono più direttamente allo **spirito soggettivo** del poeta. In questo, la poesia d'amore petrarchesca costruisce un repertorio di temi e un modello letterario che si trasmetterà al Rinascimento e, in parte, fino al Romanticismo.

Il *Canzoniere*: un modello per le epoche successive

Fino alla fine del Cinquecento il modello di Petrarca dominerà incontrastato, costituendo – in particolare per la lirica – un punto di riferimento quasi obbligato. Per il Classicismo, di cui Pietro Bembo è il principale rappresentante, il *Canzoniere* riassume e perfeziona tutta l'esperienza poetica italiana, elevando l'argomento amoroso a tema centrale e la figura del poeta che ascolta il proprio cuore a protagonista assoluto. Petrarca è non solo **modello di stile, ma anche modello di uomo e di intellettuale**. La sua opera è considerata il diario di una vicenda d'amore esemplare, capace di superare le illusioni dei sensi per avvicinarsi a Dio. Imitare Petrarca vuol dire inoltre comporre solo in certi schemi metrici: il sonetto, la canzone, il madrigale; rappresentare la donna sul modello di Laura, escludendo dalle liriche le altre infinite figure femminili possibili e tutte le situazioni amorose che non siano quelle già cantate nel *Canzoniere*. Viene così costruito un tipo di poesia in cui è sempre narrata una storia d'amore che culmina nel **superamento delle passioni terrene** e nel **raggiungimento della fede in Dio**.

Dal Rinascimento al Barocco, fino al Settecento

All'interno del petrarchismo, tra i lirici che si segnalano per uno stile più personale e originale, ci sono alcune **poetesse**, tra cui Gaspara Stampa, Isabella di Morra e Vittoria Colonna. Già in parte con questi autori, e più ancora in seguito con le rime di **Torquato Tasso**, il modello petrarchesco lascia spazio a **temi più sentimentali e autobiografici**, a **meditazioni morali o religiose** più sofferte e cupe. Il declino del petrarchismo segue la parabola della civiltà rinascimentale e il passaggio alla lirica barocca del Seicento. Nelle *Rime* di Tasso, la lirica rinascimentale porta all'estremo il proprio carattere cortigiano; ma vi compaiono anche i motivi più propri dell'autore, primo fra tutti l'amore, cantato con una grande varietà di sfumature: vibrazioni lievi, o intense e fugaci, attimi di felicità, momenti di nostalgia o malinconia, figure femminili ritratte in gesti o momenti carichi di emozioni e di delicata sensualità. Questa gamma ricca e sfumata di sensazioni si esprime in composizioni liriche raffinatissime e garbate, di intensa musicalità, che rivelano una concezione dell'amore ormai decisamente moderna.

L'esperienza amorosa è anche autobiografica

Nel Seicento, con l'affermarsi del **gusto barocco**, si ha una **reazione al Classicismo** e al principio dell'arte come imitazione di modelli. Si rifiutano le regole dell'equilibrio, dell'armonia, della composta eleganza e si sviluppa una **ricerca di novità**, di forme espressive originali, ingegnose, stravaganti. In poesia ciò significa l'uso di un lessico e di una sintassi elaborati, l'invenzione di metafore sorprendenti, che suscitino la **meraviglia** del lettore. Il poeta barocco più originale e di maggior successo, in Italia, fu **Giambattista Marino**.

L'amore è raccontato con parole nuove

Ma agli inizi del **Settecento** il gusto barocco comincia a tramontare, poiché viene giudicato eccessivo, involuto, artefatto. Nasce l'esigenza di **tornare alla semplicità e compostezza** del Classicismo e di riallacciarsi alla tradizione poetica trecentesca e rinascimentale. In Italia, sorge con questi obiettivi un'Accademia letteraria detta dell'**Arcadia**. Il nome richiama la regione della Grecia che già la poesia pastorale greca e latina aveva scelto come scena delle sue finzioni poetiche. I letterati e i poeti che aderiscono all'Arcadia si ripropongono di ripristinare, contro il "cattivo gu-

L'amore è raccontato con semplicità

sto" barocco, un "**buon gusto**" poetico esemplificato di nuovo sul modello petrarchesco. Ricercano una **poesia semplice, armonica**, non più abbandonata ai capricci della fantasia e al piacere del meraviglioso. Ne scaturisce una vasta produzione un po' di maniera i cui argomenti prevalenti sono quello amoroso e quello naturalistico-pastorale. Le situazioni e le tensioni emotive non sono legate alla vita reale del poeta, ma dettate da una convenzione di eleganza e di decoro. Il linguaggio poetico è convenzionale, ma piacevole, misurato, ed esprime il gusto per la natura, per la vita agreste e per una serena gioia di vivere.

Il modello dell'amore romantico

Contro queste armoniose forme eleganti fissate dalla tradizione e prive di reale contenuto sentimentale, reagisce con forza il **Romanticismo**. Esso scardina il sistema dei generi letterari, rifiuta regole e convenzioni che limitino la libera espressione della passione e dell'ispirazione poetica, privilegia i **grandi sentimenti**, gli **slanci ideali**, la **ricerca del sublime**, dell'assoluto. L'amore è perciò uno dei suoi temi fondamentali. E dopo l'amore cortese e l'amore petrarchesco, quello dell'amore romantico è il nuovo grande modello che si impone nella letteratura, oltre che nella cultura e nella mentalità comune. È il riconoscimento dell'ideale dell'**amore-passione**, come fusione assoluta e totale di due anime, che non accetta limiti imposti dalle convenzioni sociali e che permette a due individui di realizzarsi pienamente, ciascuno identificandosi nell'altro. Se un ostacolo si oppone, **la passione si intensifica, si spiritualizza** fino a realizzarsi pienamente solo nel sogno o ad annullarsi nell'atto estremo della morte. In molta poesia romantica europea trova sfogo l'effusione piena del sentimento d'amore, l'estasi, lo struggimento, il dolore per l'assenza dell'amato o dell'amata. L'esempio che presentiamo è tratto dall'opera del poeta inglese Percy Bysshe Shelley, ma molti altri potrebbero essere i testi poetici significativi. Gli stessi sentimenti e passioni animano inoltre i personaggi di tanti romanzi, a partire dai primi esempi nati alla fine del Settecento dalla sensibilità preromantica (qui esemplificata attraverso un passo delle *Ultime lettere di Jacopo Ortis* di Ugo Foscolo), per arrivare al grande romanzo dell'Ottocento.

L'amore è una passione assoluta

Amore e natura nella poesia simbolista

La concezione dell'amore romantico, come **libero sentimento** che lega due anime al di là di ogni convenzione non finisce con la fine del Romanticismo. Certamente però cambiano i modi in cui questo amore si esprime, sia nella produzione artistica e letteraria, sia nella cultura e nel costume.

La poesia moderna, prendendo le mosse dal **Simbolismo** della seconda metà dell'Ottocento, privilegia l'espressione più profonda, autentica e

Il Sogno (1828), dipinto di Pierre Puvis de Chavannes, esponente della pittura simbolista.

Ultimo bacio di Giulietta e Romeo (1823), opera del pittore romantico Francesco Hayez.

intima degli stati d'animo e dei sentimenti del poeta. Fra questi trova naturalmente ampio spazio anche il sentimento d'amore che però viene ora espresso con minore effusione, in modo meno totalizzante e travolgente. È un **sentimento più intimo e nascosto**, a volte appena suggerito da un'immagine metaforica, da un'analogia, da una sensazione suscitata dalla natura. Così, per esempio, nella poesia di Paul Verlaine che proponiamo, la presenza dell'amata è appena accennata e la comunione tra lei e il poeta si realizza attraverso l'immersione nel paesaggio notturno.

La poesia d'amore nel Novecento

Nella poesia del Novecento il sentimento di amore si esprime con gli accenti più personali e diversi. Le convenzioni e i modelli culturali sono infranti, per far luogo alla ricerca di un'espressione nuova, che renda nel modo più autentico la profondità dei sentimenti. L'**individualità**, indagata attraverso lo scavo nell'animo del poeta, domina ora la poesia e, in generale, la **rappresentazione letteraria**. L'io poetico del Novecento è spesso solo, ripiegato sulla propria privata interiorità, alla ricerca di un'immagine essenziale che esprima tutta la verità di una situazione e di una condizione umana. **La poesia** del Novecento, soprattutto del primo Novecento, non racconta, ma **evoca**, suggerisce sensazioni e stati d'animo attraverso un'analogia, un'immagine metaforica, un oggetto concreto che acquista significato simbolico concentrando su di sé un'emozione.

L'amore è un'esperienza individuale

Anche l'amore è, così, espresso attraverso una suggestione, in modo spesso appena accennato, discreto, intimo, privo dell'effusione sentimentale che lo caratterizzava nella poesia romantica. Ma anche nella poesia del Novecento è uno dei temi più frequenti: a volte è **malinconia** per un'assenza, per una lontananza e prende forma nella **memoria** del poeta; a volte è espressione di **sofferenza**, di dolore per una perdita o per un'ansia di comunione che non viene soddisfatta; a volte si esprime invece come **gioia** per una presenza, in un momento breve e intenso di felicità, o nella continuità serena di una vita matrimoniale.

Abbiamo scelto qui qualche esempio. Il primo è tratto dall'opera della poetessa russa **Anna Achmatova** che spesso parla d'amore, anzi della sofferenza dell'amore. Molto diverso è invece il modo gioioso con cui il poeta francese **Paul Éluard**, nel testo che presentiamo, descrive l'amore attraverso una ricca fantasmagoria di immagini. Un racconto, infine, di **Katherine Mansfield** ci parla di un amore sfortunato e destinato a infrangersi nell'indifferenza della persona amata.

In sintesi

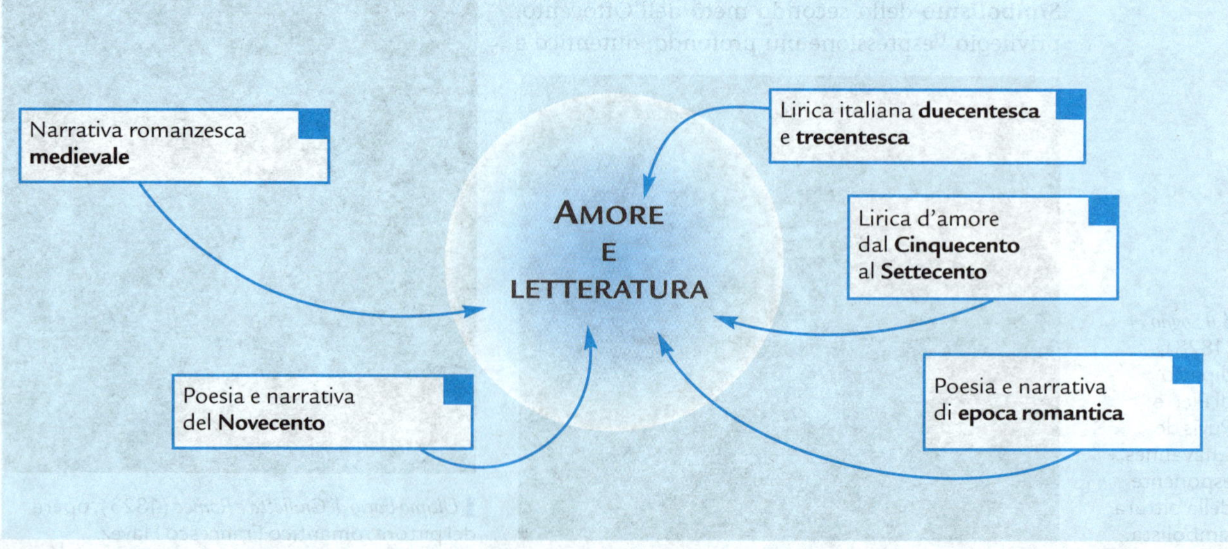

Goffredo di Strasburgo

L'autore

La storia di Tristano e Isotta e del loro **irresistibile e fatale amore** costituisce uno dei **miti** più affascinanti creati dalla cultura medievale. Essa penetrò così profondamente nel patrimonio culturale europeo da essere più volte ripresa nei secoli, fino alla grandissima rielaborazione musicale che nell'Ottocento ne fece il compositore tedesco Richard Wagner.

Già nel Medioevo vi furono molte versioni diverse della vicenda di Tristano, le cui origini si perdono nelle antiche leggende nate fra le popolazioni celtiche dell'Irlanda e del Galles. Importata in Bretagna intorno all'inizio dell'XI secolo, la leggenda dovette avere varie rielaborazioni negli ambienti raffinati delle corti francesi – anche Chrétien de Troyes scrisse un *Tristan* che andò perduto – dalle quali fu trasferita alle corti di Germania. In particolare, sono giunti fino a noi ampi frammenti di due poemi scritti in francese verso la fine del XII secolo: quello di Béroul, giullare normanno, e quello del trovatore anglo-normanno Thomas. È dal poema di quest'ultimo che trae la materia del suo *Tristano* Goffredo di Strasburgo, poeta tedesco di cui si hanno notizie scarse e confuse. Egli compose la sua opera in versi fra il 1210 e il 1220, lasciandola incompiuta. Poeta raffinato e maturo, uno dei maggiori interpreti della sensibilità medievale, Goffredo eliminò dalla leggenda quasi tutti gli elementi favolistici e ne fece una delle più compiute **rappresentazioni dell'amor cortese**.

L'opera

Ecco le linee essenziali della vicenda. Tristano, nipote di re Marco di Cornovaglia e cavaliere distintosi in numerose imprese, ha sconfitto in uno scontro il mostruoso Moroldo, fratello della regina d'Irlanda, ma ne ha ricevuto una ferita incurabile. Per guarire, si mette sotto falso nome nelle mani della regina stessa, dotata di arti magiche, e di Isotta la bionda, sua figlia, che oltre ad avere i poteri della madre, rivela grande gentilezza d'animo e finezza di cultura.

Tornato in Cornovaglia, Tristano viene di nuovo inviato in Irlanda da Marco perché riporti con sé Isotta, che il re vuole fare sua sposa. Ma durante la navigazione che conduce in Cornovaglia l'eroe con Isotta e il suo seguito, Tristano beve per errore il **filtro d'amore** che la madre della sposa aveva affidato a Brangania, sua ancella fedele, perché lo facesse bere a Marco e Isotta in modo da propiziarne le nozze. Fra Tristano e Isotta nasce una **passione irresistibile**, che essi vivono di nascosto alla corte di re Marco, divenuto nel frattempo sposo della fanciulla. Scacciati da Marco che ha scoperto l'adulterio, i giovani vivono insieme in una selva, finché il re non accoglie di nuovo Isotta presso di sé, allontanando Tristano. Anche nella **separazione** fisica, la passione continua a unire i due amanti: Tristano sposa senza amore un'altra donna, Isotta dalle bianche mani, solo perché nel nome e nelle fattezze gli ricorda l'amata.

Qui si interrompe il romanzo di Goffredo. La conclusione è opera di altri **prosecutori medievali**: Tristano, ferito di nuovo a morte, manda il suo scudiero a chiedere l'aiuto di Isotta la bionda, e si accorda con lui in modo che, se la nave che tornerà isserà vele bianche, la regina sarà a bordo, altrimenti la nave avrà vele nere. Isotta accorre al richiamo dell'amato, ma la moglie, rosa dalla gelosia, annuncia a Tristano che la nave che sta giungendo issa vele nere. L'eroe disperato si lascia morire e Isotta, giunta presso di lui, gli muore accanto di dolore.

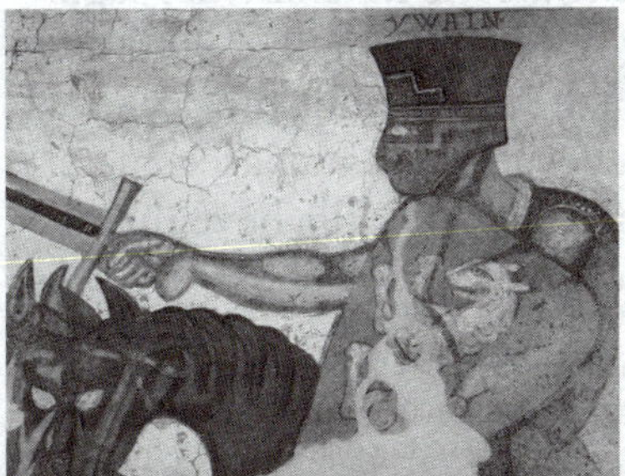

Opera **Tristano**
Genere **romanzo**
Epoca **XIII secolo**
Lingua **lingua d'oïl**

Tristano

Tristano e Isotta

Nella scena che segue, Tristano e Isotta bevono il filtro d'amore e, ostili e divisi fino a un momento prima, «hanno entrambi un unico cuore», condividono lo stesso tormento per un amore impossibile che però ormai rappresenta per loro l'unica felicità.

Ora, gli uomini di Cornovaglia e gli Irlandesi al seguito di Isotta si sono tutti imbarcati e hanno preso congedo;[1] ultimo, sale a bordo Tristano. La splendente giovane regina, il fiore d'Irlanda, gli cammina a lato, dandogli la mano, triste invero, e desolata.[2] S'inchinano entrambi verso la riva e invocano la benedizione di Dio sulla gente e il paese. Poi salpano, prendono il largo e innalzano un canto. «Partiamo nel nome di Dio» ripetono più volte e, mentre s'allontanano, le voci sono alte e chiare.

Tristano ha fatto allestire una cabina appartata per l'agio delle dame durante il viaggio: vi alloggiano la regina e le dame del seguito, e nessun uomo vi è ammesso, all'infuori del solo Tristano. Egli vi si reca talvolta a confortare la regina[3] che siede piangente: tra le lacrime, si duole e lamenta che lascia gli amici e il paese, la cui gente conosce, per andare con gente straniera, senza sapere dove, e in qual modo. Tristano la consola dolcemente, come meglio può. Quando giunge, e la trova nello sconforto, sempre la prende quietamente tra le braccia con gran tenerezza, ma solo come si conviene a un uomo ligio con la propria signora.[4] Quell'uomo leale spera di recare conforto alla bella fanciulla nella sua afflizione, ma ogni qualvolta la circonda col braccio, la dolce Isotta rammenta la morte dello zio,[5] – e lo respinge.

«Lasciatemi, capitano» dice. «Allontanatevi, togliete il braccio! Siete ben molesto! Perché mi toccate?»

«Ah, mia bella signora, faccio forse male?»

«Sì, perché vi porto rancore!»

«Per quale ragione, nobile signora?» egli chiede.

«Uccideste mio zio.»

«Ma questo fu già perdonato.»

«Purtuttavia vi detesto, ché, non fosse per voi, vivrei senza pena e affanno. Voi, e solo voi, mi avete gravata di questo dolore[6] con l'astuzia e il tradimento. Qual dispetto vi spinse a venire, per mio danno, dalla Cornovaglia in Irlanda? Mi conquistaste con la frode a coloro che m'hanno allevata, e ora mi conducete chi sa dove. Non so a qual destino sono stata venduta, né che avverrà di me!» «Suvvia, bella Isotta, rincuoratevi! Val meglio essere potente regina in un paese straniero che umile e oscura a casa propria. Onore e ricchezza in un'altra terra hanno altro sapore che una vita meschina nel regno di vostro padre!» Intanto le navi proseguono la rotta. Hanno il vento in favore, e fanno buona vela; ma la leggiadra schiera, Isotta e le sue damigelle, non sono use[7] al faticoso viaggio, tra vento e mare. Ben presto le assale un'insolita pena. Il loro capitano Tristano ordina allora di dirigersi a riva per riposare un poco. Entrano in una baia, e quasi tutti scendono a terra per passeggiare. Allora, senza indugio, Tristano si reca a salutare la sua splendente signora e, mentre siede con lei e insieme ragionano di questo e di quello, chiede che venga portato da bere. Ora, all'infuori della regina, non v'erano a bordo che alcune fanciulle del seguito. «Guarda» dice una di queste «c'è un'ampolla[8] con del vino!» Ahimè, non è vino, pur se gli somiglia, ma il perpetuo tormento, l'inestinguibile pena di cui ambedue moriranno![9] Ma di questo la fanciulla nulla sa: si leva e va lesta là dove la bevanda è stata nascosta nell'ampolla. La porge a Tristano, il suo capitano, e questi la offre a Isotta. Ella beve piano e restìa, poi la restituisce a Tristano, che ne prende a sua volta, ché ambedue pensano sia vi-

1. **Ora... congedo:** Tristano si è recato alla corte d'Irlanda e ha ottenuto la mano di Isotta per conto del suo re. Ora si accinge a ritornare in Cornovaglia con il suo seguito e quello di Isotta (gli Irlandesi).
2. **triste... desolata:** Isotta ha accettato a malincuore il matrimonio con Marco e sta per abbandonare per sempre la sua terra per andare sposa a uno sconosciuto che altri hanno scelto per lei.
3. **regina:** Isotta, che Tristano per il momento vede solo come la sua futura regina.
4. **ma solo come si conviene... signora:** Tristano ha, con la sua futura signora, la cortesia del gentiluomo leale e ligio ai propri doveri: nessun altro significato hanno le sue attenzioni.
5. **la morte dello zio:** Tristano, in una delle sue prime imprese, aveva ucciso Moroldo, fratello della regina d'Irlanda e perciò zio d'Isotta.
6. **mi avete gravata di questo dolore:** più che provocato dalla morte dello zio, il dolore di Isotta dipende dall'incertezza del suo futuro vicino a Marco. Ella accusa Tristano di essere la causa poiché è lui che ha ottenuto la sua mano presso la corte d'Irlanda e ora la conduce lontano dalla sua terra.
7. **non sono use:** non sono abituate.
8. **ampolla:** piccolo recipiente di vetro.
9. **Ahimè... moriranno:** è un'esclamazione di dolore dell'autore, che interrompe la narrazione con un intervento diretto, anticipando la tragica conclusione della vicenda dei due amanti e sottolineando così l'ineluttabilità del loro destino.

no. In quel momento sopraggiunge Brangania[10] e riconosce l'ampolla, e subito comprende quanto è avvenuto. Ne ha tale sgomento e stupore che le forze le vengono meno, e si fa del colore della morte. Con la morte nel cuore, prende la sciagurata ampolla e la scaglia nel mare infuriato e selvaggio. «Ahimè, misera!» ella dice. «Perché mai sono nata? Me infelice, che ho perduto onore e lealtà. Avesse voluto Iddio, nella Sua eterna pietà, che la morte mi avesse colta quando fui destinata a intraprendere con Isotta questo malaugurato viaggio! Ahimè. Tristano e Isotta, questa bevanda sarà la vostra morte!» Ora che la fanciulla e il giovane, Isotta e Tristano, hanno bevuto entrambi, giunge subito colui che affanna il mondo intero, Amore, il predatore di ogni cuore, e si insinua nei loro due cuori. Prima che ne abbiano coscienza, esso ha confitto il suo vittorioso stendardo nel loro cuore, e li ha piegati sotto il suo giogo. E quelli, che erano due e divisi, non sono ora che un solo essere unito. Non v'è più discordia: l'odio di Isotta s'è spento. Amore, il conciliatore, li ha purificali d'ogni inimicizia, li ha sì legati nell'amore che ognuno è per l'altro limpido specchio. Hanno entrambi un unico cuore. Il tormento d'Isotta è la pena di Tristano, la pena di questi, il tormento di lei. Condividono entrambi amore e affanno, pure, l'uno all'altra li celano per dubbio e pudore. Ella ha vergogna al pari di lui; Isotta dubita di Tristano, ed egli dubita di lei. Per quanto cieco sia il desiderio dei loro due cuori, esso ha una sola volontà, ma il tormento è come renderla manifesta. Così essi nascondono l'uno all'altra la propria inclinazione. Quando Tristano avverte l'impulso d'amore, subito si rammenta della lealtà e dell'onore, e vuole sottrarsi. «No» pensa in cuor suo «desisti Tristano, rifletti e distogli la mente!» Ma il cuore sempre vi vuol tornare. Egli combatte contro la propria inclinazione, e desidera contro il suo proprio desìo. È sospinto ora da una parte ora dall'altra; è prigioniero, ma a lungo s'impegna nella lotta, e a lungo la sostiene.[11] Il giovane leale è afflitto da duplice pena: quando guarda Isotta negli occhi, e il dolce amore prende a ferirgli il cuore e i sensi, pensa all'onore, e si ritrae. Ma subito lo riafferra Amore, il suo signore ligio, ed egli deve ubbidire. L'onore e la lealtà gli danno grave tormento, ma più acuta è la pena d'amore. Amore l'affanna all'estremo,[12] lo affligge più che onore e lealtà insieme. Il suo cuore si rallegra per Isotta, ma egli distoglie lo sguardo: pure, il suo maggior tormento è quando non può vederla. Come spesso fa il prigioniero, egli pensa alla fuga, e più volte ritorna su tale pensiero: «Volgiti da un'altra parte! Muta questo tuo desiderio! Ama e cerca altrove!». Ma quel cappio sempre lo serra, gli stringe il cuore e la mente. Egli li scruta per vedere alcun mutamento, ma non trova che Amore e Isotta.

E lo stesso accade a Isotta:[13] ella pure lotta senza posa, e la vita le pare un tormento. Quando riconosce la pania[14] dell'amore incantatore, e ben vede che i suoi sensi vi si sono impigliati, vuole raggiungere una riva sicura, liberarsi e fuggire via. Ma il vischio non la lascia, e la trattiene e la vince. La bella fanciulla lotta e resiste con tutte le forze, ma s'impania a ogni suo passo. Soccombe contro la propria volontà. Si difende e s'oppone con le mani e con i piedi, ma piedi e mani affondano vieppiù nella cieca dolcezza dell'amore e dell'uomo. I pensieri impaniati non possono muoversi in alcun modo, neppure d'un mezzo passo o d'un piede, né trovare via o ponte senza che amore sia loro sempre accanto. Qualunque cosa pensi Isotta, qualunque pensiero le venga alla mente, altro non v'è che Amore e Tristano.

Ma ciò rimane segreto, ché il cuore e gli occhi si danno battaglia: il pudore storna lo sguardo, ma Amore attira il cuore. E gli avversari, la fanciulla e l'uomo, Amore e pudore,

10. **Brangania:** è l'ancella alla quale la madre della futura regina aveva affidato, raccomandandole grandissima attenzione, il filtro d'amore perché lo facesse bere a Marco e Isotta prima delle nozze. Ora ella si dispera perché si sente colpevole di non avere compiuto il proprio dovere ed è cosciente delle gravi conseguenze che la sua mancanza avrà.

11. **Egli combatte... la sostiene:** la violenza della passione amorosa è grande e l'eroe la combatte con tutte le sue forze, lacerato fra il desiderio di Isotta e il senso dell'onore che gli impone di non tradire Marco.

12. **Amore l'affanna all'estremo:** è il tema dell'amore-dolore che percorre tutto il romanzo.

13. **Lo stesso... a Isotta:** c'è assoluto parallelismo nella vicenda dei due amanti, che hanno ormai un unico cuore e un'unica volontà.

14. **pania:** legame, costrizione. Letteralmente la pania è la sostanza appiccicosa estratta dalla pianta del vischio che si usava per catturare gli uccelli. La metafora del vischio e della pania, per indicare la forza d'amore, è ripresa anche nelle righe successive.

non trovano accordo. La fanciulla desidera l'uomo, ma distoglie lo sguardo; il pudore desidera l'amore, ma non lo rivela. Ma a che serve? Una fanciulla e il suo pudore sono per voce comune cosa ben caduca, un fiore di sì breve durata che non resistono a lungo. Così Isotta abbandona la lotta, e accetta la propria inclinazione. Senz'altro indugio, la vinta Isotta consegna il corpo e la mente all'amore e all'uomo. Lo osserva più volte e lo guarda in segreto, e i limpidi occhi s'accordano in tutto col cuore. Entrambi si volgono nascostamente e amorosi verso l'uomo, ed egli restituisce gli sguardi con profonda dolcezza. Poiché Amore non vuole lasciarlo, egli pure vi si abbandona. Ogni qualvolta possono farlo con decoro, a ogni ora l'uomo e la fanciulla si scambiano teneri sguardi. A ognuno degli amanti, l'altro sembra bello quanto mai, ché tale è la legge dell'amore; tale il diritto della passione. Così è oggi come negli anni passati, e così sarà sempre, finché dura amore: a mano a mano che l'amore cresce e reca fiori e frutti d'amabili cose, tutti gli amanti si piacciono sempre di più. Il fecondo amore rafforza l'originaria bellezza: è questo il suo seme, e mai avrà fine.

I romanzi della Tavola Rotonda, a c. di G. Agrati e M.L. Magini, A. Mondadori

Analisi del testo

L'amore come sentimento assoluto. L'amore assume in questo brano il valore di un sentimento assoluto, l'unica legge a cui il cavaliere deve sottostare. Amore è una forza intima e irresistibile alla quale non ci si può e non ci si deve sottrarre, è principio spirituale che eleva e nobilita al di là di qualsiasi convenzione sociale o costrizione esterna; l'eroe è tenuto a un'unica fedeltà, quella per la persona amata. Secondo la visione dell'amor cortese, Amore è «colui che affanna il mondo intero», «predatore di ogni cuore», capace di piegare «sotto il proprio giogo» anche le volontà più forti.

L'adulterio non è considerato da Goffredo una colpa: colpevole è piuttosto colui che accetta un'unione matrimoniale nella quale non c'è amore. Si tenga presente che spesso nel Medioevo il destino delle giovani appartenenti a nobili famiglie era quello di subire matrimoni combinati per motivi di opportunità, per sancire alleanze o riunire possedimenti. È questo anche il motivo per cui l'amore, come sentimento puro e disinteressato, doveva spesso realizzarsi al di fuori del matrimonio, tanto che alcune teorie sull'amor cortese affermavano che esso poteva nascere solo in rapporti extraconiugali, liberi da qualunque vincolo esterno.

Ciò che all'autore interessa è soprattutto l'analisi psicologica dei personaggi, le sfumature delle loro emozioni e dei loro sentimenti: dall'iniziale pudore che impedisce loro di dichiararsi reciprocamente all'intima lotta fra il dolce desiderio d'amore e il timore di perdere l'onore, «L'onore e la fedeltà gli danno grande tormento» dice il poeta di Tristano «ma più acuta è la pena d'amore». Il pudore impone a Isotta di non guardare Tristano, ma il suo cuore desidera ardentemente il contrario. Il contrasto fra pudore e amore corrisponde, nella fanciulla, a quello fra amore e onore nell'uomo ed è un altro tema caratteristico della letteratura cortese.

E alla fine i due amanti si abbandonano al dolce linguaggio degli sguardi innamorati. Il filtro d'amore diviene qui il simbolo di un'emozione interiore che spinge ad andar oltre le barriere della meschina realtà per seguire le ragioni profonde dell'animo, di quel «cuore gentile» che, nella teoria dell'amor cortese, è il solo capace di rendere nobili.

Proposte di lavoro

1. Il brano può essere suddiviso in due parti fra loro contrastanti: indicale e presenta il tema centrale di ognuna in una breve frase.
2. Il testo, soprattutto nella seconda parte, è costruito su antitesi (elementi che si oppongono) e parallelismi (elementi che ricorrono uguali). Completa una tabella simile a questa, cercando di ritrovare questi elementi e di indicare quale significato assumono rispetto alla vicenda dei due protagonisti.

	Riga	Significato
Antitesi		
Parallelismi		

3. Ripercorri la sottile analisi psicologica che l'autore fa dei due personaggi, i cambiamenti che si operano in loro e i conflitti interiori. Ricostruisci poi un ritratto psicologico di Tristano e Isotta in un testo scritto.

....

....

....

4. Analizza il testo indicando se queste affermazioni sono vere o false.
   - V F Nel brano il narratore è assente.
   - V F Il narratore si astiene dall'esprimere i propri sentimenti.
   - V F Il narratore si schiera dalla parte di Isotta.
   - V F Il narratore è onnisciente.

ROMANTICO TRISTANO

L'amore di Tristano e Isotta ha costituito uno dei miti più consolidati nella cultura europea, così che le due figure si sono affermate ormai in modo duraturo nell'immaginario moderno, tanto da diventare materia per innumerevoli narrazioni romanzesche e cinematografiche, che hanno dato tuttavia dei nostri eroi rappresentazioni assai diversificate e spesso lontane da quelle originali. Il tema dell'amore ostacolato, del desiderio senza appagamento, della passione che si alimenta dell'assenza dell'amato – fino all'estrema forma di assenza che è la morte – corrisponde a un vero e proprio **ideale d'amore** che, dal Medioevo in poi, ha continuato a essere presente nella letteratura occidentale. È un ideale fondato sulla negazione: ciò che esalta l'immaginazione non è l'amare soddisfatto ma la passione dolorosa, non il possesso ma l'inafferrabilità dell'oggetto d'amore.

① Il romanzo di Tristano e Isotta, capostipite mitico di tutte le storie d'amore e morte della letteratura occidentale, assume forme diverse attraverso i secoli (possiamo fare l'esempio di **Romeo e Giulietta**) per risorgere modernamente nel **dramma musicale** del compositore tedesco ottocentesco **Richard Wagner**, rappresentato per la prima volta a Monaco di Baviera nel 1865. Wagner musicò e scrisse il libretto del suo *Tristano e Isotta,* traendo la materia da Goffredo di Strasburgo. La vicenda dei due amanti che potevano essere uniti solo nella morte era intensamente affine al sentire e agli ideali del Romanticismo.

② Una **riscrittura narrativa** della vicenda è *Il romanzo di Tristano e Isotta*, del 1900, dello scrittore e storico francese **Joseph Bédier**, il quale fonde il ciclo di romanzi bretoni risalente al Medioevo relativi alla leggenda di Tristano e Isotta con l'opera musicale di Richard Wagner.

③ Ai giorni nostri, anche il **cinema** ha mostrato interesse per questo mito immortale, per esempio nel film *Tristano e Isotta*, uscito nel 2006 con la regia di Kevin Reynolds.

Guido Cavalcanti

➤ Per una presentazione della vita di Guido Cavalcanti, rimandiamo a p. 39.

Epoca
XIII secolo
Genere
poesia
Lingua
volgare toscano
Schema metrico
sonetto ABBA ABBA CDE EDC

Chi è questa che vèn, ch'ogn'om la mira

I cronisti dell'epoca hanno lasciato di Cavalcanti il ritratto di un uomo aristocratico e intellettuale, solitario, dedito alla filosofia e alla meditazione, dal carattere ironico e sdegnoso. Al centro della sua poesia sta, com'è tipico degli stilnovisti, l'esperienza dell'amore, che però Cavalcanti, a differenza di Guinizzelli e di Dante, concepisce non tanto come impulso di perfezione quanto come sentimento violento e tormentoso, come sofferenza e passione sconvolgente. Nelle sue liriche è tipico l'alternarsi di immagini di luce e di tenebra, di felicità e di sofferenza; esse spesso si concludono con lo smarrimento del poeta, solo con la propria passione insoddisfatta.
Accanto ai componimenti più drammatici, numerosi sonetti di Cavalcanti riprendono anche i motivi più comuni e lievi dello Stilnovo, a partire da quello della lode per la donna che nobilmente incede tra gli uomini. È il caso del sonetto che presentiamo, in cui, come è tipico del poeta, la donna non viene intesa come causa di perfezionamento interiore ma come colei il cui apparire sconvolge e turba.

Chi è questa che vèn, ch'ogn'om la mira,
che fa tremar di chiaritate l'âre
e mena seco Amor, sì che parlare
null'omo pote, ma ciascun sospira?

O deo, che sembra quando li occhi gira,
dical' Amor, ch'i' nol savria contare:
cotanto d'umiltà donna mi pare,
ch'ogn'altra ver' di lei i' la chiam'ira.

Non si poria contar la sua piagenza,
ch'a le' s'inchin'ogni gentil vertute,
e la beltate per sua dea la mostra.

1. vèn: viene, compare alla vista; ch'ogn'om la mira: che ogni uomo la guarda con ammirazione.
2. che... l'âre: che fa tremare l'aria con lo splendore che diffonde.
3-4. e mena... sospira?: e conduce con sé Amore (cioè fa innamorare chi la guarda), tanto che nessuno può (*pote*) parlare, ma ognuno sospira.
5-6. O deo... contare: o Dio, che cosa sembra quando muove intorno lo sguardo, lo dica Amore, perché io non lo saprei dire.
7-8. cotanto... ira: a tal punto mi pare donna umile (ma umiltà è anche, nell'amor cortese, cortesia, benevolenza, dolcezza), che ogni altra al confronto (*ver' di lei*) io la chiamo ira, cioè superba e fastidiosa.
9-11. Non si... mostra: non si potrebbe raccontare e descrivere la sua piacevolezza (*piagenza*): (è tale) che a lei s'inchina ogni nobile virtù, e la bellezza la indica come sua dea.

Non fu sì alta già la mente nostra
e non si pose 'n noi tanta salute,
che propiamente n'avìan canoscenza.

12-14. Non fu... canoscenza: la nostra mente non fu mai così elevata (*alta*) e non fu mai posta in noi tanta grazia (*salute*) da consentirci di averne (*n'avìan*) conoscenza (*canoscenza*) propriamente, cioè secondo le sue proprietà essenziali. Cavalcanti vuol dire qui che l'intima essenza della donna, rivelata esteriormente dalla sua bellezza, non può mai essere conosciuta pienamente dall'uomo.

Metrica e retorica

Antitesi e personificazione

In questo testo compaiono due figure retoriche, l'antitesi e la personificazione.

- L'**antitesi** è una figura retorica che consiste nell'accostamento di due parole o frasi di senso contrastante. Per esempio, in questo passo di Dickens: «Era la *migliore* delle epoche, era la *peggiore* delle epoche, era l'età della *saggezza*, era l'età della *follia*».
- La **personificazione** è il procedimento secondo il quale vengono attribuite a un oggetto inanimato caratteristiche tipi,che di una persona. Per esempio: «Gli alberi e i cavalieri si irrigidirono, senza più dimensioni, e *un silenzio polveroso entrò nella stanza*» (Morante).

Analisi del testo

La superiorità della donna. La lirica è costruita sul contrasto fra la potenza e la virtù della donna e l'insufficienza di chi voglia tentare di descriverla o di conoscerla. La superiorità della donna non ha significato religioso: essa non dà salvezza e sfugge alla conoscenza non per le sue qualità "miracolose", come in Dante, ma perché è oggetto troppo difficile e arduo per l'intelletto dell'uomo. La donna viene nel mondo degli uomini al fine di renderli migliori con i doni della virtù (*umiltà*) e della bellezza (*piagenza*, *beltate*). Cavalcanti fa leva su elementi ed effetti spirituali: nulla può essere paragonato alla donna. Per questo la donna "trascende", va oltre la stessa natura. Per questo, anche, di essa non si può avere una conoscenza adeguata: rimane "ineffabile". Dell'uomo viene così data una rappresentazione negativa: egli è descritto solo per ciò che non può o non sa fare.

Un esempio di stilnovismo. Questi temi hanno un corrispettivo stilistico: la prima strofa è costituita sostanzialmente da un interrogativo posto dal poeta; nelle strofe rimanenti prevalgono le frasi negative e la figura retorica dell'antitesi. Lo stile "dolce" è dato dall'assenza di rime difficili o ricercate, di suoni duri, di consonanti aspre. Il lessico è privo di rilevanti difficoltà, così come la sintassi risulta lineare. Il tutto ottiene una sensazione di melodiosità che è uno degli esempi più rappresentativi dello stilnovismo.

Proposte di lavoro

1. Che rapporto si configura nella poesia tra la donna e la natura?
- ☐ Di superiorità.
- ☐ Di inferiorità.
- ☐ Di corrispondenza.

Indica le espressioni del testo che motivano la tua risposta.

2. Individua nel testo tutte le frasi di negazione e le antitesi, precisando che significati assumono all'interno della poesia.

Antitesi	Significato
v.	
v.	
v.	
v.	
v.	

3. L'amore, in questa poesia, è personificato. Descrivilo: quali attributi ha? Quali azioni e gesti compie?

➤ Attributi ....
....
....
....
....

➤ Azioni ....
....
....
....
....

4. Sei d'accordo nel dire che, in questa poesia, la donna rimane inconoscibile, apportatrice di turbamento più che di perfezione morale? Rispondi in modo argomentato, in un breve testo.

Torquato Tasso

➤ Per una presentazione della vita di Torquato Tasso, rimandiamo a p. 227.

L'opera

L'esordio poetico di Tasso è segnato nel 1562 dal *Rinaldo*, un poema in 12 canti, in ottave, che canta le imprese del cavaliere Rinaldo da Montalbano per conquistare il cavallo Baiardo, la spada Fusberta e l'amore di Clarice. L'opera risente della tradizione cavalleresca classica e si avvicina al modello ariostesco, anche se l'insistenza su sentimenti cupi e sofferti e la dominanza del tema della morte anticipano già i temi dell'opera seguente. Tra le opere che precedono la *Gerusalemme liberata*, la più originale è l'*Aminta*, favola pastorale in 7 atti, scritta in settenari ed endecasillabi, che racconta l'amore del pastore Aminta per la bella Silvia, amore prima non ricambiato e poi, dopo un tentativo di suicidio di Aminta, felicemente corrisposto. Nell'*Aminta* Tasso esprime una visione dell'amore come irresistibile prorompere di passioni e sentimenti, come nostalgia e sofferenza inguaribile, che ritroveremo anche nella *Gerusalemme liberata*.

I componimenti lirici di Torquato Tasso sono circa duemila – fra canzoni, sonetti e madrigali – scritti nell'arco di tutta la sua vita. A partire dal 1587-88 il poeta, insoddisfatto delle edizioni che altri avevano curato, iniziò a riordinarle definitivamente correggendo i testi e scegliendo quelle da destinare alla stampa. Per l'edizione delle *Rime*, ideò una suddivisione in tre gruppi secondo gli argomenti: rime d'amore, encomiastiche, religiose. L'edizione rimase poi incompiuta; il poeta riuscì a farne stampare solo i due primi gruppi.

Le liriche di Tasso **non hanno un carattere di organicità; furono composte in occasioni varie**, spesso rispondendo a sollecitazioni della vita cortigiana. La maggior parte delle poesie d'amore risalgono alla giovinezza del poeta, mentre quelle di argomento religioso sono degli anni più tardi. Si può dire che nelle liriche di Tasso si avverte l'influenza di tutta la tradizione poetica precedente, dagli stilnovisti a Dante, fino ai poeti dell'Umanesimo. Tuttavia **l'influsso** più evidente è quello **di Petrarca e dei principali petrarchisti** del Cinquecento, Bembo e Della Casa.

Anche questi riferimenti sono però filtrati attraverso la sensibilità propria del poeta: le *Rime* sono dominate da una sottile malinconia e da una delicata grazia che presenta un volto della poetica di Tasso diverso da quello composto e classico delle opere maggiori.

Opera **Rime**	Lingua **italiano**
Epoca **XVI secolo**	Schema metrico **madrigale di settenari ed endecasillabi**
Genere **poesia**	

Rime

Due madrigali

Proponiamo qui due dei numerosi madrigali presenti nelle *Rime*. Storicamente lo schema metrico del madrigale risale al Trecento (fu usato, fra gli altri, da Petrarca). Si trattava di due o tre strofe di tre versi ciascuna, seguite da una o due coppie di versi a rima baciata. I versi erano tutti endecasillabi, legati da rime variamente combinate. Argomento della lirica madrigalesca era quasi esclusivamente l'amore, inserito spesso in una cornice pastorale o nella forma del complimento galante o del gioco di parole spiritoso. Fin dalle sue origini il madrigale fu inteso come poesia per la musica destinata al canto polifonico, a cui era adatto per la sua brevità e per la sua struttura semplice. Con il Cinquecento, e con il Tasso in particolare, il madrigale cambia la sua forma metrica: diventa un'unica strofa di endecasillabi e settenari, e il numero di versi, variamente rimati, oscilla da 5 a 15. Così rimane ed è ampiamente usato nel Barocco secentesco, ma anche nel Settecento e oltre, fino a Carducci e d'Annunzio.

Schema metrico
madrigale di settenari ed endecasillabi, tutti a rima baciata, tranne il primo

Tacciono i boschi e i fiumi

Tacciono i boschi e i fiumi,
e 'l mar senza onda giace,
ne le spelonche i venti han tregua e pace,
e ne la notte bruna
alto silenzio fa la bianca luna:
e noi tegnamo ascose
le dolcezze amorose:
Amor non parli o spiri,
sien muti i baci e muti i miei sospiri.

1. Tacciono... fiumi: nella notte, il paesaggio è immerso nel silenzio e nell'immobilità. **3. spelonche:** grotte; quando non soffia, il vento è immaginato riposare nel buio delle grotte. **5. alto... luna:** la luna fa calare sul mondo un profondo silenzio. **6. ascose:** nascoste. **8. spiri:** respiri. **9. sien:** siano.

Schema metrico
madrigale di settenari ed endecasillabi (AABCBCBA)

Lunge da voi, ben mio

Lunge da voi, ben mio,
non ho vita né core e non son io.
Non sono, oimè!, non sono
quel ch'altra volta fui, ma un'ombra mesta,
un lagrimevol suono,
una voce dolente: e ciò mi resta
solo per vostro dono;
ma resta il male onde morir desio.

1. Lunge: lontano; ben mio: mio bene; il poeta si rivolge alla donna amata. **2. non son io:** non sono più io. Lontano dalla donna che ama, il poeta si sente separato anche da se stesso. **4. mesta:** triste. **5. un lagrimevol suono:** un suono che induce al pianto e alla compassione. Sembra al poeta di non avere più sostanza corporea; è ridotto a suono, a una voce che piange. **6. dolente:** sofferente. **6-7. e ciò... dono:** e ciò che resta di me (cioè il mio essere solo una voce di dolore) esiste solo in virtù di voi, per voi. **8. ma... desio:** ma rimane il mio dolore, per il quale (*onde*) desidero morire.

La coordinazione

Il lessico e la grammatica

Entrambi i madrigali di Tasso sono costruiti sulla base della struttura sintattica della **coordinazione**. Quando siamo di fronte a un periodo semplice, formato cioè da un'unica frase di senso compiuto, l'individuazione della **proposizione principale** non comporta alcuna difficoltà: ovviamente quell'unica frase è la proposizione principale o **indipendente**. Quando invece uniamo due frasi principali con una ***e*** otteniamo un periodo formato da due proposizioni che hanno senso compiuto anche se prese da sole. Le due proposizioni sono dunque sullo stesso piano di importanza. La ***e*** che unisce le due frasi viene chiamata **congiunzione coordinativa** e si considera facente parte della seconda frase. Le due proposizioni si chiamano **coordinate**: la prima si chiama **principale** e la seconda **coordinata alla principale**.

Per esempio:

Fabio scrive al computer	e	Loredana legge un libro
proposizione principale		*proposizione coordinata alla principale*

Ecco un altro esempio tratto dal primo madrigale di Tasso:

Tacciono i boschi e i fiumi,	e	'l mar senza onda giace,
proposizione principale		*proposizione coordinata alla principale*

Le proposizioni coordinate sono introdotte da vari tipi di congiunzioni coordinative, secondo il seguente schema:

Congiunzioni copulative	(e, anche, né, neppure, neanche ecc.)	→	*Coordinate copulative*
Congiunzioni disgiuntive	(o, oppure, ovvero ecc.)	→	*Coordinate disgiuntive*
Congiunzioni avversative	(ma, però, anzi, invece, tuttavia ecc.)	→	*Coordinate avversative*
Congiunzioni conclusive	(quindi, dunque, perciò, allora ecc.)	→	*Coordinate conclusive*
Congiunzioni dichiarative	(cioè, infatti, ossia ecc.)	→	*Coordinate dichiarative*
Congiunzioni correlative	(sia… sia, o… o, così… come, né… né, non solo… ma anche ecc.)	→	*Coordinate correlative*

Analisi del testo

La natura e il sentimento. Nel primo madrigale il poeta immagina che le dolcezze dell'incontro amoroso rimangano nascoste, quasi protette, nella quiete della natura notturna. Nella pace immobile e silenziosa della notte, i piaceri dell'amore appaiono più dolci e sembrano prolungarsi, come sospesi in uno spazio senza tempo. Si noti come la congiunzione "e" del verso 6 segni con grande precisione il passaggio dalla prima parte del componimento, dedicata alla descrizione del paesaggio, alla seconda, dove è in primo piano lo stato d'animo soggettivo del poeta.

La lontananza dalla donna amata. Il secondo madrigale ha una tonalità diversa. Qui il poeta manifesta una disposizione più riflessiva: è il suo "io" a occupare la posizione dominante. Lontano dalla donna amata, il poeta si sente lontano anche da se stesso e soffre, fino a desiderare di morire. Anche in questo componimento la congiunzione "e" (verso 6) segna il passaggio da una prima parte caratterizzata da un accumulo progressivo di elementi descrittivi – questa volta descrittivi di uno stato d'animo – a una chiusura di grande intensità emotiva.

Proposte di lavoro

1. Considera nelle due liriche tutti gli elementi paesaggistici e naturali, e completa la seguente tabella.

Elementi paesaggistici e naturali	Atmosfera creata	Rapporto con lo stato d'animo del poeta
1		
2		
3		
4		
5		
6		

2. Caratteristica delle *Rime* di Tasso è la struttura sintattica della *coordinazione*, attraverso la quale viene operato un accumulo progressivo di momenti descrittivi e di situazioni soggettive.

➤ In quale delle due poesie prevale la coordinazione?

☐ *Tacciono i boschi e i fiumi*

☐ *Lunge da voi, ben mio*

3. La modalità con cui il poeta si pone qui rispetto al mondo è di tipo riflessivo. Individua nelle liriche tutti i termini e le espressioni che possono essere ricondotti all'io del poeta.

➤ In quale delle due poesie sono prevalenti?

....

....

Ugo Foscolo

➤ **Per una presentazione della vita e delle opere di Ugo Foscolo, rimandiamo a p. 385.**

L'opera

Le *Ultime lettere di Jacopo Ortis* sono un romanzo epistolare, genere che aveva conosciuto grande fortuna per tutto il Settecento (ricordiamo, tra i capolavori, *Le relazioni pericolose* di C. de Laclos e *La nuova Eloisa* di J.-J. Rousseau) e a cui Goethe, con *I dolori del giovane Werther*, aveva dato una caratterizzazione lirica e sentimentale.

Il protagonista del romanzo foscoliano è Jacopo, giovane veneziano di buona famiglia e di ideali rivoluzionari, che narra la propria drammatica vicenda in una serie di lettere inviate a un amico, Lorenzo Alderani. Napoleone ha appena ceduto Venezia all'Austria con il trattato di Campoformio (17 ottobre 1797) e Jacopo, patriota che aveva combattuto per la propria città a fianco dei francesi, vedendo fallite le sue speranze di libertà e temendo le persecuzioni della polizia austriaca, fugge sui colli Euganei. Qui incontra Teresa, figlia del conte T., e se ne innamora, pur sapendo che la ragazza è stata promessa dal padre a un arido possidente dedito solo agli affari, Odoardo. Teresa ricambia il sentimento di Jacopo, ma non vuole opporsi ai desideri del padre. Il giovane decide dunque di partire: nel suo viaggio senza meta per l'Italia ovunque lo affligge lo spettacolo di un popolo che ha perduto i suoi ideali, oppresso dallo straniero.

Il **motivo amoroso e quello politico sono strettamente intrecciati** nel romanzo, anzi, l'uno è quasi simbolo dell'altro. Come l'amore per Teresa è impossibile, così il sogno di libertà e di riscatto della patria è destinato a rimanere deluso. Appresa la notizia del matrimonio di Teresa, tornato sui colli Euganei, dopo un ultimo saluto alla donna amata, Jacopo si suicida con un pugnale, testimoniando così la propria impossibilità di vivere sia come uomo sia come cittadino.

L'*Ortis* contiene **molti elementi autobiografici** ed è specchio fedele dei sentimenti del poeta nella fase giovanile della sua vita. Nel contempo il romanzo rappresenta la **vicenda ideale di un'intera generazione**, prima illusa dalle attese rivoluzionarie e poi umiliata dal loro fallimento.

La critica foscoliana ha discusso il **problema dell'originalità** del romanzo di Foscolo. Le *Ultime lettere di Jacopo Ortis*, infatti, nascono sulla scorta dei *Dolori del giovane Werther* di Goethe (come l'autore stesso riconosce in una lettera con cui inviava al grande poeta tedesco una copia del libro), anche se questo non implica necessariamente una mancanza di originalità. Da un punto di vista tematico, infatti, nell'opera di Foscolo assume un'importanza centrale il **tema politico**, completamente assente nel Werther. L'autore dichiara esplicitamente di voler intervenire, attraverso le opere letterarie, nella realtà politica e ideologica del suo tempo (Foscolo, tra l'altro, si rivolse direttamente a Napoleone in un'orazione, a conferma del fatto che egli attribuiva all'intellettuale un ruolo "impegnato" nelle vicende storiche).

Dal punto di vista linguistico, il romanzo rappresenta il più importante tentativo, prima dei *Promessi Sposi* di Manzoni, di dar vita a una prosa d'arte moderna, che ponesse la letteratura italiana al passo con quelle francese, inglese e tedesca. Le difficoltà dell'impresa sono confermate dal fatto che la stesura del romanzo impegnò Foscolo per vari anni, dal 1796 al 1802 (quando uscì la prima edizione approvata dall'autore), e poi ancora fino al 1816, quando uscì l'edizione definitiva. Il notevole successo editoriale che arrise all'opera non toglie comunque che il pubblico a cui Foscolo intendeva rivolgersi era ancora relativamente aristocratico e ristretto, soprattutto se confrontato con quello che, di lì a pochi anni, si appassionerà alle vicende di Renzo e Lucia.

Opera
Ultime lettere di Jacopo Ortis
Epoca
XIX secolo
Genere
romanzo epistolare
Lingua
italiano

Ultime lettere di Jacopo Ortis

Il bacio di Teresa

Il brano che segue è tratto dalla lettera che Jacopo scrive all'amico in data 14 maggio. Nella prima parte egli aveva espresso una serie di considerazioni sull'arte, che riflettono alcuni elementi fondamentali della poetica foscoliana: la visione della poesia come espressione del cuore; il contrasto insanabile tra la vita e le aspirazioni ideali; l'angoscia per la brevità della vita. Ma il tema principale della lettera è quello della rappresentazione della natura e della sua consonanza con i sentimenti di chi la contempla e vi è immerso. È questo un tema tipicamente romantico, così come romantico è il paesaggio notturno che apre il brano qui riportato. La descrizione commossa del paesaggio ha la funzione di dare risonanza ai sentimenti del protagonista: secondo uno studiato crescendo emotivo, si prepara a poco a poco il quadro finale del bacio fra Jacopo e Teresa.

14 maggio

Ieri sera appunto io scendeva a passo a passo dal monte. Il mondo era in cura[1] alla notte, ed io non sentiva che il canto della villanella, e non vedeva che i fuochi de' pastori. Scintillavano tutte le stelle, e mentr'io salutava ad una ad una le costellazioni, la mia mente contraeva un non so che di celeste, ed il mio cuore s'innalzava come se aspirasse ad una regione più sublime assai della terra. Mi sono trovato su la montagnuola presso la chiesa:

1. **in cura:** in balìa, in custodia.

suonava la campana de' morti, e un senso d'umanità trasse i miei sguardi sul cimitero dove ne' loro cumuli coperti di erba dormono gli antichi padri della villa: «Abbiate pace, o nude reliquie:[2] la materia è tornata alla materia; nulla scema, nulla cresce, nulla si perde quaggiù; tutto si trasforma e si riproduce… umana sorte! men infelice degli altri chi non la teme».

Spossato mi sdraiai boccone sotto il boschetto de' pini, e in quella muta oscurità, mi sfilavano dinanzi alla mente tutte le mie sventure e tutte le mie speranze. Da qualunque parte io corressi anelando[3] alla felicità, dopo un aspro viaggio pieno di errori e di tormenti, mi vedeva spalancata la sepoltura dove io m'andava a perdere con tutti i mali e tutti i beni di questa inutile vita. E mi sentiva avvilito e piangeva perché avea bisogno di consolazione… e ne' miei singhiozzi io invocava Teresa. Udii un calpestìo fra gli alberi, e mi parea d'intendere bisbigliare alcune voci. Mi sembrò poi di vedere Teresa con sua sorella. Impaurite a prima vista fuggivano. Io le chiamai per nome, e la Isabellina riconosciutomi mi si gittò addosso con mille baci. M'alzai. Teresa s'appoggiò al mio braccio, e noi passeggiammo taciturni lungo la riva del fiumicello sino al lago de' cinque fonti. E lì ci siamo quasi di consenso[4] fermati a mirar l'astro di Venere che ci lampeggiava su gli occhi. «Oh!» diss'ella con quel dolce entusiasmo tutto suo «credi tu che il Petrarca non abbia anch'egli visitato sovente queste solitudini, sospirando fra le ombre pacifiche della notte la sua perduta amica?[5] Quando leggo i suoi versi io me lo dipingo qui… maliconico… errante… seduto sul tronco di un albero, pascersi[6] de' suoi mesti pensieri, e volgersi al cielo cercando con gli occhi lagrimosi lo spirito di Laura. Io non so come quell'anima tutta celeste abbia potuto sopravvivere in tanto dolore, e fermarsi fra le miserie de' mortali: oh dolce amico! quando s'ama davvero!…» ella[7] mi stringeva la mano ed io mi sentiva il cuore che non voleva starmi più in petto. «Sì, angelo, tu sei nato per me, ed io…» non so come ho potuto soffocare queste parole che mi scoppiavano dalle labbra.

Ella saliva la collina ed io la seguitava.[8] Le mie facoltà erano tutte di Teresa; ma la tempesta che le aveva agitate era alquanto cessata. «Tutto è amore, diss'io; l'universo non è che amore! E chi lo ha mai più sentito o meglio dipinto del Petrarca? Adoro, come divinità, que' pochi genii che si sono innalzati sopra gli altri mortali; ma il Petrarca io… l'amo: e

2. **nude reliquie:** i miseri resti mortali.
3. **anelando:** aspirando, ricercando.
4. **di consenso:** di concerto, insieme.
5. **amica:** Laura, la donna amata da Petrarca e morta prematuramente.
6. **pascersi:** nutrirsi.
7. **ella:** Teresa.
8. **seguitava:** seguivo.

Il sublime

Approfondimento

In modo tipicamente romantico, il paesaggio notturno raffigurato all'inizio del brano rimanda alla nozione di sublime. Nella riflessione moderna sull'estetica e il bello artistico, il termine sublime designa una particolare forma di bellezza. Etimologicamente, l'espressione latina *sub limen* significa "ciò che è sospeso all'architrave della porta" e dunque **elevato**, **superiore**.

Nella tradizione classica, sublime era uno stile letterario, e precisamente lo stile "grande", "veemente", "terribile", adatto ad argomenti eroici, il cui effetto è di commuovere l'ascoltatore o il lettore.

In epoca moderna, il termine viene a riferirsi all'effetto che i grandi pensieri e sentimenti della **poesia** hanno sulle **emozioni dei lettori**. Tutti gli spettacoli naturali (il cielo stellato, l'oceano, le montagne), che suggeriscono all'immaginazione l'idea di una **grandezza infinita**, sono detti sublimi, non perché questa sia una loro caratteristica effettiva, ma perché suscitano nell'uomo quella inconfondibile emozione estetica, indicata da tale nome.

Se il bello ha a che fare con il piacevole, il sublime suscita piuttosto un **sentimento misto di piacere e spavento**.

Da Edmund Burke, autore di un celebre saggio, *Inchiesta sul bello e il sublime* (1757), il sublime è definito come sublime orrifico, e posto in relazione con **temi notturni, tenebrosi, fantastici**, evocatori della morte, più che della vita. Se per Burke nel sublime prevale il sentimento dell'angoscia e della perdita dell'io, per il filosofo tedesco Kant, al contrario, nell'esperienza del sublime è presente sia il momento della **vertigine dell'io**, di fronte all'infinito, alla potenza e al caos della natura, sia quello della riaffermazione della **vitalità dell'uomo**.

mentre il mio intelletto gli sacrifica come a nume,[9] il mio cuore lo invoca padre e amico consolatore». Teresa mi rispose con un sospiro.

La salita l'aveva stancata: riposiamo, diss'ella: l'erba era umida, ed io le mostrai un gelso poco lontano. Il più bel gelso che mai. È alto, solitario, frondoso: fra' suoi rami v'ha un nido di cardellini; e noi lo chiamiamo sempre il nostro albero favorito. La ragazzina intanto ci aveva lasciati saltando su e giù, cogliendo fioretti e gettandoli dietro le lucciole che andavano aleggiando: Teresa giaceva sotto il gelso ed io seduto vicino a lei con la testa appoggiata al tronco le recitava le odi di Saffo;[10] sorgeva la luna… oh!…

Perché mentre scrivo il mio cuore batte sì forte? beata sera!

14 maggio, ore 11

Sì Lorenzo! odilo. La mia bocca è umida ancora di un bacio di Teresa, e le mie guance sono state innondate dalle sue lagrime. Mi ama sì… mi ama! – lasciami, Lorenzo, lasciami in tutta l'estasi di questo momento di paradiso.

9. nume: divinità.
10. Saffo: poetessa greca vissuta nel VII-VI secolo a.C.

Analisi del testo

L'aspirazione al sublime. Il brano si apre con l'appassionata rappresentazione di un "notturno" che accompagna e sottolinea i sentimenti del narratore-protagonista, cioè di Jacopo che scrive all'amico Lorenzo. Molto lirica, piena di commozione e di serenità è l'espressione iniziale: «Il mondo era in cura alla notte». Un'atmosfera di pace avvolge tutte le cose e infonde nell'animo di Jacopo sentimenti di elevazione e di aspirazione al sublime. È in questa disposizione d'animo che la sua meditazione si fa filosofica e, attraverso il pensiero della morte, si rivolge ai destini dell'umanità e dell'universo intero. Foscolo esprime qui la concezione materialistica presente in altri luoghi della sua poesia: non esiste un al di là e la vita dell'universo è costituita dal continuo trasformarsi e riprodursi della materia. Questo pensiero viene però qui inserito in un clima emotivo romantico dove, più che i contenuti materialistici, viene messa in rilievo un'aspirazione all'elevazione spirituale e a una forma di eternità che non è di carattere religioso.

Il tema politico. La riflessione di Jacopo si fa poi di carattere più personale ed egli pensa alle vicende dolorose della propria vita e alle proprie speranze. È qui accennato, implicitamente, il tema politico dell'Ortis: le sventure di Jacopo sono dovute al fatto che egli, di idee rivoluzionarie, ha dovuto lasciare la propria patria, Venezia, ormai in mano agli austriaci. Le speranze cui fa cenno nel testo sono dunque le sue speranze di libertà andate perdute. Infelice e avvilito Jacopo sente di aver bisogno della consolazione e del sostegno dell'amore. Anche questa commistione tra il tema politico e il tema dell'amore è una caratteristica tipicamente romantica presente nell'Ortis.

Amore e paesaggio naturale. Inizia a questo punto la parte più narrativa del brano: «Udii un calpestìo fra gli alberi…». Entrano in scena i personaggi di Teresa e della sorella e si prepara, in un crescendo di tono emotivo, l'incontro d'amore che culminerà nel bacio. Tra i due personaggi si svolge un dialogo nel quale la passione è a stento tenuta a freno attraverso il riferimento alla poesia di Petrarca e al suo amore infelice per Laura. Anche in queste parole emerge il tema della fusione fra l'animo innamorato e la natura notturna («credi tu che il Petrarca non abbia anch'egli visitato sovente queste solitudini, sospirando fra le ombre pacifiche della notte…»). Stilisticamente l'emozione è resa attraverso la fitta presenza di esclamazioni e di puntini di sospensione.
Jacopo sente esplodergli dentro l'emozione («sentiva il cuore che non voleva starmi più in petto») e la narrazione giunge al culmine della tensione emotiva. Ne è una spia il cambiamento della persona verbale: dal racconto in terza persona, il narratore passa per un attimo, bruscamente, alla seconda persona rivolgendosi direttamente all'amata («Sì, angelo, tu sei nato per me…»). L'emozione si placa poi un poco («la tempesta… era alquanto cessata») e Jacopo continua il suo dialogo con Teresa, parlando ora esplicitamente d'amore, anche se dietro il velo della figura di Petrarca. Le battute sono sempre brevi, interrotte frequentemente dalla punteggiatura a esprimere la concitazione emotiva. Ancora, la natura contribuisce a creare l'atmosfera di sogno in cui sono immersi i personaggi «sorgeva la luna…».
Nelle poche righe scritte qualche ora dopo, riesplode infine la passione di Jacopo che sfoga finalmente in piena libertà i propri sentimenti, confessandoli all'amico in un linguaggio spezzato in cui la concitazione è sottolineata dalle frequenti ripetizioni.

Proposte di lavoro

1. Il rapporto tra l'animo innamorato di Jacopo e la natura è
   - ☐ di estraneità e indifferenza.
   - ☐ di avversione verso la natura.
   - ☐ di consonanza tra paesaggio e sentimenti del protagonista.
   - ☐ di paura e timore.
2. All'inizio del brano il paesaggio notturno commuove l'animo del protagonista e stimola in lui una serie di riflessioni esistenziali sui temi della vita e della morte. Riassumi il contenuto di queste riflessioni in un breve testo.
3. Indica nel testo dove ha inizio la parte più propriamente narrativa del brano e sottolinea, in questa parte, le annotazioni paesaggistiche e di ambiente che sottolineano le emozioni dei personaggi.
4. Indica quali sono i punti della narrazione in cui maggiormente si esprime la tensione emotiva e trova sfogo la passione amorosa del narratore.
5. Si può parlare in questo brano di amore-passione?
   - ➤ Se sì, quale idea dell'amore emerge da questa lettera?
   - ➤ Se no, perché?

Percy Bysshe Shelley

➤ Per una presentazione della vita e delle opere di Percy Bysshe Shelley, rimandiamo a p. 382.

Opera **Filosofia dell'amore**
Epoca **XIX secolo**
Genere **poesia**
Lingua **inglese**

Filosofia dell'amore

Filosofia dell'amore

■ La poesia di Shelley riflette in modo molto significativo un elemento caratteristico del Romanticismo: l'aspirazione del poeta alla fusione con il tutto, attraverso un contatto profondo e quasi mistico con la natura. In questa lirica l'universo è un'unità armonica in cui tutte le cose si uniscono partecipi di un sentimento di amore che le attrae le une alle altre, le porta a incontrarsi e confondersi. In un verso di un frammento Shelley dice: «L'Amore è l'universo». Anche gli elementi della natura provano dunque sentimenti umani, mentre gli uomini e le donne diventano quasi presenze evanescenti e incorporee che si fondono nella totalità.

I
Le fonti si confondono col fiume
i fiumi con l'Oceano
i venti del Cielo sempre
i dolci moti si uniscono
niente al mondo è celibe
e tutto per divina
legge di una forza
si incontra e si confonde.
Perché non io con te?

II
Vedi che le montagne baciano l'alto
del Cielo, e che le onde una per una
si abbracciano. Nessun fiore-sorella
vivrebbe più ritroso
verso il fratello-fiore.
E il chiarore del sole abbraccia la terra
e i raggi della luna baciano il mare.
Per che cosa tutto questo lavoro tenero
se tu non vuoi baciarmi?

La lirica d'Occidente, trad. di G. Conte, Guanda

Analisi del testo

Un'invocazione addolorata. La breve lirica è guidata dalle due domande con cui si concludono le due strofe di cui essa si compone.
La struttura dei due periodi è simmetrica. A una prima parte, più lunga, di descrizione naturalistica, svolta secondo i canoni tipicamente romantici tesi a vedere nella natura la presenza di forze superiori, arcane e misteriose, segue un'invocazione addolorata: alla fine della prima strofa, il poeta si chiede perché mai la stessa misteriosa forza divina che unifica gli elementi della natura, fondendoli insieme in un Uno-tutto, non unisca insieme anche lui e l'amata. Si tratta di una domanda alla quale invano il poeta cerca risposta: «niente al mondo è celibe (solo)... tutto... si incontra e si confonde. Perché non io con te?». Pare quasi di cogliere, in questo dolente quesito, più che la disperazione un accento di rassegnazione.

La fusione con il tutto. Alla fine della seconda strofa segue la seconda domanda: perché l'amata non bacia il poeta e non lo abbraccia con la stessa naturalezza con cui le montagne baciano il cielo e i raggi della luna il mare, le onde e i fiori si abbracciano?
Naturalmente non c'è risposta. Secondo un motivo tipicamente romantico, l'aspirazione del poeta alla fusione con il Tutto e alla comunione sentimentale con la natura è destinata a rimanere inascoltata.

Proposte di lavoro

1. Metti in rilievo le simmetrie presenti nel testo, sottolineando le parole opportune. Individua poi e inserisci in una tabella tutti gli elementi della natura presenti nel testo.

Elementi della natura
1.
2.
3.
...

2. Rispondi in un breve testo alle domande che seguono.
- In che cosa consiste l'amore per Shelley?
- In quale punto della poesia si esprime il fatto che esso è qualcosa di più di un sentimento?

3. Questa poesia può essere accostata al brano tratto dalle *Ultime lettere di Jacopo Ortis*, presentato a p. 687?
- Se sì, quale concezione tipicamente romantica dell'amore e della natura li accomuna?
- Se no, quali sono le differenze?

Paul Verlaine

L'autore

Fu Verlaine a trovare per i poeti francesi della sua generazione la definizione di **"poeti maledetti"**, con cui voleva indicare in essi l'alternarsi inquieto e ambiguo di delicati slanci sentimentali e di esperienze di vita sregolate e scandalose.

Nato a Metz nel 1844 e morto di alcolismo nel 1896, Verlaine esordì appena ventiduenne con la raccolta di poesie *Poemi saturnini*, in cui esprimeva una **concezione pessimistica della vita** che quasi presagiva il tormentato destino che il poeta avrebbe avuto.

Ebbe infatti una vita piena di scandali, conobbe la prigione, ma anche la notorietà, contrasse un matrimonio che finì per colpa sua e fu sbattuto dalla vita «Di qua, di là, / Simile alla / Foglia morta», come dicono i versi di una sua poesia.

Con Verlaine la poesia dà spazio alle impressioni, agli stati d'animo e il tono prevalente è quello malinconico. Se la poesia in Baudelaire esprime una tensione verso la lotta, in Verlaine essa esprime una dimensione più dolorosa. Lo stile evita immagini violente, preferisce stati d'animo sfumati, ricerca un senso di musicalità attraverso l'uso delle rime e delle assonanze.

Opera **Buona canzone**
Epoca **XIX secolo**
Genere **poesia**
Lingua **francese**

Buona canzone

La bianca luna

La poesia appartiene alla raccolta intitolata *Buona canzone*. Essa rappresenta un esempio significativo del linguaggio poetico simbolista, nel quale le cose, gli elementi della natura si fondono e si confondono con gli stati d'animo, con i sentimenti umani. La fusione tra la natura e l'uomo era già un elemento caratteristico del Romanticismo, come abbiamo visto, per esempio, a proposito della poesia di Shelley *Filosofia dell'amore*. Ma nella poesia romantica il paragone fra elemento umano ed elemento naturale era più esplicito. Ora la rappresentazione del paesaggio sostituisce quasi completamente, per analogia, la rappresentazione dei sentimenti, ne è il simbolo.

La bianca luna
brilla nei boschi;
e da ogni ramo
parte una voce
sotto il fogliame...

O mia adorata.

L'acqua riflette,
specchio profondo,
la silhouette
del nero salice in
cui piange il vento...

Sogniamo, è l'ora.

Un vasto e tenero
acquietamento
sembra discendere
sul firmamento
che l'astro irida...

L'ora squisita.

La lirica d'Occidente, cit., trad. di V. Magrelli

17. l'astro irida: la luna (del verso 1) illumina di una luce screziata.

18. squisita: deliziosa, dolce.

Simbolo, Simbolismo

Il lessico e la grammatica

La parola **simbolo** deriva dal greco *symbolon* (dalle radici *sym-*, "insieme" e *bolè*, "lancio"), parola che ha il significato di **mettere insieme** due parti distinte. Nella lingua della Grecia antica, il termine aveva il significato di "tessera di riconoscimento", secondo l'usanza per cui due individui, due famiglie o anche due città spezzavano una tessera, di solito di terracotta, e ne conservavano ognuno una delle due parti a conclusione di un accordo o di un'alleanza. Il perfetto combaciare delle due parti della tessera provava l'esistenza dell'accordo.
In linguistica e nella teoria della comunicazione, simbolo è **qualsiasi elemento concreto** (oggetto, animale o persona) in quanto viene **considerato rappresentativo di un'entità astratta**. Il simbolo **ha un valore analogico**, è cioè capace di evocare una relazione tra un oggetto concreto e un'immagine mentale. Per esempio, la bandiera è il simbolo della patria; la colomba è il simbolo della pace.
Il **Simbolismo** è un movimento letterario che si sviluppa in Francia, nella seconda metà dell'Ottocento. Baudelaire, Rimbaud, Verlaine e Mallarmé ne sono i maggiori esponenti. Per i simbolisti i tradizionali linguaggi letterati, ormai logorati, sono incapaci di esprimere quel nuovo mondo di sensazioni e di esperienze di cui si vuole far carico la comunicazione artistica; l'artista cerca per sé ruoli e atteggiamenti originali, il poeta avverte l'**esigenza di una "poesia pura"**, che sia il linguaggio diretto delle emozioni, sciolta dai vincoli della realtà oggettiva e aderente invece agli impulsi soggettivi e alla vita interiore di colui che scrive. La poesia simbolista intende andare **oltre la realtà** e le cose come esse ci appaiono, per cogliere quel mondo suggestivo e misterioso delle emozioni che il linguaggio della ragione non riesce a esprimere. La realtà è per Baudelaire una «foresta di simboli» che il poeta deve decifrare, cogliendo quelle **magiche suggestioni** che si sprigionano dagli oggetti e dall'uomo. La parola poetica dunque deve evocare quelle zone d'ombra e di mistero, quelle strutture profonde della natura e dell'uomo che l'intuizione artistica può rappresentare, cogliendo le segrete corrispondenze tra le cose, altrimenti nascoste.

Analisi del testo

Il significato simbolico della natura. La caratteristica principale del componimento è che in esso la presenza della donna amata è solo accennata nei tre versi isolati che fanno quasi da accompagnamento alla visione della natura. Nelle tre strofe, invece, viene rappresentato un paesaggio notturno incantato, tranquillo, illuminato dalla luce bianca della luna. Ma non è un semplice quadro paesaggistico quello che il poeta ci offre: la natura si carica di significato simbolico, partecipa dell'emozione dei due amanti che vi si immergono. Ne è una spia l'umanizzazione degli elementi naturali presente in questa poesia tipica del Simbolismo: *da ogni ramo parte una voce; piange il vento*. Dolcezza, malinconia, tenerezza e senso di pace (*tenero acquietamento*), sono gli stati d'animo che il paesaggio rappresenta e che il poeta prova, immergendosi con l'amata in quell'ora di sogno (*Sogniamo*), meravigliosa (*squisita*).

Proposte di lavoro

1. Sottolinea nella poesia le parole che indicano gli elementi caratteristici del Simbolismo:
   - l'umanizzazione della natura
   - la rappresentazione simbolica di stati d'animo
2. Quali sono gli stati d'animo prevalenti nelle tre strofe di cui si compone la poesia? Per ognuna delle tre scegli quella tra le seguenti parole che ti sembra più adatta e indica nel quadratino il numero della strofa corrispondente.

   ☐ dolcezza ☐ irritazione ☐ malinconia ☐ bontà
   ☐ serenità ☐ passione ☐ tenerezza
3. Completa il testo seguente, sottolineando la parola più corretta tra le due proposte.

   Nella *lirica/prosa* di Verlaine viene rappresentato un paesaggio *notturno/diurno* incantato, *sereno/minaccioso*. Nei versi la natura si carica di *sinestesie/simboli*. In particolare, gli elementi naturali vengono *naturalizzati/umanizzati*.

Paul Éluard

L'autore

Paul Éluard (1895-1952), nato in un quartiere operaio di Parigi, fu uno dei protagonisti del Dadaismo, da cui poi si distaccò per fondare con Breton il Surrealismo, a cui sono legate le sue raccolte di versi degli anni Venti e Trenta. Negli ultimi anni di vita venne accentuando il carattere impegnato della sua produzione poetica.

La poesia di Éluard accomuna una profonda **passione civile e politica** a un grande interesse per i temi freudiani dell'**inconscio**. La tematica dominante nelle sue poesie è quella dell'**amore**: esso non è passione violenta, ma purezza e immediatezza di sentimenti, slancio vitale, armonia con la donna e con gli altri esseri umani. L'altro grande tema della lirica di Éluard è l'**impegno politico**. I drammatici fatti della guerra e del nazismo, la vicinanza con la povertà operaia di Parigi fanno di lui un poeta impegnato nella lotta per la fraternità e per la libertà umana.

Per Éluard i poeti devono partecipare alla vita comune degli altri uomini. Essi devono scendere dalle vette dove credevano d'essere, andare per le vie della città e imparare i canti di rivolta della folla infelice. I loro versi d'amore dunque sono destinati a tutti gli uomini, e di essi accompagnano la rivoluzione liberatrice, oltre la realtà del male, verso la gioia e la fraternità.

Opera
La capitale del dolore
Epoca
XX secolo
Genere
poesia
Lingua
francese

La capitale del dolore

La curva dei tuoi occhi

La poesia che segue, tratta dalla raccolta *La capitale del dolore* del 1926, è un esempio del linguaggio surrealista di Paul Éluard. È una lirica d'amore, dominata da un vorticoso susseguirsi di analogie. Il poeta cerca di esprimere, in un accavallarsi di immagini tipico dell'automatismo surrealista, quei moti di dolcezza e di emozione che lo sguardo della donna amata produce nel suo cuore.

La curva dei tuoi occhi intorno al cuore
ruota un moto di danza e di dolcezza,
nimbo del tempo, arca notturna e fida,
e se non so più tutto quello che vissi
è che non sempre i tuoi occhi m'hanno visto.

1-2. La curva... dolcezza: lo sguardo (*la curva*) che la donna rivolge al poeta trascina il suo cuore in un moto vorticoso di festa e di dolcezza.
3. nimbo del tempo: lo sguardo si trasforma in uno sfolgorio di luce (*nimbo*), che nell'attimo stesso in cui tocca il cuore del poeta lo conduce in movimento infinito di ebbrezza e di soavità; **arca notturna e fida:** in tale movimento, a cui è spinto l'animo del poeta, lo sguardo dell'amata è insieme nave, vascello fedele e rassicurante (*fida*) con cui intraprendere il viaggio dei sensi, e scrigno prezioso e segreto (*notturna*).
4-5. e se... visto: ciò che il poeta ha vissuto prima dell'apparizione della donna amata è diventato privo di senso, quando non è addirittura cancellato dal ricordo.

Analogia e sinestesia

Metrica e retorica

La lirica di Éluard è tutta intessuta di analogie e sinestesie.

- L'**analogia** è una relazione di **somiglianza**, una corrispondenza di due o più elementi (cose, elementi astratti, animali o persone) fra loro.
- La **sinestesia** è una figura retorica che consiste nell'associare termini appartenenti a **sfere sensoriali diverse**. Per esempio, un termine che appartiene alla sfera visiva, come *oscura*, con un termine come *voce* che appartiene alla sfera acustica.

Un altro esempio poetico è: «fredde luci parlano» (Montale), dove si ha l'accostamento di tre diversi campi sensoriali: il tatto (*fredde*), la vista (*luci*), l'udito (*parlano*).

Foglie di luce e spuma di rugiada
canne del vento, risa profumate,
ali che il mondo coprono di luce,
navi che il cielo recano ed il mare,
caccia dei suoni e fonti dei colori,

profumi schiusi da cova di aurore
sempre posata su paglia degli astri,
come la luce vive d'innocenza
il mondo vive dei tuoi occhi puri
e va tutto il mio sangue nei tuoi sguardi.

Poesie, trad. di F. Fortini, Einaudi

11-12. profumi... astri: prosegue la catena analogica; le aurore, come uova di una covata posata sugli astri, schiudono i profumi che la nascita del nuovo giorno porta con sé. **15. e va... sguardi:** e nella profondità dello sguardo della donna finisce per perdersi il vorticoso accavallarsi delle emozioni e dei sentimenti del poeta.

Analisi del testo

Ritmo vorticoso e scrittura "automatica". La poesia si caratterizza per un ritmo vorticoso in cui analogie, metafore, simboli e similitudini sembrano accavallarsi in un movimento ritmico che diventa via via più veloce, così da preparare la similitudine finale, contenuta negli ultimi tre versi: lo sguardo innocente della donna amata vivifica le cose e il mondo così come la purezza della luce dà la vita alla natura. Alcune di queste *analogie* (la curva degli occhi che sta per lo sguardo della donna amata) e *sinestesie* (risa profumate) sono di facile comprensione, altre risultano oscure e adoperano simbolismi di difficile traduzione (nimbo, arca notturna e fida). Si tratta di uno stile tipico delle avanguardie novecentesche, cui l'autore appartiene, chiamato di scrittura "automatica", volto a sconvolgere le sequenze logiche e linguistiche abituali e a sperimentare catene associative originali, adoperando giochi di parole e assonanze libere.

Immediatezza e musicalità. L'approccio del poeta è comunque gioioso, libero da schemi e pregiudizi. Il tema dell'amore viene affrontato fuori dai vincoli seriosi della classicità, e l'esaltazione della donna amata e della passione amorosa risulta efficace, sincera, scevra di inutili drammatizzazioni e di eccessi melodrammatici. L'effetto è di grande immediatezza e di estrema musicalità: la lettura risulta piacevole anche quando non riusciamo a cogliere, almeno fin dall'inizio, tutti i significati nascosti.

Proposte di lavoro

1. La poesia è ricca di analogie e di sinestesie. Individuale e inseriscile in una tabella simile a questa; per ognuna indica poi che cosa ti suggerisce e a quale caratteristica del sentimento di amore secondo te fa riferimento (tieni presente che sono possibili interpretazioni soggettive e dunque diverse).

Analogie e sinestesie	Interpretazione

2. Indica se le seguenti affermazioni sono vere o false e motiva la tua scelta.
   - V F In questa poesia dominano i sentimenti della dolcezza e della serenità.
   ....
   ....
   - V F La scrittura di Eluard rompe le sequenze logiche e linguistiche abituali.
   ....
   ....
   - V F Il poeta affronta il tema dell'amore in modo serioso e drammatico.
   ....
   ....

Anna Achmatova

L'autrice

La poetessa russa Anna Achmatova (1889-1966) nacque a Odessa ma si trasferì presto con la famiglia a Pietroburgo. La sua **vita** fu **intensa e drammatica**, essendosi svolta fra la prima guerra mondiale, la rivoluzione d'ottobre, il periodo del regime stalinista e la seconda guerra mondiale. La poetessa, che prima della rivoluzione partecipò alla brillante vita culturale della Russia zarista, dopo il 1917 visse anni molto duri, sia perché coinvolta nelle disperate condizioni di vita collettiva del suo paese, sia perché vide il proprio marito perseguitato e ucciso dal regime stalinista e l'unico figlio anch'egli deportato in un gulag.

La sua poesia, considerata controrivoluzionaria, fu per lungo tempo ignorata dalla cultura ufficiale. Solo dopo il 1953, anno della morte di Stalin, la poetessa poté finalmente trascorrere alcuni anni di serenità, pubblicando le raccolte dei suoi versi e raccogliendo riconoscimenti in patria e all'estero. Fin dalle prime raccolte poetiche, del 1912 e del 1914, fu subito evidente la **novità del suo linguaggio poetico**, semplice, legato alla realtà di oggetti quotidiani che concentrano su di sé un pregnante **significato metaforico**, fatto di **contenuti intimi e personali**.

Opera
Rosario
Epoca
XX secolo
Genere
poesia
Lingua
russo

Rosario

Turbamento

La poesia appartiene alla raccolta *Rosario* ed è del 1913. In tre momenti, tre strofe separate, rappresenta in modo intenso e concentratissimo il turbamento di un rapporto d'amore. Molta poesia di Anna Achmatova ha contenuti intimi, personali, quasi racconta per scene e immagini essenziali piccoli episodi di vita, costruisce quasi un "diario dell'anima". E lo fa attraverso una rigorosa economia di mezzi verbali: parole scarne, immagini isolate e affiancate le une alle altre, oggetti concreti che rappresentano e sostituiscono un'emozione, sintetizzano una situazione. L'amore ha un posto importante nell'opera dell'Achmatova, che è il primo nome femminile di rilievo in tutta la storia della letteratura russa. La sua condizione di donna intellettuale è privilegiata. E nonostante ciò la poetessa rappresenta spesso se stessa come perdente, passiva nel rapporto d'amore che, per lei, è sostanzialmente sofferenza. Esso sconvolge l'esistenza di chi ne è colpito, non reca alcuna gioia, è possesso sulla donna da parte dell'uomo che non è disponibile a donarsi.

I.
La luce incandescente soffocava,
e i suoi sguardi parevano raggi.
Ebbi solo un sussulto:
quest'uomo può domarmi.
Si inchinò... dirà qualcosa...
Il sangue defluì dal viso.
Come pietra tombale,
si pose l'amore sulla mia vita.

II.
Non ami, non vuoi guardare?
Ah, come sei bello, maledetto!
Fin dall'infanzia ho avuto ali,
ma ora non posso spiccare il volo.
Una nebbia mi vela la vista,
vi si confondono cose e volti,
ed è soltanto un tulipano rosso,
il tulipano che porti all'occhiello.

III.
Come vuole semplice cortesia,
mi si fece vicino, mi sorrise,
tra carezzevole e indolente,
mi sfiorò con un bacio la mano,
e mi guardarono le pupille
di misteriose, antiche effigi...
Dieci anni di palpiti e grida,
tutte le mie notti insonni
le riposi in una parola sommessa,
pronunciata invano.
Te ne andasti, e di nuovo
l'anima è vuota e chiara.

La corsa del tempo, trad. di M. Colucci, Einaudi

Analisi del testo

Amore e sofferenza. Nella prima strofa è rappresentato – ma possiamo quasi dire "narrato" – l'incontro della poetessa con l'uomo che, già al primo apparire, ella sente che le sconvolgerà la vita. Colpita, quasi ferita, dal suo sguardo («i suoi sguardi parevano raggi») ella si sente soffocare (come il primo verso suggerisce) e ha un sussulto. L'amore che ella prova per lui è qualcosa da cui si sente schiacciata: «quest'uomo può domarmi», ella pensa. E lo vede che si inchina («Si inchinò»), che compie cioè un gesto cortese, ma distaccato, privo di passione. Ed ella, come suggeriscono i puntini del verso 5, rimane sospesa attendendo invano una parola. Il turbamento la fa impallidire («Il sangue defluì dal viso»). Sente l'amore come un peso tremendo che la opprime, inesorabile, definitivo («Come pietra tombale, / si pose l'amore sulla mia vita»). Già al primo atto dunque, agli occhi della poetessa, questo rapporto d'amore è segnato dalla sofferenza, non lascia spazio ad alcuna illusione, ad alcuna attesa di felicità.

Il sentimento non ricambiato. L'uomo, che nella prima strofa era presente in terza persona, quasi un estraneo che improvvisamente e quasi violentemente irrompe nella vita, nella seconda strofa diventa un «tu» a cui la poetessa si rivolge. Ma fra loro non si instaura un dialogo dolce d'amore. Egli non l'ama, non vuole guardarla. E lei, che pur sa di essere una persona libera, una persona di talento («Fin dall'infanzia ho avuto ali»), ora si sente oppressa, imprigionata («non posso spiccare il volo»). Ancora dunque immagini negative, di soffocamento, di smarrimento e di confusione (la nebbia che vela la vista, cose e volti che si confondono) stanno a descrivere gli effetti dell'amore per la poetessa. E tanta sofferenza è causata dal fatto che lei, al contrario dell'uomo, ama con passione. Questo suggeriscono lo sfogo, quasi l'imprecazione, del secondo verso della strofa («Ah, come sei bello, maledetto!») e l'immagine del tulipano rosso, così viva e potente nella sua concretezza: per lei simbolo della passione, per lui un semplice fiore all'occhiello.

La solitudine. Nei primi versi della terza strofa tornano i gesti della cortesia di lui, che richiamano l'immagine dell'inchino della prima strofa. Sono i gesti di un affetto misurato, privo di vera passione, di disponibilità a donarsi veramente. Mentre la poetessa vede negli occhi di lui che le sorride un po' distratto, misteriose e antiche immagini (*effigi*), forse a significare che la sofferenza d'amore è tale da sempre. Una sospensione alla fine del verso 22 segna il passaggio a un nuovo grido di dolore: forte è il contrasto fra i lunghi anni di dolore, le lunghe notti insonni e la sua timida richiesta d'amore rimasta senza risposta («una parola sommessa, / pronunciata invano»). La poesia si chiude con un'immagine ricorrente nei versi dell'Achmatova: quella della solitudine, di qualcuno che se ne va lasciando solo il vuoto nel cuore della donna.

Proposte di lavoro

1. Analizza il contrasto che nella poesia emerge fra la poetessa e l'uomo che ella ama: raccogli le immagini che riguardano lei, i suoi gesti, i suoi atteggiamenti e quelle che riguardano lui e mettile a confronto in una tabella.

La poetessa (gesti, atteggiamenti, sentimenti)	L'uomo amato (gesti, atteggiamenti, sentimenti)

2. È corretto affermare che dal contrasto tra la poetessa e l'uomo che ella ama nasce la sofferenza d'amore? Se sì, in che senso? Se no, perché?

3. La poesia dell'Achmatova si basa spesso sulla rappresentazione di semplici oggetti che, isolati dal loro consueto contesto, acquistano un significato tutto particolare: ritrovane esempi nella poesia qui riportata e indicali qui di seguito. Poi spiega quale tipo di significato e di emozione gli oggetti evocano, in un breve testo.

- ☐ acqua
- ☐ carne
- ☐ pietra tombale
- ☐ rosa
- ☐ tulipano
- ☐ sedia

Katherine Mansfield

L'autrice

Katherine (ma il vero nome era Kathleen) Mansfield nacque in Nuova Zelanda nel 1888 e morì in Francia nel 1923.

Deve la sua fama ai numerosi racconti (che risentono, per sua stessa ammissione, dell'influsso di quelli dello scrittore russo Čechov), in cui analizza in prevalenza **personaggi femminili** con uno stile che concede scarsa importanza all'intreccio e che, pur essendo meno esplicitamente sperimentale, ha fatto accostare la sua opera a quella della sua grande amica Virginia Woolf.

Opera
La lezione di canto
Epoca
XX secolo
Genere
racconto
Lingua
inglese

La lezione di canto

La lezione di canto

La protagonista del racconto che proponiamo è una donna di trent'anni, insegnante di musica. Solo recentemente, quando ormai era rassegnata a restare zitella, è riuscita a fidanzarsi con un uomo più giovane di lei, e ora stanno per sposarsi. La sua felicità sembra assicurata, quando improvvisamente giunge una lettera che sembra porre definitivamente fine al sogno della sua vita: il futuro marito rompe il fidanzamento! Il matrimonio, ancora all'inizio del Novecento (l'epoca in cui è ambientato il racconto), rappresentava lo scopo fondamentale della vita di una giovane donna (e anche di una donna che lavorava, come Miss Meadows). La disperazione della donna è quindi grandissima. Ma l'autrice, che pure indaga a fondo l'animo della protagonista, non le attribuisce mai un solo pensiero o un solo gesto d'amore nei confronti del suo fidanzato. La preoccupazione fondamentale della signorina Meadows è di ordine sociale, non sentimentale: essa è preoccupata di ciò che dirà la gente, dei pettegolezzi che la costringeranno a lasciare il posto di lavoro, della solitudine che l'aspetta e a cui sembra ormai inevitabilmente condannata.

Con fitto nel cuore un dolore, un dolore gelido e acuto come una lama, Miss Meadows, in toga e tocco,[1] con una bacchetta in mano, percorse i freddi corridoi che portavano alla sala di musica. Ragazze di tutte le età, con le guance rosate dall'aria, traboccanti d'allegria e ancor tutte eccitate dalla corsa compiuta per giungere a scuola, un bel mattino autunnale, le passarono accanto di corsa, le saltellarono, le svolazzarono attorno; dalle aule provenne un rapido tambureggiare di voci; una campana sonò; una voce d'uccello gridò: «Muriel!». E poi dalle scale giunse un terribile tonfo. Qualcuna delle ragazze aveva lasciato cadere i suoi manubri ginnastici.

L'insegnante di storia naturale fermò Miss Meadows.

«Buon giorno», disse, con la sua voce dolce e affettata.[2] «Fa freddo, nevvero? Potrebbe essere inverno».

Miss Meadows, serrandosi in petto la lama che la feriva, guardò la collega con aria ostile. Tutto in quella creatura era dolce e pallido come il miele. Non ci si sarebbe stupiti di scorgere un'ape impigliarsi nel viluppo dei suoi capelli biondi.

«È un freddo piuttosto tagliente» rispose la Meadows, accigliata. L'altra sorrise col suo sorriso mellifluo.

«Avete l'aria intirizzita» soggiunse. I suoi occhi azzurri si spalancarono, illuminati da una punta di malizia. (Che si fosse accorta di qualche cosa?)

«Oh, no, per fortuna non lo sono ancora» ribatté la Meadows, ricambiando il sorriso della collega con una smorfia; e si allontanò.

Le classi quarta, quinta e sesta erano radunate nella sala di musica. Il chiasso era assordante. Sul palco, vicino al pianoforte, c'era Mary Beazley, l'allieva prediletta di Miss Meadows, incaricata degli accompagnamenti. Stava girando lo sgabello[3] del piano. Quando vide Miss Meadows, diede l'avviso con un «Sh, sh! ragazze!» e Miss Meadows, con le mani nascoste nelle maniche e la bacchetta sotto il braccio, attraversò la fila dei banchi, salì i gradini, si voltò bruscamente, afferrò il leggio[4] di ottone, se lo piantò davanti, e picchiò con la bacchetta due colpi secchi, per richiamare al silenzio.

«Silenzio, per favore!... Subito!» e, senza fissar nessuno, i suoi occhi si posarono su quel mare di camicette di flanella colorata, ove spiccavano volti e mani rosee, su quei nastri annodati ai capelli, trepidanti[5] come ali di farfalle, e sui libri di musica sparsi. Sapeva benissimo quello che le ragazze pensavano. «La Meadows è fuori dei gangheri!» Uff... lascia che lo pensino! Le tremarono le palpebre; gettò la testa all'indietro con aria di sfida. Che cosa contavano dopo tutto i pensieri di quelle creature per una persona che toccava la morte col dito, tanto il cuore le dolorava, tanto il cuore aveva preso a sanguinarle, dopo una simile lettera?...

«... Mi convinco sempre più che il nostro matrimonio sarebbe una pazzia. Non che io non ti ami. Ti amo tanto quanto è possibile per me amare una donna, ma, per esser sincero, debbo dirti che il matrimonio non è fatto per me e che l'idea di rinunciare alla mia libertà mi...» e la parola «ripugna» cancellata appena, era stata sostituita con la parola «addolora».

Basilio! Miss Meadows avanzò a grandi passi verso il pianoforte. E Mary Beazley, che attendeva questo momento, si chinò in avanti e i riccioli le caddero sulle gote, mentre mormorava: «Buon giorno, Miss Meadows» e porgeva, molto impacciata, alla maestra un magnifico crisantemo giallo. Questo piccolo rito del fiore si protraeva da molto tempo. Faceva parte, ormai, della lezione, come l'apertura del piano. Ma quella mattina, invece di prenderlo e di infilarselo nella cintura, mentre, chinata verso Mary, diceva: «Oh, grazie, Mary. Che meraviglia! Aprite a pagina trentadue», Miss Meadows, con grande sorpresa

1. **in toga e tocco:** nelle scuole inglesi era usanza che gli insegnanti indossassero la toga e il copricapo universitario (tocco).
2. **affettata:** falsa, insincera.
3. **girando lo sgabello:** si tratta di uno sgabello la cui altezza può essere regolata facendolo ruotare.
4. **il leggio:** supporto inclinato su cui si colloca la partitura musicale.
5. **trepidanti:** tremanti, oscillanti.

della ragazza, non badò affatto al crisantemo, né rispose al suo saluto, ma disse con voce glaciale: «Pagina quattordici, per favore, e badate a marcar bene gli accenti».

Che momento d'apprensione! Mary arrossì così intensamente che le vennero le lacrime agli occhi; ma Miss Meadows era ritornata al leggio; la sua voce squillò nell'aula.

«Pagina quattordici! Cominceremo dalla pagina quattordici. *Lamento*. A quest'ora, ragazze, dovreste saperlo. Lo ripeteremo insieme; non a parti staccate[6] ma insieme. E senza espressione. Cantatelo dunque con semplicità, battendo il tempo con la mano sinistra».

Alzò la bacchetta e picchiò due volte sul leggio. Mary intonò il primo accordo; e tutte le mani sinistre delle ragazze si sollevarono nell'aria, battendo il tempo, mentre le voci, giovani e desolate, cominciavano a gemere in coro:

Troppo caduche,[7] ahimè, sono le rose
del piacere, con troppa arida fretta
ci raggiunge l'inverno.
Troppo fugace, ahimè, dilegua il ritmo
della musica dolce e nell'orecchio
non rimane che pianto...

Santo cielo, si poteva pensare a qualcosa di più tragico di questo lamento? Ogni nota era un sospiro, un singhiozzo, un gemito di atroce tristezza. Miss Meadows sollevò le braccia nelle larghe maniche della toga e cominciò a dirigere con ambo le mani. «... Mi convinco sempre più che il nostro matrimonio sarebbe una pazzia...» batteva il tempo. E le voci gridavano: «*Troppo fugace, ahimè!*». Quale demone gli aveva guidata la mano nello scrivere una simile lettera? Quale ne era stata la causa? La cosa era nata dal nulla. L'ultima lettera di lui si dilungava a descrivere uno scaffale di quercia che aveva acquistato per i «nostri libri», e un «grazioso mobile d'anticamera» che aveva visto, «un bellissimo mobile, con un gufo intagliato su una mensola, che reggeva tre spazzole da capelli negli artigli». Come s'era divertita all'idea! Che un uomo pensasse alla necessità di avere tre spazzole da capelli. «*Non rimane che pianto...*» cantavano le voci.

«Ancora una volta» disse Miss Meadows. «Ma questa volta a parti staccate. E sempre senza espressione.» *Troppo caduche, ahimè!* Via via che la malinconia dei contralti aumentava, si riusciva a stento a non rabbrividire. *Sono le rose...* L'ultima volta che era venuto a trovarla, Basilio portava una rosa all'occhiello. Come le era sembrato bello con quell'abito blu vivo e quella rosa rossa scura! E anche lui lo sapeva. Non poteva nasconderselo. Dapprima si era passato una mano sui capelli e poi sui baffi; i denti gli sfolgoravano quando sorrideva.

«La moglie del direttore continua a insistere perché vada a pranzo da lei. È una bella seccatura. Non riesco mai ad avere una serata tranquilla, in quel luogo».

«Ma non puoi rifiutare?»

«Che vuoi, un uomo nella mia posizione non può permettersi di vivere come un orso». *Dilegua il ritmo/della musica dolce* gemevano le voci. Fuori, oltre le finestre alte e strette, i salici fluttuavano[8] al vento. Avevano perso metà delle foglie e quelle, piccolissime, che erano rimaste sui rami si dibattevano come pesci presi alla lenza.[9] «... Il matrimonio non è fatto per me...» Le voci erano cessate; il pianoforte attendeva.

«Benissimo» disse Miss Meadows, ma sempre in un tono di voce così strano e duro che le fanciulle più giovani cominciarono a essere veramente impaurite. «Ma ora che lo abbiamo imparato, dobbiamo ripeterlo con espressione. Con quanta più espressione potete. Ri-

6. non a parti staccate: cioè senza effettuare prove distinte per i soprani e i contralti.
7. caduche: fragili, destinate a cadere presto.
8. fluttuavano: ondeggiavano.
9. Anche le notazioni apparentemente oggettive sono in realtà filtrate attraverso gli occhi e la sensibilità di Miss Meadows, come rivela il paragone tra le foglie scosse dal vento e i pesci presi all'amo.

flettete alle parole, ragazze. E usate un po' di fantasia. *Troppo caduche, ahimè...*» gridò Miss Meadows. «Queste parole devono erompere in un lamento grave e solenne. E poi, nel secondo verso si deve aver l'impressione che soffi un vento gelido. *Troppa arida fretta!*» disse con voce così orribile che Mary Beazley, sul suo sgabello, sentì un brivido nella schiena. «Il quarto verso dovrebbe essere un crescendo. *Troppo fugace, ahimè, dilegua il ritmo*, fermandosi sulla frase del penultimo verso e *nell'orecchio*. E poi sulle parole *non rimane* dovete cominciare a smorzare... a svanire... in modo che il *pianto* non sia che un vago sospiro. Potete diminuire quanto volete sull'ultimo verso. A voi, ora».

Di nuovo i due piccoli colpi; sollevò di nuovo le braccia. *Troppo caduche, ahimè...* «... e l'idea di rinunciare alla mia libertà mi ripugna...» Ripugna era la parola che egli aveva scritto. Come dire che il loro fidanzamento era andato a monte per sempre. Andato a monte! Il loro fidanzamento! La gente era rimasta sorpresa che ella si fosse fidanzata. L'insegnante di storia naturale in principio non voleva credervi. Ma nessuno certo era stato più sorpreso di lei. Aveva trent'anni. Basilio venticinque. Era stato un miracolo, un vero miracolo sentirgli dire, mentre ritornavano a casa dalla chiesa in quella notte scura: «Sapete... non so neppur io come sia, ma sono innamorato di voi». E aveva preso in mano l'estremità del suo boa di struzzo. *Non rimane che pianto.*

«Ancora una volta, ancora una volta» gridò Miss Meadows. «E con più espressione, ragazze! Da capo!»

Troppo caduche... Le fanciulle più anziane avevano il viso paonazzo; alcune delle più giovani cominciavano a piagnucolare. Grosse gocce di pioggia vennero a battere contro i vetri delle finestre e si udivano i salici gemere sotto il vento. «... Non che io non ti ami...»

«Mio caro, ma se tu mi ami» pensava Miss Meadows «a me non importa sapere quanto sia grande il tuo amore. Amami pure anche pochissimo. Quanto vuoi tu». Ma sapeva che egli non l'amava. Non essersi nemmeno curato di cancellare completamente la parola «ripugna» perché ella non potesse leggerla!... *Ci raggiunge l'inverno.* Avrebbe dovuto lasciar la scuola, per giunta. Non avrebbe più avuto il coraggio di farsi vedere dall'insegnante di storia naturale e tanto meno dalle sue allieve, quando si fosse risaputa la cosa. Avrebbe dovuto scomparire. *Non rimane...* Le voci cominciarono a diminuire, a smorzarsi, a sussurrare... a svanire...

Improvvisamente la porta si aprì.[10] Una ragazzina, vestita di blu, attraversò rumorosamente il passaggio tra le file dei banchi, con la testa bassa, mordendosi le labbra e facendo girare il braccialetto d'argento che portava a uno dei suoi polsi piccoli e rossi. Salì i gradini e si fermò davanti a Miss Meadows.

«Che c'è, Monica?»

«Oh, scusate, Miss Meadows» disse la piccola, ansando. «La signorina Wyatt vi desidera un momento in direzione.»

«Va bene» disse la Meadows... E, rivolgendosi alle sue ragazze: «Promettetemi, durante la mia assenza, di non far chiasso». Ma erano tutte ormai troppo spaurite per comportarsi diversamente. Molte di esse stavano soffiandosi il naso.

I corridoi erano freddi e silenziosi; i passi di Miss Meadows rimbombavano. La direttrice sedeva alla sua scrivania. Per un istante rimase con gli occhi abbassati. Stava, come al solito, liberando gli occhiali che si erano impigliati nel suo collare di pizzo. «Accomodatevi, Miss Meadows» disse molto gentilmente. E poi, da sotto il tampone della carta assorbente, tolse una busta rosa. «Vi ho mandato a chiamare, perché è arrivato questo telegramma per voi».

«Un telegramma per me, Miss Wyatt?»

Basilio! Certo si era ucciso, pensò la Meadows. Allungò la mano, ma Miss Wyatt ritras-

10. La narrazione riprende "improvvisamente" con un fatto che capovolge la situazione psicologica di Miss Meadows. Il racconto è quindi giocato sull'alternanza di narrazione oggettiva e narrazione condotta attraverso i pensieri della protagonista.

se per un istante il telegramma. «Speriamo che non siano cattive notizie» disse, un po' freddamente. Miss Meadows si affrettò ad aprirlo.

«Non badare lettera devo esser stato pazzo acquistato oggi mobile anticamera Basilio». Non riusciva a staccar gli occhi dal telegramma.

«Spero che non sia nulla di grave» aggiunse la direttrice, chinandosi verso di lei.

«Oh, no, grazie, Miss Wyatt» rispose la Meadows, arrossendo. «Tutt'altro. È...» e diede un risolino di scusa «è il mio fidanzato che mi dice... che mi dice...» Pausa. «Capisco» fece la Wyatt. Un'altra pausa. Poi: «Avete ancora un quarto d'ora di lezione, nevvero, Miss Meadows?».

«Sì, Miss Wyatt». Si alzò e si diresse quasi di corsa verso la porta.

«Un minuto, signorina» disse la direttrice. «Scusate, ma io non approvo che le mie insegnanti ricevano telegrammi durante le ore di lezione, a meno che non si tratti di cose molto gravi... di una morte, ad esempio», spiegò Miss Wyatt «o di una disgrazia molto seria... o di qualcosa del genere. Per le buone notizie c'è sempre tempo, Miss Meadows».

Fu sulle ali della speranza, dell'amore, della felicità che Miss Meadows ritornò alla sala di musica, percorse il passaggio fra i banchi, salì i gradini e arrivò al pianoforte.

«Pagina trentadue, Mary» disse «pagina trentadue». E, raccolto il crisantemo giallo, se lo portò alle labbra, perché non la vedessero sorridere. Poi si volse alle allieve, picchiettò il leggio con la bacchetta: «Pagina trentadue, ragazze. Pagina trentadue».

Rallegriamoci dunque, oggi è giornata
di festa; abbiamo sparso
fiori e portiamo insieme alle ghirlande
cesti di frutta...

«Fermatevi! Fermatevi!» gridò Miss Meadows. «È orribile! È spaventoso!» E guardò le sue allieve con occhi raggianti. «Che cosa avete tutte? Riflettete, ragazze, riflettete a quello che cantate. Usate la vostra fantasia. *Abbiamo sparso fiori e portiamo insieme alle ghirlande cesti di frutta*». Miss Meadows s'interruppe. «Non abbiate un'aria così desolata, ragazze. Bisogna cantar questo con calore, con allegria, con entusiasmo. *Rallegriamoci dunque*... Ricominciamo. E presto. Tutte insieme. Suvvia!»

E questa volta la voce di Miss Meadows si alzò al di sopra di tutte le altre – piena, profonda, fervida d'espressione.

Racconti d'amore del '900, trad. di E. Ceretti, A. Mondadori

Pensieri in libertà: il monologo interiore

Il lessico e la grammatica

Come accade spesso nella narrativa del Novecento anche in questo racconto viene usata la tecnica del monologo interiore, che consiste nel trascrivere direttamente sulla pagina **i pensieri di un personaggio**, così come si presentano, anche senza un ordine logico. Si passa dalla descrizione delle azioni del personaggio alla trascrizione "in diretta" delle sue riflessioni, dei suoi ricordi, dei suoi dubbi, senza l'uso di virgolette, né di alcuna espressione introduttiva che avverta il lettore del passaggio. Questa tecnica dilata molto la narrazione poiché le immagini nascono una dall'altra per associazione di idee. Eccone un esempio tratto dal racconto appena letto: «Di nuovo i due piccoli colpi; sollevò di nuovo le braccia. *Troppo caduche, ahimè*... "... e l'idea di rinunciare alla mia libertà mi ripugna..." Ripugna era la parola che egli aveva scritto. Come dire che il loro fidanzamento era andato a monte per sempre. Andato a monte! Il loro fidanzamento! La gente era rimasta sorpresa che ella si fosse fidanzata.»

Analisi del testo

L'insegnante e le allieve. Il racconto si basa su una continua contrapposizione tra l'insegnante e le sue giovanissime allieve. Nella prima sequenza del testo Miss Meadows è in preda alla sofferenza perché ha ricevuto la lettera con cui il fidanzato le annuncia la rottura del fidanzamento, mentre le bambine appaiono allegre, spensierate, gioiose. Nel corso del racconto la giovane donna riesce a trasferire poco per volta il proprio stato d'animo alle allieve, mostrandosi severa e accigliata, scegliendo una musica triste e continuando a rimproverarle per la loro incapacità.

Nella conclusione del testo i ruoli risultano capovolti: Miss Meadows, ricevuto il telegramma che annulla la lettera precedente, si sente invadere dalla felicità, dalla speranza per il futuro; le ragazze sono invece segnate da un'aria desolata, dovuta evidentemente a quanto è avvenuto in precedenza.

Diversi toni di narrazione. La netta bipartizione del racconto è testimoniata anche a livello stilistico. Nella prima parte, fino all'arrivo del telegramma, l'autrice adotta quasi costantemente il punto di vista del personaggio di Miss Meadows: non solo infatti veniamo a sapere tutti i suoi pensieri e le sue riflessioni, ma l'intera realtà è presentata attraverso i suoi occhi, nel modo in cui essa la percepisce. Si noti per esempio come la descrizione dell'insegnante di storia naturale sia condotta con le parole che potrebbe usare Miss Meadows: «Tutto in quella creatura era dolce e pallido come il miele. Non ci si sarebbe stupiti di scorgere un'ape impigliarsi nel viluppo dei suoi capelli biondi; I suoi occhi azzurri si spalancarono illuminati da una punta di malizia. (Che si fosse accorta di qualche cosa?)». Poco dopo, la reazione delle ragazze è ugualmente presentata dal punto di vista del personaggio: «Sapeva benissimo quello che le ragazze pensavano. "La Meadows è fuori dei gangheri!" Uff... lascia che lo pensino!».

Nell'ultima parte, invece, il tono della narrazione è molto più oggettivo e impersonale. La voce narrante adotta infatti un punto di vista esterno e ci presenta la scena senza più alternare la descrizione ai pensieri del personaggio. Si tratta di una scelta che invita indirettamente il lettore ad assumere un atteggiamento più distaccato, non più di immedesimazione, ma di giudizio nei confronti di Miss Meadows.

Proposte di lavoro

1. Dividi il racconto in sequenze e identifica quelle narrative, quelle descrittive, quelle riflessive e quelle dialogiche.
- ➤ Vi sono delle sequenze che è difficile classificare?
- ➤ Perché?

2. Riassumi il racconto in un breve testo, dopo aver costruito una scaletta con l'elenco dei fatti disposti in ordine cronologico.
- ➤ Ti sembra che l'ordine con cui essi sono presentati dall'autrice sia molto diverso?
- ➤ Perché vi sono tante differenze?

3. Analizza con attenzione la protagonista.
- ➤ In che modo viene presentata dall'autrice?
- ➤ Ti sembra un personaggio positivo o negativo?
- ➤ Perché? Rispondi in breve un testo.

4. Completa il testo seguente sottolineando la parola più corretta tra le due proposte.

Il *romanzo/racconto* della scrittrice neozelandese risulta interessato soprattutto alla *oggettività/soggettività* della protagonista, alla psicologia e all'analisi *dell'io/del mondo esterno*. L'uso del *dialogo/monologo* interiore spinge spesso il lettore ad assumere il punto di vista di Miss Meadows, che *è/non* è necessariamente quello dell'autrice.

Verifica

1. Indica se le seguenti affermazioni sono vere o false.

V F La lirica d'amore nasce con la poesia greca e latina.

V F Secondo i canoni dell'amor cortese, l'amore era concepito come un "servizio".

V F Nella letteratura medievale l'amore viene visto prevalentemente come fonte di peccato.

V F Nello stilnovismo il termine "gentile" indica che i poeti erano di modi educati verso la donna.

V F Il Barocco accetta i canoni del classicismo petrarchista.

V F Le liriche d'amore di Tasso sono di stile barocco.

V F Lo stilnovismo vede la donna come una persona in carne e ossa.

2. Completa il seguente testo inserendo opportunamente i termini mancanti.

sentimento • generi letterari • ispirazione • assoluto • anime • amore-passione • ragione

Il Romanticismo scardina il sistema dei ...., rifiuta regole e convenzioni formali che limitino la libera espressione della .... poetica. Esso privilegia il .... nei confronti della............................. I poeti romantici ricercano il sublime e l'...............................; l'amore per la donna amata viene esaltato secondo l'ideale dell'.., come fusione totale di due ....

3. Completate la seguente tabella, indicando per ogni epoca, autore o corrente letteraria due caratteristiche relative alla concezione dell'amore.

Epoca/movimento letterario/autore	Caratteristiche
Stilnovismo	1.. 2..
Dante	1.. 2..
Petrarca	1.. 2..
Barocco	1.. 2..
Romanticismo	1.. 2..
Simbolismo	1.. 2..
Novecento	1.. 2..

4. Indica se la seguente affermazione è vera o falsa e motiva poi la tua risposta.

V F Gli stilnovisti, rispetto ai lirici precedenti provenzali e della scuola siciliana, accentuano un processo di astrazione dell'esperienza amorosa e della figura della donna.

Perché ....

....

....

....

....

....

....

....

5. Completa le seguenti definizioni.

Il modello dell'amore cortese è ....

....

....

Il modello dell'amore petrarchesco è ....

....

....

Il modello dell'amore romantico è ....

....

....

6. Scegli una delle poesie d'amore di epoca novecentesca tra quelle antologizzate e fanne una parafrasi (versione in prosa).

7. Quali sono i motivi tipicamente romantici espressi nel brano di Foscolo? Rispondi in modo motivato in un breve testo.

8. Nella poesia di Shelley proposta emerge una concezione tipicamente romantica dell'amore per cui esso è qualcosa di più di un sentimento umano. Il titolo stesso di questa poesia è significativo a questo proposito. Spiega il senso di questa affermazione in un breve testo.

9. Come viene affrontato il tema dell'amore nel Novecento? Si può trovare un modello dominante di riferimento? Rispondi in un testo che faccia riferimento ai brani inseriti nel nostro percorso.

10. Elabora una tua scaletta di testi (sia in prosa, sia in poesia) che mettano al centro il tema dell'amore. Scegli liberamente in base alle tue preferenze e alle tue letture. Per ognuno dei testi scelti fornisci una breve giustificazione della tua scelta.

tema 2

La scrittura al femminile

In queste pagine leggeremo i testi di alcune scrittrici che affrontano il tema della **condizione femminile** nel nostro tempo; assai importante è il modo in cui le donne rappresentano se stesse nella letteratura.

La trattazione è suddivisa in due parti:

1. nella prima, proponiamo tre brani di carattere narrativo;
2. nella seconda, proponiamo cinque testi poetici.

Le scrittrici antologizzate appartengono all'**età contemporanea**:

- Emily Dickinson è vissuta nella seconda metà dell'Ottocento;
- Virginia Woolf e Anna Achmatova sono vissute nella prima metà del Novecento;
- Elsa Morante, Doris Lessing e Alda Merini hanno pubblicato le loro opere dopo la Seconda guerra mondiale.

Fanno eccezione le autrici delle prime due liriche: Saffo, uno dei massimi rappresentanti della **lirica greca classica**, e Gaspara Stampa, la più significativa tra le poetesse petrarchesche del nostro **Rinascimento**.

Le scrittrici antologizzate sono molto diverse fra loro:

- innanzitutto, alcune sono narratrici, altre poetesse;
- inoltre, alcune utilizzano tecniche e linguaggi sperimentali, altre restano più legate alla tradizione.

Tuttavia, sono tutte accomunate dal fatto che prestano molta attenzione sia alla **dimensione quotidiana della vita** sia ai **sentimenti** e ai **moti dell'animo**.

Il tema nel tempo

Le donne da lettrici a scrittrici

Fino all'inizio dell'Ottocento, le donne scrittrici o poetesse erano decisamente rare. Saffo, Gaspara Stampa, Madame de Lafayette e poche altre rappresentavano eccezioni a una regola che voleva le donne consumatrici di letteratura (cioè **lettrici**), ma non produttrici di testi (cioè **scrittrici**). Le cose cambiano a partire dalla seconda metà del **Settecento**, in Francia e soprattutto in Inghilterra, dove si impongono scrittrici di grande successo, alcune delle quali in grado di rivaleggiare per qualità delle opere con i maggiori scrittori del loro tempo. Ricordiamo, per esempio, i nomi di Ann Radcliffe, Jane Austen, Mary Shelley, Emily e Charlotte Brontë in Inghilterra; e di Madame de Staël, George Sand in ambito francese.

Nascono i movimenti di liberazione femminili

Nel Novecento, mentre nascono e si affermano i **movimenti di liberazione femminili** (dalle suffragette americane alle femministe degli anni Settanta e oltre), diventano popolari numerose grandi scrittrici, da Virginia Woolf a Marguerite Yourcenar, da Doris Lessing a Nadine Gordimer, per non citare che le più celebri. In Italia il fenomeno delle donne scrittrici nasce nella seconda metà dell'Ottocento, con personaggi come Caterina Percoto, Matilde Serao, Neera, oggi quasi dimenticate, ma molto celebri al loro tempo. Nel Novecento si impongono finalmente scrittrici come Grazia Deledda, Elsa Morante, Anna Maria Ortese e Natalia Ginzburg, considerate tra le figure più rilevanti della nostra letteratura contemporanea.

I temi della letteratura femminile

Uno dei primi temi affrontati nelle opere delle scrittrici moderne è la **condizione femminile**. La donna scrittrice, proprio in quanto si rende conto di rappresentare un'eccezione, sente il bisogno di riflettere sulle cause e sulle ragioni sociali e culturali che rendono particolarmente difficile per una donna l'attività letteraria e artistica in genere. Nascono così, soprattutto nell'Ottocento, numerose **opere di denuncia**, spesso **autobiografiche**, che si affiancano a quelle scritte da alcuni uomini, come Ibsen e Tolstoj, sensibili alle ingiustizie di cui sono vittime le donne di tutte le classi sociali.

Un ritratto del 1840 di Mary Shelley.

Le sorelle Brontë: Anne, Charlotte ed Emily.

Ben presto, tuttavia, l'analisi si approfondisce: una volta affermato il **diritto di scrivere** e la capacità di produrre opere di alto livello, le scrittrici sentono il bisogno di verificare la presenza di uno "specifico" femminile, cioè di qualche elemento che accomuni tutte le opere scritte da donne e le distingua da quelle scritte dagli uomini. In che modo, per esempio, le donne parlano delle donne? In che modo ne parlano gli uomini? Che cosa avrebbe detto Beatrice di Dante, se avesse scritto lei la *Vita nuova* e la *Commedia*? È possibile riconoscere una scrittrice che ricorra a uno pseudonimo maschile (fatto molto comune nell'Ottocento) da qualche indizio caratteristico della sua scrittura?

La specificità della scrittura femminile

La risposta a queste domande non è affatto scontata. Le donne, evidentemente, in quanto appartenenti a una categoria socialmente svantaggiata, sono portatrici di una **sensibilità particolare**, di un punto di vista diverso rispetto a quello degli uomini. La letteratura femminile privilegia quindi alcuni temi rispetto ad altri, affronta alcuni problemi in una prospettiva originale, esprime spesso un sentimento di rabbia e di esclusione. Ma il problema resta aperto: da un lato è evidente che una qualche forma di **specificità** caratterizza le opere di qualsiasi "minoranza", siano le donne rispetto agli uomini, siano gli scrittori neri rispetto a quelli bianchi, siano gli scrittori di origine aristocratica rispetto a quelli di estrazione borghese o popolare, e così via; dall'altro bisogna non perdere di vista la **personalità individuale** di ciascuna scrittrice, inserendola in una comoda quanto vana categoria, quella delle "donne" appunto. Probabilmente la soluzione a questi problemi non si trova nell'ambito della letteratura, ma in quello più generale della società. Man mano che le donne affermeranno la loro indipendenza e la loro parità in tutti i settori della vita sociale, è possibile che l'esigenza di individuare una specificità della **scrittura femminile** si attenuerà progressivamente.

Narratrici e polemiste

La maggior parte delle scrittrici del Novecento ha affiancato alle opere di indole narrativa una serie di **riflessioni teoriche**, sia sulla condizione femminile, sia più specificamente sull'attività di scrittura delle donne. **Virginia Woolf**, non a caso, è una delle maggiori scrittrici del secolo ed è anche autrice del testo (*Una stanza tutta per sé*) che costituisce il punto di riferimento obbligato per queste riflessioni. Nelle opere narrative, e in particolare nei romanzi universalmente considerati i suoi capolavori, *La signora Dalloway* e *Gita al faro*, Virginia Woolf concentra la sua attenzione soprattutto sulla **psicologia dei personaggi femminili** e sull'ambiente aristocratico in cui essi vivono. Il tema della condizione femminile è quindi sviluppato in maniera indiretta, perché la scrittrice era convinta che una trattazione troppo diretta dei temi "femministi" fosse esteticamente rischiosa. Proprio per questo, essa contrapponeva i romanzi di **George Eliot**, interessante scrittrice inglese dell'Ottocento, limitata però dal "rancore" con cui denuncia la condizione di inferiorità delle donne, ai romanzi di Tolstoj, che affronta spesso gli stessi temi (per esempio in *Anna Karenina*), ma con un atteggiamento di distacco e di oggettività che garantiscono il valore universale della sua opera.

Il femminismo è presentato in forma indiretta

La scrittura al femminile in Italia

Dopo **Grazia Deledda**, vincitrice del premio Nobel per la letteratura nel 1926, **Elsa Morante** è una delle poche scrittrici italiane, insieme con Oriana Fallaci, ad aver ottenuto una grande notorietà a livello nazionale e anche internazionale. La sua importanza è legata ai quattro romanzi di cui è autrice, pubblicati fra il 1948 e il 1982: in essi i personaggi femminili hanno spesso ruoli fondamentali, anche se in due casi su quattro il protagonista è un personaggio di sesso maschile. Nella sua opera più famosa, *La storia*, la scrittrice narra una vicenda ambientata negli anni della Seconda guerra mondiale e del secondo dopoguerra; la voce che racconta questa vicenda, al contrario di quanto avviene negli altri libri, non è quella di un personaggio, ma appartiene a una sorta di "**grande madre**" che segue con affetto e partecipazione le vicende di tutti i personaggi, senza il distacco del narratore "esterno", intervenendo spesso a dichiararsi testimone oculare dei fatti narrati, ma nello stesso tempo capace di ricostruire anche ciò che è ignoto a tutti, sulla base di una "**memoria collettiva**" di cui la voce narrante stessa è depositaria. Anche nei racconti, del resto, emerge spesso il tema del **rapporto con la madre** e l'importanza di un atteggiamento "materno" nei confronti della vita: la scrittrice si identifica con i personaggi portatori di valori affettivi profondi, mentre denuncia con forza la violenza dei rapporti umani e la falsità del mondo in cui viviamo.

In un periodo caratterizzato dal progressivo affermarsi di una **sensibilità femminista** in Italia, i testi di Elsa Morante costituivano una forte provocazione, proprio perché riproponevano con forza (e senza nessuna concessione a insulse nostalgie per il passato) un ruolo come quello materno, che le donne mettevano in discussione e spesso rifiutavano.

Le poetesse: lirismo e sperimentazione

Accanto alla narrativa e alla saggistica, le donne hanno coltivato l'espressione **poetica**. La figura che per tutto il Novecento ha costituito un punto di riferimento quasi obbligato per le poetesse è la statunitense **Emily Dickinson**, vissuta nella seconda metà dell'Ottocento e autrice di parecchie centinaia di testi che si inseriscono nel clima culturale del **Simbolismo**, benché l'autrice abbia operato in un isolamento quasi assoluto. Forse l'**isolamento** è proprio il carattere distintivo della poesia femminile del Novecento: sono poche infatti le personalità di rilievo che abbiano effettivamente trovato ascolto presso i contemporanei e siano riuscite a inserirsi attivamente nel dibattito culturale; se per **Anna Achmatova** l'isolamento è più che altro una condizione psicologica (ma non bisogna dimenticare le difficoltà che essa ebbe con il regime comunista sovietico), per **Alda Merini** l'isolamento è quello reale della malattia psichica e del manicomio, in cui l'autrice ha trascorso molti anni della sua vita.

L'isolamento ha da un lato favorito il carattere **lirico** delle opere di queste poetesse, ma dall'altro non ha impedito che la loro ricerca si svolgesse lungo strade originali e spesso **sperimentali**: nel caso di Dickinson, la sperimentazione riguarda sia l'uso delle immagini, sia le strutture metriche e sintattiche; nel caso di Achmatova, le prime raccolte di versi sono composte negli anni del fervore rivoluzionario e dell'adesione ai movimenti di **avanguardia** degli inizi del Novecento; nel caso di Merini, la novità formale della sua poesia nasce dall'esigenza di esprimere una situazione di **lacerazione estrema** come quella vissuta in prima persona dall'autrice. In tutti e tre i casi, possiamo considerare le vicende biografiche e quelle letterarie emblematiche di una condizione esistenziale di disagio che viene spesso affrontata direttamente nei versi, ma anche di una condizione sociale di emarginazione e di esclusione che viene lasciata sullo sfondo, ma non è perciò meno importante.

In sintesi

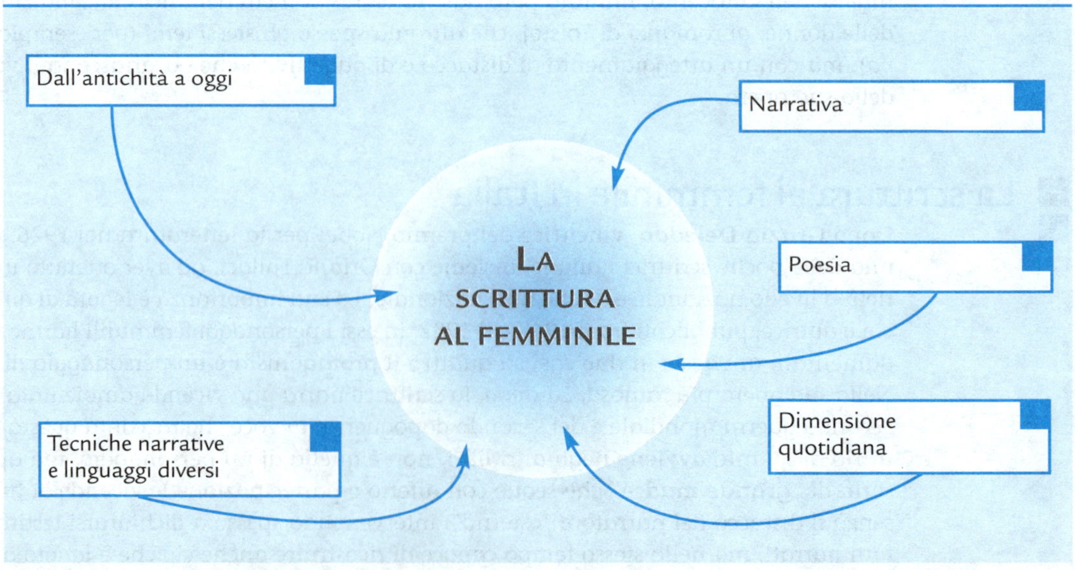

Virginia Woolf

L'autrice

Virginia Woolf nacque a Londra nel 1882. Figlia di Sir Leslie Stephen, storiografo e critico, cresciuta perciò in un ambiente colto e raffinato, soffrì nel vedersi preclusa la possibilità di frequentare l'Università di Cambridge. Quando, nel 1904, morì il padre, Virginia, la sorella e il fratello si trasferirono nel quartiere di Bloomsbury; intorno a loro, scrittori, artisti e critici formarono il *Bloomsbury set*, destinato a dominare per circa un trentennio la **vita intellettuale londinese**. Ne faceva parte anche Leonard Woolf, che Virginia sposerà nel 1912.

Nel 1913 esce il suo primo romanzo, *La crociera*; in attesa delle recensioni, Virginia cade in una crisi depressiva che la porta vicino al suicidio. A crisi depressive con gravi, anche se passeggere, manifestazioni di squilibrio mentale, sarà soggetta per tutta la vita. Nel 1920 esce *Giorno e notte* e nel 1922 *La stanza di Giacobbe*. Dal 1922 al 1924 la Woolf lavora al romanzo *La signora Dalloway*. Nel 1925 scrive *Gita al faro* e nel 1931 pubblica *Le onde*. Dopo la difficile e sperimentale scrittura di *Le onde*, Virginia Woolf si diverte a scrivere *Flush, vita di un cane*, le "memorie" del cane della poetessa Elizabeth Barrett Browning, che assiste alla storia d'amore fra la poetessa e Robert Browning. Nel 1937 esce *Gli anni*, una lunga cronaca familiare che inizia nel 1880 e termina nel 1931. È un libro in cui la scrittrice indaga la sofferenza femminile, simboleggiata da Antigone, l'eroina di Sofocle «costretta a vivere in una tomba di mattoni costruita da Creonte, la società maschile». L'ultimo libro, *Tra un atto e l'altro*, esce senza la sua revisione definitiva perché la scrittrice, nel 1941, all'insorgere di una nuova crisi depressiva, si annega nel fiume Ouse. In due biglietti, al marito e alla sorella, spiega che non è in grado di affrontare ancora una volta la paura della follia.

L'opera

Il romanzo *La signora Dalloway*, che insieme a *Gita al faro* è considerato il capolavoro di Virginia Woolf, non ha una vera e propria trama. La vicenda si svolge nell'arco di **una giornata**, dedicata da Clarissa Dalloway alla preparazione della festa che darà la sera. Come tante altre giornate, anche questa è piena di piccoli episodi esteriormente insignificanti. La protagonista cammina per le strade di Londra, incontra casualmente altre persone, fa delle osservazioni, ha dei pensieri, dei ricordi. Il suo percorso si incrocia casualmente con quello di un altro personaggio che vaga per la città, Septimus Warren Smith. I due non si incontrano mai e fra loro si crea solo un **rapporto a distanza**, simbolico. Smith è un giovane reduce dalla Prima guerra mondiale, segnato da quell'esperienza di morte. Incapace di inserirsi di nuovo in una società che considera ingiusta e ipocrita, cade nella follia e si suicida. Metaforicamente il percorso della sua coscienza, che approda alla morte, si confronta e si intreccia con quello di Clarissa che invece sceglie l'**accettazione di sé** e la vita.

L'ossatura del romanzo è costituita dai piccoli fatti della **vita quotidiana**, ma la vera sostanza sono i pensieri, i ricordi dei personaggi, che si dilatano enormemente nel corso della narrazione. La scrittrice aveva da poco letto *Ulisse* di James Joyce e nel suo romanzo usa la tecnica del "**flusso di coscienza**". Tutto è narrato come viene pensato e visto dai personaggi presenti in scena. E i punti di vista si moltiplicano, poiché la realtà è vista non solo da uno, ma da più personaggi contemporaneamente.

Opera **La signora Dalloway**
Genere **romanzo**
Lingua **inglese**
Epoca **XX secolo**

La signora Dalloway

Per le strade di Londra

Presentiamo il brano iniziale del romanzo. Clarissa Dalloway esce di casa in un luminoso mattino di giugno, per fare le commissioni necessarie alla preparazione di una festa che darà la sera. Il racconto non procede però in maniera lineare, ma alterna la descrizione dei gesti e delle parole della protagonista con l'analisi dei suoi pensieri e delle sue sensazioni. La descrizione stessa, inoltre, a volte è condotta dal punto di vista "oggettivo" di un narratore esterno, a volte dal punto di vista della signora Dalloway o di qualche altro personaggio minore.

La signora Dalloway disse che i fiori li avrebbe comperati lei.

Lucy[1] ne aveva fin che ne voleva, del lavoro. C'era da levare le porte dai cardini; e per questo dovevano venire gli uomini di Rumpelmayer.[2] "E che mattinata!" pensava Clarissa Dalloway "fresca, pare fatta apposta per dei bimbi su una spiaggia."

Che voglia matta di saltare! Così ella s'era sentita a Bourton:[3] quando, col lieve cigolar di cardini che ancora le pareva di sentire, aveva spalancato le porte-finestre e s'era tuffata nell'aria aperta. Ma quanto più fresca e calma, e anche più silenziosa di questa era quell'altra aria, di buon mattino; come il palpito di un'onda; il bacio di un'onda; gelida e pungente eppure (per la fanciulla di diciott'anni ch'ella era allora) solenne: là alla finestra aperta, ella provava infatti un presagio di qualcosa di terribile ch'era lì lì per accadere; e guardava ai fiori, agli alberi ove s'annidavano spire di fumo, alle cornacchie che si libravano alte, e ricadevano; e rimaneva trasognata, fino a che udiva la voce di Peter Walsh:[4] "Fate la poetica in mezzo ai cavoli?" – così aveva detto? – oppure: "Preferisco gli uomini ai cavolfiori" – aveva detto così? Doveva averlo detto una certa mattina a colazione, quando lei era uscita sul terrazzo... Peter Walsh! Sarebbe tornato dall'India quanto prima, a giugno o a luglio, ella non rammentava più, ché le sue lettere erano disastrosamente monotone. Erano i suoi motti che vi si imprimevano in mente; i suoi occhi, il suo temperino, il suo sorriso, la sua orsaggine e, quando milioni d'altre cose erano interamente svanite – strano davvero! – poche parole, come quelle a proposito dei cavolfiori.

In attesa che passasse il furgone di Durtnall, ella s'irrigidì un poco, sull'orlo del marciapiede. Una donna graziosa, la giudicò Scrope Purvis (egli la conosceva come ci si conosce tra vicini di casa a Westminster[5]); aveva in sé qualcosa di un uccellino, della gazza, un che di verdazzurro, lieve, vivace, quantunque avesse varcato la cinquantina e fatto molti capelli bianchi dopo la sua malattia. In attesa di attraversare ella se ne stava là, dritta sulla vita, come appollaiata su di un ramo; e non lo vide neppure.

Poiché il semplice fatto di vivere a Westminster – da quanti anni ormai? più di venti – impone indiscutibilmente (Clarissa lo affermava) sia pur nel bel mezzo del viavai d'una piazza, o destandosi all'improvviso la notte, una particolare calma, anzi solennità; una pausa che non si saprebbe descrivere; un sostar della vita (ma questo poteva ben essere il cuore, indebolito dall'influenza) nell'attimo prima che Big Ben[6] suoni le ore. Ecco il rintocco! Prima è un monito, musicale, poi l'ora, irrevocabile. I plumbei circoli si dissolvevano per l'aria. Poveri di spirito che siamo, pensava Clarissa, attraversando Victoria Street. Dio solo sa perché l'amiamo[7] così, la vediamo così, perché ce la facciamo così, costruendola attorno al nostro io per poi scomporla, e ricrearla da capo a ogni momento; eppure l'ultima delle pitocche, i più sciagurati rifiuti umani seduti sui gradini delle porte (istupiditi dal bere) non farebbero altrimenti; e per quella precisa ragione non c'è legge né decreto che possa domarli: perché amano la vita. Negli occhi dei passanti, nella foga del brulichio cittadino, nel muggito e nel frastuono; nel trepestio e nell'ondeggiar di carrozze, automobili, omnibus, furgoni, uomini-sandwich; nelle bande e negli organetti, nella nota trionfante e nello strano altissimo canto di un aereo che ronzava su in cielo era ciò che ella amava: la vita, Londra, e quell'attimo di giugno.

1. **Lucy:** la domestica della signora Dalloway.
2. **gli uomini di Rumpelmayer:** vengono qui riferiti direttamente i pensieri del personaggio e perciò gli elementi della realtà non vengono presentati o spiegati al lettore. Ciò che viene detto è strettamente ciò che il personaggio pensa e vede. Come più volte succede nel brano, emergono riferimenti a luoghi o persone specifiche, la cui identità il lettore deve intuire. In questo caso Rumpelmayer è evidentemente il nome di un fornitore cui Clarissa si è rivolta per averne un aiuto nell'allestimento della casa per la festa.
3. **s'era sentita a Bourton:** inizia qui un ricordo di adolescenza suscitato dall'atmosfera fresca e chiara della mattina.
4. **Peter Walsh:** un amico di famiglia.
5. **Westminster:** quartiere residenziale elegante di Londra.
6. **Big Ben:** con questo nome è nota in tutto il mondo la campana che batte le ore, situata sulla torre del palazzo del Parlamento (la Westminster Hall) a Londra.
7. **l'amiamo:** il pronome la, come risulta chiaro più avanti, si riferisce a Londra, nei pensieri di Clarissa assimilata alla vita stessa.

Poiché si era a metà di giugno. [...] Le Loro Maestà[8] erano a Palazzo. E ovunque, sebbene fosse ancora presto, c'era in aria uno scalpiccio inquieto di puledri galoppanti, un picchiar di mazze da cricket;[9] [...] e nonostante fosse ancora presto, discrete vecchie dame filavano via nelle automobili padronali, dirette a misteriose imprese; e i negozianti si davano da fare a mettere in mostra orpelli e diamanti falsi, e quelle graziose spille vecchiotte color verdemare, stile diciottesimo secolo, che tentano gli americani ("bisogna fare economia però, non far spese pazze per Elizabeth"[10]); e Clarissa, che per tutte queste cose nutriva un'assurda e fedele passione, e ne faceva parte – i suoi non erano stati cortigiani sotto l'uno o l'altro re Giorgio? – anche lei, quella sera, avrebbe sfavillato e brillato, dando la sua festa. Ma intanto la colpì il silenzio, all'entrar nel parco, la nebbia, e un ronzar d'insetti, e le anatre felici che nuotavano lente, e i trampolieri panciuti che si dimenavano goffi. E chi se ne veniva lemme lemme, volgendo il dorso ai palazzi dei ministeri, una cartella ornata dello stemma reale sotto braccio, chi, se non Hugh Whitbread, il suo vecchio amico Hugh – l'impareggiabile Hugh!

«Buon giorno a voi, Clarissa!» disse Hugh, alquanto enfatico, ché si conoscevano da bambini. «Qual buon vento vi porta?»

«Mi piace camminare per Londra» replicò la signora Dalloway. «Vi assicuro, ci si cammina meglio che in campagna.»

I Whitbread erano arrivati per l'appunto in città – purtroppo – per andar dal dottore. C'era chi veniva per vedere un'esposizione, per andare all'opera, o per portare le signorine in società; i Whitbread ci venivano "per andar dal dottore". Innumerevoli volte Clarissa era stata a trovare Evelyn Whitbread in una clinica. Dunque Evelyn stava di nuovo male? Evelyn... hm, era un po' indisposta, spiegò Hugh, e dava a vedere con una sorta di broncio, di gonfiamento di tutta la ben rivestita, virile, estremamente estetica e perfettamente curata persona (egli era sempre un tantino troppo ben vestito, ma presumibilmente non poteva farne a meno, per via della piccola carica che occupava a corte), dava a vedere che la moglie soffriva di un disturbo interno, niente di grave, che una vecchia amica come Clarissa Dalloway avrebbe capito benissimo senza ch'egli scendesse a particolari. Eh sì, ella capiva: che seccatura! E si sentì assai sororale,[11] e al tempo stesso singolarmente im-

8. **Le Loro Maestà:** la famiglia reale che ha sempre una certa importanza nei pensieri degli inglesi.

9. **cricket:** gioco tipicamente inglese che si gioca sul prato con mazze di legno e palle di stoppa e sughero compressi.

10. **Elizabeth:** la figlia di Clarissa.

11. **sororale:** partecipe e intima come una sorella.

Il flusso di coscienza

Approfondimento

Virginia Woolf, influenzata dalla lettura dell'*Ulisse* di James Joyce, nel suo romanzo usa la tecnica del flusso di coscienza. Nel flusso di coscienza c'è una completa **corrispondenza tra la voce narrante e quel che la voce stessa dice**, ossia i pensieri del personaggio. Le parole, la grammatica, lo stile non sono impiegati per riportare i pensieri, ma per farli venire alla luce direttamente, in modo caotico, apparentemente casuale. Ne deriva che le regole della grammatica, come capita nella lingua parlata, non vengono seguite in modo rigoroso.

Ecco un esempio, tratto dal brano appena letto:

«E si sentì assai sororale, e al tempo stesso singolarmente imbarazzata all'idea del proprio cappello. Non era precisamente un cappello da mattina, no? Perché in presenza di Hugh, che si sbracciava e scappellava e le giurava che avrebbe potuto essere una ragazza di diciott'anni, e sicuramente sarebbe venuto alla festa stasera, Evelyn ci teneva moltissimo, solo poteva darsi che lui facesse un po' tardi dovendo accompagnare uno dei ragazzi di Jim alla serata a Palazzo – in presenza di Hugh ella si sentiva sempre un po' meschina, un po' collegiale.»

Proponiamo ora un altro esempio preso dall'*Ulisse* di Joyce:

«...Dio del cielo non c'è niente come la natura le montagne selvagge poi il mare e le onde galoppanti poi la bella campagna con i campi d'avena e di grano e ogni specie di cose e tutti quei begli animali in giro ti farebbe bene al cuore veder fiumi laghi e fiori ogni specie di forme e odori e colori che spuntano anche dai fossi primule e violette è questa la natura e quelli che dicono che non c'è un Dio non darei un soldo bucato di tutta la loro sapienza...»

barazzata all'idea del proprio cappello. Non era precisamente un cappello da mattina, no? Perché in presenza di Hugh, che si sbracciava e scappellava e le giurava che avrebbe potuto essere una ragazza di diciott'anni, e sicuramente sarebbe venuto alla festa stasera, Evelyn ci teneva moltissimo, solo poteva darsi che lui facesse un po' tardi dovendo accompagnare uno dei ragazzi di Jim alla serata a Palazzo – in presenza di Hugh ella si sentiva sempre un po' meschina, un po' collegiale. Era affezionata a lui, però, in parte perché lo conosceva da sempre, ma lo credeva una buona pasta a modo suo, benché Richard[12] lo trovasse poco meno che insopportabile, e in quanto a Peter Walsh, fino a oggi non le aveva mai perdonato quella simpatia.

La signora Dalloway, trad. di A. Scalero, in *Romanzi e altro*, A. Mondadori

12. **Richard:** il marito di Clarissa.

Analisi del testo

Quattro microsequenze. Il brano si può suddividere in quattro microsequenze. Ciascuna di esse inizia con la descrizione oggettiva di un atteggiamento o di un gesto della signora Dalloway, ma ben presto lascia spazio all'interiorità della protagonista.
1) La prima microsequenza ha inizio con una breve frase che possiamo attribuire al narratore esterno («La signora Dalloway disse che i fiori li avrebbe comperati lei»); ma subito dopo il narratore riporta i pensieri della protagonista («Lucy ne aveva fin che ne voleva, del lavoro»), che continuano, passando da un argomento all'altro, fino alla fine della sequenza stessa.
2) La seconda microsequenza inizia anch'essa con la descrizione di Clarissa «In attesa che passasse il furgone di Durtnall». La descrizione oggettiva della prima frase lascia subito il posto al punto di vista di un personaggio secondario (il vicino di casa Scrope Purvis); il punto e a capo riconduce il lettore all'interno della mente della protagonista, della quale vengono riportate le opinioni, ma soprattutto le sensazioni e i pensieri (legati in questo caso al suono dell'orologio).
3) Anche la terza microsequenza incomincia con una serie di notazioni "oggettive" «si era a metà di giugno» e i pensieri di Clarissa vengono introdotti dapprima tra parentesi («bisogna fare economia [...]»; «i suoi non erano stati cortigiani [...]»), per occupare tutto il testo nelle righe finali (da «anche lei, quella sera, avrebbe sfavillato» all'incontro con l'amico Hugh).
4) La quarta microsequenza, dedicata inizialmente al dialogo, che viene riportato dapprima con la tecnica del discorso diretto, poi con altre tecniche più complesse, si sviluppa secondo il solito schema, concludendosi con una serie di pensieri e di ricordi che si affollano nella mente della protagonista.

Realtà quotidiana. Gli oggetti, i luoghi, i gesti, le parole sono quelli di una quotidianità fatta di piccole cose. Il critico E. Auerbach scrisse che i romanzi della Woolf sono pieni di «amore buono e vero» per la vita e di un profondo senso della realtà. In essi si manifesta «la pienezza e profondità vitale di ogni attimo, a cui ci si abbandona senza intenzione». Tutti gli uomini sono rappresentati in questa esperienza che riguarda ciò che in essi c'è di più elementare e universale. Nella Woolf la rappresentazione dell'"attimo qualunque" coglie la verità dell'uomo moderno, che in quelle emozioni di vita quotidiana si sente rappresentato appieno.

Proposte di lavoro

1. Dividi il brano nelle quattro microsequenze individuabili. Riassumile brevemente attribuendo a ciascuna un titolo adeguato.
2. Quanti e quali sono i personaggi che intervengono nel brano? Ricavando tutte le informazioni che il testo ci dà su di loro, fanne una breve presentazione per ognuno.
3. Quanti e quali personaggi, invece, non intervengono direttamente ma sono presenti attraverso i pensieri della protagonista?
4. Nella prima parte del brano, fino a «poche parole, come quelle a proposito dei cavolfiori», sottolinea con tre colori diversi:
   - i passaggi in cui i fatti sono presentati dal punto di vista di un narratore esterno
   - quelli in cui vengono riprodotti i ricordi di Clarissa
   - quelli in cui vengono riprodotti i suoi pensieri
5. Indica se le seguenti affermazioni sono vere o false.
   - V F Il brano è pervaso da una quotidianità semplice, fatta di piccole cose.
   - V F Gli oggetti, i luoghi di cui il testo parla sono meravigliosi e straordinari.
   - V F I romanzi della Woolf privilegiano la rappresentazione dell'"attimo qualunque".

Elsa Morante

L'autrice e le opere

Nata a Roma nel 1912, Elsa Morante abbandonò la famiglia al termine degli studi liceali, compiendo una scelta di indipendenza piuttosto rara fra le donne della sua generazione. Visse per alcuni anni di ripetizioni private e di lavori saltuari, finché conobbe Alberto Moravia, già affermato scrittore, benché di pochi anni più anziano di lei, con il quale si sposò nel 1941. Nel 1943 lo seguì in un paesino della Ciociaria dove Moravia fu costretto a ritirarsi perché accusato di attività antifascista. Dopo la guerra, la coppia tornò a Roma, stabilendosi in un appartamento che divenne vivace punto d'incontro dell'intellettualità romana.

Dopo anni intensi e difficili, nel 1962, Elsa Morante e Alberto Moravia si separarono. Seguì un periodo fecondo di viaggi internazionali che si tradussero in **efficaci reportage**. Nei difficili anni Settanta Elsa Morante si accostò alla realtà politico-sociale italiana traendone tuttavia un forte senso di sconforto e lasciandosi infine travolgere da assilli personali e profondi. Dopo aver trascorso gli ultimi anni di vita rinchiusa e ammalata, morì a Roma nel 1985.

Il primo romanzo di Elsa Morante, *Menzogna e sortilegio*, uscì nel 1948 e suscitò entusiastici consensi sia in Italia sia all'estero. Seguì, nel 1957, *L'isola di Arturo*, che ottenne il Premio Strega. Nel corso degli anni Sessanta la scrittrice si dedicò soprattutto alla **saggistica** e alla **poesia** (*Il mondo salvato dai ragazzini*, 1968). Del 1974 è *La Storia*, il terzo romanzo che volle pubblicare solo in edizione economica, affinché fosse fruibile da parte di un largo pubblico. Il suo ultimo romanzo è *Aracoeli* (1982), pubblicato quando ormai la scrittrice era gravemente malata.

Opera **Lo scialle andaluso**
Epoca **XX secolo**
Genere **racconto**
Lingua **italiano**

Lo scialle andaluso

Il cugino Venanzio

Il racconto che segue è stato scritto nel 1940 e appartiene alla serie *Aneddoti infantili* che a suo tempo era apparsa sulla rivista "Oggi", per la quale, per necessità economiche, Morante scriveva un racconto ogni settimana. Vi si traccia il ritratto di uno strano bambino, forse un po' ritardato, segnato, in modo poetico e misterioso, da «un piccolo segno bianco, in forma di virgola [...] che sua madre affermava essere una voglia di luna». Egli si comporta in modo strano e a un certo punto muore, in modo altrettanto strano e misterioso. Nel racconto si ha un esempio di quel particolare realismo di Elsa Morante che, in effetti, non rappresenta una realtà oggettiva, fatta di rapporti sociali, di dati ambientali, ma immerge tutto in un'atmosfera magica e un po' fiabesca. Pur in una storia semplice e priva di eventi narrativi particolari, Morante riesce a far emergere passioni ed emozioni profonde e a creare intorno a questa figura di bambino un senso di divertita ironia e allo stesso tempo di profonda e malinconica pietà.

Il cugino Venanzio aveva sulla tempia sinistra un piccolo segno bianco, in forma di virgola, che la zia Nerina, sua madre, affermava essere una voglia di luna. Ella raccontava infatti di aver guardato una sera, nel tempo che aspettava il cugino Venanzio, la luna nuova; e di aver contemplato con tanta passione quell'aureo seme di luce buttato nel cielo, che esso aveva germogliato in lei, rispuntando in forma rimpicciolita e spenta sulla tempia del cugino Venanzio.

Con quella voglia di luna in testa, il cugino Venanzio era minuscolo, e così magro che le sue scapole sporgevano simili a due piccole ali mozze,[1] e tutto il suo corpo, sotto la pelle sottile e fragile come scorza di cipolla, mostrava le giunture minute, i tremanti ossicini. Aveva riccio-

1. **mozze:** tagliate.

li neri, ma sempre tanto impolverati da parer grigi, e occhi neri e spalancati, pieni di malinconia; e i suoi movimenti erano sempre nervosi e frettolosi, come di leprotto in fuga sotto la luna. Il cugino Venanzio non piangeva mai; in luogo di piangere, inghiottiva, e subito si poteva vedere quell'amaro boccone di lagrime ingrossargli la gola, come un nodo, e andare in su e in giù. E il cugino Venanzio faceva un piccolo sorriso, mettendo in luce fra le labbra sottili i dentini radi e ombrati. Ma, per la fatica d'inghiottire quel nodo, si faceva assai pallido.

La zia Nerina, madre del cugino Venanzio, aveva sempre un gran da fare la mattina, prima di andare all'ufficio dei telefoni dov'era impiegata; e ciò per causa dei suoi boccoli. La sera, ella aveva diviso i propri capelli in tanti ciuffi abboccolati chiudendoli in cartocci di giornale; e la mattina doveva scartocciarli. Questa dei boccoli era la massima cura che ella consacrasse alla sua persona; per il resto, infatti, era tutta infagottata, e tenuta insieme a forza di spille. I suoi tacchi altissimi di legno erano sempre storti, ed essa si vantava di non usare la cipria, avendo sugli zigomi il dono di un colorito naturale vagamente scarlatto. Era sempre agitata al punto che le sue risate parevano singhiozzi, e la sua voce che chiamava «Venanzio! Venanzio!» squillante e tremula, ci dava un raccapriccio strano.

Tutti i fratelli di Venanzio si occupavano di qualche cosa: il maggiore scriveva romanzi d'appendice; il secondo giocava al calcio ed era fornito di muscoli robusti; il terzo andava a scuola, e sempre era promosso con lo scappellotto,[2] diceva la zia Nerina. Ma il quarto, Venanzio, non faceva niente: a che serviva mandarlo a scuola? Egli stava zitto nel suo banco, è vero, ma non ascoltava affatto quel che diceva il maestro. Se questi d'improvviso gli gridava con voce da Giudizio Universale: «Che cosa ho detto? Rossini, ripeti!» Venanzio allargava la bocca in quel suo sorriso confuso e interrogativo, e le sue orecchie un po' sporgenti tremavano in un modo tanto curioso. Mai come in questi momenti egli pareva un leprotto. Era evidente che si vergognava di esser uno che si dimentica di tutte le cose. Le idee gli si staccavano dalla mente come gocciole di rugiada da un albero: stavano un momento sospese, brillavano vagamente, e cascavano.

Solo una cosa egli sapeva a memoria, ed era la canzone seguente, fatta di due soli versi, che aveva inventata lui stesso:

Emidio il marinaio
che va e va e va.

E sempre la cantava, con una vocettina stonata.

Inoltre, egli conosceva i superlativi, che usava con grandissima soddisfazione. Quando la zia Nerina, di ritorno dall'ufficio dei telefoni, gli diceva: «Amore mio, sei stato buono oggi?» egli garantiva: «Ottimo... il contrario di pessimo» aggiungeva, dopo essere rimasto un momento sopra pensiero. E infine: «Il più buonissimo,» concludeva, strizzando gli occhi per la fatica.

Tutte le mattine, prima di avviarsi all'ufficio dei telefoni, la zia Nerina prendeva il battipanni e picchiava il cugino Venanzio. Infatti, ella spiegava, il cugino Venanzio ne faceva tante durante la giornata, e tutti i giorni ne faceva tante, che si era sicuri di non sbagliare picchiandolo tutte le mattine appena sveglio. Così per tutto il resto della giornata non ci si pensava più. Dunque, la zia Nerina prendeva il battipanni e si accostava al letto del cugino Venanzio; e il cugino Venanzio faceva il suo sorriso e inghiottiva: «Venanzio» diceva allora la zia Nerina, «tirati su la camicia da notte, perché devo picchiarti». E poi se ne andava all'ufficio dei telefoni, dopo avere scartocciato i suoi boccoli, s'intende.

E il papà andava in giro a cercare assicurazioni per gli incendi, e il fratello maggiore in tipografia, e il secondo all'allenamento, e il terzo a scuola: in casa restava solo il cugino Venanzio. Egli girava intorno alla casa, e di corsa su e giù per le scale, e si affacciava alle finestre cantando la canzone di Emidio e combinava centinaia di guai. Se di mezza dozzi-

2. **con lo scappellotto:** per un pelo, con una spinta finale.

na di bicchieri lui ne toccava uno, proprio quell'uno cascava. E i ladri di galline, sapendo che in casa era rimasto solo il cugino Venanzio, si davano appuntamento a casa sua e gli rubavano le galline sotto il naso. Una sola incombenza egli aveva: e cioè di accendere il gas a mezzogiorno e di mettere su l'acqua per la pasta; ma la cosa riusciva rarissime volte, perché, ad esempio, il cugino Venanzio metteva su la pentola con l'acqua senza accendere il gas, oppure accendeva il gas e metteva su la pentola vuota.

Egli portava una camiciola senza bottoni, e un paio di calzoni che arrivavano a lui dopo aver appartenuto successivamente ai fratelli più grandi: il tutto tenuto su con spilli da balia. I suoi piedi erano nudi e, a furia di camminare nudi, avevano fatto i ditini piatti e a ventaglio, come le zampette di un anatroccolo.

Ma non basta: il cugino Venanzio era sonnambulo. Per questa ragione i suoi fratelli, dopo avergli dato molti calci, si rifiutavano di dormire nella stessa camera con lui; e dunque lui dormiva sopra un lettuccio pieghevole nel corridoio. Di là si levava nel mezzo della notte, e camminava nel sonno. Gli accadeva di svegliarsi d'improvviso, come in fondo ad una vallata, in angoli remotissimi che il buio gli rendeva infidi e stranieri. E, coperto di sudore per la paura, a tastoni andava in cerca del suo letto. Gli capitava poi di fare nel sonno cose strane, delle quali alla mattina si era dimenticato. E qui torna a proposito la storia delle bandierine.

Un giorno, la zia Nerina si comperò un bel vestito di crespo marocchino[3] tutto stampato a bandierine su fondo nero. Si trattava di bandierine non più grandi di un francobollo, eppure magnifiche. C'erano quelle di tutti i paesi, con disegni di stelle minute, o di gigli rossi su fondo bianco, o di bianche croci in campo rosso. Per il piacere che gli dava la vista di quelle bandierine, il cugino Venanzio saltò intorno al vestito ridendo a gola spiegata. E la zia Nerina gli disse: «Non ti venga in mente, cocchino mio, di ritagliarle giro giro, eh?»

Ebbene, il cugino Venanzio, in quella notte vide, com'egli raccontò, una ridda volante di bandierine che a migliaia sventolavano nel suo sonno. Cercò di scacciarle credendole zanzare, ma quelle tornavano. E, sempre dormendo, si alzò e andò nel salotto dov'era il vestito nuovo, ben composto sul divano buono; e accese la luce e, accovacciato in un angolo del salotto, con un grosso paio di forbici cominciò a ritagliare accuratamente le bandierine. La zia Nerina racconta che in quel punto ebbe un avvertimento celeste e, svegliatasi di soprassalto, corse nel salotto. Ma già il cugino Venanzio aveva ritagliato tutto il davanti del vestito dove, al posto delle bandierine, c'erano tanti buchi quadrati.

Il cugino Venanzio non aveva ancora otto anni quando morì. La gente diceva che i suoi cigli eccessivamente voltati in su, le orecchie sporgenti e le unghie ovali che parevano staccarsi dalle dita, tutto faceva capire fin da prima che sarebbe morto. Non aveva ancora otto anni quando fu preso da un forte mal di testa e, dopo essere stato qualche giorno addormentato con una borsa di ghiaccio sopra, fece un gran respiro e si spense. Si vide, per le finestre spalancate, la zia Nerina correre su e giù per le scale gridando: «Figlietto mio! Venanzio! Aiutatemi! Aiutatemi!»; tutta spettinata, senza cartocci né boccoli, così che i suoi capelli, com'ebbe a dire la nostra cameriera Valchiria, parevano quattro zeppi[4] in croce. E il cugino Venanzio, con zampette di anatroccolo e riccioli impolverati, ma vestito dalla tesa ai piedi, stavolta, di un elegantissimo completo turchino, fu messo nella cassa e sulla carrozza da morto.

Addio, Venanzio. Tutti i cugini biancovestiti partecipavano al funerale, ma non piangevano, stupiti piuttosto e alquanto gelosi per quel grande lusso di fiocchi d'oro, cavalli e cocchiere in livrea in onore del solo Venanzio. Soltanto una cugina, che seguiva assieme agli altri, vestita, in mancanza di un vero abito bianco, del suo grembiule bianco di scuola con su ricamato: Seconda B, soltanto costei piangeva. Il fatto è che una volta il cugino Venanzio, per amore di un nastro ch'ella portava nei capelli, l'aveva chiesta in moglie. Ed ella, in mancanza di altri pretendenti, si era promessa a lui; e adesso era disperata, all'idea di restare zitella.

Lo scialle andaluso, Einaudi

3. crespo marocchino: tessuto fino, ondulato e granuloso.

4. zeppi: rametti, bastoncini.

Analisi del testo

Il protagonista. La prima parte del racconto è dedicata alla presentazione del protagonista, il cugino Venanzio, bambino fragile, «minuscolo, e così magro che le sue scapole sporgevano simili a due piccole ali mozze». Questa sua fragilità è sottolineata da altri particolari: «pelle sottile e fragile», «giunture minute, i tremanti ossicini», «occhi neri e spalancati, pieni di malinconia». Un paragone appena accennato aggiunge a questa immagine una affettuosa delicatezza e, nello stesso tempo, un che di fiabesco: «i suoi movimenti erano sempre nervosi e frettolosi, come di leprotto in fuga sotto la luna». In modo affettuoso e divertito la scrittrice racconta le malefatte del bambino, ma l'ironia si colora di tristezza poiché dietro l'involontaria comicità che accompagna i gesti di Venanzio stanno la sua fragilità, la sua impossibilità di essere come gli altri, il suo essere vittima di una condizione di inferiorità.

Le inquietudini dell'animo. Sonnambulo, viene preso a calci dai fratelli che non vogliono dormire con lui. E così lo vediamo impaurito e rannicchiato in un «lettuccio pieghevole nel corridoio». La scrittrice apre qui uno squarcio sulle angosce e le paure che invadono Venanzio durante la notte e che, forse, inconsapevolmente, stanno sempre al fondo del suo animo: «Gli accadeva di svegliarsi d'improvviso, come in fondo ad una vallata, in angoli remotissimi che il buio gli rendeva infidi e stranieri. E, coperto di sudore per la paura, a tastoni andava in cerca del suo letto».
Ne emerge l'immagine di un bambino solo nella sua angoscia, che ci stringe il cuore ma che è lungi dal voler essere la descrizione realistica di una condizione di miseria e di sofferenza. Sembra piuttosto essere la metafora delle profonde inquietudini dell'animo che la scrittrice ben conosceva.
Un brusco stacco nella narrazione dà inizio alla sequenza finale: «Il cugino Venanzio non aveva ancora otto anni quando morì». La storia malinconica e ironica di questo bambino viene improvvisamente interrotta dalla tragedia; ma, ancora una volta tristemente, pochi piangono per lui, quasi non se ne fosse andato un essere umano, ma un animaletto. Del resto la gente diceva che certi suoi tratti fisici erano anormali ed egli aveva «zampette di anatroccolo». Solo una cuginetta, triste e fragile come lui, piange la morte di Venanzio, ma solo perché ora teme di rimanere zitella. Il racconto si chiude dunque con quella stessa nota di malinconica ironia che domina nel resto della narrazione.

Proposte di lavoro

1. Raccogli nel testo tutte le annotazioni utili alla presentazione del cugino Venanzio e inseriscile nella tabella seguente.

	Venanzio
Caratteristiche fisiche	
Caratteristiche psicologiche	
Rapporto con gli altri personaggi	
Modo di relazionarsi a lui da parte degli altri	

2. Ricostruisci in un testo la presentazione del personaggio utilizzando gli elementi elencati nella tabella precedente.

3. Analizza ora il linguaggio e lo stile del racconto.
- ➤ In primo luogo sottolinea nel racconto gli elementi di carattere realistico, di riferimento all'ambiente e alla concretezza della vita quotidiana.
- ➤ Ritrova poi nella narrazione passi, espressioni, termini in cui è presente un tono ironico e divertito.
- ➤ Infine evidenzia i passaggi in cui emerge un certo tono fiabesco: per esempio, nel modo un po' misterioso in cui viene presentato il bambino, in certe sue caratteristiche, in certi paragoni con animali.

4. L'attenzione all'interiorità e ai sentimenti è uno dei tratti distintivi della scrittura femminile del Novecento? Motiva la tua risposta con qualche riferimento al racconto letto.
....
....
....

Ieri e oggi

LEZIONI DI PIANO di Jane Campion

IA E SCENEGGIATURA Jane Campion
RPRETI Holly Hunter, Harvey
tel, Sam Neill, Anna Paquin
OGRAFIA Stuart Dryburgh
SICA Michael Nyman
GINE Australia-Nuova Zelanda-
ncia, 1993
RATA 118'

Oggi la "scrittura al femminile" non è solo letteraria, ma si esprime anche in altre forme, come il cinema. Tra i molti esempi possibili, abbiamo scelto il film *Lezioni di piano*, di Jane Campion. La regista neozelandese ha delineato in questo e in altri suoi film (*Un angelo alla mia tavola, Ritratto di signora*) **vicende e figure femminili** di notevole profondità psicologica e intensità drammatica.

La vicenda

Nuova Zelanda, 1825. Muta fin dall'infanzia, Ada sbarca in un angolo selvaggio e inospitale di questa terra lontana con la figlia di nove anni e un pianoforte. Obbedendo alla volontà paterna, ha infatti lasciato la nativa Scozia per raggiungere il futuro marito Stewart, un colono di origine inglese. Grazie a Baines, un vicino di casa occidentale che si è avvicinato ai costumi dei Maori, Ada riesce a recuperare il piano che il marito aveva fatto abbandonare allo sbarco. A poco a poco, tra lei e l'uomo nasce una sconvolgente passione. La giovane donna non parla da quando aveva sei anni, non sa nemmeno lei perché. È un silenzio che si presenta come la condizione (forse inconsciamente voluta) per far barriera contro il mondo, per sfuggire alla convivenza sociale. Il pianoforte è la fonte in cui trovare una lingua più autentica di quella delle parole, capace di esprimere la ricchezza del proprio universo interiore.

La musica per comunicare

Lo strumento musicale, quindi, non è un semplice oggetto, ma s'identifica con la protagonista: la musica nella quale s'immerge le dà l'illusione di essersi liberata dal bisogno degli altri. In una delle sequenze iniziali del film, la protagonista convince Baines ad accompagnarla nel luogo dello sbarco, per ritrovare il suo piano abbandonato. È una scena che non ha bisogno di parole, essendo di grande intensità espressiva. Il pianoforte riposa in una striscia di spiaggia deserta, che appare come sospesa tra il mare e la foresta; mentre la donna suona appagata, ritrovando così la propria voce, l'uomo ascolta la sua musica in silenzio. Costretta contro la propria volontà a lasciare il suo paese, Ada pensa di poter sopravvivere, all'interno di un mondo che le appare ostile e incomprensibile, chiusa nel suo universo fatto di musica; privata del pianoforte, resta sola con il suo silenzio, assente, "muta". Ed è intorno al piano che si gioca la sorte dei personaggi: mentre Stewart lo lascia sulla spiaggia, Baines, intuendo l'unione profonda che lega l'oggetto a Ada, vede in esso un alleato per avvicinare la donna e il mistero che la circonda. Divenuto proprietario del pianoforte, Baines le propone un accordo: lei suonerà per lui, lasciando che nel frattempo egli soddisfi le proprie fantasie amorose. Dopo lo sdegnato rifiuto iniziale, Ada accetta. L'iniziale attrazione si trasforma a poco a poco in amore.

Passione artistica, passione amorosa

A differenza di Stewart, Baines ha capito che l'amore si esprime meglio nell'immaginario e che l'incontro amoroso si può stabilire solo tra chi si pone in ascolto dell'altro: nel gioco di sguardi e di silenzi, egli intuisce ciò che le parole nasconderebbero. Ogni passione amorosa rimanda a quel "fondo enigmatico e oscuro" che nessuna parola riesce a cogliere, ma forse può solo suggerire, come fanno la musica o la poesia. Nel film ha infatti un ruolo centrale la musica, che accompagna costantemente lo sviluppo delle vicende, in uno scenario da cui emergono due luoghi emblematici: il mare in tempesta e la foresta selvaggia, metafore del tumulto dei sentimenti e della conflittualità dell'animo.

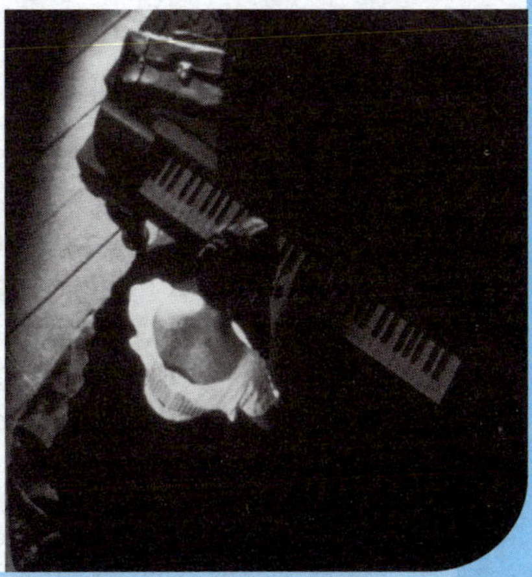

Doris Lessing

L'autrice e le opere

La scrittrice inglese Doris Lessing è nata nel 1919 in Iran, dove la sua famiglia era andata a vivere nel corso della colonizzazione inglese di quel paese. Trasferitasi poi con la famiglia in Africa, nella Rhodesia meridionale, l'attuale Zimbabwe, Doris Lessing vi visse fino all'età di trent'anni. Nel 1949 tornò in Inghilterra, dove tuttora vive e lavora.

L'ampia opera narrativa della scrittrice rappresenta **mondi e situazioni diverse**. Ora le fa da sfondo la realtà africana, vista con gli occhi di una ragazza bianca che a poco a poco scopre quanto siano infondati i pregiudizi razziali dei coloni e quanta ingiustizia ci sia nella ferrea discriminazione fra bianchi e neri. Ora le vicende narrate appartengono invece alla realtà inglese, in particolare londinese, e hanno per protagonista la media borghesia, i cui miti e tabù vengono ritratti con occhio lucidamente critico. Al centro sono sempre **personaggi femminili** che vivono le vicende del quotidiano con particolare sensibilità e forza interiore.

I titoli italiani delle sue opere principali sono: *L'erba canta* (1950); *I figli della violenza* (1952); *La noia di essere moglie* (1954); *Il taccuino d'oro* (1962); *Il diario di Jane Somers* (1986); *Il quinto figlio* (1988). Numerosi sono i racconti, fra i quali ricordiamo: *L'altra donna* (1953), *Racconti africani* (1964), *Racconti londinesi*, scritti fra il 1987 e il 1992.

Opera
Racconti londinesi
Epoca
XX secolo
Genere
racconto
Lingua
inglese

Racconti londinesi

Il nuovo caffè

Il racconto che presentiamo appartiene alla raccolta, *Racconti londinesi*, tutti ambientati nella Londra degli anni Ottanta e frutto della particolare sensibilità della scrittrice nel cogliere e descrivere piccole situazioni quotidiane, comportamenti sociali diversi, sottili stati d'animo appena accennati. All'inizio del racconto la scrittrice stessa ci dice che tipo di storie ella ama osservare e narrare: le «soap opera della vita reale», vicende emotive e sentimentali di tutti i giorni, senza nulla di eccezionale, viste dall'esterno, ma che sempre nascondono una loro individuale e profonda verità. E la scrittrice cerca di penetrare, di intuire questa verità, pur rimanendo osservatrice esterna, lucida e divertita. Come quando descrive due allegre ragazze tedesche, desiderose di incontri e di divertimento; o un giovane uomo, meno semplice di quel che a prima vista può sembrare, e la ragazza che egli incontra insieme al suo bambino. Fra i due vengono scambiate poche parole, pochi sguardi e gesti, ma la narratrice che osserva questi piccoli segni esteriori intuisce emozioni profonde, coglie qualcosa di una loro verità che resta inespressa e misteriosa: un'incomprensione, un rimpianto, una perdita dolorosa, chissà, un sentimento al quale forse nemmeno chi lo prova sa dare una ragione.

Nella via principale del nostro quartiere c'è un nuovo caffè, Stephanie's; è aperto da un anno ed è sempre pieno. È un caffè francese, come la "Boucherie"[1] che gli sta a fianco – un'inglesissima macelleria –, come la "Brasserie"[2] che gli sta di fronte, ed è gestito da due greci. Ha subito acquisito i suoi clienti regolari, di cui io faccio parte. Qui, come in tutti i buoni caffè, si possono osservare le soap opera[3] della vita reale, una serie di vicende emotive che di certo non ci sono sconosciute, perché è impossibile non essersi già imbattuti in

1. **Boucherie:** in francese, macelleria.
2. **Brasserie:** in francese, trattoria. Ironicamente si accenna all'abitudine un po' ridicola, diffusa negli ultimi anni, di dare a locali e negozi nomi strani e ricercati con la pretesa di nobilitare, chissà perché, una normalità che andrebbe benissimo così com'è.
3. **soap opera:** storie "rosa", di contenuto sentimentale, le cosiddette *telenovelas*.

qualcosa di simile, ma di cui ci manca la chiave che le sottrae alla banalità per renderle sconvolgentemente individuali.

La miracolosa estate del 1989, con il suo susseguirsi di calde giornate azzurre, ha reso la vita all'aperto intensa come a Parigi o a Roma, e il nostro caffè ha messo fuori i suoi tavolini, addossati alle offerte aromatiche di un ortolano. Quelli sono i tavoli preferiti da tutti, ma si è fortunati a trovare un posto libero. All'inizio della stagione sono comparse due giovani tedesche, grandi, attraenti, disinibitamente in cerca di un ragazzo per le vacanze. Erano sempre insieme, in genere sedute a un tavolino all'aperto, e per qualche giorno hanno mangiato da sole i dolci deliziosi – genuinamente francesi – a cui nessuno può resistere. Erano felicissime quando qualcuno – chiunque fosse – diceva: «È libero questo posto?» E una volta è toccato a me chiederlo. Avevano tre settimane da passare a Londra. Stavano in un piccolo albergo a dieci minuti da lì. Trovavano che Londra fosse un posto fantastico. Il tempo era stupendo e – guardi! – come ci stiamo abbronzando.[4] Mentre chiacchieravamo, volavano con gli occhi verso tutti quelli che entravano, in perfetta sincronia.[5]

Poi si è unito a loro un giovane. L'avevo già visto. A volte veniva a bere un caffè e se ne andava subito. Alle ragazze tedesche piaceva. Si sporgevano in avanti sul loro grande, fiducioso posteriore e ridevano, gettandosi alle spalle le bionde criniere e facendo risplendere per tutti le file di denti simili a gocce di rugiada. Perché continuavano a tenere d'occhio ogni possibilità. Il giovane si appoggiava allo schienale della sedia e le intratteneva. «Mi piace», si poteva immaginare che si dicessero l'un l'altra. «È un pagliaccio, non ti pare?»

Era un uomo gradevole, sui ventisette, ventotto anni, con gli occhi azzurri, i capelli chiari – tutto nel genere, ma aveva qualcosa che diceva: alla larga. Somigliava a un giovane falco ancora un po' impacciato, con una piumosa fierezza da apprendista.[6] Ed era inquieto, accavallava e scioglieva le gambe di continuo, oppure le buttava in fretta da un lato per toglierle di mezzo se qualcuno doveva passare o sembrava seduto troppo vicino.

Per qualche giorno si sono visti in tre, in genere nel primo pomeriggio. Al momento di andarsene, lui si metteva in mezzo alle due ragazze. Ma ci voleva un quarto, e presto è comparso. Quando si trovavano, all'interno del caffè o fuori sul marciapiede, non sembrava che si fossero formate due coppie. Le ragazze continuavano a fissare l'uomo che le intratteneva, con le bocche brillanti che sorridevano in attesa del momento in cui ridere, perché era questo che amavano di più fare. E lui stava seduto a guardarle, compiaciuto di dar loro quello che volevano, mentre l'altro giovane, che non sembrava nutrire grandi speranze, si univa alla risata.

Un paio di volte hanno consumato un vero pasto. Ogni tanto parlavano di un film che avevano visto. Un pomeriggio lui è arrivato con una ragazza bruna e compassata, che aveva un'aria da sorella, ironica. Le ha offerto caffè e paste, sembrava volersi scusare di qualcosa. Quando sono entrate le due tedesche, le ha chiamate con un cenno e per far spazio ha scostato le gambe come fossero state un pacco ingombrante. Sono rimasti lì per un po' e poi sono usciti insieme. Dopo di allora l'ho visto con la giovane bruna e con altre ragazze, che trattava come le tedesche, perché sembrava gli piacessero tutte.[7]

Un giorno c'erano due tavolini liberi fuori; io mi sono seduta a uno e poco dopo lui ha occupato l'altro, lasciandosi cadere su una sedia all'ultimo momento, mentre passava, come se fare quello o qualcos'altro gli fosse indifferente. Ormai ci conoscevamo come si conosce chi frequenta lo stesso caffè. Lui ha osservato che l'estate non era niente male e che era contento di non essere andato in Spagna perché Londra era meglio. Gli restava anco-

4. Avevano... ci stiamo abbronzando: attraverso il discorso indiretto libero, sono le stesse ragazze tedesche che raccontano di sé.

5. perfetta sincronia: entrambe perfettamente insieme.

6. piumosa... apprendista: la metafora fa riferimento al paragone fra il ragazzo e un falco, a un certo suo atteggiamento un po' spavaldo e aggressivo, anche se non ancora disinvolto, del quale, con sensibilità molto femminile, la narratrice afferma che è meglio diffidare.

7. Un paio... tutte: Nota lo stile semplice, preciso, fatto di frasi brevi, con il quale la scrittrice osserva la realtà e descrive gesti minuti: un movimento delle gambe, i sorrisi, gli sguardi, le espressioni delle persone che vanno e vengono nel caffè.

ra una settimana di ferie. Lavorava per il negozio che vendeva materiale edile, più avanti lungo la strada. Non c'era da lamentarsi, gli piaceva abbastanza. Standogli seduta vicino, in piena luce, si vedeva che era più vecchio di quel che sembrava. Aveva le rughe sotto gli occhi e spesso si distraeva, come se fosse continuamente sottratto a quello che lo circondava da un campanello interiore: dà retta qui.[8]

Sono arrivate le due ragazze tedesche, ridevano ancor prima di sedersi, pregustando il divertimento.

Poi non si sono più viste al caffè, e lui è tornato al lavoro. È venuto un paio di volte con un collega, due uomini in tuta candida, deputata[9] a farli sembrare esperti in materiali edili. Il giovane delle ragazze tedesche sembrava fragile sotto quella tela spessa.

Un giorno ero fuori dalla stazione della metropolitana, aspettavo una persona. Lui mi è passato davanti, senza fretta, assorto.[10] Poi sul volto gli si è allargato un sorriso così diverso da tutte le espressioni che vi avevo visto, che mi sono voltata in fretta. Poco avanti a lui, sul marciapiede, c'era una ragazzetta con una carrozzina. No, a guardar bene era una giovane donna, piccola e pallida, probabilmente sulla ventina, la madre del bambino a giudicare dalla tenerezza con cui si chinava a rimboccargli le coperte già strabordanti. Ha sorriso al bambino nascosto lì sotto e poi si è girata, con un sussulto, quando l'uomo le si è avvicinato e ha detto, nel suo modo stravagante da non-prendermi-sul-serio: «Hilda, sono io». Si sono fermati, dissolti in un sorriso. Ancora un attimo e sarebbero stati stretti in un abbraccio, ma lei si è ripresa e svelta è indietreggiata. Allora lui, a sua volta, ha assunto un'aria responsabile, come infilandosi un cappotto sopra la tuta bianca. Dato che, a quanto sembrava, non poteva abbracciare la madre, si è abbassato con aria galante sulla carrozzina verso le cui profondità lei si è protesa a sollevare un fagotto, tenendo poi il bambino in modo che lui lo vedesse in faccia. Il giovane si è chinato educatamente sul piccolo e ha fatto le scene del caso, ridendo di se stesso, così che anche lei ha dovuto ridere. Ma per tutto il tempo i suoi occhi sono rimasti sulla giovane madre. Lei ha riso di nuovo e ha finto di lanciargli il bambino perché lo prendesse in braccio. Al che lui è indietreggiato barcollando, in una pantomima del maschio imbarazzato, e lei ha rimesso premurosamente

8. dà retta qui: la narratrice intuisce che il personaggio è come richiamato e assorbito da un'emozione interiore abbastanza forte da non permettergli di essere completamente attento alla realtà che lo circonda.
9. deputata: destinata.
10. assorto: concentrato nei suoi pensieri.

Narratore esterno e narratore interno

Approfondimento

Elemento essenziale di ogni racconto è la presenza di qualcuno che narri la vicenda, il **narratore** o **voce narrante**. È facile confondere autore e narratore. Spesso infatti gli scrittori scrivono storie autobiografiche o legate a un'esperienza personale e perciò sembra che il racconto venga direttamente dalla loro voce. Narratore e autore sono invece entità ben distinte.

L'**autore** è colui che materialmente **scrive l'opera**, una persona in carne e ossa, vivente o storicamente vissuta, il cui nome è riportato di solito sulla copertina del libro; il **narratore**, invece, è un elemento che **appartiene alla finzione del testo letterario** ed è, come altri elementi, frutto delle scelte creative dell'autore. Si ottengono infatti effetti diversi se la storia è raccontata, per esempio, da un personaggio anonimo, in **terza persona**, o da un personaggio coinvolto nella vicenda, che racconta in **prima persona**. Ci sono due tipi fondamentali di narratore: il narratore esterno e il narratore interno.

- Il **narratore esterno** non prende parte alle vicende e **racconta da fuori** ciò che i personaggi dicono e fanno, usando la terza persona e, spesso, i tempi passati dei verbi. La scelta di un narratore esterno dà al lettore un'impressione di maggiore **oggettività**. Il narratore esterno può essere più o meno coinvolto emotivamente nella vicenda che racconta. Può essere oggettivo e distaccato e non intervenire mai con commenti e pareri personali; ma può anche essere presente nella narrazione con giudizi personali e interventi di commento alle vicende, a volte rivolgendosi addirittura al lettore.
- Il **narratore interno** invece è un personaggio che **partecipa alla vicenda**. Può essere il protagonista della narrazione oppure un personaggio secondario (narratore testimone). Parla di solito in prima persona: è detto infatti anche **io narrante** e narra la vicenda da un punto di vista soggettivo, esprimendo esplicitamente i propri pensieri.

il fagotto sotto le coperte e si è rialzata ad affrontarlo con aria grave. Anche lui era diventato serio. Sono rimasti lì per molto tempo, molto perlomeno agli occhi di un osservatore, forse un minuto o anche più, guardandosi, incantati. Quei due erano uguali, si corrispondevano, erano della stessa specie; di loro si doveva dire, come raramente si dice di una coppia: sono due metà di un tutt'uno, appartengono l'uno all'altra.[11]

Di nuovo è stata lei a riprendersi, e ha cominciato a spingere la carrozzina, allontanandosi sul marciapiede. Spingeva lentamente. Dopo qualche passo si è voltata a guardarlo. Ha ripreso a camminare – ma si è voltata ancora. Lui era sempre lì fermo a fissarla. Lei gli ha fatto un piccolo, coraggioso cenno di saluto, e ha proseguito. Sempre più lentamente... ma doveva andare, doveva, e fin troppo in fretta è arrivata all'angolo, lì si è fermata e si è voltata a guardare verso di lui ancora fermo, con la faccia triste come la sua. Di nuovo i secondi sono passati veloci... Ma infine lei ha spinto con fermezza la carrozzina ed è scomparsa. Mai angolo di strada è stato più vuoto. Il giovane lo fissava. Lei se n'era andata. Ha fatto due passi per seguirla, poi è tornato indietro, voltando la testa a lanciare una rapida occhiata: sì, se n'era proprio andata.

Ha proseguito piano, ha rallentato, si è fermato. Era alla mia altezza. Non vedeva niente e nessuno. Era dentro di sé. Stava lì con le ginocchia leggermente piegate, le braccia lungo i fianchi, i palmi all'insù, la testa un po' indietro, come se fosse pronto a un certo punto ad alzare gli occhi al cielo.

Le emozioni si inseguivano sul volto dell'uomo rapito. C'era rimpianto, ma un rimpianto consapevolmente affettato,[12] perché nemmeno in extremis avrebbe rinunciato a quell'ancora di salvezza.[13] C'era sconcerto. C'era il dolore della perdita. Soprattutto tenerezza, che scacciava tutto il resto. Intanto aveva la fronte corrucciata e gli occhi tristi. Cosa stava pensando? «Cos'è stato? Cosa? Ma cos'è successo... cos'è che è successo, non capisco cos'è successo... non capisco...»

Qualcosa del genere.

Racconti londinesi, trad. di G. Gatti, Feltrinelli

11. **Anche lui... all'altra:** L'incontro fra i due sembra essere silenzioso, fatto solo di gesti, di piccoli movimenti descritti con minuzia, di espressioni del volto e di sorrisi. È così infatti che li vede la narratrice: ella interpreta il loro atteggiamento e coglie dei segni che le indicano una commovente affinità, una forte tensione reciproca fra quelle due persone.

12. **consapevolmente affettato:** volutamente sottolineato esteriormente.

13. **quell'ancora di salvezza:** cioè alla possibilità di esprimere esteriormente un sentimento, quasi a volersene difendere, ad allontanarlo da sé.

Analisi del testo

Presentazione dei personaggi. Nella prima parte del racconto l'autrice concentra l'attenzione sulle due ragazze tedesche in vacanza che si lasciano intrattenere dal giovane cliente del bar. Le due ragazze sono caratterizzate da pochi elementi, sufficienti però per cogliere il giudizio negativo della Lessing nei loro confronti: la loro grossezza fisica si riflette infatti nella grossolanità degli atteggiamenti, nel gusto per la risata superficiale, nell'avidità quasi animalesca con cui affrontano la vita.
Nella seconda parte l'attenzione si concentra invece sul personaggio maschile, sul quale l'autrice ha in precedenza espresso alcune riserve («Era un uomo gradevole [...] ma aveva qualcosa che diceva: alla larga»). Questo personaggio viene ora osservato in una situazione del tutto diversa, non più nel bar con conoscenze occasionali, ma a contatto con una donna che suscita in lui sentimenti ed emozioni profonde.

Apparenza e realtà. Il tema di fondo del racconto è il contrasto fra l'apparenza e la realtà. Inizialmente la Lessing assume infatti l'atteggiamento di un'osservatrice esterna, che si limita a registrare i dati di fatto e a esprimere alcune opinioni a partire da ciò che appare. Ma ben presto l'autrice si rende conto che l'apparenza inganna, che le persone sono complesse, che non si possono esprimere giudizi a partire da ciò che si vede. Il passaggio dalla prima alla seconda parte del racconto è segnato proprio dal cambiamento di prospettiva: la narratrice, che fino a quel momento aveva osservato il giovane da lontano, improvvisamente lo analizza più da vicino e scopre che era più vecchio di quel che sembrava. La voce narrante rivela così la propria capacità di analisi, non assumendo l'atteggiamento onnisciente del narratore classico, ottocentesco, bensì mettendo in luce l'ambiguità di ciò che appare, il mistero della realtà, il fatto che sotto le apparenze sembra nascondersi una realtà umana e psicologica più profonda.

Proposte di lavoro

1. Indica se nel brano la narratrice è interna o esterna e trova i punti e le espressioni dalle quali ciò emerge.

2. Il racconto può essere suddiviso in due parti che hanno diversi protagonisti e sono dominate da una diversa atmosfera emotiva.

➤ Trova nel testo il punto di separazione fra le due parti e indicane rispettivamente i protagonisti nella tabella che segue.

Parte	Protagonisti

➤ In un breve testo, indica quale atmosfera emotiva, secondo te, domina in ciascuna parte del racconto, quali sensazioni essa suscita in te e quali elementi, atteggiamenti dei personaggi o espressioni contribuiscono a costruirla.

3. Indica se le seguenti affermazioni sono vere o false e motiva la tua scelta.

V F Nel racconto, i personaggi intervengono direttamente con le loro parole e i loro pensieri.

....

....

....

V F La presentazione dei personaggi è sempre filtrata attraverso gli occhi della narratrice.

....

....

....

V F Vi è una differenza fra i momenti in cui i personaggi parlano fra loro e quelli in cui parlano con la narratrice.

....

....

....

V F Nel racconto emerge la sensibilità di penetrazione, da parte della scrittrice, della vita emotiva e dei sentimenti, la sua capacità di osservazione dettagliata della realtà e di interpretazione psicologica a partire da piccoli e banali segni.

....

....

....

Saffo

L'autrice e le opere

Nata nell'isola greca di Lesbo, Saffo visse tra il VII e il VI secolo a.C. Molto scarse sono le informazioni sulla sua vita, su cui fiorirono già in età antica numerose leggende, come quelle circa la sua presunta condotta libertina oppure circa il suo suicidio per amore di un barcaiolo. Certo è invece che la poetessa fu a capo di un *tiaso* di fanciulle, una comunità-scuola legata al culti di Afrodite, nella quale le figlie dei nobili venivano educate alla musica, al canto, alla danza. È a questo ambiente del *tiaso*, con la sua vita in comunità, il culto tipicamente greco per la bellezza, e la grande rilevanza data al valore educativo e morale dell'amore e dell'amore tra persone dello stesso sesso, che vanno ricondotti l'attività poetica di Saffo e l'**argomento amoroso** che vi domina in maniera assoluta.

Saffo scrisse nove libri di poesie liriche, di cui a noi restano solo un'ode completa e 213 frammenti. La sua opera dovette essere molto nota in tutta l'antichità; grandissima fu la sua fama nel mondo latino, nel Medioevo e poi nei secoli più recenti. Alceo, poeta a lei contemporaneo, la definì "divina" («O coronata di viole, divina/dolce ridente Saffo»); Platone la chiamò "decima musa". Catullo in epoca latina, Foscolo in epoca moderna, tradurranno alcune sue poesie; a lei si ispirerà Leopardi nei propri versi tormentati.

Opera
Tramontata è la luna
Epoca
VII-VI secolo a.C.
Genere
poesia lirica
Lingua
greco antico

Tramontata è la luna

Nella lirica che segue leggiamo il tormento della poetessa. Il tramonto della luna diventa il simbolo del trascorrere veloce della giovinezza. Il linguaggio di Saffo è semplice e immediato, dotato di sincerità, di delicatezza di toni e di grande forza espressiva, che rende la sua poesia estremamente vicina alla sensibilità contemporanea. La lirica è tradotta da Salvatore Quasimodo; i suoi *Lirici greci* (una settantina di frammenti tradotti nel 1940) rappresentano uno dei tentativi più riusciti di interpretare la poesia antica alla luce della coscienza moderna.

Tramontata è la luna
e le Pleiadi a mezzo della notte;
anche giovinezza già dilegua,
e ora nel mio letto resto sola.

Scuote l'anima mia Eros
come vento sul monte
che irrompe entro le querce:
e scioglie le membra e le agita,
dolce amara indomabile belva.

Ma a me non ape, non miele;
e soffro e desidero.

Lirici greci, trad. di S. Quasimodo, A. Mondadori

2. **a mezzo della notte:** a mezzanotte.
3. **dilegua:** svanisce, si allontana.

Il lessico e la grammatica

Le Pleiadi, Eros

• Le **Pleiadi** sono una formazione di sette stelle nella costellazione del Toro, tra le più belle di tutto il cielo sia per chi osserva a occhio nudo, sia per chi osserva con il telescopio. Hanno attirato l'attenzione dell'uomo sin dai tempi più remoti. Nessun gruppo di stelle figura così ampiamente nei miti e nelle leggende. Nell'antica Grecia molti templi furono eretti in loro onore.
I contadini greci mietevano il grano quando le Pleiadi sorgevano al sorgere del Sole nel mese di maggio.

• **Eros** è parola greca che significa "amore"; nella religione greca è il nome del dio dell'amore, descritto come entità cosmica primordiale, principio animatore dell'universo. Fu considerato anche figlio degli dèi Ermes e Afrodite e raffigurato come un fanciullo, spesso alato, munito di arco e frecce con cui colpiva i cuori.

Analisi del testo

L'amore, forza della natura. Nella lirica di Saffo l'amore è un sentimento assoluto al quale nulla può resistere. Esso è ora tenerezza, ora passione impetuosa, ora tormento e sofferenza. Ricorrente è il tema della memoria, del ricordo nostalgico delle esperienze e delle amicizie passate. Invocando gli dèi, che avverte vicini e profondamente umani, essa confida a loro i propri desideri inappagati, le proprie pene. Nell'immagine centrale di questa lirica, l'amore viene paragonato a una forza della natura: «Eros è come vento sul monte che irrompe entro le querce» (vv. 6-7). Esso è al contempo *dolce* e *amaro*, portatore di gioie e di sofferenze, belva indomabile che agita il cuore di chi gli si concede. Ma alla poetessa il destino non ha riservato dolcezze («a me non ape, non miele», v. 10), ma solo la sofferenza di chi desidera invano. Scossa dalla passione amorosa, che irrompe e scompiglia i suoi sentimenti, la poetessa vive il dramma di una vana attesa d'amore che, nel cuore della notte, non la lascia dormire.

Proposte di lavoro

1. Analizza la funzione che la poetessa affida al mondo e alle immagini della natura, rispondendo alle seguenti domande e indicando le espressioni presenti nella poesia che giustificano le tue scelte.
   - Il riferimento al mondo naturale è lo sfondo di un'esperienza personale?
   ....
   - È elemento di una similitudine?
   ....
   - È simbolo di uno stato d'animo?
   ....

2. La passione amorosa è espressa in questa poesia come somma e contrasto di sentimenti. Sottolinea nel testo le antitesi e trascrivile nella tabella che segue.

Antitesi

Approfondimento

La lirica greca

Al pari della tragedia e dell'epica, anche la **lirica** trova le sue origini nell'antichità classica greca. Presso i greci veniva chiamata lirica la poesia cantata con accompagnamento di strumenti musicali a corda, in modo particolare la **lira**. Con questo termine essi indicavano una **forma poetica che esprimeva il sentimento personale dell'autore**, i suoi stati d'animo, le sue vicende biografiche. In ciò la lirica si differenziava sia dall'**epica**, sia dalla **tragedia**, le quali avevano piuttosto un carattere narrativo e quindi più oggettivo.
L'uso del canto e della musica, per accompagnare la poesia, era peraltro già noto alle civiltà orientali. I popoli del Nilo e della Mesopotamia, dell'India e della Cina avevano poetato in forme analoghe a quelle della lirica greca, utilizzando la forma poetica come espressione di sentimenti soggettivi. Con i greci, tuttavia, la lirica diventa un **genere letterario** con regole stabilite.
Nell'antichità si distingueva tra la **lirica monodica** e quella **corale**, a seconda che essa venisse cantata a solo o in coro. La prima esprimeva una più marcata attenzione ai sentimenti del poeta e affrontava temi quali l'amicizia e la gelosia, l'odio e l'amore. La seconda invece appariva più legata al carattere religioso, celebrativo e morale della civiltà greca e aveva grande importanza nella vita pubblica, venendo cantata nelle manifestazioni religiose e politiche. I massimi rappresentanti della lirica monodica furono Alceo, Saffo, Anacreonte; di quella corale, Alcmane, Simonide, Bacchilide, Pindaro.
La lirica greca fiorì a partire dal VII secolo a.C., e fu chiamata anche **poesia melica**, appunto perché veniva cantata con accompagnamento musicale (mélos in greco antico significa "canto"). I tipi principali di lirica in Grecia erano tantissimi, tra cui l'**elegia** e il **giambo**, differenti dalla lirica propriamente detta per il metro nel quale erano composti.
All'interno della lirica corale i tipi più ricorrenti sono: l'**inno** (in onore degli dèi), il **peana** (in onore di Apollo), il **ditirambo** (in onore di Dioniso), l'**epicedio** o lamento funebre, l'**epitalamio** e l'**imeneo** (composti in occasione delle nozze), il **prosodio** (che accompagnava le processioni), l'**encomio** (che celebrava gli illustri personaggi), l'**epinicio** (in lode dell'atleta vittorioso).

La poetessa Saffo raffigurata con la cetra su un antico vaso greco.

Gaspara Stampa

L'autrice

Novità quasi assoluta della letteratura italiana del Cinquecento è la comparsa di una **poesia femminile**, che si sviluppa negli ambienti cortigiani e ha per protagoniste poetesse appartenenti in maggioranza alla piccola nobiltà. La loro attività si colloca dentro il **petrarchismo**, ma testimonia la posizione in parte nuova assunta dalla donna nella società aristocratica e di corte con l'Umanesimo e il Rinascimento.

Tra le principali rimatrici del Cinquecento sono da ricordare Vittoria Colonna (1492-1547), gentildonna della nobiltà romana, al centro dei circoli rinascimentali, amica di Michelangelo; Isabella di Morra (1520-49), figlia di un feudatario, che fu uccisa tragicamente dai fratelli per una sua corrispondenza segreta con il poeta spagnolo Diego Sandoval de Castro e lasciò un esile ma appassionato canzoniere d'amore; e infine Gaspara Stampa, la figura più significativa in questa schiera di poetesse.

Gaspara Stampa nacque a Padova nel 1523; ancora fanciulla si trasferì, seguendo il padre commerciante di gioielli, a Venezia, dove condusse intensi studi letterari e musicali, frequentando i circoli mondani della città di cui divenne una delle personalità più in vista, come **poetessa e cantante**. Ebbe numerosi amori, tra cui quello per il conte Collatino di Collalto al quale sono dedicate gran parte delle rime del suo canzoniere.
Morì nel 1554.

Opera **Rime**
Epoca **XVI secolo**
Genere **poesia**
Lingua **italiano**
Schema metrico **sonetto ABBA ABBA CDC DCD**

Rime

Mesta e pentita de' miei gravi errori

Il sonetto che abbiamo scelto è di chiara imitazione petrarchesca. Per la sincerità e la spontaneità delle forme espressive – pur se integralmente riprese da quelle che Bembo aveva fissato sul modello di Petrarca – la poesia di Gaspara Stampa costituisce un appassionato diario d'amore, nel quale le vicende della sua storia interiore sono espresse con una dolcezza e un'immediatezza di sentimenti che non si trovano in molti dei petrarchisti ufficiali.

Mesta e pentita de' miei gravi errori
e del mio vaneggiar tanto e sì lieve,
e d'aver speso questo tempo breve
de la vita fugace in vani amori,

a te, Signor, ch'intenerisci i cori,
e rendi calda la gelata neve,
e fai soave ogn'aspro peso e greve
e chiunque accendi di tuoi santi ardori,

1. **miei gravi errori:** sono i vaneggiamenti amorosi, il vagare dell'immaginazione dietro le tentazioni dei sensi.
2. **vaneggiar:** il vagare con la mente, il fantasticare; **tanto e sì lieve:** così lungo e dovuto a una causa futile e leggera.
4. **in vani amori:** sono gli amori terreni, vani al confronto dell'amore di Dio.
5. **ch'intenerisci i cori:** che intenerisci i cuori induriti dal peccato. Intenerisci i cuori, vita fugace, tempo breve sono tutte espressioni del lessico petrarchesco.
6. **e rendi... neve:** si ripete il concetto del verso precedente: Dio ridesta nei cuori la fiamma dell'amore.
7-8. **e fai... ardori:** e rendi dolce ogni aspra e pesante sofferenza a chiunque accendi del tuo amore.

ricorro; e prego che mi porghi mano
a trarmi fuor del pelago, onde uscire,
s'io tentassi da me, sarebbe vano.

Tu volesti per noi, Signor, morire,
tu ricomprasti tutto il seme umano;
dolce Signor, non mi lasciar perire!

9. ricorro: la preghiera, dopo essersi allargata per i primi otto versi, trova nella parola finale del periodo, all'inizio del nono verso, una improvvisa e intensa conclusione; porghi: porga.
10. fuor del pelago: fuori del mare tempestoso delle mie passioni.
10-11. onde... vano: dal quale non saprei uscire con le mie sole forze.
13. tu... umano: tu riscattasti tutto il genere umano.
14. dolce... perire!: vi sono, nell'invocazione finale, lo smarrimento e la dolcezza tipici della poetessa; perire: morire di morte eterna.

La metafora

Metrica e retorica

Il sonetto di Gaspara Stampa è organizzato attorno a una delle **metafore** più classiche: quella dell'**esistenza umana** vista come una **nave**.
La parola "metafora" viene dal greco *metà+ferein*, che significa "trasportare", "trasferire". La metafora dunque è il **trasferimento di significato** da una parola a un'altra, ossia la sostituzione di una parola con un'altra che abbia con la prima un rapporto di **somiglianza**. Si ha dunque una metafora quando si designa un oggetto attraverso un altro che abbia con il primo un rapporto di similitudine. Per esempio, quando dico "sei un orso" per significare "sei impacciato, goffo". La metafora è un **paragone abbreviato e sottinteso**, in cui cioè non sono espressi né l'avverbio di paragone (come), né la qualità su cui si basa il paragone (nel nostro esempio, la goffaggine).
Ciò che rende la metafora importante per il linguaggio letterario è il fatto che essa non si limita a essere una semplice sostituzione di parole simili: essa **crea nuovi significati** che non si identificano pienamente con quelli del termine di partenza. La metafora è la fonte della ricchezza creativa del linguaggio, della possibilità di inventare immagini ed espressioni sempre diverse. Essa aggiunge ai significati di base delle parole nuovi significati, sfruttando le infinite potenzialità della lingua.

Analisi del testo

Desiderio di pace e redenzione. Il tema centrale del sonetto è il desiderio di redenzione e di pace spirituale, avvertito dalla poetessa dopo il cammino peccaminoso della passione che ella ha percorso. Nella preghiera a Dio affiora la sua stanchezza, il desiderio di un rifugio sicuro, nel quale mettere fine alla navigazione tempestosa nel mare della vita. L'invocazione al Signore si dispiega nelle due quartine attraverso un accumulo progressivo che trova un'improvvisa conclusione nel verbo *ricorro*, che chiude la frase, posto efficacemente all'inizio della prima terzina (verso 9). L'ultima terzina, infine, assume il tono aperto dell'invocazione, rafforzata dalla ripetizione a inizio verso del *Tu*.
La metafora dell'esistenza umana vista come una nave che rischia continuamente il naufragio e desidera la pace di un porto sicuro è una delle più ricorrenti nella lirica e segnala l'orizzonte classicista entro il quale Gaspara elabora la propria poesia.

Proposte di lavoro

1. Scegli, tra le espressioni in elenco, quelle che ritieni più adatte a esprimere i significati della metafora dell'esistenza umana vista come una nave:
☐ libero sfogo della passione amorosa ☐ ricerca della tranquillità di un rifugio sicuro ☐ ricerca della solitudine e allontanamento dagli altri ☐ desiderio di pace spirituale ☐ annullamento della propria personalità ☐ perdita di fiducia nel futuro

2. Analizza il sonetto confrontandolo con le poesie di Petrarca presentate nel capitolo *Petrarca e la poesia lirica*, p. 107. Cerca di individuare tutte le espressioni e le immagini riprese dal *Canzoniere* petrarchesco. Confronta in particolare la lirica di Gaspara Stampa con il sonetto petrarchesco *Voi ch'ascoltate in rime sparse il suono* (p. 121). Quali analogie di tema, di lessico e di stile riesci a individuare?

Emily Dickinson

L'autrice

Emily Dickinson (1830-86) nacque ad Amherst, nel Massachusetts, in una famiglia agiata e colta. La severa educazione ricevuta formò il suo carattere introverso e tendente alla evasione fantastica. A trent'anni, decise di vestire solo di bianco e di vivere ritirata nella sua stanza, uscendo esclusivamente per i pranzi e qualche breve passeggiata in giardino, comunicando con l'esterno con biglietti e lettere. Da quel momento si immerse nella contemplazione della natura (attraverso il microcosmo del giardino di casa), nello studio della Bibbia e dei classici, nella scrittura poetica.

Emily Dickinson scrisse quasi duemila poesie, che per sua stessa volontà furono pubblicate (a eccezione di sette) soltanto dopo la morte. Esteriormente la sua vita scivolò via in un universo ristretto; ma le sue poesie e le sue lettere esprimono la forza e la violenza del desiderio e dell'amore, la profondità degli affetti avvertiti, e insieme il dramma del suo isolamento fisico e spirituale.

Nella sua scrittura si manifesta ciò che è assente dalla realtà della sua vita. La **poesia** assume così un **significato magico e simbolico**: la parola sostituisce la concretezza della realtà.

Opera **Poesie**
Genere **poesia**
Epoca **XIX secolo**
Lingua **inglese**

Poesie

Mi annodo il cappello – mi aggiusto lo scialle

La poesia che abbiamo scelto dà la misura del mondo poetico della scrittrice. Vi sono descritti i gesti con cui una donna fa fronte alle sue ansie interiori, nascondendo dietro la tranquillità apparente la violenza dei sentimenti. Cappello, scialle, vaso di fiori, petali che s'impigliano nella veste: è una delle prime volte che le parole delle occupazioni femminili vengono a costituire il soggetto della poesia. I «piccoli doveri della vita» rappresentano qui una sicurezza contro il baratro delle paure. Dopo i primi versi, che sembrano manifestare una grande calma e un grande controllo sulla realtà, la seconda parte della poesia dà espressione a un sentimento di paura e di vuoto di fronte alla ripetitività e alla vacuità dei piccoli gesti dell'esistenza.

Mi annodo il cappello – mi aggiusto lo scialle –
I piccoli doveri della vita
Adempio, proprio come se il più piccolo
Fosse immenso per me –
Metto nel vaso nuovi fiori, e i vecchi
Getto via – scuoto dalla veste
Un petalo che s'era lì impigliato –
Peso il tempo che ci vuole
Da qui alle sei – ho tanto da fare –
Eppure, anni addietro, l'esistenza,
Colpita, si fermò – e il mio tictàc.

3. **Adempio:** eseguo; **il più piccolo:** dei doveri.
11. **e il mio tictàc:** si tratta di un timido riferimento al dramma, mai svelato (anni addietro, l'esistenza, colpita, si fermò), che ha spinto la poetessa a rinchiudersi nella sua casa senza più varcare il limite del giardino. Il tictàc rimanda alla percezione del tempo (da qui alle sei) che va riempito di piccole attività per controllare l'angoscia.

Non possiamo segregarci, come fanno
Donne e uomini perfetti –
Finito il nostro compito,
Tornammo – a esasperarci –
Miglia e miglia di nulla, ci saranno –
Miglia e miglia di azione – maggior nausea –
È fatica pungente, simulare –
Nasconder quel che siamo
A scienza e chirurgia –
Occhi troppo telescopici –
Da sopportare – su noi – senza lo schermo –
Per il loro piacere, non pel nostro –
Forse, trasalirebbero –
Noi potremmo tremare – ma poiché
Una bomba tenemmo chiusa in petto,
E ancora la teniamo – tutto è calma.
Così queste fatiche della vita
Noi duriamo, esatti e scrupolosi,
Per non perdere i sensi, e seguitare –
Senza attesa di compenso.

Poesie, trad. di G. Errante, Guanda

12. **Non possiamo segregarci:** la poetessa passa dalla prima persona singolare al "noi", forse per significare nella sua personale esperienza la condizione di tutti.
13. **Donne e uomini perfetti:** immortali, perché già morti, eterni, che non hanno più il problema di riempire la vita di piccole occupazioni per difendersi dal nulla.
18. **pungente:** dolorosa.
21. **Occhi troppo telescopici:** scienza e chirurgia hanno occhi telescopici, vedono le bombe nascoste dentro di noi, tenute sotto controllo, con calma, dalle fatiche quotidiane.
26. **Una bomba:** una passione dirompente.
29. **duriamo:** sopportiamo.

Analisi del testo

Passione e conflitto interiore. Il testo risulta diviso in tre parti da punti fermi, che segnalano la presenza di tre lunghi periodi. Il particolare uso della sintassi della poetessa, che ricorre spesso a trattini e virgole, tende infatti a frantumare il discorso in una serie di appunti apparentemente scollegati fra loro. Al termine di ogni parte della poesia si trova però una frase particolarmente densa di significato, che mette a fuoco il tema di fondo del testo e che dà un senso a tutte le notazioni precedenti.
Nella prima parte del testo (vv. 1-11), la Dickinson dichiara di dedicarsi con il massimo impegno ai piccoli doveri della vita quotidiana, ma alla fine del periodo riconosce che in realtà la sua vita si è come arrestata a causa di un evento traumatico «anni addietro, l'esistenza, / Colpita, si fermò».
La seconda parte della poesia (vv. 12-27) ha un carattere più riflessivo. L'autrice non descrive più una serie di gesti concreti, ma ricorre a termini astratti e metaforici per esprimere due concetti: la sua vita, a cui è tornata come se niente fosse dopo l'evento traumatico che l'ha segnata, le appare priva di senso, un lungo cammino che non porta da nessuna parte, e che suscita quindi in lei un senso di nausea e di fatica; la calma apparente nasconde «una bomba», cioè un nucleo emotivo di tipo passionale, represso, mascherato, ma appunto perciò sempre pronto a esplodere.
Il trauma a cui la poetessa fa riferimento nei suoi versi è l'amore per un uomo già sposato. La mentalità dell'epoca non contemplava la possibilità che questo amore potesse rivelarsi o realizzarsi in qualche modo. La poetessa quindi nascose in se stessa il proprio sentimento e si seppellì nella casa paterna, manifestando l'intensità della passione e il doloroso conflitto interiore che essa suscitava nel suo animo solo nelle poesie, che vennero pubblicate quasi tutte postume.
La terza parte (vv. 28-31) ha carattere sentenzioso e ribadisce i concetti già espressi, ricorrendo alle parole chiave dell'intera poesia: la vita è una fatica assurda, priva di senso, destinata a restare senza compenso.

Proposte di lavoro

1. La poesia è divisa in tre lunghi periodi. Individuali e riassumi il contenuto di ciascuno di essi in una frase.
2. Ai versi 10-11 si trova una frase che indica il contenuto centrale della poesia. Spiegane il significato anche alla luce di quanto segue nel testo.

   ....

   ....

   ....
3. Al termine di ogni periodo si trova una frase particolarmente pregnante; nell'esercizio precedente ti abbiamo invitato a riflettere sulla prima; fai ora lo stesso lavoro sulla seconda (vv. 25-27) e sull'ultima (v. 31).
4. La quotidianità femminile entra finalmente nella poesia. Eppure la scelta non è soltanto realistica: sotto il mondo di tutti i giorni «una bomba tenemmo chiusa in petto». Trova i termini capaci si spiegare il significato della metafora espressa dalla parola "bomba".

   ....

   ....

   ....

Anna Achmatova

➤ Per una presentazione della vita e delle opere di Anna Achmatova, rimandiamo a p. 696.

Opera **Sera**
Genere **poesia**
Epoca **XX secolo**
Lingua **russo**

Sera

La porta è socchiusa

■ La poesia che segue è del 1911 e appartiene alla raccolta *Sera*. Achmatova ha solo ventidue anni, le tragedie della sua vita e del suo tempo non si sono ancora abbattute su di lei ed ella partecipa alla vita elegante dei circoli letterari e dei salotti di Pietroburgo: il frustino e il guanto dimenticati su un tavolo, di cui parla ai versi 3 e 4, ne sono un segno. Si tratta di oggetti concreti che stanno a rappresentare tutto un mondo, secondo uno stile tipico di Achmatova, che procede per immagini semplici e utilizza un linguaggio quotidiano ed estremamente essenziale. In molta sua poesia, specialmente delle prime raccolte, prevalgono i contenuti intimi, sentimentali: in particolare il tema dell'amore, il quale non è mai visto da Achmatova come una passione gioiosa, ma come portatore di sofferenza. Nonostante la sua condizione di intellettuale, privilegiata e relativamente libera, la poetessa si sente spesso, come donna, vittima passiva nei rapporti d'amore. Esso rappresenta per lei attesa, abbandono, solitudine, angoscia.

La porta è socchiusa,
dolce respiro dei tigli...
Sul tavolo, dimenticati,
un frustino ed un guanto.

Giallo cerchio del lume...
tendo l'orecchio ai fruscii.
Perché sei andato via?
Non comprendo...

Luminoso e lieto
domani sarà il mattino.
Questa vita è stupenda,
sii dunque saggio, cuore.

Tu sei prostrato, batti
più sordo, più a rilento...
Sai, ho letto
che le anime sono immortali.

La corsa del tempo, trad. di M. Colucci, Einaudi

5. Giallo... lume: è il cerchio che la luce della lampada da tavolo proietta sotto di sé. Come nella prima quartina si ha il passaggio dal lontano al vicino, così qui, all'inverso, la poetessa, concentrata dapprima su un oggetto concreto a lei vicino, il suo tavolo da lavoro, viene in seguito attratta, da un fruscio che ode più lontano.
6. tendo... fruscii: questi fruscii potrebbero essere ricollegati al respiro dei tigli, che abbiamo incontrato nel verso 2, ma anche rappresentare l'ansia della poetessa che tende l'orecchio nella speranza, forse, di udire la presenza di qualcuno.
15-16. Sai... immortali: i puntini di sospensione del verso 14 segnano una pausa, dopo la quale, con uno stacco netto, la poetessa si allontana dalla dolorosa realtà che sta vivendo ed esprime la tensione verso una perfezione, un amore superiore, un sentimento totale che cancelli le limitazioni di quella triste condizione.
Il senso di dolore, che l'ultima strofa comunica, emerge ancor più dal contrasto con la gioia espressa nella strofa precedente e forzatamente ricercata dalla poetessa, che tenta di scacciare da sé l'angoscia, dicendosi che la vita è comunque bella.

Analisi del testo

L'amore come abbandono. Nei primi versi della poesia si ha un passaggio dalla realtà più lontana che circonda la poetessa (il «dolce respiro dei tigli» che ella ascolta come sospesa) alla realtà a lei più vicina, a quei due oggetti («un frustino ed un guanto») che molto concretamente rappresentano l'uomo che se ne è appena andato (la porta è ancora socchiusa) in modo distratto e indifferente, dimenticando le sue cose sul tavolo. Poche ed essenziali immagini sintetizzano dunque una situazione di abbandono e di assenza.
Dopo la sospensione e l'ansioso ascoltare del verso 6 «tendo l'orecchio ai fruscii» emerge infine la certezza della donna di essere stata abbandonata. Ma non è lei ad aver deciso la separazione ed è quindi costretta a subire senza capire: nel suo cuore è rimasto solo vuoto e smarrimento «Perché sei andato via? / Non comprendo...».
Nonostante ella cerchi di dirsi che la vita è comunque bella «Luminoso e lieto / domani sarà il mattino. / Questa vita è stupenda» il suo cuore è pieno di dolore e batte sordo e lento, come fosse vuoto. Da qui l'anelito, ricorrente spesso nella poesia di Achmatova, a qualcosa di diverso, a una perfezione, a una totalità libera dai limiti della condizione quotidiana «Sai, ho letto / che le anime sono immortali».

Proposte di lavoro

1. Sintetizza in poche righe il tema centrale della poesia indicando e citando i versi secondo te più significativi e che ti comunicano maggior emozione.
2. Le poesie di Achmatova si basano spesso su violenti contrasti, ottenuti cambiando il punto di vista dal vicino al lontano e viceversa. Verifica questa affermazione indicando nella poesia il vicino con A e il lontano con B e completando il seguente schema:

vv. 1-2	vv. 3-4	vv. ...	vv. ...	vv. ...	vv. ...
B	A				

3. Che significato possiamo attribuire ai violenti contrasti che caratterizzano la poesia di Achmatova? Ti sembra che rispecchino una condizione psicologica? Perché? Rispondi in un breve testo.

Alda Merini

L'autrice

Fra le voci della poesia contemporanea un posto particolare è occupato dalla poetessa Alda Merini (nata nel 1931). La sua è una poesia che, all'inizio, nasce in modo spontaneo, ingenuo, lontano da approfondite esperienze letterarie. I primi testi risalgono infatti all'adolescenza. Più tardi, pur rimanendo la sua un'esperienza poetica appartata e irregolare, la poetessa è apprezzata da autorevoli critici e colleghi.

Le sue prime raccolte sono caratterizzate dal **tema sacro**, dal **senso della morte** e, contemporaneamente, da una **sensualità** che reca timore e angoscia. Sono i segni di un'inquietudine che più tardi negli anni sfocerà tragicamente nella follia. Le fragili condizioni psichiche della poetessa la portano infatti a numerosi ricoveri in ospedale psichiatrico, intervallati da periodi di relativo benessere. Dopo le grandi difficoltà a farsi accettare dagli editori, riesce tuttavia, negli anni recenti, ad avere pubblicazioni che valorizzano la sua poesia.

L'opera

È proprio dalla sconvolgente esperienza dell'ospedale psichiatrico che nasce l'opera più notevole di Alda Merini, *La Terra Santa*, una raccolta di **liriche di grande intensità**. La raccolta esce nel 1984, ma la poetessa già dal 1979 aveva ricominciato a scrivere dopo un silenzio di quasi vent'anni, dovuto alla malattia e alle alterne vicende biografiche. Il resoconto della sofferenza mentale è sempre tuttavia contrastato, nella poesia della Merini, da un prepotente amore della vita e da una calda sensualità. Caratteristica di questa poesia è la sua **potente forza espressiva**, la sua istintiva irruenza, basata spesso su una struttura sintattico-ritmica scandita ed energica.

Opera **La Terra Santa**
Epoca **XX secolo**
Genere **poesia**
Lingua **italiano**
Schema metrico **settenari**

La Terra Santa

La morte mi è nemica

Dalla raccolta *La Terra Santa* è tratta la poesia che segue. Il testo unisce insieme la tragedia della sofferenza che fa desiderare la morte e la grazia di un tono leggiadro.

La morte mi è nemica
non mi viene a rapire
e pur con le mie dita
io tento di fuggire
da questa amara vita,
ma non vuole colpire

il mio cuore di foglia,
morte vuole tradire
questa tenera voglia
e morir fa l'insetto
e la gente gentile
ma a me che son reietta
non mi viene a colpire.

La Terra Santa, Scheiweller

7. **cuore di foglia:** cuore fragile come una foglia. L'immagine fa riferimento alla fragilità psichica della poetessa.
12. **che... reietta:** che pure sono reietta, anche se anch'io, come gli altri che mi circondano, sono una disgraziata.

L'enjambement

Metrica e retorica

Nella poesia di Merini (per esempio nei vv. 6-7) a volte non vi è corrispondenza fra l'unità ritmica, il verso, e l'unità sintattica. La fine del verso, in altre parole, non coincide con la fine della frase e quest'ultima continua nel verso successivo. Si ha in questi casi la figura metrica dell'***enjambement*** (dal francese *enjamber*, "oltrepassare in campo altrui"). La frase sintattica si spezza alla fine del verso e "passa oltre", nel verso successivo.
L'*enjambement* crea un legame di tipo logico-sintattico fra i versi: la fine di un verso è logicamente legata all'inizio del verso successivo. L'effetto dell'*enjambement* è sul **ritmo** della poesia: lo rallenta, lo dilata, crea un effetto di "legato".

Analisi del testo

La morte liberatrice. I contenuti della poesia sono crudi e dolorosi. La poetessa vorrebbe che la morte la colpisse e la liberasse così dalle sue sofferenze. Ella vorrebbe darsi la morte con le sue stesse mani «e pur con le mie dita», vorrebbe fuggire da questa amara vita segnata dalla malattia. Ma la morte liberatrice non vuole giungere e colpire lei, che pure è fragile («il mio cuore di foglia»).
La morte non ascolta («vuole tradire») l'intimo e segreto desiderio della poetessa («questa tenera voglia») e colpisce solo gli altri, anch'essi fragili e deboli («l'insetto / e la gente gentile»).

Tono leggiadro, ritmo melodico. Questo contenuto drammatico tuttavia è temperato da un tono dolce, leggiadro, venato di ironia.
Gli aspetti formali del testo contribuiscono a creare questo tono: i versi brevi (settenari) rimati e uniti da un *enjambement* danno luogo a un ritmo melodico da canzonetta, con cadenze popolareggianti. Contribuiscono a creare questo tono anche le frequenti ripetizioni: «morte» ai vv. 1 e 8 e «morir» al v. 10; «non mi viene a rapire» v. 2, «ma non vuole colpire» v. 6, «non mi viene a colpire» v. 13.

Proposte di lavoro

1. Scrivi una parafrasi del testo e indica la parola o le parole chiave.
2. Indica se le seguenti affermazioni sono vere o false, cercando di motivare la tua scelta.
   - V F Le sue vicende biografiche spiegano per quale ragione la poetessa invoca la morte.
   - V F La morte non prende la poetessa perché ella tiene troppo alla vita.
   - V F C'è un contrasto nella lirica fra il tema drammatico e lo stile e il tono della poesia, che sono dolci, ironici.
   - V F *Enjambements* e ripetizioni hanno la funzione di dare alla poesia un ritmo melodico quasi musicale.
3. Se non sapessi che questa poesia è stata scritta da una donna, da quali elementi potresti capirlo? Rispondi in un testo, soffermandoti sugli aspetti tematici e non su quelli puramente grammaticali.

1. Indica se la seguente affermazione è vera o falsa e motiva poi la tua scelta.

V F La condizione femminile è un tema spesso affrontato dalle scrittrici moderne, ma trascurato dagli scrittori.

Perché ....

....

2. Completa il seguente periodo con i termini più adatti.

L'attività letteraria, tradizionalmente .... alle donne, con poche eccezioni, incomincia a essere praticata in epoca .... nei paesi economicamente e socialmente più ...., come ....

3. Spiega brevemente il significato dei seguenti termini:

- scrittura al femminile: ....
- femminismo: ....

4. Leggi attentamente il seguente passo testo di Virginia Woolf e commentalo, sottolineando le parole chiave che esprimono il tema affrontato dall'autrice.

Consentitemi di immaginare [...] cosa sarebbe successo se Shakespeare avesse avuto una sorella meravigliosamente dotata, di nome Judith, diciamo. Molto probabilmente Shakespeare frequentò – sua madre era un'ereditiera – la scuola secondaria, dove avrà imparato il latino – Ovidio, Virgilio, Orazio – ed elementi di grammatica e di logica. Era, come si sa, un ragazzo indisciplinato, che cacciava di frodo i conigli, e magari uccideva qualche daino; e dovette, un po' a precipizio, sposare una donna dei dintorni, che gli dette un figlio un po' prima del dovuto. Questa avventura lo spinse a cercar fortuna a Londra. Pare avesse inclinazione per il teatro; iniziò facendo la guardia ai cavalli all'ingresso degli attori. Cominciò prestissimo a recitare, diventò un attore di successo, si trovò al centro della società contemporanea; incontrava tutti, conosceva tutti, sfoggiava la sua arte sulla scena, il suo spirito per strada, e riuscì perfino a essere ricevuto a palazzo reale. Intanto la sorella, così straordinariamente dotata, supponiamo, restava in casa. Non era meno avventurosa, fantasiosa e desiderosa di conoscere il mondo di quanto lo fosse lui. Ma non l'avevano mandata a scuola. Non aveva avuto la possibilità di imparare la grammatica e la logica, non diciamo di leggere Orazio e Virgilio. Di tanto in tanto prendeva un libro, forse uno di suo fratello, e leggeva qualche pagina. Ma poi arrivavano i genitori e le dicevano di rammendare le calze o di ricordarsi dello stufato, e di non perder tempo fantasticando tra libri e carte. Avranno parlato con decisione ma con gentilezza, perché erano persone agiate, che sapevano come deve vivere una donna, e amavano la loro figlia; anzi, è molto probabile che lei fosse la pupilla dell'occhio di suo padre. Forse, in soffitta, scribacchiava furtivamente qualche pagina, ma aveva cura di nasconderla o di bruciarla. Ad ogni modo, ancora adolescente, era stata promessa al figlio di un vicino mercante di lane. La ragazza protestò che il matrimonio le era odioso, e perciò fu picchiata duramente da suo padre. Poi lui smise di rimproverarla e la pregò invece di non arrecargli questo danno, questa vergogna di rifiutare il matrimonio. Le avrebbe regalato una collana di perle, oppure una bella gonna, diceva con le lacrime agli occhi. Come poteva disubbidirgli? Come poteva spezzargli il cuore?

5. Continua tu il racconto di Woolf sulla immaginaria sorella di Shakespeare, rispondendo alle seguenti domande.

In che modo la ragazza potrebbe sottrarsi alle nozze? In che modo potrebbe tentare di dedicarsi alla letteratura o al teatro? Come sarebbe considerata dalla società? Come si concluderebbe la sua vita?

6. Commenta uno dei testi poetici antologizzati, a tua scelta, utilizzando le seguenti espressioni.

solitudine • *emarginazione* • *vita quotidiana* • *condizione femminile* • *funzione della poesia*

7. Completa le affermazioni lasciate in sospeso.

La letteratura femminile è un fenomeno relativamente .... Prima dell'Ottocento, infatti, le scrittrici erano molto rare, e in ogni caso utilizzavano gli schemi letterari codificati, senza poter esprimere liberamente la propria vita emotiva e affettiva (il frequente uso di pseudonimi maschili testimoniava la sottomissione delle donne agli stereotipi dominanti). Solo con l'affermazione del romanzo e della poesia moderna, libera dagli schemi e dalle convenzioni tradizionali, le donne ....

Le prime scrittrici si affermano ...., cioè nei paesi socialmente ed economicamente più avanzati d'Europa. Perché possa sorgere una letteratura femminile, infatti, devono realizzarsi le tre condizioni enunciate da Virginia Woolf: che le donne abbiano denaro proprio, tempo libero e una stanza tutta per sé. Queste condizioni si realizzano in parte per le donne ....

....

8. Completa il testo, scegliendo le affermazioni corrette fra quelle proposte.

Gli studi di psicologia hanno rilevato *profonde / scarse* differenze nel modo in cui uomini e donne affrontano la vita, e in particolare la vita *economica / affettiva*. Non stupisce quindi l'interesse che hanno suscitato (soprattutto presso le donne) le opere narrative e poetiche scritte da donne: attraverso i romanzi e le poesie delle scrittrici è infatti possibile conoscere e approfondire un punto di vista sulla realtà diverso da quelli sviluppati nel corso della tradizione letteraria *antica / maschile*.

Al contrario di quanto / Come spesso appare dalle riviste e dai romanzi scritti appositamente per un pubblico femminile (la cosiddetta "letteratura rosa"), le opere scritte dalle donne non si caratterizzano affatto per il loro carattere sentimentale. La *differenza / sperimentazione / analogia* è semmai da ricercare in una particolare attenzione ai moti interiori dell'animo, nell'assunzione di un punto di vista diverso da quelli più tradizionali, nella *marginalità / centralità* che assumono gli oggetti e *i piccoli fatti della vita quotidiana / i grandi fatti della storia*.

9. Completa il testo seguente con opportuni riferimenti ai brani letti.

La riflessione sulla condizione femminile è al centro delle opere scritte da donne nell'Ottocento e nel primo Novecento. La riflessione di autrici come Jane Austen, Madame de Staël, Emily Dickinson, Sibilla Aleramo e Virginia Woolf si affianca in questo periodo a quella di scrittori come Flaubert, Tolstoj o Ibsen, anch'essi attenti alla condizione femminile e spesso al centro di scandali per le loro appassionate denunce. Per esempio, ...

....

....

....

....

....

....

La letteratura femminile oggi ha in parte abbandonato questi temi, che a lungo andare rischiavano di ridurre la letteratura scritta dalle donne a letteratura "per sole donne". La denuncia delle ingiustizie di cui le donne sono vittime resta viva, soprattutto laddove la società mantiene ancora le donne in una condizione di netta inferiorità rispetto agli uomini, ma le scrittrici degli ultimi decenni hanno inserito la riflessione sulla condizione femminile all'interno di un più vasto discorso sulle diseguaglianze sociali, la marginalità, la solitudine esistenziale ecc. Per esempio, ...

....

....

....

....

....

....

tema 3

La guerra

Proponiamo alcune pagine esemplari di sei scrittori e poeti del Novecento che nelle loro opere affrontano il tema della **guerra**:

- Erich Maria Remarque, Giuseppe Ungaretti e Umberto Saba parlano delle loro esperienze durante la Prima guerra mondiale;
- Primo Levi dedica un testo di grande intensità alla deportazione degli ebrei ad Auschwitz durante la Seconda guerra mondiale;
- il racconto di Beppe Fenoglio è ambientato durante uno dei momenti più drammatici, ma anche più significativi, della nostra storia nazionale, cioè la Resistenza contro il nazifascismo, tra il 1943 e il 1945, durante la Seconda guerra mondiale;
- la storia di Slavenka Drakulic, scritta fra il 1991 e il 1992, parla di una delle pagine più tragiche della storia europea recente: le guerre nei paesi della ex Iugoslavia e in particolare tra la Serbia e la Croazia.

Collocheremo ciascun testo nel suo **contesto storico**:

- la **prima metà del Novecento** è l'epoca in cui operano Remarque, Ungaretti e Saba;
- agli anni della Seconda guerra mondiale e della **seconda metà del Novecento** risalgono le opere di Levi, di Fenoglio e di Drakulic.

Analizzeremo anche il **contesto culturale** di ciascun testo, fornendo indicazioni sui movimenti artistici e letterari a cui fanno riferimento gli autori proposti: le **avanguardie** del primo Novecento per Ungaretti, il **Neorealismo** per Levi e Fenoglio, e così via.

Approfondiremo infine i diversi generi letterari a cui appartengono le opere antologizzate:

- Remarque, Levi e Drakulic si inseriscono, pur con notevoli differenze, nel filone della **letteratura memorialistica**;
- Fenoglio scrive un **racconto realistico**, a sfondo storico;
- Ungaretti e Saba scrivono **poesie**.

Il tema nel tempo

La letteratura nasce raccontando la guerra

Nel mondo antico la guerra caratterizza l'appartenenza a un popolo

La guerra è una realtà presente dai tempi più remoti nella storia dell'uomo ed è un tema centrale nella letteratura, fin dalle origini. Possiamo dire che la letteratura nasce proprio come **racconto di imprese di guerra**, poiché sono queste, purtroppo, che danno identità a un popolo, lo caratterizzano e lo differenziano nel momento dello scontro con altri popoli. Ed è dal bisogno di fondare le proprie **origini** che un popolo dà vita a racconti mitici e leggendari che per secoli vengono tramandati oralmente. Da questi nascono le prime forme letterarie scritte, i **poemi epici** che narrano le gesta guerriere degli antichi eroi e su cui si fonda una tradizione. Così l'***Iliade*** di Omero è il racconto della guerra combattuta dai Greci contro la città di Troia e delle valorose imprese dei guerrieri delle due parti in campo. Il poema epico è il luogo privilegiato in cui trova spazio il tema della guerra, anche se vi sono componimenti di carattere diverso che vi si riferiscono, come per esempio il **peana**, una forma di canto lirico corale dell'antica Grecia dedicato alla celebrazione di una vittoria.

La guerra alle origini della letteratura europea

Lo stesso avviene all'origine delle **letterature europee moderne** nate, a partire dall'XI secolo, nelle nuove lingue frutto della fusione tra il latino e le parlate dei popoli che avevano invaso l'Impero romano. In Francia, Spagna, Germania, Inghilterra vi è in quell'epoca un'ampia fioritura di poemi epici che raccontano antichi miti e leggende, per secoli **tramandati oralmente e poi rielaborati per scritto**. Hanno così origine, per esempio, il poema anglosassone *Beowulf*, o la *Canzone dei Nibelunghi*, poema epico in antico tedesco. In area francese fioriscono le canzoni di gesta, in lingua d'oïl, la parlata del nord della Francia. Le più importanti sono quelle che appartengono al **ciclo carolingio** dedicato alle imprese di Carlo Magno e dei suoi paladini (la più nota è la *Canzone di Rolando*). In epoca medievale non mancano le composizioni liriche che hanno per tema la guerra e il coraggio guerriero, come per esempio l'*Elogio della guerra* di Bertrand de Born.

Le imprese di guerra nel poema cavalleresco

Il poema epico continua a essere un genere praticato anche nei secoli successivi del Medioevo e poi del Rinascimento. In questi secoli, si assiste tuttavia alla nascita di generi nuovi e diversi. I principali sono il **poema sacro** o mitologico, il **poema cavalleresco**, il **poema pastorale**. È nel genere del poema cavalleresco che nel Rinascimento italiano vediamo nascere alcuni capolavori, fra i quali l'*Orlando Furioso* di Ludovico **Ariosto** (➡ p. 241) e la *Gerusalemme liberata* di Torquato **Tasso**.

Nella miniatura è raffigurata una scena di battaglia che vede protagonista Orlando.

L'argomento è quello delle canzoni di gesta medievali e in particolare delle imprese guerresche dei paladini di Carlo Magno contro gli arabi, narrate nella *Canzone di Rolando*, che avevano continuato ad affascinare il pubblico. Ma i letterati rinascimentali, facendo propria la materia cavalleresca, la trasformano, ne **umanizzano i personaggi**, ne fanno il pretesto di un racconto da cui emergono i valori della nuova **civiltà umanistica**. Nell'*Orlando furioso*, la guerra è accostata all'**amore**, in un'affascinante narrazione in cui realtà e fantasia sono continuamente mescolate e i temi della fedeltà, dell'eroismo in battaglia, della violenza della guerra rientrano nel vasto affresco dell'umanità, tracciato da Ariosto.

Nel Rinascimento anche il tema della guerra viene umanizzato

La guerra nel romanzo dell'Ottocento

Procedendo nei secoli, con l'evoluzione delle forme letterarie, la nascita di un **nuovo pubblico** e di nuove esigenze, la forma del poema perde via via d'interesse. Il gusto per le lunghe narrazioni, per la costruzione di storie realistiche o fantastiche nelle quali riconoscersi non viene però meno e si trasferisce a un genere nuovo, più libero e moderno: il **romanzo**. E anche nelle pagine dei grandi romanzi del Settecento e dell'Ottocento ritroviamo il tema della guerra.

Memorabili ricostruzioni di battaglie e scene di guerra contribuiscono spesso a rendere il racconto avventuroso e a conferirgli un carattere di drammatica realtà. Soprattutto le **guerre napoleoniche**, che tra la fine del Settecento e l'inizio dell'Ottocento sconvolsero l'Europa, trovano larga eco nel romanzo. Esso diventa una testimonianza nuova e toccante della sofferenza vissuta non più da singoli e mitici cavalieri, per quanto umanizzati, ma da intere popolazioni e da uomini vicini all'esperienza quotidiana dei lettori.

Ci limitiamo qui a ricordare due esempi famosi: le scene della battaglia di Waterloo in cui è coinvolto Fabrizio del Dongo, all'inizio de *La certosa di Parma* di **Stendhal** e la campagna napoleonica di Russia ampiamente descritta da **Tolstoj** in *Guerra e pace*.

Dal trauma della guerra nasce il mondo contemporaneo

Ma gli uomini dell'Ottocento non potevano immaginare quale sconvolgente orrore sarebbe diventata la **guerra nel XX secolo**. Lo scoprirono in modo traumatico coloro che combatterono e vissero la Prima guerra mondiale. Fu un avvenimento di una violenza e di una tragicità senza precedenti, possiamo dire un "evento epocale", nel senso che rappresentò una frattura profonda nella storia del mondo moderno. Milioni di vite umane sacrificate, popolazioni costrette a condizioni di vita disastrose, l'introduzione di sofisticati strumenti di distruzione, le caratteristiche di una guerra che ebbe per la prima volta **dimensioni planetarie**, provocarono trasformazioni profonde nella società. Non solo l'assetto politico ed economico del mondo intero, ma la vita quotidiana e il modo stesso di pensare della gente, dopo la Prima guerra mondiale, non furono e non sarebbero più stati quelli di prima.

La guerra planetaria mette in crisi il mondo intero

Con questo trauma violento nasce il mondo contemporaneo, caratterizzato da un **senso di crisi** profonda e di sfiducia nelle possibilità del progresso e della ragione. Proprio per questo carattere tragicamente nuovo e diverso che la guerra ha nel XX secolo, abbiamo scelto qui di concentrare l'attenzione sull'eco che essa ebbe nella letteratura del Novecento.

Il coinvolgimento degli scrittori nella Grande guerra

La sofferenza della **Prima guerra mondiale** fu vissuta in prima persona da molti intellettuali e scrittori, che spesso vi parteciparono come volontari o comunque combatterono con generosità e coraggio. Ma nel contatto quotidiano con l'orrore e la sofferenza vennero in gran parte a cadere i motivi iniziali dell'adesione e della fiducia. Anche molti di coloro che all'inizio erano stati favorevoli all'intervento, cambiarono opinione e videro la guerra come un'inutile carneficina, la criticarono duramente per i suoi mezzi e i suoi obiettivi, si posero su **posizioni antimilitariste**.

Dolore e partecipazione sono i temi della letteratura

Da questa esperienza sorse una vastissima produzione letteraria di testimonianza, di cronaca, di ricostruzione storica, in prosa e in poesia. L'atteggiamento che accomunò scrittori diversi, indipendentemente dal loro paese d'origine, senza distinzione fra vinti e vincitori, fu quello di una **dolorosa pietà** nei confronti della sofferenza umana. Si cercò la verità più profonda e autentica dell'essere uomo, il senso più vero della vita, che appare solo a diretto contatto con la morte. Presentiamo qui, insieme con il brano dello scrittore tedesco **Remarque**, la testimonianza poetica di **Giuseppe Ungaretti**, che partecipò al conflitto come volontario e ne fu profondamente segnato, e quella di **Umberto Saba**, che coglie del conflitto elementi e significati diversi e pur tuttavia sempre segnati dal dolore e dalla sofferenza.

La rappresentazione della realtà della Seconda guerra mondiale

L'ordine internazionale che fu costruito dopo lo sconvolgimento del primo conflitto mondiale si rivelò ben presto di estrema fragilità e lasciò molti problemi irrisolti, aprendo il campo all'**avvento dei totalitarismi**: il fascismo, il nazismo, il comunismo staliniano. La guerra era connaturata all'ideologia stessa di quei regimi che la concepivano come l'unico mezzo possibile per conservare il potere autoritario.

Il mondo precipitò così di nuovo nella guerra. Il dolore, la distruzione che ne derivarono non furono inferiori a quelli della guerra precedente e, anzi, a essi si aggiunse l'orrore della **Shoah**, il massacro di 6 milioni di ebrei nei campi di sterminio nazisti, orrore che il mondo conobbe solo dopo la fine del conflitto.

Anche la Seconda guerra mondiale produce dolorose testimonianze

Di fronte a queste nuove tragedie poeti e scrittori non poterono tacere, anche se le loro furono spesso parole attonite, quasi smarrite di fronte a tanta follia. Ma quasi un **dovere di testimonianza** spinse a scrivere, a fissare sulla carta la verità di quei momenti.

La letteratura di tipo realistico fiorita subito dopo la guerra, in quella stagione di entusiasmi per la rinascita che fu il **Neorealismo** (➡ p. 583), ebbe fra i suoi temi ricorrenti proprio la lotta della **Resistenza** contro fascisti e nazisti negli ultimi anni di guerra, testimoniata nel nostro percorso dal racconto di **Beppe Fenoglio**. Ma la verità più cruda e agghiacciante fu quella che emerse dai campi di sterminio nazisti e che, spinto dalla necessità di far conoscere al mondo la verità, **Primo Levi**, uno dei sopravvissuti, narrò in *Se questo è un uomo*.

La guerra: una realtà di oggi

Dopo la fine della Seconda guerra mondiale sembrò che una simile esperienza di violenza e distruzione non si sarebbe mai più ripetuta e che gli uomini, resi consapevoli del grado di follia a cui la guerra può arrivare, avrebbero fatto di tutto per evitarla. Almeno in Europa, un'altra guerra sembrava impensabile. Ma non fu così. Oltre ai numerosi conflitti scoppiati in molte parti del mondo, e nei tempi più recenti in Medio Oriente (che, se anche di dimensioni minori, non sono però meno dolorosi) uno ha sconvolto una terra appena al di là dei nostri confini: la ex Iugoslavia. Dei drammatici episodi di guerra di cui quella terra è stata teatro già nell'Ottocento tratta l'ultimo brano che presentiamo, opera di **Slavenka Drakulic**.

In sintesi

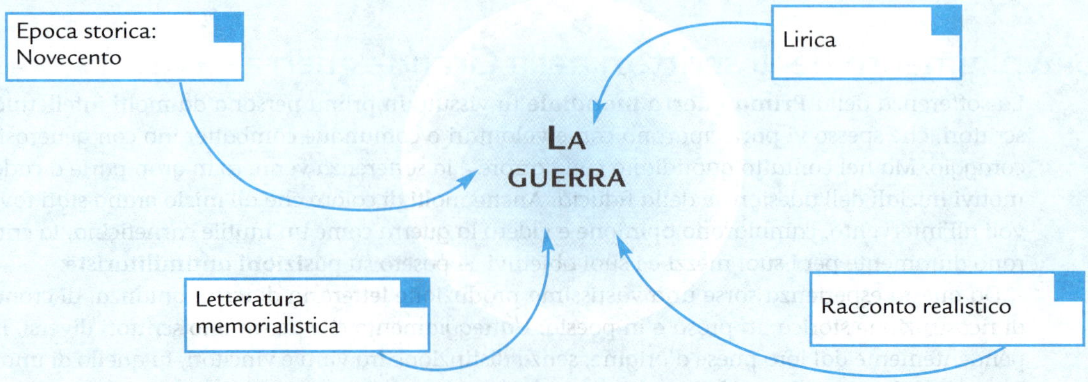

Erich Maria Remarque

L'autore

Erich Maria Remarque (1898-1970) partecipò appena diciottenne alla Prima guerra mondiale, dove fu più volte ferito. Da quell'esperienza il giovane tedesco rimase segnato in modo indelebile: essa infatti determinò il carattere **antimilitarista** e **pacifista** di tutta la sua opera, a partire da *Niente di nuovo sul fronte occidentale* (1929), dettata da un forte impegno etico-politico nel rappresentare l'umanità sconvolta dalla guerra, oppressa dal nazismo e dalla violenza. Remarque, perseguitato dal nazismo, lasciò la Germania nel 1932, per riparare in Svizzera e poi nel 1939 negli Stati Uniti d'America.

Tra i suoi numerosi romanzi ricordiamo *Ama il prossimo tuo* (1941) e *Tempo di vivere, tempo di morire* (1954), il primo legato alle traversie dei profughi della Germania nazista, il secondo alle spaventose situazioni determinate dalla Seconda guerra mondiale. Da *Niente di nuovo sul fronte occidentale* e *Tempo di vivere, tempo di morire* furono tratti due famosi film, del 1937 e del 1957.

L'opera

***Niente di nuovo sul fronte occidentale* è una delle più toccanti e significative ricostruzioni della Prima guerra mondiale.** Protagonista e narratore in prima persona è uno studente appena sedicenne che, insieme con i compagni di classe del liceo, spinto dalla propaganda militarista si arruola come volontario. Prima sottoposto a una spietata e insensata disciplina di caserma e poi scaraventato nella brutalità del fronte, egli perde ogni iniziale illusione e apre gli occhi sulla verità della guerra, che è **disumanizzazione** e **distruzione di ogni sentimento**. Quello che vi sopravvive è solo un rude e disperato cameratismo, un attaccamento istintivo alla vita che si esprime nell'affermazione dei bisogni più elementari ed essenziali. Il libro si snoda fra violente **azioni di guerra** e **momenti di pausa**, come quello in cui il protagonista si reca a casa in licenza, trovando poi ancora più dura la sopportazione della violenza del fronte. Nonostante l'abbrutimento, nel giovane non viene mai meno un profondo senso di umanità, anche nei confronti del nemico, che è un uomo come lui e che come lui combatte una guerra che non ha voluto. Alla fine il protagonista è ucciso da una pallottola sperduta quando la guerra è ormai quasi finita e il bollettino ufficiale annuncia: niente di nuovo sul fronte occidentale. Il titolo assume così un significato ironico e nello stesso tempo profondamente malinconico.

Opera **Niente di nuovo sul fronte occidentale**
Epoca **XX secolo**
Genere **romanzo**
Lingua **tedesco**

Niente di nuovo sul fronte occidentale

Il contrattacco

Nel brano che proponiamo è rappresentato uno dei furiosi contrattacchi dell'esercito tedesco dopo che per tre giorni i soldati sono stati prigionieri nelle trincee bombardate dalle granate francesi. Ora essi escono all'assalto e il terrore della morte toglie loro ogni umanità e li fa diventare degli automi che uccidono senza rendersi conto di ciò che fanno. Il linguaggio è crudo e realistico, fatto di frasi brevi e rapide che descrivono attraverso l'oggettività dei fatti la bestiale brutalità dello scontro.

Ad un tratto, gli scoppi vicini cessano completamente. Il fuoco continua, ma si è spostato indietro, sicché la nostra trincea è libera. Noi afferriamo le granate a mano, le gettiamo davanti al nostro ricovero e balziamo fuori. Il fuoco tambureggiante è cessato, dietro di noi invece si intensifica quello di sbarramento. Siamo all'attacco.

Nessuno crederebbe che in questo deserto sconvolto possano esistere ancora degli uomini: eppure lungo tutta la linea delle trincee spuntano elmetti d'acciaio, e a cinquanta metri da noi già si è piazzata una mitragliatrice che comincia ad abbaiare.

I reticolati sono a pezzi, tuttavia possono ancora trattenere alquanto gli assalitori. Li vediamo avanzare: la nostra artiglieria spara, scoppiettano le mitragliatrici, crepitano i fucili. Quelli là si fanno avanti, penosamente. Haje e Kropp[1] cominciano a lavorare con le bombe a mano. Le scagliano più rapidamente che possono; noi le tendiamo loro per il manico, già pronte. Haje sa lanciarle a sessanta metri, Kropp a cinquanta; ne abbiamo fatto l'esperimento, e la cosa è importante. Gli altri, avanzando, non possono far gran cosa prima di arrivare ai trenta metri.

Riconosciamo le facce stravolte e gli elmetti; sono francesi. Raggiungono gli avanzi dei nostri reticolati, e già hanno perdite visibili. Una fila intera viene falciata dalla mitragliatrice posta al nostro fianco; ma poi questa si inceppa, sicché gli altri s'avvicinano.

Vedo uno di loro abbattersi su un cavallo di Frisia,[2] col volto all'insù. Il corpo s'insacca,[3] le mani restano aggrappate, come se volesse pregare. Poi il corpo si stacca del tutto, e le mani sole coi moncherini delle braccia penzolano dal reticolato.

Nell'istante in cui ci ritiriamo, davanti a noi tre facce si levano da terra. Sotto un elmetto scorgo una barbetta a pizzo e due occhi[4] che mi fissano intensamente. Alzo il braccio, ma mi è impossibile di gettare la granata contro quegli occhi strani: per un attimo tutta la battaglia turbina in cerchio intorno a me ed a quel paio d'occhi, che soli stanno immobili. Finalmente il volto si drizza, una mano, un movimento, e la mia granata vola e colpisce.

Corriamo indietro, trasciniamo cavalli di Frisia nelle trincee e lasciamo cadere dietro a noi delle bombe a mano, che scoppiando ci coprono la ritirata. Dalla posizione retrostante le mitragliatrici sparano per proteggerci.

Siamo diventati belve pericolose:[5] non combattiamo più, ci difendiamo dall'annientamento. Non scagliamo le bombe contro altri uomini; che cosa ne sappiamo noi in questo momento! Ma di là ci incalza la morte, con quegli elmi e con quelle mani: e dopo tre giorni è la prima volta che la vediamo in viso, che ci possiamo difendere contro di essa; deliriamo di rabbia, non siamo più legati impotenti al patibolo, possiamo distruggere, uccidere a nostra volta, per salvarci, per salvarci e per vendicarci.

Aggrappati ad ogni sinuosità del terreno, a riparo dietro ogni palo di reticolato, gettiamo nelle gambe degli assalitori bombe su bombe prima di ripiegare. Lo schianto delle granate a mano ci dà forza alle braccia, alle gambe; corriamo curvi come gatti, travolti da quest'onda che ci porta e ci fa crudeli, ci fa briganti, assassini, demoni magari, da quest'onda che moltiplica le nostre energie nell'angoscia e nella rabbia e nella sete di vita, e ci fa cercare e conquistare la salvezza. Dobbiamo abbandonare le trincee più avanzate. Ma sono ancora trincee? Distrutte, annientate, non sono che rottami di trincee, buche, qualche pezzo di camminamento, qualche nido da mitragliatrice, nulla più. Ma le perdite degli altri si accumulano. Non hanno calcolato su tanta resistenza.

1. **Haje e Kropp:** sono due dei compagni del protagonista, arruolatisi con lui e che moriranno prima di lui.
2. **cavallo di Frisia:** ostacolo mobile costituito da un telaio armato di filo spinato, posto a sbarramento dei varchi aperti dal nemico nei reticolati.
3. **Il corpo s'insacca:** in questa immagine e nelle righe che seguono risulta evidente l'agghiacciante crudezza con cui Remarque rappresenta la distruzione dell'uomo operata dalla guerra e la sua riduzione a brandelli di carne e a moncherini di ossa.
4. **due occhi:** sono l'espressione dell'umanità del nemico che, pur nella ferocia del combattimento, colpiscono il protagonista e lo trattengono per un brevissimo attimo dall'uccidere.
5. **Siamo diventati belve pericolose:** la guerra disumanizza, fa diventare feroci e privi di discernimento come belve, che non sanno perché combattono, e solo un primordiale istinto di sopravvivenza induce a difendersi. È una rabbia bestiale quella che spinge gli uomini a combattere e che non permette loro di fermarsi a riflettere che quelli che hanno di fronte sono uomini.

Mezzogiorno. Il sole scotta, il sudore ci abbrucia le palpebre, lo asciughiamo con la manica, spesso vi si mescola sangue. Spunta la prima trincea un po' meglio conservata: è occupata e preparata per il contrattacco, e ci accoglie. La nostra artiglieria interviene energicamente e arresta l'avanzata. Le linee dietro a noi si fermano; non possono avanzare. L'attacco viene sbocconcellato[6] dalla nostra artiglieria. Noi stiamo in agguato. Il fuoco si sposta di cento metri in avanti e subito balziamo fuori di nuovo. Accanto a me, ad un caporale viene asportata la testa, di netto. Egli fa ancora alcuni passi avanti, mentre il sangue gli zampilla dal collo come una fontana.

Non si arriva proprio al corpo a corpo, perché gli altri sono costretti a retrocedere. Raggiungiamo le nostre vecchie trincee sconquassate e le oltrepassiamo. Oh quel ritornare all'attacco! Si è giunti al riparo nelle posizioni di riserva, si vorrebbe penetrarvi carponi, sparire; ed invece bisogna fare dietrofront, ritornare indietro, nell'orrore! Se in questo momento non fossimo degli automi, rimarremmo sdraiati, esauriti, privi di volontà. Ma siamo trascinati in avanti, esseri senza volontà, eppure pazzamente selvaggi e furibondi, bramosi di uccidere poiché quelli di là sono ora i nostri nemici mortali, e i loro fucili, le loro granate, sono dirette contro di noi, e se non li sterminiamo, essi stermineranno noi. La bruna terra, la terra rotta, scheggiata e scura coi suoi riflessi grassi sotto il sole, è come lo sfondo di questo incessante, sordo automatismo, di cui il nostro ansimare misura il ritmo quasi meccanico; le labbra sono aride, la testa più confusa che dopo una notte di orgia, e brancoliamo così in avanti, sempre in avanti, mentre nelle nostre anime logorate e ferite anch'esse,[7] si imprime penosamente il quadro indelebile della terra bruna e grassa sotto il sole, dei soldati rantolanti e morenti, che giacciono lì come se fosse una cosa naturale, e ci afferrano per le gambe e gridano, mentre noi li oltrepassiamo correndo.

Un giovane francese rimane indietro, viene raggiunto, alza le mani, in una stringe ancora una rivoltella – non si sa se voglia sparare od arrendersi – un colpo di vanghetta[8] gli spacca la faccia. Un secondo, veduto ciò, tenta di fuggire, ma una baionetta gli guizza nella schiena. Salta alto, le braccia aperte, la bocca spalancata nell'urlo e corre via, con la baionetta infissa fra le spalle. Un terzo getta via il fucile, si rannicchia a terra, le mani sugli occhi. Questo lo lasciamo indietro, con qualche altro prigioniero, per portar via i feriti.

A un tratto l'inseguimento ci porta alle posizioni nemiche. Inseguiamo così dappresso gli avversari, che ci riesce di giungere quasi contemporaneamente nelle loro trincee, risparmiando così molte perdite. Una mitragliatrice spara, ma una bomba a mano la fa tacere, tuttavia quei pochi colpi sono bastati a ferire cinque dei nostri nel ventre. A uno dei mitraglieri superstiti Kat[9] col calcio del fucile riduce il volto in poltiglia. Pugnaliamo gli altri senza dar loro tempo di metter mano alle bombe. Poi, assetati, beviamo l'acqua dei raffreddatori.[10]

Dappertutto scattano pinze,[11] si gettano assi sopra gli sbarramenti, e per gli stretti varchi penetriamo nelle trincee. Haje caccia la sua vanghetta nel collo a un gigantesco francese e scaglia la prima bomba a mano: ci ripariamo qualche secondo dietro un parapetto, e l'elemento di trincea che abbiamo dinanzi è libero. Alla prossima volta sibila una seconda bomba e ci fa strada pulita. Avanzando di corsa ne facciamo volare a manate entro i ricoveri, la terra trema, e uno schianto, un gemito, vapore e fumo, si sdrucciola su brandelli viscidi di carne umana, su corpi sfasciati; io cado in un ventre aperto, sopra il quale sta un berretto d'ufficiale ancora nuovo e pulito.

Il combattimento si arresta; il contatto col nemico è rotto.

Niente di nuovo sul fronte occidentale, trad. di S. Jacini, A. Mondadori

6. **sbocconcellato:** frantumato in piccole azioni isolate e sparse.
7. **nelle nostre anime... anch'esse:** i corpi sono straziati oppure ridotti a compiere gesti bestiali e automatici nel furibondo orrore del massacro, ma questo si ripercuote in modo crudele e indelebile sulle anime che resteranno anch'esse ferite profondamente dall'esperienza della guerra.
8. **vanghetta:** attrezzo leggero dato in dotazione ai soldati per piccoli lavori di scavo a riparo della persona sul campo di battaglia.
9. **Kat:** è il soldato Katzinski, un altro dei compagni e amici del protagonista.
10. **raffreddatori:** delle mitragliatrici.
11. **pinze:** servono per tagliare i reticolati e aprire attraverso di essi dei varchi che permettano ai soldati di passare e andare all'attacco delle postazioni nemiche.

Analisi del testo

Lo stile espressionistico. L'autore esprime la violenza della guerra mediante uno stile espressionistico. A questo scopo, egli adotta tre tecniche particolarmente efficaci:
– la prima consiste nell'usare il tempo presente, che dà al lettore l'illusione di assistere direttamente agli avvenimenti, di trovarsi presente sulla scena;
– la seconda è affidata alle frequenti immagini metaforiche, sempre molto violente e incisive (la mitragliatrice «abbaia»; i soldati sono «belve pericolose»; il sudore «brucia» le palpebre degli uomini; il fuoco, la terra, gli oggetti sembrano acquistare vita propria e sono spesso personificati);
– la terza impiega accumulazioni, creando un effetto di "congestione sintattica" che rispecchia la frenesia dell'azione e dei pensieri dei personaggi; si noti per esempio l'abbondanza di ripetizioni e di triplicazioni nel seguente periodo: «corriamo curvi come gatti, travolti da quest'onda che ci porta e ci fa crudeli, ci fa briganti, assassini, demoni magari, da quest'onda che moltiplica le nostre energie nell'angoscia e nella rabbia e nella sete di vita, e ci fa cercare e conquistare la salvezza».

La disumanità della guerra. Remarque sottolinea più volte come i soldati siano privati della loro natura umana. Tra le numerose metafore che l'autore adotta («belve», «demoni» ecc.), particolarmente efficace è quella dell'automa, che evidenzia il carattere meccanico dei loro atti. Il terrore della morte toglie ai soldati qualsiasi capacità critica, li rende incapaci di pensare, tesi unicamente alla sopravvivenza (e quindi all'uccisione del nemico). Il sentimento che domina i soldati è la paura, e dalla paura nasce evidentemente l'odio. Essi non combattono altri uomini, ma un'entità astratta, la morte, di cui gli altri uomini sono solo la manifestazione visibile. La disumanità della guerra, secondo Remarque, è dovuta al fatto che chi combatte è ridotto alla condizione di automa e che il terrore spinge a privare i nemici di qualsiasi umanità, a dimenticare che essi sono uomini terrorizzati come noi.

Un visione antieroica della guerra. L'autore offre una rappresentazione della guerra completamente antieroica, da un lato insistendo sullo squallore dell'ambiente (fango, devastazione, caldo soffocante ecc.), dall'altro sottolineando come le violenze più bestiali acquistino un carattere "naturale" e quasi banale. Remarque attua un procedimento di "velocizzazione" del ritmo narrativo, esattamente opposto a quello tipico della poesia epica, che dilata il tempo per conferire carattere di grandiosità agli avvenimenti narrati. Se i colpi che si scambiano gli eroi nei duelli epici sono descritti minuziosamente e acquistano carattere eroico per la lentezza con cui l'autore li descrive, Remarque dedica poche parole a ogni avvenimento, sorvolando sempre sui particolari. Si noti per esempio la brutale rapidità dei seguenti periodi: «Accanto a me, ad un caporale viene asportata la testa, di netto»; «A uno dei mitraglieri superstiti Kat col calcio del fucile riduce il volto in poltiglia»; «io cado in un ventre aperto, sopra il quale sta un berretto d'ufficiale ancora nuovo e pulito».

Proposte di lavoro

1. Rispondi alle seguenti domande in un breve testo.
➤ In quale genere letterario si può inserire *Niente di nuovo sul fronte occidentale*?
➤ In quale contesto storico puoi inserire gli avvenimenti narrati nel brano antologizzato?
➤ Che cosa si narra nel brano?

2. Riassumi la trama del romanzo di Remarque. Nel tuo elaborato utilizza in maniera opportuna le seguenti espressioni:
gioventù • brutalità • disumanizzazione • vita • umanità • ironia • terrore

3. Rileva e spiega con precisione e con puntuali riferimenti al testo le principali tecniche utilizzate dall'autore per ottenere gli effetti stilistici e rappresentativi voluti.
➤ Quali aspetti della guerra vuole rappresentare l'autore con tali scelte stilistiche? Rispondi in un testo di poche righe.

....

....

4. Completa il testo, sottolineando le affermazioni corrette fra quelle proposte.
La guerra appare nelle pagine di Remarque come un avvenimento *umano/disumanizzante*, che toglie agli uomini la capacità di pensare e di provare *sentimenti/ragionamenti* pienamente umani. La rappresentazione della guerra di Remarque appare *simile a/ben lontana da* una qualunque immagine eroica, epica, altisonante, pure presente in altre opere narrative o cinematografiche.

Ieri e oggi

SEQUENZE DI GUERRA

Sceneggiatori e registi cinematografici hanno sempre dimostrato grande interesse verso la guerra. In epoca moderna sono stati soprattutto i due conflitti mondiali a fornire al cinema materia e personaggi per **narrazioni epiche e avventurose**, oppure per indagini di **denuncia degli orrori e delle violenze** della guerra. In particolare la Grande guerra è stata oggetto di un'enorme produzione di film, anticipati per la prima volta dai cinegiornali che davano eco, oggi diremmo in diretta, ai fatti bellici e alla vita al fronte.

Nella filmografia sulla **Prima guerra mondiale** non sono mancati momenti di ironia e di comicità, come in *Charlot soldato*, del 1918; più spesso, tuttavia, il cinema è stato acuto testimone della violenza drammatica del conflitto. Nel 1937, con l'Europa di nuovo in armi verso la Seconda guerra mondiale, il regista francese Jaen Renoir celebra ne *La grande illusione* il modo antico e superato con cui si andava in guerra solo vent'anni prima e, insieme, dà voce alla speranza pacifista di molti. Sorpassato appariva infatti il modello di un conflitto ancora inteso come nobile scontro, in cui gli aviatori, eredi degli antichi cavalieri, osservavano le regole dell'aristocrazia, generando legami di amicizia al di là degli schieramenti. È questa la chiave del rapporto tra i due aristocratici, il francese de Boieldieu e il tedesco von Rauffenstein, legati al proprio esercito quanto al comune codice della nobiltà che li obbliga al rispetto reciproco, malgrado l'ostilità delle nazioni d'appartenenza.

Nel **secondo dopoguerra** si moltiplicano i film di denuncia nei confronti del conflitto. In *Orizzonti di gloria*, del 1957, Stanley Kubrick dà corpo alle polemiche sull'inutilità della guerra di posizione e sugli assalti suicidi, che costano migliaia di vite umane, per la conquista di una collina di scarso valore strategico.

Ne *La grande guerra* (foto a lato), del 1959, Mario Monicelli offre un'immagine realistica della guerra sul fronte italiano, dove, in trincee ricche dei dialetti e delle culture di tutta la penisola, cresceva quel senso di coesione nazionale che il Risorgimento non era riuscito a formare. Nella storia dei due imboscati (impersonati da Vittorio Gassman e Alberto Sordi) che scelgono, alla fine, di accettare le proprie responsabilità e morire da eroi, c'è tutto il comportamento delle classi popolari italiane, in bilico tra eroismo e fuga, rivoluzione e conformismo.

Per la volontà di operare una profonda revisione dei miti più radicati nel patriottismo sia francese sia italiano, i due film suscitarono molte polemiche, anche se ottennero successo.

Polemiche ancora più aspre suscitò, nel 1970, il film **pacifista e antiautoritario** *Uomini contro*, di Francesco Rosi, tratto dal bel libro *Un anno sull'altopiano*, di Emilio Lussu (1938), che racconta la scoperta della follia della guerra da parte di un giovane ufficiale italiano interventista, nelle trincee dell'altopiano di Asiago, fra il 1916 e il 1917.

Più recente, del 2005, è *Joyeux Noël* (foto a lato), per la regia di Christian Carion, un film che si può definire "**di speranza**". Prende spunto da un fatto realmente accaduto durante la Prima guerra mondiale, quando, la vigilia di Natale, i soldati di tutti gli schieramenti dimenticano il conflitto per festeggiare insieme la ricorrenza, ricordando di essere anzitutto degli esseri umani.

Giuseppe Ungaretti

➤ Per una presentazione della vita e delle opere di Giuseppe Ungaretti, rimandiamo a p. 525.

L'opera

Le prime raccolte delle poesie di Ungaretti, più volte rielaborate, confluirono nella versione definitiva de *L'Allegria*. Questa sezione della *Vita d'un uomo* raccoglie i testi forse più originali e significativi di tutta la produzione di Ungaretti. Gli elementi che la caratterizzano sono:

- il **contenuto** strettamente **autobiografico** legato alle personali esperienze di guerra, sottolineato dalla indicazione in ogni testo del luogo e della data di composizione, dall'uso insistito degli aggettivi *questo*, *mio* e della prima persona;
- lo **scavo** arduo e profondo **nel proprio animo** da parte del poeta, per scoprirvi le verità essenziali sulla condizione di tutti gli uomini: la solitudine, la precarietà della vita umana, il bisogno di stabilire profondi legami di solidarietà;
- l'uso ricorrente dell'**analogia** e della **sinestesia** che accostano direttamente parole e immagini lontane. Nell'analogia, la parola non descrive ma evoca, suggerisce impressioni e stati d'animo e così si avvicina a esprimere l'inesprimibile;
- una **metrica** del tutto **originale**, fatta di versi molto brevi e spezzati, a volte composti di una sola parola. Questo segna una rottura netta con la tradizione poetica, le sue forme metriche e i suoi ritmi;
- la **brevità** estrema dei **componimenti**, spesso costruiti su una sola immagine corrispondente a una frase scarnificata e depurata da ogni ornamento superfluo sulla quale si concentra il massimo di emozione;
- un ritmo basato su **continue pause** e **silenzi** dai quali emerge una parola che, così isolata e messa in evidenza, si carica di suggestioni e significati fortemente sottolineati. In conclusione si può dire che esiste in queste poesie una corrispondenza assoluta fra le scelte stilistico-formali del poeta e le scelte morali dell'uomo di fronte alla tragedia della guerra.

Opera
Vita d'un uomo
Epoca
XX secolo
Genere
poesia
Lingua
italiano
Schema metrico
versi liberi

Vita d'un uomo

Veglia

Come tutte le poesie raccolte ne *L'Allegria*, anche questa esprime un momento dell'esperienza personale del poeta. Non concede però nulla al racconto e alla descrizione, ma concentra una forte emozione in alcune parole chiave, isolate nel verso ed estremamente dure per le immagini che evocano (*massacrato*, *digrignata*, *congestione*, *penetrata*). Il poeta, che ha trascorso una notte accanto al cadavere di un compagno, rappresenta quella morte nella sua violenza e brutalità, spogliata da qualsiasi alone di retorico eroismo. Le mani contratte e tumefatte del compagno sono l'immagine della lacerazione provocata dalla guerra che lascia un duro segno nell'animo del poeta (*penetrata / nel mio silenzio*). In questa immagine molto evocativa, anche se non spiegabile in termini razionali, abbiamo un brusco accostamento fra realtà fisica, concreta e mondo interiore. Di fronte alla cruda e spoglia realtà della violenza, il poeta si raccoglie in silenzio e al fondo del suo animo scopre una potente ansia di amore che si oppone con forza alla disperazione della morte. Lo spazio bianco che separa gli ultimi tre versi rappresenta una pausa meditativa e corrisponde al silenzio interiore del poeta dal quale emerge la lapidaria affermazione del valore della vita. La poesia si chiude così con un'immagine vitale e fiduciosa.

Un'intera nottata
buttato vicino
a un compagno
massacrato
con la sua bocca
digrignata
volta al plenilunio
con la congestione
delle sue mani
penetrata
nel mio silenzio
ho scritto
lettere piene d'amore

Non sono mai stato
tanto
attaccato alla vita

Cima Quattro il 23 dicembre 1915

Vita d'un uomo, A. Mondadori

2. buttato: questo termine, insieme a *massacrato*, *digrignata*, *congestione*, *penetrata*, appartiene a un'area di significati che richiama la violenza. I termini inoltre (tranne *congestione*) si collegano tra loro attraverso le rime. La violenza della guerra stravolge i connotati umani (*digrignata*, *congestione*) e sconvolge l'uomo nella sua interiorità profonda (*penetrata / nel mio silenzio*).

3. a un compagno: questa parola, sottolineata dalla pausa che la separa dal verso successivo, concentra su di sé una grande forza emotiva ed evocativa, richiamando i legami di fratellanza e di solidarietà, che si creano in tanta violenza e a essa si contrappongono. La pausa che la separa da *massacrato*, fa sentire appunto la straziante lacerazione dei legami affettivi operata dalla morte. Lo stesso effetto di stridente contrasto, sottolineato dalla pausa, si ha ai versi 5 e 6, tra la parola *bocca*, tramite della comunicazione umana, e il suo essere *digrignata*, stravolta quasi in una smorfia.

7. volta al plenilunio: anche qui il poeta sottolinea un contrasto: tra lo strazio della morte violenta e la serenità della natura circostante. Questo contrasto rende quella morte ancora più assurda.

8. con la congestione: Ungaretti, con un procedimento ricorrente nella sua poesia, sostituisce all'aggettivo *congestionate*, riferito a mani, il sostantivo *astratto*. Il procedimento, insolito nell'uso normale, restituisce alla lingua la sua efficacia di significato.

13. lettere piene d'amore: il poeta sente il bisogno di rompere il suo silenzio interiore con un gesto che riaffermi legami d'amore e che si contrapponga alla morte.

14. Non sono mai stato: dalla meditazione del poeta, sottolineata ancora una volta dalla lunga pausa che separa questo verso dal precedente, emerge la riaffermazione dei valori della vita, che proprio fra tante distruzioni appare più preziosa.

15. tanto: il termine ha un rilievo particolare per il fatto di essere isolato nel verso.

Analisi del testo

La scrittura contrapposta alla guerra. La poesia si basa su un violentissimo contrasto fra l'immagine del soldato ucciso (che domina i versi 1-10) e quella del poeta (che emerge per la prima volta esplicitamente nel verso 11 con l'aggettivo *mio*), il quale esprime la sua rivolta nei confronti della disumanità della guerra attraverso la scrittura (le «lettere piene d'amore»).

Scelte stilistiche e lessicali. La scansione della prima strofa in due parti è sottolineata dall'uso dei verbi: nella prima parte prevalgono infatti i participi passati («buttato», «massacrato», «digrignata», «penetrata»), nella seconda i modi finiti («ho scritto», «sono stato»). La seconda strofa racchiude (come spesso in Ungaretti) una massima, una sentenza, una conclusione morale che il poeta trae dall'esperienza descritta nella prima parte.

Si noti che le scelte lessicali del poeta rispondono a esigenze innanzitutto espressive. Il suono *t* ricorre in ben venti sillabe, i suoni *cr*, *gr* e *tr* contribuiscono evidentemente a esprimere anche a livello fonico la violenza del contenuto della poesia.

Proposte di lavoro

1. Raccogli in questa tabella le tre parole della poesia che ti sembrano più significative e spiega che cosa secondo te esprimono e quali immagini evocano.

Parole chiave	Significato

2. Costruisci all'interno del testo gruppi di parole tra loro simili per contenuto; assegna poi a ciascun gruppo un termine che ne riassuma il significato prevalente. Se hai costruito gruppi di parole in contrasto fra loro, indica che significato assume questo contrasto.
3. Da quanti periodi sintattici è costituita la poesia? Prevale la coordinazione o la subordinazione? Rispondi in un breve testo.
4. Quale ti sembra essere all'interno della poesia la pausa più forte e significativa? Perché? Rispondi in un testo di poche righe.

Opera
Vita d'un uomo
Epoca
XX secolo
Genere
poesia
Lingua
italiano
Schema metrico
versi liberi

Vita d'un uomo

Solitudine

Questa poesia è una delle tante brevissime composte da Ungaretti (è famosissima, a questo proposito, la lirica *Mattina*, composta da due soli versi, ciascuno costituito da una sola immagine: *M'illumino / d'immenso*). Nei versi di *Solitudine*, la guerra è per un momento lontana e il poeta è in contatto con la natura, rappresentata dal cielo. La data annotata nel testo ci dice che si tratta di un cielo invernale e infatti incombe sulla solitudine dell'uomo, acuendone l'angoscia, come una cappa immobile e silenziosa. In questo universo inanimato e vuoto, la creatura umana è sola e il grido di dolore e di paura che manda verso il cielo, lacerante come un fulmine, si perde, non ha risposta nella vuota immensità (*sprofondano impaurite*): lo strazio dell'uomo è vano e disperato.
Anche qui è da notare come i significati espressi da ciascun termine vengano messi in rilievo dalle numerose pause che isolano le parole stesse, facendo loro spesso formare, da sole, un verso.

Ma le mie urla
feriscono
come fulmini
la campana fioca
del cielo

Sprofondano
impaurite

Santa Maria La Longa il 26 gennaio 1917

Vita d'un uomo, A. Mondadori

1. **le mie urla:** si tratta delle urla interiori, del disperato dolore del poeta di fronte alla tragedia della guerra.
1-3. **Ma... fulmini:** La sinestesia può essere così spiegata: l'urlo viene colto dal senso dell'udito, il verbo "ferire" fa riferimento a un traumatico contatto fisico, tattile, i fulmini colpiscono il senso della vista. L'immagine esprime con grande efficacia la violenza del dolore che squarcia l'animo del poeta.
5. **del cielo:** l'uso della preposizione *di*, che precede un sostantivo è un modo ricorrente per costruire l'analogia: essa attribuisce direttamente al cielo la qualità di cappa silenziosa (*campana fioca*); l'analogia sostituisce la costruzione normale: il cielo simile a una campana fioca.
6. **Sprofondano:** il termine evoca il perdersi in una cavità senza fine, quasi il morire nelle viscere dell'universo e, unito all'*impaurite* del verso successivo, suggerisce un significato di angoscia estrema.

Il lessico e la grammatica

Una parola che unisce: la congiunzione

In grammatica la **congiunzione** è la parte del discorso che serve a unire tra loro due elementi (singole parole, complementi, intere frasi).
In base alla forma, le congiunzioni si dividono in:
- **semplici**, ovvero composte da una sola parola (*e*, *ma*, *pure* ecc.);
- **composte**, se derivano dalla fusione di più parole (*affinché*, *oppure*, *sebbene* ecc.);
- **locuzioni congiuntive**, se formate da gruppi di parole separate (*anche se*, *dal momento che* ecc.).

In base alla funzione, si distinguono in **coordinative** e **subordinative**.
Le prime uniscono due elementi che hanno lo stesso valore sintattico (due nomi, aggettivi, pronomi, due complementi dello stesso tipo, due proposizioni coordinate). Per esempio: Avrei voluto portarvi a Roma ***ma*** è troppo distante da qui.
Le seconde uniscono due proposizioni, una dipendente dall'altra, ossia introducono una proposizione subordinata. Per esempio: Emilio non parlò ***perché*** aveva molta paura.

La poesia di Ungaretti inizia con la congiunzione ***Ma***, che ha lo scopo di suggerire al lettore l'idea della continuazione di un dialogo interiore già iniziato. Mentre nei testi letterari (così come anche nella lingua parlata) iniziare una frase con una congiunzione può essere giustificato in base ai significati e alle suggestioni che questo uso può concorrere a creare, nella lingua scritta è invece opportuno evitare questa pratica, proprio in quanto la congiunzione serve a unire due elementi; e questo non può avvenire a inizio frase.

Analisi del testo

Le tragedie della storia turbano la natura. La poesia è giocata sul contrasto fra le «urla» del poeta e il silenzio che lo circonda, rappresentato con l'immagine della «campana fioca» del cielo. Le urla del poeta, espressione della sua sofferenza di uomo in guerra, turbano («feriscono») la serenità del paesaggio naturale, come i fulmini solcano il cielo durante il temporale. La contrapposizione tra il poeta e il cielo rimanda a una più generale contrapposizione tra la storia e la natura: il poeta è un uomo immerso nella storia, un soldato impegnato nella guerra; il cielo è invece il simbolo della vita naturale, che continua apparentemente indifferente alle vicende umane. Ma le tragedie della storia giungono a turbare perfino la vita della natura, e il poeta a questo pensiero si sente cogliere da un brivido di paura.

Un dialogo interiore. Dal punto di vista formale, si può notare il «Ma» iniziale che suggerisce l'idea della continuazione di un dialogo interiore, un contrasto interno al poeta, forse l'alternanza, in lui che è immerso nella sofferenza della guerra, di momenti di disperazione come questo, accanto agli slanci di vitalità e amore, espressi per esempio in *Veglia*. Inoltre, nell'immagine delle urla che «feriscono come fulmini», è presente una complessa sinestesia che fonde sensazioni uditive, tattili e visive. Infine, la pausa che separa gli ultimi due versi evoca il vuoto, una cavità senza fondo, nella quale svaniscono le urla dell'uomo.

Proposte di lavoro

1. Il titolo è parte integrante del testo poetico oppure è solo un'aggiunta? Motiva la tua risposta. ....

   ....

2. Spiega il significato della sinestesia contenuta nel testo sottolineando le due parole che la esprimono.
3. Quale atmosfera domina nella lirica e quale sensazione complessivamente se ne ricava?
   - ➤ Scegli tra le seguenti parole quella che secondo te è la più adeguata a sintetizzare questa atmosfera
     ☐ serenità ☐ angoscia ☐ indifferenza ☐ solidarietà ☐ sofferenza
   - ➤ Motiva poi la tua scelta in un breve testo.
4. Confronta il tema e l'atmosfera di questa poesia con quella precedente, sempre di Ungaretti. A tuo parere questo testo esprime una visione della vita più o meno pessimista? Motiva la tua risposta. ....

   ....

5. Qual è la caratteristica principale della condizione dell'uomo in guerra che la poesia ci comunica? Pensi che questa condizione, secondo il poeta, possa essere estesa all'umanità in generale in ogni luogo e in ogni tempo? Rispondi in un testo di poche righe.

   ....

   ....

Umberto Saba

➤ Per una presentazione della vita e delle opere di Umberto Saba, rimandiamo a p. 529.

Opera
Canzoniere
Epoca
XX secolo
Genere
poesia
Lingua
italiano
Schema metrico
endecasillabi (ma il verso 5 è un trisillabo) rimati ABCCbc

Canzoniere

La stazione

Allo scoppio della "grande guerra", Umberto Saba fu richiamato sotto le armi, ma, giudicato inabile alle fatiche di guerra, non fu mai inviato al fronte e non conobbe dunque da vicino lo strazio e la violenza del combattimento. Egli affidò le impressioni e le osservazioni di quel periodo a un gruppo di liriche raccolte sotto il titolo di *Poesie scritte durante la guerra*, dalle quali è assente la drammaticità del contatto diretto con la morte e in cui invece ritroviamo il caratteristico modo di Saba, semplice e immediato, di aderire affettivamente alla vita del mondo che lo circonda e di guardare ad essa quasi con il candore e la freschezza di un bambino, nonostante la consapevolezza del dolore.

La stazione ricordi, a notte, piena
d'ultimi addii, di mal frenati pianti,
che la tradotta in partenza affollava?
Una trombetta giù in fondo suonava
l'avanti;
ed il tuo cuore, il tuo cuore agghiacciava.

Canzoniere, Garzanti

1. **ricordi:** il poeta coinvolge nella rievocazione un tu generico, che evoca forse la presenza di una donna, recatasi a salutare chi parte per la guerra.
2. **mal frenati:** l'espressione ha un tono classicheggiante. Il pianto di chi resta è trattenuto a stento.
3. **che:** è complemento oggetto e si riferisce a stazione; **tradotta:** convoglio ferroviario adibito al trasporto di truppe in tempo di guerra.
4. **trombetta:** è lo strumento con il quale il ferroviere dà il segnale della partenza.

Analisi del testo

Disordine e turbamento. La breve poesia di Saba è divisa in due parti, corrispondenti a due periodi, di tre versi ciascuno. La prima frase ha carattere interrogativo: il poeta si rivolge a un indefinito "tu" (probabilmente una donna) e rievoca una stazione dalla quale sta per partire un convoglio militare «la tradotta». L'ambiente è descritto in maniera da farne risaltare la confusione e il disordine: è notte, la stazione è affollata, piena di suoni dolorosi («ultimi addii», «mal frenati pianti»). Anche la metrica si incarica di trasmettere al lettore la sensazione di sgradevolezza e di turbamento: i versi sono spezzati da pause irregolari, tra il primo e il secondo c'è un forte *enjambement*, la sintassi è ricca di inversioni («la stazione ricordi... che...»).

L'importanza psicologica dei suoni. La seconda parte della poesia concentra nuovamente l'attenzione sul suono: non più quello delle voci e dei pianti, ma quello di una tromba (a cui il diminutivo «trombetta» toglie ogni carattere eroico e conferisce un che di infantile e di grottesco). Il suono acquista per il poeta un'importanza psicologica particolare: poiché dà il segnale della partenza, la tromba provoca in chi la ascolta un senso di smarrimento profondo («il tuo cuore agghiacciava»). L'importanza psicologica dei suoni è confermata dalle scelte del poeta: «avanti» è in rima con «pianti» (ancora una volta, per togliere all'avanzata ogni carattere bellicoso ed eroico); «suonava» è in rima con «agghiacciava» (per sottolineare l'effetto psicologico del suono).
Si noti che nella seconda parte la sintassi del testo diventa molto più semplice e lineare: l'unico elemento di simmetria con la prima parte è l'*enjambement* («piena / d'ultimi addii»; «suonava / l'avanti»).
Si noti nell'ultimo verso la ripetizione della parola «cuore», una delle più abusate della tradizione poetica: Saba la utilizza in consapevole polemica con gli sperimentalismi dei poeti suoi contemporanei, convinto che solo le parole universalmente condivise possano suggerire un legame affettivo vero e profondo fra il poeta e i suoi lettori.

Proposte di lavoro

1. Analizza il testo della lirica di Saba completando una tabella simile a questa.

Elementi descrittivi della realtà	
Annotazioni di stati d'animo	

Come possiamo definire i rapporti fra i primi e le seconde? Scegli una delle seguenti soluzioni e motiva la tua decisione.
☐ contrasto ☐ analogia ☐ estraneità

2. Analizza la poesia dal punto di vista sintattico, individuando le frasi da cui è costituita e i soggetti di ciascuna frase.
3. Perché, secondo te, il poeta ripete la parola *cuore* nell'ultimo verso? Rispondi in un testo di poche righe.
4. Confronta la poesia di Saba con quelle precedenti di Ungaretti e, in un testo, cerca di mettere in luce analogie e differenze nel modo in cui viene considerata la guerra.

Primo Levi

L'autore e le opere

Primo Levi nacque a Torino nel 1919 in una famiglia ebrea. Laureatosi in chimica, dopo lo scoppio della Seconda guerra mondiale e l'inizio della Resistenza, entrò nelle formazioni partigiane "Giustizia e Libertà". Catturato dai tedeschi, fu internato in un **campo di sterminio** nazista da cui riuscì a salvarsi grazie al fatto che venne messo a lavorare in una fabbrica chimica. Testimoniò di quell'esperienza nel suo primo libro *Se questo è un uomo* (1947) seguito poi da *La tregua* (1963), racconto del ritorno a casa. Intanto Levi era tornato al suo lavoro di chimico diventando direttore di una fabbrica di vernici, impiego che manterrà fino al 1975, quando deciderà di dedicarsi completamente alla scrittura. Morì a Torino, suicida, nel 1987.

Oltre alle due testimonianze citate, l'opera di Levi comprende la raccolta di racconti *Il sistema periodico* (1975), il libro *La chiave a stella*, altre raccolte di racconti, di poesie e di saggi. Ai temi legati alla guerra e al lager tornano le due ultime opere, *Se non ora quando?* (1982) e *I sommersi e i salvati* (1986).

Opera **Se questo è un uomo**
Epoca **XX secolo**
Genere **romanzo**
Lingua **italiano**

Se questo è un uomo

Sul fondo

Rinchiusi come animali nei vagoni dei treni-merci piombati, senza possibilità di uscire, privi di acqua e di cibo, i prigionieri destinati ai *lager* nazisti subivano già durante il viaggio inaudite violenze. Molti vecchi e bambini morivano durante il percorso. La distruzione fisica e morale della persona, obiettivo del nazismo, iniziava dunque ancora prima dell'ingresso ai *lager*, ma "il fondo" della degradazione umana avveniva con l'entrata nel campo, con la completa spoliazione fisica e morale delle persone, la violenza inutile, l'impossibilità di comunicare, il lavoro da schiavi. Un mondo dove la morte sopraggiungeva ancora prima di morire. Nel testo che riportiamo, tratto da *Se questo è un uomo*, Levi descrive la propria esperienza di prigioniero nel campo di Auschwitz. Come affermò egli stesso, «il bisogno di raccontare agli altri, di fare gli altri partecipi, aveva assunto... il carattere di un impulso immediato e violento...». L'esperienza del campo di concentramento lo spinse a diventare scrittore. La riflessione sulla *Shoah* lo ha accompagnato tragicamente per tutta la vita.

Il viaggio non durò che una ventina di minuti. Poi l'autocarro si è fermato, e si è vista una grande porta, e sopra una scritta vivamente illuminata (il suo ricordo ancora mi percuote nei sogni): ARBEIT MACHT FREI, il lavoro rende liberi.

Siamo scesi, ci hanno fatti entrare in una camera vasta e nuda, debolmente riscaldata. Che sete abbiamo![1] Il debole fruscio dell'acqua dei radiatori ci rende feroci: sono quattro giorni che non beviamo. Eppure c'è un rubinetto: sopra un cartello, che dice che è proibito bere perché l'acqua è inquinata. Sciocchezze, a me pare ovvio che il cartello è una beffa, "essi" sanno che noi moriamo di sete, e ci mettono in una camera, e c'è un rubinetto, e Wassertrinken verboten.[2] Io bevo, e incito i compagni a farlo; ma devo sputare, l'acqua è tiepida e dolciastra, ha odore di palude.

Questo è l'inferno. Oggi, ai nostri giorni, l'inferno deve essere così, una camera grande e vuota, e noi stanchi stare in piedi, e c'è un rubinetto che gocciola e l'acqua non si può bere, e noi aspettiamo qualcosa di certamente terribile e non succede niente e continua a non succedere niente. Come pensare? Non si può più pensare, è come essere già morti. Qualcuno si siede per terra. Il tempo passa goccia a goccia.

Non siamo morti; la porta si è aperta ed è entrata una SS, sta fumando. Ci guarda senza fretta, chiede: «Wer kann Deutsch?»[3] Si fa avanti uno fra noi che non ho mai visto, si chiama Flesch; sarà lui il nostro interprete. La SS fa un lungo discorso pacato: l'interprete traduce. Bisogna mettersi in fila per cinque, a intervalli di due metri fra uomo e uomo; poi bisogna spogliarsi e fare un fagotto degli abiti in un certo modo, gli indumenti di lana da una parte e tutto il resto dall'altra, togliersi le scarpe ma far molta attenzione di non farcele rubare. Rubare da chi? perché ci dovrebbero rubare le scarpe? e i nostri documenti, il poco che abbiamo in tasca, gli orologi? Tutti guardiamo l'interprete, e l'interprete interrogò il tedesco, e il tedesco fumava e lo guardò da parte a parte come se fosse stato trasparente, come se nessuno avesse parlato.

Non avevo mai visto uomini anziani nudi. Il signor Bergmann portava il cinto erniario,[4] e chiese all'interprete se doveva posarlo, e l'interprete esitò. Ma il tedesco comprese, e parlò seriamente all'interprete indicando qualcuno; abbiamo visto l'interprete trangugiare, e poi ha detto: «Il maresciallo dice di deporre il cinto, e che le sarà dato quello del signor Coen». Si vedevano le parole uscire amare dalla bocca di Flesch, quello era il modo di ridere del tedesco.

Poi viene un altro tedesco, e dice di mettere le scarpe in un certo angolo, e noi le mettiamo, perché ormai è finito e ci sentiamo fuori del mondo e l'unica cosa è obbedire. Viene uno con la scopa e scopa via tutte le scarpe, via fuori dalla porta in un mucchio. È matto, le mescola tutte, novantasei paia, poi saranno spaiate. La porta dà all'esterno, entra un vento gelido e noi siamo nudi e ci copriamo il ventre con le braccia. Il vento sbatte e richiude la porta; il tedesco la riapre, e sta a vedere con aria assorta come ci contorciamo per ripararci dal vento uno dietro l'altro; poi se ne va e la richiude.

Adesso è il secondo atto. Entrano con violenza quattro[5] con rasoi, pennelli e tosatrici, hanno pantaloni e giacche a righe, un numero cucito sul petto; forse sono della specie di quegli altri di stasera (stasera o ieri sera?); ma questi sono robusti e floridi. Noi facciamo molte domande, loro invece ci agguantano una lingua[6] che non sembra di questo mondo, certo non è tedesco, io un poco il tedesco lo capisco. Finalmente si apre un'altra porta: eccoci tutti chiusi, nudi tosati e in piedi, coi piedi nell'acqua, è una sala di docce. Siamo soli, a poco a poco lo stupore si scioglie e parliamo, e tutti domandano e nessuno risponde.

1. In questo attacco di capitolo la voluta confusione dei tempi verbali esprime il tumultuoso accavallarsi di ricordi e sensazioni nell'animo dei prigionieri al loro primo contatto con la cruda realtà del campo [salvo indicazione contraria, le note sono dell'autore].

2. «È proibito bere», in tedesco.

3. «Chi sa il tedesco?», in tedesco.

4. Cintura per contenere l'ernia addominale [nota del curatore].

5. Sono altri prigionieri privilegiati, in questo caso barbieri. Come ancora oggi avviene in carcere, l'esercizio di una qualsiasi funzione, anche modesta, conduceva a notevoli vantaggi materiali.

6. Questi barbieri erano polacchi.

Se siamo nudi in una sala di docce, vuol dire che faremo la doccia. Se faremo la doccia, è perché non ci ammazzano ancora. E allora perché ci fanno stare in piedi, e non ci dànno da bere, e nessuno ci spiega niente, e non abbiamo né scarpe né vestiti ma siamo tutti nudi coi piedi nell'acqua, e fa freddo ed è cinque giorni che viaggiamo e non possiamo neppure sederci. [...]

Andiamo in su e in giù senza costrutto, e parliamo, ciascuno parla con tutti gli altri, questo fa molto chiasso. Si apre la porta, entra un tedesco, è il maresciallo di prima; parla breve, l'interprete traduce. «Il maresciallo dice che dovete fare silenzio, perché questa non è una scuola rabbinica». Si vedono le parole non sue, le parole cattive, torcergli la bocca uscendo, come se sputasse un boccone disgustoso. Lo preghiamo di chiedergli che cosa aspettiamo, quanto tempo ancora staremo qui, delle nostre donne, tutto: ma lui dice di no, che non vuol chiedere. Questo Flesch, che si adatta molto a malincuore a tradurre in italiano frasi tedesche piene di gelo, e rifiuta di volgere in tedesco le nostre domande perché sa che è inutile, è un ebreo tedesco sulla cinquantina, che porta in viso la grossa cicatrice di una ferita riportata combattendo contro gli italiani sul Piave. È un uomo chiuso e taciturno, per il quale provo un istintivo rispetto perché sento che ha cominciato a soffrire prima di noi.

Il tedesco se ne va, e noi adesso stiamo zitti, quantunque ci vergogniamo un poco di stare zitti. Era ancora notte, ci chiedevamo se mai sarebbe venuto il giorno. Di nuovo si aprì la porta, ed entrò uno vestito a righe. Era diverso dagli altri, più anziano, cogli occhiali, un viso più civile, ed era molto meno robusto. Ci parla, e parla italiano.

Oramai siamo stanchi di stupirci. Ci pare di assistere a qualche dramma pazzo, di quei drammi in cui vengono sulla scena le streghe, lo Spirito Santo e il demonio. Parla italiano malamente, con un forte accento straniero. Ha fatto un lungo discorso, è molto cortese, cerca di rispondere a tutte le nostre domande.

Noi siamo a Monowitz, vicino ad Auschwitz, in Alta Slesia: una regione abitata promiscuamente da tedeschi e polacchi. Questo campo è un campo di lavoro, in tedesco si dice

Shoah e genocidio

Il lessico e la grammatica

• **Shoah** è parola ebraica che significa "annientamento" e designa il genocidio degli ebrei perpetrato dal nazismo durante la Seconda guerra mondiale, che costò al popolo ebraico 6 milioni di vittime. Permeato di un delirante antisemitismo, il nazismo aveva praticato fin dalla sua salita al potere, nel 1933, una politica di persecuzione sistematica della minoranza ebraica, attraverso le "leggi di Norimberga", del 1935, che discriminavano gli ebrei rispetto al resto della popolazione tedesca sul piano sociale, lavorativo e dei diritti politici. Durante la guerra, fra il 1941 e il 1942, il nazismo passò alla cosiddetta "soluzione finale", concepita prima come deportazione e poi come eliminazione nel campi di sterminio dell'intera popolazione ebraica dell'Europa occupata. Per saperne di più, per raccogliere una ricca e qualificata documentazione sul genocidio degli ebrei e ricostruire, anche in una ricerca personale, individuale o di gruppo, questa drammatica pagina del nostro "Novecento barbaro" vi consigliamo di visitare uno dei siti più autorevoli sull'argomento: www.cdec.it. Il sito è diretto dalla Fondazione Centro di Documentazione Ebraica Contemporanea (CDEC), un istituto storico culturale indipendente attivo dal 1955, che promuove lo studio delle vicende, della cultura e della realtà degli ebrei, con particolare riferimento all'Italia e all'età contemporanea.

• Il termine **genocidio** indica la distruzione di massa di un gruppo etnico e fu usato per la prima volta alla fine della Seconda guerra mondiale dopo lo sterminio di milioni di ebrei deciso e attuato dal nazismo. Da allora il genocidio è un delitto previsto dal diritto internazionale fra i *crimini contro l'umanità* (Convenzione internazionale delle Nazioni Unite del 1948). Sono considerati genocidi tutti i progetti o le azioni che mirano ad attentare all'integrità fisica e culturale di un gruppo etnico (dall'uccisione generalizzata, alla deportazione, alle misure dirette a impedire la sopravvivenza e la riproduzione di un'etnia). Per rimanere all'epoca contemporanea, il Novecento è stato segnato tragicamente da numerosi genocidi: oltre a quello del popolo ebraico, citiamo almeno quello di inizio secolo, perpetrato dal governo turco ai danni degli armeni e quello del 1994, in Ruanda, dell'etnia tutsi da parte dell'etnia hutu.

Arbeitslager; tutti i prigionieri (sono circa diecimila) lavorano ad una fabbrica di gomma che si chiama Buna,[7] perciò il campo stesso si chiama Buna. [...]

Noi gli chiediamo ancora se ci sono altri italiani in campo, e lui dice che ce n'è qualcuno, pochi, non sa quanti, e subito cambia discorso. In quel mentre ha suonato la campana, e lui è subito fuggito, e ci ha lasciati attoniti e sconcertati. [...]

Alla campana, si è sentito il campo buio ridestarsi. Improvvisamente l'acqua è scaturita bollente dalle docce, cinque minuti di beatitudine; ma subito dopo irrompono quattro (forse sono i barbieri) che, bagnati e fumanti, ci cacciano con urla e spintoni nella camera attigua, che è gelida; qui altra gente urlante ci butta addosso non so che stracci, e ci schiaccia in mano un paio di scarpacce a suola di legno, non abbiamo tempo di comprendere e già ci troviamo all'aperto, sulla neve azzurra e gelida dell'alba e, scalzi e nudi, con tutto il corredo in mano, dobbiamo correre fino ad un'altra baracca, a un centinaio di metri. Qui ci è concesso di vestirci.

Quando abbiamo finito, ciascuno è rimasto nel suo angolo, e non abbiamo osato levare gli occhi l'uno sull'altro. Non c'è ove specchiarsi, ma il nostro aspetto ci sta dinanzi, riflesso in cento visi lividi, in cento pupazzi miserabili e sordidi. Eccoci trasformati nei fantasmi intravisti ieri sera.

Allora per la prima volta ci siamo accorti che la nostra lingua manca di parole per esprimere questa offesa, la demolizione di un uomo. In un attimo, con intuizione quasi profetica, la realtà ci si è rivelata: siamo arrivati al fondo. Più giù di così non si può andare: condizione umana più misera non c'è, e non è pensabile. Nulla più è nostro: ci hanno tolto gli abiti, le scarpe, anche i capelli; se parleremo, non ci ascolteranno, e se ci ascoltassero, non ci capirebbero. Ci toglieranno anche il nome: e se vorremo conservarlo, dovremo trovare in noi la forza di farlo, di fare sì che dietro al nome, qualcosa ancora di noi, di noi quali eravamo, rimanga.

Noi sappiamo che in questo difficilmente saremo compresi,[8] ed è bene che così sia. Ma consideri ognuno, quanto valore, quanto significato è racchiuso anche nelle più piccole nostre abitudini quotidiane, nei cento oggetti nostri che il più umile mendicante possiede: un fazzoletto, una vecchia lettera, la fotografia di una persona cara. Queste cose sono parte di noi, quasi come membra del nostro corpo; né è pensabile di venirne privati, nel nostro mondo, ché subito ne ritroveremmo altri a sostituire i vecchi, altri oggetti che sono nostri in quanto custodi e suscitatori di memorie nostre.

Si immagini ora un uomo a cui, insieme con le persone amate, vengano tolti la sua casa, le sue abitudini, i suoi abiti, tutto infine, letteralmente tutto quanto possiede: sarà un uomo vuoto, ridotto a sofferenza e bisogno, dimentico di dignità e discernimento, poiché accade facilmente, a chi ha perso tutto, di perdere se stesso; tale quindi, che si potrà a cuor leggero decidere della sua vita o morte al di fuori di ogni senso di affinità umana; nel caso più fortunato, in base ad un puro giudizio di utilità. Si comprenderà allora il duplice significato del termine «Campo di annientamento», e sarà chiaro che cosa intendiamo esprimere con questa frase: giacere sul fondo.

Se questo è un uomo, Einaudi

7. Oltre che del campo e della fabbrica, Buna è il nome della stessa gomma sintetica che vi veniva prodotta. Deriva dalle sillabe iniziali di due suoi ingredienti, il *Butadiene* e il sodio (*Natrium*, in tedesco).

8. È forse un bene che l'estrema degradazione dell'uomo nei campi di concentramento non venga compresa appieno nel futuro prossimo o lontano: potrebbe essere il segno che una simile degradazione è scomparsa dal mondo delle cose che esistono. Ma è veramente scomparsa? In tutti i paesi?

Analisi del testo

Descrizione oggettiva e coinvolgimento emotivo. Il testo espone una serie di esperienze autobiografiche. L'autore rievoca le varie fasi attraverso cui è passato al suo arrivo nel *lager* e spiega con quali tecniche i nazisti annientavano l'umanità dei loro prigionieri, riducendoli a oggetti, a esseri privi di personalità. Levi da un lato offre al lettore un'esposizione molto ordinata: i fatti sono ricostruiti in perfetto ordine cronologico, tutto viene spiegato nei dettagli; dall'altro esprime un forte coinvolgimento emotivo, giocando sull'alternanza tra i diversi tempi verbali (il passato e il presente) e tra la descrizione oggettiva e l'analisi del proprio stato d'animo e delle proprie idee (i pensieri del protagonista e dei suoi compagni sono infatti espressi con la tecnica del discorso indiretto libero, che suscita una forte identificazione da parte del lettore). La compresenza di questi due atteggiamenti apparentemente contrapposti si spiega facilmente: l'autore intende sia lasciare una testimonianza della propria esperienza sia spingere il lettore a una riflessione: la stessa riflessione che lui ha tentato di compiere e da cui nasce il suo libro.

Atteggiamento razionalistico e analitico. Nell'ultima parte del brano l'autore cambia registro e si rivolge direttamente ai lettori, invitandoli alla riflessione: «consideri ognuno»; «Si immagini ora». Levi non intende semplicemente giudicare i nazisti e il sistema del *lager*, egli vuole capire i meccanismi che governavano quell'inferno, perché l'analisi e la comprensione sono gli unici mezzi attraverso i quali è possibile giungere a una condanna non solo istintiva ed emotiva. L'autore esprime così la propria fiducia nella ragione e nella possibilità che il lettore comprenda e giudichi autonomamente ciò che è storicamente avvenuto.

L'atteggiamento razionalistico e analitico dello scrittore è confermato a livello linguistico e stilistico. Levi ricorre a una lingua semplice, facilmente comprensibile, che evita le metafore, i toni enfatici, la retorica, le invettive. Egli vuole anzitutto comunicare con il lettore, facendosi storico, saggista. D'altro canto, proprio la pacatezza e la medietà stilistica del testo lasciano emergere l'enormità della tragedia descritta e l'assurdità degli avvenimenti di cui l'autore è stato vittima.

Proposte di lavoro

1. Leggi attentamente la testimonianza di Primo Levi ed esponi per iscritto gli aspetti e i comportamenti che, secondo lo scrittore, conducono all'annientamento dei prigionieri. Spiega in particolare il significato dell'espressione «annientamento dell'uomo».
2. Prendi in esame la lunga sequenza riflessiva finale che va da «Allora per la prima volta ci siamo accorti» a «giacere sul fondo».

➤ Perché Levi sente il bisogno di rivolgersi direttamente ai lettori?
....

➤ Quali motivazioni profonde spingono lo scrittore a riflettere sull'orrore dei campi? ....
....

➤ Quali aspetti dello stile di Levi ti sembrano più significativi? Spiega facendo anche riferimenti precisi al testo. ....
....

3. Ordine e follia, precisione e mostruosa disumanità, tragedia e grottesca beffa animano l'inferno moderno: il *lager*, una macchina-città costruita per annientare degli uomini. Commenta questa affermazione, anche alla luce delle tue conoscenze storiche della *Shoah*.

Beppe Fenoglio

L'autore e le opere

Beppe Fenoglio (Alba 1922-Torino 1963) è considerato uno dei maggiori scrittori italiani del Novecento. Durante la Seconda guerra mondiale, **partecipò alla Resistenza** armata contro i nazi-fascisti, quindi lavorò in un'azienda vinicola e si dedicò allo studio della letteratura anglosassone, senza mai allontanarsi dalla città natale. I temi affrontati nei suoi romanzi e racconti (la vita dei contadini delle Langhe, in Piemonte, e la Resistenza partigiana) sono per molti versi tipici del Neorealismo, ma Fenoglio si distacca profondamente dagli altri scrittori riconducibili a questa corrente per la sua capacità di elaborare uno **stile intensamente espressivo** (soprattutto grazie alla mescolanza di diversi registri linguistici e all'inserzione di termini e interi brani in inglese).

Le sue opere più importanti sono: *I ventitré giorni della città di Alba* (1952), *La malora* (1954), *Primavera di bellezza* (1959) e soprattutto *Un giorno di fuoco* (1963), *Una questione privata* (1963) e *Il partigiano Johnny* (1968), queste ultime tre opere pubblicate postume.

Opera
I ventitré giorni della città di Alba
Epoca
XX secolo
Genere
racconto
Lingua
italiano

L'andata

Il racconto che segue è tratto dalla prima raccolta pubblicata da Fenoglio nel 1952 con il titolo *I ventitré giorni della città di Alba. L'andata* narra la vicenda di cinque partigiani, chiamati Colonnello, Treno, Biagino, Bimbo (a causa della giovanissima età) e Negus (il comandante della piccola compagnia). I cinque sono incaricati di catturare e uccidere un sergente nemico che ha l'abitudine di recarsi in un'osteria nei pressi della cittadina di Alba, nelle Langhe piemontesi. Nella prima parte del racconto l'autore ha narrato le tappe del loro viaggio (naturalmente a piedi), facendo emergere dagli atteggiamenti e dalle parole la personalità dei cinque uomini. Arrivati al luogo stabilito, essi si appostano nelle vicinanze dell'osteria, aspettando che la sorella di Bimbo, che lavora come domestica in una villa vicina, segnali l'arrivo del sergente.

Al campanile del duomo batterono le nove e mezzo.

A quell'ora, un sergente della repubblica[1] uscì dal Seminario Minore che era stato trasformato in caserma e in cinque minuti arrivò al posto di blocco di Porta Cherasca. C'era una garitta[2] appoggiata al tronco del primo platano del viale, una mitragliatrice posata sull'asfalto e puntata alla prima curva dello stradone della collina e di servizio quattro o cinque soldati poco più che ragazzi che quando arrivò il sergente si diedero un contegno tal quale fosse arrivato il capitano.

Il sergente accese una sigaretta e dirigendo il fumo della prima boccata verso la collina dirimpetto, domandò: «Che movimento c'è sulle colline?»

Rispose un soldato: «Non c'è nessun movimento, sergente, ma noi stiamo sempre all'erta lo stesso».

Un altro cominciò: «State tranquillo, sergente...» ma il sergente si tolse la sigaretta di bocca e lo fissò a lungo finché poté credere che quella recluta[3] avesse capito che se c'era uno che stava sempre tranquillo quello era proprio lui.

Poi andò lentamente alla mitragliatrice, ci si curvò sopra ed esaminò lungamente dove e come era puntata. Si rialzò, fumava e soffiava il fumo verso le colline. Tutt'a un tratto buttò la sigaretta e disse: «Ragazzi, vado a far quattro passi in collina». Con la coda dell'occhio vide che i soldati lo ammiravano. «Se ogni tanto mi date un'occhiata e per un po' non mi vedete più, non pensate male. Sarò solo entrato a bere un bicchiere di moscato[4] in quell'osteria alla terza curva».

Il soldato che poco prima s'era preso quella guardata disse con premura: «Volete il mio moschetto, sergente?» ma il sergente tirò a metà fuori dalla tasca una sua grossa pistola e partì per lo stradone. [...]

Intanto, nel canneto dietro l'osteria alla terza curva, i cinque partigiani avevano le ginocchia rigide per l'umidità della terra e non s'aspettavano più di sentir passi di militare sull'asfalto vicino [...]

Il sergente arrivò alla terza svolta e traversò per andare all'osteria. Traversando, alzò gli

1. repubblica: la Repubblica Sociale Italiana, con capitale a Salò, sul lago di Garda, fondata da Mussolini con l'appoggio delle truppe naziste dopo che il governo italiano aveva firmato l'armistizio con gli eserciti alleati (8 settembre 1943).
2. garitta: casotto adibito a ricovero per le sentinelle.
3. recluta: soldato arruolato di recente.
4. moscato: vino dolce.

occhi alla villa accanto. C'era alla finestra una ragazzina che lo fissava con un paio d'occhi di serpente. Lui s'incuriosì, guardò meglio e poi si disse che la ragazza, per quel che se ne vedeva, non era ancora matura perché lui le ricambiasse un'occhiata di quella forza.

Entrò. La porta dell'osteria aveva un campanello come le botteghe di paese. Mentre lo squillo durava, il padrone sporse la testa da dietro una tenda e poi si fece tutto avanti. Non era la prima volta che quel sergente gli veniva nel locale, non aveva quindi da temere che fosse lì per perquisizioni, interrogatori o altro di peggio. Infatti il sergente salutò, comandò un bicchiere di moscato e si sedette accavallando le gambe. Posò la pistola sul tavolo accanto e sulla pistola posò la gamba destra.

La figlia dell'oste fece capolino dalla tenda. Il sergente scavallò le gambe e disse: «Ciao, Paola, non vieni fin qui?» e mentre lei veniva, lui pensava che a soli sedici anni e con le fattezze campagnole, la ragazza come carne prometteva. Le disse ancora: «Come va l'amore, Paola?»

«Non va perché non è ancora arrivato, signor sergente».

«Ma arriverà, no?» e sorridendo levò la mano da sopra la pistola.

La ragazza disse: «Speriamo», e si voltò a ricevere da suo padre il bicchiere di moscato. Non era cameriera, glielo portò adagio adagio e senza mai staccar gli occhi dall'orlo e dalla sua sedia il sergente si protendeva per accorciarle la strada.

L'oste tornò verso la tenda, ma non usciva. Cercava nella mente cos'era che doveva fingere di fare per rimanere, voleva sentire che discorso veniva fatto a sua figlia e soprattutto vedere se il sergente teneva le mani a posto.

Il sergente comprese la diffidenza e se ne risentì: tolse il bicchiere dalla bocca, domandò: «Allora, padrone, cosa dice la radio inglese, voi che la sentite sempre?»

L'oste si rigirò per far dei giuramenti, ma uno spintone alle spalle lo rovesciò su un tavolo. E ci fu una voce che riempì la stanza. «Mani in alto!» diceva, e l'oste alzò le mani.

Prima di lui le aveva alzate il sergente, ora fissava l'orifizio[5] nero dell'arma di Negus a un palmo dal suo petto. Bimbo tirò da una parte la ragazza dicendole: «Via di mezzo, o bagascetta!»[6] e andò a ritirare la pistola sul tavolo. [...]

Biagino fece segno di via libera e subito dopo chiese: «Che arma aveva questo bastardo?» e come Bimbo gli mostrò la pistola, corse alle spalle del sergente e gli tirò un calcio in culo. Lo pigliò nell'osso sacro e il prigioniero s'afflosciò rantolando. Ma Biagino lo rimise diritto e gli disse: «Non far finta, carogna, t'ho preso nel molle». [...]

Colonnello chiese a Negus di passare per il villaggio di San Rocco. «È un'ora buona e ci saranno donne in giro che tornano dal forno», disse, «e noi facciamo bella figura a farci vedere con quello là prigioniero».

Ma Negus disse di no. Guardava la schiena del sergente tra l'ira e la pietà, voleva ammazzarlo per toglierlo via dal fargli la pena che gli faceva, provava una gran stanchezza, una nausea. Ad un bivio il sergente si fermò, si voltò e con degli occhi da pecora morta chiedeva per dove prendere. Negus si riscosse. «Eh? Ah, a sinistra, sempre a sinistra», e gli segnò la strada con la canna della sua arma. [...]

La strada ora montava. Colonnello guardò il ciglio di una collina e disse: «Oh guarda il camposanto di Treiso.[7] C'è il sole che ci batte in pieno. Là c'è Tom.[8] Che tipo era Tom quando avevano ancora da ammazzarlo. Però bisogna dire che si è fatto ammazzare da fesso».

«Cristo, non dire che è morto da fesso!» gridò Negus, «è morto e ha pagato la fesseria e quindi più nessuno ha il diritto di dire che è morto da fesso!»

5. orifizio: buco della canna.
6. bagascetta: sgualdrinella.
7. Treiso: un altro paese della zona, occupato però dalle truppe partigiane.
8. Tom: un partigiano che era stato fucilato dai suoi stessi compagni.

«Dio buono, Negus, devi avere il nervoso per venirmi fuori con dei ragionamenti così...» cominciò Colonnello, ma non finì, afferrò con una mano il braccio di Negus e l'altra mano se la portò all'orecchio dove gli era entrato rumor di zoccoli di cavalli.

Tutti lo sentivano e si serrarono intorno a Negus. Biagino disse: «È la cavalleria. La cavalleria che ci ha detto quel vecchio», in un soffio.

Negus ruppe il cerchio che i suoi gli facevano intorno, alzò l'arma e gridò al sergente: «Torna subito indietro!»

Il sergente rinculava adagio nel prato verso il torrente e teneva le braccia larghe come chi fa dell'equilibrismo. Ma non staccava gli occhi dall'arma di Negus e gli gridò: «Non sparare! È la nostra cavalleria. Non sparare, possiamo intenderci!» e rinculava.

Negus lo puntò e gli gridò con voce raddoppiata: «Vieni qui!» perché il rumore dei cavalli cresceva.

Il sergente fece un grande scarto e voltandosi partì verso il torrente. Negus fece la raffica, il sergente cadde rigido in avanti come se una trappola nascosta nell'erba gli avesse abbrancato i piedi.

Colonnello scoppiò a piangere e diceva a Negus: «Perché gli hai sparato? Ci poteva venir buono, facevamo dei patti!»

Là dove la strada culmina sulla collina arrivavano bassi soffi di polvere bianca e il rumore del galoppo era ormai come il tam-tam vicino nella foresta. Allora Negus urlò: «Lasciate la strada, portatevi in alto!» e dalla strada saltò sulla ripa e dalla ripa sul pendio. Ma appena ci posò i piedi, capì che quello era il più traditore dei pendii. L'erba nascondeva il fango. I cavalleggeri apparvero sul ciglio della collina e subito galopparono giù. In aria, tra i nitriti, c'erano già raffiche e moschettate.

Negus scivolava, ficcava nel fango le punte delle scarpe, ma ci faceva una tale disperata fatica che voleva scampare non foss'altro che per riprovare il piacere d'applicare sulla terra tutt'intera la pianta del piede. Si buttò panciaterra e saliva coi gomiti. Voltò mezza testa e vide giù nella strada Bimbo lungo e disteso sulla faccia. Doveva esser caduto un attimo prima perché sopra il suo corpo era ancora sospesa una nuvoletta di polvere. Dieci passi più avanti, un cavalleggero spronava contro Colonnello che cadeva in ginocchio alzando le lunghe braccia.

Approfondimento

Sequenze narrative, descrittive, riflessive e dialogiche

Nel caso del brano di Fenoglio, come anche in molti altri casi, i manuali scolastici propongono al lettore/studente di ripercorrere a ritroso il lavoro dello scrittore "smontando" il testo in sequenze. Questo lavoro è utile perché costituisce il punto d'avvio della **analisi del testo** e consente una prima ricostruzione dei motivi e dei temi che lo scrittore ha voluto comunicare.

Una **sequenza** può essere definita come una parte di testo sufficientemente autonoma sia sul piano sintattico, sia su quello del contenuto e tale da presentare una serie di informazioni su un unico tema o fatto.

Le sequenze si possono dividere in: narrative, descrittive, riflessive, dialogiche.

- Le sequenze **narrative** raccontano **fatti e avvenimenti**. Esse dunque, in quanto determinano lo svolgimento della vicenda, hanno un carattere "dinamico", ossia costruiscono il procedere della narrazione.
- Le sequenze **descrittive** sono parti del racconto in cui vengono descritti **luoghi** o **personaggi**. Esse svolgono la funzione di mostrare l'ambiente in cui si svolge la vicenda e di presentare i personaggi attraverso la loro caratterizzazione sia **fisica**, sia **psicologica**.
- Le sequenze **riflessive** riportano **giudizi**, opinioni valutazioni di natura varia, espresse dai personaggi o dall'autore stesso sulla vicenda. Insieme con quelle descrittive, queste sequenze sono "statiche" in quanto determinano una specie di pausa nel fluire della narrazione.
- Le sequenze **dialogiche** contengono le **battute**, i **dialoghi** dei personaggi. Esse consentono di "entrare" nella caratterizzazione delle figure e dei protagonisti della narrazione, di capirne le motivazioni e la psicologia.

La gran parte dei cavalleggeri era già smontata e i cavalli liberi correvano pazzamente all'intorno.

Negus si rimise a strisciar su, ma cogli occhi chiusi. Non voleva vedere quanto restava lontana la cima della collina, e poi le gobbe del pendio gli parevano enormi ondate di mare che si rovesciavano tutte su lui.

Ci fu un silenzio e Negus per lo stupore si voltò. Vide che quattro o cinque cavalleggeri smontati prendevano posizione sulla strada rivolti a lui. Guardò oltre e vide Treno e Biagino addossati al tronco d'un albero nel prato dov'era caduto il sergente. Una fila di cavalleggeri li stava puntando, da pochi passi. Urlò, si mise seduto e scaricò l'arma contro quell'albero. Poi si rivoltò.

Echeggiarono colpi, ma non vennero dalla sua parte e Negus pensò che erano stati per Treno e per Biagino.

Subito dopo lo rasentò una moschettata e lui si disse che era tempo. Aveva l'arma vuota, ma non pensava a ricaricarla, la voglia di sparare era la prima voglia che lo abbandonava. Strisciava su.

Dalla strada sparavano fitto, ma non lo coglievano, e sì che lui era un lucertolone impaniato nel fango d'un pendio a tramontana.[9]

Si girò a vedere se qualcuno l'inseguiva su per il pendio, e se a salire faceva la sua stessa pena. Ma erano rimasti tutti sulla strada e stavano allineati a sparare come al banco d'un tirasegno. Il primo a sinistra era distintamente un ufficiale. Sulla punta dell'arma dell'ufficiale, infallibilmente spianata su di lui, vide scoppiare dei colori così ripugnanti che di colpo il vomito gli invase la bocca. Scivolava giù per i piedi, e le sue mani aperte trascorrevano sull'erba come in una lunghissima carezza. A una gobba del terreno non si fermò, ma si girò di traverso. Prese l'avvio e rotolò al fondo e l'ufficiale dovette correre da un lato per trovarsi a riceverlo sulla punta degli stivali.

I ventitré giorni della città di Alba, Einaudi

9. **a tramontana:** rivolto verso nord.

Analisi del testo

Descrizione realistica e psicologia dei personaggi. Il brano è costruito essenzialmente da sequenze narrative e sequenze dialogiche. Nelle prime domina una estrema attenzione alla descrizione realistica e concreta dei particolari: cose, azioni, movimenti vengono descritti con voluta minuzia di particolari («faceva una tale disperata fatica che voleva scampare non foss'altro che per riprovare il piacere d'applicare sulla terra tutt'intera la pianta del piede»), quasi dare al movimento scenico una certa lentezza che consente al lettore di "entrare" sia nell'azione, sia nella psicologia dei personaggi.

Il racconto è prevalentemente condotto da un punto di vista oggettivo, anche se in alcuni momenti viene assunto il punto di vista di uno dei personaggi.

Benché il brano letto costituisca solo la parte finale del lungo racconto di Fenoglio, esso contiene elementi sufficienti per ricostruire con una certa precisione la psicologia dei personaggi principali. Il sergente si presenta immediatamente con un carattere spavaldo e sicuro di sé, che i fatti dimostreranno in buona misura falso. L'attenzione si sposta poi sui partigiani appostati nei pressi dell'osteria. Il narratore riporta i loro discorsi, che hanno però un carattere ben diverso da quelli dei repubblichini.

Per fare solo un esempio, l'espressione volgare («o bagascetta!»), benché temperata dal diminutivo, rivela un aspetto importante della psicologia di Bimbo, che essendo il più giovane del gruppo sente il bisogno di esibire sicurezza con un atteggiamento più arrogante del necessario.

Sul piano lessicale il testo ricorre a una aggettivazione abbondante, mentre l'uso di termini dialettali e gergali risulta limitato.

Sul piano sintattico le sequenze dialogiche fanno uso di strutture tipiche della lingua parlata, mentre in quelle descrittive prevale la coordinazione e l'uso di frasi piuttosto brevi.

Proposte di lavoro

1. Il brano contiene elementi sufficienti per ricostruire con una certa precisione la psicologia dei cinque personaggi principali. Completa una tabella simile a questa indicando per ogni personaggio gli elementi fondamentali che ne contraddistinguono il carattere e i passi del racconto da cui questi elementi si possono desumere.

Personaggi	Carattere	Passi del racconto
Sergente		
Negus		
Bimbo		
Colonnello		
Treno		
Biagino		

2. Sottolinea nel testo, con due colori diversi, rispettivamente le sequenze dialogiche e quelle narrative. Quali sono prevalenti?

....

3. Concentra ora la tua attenzione sul punto di vista del narratore. Il racconto è sempre condotto da un punto di vista oggettivo o in alcuni momenti si assume il punto di vista di uno dei personaggi? Rispondi in un breve testo.

....

....

....

....

....

....

....

....

....

....

....

....

....

4. Osserva lo stile dell'autore. Quali sono le caratteristiche che ti colpiscono maggiormente?
Per rispondere, puoi aiutarti compilando una tabella che metta in rilievo le caratteristiche sul piano lessicale (aggettivazione, uso di termini dialettali, arcaici, letterari, gergali...) e sul piano sintattico (uso di frasi lunghe e complesse o brevi e semplici, uso di strutture dialettali o sgrammaticate, uso di strutture tipiche della lingua parlata...).

Slavenka Drakulic

L'autrice e l'opera

Balkan Express è una raccolta di brevi storie, metà racconto e metà saggio, scritte fra il 1991 e il 1992, da Slavenka Drakulic, giornalista e scrittrice nata nel 1949 e vissuta in Croazia, a Zagabria. Il libro, pubblicato in Italia nel 1993, parla della **guerra tra i paesi della ex Iugoslavia** e in particolare tra la Serbia e la Croazia. Ma non della guerra – e riportiamo le parole della stessa autrice – «che vediamo quotidianamente sui nostri teleschermi o di cui leggiamo sui giornali. *Balkan Express* inizia il suo racconto là dove finisce il notiziario, è qualcosa a metà tra la pura cronaca, le storie personali e l'analisi politica, perché la guerra non si combatte soltanto al fronte, ma tocca tutti noi, dovunque. Parlo dell'altra faccia della guerra, quella meno visibile, che ci cambia a poco a poco, dall'interno: la sua faccia interiore. Parlo della metamorfosi che la guerra produce: di valori, del modo di pensare, del proprio io profondo, fino al punto di non riconoscersi più».

Slavenka Drakulic rifiuta di pensare che esista una "guerra giusta" e per questo è stata accusata, in Croazia, di "**scarso patriottismo**", tanto che il suo libro non ha un'edizione croata e circola solo in diverse traduzioni.

Opera: Balkan Express — Genere: racconto-saggio
Epoca: XX secolo — Lingua: croato

Balkan Express

Se avessi un figlio

Il brano che segue è il racconto dell'incontro tra la scrittrice e un ragazzo reduce dalla zona dei combattimenti. Lei, come giornalista, aveva chiesto di fare un'intervista e ora è smarrita, accorgendosi che colui che si trova di fronte è ancora quasi un bambino. Egli ha perduto tutto, è passato in pochi giorni dalla vita spensierata di adolescente all'orribile serietà dell'uccidere. La scrittrice ne rimane sconvolta, non riesce più a parlare, a rivolgergli domande, è impietrita dall'angoscia che le suscita il pensiero che quel ragazzo avrebbe potuto essere suo figlio. E, in un dialogo immaginario con questo ipotetico figlio, si interroga sulle ragioni di una guerra assurda, che spinge a uccidere e a farsi uccidere un ragazzo ignaro di tutto, se non del fatto che stanno ammazzando i suoi amici come cani. La cosa più orribile è che quella guerra sta portando via per sempre la sua innocenza e la sua giovinezza.

Di fronte a me, sprofondato in una poltrona di velluto rosso, un ragazzo beve Coca-cola. Sono soltanto le undici del mattino, al primo piano del Caffè Città di Zagabria un pianista in smoking nero sta già suonando in sordina un motivetto famoso. Le finestre ad arco danno sulle facciate illuminate dal sole intorno alla piazza. Siamo all'inizio della primavera, l'aria odora ancora di umidità e di neve. Il ragazzo guarda per un po' fuori dalla finestra, poi osserva il pianista e infine volge lo sguardo su di me. Questo non fa per me, io qui non c'entro niente, dice. Tranquillamente, come se la constatazione fosse scontata. Per un attimo mi mette in imbarazzo. Ha i pantaloni e la giacca di jeans, i capelli dritti gli ricadono sulla fronte a ciocche, porta orecchini d'argento. Mi fa un effetto opposto: non mi pare diverso da tutti i ragazzi della sua età che non hanno nient'altro da fare che bighellonare in un caffè il mattino e giocare a calcio il pomeriggio. Ma non è il suo aspetto a creare una specie di barriera tra lui e il mondo attorno – il sommesso brusio[1] delle voci, il riso della cameriera nel caffè dove tutti i suoni della strada arrivano attutiti. È qualcos'altro. Ivan è venuto qui dalla guerra, da Vukovar.[2] Suo padre è prigioniero (è quanto lui spera, perché vorrebbe dire che è ancora vivo), la sua casa è stata incendiata e sua madre e cinque tra fratelli e sorelle più piccoli sono profughi.[3] E io sono una giornalista sbalordita dal tono calmo, quasi spensierato, della sua voce, dalle sue mani ferme appoggiate al tavolino, dalla sua compostezza,[4] e soprattutto dalla sua età.[5]

Era la seconda volta che l'incontravo e la mia sensazione nel rivederlo era più di angoscia che di piacere. L'avevo conosciuto due giorni prima. [...] Uno dei capi della difesa di Vukovar mi aveva detto che lui e suo fratello facevano parte del gruppo di ventisei combattenti ritiratisi la notte tra il 18 e il 19 novembre,[6] quando la città era caduta. [...]

Potrebbe essere mio figlio, pensavo, e questa idea mi prendeva sempre più mentre lo osservavo preparare il caffè, portare le tazze e frugare nella credenza di cucina in cerca dei biscotti. I suoi capelli erano ancora bagnati dalla doccia che aveva appena fatto. Doveva

1. **brusio:** mormorio.
2. **Vukovar:** città della Croazia, vicina al confine con la Serbia, teatro di durissimi scontri.
3. **profughi:** sfollati, senza più casa né terra, in questo caso a causa dell'occupazione di Vukovar da parte dei serbi. Una delle caratteristiche dei conflitti di questi ultimi anni è il largo coinvolgimento delle popolazioni civili.
4. **compostezza:** tranquillità di atteggiamento.
5. **dalla sua età:** ciò che in modo particolare colpisce la scrittrice è il contrasto tra la giovane età del ragazzo e l'orribile serietà della guerra, che lo costringe a essere prematuramente adulto.
6. **il 18 e il 19 novembre:** del 1992. Come riporta più avanti l'autrice, l'assedio era cominciato nell'estate dello stesso anno.

essersi alzato un attimo prima del mio arrivo, pensavo, mentre mi raccontava che il padr era scomparso e che da tre mesi non avevano sue notizie, perché il suo nome non figurava in nessuna lista dei prigionieri di guerra. Un suo amico di quindici anni era stato per u mese prigioniero in un campo di prigionia serbo, dove l'avevano pestato, ma lui non aveva smesso di fare dispetti agli ufficiali dell'esercito federale, come riempire loro gli stivali d'acqua. Rideva e io con lui, ridevo del suo riso, della gioia che improvvisamente manifestava. Recentemente avevano avuto notizie della loro casa[7] dai vicini. Si erano accort che era stata svaligiata (due televisori a colori, il videoregistratore, il congelatore, il frigorifero, i tappeti), avevano portato via tutto, enumerava Ivan, come se stesse spuntando l voci di un elenco che teneva in mano, e poi l'hanno incendiata. È così che fanno, mi aveva spiegato, caricano tutto sui camion e poi danno fuoco alla casa. Ma la casa non è la cosa importante, mi aveva detto come per cercare di tirarmi su, una casa si può facilment ricostruire. Si era interrotto, incerto su come continuare la sua storia, io non gli avevo ancora chiesto nulla. Più lui si faceva loquace, meno avevo voglia di parlare. Mi sentivo i colpa. Non perché la guerra non avesse ferito anche me, si impara presto che in guerra non c'è né giustizia né uguaglianza. Mi sentivo colpevole perché questo ragazzino era costretto a parlare di guerra, non poteva parlare d'altro perché ormai la guerra era diventata la sua realtà. [...]

Potrebbe essere mio figlio, ha quattro anni meno di mia figlia, avevo pensato, ancora una volta disturbata dalla sua giovinezza. Avevo abbassato lo sguardo sulle mie mani, poi sul pavimento. Non avrei dovuto pensarci, perché dal momento in cui questo pensiero mi aveva attraversato la mente, non ero più riuscita né ad ascoltarlo né a parlare. Le parole mi si erano bloccate in gola, mi sentivo soffocare. Mi ero alzata all'improvviso e l'avevo salutato. Ivan mi aveva accompagnato alla porta. Due giorni, avevo pensato, mi saranno sufficienti per mettere assieme la forza necessaria per guardarlo di nuovo in faccia. Dopo tutto, non è mio figlio, la parte più terribile della guerra è passata e Ivan è rimasto vivo.

E ora, qui al caffè, lo osservo e mi sembra di stare persino peggio di due giorni fa. La sua presenza mi fa star male, come se avessi l'influenza. [...] È nato nel 1972, penso, osservandolo mentre accende una sigaretta. [...] So come è cresciuta la generazione del 1972, nutrita con latte istantaneo Humana e alimenti per neonati marca Fructal.[8] Già esistevano pannolini usa e getta e negozi d'abbigliamento per bambini, carrozzine pieghevoli tedesche e ciucci italiani. Dopo sono arrivate le macchinine a pila – questa generazione aveva già troppi giocattoli – e la televisione a colori, i biliardini, i videogames, il walkman. I jeans. Le scarpe da ginnastica. I concerti rock, Madonna, la multivisione.[9] Anche a Vukovar era così. In questo caffè il cui stile imita la Secessione viennese,[10] la sua esistenza mi scorre davanti agli occhi in una sequenza perfettamente logica che sono in grado di seguire anno dopo anno, proprio come se guardassi un video familiare. Fino a sei o sette mesi fa, perché a quel punto il film si interrompe. Qui la trama che teneva assieme la nostra vita si assottiglia e si spezza.

Mentre lo guardo accendere una sigaretta con gesto deciso, aggrotta leggermente le sopracciglia forse per sembrare più adulto. Di nuovo mi sento trafitta dall'orrore: e se questo ragazzo fosse veramente mio figlio? Che cosa gli avrei detto, non ora qui a questo tavolino, oggi che la guerra è quasi alle nostre spalle,[11] ma all'inizio dell'estate del 1992 a Vukovar? Che cosa avrei fatto se un giorno fosse venuto da me e mi avesse detto: «Mam-

7. **della loro casa:** l'abitazione di Vukovar.
8. **latte... Fructal:** simboli del consumismo e del benessere che erano diffusi in Iugoslavia prima della guerra.
9. **multivisione:** produzione video in cui concorrono molti schermi, ciascuno proiettando un'immagine diversa.
10. **Secessione viennese:** corrente artistica che si affermò in Austria tra XIX e XX secolo. Qui testimonia della passata appartenenza di queste regioni all'impero austro-ungarico.
11. **oggi... spalle:** l'autrice si riferisce, ottimisticamente, alla fase del conflitto serbo-croato, che si è poi trasformato in una guerra a più ampio raggio, in cui sono stati coinvolti croati, serbo-bosniaci e musulmani, e i cui epicentri sono stati Sarajevo, in Bosnia, e Mostar, in Erzegovina.

ma, io vado»?[12] Naturalmente non gli avrei chiesto dove, a quel punto sarebbe stato ormai chiaro, avrebbe potuto significare una cosa sola, andare in guerra a combattere. Non ne sarei rimasta neppure sorpresa, forse me lo sarei aspettato. Con angoscia e con orrore, ma me lo sarei aspettato. Ragazzi ancor più giovani di lui stanno combattendo, ragazzini delle nostre strade, la stessa generazione. Alcuni sono già morti. Io gli direi lo stesso di non andare, perché questa non è la sua guerra. Questa guerra è iniziata quando tu e io non eravamo ancora nati, perché mai dovrebbe essere la nostra guerra? Lascia perdere, gli direi, non esiste idea per cui valga la pena morire. Non si tratta affatto di un'idea, direbbe lui, non me ne frega niente delle idee, dello stato, dell'indipendenza o della democrazia. Stanno ammazzando i miei amici, li stanno ammazzando come cani per la strada e poi i cani se li mangiano, perché non possiamo seppellirli. Come faccio a stare qui e far finta che tutta questa storia non mi riguardi? Ti capisco, ma non ti ho messo al mondo per uccidere o per farti uccidere. Perché continui a parlare di morte?, mi chiederebbe con tono di rimprovero, come se fosse una cosa stupida che tanto a lui non potrebbe succedere, solo agli altri. O come se temesse che le parole abbiano il potere di provocare la morte. Hai ragione, direi, subito spaventata da me stessa, ma non puoi farmi questo, non devi. Va' via, va' da qualche parte, dove vuoi, anche gli altri se ne stanno andando. Da qui è impossibile andar via, non si sa dove andare, mi direbbe, e saprei di avere perso la mia battaglia. Tu non sei responsabile di quello che sta succedendo, se ci sono dei colpevoli, bene, questi appartengono alla mia generazione che guardava quanto stava succedendo, e non ha fatto niente per impedirlo. In politica nessuno tiene il conto dei morti, è una guerra iniziata dall'alto. Tutti sono perdenti, tranne i politici. [...]

Ivan parla, io l'ascolto e penso a sua madre [...] E mentre sta parlando, sotto il suo tenero viso d'adolescente affiora il viso di un uomo adulto per il quale la vita, la sua e quella degli altri, non potrà mai più avere lo stesso significato. Lo vedo invecchiare sotto i miei occhi e lui lo sa. Ma questo è il suo volto vero, il volto della guerra.

Sento che entrambi abbiamo superato la soglia della nausea. Non devo chiedergli nient'altro, anche se, volendo, potrei, ho il suo tacito assenso. Sta raccontando della prima volta che ha vomitato e che ha ucciso un uomo. Come sono i cadaveri e, infine, che ha pianto. Parla proprio come forse parlerebbe mio figlio – se io avessi un figlio che fosse andato in guerra e ne fosse tornato vivo.

Balkan Express, trad. di I. Vay, Il Saggiatore

12. **«Mamma... vado»**: al piano oggettivo, dell'incontro e dell'intervista con il ragazzo, l'autrice intercala continuamente quello delle sue riflessioni personali, inseguendo il filo dei suoi pensieri che la riportano agli affetti più intimi: anche un dialogo immaginario può servire allora a rendere più vicina la realtà al lettore.

Analisi del testo

Suddivisione del brano. Il brano può essere scandito in quattro parti.

- La prima ha carattere introduttivo ed è dedicata alla presentazione dell'ambiente (un lussuoso bar) e dei personaggi (la giornalista, il giovanissimo soldato che ha accettato di farsi intervistare).
- La seconda è dedicata a un *flashback*, alla rievocazione del primo incontro fra i due, avvenuto due giorni prima: l'autrice fornisce alcune informazioni sul ragazzo, ma soprattutto spiega quali sentimenti susciti in lei la sua giovinezza, il pensiero che quel combattente ha l'età che potrebbe avere suo figlio, se lei ne avesse uno.
- La terza torna al presente: la giornalista continua a pensare all'età del ragazzo e finisce per abbandonarsi ai propri pensieri, trascurando l'intervista e pensando al dialogo immaginario tra una madre come lei e un figlio come quel soldato.
- La quarta ha carattere conclusivo e propone la riflessione finale dell'autrice: la guerra è ormai diventata una presenza quotidiana, i due interlocutori hanno purtroppo superato la soglia della nausea.

Perché partecipare a una guerra assurda? Il brano ha origine da un'esperienza reale: l'autrice è una giornalista che racconta il suo incontro-intervista con un giovane soldato impegnato nella difesa della città di Vukovar. Al centro dell'attenzione non c'è però l'intervista, ma la reazione della donna, i sentimenti che in lei suscita la giovinezza del suo interlocutore. La giornalista si chiede quali ragioni possano spingere un giovane a partecipare a una guerra assurda, a rischiare la vita senza ragione, per dei giochi politici che non lo riguardano. La risposta a questa angosciosa domanda è nella realtà delle cose: il giovane soldato non combatte per un ideale, né per sconfiggere un nemico, ma perché non può fare diversamente: la guerra è una realtà che pervade completamente la sua vita (i suoi amici vengono ammazzati, la sua famiglia è dispersa, la sua casa distrutta) e dalla quale non è possibile fuggire.

Un messaggio di speranza. Il messaggio della Drakulic è disperato solo in apparenza. È vero che dalla guerra non è possibile fuggire, che i ragionamenti della "madre" non hanno alcun potere di convinzione per il "figlio". Ma è altrettanto vero che il colloquio tra i due rivela la forza dei sentimenti e delle speranze, che restano vivi malgrado la situazione e che lasciano intravedere la possibilità di una normalità diversa, non dominata dalla violenza e dalla distruzione. La descrizione del bel locale in cui i due si trovano e della vita serena e tranquilla condotta dal ragazzo prima dello scoppio della guerra si contrappongono quindi alla realtà presente come elementi positivi, capaci di tenere viva la speranza per un mondo migliore.

Proposte di lavoro

1. Ciò che colpisce in *Balkan Express* è la presenza della guerra in una realtà quotidiana, in un modo di vivere e di pensare che sono quelli del nostro mondo oggi. È come se la guerra facesse improvvisamente irruzione nelle nostre città e nelle nostre case. Molti sono, nel testo riportato, i riferimenti alla normalità quotidiana. Indicali completando la seguente tabella.

Caratteristiche fisiche, atteggiamenti, gesti, parole del ragazzo	
Abitudini di vita e di consumo dei giovani	
Osservazioni ed emozioni della scrittrice	

2. Sottolinea nel brano i punti nei quali, secondo te, emerge il contrasto fra la normalità quotidiana e la violenza della guerra e indica in quali passaggi è maggiormente messa in rilievo la frattura tragica che la guerra ha portato nella vita del ragazzo. Commenta poi questa contrasto in un breve testo.

....

....

....

....

3. Analizza il passo del brano in cui assistiamo al dialogo che l'autrice immagina avrebbe potuto tenere con suo figlio.

➤ Separa le battute pronunciate dalla scrittrice e quelle pronunciate dal ragazzo, riscrivendo il dialogo in discorso diretto.

➤ Ti sembra che nella scrittrice prevalga un sentimento di condanna o di pietà nei confronti del ragazzo? Perché?

....

....

....

....

....

Verifica

1. Indica le date esatte delle due guerre mondiali.

Prima guerra mondiale	Seconda guerra mondiale
☐ 1914-1918	☐ 1936-1941
☐ 1915-1917	☐ 1941-1946
☐ 1936-1939	☐ 1939-1945
☐ 1940-1945	☐ 1940-1943

2. Collega ciascuno dei seguenti autori a una (o più di una) delle opere elencate.

Primo Levi	*Canzoniere*
Remarque	*Vita d'un uomo*
Saba	*Niente di nuovo sul fronte occidentale*
Ungaretti	*Se questo è un uomo*

3. Indica se le seguenti affermazioni sono vere o false.

- V F Remarque è uno scrittore pacifista, che offre una rappresentazione antieroica della guerra.
- V F Ungaretti parla dei bombardamenti aerei della Prima guerra mondiale.
- V F Saba parla dei bombardamenti aerei della Seconda guerra mondiale.
- V F Levi narra la propria esperienza di ebreo deportato ad Auschwitz dai nazisti.
- V F Fenoglio difende i soldati fascisti durante la resistenza partigiana.
- V F Drakulic racconta il dramma delle persone comuni coinvolte nella guerra nella ex Iugoslavia.

4. In un testo di poche righe spiega il significato dei seguenti versi di Ungaretti, tratti dalla poesia *Fratelli*.

Nell'aria spasimante
involontaria rivolta
dell'uomo presente alla sua
fragilità

5. Spiega che cosa si intende con "poesia civile", utilizzando le seguenti espressioni.

impegno • ruolo dell'intellettuale • poeta-vate • coscienza.

6. Ricorda alcune immagini dei testi letti che hanno colpito la tua fantasia per la loro violenza e spiega in un breve testo le ragioni per cui esse ti sembrano significative.

7. I testi di Remarque, di Ungaretti, di Saba e di Levi fanno riferimento alle esperienze vissute dai loro autori. Di quali esperienze si tratta? Spiega quali analogie e quali differenze caratterizzano questi testi.

8. Completa con parole tue le affermazioni lasciate in sospeso.

- Il tema della guerra è uno dei più antichi affrontati dalla letteratura occidentale. Tradizionalmente, della guerra viene offerta un'immagine eroica, che non esclude la descrizione del dolore e delle sofferenze che la guerra provoca, ma concentra l'attenzione soprattutto su ....
- Nel corso dell'Ottocento, invece, l'atteggiamento degli scrittori nei confronti della guerra cambia decisamente. I maggiori esponenti della narrativa realistica assumono il punto di vista non dei potenti, ma delle vittime, non degli eroi e dei cavalieri, ma dei soldati semplici che ....

9. Completa con parole tue e con qualche riferimento ai testi letti.

La storia del Novecento è segnata dalle due guerre mondiali; a questi due conflitti sono dedicate molte opere sia in versi, sia in prosa.

- La letteratura sulla Prima guerra mondiale mette in luce soprattutto le terribili condizioni in cui vivevano i soldati nelle trincee e la disumanizzazione a cui questa guerra conduceva. Per esempio, ...
- Alcuni scrittori, come d'Annunzio, esaltano le nuove tecnologie usate (carri armati, aerei), ma altri si soffermano invece a denunciare le tecniche di propaganda attraverso le quali i giovani ignari venivano coinvolti nel conflitto e spinti all'odio per il nemico. Per esempio, ...
- La Seconda guerra mondiale è (al contrario della Prima) uno scontro fra ideologie politiche, e soprattutto è la prima guerra in cui il numero dei morti civili supera quello dei morti militari. Gli scrittori interpretano queste novità in maniera diversa: per esempio ....

Leggi attentamente la poesia proposta (e il breve commento), poi svolgi i relativi esercizi di comprensione e analisi.

Milano, agosto 1943

Invano cerchi tra la polvere,
povera mano, la città è morta.
È morta: s'è udito l'ultimo rombo
sul cuore del Naviglio. E l'usignolo
è caduto dall'antenna, alta sul convento,
dove cantava prima del tramonto.
Non scavate pozzi nei cortili:
i vivi non hanno più sete.
Non toccate i morti, così rossi, così gonfi:
lasciateli nella terra delle loro case:
la città è morta, è morta.

Tutte le poesie, A. Mondadori

Questa poesia è di Salvatore Quasimodo e fu pubblicata nel 1947 nella raccolta *Giorno dopo giorno*, opera che si ispira in gran parte alla Seconda guerra mondiale e affronta molti temi civili. Di fronte alla tragedia collettiva, il poeta si sente spinto da un bisogno di rappresentazione della realtà e perciò abbandona il linguaggio "chiuso" e allusivo della precedente produzione ermetica e ricerca una comunicazione più diretta con i lettori. La poesia che hai letto evoca le distruzioni provocate dai bombardamenti degli alleati angloamericani a Milano, nel 1943.

10. Verifica la comprensione della poesia rispondendo alle seguenti domande.

- Che cosa rappresenta il «rombo» del v. 3?
- Che cos'è il Naviglio?
- Che cosa simboleggia l'usignolo caduto?

11. Osserva la struttura del testo.

- Quali immagini vengono proposte nei versi 1-6? Che cosa rappresentano?

Immagine	Significato
1ª	
2ª	
3ª	

- Che cosa distingue i versi 7-11 dai precedenti?

....

....

....

12. Osserva ora la metrica della poesia e rispondi alle seguenti domande.

- Che tipo di versi usa il poeta?
- Ci sono rime?
- Ci sono strofe?

13. Rispondi brevemente alle seguenti domande, poi sintetizza i concetti fondamentali in una analisi del testo unitaria, sul modello di quelle che ti sono state precedentemente fornite.

a) *La poesia evoca un bombardamento.*

- Indica quali metafore usa il poeta per rappresentare questo fatto.
- Si tratta di metafore difficili o facilmente comprensibili? Si tratta di metafore tradizionali o originali?

b) *Il poeta sottolinea il carattere "collettivo" della tragedia.*

- Quali termini ed espressioni confermano questa interpretazione?
- Perché il poeta non esprime solo il proprio sentimento, ma quello di un'intera collettività?

Rispondi in un testo di poche righe.

c) *La poesia intende esprimere un sentimento di profonda disperazione: per Quasimodo i bombardamenti sui civili inermi sono il segno di un ritorno alla barbarie primitiva, un sintomo della fine della civiltà.*

- Attraverso quali parole il poeta sottolinea la fine di ogni speranza?
- Perché la prima e l'ultima frase si concludono con le parole «è morta»?

Rispondi in un testo di poche righe.

d) *Osserva ora lo stile della poesia.*

- Sul piano lessicale, vi sono termini letterari, arcaici o comunque di difficile comprensione? Vi sono termini dialettali, gergali o vicini al parlato? Il lessico è di tono "alto" o "basso"?
- Sul piano sintattico, prevale la subordinazione o la coordinazione? C'è corrispondenza fra periodi e immagini-concetti? Ci sono inversioni particolarmente significative?
- Sul piano retorico, hai notato una ricerca di espressività particolare? Quali parole vogliono colpire il lettore? Quali figure retoriche hai notato?

14. Le poesie di *Giorno dopo giorno* dedicate alla Seconda guerra mondiale furono scritte negli stessi anni in cui si veniva elaborando la letteratura del Neorealismo.

Spiega in che cosa consiste il Neorealismo letterario e chiarisci se la poesia di Quasimodo che hai letto si può definire neorealista e perché.

La letteratura di intrattenimento

In questo percorso presentiamo una scelta antologica di romanzi e racconti, in prevalenza del Novecento, che appartengono ai generi letterari che abitualmente vengono chiamati "di evasione" o "di intrattenimento".
Si tratta di generi di largo consumo e di grande successo presso tutti i tipi di lettore: generi "minori" per alcuni, rispetto ai classici della letteratura tradizionale, ma che sono sicuramente in grado di coinvolgere e di affascinare un pubblico di ogni età e di diversa preparazione culturale. Il percorso è scandito in quattro tappe.

Le origini

In primo luogo proponiamo alcune pagine esemplari della **letteratura "d'appendice"** e del grande **romanzo popolare ottocentesco**.
Risaliamo così alle origini della letteratura d'intrattenimento.

Fantascienza, *fantasy*, *horror*

Nella seconda tappa entriamo nel mondo della **fantascienza** e dei generi ***fantasy*** e ***fanta-horror***.

Il poliziesco

Nella terza tappa proponiamo alcune pagine esemplari della **letteratura poliziesca** o "gialla" e della sua variante, la ***spy-story***.

Il romanzo d'avventura

Nella quarta tappa, infine, si affronterà il genere della **narrativa d'avventura**.

Letteratura e intrattenimento

Il piacere di leggere

Il piacere della lettura si forma attraverso il gusto, l'educazione, l'abitudine a confrontarsi con le opere della letteratura, siano esse romanzi o poesie. Il piacere di leggere nasce però anche dalla **pazienza** di attendere che, pagina dopo pagina, un testo sappia creare emozione, piacere, riflessione, senza che un passaggio difficile, una pagina dal ritmo lento ci spingano con troppa facilità alla resa. Non sempre i testi letterari sono semplici, prevedibili, "comodi". Non è però obbligatorio che siano difficili, scomodi, ostili. Un testo letterario, per esempio, può esplicitamente rinunciare alla finalità di **comunicare** quei significati profondi e problematici che trasmettono le grandi "opere d'arte" destinate e rimanere nel tempo: può assolvere invece una funzione di intrattenimento, di **divertimento**, senza per questo cessare di essere letteratura.

Un testo letterario può essere pacificante, godibile, leggibile; può essere, in altre parole, un "**prodotto di consumo**", anche ben scritto, ma che si legge con rapidità e magari, in qualche caso, si dimentica altrettanto facilmente. In questi casi, il testo risponde perfettamente alle attese del lettore, che viene attirato in una macchina narrativa semplice, ma di sicuro effetto, che soddisfa pienamente il suo desiderio di essere intrattenuto, commosso, spaventato o emozionato.

Il successo della letteratura di intrattenimento

Questo spiega perché, negli ultimi due secoli, sia nata e si sia specializzata una "letteratura d'evasione" o "di intrattenimento", prevalentemente **romanzesca**, che ha collaudato, in base alle richieste di un **pubblico** sempre più **di massa**, linguaggi e modelli narrativi, intrecci, tempi e tecniche di rappresentazione dei personaggi, codificandoli in generi e sottogeneri, a seconda del mutare del **gusto** del grande pubblico popolare e degli orientamenti dell'industria editoriale. Esistono molti tipi di narrativa di "evasione": in questo percorso ne presentiamo e analizziamo i principali tipi e varianti. La nostra speranza è che la lettura di questi brani sappia orientare meglio il tuo gusto e le tue scelte, suscitare interessi nuovi, far scoprire autori e linguaggi prima ignoti. Potrà anche spingerti alla lettura delle opere complete, che qui abbiamo per necessità presentato solo in minima parte; magari, a poco a poco, potrà avvicinarti ad altri e più complessi generi di **letteratura**.

La letteratura di intrattenimento è stata spesso accolta con ostilità da parte degli intellettuali. I nemici di questo tipo di narrazione temono che essa produca un abbassamento del livello culturale della società. A tali preoccupazioni, non del tutto prive di fondamento, a dire la verità, si può rispondere con la famosa battuta del poeta inglese W.H. Auden: «La parola evasione dovrebbe far paura solo ai carcerieri». Voleva dire che questa letteratura risponde a esigenze diffuse e profonde e che gli individui hanno diritto, almeno con la **fantasia**, di "evadere" dai limiti della vita quotidiana.

Nelle biblioteche pubbliche di tutte le città sono disponibili testi che possono rispondere alle esigenze e agli interessi di ciascuno di noi.

Le origini

Quando nasce la letteratura di intrattenimento?

La letteratura di intrattenimento, o di "evasione", nasce a partire dalla metà dell'Ottocento, quando si diffuse, prima in **Francia** e poi nel resto d'Europa, un nuovo genere letterario: il *romanzo d'appendice* o *feuilleton* (dal francese *feuillet*, "foglietto"). Si trattava di **romanzi** pubblicati **a puntate** nelle pagine finali, in appendice appunto, o nei supplementi dei quotidiani. All'inizio non era un genere distinto dalla narrativa tradizionale: a dispense o in appendice furono pubblicate anche opere di autori come Balzac o Hugo.
Tuttavia ben presto, per le caratteristiche che questo tipo di narrazione andava assumendo, vi si dedicarono scrittori sempre più specializzati: Eugène Sue, autore dei *Misteri di Parigi*, e Alexandre Dumas, autore dei *Tre moschettieri* e del *Conte di Montecristo*, forse i più noti e amati dal pubblico dei lettori.

Il pubblico

Il romanzo d'appendice aveva un destinatario ben preciso: il **pubblico "popolare"**. Tale tipo di romanzo era costruito per incontrare i gusti di un lettore non abituato alla tradizione letteraria e poco propenso a sopportare narrazioni linguistiche complicate e di complessa interpretazione. Mentre fino ad allora il romanzo si era rivolto alle classi nobiliari e borghesi, ora la parola scritta coinvolgeva anche i ceti meno abbienti che diventavano così i principali lettori dei romanzi d'appendice. Le storie che venivano raccontate dovevano dunque soddisfare i gusti e le esigenze di un pubblico che spesso si accostava per la prima volta alla lettura e alla letteratura e che cercava in primo luogo il **divertimento**, le **emozioni**, una facile e un po' consolatoria **identificazione** negli eroi delle vicende raccontate.

I temi principali

È importante notare che la pubblicazione a puntate determinava uno schema molto rigido della narrazione: ogni episodio doveva mantenere vivi nel lettore la curiosità e l'interesse, attraverso continui colpi di scena; ogni puntata doveva avere una **conclusione provvisoria** capace di creare un situazione di attesa e di aspettativa tali da motivare il lettore a diventare **acquirente fedele** del giornale. Spesso lo scrittore veniva obbligato dalla frantumazione della narrazione a lunghe **ripetizioni** (come accade oggi nei *serials* e nelle *soap operas* televisive, che di questo genere sono figlie) e non era infrequente il caso di autori che inventavano la trama poco prima che andasse in stampa, senza la più pallida idea di come la vicenda potesse concludersi.

La lotta tra il bene e il male e il lieto fine sono gli elementi essenziali del romanzo d'appendice

Il repertorio del romanzo d'appendice era vario, ma prevedibile e fondamentalmente centrato sulla **lotta tra il bene e il male**, con relativa conclusione secondo le regole del **lieto fine**. Spesso la trama si imperniava su eroi che agivano a favore degli oppressi e lottavano contro le ingiustizie; oppure venivano raccontate storie di crimini e di delitti, di amori contrastati, temi patetici fatti per commuovere e spingere al pianto e al facile **sentimentalismo**. Emergeva di frequente anche la figura dell'**eroe del male** (il truffatore, il grande criminale), oppure del **giustiziere** e del grande **investigatore**. Figure popolari nei romanzi di quegli anni, come quelle di Rocambole, Fantomas, Arsenio Lupin, anticipano i personaggi del romanzo poliziesco e di spionaggio.

Frontespizio del romanzo *I misteri di Parigi* di Eugène Sue (prima metà del XIX secolo).

Lo sviluppo della letteratura d'evasione nel Novecento

Nella seconda metà dell'Ottocento, e poi più ancora nel Novecento, a partire dal mondo anglo-sassone, si forma una vera e propria **industria letteraria**, caratterizzata dallo sviluppo di un **mercato librario di massa**. Nell'epoca della grande industria anche la produzione letteraria conosce infatti molte trasformazioni: aumenta la percentuale dei lettori, si espande il **mercato editoriale** e non solo i borghesi, ma anche i ceti popolari diventano consumatori di libri. Aumentano le tirature, si producono in serie romanzi molto simili l'uno all'altro, che ripetono formule di successo, *format*, come si dice oggi nell'ambiente televisivo. Il testo letterario viene così prodotto, venduto e consumato come se fosse una **merce** come le altre. In Inghilterra e in Francia, alla fine dell'Ottocento, nascono le **edizioni economiche**, alla portata di quasi tutte le tasche. Sorgono le prime piccole **biblioteche** individuali e familiari, formate da libri acquistati in libreria o per corrispondenza. Il successo popolare del genere romanzesco coinvolge anche alcuni tra i grandi narratori dell'Ottocento, fra cui per esempio Charles Dickens che, grazie ai suoi romanzi di ambientazione sociale e metropolitana, come *Oliver Twist* e *David Coppefield*, trae lauti guadagni divenendo uno dei narratori più apprezzati dal pubblico di massa.

Il testo letterario diventa anche prodotto di consumo

I nuovi generi letterari

Lo sviluppo di un'editoria di massa, che stampa volumi ad alta tiratura e a prezzo contenuto, e li vende a un **pubblico nuovo** fatto di lavoratori, giovani, ragazze, era fondato sulla diffusione di generi letterari particolari, pensati proprio per riempire il **tempo libero** di lettori non necessariamente colti.

Tradizione e novità sono alla base dei generi letterari del Novecento

Alcuni dei romanzi più amati dai lettori popolari venivano da tradizioni antiche: le storie cosiddette di **cappa e spada**, ambientate nel Medioevo, erano la continuazione del **romanzo storico** ottocentesco. In Italia, i romanzi d'avventure di Emilio Salgari, ambientati in un'Asia di favola e di mistero, derivavano dalla tradizione del romanzo esotico settecentesco. Molti altri generi, invece, hanno cominciato ad affermarsi proprio a partire dalla fine dell'Ottocento e godono ancora oggi di grande fortuna. È il caso del **romanzo poliziesco**, che come genere propriamente detto nacque nell'Inghilterra vittoriana della seconda metà dell'Ottocento, o del **romanzo western**, i cui primi esempi risalgono agli anni ottanta del XIX secolo, cioè proprio negli anni in cui in America del Nord veniva completata la conquista del West. È anche il caso dei **romanzi di fantascienza**: la *Macchina del tempo*, il romanzo di Herbert G. Wells, capostipite del genere, venne pubblicato la prima volta nel 1895.

Nell'arco di pochi decenni questi generi si diffondono in tutto il mondo industrializzato, dando vita a collane editoriali vere e proprie, diffuse attraverso le edicole o per abbonamento.

Al **pubblico femminile** si indirizzano specifiche iniziative editoriali e particolari generi letterari. Si cerca anche una produzione letteraria specificamente per **ragazzi**. Libri scolastici e per l'infanzia sono tra i settori che conoscono lo sviluppo maggiore.

In sintesi

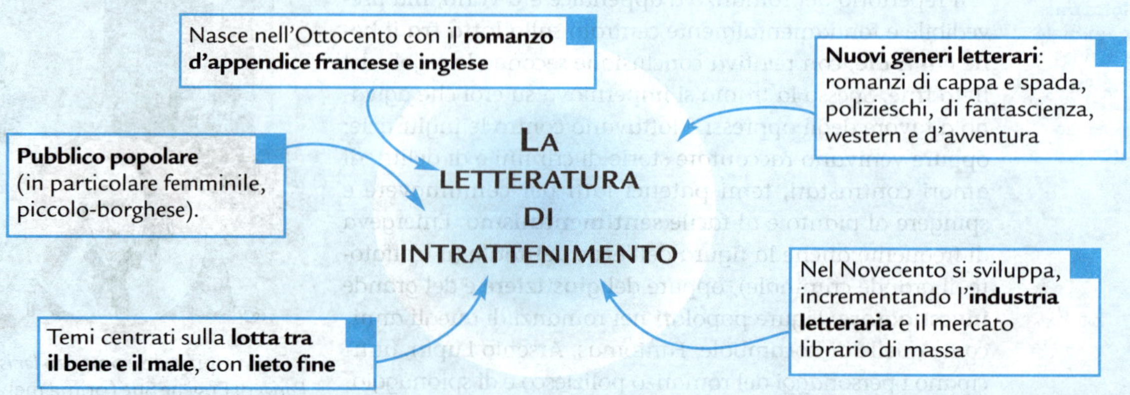

Alexandre Dumas

L'autore e le opere

Lo scrittore francese Alexandre Dumas (1802-70) fu un autore di grande inventiva e di straordinaria produttività; anche se è accertato che in realtà, nella stesura dei suoi romanzi, spesso scritti contemporaneamente l'uno all'altro, si faceva aiutare da numerosi collaboratori che dietro sue indicazioni lo sostituivano nella stesura materiale delle puntate. In ciò Dumas non fece che anticipare un costume di scrittura e una visione dell'editoria su scala industriale che nel nostro tempo ormai è normale per tutta la letteratura di consumo.

I suoi romanzi (ricordiamo tra essi: *Il conte di Montecristo*, *Vent'anni dopo*, *I tre moschettieri*, *Il visconte di Bragelonne*) sono per lo più di **argomento storico**, **ricchi di personaggi**, con un **intreccio avventuroso** e capace di suscitare **divertimento** e **suspense** ancora oggi.

Il romanzo *I tre moschettieri* narra le avventure di un giovane della Guascogna, d'Artagnan, che si reca a Parigi in cerca di fortuna. Di carattere generoso e impetuoso, egli prima sfida a duello i moschettieri del re, Porthos, Athos e Aramis, poi ne diviene amico e compagno di lotta contro le trame del cardinale Richelieu e della sua agente, la perfida Milady de Winter. Quando l'onore della regina sarà in pericolo, per aver imprudentemente regalato al proprio amante, il duca di Buckingham, dodici puntali di diamanti omaggio del re, d'Artagnan, insieme con i tre moschettieri, riuscirà a sventare la congiura del cardinale; farà poi giustizia di Milady, colpevole di aver assassinato il duca e una cameriera della regina, appassionatamente amata da d'Artagnan.

La vicenda si conclude con la nomina del giovane a tenente dei moschettieri, mentre Athos si ritira in campagna, Porthos sposa una ricca e nobile vedova e Aramis si fa abate.

Tutti gli elementi di questa storia rispondevano alla **moda popolare del tempo**: duelli e avventure amorose, buoni e cattivi chiaramente distinti fin dal principio, una narrazione semplice e vivace, un intreccio interminabile di avventure (chiaro espediente dell'autore per allungare le puntate e quindi i propri guadagni) e uno scioglimento finale secondo le regole del lieto fine.

Opera **I tre moschettieri**
Epoca **XIX secolo**
Genere **romanzo**
Lingua **francese**

I tre moschettieri

La scelta di d'Artagnan

Nell'episodio dei *Tre moschettieri* che abbiamo scelto, d'Artagnan si sta recando nel luogo in cui dovrà sfidare a duello, a un'ora di distanza l'uno dall'altro, Athos, Porthos e Aramis, con i quali era venuto a diverbio per futili motivi, all'uscita del palazzo del signor di Tréville, il comandante dei moschettieri del re, presso cui d'Artagnan si era recato con una raccomandazione del padre.

D'Artagnan non conosceva nessuno a Parigi. Andò dunque al convegno di Athos senza secondi,[1] ben deciso ad accontentarsi di quelli del suo avversario. D'altronde, era sua ferma intenzione di fare al bravo moschettiere tutte le possibili scuse,[2] senza debolezze, beninteso, giacché temeva che il risultato di questo duello potesse essere quello, spiacevole, di tutti gli scontri in cui un uomo giovane e vigoroso[3] si batte contro un avversario ferito e indebolito: vinto, egli raddoppia il trionfo dell'avversario; vincitore, è accusato di fellonia[4] e di facile audacia.

1. **secondi:** nei duelli, i secondi erano i padrini, ossia gli assistenti dei duellanti. D'Artagnan, appena arrivato a Parigi dalla Guascogna, non conosce nessuno; non ha dunque nessun secondo.
2. **scuse:** Athos aveva sfidato a duello d'Artagnan perché quest'ultimo aveva urtato la spalla ferita del moschettiere.
3. **giovane e vigoroso:** d'Artagnan ha diciotto anni.
4. **fellonia:** malvagità.

Del resto, se abbiamo ben reso il carattere del nostro cercatore d'avventure, il lettore deve aver capito che d'Artagnan non era un uomo comune. Per cui, pur ripetendo a se stesso che la sua morte era inevitabile,[5] non si adattava a morire con rassegnazione come un altro meno coraggioso di lui avrebbe fatto nei suoi panni. [...]

Allorché d'Artagnan arrivò in vista del prato che si stendeva ai piedi del monastero Athos attendeva da cinque minuti appena e mezzogiorno suonava in quel punto.

Athos che soffriva sempre per la sua ferita,[6] benché questa fosse stata accuratamente fasciata dal chirurgo del signor di Tréville, si era seduto su di un paracarro e aspettava il suo avversario con l'aria tranquilla che non l'abbandonava mai. Quando vide d'Artagnan, si alzò e fece cortesemente qualche passo verso di lui. L'altro, a sua volta, accostò il suo avversario col cappello in mano, e la piuma di questo sfiorava il terreno.

«Signore» disse Athos, «ho fatto avvertire due dei miei amici che mi serviranno da secondi, ma essi non sono ancora arrivati. E questo ritardo mi meraviglia perché non è nelle loro abitudini.»

Infatti, in fondo alla strada Vaugirard,[7] appariva il gigantesco Porthos.

«Come!» esclamò d'Artagnan «il vostro primo testimonio è il signor Porthos?»

«Sì, vi dispiace?»

«Nemmen per sogno.»

«Ed ecco l'altro.»

D'Artagnan si volse dal lato indicato da Athos, e riconobbe Aramis.

«Come!» esclamò con un accento di stupore ancora più grande «il vostro secondo testimonio è il signor Aramis?»

«Senza dubbio, non sapete che nessuno ci ha mai visti l'uno senza gli altri, e che moschettieri e guardie, alla corte e in città, ci chiamano Athos Porthos e Aramis, o i tre inseparabili?»

Frattanto Porthos s'era avvicinato, aveva salutato Athos con la mano; poi, volgendosi verso d'Artagnan, rimase immobile per la meraviglia.

«Ah ah! Che vuol dir ciò?» disse.

«La persona con cui mi batto è il signore» rispose Athos mostrando con la mano d'Artagnan e salutando con lo stesso gesto.

«Ma anch'io mi batto con lui» disse Porthos.

«Ma soltanto all'una» rispose d'Artagnan.

«E anch'io mi batto col signore» disse Aramis arrivando a sua volta sul terreno.

«Ma soltanto alle due» fece d'Artagnan con la stessa calma.

«Ma qual è la ragione per cui ti batti, Athos?» domandò Aramis.

«In fede mia, non lo so bene, mi ha fatto male alla spalla; e tu, Porthos?»

«Mi batto perché mi batto» rispose Porthos arrossendo.[8]

Athos, che non si lasciava sfuggire nulla, vide passare un fine sorriso sulle labbra del Guascone.

«Abbiamo avuto una discussione sul modo di abbigliarsi» disse il giovanotto.

«E tu, Aramis?» domandò Athos.

«Io mi batto per una ragione teologica»[9] rispose Aramis pregando con un cenno d'Artagnan di tacere la causa del duello.

5. **la sua morte era inevitabile:** d'Artagnan, nonostante il suo coraggio, non si faceva illusioni di poter sopravvivere ai moschettieri.
6. **per la sua ferita:** Athos era stato ferito in precedenza in uno scontro con le guardie del cardinale Richelieu.
7. **strada Vaugirard:** una strada di Parigi.
8. **Porthos arrossendo:** Porthos arrossisce perché il duello era stato provocato da un futile motivo: uscendo dal palazzo del signor di Tréville, d'Artagnan era inciampato nel mantello del moschettiere; cadendo a terra il mantello aveva rivelato che la bandoliera delle munizioni indossata da Porthos era d'oro solo sul davanti, mentre di dietro era di semplice pelle di bufalo. L'ironico commento del giovane aveva scatenato le ire del moschettiere, che non poteva permettersi una bandoliera tutta d'oro e che cercava in tutti i modi di nascondere il retro di essa.
9. **ragione teologica:** cioè religiosa; ma è una bugia. Aramis si batte semplicemente perché d'Artagnan gli aveva raccolto un fazzoletto che egli aveva fatto cadere per terra, preferendo non mostrarlo agli amici con cui stava parlando, in quanto lo comprometteva nei confronti della signora cui esso apparteneva.

Athos vide passare un secondo sorriso sulle labbra di d'Artagnan.

«Veramente?» disse Athos.

«Sì, un punto di Sant'Agostino[10] sul quale non eravamo d'accordo» disse il Guascone.

«Decisamente è un uomo di spirito» mormorò Athos.

«E ora che siete riuniti, signori» disse d'Artagnan «permettetemi di farvi le mie scuse.»

Alla parola scuse una nube passò sulla fronte di Athos, un sorriso altiero[11] scivolò sulle labbra di Porthos, e Aramis per tutta risposta fece col capo un cenno negativo.

«Voi non mi capite, signori» disse d'Artagnan, rialzando la testa sulla quale cadeva in quel momento un raggio di sole che ne faceva risaltare le linee fini e ardite[12] «vi chiedo scusa solo per il caso in cui non potessi pagare il mio debito a tutti e tre; perché il signor Athos ha il diritto di uccidermi per primo, ciò che toglie molto valore al vostro credito, signor Porthos, e rende quasi nullo il vostro, signor Aramis. E ora, signori, vi ripeto di scusarmi, ma solo di questo. In guardia!»

E dopo ciò, col gesto più cavalleresco che si possa immaginare, d'Artagnan snudò la spada.

«Quando volete, signore» disse Athos mettendosi in guardia.

«Attendevo i vostri ordini» rispose d'Artagnan incrociando il ferro.

Ma le due spade avevano appena tintinnato toccandosi, che una squadra di guardie di Sua Eminenza,[13] comandata dal signor di Jussac, comparve all'angolo del convento. [...]

«Alto là!» gridò Jussac avanzandovi e facendo segno ai suoi uomini d'imitarlo.

«Alto là! Qui dunque ci si batte, moschettieri? E che ne facciamo degli editti?»[14]

«Come siete generose, signore guardie» disse Athos con rancore, perché Jussac era uno degli aggressori di due giorni prima. «Se noi vi vedessimo duellare, vi avverto che non ci passerebbe neppure per il capo di impedirvelo. Lasciateci dunque fare, e vi divertirete senza fatica.»

«Signori» disse Jussac «mi dispiace molto di dovervi dire che la cosa è impossibile. Il dovere avanti tutto. Ringuainate dunque le spade e seguiteci.»

«Signore» disse Aramis parodiando[15] Jussac «con gran piacere obbediremmo al vostro gentile invito se dipendesse da noi; ma disgraziatamente la cosa è impossibile: ce l'ha proibito il signor di Tréville. Andatevene dunque per la vostra strada, è quanto di meglio vi resta da fare.»

Questa canzonatura[16] esasperò Jussac.

«Noi vi costringeremo a obbedire.»

«Sono cinque» disse Athos a mezza voce «e noi siamo solamente in tre; saremo battuti ancora una volta[17] e dovremo morir qui, poiché io non ricomparirò vinto, davanti al mio capitano.»

10. **Sant'Agostino:** sotto lo sguardo divertito di Athos, d'Artagnan tiene bordone ad Aramis, dicendo che il duello era stato provocato da una controversia su un pensiero di sant'Agostino.
11. **altiero:** altero, fiero; i moschettieri temono che d'Artagnan abbia paura di duellare.
12. **le linee fini e ardite:** del volto.
13. **Sua Eminenza:** Richelieu.
14. **editti:** gli ordini scritti che vietavano appunto il duello.
15. **parodiando:** prendendo in giro.
16. **canzonatura:** beffa.
17. **ancora una volta:** Athos allude allo scontro in cui era stato ferito e che aveva visto i moschettieri in difficoltà davanti alle guardie del cardinale.

Metrica e retorica

La metonimia

La *spada* di Jussac, il nemico di d'Artagnan viene indicata con la parola *ferro*. Si tratta di una figura retorica chiamata metonimia. La metonimia si basa sulla **sostituzione di termini** che hanno fra loro un rapporto di **vicinanza logica**. Per esempio, si sostituisce:

- un termine che indica l'effetto a un termine che indica la causa, o viceversa: "guadagnarsi il pane con il *sudore della fronte*" (cioè *lavorando*);
- un termine che indica il concreto a un termine che indica l'astratto, o viceversa: "quell'uomo ha del *fegato*" (per ha del *coraggio*);
- un termine che indica il contenente a un termine che indica il contenuto: "bere un *bicchiere*";
- un termine che indica la materia a uno che indica l'oggetto: *ferro* per *spada*, come in questo testo;
- un termine che indica l'autore a quello che indica l'opera: leggere *Dante*.

Athos, Porthos e Aramis si strinsero immediatamente l'uno all'altro mentre Jussac allineava i suoi soldati.

Quest'attimo bastò perché d'Artagnan prendesse la sua decisione; era questo uno di quegli avvenimenti che decidono della vita di un uomo; si trattava di scegliere fra il Re e il Cardinale; fatta la scelta, bisognava perseverare. Battersi voleva dire disobbedire alla legge, voleva dire rischiare la testa, voleva dire farsi di un sol colpo un nemico di un ministro più potente dello stesso Re. Ecco ciò che passò in un secondo per la mente del giovanotto, e purtuttavia, diciamolo a sua lode, egli non ebbe un minuto di esitazione. Volgendosi verso Athos e i suoi amici, disse:

«Signori, modificherò qualche parola delle vostre. Avete detto che siete soltanto in tre, ma a me sembra che siamo in quattro.»

«Voi non siete dei nostri» disse Porthos.

«È vero» rispose d'Artagnan «non indosso il vostro abito, ma ho la stessa vostra anima. Ho il cuore di un moschettiere, lo sento bene, signore, e ciò mi trascina.»

«Allontanatevi, giovanotto» gridò Jussac, che senza dubbio dai gesti e dall'espressione del viso di d'Artagnan aveva intuito i suoi propositi. «Voi potete ritirarvi, ve lo permettiamo. Salvate la vostra pelle; andatevene subito.»

D'Artagnan non si mosse.

«Decisamente siete un giovanotto impagabile»[18] disse Athos stringendogli la mano.

D'Artagnan capì la loro indecisione.

«Signori, provatemi a ogni modo» disse «e vi giuro sul mio onore che non voglio andarmene di qui se siamo vinti.»

«Come vi chiamate, coraggioso giovanotto?» chiese Athos.

«D'Artagnan, signore.»

«Ebbene! Athos, Porthos, Aramis e d'Artagnan, avanti!» disse Athos.

«Ebbene signori, vi deciderete a prendere una decisione?» gridò per la terza volta Jussac.

«È fatto, signori» disse Athos.

«E che cosa avete deciso?» chiese Jussac.

«Avremo l'onore di batterci con voi» rispose Aramis togliendosi il cappello con una mano e sguainando la spada con l'altra.

«Ah! voi fate resistenza» esclamò Jussac.

«Perbacco! E questo vi meraviglia?»

E i nove combattenti si precipitarono gli uni sugli altri con una furia non priva di un certo metodo.[19] [...]

Il cuore del giovane Guascone batteva da spezzargli il petto, non per paura, grazie a Dio! Egli non ne aveva neppure l'ombra, ma per l'emulazione;[20] si batteva come una tigre furiosa, girando dieci volte intorno al suo avversario, cambiando venti volte guardia e terreno. Alla fine questa lotta fece perdere la pazienza a Jussac. Furioso di essere tenuto a bada da colui che aveva considerato un ragazzo, si scaldò e cominciò a commettere degli sbagli. D'Artagnan, che compensava la mancanza di pratica con una profonda teoria, raddoppiò di agilità. Jussac, deciso a farla finita, tirò un colpo terribile al suo avversario con una spaccata a fondo; ma d'Artagnan prima parò, poi, mentre Jussac si rialzava, strisciando come un serpente sotto il suo ferro,[21] gli passò la propria spada attraverso il corpo. Jussac stramazzò a terra.

D'Artagnan gettò allora uno sguardo rapido e inquieto sul campo di battaglia. Aramis ave-

18. **impagabile:** letteralmente, che vale molto di più di quanto si possa pagare; quindi, straordinario, eccezionale.
19. **un certo metodo:** le regole del combattere con la spada.
20. **l'emulazione:** il desiderio di eguagliare e superare in coraggio i suoi nuovi compagni.
21. **ferro:** spada; chiamare un oggetto con il nome del materiale di cui è fatto è una figura retorica chiamata metonimia (➡ *Metrica e retorica* p. 771).

va già ucciso uno dei suoi avversari; ma l'altro lo stringeva da presso.[22] Tuttavia Aramis era in una buona situazione e poteva ancora difendersi. Bicarat e Porthos si erano colpiti scambievolmente: Porthos aveva ricevuto un colpo di spada che gli aveva attraversato il braccio, e Bicarat uno che gli aveva trapassato la coscia. Ma siccome nessuna delle due ferite era grave, l'unico risultato di ciò era che essi si battevano con maggior accanimento.

Athos, ferito di nuovo da Cahusac, impallidiva a vista d'occhio, ma non indietreggiava d'un pollice: aveva solamente cambiato la spada di mano e si batteva con la sinistra.

D'Artagnan, secondo le leggi del duello di quell'epoca, poteva soccorrere chi gli piacesse meglio; mentre cercava con lo sguardo quale dei suoi compagni avesse bisogno di lui, sorprese un'occhiata di Athos. Quell'occhiata era di un'eloquenza sublime.[23] Athos sarebbe morto piuttosto che chiedere aiuto, ma poteva guardare e guardando chiedere soccorso. D'Artagnan lo comprese e con un balzo prodigioso si precipitò sul fianco di Cahusac, gridando:

«A me, signora guardia; vi uccido!»

Cahusac si volse, era tempo. Athos che non si sosteneva se non grazie al suo enorme coraggio, cadde su un ginocchio.

«Perbacco» gridò a d'Artagnan «non uccidetelo, ve ne prego; ho una vecchia storia da aggiustare con lui, e lo farò non appena sarò guarito. Disarmatelo soltanto. Bene! Così! Benissimo!»

Questa esclamazione era strappata ad Athos dal vedere che la spada di Cahusac saltava a venti passi da lui. D'Artagnan e Cahusac si lanciarono insieme, l'uno per riafferrarla, l'altro per impadronirsene; ma d'Artagnan, più pronto, arrivò per primo e vi mise il piede sopra.

Cahusac corse presso la guardia uccisa da Aramis, s'impadronì della sua spada e volle tornare a d'Artagnan; ma sulla sua strada incontrò Athos che durante la pausa di un istante procuratagli da d'Artagnan aveva ripreso lena[24] e che, per tema che d'Artagnan gli uccidesse il suo nemico, voleva ricominciare a battersi.

D'Artagnan capì che sarebbe stato scortese verso Athos se non lo avesse lasciato fare; infatti, qualche secondo dopo, Cahusac cadde con la gola attraversata da un colpo di spada.

Nello stesso momento Aramis appoggiava la spada al petto del suo avversario rovesciato e lo forzava a chiedergli grazia.

Restavano Porthos e Bicarat. Athos, Aramis e d'Artagnan circondarono Bicarat e gli ingiunsero di arrendersi. Sebbene solo contro tutti e con un colpo di spada attraverso la co-

22. da presso: da vicino.
23. un'eloquenza sublime: parlava cioè molto chiaro.
24. lena: forza, energia.

Il lessico e la grammatica

Discorso diretto e discorso indiretto

Per far sapere al lettore ciò che un personaggio dice, il narratore ha a disposizione varie possibilità. Per esempio, al fine di dare maggiore vivacità al testo, Dumas usa molto spesso in questo brano il discorso diretto.

- Nel **discorso diretto**, il narratore lascia parlare direttamente il personaggio, che esprime le proprie emozioni, opinioni, idee. Il discorso diretto è facilmente riconoscibile perché è **introdotto da segni di punteggiatura**: i due punti e le virgolette o una lineetta che apre e chiude la battuta pronunciata dal personaggio.
- Nel **discorso indiretto**, invece, il narratore assume un ruolo più attivo; potremmo dire che fa da "filtro", presentando e raccontando le opinioni, le emozioni, le idee del personaggio. La scelta del discorso indiretto a volte consente di riassumere meglio i discorsi e le storie e dà alla narrazione un ritmo più sintetico. Il discorso indiretto è quasi sempre **introdotto da verbi** come *dire*, *fare*, *commentare* ecc.

scia, Bicarat, che era Guascone come d'Artagnan, voleva tener duro, ma Jussac, che si er rialzato sul gomito, gli gridò di arrendersi. Bicarat fece orecchie da mercante,[25] rise.

«Ma sono quattro contro di te, finiscila, te l'ordino.»

«Oh! se me l'ordini è un altro paio di maniche e, visto che sei il mio brigadiere,[26] debb ubbidirti.»

E, facendo un salto indietro, spezzò sul ginocchio la spada per non consegnarla ai vin citori, ne gettò i pezzi al di là del muro del convento e incrociò le braccia fischiettando un'a ria cardinalista.[30]

Il coraggio incute rispetto anche ai nemici. I moschettieri salutarono Bicarat con le spa de e le rimisero nel fodero.

I tre moschettieri, trad. di A. Beltramelli, A. Mondador

25. **orecchie da mercante:** finse di non sentire.

26. **il mio brigadiere:** il comandante della brigata.

27. **un'aria cardinalista:** una canzone favorevole al cardinale.

Proposte di lavoro

1. Indica se le seguenti affermazioni sono vere o false e motiva poi la tua scelta.

V F Nel brano prevalgono le sequenze descrittive e dialogiche su quelle in cui l'autore sviluppa le sue considerazioni sui personaggi.

V F Gli interventi del narratore hanno una funzione di critica moralistica dei personaggi.

V F Il brano ha un ritmo narrativo incalzante e vivace.

2. In questo brano Dumas usa molto spesso il discorso diretto. Trasforma le frasi in discorso diretto in altre in discorso indiretto e completa una tabella simile a questa.

Discorso diretto	Discorso indiretto
1.	1.
2.	2.
3.	3.
4.	4.

3. Presenta la figura del protagonista in una breve esposizione orale, per esempio a un amico che non ha letto il brano. Soffermati in particolare sui seguenti aspetti.

➤ Quali tratti del carattere di d'Artagnan emergono dal brano? In quali punti?

4. Rispondi alle seguenti domande in un breve testo.

➤ Qual è l'atteggiamento dei tre moschettieri nei confronti di d'Artagnan?

➤ Esso varia nel corso del brano o rimane costante?

Jules Verne

’autore e le opere

Jules Verne (1828-1905) è uno dei ịù celebri scrittori francesi dell’Otto- :ento. Tra i suoi romanzi, raccolti nei *'iaggi straordinari attraverso i mondi cono- ciuti e sconosciuti*, vanno ricordati *Viag- io al centro della terra, Dalla terra alla lu- ıa, Un capitano di quindici anni, Ventimi- a leghe sotto i mari, L’isola misteriosa, I fi- li del capitano Grant, Il giro del mondo in ttanta giorni* e *Michele Strogoff*. L’ele- mento di maggiore originalità dell’o- pera di Verne consiste nell’aver inseri- to nel romanzo d’avventura il tema del **progresso scientifico e tecnologico**. I suoi eroi infatti sono spesso scienziati o studiosi, esperti in qualche campo del sapere umano legato allo sviluppo della tecnologia, e grazie a queste qualità, più che alla forza e all’astuzia, riescono a superare i pericoli che incontrano. Verne sembra quindi esaltare il progresso scientifico, ma i suoi romanzi non sono affatto ingenuamente celebrativi: in essi infatti egli affronta i maggiori **problemi sociali** del suo tempo, come la schiavitù, la guerra, la povertà, l’oppressione.

Di Verne proponiamo uno degli episodi salienti del romanzo *Ventimila leghe sotto i mari* (1870), in cui vengono narrate le avventure del professor Aronnax, il quale, insieme con il servo Consiglio e il fiociniere canadese Ned, viene raccolto dopo una tempesta da un meraviglioso sottomarino “elettrico”, il *Nautilus*, comandato dal capitano Nemo, un principe indiano spodestato dagli inglesi. Animato da un cupo odio verso l’Inghilterra, Nemo vive per vendicarsi dei suoi oppressori e per aiutare gli oppressi di tutto il globo. Con lui i tre vivranno innumerevoli avventure: vedranno l’Atlantide sommersa, cacceranno nelle foreste sottomarine, lotteranno contro piovre gigantesche.

Opera
Ventimila leghe sotto i mari
Epoca
XIX secolo
Genere
romanzo
Lingua
francese

Ventimila leghe sotto i mari

Le avventure del sottomarino Nautilus

Nell’episodio che segue, il *Nautilus*, nel corso del suo straordinario viaggio sottomarino, si spinge verso l’Antartide e resta intrappolato sott’acqua in un tunnel di ghiaccio: un iceberg, capovolgendosi all’improvviso, ha infatti bloccato l’unica uscita. I marinai, il capitano Nemo e i tre ospiti-prigionieri del sottomarino rischiano di morire nel giro di poche ore a causa della mancanza d’aria. Incomincia così uno dei capitoli più emozionanti del romanzo. Nell’episodio emergono con particolare evidenza le qualità morali del capitano Nemo, vero eroe della storia, forte, intelligente e generoso. Ma è presente anche il tema della lotta fra l’uomo e la natura, rappresentata dal ghiaccio che imprigiona il sottomarino: è una lotta drammatica, che l’uomo vince non tanto grazie alla propria forza, quanto grazie alla propria intelligenza e alla tecnologia di cui è riuscito a dotarsi.

«L’aria dei serbatoi per quanto tempo ci permetterà di respirare a bordo?» domandai. Il capitano mi guardò in faccia e rispose:

«Dopo domani, i serbatoi saranno vuoti!»

Un sudore freddo mi imperlò la fronte, eppure, dovevo forse meravigliarmi di una tale risposta? Il 22 marzo, il Nautilus s’era tuffato sotto le acque libere del polo: eravamo al 26. Da cinque giorni vivevamo sulle riserve di bordo, e quel poco d’aria respirabile che rimaneva bisognava riservarla per quelli che lavoravano. Scrivendo oggi queste cose, il mio ricordo è ancora tanto vivo, che un terrore involontario s’impadronisce di tutto il mio essere, e mi sembra che debba mancarmi l’aria ai polmoni.

Frattanto il capitano Nemo rifletteva, silenzioso, immobile. Si vedeva benissimo che un'idea gli attraversava la mente, ma pareva che la respingesse e rispondesse di no a se stesso. Alla fine gli uscirono dalle labbra queste parole:

«L'acqua bollente!»

«L'acqua bollente?» esclamai.

«Sì, signore. Noi siamo chiusi in uno spazio relativamente ristretto e forse dei getti d'acqua bollente, spinti continuamente dalle pompe del Nautilus, eleverebbero la temperatura e ritarderebbero la congelazione.»

«Bisogna tentare» dissi risolutamente.

«Tentiamo, signor professore».

Il termometro segnava allora all'esterno sette gradi sotto zero.

Il capitano Nemo mi condusse alle cucine, dove erano in azione vasti apparecchi distillatori, che fornivano l'acqua potabile per evaporazione. Furono caricati di acqua, e tutto il calore elettrico delle pile fu lanciato attraverso i serpentini bagnati dal liquido. In pochi minuti quell'acqua aveva raggiunto cento gradi, e fu diretta verso le pompe, intanto che della nuova acqua veniva man mano sostituita. Il calore sviluppato dalle pile era tale, che l'acqua fredda attinta in mare, dopo aver soltanto attraversato gli apparecchi, giungeva bollente alle pompe.

L'iniezione[1] incominciò, e tre ore dopo il termometro segnava esteriormente sei gradi sotto zero. Era già un grado guadagnato; due ore più tardi, il termometro non segnava che quattro.

«Ci riusciremo», dissi al capitano, dopo aver seguito e controllato con numerose osservazioni i progressi dell'operazione.

«Lo credo anch'io», mi rispose; «non saremo schiacciati. Non avremo che da temere l'asfissia».

Durante la notte la temperatura dell'acqua risalì ad un grado sotto zero, e neppure i getti d'acqua bollente poterono portarla ad un grado più elevato; ma siccome la congelazione dell'acqua marina non avviene che a due gradi sotto zero, fui finalmente rassicurato contro i pericoli della solidificazione.

L'indomani, 27 marzo, sei metri di ghiaccio erano stati strappati dall'alveolo, ne rimanevano altri quattro, vale a dire, quarantott'ore di lavoro. L'aria non poteva più essere rinnovata nell'interno del Nautilus; e perciò quella giornata andò sempre peggiorando.

Una pesantezza intollerabile mi accasciava;[2] verso le tre pomeridiane, quel sentimento d'angoscia crebbe violentemente. Sbadigliavo fino a slogarmi le mascelle; i polmoni ansimavano cercando il fluido comburente,[3] indispensabile alla respirazione, e che si rarefaceva sempre più. Una specie di torpore[4] morale s'impadronì di me; ero disteso senza forze e quasi senza cognizione. Il mio bravo Consiglio colto dagli stessi sintomi, soffrendo le stesse pene, non mi lasciava, mi prendeva la mano, m'incoraggiava e lo sentivo ancora mormorare:

«Ah! se potessi respirare, per lasciar più aria al signore». A sentirlo parlare così, mi venivano le lacrime agli occhi.

La nostra condizione era all'interno tanto intollerabile, che, giunto il nostro turno per lavorare, indossavamo gli scafandri con una premura e un piacere indescrivibile! I picconi risuonavano sullo strato agghiacciato. Le braccia si spossavano, le mani si scorticavano: ma che importava la fatica, che cos'erano mai quelle ferite? L'aria vitale giungeva ai polmoni! si respirava!

E tuttavia nessuno prolungava il suo lavoro sott'acqua oltre il tempo voluto. Esaurito il

1. **L'iniezione:** l'emissione forzata di acqua calda all'esterno.
2. **mi accasciava:** mi toglieva ogni energia.
3. **il fluido comburente:** il gas necessario alla combustione interna, quindi l'ossigeno.
4. **torpore:** debolezza, sonnolenza.

suo compito, ciascuno rimetteva al compagno ansimante il serbatoio che doveva versargli la vita.

Il capitano Nemo dava l'esempio, assoggettandosi per primo a quella severa disciplina; e, giunta l'ora, cedeva il suo apparecchio ad un altro, e rientrava nell'atmosfera viziata di bordo, sempre calmo, senza mai venire meno, senza mandare un lamento.

In quel giorno il lavoro solito fu compiuto con una vigoria maggiore. Rimanevano soltanto due metri di ghiaccio da togliere su tutta la superficie. Due metri soli ci separavano dal mare libero; ma i serbatoi erano quasi privi d'aria, e quel poco che rimaneva era serbato per gli operai; neppure un atomo per il Nautilus!

Quando rientrai a bordo, fui quasi soffocato. Che notte! non saprei descriverla! sofferenze simili non possono essere descritte. Il giorno dopo, la mia respirazione era oppressa; ai dolori di capo si aggiungevano le vertigini, che mi stordivano come fossi ubriaco. I miei compagni provavano gli stessi sintomi ed alcuni uomini dell'equipaggio rantolavano.

Quel giorno, il sesto della nostra reclusione, il capitano, parendogli troppo lenti la zappa ed il piccone, risolvette di schiacciare lo strato di ghiaccio che ci separava ancora dalla zona liquida. Quell'uomo aveva serbato il suo sangue freddo e la sua energia, e colla forza morale faceva tacere i dolori fisici; pensava, risolveva, agiva.

Secondo i suoi ordini, la nave fu alleggerita, vale a dire, sollevata dallo strato di ghiaccio per un cambiamento del peso specifico. Quando galleggiò, fu tirata sopra l'immensa fossa, disegnata secondo la sua linea d'immersione; poi, riempiti d'acqua i suoi serbatoi, discese e si incassò nell'alveolo. Allora, tutto l'equipaggio rientrò a bordo, e la doppia porta di comunicazione fu chiusa. Il Nautilus riposava allora sullo strato di ghiaccio, che aveva meno di un metro di spessore e che gli scandagli avevan forato in mille punti.

I rubinetti dei serbatoi furono aperti interamente, e cento metri cubi d'acqua vi si precipitarono, aumentando di centomila chilogrammi il peso del Nautilus.

Aspettavamo, ascoltavamo, dimenticando le nostre sofferenze e sperando ancora. Giocavamo la nostra salvezza sopra l'ultima carta, e nonostante il ronzio che mi empiva il capo, udii in breve alcuni fremiti sotto la chiglia del Nautilus. Avvenne uno spostamento; il ghiaccio scricchiolò con uno strano rumore, simile a quello che fa la carta lacerandosi, e il Nautilus s'abbassò.

«Passiamo!» mi soffiò all'orecchio Consiglio.

Non potei rispondergli, ma presi la sua mano e la strinsi convulsamente.

D'un tratto, spinto dal suo sopraccarico spaventevole, il Nautilus si tuffò sott'acqua come una palla, o per dir meglio, cadde come avrebbe fatto nel vuoto!

Allora tutta la forza elettrica fu concentrata sulle pompe, che cominciarono subito a cacciar l'acqua calda dai serbatoi. Dopo alcuni minuti la nostra caduta fu arrestata, ed in breve il manometro[5] segnò un movimento ascensionale.[6] L'elica girando a tutta velocità, faceva fremere lo scafo di metallo fino nelle sue giunture interne e ci trascinava verso il nord.

Ma quanto doveva durare quella navigazione sotto i banchi di ghiaccio, prima di giungere al mare libero? Un giorno ancora, ed io sarei morto prima. Rovesciato sopra un divano della biblioteca, soffocavo; avevo la faccia violacea, le labbra azzurrognole. Non vedevo più, non sentivo più nulla; la nozione del tempo s'era cancellata dal mio spirito, ed i miei muscoli non potevano contrarsi.

Quante ore passarono così, non lo saprei dire; ma ebbi la coscienza della mia agonia che incominciava, e compresi che stavo per morire...

Improvvisamente rinvenni; alcune boccate d'aria penetrarono nei miei polmoni. Eravamo risaliti alla superficie? avevamo oltrepassato il banco di ghiaccio? No! erano Ned e

5. **manometro:** misuratore della pressione, e dunque della profondità.

6. **ascensionale:** in risalita.

Consiglio, i miei due bravi amici, che si sacrificavano per salvarmi. Alcuni atomi d'aria rimanevano ancora in fondo ad un apparecchio, ed invece di respirarli li avevano serbati per me, e mentre loro soffocavano, mi versavano la vita a goccia a goccia! Volli respingere l'apparecchio, ma essi mi tennero le mani, e per alcuni istanti respirai voluttuosamente.

Volsi gli occhi sull'orologio, erano le undici del mattino, e dovevamo essere al 28 marzo. Il Nautilus filava con una spaventevole velocità di quaranta miglia all'ora e si contorceva nelle acque.

Dov'era il capitano Nemo? Era morto, e con lui erano morti anche i suoi compagni?

In quella il manometro indicò che non eravamo più che a venti metri dalla superficie. Un semplice campo di ghiaccio[7] ci separava dall'atmosfera. Non si poteva spezzarlo? Forse, ed in ogni caso il Nautilus doveva tentare. Sentii infatti che la nave prendeva una posizione obliqua abbassando la poppa e volgendo in alto lo sperone. Un'introduzione d'acqua era bastata per rompere il suo equilibrio. Poi, spinto dalla sua elica poderosa, assalì l'ice-field per di sotto come un formidabile ariete. Lo frangeva a poco a poco, si ritirava e si avventava ancora a tutta velocità contro il campo che si spezzava, e finalmente, trasportato da uno sforzo supremo, si scagliò sulla superficie e l'infranse col suo peso.

Lo sportello fu aperto, si potrebbe dire strappato, e l'aria pura penetrò a fiotti in tutte le parti del Nautilus.

Ventimila leghe sotto i mare, trad. di T.R. Blanche, Barion

7. **campo di ghiaccio:** traduzione letterale di *ice-field*.

Proposte di lavoro

1. Quali sono le caratteristiche morali e psicologiche del capitano Nemo? Scegli alcuni fra i seguenti aggettivi e poi aggiungine altri che ritieni possano essere pertinenti.

- ☐ vile
- ☐ coraggioso
- ☐ malvagio
- ☐ deciso
- ☐ astuto
- ☐ debole

Il capitano Nemo è ....

....

....

....

....

....

2. Analizza il brano alla luce del genere in cui lo abbiamo collocato.

- ➤ Quali caratteristiche della letteratura d'evasione puoi ritrovare nel testo che hai letto?
- ➤ Quali tratti propri del genere letterario avventuroso puoi rinvenirvi?
- ➤ Sottolinea nel brano le sequenze in cui sono presenti questi elementi.
- ➤ Raccogli queste risposte in un breve testo ordinato.

3. A tuo parere il tema della lotta tra l'uomo e la natura è presente nel testo letto? Motiva la risposta in un breve testo.

....

....

....

....

....

Fantascienza, *fantasy*, *horror*

La storia del genere...

La fantascienza (in inglese *science fiction*) può essere considerata la forma attuale di quel genere fantastico e avventuroso diffuso nella letteratura fin dalla seconda metà del Settecento. Con le nuove conquiste delle scienze e della tecnologia, la fantascienza del Novecento ha però elaborato un nuovo stile narrativo e un nuovo linguaggio.

Se la narrativa fantastica precedente inventava mondi e creature strani e per lo più inverosimili, nel racconto fantascientifico la **scienza** e la **tecnologia** diventano l'orizzonte entro cui gli autori sperimentano ardite e paradossali ipotesi scientifiche su mondi futuri possibili e in scenari di vita che potrebbero davvero essere davanti a noi. Al mondo terrestre che l'uomo ha ormai imparato a conoscere e a dominare, la fantascienza sostituisce gli spazi ancora ignoti delle galassie, i mondi infiniti del cosmo interplanetario, rivoluzionando le **categorie dello spazio e del tempo** che siamo soliti applicare nella nostra vita quotidiana.

... e le sue caratteristiche

Paure e inquietudini si riflettono nella narrazione fantascientifica

La fantascienza dunque è uno sguardo, un'anticipazione su un futuro possibile per l'uomo. A volte la visione è **pessimistica**, preoccupata per le prospettive di catastrofe e di distruzione che l'oggi sembra preparare per il domani. A volte invece lo sguardo è curioso e fiducioso, di chi spera di trovare nel futuro mondi migliori, in cui la scienza sia più e meglio di oggi al servizio dell'uomo e in cui i conflitti e i problemi attuali possano venire risolti da un'umanità più ragionevole. In ogni caso, sia che predomini l'ottimismo e la fiducia nella razionalità dell'uomo, sia che prevalgano ipotesi negative sulle conseguenze a cui lo sviluppo della scienza può portare la Terra, sempre nella narrazione fantascientifica emergono le **paure del mondo presente**, le inquietudini e le angosce che in questa vita gravano sul nostro spirito e sul nostro comportamento. Al di là di queste considerazioni, il **senso dell'avventura**, della scoperta, dell'imprevedibile fanno della fantascienza un genere molto letto e apprezzato dal pubblico di oggi e in particolar modo dai giovani.

Le origini della fantascienza

Sul piano della storia della letteratura le origini della fantascienza si fanno addirittura risalire a romanzi del **Seicento** e del **Settecento** (*L'altro mondo* o *Gli stati e imperi della luna* di Cyrano de Bergerac, 1657, *Micromégas* di Voltaire, 1752 e *I viaggi di Gulliver* di Jonathan Swift, 1726). Mary Shelley inventò nel celebre romanzo *Frankenstein* (1818) il primo essere "artificiale", costruito da uno scienziato. Le storie di Edgar Allan Poe, basate sul surreale e il mistero, servirono da modello per molta della fantascienza successiva. I veri fondatori del genere sono però considerati il francese Jules Verne e l'inglese Herbert G. Wells. Nei romanzi di Verne (*Viaggio al centro della terra*, 1864, *Dalla terra alla luna*, 1865, *Ventimila leghe sotto i mari*, 1869) appare una **fiducia assoluta nei progressi della scienza**. Wells ipotizzò invece nei suoi libri (*La macchina del tempo*, 1895, *La guerra dei mondi*, 1898) un futuro gravido di conflitti provocati dall'incontrollato progresso scientifico e dalle crescenti tensioni sociali.

Nella foto, che risale agli anni Trenta del Novecento, è raffigurato un robot antropomorfo costruito in Giappone.

Gli autori del Novecento

Visioni di società future tragicamente oppressive dominano le pagine di autori come il cecoslovac-co Karel Čapek (che nella commedia *I robot universali di Rossum* del 1920 usò per la prima volta la parola *robot*) o degli inglesi Aldous Huxley (*Il mondo nuovo,* 1932) e George Orwell, autore del notissimo *1984* (scritto nel 1947). Nel Novecento fu tuttavia soprattutto negli Stati Uniti che la fantascienza si affermò come **genere popolare**. In numerose riviste e collane editoriali cominciarono a venir pubblicate storie di avventure spaziali, di creazioni di mostri e di robot, di incontri con extraterrestri; erano storie che ricalcavano in parte quelle del genere western e dei resoconti di esplorazioni e di viaggi. La bomba atomica nel 1945 e la guerra fredda diedero origine alla cosiddetta "**fantapolitica**" e ispirarono storie a sfondo catastrofista. Tra gli autori più importanti della fantascienza degli ultimi decenni, ricordiamo: Isaac Asimov, Ray Bradbury, Clifford Simak, Fredric Brown, Robert Sheckley, Arthur C. Clarke, Fred Hoyle.

Nasce il genere *fantasy*

Negli anni venti nacque e si sviluppò il genere *fantasy*, che ha oggi fra gli autori più noti l'inglese John R.R. Tolkien (*Il signore degli anelli*, 1954-55) e il tedesco Michael Ende (*La storia infinita*, 1979). Negli ultimi anni sono state in particolare le scrittrici a cimentarsi in questo genere. Tra le autrici più affermate segnaliamo Marion Zimmer Bradley e Ursula Le Guin, che hanno dato luce a cicli di romanzi di grande successo. Fra questi, ambientati in situazioni e scenari a cavallo tra la *fantasy* e la fantascienza, ricordiamo la saga di *Earthsea*.

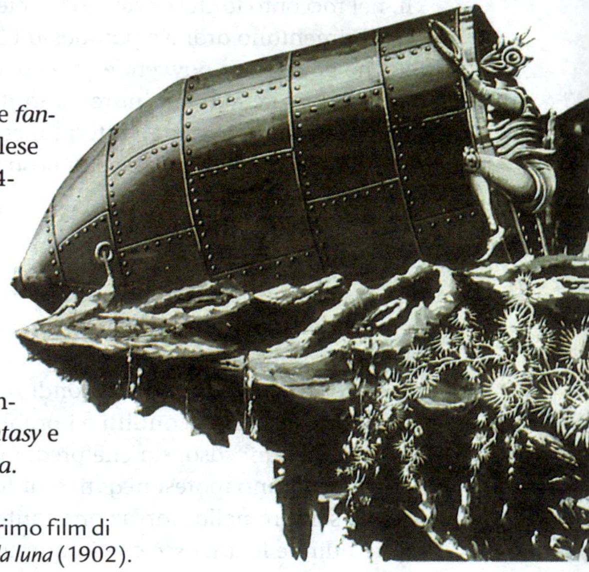

Un fotogramma del primo film di fantascienza, *Viaggio nella luna* (1902).

Robot, androidi, *cyborg*

Il lessico e la grammatica

Nel linguaggio comune, un robot è un'apparecchiatura artificiale che esegue compiti in base a comandi, con la finalità di sostituire o aiutare l'uomo, in determinati processi produttivi, per esempio nella fabbricazione e nella movimentazione e manipolazione di materiali pesanti e pericolosi o semplicemente per liberare l'uomo da impegni gravosi. Un robot si muove grazie a motori elettromagnetici; il controllo è fornito da un programma eseguito da un computer esterno o interno al robot stesso. La parola robot viene tuttavia usata per indicare anche un essere artificiale, un automa o un androide che "replichi", ossia somigli a un animale (reale o immaginario) o a un uomo. Il termine robot deriva dalla parola boema robota, che significa "lavoro pesante", "lavoro forzato". L'introduzione di questo termine si deve allo scrittore ceco **Karel Čapek** il quale lo usò per la prima volta nel 1920 nel suo dramma teatrale *I robot universali di Rossum.*
Il termine androide (che deriva dal greco antico e che significa "a forma di uomo") viene usato per indicare sia uomini artificiali organici sia uomini meccanici, mentre un *cyborg* ("organismo cibernetico" o "uomo bionico") indica una creatura che combina parti organiche e meccaniche. Il termine "robotica" venne usato per la prima volta (su carta stampata) da **Isaac Asimov** nella sua famosa raccolta *Io, Robot.*
L'idea di persone artificiali risale alle mitologie più antiche. Le leggende ebraiche ci parlano per esempio del Golem, una statua di argilla, animata dalla magia. Il primo progetto di un robot umanoide è forse quello di Leonardo da Vinci, alla fine del Quattrocento, il quale disegnò un cavaliere meccanico, in grado di alzarsi in piedi, agitare le braccia e muovere testa e mascella. Nel Settecento, in Francia, vennero costruiti un androide che suonava il flauto e un'anatra meccanica che, secondo le testimonianze, riusciva a mangiare.
Nel racconto breve di E.T.A. Hoffmann *L'uomo di sabbia* (1817) compariva una donna meccanica a forma di bambola, a cui seguì per tutto l'Ottocento una serie infinita di automi umanoidi, protagonisti di racconti e romanzi. Quando la tecnologia avanzò al punto che la gente intravedeva nelle creature meccaniche qualcosa più che dei giocattoli, la letteratura sui robot cominciò a riflettere il timore che gli esseri umani avrebbero potuto essere rimpiazzati dalle loro stesse creazioni. *Frankenstein* di M. Shelley (del 1818), forse il primo romanzo di fantascienza, è divenuto un sinonimo di questa tematica.

Nel *fantasy* si trovano elementi del patrimonio fiabesco e mitologico medievale

La *fantasy* si distingue dalla fantascienza per il suo carattere nettamente **fantastico** e l'insistenza sui motivi del fiabesco, del magico e del mitologico. Le ambientazioni della *fantasy* sono per lo più tratte dal **Medioevo barbarico**, dalla cui tradizione cavalleresca vengono liberamente ripresi motivi, personaggi e situazioni. Tutto il patrimonio fiabesco e mitologico dell'Europa medievale, specie dei paesi nordici, viene fuso in narrazioni che usano le **tecniche letterarie del romanzo d'avventura** per costruire storie di maghi e di cavalieri in perenne lotta contro le forze del Male, circondati da draghi e da mostri, da orchi e folletti, da gnomi e coboldi. Il pubblico dei lettori viene attirato in un mondo di magia e di invenzione, in cui tuttavia gli si chiede di ritrovare i valori positivi di base del nostro mondo reale: l'amore, l'amicizia, la lealtà, la generosità, il coraggio.

Horror e *fanta-horror*

Un tipo di narrativa che riscuote oggi notevole fortuna, soprattutto presso il pubblico giovanile, è rappresentato dal genere che potremmo chiamare del ***fanta-horror***, che ha in Stephen King il suo indiscusso maestro, oltre che l'autore di maggior successo. Si tratta di un tipo di narrativa che mescola elementi della fantascienza, della *fantasy*, del giallo, innestandoli sulla tradizione del **romanzo gotico** o **nero**. L'*horror* ambienta le sue narrazioni in **situazioni macabre e allucinate**, nelle quali il lettore precipita in un'atmosfera di orrore e di paura, di incubo e di repulsione. Mostri, fantasmi, creature immaginarie e feroci, morti viventi, cimiteri, scheletri, creature del soprannaturale e da incubo si mescolano con fatti e situazioni della nostra vita normale in modo da spiazzare il lettore con ripetuti e sorprendenti colpi di scena.

Recentemente sono stati soprattutto il **cinema** e il **fumetto** a indirizzare questo genere narrativo verso tecniche e linguaggi nuovi. In Italia uno degli scrittori che hanno meglio interpretato i nuovi gusti giovanili e messo a frutto l'efficacia di una scrittura molto influenzata dall'elemento visivo e dalle tecniche del fumetto è Tiziano Sclavi, l'inventore del personaggio di Dylan Dog.

Non è difficile spiegare il successo dei romanzi *horror*. Essi soddisfano l'attrazione mista a repulsione che proviamo nei confronti del mistero e dell'ignoto. Queste storie piacciono proprio perché fanno paura, e la paura – come qualsiasi altra emozione forte – rappresenta un ingrediente di cui l'uomo ha bisogno, per dare sfogo ed espressione ai propri impulsi. Invece che essere dannosa e diseducativa la letteratura *horror*, se ben scritta, crea una forte **identificazione fra lettore e racconto** e costituisce per chi legge una occasione significativa non solo di evasione e di divertimento, ma anche di **riflessione sulle componenti più nascoste dell'animo umano.**

In sintesi

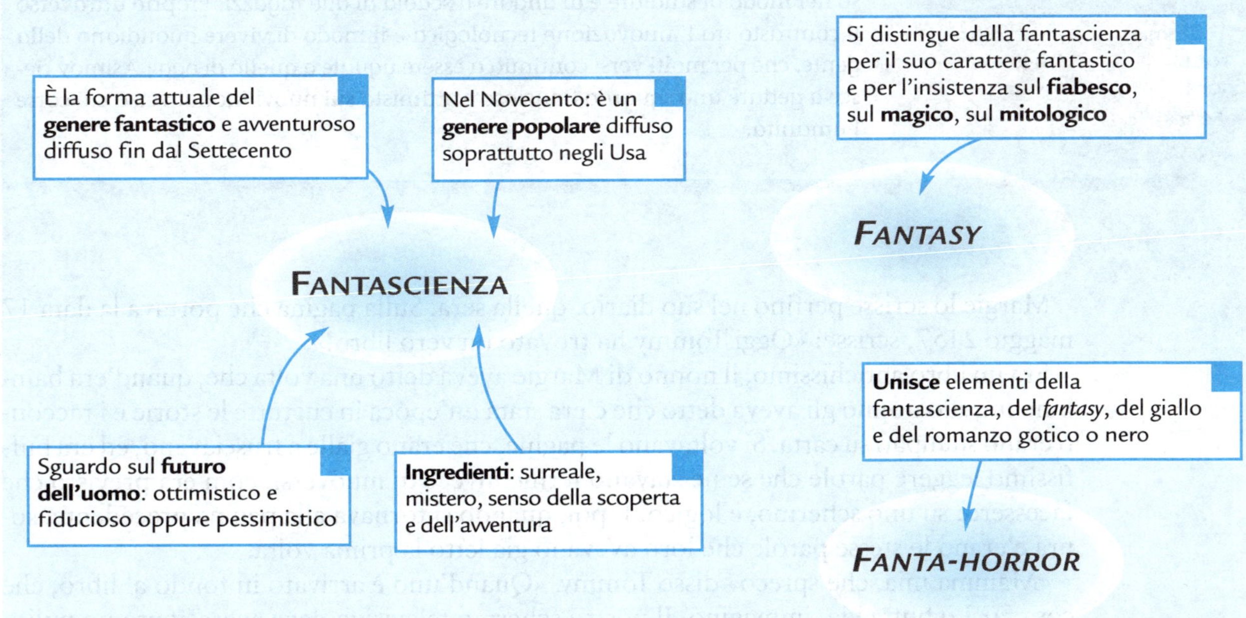

Isaac Asimov

L'autore e le opere

Isaac Asimov, nato in Unione Sovietica nel 1920 e morto nel 1992 negli Stati Uniti, dove viveva ormai da molti anni, è uno degli autori di fantascienza più noti. Docente universitario di biochimica, autore di numerosi testi di divulgazione scientifica, deve la sua fama soprattutto alle opere di **fantascienza tecnologica**. Dei suoi numerosi racconti ricordiamo *Io, robot*, 1950, *Il regno del sole*, 1960, *Neanche gli dei*, 1972. La sua trilogia di romanzi sulla *Fondazione* – dei primi anni Cinquanta, a cui si aggiunsero un quarto volume nel 1982 e un quinto nel 1987 – è forse il ciclo di romanzi di fantascienza più letto e venduto del secolo scorso.

Nella fantascienza di Asimov **scienza e tecnologia** svolgono per lo più un **ruolo positivo**, a vantaggio dell'umanità. L'autore non inventa vicende fantastiche impossibili, ma inserisce le sue storie nell'orizzonte nei limiti di **precise conoscenze scientifiche**. Lui stesso definì la fantascienza «quella branca della narrazione che tratta di una società fittizia differente dalla nostra solo per la natura e lo sviluppo del suo progresso tecnologico».

Opera
Tutti i miei robot
Epoca
XX secolo
Genere
racconto
Lingua
inglese

Tutti i miei robot

Chissà come si divertivano

Queste caratteristiche della narrativa di Asimov emergono anche dal racconto che abbiamo scelto. Esso fu scritto negli anni Cinquanta per un giornale scolastico e venne poi ripubblicato, per il grande successo ottenuto, sulla rivista "Fantasy and Science Fiction". Il tema centrale è il mutamento provocato dalle nuove tecnologie, in una società futura, nella vita di tutti i giorni, in questo caso nel modo di studiare e di andare a scuola di due ragazzi. Proprio attraverso il contrasto tra l'innovazione tecnologica e il modo di vivere quotidiano della gente, che per molti versi continua a essere uguale a quello di oggi, Asimov riesce a gettare uno sguardo fiducioso e ottimista sui nuovi mondi verso cui corre l'umanità.

Margie lo scrisse perfino nel suo diario, quella sera. Sulla pagina che portava la data 17 maggio 2157, scrisse: «Oggi Tommy ha trovato un vero libro!»

Era un libro antichissimo, il nonno di Margie aveva detto una volta che, quand'era bambino lui, suo nonno gli aveva detto che c'era stata un'epoca in cui tutte le storie e i racconti erano stampati su carta. Si voltavano le pagine, che erano gialle e frusciavano, ed era buffissimo leggere parole che se ne stavano ferme invece di muoversi, com'era previsto che facessero: su uno schermo, è logico. E poi, quando si tornava alla pagina precedente, sopra c'erano le stesse parole che loro avevano già letto la prima volta.

«Mamma mia, che spreco» disse Tommy. «Quand'uno è arrivato in fondo al libro, che cosa fa? Lo butta via, immagino. Il nostro schermo televisivo deve avere avuto un milione di libri, sopra, ed è ancora buono per chissà quanti altri. Chi si sognerebbe di buttarlo via?» «Lo stesso vale per il mio.» disse Margie. Aveva undici anni, lei, e non aveva visto tanti telelibri quanti ne aveva visti Tommy. Lui di anni ne aveva tredici.

«Dove l'hai trovato?» gli domandò.

«In casa.» Indicò senza guardare, perché era occupatissimo a leggere. «In solaio.»

«Di che cosa parla?» «Di scuola.»

«Di scuola?» Il tono di Margie era sprezzante. «Cosa c'è da scrivere, sulla scuola? Io, la scuola, la odio.»

Margie aveva sempre odiato la scuola, ma ora la odiava più che mai. L'insegnante meccanico le aveva assegnato un test dopo l'altro di geografia, e lei aveva risposto sempre peggio, finché la madre aveva scosso la testa, avvilita, e aveva mandato a chiamare l'Ispettore della Contea. Era un omino tondo tondo, l'Ispettore, con una faccia rossa e uno scatolone di arnesi con fili e con quadranti. Aveva sorriso a Margie e le aveva offerto una mela, poi aveva smontato l'insegnante in tanti pezzi. Margie aveva sperato che poi non sapesse più come rimetterli insieme, ma lui lo sapeva e, in poco più di un'ora, l'insegnante era di nuovo tutto intero, largo, nero e brutto, con un grosso schermo sul quale erano illustrate tutte le lezioni e venivano scritte tutte le domande. Ma non era quello, il peggio. La cosa che Margie odiava soprattutto era la fessura dove lei doveva infilare i compiti e i testi compilati. Le toccava scriverli in un codice perforato[1] che le avevano fatto imparare quando aveva sei anni, e il maestro meccanico calcolava i voti a una velocità spaventosa. L'ispettore aveva sorriso, una volta finito il lavoro, e aveva accarezzato la testa di Margie. Alla mamma aveva detto: «Non è colpa della bambina, signora Jones. Secondo me, il settore geografia[2] era regolato male. Sa, sono inconvenienti che capitano, a volte. L'ho rallentato. Ora è su un livello medio per alunni di dieci anni. Anzi, direi che l'andamento generale dei progressi della scolara sia piuttosto soddisfacente.» E aveva fatto un'altra carezza sulla testa a Margie.

Margie era delusa. Aveva sperato che si portassero via l'insegnante per ripararlo in officina. Una volta s'erano tenuti quello di Tommy per circa un mese, perché il settore storia era andato completamente a pallino.[3] Così, disse a Tommy: «Ma come gli viene in mente, a uno, di scrivere un libro sulla scuola?»

Tommy la squadrò[4] con aria di superiorità. «Ma non è una scuola come la nostra, stupida! Questo è un tipo di scuola molto antico, come l'avevano centinaia e centinaia di anni fa.» Poi aggiunse altezzosamente,[5] pronunciando la parola con cura. «*Secoli* fa.»

Margie era offesa. «Be', io non so che specie di scuola avessero, tutto quel tempo fa.» Per un po' continuò a sbirciare il libro, china sopra la spalla di lui, poi disse: «In ogni modo, avevano un maestro.» «Certo che avevano un maestro, ma non era un maestro *regolare*. Era un uomo.»

«Un uomo? Come faceva un uomo a fare il maestro?» «Be', spiegava le cose ai ragazzi e alle ragazze, dava da fare dei compiti a casa e faceva delle domande.» «Un uomo non è abbastanza in gamba.» «Sì che lo è. Mio papà ne sa quanto il mio maestro.» «Ma va'! Un uomo non può saperne quanto un maestro.» «Ne sa quasi quanto il maestro, ci scommetto.»

Margie non era preparata a mettere in dubbio quell'affermazione. Disse: «Io non ce lo vorrei un estraneo in casa mia, a insegnarmi.» Tommy rise a più non posso. «Non sai proprio niente, Margie. Gli insegnanti non vivevano in casa. Avevano un edificio speciale e tutti i ragazzi andavano là.» «E imparavano tutti la stessa cosa?» «Certo, se avevano la stessa età.»

«Ma la mia mamma dice che un insegnante dev'essere regolato perché si adatti alla mente di uno scolaro o di una scolara, e che ogni bambino deve essere istruito in modo diverso.»

1. **codice perforato:** sistema convenzionale di informazioni su schede perforate, in uso nei calcolatori di prima generazione.
2. **il settore geografia:** il settore di informazioni e di operazioni riguardanti la materia di geografia dell'insegnante meccanico.
3. **era andato… a pallino:** non funzionava.
4. **la squadrò:** la guardò con atteggiamento sprezzante
5. **altezzosamente:** con aria di superiorità.

«Sì, però loro a quei tempi non facevano così. Se non ti va, fai a meno di leggere il libro

«Non ho detto che non mi va, io.» si affrettò a precisare Margie. Certo che voleva leggere di quelle buffe scuole.

Non erano nemmeno a metà del libro quando la signora Jones chiamò: «Margie! A scuola!»

Margie guardò in su. «Non ancora, mamma.»

«Subito!» disse la signora Jones. «E sarà ora di scuola anche per Tommy, probabilmente.»

Margie disse a Tommy: «Posso leggere ancora un po' il libro con te, dopo la scuola?

«Vedremo» rispose lui, con noncuranza.[6] Si allontanò fischiettando, il vecchio libro polveroso stretto sotto il braccio.

Margie se ne andò in classe. L'aula era proprio accanto alla sua cameretta, e l'insegnante meccanico, già in funzione, la stava aspettando. Era in funzione sempre alla stessa ora tutti i giorni tranne il sabato e la domenica, perché la mamma diceva che le bambine imparavano meglio se imparavano a orari regolari.

Lo schermo era illuminato e diceva: «Oggi la lezione di aritmetica è sull'addizione delle frazioni proprie. Prego inserire il compito di ieri nell'apposita fessura.»

Margie obbedì, con un sospiro. Stava pensando alle vecchie scuole che c'erano quando il nonno di suo nonno era bambino. Ci andavano i ragazzi di tutto il vicinato, ridevano e vociavano nel cortile, sedevano insieme in classe, tornavano a casa insieme alla fine della giornata. Imparavano le stesse cose, così potevano darsi una mano a fare i compiti e parlare di quello che avevano da studiare.

E i maestri erano persone...

L'insegnarte meccanico faceva lampeggiare sullo schermo: «Quando addizioniamo le frazioni 1/2 + 1/4...»

Margie stava pensando ai bambini di quei tempi, e a come dovevano amare la scuola. Chissà, stava pensando, come si divertivano!

Il meglio di Asimov, trad. di H. Brinis, A. Mondadori

6. **noncuranza:** indifferenza, disinteresse.

Proposte di lavoro

1. Il fascino del racconto di Asimov sta nell'abilità con cui le componenti fantascientifiche sono inserite in un mondo e in una vita quotidiana che per molti aspetti sono ancora quelli di oggi. Individua e inserisci nella tabella seguente rispettivamente gli elementi fantascientifici presenti nel racconto e quelli realistici, cioè quelli che richiamano il mondo attuale.

Elementi fantascientifici	
Elementi realistici	

2. Che significato ha secondo te il racconto? Che atteggiamento ha Margie nei confronti del suo robot-insegnante? Che cosa pensa della scuola del passato? Rispondi a queste domande elaborando un breve testo.
3. Qual è la previsione del futuro contenuta nel racconto? Ti sembra realistica? Credi che in futuro i robot regoleranno la vita quotidiana degli uomini? Rispondi a queste domande in un testo senza limiti di righe.
4. Prova a immaginare tu la scuola del futuro. Come si svolgeranno le lezioni? Chi saranno gli insegnanti? Quali materie verranno insegnate? Confronta le tue previsioni con quelle dei tuoi compagni e inventa un breve racconto ambientato in una fantascientifica scuola del futuro.

Mary Shelley

L'autore e l'opera

Che cosa accadrebbe se potessimo, grazie a tecnologie rivoluzionarie, ridare la vita ai cadaveri? La risposta a questa domanda si trova in *Frankenstein*, romanzo scritto da Mary Wollstonecraft Godwin (1797-1851), moglie del poeta romantico inglese Shelley, nel 1818. L'idea del romanzo era nata due anni prima quando, durante una noiosa giornata di pioggia, in Svizzera, la coppia inglese, insieme con l'amico poeta romantico Byron, aveva proposto una gara singolare: ognuno avrebbe dovuto inventare una storia *horror*, come diremmo oggi; la più spaventevole avrebbe vinto. Solo Mary, in realtà, porterà a termine l'impresa, pubblicando appunto *Frankenstein*, romanzo che godette da subito di un successo eccezionale, dando vita a una delle creature mostruose più note di tutti i tempi, fonte di ispirazione molteplice, in campo cinematografico, come in quello teatrale e del fumetto.

Il tema principale del romanzo è quello della **paura** che l'uomo avverte nei confronti **delle proprie creazioni**. L'opera è tuttavia ricca di significati: il senso della scienza e il problema dei suoi limiti, la possibilità per l'uomo di controllare la natura e di svelarne il mistero, l'incapacità del "borghese" di accettare ciò che è diverso da sé, la solitudine e l'infelicità dell'esistenza. Il contesto in cui l'autrice scrive è quello della rivoluzione industriale inglese in cui la scienza e la tecnica compiono prodigiosi passi in avanti e il progresso sembra aprire all'umanità prospettive inimmaginabili fino a poco prima. La **trama** è **cupa e terribile**: Frankenstein, giovane scienziato svizzero, utilizzando parti anatomiche sottratte a vari cadaveri, costruisce una creatura mostruosa, cui riesce, servendosi di un procedimento misterioso, a infondere la vita. Malgrado l'aspetto terrificante, la "creatura" si rivela mite e buona. Quando tuttavia si rende conto del terrore e del disgusto che il suo aspetto terrificante provoca negli altri, la bontà si trasforma nel suo opposto e diventa una mostro violento e distruttore. Alla fine, dopo molti delitti, la "creatura" finisce per uccidere anche il suo inventore.

Opera **Frankenstein** Genere **romanzo**
Epoca **XIX secolo** Lingua **inglese**

Frankenstein

La nascita della creatura

Il brano che abbiamo scelto racconta il momento più drammatico della vicenda: la cupa e tempestosa notte in cui il "mostro" prende vita.

Fu in una cupa notte di novembre che vidi la fine del mio lavoro.[1] [...] Come posso descrivere le mie emozioni in questo momento culminante, o rappresentare la disgraziata creatura a cui con cura infinita e infinite pene avevo cercato di dare forma? Le sue membra erano proporzionate, e avevo scelto le sue sembianze mirando[2] alla bellezza. Bellezza! Gran Dio! La sua pelle gialla a malapena copriva la trama dei muscoli e delle arterie; i suoi capelli erano fluenti e di un nero lucente, i denti di un bianco perlaceo, ma questi pregi facevano solo un più orrido contrasto con gli occhi acquosi che sembravano quasi dello stesso colore delle orbite biancastre in cui erano infossati, con la sua pelle corrugata[3] e le labbra nere e tirate.

1. **lavoro:** il dottor Frankenstein aveva costruito la "creatura" servendosi di parti anatomiche di cadaveri.
2. **mirando:** puntando come obiettivo.
3. **corrugata:** raggrinzita.

I vari eventi della vita non sono tanto mutabili quanto i sentimenti della natura umana. Avevo lavorato sodo per quasi due anni con il solo intento di infondere vita in un corpo inanimato. Per questo mi ero privato di riposo e salute. Lo avevo desiderato con un ardore[4] che andava ben oltre la moderazione. Ma ora che avevo finito, la bellezza del sogno svaniva, e un orrore e un disgusto soffocanti mi riempivano il cuore. Incapace di sopportare la vista dell'essere che avevo creato, mi precipitai fuori della stanza e continuai a lungo a camminare su e giù nella mia camera da letto, incapace di indurre[5] la mente al sonno. Alla fine, la stanchezza succedette al tumulto iniziale, e mi gettai sul letto vestito, cercando qualche momento di oblio.[6]

Ma invano: dormii, per la verità, ma fui turbato dai sogni più strani. Credetti di vedere Elizabeth,[7] fiorente di salute, a passeggio per le strade di Ingolstadt,[8] felice e sorpreso, l'abbracciavo; ma mentre le davo il primo bacio sulle labbra, esse diventavano livide,[9] del colore della morte; i suoi tratti sembravano trasformarsi, e io credevo di tenere tra le braccia il cadavere di mia madre morta; un sudario[10] avvolgeva il suo corpo e vedevo i vermi brulicare tra le pieghe del tessuto. Mi svegliai di soprassalto, pieno di orrore; un sudore freddo mi copriva la fronte, battevo i denti e tremavo convulsamente in ogni parte del corpo, quando alla luce fioca e gialla della luna che penetrava a fatica dalle persiane chiuse, mi vidi davanti il disgraziato: il miserabile mostro che avevo creato. Teneva sollevata la cortina[11] del letto, e i suoi occhi, se occhi si possono chiamare, erano fissi su di me. Le mascelle si aprirono e mugulò qualche suono inarticolato, mentre un ghigno gli raggrinziva le guance. Può darsi che dicesse qualcosa ma non lo udii; una mano era tesa in avanti, forse per trattenermi, ma gli sfuggii e mi precipitai giù per le scale. Mi rifugiai nel cortile della casa in cui abitavo, dove rimasi per il resto della notte, camminando in preda alla più grande agitazione, tendendo l'orecchio, ascoltando e temendo ogni suono come se dovesse annunciare l'avvicinarsi del diabolico cadavere a cui avevo così tristamente dato vita.

Oh! Nessun mortale avrebbe sostenuto l'orrore del suo aspetto. Una mummia, che venisse rianimata, non sarebbe rivoltante come quel miserabile. Lo avevo osservato quando non era ancora finito; allora era brutto, ma quando quei muscoli e quelle giunture furono messi in grado di muoversi, diventò una cosa che neppure Dante avrebbe saputo concepire.[12] Passai una notte disperata. In certi momenti il polso mi batteva così rapido e forte che sentivo il palpitare di ogni arteria: in altri, quasi mi afflosciavo a terra per il languore[13] e l'estrema debolezza. Mescolata a questo orrore, sentivo l'amarezza della delusione: i sogni, che erano stati così a lungo per me cibo e riposo piacevole, ora erano diventati un inferno; e il cambiamento era stato così rapido, la sconfitta così completa! Il mattino, desolato e piovoso, finalmente sorse e rivelò ai miei occhi arrossati e dolenti la chiesa di Ingolstadt. il suo campanile bianco e l'orologio che indicava le sei. Il portinaio aprì i cancelli del cortile che era stato il mio asilo[14] per quella notte, e uscii per le strade, percorrendole a passo rapido, come se cercassi di evitare il miserabile che temevo mi si presentasse alla vista ad ogni angolo di strada. Non osavo tornare al mio appartamento, ma mi sentivo spinto a procedere, benché bagnato fino alle ossa dalla pioggia che scrosciava da un cielo nero e spietato. Continuai a camminare così per qualche tempo, tentando di alleviare con l'esercizio fisico il peso che mi opprimeva la mente. Attraversavo le strade senza un'idea precisa di dove fossi o di quel che stessi facendo. Il mio cuore palpitava sconvolto dalla paura, e io mi affrettavo oltre, senza osare guardarmi attorno:

4. **ardore:** passione.
5. **indurre:** portare.
6. **oblio:** pace, riposo.
7. **Elizabeth:** la sorella di Frankenstein.
8. **Ingolstadt:** località tedesca.
9. **livide:** bluastre.
10. **sudario:** panno con cui si coprivano i morti.
11. **cortina:** secondo l'uso del tempo, tendina che separava il letto dalla camera.
12. **neppure... concepire:** l'autrice si riferisce alle creature orribili e strane inventate da Dante Alighieri nella *Divina commedia*.
13. **languore:** fiacchezza, sfinimento.
14. **asilo:** rifugio.

Come uno che, per strada deserta,
cammina tra paura e terrore,
e, guardatosi indietro, prosegue
e non volta mai più la testa
perché sa che un orrendo demonio
a breve distanza lo insegue.[15]

Continuando così giunsi infine davanti alla locanda dove facevano di solito sosta carrozze e diligenze. Qui mi fermai, non so perché, e rimasi per qualche minuto con gli occhi fissi su una vettura che veniva verso di me dalla parte opposta della strada. Mentre si avvicinava, notai che era la diligenza svizzera; mi si fermò proprio accanto e, all'aprirsi dello sportello, scorsi Henry Clerval,[16] che vedendomi saltò subito giù. «Mio caro Frankenstein» esclamò, «come sono felice di vederti! Che fortunata coincidenza che tu sia qui, proprio al momento del mio arrivo!». [...] «Ma, mio caro Frankenstein» continuò, fermandosi e fissandomi in viso, «non avevo notato prima il tuo brutto aspetto: così magro e pallido, hai l'aria di uno che ha vegliato per diverse notti di seguito». «Hai indovinato; ultimamente, sono stato così assorbito da una certa attività che non mi sono concesso abbastanza riposo, come vedi, ma spero, spero davvero di avere concluso questo lavoro e di essere finalmente libero!». Tremavo violentemente; non riuscivo a pensare e tanto meno ad accennargli a quanto era successo la notte precedente. Camminavo velocemente, e presto giungemmo al mio collegio. Qui riflettei, e il pensiero mi fece rabbrividire, che la creatura che avevo lasciato nel mio appartamento poteva ancora trovarsi là, viva, a vagare per le stanze. Paventavo[17] la vista di quel mostro, ma temevo ancor più che Henry lo vedesse. Pregandolo quindi di aspettare qualche istante in fondo alle scale, mi precipitai verso la mia stanza. La mano era già sulla maniglia della porta, quando rientrai in me. Allora mi fermai, e un brivido freddo mi percorse. Spalancai violentemente la porta, come fanno i bambini quando si aspettano di trovare uno spettro dall'altra parte, ma non apparve nulla. Entrai tremando: l'appartamento era vuoto, e anche la mia camera da letto non conteneva più traccia dell'ospite odioso.

Frankenstein, trad. di C. Zanolli e L. Caretti, A. Mondadori

15. **Come uno... lo insegue:** si tratta di una citazione dalla *Ballata del vecchio marinaio* del poeta romantico inglese Coleridge.
16. **Henry Clerval:** ex compagno di scuola di Frankenstein.
17. **Paventavo:** temevo.

Proposte di lavoro

1. In quale contesto storico-culturale è stato scritto *Frankenstein*? In che senso tale contesto influisce sulle tematiche del romanzo?
2. Quali aspetti tematici ancora oggi attuali puoi trovare nel romanzo della Shelley? Perché? Discuti e commenta, esponendo le tue opinioni in un breve testo.
3. Quali caratteristiche della letteratura *horror* puoi ritrovare nel testo che hai letto? Identificale nelle diverse sequenze testuali e poi rispondi compilando la seguente tabella:

Caratteristiche della letteratura *horror*	Sequenze testuali

Ieri e oggi

MATRIX

Un grande *cult movie* della nostra epoca

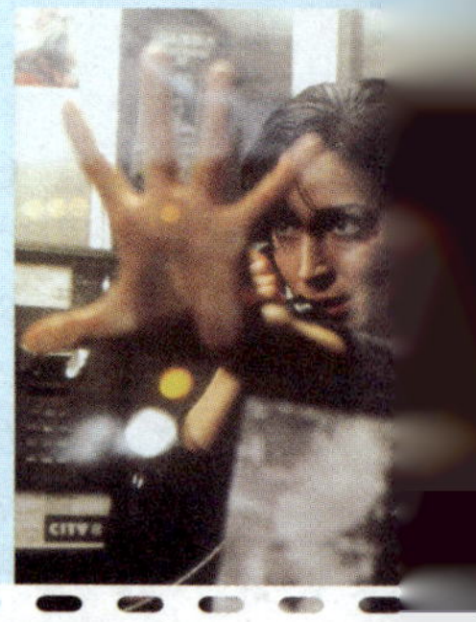

Regia Larry e Andy Wachows
Interpreti Keanu Reeves, Law
Fishburne, Carrie-Ann Moss
Origine Usa, 1999
Durata 136′

La vicenda

XXI secolo. Una forma di vita artificiale chiamata *The Matrix* ha assunto il controllo della terra e dei suoi abitanti. Computer in grado di pensare hanno sostituito gli esseri umani riducendoli in schiavitù e traendo dai loro cervelli (trasformati in una sorta di pila vivente) l'energia necessaria per sopravvivere. All'intera umanità è stata sottratta la vita reale: il quotidiano è un sogno collettivo artificiale e prefabbricato, un terribile incubo più vero del vero. Impossibile evadere da Matrix, perché essa «è una prigione che non ha sbarre, che non ha mura, che non ha odore. Una prigione per la [...] mente». Tutto è immateriale, pura informazione, in cui le cose materiali sono semplici coaguli di energia.

Il film racconta il tentativo di alcuni uomini, prigionieri di questa realtà fittizia, di riappropriarsi del proprio mondo. Thomas Anderson (l'attore Keanu Reeves) è un abile tecnico informatico, che attraverso internet è contattato da un misterioso personaggio, la cui identità si nasconde dietro il nome di Morpheus. Con l'aiuto della bellissima Trinity, Morpheus guida una banda di resistenti, un gruppo di ribelli telematici impegnati a sconfiggere Matrix, a contaminare il sistema agendo dal suo interno come virus, per affrancare il mondo dall'inganno delle macchine. Matrix potrà essere sconfitta solo dall'Eletto, e Morpheus è convinto di riconoscerlo in Thomas/Neo. Inizia quindi un lungo periodo di addestramento di Neo, per trovare la chiave segreta capace di aprire la Rete che avviluppa il mondo intero. Lo aspettano trappole, ostacoli e combattimenti: una serie incredibile di rischi, paure e tradimenti.

I significati del film

Film che in molti hanno giudicato "filosofico", primo capitolo di una fortunata trilogia, *Matrix* è un vero e proprio cocktail di riferimenti e di citazioni: il cinema delle arti marziali e il western, il thriller e il cinema di fantascienza, i *videogames*. Gli scenari notturni, il montaggio frammentano e velocissimo, le avveniristiche simulazioni al computer e gli inediti effetti speciali, le scene d'azione ne fanno uno spettacolo di grande fascino. Ma qual è il suo significato?

All'inizio della vicenda già da un po' di tempo Neo ha il dubbio di vivere in un sogno e non nel mondo reale. Solo pochi infatti sanno che esiste una vita fuori da Matrix, fabbrica di sogni che produce visioni che gli uomini condividono e da cui non si risvegliano mai. Neo incontra Morpheus che ha la missione di svegliare le persone, rivelando l'illusorietà del mondo di Matrìx. Il risveglio di Neo lo conduce così a vedere il mondo reale come illusorio e a entrare in un altro mondo, quello autentico: come possiamo distinguere il mondo reale da quello sognato? A volte è assai difficile distinguere un mondo illusorio, che si presenta con la stessa forza e vivacità di quello reale, dal mondo autentico che il "risvegliato" sa distinguere e che invece non viene colto dalla maggior parte delle persone. Come può avvenire il risveglio? Con quali mezzi o strumenti e modi? Con quali esiti?

John R.R. Tolkien

L'autore e le opere

John R.R. Tolkien è uno degli autori di *fantasy* più conosciuti e più amati dal pubblico giovanile. Nato nel 1892 in Sudafrica da genitori inglesi, visse per gran parte della sua vita in Inghilterra, dove insegnò lingua e letteratura inglese e scrisse una serie di romanzi, tradotti in molte lingue e venduti in milioni di copie. Morì nel 1973.

Tra i suoi romanzi, i più noti sono *Lo Hobbit*, del 1936, da cui è tratto il brano che segue, e la trilogia de *Il signore degli anelli*, del 1954-55.

Entrambi questi romanzi sono ambientati in un **mondo mitologico e fantastico** popolato da elfi, nani, coboldi e draghi, a imitazione delle antiche mitologie nordiche.
Protagonisti delle avventurose vicende narrate da Tolkien sono gli **hobbit**, fantastiche creature simili agli gnomi, ma non tanto diversi dagli uomini, con cui erano in origine imparentati. Essi vivono, insieme con una schiera di esseri strani e meravigliosi, un mondo dai nomi fantastici e dominato da forze magiche. Gli hobbit sono tuttavia esseri normali, molto simili a uomini qualunque, di cui condividono pregi e difetti.

Nel prologo de *Il signore degli anelli*, l'autore stesso così riassume la vicenda narrata ne *Lo Hobbit*, romanzo a cui appartiene il brano che abbiamo scelto: «Il libro racconta che un giorno si presentò alla porta di Bilbo il grande stregone Gandalf il Grigio, accompagnato da tredici nani. Benché sbalordito e incredulo, Bilbo partì con loro alla ricerca del gran tesoro appartenuto al Re dei nani. Il drago di guardia al tesoro fu ucciso. La spedizione fu coronata da brillante successo».

Opera
Lo Hobbit
Genere
romanzo
Epoca
XX secolo
Lingua
inglese

Lo Hobbit

Lo Hobbit e il drago

L'episodio che segue racconta la storia del furto di una coppa del tesoro di Smog, il terribile drago che sorveglia l'immensa ricchezza che un tempo apparteneva agli hobbit. Sarà lo hobbit Bilbo, quieto e pacifico ma coinvolto suo malgrado in avventure e peripezie, a sfidare il drago e a realizzare l'impresa.

«Adesso ci sei proprio dentro, Bilbo Baggins»[1] egli disse tra sé e sé. «Ci sei andato a cascare in mezzo, quella notte della riunione, e ora ti tocca uscirne fuori e scontarla! Povero me, che pazzo sono stato e sono!» [...]. «Non so assolutamente che cosa farmene di tesori sorvegliati da draghi, e tutto il mucchio potrebbe star lì per sempre, se solo potessi svegliarmi e scoprire che questo tunnel della malora è l'ingresso di casa mia!». Non si svegliò, naturalmente, ma continuò ad avanzare, finché ogni traccia della porta dietro di lui non svanì del tutto. Era completamente solo. Presto gli sembrò che cominciasse a far caldo. «Non è una specie di bagliore quello che mi pare provenga di laggiù?» disse fra sé. Lo era. E a mano a mano che avanzava diventava sempre più forte, finché non ebbe più dubbi. Era una luce rossa che diventava sempre più rossa. Inoltre, adesso faceva indubbiamente caldo nel tunnel: sbuffi di vapori fluttuavano intorno a lui e sopra la sua testa, ed egli cominciò a sudare. Ed ecco che un rumore cominciò a rimbombargli nelle orecchie, una specie di brontolio, come il ribollire di un pentolone che andasse a tutto vapore sul fuoco, misto alle fusa di un gattone gigan-

1. **Bilbo Baggins:** è lo hobbit protagonista del romanzo in lotta con il drago Smog.

tesco. Questo crebbe fino a diventare l'inequivocabile rumore gorgogliante di un qualche enorme animale che nel sonno russava laggiù, oltre il rosso bagliore di fronte a lui.

A questo punto Bilbo si fermò. E andare oltre fu la cosa più coraggiosa che avesse mai fatto. Le cose tremende che accaddero in seguito furono niente al confronto: egli combatté la vera battaglia da solo in quel tunnel, prima ancora di vedere l'enorme pericolo che giaceva in attesa. In ogni modo dopo una breve sosta riprese ad avanzare; e potete immaginarvelo che arriva alla fine del tunnel, cioè a un'apertura più o meno delle stesse dimensioni e forma della porta da cui il tunnel partiva. Attraverso di essa fa capolino la testolina dello hobbit. Davanti a lui si stende la grande e profondissima cantina o cella sotterranea degli antichi nani, scavata proprio alle radici della Montagna. Fa quasi buio, così che la sua vastità può essere intuita solo vagamente, ma dalla parte più vicina del pavimento roccioso si irradia un grande bagliore. Il bagliore di Smog!

Un drago enorme color oro rosso lì giaceva profondamente addormentato, e dalle sue fauci e dalle froge[2] provenivano un rumore sordo e sbuffi di fumo, perché, nel sonno, basse erano le fiamme. Sotto di lui, sotto, tutte le membra e la grossa coda avvolta in spire, e intorno a lui, da ogni parte sul pavimento invisibile, giacevano mucchi innumerevoli di cose preziose, oro lavorato e non lavorato, gemme e gioielli, e argento macchiato di rosso nella luce vermiglia.

Le ali raccolte come un incommensurabile pipistrello, Smog giaceva girato parzialmente su un fianco, e lo hobbit poteva così vederne la parte inferiore del corpo, e il lungo, pallido ventre incrostato di gemme e di frammenti d'oro per il suo lungo giacere su quel letto sontuoso. Dietro di lui, dove le pareti erano più vicine, si potevano vagamente vedere appese cotte di maglia,[3] elmi e asce, spade e lance; e c'erano file di grossi orci e vasi riempiti di ricchezze inimmaginabili. Dire che a Bilbo si mozzò il fiato non rende affatto l'idea. Non ci sono parole per esprimere il suo turbamento, da quando gli uomini cambiarono il linguaggio che avevano imparato dagli elfi,[4] al tempo in cui tutto il mondo era bello. Bilbo aveva già sentito parlare e cantare delle ricchezze ammassate dai draghi, ma ignoti erano per lui lo splendore, la brama, la bellezza di un tesoro come quello. D suo cuore fu riempito e trafitto dall'incanto e dal desiderio dei nani; ed egli rimase immobile a fissare l'oro invalutabile e incommensurabile, quasi dimentico dello spaventoso guardiano.

Rimase a fissarlo per quello che sembrò un secolo prima di strisciare, attratto quasi contro il proprio volere, fuori dall'ombra della porta del cunicolo, attraverso il pavimento fino al bordo più vicino dei mucchi del tesoro. Sopra di esso giaceva il drago addormentato, atrocemente minaccioso perfino nel sonno. Egli afferrò una grande coppa a due manici, la più pesante che potesse portare, e lanciò un'occhiata timorosa verso l'alto. Smog aprì un'ala, scosse una zampa, il rombo del suo russare cambiò di tono. Bilbo se la diede

2. **froge:** le narici dell'animale.
3. **cotte di maglia:** vesti di maglia di ferro, indossate dai cavalieri.
4. **elfi:** creature dei boschi, protagoniste della mitologia nordica.

Elfi

Il lessico e la grammatica

Nel brano si accenna agli elfi, creature fantastiche della mitologia nordica rese oggi più celebri anche dalla cinematografia *fantasy*.
Nella finzione letteraria e mitologica ci sono molti tipi di elfi. Gli **elfi alti**, per esempio, sono un tipo particolare di elfi i cui membri si possono distinguere in base al luogo in cui vivono, che di solito corrisponde a città di pietra, anziché di legno, e per il loro essere "migliori" rispetto agli altri popoli di elfi, per caratteristiche fisiche e mentali. Gli elfi alti sono, di solito, buoni o neutrali (a differenza degli elfi oscuri), anche se (spesso, ma non sempre) arroganti.
Gli **elfi oscuri** o **scuri** sono invece una particolare tipologia di elfi generalmente improntata alla malvagità e con la propensione alla ricerca del potere e agli atti scellerati. Essi si rivelano spesso come veri e propri rappresentanti delle forze del male, in quanto utilizzano tutte le loro elevatissime capacità e conoscenze per arrivare ai loro fini, senza assolutamente curarsi degli altri esseri, ritenuti inferiori.

a gambe. E il drago non si svegliò – non ancora – ma scivolò in altri sogni di avidità e di violenza, adagiato nella sua sala usurpata, mentre il piccolo hobbit si affannava a risalire il lungo tunnel, il cuore gli batteva e le gambe erano agitate da un tremito più febbrile di quello che le aveva scosse quando era disceso, ma teneva ancora ben stretta la coppa e il suo pensiero principale era: «Ce l'ho fatta! Adesso gliela farò vedere io. Più un bottegaio che uno scassinatore, ma guarda un po'! Be', adesso la smetteranno di dire queste cose».

Infatti fu così. Balin[5] fu felicissimo di rivedere lo hobbit, e sorpreso quanto contento. Prese Bilbo e lo portò fuori, all'aria aperta. Era mezzanotte e le nuvole avevano nascosto le stelle, ma Bilbo giaceva cogli occhi chiusi, ansimando e godendo di sentire nuovamente l'aria fresca, e accorgendosi a malapena dell'eccitazione dei nani, e di come lo lodavano e gli davano pacche sulla schiena, e mettevano se stessi e tutte le loro famiglie per tutte le generazioni future al suo servizio.

I nani si stavano ancora passando la coppa di mano in mano, parlando tutti contenti della riconquista del loro tesoro, quando improvvisamente un rombo enorme eruppe dalla parte inferiore della montagna, come un vecchio vulcano che avesse deciso di ricominciare le sue eruzioni. La porta alle loro spalle quasi si chiuse – solo una pietra le impedì di bloccarsi – e su per il lungo tunnel, dalle più profonde viscere della terra, giunse l'eco di un mugghiare e un pestare che facevano tremare il suolo tutt'intorno. Allora i nani dimenticarono la loro gioia e le loro fiduciose vanterie di un momento prima, e si acquattarono a terra pieni di paura. C'era ancora da fare i conti con Smog. Non è molto saggio escludere un drago vivo e vegeto dai vostri piani, se vivete vicino a lui. È probabile che i draghi non si servano veramente di tutta la loro ricchezza, ma di regola la conoscono fino all'ultimo grammo, specialmente dopo averla posseduta a lungo; e Smog non faceva eccezione. Era passato da un sogno agitato (in cui un guerriero, tutto sommato di statura insignificante ma dotato di una spada tagliente e di grande coraggio, aveva una parte molto sgradevole) al dormiveglia, e dal dormiveglia al risveglio completo. Nella caverna c'era uno strano soffio d'aria. Forse uno spiffero che usciva da quel buchetto? Non si era mai sentito molto tranquillo al riguardo, anche se era così piccolo, e ora lo guardò con occhio torvo e sospettoso, e si chiese perché non l'avesse mai bloccato. Recentemente gli era parso di avvertire il fioco echeggiare di un suono martellante su molto in alto che, attraverso quel buco, scendeva giù nella sua tana. Si mosse e allungò il collo per annusare. Fu allora che si accorse che mancava la coppa! Ladri! Fuoco! Assassinio! Una cosa del genere non era mai successa da quando era venuto per la prima volta sulla Montagna! Non ci sono parole che possano descrivere la sua collera, il tipo di collera che si può vedere solo quando un ricco, che ha più di quanto non possa godere, perde improvvisamente qualcosa che ha posseduto a lungo ma che non ha mai usato o voluto prima. Il drago eruttò fiamme, riempì la sala di fumo, scosse le radici della montagna. Cercò invano di ficcare la testa nel buchetto, e poi raggomitolatosi per tutta la sua lunghezza, rombando sottoterra come un tuono, si precipitò fuori dalla tana profonda attraverso la grande porta, uscendo per i larghi passaggi del palazzo della montagna, in alto, verso la Porta Principale.

Lo Hobbit, trad. di J. Conte, Adelphi

5. **Balin:** uno dei nani compagni di avventura di Bilbo.

Proposte di lavoro

1. A partite dal testo, elabora un ritratto fisico e psicologico di Bilbo. Nel tuo scritto utilizza quelle tra le seguenti espressioni che ritieni più adeguate:
coraggioso • vile • bello • alto • umano • timido • sfrontato • pauroso • rassegnato • onesto • incosciente

2. A quale genere letterario appartiene *Lo Hobbit*? Individua nel testo le caratteristiche fondamentali di tale genere letterario? Dapprima sottolinea le sequenze testuali dove tali caratteristiche sono più evidenti, poi analizza i diversi personaggi.

Il poliziesco

Il celebre investigatore Sherlock Holmes e l'inseparabile dottor Watson.

L'origine del genere poliziesco

Il poliziesco nasce dalla realtà delle grandi metropoli

Il romanzo poliziesco nasce come genere in America e in Inghilterra verso la metà dell'Ottocento. La sua origine e la sua rapida diffusione sono legate allo sviluppo caotico e contraddittorio delle **grandi metropoli**, sviluppo che ebbe tra le conseguenze più gravi un **aumento della criminalità** e dei delitti. Per farvi fronte, nelle grandi città come Londra, Parigi, New York si formarono corpi specializzati di polizia, mentre sulle pagine dei giornali la **cronaca nera** dava quotidianamente i resoconti dei crimini più clamorosi e dei processi a essi collegati, seguiti con interesse e curiosità da un pubblico sempre più vasto. Già la letteratura d'appendice si era ispirata ai delitti e al **mondo della malavita** delle grandi città. Anche importanti scrittori come Balzac, Dickens, Hugo avevano ambientato la trama dei loro romanzi nel mondo malfamato e misterioso delle città. Nacque così il **genere poliziesco**, il cui schema narrativo, poggiando sulla sorpresa e il colpo di scena, la cosiddetta **suspense**, consiste di solito in un intreccio finalizzato alla scoperta del colpevole del crimine.

Lo schema narrativo

Il poliziesco ha uno schema narrativo ricorrente

Iniziatore del genere è considerato Edgar Allan Poe, con i racconti *I delitti della via Morgue* (1841), *La lettera rubata* (1845) e molti altri. In essi appare per la prima volta l'elemento indispensabile dell'intreccio poliziesco: **l'investigatore**, che, adoperando un metodo basato sulla logica e il ragionamento, affronta e risolve i misteri legati ai casi criminosi. Con Poe viene anche definito lo **schema narrativo** tipico del genere. Esso si basa su **tre personaggi ricorrenti**: la vittima, l'assassino e l'investigatore, e su alcune **situazioni obbligate**: un delitto apparentemente insolubile, un'**inchiesta** in cui all'inizio vengono sospettate persone innocenti, l'intervento di un investigatore in grado di misurarsi con qualsiasi enigma, la soluzione raggiunta attraverso un ragionamento logico, quasi "scientifico". Elementi centrali in questo schema sono la **solidità logica dell'intreccio** e l'imprevedibilità della **soluzione finale**. Il lettore, messo spesso fuori strada da false tracce e indizi ingannevoli, viene stimolato a scoprire per proprio conto il colpevole.

I maestri dell'indagine

L'importanza del rigore e della scientificità dell'indagine, riflesso del positivismo culturale dell'epoca, sarà la caratteristica centrale della ***detective story*** classica (la parola inglese *detection* deriva dal latino *detergere*, cioè "scoprire", e indica il procedimento logico che porta alla scoperta del colpevole). Essa verrà ripresa e perfezionata dall'inglese Wilkie Collins (*La pietra di luna*, 1868), che per primo userà l'artificio di mettere a disposizione del lettore tutti gli elementi necessari a risolvere il mistero, e soprattutto da Arthur Conan Doyle, inventore di un personaggio che diventerà il prototipo dell'investigatore privato: **Sherlock Holmes**. In Inghilterra, il romanzo poliziesco classico ebbe un'eccezionale diffusione attraverso autori come Edgar Wallace, Dorothy Sayers e soprattutto Agatha Christie, che raggiunse una fama pari a quella di Arthur Conan Doyle inventando raffinate e ingegnose storie ambientate nella società aristocratica inglese, dominate dalle figure di **Miss Marple** e di **Hercule Poirot**. In America apparivano intanto i raffinati personaggi dell'investigatore gentiluomo Philo Vance, uscito dalla penna di S.S. Van Dine, e del giovane Ellery Queen, inventato fin dal 1929 da due scrittori che si firmavano con lo stesso nome del loro personaggio. Dagli anni Trenta agli anni Settanta del Novecento, l'intelligente umorismo di Rex Stout fece di **Nero Wolfe** e del suo aiutante Archie Goodwin i personaggi forse più famosi del genere poliziesco.

La “scuola dei duri”

A partire dagli anni venti, in America si afferma anche un tipo di poliziesco completamente diverso, che ha come protagonisti **gangster**, poliziotti corrotti, investigatori violenti e cinici. Sono **romanzi d’azione**, in cui l’intreccio e la deduzione logica cedono il campo a storie violente, ambientate in città dominate dalla malavita, dove il crimine detta la sua spietata legge. Iniziatore di questa che fu detta la **hard-boiled school** (“scuola dei duri”), fu l’americano Dashiell Hammett, che usò gli schemi del **thriller**, il romanzo del brivido, e costruì un quadro amaro della società americana degli anni Trenta. Continuatore di questo genere fu Raymond Chandler, i cui romanzi sono pervasi da una **visione della vita amara e pessimistica**. Il suo personaggio, l’investigatore privato Philip Marlowe, pur muovendosi in una realtà violenta in cui quello che conta è avere la pistola in pugno e sparare per primo, mantiene un fondo di idealismo romantico, che lo convince però di vivere in un mondo tutto sbagliato, da cui si ritrae sempre più stanco e deluso. Alla scuola realistica americana si ispira in parte anche Georges Simenon, uno scrittore belga vissuto a lungo in Francia. Già nel suo primo romanzo, nel 1928, appare un nuovo tipo di investigatore: il **commissario Maigret**, personaggio familiare e dimesso, che divenne famoso in tutto il mondo.

Il poliziesco di oggi e le sue varianti

Tra i nuovi nomi del poliziesco americano, sta oggi conoscendo grande successo di critica e di pubblico James Ellroy, che degli schemi della *hard-boiled school* ha ripreso, forzati ed estremizzati, il linguaggio crudo e violento e la visione cinica e disincantata della vita.

Più legato agli schemi polizieschi tradizionali è il sottogenere cosiddetto del ***legal thriller***, ambientato nel mondo degli avvocati e dei tribunali, che ha in John Grisham e Scott Turow gli autori oggi più affermati.

Sulla scia di Agatha Christie, grande fortuna hanno avuto anche le **scrittrici**, come per esempio P.D. James, Patricia Cornwell o Ruth Rendell, originali inventrici di figure di “investigatrici al femminile” al di fuori degli schemi.

In Italia il romanzo poliziesco (chiamato **“giallo”** dal colore della copertina delle prime edizioni di questo genere, a partire dal 1929) ha sempre avuto e ha tuttora un grande pubblico. Pochi sono invece gli **autori italiani** affermati. Tra di essi ricordiamo Giorgio Scerbanenco; la coppia Fruttero & Lucentini; Renato Olivieri; Carlo Lucarelli; Loriano Machiavelli, Andrea Camilleri e Danila Comastri Comasini. Molti sono inoltre i romanzi, da quelli di Leonardo Sciascia fino a *Il nome della rosa* di Umberto Eco, che si sono ispirati alle regole del poliziesco. Alle regole del poliziesco classico si ispira anche quella che forse è la sua variante contemporanea più originale: la ***spy story***, il romanzo di spionaggio. Questo genere ha avuto, come autori famosi, negli anni Sessanta Ian Fleming, l’inventore di James Bond, l’agente 007, e oggi John Le Carré.

In sintesi

Arthur Conan Doyle

L'autore e l'opera

Inventato dalla fertile fantasia dello scrittore scozzese Arthur Conan Doyle (1859-1930), Sherlock Holmes è un **uomo impassibile e razionale**. Egli considera l'investigazione una scienza esatta, fatta di **meticolose osservazioni** e di **logiche e rigorose deduzioni**. Il personaggio di Sherlock Holmes, attraverso il quale Conan Doyle ottenne un vasto successo e la ricchezza, aveva tutti i requisiti per diventare un vero e proprio "eroe" popolare: le raffinatezza, un certo snobismo, la bellezza, l'intelligenza. Tanto che, quando l'autore decise di porre termine alla serie di racconti e romanzi facendo morire il suo personaggio, fu costretto dalle proteste dei lettori a farlo frettolosamente resuscitare. Si ebbero così il romanzo *Il mastino dei Baskerville*, del 1902, e una nuova serie di racconti che proseguì fino alla morte dell'autore.

Secondo il dottor Watson, biografo e amico di Sherlock Holmes, le cognizioni del celebre investigatore sono le seguenti: letteratura: zero; filosofia: zero; astronomia: zero; politica: scarse; botanica: variabili. Holmes conosce a fondo caratteristiche e applicazioni della belladonna, dell'oppio e dei veleni in genere. Non sa nulla di giardinaggio e di orticoltura. Di geologia ha nozioni pratiche ma limitate. Riconosce a prima vista le diverse qualità di terra. «Dopo una passeggiata – dice Watson – mi ha mostrato delle macchie sui suoi calzoni indicando, in base al loro colore e alla loro consistenza, in quale parte di Londra aveva raccolto il fango dell'una o dell'altra macchia». Di chimica ha cognizioni profonde; di anatomia esatte, ma poco sistematiche; di letteratura scandalistica: illimitate. Conosce i dettagli di tutti gli orrori perpetrati nel XIX secolo. Suona bene il violino; è abilissimo nel pugilato e nella scherma; ha buone nozioni pratiche in fatto di legge inglese.

Opera
Il segno dei quattro
Epoca
XIX secolo
Genere
romanzo
Lingua
inglese

Il segno dei quattro

Sherlock Holmes e la scienza della deduzione

Le pagine che abbiamo scelto sono tratte dal primo capitolo del romanzo *Il segno dei quattro*, scritto da Conan Doyle nel 1889. Emerge in esse la figura del dottor Watson, convivente e biografo di Holmes. Medico, reduce dall'Oriente, di carattere sentimentale e talvolta ingenuo, Watson è il narratore in prima persona delle avventure del suo famoso amico, avventure che racconta con un senso dell'ironia e un umorismo che lo rendono simpaticamente umano, tanto quanto invece Holmes corre il rischio di apparire antipatico e presuntuoso agli occhi del lettore. Negli intendimenti di Conan Doyle, il personaggio di Watson aveva la funzione di rappresentare il punto di vista del lettore medio, con i suoi limiti e la sua umana propensione al fantastico e al mistero. Contrasta con lui l'aristocratica superiorità di Holmes, che ostenta a volte quasi disprezzo nei confronti dell'umanità media.

«Il mio intelletto rifiuta l'inattività, la stagnazione,» attaccò a dire.[1] «Datemi dei problemi, datemi lavoro, datemi il più astruso crittogramma[2] da risolvere, datemi la più complicata analisi da condurre in porto, e mi troverò nel mio elemento naturale. È proprio per questo che ho scelto la mia particolare professione, o, meglio, l'ho creata, dato che sono l'unico a praticarla al mondo.»

«Come? L'unico investigatore privato?» m'informai,[3] inarcando le sopracciglia.

«L'unico consulente investigativo privato,» dichiarò lui. «Io costituisco l'ultima e la più

1. **attaccò a dire:** è Sherlock Holmes che sta parlando.

2. **il più astruso crittogramma:** il più complicato e astratto tra i testi scritti in codice.

3. **m'informai:** interviene ora il dottor Watson.

alta Corte d'appello. Quando Gregson, Lestrade o Athelney Jones[4] non sanno più che pesci pigliare – il che sia detto tra parentesi si verifica immancabilmente – la faccenda viene messa nelle mie mani. Io esamino i dati come esperto ed esprimo la mia opinione come specialista. In casi del genere non chiedo nulla in compenso. Il mio nome non è citato sui giornali. Il lavoro in sé e per sé, il piacere di un campo di manovra per le mie particolari attitudini è il più grande compenso che ottengo. Del resto, voi stesso avete avuto modo di vedermi all'opera nel caso Jefferson Hope.»

«Eccome,» riconobbi calorosamente. «E nulla mi ha mai colpito di più. Al punto che ne ho tratto il libriccino dal titolo forse troppo fantastico di *Uno studio in rosso*.»[5]

Scosse la lesta sconsolato.

«Gli ho dato un'occhiata,» disse. «E onestamente non me la sento di congratularmi. L'investigazione, è, o dovrebbe essere, una scienza esatta, e, come tale, dovrebbe venir costantemente trattata con distacco, senza emozioni. Voi, invece, vi siete sforzato di colorarla di romanticismo, con lo stesso risultalo che avreste introducendo una storia d'amore o un rapimento nel quinto teorema di Euclide.»

«Ma c'era del romanticismo,» protestai. «Mica potevo alterare i fatti a mio piacere.»

«In certi casi, i fatti andrebbero soppressi o, almeno, riferiti con un equo senso delle proporzioni. La sola cosa che meritava d'esser messa in evidenza nell'affare in questione era il singolare ragionamento analitico dagli effetti alle cause mediante il quale ero riuscito ad arrivare alla soluzione.» [...]

«La mia clientela si è recentemente estesa ai paesi del Continente,» riprese Sherlock Holmes dopo una breve pausa, riempiendo la vecchia pipa di radica.[6] «La settimana scorsa è venuto a consultarmi Francois le Villard. Gode, come forse saprete, di una certa notorietà nella polizia giudiziaria francese. Ha la rapidità di intuizione del celta,[7] però manca della vasta gamma di nozioni esatte necessaria per attingere[8] alle sommità dell'arte investigativa. Si trattava di una faccenda testamentaria, e il caso rivestiva qualche interesse. [...] Ecco la lettera che ho ricevuto stamani con i ringraziamenti per il mio aiuto.»

«Scrive come uno scolaretto al suo maestro.» commentai. «Oh, l'aiuto che gli ho dato non meritava tanto.» disse Sherlock Holmes in tono noncurante. «Personalmente, è davvero dotato, dispone di due delle tre qualità indispensabili per l'investigatore ideale: la capacità di osservare e quella di dedurre. È la cultura che fa difetto, ma può darsi che riesca a farsela con il tempo. Sta traducendo in francese i miei saggetti.» «I vostri saggetti?»

«Oh, non lo sapete?» disse, ridendo. «Ebbene, sì, sono responsabile di un certo numero di monografie.[9] Tutte su argomenti strettamente tecnici, s'intende. Eccone una: *Sulla distinzione tra le ceneri dei vari tipi di tabacco*. Ci son prese in considerazione centoquaranta varietà di sigari, sigarette e tabacchi da pipa, con tavole a colori illustranti i differenti aspetti delle varie ceneri. È una questione che riviene continuamente a galla nei processi penali; delle ceneri possono costituire a volte un indizio di capitale importanza. [...] Per l'occhio esercitalo tra la cenere nera di un Trichinopoli e la polvere bianca della veronica chamaedrys c'è una differenza tanto sensibile come quella che c'è tra un cavolfiore e una patata.» «Siete proprio un genio per le minuzie,»[10] feci.

«Apprezzo la loro importanza... specialmente quando si ha a che fare con cadaveri non identificati o si deve scoprire gli antecedenti di un criminale. Ma vi sto annoiando con le mie manie.»

«Per nulla,» mi affrettai a rispondergli con sincerità. «M'interessa molto, al contrario, soprattutto da quando ho avuto occasione di vedervi mettere a profitto queste vostre ma-

4. Gregson... Jones: sono alcuni tra i poliziotti londinesi che spesso ricorrono a Holmes per risolvere i casi apparentemente insolubili.
5. *Uno studio in rosso*: è il titolo del primo romanzo con Holmes come protagonista e fu scritto da Arthur Conan Doyle nel 1887.
6. radica: legno pregiato, che si ricava dalla radice del noce.
7: celta: discendente dagli antichi Galli.
8. attingere: arrivare.
9. monografie: scritti su un argomento particolare.
10. minuzie: dettagli minimi.

nie. Ma mi avete appena parlato di osservazione e di deduzione.[11] Mi pare che l'una implichi in un certo senso l'altra.» «Sì e no,» replicò Sherlock Holmes. sprofondando anco di più nella poltrona, mentre spessi cerchi azzurrognoli dì fumo si alzavano dalla sua pipa. «Ad esempio, l'osservazione mi indica che stamani siete andato all'ufficio postale d Wigmore Street, ma è attraverso la deduzione che so che avete spedito un telegramma.»

«Esatto!» gridai. «Tutt'e due le cose esatte! Ma non vedo proprio come ci siate arrivato Mi sono deciso a farlo all'ultimo momento, e non ho fiatato con nessuno.»

«Più semplice di così,» notò lui, ridacchiando per il mio stupore. «Così assurdamente semplice che parrebbe superflua qualsiasi spiegazione. Tuttavia, questo esempio può servire a definir meglio i limiti tra l'osservazione e la deduzione. L'osservazione mi dice che su una vostra scarpa c'è una una macchiolina di fango rossastro. Ora, proprio davanti all'ufficio postale di Wigmore Street hanno buttato all'aria la strada e il terriccio è rimosso in modo che non è possibile non passarci sopra quando si entra. Infine, quel terriccio è di un particolare rosso quale, almeno per quanto ne so, non se ne trova nei paraggi. Tutto questo è osservazione, il resto è deduzione.»

«Ma come avete fatto allora a dedurne il telegramma?»

«Naturalmente, sapevo che non avevate scritto una lettera perché vi sono stato seduto davanti tutta la mattina. D'altra parte, sul vostro scrittoio aperto vedo un intero foglio di francobolli e uno spesso mucchio di cartoline postali. Perché mai, dunque sareste andato all'ufficio postale, se non per spedire un telegramma? Eliminato ogni altro movente, quello che resta non può non essere il vero movente.»

«In questo caso ci avete proprio azzeccato,» ammisi dopo breve riflessione. «Il ragionamento parrebbe davvero semplicissimo. Ma mi giudichereste impertinente se sottoponessi le vostre teorie a un esame più severo? »

«Tutt'altro,» rispose Sherlock Holmes.

«Vi ho sentito dire che è difficile per chiunque servirsi quotidianamente di un oggetto senza lasciarvi qualche impronta della propria personalità leggibile da un osservatore ben allenato. Ora è entrato da poco in mio possesso un orologio da tasca. Vorreste usarmi la cortesia di darmi la vostra opinione sulle abitudini e la personalità del precedente proprietario? »

Gli porsi l'orologio con un lieve fremito di divertimento perché sapevo che l'esame si sarebbe rivelato impossibile e intendevo[12] che la faccenda costituisse una lezione per il tono dogmatico[13] che ogni tanto assumeva. Sherlock Holmes soppesò[14] l'oggetto, scrutò attentamente il quadrante, aprì la cassa e investigò il meccanismo dapprima a occhio nudo, poi con la lente. A stento compressi[15] un sorriso davanti alla sua faccia sconfitta quando richiuse l'orologio e me lo restituì.

«Non offre quasi indizi,» osservò. «L'orologio è stato pulito di recente, mi mancano le tracce più rivelatrici.»

«Avete ragione,» dissi. «Prima di mandarmelo, lo hanno fatto pulire. »

In cuor mio, comunque, accusavo il mio convivente di accampare scuse[16] piuttosto meschine a giustificazione dell'insuccesso. Che indizi poteva aspettarsi da un orologio non ripulito?

«Tuttavia, per quanto incompleto, il mio esame non è stato del tutto infruttuoso,» riprese Sherlock Holmes, contemplando il soffitto con occhi vacui,[17] sognanti. «Correggetemi se sbaglio, ma ritengo che questo orologio sia appartenuto a vostro fratello maggiore, che, a sua volta, deve averlo ereditato da vostro padre.»

11. **deduzione:** ragionamento per il quale da determinate premesse generali si ricavano conclusioni logicamente necessarie.
12. **intendevo:** volevo.
13. **dogmatico:** categorico, che non ammetteva discussioni o obiezioni.
14. **soppesò:** studiò con cura l'oggetto, tenendolo in mano.
15. **compressi:** trattenni.
16. **accampare scuse:** mettere avanti delle scuse.
17. **vacui:** senza espressione.

«Non c'è dubbio che questa spiegazione ve l'hanno suggerita le iniziali H.W. sul retro, vero?»

«Infatti. La W indica il vostro cognome. L'orologio ha presso a poco cinquant'anni, le iniziali sono della stessa epoca, quindi è stato fatto per la generazione precedente. Gli oggetti preziosi vanno generalmente al figlio maggiore, che porta generalmente il nome proprio del padre. Se non ricordo male, vostro padre è deceduto vari anni fa, dunque l'oggetto in questione l'ha avuto in mano vostro fratello maggiore.»

«Sin qui, tutto giusto,» dissi. «Cosa c'è d'altro?»

«Era un uomo disordinato... molto disordinato e trascurato. Aveva buone prospettive, ma buttò via ogni possibilità di successo. Visse in povertà con pochi intervalli di benessere, sinché non si dette al bere, e morì. Ecco tutto quel che sono riuscito a mettere insieme.»

L'amarezza traboccò dal mio cuore. Balzai in piedi e presi a camminare furiosamente per la stanza, nonostante la mia gamba ferita. «Questo è indegno di voi. Holmes» protestai. «Non vi avrei mai creduto capace di una simile bassezza![18] Avete avuto qualche informazione sulla vita dei mio povero fratello, e ora cercate di darmi da bere che ne siete venuto a conoscenza attraverso chissà quale stregoneria. Non sperate di convincermi che avete letto tutto quel che avete detto in un vecchio orologio. È stata proprio una grossa scortesia da parte vostra, e anche una ciarlataneria.»[19]

«Mio caro dottore,» disse Sherlock Holmes gentilmente, «vi prego di accettare le mie scuse. Considerando la faccenda come un problema astratto, ho dimenticato quanto vi toccasse da vicino e, quindi, potesse risultarvi penosa. Vi assicuro, Watson, che ignoravo tutto di vostro fratello e perfino la sua esistenza prima di prendere in esame questo orologio.»
«Allora, in nome del ciclo, come avete saputo tutti questi fatti? È vera ogni cosa, sino al minimo particolare.»

«Ah, son stato fortunato. Potevo dire solo quel che mi pareva probabile. Non mi aspettavo di essere così preciso.»

18. *bassezza:* meschinità.

19. *ciarlataneria:* buffonata, imbroglio.

Deduzione, induzione, abduzione

Il lessico e la grammatica

Sherlock Holmes, nel brano, intende la **deduzione** in un senso logicamente poco rigoroso. Per capire che cosa è la deduzione, occorre distinguerla da una seconda procedura logica, l'**induzione**. L'induzione è quella forma di ragionamento che, dall'esame di una serie di casi particolari, conduce a una conclusione generale. Per esempio, da un certo numero di constatazioni del tipo «I corvi italiani sono neri, i corvi americani sono neri, i corvi greci sono neri, ...» si indurrà che «Tutti i corvi sono neri». La deduzione, invece, è il ragionamento che procede dall'universale al particolare. Così, dall'affermazione «Tutti i corvi sono neri» si dedurrà che «I corvi greci sono neri».
Quali sono le differenze tra induzione e deduzione? L'induzione procede da dati singolari, secondo lo schema "qualche → tutti". La deduzione muove da enunciati universali, secondo lo schema "tutti → qualche". Tra le due forme di ragionamento esiste una differenza essenziale. Nella deduzione, se si accettano le premesse, si è costretti a riconoscere anche la conclusione come loro **necessaria** conseguenza. Per esempio: **regola**: tutti i fagioli di questo sacco sono bianchi → **caso**: questi fagioli sono di questo sacco → **risultato**: questi fagioli sono bianchi. Nella induzione, invece, la verità delle premesse (anche se numerose) non garantisce mai la verità della conclusione. Mentre nessun fatto particolare è in grado di invalidare la conclusione di una deduzione, un solo **controesempio** (per esempio un "corvo bianco") fa cadere la conclusione di una induzione. L'induzione dunque non è completamente affidabile. Essa può condurci a una conclusione sbagliata.

A fianco dell'induzione e della deduzione, esiste una terza forma di ragionamento: l'**abduzione**, che è uno strumento per costruire **ipotesi**, ossia derivare da un effetto la causa probabile. Un esempio di abduzione è il seguente: "Se qui vi è della cenere, vi deve essere stato anche del fuoco". In questo ragionamento da una proposizione **particolare** ("qui vi è della cenere") si deriva, mediante un principio **generale** implicito ("il fuoco produce sempre della cenere"), un'altra proposizione **particolare** ("qui vi è stato del fuoco") che costituisce la spiegazione probabile della prima proposizione. È chiaro che l'abduzione è **fallibile**, in quanto produce solo una **spiegazione possibile**. Essa si limita a suggerire che qualcosa "può essere". Quelle di Sherlock Holmes sono dunque, a voler essere logici, abduzioni e non deduzioni.

«Non è stato forse un semplice tirare a indovinare?»

«No, no, non tiro mai a indovinare. È un'abitudine odiosa, e distrugge la facoltà di ra-gionare. Quel che vi pare strano lo è solo perché voi non seguite il filo dei miei pensieri non prendete nota dei piccoli fatti da cui si possono trarre grandi deduzioni. Ad esempio ho cominciato con il dire che vostro fratello era trascurato. Osservate con attenzione l parte inferiore della cassa dell'orologio, vedrete che non è solo questione di due ammac-cature, ci sono altri segni un poco dappertutto, il che testimonia l'abitudine a tenere nel-la stessa tasca altri oggetti duri come monete o chiavi. Naturalmente, non bisogna esse dei geni per dedurne che un uomo capace di trattare con tanta noncuranza un orologio da cinquanta ghinee,[20] dev'essere un tipo piuttosto trascurato. Né è un'illazione[21] troppo tirata per i capelli concludere che l'erede di un oggetto di questo valore doveva esser sta-to fornito anche di un buon patrimonio.»

Mossi la testa per mostrargli che seguivo il suo ragionamento.

«D'altra parte, in Inghilterra gli strozzini su pegno,[22] quando ritirano un orologio hanno l'abitudine di incidere con uno spillo il numero di ricevuta all'interno della cassa. È più pratico che appiccicare un'etichetta perché così non c'è rischio che il numero vada perduto o spostato su un altro oggetto. Con la mia lente sono visibili almeno quattro numeri all'interno della cassa. Di qui la prima deduzione: vostro fratello navigava spesso in cattive acque. Seconda deduzione: conosceva, però, anche dei periodi di prosperità, se no non sarebbe stato in grado di spegnare[23] l'orologio. Per finire, vi chiedo di dare un'occhiaia alla piastra interna, quella della serratura della chiavetta. Come avrebbe potuto un uomo sobrio graffiarla tanto prima di riuscire a ricaricare l'orologio? Ma non vedrete mai un orologio di alcolizzato senza questi segni. Lo carica di notte e lascia queste tracce dell'insicurezza della mano. Dov'è il mistero in quanto vi ho esposto?»

Il segno dei quattro, trad. di O. Del Buono, A. Mondadori

20. **ghinee:** monete d'oro coniate tra il 1663 e il 1813 del valore di 21 scellini.
21. **illazione:** convinzione ricavata logicamente da alcune premesse.
22. **strozzini su pegno:** quelli che prestano denaro in cambio di un bene che rimane al creditore in caso di inadempienza del debitore.
23. **spegnare:** disimpegnare, riavere l'oggetto dato in pegno, pagando la somma stabilita.

Proposte di lavoro

1. Sottolinea nel testo tutte le espressioni che si riferiscono a Sherlock Holmes. Come possono essere definiti il suo carattere e la sua personalità? Rispondi in un breve testo.
2. Definisci sinteticamente in una frase il rapporto tra Holmes e Watson. Trova nel testo elementi per motivare la tua risposta.
3. Dai una definizione di "deduzione", sulla base degli esempi presenti nel brano.

- Definizione

....

....

- Esempi

....

....

- Che rapporto pone l'investigatore tra osservazione e deduzione?

....

....

Raymond Chandler

L'autore e l'opera

In un saggio del 1944, l'americano Raymond Chandler (1888-1959), aveva detto che il limite fondamentale del romanzo poliziesco classico stava nella mancanza di realismo, di verosimiglianza, in storie che raccontavano di delitti commessi nei modi più incredibili e assurdi e di soluzioni al mistero del tutto impossibili, se non sbagliate. «Chi sa impostare trame lucide e solide non è poi in grado di fornire personaggi vivaci e dialogo brillante; o gli manca il senso del ritmo narrativo o la profondità psicologica. Il romanziere dotato d'una logica ferrea è una patata lessa quanto a senso dell'atmosfera». I poliziotti, prosegue Chandler, sanno per esperienza che il caso più facile da risolvere è proprio quello in cui qualcuno ha cercato di fare troppo il furbo; il delitto che dà i grattacapi più seri è invece quello su cui qualcuno ci ha pensato su sì e no due minuti. Se i romanzieri del poliziesco classico parlassero dei delitti che succedono veramente, sarebbero obbligati a dare alle proprie pagine il «**sapore della vita vissuta**». Nei loro racconti invece «appena compie un gesto irreale, un personaggio smarrisce la sua concretezza. Diventa una marionetta, un innamorato di cartone, un delinquente di cartapesta, un detective di squisita ma inverosimile gentilezza». Queste motivazioni lo spingono dunque a creare Philip Marlowe, al cui confronto «l'infallibile e calcolatore Sherlock Holmes e perfino il bonario commissario Maigret appaiono scipiti come una tazza di consommé tiepido in una sala da tè per zitelle».

Marlowe è un uomo che «non è corrotto e non ha paura»; è freddo e malinconico al contempo; soprattutto è onesto. Vive da solitario, se la cava con i gangster, ma non è violento. È in rivolta **contro la società corrotta**; risolve tutti i casi che gli vengono affidati, ma la sua tristezza aumenta sempre di più e pare privarlo di ogni possibile gioia circa la vita. Per molti è un fallito: i suoi soldi se li suda e non sono mai molti. Per qualcuno ha il cuore troppo dolce. Ha un certo fiuto psicologico, che gli serve a far bene il suo mestiere. Non accetta soldi sporchi da nessuno e da nessuno subisce insolenze. Non parla mai troppo e il suo orgoglio consiste nel farsi rispettare.

Opera **Il lungo addio**
Genere **romanzo**
Epoca **XX secolo**
Lingua **inglese**

Il lungo addio

I mondo spietato di Philip Marlowe

Il brano che proponiamo è tratto dal romanzo *Il lungo addio*, scritto nel 1953, uno dei gialli più famosi di Chandler, insieme con *Addio mia amata* e *Il grande sonno*. Marlowe, nelle pagine che seguono, ha a che fare con uno dei tanti gangster in cui si imbatte nel corso del suo lavoro. È l'investigatore stesso a narrare il suo incontro, con un tono quasi distaccato e con uno spiccato senso dell'umorismo. Emerge tuttavia dalle sue parole, con chiarezza, quella concezione malinconica della vita che è tipica del personaggio chandleriano.

Un uomo sedeva accanto alla finestra sfogliando una rivista. Indossava un vestito azzurro-verdastro con un disegno a scacchi blu quasi invisibili. Teneva le gambe accavallate e calzava mocassini neri, [...] Nel taschino della giacca aveva un fazzoletto bianco ben ripiegato e, dietro ad esso, spuntava l'estremità di un paio di occhiali da sole. Aveva capelli folti, neri e ondulati e una carnagione molto scura. Mi guardò con occhi brillanti come quelli di un uccello e sorrise sotto minuscoli baffi. [...]

Gettò da parte la rivista.

«Che cosa posso fare per voi?»

Mi esaminò placido. «Tarzan su un grande monopattino rosso,»[1] disse.

«Cosa?»

«Voi, Marlowe. Tarzan su un grande monopattino rosso. Vi hanno maltrattato molto?»

«Qua e là. A voi che importa?»

Mi fissò, improvvisamente incupito. Si alzò adagio, con la grazia di una pantera. Attraversò la stanza e andò a dare un'occhiata nell'ufficio. Mi fece un rapido cenno della testa affinché lo seguissi ed entrò. Era un tipo che faceva da padrone, ovunque si trovasse. Entrai dopo di lui e chiusi la porta. Rimase accanto alla scrivania guardandosi intorno, divertito.

«Un ufficio modesto,» disse. «Molto modesto.»

Andai a mettermi dietro la scrivania e aspettai.

«Quanto guadagnate in un mese, Marlowe?»

Lasciai correre e accesi la pipa.

«Settecentocinquanta dollari al massimo,» disse.

Lasciai cadere il fiammifero spento nel posacenere e soffiai fuori il fumo.

«Siete una pulce, Marlowe. Siete un miserabile. Siete tanto piccolo che occorre una lente da ingrandimento per vedervi.»

Non aprii bocca.

«Vi commuovete per niente. Siete un facilone e un bonaccione in tutto. Fate conoscenza con un tale, bevete di quando in quando qualcosa insieme a lui, gli raccontate qualche barzelletta, gli passate qualche soldarello quando è a terra, ed eccovi tutto suo.[3] Non avete fegato, intelligenza, conoscenze, risparmi, e allora sfoggiate falsi atteggiamenti e vi aspettate che la gente si commuova. Tarzan su un grande monopattino rosso.» Abbozzò un logoro sorrisetto. «Per mio conto, non valete un soldo bucato.»

Si sporse sulla scrivania e mi appioppò un manrovescio casuale e sprezzante, senza l'intenzione di farmi male, e il sorrisetto gli indugiò sulla faccia. Poi quando non battei ciglio neppure per questo, sedette adagio, appoggiò un gomito sulla scrivania e si sostenne il bruno mento con la mano bruna. I vividi occhi da uccello mi fissavano e non v'era altro in essi se non quella brillantezza.

«Lo sapete chi sono, buono a niente?»

«Vi chiamate Menendez. I ragazzi vi chiamano Mendy. Lavorate nello Strip.»[4]

«Sì, eh? E come ho fatto a diventare tanto importante?»

«Non saprei. Probabilmente avete cominciato come ruffiano in una casa di tolleranza messicana.»

Si tolse di tasca un portasigarette d'oro e accese una sigaretta di tabacco scuro con un accenditore d'oro. Soffiò uno sbuffo di fumo asprigno e annuì. Posò il portasigarette d'oro sulla scrivania e lo accarezzò con la punta delle dita.

«Sono un tipaccio importante, Marlowe. Guadagno denaro a palate. Devo guadagnare molti quattrini per ungere gli individui che vanno unti se si vogliono fare i soldi che occorrono per ungerli. Ho una casa a Bel Air[5] che mi costa novantamila dollari e ne ho già spesi più di altrettanti per arredarla. Ho una bella moglie biondo platino e due figli che frequentano collegi privati, nell'Est. Mia moglie ha gioielli che valgono centocinquantamila dollari e pellicce e vestiti per altri settantacinquemila dollari. Ho un maggiordomo, due cameriere, un cuoco, un autista, senza contare la guardia del corpo che mi segue pas-

1. **Tarzan... rosso:** nel mondo cinico e spietato in cui Marlowe vive, l'investigatore, con la sua moralità e il suo fondo di testarda onestà, appare come un essere diverso, strano, appunto come un «Tarzan su un grande monopattino rosso», per le vie di Los Angeles.

2. **Vi hanno... molto:** Marlowe era stato appena rilasciato dalla prigione, in cui la polizia lo aveva duramente interrogato circa la scomparsa di un certo Terry Lennox, sospettato di avere assassinato la moglie, e che Marlowe aveva precedentemente conosciuto e aiutato.

3. **ed eccovi tutto suo:** il gangster allude appunto a Lennox. Marlowe lo aveva tolto dai guai, mentre vagabondava ubriaco per la città. Lo aveva ascoltato parlare dei suoi rapporti difficili con la moglie Silvia, bella e ricchissima. Lo aveva infine aiutato a scappare in Messico, quando già la polizia era sulle sue tracce per l'omicidio della moglie. In seguito Lennox verrà trovato misteriosamente morto in una squallida stanza d'albergo di un paese messicano.

4. **Strip:** una via di Los Angeles, famosa per i locali di divertimento, dominio incontrastato della malavita.

5. **Bel Air:** quartiere ricco di Los Angeles.

so per passo. Ovunque vado, me la passo da re. Il meglio di tutto, i cibi più raffinati, i liquori più costosi, i vestiti migliori, i migliori appartamenti in albergo. Ho una villa in Florida e un panfilo con cinque uomini di equipaggio. Ho una Bentley, due Cadillac, una Chrysler giardinetta e una MG per mio figlio. Fra un paio d'anni ne regalerò una anche a mia figlia. Voi che cosa avete?»

«Non molto,» risposi. «Quest'anno ho una casa in cui abitare... tutto solo.»

«Senza una donna?»

«Soltanto per me. Inoltre, possiedo quello che potete vedere qui e milleduecento dollari in banca e qualche altro migliaio di dollari investiti in buoni del tesoro. Ho risposto in modo soddisfacente alla domanda?»

«Qual è la cifra massima che vi abbia fatto guadagnare un incarico?»

«Ottocentocinquanta dollari.»

«Gesù, fino a che punto può svilirsi un individuo!»

«Finitela di recitare e ditemi che cosa volete.»

Spense la sigaretta fumata a metà e immediatamente ne accese un'altra. Si appoggiò allo schienale della sedia. Mi guardò e incurvò le labbra.

«Eravamo in tre a mangiare in una piccola trincea, al fronte,» disse. «Faceva un freddo d'inferno, c'era neve dappertutto. Mangiavamo roba in scatola, roba gelata. Pioveva qualche granata, i colpi dei mortai erano più fitti. Il freddo ci aveva fatto illividire, dico illividire, Randy Starr ed io e questo Terry Lennox. Un proiettile di mortaio viene a cadere proprio in mezzo a noi e per non so quale ragione non esplode. Quei tedeschi ne hanno di trucchi, col loro distorto senso dell'umorismo. Magari pensi che il proiettile non esploda e invece, tre secondi dopo, eccolo scoppiare. Terry lo afferra e balza fuori dalla trincea prima ancora che Randy ed io si riesca a rimetterci dalla sorpresa. Ma veloce come il fulmine, fratello. Come un bravo giocatore di baseball. Si getta a faccia in giù e scaglia lontano il proiettile, e quello esplode in aria. Quasi tutte le schegge gli passano sopra la testa, ma una lo colpisce in faccia. Proprio in quel momento i tedeschi vengono all'attacco, e quando abbiamo il tempo di guardarci intorno non siamo più lì.»

Menendez si interruppe e mi fissò con lo sguardo vivido e fermo dei suoi occhi neri.

«Grazie per avermelo detto,» mormorai.

«Vi mettete sulla buona strada, Marlowe. Così va bene. Randy e io parlammo della cosa e ci dicemmo che quanto era successo a Terry Lennox sarebbe bastato a fracassare il cranio a chiunque. Per molto tempo lo credemmo morto, ma non lo era. I tedeschi lo avevano fatto prigioniero. Lo curarono per un anno e mezzo circa. Lo curarono bene, ma gli fecero troppo male. Ci costò parecchi quattrini venirlo a sapere, e ci costò parecchio trovarlo. Ma ci eravamo arricchiti col mercato nero dopo la guerra; potevamo permettercelo. Per averci salvato la pelle Terry non guadagnò altro che mezza faccia nuova, i capelli bianchi e una grave malattia nervosa. Tornato all'Est, incominciò a bere, e si fece arrestare qua e là, divenne uno straccio. Qualcosa lo tormentava, ma non riuscimmo mai a sapere che cosa fosse. Poi fummo informati che aveva sposato quella ricca dama e che se la passava bene. A un tratto divorzia, si ritrova a terra, la risposa, e lei crepa. Randy e io non possiamo far niente per lui. Non accetta nessun aiuto da noi, eccettuato quel posto a Las Vegas.[6] E quando si trova realmente nei guai non si rivolge a noi, si rivolge a un buono a niente come voi, a un tipo che si lascia sballottare dai poliziotti. E poi è la sua volta di crepare, senza dirci una parola, senza offrirci l'opportunità di ricambiare. Ho delle conoscenze, nel Messico, che avrebbero potuto farlo sparire per sempre. Avrei potuto farlo uscire dagli Stati Uniti più in fretta di quanto un illusionista non riesca a mescolare un mazzo di carte. Ma no, corre a piagnucolare da voi. Mi viene il voltastomaco al solo pensarci. Un buono a niente, uno che si lascia maltrattare dai poliziotti.»

6. **quel posto a Las Vegas:** Lennox, prima di sparire, era intenzionato ad accettare l'offerta di Randy Starr di lavorare per lui in una delle sue case da gioco a Las Vegas.

«I poliziotti possono maltrattare chiunque. Che cosa volete che ci faccia?»

«Voglio solo che la piantiate,» disse Menendez in tono duro.

«Piantarla di far che?»

«Di cercare di farvi della pubblicità con il caso Lennox. È finito. Chiuso. Terry è morto e vogliamo che venga lasciato in pace. Quel ragazzo ha sofferto troppo.»

«Un delinquente sentimentale,» dissi. «Mi stupisce.»

«Badate a come parlate, buono a niente. Badate a come parlate. Mendy Menendez non discute. Avverte e basta. Trovate qualche altro espediente per guadagnare un dollaro. È chiaro?»

Si alzò. Il colloquio era finito. [...]

«Non vado in cerca di pubblicità,» dissi. «E nessuno mi ha offerto un compenso. Per quale ragione dovrebbero pagarmi?»

«Non me la date a bere, Marlowe. Non avete passato tre giorni al fresco solo per bontà di cuore. Siete stato pagato. Non dico da chi,[7] ma posso bene immaginarlo. E l'uomo al quale sto pensando ha mezzi in abbondanza. Il caso Lennox è chiuso e resterà chiuso anche se...» Si interruppe di colpo e frustò con i guanti l'orlo della scrivania.

«Anche se Terry non l'ha uccisa,» dissi.

La sorpresa di lui fu sottile come l'oro su un falso anello nuziale. «Vorrei poter essere d'accordo con voi su questo, buono a niente. Ma è assurdo. Tuttavia, anche se non fosse assurdo... e se Terry ha voluto che le cose stessero così... così resteranno.»

Non dissi nulla. Dopo un attimo, atteggiò le labbra a un lento sorriso. «Tarzan sul grande monopattino rosso,» fece con voce strascicata. «Un uomo in gamba, un uomo duro. Mi permette di entrare qui dentro e di camminargli addosso. Uno che si lascia comperare con pochi spiccioli e si fa maltrattare da chiunque. Né denaro, né famiglia, né prospettive, nulla. Ci vediamo, buono a niente!»

Rimasi seduto, con le mascelle serrate, fissando il luccichìo del portasigarette d'oro, sull'angolo della scrivania. Mi sentivo vecchio e stanco. Mi alzai e presi il portasigarette.

«Dimenticate questo,» dissi, girando intorno alla scrivania.

«Ne ho una mezza dozzina,» fece in tono beffardo.

Quando gli fui abbastanza vicino, gli porsi l'oggetto. Allungò la mano con un gesto indifferente. «Che ne dite d'una mezza dozzina di questi?» gli domandai, e lo colpii in pieno ventre il più forte possibile.

Si piegò in due, miagolando. Il portasigarette cadde sul pavimento. Menendez indietreggiò contro la parete e agitò convulsamente le mani, avanti e indietro. Faceva fatica a riempirsi d'aria i polmoni. Sudava. Molto adagio, con uno sforzo enorme, si raddrizzò e di nuovo ci guardammo negli occhi. Allungai la mascella e gli passai un dito sull'osso della mascella. Rimase immobile. Infine riuscì a far affiorare un sorriso sulla sua faccia abbronzata.

«Non credevo che ne foste capace,» disse.

«La prossima volta portate una rivoltella... e non chiamatemi buono a niente.»

«Ho un uomo armato che mi accompagna.»

«Portatelo con voi. Ne avrete bisogno.»

«Non è facile mandarvi in bestia, Marlowe!»

Spostai da un lato il portasigarette d'oro col piede, poi mi chinai a raccattarlo e glielo diedi. Lo prese e se lo infilò in tasca.

«Non riuscivo a capirvi,» dissi. «Non capivo perché avete creduto opportuno perdere tempo per venire qui a fare il bullo. Poi siete diventato monotono. Tutti i "duri" sono monotoni. È come giocare a carte con un mazzo fatto soltanto da assi. Dite di avere tutto, ma non avete un bel niente. Ve ne state semplicemente seduto ad ammirare voi stesso. Non c'è nulla di strano se Terry non è venuto a chiedervi aiuto.»

7. Non dico da chi: Menendez allude al padre della moglie, Harlan Potter, ricco, influente e desideroso di tacitare lo scandalo suscitato dalla morte della figlia. Egli – secondo il gangster – avrebbe pagato Marlowe affinché tacesse con la polizia sulla fuga di Lennox.

Si avvicinò alla porta e la spalancò. Fuori, la guardia del corpo si scostò dalla parete opposta e si voltò. Menendez fece un cenno con la testa. La guardia del corpo entrò nell'ufficio e rimase lì a guardarmi, senza espressione.

«Guardalo bene, Chick,» disse Menendez. «Accertati di poterlo riconoscere, se fosse necessario. Tu e lui potreste incontrarvi, uno di questi giorni.»

«L'avevo già visto, Capo,» disse il damerino bruno dalle labbra sottili, parlando senza muovere le labbra come fanno tutti. «Non mi preoccuperebbe per niente.»

«Non lasciare che ti colpisca le budella,» disse Menendez con un acido sorriso. «Ha un destro poco divertente.»

La guardia del corpo si limitò a sogghignare. «Non riuscirebbe ad avvicinarsi abbastanza.»

«Bene, arrivederci, buono a niente!» mi disse Menendez. E uscì.

«Ci vediamo,» fece l'angelo custode, gelido. «Mi chiamo Chick Agostino. Credo che mi riconoscerete.»

«Sì, come un giornale sporco,» dissi. «Ricordatemi di non camminarvi sulla faccia.»

Gli si gonfiarono i muscoli della mascella. Poi girò improvvisamente sui tacchi e seguì il suo capo.

Il lungo addio, trad. di B. Oddera, Bompiani

Proposte di lavoro

1. Soffermati a riflettere sul rapporto che si viene a creare nel brano tra Marlowe e il gangster, scegliendo, fra le seguenti affermazioni, quelle a tuo parere corrette.

- ☐ Marlowe dà un pugno a Menendez perché non sopporta la sua ricchezza.
- ☐ Menendez chiama Marlowe «Tarzan su un grande monopattino rosso» perché capisce che la testarda onesta dell'investigatore lo rende diverso dalla maggior parte di coloro che frequentano il suo ambiente.
- ☐ Marlowe è tormentato da un'inquietudine e da un senso di insoddisfazione che Menendez non riesce a capire, essendo abituato a dare valore solo al denaro e al potere.
- ☐ Il gangster non spara a Marlowe perché ha paura di lui.
- ☐ Marlowe disprezza Menendez, pur sapendo che il mondo spesso "gira" come dice lui e non secondo i buoni sentimenti.

2. Sottolinea nel testo tutte le espressioni che concorrono a delineare il carattere di Marlowe. Come potrebbe essere definita la sua personalità? E il suo stile di vita? Rispondi in un breve testo.

3. Il brano è costruito su un'unica lunga sequenza dialogica. Quale effetto ne risulta? Rispondi alla domanda in maniera motivata con citazioni tratte dal testo, tenendo presente che può essere valida più di una riposta.

- ☐ Di analisi psicologica e sociale dei personaggi.
- ☐ Di *suspense* e di attesa per la conclusione della narrazione.
- ☐ Di descrizione minuziosa del luogo in cui è ambientata la vicenda.
- ☐ Di spingere il lettore a parteggiare per Marlowe.

Ian Fleming

L'autore e l'opera

Uno dei più affermati scrittori di spionaggio è stato l'inglese Ian Fleming (1908-64), autore di 14 romanzi di grande successo che hanno per protagonista l'**agente 007**, al secolo James Bond, diventati famosi anche grazie alla fortunata serie di film che ne è stata tratta.

Le *spy stories* di Fleming appartengono al filone più avventuroso. Il protagonista deve affrontare da solo nemici sconosciuti e terribili, fra cui la potentissima e misteriosissima Spectre, una organizzazione il cui fantomatico capo vuole dominare il mondo. James Bond trionfa grazie alla sua abilità, a sofisticati congegni, al fascino virile con cui conquista spie femminili nemiche. Bond è il tipo dell'**eroe moderno**: bello, ironico, abilissimo nell'uso della tecnologia, sportivo ed elegante; egli impersona la moderna incarnazione del giustiziere, dell'uomo della legge votato alla lotta contro il male, sotto qualsiasi veste esso si presenti.

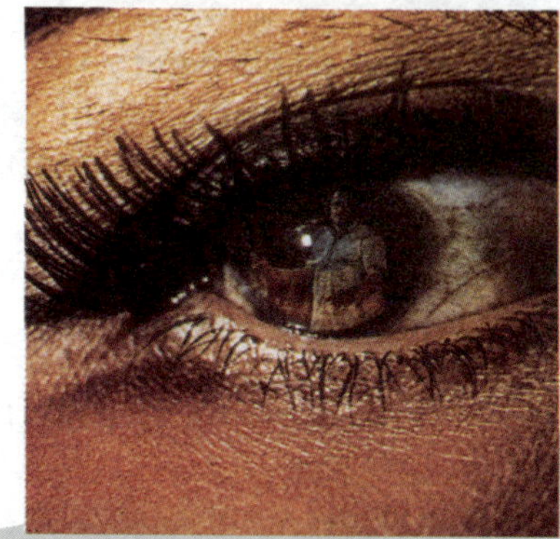

Opera
Agente 007 missione tuono
Genere
romanzo
Lingua
inglese
Epoca
XX secolo

Agente 007 missione tuono

James Bond, l'agente 007

Nell'episodio riportato 007 è alle prese con un certo conte Lippe, membro della Spectre e di una società segreta orientale, il Tong Fulmine Rosso, con il quale ha un conto aperto. Lippe in precedenza ha tentato di ucciderlo e Bond si è vendicato facendo "bollire" il conte in un bagno turco. Ora Lippe cerca di nuovo di fare fuori la spia inglese.

Quando Bond uscì dall'edificio, tenendo in mano la valigetta di cuoio della macchina del codice,[1] e una macchina da ripresa a tracolla, l'uomo[2] nella Volkswagen color nocciola smise di grattarsi le cicatrici delle scottature[3] sotto la camicia, assestò, per la decima volta, la quarantacinque a canna lunga che teneva nel fodero sotto l'ascella, accese il motore e avviò l'automobile. Era a una ventina di metri dalla Bentley[4] di Bond. Non aveva idea a cosa fosse adibito quel grande edificio. Aveva semplicemente ottenuto l'indirizzo di casa di Bond dalla segretaria di Shrublands,[5] e, appena uscito dall'ospedale di Brighton, aveva attentamente seguito Bond. Aveva noleggiato la macchina con un nome falso. Dopo aver fatto quello che doveva fare, sarebbe andato all'aeroporto di Londra e avrebbe preso il primo aereo per non importa quale destinazione del continente. Il conte Lippe aveva un carattere focoso. La sua occupazione attuale, un conto personale da regolare, non rappresentava alcun problema per lui. Era un uomo spietato, vendicativo, e nella sua vita aveva eliminato molte persone turbolente e forse anche pericolose. Pensava che, se Spectre lo avesse saputo non avrebbe avuto nulla da ridire. La conversazione telefonica sentita nella clinica il giorno stesso del suo arrivo dimostrava che la sua copertura era in pericolo e la sua appartenenza al Tong Fulmine Rosso avrebbe permesso di scoprire le sue tracce. C'era ancora molta strada da percorrere prima di poter arrivare a Spectre, ma il sottoperatore G[6] sapeva che, quando una falsa identità comincia a zoppicare, non tarda ad avere lo stesso valore di una scarpa vecchia. A parte questo, Bond gliela doveva pagare. Il conte Lippe non sapeva chi fosse, ma pensava alla vendetta.

Ora Bond stava salendo in macchina. Chiuse la portiera. Il sottoperatore G fissò la voluta di fumo azzurrino che usciva dal doppio tubo di scappamento. Si mosse.

Sull'altro lato della strada, a un centinaio di metri dalla Volkswagen, Spectre n. 6[7] abbassò gli occhialoni sulle attente pupille, mise in moto la Triumph 500 cc. e accelerò giungendo a una decina di metri dalle ruote posteriori della Volkswagen, appena fuori dalla visuale del guidatore nello specchietto retrovisore. Sgattaiolava abilmente tra le macchine – per qualche tempo dopo la guerra era stato collaudatore alla DKW.[8] Non sapeva perché il sottoperatore G seguisse quella Bentley né a chi appartenesse quell'auto. Il suo compito era uccidere l'uomo della Volkswagen. Infilò la mano nel sacchetto di cuoio appeso a

1. **macchina del codice:** lo strumento necessario a 007 per decifrare i messaggi segreti che gli verranno inviati dalla base nel corso della missione.
2. **l'uomo:** il conte Lippe.
3. **scottature:** Bond aveva fatto ustionare il conte in un bagno turco.
4. **Bentley:** lussuoso modello di automobile inglese.
5. **Shrublands:** la clinica della salute in cui 007 aveva incontrato il conte Lippe.
6. **sottoperatore G:** la sigla che designa Lippe all'interno della Spectre.
7. **Spectre n. 6:** la sigla con cui era designato un membro della Spectre incaricato di uccidere il conte, che si era reso colpevole di essersi fatto notare da Bond.
8. **DKW:** fabbrica automobilistica tedesca.

tracolla, ne trasse la pesante granata[9] grossa il doppio delle normali granate militari e osservò il traffico davanti a sé aspettando il momento favorevole alla sua azione.

Il sottoperatore G attendeva un uguale momento. Anche lui controllava l'intervallo[10] tra i semafori sul marciapiede per il caso che fosse costretto a uscir di strada. Ora le macchine davanti a lui erano più rade. Spinse a fondo l'acceleratore. Guidando con la sinistra trasse la Colt dal fodero. Era subito dietro la Bentley. Adesso era affiancato. Quel profilo scuro era un bersaglio ideale. Dopo una rapida occhiata in avanti il conte Lippe prese la mira.

Il rombo metallico del motore a raffreddamento ad aria della Volkswagen fece girare Bond e fu proprio quel leggerissimo rallentamento che lo salvò. Se avesse accelerato il secondo proiettile l'avrebbe colpito, ma istintivamente, per sua fortuna, schiacciò il freno e nello stesso istante abbassò di colpo la testa, urtò violentemente con il mento il pulsante del clacson e quasi svenne. Simultaneamente, invece del terzo sparo risuonò il boato di una esplosione, e i frantumi del parabrezza piovvero addosso a Bond. La Bentley si fermò; il motore si spense. Seguì uno stridio di freni, grida e isterici colpi di clacson. Bond scosse un poco il capo e si raddrizzò cautamente. La Volkswagen giaceva su un fianco, davanti alla Bentley. Una ruota continuava a girare. Il tetto era squarciato. Parte all'interno e parte sulla strada, c'era un macabro ammasso sanguinolento. Le fiamme cominciavano a lambire la carrozzeria e la vernice si gonfiava in minute bollicine. Si stava raccogliendo una piccola folla. Bond riprese il controllo di sé e scese in fretta dall'auto. «Indietro,» gridò. «Il serbatoio scoppia.» Alle sue parole seguì un'esplosione, poi s'alzò una nube di fumo nero. Le fiamme crepitavano. In distanza si udirono delle sirene. Bond si fece strada tra la gente e tornò in fretta in ufficio; cercava disperatamente di riflettere. L'inchiesta gli fece perdere due aerei per New York. Quando il fuoco venne spento e i resti dell'uomo, della macchina e della granata vennero trasportati all'obitorio o dove dovevano, fu chiaro che per le indagini avrebbero dovuto basarsi solo sulle scarpe, sul numero di serie della pistola, su qualche pezzo di stoffa e sulla macchina. Al garage dove la Volkswagen era stata noleggiata, ricordavano solo un uomo con lenti nere, una patente intestata al nome di Johnston e una manciata di banconote da cinque sterline. L'auto era stata presa tre giorni prima per una settimana. Molti ricordavano il motociclista. Ma pareva che non avesse avuto targa. Era filato come il vento in direzione di Baker Street. Portava gli occhialoni, era di corporatura media. Cos'altro c'era da dire?

Bond non era in grado di aiutarli. Non aveva neppure visto il conducente della Volkswagen, lui. Il tetto della macchina era troppo basso. Aveva visto solo una mano, e il luccichio della pistola. [...]

9. **granata:** tipo di bomba a mano.

10. **l'intervallo:** la distanza.

Il discorso indiretto libero

Il lessico e la grammatica

Come è tipico delle narrazioni rapide e veloci, il brano di Fleming usa spesso il discorso indiretto libero, cioè quando le parole e i pensieri di un personaggio vengono riportati in **terza persona**, indirettamente (a differenza del discorso diretto dove sono riportati in prima persona), ma **senza fare riscorso a espressioni introduttive** quali *disse che*, *rispose che*, *pensò che*, tipiche del discorso indiretto. Le parole del personaggio si confondono così con quelle di chi racconta la storia, tanto che sembra che siano i personaggi stessi a raccontarla. Nell'esempio che proponiamo di seguito, tratto da *La casa in collina* di Cesare Pavese, dopo le prime battute in discorso diretto, si passa al discorso indiretto libero. Apparentemente è l'autore che racconta; in realtà egli riferisce le parole pronunciate da Dino.

«Incontrai Dino a mezzacosta. "I tedeschi", mi disse, "sono venuti stamattina in automobile". "La mamma dov'è?". Anche Cate era presa. Anche il vecchio Gregorio. Tutti. Lui e la mamma uscivano per andare a Torino e li avevano visti arrivare. Non avevano fatto in tempo a voltarsi che già i tedeschi erano saltati correndo nel cortile. Puntavano dei fucili corti. Gridando. La mamma tremava.»

Quando Bond uscì per la seconda volta dal quartier generale, aveva cominciato a piovere. Uno dei meccanici del servizio macchine installato nell'edificio aveva fatto quel che gli era stato possibile, aveva tolto le ultime schegge dal parabrezza della Bentley e spazzato via i frantumi ricaduti all'interno dell'auto. Così Bond arrivò a casa all'ora di pranzo bagnato sino alle ossa. Lasciò la macchina in un garage lì vicino e telefonò alla Rolls e alla sua compagnia di assicurazione – era passato troppo vicino a un camion carico di sbarre di ferro destinate presumibilmente a una costruzione in cemento armato, no, non aveva potuto vedere il numero di targa del camion, spiacente, ma voi sapete come capita, quando queste cose succedono all'improvviso – poi andò a fare un bagno. Si mise il suo tropical[11] blu scuro di lana pettinata. Fece i bagagli – una valigia grande e una sacca per l'attrezzatura subacquea, poi comparve in cucina.

May[12] aveva l'aria piuttosto contrita.[13] Pareva sul punto di cominciare un nuovo discorso. Bond le prese una mano. «Non ditemi nulla, May. Avevate perfettamente ragione. Non posso fare il mio lavoro nutrendomi di sugo di carota. Entro un'ora debbo partire e ho bisogno di un pasto decente. Siate brava, fatemi delle uova strapazzate come le sapete fare solo voi, quattro uova. Quattro fette di quella pancetta americana, se ne è restata ancora, crostini imburrati come li sapete fare solo voi, e non con il pane integrale, e un litro di caffè, doppia forza come lo sapete fare voi. E portatemi anche il carrello dei liquori, vi prego.»

May lo fissò, felice ma sbalordita. «Cosa diavolo è successo, signor James?»

Bond rise dell'espressione della governante. «Nulla, May. Solo mi è venuto in mente che la vita è persino troppo breve. Avrò un mucchio di tempo per stare a contare le calorie, in paradiso.»

Bond lasciò che May brontolasse indignata per la sua irriverenza, e andò a ispezionare le sue armi, i ferri del mestiere.

Agente 007 missione tuono, trad. di O. Del Buono, Garzanti

11. **tropical:** abito in tessuto leggero, adatto ai climi caldi e umidi.

12. **May:** la governante di Bond.

13. **contrita:** rattristata, preoccupata.

Proposte di lavoro

1. Il brano può essere approssimativamente diviso in tre parti:
   - nella prima viene introdotta la scena attraverso frasi abbastanza estese e complesse;
   - nella seconda, la più lunga, lo stile diventa più rapido: l'effetto è di suspense prima, di confusione e di agitazione poi;
   - nella terza, infine, l'atmosfera del racconto diventa più rilassata, a tratti quasi comica.

   Individua con precisione nel testo il passaggio da una parte all'altra.
2. Il brano di Fleming è indicativo del modo in cui vengono narrate oggi storie di avventura. Possiamo notare, per esempio, l'uso del discorso indiretto libero (➡ *Il lessico e la grammatica*, p. 805), per riportare i pensieri di Bond. Riconosci e sottolinea questo elemento nel brano.
3. Fai un ritratto del protagonista del brano, completando una tabella simile a questa.

Caratteristiche fisiche	
Caratteristiche psicologiche	
Caratteristiche che appartengono a tutti gli eroi dei romanzi di avventura	
Caratteristiche esclusive di James Bond	

4. Leggendo i romanzi di 007 si ha spesso l'impressione che essi siano stati scritti già pensando a una loro traduzione cinematografica. Individua nel brano le frasi che secondo te giustificano questa affermazione.

Il romanzo d'avventura

Le origini del genere

Il racconto di avventura è uno dei generi letterari più antichi perché il bisogno di raccontare, presente nell'essere umano, si è espresso sempre nella **narrazione di fatti straordinari o di imprese avventurose**, a partire forse da quelli che possono esserne considerati i capostipiti: l'*Iliade* e l'*Odissea* di **Omero**. Oggi il romanzo d'avventura è uno dei generi più apprezzati dal largo pubblico sia giovanile sia adulto. Una spiegazione di ciò sta forse nel fatto che, insieme con il giallo, il romanzo d'avventura è quello che più si avvicina alla struttura della **fiaba**: un fatto inatteso interviene a modificare la stabilità della situazione iniziale e mette in moto la vicenda, nel corso della quale il protagonista affronta uno o più antagonisti e supera mille ostacoli, fino allo scioglimento finale, spesso un lieto fine.

Le caratteristiche del romanzo d'avventura

Nel romanzo d'avventura il ruolo del protagonista è un ruolo da **eroe**, eroe di solito positivo, che ha come caratteristiche il **gusto dell'avventura** e l'**amore per il rischio**. Il coraggio a volte è fine a se stesso, è il gusto dell'avventura puro e semplice; altre volte invece è finalizzato a una causa giusta o alla conquista di un **premio finale**. In realtà, non sempre l'eroe è "buono", non necessariamente è leale; a volte combatte per una causa giusta, a volte no. Al limite l'eroe può anche non essere eccessivamente simpatico. Decisione, audacia, destrezza, prontezza saranno comunque le doti di questi eroi, di cui il romanzo d'avventura ha bisogno perché permettono al lettore di vivere nell'immaginazione quelle esaltanti avventure che la realtà gli nega. Opposto all'eroe è l'"**antagonista**", sovente caratterizzato da tratti solo negativi: è infido e sleale, a volte feroce e crudele. Fra l'eroe e l'antagonista c'è poi spazio per una serie di "**aiutanti**" **dell'eroe** e di "**complici**" **dell'antagonista**.

Il romanzo d'avventura permette di vivere esperienze tra realtà e fantasia

Uno degli sfondi preferiti per i romanzi d'avventura è quello del **viaggio**, spesso legato alla scoperta di luoghi nuovi, straordinari e lontani. L'**impianto narrativo** può risultare **realistico** e verosimile, oppure **fantastico** o addirittura fantascientifico. In tutti i casi vengono narrati avvenimenti straordinari, lontani dall'esperienza comune e dalla vita di tutti i giorni.

Qui a lato, la copertina di *Ventimila leghe sotto i mari* di Jules Verne.

A destra, illustrazione da *L'isola del tesoro* di R.L. Stevenson.

Un tratto comune fra il romanzo giallo e quello avventuroso è l'uso della **suspense**, legato alla narrazione della situazione vissuta dal protagonista. Il romanzo d'avventura non ha comunque vincoli del poliziesco: non deve terminare con la scoperta del criminale, con la vittoria dell'investigatore. Molti romanzi d'avventura terminano con la morte drammatica del protagonista, oppure con una sua sconfitta o vittoria provvisoria, che apre a nuove possibili avventure. Non sempre dunque c'è il lieto fine.

La letteratura di avventura è letteratura?

Sul piano storico è nell'Ottocento che le regole del romanzo d'avventura vengono codificate. Maestri della narrazione avventurosa sono quegli scrittori che si dedicano più assiduamente al **romanzo d'appendice**, come Alexandre Dumas in Francia, o al **romanzo popolare** come Emilio Salgari in Italia. Molto spesso, come è tipico dell'attività letteraria dell'Ottocento, al romanzo d'avventura si dedicano i grandi scrittori: per esempio l'americano **Herman Melville**, autore alla metà del secolo del celebre romanzo *Moby Dick*, oppure, a cavallo dei due secoli, **Joseph Conrad**, autore di alcuni fra i più affascinanti racconti di avventure ambientati negli scenari meravigliosi dei mari tropicali.

L'equazione "letteratura di avventura e di evasione = letteratura di basso livello" o peggio "non letteratura" è dunque sbagliata: autori come quelli citati o, per venire al Novecento, come Michael Crichton o Colleen McCullough, per non fare che qualche esempio, dimostrano come sia possibile coniugare qualità letteraria e capacità di avvincere e interessare il largo pubblico.

L'Ottocento: storie d'avventura e di conquista

Il fascino della sfida conquista un pubblico sempre più vasto

I motivi per i quali è nell'Ottocento che si stabiliscono le regole del genere avventuroso si radicano nella storia e nella cultura di quel secolo. L'**Ottocento** è il grande **secolo dei viaggi e delle esplorazioni**. Soprattutto nella sua seconda metà, si scatena negli europei (inglesi e francesi in testa) una passione geografica senza precedenti. La scoperta delle sorgenti del Nilo nei grandi laghi equatoriali, l'esplorazione del Congo, l'attraversamento del Sahara e del deserto australiano, il passaggio di Nord-Est dalla Scandinavia allo stretto di Bering, la conquista del Polo: queste ed altre avventure rendono famose e ammirate dall'opinione pubblica figure di esploratori, navigatori, colonizzatori.

I **resoconti giornalistici** accendono nel lettore l'amore per le terre lontane, il senso dell'esotico, il gusto per la conquista di confini selvaggi e misteriosi. Viaggi e **diari di viaggi** testimoniano il fascino del duello tra l'uomo e la natura, il desiderio dell'ignoto e del pericolo, la sfida proposta in modo eroico e vitalistico a ciò che non si conosce. La letteratura di quegli anni riflette fedelmente questa realtà: i grandi spazi delle praterie, il deserto, le isole del mar delle Antille o quelle della Polinesia diventano la materia di racconti e romanzi d'avventure letti da un **pubblico sempre più vasto** di adulti e soprattutto di ragazzi. Nasce infatti in quest'epoca una **narrativa d'avventura** specificamente **per ragazzi**, la cui fantasia si educa inseguendo gli eroi della carta stampata dai ghiacci del Polo agli atolli del Pacifico.

Illustrazione tratta dal romanzo *Kim* di Rudyard Kipling.

Una letteratura di conquista?

Il **ritmo** con cui queste avventure sono raccontate è sempre **veloce**, **appassionante** (quasi cinematografico, diremmo oggi); l'eroe è sempre affascinante e coraggioso. Mentre fino al Settecento i mondi narrati nei libri erano più spesso di **fantasia** (come per esempio nei *Viaggi di Gulliver* di Swift), ora i mondi tendono a essere quelli **reali**, conosciuti dalle nuove scoperte, dalle **imprese coloniali**. Molti romanzieri dell'Ottocento e dei primi del Novecento, come Verne, Stevenson, Conrad o Kipling, hanno vissuto personalmente nelle terre lontane in cui ambientano i propri racconti. Altri, come l'italiano Salgari, si accontentano di favoleggiarle, senza muoversi dal proprio tavolo di scrittura, attenti lettori però dei resoconti giornalistici e dei documenti geografici e scientifici.

Ma il racconto d'avventure non è solo l'espressione dei viaggi e delle esplorazioni. Esso racconta anche la **conquista del mondo** operata dalle grandi potenze europee. La politica coloniale intrapresa nella seconda metà dell'Ottocento adopera a volte il romanzo come **strumento di propaganda** e di esaltazione dei valori del coraggio, del patriottismo, della superiorità dell'uomo bianco, a cui si voleva educare il nuovo pubblico giovanile. Spesso, come per esempio nei romanzi di Kipling, la letteratura racconta l'incontro e più sovente lo **scontro tra i conquistatori europei e i conquistati** dell'Asia o del continente africano.

I temi e i linguaggi nuovi nel Novecento

Nel Novecento la narrativa avventurosa non smarrisce le sue caratteristiche ottocentesche, ma assume **temi e linguaggi nuovi**. Secondo un tratto caratteristico anche di altri generi di letteratura, alla conoscenza e alla descrizione di mondi diversi si affianca il **viaggio nel mondo interiore dell'uomo**, l'esame introspettivo delle componenti più oscure e contraddittorie del nostro animo, della nostra **psiche**. Il viaggio che si compie è in questo caso un viaggio dentro se stessi, per verificare le proprie capacità e il proprio carattere.

La ricerca di una "terra promessa" o del "paradiso perduto" diventa il simbolo della fuga da un mondo che già alla fine dell'Ottocento conosceva la **crisi dei miti del progresso e della felicità per tutti**. I protagonisti dei romanzi di Conrad, per esempio, esprimono queste componenti psicologiche e interiori del romanzo d'avventura. Così come nel viaggio compiuto dal protagonista del romanzo di **Robert Pirsig**, *Lo zen e l'arte della manutenzione della motocicletta* – uno solo tra i mille esempi possibili – troviamo la ricerca di un equilibrio spirituale superiore e, insieme, la speranza di liberazione della coscienza dell'uomo moderno dalla superficialità del mondo e dall'alienazione del lavoro.

In sintesi

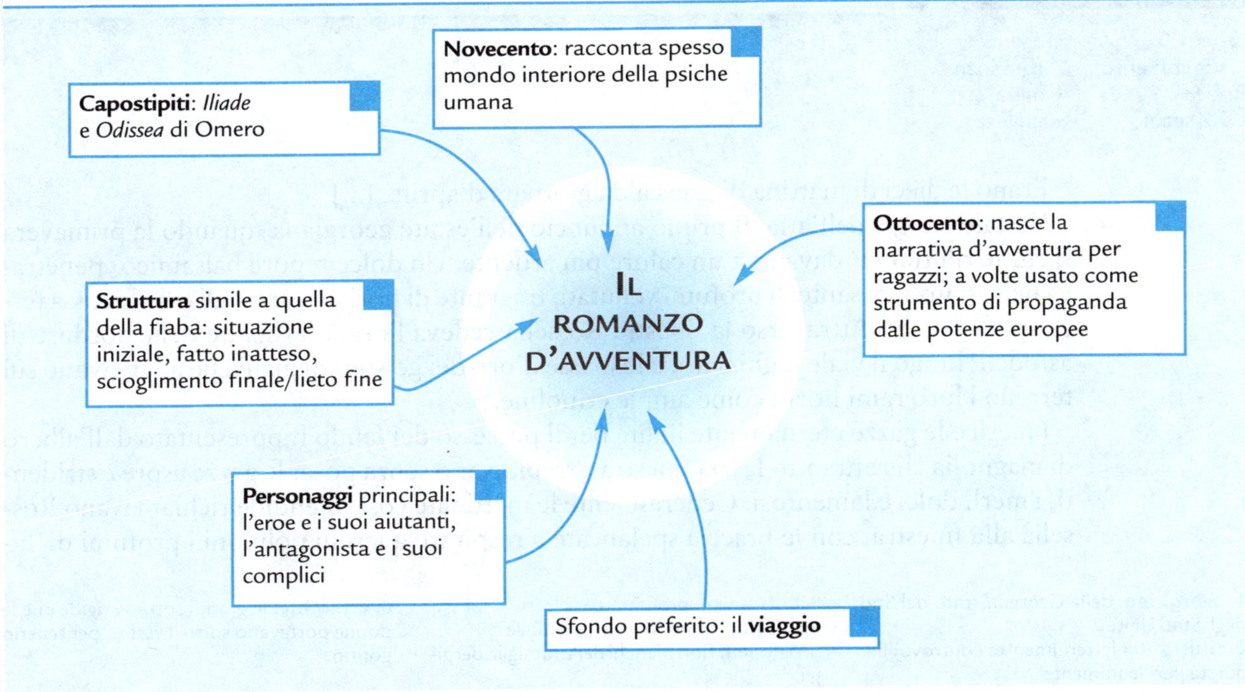

Margaret Mitchell

L'autrice e l'opera

Il romanzo *Via col vento*, scritto dalla giornalista americana Margaret Mitchell (1900-49), fu pubblicato nel 1936; nel 1939 ne fu tratto un film di straordinario successo.

La vicenda si svolge all'epoca della **guerra civile americana** tra nordisti e sudisti. Rossella O'Hara, la protagonista, è innamorata di Ashley Wilkes, il quale però la rifiuta anche a causa del suo carattere irruente e anticonformista, per sposare la dolce e un po' insulsa Melania. Rossella, dopo aver sposato un uomo che non ama ed essere rimasta vedova, viene coinvolta nella guerra: partecipa alla difesa della città sudista Atlanta, protegge la tenuta del padre dall'invasione nordista e infine si umilia di fronte a Rhett Butler, un ambiguo contrabbandiere cinico e sprezzante, in realtà non privo di sensibilità, chiedendogli un prestito e offrendogli se stessa. Dopo la guerra Rossella si sposa con Rhett, ma è ancora infatuata di Ashley, che nel frattempo è rimasto vedovo. I suoi tentativi di conquistare Ashley le alienano l'affetto di Rhett, che l'abbandona: troppo tardi Rossella capisce che proprio lui è stato il vero amore della sua vita.

Prototipo di uno dei sottogeneri d'evasione ancora oggi più apprezzato, il **romanzo rosa**, *Via c*
vento è un tipico esempio di raccon
to d'avventura di impianto tradizio
nale: sono presenti infatti un'eroi
na romantica, un uomo socialmen
te reietto ma riscattato dall'amore
situazioni melodrammatiche, un in
treccio drammatico e ricchissimo d
colpi di scena.
A differenza del romanzo rosa classico, a dire la verità, qui **manca il lieto fine** (di solito, il matrimonio della protagonista). Rossella, tuttavia bella e astuta, è una tipica rappresentante delle eroine dei romanzi rosa: in lei la lettrice è da subito spinta a identificarsi e a condividerne dolori e piaceri.

Opera: **Via col vento**
Genere: **romanzo**
Epoca: **XX secolo**
Lingua: **inglese**

Via col vento

Rossella O'Hara

Nell'episodio che abbiamo scelto, tratto dalle prime pagine del romanzo, vengono messe in luce tutte le caratteristiche fisiche, psicologiche e sociali della protagonista. Rossella, che appartiene a una ricca famiglia di proprietari terrieri del Sud, si sta preparando per una festa.

Erano le dieci di mattina di una calda giornata d'aprile. [...]

L'estate era già nell'aria, il primo annuncio dell'estate georgiana[1] quando la primavera si ritrae riluttante[2] davanti a un calore più ardente. Un dolce tepore balsamico[3] penetrava nella stanza, pesante di profumi vellutati, fragrante di fiori, di germogli e della rossa terra appena arata. Attraverso la finestra Rossella vedeva l'orgia[4] brillante delle bordure di asfodeli[5] lungo il viale inghiaiato, e le masse d'oro dei gelsomini gialli che allargavano sul terreno i loro rami fioriti come ampie crinoline.[6]

I merli e le gazze eternamente in lite per il possesso del feudo rappresentato dall'albero di magnolia che era sotto la sua finestra, strepitavano senza posa; le gazze aspre e stridenti, i merli dolci e lamentosi. Generalmente le mattinate così splendide richiamavano Rossella alla finestra, con le braccia spalancate a respirare a larghi polmoni i profumi di Ta-

1. **georgiana:** della Georgia, stato del Sud degli Stati Uniti.
2. **riluttante:** letteralmente: controvoglia; qui sta per "lentamente".
3. **balsamico:** profumato.
4. **l'orgia:** l'abbondanza incredibile.
5. **asfodeli:** fiori bianchi della famiglia dei gigli.
6. **crinoline:** le grandi sottane rigide che le donne portavano sotto il vestito per tenerlo gonfio.

ra.[7] Ma oggi ella non aveva occhi per il sole e per il cielo azzurro, presa com'era da questo pensiero: per fortuna non piove.

Sul letto era la veste da ballo di seta marezzata[8] verde mela, coi festoni di pizzo crema, piegata in una grande scatola di cartone. Era pronta per essere portata alle Dodici Querce,[9] affinché ella potesse indossarla prima che cominciasse il ballo; ma Rossella vedendola crollò le spalle. Se il suo progetto riusciva, stasera ella non avrebbe indossato quell'abito. Molto prima che il ballo iniziasse, lei e Ashley sarebbero stati sulla via di Jonesboro per andarsi a sposare.

Ora il problema era questo: che abito doveva mettere per il banchetto all'aperto? Quale abito avrebbe messo meglio in rilievo il suo fascino e l'avrebbe resa più irresistibile agli occhi di Ashley? [...] Rimanevano svariati abiti di cotone, che a Rossella non sembravano abbastanza eleganti per l'occasione; gli abiti da ballo e quello di mussolina a fiori che indossava il giorno prima. Anche questo, però, era un abito da pomeriggio non adatto per un pic-nic, perché aveva le maniche corte a sbuffo e la scollatura troppo profonda. Ma non c'era nulla da fare: bisognava mettere quello. Dopo tutto non si vergognava del suo collo, delle sue braccia, e del suo petto, anche se non era corretto metterli in mostra di mattina. Guardandosi nello specchio e girandosi per vedersi di fianco, si disse che nella sua figura non vi era nulla di cui potesse vergognarsi. Il suo collo era corto ma rotondo, le sue braccia pienotte e seducenti, il seno, spinto in alto dal busto, era veramente bello. Non aveva mai avuto bisogno di cucire nella fodera dei suoi corpetti striscioline di seta increspata, come facevano molte ragazze di sedici anni per dare alle loro figure la pienezza e le curve desiderate. Era felice di avere ereditato le candide mani sottili e i piedini di Elena,[10] e avrebbe voluto averne anche la statura. Ma comunque, la sua altezza la soddisfaceva abbastanza. Che peccato non poter mostrare le gambe – pensò – sollevando la gonna e osservandole con rimpianto, dritte e ben formate, sotto le mutandine. Aveva delle gambe tanto carine: lo riconoscevano perfino le ragazze del collegio di Fayetteville. Quanto alla vita, nessuno a Fayetteville, Jonesboro o nelle tre Contee poteva vantarsi di averla più sottile.

Il pensiero della cintura la ricondusse a cose più pratiche. L'abito di mussolina verde aveva una cintura di quaranta centimetri, e Mammy[11] le aveva allacciato il busto per l'abito di trapuntato, che era tre centimetri più largo. Bisognava dunque che Mammy lo stringesse di più. Aperse la porta, prestò ascolto e udì il passo pesante di Mammy nel vestibolo. La chiamò con impazienza gridando, sapendo di poter alzare la voce con impunità, perché Elena era nella dispensa a distribuire il cibo della giornata.

«Credere che io poter volare» borbottò Mammy affannandosi per le scale. Entrò sbuffando con l'espressione di una che attende la battaglia ed è disposta ad affrontarla. Nelle sue grandi mani nere era un vassoio su cui fumavano due grosse patate dolci coperte di burro, un piatto di focaccine di grano saraceno imbevute di sciroppo e una grande fetta di prosciutto che nuotava nel sugo. Vedendo il carico di Mammy l'espressione di Rossella mutò, passando dall'irritazione all'ostinata bellicosità. Nell'eccitazione di misurare gli abiti ella aveva dimenticato la ferrea regola di Mammy, la quale esigeva che prima di recarsi a qualsiasi riunione le ragazze O'Hara dovevano essere talmente rimpinzate a casa da non poter mangiare nulla al ricevimento.

«È inutile. Non mangio. Puoi riportarlo in cucina».

Mammy posò il vassoio sulla tavola e si mise le mani sui fianchi.

«Sì, Miss;[12] mangerai! Mi ricordare troppo bene quello che essere successo all'ultimo picnic, quando io ero troppo ammalata per poterti portare il vassoio prima che tu andare via. Dovere mangiare questo senza lasciare nulla».

7. **Tara:** la residenza della famiglia O'Hara.
8. **marezzata:** variegata.
9. **Dodici Querce:** la residenza di Ashley Wilkes, dove si sarebbe tenuta la festa a cui Rossella si sta preparando.
10. **Elena:** la madre di Rossella.
11. **Mammy:** la schiava di colore che fa da cameriera personale a Rossella.
12. **Miss:** signorina, in inglese.

«Non lo mangio. Piuttosto vieni qui e allacciami più stretto, poiché è già tardi. Sento la carrozza che è già davanti alla casa».

Il tono di Mammy si fece più dolce: «Via, Miss Rossella, essere buona, mangiare un pochino. Miss Carolene e Miss Súsele avere mangiato tutto».

«Si capisce!» esclamò Rossella con disprezzo. «Hanno il cervello di un coniglio! Ma io no; basta coi vassoi. Mi ricordo ancora quella volta che ho mangiato tutto prima di andare dai Calvert e là fu presentato a tavola un gelato che avevano portato sul ghiaccio fino da Savannah, e io non ne potei mangiare che un cucchiaio. Oggi mi voglio divertire e mangiare quanto mi pare».

A questa sprezzante eresia Mammy abbassò il capo con indignazione. Nella sua mente ciò che una signorina poteva o non poteva fare era diverso come il bianco dal nero; non vi era fra le due cose alcuna via di mezzo, Súsele e Carolene erano una creta molle nelle sue mani vigorose, e ascoltavano rispettosamente i suoi avvertimenti. Ma era sempre stata una lotta per insegnare a Rossella che la maggior parte dei suoi impulsi naturali non erano da signora. Le vittorie di Mammy su Rossella erano conquistate duramente, ed erano il risultato di una scaltrezza sconosciuta ai bianchi.

«Se a te non importare quello che dice la gente, a me importare» muggì. «E io rimanere qui perché non voglio che tu andare a ricevimento affamata. Ti avere detto e ripetuto che si riconoscere una dama perché mangiare come un uccellino, e io non volere che tu andare dai signori Wilkes per cavarti la fame».

«La mamma è una signora eppure mangia» ribatté Rossella.

«Quando essere sposata, potrai mangiare anche tu» ritorse Mammy. «Quando miss Elena avere tua età, non mangiare nulla quando usciva; e nemmeno tua zia Paolina e zia Eulalia. E tutte essersi sposate. Signorine che mangiare molto non trovare marito».

«Non ci credo. A quel pic-nic, quando tu eri ammalata e io non mangiai prima di uscire, Ashley Wilkes mi disse che gli piaceva vedere una ragazza con un appetito sano».

Mammy crollò la testa minacciosamente.

«Quello che i giovanotti dire e quello che pensare essere due cose diverse; io non mi essere accorta che Mist'[13] Ashley avere chiesto di sposarti».

Rossella aggrottò le ciglia e fece per rispondere aspramente; ma si trattenne. Vedendo l'espressione del suo volto, Mammy riprese il vassoio e con la furberia della sua razza, mutò tattica. Si avviò alla porta sospirando: «E va bene. Avere appunto detto alla cuoca, mentre preparare questo vassoio: "Si riconosce una signora da quello che non mangia" e lei avere risposto: "Non avere mai visto una signora bianca mangiare meno di quanto mangiare Miss Melly[14] Hamilton l'ultima volta che essere stata a trovare Mr. Ashley... voglio dire a trovare Miss Lydia"».[15]

Rossella lanciò un'occhiata sospettosa; ma la larga faccia di Mammy aveva solo un'espressione d'innocenza e di rammarico per il fatto che Rossella non fosse tanto signora quanto Melania Hamilton.

«Metti giù quel vassoio e vieni ad allacciarmi più stretto» ordinò la giovinetta irritata. «Cercherò di mangiare un pochino dopo; se mangio adesso non si può stringere abbastanza il busto».

Nascondendo il suo trionfo, Mammy posò il vassoio.

«Quale abito mettere?»

«Questo» rispose Rossella indicando il morbido ammasso di mussolina[16] verde a fiori. Istantaneamente Mammy fu in armi.

«Questo no; non essere adatto per mattino. Non potere mostrare il petto prima delle tre pomeridiane e quel vestito non avere colletto né maniche. Ti riempirai di lentiggini come

13. **Mist':** forma abbreviata di mister, "signore".

14. **Melly:** diminutivo di Melania.

15. **Miss Lydia:** la sorella di Ashley.

16. **mussolina:** tessuto trasparente di seta o di cotone.

quando sei nata e io non volere che tu tornare ad essere lentigginosa dopo tutto il latte con cui averti spalmata durante inverno per toglierti quelle che esserti presa a Savannah sulla spiaggia. Ora vado a parlare con la mamma».

«Se le dici una parola prima che io sia vestita, non mangerò neanche un boccone», rispose Rossella freddamente. «Mamma non avrà il tempo di farmi cambiare abito, una volta che sono vestita».

Mammy sospirò rassegnata, sentendosi sconfitta. Fra i due mali era meglio che Rossella portasse di mattina un abito da pomeriggio piuttosto che dovesse mangiare come un maialetto.

«Tieniti ferma e trattenere il fiato» ordinò.

Rossella obbedì afferrandosi ad una delle spalliere del letto. Mammy tirò la stringa vigorosamente e quando la sottile circonferenza della cintura racchiusa fra le stecche di balena diventò ancor piu sottile, un'espressione di orgoglio e di affetto apparve nei suoi occhi.

«Nessuno avere vita sottile come il mio agnellino» disse soddisfatta. «Ogni volta che stringo Miss Súsele oltre i cinquanta centimetri, sviene».

«Uff...» fece Rossella respirando con difficoltà. «Io non sono mai svenuta in vita mia».

«Beh, non essere nulla di male se ogni tanto tu avere svenimento» consigliò Mammy. «Non è bello, ti avverto, che tu sopportare la vista dei serpenti e dei topi. Non dico quando essere in casa, ma almeno quando essere in compagnia. E poi...»

«Oh, basta! Non parlare tanto. Il marito lo troverò, vedrai, anche se non grido e non svengo. Dio, come è stretto il mio busto! Infilami il vestito».

Mammy infilò accuratamente i dodici metri di mussolina verde sulla montagna delle sottovesti e agganciò sul dorso il corpetto scollato.

«Terrai la sciarpa quando essere al sole; e non ti levare il cappello anche se avere caldo» impose. «Altrimenti venire a casa bruna come la vecchia Miss Slattery. Ora mangia, tesoro; ma non mangiare troppo in fretta».

Rossella sedette ubbidiente dinanzi al vassoio, chiedendosi se le sarebbe stato possibile mettere qualche cosa nello stomaco e avere ancora abbastanza spazio da poter respirare. Mammy prese dall'armadio un largo asciugamano e lo annodò attorno al collo della fanciulla allargandoglielo sul grembo. Rossella cominciò col prosciutto perché le piaceva e si sforzò d'inghiottirlo.

«Dio volesse che io fossi sposata» disse risentita mentre attaccava borbottando le patate dolci. «Sono stanca di dover sempre essere innaturale e di non fare mai quello che mi piace. Sono stanca di fingere di mangiare come un uccello e di passeggiare quando ho voglia di correre, di dire che mi gira la testa dopo un valzer, mentre ballerei due giorni di seguito senza stancarmi. Sono stufa di dire "Siete straordinario!" a degli imbecilli che non hanno la metà dell'intelligenza che ho io e di far finta di non saper nulla perché gli uomini possano dirmi delle sciocchezze credendo d'insegnarmi chi sa che cosa... Non posso mangiare neanche un altro boccone».

«Prova una focaccina calda». Mammy era inesorabile.

«Perché una ragazza deve far tanta fatica per trovare un marito?»

«Credo che essere perché i giovanotti non sapere quello che vogliono. Sanno soltanto quello che credono di volere. E se dare loro quello che credono di volere, evitare un sacco di dispiaceri e il pericolo di rimaner zitella. E loro credono di volere dei topolini stupidi e che hanno dei gusti da uccelletto. Io pensare che un giovinotto non sceglierebbe mai per moglie una donna se capire che lei ha più intelligenza di lui».

«E non credi che gli uomini abbiano delle sorprese dopo il matrimonio quando si accorgono che la moglie ne capisce più di loro?»

«Allora essere troppo tardi. Essere già sposati».

Via col vento, trad. di A. Salvatore e E. Piceni, A. Mondadori

Proposte di lavoro

1. I luoghi e gli oggetti descritti in queste pagine ci danno indirettamente delle informazioni sulla condizione sociale dei personaggi e sulla loro mentalità. Definisci con parole tue, in un breve testo, questa condizione e questa mentalità.

....

....

....

....

....

....

....

2. Completando la tabella, rintraccia nel brano gli elemen caratterizzanti Rossella sul piano sociale, psicologico e fis co. Costruisci poi un ritratto del personaggio.

Caratteristiche sociali	
Caratteristiche psicologiche	
Caratteristiche fisiche	

3. Soffermati, allo stesso modo, sul personaggio di Mammy
4. Ora confronta i personaggi di Rossella e di Mammy elaborando un breve testo.

Robert Pirsig

L'autore e l'opera

Il viaggio, la **ricerca del significato della vita**, la conoscenza di sé e degli altri sono i grandi temi del libro *Lo zen e l'arte della manutenzione della motocicletta*, scritto da Robert Pirsig nel 1974.

L'autore, americano, nato nel 1928, ottenne con questo libro un successo immediato e vastissimo sia negli Stati Uniti sia in Europa, ma rimase a lungo un personaggio misterioso finché, in occasione della seconda edizione del libro, raccontò come la sua opera fosse stata un tentativo di superare il dolore per la perdita del figlio Chris che lo aveva accompagnato durante il suo viaggio raccontato appunto nel libro. Lo zen è una forma di buddismo orientale. Che cosa c'entra con la manutenzione di una moto? Se lo chiede anche il protagonista che, con il figlio e due amici, attraversa le praterie americane.

Opera
Lo zen e l'arte della manutenzione della bicicletta
Genere
romanzo
Lingua
inglese
Epoca
XX secolo

Lo zen e l'arte della manutenzione della motocicletta

Lungo le vecchie strade

Nel brano che presentiamo il protagonista sceglie volontariamente di viaggiare lungo strade secondarie, dove la natura si può quasi toccare e le persone che si incontrano sono più propense a fare conversazione. «Percepire le cose e meditarci sopra», liberare la coscienza dalla superficialità del mondo moderno e da una realtà di lavoro e di vita estranea e incomprensibile è la meditazione zen sulla quale l'autore basa la sua riscoperta dell'America e della propria interiorità. Il messaggio è che nelle cose, nella realtà più semplice, è nascosta la qualità della vita, al di là degli schemi logici e razionali di cui siamo a volte prigionieri.

Senza togliere la mano dalla manopola sinistra vedo dal mio orologio che sono le otto e mezza. Il vento, anche a cento all'ora, è caldo e umido. Chissà come sarà nel pomeriggio, se già alle otto e mezza c'è tanta afa.

Nel vento ci sono gli odori pungenti degli acquitrini ai margini della strada. Ci troviamo nella zona delle Pianure Centrali, piena di pantani, ideali per la caccia alle anitre; veniamo da Minneapolis e andiamo a nord-ovest, verso i due Dakota.[1] Questa è una vecchia strada di cemento a due corsie dove non c'è molto traffico, perché parecchi anni fa ne è stata costruita un'altra, parallela, a quattro corsie. Quando passiamo accanto a un acquitrino l'aria si fa all'improvviso più fresca; poi, appena oltre, si riscalda bruscamente.

Sono felice di ripercorrere questa regione. È un posto che non è un posto, senza nulla che lo renda famoso, ed è proprio questo il suo fascino. Lungo le vecchie strade così, la tensione scompare. Corriamo sobbalzando sul cemento eroso tra tife[2] e distese di pascoli, poi ancora tife e erbe palustri. Qua e là c'è uno specchio d'acqua, e ai margini delle tife, guardando bene, si vedono le anitre selvatiche. E le tartarughe... C'è un merlo. Do una pacca sul ginocchio di Chris[3] e glielo dico.

«Cosa?» mi urla.

«Merlo!».

Dice qualcosa che non riesco a sentire. «Cosa?» urlo a mia volta.

Mi solleva il casco da dietro e mi urla nelle orecchie: «Ma ne ho visti un sacco, papà!».

«Ah!» grido di nuovo. Poi annuisco. A undici anni un merlo non fa un grande effetto. Bisogna diventare più vecchi per cose del genere. Per me tutto questo si confonde con ricordi che lui non ha. Fredde mattinate di tanto tempo fa, quando l'erba palustre si era fatta marrone e le tife ondeggiavano al vento di nord-ovest. Allora l'odore pungente veniva dalla melma: i nostri stivaloni da palude la rimescolavano mentre ci appostavamo in attesa dell'alba. Era l'apertura della caccia alle anitre. Oppure d'inverno, quando i pantani erano gelati e morti, e potevo camminare sul ghiaccio e la neve tra le tife morte senza vedere altro che cieli grigi e cose morte e fredde. I merli non c'erano più. Ma adesso, in luglio, sono tornati; tutto è al culmine della vitalità, ogni centimetro di questi pantani ronza e stride e cinguetta in un unico brusio, un'intera comunità che trascorre la propria vita in una specie di benigna continuità.

Se fai le vacanze in motocicletta le cose assumono un aspetto completamente diverso. In macchina sei sempre in un abitacolo; ci sei abituato e non ti rendi conto che tutto quello che vedi da quel finestrino non è che una dose supplementare di TV. Sei un osservatore passivo e il paesaggio ti scorre accanto noiosissimo dentro una cornice.

In moto la cornice non c'è più. Hai un contatto completo con ogni cosa. Non sei più uno spettatore, sei nella scena, e la sensazione di presenza è travolgente. È incredibile quel cemento che sibila a dieci centimetri dal tuo piede, lo stesso su cui cammini, ed è proprio lì, così sfuocato[4] eppure così vicino che col piede puoi toccarlo quando vuoi – un'esperienza che non si allontana mai dalla coscienza immediata. Chris e io stiamo andando nel Montana con due amici; forse ci spingeremo ancora più lontano. I programmi sono volutamente vaghi, abbiamo più voglia di viaggiare che non di arrivare in un posto prestabilito. Siamo in vacanza. Diamo la preferenza alle strade secondarie: il meglio sono le strade provinciali asfaltate, poi le statali, e ultime le autostrade. Ci preoccupiamo più di come passiamo il tempo che non di quanto ne impieghiamo per arrivare: l'approccio cambia completamente. Le strade che serpeggiano su per le colline sono lunghe, ma in moto sono molto più belle, in curva ti inclini senza andare a sbattere contro le pareti di un abitacolo. Le strade con poco traffico sono più gradevoli, oltre che più sicure, e anche quelle senza autogrill e car-

1. **Minneapolis... Dakota:** Minneapolis è la maggiore città dello stato del Minnesota, sulle due rive del Mississippi. La regione del Dakota, anch'essa attraversata dal grande fiume americano, è divisa in due stati, Nord e Sud Dakota.
2. **tife:** piante a spighe compatte.
3. **Chris:** è il figlio con il quale il narratore affronta il viaggio.
4. **sfuocato:** osservata in corsa, la superficie stradale appare sfuocata.

telloni, strade dove boschetti e pascoli e frutteti si possono quasi toccare, dove i bambini fanno ciao con la mano e la gente guarda dalla veranda per vedere chi arriva; quando ti fermi per chiedere informazioni la risposta tende a essere più lunga del dovuto invece che più corta, e tutti ti domandano da dove vieni e da quanto tempo sei in viaggio.

È da qualche anno che mia moglie, io e i nostri amici abbiamo incominciato a entrare nello spirito di queste strade. Le imboccavamo ogni tanto per cambiare un po' o per tagliare da un'autostrada all'altra, e ogni volta il panorama era talmente bello che ne uscivamo rilassati e contenti. Ci è voluto un po' per capire una cosa che sarebbe dovuta essere evidente: e cioè che queste strade sono davvero diverse da quelle principali. Sono diversi il ritmo di vita e la personalità della gente, gente che non sta andando da nessuna parte e non è troppo indaffarata per essere cortese. Gente che sa tutto sul «qui» e sull'«ora» delle cose. Sono gli altri, quelli che si sono trasferiti nelle città anni fa, è la loro prole perduta che l'ha dimenticato. Questa scoperta fu una vera rivelazione.

Mi sono chiesto come mai abbiamo avuto per tanto tempo la verità sotto gli occhi senza vederla. Forse eravamo allenati a non vederla, a pensare che il cuore dell'azione e dei fatti fosse la città e che altrove non ci fosse che noioso retroterra. Era una cosa sconcertante.

Ma naturalmente, quando capimmo, niente riuscì più a tenerci lontano da queste strade: fine settimana, serate, vacanze. Siamo diventati dei veri patiti di strade secondarie e abbiamo scoperto che si imparano mille cose, viaggiando.

Per esempio, abbiamo imparato a individuare sulla carta le strade buone. Se la linea è molto mossa, è un buon segno. Vuol dire che ci sono le colline. Se invece sembra la strada principale tra un piccolo centro e uno grosso, non va. Le strade migliori[5] non collegano mai niente con nient'altro e c'è sempre un'altra strada che ti ci porta più in fretta. Se devi andare a nord-est partendo da un grosso centro non prosegui mai dritto per molto: esci dalla città e poi pigli lemme lemme una strada che va a nord, poi una che va a est, poi un'altra che va a nord, e ben presto ti trovi su una strada secondaria che solo la gente del posto usa. L'abilità principale è non perdersi. Dal momento che le strade vengono usate solo da persone che le conoscono a memoria, nessuno si lamenta se le deviazioni non sono segnalate. E spesso non lo sono. Oppure non c'è che un piccolo cartello nascosto discretamente tra le erbacce. Gli addetti alla segnaletica delle strade provinciali si ripetono raramente. Se ti lasci sfuggire quel cartello sono fatti tuoi, non loro. Oltretutto, scopri che le carte autostradali sono spesso imprecise sulle strade provinciali. E qualche volta la "strada provinciale" va a finire in una carrareccia[6] a due solchi, poi in un solo solco, e quindi in un pascolo, oppure nel cortile di una fattoria.

Così andiamo per lo più a naso, sulla base dei pochi indizi a nostra disposizione. Ho in tasca una bussola per i giorni in cui il cielo è coperto e non ci si può basare sul sole, e ho la carta montata su un sostegno speciale sopra il serbatoio per controllare i chilometri percorsi dall'ultimo incrocio, in modo da sapere cosa cercare.

5. **Le strade migliori:** migliori nell'ottica del narratore; quelle che lui usa non per utilità, ma per piacere.
6. **carrareccia:** indica una strada minore, a una sola carreggiata; il termine, in italiano, deriva da "carro" e indica strade che una volta potevano essere percorse dai carri, caratterizzate dai due solchi lasciati dalle ruote.

Zen

Il lessico e la grammatica

Lo zen è una forma di **buddismo orientale**, una lenta educazione sotto la guida di un maestro per giungere a comprendere il significato delle cose e trovare un equilibrio con l'ambiente e con gli altri.
Il fine ultimo è l'**illuminazione** (*satori*), ossia la comprensione finale della verità. Il *satori* si propone una partecipazione attiva e consapevole al mondo e non una fuga da esso; lo zen preferisce infatti l'**attività** alla pura riflessione intellettuale.
Tuttavia, tra le pratiche zen si distingue in modo particolare lo *zazen*, la meditazione da seduti, su un cuscino, accompagnata da determinate posizioni delle mani e determinati ritmi respiratori, con l'obiettivo di portare la mente a un "vuoto produttivo".

Durante i fine settimana del Labor Day e del Memorial Day[7] facciamo dei chilometri senza vedere nessun altro veicolo, poi, attraversando una strada federale, vediamo una fila di macchine a perdita d'occhio, l'una appiccicata all'altra. E dentro facce accigliate. Bambini che piangono sui sedili posteriori. Vorrei tanto trovare il modo di dir loro qualcosa, ma sono accigliati e sembra che abbiano fretta, non si può... Ho visto questi acquitrini mille volte, eppure ogni volta mi sono nuovi. Definirli benigni è sbagliato, come lo è definirli crudeli e insensibili; sono tutte queste cose insieme, ma la loro realtà esclude qualsiasi definizione a metà. Ecco! Un grande stormo di merli si alza dai nidi tra le tife, spaventato dal rumore della moto. Do una pacca sul ginocchio di Chris per la seconda volta... Poi mi ricordo che li ha già visti.

«Cosa?» mi urla di nuovo.

«Niente».

«Eh, cosa?».

«Stavo solo controllando che ci fossi ancora» urlo, e non se ne parla più. Se non ti diverti a urlare, su una moto in corsa non fai grandi conversazioni. Invece passi il tempo a percepire le cose e a meditarci sopra.[8] Su quello che vedi, su quello che senti, sull'umore del tempo e i ricordi, sulla macchina che cavalchi e la campagna che ti circonda, pensando a tuo piacimento, senza nulla che t'incalzi, senza l'impressione di perdere tempo.

Mi piacerebbe usare il tempo che ho a disposizione per parlare di alcune cose che mi sono venute in mente. Il più delle volte abbiamo tanta fretta che le occasioni per parlare son ben poche. Il risultato è una specie di superficialità quotidiana senza fine, una monotonia che anni dopo ti porta a chiederti che ne è stato del tuo tempo e a rimpiangere che sia trascorso. Ora, invece, vorrei usare il mio per parlare un po' a fondo di cose che sembrano importanti.

Quel che ho in mente è una specie di Chautauqua – non riesco a definirlo altrimenti –, come i Chautauqua ambulanti che si rappresentavano sotto un tendone e si spostavano da un capo all'altro dell'America, l'America in cui siamo noi adesso, una serie di conversazioni popolari intese a edificare e divertire, a migliorare l'intelletto e a portare cultura e illuminazione alle orecchie e ai pensieri degli ascoltatori. I Chautauqua furono soppiantati dal ritmo più serrato della radio, del cinema e della televisione, e non mi pare che sia stato in assoluto un progresso. Forse grazie a questi cambiamenti il torrente della coscienza nazionale è più rapido e copioso, ma mi pare che scorra meno in profondità. I vecchi canali non riescono a contenerlo, e si direbbe che nella sua ricerca di sbocchi nuovi esso semini lungo le sue sponde rovina e distruzione. Con questo Chautauqua non mi propongo di aprire qualche nuovo canale di coscienza, ma semplicemente di scavare più a fondo in quelli vecchi, ormai ostruiti dalle macerie di pensieri divenuti stantii e di ovvietà troppo spesso ripetute. L'eterno «Che c'è di nuovo?» allarga gli orizzonti, ma se diventa l'unica domanda rischia di produrre solo i detriti che causeranno l'ostruzione di domani. Mi piacerebbe, invece, interessarmi alla domanda «Che c'è di meglio?», che scava in profondità invece che in ampiezza. Nella storia dell'umanità ci sono state epoche in cui i canali di pensiero avevano un corso talmente determinato che nessun cambiamento era possibile; non succedeva mai niente di nuovo, e "il meglio" era una questione di dogma, ma non è il nostro caso. Adesso sembra che il torrente della nostra coscienza comune stia straripando, perdendo la sua direzione e il suo scopo centrale, senza altro scopo se non quello del rovinoso compimento del suo impulso interiore.

Lo zen e l'arte della manutenzione della motocicletta, trad. di D. Vezzoli, Adelphi

7. **Labor Day... Memorial Day:** il giorno della festa del lavoro e il giorno della commemorazione dei caduti di guerra; quest'ultimo varia nei diversi stati dell'Unione, ma nella maggior parte è fissato il 30 maggio.

8. **percepire... sopra:** è in sintesi la filosofia di questo libro di viaggio.

Proposte di lavoro

1. Il brano si sviluppa su due piani, quello delle vicende e della descrizione dei luoghi e quello delle riflessioni dei personaggi. Sottolinea nel testo queste due parti in colori diversi e di' quale a tuo parere ha il predominio.
2. Rifletti sul significato del brano rispondendo alle seguenti domande in un breve testo.
   - Perché i personaggi si mettono in viaggio?
   - Che cosa cercano e a che cosa si interessano?
   - Qual è l'atteggiamento verso luoghi e persone nuove?
3. Il viaggio in moto è un simbolo di ricerca della libertà. Sviluppa in un testo qualche riflessione su questo tema, portando esperienze tue personali o di persone che conosci.

Michael Crichton

L'autore e le opere

Autore americano di grandissimo successo presso il vasto pubblico mondiale, regista cinematografico di polizieschi e film di fantascienza, Crichton è uno dei maestri del **romanzo d'azione contemporaneo**. I suoi libri, tutti d'avventura, affrontano temi legati all'**attualità** e alle **nuove frontiere tecnico-scientifiche**, spaziando dal genere fantascientifico (*Andromeda*, *Il terminale uomo*) a quello giallo (*Rivelazioni*, *Sol Levante*), a quello avventuroso in senso proprio (*La grande rapina al treno*, *Sfera*, *Congo*). I recenti *Jurassic Park* e *Il mondo perduto*, dove il tema è quello dell'ingegneria genetica, hanno offerto lo spunto per alcuni celebri film di successo presso il pubblico giovanile.

Opera **Congo**
Genere **romanzo**
Epoca **XX secolo**
Lingua **inglese**

Congo

Il posto delle ossa

Il brano, con cui inizia il romanzo, è ambientato nella foresta pluviale dello stato africano del Congo, nel quale si dipanerà gran parte della trama del romanzo. Scopo dell'autore è creare un'atmosfera di tensione e di suspense nella quale – secondo le regole del romanzo d'avventura – si verifica un evento inatteso da cui prenderà le mosse tutto il racconto.

Spuntò l'alba sulla foresta pluviale[1] del Congo.

Il sole pallido bruciò il freddo del mattino e l'umida nebbiolina appiccicosa, rivelando un gigantesco mondo silenzioso. Alberi enormi con tronchi di dieci metri di diametro salivano ad altezze di sessanta metri, dove spiegavano la loro densa fronzuta tettoia, nascondendo il cielo e gocciolando perpetuamente. Tendine di grigio muschio, e rampicanti e liane, penzolavano aggrovigliate dagli alberi; orchidee parassite[2] spuntavano dai tronchi. Al suolo, enormi felci, luccicanti d'umidità, crescevano all'altezza del petto di un uomo e racchiudevano la nebbia. Qua e là una macchia di colore: i fiori rossi dell'acanthema, veleno mortale, e il viticcio azzurro della dicindra che si apriva solo di primo mattino. Ma l'impressione di base era quella di un vasto, smisurato mondo grigio-verde, di un luogo estraneo e inospitale.

1. **pluviale:** delle piogge; si tratta di foreste che si sviluppano nella zona equatoriale, dove piove almeno una volta al giorno e il tasso di umidità è sempre altissimo.
2. **parassite:** che crescono su altre piante, non direttamente sul terreno.

Jan Kruger posò il fucile e distese i muscoli indolenziti. L'alba spuntava rapida all'equatore; in un attimo faceva già chiaro, anche se ancora permaneva la nebbiolina. Diede un'occhiata al campo della spedizione cui aveva montato la guardia; otto tende di nylon colore arancione acceso, una tenda azzurra per la mensa, un'incerata[3] legata sopra le casse dei rifornimenti nel vano tentativo di tenerli all'asciutto. Vide l'altra guardia, Misulu, seduta su una roccia. Misulu gli fece un cenno di saluto. Vicino c'era l'attrezzatura per trasmettere: un'argentea antenna parabolica, la nera cassetta del trasmettitore, i serpeggianti cavi coassiali che arrivavano sino alla videocamera portatile montata su un treppiede pieghevole. Gli americani si servivano di questa attrezzatura per trasmettere rapporti quotidiani via satellite alla loro sede centrale di Houston.[4]

Kruger era il *bwana mukubwa*[5] assunto per portare la spedizione nel Congo. Ne aveva già guidate altre: società petrolifere, équipe[6] di cartografi, squadre in cerca di miniere e legname e gruppi di geologi come questo. Le aziende che mandavano squadre nel campo avevano bisogno di uno che conoscesse gli usi e i dialetti locali quanto bastava per trattare con i portatori e organizzare il viaggio. Kruger era abilissimo in questo lavoro: parlava lo swahili oltre al bantù e a un po' di bagindi[7] ed era stato più volte nel Congo, benché mai nei Virunga.

Kruger non riusciva a immaginare perché dei geologi americani volessero andare in questa regione dello Zaire, nell'angolo nordorientale della foresta pluviale del Congo. In fatto di minerali lo Zaire era il paese più ricco dell'Africa nera: il più grande produttore mondiale di cobalto e di diamanti industriali e il settimo paese al mondo per la produzione del rame. C'erano inoltre grandi giacimenti d'oro, stagno, zinco, tungsteno e uranio. Ma quasi tutti i minerali si trovavano nello Shaba e nel Kasai, non nei Virunga.

Kruger conosceva troppo bene il mondo per chiedere agli americani come mai volessero andare nei Virunga, e comunque lo aveva scoperto abbastanza presto. Una volta che la spedizione ebbe superato il lago Kivu e si trovò nella foresta pluviale, i geologi cominciarono a perlustrare il fiume e i letti dei torrenti. Il fatto che cercassero giacimenti alluvionali significava che speravano di trovare oro o diamanti. Risultò che si trattava di diamanti.

Ma non di diamanti qualsiasi. I geologi erano a caccia di quelli che chiamavano diamanti Tipo IIb. Ogni nuovo campione veniva immediatamente sottoposto a una prova elettrica. La conversazione che ne derivava era oltre la portata di Kruger – discorsi su divari dielettrici, ioni di reticolo, resistività. Comprese però che quelle che importavano erano le proprietà elettriche dei diamanti. Di sicuro come pietre preziose quei campioni erano inutili. Kruger ne aveva esaminati parecchi, ed erano tutti blu a causa delle loro impurità.[8]

Per dieci giorni la spedizione era passata da un deposito alluvionale all'altro. Era la procedura normale: se trovavi oro o diamanti nei letti dei torrenti, proseguivi a monte verso la presunta fonte erosiva[9] dei minerali. La spedizione si era spostata a un'altitudine maggiore, lungo i pendii occidentali della catena vulcanica dei Virunga. E tutto procedeva normalmente finché un giorno, verso il mezzodì, i portatori si rifiutarono recisamente di proseguire.

Questa zona dei Virunga, dissero, veniva chiamata *kanyamagufa*, che significa «il posto delle ossa». E sostenevano che chiunque fosse stato talmente temerario da proseguire sarebbe finito con tutte le ossa rotte, specie quelle del cranio. I portatori continuavano a toccarsi le mascelle e a ripetere che avrebbero loro schiacciato il cranio.

Erano tutti arawani[10] di lingua bantù e venivano dalla grande città più vicina, Kisangani. Come quasi tutti gli indigeni che vivevano in città, erano pieni di credenze superstiziose sulla giungla del Congo. Kruger convocò il loro capo.

3. **incerata:** telo impermeabile, per difendersi dalla pioggia e dall'umidità.
4. **Houston:** città del Texas, negli Stati Uniti, importante centro aerospaziale.
5. ***bwana mukubwa*:** significa guida, in lingua swahili.
6. **équipe:** squadra, in francese.
7. **swahili... bantù... bagindi:** lingue africane.
8. **impurità:** il diamante è tanto più prezioso quanto più è puro e trasparente.
9. **fonte erosiva:** la fonte che aveva scavato il terreno portando in superficie i diamanti.
10. **arawani:** tribù del Congo.

«Che tribù ci sono qui?» domandò, indicando la giungla.

«Niente tribù,» disse il capo.

«Niente tribù? Neanche i bambuti?» domandò Kruger riferendosi al più vicino gruppo di pigmei.

«Nessun uomo venire qui,» disse il capo. «È *kanyamagufa.*»

«Ma allora chi schiaccia i crani?»

«*Dawa,*» disse sinistramente il capo, usando il termine bantù che indica le forze magiche. «Forte *dawa* qui. Uomini rimanere lontani.»

Kruger sospirò. Come tanti bianchi, era profondamente stufo di sentir parlare di dawa. *Dawa* era dappertutto, nelle piante e nelle rocce e nelle tempeste e in ogni genere di nemici. Ma la fede in *dawa* era diffusa in gran parte dell'Africa e saldamente radicata nel Congo.

Kruger era stato costretto a sprecare il resto della giornata in tediosi[11] negoziati. Alla fine, raddoppiò loro il salario e promise armi da fuoco per quando fossero tornati a Kisangani, ed essi accettarono di proseguire. Kruger considerò l'incidente un'irritante manovra degli indigeni. Si poteva star certi che prima o poi i portatori avrebbero fatto appello a qualche superstizione locale per farsi aumentare la paga, una volta che la spedizione si fosse talmente inoltrata sul campo da dover dipendere da loro. Ma aveva messo in bilancio questa eventualità e, una volta accettate le loro richieste, non ci pensò più.

Non si preoccupò neanche quando s'imbatterono in varie zone coperte di frammenti sparsi di ossa – che spaventavano molto i portatori. Dopo averle esaminate, scoprì che non si trattava di ossa umane ma di quelle piccole e delicate dei colobi, le belle e irsute scimmiette bianche e nere che vivevano sugli alberi. Era comunque vero che c'erano moltissime ossa, e Kruger non aveva idea del perché fossero così disseminate, ma viveva da tempo in Africa e di cose inspiegabili ne aveva viste tante.

Né si lasciò impressionare dai frammenti di pietra coperti di vegetazione da cui si poteva dedurre che in questa zona c'era stata un tempo una città. Si era già imbattuto altre volte in ruderi inesplorati. Nello Zimbabwe, nel Broken Hill, nel Maniliwi c'erano resti di città e di templi che nessuno scienziato del Novecento aveva mai visto e studiato.

La prima sera s'accampò nei pressi delle rovine.

I portatori, presi dal panico, sostenevano che le forze maligne li avrebbero attaccati durante la notte. La loro paura contagiò anche i geologi americani; e Kruger, per farli star tranquilli, aveva disposto per la notte due sentinelle, se stesso e Misulu, il più fidato dei portatori. La considerava una stupidaggine, ma gli era parsa una mossa politicamente opportuna.

E, proprio come si aspettava, la notte era trascorsa tranquilla. Verso mezzanotte c'era stato un po' di movimento tra i cespugli, e qualche sommesso ansito sibilante che lui aveva attribuito a un leopardo. I grandi felini avevano spesso problemi respiratori, specie nella giungla. Per il resto, era andato tutto benissimo, e adesso era ormai l'alba: la notte era passata.

Attirò la sua attenzione una sorta di sommesso suono di clacson. Lo udì anche Misulu che rivolse a Kruger un'occhiata interrogativa. Sulla trasmittente lampeggiò una luce rossa. Kruger si alzò e attraversò il campo per avvicinarsi all'apparecchio. Sapeva farlo funzionare: gli americani avevano insistito perché imparasse, come «soluzione d'emergenza». S'accovacciò sulla nera cassetta del trasmettitore con il suo verde led rettangolare.

Premette i pulsanti e comparve sullo schermo la scritta *th hx* che annunciava una trasmissione da Houston. Premette il codice di risposta e lo schermo stampò *camlok*. Ciò significava che Houston chiedeva di trasmettere con la videocamera. Diede un'occhiata alla macchina sul suo treppiedi e vide che sulla cassetta stava ancora lampeggiando la luce rossa. Premette il pulsante del portante e lo schermo stampò *satlok* ad annunciare l'arrivo im-

11. **tediosi:** noiosi.

minente di una trasmissione via satellite. Ora ci sarebbe stata un'interruzione di sei minuti, il tempo richiesto per agganciare il segnale rimbalzato dal satellite.

Forse era meglio svegliare Driscoll, il capo geologo, pensò. Driscoll avrebbe avuto bisogno di qualche minuto prima che arrivasse la trasmissione. Kruger trovava divertente la mania americana di mettersi sempre una camicia pulita e di ravviarsi i capelli prima di presentarsi a far rapporto davanti alla telecamera. Proprio come i giornalisti televisivi.

In alto, i colobi stridevano e strillavano sugli alberi scuotendo i rami. Kruger alzò gli occhi, chiedendosi che cosa li avesse scatenati. Ma la mattina era normale che i colobi litigassero tra loro.

Qualcosa lo colpì leggermente al petto. Pensò dapprima che fosse stato un insetto, ma poi, abbassando lo sguardo sulla camicia kaki, vide una macchia rossa, e un succoso pezzetto di un frutto rosso rotolò giù per la camicia spiaccicandosi sul terreno fangoso. Quelle maledette scimmie stavano lanciando bacche. Si chinò a raccoglierlo. E si rese conto che non si trattava di un pezzo di frutto. Era un bulbo oculare umano, schiacciato e viscido al tatto, di un bianco rosato con un filamento del bianco nervo ottico ancora attaccato dietro.

Si girò con il fucile in mano e rivolse lo sguardo verso la roccia dove sedeva Misulu. Ma Misulu non c'era più.

Kruger riattraversò il campo. In alto i colobi erano ammutoliti. Udì i suoi stivali fare squisc nel fango mentre passava davanti alle tende dei dormienti. E poi di nuovo quella specie di ansito sibilante. Un suono strano, sommesso, trasportato dalla turbinosa nebbia mattutina. Kruger si domandò se non si era per caso sbagliato, se si trattava davvero di un leopardo.

Fu allora che vide Misulu. Misulu giaceva supino,[12] in una sorta di aureola di sangue. Il suo cranio era stato schiacciato da entrambi i lati, le ossa facciali ridotte in frantumi, il viso ristretto e allungato, la bocca aperta in uno sbadiglio osceno, l'occhio superstite spalancato e sporgente. L'altro era esploso lontano per la forza dell'impatto.

Chinandosi a esaminare il cadavere, Kruger si sentì martellare il cuore. Si domandò che cosa potesse aver provocato un tale disastro. Poi udì di nuovo il sommesso ansito sibilante e stavolta era praticamente certo che non si trattava di un leopardo. Allora i colobi cominciarono a stridere e Kruger balzò in piedi urlando.

Congo, trad. di E. Capriolo, Garzanti

12. **supino:** sulla schiena.

Proposte di lavoro

1. Chi è il protagonista del brano? Quali elementi segnalano al lettore che si tratta del protagonista? Come definiresti il suo comportamento? Si tratta di un eroe eccezionale o di un uomo comune? Come cambiano i suoi pensieri nel corso del racconto? Rispondi a queste domande in un breve testo.

....

....

....

....

....

....

2. Lo scrittore adotta spesso il punto di vista di Kruger. In quali momenti del racconto questo punto di vista emerge con particolare evidenza? Indicane almeno due e spiega le ragioni per cui secondo te lo scrittore ha compiuto questa scelta.

....

....

3. Lo scrittore crea un'atmosfera di suspense attraverso tre elementi: la descrizione del paesaggio, l'introduzione del sentimento della paura e la morte di Misulu, avvenimento centrale del brano. Individuali nel testo.

La narrativa umoristica è uno dei filoni più importanti e interessanti della letteratura di intrattenimento. Per approfondire questo argomento, ti proponiamo un breve testo, tratto da *Fantozzi* di Paolo Villaggio.

ANALISI TESTUALE

Il libro di Villaggio, pubblicato nel 1971, raccoglie una serie di racconti già pubblicati singolarmente che hanno per protagonista un ragioniere di mezza età, sfruttato sul lavoro, infelicemente sposato a una donna che non ama. Proprio perché condannato a una vita mediocre e infelice, Fantozzi è pieno di ambizioni e di desideri repressi. Le vicende di cui è protagonista sono basate proprio sul conflitto fra i suoi sogni (di ricchezza, di bellezza, di libertà) e la realtà della sua vita di modesto impiegato, fisicamente e intellettualmente mediocre, vittima di tutti i luoghi comuni e di tutte le nevrosi del nostro tempo.

Fantozzi

Alle 8 di sera Fantozzi era già pronto: vestito scuro, cravatta d'argento e le solite scarpe strette abbinate a quell'abito. Era tutta roba comprata fatta, che gli andava quasi bene, tranne le scarpe: il commesso del negozio non aveva capito che lui aveva il piede suino (cioè uno zoccolo in piena regola) e aveva quindi bisogno, semmai, di un maniscalco e di esser ferrato. Non che la serata fosse cominciata per il meglio: perché, facendosi la barba prima di vestirsi, Fantozzi aveva mancato le basette (una alta e l'altra bassa) e poi, nel tentativo di rimediare, con un colpo di rasoio di sicurezza si era quasi staccato l'orecchia destra. La signora Pina aveva rimediato con due punti di filo color carne. [...]

Stranamente arrivarono al veglione al momento giusto. Lui non voleva lasciare il cappotto al guardaroba (una volta a teatro gliene avevano fatto fuori uno) ma la guardarobiera glielo strappò quasi di dosso e gli diede un bigliettino bianco con un numero. Entrarono timorosi nella sala. Era una palestra piena di festoni colorati con un freddo quasi polare e c'erano delle coppie "disuguali" che ballavano. L'orchestra del maestro Canello faceva un rumore d'inferno. Cercarono disorientati Fracchia e il suo gruppo e alla fine con gran sollievo lo trovarono. A Fantozzi capitò un posto sotto una finestra con uno "spiffero" da cella frigorifera e la cena cominciò: malissimo, perché un cameriere, distrutto da una giornata particolarmente difficile, gli coricò letteralmente sulla schiena un intero capretto alla cacciatora e tutto il sugo gli colò dentro la camicia bianca. Fantozzi volò alla toilette e, aiutato dalla moglie, cercò di salvarsi con del borotalco. [...]

«Andiamo a sparare i petardi!» urlò la signora Traili, una donna insignificante che Fantozzi aveva trovato carina. L'aveva conosciuta quella sera, era al loro tavolo, ma gli era riuscito di tenere con lei solo una "conversazione incrociata". Andarono in strada con i petardi. Fantozzi ne prese uno, disse sorridendo alla signora Trotti: «Attenta a dove lo mando» e roteò il braccio con tutta la sua forza. Ma il petardo acceso gli si infilò malignamente nella manica della giacca. Fu una ricerca disperata prima che avvenisse l'esplosione: Fantozzi si denudò quasi completamente mentre intorno a lui si era fatto il vuoto. Trovò il petardo sotto la canottiera. «Guarda dove si è andato a infilare questo maledetto!» disse Fantozzi allegro anche perché era un po' ubriaco. «Ed è spento anche... guardi,» aggiunse rivolto a Fracchia «vede che è spento?...». Fracchia, che era un po' miope, accostò l'occhio al petardo spento, mentre si sentì un'esplosione che ruppe tutti i vetri delle case vicine. Rientrarono tremanti e anneriti dalla esplosione. Fantozzi aveva come una spada nella schiena per lo "spifferone" gelato, era per metà unto, imborotalcato come una triglia impanata e mezzo annerito dall'esplosione. La signora Trotti urlò: «Andiamo a vedere il mare!». Con la signora Pina si diresse allegro verso la sua utilitaria posteggiata sotto un magnifico palazzo illuminato nel quale c'era una gran festa di ricchi. «Buon anno!» urlò Fantozzi allegro verso le finestre illuminate. Dal terzo piano, secondo una vecchia usanza, piombò sulla macchina una vecchia cucina economica da 2 tonnellate: gliela appiattì come la frittata con cipolle che a lui piaceva tanto. Fantozzi rimase un minuto impietrito, poi cominciò ad inveire in direzione delle finestre. Gridò che era d'accordo con gli studenti che contestavano il lusso borghese. «Fanno bene!» ululava «e farebbero anche meglio a...». Uscì dalla porta del palazzo un suo direttore superiore che andava a un veglione che gli domandò: «Farebbero bene a far che?...». «A... studiare» concluse Fantozzi con un tragico sorriso.

P. Villaggio, *Fantozzi*, Rizzoli

COMPRENSIONE

Dopo aver letto attentamente il passo proposto, svolgi i seguenti esercizi.

1. Come viene caratterizzato Fantozzi? Rispondi completando una tabella simile a questa con gli opportuni riferimenti al testo.

Caratteristiche fisiche	
Caratteristiche psicologiche	
Caratteristiche sociali	

2. Come viene caratterizzato l'ambiente in cui si svolgono i fatti? Cerca nel testo e sottolinea le descrizioni di luoghi e oggetti significativi.

3. Come è strutturato il racconto? Suddividilo in sequenze e attribuisci a ciascuna sequenza un titolo, poi rispondi alle seguenti domande in un breve testo.

- Il narratore rispetta l'ordine cronologico degli avvenimenti o no?
- Gli episodi sono collegati fra loro o appaiono piuttosto indipendenti l'uno dall'altro?
- Il protagonista si evolve nel corso della vicenda o resta sempre uguale a se stesso?

COMMENTO

Rispondi brevemente alle seguenti domande, poi sintetizza i concetti fondamentali in un testo.

4. Il personaggio di Fantozzi è stato definito da alcuni critici "una maschera", simile per certi aspetti ai Pulcinella e agli Arlecchino delle commedie di un tempo.

- Per quali aspetti Fantozzi si può effettivamente considerare una maschera?
- Per quali aspetti invece si tratta di un personaggio moderno, ben diverso dalle maschere tradizionali?

5. Osserva attentamente lo stile del racconto.

- Sei capace di ritrovare nel testo qualche esempio di esagerazione (o iperbole)?
- Ti sembra che le iperboli siano uno dei tratti caratteristici dello stile di Villaggio? Perché?

6. Il racconto di Villaggio è umoristico.

- Perché ci fa ridere? Ti sembra che l'umorismo nasca dalle situazioni, dal modo in cui l'autore le descrive o da entrambe le cose?

7. Fantozzi suscita il riso, ma non solo.

- Sei d'accordo con questa affermazione? Perché?
- È possibile identificarsi in parte con Fantozzi? Perché?

UN TESTO A CONFRONTO

L'uso di iperboli e l'attenzione alla condizione sociale dei personaggi sono tipici anche delle opere di Stefano Benni, uno degli scrittori umoristici più interessanti degli ultimi anni. Ti proponiamo di leggere e analizzare un breve passo tratto dal racconto intitolato *La storia di Pronto Soccorso e Beauty Case*, pubblicato nel 1987. Leggi attentamente il testo, poi svolgi le esercitazioni proposte.

Pronto soccorso e Beauty Case

Allora, dicevamo che era una sera di prima estate e gli uccellini stavano sugli alberi senza cinguettare perché col casino che faceva la moto di Pronto era fatica sprecata. Si udì da lontano la famosa accelerata in quattro tempi andante mosso allegretto scarburato e poi Pronto arrivò nel vialetto dei giardini guidando senza mani e con un piede che strisciava per terra, se no non era abbastanza pericoloso. Vide Beauty e cacciò un'inchiodata storica. L'inchiodata per la verità non ci fu perché, per motivi di principio, Pronto non frenava mai. La prima cosa che faceva quando truccava un motorino era togliere i freni. «Così non mi viene la tentazione» diceva. Quindi Pronto andò dritto e finì sullo scivolo dei bambini, decollò verso l'alto, rimbalzò sul telone del bar, finì al primo piano di un appartamento, sgasò nel tinello, investì un frigorifero, uscì nel terrazzo, piombò giù in strada, carambolò contro un bidone della spazzatura, sfondò la portiera di una macchina, uscì dall'altra e si fermò contro un platano. «Ti sei fatto male?» disse Beauty. «No» disse Pronto. «Tutto calcolato.» Beauty fece «ah» con la lingua mirtillata in bella vista. [...]

Restarono alcuni istanti a guardarsi, poi Pronto disse: «Vuoi fare un giro in moto?» Beauty ingoiò il gelato in un colpo solo, che era il suo modo per dire di sì. Mentre saliva sulla moto, roteò la gamba interrompendo la pace dei sensi di diversi vecchietti. Poi si strinse forte al petto di Pronto e disse: «Ma tu la sai guidare la moto?»

A quelle parole Pronto fece un sorriso da entrare nella storia, sgasò una nube di benzoleone e partì zigzagando contromano. Chi lo vide, quel giorno, dice che faceva almeno i duecentottanta. La forza dell'amore! Si sentiva il rumore di quel tornado che passava, e non si vedeva che un lampo di stella filante. Pronto curvava così piegato che invece dei moscerini in faccia doveva stare attento ai lombrichi. E Beauty non aveva neanche un po' di paura, anzi strillava di gioia. Fu allora che lui capì che era la donna della sua vita. Quando Pronto arrivò davanti a casa di Beauty, impennò la moto e Beauty volò attraverso la finestra, precisa sulla poltrona del salotto. La mamma se la vide davanti e disse: «Dov'eri che non ti ho neanche sentita rientrare?»

In quello stesso momento si udì il rumore di Pronto che si fermava contro la saracinesca di un garage. Si tirò su: la moto aveva perso una ruota e il serbatoio. Roba da ridere: si riempì la bocca di benzina e tornò a casa su una ruota sola sputando un sorso alla volta nel carburatore.

S. Benni, *La storia di Pronto Soccorso e Beauty Case*, Feltrinelli

8. **Sottolinea tutti i termini tratti dal linguaggio giovanile, dialettale o comunque antiletterario e spiega la loro funzione nel testo.**

9. **Individua le iperboli e fanne un elenco.**

....
....
....
....

10. **Quali elementi di somiglianza hai riscontrato rispetto al testo di Villaggio? Quali differenze? Rispondi in un breve testo dopo aver completato la tabella.**

	Analogie	Differenze
La vicenda narrata		
I personaggi		
Gli ambienti		
I temi		
Lo stile		

Invito alla lettura

In questo percorso troverai l'incipit (cioè le pagine iniziali) di romanzi di sette scrittori del nostro tempo. Storie diverse, raccontate con stili diversi: un assaggio di lettura, e un invito a proseguirla.

Daniel Pennac

Fred Uhlman

Isabel Allende

Alessandro Baricco

Nagib Mahfuz

Stefano Benni

Enrico Deaglio

Daniel Pennac

Come un romanzo

Se vogliamo che i giovani leggano, ci consiglia Daniel Pennac, dobbiamo concedere loro i diritti che accordiamo a noi stessi. Di che diritti si tratta? E perché bisogna leggere? E ancora, in che cosa consiste il piacere della lettura, di cui molto si parla? A queste domande lo scrittore francese dà risposta, in modo divertente, ma anche convincente, in un saggio che tuttavia non è un vero e proprio saggio, quanto piuttosto un libro che si legge, appunto, "come un romanzo".

Il verbo leggere non sopporta l'imperativo, avversione che condivide con alcuni altri verbi: il verbo "amare"... il verbo "sognare".

Naturalmente si può sempre provare. Dai, forza: "Amami!" "Sogna!" "Leggi!" "Leggi! Ma insomma, leggi, diamine, ti ordino di leggere!"

"Sali in camera tua e leggi!"

Risultato?

Niente.

Si è addormentato sul libro. All'improvviso la finestra gli è apparsa spalancata su qualcosa di desiderabile, e da lì è volato via, per sfuggire al libro. Ma è un sonno vigile, il libro è ancora aperto davanti a lui e se aprissimo la porta della sua camera, lo troveremmo seduto alla scrivania tutto preso dalla lettura. Anche se siamo saliti con passo felpato, dalla superficie del sonno ci avrà sentiti arrivare.

"Allora, ti piace?"

Non ci risponderà di no, sarebbe un delitto di lesa maestà. Il libro è sacro, come può non piacergli leggere? No, ci dirà che le descrizioni sono troppo lunghe.

Tranquillizzati, torneremo alla nostra televisione. E magari la sua osservazione susciterà un appassionante dibattito fra noi e gli altri di casa...

"Trova le descrizioni troppo lunghe. Bisogna capirlo, siamo nel secolo dell'audiovisivo, in fondo i romanzieri del XIX secolo dovevano descrivere tutto..."

"Non è una buona ragione per lasciargli saltare metà delle pagine!"

...

Non stanchiamoci, si è riaddormentato.

2

Tanto più inconcepibile, questa avversione per la lettura, se apparteniamo a una generazione, a un'epoca, a un ambiente, a una famiglia dove la tendenza era piuttosto quella di impedirci di leggere.

L'autore e l'opera

Daniel Pennac nasce nel 1944 in Marocco, dove la famiglia risiedeva per gli incarichi militari del padre, e trascorre gli anni dell'infanzia prima in Africa e poi in Asia sudorientale. Autore, oltre che di libri per bambini, anche di una fortunata serie di romanzi, tradotti in tutto il mondo, che hanno per protagonista Benjamin Malaussène, Pennac ha insegnato francese per molti anni prima a Nizza, e poi in una scuola di Parigi, dove lavora tuttora. Da questo osservatorio, ha potuto misurare la progressiva disaffezione dei giovani verso la lettura. Nella duplice veste di insegnante e di scrittore, nel 1992 Pennac scrive *Come un romanzo*, un agile saggio in cui, con grande leggerezza e umorismo, si propone di stimolare al piacere della lettura le giovani generazioni, e più in generale tutti coloro che vivono il libro più come un arcigno e noioso avversario, che come un piacevole e intelligente amico. «L'uomo costruisce case – scrive Pennac – perché è vivo ma scrive libri perché si sa mortale. Vive in gruppo perché è gregario, ma legge perché si sa solo. La lettura è per lui una compagnia che non prende il posto di nessun'altra, ma che nessun'altra potrebbe sostituire». Più che un

“Ma smettila di leggere, insomma, ti rovinerai gli occhi!”

“Vai fuori a giocare, piuttosto, che c’è un tempo stupendo.”

“Spegni la luce! È tardi!”

Sì, allora il tempo era sempre troppo bello per leggere, e la notte troppo buia.

Se ci fate caso, leggere o non leggere, il verbo era già coniugato all’imperativo. Anche nel passato, la musica è sempre quella. Cosicché leggere era a quei tempi un atto sovversivo. Alla scoperta del romanzo si univa l’eccitazione di disobbedire alla famiglia. Duplice incanto! Oh, il ricordo di quelle ore di lettura rubate sotto le coperte alla luce di una torcia elettrica! Come correva Anna Karenina verso il suo Vronskij in quelle ore della notte! Si amavano, quei due, ed era già bello, ma si amavano contro la proibizione di leggere e questo era ancora più bello! Si amavano contro mamma e papà, si amavano contro i compiti di matematica da finire, contro l’esercizio di francese da consegnare, contro la stanza da mettere in ordine, si amavano invece di andare a tavola, si amavano prima del dolce, si preferivano alla partita di calcio e alla raccolta dei funghi... si erano scelti e si preferivano a tutto... Dio, che passione!

E com’era corto il romanzo.

3

Siamo giusti: non abbiamo pensato subito di imporgli la lettura come un dovere. All’inizio abbiamo pensato solo al suo piacere. I suoi primi anni ci hanno messo in uno stato di grazia e l’assoluto stupore dinanzi a questa nuova vita ci ha conferito una sorta di genialità. Per lui siamo diventati narratori. Dal primo sbocciare in lui del linguaggio abbiamo incominciato a raccontargli delle storie. Era un talento che ignoravamo di avere. Ma il suo piacere ci ispirava, la sua felicità ci dava le ali. Per lui abbiamo moltiplicato i personaggi, concatenato gli episodi, raffinato gli accorgimenti. Come il vecchio Tolkien con i suoi nipotini, gli abbiamo inventato un mondo. Al confine fra il giorno e la notte, siamo diventati il suo romanziere.

Se invece non abbiamo avuto questo talento, se gli abbiamo raccontato le storie degli altri, e anche piuttosto male, cercando le parole, storpiando i nomi propri, confondendo gli episodi, unendo l’inizio di un racconto con la fine di un altro, poco importa... E anche se non abbiamo raccontato affatto, se ci siamo limitati a leggere a voce alta, eravamo il suo romanziere, il narratore unico grazie al quale ogni sera lui si infilava nel pigiama del sogno prima di scomparire sotto le lenzuola della notte. O meglio, eravamo il Libro.

Ricordatevi di quell’intimità così ineguagliabile.

Come ci piaceva spaventarlo per il puro piacere di consolarlo! E lui, come chiedeva quello spavento! Già così poco credulone, eppure tutto tremante di paura. Un vero lettore, insomma. Questa era la coppia che formavamo allora, lui, il lettore, così astuto, e noi, il libro, così complice!

Come un romanzo, trad. di Y. Melauoah, Feltrinelli

saggio vero e proprio, tuttavia, *Come un romanzo* è una guida, un ricettario per il lettore, in cui vengono forniti una serie di consigli a coloro che veleggiano nel mare della letteratura e a coloro, gli adolescenti, che invece ci annegano. In fatto di lettura infatti, osserva l’autore francese, i lettori adulti si attribuiscono dei “diritti”, che vengono invece negati, specialmente a scuola, ai giovani che affermiamo di voler iniziare alla lettura. Se vogliamo invece che «mio figlio, mia figlia, i giovani leggano, è tempo di concedere loro i diritti che accordiamo a noi stessi». Ecco dunque i dieci “diritti imprescrittibili del lettore” che Pennac ci propone:

- Il diritto di non leggere
- Il diritto di saltare le pagine
- Il diritto di non finire un libro
- Il diritto di rileggere
- Il diritto di leggere qualsiasi cosa
- Il diritto al bovarismo (malattia testualmente contagiosa)
- Il diritto di leggere ovunque
- Il diritto di spizzicare
- Il diritto di leggere a voce alta
- Il diritto di tacere.

Fred Uhlman

L'amico ritrovato

Due ragazzi di sedici anni frequentano la stessa scuola. Uno è figlio di un medico ebreo, l'altro proviene da una ricca famiglia aristocratica. Tra di loro nasce una grande amicizia, anzi l'amicizia perfetta. Eppure presto il loro legame è destinato a spezzarsi, nella Germania del 1933, che sta cadendo sotto l'ombra del nazismo. Questa è la vicenda de *L'amico ritrovato*, di Fred Uhlman, uno dei romanzi più belli che si possano raccomandare ai giovani lettori.

Entrò nella mia vita nel febbraio del 1932 per non uscirne più. Da allora è passato più di un quarto di secolo, più di novemila giorni tediosi e senza scopo, che l'assenza della speranza ha reso tutti ugualmente vuoti – giorni e anni, molti dei quali morti come le foglie secche su un albero inaridito.

Ricordo il giorno e l'ora in cui il mio sguardo si posò per la prima volta sul ragazzo che doveva diventare la fonte della mia più grande felicità e della mia più totale disperazione. Fu due giorni dopo il mio compleanno, alle tre di uno di quei pomeriggi grigi e bui, caratteristici dell'inverno tedesco. Ero al Karl Alexander Gymnasium di Stoccarda, il liceo più famoso del Württemberg, fondato nel 1521, l'anno in cui Lutero comparve davanti a Carlo V, imperatore del Sacro Romano Impero e re di Spagna.

Ricordo ogni particolare: l'aula scolastica, con le panche e i banchi massicci, l'odore acre, muschioso, di quaranta pesanti cappotti invernali, le pozze di neve disciolta, i contorni bruno-giallastri sulle pareti grige in corrispondenza del punto in cui, prima della rivoluzione, erano appesi i ritratti del Kaiser Guglielmo e del re del Württemberg. Se chiudo gli occhi, riesco ancora a vedere le schiene dei miei compagni, molti dei quali sono morti nelle steppe della Russia o nelle sabbie di Alamein. Risento ancora la voce stanca e disillusa di Herr Zimmermann che, condannato all'insegnamento a vita, aveva accettato il suo destino con triste rassegnazione. Aveva il volto pallido e i capelli, i baffi e la barbetta a punta erano striati di grigio. Guardava il mondo attraverso gli occhiali a pince-nez che teneva appoggiati sulla punta del naso con l'espressione di un cane randagio in cerca di cibo. Anche se non doveva avere più di cinquant'anni, a noi pareva che ne avesse ottanta. Lo disprezzavamo perché era buono, gentile e aveva addosso l'odore dei poveri – molto probabilmente il suo appartamentino bicamere non era dotato di bagno – e anche perché in autunno e nei lunghi mesi invernali indossava un abito lustro, verdastro e rappezzato (possedeva un altro vestito, che portava in primavera e in estate). Lo trattavamo dall'alto in basso e, a volte, anche con crudeltà, la crudeltà codarda che i ragazzi in buona salute mostrano spesso nei confronti dei deboli, dei vecchi e degli indifesi.

L'autore e l'opera

Fred Uhlman è nato in Germania, a Stoccarda, nel 1901 ed è morto a Londra nel 1985. Avvocato di religione ebraica, deve abbandonare l'attività nel 1933, quando il nazismo prende il potere in Germania. Tre anni dopo si trasferisce in Francia, Spagna e poi in Inghilterra dove si dedica con successo alla pittura. Autore di un'autobiografia, *Storia di un uomo*, Uhlman deve la sua notorietà al racconto *L'amico ritrovato*, del 1971, tradotto in 19 lingue e dal quale, nel 1989, fu tratto anche un adattamento cinematografico. Il tema del racconto, ispirato ai luoghi e all'ambiente dell'adolescenza dell'autore, è quello dell'amicizia.

La vicenda è ambientata a Stoccarda, all'inizio degli anni trenta del Novecento. Hans Schwarz, un giovane ebreo di famiglia borghese, frequenta il liceo locale. Un giorno viene aggregato alla classe un nuovo ragazzo, Conrad "Konradin" von Hohenfels, erede di una delle più nobili e famose famiglie tedesche. Il ceto nobiliare di Konradin intimidisce gli altri ragazzi, ma affascina Hans che desidera farselo amico. Un giorno, sulla strada di casa, Konradin rivolge la

Si stava facendo buio, ma non abbastanza per accendere la luce. Dalle finestre distinguevo ancora con chiarezza la chiesa della guarnigione, un brutto edificio costruito nel tardo ottocento, temporaneamente abbellito dalla neve che copriva le torri gemelle svettanti nel cielo plumbeo. E belle erano anche le colline bianche che circondavano la mia città natale, al di là delle quali finiva il mondo e iniziava il mistero. Scarabocchiavo, mezzo addormentato, inseguendo le mie fantasie e strappandomi di tanto in tanto un capello per tenermi sveglio, quando si udì un colpo alla porta e, prima che Herr Zimmermann avesse potuto dire: "*Herein*", entrò il professor Klett, il direttore. Nessuno, tuttavia, degnò di uno sguardo l'ometto azzimato, perché i nostri occhi si posarono all'unisono sullo sconosciuto che lo seguiva, novello Fedro al seguito di Socrate.

Lo fissammo come se fosse stato un fantasma. Più ancora del portamento pieno di sicurezza, dell'aria aristocratica, del sorriso appena accennato e vagamente altezzoso, ciò che mi colpì – con me anche gli altri – fu la sua eleganza. Per quanto riguardava l'abbigliamento, infatti, io e i miei compagni costituivamo una congrega ben squallida. Le nostre madri erano convinte che per andare a scuola andasse bene qualsiasi cosa, purché fatta di stoffa robusta e resistente. Visto che l'interesse nei confronti delle ragazze era ancora sopito, non ci importava molto di farci vedere con indosso quell'insieme penoso di giacche e pantaloni corti o alla zuava, tutti ugualmente pratici e funzionali, acquistati nella speranza che sarebbero durati finché non fossimo cresciuti troppo per portarli.

Ma il ragazzo che ci stava davanti era diverso. I pantaloni lunghi che portava erano di ottimo taglio e perfettamente stirati, ben diversi dai nostri confezionati in serie. L'abito dall'aria costosa era ricavato in un tessuto grigio chiaro a spina di pesce, di sicura fabbricazione inglese. La camicia azzurra e la cravatta blu a pallini bianchi facevano apparire le nostre, per contrasto, sporche, unte e sdrucite. Anche se ogni tentativo di eleganza costituiva ai nostri occhi un segno di effeminatezza, non potemmo impedirci di provare invidia nei confronti di quella figura, che trasudava agio e distinzione.

Il professor Klett andò dritto verso Herr Zimmermann, gli sussurrò qualcosa all'orecchio e sparì nell'indifferenza generale. I nostri sguardi erano fissi sul nuovo venuto che se ne stava immobile e composto, senza mostrare alcun segno di nervosismo o di timidezza. In un certo senso sembrava più vecchio e più maturo di noi, tanto da farci dubitare che si trattasse solo di un futuro allievo. Non saremmo rimasti sorpresi se fosse sparito altrettanto in silenzio e misteriosamente di com'era arrivato.

Herr Zimmermann si tirò su gli occhialini, esplorò la classe con occhi stanchi, scoprì un posto vuoto proprio davanti a me, scese dalla pedana e, tra la sorpresa dei presenti, accompagnò il nuovo venuto al banco che gli aveva assegnato. Poi, con un leggero cenno del capo, quasi che avesse avuto in mente di inchinarsi ma non avesse osato farlo, indietreggiò lentamente senza smettere di guardarlo. Tornato alla cattedra, gli si rivolse dicendo: "Vorrebbe cortesemente comunicarmi il suo nome e cognome, e il luogo e la data di nascita?".

Il giovane si alzò. "Konradin, conte di Hohenfels, nato a Burg Hohenfels, nel Württemberg, il 19 gennaio 1916," annunciò. Poi si sedette.

L'amico ritrovato, trad. di M. Castagnone, Feltrinelli

parola ad Hans; di lì inizia un'amicizia. Ciò che colpisce Hans è tuttavia il fatto che non viene mai presentato ai genitori del suo amico. Una sera, a teatro con la sua famiglia, Konradin fa finta di non conoscere Hans. L'indomani, richiesto di una spiegazione, Konradin dice ad Hans i suoi genitori non gradiscono che il figlio frequenti ebrei. Le leggi razziali di Hitler, nel frattempo, scatenano la caccia agli ebrei e anche Hans ne risente. Le strade dei due ragazzi si separano quando i genitori di Hans lo mandano da alcuni zii negli Stati Uniti e Konradin si arruola nella gioventù hitleriana, e poi nelle SS. Una volta messo in salvo il figlio, i genitori di Hans si suicidano. Per più di trent'anni, Hans non sa più nulla delle vicende di casa propria, quando un giorno riceve una lettera dalla Germania: è il suo liceo di Stoccarda, che chiede agli ex alunni un contributo per costruire un monumento in memoria dei loro compagni di scuola caduti nella Seconda guerra mondiale. Alla lettera è allegata una lista in ordine alfabetico e Hans la scorre, saltando volutamente, la lettera "H". Poi, spinto dalla curiosità, scorre anche la lettera mancante. Quello che leggerà gli farà capire di avere "ritrovato" il suo amico, anche se troppo tardi.

Isabel Allende

La casa degli spiriti

La casa degli spiriti è il primo e forse il miglior romanzo di Isabel Allende, scritto nel 1982 e pubblicato in Italia l'anno successivo. Ambientato nel Cile del Novecento, il libro è una commistione di realtà e fantasia, esoterismo e storia, magia e mistero, in cui il lettore viene a precipitare nelle pagine più drammatiche della storia sudamericana recente, narrate tuttavia in una cornice di finzione e di magia di grande fascino e leggerezza.

Barrabàs arrivò in famiglia per via mare, annotò la piccola Clara con la sua delicata calligrafia. Già allora aveva l'abitudine di scrivere le cose importanti e più tardi, quando rimase muta, scriveva anche le banalità, senza sospettare che, cinquant'anni dopo, i suoi quaderni mi sarebbero serviti per riscattare la memoria del passato, e per sopravvivere al mio stesso terrore. Il giorno in cui arrivò Barrabàs era Giovedí Santo. Stava in una gabbia lercia, coperto dei suoi stessi escrementi e della sua stessa orina, con uno sguardo smarrito di prigioniero miserabile e indifeso, ma già si intuiva – dal portamento regale della sua testa e dalla dimensione del suo scheletro – il gigante leggendario che sarebbe diventato. Era quello un giorno noioso e autunnale, che in nulla faceva presagire gli eventi che la bimba scrisse perché fossero ricordati e che accaddero durante la messa delle dodici, nella parrocchia di San Sebastián, alla quale assistette con tutta la famiglia. In segno di lutto, i santi erano coperti di drappi viola, che le beghine toglievano ogni anno dalla polvere dell'armadio della sacrestia, e, sotto i lenzuoli funebri, la corte celeste sembrava un cumulo di mobili in attesa del trasloco, senza che le candele, l'incenso o i gemiti dell'organo potessero opporsi a questo pietoso effetto. Minacciose masse scure si ergevano al posto dei santi a grandezza naturale, con le loro facce tutte identiche dall'espressione raffreddata, le loro elaborate parrucche di capelli di morto, i loro rubini, le loro perle, i loro smeraldi di vetro colorato e i loro abiti da nobili fiorentini. L'unico favorito dal lutto era il patrono della chiesa, San Sebastiano, perché nella settimana santa veniva risparmiato ai fedeli lo spettacolo del suo corpo contorto in una posizione indecente, trafitto da mezza dozzina di frecce, grondante sangue e lacrime, come un omosessuale sofferente, le cui piaghe, miracolosamente fresche grazie al pennello di padre Restrepo, facevano tremare di ribrezzo Clara.

L'autore e l'opera

Isabel Allende è nata a Lima nel 1942 ed è vissuta in Cile, dove lavorava come giornalista, fino al 1973, anno in cui il colpo di stato militare di destra contro il governo democratico di Unidad Popular, la costrinse a lasciare il paese e a emigrare prima in Venezuela e poi negli Stati Uniti. Nel 1982 esce il suo primo romanzo, *La casa degli spiriti*, che la rivela subito come una delle voci più importanti della letteratura contemporanea in lingua spagnola. Pubblica in seguito molti romanzi di successo internazionale, tra cui *D'amore e ombra*, *Eva luna*, *Il piano infinito*.

La casa degli spiriti deriva il titolo dalla grande abitazione di Santiago del Cile dove vive la famiglia protagonista del romanzo, ritratta nell'arco di quattro generazioni. È una famiglia borghese di ricchi proprietari terrieri, nella quale dominano, di generazione in generazione, affascinanti figure femminili. Esse hanno tutte un nome simile, simbolo del loro candore morale e della loro autenticità: Nivea, Clara, Blanca, Alba. Nella prima parte del romanzo, il fulcro della narrazione è costituito dalla grande ca-

Era quella una lunga settimana di penitenza e di digiuno, non si giocava a carte, non si suonava musica che incitasse alla lussuria o all'oblio, e si osservava, nei limiti del possibile, la maggior tristezza e castità, nonostante proprio in quei giorni il pungolo del demonio tentasse con più insistenza la debole carne cattolica. Il digiuno consisteva in morbide torte di pasta sfoglia, in saporiti fritti di verdura, in soffici frittate e in grandi formaggi portati dalla campagna, con i quali le famiglie ricordavano la Passione del Signore, guardandosi bene dall'assaggiare neppure il più piccolo boccone di carne o di pesce, sotto pena di scomunica, come ripeteva padre Restrepo. Nessuno avrebbe osato disubbidirgli. Il sacerdote era provvisto di un lungo dito accusatore per indicare in pubblico i peccatori, e una lingua allenata a turbare i sentimenti.

– Tu, ladro che hai rubato il denaro del culto! – gridava dal pulpito segnalando un gentiluomo che fingeva di affannarsi a causa di un pelo sul suo bavero per non guardarlo in faccia –. Tu, svergognata che ti prostituisci sui moli! – e accusava donna Ester Trueba, invalida per via dell'artrite e devota alla Vergine del Carmine, che apriva gli occhi esterrefatta, senza sapere il significato di quella parola, né dove si trovavano i moli –. Pentitevi, peccatori, immonda carogna, indegni del sacrificio di Nostro Signore! Digiunate! Fate penitenza!

Travolto dall'entusiasmo dello zelo della sua vocazione, il sacerdote doveva contenersi per non entrare in aperta disobbedienza con le istruzioni dei suoi superiori ecclesiastici, scossi da ventate di modernismo, che si opponevano al cilicio e alla flagellazione. Lui era dell'idea di vincere le debolezze dell'anima con una buona frustata della carne. Era famoso per la sua oratoria sfrenata. I suoi fedeli lo seguivano di parrocchia in parrocchia, sudavano sentendolo descrivere i tormenti dei peccatori nell'inferno, le carni lacerate da ingegnose macchine di tortura, i fuochi eterni, gli uncini che trafiggevano i membri virili, i rettili ripugnanti che si introducevano negli orifizi femminili e altri molteplici supplizi che infilava in ogni sermone per seminare il terrore di Dio. Lo stesso Satana era descritto fin nelle sue intime anomalie con l'accento galiziano del sacerdote, la cui missione in questo mondo era di scuotere le coscienze degli indolenti creoli.

La casa degli spiriti, trad. di A. Morino e S. Piloto di Castri, Feltrinelli

sa attorno a cui si intrecciano le vite dei vari personaggi. Vi regna un'atmosfera di magia e di mistero, atmosfera che avvicina il romanzo allo stile di molta narrativa sudamericana. Si pensi solo ai romanzi di Gabriel García Márquez. Le vicende della famiglia si intrecciano poi con quelle della società e della storia cilena: dallo sfruttamento dei lavoratori nelle grandi tenute agricole dei proprietari terrieri, ai primi movimenti popolari, alla vittoria elettorale delle sinistre e, infine, al colpo di stato militare del 1973, che soffoca la democrazia e instaura la dittatura. Ne vengono coinvolti in prima persona alcuni membri della famiglia, tra cui Alba, figura nella quale rivivono elementi autobiografici appartenenti alla scrittrice stessa. Alba viene presa prigioniera, torturata e, infine, liberata. Essa conclude in prima persona la narrazione, dichiarando che il suo "mestiere è la vita" e la sua missione quella di scrivere e stabilire così la continuità con il passato della sua famiglia e del suo paese. Sullo sfondo dei grandi avvenimenti storici, l'obiettivo de *La casa degli spiriti* è dunque quello concentrarsi sulle vittime, sugli sconfitti. Con un intento di riscatto e di pietà accostabile a quello di Primo Levi.

Alessandro Baricco

Oceano mare

«Volevo dire che io la voglio, la vita, farei qualsiasi cosa per poter averla, tutta quella che c'è, tanta da impazzirne, non importa, posso anche impazzire ma la vita quella non voglio perdermela, io la voglio, davvero, dovesse anche fare un male da morire è vivere che voglio». Sono frasi come queste che hanno fatto di *Oceano mare* forse il romanzo di maggior successo di Alessandro Baricco. Baricco piace molto ai giovani; i suoi romanzi vengono avidamente percorsi da occhi e sguardi di lettori magari poco smaliziati, ma certo aperti e disponibili all'avventura dell'immaginario e al viaggio attraverso i sentimenti.

1.

Sabbia a perdita d'occhio, tra le ultime colline e il mare – *il mare* – nell'aria fredda di un pomeriggio quasi passato, e benedetto dal vento che sempre soffia da nord.

La spiaggia. E il mare.

Potrebbe essere la perfezione – immagine per occhi divini – mondo che accade e basta, il muto esistere di acqua e terra, opera finita ed esatta, verità – *verità* – ma ancora una volta è il salvifico granello dell'uomo che inceppa il meccanismo di quel paradiso, un'inezia che basta da sola a sospendere tutto il grande apparato di inesorabile verità, una cosa da nulla, ma piantata nella sabbia, impercettibile strappo nella superficie di quella santa icona, minuscola eccezione posatasi sulla perfezione della spiaggia sterminata. A vederlo da lontano non sarebbe che un punto nero: nel nulla, il niente di un uomo e di un cavalletto da pittore.

Il cavalletto è ancorato con corde sottili a quattro sassi posati nella sabbia. Oscilla impercettibilmente al vento che sempre soffia da nord. L'uomo porta alti stivali e una grande giacca da pescatore. Sta in piedi, di fronte al mare, rigirando tra le dita un pennello sottile. Sul cavalletto, una tela.

È come una sentinella – questo *bisogna* capirlo – in piedi a difendere quella porzione di mondo dall'invasione silenziosa della perfezione, piccola incrinatura che sgretola quella spettacolare scenografia dell'essere. Giacché sempre è così, basta il barlume di un uomo a ferire il riposo di ciò che sarebbe a un attimo dal diventare *verità* e invece immediatamente torna ad essere attesa e domanda, per il semplice e infinito potere di quell'uomo che è feritoia e spiraglio, porta piccola da cui rientrano storie a fiumi e l'immane reperto-

L'autore e l'opera

Alessandro Baricco è nato a Torino nel 1958 ed è uno degli scrittori più noti e più apprezzati dal pubblico giovanile italiano. Laureato in filosofia, diplomato in pianoforte, critico musicale, regista teatrale e conduttore televisivo di trasmissioni culturali, Baricco si afferma negli anni Novanta come scrittore, pubblicando i romanzi: *Castelli di rabbia* (1991), *Oceano mare* (1993), *Seta* (1996), *City* (1999). Nel 1994 esce *Novecento. Un monologo*, da cui sono stati tratti un lavoro teatrale e un film, *La leggenda del pianista sull'oceano* di Giuseppe Tornatore. Nel 2002 pubblica *Next*, un breve saggio sulla globalizzazione. Dopo l'esperienza televisiva, ha fondato a Torino la Scuola Holden, dove si studiano le tecniche della narrazione.

Oceano mare è forse l'opera più nota e più venduta di Baricco. Si tratta di un romanzo diviso in tre libri (*Locanda Almayer*, *Il ventre del mare*, *I canti del ritorno*), caratterizzato da

rio di ciò che *potrebbe* essere, squarcio infinito, ferita meravigliosa, sentiero di passi a migliaia dove nulla più potrà essere vero ma tutto *sarà* – proprio come *sono* i passi di quella donna che avvolta in un mantello viola, il capo coperto, misura lentamente la spiaggia, costeggiando la risacca del mare, e riga da destra a sinistra l'ormai perduta perfezione del grande quadro consumando la distanza che la divide dall'uomo e dal suo cavalletto fino a giungere a qualche passo da lui, e poi proprio accanto a lui, dove diventa un nulla fermarsi – e, tacendo, guardare.

L'uomo non si volta neppure. Continua a fissare il mare. Silenzio. Di tanto in tanto intinge il pennello in una tazza di rame e abbozza sulla tela pochi tratti leggeri. Le setole del pennello lasciano dietro di sé l'ombra di una pallidissima oscurità che il vento immediatamente asciuga riportando a galla il bianco di prima. Acqua. Nella tazza di rame c'è solo acqua. E sulla tela, niente. Niente che si possa *vedere*.

Soffia come sempre il vento da nord e la donna si stringe nel suo mantello viola.

– Plasson, sono giorni e giorni che lavorate quaggiù. Cosa vi portate in giro a fare tutti quei colori se non avete il coraggio di usarli?

Questo sembra risvegliarlo. Questo l'ha colpito. Si gira a osservare il volto della donna. E quando parla non è per rispondere.

– Vi prego, non muovetevi –, dice.

Poi avvicina il pennello al volto della donna, esita un attimo, lo appoggia sulle sue labbra e lentamente lo fa scorrere da un angolo all'altro della bocca. Le setole si tingono di rosso carminio. Lui le guarda, le immerge appena nell'acqua, e rialza lo sguardo verso il mare. Sulle labbra della donna rimane l'ombra di un sapore che la costringe a pensare "acqua di mare, quest'uomo dipinge il mare con il mare" – ed è un pensiero che dà i brividi.

Lei si è già voltata da tempo, e già sta rimisurando l'immensa spiaggia con il matematico rosario dei suoi passi, quando il vento passa sulla tela ad asciugare uno sbuffo di luce rosea, nudo a galleggiare nel bianco. Si potrebbe stare ore a guardare quel mare, e quel cielo, e tutto quanto, ma non si potrebbe trovare nulla di quel colore. Nulla che si possa *vedere*.

La marea, da quelle parti, sale prima che arrivi il buio. Poco prima. L'acqua circonda l'uomo e il suo cavalletto, se li piglia, adagio ma con precisione, restano lì, l'uno e l'altro, impassibili, come un'isola in miniatura, o un relitto a due teste.

Plasson, il pittore.

Viene a prenderselo, ogni sera, una barchetta, poco prima del tramonto, che l'acqua gli è già arrivata al cuore. E così che vuole, lui. Sale sulla barchetta, ci carica il cavalletto e tutto, e si lascia riportare a casa.

La sentinella se ne va. Il suo dovere è finito. Scampato pericolo. Si spegne nel tramonto l'icona che ancora una volta non è riuscita a diventare sacra. Tutto per quell'ometto e i suoi pennelli. E ora che se n'è andato, non c'è più tempo. Il buio sospende tutto. Non c'è nulla che possa, nel buio, diventare *vero*.

Oceano mare, Rizzoli

un clima surreale e da figure eccentriche. Il luogo in cui si svolge la vicenda è la Locanda Almayer, sulle rive del Mare del Nord, nella quale si intrecciano le storie di alcuni personaggi, ognuno con il proprio passato e i propri timori: dalla giovane Elisewin, malata di paura, al prof. Bartleboom, impegnato a studiare "dove finisce il mare", fino al pittore Plasson, che dipinge tele che rimangono bianche. Ad ascoltare la storia dei personaggi è la voce del mare, il luogo dove i destini di tutti si incontrano e da cui tutti vengono per sempre segnati. *Oceano mare* è un romanzo denso di trovate linguistiche, di dialoghi dalla vivacità cinematografica, di descrizioni suggestive e commoventi. L'eleganza e il divertimento che trasmette, la capacità di toccare le corde dei sentimenti più immediati e semplici dell'animo umano ne fanno uno dei romanzi *cult* del mondo giovanile, anche di quello meno propenso a confrontarsi con la letteratura. Per questo la sua lettura può essere un buon viatico verso pagine più dense e impegnative.

Nagib Mahfuz

Il nostro quartiere

«Mi piace molto giocare nello spiazzo tra il tunnel e il monastero. E, come tutti i bambini, mi diverto a osservare i gelsi nel giardino del monastero». Così comincia *Il nostro quartiere*, di Nagib Mahfuz, racconto apparso a puntate sulla rivista "Al-Ahram" e pubblicato nel 1989, che narra, attraverso lo sguardo di un bambino, la vita quotidiana di un quartiere popolare della metropoli egiziana.

I.

Mi piace molto giocare nello spiazzo tra il tunnel e il monastero. E, come tutti i bambini, mi diverto a osservare i gelsi nel giardino del monastero. Le loro foglie verdi sono un'oasi nel nostro quartiere; i neri frutti sono fonte di desiderio per noi. Il monastero è lì, simile a una piccola fortezza circondata dal giardino. Come sempre, il portone è chiuso con un catenaccio, invalicabile, anche le finestre sono sbarrate; tutto l'edificio assomiglia a qualcosa di irreale, distaccato e indifferente al resto del mondo, a cui tendiamo le nostre mani come se volessimo toccar la luna.

Talvolta appare nel giardino una figura con una lunga barba, avvolta in un mantello svolazzante e con uno zucchetto di cotone ricamato.

"O derviscio, voglia il Signore che tu viva a lungo."

Passeggia meditabondo sull'erba del giardino, oppure sosta presso il ruscello, dopodiché scompare improvvisamente all'interno del monastero.

"Papà, chi sono quegli uomini?"

"Sono gli uomini del Signore."

Poi aggiunge minacciosamente:

"Maledetto sia colui che attenta alla loro felicità!"

Solo il gelso, però, attrae la mia attenzione e curiosità.

Un giorno, affaticato dal gioco, cerco riposo sedendomi a terra e mi addormento. Al risveglio, mi ritrovo solitario sullo spiazzo e vi resto fino a che il sole non scompare dietro le vecchie mura, mentre la brezza primaverile mi avvolge, confondendosi con gli aneliti del crepuscolo. Poi mi scuoto, prima che diventi scuro devo attraversare il tunnel e tornare a casa.

Corro verso il passaggio, ma ho la strana sensazione di non essere solo, di trovarmi in un luogo magico e, d'improvviso, si fa strada nella mia mente l'impressione di stare den-

L'autore e l'opera

Nagib Mahfuz è nato nel quartiere popolare di al-Gamaliyyah al Cairo, in Egitto, nel 1912. Laureato in filosofia, ha pubblicato numerosi saggi, racconti e romanzi, fra cui il più noto al pubblico occidentale è *Vicolo del mortaio*, del 1989. Ha svolto un'intensa attività come giornalista e sceneggiatore televisivo e cinematografico, ed è considerato uno dei migliori scrittori arabi di tutti i tempi. L'opera che lo ha consacrato definitivamente come scrittore all'interno del mondo arabo, per la sua capacità di descrivere la vita urbana tradizionale del suo paese, è la *Trilogia del Cairo*, nel 1957. Nel 1988 è stato il primo scrittore arabo a ricevere il premio Nobel per la letteratura. Nel 1994 è stato vittima di un attentato per mano dei fondamentalisti islamici. È morto nel 2006.

Il nostro quartiere è la cronaca di un quartiere della città del Cairo, visto attraverso gli occhi incantati di un bambino. La realtà e la fantasia di un mondo in cui si uniscono i misteri della tradizione orientale e il fascino della civiltà europea, gli eventi piccoli e grandi che segnano la vita del rione (i suoni e i colori, le cose e i discorsi, le passioni e i sentimenti) vengono raccontati attraverso le scene di vita quotidiana dei suoi abitanti. L'io narrante infantile racconta, in tante brevi sequenze separate, episodi della sua esistenza, di quella della sua

tro il monastero. Là, seduto sotto il gelso, c'è un uomo. È un derviscio, ma non quello che vi si trovava di solito. È vecchio, alto, il suo viso risplende di una luce sfavillante. Indossa un mantello verde e un turbante bianco, il suo aspetto è di una bellezza indescrivibile e inimmaginabile. Sono totalmente attratto da lui, confuso dal suo splendore; la sua presenza colma l'universo. Benevolmente mi spiega che è a capo del monastero, che ha cura dei novizi e che, a differenza degli altri, è aperto ai rapporti con chi vive al di là delle mura. Ascoltato ciò, mi avvicino e gli confido:

"Mi piacciono le more..."

Non commenta e non si muove; allora penso che non mi abbia sentito e alzando la voce, ripeto: "Mi piacciono le more..."

Di rimando, inizia a fissarmi bisbigliando:

"*Bulbuli khun dalli khurd wa kulli hasil kurd.*"

Ho l'impressione che mi abbia lanciato un frutto e mi chino per raccoglierlo, ma non trovo niente. Alzo la testa e il derviscio è scomparso; sul monastero sono ripiombate le tenebre.

A casa racconto questo a mio padre, che mi guarda incredulo; io insisto nel dire che è tutto vero, a questo punto lui conclude:

"Le caratteristiche che hai descritto possono appartenere solo al Grande Vecchio, ma egli non abbandona mai la sua cella."

Io giuro su tutto ciò che esiste di più sacro che sono sincero. Allora mi domanda:

"Conosci il significato delle parole che hai udito?"

"No, ma le ho sentite più volte nei canti che provengono dal monastero."

Mio padre tace a lungo, poi mi consiglia di tenere per me ciò che mi è accaduto.

Poi alza le mani al cielo e inizia a recitare la *Samadiyya*.[1] Il giorno dopo, mi precipito sullo spiazzo e, quando i giochi dei ragazzi hanno avuto termine e questi se ne sono andati, rimango nuovamente solo. Aspetto che riappaia il Vecchio, ma invano. Sussurro:

"*Bulbuli khun dalli khurd wa kulli hasil kurd.*"

Non ottengo risposta. L'attesa mi fa soffrire profondamente, ma il Vecchio non ha pietà del mio dolore.

Con il passare del tempo, più volte mi è ritornato in mente l'accaduto e io mi sono sempre chiesto se mai avessi visto il Vecchio o se avessi detto di averlo visto solo per attirare l'attenzione, convincendomene in prima persona. Ho immaginato di vedere quello che non esiste a causa del sonno e di tutto ciò che si racconta nelle nostre case sul Vecchio? Perché si dice che non lasci mai la sua cella? Come ho creato una leggenda, così l'ho distrutta.

Tuttavia la mia presunta visione del Vecchio si è fissata dentro di me come un ricordo intriso di dolcezza. E... continuo ad adorare quei gelsi e le loro more.

Il nostro quartiere, trad. di V. Colombo, Feltrinelli

1. Sura del Culto Sincero, Corano, CXII. La tradizione le attribuisce valore sacrale. (*N.d.T.*)

famiglia, dei vicini, della comunità del quartiere. I sentimenti, i primi amori, le ricorrenze familiari, i rapporti privati si mescolano così agli eventi politici importanti, in una dimensione in cui tutto diventa vita collettiva. A volte prevalgono i toni realistici, a volte quelli lirici, ma lo sguardo ingenuo del bambino che li racconta conferisce a tutti gli episodi lo stesso fscino, un po' magico e fantastico.
Inviso agli ambienti dell'integralismo islamico, *Il nostro quartiere* è stato il libro più contestato di Mahfuz, per questo a lungo censurato in Egitto e in Libano. «Sono figlio di due civiltà: quella dei faraoni e quella islamica», ha detto di se stesso Mahfuz. La sua narrativa, penetrata dalla vita dei vicoli cairoti, attinge alla fonte della tradizione orale egiziana e del Maghreb, ma anche del vasto mondo a nord del Sahara, dall'Oceano Atlantico all'Eufrate. Nelle sue storie, il mito si unisce alla denuncia dei conflitti politici e religiosi del presente: la difficoltà del postcolonialismo, la corruzione, i pregiudizi sociali, la droga, l'integralismo religioso. Fautore di un Islam moderato («Sono dalla parte della conoscenza – ebbe a dire – unica strada di salute in questo oceano burrascoso d'ignoranza nel quale viviamo»), a causa di queste convinzioni alcune sue opere vennero messe all'indice dall'autorità del suo stesso paese, in quanto considerate irriverenti verso la religione.

Stefano Benni

Baol

Qual è il segreto del mago Bedrosian Melchiade Baol dei Saropatzi? Che cosa disse quella sera il grande Grapatax al Gran Gerarca? Dov'è finita Alice? Chi sono i compositori di realtà? Che cosa c'è nell'Archivio Zero? Chi è Atharva, il misterioso nemico del mago Baol? Per scoprirlo leggiamo *Baol*, uno dei romanzi più fantastici e originali di Stefano Benni.

Il tema di oggi è:
"Ho sognato la casa dove sono nato
e mi sono svegliato
nella casa dove sono nato."

Oppure:
"Edgar Allan Poe era un grande scrittore, ma eccelleva anche nella corsa ad ostacoli. Quale importanza ha la cura del fisico per un buon mago baol?"

Oppure:
"Trasformate il foglio protocollo in un taglio di stoffa Oxford per camicia (due metri per due) e fatene dono al vostro insegnante."

Finita la dettatura, il maestro si rilassò sulla sedia. Gli allievi e le allieve del corso di magia baol sospirarono, e si concessero una pausa di riflessione prima di iniziare lo svolgimento. Alcuni rosicchiavano la penna, altri le unghie. Altri dilapidarono all'istante tutto il patrimonio di merenda che avrebbe consentito loro un sereno intervallo. Solo il pennino del primo della classe cigolava implacabilmente.

Era primavera, e il giardino del tempio era fiorito. Fiocchi di polline entravano dalla finestra, facendo intonar starnuti ai più delicati. Gli uccellini cantavano "Siboney". Il sole scaldava il mondo. In un giorno come quello non era facile stare inchiodati a un banco di scuola, sia pure una scuola prestigiosa come il tempio baol. Perciò l'allievo Bed, mentre tutti iniziavano a scrivere, guardava fuori dalla finestra un ciliegio fiorito. "Sarebbe bello

L'autore e l'opera

Stefano Benni è nato a Bologna nel 1947 ed è attualmente uno degli scrittori italiani più vivaci e originali. Dotato di una vena fantastica e comica di grande creatività, Benni nei suoi racconti fonde in modo originale umorismo e capacità critica. Nel corso della sua attività ha attraversato liberamente i generi e i sottogeneri della letteratura, dalla satira politica e di costume dei primi racconti (*Bar Sport*, 1976, e *Non siamo stati noi*, 1978), al romanzo fantascientifico (*Terra!*, 1982, *L'ultima lacrima*, 1994), fino alla narrativa per bambini (*I meravigliosi animali di Stranalandia*, 1984). I suoi libri, tra cui non si può non citare per il grandissimo successo ottenuto anche *La compagnia dei celestini* (1992) ed *Elianto* (1996), sono tradotti in diciotto paesi. Ha collaborato con i settimanali "L'espresso" e "Panorama", con le riviste satiriche "Cuore" e "Tango", il mensile di fumetti "Linus", i quotidiani "La Repubblica" e "Il Manifesto". Nel 1989 ha diretto un film, *Musica per vecchi animali*, tratto dal suo romanzo *Comici spaventati guerrieri* ed è sceneggiatore del film *Topo Galileo*, interpretato da Beppe Grillo e Francesco Guccini e musicato da Fabrizio De André.

Baol è un esempio tipico della prosa di Benni, in cui la costruzione di mondi e situazioni immaginarie si unisce a una forte satira della società italiana degli ultimi decenni, e in cui lo stile di scrittura fa ampio uso di giochi di parole, neologismi e parodie di altri stili letterari. L'opera *Baol* racconta di un paese tanto immaginario

ssere su uno di quei rami", pensò, e dato che era già al terzo anno dei corso, si ritrovò sul ramo insieme l maestro.

– Non mi risulta che lei abbia chiesto il permesso di uscire, allievo Bed – disse il maestro.

– Chiedo scusa – arrossì Bed tra i bianchi fiori – ma è una così bella giornata...

– Poco male – disse il maestro eseguendo alcuni volteggi a pinocchietto intorno al ramo. – C'è tempo er il tema. Ma da qualche giorno ti vedo distratto, allievo Bed. Cosa c'è? Sei preoccupato per il futuro lelle foche? Sei innamorato dell'allieva O'Connor? Ti capisco. Anch'io ne vado pazzo. Vuoi cambiare tudi? Pensi che il mondo stia per finire congelato oppure fritto?

– Niente di tutto questo – rispose Bed. – Per la verità, non riesco a togliermi dalla testa le sue parole di qualche giorno fa: "Ricordate che nella vita di ogni baol c'è un segreto, e lo conoscerete solo quando sarete vecchi".

– Sì, ho detto proprio così.

– Questo segreto mi turba, maestro. Non può essermi rivelato prima che io sia vecchio?

– No. Se vuoi, però, posso farti diventare vecchio subito.

– Oh no, maestro!

– Allora corri a fare il tuo tema – disse il maestro, e salì verso i rami più alti a rimpinzarsi di ciliegie (le ciliegie in aprile erano un tipico trucco baol).

Qualche anno dopo il ragazzo Bed ottenne il diploma baol con trentasei trentesimi, e lasciò la scuola portando con sé molti ricordi e una foto della sua classe (Bed è il terzo da destra, il maestro il primo in basso da sinistra).

Uscendo dal tempio dove aveva tanto studiato ed erano passati tanti giovani anni della sua vita, si sentì vecchio.

– Maestro – gridò nel vento – è ora che io conosca il segreto?

– No! Fila a divertirti! – rispose una voce lontana.

Il ragazzo aspettò un momento con gli occhi chiusi. Poi salì sull'autobus che in pochi minuti lo portò in città, verso una nuova vita.

Baol, Feltrinelli

quanto reale. Si tratta di un paesaggio metropolitano buio, tetro, fatto da omicidi e stragi, intrighi, grovigli d'auto ed eserciti di topi. Nella scrittura, i generi si mescolano e si sovrappongono: dallo humour nero, alla fiaba, al romanzo giallo alla Marlowe, al fumetto alla Pazienza, al cartone animato alla *Roger Rabbit*, dietro lo sfondo di scenografie alla Blade Runner. Il narratore, Bedrosian Melchiade Baol, è un mago buono e triste, con solo la voglia di divertirsi. Ma i tempi sono duri, e allora lui se ne sta per conto suo al bar Apocalypso.

Ma la vita «è come l'anticamera di un dentista: c'è sempre uno che sta peggio di te». Ed ecco che Baol viene coinvolto in una missione segreta, per salvare Grapatax, il principe dei comici: il Gran Gerarca vorrebbe infatti trasformarlo in un buffone di corte, diffondendo un video falso. Bisogna dunque entrare di nascosto nell'Archivio Zero, dove sono custoditi i nastri della Verità. Ma il viaggio di Baol è anche il viaggio alla ricerca di Alice, la donna amata, e però perduta. Meglio fermarsi qui con la trama, lasciando al lettore, come speriamo, la libertà di scoprire sviluppi e colpi di scena, personaggi e finali. Diciamo solo che, com'è normale nei racconti di Benni, la vicenda si aggroviglia e si distende, in un crescere di comicità e divertimento, ma anche di amara ironia sul nostro presente, di denuncia morale dei vizi della nostra società.

C'è anche, tra le righe, un po' di malinconia: alla fine Baol resta solo, in un tavolo in fondo al suo bar.

Enrico Deaglio

La banalità del bene

Quella che ti presentiamo, raccontata dal giornalista italiano Enrico Deaglio, è una storia vera, eppure appassionante e avventurosa, come quella di un romanzo. È la storia di Giorgio Perlasca, che nel 1944, a Budapest, in Ungheria, durante la Seconda guerra mondale, riesce a salvare dallo sterminio nazista migliaia di ebrei.

"Lei, che cosa avrebbe fatto al mio posto?"

Una di quelle domande pesanti in cui viene richiesta la complicità dell'interlocutore. Un quesito breve che supplica comprensione, fa balenare la fragilità e la debolezza umana, non solo di chi parla, ma soprattutto di chi ascolta. "Avevo paura, sono scappato... Lei che cosa avrebbe fatto al mio posto?" "Nessuno mi vedeva, l'ho fatto... Lei che cosa avrebbe fatto al mio posto?"

Ma il vecchio signore che me la poneva, non cercava comprensione o scusanti. Al contrario, stava cercando di dirmi che tutti, nella maniera più naturale, avrebbero dovuto comportarsi come si era comportato lui.

Era l'autunno del 1989. A fine settembre, su diversi quotidiani italiani, nello spazio accordato alle "notizie brevi", era stato segnalato che a Gerusalemme era stato insignito di prestigiose onorificenze statali un cittadino italiano, il signor Giorgio Perlasca, di ottant'anni, che nel 1944 a Budapest era riuscito a salvare migliaia di ebrei ungheresi destinati alla deportazione nei campi di concentramento. Poche righe aggiungevano che la sua vicenda era rimasta sconosciuta per quasi mezzo secolo ed era venuta alla luce in seguito alla tenace ricerca condotta da alcuni sopravvissuti; altrettante poche e vaghe righe venivano spese per accennare al contesto dei fatti: il signor Perlasca si era fatto passare per un diplomatico spagnolo e in questa veste era riuscito a portare avanti la sua opera di salvataggio.

Ero seduto nel piccolo salotto di una casa di Padova e davanti avevo il signor Giorgio

L'autore e l'opera

Enrico Deaglio è nato a Torino nel 1947, è giornalista e vive tra Roma e Milano. Autore di racconti, inchieste e documentari televisivi, è attualmente direttore della rivista *Diario*. Nel 1991 Deaglio pubblica *La banalità del bene*, un saggio che è insieme anche un'intervista, un diario personale e un romanzo. Il libro racconta la vicenda di uno dei tanti protagonisti sconosciuti della storia, Giorgio Perlasca. Vero "eroe per caso", Perlasca sarebbe rimasto per sempre ignoto, se un gruppo di donne, ebree ungheresi sopravvissute alla *Shoah* grazie al suo intervento, non avesse deciso di rintracciarlo e di farne conoscere i meriti e il coraggio. Così il commerciante padovano, ormai anziano pensionato, è diventato famoso, onorato come "uomo giusto" in tutto il mondo: Deaglio si è fatto raccontare la sua storia, ne ha tratto un libro di grande successo, da cui a sua volta è stata ricavata un *fiction* televisiva di qualità.

La vita di Perlasca va raccontata. Da giovane aveva aderito al fascismo, al punto da combattere al fianco dei nazisti e del futuro dittatore Francisco Franco, contro il governo repubblicano democratico. L'8 settembre 1943, la data dell'annuncio dell'armistizio dell'Italia, lo sorprende all'estero, in Ungheria. Qui, di fronte alla tragedia della "soluzione finale", lo sterminio degli ebrei operato dai nazisti, decide di non assistere passivo a quanto stava accadendo e di mettere in gioco la sua stessa esistenza, salvando la vita di migliaia di ebrei. Si finge infatti console spagnolo e, aiutato da un piccolo gruppo di au-

Perlasca, ottant'anni, pensionato, che mi raccontava la sua vicenda. Era stato un commerciante di carni, bloccato a Budapest dall'8 settembre. Internato insieme ad altri italiani, era riuscito a fuggire e si era trovato nella capitale ungherese nel vortice finale della guerra, solo e senza documenti. Aveva trovato rifugio nella sede diplomatica spagnola e dall'ambasciatore aveva ricevuto un falso passaporto e si era messo al servizio di un programma umanitario di salvataggio degli ebrei, che la Spagna conduceva insieme ad altre legazioni di paesi neutrali e alla Croce Rossa Internazionale. Ma poi era successo che l'ambasciatore aveva improvvisamente lasciato l'Ungheria e lui, che avrebbe dovuto pensare solamente a salvare la pelle, si era autonominato nuovo rappresentante della Spagna di fronte al governo filonazista ungherese. E così, come autorevole rappresentante di una nazione neutrale, aveva assicurato protezione a più di cinquemila ebrei ungheresi, nascondendoli in edifici posti sotto la giurisdizione spagnola, trattando con i nazisti che li volevano deportare, salvandoli dalle bande di fanatici ungheresi che li volevano uccidere...

Un "magnifico impostore". Che poi, finita la guerra, era tornato a casa e aveva ripreso la vita di sempre, fino a quando qualcuno si era ricordato di lui, e lo aveva rintracciato. Convocato a Budapest, l'anno prima gli avevano conferito l'Ordine della Stella d'Oro, con il parlamento riunito in seduta straordinaria e in piedi ad applaudirlo. A Gerusalemme, aveva piantato un albero nel "Parco dei Giusti", dove migliaia di piante ricordano i nomi di tutti coloro che aiutarono gli ebrei durante gli anni dell'Olocausto. Il suo era stato messo a dimora in un lungo di prestigio, subito dopo quello piantato in onore di Simon Wiesenthal, il "cacciatore" dei criminali nazisti.

Perlasca abita in un modesto appartamento alla periferia di Padova. Quando lo andai a trovare per la prima volta, non aveva il telefono. Per comunicare con lui, bisognava passare attraverso la sorella, che abita nel palazzo accanto. Se arrivavano delle chiamate per Giorgio, lei appendeva con una molletta un giornale sul balcone, in modo che, quando Giorgio passava per la passeggiata, avesse un segnale. Allora Giorgio suonava al citofono, la sorella si affacciava e gli comunicava chi lo aveva cercato. Adesso ha un telefono, perché lo hanno cercato in molti e l'espediente del giornale non reggeva al ritmo delle telefonate.

"Lei che cosa avrebbe fatto, al mio posto?". Sarebbe belle poter rispondere: "La stessa cosa." Farebbe parte dell'idea che gli italiani hanno di sé: "brava gente", umani di una umanità che non ha bisogno neppure di essere elaborata dal cervello, ma che viene dalle viscere e scatta, a dispetto degli ordini, delle divise e delle ideologie, alla sola vista di un'umiliazione o di un sopruso subito dagli altri; dotati di innata teatralità e di intuizione psicologica. Vengono in mente il Vittorio De Sica del *Generale Della Rovere*, che sostiene una

daci, produce documenti falsi, recupera abiti e cibo, nasconde anziani e giovani in otto case rifugio, strappa donne e bambini ai "treni della morte", che portavano in quei mesi milioni di ebrei verso i campi di sterminio. Geniale impostore, grande organizzatore, abile parlatore, Perlasca inganna per mesi nazisti e ungheresi. Alla fine della guerra, poi, ritorna a casa, in silenzio, sconosciuto a tutti per quasi mezzo secolo, fino alla sua "scoperta", a opera di un gruppo di bambine e ragazze che si ricordano del loro salvatore.
«Lei che cosa avrebbe fatto al mio posto?» – chiede Perlasca al giornalista che lo intervista. Sarebbe bello poter rispondere: «la stessa cosa». La verità è che, in quegli stessi anni, molti si fecero complici del male, aguzzini dei più deboli, delle minoranze perseguitate e oppresse dalle ideologie totalitarie, razziste, violente. Perlasca, nel racconto della sua vita, dice di avere fatto quello che ha fatto, senza tanto averci pensato su, con semplicità, spinto da un puro istinto per il bene e dalla solidarietà verso il prossimo.
Se esiste una "banalità del male", quella per esempio dei molti che si resero complici del nazismo e delle sue crudeltà inconsapevolmente, magari semplicemente perché obbedirono a un ordine dei propri superiori, quella di Perlasca è certamente la "banalità del bene", la quale spinge e motiva persone normali a mettersi in gioco, semplicemente per aiutare gli altri. A noi sta però il dovere di trasmettere la memoria di queste azioni, perché diventino patrimonio della storia e della coscienza anche dei più giovani.

parte non sua solo per non darla vinta ai tedeschi e per il piacere del teatro accetta di e sere fucilato; oppure gli Alberto Sordi e Vittorio Gassman, sgangherati e imboscati sold tini della grande guerra, che se ne vanno alla morte per amicizia e per non tradire i com militoni.

Ma la vicenda di Giorgio Perlasca è più grande. Molti sono stati, durante la guerra, g italiani che hanno aiutato o "ritardato o deviato il corso degli eventi", rifiutandosi di com mettere brutalità, oppure anche solo nascondendo una pratica o facendo una telefonat di avvertimento. Ma quello che fece Perlasca è unico e clamoroso. Non aveva una funzio ne, ma se la creò. La sua azione non si esaurì in un solo gesto, ma durò mesi e venne por tata a termine con grandi doti di organizzazione che produssero risultati insperati, nell condizioni più rischiose. Ma per far parte dei modelli vigenti dell'eroismo, gli mancava no molte qualità. Troppa modestia, troppa Spagna franchista, poche attitudini a scalare i palcoscenico.

Sullo scaffale del salotto di casa Perlasca, tra diversi libri di storia e testi sulla Spagna e un piccolo archivio personale, erano deposti riconoscimenti e attestati. La cittadinanza onoraria di Israele, l'Ordine della Stella d'Oro consegnatagli dal governo ungherese, astucci con diverse medaglie arrivategli da diverse parti del mondo. In un vasetto era ospitata una rosa di stoffa bagnata in una vernice dorata. Sul gambo, un biglietto da visita.

"Non ho mai capito bene che cosa sia," mi disse Perlasca. "Successe a Gerusalemme, quando venni premiato. Durante la cerimonia, mi venne incontro una signora, con questa rosa. Me la donò e poi scappò via." La rosa dorata di stoffa era accompagnata da un biglietto da visita. C'era scritto, in inglese: "Lei ha salvato due membri della mia famiglia e con loro la mia fiducia nel genere umano. Fiducia che andava svanendo." In seguito, visionando un filmato della premiazione di Perlasca a Gerusalemme, ho rivisto la scena. Perlasca che viene abbracciato da maturi signori. Due di loro mostrano all'obbiettivo della telecamera i certificati di protezione rilasciati dal falso console in virtù dei quali si sono salvati. Lo riabbracciano. Perlasca li abbraccia, senza sapere minimamente chi siano. Poi una donna gli si avvicina, gli consegna la rosa, e si allontana velocemente. Nella scene successive si vede Perlasca che continua a tenere in mano la rosa, perché non sa dove metterla.

C'era ancora il bigliettino attaccato: firmato Madame Moshe Dak, Jerusalem 92621, più un altro indirizzo, illeggibile. Abbiamo cercato sulla guida del telefono, ma non siamo arrivati a capo di nulla.

La banalità del bene, Feltrinelli

LABORATORIO terzo anno

Lingua e scritture professionali

La lettura e lo studio

1. Lettura e comprensione

Leggere è un'attività fondamentale per ognuno di noi: con la lettura acquisiamo conoscenze su diversi argomenti e possiamo entrare a contatto con la sensibilità di scrittori vissuti in epoche anche lontane dalla nostra. Ma che cosa significa, esattamente, leggere un testo?

Saper leggere significa saper **decodificare**, **capire** e **interpretare** un testo scritto.
La velocità di lettura e la capacità di comprensione sono elementi che variano da persona a persona, e dipendono anche da una serie di fattori, come:

- **il tipo di testo**: per esempio, un articolo di cronaca è sicuramente più "facile" di un articolo di economia;
- **lo scopo per cui si legge**: consultare un indice non è come studiare un capitolo di storia;
- **le conoscenze di chi legge**: è più facile un testo su un argomento che conosciamo rispetto a un testo su un argomento di cui non sappiamo nulla; come è più facile un testo che usa un linguaggio comune o divulgativo rispetto a uno che adopera un linguaggio specialistico.

Noi leggiamo per soddisfare:

- **bisogni funzionali, pratici** (come funziona un apparecchio, a che ora cominciano gli spettacoli in un cinema, come comprare i biglietti del concerto...);
- **bisogni professionali** (tenerci aggiornati, studiare);
- **bisogni personali** (rilassarci, divertirci, conoscere, confrontare opinioni).

A volte troviamo intoppi nella comprensione di ciò che leggiamo: testi troppo "difficili" per l'uso di linguaggi particolari, per la complessità della struttura sintattica, per la densità di informazioni per noi nuove e così via.

1.1. Leggere: tecniche e strategie

Quando legge un testo, il lettore riconosce parole, ricostruisce il significato di frasi e di segmenti sempre più ampi del testo, e trasferisce le informazioni recepite nella sua mappa mentale di conoscenze; in queste operazioni di lettura e comprensione – che avvengono spesso velocemente e quasi inconsapevolmente – il lettore unifica due procedimenti diversi:

- **procedimento dall'esterno**, quando prende contatto con i segni scritti;
- **procedimento dall'interno**, quando, utilizzando le proprie conoscenze, riconosce le parole e ricostruisce il significato di frasi e testi.

Il primo procedimento si riferisce più propriamente alla lettura, il secondo più precisamente alla comprensione del testo, anche se di solito la parola "lettura" viene usata per indicare entrambe le fasi.

Le tecniche di lettura

La fase di contatto con il testo scritto – cioè la lettura propriamente detta – può essere silenziosa o ad alta voce.

La lettura silenziosa La lettura silenziosa è la più comune, quella che si fa con gli occhi. È più veloce della lettura ad alta voce perché il ritmo è quello degli occhi e del cervello, e non è necessario

modulare i suoni con la voce. Quando si legge sono in gioco, tra gli altri, **fattori percettivi** legati ai movimenti degli occhi e alle reazioni del cervello: gli occhi "corrono" sulla riga scritta e hanno dei punti di fissazione; quando si fissano colgono più lettere alla volta, poi parole, poi frasi.
Il lettore principiante legge parola per parola, pronuncia mentalmente, a volte muove le labbra (**subvocalizzazione**). L'occhio tende a tornare indietro per "controllare" ciò che ha letto e la lettura procede in modo lento e faticoso. Leggere in questo modo richiede molto tempo: sembra di non arrivare mai in fondo. Si ricorda poco di ciò che si è letto e anche la comprensione diventa più faticosa.
La velocità di lettura può essere notevolmente migliorata con l'allenamento: è possibile imparare a sfruttare alcuni meccanismi fondamentali per una lettura più rapida ed efficace (allargare il campo visivo, ridurre le fissazioni dell'occhio, fare previsioni e anticipazioni).

La lettura ad alta voce La lettura ad alta voce, fuori dalle aule scolastiche, ha pochi spazi nella società di oggi e si pratica in luoghi e momenti particolari (per esempio in un'aula di tribunale o in una chiesa).
La lettura ad alta voce di un'opera letteraria facilita a chi ascolta la comprensione, perché chi legge dà già una prima interpretazione del testo attraverso i toni di voce, il ritmo di lettura, le pause. Per questo i bambini amano molto ascoltare la voce di un adulto che legge loro una storia.

Le strategie di lettura

La lettura lineare, in cui si legge parola per parola, riga dopo riga, è una pratica di lettura molto diffusa, ma non è l'unica e non è neppure sempre la più indicata: non lo è, in particolare, quando si devono leggere o studiare **testi espositivi** e **argomentativi**, che si presentano come una rete di informazioni e di connessioni.
La lettura lineare, inoltre, non è efficace:

- quando si legge per avere un'idea generale del contenuto e decidere se un testo ci interessa;
- prima di studiare un testo, per farsene un'idea generale;
- alla fine dello studio, nella rilettura, per fissare le informazioni importanti;
- quando occorre trovare rapidamente un'informazione, consultando elenchi, dizionari, enciclopedie.

A seconda del nostro scopo e del tipo di testo, è utile dunque sapere mettere in atto **strategie di lettura** diverse:

- **scorrere un testo velocemente**, per trovare un'informazione specifica; è ciò che facciamo quando cerchiamo un indirizzo o un numero telefonico sull'elenco, una voce sul dizionario o sull'enciclopedia (**lettura selettiva, di consultazione**);

- **leggere un testo "a balzi", velocemente**, per farci un'idea generale, per individuare a grandi linee l'argomento; è ciò che facciamo quando ci orientiamo su titoli e occhielli di un quotidiano per decidere quali articoli leggere; quando "scorriamo" un articolo di giornale per conoscere l'essenziale di un fatto; quando ci orientiamo su un capitolo di un manuale scolastico (**lettura orientativa**);

- **leggere un testo in modo esteso, lineare**, una pagina dopo l'altra; è ciò che facciamo quando leggiamo un romanzo. È la lettura di intrattenimento, che ha come scopo il nostro piacere di leggere e segue i nostri "ritmi" di lettura (**lettura estensiva, globale**);

- **leggere lentamente**, in modo analitico, tornando più volte su alcuni punti, magari sottolineando, cercando di capire bene le informazioni contenute nel testo e il modo in cui si collegano le une alle altre; è ciò che facciamo quando studiamo un testo (**lettura analitica**).

Esercizi

1. Noi leggiamo testi diversi con scopi diversi. Osserva l'elenco sottostante e completa la tabella, indicando quali testi sono a tuo parere utili per l'informazione, quali per il divertimento, quali per lo studio. Al termine confronta le tue scelte con quelle dei compagni: avete indicato tutti gli stessi testi?

• previsioni del tempo • rivista di musica o di sport • orario ferroviario • articolo di cronaca • romanzo fantasy • voci di un dizionario enciclopedico • capitolo di scienze • manuale scolastico • guida turistica • programma di computer • testo di astronomia

Informazione	
Divertimento	
Studio	

2. Non sempre occorre leggere parola per parola per capire globalmente un testo o per cercare un'informazione. Dai una scorsa veloce al testo qui sotto e indicane l'argomento. Poi prova a leggere a balzi porzioni di testo e trova velocemente le informazioni che ti occorrono per rispondere alle domande.

Isaac Asimov, *Preludio alla Fondazione* (1988)

Nell'anno 12020 dell'Era Galattica Hari Seldon, un oscuro matematico originario di Helicon, giunge sul pianeta Trantor, capitale dell'immenso impero di Cleon I, per presentare le teorie sperimentali di una nuova scienza, la psicostoria, capace di prevedere in modo scientifico il futuro.

La psicostoria è la scienza del comportamento umano ridotto ad equazioni matematiche; mentre l'individuo singolo si comporta in maniera imprevedibile, le reazioni delle masse possono essere studiate con metodi statistici e, quanto più grande è l'agglomerato umano, tanto più precise risultano le previsioni.

L'ipotesi avanzata da Seldon accende subito l'interesse dell'imperatore e dei potenti personaggi che gravitano intorno a lui. Ma tra lusinghe, raggiri e intrighi di palazzo, Seldon si trova ben presto in pericolo: si vede così costretto a iniziare una lunga e avventurosa fuga per le gigantesche cupole di Trantor alla ricerca di quell'unica, misteriosa chiave che gli consentirà di capire l'intero passato del genere umano e di aprire le porte al suo futuro.

Dopo *Cronache della Galassia* (1951), *Il crollo della Galassia centrale* (1952), *L'altra faccia della spirale* (1953), che costituiscono la *Trilogia galattica*, e i due romanzi successivi *L'orlo della Fondazione* (1982) e *Fondazione e Terra* (1983), ecco il libro che racconta l'origine della straordinaria epopea della *Fondazione*, il più celebre ciclo narrativo della fantascienza moderna che disegna una specie di storia del futuro in una grande saga spaziale.

Isaac Asimov, nato in Russia nel 1920, si trasferì ancora bambino negli Stati Uniti; scienziato e docente universitario, è uno dei più famosi autori di fantascienza. Tra le sue opere ricordiamo anche *Io, robot* (1950), *Correnti dello spazio* (1952), *Il regno del sole* (1960).

➤ Quali sono i titoli degli altri romanzi di Asimov?
➤ Dove è nato l'autore?

3. In alcuni casi è necessario leggere in modo analitico per ricavare informazioni, per collegarle o capire lo schema di un testo. Rileggi attentamente il brano dell'esercizio precedente e rispondi a queste domande.

➤ In che epoca si svolge il romanzo *Preludio alla Fondazione*?
➤ Chi è Hari Seldon?
➤ Che cos'è la psicostoria?
➤ Che relazione c'è tra questo romanzo e il ciclo narrativo della *Fondazione*?
➤ Qual è l'ordine delle informazioni contenute nel testo? Dai un titolo a ogni capoverso.

4. Lo stesso testo può essere letto in modi diversi a seconda del nostro scopo; indica quale strategia di lettura (selettiva, orientativa, globale, analitica) è più adatta, secondo te, in queste diverse situazioni.

➤ Quarta pagina di copertina di un romanzo
a. per decidere se comprare il romanzo: ....
b. per trovare informazioni sulla vita e sulle opere dell'autore: ....

➤ Istruzioni di un programma di grafica per computer
a. per imparare a usare il programma: ....
b. per controllare le modalità di qualche operazione: ....

➤ Itinerario nel centro storico di una città d'arte su una guida turistica
a. per visitare la città: ....
b. per raccogliere informazioni su un edificio monumentale: ....

➤ Articolo di divulgazione scientifica
a. per interesse e curiosità personali: ....
b. per documentarsi e fare una relazione: ....

➤ Capitolo del manuale di scienze
a. per studiare: ....
b. per controllare un'informazione: ....
c. per ripassare: ....

➤ Romanzo
a. per piacere personale: ....
b. per fare una relazione sul libro e/o sull'autore: ....

2. Comprendere

La comprensione è un'abilità complessa, in cui intervengono numerosi fattori.

Le aspettative di lettura

La comprensione di un testo incomincia prima della lettura: accingendosi a leggere, il lettore è infatti mosso da uno scopo (informarsi, divertirsi, documentarsi...), che ha anche determinato la scelta del testo da leggere (il quotidiano, un racconto giallo, la polizza prima di firmare il contratto con un'assicurazione). La sua esperienza di lettore gli permette poi di fare delle previsioni circa il contenuto del testo: così sul quotidiano si aspetta di leggere le notizie di cronaca; nel racconto giallo qualcosa che abbia attinenza con un delitto e le indagini che un detective o la polizia effettueranno; sulla polizza assicurativa si aspetta di trovare le clausole del contratto che gli viene proposto. Queste aspettative sono già una prima fase di comprensione: se non venissero infatti confermate, e per esempio le prime pagine del racconto giallo parlassero della dieta ipercalorica della popolazione dei paesi occidentali, il lettore sarebbe sicuramente molto perplesso e sentirebbe il bisogno di fare una verifica su ciò che sta leggendo.

Il tema del testo

Prendiamo in esame il testo che segue.

> Alcune funzioni presenti nei centri urbani, come quella economico-produttiva, tendono a localizzarsi solo in determinate aree, le quali possono anche trovarsi lontano dall'ambiente in cui si vive.
> **Qualche volta però il luogo di lavoro e quello in cui si vive coincidono: non è difficile, infatti, conoscere gente che svolge il proprio lavoro a domicilio.** Si tratta per lo più di lavori artigianali, che non hanno bisogno di grandi spazi né di costose attrezzature. Rispetto al lavoro svolto lontano da casa, il lavoro a domicilio consente a tutta la famiglia di prendervi parte, di conoscerlo. Spesso, tuttavia, lavoro a domicilio significa lavoro sottopagato, svolto senza alcuna tutela assicurativa. In queste condizioni esso rappresenta una delle peggiori condizioni di attività lavorativa.
>
> AA.VV., *Itinerari attraverso l'Italia*, Giunti Marzocco

Anche il lettore più inesperto, se richiesto di indicare ciò di cui il testo parla, non avrebbe esitazioni e indicherebbe nel lavoro a domicilio l'argomento sviluppato, cioè il **tema del testo**. A consentirgli il riconoscimento hanno contribuito alcuni elementi individuati durante la lettura: le parole usate, i concetti e le informazioni trattati; alcune frasi; in questo testo la frase centrale, riassumendo tutto il contenuto, può essere considerata la frase tematica. Il titolo poi, quando sia indicato, è sicuramente un elemento utilissimo per il riconoscimento del tema.

Le informazioni

Un testo si presenta come una serie di frasi, che il lettore legge in sequenza individuando, una dopo l'altra, le informazioni che esse contengono; anche se il testo non è particolarmente lungo, difficilmente il lettore è in grado di conservare nella propria memoria tutte le informazioni che il testo gli propone con le stesse parole con cui gli vengono presentate. Per questo nel processo di comprensione fa in modo di conservare solo quello che è necessario alla comprensione stessa:

- distingue tra elementi importanti ed elementi secondari ed elimina questi ultimi

> Durante il furioso temporale, il primo della stagione, mentre lampi chiarissimi e tuoni fragorosi si alternavano senza interruzione, mancò la corrente elettrica: tutte le lampade di casa si spensero e ci ritrovammo, chi era in soggiorno a vedere il film alla televisione, chi stava già andando a dormire, tutti al buio.

→ Durante il temporale mancò la corrente e rimanemmo tutti al buio.

- raggruppa serie di informazioni aventi caratteristiche affini

> Dalla fine di aprile in poi, cappotti, giacconi, maglioni, sciarpe e calzettoni di lana non si usano più.

→ Dalla fine di aprile in poi non si usano più indumenti pesanti.

- riassume elementi che appartengono a uno stesso evento comunemente noto

Quando ebbe finito di scrivere la lettera, la rilesse, fece alcune correzioni, piegò il foglio in quattro, prese la busta, scrisse su un lato il nome del destinatario e sul retro il suo, infilò il foglio nella busta, passò un po' di colla sull'aletta di chiusura, l'accostò alla parte inferiore e premette per chiudere la busta.

Quando ebbe finito di scrivere la lettera, la riles
poi mise il foglio nella busta e la chiuse.

Gli elementi impliciti

Per quanto accurato e dettagliato, un testo non dice mai tutto, ma esplicita solo quegli elemer senza i quali la comprensione sarebbe compromessa e tralascia ciò che può essere facilmente ric struito. Nel corso della lettura il lettore colma le lacune e le ambiguità informative del testo mentalmente esplicita gli elementi impliciti ricostruendo il testo integralmente. Di solito questa costruzione avviene in modo inconsapevole, ma in alcune occasioni una discontinuità nel signi cato lo obbliga a ricercare l'informazione omessa. Per questa ricerca il lettore ha a sua disposizi ne le conoscenze generali, derivanti dalla sua esperienza sul mondo e su come si svolgono g eventi quotidiani comuni; può usare poi il testo stesso, le cui informazioni – opportunamente co legate – possono far ricostruire l'anello mancante.

Tornando da scuola, Mario si affrettò per trovare ancora aperto un negozio di alimentari dove comperare il pane, come gli aveva raccomandato sua moglie.

Mario è uno studente, un insegnante o un comme so? Quali conoscenze suggeriscono la risposta giusta (È conoscenza comune che gli studenti non son sposati).

Deludono le due milanesi
Due pareggi rallentano la corsa in classifica

Chi sono «le due milanesi»?
(L'informazione contenuta nell'occhiello permett di capire che si tratta delle squadre di calcio).

Il piano complessivo del testo

Al termine della lettura, il lettore ha compreso il testo se può ricondurre le informazioni recepite a sottotemi e questi ultimi al tema generale, cioè se può ricostruire il piano (o schema) complessivo del testo come presumibilmente l'aveva ideato lo scrittore.

Fra le Alpi e l'Appennino si stende un'area pianeggiante, limitata a est dal mare, sufficientemente grande da costituire una regione morfologica. Si tratta della pianura Padano-veneta, la maggiore pianura d'Italia.
L'aspetto fisico che caratterizza la pianura Padano-veneta è l'uniformità del paesaggio, mosso qua e là da lievi ondulazioni.
La pianura Padano-veneta, la più estesa in Italia, è una pianura alluvionale formata dai detriti trasportati dai fiumi che scendono dalle Alpi e dall'Appennino.
La pianura, in apparenza assolutamente piatta, nasconde in realtà una modesta differenza altimetrica fra il piede delle montagne e i solchi del Po e degli altri fiumi che la percorrono. Questa differenza è sufficiente perché si possano distinguere un'alta e una bassa pianura.
La linea di separazione fra i due livelli della pianura è segnata dalla fascia delle risorgive, dette anche fontanili, dove affiorano in superficie le acque penetrate nel terreno più a monte.
La differenza fra l'alta e la bassa pianura è rappresentata dal diverso materiale con il quale sono composte.
L'alta pianura è formata da ciottoli grossolani, che lasciano penetrare facilmente nel terreno le acque delle precipitazioni (terreno permeabile).
La bassa pianura, invece, è composta da sabbie e argille, detriti fini che, depositandosi, si compattano e diventano impermeabili (terreno impermeabile).
Quando le falde d'acqua che scorrono sotto l'alta pianura incontrano le argille impermeabili della massa, affiorano in superficie.

Itinerari attraverso l'Italia, op. cit.

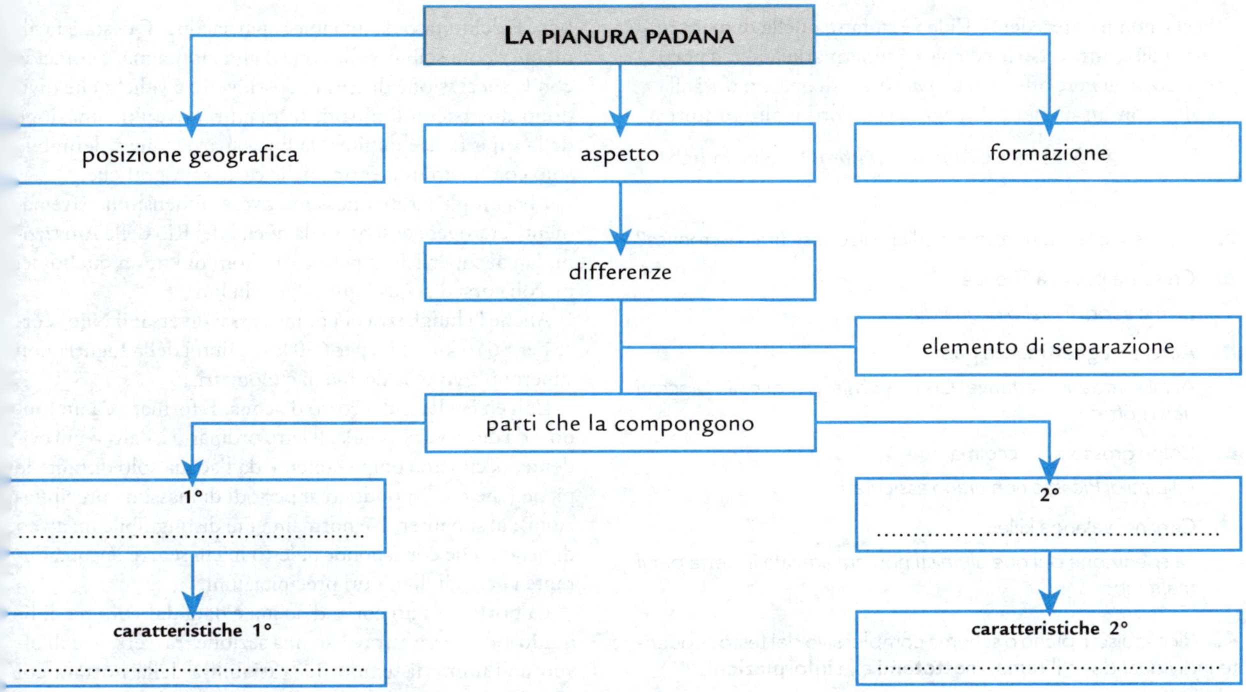

Esercizi

1. Il lettore ha nei confronti del testo scelto una serie di aspettative sul contenuto.
Ti proponiamo le prime pagine della *Guida alla facoltà di Ingegneria*, che gli studenti possono consultare prima di scegliere la facoltà universitaria a cui iscriversi.
Quali argomenti toccherà il testo nelle pagine successive? Suddividi l'elenco che ti viene fornito in:

- argomenti che verranno sicuramente toccati ....
- argomenti che verranno probabilmente toccati ....
- argomenti improbabili ....

a. Università o lavoro subito? **b.** riflessioni prima della scelta **c.** statistiche sull'occupazione e disoccupazione dei giovani laureati in ingegneria **d.** persone a cui rivolgersi in caso di scelta difficile **e.** esperienze personali di chi ha frequentato la facoltà di ingegneria **f.** attitudini necessarie per gli studi in ingegneria **g.** episodi e aneddoti della vita universitaria

I problemi della scelta della Facoltà e del Corso di laurea

L'importanza della scelta. Le scelte di fronte a cui si trova ogni giovane al termine della scuola media superiore, avendo alta probabilità di divenire, subito o attraverso la preparazione universitaria, scelte del lavoro definitivo da svolgere nella vita, sono ovviamente di grande importanza.

È dunque giustificato che su di esse ci si soffermi, dedicando all'argomento uno spazio non trascurabile, non già per fornire al giovane lettore consigli (sempre delicati in questa materia e sempre pericolosi, quando non si abbia diretta conoscenza della persona a cui i consigli stessi sono rivolti), quanto piuttosto per indicargli una metodologia di autoanalisi che, unitamente a talune informazioni, possa aiutarlo a compiere correttamente la scelta. Pur avendo appena detto che non si vogliono dare consigli, in realtà uno almeno pensiamo di doverlo dare e riguarda l'esortazione che a ciascun giovane va fatta, affinché si concentri sull'idea che la scelta in questione è fra le più importanti della vita e sbagliarla significa praticamente sbagliare la vita o quantomeno una parte fondamentale di essa. Conscio di ciò, il giovane deve sentire che la responsabilità della scelta non può essere altro che sua e non può quindi essere delegata, per leggerezza o debolezza di carattere, ad altri (familiari, amici, esperti ecc.), i quali, pur con le migliori intenzioni, potrebbero spingerlo verso una via che non è adatta a lui.

F. Ciampolini, R. Troili, *Guida alla facoltà di Ingegneria*, Il Mulino

2. Qual è il tema (cioè l'argomento centrale a cui tutte le informazioni si riferiscono) di questo testo? Sottolinea la frase (o le frasi) che lo indicano in modo esplicito.

Leggere il rosa. Sembra un'occupazione del tempo libero per altri tempi, invece si tratta del maggiore fenomeno socio-culturale di questi anni. I principali editori sono la Harequin di Winnipeg (Canada) e la Simon & Schuster di New York, tradotti in italiano da Mondadori (*Harmony*) e da Curcio (*Bluemoon*) che da soli coprono circa il 90% del mercato nazionale. Ma il successo ha spinto una decina di altri editori a pubblicare collane rosa e ad imitare una formula che non ha precedenti. L'idea è, infatti, quella di mettere in vendita, attraverso le edicole e i supermarket, libri a poco prezzo, in genere offerti in un *pacchetto* di quattro o sei alla volta, con un numero di pagine standard e alte tirature.

M. Livolsi, *Almeno un libro*, La Nuova Italia

3. Quali sono le informazioni implicite in questi titoli di cronaca?

a. Cresce la paura a Firenze
L'Arno sopra il livello di guardia

b. Aerei e traghetti senza pace
Alitalia, rotte le trattative. Civitavecchia: più di mille bloccati nella notte

c. Colpo grosso a Stoccolma
I dipinti di Picasso non erano assicurati

d. Cervino, valanga killer
La spedizione dei due alpinisti non era arrivata in vetta per il maltempo

4. Ricostruisci il piano o schema complessivo del testo seguente individuandone il **tema**, i **sottotemi** e le **informazioni**.

L'acqua della pioggia, cadendo sul terreno, esercita un'azione di erosione, tanto più intensa quanto più il terreno è in pendenza. Le migliaia di goccioline, dopo avere urtato la superficie del suolo, vi scorrono sopra, si uniscono insieme in tanti piccoli rivoli che creano sui versanti delle montagne e delle colline i primi solchi di erosione. Dalla confluenza dei solchi d'erosione dei versanti si formano i primi corsi d'acqua. Essi confluiscono a formare corsi d'acqua di dimensioni maggiori, e danno origine a un reticolo idrografico che sfocia in mare o in depressioni endoreiche.

Il bacino idrografico corrisponde all'area che fa convergere l'acqua di ruscellamento nello stesso reticolo idrografico. È delimitato da una linea spartiacque. Questa è facilmente riconoscibile nelle zone d'alta montagna, e coincide con la successione di creste, dossi, vette e valichi che dividono due bacini limitrofi. In pianura, ove l'inclinazione della superficie è minima, la linea spartiacque è definibile solo con un attento esame delle carte topografiche.

I bacini idrografici possono avere dimensioni estremamente eterogenee: si passa da quello del Rio delle Amazzoni, la cui superficie supera i 7 milioni di km^2, a quello dei piccoli corsi d'acqua liguri, di pochi km^2.

Anche la lunghezza dei fiumi è assai diversa: il Nilo scorre per 6650 km, il Po per 650 km, i fiumi della Liguria non superano a volte la decina di chilometri.

L'alveo è il letto del corso d'acqua. È formato da un fondo o da due rive o sponde. Il letto ordinario è l'alveo più evidente, occupato completamente dall'acqua solo durante le piene (che corrispondono ai periodi di massime precipitazioni); al suo interno è normalmente distinguibile un alveo di magra, che corrisponde al letto in cui scorre l'acqua durante i periodi di minori precipitazioni.

La portata di un corso d'acqua è data dal volume di liquido che scorre attraverso una sezione trasversale dell'alveo nell'unità di tempo. La variabilità della portata col tempo è il regime del corso d'acqua. Si parla di regime regolare quando la portata subisce oscillazioni modeste, di regime irregolare quando le variazioni sono notevoli. Quest'ultimo è caratteristico dei torrenti, che hanno una portata molto variabile nel tempo. Quando piove vi confluiscono le acque di ruscellamento superficiale dei versanti, e la portata è massima; durante i periodi secchi l'alimentazione idrica è bassa: la portata è minima. I torrenti di uno stesso bacino idrografico, confluendo insieme, formano un fiume, il cui regime è in genere più regolare.

L. Masini, *Le scienze della terra*,
Edizioni Scolastiche Bruno Mondadori

2. La lettura-studio

Lo studio di un argomento passa sempre attraverso la lettura e la comprensione di un testo ricco di informazioni e di concetti. Ma che cosa differenzia lo studio dalla semplice lettura? E come possiamo essere certi di avere studiato bene un argomento?

È facile capire quanto sia importante possedere un metodo di studio; un po' più difficile è descrivere con precisione in che cosa esso consista. Studiare, come leggere, prevede che vengano recepite le informazioni di un testo, ma in più richiede che le informazioni siano fissate nella memoria ed entrino a far parte in modo stabile del patrimonio personale di conoscenze. Richiede inoltre che tali conoscenze possano essere utilizzate per risolvere problemi – semplici o complessi – inerenti alla disciplina di studio e ad altri contesti.

Lo studio di un testo passa attraverso tre fasi.

Lettura orientativa In questa fase chi studia compie una prima ricognizione sul testo per valutarne le caratteristiche (lunghezza, livello di difficoltà...) e adottare le strategie adatte (tipo di lettura e di evidenziazione, tempi necessari, risultati finali attesi).

Lettura analitica In questa fase si lavora sul testo per individuarne le informazioni; poiché non tutte le informazioni hanno la stessa importanza, uno dei compiti più decisivi nella lettura per lo studio consiste nel selezionare dal complesso insieme delle informazioni del testo quelle più significative.

Memorizzazione e rielaborazione In quest'ultima fase si riorganizzano le informazioni selezionate in modo da rendere più agevole la loro memorizzazione e si controlla con appositi esercizi la qualità e la quantità dell'apprendimento ottenuto.

2.1. Organizzare lo studio: la lettura orientativa

Le operazioni da effettuare in questa fase possono essere sintetizzate con il termine inglese *survey*, che letteralmente significa "esame", "ispezione". Questa prima ricognizione sul testo permette di:

- valutarne la lunghezza;
- individuarne la struttura: un testo può essere infatti molto discorsivo e spiegare in modo esteso, oppure può contenere soprattutto definizioni, regole, indicazioni applicative;
- riconoscerne il livello di difficoltà;
- scegliere le strategie di lettura adeguate;
- prevedere – sia pure indicativamente – il tempo necessario, tenendo conto delle proprie capacità di lettura analitica e di concentrazione;
- prevedere i risultati finali.

Ipotizziamo una fase di "ricognizione" relativa a un argomento di letteratura da studiare su diversi testi oltre al manuale: proviamo a prevedere difficoltà, strategie, tempi, risultati.

Argomento
Il romanzo poliziesco

Testi
- una scheda dell'antologia;
- gli appunti presi in occasione della lettura personale del romanzo *I delitti della rue Morgue* di Edgar Allan Poe;
- una ricerca da effettuare sulla biografia dell'autore e sulle altre opere da lui scritte.

Difficoltà, strategie, tempi
lo studio di testi di diversa tipologia richiede attività differenziate: per studiare la scheda dell'antologia si farà una lettura analitica; gli appunti personali richiederanno invece una lettura veloce; la ricerca si concluderà con alcuni appunti sugli elementi più significativi. Vanno poi calcolati i tempi necessari a queste attività, per decidere se sia possibile fare tutto in una sola sessione di lavoro oppure se non sia più conveniente lavorare in due tempi, effettuando dapprima la ricerca e procedendo allo studio vero e proprio in un secondo momento.

Lo studio è più efficace se si prevedono con chiarezza i **risultati** che si devono ottenere; nel nostro esempio dovranno essere:

- la conoscenza delle caratteristiche generali del romanzo poliziesco;
- la conoscenza della vicenda e delle caratteristiche narrative de *I delitti della rue Morgue*;
- l'individuazione degli elementi che permettono di includere il romanzo nella classe dei romanzi polizieschi;
- la conoscenza della biografia dell'autore (fatti salienti) e delle altre sue opere (sintesi);
- il riconoscimento di analogie fra le tematiche del romanzo e quelle delle altre opere dello scrittore;

- l'individuazione nella biografia dello scrittore di elementi che permettano di spiegare le sce[lte] tematiche, contenutistiche e stilistiche da lui effettuate, con particolare riferimento al roman[zo] letto.

A conclusione del nostro lavoro di ricognizione, dovremmo essere in grado di costruire una tab[el]la di questo genere:

Testi	Difficoltà	Strategie	Tempi	Risultati attesi
scheda antologica sul romanzo poliziesco (2 pagine)		lettura analitica, individuazione dei concetti, memorizzazione	20 min. circa	• conoscenza delle caratteristiche generali del romanzo poliziesco
sintesi del romanzo (appunti personali)		lettura veloce	10 min. circa	• conoscenza della vicenda (in modo sintetico)
caratteristiche narrative del romanzo (appunti personali: 3 pagine di quaderno)		lettura veloce, memorizzazione	15 min. circa	• conoscenza delle caratteristiche specifiche del romanzo • individuazione degli elementi che permettono di attribuirlo al genere "poliziesco"
biografia dell'autore e informanzioni circa le altre opere da lui scritte (4 pagine di manuale di storia della letteratura americana)	alcuni paragrafi difficili	lettura analitica, appunti e loro memorizzazione	un'ora circa per il lavoro complessivo	• conoscenza dei dati biografici e dell'attività letteraria dello scrittore • analogie fra il romanzo letto e le altre opere • spiegazione delle scelte tematiche e contenutistiche del romanzo sulla base della biografia dello scrittore

2.2. Selezionare le informazioni: la lettura analitica

La lettura analitica è il momento saliente dell'attività di studio. La lettura per lo studio deve essere non troppo veloce e molto accurata, in modo da garantire la comprensione delle informazioni contenute nel testo e l'individuazione delle informazioni principali. Vanno recuperate anche le informazioni che il testo lascia implicite perché presentate estesamente in capitoli precedenti.

Non tutte le informazioni che un testo contiene hanno la stessa importanza: alcune sono indispensabili alla conoscenza e comprensione del tema trattato, altre lo sono meno e hanno una funzione di completamento e di supporto. Ma che cosa distingue le informazioni importanti da quelle che non lo sono? Un'informazione è tanto più importante quanto più è vicina al tema trattato nel testo – o nella parte di testo – che si sta leggendo; bisogna dunque anzitutto riconoscere il **tema** – o i temi – del testo. Il **titolo** e i **sottotitoli** rappresentano la prima segnalazione del tema, ma si tratta spesso di un'indicazione piuttosto generale: il testo va quindi suddiviso ulteriormente in parti omogenee per contenuto – i **paragrafi**– il cui tema va riconosciuto e indicato con un breve titolo. Solo a questo punto è possibile selezionare le informazioni principali.

Ecco i risultati della lettura e comprensione di questo testo tratto da un manuale di scienze.

La Terra e gli altri pianeti Sulla formazione della Terra, o degli altri pianeti, si conosce poco. Prima di tutto viene il Sole, la cui origine è il primo indizio necessario. Il Sole è una stella e gli studi sulla formazione delle altre stelle nello spazio forniscono tutte le informazioni su come si può essere formato: una nuvola rotante di gas idrogeno e polvere, è la probabile risposta.	– la formazione dei pianeti è poco conosciuta – va fatta risalire alla formazione del Sole – il Sole si è formato da una nuvola rotante di idrogeno e polvere
Nella rotazione della nuvola primitiva del nostro sistema solare potrebbero essersi formati, intorno ai bordi, delle code o ciuffi. (Anche questi si vedono nelle nuvole gigantesche di gas che ruotano nello spazio.) Quando il Sole si formò dalla condensazione del gas potrebbe non avere recuperato tutte le code lontane che si portava dietro. Probabilmente se ne condensarono quattro separatamente e formarono i pianeti giganti: Giove, Saturno, Urano e Nettuno. Altri residui del gas rimasero in parte gassosi e condensarono, alcuni, formando corpi più piccoli.	– l'aspetto della nuvola primitiva (code e ciuffi ai bordi) – condensazione del Sole – condensazione dei quattro pianeti giganti da code lontane – condensazione corpi più piccoli
Solo molto più tardi alcuni di questi corpi più piccoli potrebbero essersi scontrati e amalgamati, formando corpi più piccoli compresa la Terra. Tutti questi eventi cominciarono (per il Sole) 15 miliardi di anni fa e terminarono (per la Terra) 4,7 miliardi di anni fa. *Biologia*, III ed. it., a. c. di G. Tecce, Zanichelli	– scontri e amalgame – formazione dei pianeti più piccoli, compresa la Terra – tempi: fra i 15 miliardi e i 4,7 miliardi di anni fa

2.3. Rielaborare e memorizzare le informazioni

Le informazioni ottenute con lettura analitica del testo vanno infine rielaborate perché possano essere fissate nella memoria e integrarsi nel patrimonio delle conoscenze personali. Le operazioni da effettuare in questa fase sono: la rielaborazione delle informazioni, il controllo, il riutilizzo.

La rielaborazione

La costruzione di sintesi, schemi e rappresentazioni grafiche, nelle quali sono visualizzati i concetti del testo e le loro relazioni, facilita le operazioni di rielaborazione e memorizzazione.
Ecco alcune rappresentazioni grafiche che possono essere utilizzate; le caratteristiche del testo letto suggeriranno quale sia la più adatta allo scopo.

La lista

Permette di evidenziare fenomeni ed eventi della stessa tipologia, talvolta ordinandoli secondo un criterio, come si può fare ricostruendo le cronologie di eventi.

Formazione delle colonie inglesi in America

1620	i Padri Pellegrini sbarcano sulle coste del Massachusetts
1629	fondazione di Boston
1636	fondazione di Providence
1635-1638	nuovo afflusso di coloni anche in seguito all'occupazione delle terre del Connecticut
1664	nascita della colonia di New York dopo lo smantellamento dei possedimenti olandesi

La tabella semplice

Con questo schema – costituito da due o più colonne con relativi indicatori – vengono raccolt classificati fenomeni, eventi, informazioni, dati.

L'ambiente mediterraneo	
morfologia	rilievi impervi e dirupati, pianure rare e di modeste dimensioni
clima	subtropicale
precipitazioni	soprattutto invernali
vegetazione	macchia mediterranea (xerofila), grano, olivo, vite

La tabella a doppia entrata

È utile per mettere in relazione e stabilire confronti tra fenomeni già classificati; è infatti l'incroc di due tabelle semplici i cui elementi possono essere catalogati contemporaneamente in base due variabili.

La scuola in Europa

	età dell'obbligo	tasso di scolarità a 18 anni (anno 1988)
Belgio	16	72%
Danimarca	16	69%
Francia	16	63%
Germania	16	68%
Grecia	14	44%
Italia	16	44%
Regno Unito	16	33%
Olanda	16	60%
Spagna	14	30%

Lo schema ad albero

Con questo tipo di schema si ricostruiscono le relazioni esistenti tra i concetti secondo una progressione che va dal più generale al più specifico. Lo schema ad albero costruito su parti di un testo evidenzia la gerarchia delle informazioni e permette la rappresentazione di parti anche molto ampie: può quindi essere usato per il **ripasso**.

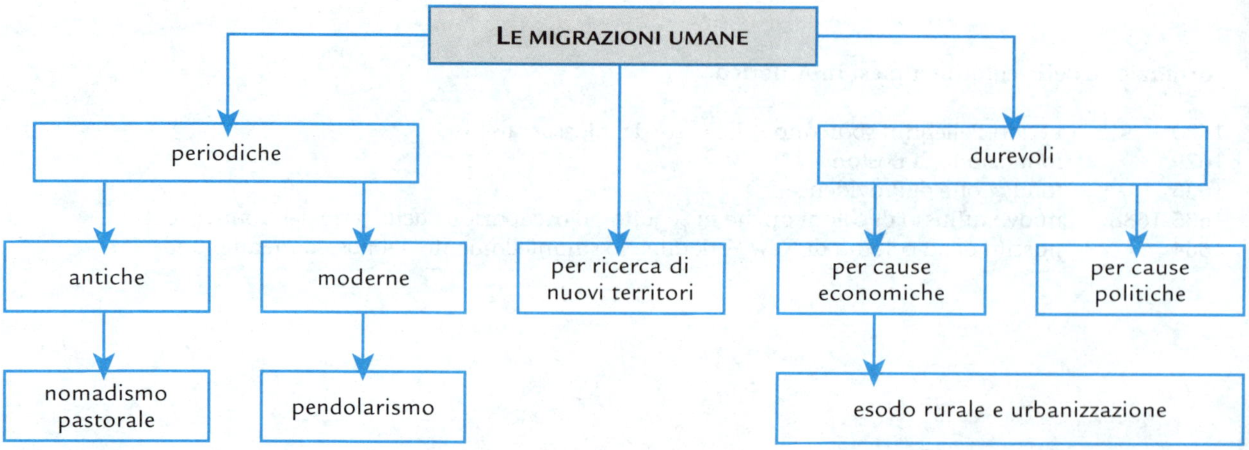

o schema locchi Lo schema a blocchi serve a mettere in evidenza la dinamica, lo sviluppo di un fenomeno complesso come per esempio quello riportato qui sotto.

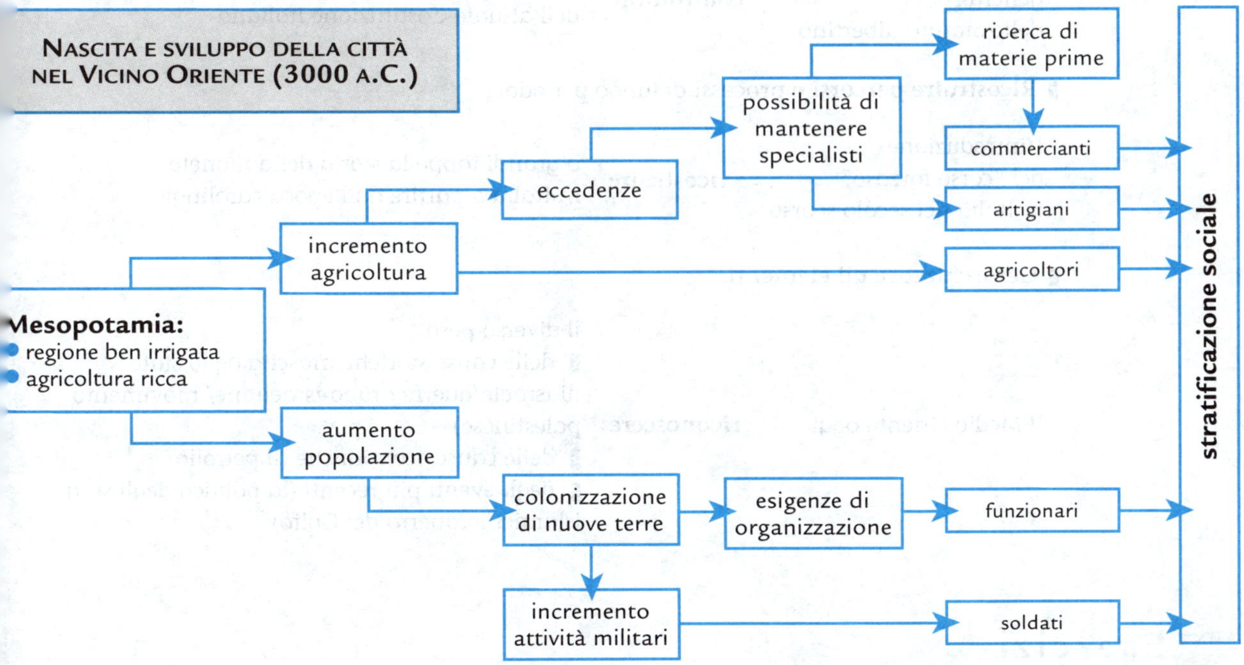

Il controllo Va poi effettuato un controllo su quanto è stato memorizzato; per questa verifica si può procedere in più modi.

- Dopo aver dato un'ultima lettura veloce al testo e osservato con attenzione la rielaborazione finale, **si ripete a voce alta**. Questo sistema è veloce e ha il pregio di allenare all'esposizione orale, ma rende difficile il controllo della completezza ed esattezza di quanto si ricorda e si è ripetuto.

- Si ripete a voce alta **registrando** la propria esposizione; al termine si ascolta quanto registrato e lo si confronta con lo schema. In questo modo si effettua un buon controllo dell'apprendimento e si osserva anche l'accuratezza dell'esposizione linguistica; è però necessario molto più tempo.

- Mentre si ripete a voce alta **si completa uno schema essenziale**, simile a quello utilizzato per la rielaborazione. In questo modo si ottiene un controllo rapido e sicuro.

Il riutilizzo La memorizzazione delle informazioni deve permettere il riutilizzo per:

- risolvere quesiti e problemi relativi a quanto studiato;
- risolvere quesiti e problemi più ampi, che prevedono anche il recupero di conoscenze apprese in precedenza;
- risolvere quesiti e problemi anche non strettamente attinenti alla disciplina.

Molti manuali concludono ogni capitolo con serie di domande o esercizi attinenti agli argomenti trattati nel capitolo stesso; rispondere alle domande e svolgere gli esercizi è senz'altro utile a verificare se l'apprendimento ottenuto con lo studio è già consolidato oppure è ancora "superficiale". In assenza di suggerimenti del manuale e di indicazioni dell'insegnante, è possibile costruire da sé alcune domande che permettano di controllare la correttezza dell'apprendimento.

- **Trovare esempi concreti** rispetto a un principio astratto.

Le diverse tipologie delle città europee (per origine e caratteristiche urbanistiche)	**trovare**	esempi diversi da quelli del testo, partendo dalla propria città

- **Stabilire confronti** per riconoscere analogie e/o differenze.

Le caratteristiche generali dello Statuto albertino	**confrontare**	con le caratteristiche generali dell'attuale Costituzione italiana

- **Ricostruire percorsi e processi** di lungo periodo.

L'introduzione del "corso forzoso" in Italia nel secolo scorso	**ricostruire**	a grandi tappe la storia della moneta in Italia a partire dall'epoca carolingia

- **Gerarchizzare gli elementi**.

Il Medio Oriente oggi	**riconoscere**	il diverso peso ▮ delle cause storiche (nascita dello stato di Israele/guerre arabo-israeliane/ movimento palestinese) ▮ delle cause economiche (il petrolio) ▮ degli eventi più recenti (la politica degli stati islamici/la guerra del Golfo)

Esercizi

1. La lettura finalizzata allo studio deve portare alla comprensione di tutte le informazioni contenute nel testo seguente, comprese quelle presentate nei capitoli precedenti e quelle contenute in eventuali illustrazioni e didascalie. Leggi questa pagina tratta da un libro di scienze e poi esegui quanto proposto.

- Individua le informazioni contenute e scrivile sotto forma di lista sintetica.
- Prova a dare una definizione del termine "congruenza".
- Prova a dare una definizione dei concetti di Sial e Sima.
- Osserva i disegni: ti sembra che aggiungano nuove informazioni o che esemplifichino quanto viene presentato nel testo scritto?
- Osserva la lista di informazioni che hai steso e sottolinea quelle che consideri principali.

La deriva dei continenti secondo Wegener

Già agli inizi del XIX secolo alcuni studiosi avevano notato la congruenza delle linee di costa dell'Africa occidentale e di quelle dell'America meridionale.

Nel 1858 Antonio Snider Pellegrini avanzò l'ipotesi che i due continenti fossero stati anticamente uniti e poi si fossero allontanati. Le sue argomentazioni vennero però presentate senza alcuna prova e non furono accettate nell'ambiente scientifico.

La prima coerente ipotesi implicante la deriva dei continenti fu formulata dal geografo americano F.B. Taylor nel 1910: egli non partiva dalla corrispondenza dei continenti ai bordi dell'Atlantico, ma dall'andamento di alcune catene montuose in Eurasia, che mostrano segni di compressione laterale in forma di strati fortemente ripiegati.

Secondo Taylor l'ipotesi della Terra fredda in contrazione non riusciva a spiegare in modo soddisfacente la distribuzione di queste catene montuose.

Egli propose che esse fossero la conseguenza di un movimento di scorrimento della crosta terrestre, da nord verso la periferia dell'Asia.

Taylor non sostenne però le sue idee con molti dati e il suo lavoro ebbe scarsa attenzione: ciò nonostante, il suo è il più importante dei primi contributi alla deriva dei continenti, escluso quello di Wegener.

Wegener fu in effetti il primo a inquadrare una grande varietà di dati scientifici in un'ipotesi logicamente argomentata.

Secondo Wegener i continenti non sarebbero rimasti fermi e stabili nella loro posizione durante il tempo geologico, ma si sarebbero mossi sulla superficie terrestre creando, con il loro allontanamento, nuovi oceani o facendo scomparire i vecchi oceani, con il loro avvicinamento.

Egli partì dalla supposta congruenza delle linee di costa tra Sud America e Africa e ipotizzò che i due continenti potessero essersi mossi lateralmente separandosi e provocando l'apertura dell'Oceano Atlantico meridionale. Per provare tale disposizione delle masse continentali egli raccolse un incredibile numero di prove di affinità tra fossili (per esempio un piccolo rettile vissuto circa 270 milioni di anni fa, il Mesosauro, noto solo nel Sud Africa e nel Brasile meridionale), rocce e strutture geologiche sui due lati dell'Atlantico. Egli sosteneva che le coste del Sud America e dell'Africa combaciavano come le linee di stampa di un giornale di cui fossero stati rimessi insieme i pezzi strappati.

Wegener elaborò in vari anni la sua teoria, arrivando alla conclusione che circa 200 milioni di anni fa tutti i continenti erano uniti in un unico grande supercontinente, il

"Pangea" (che significa "tutte le terre emerse"). Il Pangea si sarebbe in seguito fratturato in vari blocchi continentali che si sarebbero allontanati gli uni dagli altri, andando alla "deriva" sulla superficie terrestre. Egli paragonava le aree continentali a "zatteroni" di Sial galleggianti sul più denso Sima, con un meccanismo simile a quello per cui gli iceberg galleggiano sull'acqua.

L. Masini, *Le scienze della terra*, Edizioni Scolastiche Bruno Mondadori

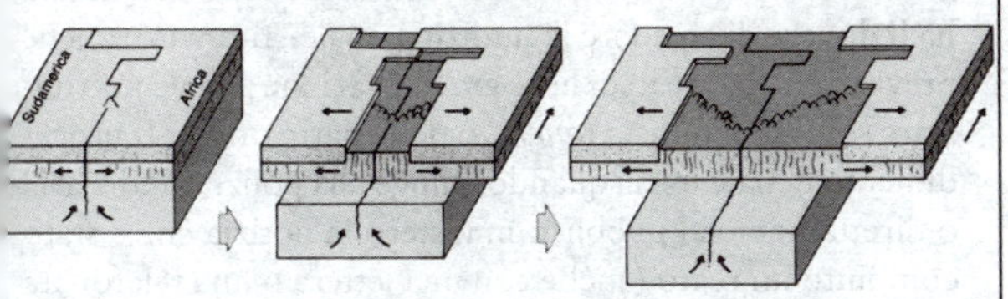

I continenti dell'emisfero meridionale, oggi separati dall'oceano, hanno in comune molti resti fossili di rettili e anche di un vegetale (*Glossopteris*). La spiegazione data da Wegener a tale distribuzione era che tali continenti un tempo fossero stati uniti e da allora fossero andati alla deriva allontanandosi. Nel disegno sono illustrate la meccanica e le fasi di separazione del Sud America e dell'Africa.

2. Costruisci una tabella a doppia entrata con le informazioni principali del testo seguente.
Per svolgere l'esercizio devi:

- individuare le informazioni principali;
- riconoscere gli indicatori necessari alla tabella riflettendo su come possono essere raggruppate le informazioni.

Al termine utilizza una tabella identica, ma "vuota", come guida per ripetere il contenuto del testo e controllare la completezza e l'esattezza delle informazioni memorizzate.

Diritto e morale

L'azione umana è la conseguenza di un atto volontario il quale consta di due elementi: uno interiore dato dall'intenzione, l'altro esteriore che è la sua esterna manifestazione.

1) *Alla morale compete particolarmente l'atto interiore, al diritto compete prevalentemente l'atto esteriore.*

Non si deve tuttavia ritenere che il diritto sia estraneo agli elementi intimi dell'uomo; il diritto infatti si preoccupa della buona fede e dell'ignoranza, analizza i concetti di volontà, di colpa, di capacità intellettiva ecc.

Ma questi fenomeni interni dell'uomo cadono in considerazione puramente come mezzo a determinare la portata di una azione esteriore.

2) Il diritto ha prevalentemente una *funzione inibitoria*, la morale ha bensì una funzione inibitoria, ma anche e prevalentemente una *funzione impulsiva*.

Difatti essa mira a sviluppare le qualità interiori dell'uomo, mentre il diritto si occupa di frenare e di coordinare la sua azione esterna.

3) Il diritto può essere *coattivamente imposto*, la morale *non ha coazione fisica*.

4) La norma giuridica ha una *funzione eminentemente bilaterale*, mentre la norma morale una *funzione unilaterale*.

Difatti il diritto impone dei doveri al consociato, ma nello stesso tempo tutela il suo diritto di fronte ai terzi.

La morale invece statuisce dei doveri e non dei diritti, avendo di mira il perfezionamento interiore dell'uomo più che i rapporti coi terzi.

Per il selvaggio Robinson Crusoè isolato nella sua foresta, lontano dal consorzio umano, non poteva esservi una norma giuridica, ma esistevano invece delle norme morali.

5) La norma giuridica ha un *contenuto astratto*, il precetto morale un *contenuto più concreto*.

La norma giuridica (più rigida) non sempre può tenere conto di tutte le circostanze concrete che possono variare da caso a caso, come invece ne tiene conto la morale.

Da ciò segue che si dànno casi della vita per cui non esiste una regola di diritto esplicita; ma non mai casi di coscienza per cui manchi una regola della morale.

Il diritto tutela la morale *direttamente* col punire tutti gli attentati contro di essa, col negare la sua approvazione agli atti e ai contratti contrari al buon costume; *indirettamente* quando, per esempio, non potendo punire in modo diretto il suicidio, commina delle sanzioni contro chi istiga o aiuta al suicidio.

	ambito	**...**	**...**
diritto			
morale			

3. Trova un titolo complessivo che si riferisca al tema trattato nel seguente brano.
Suddividi il testo in paragrafi (il testo è costituito da due parti, ciascuna delle quali può essere ulteriormente suddivisa) e trova il titolo adatto per ciascuno di essi.
Costruisci poi uno schema riassuntivo (è particolarmente adatto lo schema ad albero).
Riproduci infine uno schema riassuntivo identico a quello già fatto, ma vuoto, e usalo come guida per ripetere l'argomento studiato e controllare così quantità e qualità della memorizzazione ottenuta.

Fin dai tempi di Aristotele l'uomo ha cercato di spiegare come sia possibile trovare, per esempio sulla cima di una montagna, "oggetti" in tutto simili a conchiglie o resti di organismi che vivono nel mare.

Per dare una risposta a questa domanda furono suggerite varie spiegazioni e formulate teorie accettate fino al XVII secolo.

Secondo una di queste teorie, detta dell'influsso celeste, si sosteneva che la Luna e le stelle avrebbero emesso delle radiazioni capaci di influenzare il comportamento delle rocce, nelle quali sarebbero state imitate forme esistenti nel mondo vivente.

La teoria del *ludus naturae* (scherzo della natura) sosteneva invece che la natura si sarebbe divertita nel riprodurre forme appartenenti al mondo vivente e nel creare forme nuove non esistenti in natura (che sarebbero stati poi i resti fossili di organismi non più esistenti, come per esempio le Ammoniti).

Secondo la teoria dell'*aura seminalis* nella terra, nell'aria e nell'acqua vi sarebbero stati dei "semi" invisibili dotati della capacità di svilupparsi per dare forme di ogni genere (minerali, gemme e fossili nel senso attuale della parola); ogni tipo di "gemma" avrebbe riprodotto e generato più individui uguali.

Per la teoria del succo e del vento petroso, infine, nella Terra sarebbero circolati liquidi o vapori capaci di trasformare qualsiasi sostanza in pietre.

Attualmente si sa che i fossili altro non sono che resti e tracce di organismi animali e vegetali vissuti nel passato che si sono potuti conservare grazie a una serie di processi chimici e fisici indicati con il termine di *fossilizzazione*.

Le probabilità che ha un organismo di diventare fossile non sono molte: in buona parte i resti degli esseri viventi vengono rapidamente distrutti dopo la loro morte.

In questo senso sono molto importanti la composizione dell'organismo e l'ambiente in cui esso viene a trovarsi dopo la sua morte.

Animali e piante che possiedono parti scheletriche (conchiglie, scheletro interno, legno) hanno maggiori possibilità di fossilizzarsi rispetto a quelli costituiti esclusivamente da parti molli (carboidrati e acqua che scompaiono velocemente dopo la morte).

Inoltre gli organismi che vivono o che vengono trasportati dopo la morte in ambienti dove la sedimentazione è molto attiva (per esempio i fondali marini), hanno maggiori possibilità di fossilizzazione.

La documentazione in nostro possesso sugli organismi vissuti nel passato è più completa per quanto riguarda gli organismi marini, anche se si hanno vaste conoscenze su Mammiferi e Rettili terrestri in quanto provvisti di scheletro.

L. Masini, *Le scienze della terra*,
Edizioni Scolastiche Bruno Mondadori

4. La comprensione e la memorizzazione delle informazioni devono renderle riutilizzabili.

- Leggi il testo seguente e individua le informazioni principali.
- Costruisci uno schema riassuntivo (indicato qui con lo schema a blocchi in fondo alla pagina).
- Memorizza e controlla l'apprendimento con l'aiuto di uno schema vuoto.
- Scegli poi da un quotidiano un articolo di cronaca giudizi e usa le nuove conoscenze per spiegare le fasi e gli eleme del procedimento giudiziario citati nell'articolo stesso.

Il processo penale

Il processo penale ha lo scopo di reprimere i comportamenti considerati illeciti dalla legge. La Costituzione stabilisce che il procedimento a carico dell'indiziato di reato (*imputato*) è obbligatorio, anche se la vittima non intende chiedere il giudizio nei confronti del presunto colpevole. È il *pubblico ministero* (pm) che nell'interesse della collettività ha il dovere di chiedere il giudizio penale. Tuttavia è anche previsto che per reati di lieve gravità l'azione penale può iniziare solo su denuncia (*querela*) della parte offesa. Il procedimento penale inizia quando giunge alla polizia giudiziaria o direttamente al pubblico ministero la notizia che è stato compiuto un reato (anche con una lettera o una telefonata anonima). Il pubblico ministero, coadiuvato dalla polizia giudiziaria, dà inizio allora alle indagini preliminari, il cui esito viene trasmesso al *giudice per le indagini preliminari* (gip), che può o *archiviare l'indagine*, perché ritiene che non si debba procedere contro la persona indiziata di reato, o *rinviare a giudizio* l'imputato, perché le prove raccolte dal pubblico ministero sembrano sufficienti per procedere penalmente. Se l'imputato, dopo il dibattimento in aula, sarà dal giudice penale ritenuto innocente, verrà emessa una sentenza di *proscioglimento*, se colpevole, una sentenza di *condanna*, la quale stabilirà anche la pena per il reato commesso. Durante la fase istruttoria il giudice per le indagini preliminari può anche scegliere di non fare il dibattimento in aula e di applicare il cosiddetto *patteggiamento*, su richiesta delle parti in causa. L'imputato che riconosce la sua colpa, oltre alla riduzione della pena fino a un terzo, non è tenuto a pagare le spese processuali, non subisce pene accessorie (ad esempio l'interdizione da pubblici uffici) né misure di sicurezza (ad esempio la libertà vigilata). Questo procedimento semplificato ha lo scopo di alleggerire la massa enorme delle cause arretrate.

E. Bonifazi, A. Pellegrino, *Generazione Duemila*,
Bulgarini

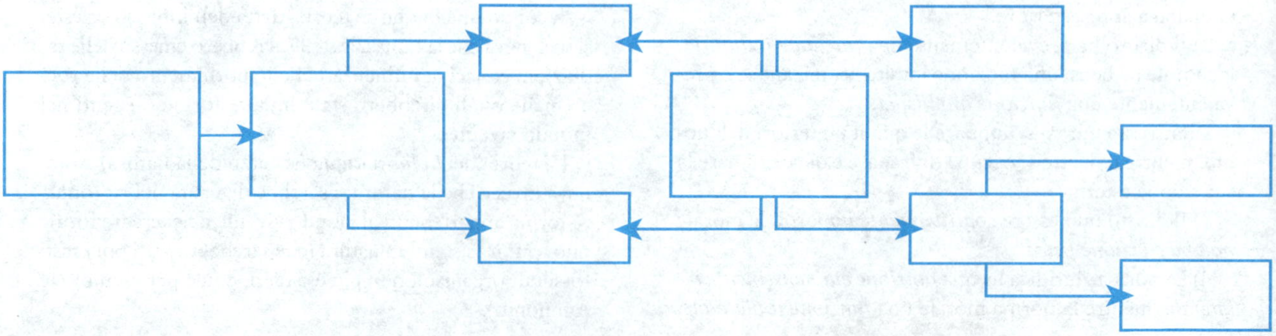

3. DALLA LETTURA ALLA SCRITTURA

A scuola, come nella vita quotidiana, ci troviamo spesso a dover rielaborare i testi che abbiamo letto, riformulandoli con parole diverse o sintetizzandoli per coglierne il contenuto essenziale. Quali abilità dobbiamo sviluppare per svolgere queste operazioni?

La rielaborazione dei testi è un'attività che permette di verificare al tempo stesso il livello di comprensione di un testo già esistente e la capacità di produrre un testo nuovo.
Nella rielaborazione dei testi sono molto frequenti due operazioni: **parafrasare** e **riassumere**.

1. Parafrasare

Parafrasare (dal greco *paraphrasis*, cioè frase posta vicino a un'altra per spiegarne il significato) significa **dire la stessa cosa utilizzando parole diverse**. Quando ascoltiamo o leggiamo dei messaggi quasi inconsapevolmente e di continuo noi li parafrasiamo, cioè li **riformuliamo** in modo più semplice per inserirli nel nostro deposito di conoscenze, o per spiegarli ad altri. Facciamo una parafrasi, per esempio, quando "traduciamo" la frase «è affetto da rinite allergica» con «ha il raffreddore allergico»; oppure «non sono ammessi bollettini recanti cancellature, abrasioni o correzioni» con «non si può cancellare o correggere quanto si è scritto su un bollettino». A scuola si utilizza l'operazione di parafrasare tutte le volte che si deve capire e studiare un testo; un compito scolastico particolare è poi la parafrasi del testo poetico.

Per parafrasare un testo **riformuliamo linguisticamente una o più informazioni, senza alterarne il significato.**

A livello lessicale

- Sostituiamo alcune parole con altre più semplici e familiari, passando da un linguaggio speciale (o sottocodice) alla lingua comune

accresciuto tasso di natalità ➤ *aumento delle nascite*

oppure da un registro formale o elevato a uno più familiare

penuria di grano ➤ *mancanza di grano*

- Sostituiamo un gruppo di parole con espressioni più generali, con iperonimi

lana, cotone, seta, lino ➤ *fibre tessili naturali*

- Sostituiamo un termine con un giro di parole, con una perifrasi

Venezia ➤ *la città lagunare*

A livello morfosintattico

- Modifichiamo i legami grammaticali…

un uomo con la barba ➤ *un uomo barbuto*

…e i legami sintattici

tutti i partiti sostengono la necessità di una riforma dello Stato ➤ tutti i partiti sostengono che è necessario riformare lo Stato

Esercizi

1. Riformula le seguenti frasi sostituendo le parole o le espressioni in neretto con altre più generali.

a. Mi sono lavato accuratamente **occhi, naso, fronte, mento e orecchie** con una lozione calmante perché avevo preso troppo sole.

b. Mio padre, per avere informazioni da fonti diverse, spesso compra **il "Corriere della Sera", "Il Messaggero", "Il Sole 24 ore"**.

c. Cercò la sua nella fila di auto in sosta, salì **e infilò la chiave nel cruscotto, la girò, schiacciò la frizione, mise la prima, schiacciò l'acceleratore e lasciò andare la frizione**.

d. Gli uomini del Neolitico **lavoravano la terra, la irrigavano, piantavano semi, curavano le pianticelle, raccoglievano i prodotti**; ebbero così a disposizione eccedenze di cibo.

Da un registro all'altro

Prima di svolgere gli esercizi che seguono, prova a identificare le situazioni comunicative in cui solitamente adoperi un registro informale e quelle in cui usi invece un registro più controllato.

Quali scopi vuoi raggiungere nel primo caso? E nel secondo?

a. Questa vecchia carretta non ce la fa più a partire.
b. Questa automobile ormai è vecchia, ha problemi di accensione.
c. RingraziandoLa vivamente per lo splendido dono, ci auguriamo di averLa presto nostro ospite.
d. Grazie per il tuo bellissimo regalo: spero che tu venga presto a cena da noi.
e. Wow! Domani si entra alla seconda ora!
f. Si comunica che domani, 18 marzo, gli alunni della 1ª G entreranno alla seconda ora.

3. Quali delle seguenti parole appartengono a un registro più familiare, e quali a un registro più formale e alto? Indicalo nella tabella, completandola secondo l'esempio.

• celia • ammenda • inetto • idioma • multa • giusto • decesso • incapace • lingua • inesperienza • scherzo • equanime • mancare • vagheggiare • gonfio • morte • enfiato • imperizia • desiderare • difettare.

registro familiare	**registro formale, alto**
scherzo, ...	celia, ...
....	....
....	....

4. Riformula le seguenti frasi sostituendo le espressioni in neretto con termini più semplici.

a. I **reperti** archeologici provano l'uso del corallo da parte dei Celti.

b. Nel libro vi erano molte **discrepanze concettuali** e diversi difetti espositivi.

c. La presentazione del certificato di garanzia timbrato dal venditore è condizione essenziale **per l'esercizio del diritto la garanzia**.

d. **L'isolamento termico** è una delle più importanti qualità del gno; da questo deriva il suo largo impiego come **materi edile** in montagna.

e. Molti **danni dermatologici** sono **ascrivibili** all'abuso di sch me da bagno e di prodotti inidonei.

f. Il cinema d'animazione, con **l'allargamento esponenziale** c pubblico televisivo, è diventato un mezzo allettante per mc ti autori di cartoon.

5. Ora ti proponiamo un compito più impegnativo, che simu quello messo in atto ogni volta che leggiamo.
Riformula con un linguaggio più semplice e familiare questi bre testi; utilizza il dizionario per le parole di cui conosci poco il sign ficato (enfatizzazione,...). Per il significato di alcune espressior (moduli pubblicitari) dovrai invece basarti sulle tue conoscenze sul contesto. Al termine confronta con i compagni la tua riformu lazione.

a. Il connubio tra informazione e pubblicità si sta aggravando; è un connubio perverso perché incoraggia il protagonismo del giornalista e la sua tendenza a usare i moduli pubblicitari non solo nel linguaggio, con l'enfatizzazione del lessico, ma anche nei contenuti, drammatizzando i fatti e il modo di presentarli, creando addirittura quelli che qualcuno chiama "media eventi", cioè falsi eventi che acquistano verità soltanto per la forza di persuasione dei grandi mezzi di comunicazione sociale.

S. Lepri, *Professione giornalista*, Etas Libri

b. I tentativi promossi dal governo del paese nel senso di una maggiore specializzazione e produttività agricole, come pure del potenziamento dello sfruttamento delle risorse minerarie e dell'incremento di un'industrializzazione di sviluppo, non sembrano ad oggi aver raggiunto traguardi apprezzabili.

c. Come per altre Repubbliche nordafricane, la realtà economica tunisina presenta un duplice aspetto: uno ricollegato al passato punta sull'incremento delle risorse tradizionali, l'altro più attuale affida alle risorse petrolifere e al successo di iniziative economiche più moderne, come quelle turistiche, le possibilità di sviluppo del paese.

Dai sottocodici all'italiano comune

Ogni giorno tutti noi utilizziamo, spesso inconsapevolmente, dei "sottocodici", cioè dei linguaggi specifici di determinati settori (come lo sport, la musica, l'informatica ecc.). Ogni ramo della cultura e dell'attività umana possiede infatti un proprio "linguaggio speciale".

A quale sottocodice appartengono i brevi testi che seguono?

- Per eseguire Word e aprire un documento esistente, si digita winword e il nome del documento e si preme Invio. È possibile digitare un massimo di nove nomi di documenti diversi, e Word li aprirà tutti allo stesso tempo, nell'ordine in cui sono stati digitati.
- A seguito di somministrazioni ripetute o protratte può verificarsi sviluppo di microrganismi non sensibili; esiste in particolare la possibilità di enterocoliti stafilococciche. In tali casi il paziente deve essere tenuto sotto controllo istituendo una terapia idonea.
- Il pagamento entro la data di scadenza evita l'addebito dei maggiori oneri di incasso e la sospensione della fornitura. Agevolazione all'utenza per il pagamento: per accordi intercorsi con i sottoindicati istituti di credito nessuna spesa sarà a carico dell'utente per il pagamento di bollette.

7. I sottocodici aggiungono termini specifici alla "base comune" del codice-lingua. L'insieme dei termini di una determinata disciplina si chiama nomenclatura: abbiamo nomenclature scientifiche (fisica, chimica, botanica,...), economiche, burocratiche, giuridiche, sportive ecc. Indica a quale nomenclatura appartiene ciascuno dei seguenti gruppi di espressioni.

a. licheni, gimnosperme, angiosperme, rizoma, monocotiledoni, dicotiledoni
b. interesse, finanziamento, ammortamento, liquidità, depressione, inflazione
c. istanza, certificazione, deroga, dilazione, allegato, circolare
d. velocità, moto, forza, vettore, accelerazione, massa
e. molecole, atomi, composto, reazione, ossidazione, valenza
f. cellula, organo, apparato, tessuto, muscolo, genetica

8. In ogni sottocodice sono utilizzate anche parole della lingua comune, ma con un significato speciale e univoco, mentre nella lingua comune il significato può variare secondo il contesto. In ciascuno dei seguenti gruppi di frasi è presente una stessa parola: indica con una crocetta le frasi in cui essa è utilizzata come un termine specifico settoriale, con un significato univoco.

☐ Non c'è nessun ordine per oggi.
☐ Metti in ordine la tua stanza!
☐ L'ordine dei mammiferi comprende...

☐ Rientra subito in classe.
☐ È una donna di classe.
☐ Ho fatto un biglietto di prima classe.

☐ La capacità di immaginazione dei bambini è molto grande.
☐ Non manca di capacità, manca di volontà.
☐ Calcolate la capacità di una vasca, avente...

☐ Passami quel volume lì a destra.
☐ Abbassa il volume, disturbi i vicini.
☐ Il volume del commercio estero è aumentato di un terzo.

3.2. Riassumere

Riassumere è l'**operazione con cui "riduciamo" un testo**, riformulandolo dopo aver **selezionato le informazioni utili** e cancellato quelle non rilevanti. Imparare a riassumere è molto importante per studiare con efficacia e per esporre validamente i contenuti che si sono appresi. Di uno stesso testo si possono fare riassunti diversi:

- in base alla **lunghezza** (possiamo fare una sintesi molto essenziale del tema più generale di un testo o un sommario, esponendo brevemente il tema generale e i sottotemi, ma possiamo fare anche un riassunto ampio e articolato);
- in base allo **scopo** (capire un testo, studiarlo, raccogliere informazioni);
- in base al **destinatario** (se stessi o gli altri).

Leggere e comprendere

Per riassumere dobbiamo:

- **riconoscere la struttura del testo di partenza.** Il testo di partenza può essere lungo ma piuttosto povero di informazioni o breve ma molto denso; può essere un testo *narrativo* in cui importa cogliere personaggi e avvenimenti (chi, che cosa, dove, quando, perché, come) o un testo *espositivo* in cui occorre cogliere il fenomeno o la situazione su cui si danno informazioni, o ancora un testo *argomentativo*, in cui è necessario individuare la tesi sostenuta o confutata e gli argomenti utilizzati;
- **individuare le informazioni centrali.** La prima operazione da compiere quando si deve riassumere un testo è quindi quella di fare una buona lettura analitica, individuando il tipo di testo, il tema e i sottotemi.

In un testo espositivo o argomentativo, per individuare il tema puoi aiutarti con il titolo e per i sottotemi puoi sfruttare la suddivisione in *capoversi*. Spesso *introduzioni* e *conclusioni* anticipano o riprendono i punti più importanti; le definizioni presentano i concetti; *descrizioni* ed *esempi* chiarificano e articolano il discorso.

Inoltre i *connettivi*, espressioni che "legano" parole, frasi, periodi ("di, a, per, perché, allora, dunque, in primo luogo...") scandiscono le parti del testo e aiutano chi legge a ricostruire il filo logico del discorso. Per riassumere testi narrativi di una certa ampiezza (novella, racconto lungo, romanzo) è

invece importante utilizzare elementi tipici della narrazione come la *situazione iniziale*, l'*esordio* fatto che mette in moto la vicenda), le *peripezie* del protagonista e dei personaggi, lo *scioglimento*;
- **selezionare le informazioni che interessano al nostro scopo.**

Ridurre

Per riassumere il testo di partenza devi anzitutto avere chiara l'estensione del riassunto: una fra di sintesi che indichi il tema, un sommario di 40/60 parole (con tema e informazioni essenzial oppure una relazione estesa? Dall'estensione del riassunto dipende infatti la selezione delle info mazioni. Una volta identificate le informazioni principali, puoi procedere in questo modo:

- cancellare le informazioni meno importanti (esempi, particolari secondari, commenti) o quel non pertinenti al tuo scopo;
- cancellare tutto ciò che ritieni noto al destinatario del riassunto o che si può facilmente ric struire dal contesto;
- generalizzare, raccogliendo più informazioni particolari in una sola informazione globale;
- rendere esplicite alcune informazioni ricavandole dal testo o collegando diverse informazion tra loro;
- scrivere un altro testo.

Riformulare

Ora puoi scrivere il riassunto, cioè un testo diverso da quello di partenza, di cui però vengon mantenuti i temi fondamentali, a volte in forma molto sintetica e a volte in forma più particola reggiata. Nella riformulazione fai attenzione a:

- scegliere le parole adatte all'argomento, allo scopo e al destinatario;
- stabilire il tempo verbale e la persona dell'esposizione;
- utilizzare i legami grammaticali e sintattici, rispettando la concordanza tra nomi, pronomi, verbi e il rapporto tra i tempi verbali;
- passare dal discorso diretto al discorso indiretto (per esempio nei dialoghi tra personaggi in una narrazione);
- passare dalla prima alla terza persona.

Rivedere

Quando hai scritto il riassunto rileggilo, controllando se:

- è comprensibile (hai mantenuto le relazioni tra le informazioni?);
- è fedele (hai mantenuto il significato del testo di partenza?).

Il procedimento del riassunto o della sintesi è fondato sulle seguenti operazioni:

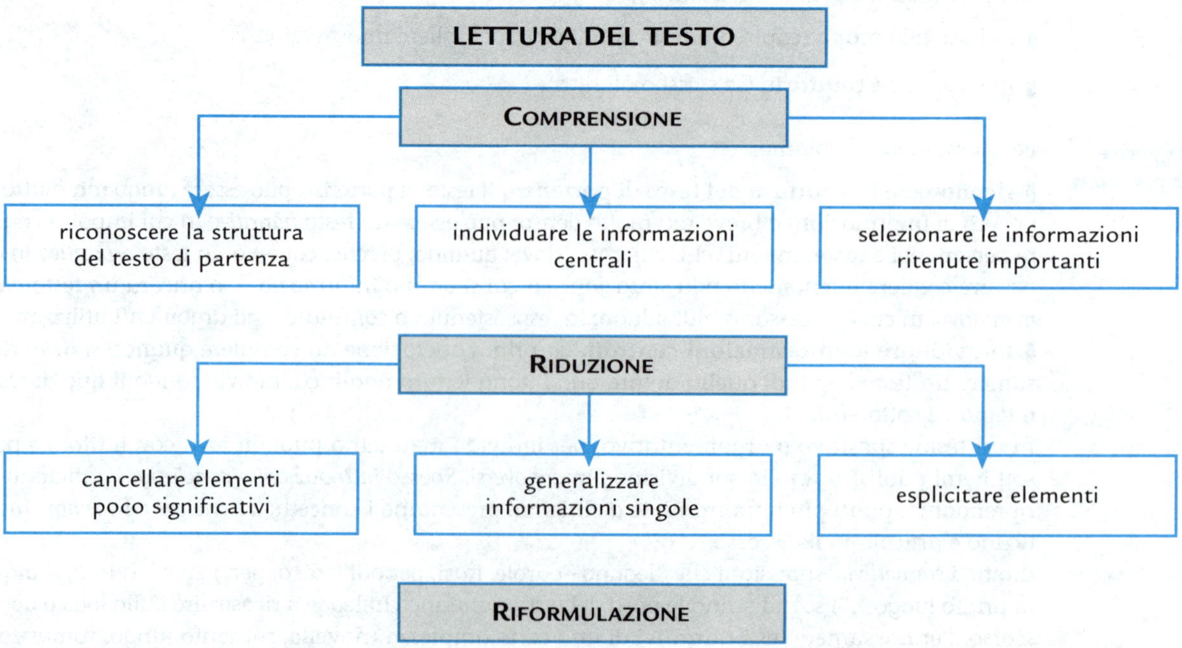

Esercizi

Ridurre, generalizzare, nominalizzare

Per ridurre un testo si possono mettere in atto tecniche diverse: cancellare elementi del discorso non indispensabili al senso; raccogliere più informazioni in un concetto generale; trasformare "frasi" in espressioni "nominali" che ne riassumano il significato (è l'operazione che compiono i giornalisti per titolare gli articoli).

. Cancella le parole (aggettivi, avverbi ecc.) e le espressioni non ıdispensabili al senso di queste frasi e riscrivile.

. Un altro elemento esclusivo del bel paesaggio dell'isola è dato dalle numerose tracce lasciate dalla lunga dominazione britannica nelle architetture.

ɔ. Una serie di studi recenti, attraverso elaborazioni al computer, ha confermato definitivamente che i megaliti di Stonehenge, oltre a segnare un luogo di culto religioso, costituiscono un monumentale strumento astronomico e potevano servire anche a predire le eclissi.

c. Bella pianta rustica coltivata nei giardini, la Calendula è anche un'erba selvatica dei campi e delle vigne, dallo stelo rossastro guarnito di foglie verde chiaro con bellissimi fiori giallo-arancio molto luminosi.

2. Usa la generalizzazione raccogliendo in una frase generale più informazioni della stessa categoria, come nell'esempio dato.

Es.: Le calette tranquille e riparate, le acque cristalline, i porti vicini l'uno all'altro e la presenza di numerosi resti e rovine greche e fenicie, romane e cartaginesi, bizantine e arabe fanno di Minorca una meta ideale per i visitatori e un'isola comoda e sicura per gli appassionati di vela.

La posizione favorevole e la ricchezza di tesori archeologici fanno di Minorca una meta ideale per visitatori e appassionati di vela.

a. Fino a non molto tempo fa questi erano i giochi dei bambini: arrampicarsi sugli alberi, acchiapparello e nascondino, giochi di cortile con la palla o con la corda da saltare. Il "mondo" o "campana" si incontravano continuamente disegnati sul terreno; e poi vi erano costruzioni di capanni, di case sull'albero o di carretti...

b. Quando accompagnavano la madre nella spesa quotidiana era del tutto naturale venire in contatto con i materiali più vari: la bottega degli alimentari e le drogherie con i loro mille odori, con la possibilità di immergere le dita nei sacchi dei diversi semi commestibili e delle farine dalle più varie consistenze. Le botteghe artigiane del falegname, del fabbro, dell'arrotino, del maniscalco fornivano materiali ed esperienze ricche e ben diversificate per la trasformazione della materia e la confezione di oggetti comuni.

3. Usa la nominalizzazione (trasforma il verbo in un nome o cancellalo) per passare da una frase a un titolo, come nell'esempio dato:

Il gatto è un animale quasi magico per le sue qualità e capacità.
La magia del gatto.

a. Sono stati avviati i primi esperimenti di teleconsulto in campo sanitario.

b. Sono stati ritrovati elefanti e ippopotami sulle coste della Sicilia; i loro teschi confermerebbero il mito dei Ciclopi.

c. Secondo alcuni psicologi le stragi del sabato sera potrebbero essere causate dalla musica rock, imperniata sul ritmo, con picchi sonori fulminei e ripetitivi che ottunderebbero il cervello.

4. Leggi questo testo e usa la generalizzazione per sintetizzare i cinque capoversi seguendo le indicazioni date.

Charles Dickens

a. Nato nell'isola di Portsea (Portsmouth) da modesta famiglia (i genitori erano ex domestici) passò l'infanzia tra continue peregrinazioni, vere e proprie fughe motivate dall'abitudine paterna di lasciar debiti dovunque. Nel 1824, a Londra, il padre finì in carcere e la famiglia lo seguì, sistemandosi nell'ala riservata ai familiari dei condannati, secondo l'uso del tempo. Charles, secondo di sei fratelli, ha 12 anni, deve lasciare la scuola e va a lavorare in una fabbrica di lucido da scarpe, dove incolla etichette sulle scatole. Un'improvvisa eredità gli permette di riprendere gli studi.

b. In seguito trova un posto di scrivano in uno studio legale. A 18 anni entra nella redazione del "The True Sun" e più tardi in quella del "Morning Chronicle" e si afferma come resocontista parlamentare. Nel 1833 pubblica il primo racconto, anonimo e senza compenso. Poi ne escono altri, sui giornali per cui lavora, con lo pseudonimo di Boz.

c. A 25 anni sposa la figlia del redattore capo dell'"Evening Chronicle", Kate Hogarth. Intanto uno dopo l'altro, scrive i romanzi che rendono famoso il suo nome, tutti pubblicati in dispense mensili e poi raccolti in volume. Nel 1836-37 esce *Il circolo Pickwick*, imperniato su un signore di mezz'età, calvo e panciuto, ottimista e credulone, attorno a cui si raccolgono bizzarri personaggi impegnati a fare periodici rendiconti delle proprie avventure. Dalle 400 copie iniziali si passa alle 40 000 dell'ultima dispensa, assicurando all'autore fama e rendita.

d. Nel 1838 esce *Oliver Twist*, storia d'un orfano sfruttato da una banda di malviventi, nel 1839 *Nicholas Nickleby*, ancora un romanzo di formazione, nel 1841 *La bottega dell'antiquario*. Nello stesso anno lo scrittore parte per l'America, dove tiene un ciclo di conferenze a New York, Boston, Washington, Philadelphia, St. Louis. Nel 1842 è in Italia, con la famiglia. Tornato in patria, nel 1843 pubblica il primo dei racconti natalizi, *Il canto di Natale* e, nel 1850, il capolavoro *David Copperfield*, d'ispirazione autobiografica. Intanto fonda una propria testata giornalistica e si batte per il risanamento degli *slums* londinesi e per le condizioni dell'infanzia operaia. Riprende i viaggi per l'Europa, leggendo in pubblico brani del suo capolavoro e riscuote molti consensi. Muore a 58 anni.

e. Esaltato durante l'epoca vittoriana, denigrato dalla critica successiva, oggi è riconosciuto come il maggior narratore inglese dell'Ottocento; è considerato il creatore del romanzo sociale. Diverse sono state le edizioni cinematografiche per *David Copperfield* e per *Oliver Twist*; il Paperone disneyano, nato nel 1947, s'ispira direttamente all'Ebenezer Scrooge protagonista del *Canto di Natale*.

T. Buongiorno, *Dizionario della letteratura per ragazzi*, Vallardi

a. C. Dickens ebbe un'infanzia (riassumere in 40 parole circa)
....
....

b. Al termine degli studi, trovato lavoro presso un giornale, cominciò a pubblicare (riassumere in 30 parole circa)
....
....

c. Dopo il matrimonio con la figlia del redattore di un quotidiano, a partire dal 1836 pubblicò (riassumere in 40 parole circa)
....
....

d. Dal 1838 cominciarono a uscire (riassumere in 50 parole circa)
....
....

e. Esaltato prima e denigrato poi dalla critica, oggi Dickens (riassumere in 30 parole circa)
....
....

Comprendere, selezionare, riformulare

Per riassumere bisogna capire bene il testo di partenza, cioè le singole informazioni e la loro gerarchia interna. Dopo aver compreso il testo, occorre selezionare le informazioni utili allo scopo del riassunto e riformulare, ponendo particolare attenzione agli aspetti grammaticali e sintattici.

5. Individua lo sviluppo tematico di questo testo: mantieni le informazioni, cancella esempi e commenti (aiutandoti con le nostre indicazioni). Riassumi in poche righe l'articolo seguendo lo sviluppo tematico e riformulando le frasi.

Informazione 1
Ogni anno attendiamo le vacanze per trascorrere un piacevole periodo di riposo, lontano dai problemi e dalle arrabbiature della vita di tutti i giorni.

Informazione 2
Ma se siamo male informati e male accorti, se ci rivolgiamo a operatori poco qualificati o abusivi possiamo andare incontro a sgradevoli sorprese.

Commento
Non è poi così difficile farsi imbrogliare!

Esempio
"Splendido villaggio composto di duecento villette, tutte con vista mare, circondate dalla pineta; tennis, piscina, parcheggio. Una vacanza indimenticabile!" così recitava il depliant. E aveva ragione. Chi può dimenticare quel tragico 1° agosto sulla costa ionica? Altro che villette con tutti i comfort; ne erano state costruite solo dieci, la pineta era una selva impenetrabile e dovunque ruspe, buche, gru, operai e lavori in corso.

Informazione 3
Uno dei rischi maggiori è proprio quello di comprare soggiorni o viaggi le cui caratteristiche di comfort esistono solo sulla carta. Queste sono truffe belle e buone a danno degli ingenui.

Un altro tipo di rischi è legato ai disguidi e alla scarsa organizzazione. Come ciò che è capitato a un piccolo gruppo di turisti che, giunti in Turchia per una vacanza di otto giorni, attesero sette giorni prima di riavere i loro bagagli, che erano stati felicemente sbarcati a Palma di Majorca. O, ancora, quello che è successo a un altro gruppo di turisti che, arrivati ai piedi del Cervino, scoprirono che le loro cinquanta camere nell'albergo prenotato erano già occupate dai clienti di un'altra agenzia.

Ci sono poi anche altri tipi di sorprese: le maggiorazioni ingiustificate e fantasiose dei prezzi sono tra gli inconvenienti più frequenti. Purtroppo la mentalità per cui il turista è comunque un "pollo da spennare" è molto diffusa. In un ristorante sul mare al conto è stato aggiunto un salato supplemento "vista mare". In un'altra località, il turista, ospite in albergo a pensione completa, deve sborsare mille lire per ogni caraffa d'acqua di rubinetto.

Naturalmente ci sono operatori seri e onesti e sono, per fortuna, la maggioranza; comunque, per aver ragione di disagi, disguidi e soprusi vari, è possibile rivolgersi al Movimento Consumatori che, già da vari anni, ha attivato un servizio telefonico SOS per i turisti.

6. Riassumi questo testo, dopo aver sottolineato le informazioni principali, e dopo avere eliminato le informazioni secondarie e gli esempi.

Il nostro cervello riconosce il suono nel momento in cui colpisce il nostro orecchio. [...] L'atto del sentire, che è l'inizio del processo d'ascolto, è non-selettivo e involontario. Quando però si decide di ascoltare, l'atto diventa volontario. Dalla somma di suoni circostanti noi selezioniamo ciò che desideriamo ascoltare. Queste informazioni si spostano dalla memoria a breve termine alla memoria a lungo termine. Il primo tipo di memoria si occupa dei segnali emessi dai cinque sensi. La memoria a breve termine, per proteggerci dall'eccessiva stimolazione, ha una capacità e una durata limitate. Il che spiega, per esempio, come l'addetto alla corrispondenza di un ufficio tenda a non ricordare precisamente i dati di una discussione tecnica sui contratti di trasporto, data la scarsa attinenza di tale argomento con le sue mansioni. Si può quindi dire in un certo senso che siamo preprogrammati. La selezione da noi operata in fatto di ascolto deriva da scelte precedenti basate sugli interessi e i bisogni. Chi gioca in Borsa terrà le orecchie ben aperte su ogni possibile dritta riguardante i singoli titoli, la casalinga ascolterà attentamente le informazioni che riguardano i consumatori, mentre gli appassionati di sport non perderanno una sola notizia riguardante la squadra preferita.

D. Bone, *L'arte di ascoltare*, Franco Angeli

Pagine operative

1. Migliorare la velocità di lettura

Per uno studio efficace è importante imparare a leggere rapidamente i testi: alcuni semplici accorgimenti ti aiuteranno a migliorare la velocità di lettura senza perdere in comprensione.

ıoi diventare un lettore più rapido ed esperto imparando a sfruttare più consapevolmente alcuni meccanismi:
allargare l'ampiezza del campo visivo e ridurre le fissazioni dell'occhio;
attivare l'attenzione e la memoria, cioè imparare a prevedere e ad anticipare.

percorso che ti proponiamo aiuta ad allenare i movimenti degli occhi, ad allargare il campo visivo e a diminuire i ınti di fissazione, e inoltre a cogliere il significato delle parole utilizzando meccanismi di anticipazione e di previsione.

I movimenti degli occhi, l'attenzione, la memoria

)uando leggi sono in gioco, fra gli altri, fattori percettivi legati al movimento degli occhi e alle reazioni del cervel-): gli occhi "corrono" sulla riga scritta e hanno dei punti di fissazione.

1. Scorri rapidamente questa sequenza di lettere. Quante volte compare il monosillabo SOL?

SISOLSUSISOSOLSUSISASOSUSALLAS
SILASOLLASISULSALSOLLELOSISOLL

Il campo visivo e le fissazioni

Con l'allargamento del campo visivo e la diminuzione del numero di fissazioni si ottiene un buon risparmio di tempo.

2. Leggi questo articolo di giornale lentamente, con un solo punto di fissazione al centro di ogni riga: non "zigzagare" con lo sguardo da sinistra a destra come si fa di solito. Poi rileggi più velocemente, facendo attenzione al contenuto, e infine controlla la tua comprensione rispondendo alle domande.

Due ruote: allarme rosso

La situazione precipita: si sa da tempo che moto e scooter sono il vero anello debole della sicurezza stradale, ma gli ultimi dati sono sempre più preoccupanti. Con un parco pari al 20% di mezzi e una mobilità corrispondente appena al 3,5% del totale, in Italia si conta il 26% delle vittime fra moto e ciclomotori, con punte del 50/60% nei fine settimana. E, soprattutto, di questo passo entro il 2010 il 40% del totale delle vittime sarà dovuto agli utenti delle due ruote.

L'Italia è la nazione europea dove è più pericoloso viaggiare su due ruote, ma ovunque la situazione è ritenuta piuttosto grave e – di conseguenza – si cercano nuove idee. L'ultima arriva dalla Spagna dove si è scoperto che il 28% dei motociclisti coinvolti in incidenti ha la patente da meno di 3 anni. Così al ministero dei trasporti hanno deciso di riformare profondamente la patente "A": niente maxi-cilindrate fino a 24 anni. D'altra parte in Spagna per la moto è boom: sarà per le gesta di Daniel Pedrosa e di altri piloti nel motomondiale, sarà per la crescita economica del paese, fatto sta che nel triennio 2004/2006, sono state commercializzate più moto che nel decennio 1994/2003.

www.repubblica.it/2007/09/motori

- Qual è il paese europeo dove è più pericoloso viaggiare in moto?
- Quale proposta è stata fatta in Spagna per diminuire gli incidenti motociclistici?
- Quali sono le cause del boom della moto in Spagna?

Anticipare e prevedere il significato

Come funzionano i meccanismi di previsione? Quando leggiamo non decifriamo lettera per lettera le parole; in genere bastano pochi indizi per "indovinare" una parola: infatti siamo in grado di anticipare ciò che seguirà basandoci sulla nostra conoscenza del significato dei termini e delle regole grammaticali e sintattiche.

3. Scorri con gli occhi e completa a memoria le parole che seguono, a cui mancano una o più lettere.

ve_to _rea d_po sc_na ava_o mu_ica cos_irazione _inico bu_imia an_r_ssia
i_tercul_ura i_truso bi_amia i_teraz_one i_onico mon_l_go p_tocco _pice

- Quante parole hai letto?
- Che tipo di parole non sei riuscito a "indovinare"? (parole poco frequenti, termini specifici di una disciplina...)

2. FARE IL RIPASSO

Di solito il ripasso si rende necessario al termine di una fase di lavoro durante la quale si è st diato un argomento ampio e complesso: ripassando l'intero argomento si fissano più solidame te i contenuti e se ne recupera la visione unitaria.

I problemi da risolvere al momento del ripasso hanno a che fare con la quantità di pagine del manuale (o di alt materiale) da rivedere e con il modo in cui organizzare il lavoro: se si ripassa poco per volta, il ripasso richiede tempo simile a quello dello studio iniziale, mentre se si ripassano troppe pagine in poco tempo, è difficile ottene un buon consolidamento dei contenuti.

Le operazioni di ripasso prevedono:
- il recupero del materiale;
- la definizione degli oggetti da ripassare e la ricognizione circa la loro ampiezza;
- la previsione dei tempi necessari per il ripasso di ogni parte, a seconda che si tratti di parti già ben conosciute di parti parzialmente dimenticate (quindi da rivedere con attenzione);
- il ripasso vero e proprio con controllo dei risultati;
- la verifica finale.

L'attività che ti proponiamo riguarda il ripasso di una parte del capitolo di un manuale di storia avente come argo mento il processo di decolonizzazione degli anni cinquanta-sessanta in Africa e nel Subcontinente indiano. L'argo mento solitamente può occupare circa otto pagine del manuale e va completato con un approfondimento degl aspetti geografici delle regioni interessate e con un recupero di informazioni relative alla fase coloniale delle stesse

L'organizzazione

Stabilisci che cosa ti può essere utile per il ripasso e che cosa hai a tua disposizione oltre al manuale: l'atlante, gli ap punti e gli schemi riassuntivi eventualmente preparati in fase di studio, il manuale dell'anno precedente. Individua gli ambiti tematici a cui il ripasso si riferisce: trattandosi di un processo ampio, che ha coinvolto più stati, dovrai ave chiaro il fenomeno nei suoi aspetti generali, le modalità specifiche con cui si attuò nelle varie zone e inoltre gli aspet ti geografici delle stesse. Verifica poi sia sul manuale sia sull'atlante (o su un manuale di geografia a tua disposizio ne) l'ampiezza delle varie parti e il modo con cui sono presentate (esposizione, carte geografiche, sintesi ecc.).

La previsione dei tempi

Nell'ambito degli argomenti da ripassare, distingui fra quelli che ricordi discretamente e per i quali sarà necessaria una revisione veloce, e quelli che invece ti sono meno chiari e per i quali sarà necessario un lavoro di rilettura e ripetizione più accurato. Al termine di questo lavoro di ricognizione devi disporre di una serie di informazioni di questo tipo:

Argomenti	Materiale	Numero di pagine	Informazioni ricordate	Tempi
Aspetti geografici di India, Algeria, Egitto, Congo	atlante, carte geografiche e schede sintetiche dei quattro paesi (fare appunti)	2 pagine di appunti	molto scarse (ristudiare)	ore: 2
Fase coloniale dei quattro stati	manuale (fare appunti schematici)	complessivamente pagine 3,5	scarse (ristudiare)	ore: 1,30
La decolonizzazione	manuale (già fatti schemi sintetici)	pagine 8	discrete	ore: 1
		totale pagine: 13,5		totale ore: 4,30

A questo punto puoi fare una previsione abbastanza realistica dei tempi che ti saranno necessari e stabilire, per esempio, se potrai concludere il ripasso in un solo pomeriggio o se sarà necessario distribuire il lavoro in due giorni.

Il ripasso

Per il ripasso vero e proprio, adotterai le strategie più utili in base al tipo di argomento, scegliendo di volta in volta lo strumento che ti permetta di fissare meglio i ricordi e di controllare i risultati. Se nella fase di studio hai preırato sistematicamente degli schemi riassuntivi, sarà sufficiente, soprattutto per le parti che ricordi meglio, rileg-ere lo schema e ripetere controllando la completezza e l'esattezza della tua esposizione con uno schema nuovo, entre per le parti meno chiare sarà necessario rileggere anche il manuale.

ediamo quali sono le strategie di ripasso più adatte ai diversi argomenti del manuale che abbiamo scelto come modello.

approfondimento degli aspetti geografici (affrontati nello studio della geografia dei continenti extraeuropei in rza media) richiederà l'esame attento dell'atlante (carte geografiche e tematiche, sintesi ecc.) che si concluderà on uno schema riassuntivo per ciascuno degli stati.

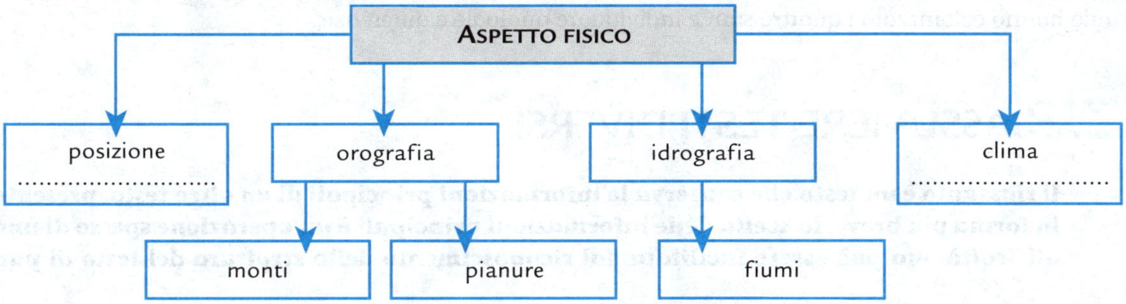

l recupero delle informazioni sulla fase coloniale può invece tradursi in una cronologia:

ndia

a.	secoli XVII-XVIII	apertura di agenzie da parte della Compagnia delle Indie Orientali
b.	1757	vittoria sul sovrano del Bengala
c.	....	....
d.	....	....

Il ripasso delle pagine del manuale relative al processo di decolonizzazione potrà utilizzare le sintesi già fatte nella fase di studio: ci saranno una parte introduttiva dedicata al problema in generale e parti specifiche, ciascuna per i processi attuatisi nei singoli stati.

- situazione complessiva dei paesi colonizzati nel dopoguerra → ....
....
....

- scelte possibili per le potenze colonizzatrici
  → favorire e guidare ....
  → soffocare ....

- percorsi ed esiti nei vari stati (India, Algeria, Egitto, Congo)

	fatti	esiti
India	1° .... 2° .... 3°	1° .... 2° .... 3° ....
	fatti	**esiti**
Algeria	1° .... 2° .... 3°	1° .... 2° .... 3° ....

Il controllo finale

Al termine del ripasso puoi fare una verifica eseguendo gli esercizi di fine capitolo, se il manuale li propone; altrimenti puoi provare a rielaborare quanto hai appena ripassato.

Ecco alcuni suggerimenti:

- ricostruire (con l'aiuto di un manuale di geografia di terza media e delle schede dell'atlante) le trasformazioni economiche intervenute in occasione del passaggio dall'economia tradizionale all'economia coloniale e da questa all'economia di oggi;
- confrontare la situazione politica, sociale ed economica in cui si trovavano Gran Bretagna, Francia e Belgio quando hanno colonizzato i quattro stati e individuare analogie e differenze.

3. RIASSUMERE TESTI DIVERSI

Il riassunto è un testo che conserva le informazioni principali di un altro testo, presentandole in forma più breve; la scelta delle informazioni principali è un'operazione spesso di una certa difficoltà, ma può essere facilitata dal riconoscimento della struttura del testo di partenza.

Ecco alcune indicazioni per riassumere testi diversi.

Il testo narrativo

Nel testo narrativo gli elementi importanti sono costituiti dai fatti che avvengono in tempi e luoghi dati, dal loro evolversi nel tempo e da chi li compie; nel riassunto questi elementi devono essere conservati.

1. Scrivi il riassunto di questo testo narrativo seguendo le indicazioni che ti vengono date.

- Leggi il testo.
- Suddividilo in paragrafi utilizzando come criterio la cronologia (le date contenute nel testo sono un buon punto di riferimento).
- Seleziona in ciascun paragrafo l'informazione importante (chiediti "chi fa che cosa").
- Cancella tutto ciò che non è necessario alla comprensione delle parti successive (come per esempio tutto ciò che non si riferisce all'Australia, tutto ciò che non si riferisce alla colonizzazione ecc.).
- Riformula elementi singoli in informazioni più ampie; per facilitare la riformulazione da' un titoletto a ogni paragrafo: ostacoli all'avvicinamento alle coste australiane / obiettivi e interessi dell'Inghilterra verso le nuove terre / prima fase della colonizzazione e suoi risultati / seconda fase e nuove prospettive / risultati positivi.
  Puoi cominciare così: "Lo sbarco di navigatori europei sul continente australiano fu per molto tempo ostacolato dalla barriera corallina disposta a Nord-Est delle coste e dall'aspetto poco ospitale delle terre, ma nel 1770 il capitano James Cook ecc.".

La prima colonizzazione dell'Australia

La storia dell'Australia inizia nel 1770, quando il capitano James Cook vi sbarcò, prendendone possesso in nome della Corona britannica e dandole il nome di Nuovo Galles del Sud.

Non è che altri navigatori, specie olandesi, non avessero individuato già da più di un secolo il nuovissimo continente, come fu poi denominato, ma la natura inospitale e brulla delle sue coste non aveva costituito certo un elemento di attrazione per lo sbarco e l'insediamento. Oltre a questo fattore negativo, anche la formidabile barriera corallina a Nord-Est rappresentava un ostacolo difficilmente superabile per i navigatori europei che, provenienti in genere dalle Isole della Sonda, cercavano di avvicinarsi per quella rotta all'Australia.

Tuttavia, al contrario delle altre nazioni europee, l'Inghilterra manifestò quasi immediatamente un notevole interesse per questa nuova terra, tanto più che stava nel frattempo perdendo le colonie americane. Così, dovendo creare una nuova colonia penale in sostituzione di quella esistente in Virginia, il capitano Arthur Philips, capo della prima spedizione, impiantò una colonia di 1163 forzati in una baia da lui scoperta e chiamata Port Jackson, dove sbarcò il 26 gennaio del 1788; quella baia doveva in seguito prendere il nome di Sydney, da quello del segretario di Stato per le Colonie di quel periodo.

Malgrado una certa promozione fattane, l'immigrazione libera in Australia con concessione gratuita di terre ai futuri coloni non ebbe il successo sperato dalla madrepatria, perciò Arthur Philips, governatore della colonia, ritenne opportuno distribuire le terre ai forzati, non ottenendo però i risultati d'incremento dell'agricoltura che si attendeva, sia per la scarsa fertilità dei terreni sia per la poca attitudine e la scarsa propensione al lavoro dei galeotti. Ed anche i coloni liberi, rappresentati in parte da elementi militari che Arthur Philips aveva portato con sé e in parte da condannati che avevano già scontato il periodo della pena («squatters»), non ottennero dall'arido suolo australiano importanti ed invitanti raccolti.

Inopinatamente, migliori furono invece le prospettive offerte dall'allevamento, che poteva profittare degli immensi pascoli naturali offerti dall'entroterra australiano ed usufruire di un clima normalmente mite anche nella stagione invernale: già subito dopo l'inizio del secolo XIX le mandrie bovine contavano 600 capi e le greggi ovine oltre 4000. Il capitano Mac Arthur, che era stato il promotore di quest'ultimo tipo di allevamento, assicurò alla Corona che l'Australia sarebbe stata in grado di fornire entro venti anni tutto il fabbisogno di materia prima per l'industria laniera inglese a condizione di avere alcuni esemplari di una particolare razza di pecore, le «merinos», proprietà esclusiva della Corona. Le pecore «merinos» erano infatti originarie della Spagna, dove venivano custodite così gelosamente che si comminava la pena di morte a chi le rubasse: tuttavia ciò non aveva impedito che più di un secolo prima un audace colpo di mano di pirati al soldo inglese si impadronisse di alcuni preziosi esemplari, da regalare alla Casa regnante.

Il capitano Mac Arthur nel 1810 fu accontentato e i risultati non si fecero attendere: la fornitura di materia prima per l'industria laniera inglese, che l'allevamento della madrepatria alimentava in modo sempre più scarso, fu ampiamente soddisfatta dalla crescente produzione australiana.

Nel 1821 gli abitanti della colonia erano diventati 35 000 e contemporaneamente si erano enormemente estese le aree colonizzate; gli «squatters» infatti, facendo valere il principio giuridico che la «terra di nessuno» apparteneva al primo occupante contro il presupposto che si trattasse di «terre della Corona», avevano immensamente dilatato il territorio colonizzato.

adattato da G. Stella, C. Sabatini, *I paesi extraeuropei*, Bulgarini

Il testo argomentativo

In un testo argomentativo viene presentato e discusso un problema; i suoi elementi portanti sono costituiti dalla presentazione del problema, dalla tesi che lo scrivente propone, dagli argomenti di sostegno, dalla conclusione con conferma della tesi. Dovendo riassumere un testo argomentativo, questi stessi elementi costituiscono la struttura del testo finale e il criterio per selezionare e riformulare le informazioni.

2. Scrivi il riassunto del testo argomentativo della pagina seguente seguendo le indicazioni che ti vengono date.

- Leggi il testo.
- Suddividilo in paragrafi individuando gli elementi dell'argomentazione; in questo testo la struttura è un po' più complessa, si possono riconoscere infatti:
  - l'introduzione (abbastanza ampia);
  - il problema generale e la sua tesi;
  - il problema più specifico (presentato sotto tre aspetti);
  - le tre tesi, ciascuna con le proprie argomentazioni di sostegno (seguono tre temi diversi);
  - la conclusione con la conferma della tesi.
- Ricerca per ciascun elemento l'informazione (o le informazioni) importante cancellando tutto ciò che non è essenziale per la comprensione.
- Riformula generalizzando; dare un titolo a ogni paragrafo facilita questa operazione:
  - introduzione: aspetti positivi e negativi della televisione;
  - problema generale: la sovra-esposizione;
  - tesi: la passività indotta nello spettatore dalla sovra-esposizione;
  - problema specifico: la sovra-esposizione dei bambini;
  - prima tesi ....; suo argomento di sostegno: ....
  - seconda tesi ....; suo argomento di sostegno: ....
  - terza tesi ....; suo argomento di sostegno: ....
  - conclusione ....
- Rielabora il nuovo testo:
  - l'introduzione può essere risolta in un paragrafo molto breve;
  - la presentazione del problema (con relativa tesi) deve evidenziare sia l'aspetto generale sia l'aspetto più specifico: avrà quindi la dimensione di un paragrafo ampio, scandito in due parti ben riconoscibili;
  - gli argomenti di sostegno si riferiscono a tre tematiche diverse: a ciascuna sarà quindi dedicato un paragrafo;
  - la conclusione riprenderà brevemente i "fili" dell'argomentazione confermando la tesi iniziale.

Imparare la TV

La televisione nel nostro Paese ha avuto il merito di alfabetizzare intere fasce di popolazione e di portare molta informazione dentro le case. Anche chi non legge, ormai, può essere al corrente di ciò che avviene nel mondo. Una TV di qualità, in effetti, può svolgere un ruolo molto positivo, ampliando gli orizzonti degli spettatori e sottoponendo loro problemi e questioni su cui riflettere.

Gli aspetti negativi, tuttavia, non mancano. Essi derivano tutti, in sostanza, dall'"uso" che viene fatto, da parte di produttori e fruitori, del mezzo televisivo.

Col moltiplicarsi dei canali e dei programmi, il menù televisivo è diventato sempre più variegato ma, anche per la continua corsa all'audience, oggi si produce davvero troppa TV "spazzatura": programmi di bassa qualità che, invece di arricchire, educare e informare, in realtà impoveriscono, diseducano, e fanno disinformazione.

C'è poi il problema della cosiddetta "sovra-esposizione": il rischio che lo spettatore si trasformi in un soggetto passivo, disposto ad essere plasmato e convinto, specialmente quando – è il caso dei bambini – non è in possesso di un bagaglio culturale sufficientemente articolato, di un sistema di valori e della capacità di confrontare i messaggi che provengono dal video con quelli della vita reale.

I rischi legati ad una eccessiva esposizione al teleschermo riguardano diverse aree della personalità. Gli studi che sono stati fatti in questo campo hanno mostrato che i bambini che vedono troppa TV sono in media meno creativi di quelli che la guardano per periodi limitati, sia perché, a differenza della lettura, del gioco o del disegno, la TV (con le sue immagini definite e i suoi rumori di sottofondo) lascia meno spazio all'immaginazione attiva; sia perché, spesso, i tempi televisivi sono troppo veloci per consentire allo spettatore di inserirsi con la riflessione ed i commenti.

Gratificati dal ricevere senza sforzo una grande massa di stimoli, molti bambini cercano dosi sempre più massicce di televisione: questi bambini, rispetto ai loro coetanei meno esposti alla TV, hanno tempi di attenzione più ridotti, sono più svogliati, meno dediti alla lettura, evitano di più i compiti o le attività che richiedono applicazione e concentrazione, sono più inclini alla noia.

Uno degli effetti connessi ad una eccessiva esposizione al televisore è infatti quello di scoraggiare la partecipazione e la ricerca personale. Ma, per crescere, per potersi costruire un bagaglio di conoscenze e una cultura di buon livello, bambini e ragazzi devono anche imparare a confrontarsi con la realtà, a risolvere dei problemi concreti, a portare a termine ciò che hanno intrapreso, a dilazionare le gratificazioni, ad apprezzare un buon progetto ed un lavoro ben fatto. Le numerosissime scene di violenza, infine, e i ritmi rapidissimi di molti cartoni animati dell'ultima generazione, hanno l'effetto di rendere i giovani spettatori irritabili e inclini a riprodurre nella realtà le stesse scene che hanno visto in TV. C'è anche il rischio che diventino insensibili alla sofferenza altrui, in quanto abituati a vederla sullo schermo.

Anche dal punto di vista fisico un eccesso di televisione non è positivo. Da rilevamenti compiuti negli Stati Uniti e in Inghilterra è emerso che i bambini che trascorrono molte ore semisdraiati di fronte al teleschermo sono meno agili e meno abili nelle attività motorie. Sono anche, in media, sovrappeso rispetto a quei bambini che conducono una vita all'aria aperta.

D'altro canto, se possono scegliere, in genere i bambini preferiscono uscire di casa e giocare, meglio se all'aperto.

Un altro effetto fisico è lo stress che subisce il bambino per l'eccesso di stimoli che arrivano al suo cervello. Più dell'80% degli spettatori produce onde cerebrali alpha durante un ascolto prolungato (sonnolenza, stato passivo, trance ipnotica), il che determina una passività generale del corpo e una diminuzione del movimento degli occhi.

Se poi si considera che la qualità dei programmi è spesso scadente e che, per fare audience, la violenza, il sesso, le liti e la volgarità vengono spesso utilizzati in modo del tutto strumentale, appare evidente come genitori e insegnanti debbano preoccuparsi di creare un filtro tra i bambini e questo mezzo che, per sua natura, è dotato di un forte potere di fascinazione.

adattato da A. Oliverio Ferraris, *Imparare la TV*, in "Psicologia contemporanea", n. 128

4. Le mappe concettuali

La mappa concettuale è la rappresentazione schematica di un argomento ampio di cui visualizza i concetti portanti nel loro ordine gerarchico, i nessi che li legano, le relazioni con altri argomenti collegati. La mappa concettuale permette di riorganizzare le conoscenze soprattutto quando l'argomento è complesso, quando è necessario integrare informazioni riprese da fonti diverse, quando si deve avere un quadro complessivo di un argomento, come nel ripasso.

È possibile costruire una mappa concettuale quando:

- si padroneggia con sicurezza l'argomento;
- sono stati individuati il tema e i concetti-chiave;
- sono chiare le relazioni che li legano.

La stesura di una mappa è infatti uno dei modi per controllare la quantità, ma soprattutto la qualità e la profondità, delle conoscenze che si possiedono rispetto ad un certo argomento.

ıncretamente una mappa ha l'aspetto di uno schema a stella (sono però possibili altre forme, quali lo schema (albero e lo schema a blocchi: vedi a questo proposito "Rielaborare e memorizzare le informazioni", ➡ p. 851); centro dello schema si trova il concetto fondamentale, quello che rappresenta il tema dell'argomento; da queɔ procedono i concetti-chiave e via via i concetti più specifici; possono essere presenti anche delle "finestre" con nandi, note, definizioni, formule, liste…

:co un esempio di mappa concettuale su un argomento di carattere letterario, costruita a partire dalle sezioni di oria e letteratura del manuale.

. ROMANZO REALISTA: che cos'è il romanzo; le origini nell'antichità e la fioritura nel Medioevo; il Don Chisciot-; nasce il romanzo moderno in Inghilterra e in Francia; la fortuna del romanzo nell'Ottocento; rappresentazione ella realtà e della società nella prima metà del secolo; il secondo Ottocento.

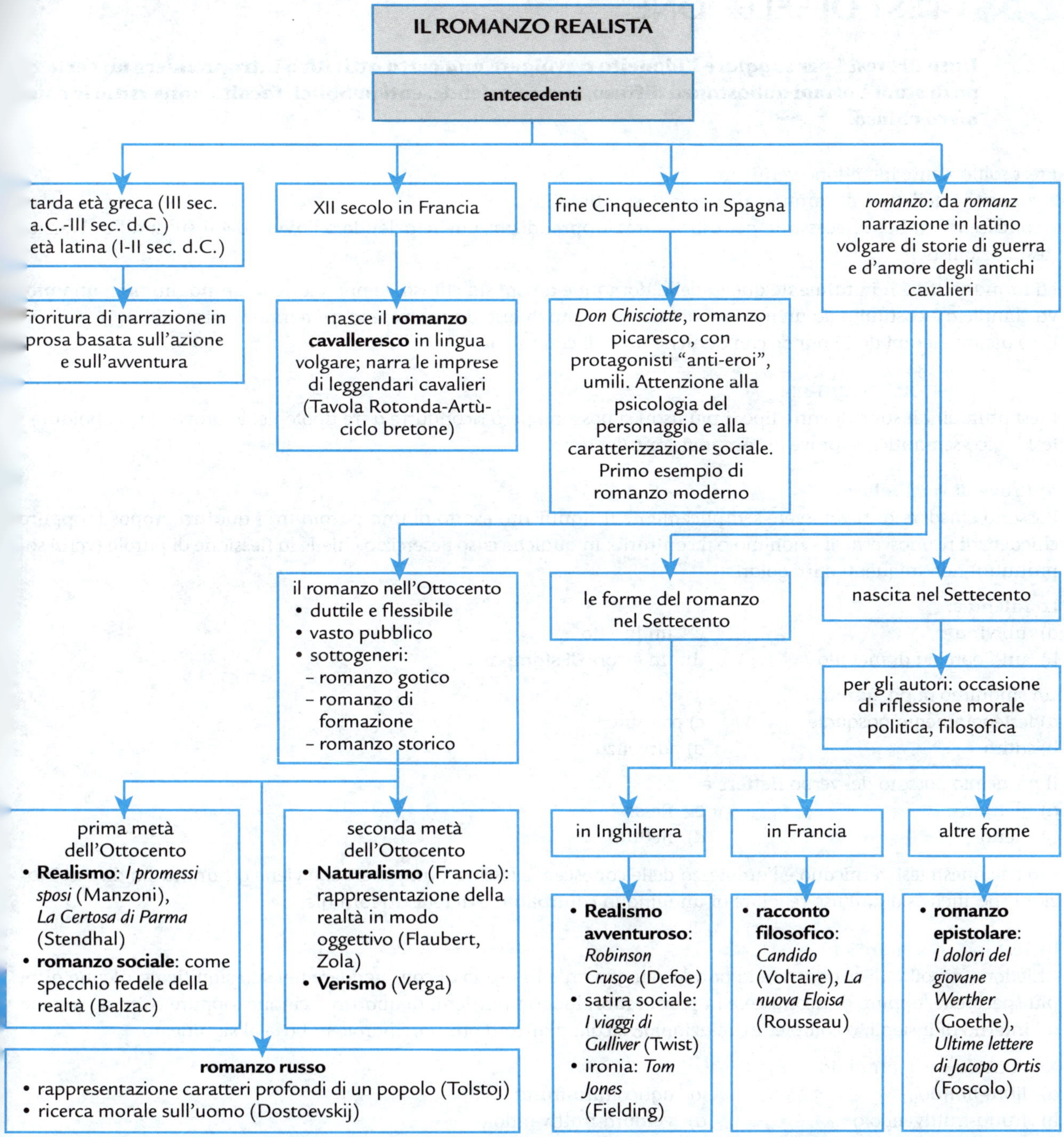

Prova ora a costruire la mappa concettuale di un altro argomento, per esempio: “Come si studia un autore”; po costituire il percorso “modello” per lo studio degli autori della sezione letteraria:

- elemento-chiave della mappa: un autore si studia a partire dai testi; le opere e le loro caratteristiche letterarie s ranno quindi gli elementi più rilevanti;
- naturalmente vita, studi ed esperienze importanti sono aspetti significativi, a cui le opere stesse e le loro carat ristiche potranno essere ricondotte;
- la situazione politica, sociale ed economica, oltre al contesto culturale, problematiche dominanti, correnti let rarie sono altri fattori rilevanti che permettono di contestualizzare correttamente l'opera dell'autore: saranı quindi evidenziati i nessi che legano le opere al loro contesto.

5. I TEST DI SELEZIONE

L'uso di “test” per saggiare l'idoneità a svolgere una certa attività o intraprendere un certo t po di studi è ormai abbastanza diffuso, presso aziende, enti pubblici, facoltà universitarie a nu mero chiuso.

I test solitamente intendono verificare:

- capacità intellettive di carattere generale (test attitudinali);
- conoscenze di base necessarie per affrontare l'apprendistato nelle aziende o l'avvio degli studi all'universit (test nozionistici).

La forma scelta è naturalmente quella della domande a risposta chiusa, le più adatte ai grandi numeri; una pro va completa è costituita da un numero abbastanza alto di test, da risolvere in un tempo limitato.
Ecco alcuni esempi di domande con qualche nota di commento.

I test attitudinali

I test attitudinali sono di vario tipo; i più usati si possono però ricondurre a tre tipologie: le prove di vocabolario, i test logico-semantici, le prove di comprensione del testo.

a) Prove di vocabolario

Possono chiedere di riconoscere semplicemente il significato esatto di una parola fra i quattro proposti, oppure chiedere di riconoscerne il sinonimo o il contrario; in qualche caso l'esercizio chiede la flessione di parole (verbi soprattutto) non frequenti o irregolari.

La **falena** è:

a) un vino
b) una borchia di metallo
c) un insetto
d) un errore di stampa

Un sinonimo di **pasquinata** è:

a) festeggiamento pasquale
b) satira
c) pasciuto
d) parvenza

Il participio passato del verbo **flettere** è:

a) flettuto
b) fletto
c) flesso
d) flettato

Ciò che questi test verificano è l'ampiezza delle conoscenze lessicali, ampiezza che viene garantita sia da esercitazioni specifiche sia dall'uso regolare di una lingua controllata e di registro formale.

b) Test logico-semantici

Chiedono di solito di riconoscere la parola più generale in grado di comprendere nel suo significato alcune altre più specifiche, oppure di riconoscere la parola fuori luogo in insiemi di quattro o cinque, oppure colmare lacune all'interno di insiemi, o completare relazioni lessicali, o ancora ordinare parole in base al significato.

X: giornale = y: giornalaio

a) libro-libraio
b) frutta-fruttivendolo
c) agricoltura-frutta
d) verdura-fruttivendolo

censire-criticare-editare-......... // .... -enunciare-comunicare-esporre
digitare-denunciare
c) pubblicare-rinunciare
leggere-affermare
d) stampare-evidenziare

uesti test indagano la capacità di rappresentarsi i significati delle parole nelle loro varie sfumature e di cogliere al-nterno di queste le somiglianze e le differenze per poter poi individuare le relazioni logiche esistenti; naturalmen- è indispensabile conoscere effettivamente le parole: in caso contrario nessuna relazione logica è riconoscibile.

Comprensione del testo

e prove presentano alcuni brani, anche numerosi, di lunghezza varia – in genere si va dalle 250 alle 700-800 pa-ole – di tipo espositivo-argomentativo; la comprensione viene verificata con qualche domanda (poche: quattro o inque, indipendentemente dalla lunghezza del testo) a risposta chiusa.

I test di ammissione alle facoltà a numero chiuso

Purtroppo della matematica permane ancora una visione puramente strumentalistica. Essa viene considerata alla stregua di uno strumento molto utile, sia pure di raffinata qualità, o per fini estremamente applicativi o per lo studio e la *interpretatio naturae* baconiana [...] Vi ha contribuito il fatto che l'uomo comprende meglio ciò che vede e tocca di un risultato teorico dovuto a una catena di deduzioni logicamente collegate l'una all'altra [...] Nel corso dei secoli la matematica è stata svuotata del suo contenuto umano come se la storia del suo sviluppo non fosse la storia dell'uomo; è venuto così formandosi il preconcetto che essa non possa concorrere adeguatamente, come del resto le altre discipline «scientifiche», alla formazione della personalità e della cultura dell'individuo [...] Ma possedere una cultura è innanzitutto «coltivare se stessi» [...] Proprio per questo la matematica, quale alta espressione dello spirito umano, riveste, al pari di ogni altra disciplina, un ruolo culturale fondamentale [...]

In ognuno di noi, qualunque sia il nostro ruolo nella società, vi è il desiderio di chiarezza e di ordine mentale, di analizzare a fondo le situazioni, di sintetizzare diversi punti di vista, di schematizzare le strutture complesse, di trovare delle relazioni tra casi che, a prima vista, possono apparire dissimili, di ben concatenare le varie parti di un ragionamento, di sentirsi convinti della giustezza dei risultati raggiunti, di avere una visione generale dei fatti e dei problemi per poterne meglio cercare una soluzione.

A. Scimone, *Il ruolo culturale della matematica*

1) Per quale ragione in passato prevaleva una concezione strumentalistica della matematica?
a) Perché l'unico medoto di studio fino allora conosciuto era quello matematico.
b) Perché era considerata la scienza esatta per eccellenza.
c) Perché l'uomo comprende meglio le cose concrete che quelle astratte.
d) Perché essa costituiva il fondamento della tecnica.

2) Quale, fra le seguenti, non era considerata un'applicazione pratica della matematica?
a) Lo studio della natura.
b) La misurazione dei terreni.
c) Il ragionamento astratto.
d) L'astronomia.

3) In che cosa consiste il «contenuto umano» della matematica?
a) Nel fatto che la matematica è praticata esclusivamente dagli uomini.
b) Nel fatto che la matematica veniva utilizzata per misurare il corpo umano.
c) Nel fatto che la matematica costituisce la principale disciplina di studio nella scuola.
d) Nel suo fondamentale contributo alla formazione della personalità individuale.

4) In che senso la matematica costituisce un'alta espressione dello spirito umano?
a) Nel senso che costringe la mente a sforzi notevoli per comprenderne i principi.
b) Nel senso che, come tutte le discipline scientifiche, richiede il possesso di alcune nozioni di base.
c) Nel senso che è la disciplina più astratta, per cui è la più adeguata per lo spirito umano, che è astratto (mentre il corpo è concreto).
d) Nel senso che contribuisce a sviluppare le funzioni mentali superiori dell'uomo.

La comprensione che viene verificata con queste domande non è la comprensione di tutto il brano, ma soltanto di poche informazioni specifiche; poiché il tempo concesso è limitato, il test misura in realtà la velocità di lettura, la memorizzazione – cioè la possibilità di rispondere alle domande senza dover rileggere il testo – e la sola comprensione di informazioni singole. Può essere utile allora leggere prima le domande e in seguito il testo, in modo da focalizzare l'attenzione sugli aspetti oggetto delle domande.

In qualche caso è possibile che la prova comprenda anche test di carattere non verbale: devono essere riconosciute relazioni o colmate lacune tra figure geometriche o elementi grafici.

1) Individua la figura mancante.

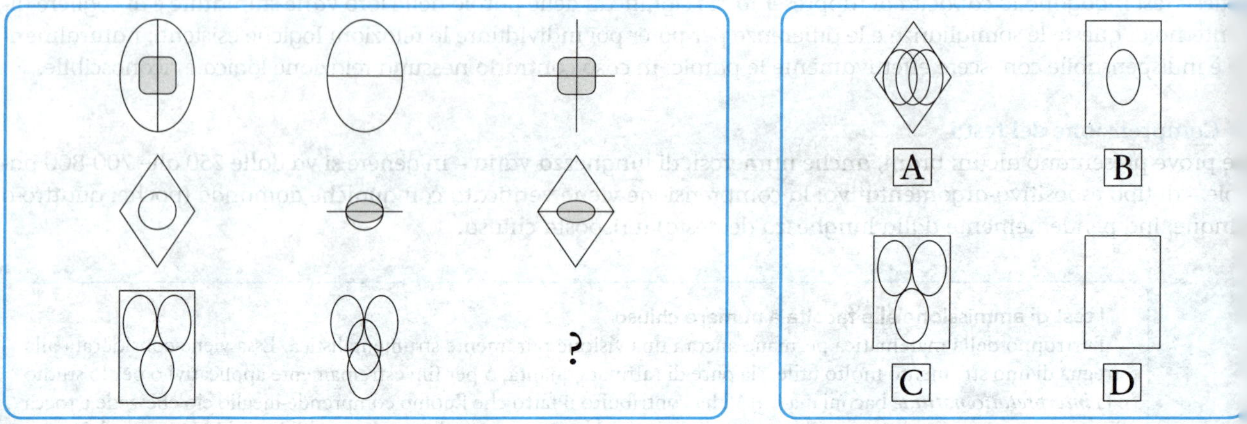

2) Individua la figura mancante.

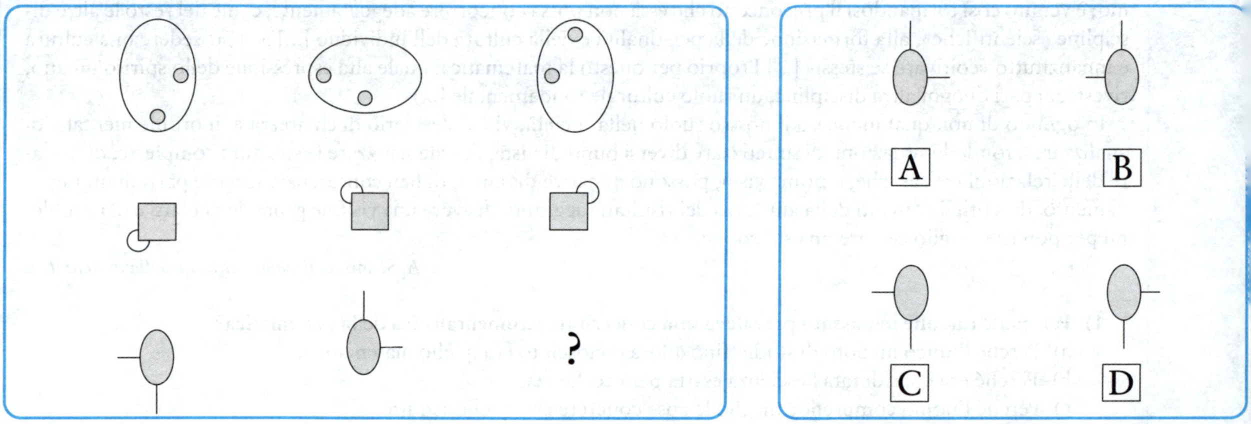

da "Il Sole 24 ore". Supplemento: *La nuova Università*

Le capacità che questo tipo di test misura sono le stesse dei test logico-semantici, si evita però l'ostacolo della conoscenza lessicale.

I test nozionistici

Sempre costituiti da domande a risposta chiusa, i testi nozionistici sono specifici per ciascuna disciplina, di cui verificano le conoscenze; ecco qualche breve esempio:

Facoltà economico-sociali

Quale fattore produttivo viene compensato dal profitto?

a) La natura
b) Il lavoro
c) Il capitale
d) La capacità organizzativa

Facoltà tecnico-scientifiche

La fonolite è:

a) un gruppo di rocce costituite in seguito ad accumulo di magmi sienitici
b) un'infiammazione a carico delle corde vocali
c) un apparecchio che misura l'intensità sonora
d) un'infiammazione dei follicoli piliferi

La scrittura

1. Scrivere parole

In questo capitolo prendiamo in esame i fenomeni legati alla scrittura delle parole: fenomeni ortografici, la sillabazione, l'uso dell'apostrofo e dell'accento.

1. L'alfabeto e l'ortografia

La scrittura alfabetica che noi oggi conosciamo e usiamo compare inizialmente presso le popolazioni fenicie, che incominciarono a usare dei segni convenzionali per rappresentare non dei messaggi interi (i pittogrammi egiziani) o dei concetti singoli (gli elementi cuneiformi delle popolazioni mesopotamiche), ma i suoni di cui le parole erano costituite. Il vantaggio offerto da questa forma di scrittura rispetto a quelle più antiche è evidente: mentre infatti i messaggi o i concetti sono infiniti, i suoni che costituiscono le parole sono di numero limitato. Dapprima i fenici adottarono un alfabeto consonantico, che cioè prevedeva segni solo per le consonanti; i greci perfezionarono questo alfabeto introducendo segni specifici per le vocali. I latini conobbero l'alfabeto greco attraverso gli etruschi, lo adottarono e lo diffusero. Fra le lingue che utilizzano l'alfabeto latino possiamo oggi vedere come alcune, l'inglese e il francese per esempio, abbiano subito delle modifiche sensibili e presentino una scrittura diversa rispetto alla pronuncia, mentre altre, fra le quali l'italiano, conservino una buona corrispondenza tra i due aspetti. L'alfabeto italiano è costituito da 21 lettere, distinte in 5 vocali e in 16 consonanti; vanno poi aggiunte altre cinque lettere usate per la scrittura di parole straniere:

A B C D E F G H I J K L M N O P Q R S T U V W X Y Z

Nonostante la buona corrispondenza fra pronuncia e scrittura, l'alfabeto italiano è in certi aspetti carente e in altri sovrabbondante.

L'alfabeto italiano è carente perché mancano delle lettere per rappresentare alcuni suoni; per questo sei lettere corrispondono ciascuna a due suoni:

- **vocali:** **e, o** possono avere suono aperto (PELLE, COLLO) o chiuso (SERIE, GOLA)
- **consonanti:** **c, g** – hanno suono palatale davanti alle vocali *i, e*:
  CIBO, CENTO, GITA, GESTO
  – hanno suono velare davanti alle vocali *u, o, a*:
  CULLA, COSTO, CASA, GUFO, GOLA, GAMBO
  e alle altre consonanti: CLASSE, ACME, GRANDE, PIGMENTO
  s, z possono avere suono sordo: SOLE, AZIONE
  o sonoro: ROSA, ZIO.
  Le varietà regionali dell'italiano hanno modi loro, tradizionali, di risolvere la pronuncia delle parole con *s* e *z*.

Almeno altri tre suoni sono privi di una lettera che li rappresenti. Per poter scrivere questi suoni si usano quindi i **digrammi**, cioè due lettere unite; nei suoni che questi digrammi rappresentano, i valori fonici originari delle singole lettere non sono più riconoscibili:

- **gl/ + i** FIGLIO, BATTAGLIA, FOGLIE
- **gn/** LEGNA, IGNOTO, OGNUNO
- **sc/** CONOSCENZA, SCI,
  ASCIUTTO, ASCIA, SCIOCCO (il digramma è seguito dalla *i* quando si unisce a *u, o,a*; la stessa cosa avviene nelle parole SCIENZA e le sue derivate, COSCIENZA e le sue derivate, USCIERE).

Nei suoni che questi digrammi rappresentano, i valori originali delle singole lettere sono andati perduti:

- il suono velare di *c* e *g* davanti a *i* ed *e* viene rappresentato con altri due digrammi:

– **ch**/	CHITARRA, ANCHE
– **gh**/	GHIRO, SEGHERIA

- il suono palatale di *c* e *g* davanti alle vocali *u, o, a* viene rappresentato con i digrammi:

– **ci**/	CIUCO, BACIO, LANCIA
– **gi**/	GIUSTO, GIOSTRA, GIALLO. Nel plurale delle parole che terminano in *-cia* e *-gia* normalmente la vocale *i* cade: LANCIA/LANCE, FRANGIA/ FRANGE. Quando però la sillaba finale *-cia* /*-gia* è preceduta da una vocale, la *i* si conserva anche nel plurale: CAMICIA/CAMICIE, CILIEGIA/CILIEGIE. La vocale *i* è inoltre presente in alcune parole dove *c* e *g* hanno valore palatale perché seguite da *e*: CIELO, CIECO, SUPERFICIE, SPECIE, SUFFICIENZA, EFFICIENZA, DEFICIENZA, BRACIERE, ARTIFICIERE, IGIENE, EFFIGIE.

L'alfabeto italiano è sovrabbondante perché:

- due consonanti (e il digramma *ch*) corrispondono all'unico suono di *c* velare:

– **c**	CANE
– **q**	QUINTO. La lettera *q* viene usata (e la giustificazione del suo uso è solo storica) quando precede: *ui* QUINDI *ua* QUARANTA *ue* QUELLO *uo* solo nelle parole QUOTA, QUOTO, QUOZIENTE (in tutti gli altri casi *uo* è preceduto da *c*: CUORE, CUOIO, PROMISCUO, SCUOLA ecc.).

- la lettera **h** non corrisponde ad alcun suono, ma viene usata per:

– costruire i digrammi *ch* e *gh* come abbiamo già visto;
– distinguere nello scritto alcune voci dell'indicativo presente del verbo "avere" da parole omofone (cioè che hanno la medesima pronuncia):

HO sete	(verbo)	Vuoi latte O caffè?	(congiunzione)
HAI un buon aspetto	(verbo)	Racconto una fiaba AI bambini	(preposizione articolata)
HA parlato con me	(verbo)	Vado A piedi	(preposizione semplice)
HANNO voluto tacere	(verbo)	L'ANNO prossimo cambierò l'auto	(nome)

Va infine ricordato che il suono più intenso di una consonante viene rappresentato scrivendo due volte la lettera che rappresenta il suono della consonante stessa:
OTTO, PALLA, MAMMA, ASSE, MAGGIO, RAZZO ecc.
Il suono più intenso di *q* si rappresenta scrivendo due volte la lettera solo nella parola SOQQUADRO.
Nelle altre occasioni il suono più intenso si rappresenta con *cq*:

ACQUISTO, ACQUA, NACQUE ecc.

1.2. Le sillabe

Quando al termine della riga non è possibile completare una parola per mancanza di spazio, la parola viene spezzata e conclusa a capo, nella riga seguente; l'interruzione non avviene in modo casuale, ma segue la divisione della parola in sillabe.

La sillaba è un'unità fonica costituita da una sequenza di suoni (uno è necessariamente una vocale) e caratterizzata da una pronuncia legata e continua.

Le sillabe nella lingua italiana sono formate da:

- una vocale (I-SO-LA)

Esercizi

. Correggi gli errori relativi alle parole con il suono palatale di "g" contenuti in alcune delle seguenti frasi.

La provincia di Brescia è la più estesa delle provincie della Lombardia.
Devo ancora stirare tutte le camicie.
Pallino vuole essere accarezzato solo sulle guancie.
Soltanto otto compiti su ventidue hanno avuto la sufficienza.
Rivediamo il progetto e cerchiamo di correggere errori e deficenze.
Le sei facce del cubo sono uguali.
Nessun materasso potrebbe essere più sofficie.
Paola ha un carattere a dir poco angielico.

. Completa le parole che contengono il digramma "sc".

- Si è seduto sopra il cappello e l'ha tutto sc.......pato.
- Gli si leggeva l'angosc........ sul volto.
- L'idea non è poi così sc.........cca.
- Di fronte al pericolo a volte si comporta da perfetto incosc.........nte.
- Carlo esc......... con noi questa sera?
- Questi risultati sono sc..........ntificamente provati.
- Siamo sc..........si dal treno alle 17.15.
- Inconsc.........mente ho fatto il movimento giusto.

3. Completa le parole scegliendo tra "c, q, cq".

- Non tutti verranno in gita perché al.....uni sono malati.
- Chi ha problemi di .....uore evita le alte .....uote.
- Il bambino mi sembra molto irre.....uieto.
- Anche se abbaia, questo cane è inno.....uo.
- Sto uscendo a fare a.....uisti: vuoi venire con me?
- Leonardo na.....ue a Vinci nel 1452.
- Fabio fre.....uenta il terzo anno di biologia a Milano.
- Ha sempre condotto i suoi affari con e.....uità.

4. Completa le parole scegliendo tra "gl, l, gn, n".

- È davvero un buo fi...........iolo.
- I........oro se l'a.........io sia davvero in grado di abbassare la pressione arteriosa.
- Gli ingranaggi vanno tenuti ben o.........iati.
- Abbiamo trovato una soluzione davvero inge.........osa.
- Sono intervenuti i reparti del Ge........io Civile.
- L'i........iettore è guasto e non è più in grado di pompare il combustibile.
- Mentre voi racco............iete le fo.................ie cadute, noi ba........iamo i fiori.
- Non vo................iamo andare a vedere il solito film sugli a.......ieni.

5. Suddividi in sillabe le seguenti parole.

- colpire
- ammaestrare
- nostalgia
- intuito
- innocente
- palestra
- ostrogoto
- asfalto
- cisterna
- occhiali
- distretto
- addormentarsi
- mostruoso
- istituire.

6. Correggi gli errori relativi all'uso dell'accento.

- Non sò che cosa ti aspetti da me e spero di non deluderti.
- Fa piu freddo: vorrei trovare un bar e bere un tè caldo.
- Sto un po' meglio, ma non posso ancora ne appoggiare il piede per terra, ne camminare.
- Forse non stava parlando a voi, ma a sé stesso.
- Non bevo vino né birra neppure a pasto: l'alcol mi da subito alla testa.
- Per svuotare il solaio abbiamo fatto almeno venti volte sù e giù dalle scale.
- Non lascia mai il suo cane da solo: anche quest'estate sé l'è portato in vacanza.

7. Metti al singolare i soggetti e i predicati plurali e viceversa (attenzione a elisioni e troncamenti).

- Degli uomini corsero immediatamente verso il luogo dell'incidente.
- Questi esami non finiscono mai.
- Quell'idea non era molto convincente.
- L'isolotto distava dalla costa alcune decine di metri.
- Non ci saranno più delle occasioni così favorevoli.
- Alcuni allievi erano fermi presso il cancello della scuola.
- Sono dei buoni a nulla.
- Quali sono le ultime notizie?

8. Metti i verbi al presente o al passato prossimo, secondo i casi.

- Non avevano ancora finito il lavoro della mattina.
- Se non cambieranno idea avremo parlato inutilmente.
- Non avevo cambiato la mia opinione su di lui.
- Avrai un po' di tempo per ascoltarmi?
- Ogni fine settimana aveva lavori suoi da finire.
- Non sapevo se aveva trascritto esattamente i dati del problema.
- Non ti avevo portato il quaderno di scienze perché non me l'avevi più chiesto.
- Era chiaro che non avevano intenzione di fermarsi.

9. Completa le seguenti frasi coniugando opportunamente il verbo e sostituendo il pronome a nomi e frasi ripetute.

- La tovaglia aveva una macchia, per fortuna nessuno degli ospiti (avere notato la macchia).
- In questi casi ci vuole molta pazienza, ma io (non avere pazienza).
- Credevo ci fosse ancora un po' di caffè nella caffettiera, invece (nella caffettiera non essere più caffè).
- Se verrete sarò molto contenta, e (avere scritto a voi di essere contenta).
- Il giornale è qui, ma io non (avere ancora letto il giornale)
- Il telefono suonava, ma nessuno di voi (avere sentito il telefono).
- Prima di andare al cinema voglio sapere che cosa (al cinema essere) di bello.
- Dovevi prendere le gocce prima di pranzo, ma io non (avere ricordato in tempo a te di prendere le gocce).

10. Correggi tutti gli errori contenuti nelle seguenti frasi.

- Qual'ora non ottenessi risultati soddisfacienti, interromperei subito il lavoro.
- Glielai già detto o gliel'o dirai fra un po'?
- Lo visto molto abbattuto e o cercato di rinquorarlo.
- I bambini in genere non amano la verdura, ma qual'uno fa eccezione.
- Fra i recquisiti richiesti c'era una conoscienza non scolastica dell'inglese.
- Da Genova in qua abbiamo trovato molta gente in ogniuno degli autogrill in qui ci siamo fermati.
- Gliel'abbiamo detto più volte che non s'è ne deve andare.
- Gliel'anno detto in molti che ciò che stà facendo non è serio.
- Non sono d'accordo con tè sul conportamento e sulle scielte dell'arbitro.

2. Scrivere frasi

Le frasi complesse

Le frasi complesse (dette anche periodi) sono i "pezzi" del testo compresi fra due pu fermi, oppure fra un punto e un punto di domanda, fra un punto e un punto esclama vo, fra un punto e i due punti che precedono il discorso diretto.

I periodi possono essere costituiti anche da una sola proposizione (periodi semplici), ma di soli sono formati da più proposizioni legate tramite:

- giustapposizione
- coordinazione
- subordinazione.

2.1. La giustapposizione

La giustapposizione viene anche detta "coordinazione per asindeto", intendendo con quest'e spressione che le proposizioni del periodo sono legate fra loro soltanto da segni di punteggiatur anziché da congiunzioni:

«Entro nel parcheggio, individuo l'unico posto ancora libero, mi ci dirigo, mi infilo fra una grossa fuoristrada e una Volvo, faccio con prudenza le ultime manovre: finalmente sono a posto».

Nella giustapposizione ogni proposizione è compiuta nel significato e autonoma grammaticalmente; l'assenza di congiunzioni lascia però al destinatario il compito di comprendere quale tipo di relazione esista tra le proposizioni, compito in alcuni casi semplice e immediato, in altri meno:

Il gattino spinse col musetto il gomitolo, lo fece rotolare dal cesto, lo rincorse, lo bloccò con le zampe.

In questo caso è facile capire che le proposizioni sono legate da relazioni di tempo.

Sono ancora seduto nel mio banco; sto sudando freddo: fra poco sarà il mio turno.

In questo esempio la ricostruzione delle relazioni è meno immediata, soprattutto fra le prime due, e soltanto sulla base della nostra conoscenza della situazione possiamo ipotizzare una relazione di tipo concessivo; è più semplice invece capire che la terza proposizione è la spiegazione della seconda.

Legare le proposizioni di un periodo attraverso la giustapposizione permette di ottenere risultati espressivi di pregio, e questo tipo di costruzione viene usato talvolta nella prosa d'arte:

Don Abbondio vide confusamente, poi vide chiaro, si spaventò, si stupì, s'infuriò, pensò, prese una risoluzione: tutto questo nel tempo...

I promessi sposi, cap. VIII

2.2. La coordinazione

Anche nelle costruzioni coordinate le proposizioni sono ciascuna di significato compiuto e grammaticalmente autonome. A differenza però della giustapposizione, la coordinazione (detta anche **paratassi**) per mettere in relazione le proposizioni utilizza dei legamenti: le congiunzioni coordinanti; la loro presenza permette di ricostruire agevolmente la relazione esistente tra le proposizioni:

Lampeggia e tuona da un po', ma non è ancora caduta una sola goccia di pioggia.

Fra le prime due proposizioni c'è una relazione di semplice accostamento, la terza proposizione è invece in contrapposizione rispetto alle prime due.

Esistono diversi tipi di coordinazione, ciascuno caratterizzato da una lista di congiunzioni:

coordinazione	**congiunzioni**	**esempi**
copulativa	e, né, neppure, nemmeno, neanche, anche, pure, inoltre	*È tardi e fa freddo.*
avversativa	ma, però, tuttavia, bensì, anzi	*Non sono convinto, tuttavia ti ascolterò*
disgiuntiva	o, oppure, ossia, altrimenti	*Gli scrivo oppure gli telefono?*
conclusiva	dunque, quindi, perciò, allora, altrimenti	*Era spaventata, allora l'ho rassicurata.*
esplicativa	cioè, infatti, difatti	*Il film è veramente avvincente, infatti ha avuto successo.*

2.3. La subordinazione

La subordinazione (o "ipotassi") stabilisce fra le proposizioni di un periodo un rapporto asimmetrico: una proposizione (la principale) è infatti autonoma, mentre l'altra (la dipendente, o secondaria, o subordinata) dipende dalla prima sia grammaticalmente sia per il significato. La relazione fra principale e dipendente è segnalata da una congiunzione appartenente al gruppo delle congiunzioni subordinanti:

Chiudo la finestra	*PERCHÉ*	*i rumori della strada mi disturbano*
proposizione principale, autonoma per significato e grammatica	congiunzione subordinante	proposizione subordinata, non autonoma

Da una principale possono dipendere più subordinate, sia in modo diretto sia in rapporto gerarchico fra di loro:

Chiudo la finestra
↓ ↓
mentre studio — *perché i rumori della strada mi disturbano.*

Chiudo la finestra
↓
perché i rumori della strada mi disturbano
↓
anche se devo ammettere
↓
che a quest'ora il traffico è meno intenso.

L'ordine con cui le proposizioni subordinate si susseguono nel periodo non è sempre lineare: una subordinata può interrompersi, mentre un'altra dipendente (proposizione incassata o a incastro) si inserisce fra le due parti della prima subordinata:

Chiudo la finestra
↓
perché i rumori della strada mi disturbano
↓
anche se devo ammettere
↓
che a quest'ora, ..., il traffico è meno intenso
↓
quando uffici e negozi sono ormai chiusi

Le proposizioni subordinate possono presentarsi coordinate fra loro:

Credo
che *(che)*
questa sia una buona idea e *meriti sicuramente di essere realizzata.*

La subordinazione può presentarsi sia con congiunzione e verbo di modo finito (indicativo, co giuntivo, condizionale), sia con verbo di modo indefinito (gerundio, participio, infinito), preced to da una preposizione quando il verbo reggente la richieda; nel primo caso la subordinata esplicita, nel secondo è implicita.
Nella maggior parte dei casi le subordinate implicite possono essere trasformate in esplicite; in alc ne occasioni, però, la trasformazione è impossibile oppure poco indicata:

Finito il temporale,	subordinata implicita
siamo risaliti in moto	principale
per fare ritorno a casa.	subordinata implicita
Quando il temporale è finito,	subordinata esplicita accettabile
siamo risaliti in moto	principale
affinché facessimo ritorno a casa.	subordinata esplicita poco accettabile

Le proposizioni subordinate possono essere introdotte, oltre che da congiunzioni e preposizion anche da pronomi relativi e aggettivi e pronomi interrogativi:

Non ha risposto a nessuna delle domande CHE (pronome relativo) *gli sono state poste.*

Nessuno ha saputo indicarci QUALE (aggettivo interrogativo) *autobus prendere.*

Non so CHI (pronome interrogativo) *sarà in grado di affrontare questo problema.*

La subordinazione esprime un'ampia tipologia di relazioni, ciascuna rappresentata da congiun- zioni sue proprie.

subordinazione	**congiunzioni**	**esempi**
oggettiva	che	*Sono sicuro che verrà.*
soggettiva	che	*Sembra che torni il sereno.*
interrogativa indiretta	se, come, perché, quando	*Gli ho chiesto se tutto era pronto.*
temporale	quando, mentre, appena, finché, prima che, dopo che	*Appena si libererà un posto, ti avvertirò.*
modale	come	*Ho fatto come mi hai detto.*
causale	perché, poiché, siccome	*Non esco perché non ho tempo.*
consecutiva	così ... che, tanto ... che	*Tiene il volume così alto che la musica si sente fino in strada.*
finale	affinché, perché	*Te lo rispiego perché tu capisca bene.*
concessiva	benché, sebbene, anche se, nonostante, quantunque	*Era sempre in perfetta forma fisica sebbene non praticasse alcuno sport.*
condizionale	se, qualora	*Se dormisse a sufficienza, la mattina non sarebbe così stanco.*

4. Modi e tempi verbali nelle proposizioni subordinate esplicite

Il **modo** che il verbo di una proposizione subordinata esplicita assume dipende essenzialmente dalla tipologia della subordinata stessa; in qualche caso sono poi determinanti:

- le **congiunzioni** usate, come avviene per esempio con le concessive:

Distinguo male i particolari del paesaggio ANCHE SE il binocolo È di buona qualità.

Distinguo male i particolari del paesaggio NONOSTANTE il binocolo SIA di buona qualità.

- il tipo di **verbo della principale**:

PROMETTO che per questa sera tutto SARÀ in ordine.

DESIDERO che per questa sera tutto SIA in ordine.

Il **tempo** verbale delle **proposizioni subordinate** è invece determinato dal tempo del verbo della principale e dalle relazioni di anteriorità, contemporaneità e posteriorità esistenti fra il verbo della subordinata e il verbo della principale stessa:

SO che (tempo presente)	→ (anteriorità)	*SONO PARTITI insieme*
	→ (contemporaneità)	*PARTONO insieme*
	→ (posteriorità)	*PARTIRANNO insieme*
SEPPI che (tempo passato)	→ (anteriorità)	*ERANO PARTITI insieme*
	→ (contemporaneità)	*PARTIVANO insieme*
	→ (posteriorità)	*SAREBBERO PARTITI insieme*

Discorso diretto e discorso indiretto

Il **discorso diretto**, cioè il modo di riferire le parole altrui così come sono state pronunciate, è una procedura di giustapposizione:

Mi ha risposto: «TORNO ALLE SEI».

Le due proposizioni, indipendenti da un punto di vista sintattico e autonome nel significato, sono messe in relazione fra loro dai due punti e dalle virgolette.

Il **discorso indiretto** è invece una procedura di subordinazione:

Mi ha risposto CHE SAREBBE TORNATO ALLE SEI.

La relazione fra le due proposizioni è segnalata dalla congiunzione CHE, come nell'esempio, oppure da SE o da PERCHÉ; può essere segnalata anche da aggettivi e pronomi interrogativi:

Gli avevo chiesto QUALI POSSIBILITÀ AVESSIMO DI VINCERE.

Trasformare il discorso diretto in discorso indiretto significa costruire un periodo con proposizioni subordinate, modificando:
– le persone dei verbi
– i modi e i tempi verbali
– avverbi ed espressioni di tempo e luogo
– pronomi personali, aggettivi e pronomi dimostrativi e possessivi (se presenti):

PAOLO CHIESE: «GIGI SARÀ A CASA DOMENICA PROSSIMA?».	PAOLO CHIESE SE GIGI SAREBBE STATO A CASA LA DOMENICA SUCCESSIVA.

Esercizi

1. Distingui le proposizioni giustapposte (G) da quelle coordinate (C) e subordinate (S) scrivendo vicino a ciascuna la sigla corrispondente.

- Siamo senza fiammiferi: chi esce per andare a comperarli?
- Quando esci da casa, volti a destra, prosegui diritto per circa duecento metri; al secondo semaforo sei arrivato.
- L'ultima sera dell'anno preferisci andare a teatro oppure vuoi uscire a cena?
- Durante la relazione sembravano tutti attenti e interessati, ma la discussione poi è stata poco partecipata.
- Non ha telefonato né scritto: non abbiamo notizie da lei da tre o quattro giorni.
- L'aquilone, guidato da piccoli movimenti del filo, si è alzato, è scivolato dolcemente, si è impennato all'improvviso e infine è caduto rapidamente.
- Ha respirato male e tossito per tutta la notte; stamattina ha la febbre.
- Siamo usciti da scuola e siamo corsi verso la stazione quando già cadevano le prime gocce di pioggia.

2. Collega le proposizioni dei seguenti periodi scegliendo fra giustapposizione o coordinazione la forma che ti sembra più adatta.

- Continua pure .... non dilungarti troppo.
- Qualche maleducato ha suonato il campanello .... è fuggito subito via.
- Gioca .... corre .... salta tutto il giorno .... alla sera si addormenta subito.
- Ho sfogliato tutto il giornale .... non ho trovato alcuna notizia sulla mostra dedicata ai Celti .... è stata pubblicata di sicuro.
- Il treno delle 9.15 è partito in ritardo .... sono le 9.25.
- Mi raccomando .... in viaggio guida con prudenza .... non fare sorpassi azzardati .... fermati ai primi segni di stanchezza.
- Non tutti hanno potuto vedere la prima dello spettacolo .... i biglietti si erano esauriti subito.
- Sentirò prima il vostro parere .... ascolterò poi l'opinione di un esperto .... trarrò le mie conclusioni.

3. Completa sul quaderno le seguenti frasi con le subordinate indicate tra parentesi (scegli la forma esplicita e utilizza l'implicita solo quando è indispensabile).

- La spia luminosa della benzina lampeggia .... (temporale)
- Le piante quest'estate hanno sofferto un po' .... (causale)
- Gli operai hanno lavorato fino a tardi .... (finale)
- Sono giunto con qualche minuto di ritardo .... (concessiva)
- Ha perso molto peso .... (modale)
- Prenderò il primo treno .... (relativa)
- Gli sci mi sembrano così rovinati .... (consecutiva)

4. Dopo aver riconosciuto le subordinate contenute nei seguenti periodi, trasforma le implicite in esplicite e viceversa. Valuta poi quale delle due forme ti sembra di volta in volta più indicata.

- Spero di trovarti ancora qui al mio rientro.
- Esponendoti al sole senza protezione nelle ore più calde rischi delle forti scottature.
- Queste sono parole che non devi ripetere.
- Potrai uscire non prima di avere riordinato la tua stanza.
- Per parlargli ho dovuto fissare un appuntamento.
- Siccome non avevo visto in tempo l'ostacolo, ho potuto so frenare di colpo con forza.
- Potendo, tornerebbe sicuramente indietro.
- Nonostante abbia solo tredici anni, mostra un carattere molto deciso.
- Temo di essere il solo qui a pensarla in questo modo.

5. Riconosci le subordinate contenute nei seguenti periodi. Presta attenzione alle congiunzioni che possono introdurre più tipi subordinate.

- Credo che in questo lavoro tu abbia superato te stesso.
- Dobbiamo ammettere che, mentre il professore spiegava non tutti erano attenti.
- È così sicuro delle sue ragioni che non si sforza nemmeno argomentare il suo punto di vista.
- Lascerò la luce sotto il portico accesa perché nessuno incianpi nel gradino dell'ingresso.
- Mi chiedo quando si potrà avere un po' di silenzio.
- Dobbiamo trovare un artigiano che ci ripari le porte del terrazzo prima dell'inverno.
- Non so se tutti sono stati informati dell'accaduto.
- Ha scelto delle tende a colori piuttosto vivaci, mentre io avre preferito tessuti più leggeri e tinte più tenui.
- Non ho parlato perché non avevo nulla da dire.
- Se fossi certa del suo arrivo lo aspetterei fino a tardi.

6. Costruisci un periodo per ciascuno di questi schemi. (Non è necessario che la proposizione principale sia la prima proposizione del periodo).

a.
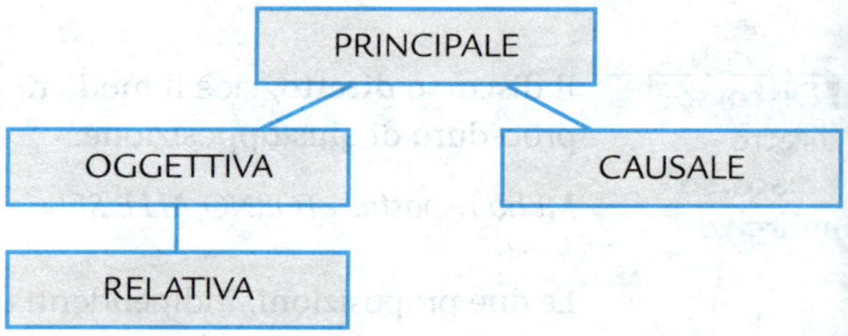

b.
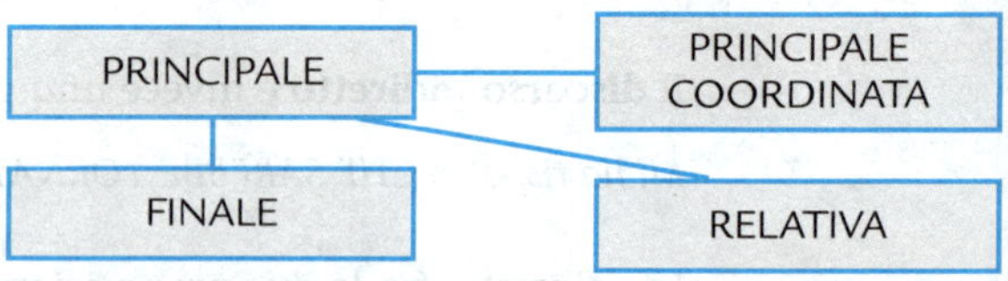

c.
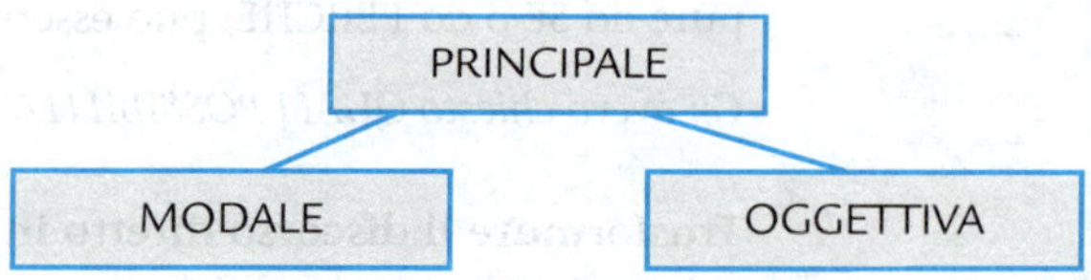

d.
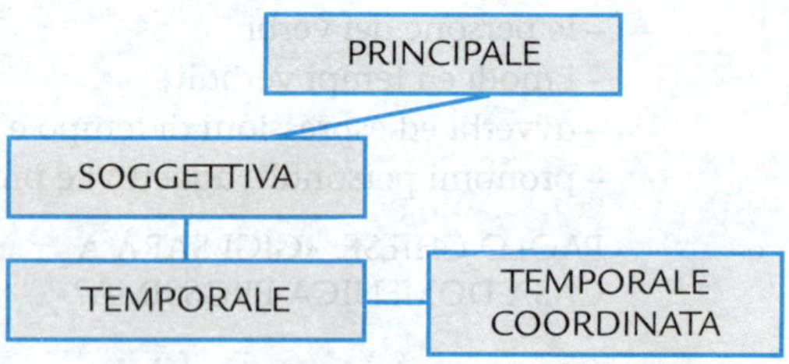

Coniuga opportunamente i tempi verbali delle subordinate, accordandoli con i tempi richiesti dalle proposizioni principali.

Sarei stato felice di ospitarli se .... (arrivare con te)
Sarò felice di ospitarli se ....
Sarei felice di ospitarli se ....

Farò pressione perché .... (ti ascoltare)
Ho fatto pressione perché ....

Sarebbe stato tutto più semplice se .... (chiarire subito la tua posizione)
Sarebbe tutto più semplice se ....

Desidero che .... (essere presa in considerazione anche questa proposta)
Desideravo che ....

Mi chiedo chi .... (avere ragione)
Mi sono chiesto chi ....

Sembra che tutto .... (tornare come prima)
Sembrava che tutto ....
Sembrerà che tutto ....

3. Trasforma il discorso diretto contenuto nei seguenti periodi in discorso indiretto apportando tutte le modifiche necessarie (modi e tempi verbali, pronomi, aggettivi determinativi, avverbi...).

a. Al telefono Paola mi ha chiesto: «Ti sei un po' ripresa dalle fatiche del trasloco? Quando brinderemo alla nuova casa?»

b. Parlando della mia vecchia Panda, il meccanico mi ha consigliato: «Usi questa macchina, che ormai non è più affidabile, solo per gli spostamenti in città e non si fidi di affrontare nessun viaggio».

c. L'allenatore ci ha detto: «Domani convocherò soltanto i più vecchi della squadra, mentre le matricole faranno il loro primo allenamento la settimana prossima».

d. Dopo aver esaminato il guasto alla lavatrice, il tecnico concluse: «Credo che convenga fare la riparazione perché il guasto riguarda soltanto la resistenza e due raccordi».

e. Riflettendo a voce alta, il ragazzo disse: «Non sceglierò la facoltà di ingegneria perché questo corso di studi mi entusiasma poco; sono poi sicuro che mi sarà impossibile fare l'ingegnere per il resto della mia vita».

f. Riferendo ciò che avevano fatto nel fine settimana, Luigi e Franco raccontarono: «Uscire dall'autostrada e avviarci verso Sirmione è stata un'avventura, perché alle otto e mezzo di mattina il traffico era già imponente e una coda di quattro chilometri ci separava dalla statale».

2.5. La punteggiatura

Segnali importanti per organizzare con chiarezza il testo scritto sono i **segni di interpunzione** (punto, virgola, due punti, punto interrogativo, punto esclamativo, puntini di sospensione) e i **segni grafici** (virgolette, lineette, parentesi, asterischi).

Questi segni hanno diverse funzioni.

Funzione sintattica

- Articolare il discorso in periodi, proposizioni, parti di una proposizione. Il punto segna la conclusione di una informazione o di un insieme di informazioni, quindi è la conclusione di una frase o di un periodo; il punto e virgola chiude una parte dell'informazione; i due punti indicano l'apertura ad altre informazioni (un esempio, una sintesi, una spiegazione, una enumerazione). La virgola stacca un'apposizione, una subordinata o un complemento, separa i termini di una enumerazione;
- inserire nel testo frasi incidentali (quelle che si potrebbero anche togliere senza alterare il senso), un commento, una precisazione;
- segnalare funzioni linguistiche come fare affermazioni, fare domande, esprimere meraviglia, dare ordini, esprimere incertezza;
- segnalare citazioni, discorsi diretti, parole speciali.

Funzione espressiva-pausativa

I segni di punteggiatura segnalano l'intonazione, la forza, le sfumature, le pause quando un testo si legge a voce alta (pensa, per esempio, al giornalismo radiofonico o televisivo).

Funzione stilistica

Ogni autore usa la punteggiatura in modo personale ottenendo propri effetti di stile.

2.6. I segni di punteggiatura

Il punto

Il punto è un segno di punteggiatura fondamentale, dal valore soprattutto sintattico: si usa infa ti per segnalare la conclusione di un periodo: *Lungo la strada, interrotta a causa dei lavori di rifa mento dell'asfalto, si era formata una colonna di automezzi che si allungava col passar del tempo.*

Il punto interrogativo e il punto esclamativo

Il punto interrogativo e il punto esclamativo hanno valore sintattico, ma soprattutto espressivo. Il punto interrogativo conclude la frase che contiene una domanda posta in modo diretto: *Che o sono?*

Il punto esclamativo conclude la frase che manifesta meraviglia, stupore, desiderio: *Che splendid giornata!*

Il punto e virgola

Il punto e virgola ha un valore essenzialmente sintattico e si usa per separare:

- frasi ampie coordinate: *Alcuni studenti della classe avevano apertamente dimostrato il loro disappun to circa la decisione presa dai docenti; altri invece...*
- gli elementi di una lista quando questi siano rappresentati da unità complesse:

Era necessario prima dell'inverno far revisionare caldaia e termosifoni; acquistare la legna per il camino proteggere con lana di vetro le tubature esterne.

La virgola

La virgola, di valore soprattutto pausativo e stilistico, ha un larghissimo uso. Essa separa infatti:

- gli elementi di una lista quando si tratti di unità brevi: *Per tappezzare sono necessari colla, forbici, pennello o spatola, rullo leggero e naturalmente carta da parati.*
- un nome dall'apposizione quando questa segue il nome stesso: *Lo Yukon, fiume del Canada, nasce dal lago Marsh nello Yukon meridionale.*
- gli incisi, qualunque ampiezza essi abbiano (in questo caso le virgole possono essere anche sostituite dai trattini): *Paolo, nonostante il parere contrario dei suoi genitori, si è iscritto a un corso di arti marziali.*
- la proposizione relativa quando abbia valore di inciso: *Nonno Augusto, che voi non avete conosciuto, aveva combattuto durante la prima guerra mondiale.*
- le proposizioni introdotte da "ma, però, tuttavia": *Ho consultato mio fratello e mio padre, però non ho ancora preso alcuna decisione.*
- le proposizioni temporali e concessive: *Quando il telefono verso le sette suonò, Carla fu pronta a rispondere. / Sebbene il negozio fosse vecchio e arredato in modo approssimativo, molta gente continuava a frequentarlo per l'affabilità dei due proprietari.*

La virgola invece non si usa fra:
- soggetto e predicato se contigui,
- predicato e complemento oggetto se contigui,
- verbo "essere" e nome del predicato nel predicato nominale.

I due punti

All'interno di una frase i due punti precedono una spiegazione o un'argomentazione relative a ciò che è scritto prima: *È una pessima idea andare al lago oggi: è già tardi e si rischia di trovare coda sulle strade.*

Si usano inoltre prima di un'elencazione: *Per la torta di mele servono: due o tre mele renette, due uova, due hg di farina, due hg di zucchero, un bicchiere di latte, una bustina di lievito per dolci, una bustina di zucchero al velo.*

Compaiono prima delle virgolette che introducono il discorso diretto o una citazione: *L'articolo del giornale iniziava con queste parole: "Ore di angoscia nel salernitano dopo le piogge torrenziali delle ultime dodici ore...".*

Esercizi

Aggiungi la punteggiatura adeguata (attenzione! soprattutto la prima parte del testo sono possibili più soluzioni che modifica- lunghezza e significato delle frasi). Confronta poi con i compagni.

La punteggiatura fa parte di quelle norme che vanno rispettate nel modo più assoluto se si vuole essere leggibili essa contribuisce alla chiarezza del messaggio scritto togliendo quasi tutte le ambiguità consente di leggerlo con certezza e precisione è dunque un importante fattore di leggibilità.

Essa gioca diversi ruoli complementari può tradurre l'intonazione i punti e le virgole indicano le pause e la linea melodica (salita o discesa di tono) quando un testo viene letto ad alta voce sottolinea le relazioni grammaticali che sottendono il testo e ne facilita la comprensione permette l'inserimento di parole o gruppi di parole al suo interno segnando il confine tra il testo stesso e le citazioni o le osservazioni complementari migliora inoltre l'aspetto visivo del testo e consente di metterne in rilievo certi elementi.

C. Montécot, *Comunicare scrivendo*, Franco Angeli

2. Con la virgola o senza? Con la virgola o con i due punti? Correggi gli errori.

I suricati vivono in prevalenza, in Africa nel deserto del Kalahari, e anche nel Niger, e nel Mali. Habitat identico, deserto spossanti escursioni termiche sparute acacie scarsità d'acqua.

I suricati, sono carnivori come testimonia la loro potente dentatura ma di gusti non difficili. Il loro naso a proboscide è uno strumento fondamentale, procedono annusando tutto, riconoscono una possibile preda anche quand'è sepolta nella sabbia.

Hanno artigli lunghi e forti: con i quali scavano il terreno che non è sempre cedevole. Lì sotto trovano uova di rettile e uccelli lombrichi larve d'insetto. Si buttano, volentieri anche sugli scorpioni al cui veleno sono immuni e quando la fortuna li assiste banchettano con piccoli rettili come i gechi.

"Specchio della Stampa"

3. Leggi questi testi così come sono e cerca di capirne il senso. Alcune frasi sono affermazioni, altre ordini, altre domande, altre ancora esclamazioni. Prova a inserire punti fermi, punti interrogativi, punti esclamativi e virgole. Confronta il tuo lavoro con quello dei compagni.

Mia moglie d'estate è così:

"Valentina spogliati Franco non buttarti in acqua vestito Roberta lascia stare il secchiello e togliti le scarpe Valentina non eclissarti come al solito guarda Lorenzo Roberta sta' ferma Franco dov'è Franco vieni a spogliarti Roberta mettiti all'ombra. Franco dov'è Franco torna indietro il bagno si fa più tardi Valentina dove vai Roberta vieni qui il bagno si fa più tardi..."

D'inverno, invece, è così:

"Valentina svegliati Roberta svegliati Franco salta giù dal letto Ragazzi sono le sette e cinque Valentina che fai dormi Roberta Alzati insomma... Franco ti decidi o no a uscire da quella piscina Presto vai a fare la doccia Valentina vestiti Roberta ti sei lavata i denti Franco stanotte ti sei messo l'apparecchio dei denti di Valentina Roberta si è messo quello tuo e Valentina quello di Roberta Spendiamo centinaia di migliaia di lire e i denti vi vengono più storti di prima Valentina allora Sono le sette e dieci".

A. Amurri, *Vita in famiglia*, A. Mondadori

4. In questi testi ci sono solo i punti fermi. Segnala con i segni appropriati le frasi incidentali (commenti, precisazioni), le citazioni, i discorsi diretti; usa le virgole dove ti sembra necessario.

La colomba diceva Kant il filosofo tedesco quando nel volo prova tutte le difficoltà della resistenza dell'aria vorrebbe volare nel vuoto. Quando la metti nel vuoto muore.

Una percentuale di conservante per quanto ridotta al minimo è sempre assolutamente necessaria afferma la chimica cosmetologa Maria Grazia Reynaldi.

Il settore dei cosmetici è disciplinato da una legge la 713 che sottolinea come i prodotti non debbano causare danni alla salute. E poiché è normale che in presenza di acqua e ce n'è sempre nei belletti e nelle creme si abbia uno sviluppo di batteri funghi muffe e lieviti è chiaro e non potrebbe essere altrimenti che il preparato dev'essere conservato.

"Specchio della Stampa"

2.7. I pronomi

I pronomi si utilizzano in sostituzione del nome di persone, cose o situazioni, già usato in proposizioni precedenti dello stesso periodo, oppure in periodi immediatamente precedenti:

Ho tolto gli occhiali e non so dove ho appoggiato gli OCCHIALI.

Ho tolto gli occhiali e non so dove LI ho appoggiati.

A che cosa si riferiscono i pronomi

I pronomi costituiscono delle classi "chiuse", fatte cioè di un numero finito di elementi, contrariamente ai nomi, che invece costituiscono classi "aperte". Essi non hanno un significato loro proprio, come i nomi, i verbi e gli aggettivi e avverbi qualificativi (chiamati anche parole "piene"),

ma solo grammaticale (appartengono infatti, insieme ad articoli, aggettivi determinativi, c
giunzioni e preposizioni, alla categoria delle parole "vuote").

I pronomi possono riferirsi a:

- un nome: *È un ARTICOLO molto interessante e merita che LO leggiate con attenzione.*
- un aggettivo: *Il cane è FEDELE, il gatto non LO è. / Questi guanti sono TUOI, quelli non LO sono.*
- proposizioni intere: *Il mio vicino fumava in continuazione; QUESTO MI INFASTIDIVA, ma lui non L veva capito.*

Tipi di pronomi

Fra i vari gruppi di pronomi solo quelli personali e relativi hanno funzione esclusivamente pron minale; i pronomi possessivi, dimostrativi, indefiniti, numerali e interrogativi invece hanno forn quasi del tutto identiche agli aggettivi corrispondenti, da cui si distinguono perché sostituiscono nome, mentre gli aggettivi lo accompagnano.

Pronomi personali

Il gruppo dei pronomi personali comprende la **forma tonica**, costituita dai pronomi con un pr prio accento tonico, e la **forma atona**, costituita dai pronomi privi di accento tonico.

	FORMA TONICA				FORMA ATONA			
	soggetto		**complemento**					
	maschile	femminile	maschile	femminile				
1	io		me		1	mi		
2	tu		te		2	ti		
3	egli	(ella) essa	lui	lei	3	gli lo	le la	ne
4	noi		noi		4	ci		
5	voi		voi		5	vi		
6	essi	esse	loro		6	loro li	loro le	ne

Fra i pronomi personali in realtà solo quelli di 3ª persona sono effettivamente pronomi e sostitui scono il nome: *Telefonerò a MARIA per avvertirLA del tuo arrivo.*

I pronomi di 1ª e 2ª persona non sostituiscono alcun nome, ma rappresentano rispettivamente chi parla e chi ascolta. *CARLO affermò: «IO non voglio dare preoccupazioni a nessuno». / Rivolgendosi allo STUDENTE, l'insegnante osservò: «TU oggi mi sembri un po' distratto».*

Uso dei pronomi personali

- Contrariamente a quanto avviene in altre lingue, in italiano l'uso del pronome personale con funzione di soggetto non è frequente.
- La 3ª persona femminile singolare "ella" è usata molto raramente; le forme "egli/esso/essa" nel testo sono preferibilmente sostituite da sinonimi.
- Le forme "essi/esse" possono riferirsi non solo a persone, ma anche ad animali e oggetti.
- Mentre talvolta (nei testi meno formali) è possibile sostituire "a loro" con "gli", usando cioè la forma singolare per il plurale, è sempre necessario tenere distinto l'uso di "gli" (a lui) solo maschile e "le" (a lei) solo femminile.

Pronomi possessivi

Hanno forme identiche agli aggettivi: mio, tuo, suo, nostro, vostro, loro, proprio, altrui: *Il nostro scopo non è diverso dal VOSTRO.*

Pronomi dimostrativi

Sono sia pronomi sia aggettivi: questo, quello, (codesto), stesso, medesimo;
sono soltanto pronomi: questi, quegli, costui /costoro, colui/coloro, ciò: *Io porto questo pacco, tu porti QUELLO. / I due seguivano con circospezione un uomo di circa quarant'anni; QUESTI a un tratto si volse...*

Pronomi indefiniti

Sono sia pronomi sia aggettivi: molto, poco, tanto, parecchio, tutto, altrettanto, nessuno, troppo; sono soltanto pronomi: niente, nulla, qualcuno, ciascuno, ognuno: *Grazie, non prendo caffè, ne ho già bevuto TROPPO.*

I pronomi indefiniti hanno più frequentemente una funzione nominale generica piuttosto che una funzione sostitutiva. *CIASCUNO faccia ciò che gli è stato detto.*

Pronomi interrogativi

Sono sia pronomi sia aggettivi: che, quale, quanto; sono solo pronomi: chi, che cosa.
Anche per i pronomi interrogativi è frequente la funzione nominale generica: *QUANTO costa?*

Pronomi relativi

Legano una proposizione subordinata alla principale riprendendone un elemento:

Ho passato parte della giornata a riordinare i DOCUMENTI CHE mi hai fatto pervenire.

Ho passato parte della giornata
a riordinare i documenti
CHE (i documenti)
mi hai fatto pervenire.

Uso dei pronomi relativi

I pronomi relativi sono:

- **che**; è invariabile e svolge la funzione sia di soggetto sia di complemento oggetto;
- **quale**, **quali**; preceduto dall'articolo, svolge la funzione di soggetto (raramente di complemento oggetto); preceduto da preposizione articolata, svolge la funzione di complemento indiretto;
- **cui**; è invariabile e, preceduto da preposizione semplice, svolge la funzione di complemento indiretto: *Il collega CON CUI ho lavorato è davvero molto esperto.*

Ci sono inoltre: chi, quanto/quanti, chiunque (pronomi doppi). *Queste indicazioni non sono molto precise; CHIUNQUE te le abbia fornite non era molto informato.*

Il pronome relativo, soprattutto se si tratta di "che", segue immediatamente il nome a cui si riferisce; qualora ne sia separato, il referente viene ripetuto: *Ho letto con piacere l'ARTICOLO del giornale di oggi sull'immigrazione, ARTICOLO CHE ha risposto ad alcune mie perplessità.*

"Il quale" è forma molto meno usata di "che" e si trova soprattutto negli scritti formali.
"Cui" è sempre preceduto dalla preposizione semplice, tranne quando svolge la funzione di complemento di termine; in questo caso la preposizione può mancare: *La persona CUI mi sono rivolto mi ha ascoltato con gentilezza.*

Se svolge la funzione di complemento di specificazione, può, privo della preposizione "di", trovarsi tra l'articolo e il nome a cui si riferisce: *L'informazione, sulla CUI attendibilità avevi manifestato dubbi, si è poi rivelata vera.*

"Che" invariabile può talvolta porre problemi di comprensione, eliminabili con l'uso del pronome variabile: *Ho incontrato la cugina di Giovanni, CHE lavora in banca. (chi lavora in banca, Giovanni o la cugina?)* → *Ho incontrato la cugina di Giovanni, LA QUALE lavora in banca.*

"Che" può riferirsi anche a una proposizione intera; in questo caso può essere preceduto da "il" oppure da "cosa": *Il falegname ha promesso che concluderà il lavoro entro domani sera, COSA CHE mi lascia incredulo.*

Esercizi

1. Elimina le ripetizioni contenute nelle seguenti frasi utilizzando dei pronomi personali adatti (può essere necessario modificare l'ordine delle parole o qualche altro elemento della frase).

- Per il regalo agli sposi mi sono accordato con Antonio; divideremo la spesa, ma quanto all'acquisto, dell'acquisto si occuperà Antonio.
- I miei compagni ritengono il professore di scienze poco obiettivo e hanno cercato di far capire al professore di scienze che è poco obiettivo.
- Chiama Franca e di' a Franca che la cena è in tavola e che non faccia raffreddare la cena.
- La mamma è preoccupata per Paolo; questo pomeriggio ha parlato a lungo a Paolo incitando Paolo a riprendere gli studi e a impegnarsi di più.
- Durante gli anni dell'università ho diviso l'appartamento con Maria; con Maria sono andata d'accordo e a Maria ho potuto sempre raccontare quello che pensavo.

2. Completa le seguenti frasi con il pronome personale (o i pronomi) adatto.

- Mi sembra che Luca sia un po' distratto: chi .... assicura che oggi non .... farà aspettare come tutte le altre volte?
- Questa sera potremo riaccendere il riscaldamento; il tecnico .... ha revisionato l'impianto proprio ieri.
- Credo di aver .... messo in valigia tutto il necessario;

- .... telefonerò domani e saprò dir................ quando potrò raggiunger ....
- Mario è stato convocato per il colloquio mercoledì alle nove: .... hai già detto?
- Abbiamo trovato Siena bellissima; la nostra guida poi ha fatto di tutto per far................ conoscere il meglio possibile.
- Che cosa .... avevo detto? Mauro è un alzatore formidabile e la squadra che .... possiede può contare su di .... , sulla sua tenacia e sulla sua fantasia di gioco.
- .... vedo preoccupato: posso aiutar................. o pensi di poter far da solo?
- Clara ha superato gli esami di concorso; appena .... vedo, mi congratulerò con .... e .... farò gli auguri per la sua carriera.

3. Sottolinea con colori diversi i pronomi personali, dimostrativi, possessivi, indefiniti contenuti nelle seguenti frasi.

- Molti ragazzi della classe si sono iscritti al cineforum della scuola, ma solo alcuni l'hanno poi frequentato.
- Spero che abbia la sue chiavi con sé perché io ho dimenticato le mie.
- Il professore ha detto che non accetterà i lavori che gli verranno consegnati in ritardo, e in questo mi sembra abbia ragione.
- Telefonare alle undici di sera in casa d'altri è poco educato, ma Carlo non se ne preoccupa.
- Non era questo ciò che avevi promesso e d'altra parte non era questo ciò che noi ci aspettavamo da te.
- Quelli che erano con lui sono i compagni di università con i quali studia più volentieri.
- Aspettavo alcune telefonate, ma non ne è arrivata nessuna.
- Se lo desideri, anticiperemo la partenza, anche se questo ci obbligherà a viaggiare di notte.
- Fra tutte le proposte fatte, la loro mi sembra la più praticabile.
- Secondo le previsioni meteorologiche, domani il tempo migliorerà rapidamente, ma io ci credo poco.
- Stai attento a chi frequenti; non voglio dirti con questo di non farti amici, ma piuttosto di sceglierli bene.

4. Sottolinea in rosso i pronomi indefiniti usati con funzione nominale e in blu quelli usati con funzione sostitutiva; per questi ultimi riconosci anche il nome o la parte di frase a cui si riferiscono.

- Questo è l'orientamento generale; ciascuno ha poi della questione la sua personale visione.
- Riuscirò a sbrigare solo qualcuna delle numerose incombenze che mi hai lasciato da portare a termine.
- Tutti in classe hanno ottenuto qualche miglioramento, ma per qualcuno il cambiamento è stato davvero notevole.
- Nessuno si spaventa come Pietro quando scoppiano i temporali e viene a mancare la corrente elettrica.
- Questa che vi ho dato è una informazione riservata e non sidero che altri oltre a voi ne vengano a conoscenza.
- La stesura della relazione viene affidata a Luigi e Sandro; qu cun altro vuole aggregarsi a loro?

5. Ricava da ciascuna coppia di frasi semplici una frase compl sa unendole con il pronome relativo adatto. (Apporta all'ord delle parole le modifiche che ritieni necessarie)

- Sto leggendo il libro // ieri ho comperato il libro.
- L'idea è buona // hai avuto l'idea.
- Il progetto è facilmente realizzabile // ti parlo del progett
- I colleghi sono simpatici // lavoro con i colleghi.
- La ditta ha sede a Como // lavoro per la ditta.
- Lo spettacolo è stato divertente // abbiamo assistito allo spe tacolo.
- È stata ritrovata la patente // Carla aveva perso la patent
- Il guaio è serio // ti sei cacciato in un guaio.

6. Riconosci le diverse funzioni (pronome relativo soggetto, pro nome relativo oggetto, congiunzione, aggettivo e pronome inte rogativo) svolte da "che" nelle seguenti frasi.

- Non so proprio che dirti.
- La luce in questo momento è così chiara che abbaglia.
- So che siete stanchi, ma non possiamo assolutamente ferma ci qui.
- Queste sono le cose che desideravo sentirti dire.
- Che stoffa hai comperato?
- Si vedeva la gente che applaudiva e che faceva ala al passaggio del corteo.
- Dubito che voglia venire fin qui.
- Ho rivisto vecchi compagni di scuola che non avevo mai dimenticato.

7. Nelle seguenti frasi sottolinea la parola cui il pronome relativo si riferisce.

- Hai molte opportunità fra cui scegliere.
- Nell'appartamento sotto cui abito vive una famiglia numerosa e rumorosa.
- Il viale che porta verso la piazza centrale è divenuto isola pedonale.
- Conservo un buon ricordo del collegio in cui sono vissuta quando frequentavo l'università.
- Fra tutti i regali che abbiamo ricevuto per le nozze, questi ci sono particolarmente graditi.
- La questione a cui vi riferite è già stata discussa e chiarita.
- L'adozione a distanza e la campagna contro le mine antiuomo sono fra gli obiettivi dell'associazione di cui sono membro.
- Questo è il tracciato lungo il quale correrà la strada che collegherà la frazione al paese.

3. SCRIVERE TESTI

e procedure base

Ogni volta che scriviamo un testo, sia esso una lettera a un amico, o una relazione o qualsiasi altro scritto professionale, dobbiamo compiere una serie di scelte relative al contenuto dello scritto e alla forma che gli vogliamo dare.
Quali criteri devono guidare queste scelte?

Un testo scritto, anche il più semplice, è il prodotto di una serie articolata di operazioni. Per rendercene conto analizziamo questa lettera giunta a un quotidiano: benché breve e semplice, permette di ricostruire gli aspetti fondamentali di una comunicazione scritta: **il destinatario, lo scopo, l'argomento.**

Caro Sergio Romano,

Il 99% dei film e delle canzoni trasmesse in Italia sono di produzione inglese e americana. Perché non si vedono e non si sentono mai film e canzoni tedesche, olandesi, francesi, spagnole, polacche, svedesi ecc.? Gli altri paesi dell'Unione europea non sono in grado di realizzare e proporre al pubblico produzioni di alto valore artistico e contenutistico? La miopia interculturale e un certo servilismo sembrano essere dure a morire nel nostro paese!

Eupremio Guadalupi, "Il Corriere della Sera", 14 aprile 2007

L'argomento Il testo ha origine perché un lettore del quotidiano si è accorto, con grande scandalo, di quello che a lui appare un dominio assoluto della cultura inglese e americana all'interno dell'Europa.

Lo scopo Il lettore decide allora di denunciare questa deplorevole situazione.

Il destinatario Per raggiungere il suo scopo scrive a Sergio Romano, certo che l'autorevole giornalista e storico saprà dargli ragione.

Le fasi di produzione di un testo Argomento, scopo e destinatario sono gli elementi intorno ai quali si organizza qualsiasi testo scritto. La produzione del testo scritto passa poi attraverso alcune fasi, che sono veloci e immediate se il testo è breve e semplice, ma che possono divenire più complesse quando il testo si fa più impegnativo. Proviamo a ricostruire le fasi di produzione di questa lettera.

- Fase di **orientamento** sul testo.
  Dopo aver fissato che cosa, perché e a chi scrivere, l'autore probabilmente si è chiesto come scrivere, si è cioè preoccupato del registro e dello stile da utilizzare: poiché si rivolge a un giornalista molto conosciuto di un quotidiano diffuso (del quale è probabilmente assiduo lettore), scriverà in forma semplice, ma accurata e interpellerà il destinatario usando il "lei".
- Fase di **ricerca e di elaborazione** dei contenuti.
  Volendo ottenere una conferma delle sue convinzioni, decide di esprimere in breve i motivi delle sue perplessità, esponendo le informazioni in suo possesso, sicuro di poter trovare risposta nel giornalista, di cui probabilmente conosce l'orientamento culturale.
- Fase di **pianificazione**.
  Stabilisce poi quale ordine dare agli argomenti, quali particolari sottolineare e come presentare le sue considerazioni.
- Fase di **stesura** del testo.
  Scrive il testo curando la forma sia per gli aspetti lessicali, sia per gli aspetti sintattici.
- Fase di **revisione** del testo.
  Ultimata la stesura, rilegge lo scritto per controllarne l'accuratezza e la chiarezza, apporta le modifiche eventualmente necessarie, e trascrive quindi in bella. La lettera è pronta.

Ogni scrittura di testi, pure i più complessi e formali, si sviluppa attraverso le cinque fasi qui descritte, anche se chi scrive non segue in modo rigido la scansione indicata, ma riprende, anticipa o intreccia le operazioni in modo abbastanza elastico.

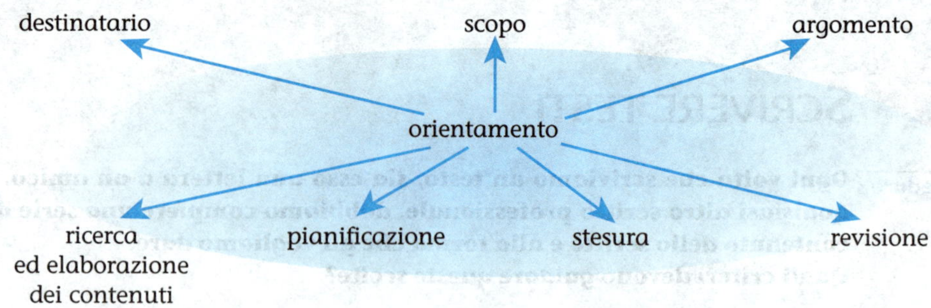

3 1. Orientarsi sul testo

In questa prima fase colui che scrive analizza il compito di scrittura tenendo conto del destinat rio, dello scopo del testo e dell'argomento da trattare.

Destinatario Si può scrivere per se stessi, per un destinatario che si conosce, per un destinatari sconosciuto. Conoscere il destinatario, e sapere quindi in linea di massima quali conoscenze po siede, permette di stabilire con maggior facilità quali informazioni lo scritto debba fornire e qua invece possa omettere.

Scopo Si può scrivere semplicemente per mantenersi in contatto con una persona, per informare per documentare, per raccontare, per persuadere, per dimostrare ecc.

Argomento L'argomento di cui scrivere può appartenere all'ambito del quotidiano, delle situazio ni comuni e generali, ma può anche essere specifico tanto da richiedere un lessico specialistico.

Questi tre parametri permettono di identificare tutti i testi che comunemente scriviamo.

Stabiliti destinatario, scopo e argomento, sarà possibile poi effettuare altre scelte, relative:

- alla forma testuale da usare (lettera, diario, relazione, articolo, saggio breve ecc.);
- al tipo di testo da produrre (narrativo, descrittivo, espositivo, argomentativo);
- al registro da utilizzare (formale e accurato o semplice e colloquiale);
- all'impostazione da adottare (oggettiva oppure personalizzata e soggettiva);
- alla struttura da dare al testo (ampiezza, paragrafi da sviluppare, informazioni da privilegiare).

Proviamo ora a effettuare la fase di orientamento per stendere un testo che esponga le conoscenze ricavate da una ricerca fatta fra gli studenti della scuola sull'informazione giovanile, completate da letture mirate e dall'esame di dati statistici.

Titolo «**Televisione, giornali, libri: come e quanto sono informati i giovani?**
Esponi le tue conoscenze in proposito ed esprimi la tua opinione personale.»

Questo compito di scrittura, così come è formulato, oltre a indicare l'argomento, permette di:

- riconoscere la forma del testo (saggio breve, destinatario quindi sconosciuto);
- ricavare indicazioni sul tipo di testo (espositivo/argomentativo);
- prevedere la struttura da dare al testo (due sottotemi: esporre conoscenze, formulare opinioni).

Esercizi

1. Leggi questo breve testo e identificane il destinatario, indicando quali elementi del testo ti hanno aiutato nel riconoscimento.

L'integratore che rallenta il tempo
Ci sono vari modi per prevenire l'invecchiamento della pelle. Uno dei più nuovi si chiama Femidan ed è molto no-

to ai consumatori del Nord Europa e degli Stati Uniti con il nome "la pillola antirughe". Ma di che cosa si tratta? Femidan contiene proteine di pesce, alghe e plancton in una formula che ritarda la formazione delle rughe e attenua quelle già esistenti. Il brevetto è giapponese, la produzione finlandese. Femidan ha effetti benefici anche sulle unghie e sui capelli.

"Starbene"

Individua gli scopi di chi ha scritto questa lettera a un settimanale italiano.

Per agevolare il tuo compito, prova a porti queste domande:
- perché il lettore ricorda la proposta di legge del 1986?
- perché elenca stati e città che hanno già adottato il comportamento da lui auspicato?
- perché sceglie di rivolgersi a un settimanale anziché agli organismi competenti?

Poveri animali

In tutte le città italiane si sono svolte manifestazioni contro i circhi equestri che sono le crudeli anticamere della vivisezione. I circensi più giovani e sensibili hanno denunciato le violenze a cui vengono sottoposti gli animali: colpi di forcone, scosse di corrente, arpionate terribili. Nonostante le opposizioni dei feroci domatori – che vogliono continuare ad arricchirsi sulle sofferenze degli animali – Spinea, Cesenatico, Longiano, Verghereto, Bolzano e tutto l'Alto Adige, Casalecchio di Reno, Rovereto, Collesalvetti, Segrate, Albisola Superiore, Varazze e Livorno hanno vietato nelle loro aree l'ingresso ai circhi che usano la fauna.

Recentemente la Danimarca si è aggiunta alle altre nazioni che hanno già vietato l'uso degli animali negli spettacoli circensi perché disumani e in contrasto con l'art. 7 della Dichiarazione dei Diritti del Bambino proclamata dall'Onu. Tutte le persone civili chiedono che anche l'Italia – in accoglimento della proposta di legge contro i circhi che utilizzano gli animali (giacente in Parlamento dal 1986) – promulghi tale divieto perché lo spettacolo che offrono è una barbarie degna del peggior Medioevo.

M. Cremonesi, "L'Espresso"

3. Nella tua scuola si stanno preparando una mostra fotografica e una conferenza sull'ambiente; devi chiedere:
- al preside dell'istituto vicino
- alla biblioteca locale
- al gruppo sportivo

il permesso di esporre la locandina nelle loro sedi. Prepara tre brevi lettere di richiesta in cui registro e aspetti sottolineati risultino adeguati a ciascuno dei tre destinatari.

Prepara ora il testo di un'altra lettera destinata al quotidiano locale per chiedere di pubblicare la notizia dell'iniziativa.
- Quale registro sceglierai?
- Quali informazioni privilegerai?

3.2. Ricercare ed elaborare contenuti

In questa seconda fase l'attenzione si concentra sul "che cosa scrivere". Si tratta di raccogliere dati e informazioni, a partire da fonti adeguate.

La prima fonte è rappresentata dalla **memoria** e dalle conoscenze che in essa sono immagazzinate, tenendo presente però che la memoria, per certi aspetti, è paragonabile a una biblioteca dove sono conservati migliaia di volumi, ma per trovare ciò che ci serve è indispensabile sapere che cosa cercare e dove cercare. Ciò significa che il recupero delle informazioni conservate nella memoria non avviene in modo automatico, ma deve essere guidato con una serie di domande che, a partire dagli aspetti più generali, giungano a indagare gli aspetti più specifici della tematica.
Queste domande sono diverse secondo il compito di scrittura, e devono permettere di spezzare l'argomento in sottoargomenti più circoscritti e ottenere un percorso capace di guidare la ricerca.

- Se il compito di scrittura riguarda la presentazione di un **fatto**, le domande possono essere di questo tipo:
  - quando è avvenuto?
  - dove?
  - chi vi è stato coinvolto/ chi ha agito/ chi vi ha partecipato?
  - come è avvenuto?
  - perché?

- Se il compito di scrittura è relativo all'analisi di un **fenomeno** o di una **situazione**, le domande utili possono essere di questo genere:
  - di che cosa si tratta?
  - quale origine o causa ha avuto?
  - quali sono gli aspetti peculiari?
  - come si è sviluppato?
  - come si è concluso?
  - quali effetti ha avuto?

Se il compito di scrittura riguarda la discussione di un **problema**, ci si può invece chiedere:
- qual è il problema?
- quali sono gli aspetti specifici?
- qual è la posizione che si intende assumere?
- con quali argomenti si sostiene questa posizione?

È possibile che le conoscenze possedute non siano sufficienti a sviluppare l'argomento in mo soddisfacente. Ci si può allora rivolgere a **fonti esterne**, **bibliografiche** (libri e giornali, specia stici e non) oppure d'**esperienza** (verifica del fenomeno nella realtà attraverso l'osservazione pe sonale, la conversazione e lo scambio d'opinione con altre persone, l'intervista).

I dati raccolti possono essere utilizzati direttamente nel testo, oppure essere rielaborati ricercando ca se, stabilendo confronti, proponendo interpretazioni e spiegazioni, valutando elementi e risultati.

Ricercare idee e contenuti per il nostro saggio breve sull'informazione giovanile significa aver presente i dati emersi dalla ricerca, richiamare alla memoria le letture fatte e i dati statistici e ri laborare il tutto, confrontando, ricercando spiegazioni e fornendo interpretazioni.

RICERCA FATTA A SCUOLA

Quanti studenti
- leggono regolarmente il quotidiano ...%
- non lo leggono ...%

Quanti studenti approfondiscono l'attualità con letture più ampie (articoli di commento, saggi) ...%

Quanti studenti
- seguono sempre il telegiornale ...%
- lo seguono poco ...%

Perché alcuni studenti sono poco informati?
- Difficoltà dei testi ...%
- Poco interesse ...%
- Poco tempo ...%

Che opinione mi sono fatta/o io?

L'INFORMAZIONE GIOVANILE

Come viene considerato il problema dagli studiosi?

Quanti studenti sanno usare e usano Internet ...%

Che quadro forniscono le statistiche?

Esercizi

1. Le informazioni necessarie per scrivere un testo provengono da conoscenze personali, da fonti esterne, da riflessioni sulle informazioni. Quali dati e informazioni puoi ricavare dalle tue esperienze personali rispetto all'argomento sotto esposto?

In molte città italiane il traffico è ormai a livelli insostenibili; quali sono le cause del suo continuo aumento?

Ecco una serie di domande che possono aiutarti a recuperare alcune informazioni immagazzinate nella memoria e relative al traffico cittadino in generale.

➤ Quali sono le mie esperienze del traffico cittadino quando mi muovo a piedi / con i mezzi pubblici / con bicicletta, moto, auto?

➤ Come si presenta il traffico nelle diverse ore della giornata?

➤ E nei vari periodi dell'anno?

Formula ora una serie di domande relative alle cause dell'aumento del traffico. A questo punto puoi costruire la mappa delle idee relative alla traccia data.

2. Devi preparare un testo che illustri aspetti storici, urbanistici, artistici e di cultura locale di Chioggia, una delle tappe della tua prossima gita scolastica. Presso quali fonti troverai le informazioni utili?

3. Pianificare il testo

I dati raccolti e rielaborati non sono ancora il testo, ma gli elementi con cui costruirlo; il passo da fare ora consiste nello scegliere, fra tutto il materiale raccolto, ciò che più interessa e risulta pertinente al compito di scrittura, e nell'organizzarlo in sequenze ordinate e coerenti: è la fase della **pianificazione**.

In questa fase si provvede a:

- **selezionare** il materiale raccolto, scartando ciò che si ritiene poco adatto e individuando gli elementi più importanti (*idee-chiave*);
- **organizzare** intorno a ogni idea-chiave le informazioni necessarie ad ampliarla, spiegarla, dimostrarla, esemplificarla;
- **ordinare** il materiale prevedendo:
  - introduzione;
  - sviluppo;
  - conclusione.

Si farà poi attenzione che ogni porzione di testo abbia legami logici con quanto precede e quanto segue.

Il risultato finale delle operazioni di pianificazione è uno schema grafico (**scaletta**), che funge da "modello" per il testo che ci si appresta a scrivere, e che, se ben realizzato, garantisce la coerenza tematica del testo.

Il primo sottotema del nostro esempio potrebbe essere così pianificato.

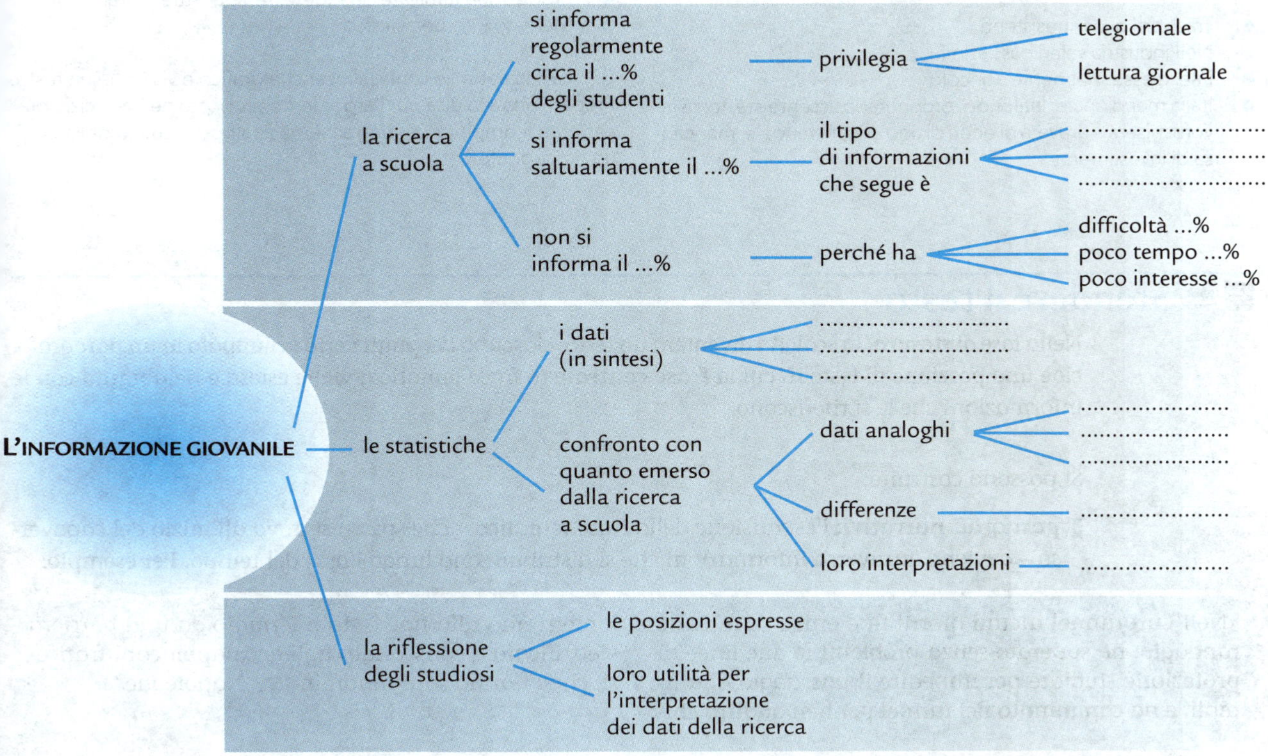

Esercizi

1. Spesso il materiale di cui si dispone è abbondante: la prima operazione da eseguire è quindi selezionare ciò che è pertinente. Ecco una serie di idee e di informazioni che si riferiscono in modo generale alla traccia "Il fenomeno della violenza negli stadi e le sue radici". Indica con una crocetta le informazioni che a tuo parere si devono conservare nel testo e spiega il motivo per cui le altre sono invece da scartare.

- Brevi cenni sulla storia del calcio

- L'elenco delle vittorie e delle sconfitte recenti della nazionale italiana
- Una descrizione di massima della struttura architettonica degli stadi
- Statistiche sugli spazi che la televisione offre alle partite di calcio
- Alcuni racconti di recenti episodi di violenza negli stadi
- Statistiche sul tipo di pubblico (età, professione, residenza) che frequenta le partite di calcio
- Una riflessione sul rapporto interesse/tifo/fanatismo (articolo di giornale)
- Una riflessione sui risvolti economici del mondo del calcio (articolo di giornale)
- Notizie sui "club" e sulle organizzazioni dei tifosi e sulle loro attività
- Notizie circa la presenza delle forze dell'ordine
- Una riflessione sulle capacità di autocontrollo e sul ruolo psicologico del gruppo (lettura specialistica)
- Una riflessione sulle conseguenze di traumi infantili sul comportamento adulto (lettura specialistica)

2. In un insieme di informazioni relative a un argomento, alcune sono più importanti di altre perché sono più vicine alla tematica proposta: sono le idee-chiave. Ti forniamo qui una serie di informazioni, elencate senza alcun ordine, relative a un argomento storico: "L'Italia nei primi anni dopo l'unità".

➤ Distingui le idee-chiave dalle altre informazioni.
➤ Organizza intorno a ciascuna idea-chiave le informazioni che le si riferiscono.

- Trasporti quasi inesistenti
- Nell'industria salari bassissimi
- Paese essenzialmente agricolo
- Italia meridionale: latifondo, proprietario assenteista, forza lavoro misera e gravata di oneri di tipo ancora feudale, mancanza di investimenti
- 1707 km di ferrovia (850 in Piemonte e Liguria, 483 nel Lomb do-Veneto, 255 in Toscana)
- Situazione di complessiva arretratezza
- Industrie manifatturiere scarse e di ridotte dimensioni, am ti di produzione legati all'agricoltura, manodopera di tipo co tadino con impegno per lo più stagionale
- 86 000 km di strade nazionali e comunali (in Francia nello ste so periodo 400 000)
- Industria debole
- 78% della popolazione analfabeta, lingua italiana parlata d meno del 5% della popolazione
- Italia centrale: arretratezza, nelle grandi proprietà ecclesias che diffusione della mezzadria, frequente la piccola azienda conduzione familiare
- Manodopera impiegata nell'industria: 18%
- Manodopera impiegata nell'agricoltura: 70%
- Produzione industriale: 20% del PIL
- Produzione agricola: 18% del PIL
- Italia settentrionale: iniziali elementi di novità con associazio ne agricoltura-allevamento in stalla, ampliamento delle di mensioni delle aziende, abbandono della rotazione biennal frumento-mais in favore della rotazione triennale con l'intro duzione di piante foraggere, costituzione di un ceto di im prenditori agrari disposti all'investimento di capitali
- Agricoltura complessivamente arretrata, proprietà terriera d tipo semifeudale, produzione agricola orientata sull'autoconsumo
- Scarso legame agricoltura-mercato
- Produzione familiare di oggetti (tessuti, attrezzi agricoli)
- Mercato interno asfittico

3. La "scaletta" è il modello, anche grafico e visivo, di un testo. Prepara una scaletta per l'argomento proposto nell'esercizio precedente, completando uno schema analogo a quello della pagina precedente.

3. 4. Stendere il testo

Nella fase di **stesura**, la scaletta diventerà un testo: ciascuno dei punti verrà sviluppato in un paragrafo, cioè una porzione di testo in cui la **frase centrale** (o frase tematica) viene estesa e rielaborata con le informazioni che le si riferiscono.

Si possono costruire:

- **paragrafi narrativi:** l'espansione della frase tematica – che spesso si trova all'inizio del capoverso – avviene attraverso informazioni che si distribuiscono lungo l'asse del tempo. Per esempio:

«Nell'Eurotunnel alcuni giorni fa è entrato un cane randagio; ha superato senza problemi le due linee di protezione studiate per impedire il passaggio di animali, e ha camminato nel tunnel per ben quattro chilometri, ma alla fine è stato fermato da una barriera elettrificata e consegnato agli accalappiacani francesi, che l'hanno soprannominato "Napoleone"».

- **paragrafi descrittivi:** l'espansione è costituita da informazioni relative a caratteristiche e aspetti osservabili concretamente, che si distribuiscono lungo l'asse dello spazio. Per esempio:

«La statua dei Quattro Fiumi di Bernini presenta, attorno a un antico obelisco, una scogliera con grotte e anfratti da cui zampillano quattro getti d'acqua; sopra di esse sono poste le statue delle divinità fluviali che rappresentano il Nilo, il Gange, il Danubio e il Rio della Plata; vi trovano poi riparo piante e animali, come una palma agitata dal vento, un leone, un coccodrillo».

- **paragrafi organizzati su operazioni logiche:** lo sviluppo della frase tematica consiste nella presentazione di:
  - rapporti causa-effetto

fenomeno delle piogge acide è causato dal diffondersi nell'atmosfera dei fumi di scarico ....

  - confronti (per riconoscere analogie e differenze)

Mentre l'autostrada collega in modo diretto, seguendo il percorso più breve, due località, la strada statale collega innanzitutto dei centri abitati ....

  - classificazioni

bacini interni, i laghi, hanno aspetto, morfologia e origine diversi; i laghi di origine glaciale sono stati scavati dai ghiacciai ....; i laghi di origine vulcanica occupano invece i crateri di vulcani ormai spenti e ....; i laghi costieri infine sono il risultato dell'azione combinata del vento e delle maree, che hanno costruito barriere sabbiose ....

  - sviluppi di un processo

Inizialmente le rocce della superficie terrestre vengono attaccate dalle radiazioni solari e dagli agenti atmosferici che produrranno ....; a questi è necessario aggiungere l'azione di vegetali e animali che provocheranno ....; il risultato è un'alterazione delle rocce stesse che cominciano a disgregarsi ....

  - esempi

Uno degli esempi più conosciuti di città sviluppatesi da insediamenti militari romani è Torino; la sua pianta ortogonale con le vie perpendicolari le une alle altre ....

  - deduzioni

Se tutti mostrassimo indifferenza verso le norme che regolano il traffico, la circolazione cittadina piomberebbe rapidamente nel caos: infatti più nessuno si fermerebbe al semaforo rosso, nessuno rispetterebbe più le precedenze ....

Sono il particolare contenuto di ogni punto del piano e l'obiettivo comunicativo che si vuol raggiungere a suggerire quale tipo di paragrafo debba essere usato. Riprendiamo la nostra traccia-esempio sull'informazione giovanile già vista.

- il primo punto dedicato alla ricerca fatta a scuola prevede un paragrafo di classificazione;
- il secondo, dopo una presentazione sintetica dei dati statistici, è basato sul confronto;
- il terzo è un paragrafo di tipo deduttivo, in cui le tesi degli autori permettono di interpretare i dati della ricerca.

Se la costruzione di un buon piano del testo garantisce la coerenza tematica, durante la stesura si deve fare attenzione soprattutto alla coesione testuale, utilizzando al meglio le competenze sintattiche.

Esercizi

1. Il paragrafo consiste nello sviluppo di una frase tematica. Ti forniamo ora una serie di informazioni. Usale per scrivere:
- un paragrafo che abbia come frase tematica la frase **b**;
- un altro paragrafo che abbia come frase tematica la frase **e**.

(Naturalmente sarà necessario inserire delle congiunzioni, modificando, in alcuni casi, modi e tempi verbali.)

a. Torino e Milano sono due grandi città del Nord
b. per alcuni aspetti sono simili
c. ambedue hanno ricoperto nel passato un ruolo importante come capitali politiche
d. oggi hanno una funzione economica assai rilevante per le loro industrie
e. il loro aspetto e la loro struttura urbanistica sono molto diversi
f. Torino si è sviluppata sul reticolo ortogonale dell'antico accampamento romano
g. Milano si è ampliata a raggiera, secondo modalità simili a quelle delle città medievali

2. Gli annunci economici sono testi molto brevi, che sintetizzano in poche righe una serie di informazioni.
Partendo dall'annuncio **a**, costruisci un paragrafo descrittivo completo, arricchendolo con elementi ricavabili dai dati già forniti. Utilizzando gli elementi contenuti nell'annuncio **b**, trasformalo in un paragrafo ampio – adatto per esempio a un opuscolo di pubblicità turistica – in cui l'Azienda autonoma di turismo del luogo illustra le bellezze naturali, le offerte di ospitalità, le attrezzature sportive, per sollecitare l'interesse e orientare la scelta di possibili turisti estivi.

a. AFFARE vendo nuovissimo tavolo da giardino in legno verniciato color noce, ideale per l'estate e pic-nic. Minimo ingombro perché pieghevole. Veramente bello. Misura lungh. cm 100, prof. 67.5, alt. 72.

b. ALBA Adriatica (Teramo) Abruzzo - vacanze tranquille ma divertenti, 4 km arenile, larghezza oltre 100 metri, 3 km passeggiata pedonale, ampia pista ciclabile; 50 alberghi, appartamenti, residences, ville, campings. Eccezionali maggio, giugno, settembre.
Tel. 0861/71.24.26 - Fax 71.39.93.

3. Utilizzando le scarne informazioni di un bollettino meteorologico, prepara un paragrafo descrittivo completo.
Dovrai trasformare le espressioni prive di verbo in proposizioni complete e legare tali proposizioni in periodi più ampi usando elementi di coesione sintattica (come congiunzioni, pronomi ecc.).

Situazione generale: una perturbazione si è costituita sul mare d'Irlanda / si muove verso sud-est / raggiungerà l'arco alpino
Previsoni per l'Italia: cielo nuvoloso a nord / nella mattinata aumento della nuvolosità sulle regioni nord-orientali / possibilità di piogge e temporali sui rilievi / sereno o poco nuvoloso sulle altre regioni.

4. Sviluppa in un paragrafo descrittivo questa frase tematica: "Il forte temporale della notte aveva quasi devastato il giardino".

Tieni presente che:
- le informazioni devono permettere di completare il quadro che la frase tematica ha suggerito;
- oggetti e situazioni vanno presentati in modo dettagliato;
- le informazioni devono essere raggruppate secondo criteri spaziali e ordinate secondo un preciso punto di vista (da quale punto viene osservato il giardino?);
- la descrizione necessita di un lessico preciso e vario.

5. Scrivi un paragrafo di spiegazione (ricerca di cause) a partire dalla seguente frase:
"Il cartello di divieto d'accesso non era per nulla visibile".

Tieni presente che:
- le informazioni devono giustificare la frase tematica;
- se vi sono più cause, vanno presentate tutte in modo ch
- è bene ordinare le cause secondo un criterio (per esemp importanza);
- i vari segmenti della spiegazione vanno collegati con le op tune congiunzioni (causali e/o esplicative).

6. Sviluppa la seguente frase in un paragrafo narrativo:
"Il viaggio di ritorno dal lago domenica è stato terribile".

Tieni presente che:
- le informazioni devono essere relative a una serie di ever di fatti coerenti con l'affermazione della frase tematica;
- le informazioni vanno organizzate secondo criteri tempo (cronologicamente);
- tempi dei verbi e altri indicatori di tempo (per esempio gli verbi) evidenziano le diverse fasi della narrazione.

7. Sviluppa con uno o più esempi la seguente frase temat "Alcuni motociclisti sono veramente imprudenti".

Tieni presente che:
- le informazioni devono permettere di rendere concreta l' servazione generale e astratta della frase tematica;
- l'esempio scelto deve essere presentato dettagliatamen
- nel caso si utilizzino più esempi, nella formulazione va evita l'effetto "elenco".

8. Prepara un paragrafo di spiegazione partendo dal disegno portato sotto.

Tieni presenti queste indicazioni:
- enuncia il fenomeno schematizzato;
- dai alle informazioni una sequenza logica (causa-effetto
- esponi le informazioni secondo un ordine rigoroso;
- usa le congiunzioni tipiche della spiegazione;
- scegli un lessico preciso e, se necessario, specialistico.

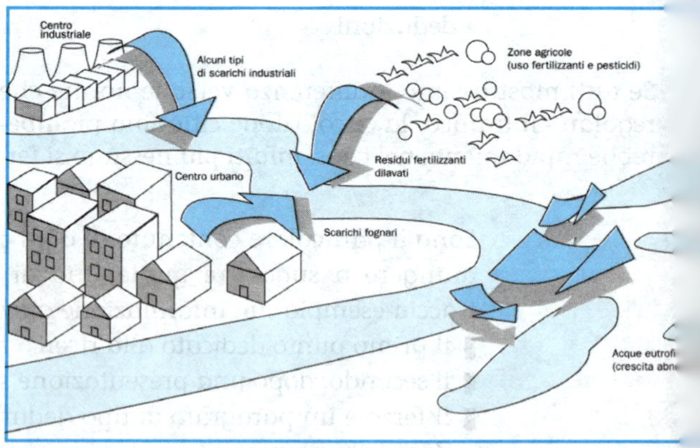

9. Osserva l'illustrazione seguente e le relative didascalie e utilizzale per stendere un paragrafo descrittivo.

Segui queste fasi:
- osserva tutte le informazioni che ti vengono fornite;
- scegli una frase tematica (per esempio: "Tutto nel cammello è predisposto al risparmio di acqua");
- individua le informazioni che ti permetteranno di espandere la frase tematica, raggruppale secondo un criterio (le varie funzioni fisiche per esempio) e dai loro un ordine;
- collega, nella stesura, le varie parti con le forme di collegamento adatte;
- scegli un lessico preciso e, se necessario, usa termini specialistici scientifici.

**Il muso
sole**
cammello si mette di
›nte al sole per ridurre al
inimo la superficie del
›rpo esposta ai raggi.

2. Respiro lento
Grazie a un ritmo respiratorio assai lento, da 8 a 16 inspirazioni al minuto, gli scambi con l'esterno sono ridotti al minimo. E il vapore acqueo contenuto nell'aria esalata viene riassorbito dalla mucosa nasale.

3. La gobba
La gobba non è un serbatoio d'acqua; si tratta di un ammasso di grasso ed è la riserva di energia che il cammello brucia in assenza di cibo.

4. Sudorazione minima
La temperatura dell'animale ondeggia tra i 34° e i 42° secondo la temperatura esterna (da -5° a +50°). Questo originale sistema di termoregolazione è la chiave della grande resistenza al caldo.

5. Sangue resistente
I globuli rossi del cammello sono particolarmente resistenti. Quando l'animale assorbe grossi quantitativi d'acqua, resistono allo choc e possono raddoppiare.

6. Acqua riciclata
L'acqua che ricicla nell'intestino e nei reni, viene recuperata in parte dall'organismo, grazie all'azione di due ormoni, l'aldosterone e l'ADH.

7. Poca urina
Il cammello elimina un paio di litri al giorno di urina, assai concentrata.

5. Rivedere il testo

A testo ultimato si procede alla **rilettura** o revisione. In questa fase (molto importante, ma spesso effettuata frettolosamente, poco prima della consegna del lavoro), lo scrivente si trasforma in lettore del proprio testo: questo gli permette di verificarne l'adeguatezza comunicativa, il contenuto, la forma, e di scoprire le eventuali imperfezioni.
L'atteggiamento di attenzione e di controllo che si manifesta durante la revisione, tuttavia, è già entrato parzialmente in funzione durante la stesura del testo: l'ortografia e la sintassi nei suoi aspetti più semplici (completezza delle frasi, concordanze, modi e tempi dei verbi) vengono di solito sorvegliate man mano che si scrive, e corrette subito se percepite come inesatte o insoddisfacenti.

La revisione è sicuramente più efficace:
- se si può lasciare un intervallo di tempo fra la stesura e la rilettura, in modo da avere una certa "distanza" dal proprio lavoro ed effettuare quindi una lettura più "dall'esterno", più oggettiva;
- se si può disporre di una "lista" di aspetti da controllare, relativa sia al contenuto sia alla forma.

In fase di revisione si procede a una prima lettura di tutto il testo, per averne un'idea complessiva; si controlla, ritornando eventualmente alla scaletta, che tutte le parti previste siano state sviluppate. Si rilegge poi ogni capoverso separatamente osservandone sia la pertinenza e l'organicità, sia la sintassi e il lessico. Le eventuali imperfezioni vanno segnate e corrette al termine della lettura.

Ecco una "lista" che può essere usata come promemoria all'atto della revisione.

Completezza e coerenza del testo

Controllare se:
- tutti i temi e sottotemi individuati sono stati trattati;
- temi e sottotemi hanno ricevuto lo sviluppo necessario (numero e ampiezza dei paragrafi dedicati a ciascuno);
- temi e sottotemi sono presentati secondo un ordine valido;
- sono state date le informazioni necessarie alla comprensione;
- le informazioni sono coerenti e non contraddittorie.

Sintassi

Controllare se:
- i periodi sono di lunghezza regolare e adeguata;
- tutti i periodi hanno il verbo principale;
- la punteggiatura (le virgole in particolare) è usata correttamente;
- i verbi principali mantengono lungo tutto il testo lo stesso tempo (o tempi coordinati);
- le concordanze (soggetto/verbo, nomi/pronomi) sono esatte.

Lessico

Controllare se:
- vi sono troppe ripetizioni;
- parole ed espressioni sono sufficientemente precise e non generiche;
- è stata usata la terminologia specifica, laddove era necessario.

Ortografia

Controllare:
- la correttezza della grafia di parole con digrammi particolari (*gl* / *sc* / *gn* / *ch* / *gh* / *cq*) e con doppie;
- l'uso dell'apostrofo;
- l'uso dell'*h* nel presente del verbo avere;
- la correttezza degli accenti.

Esercizi

1. Il paragrafo è la struttura-base del testo ed è costituito da una frase tematica e dallo sviluppo che di questa si effettua.
Uno studente ha sviluppato il tema "Parla del tuo rapporto con il cibo" in una serie di paragrafi che ti proponiamo di seguito.
Rileggi il primo paragrafo e fai le modifiche che ritieni necessarie per renderlo più chiaro e scorrevole:
- osserva se il paragrafo è stato sufficientemente sviluppato oppure se mancano dati;
- individua quali informazioni potrebbero essere estese e arricchite.

«A me non piace mangiare, lo faccio solo per vivere, tranne i dolci e poche altre cose che non smetterei mai di mangiare; ciò non posso farlo perciò sono obbligato a mangiare di tutto, dal primo alla carne o al formaggio.»

2. Nella revisione va osservata con particolare attenzione la sintassi. Leggi questo paragrafo ed effettua le modifiche sintattiche necessarie.

«Ricordandomi anche che da piccolo, mi sarebbe piaciuto, per il mio futuro, fare il cuoco, ma visti i raccapriccianti risultati dei miei piatti credo proprio che quello del cuoco non sia il mio mestiere, anche se nel mio piccolo mondo, quando sono solo, le mie invenzioni gastronomiche valgono di più di altri cibi prelibati che si servono nei ristoranti DOC.»

3. Durante la revisione si controllerà anche che i periodi non siano troppo lunghi e che la punteggiatura sia usata correttamente. Leggi questo paragrafo e apporta le modifiche necessarie.

«Avendo prima letto e poi visto nel film *Kaos* la novella di Pirandello *L'altro figlio* ho notato alcune diversità riguardanti sia la trama sia i personaggi, la distribuzione delle scene e cioè le vicende vengono modificate nel film infatti la vicenda disposta in un'unica soluzione mentre nella novella vera e propria avviene in tre fasi e l'ordine viene mantenuto uguale sia nella novella che nel film, in quanto l'ordine non crea problemi per la trasposizione filmica.»

4. Leggi questo paragrafo e fai le modifiche necessarie relativamente ai pronomi, alla punteggiatura e all'ordine delle proposizioni dipendenti.

«Nel proseguire della vicenda nel film si vede una lunga processione di uomini, donne e ragazzi che passando per la strada battuta arrivano alla carovana in partenza per l'America che si conclude con Maragrazia che consegna la lettera a un ragazzo, per portarla ai figli, al quale viene presa e strappata sotto gli occhi di lei che si china per raccogliere i pezzi di carta stracciati.»

5. In questo paragrafo, in cui uno studente parla del parco naturale che si dovrebbe creare nella zona in cui abita, occorre:
- inserire espressioni di collegamento;
- modificare congiunzioni;
- trasformare in subordinate proposizioni coordinate;
- togliere parti poco integrate nel testo.

Apporta queste modifiche dopo aver letto il testo.

«Il parco ha uno scopo umanitario che non è da trascurare, cioè la salvaguardia ambientale di flora e fauna, infatti ho appreso le molte specie di flora presenti e originarie delle nostre montagne, e penso che la salvaguardia ambientale sia un problema su cui tutti i cittadini dovrebbero fare un accurato pensiero, dopo tutti i problemi di inquinamento ancora irrisolti e con poche probabilità di essere risolti.»

Quello che segue è uno dei paragrafi contenuti in un testo ɔsitivo scritto da uno studente e dedicato ai problemi ambien- leggilo con attenzione, modifica gli aspetti insoddisfacenti e recisi, e miglioralo là dove ti sembra possibile.

erva in particolare:
l'organizzazione testuale (è un lungo elenco di cause: si può modificare?);
le informazioni (sono sufficientemente chiare? Potrebbero essere ampliate?);
la punteggiatura (si tratta di un lungo periodo scandito da molti punti e virgola: come potrebbe essere migliorato?).

Molte e importanti sono le cause che provocano il degrado delle condizioni dell'acqua:

le piogge acide, rese così dallo smog delle città (un problema fondamentale); l'uso di fertilizzanti, concimi chimici e pesticidi usati in agricoltura per ottenere più profitti; gli insediamenti turistici estivi, ossia una valanga di scarichi in più a quelli già esistenti; le falde acquifere che spesso, prima di raggiungere uno sbocco, sono "rimpinzate" anch'esse di rifiuti; i centri urbani dove (lo si capisce da soli) le cause sono moltissime (rifiuti liquidi ed organici, pattume ecc...); l'eutrofizzazione delle alghe ossia la sovrabbondanza delle stesse.

4. Scrivere testi diversi

Anche quando trattano argomenti diversi, hanno scopi differenti e destinatari differenti, e si presentano con ampiezza varia, fra i testi si possono individuare delle affinità di struttura, tanto da poter parlare di classi di testi o di tipi testuali.

1. Il testo narrativo

Tratto essenziale del testo narrativo è quello di organizzare le informazioni secondo una **scansione temporale**, mentre la **struttura** della narrazione si articola intorno ad alcuni elementi che ne segnalano gli aspetti fondamentali:
- chi agisce;
- l'azione stessa, il fatto;
- il tempo;
- il luogo;
- il motivo dell'azione.

Che cosa →
Chi →
Quando →
Dove →
Perché →

Il pesce siluro ha cessato di essere una leggenda metropolitana. Un esemplare di circa due metri è stato infatti pescato e regolarmente fotografato da due giovani fratelli, Paolo e Fabio Bolzoni di 25 e 23 anni, che domenica scorsa, dopo averlo pescato non senza fatica, hanno esibito l'animale al pubblico di pescatori e perdigiorno che affollava, nel pomeriggio, la riva emiliana del fiume Po, all'altezza del ponte ferroviario vicino Piacenza. Di probabile origine asiatica, il pesce siluro non è in realtà nuovo alle acqua di fiume e di lago del nord Italia. Grande cacciatore, fa strage di pesci più piccoli e può arrivare a minacciare piccoli esemplari di animali lasciati incustoditi lungo le rive. Non si ha notizia di esemplari che hanno assalito l'uomo. Poiché la pesca aveva un puro scopo ricreativo, il pesce siluro è stato subito ributtato dai due fratelli Bolzoni in acqua, dove rapidamente si è dileguato.

adattato da "La Libertà" di Piacenza, 2 giugno 2007

La narrazione può riferire eventi reali, come si può vedere **nelle notizie di cronaca** (come nell'esempio), **nelle biografie e autobiografie, nei diari personali, nelle lettere, nelle testimonianze:**

- Abramo Lincoln nacque nel Kentucky nel 1809; discendeva da una modesta famiglia di pioneri, che era vissuta prima nell'Indiana e poi nell'Illinois; rimasto orfano di madre all'età di nove anni, frequentò saltuariamente le scuole ...

- 23 marzo 2001

Oggi – è il mio compleanno – mi hanno regalato questo diario; potrei anche esserne contenta se non avessi il sospetto che chi me l'ha regalato (mia sorella maggiore) l'abbia fatto non per fare una cosa carina, ma per darmi un mezzo per sfogarmi senza dar fastidio agli altri ...

oppure eventi creati liberamente da uno scrittore, come avviene nella narrativa *fictional*: **rom[anzi], fiabe, novelle, racconti**.

Fu nell'anno 1601 della Terza Era, che i due fratelli paloidi, Marcho e Blanco, partirono da Brea; e avendo ottenuto il permesso dal gran re di Fornost attraversarono il fiume Baranduin seguiti da un gran numero di Hobbit; passarono sul Ponte di Arcoinpietra, costrui[to] ai tempi dello splendore del Regno del Nord, ed occup[a]rono le terre comprese tra il fiume ed i Luoghi Lontan[i].

J.R.R. Tolkien, *Il Signore degli Anelli*, Rusco[ni]

Nel testo narrativo giocano un ruolo importante, capace di creare effetti narrativi di rilievo:

- l'ordine della narrazione:

– può essere sequenziale e ordinato cronologicamente

L'ultimo compito di matematica era stato davvero terribile e praticamente nessuno in classe aveva potuto finirlo. I giorni seguenti il professore non aveva fatto nessun commento e alle nostre domande insistenti si era limitato a dire che non aveva ancora iniziato la correzio[ne]. Ma quella mattina l'avevamo visto entrare nell'isti[tu]to con il pacco dei compiti infilato nel giornale. Quando il prof. entrò in classe, l'ansia era al massimo.

– ma può anche presentare un ordine cronologico modificato

Quella mattina seguivamo dalla porta della nostra classe – da cui era possibile vedere tutto il corridoio – i movimenti del prof. di matematica, che usciva dalla sala professori e che aveva in mano il pacco dei compiti, gli ultimi del quadrimestre. Quei compiti erano stati davvero terribili, e nessuno in classe aveva terminato gli esercizi, ora guardavamo il prof. venire verso la nostra classe con un'ansia che non eravamo più in grado di controllare.

- il ritmo della narrazione:

– veloce e serrato

Il prof. di matematica percorse il corridoio rapidamente, entrò in classe, appoggiò il pacco dei compiti sulla cattedra, li guardò e infine guardò noi.

– rallentato dall'introduzione di descrizioni, commenti e riflessioni del narratore

Attendevamo con ansia di conoscere l'esito di quel terribile compito – l'ultimo del quadrimestre che nessuno aveva terminato. Il prof. non aveva fatto nessun commento nei giorni successivi, limitandosi a rispondere alle nostre domande che non aveva ancora iniziato la correzione. Ma quella mattina aveva con sé i compiti. Noi osservavamo dal fondo del corridoio i suoi movimenti: sulla porta della sala professori si fermò a scherzare – sì, proprio a scherzare! – con il prof. di scienze, e noi, angosciati, attendevamo. Venne verso la nostra classe camminando tranquillamente: per lui era evidentemente una giornata come tutte le altre. Entrò in classe, venne verso la cattedra, appoggiò i compiti, li guardò: gli occhi di diciannove studenti erano puntati su di lui…

- il punto di vista:

– oggettivo, quando i fatti vengono riferiti in modo impersonale e neutro

L'ultimo compito di matematica del quadrimestre ha avuto esito negativo: l'abbiamo trovato tutti molto difficile e nessuno ha potuto portarlo a termine; forse sarà possibile chiedere al prof. un compito di recupero.

– soggettivo quando nella narrazione filtrano elementi dell'esperienza personale di chi scrive

L'ultimo compito di matematica del quadrimestre è stato per noi un fiasco senza precedenti; ora, a disastro avvenuto, ci chiediamo come convincere il prof. a non considerarlo sentenza definitiva.

Da un punto di vista linguistico una narrazione è caratterizzata dai modi e dai tempi verbali: l'imperfetto segnala per esempio il perdurare di un'azione (… mentre <u>leggevo</u> …), oppure l'indeterminatezza del tempo in cui un'azione avviene (<u>Viveva</u> un tempo in un paese lontano …); il gerundio indica un'azione di sfondo rispetto ad un'altra più puntuale (<u>Avvicinandosi</u> allo scaffale <u>indicò</u> quei libri …); i vari tipi di passato segnalano i diversi piani temporali delle azioni (Nessuna notizia mi <u>era stata comunicata</u> dopo di allora fino a quando non <u>giunse</u> la telefonata che mi <u>avvisava</u> del ritrovamento del motorino, lo stesso che <u>sto</u> usando ancora oggi).

Esercizi

Leggi il breve articolo riportato qui sotto, dedicato a un fatto ronaca cittadina, poi:

riscrivilo mettendo i fatti in ordine cronologico;
confronta le due versioni e cerca di stabilire quale di esse sia più adatta a mettere in evidenza le conseguenze del fatto (il disagio dei cittadini);
individua gli elementi che determinano questo risultato.

Tornado a Lignano, ombrelloni travolti
Un tornado si è abbattuto anche sul litorale di Lignano, in provincia di Udine, sollevando diverse centinaia di ombrelloni, lettini e sedie a sdraio, che sono stati trascinati in mare dalla furia del vento.
Numerosi i danni alle strutture balneari.

"La Repubblica"

Utilizza questa scarna notizia per costruire un testo narrativo ompleto; stabilisci se:
utilizzare una modalità soggettiva oppure oggettiva
costruire un testo cronologicamente ordinato oppure con sequenza temporale modificata

Tra Porta Genova e viale Negrelli cede il pavé: stop forzato di tram e bus
Disagi e contrattempi, dalle 7,30 alle 15,30 di ieri, per i passeggeri dei tram 2 e delle linee di bus (47, 59 e 74) spolpate per trovare dei mezzi sostitutivi. Per il cedimento del pavé sotto il ponte delle Milizie – secondo i vigili sintomo di problemi più consistenti – è stata completamente interrotta la circolazione dei «2» tra Porta Genova e piazzale Negrelli. Stamattina sono preventivati nuovi blocchi. I tecnici, infatti, dovranno verificare le cause del dissesto: l'ipotesi è che dalle malmesse sponde del Naviglio, parzialmente svuotato per consentire i controlli odierni, filtri acqua che il condotto fognario adiacente non è più in grado di contenere e che impregna pericolosamente il terreno sotto via Lodovico il Moro.

"La Repubblica"

3. Scegli una persona che conosci (amico, parente...) e preparane una biografia oggettiva e dettagliata:

- organizza il testo in paragrafi, ciascuno dedicato a una fase della vita (infanzia, giovinezza...);
- metti in evidenza gli eventi che risultano solitamente più importanti di altri (esperienze infantili o giovanili, scelta degli studi...).

4. Prepara una cronaca, da pubblicare sul giornalino scolastico o sul notiziario locale, di un fatto che ha coinvolto la tua scuola:

- in fase di orientamento sul testo, stabilisci se adottare uno stile disinvolto e brillante, oppure uno stile oggettivo e serio; documentati sullo svolgimento dei fatti;
- preparando la scaletta, decidi se presentare i fatti in sequenza cronologica o modificata, come introdurre i personaggi, quale spazio dare alle descrizioni, come articolare il testo in sezioni;
- nella stesura segui l'articolazione stabilita e cura il lessico, soprattutto nelle descrizioni;
- rivedi il tuo scritto mettendoti dal punto di vista di chi non ha assistito al fatto e controlla se hai dato tutte le informazioni necessarie alla comprensione del fatto stesso.

4.2. Il testo descrittivo

Descrivere significa fornire informazioni relative a oggetti, luoghi, situazioni, persone "dall'esterno", indicandone cioè la forma, l'aspetto, le dimensioni, le parti costitutive.

Nel fisico, Grandet era un uomo di cinque piedi, membruto, tarchiato, aveva i polpacci di dodici pollici di circonferenza, rotule nodose e larghe spalle; il suo viso era tondo, violaceo, butterato dal vaiolo; il mento diritto, le labbra senza sinuosità, i denti bianchi, gli occhi avevano l'espressione calma e divoratrice che il popolo attribuisce al basilisco; la sua fronte piena di rughe trasversali, non era priva di protuberanze significative; i suoi capelli giallastri e brizzolati erano bianchi e oro, dicevano certi giovincelli che non conoscevano la gravità d'una facezia fatta sul signor Grandet. Il suo naso, grosso in punta, sopportava una verruca sanguigna, che il volgo diceva, non senza ragione, piena di malizia.

H. de Balzac, *Eugenia Grandet*

Una descrizione è poi caratterizzata:
- dal punto di vista assunto da chi descrive, che può essere:
– multiprospettico

Nel giardino – 10 000 metri, scoscesi, affacciati sul mare, terrazzati a secco con le pietre scure dell'isola – crescono agavi e aloe imponenti, euforbie torreggianti, grandi mammillarie, fichi d'India giganti, un'immensa Strelitzia e robuste Dracene. In prossimità della casa il giardino si fa più fiorito e vivace: sui muri si arrampicano Bougainville di ogni sfumatura, dai muretti ricadono lantane variopinte e rose rifiorenti.

adattato da "Gardenia", n. 207, G. Mondadori

– oppure monoprospettico

Mi accorsi allora che il paese non si vedeva arrivando, perché scendeva e si snodava come un verme attorno ad un'unica strada in forte discesa, sullo stretto ciglione di due burroni, e poi risaliva e ridiscendev[a] tra due altri burroni, e terminava nel vuoto.

C. Levi, *Cristo si è fermato a Eboli*, Einau[di]

- dalla modalità adottata:

– oggettiva, impersonale

I gorilla, timidi quanto imponenti con i loro 2 m di statura, i 2 m e 60 di apertura di braccia e i loro 200-300 chili, tutti di muscoli, vivono appartati nelle foreste dell'Africa Occidentale e del Congo. Il loro vello, sovente nero, può raggiungere uno spessore di 10 cm. Il petto e il ventre sono poco villosi, la palma dell[e] mani e la pianta dei piedi sono nude.

Il Grande Libro degli animali e l'ambiente, Vallar[di]

– oppure soggettiva, più personale

Al di là della vetrata, "Copito de Nieve" (Fiocco di neve, così lo chiamano) è una montagna di carne e pelo bianco. Seduto contro una parete sta prendendo il sole. La maschera facciale è d'un roseo umano, lavorata dalle rughe; anche il petto mostra una pelle glabra e rosea come quella degli uomini di razza bianca. Quel viso dalle fattezze enormi, da gigante triste, ogni tanto si volta verso la folla dei visitator[i] oltre il vetro, a meno di un metro da lui; un lent[o] sguardo carico di desolazione e pazienza e noia, un[o] sguardo che esprime tutta la rassegnazione a essere come si è ...

I. Calvino, *Il gorilla albino*, in *Palomar*, Einaudi

La descrizione costituisce testo autonomo solo in poche, specifiche occasioni (voci di enciclopedi[a], didascalie, depliant illustrativi); più spesso è elemento di testi di tipo diverso, con funzione infor[-]mativa, espressiva, persuasiva.

Forte rilievo assume nella lingua della descrizione il **lessico**, ricco e vario, con una cura particolare per l'aggettivazione, e specialistico nei testi scientifici e tecnici.
Sono poi importanti tutte le espressioni che indicano la collocazione nello spazio (avverbi e locuzioni avverbiali di luogo).

Arrivo a Penang di sera. All'Eastern and Oriental Hotel (il più bell'albergo per europei nel quale mi sia imbattuto nella penisola indocinese) mi fu assegnato un appartamento principesco di quattro locali; davanti alla veranda, contro il muro, si frangeva il mare di un colore verde cupo e nella sabbia rossa si ergevano nella sera gli alberi grandi e maestosi. Le vele rosso scuro e gialle di molte giunche, costruite come robuste ali di drago, brillavano nell'ultima luce del giorno e, dietro, la bianca striscia di sabbia della spiaggia di Penang...

H. Hesse, *Una sera in Asia*, in *Viaggio in India*, Newton Compton

Esercizi

1. Scegli un ambiente al quale sei legato in modo particolare:

a.
- preparane una descrizione oggettiva (posizione, elementi, spazi, forme, colori...);
- stabilisci il punto di vista (mono o multiprospettico) e l'ordine da dare alle informazioni (da una visione di insieme ai dettagli; dall'alto al basso, da destra a sinistra);

b. fai una seconda descrizione in cui si avverta il tuo personale legame con l'ambiente, utilizzando il primo testo come traccia;

c. confronta i due testi: quali modifiche hai effettuato?

2. Tra le funzioni tipiche della descrizione c'è quella informativa. Scegli un oggetto (strumento di laboratorio, utensile da lavoro) e preparane la descrizione da utilizzare in un piccolo glossario:

- sarà oggettiva e multiprospettica;
- avrà una lunghezza di 150-200 parole;
- il lessico sarà rigorosamente tecnico;
- le informazioni saranno presentate secondo un ordine logico generale-particolare.

Altra funzione della descrizione è quella persuasiva. Scegli meta turistica che conosci e preparane una descrizione per turista:

- avrà una lunghezza di 200-250 parole;
- sarà soggettiva;
- le informazioni potranno essere organizzate in modi diversi: dal generale al particolare, come se il turista si trovasse di fronte al paesaggio nel suo complesso e ne scoprisse via via i dettagli, per una scoperta progressiva, come se il visitatore si avvicinasse alla zona e ne vedesse i particolari uno dopo l'altro;
- la varietà del lessico sarà uno degli elementi suggestivi della descrizione.

4. Stai scrivendo un raccontino e devi presentare un personaggio-chiave: preparane la descrizione completa in modo che le informazioni date anticipino e ne facciano intuire carattere e psicologia:

- le descrizione avrà una lunghezza di 150-200 parole circa;
- sarà soggettiva;
- verranno presi in considerazione l'aspetto fisico, l'abbigliamento, gli atteggiamenti;
- l'ordine descrittivo può essere generale-particolare, ma anche diverso, per esempio quello di un bambino che vede il personaggio dal basso verso l'alto scoprendone gradualmente i particolari.

3. Il testo espositivo

L'ambito di cui si occupa il testo espositivo è il piano delle conoscenze, e oggetti privilegiati sono concetti, fenomeni, situazioni di cui vengono illustrate le caratteristiche, indicate le cause, proposti esempi: l'esposizione (da *explicare*: aprire le pieghe) **analizza e spiega**. Da un punto di vista strutturale, l'esposizione si organizza intorno a un **tema centrale** che nel testo si articola in **sottotemi**, ciascuno sviluppato in un paragrafo con una funzione logica specifica.

La terapia assiro-babilonese

I documenti archeologici elencano un gran numero di rimedi e piante medicinali che venivano usati dai medici assiro-babilonesi: non meno di 250 medicamenti vegetali e 120 minerali, somministrati sotto forma di decotti, infusi, polveri, fumigazioni, irrigazioni instillazioni, supposte, ovuli e clisteri (questi venivano praticati con uno speciale dispositivo detto "flauto").	*tema:* i medicamenti degli Assiro-Babilonesi
Per la loro preparazione si impiegavano vini, grassi, olii, miele, cera e latte. Forse gli Assiri e i Babilonesi avevano già qualche idea della cronobiologia, in quanto le applicazioni di questi medicamenti avvenivano non in un'ora qualsiasi del giorno, a caso, ma in ore ben prestabilite, per lo più dettate dagli astri.	*sottotema:* modi d'uso
Tra i medicamenti più noti figurano: alloro, aloe, anice, cannabis, cassia, olio di ricino, mirra, mirto, melograno, olivo, papavero, senape. Molto diffusa era anche l'*Atropa belladonna*, che nei millenni successivi troverà larga diffusione nel resto del mondo. La sua proprietà di rendere "più profondo" lo sguardo (in virtù della sua azione midriatica) fu apprezzata anche dalle dame delle Corti europee, il che le valse appunto l'appellativo di belladonna.	*sottotema:* medicamenti di origine vegetale
Tra i farmaci di origine minerale figuravano l'allume, il rame, lo zolfo, la creta, la magnetite. I medici utilizzavano lo zolfo contro la scabbia, la cannabis nella depressione psichica e nelle nevralgie. In caso di polmonite ricorrevano all'applicazione locale di cataplasmi di semi di lino.	*sottotema:* farmaci di origine minerale
Tra le altre misure di trattamento figuravano quelle dietetiche ("evitare le cipolle", "mangiare ricotta in caso di dispepsia") e comportamentali (riposo, sonno).	*sottotema:* le misure di trattamento
Poiché i medicamenti venivano dati per cacciar via i demoni delle malattie, le medicine avevano quasi tutte sapore sgradevolissimo, sì da disgustare quei demoni.	*sottotema:* caratteristiche dei medicamenti

L. Sterpellone, *Stratigrafia di un passato*, Puntoelinea

L'esposizione è la forma tipica della saggistica, specialistica e divulgativa, ed è la modalità più fusa nei manuali scolastici delle varie discipline.

La lingua del testo espositivo è oggettiva e precisa: elemento importante sono i **connettivi** (pre sizioni, congiunzioni, e ogni altra espressione che abbia lo scopo di collegare parti più o me ampie del discorso): segnalando il tipo di relazione esistente tra le frasi evidenziano contempo neamente i nessi logici fra i concetti.

Il lessico è accurato, solitamente specialistico della disciplina oggetto dell'esposizione e garanti rigore e scientificità al testo.

Ciclone e **anticiclone** sono sinonimi, rispettivamente, di **area di bassa e di alta pressione**. La pressione che l'**atmosfera** esercita sulla superficie terrestre varia da zona a zona; tale variabilità è strettamente legata ai grandi **moti atmosferici**, che tendono a svilupparsi al fine di contrastare il diverso riscaldamento delle **calotte polari** e della **fascia equatoriale** da parte del Sole. I moti principali tenderebbero perciò ad essere quelli di aria fredda dai poli verso l'Equatore e di aria calda in senso contrario. Ma, poiché la Terra ruota attorno al proprio **asse**, ciò determina la modificazione di tali moti. Nell'Atlantico settentrionale in particolare, si forma una vasta area di alta pressione, con persistenza di bel tempo, la cui zona centrale caratterizzata dai valori massimi di pressione, è spesso vicina alle Isole Azzorre, da cui l'anticiclone prende il nome. La sua estensione e posizione variano sensibilmente nel corso delle stagioni: la sua espansione verso il Mediterraneo è fondamentale per esempio per la stabilità delle nostre estati.

adattato da "Quark", n. 6

Esercizi

1. Ecco una lista di termini ed espressioni geografici relativi al clima e ai suoi fattori:

- fattori geografici • fenomeni meteorologici • latitudine
- continentalità • altitudine • vegetazione

- scrivi per ciascuno il significato con le parole della lingua comune;
- costruisci poi un breve paragrafo che illustri che cosa si intende per clima e quali sono i suoi fattori geografici utilizzando le parole della lingua comune;
- costruisci un secondo paragrafo sullo stesso argomento utilizzando la terminologia scientifica;
- confronta i due paragrafi e valuta per ciascuno le caratteristiche di chiarezza, semplicità e precisione.

Puoi cominciare così il primo testo:

Per clima di un certo posto intendiamo ....; le cose che lo rendono così sono ....

Il secondo testo può iniziare così:

Per clima di una regione intendiamo ....; i fattori che lo determinano sono ....

2. Riportiamo alcuni dati sull'istruzione in Europa: utilizzali per preparare un breve testo (200 parole circa) che esponga in modo esteso le informazioni; segui questo percorso:

- trascrivi tutti i dati e costruisci un istogramma;
- adotta un punto di vista: può essere la semplice presentazione dei dati europei, ma può anche essere il confronto fra la situazione italiana, la media europea e le punte più alte e più basse in Europa.

– Il 60% degli italiani fra i 25 e i 29 anni ha conseguito almeno la maturità.
– Il 71% è invece la media europea relativa allo stesso dato.
– Il 35% è il dato del Portogallo, fanalino di coda con la Spagna (58%); primi in Europa i Danesi con l'89%.

fonte: Ufficio statistico UE

3. Ricava da questo schema a blocchi un testo che spieghi quali conseguenze possono derivare dall'aumento eccessivo dei capi di bestiame in ambienti fragili come le praterie tropicali e le steppe temperate:

- trasforma i blocchi in appunti;
- ordina gli appunti in modo da trasformarli in scaletta;
- stendi il testo utilizzando il lessico adatto.

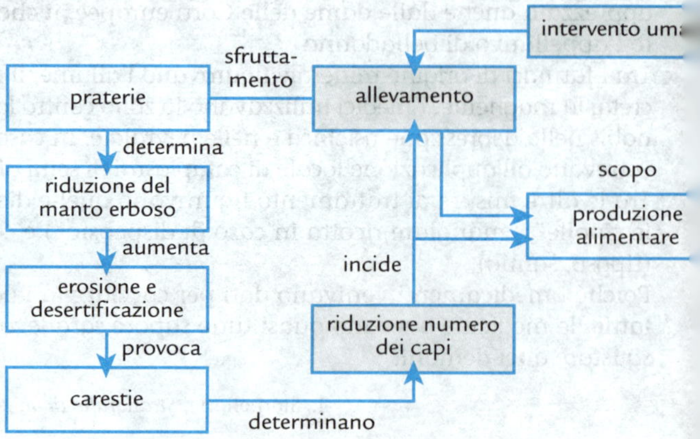

4. Il testo argomentativo

Con il testo argomentativo chi scrive presenta argomenti a favore di una propria posizione di cui vuole sostenere la fondatezza e la validità. Elementi costituivi dell'argomentazione sono:

il problema di cui si discute	può appartenere ai settori più diversi dell'esperienza e della conoscenza
la tesi, cioè la posizione assunta rispetto al problema	il testo può avere lo scopo di affermarne la validità, oppure può ripromettersi di confutarla dimostrandone l'infondatezza
gli argomenti con cui si sostiene la validità o l'infondatezza della tesi	possono essere oggettivi (dati concreti, scientifici, statistici) oppure soggettivi (valutazioni, giudizi, opinioni personali); in questo caso la validità sull'esperienza, sul senso comune, sull'autorità di chi li afferma.
conclusione	

Benessere e alimentazione

Da molto tempo ormai la televisione a ogni ora del giorno ci propone un'ampia rassegna di programmi dedicati al benessere. Le riviste offrono un'ampia gamma di ricette di piatti sani e a basso contenuto calorico e consigli su come cucinare con gusto rispettando la salute. A fronte di così tanti segreti generosamente confidati da cuochi e dietisti, dovremmo essere tutti in gran forma. Invece, altri articoli e altri reportage ci parlano di aumenti del colesterolo, grassi saturi, diete a fisarmonica e di comportamenti alimentari incostanti. — tesi

Ma, allora, tutta questa informazione per ottenere una buona forma fisica e mantenersi in salute non ha alcun effetto sui consumi? — problema

Questa domanda se la sono posta alcuni ricercatori statunitensi, che hanno voluto indagare se il comportamento dei loro connazionali si fosse modificato nell'arco degli ultimi dieci anni. L'attenzione è stata posta sul consumo di grassi, fibre, frutta, verdura e sale. Questi elementi, infatti, sono ormai da molti anni oggetto di diverse campagne pubblicitarie e delle raccomandazioni dei medici, in quanto fattori importanti nel prevenire o aumentare il rischio di malattie cardiocircolatorie e altre complicanze. L'analisi dei comportamenti alimentari messi in atto dai consumatori americani ha evidenziato che dopo poche settimane di scrupolosi conteggi delle calorie e di attenti dosaggi durante la preparazione dei pasti, le buone abitudini si perdono facilmente e le diete vengono dimenticate. — *esperienza* — strategia argomentativa

Il confronto fra i dati di consumo ha fatto emergere che negli ultimi anni i comportamenti alimentari, a dispetto delle imponenti campagne di informazione, si sono ben poco modificati. Dalla ricerca è emerso che solo il 25% della popolazione americana consuma grassi in quantità raccomandata, mentre ben il 75% ha una dieta troppo ricca con conseguenze sul peso e sul colesterolo. Le fibre, la frutta e la verdura sono consumate in quantità adeguata dai più giovani, sia maschi che femmine, mentre solo il 35% delle donne sopra i 60 anni, quindi più a rischio di malattie cardiocircolatorie, segue adeguatamente tali indicazioni. I rischi poi di un eccessivo consumo di sale paiono essere praticamente ignorati: solo il 20% della popolazione americana ne fa un uso — *risultati* — *risultati*

> corretto, a fronte di un 80% che ne consuma in eccesso. In generale, dai dati dei ricercatori americani, si vede inoltre che la popolazione di colore è molto meno attenta alla qualità e alla quantità dell'alimentazione, con una dieta ricca di grassi e sale.
> Tali risultati confermano quanto sia difficile lasciare le vecchie abitudini, anche se cattive, per nuovi e più sani stili alimentari.
>
> *strategia argomentativa*
>
> Per riuscire a cambiare davvero tali comportamenti si deve lavorare non solo sul concetto di benessere che deriva dalla perdita di peso, ma sulle abitudini che si mettono in atto nella preparazione del cibo stesso. Si deve, ad esempio, educare la gente a leggere le etichette sui cibi, ad abbinare pietanze con proprietà diverse, ecc. Promuovendo una nuova cultura del cibo, magari insegnando opportune strategie per cucinare con gusto rispettando la salute, si potranno invece ottenere più facilmente dei cambiamenti benefici e duraturi.
>
> *conclusione*
>
> adattato da "Psicologia", n. 140

Sono testi argomentativi gli articoli di fondo dei quotidiani, i discorsi politici, le arringhe degli a- vocati e dei magistrati durante i processi; anche la saggistica e i manuali scolastici contengo- forme di argomentazione.
Un testo argomentativo più specifico è costituito dalla **dimostrazione scientifica**, che si riferisce a- scienze esatte e sperimentali (matematica, biologia, chimica, fisica...) e che presenta una struttura po' diversa, in cui alla posizione del problema segue la formulazione dell'ipotesi; se quest'ultima vie- confermata dall'argomentazione, viene assunta come tesi e generalizzata in una legge scientifica.

> Verso la fine dell'Ottocento l'idea che la materia fosse composta da atomi era accettata da quasi tutti gli scienziati. Rimaneva da risolvere un problema: gli atomi sono indivisibili, o sono composti da particelle più semplici?
>
> *problema*
>
> L'enigma fu sciolto dal fisico neozelandese Ernest Rutherford, che lavorava al Cavendish Laboratory di Cambridge, in Inghilterra.
> Rutherford, con il suo assistente Hans Geiger (inventore del contatore di radioattività che porta il suo nome), bombardò sottilissime lamine d'oro, dello spessore di un millesimo di millimetro, con raggi alfa (identificati poi come nuclei di elio, carichi positivamente). Lo scienziato si proponeva di indagare la struttura degli atomi analizzando la variazione di traiettoria subita dai raggi alfa a causa degli urti con il bersaglio.
>
> *esperienza*
>
> Se gli atomi fossero stati realmente composti da particelle cariche positivamente e negativamente mescolate fra di loro, come si riteneva, a causa delle forze elettriche in gioco le particelle alfa sarebbero state deviate di un piccolo angolo.
>
> *ipotesi*
>
> Rutherford osservò invece che le particelle rimbalzavano addirittura e tornavano indietro. Lo scienziato rimase profondamente stupito: «Fu senz'altro», diceva, «la cosa più incredibile che mi sia capitata nella vita. Era quasi altrettanto incredibile che se avessi sparato un proiettile da 381 millimetri contro un pezzo di carta e mi fosse rimbalzato addosso!».
>
> *conferma dell'ipotesi*
>
> Per spiegare l'inaspettato fenomeno, Rutherford ipotizzò allora che l'atomo fosse costituito da un nucleo centrale carico positivamente circondato da uno o più elettroni che gli ruotano attorno.
>
> *tesi*
>
> "Newton", n. 11

Per quanto riguarda la lingua, nel testo argomentativo – come nel testo espositivo – svolgono un ruolo importante nel rendere chiare le funzioni comunicative delle sue varie parti tutte le forme linguistiche che hanno funzione di collegamento: le preposizioni, le congiunzioni (causali: perché, dato che...// concessive: anche se, nonostante, sebbene...// esplicative: infatti, cioè...// conclusive: perciò, quindi...).

Esercizi

Leggi questo testo e indica gli elementi dell'argomentazione:
:hé le congiunzioni sono scarse dovrai fare attenzione soprat-
ɔ al significato delle frasi.

Abbondanza di informazioni, scarsezza di conoscenza:
n paradosso dal quale siamo avvolti, circondati, sommer-
ı, ma sul quale vale la pena di riflettere. Da una parte infor-
nazioni, notizie, spezzoni di verità; dall'altra incertezze,
mbiguità, contraddizioni. Una caratteristica dei moderni
nass media? Una malvagità di chi li – e ci – governa? Una
nsufficienza della nostra ragione? I casi sono sotto gli oc-
:hi, quotidianamente. Fra gli altri, con l'imbarazzo della
celta: la difficolta di conoscere il vero rischio da mucca
pazza, nonostante l'abbondanza delle notizie. Lo stesso si
dica per tutta l'informazione sui cibi e sulle acque. Ma an-
che quella meteorologica non si presenta né più chiara né
più sicura: sembra destinata ad andare bene per qualsiasi
tempo, più o meno "variabile". Risposte sul tipo di quelle
dell'antico oracolo, adatte a tutto e tutti.

Per non parlare dell'informazione politica: slogan e programmi tutti più o meno eguali, anche se sbandierati come nuovi, sensazionali, sconvolgenti. Promesse, promesse, promesse... Tutti: più lavoro, più soldi, più felicita. Un polverone, nel quale l'orientamento è difficile. Si perde la bussola e nessuno ti aiuta, nonostante il profluvio di immagini e di parole. Perfino i sondaggi – preelettorali e non – che dovrebbero rappresentare il tempio della vera conoscenza, sono ormai incerti, inflazionati, oggi affermati domani contraddetti. Per non ricordare le giornate convulse dei risultati delle elezioni USA.

Internet dovrebbe rappresentare una novità positiva, ma se ne può dubitare. I famigerati siti si accostano ai titoli dei giornali e dei telegiornali e dei giornali radio e ne seguono virtù e vizi senza sbloccare la situazione. Una moltiplicazione, un ulteriore affollamento nebbioso. La tanto ricercata e amata conoscenza continua ad allontanarsi.

Anche perché, a complicare ulteriormente le cose, è intervenuto un annebbiamento dello stesso concetto di verità. Come sono lontane quelle definizioni che nel passato avevano segnato l'identikit della verità! Lontana quella "adaequatio intellectus et rei" che aveva definita la verità nel medioevo della Scolastica: ma dove è oggi quella "res" alla quale l'intelletto, sicuro e docile come una macchina fotografica, si dovrebbe adeguare? Lontana anche quella "idea chiara e distinta" che aveva fotografato la verità cartesiana nella cultura borghese e illuminista. Perfino le sicurezze della matematica non sono più tali. Rimangono i rinvii, le nebbie, le relativizzazioni, forse anche le contraddizioni della cultura moderna da Hegel al romanticismo, all'ermeneutica.

A complicare ancora di più il quadro, si è aggiunta l'invasione della pubblicità, figlia del commercio e della cultura del moderno capitalismo. Si afferma non per fare omaggio alla verità, ma per vendere e quindi fare omaggio al denaro. La conoscenza vera, autentica, figlia della verità si allontana ogni giorno di più. La pubblicità sovrasta perfino la predicazione religiosa, che non riesce più a distinguersene. Si ascolta, ma si sa che – forse? probabilmente? certamente? – non è vero. Si è informati, ma non si conosce.

Come rimediare? Non credo che sia utile spegnere radio e tv e boicottare la carta stampata. Quel poco di informazione che continuerebbe a filtrare – forse dal vicino di casa – sarebbe ancora più determinante e quindi pericolosa. E poi dobbiamo pensare soprattutto ai nostri figli e ai loro inevitabili – e corretti – contatti con i maestri e i compagni.

È forse meglio, allora insistere sul tanto decantato e poco praticato spirito critico. Dovrebbe essere il risultato di una vera educazione, sia in famiglia sia a scuola. Accostare un'informazione all'altra. Confrontare, discutere. Apprendere significa tutto questo. Dialogare. Non evitare le inevitabili contraddizioni: approfondirle. Le virtù, quindi, della pazienza e della umiltà. Senza perdere la fiducia in chi fornisce un'informazione ma dando fiducia anche a chi me ne fornisce una diversa. Un cammino in cui si ferma, purtroppo, sia chi si affida a una unica e sola voce sia chi le rifiuta tutte. Né creduloni né scettici. Cercatori, viaggiatori, esploratori. Sempre, non soltanto nei giorni di scuola. Nemici da combattere: la stanchezza e l'egoismo.

"Rocca", n. 12

2. Osserva i dati sotto riportati, relativi ai risultati che le donne ottengono nel corso degli studi e nella carriera lavorativa, poi:

- usali come dati argomentati;
- individua il problema di partenza e la tesi;
- prepara la scaletta completa del testo argomentativo.

– il 24,5% delle donne all'università si laurea con il massimo dei voti contro il 18,4% dei maschi
– il 12,7% delle studentesse abbandona gli studi universitari contro il 14,9% dei maschi
– il 16,1% delle studentesse si laurea nei termini previsti contro il 12,2% dei maschi
– il 34,3% dei ricercatori assunti negli enti pubblici sono donne
– tra coloro che raggiungono i vertici di aziende e organismi pubblici o privati il 4,7% sono donne

fonte: CNR

3. Nel testo qui sotto sono riportate le ultime righe di una notizia comparsa su un quotidiano locale: rappresentano la tesi conclusiva di una discussione pubblica.

- A quale problema era dedicata la discussione?
- Quali argomenti, secondo te, sono stati portati dall'Associazione Genitori a sostegno della tesi?
- Quali sono le motivazioni degli altri partecipanti (librai, Preside) al dibattito?
- Ricostruisci le parti mancanti e completa il testo argomentativo (250 parole circa).

«... Al termine del dibattito i rappresentanti dell'Associazione Genitori hanno proposto che i libri di testo usati possano essere posti in vendita a partire dai primi giorni di settembre. I librai presenti hanno manifestato la loro contrarietà, mentre il Preside ha chiesto che la vendita avvenga in una sede diversa dalla scuola.»

Pagine operative

1. DAI PARAGRAFI AL TESTO COMPLETO

Nella stesura le informazioni del piano vengono sviluppate in paragrafi per dare origine a testo completo; la compattezza e l'efficacia del testo dipendono dal tipo di paragrafi utiliz ti, dalla loro aderenza alla parte di contenuto che sviluppano, dal loro ordine nel testo.

1. Questo è il piano di un testo dedicato a un problema ecologico: "Lo smaltimento dei rifiuti: i vari aspetti del problema soluzioni tradizionali, le soluzioni più innovative".

- Prevedi per ciascuna sezione informativa il tipo di paragrafo che ne costituirà lo sviluppo.
- Stendi il testo paragrafo per paragrafo facendo attenzione che il passaggio da un paragrafo all'altro risulti morbido e scorsivo.

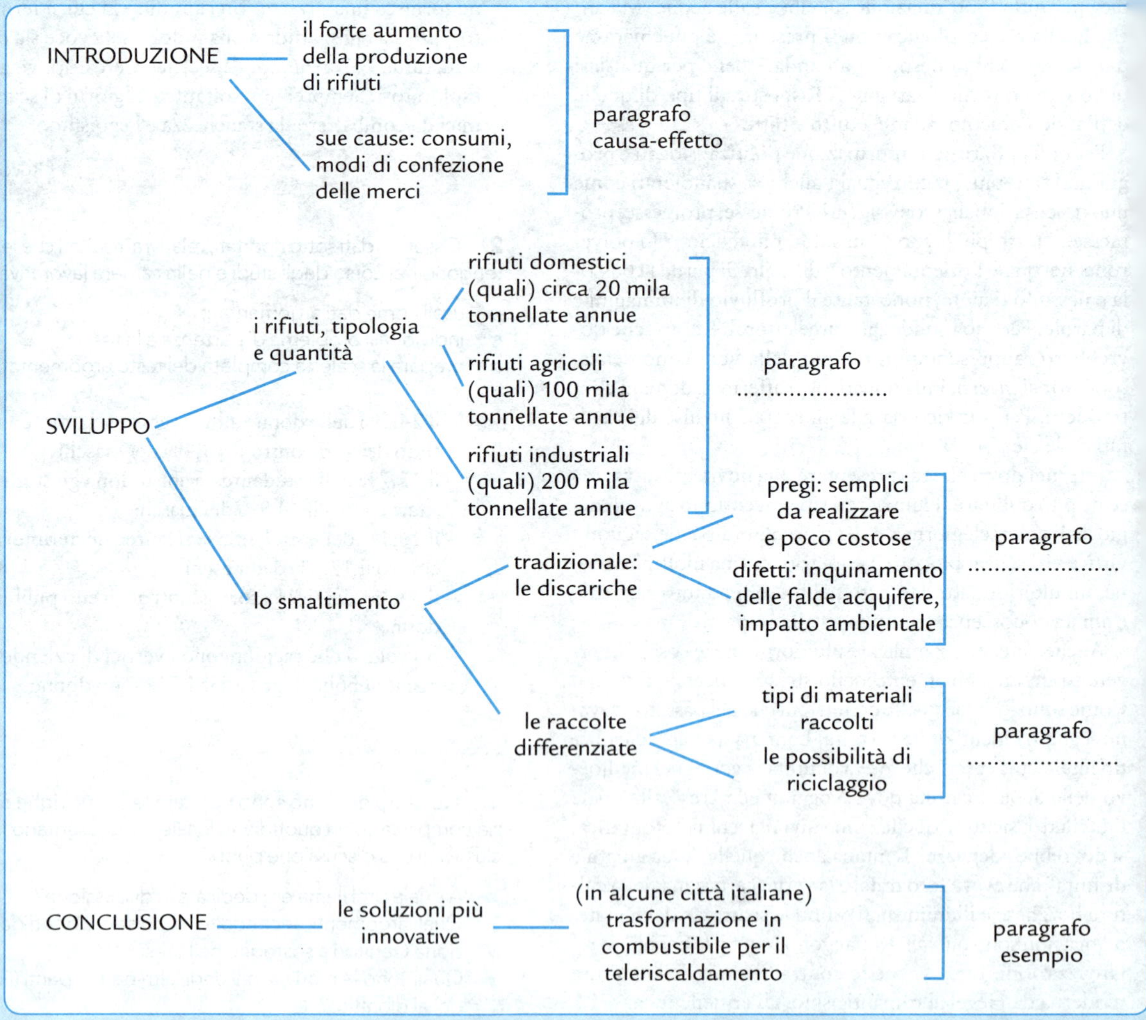

2. Ecco un'altra traccia di lavoro sul giornalismo contemporaneo: "L'informazione giornalistica è un tema molto complesso, dai molti aspetti positivi e negativi".

- Analizza la traccia: quale testo ti sembra richieda? Con quale struttura (temi, sottotemi)?
- Ricerca le informazioni e fissale in brevi appunti: hai conoscenze personali in merito? che cosa puoi ricercare in fonti esterne (stampa, manuali, documentari ecc.)?
- Organizzale in un piano: individua le idee-chiave; collega a ciascuna le informazioni che le si riferiscono; ordina in introduzione / sviluppo / conclusione; prevedi i tipi di paragrafi più adatti.
- Stendi il testo.

2. USARE I LEGAMI DEL TESTO

Un testo presenta dei legami tra le diverse parole e le diversi parti che ne assicurano la compattezza attraverso un gioco di riprese, rimandi, riferimenti, sostituzioni.

elementi di coesione sono di vario tipo:

lessicali, come la ripetizione, i sinonimi, nomi più generali o più particolari;
grammaticali, come gli accordi morfologici, i pronomi, gli aggettivi possessivi, gli articoli determinativi, i connettivi (preposizioni e congiunzioni), le ellissi (del soggetto ma anche di altri elementi della frase).
i accordi morfologici, cioè la concordanza tra nomi, articoli, aggettivi, pronomi, verbi, sono legami fondamen-
.i per tenere unito un testo.

1. Correggi gli errori di concordanza presenti in questo brano.

Elefanti nei prati, ippopotami che sguazzano nelle paludi, lontre e grandi uccelli sulle rive di stagni lungo la costa siciliana è venuto fuori dagli scavi di contrada Fusco, alle porte di Siracusa, su un terreno a balze rocciosa, vicino alla più antica necropoli siracusana.

Proprio per non toccarle, dovendo aprire un nuovo tracciato ferroviario, si decise di spianare una zona più basso ed ecco affiorare prima un immenso sepolcreto di età ellenistico con ricco corredo funebri e poi, nello strati inferiori, un vasto deposito pleistocenico che con i suoi frammenti ossei fossilizzati hanno spalancato una finestra sulla Sicilia di 146 mila anni fa.

2. Nel testo che segue il soggetto è sottinteso. Puoi scegliere un soggetto femminile o maschile, singolare o plurale. Completa il testo facendo attenzione alla concordanza di verbi, pronomi, aggettivi.

.... *(camminare)* .... *(spedito)* quasi di corsa, era tardi ormai e ci si vedeva poco. .... *(Preso)* dalla fretta, ... *(ansioso)* di arrivare, ... *(procedere)* .... *(rapido)*, la testa un po' china, senza badare alla gente che .... *(essere)* accanto, che .... urtava o .... scansava. .... *(Sentendosi)* sempre più .... *(teso)* .... *(svoltare)* l'angolo; ecco ora .... *(essere vicino)*, ... *(rallentare)* il passo e .... *(mettersi a ridere)*, ... *(sentirsi sciocco)*

3. Un altro elemento di coesione è l'uso dell'articolo determinativo (per riferirsi a qualcosa di già noto a chi ascolta o legge) o indeterminativo (per introdurre qualcosa di non ancora noto o qualcosa che non ci importa definire con precisione). Completa il testo inserendo articoli determinativi e indeterminativi in modo opportuno.

...... asino che camminava in libertà sul ciglio di ...... praticello trovò, tra l'erba tenera, ... arnese che lo incuriosì. Troncando ...... placida passeggiata, ... bestia si diede ad esaminare con attenzione l'oggetto.

«Ih» tripudiò dopo ...... raccolto silenzio, questo è ...... flauto. Avvicinò il muso a ...... 'imboccatura e soffiò dentro a ...... flauto. ...... suono delicatissimo, argenteo si levò in ondate armoniose.

...... asino, quando si accorse di essere stato proprio lui a suscitare ...... musica soave, si gonfiò di boria: «Chi crederebbe che io suoni così divinamente? Io supero i più abili maestri!».

Come ...... asino della favola, molti si gonfiano di vanità e credono, ... sciocchi, di avere molti meriti.

AA.VV., *Enciclopedia della fiaba*, Principato

4. Tra i legami del testo sono importanti i pronomi, le particelle pronominali e gli aggettivi possessivi. Completa con i pro-mi e i possessivi adatti.

– Noiosissimo questo romanzo, ... ho letto solo poche pagine, ma so già che difficilmente riuscirò a finirlo.

– I gruppi ecologici sono ormai numerosi, non c'è cittadina che non .... abbia almeno ....

– Tutti i giocatori sono in perfetta forma; le .... possibilità di vittoria sono alte.

– La Torre di Pisa è ormai vietata ai turisti, le .... condizioni di stabilità sono precarie.

– Sto cercando il mio abbonamento al pullman: .... sai qualcosa?

5. Elimina le ripetizioni (di nomi, espressioni o frasi) sostituendole con un pronome adeguato (relativo, indicativo...). Modi- il testo laddove è necessario.

Le spugnette bagnate si utilizzano comunemente in cucina; le spugnette bagnate sono fertile terreno per la crescita di germi; i germi possono essere dannosi per bambini, anziani e persone con sistema immunitario compromesso.

Uno studio realizzato presso l'Università dell'Arizona (USA) suggerisce che le spugnette bagnate sono un terreno fertile per la crescita di germi; lo studio ha permesso di identificare 28 diverse specie di batteri, compresi i batteri responsabili con grande frequenza di intossicazioni alimentari.

Per evitare pericoli di contaminazione, gli esperti consigliano di lavare sempre dopo l'uso le spugne da cucina e le spugne che si impiegano per i piatti e lasciare asciugare bene le spugne prima di utilizzare le spugne di nuovo.

"Corriere Salute"

6. Le congiunzioni stabiliscono in modo esplicito legami di causa, effetto, conclusione, contrasto, tempo. Completa i seguenti testi stabilendo le connessioni adeguate. Ti diamo un elenco; attenzione: non tutte le congiunzioni ti serviranno. Per alcuni testi, inoltre, è possibile scegliere più di una soluzione.

- ma • mentre • infatti • però • comunque • tuttavia • inoltre • anche • pertanto • dunque • invec-

– I tuoi suggerimenti sono molto interessanti; .... sei sicuro che anche gli altri accetteranno di modificare il progetto?

– La ricerca scientifica ha messo a disposizione della medicina sistemi di cura e medicinali efficaci; .... è in aumento il numero delle persone che si rivolge alle terapie alternative.

– I punti all'ordine del giorno sono stati esauriti, il verbale è stato redatto, letto e approvato. Dichiaro .... chiusa la seduta odierna.

– La tigre va a caccia di giorno e di notte indifferentemente: ha .... (contrariamente agli altri felini) una vista poco acuta. È .... guidata da un udito ultrasensibile e da un senso molto sviluppato del tatto.

– Mi hai già spiegato i motivi che ti spingono a partire non domattina .... questa sera stessa. Io .... continuo a pensare che viaggiare di notte sia un'imprudenza.

3. Rivedere il testo

Mentre si scrive, si rivede continuamente il testo, per esempio per tenere sotto controllo modi e tempi dei verbi, oppure per verificare alcune concordanze, o ancora per unire il nuovo periodo a quello precedente; al termine della stesura è però necessario effettuare una rilettura completa per rivedere il testo in tutti i suoi aspetti.

avoro di revisione, per non tradursi in una semplice e frettolosa lettura finale, necessita di tempi adeguati e di umenti, quali la guida presentata in queste pagine (➡ p. 897).

1. Leggi questo testo in cui uno studente difende la necessità di dare già a 16 anni la patente ai ragazzi. Rivedi il testo osservando:

- **La completezza e la coerenza del testo**
  - Temi e sottotemi sono adeguati?
  - Si riconoscono in particolare le diverse posizioni in merito al problema e gli argomenti portati a sostegno dell'una e dell'altra?
  - I paragrafi sono completi e chiari?
  - L'ordine espositivo è efficace?
  - Le informazioni sono sufficienti a sostenere le posizioni espresse?
- **La sintassi**
  - I periodi sono di lunghezza adeguata?
  - Sono ben costruiti? (osservare congiunzioni, concordanze, modi e tempi verbali)
  - La punteggiatura è usata correttamente?
- **Lessico**
  - Nomi, aggettivi e verbi sono ben scelti o generici e poco precisi?
  - Ci sono ripetizioni?
- **Ortografia**
  - Controllare l'uso delle doppie, dell'h, degli apostrofi, dei digrammi, degli accenti.

Se hai riconosciuto degli errori o dei punti deboli, intervieni modificando.

Patente a 16 anni

È giusto permettere che i ragazzi facciano la patente a sedici anni?

Le risposte possono essere molte e diverse tra loro, ma rientrano in due principali categorie: a favore e contro.

contro è, per esempio, il parere della maggior parte dei genitori che considerano negativo il fatto della giovane età associandola alla poca responsabilità.

si sente spesso parlare della preoccupazione per i numerosi incidenti con moto e motorini che porta a pensare che con l'automobile il rischio sia maggiore.

inoltre è un dato accertato l'elevata presenza di smog nelle nostre città quindi, allargando la fascia d'età dei patentati vorrebbe dire più macchine e più inquinamento. ma se nel nostro caso la patente a sedici anni è solo un'ipotesi, in america È già realtà e a quanto sembra la situazione non è così critica, anzi gli americani sono considerati il "popolo avanzato", quindi perchÉ non prenderne l'esempio?

per quanto riguarda il discorso legato alle moto è opportuno dire che i rischi sono, in questo caso, maggiori poiché la persona è più esposta al rischio di cadute ed eventuali lesioni, eppure il patentinO viene rilasciato all'età di sedici anni.

Concordiamo sull'argomento "patente a sedici anni" perché è sinonimo di libertà e autonomia dei giovani.

Per quanto riguarda la responsabilità i genitori non hanno il diritto di lamentarsi poiché è loro dovere educare e responsabilizzare i figli.

Questo lavoro di revisione e di modifica, soprattutto dei contenuti, è reso più agevole dall'uso di un PC: con un programma di videoscrittura, digitato il testo, senza dover procedere a riscritture o copiature, è possibile:

- sviluppare paragrafi troppo brevi;
- aggiungere paragrafi nuovi dove sono necessari;
- spostare le varie parti del testo fino a trovare l'ordine più interessante.

2. Utilizzando lo schema di revisione alle pp. 897-898 rivedi il testo stesso con le indicazioni di p. 908.

4. LE SCRITTURE DOCUMENTATE: SAGGIO BREVE, ARTICOLO, COMMENTO

Fra le operazioni di base da effettuare quando si scrive c'è quella della ricerca ed elaborazi[one] dei contenuti che costituiranno il corpo del testo: al gruppo delle scritture documentate app[ar]tengono quei testi che vengono costruiti su una serie di dati concreti e nel cui sviluppo gli st[essi] dati sono presenti sia come elemento informativo, sia come sostegno a una affermazione.

Saggio breve, articolo di fondo, commento sono esempi di forme testuali che possiamo ascrivere alle scritture [do]cumentate. Nel complesso sono testi:

- di tipologia espositiva o espositivo-argomentativa;
- rivolti a destinatari identificati e segnalati, o a collocazioni editoriali individuate ed esplicitate;
- di lunghezza predeterminata;
- accurati e formali dal punto di vista lessicale e sintattico.

1. Qui di seguito ti viene presentato un piccolo dossier sul ricorso alla pena di morte nel mondo; utilizzalo per preparare [un] saggio che farà parte di una raccolta di lavori che la scuola farà sui diritti umani, raccolta che verrà messa a disposizione di t[ut]ti gli studenti e delle loro famiglie. Ecco il percorso di lavoro.

a. Orientamento sul testo

Tema e destinatario sono già stati determinati, va però scelto il titolo, che segnalerà l'ottica specifica, il taglio definitivo d[el] testo: si può assumere una posizione neutra, interlocutoria e scegliere quindi un titolo di questo genere "Per una rifless[io]ne sulla pena di morte oggi nel mondo", ma si può anche scegliere un punto di vista più definito, come per esempio "E[ti]ca e pena di morte" o altro ancora. È determinata anche la lunghezza: il testo non deve superare le quattro pagine.

b. Ricerca ed elaborazione dei contenuti

Leggi i testi di cui il dossier è composto, sintetizza le parti che ritieni utili, seleziona le informazioni che pensi di riutilizza[re] e fissa il tutto sotto forma di brevi appunti.

Verifica ora se il materiale è esauriente o se è necessario toccare altri aspetti, approfondirne alcuni poco sviluppati; in que[s]to caso ricorrerai a una ricerca bibliografica.

c. Pianificazione del testo

Organizza le informazioni selezionate perché diventino uno schema-modello del testo: quelle omogenee per contenut[o] verranno raggruppate, ordinate secondo un criterio adatto e costituiranno le varie sezioni del testo; dai poi un ordine com[]plessivo alle sezioni e stendi il piano definitivo del testo, cercando di capire se lo sviluppo occuperà davvero le quattro pa[]gine previste, o sarà invece troppo ampio o piuttosto troppo breve. Negli ultimi due casi apporterai le modifiche neces[]sarie; accorciare o allungare in sede di stesura è invece più difficile.

Il dossier qui presentato ha un suo ordine, e le sezioni sono costituite; nulla vieta però di individuare raggruppamenti di[]versi e ordini differenti: in particolare, se al dossier hai aggiunto altre informazioni, risultato della ricerca bibliografica, po[]trà anche essere necessario costruire una scaletta diversa.

d. Stesura del testo

Stendi il testo sulla base della scaletta preparata nella fase precedente, sviluppando ogni punto in un paragrafo adatto, curando lessico e sintassi, tenendo sotto controllo la lunghezza che il testo viene via via assumendo.

e. Revisione del testo

Dopo un certo intervallo di tempo, qualche giorno se è possibile, riprendi il testo e ripercorrilo.

I dati sulla pena di morte

1. Editoriale

Il lancio dei dati annuali sulla pena di morte raccolti da Amnesty International quest'anno è avvenuto a Roma. Come ha sottolineato il segretario generale di Amnesty International Irene Khan durante la conferenza stampa, è un riconoscimento all'Italia per il suo ruolo leader da sempre nella battaglia abolizionista. Ma non solo. L'Italia in questo momento ha assunto anche la guida per la presentazione di una risoluzione all'Assemblea generale delle Nazioni Unite per chiedere una moratoria universale sulle esecuzioni. Pochi giorni fa, il 14 maggio per l'esattezza, il nostro Paese ha ricevuto dall'Unione Europea il mandato per preparare, insieme alla presidenza tedesca dell'UE, il testo della risoluzione. Questi due fatti, il lancio dei dati e il tema della moratoria, hanno un elemento fortemente comune: la consapevolezza nelle statistiche ma anche nelle vicende della politica che non vi è più alcun dubbio sulla prospettiva di un mondo libero da esecuzioni; semmai, la domanda che ci poniamo è quando si raggiungerà questo risultato e quante persone dovranno ancora morire prima di ottenerlo. Leggendo i dati relativi al 2006, emerge chiaramente come la pena di morte rappresenti sempre più una eccezione, che il fronte dei paesi mantenitori è sempre più isolato e come anche in quei paesi tradizionalmente più fermi nell'applicazione anche estensiva come, ad esempio, la Cina, qualche barlume di luce si stia pian piano accendendo verso un futuro diverso. Lo ha ricordato Irene Khan: ci troviamo in un momento cruciale per mettere la parola fine alla pena capitale. Il traguardo della moratoria non appare più irraggiungibile, ma una risoluzione all'ONU deve rappresentare solo un elemento di una strategia più ampia. Irene Khan lo ha chiesto espressamente al governo italiano, nel suo incontro con il primo ministro Romano Prodi: così come le ONG che da diversi anni ormai lavorano insieme in una grande coalizione mondiale contro la pena di morte, anche i governi devono fare un passo in avanti, costruire un "*gruppo di campioni per il cambiamento*" – così lo ha definito Irene Khan – capace di raccogliere la sfida dell'abolizione. E l'Italia può assumere la guida di questa coalizione di governi, applicando la stessa forza e tenacia dimostrata in queste settimane per la moratoria. È una sfida che ci auguriamo il governo italiano sappia accogliere.

2. Le informazioni sulla pena di morte nel 2006

Paesi abolizionisti e mantenitori

Più della metà dei paesi al mondo ha abolito la pena di morte per legge o nella pratica (*de facto*). Secondo gli ultimi dati di Amnesty International, aggiornati al 1° gennaio 2007:

88 paesi hanno abolito la pena di morte per ogni reato.

11 paesi l'hanno abolita salvo che per reati eccezionali, quali quelli commessi in tempo di guerra.

29 paesi sono abolizionisti *de facto* poiché non vi si registrano esecuzioni da almeno dieci anni oppure hanno assunto un impegno a livello internazionale a non eseguire condanne a morte.

In totale **128 paesi** hanno abolito la pena di morte nella legge o nella pratica.

69 paesi mantengono in vigore la pena capitale, ma il numero di quelli dove le condanne a morte sono eseguite è molto più basso.

Il progresso verso l'abolizione della pena di morte nel mondo

Dal 1990 sono più di 45 i paesi che hanno abolito la pena di morte per ogni reato. In Africa, con la Costa d'Avorio e la Liberia, nel continente americano, con il Canada, il Messico e il Paraguay. In Asia e nel Pacifico, con il Bhutan, le Filippine e Samoa. In Europa e nel Caucaso del Sud, con l'Armenia, la Bosnia Erzegovina, Cipro, la Serbia, il Montenegro e la Turchia.

Reintroduzione della pena capitale

Una volta abolita, la pena di morte è raramente reintrodotta. Dal 1985, più di 55 paesi hanno abolito la pena di morte per legge. Oppure, avendola abolita in precedenza solo per i crimini ordinari, hanno provveduto ad eliminarla per tutti i reati. Durante lo stesso periodo, soltanto quattro paesi abolizionisti hanno reintrodotto la pena capitale: il Nepal e le Filippine (che l'hanno poi nuovamente abolita), il Gambia e la Nuova Guinea (dove non sono state registrate esecuzioni).

Condanne a morte ed esecuzioni

Durante il 2006, almeno 1.591 persone sono state messe a morte in 25 paesi e almeno 3861 imputati sono stati condannati a morte in 55 paesi. Queste informazioni includono soltanto i casi dei quali Amnesty International è a conoscenza, il dato reale potrebbe essere molto più alto. Come negli anni passati, la maggior parte delle condanne a morte nel mondo è stata eseguita in una manciata di paesi. Nel 2006, il 91% di tutte le esecuzioni conosciute è avvenuto in sei paesi: Cina, Iran, Pakistan, Iraq, Sudan e Usa. Il Kuwait ha il più alto numero di esecuzioni pro capite al mondo, seguito dall'Iran. Amnesty International, basandosi sulle informazioni pubbliche disponibili, ha stimato che almeno 1.010 persone sono state messe a morte in Cina durante il 2006. Tuttavia, questo dato rappresenta soltanto la punta di un iceberg. Fonti attendibili, infatti, suggeriscono che nel paese siano state messe a morte tra le 7500 e le 8000 persone. I dati ufficiali restano un segreto di Stato che rende problematico il monitoraggio e l'analisi dell'applicazione della pena capitale nel paese. L'Iran ha messo a morte 177 persone. Il Pakistan 82, l'Iraq e il Sudan almeno 65. Negli Usa, ci sono state 53 esecuzioni in 12 Stati. Il numero effettivo di prigionieri condannati a morte e in attesa di esecuzione nel mondo è difficile da stabilire. Alla fine del 2006, una stima del numero può essere fissata tra 19.185 e 24.646; il dato si basa su informazioni provenienti da organizzazioni per i diritti umani, dai mezzi di comunicazione e da informazioni governative non sempre complete, soprattutto se provenienti da paesi dove l'applicazione della pena di morte è considerata segreto di Stato. Nel 2006, un paese ha abolito la pena di morte per tutti i reati, le Filippine. Due paesi hanno eliminato le clausole sulla pena capitale dalla loro Costituzione, la Georgia e la Moldavia. Un paese, il Montenegro, è diventato uno stato membro indipendente delle Nazioni Unite; in precedenza era considerato un unico paese insieme alla Serbia.

L'argomento della deterrenza
Diversi studi scientifici hanno dimostrato che non esistono prove certe che la pena capitale sia un deterrente più e ficace rispetto ad altre punizioni. L'indagine più recente sulla relazione tra pena capitale e tasso di omicidi, condot dalle Nazioni Unite nel 1998 e aggiornata nel 2002, conclude che: "*...non è prudente accettare l'ipotesi che la pen di morte abbia un effetto deterrente in misura marginalmente più grande che la minaccia e l'applicazione di una pr sunta punizione minore quale l'ergastolo.*" (Roger Hood, *The Death Penalty: A World-wide Perspective*, Oxford, Cl rendon Press, terza ed. 2002, p. 230)

Effetto dell'abolizione sul tasso di criminalità
Esaminando le relazioni tra i cambiamenti dell'uso della pena capitale e il tasso di criminalità, la stessa indagine nell Nazioni Unite citata nel paragrafo 7, dichiara successivamente che: "*Il fatto che tutti gli elementi continuino a punta re nella stessa direzione indica una convincente prova* a priori *che i paesi non devono temere cambiamenti seri e improv visi nel tasso di criminalità se riducono la loro fiducia nella pena di morte.*" I dati più recenti sul tasso di criminalità ne paesi abolizionisti dimostrano che l'abolizione non ha effetti dannosi. In Canada, ad esempio, il tasso di omicidi pe 100.000 persone è sceso dal valore di 3,09 nel 1975, un anno prima dell'abolizione della pena capitale per omicidio al valore di 2,41 nel 1980 e, da allora, continua a scendere. Nel 2003, 27 anni dopo l'abolizione, il tasso di omicidi era dell'1,73 per 100.000 persone, il 44% in meno rispetto al 1975 e il valore più basso delle ultime tre decadi. Sebbene il tasso sia aumentato a 2,0 nel 2005, resta sempre un terzo più basso dal momento in cui la pena di morte è stata abolita. (Roger Hood, *The Death Penalty: A World-wide Perspective*, Oxford, Clarendon Press, terza ed. 2002, p. 214)

Innocenti
Ovunque la pena di morte sia applicata il rischio di mettere a morte persone innocenti non può essere eliminato. Dal 1973 negli Usa sono stati rilasciati 123 prigionieri dal braccio della morte dopo che erano emerse nuove prove della loro innocenza. Di questi, sei nel 2004, due nel 2005 e uno nel 2006. Alcuni di questi prigionieri sono arrivati a un passo dall'esecuzione dopo aver trascorso 5 molti anni nel braccio della morte. In ognuno di questi casi sono emerse caratteristiche simili e ricorrenti: indagini poco accurate da parte della polizia, assistenza legale inadeguata, utilizzo di testimoni non affidabili e di prove o confessioni poco attendibili. Ma non solo, negli Usa purtroppo sono diversi i casi di prigionieri messi a morte nonostante l'esistenza di molti dubbi sulla loro colpevolezza. La Florida ha il più alto numero di innocenti condannati a morte e in seguito rilasciati: sono ventidue dal 1973.

Newsletter del Coordinamento pena di morte, Amnesty International – Sezione Italiana. I dati sulla pena di morte nel 2006
Numero speciale – maggio 2007

Onu. Assemblea Generale dice sì alla moratoria
L'Assemblea Generale delle Nazioni Unite ha detto sì alla moratoria universale sulla pena di morte. I voti a favore sono stati 104, quelli contrari 54, le astensioni 29. Il governo italiano, che ha sostenuto con forza l'iniziativa all'Onu, era rappresentato al Palazzo di Vetro dal ministro degli Esteri e vicepremier Massimo D'Alema. Proprio D'Alema in mattinata si era detto ottimista e aveva parlato di «risoluzione di portata storica». La moratoria è stata approvata alle 11,45 ora di New York, le 17,45 in Italia, dopo le dichiarazioni di voto contrarie di Antigua e Barbuda, Barbados, Singapore e Nigeria e quella favorevole del rappresentante del Messico. Alla fine i voti a favore sono stati cinque in più rispetto a quanto pronosticabile nelle migliori previsioni. E, soprattutto, è stata superata agevolmente la soglia «psicologica» dei cento sì che dà al provvedimento maggiore forza e consistenza. Il 15 novembre, forte di 99 voti, la Terza Commissione dell'Assemblea Generale dell'Onu aveva approvato la risoluzione al termine di un dibattito che aveva visto schierato contro la proposta un fronte composito, che metteva insieme gli Stati Uniti e alcuni loro avversari storici come Iran, Sudan e Cina. Nelle ultime ore prima del voto definitivo quattro Paesi – Guinea Bissau, Repubblica Democratica del Congo, Kiribati e Palau – avevano sciolto la riserva decidendo di schierarsi per il sì. L'approvazione della risoluzione per la moratoria sulla pena di morte, che di fatto significa un invito alla «sospensione» di tutte le esecuzioni già programmate e il divieto di infliggerne di nuove da parte dei tribunali dà l'opportunità di aprire un dibattito «anche in vista dell'abolizione». Lo ha detto il ministro degli Esteri, Massimo D'Alema, pochi istanti dopo il sì dell'Onu alla moratoria sulla pena capitale. D'Alema ha parlato anche di «grande soddisfazione» e di «risultato al di là delle aspettative». Anche il premier Romano Prodi ha accolto con grande entusiasmo la notizia del voto favorevole dell'Assemblea: «È un giorno storico – ha detto – la commozione è intensa». Il capo del Governo ha sottolineato che «l'orgoglio dell'Italia è di aver promosso per prima un'iniziativa progressivamente trasformata in una grande coalizione intesa a favorire i diritti dell'uomo». In questo modo, ha sottolineato, «l'Italia ha molto contribuito alla diffusione della pace e giustizia nel mondo».

Corriere.it, 18 dicembre 2007

La scrittura professionale

SCRIVERE TESTI D'USO E TESTI PROFESSIONALI

Le lettere formali, i verbali, le relazioni sono strumenti molto usati e consueti nel mondo del lavoro. Essendo testi funzionali e professionali, si differenziano da altre categorie di testi per livello di informatività, oggettività e precisione. Quali sono le loro caratteristiche? Come procedere alla loro stesura?

1. LA LETTERA

La lettera informale, quella che si scrive a un parente o a un amico per fargli avere nostre notizie (testo che è sempre meno usato), è un testo semplice: il destinatario è infatti persona conosciuta, che ci conosce a sua volta, e che sa molto di noi, lo scopo è semplicemente quello di mantenere i contatti, e l'argomento nasce dal vissuto dei due corrispondenti. Lo stile di scrittura è spontaneo e la lingua semplice, molto vicina al parlato, con frasi brevi e lessico poco ricercato.

Cara Rita,
sono finalmente in grado di confermarti che l'appartamento che abbiamo preso in affitto sarà libero alla fine di maggio, e che fissiamo quindi per quell'epoca il nostro trasferimento a Mantova. Sono un po' preoccupata per tutti i cambiamenti che questa trasferimento provocherà...

Una lettera di questo tipo si scrive di getto, senza costruire alcun piano e senza particolari attenzioni per lo stile e il contenuto.

La lettera formale richiede invece procedure più accurate.

- Il destinatario è persona estranea alla cerchia familiare e al gruppo degli amici; le informazioni dovranno quindi essere molto chiare ed esplicite.
- Lo scopo e l'argomento si riferiscono di solito a situazioni professionali: richiedere informazioni o un colloquio, iscriversi a un concorso, sollecitare l'effettuazione di un lavoro, presentare un prodotto, fare un reclamo, accompagnare documenti ecc.
- Il registro e lo stile sono più accurati e sorvegliati: la sintassi è complessa, con periodi ampi; il lessico è preciso o addirittura specialistico.
- Vengono usate formule di cortesia in apertura "Egregio dott. ...; Spett. ditta ...; Gentile signora ...", e in chiusura "Ringraziando per la cortese attenzione, porgo distinti saluti; In attesa di una Vostra risposta, che mi auguro positiva, vogliate gradire distinti saluti."
- Pronomi e aggettivi possessivi che si riferiscono al destinatario vanno scritti con la lettera maiuscola "in riferimento alla Vostra richiesta del ...; Certi di farLe cosa gradita ..., abbiamo provveduto a spedirLe ...".
- Sono usate anche alcune abbreviazioni: Vs. per vostro/a; c.m. per corrente mese; u.s. per ultimo scorso; p.v. per prossimo venturo.
- La struttura esterna appare più curata.

Nello scrivere una lettera formale:

- la ricerca e l'elaborazione dei contenuti non pongono di solito problemi particolari;
- la pianificazione del testo può essere necessaria soltanto se si tratta di un testo relativan lungo;
- la stesura richiede invece molta attenzione proprio per il livello di formalità del tipo di com cazione che si effettua; si farà una prima stesura, facendo attenzione a esporre con la mas chiarezza; ci si rivolgerà al destinatario usando il Lei, oppure il Voi se si tratta di un ufficio pure di una ditta; apertura e chiusura utilizzeranno formule di cortesia;
- la revisione verificherà soprattutto che il contenuto sia esplicito e la forma sintattico-lessi corretta (naturalmente non ci devono essere errori di ortografia, ma l'uso ormai diffuso del c puter, i cui programmi di scrittura prevedono il controllo ortografico, elimina quasi del tu problema);
- l'ultima stesura si preoccuperà di dare al testo anche la forma esterna più adatta: luogo di tenza della lettera e data in alto a sinistra, nome, cognome e indirizzo completo del destinat in alto a destra, nome, cognome e indirizzo completo del mittente in fondo, dopo la firma può essere collocato anche in alto, come intestazione: in questo caso la data va in fondo).

ESSECI
elettrodomestici

Lodi, 16 novembre 20

Egregio signor
PIETRO GELMI
VIA DELLE VITTORIE,
LODI

Egregio signor Gelmi,
in relazione alla Sua domanda di assunzione nella nostra Azienda, La preghiamo di vol compilare il questionario qui accluso, ricordandoLe che la completezza e la corrispondenza de dati che vorrà comunicarci saranno elemento utile per valutare la qualità della collaborazion che Ella potrà offrirci.
Cogliamo l'occasione per inviarLe distinti saluti.

....
responsabile ufficio del personal

Esercizi

1. Le due brevi lettere che seguono, informale la prima e formale la seconda, hanno lo stesso mittente, sono relative allo stesso problema ma hanno diverso destinatario.
Osserva e cerchia le differenze a proposito di:

- struttura esterna;
- registro e stile: lessico, sintassi, presenza di modi colloquiali, presenza di formule di cortesia.

➤ Osserva anche il livello di esplicitezza delle informazioni: che cosa non è detto nella prima lettera, e che cosa è invece presente nella seconda?

➤ Quali osservazioni sono invece presenti nella prima lettera e assenti nella seconda? Perché?

a.

Napoli, 22 novembre 2009

Caro Franco, ancora 18 giorni e poi il mio periodo di servizio civile è finito e torno a casa. Sono stati mesi appassionanti, anche se molto faticosi, come puoi ben immaginare, avendo fatto anche tu la stessa esperienza. Ma ti scrivo per chiederti un favore: quando vai in università a ritirare il diploma di laurea, puoi ritirare anche il mio (ti allego qui la delega notarile) e portarlo ai miei, che faranno fare le copie per quel periodo di tirocinio di cui ti avevo parlato? Grazie.

A presto
Giorgio

...poli, 10 dicembre 2009

Spett. studio
dott. Andrea Mocchi
Via A. Manzoni 32
Torino

Egregio Dottore,
ho avuto da mio padre la notizia che dal Suo Studio è sta- richiesta la copia autenticata del mio diploma di laurea, ploma che è ancora depositato presso la Segreteria dell'U- versità: ho però potuto provvedere perché venga ritirato ne venga fatta copia conforme, che Le verrà recapitata ...uanto prima.

Le confermo il mio ritorno a Torino alla fine del mese, ...opo di che potrò dare inizio alla collaborazione prevista ...resso il Suo Studio.

RinnovandoLe ancora i miei ringraziamenti per avermi ...ermesso di svolgere presso di Lei il periodo di tirocinio, ...olgo l'occasione per porgere distinti saluti.

Giorgio Angeli

...n questa lettera sono evidenti alcuni errori di registro e di stile; cor- ...gili in modo da dare alla lettera una veste formale più adeguata.

NODO
Edizioni

Egr. signor UGO MONTI
Via Roma 11
LECCO

Egregio Abbonato,
con la presente siamo a segnalarLe che il Suo abbonamento alla nostra rivista "Cani e gatti" risulta scaduto a partire dal 18 gennaio 2009.

Dovrebbe proprio andarlo a rinnovare un po' in fretta; eviterà in tal modo l'interruzione del ricevimento della rivista stessa.

Per pagare può utilizzare il bollettino di c/c che Le viene qui accluso.

Se nel frattempo avesse provveduto al versamento, lasci perdere questa lettera; tanti cari saluti

....
responsabile settore abbonamenti

Como, 10 aprile 2009

3. In questa domanda di assunzione una parte è poco sviluppata: ...iconoscila e completala con le informazioni che ritieni adatte. ...uoi verificare se lo scrivente:

- segnala i propri dati personali;
- precisa studi, competenze e attitudini;
- dichiara la propria disponibilità in merito a orari e/o sede dell'attività.
- completa la lettera con tutti gli aspetti formali necessari.

Spett. ditta ABIABI
abbigliamento e articoli sportivi

Spettabile Ditta,

in riferimento alla Vs. inserzione sull'"Eco di Forlì" del 3 febbraio 2009, lo scrivente Carminati Luigi, ritenendosi idoneo a svolgere l'attività da Voi richiesta, con la presente offre la propria collaborazione, in attesa di essere convocato per un colloquio di conoscenza.

distinti saluti

....

4. Una lettera di reclamo per un disservizio va scritta con attenzione: deve essere esauriente nel descrivere il problema senza però assumere toni aggressivi.
Completa questa lettera segnalando che:

- il primo tecnico non ha riconosciuto il difetto;
- la garanzia è nel frattempo scaduta;
- la sostituzione della parte guasta sarebbe a carico del cliente;
- il riconoscimento tempestivo della vera causa del difetto avrebbe permesso la sostituzione mentre la garanzia era valida.

Concludi infine chiedendo la sostituzione gratuita della parte guasta e una nuova garanzia per quanto è stato sostituito.

Varese, 6 giugno 2009

Spett. ditta ZETA
Via Circonvallazione 12
NOVARA

Spett. Ditta,
ho acquistato in data 12-4-2007 presso il Vs. rivenditore Donati Carmelo (V. Cavour 38, Tradate) una cucina modello A 162, con forno alimentato a gas, grill elettrico, termocoppia e accensione piezoelettrica.

All'atto dell'acquisto, il Vs. Rivenditore ha provveduto a informarmi circa la garanzia accordatami e l'assistenza tecnica che mi sarebbe stata fornita.

Il termostato del forno ha rivelato da subito alcuni problemi di funzionamento perché raggiunta la temperatura determinata provocava lo spegnimento completo, compresa la fiammella pilota. Il tecnico del Vs. Rivenditore chiamato una prima volta in data 23 ottobre e una seconda volta in data 4 febbraio 2008, non è stato in grado di riconoscere il difetto e ha attribuito a un'interferenza della termocoppia la responsabilità del problema. Aggravandosi col tempo il difetto (il forno dopo alcuni minuti dall'accensione si spegneva) ho nuovamente chiamato il Rivenditore in data 8 novembre 2008 perché mandasse nuovamente un tecnico; il tecnico, diverso da quello venuto precedentemente, dopo accurato esame ha riconosciuto in un difetto d'origine dell'impianto del termostato la causa dei problemi di funzionamento del forno.

Esprimo quindi tutta la mia contrarietà per ....
....
....

2. IL CURRICULUM

L'espressione completa che dà il nome a questo particolare tipo di scritto è *curriculum vitae*, fo latina che tradotta letteralmente in italiano suona "il corso della vita". Il curriculum però n una biografia, e le informazioni che contiene non sono tanto gli eventi dell'esistenza di una sona, ma più semplicemente le **informazioni che è necessario fornire a un possibile dator lavoro** nel momento in cui si chiede l'assunzione presso un'azienda o un ufficio.

Il curriculum (o curricolo, se si preferisce la forma italiana) è uno scritto un po' particolare, in le procedure tipiche della scrittura appaiono molto ridimensionate: non è necessario ricerca elaborare contenuti, il piano del testo è specifico di questa forma di scritto, e tutto ciò che rigua la stesura viene sviluppato in forma schematica, cosa che riduce molto le difficoltà relativ mantenimento della coerenza e della coesione sintattico-lessicale. Elementi importanti sono ir ce la quantità e qualità delle informazioni che si danno e il modo in cui vengono presentat curriculum rappresenta infatti la prima occasione in cui l'eventuale datore di lavoro prende c tatto con il possibile dipendente.

Il curriculum deve dunque contenere le informazioni necessarie e sufficienti per presentarsi: i d **personali** dello scrivente, **notizie sugli studi** da lui compiuti, e sulle **esperienze profession** eventualmente già effettuate.

Ecco lo schema che si può seguire dovendo preparare un curriculum.

Dati personali

cognome e nome CASTAGNA ELISA ....

indirizzo MARCONI ....

telefono 3341040946 ....

indirizzo e-mail TETY95.10@HOTMAIL.COM ....

data e luogo di nascita 24/04/95 VIGEVANO ....

stato civile NUBILE ....

professione del coniuge ....

numero ed età dei figli 0 ....

servizio militare (per i maschi) ....

epoca (se assolto) ....

Studi effettuati

diploma o laurea ....

anno, sede, votazione ....

eventualmente argomento della tesi ....

corsi di specializzazione ....

lingue conosciute INGLESE, FRANCESE ....

livello (scolastico, buono, ottimo, madrelingua) SCOLASTICO ....

pratica informatica (operare, programmare, sistemi operativi e linguaggi conosciuti) ....

Esperienze di lavoro

anno e durata ....

qualifica ricoperta ....

settore ....

nome dell'azienda o dell'ufficio ....

Il curriculum va presentato stampato a computer, senza correzioni o aggiunte a mano e naturalmente senza alcun errore di battitura. Va poi accompagnato da una lettera di presentazione.

Esercizi

ıalizza il seguente curriculum valutando l'accuratezza (anche presentazione grafica) e la precisione delle notizie. ·edi poi a riscriverlo in modo più soddisfacente.

> Età anni 28, nata e residente a Roma, nubile.
> Diploma di studio maturità scientifica. Laurea in lingue ·raniere, votazione 107 conseguita presso l'Università di ·erugia. Specializzazione: Inglese. Altre lingue conosciute: desco e francese. Viaggio studio all'estero per perfeziona- ·ento della lingua.
> In attesa di una vostra risposta, che mi auguro positiva, ·orgo distinti saluti.
>
> Maria Bianchi
> Recapito: via Vera, 14
> 00100 Roma – Tel. 06456429

ʾrogetta il tuo curriculum personale:

- per alcuni punti sei in grado di fornire notizie esaustive;
- per altri puoi dare invece informazioni incomplete; sei forse però in grado di integrarle con qualche altro elemento: frequenza di corsi complementari di lingua straniera, attività lavorative estive, soggiorni-studio all'estero, stage scolastici ecc.;
- prova a scrivere il curriculum cercando di presentare al meglio la tua posizione.

3. Utilizzando lo schema che ti è stato presentato analizza questi esempi di curriculum valutandone la completezza; se rilevi delle carenze, indica dove e come andrebbero arricchiti.

> CURRICULUM VITAE DI Giuseppe BORELLA
>
> nome e cognome: Giuseppe BORELLA
> nato a: S. Stefano Ticino
> il: 12-8-1954
> residente: Magenta, via Cavour, 18
> stato civile: celibe
> servizio militare: assolto nell'arma dei Carabinieri dal novembre 1973 al novembre 1974 (vedere fotocopia congedo allegata)
> situazione scolastica:
> dal 1/10/65
> al 28/6/68 tre classi di scuola media inferiore
> dal 1/10/68
> al 23/7/73 cinque anni presso l'Istituto Tecnico per Geometri VANONI
> situazione familiare: celibe con genitori a carico
> Esperienze di lavoro: primo impiego.
>
> Giuseppe Borella

> Milano, 9/5/2005
> Spett. Studio Avvocato Guido Neri
>
> Ho da poco conseguito la laurea in GIURISPRUDENZA presso l'Università degli Studi di Roma. Ho 27 anni e sono militesente.
> Sono disponibile per un colloquio preliminare con voi in vista di un eventuale successivo rapporto di lavoro.
> In attesa di Vs notizie Vi porgo distinti saluti.
>
> Carlo Vilardi

3. L'INSERZIONE ECONOMICA

L'inserzione economica su un quotidiano è un mezzo a cui si ricorre per offrire in vendita un prodotto o ricercarlo per l'acquisto, per offrire o cercare una casa in affitto, per offrire o proporre un impiego.

È un **testo brevissimo**, che si rivolge a **destinatari** del tutto **sconosciuti**, di cui deve **sollecitare attenzione e interesse** con **poche, essenziali informazioni**.

Nella stesura non c'è un ordine prescritto per organizzare le informazioni, tuttavia la necessità di non dilungarsi e l'esigenza di sottolineare alcune notizie rispetto ad altre fanno sì che le inserzioni appaiano costruite su schemi fissi. La lingua usata ha caratteristiche tutte particolari, accettabili solo in questo tipo di testo:

- frasi brevi, prive di subordinate, verbo spesso in forma impersonale (cercasi/offresi);
- eliminazione delle parole "vuote" (articoli, preposizioni, congiunzioni);
- utilizzo di termini tecnici, di sigle e abbreviazioni.

> DIPLOMATO 44enne esperienza conduzione piccole aziende commercio industria, gestione acquisti, vendite, terzisti, cerca ufficio acquisti o altro purché lavoro serio. Disposto viaggiare. Tel. 0363330029.

abbreviazioni

eliminazione di parole vuote

termini tecnici

frasi brevi

Esercizi

1. Modifica questi due annunci troppo lunghi togliendo parole e informazioni superflue e aggiungendo eventuali informazioni mancanti, in modo da renderli più adatti per l'inserzione.

> **a.** Vendo un tosaerba in ottime condizioni (è stato usato molto poco), con una lama di m. 1 di lunghezza, dotato di accessori (lama per livellare cespugli).
>
> Prezzo richiesto: € 200, con disponibilità a trattare. Telefonare all'ora dei pasti, meglio alla sera, allo 026318470.
>
> **b.** Impossibilitati per motivi familiari a custodirlo, vendiamo un cane bassotto tedesco di due anni, nero, vaccinato, sanissimo, bellissimo, affettuoso, piacevole compagnia per bambini e anziani, senza pedigree. Il prezzo è verame te interessante.
>
> Telefonare solo se si è realmente interessati; meglio ne le ore pomeridiane: 3213564112.

2. Scegli due curricula della sezione precedente e ricavane due serzioni economiche di ricerca di lavoro. Quali dati dovranno sere conservati? Quali modificati e quali omessi?

3. Prepara un'inserzione in base a questi elementi:

un ragazzo diciottenne, elettrotecnico diplomato da poco pres un Istituto professionale statale, non avendo mai lavorato, in at sa di partire per il servizio militare, desiderando fare esperienza offre per un'attività qualsiasi purché attinente al suo diplom

4. Il verbale

Il verbale è un testo che contiene il **resoconto scritto di una riunione**. È una testimonianza d quanto durante la riunione è avvenuto e può, in alcuni casi, assumere il valore di un document ufficiale e pubblico, come avviene per il verbale redatto dopo lo scrutinio dei voti al termine dell elezioni.

La stesura del verbale viene affidata da chi presiede la riunione a un segretario, che prenderà gl appunti necessari a redigere un resoconto completo e fedele; il verbale viene poi letto a coloro che hanno partecipato alla riunione (subito se è stato scritto durante la riunione stessa, o nella riunione successiva se è stato completato in un secondo tempo) perché lo approvino. Qualora questi ritengano che interventi, osservazioni e proposte non siano stati registrati fedelmente, provvedono a far integrare o a far rettificare quanto già scritto.

È un testo abbastanza frequente: riunioni di organismi collegiali quali quelli scolastici, di organismi di gestione (comitati di quartiere), di organismi di amministrazione (consigli di amministrazione di aziende, consiglio comunale) si concludono con la stesura del verbale, il cui scopo è quello di documentare:

- il giorno, l'ora di inizio e il luogo della riunione;
- chi ha presenziato, chi ha presieduto, chi ha verbalizzato;
- quali problemi sono stati discussi (l'ordine del giorno);

- quali proposte sono state fatte;
- quali decisioni sono state prese;
- l'ora in cui la riunione si è conclusa.

Il verbale è **scritto in modo oggettivo e formale** (gli interventi per esempio non sono mai riferiti con il discorso diretto) e la **lingua** è **accurata e precisa**, specialistica quando si riferisce a contenuti di tipo tecnico.

Ecco come può presentarsi il verbale di una riunione di condominio.

orno, ora e luogo della riunione
giorno 6 maggio 2006, alle ore 20,30, nell'abitazione del signor Vieri, si riunisce l'assemblea condominiale l condominio "Le Betulle" di Viale Donatori di Sangue 12, Brivio, per discutere il seguente o.d.g.:

rdine del giorno
- potenziamento dell'impianto di illuminazione del cortile;
- sistemazione delle aiuole antistanti il cortile stesso;
-) eventuali e varie.

resenti
lla riunione sono presenti: Vieri, Albani, Gritti, Rotini, Lanfranchi, Genovesi, Sarti, De Angeli per un totale di 00 millesimi di proprietà; risultano assenti Manfredini e Astolfi.

residente e segretario
resiede Vieri, verbalizza Rotini.

° punto o.d.g.
ccertato il numero dei presenti, il presidente dichiara aperta la seduta e passando a discutere il primo punto dell'o.d.g., comunica brevemente i risultati del sopralluogo effettuato dalla ditta Bani all'impianto di illuminazione del cortile, risultati esposti qui di seguito:
– il numero e l'attuale disposizione delle lampade risultano inadeguati... ecc.;
– anche le condutture sono... ecc.;
– la sola pulsantiera disponibile è posta... ecc.
Il presidente informa poi del preventivo provvisorio di spesa indicato dalla ditta e chiede il parere dei presenti. Interviene Lanfranchi che osserva come il preventivo presentato dalla ditta risulti... ecc. De Angeli chiede che si interpelli almeno una seconda ditta al fine di ottenere un secondo preventivo da... ecc.
Sarti dichiara di voler prendere visione del materiale e delle lampade prima dell'acquisto per assicurarsi della qualità... ecc. Albani ricorda che è necessario trovare anche una ditta che esegua le opere murarie necessarie... ecc. Al termine della discussione il presidente, raccogliendo le osservazioni fatte dai presenti, formula la seguente proposta:

Proposta del presidente
a) si chiederà un preventivo di orientamento oltre che alla ditta Bani anche alla ditta... ecc.;

b) si chiederà alla ditta stessa di indicare per le opere murarie... ecc.;

c) si chiederà alla ditta di fornire oltre a un preventivo dettagliato anche i cataloghi per... ecc.

Votazione
Messa ai voti, la proposta è approvata all'unanimità. Si dà incarico al segretario Rotini di prendere contatto in brevi tempi (una settimana) con la ditta per... ecc. e riferire alla prossima assemblea.

2° punto o.d.g.
Passando al secondo punto dell'o.d.g., il presidente dà la parola a Gritti perché riferisca quanto la ditta "Cortili verdi" ha proposto in merito alla sistemazione delle aiuole del cortile... ecc.

Conclusione
Esauriti gli argomenti dell'o.d.g., la seduta è tolta alle ore 23.10 circa.

Esercizi

1. Ecco l'intervento di un partecipante all'assemblea di una società sportiva in cui si discute dell'acquisto delle nuove tute e maglie per la squadra di pallavolo femminile. È formulato in modo molto spontaneo e informale: mettilo a verbale apportando tutte le modifiche necessarie.

> Dunque, allora... Volevo dire una cosa... il problema è quello che possiamo spendere. Mi sembra meglio buttarci dentro qualche soldo in più piuttosto che comperare della roba di seconda scelta: le tute brutte le vedi subito; le maglie, se dopo la prima lavata si riducono a degli stracci è come non averle mai avute nuove. Non so che figura ci facciamo a mandare in campo le ragazze con le divise scadenti... Se invece siamo disposti a sganciare un po' di più, possiamo rivolgerci a ditte che ci danno roba di qualità...

2. Ricava da questa discussione fatta in classe a proposito della gita scolastica un paragrafo per il verbale in cui siano indicate in modo chiaro le proposte da mettere ai voti.
Sarà necessario:

- passare dal discorso diretto a quello indiretto;
- sintetizzare gli interventi;
- riformulare in modo più neutro e formale.

> Rossi: Con la III C è meglio non andare perché sono dei piantagrane; anche l'anno scorso se vi ricordate avevano sempre da ridire e i prof. si sono arrabbiati e non ci hanno fatto uscire l'ultima sera.
>
> Berizzi: Ma con qualcuno bisogna andare; se andiamo soli il prezzo diventa troppo alto.
>
> Arisi: La III D un po' di tempo fa ci aveva chiesto se v levamo andare con loro, che avevano già l'itinerario e programma e i docenti accompagnatori.
>
> Berizzi: Ma noi chi ci accompagna dei prof.?
>
> Rappres. di classe: Lettere ha detto di no per problemi f miliari, religione verrebbe se si tornasse di venerdì perc al sabato è impegnato in parrocchia, matematica va con quarte, inglese era incerto: una gita di tre giorni gli anda bene, ma quattro erano troppi.
>
> Arisi: La III D per l'Umbria diceva proprio tre giorn
>
> Locatelli: Tre giorni sono pochi, e poi in Umbria dov L'anno scorso in Toscana abbiamo visto solo chiese.
>
> Rappres. di classe: So che la III D ha già presentato programma in presidenza; si potrebbe chiederlo e vedere s ci va bene.
>
> Monti: Se ci va bene si cerca di convincere il prof. di in glese.
>
> Beretta: Ma perché l'Umbria e non Roma?
>
> Rappres. di classe: Bisogna trovare una classe che vien con noi e i prof. accompagnatori, e poi bisogna fare il pro gramma.
>
> Beretta: Il programma lo copiamo da quello della III A dell'anno scorso, per il prof. chiediamo a quello di religio ne e gli promettiamo di lasciargli il sabato libero.
>
> Rappres. di classe: C'è qualcosa d'altro da dire? altri menti votiamo perché tra un po' suona.

5. LA RELAZIONE

Rientrano nella categoria della "relazione" una serie di testi che si propongono lo scopo di **infor mare e documentare un'esperienza effettuata**, un lavoro compiuto, l'approfondimento di un settore delle conoscenze: in un'azienda si fanno relazioni sull'andamento della produzione e delle vendite, nei vari enti si fanno relazioni sui risultati ottenuti con determinati interventi, gli istitut di ricerca relazionano sugli esiti della loro attività, gli studenti a scuola su tematiche che hanno approfondito e gli insegnanti sull'andamento delle classi.
La relazione ha come destinatario colui che l'ha richiesta, ma in alcune occasioni – quando per esempio deve essere presentata ai partecipanti a una conferenza o deve essere pubblicata su un giornale, o si rivolge agli utenti di un servizio – può essere destinata a un pubblico più ampio; in ogni caso è comunque un **testo complesso, di elevato livello formale**.
Le relazioni si occupano degli argomenti più diversi, di natura scientifica, culturale in genere o sociale, oppure possono riferire di esperienze affrontate e di attività realizzate; abbiamo così due tipi di relazione:

a. la relazione su esperienze concrete

- partecipazioni ad avvenimenti sociali, culturali, sportivi...; in questo caso la relazione assume l'aspetto semplice del resoconto;
- esperienze di lavoro: svolgimento di mansioni, partecipazione a esperienze innovative, effettuazione di esperimenti di laboratorio; in questo caso la relazione può assumere la veste più impegnativa e rigorosa del rapporto;

b. approfondimento di un settore delle conoscenze

- ricerche disciplinari, indagini su fenomeni culturali, sociali, economici; in questo caso la relazione può assumere l'aspetto di un saggio breve, oppure se di più ampio respiro, del dossier.

Nella scrittura di una relazione prevale un registro formale, mentre la lingua è precisa e accurata, specialistica quando sviluppa tematiche di discipline specifiche.

Per scrivere una relazione si segue il percorso richiesto per la composizione di un testo ampio e complesso:

- ricerca ed elaborazione di contenuti;
- pianificazione;
- stesura;
- revisione.

Ricerca ed elaborazione dei contenuti

Le operazioni da effettuare nella fase di ricerca ed elaborazione dei contenuti sono diverse a seconda del tipo di relazione di cui ci si sta occupando.

- **Relazione di tipo a**: la fonte principale a cui rivolgersi per la ricerca di contenuti è data in questo caso dalle informazioni conservate nella memoria e dagli appunti che eventualmente siano stati scritti; questi ultimi sono sicuramente necessari per documentare le fasi e i risultati di un esperimento di laboratorio, ma meno importanti per il resoconto della visita a una mostra.
- **Relazione di tipo b**: la ricerca di informazioni è fondamentale; l'individuazione stessa delle fonti può porre dei problemi perché per alcune tematiche le fonti sono numerose e vanno quindi selezionate, mentre per altre possono essere o poco diffuse o di difficile reperimento.

Fonti possibili:

- bibliografiche: quotidiani, riviste specialistiche e non, libri, manuali, saggi, enciclopedie ecc.;
- statistiche: documentazioni e dati di solito in possesso di enti e uffici (Comuni, Comunità montane, Distretti scolastici, Camere di commercio, biblioteche, archivi, organismi di ricerca ed elaborazione dati);
- d'esperienza: il questionario, l'intervista, lo scambio d'opinione, l'osservazione personale, l'esperienza di laboratorio ecc.

Le fonti vanno poi utilizzate correttamente: dalle parti ampie e discorsive si ricaveranno degli appunti schematici, da rielaborare successivamente;

- i dati numerici o statistici dovranno essere copiati integralmente (si citerà allora con precisione la fonte da cui sono stati ripresi), oppure potranno essere rielaborati sotto forma di appunti; si procederà allo stesso modo con grafici e tabelle.

Pianificazione del testo

La pianificazione della relazione segue una scansione abbastanza vincolante, soprattutto per quanto riguarda l'ordine delle parti principali del testo:

1. presentazione dell'esperienza o della ricerca e dei suoi scopi;
2. indicazione della situazione che ha suggerito o determinato l'esperienza o la ricerca;
3. indicazioni delle fonti; presentazione dei materiali e degli strumenti;
4. presentazione delle fasi di lavoro;
5. esposizione dei dati emersi;
6. esposizione dei risultati ottenuti e loro valutazione;
7. conclusioni.

È possibile che questi punti, soprattutto quelli più ampi, debbano essere ulteriormente articolati:

indicazione delle fonti, presentazione del materiale e degli strumenti		**presentazione delle fasi di lavoro** 1) fase... 2) fase... 3) fase
fonti bibliografiche: a) b)	fonti statistiche: a) b)	**conclusioni** 1) ... 2) ...

Stesura del testo

La relazione è un testo complesso, che prevede al suo interno l'uso di più tipi di scrittura, che mettono operazioni comunicative diverse. Avremo quindi: narrazioni per presentare lo svolg di un evento, descrizioni per illustrare ambienti, strumenti e materiali; definizioni di fenomeni dicazioni di cause e conseguenze, esemplificazioni, confronti, formulazione di ipotesi, deduzic Una relazione di tipo **b** che si occupi di un fenomeno socio-economico, per esempio lo spop mento della montagna, potrebbe essere sviluppata così:

Questa ricerca si occupa del fenomeno dello spopolamento della montagna, cioè della situazione per cui... Con i dati disponibili riferiti alle zone delle montagne lombarde si può mostrare come...	presentazione della ricerca, dei suoi scopi
Abbiamo utilizzato dati statistici della Camera di Commercio di...	indicazione delle fonti
Abbiamo in un primo tempo analizzato e selezionato... In seguito, dopo aver preparato i questionari, abbiamo condotto l'indagine vera e propria; come prima cosa ci siamo recati... dove... In seguito...	presentazione delle fasi di lavoro
Le notizie raccolte ci permettono di vedere come negli anni... la popolazione è... mentre successivamente, anche in seguito alla riduzione delle attività di alpeggio...	esposizione dei dati emersi
Lo spopolamento in queste zone è dunque un fenomeno rilevante... I dati in nostro possesso autorizzano alcune ipotesi a proposito di quello...	esposizione dei risultati ottenuti e loro valutazione

Revisione del testo

Nel rivedere la relazione, molta attenzione va posta agli aspetti formali di ortografia, punteggi tura, sintassi, ma un esame particolare va fatto soprattutto in merito all'aspetto informativo, a l'organizzazione del testo e alla sua chiarezza ed efficacia.

Ecco qualche suggerimento:

Aspetti informativi

- Le informazioni sono sufficienti?
- Sono ben selezionate e pertinenti all'argomento?
- È stata controllata la loro esattezza?

Organizzazione del testo

- Il testo appare ben scandito e ordinato?
- Le singole parti hanno una funzione adeguata alla funzione che svolgono all'interno del testo?

Chiarezza

- Le informazioni sono state adeguatamente esplicitate o alcune sono rimaste ancora implicite?
- I termini tecnici, presumibilmente poco conosciuti, sono spiegati?
- Dati, tabelle, grafici, sono comprensibili?

esempio azione

L'esperienza di laboratorio (elettrotecnica)

Determinazione del rendimento di un trasformatore con la prova diretta

La prova diretta di un trasformatore tende a mettere in rilievo il rendimento della macchina applicando al trasformatore un carico effettivo. Il circuito elettrico da misurare dovrà essere alimentato da adatta sorgente a tensione nominale e costante.	scopo
Gli strumenti inseriti nel circuito sono: • sul primario: frequenzimetro, voltmetro, amperometro, wattmetro per la misura della potenza assorbita; • sul secondario: voltmetro, amperometro, wattmetro per la misura della potenza utile del carico. Tutti gli strumenti dovranno essere adattati alla corrente alternata e avere portata corrispondente ai nominali della macchina; il carico collegato al trasformatore dovrà avere possibilità di regolazione.	strumenti
Si procede mantenendo costante la tensione sul primario e variando il carico in modo da far assumere all'amperometro sul secondario valori discreti di corrente sino ad un sovraccarico del 20–25. Per ogni valore di corrente secondaria assegnata si rilevano: • potenza erogata Pr; • potenza assorbita Pa; • corrente sul secondario I_2. Mediante i valori suddetti si calcola il rendimento: R = Pr / Pa.	svolgimento
I vari valori ottenuti consentono di tracciare il grafico del rendimento $R=f(I_2)$ in funzione della corrente erogata. Tale grafico assume un andamento costante con scarti rispetto al valore medio, che diventano evidenti in corrispondenza di variazioni significative della corrente di carico; in particolare si osserva che tale variazione assume valore massimo quando la corrente è 3/4 di quella di carico.	risultati
Si fa comunque notare che la determinazione del rendimento con la prova diretta è poco usata in quanto è difficile ricostruire in laboratorio il carico fittizio per i trasformatori di grande potenza; gli errori causati dagli strumenti potrebbero dare a loro volta rendimenti > o uguali ad 1 e ciò è assurdo.	osservazioni conclusive

Esercizi

. Dovendo preparare una relazione sulla diffusione e sull'uso da parte dei ragazzi del personal computer, come organizzi la ricerca delle informazioni? A quali fonti ti rivolgi?

- **Bibliografiche**
  - Siti web e blog
  - Libri e saggi (per i libri riferisci sotto forma di scheda bibliografica sintetica: autore/titolo/edizione/anno di pubblicazione/tematica; aggiungi l'indicazione del capitolo o delle pagine che contengono le informazioni che ti interessano).
  - Articoli di riviste (per gli articoli indica autore/titolo dell'articolo/titolo della rivista/numero della stessa);
- **Statistiche**
  Sei a conoscenza di uffici, aziende, enti che possano fornirti informazioni utili?
- **D'esperienza**
  È sicuramente possibile avere informazioni di prima mano ascoltando i diretti interessati, per esempio i ragazzi della tua scuola.
  - Quale forma di indagine (conversazione, intervista, questionario, scambio di opinioni) sceglieresti?
  - Come la realizzeresti?
  - Se si trattasse di un'intervista, quali domande riterresti più adatte?

2. Dovendo preparare una breve relazione destinata a possibili futuri studenti sulla tua scuola e sulla qualità della preparazione che fornisce:

- quali dati chiederesti alla Segreteria dell'Istituto?
- quali informazioni cercheresti al di fuori della scuola?
- come ne organizzeresti la raccolta?

3. Ecco alcune delle informazioni raccolte durante un'indagine dedicata alla lettura da parte dei giovani (adattato da *I giovani e la lettura*, Grinzane letture, A. Mondadori). Immagina che siano il risultato di una ricerca compiuta con i tuoi compagni di classe fra i ragazzi del tuo quartiere, e usale per progettare una relazione dedicata ai gusti e alle abitudini di lettura dei giovani.

– campione: 2380 ragazzi
– età: 14-21
– condizione: studenti di scuola media superiore
– libri letti: il 55% dichiara di leggere da 1 a 4 libri al mese, il 45% dichiara di leggere dai 5 ai 10 libri all'anno, solo il 23% ha però letto più di un libro nell'ultimo mese
– tempi dedicati alla lettura: 84% mezz'ora-un'ora in tempo di scuola, 84% fino a tre ore durante le vacanze
– generi privilegiati: 62% narrativa, 28% attualità, 28% fumetto

	ragazze	ragazzi
letteratura, classici e romanzo italiano	16% in più dei ragazzi	
poesia	5% in più dei ragazzi	
fantascienza	16% in più dei ragazzi	
sport, passatempi ecc.	15% in più dei ragazzi	
dove si legge	dovunque, anche in situazioni scomode (pullman, metrò ecc.) 49%	in camera da letto 93%

		anni		
che cosa spinge a leggere		14/15	18/19	20/2
piacere di leggere	40%	52%	38%	31%
desiderio di evadere	18,5%	7%	17%	14,5
bisogno di capire	12%	12%	15%	12%
occupare tempo libero	5%	10%	6%	2%
essere aggiornati	7%	1,7%	8%	17%
contatto con la realtà	9%	7%	8%	2%
altro	–	–	–	–

Pianifica il testo utilizzando come guida lo schema della relaz

- la ricerca e i suoi scopi;
- la situazione che ha suggerito la ricerca;
- indicazione delle fonti;
- presentazione delle fasi del lavoro;
- esposizione dei dati emersi;
- esposizione dei risultati e loro valutazione.

4. Prepara il piano di una relazione che riferisca di una visita di is zione fatta con la classe (mete possibili della visita di istruzione: u zienda, un ufficio, un ente, una località interessante sotto il pro geologico e/o ambientale, un museo). Segui lo schema che con

6. IL DEPLIANT ILLUSTRATIVO

Il depliant illustrativo è un **testo composito**, che utilizza **vari linguaggi**: accanto infatti a par non scritte (disegni e fotografie) sono presenti parti scritte di tipo descrittivo, informativo, espress vo, che hanno lo scopo di informare e persuadere.
È un testo solitamente breve, ma la sua stesura definitiva è preceduta da un lavoro di ricerca im pegnativo, affidato a persone con competenza specifica nel settore il cui compito è quello di ind viduare l'utente del servizio o del prodotto che il depliant illustra.
Il destinatario è naturalmente sconosciuto, ma al fine di costruire un testo in grado di ottenere l sua attenzione e suscitare il suo interesse, attraverso ricerche di mercato, analisi di dati statistic indagini su campioni rappresentativi, vengono delineate le sue caratteristiche socio-economiche le sue abitudini di vita, i suoi gusti personali, le sue aspettative.
Lo scopo del testo è senz'altro quello di **dare informazioni** circa il prodotto o il servizio oggetto de depliant, ma spesso a questo si affianca – e talora prevale – uno **scopo persuasivo** teso a convince re l'utente e a indirizzarne le scelte. Questo scopo persuasivo è visibile non solo negli aspetti grafic e iconografici, ma anche negli aspetti comunicativi: vengono date informazioni soprattutto favorevoli, che enfatizzano le qualità positive, mentre la lingua utilizza aggettivi, espressioni figurate, parole nuove – create appositamente –, forme poetiche, per raggiungere il livello emotivo dell'utente.

ER LEI L'ABBONAMENTO PRIVILEGIATO A

ELLE DECOR

R CHI, COME LEI, COLTIVA GUSTO DEL BELLO, ELLE DECOR JN PUNTO DI RIFERIMENTO RINUNCIABILE.	ricerca di contatto diretto con l'utente
GGI LEI HA LA STRAORDINARIA CASIONE DI ABBONARSI L'ECCEZIONALE PREZZO	aggettivi
€ 30 ANZICHÉ € 50	aspetto positivo
ese dopo mese ELLE DECOR diventerà r lei un riferimento, lo specchio delle ove tendenze, la risposta ad ogni sua igenza abitativa. LE DECOR è la rivista più attenta l raccontare le novità del gusto e le oluzioni della moda nel campo della ecorazione per interni. abitazioni più eleganti fotografate giro per il mondo.	espressione figurata giudizio positivo globale
a ricerca del particolare, degli oggetti, ei tessuti, dei materiali che danno calore ll'ambiente. ndirizzi utili, guida all'acquisto, rtigianato da scoprire.	aspetti positivi analitici che enfatizzano le qualità positive del prodotto

Esercizi

Distingui in questo testo gli aspetti informativi da quelli persua-i. Verifica se sono separabili o appaiono intrecciati e sovrapposti.

> **La vita è già difficile**, e in certi momenti è facile perdere l'equilibrio. Fortuna che le *Flexa* hanno la tomaia in morbidissimo vitello sfoderato, il sottopiede anatomico removibile, e la suola in cuoio speciale superflessibile o in leggerissima gomma antisdrucciolo: quindi, la prossima volta che cercano di buttarvi giù, voi, **prendetevela comoda**.

. Ecco una serie di informazioni riprese da testi pubblicitari: riconosci e trascrivi l'elemento informativo contenuto in ciascuno. Osserva poi quali elementi linguistici hanno determinato la differenza rispetto a una comunicazione puramente informativa.

- Idratare non basta, occorre detossinare...
- Altissima, purissima...
- La cucina mediterranea ha un cuore nuovo: pasta cuore...
- Mettete in lista un viaggio di nozze indimenticabile...
- Trentino. Posologia: una settimana almeno due volte l'anno. Per un rimedio naturale contro lo stress seguire attentamente le avvertenze...

3. Trasforma questo testo informativo in un testo persuasivo, apportando le modifiche testuali e linguistiche che ritieni necessarie.

> Capri (isola di), isola del mar Tirreno, che chiude a sud il golfo di Napoli, di fronte alla punta Campanella; può considerarsi il prolungamento della Penisola Sorrentina, da cui la separa lo stretto (5 km) di Bocca Piccola; 10,36 km2; 10845 ab. Costituita di rocce calcaree prive di sorgenti d'acqua dolce, l'isola ha coste alte e assai dirupate, in molti punti strapiombanti sul mare, incise a fior d'acqua da bellissime grotte, note per i curiosi effetti di luce (Grotta Azzurra, Grotta Verde ecc.), e orlate da caratteristici scogli rocciosi che hanno assunto col tempo forme singolari (faraglioni ecc.). Vi si distinguono l'altopiano occidentale o di Anacapri, culminante nel monte Solaro (589 m), collegato ad Anacapri mediante una seggiovia, e l'altopiano orientale, meno elevato (Salto di Tiberio, 334 m), separati fra loro da una fertile sella, in cui è accentrata gran parte della popolazione e in corrispondenza della quale si hanno i migliori approdi dell'isola (Marina Grande, col porto, a nord, e Marina Piccola, a sud).
>
> Il paesaggio estremamente pittoresco, il clima assai mite, la flora ricchissima, tipicamente mediterranea, la tradizione di residenza d'artisti e di eccentrici, l'attrezzatura alberghiera ne fanno una delle più rinomate località climatiche del mondo e vi attirano in ogni stagione turisti in gran numero. Oltre all'industria del forestiero, varie sono le risorse dell'isola: la coltura della vite (esportazione di vino bianco secco), degli ortaggi, degli alberi da frutta e dell'olivo, e la pesca. Amministrativamente, il territorio è compreso nei due comuni di Capri e di Anacapri (prov. Napoli).
>
> Enciclopedia Rizzoli-Larousse

Pagine operative

1. Domanda e offerta di lavoro

a. Prepara un'inserzione economica per un'azienda tenendo conto di queste informazioni:

> Un'azienda meccanica che produce macchine utensili cerca un perito meccanico giovane, di 25 anni al massim anche privo di esperienza professionale, ma desideroso di specializzarsi in un settore che gli garantirà nel futuro u crescita professionale soddisfacente. Quale titolo preferenziale l'azienda richiede la buona conoscenza dell'ingle

Il testo non deve superare le 30 parole:
- dovrai selezionare con cura non solo le informazioni, ma anche le parole;
- potrai utilizzare le forme di abbreviazione del testo tipiche dell'inserzione.

b. L'inserzione trova numerosi lettori interessati: prepara la risposta di uno di loro, che – ritenendo di possedere i requisiti a ti – spedisce il proprio curriculum con relativa lettera di accompagnamento.
Ricorda che:
- il curriculum deve essere chiaro ed esauriente (lo schema fornito nelle pagine precedenti può costituire una guida alla sura);
- pur essendo la lettera di tipo formale (dovrà dunque essere scritta con le attenzioni del caso: struttura esterna accur formule di cortesia, precisione e chiarezza), solitamente viene scritta a mano.

> Si tratta di un giovane di 23 anni, Guido Roberti, di Sesto San Giovanni (via Manzoni, 15, tel. 027693410), diplomato pe rito meccanico nel 2005, presso l'istituto A. Volta con 85/100, attualmente iscritto all'Università, facoltà di ingegneria (2° an no, esami sostenuti n. 3: geometria, disegno, fisica), ottima conoscenza informatica, inglese avanzato, tedesco conoscenze d base, fornito di patente di guida, disposto a trasferirsi per lavoro e disposto all'inizio a essere impegnato anche solo part-time

2. Il verbale

In occasione della prima assemblea di classe a cui parteciperai, offriti di fare il verbale; mentre la riunione si svolge prendi appunti necessari, e successivamente stendi il verbale.
Ricorda che:
- trattandosi dell'assemblea di classe non sarà necessario precisare l'elenco dei presenti, sarà sufficiente elencare gli assen
- sarà anche superfluo nominare la sede della riunione (che è senz'altro la classe);
- le assemblee di classe sono spesso delle riunioni rumorose e poco ordinate; è quindi importante porre grande attenzi ne nel seguire i singoli interventi e nel riprendere le proposte formulate e la votazione che ne viene fatta;
- per questo stesso motivo sarà opportuno al termine della riunione leggere ai presenti gli appunti presi (ancor prima ch siano trasformati in verbale) per accertarsi di aver bene interpretato gli interventi fatti.

3. La relazione

a. In occasione dello studio del processo di industrializzazione italiano, siete stati a visitare il villaggio industriale di Crespi d'Ad da (Bg); prepara la relazione di questa visita seguendo il percorso di lavoro solito del testo scritto.

Ricerca ed elaborazione di contenuti
I contenuti sono naturalmente desunti dalle osservazioni effettuate durante la visita, però può essere importante procurars qualche informazione circa l'evoluzione dell'industrializzazione in Lombardia alla fine del secolo scorso (quali tipi di industrie? in quali zone? dati di questo tipo si possono trovare su pubblicazioni monografiche).

Pianificazione
Per costruire il piano del testo si utilizza lo schema precedentemente illustrato.
In particolare può essere utile:
- sottolineare in fase di apertura l'occasione che ha suggerito tale visita;
- prevedere una descrizione esaustiva del villaggio operaio, della sua struttura, dei suoi edifici;

- mettere in relazione – nella conclusione – la costruzione del villaggio con la fase dell'industrializzazione e la posizione degli industriali del tempo di fronte al movimento operaio.

Stesura
In fase di stesura si deve fare attenzione a che la descrizione sia chiara e accurata, presentata con un registro oggettivo e con terminologia tecnica dove necessario.

Revisione del testo
Nella fase di revisione vanno controllati gli aspetti formali (ortografia, punteggiatura e sintassi), ma è necessario osservare soprattutto la completezza del testo, la coerenza fra le varie parti della relazione, l'esplicitezza delle informazioni.
La relazione può naturalmente avere come oggetto altri insediamenti della prima fase di industrializzazione italiana la cui costruzione sia stata accompagnata dalla creazione di insediamenti abitativi per gli operai.

b. Se nel corso dell'anno hai potuto effettuare delle brevi esperienze lavorative e organizzate dalla scuola (stage), illustrane una in una relazione nella quale siano evidenziati:
- l'obiettivo dell'esperienza;
- il modo con cui la scuola l'ha organizzata;
- il percorso didattico con cui è stata preparata;
- l'azienda o l'ufficio in cui si è svolta; loro caratteristiche;
- le mansioni svolte durante lo stage, conoscenze e competenze utilizzate;
- aspetti positivi e aspetti negativi dell'esperienza;
- riflessioni conclusive.

Svilupperai il testo seguendo il percorso consueto di ricerca ed elaborazione di contenuti, pianificazione, stesura, revisione.

c. Utilizza i dati che ti vengono forniti qui e a pagina seguente (fonte ISTAT) a proposito dell'iscrizione e della frequenza dell'Università in Italia per stendere una relazione avente come argomento "La scelta dell'Università".
Prevedi le operazioni di scrittura secondo il percorso solito.

Ricerca ed elaborazione dei contenuti
È possibile:
- arricchire le informazioni date con elementi provenienti da altre fonti
  – bibliografiche (quali?);
  – l'esperienza (quali attività possono fornire informazioni ulteriori?);
- aggiungere aspetti ed elementi legati alla propria esperienza personale.
  Bisogna poi tener presente che i dati statistici vanno interpretati: quale significato puoi attribuire a quelli che ti sono stati forniti?

Pianificazione
In questo testo è importante l'ordine che si intende dare alle informazioni: il confronto con la situazione degli altri paesi europei/l'andamento delle iscrizioni all'Università/il rapporto fra laureati e occupati/osservazioni tratte dalla propria esperienza a sostegno o contro i dati ufficiali.

Immatricolati per corso di diploma* e sesso nell'anno accademico 1995-96

Gruppi	Valori assoluti			Composizione %		Variazione % su a.a. 1994-95		
	M	F	Totale	M	F	M	F	Totale
Scientifico	918	269	1 187	77,3	22,7	31,1	18,5	28
Medico	3 241	5 581	8 822	36,7	63,3	9,9	28,3	20,9
Ingegneria	4 618	681	5 299	87,2	12,8	7,1	55,8	7,1
Agrario	373	218	591	63,1	36,9	22,7	21,8	22,4
Economico	2 650	2 439	5 089	52,1	47,9	16,9	22,8	19,7
Politico-sociale	401	1 812	2 213	18,1	81,9	22,3	24,8	24,3
Giuridico	242	237	479	50,5	49,5	414,9	664,5	514,1
Letterario	153	608	761	20,1	79,9	106,8	133,8	127,8
Totale	12 596	11 845	24 441	51,5	48,5	19,3	32,7	25,6

*diploma: laurea breve

Hanno una laurea lunga	
Stati Uniti	9,1%
Giappone	1,6%
Francia	14,5%
Germania	13,0%
Italia	9,8%
Spagna	12,1%
Gran Bretagna	7,2%
su 100 giovani "età di laurea"	

Le ragioni delle differenze

La formazione di livello universitario in Italia si è sviluppata lentamente. Nell'arco degli ultimi anni, cidenza delle persone in possesso di un diploma di laurea tra la popolazione fra i 25 e i 39 anni è sata dal 5,5% al 9,8%. L'evoluzione è stata più rapida per le donne (da 4,8% nel 1980 a 9,1% nel 19 le quali hanno colmato il divario che le separava dai coetanei. Sono emerse, invece, marcate d renze territoriali, soprattutto dopo il 1990. Nel 1995 l'incidenza dei laureati sulla popolazione cc presa tra i 25 e i 39 anni di età è risultata pari a 7,9% nel Mezzogiorno e a 9,6% nel Centro-nord. L'Università italiana sconta la tardiva introduzione delle cosiddette lauree brevi (avviate nell' no accademico 1992-93); all'estero, tranne rarissime eccezioni, i giovani possono da sempre s gliere tra corsi universitari di diversa durata. Accade così che, mentre nel nostro paese la qu di gran lunga maggioritaria dei laureati proveniva da corsi almeno quadriennali, all'estero sc molto più frequenti coloro che hanno concluso un ciclo breve di studi universitari. Ne conseg che, se si considerassero soltanto i laureati di ciclo lungo, il confronto con gli altri paesi risu rebbe molto meno sfavorevole per l'Italia. Inoltre, occorrerebbe tenere conto che gli studi p universitari da noi durano in genere un anno di più rispetto a quanto avviene all'estero.

Abbandono degli studi Quanti giungono alla laurea?	
gruppi	
Scientifico	36,1%
Medico	80,0%
Ingegneria	33,3%
Agrario	45,4%
Economico	32,0%
Politico-sociale	21,7%
Giuridico	33,6%
Letterario	34,0%
TOTALE	33,2%
Laureati nel 1994 per 100 immatricolati di 5 anni prima	

Scelgono l'università

Immatricolati per corso di laurea e diploma per 100 ragazzi di 19 anni, dall'anno acc demico 1990-91 all'anno accademico 1995-96.

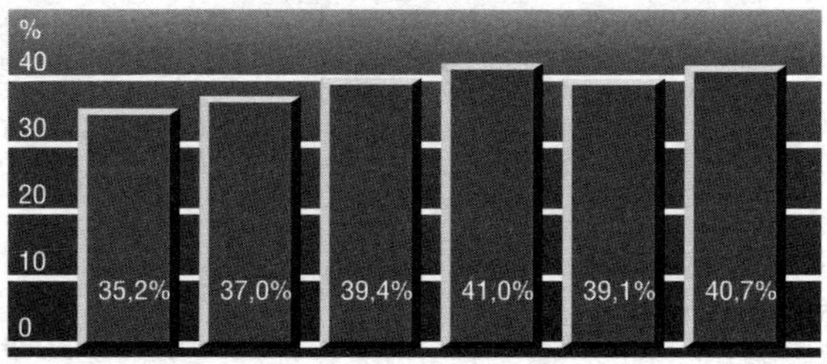

Formazione e lavoro

Occupati per 100 giovani fra i 25 e i 39 anni, per titolo di studio e ripartizione gec grafica.

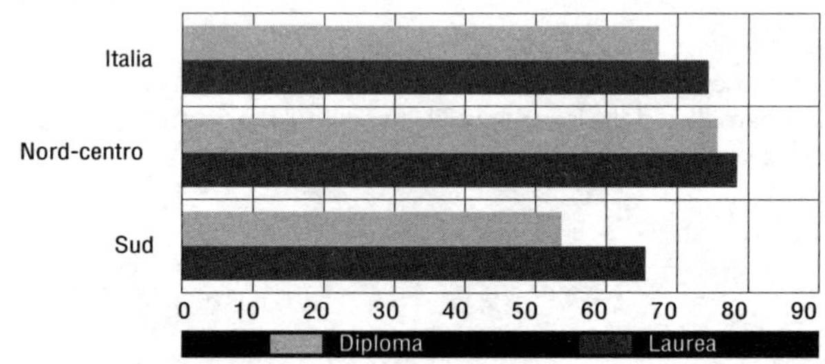

Stesura

Il testo si sviluppa attraverso paragrafi di confronto, di analisi, di individuazione di relazioni, di presentazione di una propria te si sostenuta da argomenti.

Revisione

La revisione, oltre a verificare l'adeguatezza formale, l'esaustività delle informazioni e la coerenza interna del testo, osserver anche se le varie parti hanno ricevuto uno sviluppo equilibrato e proporzionato.

d. Prepara una relazione su un articolo interessante (di scienze, storia, geografia...) che hai letto di recente.

In questa relazione:

- indica le motivazioni in cui la lettura è stata fatta (se si inserisce, per esempio, in un più ampio progetto di letture della classe, quale potrebbe essere una ricerca su temi e problemi specifici);
- presenta il testo letto indicandone genere, titolo, autore, epoca in cui è stato scritto, tematica generale; se anziché di un testo completo si tratta di un articolo, indicherai disciplina o area di sapere cui l'articolo fa riferimento, autore, titolo dell'articolo, titolo, numero e anno della rivista, tematica;
- riferisci il contenuto: i problemi affrontati e i loro aspetti peculiari, le soluzioni proposte;
- evidenzia altri aspetti interessanti e importanti;
- concludi ricollegando elementi e considerazioni ricavati dalla lettura fatta alle altre letture effettuate in classe, al progetto iniziale e ai suoi scopi.

e. Rivedere la relazione

La revisione della relazione prevede che, oltre all'osservazione degli aspetti formali del testo (ortografia, punteggiatura, sintassi), anche l'analisi del contenuto, della sua esaustività, della sua organizzazione interna.

Ecco la relazione che una studentessa ha preparato in merito ad uno stage da lei effettuato presso un'agenzia turistica.

- Utilizza i punti dell'esercizio b. di p. 929 come guida per controllare se la relazione è completa nelle sue varie parti.
- Osserva poi se il testo è effettivamente "referenziale", cioè oggettivo.

1) Giudico l'esperienza dello stage positiva perché per la prima volta sono venuta a contatto con il mondo del lavoro e so-attutto mi è piaciuto il modo in cui mi hanno accolto e il rapporto di lavoro che abbiamo instaurato durante le due settima-: di stage.

2) a) Per quanto riguarda le mie conoscenze, non sono riuscita a mettere in pratica quello che mi era stato insegnato, perché operatrici erano sempre molto impegnate per potermi seguire e insegnarmi le nozioni fondamentali per quel tipo di lavoro.

b) Per quel poco che mi è stato insegnato, sono riuscita ad apprendere facilmente, e non ho incontrato difficoltà nell'affron-re il lavoro. Non ho inoltre incontrato alcuna difficoltà nell'affrontare gli adulti, sia "i colleghi di lavoro" sia i clienti sempre ›rdiali nei miei confronti.

c) Le operatrici, nei "ritagli di tempo" che non erano occupate al telefono o impegnate con dei clienti, ci chiamavano al com-ıter e ci insegnavano a prenotare i voli e vedere le disponibilità tramite terminale. Purtroppo però il computer disponibile era ›ltanto uno, e noi eravamo in tre tirocinanti; era quindi impossibile lavorare in tre su un unico terminale.

d) Durante le settimane di stage ho mantenuto un atteggiamento adeguato sia nei confronti dei colleghi che dei clienti, ho ri-pettato gli orari dell'agenzia ed ero sempre disponibile nei casi in cui mi mandavano a compiere delle commissioni.

e) Mi è capitato due volte di dover parlare in inglese. La prima è stata al telefono con un cliente che domandava se il titolare ra presente; con molta calma e senza farmi prendere dal panico, ho ripensato a tutto ciò che mi era stato insegnato, e ho rispo-to che il titolare in quel momento era assente e che avrebbe dovuto richiamare più tardi.

La seconda volta mi è capitato di dover parlare di persona con un cliente che aveva urgenza anche lui di parlare col titolare, : gli ho risposto che doveva recarsi al piano superiore.

3) L'agenzia ospitante è stata sicuramente cordiale nei miei confronti, purtroppo però non aveva il tempo di potermi seguire : insegnare il lavoro, a causa della continua clientela che entrava in agenzia. L'ufficio turistico dal mio punto di vista aveva un ›ttimo funzionamento dato dalla bravura delle operatrici, ma non era tanto organizzato per quanto riguarda la sistemazione dei depliant negli armadietti nel retro del negozio, dei biglietti aerei, dei voucher e di ogni documento necessario all'agenzia.

4) La mia proposta è innanzitutto di accettare una sola ragazza per ogni agenzia, perché ho potuto constatare che in tre ab-biamo imparato poche cose. Poi, gli operatori devono per prima cosa domandarci quello che ci è stato insegnato a scuola e as-segnarci "dei compiti" che ci controllano e ci spiegano. E comunque, se un'agenzia è disposta ad accettare tirocinanti, deve es-sere altrettanto disponibile nei loro confronti.

4. LA SCHEDA BIBLIOGRAFICA

a scheda bibliografica di un testo deve contenere le informazioni che consentano al lettore di decidere se per le ue esigenze di lettura è utile leggere il testo in questione.

Prepara la scheda bibliografica di un romanzo:

- indica negli appositi spazi della scheda (solitamente si usano cartoncini già predisposti) il genere, l'autore, il titolo, l'anno o il periodo in cui è stato scritto, l'anno della prima edizione, la tematica;
- riferisci in modo molto sintetico i contenuti (trama e personaggi principali).

genere ....

autore ....

titolo ....

anno della 1ª edizione ....

tematica ....

La comunicazione orale

1. Le caratteristiche della lingua orale

– Che fastidio... non è ancora venuto nessuno a sistemarlo?
– No e mi ha detto che per tutta la settimana non c'è niente da fare è troppo preso... certo che se cor ad ascoltarlo... spegni lì che entrano i moscerini... hai già messo su il caffè?

A una prima lettura questo testo ci appare poco accettabile; le sue anomalie tuttavia sono pr giustificate quando si capisce che non è un testo formulato per essere scritto, ma è la trascrizi (che comunque già sfrutta supporti tipici della scrittura, quali il capoverso, le maiuscole e alc segnali di punteggiatura) di una breve conversazione. Se lo analizziamo possiamo cogliere d que alcune delle **caratteristiche della lingua orale**.
In primo luogo è possibile osservare che non è specificato **ciò di cui si parla**. Presente nell'c biente (è il gocciolio prodotto da un rubinetto guasto), è concretamente percepito da emitten destinatario: è quindi un elemento del contesto comunicativo e può essere lasciato **implicito** s za che la comprensibilità del discorso sia danneggiata.
Mancano poi altri riferimenti: per chi legge soltanto il testo, il soggetto di "ha detto" e "è trop preso" non è ricostruibile, mentre per i due interlocutori è chiaro che è l'idraulico chiamato per parare il guasto; non è specificato poi a che cosa debbano essere riferiti i due pronomi "sistem LO" e "ascoltarLO", ma i due interlocutori sanno che si parla del rubinetto guasto e del suo cor nuo sgocciolare. Non è poi necessario precisare che cosa deve essere spento non tanto perch "LÌ" che lo segnala sia comprensibile, ma perché probabilmente chi parla ha indicato con un g sto la lampada da spegnere.
Anche la forma dell'espressione presenta più di una imperfezione: la congiunzione "CHE" dovre be essere sostituita da un "perché", l'espressione "HAI GIÀ MESSO SU" è inadatta perché mol informale, e inadatta è anche la frase "CERTO CHE SE COMINCI AD ASCOLTARLO" perché i completa.
Nonostante le evidenti imperfezioni del discorso, i due interlocutori hanno potuto scambia informazioni, comunicare sensazioni, intervenire nella realtà: hanno cioè potuto **comunicare** modo efficace e senza ambiguità: le irregolarità della lingua parlata non sono infatti da attribu re a una scarsa competenza di chi parla, ma alla natura stessa della lingua orale e alle sue cara teristiche di base. Vediamole:

- la lingua orale si muove sul **canale fonico-acustico**, che non permette di conservare quanto sta dicendo e che affida la progettazione e il controllo del discorso alla sola memoria: si riduc così la possibilità di organizzare frasi ampie e complesse a vantaggio di costruzioni brevi e sem plici;
- per completare e precisare la comunicazione, utilizza l'**intonazione**, la **velocità**, il **tono vocale** oltre a **elementi non verbali** quali i gesti, le espressioni mimiche, la postura;
- la produzione e l'ascolto avvengono in sequenza, cosa che impone al discorso un **ritmo prede terminato**: quando uno degli interlocutori ha terminato il suo discorso, si aspetta che l'altr prenda la parola abbastanza rapidamente; si riduce il tempo per raccogliere le idee e organizza re il proprio intervento;
- emittente e destinatario sono di solito compresenti, possono quindi sfruttare il **contesto comu nicativo comune** e le conoscenze comuni della situazione per omettere informazioni e costruire discorsi più brevi e veloci;
- i limiti della memoria, il ritmo predeterminato, l'impossibilità di organizzare in modo efficace frasi e discorsi rendono spesso il parlato **poco formale** e poco accurato.

1. Tipi diversi di parlato

Tra le varie forme di parlato che si possono realizzare, una prima distinzione si riferisce al:
- **parlato monologico**, in cui solo l'emittente parla e i destinatari ascoltano, come si può vedere in occasione di una conferenza, in una relazione, in una lezione;

e al:
- **parlato dialogico**, in cui sono coinvolti più interlocutori; nel parlato dialogico si può avere lo scambio di ruoli fra i parlanti, come nel caso della conversazione e della discussione, oppure la conservazione dei ruoli iniziali, come nel caso dell'intervista o del colloquio d'esame.

La variabilità del parlato è data poi:
- **dalla situazione comunicativa**, che impone al discorso livelli diversi di formalità: uno stesso contenuto – esperienze di viaggio – dà origine a discorsi diversi se fatto agli amici piuttosto che in occasione di un'intervista o di una conferenza;
- **dall'organizzazione interna del discorso**: raccontare, informare, sostenere un punto di vista, dare indicazioni per l'esecuzione di un lavoro, descrivere producono forme diverse di parlato.

2. Ascoltare

Ogni giorno siamo raggiunti da una vastissima serie di informazioni, messaggi e discorsi; anche se abbiamo l'impressione di ascoltare tutto, in realtà effettuiamo una selezione e prestiamo nelle varie occasioni un'attenzione diversa.
Ascoltare poi non è sempre facile: un ambiente disturbato, un discorso troppo lungo o difficile, un'esposizione poco ordinata, un argomento lontano dai nostri interessi diminuiscono attenzione e concentrazione facendoci perdere "pezzi" di discorso.
L'**ascolto**, anche nelle occasioni più spontanee, richiede invece da parte di chi ascolta un certo grado di controllo, diverso a seconda delle situazioni comunicative:
- **automatico**, quando percepiamo messaggi che non sono rivolti a noi come accade in treno oppure nel corso di una conversazione che non ci coinvolge direttamente;
- **rilassato**, se la comunicazione ci coinvolge senza porci problemi particolari, come avviene nelle comuni conversazioni che svolgiamo;
- **attento e finalizzato**, se il discorso è interessante e dobbiamo conservarne le informazioni;
- **critico**, se dobbiamo prendere posizione rispetto a ciò che viene detto.

Un ascolto ben riuscito ottiene come risultato la comprensione del discorso, comprensione che può essere:
- **completa**, in caso di "ascolti" brevi come in una conversazione quotidiana;
- **globale**, se riferita alle informazioni significative nel caso di un discorso più lungo.

Un testo orale non permette di più; per una comprensione più raffinata e profonda l'ascolto va supportato da altre attività, quali quella del **prendere appunti**.

3. Parlare

Anche parlare è qualcosa che facciamo con estrema frequenza nel quotidiano; è un'attività che non ci pone problemi particolari, se stiamo conversando in modo spontaneo con persone a noi familiari:
- l'**informalità** della situazione comunicativa permette infatti un'**espressione semplice**, anche non molto accurata per lessico e sintassi;
- grazie alle **conoscenze comuni** che abbiamo con coloro con cui stiamo parlando, sull'argomento si possono **omettere informazioni** proponendo così una comunicazione più breve e semplice;
- se qualche passaggio non viene capito, è **subito possibile chiedere – e dare – chiarimenti** perché **emittente e destinatario sono copresenti**.

Quando però la situazione comunicativa si fa meno spontanea parlare può diventare anche molto difficile; questo avviene:
- se lo **scopo del parlato è impegnativo**, come quello di una discussione in cui si deve sostenere un punto di vista e convincere gli interlocutori della sua validità;
- se si deve parlare a **destinatari sconosciuti**, o addirittura parlare in pubblico;
- se il discorso tocca un **argomento impegnativo**, come per esempio in occasione di una lezione o di una conferenza.

In questi casi, soprattutto nel caso di una conferenza pubblica, il parlato è molto accurato e il discorso presenta caratteristiche affini a quelle della lingua scritta:

- si faranno **ipotesi** sulle conoscenze dei destinatari per selezionare le informazioni da dare;
- si pianificherà l'intervento costruendo una **scaletta**, che potrà essere tenuta in vista e utiliz come supporto alla memoria da parte del parlante; se poi verrà scritta su una diapositiv proiettare con un computer, essa permetterà agli ascoltatori di seguire con più facilità il disc
- si userà un'espressione **accurata**, con lessico e sintassi adeguati.

Trattandosi di una comunicazione orale, si farà attenzione all'**altezza** e al **tono della voce**, dovranno essere adeguati all'ambiente, alla **velocità** con cui si parla, che non dovrà essere ec sivo, alle pause, ai gesti, alla direzione dello sguardo.

2. LA COMUNICAZIONE DIRETTA

È importante dedicare attenzione alla comunicazione orale: per tutta la vita possiamo migliora nostro modo di parlare e le nostre capacità di esprimerci efficacemente in situazioni diverse.

La comunicazione orale in ambito professionale

La comunicazione orale ha un'importanza fondamentale in ambito professionale. Spesso nel m do del lavoro sono richieste prestazioni che vanno oltre l'informale scambio di informazioni colleghi o verso i superiori. Gruppi di lavoro, riunioni su un progetto, incontri per riferire a un più persone lo stato o l'esito di un'attività in corso impegnano le persone in scambi orali import ti, in cui spesso vengono misurate le loro capacità professionali. Inoltre, sono molti oggi i lavori e professioni che richiedono un contatto diretto con il pubblico degli utenti o dei clienti. È questo comportamento complesso che non riguarda solo la correttezza del linguaggio e dei contenuti, ci quello che diciamo, ma anche come lo diciamo, cioè il tipo di relazione che instauriamo con il r stro interlocutore.

Ogni comunicazione crea una relazione

La caratteristica specifica della comunicazione orale, a differenza di quella scritta, consiste nel fa to che l'emittente e il ricevente sono presenti contemporaneamente nella stessa situazione. Ques rende più facile la reciproca comprensione perché sono possibili domande, ripetizioni, spiegazi ni. Ma comporta anche una complessità maggiore perché le due persone si influenzano reciproc mente, anche sul piano psicologico ed emotivo. Qualsiasi scambio di frasi fra due persone, anch il più formale e freddamente informativo, crea infatti una **relazione** fra loro. Ecco perché nell comunicazione professionale la **cortesia** è molto importante: non è un fatto puramente formal è uno strumento di buona relazione e quindi permette all'altro di essere ben disposto, di ascolta e venire ascoltato in modo soddisfacente.

Elementi non verbali della comunicazione

Sono soprattutto gli elementi non verbali presenti nella comunicazione a creare il clima psicologi co che caratterizza la relazione: l'espressione seria del volto o il sorriso; lo sguardo, che può tra smettere molti sentimenti ancor prima che si parli.

Importanza dell'ascolto in ambito professionale

In situazioni professionali, di fronte a un utente o a un cliente, è dunque necessario essere molto attenti a creare una buona relazione. Il punto di attenzione centrale deve essere quello dell'**ascolto**. Perché l'altro recepisca veramente ciò che io ho da dirgli deve essere messo nelle condizioni migliori per ascoltarmi. E non c'è migliore ascoltatore di chi viene a sua volta ascoltato. Un buon atteggiamento di ascolto attivo non significa semplicemente "sentire" le parole, ma **partecipare** con attenzione e interesse a ciò che viene detto.

Suggerimenti per una buona comunicazione orale

In conclusione, ecco qualche suggerimento utile per una buona comunicazione:

- guardare in viso chi abbiamo di fronte e sorridere;
- valorizzarlo, prestandogli attenzione e interesse: fargli domande e ascoltarlo in modo attivo, senza interromperlo;

- usare frasi e discorsi brevi; fare delle pause nel discorso, per permettergli di intervenire;
- non contraddirlo bruscamente e accettare che possa non essere d'accordo con noi, evitando discussioni troppo accese.

3. La comunicazione telefonica

Una situazione particolare e molto frequente in ambito professionale è quella in cui la conversazione si svolge al telefono. Anzi, in molte attività, è questa la situazione principale nella quale un addetto svolge il proprio compito professionale. È perciò molto utile riflettere sugli elementi che entrano in gioco nella comunicazione telefonica. Anche qui è possibile modificare e migliorare il nostro atteggiamento, la nostra capacità comunicativa al fine di essere cortesi, accoglienti, efficaci.
Abbiamo visto sopra l'importanza che nella comunicazione hanno gli elementi non verbali. Quando siamo al telefono, sono assenti tutti quelli che appartengono ai canali visivo e tattile. L'unico canale attivato è quello uditivo. Bisogna dunque rivolgere un'attenzione ancora maggiore al **linguaggio non verbale** legato a questo canale: **tono**, **volume**, **ritmo della voce**. La voce è infatti uno strumento molto potente per trasmettere non solo contenuti, ma anche stati d'animo, sentimenti. Anche al telefono si può quindi impostare una relazione più o meno favorevole, cordiale, efficace, accogliente.

…ggerimenti …una buona …municazione …efonica

I suggerimenti forniti poco sopra per una buona comunicazione valgono naturalmente anche per la comunicazione telefonica; a essi si aggiungono alcune attenzioni particolari:
- curare e variare il tono della voce (morbido, tranquillo, oppure deciso, fermo ecc.);
- modificare il ritmo della voce, cioè la velocità delle parole, per evitare la monotonia;
- modificare il volume, alzando e abbassando la voce in passaggi diversi della conversazione;
- sottolineare con il tono della voce le parole-chiave che ci interessa trasmettere.

Le telefonate professionali possono avere contenuti e obiettivi molto diversi. Possiamo fissare qualche punto utile da tenere presente in due situazioni diverse: quella in cui siamo noi a fare la telefonata e quella in cui invece la riceviamo.

a. Quando siamo noi a telefonare

Si presume che in questo caso abbiamo bisogno del nostro interlocutore, desideriamo chiedergli o offrirgli qualcosa, convincerlo di qualcosa. I punti a cui fare attenzione sono:
- l'approccio iniziale: salutare e presentare il nostro ufficio, ente ecc. e noi stessi, con il nostro nome e cognome;
- creare con i modi e il tono della voce un'atmosfera favorevole, in cui l'interlocutore possa sentirsi disponibile a rispondere;
- verificare chi è la persona con cui stiamo parlando;
- essere concisi ed esporre con chiarezza, in un linguaggio e in un tono comprensibili a chi ascolta, il motivo della nostra chiamata;
- riepilogare, alla fine, quanto eventualmente stabilito;
- ringraziare, comunque sia andata la telefonata, e salutare.

b. Quando riceviamo una telefonata

Questo si può verificare in situazioni professionali molto diverse: può essere che operiamo presso un ufficio informazioni, o in un servizio pubblico, o in un'azienda in cui dobbiamo comunque rispondere a delle richieste che ci giungono dall'esterno. I punti a cui fare attenzione sono:
- quando si risponde, comunicare subito all'altro la nostra disponibilità;
- in certe situazioni, chiedere il cognome di chi chiama, che può essere gentile utilizzare poi nel corso della conversazione;
- chiedergli perché si rivolge a noi, come è arrivato a noi;

- raccogliere attentamente le informazioni o le richieste, magari prendendo qualche appunto s
- rispondere in modo chiaro, con tono tranquillo e pacato relativamente a ciò di cui siamo noscenza o per cui possiamo rispondere, e per il resto rinviare ad altra persona, ufficio, en
- dichiarare o spiegare in modo altrettanto pacato ciò su cui non siamo in grado di dare u sposta (non dobbiamo avere paura di dire di no: possiamo farlo con cortesia e pacatezza);
- salutare.

Come per le scritture professionali esistono formule linguistiche convenzionali o comunque guate a quel livello di comunicazione, così, nel parlato professionale, soprattutto per telefono stono espressioni formali per dire certe cose che è bene imparare a utilizzare. La formalità in sto caso non è solo correttezza e cortesia, serve anche a mantenere il distacco emotivo necessa evitare situazioni di eccessivo coinvolgimento personale, di conflittualità. Elenchiamo qui al comunicazioni ricorrenti in ambito professionale, soprattutto al telefono, indicando la form zione linguistica più formale e appropriata.

Espressioni meno appropriate	Espressioni formali più appropriate
• Salve!	• Buon giorno, buona sera.
• Aspetti un momento.	• La prego di attendere un momento, *oppure* Può pazient qualche istante?
• Non riattacchi.	• Rimanga in linea un istante, per favore.
• Chi è che parla?	• Mi può dire il suo nome per cortesia? *oppure* Chi devo annunciare?
• Attenda!	• Può attendere, per favore?
• Quando torna, glielo dico.	• Riferirò il messaggio al suo ritorno.
• Sì? Che cosa vuole?	• In che cosa posso esserle utile? *oppure* Che cosa posso fare per lei?
• (Lui/Lei) non c'è. Dica a me!	• In questo momento è assente. Vuole anticipare a me il motivo della sua chiamata? *oppure* Posso riferire io qualcos
• Non ho capito niente.	• Le dispiace ripetere, per cortesia?
• Parli più forte, per favore.	• Mi scusi, la sento male.
• In questo momento non può rispondere.	• In questo momento è impegnato e non posso passarglielo
• No, guardi, non è vero.	• La capisco, ma...
• Guardi che non è così.	• Ha ragione, ma...
• Lei ha capito male.	• Mi scusi, forse mi sono spiegato male.
• Dica, che problema ha?	• Mi vuole spiegare, per cortesia, il suo problema?
• Eh? Cosa?	• Prego?
• Le ho già detto che...	• Mi dispiace, purtroppo sono costretto a ripeterle che...
• D'accordo, provvederemo.	• Le posso assicurare che faremo del nostro meglio per...
• Questo non è possibile.	• Mi dispiace, ma questo purtroppo non rientra nelle nostre competenze *oppure* Purtroppo questo non siamo in grado di farlo.

Esercizi

1. Ecco la trascrizione di un testo orale; dopo averlo letto:

- individua gli elementi caratteristici della comunicazione orale classificandoli in:
  - aspetti grafici;
  - intercalari e interiezioni;
  - lessico;
  - sintassi;
- trascrivi poi il testo apportando tutte quelle modifiche necessarie a uno scritto;
- confronta le due forme e analizza somiglianze e differenze.

Eh sì è stata una figuraccia di quelle cioè ma neanche una figuraccia in fondo non era colpa mia sai quando dovevamo andare al museo di scienze naturali bisognava pagare il pullman e tutti avevamo portato 5 euri la prof mi aveva detto di raccogliere e poi fare il versamento in posta qualcuno aveva portato 20 euri e io gli avevo dato il resto poi vado in posta do i miei soldi la tizia della posta mi dà il bollettino io scrivo e intanto lei prende i 50 euri e comincia a sfregarlo con le dita e intanto dice che brutto che brutto dove l'hai preso io una strizza e le dico che sono i soldi del pullman e

allora non sai chi te li ha dati e parlava forte mica piano
i mi guardavano io non sapevo più neanche dov'ero do-
o essere diventato viola lei va dietro nell'ufficio del capo
allora viene lì e mi dice lo faccio verificare in banca aspet-
qui non ne potevo più di stare lì con tutti quelli che mi
ardavano di sbieco e allora ho detto vengo anch'io e so-
andato con lui fino alla banca che fifa e se era falso dav-
o invece quello della banca come l'ha visto ha detto che
buono anche se i colori erano più scuri che storia io i sol-
non li raccolgo più l'ho detto chiaro e tondo alla prof

ovendo preparare un'interrogazione, quando ripeti i contenu-
controllare la quantità e la qualità delle conoscenze acquisite
o studio, registra il tuo discorso, poi ascoltalo e cerca di capire
tuo parlato è chiaro e fluente a sufficienza; dovrai osservare:

- a velocità con cui parli;
- a presenza di intercalari, esitazioni, pause;
- a presenza di ripetizioni;
- l lessico utilizzato (più o meno preciso);
- la sintassi (regolare o frammentaria).

3. La situazione comunicativa, più o meno formale, modifica in modo evidente il discorso; ecco la trascrizione di un racconto di esperienze che un ragazzo fa a un amico; riscrivilo immaginando però che il destinatario sia un adulto con cui il ragazzo non ha confidenza e che è poco informato della situazione.

- Quali informazioni dovrai aggiungere?
- Come dovrai modificare il modo di esprimersi?

Non so sai se ci sarò venerdì all'allenamento mi dispiace un casino ma tra ieri e oggi io non lo sapevo mia mamma ha fatto il giro dei prof e mi ha sgamato e a momenti sclera io a casa non avevo detto tutto a tavola tirava un'aria che chi glielo dice ai miei che l'allenamento dura fino alle sette peccato perché la squadra cominciava proprio adesso a tirare il Luca come schiacciatore sotto rete va da dio sì però cammina perché il pullman ci sta lasciando giù.

Pagine operative

1. Prendere appunti dal parlato

È frequente nelle situazioni professionali, ma anche nella vita quotidiana, che si debbano prendere degli app per fissare velocemente informazioni che devono essere conservate e ricordate; non è però una tecnica sem perché coinvolge molte operazioni:

- recepire e comprendere le informazioni;
- selezionare quelle ritenute importanti;
- scriverle in forma sintetica.

È cosa molto diversa **prendere appunti da un testo scritto o prendere appunti da un testo orale.** Ricavare **appunti da un testo scritto** è sicuramente più semplice; il testo è continuamente a disposizione, che garantisce i **tempi sufficienti** per tutte le operazioni necessarie: la lettura analitica e la comprensione d informazioni, un eventuale lavoro di evidenziazione sul testo (sottolineare, cerchiare, annotare a margine...) selezione delle informazioni importanti, e infine la loro scrittura in forma sintetica.
Prendere appunti da un testo scritto è uno dei passaggi della lettura per l'apprendimento, quando cioè le infor zioni contenute nel testo devono essere integrate nella mappa delle proprie conoscenze per essere riutilizzate: s zionare gli elementi importanti, evidenziarli e riscriverli in forma breve con le proprie parole è la fase prelimin all'apprendimento vero e proprio (vedere in proposito la sezione "La lettura e lo studio", ➡ p. 842).

Ecco quali appunti si possono ricavare da una pagina del manuale di letteratura:

```
Lingua d'oc e lingua d'oïl

– In Francia formazione di un volgare scritto:
un secolo prima che in Italia
– 813: obbligo ai vescovi di predicare in volgare
– 842: giuramento di Strasburgo, primo documento in francese
– sec. XI: presso le corti signorili nascita letteratura francese
influenzerà fino al sec. XIII la cultura neolatina e anglosassone
– Lingua utilizzata: più raffinata della lingua popolare
– Fra gli idiomi del tempo affermazione di due lingue letterarie:

lingua d'oc
o occitanico,
o provenzale, diffusa
nel sud; usata per la poesia lirica dai trovatori

lingua d'oïl
franc. antico, diffusa a nord e nella zona di Parigi
usata per le chansons de geste dell'epopea carolingia,
per i racconti in versi delle leggende di re Artù,
per le novelle in prosa e in poesia (lai e fabliaux)
– L'aumento dell'importanza politica di Parigi favorisce
l'affermaz. della l. d'oïl
e la decadenza della l. d'oc.
– L. d'oïl: lingua ufficiale della Francia.
```

…vece più difficile prendere **appunti da un testo orale**, che non è sotto i nostri occhi, non è a nostra disposizio… …e operazioni di comprensione del messaggio complessivo, di selezione delle informazioni rilevanti e di scrittu… …anno infatti svolte molto velocemente, quasi contemporaneamente all'ascolto.

…o poi importanti le modalità utilizzate da chi parla per presentare il proprio discorso: il parlante che usa ade… …tamente il ritmo del parlare e il tono della voce, ripete o segnala elementi importanti, indica all'inizio i temi …si appresta a sviluppare, conclude con una sintesi, facilita il lavoro di chi sta prendendo appunti.

…de anche il tipo di comunicazione che si sta svolgendo:

…rendere appunti durante una **conferenza** richiede soprattutto di concentrarsi attentamente sul discorso del relatore;

…urante un'**assemblea** è necessario seguire e prendere nota degli interventi di parlanti diversi;

…urante una **spiegazione in classe** si può invece contare sulla disponibilità del docente a riprendere concetti …ifficili, sulla possibilità di interrompere con domande, e spesso poi su materiale scritto di appoggio (scalette o …ommari predisposti dal docente, il manuale stesso).

…o qualche suggerimento:

…fare attenzione ai segnali di articolazione del testo: se ripresi e scritti rendono visibile la struttura che il parlante … inteso dare al suo discorso.

«... due sono gli aspetti importanti del fenomeno...»

…petti: 1) ....

2) ....

«... le questioni che il legislatore doveva affrontare erano molte: innanzitutto doveva... in secondo luogo... e in…e...»

…estioni: a) ....

b) ....

c) ....

… cogliere le indicazioni che vengono eventualmente date sul valore delle informazioni: permettono infatti di ri…struire le intenzioni comunicative del parlante.

«... potremmo definirlo in questo modo... .»

…efinizione: ....

«Il fenomeno di solito si presenta con queste caratteristiche... .»

…aratteristiche: a) ....

b) ....

c) ....

- «... bisogna quindi porsi e risolvere il problema... .» ....

…roblema: ....

- «La trasformazione avviene in questi modi: primo... poi... in seguito... e alla fine... .»

…rocesso: 1) ....

2) ....

3) ....

4) ....

- «Ciò che voglio dimostrare è che... .»

…tesi: ....

- «Il fatto è dovuto a... .»

cause: ....

- «Il risultato fu che... .»

conseguenze: ....

c. non pretendere di scrivere tutto: è impossibile; la fluenza media di un parlante è di circa 150 parole al mi mentre chi scrive resta al di sotto delle 30; selezionare è quindi indispensabile, tenendo presente che alcune i mazioni si possono indicare per rapidi cenni:

- i richiami (richiamo lezione precedente)
  «Se vi ricordate, l'altra volta abbiamo parlato di..., e abbiamo detto che... .»
- gli esempi (esempio di...)

– alcune altre si possono addirittura eliminare:

- le introduzioni: «l'argomento è complesso, e voi poi l'anno scorso non avete svolto la parte relativa...»
- le riformulazioni: «... in altre parole possiamo dire...»
- le digressioni: «apro una parentesi per...»

d. usare abbreviazioni e forme di notazione simbolica:

- alcuni segni, matematici e non, possono sostituire parole o brevi espressioni:
  ● uguale = ● più + ● meno – ● corrisponde ◊ ● minore di < ● maggiore di > ● percentuale % ● prob ma, dubbio ? ● circa, più o meno ±
- i nomi propri, i titoli di opere e di argomenti, dopo che sono stati scritti una prima volta, possono essere indi ti con la sola lettera iniziale maiuscola: I *Promessi Sposi* ◊ i P.S.

e. nelle frasi è possibile eliminare articoli, alcune preposizioni e talvolta alcuni verbi, oltre che utilizzare forme p semplici.

Gli appunti devono poi essere riutilizzati al momento dello studio personale; è indispensabile per questo che sia **leggibili** e **comprensibili**; è utile:

- usare un quaderno diverso per ciascuna materia; è preferibile poi un quaderno grande e ad anelli: permette aggiungere materiale scritto in tempi diversi;
- mettere sempre data e titolo dell'argomento:
  14 novembre, il poema cavalleresco rinascimentale;
- scrivere grande e chiaro; lasciare spazi vuoti per aggiungere elementi che fossero eventualmente sfuggiti;
- dedicare una pagina a una sola unità concettuale; per gli appunti su un autore, per esempio, si potrebbe proc dere così:
  – fatti salienti della biografia: una pagina;
  – elenco e cenni delle opere: una pagina;
  – aspetti dello stile e della poetica: una pagina ecc.;
- chiedere subito chiarimenti – se possibile – rispetto a cose non comprese.

Gli appunti devono infine essere ripresi, rivisti, completati e riorganizzati se necessario. Si potrà chiedere qualch ulteriore spiegazione all'insegnante, si potranno confrontare con quelli dei compagni in modo da completare l lacune eventualmente rimaste, e sarà bene anche trascrivere per esteso quanto era stato annotato in forma sche matica e molto abbreviato.

In occasione della prima assemblea di classe che si svolgerà, prendi gli appunti di quanto verrà detto in modo d poterne poi ricavare il verbale scritto; segui questo tipo di percorso:

- ricordati di indicare la data, il nome dei conduttori, i presenti (o gli assenti);
- organizza gli appunti intorno a ciascun punto dell'ordine del giorno;
- presenta la questione così come la introduce il conduttore;
- prendi nota dei singoli interventi utilizzando i suggerimenti che ti sono stati dati nelle pagine precedenti; annota anche il nome di colui che fa l'intervento;
- se si giunge a una votazione, prendi nota delle varie mozioni e del numero di voti che ciascuna riceve.

lossario

goria Figura retorica del significa- e consiste nel creare una successio- ➡ *metafore* tra loro collegate; il più olice esempio di allegoria è la para- o la favola.

:terazione Figura retorica che siste nell'usare a distanza ravvicinata ole che contengono gli stessi suoni. mpio: *dai solchi bagnati di servo su-* (Manzoni, *Adelchi*).

acoluto Costrutto nel quale l'ele- nto iniziale di una frase non ha funzio- intattica coerente, ma resta in sospe- senza appoggio sintattico negli ele- nti che seguono. Esempio: *E io, quan- mi svegliai, loro non c'erano più* (Col- i, *Pinocchio*).

afora Figura retorica che consiste la ➡ *ripetizione* di parole o gruppi di role all'inizio di versi, strofe o frasi suc- ssive. Esempio: *Tu sei come una gio- ne, / una bianca pollastra... // Tu sei me una gravida / giovenca... // Tu sei me una lunga / cagna...* (Saba, *A mia oglie*).

ialogia Figura retorica del significa- che consiste nell'accostamento di im- agini apparentemente prive di rappor- logico. Si distingue dalla ➡ *metafora*, a quale viene spesso associata, perché uest'ultima si basa su un evidente rap- orto di somiglianza tra le due immagi- . Esempio: *Balaustrata di brezza* (Un- aretti, *Stasera*).

nastrofe ➡ *inversione*

ntitesi Figura retorica del significato he consiste nell'accostamento di due nmagini di significato opposto. Da non onfondere con l'➡ *ossimoro*, che consi- te nell'unione di due termini di significa- o opposto nella stessa immagine. Esempio: *cantando giulive canzoni di guerra, / ma i dolci castelli pensando nel cor* (Manzoni, *Adelchi*).

Arcaismo Parola o espressione di uso non più corrente nel momento in cui vie- ne utilizzata dallo scrittore. Esempio: *L'Historia si può veramente deffinire una guerra illustre contro il Tempo...* (Manzoni, *I promessi sposi*, Introduzione).

Asindeto Assenza di congiunzioni coordinative tra due o più parole o frasi di un periodo. È il contrario del ➡ *polisindeto*. Esempio: *Ed ecco ondeggia, pencola, urta, sbalza, / risale, prende il vento* (Pascoli, *L'aquilone*).

Assonanza Figura retorica del suono che si ha quando due o più parole presentano le stesse vocali finali a partire dalla sillaba accentata. Vedi anche ➡ *rima* e ➡ *consonanza*. Esempio: *muove – odore, terra – inquieta – ricchezza* ecc. (Montale, *I limoni*).

Cesura Piccola pausa che divide i versi più lunghi in due parti o emistichi. Esempio: *Dolce e chiara è la notte – e senza vento* (Leopardi, *La sera del dì di festa*).

Chiasmo Figura sintattica che consiste nella disposizione incrociata di due o più parole o membri della frase, secondo lo schema A B B A. Esempi: *Dai guardi dubbiosi, dai pavidi volti* = sostantivo aggettivo – aggettivo sostantivo (Manzoni, *Adelchi*); *la fuga e la vittoria, / la reggia e il tristo esiglio* = "fuga" si collega logicamente a "tristo esiglio", "vittoria" a "reggia" (Manzoni, *Il cinque maggio*).

Climax In greco, "gradazione"; figura retorica che consiste nella disposizione di una serie di termini in ordine di intensità crescente o decrescente (in quest'ultimo caso si parla anche di anticlimax). Esempio: *ogni stento, ogni danno, / ogni estremo timor subito scordi* (Leopardi, *Canto notturno*).

Consonanza Figura retorica del suono che si ha quando due o più parole presentano le stesse consonanti finali a partire dalla sillaba accentata. Vedi anche ➡ *rima* e ➡ *assonanza*. Esempio: *piante – acanti; ragazzi – ricchezza; anguilla – uccelli; azzurro – terra* (Montale, *I limoni*).

Coordinazione Costruzione del periodo attraverso l'accostamento di proposizioni indipendenti. È il contrario della ➡ *subordinazione* o ipotassi.

Correlativo oggettivo Procedimento teorizzato dal poeta anglo-americano T.S. Eliot che consiste nell'esprimere uno stato d'animo per mezzo di immagini, oggetti e situazioni concrete a esso strettamente legate. Per esempio, nella poesia *Spesso il male di vivere* Montale esprime il sentimento del *male di vivere* "oggettivandolo" in una serie di immagini: *il rivo strozzato che gorgoglia; l'incartocciarsi della foglia riarsa; il cavallo stramazzato*.

Dialefe Figura metrica che si ha quando due vocali vicine, appartenenti a parole diverse, costituiscono due diverse sillabe metriche. È il contrario della ➡ *sinalefe*; vedi anche ➡ *dieresi*. Esempio: *O anima cortese mantovana* (Dante, *Inferno*).

Dieresi Figura metrica che si ha quando due vocali vicine, pur formando un dittongo, costituiscono due diverse sillabe metriche. Si indica con due puntini posti sulla semivocale del dittongo. È il contrario della ➡ *sineresi*; vedi anche ➡ *dialefe*. Esempio: *Forse perché della fatal quïete* (Foscolo, *Alla sera*).

Discorso indiretto libero o discorso rivissuto (*erlebte Rede*) Tecnica narrativa che consiste nel riportare le parole o i pensieri dei personaggi affidandone l'esposizione alla voce narrante ma senza segnalarne la presenza con espressioni del tipo "disse che", "pensò che" e simili. Si tratta di una tecnica utilizzata regolarmente dagli scrittori naturalisti e novecenteschi. Esempio: *Estatico, cadde a sedere sul suo carico, davanti alla buca... C'era la luna! la luna!* (Pirandello, *Ciàula scopre la luna*).

Enjambement Figura metrico-sintattica che si ha quando l'ultima parte di un verso è strettamente collegata alla prima parte del verso successivo. Esempio: *te specchi ne l'onde / del greco mar* = *enjambement* tra un sostantivo e il suo complemento di specificazione; *da cui vergine nacque / Venere* = *enjambement* fra un predicato e il suo soggetto (Foscolo, *A Zacinto*).

***Erlebte Rede* o discorso rivissuto** ➡ *discorso indiretto libero*

Esagerazione ➡ *iperbole*

Eufemismo Figura retorica del significato che consiste nel sostituire un'espressione troppo cruda o spiacevole con un'altra di significato attenuato. Da non confondere con la reticenza, che consiste invece nel tacere del tutto qualcosa. Esempio: *don Leopoldo fece segno che il vecchio se n'era andato* = era morto (Verga, *Mastro-don Gesualdo*).

Figure retoriche L'insieme degli artifici stilistici che gli scrittori e i poeti utilizzano per ottenere particolari effetti espressivi. All'interno delle figure retoriche si distinguono:
a) le figure del suono, basate sui rapporti fonetici che è possibile instaurare tra le parole;
b) le figure del significato o tropi, basate sul significato delle parole;
c) le figure sintattiche, basate sulla disposizione delle parole all'interno della frase e del testo.

***Flash back* o retrospezione** Letteralmente, "lampo all'indietro"; in una narrazione, l'inversione nell'ordine degli avvenimenti per cui un fatto viene narrato dopo altri che si sono verificati precedentemente. È il contrario dell'anticipazione o *flash forward*. Per esempio, nel *Piacere*, d'Annunzio, dopo aver introdotto il protagonista del romanzo, interrompe la narrazione per raccontare la sua giovinezza e per analizzare la formazione del suo carattere.

Focalizzazione ➡ *punto di vista*

Flusso di coscienza o *stream of consciousness* Tecnica narrativa che consiste nel riportare sulla pagina il libero e caotico fluire dei pensieri che affiorano alla coscienza di un personaggio, prima che possano assumere una forma razionalmente definita e stilisticamente controllata. Da non confondere con il ➡ *monologo interiore*, in cui i pensieri possono essere riportati sulla pagina in forma già elaborata. Esempio: *prima non ha mai fatto una cosa del genere chiedere la colazione a letto da quando eravamo all'albergo* City Arms *quando faceva finta di star male con la voce da sofferente e faceva il pascià per rendersi interessante con Mrs Riordan vecchia befana e lui credeva d'essere nelle sue grazie e lei non ci lasciò un baiocco tutte messe per sé e per l'anima sua spilorcia maledetta* (Joyce, *Ulisse*).

Fonosimbolismo Figura retorica che consiste nello sfruttare il suono delle parole per evocare sentimenti e sensazioni particolari. Casi particolari di fonosimbolismo sono alcune esclamazioni e la ➡ *onomatopea*.

Gradazione ➡ *climax*

Inversione Qualsiasi figura sintattica che si ha quando l'ordine delle parole non coincide con quello normale del discorso. Sono casi particolari di inversione:
a) l'anastrofe: figura sintattica che consiste nell'inversione dell'ordine normale delle parole; si ha anastrofe per esempio quando l'aggettivo precede il sostantivo a cui si riferisce, quando il verbo precede il proprio soggetto ecc. Esempio: *Sempre caro mi fu quest'ermo colle* = Quest'ermo colle mi fu sempre caro (Leopardi, *L'infinito*);
b) l'iperbato: figura sintattica che consiste nel separare due elementi della frase strettamente legati tra loro (aggettivo e sostantivo o sostantivo e complemento di specificazione) inserendo tra di essi un terzo elemento. Esempio: *Dolce e chiara è la notte e senza vento* = le tre qualità della notte, *dolce e chiara e senza vento*, sono "separate" dall'inserimento di *è la notte* (Leopardi, *La sera del dì di festa*).

Iperbole o esagerazione Figura retorica del significato che consiste nell'esprimere un concetto in maniera esagerata e inverosimile, spesso in funzione ironica. Esempi: *le coperte gli parvero una montagna. Le buttò via, e si rannicchiò, per dormire: ché infatti moriva dal sonno* (Manzoni, *I promessi sposi*); *Ho sceso, dandoti il braccio, almeno un milione di scale* (Montale, *Satura*).

Ipotassi ➡ *subordinazione*

Ironia Figura retorica del significato che consiste nell'affermare il contrario di quanto si intende dire. Esempio: *O natura cortese, / son questi i doni tuoi* (Leopardi, *La quiete dopo la tempesta*).

Iterazione ➡ *ripetizione*

Litote o doppia negazione Figura retorica del significato che corrisponde a un'affermazione attenuata. Esempio: *Se non ti senti l'animo di difenderti da me che non ti voglio male* (= che ti voglio bene), *vuol dire che ti lascerai pestare il viso da questo e da quello!* (Verga, *Rosso Malpelo*).

Luogo comune ➡ *topos*

Metafora Figura retorica del significato che consiste nel trasferimento di significato da una realtà a un'altra che abbia con la prima un rapporto di somiglianza. Da non confondere con la ➡ *similitudine*: la metafora nasce da un procedimento logico di sintesi, mentre la similitudine nasce da un procedimento logico c lisi. Nell'ambito della metafora ri no anche l'➡ *allegoria* e l'➡ *ana* Esempi: *da chiuso morbo combat vinta* = indebolita e uccisa (Leopa *Silvia*); *cotesta età fiorita* = la giovi (Leopardi, *La quiete dopo la temp*

Metonimia Figura retorica del si cato che consiste nell'indicare una r per mezzo di un'altra che abbia c prima un rapporto di contiguità l (l'autore per l'opera, i mezzi per il ris to, il contenente per il contenuto, i go per gli abitanti, la materia per l'og to, il concreto per l'astratto ecc.). In ti casi la metonimia è difficilmente d guibile dalla ➡ *sineddoche*. Esemp *lascerai le ossa* (= la vita)... *né avre permesso che ci si arrischiasse il sar suo* (= i suoi parenti)... *se pure la sua le* (= la sua vita) *valeva tanto* (Verga, *so Malpelo*).

Monologo interiore Tecnica nar va che consiste nel riportare sulla pag i pensieri del personaggio. Da n confondere con il ➡ *flusso di coscier* che è solo uno dei modi in cui è poss le riportare sulla pagina i pensieri del p sonaggio. Esempio: *Diffamazione? che diffamazione, povero disgraziato già da qualche anno era diffusissim tutto il paese la sua fama di jettatore* lo scrittore ricorre al discorso indirettc bero per riportare sulla pagina i pensi del giudice D'Andrea (Pirandello, *La p tente*).

Neologismo Termine nuovo, che a ricchisce il lessico di una lingua; in alcu casi il neologismo è coniato dallo scritt re per ragioni espressive, in altri si affe ma per indicare una nuova realtà. P esempio, nella *Vita* di Alfieri il termine *s mio-tigri* indica i rivoluzionari frances stupidi come scimmie e feroci come tig

Onomatopea Figura retorica del suc no, basata su una parola o un gruppo c parole che imitano con il loro suono u suono naturale; vedi anche ➡ *fonosim bolismo*.
L'onomatopea può essere:
a) propria, se è costituita da parole prive di un significato proprio, che consistonc semplicemente nell'imitazione del suo no. Esempio: *c'è un breve gre gre di ranelle* (Pascoli, *La mia sera*);
b) impropria, se è costituita da parole dotate di un proprio significato (nomi, verbi ecc.). Esempio: *lo sciabordare delle lavandare* (Pascoli, *Lavandare*).

...moro Figura retorica del significato basata sull'accostamento di due pa... di significato contraddittorio. Si di...ue dalla ➡ *antitesi* perché l'ossimo...nde i due elementi contrastanti in ...ica espressione o immagine, men...ntitesi li contrappone esplicitamen... ...sempio: *giovani invecchiati* (Pasoli... ...*pianto della scavatrice*).

...llelismo Figura sintattica basata ... disposizione parallela di due o più ...menti della frase, del periodo o del ...o. È il contrario del ➡ *chiasmo*. Esem... *Dagli atri muscosi, dai fori cadenti* ...nzoni, *Adelchi*).

...tassi ➡ *coordinazione*

...odia Imitazione di uno stile, una ...ua, un testo, un autore, fatta a scopo ...ico, di presa in giro. Esempio: *L'Hi...ria si può veramente deffinire una ...rra illustre contro il Tempo, perché ...liendoli di mano gl'anni suoi prigio...ri, anzi già fatti cadaueri, li richiama in ..., li passa in rassegna, e li schiera di ...ovo in battaglia* = l'autore imita lo sti... ...etorico e artificioso degli scrittori sei...nteschi (Manzoni, *I promessi sposi*, In...duzione).

...rifrasi o circonlocuzione Figura re...rica del significato che consiste nel de...nare un oggetto, un luogo o una per...na mediante un giro di parole anziché ...n il semplice nome. In alcuni casi è uti...zata in funzione analoga all'➡ *eufemi...mo*. Esempio: *quel grande / che tem...rando lo scettro a' regnatori / gli allòr ...sfronda, ed alle genti svela / di che la...rime grondi e di che sangue* = Machia...elli (Foscolo, *Dei Sepolcri*).

...eripezia In un testo narrativo, ciascu...a delle avventure (o disavventure) che ...apitano ai personaggi tra il momento in ...ui avviene la rottura dell'equilibrio ini...iale e il momento in cui la vicenda giun...e al suo scioglimento.

...ersonificazione Figura retorica che ...onsiste nell'attribuire carattere di per...onaggio a entità astratte (sentimenti, ...ensazioni, idee ecc.). È molto spesso al... ...'origine di ➡ *allegorie*. Esempio: *a te ...d'intorno volano / invidiate l'Ore* (Fosco...lo, *Alla amica risanata*).

Polisindeto Figura sintattica che consiste nel collegare due frasi o elementi della frase tra loro coordinati mediante congiunzioni. È il contrario di ➡ *asindeto*. Esempio: *E ripensò le mobili / tende, e i percossi valli, / e il lampo de' manipoli, / e l'onda dei cavalli, / e il concitato imperio, / e il celere ubbidir* (Manzoni, *Il cinque maggio*).

Punto di vista o focalizzazione In una narrazione, indica il rapporto tra il narratore e la vicenda narrata. Tale rapporto può variare nel corso della narrazione. Si danno tre casi:
a) focalizzazione interna: il narratore assume il punto di vista di un personaggio, cioè rappresenta la realtà dal punto di vista di quel personaggio. Per esempio, *La coscienza di Zeno* di Svevo (e in generale tutte le narrazioni in prima persona);
b) focalizzazione esterna: il narratore assume il punto di vista di un osservatore esterno e si finge ignaro dei pensieri e delle motivazioni profonde dei personaggi. Per esempio, *I Malavoglia* di Verga (e in generale la narrativa naturalista e verista);
c) focalizzazione zero: il narratore assume un punto di vista onnisciente (di chi sa tutto). Per esempio: *I promessi sposi* di Manzoni (e in generale la narrativa realistica classica).

Registro Il tono linguistico e stilistico di un'opera: si parla di registro basso se l'autore ricorre a un lessico popolare e a espressioni plebee e volgari; registro medio se ricorre a una lingua simile a quella parlata dalle persone più colte; registro alto o sublime se ricorre invece a un linguaggio ricercato, raffinato, arcaizzante, difficile o retoricamente molto elaborato.

Rima Figura retorica del suono che si ha quando due o più parole terminano in maniera identica a partire dalla vocale accentata (vedi anche *assonanza* e ➡ *consonanza*). Le rime si indicano con le lettere dell'alfabeto (a lettera uguale corrisponde rima uguale) minuscole per i versi dal bisillabo al settenario, maiuscole per i versi dall'ottonario all'endecasillabo. Esempio: *O cavallina, cavallina storna, / che portavi colui che non ritorna* (Pascoli, *La cavalla storna*).

Ripetizione o iterazione Figura sintattica basata sulla ripetizione di una o più parole a distanza ravvicinata. Si distinguono vari casi, tra cui il più rilevante è l'➡ *anafora*.

Satira Genere letterario, in versi o in prosa, caratterizzato dal fatto di criticare costumi, atteggiamenti, idee con tono ironico e umoristico. Di origine antica, ha avuto grande sviluppo a partire dal Settecento ed è spesso utilizzata all'interno di romanzi e *pamphlet*. Per esempio, *La fattoria degli animali* di Orwell, in cui l'Unione Sovietica viene paragonata a una fattoria governata dai maiali.

Sequenza In un testo narrativo, ciascuna delle parti che lo costituiscono. Si distinguono:
a) sequenze narrative,
b) sequenze descrittive,
c) sequenze dialogiche,
d) sequenze riflessive.
Le sequenze possono a loro volta essere suddivise in micro-sequenze e raggruppate in macro-sequenze.

Simbolo Un oggetto o un personaggio che incarna alcune qualità o alcune entità astratte. Il simbolo si distingue dall'➡ *allegoria* perché la sua interpretazione non è univoca, bensì ambigua e polivalente; si distingue dalla ➡ *metafora* perché non nasce sulla base di un rapporto di somiglianza. Sull'uso di simboli si basa gran parte della poesia moderna, e in particolare l'opera dei poeti della corrente detta simbolista. Per esempio, in *L'assiuolo* di Pascoli, l'uccello rapace è simbolo della morte.

Similitudine o paragone Figura retorica del significato basata sul confronto fra due realtà, due immagini, due personaggi; vedi anche ➡ *metafora*. La similitudine classica è facilmente riconoscibile per la presenza dei correlativi che la introducono (come... così; quale... tale; ecc.). Essa può avere diverse funzioni (eroicizzante, didascalica, ironica ecc.). Esempio: *Tu sei come una giovane, / una bianca pollastra* (Saba, *A mia moglie*).

Sinalefe Figura metrica che si ha quando due vocali vicine, appartenenti a parole diverse, costituiscono una sola sillaba metrica. È il contrario della ➡ *dialefe*. Esempio: *Dolce e chiara è la notte e senza vento* (Leopardi, *La sera del dì di festa*).

Sineddoche Figura retorica del significato che consiste nell'indicare una realtà per mezzo di un'altra che abbia con la prima un rapporto di quantità (una parte per il tutto o viceversa, il singolare per il plurale o viceversa); vedi anche ➡ *metonimia*. Esempio: *le sacre sponde* (Foscolo, *A Zacinto*) = la terra dell'isola, di cui le rive sono una parte.

Sineresi Figura metrica che si ha quando due vocali vicine, pur non formando un dittongo, costituiscono una sola sillaba metrica. È il contrario della ➡ *dieresi*. Esempio: *il Dio che atterra e suscita* (Manzoni, *Il cinque maggio*).

Sinestesia Figura retorica del significato che si basa sulla commistione di ambiti sensoriali diversi. Nota fin dall'antichità, ha acquisito importanza particolare nell'Ottocento grazie a Baudelaire e ai poeti simbolisti. Esempio: *profumi freschi come carni di bimbo, dolci come oboi, verdi come prati* (Baudelaire, *Corrispondenze*) = il profumo viene definito mediante termini che fanno riferimento al tatto, al gusto e alla vista.

Sintassi Il modo in cui sono strutturate le frasi e i periodi all'interno di un testo; vedi anche ➡ *subordinazione* o *ipotassi* e ➡ *coordinazione* o *paratassi*. L'analisi delle scelte sintattiche di un autore è fondamentale per capire il suo stile.

Stereotipo ➡ *topos*

Straniamento Tecnica narrativa che consiste nel descrivere fatti e avvenimenti da un ➡ *punto di vista* diverso dal solito, in modo da mostrarli in una luce nuova e inaspettata. Per esempio, nelle sue *Lettere persiane* Montesquieu descrive l'Europa del suo tempo dal punto di vista di due stranieri provenienti dalla Persia.

Stream of consciousness ➡ *flusso di coscienza*

Subordinazione o ipotassi Rapporto di dipendenza di una frase da un'altra; l'uso di una sintassi ricca o povera di subordinazioni è un tratto stilistico particolarmente importante. È il contrario di paratassi o ➡ *coordinazione*.

Suspense Tecnica narrativa che consiste nel creare situazioni tali da porre il lettore in uno stato di ansia e di tensione emotiva per l'esito della vicenda. Per esempio, nei *Miserabili* di Hugo, Jean Valjean fugge attraverso le fogne di Parigi portando sulle spalle Marius ferito e il lettore non sa se riuscirà a sopravvivere e a salvare il ragazzo.

***Topos* o stereotipo** Termine greco (plurale *topoi*) che significa "luogo comune" e indica un'immagine o un concetto convenzionali e frequentemente usati; i *topoi* sono spesso usati anche in chiave ironica.

Unità aristoteliche Regole desunte dalle opere di Aristotele e seguite dagli scrittori classicisti nella composizione delle opere teatrali. Le unità aristoteliche sono:
- unità di tempo (la vicenda dove[v]
gersi nell'ambito di ventiquattr[o]
- unità di luogo (la vicenda dovev[a]
gersi tutta nello stesso luogo);
- unità di azione (la vicenda non d[...]
presentare episodi secondari e [...]
ganti).

Contro le unità aristoteliche poler[...]
rono i romantici, che nelle loro oper[...]
le rispettarono e difesero le loro sc[...]
base al criterio della verosimiglian[...]
esempio, *Saul* di Alfieri.

Verso libero Verso che non rispe[...]
regole della metrica tradizionale, o[...]
numero delle sillabe metriche, o p[...]
collocazione degli accenti, o per ent[...]
be le ragioni. I versi liberi sono molto[...]
ti nella poesia novecentesca.

Verso sciolto Verso che non rima[...]
nessun altro verso della stessa stro[...]
della stessa poesia. Quando si par[...]
"versi sciolti" al plurale, o semplicem[...]
te di "sciolti", si intendono gli endec[...]
labi sciolti, utilizzati a partire dal Cinc[...]
cento nelle traduzioni dal latino e dal [...]
co e nella poesia settecentesca e o[...]
centesca. Un esempio, *Teatro degli [...]
gianelli* di Saba.